杭州市上城区志

（1993—2015）

第一卷

杭州市上城区地方志编纂委员会 编

方志出版社
Publishing House of Local Records

图书在版编目（CIP）数据

杭州市上城区志：1993—2015 / 杭州市上城区地方志编纂委员会编. -- 北京：方志出版社，2020.9

ISBN 978-7-5144-4510-7

Ⅰ. ①杭… Ⅱ. ①杭… Ⅲ. ①区（城市）—地方志—杭州—1993-2015 Ⅳ. ①K295.54

中国版本图书馆CIP数据核字(2020)第252063号

杭州市上城区志（1993—2015）

编　　者：杭州市上城区地方志编纂委员会
责任编辑：陈　菁
出 版 者：方志出版社
地址　北京市朝阳区潘家园东里9号（国家方志馆4层）
邮编　100021
网址　http：//www.zgfzcb.cn
发　　行：方志出版社图书经销中心
电话（010）67110500
经　　销：各地新华书店
制　　作：浙江清音文化艺术有限公司
印　　刷：浙江海虹彩色印务有限公司
开　　本：889×1194　　1/16
印　　张：197.5
字　　数：4094千
版　　次：2020年9月第1版　2020年9月第1次印刷
印　　数：0001～1000册
审 图 号：浙杭S（2020）013号

ISBN 978-7-5144-4510-7　　　　定价（全3卷）：1200.00元

上城区地方志编纂委员会

杭州市上城区志（1993—2015）编辑部

上城揽胜（徐晖 摄）

滨湖临江的上城

（吴海平 摄）

1	1. 亭湾骑射（2014年）（王华 摄）
2	2. 长桥静夜（2015年）（吴海平 摄）

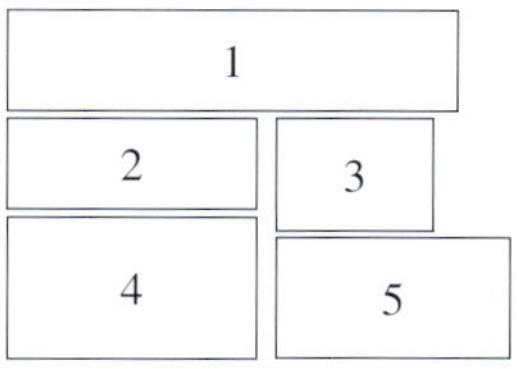

1. 海月水景公园（2012年）（黄乐康 摄）
2. 湖滨六公园（区委宣传部 供稿）
3. 江洋畈公园（胡鉴 摄）
4. 白塔公园（2015年）（胡鉴 摄）
5. 玉皇山南基金小镇公园（胡鉴 摄）

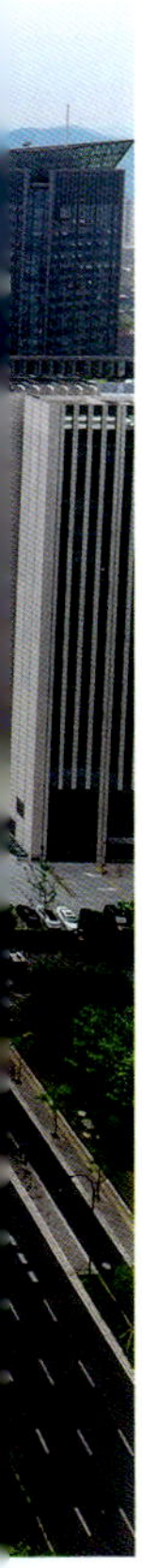

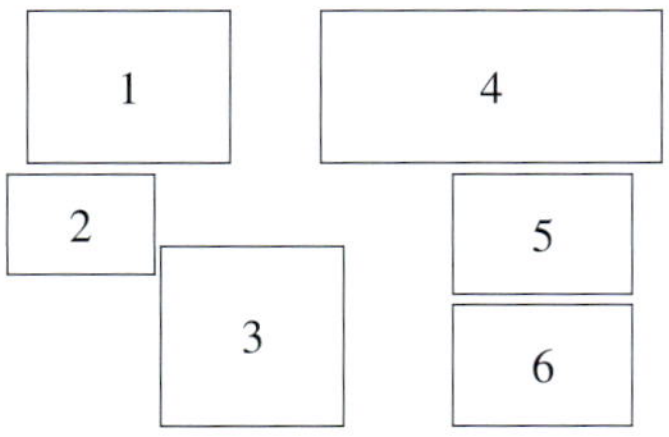

1. 新开河（徐晖 摄）
2. 中河（吴汝华 摄）
3. 新塘河（胡鉴 摄）
4. 贴沙河（王川 摄）
5. 东河（2008年）（王华 摄）
6. 钱塘江（2015年）（陈卫国 摄）

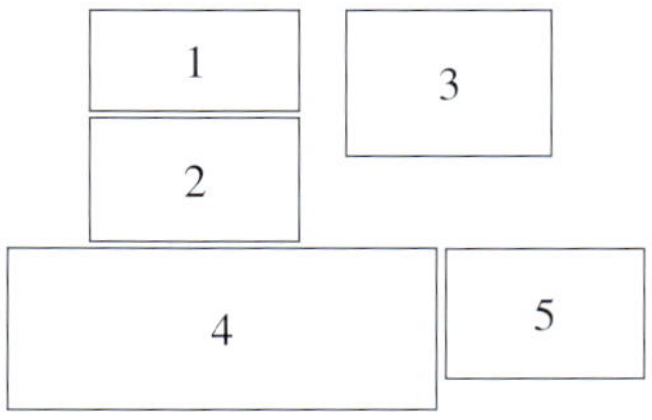

1. 玉皇飞云（潘劲草 摄）
2. 城隍山（毛惠清 摄）
3. 八卦田（2015年）（玉皇山南基金小镇管理委员会 供稿）
4. 馒头山（吴海平 摄）
5. 南星古桥（2014年）（石国仙 摄）

1
2
3

1. 吴山天风
（陈跃书 摄）

2. 柳浪闻莺
（戴文昌 摄）

3. 伍公庙秋景
（叶建华 摄）

1. 望江新城
（吴海平 摄）
2. 紫阳新貌
（张建萍 摄）
3. 四宜路新楼房
（潘建忠 摄）

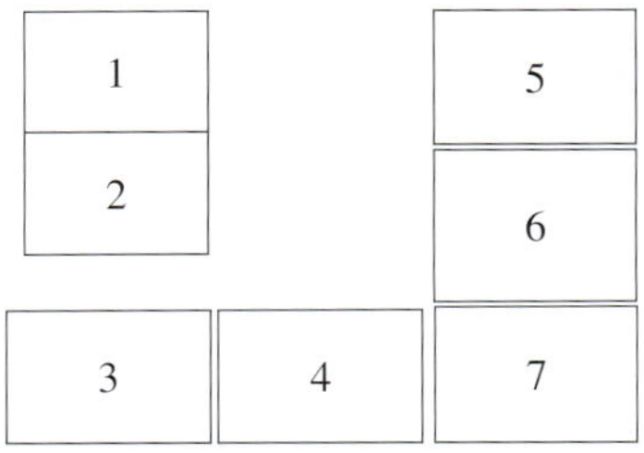

1. 整治前的思鑫坊（徐晖 摄）
2. 整治后的思鑫坊（徐晖 摄）
3. 二十三坊巷之丁衙巷（2012年）（洪芬 摄）
4. 二十三坊巷之燕春里（2012年）（洪芬 摄）
5. 之江路南星段 （吴海平 摄）
6. 复兴路（吴海平 摄）
7. 南山路（于广明 摄）

燕春里
YANCHUN LI
燕春里

杭州欢迎您

杭 州 公 交 票 证 发 售 中 心
HANGZHOU
COUPON-SELLING
CENTRE

公交IC卡服务大厅
ATM取款
自助缴费
公交IC卡服务大厅

K514路上客点
排队上客

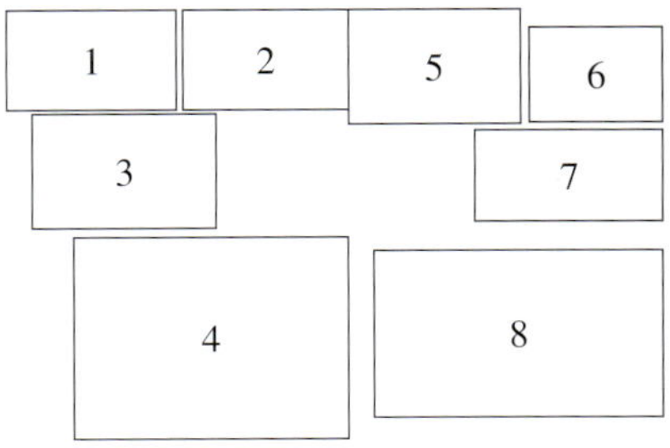
1
2
5
6
3
7
4
8

1～4. 改造前的龙翔桥公交站（2011年）
（俞秋杭 王巽庠 摄）
5. 杭州城站火车站（张金宝 摄）
6. 消失的三轮车（陈跃书 摄）
7. 搬迁前的杭州汽车南站
（杭州望海潮建设有限公司 供稿）
8. 公共自行车（2013年）（俞秋杭 摄）

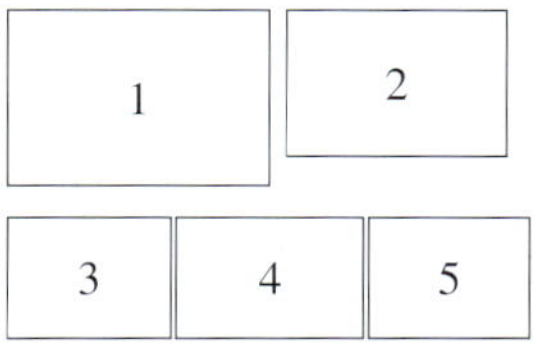

1. 西湖大道（刘苗红 摄）
2. 复兴大桥（2012年）（区档案局 供稿）
3. 中河高架（金小林 摄）
4. 望秋立交桥（徐舜阶 摄）
5. 秋石高架（金小林 摄）

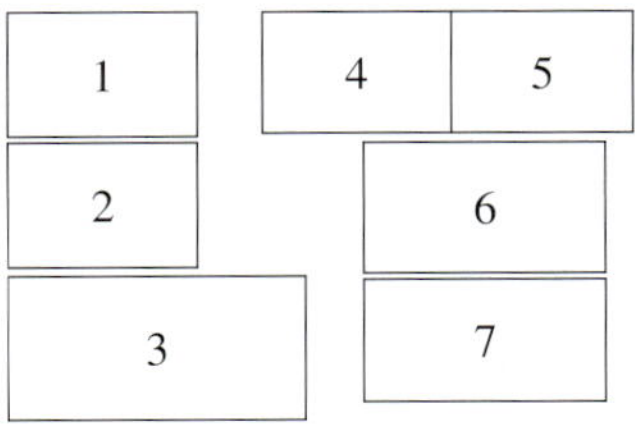

1. 望江门道口旧址（1998年）（张关春 摄
2. 南星桥最后的绿皮火车（2015年）
（吴海平 摄）
3. 南星桥站道口（2009年）（石国仙 摄）
4～5. 湖滨一公园公交候车亭的变化
（俞秋杭 摄）
6. 浙江第一码头（1998年）（洪芬 摄）
7. 浙江第一码头（2013年）（洪芬 摄）

1
2
3

1. 杭州娃哈哈集团有限公司精机车间内部图（2005年）
（杭州市人民政府地方志办公室 供稿）
2. 上城工业园区全貌（2011年）（韩盛 摄）
3. 浙江华日实业投资有限公司车间全景
（浙江华日实业投资有限公司 供稿）

1 2
3
4

1. 欧米茄手表门店
（陈建荣 摄）
2. 索菲特西湖大酒店
（于广明 摄）
3. 湖滨银泰in77（2012年）
（贺勋毅 摄）
4. 工联精品服饰城
（平传根 摄）

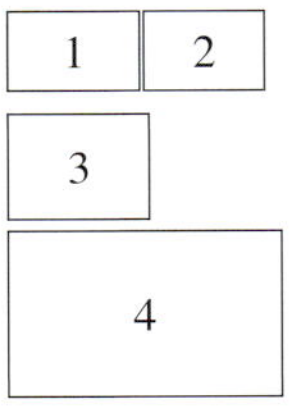

1. 杭州解放路副食品茶叶市场（2013年）（于旭光 摄）
2. 吴山花鸟市场（2014年）（区财政局 供稿）
3. 近江市场（吴海平 摄）
4. 涌金广场（2015年）（李忠 摄）

1
2
3

1. 鼓楼夜景（2012年）
（区档案局 供稿）
2. 胡雪岩故居
（邱国强 摄）
3. 杭州孔庙之大成殿
（杭州市人民政府地方志办公室 供稿）

龙年

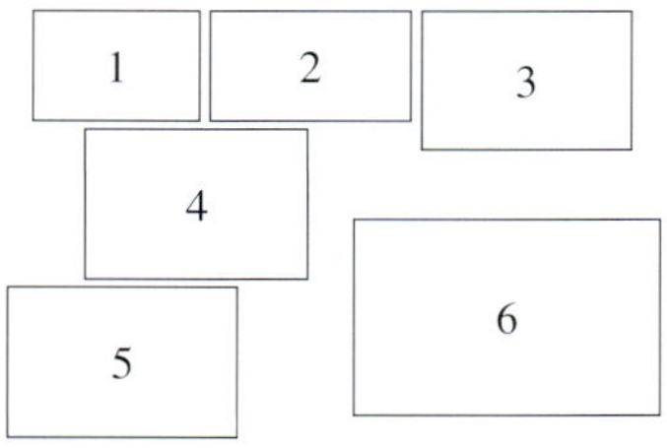

1. 湖滨音乐喷泉（区委宣传部 供稿）
2. 吴山庙会上的“百家宴”（2012年）（金光辉 摄）
3. 民俗活动——“猪八戒背媳妇”（2015年）（潘建忠 摄）
4. 玉皇山南基金小镇（胡鉴 摄）
5. 南宋御街夜景（2009年）（俞建华 摄）
6. 清河坊（徐晖 摄）

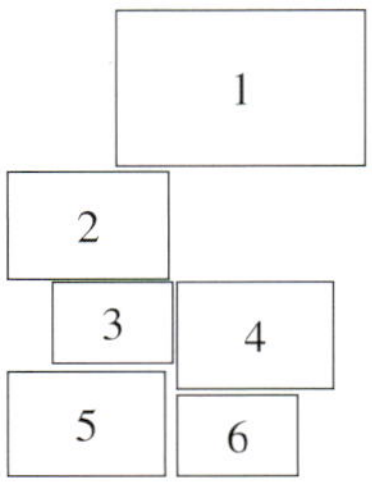

1. 中山南路美食街（汤耀亮 摄）
2. 王润兴酒楼（2011年）
（区文化和广电旅游体育局 供稿）
3. 高银美食街（陈建荣 摄）
4. 状元馆（吴璜 摄）
5. 知味观（陈建荣 摄）
6. 万隆火腿庄（俞秋杭 摄）

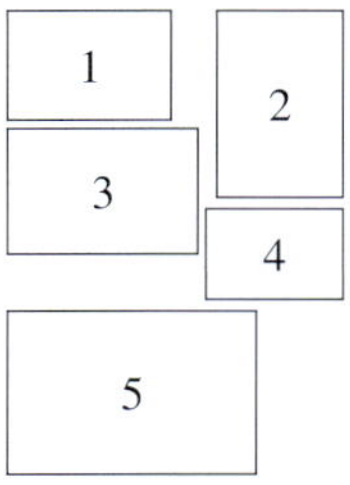

1. 泰隆银行（陈建荣 摄）
2. 交通银行浙江省分行旧址（2009年）（刘浩源 摄）
3. 上海浦东发展银行（2013年）（陈建荣 摄）
4. 南华期货股份有限公司（2009年）（区金融工作办公室 供稿）
5. 中国工商银行羊坝头支行（2005年）（陈建荣 摄）

1. 2013年3月9日，上城区清波街道在全市率先试点召开党员代表会议（区委组织部 供稿）
2. 2013年1月21—24日，上城区召开第十四届人民代表大会第二次会议（区委组织部 供稿）
3. 上城区政府旧址（熊靖华 摄）
4. 上城区政府新大楼（毛惠清 摄）

1
2 3
4

1. 驻杭部队参加中河河道疏浚二期工程（2007年）（陈建荣 摄）
2. 驻杭部队参加抗洪抢险（杭州市人民政府地方志办公室 供稿）
3. 2012年1月7—8日，区人武部组织应急连民兵到城站火车站执行春运执勤任务（区人武部 供稿）
4. 2011年5月12日，杭州市江城中学进行防空防灾疏散隐蔽演练（区住房和城建局 供稿）

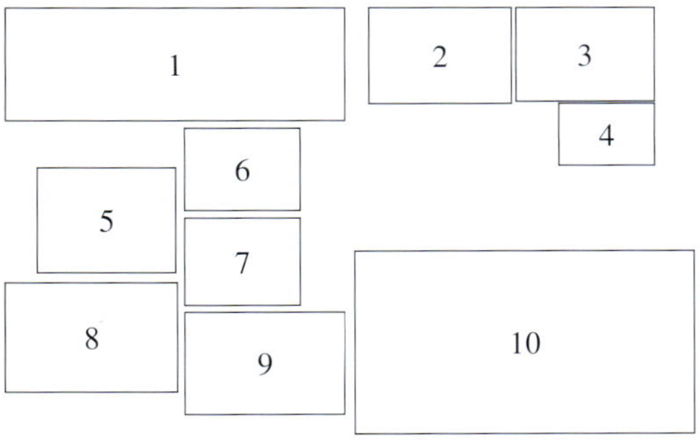

1. 2002年，全国第一所专门为小班化教育设计的杭州市崇文实验学校校舍投入使用（区教育局 供稿）
2. 2014年11月，上城区教育系统师生运动会在北京师范大学附属杭州中学举行（区教育局 供稿）
3. 2010年1月，航天英雄到杭州市崇文实验学校与学生举行见面会（区教育局 供稿）
4. 机器人主题互动教学（区教育局 供稿）
5. 2003年8月，杭州市娃哈哈小学新校舍投入使用（区教育局 供稿）
6. 1998年，上城区在杭州市率先开展小班化教育改革实验（区教育局 供稿）
7. 杭州市胜利学前教育集团胜利园区（区教育局 供稿）
8. 杭州市建兰中学（2011年）（区教育局 供稿）
9. 杭州小世界幼儿园定安园区（2011年）（区教育局 供稿）
10. 杭州市紫阳小学学生体育课（2012年）（韩盛 摄）

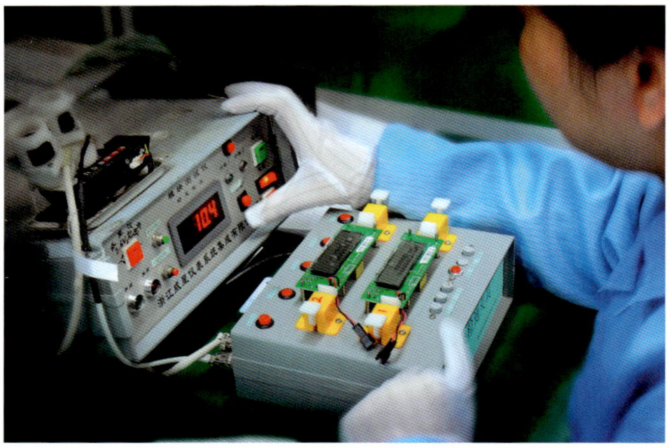

1. 工业园内生产车间（2011 年）（韩盛 摄）
2. 杭州中瑞思创科技股份有限公司员工在检测产品质量（吴汝华 摄）
3. 浙江威星智能仪表股份有限公司的仪表（2011 年）（韩盛 摄）
4. 浙江华日实业投资有限公司的生产设备
（浙江华日实业投资有限公司 供稿）

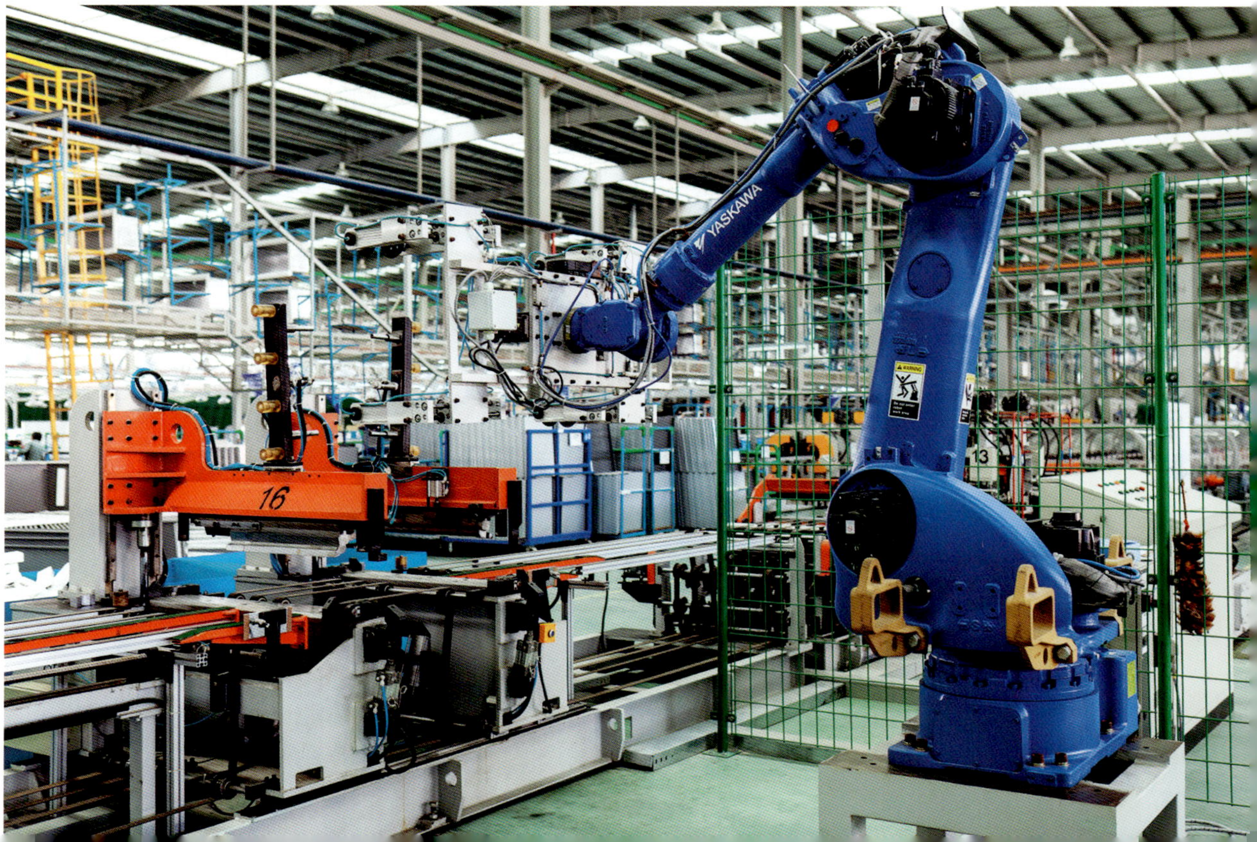

1
2 3
4

1. 浙医二院（浙医二院 供稿）
2. 杭州市第一人民医院（2003年）
（杭州市人民政府地方志办公室 供稿）
3. 浙医一院（浙医一院 供稿）
4. 浙江大学医学院附属妇产科医院（秦建伟 摄）

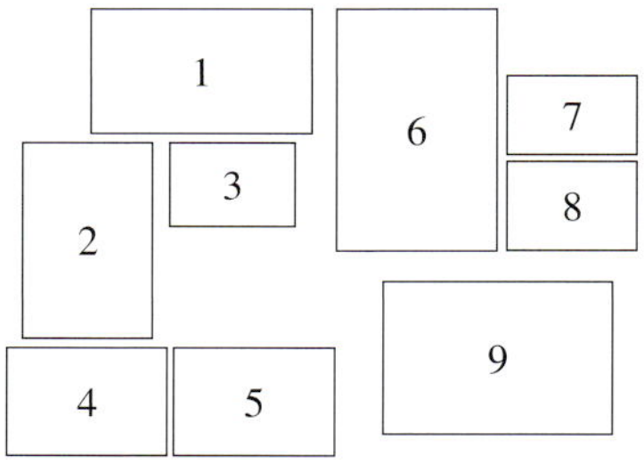

1. 清波街道社区卫生服务中心门诊大厅（区卫生健康局 供稿）
2. 俞同春中药馆（区住房和城建局 供稿）
3. 南星街道社区卫生服务中心（杭州市上城区中西医结合医院）（2006年
（区卫生健康局 供稿）
4. 胡庆余堂（陈跃书 摄）
5. 叶种德堂（吴璜 摄）
6～9. 梵天寺经幢（吴海平 摄）

青瓷故乡
中国

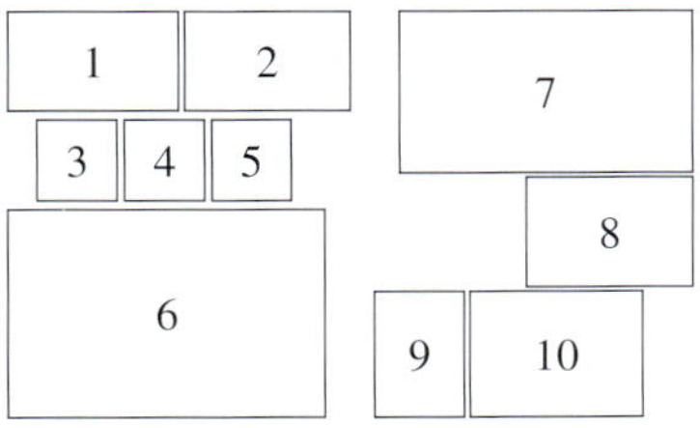

1～6. 南宋官窑遗址（潘斐 摄）

7～10. 天龙寺造像（2015年）（张关春 摄）

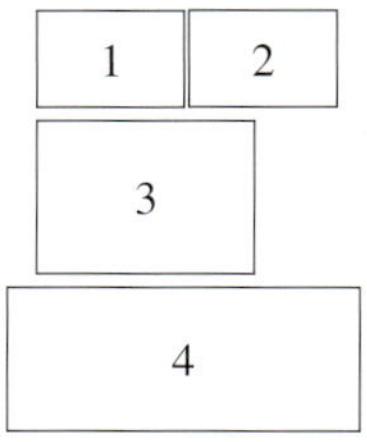

1. 石龙洞造像
（区住房和城建局 供稿）
2. 紫阳山摩崖石刻
（区住房和城建局 供稿）
3. 凤凰山月岩石（2012年）
（潘建忠 摄）
4. 郭婆井（姚建心 摄）

1. 上城区运动会开幕式表演（2010年）
（区文化和广电旅游体育局 供稿）
2. 杭州西湖马拉松上城区赛段（2013年）
（俞秋杭 摄）
3. 湖滨冬泳（俞秋杭 摄）
4. 白塔公园晨练（2015年）
（陈卫国 摄）

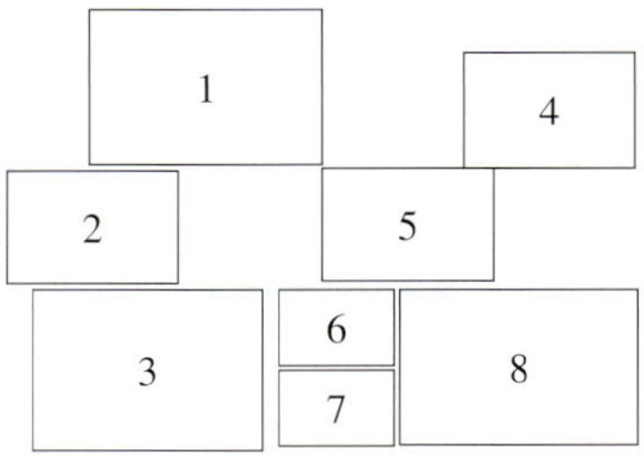

1. 南星桥休闲角（2013年）（陈跃书 摄）
2. 太庙广场戏迷角 （李高山 摄）
3. 西湖边晨练（陈业煌 摄）
4～8. 老田家的变迁（泗水坊）（王战奎 摄）

MUJI

1	2
	3
	4

1. 白云庵
（陈建荣 摄）
2. 大资福庙（2010年）
（玉皇山南基金小镇管理委员会 供稿）
3. 凤凰寺开斋节（2015年）
（戴文昌 摄）
4. 思澄堂（2005年）
（陈建荣 摄）

上城区在长三角的位置图

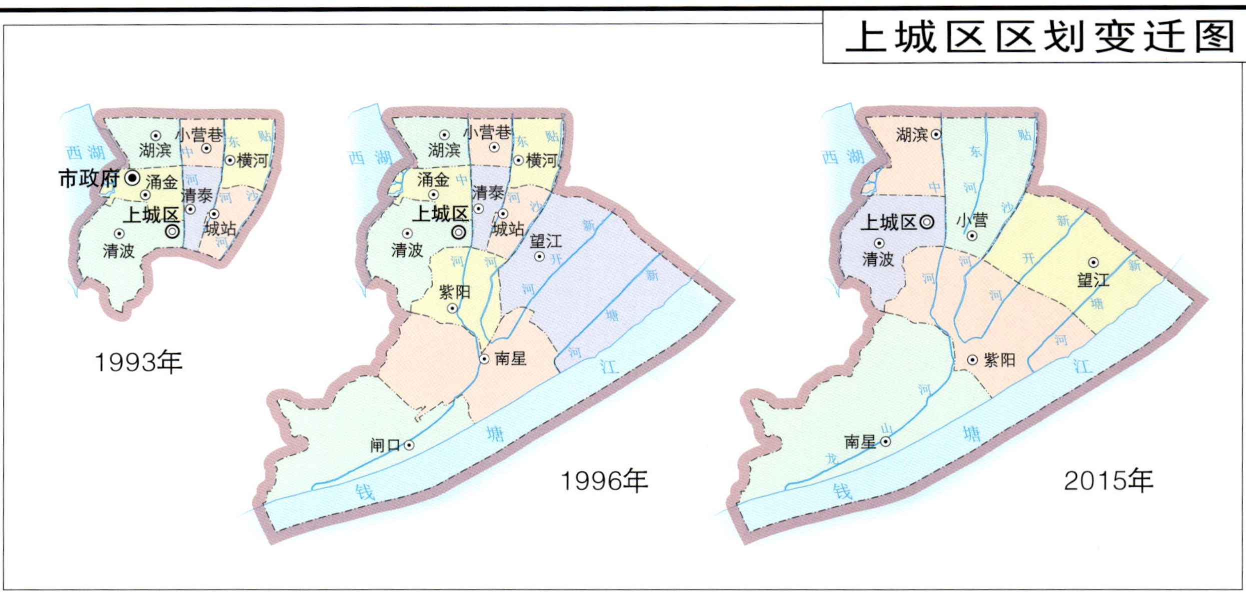

上城区区划变迁图

上城区政区详图
（2015年）

上城区地貌图

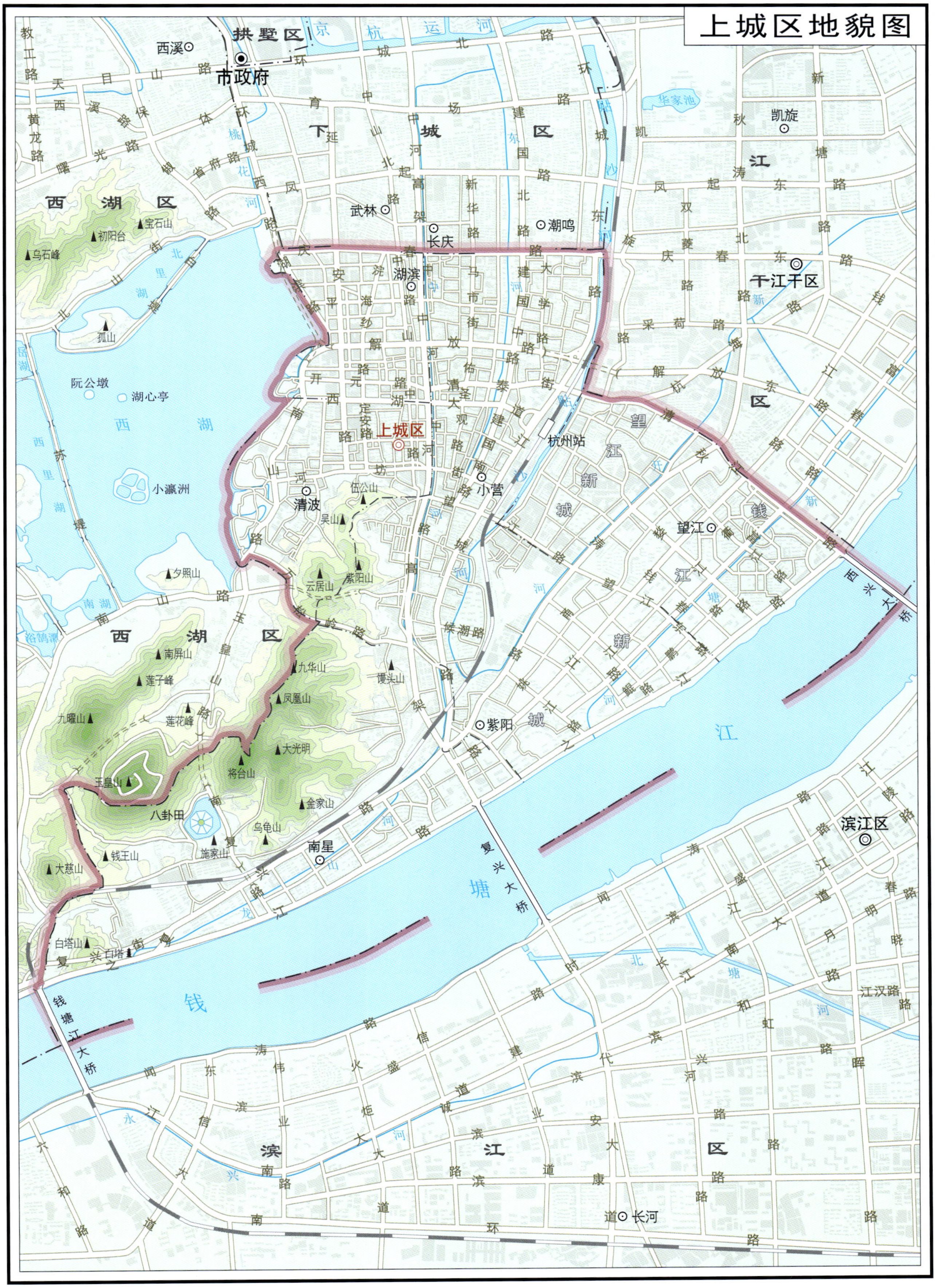

拱墅区
市政府
西溪
下城区
西湖区
江干区
干江干区
上城区
滨江区
武林
长庆
潮鸣
凯旋
湖滨
清波
小营
望江
紫阳
南星
长河
杭州站
华家池
京杭运河
西湖
小瀛洲
湖心亭
阮公墩
孤山
宝石山
初阳台
乌石峰
夕照山
伍公山
吴山
云居山
紫阳山
南屏山
莲子峰
九华山
凤凰山
馒头山
九曜山
莲花峰
大光明
将台山
玉皇山
八卦田
金家山
乌龟山
施家山
钱王山
大慈山
白塔山
白塔
钱塘江
钱塘江大桥
复兴大桥
西兴大桥
杭州站

上城区影像图

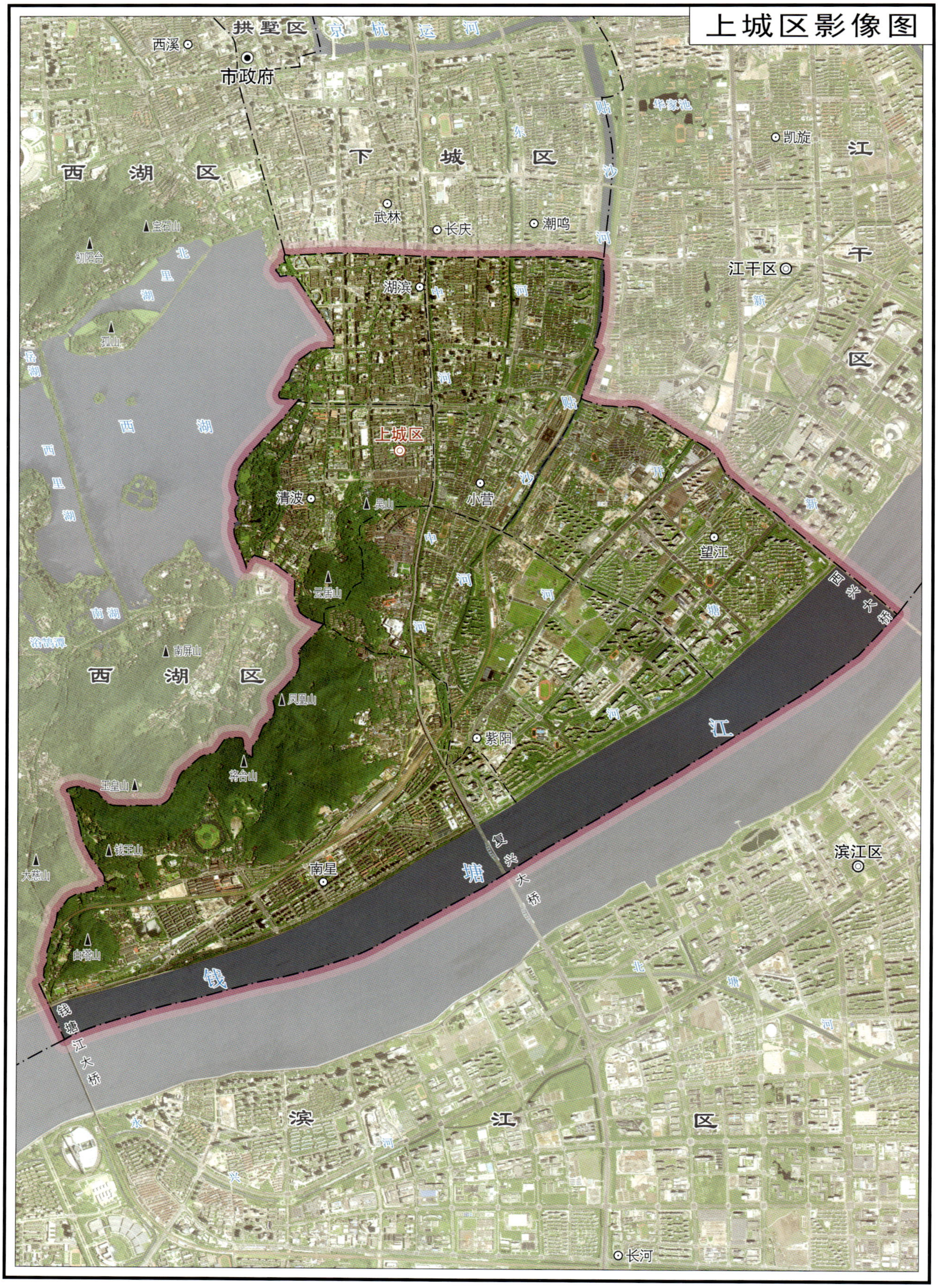
拱墅区
京杭运河
西溪
市政府
西湖区
下城区
贴沙河
华家池
凯旋
东河
武林
长庆
潮鸣
宝石山
初阳台
北里湖
孤山
江干区
湖滨
中河
岳湖
西湖
西里湖
上城区
清波
吴山
小营
望江
云居山
南湖
新开河
新塘河
钱江新城
四桥
浴鹄湾
南屏山
凤凰山
玉皇山
将台山
紫阳
钱塘江
复兴大桥
钱王山
大慈山
南星
白塔山
钱塘江大桥
滨江区
北塘河
滨江区
永兴河
长河

上城区文化图
上城区
拱墅区
下城区
西湖区
江干区
滨江区
市政府
武林
长庆
潮鸣
湖滨
清波
小营
望江
紫阳
南星
凯旋
西溪
长河
京杭运河
西湖
钱塘江
钱塘江大桥
复兴大桥
西兴大桥
钱塘门
清波门
涌金门
凤山门
候潮门
望江门
清泰门
庆春门
杭州站
思鑫坊历史文化街区
中山中路历史地段
湖边邨历史文化街区
龙翔里历史地段
平远里/惠兴路历史地段
泗水坊历史地段
韶华巷—洽丰里历史地段
兴安里历史地段
勾山里历史地段
小营巷历史文化街区
元福巷历史地段
五柳巷历史文化街区
中山中路历史文化街区
清河坊历史文化特色街区
中山南路—十五奎巷历史文化街区
安家塘历史地段
浙江图书馆旧址之大学路馆舍
求是书院
郁达夫故居
毛主席视察小营巷纪念馆
中共杭州小组纪念馆
钱学森故居
兴业银行旧址
实业银行旧址
凤凰寺
杭州碑林
胡庆余堂
钱塘第一井
胡雪岩旧居
临安城遗址
宝成寺麻曷葛剌造像
通玄观造像
凤山水城门遗址
老虎洞南宋官窑遗址
梵天寺经幢
慈云岭造像
天龙寺造像
吴越郊坛遗址
郊坛下南宋官窑遗址
吴汉月墓
闸口白塔
龙山闸遗址
南宋官窑博物馆
中国杭帮菜博物馆
中国财税博物馆
杭州博物馆
西湖博物馆
杭州世界钱币博物馆
杭州南宋钱币博物馆
浙江省中山纪念林碑
吴越钱氏海塘
杭州歌剧舞剧院
越剧传习院
滑稽艺术剧院
杭州文化广播电视集团
市妇女活动中心
图例
国家级文保单位
省级文保单位
市级文保单位
其他文化场所
红色文化
博物馆
图书馆
古城门
学校
剧院
历史文化街区（地段）
明清古城墙
吴越捍海塘

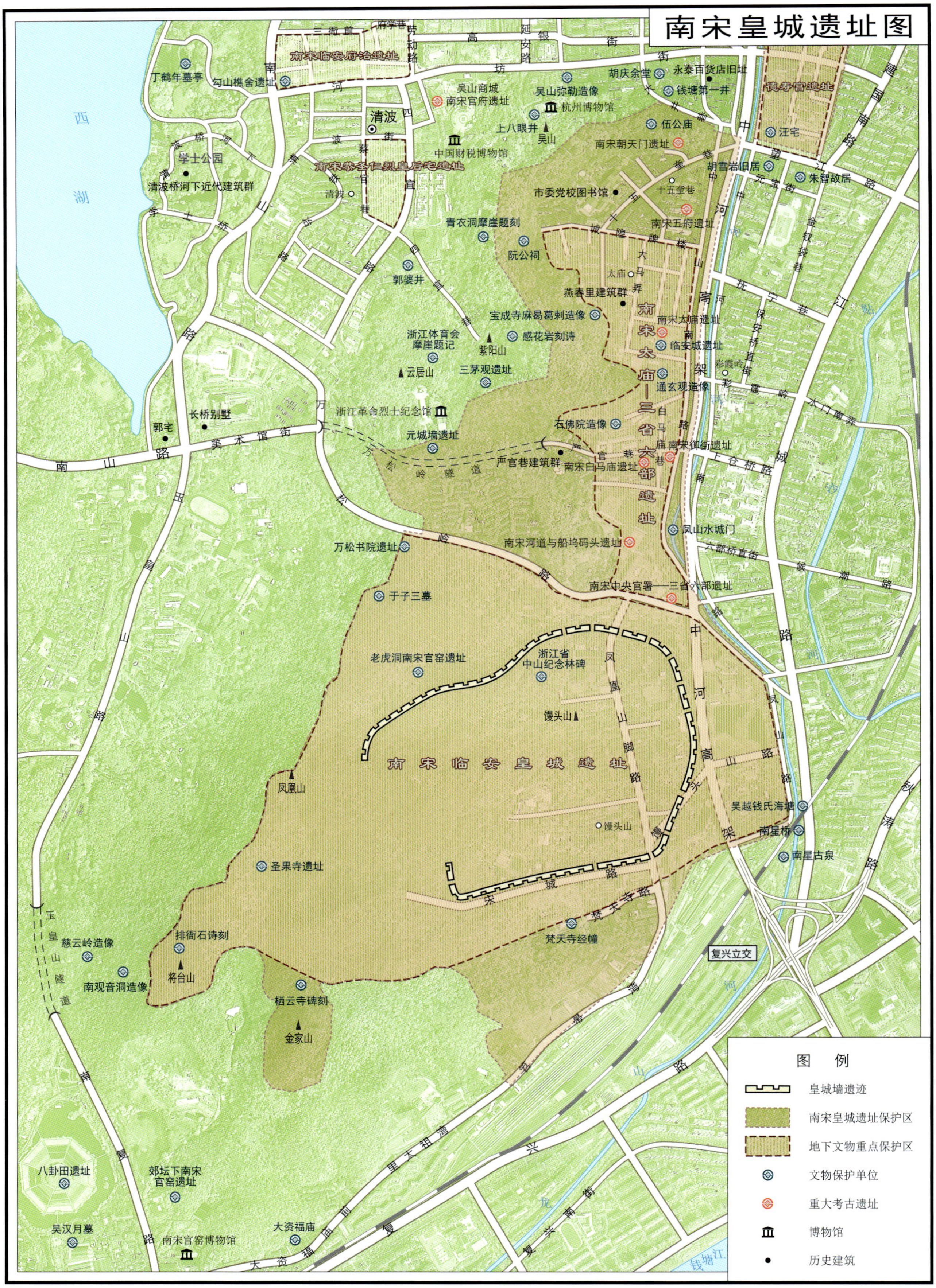
图例
皇城墙遗迹
南宋皇城遗址保护区
地下文物重点保护区
文物保护单位
重大考古遗址
博物馆
历史建筑
南宋临安府治遗址
德寿宫遗址
南宋恭圣仁烈皇后宅遗址
南宋太庙—三省六部遗址
南宋临安皇城遗址
西湖
丁鹤年墓亭
勾山樵舍遗址
吴山商城
南宋官府遗址
吴山弥勒造像
杭州博物馆
胡庆余堂
永泰百货店旧址
钱塘第一井
清波
上八眼井
吴山
伍公庙
汪宅
中国财税博物馆
南宋朝天门遗址
胡雪岩旧居
朱智故居
学士公园
清波桥河下近代建筑群
市委党校图书馆
十五奎巷
南宋五府遗址
青衣洞摩崖题刻
阮公祠
郭婆井
太庙
燕春里建筑群
宝成寺麻曷葛刺造像
南宋太庙遗址
感花岩刻诗
紫阳山
临安城遗址
浙江体育会摩崖题记
云居山
三茅观遗址
通玄观造像
长桥别墅
浙江革命烈士纪念馆
石佛院造像
南宋御街遗址
郭宅
元城墙遗址
严官巷建筑群
南宋白马庙遗址
万松书院遗址
南宋河道与船坞码头遗址
凤山水城门
南宋中央官署—三省六部遗址
于子三墓
老虎洞南宋官窑遗址
浙江省中山纪念林碑
馒头山
凤凰山
吴越钱氏海塘
南星桥
南星古泉
圣果寺遗址
梵天寺经幢
复兴立交
排衙石诗刻
将台山
慈云岭造像
南观音洞造像
栖云寺碑刻
金家山
八卦田遗址
郊坛下南宋官窑遗址
吴汉月墓
南宋官窑博物馆
大资福庙
钱塘江
南山路
美术馆街
万松岭隧道
万松岭路
凤凰山脚路
中河高架
中河路
玉皇山隧道
虎跑路
南复路
梵天寺路
宋城路
大资福庙前
复兴路
江城路
建国南路
秋涛路
清泰街
解放路
高银街
河坊街
延安路
四宜路

南宋皇城遗址图

上城区特色街区地图

湖滨商贸旅游特色街区
南山路艺术休闲特色街区
清河坊历史文化特色街区
西湖区
下城区
上城区
西湖
断桥残雪
湖滨晴雨
钱祠表忠
柳浪闻莺
雷峰夕照
南屏晚钟
万松书缘
西湖国贸
时代广场
必胜客
国泰商厦
天阳明珠百货市场
华侨饭店
蕉叶
胜利剧院
凯悦酒店
星巴克
利星
In77
哈根达斯
工联大厦
平海旺角商务楼
龙翔桥站
湖滨
音乐喷泉
东坡大剧院
肯德基
湖滨银泰
五福里
麦当劳
知味观
仁和饭店
杭州酒家
吴山烤禽店
罗麦斯比萨
中华饭店
季诺意式休闲餐厅
新侨饭店
德克士
一公园
新丰小吃
芳斯莱斯
兰博基尼
解百新元华
解百
最美主题餐厅
福港日本料理
安秀巢
提卡咖啡
大华饭店
西湖天地
涌金广场
定安路站
老马家面馆
路易·威登
古驰
爱马仕
乔治·阿玛尼
蒙口
杰尼亚
苹果智能手机专营店
方回春堂
王星记
巴尔曼
宝姿
斯沃琪
爱马仕三合一
都锦生专卖店
云水餐厅
湖蝶餐厅
翡翠花园
茶酒年代私房菜
华缤霓意大利餐厅
Cosfa coffee
牙买加咖啡
Starbucks coffee
世家迪兰咖啡
哈根达斯
一茶一坐
1917花园餐厅
两岸咖啡
索菲特大酒店
清波商厦
辉映文化体验馆
西湖101文创会客厅
V创汇创新项目孵化中心
和记靓汤
中国美术学院
普利欧
釜山料理
西湖春天
伯昂咖啡
億多瑞站
澳门豆捞
蓝水明水
钱王美庐
西湖银泰
钱王海鲜生蚝馆
贝尼尼咖啡
两岸咖啡
木之兰日本料理
西湖博物馆
浙中会
茶人邨
玲珑小镇
恒庐画廊
7080庭院餐厅
哈乐淇淋屋
西爵餐厅
摩卡咖啡
太古咖啡
清波
吴山广场
吴山天风
杭州博物馆
中国财税博物馆
拉丁娜巴西烤肉
玛莎拉蒂
金堂国莱馆
柳莺宾馆
临湖大酒店
星级厨房
茶人居
菲乐餐厅
学士公园
印度小厨
新胡庆余堂药膳馆
红泥砂锅大酒店
锦香来
唐云艺术馆
云居山
紫阳山
太庙公园
夕照山
雷峰塔
浙江美术馆
浙江革命烈士纪念馆
长桥公园
万松岭隧道
御祥绸布庄
豫丰祥
江南春糕团店
奎元馆
绍芝岩笔庄
盐业银行旧址
兴业银行旧址
九芝斋旧址
亨达利钟表店旧址
万源绸庄旧址
华德药坊旧址
实业银行旧址
复泰钱庄旧址
同和百货店旧址
老凤祥
湖宏基
老庙黄金
中保大厦
御街陈列馆
五洲药店旧址
上城区
五芳斋
万隆火腿庄旧址
王润兴
叶种德堂
永泰百货旧址
恒丰绸庄旧址
张允升百货
南宋收藏品艺术展
地铁1号线
图例
博物馆
餐饮
酒店
老店
商场
老字号
大厦
旧址
西湖十景
品牌项目

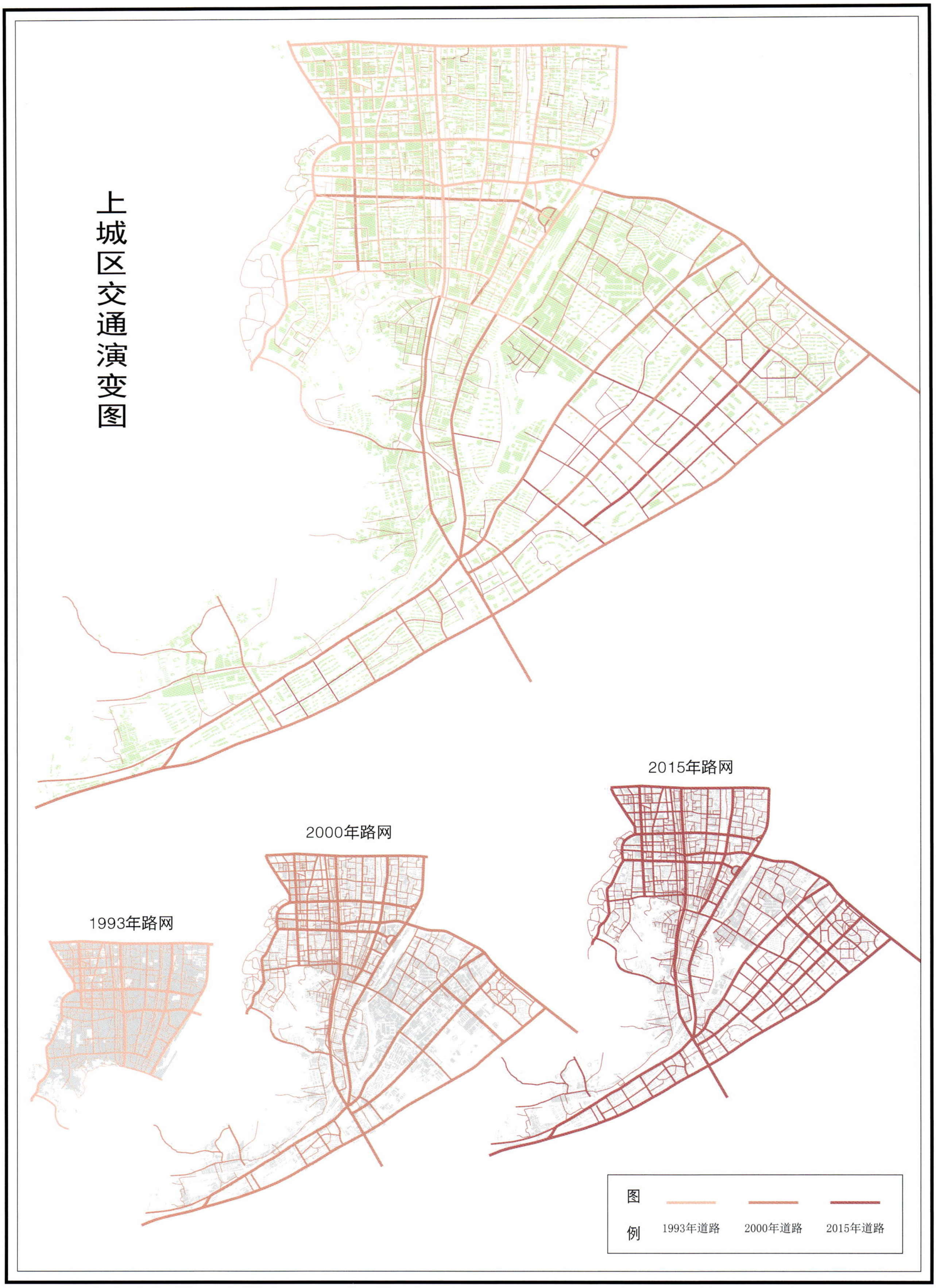
上城区交通演变图
1993年路网
2000年路网
2015年路网
图例
1993年道路
2000年道路
2015年道路

上城区经济图

上城区经济图
上城区电子机械功能区
余杭
拱墅
下城
江干
西湖
上城
滨江
拱墅区
市政府
西溪
下城区
西湖区
江干区
滨江区
武林
长庆
潮鸣
湖滨
上城区
清波
小营
紫阳
望江
南星
杭州站
凤起路站
龙翔桥站
定安路站
城站站
婺江路站
近江站
上城高端医疗服务集聚区
湖滨商贸旅游特色街区
五柳巷·建国南路名老中医一条街
南山路艺术休闲特色街区
清河坊历史文化特色街区
望江智慧产业园
玉皇山南基金小镇
天阳明珠百货市场
in77
湖滨银泰
解百
新元华
西湖银泰
万泰城
银江宾馆
横河大厦
金泰商务大厦
杭州地铁电视
宝石山
初阳山
孤山
阮公墩
湖心亭
小瀛洲
吴山
紫阳山
南屏山
凤凰山
将台山
玉皇山
金家山
大慈山
钱王山
白塔山
西湖
钱塘江大桥
复兴大桥
西兴大桥
地铁1号线
钱
塘
江
图例
企业
商场
大厦
酒店
老字号
医院
园区范围
杭州花中城食品
浙江中杭电子
浙江双元科技开发
思创医惠科技
浙江中源电气
杭州中瑞思创科技
科技孵化大楼
浙江亿邦通信科技
杭州绿盛食品集团
杭州交联电气工程
杭州捷尔思阻燃化工
杭州海兴电力科技
杭州奥普电器
杭州柯林电力设备
浙江威星智能仪表
杭州井藤汉方保健食品
杭州三高光电科技
浙江求是科教设备
德裕大楼

上城区街巷图（1993）

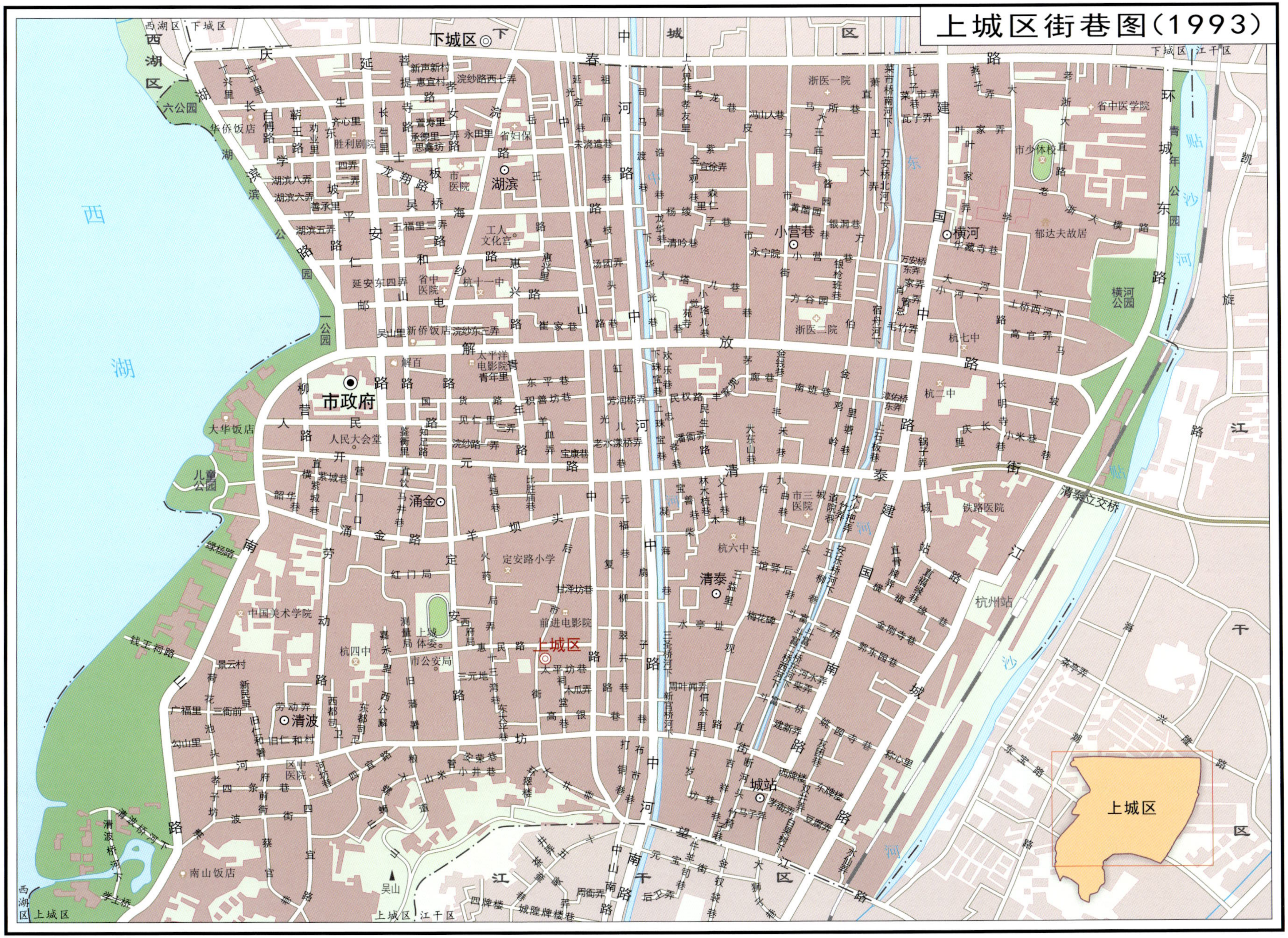

西湖
西湖区
下城区
江干区
上城区
市政府
湖滨
小营巷
横河
清泰
涌金
清波
城站
杭州站
清泰立交桥
中山中路
中山南路
中河
东河
贴沙河
解放路
庆春路
延安路
南山路
湖滨路
西湖大道
望江路
环城东路
建国南路
六公园
一公园
儿童公园
横河公园
吴山
华侨饭店
大华饭店
南山饭店
新侨饭店
市少体校
省中医学院
郁达夫故居
浙医一院
浙医二院
铁路医院
市三医院
省中医院
区中医院
杭二中
杭四中
杭六中
杭七中
杭十一中
中国美术学院
定安路小学
工人文化宫
人民大会堂
市公安局
上城区体委
前进电影院
太平洋电影院
胜利剧院

上城区街巷图（2000）

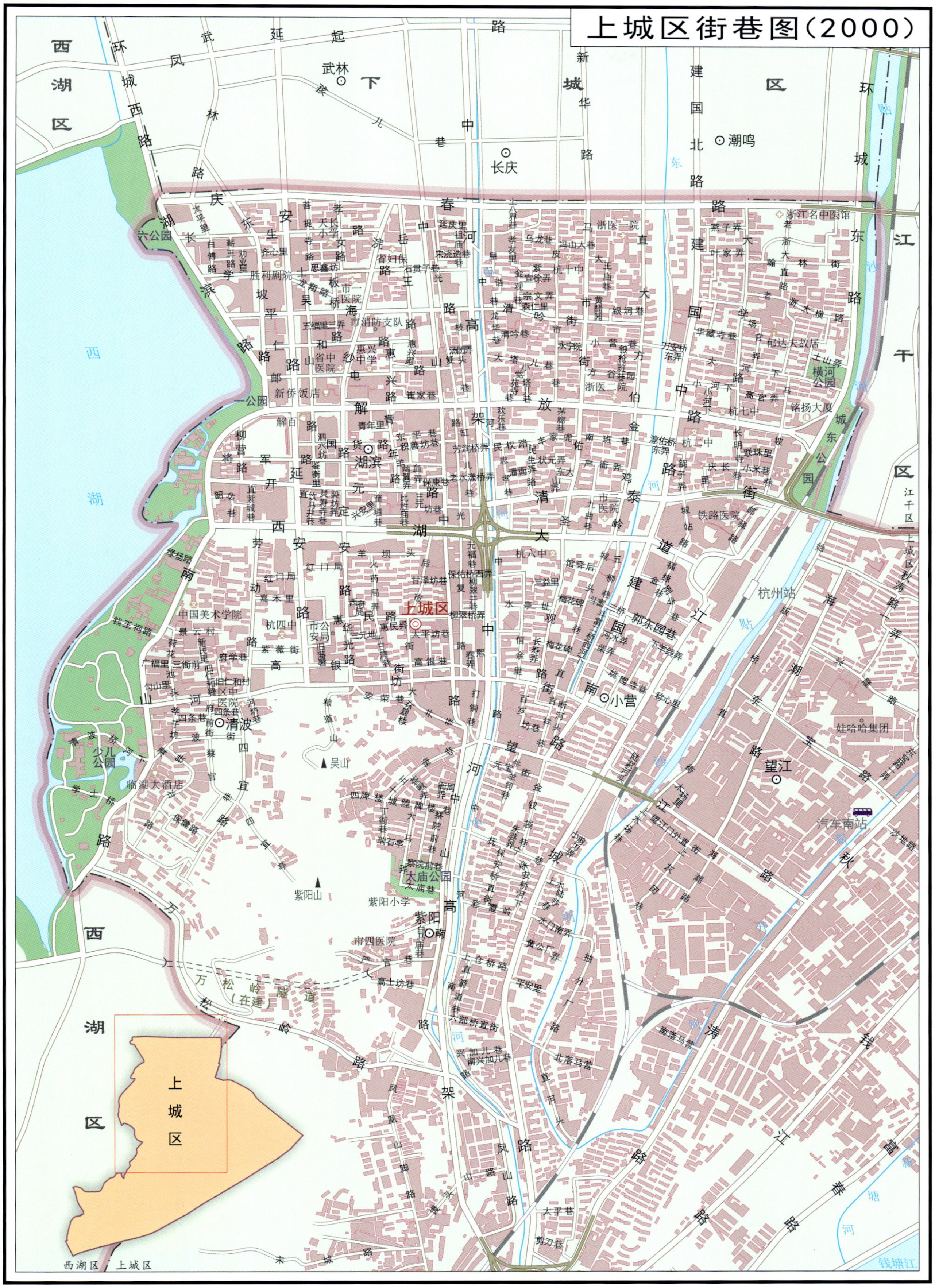

西湖区
下城区
江干区
上城区
西湖
武林
长庆
潮鸣
湖滨
清波
小营
望江
紫阳
六公园
一公园
少儿公园
杭州站
汽车南站
中国美术学院
胜利剧院
新侨饭店
杭四中
杭六中
杭七中
杭十中
浙医二院
铁路医院
市四医院
紫阳小学
临湖大酒店
娃哈哈集团
铭扬大厦
郁达夫故居
浙江名中医馆
吴山
紫阳山
万松岭隧道（在建）
横河公园
太庙公园
城东公园
钱塘江
中河
东河
贴沙河
环城西路
环城东路
湖滨路
南山路
延安路
解放路
庆春路
中山路
建国路
平海路
西湖大道
河坊街
望江路
秋涛路
清泰路
万松岭路
凤山路
江城路
凤起路
中河高架
清波街
大学路
西湖区 上城区

上城区街巷图（2015）

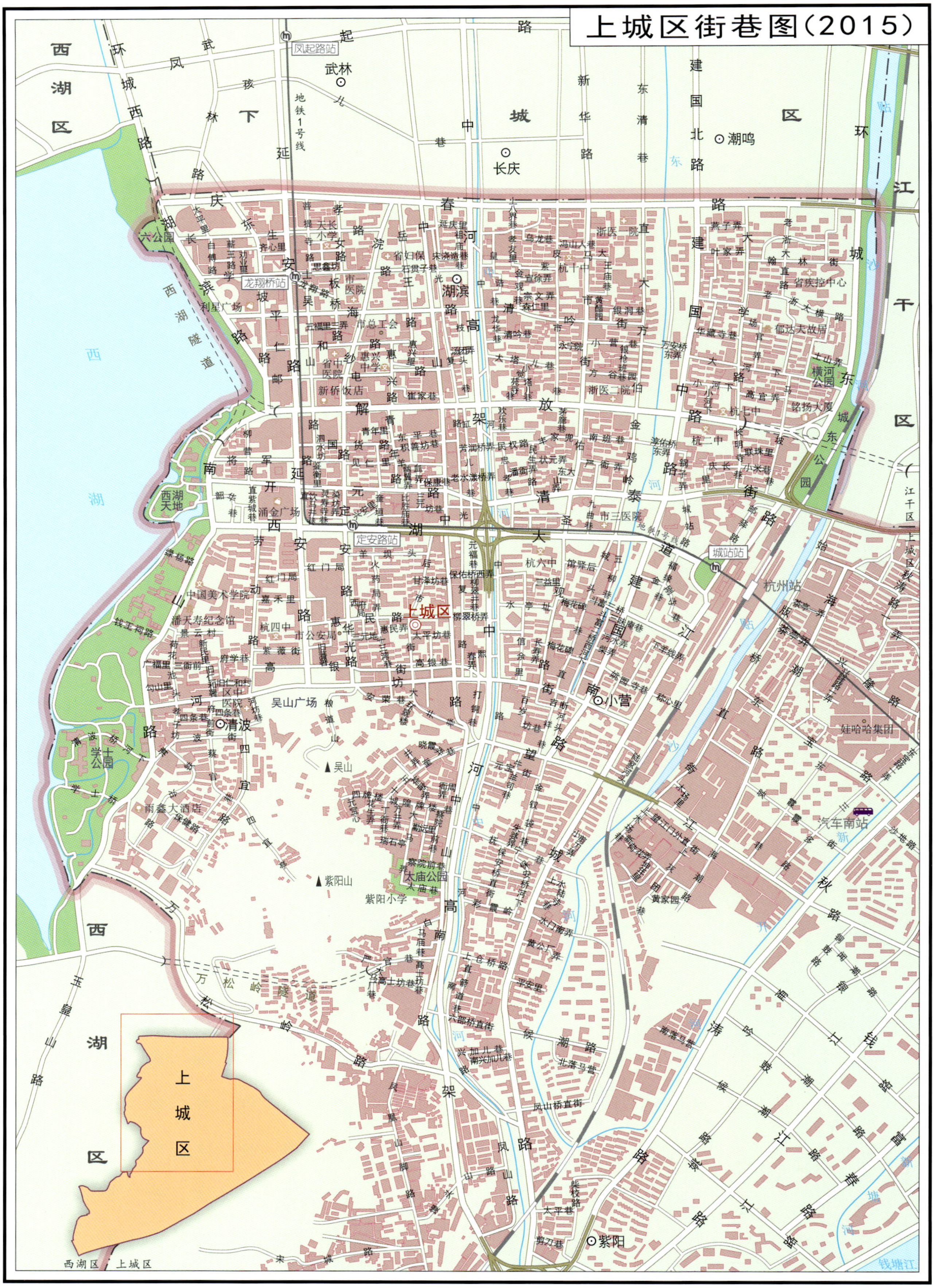

西湖区
下城区
江干区
西湖
上城区
凤起路站
龙翔桥站
定安路站
城站站
杭州站
地铁1号线
武林
长庆
潮鸣
湖滨
清波
小营
紫阳
六公园
利星广场
市一医院
市总工会
新侨饭店
省中医院
西湖天地
涌金广场
中国美术学院
潘天寿纪念馆
吴山广场
吴山
紫阳山
太庙公园
紫阳小学
学士公园
雨鑫大酒店
钱王祠路
横河公园
铭扬大厦
郁达夫故居
省疾控中心
市三医院
杭六中
杭四中
市公安局
杭七中
杭二中
浙医二院
娃哈哈集团
汽车南站
万松岭隧道
西湖隧道
钱塘江
解放路
延安路
中河高架
望江路
江城路
秋涛路
凤山路
万松岭路
虎跑路
南山路
河坊街
清泰街
庆春路
平海路
西湖大道
建国北路
环城东路

上城区

西湖区 上城区

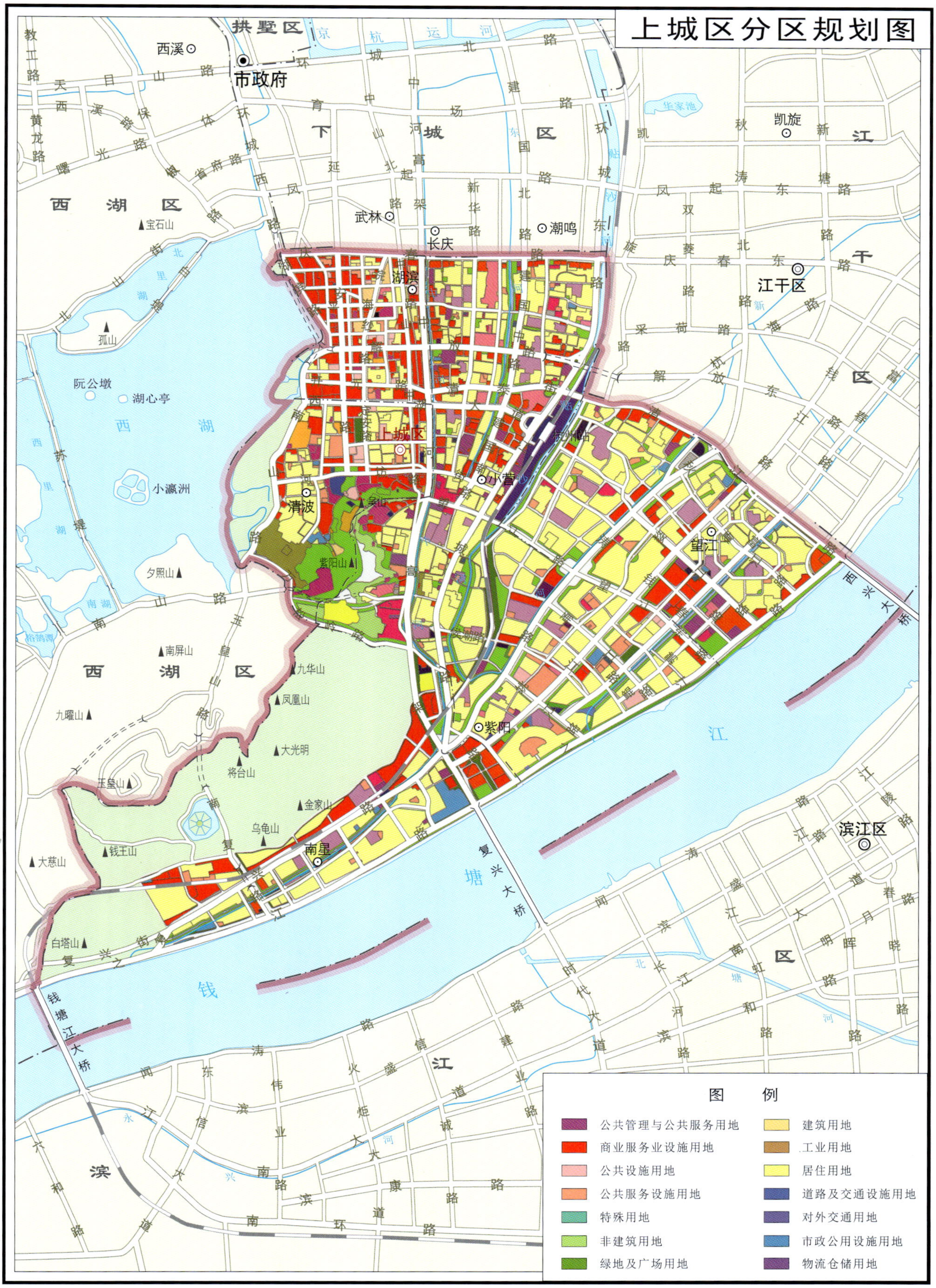
图 例
公共管理与公共服务用地
商业服务业设施用地
公共设施用地
公共服务设施用地
特殊用地
非建筑用地
绿地及广场用地
建筑用地
工业用地
居住用地
道路及交通设施用地
对外交通用地
市政公用设施用地
物流仓储用地
拱墅区
市政府
西溪
下城区
西湖区
江干区
滨江区
上城区
湖滨
清波
小营
望江
紫阳
南星
武林
长庆
潮鸣
凯旋
西湖
钱塘江
复兴大桥
钱塘江大桥
西兴大桥
宝石山
孤山
阮公墩
湖心亭
小瀛洲
夕照山
吴山
紫阳山
南屏山
九华山
凤凰山
九曜山
大光明
将台山
玉皇山
金家山
乌龟山
钱王山
大慈山
白塔山

上城区分区规划图

上城区古桥、古井图

海月桥

钱塘第一井

图例
古井
古桥
泉

序　一

“治天下者以史为鉴，治郡国者以志为鉴。”地方志积累了不可替代的地情数据库、信息库和资料库，是传承地方历史文明的重要载体，是中华优秀传统文化的重要组成部分。中华人民共和国成立后，特别是改革开放新时期以来，党和国家领导人对地方志工作高度重视。2014年2月25日，习近平总书记在考察首都博物馆时指出“要在展览的同时高度重视修史修志，让文物说话、把历史智慧告诉人们”。李克强总理在第五次全国地方志工作会议指出“地方志是传承中华文明、发掘历史智慧的重要载体，存史、育人、资政，做好编修工作十分重要”。

“东南形胜，三吴都会，钱塘自古繁华。”上城区历史悠久、人杰地灵，得天独厚的地域优势，使她自古至今皆是杭州“珍异所聚”“商贾云集”的繁华之地，是杭州经济社会活动的中心，既镌刻着城市的千年记忆、延续着城市的千年文脉，又散发着阔步迈向现代化、国际化的生机活力。这里不仅是吴越文化、南宋文化的发祥地，南宋皇城遗址的所在地，也是拥有“新中国第一个居委会”“浙江省第一个党组织”“浙江省第一个团组织”“毛主席视察的第一个城市居委会”等诸多党史胜迹和历史第一的特色城区。同时，有湖滨商贸旅游特色街区、南山路艺术休闲特色街区、清河坊历史文化特色街区三大商业特色街区，还有全国第一批智慧城区建设试点——望江智慧产业园，以发展私募金融产业为核心的中国版“格林威治小镇”——玉皇山南基金小镇等现代化产业发展平台。中华人民共和国成立后，尤其是改革开放以来，是上城区发展最快的时期，在省、市、区各级党委政府的正确领导下，全区干部群众攻坚克难，齐心协力，实干担当，激情创业，城区面貌发生了翻天覆地的变化，开启了上城区的崭新格局。在1993年至2015年二十余年的发展历程中，上城区立足良好自然环境和人文资源所构成的独特城区品质，找准定位，锐意进取，围绕“商贸领先、三产兴区”“优二兴三、三产兴区、科教强区”“工业富区、商旅兴区、环境立区、科教强区、依法治区”“打造杭州RBD，构建和谐新上城”“建设具有国际水准的高品质中心城区”和 “现代化美丽上城”等重大决策，推进产业转型升级，营造良好营商环境，加大城市综合整治，改善人民生活品质，提高依法行政能力，不断探索出适合自身发展的道路，实现老城区、小城区的华丽蝶变。

“一邑之典章文物，皆系于志。”地方志作为“一方之全史”，是地域文化的特色所在、优势所在和魅力所在。上城区历来重视编史修志工作，早在20世纪90年代，就启动了首轮《杭州市上城区志》的编修工作，并在2015年公开出版，此书记述了上城区从上古时期至1992年的历史沿革、风土人情、经济发展、社会变迁等各个方面，是一部记录上城人百折不挠、不懈奋斗的历史画卷。此次编修的《杭州市上城区志（1993—2015）》，承接前志，主要记述了上城区1993年到2015年的发展历程，记述了上城区在这二十余年间改革开放全面推进、经济迅速发展、政治局面保持稳定、城区面貌不断改善、人民生活水平不断提高、文化软实力不断增强的历史。该志体例完备、资料翔实、内容丰富、史实准确、特色鲜明，全面记述上城区各项事业发展，设置《南宋皇城》等特色篇，充分体现了上城区的地域特色和文化底蕴，是一部无愧于时代、无愧于人民的精品佳志。

盛世修志，志载盛世。史志工作的使命和担当就是“直笔著信史，彰善引风气，为当代提供资政辅治之参考，为后世留下堪存堪鉴之记述”。当前，上城区正加快打造高端服务业新高地、营商环境新高地、文化传承新高地、幸福民生新高地、智慧治理新高地、政治生态新高地，高质量建设一流的国际化现代化城区，努力在打造“新时代全面展示中国特色社会主义制度优越性的重要窗口”中走在前作示范。《杭州市上城区志（1993—2015）》的正式出版，有助于熟悉区情乃至研究事物发展规律，进一步提升实现高质量发展的能力水平,为科学决策提供历史借鉴和参考。同时，推动上城人以更加宽广的视角追溯历史渊源，丰厚文化底蕴，提振精气神，更好地在打造“重要窗口”和建设社会主义现代化国家新征程中展现新作为、谱写新篇章。

中共杭州市上城区委书记

杭州市上城区人民政府区长

序　二

《杭州市上城区志》，于2015年出版，这是首部上城区区志，在杭州方志史上，具有里程碑的意义。为进一步发挥方志存史的功能，上城区委党史和地方志编纂研究室又启动了续修《杭州市上城区志（1993—2015）》的工程，在承接首部区志成果的基础上，将1993年以来，上城区二十三年的快速发展历史，用史志记录下来。

经区志编辑部悉心统筹，集众人的智慧，聚团队的合力，靠每位参与者辛勤的付出，历经五年多的不懈努力，一套卷帙厚重，包括五大部类、三十六篇、上百万字的巨著——《杭州市上城区志（1993—2015）》，已然问世。这一部崭新的区志，从文化、经济、政治、社会、自然各个方面，总结了上城区二十三年的璀璨政绩、业绩、功绩、劳绩，内容全面、丰富，分文化、经济、政治、社会、自然五大门类，事无巨细，林林总总，庶几一部上城区百科全书！其工程之大，调查研究之深入，梳理原始史料之细致，分工编撰之艰辛，令人钦佩！

方志，在世界文明中，独秀一枝，是中华文化的瑰宝。修方志，是中华民族优秀的文化传统。国有国史，邑有方志，前事不忘，文脉相续，世代绵延，启迪后人，有益资治，有助教化。修成一方区志，虽是涓涓细流，然与全国各地省志、市志、县志，汇成滔滔历史文化巨流，其业伟，其功高，可喜可贺！

五个门类，囊括了杭州市上城区各行各业、各条战线、各个部门、各色人等大大小小的创造、贡献与成就。其信息量之大、提供的资源之多、学术性之强、历史延续性之长、城区历史文化特色之鲜明，令人目不暇接，美不胜收！无疑，这是一部高水平的地方志，值得称道。

首先，区志信息量大。提供了资政决策、创业规划、人才引进与人口管理、历史遗产保护与开发等大量信息。比如经济部类中，统计了“1993—2015年上城区地区生产总值情况”，可以看出本区生产总值逐年增长的态势，然其中又有阶段性涨幅大小的区别。至2015年，总产值达到861亿元的高水平，经济发展模式从要素驱动、投资驱动转向创新驱动。正是2015年，上城区财政收入突破百亿大关，达到107亿元！居民生活水平从“小康”转变为“富裕”！这是经济部类大数据中的一项，这一数据信息，就给政府部门提供经济发展规划决策的重要依据。并向世界展示了800多年前的世界最繁华之都杭州古钱塘，继往开来，在21世纪，正在上演重振雄风、民族复兴，直奔小康、富裕的“中国速度”！

再如国家鼓励大众创业，个体工商户，从1993年2336户到2015年增至15660户，基本上呈逐年增长态势。至于品牌企业、上市公司、外资引进的数据，都是经济部门需要掌握的重要信息。区志随时随地为政府部门和社会各界，提供决策或参照的宝贵数据。

文化部类记录了上城区政府和有关部门，对当年南宋都城核心地区文物遗产保护的政绩与业绩。1995—2004年，“南宋太庙遗址”“老虎洞南宋官窑遗址”“南宋临安府治遗址”“南宋恭圣仁烈皇后宅遗址”“严官巷南宋御街遗址”五项考古发现，分别被评为当年度的中国十大考古新发现。此后，又启动了《南宋临安城遗址——皇城遗址保护规划》《南宋临安城遗址总体规划》，至2015年，已陆续和紧张地开展中山路御街保护、南宋历史文化街区保护、南宋皇城遗址保护等有关工程。这不仅仅是城区升级建设的重要信息，亦为海内外考古学界、史学界、世界遗产保护机构提供了重要信息源，从而进一步提高海内外学界对上城区发掘和保护南宋京都皇城遗存的关注度。

自然部类涉及上城区人文地理、社会管理、电信交通等多方面的实录调查、历史与现实的发展变化，这是民生大计，同样提供了大量的宝贵信息资源。如关于本区人口结构的普查，进入21世纪，上城区已进入老年型社会。1990年，全区60岁及65岁以上的老人22005人，占口总数10.4%；2010年，全区60岁及65岁以上的老人达41283人，将近翻了一倍！占人口总数的13.87%。十年之间，老龄化比例就增加了3.47%。这就给人口管理政策的制定，“夕阳红”事业如何跟上，提供了重要参数。

政治部类如实地记载了上城区上层建筑——区政府的建制及其推进城区建设与提升管理能力的政绩，是上城区一部政情书，为各级领导了解本区、本部门过去与现在所承担的使命与责任，更好地担当起规划未来、走向未来，提供了可供决策的信息。比如上城区何以能获得经济快速发展的成就？这就与区委领导在不同历史时期采取不同的战略决策息息相关。从1994年至2015年，先后作出了六次战略决策的调整：1.商贸领先、三产兴区；2.优二兴三、三产兴区、科教强区；3.工业富区、商旅兴区、环境立区、科教强区、依法治区；4.打造杭州RBD（休闲商务区）、构建和谐新上城；5.建设“具有国际水准的高品质中心城区”；6.建设现代化美丽上城。上城区，按照正确的战略决策，二十三年，一步一步拼搏过来，终于实现了建设美丽新上城，从小康奔入富裕的目标！方志存史，史以明鉴。已实施成功的战略决策，为新任领导，昭示了如何制订下一步战略决策的蓝图，具有无可取代的资政作用。

第二，学术性强，资料翔实可靠。方志讲究征信，字字有来历，事事有依据，成为可信赖的地方史。新区志，做到了这一条。如，上城区作为杭州历史文化名城的根据地，南宋皇城遗址，是其中的一张金名片、一大亮点。全书第一篇就是《南宋皇城》。本志用大篇幅对南宋皇城建筑的历史记载、遗存、考古和遗址保护及与皇城相关的研究和传播，进行了详细的论述。这是一篇分量厚重的关于上城区宝贵的文化遗产——南宋皇城遗址的考古发掘、保护、宣传的研究成果。学术性强，所有论述都引用了宋代第一手文献资料和今人考古学与历史学研究的最新成果，学术功底深厚，体现了《杭州市上城区志（1993—2015）》严谨、求实、可信的特色，无疑，这是当代方志撰著中的一部不可多得的力作。

第三，区志历史延续性强，突出历史传承与近现代创造融合的区域历史文化特色。五大部类记述城区特定时期（1993—2015）的发展，有一个共同点，即不是孤立地限定于本时期叙事，都体现了从历史走到今天，准备再出发走向更好未来的理念，历史延续性强。即便任取社会部类一条街道建设，就可以看出街道的历史沿革，街道建设飞速发展，及其喷发出来的小社会大功能的能量！读了之后，你会真切地感受到仿佛可以触摸得到的真实，生动地反映了区各级行政部门高水平的管理能力和执行力。比如第三十四篇《街道》第六章《紫阳街道》，记叙了紫阳街道南宋时，处于皇宫大内东北隅，御街南段，南宋、元、明中央与地方官衙集中地。又是1949年“新中国第一个居民委员会”——上羊市街居委会诞生地。拥有深厚的历史文化底蕴。然而该街道居民区人口稠密，辖区工商业较少，可供开发的空间有限。街道就利用历史文化、医疗、教育资源丰富的优势，大力发展第三产业，居民区经济异军突起，以河坊街历史街区的建设为龙头，服务业、商贸、旅游业日益兴旺。此外，开拓物业租赁、资金运作和投资，街道经济获得快速发展，“2006—2015年，紫阳街道地方财政收入从亿级增长到10亿级”。这是物质文明建设的成就。在精神文明建设方面，紫阳街道继承“新中国第一个居民委员会”先进居民区管理传统，于2001年，撤销居民区，首建社区治理体系。2009年，中国社区建设展示中心建设落成。社区先后获“全国和谐社区建设示范区”“全国和谐邻里建设示范区”“全国创建学习型家庭示范区”等荣誉。在精神文明建设领域，上城区街道、社区建设等方面都走在了前头。从区志笔下的一点、一线，就可以生动地看到方志的历史延续性，如何在历史传承与新时代创造融合发展中得到成功的展示。

第四，旌乡贤，颂忠臣，弘节义，历来是修方志的传统。清雍正时期《浙江通志》记载了杭州“乡贤堂”，祀东汉严光以下215位浙江名人。《乾道临安志》载有北宋时杭州建立的“三贤堂”，纪念白居易、林逋、苏东坡。《咸淳临安志》以下历代杭州府志皆有“人物传”。新区志继承了这一传统，在第三十五篇《人物　先进集体》，为上城区古今乡贤、名人立传。北宋钱塘人沈括一生致志于科学研究，在众多学科领域都有很深的造诣和卓越成就。英国著名科学技术史专家李约瑟盛赞沈括的名著《梦溪笔谈》，是“中国科学史上的座标”！北宋科学家沈括，与当代爱国科学家、“航天之父”——钱学森，前后呼应，是杭州古今人物中值得我们自豪的杰出科学家！《人物　先进集体》中众星璀璨，饮誉海内外的科学界权威专家蒋筑英、茅以升，文化、教育、艺术、体育界著名人物华君武、王伯敏、刘江、毛戈平、罗雪娟，勇立潮头的著名企业家冯根生、宗庆后等，在区志中都有生动的事迹记述。此外，从上城区出发投身革命英勇献身的烈士，以及在平凡岗位上做出不平凡业绩的各条战线劳动模范，亦为之扬名立传，留下了辉煌的篇章。

新区志彰显乡贤，赞美英雄，弘扬爱国主义、科技创新、勇立潮头、为国为民无私奉献的精神，为今世、后人树立立身做人的标杆，充分发挥了方志教化育人的功能。

第五，体例完整，资料搜集全面，检索方便。长江后浪推前浪。《杭州市上城区志（1993—2015）》比之《杭州市上城区志》，编撰体例、修纂方法，大有革故鼎新、更上一层楼的新气象。南宋古都、经典上城，政治、经济、文化、社会、自然五大领域，在“有限空间，无限发展”的上城大舞台，二十三年来所上演的扬鞭催马、跌宕起伏、精彩纷呈、靓丽耀眼的方方面面成就，都能尽收眼底。新区志的编纂改革，以及在资料搜集完整性上所下的功夫，换来了这一难能可贵的收获。谨表深深的祝贺！

方志存史、问道，案头有了这一部《杭州市上城区志（1993—2015）》，阅读上城，了解上城，学习上城，热爱上城，借鉴上城，让上城创造的历史为省内外、国内外更多的读者所了解、所传扬。在新的起点，上城人民再出发，可以预期，上城人民必将创造出更辉煌的未来，从而为下一轮上城区志增添更灿烂的篇章！

全国高等院校古籍整理研究工作委员会委员
浙江大学宋学研究中心学术委员会主任、教授 龚延明

序　三

上城区地处杭州市中心，历史悠久，积淀深厚，有“南宋古都，经典上城”之谓，在杭州城市史上具有特殊而重要的地位。

相关研究表明，杭州地区作为统县一级行政区划的出现，最早应是在南朝梁太清三年（549）。隋开皇九年（589）平陈之后，置杭州。时杭州州城为子城性质，位置在钱塘江北岸的柳浦西（今凤凰山东麓）。五代十国期间，钱镠主政吴越国，作为首府的杭州得以发展。

杭州城的崛起，有前朝的基础，但根本上还是得益于南宋定都杭州（升格为临安府），此后杭州一跃而成为政治、军事、经济、文化中心。宋室偏安东南，却也有一百多年经营。南宋皇城坐落于临安城西南凤凰山麓，方圆四五公里，建筑富丽堂皇。随着人口集聚，流通频繁，城市规模、格局、品质迅速提升，杭州逐渐发展成为马可·波罗所称道的“世界上最美丽华贵之天城”。明清两代，杭州是浙江行省的治所，属于中国东南部的区域性都会。民国16年（1927），划杭县城区与西湖全境成立杭州市。中华人民共和国成立后，杭州完成城市的恢复、改造并得到新的发展，成为全国第一批编制规划的城市之一。

上城作为杭州城市中心和主体之所在，自然也经历了一段不凡的发展历程。进入改革开放新时期，上城既承载着杭州的历史记忆和文化特质，呈现出杭州的元素符号与多彩样貌，同时也展示了城市的创新精神及持久活力！

走进上城，寻觅皇城遗址，踏访河坊街、中山路，漫步湖滨路、南山路，置身望江新城、山南小镇。在这里，时间与空间交错，传统与现代汇集，厚重与灵动对话。在这里，机遇与挑战并存！

自20世纪90年代以来，杭州开始了跨越式的发展，从西湖时代进入钱塘江时代。同时，通过东扩、南进、西拓、北展，滨江、余杭、萧山、富阳、临安设区，新近又专设钱塘新区，杭州城市格局发生了巨大的变化。加之快速交通网络的建设，城市格局从以主城为中心的一个同心圆向内集聚、向外辐射，转变为多中心、既分散又聚合的新形态。与此同时，杭州市以及所辖各区的面积范围、人口规模、经济总量等均呈现出新的特点。

在快速城市化的环境和背景下，包括上城在内的曾经具有唯一性的主城区，其中心地位和区位优势发生了变化。上城区的经济社会发展、城市经营治理等诸多方面出现了新形势、新挑战。尽管通过1996年12月杭州市行政区划调整，江干区紫阳、望江、南星、闸口4个街道和四季青镇的近江、望江、玉皇3个行政村划归上城区管辖，上城区面积从1992年底的6.865平方千米，扩至18.30平方千米，全区常住人口也从1992年的21.8万人增加到2015年的32万人，但是横向比较，其空间结构、区域规模、资源要素等制约逐渐显现。为此，上城区大力发展金融服务、文化创意、高新技术、现代商贸和旅游五大主导产业；先后提出“商贸领先、三产兴区”“优二兴三、三产兴区、科教强区”“工业富区、商旅兴区、环境立区、科教强区、依法治区”“打造杭州RBD、构筑和谐新上城”“建设具有国际水准的高品质中心城区”和“建设现代化美丽上城”等战略目标。至2015年末，全区地区生产总值861.02亿元，财政总收入107.15亿元，首次突破百亿大关，经济社会各项事业也取得了显著的成绩。

《杭州市上城区志（1993—2015）》为二轮修志成果，即主要记述20世纪90年代以来上城区发展和变迁的历史进程。本志时限设为1993年至2015年，凡23年，而从志书内容看，在着重反映这一阶段内容的同时，努力回溯完善，补一轮修志之遗憾与不足。因此，在某种程度上也可以说是重修上城区志。这一点，尤须肯定！

《杭州市上城区志（1993—2015）》史料翔实，内容丰富，体例也较为完备，是一部有较高价值的资料集和地情书，兼具“存史、资政、育人”的效用。通读志书，还可以发现以下突出的特点。一是注重对上城区独特历史文化资源的记述。如单设一篇《南宋皇城》，从皇城营建、形制、结构，考古遗址保护、研究与传播等方面进行记述。二是注重对城市发展、市政建设、经济社会变迁情况的记录。如自然部类第二篇第五章专设《消失地名》一节，第五篇第三章专设《停车场》一节。又如经济部类第十三篇第三章，专设《超市便利连锁店》一节。这些内容准确真实，一般志书不记或少记，但对于城市史研究、社会经济史研究，均有重要的史料价值。

值此《杭州市上城区志（1993—2015）》出版之际，祝愿上城区继续书写改革发展的新篇章，也祝愿上城区的方志事业取得更大的成就！

浙江大学历史学系教授、原系主任
浙江省地方志学会副会长　梁敬明

凡　例

一、本志以马克思列宁主义、毛泽东思想、邓小平理论、“三个代表”重要思想、科学发展观、习近平新时代中国特色社会主义思想为指导，坚持辩证唯物主义和历史唯物主义的观点和方法，记述上城区改革开放、经济社会发展取得的成就和经验，发挥“存史、资政、育人”功能，为上城区经济建设、政治建设、文化建设、社会建设和生态建设服务。

二、《杭州市上城区志（1993—2015）》由中共杭州市上城区委领导、杭州市上城区人民政府主持编纂，是记述上城区行政区域内自然、经济、政治、文化、社会的历史和现状的综合性资料文献。

三、本志为《杭州市上城区志》的续志，具有相对独立性，兼顾对《杭州市上城区志》的补遗、正误。其主体内容时间上限为1993年，下限至2015年。为更好地反映事物的完整性和连续性，部分内容在篇首、章首无题述中适当上溯，前志未记或需补记的事物溯至发端；个别重大事件、重要工程为保证其完整性，适当突破下限。

四、本志以2015年杭州市上城区行政区划为记述范围，遵循“越境不书”的原则，记述以区属为主，力求体现上城区地域全貌。同时兼顾上城人在外地创业和上城与外界交往的情况。

五、本志为充分展示上城区各行各业发展历史，依据地方志编纂原则和上城区作为杭州历史文化名城核心区域的功能定位、地方特色，采用中小篇结构，暗隐自然、经济、政治、文化、社会五大类，明分门类，共36篇。为突出上城的地方政治、经济、文化等特色，特设《南宋皇城》篇及《小营·江南红巷》《新中国第一个居民委员会》等专记。

六、本志采用述、记、志、传、图、表、录等体裁，以志为主。篇目依据科学分类，兼顾社会分工实际和地情特点，按事以类从、按类编修的原则设置，记述以章节体为主，辅以条目体。篇目层次一般为篇、章、节、目，部分章节根据记述需要设立子目。

七、大事记采用编年体，辅以纪事本末体。记述时间下延至2019年12月。同年、同月、同日发生的大事中，除第一件表明时间外，其余均另起一行记述。

八、凡对上城经济社会发展有重大贡献或重要影响的人物，不受籍贯和居住地限制，分别采用传、简介、名录，或以人随事出、以事系人的方式加以记述。坚持“生不立传”原则。简介仅录其影响，略记其履历及其他事迹。

九、除卷首彩页部分外，图（含照片）一般参照正文篇章顺序，再以年份先后排列。照片力求点线面结合，与正文互为印证。图、表序号均采用三级编码，第一个数为篇的序号，第二个为章的序号，第三个为该图（表）在该篇中的序号。地图按各类政区图、专题图、地域特色图顺序，同类型图按时间先后排列。

十、本志文体采用现代汉语语体文、记述体。除引用原文外均以第三人称记述。对于缩略语、专有名词、熟语等，一般在每篇首次出现时予以说明。

十一、行文涉及政区、组织机构、职衔、地名等，均使用当时称谓，一般采用全称，用简称者在局部第一次使用全称时予以注明。

十二、“全区”一般指上城区行政区域范围，包含所有区属单位和省、市驻区单位等，“上城区”一般指区属或区管辖的单位，有时也表示上城区党政机关。“省委”指中共浙江省委，“省政府”指浙江省人民政府；“市委”指中共杭州市委，“市政府”指杭州市人民政府；“区委”指中共杭州市上城区委，“区政府”指杭州市上城区人民政府。志中简称“党”均指中国共产党。

十三、中华人民共和国成立以前以历史朝代纪年，括注公元纪年；中华人民共和国成立后以公元纪年。以1949年5月3日杭州解放为界，简称“解放前”“解放后”。

十四、历史地名、机构名与记述下限时不同的，书以当时地名，括注现名。

十五、货币名称不做说明的，均指人民币。

十六、凡直录史籍文献原文和重要数据一般注明出处。本志资料主要来源于各类档案、图书、报刊、文物及实际调查。所用资料均经各承编单位考证、核实。数据以统计部门为准。统计部门缺失的，酌用主管部门统计资料。

十七、本志文字、标点、数字、计量单位遵循中华人民共和国各项法律、法规书写，遵守《中华人民共和国国家通用语言文字法》，计量单位执行中华人民共和国国家标准《量和单位》（GB3100—3102-93）的有关规定，标点符号执行国家标准《标点符号用法》（GB/T 15834—2011），数字用法执行国家标准《出版物上数字用法》（GB/T 15835—2011）、语言文字以《现代汉语词典》（第六版）为准。外国的地区、人物、党派等名称，以新华社的译名为准。英文缩略语用汉语书写其全称，括注其英文缩写。

总 目 录

第一卷

第二卷

第三卷

Contents

Volume 1

Volume 2

Volume 3

《杭州市上城区志（1993—2015）》
第一卷编纂人员名单

责任编辑：王　茜　刘　毅　徐晓霞　章　莉　楚克静　蔡　蕾

第一篇　南宋皇城

撰稿：杜正贤　洪　俊　徐吉军

第二篇　建制区划

撰稿：任先庭　章　莉

第三篇　自然环境

撰稿：俞　布　李　睿　张玉静　陈勇荣　章　莉　蔡　蕾

第四篇　人口

撰稿：张海树　祝　民

第五篇　城区建设

撰稿：王　任　李月江　张参翼　蔡　蕾

第六篇　城区管理

撰稿：方浩恩　李月江　张　婧　陈勇荣

第七篇　交通 邮电

撰稿：刘　毅

第八篇　经济总情

撰稿：万嘉文　华　云　孙孟俞　周文艺　徐晓霞　徐晶晶　曾双双

第九篇　主导产业

撰稿：刘嘉宁　闫　瑾　严　琰　杨永清　张玉瑛　周文艺

第十篇　特色街区 园区

撰稿：方　汇　叶　健　陈　理　金伟峰　楼钟飞

第十一篇　工业

撰稿：李　岚　曾双双

第十二篇　建筑业 房地产业

撰稿：王　任　王　然　刘　平　李　薇　肖　炜　金志伟　胡觉蕊　徐晓光　徐晓霞

第十三篇　商业服务

撰稿：孙孟俞　徐晓霞

第十四篇　对外及对中国港澳台经贸 国内区域合作

撰稿：孙孟俞

第十五篇　旅游

撰稿：严　琰

（以上名单按姓氏笔画为序）

目录

第一卷

第三篇　自然环境

第四篇　人口

第五篇　城区建设

第七篇　交通　邮电

第八篇　经济总情

第十篇　特色街区　园区

第十一篇　工业

第十二篇　建筑业　房地产业

第十三篇　商业服务

第十四篇　对外及对中国港澳台经贸 国内区域合作

第十五篇　旅游

DIRECTORY

Volume 1

Part 5: Urban Construction

Part 6: Urban Management

Part 7: Transportation and Post and Telecommunication

Part 8: Summary of Economy Situation

Part 9: Leading Industry

Part 15: Travel

总　述

上城区是杭州的中心城区，是体现杭州历史文化名城的主要区域，东南面濒临以涌潮闻名的钱塘江，中南部夹枕着古迹遍地、郁郁葱葱的凤凰山和吴山，西面紧贴烟柳画桥、处处胜景的世界著名旅游胜地西湖，区域中部的东河和中河以其老桥绿水载着古老的传说静静地自南而北纵贯全区境内。

上城区地处杭州城区中部偏南，位于钱塘江下游北岸。2015年，上城区区域面积18.30平方千米，总户数114124户，人口327924人。

上城区地处亚热带季风区，冬、夏季风交替明显，四季分明，降水充沛，具有春多雨、夏湿热、秋气爽、冬干冷的气候特征。年平均气温15.9℃~17.0℃，年均降水量1438.0毫米左右，无霜期250天左右。

上城区境域，远古系湖海相连之海湾，今中山中路的羊坝头和官巷口，即为古时之洋坝和官涧口。东汉建武年间（25—56），会稽郡议曹华信筑堤挡海潮，堤西成湖，堤东泥沙淤积，逐成陆地。隋开皇九年（589），置杭州，开皇十一年（591）移州治于柳浦西凤凰山麓，依凤凰山筑城，设有钱唐、盐桥、炭桥、凤皇等城门，其中钱唐、盐桥、炭桥3座城门在今上城区境域。唐建中年间（780—783），杭州刺史李泌在涌金门至钱塘门之间，开井6口，导西湖水入城，原负山而居、依山泉为生的居民逐渐北展，生齿日繁，民居日众。后梁龙德三年（923），封钱镠为吴越国王，建都杭州。吴越国不遗余力搜罗人才，实行“保境安民”政策，鼓励农业生产，经济文化得以持续发展。杭州开始跻身全国一流大都市行列，“钱塘富庶，盛于东南”[①]。钱镠两次扩展罗城范围，今上城区境域皆是都城中心。

南宋建炎三年（1129），高宗为避金兵自扬州南渡至杭州，以州治为行宫，升杭州为临安府。南宋绍兴八年（1138），南宋正式定都临安。南宋统治者以凤凰山东麓的杭州州治为基础扩建行宫，

① 谭其骧.杭州都市发展之经过：长水集上册[M].北京：人民出版社，1987：417-428.

至南宋末年，凤凰山周围九里之内，宫殿林立，有大庆殿、垂拱殿、选德殿等。南宋皇城即位于今上城区境域内。南宋定都临安后，杭州成为全国政治、经济、教育、文化中心。今河坊街一带，就是整个南宋临安的文化和经贸中心。御街中段（今中山中路）为商业中心区，商店林立，彩帛铺（绸缎店）、花作铺、茶肆、酒楼等诸行百业鳞次栉比，买卖昼夜不绝。太学、武学、医学及宗学，临安府学，钱塘、仁和县学等也设在今上城境内。据《都城纪胜》载：乡校、家塾、舍馆、书会，“每一里巷，须一二所。弦诵之声，往往相闻”。

元代杭州是江浙行省的省会，仍是全国的一个大都会。明永乐年间（1403—1424），在涌金门建立织造局（时称北局），有房屋120余间，织机500余台。明清时期盛名中外的“五杭”（杭扇、杭线、杭粉、杭烟、杭剪）均始创于今清河坊一带。

民国时期，以丝绸、棉纺、针织、造纸、印刷、火柴等轻工业为代表的杭州近代民族工业悄然兴起。设在今上城区地区乌龙巷的振兴绸厂、黄醋园的天丰绸厂等轻纺工业，碾米、酿造、制茶等轻工业厂家和木作、剪刀、藤竹器等传统手工业，均为行业翘楚。日本侵略军侵占杭州期间，工商各业遭受重大创伤，损失惨重。抗日战争胜利后，虽有恢复，但境况大不如前。

中华人民共和国成立后，在中国共产党和人民政府领导下，上城区经济得到迅速恢复和发展。1949年末，上城辖区（含中城辖区）工业总产值445.73万元，社会商业零售额2876万元。此后，上城区逐步完成手工业和资本主义工商业的社会主义改造。至1959年，全区出现机械修配、日用电器、化工颜料、度量衡器等工业企业，工业基础薄弱的情况开始改变。1960年，全区工业总产值11079.80万元，社会商品零售总额13013万元。20世纪60年代起，街道企业兴起，全区经济不断发展。

城市建设方面，杭州市政府疏浚西湖，整修名胜古迹，并逐步实施一批城市基础设施建设，陆续拓宽、延伸、新建道路，新建、改造部分沿街建筑和居民住宅，使城市面貌明显改善。同时，上城区科教文卫体等社会事业体系逐步建立、逐步完善，不断满足人民群众日益增长的精神文化需求。

1966—1976年“文化大革命”期间，上城区政治秩序陷入混乱，经济遭受严重冲击，城市化进程受阻，城市建设停滞，人民生活水平徘徊不前。尽管如此，在广大干部和人民群众共同努力下，上城区经济和各方面建设事业仍然在曲折中发展。

1978年起，随着党的工作重心转移和改革开放的起步，区委、区政府解放思想，从实际出发，坚持以经济建设为中心，把推进工业化进程和改善人民生活作为首要任务。1980年起，区街经济又重新兴起且迅速发展。至1985年，上城区工业初步形成以电子仪表、家用电器、汽车配件、新型建材、制冷设备、日用轻工等为主体的行业结构。1991年，杭州娃哈哈营养食品厂正式与国营老厂杭州罐头食品厂兼并，兼并3个月后，原亏损4000余万元的杭州罐头食品厂扭亏为盈。“小鱼吃大鱼”的改革举措，对杭州，对浙江，乃至对全国国有企业改革都产生了深远影响。1992年起，在邓小平视察南方重要谈话精神鼓舞下，上城区步入以建立社会主义市场经济体制为主要内容的制度创新阶段，经济发展进入高增长期，生产力得到极大解放。是年，全区工业总产值89295.72万元，商业销售额118905万元，集市贸易成交额90905万元。

不忘初心、牢记使命。在1993—2015年23年的发展历程中，历届区委、区政府接续奋斗，砥砺前行，在市委、市政府正确领导下，一张蓝图绘到底，一任接着一任干，立足于上城区良好自然环境和人文环境所构成的独特城区品质，找准定位，带领广大干部群众不断探寻适合自身资源禀赋的发展之路，为老城区、中心城区转型发展提供了上城样本。从“商贸领先、三产兴区”“优二兴三、三产兴区、科教强区”“工业富区、商旅兴区、环境立区、科教强区、依法治区”，到“打造杭州RBD、构建和谐新上城”，再到建设“具有国际水准的高品质中心城区”和现代化美丽上城，历届区委从上城区地域特点、资源条件等实际出发，从战略层面把关定向，指引上城区在生产发展、生活富裕、生态良好的文明发展之路上稳步前行。全区广大干部群众善于“螺蛳壳里做道场”，克服地域面积狭小、可利用资源少等实际困难，结合各区块特点，科学规划，综合施策，强力推进，打造出三大特色街区、玉皇山南基金小镇、望江智慧产业园、上城区电子机械功能区等产业发展平台，实现经济、民生、文化和生态“四位一体”的包容性增长，激活老城区的发展活力，形成新时期产城融合的发展新路。

1993年，市政府批准上城区在西湖区（现为拱墅区）祥符镇新文村建立上城区工业园区，为市区内搬迁的中小企业提供新的发展空间。是年起，上城区加快转换企业经营机制，落实企业经营自主权，同时相应做好培育发展各类市场、调节稳定物价、改善提升住房等一系列配套改革。制定《关于进一步促进个体私营经济发展的若干意见》，鼓励个体私营经济发展，为上城区经济发展注入新的活力。集中精力扶持杭州娃哈哈集团公司、杭州华日电冰箱厂等重点骨干企业，引导企业搞好技术改造，开发新产品。1996年12月，江干区紫阳、望江、南星、闸口4个街道和四季青镇的近江、望江、玉皇3个行政村划归上城区管辖，上城区的发展空间得到进一步拓展。1998年，为推进企业改革，上城区制定《上城区企业改革三年规划》，印发国有集体企业股份合作制改组的指导意见，从产权改革入手，积极探索公有制的多种有效实现形式。杭州娃哈哈集团公司和浙江华日集团公司被列入浙江省“五个一批”重点骨干企业名单，重点骨干企业对经济发展的支撑作用明显。是年，中共杭州市上城区第六次代表大会提出“优二兴三、三产兴区、科教强区”的战略思路，明确上城区产业转型升级的方向。至2000年，上城区生产总值26.80亿元。

在经济发展的同时，区委、区政府关注民生，不断改善人民生活质量和生活环境；创造了主题鲜明、覆盖面广、影响力大的精神文明建设新载体、新形式，精神文明建设成绩显著；注重政府自身建设，强化政府职能转变。上城区推进河坊街、中河高架、西湖大道、涌金立交桥等市政工程建设，以复兴地区、东河沿线、吴山景区三大改造建设工程为重点，全面开展旧城改造工程，城区环境面貌日新月异。坚持以创建文明城区为目标，开展创建文明街道、文明单位、五好文明家庭和评选十佳新人（事）等活动，营造良好的精神文明建设氛围。区政府建立区长“12345”公开电话，加强对公安、卫生、城建、教育、地税、土管、市容环卫等系统的行风建设，全面推行政务公开工作，规范政务督查工作，不断强化政府效能建设。

进入21世纪后，市委、市政府明确把挖掘、开发风景旅游、历史文化资源放在优先地位，将杭州定位为“国际风景旅游城市，国家历史文化名城，长三角南翼重要的中心城市，浙江省政治、经济、文化中心”。区委、区政府按照杭州市新的城市发展战略，结合上城区历史文化旅游资源丰富、中心城区地域优势等特点，逐步探索出一条适合上城区区情的特色发展道路，推动经济与社会和谐发展，经济建设、政治建设、文化建设、社会建设、生态文明建设全面提升，城市建设全方位推进。

上城区作为杭州的老城区，旧城改造是一项重中之重的工作。2000年12月，区委六届八次全会提出要结合市委、市政府主要领导对上城区建设“首善之区、精品城区”的要求，着眼于高标准、大手笔、有特色，全力再兴旧城改造新高潮。是年，清河坊历史文化特色街区一期工程建设启动。2002年2月，杭州市园林文物局全线启动西湖环湖南线景区整合工程，上城区在南山路街区东侧配套启动南山路东侧街景整治工程。是年，湖滨商贸旅游特色街区改造建设被中共杭州市第九次代表大会确定为杭州市十大建设工程之一。2008年起，上城区开始推进中山路综合保护与有机更新（上城段）工程。2009年9月30日，南宋御街·中山路开街。上城区在清河坊、南山路、湖滨一带相继启动大规模的工程建设，推动形成集高端商业、人文景观、风景旅游为一体的湖滨商贸旅游特色街区，集城市艺术化、休闲化、现代化于一身的南山路艺术休闲特色街区和以老字号、民俗、中医中药、特色餐饮为特色的清河坊历史文化特色街区。

2002年1月，区委六届十一次全会指出，杭州发展逐步由“西湖时代”进入“钱塘江时代”，上城临西湖、濒钱江的独特区位优势更加凸显，要继续抓好近江、望江、复兴等地区的建设改造。上城区旧城改造的重点区域逐步由沿湖向沿江拓展。2005年，望江地区拉开改造序幕。以东宝电器厂拆迁为开端，望江地区逐步实施杭州食品厂、味精厂、徐家埠、印铁制罐厂等区块征迁工作，极大地改善了居民生活环境，为上城区经济转型腾出发展空间。在大力推动拆迁工作的同时，上城区同步推进道路、公建、停车场库建设，加快婺江家园一园、二园、三园等保障房建设，推动中豪·望江国际、长城大厦、近江时代大厦等高端楼宇建设，望江新城改造建设雏形初现。2007年起，玉皇山南综合整治工程正式启动，大力开展拆迁征收工作，推进道路、水系、绿化景观、公园等基础设施建设以及八卦田遗址公园和天龙寺造像周边环境整治等旅游、历史文保工程。2009年，杭州山南国际设计创意产业园建设启动。上城区开始对废旧仓库、旧民居、旧厂房等进行改造，将产业空间与物理空间进行有机融合，满足商业和行政办公需要。2015年5月16日，玉皇山南基金小镇正式揭牌。

至2015年，玉皇山南基金小镇（杭州山南国际设计创意产业园）和望江智慧产业园成为上城区重要发展平台。经过整治改造后的玉皇山南地区以山水景观、南宋吴越文化为独特优势，自然山水景观、历史人文景观和休闲度假景观相互融合，形成“金融+旅游”休闲旅游共同体。玉皇山南基金小镇被浙江省发展和改革委员会列入浙江省首批特色小镇创建名单，重点发展私募金融和文创产业。望江智慧产业园拥有浙江省内第一家世界500强总部企业思科（中国）总部、浙江能源集团有限公司等龙头企业，是全国第一批智慧城区建设试点以及杭州市“一号工程”的重点项目。

上城区结合城区实际，积极发展都市型工业，不断提高工业经济运行质量和综合效益。2002年，中共杭州市第九次代表大会确立“工业兴市”战略。上城区利用有利的政策环境，提出建设“工业强区”的要求。当年，上城区工业总产值达103.05亿元，完成冲百亿元的目标。其中，食品饮料业占规模以上工业企业销售产值的78.5%，成为全区工业的主要支柱产业。2003年1月，中共杭州市上城区第七次代表大会召开，提出大力发展科技含量高、经济效益好、资源消耗低、环境污染少、人力资源得到充分发挥的都市型工业。区委、区政府鼓励引导企业运用先进适用技术改造提升传统产业，制定加快高新技术产业发展的政策措施，强化自主创新能力。此后，上城区工业产业发展重点逐渐向机械制造业和电子行业转移。上城科技经济园（即上城区工业园区）调整招商引资方向，优先考虑高新技术企业、外商投资企业、品牌型企业、总部企业和拥有自主知识产权企业。2010年起，注重引入技术含量高、税源结构优、无污染排放、低能节耗企业，坚持集约利用土地，大力发展都市楼宇工业。是年9月，该园区被省政府评为“省级高新技术特色产业基地”。至2015年末，上城区电子机械功能区有省级重点企业研究院2家，省级企业高新技术研发中心10家，市级企业高新技术研发中心8家，中国合格评定国家认可委员会认证实验室4个，院士专家工作站3家，博士后工作站4家，省市高新技术企业24家；有杭州奥普电器有限公司、思创医惠科技股份有限公司2家上市公司，纳税企业228家，技工贸总收入51.33亿元，税收收入4.33亿元，地方财政收入1.68亿元，亩产税收达70万元，位居全省功能区前列。是年，上城区有规模以上工业企业50家，从业人员9802人，实现工业总产值726.41亿元，已形成包括食品制造、家电制造、机械制造、电子、化工、烟草、工艺美术等为主体的工业结构。

上城区作为体现杭州历史文化名城内涵的主要区域和中心城区，立足现有资源优势和区位优势，大力发展商贸旅游业，为经济发展提供强劲动力。2003年1月，中共杭州市上城区第七次代表大会提出“商旅兴区”战略，提出以项目建设带动资源开发，加快发展商贸旅游业，以商贸旅游业的重点突破促进第三产业的全面发展。2004年，上城区实施“建设旅游休闲商务区，打造杭州RBD”战略，抓好商贸服务业的调整和改革工作，扶持重点商贸企业发展，保护和发展百年老店和专业特色企业，商贸旅游服务发展速度加快。2005年，上城区实现社会消费品零售总额36.90亿元，有各类商品交易市场35个，市场成交额首次突破百亿元，达111.7亿元。2006年，为适应杭州国际风景旅游城市的要求，上城区编制《上城区旅游业发展“十一五”规划》，提出深度包装“湖滨、清河坊、南山路”三大特色街区，建设解放路、中山南（中）路2条特色辅街，打造集历史、商业、现代化于一体的上城旅游品牌。2007年，清河坊历史文化特色街区成为国家AAAA级旅游景区。2011年，上城区围绕建设“具有国际水准的高品质中心城区”，扎实推进旅游休闲商务区建设和生活品质国际体验区建设，积极加快上城区作为“购物之都、美食天堂”的建设，努力打造国内一流的国际化商贸旅游中心。2013年，全面启动国家级品牌消费集聚区建设。2014年起，上城区加快湖滨商圈、吴山商圈融合发展，加快品牌消费与电商资源整合。2015年，上城区被商务部授予“全国品牌消费集聚区”称号，成为全国首批四个品牌消费集聚区之一。

2015年，全年社会消费品零售额341.81亿元，商品销售收入3000.65亿元。全区有商品交易市场28个，全年商品交易市场成交额134.21亿元。位于上城区内的吴山商圈和湖滨商圈，与武林商圈（属下城区）并称“杭州三大商圈”。此外，名店、名品众多也是上城区商贸服务业的一大特色。全区共有老字号品牌67个（其中属于商业服务项目的43个），其中商务部认定的第一批（2006）以及第二批（2010）“中华老字号”共32家，具有省、市级以上老字号的企业占杭州市总数的70%。

2015年，上城区有属于国家AAAAA级旅游景区西湖风景名胜区的柳浪闻莺、吴山天风、湖滨晴雨、万松书院等景点，以及国家AAAA级景区清河坊历史文化特色街区、国家AAA级旅游景区小营·江南红巷；有名人故居、各类博物馆和杭州孔庙、凤凰寺、白塔公园等著名景区（点）。以吴山庙会、南宋文化节、中国民间艺人节等为代表的节庆旅游产品，成为上城区吸引人气，提升城区影响力的文化旅游品牌。清河坊历史文化特色街区全年接待游客人数1820万人次，营业收入20.9亿元，税收1.6亿元；湖滨商贸旅游特色街区（南山路艺术休闲特色街区）接待游客1027万人次，营业额66.4亿元，税收2.97亿元；旅行社外联入境15万人次，组织国内出游78万人次，接待入境25万人次，接待国内120万人次，营业收入49亿元。上城区旅游业增加值62.48亿元，占地区生产总值的7.26%；旅游直接、间接行业税收对地方财政贡献度达11.74%。

产业结构不断调整优化。2001年，上城区第二产业增加值与第三产业增加值比例为74.05∶25.95。2003年7月，区委七届二次全会召开，提出要加大“腾笼换鸟”力度，调整二三产业结构，提高经济运行质量。在历届区委、区政府的大力推动下，上城区第三产业繁荣发展。至2008年，全区第三产业增加值达239亿元，占地区生产总值比重首次突破50%，达53.91%，以现代服务业为特征的第三产业上升为主导产业。此后，上城区不断探索建立适合上城区情的可持续发展的现代产业体系，进一步加快产业结构调整，形成包括商贸服务业、文化创意产业、金融产业、旅游产业、科技产业、房地产业、智慧产业、健康产业等在内的特色主导产业。服务业占比逐渐提高，至2015年，第二、三产业结构为41.8∶58.2。全区经济发展已呈现二、三产业双轮驱动、相互促进的格局，初步形成与现代大都市的中心城区相适应的产业体系。

对外经贸与国内区域合作日益紧密。2001年，中国加入世界贸易组织后，杭州开放型经济得到全面发展。上城区通过改善投资环境，健全招商机构，落实引资责任制等措施，提高利用外资的规模和质量。2004年起，根据杭州市统一部署，上城区推进接轨上海工作。2008年起，上城区把工作重点放在招引高端产业，发展楼宇经济上。引进杭州市首个世界500强项目高盛集团股权并购浙江两岸食品连锁有限公司项目，高端化招商模式初具雏形。2009年起，上城区重视浙商回归招商工作。2013年，上城区鼓励有实力企业建立海外研发中心，开拓海外营销网络，提高企业自身技术开发能力，拓展市场，带动出口，促进全区外贸转型升级。2014年，思科（中国）总部落户上城区，实现浙江省首个世界500强企业中国总部零突破。2015年，上城区制定《上城区跨境电子商务三年行动计划》《上城区跨境电商公共海外仓建设的发展规划》，推进全区跨境电子商务。是年，上城区全年出口额11.72亿美元，全区共有外商投资企业654家，合同外资累计35.91亿美元，实际利用外资累计24.51亿美元。外商投资企业来自新加坡、美国、意大利等90余个国家（地区）。2001—2015年，全区累计引进内资项目16089个，实际到位资金累计1986.60亿元，其中市外资金1134.61亿元。

城区环境面貌日新月异。2003年，区委、区政府提出“环境立区”战略，提出要进一步加大环境综合整治力度，努力保持城区面貌洁化、亮化、美化、绿化。2005年，上城区全面启动生态区建设，开展环境污染综合整治，落实水污染长效管理，开展大气环境整治。2007年7月，杭州市提出打造“国内最清洁城市”。区政府印发《关于打造“杭州市最清洁城区”的实施意见》，召开全区打造“杭州市最清洁城区”动员会。2008年，上城区围绕打造“最清洁城区”目标，实施道路分类保洁。2012年，上城区开展全市首个生态文明试点城区建设。2013年，上城区以“四边三化”“三江两岸”行动为抓手，加强能源管理，促进节能减排，推进大气复合污染综合整治，基本建成“无燃煤区”。2013—2015年，上城区推进“三改一拆”“五水共治”行动，大力拆除违法建筑，加强水环境综合治理。至2015年末，上城区在全市率先完成“污水零直排区”建设，成为杭州市首个“零直排”区；空气质量优良率为72.6%，在主城区中位列第二；全区道路保洁面积达511.3万平方米，道路保洁机械化率达88.7%，道路保洁市场化比例达87.5%，全区384个生活小区约14.7万户居民实施生活垃圾分类；城管智能管控平台完成从智能管控向智慧城管的转型升级，城市治理现代化水平提高；市政设施管理成绩位列杭州市第一；全区绿化总面积562.57万平方米，城区绿化覆盖率35.04%，人均绿地面积17.3平方米，人均公园绿地7.68平方米。

教育、科技、文化、卫生资源丰富，社会公共文化服务体系健全。2000年起，辖区内博物馆、图书馆、书店、歌舞厅（卡拉OK）、影剧院、美术画廊等公共文化设施发展较快，进一步凸显上城区作为杭州市中心城区的文化地位。2004年，上城区开始实施名校集团化战略，破解中小学生“上好学难”问题，促进优质教育均衡发展。2007年起，随着危旧房改造工作的推进，上城区启动大批历史建筑的整体修缮，并开始非物质文化遗产保护工作。2009年，区委、区政府制定《关于推动文化事业繁荣发展的实施意见（2009—2011年）》，提出充分挖掘吴越、南宋厚重历史文化遗产，继续做好重点文物保护、文化典籍整理保护、非物质文化遗产保护等工程，加大力度普及群众文化，加强基层文化设施建设。2011年1月，区委八届十次全会提出要努力打造“南宋古都·经典上城”品牌。6月，区委提出全力创建精致和谐、古典浪漫、开放自由的“文化上城”。此后，上城区先后组织制定非物质文化遗产传承人保护政策，编写上城历史文化系列读本，组织生活品质市民体验、国际体验和城市记忆之旅等文化体验活动，积极实施文化振兴战略，提升文化软实力。

2015年，上城区有名园集团19个，幼儿园22所；有小学21所，初中11所。有市属普通高中2所，职业高中1所，特殊学校1所。境内有中国美术学院（南山路校区）、杭州广播电视大学（解放路校区）2所高等学校。全区有国家级博士后工作站1个，省级博士后工作站3个，院士专家工作站7个，重点企业创新团队6个；国家级技术中心1个、省级高新技术企业研究开发中心21个、市级高新技术企业研究开发中心38个，国家级有效高新技术企业59家，通过省级认定科技型中小企业96家；省级有效专利试点示范企业8家、市级有效专利试点示范企业10家；国家级科技企业孵化器1个、省级科技企业孵化器1个、市级科技企业孵化器4个、市级众创空间5个。全区医疗卫生机构179家（所），其中，医院21所、社区卫生服务中心（站）39个、门诊部45个、诊所（含卫生所、医务室）62个，专业公共卫生机构7家，其他卫生机构5家。

至2015年末，上城区辖区内有综合性博物馆1个、专题性博物馆16个、纪念性博物馆9个；有省级图书馆1座、市级图书馆1座、区属图书馆1个；有歌舞厅（卡拉OK）23家、影剧院14家、画廊42家。全区共有国家、省、市、区各级文物保护单位93处，占杭州市主城区的37.05%；有杭州市公布的历史建筑163处，占杭州市主城区的54%。上城区被列入世界级非物质文化遗产“人类口头与非物质文化遗产”代表作名录1项，被列为国家级非物质文化遗产6项，被列为省级非物质文化遗产17项，被列为市级非物质文化遗产27项，被列为区级非物质文化遗产48项，涉及民间文学、传统音乐、传统体育游艺与杂技、传统美术、传统技艺、传统医药、民俗七大门类。其中，省级以上非物质文化遗产代表性项目数量位居主城区第一。

社会事业全面发展，社会保障不断完善，人民生活水平不断提高。进入21世纪后，区委、区政府和有关部门在落实杭州市灾害救助、最低生活保障制度等社会救助制度的同时，针对各类困难群众生产生活中的实际困难，建立与经济社会发展水平相适应的新型社会救助体系，开展“安居工程”“春风助学”等一系列个性化救助措施，对困难群众就业、生活、就学、医疗等方面进行全方位救助。2002年，上城区全面确立公共就业服务制度，促进下岗用工、失业人员就业，对困难群体的援助力度不断加大。2005年，上城区贯彻执行《杭州市社会保险费征缴办法》的规定，实行基本养老保险、基本医疗保险、失业保险、工伤保险和生育保险“五费合征”，扩大社会保险的覆盖范围。是年，上城区提出居家养老“惠民工程”，建立形成区、街道、社区、中介服务机构的三级管理、四级运作的组织管理体系，并在全国率先成立“为老服务联盟”。2010年，上城区实施居家养老全覆盖工程，整合养老服务资源，实现居家养老服务由“特惠型”向适度“普惠型”的转变。至2015年末，上城区建立广覆盖、保基本、多层次、可持续的社会保障体系，全区养老保险参保人数125587人，失业保险参保125587人，工伤保险参保人数138296人，医疗保险参保人数125587人，生育保险参保121162人。2015年，居民年人均可支配收入为48316元；恩格尔系数为27.12%；居民家庭每百户拥有汽车48.7辆。生存消费、享乐消费、发展消费的支出费用和品质不断提高。

坚持执政为民的宗旨，努力建设廉政、高效、全心全意为人民服务的政府。2000年起，上城区积极响应市委、市政府号召，在区直机关单位推出“满意单位和不满意单位”评选活动，以根治机关“四难”（门难进、脸难看、话难听、事难办）综合症，转变机关工作作风。2004年，杭州市上城区行政服务中心成立，为市民、企事业单位提供咨询和收件服务。是年，上城区制定《上城区人民政府信息公开实施办法》，对公开的程序、监督和救济等方面做出规定。对于政府信息，以公开为原则，不公开为特例。2007年起，上城区参照杭州市对市直单位的考评办法进行区直单位综合考评，对全区所有部门、单位（包括指挥部、市属垂直单位）实施综合考评。2008年，上城区在综合考评过程中，将市民、外来务工人员、规模以上企业人员的意见、建议等纳入社会评价层面，并进行整改，完善“评价—整改—反馈”的工作机制，公布每年度社会评价意见，公示重点整改目标，推进服务型政府建设。是年，上城区运行“在线互动一站式审批服务平台”，开始探索网上审批服务。2009年，作为国家级政府管理与公共服务标准化项目试点单位，区政府正式立项行政管理与公共服务标准化项目。上城区制定《上城区政府行政管理与公共服务标准化（国家级）试点工作方案》，全面启动标准化工作，制定《政府管理和公共服务标准体系编制指南》《居家养老服务与管理规范》《网上行政服务中心管理规范》等省市级地方标准。2014年1月，上城区“政府管理与公共服务标准化”项目从全国132个申报项目中胜出，获“第七届中国地方政府创新奖”，也是当年浙江省唯一获此荣誉的项目。是年，全区开展部门职权清理、推行权力清单制度。至2015年，上城区坚持依法行政，规范行政行为，优化政府职能，改进工作作风，政府治理能力和服务效能进一步提升。

1993—2015年，是上城区经济社会全面发展的23年，是城区面貌沧桑巨变的23年，是人民群众生活水平和幸福指数不断跃升的23年，是不断获得殊荣的23年。1998年，上城区被科学技术部评为全国科技工作先进区；1999年，上城区被省委、省政府评为浙江省社会治安综合治理先进单位；2002年，被民政部评为全国社区建设示范区，被省委、省政府评为浙江省教育强区；2006年，被省委、省政府评为浙江省示范文明城区；2007年，被中国社会工作协会城区工作委员会评为全国和谐邻里建设示范城区；2010年，被教育部评为全国社区教育示范区；2011年，被国家质量监督检疫总局评为全国质量工作先进单位（2009—2010年度）。2013年，住房和城乡建设部将上城区列入首批“国家智慧城市试点”名单；是年，科学技术部发文批准上城区为“国家可持续发展实验区”；2014年，上城区被民政部评为全国和谐社区建设示范区；2015年，被民政部确定为第三批全国社区治理和服务创新实验区。2005—2015年，上城区连续11年获浙江省“平安区”称号。

上城区作为历史与现代交织的底蕴之地，既镌刻着城市的千年记忆、延续着城市的千年文脉，又散发着阔步迈向现代化、国际化的生机活力。上城区作为杭州的老城区、小城区，面对“老”与“小”的发展掣肘，以“八八战略”为行动指南，始终坚持有限空间、无限发展，坚定不移打好转型升级系列组合拳，全区发展驶入“快车道”。2015

年，全区财政收入超百亿元规模，全区亩产税收和人均地区生产总值均位居全省第一、全国领先。上城区在地方财政总体偏紧的情况下，积极探索辖区居民享受平等的公民权利、均等的公共服务和优质的生活条件的新途径，基本实现“老有所养、学有所教、病有所医、住有所居”的公共服务目标。此外，上城区秉承“绿水青山就是金山银山”的发展理念，在推进生态文明建设和“美丽上城”建设上也取得较好成效。

上城区是西湖的窗口、杭州的门厅，更是同时连接“西湖时代”和“钱塘江时代”的发展通道。如今的上城，历史与现实交相辉映，天时和地利皆备，产业与创新格局已然翻开新的一页。上城将着力推动区域经济转型升级，着力提升城市国际化水平和文化竞争力，着力推进治理体系和治理能力现代化，加快打造高端服务业新高地、营商环境新高地、文化传承新高地、幸福民生新高地、智慧治理新高地、政治生态新高地，高质量建设一流的国际化现代化城区，努力在打造“新时代全面展示中国特色社会主义制度优越性的重要窗口”中走在前作示范。

大　事　记

（1993—2019年）

1993年

1月

5日　区政府在毛主席视察小营巷卫生工作陈列馆召开纪念毛泽东视察小营巷卫生工作35周年座谈会。

7—10日　中共杭州市上城区第五次代表大会召开。林伊南当选为区委书记，杨菊芳、吴士栋、李鸿昌当选为区委副书记。沈国友当选为区纪委书记。

14日　横河街道、涌金街道、区城建局、区房管局、区环卫所、娃哈哈集团公司等18家单位获1992年度“杭州市社会治安综合治理先进单位”称号。

18日　全省最大的股份制试点企业——娃哈哈美食城股份有限公司成立。

19日　区委、区政府召开军政座谈会，省军区副参谋长黄金登，省武警总队副政委张海洋，杭州军分区政委管成昌等与区委书记林伊南，区委副书记杨菊芳、吴士栋、李鸿昌等交流拥军、拥政、爱民工作经验。

28日　全省最大的陶瓷品市场——杭州陶瓷品市场开业。

30日　区委、区政府制定《关于完善工业企业分配政策的若干意见》。文件对分配方法及经营者奖励等方面提出意见。

2月

5日　区委制定党风廉政建设责任制3项措施：加强区委常委自身建设；加强对分管单位的检查督促；加强对全区党风廉政建设的领导。

12日　区政府批准实施《上城区1993年经济体制改革要点》。主要内容是：转换企业经营机制；深化流通领域改革；加快市场建设；加快社会保障制度的改革；促进对外开放；切实转变政府经济管理职能。

15日　全国爱卫办副主任刘玉良考察小营巷卫生工作，并参观毛主席视察小营巷卫生工作陈列馆。

3月

10日　区委召开全区党建工作会议，会议贯彻学习中央2号文件和中共十四大精神。

16—20日　区第十届人民代表大会第一次会议召开。吴士栋当选为区人大常委会主任，杨菊芳当选为区长。钮洪奎为区人民法院院长，陈合达为区人民检察院检察长。

4月

2日　《杭州市上城区志》编纂委员会调整人员，签订分工承编责任书，落实首轮《杭州市上城区志》编纂工作。至2003年3月，编成13篇、51章，50余万字的志书。

10—22日　上城区按照市委要求，将各街道党委统一改建为党的工作委员会（全称：中国共产党杭州市上城区××街道工作委员会）。22日，区委正式发文任命各街道党工委书记、副书记和委员。

14日　国家计委主任吕东考察杭州娃哈哈集团公司。

30日　区政府制定《贯彻〈中华人民共和国残疾人保障法〉实施意见》。

5月

29日　卫生部副部长何界生一行考察杭州娃哈哈集团公司。

6月

11日　区委决定建立中共杭州广宇房地产（集团）公司委员会。

28日　区政府制定《上城区集体商业企业股份合作制试行办法》，对股份设置、收益分配、劳动工资、管理体制、审批、企业设立与终止等方面做了规定。

7月

2日　民政部部长多吉才让考察小营巷街道民政工作。

9—10日　区委五届二次全体会议召开。区委书记林伊南作《关于当前上城区经济形势和任务》的工作报告。

15日　区委召开“塑造天堂新形象”大讨论和机关作风纪律教育会议。

8月

1日　涌金街道在延安路南端开辟“拥军一条街”。解放路百货商店等为属地烈军属、部队官兵提供优质、优先、优惠服务。

19日　区公安分局表彰“三打一禁”斗争中做出突出贡献的单位和个人。区委、区政府有关领导为获奖者颁奖。

9月

28日　区委发文《关于开展反腐败斗争的工作意见》，并制定《关于近期反腐败斗争的工作意见》。

10月

6日　区委五届四次全体（扩大）会议召开。研究和部署加强精神文明建设，开展反腐败斗争的具体措施。

是月　上城区获“全国特殊教育先进区”称号。

11月

24日　区委、区政府制定《关于实施〈中国教育改革和发展纲要〉的若干意见》。

26日　区文明委命名毛主席视察小营巷卫生工作陈列馆为区首批爱国主义教育基地。

是月　市政府下发《关于上城区在市郊建立工业园区方案的协调会议纪要》，原则批准上城区在西湖区（现为拱墅区）祥符镇新文村建立工业园区，规划用地20万平方米。

12月

22日　区委、区政府在东坡大剧院举行“毛泽东颂”歌咏晚会，纪念毛泽东100周年诞辰。

24日　区文明委命名龚自珍纪念馆为区第二批爱国主义教育基地。1995年11月，龚自珍纪念馆被杭州市委宣传部命名为杭州市爱国主义教育基地。1996年6月，龚自珍纪念馆被省委、省政府命名为浙江省爱国主义教育基地。

27日　区委决定在区工商联增挂“杭州市上城民间商会”牌子，实行“一套班子，两块牌子”的体制。

是月　区老龄委兴办老龄经济实体73家，其中，区老龄办直属企业27家，街道办企业46家。

是年　区域内天工艺苑作为华东最大的艺术品商场和工艺品销售中心，营业额超过2.8亿元，跻身杭州十大商场的前三位。

1994年

1月

8日　区委五届五次全体（扩大）会议召开。会议提出，坚持以经济建设为中心，加快发展，加快社会保障制度改革和政府职能转变，促进社会全面进步。

12日　区委、区政府批转区转制领导小组《关于加速转换企业经营机制的工作意见》。

15日　区委、区政府做出《关于表彰李征儒同志英勇救人事迹的决定》，对区81岁老人李征儒跳进河里勇救落水女青年的事迹进行表彰。

是日　副市长华丽珍走访龙翔桥农副产品市场和吴山燃料店，了解春节市场供应情况。

30日　辖区内杭州天工艺苑购物中心因电线短路发生特大火灾。3时32分，市消防支队接到报警后，先后调集市区各中队和杭州民生药业集团消防队官兵250名参加扑救。300余名公安干警到场维护治安和交通秩序。7时许，大火被扑灭。火灾造成直接经济损失991.7万元。

2月

17—22日　市委副书记沈者寿调研小营巷街道“在发展社会主义市场经济形势下，搞好城区文明建设”的进展情况。

22日　小营巷街道等10个街道通过噪声达标区验收。

28日　区政府表彰陈励君等9名上城区优秀女企业家。

3月

1日　区政府负责实施的延安路南端贯通工程正式开工。此工程系杭州市重点基础设施建设项目，道路全长910米，宽40米，总用地面积0.45平方千米。共需拆迁各类建筑26.62万平方米，动迁居民4602户，动迁省、市、区属单位135家。总投资约1700万元。1995年1月28日建成通车。

10日　区委做出《向共产党员戴文化、诸小毛同志学习的决定》，学习他们为维护社会稳定，在困难和危险时刻挺身而出，无私无畏，见义勇为的崇高精神。

30日　区委、区政府召开全区“二五”普法、依法治区工作会议。

4月

18日　市委副书记沈者寿为区机关300余名干部做《摒弃传统的社会主义观念，坚持建设有中国特色社会主义理论》的辅导报告。

21日　区委下发《关于在全区共产党员中开展“两学两提高”活动的实施意见》。

5月

1日　区内人防建设与城市建设相结合的延安南路与城站路交叉处修建工程开工，总面积1万平方米。是年底，道路建成通车。

是月　上城区被民政部授予“全国民族工作先进区”称号。

是月　上城区获“全国儿童工作先进区”称号，被全国妇工委授予“热爱儿童奖”。

6月

13日　省委宣传部副部长沈晖调研区宣传思想工作。

23日　1993年中国经营大师评选在北京揭晓，杭州娃哈哈集团公司董事长宗庆后名列其中。

25日　全国政协常委袁木一行考察杭州娃哈哈集团公司。

7月

19日　区委、区政府召开全区经济工作会议。

是日　区委、区政府召开创建文明城区动员大会。

8月

17日　区委、区政府发出《解放思想，发展经济大讨论的意见》，号召全区干部、群众开展一次发展经济大讨论活动，促进全区经济总体规模和整体效益的进步。

9月

21—22日　区第十次妇女代表大会召开。大会选举产生区妇联第十届执行委员会。

10月

8日　区政府决定建立区妇女权益保障委员会。

31日　副市长胡克昌率市安全生产检查组考评区1994年安全生产综合目标管理完成情况。

11月

1日　省委副书记、省政协主席刘枫考察区文化工作。

14日　区委、区政府决定，成立区“三产兴区”领导小组，由区长杨菊芳担任组长，副区长何根荣、蔡仲光担任副组长。

28日　区机构编制委员会建立。

12月

12月　浙江对口支援三峡涪陵库区最大项目——杭州娃哈哈集团公司涪陵分公司成立。

1995年

1月

4日　区委印发《关于加强领导干部选拔、培训、管理工作的意见》《关于加强民主集中制度建设的意见》《关于加强和改进基层党支部工作的意见》。

16日　区委、区政府召开社区教育工作会议。会议要求根据全区社区教育工作计划，组织有特色的活动。

2月

28日　市委副书记沈跃跃考察区法院“院长挂牌值班”活动情况。

4月

3日　区委、区政府确定全区13项重点调研课题，并明确主要领导带队、相关职能部门负责。

10日　区委同意，将区民间商会改称为区总商会，民间商会的性质仍不变。

14日　副市长华丽珍调研区轻纺市场。

是月　区政府批转发文《上城区企业实行全员劳动合同制意见》。

是月　区文明建设委员会命名“杭州碑林”为区第三批爱国主义教育基地。

5月

20日　区域内发掘出南宋赵氏太庙东围墙、东门遗址、大型建筑夯土台基等遗迹，被国家文物局评为“1995年度中国十大考古新发现”之一。

23日　上城区召开第四次文化工作会议。

是日　司法部宣传司副司长尹燕鹿考察区“二五”普法工作。

是月　杭州市上城区人才市场建立。

6月

6月　全国政协常委何振梁率全国政协科教文卫体委员会城市社区调研组考察区社区群众性体育运动情况。

16日　区委发出《关于在全区党员中开展建设有中国特色社会主义理论和党章学习活动的实施意见》。

7月

2日　玉皇山交通隧道南北两端（南接南复兴路，北连西湖区玉皇山路）同时动工。与原2～4线隧道构成单向通行的南北交通线。1997年1月30日正式通车。

8月

22日　区十届人大常委会第十九次会议决定，任命李端阳为代理区长。

是月　省司法厅厅长于国强考察区普法、依法治区工作。

9月

22日　上城区在东坡大剧院举办“筑起我们的新长城”纪念抗日战争胜利50周年大型专题演唱会。

是月　区各单位捐款30万元，援建西藏那曲地区的“上城希望小学”。

10月

25日　区政府制定《关于进一步深化商业企业经营机制改革的实施意见》。提出：稳步推进公司制，试行资产经营责任制，改进和完善股份合作、合资、合劳企业管理制度，加强对集体资产的管理。

11月

13日　17时10分，国内首例“礼物婴儿”（指通过腹腔镜配子输卵管内移植孕育、诞生的婴儿）在浙江医科大学附属妇产科医院出生。

21日　区委、区政府召开居民区工作会议，贯彻落实《中华人民共和国城市居委会组织法》。

22日　全国人大常委会民族委员会副主任李学智考察区民族工作情况。

是日　上城区举行小营巷街道与世界卫生组织合作项目《社区健康教育骨干培训方法和效果的研究方案》研讨会。

12月

21日　区委、区政府制定《关于加强居民区工作的若干意见》。

是年　湖滨街道被民政部评为“中国街道之星”，小营巷居委会被评为“全国模范居委会”。

1996年

1月

17日　上城区成立国防动员委员会。

是日　区委、区人大常委会决定，在区国家机关实行执法责任制，并制定实行部门执法责任制的工作方案。

18—19日　区委五届九次全体（扩大）会议召开，审议《上城区国民经济和社会发展“九五”计划和2010年远景目标》。

21日　区委、区政府决定成立上城区人武部收归部队建制工作领导小组。

2月

24日　区委、区政府与7个街道及有关机关、单位签订“上城区社会治安综合治理责任书”。

是月　杭州娃哈哈集团公司与法国达能集团合作谈判引进外资，并成功签订协议。

3月

4日　区政府批转《上城区1996年经济体制改革工作要点》。

26—29日　区第十届人民代表大会第四次会议召开。审议通过《上城区国民经济和社会发展“九五”计划及2010年远景目标纲要草案》，选举李端阳为区长。

4月

1日　根据中共中央、国务院、中央军委决定，市辖区人民武装部收归军队建制。

是月　市委决定，朱履林任上城区委常委、上城区纪律检查委员会书记。

是月　上城区获全国“残疾人工作先进区”称号。

5月

14日　副市长胡克昌率检查组检查区安全生产、消防安全工作。

16日《人民日报》刊登《不请名角照演大戏——杭州上城区社区文化十年不衰》的报道。

20日　区委、区政府批转区委宣传部、区司法局《关于在全区公民中开展法制宣传教育的第三个五年规划》。

是月　区委召开“严打”工作动员会。

6月

12日　区委召开“三五”普法推行执法责任制动员大会。

20日　上城区在北京召开的第四次全国法制宣传教育工作大会上，被中共中央宣传部、司法部授予“全国‘二五’普法先进集体”称号。

28日　区域内贴沙河首期整治工程动工（分段整治，至1999年两岸一级驳磡工程竣工，全长6257米，河道最宽处为100米）。

7月

10日　16时28分，浙江省第一例试管婴儿在浙江医科大学附属妇产科医院出生。

18日　区委五届十次全体（扩大）会议召开。会议要求全区各级领导着重抓好重点骨干企业上规模、上水平；加强财政税收工作；坚持思想道德教育，创建文明城区。

是月　区体育运动委员会更名为区体育运动局。

8月

5日　市委常委、市委宣传部部长熊恩生调研区社会公德教育工作。

10日　《上城区党政机构改革方案》实施。

9月

17日　市委副书记沈跃跃检查区领导班子思想政治建设及基层党建工作。

24日　上城区举行老年活动中心建成启用仪式，省老龄委副主任翟翕武、市老龄委主任陈侠等出席。

28日　区政府贯彻实施科技强区战略决策，聘请浙江大学吴世明等12名专家学者为“区咨询委员会”成员。

10月

是月　区纪委、区监察局落实和完善办案责任制、常委分析案件线索制度、信访督办制度。

11月

是月　区两级理论学习中心组重点学习《邓小平同志建设有中国特色社会主义理论学习纲要》。

12月

4日　区委、区政府决定建立领导干部经济责任审计制度（试行）。

10日　区委、区政府印发《关于在全区企业开展形势任务教育的意见》。

是月　按市政府《关于调整杭州市市辖区行政区划的通知》精神，原江干区所辖的望江、南星、紫阳、闸口4个街道和四季青镇近江、望江、玉皇3个行政村划归上城区管辖。上城区由此从原有7个街道增至为11个街道、215个居民区及3个行政村。

1997年

1月

2日　区委、区政府批转《关于1997年依法治区工作的报告》。

10日　区委五届十一次全体会议召开，审议通过《关于精神文明建设和领导班子思想政治建设的实施意见》。

是月　上城区第一家基层商会——杭州解放路副食品茶叶市场商会成立。

是月　西兴大桥（钱江三桥）建成通车。

2月

3日　杭州市老年公园开放。

25日至3月1日　区第十届人民代表大会第五次会议召开。审议通过区政府工作报告等6个工作报告；会议选举产生出席杭州市第九届人民代表大会代表。

3月

21日　区委、区政府印发《上城区“科教强区”发展纲要》，纲要主要从八个方面阐述“科教强区”的战略决策。

4月

28日　区委、区政府转发区“双禁”领导小组《关于上城区禁毒禁赌斗争实施方案》。

5月

13—15日　共青团上城区第七次代表大会召开。大会选举产生共青团区第七届委员会。

是月　区委发出《关于开展“创优良业绩，树公仆形象”教育活动实施意见的通知》，要求在全区领导和干部中开展教育活动。

6月

4日　区委、区政府召开全区对外开放工作会议。

6日　区域内凤凰山麓南宋皇城遗址范围发现御用船坞码头遗迹。

12日　中河高架路分三期开工建设。1998年1月，一期工程完成，全长1.50千米；1998年12月，二期工程完成，全长2.30千米；2000年12月，三期工程完成，全长4.60千米。

是月　上城区获“全国儿童工作先进区”称号。

7月

9日　南星地区1200余户居民遭遇特大洪水围困。省军区工化营接到抗洪救险命令后，40分钟赶到灾情现场投入救援。至次日晚，抢运被困群众2000余人次，物资10余吨。

8月

1日　西湖水引入中河工程竣工通水，以每秒0.5立方米的流量注入中河。

是月　清波街道被中共中央宣传部、解放军总政治部授予“全国军民共建社会主义精神文明先进单位”称号。

是月　上城区创办全区第一家专业技术人员继续教育培训基地——杭州湖边业余技术学校，开展专业技术人员继续教育培训。

9月

5日　省委决定李端阳任区委书记。

16日　区十届人大常委会第三十九次会议决定，任命张鸣放为副区长、代区长。

11月

23日　区委、区政府发布《关于治理向企业乱收费、乱罚款和各种摊派行为，减轻企业负担工作的实施意见》。

12月

8日　杭州铁路新客站和城站广场改建工程开工。1999年12月28日，杭州铁路新客站暨高架广场和城站广场建成启用。2014年10月至2015年1月，完成站场大修。

31日　市委副书记沈者寿考察小营巷街道综合治理工作。

1998年

1月

8日　区委、区政府印发《杭州市上城区第三个依法治区五年（1998—2002年）规划》。

11日　上城区被评为全国未成年人保护工作先进集体。

14日　中共杭州市上城区第六次代表大会召开，选举李端阳为区委书记。

15日　区委、区政府制定《上城区1998至2002年旧城改造总体实施方案》，计划在5年内基本完成区旧城改造任务。

2月

9日　区委批准筹建政协上城区第一届委员会。

10日　上城区被省普法办确定为全省“三五”普法14个联系点之一。

3月

10—15日　区政协一届一次会议召开。徐军当选为区政协主席。

12—16日　区第十一届人民代表大会第一次会议召开，沈国友当选为区人大常委会主任，张鸣放当选为区长，葛成富当选为区人民法院院长，陈合达当选为区人民检察院检察长。

14日　位于上城区的中国首家钱币断代博物馆——南宋钱币博物馆开始模拟展示。5月，正式开馆。该馆搜集到各类钱币4000余种、1.5万枚及一批古籍文献资料。

16日　小营地区第二期危旧房改造工程启动。动迁各类房屋34704平方米，住户741户。

25日　区政府制定《上城区企业改革三年（1998—2000年）规划》。

4月

17日　上城区首次召开全区环境保护工作会议。

18日　区委、区人大、区政府对全区178名中层领导干部，进行任职前法律考试。

23日　区委、区政府决定，建立上城区加快旧城改造领导小组。

5月

5日　吴山地区开发建设指挥部成立。

8日　市委副书记朱报春调研加强政治思想和作风建设工作。

25日　根据省、市委的部署，区委决定在全区各级领导班子和干部群众中开展以“讲学习、讲政治、讲正气”为主要内容的党性党风教育活动，制定《关于深化以“三讲”为主要内容的党性党风教育的实施意见》。

6月

10日　吴山广场开发建设工程启动，开发建设范围东起中河路，南至万松岭路，西接南山路，北连河坊街，总面积1.73平方千米，需拆迁居民6000余户，拆除各类建筑34万平方米。1999年9月28日，吴山广场建成开放。

17日　市政协副主席徐兆骥考察区卫生资源配备情况。

7月

15日　区委、区政府决定，成立上城区撤村建居工作领导小组。

8月

2日　省委常委、市委书记李金明一行调研上城区工作。

20日　市委副书记、市长王永明调研杭州娃哈哈集团公司运营情况。

19日　区委、区政府制定《关于大力发展个体私营经济的意见》。

26日　区政府制定《关于区属国有集体企业改制为股份合作制企业的若干意见》。主要内容包括资产处理、股份设置、企业内部管理机制、企业分配、企业改制中有关问题的处理等7个方面。

9月

8日　市政协副主席熊恩生、施锦祥、卜昭晖考察吴山地区开发建设情况。

15日　区委、区政府制定《上城区推行政务公开制度实施意见》。

11月

6日　中共中央政治局委员、国务院副总理吴邦国视察杭州娃哈哈集团公司涪陵分公司。

23日　九三学社上城区支社成立。至此，共有民革、民盟、民建、民进、农工党、九三学社6个民主党派组织在上城区建立支部（社）。

28日　区人大、区依普办对全区60名法官、检察官进行任职前法律知识考试，合格者发给“法律知识任职合格证”。

31日　清泰街道被司法部评为“全国刑事释放解教人员安置帮教工作先进集体”。

是月　上城区通过省科技工作先进区评审验收。

12月

5日　上城区居委会改革调整试点工作结束。试点单位清泰街道的19个居委会调整为10个居委会，闸口街道的15个居委会调整为7个居委会。

14日　“上城区隆重纪念党的十一届三中全会召开20周年”文艺晚会举行，省委宣传部副部长何福清、市政协副主席沈者寿和区四套班子领导出席。

是月　清泰街道获“全国城市体育先进社区”称号。

是年　上城区被评为“省级科技工作先进区”。

是年　年末，杭州标志性建筑——位于吴山中部北麓的城隍阁，正式开始建设施工。

1999年

1月

18日　区委六届四次全体会议召开，提出保持经济持续快速健康发展的优势，构筑面向21世纪的新上城，全面加强党的建设的工作目标。

是月　杭州“娃哈哈”商标被国家商标局评为“中国驰名商标”。

2月

3日　市委常委、常务副市长马时雍调研近江村撤村建居试点工作。

10日　省顾问委员会原主任铁瑛，省政协原主席商景才，省顾问委员会原副主任崔健，省委原常委、省政府原副省长翟翕武，省顾问委员会原常委王耀亭，省委原常委、省政协原副主席李朝龙考察近江村撤村建居情况。

3月

6日　上城区首次成功发售体育彩票1400万元。

4月

1日　省司法厅厅长沈雷调研区依法治区工作。

15日　上城区街道区划调整。撤销涌金、湖滨街道，组建湖滨街道；撤销小营巷、横河街道，组建小营街道；撤销清泰、城站街道，组建城站街道；新设近江街道；保留清波街道、紫阳街道、望江街道、闸口街道、南星街道。撤销近江、望江、玉皇3个行政村，所建居民区分属近江、望江、闸口3个街道。

5月

19日　全区干部大会召开，会上提出“经济争领先、文明上水平、建设出精品、管理创特色”的新工作目标。

6月

23日　副市长陈继松考察区拆违工作。

是月　区检察院实行检察官等级制度，分别评定三级、四级高级检察官和一级至五级检察官。

7月

7日　区委、区政府发出《关于命名重点骨干企业和重点发展企业并为之建立“绿色通道”的通知》。

8月

18日　区委、区政府决定成立上城区街道工作委员会。加强对街道的统一管理、归口管理、指导协调和考核奖励工作，强化街道的综合管理和服务功能。

9月

23日　龚自珍纪念馆诗书画院举行庆祝中华人民共和国成立50周年诗书画笔会。诗书画院名誉院长郭仲选，书画家俞建华、丁茂鲁、蒋北耿等50余人参加笔会。

28日　上城区在新落成的吴山广场举办“祖国万岁”大型歌舞晚会，市领导顾树森、张明光、陈重华出席。

29日　西湖大道暨涌金立交桥竣工通车。

10月

1—2日　上城区举办国庆50周年游园活动。市委常委、市委组织部部长王建满，区委书记李端阳，区委副书记、区长张鸣放，区委副书记刘庆龙等参加游园活动。

是月　上城区被中国科协评为“全国科普示范城区”。

是月　区政府批复同意杭州娃哈哈集团公司内部职工持股实施方案。

11月

9日　小营地区第三期危旧房改造工程实施。该工程分两块进行，第一块动迁房屋面积7275平方米，户数158户；第二块动迁房屋面积5316平方米，户数81户。

12月

28日　铁路杭州站新客站暨高架广场开通。

是月　中国科协副主席徐善衍考察紫阳街道科教中心工作。

是年　市政府决定投资5.5亿元修复胡雪岩故居。

是年　区域内杭州历史博物馆（位于吴山景区管米山北麓）动工兴建，占地面积1.2万平方米，建筑面积6000平方米，总投资6000余万元。

2000年

1月

6日　区委、区政府制定《关于实行党风廉政建设责任制的实施办法》。办法主要包括指导思想与组织原则、责任主体与责任内容、责任考核和监督检查、责任追究及实施四方面内容。

是日　区委、区政府召开党风廉政教育大会，会上对区典型案例进行通报。

2月

18—20日　上城区庆祝新纪元龙年大型元宵灯会在吴山广场举办，市委副书记、市长仇保兴，市政协主席虞荣仁，市委副书记、政法委书记于辉达，市委副书记吴键，区委书记李端阳，区委副书记、区长张鸣放等前往观灯。

是月　上城区被科技部授予“1999—2000年度全国科技进步先进区”称号。

是月　城隍阁正式建成对公众开放。在原老城隍庙遗址高台上建7层仿宋元建筑，建筑面积3800平方米，高41.60米。镇馆之宝为大型立体硬木彩塑《南宋杭城风情图》，长30余米，高3.6米，采用雕、刻、塑、编、扎等多种传统工艺表现手法与技艺。

3月

27日　市政府发函将河坊街、大井巷一带定名清河坊历史文化特色街区。

4月

8日　清河坊历史文化特色街区河坊街一期保护与改造工程启动。2001年10月18日，河坊街老街开街。

14日　区法院获“全国优秀青少年维权岗”称号。

18日　浙江省杭州第五中学、浙江省杭州第六中学、浙江省杭州第十中学、杭州市瑞金中学、杭州市清河中学、杭州市江城中学、杭州市八一中学、杭州市惠兴中学、杭州市开元中学9所市属中学划归上城区管理。

是月至8月　杭州市文物保护所对区域内南宋临安府治遗址实施抢救性发掘。该遗址被评为“2000年度全国十大考古新发现”之一。

5月

17日　上城区召开第五次全国人口普查工作会议。

31日　浙江华日集团公司在九堡“华日工业城”举行国际CFC替代改造项目达标正式投入运行仪式。

6月

是月　区文化馆获“浙江省特级文化馆”称号。紫阳、闸口、城站、小营、湖滨5个街道文化站获“浙江省特级文化站”称号。南星、清波、望江3个街道文化站获“浙江省一级文化站”称号。

7月

27日　区委书记李端阳为城站街道创建“双拥”一条街揭牌。

8月

是月　区科协独立建制，区委发文建立中共上城区科协党组。

9月

27日　中共中央组织部调研室副主任张兆本一行考察杭州娃哈哈集团公司。

10月

22日　区代表队在杭州第二次西湖博览会“西湖踏歌”大型巡游演出中，获最佳表演奖。

11月

11日　全国人大常委会委员、内务司法委员会委员赵地率执法调研组考察杭州市八一中学学生法制教育和区法院少年法庭工作。

28日　上城区召开龚自珍纪念馆成立10周年座谈会，书画家郭仲选、张学理及龚氏后裔共80余人出席。

12月

10日　南星街道新工社区召开第一次社区居民代表大会，选举产生第一届新工社区居委会，标志着上城区第一个社区居委会正式成立。

18日　区委转发《上城区预防未成年人犯罪工作三年规划（2001—2003年）》。

是年　上城区被全国双拥工作领导小组、民政部授予“全国献爱心功臣行动先进区”称号。区公安分局被评为全国优秀公安分局。湖滨街道党校被中共中央宣传部定为全国基层党校示范点。

2001年

1月

2日　省委常委、市委书记王国平调研南星街道凤凰社区建设工作。

15日　公安部副部长罗锋考察南星街道凤凰社区工作。

20日　胡雪岩故居经市园文局修复，正式对外开放。

是月　杭州铁路中学、杭州铁路第四小学、杭州铁路第五小学由上海铁路局转交上城区管理。

是月　区138个社区经整合成为67个社区。

2月

6日　上城区举行万人签名支持北京申奥活动。活动结束后，由专人将长达2008米的横幅送往北京。

6—8日　上城区举行“金蛇狂舞”大型元宵灯会活动，共有6组5000余只工艺彩灯，吸引观灯者50余万人次，获杭州市“最佳灯区”“最佳创意”等8个奖项。

3月

5日　上城区召开环境综合整治工作会议，布置2001年的道路和旧小区整治、平改坡、铁路沿线整治及拆违绿化等工作，落实5条道路和钱塘江大桥、西兴大桥、环城东路立交桥等4个入口处的整治工作。区长张鸣放与9个街道、区建设局、区房管局等11家单位签订目标责任书。

6—9日　区第十一届人民代表大会第四次会议召开。大会提出“十五”期间要积极实施“开放立区、三产兴区、科教强区、依法治区”的发展战略，建设精品城区。

4月

5日　民政部副部长李宝库考察南星街道馒头山社区建设工作。

18日　大华书场历经7年6次搬迁，终搬至青年路48号重新开业。

5月

18—24日　上城区承办的2001年中国杭州京剧票友艺术节在新落成的红星剧院举行。原国务委员、公安部原部长王芳出席开幕式，全国政协副主席万国权为艺术节题词。来自北京、天津、上海等地的京剧界部分名家、名角做交流演出。

19日　区陶行知研究会成立。

23日　区司法局被中共中央宣传部、司法部评为“全国‘三五’法制宣传教育先进集体”。

6月

20日　副市长杨戍标率市有关职能部门负责人到上城区现场办公，解决旧城改造、城市基础设施建设等方面的问题。

25日　区域内凤凰寺、梵天寺经幢、宝成寺麻曷葛剌造像由国务院核定公布为第五批全国重点文物保护单位。

7月

16日　浙江省社区妇女工作现场会在小营街道召开，省妇联主席张孝琳等出席。

8月

15日　省总工会副主席顾秀秀调研城站街道义井巷社区工会工作。

21日　鼓楼（原名朝天门）正式破土动工。重建鼓楼高19.8米，建筑面积1046平方米，楼中置九鼓，观景台悬挂“世纪平安钟”，底层陈列鼓楼遗址发掘的各朝代的文物。2002年10月18日，鼓楼复建完工，并举行落成典礼。

31日　省教育厅厅长侯靖方考察创建教育强区工作。

9月

16—17日　台湾中华农业交流协会理事长简杨柳率考察团到上城区交流考察。

30日　区委党校更名为杭州市委党校上城区分校。

10月

8日　区域内位于吴山中麓粮道山18号的杭州历史博物馆正式建成开馆。

11日　毛主席视察小营巷纪念馆重建后开馆。

21—24日　上城区主办的中国杭州西湖博览会项目——2001中国（杭州）国际五金展在杭州近江展览馆举行。参展单位共260家，总成交额45089.2万元。

11月

5日　劳动和社会保障部副部长李其炎考察小营街道劳动和社会保障管理站、小营社区劳动和社会保障服务室。

30日　区中小企业信用担保中心成立，并与杭州市商业银行之江支行签订合作协议书。

12月

6日　区省教育强区创建工作通过省教育强区验收组评估验收。全区学龄儿童入学率达100%，小学毕业升初中比例达100%。全区有38所学校及幼儿园实现城域网互联。

是月　区域内发掘的南宋恭圣仁烈皇后宅遗址和老虎洞南宋窑址被评为“2001年度全国十大考古新发现”之一。

是年　杭州娃哈哈集团有限公司被评为“中国最受尊敬的企业”之一。至2005年，杭州娃哈哈集团有限公司连续5年获该称号。

是年　区离退休职工养老金全部实行社会化发放。区社会保障管理社区化，9个街道实现网络和资源共享，71.6%的社区建立劳动社会保障服务室。

2002年

1月

18日　区委六届十一次全体会议召开。会议提出“六个加快、六个提升”：围绕冲百亿目标，加快体制创新和技术创新，提升工业运行档次；打响文化休闲品牌，加快氛围培育，提升商贸旅游发展速度；着眼区域经济发展，加快观念更新和思路更新，提升招商引资质量；适应城市化进程，加快旧城改造和城市建设，提升中心城区品位；抓住创建全国文明城市契机，加快环境建设和素质提高，提升文明城区创建水准；突出作风建设重点，加快探索新的途径和方法，提升党建工作水平。

2月

10日　区域内宝成寺麻曷葛剌造像经过维修重新对外开放。

是月　钱王祠重建工程动工（原祠于“文化大革命”期间被毁）。2003年10月1日，钱王祠重建后对外开放；12月4日，钱王祠重新被列为杭州市文物保护单位（1957年被列为杭州市文物保护单位）。

是月　国务院侨务办公室检查组考察清波街道定安路社区侨务工作，并参观侨属潘曼霞制作的56个民族服饰展。

是月　上城区被科技部授予“1999—2000年全国科技进步先进城区”称号。

3月

14日　市政协副主席沈者寿、管竹苗一行考察清河坊历史文化特色街区。

4月

20日　杭州市首届春茶节在吴山广场开幕。

26日　中央电视台综合频道《早新闻》栏目全景式报道复兴立交桥绿化和6万平方米的绿化配套工程。

5月

9日　省委决定张鸣放任区委书记。

6月

26日　中国人口学会常务副会长田雪原考察望江地区计划生育工作。

7月

18日　杭州娃哈哈集团有限公司董事长宗庆后在杭州市“工业兴市”大会上获300万元重奖。

8月

13日　团中央青年志愿者行动指导中心主任卢雍致参观区社区服务中心、南星街道美政桥社区天天志愿者服务站。

14日　英国著名物理学家和宇宙学家史蒂芬·威廉·霍金夫妇游览河坊街。

9月

9日　上城区被民政部授予“全国社区建设示范区”称号。

31日　万松书院景区开园迎客。

10月

1日　南山路艺术休闲特色街开街，全长2500米。

25日　上城区启动小营地区危旧房改造第四期工程。

11月

7日　上城区首个行业商会——上城区家具业商会成立。首批会员企业48家。

27日　全国爱国卫生运动委员会、省政府举行纪念毛泽东视察小营巷暨爱国卫生运动50周年大会。

是月　区科技创业中心被认定为“浙江省重点科技企业孵化器”。

12月

19日　小营街道办事处被授予“第三批全国城市体育先进社区”称号。

是年　望江街道实行外来人员公寓一体化管理服务，建立管理网络，提高服务质量。

是年　杭州市第四次历史文化遗产普查成果图片展在区内展出，图片包括上城区域内的大量古建筑文物。

2003年

1月

8日　望江立交桥工程建成通车，杭州市区最后一个铁路平交道口消失。

10日　区政府第十七次全体会议召开，提出加强矛盾纠纷的疏导化解工作，维护安定团结的政治局面。

15—18日　中共杭州市上城区第七次代表大会召开。张鸣放当选区委书记。

2月

10日　杭州娃哈哈集团有限公司吉安公司在江西建成投产。

16日　市委副书记、市长茅临生调研清波街道劳动路社区手工编织社。

3月

2—6日　区政协二届一次会议召开。杨全岁当选为区政协主席。

3—7日　区第十二届人民代表大会第一次会议召开。沈国友当选为区人大常委会主任。

14日　上城区被杭州市确定为全国城市基层党组织开展共产党员先进性教育活动试

点单位。

31日　13时，杭州市大学路小学五年级学生冯某携带1枚带有引信的旧炮弹上学，在教室走廊玩耍时发生爆炸，造成12名学生受伤。

4月

16日　上城区非典型肺炎防治工作领导小组成立。

20日　近江街道“在水一方”公寓发现1例“非典”疑似病人。区政府、街道、社区立即组织人员，建立防御、医疗、后勤3个应急小组，在隔离区严防死守，做好防控工作。

23日　区“非典”疫控点增至23个。

25日　省委副书记、副省长吕祖善调研区科技创业中心民营科技企业发展工作。

29日　民政部副部长杨衔银率国务院非典型肺炎防治工作督查组考察近江街道“在水一方”社区的“非典”防控工作。

5月

2日　在水一方社区解除隔离，76户、201名居民在与“非典”抗争14天后与亲人团聚。

是月　经杭州市政府批准，上城区调整街道行政区划。撤销南星街道、近江街道、城站街道3个街道。闸口街道改名为南星街道。全区共有湖滨街道、清波街道、小营街道、望江街道、南星街道、紫阳街道6个街道。

6月

12日　共青团上城区第九次代表大会召开，选举产生共青团上城区第九届委员会。

18日　团省委书记葛慧君、团市委书记胡侠调研紫阳街道团工委青年中心建设情况。

26—27日　上城区工会第五次代表大会召开，选举产生区总工会第五届委员会和经费审查委员会。

27日　杭州市增补玉皇山古迹群为市级文物保护单位。

是月　中国科协再次确认上城区为“全国科普示范城区”。

是月　上城区推出全市首批下岗失业人员自谋职业、自主创业小额贷款。

7月

3日　省委副书记、省政协主席李金明调研区基层政协工作。

24日　上城区召开社区规划调整大会。主要调整2000户以下社区，调整后全区社区数由67个减至51个。

8月

1日　世界500强企业家乐福集团在杭州市第一家家乐福超市正式开张，选址于延安路135～139号（涌金广场）。

26日　杭州市第一家特色街区商会——清河坊历史文化街区商会成立。

是月　杭州市抚宁巷小学蒋筑英纪念馆被市委、市政府命名为杭州市第八批爱国主义教育基地。

9月

5日　市委副书记、市纪委书记叶明调研区纪检监察工作。

10日　市委副书记、市长茅临生调研小营街道西牌楼社区、清波街道劳动路社区来料加工业发展情况。

24日　杭州市老字号企业协会成立仪式在胡庆余堂中药博物馆举行。

26日　全市首家关爱残疾人超市——博爱超市正式开张。

28日　上城区在延安路建立全市首个道路治安动态监控系统，共开通14个监控点位。

是月　杭州娃哈哈集团有限公司生产的娃哈哈牌瓶装纯净水被评为中国名牌产品。

10月

1日　湖滨路作为特色步行街正式启用。2005年6月25日，该路允许小型机动车通行。2014年5月，上城区完成湖滨路步行街整治；6月3日，湖滨路恢复步行，禁止机动车、非机动车进入。

31日　上城区承办的“2003中国杭州名师名校长论坛”开幕。全国各地名师、名校长3000人参加论坛。

11月

27日　上城区被中国残联授予首批“全国社区残疾人工作示范区”称号。

是日　区政府被市委、市政府评为西湖综合保护“三项工程”建设特别贡献单位。

12月

31日　区委七届三次全体（扩大）会议召开，提出“建设旅游休闲商务区，打造杭州RBD”的发展战略。

是月　上城区被确定为浙江省社区矫正工作试点城区之一。2004年5月31日，上城区正式启动社区矫正试点工作。

2004年

1月

8日　省委、省政府授予上城区“浙江省文明城区”称号。

是月　据美国饮料市场研究公司统计，杭州娃哈哈集团有限公司生产的饮料总量位居世界第5名，仅次于可口可乐、百事可乐、吉百利、柯特4家全球化公司。

3月

1日　上城区撤销杭州高新技术开发区上城科技经济园管理委员会。

2日　上城区成立上城科技工业基地管理委员会。

4月

26日　澳门特别行政区行政长官何厚铧率澳门特区政府代表团和企业家代表团考察杭州娃哈哈集团有限公司。

是月　《杭州市上城区党政大事记（1949—2005）》编纂工作启动。2006年12月，该书编纂完成，由中共党史出版社出版。

5月

12日　爱国主义教育进社区活动在小营巷社区启动。

31日　上城区社区矫正工作正式启动，市委副书记于辉达参加动员大会。

6月

3日　圭亚那国民议会议长哈里·那拉颜·拉姆克兰率议会代表团参观考察杭州娃哈哈集团有限公司下沙生产基地。

7月

2日　上城区环境卫生在全市行业"洁美杯"评比中，名列全市主城区第一。

15日　区委七届四次全体（扩大）会议召开，会议强调为"建设旅游休闲商务区、打造杭州RBD、率先基本实现现代化"而努力。

8月

16日　"娃哈哈"牌果汁饮料、"兽王"牌皮衣登上2004年中国名牌产品榜。

是月　国家统计局公布全国大型工业企业名单，杭州娃哈哈集团有限公司以101.89亿元销售额位列98位，跻身全国大型工业企业百强。

9月

9日　上城区成立区行政学校和区干部培训中心。

10月

18—22日　中国民间文艺家协会、杭州市贸易局、杭州市文化局、区政府联合举办中国杭州清河坊民间艺人节。此后，第二届至第六届改名中国民间艺人节，先后于2007年10月12—18日、2009年10月16—25日、2011年10月12—18日、2013年10月12—18日、2015年10月23—29日在吴山广场、清河坊历史文化特色街区举行。

20日　上城区举行行政服务中心启动仪式。

是月　复兴大桥（钱江四桥）建成通车。

11月

4日　经省、市相关部门考察论证，南山路、勾山里一带拟定为历史地段，为杭州市第二批保护的历史遗存地段。

11日　区域内位于吴山广场28号的中国财税博物馆正式开馆。

12月

20日　在2005年度浙江华日集团公司新产品推荐会上，华日冰箱订货额超过10亿元。

是月　区域内实施严官巷南宋御街遗址和“三省六部”官署遗址发掘。2005年4月17日，严官巷南宋御街遗址被评为“2004年度全国十大考古新发现”之一。

是年　上城区被科技部授予“首批全国科技进步示范市（县、区）”称号；被中国残联确定为“全国残疾人康复服务工作典型区”。

是年　上城区投资100万元，消除区内存在的4处地质灾害隐患点，从5月起至年末，率先在杭州市完成治理。

2005年

1月

6日　杭州娃哈哈集团有限公司通过中国红十字会，向印度洋及南亚地区地震、海啸受灾国捐赠2万箱娃哈哈纯净水与10万件娃哈哈童装，捐赠物资总价值916万元。

25日　区委召开保持共产党员先进性教育活动动员大会。全区105个基层党组织，1300余名机关党员参加先进性教育活动。

是月　上城区首次向社会进行道路清扫保洁招标。

2月

18日　上城区全面启动“驾起一座桥、三部民情直通车、为民办五件实事”的“135党员为民工程”。

23日　区委、区政府确定加快望江地区改造和湖滨商贸旅游特色街区二期工程建设的阶段性目标。

3月

4日　上城区推出“培育技能型志愿者、建低成本保障机制”的举措，全区学雷锋志愿者注册人数达3.3万人，人均1年奉献20小时。

7日　区政府召开城建城管工作暨背街小巷工程动员大会。

28日　南山路艺术休闲特色街区被中国城市商业网点建设管理委员会评为“中国最具有升值前景商业街”。

4月

12日　教育部在杭州市开元中学召开“青少年廉洁教育”现场观摩会。

5月

10日　中山中路、小营巷、思鑫坊、湖边邨等7个历史街区保护规划方案向市民公开展示。

是月　区文化馆扩建项目正式实施，其中“区文化活动中心”面积从原3700平方米扩大至5000平方米。

6月

3日　上城区经国务院妇女儿童工作委员会审定，成为2005—2010年全国实施妇女儿童发展纲要试点单位。

是月　上城区在全国率先成立“为老服务联盟”，为居家养老服务提供后台支撑。

7月

14日　上城区完成庆春路南段综合整治，包括立面改造和清洗、亮灯工程、景观绿化小品、骑楼动迁改造以及挖掘整理岳王公园、钱塘门、求是书院历史文化点。

16日　望江地区改造工程正式启动。改造总面积近2平方千米，涉及拆迁户1.7万户，拆迁单位106家。开工建设启动点选于原东宝电器厂区，面积3万平方米。

8月

6日　区委、区政府部署防御第9号台风“麦莎”的袭击。

25日　上城区运动员在杭州市第十六届运动会上获金牌、总分和奖牌3个第一，连续五届蝉联市运会金牌和总分第一。

9月

1日　卫生部部长高强考察清波社区卫生服务中心和望江“在水一方”社区卫生服务站工作。

8日　上城区举行纪念中国人民抗日战争胜利60周年奖章发放仪式。

24日　法国商会会长、上城区侨联海外顾问卓旭光率法国华商会经贸考察团考察上城区经贸情况。

是月　杭州市上城区教育发展基金会成立。

10月

10日　湖滨国际名品街举行开街仪式。

21日　南星街道紫花埠社区获“2005年度全国群众体育先进单位”称号。

28日　清河坊历史文化特色街区被授予“中国著名商业街”称号。

11月

25日　杭州娃哈哈集团有限公司海外投资项目——新加坡达能乳业印尼投资有限公司获商务部批准。

12月

21日　平海路一处沿街房发生火灾，湖滨街道党工委、办事处启动紧急预案，积极做好有关善后工作。

是月　上城区被国家人口计生委授予“全国计划生育优质服务先进区”称号。

是年　全区商贸旅游服务收入首次冲破百亿元大关。

2006年

1月

19日　位于高银街的“杭州名萃土特产一条街”开张。

2月

16日　世界顶级轿车品牌劳斯莱斯销售公司落户上城区。

是月　上城区首次在退伍士兵中开展自谋职业培训。

3月

16日　上城区设立首个名校教师培养工作站。

31日　区委举办第一期吴山大讲堂暨“弘扬与时俱进浙江精神，提升浙江发展软实力”专题讲座。

4月

10—11日　区四套班子成员赴上海参加大型招商推介活动。

25—29日　全国社区青少年素质研讨会在上城区召开。

是月　上城区启动首部综合年鉴《上城年鉴（2006）》的编纂，12月内部出版。

5月

13日　美洲中华会馆、中华公所、华侨总会联谊会访问团一行17人参观考察清河坊历史文化特色街区。

27日　上城区举办全区首届“城市一家人”外来务工者文化艺术节。

28日　浙江省杭州第十中学举行建校200周年庆典。

30日　张小泉剪刀锻制技艺、胡庆余堂中药文化等项目入选国家首批非物质文化遗产保护名录。

6月

10日　位于上城区严官巷的南宋遗址陈列馆开放。

17日　湖滨（西湖）国际管乐节开幕。

是日　中央电视台《致富经》栏目全国观众研讨会首站在杭州清河坊开幕。

28日　区检察院成立反渎职侵权局，举行挂牌仪式。

是日　“上城网”正式开通。

7月

4日　上城区新建的定安路游泳馆正式开放。

5日　新青少年活动中心启用。

22日　上城区46名游泳运动员参加横渡钱塘江活动，获女子组第一、第二名。

8月

4日　上城区召开“四五”普法总结表彰暨“五五”普法动员大会。

11日　清河坊历史文化特色街区被市政府授予“杭州市现代服务业发展工作先进单位”称号。

26日　杭州医药业的“胡庆余堂”、刀剪业的“张小泉”等入选首届中华老字号品牌百强榜。11月7日，“胡庆余堂”“张小泉”等21家企业（品牌）被商务部认定为中华老字号。

9月

1日　上城区获“全国平安家庭创建活动先进区”称号。

13日　2006中国（杭州）国际啤酒节开幕式在吴山广场举行。

28日　杭州市留学人员上城创业园揭牌。

30日　吴山庙会在吴山广场开幕。

10月

9日　杭州市教育科学研究所附属小学在上城区落成。

17日　俄罗斯联邦车臣共和国总统阿尔哈诺夫一行22人到访杭州娃哈哈集团有限公司。

19日　杭州市工艺美术特色园落户清河坊历史文化特色街区。

11月

11日　浙江电台“交通之声”“夜宴——湖滨名品街时尚车秀”在湖滨国际名品街举行。

14日　国家信访局局长王学军考察湖滨街道涌金门社区“社区12345”工作。

12月

3日　上城区举行杭州市杨绫子学校乔迁新校舍庆典仪式。

2007年

1月

12日　区委、区政府召开创建省级示范文明城区总结表彰大会。

15日　中华全国总工会副主席、书记处书记乔传秀率全国总工会送温暖慰问团慰问区外来特困职工和退养困难职工。

2月

2—6日　区政协三届一次会议召开。杨全岁当选为区政协主席。

3—8日　区十三届人民代表大会第一次会议召开，丁晓芳当选为区人大常委会主任，陈红英当选为区长。

3月

13日　区劳动和社会保障局举办第五次“就业再就业服务周”活动暨春季劳动力招聘大会。有37家单位提供447个就业岗位。

27日　奥运冠军、凤凰卫视主持人莫慧兰参加湖滨国际名品街2008奥运倒计时500天活动，与杭州天地实验小学等学校的500名小学生共同放飞手工折叠的纸飞机。

4月

3日　省委书记赵洪祝考察区背街小巷改善工作。

13日　清河坊历史文化特色街区商会清河坊老字号协会成立，22家中华老字号会员企业成为首批会员。

18日　区政府和中国美术学院共同举办“西湖创意谷”揭幕新闻发布会。

20—22日　教育部特教处、中国教育学会特教分会联合举办全国首届培智学校青年教师基本功大赛（总决赛）在杭州市杨绫子学校举行，12个省市64所培智学校的69名选手参赛。

28日　湖滨（南山路）特色街区管委会成立。

5月

3日　浙江省老字号专业商标品牌基地揭牌仪式在清河坊历史文化特色街区举行。

18日　广宇集团股份有限公司在深圳证券交易所上市，成为全国首家在国内A股公开募股上市的民营房地产企业。

6月

28日　清河坊历史文化特色街区国家AAAA级旅游景区揭牌仪式在吴山广场举行。

7月

17日　区委八届三次全体（扩大）会议召开。

31日　全区首家关怀医院正式挂牌成立。

8月

4日　民政部基层政权和社区建设司司长詹成付、省民政厅厅长吴桂英等实地考察和听取省、市、区关于中华人民共和国第一个居委会寻访工作的汇报。

30日　上城区召开对外宣传工作会议暨《杭州RBD》杂志首发仪式。

9月

9日　国家工商总局局长周伯华考察上城家乐福超市食品安全工作。

13日　区政府召开实施“管理与服务标准化”试点工作新闻发布会。

20日　省、市电台、电视台、报纸、网络等13家媒体分别到望江、小营街道等6个

“代表之家”，集中采访上城地区“人大代表进社区”活动。

10月

19日　副省长葛慧君调研西湖创意谷。

21日　台湾现代服务业参访团一行23人考察区现代服务业发展情况。

27日　第九届中国杭州西湖博览会开幕式正式揭晓上城区的钱祠表忠、湖滨晴雨两景点入选“三评西湖十景”。

11月

16日　杭州娃哈哈集团有限公司举办20周年庆典。

20日　区综合年鉴《上城年鉴（2007）》由方志出版社正式出版。

22日　省教育学院教师与教育管理学院上城分院挂牌成立。

12月

20日　卫生部部长陈竺考察小营巷爱国卫生工作。

26日　区社区服务信息化建设研讨会召开，民政部基层政权与社区建设司副司长王金华、信息产业部信息化推进司副司长张宝泰及省市有关领导和专家学者出席。

28日　区政协文史研究会成立。

2008年

1月

10日　上城区召开城市战略工作专题汇报会，强调落实“七个更加注重”，体现“城市有机更新理念”。

12日　上城区获“全国和谐邻里建设示范城区”称号。

26日　区委、区政府召集区相关部门、各街道办事处负责人召开紧急会议，传达市抗雪防冻预案，并成立区抗雪防冻指挥部。

2月

15日　中山中路294号发生火灾，区委副书记余勇现场指挥处置有关工作。

是月　南方地区遭受长时间、大范围雪灾，上城区各单位及解放军及时清除路面积雪，保障城站火车站滞留旅客。

3月

7日　省委常委、市委书记王国平组织调研农贸市场整合改造提升工作。区长陈红英参加调研。

11日　市工商局向杭州奥普电器有限公司颁发“中国驰名商标”证书。

4月

10日　2008杭州西湖国际茶文化博览会暨清河坊茶会在吴山广场开幕。

30日　银泰西湖店落户上城区。

5月

20日　国内第一本街道民生蓝皮书——《南星街道民生工作成就及展望》首发。

28日　区委召开打造“具有国际水准的高品质中心城区”规划编制座谈会。

6月

28日　上城区原上羊市街居民委员会被民政部正式确认为“新中国第一个居民委员会”。

7月

4日　上城区举行第三届“万户家庭网上学”活动启动仪式。

19日　副省长陈加元调研“新中国第一个居民委员会”相关工作。

8月

14日　全区第一个大学生创业实训基地在南星街道落成。

9月

28日　区政府同意成立紫阳街道春江花月社区，相应建立春江花月社区居委会。社区地域为：东依姚江路、南临钱塘江、西接飞云江路、北靠钱江路，总面积0.28平方千米。

10月

17日　清河坊被中国城市商业网点建设管理委员会和中国步行街工作委员会授予“中华老字号第一街”称号。

25日　区四套班子领导参加中国杭州西湖博览会烟花大会现场指挥工作。

11月

2日　小营巷社区获“全国未成年人思想道德建设工作先进单位”称号。

4日　区政协与中国美术学院在唐云艺术馆共同举办“长伴西子六十年——《刘江篆书西湖诗词选集》”首发式及作品展览。

9日　南星街道美政桥社区与浙江影视频道合作举办“忆改革、思开放”邻居节活动。

14日　由省、市民政部门和区委、区政府人员组成的汇报团，专程赴民政部汇报“中国社区建设展示中心”筹建情况。民政部批复同意在杭州市上城区建立“中国社区建设展示中心”。

12月

8日　区老年大学在区政府礼堂举行建校20周年庆祝大会。

2009年

1月

19日　杭州市社区公共服务工作站挂牌仪式在紫阳街道上羊市街社区举行。

2月

19日　江西省司法厅厅长马承祖考察望江街道司法行政工作。

3月

1日　全国社区建设史料征集工作会议在上城区召开。

4月

11日　中共中央组织部党建读物出版社白奇潜率拍摄组拍摄老干部晚年幸福生活专题片《西子桑榆情》。

25日　清河坊被国际民间艺术节组织理事会（英文简称CIOFF）亚太分会授予“优秀民间艺术传承基地”称号。

5月

23日　中国工程院院士书画社和吴山书画院在南山路吴山书画院联合举行科学与艺术——院士与书画家作品联展。

25日　上城区召开关心下一代工作委员会全体会议暨社区矫正志愿者阳光行动推进会。

6月

22日　上城区举办关心下一代工作委员会成立20周年纪念会。

7月

1日　区档案馆征集收藏中共中央政治局常委、全国人大常委会委员长吴邦国题写的“新中国第一个居民委员会”原件。

13日　上城区根据西湖博物馆馆藏拓本复制，在南宋德寿宫后圃遗址——佑圣观路梅石园内完成梅石碑安装工程。

15日　上城区召开上城区作家协会成立大会，会议产生区作家协会一届理事会。

28日　区仁爱托养中心在复兴东苑揭牌。

8月

9日　位于南山路138号的浙江美术馆正式开馆。

11日　区法院开庭审理全国规模最大的非法期货经营案，涉案金额583亿元。

9月

10日　上城区在杭州红楼（城市建设陈列馆4号展厅）举行《走读中山路——杭州中

山路非物质文化遗产拾遗》首发式暨“解读中山路开讲”活动。

13日　中央电视台《新闻联播》《新闻直播间》报道南星街道海月桥社区的国庆游园活动。

18—24日　上城区举行吴山庙会，推出展示展卖活动、城隍巡街和民间娱乐活动3个板块内容，设有土特产、旅游工艺品、家居用品、风味小吃等展位80个。

21日　区域内天工艺苑重新开业，将工艺品销售、拍卖、餐饮、旅游、会展融为一体。

25日　国家旅游局局长邵琪伟调研区旅游工作。

26日　区作家协会会刊《城上》创刊。

30日　上城区在鼓楼举行南宋御街·中山路开街启动仪式。省委原副书记、省政府原省长沈祖伦宣布开街，省委常委、市委书记王国平致辞，市委副书记、市长蔡奇主持仪式。启动仪式结束后，分“南宋盛世”“风尚城市”“品质世界”3个部分、8个方阵进行表演。

10月

19日　湖滨街道获全国和谐社区建设示范街道称号。

21日　区四套班子领导出席中华人民共和国第一个居民委员会——上羊市街社区居委会成立60周年纪念大会。

11月

6日　世界卫生组织驻华代表恩巴里克考察翰林农贸市场及杭州市健康市场项目。

12日　上城区在笤帚湾LOMO创意谷内举行大学生创业园（上城）开园揭牌仪式。

20日　全国政协副主席、台盟中央主席林文漪考察南宋御街·中山路。

12月

1日　世界文化总会主席、台湾中华文化协会会长范光陵一行考察玉皇山南创意产业园文化创意产业工作。

8日　中央电视台《朝闻天下》栏目报道湖滨街道开展的“低碳也时尚”活动。

16日　省委常委、市委书记王国平为中华人民共和国第一个居委会——上羊市街社区居委会题词：“杭州的光荣与骄傲”。

21日　中国社区建设展示中心落成典礼在紫阳街道上羊市街金钗袋巷举行。全国人大常委会副委员长严隽琪，民政部部长李学举，省委副书记、省长吕祖善，省委常委、市委书记王国平等出席并为典礼剪彩。

28日　全国首家“民主促民生”社区平台——“湖滨晴雨”工作室正式成立。

2010年

1月

5日　中东河综合保护工程开工仪式在河坊街斗富一桥举行，省委常委、市委书记王国平宣布工程开工。

19日　杭州娃哈哈集团有限公司等9家企业入选南方周末报社、复旦大学管理学院等单位主办的“中国（内地）民营企业创富榜”100强。

25日　杭州胡庆余堂国药号有限公司、杭州王星记扇业有限公司、杭州张小泉集团有限公司等78个企业（品牌），在首批杭州老字号授牌大会上，被认定为杭州老字号。

2月

5日　南宋御街首个御文化旅游品——南宋御酒在御街举行开坛仪式。

3月

12日　杭州南宋官窑博物馆、杭州胡庆余堂中药博物馆被全国博物馆评估委员会审定为国家二级博物馆。

是日至10月1日　上城区完成中山南路恢复双面街整治建设工程。整治范围：南起万松岭路口，北至十五奎巷，全长1400米。

25日　2010年区中小学生科技节在杭州市抚宁巷小学开幕，现场进行科技挑战和百变“多米诺”大挑战等活动。

4月

3日　位于南山路204号的两岸咖啡突发大火，杭州市消防支队出动消防车18辆、消防队员100名，全力扑灭火情，无人员伤亡。

9日　中央电视台新闻频道报道湖滨街道在全国率先推出垃圾分类实名制的做法。此后，《浙江日报》《杭州日报》《都市快报》等省、市媒体相继进行报道。

5月

16日　吴山书画院举行2010中国工程院院士·吴山书画院名家作品联展暨雅集活动。

6月

3日　中科院杭州射频识别技术研发中心举行揭牌仪式，该中心位于上城科技工业基地中瑞思创股份有限公司厂区内。

21日　杭州市建兰中学扩建工程奠基仪式在抚宁巷58号举行。

24日　凤凰寺举行复建落成庆典仪式。修缮后的凤凰寺占地面积2600平方米，建筑面积1370平方米，礼拜殿面积570平方米，包括文物陈列馆、讲经堂、碑廊水房等，再现元代建筑的风貌。

7月

12日　中山路公共艺术精品长廊的作品之一《新中国第一个居民委员会》获2009年度全国城市雕塑大奖。

30日　上城区被省双拥工作领导小组命名为省级双拥模范城和双拥模范单位。

8月

19日　区人大常委会召开第72次主任会议，听取区政府关于区经济和社会事业发展“十二五”规划纲要的编制工作思路汇报；讨论区人大常委会《关于讨论决定重大事项的规定（稿）》。

9月

30日　南宋御街中华美食夜市一条街举行开街仪式。

10月

16日　杭州国际友城“城市与宜居”市长峰会代表团考察上城区历史街区。

12月

1日　清波街道与中国美术学院联合编辑的《清波地区文化遗产拾零》出版。

5日　法国前总理、中欧名流协会荣誉主席让·皮埃尔·拉法兰一行在杭州访问期间与上城区交流加强两地文化与经贸合作等事宜。

12日　上城区举行湖滨名品街二期项目结顶仪式。

28日　北京师范大学杭州附属中学（勇进中学）奠基仪式在钱江新城新校址举行。

2011年

1月

10—14日　区十三届人民代表大会第五次会议召开。选举缪承潮为区长。

18日　上城区召开南宋皇城大遗址综保工程及历史街区、历史建筑保护2010年度总结表彰暨动员大会。

是日　杭州市规模最大的社区早教服务中心——南星街道“优生优育优教”三优指导中心正式启用。

2月

20日　市委副书记、市长邵占维调研湖滨国际名品街提升改造项目、湖滨（南山路）城市综合体打造建设工作。

3月

3日　小营街道紫金社区与浙江泰隆商业银行杭州分行合作成立的“红色给力”民生

服务社举行启动仪式，泰隆银行与紫金社区当场签订合作协议。

22日　《浙江日报》、浙江之声、浙江卫视等8家省级主流媒体组成的“我们的文化梦想”宣传报道组采访山南国际设计创意产业园。

25日　中华股权投资协会杭州交流会在上城区召开。

是月　上城区开展全省第二次地名普查工作。

4月

1日　副省长王建满一行考察区农贸市场管理工作。

2日　上海世界博览会杭州馆在城隍阁亮相。

8日　2011年西湖国际茶文化博览会清河坊民间茶会在鼓楼北广场开幕。

28日　南宋御街中华美食园开园。

5月

5日　区茶文化研究会成立，全国政协文史和学习委员会副主任、中国国际茶文化研究会会长周国富为茶文化研究会授牌。

19日　国家标准化管理委员会主任纪正昆一行调研区政府管理与公共服务国家标准化试点工作。

是月　上城区创新社会管理模式，成立“平安上城110社会联动管理中心”。

6月

11日　清河坊历史文化特色街区入围第三届“中国历史文化名街”十大名街。

27日　上城区被民政部确定为“第一批民政范围管理标准化建设试点地区”。

7月

1日　位于小营街道方谷园3号的中共杭州小组纪念馆正式开馆。

15日　区档案馆征集保存中共中央政治局常委、国家副主席习近平给小营巷社区党委的关于社区建设、社区党建和中共杭州小组纪念馆建设的复信原件。

8月

9日　区委八届十一次全体（扩大）会议召开。区委书记陈红英做题为《切实加强社会管理和创新为“十二五”发展创造和谐稳定的环境》的报告。

10日　上城区举行中山南路西侧御街·二十三坊巷综保工程开工仪式。

24日　省建设厅厅长谈月明一行调研区历史文化遗存保护及城市规划建设情况。

9月

2日　区政协主办，区政协文史研究会承办的《图说南宋京城临安》首发式暨“图说南宋京城”作品展开幕式在唐云艺术馆举行。

4日　国家标准化管理委员会主任陈钢一行考察中国社区建设展示中心、上羊市街社区居家养老管理与服务规范（国标立项）和区城市管理应急指挥中心城管执法智能管控规范（市级标准）。

20日　上城区获国内首个政府单位质量全国最高奖“全国质量工作先进单位”称号。

28日　国家标准化管理委员会评估并通过上城区政府行政管理与公共服务标准化试点项目。

10月

12日　第四届中国民间艺人节在吴山广场开幕。

31日　区委宣传部联合《杭州日报》共同举办“发现·经典上城”摄影大赛。

11月

4日　上城区举行杭州市建兰中学新校园落成典礼。

23日　由中国文物保护基金会酒基会和上城区政府共同主办的“中国红釉酒保护高峰论坛暨首届南宋酒文化节”在南宋御街中华美食园开幕。

25日　中国首家非常规天然气产业投资基金——凯泰清洁能源产业投资基金在上城区成立。

是日　浙江赞宇科技股份有限公司（原省轻工业研究所）成功登陆深圳证券交易所中小板。

28日　区文艺团队联合会首届艺术节暨第八届区“城市一家亲”外来务工者艺术节开幕式在吴山广场举行。

12月

1日　位于马市街方谷园2号的钱学森故居对外开放。

是日　省委书记、省人大常委会主任赵洪祝参观考察钱学森故居。

28—30日　中共杭州市上城区第九次代表大会和区委九届一次全体会议召开。选举陈红英为区委书记。

2012年

1月

1日　全区范围开始试行一年困难群体基本医疗服务“零自负”政策。

17日　中央电视台中文国际频道《中国新闻》栏目以《杭州：首创垃圾分类实名制》为题报道上城区实行垃圾分类实名制的新闻。

23日　在河坊街的朱炳仁铜雕艺术博物馆，首发全球限量发行的9999套“龙行聚宝”朱炳仁青铜藏书票。

是月　中央电视台社会与法频道《社会与法》栏目组拍摄制作区公安分局“全国人民警察爱民模范”陈全江事迹专题片，春节期间在该频道《小区大事》栏目中播出。

2月

12—16日　区政协四届一次会议召开，余勇当选为区政协主席。

13—18日　区十四届人民代表大会第一次会议召开，丁晓芳当选为区人大常委会主任，缪承潮当选为区长。

20日　中山南路美食街仿古塔楼望仙阁正式对外开放。

28日　区档案局被列为省方言语音建档工作试点单位，中国新闻社记者采访区杭州市方言保护工作。

3月

17日　上城区与浙江日报报业集团新闻媒体中心举行战略合作协议签约仪式，国内首个传媒领域的专业孵化器——传媒梦工场落户杭州山南国际创意（金融）产业园区。

是月　区“十竹斋木版水印技艺”参加文化部在京举行的中国非物质文化遗产生产性保护成果大展。

4月

1日　上城区被省委、省政府命名为“平安浙江2011年度平安区”。

7日　杭州市“雷锋广场”为民志愿者服务活动启动仪式在吴山广场举行。

5月

15日　清河坊历史文化特色街区获首批“联合国教科文组织全球创意城市网络‘工艺与民间艺术之都’传承基地”称号。

19日　区文化馆原创舞蹈《药堂里的小学徒》获浙江省“群星奖”舞蹈大赛创作金奖和表演金奖。

30日　上城区通过“浙江省慢性非传染性疾病综合防控示范区”评估。

6月

5日　区委、区政府发出《关于开展向吴斌同志学习活动的通知》。

7日　杭州市山南国际创意（金融）产业园获“2012浙商最佳总部基地（园区）”称号。

9日　杭州历史博物馆正式晋升为杭州博物馆。

20日　省新闻工作者协会、省作家协会、市委宣传部、市旅游委员会、上城区政府共同主办的“千年之约·城市记忆之旅”体验活动暨《千年之约》微电影首发仪式在鼓楼小广场举行。

29日　上城区在玉皇山南国际创意园区举行杭州山南国际创意（金融）产业园开园仪式。

7月

5日　“倾听——台湾、杭州青年艺术家雕塑展”在南山路182号西湖当代美术馆举办。

18日　中央电视台大型纪录片《瓷路》摄制组一行拍摄南宋御街、清河坊、御街遗址陈列馆、太极茶楼、回春堂等反映南宋都城临安城市面貌和市井民生百态的场景。

24日　杭州市主城区首张台湾居民个体工商户营业执照在上城工商分局发出。

8月

12日　上午9时40分，吴山花鸟市场南侧的清河坊牌坊倒塌，压倒过路群众3人，造成2死1伤。

9月

5日　上城区在望潮路与鲲鹏路交叉口举行区行政服务中心开工奠基仪式。

10日　纪念浙江省第一个党组织——中共杭州小组成立90周年座谈会在小营花厅举行。

25日　浙江文化精品体验馆在上城区揭牌。

是日　浙江思美视动力影视公司承办的第二届国际微电影节杭州站巡映走进上城区百年名校——杭州市建兰中学。

10月

25日　杭州首家立足国际的民营高端妇产科医院——杭州美华妇儿医院在中山中路558号举行落成典礼。

11月

是月　杭州地铁1号线开通试运营，近江、婺江路、城站、定安路、龙翔桥5站位于上城区内。

12月

16日　杭州联合农村商业银行总行及直属营业部整体迁至建国中路99号的新总部大楼办公营业，成为唯一一家总部在上城区的商业银行。

31日　西湖电影院放完最后一场电影《泰囧》后歇业。

2013年

1月

1日　位于中山中路168号的金逸影城正式启用，是入驻吴山景区的第二家影院。

4日　《中国档案报》在第一版介绍上城区档案局（馆）实施以记录、保护和传承杭州方言为主旨的“语言文化工程”。

5日　区委九届六次全体（扩大）会议召开，通过《关于认真学习贯彻党的十八大精神，扎实推进“美丽上城”建设的决定》。

11日　上城区召开“三江两岸”（上城段）生态景观保护与建设规划专题研究会。

2月

19日　上城区召开环境综合整治提升工作专题会议，宣布环城站广场综合整治提升工程启动。

3月

11日　国务院妇女儿童工作委员会办公室常务副主任苏凤杰一行考察上城区“2012—2015年全国实施妇女儿童发展纲要示范区”建设工作。

27日　《人民日报》16版民主法治专刊报道清波司法所“一站式”服务抓好社区矫正工作的做法。

30日　《人民日报》采访组采访区“一化四网”促进作风效能建设工作。

4月

3日　上城区成立H7N9禽流感防控工作领导小组。

28日　湖滨银泰二期试营业。

5月

1日　紫薇原点百年庆典暨延安路·紫薇大街“金橱窗”艺术展在延安南路紫薇原点广场开幕。

3日　科技部发文批准上城区为“国家可持续发展实验区”。

是日　中山中路261号的浙江兴业银行旧址由国务院核定公布为第7批全国重点文物保护单位。

6月

8日　区行政服务中心（位于秋涛路242-2号秋涛发展大厦A楼）对市民开放。

20日　全区领导干部大会召开，宣布省、市委干部任免通知：缪承潮任区委书记，免去陈红英的区委书记、常委、委员职务；陈瑾任区委委员、常委、副书记，上城区区长候选人。

26日　上城区投资拍摄的第一部微电影《千年之约》在中央电视台发现之旅频道播出。

7月

1日　区十四届人大常委会第十二次会议召开。决定接受缪承潮辞去区长职务；任命陈瑾为副区长、代区长。

23日　上城区集中督查区发展改革和经济信息化局等22家单位和企业的“六五”普法工作开展情况，并召开全区“六五”普法中期督查汇报会。

8月

2日　上城区召开百名机关干部“下基层、破难题、转作风”主题活动动员大会。

26日　《人民日报》第13版以《杭州尝试党政、市民、媒体三方协商解决民生问题，他们不用再借水喝》为题报道湖滨街道解决解放路213号居民用水问题的工作经验。

9月

11日　上城区召开"奋战望江百日攻坚"大会。

22日　清河坊社区和清河坊历史文化特色街区打造的杭州市首个社区廉政文化展示中心"清风坊"在高银街113号建成开放。

23日　全国妇联宣传部副部长张小媛率10余家中央媒体记者采访上城区妇女工作。

25日　"人民网""新华网""中国长安网""凤凰卫视"《新京报》《南方周末》《南方都市报》《都市快报》等组成的媒体采访团参观区公安分局"平安365"社会服务管理联动平台，并采访社会服务管理工作。

10月

8日　区卫生局与浙江大学医学院附属第二医院签订战略合作协议，开展医疗合作。

11日　淳安县教育局与上城区教育局签署协议，合作筹建杭州千岛湖建兰中学。

15日　全市近4000名穆斯林群众在中山中路凤凰寺庆祝一年一度的古尔邦节。

16日　2013年杭州国际体验日在望仙阁启动，德国、法国、意大利、芬兰、立陶宛等国的150余名国际友人参与活动。

22日　位于凤凰山脚路7号的凤凰御元艺术基地园区正式开园。

27日　中央电视台《新闻联播》报道上城区妇联、望江街道妇联"异乡姐妹心灵港湾"的经验做法。

31日　"2013杭州—英国商贸服务业交流大会暨可持续城市发展交流座谈会"在上城区举行。

11月

8日　杭州市山南国际创意产业园、思美传媒股份有限公司在中国（北京）国际文化创意产业博览会组委会办公室与中国版权保护中心联合举办的"2013全国创意产业与版权运营研讨会"上，分获"中国创意产业最佳园区奖"与"中国创意产业领军企业奖"。

22日　中央宣讲团成员、国家发改委研究员林兆木到杭州娃哈哈集团有限公司总部宣讲党的十八届三中全会精神。

是日　杭州首个"二维码物联网云计算智能垃圾分类管理系统"在清波街道劳动路社区投入使用。

12月

5日　中央驻浙媒体及省、市级媒体共9家单位采访上城区卫生工作，并走访小营街道大学路社区卫生服务站、紫阳街道工疗站、南星街道社区卫生服务中心等地。

30日　上城区在中国社区建设展示中心举行《新中国第一个居民委员会纪实》一书首发仪式。

2014年

1月

4日　思美传媒股份有限公司、金星铜集团有限公司、浙江宇天科技股份有限公司被认定为文化和科技融合示范企业（试点），梦工场传媒孵化平台被认定为文化和科技融合示范公共服务平台（试点）。

8日　区委九届九次全体（扩大）会议召开。区委书记缪承潮作题为“深化改革，拉高标杆，全力建设现代化美丽上城”的报告。

21日　杭州市全民健身中心在辖区富春江路与甬江路交叉口的北侧动工。

23日　思美传媒股份有限公司上市。

2月

10日　区残疾人综合服务中心正式投入使用。

25日　区检察院微电影《牵手》获首届全国检察机关微电影展播活动“最佳主题表现奖”。

28日　湖滨街道组织成立全市首个“妇女之家湖滨汇”商圈妇女联合会。

3月

4日　中央电视台新闻频道《两会特别节目》连线望江街道现场，报道上城区“单独二孩”实施情况。

18日　思科公司中国总部落户望江街道。

是日　《上城报》微信公众订阅号上线。

19日　新版《龚自珍全集》首发。

4月

8日　在南兴加儿巷下水道改造中发现南宋城墙遗迹。

25日　郑春华儿童文学工作室落户上城区。

30日　省委书记、省人大常委会主任夏宝龙，省委常委、市委书记龚正一行调研区基层人大工作情况，并走访小营街道和南星街道。

5月

1日　闸口白塔公园正式开园。该公园为南宋皇城遗址公园的重要组成部分。

18日　联合国教科文组织杭州项目事务处落户上城区，上城区与联合国教科文组织等单位发起设立中国历史文化名街保护研究中心的倡议书。

27日　建国南路中医中药一条街开街。

6月

3日　湖滨路恢复步行街。

6日　杭州铜雕技艺国家级“非遗”传承人朱炳仁获第三届中华“非遗”传承人“薪传奖”。

7月

5日　一辆载有80余人的7路公交车，在途经东坡路与庆春路交叉口时突然车内起火燃烧，造成30余人受伤，其中危重病人15人。后查明：犯罪嫌疑人为包某某，系甘肃省到杭州无业人员，后于次年4月以放火案罪名被执行死刑。

29日　杭州首个社区“双拥”陈列室在清波街道建成开放。

8月

26日　全省首例信访事项听证会在羊血弄10号红色港湾党员服务中心举行。

30日　湖滨购物节开启，至9月30日结束。

9月

1日　大韩民国临时政府杭州旧址纪念馆（长生路53～55号）入选首批国家级抗战遗址。

是日　全区32所公办中小学校体育场地设施向社会开放。

17日　区健康管理中心正式投入使用。

22日　上羊市街姐妹手工坊与台湾南投县手工艺业职业工会签订交流合作协议。

26日　“小营·江南红巷”国家AAA级红色旅游景区正式挂牌，并对外开放。

是日　钱学森航天科普馆正式对外开放。

28日　区文化馆选送的排舞《扎西德勒》获浙江省第八届排舞大赛金奖。

10月

1日　玉皇山盘山公路经整修后通车。

18—20日　区弈诚少儿棋院13岁少年叶宇轩参加2014年“商旅杯”全国业余围棋棋王争霸赛，获大众青少年组冠军，晋升业余6段，并获“全国小棋王”称号。

23日　全国首条裸眼3D艺术特色街（五柳巷历史文化街区）开放，街区3D墙绘分为中医药、茶、咖啡、扇艺四大主题。

24日　大资管时代的基金发展路径与金融创新论坛暨杭州上城区金融产业发展推介会召开。

26日　中国民间艺术产业示范展在中国民间艺术产业示范基地（中山中路187号）开幕。

11月

1日　中央电视台《新闻直播间》播出上城区“智慧云社区·民情E点通”服务平台的新闻。

3日　“上城商会大讲堂”在杭州联合银行报告厅拉开帷幕，区工商联特邀《21世纪商业评论》发行人、知名媒体人、经济研究学者吴伯凡以“正在发生的未来”为题主讲。

5日　全市首个社区消防站——馒头山社区消防站投入使用。

10日　秋石高架四期工程秋涛路三廊庙公交站附近出土明清时期的残炮（炮尾）。

21日　中共中央政治局常委、国务院总理李克强视察区域内泰隆银行杭州分行降低融资成本政策落实情况。

是月　上城区获“全国和谐社区建设示范区”称号。

12月

3日　杭州市山南国际创意产业园被认定为“浙江省广告产业园”。

是日　方回春堂传统膏方制作工艺被列入国家级非物质文化遗产名录。

11日　五柳巷历史文化街区入选杭州市历史街区保护创新项目。

18日　贵州雷山西江千户苗寨“水云间风物馆”在南宋御街开馆。

19日　浙江大学上城技术转移中心成立。

23日　上城区获“2014年度智慧城市先导区”称号，为浙江省首获此称号的单位。

2015年

1月

16日　市委副书记、市长张鸿铭检查城站广场环境综合整治提升工程。

20日　城站火车站15年来首次大修主体工程完成。

23日　上城区与中国铁塔股份有限公司浙江省分公司签署战略合作协议。

26日　省委副书记、省长李强，省委常委、市委书记龚正，市委副书记、市长张鸿铭一行调研玉皇山南基金小镇建设工作。

30日　上城区与中国水利水电第五工程局有限公司签署战略合作协议。

2月

16日　省委书记、省人大常委会主任夏宝龙检查节前市场准备和安全生产工作。

3月

7日　区旅港同乡会成立庆典在香港举行。

23日　杭州国家数字出版产业基地上城园区举行授牌仪式，该园区在越界锦绣工坊创意园内挂牌。

31日　上城区获省平安区“十连创”称号。

4月

16日　上城区获“中国智慧城市创新奖”。

17日　张望摄影工作室入驻凤凰御元艺术基地。

21日　中山中路入选首批中国历史文化街区。

28日　区“残疾人阳光艺术中心”启用。

5月

16—17日　上城区承办首届全球对冲基金西湖峰会，玉皇山南基金小镇于16日揭牌。

28日　省教育厅公布13个首批基本实现教育现代化县（市、区）名单。上城区榜上有名。

30日　区凤凰文创小镇正式亮相，在丰平凤凰御园艺术基地举行市集活动。

是月　秋石高架路建成通车。

6月

1—7日　区委书记缪承潮率团到德国、美国开展经贸洽谈、友好交流合作、旅游推广活动。

17日　区第十届现代服务业技能大赛举行。

25日　环境保护部部长陈吉宁一行考察南星街道水澄桥社区低碳生活馆。

26日　幼发拉底杭州孵化中心成立，落户望江智慧产业园。

7月

7日　上城区与杭州海事局共建的杭城首家“少年海事学校”落户大学路小学。

24日　全国品牌消费集聚区建设现场交流会在上城区召开。上城区成为全国首批品牌消费集聚区。

29日　区委九届十三次全体（扩大）会议召开，审议通过《关于强化党建统领巩固政权基础创新基层社会治理的意见》。

8月

3日　省委常委、市委书记龚正考察上城区“123+1”（湖滨商圈、玉皇山南基金小镇、望江新城、科技工业基地）平台建设。

10日　《玉皇山南新小镇》一书出版发行。

28日　上城区在红星剧院举行“抗战烽火，光耀千秋”纪念中国人民抗日战争胜利70周年暨第三届群众合唱节。

9月

1日　位于小营街道的郁达夫故居“风雨茅庐”正式对公众开放。

2日　上城区举行重点项目集中开工月启动仪式，市委副书记、市长张鸿铭宣布重点项目开工。

9日　中央巡视工作领导小组成员黎晓宏、副省长朱从玖、副市长范辉一行调研玉皇山南基金小镇建设情况。

是月　《光辉岁月——上城老战士的激情人生》一书编印出版。

10月

10日　上城区举行产业品牌联盟体（旅游产业品牌联盟体）成立暨玉皇山南基金小镇国家AAAA级旅游景区创建启动仪式。

11日　第二届中华茶奥会仿宋斗茶大赛选拔赛暨第三届南宋斗茶会在玉皇山南基金小镇举行。

12日　中央电视台《新闻联播》栏目以“典型宣传接地气，践行核心价值观”为题，报道上城区最美志愿者朱强荣先进事迹及小营街道持续评选“最美小营人”等活动。

22—23日　区委书记缪承潮、区长陈瑾到北京参加上城投资环境推介会。

23日　区“左邻右舍”社区治理创新园开园。

24日　上城区举行中国社区建设展示中心新馆开馆仪式暨中华人民共和国第一个居民委员会成立66周年庆祝活动。

29日　第八届杭州国际体验日启动仪式暨上城区首届南宋酒文化节开幕。

11月

18日　上城区首届“网上邻居节”开幕。

19日　省委常委、市委书记赵一德专题调研区环境提升工作。

26日　2015年杭州美术节“诗画吴山，风雅宋韵”系列活动在南宋御街——凤凰山脚路沿线展开，活动持续到12月4日。

是日　杭州首个城市文化公园——上城区吴山文化公园开园。

12月

7日　浙江广电集团与区委、区政府合作推出的大型历史人文纪录片《南宋》首播。

16日　上城区加入国家可持续发展实验区协同创新战略联盟。

31日　望江路过江隧道开工建设。

是月　上城区首轮区志《杭州市上城区志》由方志出版社正式出版。

2016年

1月

6日　2015年上城区“邻里价值观”践行活动年度总结暨第四届最美邻里（道德模范）颁奖大会在杭州电视台举行。

11日　上城区被国际旅游年会中国区组委会授予“艾里缇斯奖”，获“中国最佳投资旅游典范区”称号。

17日　上城区被外交学院授予“外交学院国际理解教育研发基地”称号，杭州新世纪外国语学校获“外交学院国际理解课程示范基地”称号。

28日　省委常委、市委书记赵一德复信杭州市崇文实验学校少先队员，点赞上城少先队员号召全市20万名少先队员响应喜迎G20杭州峰会的四点倡议。

是月 上城区启动南山路提升改造工程，为南山路近10年来最大力度的改造工程。

2月

16日 省委书记、省人大常委会主任夏宝龙考察馒头山综合整治工作。

20日 省委常委、市委书记赵一德考察区“五水共治”工作。

23日 市委副书记、市长张鸿铭调研湖滨路街容提升整治工程进展情况。

26日 来自15个国家和地区的26家知名海外华文媒体的31名媒体人到玉皇山南基金小镇考察采风。

是日 上城区印发《关于进一步加强非物质文化遗产保护和扶持工作的若干意见》。该意见于3月25日起实施。

26—27日 “2016国际（杭州）文物交流博览会”在杭州吴山品悦豪华精选酒店举行。

29日 杨氏太极拳（牛春明太极拳）和俞同春中药炮制技艺2个项目被市政府公布为第六批杭州市非物质文化遗产代表性项目。

3月

1日 杭州首个“少数民族服务站”在汽车南站正式投入使用。

24日 上城区中小学配备“心理健康副校长”。

28日 上城区政府获“2015年度浙江省法治政府建设（依法行政）先进单位”称号。

4月

6日 省委书记、省人大常委会主任夏宝龙调研玉皇山南基金小镇。

是日 省委副书记、省长李强考察区文创企业杭州佳平影业有限公司。

16日 区“非遗”项目——振兴祥中式服装制作技艺、杭州铜雕工艺、南宋官窑瓷烧制技艺等10余件作品参加“东亚文化之都·2016宁波”浙江省非物质文化遗产传统工艺品及相关衍生品设计展。

29日 上城区成立由律师、医生、教师、工程师、社区干部等不同职业组成的特邀监察员队伍。首届特邀监察员正式上岗。

30日 省委书记、省人大常委会主任夏宝龙考察思鑫坊改造提升工作。

5月

5日 上城区举行《G20知识小学生读本》首发仪式，杭城首本以G20为主题的小学生校本教材进入学校课程。

10日 区中医院和浙江省中医院等医疗机构合作的医联体智慧医疗健康中心正式启动。

21日 省委副书记、省长李强检查区G20杭州峰会筹备工作。

25日 中共中央宣传部组织100余家中央和部分地方省市主流媒体记者组成的媒体采

访团集中采访百年思鑫坊历史街区综合整治成果。

30日　上城区清波街道劳动路社区新民村小区加装接力式站座式电梯。该小区是浙江省《关于开展既有住宅加装电梯试点工作的指导意见》实施后，杭州既有住宅加装电梯的第一个小区。

是月　上城区被中共中央宣传部和司法部授予“2011—2015年全国法治宣传教育先进县（市、区）”称号。

6月

1日　位于区域内小营街道望江路266号（汪宅）和靴儿河下6-3号的杭州市方志馆正式建成开馆。

3日　杭州新世纪外国语学校、杭州市胜利实验学校被外交部命名为“中华人民共和国驻外使领馆阳光学校合作基地”。

7日　市委副书记、市长张鸿铭一行调研南山路、东望天际线景观亮灯工程。

8日　上城区承办纪念越剧诞生110周年暨舒锦霞从艺35周年活动。

22日　上城区召开全区经济工作暨科技创新大会。

7月

1日　上城区召开庆祝中国共产党成立95周年大会。

11日　全区首个医养护一体康复护理机构“彩虹鱼”康复护理院开张。

12日　上城区举行纪念习近平复信小营巷社区党委五周年活动。

是日　省政府公布第五批省级历史文化名镇名村街区名单，上城区有清河坊、小营巷、中山中路、湖边邨、思鑫坊、五柳巷、中山南路—十五奎巷、泗水坊、安家塘9处入选。

13日　省委副书记、代省长车俊考察玉皇山南基金小镇。

20日　上城区举办“南宋遗韵”非物质文化遗产摄影作品展览。

22日　上城区举行全省扩大有效投资重大项目集中开工活动仪式暨望江单元（中策橡胶厂地块）安置房项目开工仪式。

24日　杭州市金融人才管理改革试验区授牌暨“先锋星·西湖先锋”线下联盟——玉皇山南基金小镇党群人才服务中心揭牌仪式在目术塘园区举行。

8月

2—3日　中共中央宣传部组织中央和部分地方省、市主流媒体50余家、记者100余名，采访馒头山地区整治和玉皇山南基金小镇建设发展情况。

5日　上城区最大的社区卫生服务站——大通桥卫生服务站开放。

8日　位于望江门外的南落马营体育文化公园正式揭牌。该公园是全市首个政府、民营企业、行业协会共同搭建的体育产业平台。

12日　上城区召开首轮《杭州市上城区志》发布会，同时进行区二轮志书编纂工作动员。

17日　国务委员、公安部部长郭声琨检查杭州城站火车站反恐防暴工作。

9月

8日　省委宣传部、省新闻出版广电局、市委宣传部和上城区文创企业杭州佳平影业有限公司等联合制作的大型人文纪录片《钱塘江》在中央电视台综合频道播出。

13日　钱学森之子、中国航天十二院钱学森决策顾问委员会主任钱永刚考察上城区。

20日　区妇女儿童发展“十二五”规划终期监测报告获浙江省一等奖。

22日　上城区统一公共支付平台正式上线。

29—30日　2016年东亚区特奥融合计划——杭州融合足球赛暨杭州市上城区第三届特奥会竞赛在杭州市杨绫子学校正式举办。

10月

8日　玉皇山南基金小镇第一任“镇长”由万建华担任。

12日　上城区服务保障G20杭州峰会总结表彰大会召开，通报表彰参与峰会保障工作的区级先进集体111个、先进个人1281名，以及10个峰会环境整治优秀项目。

13日　全国特色小（城）镇建设经验交流会考察团调研玉皇山南基金小镇。

18日　杭州首个无人机7S店落户近江时代大厦A座。

20日　南宋皇城小镇开镇仪式暨2016年吴山庙会开幕式在鼓楼举行。

22日　上城区在南山路举行“南山艺街”开街仪式。

24日　中兴通讯集团金融控股（杭州）有限公司落户上城区。

是日　望江智慧产业园入选杭州市公布的首批市级总部（浙商）基地名单。

11月

2日　设于上城区的杭州皇城根南宋文物保护基金会，在省人民大会堂举行成立仪式。

9日　馒头山文化街区入选浙江省文化创意街区创建工作试点单位。

13—14日　中国名师名校长论坛在上城区举行。

17日　中共中央政治局常委、中央书记处书记刘云山视察玉皇山南基金小镇以党建促发展，推动特色小镇和新金融业态发展的情况，并走访基金小镇二期浙江浙能资本管理有限公司等企业。

18日　上城区入选省教育厅中小学教师“县管校聘”管理改革试点地区名单。

20日　区委召开全区领导干部会议，宣布省、市委对区委、区政府主要领导进行调整的决定。会议宣布：陈瑾任区委书记，金承涛任区委副书记，提名金承涛为区长候选人。

23日　上城区与1905电影网签署合作协议。

12月

1日　杭州美术节在上城区开幕。

5日　南宋皇城小镇入选浙江省首批20个特色小镇文化建设示范点。

12日　郁达夫故居获评杭州市第三批党史教育基地。

18日　上城区获全国第五届“地方教育制度创新奖”。

28—30日　中共杭州市上城区第十次代表大会召开。区委书记陈瑾代表中共杭州市上城区第九届委员会向大会作题为《勇立潮头，争做标杆，加快建设一流的国际化现代化城区》的报告。会议选举产生中共杭州市上城区第十届委员会常务委员会委员和区委书记、副书记。陈瑾、金承涛、周徐胤、富永伟、金晓东、秦文、来剑波、范卫东、王歆、宣寅当选为新一届区委常委。陈瑾当选为区委书记，金承涛、周徐胤当选为区委副书记。

是年　上城区完成地区生产总值（GDP）928.35亿元，按可比价格计算，比上年增长6.2%。按全区2016年末户籍人口计算，人均GDP为28.39万元，增长8.4%，按2016年平均汇率计算，人均GDP4.27万美元，增加696美元。按产业分，第二产业实现增加值371.25亿元，增长1.6%，其中，工业增加值324.41亿元，下降1.0%；第三产业实现增加值557.09亿元，增长9.4%。第二、第三产业结构为40∶60。

2017年

1月

4日　区委书记陈瑾接受FM89“杭州之声”主题为“实干开新局，发展问书记”的专访。

是日　区风景旅游局与浙江外国语学院签订国际志愿服务实践基地共建协议。

是日　杭州利民中式服装厂入选第二批浙江省非物质文化生产性保护基地。

8日　杭州市江城中学被教育部综合认定为“国防教育特色学校”，是全市唯一获该称号的义务教育阶段学校。

13日　凤凰御元艺术基地获“浙江省重点文化产业园区（2015—2016年度）”称号。

15日　全省首个FABLAB杭州创新实验室在上城区试运营。

22日　省委副书记、省长车俊检查汽车南站春运工作。

是日　市委副书记、市长张鸿铭调研区医疗卫生工作。

2月

6日　区政协五届一次会议召开（于10日结束）。

7日　区十五届人民代表大会第一次会议召开（于11日结束）。

13日　区政府正式向社会公布第一批355项“最多跑一次”事项清单。

16日　区政府召开推进“四个全域化”暨望江新城攻坚大会。

17日　区公安分局为全区首名维和警察韩卓琦到南苏丹维和举行出征仪式。

20日　湖滨商圈劝业里公厕“第三卫生间”启用。

24日　区委书记陈瑾以“勇立潮头，谱写新篇”为主题，接受《杭州日报》、杭州网组织的杭州市第十二次党代会区县（市）委书记网络专访。

27日　2017中澳校长国际论坛暨上城区名校长工作坊启动仪式在杭州市崇文实验学校举行。

3月

1日　上城区“杭州智慧就业信息系统”正式上线启用。

7日　上城区启动清理河、库、塘剿灭劣Ⅴ类水体暨政协委员“万千行”活动。

13日　市委副书记、代市长徐立毅到上城区调研，实地考察玉皇山南基金小镇、轿子巷地块、思鑫坊、始版桥公园和望江智慧产业园等地，强调做好望江建设“加减”法，强化信息产业发展。

14日　上城区首个“五星级”事项——营业性演出（许可、备案）“零上门”服务在区行政服务中心正式推出，并联网运行。

16日　蒋胜男工作室正式入驻馒头山。

20日　上城区被国务院教育督导委员会评为第一批全国中小学校责任督学挂牌督导创新区。

21日　全省首个“五水共治”主题公园在贴沙河畔落户。

是日　上城区通过国家可持续发展实验区中期检查。

22日　上城区被授予“2016年度浙江省‘五水共治’工作优秀县（市、区）”称号，获全省治水工作最高奖“大禹鼎”。

25日　上城区举办南宋讲坛系列活动，由南宋讲坛、迎春书画展、老砚展3个部分组成。邀请南宋史学家、浙江大学亚欧旅游规划设计研究院院长林正秋主讲。

是日　“小营·江南红巷”国家AAA级红色旅游景区被市委宣传部、市教育局、市科协、市科委联合命名为“2016年杭州市青少年科普教育基地”。

是日　区城管局研发的“智慧城管平台”“城管执法工作日常运行质量评价平台”软件获国家版权局认证颁发的计算机软件著作权登记证书，并为原始取得方式，拥有全部权利。

31日　上城区在全省建设平安浙江工作会议上连续第十二年被省委、省政府命名为“平安区”，被授予浙江省首批“平安金鼎”。

4月

5日　市住保房管局、市地税局正式进驻区行政服务中心，与区国土分局的原不动产登记窗口整合，设立“房屋交易与不动产登记受理窗口”，开展不动产交易、税收、登记“一站式”服务。上城区正式开启不动产登记2.0时代，实现全业务、全过程“最多跑一次”。

15日　区政协文史委、区文创办、区风景旅游局、中国作家书画院浙江分院共同举办第二期“匠无界”南宋讲坛暨南宋钱币展活动，邀请傅伯星作为主讲老师。

是日　“上城区城市管理网格化管理平台软件”获国家版权局认证颁发的计算机软件著作权登记证书，认定为原始取得方，拥有全部权利。

24日　望江路秋涛南路立交打下第一根桥梁桩基，标志该工程正式动工。

26日　上城区召开“四个全域化”工作现场推进会。会上，宣读征收项目清零奖、征收项目启动奖表彰文件并颁发奖杯；汇报“五水共治”、城中村改造、危房治理等情况；通报人大、政协督察工作情况；区委、区政府向各街道、部门发放任务书。

5月

10日　全国首个“爱国卫生运动纪念馆”在国家AAA级旅游景区“小营·江南红巷”正式揭牌落成。

11日　全国爱国卫生运动65周年暨全国爱国卫生座谈会在“小营·江南红巷”景区举行。中共中央政治局委员、国务院副总理刘延东带领国家7个部委、10个省政府分管领导，32个省、自治区、直辖市卫计委主任、爱卫办负责人等近150人考察小营巷爱国卫生工作。

12日　上城区与中电数据服务有限公司签订战略合作框架协议书，望江街道与中电数据服务有限公司签订落户协议书。

13日　上城区完成辖区社区党组织、社区居民委员会和社区居务监督委员会换届选举。

16日　全国首创上城区“星级家长执照”工程正式启动，并发出国内第一张“星级家长执照”，开创家长持证上岗的先河。

18日　杭州博物馆晋级国家一级博物馆。

是日　上城区与机械工业经济管理研究院签订全面战略合作协议，共建“先进制造业研发中心”和“咸亨国际应急装备研究所”。

是日　上城区王梦婷家庭被省委宣传部、省残联评为“最美浙江人·最美残疾人家庭”。

是日　全区首届南宋瓦肆文化节正式开幕。

19—26日　区委副书记、区长金承涛率团到美国、墨西哥开展系列经贸活动。其间，上城区举行杭州玉皇山南基金小镇纽约代表处揭牌仪式。

22日　上城区在美国硅谷挂牌成立“杭州市上城区海外高端人才联络站”。

23日　位于上城区的湖滨水乐、河坊霓光、山阁览辉夜景入选“杭州夜十景”。

是日　第三期“匠无界”南宋讲坛暨西子湖诗社诗歌朗诵会在延安路54号的“匠无界·南宋文化交流中心”举行。邀请徐吉军为主讲嘉宾，从国际都会、华丽天城、繁华都市、文化中心等多个维度阐释南宋都城临安。

27日　杭州市崇文实验学校与杭州市胜利小学经中国教育信息化创客教育研究中心及教育部中国教育信息化杂志社资格审查和批准，成为国内首批STEM教育&创客教育实验学校。

是日　在胡庆余堂从事文物保护志愿服务30余年的蒋子良当选第一届“最美浙江文物守望者”业余文保员，全市仅有2名入选者。

是月　清河坊“葳芸”旗袍·雅舍为“杭州全球旗袍日”活动提供独家设计。

6月

2日　杭州市新的社会阶层人士统战工作实践创新示范点建设启动仪式暨“智·和”同心荟揭牌仪式在上城区举行。南星街道成为首批创新示范点之一。“智·和”同心荟成为上城区新的社会阶层人士活动的新阵地。

6日　湖滨街道通过国家第一批社会管理和公共服务综合标准化试点项目验收。

9日　上城区举办2017侨界创业投资国际高峰论坛。活动期间，省委常委、市委书记赵一德为上城区“海归驿站”授牌，杭州市海外企业家投资联合会与上城区“智·和”同心荟签署战略合作协议。

23日　位于鼓楼的南宋皇城小镇“客厅”——“南宋记忆”文化体验馆正式对公众开放。

是日　南落马营体育公园正式开园。该公园以“文创+体育”为核心理念，成为杭城首个体育文化创意产业园。

24日　以“私募基金的责任”为主题的第三届（2017）全球私募基金西湖峰会在上城区开幕。会议期间，上城区和美国格林威治市共同主办中美基金小镇“双城论坛”。

26日　全国首份委托缴税协议四方网签在上城区试点成功。

30日　上城区举行庆祝中国共产党成立96周年暨第四届“草根民师讲堂”专场活动。

7月

9日　医养结合型养老机构——暮泰医养中心在上城区试营业。

13日　上城区举行省第十四次党代会精神宣讲报告会。市委党校教授高国舫作题为《沿着“八八战略”指引的路子，谱写浙江新篇章》的宣讲报告。

18日　上城区与浙江理工大学签署战略合作协议，合作共建“就业实训基地”和“创新创业基地”。双方为“上城区科技创业中心浙江理工大学分中心”和“浙江理工大学上城区科技成果转化基地”成立揭牌。

25日　杭州市城中村改造“互看互学”大比武活动首站走进上城区。省委常委、市委书记赵一德，市委副书记、市长徐立毅，市人大常委会主任于跃敏，市政协主席潘家玮等率领考察团实地考察望江街道近江村改造项目现场。

26日　上城区“智慧引领·红游上城”党建品牌发布会在红巷生活馆举行。发布会上，3条以“红色之旅”为主题的特色旅游线路（红色智慧之旅、廉政清风之旅、“童眼看世界”之旅）正式向公众发布。

30日　上城区发现第一例登革热病例。全区立即行动，以“翻盆倒罐去积水防滋生、清理消杀灭成蚊防传播”为重点开展疫情群防群控工作。

31日　上城区在吴山古玩城B区举行“铁血雄风——纪念中国人民解放军建军90周年军服史料展”，500余件军旅珍贵史料亮相。展览持续至8月20日。

8月

2日　玉皇山南基金小镇获首批“浙江省特色小镇”授牌。南宋皇城小镇入选省级特色小镇第三批创建名单。

7日　区委十届三次全体（扩大）会议召开。区委书记陈瑾代表区委常委会报告工作。会议审议通过《关于全力争做生活品质标杆区，加快建设一流的国际化现代化城区的实施意见》。

是日　吴山广场因涉及地铁7号线建设，开始封闭，封闭期计划至2021年末。

8日　上城区获首批“浙江省老年友好城区”称号。

16日　区委书记陈瑾接受“浙江之声”特别策划《向人民报告》栏目采访。

17日　上城区在玉皇山南基金小镇“智·和”同心荟举行“海归驿站”上城众创空间联盟合作框架协议签约仪式。

20日　由区政府主办，区委宣传部、中国民间艺术产业示范基地等单位共同承办的“南宋瓷韵——金国荣南宋官窑作品暨宋瓷标本展”在杭州梓府开幕。

是日　上城区正式启用杭州市公共资源交易网新版网站。

22—24日　上城区党政代表团考察调研贵州省雷山县，并开展对口帮扶。

26日　区行政服务中心开始实行双休日照常开放制度。

9月

1日　大华书场经过半年多的筹备和装修后，重新开业。

6日　区文创企业杭州佳平影业有限公司制作的电视剧《鸡毛飞上天》入选全国精神文明建设“五个一工程”优秀作品奖。

11日　杭州市首个“地方戏曲曲艺教学实践基地”在杭州市清河实验学校成立。

15日　上城区举办主题为“古往今来南宋游”的南宋文化节，以互动体验展现南宋文化经典和人文记忆。活动至11月30日结束。

23日　上羊市街社区居委会主任陈浩，1987年出生，23日上午因劳累突然离世。26日，省委常委、市委书记赵一德批示：“希望全市广大党员干部和社区工作者学习陈浩同志心系群众、甘于奉献、认真负责、扎实苦干的精神品质。”27日，区委追认陈浩为上城区优秀共产党员。12月27日，市委举行陈浩先进事迹报告会，追授陈浩杭州市优秀共产党员称号。2018年2月11日，区委、区政府举行陈浩先进事迹报告会。

25日　上城区通过浙江省食品安全区创建验收，被评为全省首批食品安全区。

10月

9日　上城区召开全面推进“四个全域化”暨百日攻坚大会。

是日　美政桥社区在全市率先启动老旧小区“海绵城市”改造示范工程。2018年5月30日，项目完工。

10日　全国首个“金融纠纷一站式化解平台”在区法院正式上线。

12日　由上城区联合出品的纪录片《钱塘江》获浙江省纪录片“丹桂奖”优秀系列纪录片奖。

14日　2017年在华世界500强企业羽毛球赛在杭州白塔公园全民健身中心举行。

20日　总部落户上城区的龙运国际（DragonVictory）在美国纳斯达克资本市场上市交易，股票代码为“LYL”，共募资约850万美元。

24日　上城区与广宇集团股份有限公司签署战略合作协议，共同推动健康产业发展，并举行杭州全景医学影像诊断中心正式运营揭牌仪式。

28—29日　由中国教育学会主办，中国教育学会家庭教育专业委员会和区教育局承办的2017年家庭教育国际论坛在北京师范大学附属杭州中学举行，共同探讨新家庭的教育问题。

11月

1日　第六届“湖滨美食·舌尖艺术”活动开幕。

10日　2017年浙江·杭州国际人才交流与项目合作大会上城分会场活动在杭州凯悦酒店举行。上城区结合自身产业布局，举办“智汇经典上城”海外高层次人才对接会。

10—25日　市委宣传部、中国美术学院、市文化创意产业办公室、市文广新局、上城区委、上城区政府联合举办“宋韵皇城、艺术杭州”杭州美术节。

18日　上城区举行2017年南宋文化共享日暨“历史传承·文化复兴”论坛，并将11月18日设立为南宋文化共享日。

20日　杭州地区首部《医疗纠纷类案件审理情况白皮书》由区法院正式发布。

21日　上城区被市政府正式确定为既有住宅加装电梯先行试点区。

是日　区政协编纂的《南宋皇城记忆》丛书首发式暨第九届南宋讲坛在杭州孔庙举行。

22日　清波街道新民村2幢1单元的杭州首台既有住宅加装电梯通过验收并试运行。

24日　区社会科学界联合会成立暨第一次代表大会召开。会上，市委宣传部为区社会科学界联合会授牌。洪梦君当选为第一届理事会主席。

是日　钱塘江首个大型综合性水上夜游项目落户上城。

25日　国家新闻出版广电总局电影频道杭州基地在上城区落成启用。

30日　上城区正式推出“南宋皇城小镇智慧旅游”App和“南宋150”文化旅游线路。

12月

2日　区科技型企业浙江远传信息技术股份有限公司研发的15台智能服务机器人应用于第四届世界互联网大会·互联网之光博览会。

4日　“民情E点通”平台入选全国创新社会治理典型案例。

7—8日　上城区在全市首次举办中小学生（幼儿）戏剧节活动。其间，杭州天地实验小学编写的《玩转童话——教育戏剧创意教程》举行首发仪式，该书为全国第一本教育戏剧教程书。

8日　浙江省（杭州市）禁毒教育馆落户南星地区并正式对公众开放。

13日　杭州新丰小吃股份有限公司（1993年8月18日成立）正式挂牌“新三板”，成为浙江省餐饮行业第一个“新三板”挂牌公司。

16日　中国扶贫开发协会、小康杂志社共同举办“城区国际化与决胜全面小康”论坛，并发布中国城区国际化指数，上城区位列第八位，入选2017年中国全面小康十大示范县（市）。

是日　湖滨三期项目（湖滨银泰in77D区）试营业。于18日正式营业。

19—21日　区委书记陈瑾率区党政代表团一行考察湖北省鹤峰县对口帮扶工作，推动两地共同发展。

22日　馒头山文化街区入选为省文化创意街区。

27日　区安置房及公建配套设施项目集中开工。

28日　区非物质文化遗产展示馆正式开馆揭牌。

29日　区委十届四次全体（扩大）会议召开。会议审议通过全会报告及《中共杭州市上城区委关于高举习近平新时代中国特色社会主义思想伟大旗帜高质量推进一流的国际化现代化城区建设的意见》。

是年　上城区实现地区生产总值1011.44亿元，首次突破1000亿元大关，按可比价格计算，比上年增长6.5%。按全区全年5‰人口变动情况抽样调查结果推算，人均地区生产总值为28.85万元，增加2.55万元，增长9.7%。按全年平均汇率计算，人均GDP4.27万美元，增加900美元。按产业分，第二产业实现增加值385.86亿元，增长7.1%；其中，工业增加值367.61亿元，增长8.1%。第三产业实现增加值625.57亿元，增长6.1%。二、三产业结构为38.2∶61.8。

2018年

1月

4日　“星级家长执照”工程成为2017年中国家庭教育年度回顾第一件大事刊登在《中国教育报》上。22日，“区域推进星级家长执照”项目获“第五届全国教育改革创新特别奖”。

是日　区法院成为全省唯一金融纠纷“一站式”化解平台试点法院。

6日　南宋皇城小镇党群人才服务中心揭牌启用。

10日　区政府与浙江省建设投资集团股份有限公司签订战略合作协议。

12日　上城区举行“红巷·同心筑”统一战线爱国主义教育实践基地启动仪式。

15—18日　区政协五届二次会议召开。

16—19日　区十五届人民代表大会第二次会议召开。

18日　玉皇山南基金小镇入选“美丽中国·特色小镇”。

23日　上城区获评“第四批浙江省教育技术装备规范管理示范县（市、区）”。

2月

27日　中央电视台《新闻两会特别节目》以一则《全国首例留置案，积累经验形成规范》的新闻，报道区纪委、区监委办理的全国首例监察留置案。

3月

2日　上城区召开全面推进“四个全域化”暨地铁征收誓师大会。

5日　上城区申报的特色创新项目“弘扬爱国卫生精神，打造健康中国‘上城样本’”获杭州市综合考评创新奖。上城区连续第7年获该奖项。

15日　全市首个“一带一路”网络贸易促进中心落户望江街道。

19日　区政府与全国商业信用中心签署战略合作协议。

31日　杭州市政府批复上城区《关于要求对蔡阳路等部分道路桥梁地道公园河流命名的请示》，上城区新增望秋立交桥、东清巷人行地道、大学路人行地道、南星码头公园4处地名。

4月

3日　电视剧《鸡毛飞上天》获中国电视剧“飞天奖”现实题材优秀电视剧奖和优秀编剧奖。

13日　上城区启动“留住上城记忆”摄影大赛及历史照片征集活动。

18日　上城区6个社区卫生服务中心（含站点）完成“电子社保卡”上线工作。

27日　上城区举行“匠心筑名城，致敬大工匠”首届“上城工匠”认定发布会，表彰10名“上城工匠”获奖者和5名提名奖获得者。

28日　杭州吴山古玩城举行“竹魂篮韵”中国古篮文化展，集中展示清代和民国近300件古篮藏品。

5月

3日　区检察院获评全国创建“平安医院”活动表现突出集体，系全省唯一获评检察机关。

4—6日　区委书记陈瑾率区党政代表团赴贵州省黔东南苗族侗族自治州雷山县，开展东西部协作对口帮扶工作。

7日　吴山、凤凰山、府前街、十三湾巷、太平坊巷、叭蜡子巷、火药局弄、红门局、三衙前9个地名被列入杭州市第二批地名文化遗产保护名录。

8日　方回春堂膏方师俞柏堂被评为第五批国家级“非遗”代表性项目代表性传承人。

21日　玉皇山南基金小镇被浙江省旅游区（点）质量等级评定委员会批准为国家AAAA级旅游景区。

22日　杭州市建兰中学学生俞果作为浙江省唯一代表，入选全国首批10名“新时代好少年”。

26日　区第九届运动会开幕式暨全民毅行活动启动。

6月

1日　杭州市区首个“五合一”出入境综合接待大厅落户玉皇山南基金小镇。

3日　上城区发布全市首个既有住宅加装电梯自管公约。30日，《人民日报》头版以《大家的事，商量着办：杭州破题老小区加装电梯》为题刊发新民村2幢1单元成立居民加装电梯自管会新闻。

5日　主城区第一批24小时办事服务综合自助机在上城区上线运行。

12日　省委副书记、省长袁家军实地考察调研望江地区两个棚户区改造项目。

22日　上城区成立全市首家商事登记中介服务促进会。

26日　上城区被纳入浙江《之江文化产业带建设规划》之江文化产业带核心区。

29日　全国首个炎症性肠病（IBD）社区基地病房在南星街道投入使用。

7月

1日　由区政府主办，浙商证券股份有限公司、浦发银行杭州分行和中国董秘百人会论坛共同承办的中国（杭州）凤凰“企”飞战略发展峰会在上城区举行。

9日　市公安局上城分局小营综合服务大厅揭牌，标志着杭州市首个“五合一”智慧综合服务大厅正式启用。

12日　上城区成为浙江省整体推进中小学学生研学旅行工作试点县（市、区），为全市唯一一个试点单位。

20日　原杭州市上城区国家税务局、杭州市地方税务局上城税务分局正式合并。新组建国家税务总局杭州市上城区税务局。

是月　区内7处历史建筑被列入杭州市历史建筑活化利用示范项目。分别为湖边邨建筑群、学士路3号别墅建筑、南山路206号别墅建筑、中山中路23号与25号建筑、太庙巷58号建筑、比胜庙巷4号建筑、靴儿河下6–3号建筑。

8月

7日　上城区第四次经济普查正式启动。

10日　上城区启动改革开放40周年口述史征集活动。

13日　由市政协主办，区政协承办的“忆·南宋”文化雅集活动，在玉皇山南基金小镇目术塘创意园举行。

14日　紫阳书院、南落马营体育文化公园、“五室三站”多元纠纷化解平台、馒头山社区邻里中心、青年路社区“晴雨客厅”、玉皇山南基金小镇、中国社区建设展示中心、紫阳街道春江社区入选杭州“最具品质体验点”。

22日　区法院发布“金融纠纷一站式化解平台”2.0版，在全国率先推行信用卡纠纷“立案、排期、送达、裁判”全流程自动办案，实现让“案子自己跑”。

23日　区委书记陈瑾率党政代表团考察衢州市开化县，与临安区、建德市、开化县进行交流恳谈，共同商讨山海协作工作。

25日　上城区获2017年度浙江省“基本无违建创建先进县（市、区）”称号。

是月　上城区首个蓝领公寓项目（尚蓝公寓）开工。

9月

21日　上城区正式发布区域内南宋“醉八景”，分别为“河坊老街”“鼓楼听钟”“白塔遗珍”“南山意林”“孔庙文萃”“小营红巷”“思鑫石库”“五柳人家”。

28日　望秋（望江路秋涛路）立交正式通车。

是日　上城区举办戊戌年杭州孔庙祭孔典礼。

是日　玉皇山南基金小镇与德国侨商会举行“杭州玉皇山南基金小镇法兰克福办事处”成立签约仪式，标志着基金小镇法兰克福办事处设立。

29日　杭州钱投·近江国际项目开工。

10月

9日　上城区首个以商场综合体为依托的统战平台——“利星·同心荟”在“尚城1157·利星”商业综合体成立。

14日　中央电视台财经频道《经济信息联播》栏目播出“百城百县百企调研行”专题新闻《浙江杭州：现代服务业增势强劲促转型》，详细报道玉皇山南基金小镇产业转型工作及发展变化。

16日　微电影《青春的墨痕》在第三届平安中国微电影微视频微动漫比赛中获最佳微电影奖，系全省检察机关唯一获奖的微电影作品。

24日　杭州娃哈哈集团有限公司董事长宗庆后入选改革开放40年全国百名杰出民营企业家名单。

28日　南宋文化节开幕。南宋文化节·杭州宋代玉器艺术馆在上城区正式开馆。首场展览“南宋遗珍·孚尹流光——五璋山房宋代玉器珍藏展”同步开幕。

29日　位于鲲鹏路366号的区行政服务中心新办事大厅正式对外开放，占地5000余平方米，设有社会事务、投资项目审批、商事登记、房屋交易与不动产登记及无差别受理、便民服务6大业务板块，设置77个办事窗口。

30日　杭州首台空中加装电梯在清波苑小区2幢3单元交付使用，为杭州全面推进既有住宅加装电梯增添个性化设计方案。

是日　全市第一家设在社区内的南星街道普惠型康复护理站开业。

11月

3日　玉皇山南基金小镇管委会项目“创新金融服务平台建设，打造金融服务实体经济小镇样本”，被评为“2018浙江金融服务十大案例”。

5日　上城区举行“笔墨诗心”——庆祝南宋建都880周年南宋诗词书法展暨刘江艺术馆开馆仪式。

8日　由市委宣传部、市文广新局和上城区政府主办的“经典南宋·韵味杭州”南宋文化节晚会在省人民大会堂举行。

15—16日　玉皇山南基金小镇参加2018年首届格林威治经济论坛，并正式在美国格林威治设立海外代表处。

20日　主城区首个二次供水设施改造小区（江新苑小区）完工。

28日　2018年杭州公民科学素质状况结果揭晓，上城区具备科学素质公民比例达19.8%，位居全市第一。

30日　上城区举办“智汇经典上城”杭州·上城高层次人才交流与项目合作大会。4名杰出金融人才和12名突出贡献金融人才受到表彰，5个人才公寓服务驿站授牌。

是月　上城区教育现代化指数以89.81分位列全省91个县（市、区）（含杭州经济技术开发区、嘉兴经济技术开发区）第一位。

12月

1日　省工商联助企上市大平台正式上线并落户玉皇山南基金小镇。

是日　市对区创新项目《上城区“三社联动”推进基层社会治理和服务创新》以核验第一名、评估第二名的成绩获杭州市创新奖。

2日　上城区举行“全国交通安全日”千人交通文明签名行动。

4日　上城区举行纪念第5个国家宪法日暨区金融法律服务中心揭牌仪式。

13日　上城区入选省首批可持续发展创新示范区建设名单。

15日　湖滨银泰五期项目——in77E区正式开业，与国际风尚奢侈品A区、潮流年轻B区、吃喝玩乐全客层C区、轻奢品质生活D区组成in77全新完整体。

29日　区委十届七次全体（扩大）会议召开。区委书记陈瑾代表区委常委会报告工作，回顾总结2018年工作，研究部署2019年任务，号召全区上下在全市“干好一一六、当好排头兵”进程中走在前列，以优异成绩向中华人民共和国成立70周年献礼。

是月　望江新城城市设计方案获2018年度浙江省城乡规划设计一等奖。

是年　上城区实现地区生产总值1102.7亿元，按可比价格计算，比2017年增长5.3%。按全年全区5‰人口变动情况抽样调查结果推算，人均地区生产总值31.82万元，增加2.96万元，增长10.3%。按全年平均汇率计算，人均地区生产总值4.81万美元，增加4473美元。按产业分，第二产业实现增加值404.93亿元，增长1.3%；其中，规模以上工业增加值372.38亿元，增长1.7%。第三产业增加值697.78亿元，增长8%。二、三产业结构为36.7：63.3。

2019年

1月

1日　上城区第四次经济普查登记正式启动。

8日　区委十届八次全体（扩大）会议召开。会议要求高质量完成省委、省政府批准的《杭州市上城区机构改革方案》，为深化“六大行动”、加快建设一流的国际化现代化城区提供坚实的组织基础。

是日　《上城年鉴（2017）》获第六届全国年鉴编纂出版质量评比一等奖，并获框架设计二等奖，条目编写一等奖，装帧设计一等奖，检索、编校质量和出版时效一等奖。

10日　上城区与杭州广宇集团有限公司制定的全国首个《适老化住宅设计规范》地方标准正式实施。

11日　上城区召开文学艺术界联合会成立暨第一次代表大会。

12日　上城区与华数数字电视传媒集团有限公司签署战略合作协议，双方将在多个领域开展战略合作。

14—17日　区政协五届三次会议召开。

15—18日　区十五届人民代表大会第三次会议召开。

18日　馒头山文化街区、五柳巷历史文化街区入选省文化创意街区，凤凰御元艺术基地入选省重点文化产业园区。

25日　之江文化产业带重点项目签约现场会暨2019年中国数字经济高峰论坛（杭州）在上城区召开。论坛上，杭州凌笛数码科技有限公司与上城区签约，合作项目落地望江金融科技城，共建时尚数字中心。

28日　“小营·江南红巷”被省科协、省委宣传部、省教育厅、省科技厅认定为第七批省级科普教育基地。

2月

1日　上城区健康服务与大数据产业创新服务综合体入选第二批浙江省产业创新服务综合体创建与培育名单。

3日　市委副书记、市长徐立毅走访看望上城区拆迁安置群众。

11日　上城区“勇敢娃娃兵研学基地”入围首批浙江省中小学生研学实践教育基地。

12日　区纪委十届四次全体会议暨“三联三领三服务”推进大会召开。

是日　玉皇山南基金小镇优秀企业代表浙江玉皇山南投资管理有限公司入围中国证券投资基金业协会公布的2019年第一批私募资产配置管理人名单，全国仅3席。

19日　上城区首个产业园妇联——小营街道智慧健康产业园妇联成立。

3月

5日　上城区举行以“激扬新时代巾帼力量，献礼我的国70华诞”为主题的纪念“三八”国际妇女节109周年大会暨妇联基层组织建设“两个覆盖”工作推进会。会议表彰2018年度上城区“最美”家庭、“最美”廉内助、“三八”红旗手、“三八”红旗集体及巾帼文明岗。

12日　上城区数字统战体验馆在中豪望江国际揭牌开馆。

27日　上城区举行2019年重大项目集中开工仪式，9个重大项目均位于望江新城，项目总投资约20亿元。

是日　近江水产市场启动搬迁工作。

28日　上城区发布望江新城三年建设规划方案，将秉持“有限空间、无限发展”的理念，按照“一心、一带、两轴、四片”的城市空间格局，打造文化“新地标”、城市“新门厅”、经济“新引擎”。

29日　上城区与中国移动杭州分公司正式签署5G战略合作协议，双方将发挥各自优势，共同打造全国5G示范商圈和5G发展标杆区，助推杭州数字经济发展。

是日　上城区获评2018年度浙江省“平安区”，实现省平安区“十四连创”，并获全市平安创建综合考评第三名。

30日　《2018年浙江省数字经济发展综合评价报告》发布上城区数字经济综合评估总指数为118.7分，在全省89个县（市、区）中排名第四位。

是月　区启动全市首个垃圾分类敲门行动。

4月

3日　上城区与中国建设银行股份有限公司杭州分行签订党建共建暨全面深化战略合作协议。

4日　上城区召开经济、科技暨“三化融合”工作推进大会。会议要求政企同心、开拓进取，高质量推进一流的国际化现代化城区建设。

19日　上城区举行“以文化筑梦，为青春领航”——上城区青年精品文化“青斓”工程三年行动计划启动仪式。

是日　杭州首个火车站“路地警务融合”派出所揭牌仪式在上海铁路公安局杭州公安处杭州站派出所举行。

是日　“上城三大传说——古桥·古井·古巷”展览在“尚城1157·利星”商业综合体举行，首次展出部分古建筑的历史典故和传说故事。

26日　银行线下“邮币馆”在中国工商银行杭州羊坝头支行旗舰店开业，首开的邮币寄售业务是中国工商银行贵金属业务打通线上线下零售生态圈的全新尝试。

29日　整合报纸、网站、视频、“两微一端”等多个传播平台的上城区融媒体中心暨杭州电视台上城记者站正式挂牌成立。

是日　上城区选送的铜雕技艺《千里江山》铜茶道系列、杭州刺绣《西湖小景》扇面系列、萧山过江布“幸福一辈子”杭州特色系列抱枕、南宋官窑烧制技艺葵口茶盏4件商品入选首批浙江省优秀“非遗”旅游商品。

是月　上城区获评“2018年度全省生活垃圾分类工作优秀县（市、区）”。

5月

6日　上城区举办纪念“五四”运动100周年特别主题团日暨“新时代上城十大杰出青年”风采展示活动。

是日　上城区与浙江省文化产业投资集团有限公司签署战略合作协议，助推上城发展建设。

8日　上城区召开适老化改造项目推广会，现场进行适老化改造家庭签约。

13日　上城区获“2018年度浙江省‘五水共治’（河长制）工作优秀县（市、区）称号”，再夺“大禹鼎”。

17日　上城区“数字南宋”文旅系统正式上线。该平台将利用“数字经济”的信息化、互联网化、技术化等，推动旅游产业提质增效。

18日　区委、区政府和区文创企业浙江睿宸影视制作有限公司联合出品的电视剧《麦香》在中央电视台综合频道黄金档时间播出。

23日　市政府新闻办“辉煌70年”系列发布会首场发布举行，上城区率先亮相，对外介绍中华人民共和国成立70年来上城经济社会发展成就，并发布第五届（2019）全球私募基金西湖峰会的相关情况。

25日　以“金融供给侧结构性改革与私募基金发展”为主题的第五届2019全球私募基金西湖峰会开幕。

是日　由区文化和广电旅游体育局、省社会科学院文化所、省诗词与楹联学会学术部、小营街道联合主办的龚自珍《己亥杂诗》问世180周年纪念会暨“实学思想家故里行”文化旅游推广发布会在龚自珍纪念馆举行。

是月　上城区启动千名党员干部“走千企、结千家、破千题”活动。

6月

2日　上城区在杭州新世纪外国语学校湖畔校区举办“尚城·红星系”文旅红色联盟品牌发布会暨“文化进万家”惠民工程启动仪式，发布“红色护照”，正式成立文旅红色联盟。

3日　杭州市首个“垃圾分类观察室”在小营街道老浙大人大代表联络站举行授牌仪式。

12日　上城区作为杭州市“全流程网上企业开办”改革的唯一试点城区，正式启动试点工作。

13日　上城区组团到香港参加“科技创新、共享亚运”——杭州（香港）创新合作恳谈会。区委书记陈瑾在会上代表上城区与香港贸易发展局交换杭港高端服务业示范区项目合作备忘录。

14日　上城区出品的电视剧《鸡毛飞上天》获“白玉兰”国际传播奖。

20日　上城区与中国美术学院签署战略合作协议。双方将共同围绕文化繁荣的主题，推进历史文化与城市发展的有机融合，助推上城文化艺术领域发展及建设。

27日　始版桥社区被列为浙江省首批未来社区试点创建项目建议名单，将以“上城之上，空中坊巷”的特色定位打造旧城中心城市再生的标杆。

28日　上城区举行老旧小区“微更新”实施方案汇报会，率先吹响全市老旧小区综合改造提升新号角。

7月

1日　汽车南站搬迁到秋涛路255号营业（临时），同时，有部分班线分流到火车东站公路汽车站、客运中心站和汽车北站营业。

10日　在杭州城市大脑·2019年中发布会上，区委副书记、区长金承涛发布“上城平台·街区治理”应用场景。

是日　全国首只私募资产配置基金——山南云栖私募资产配置基金经中国证券投资基金业协会备案，成功发行。

18日　全省首个基层新的社会阶层人士统战工作规范发布会暨尚城·同心荟联盟成立大会在玉皇山南基金小镇举行。

19日　西牌楼社区退役军人服务站正式揭牌启动。系杭州主城区第一个社区退役军人服务管理站。

是月　钱塘江边第一个“市民垂钓区”开放，设在上城区之江路江堤甬江路至望潮路段，总长约1千米，划有100余个钓位。

8月

1日　上城区“互联网+养老”试点工作正式启动。居家养老服务补贴告别纸质券结算的模式，实现市民卡信息化支付结算。

是日　上城区推出掌上社保“移动办”，实现24小时服务不打烊。

2日　区委十届九次全体（扩大）会议举行。会议专题研究争做文化传承标杆区各项工作，讨论《上城区文化兴盛发展三年行动计划（2019—2021年）》，勾画上城文化发展的路线图，即打造三条文化体验带、构建五个支撑体系、开展十大重点工程。

5日　上城区首台应用于基层医疗机构的医疗票据自助机在清波街道社区卫生服务中心投入使用。

19日　电视剧《麦香》获全国第十五届精神文明建设“五个一工程”优秀作品奖，系杭州市唯一。

30日　南华期货股份有限公司正式登陆上海证券交易所，成为国内首个A股主板上市期货公司。区委书记陈瑾等参加开市仪式。

9月

2日　“小营·江南红巷”被评为“浙江省社会科学普及基地”。

5日　上城区召开教育大会暨创建全国义务教育优质均衡发展区推进会。

是日　华东首个派出“金融法庭”——杭州市上城区人民法院基金小镇人民法庭亮相玉皇山南基金小镇。同时，上城首部《金融商事审判白皮书》发布。

是日　上城区融合相关红色资源及党建资源、文旅资源，发布“初心之旅”现场教学点，设立“不忘初心·使命之旅”“投身祖国·建功之旅”“铭记英烈·缅怀之旅”“名人文化·寻迹之旅”4条路线。

8日　上城区“歌唱祖国”——庆祝中华人民共和国成立70周年歌咏大会在区政府大

礼堂举行。系列活动以“歌唱祖国”为主题，采取“一主二副”模块全城联动，即在区行政服务中心设主会场，在上羊市街社区和湖滨步行街设分会场。

11日　上城区召开“不忘初心、牢记使命”主题教育部署会，深入学习贯彻习近平新时代中国特色社会主义思想，认真贯彻落实中央和省、市委关于扎实推进第二批主题教育的各项要求，全面启动上城主题教育工作。

19日　上城区召开书法家协会成立暨第一次会员代表大会。

20日　上城区朱师傅修鞋店经营户王凤娟获评“第六届浙江省道德模范（诚实守信模范）”，受到省委书记、省人大常委会主任车俊接见。

是日　南星街道组织编纂的《南星街道社区治理实务手册》正式发布，系杭州市第一本街道本土化基层治理指导手册。

21日　省委副书记、省长袁家军考察始版桥社区未来社区试点项目，肯定土地出让“带方案、带规划、带项目”的好做法。

24日　上城区举行庆祝全国首个“926工匠日”主题活动暨第二届“上城工匠”认定发布会。

26日　上城区举办“党建双强”助推“美好社区”建设互学互看现场大比武活动。

27日　浙江首条国家级步行街——中国杭州湖滨步行街（区）举行开街仪式。翌日，正式开街。

10月

12日　“经典南宋·韵味杭州”2019南宋文化节在湖滨步行街开幕（文化节活动持续至11月28日）。

是日　全新升级的东坡大剧院开业。

16日　上城区域内的杭州孔庙碑林、求是书院旧址、浙江图书馆旧址由国务院核定公布为第八批全国重点文物保护单位。

19日　“民意直通·市民体验”专题活动暨2019杭州市民体验日在上羊市街社区启动。活动中，上羊市街社区与民主协商对话节目《我们圆桌会》栏目联合成立全市第一个“民意小圆桌”——上羊市街民意小圆桌。

22日　全区首个全流程电子招投标项目“望江单元望清路（东宝路—婺江路）道路工程”在区公共资源交易中心完成网上开标评标。

23日　中国社区建设展示中心新馆正式启用（试运行）。

29日　上城区举行“新制造业计划”推进大会暨“尚城·红星系”上市企业党建联盟成立仪式。

31日　区社会治理综合服务中心（信访矛盾联合调处中心）正式建成并启用。

11月

2日　近江海鲜城搬迁至涌金广场重新开业。

6日　玉皇山南基金小镇在“杭州·领创未来会议”上，成功入选十大“杭州新经济会议小镇”。

7日　上城区举行住宅小区物业综合管理体制机制改革推进暨物业综合管理中心授牌仪式大会。会上，区住房和城建局向各个街道授牌，在街道公共服务中心增挂物业综合服务中心牌子。

11日　上城区举办“智汇经典上城”2019杭州·上城高层次人才交流与项目合作大会。

12日　杭州市建兰中学与杭州移动公司签署战略合作协议，打造5G全覆盖智慧化校园，并成立首个5G校园科学实验室。

15日　全国首个旅游类特色小镇人民调解委员会——南宋皇城小镇人民调解委员会正式成立。

20日　上城区举行杭州金地中心开工仪式。该项目总投资超34亿元。

25日　清波街道劳动路社区、湖滨街道青年路社区、南星街道馒头山社区和白塔岭社区4个社区被省文化和旅游厅公布为浙江省美丽乡村美育村（社区）试点单位。

12月

5日　上城区开展“志愿服务践初心、无私奉献担使命”国际志愿者日暨“上城·青志”大数据平台发布仪式。

8日　南宋德寿宫遗址入选2019年度浙江十大考古发现。

13日　长三角特色小镇产业联盟成立大会在玉皇山南基金小镇举行，玉皇山南基金小镇当选为联盟轮值两个会长单位之一。

15日　望江隧道试通车。隧道先期开通江南、江北隧道主出入口及出口匝道和相关地面道路。

17日　在北京召开的2019中国智慧城市科学发展大会上，上城区“数字统战案例”获2019年中国智慧城市十大创新案例称号。

18日　杭州海潮寺复建工程举行奠基开工仪式。

19日　区美术家协会成立暨第一次会员大会在中国美术学院南山校区召开。

25日　上城区召开“湖滨晴雨”工作室成立10周年研讨会。

是月　蓝领公寓二期工程顺利开工。

是年　全区实现地区生产总值1171.41亿元，按可比价格计算比2018年增长6.1%。按常住人口计算，人均地区生产总值33.95万元，增长6.69%。按全年平均汇率折算，为4.92万美元。按产业分，第二产业实现增加值400亿元，增长2.8%；第三产业实现增加值771.41亿元，增长8.2%。二、三产业结构为34.1：65.9。

是年　全区共有6个街道，54个社区，户籍家庭111586户，常住人口319039人，人口自然增长率1.13‰。

第一篇

南宋皇城

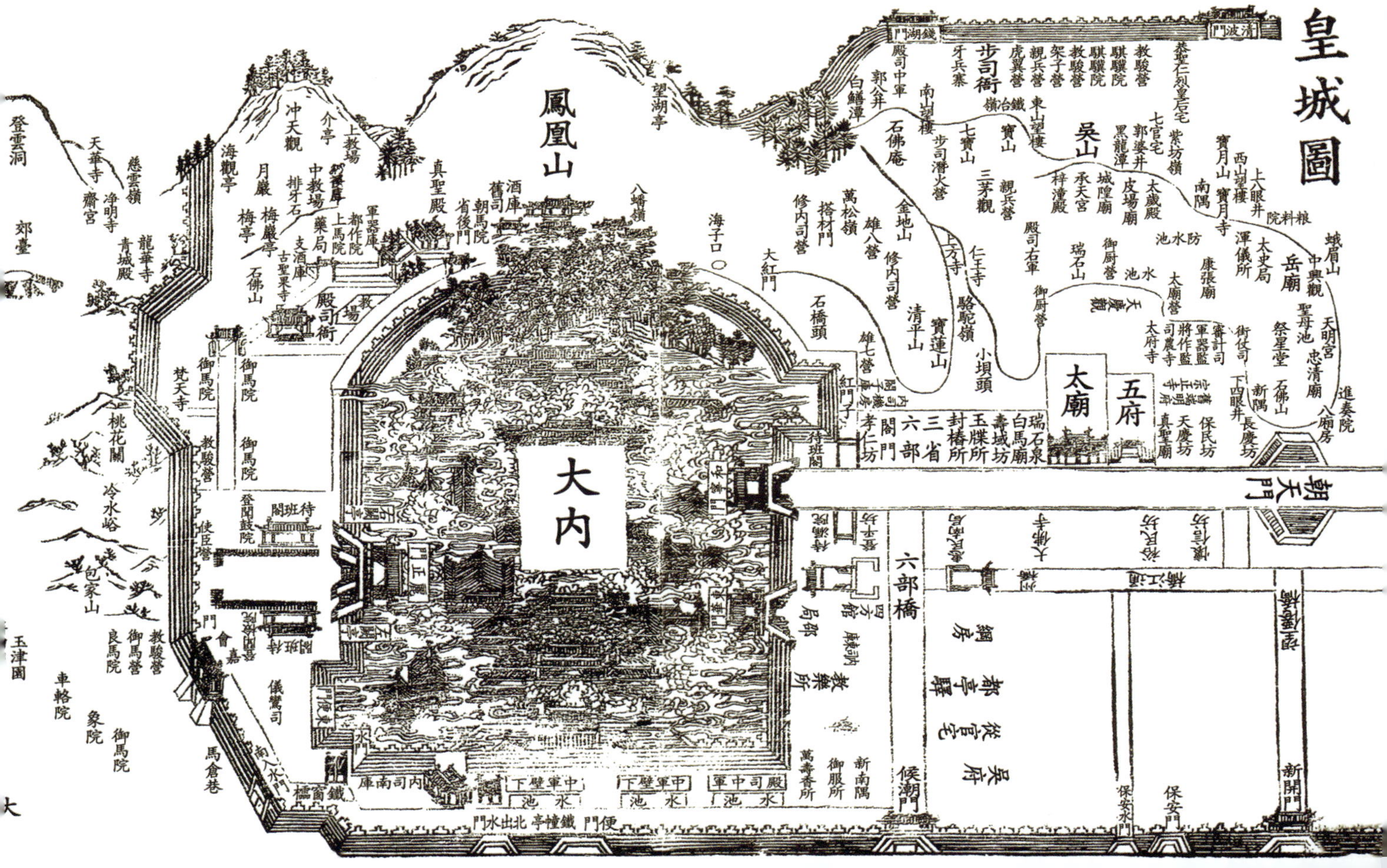

隋朝建立后，于开皇九年（589）废钱唐郡为杭州，州治初在余杭，次年迁钱唐。开皇十一年（591），州治移至凤凰山东麓。五代吴越国钱镠以杭州为都城，在唐代基础上扩建，经过三次筑城，子城外又有内城和罗城，罗城周围达35千米，比隋城扩展将近一倍。自隋至北宋年间，凤凰山东麓集中了杭州古代文明在建筑领域的精华与成果，与湖光山色相映照。南宋建炎三年（1129）二月，宋高宗在金兵的追击下抵达杭州，以州治为行宫。七月，升杭州为临安府。南京绍兴元年（1131）十一月，宋高宗诏令“移跸临安”[①]。绍兴八年（1138）三月，宋高宗正式以临安为“行在所”，定都于此。[②]此后，南宋统治者以凤凰山东麓的杭州州治为基础扩建行宫，以南大门为正大门，宫殿北门为联系城市的大门，宫殿与北部官署、太庙等建筑呈倒置关系，确定皇城“前朝后寝”的格局。经过诸帝一百余年持续扩建和改建，至南宋末年，凤凰山周围4500米之内，宫殿林立，有大庆殿、垂拱殿、选德殿等130余座，还有御苑直至凤凰山巅。此外，还建有太庙、景灵宫、万寿观、东太乙宫、郊坛等建筑，并对临安府城进行大规模的改造和扩建。

南宋皇室定都后，在国祚153年间，临安城成为全国政治、经济和文化中心。北宋灭亡后，大量北方人口南移，给南方带来充足劳动力和先进生产技术，使南方在农业、手工业等方面有很大发展。绍兴二十八年（1158），殿前都指挥使杨存中修御街，使其成为全城贯穿南北的主干道，并直通皇城大内。从御街东西两侧扩展延伸出的街道坊巷纵横交错，遍布商店、酒肆、手工作坊、瓦子等商贸娱乐场所，形成南宋临安皇城“南宫北市”的格局。又对城内外水道进行疏浚，使临安城水网交错、交通便利，更有利于商品交易。北方大量文人雅士的迁入，能臣志士对重返故都的渴切期盼，促成南宋时期文学、史学蓬勃发展。活字印刷、指南针与火药，在南宋时期进一步得到完善，并

①〔宋〕李心传. 建炎以来系年要录：第1册［M］. 北京：中华书局，1988：871；〔元〕脱脱等. 宋史：卷二六［M］. 北京：中华书局，1977：492.

②〔宋〕李心传. 建炎以来朝野杂记：甲集卷五［M］. 北京：中华书局，2000：119.

开始大规模的实际应用。随着南宋经济文化的迅速发展，都城中出现一股去朴从艳、好新慕异的风气，人们的衣食住行、婚丧嫁娶和宴会社交等生活方式均发生深刻的变化。

南宋德祐二年（1276）正月，元军兵临城下，南宋皇室投降。元至元二十四年（1287），受民间失火殃及，南宋皇城焚烧殆尽，成为废墟。到明万历年间（1573—1620），皇城大内所在地域逐渐荒芜，遗址深埋地下，仅部分遗迹残存地上。

中华人民共和国成立后，各级政府开始重视南宋皇城的考古发掘工作。1956年，浙江省文物管理委员会对乌龟山南宋官窑进行小规模发掘，南宋临安府城和皇城考古工作拉开序幕。1995—2004年，南宋太庙遗址、南宋临安府治遗址、老虎洞南宋官窑遗址、南宋恭圣仁烈皇后宅遗址、严官巷南宋御街遗址5项考古发现先后被评为中国十大考古新发现。随着考古工作的不断深入，国内及国际专家、学者纷纷就南宋皇城及临安城发表研究成果，南宋皇城及临安城在国内和国际的影响力不断扩大。

2005年，杭州市园林文物局委托中国文物研究所、东南大学建筑设计研究院共同承担《南宋临安城遗址——皇城遗址保护规划》编制工作。是年，杭州市社会科学院成立南宋史研究中心。2009年10月，南宋皇城大遗址综合保护工程正式启动，规划面积约14.16平方千米。市委、市政府召开会议，明确南宋皇城大遗址综合保护工程的范围。

2010年8—11月，“梦幻之窑（幻の名窯）——南宋修内司官窑杭州老虎洞窑址发掘成果展”在日本大阪举行，是南宋修内司官窑遗址出土文物首次出国展出。2011年1月，上城区政府提出打造“南宋古都·经典上城”品牌。是年起，上城区重点以南宋文化为核心特色，通过旅游展销会、出国展览、出版图书、接待国内外媒体记者、制作发放宣传册、拍摄微电影及广告视频等形式将南宋文化推广到全国乃至全球。2013年，《南宋临安城遗址保护总体规划》由省政府正式批准公布，总规划面积约15.05平方千米，其中城址面积约10.79平方千米。2015年9月，区政府举办首届中国南宋文化节，举办“听南宋，读杭州”太庙中秋诗会、南宋商贸文化风情体验周、“跟着诗词游杭州”、绘制杭州诗歌地图、“南宋印象”视觉写作大赛等活动，宣传推广南宋文化。

第一章　皇城

南宋绍兴八年（1138），杭州正式被定为都城，分为内城和外城。内城，即皇城。在皇城之内，兴建殿、堂、楼、阁及御花园，宫殿林立，有大庆殿、垂拱殿、选德殿等；皇宫外有朝廷中枢机关以及礼制建筑、学校、御前宫观等，街道厢坊四通八达。外城南跨吴山，北接今武林门一带，向西连接西湖，向东连接钱塘江。绍兴二十八年（1158），增筑皇城东南外城。

南宋皇城也称禁城，城内是皇帝所居的宫殿。皇城以吴越国国治子城增筑，城墙“周围九里”。据明代学者徐一夔《宋行宫考》所述，其四至范围大致是：“南自胜果入路，北则入城环至德侔天地牌坊，东沿河，西至山冈。自平陆至山冈，随其上下以为宫殿。”[①]具体来说，南宋皇城的四至范围是：东墙在馒头山东麓，南墙在宋城路北侧，西墙大部分是利用凤凰山的自然山体，北墙位于凤凰山北侧之余脉。皇城东西直线距离约800米、南北直线距离约600米，围合内面积50万平方米。

① 〔明〕徐一夔．始丰稿：卷一〇．

第一节　皇城建造

宋太平兴国三年（978），吴越第五位国君钱俶主动归宋，钱王宫重新成为杭州州署。南宋建炎三年（1129）二月，宋高宗赵构自扬州迁杭州，以州治为行宫。七月，升杭州为临安府。

绍兴元年（1131）十一月，高宗派内侍杨公弼和权知临安府徐康国共同筹划营建行宫事宜。建国伊始，受限于人力和财力，高宗下诏在原有基础上增建两百间，以红白为饰，力图简省，同时遵祖制，总体布局依照“前朝后寝”之制。南宋初期宫殿比北宋汴京简陋，“百官趋朝，冒雨泥行”[②]。绍兴三年（1133）正月，宋高宗派梁汝嘉在行宫大门内至行宫大殿间建造廊庑，以便文武百官躲避风雨。[③]绍兴八年（1138）三月，高宗正式以临安为“行在所”，定都于此。[④]绍兴十一年（1141）冬，南宋与金人议和，政治局势趋于稳定，皇宫建设迅速展开。绍兴十二年（1142）起，先后营建各种宫观、庙坛、府库、学校、官署以及宗

② 〔清〕徐松．宋会要辑稿・方域．

③ 〔宋〕潜说友．咸淳临安志：卷一．

④ 〔宋〕李心传．建炎以来朝野杂记：甲集卷五［M］．北京：中华书局，2000：119.

室达官的府邸。[①] 至绍兴二十八年（1158），南宋皇宫初具规模，作为行都所必备的宫省郊庙等设施都已大体就绪。此后至南宋灭亡，南宋宫室的营造多属补充调整性质，并无重大改变或新的大规模建设。

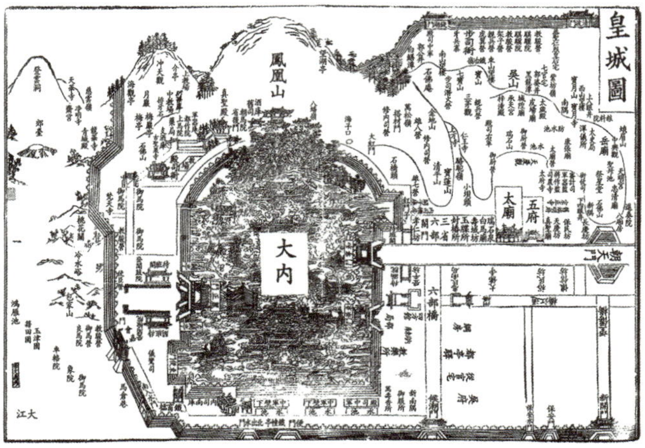

图 1-1-1　宋版《皇城图》重绘图[②]

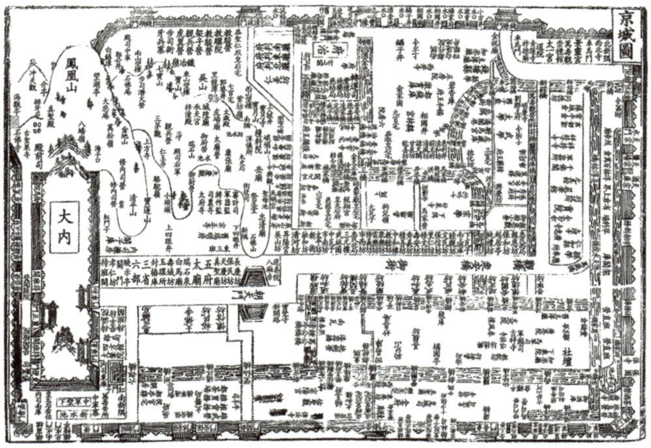

图 1-1-2　宋版《京城图》复原图[③]

第二节　宫殿和宫门

南宋绍兴八年（1138），朝廷正式以临安为都城，启用临安宫殿。宫殿南大门为正门，宫殿北门为联系城市的大门。绍兴二十八年（1158），在宫殿东南部与皇城之外，拓展一条候潮门与嘉会门之间的道路，以便皇帝车驾、仪仗南北同行。[④] 临安宫殿又称大内，位于临安城南部的凤凰山。临安大内皇城主要的城门共有四座，南门为丽正门，北门为和宁门，东门为东华门。东华门的位置在皇城东北角，其南还有一座东便门，在皇城的东南角。据《武林旧事》载，“西部有西华门”，但

① 据《舆地纪胜》记载：“（绍兴）十一年和议成，乃作太社太稷、皇后庙、都亭驿、太学；十三年，筑圜丘、景灵宫、高禖坛、秘书省；十五年，作内中神御殿；十六年，广太庙，建武学；十七年，作玉津国、太一宫、万寿观；十八年，筑九宫贵神坛，十九年建太庙神御殿，十六年广太庙，建武学；十七年，作玉津园、太一宫、万寿观；十八年，筑九宫贵神坛；十九年，建太庙斋殿；二十年，作玉牒所；二十二年，作左藏库、南省仓；二十五年，建执政府；二十六年，筑两相第、太医局；二十七年，建尚书六部。大凡定都二十年，而郊庙、宫省始备焉。”

②③ 姜青青.《咸淳临安志》宋版“京城四图”复原研究［M］.上海：上海古籍出版社，2015.

④ 王士伦.皇城九里——南宋故宫［M］.杭州：浙江人民出版社，1988.

在《皇城图》的西部无此门，只有一座“府后门”。皇城南门丽正门内设有南宫门，皇城北门和宁门内设有北宫门，两座宫门为宫殿区的南北位置所在。宫殿核心区的一些主要殿宇基址，位于今凤凰山脚路东西两侧，在路的西侧有大夯土台5处，推测其为宫殿“前朝”和“后寝”殿宇的遗迹。

表 1-1-1　《武林旧事》卷四《故都宫殿》所列南宋时期临安大内建筑情况表

类型	建　筑　名　称
门	丽正（南门）、和宁（北门）、东华（东门）、西华（西门）、苑东、苑西、北宫、南宫、南水门、东水门、会通、上阁、宣德、隔门、斜门、关门、玉华阁、含和（系天章阁门）、贻谟（系天章阁门）
正殿	垂拱（常朝四参）、文德（六参宣布）、大庆（明堂朝贺）、紫宸（生寿）、集英（策士）以上为正朝，文德以后随事更名
后殿	延和（斋宿避殿）、崇政（即祥曦）、福宁（寝殿）、复古（高宗建）、选德（孝宗建，有御屏）、缉熙（理宗建）、熙明（即修政，度宗建）、明华（监司郡守姓名）、清燕、膺服、庆瑞（即天顺，理宗建）、射殿、需云（大燕）、符宝（贮恭膺天命之宝）、嘉明（度宗以绛己堂改）、明堂（即文德、合祭改）、坤宁（皇后）、秾华（皇后）、慈明（杨太后，累朝母后皆旋更名）、慈元（谢太后）、仁明（全太后）、进食（即勤政）、钦先（神御）、孝思（神御）、清华
堂	翠寒（高宗以日本罗木建，古松数十株）、澄碧（观堂）、芳春、凌寒、钟美（牡丹）、灿锦（海棠）、燕喜、静华、清赏、稽古（御书院）、清远、清彻、澄碧（水堂）、蕊渊、环秀（山堂）、文囿（御书院）、书林（御书院）、华馆、衍秀、披香、德勤、云锦（荷堂，李阳冰书匾）、清霁、萼绿华（梅堂，李阳冰书额，度宗易名“琼姿”）、碧琳、凝光、澄辉、绣香、呈芳、会景[青华石柱，正始为后殿，谢后怡然（惠顺位）改宁寿殿，香楠袱额，玛瑙石砌]、信美（婉容位）
斋	损斋（高宗建）、彝斋、谨习斋、燕申斋
楼	博雅（书楼）、观德、万景、清暑、清美、明远、倚香
阁	龙图（太祖太宗）、天章（真宗，并祀祖宗神御）、宝文（仁宗）、显谟（神宗）、徽猷（哲宗）、敷文（徽宗）、焕章（高宗）、华文（孝宗）、宝谟（光宗）、宝章（宁宗）、显文（理宗）、云章（祖宗御书）、清华、凌虚、清漏、倚桂、来凤、观音、芙蓉、万春（太后殿）
台	钦天（奉天）、宴春、秋芳、天开图画、舒啸、跄台
轩	晚晴
阁	清华、睿思、怡真、容膝、受厘、绿绮
观	云涛
亭	清凉（宋刻“清泳”）、清趣、清颢、清晖、清迥、清隐、清寒、清激（放水）、清甑、清兴、静香、静华、春妍、春华、春阳、春信（梅）、留春、皆春、寒碧、寒香、香琼、香玉（梅）、香界、碧岑、滟碧（鱼池）、琼英、琼秀、明秀、濯秀、衍秀、深秀（假山）、锦烟、锦浪、绣锦、万锦、丽锦、丛锦、照妆、浣绮、缀金（橙桔）、缀琼（梨花）、秾香、暗香、晚节香（菊）、岩香（桂）、云岫（山亭）、映波、含晖、达观、秀野、凌寒（梅竹）、涵虚、平津、真赏、芳远、垂纶（近池）、鱼乐（池上）、喷雪（放水）、流芳、芳屿（山子）、玉质、此君（竹）、聚芳、延芳、兰亭、激湍、崇峻、惠和、汾钳、泛羽（并流杯亭）、凌穹（山顶）、迎熏、会英、正己（射亭）、丹晖、凝光、雪迳（梅）、参月、共乐、迎祥、莹妆、植杖（村庄）、可乐、文杏、壶中天、别是一家春（度宗新创，或谓此非佳许也，未几果验）
园	小桃源（观桃）、杏坞、梅冈、瑶圃（村庄）、桐木园
庵	寂然、怡真
坡	马脑、洗马

续表1-1-1

类型	建 筑 名 称
桥	万岁、清平、春波、玉虹
泉	穗泉、御舟、兰挠、荃桡、旱船
教场	南教场、北教场

说明：资料来源于郭黛姮：《南宋建筑史》，上海古籍出版社，2018年8月第1版

一、宫殿

南宋皇城的宫殿布局，基本上承袭《周礼》“前朝后寝”的传统格式。朝区是整个皇城的重心，置于最重要的方位。其他各殿则按各自功能，根据传统礼仪制度，并结合地形，因地制宜地配置在主殿周围，形成一个有机整体。具体来说，可以分为外朝正殿、内朝后殿、苑中殿堂、德寿宫等六个部分。

外朝正殿

所谓“前朝”，就是皇帝与文武近臣商讨政事或举行各种仪式大典的宫殿区。又称为外朝，以区别于内朝后寝。

大庆殿　大庆殿修造于绍兴十二年（1142），由提举修内司承受、提辖王晋锡与临安府共同负责兴建工作。大庆殿又称为崇政殿，俗称为正衙或金銮殿，在丽正门内，是举行各种大庆典礼的大殿。凡遇明堂大礼，正朔大朝会都在此举行。大庆殿位于皇城司北，东西面宽十二架，正门深10米，宽约15米。大殿当中，有一平台，台上设皇帝的御座，时称宝座。大殿东西两侧各有朵殿（即侧堂）2间，是皇帝进大殿举行仪式前休息之所。朵殿旁各有廊庑20间，可供皇帝的侍从休息与停放车舆所用。此外，大庆殿还有文德殿（宣布任命时）、明堂殿（郊祭而在宫中举行）、紫宸殿（为皇帝祝寿）、集英殿（选拔状元）等。因为当时宫殿少，不敷应用，朝廷采取一殿多用的办法，是其他朝代所没有的。

垂拱殿　垂拱殿兴建于绍兴十二年（1142）十一月，由高宗命内侍王晋锡主持修建，以供朔日视朝之礼，是常朝四参官起居之地。据《建炎以来朝野杂记》乙集记载：有屋五间，进深有虹梁十二架，南北长五丈①，东西广八丈四尺；殿南檐屋三间，长广各一丈五尺；两朵殿各二间，东、西两廊各二十间，南廊九间，其中殿门三间六架，长三丈，广四丈六尺，殿后拥舍七间。该殿也称前殿。高宗一度“因以为延庆殿”。南宋淳熙年间（1174—1189），孝宗再修，“亦循其旧”。此殿有馒头山为屏障，地势优越。

以上两组殿宇基本前后对位，大庆殿靠近南宫门，垂拱殿在

① 《宋史·舆服志》和《舆地纪胜》作六丈。

其后。

内朝后殿

“前朝”后面，就是皇帝、皇后及太子居住的地方。据吴自牧《梦粱录》卷八《大内》的记载，有延和、崇政、福宁、复古、缉熙、勤政、嘉明、射殿、选德、奉神等十余殿。

延和殿　孝宗淳熙八年（1181）秋，改后殿拥舍为延和殿，在垂拱殿之后。凡遇圣节、冬至、正旦、寒食大礼，皇帝斋宿于此。孝宗以后诸帝也常在此殿接见群臣，商讨国家大事。

崇政殿[①]　崇政殿以旧射殿改建，建于绍兴十二年（1142），曾在此举行大朝会礼。崇政殿也是学士侍从讲释经义的地方。

福宁殿　福宁殿为皇帝寝殿[②]，绍兴二十八年（1158）建，殿侧有清暑楼。光宗时改为寿康宫。

选德殿　选德殿于宋孝宗淳熙初年（1174）建，本是射殿，理宗时为讲殿，取“选射观德”之义，故名“选德”[③]。殿内御座后有一金漆大屏风，孝宗将它作为考察文武百官政绩的“备览”表[④]。每天暮时，孝宗在此召集文武大臣，共同商讨国家大事与总结“古今治乱”的经验。漆屏的背面还画有全国政区、疆域的地图。

缉熙殿　缉熙殿原系讲殿，理宗绍定五年（1232）十一月开始改建。宋理宗在此殿以读书自娱，或寄情翰墨。

熙明殿　熙明殿即修政殿。咸淳三年（1267）三月建成，内藏经籍，为讲读之所。

勤政殿　据《咸淳临安志》卷一《宫阙一》记载，勤政殿于咸淳二年（1266）由进食殿改建而成。该殿是度宗皇帝的寝殿，其建筑和装饰都比较简朴。

嘉明殿　据《咸淳临安志》卷一《宫阙一》记载，嘉明殿于度宗咸淳二年（1266）由东宫绎己堂为基础改建而成。该殿为皇帝进膳的地方。

钦先孝思殿　钦先孝思殿，又名内中神御殿。绍兴十五年（1145）建成。“凡朔望、节序、生辰，上皆亲酌献，行香用家人礼”[⑤]，表示不忘祖宗功勋，并继承其业绩。

慈宁殿　慈宁殿，也称慈宁宫。慈宁殿建于绍兴九年（1139），是宋高宗为迎接母亲显仁皇后韦氏从金营返回临安所建的一组寝殿。

慈明殿　慈明殿，为宁宗杨皇后所居。

坤宁殿　坤宁殿，皇太后所居。

和宁殿　和宁殿，亦为皇后所居。

仁明殿　仁明殿，为度宗全皇后所居。

① 崇政殿是否即祥曦殿，有不同说法。《宋史·地理志》《方舆胜览》《舆地纪胜》均将崇政殿和祥曦殿列为两殿，而《咸淳临安志》和《武林旧事》两书则以崇政殿即祥曦殿。

② 《新编方舆胜览》卷一《浙西路·临安府·宫殿》作“宁福殿”，当误。

③ 关于此殿殿名，周必大在《选德殿记》中说：“追纵太古之初，勇射本男子之事，非专为用武也。射所以观德，非专于朔威也，故为是殿。”（《文忠集》卷一〇四）

④ 〔宋〕潜说友：《咸淳临安志》卷一《宫阙》记：“书郡国守相名氏，群臣有图方略来上，可采者辄栖之壁，以备观览。数延文武，讲论治道，询求民隐，至于中外奏报，若军国之几务，皆于此省决。暇则紬绎经传，或亲御弧矢，虽大寒暑不废。”

⑤ 〔元〕马端临.文献通考：卷九四；〔宋〕王应麟.玉海：卷一六〇.

慈元殿　慈元殿，理宗谢皇后所居。

受釐殿　受釐殿，钦圣向后所居。

射殿　主要是用来给皇帝练习射箭用的大殿，也扩展至进行一些军事用途。

其他宫殿　除上述一些大殿外，尚有一些规模较小的宫殿：清燕殿、膺福殿、庆瑞殿、需云殿、玉牒殿、纯福殿、符宝殿、秾华殿、清华殿、重寿殿。

苑中殿堂

复古殿　复古殿，为皇帝休息的地方。约建于高宗绍兴二十八年（1158），理宗时曾重修，还撰有御记。此殿临近后苑的小西湖和人工叠砌的飞来峰，是禁中避暑的好地方。另外，朝廷元日、冬至大朝会议后的晚筵也在此殿举行。高宗爱好书法，常于此殿挥笔书画。

损斋　损斋于绍兴二十八年（1158）十一月建成。高宗把它作为攻读经史古籍、学习治国之道的地方，并自撰记。他以为汉武帝、唐玄宗的骄奢淫逸，最后导致天下纷扰，都是由于他们不知节制之缘故。于是，他以“损”名斋。

翠寒堂　翠寒堂，高宗时用日本罗木建造。堂前有古松、修竹，苍翠蔽日，还有寒瀑飞空，下注大池。池中有红白菡萏万柄，庭中布置南花数百盆，鼓以风轮，清芬满庭。该处为宫中避暑佳地。

澄碧殿　澄碧殿，即后苑澄碧水堂，此殿约建于淳熙二年（1175）之前，是皇帝宴请近臣的地方。

天章诸阁　除以上众多的宫殿外，宫中还建有众多的阁，用以保存宫中历代皇帝御书、图籍和珍宝等。

表 1-1-2　南宋皇城天章诸阁情况表

阁名	收　藏　对　象	设置时间
不　详	太祖皇帝御制御书图籍宝瑞	不详
龙图阁	太宗皇帝御制御书图籍宝瑞	不详
天章阁	真宗皇帝御制御书图籍宝瑞	绍兴元年（1131）
宝文阁	仁宗皇帝御制御书图籍宝瑞	不详
显谟阁	神宗皇帝御制御书图籍宝瑞	不详
徽猷阁	哲宗皇帝御制御书图籍宝瑞	不详
敷文阁	徽宗皇帝御制御书图籍宝瑞	绍兴十五年（1145）
焕章阁	高宗皇帝御制御书图籍宝瑞	淳熙十五年（1188）
华文阁	孝宗皇帝御制御书图籍宝瑞	庆元二年（1196）
宝谟阁	光宗皇帝御制御书图籍宝瑞	嘉泰元年（1201）
宝章阁	宁宗皇帝御制御书图籍宝瑞	宝庆二年（1226）
显文阁	理宗皇帝御制御书图籍宝瑞	咸淳元年（1265）

说明：资料来源于《咸淳临安志》卷二《宫阙二》

德寿宫

德寿宫在望仙桥东，南至望仙桥直街，北至佑圣观路，西临靴儿河下，东至吉祥巷，宫门外有百官待漏院。此宫原来本是高宗赐给秦桧的府第，秦桧死后高宗将其收回。绍兴三十二年（1162）六月四日，高宗认为大内狭小，在城东新开门内、望仙桥东，沿盐桥运河东岸建造新宫，赐名“德寿宫”，作为他退位以后的游乐场所。是月十一日，高宗下诏退位，迁居于此。德寿宫的建筑规模和格局与皇宫相仿。主殿称德寿殿，其匾名与德寿宫的匾名均为孝宗皇帝所书。后来因有金芝生于左栋，故改殿匾曰“康寿”。孝宗淳熙十六年（1189）正月，德寿宫改名为重华宫，孝宗也在此度过晚年。后因侍奉宪圣吴太后、寿成谢太后，先后改名为慈福宫、寿慈宫。到咸淳四年（1268），度宗将其一半改建为道宫，名宗阳宫。

东宫[①]

东宫在丽正门内、南宫门外。绍兴三十二年（1162）五月孝宗为皇太子时，始居东宫。此后，光宗、度宗等为太子时，皆常居此。孝宗乾道七年（1171）光宗立为皇太子时，孝宗开始对其扩建，始于丽正门之东，建立太子宫门。[②]淳熙二年（1175）夏，创建射圃为游艺之所，圃中又有荣观、玉渊、清赏等堂及凤山楼，皆次第建置。[③]度宗为皇太子时，进一步加以扩建，时有凝华殿、彝斋、新益堂、绎己堂、瞻蓑堂等，即位后改新益堂为熙明殿，绎己堂为嘉明殿。资善堂为皇子读书的地方，始建于北宋真宗大中祥符八年（1015），取“乾资始善长”之义。南宋初年，宰相赵鼎奉命在行宫门内建屋16间为书院。绍兴五年（1135）完成，即作为资善堂。

学士院及内侍诸司

学士院　学士院位于和宁门与北宫门之间的院落东侧，沿袭唐代北门学士院制度，有玉堂殿、摛文堂等建筑。学士院是皇帝文学顾问值班场所，相传院门与摛文堂内各系有一铃，以备学士听候吩咐。学士须具有高度文学修养，又得皇帝信任的大臣担任，相当于皇帝的机要秘书和高级顾问。与学士院相邻的，是进奏院宫中值班处。

内侍诸司　内侍，即宦官。南宋内侍分两大机构，一为入内内侍省，二为殿中省。入内内侍省总部在延和殿以北，人员包揽帝后生活与祭祀、沟通宗室等服务事项，其东门司负责出入“机密门户”人员的检查、核准。殿中省总部在嘉明殿对面，下辖34家单位，如后苑（园林管理）、御厨、仪鸾（环卫与环境布置）、八作（金木石竹泥漆等建工队）、修内司（制瓷等），几乎都与服务、制作、制造有关。

①据陈随应《南渡行宫记》载：“本宫会议所之侧，入门，垂杨夹道，间芙蓉，环朱栏。二里至外宫门节堂，后为财帛、生料二库，环以官属直舍，转外窑子，入内宫门廊。右为赞导春坊直舍，左讲堂七楹，扁‘新益’。外为讲官直舍。正殿向明，左圣堂，右祠堂，后凝华殿、瞻蓑堂，环以竹。左寝室，右齐安，位内人直舍百二十楹。左彝斋，太子赐号也。接绣香堂便门，通绎己堂，重檐复屋，昔杨太后垂帘于此，曰慈明殿。前射圃，竟百步，环修廊右转，雅楼十二间。左转数十步，雕栏花甃，万卉中出秋千，对阳春亭、清霁亭，前芙蓉，后木樨。玉质亭，梅绕之。由绎己堂过锦燕廊，百八十楹，直通御前廊外，即后苑。”东宫的建筑布局，大致如此。

②《咸淳临安志》卷一《行在所录·宫阙一》。另据《新编方舆胜览》卷一《浙西路·临安府·宫殿》载：“孝宗谓辅臣曰：‘朕宫中空闲不用宫殿甚多，可掇移修立。’”

③〔宋〕潜说友.咸淳临安志：卷一.

二、宫门

丽正门　丽正门是南宋皇城的南门，也是“大内”正门，绍兴二年（1132）九月建成，初名为“行宫之门”。绍兴十八年（1148）改名为丽正门，取“重离丽正之义”[①]。丽正门设有3个门道，布置得富丽堂皇，“皆金钉朱户，画栋雕甍，覆以铜瓦，镌镂龙凤飞骧之状，巍峨壮丽，光耀溢目”[②]。丽正门外建左、右阙亭，东西待班阁、登闻检院，两边陈列有两行红漆杈子，排列森然，禁止行人超越。丽正门正对凤凰山[③]，门上还建有重檐庑殿顶式的城楼，城楼上设有钟鼓。丽正门前的宫廷广场，继承北宋东京的宫殿格局，广场四周设有红漆杈子，限制行人通过。根据宋朝的礼制规定，凡皇帝出入皇宫正门时，必须鸣钟击鼓，以显示帝王的尊严。只有在举行国家大典时，才允许文武百官从丽正门出入。南门丽正门作为宫城的正门，一年之中，皇帝只有到南郊郊坛祭祀时才经过此门。

和宁门　和宁门为“大内”后门，即皇城北门，正夹在大城南边的孝仁坊和登平坊之中。其建筑与格式和丽正门一样，也是3个门道，建筑金碧辉煌，禁卫非常森严。文武官员进出皇宫，通常由此出入。和宁门外红杈子，早市买卖，市井最盛。宫廷中“诸阁分等位，宫娥早晚令黄院子收买食品下饭于此。凡饮食珍味，时新下饭，奇细蔬菜，品件不缺。遇有宣唤收买，即时供进”[④]。作为“大内”北门的和宁门，名义上是后门，实际上却是主要的正门，因为临安整个都城的布局是坐南向北的，它和北宋都城东京的布局方向正好相反，当时的皇帝常从此门出入。

东华门　东华门在和宁门东南，为皇城的东门，从登平坊（即高士坊）入，禁卫森严。门外左设待班阁，右设待漏院。并直通御街，门外商业极为繁荣，凡南北宝货，花果时新，海鲜野味，奇花异卉，应有尽有，尤其是早市买卖，非常热闹。

西华门　西华门即西门，为皇宫的便门。其门址据近人考证大概在栖云山附近桃花关处[⑤]。筑于绍兴二十八年（1158）。

除上述数门外，还有东便门（或称便门）等。皇城之内，主要有南宫门（丽正门内）、北宫门（和宁门内）、南水门、东水门、苑东门、苑西门、会通门、宣德门、上阁门、玉华阁门、隔门、斜门、关门、含和门、贻谟门等。皇城还有两个水门，一在城东，一在和宁门，是皇城水道出口的地方，两处均有水池。

①〔宋〕戴埴.鼠璞：卷上.

②〔宋〕吴自牧.梦粱录：卷八.

③〔宋〕赵彦卫：《云麓漫钞》卷三云：“丽正门以凤凰山作案山，山尽处即嘉会门，则知此门正对凤山，其址至今可意度也。”

④〔宋〕吴自牧.梦粱录：卷八.

⑤徐映璞.杭州山水寺院名胜志·南山纪胜.

第三节　中枢机关[1]

宋初国家体制沿袭隋唐三省六部制。宋室“南渡以来，大抵遵祖宗之制，虽微有因革增损，不足为轻重有无”。朝廷中枢机关是三省枢密院。迁杭初，以两浙转运司址改建，绍兴二十七年（1157），在皇宫北面显宁寺基础上扩建。都亭驿桥以西，直至青平山、宝莲山麓一带方圆三四里之地，成为南宋中央官署集中的地方。都亭驿桥也因其与三省六部行政官署相对，名六部桥。

中央官署区大院朝南，中为都堂，是三省（中书省、门下省与尚书省）与枢密院所在。都堂正中置屏风，上书《周官》之文。堂前竖列南宋诸皇帝手诏石碑。首列石碑，是绍兴三年（1133）高宗“恤刑”手诏，碑阴有翰林学士院綦密礼作的记。次为绍兴二十九年（1159）六月戒饬士风的石碑，由大臣汤思退作记。

都堂之南为思堂，因有额“论思献纳之堂”故名，尚书省六部所在，又称政事堂。政事堂周围就是吏、户、礼、兵、刑、工六部的办事机构。尚书、侍郎办公室称为长贰厅，郎中的办公室称为郎中厅。曹下分案，具体经办各种具体事务。其中以吏部幕僚为最多，计有官员280余人。其次是户部，也有250余人。六部吏员总计1000余人。都堂之北为枢密院，系最高军事机关。下分12房（部门）分管各种军务。枢密院之后是经武阁，内存北宋开国后有关军事的诏令及武事简册的汇编10大本，总称《经武要略》。三省之后为谏院、检正左右司。

南宋另一重要机构御史台，是中央最高监察机关。官署设在清河坊西一带（现河坊街）。御史大夫内列竖宋代诸帝有关的诏书石碑，其中以神宗《诏保举台官》令为首；次为绍兴二十五年（1155）高宗《诏谕台谏》的石碑，碑阴由大臣汤鹏举作记。台厅之后为四推台狱，南宋末年，废而不用。南宋的文化机关——秘书省，定都临安之初，暂设油车巷东的法惠寺。绍兴十三年（1143），以原天井巷东殿前司旧基扩建成为秘书省。右殿之后为秘阁，保存历代帝王诗画、古器与宋代皇帝的诏书、图籍等。右文殿之东为国史院、实录院、会要所、日历所等。

南宋中央官署还有五寺、三监等。五寺即是掌管礼仪、祭祀的太常寺，其地在罗汉洞；掌管编纂皇族宗亲的谱牒的宗正寺，在太庙南（现太庙巷一带）；掌管刑狱司法的大理寺，在仁和县署西（现望湖宾馆附近）；掌管粮食积蓄与仓库管理的司农寺，在保民坊内；掌管府藏财会

① 杭州市人民政府地方志办公室.杭州市志（1986—2005）：第1卷[M].北京：方志出版社，2015：96-97.

的太府寺，位于通江桥东。三监即国子监、将作监和军器监。国子监在纪家桥侧（约现嘉里中心附近），与南宋行在太学相邻，系掌管文教事业的官署，其官长为祭酒，次为司业。将作监初建于修文坊，后迁保民坊，是掌管监造宫室建筑和手工业的官署。军器监是生产与管理军兵武器等的官署，在保民坊内。南宋时曾划归工部。此外，还有登闻检院、鼓院、进奏院、官告院、审计院和粮料院。登闻鼓院在皇宫丽正门外，院内设鼓，允许民间打鼓申告冤枉之事，故名。鼓院不受理，可再往登闻检院继续申告，其地址亦在丽正门外。朝天门外（现鼓楼湾附近）的进奏院，是掌管奏章、诏令、邸报及文书的投递、承转的机关。官告院是掌管朝廷官员的赐爵与授官等事的机构，设在六部桥西的官署区，有时划归吏部。诸司、诸军粮料院，位于洋沙坑七官宅旧址，是分别掌管官俸与军俸的机关。审计院是诸司诸军审计院的简称，是掌管审计朝廷财经收支的机关，位于寿城坊内。此外，还有许多具体事务管理的官署，如监当诸局、诸仓、诸库等。

第四节　街道厢坊①

南宋皇城内的主干道为御街，也是当时杭州城最宽的道路，长约4千米，宽度没有记载。临安城御街的设计效仿汴京御街。以御街为全城南北主干道，纵向形成南宋皇城“南宫北市”的格局，城市由东西扩展，延伸出纵横交错街道坊巷。绍兴二年（1132）前，临安城实行“都厢—厢—坊”三级制度，全城仅分为两厢。是年起，两厢分为四厢。乾道七年（1171），临安城内又增为八厢。淳熙十年（1183），根据形势需要，又增为九厢。至此，九厢分制成为南宋都城临安的定制。

① 为保持记述的完整性，对属于今下城区的部分坊巷也进行简略记载。

一、街道

南宋临安城的街道建设经历了一个漫长的发展时期。南宋初期，城内外的许多道路为泥路，一到雨天，道路泥泞，行走极其困难，该情况随着御街的建设才有所改变。孝宗朝以后，道路状况有了根本性的变化，城内外的一些主要大道铺上了砖石或石板。

御街　御街南起和宁门外（今凤山门附近），一直向北，经朝天门略向西折，接着又一直向北，经众安桥、观桥，到万岁桥，又折向西，到达新庄桥和武林门前的中正桥（斜桥），其走向与现在的中山路基本一致。南宋定都后，御街作为连通皇城大内和外部重要政治场所的主干道，三省六部、五府集中在御街一侧，街两旁商铺云集。绍兴十一年（1141）起，在原有基础上对御街加以改造。绍兴二十八年（1158），殿前都指挥使杨存中修御街，全长约4185米，使用35000余块石板铺成；增辟一条从候潮门经嘉会门直抵郊坛的宽五丈（约16.7米）的御路。它仿照北宋东京御街，在街道中划出御道、河道、走廊等不同功能的分道。御道专供皇帝通行。御道两侧为砖石砌成的河道，把御道与外面隔绝开来，以保证皇帝出行时的安全。从和宁门到朝天门还具有外朝的广场性质，作为元旦和冬至举行大朝会时官员们集会排班的用途。

城内大街　除上述的御街外，临安城内还有数条大街，著名的有后市街、前洋街、后洋街、癸辛街、南新街、三桥街等。城内东西向的大街，大多以御街为中心，向东西两边延伸，与城内诸城门相通。御街东边主要有和崇新门、新开门、候潮门相通的三条大路，御街西边主要有和钱塘门、涌金门、清波门、余杭门相通的四条大路。[①]

后市街　后市街位于御街西边，与御街平行，南起清河坊，北至富乐坊。后市街十分繁华，为皇亲国戚的住宅区，昭慈圣献孟太后宅、慈懿李皇后宅、寿和圣福全皇太后宅等都在该处。南宋时还有龙翔宫、御酒曲料库、橘子园、歌楼、茶馆、妓院及六眼井等。

前洋街　前洋街建有太学、武学及司农排岸司等学校和机关。

后洋街　后洋街俗称竹竿巷，其中有许多贵族豪宅，如吴王府、秀安僖王府和韩世忠的王府，以及史浩、赵密等大臣的府第。策选锋步军的一个兵寨和圣寿寺（即永福寺）也在后洋街。宋代大学者程颐的后裔程迥，曾于绍兴八年（1138）迁居临安前洋街，门临通衢。《清波杂志》的作者周辉，其祖先也居于该街。

癸辛街　《西湖游览志》卷一三《南山分脉城内胜迹》载：“相传杨和王建子第于府侧，取癸辛方向，其门巷曰癸辛街。”

南新街　据《咸淳临安志》卷一九和《梦粱录》卷七所载，在清河坊里，与御史台相对。街内有怜忠祠。

三桥街　据《梦粱录》卷七所载：“市西坊，俗呼坝头，又名三桥街，并在御街西首一带。”又曰：“文锦坊，西通三桥街者，俗称洋坝头。”其范围，据文献记载：“三桥街，东通文锦坊，西至涌金门，北通剪刀街，南过惠迁桥。”“其街之南为涌金池、转运桥、永安桥、惠迁桥，北为镊子井、友助巷、焦鸡巷、六房巷。”[②]街两侧店铺较多，著名的有毛家生药铺、柴家绒线铺、姚家海鲜铺等。

二、厢坊

临安城内外厢坊的设置，随着城市的发展而有所变化。其大致的情况是，时代越晚，设置的数量尤多，布局更为合理。《乾道临安志》卷二《坊市》载当时临安的厢坊为七厢六十八坊，《淳祐临安志》卷七

① 林正秋.南宋都城临安[M].杭州：西泠印社出版社，1986：88–89.

② ［明］田汝成.西湖游览志：卷一三、卷一四.

《坊巷》载当时临安的厢坊为十二厢九十六坊，而《咸淳临安志》卷一九《厢坊》载当时临安的厢坊为十二厢九十七坊。如果加上宫城厢，则为十三厢。城内除宫城厢以外，还有左一南厢、左一北厢、左二厢、左三厢、右一厢、右二厢、右三厢、右四厢。[①] 城外则分为城南左厢、城北右厢、城东厢、城西厢四厢。厢坊绝大多数位于上城区块内。现依《咸淳临安志》所载，按由南向北的布局，分别说明城内各厢所属各坊的位置和分布排列。

宫城厢

宫城厢是南宋都城中最重要的一厢，为南宋皇宫所在。它以宫城为中心，东到嘉会门接禁城角，西至中军小寨门接连右四厢界，南至八盘岭接连左一南厢界，北到便门铺军巡铺城角。此厢里面不再划分坊巷。

右一厢

右一厢共十坊，其中八坊在和宁门以北，沿御街南段的东西两侧。在御街南段的西侧，由南而北有五坊。

孝仁坊　孝仁坊在皇宫和宁门以北的御街西侧，因坊内有清平山，故此又称清平山巷。地点在今高士坊巷、严官巷一带。坊内设有玉牒所、封椿库、皇城司等中央机构和修内司营。

寿域坊　寿域坊在白马庙南，西通七宝山，与怀庆坊相邻。坊内有诸军粮料院、白马庙等，又称粮料院巷、白马庙巷，至今仍称白马庙巷。

天庆坊　天庆坊内有唐末始建的天庆观，故名，又称天庆观巷。后因坊内建有太庙，故民间又称太庙巷、兰子坊巷，又有记载为保宁坊。坊中设有枢密知院府、大宗正司，还有众多商铺，如尹家文字铺、陈妈妈面具铺、风药铺、大佛寺疳药铺等。

保民坊　保民坊在天庆坊北，今吴山一带。因吴山上建有昭节庙，故民间又称吴山庙巷或庙巷。坊内设有太府寺、军器监、司农寺、将作监、诸司诸军审计司等中央机构。

长庆坊　长庆坊又称竹竿巷，在今十五奎巷。坊中有祭祀壮士施全的祠庙，俗称施公庙[②]。都奏进院也设于此坊，其南为三执政府，即宰相住宅，内有四眼井。

在御街南段的东侧，从南而北有三坊。

登平坊　登平坊旧名贵恕坊。在和宁门以北御街东侧，因坊内的登平桥得名。此坊与大内紧邻，南宋初年曾设宰相府，故民间又名相府巷。

怀信坊　怀信坊俗呼糍团巷，与长庆坊相对。其地位于御街南段，在朝天门里西，入忠清庙路。

① 《乾道临安志》以左一南厢和左一北厢合称左一厢。

② 〔宋〕陆游《老学庵笔记》卷二载："秦会之当国，有殿前司军人施全，伺其入朝，持斩马刀，邀于望仙桥下斫之，断轿子一柱而不能伤，诛死。"后人为纪念施全的壮烈行动，特在坊中设庙加以纪念。

新开坊　新开坊为南宋中期新开辟的一个坊，故名。在朝天门外御街东侧。该处为南宋都城临安的布市所在，因此民间又名布市巷。

以上八坊都在朝天门以南御街东西两侧，是御街南段的主要坊巷，与三省六部等中央官署及太庙夹杂在一起。另在城内东部大河中段有二坊，属右一厢。

常庆坊　常庆坊亦俗呼为竹竿巷。在御街东，今西宝善巷一带。因大河中段有太和桥（俗称柴垛桥），故民间又俗称柴垛桥巷。桥畔有太和酒楼。坊北有掌管都城税务的机关都税务。

富乐坊　富乐坊在修义坊北面，太和桥西南，荐桥西。因其靠近蒲桥，故民间称蒲桥巷。坊内设有马市，故民间又俗呼为卖马巷。

左一北厢

左一北厢所属范围，从御街西侧中段的南半段（从朝天门到市西坊）一直向西，直到靠近西城墙的临安府署周围，是一个近长方形的地区。

内辖十九坊，其中沿御街西侧由南而北有七坊。

吴山坊　吴山坊在吴山东麓，与后市街相对。因坊内有五代吴越国时韶国师所凿开的大井，故民间俗称吴山井巷。今名大井巷。

清河坊　清河坊在今河坊街西段一带，与兴礼坊相对。坊西有张循王府。[①] 清河为张姓郡名，南宋名将张俊封清河郡王，其地因称清河坊巷。南宋御史台亦设在坊西。坊内商业繁华，有张家匹帛铺、顾家彩帛铺、蒋检阅茶汤铺等名店，以及行在赡军激赏酒库所主管的十三座大酒库之一——南库，其酒楼为和乐楼。

① [宋]吴自牧：《梦粱录》卷一《家庙》载：“忠烈张循王府在清河坊。”

融和坊　融和坊在今高银街。据文献记载，该坊内原有小丘，为吴山之余脉。南宋时，肉贩们将相近肉市中的灌肺、下脚等货物放在小丘之麓交易，故民间又俗称此小丘为灌肺岭，坊内一桥为灌肺桥，该坊也被称为灌肺岭巷、灌肺岭巷新街、融和坊新街或肉市巷。至南宋末年，小丘已经夷为平地，成为民居和坦路所在。坊内商业繁荣，除著名的珠宝市场、柴场位于此坊外，还有嘉庆、聚景等著名的大酒楼及众多的歌馆妓院。

新街坊　新街坊位于融和坊北，为南宋中期从融和坊与太平坊之间新开的一条大街，故名，民间或称为太平坊大街。此坊坐落在御街当中，故坊内商业极为繁荣，其中的中瓦子为城内著名的游乐场所之一。

太平坊　太平坊与通和坊相对，坊内因有著名的太平酒楼而得名，又称新街巷。坊中除太平酒楼外，尚有张七相干茶坊、倪没门面食店、郭四郎茶坊等著名的饮食店。据文献记载，宋孝宗未登基时的潜邸也在此坊内，登基后改名为龙翔宫。

市南坊　市南坊在今惠民巷。在宋室定都临安前，杭州只有一个“市”，为州城内的贸易市场，约在平津桥附近。此坊因在旧市南而得名。

市西坊　市西坊因位于旧市之西而得名。坊西有西河（即浣纱河）流过，有桥三座，故时人称此街为三桥街，今名三桥址。该处为都城内商业店铺最为密集的地区之一，其中尤以金银交引铺、彩帛铺和客邸居多，著名的有沈家金银交引铺、张家金银交引铺、张家铁器铺、钮家彩帛铺、刘家彩帛铺、陈家彩帛铺，此外尚有舒家纸扎铺、柴家绒线铺等名店。该坊也是都城内最大的娱乐中心——大瓦（又名上瓦）所在地。

在御街西侧上列七坊以西的南新街、后市街也属左一北厢。

另有十坊属于左一北厢。

康裕坊　康裕坊在御史台侧。南宋时，因坊内有负责都城土木建筑的机构——东西八作司，故民间俗称为八作司巷。后世百姓因不懂八作司的意思，讹呼为蜡司巷，或称百作子巷、百足子巷。

吴山北坊　吴山北坊与后市街相对。因在吴山北麓，故名。又据《乾道临安志》卷二《坊市》所载，此坊原名回涛坊，民间俗呼为吴山井后巷。

泰和坊　泰和坊为南宋中期新增的一个坊，在后市街以西。因坊内有糯米仓库，故民间俗称糯米仓巷。坊中有嘉泰年间（1201—1204）所建的宝山院，又名华光庙，今称华光巷。又因建宝山院使西河之水至此而断流，时人称该处为断河头。

天井坊　天井坊位于泰和坊以西。所谓天井，乃是指坊内宝月寺西的黑龙潭。宋代初年，因传说此潭与钱塘江（又名浙江）水相通，故又名通浙坊。南宋时因此地百姓称此潭为天井，故取名为天井坊，或俗呼为天井巷。坊左除有秘书省外，坊中还有都城中的名店张家金银铺，向西为龙舌头路。

中和坊　中和坊在天井坊以西。南宋以前，因该处有净因寺塔，故名净因坊。南宋定都临安后，扩建净因寺为临安府署，署内有中和堂，因而改称中和坊。又因坊内设有楼店务，故民间又俗称为楼店务巷。坊北有淳祐七年（1247）设立的慈幼局、施药局等慈善机构。

仁美坊　仁美坊在中和坊西南，通判北厅东，与临安府署相对，约今水沟巷一带。流福沟水流经此坊内，水沟上盖有石板，故民间又名石板巷。仁美坊的商业比较发达，商铺较多。

近民坊　近民坊在临安府署东面。因坊内设有左司理院，故又名左院前巷。①

流福坊　流福坊因流福沟得名。今称荷花池头。在临安府署之前，靠西。坊内有井，名流福井。

① 〔宋〕施谔.淳祐临安志：卷七.

丰豫坊　一作丰裕坊，在会署以东，凌家桥西。坊内设有临安府学，故又称府学巷。在今杭州碑林（原孔庙）一带。

美化坊　美化坊在府学以西入巷。因坊内近城墙处有一小土丘，称竹园山，故又名竹园山巷。该坊邻近临安府的通判北厅、通判南厅和通判东厅三个官衙，故民间又有三衙前之称。

左一南厢

左一南厢位于宫城厢左面，东自大隐坊，西至钱湖门，与左一北厢相接，南自清平山麓，北至龙舌头、塔儿头一带。所管坊巷，由东而西有大隐、安荣、怀庆、和丰四坊。

大隐坊　大隐坊约在今环翠路一带，坊名因宋徽宗时士人徐奭隐居于此而定。① 北宋著名科学家朱肱也曾隐居于坊内，并撰写《北山酒经》一书。南宋时掌管都城酒类专卖与征税机构的都酒务也设在大隐坊，故民间又俗称为都酒务巷。

① 光绪《杭州府志》卷二九《古迹》载："徐奭故庐在大隐坊，一名小仙巷。宋徽宗征辟，不起，赐号冲晦先生。"

安荣坊　安荣坊在大隐坊以西，与新房廊相对。上通金地山，北与今华光巷相对，约今安荣巷、管米山巷一带。该坊约在乾道年间（1165—1173）以后从径山坊分出。② 国史馆设于该坊。

② 〔宋〕周淙.乾道临安志：卷二.

怀庆坊　怀庆坊在安荣坊以西，北与秘书省相对，西南通宝月山，又称宝月山巷。南宋时，坊内设有殿前司军寨。

和丰坊　和丰坊北与天井巷相对。在今外龙舌嘴、清波门到钱湖门旧址。据《咸淳临安志》卷首《京城图》《皇城图》所载，此地设有牙兵寨、步司衙、虎翼营、亲兵寨等禁军兵寨。

左二厢

左二厢所属范围，沿御街西侧中段的北半段以及御街北段，直到万岁桥西南仁和县署周围地区，由南而北沿御街西侧有十八坊。

修义坊　修义坊在市西坊以北，西通军将桥。约今三元坊巷一带。为南宋都城临安著名的商业区。城内著名的娱乐场所大瓦便设在该坊。③ 另外，该处还集中张古老胭脂店、三不欺药铺、赏新酒楼等名店。同时，该处也是临安城内最大的菜市场，特别是肉市之所在。

③《咸淳临安志》卷一九《市》载："肉市在大瓦，今坝北修义坊内。"

富乐坊　乾道以后富乐坊从修义坊分出。在修义坊以北，与右一厢的一坊同名。又名保康巷，俗称卖马巷。据《西湖游览志》记载，南宋女词人朱淑真居住在该处。

众乐坊　众乐坊在富乐坊以北，此坊又称南棚巷，俗称虎跑泉巷。在今东羊血弄（旧名玄坛弄）。南宋中央政府所办十三个酒库之一的中库即在该坊，北有著名的中和酒楼。

教睦坊　教睦坊在今东羊血弄、积善坊巷之间。坊内有银瓮中酒座，故民间又有银瓮后巷之称。坊西有小土丘名狗儿岭，故又称狗儿山巷，在南宋时已夷为平地，成为一条坦路，仅存地名而已。[①]

积善坊　积善坊俗称上百戏巷，在大瓦东首。今仍称积善坊巷。南宋时为傀儡戏的集中地，每逢元宵佳节，该坊会有各种精彩的娱乐节目表演。[②]

秀义坊　秀义坊俗称下百戏巷，位于积善坊以北，大瓦东首。约在今东平巷一带。建炎年间（1127—1130），城中百姓在该处建东平王庙，祭祀唐代睢阳守将张巡。[③]

寿安坊　寿安坊在秀义坊以北。相传宋高宗赵构到此，看见各色名花云集，犹如东京寿安山麓的景色，遂以此命名。[④]俗名冠巷，又称官巷，在今官巷口一带。该处是都城最为繁盛的商业区之一，除花市外，还集中了大量以售妇女服饰和药材为主的名店，如仁爱堂熟药铺、金药臼楼太丞药铺、染红王家胭脂铺、胡家粉心铺、冯家粉心铺等。[⑤]

修文坊　修文坊民间俗称修文巷。在寿安坊以北，西至洪福桥，坊中一度曾设将作监和军器监，故此民间又名将作监巷、铁线巷、军器监巷。坊内有笼子铺、生绢一红铺、辅真道院药局等名店。

里仁坊　里仁坊俗呼陶家巷。在修文坊以北，东止御街，西至鞔鼓桥。坊中有游家漆器铺等名店。今沿用里仁坊巷之名。

保信坊　保信坊在里仁坊以北，俗呼剪刀股巷，以出产剪刀闻名于世。

定民坊　在保信坊以北，中棚桥以西。坊内有棚心寺、棚心双井，故民间俗名中棚巷。又因坊中有建于五代后晋天福年间（936—944）的百福院，市民们又称百福巷，后人讹呼为蝙蝠弄，并沿用至今。此坊集中大量书铺，其中著名的有陈解元书籍铺、经坊王念三郎家等。此外，坊中还有佛牙塔。

睦亲坊　睦亲坊在定民坊以北，直至众安桥。绍兴三年（1133）五月辛酉，因坊内设有百间专门接待北方南下至杭的皇亲宗戚的睦亲宅而定名。[⑥]坊内又兴建有专门培养宗室子弟的宗学，故民间又名宗学巷。又因坊北有宗室十户人家居住，又称十官宅巷。[⑦]坊内书店甚多，如陈起的睦亲坊、陈宅经籍铺、橘园亭文籍书房等。

纯礼坊　纯礼坊俗称后洋街巷，又名竹竿巷[⑧]，沿用至今。南宋时，该坊巷集中了众多的王府，如吴王府（宋高宗皇后家）、安僖秀王（宋孝宗生父）府等。另外，坊内还有建于后晋天福四年（939）的天长净心寺，此寺在南宋初年曾一度被改作军寨，淳祐年间（1241—1252）又恢复成寺，奉秀王香火。

保和坊　俗称砖街巷。因坊内多有出售泥孩儿的商铺，故民间又称孩儿巷，并沿用至今。南宋爱国诗人陆游晚年曾住在该坊。

①〔宋〕吴自牧．梦粱录：卷一．

②〔宋〕吴自牧．梦粱录：卷一．

③〔明〕田汝成．西湖游览志：卷一六．

④《西湖游览志》卷一三《南山分脉城内胜迹》“寿安坊”条载：“汴京有寿安山，山下多花园，春时赏燕，争华竞靡，锦簇绣围。移都后，以花市比之，故称寿安坊。”

⑤〔宋〕吴自牧．梦粱录：卷一三．

⑥〔宋〕李心传．建炎以来朝野杂记：甲集卷二；〔宋〕李心传．建炎以来系年要求：卷六五．

⑦〔明〕田汝成．西湖游览志：卷一三．

⑧〔宋〕施谔．淳祐临安志：卷七；〔明〕田汝成．西湖游览志：卷二．

报恩坊　报恩坊在保和坊以北，民间俗呼观巷。因坊内有报恩光孝观而得名。观前建有石桥，称为观桥。坊西有惠民西药局。

福德坊　咸淳年间（1265—1274），福德坊自保和坊中分出，约位于今龙兴路一带。

招贤坊　绍兴三年（1133），仁和县署从梅家桥迁移至招贤坊，故民间又名仁和县巷。又因坊内祥符寺有五代吴越国钱王所凿的九十九眼古井[①]，故民间又称百井巷。今沿用百井坊巷之名。南宋御前军器所便设在寺中，井也仅存三眼。

登省坊　登省坊约在今胭脂弄以西一带，与县衙相对。咸淳五年（1269），仁和知县郭应酉买民地开创，并在此设立县学，因称登省坊。

左三厢

左三厢，共八坊，在城内西北西河流经地区。

钦善坊　钦善坊又称闻扇子巷。在井亭桥南。坊内除有著名的惠迁井外，还有柴场。

甘泉坊　甘泉坊与井亭桥相对。因坊口有著名的相国井，故民间又俗称为相国井巷。

清风坊　清风坊俗称活水坊，在甘泉坊以北。其地约在今井亭桥西一带。坊北有宋孝宗长子的庄文太子府。

清和坊　清和坊在洪福桥西。因坊内有杨和王府，故民间又俗称为杨和王府巷。

兴庆坊　兴庆坊在结缚桥相对的前洋街，故民间又称为前洋街巷。因南宋太学设在此，故民间又俗称为太学巷。南宋著名将领韩世忠和岳飞的府第均在此坊内。

德化坊　德化坊旧名木子巷，在安福桥东北潘阆巷巷口。

字民坊　字民坊在纪家桥西南的钱塘县署前。据《宋史》卷四六《度宗本纪》和《咸淳临安志》卷四二所载，咸淳六年（1270），宋度宗曾亲笔题写《字民》《牧民》两训，以诫勉官吏，要勤政爱民。临安知府潜说友则为之作记，在钱塘县衙前立字民牌坊。

平易坊[②]　与字民坊一样，也在纪家桥西南的钱塘县署前，与字民坊为邻。

右二厢

右二厢共有十八坊。其中十三坊，西端沿着御街中段和北段的东侧，东端又靠小河（即市河）。小河从大河（盐桥运河）的宗阳宫桥分出向西流，经钟公桥、清冷桥、熙春桥、灌肺岭桥，转折而北上，成为御街和大河之间一条平行的小河。小河上，由南而北建有一系列桥梁，十三坊正当该系列桥梁之西，相互关系密切，因而十三坊既有自己的坊

① 〔明〕田汝成．西湖游览志：卷二一．

② 该坊在《淳祐临安志》卷七《城府三·坊巷》中有载，而在坊名下注明“今废”；但《咸淳临安志》卷一九《厢坊》和《梦粱录》卷七《禁城九厢坊巷》中均有记载。表明该坊在淳祐前曾一度被废除。

名，又常以桥名作为坊名。

清平坊　清平坊在朝天门以北至御街东侧，民间俗呼为沙皮巷。

通和坊　通和坊在御街东。在坊前有金波桥，故民间又称为金波桥路或金波桥巷。

宝祐坊　宝祐坊与宝祐桥同名。《梦粱录》卷七《禁城九厢坊巷》云：“即福王府看位一直路。”

延福坊　延福坊在御街东，与市西坊相对，民间俗呼为灞东巷。因坊东有猫儿桥（即平津桥），故时人又称为猫儿桥巷。该处商业非常繁荣，有平津桥下布铺、魏大刀熟肉铺、潘干节熟药铺、温州漆器铺、青白瓷器铺等著名的店铺。

兰陵坊　兰陵坊位于御街东，贤福坊北。因坊前有一桥名水巷桥，故时人俗称为水巷桥巷，或简称水巷。其地的商业极其繁盛，有水巷桥下针铺、彭家温州漆器铺、戚百乙郎颜色铺、徐家绒线铺、阮家京果铺、俞家冠子铺等。

义和坊　义和坊在御街东，与寿安坊相对。因坊前有一座芳润桥（俗名炭桥），故民间俗称为炭桥巷。其地约在今新桥弄一带。[①] 坊中有都城中最大的药市和日新酒楼、炭桥河下青篾扇子铺等。

武志坊　武志坊在御街东，与寿安坊相对。据文献记载，宁宗时，李性传住在该处。他于嘉定四年（1211）考取进士，殿对时又升为武学博士，后迁任太常寺博士之职[②]。因他曾参与编纂《武志》一书，故将此坊定名为武志坊。因坊东有李博士桥，故民间又称为李博士桥巷。坊中有邓家金银铺、汪家金纸铺等名店。

戒民坊　戒民坊为市曹行刑之地，因行刑含有警戒百姓之意，故定名为戒民坊。坊前有一座棚桥，故民间俗呼为棚桥巷，是都城内文化娱乐最为繁华的地方，有都城内最大书市和百戏杂剧演出场所——羊棚楼。

新安坊　新安坊在御街东，戒民坊北。因坊前有新安桥，故名新安坊或新桥楼巷、小新桥巷。又因坊内有千胜庙，故后人又名千胜桥巷。

延定坊　延定坊因坊前有鹅鸭桥，故民间又称鹅鸭桥巷。

安国坊　安国坊旧名祈祥坊，因坊内有安国寺，故南宋时改名安国坊。又因其地有北桥，故民间又名北桥巷。坊内设置有仁和县粮仓，因此也称仁和仓巷。此外，安国坊内还有建于绍兴三十二年（1162）的仙林寺[③] 及吉祥寺。据文献记载，吉祥寺以牡丹闻名于宋代，大文豪苏轼为杭州通判时曾到此寺观赏，并作诗咏颂[④]。

怀远坊　怀远坊因坊内设有接待外宾与使者的宾馆——怀远驿，故名[⑤]。又因该处设有军头司，故民间又称呼为军头司巷。在今军头司桥

① 《杭城坊巷志节要》：“日新巷，西南出积善坊巷，西北出水巷，旧名義和坊。”

② 〔元〕脱脱等.宋史：卷四一九.

③ 〔清〕李卫等.雍正浙江通志：卷二二六.

④ 〔明〕田汝成.西湖游览志：卷二.

⑤ 《舆地纪胜》卷一《行在所》载：“怀远驿，旧在今法惠寺，今废。”

附近。

普宁坊　普宁坊因坊前有清远桥，故民间又称清远桥巷。又因坊内驻有禁军、马军司营寨，故时人也称马营巷，后人讹称为焦营巷。此坊东北建有祭祀谷神的社稷坛，都城最大的粮仓淳祐仓也在该处。

第五节　其他建筑和机构

绍兴十一年（1141）南宋与金人议和后，根据传统的都城建筑制度，在临安相继兴建太庙、郊坛、官署、府邸、御院等建筑。绍兴十二年（1142）起，先后营造各种宫观、庙坛、府库、学校、官署以及宗室达官的府邸。绍兴二十八年（1158），作为行都必备的宫省郊庙等设施都已大体就绪。经过绍兴八年至三十二年（1138—1162）的皇城建筑营造和扩建工程，南宋皇城的皇家御用建筑趋于完备。

一、礼制建筑

太庙　太庙是南宋皇帝祭祀祖先的宗庙。在宋代，历朝皇帝最为重视的是太庙的朝享之礼。[①]南宋太庙位于紫阳山和今中山南路之间，白马庙巷北为太庙巷，巷中原有宋皇室家庙。绍兴五年（1135），宋高宗命诏命临安知府梁汝嘉择地建造太庙，建成正殿七楹，分十三室，其中祖宗室十一、夹室二。绍兴六年（1136）四月，权太常少卿张铢迎回太庙神主。五月二日，高宗亲自到太庙行款谒礼。绍兴七年（1137）四月，高宗移跸建康，太庙神主也随着迁往建康，放在已经建好的建康太庙，而临安太庙则改名为圣祖殿。是年年底，高宗从建康迁都临安，圣祖殿复名太庙。绍兴十六年（1146），数以千件的祭器制作完毕，在原临安太庙七楹十三室的基础上扩建六楹，增至十三楹，每楹为一室，东西两楹为夹室。另外，还增筑了祭器库和册宝殿等。绍兴十九年（1149），建斋殿[②]。至此，临安太庙初具规模。高宗以后，历朝统治者又对太庙进行进一步的扩建。绍熙五年（1194），在太庙诸室西又建造四祖庙，奉祀僖祖、顺祖、翼祖和宣祖神主。绍定四年（1231），在火毁后重建。景定五年（1264），因民居逼近太庙，威胁太庙的安全。于是，朝廷厚给百姓拆迁费，让他们搬到其他地方居住。朝廷将太庙旁的粮料院、白马神祠等迁出，依山扩展太庙的面积。咸淳元年（1265），添置理宗皇帝祏室，奉理宗神主。南宋太庙共分为十三室，每一室供奉一位皇帝的神位，皇帝神位两旁有配享（祔祭）的功臣神位。

① 据《宋史》卷一八《礼志一一》记：“一岁五享，朔祭而月荐新。五享以宗室诸王，朔祭以太常卿行事。”其“四孟躬行献礼，用副罔极之恩”，即以慰祖宗在天之灵。又，每逢三年孟冬，由皇帝亲自主持举行一次盛大的祀礼，时称“祫礼”。此外，如果正值旧皇之丧，新皇登基后也要立即到太庙去朝享；如果不去，则被视为不孝。如宁宗登基，未能及时举行谒太庙之礼，引起了朝野的非议。据《宋史》所载，绍熙五年(1194)，宁宗即位，时有孝宗之丧。闰十月，浙东提举李大性言：“自汉文帝以来，皆即位而谒庙。陛下龙飞已阅三月，未尝一至宗庙行礼，銮舆屡出过太庙门而不入，揆之人情似为阙典。乞早择日，恭谒太庙。”宁宗听后，“诏乃遵用三年之制”。

②〔宋〕潜说友.咸淳临安志：卷三.

表 1-1-3　南宋皇城太庙诸室及配享文武功臣名录

诸室神主	配　享　文　武　功　臣
太祖室	韩王赵普、周王曹彬
太宗室	太师薛居正、石熙载、郑王潘美
真宗室	太师李沆、王旦、李维隆
仁宗室	配享太师王曾、吕夷简、侍中曹玮
英宗室	司徒韩琦、太师曾公亮
神宗室	太师富弼。北宋绍圣年间（1094—1097）改为王安石神位，南宋建炎年间（1127—1130）又配享富弼，罢去王安石神位
哲宗室	太师司马光。北宋崇宁元年（1102）曾以太师蔡确配享，南宋建炎年间（1127—1130）罢换
徽宗室	太师韩忠彦
高宗室	太师吕颐浩、特进赵鼎、蕲王韩世忠、循王张俊
孝宗室	太师陈康伯、越王史浩
光宗室	太师葛邲
宁宗室	福王赵汝愚
理宗室	不详

说明：理宗以后的度宗等，因都城临安被元军攻陷而未建

景灵宫　景灵宫为皇帝祭拜祖宗的宫观①，是北宋真宗大中祥符五年（1012）开始在都城东京设置的，供奉已故皇帝和皇后的御容。南宋建都临安后，沿用了北宋礼制。景灵宫创于新庄桥之西，初筑三殿，殿门上挂有“恩成”匾，圣祖殿居前，宣祖至徽宗殿居中，元天太圣后及昭宪而下二十一后居后。东西庑廊墙上为配享诸朝功臣画像。绍兴十三年（1143）七月，景灵宫建成，高宗亲自到景行宫行礼。十月，高宗遣官从温州迎回祖宗神像。绍兴十八年（1148），增建道院，并规定凡帝后忌辰，用僧道 47 人作法事的规格。绍兴二十一年（1151），高宗下令在蕲王韩世忠之子所献韩氏宅第基础上扩建景宁宫，增建前殿五楹、中殿七楹、后殿十七楹。与此同时，又在东斋殿西辟建御花园。宫中配备有内侍 7 人、道士 10 人、吏卒 276 人，供祭祀时差遣所用。咸淳年间（1265—1274），度宗再命帅臣重修各殿。

郊坛　郊坛即圜坛，又称天坛，南宋临安郊坛建在嘉会门外以南四里龙华寺西边的空地，东西长 120 步、南北长 180 步。南渡初年，高宗仅在绍兴五年（1135）十一月戊寅草草举行过一次郊祭。绍兴十一年（1141），与金人议和后，逐步恢复郊祭天礼的传统。绍兴十三年（1143），礼部太常寺按照国朝礼制提出建郊坛于临安府行宫东南城外。高宗诏令殿前指挥使职事杨存中和临安知府王等共同筹建郊坛。是年二月甲子，制郊庙祭器。南宋临安郊

① 每逢孟春，南宋皇帝要亲自到景灵宫举行一年一度的孟春朝飨礼。是天凌晨，皇帝要早早起身。出发时，皇辇前有两行内侍提着绛烛灯笼数百对在前面导引，皇辇后面跟着皇帝的亲从官、亲事官以及殿前诸班直禁卫、内侍和文武百官数千人，浩浩荡荡从和宁门出发，经御街而至景灵宫。皇帝乘辇至景灵宫前，撤出黄盖，表示虔孝之忱。皇帝步及宫门，稍作休息之后，即登殿行礼。先诣圣祖位前，三上香，进茶，三进酒，次诣宣祖位前，又次诣太祖、太宗，至于徽宗位前，并如上仪。第二天，皇帝诣元天太圣后，次诣昭宪皇后，至显肃皇后位前，行礼并如前殿、后殿之仪。礼毕，请随从的文武百官入殿赐茶，然后回宫。将到皇宫时，先由快行奏报禁中，内侍们到大内前排班迎驾，教坊杂剧诸班奏乐《礼成回銮曲》。

坛不建斋宫，只设幕屋。以架木苇障，上下四旁周以幄幕，称为幄殿。等到郊祭时，又于坛所设大小次，外面又有望祭殿。遇天气下雨时，皇帝则行事于幄殿中。举行南郊祭天礼是历代皇帝最重视的吉礼之一，每三年一次。每年春首上辛祈谷、四月夏雩、冬至冬极，皇帝都要亲率百官到郊坛行礼，以祭天和祈祷丰年。

太社太稷坛　太社太稷坛在观桥东北。绍兴十三年（1143）三月开始筑坛，每年春秋祀社稷，祈求社稷太平、五谷丰登。

九宫贵神坛　九宫贵神坛简称九宫坛，在城东东青门外一里（今东青巷）左右。[①] 绍兴十八年（1148）六月，太常主簿林大鼐经高宗同意建坛于城东。其坛共分两层，第一层方各40米，第二层各33米，高均1米。上设9个小坛，各小坛纵、广各八尺（约28.7米），高一尺五寸（约0.5米），每个小坛供奉神位。九宫贵神主司人间水旱，即主风、雨、霜、雪、雹、疫等。每至四时初节，皇帝就诏令有关官员到此举行祭祀典礼，祈求该年五谷丰登、灾害不作。

① 〔明〕徐一夔.始丰稿：卷一.

籍田先农坛　籍田先农坛简称籍田坛或先农坛，在嘉会门外以南四里，玉津园之南。绍兴十五年（1145）十一月十七日，高宗诏“以来年之春，祇祓青坛，亲载黛耜，躬三推之礼，以风示于四方”[②]，故建此坛。坛高九尺，四陛周四十步。因其形如八卦，故后人俗称“八卦田”。绍兴十六年（1146）正月初五日，修定仪注。前期于“观耕坛上设御幄，南向设御座于幄内。皇帝升观耕坛，宫架乐作”。是月二十二日，高宗躬耕籍田。从此以后，南宋诸帝每年祀先农于此。

② 〔宋〕周淙.乾道临安志：卷一［M］.杭州：浙江人民出版社，1983.

二、学校建筑

太学　临安太学于绍兴十三年（1143）就岳飞故宅建学，西侧为庙，中部为学；太学中有崇化堂（讲堂）、首善阁、光尧堂石经之阁，崇化堂之后东西为祭酒、司业两庑。太学的生员斋舍在东侧，射圃在后部。太学中的教职员办公室位于崇化堂两侧。南宋“绍兴年间，太学生员额三百人，后增至一千员，今额一千七百一十有六员，以上舍额三十人，内舍额两百单六人，外舍额一千四百人，国子生八百人”[③]。

③ 〔宋〕吴自牧.梦粱录：卷一五.

宗学　宗学是皇族子弟所上的学校，始建于北宋元祐元年（1086），不久罢置。北宋靖国元年（1101）复建。南宋绍兴四年（1134）设置皇族子弟学校，分小学和大学，一般8岁入小学，20岁入大学，称为宫学。嘉定九年（1216）改称宗学。临安宗学多集中在睦亲坊内，宗学中属于讲堂的有明伦堂、立教堂、汲古堂等。

三、御前宫观

南宋朝廷除兴建坛庙外，也兴建了许多宫观，有东太乙宫、西太乙宫、佑圣观、三茅宁寿观、四圣延祥观、显应观、万寿观、开元宫、龙翔宫、宗阳宫十大御前宫观。据《梦粱录》载："御前宫观，在杭城者六，湖边者三，多是潜邸改建琳宫，以奉元命，或奉感生帝，属内侍提举宫事，设立官司守卫兵士。凡宫中事务，出纳金谷日膳，道众修崇醮款，凡有修整宫宇，及朝家给赐银帛，殿阁贴斋钱帛，并皆主计给散，羽士俱沾恩甚隆，外观皆不及也。"[①] 其中，位于今上城区域的有显应观、三茅宁寿观、佑圣观、龙翔宫、宗阳宫和开元宫。

显应观　显应观位于西湖的东面，在丰豫门外、聚景园之北，即在今钱王祠之南。湖水四面绕观。绍兴十八年（1148），高宗在此建观，以供奉磁州崔府君[②]。据楼钥《中兴显应观记奉敕撰》所载，此观"祠宇宏丽，像设森严，长廊靓深，彩绘工致，铁骑戎卒，左出右旋，戈铤旗盖，势如飞动"[③]，为江南之大观。

三茅宁寿观　三茅宁寿观在七宝山（今吴山七宝山东北处）。该处原有三茅堂，绍兴二十年（1150）十月，宋高宗赵构亲赐观额"宁寿观"，殿匾曰"太元"，奉三茅真君像[④]。绍兴二十九年（1159），在七宝山的东麓，即今通玄观的旧址上"筑坛为宇"。内有寿域楼、万玉轩、望鹤亭、谒斗坛、白鹤泉、鹿泉等名胜。

佑圣观　佑圣观位于端礼坊西（约今佑圣观路南端）。最初是宋孝宗为郡王时的府邸。淳熙三年（1176），孝宗下诏把该处祥兴之地改为道宫，以供奉佑圣真武灵应真君（简称真武帝君）。是年十二月落成。绍定年间（1228—1233），理宗赐额曰"佑圣宫"，并重建佑圣观观门，题名为"佑圣之观"，正殿叫"佑圣之殿"，藏殿叫"琼章宝藏"。

龙翔宫　龙翔宫位于中瓦后街（今杭州后市街北端），原为理宗潜邸。理宗于淳祐四年（1244）颁诏在自己做沂王时的府第建造道宫，赐名"龙翔宫"。至淳祐七年（1247）二月，龙翔宫落成。七月，内礼寺主持讨论祀典礼仪。龙翔宫正殿为正阳之殿，内供感生帝君，正阳后殿为醮殿，宫西为南真馆。

宗阳宫　宗阳宫距吴山东北五百步，在新宫桥东面，或三圣庙桥左面。咸淳四年（1268），度宗以德寿宫地一半建宗阳宫，供奉道教三清及太皇元命诸神。宗阳宫共有十三殿、二楼、三堂、一轩、一园。其中，正殿称"无极妙道之殿"，以奉三清，顺福殿奉太皇元命。三清殿后为虚皇殿，直北有门。宗阳宫中部建表示理宗皇帝诞生的"毓瑞之殿"，以奉感生帝。后为申佑殿，奉元命；通真殿，奉佑圣。宗阳宫中的规制祀典，与龙翔宫一致。

开元宫　开元宫在太和坊内秘书省后（今后市街南端西侧）。开元宫原为宁宗登基前的府邸。嘉泰元年（1201），宁宗下诏改建为开元宫。开元宫共设六殿，分别为明离殿、皇伯宣明王殿、璇玑殿、衍庆殿、顺福殿、神佑殿。

① 〔宋〕吴自牧．梦粱录：卷八．

② 崔府君名子玉，唐贞观年间（627—649）为磁州滏阳县令，因政绩卓著，当地百姓为其立生祠。死后被当地百姓奉为土地神。

③ 〔宋〕楼钥．攻愧集：卷五四．

④《乾道临安志》卷一《行在所·宫观》作"绍兴十六年赐今额"。按：三茅君为长盈、次固、季衷，秦初咸阳人。相传，三人得道成仙，因此自汉以来百姓加以崇祀。

第二章　社会生活

北宋灭亡后，北方人口大量南移，给中国南方带来充足的劳动力、先进的技术和丰富的生产经验。在此影响下，南宋都城临安手工业、商业和海外贸易出现空前繁荣的局面。经济的持续发展直接拉动人口的增长。至南宋后期，临安已成为一个人口百万以上的大城市。

临安是南宋的政治、文化中心，吸引李清照、朱熹、杨万里、陆游、范成大、吕祖谦、陈亮、周必大、辛弃疾、文天祥等南宋文化名人驻足、参政、创作。南宋临安城设有太学、宗学等各种学校，文学、书画、音乐等艺术得到长足发展。活字印刷、指南针与火药，在南宋时期进一步得到完善，并开始大规模的实际应用。经济文化的迅速发展，促进市民阶层的兴起，深层次地影响临安市民衣、食、住、行等生活方式。

第一节　经济

据《梦粱录》记载，南宋建都杭州后，临安人口倍增，商业货物云集，商业空前繁华。每日所需万余石的食米来自苏、湖、常、秀（今嘉兴）四州及淮南、江西、湖南、两广等地，由运河或海路输入。每月所需数千担柴炭是从严州（今建德）、富阳等地沿江运入。居民食用的海鲜水产，则来自明州、台州、温州等地。钱塘江畔与运河两岸船只云集，客旅往来不绝。

宋代以前，城市店铺只能在特定的“市”（商业区）内进行经营，居民则住在四周垒起围墙的“坊”（居住区）内，坊与市，界限很严。到了唐宋之间，随着城市经济的进一步发展，坊市界限逐渐废弛。南宋时的杭州，店铺多移向街头，临街营业。此外还有同一行业定期聚集在同一街坊设摊经销的20余个“街市”，如城北的米市（今米市巷）、城南的柴市（今柴木巷）、东青门外的菜市（今菜市桥附近）及城西鱼市，故宋时市民有“北门米、南门柴、东门菜、西门鱼”的谚语。

一、手工业

南宋时期，临安是全国最大的手工业生产中心，门类齐全，其中丝绸纺织、陶瓷、印刷、酿酒、造船、文具及军器等手工业发达。南宋临安的手工业可分为官营手工业和私营手工业两种。

官营手工业　直接为皇室和官府服务，规模庞大，在当时占有主导地位。如负责军工生产的军器监及御前军器所，有工匠五六千人；另外，专管皇宫日常用品生产的少府监和土木建筑的将作监，都辖有成千上万的工匠。分工极细，如少府监中的文思院分上、下两界。上界造作金银珠宝各种精巧器物，下界则专门制造以铜铁竹木为原料的普通用物。上、下两界内又根据专业分成打作、棱作、镀金作、钉子作、玉作、玳瑁作、装銮作、扇子作、剑作、犀作、捏塑作、雕木作、花作等30余种。在官营手工业迅速发展的同时，南宋临安的私营手工业也有相当大的发展，具有人数庞大和分工细致两大特征，临安城中几乎每一类商品都有专门制作的作坊。《梦粱录》卷一三《团行》中所列举的就有以下23种，即碾玉作、钻卷作、篦刀作、腰带作、金银打钑作、裹贴作、铺翠作、裱褙作、装銮作、油作、木作、砖瓦作、泥水作、石作、竹作、漆作、钉铰作、箍桶作、裁缝作、修香浇烛作、打纸作、冥器作、花作。各种作坊生产的大都是百姓日常生活所需的各种商品。

印刷业　南宋朝廷主持印刷事务的机构是设在纪家桥的国子监书库，它的出版范围为“掌印经史群书，以备朝廷宣索赐予之用，出鬻而收其直以上于官”[①]。国子监书库所刻的书称为“监本”，作为通行全国的范本。此外，南宋中央政府中的左司廊局、修内司、太医局、太史局等机关也刻印过不少书。特别是会子库，有工人1200人，专门印造纸币——会子。在官刻的影响下，南宋临安的私刻以及专以营利为目的的私营书坊、书肆、书棚、书籍铺、经籍铺迅速发展起来。坊刻、私刻之盛居全国首位。据学者考证，临安铺名可考的有18家。[②]棚桥一带街巷皆以“棚”名，分为“南棚”“中棚”，直至棚北大街。棚前至众安桥，书坊甚多，他们所刊书籍的形式、字体、风格亦相近，故通称为“棚本”。棚本最著名者为睦亲坊陈宅书籍铺，或称陈解元书籍铺。陈宅书籍铺遍刊唐人诗集，有“诗刊欲遍唐”之称。他们所刊书籍，雕版精良，为后代藏书家所重视。

陶瓷业　南宋官窑是宋室南渡、定都临安后，为满足宫廷祭祀、饮食、陈设及赏赐的用途而设的瓷窑。绍兴十九年（1149），官窑选址临安城内。[③]修内司官窑烧制的瓷器仿东京官窑，澄泥做胎，紫口铁足，极其精致，釉色莹澈类玉，为时人所珍爱。

酿酒　临安酿酒作坊很多，除禁军所属作坊外，点检所直属主要作坊（煮界库）有13处。此外，还有“九小库”及“碧香诸库”。

造船业　南宋建都后，所造巨型海船，长约66.67米，可载重万石，乘五六百人。其余如内河航船、渔船及西湖游船，制作更多。湖船中以龙舟及车船（脚踏船）最为精巧。船场在东青门外菜市河边。

①〔元〕脱脱等.宋史·职官志.

② 王国维.两浙古刊本考［M］.上海：上海古籍出版社，1983.

③ 南宋临安城内的郊坛下窑址和老虎洞窑遗址详见本篇第三章考古和遗址保护第三节出土文物。

二、商业

南宋时期，临安成为当时全国最大的商业中心，商品经济发达，各种商肆遍布全城。各坊巷处处有茶坊、酒肆以及各种日用品店铺。除各种商店外，城内还设有瓦子（剧场）、浴室等，为市民提供服务。临安的商业组织分工细致，商业形式就经营性质可以分成两类：一类是负责商品流通的商业，一种是满足城市生活所需的服务行业，包括专供商贾用的货栈。“行”是商业分工的标志，如洗浴业叫“香水行”，饮食业叫“酒行”“食饭行”。各商业组织有官营和私营之分。各类私营商业中，按照经营范围不同，划分为各种不同专业的“行”或“团”。同“行”内部，又根据商品流通过程分工，分为批发商和零售商。各行零售商所经营的各种“铺户”“铺席”及瓦子、酒肆、茶坊、浴室等遍及全城街巷，形成商业网的基层网点。官营专卖店则通过与私营商业同样的渠道提供商品给消费者。

城市的中心区有综合商业区、塌房区和各种行业性的专门分区。御街中段，自和宁门杈子直到观桥，沿御街铺店林立，特别是从朝天门至众安桥一段，商肆栉比，为临安的中心综合商业区。其中，既有特殊商品的行业街市，如五间楼北至官巷南街的金、银、盐、钞引交易铺，珠子市和官巷的花市，也有一般商品的行业街市，如修义坊的肉市。据《都城纪胜》《梦粱录》等书所载，商人已经在都城五间楼和官巷之间御街中段两侧开设一百余家金银盐钞引交易铺。其中著名的有市南坊南、惠民药局北局前的沈家、张家金银交引铺等。御街上的零售商店，有药铺、绒线铺、彩帛铺、干果铺、扇子铺、白衣铺、腰带铺等。临安一些著名的商店、瓦子、酒楼乃至茶坊、饮食店也坐落于此。御街南段东侧通江桥东西一带，为官府经营的商业区，此区介于皇城和德寿宫之间，设有官府专卖商店的专卖机构及“宫市”（杂买务），区内还有会子库，便于官府管理。商品交易中各行业的供销点——铺户或铺席，大型的主要都集结在御街中段的中心综合商业区，一般日用必需商品和中、小型服务行业的供销点，则分布在各居民坊巷中。

南宋时，店铺营业时间已完全突破过去“以午时击鼓二百下，而众大会；日入以前七刻击钲三百下，散”① 的规定，而是“买卖昼夜不绝，夜交三四鼓，游人始稀；五鼓钟鸣，卖早市者又开店矣”②，甚至一些位居热闹区的饮食店，更是“通宵买卖，交晓不绝”。南宋时期不仅有白天开市的日市，而且出现了早市、夜市、季节市、专业市等不同类型的市场。以专业市场为例，就可分为米市、菜市、茶市、肉市、珠子市、药市、花市、布市、生帛市、蟋蟀市、象牙玳瑁市、丝绵市、枕

① 〔宋〕王溥.唐会要：卷八六［M］.上海：上海古籍出版社，1991.

② 〔宋〕吴自牧.梦粱录：卷一三.

冠市、故衣市、衣绢市、卦市等。

第二节　文化

临安当时是全国的文化中心。南宋文化名人包括李清照、朱熹、杨万里、陆游、范成大、吕祖谦、陈亮、周必大、辛弃疾、文天祥等，都到临安留下过作品。在文学艺术、科技等领域，南宋比起前代也大有发展。南宋临安城内有主管全国文化教育的最高机构——国子监，又有全国最高的学府——太学，最盛时有学员2000余名。此外，朝廷还兴办武学、宗学、律学、算学、书学、画学、医学等全国性学校。

一、文学艺术

南宋文学的成就在于宋词、宋诗和宋话本。南宋建都临安后，全国优秀人才聚集于此。南宋高宗、孝宗在位60余年间，全国不少文人在临安城留下文章，一时文风鼎盛，文学气氛浓厚，重要者如赵鼎、李清照、陈与义、张元干、胡铨、韩元吉、杨万里、陆游、范成大、辛弃疾、陈亮等，也包括杭州籍的朱淑真。南宋中后期，主要在光宗、宁宗和理宗朝，以钱塘陈起刊刻《江湖集》而得名，形成一种诗歌流派，即江湖派，成员前后约有100余人。据清朱彭《南宋古迹考》卷下《寓居考》，有许多江湖诗人寓居临安城内。

临安文风之胜，还表现在书画艺术的高度发达。绍兴年间（1131—1162），高宗在“武林地有号园前街（今建国南路之西，东河之东岸，三昧庵巷与柴弄之南，斗富二桥之北）”[①]置御前画院，后人称为绍兴画院。经高宗的多方经营，画院画家云集，特别是流寓四方的原北宋宣和画院的绝大多数名家，如李唐、朱锐、苏汉臣、刘宗古、李从训、李安忠等，纷纷到临安，成为绍兴画院的中坚力量。画院存在了一百余年，有姓名可考的画家有近120人。南宋统治者为画院画家提供了优厚的生活待遇和创作条件，使他们的才华得以施展，从而创作出一大批精美的作品。如刘松年，居清波门（又称暗门）外，人称刘清波、暗门刘。孝宗淳熙年间（1174—1189）为画院学生，光宗绍熙年间（1190—1194）任画院待诏。宁宗时（1195—1224）曾进《耕织图》，受赐金带，院中人称为“绝品”。传世作品有《四景山水图卷》《中兴四将图》《西园雅集图》等。

南宋临安城的文化娱乐业十分发达，瓦子数量、艺人人数和场所的硬件设施等方面，远超北宋汴京，也是全国其他城市无法相比的。就瓦舍数量来说，城内外总计有20余处。从业人员更是众多。仅周密《武

① 王伯敏．南宋画院故址考［M］．杭州：中国美术学院出版社，1993：272.

林旧事》卷四《乾淳教坊乐部》所载，教坊乐部各种著名艺人有469人，同书卷六《诸色伎艺人》载民间有名可考的著名艺人529人，两者合计998人。如果再加上不知名的及街头卖艺的百戏之人，则人数当在数千人左右。瓦舍中表演的节目“百戏杂陈”，名目繁多。据《梦粱录》《武林旧事》《都城纪胜》《西湖老人繁胜录》等书记载，临安瓦舍中的“百戏伎艺”有六七十种。此外，武术、相扑、弈棋、龙舟竞渡、球类、投壶等娱乐性体育竞技项目也得到很大的发展。

南宋临安音乐艺术较之北宋东京有一定程度的发展。周密《癸辛杂识》后集《舞谱》中详细记载了包括手、袖、眼神、身段、步态和舞蹈队形等9类、63项动态舞式。当时城中的舞蹈活动非常频繁，民间舞蹈专业团体达数十个之多。以民间舞蹈专业团体而言，临安就不下数十个。“姑以舞队言之，如清音、遏云、棹刀、鲍老、胡女、刘衮、乔三教、乔迎酒、乔亲事、焦锤架儿、仕女、杵歌、诸国朝、竹马儿、村田乐、神鬼、十斋郎各社，不下数十。”[①]

①〔宋〕吴自牧.梦粱录：卷一.

二、教育

南宋学校教育分中央官学、地方官学、书院和私塾村校，其中最重要的中央官学机构大多聚集在临安城内，有国子监、太学、宗学、武学等，包括律学、医学、算学、画学等专科学校也建立于此。代表地方学府的有临安府学。临安城内的坊巷中设有学校，是临安坊巷制度的一项新内容。南宋初年，高宗时期曾因“戎事未暇”，把主管教育的中央机构国子监归到礼部。绍兴十二年（1142）十一月，高宗下诏临安府，筹办太学，次年正式恢复。至此，临安城内具备全国学府。绍兴十六年（1146），又成立武学。绍兴二十六年（1156），建立医学，其他学科也相继恢复。以太学为代表的中央官学主要学习《诗》《书》《易》《礼》《春秋》《论语》《孟子》等。学校教育加入实习科目，如武学、医学均设有实习课。南宋嘉泰二年（1202），仅参加中央太学补试的士人达37000余人，约为北宋熙宁初期的250倍。

三、科技

活字印刷、指南针与火药，在南宋时期进一步得到完善，并开始大规模的实际应用。南宋时期，指南针已从简单的指针变成比较简易的罗盘，配合南宋蓬勃发展的海外贸易事业，得以发挥作用。在火药研发方面，南宋出现了管形火器。临安最为引人注目的发明是首次面世的烟火——水老鼠和地老鼠，该两种烟火可以从尾部喷出火焰，像老鼠那样蹿来蹿去。南宋开始推广使用活字印刷术，出现世界上第一部活字印本。

在数学领域，南宋亦有发展。杨辉在《详解九章算法》和《算法通变本末》两书中论述了级数求和的问题，从而成为继北宋沈括之后在世界上最早研究高阶等差级数的人。他在《续古摘奇算法》中所列的各色各样的“纵横图”，是世界上最早对幻方的系统研究和记载。秦九韶撰写的《数学九章》提出的“正负开方术”，与现代求数学方程正根的方法基本一致，比西方早500余年。

晚年移居慈云岭西的王介，其所著《履巉岩本草》是南宋一部地方性本草著作，是中国历史上最早的一部具有彩图的本草专著。其时已经广泛使用的花木促成栽培法——“堂花”（又作“塘花”），是现代园艺业广泛使用的催花法。

四、宗教

据《梦粱录》等书所载，南宋临安城内外佛教寺院达671所。[①] 道教自宋徽宗起备受推崇，宋宗室南下后，建立东太乙宫、西太乙宫、佑圣观、三茅宁寿观、四圣延祥观、显应观、万寿观、开元宫、龙翔宫、宗阳宫十大御前宫观。

① 〔宋〕吴自牧．梦粱录：卷一五．

第三节　社会

经济和文化的迅速发展，使临安市民追求起物质和精神的享受。都城中出现一股去朴从艳、好新慕异的风气，人们的衣食住行、婚丧嫁娶和宴会社交等生活方式都发生深刻的变化。

一、饮食

据《梦粱录》记载，临安饮食店铺有酒店、饭店、面店、茶肆、市食点心等十余类，占全城主要店铺的三分之二左右，遍布大街小巷。以繁华酒楼为例，周密在《武林旧事》中《酒楼》篇记载：朝廷户部点检所在临安城内开办的大酒楼有和乐楼（在清河坊）、中和楼（在今众安桥）、太平楼（在清河坊太平巷）、丰和楼（在今平海路）等。民间豪华酒楼，有著名的熙春楼、日新楼、三元楼、赏心楼、花月楼等18家，数量与规模上均不亚于官办酒楼，大多集中在御街两边。除此之外，还有普通酒肆或酒家，以及许多特色小酒店。另外，南宋临安城夜市行业，以饮食业为最，酒楼、茶肆、餐馆、面店、点心店，聚集在今清河坊、羊坝头、众安桥、贯桥等处。由于宋室南迁，汴京大批厨师与饮食店铺迁入临安，汴京和北方的烹饪方法传入，出现“南料北烹”的现象。

杭州成为南宋都城后，皇亲国戚、官僚权臣、富商豪绅云集，奢侈之风加剧，宴请之风盛行，民间诸如春宴、乡会、鹿鸣宴、同年宴、寒食、清明等名目多达100余种。随着公私饮宴的广泛流行，京城中出现了专门为筵席服务的新行业，即四司六局，成为都城饮食业中的特色。所谓四司，即账设司、茶酒司、厨司和台盘司，主要负责会场布置，招揽服务宾客和餐具清洗等。六局，即果子局、蜜饯局、菜蔬局、油烛局、香药局与排办局，主要负责会场内的零食供应、照明、装饰和打扫工作。

南宋建都临安，对饮食文化有极大推动，宫廷菜肴和民间菜肴都丰富多样。南宋前期的宫廷菜肴主要沿袭北方风味，中后期海鲜菜加入南宋宫廷菜谱，以海鲜为主的江南菜肴逐渐成为菜肴的主要部分。北宋时，宫廷肉菜中以羊肉最为贵重，转入临安后，水产鱼虾逐渐丰富，常见的有鲫鱼、江瑶、香螺、鳝鱼、蛤蜊、水母、牡蛎及蟹、虾等。宋高宗喜食蟹酿橙、洗手蟹等，孝宗喜欢湖蟹。民众菜谱逐渐形成，北方的烹调方法加上南方的食材，创设出许多特色菜品，以蟹为例，有醋赤蟹、白蟹辣羹、糟蟹、五味酒酱蟹等10余种做法。猪肉、羊肉和鸡、鸭、鹅等畜禽成为市民菜的组成部分，每一种食材的做法多达10余种。

南宋时期，特色糕点、饮酒、饮茶的兴盛成为重要的特点。宫廷糕点制作精良，如糕类有玉灌肺糕、广寒糕、五香糕等；饼类有玉延饼、神仙富贵饼、月饼等，馒头包子类有太学馒头、蟹肉包子等。临安城中出现了许多专门的面食店和糕饼作坊，供应的点心有取食方便、物美价廉的优点，品种有八大类、100余种。南宋时期，两浙名酒达67种，其中以临安最多，有碧春酒、蔷薇露、思春堂、玉练槌、中和堂、皇都春等40余种。在酒宴上，文人雅客好玩行酒令。临安名茶众多，有龙井茶、宝云茶、香林茶、白云茶、径山茶等。斗茶之风在城中盛行，在宋代的做法为“点茶”[①]。

二、服饰

临安城中服装的奢侈风潮，以销金衣饰为代表。官方曾明令禁止，但法令稍宽一些，人们就逐渐突破。下层百姓之家，只要有一点财力，都以销金为衣饰。城中男女，大多数穿着丝绸服装，遍体锦绣，尤其是商家巨贾的妇人，更是衣着华丽，所佩戴珠宝饰物之多，几难以估计其价值。咸淳末年，禁止天下妇女以珠翠为饰。于是，都城妇女全都以琉璃代替，妇人走路，皆琅然有声。又如腰带，民间多以玉、金、铜、铁等制成的牌子作为佩饰，甚至价格昂贵的犀角也做成佩饰。贵族、特别是贵妇有使用香水的习惯，当时追求的名品是出自南洋的蔷薇水。

① 点茶步骤为：将茶饼碾碎，放置碗中，每人一杯一份，先冲少量沸水，调匀成茶膏，再一边注沸水，一边用茶筅打击、搅拌，使其均匀混合成乳状茶液，供人啜饮；表面上出现极小的白色泡沫形成各种各样的汤花，宛如白花布布满碗面。斗茶胜利的标准，不仅在于品鉴茶的色与味，更重要的是看汤花。

三、住房

根据宋代人和《马可波罗行纪》的描述，临安市民喜好美洁，只要家里稍微有点存款，一定要以大半的钱用来修饰门窗、购买家俱。特别是富人们对于装饰、画图以及富有想象力的建筑物，表现出极大的兴趣爱好。对于起居宅第的营建，更是一掷千金，毫无吝啬。珍贵的沉香木和檀木，远从热带地区运来，以为主梁支柱之用，地板则铺以上釉的瓷砖，甚至有以银片饰成花卉图案镶嵌的。至于屋梁外露部分，皆饰以雕刻，画上华丽的图案。更精美的，则在屋顶上饰以黄色、浅绿或翡绿等琉璃瓦片，檐角上翘，檐弯和谐而完美，与周围山林水色相映成趣。屋檐习用白鹭鸟、龙、凤等陶制动物饰物。住宅里面装设精美华丽，陈列不计其数的名贵饰品、名人字画和古董。

四、婚丧嫁娶

南宋洪巽在《旸谷漫谈》说："京师中下户人家，不重生男，每生女，则爱护如捧璧擎珠。"等女儿长大，家里根据她们的资质教习各种技艺，以备今后士大夫选择，名目不一，有身边人、本事人、供过人、针线人、堂前人、剧杂人、拆洗人、琴童、厨娘等等级。南宋人在婚姻观上，以财力为标准。男女婚嫁不顾门第、等级悬殊，而以对方家庭是否富有为标准，以聘财多少、嫁奁厚薄为取舍，甚至专门选择富户联姻。都城之人在议婚时，要先交换草帖、正帖，在上面写上男女双方及三代人的姓名、官职、家产和本人的年龄、生辰年月外，男方还要详细标明聘礼数目，如金银、田产、房产、山园等；女方则要列具随嫁物品，如房产和家具、首饰、金银、珠翠、宝器等陪嫁品。同时，殡葬观念也发生转变。城中丧葬崇尚唯务从简的风气，以火葬为便，当时城内外的火葬场至少有15处，还出现了现代意义上的"殡仪馆"以及专门用来存放骨灰盒罐的房屋。

第三章　考古和遗址保护

南宋临安城和皇城的考古工作开始于1956年。几代考古工作者通过对南宋临安城尤其是皇城遗址的不断调查、勘探、发掘，为研究南宋临安城提供了大量翔实的第一手资料。1995—2004年，“南宋太庙遗址”“南宋临安府治遗址”“老虎洞南宋官窑遗址”“南宋恭圣仁烈皇后宅遗址”“严官巷南宋御街遗址”5项考古发现先后被列入“中国十大考古新发现”。

2005年起，杭州市园林文物局委托中国文物研究所、东南大学建筑设计研究院共同编制《南宋临安城遗址——皇城遗址保护规划》。2009年10月，南宋皇城大遗址综合保护工程正式启动。市委、市政府明确南宋皇城大遗址综合保护工程范围：中河、钱塘江、虎跑路—南山路—解放路—延安路、庆春路为南宋皇城大遗址综合保护工程的四至边界。2013年，《南宋临安城遗址保护总体规划》由省政府正式批准公布。至2015年，杭州市和上城区共实施雷峰塔重建、万松书院复建、西湖环湖南线景区整合工程、八卦田遗址保护、南宋御街遗址陈列馆建设、南宋孔庙复建、御街·二十三坊整治工程等一系列与南宋皇城大遗址保护有关的工程。

第一节　考古

一、考古发掘

1956年，南宋临安城和皇城考古工作开启。是年，浙江省文物管理委员会对乌龟山南宋官窑进行小规模发掘。20世纪80年代初，为对南宋临安城有更清晰的认知，中国社会科学院考古研究所、浙江省文物考古研究所、杭州市文物考古所联合组成南宋临安城考古队，开始对南宋临安城尤其是凤凰山一带南宋皇城遗址进行大规模考古勘探与发掘，标志着南宋临安城考古正式开始。

1983年起，南宋临安城考古队每年都有计划地对南宋皇城进行考古调查和钻探，并在万松岭、馒头山、南星桥、梵天寺东侧、宋城路一带进行发掘，以寻找皇城的城墙及宫殿核心区。1984年春，南宋临安城考古队在杭州市江城中学西围墙外抢救发掘一段南宋城墙基础。1987年，在中山南路西侧杭州卷烟厂内发现御道遗迹，该遗迹是南宋时出入皇宫北门和宁门的主要通道。1988年，在对杭州市中药材仓库基建工地的考古发掘中，发现一处南宋时期的建筑遗迹，清理出砖铺地面、石柱础及夯土台基等遗迹。1989年，在对杭州市凤凰山小学基建工地的考古发掘中，发现大型夯土台基和一条南北向的砖砌道路，应属于皇城内的一处宫殿建筑。

20世纪90年代初，南宋临安城考古队通过对南宋皇城的不断考古发掘，已经确定南宋皇城的大体范围及内部的部分重要建筑，奠定南宋皇城乃至南宋临安城考古工作的基础。1992年，在浙江省军区后勤部仓库被服厂前清理出两座大型夯土建筑基址，两座建筑基址间有水沟相连。台基外侧用砖墙包砌，大部分侧面有模印文字，其中有“大苑”字样，显示其与皇城宫殿建筑有所关联。是年，在宋城路一带发现一处保存较好的南宋夯土遗址，推测应与皇城南城墙有直接联系。1993年，在馒头山杭州市气象局基建工地发现一处南宋遗迹，清理出大型建筑的砖砌地面、石柱础、花坛遗迹，并且发现文献记载中的尊胜塔（镇南塔）遗迹。1994—1995年，在六部桥西侧发现大型房基、水沟、暗井和砖砌道路等遗迹。据《梦粱录》等文献记载，当为南宋六部官衙的一部分。

1995年开始，南宋临安城考古基本上由杭州市文物考古所承担。由于临安城遗址叠压在今杭州市老城区下面，因而对南宋临安城重要遗迹的揭露需要城市基本建设的配合。随着杭州基本建设的不断扩大，配合基本建设的城市基建考古工作取得巨大进展。1995年，杭州市文物考古所在紫阳山东麓发现太庙遗址，包括东围墙、东门及大型夯土台基等遗迹。2000年，在杭州鼓楼重建工程的考古发掘中，发现南宋朝天门的部分基址；在荷花池头发现以宋官式作法制作的南宋临安府治建筑遗迹，是当时中国府治遗址的首次考古发掘。1998—2001年，对位于万松岭南的老虎洞窑址进行3次发掘，发现龙窑、素烧窑、作坊等遗迹，出土大量窑具，全面揭露老虎洞窑的全貌，并根据遗迹现象确定该窑址南宋层为南宋修内司官窑遗存。

2001年，在吴山脚下四宜路发现规模宏大的恭圣仁烈皇后宅遗址。是年，发现南宋皇城“北内”德寿宫遗址，在望江路北侧发现南宫墙遗迹，又在吉祥巷西侧发现东宫墙残迹和部分宫内建筑遗迹。2004年，发掘严官巷南宋御街遗址，确认南宋临安城的中轴大街，对于城市布局、各类建筑分布有了更准确的认知。2008年，在今湖滨路与庆春路交叉口的六公园内发现南宋钱塘门遗址，包括门道、门洞侧壁基础、城墙夯土等。

二、南宋临安城外城范围

1984年，南宋临安城考古队在杭州市江城中学西围墙外抢救发掘了一段南宋城墙墙基，墙基南北走向，距地表深2～2.4米，残长18米，残高2.4米，残宽9.5米，用红黏土和石块分层夯筑而成。城墙西段的夯土层中间部分发现一条由西向东逐渐倾斜的砖砌券顶排水涵洞，通长11米、高约0.8米、宽1米左右，基本用双层条砖砌筑而成。

2006年，杭州市文物考古所在对望江路与吉祥巷交界处东侧（原杭州家具厂）进行抢救性考古发掘中发现了南宋、北宋、五代3个时期依次叠压的城墙基础遗迹。南宋城墙基础比北宋城墙又向东扩展11.5米，西部叠压在五代、北宋2个时期城基之上。南宋城墙基础距地表2.3～2.5米，揭露南北长34.5米，东西宽约15.7米，残高1.5～2米。经解剖发现，墙基主体部分宽9.7米，残高2米，系用大小不一的石块和粉沙土添筑而成，墙基东侧用石块包砌规整，外侧再打入一排直径15～20厘米不等且排列整齐的松木桩加固墙基。

墙基东边为一宽6米的护基，由大小不一的石块和黄黏土堆砌而成，外侧用一排长2米、直径15～20厘米不等且排列整齐的松木桩加固墙基，其功能是保护西边的城墙主体基础。护基木桩向东约5米处，另有一排木桩，此处原为城墙东侧护城河，后因修筑德寿宫而填河成断河头，后渐成平地。发现的城墙砖每块规格为40.5厘米×20厘米×9.5厘米，一侧模印“嘉熙”两字，系起于1237年、止于1240年的南宋理宗年号。

东城墙遗址的考古发现，确定了南宋临安城外城东围墙的大体位置。基本可以确定临安城东城墙在今东河西侧，大体为直吉祥巷—城头巷—金鸡岭—直大方伯—东清巷—岳家湾—仓河下一线，东河为城壕。

2006年，杭州市文物考古所对万松岭、长桥、孔家山一带进行考古调查，在原湖滨管理处办公区后侧孔家山西麓发现夯筑的城墙遗迹。由黄黏土和碎砖瓦、石块夯筑而成，部分地段残留较为规整的方形块石。该城墙沿孔家山西麓向凤凰山延伸。由此可证西城墙南段由南山路进入浙江省军区大院后，继续向南至万松岭隧道西接线，沿孔家山、凤凰山、将台山延伸，最后与南城墙连接。2008年，在考古调查中发现古钱塘门遗址。是年9月开始，在湖滨六公园湖畔居一带进行考古挖掘，经过一个多月的发掘工作，钱塘门遗址基本被揭露，考古发现的南宋钱塘门遗址位于今湖滨路与庆春路交叉口的六公园内，西距西湖数十米。发现有门道侧壁、侧道、城墙夯土等遗存。南宋西湖在临安城外，因此钱塘门遗址的发现，大体可以确定临安城西城墙位置。南宋时西墙墙基基本以西湖为界，部分墙体沿今天杭州市湖滨路—南山路一带分布。

图1-3-3　钱塘门遗址门道遗迹
（杭州市人民政府地方志办公室　供稿）

考古调查资料基本可以确定临安城的南城墙位置。文献一般认为临安城南城墙与皇城的南宫墙距离不远，考古调查资料结合文献记载，基本可以确定临安城南城墙穿过今南星桥火车站，从包家山断崖附近折转，经将台山附近北上，到钱湖门。

文献一般认为临安城的北城墙在今武林门一带。20世纪80年代，该路在地下管道施工时曾发现城墙基础遗迹。临安城城北有余杭门，是临安城的北界。余杭门故址在今武林路与环城北路相交附近[1]，临安城的东北角为艮山门，艮山门故址菜市河西，坝子桥一带，今杭州在该处尚存“艮山门”。今武林门、南宋余杭门、艮山门基本在今环城北路一线，因而南宋临安城的北城墙大体在今环城北路一带。

① 周峰．南宋京城杭州［M］．杭州：浙江人民出版社，1997．

第二节　重大考古遗址

一、南内皇城宫殿区遗址

绍兴八年（1138），南宋正式定都杭州，开始在行宫基础上扩建宫殿，皇城的主要宫殿群和主要功能区均在南内。20世纪80年代开始的考古调查基本确定南宋皇城内的四至范围，但尚未对南宋皇城遗址进行大面积的发掘揭露。

城墙及护城壕遗址

南宋皇城有“皇城九里”的记载。20世纪80年代起的考古调查和发掘陆续确定南宋皇城北城墙、东城墙和西城墙的位置所在。1996年，对浙江省军区后勤部仓库招待所基建工地的发掘，最终确定南宋皇城南城墙的位置。

东城墙　东墙长约390米。位于馒头山东麓的中河高架路西侧，其南段地处馒头山路西侧的断崖上。长约390米，宽8.8～12米，距地表深0.4～1.2米，厚0.55～1.7米，夯层0.15～0.3米。城墙由黄褐色、浅棕黄色和浅灰褐色等夯土构成，每层夯土中均夹有砖瓦碎片。

西城墙　西城墙地面建筑现已不存，在对城墙四至考古试掘中，仅发现西墙南段的一小段残迹。该段遗迹长约100米，宽10～11米，现存高度1.79～1.84米，夯层厚0.06～0.2米不等。西墙南段与南墙衔接，构成近直角的皇城西南角，拐角处向北经宋城路105号住宅的东侧，北端抵达凤凰山南麓的陡坡。在皇城西墙南端考古发掘发现一处宽度约18米的缺口，缺口两侧的夯土宽度20余米。西墙内侧残存有城墙包砖。西宫墙缺口附近可能是宫城西华门的位置所在。

由于皇城西城墙绝大部分墙体的具体走向有待考古发掘予以证实，加上文献资料语焉不详，历来研究者观点莫衷一是。尽管对于城墙走向的判断众说纷纭，但是对于南宋皇城西城墙很可能并未全部用砖石闭合，一部分是利用凤凰山的陡峭山体的判断则较为一致。其中一处至今尚存的遗迹可作证明。2012年5月，文物考古工作者前往凤凰山实地调查，过五代圣果寺遗址再向上攀爬，在一镌刻“归云”两字的山洞附近找到“白玉宫墙”题刻。

皇城南墙与西墙结合点已经考古发掘查明，依自然山体作为皇宫墙的部分地段也从实地探知。另据文献记载并结合《皇城图》可知，皇城西墙一部分以八盘岭为界。

南城墙　南城墙大部分与宋城路平行，在今宋城路98号处转向西，大体沿凤凰山山势修建。长约600米，宽9～14米，夯土厚约0.5～2米不等。皇宫南墙东端位于南星桥火车站机修厂院内，从该处可以和皇宫东墙连接起来。

北城墙　北城墙位于万松岭路以南，凤凰山北侧余脉的山脊上。在万松岭路南、杭州市中药材仓库的西侧残存一小段皇城北墙遗存。长约710米，宽约11米，距地表0.2～0.8

米，厚0.7～2.7米，夯土宽度约为11米，内侧包砌石块。其东段发现于万松岭路南、杭州市中药材仓库西墙外西侧，现地面上尚有残存。夯土保存较好，城墙夯土宽度约为11米。北墙向西延伸到通往凤凰亭叉路附近的陡坡，城墙延自然山脉走向，其西端已经呈东北—西南向，与凤凰山形成围合之势。

护城壕遗址　皇城南城墙外侧有护城壕，北城墙和西城墙采用人工夯筑与自然山体相结合的建造方式，充分利用自然条件构筑皇城防御设施。在皇城南墙、西墙外侧有具备城壕功能的排水沟，水沟宽15～20米，距离地表1.0～1.5米，深超过4.5米，距离宫墙12米左右。值得注意的是，在皇城北墙外侧，即今老虎洞窑址下方也有东西向的水沟，可能也具有城壕的功能，老虎洞窑址在皇城范围之外。

皇城门

1987年对万松岭北侧杭州卷烟厂基建工地的考古发掘和1996年对浙江省军区后勤部仓库基建工地的发掘，确定南宋皇城的南门与北门的位置。

和宁门　1987年，南宋临安城考古队对万松岭北侧杭州卷烟厂基建工地进行抢救性考古发掘，发掘面积600平方米。清理出一处御道遗迹，御道残长60米，宽约15.3米。路面由“香糕砖”错缝侧砌而成，道路两侧置散水。此处御道做工考究，规格极高，结合现存在万松岭南侧的北城墙的位置，可以确定该御道是南宋时出入皇宫北宫门——和宁门的主通道。考古发掘确定了和宁门的准确位置，其大致位置在今万松岭路与凤凰山脚路交会处以南约100米处。

丽正门　1996年，杭州市文物考古所对浙江省军区后勤部仓库基建工地的发掘中，发现了一处南宋时期砖砌道路遗迹，揭露长度25米，残宽8.2米，保存较好，全部用相同规格的“香糕砖”和长方形青砖砌筑而成。道路中央为宽3.16米的主道，主道外侧用“香糕砖”两列纵向错缝侧砌，与辅道分隔。辅道单侧宽2.5米，辅道外侧再用规整的石条包边。砖道外侧另有水沟。发现的南宋砖砌道路保存较好，砌筑十分考究，规格较高。根据道路的走向并结合以往的考古调查，确定该砖道是南宋时由皇城宫殿区出入南宫门——丽正门的主通道。该次发掘还确定南城墙的位置，即位于今宋城路一线。根据南城墙的位置以及该处通往丽正门的道路遗迹，确定丽正门（正门）位于今宋城路与笤帚湾交叉口西侧约40米处。

西华门　在皇城西墙的调查发掘中，在西城墙上发现一处宽度约18米的缺口，缺口两侧的夯土宽度20余米。西墙内侧残存有城墙包砖。据推测，该缺口处就是西华门所在地，其大致位置在丽正门以西不远处，今宋城路西段与凤凰山南麓交汇处，大致在今宋城路98号附近。

通过历年来对南宋皇城城墙与城门遗址的考古发掘，基本可以确定南宋皇城南内遗址的大体范围：东至馒头山东麓，西达凤凰山，北至万松岭路南侧，南至宋城路一带。皇城东西直线距离最长处约800米，南北直线距离最长处约600余米，呈不规则长方形，占地约50万平方米。

宫内建筑

1988年，南宋临安城考古队对杭州市中药材仓库基建工地的考古发掘中，发现一处南宋建筑遗迹，清理出砖铺地面、石柱础以及夯土台基等遗迹。出土大量南宋时期的青瓷、青白瓷和白瓷等，分属龙泉窑、景德镇窑、定窑等窑口。另外，还出土砖、瓦、莲花瓦当等建筑构件。据考证，该建筑遗迹正是南宋皇城的后宫所在。1989年2月，对杭州市凤凰山小学基建工地进行考古发掘，发掘面积约200平方米，发现大型夯土台基和砖砌道路等南宋遗迹，出土大量南宋时期各大窑口生产的青瓷、影青瓷、黑瓷、白瓷等瓷片，以及莲花瓦当、鸱吻等建筑构件和铸权陶范等。该次发掘位置较靠近南宋皇城中心地区，清理出的大型夯土台基等遗迹应该属于皇城内一处宫殿建筑。

1992年，在浙江省军区后勤部仓库被服厂前清理出2座大型夯土建筑基址，两建筑间有水沟相连。台基外侧用砖墙包砌，大部分的侧面有模印文字，其中有“大苑”字样。1993年，在位于馒头山上的杭州市气象局基建工地清理出一处南宋建筑遗迹，埋藏较浅，保存较好，规模较大。该遗迹由道路和花坛组成。道路共发现2条，路面均用规整的长方形青砖平铺成人字形，道路两侧用长方形青砖竖砌而成。在道路的两侧发现多个砖砌花坛，有圆形、六角形、八角形等形状。从部分路面有修补痕迹来看，该建筑使用了较长时间。该次考古发掘更正了以往学术界认为馒头山是南宋御花园、不存在大型殿宇的观点。2004年，在浙江省军区后勤部综合仓库院内进行的勘探工作中，发现夯土台基若干处，其中较大的夯土台基5处、水池遗迹3处，夯土质量较高，保存较好。推测皇城的主要宫殿区位于附近。

二、北内德寿宫遗址

德寿宫遗址最早发现于1985年，中河东岸发现有一条长百余米的砖铺道路，两旁有砖砌排水沟。此后，杭州市文物考古所对德寿宫遗址进行过数次发掘，其中2001年以及2005年至2006年的发掘较为重要。2001年，为配合望江路拓宽工程，在望江路北侧对德寿宫旧址进行发掘，发现德寿宫南宫墙及东宫墙遗迹以及夯土台基、过道、廊、散水、门道等宫内建筑遗迹，发掘总面积约640平方米。2005年11月—2006年7月，为配合望江地区改造建设工程，杭州市文物考古所在望江路北侧原杭州工具厂内进行抢救性考古发掘，在南宋层发现西宫墙、便门、水渠、水池、水井、道路等与南宋德寿宫遗址有关的遗迹。

图1-3-4　南宋德寿宫遗址
（杭州市人民政府地方志办公室 供稿）

南宫墙　南宫墙共发现3段，东西向，其中2段揭露长度分为20米、16米，宽均为2

米，残存最高0.55～0.83米。围墙主体为夯土墙，用较纯净的黄黏土与瓦砾分层夯筑而成，夯土外侧用长方砖竖向平铺，外侧再以长方砖横向错缝平铺包砌，略有收分。经发掘可知，南宫墙的长度至少在140米以上，规模宏大。

东宫墙　东宫墙位于吉祥巷西侧，南北向，揭露长度约3.8米，残宽0.4～0.9米，残存最高0.45米，为黄黏土与瓦砾分层夯筑的夯土墙体。

南宫墙与东宫墙的拐角位于吉祥路西侧，为加固墙体，其外侧由石块垒砌而成，石块近长方体，约为长50厘米、宽30厘米、厚10厘米。墙体中部由小石块与黄粘土夯筑。

西宫墙　西宫墙西距中河20米，距地面深度2米，呈南北走向，已揭露南北长9米。墙体宽2.2米，残高0.7米，主体用灰红色夯土夯筑而成，两侧的局部残留有包砖遗迹，为31厘米×14厘米×4.5厘米的长方形砖和香糕砖错缝平砌而成。

便门　西墙上的便门遗迹发现于2005年至2006年的发掘中，位于西宫墙北部。便门遗迹为东西向，南北宽1.3米。门道东侧还残留有香糕砖侧砌的路面遗迹。门道两侧的宫墙壁面残留有砖砌包边的痕迹。

2001年的发掘中，在东宫墙西侧有一长11.7米、残宽2.3米的砖面遗迹，用长方砖平铺，破损不堪。外侧用规格长34厘米、宽15厘米、厚6厘米的长方砖纵向侧砌包边，可能为道路遗迹。其通向南围墙处有一缺口，可能为德寿宫的便门。

通过以上考古发掘，基本认定德寿宫位于望仙桥一带，但古今地名变化从文献上很难确定其具体位置。2001年及2005年至2006年对德寿宫遗址的发掘基本确定北内的范围，德寿宫遗址南宫墙、东宫墙、西宫墙的位置基本确定，考古发现最终确定德寿宫位于今上城区望江路北侧，南至望江路，北至梅花碑附近，西邻中河，东至吉祥巷、织造马弄一带，南临胡雪岩故居，西与鼓楼相望，面积约16万平方米。

三、南宋太庙遗址

南宋太庙遗址位于紫阳山（南宋时称为瑞石山）东麓，东临中山南路，北至大马巷北端、城隍牌楼巷，南有杭州市紫阳小学，中河隔中山南路与之相望，总面积约3万平方米。

1995年5—9月和1997年底至1998年2月，杭州市文物考古所分别对南宋太庙遗址进行2次考古发掘。第一次发掘发现南宋太庙的东围墙、东门址及大型夯土台基等重要遗迹。第二次发掘是对1995年未发掘的东围墙和道路遗迹进行补充发掘。两次发掘共布探沟15条，发掘面积近1100平方米，发现南宋至明清时期不同时代的地层堆积，南宋太庙遗址第一层堆积为近现代扰乱层，第二层堆积年代为明清时期，第三层堆积年代为元代，第四层堆积年代为南宋时期。

太庙东围墙位于整个发掘区的东部，方向为北偏东12度。经发掘已探明长度约80米，且分别向南、北两个方向继续延伸。围墙基础宽1.9米，墙体内外两侧各向内缩0.1米，宽1.7米。经发掘确定，该墙体是于地面先开挖约1.9米的基槽，基槽内填土夯实后，先用条石平置为基础，再在上面用规则的条石错缝平砌，围墙内部用石块和黄黏土填充，砌筑所用石材为紫砂岩质。

太庙东门门址距地表深2.5米。由门道、门槛基槽、石柱础等部分组成。门道宽约4.8米。底部用长方砖横向错缝侧砌，内、外侧以长方砖平铺包边，砖长38厘米、宽18厘米、厚7厘米。门槛基槽位于门洞内侧，宽30厘米、深15厘米，门槛无存。门内有一通向太庙的砖砌道路，均用长方砖平铺而成，宽与门址相同。门址南侧有一砖砌排水沟，沟深约0.45米，宽0.25米，由西向东从围墙底部穿墙而过。

太庙东围墙以及东门门址的确定为划定南宋太庙的范围提供了依据。南宋太庙东围墙的发现，证实太庙临御街而建，在今中山南路西侧约6米处。太庙东围墙向北延伸至大马巷北端、城隍牌楼巷内路面，太庙应在今大马巷北端、城隍牌楼巷以南。围墙内发现房屋基址2处，均建筑在夯土台基上。夯土台基上发现成排的柱础石和柱础坑，柱础石平面呈长方形。夯土台基东部尚存部分砖面，并与围墙内侧散水沟相连，部分长方砖一端有模压文字“官”“平二”“上一”等。经发掘确定，夯土台基为南宋太庙建筑基础。在夯土基础中部偏西处有2排石材，呈东西向排列。残长9.92米，残高0.25米，宽约0.6米，由18块方形或长方形石材平砌而成，向西仍有延伸，未完全揭露，石质为紫砂岩，表面较平整。夯土基础东侧也有与其相似的3块方形石材。

南宋太庙遗址的发现，被国家文物局评定为“1995年全国十大考古新发现”，被市委、市政府列为当年度精神文明建设十件大事之一。1998年，市政府在太庙遗址上建成一座融杭州历史文化和观赏活动为一体的南宋太庙遗址公园，对市民与游客免费开放。

四、南宋恭圣仁烈皇后宅遗址

2001年，杭州市文物考古所在云居山北麓缓坡上发现南宋恭圣仁烈皇后宅遗址。南宋恭圣仁烈皇后宅遗址东临四宜路，西接蔡官巷北段，南起蔡官巷南段，北至清波街，周边地势南高北低，背山面湖，东面为吴山，东南面为紫阳山。2001年4月，在浙江中大集团吴庄基建工地发现瓷片和铜钱等文物，4—7月，对吴庄基建工地进行考古发掘，发掘的遗址南北长42.7米，东西宽29.6米，总发掘面积1650平方米。该遗址建筑规模宏大，营造与用材十分考究，出土遗迹包括5座房屋基址、庭院、3条夹道及水井等，此外还出土南宋官窑、高丽青瓷等等级较高的珍贵瓷器。恭圣仁烈皇后宅遗址的发现，为研究南宋“诸后宅”提供了可考的考古资料。该遗址被评为“2001年度全国十大考古新发现之一”。

图1-3-5　南宋恭圣仁烈皇后宅遗址
（杭州市人民政府地方志办公室 供稿）

南宋恭圣仁烈皇后宅遗址大体可分为4个时期，最上面一层为吴庄工地建设前平整土地的堆积和近现代废弃物堆积；第二层堆积形成于清代末年；第三层堆积最迟形成于元代末年；第四层堆积的形成年代为元代初年。恭圣仁烈皇后宅遗迹叠压在第四层下，废弃年代当为元代末年。

恭圣仁烈皇后宅遗址5座房屋基址均建筑在夯土台基上，其中有4座房屋基址的台基连成回字形，围合成一个相对封闭的长方形庭院，并各有伸向庭院的踏道。庭院内现存水池、假山、散水、条砖墁地等遗迹。遗址中4座房屋建筑基址连成的回字形台基保存较好，台心系用黄黏土夹杂小石块、瓦砾夯筑而成，周边用砖石包砌成台壁。

经考古发掘，并对照文献记载，可以确认此处遗址为南宋恭圣仁烈皇后宅的一进院落或是其后花园。在南宋临安城的考古发现中，恭圣仁烈皇后宅遗址是较为完整的南宋官式建筑的一个代表，由此可以看出南宋官式建筑的构成与特点。

五、南宋官窑窑址

老虎洞南宋官窑址　老虎洞南宋官窑址位于凤凰山北麓，南距南宋皇城北城墙不足百米，西南距郊坛下遗址2.5千米。1996年被发现。是年11月，杭州市文物考古所进行为期1个月的考古调查，发现2座窑炉和作坊遗址。1998年、1999年，先后进行两次大规模的考古发掘，实际发掘面积约2300平方米，除部分地层被有意保留外，该窑址的全部文化层被揭露。遗迹与出土遗物十分丰富，共清理出不同时代的龙窑炉3座、小型馒头窑4座、作坊10座、澄泥池4个、辘轳车基座坑12个、釉料坑2个、采矿坑遗迹2处，还发现瓷片堆积坑24个，出土大量瓷片和窑具。

图1-3-6　老虎洞窑址

（杭州市人民政府地方志办公室　供稿）

图1-3-7　南宋官窑遗址（2015年）　（潘雯　摄）

郊坛下南宋官窑址　郊坛下南宋官窑遗址位于乌龟山西麓，东为钱塘江北岸平地，距钱塘江约500米，西为八卦田，北倚将台山，东北距南宋皇城遗址2千米。1984年，南宋临安城考古队在乌龟山西麓发现南宋郊坛下南宋官窑遗址，清理出窑炉遗迹，还在乌龟山的山岙平地上发现南宋时期的建筑遗迹。1985年10月初，对窑址进行正式发掘，发掘至1986年1月底结束。1988年冬，为配合南宋官窑博物馆的建设工程，又对作坊遗迹进行补充发掘，共计发掘面积约1400平方米。共发现窑炉1座，作坊遗址1处。龙窑窑炉自西南向东北，自下而上延伸，斜坡长37.5米，宽1.34～1.8米，高差7.2米。窑炉结构分别由火膛、窑室、出烟室3部分组成。作坊遗址包括残存房基3座，练泥池1个，辘轳坑2个，釉料缸2个，堆料坑1个，素烧炉1座，以及素烧坯堆积、排水沟、道路等遗迹。出土瓷片3万余件，窑具数千件。

2006年5月，郊坛下窑遗址、老虎洞南宋官窑址被列为全国重点文物保护单位。

六、南宋临安府治遗址

2000年5—8月，杭州市文物考古所对荷花池头旧城改造工程工地进行考古发掘，出土遗迹被认为是南宋临安府治遗址。临安府治遗址位于荷花池头一带，南起河坊街，北至三衙前，东依劳动路，西邻南山路，总面积超过6.67万平方米，发现有厅堂、西厢房、庭院、天井、水井等遗迹，揭露了明、元、南宋时期地层叠压关系，出土有大量建筑构件、生活用具以及练兵器材等遗物。

图1-3-8　南宋临安府治遗址

（杭州市人民政府地方志办公室 供稿）

厅堂遗迹建在用黄粘土夯筑而成的台基上。台基高约0.8米。该台基底部以青砖双层错缝平铺砌筑，上面的压栏石皆用灰白色水成岩制作。北区厅堂（包括后廊）揭露部分长16米、宽6.9米，中心部位用边长0.33米、厚0.07米的“变形宝相花”印花方砖墁地，残存面积约22平方米。厅堂与西厢房墁地的素面砖之间用长0.32米、宽0.1米、厚0.05米的长方形青砖相隔。厅堂前廊和后廊皆用长0.32米、宽0.29米、厚0.07米的素面方砖墁地。后廊西端尚残存灰白色太湖石柱础一块。

图1-3-9　南宋临安府治遗址的宝相花纹地砖

（杭州市人民政府地方志办公室 供稿）

天井遗迹位于厅堂后廊北部，东西长12.8米。天井西端有一条南北向与西厢房台基压栏石平行的排水沟，水沟距压栏石约0.8米，沟宽0.66米、深0.1米，横断面为内凹的曲面。该排水沟从北向南通过石构壶门伸入厅堂底部成为暗沟。厅堂底部暗沟的两壁用长条砖错缝砌筑，上层的条砖横置，并以方砖压面，阴沟洞上宽下窄呈梯形。天井东侧和南侧各有一条与台基平行的散水，两者垂直相交，皆用青砖错缝竖砌。东侧散水与台基之间相距2米，用素面方砖平铺砌筑。

西厢房遗迹位于厅堂的西侧，分布于南北两个发掘区内。北区揭露面长13米，南区揭露面长27.5米，南北两侧均未到头，加上中间未揭露部分，长度至少70米。西厢房建在一座用黄粘土夯筑而成的台基上，其南段和北段的压栏石与厅堂台基的前后压栏石相连，压栏石和下面基础的营造方式及用材均与厅堂的相同。

从荷花池头旧城改造工程考古发掘出土遗迹所处位置来看，应处于南宋临安府治遗址范围内。该遗址南宋层发现的遗迹具有官式建筑的一般特征，因而确定是南宋临安府治遗址的一部分。南宋临安府衙署遗址发掘，是中国府治遗址的首次考古发掘。该组建筑用宋代官式作法制作，规模宏大，用材高档，营造考究。整座建筑物地面北高南低，利用自然的坡度建成十分科学的排水系统。

七、南宋御街遗址及朝天门遗迹

南宋御街遗址　1987年，南宋御街遗址最早发现于杭州卷烟厂基建工程考古。1995—1998年，在南宋太庙遗址发掘中又发现一段御街遗迹。

2003年末至2004年夏，杭州市文物考古所在严官巷考古工地发现古河道及在河道上架桥等遗迹。该遗迹位于严官巷东段北侧，紧靠中山南路。该段御街同中山南路走向基本一致，呈南北走向，其东、南、北三面尚压在中山南路之下。该次配合万松岭隧道工程的考古发掘以严官巷为界，分南、北两个区进行，南区包括T1、T3、T5，北区包括T2、T4、T6，共发掘1200余平方米。

图1-3-10　严官巷南宋御街遗址

（杭州市人民政府地方志办公室　供稿）

严官巷发现的御街出土于南宋早期文化层，为南宋早期御街遗迹。严官巷南宋早期御街遗迹距地表2.7米，揭露部分长10.2米，宽7.2米。从发掘情况分析，御街分主道和辅道两部分，主道位于中间，两条辅道在主道东西两侧且与主道相接。揭露出的主道部分宽2.05米，用规格30厘米×8厘米×4厘米的香糕砖并列横向错缝侧砌，并在其西侧用规格37厘米×17厘米×7厘米的大砖纵向、横向各侧砌一皮，宽0.45米，作为包边并与西侧辅道间隔。清理出的西侧辅道宽5.15米，其主体分为南北向并列3段，路面用规格30厘米×8厘米×4厘米的香糕砖纵向错缝侧砌，长度均在2米以上。每段之间均以一道横向的砖结构作为隔断，该砖结构由中间纵向侧砌的单皮小砖与两侧横向侧砌的1～3皮小砖构成。

御街桥堍和桥墩基础遗迹位于御街遗迹的南端，距地表2.8米。桥堍基础遗迹从御街主道开始，用规格38厘米×18厘米×7.5厘米的大砖砌成阶梯状，第一级高15厘米，第二级高35厘米，其下部竖以木桩，尚存12根，直径12厘米，间距20～50厘米。桥墩基础与桥堍相距0.95～1.4米，用长1.2米左右、厚0.15米左右的石条错缝平砌。其下部也竖有木桩，直径12厘米，间距20厘米左右。南宋临安城桥墩、桥堍与河道遗迹是考古发现的中国南方城市河路并行体系最早的实例。2008年3—4月，为配合中山路综合保护与有机更新工程的建设，经国家文物局批准，杭州市文物考古所对工程沿线进行考古调查，并在中山中路南段进行考古发掘。此次发掘，发现南宋御街及临街建筑遗迹。

南宋朝天门遗迹　南宋朝天门是南宋御街的标志性建筑，其遗址位于吴山东面，南接十五奎巷，北临大井巷，东接中河路，西靠伍公山。2000年8—10月，杭州市文物考古所在对鼓楼遗址的考古发掘中共发现相互叠压的3个时期的建筑遗迹，其中最下层为南宋朝天门的部分基址。该遗迹揭露面积300余平方米，方向北偏东19度，由石墙、夯土台基及柱础坑等遗迹组成。

东墙由不规则石块垒砌而成，残长16.25米、宽0.45米、残高0.84米。南墙为西北东南走向，与东墙约成120度夹角，残长2.85米、宽0.5米、残高0.75米。

石墙内侧为大型夯土台基，残高1.52米。台基上部分列两排柱础坑。东侧16个，平面形状有方形和圆形，宽或直径在50厘米左右，深15～70厘米，东部以纯净的粉沙土夯筑而成。夯土台基西部利用五代朝天门原址，有4个柱础坑，一块柱础石，柱础石略成梯形，宽35～70厘米，厚30厘米。

八、南宋中央官署——三省六部遗址

南宋的三省六部官署集中分布在都驿亭桥以西，直至青平山、宝莲山麓一带。都驿亭桥也因此而得名“六部桥”，并一直沿用至今。

杭州卷烟厂基建工地　1994年11月至1995年5月，杭州市文物考古所对杭州卷烟厂基建工地进行考古发掘，发掘面积共1250平方米，以南北走向的大马厂巷为界，发掘工作分东西两区进行，其中东区共布探方、探沟5个，面积450平方米，西区共布探方、探沟9个，面积800平方米。通过试掘，发现在南宋层的上面有四个叠压关系的地层，清理出南宋、元、明、清代叠压的遗存，其中有南宋时期的大型房基、水沟、暗井等遗迹。

杭州卷烟厂的南宋建筑遗迹位于西区，有一处大型房屋官衙基址，主体包括门楼、走廊、房基三部分。从遗存情况考察，有门楼柱础石，砖铺筑走廊，廊沿边有矮墙和仿木砖雕花儿。房基可分为前厅、天井、后厅等组成部分。房基地面用素面长方形砖铺砌，而且平面砌筑的花纹多样，有羽毛纹、席纹、人字纹、鹿纹等；天井的地面亦用砖铺砌，面宽8.7米，且尚未到边。在房基范围内有着发达的水沟、暗井等排水设施，用材、砌筑都很讲究，显示了南宋时期对地下排水系统的重视，而且排水设施设计科学，排水通畅。

严官巷工地　2003年12月，为配合万松岭隧道东接线（严官巷段）的工程建设，杭州市文物考古所进驻严官巷考古工地，进行了长达大半年的考古发掘。该工地以严官巷为界，分南北两个区开展工作。其中南区发现了官署北围墙及河道遗迹。

围墙呈东西走向，下部为块石基础，上部为夹泥砖墙，部分已被破坏。块石基础分为内外两部分，外侧是一堵石构的墙体，用不规则的块石叠砌3层，缝隙处以碎石填充，相

图1-3-11　严官巷三省六部北围墙遗址
（杭州市人民政府地方志办公室 供稿）

互拼接黏合而成；内侧夯筑与石墙等高的黄土。夹泥砖墙筑在块石基础上，两侧较块石基础略内收。外侧用砖叠砌三层包边，中间以泥土填充夯实。

河道遗迹与三省六部北围墙平行，紧靠南宋三省六部官署北围墙遗迹的北侧。河道遗迹揭露部分长8.8米，南侧驳岸由红褐色的砂岩石块垒砌而成，驳岸揭露高度1.1米，底部外侧是一层经过夯筑的黄土，夯土层用大小接近的河卵石铺底，夯土面之上用不规则的块石3～4层砌筑，缝隙处垫以碎石，经拼接黏合成为一堵石构墙体。驳岸顶部的长方形压栏石由琢磨规整的乳白色太湖石平铺而成，上压三省六部北围墙。

九、吴山通宝城官署遗址

2001年1月至2002年4月，杭州市文物考古所在吴山通宝城施工工地现场进行抢救性考古发掘中，发现一处官府遗址。该遗址位于劳动路与延安路之间，揭露面积1500平方米，有南宋时期的3处天井、2处房址、2条夹道、下水道及暗沟和1处蓄水池等遗迹。该处遗址是设有院内夹道、天井的一组坐北朝南的建筑群，具有一体化的排水设施，发现有大型夯土台基，内部用黄黏土夯实，残存有太湖石或水成岩制成的压栏石，建筑排水设施完善，出土有筒瓦、板瓦、鸱吻等建筑构件。根据《咸淳临安志》所附《京城图》，确定吴山通宝城遗址为南宋临安城官署遗址。

十、其他遗址

南宋五府[①] 遗址　1996年9—12月，杭州市文物考古所在对鼓楼西南角的吴山小区工地所进行的抢救性考古发掘中，清理发现一处南宋时期的大型建筑遗迹。该遗迹由围墙和大型夯土台基组成，围墙内以黄黏土夯实，外侧包砖以长方形青砖错缝叠砌而成，里外共有3层，十分牢

① 南宋赵升在《朝野类要》中认为五府指“两参政，三枢密”。据此，此地当为宰执们居住的地方。

固。大型夯土台基规模宏大，营造考究。台基表面铺有长方形青砖路面，青砖以“人”字形花纹斜向铺砌，美观大方。路面外侧有用“香糕砖”竖砌的散水。整个路面及散水设计科学，保存比较完好。此次考古发现的大型建筑遗迹为南宋五府遗址。

吴山商城南宋官府遗址　2002年，杭州市文物考古所在对吴山商城建设工地所进行的抢救性考古发掘中，清理出一处大型南宋建筑遗址，包括3处天井、2处房址、2条夹道、1条下水道（位于西侧夹道之下）、1条暗沟和1处蓄水池等遗迹。该遗址西侧距劳动路仅几十米远，而劳动路一带在南宋时就是临安府治所在地。《南宋京城图》上表明：劳动路一带是南宋时官府办公的集中地，所以此处应是一处官府遗址。该处建筑遗址规模很大，已经清理出来的面积就已达1500平方米，从下水道、夹道的走向来推测，该处遗址的面积至少应超过2000平方米。

南宋府学遗址　2003年7—10月，为配合上城区旧城改造工程，杭州市文物保护管理所在荷花池头（新民村）进行抢救性考古发掘，清理出南宋早期与晚期建筑遗迹。

南宋早期的建筑遗迹，主要是房屋、廊庑及天井等的地面遗迹。北面房屋地面高于廊庑地面30厘米，其地面为方砖平铺墁地。房屋南面的廊庑呈东西向，地面用砖横向错缝平铺。靠南侧有东西间距5米的两块小柱础石，外边用一块“香糕砖”侧砌包边，最外侧为长方形砖和“香糕砖”混砌的护廊基。廊庑南侧的天井地面为“香糕砖”横向成排侧砌。在天井南侧，还有一段砖呈人字形和横向平铺的地面。廊庑西端南侧有长方形砖砌阴井，并通过窨井通向呈东西向的暗沟。

南宋晚期建筑遗迹包括夯土地面、砖砌夹道、砖墙、散水、廊庑、天井等。砖砌夹道呈南北向，位于夯土地面的东侧，两侧砌有顺向错缝平铺叠砌的砖墙。贴夹道东侧有一残存用“香糕砖”侧砌的地面，有拼花图案和呈两排横向侧砌及纵向成排侧砌，之间还有一稍低于地面呈凹形散水。发掘区西南部有一残存长3.32米、宽1.35米呈东西向夹道，两侧用“香糕砖”错缝平铺叠砌，底部西端残存“香糕砖”侧砌呈拼花图案的地面。

据文献记载，位于南宋临安府治北面的是府学。该次发掘的建筑遗址正好位于南宋临安府治遗址的北面，其用材、规格及规模说明该处不是一般建筑，为南宋府学遗址的一部分。

南宋白马庙遗址　2003年底至2004年夏，杭州市文物考古所在对万松岭隧道严官巷段工地的抢救性发掘中，发现南宋白马庙遗址。白马庙遗址由大殿后檐廊、东厢房、天井、过道、边门、排水沟及砖砌佛座组成。大殿后檐廊遗迹面宽5间，四周有围廊。过道位于天井之东、大殿和厢房之间，南北长3.50米，东西宽6.95米，其东是边门遗迹。东厢房遗迹位于天井之东，进深6.25米，有柱础石3块，是一间分前后间的厢房。在大殿、过道和厢房遗迹的后檐还有一条宽1.40米的后檐廊。天井遗迹揭露面南北长3.45米，东西宽7米，泥底，周围砌台阶，其南部与东南隅有水沟、暗沟等排水设施。方形砖砌佛座，长75厘米，宽57厘米，残高34厘米，由底座、下枭和束腰组成。下枭上下共3层，有收分结构，其四足均雕刻有花纹。束腰的表面刻有如意头花纹。整个佛座做工精致，美观大方。

南宋河道与船坞码头遗址　临安城水网密布，水路运输是运送货物的重要方式。1997年，杭州市文物考古所在对杭州卷烟厂综合楼基建工地进行抢救性考古发掘中，发现一处南宋时期的船坞及河道遗迹。南宋船坞遗迹位于万松岭路与中山南路夹角的西北侧，南与南宋皇城毗邻，西南为南宋三省六部遗址，北与六部桥相望。考古发现的船坞及河道遗迹距地表4.5～5米，揭露面积约70余平方米。船坞遗迹位于河道的西端，坐西向东，长5.5米，宽0.3米，残高0.65米，用长短不一，宽35厘米、厚18厘米的石板顺向错缝平铺叠砌，残存3层，外侧残存石板台阶一级。为加固台阶，在台阶石板凿成的圆孔中打有木桩，木桩直径20厘米，木桩间距各1米。河道遗迹方向北偏东120度，河道宽度不小于12米。河道南侧石坎呈“一”字形，揭露长7.75米、宽1.57米、残高1.3米，用较规则的长方形石板顺向错缝平铺叠砌，残存六层。石坎外侧用一排木桩加固，木桩直径约10～28厘米。石坎内侧发现一条宽7.4米的河堤，用大小不一的块石砌筑而成。

第三节　出土文物

1985年10月至1986年1月，中国社会科学院考古研究所、浙江省文物考古研究所、杭州市园林文物局组成南宋临安城考古队，对郊坛下官窑进行全面考古发掘，出土大量瓷片与窑具标本。1988年又对作坊遗址作了补充发掘。郊坛下遗址出土3万余件瓷器碎片及大量窑具、工具等遗物，其中20余种可复原器形，以碗、盘、瓶、罐、壶、盆等日常器皿为大宗，另有一批在宋代民窑中少见或不见的祭器和陈设瓷，如鼎式、鬲式、樽式等。出土的烧造瓷有厚胎薄釉与薄胎厚釉两类产品，釉色以粉青、灰青和米黄色为主，有滋润光泽的玉质感。釉面普遍开裂，是官窑青瓷的一种装饰，俗称“开片”。另外，器口及底部露胎处，呈灰或铁色，称“紫口铁足”。

图1-3-12　粉青釉小鼎式炉
（杭州市人民政府地方志办公室　供稿）

20世纪80年代，在杭州中河南段（该区域南宋时属于皇城范围）修建时，曾出土有官窑型瓷片和窑具。1996年，在万松岭脚下杭州卷烟厂工地中，曾出土大量集中堆积的南宋官窑瓷片。此后，在杭州老城区建设过程中，又陆续发现过一些官窑型瓷片。1998—2001年，老虎洞瓷窑遗址出土大批精美的瓷器和窑具，其中有一个长约2米、宽约1.8米的瓷片堆积坑，瓷片堆积厚度达45厘米，出土瓷片达上万片，经拼对可复原的器物近800件，器形多达20余种。瓷器品种之丰富，造型之优美，制作之精良，都为其他窑址所罕见，其中出土物以碗、盘、杯、罐、碟、壶、洗、盏托等日常生活用具为主，也有炉、尊、觚等仿青铜器的礼器。南宋层出土瓷片的胎色呈黑色或香灰色，釉色以粉青为主，米黄色次之。釉色莹彻，滋润如玉，釉面绝大多数有开片或冰裂纹。

簋式炉　1985—1986年发掘郊坛下官窑遗址时出土瓷片修复而成，斜撇沿，束颈。颈部有两道凸弦纹，龙首形双耳。浅灰色胎，质地较硬。黄褐色薄釉，光泽暗沉，釉面有碎裂纹。支烧，外底有5个支钉痕。

觚　1985—1986年发掘郊坛下官窑遗址时出土瓷片修复而成。复原前仅为口、腹、底足残片，经复原为敞口、圆唇、斜沿、细长颈、直腹、喇叭形圈足。足壁下折，腹及把侧贴饰四条扉棱，棱侧呈锯齿状。深灰色胎，质细硬。青绿色薄釉，釉面光泽强。采用轮制，分段粘接，垫烧。复原口径16厘米、足径10厘米，复原高32厘米。

鸭形香熏　1985年南宋郊坛下官窑遗址出土。此器系鸭形香熏残件，残高18厘米。圆弧形鸭头，点状眼，鸭嘴通腹，鸭背原有一圆口，上有镂空盖。鸭身内空，用以焚香，现已残缺严重。鸭身上部仅存有凸起的翅膀，形象写实。内外皆施釉，釉色青黄，釉层较薄。

八卦纹熏炉盖　该器是1985—1986年发掘郊坛下官窑遗址时出土瓷片修复而成的一件艺术珍品。盖径18.5厘米，顶径15.5厘米，钮径2厘米，高4.5厘米。该器盖依立式盖钮为圆心，内圈为两组对称的缠枝花草纹，外圈为简洁的八卦纹，顶心贴笠帽形钮。浅灰色胎，质较细。青灰色薄釉，光泽暗沉。盖底一周内外无釉，可能与器身合烧。轮制。它在造型上以透雕镂空为出烟口，显示设计上的巧妙构思，是官窑传世器物中未见收藏的器形。

梅瓶　梅瓶是老虎洞窑址南宋层出土器中的主打产品之一。此器口径6.2厘米，上腹径19.8厘米，底径9.5厘米，高33.5厘米。直口、圆唇、短颈、圆肩、弧腹斜收，暗圈足，足面露紫胎。通体施粉青釉，釉色均匀，釉面质感好，有稀疏开片，外壁釉略厚于内壁，胎骨灰黑。

图1-3-13　老虎洞南宋官窑址出土的梅瓶
（杭州市人民政府地方志办公室 供稿）

花盆　此器为老虎洞窑址出土。口径23.5厘米，腹径21厘米，底径11.2厘米，高20厘米。圆唇、喇叭状口和颈、斜肩、圆腹、下腹斜收、圈足高而外撇，足面挂釉垫烧，露紫胎，略显粗糙，底部有一小圆孔。唇外贴饰弦纹一周。施粉青釉，内壁釉色较匀，外壁釉色略泛灰，釉面有稀疏开片，薄胎厚釉，胎骨灰黑疏松。

镂空套瓶　此器为老虎洞窑址出土。口径5.8厘米，底径7.5厘米，高21.2厘米，敞口、圆唇、细颈、溜肩、鼓腹略垂、圈足外撇。整体形制实为玉壶春造型。独特之处在于腹部为内外2层，内层为胆瓶，外腹部作镂空装饰，上腹刻双线仰莲，下腹刻双重仰莲，中段以镂空缠枝花卉相连。深灰胎，施灰青釉，乳浊失透，开细密纹片。圈足刮釉垫烧，露胎处呈灰褐色。此器应为拉坯成型，再在外腹进行镂雕，制作及烧造工艺难度都很大，反映出南宋官窑工匠的制瓷水准。

琮式瓶　琮式瓶为老虎洞窑址出土。琮式瓶系仿新石器时代玉琮造型的一种瓶，在南宋官窑2个窑址中均有发现，但在形制和制作方法上有所不同。老虎洞琮式瓶为圆口，圆唇内折，在直筒腹的外壁，对称堆贴四组装饰附件，上下共5层，整器厚重、较矮，施2次釉。灰黑胎，胎质较疏松。器底留有清晰的拉坯旋纹。出土于郊坛下窑的琮式瓶，为口腹残片。圆口、尖唇、直沿、方体、折肩、直腹、施以粉青色釉。从造型上看，老虎洞的琮式瓶与古代玉琮的造型更接近，而郊坛下官窑的造型已趋于简化。

第四节　遗址保护

一、保护规划

2005年，杭州市园林文物局委托中国文物研究所、东南大学建筑设计研究院共同承担《南宋临安城遗址——皇城遗址保护规划》的编制工作。是年11月，浙江省专家评审会原则上通过规划。2009年，南宋临安城遗址的总体保护规划正式提上议程。2011年，经相关部门和各方专家讨论，对于临安城遗址保护规划，确定“点、线、片”控制的方法，保护临安城的城墙、道路、水系等骨架格局。2012年7月，国家文物局组织专家召开临安城遗址保护总体规划评审会，专家认可该规划具有较强的针对性和可操作性。是年9月，国家文物局批复，原则通过《南宋临安城遗址保护总体规划》（简称保护规划）。2013年6月，省政府正式批准公布该规划。

规划范围与面积　保护规划主体范围为南宋临安城城墙范围：北至京杭大运河，东至东河，西至桃花河，南至凤凰山。为加强南宋遗址保护，该规划将临安城城墙范围外的南宋遗存八卦田、郊坛下官窑窑址等重要遗址点，以及与临安城格局密切相关的贴沙河等重要水系纳入规划范围。总规划面积约15.05平方千米，其中城址面积约10.79平方千米。

遗址构成　遗址本体包括城墙、城门、历史道路、历史水系、南宋临安重要建筑遗址；历史环境要素包括山形水势和古树名木、南宋临安城遗址范围内市级以上文物保护单位。背景环境包括南宋临安城遗址本体周边的景观环境，南宋临安城与西湖、钱塘江、玉皇山、运河等的空间格局关系，南宋临安城遗址规划范围外的南宋重要遗址遗存。

规划思路　整体性：以遗址本体、历史环境和背景环境的整体保护为出发点，充分体现南宋临安都城的创造性特点和历史城市的积淀性特点。真实性：一方面加强对临安城遗产构成在考古基础上的展示和真实性表达；另一方面，利用城市山体的高度，鸟瞰

“腰鼓形”城市格局，揭示临安城的特点。延续性：将规划和历史城市的保护、价值挖掘以及和现代城市发展进行有效衔接；在临安城和城市背景环境的关系上，坚持几百年不变的生态环境格局的延续性保护，加强各种管理规定的合理衔接。活态性：将临安城的遗址本体及历史信息、绿化特色及形制特点、建筑遗址的真实场景、相关事件和人物等连缀成杭州历史文化名城的活态化石和资源，进行展示和利用。

二、南宋皇城大遗址综合保护工程

21世纪初，西湖环湖南线景区整合工程、南宋官窑博物馆改造、玉皇山南综合整治等涉及南宋皇城遗址保护的重点工程相继展开。2009年10月，南宋皇城大遗址综合保护工程正式启动。南宋皇城大遗址综合保护工程范围不仅包括皇城遗址及外围保护地带，还包括皇城周边部分南宋临安城遗址，范围为：南至钱塘江，北至庆春路，东至中河（及德寿宫遗址），西至虎跑路—南山路—解放路—延安路一线，规划面积为14.16平方千米。

至2015年，杭州市和上城区共实施了雷峰塔重建、万松书院复建、西湖环湖南线景区整合工程、八卦田遗址保护、南宋御街遗址陈列馆建设、南宋孔庙复建、吴山景区综合整治、玉皇山南综合整治、凤凰山路综合整治、南宋官窑博物馆建设、白塔公园（一期）、杭州卷烟厂地块转型提升、中山路综合保护与有机更新（上城段）工程、南宋皇城遗址“51131”道路街巷综合整治工程、五柳巷历史文化街区综合保护工程、御街·二十三坊整治工程等一系列与南宋皇城大遗址保护有关的工程。

西湖环湖南线景区整合工程[①] 2002年2月，西湖环湖南线景区整合工程开始动工，上城区配套启动南山路东侧街景整治工程。西湖环湖南线景区整合工程北起湖滨一公园、南至长桥公园的南山路内环湖用地，全长3千米，总用地面积50万平方米。工程对绿化用地（湖滨一公园、长桥公园等）、单位用地（大华饭店等）、民宅进行统一改建。2002年10月，西湖环湖南线景区整合工程完工。

① 详见第十篇特色街区园区第二章南山路艺术休闲特色街区。

八卦田遗址保护工程 2007年，八卦田遗址保护工程启动，工程占地面积9.82万平方米，整治内容主要包括基础设施修缮、绿化充实调整及农作物配置和文化陈设展示3个部分。基础设施修缮包括全场土地平整、修筑4座木桥和30平方米建筑、铺设园路和木栈道6400平方米、建设驳坎和挡墙约4200平方米，以及安装弱电、给排水和监控等基础设施管理系统。工程整治以保护遗址，整治环境，挖掘文化旅游休闲资源为原则，恢复八卦田作为南宋时期皇帝躬耕以示劝农籍田的自然风貌，将其打造成一个展现农耕文化的农业科普园地和历史文化遗址公园。整治后的八卦田遗址公园分为四大板块区域：主入口广场区，古遗址保护区，农耕文化体验区，农耕文化展示区。

严官巷南宋（御街）遗址陈列馆建设　2003年末，在杭州万松岭隧道东接线建设中发现严官巷南宋御街遗址。此后，严官巷南宋（御街）遗址陈列馆建设启动，在隧道南北两头贯通，北在中山中路112号、南在中山南路193号。2006年6月，严官巷南宋（御街）遗址陈列馆正式对外免费开放。

杭州孔庙复建工程　2001年，杭州孔庙复建立项，2007年工程开工，2008年工程全面完成。2008年9月28日（孔子诞辰日），杭州孔庙正式对外开放。

玉皇山南综合整治工程[①]　2006年，市政府组织编制《杭州市玉皇山南综合整治修建性详细规划》，明确玉皇山南综合整治工程东起馒头山区块，南至复兴路之江路，西至洋房山脊西侧，北至玉皇山脚。2007年3月，玉皇山南综合整治工程领导小组和指挥部成立，玉皇山南综合整治工程正式启动。2009年，上城区重点推进安置房、道路、低洼积水整治等民生工程建设，启动杭州山南国际设计创意产业园建设。2011年，上城区重点推进杭州山南国际设计创意产业园建设，至年末，累计完成近4万平方米（包括凤凰山组团、天龙寺组团）更新项目，马儿山、安家塘、甘水巷、樱桃山、目术塘5个组团陆续启动更新改造。2015年5月，玉皇山南基金小镇正式揭牌。

① 详见第十篇特色街区园区第四章玉皇山南基金小镇（杭州山南国际设计创意产业园）。

南宋官窑博物馆建设　该博物馆位于南复路60号，是中国第一座依托古窑址建立的陶瓷专题博物馆。1992年正式对外开放，占地面积7800平方米，建筑面积3700平方米。2002年，通过综合改造全方位展示南宋官窑的风韵与特色。2003年5月18日起，免费对社会开放。2007年，博物馆实施二期扩建工程，新增中国陶瓷文化陈列厅、陶艺培训中心、临时展厅及仿古瓷工场等几个部分。中国陶瓷文化陈列以阐述陶瓷与人类生活的关系为切入点，多角度、多层次展示中国陶瓷文化的蕴藉浑厚与博大精深。2010年，三期工程竣工，占地面积达43000平方米，展厅面积近10000平方米。院内小桥流水潺潺，亭台水榭点缀其中，绿树红花映衬左右，环境幽雅。博物馆新增名窑传承馆、南宋历史陈列展厅、休闲馆。

中山路综合保护与有机更新（上城段）工程　2008年起，上城区推进中山路综合保护与有机更新（上城段）工程，南起万松岭路口，北至庆春路，东起中河中路，西至岳王路、惠兴路、青年路、比胜庙巷、后市街，占地面积65万平方米。2009年，上城区在中山中路—西湖大道—高银街两端建成大型地下停车库3个。因中山中路核心区块一些道路局部街宽大于12米，有悖于历史风貌，故在中山中路核心区块建设骑楼12段，以调整街道的宽度。骑楼主要分布在中山中路103～198号两侧，具体在北入口牌坊—甘泽坊、甘泽坊—惠民路、惠民路—高银巷区域。同时，增设西湖大道、甘泽坊巷、惠民路口、太平坊巷、高银巷5堵坊墙。建成南宋御街陈列馆，建筑面积397平方米。至2011年，中山路综合保护与有机更新（上城段）工程完成对中山南路（沿街）3个地块立面整治工程，路长1400米，总建筑面积3.84万平方米；完成对中山中路33个地块实施综合保护及部分建筑有机更新，路长2300米，建筑面积132.25万平方米。

南宋皇城遗址“51131”道路街巷综合整治工程　2011—2012年，上城区实施“51131”南宋皇城街巷综保工程。“51131”，代表5条主要道路、11条街道、31条坊巷。5条主要街道为对延安路（庆春路—吴山广场）、西湖大道（南山路—城站）、平海路（中河路—东坡路）、南白路（复兴路—凤凰山路）、之江路进行修缮和改造。11条街道主要指围绕湖滨商圈、玉皇山南综合整治工程，其中，延安路周边（湖滨商圈）5条：邮电路、仁和路、板桥路、吴山路、太平里；玉皇山南地区3条：机务段路（延伸）、海月路、凤凰山东路；五柳巷范围1条：建国路（部分）；惠兴路、岳王路2条街道。31条坊巷包括围绕五柳巷历史街区、湖滨商圈、安家塘历史街区、第一居委会周边、直紫城巷、里仁坊巷、思鑫坊等进行修缮和改造。修缮和改造按照“保护为主、抢救第一、合理利用、加强管理”方针，包括应急抢修、日常养护、局部整修、全面整治，修缮手段包括保真、修复、改善、整饬、置换、新建、加建、迁移。

五柳巷历史文化街区综合保护工程　2010年10月，五柳巷历史文化街区综合保护工程启动，按修缮和复建两种模式分3期实施。2012年9月，约7万平方米的修缮类工程通过竣工验收。2013年11月，A4地块（复建类）通过竣工验收。改善后的五柳巷历史文化街区，民居建筑得到翻新，厨卫设施齐全，街巷内新增铺设老石板道路3000平方米，种植绿化3100平方米，增设路灯32个，基础设施更加完善。

御街·二十三坊[①] 整治工程　2011年6月，御街·二十三坊综合保护工程正式启动，根据以人为本、修旧如旧的原则，整治沿街老墙面、破屋顶、石库门1万余平方米；增设休憩沿街走廊；同步完成燕春里、城隍牌楼、四牌楼沿线老（古）井修缮保护，全方位展示区块厚重文化。2012年9月，御街·二十三坊正式开街。

①“御街·二十三坊”是指以太庙遗址为核心，覆盖万松岭隧道以北、伍公山麓以南、中山南路以西、紫阳山麓以东范围，占地面积约4万平方米。其间的坊巷及周边部分支小路统称为23坊，分别是：十五奎巷、晓霞弄、井弄、茶啾弄、城隍牌楼、四牌楼、察院前巷、察院前支路、勤远里、周衙弄、大马弄、花生弄、元宝心、方井弄、丁衙巷、瑞石亭、燕春里、太庙巷、白马庙巷、高士坊巷、严官巷、严官巷上山道、泗水弄。

第四章　皇城研究和文化传播

中华人民共和国成立后，南宋皇城文化研究逐步受到关注和重视。1956年，杭州市文物管理委员会成立，南宋文化考古和研究工作开始设置专门研究机构并配备相应专业人员。1978年改革开放后，南宋皇城及临安研究的学术成果不断涌现。1993年3月25—29日，岳飞暨宋史国际学术研讨会在杭州举行。此后，各类学术活动经常性展开，极大地促进南宋皇城及临安的相关研究，提升了南宋文化影响力。

2005年，杭州市社会科学院成立南宋史研究中心，专门开展南宋史研究。2010年8月，南宋修内司官窑遗址出土文物首次出国到日本大阪展出。2011年1月，上城区提出打造“南宋古都·经典上城”品牌，随旅游产业发展，上城区以南宋文化为核心特色，并将其向全国乃至全球推广。2015年9月，上城区举办首届中国南宋文化节，南宋皇城的影响力不断扩大。

第一节　研究机构和团体

1953年，浙江省文物管理委员会成立。1956年，杭州市文物管理委员会[①]成立，开始有专门研究机构和专业人员研究南宋皇城文化。1984年，杭州市岳飞研究会成立。1985年，杭州市文物考古研究所成立。2005年，杭州市社会科学院成立南宋史研究中心。

① 下设文物办公室，隶属杭州市文化局。

一、杭州市社会科学院南宋史研究中心

2005年6月，杭州市社会科学院正式建立南宋史研究中心（简称研究中心），地址解放东路18号市民中心D座8楼[②]，是杭州市社会科学院内设研究机构。研究中心聘请浙江大学历史系教授何忠礼为中心主任兼首席专家，浙江大学古籍研究所教授方建新和浙江省社会科学院研究员徐吉军担任副主任。2006年，入选浙江省首批11个哲学社会科学重点研究基地之一。自成立初至2010年，研究中心完成近70余种共计90部专著、论文集和期刊的编撰出版。编撰首部大型系列丛书——“南宋

② 属于杭州市江干区。

史研究丛书”50卷。2010年，开始编撰的第二部大型系列丛书——“南宋及南宋都城临安研究系列丛书”，有清华大学教授郭黛姮《南宋建筑史》等近20部专著问世。2010年起，研究中心改革丛书编撰方式，更加注重作者自主选题、问题导向和年轻学者的培养，更加鼓励学术观点和方法创新，使南宋史研究进一步走向深入，一批年轻学者因此脱颖而出。至2015年，研究中心已成为学界公认的“全世界南宋史研究的中心”。

二、杭州市文物考古研究所

1985年，杭州市文物考古研究所（简称市考古所）成立，地址梅灵北路7号①。市考古所负责杭州市配合基本建设的考古调查发掘工作，参与由中国社会科学院考古研究所与浙江省文物考古研究所共同组建的南宋临安城考古队，参与临安城遗址的考古调查、勘探、发掘。从20世纪90年代中期起，市考古所配合城市建设开始独立进行临安城遗址的抢救性考古发掘，如在城市建设中开展的南宋太庙遗址、德寿宫遗址、临安府治遗址、南宋恭圣仁烈皇后宅遗址、南宋御街遗址等一系列考古发掘项目。在西湖申报世界文化遗产工作中，市考古所还配合西湖申遗保护整治项目，进行开化寺遗址、钱塘门遗址、清行宫遗址的调查工作，为西湖申遗工作的遗产真实性、完整性、价值提炼、遗产展示等提供强有力的实物佐证和技术支撑。1998年，市考古所与杭州市文物保护管理所合署办公，负责全市的考古发掘、文物保护等工作。2001年，市考古所与杭州市文物保护管理所、杭州历史博物馆合署办公。2012年3月，市考古所单独建制，系杭州市园林文物局（西湖风景名胜区管理委员会）直属的正处级全额财政拨款公益服务事业单位，承担和指导地下文物调查、勘探、发掘及出土文物的整理、研究和保护工作。至2015年，机构和职能未发生变化。

① 属于杭州市西湖区。

三、杭州市岳飞研究会

1984年，由杭州大学历史系宋史研究室主任、教授徐规和杭州岳飞墓庙文物保护所所长贾荣发联合倡议，杭州市岳飞研究会成立，北京大学教授邓广铭任顾问，中共杭州市委副书记杨招棣任名誉会长，徐规任会长，中国社会科学院历史研究所研究员王曾瑜、杭州市园林文物局副局长陈文锦、上海师范大学教授朱瑞熙、河南大学历史系教授周宝珠任副会长，杭州大学教师龚延明任秘书长，贾荣发任副秘书长。秘书处设于西湖区北山路80号杭州岳飞墓庙文物保护所内。学会主要宗旨是研究岳飞、宣传岳飞，为建设社会主义精神文明服务。主要职责为收集有关岳飞的资料，研究岳飞的史事及其对后世的影响和两宋的政治、经济、军事、文化等，交流岳飞研究学术成果，保护与岳飞有关的历史遗迹，宣传爱国主义精神。会员分布于北京、上海、天津和浙江、河南、江苏、湖北、湖南、江西、广东、山西、陕西、四川、福建、黑龙江等10余个省市。至2015年，杭州市岳飞研究会在杭州市园林文物局资助下，共举行5届学术研讨会，其中2届是国际学术研讨会。共出版5本会议论文集《岳飞研究》。

第二节　学术活动

1993年3月25—29日，岳飞暨宋史国际学术研讨会在杭州举行。该研讨会由杭州市岳飞研究会与杭州市园林文物局合办，杭州大学协办。来自美国、加拿大、韩国以及中国内地（大陆）、香港、台湾的89名专家、学者出席会议。大会收到论文有70余篇。[①] 2002年11月，北京大学中国考古学研究中心和杭州市园林文物局联合举办“中国杭州南宋官窑老虎洞窑址国际学术研讨会”，以中国古陶瓷学会名誉会长、研究员朱伯谦为代表的100余名专家、学者，再次确认老虎洞窑就是南宋修内司官窑，同时也是传世哥窑产地之一。2003年8月24—27日，浙江大学宋学研究中心与杭州岳庙管理处、浙江大学古籍研究所及杭州市岳飞研究会共同举办的“纪念岳飞诞辰900周年暨宋学国际学术研讨会”，在杭州华北饭店召开。该研讨会共收到论文50余篇，分别从岳飞研究、宋学、宋代政治、经济等角度展开研究。

① 龚延明．岳飞暨宋史国际学术研讨会在杭举行［J］．杭州大学学报（哲学社会科学版），1993.

2008年10月20—23日，由市政府主办、杭州市社会科学院承办、杭州市园林文物局协办的“中国南宋史国际学术研讨会暨南宋定都临安（杭州）870周年纪念会”在杭州召开。全国各地包括中国台湾地区、香港特别行政区，以及美、英、日、韩等国的学者80余人出席研讨会。研讨会共收到论文76篇，内容涉及南宋的政治、经济、军事、文化、科学技术、人物、宗教、对外关系以及古都临安的城市建设、生活习俗和与之相关的历史等各个方面。与会代表对南宋历史展开热烈讨论，对南宋在中国历史上的重要地位以及对后世的深远影响取得共识，在很大程度上改变以往学界轻视南宋并忽视南宋史研究的倾向。2009年12月26日，杭州市社会科学院与浙江省古建筑设计研究院共同主办“南宋皇城大遗址综合保护工程——南宋建筑研讨会”。清华大学、浙江大学、南京大学、天津大学、同济大学、东南大学、中国建筑设计院以及浙江省古建筑设计研究院等著名高校及科研院所的10名专家，围绕南宋建筑技术及成就、南宋建筑艺术及审美意识、南宋建筑的基本特征及风格、南宋皇城建筑、南宋建筑与宋《营造法式》等展开讨论。2011年10月22—23日，由市政府、中国社会科学院历史研究所主办，杭州市社会科学院承办，杭州西湖国学馆协办的第二届中国南宋史国际学术研讨会在杭州举办。中国内地（大陆）、香港、台湾，以及日本、韩国等80余名专家、学者围绕南宋的政治、经济、军事、文化、社会及都城临安等相关问题，提交论文80余篇。

2013年初，杭州文史研究会启动“南宋临安城数字化模型”课题，得到市政府、市政协领导的充分肯定和大力支持，明确学术指导机构、史料收集和研究、数字化技术等事项。是年4月，杭州市社会科学院南宋史研究中心与浙江大学历史系合作，在浙江大学校园内举办海峡两岸宋代社会文化学术研讨会，来自两岸的参会学者有41人。2014年8月20日，由杭州文史研究会和中国宋史研究会共同举办的2014年杭州文史论坛暨南宋临安城研讨会开幕，来自国内外数十名顶尖专家、学者、文史工作者共同探讨交流该段历史。市政协主席叶明在代表市政协所做的祝贺讲话中指出，文史论坛是杭州文史研究的重要平台，通过对南宋临安城及《南宋临安城数字化模型》课题研究，对于进一步深入地了解和研究南宋政治、经济、文化发展的情况，更加全面地认识南宋及杭州在中国历史上的地位和影响，促进杭州历史文化的保护利用，推动美丽杭州、品质杭州建设，都具有重要意义和价值。

2015年10月，杭州社会科学院南宋史研究中心在杭州举办第三届中国南宋史国际学术研讨会，参加该会议的有近藤一成、土肥佑子、王瑞来、王德毅、李弘祺、黄宽重、刘静贞、韩桂华、朱瑞熙、何忠礼、李裕民、龚延明、葛金芳、张其凡、虞云国、戴建国、包伟民、李华瑞、曹家齐、范立舟、黄纯艳等海内外著名学者近90人。参会学者提交论文近80篇，内容非常丰富，包括宋代的政治、经济、军事、文化、思想、典籍、人物等个各方面。

第三节　学术成果

一、南宋皇城文化综合研究

在综合性研究方面，早在民国便已展开，如张其昀《南宋都城之杭州》（《史地学报》1925年第3卷第7期），张家驹《宋室南渡后的南方都市》（《食货》1935年第1卷第10期），杨菲《南宋时的杭州》（《杂志》1944年第13卷第6期）。其中，张其昀开始注意分析宋元临安从繁华到凋敝的原因，指出火灾是最大的问题。20世纪80—90年代，古都研究著作中多有涉及南宋临安者。林正秋《南宋都城临安》（西泠印社出版社，1986年版），运用正史及笔记等史料考述定都临安的原因、皇宫官府、工商经济、风俗人情、城市建设等，并就分歧之处（如皇城边界）等提出看法。周峰主编《南宋京城杭州》[①]（浙江人民出版社

①《南宋京城杭州》最早由政协杭州市委员会办公室编辑，1984年内部发行，后杭州市政协主席周峰将其列入《杭州历史丛编》，由浙江人民出版社1988年出版，之后又有1997年修订本，增加了一些文章与图。

1997年版)，选录20世纪80—90年代南宋临安的论文，涵政治、经济、文化等，附录南宋临安大事记、城坊布局等图表。

进入21世纪以后，研究专著以张劲著《两宋开封临安皇城宫苑研究》(齐鲁书社2008年版)、林正秋著《南宋临安文化》(杭州出版社2010年版)为代表。林正秋著《南宋临安文化》一书约40万字，阐述文臣机构，天文、医药机构，学校、修史等机构以及风俗、文化等。此外，徐吉军所著50万字的《南宋都城临安》(杭州出版社2007年12月版)，其中第八章《文化娱乐》着重阐述南宋都城临安的文化娱乐情况。傅伯星、胡安森《南宋皇城探秘》(杭州出版社2002年版)，傅伯星《宋画中的南宋建筑》(西泠印社出版社2011年版)两书，对南宋皇城均有非常精辟的阐述。

在论文方面，林正秋《南宋时期杭州的经济和文化》(原载《历史研究》1979年第10期)、《南宋杭州文化发展的历史特点》[《杭州师院学报》(社会科学版)1987年第3期]、方如金《南宋临安的文化》[《浙江师范学院学报》(社会科学版)1982年第3期]3文，比较系统地阐述南宋临安文化成就。阙维民《南宋行在临安府的地图再现——历史地图学个案研究》(《历史地理》第12辑，上海人民出版社，1995年版，第256页)，提出参照《咸淳临安志》、史料、现代考证文献编绘而成《南宋行在临安府复原图》，后又在此基础上绘制《南宋临安坊巷图》。董军《南宋御街复原研究》(《山西建筑》2009年11月)，从古籍文献、两宋绘画、南宋御街考古报告等展开复原，讨论御街的总体轮廓、布局形式等问题。

在海外研究方面，20世纪30年代，南宋临安城市要素中如“城垣”“坊巷”等为日本学者所关注。加藤繁指出南宋临安的坊，其功能和意义已发生重大变化，变为街巷之名。[①] 小竹文夫在《南宋之都市生活》(岑家梧译，《现代史学》1934年第2卷第1~2期)中描述临安人口稠密、商业繁盛、娱乐与文艺发达。20世纪80年代，日本学界对南宋临安展开城市景观复原研究。梅原郁主编《中国近世的都市与文化》(《中国近世の都市と文化》，京都大学人文科学研究所1984年版)中收录部分重要成果，成果侧重描述临安的宫城营建、水路与桥梁布局、厢坊设置、身份与住宅区域、南渡后的开发区及公共设施、临安附属郭县的变迁等。美国亚利桑那州立大学教授奚如谷(Stephen H. West)以身体、礼仪与宫苑为切入点探讨宋元城市生活。

① 加藤繁著、吴杰译. 唐宋时代的市[M]. 北京：商务印书馆，1962：302.

二、南宋临安德寿宫研究

关于德寿宫址，学者多有探讨。郭俊伦《杭州南宋德寿宫考》

（《社会科学战线》，1979年第3期）一文认为清末杭州胡庆余堂创始人胡雪岩建造的住宅及芝园是在德寿宫范围内，因为德寿宫“宫门当在元宝街巡南”；胡雪岩芝园内的人工大岩洞“很可能是德寿宫内的山洞，极可能是国内最古最大的人工岩洞，是八百年前我国叠山匠师所建的实物”。林正秋《南宋德寿宫范围与地址考索——兼和郭俊伦先生商榷》（《浙江学刊》，1980年第1期）一文，则对该论点逐一进行反驳。

三、中原移民与临安文化研究

20世纪30年代，全汉昇《宋代东京对于杭州都市文明的影响》（《食货》，1935年第2卷第3期，第31～34页）曾论述宋代东京对南宋临安都市文明的影响，从饮食、衣饰、娱乐等略举数例以证。此后，日本学者曾我部静雄《开封与杭州》（《開封と杭州》，《中国历史地理丛书》第7辑，富山房，1940年）、张家驹《两宋经济重心的南移》（湖北人民出版社，1957年版）两书，进一步探讨该问题。徐吉军《论汴京对临安都市文化的影响》（中国古都学会编《中国古都研究》第五、六合辑，北京古籍出版社1988年版，第201～213页）、《论中原文化对南宋都城临安的重大影响》（《浙江社会科学》，2008年第9期）及程民生《汴京文明对南宋杭州的影响》（《河南大学学报》，1992年第4期）等文，从语言、饮食、服饰、民俗、娱乐、岁时节日、艺术表演形式、城市建设、宗教信仰等方面阐述中原文化，特别是汴京文明对南宋都城临安的影响。复旦大学中国历史地理研究所教授吴松弟《南宋移民与临安文化》（《历史研究》，2006年第5期）一文认为：临安文化在南北融合的同时，经历了原以南方文化为主，到以北方文化为主，并融入胡化色彩，最终朝着以南方文化为主，同时又带有一定古老的北方文化特色的转变过程。

四、临安城市人口研究

杨宽在《中国古代都城制度史》一书中认为，南宋末年咸淳年间，临安府总人口当在120万人左右，包括城外郊区10万人和乡村10万人。[①]美国学者赵冈认为，临安的高峰人口是250万人，城内占地65平方千米，有100万居民，城外郊区180平方千米，有150万居民，折合成户数，城厢合计约有45万户。以各个朝代最盛时期的城市而言，汉长安为25万人，唐长安为60余万人，北宋东京为140万人左右，元大都88万人，明北京为84万人，清北京为76万人。[②]

五、南宋临安社会生活与风俗研究

民国时期，有学者开始研究南宋临安社会生活与风俗。如全汉昇《宋代都市的夜生活》（《食货》，1934年第1卷1期）、孙正容《南宋临

① 杨宽.中国古代都城制度史研究［M］.上海：上海古籍出版社，1993：350.

② ［美］赵冈.南宋首府临安人口［J］.中国历史地理论丛，1994；［美］赵冈.中国城市发展史论集［M］.北京：新星出版社，2006.

安都市生活考（上）》（《文澜学报》，1935 年第 1 期），其中全汉昇已经注意到城市治理等问题。1959 年第 19 卷第 1 期《大陆杂志》刊有中国台湾学者费海玑《南宋临安生活简介》一文，开始探讨南宋临安城的厢坊布局、商铺位置及房荒问题等。1974 年庞德新著《宋代两京市民生活》一书，对南宋都城临安的社会生活多有阐述。法国著名汉学家贾克·谢和耐著、中国台湾马德程译的《南宋社会生活史》（台北中国文化大学出版部，1988 年印行）一书，分“杭州城”“杭州的社会”“杭州的食衣住”“杭州人的一生历程”“杭州的岁时节食与天地祭祀”“杭州人的休闲活动”6 个部分，比较全面系统地阐述了南宋都城临安的社会生活。

1978 年改革开放后，徐吉军较早从事该方面的研究，其《宋代都城社会风尚初探》（《浙江学刊》，1987 年第 6 期）、《论南宋临安的社会生活方式》（《东南文化》，1988 年第 6 期）、《论南宋临安市民的饮食生活》（中国古都学会编《中国古都研究》第十辑，天津人民出版社，1997 年版），对南宋临安的社会风尚、社会生活方式及饮食生活进行了比较深入的研究。进入 21 世纪，清华大学人文学院教授龙登高《南宋临安的娱乐市场》（《历史研究》，2002 年第 5 期）一文认为：娱乐市场是南宋临安城市市场体系的组成部分，以多样化的市场形态，迥异于商品市场的特征，在与商品市场的互动中促进了城市市场的发育与成长。徐吉军《南宋临安社会生活》一书认为，南宋临安人在物质上追求奢侈生活，在精神上讲求文化享受，在观念上注重实际超前，具有鲜明的时代和地域特征。北京大学历史系余江宁《论宋代京城的娱乐生活与城市消费》（《安徽教育学院学报》，2004 年第 22 卷第 2 期）一文，认为北宋开封和南宋杭州是中国古代最早由古典市制进入近代意义下的两个城市，两地丰富的娱乐生活，与此前的城市生活呈现出一种不同的特色，即新兴市民开始占据娱乐生活的主体。

浙江师范大学人文学院姚海英《略论南宋临安的市民生活文化》（《许昌学院学报》，2005 年第 3 期）一文，提出南宋临安市民的生活文化丰富多彩，且具有 3 个特点，即浓厚的商业气息、崇尚奢侈的生活方式和对封建正统规范的反叛意识。复旦大学历史地理研究中心张晓虹、牟振宇、陈琍、丁雁南《南宋临安节日活动的时空结构研究》（《中国历史地理论丛》第 23 卷第 4 辑，2008 年 10 月）一文选择南宋时期的临安作为城市空间研究对象，在全面梳理相关历史文献记载的基础上，尝试结合应用功能分区法和时间地理学 2 种方法，对南宋临安节日活动空间进行剖析，揭示其城市节日活动的时空间结构特征。

六、南宋临安教育研究

在南宋都城临安的教育研究方面，张其昀《南宋杭州之国立大学》［原载《史地杂志》创刊号，民国 26 年（1937）5 月出版］一文可谓是开山之作。作者认为南宋在政治上承北宋之系统，其大学亦可视为汴学之南迁。林正秋《南宋太学的重建与管理制度初探》（《杭州师范学院学报》，1991 年第 5 期）一文，对南宋临安太学的重建与规模、太学的招生方法、课程及学业考试、德艺考查与平日管理等进行比较深入的研究。杨勇博士学位论文《两宋画院教育研究》，对南宋画院的建立及特点、南宋画院画家的构成、南宋画院的教育、南宋政治与南宋画院教育的关系、南宋文化审美与南宋画院教育的关系等做过非常深入的研究。

七、南宋官窑研究

南宋官窑博物馆建立后，主要从事南宋官窑以及历代陶瓷器的研究、南宋官窑瓷器复制及开发的研究，并出版《古陶瓷研究》学术性刊物。开展“复制南宋官窑瓷的研究”“复制南宋官窑瓷中试实验”等陶瓷课题的研究，其中“复制南宋官窑瓷课题”1998年获浙江省“科技进步奖”一等奖。

此外，汪庆正《老虎洞南宋修内司官窑遗址的重要发现及其相关诸问题》（《上海博物馆集刊》，2000年第1期），确信该处窑址和南宋人的记载完全相符，应属南宋修内司官窑无疑。同时对南宋修内司官窑和郊坛下官窑的创立时间及有关传世哥窑器产地等诸问题进行探索。邓禾颖《南宋官窑探微——对南宋官窑若干问题的回顾与思考》（《东南文化》，2000年第1期），杜正贤《杭州老虎洞南宋官窑窑址的考古学研究》（《故宫博物院院刊》，2002年第5期），秦大树、杜正贤主编的《南宋官窑与哥窑——杭州南宋官窑老虎洞窑址国际学术研讨会论文集》（浙江大学出版社，2004年版），李刚《宋代官窑续论》（《东方博物》，2006年第2期）《南窑、续窑和哥哥洞窑辨析》（《东方博物》，2007年第2期）、李喜宽、崔海莲《南宋前期官窑新探》（《东方博物》，2007年第2期）等也对南宋官窑进行了研究。

八、南宋临安图书出版与档案、藏书研究

在南宋临安图书出版研究方面，青岛大学师范学院历史系副教授、博士李传军做过比较深入的研究，其《南宋临安睦亲坊陈宅书籍铺考略》《青岛大学师范学院学报》第24卷第2期2007年6月）、《南宋出版业的经营策略与文化传播——以南宋临安棚北大街睦亲坊陈宅书籍铺为中心》［《山东师范大学学报》（人文社会科学版），2009年第54卷第4期］认为，陈宅书籍铺是南宋临安最重要的书坊之一，其刊刻的古籍世称书棚本，对于传播南宋江湖派诗人的作品做出过不可替代的贡献，在中国出版史和文化史上均产生重要影响。何扬鸣《试论南宋临安的新闻事业》（《新闻与传播研究》，第16卷第3期）一文认为南宋临安的新闻传播活动十分丰富，不仅时间上早于西欧，而且其规模也大大超过西欧。

辽宁大学历史学院徐红《从〈南宋馆阁录、续录〉看南宋秘书省的档案管理工作》（《黑龙江档案》）一文，以张富祥点校的《南宋馆阁录、续录》为据，对南宋秘书省的档案管理工作进行论述，详细阐述秘书省馆藏档案机构及职掌档案管理等方面的内容。安徽省图书馆馆员张秀玉《南宋书棚本〈唐女郎鱼玄机诗〉流传考述》（《图书馆界》，2012年第3期）一文，对国家图书馆藏南宋杭州陈宅书籍铺所刻《唐女郎鱼玄机诗》一书在藏书史上的流传做了系统考证。

在藏书方面，浙江大学古籍研究所教授方建新《南宋国家图书馆——秘书省藏书考述》（原载《历史文献与传统文化》第十集，兰州大学出版社，2003年版，原名《宋代国家图书馆——馆阁藏书》，收入何忠礼主编《南宋史及南宋都城临安研究（下）》，人民

出版社，2009年版，作者做了改写）初步考察南宋秘书省的建置沿革、规模设施、藏书功能，以及大致的藏书数量和来源，揭示作为中央政府最主要的藏书机构、国家图书馆性质的秘书省，在南宋图书文化事业中的地位和作用，从一个侧面反映南宋最高统治者继续推行重文政策，文化学术事业得到较快恢复发展，进而繁荣兴盛的过程。顾志兴在《浙江藏书史》一书中，也论述了南宋时期杭州刻书业的兴盛对藏书传统的促进与影响。

九、临安史籍的考证研究

《乾道临安志》《淳祐临安志》《咸淳临安志》是南宋都城临安的3部官方重要文献。在三志的研究方面，朱士嘉《临安三志考》（原载《燕京学报》，1936年第20期）一文是开山之作。该文对临安三志的作者、体例及其在学术上之地位做了全面系统的分析研究。朱士嘉撰有《宋临安三志版本考序》（《燕京大学图书馆报》，1936年第98期）、《宋临安三志版本考》（《文澜学报》，1937年第3卷1期）两文。陈杏珍《〈淳祐临安志〉的卷数和纂修人》（《文献》，1981年第3期），黄苇《论临安三志》（《方志论集》，浙江人民出版社，1983年版，第121~144页），林正秋《南宋行都三志》（浙江地方史研究室编《地方志与方志学》，1983年），林正秋《南宋〈咸淳临安志〉述略》（《文献》，1990年第3期），郝秀荣、丁延峰《丁丙藏宋本〈咸淳临安志〉考略》（《新世纪图书馆》，2006年第4期），丁延峰、郝秀荣《海源阁藏宋本〈咸淳临安志〉散佚考》（《图书馆研究与工作》，2006年第1期），日本学者高桥弘臣《读南宋〈临安志〉》（《南宋〈临安志〉を読む》，爱媛大学资料学研究会编《歴史と文学の资料を読む》，创风社2008年版，第102~121页），都对《咸淳临安志》有比较深入的研究。此外，逍遥《都城纪胜：南宋杭州城市文化的繁华书写》（《江南论坛》，2005年第4期）对南宋都城临安的重要文献《都城纪胜》有比较深入的研究。

十、南宋临安宗教研究

陈学霖《两宋京师“皮场庙”考溯》（中国宋史研究会第11届年会，四川广安市，2004年）一文，对北宋都城开封和南宋都城临安的“皮场庙”之间的关系进行了考溯。

四川大学道教与宗教文化研究所教授段玉明《南宋杭州的开封宫观：宗教文化转移之实例研究》［《四川大学学报》（哲学社会科学版），2006年第3期］以南宋杭州的开封宫观为例，探讨宗教文化的转移中文化元素与特定信仰群体之间的联系等问题，认为开封宫观在杭州的复建，多与帝国政治结合紧密，是帝国政治连续性与合法性证实的舞台，帝国与皇室安危的心理保障。复旦大学历史地理研究中心博士研究生牟振宇《南宋临安城寺庙分布研究》［《杭州师范学院学报》（社会科学版），2008年第1期］一文认为，南宋临安城寺庙分布格局与历史地理、官府城市规划、城市形态、居住区人群、寺院功能等各要素有着极其密切的关系。鲍志成《南宋临安宗教》（杭州出版社，2010年版）中也考述了宋室南渡与神祇随迁之间的关系。[①]

① 姚永辉.城市史视野下的南宋临安研究（1920—2013）［J］.史林，2014.

四川师范大学历史文化与旅游学院讲师成荫《唐宋时期杭州寺院神祠的建立与发展》（四川大学，2012年博士论文）及《北宋开封神祠文化在南宋临安的转移与延续——以东京旧祠为中心》（《中华文化论坛》，2013年第6期）认为，北宋开封神祠文化在南宋临安的转移及延续，是值得关注的文化史现象。

十一、南宋临安中外文化交流研究

2008年，王勇、郭万平、江静3人合著《南宋临安对外交流》一书，分“南宋临安与日本的交流”“南宋临安与欧亚诸国的交流”“南宋临安绘画作品在日本的流播与影响”“日藏南宋临安僧人墨迹”4章对临安对外交流进行阐述。林正秋《南宋杭州的中日佛教文化交流》（《杭州师范学院学报》，2000年第2期）一文认为，南宋时期是杭州历史上中日佛教文化交流最盛的阶段。日本数以百计的名僧先后到南宋都城临安府的名刹取经学佛，大部分集中在当时名刹灵隐寺、净慈寺、径山寺、天竺三寺、护国仁王寺等禅宗寺院，长者10余年，短则1～2年。他们回国之后，对日本的禅宗传播起到重要作用，其中名僧荣西回国后成为日本禅宗创始人。

第四节　文化传播

2001年，上城区政协为配合中国杭州西湖国际博览会期间清河坊历史文化特色街区开街宣传，收集、整理、编撰文史资料，出版反映街区历史文化风情的书籍——《清河坊》，2002年组织再版修编。该书以历史遗存和掌故传闻为线索，深入发掘该古街坊的历史沿革、轶闻趣事和故事传说，通过浙江古籍出版社对外出版发行，在更大的范围宣传上城区极为丰富的历史文化资源和根植深厚的民俗文化底蕴。

2004年，杭州市上城区商贸旅游局（简称区商贸旅游局）挖掘吴越文化、南宋文化，特邀历史学家林正秋等多名学者编写《梦寻南宋皇城》一书，对上城区的历史典故、名人名宅、文物保护景点、南宋故事等诸多方面做完整系统介绍。2006年2月，中国第一个特色街区民俗博物馆——清河坊民俗博物馆正式开放，展区集中展出清河坊历史街区段从南宋到民国时期的市井民俗。是年，杭州市清河坊历史街区管理委员会组织学者编辑出版《古城遗韵》，书中系统、全面、深入记录清河坊街区的历史文化遗存，整理出上百处具有代表性的人文景观。

图1-4-14　2010年9月，西博会国际旅游节暨第二届南宋御街国际旅游文化艺术节开幕式在鼓楼小广场举行

（清河坊管委会 供稿）

2008年，杭州国际体验日活动开始举办，通过不同的主题和体验

路线设计，让外国友人感受杭州历史文化的魅力。上城区是杭州国际体验日永久承办城区，每年均举办该活动。

2009年9月末至10月末，首届南宋御街国际旅游文化艺术节在中山路步行区（鼓楼—西湖大道）、清河坊历史文化特色街区举行。活动以“展示古都风采、恢复城市记忆、再现市井生活、交融中西文化”为主题，包括5项主要活动，即南宋文化珍品展、民间艺术精品展、工艺品展销、南宋文化表演（市井杂耍、神鞭、火技等）、南宋饮食文化展。此后，南宋御街国际旅游文化艺术节成为南宋御街景区的固定节庆旅游项目，一年一届。是年，中共杭州市上城区委宣传部策划老杭州市井民俗游、历史古迹文化游、时尚休闲观光游、南宋皇城文化游、玉皇山南健康生态游等外宣载体，在主流媒体上以专题新闻的形式加大宣传力度。

2010年2月，清河坊历史文化特色街区推出南宋御街首个旅游产品“南宋御酒”。6—8月，在河坊街举行“缤纷夜游”活动，围绕“盛世繁华夜，千年御街游”主题，推出“南宋盛世”“民间世博”“皇帝巡游”“嫁在河坊”4台大戏，在河坊街、南宋御街轮番上演。7月，上城区接待日本TBS电视台、亚洲商务卫视、香港亚洲电视等媒体拍摄清河坊、南宋御街旅游宣传片。8月，由杭州历史博物馆、日本大阪市立东洋陶瓷美术馆在日本大阪共同举办“梦幻之窑（幻の名窯）——南宋修内司官窑杭州老虎洞窑址发掘成果展”，共展出杭州老虎洞窑址发掘出土的修内司官窑瓷器48件和标本8件。开幕当天下午，杭州历史博物馆馆长吴晓力做专题讲座，向参加讲座的日本陶瓷界专业人士着重介绍杭州陶瓷文化资源和南宋官窑陶瓷，展示杭州陶瓷文化的隽永魅力。展览持续到11月28日闭幕。11月，《杭州日报》和杭州电视台报道清河坊茶会的“斗茶、问茶、赏茶、展茶、找茶”五大系列活动，宣传南宋茶文化。

图1-4-15　河坊街皇帝巡街活动（2006年）
（清河坊管委会 供稿）

2011年1月，上城区提出打造“南宋古都·经典上城”品牌。是年，区商贸旅游局制作《南宋古都·悠游上城》旅游宣传册，免费投放到省内各大宾馆、饭店及旅游集散中心，突出介绍老杭城的市井民俗和历史风貌。2012年6月，杭州市上城区风景旅游局承办“千年之约·城市记忆之旅”“寻找城市的千年记忆”活动，发布微电影《千年之约》，影片内容包含对南宋御街、清河坊、八卦田遗址公园等地点的展现和宣传。10月，清河坊历史文化特色街区参加法国巴黎中国文化中心举办的“中国历史文化名街展”，秉承“承南宋古韵，揽市井风情”特点，以“一街一物一故事”的形式，展现杭州的历史风物和南宋文明。展出《南宋杭城风情图》织锦画和相关图片展品，展览结束后由巴黎中国文化中心收藏展览。12月，上城区举办《品味南宋饮食文化》新书首发式暨南宋菜肴品鉴活动，宣传南宋饮食和酒文化。2007—2012年，区政协出版《玉皇山南话沧桑》《五柳巷》《图说南宋京城临安》《走读中山路：杭州中山路非物质文化遗产拾遗》等史料集。2013年10月，上城区举办第三届武林斗茶会暨首届南宋斗茶会，普及茶知识，挖掘和弘扬南宋茶文化。2014年，上城区举办“美丽上城”网络摄影大赛，围绕五柳巷、清河坊、南宋御街等区域，以上城区历史、人文、民俗、美食等为主题进行创作。

2015年9月，区政府首次举办中国南宋文化节。首届中国南宋文化节以“展南宋古韵·建品质杭州”为主题，除9月28日“听南宋，读杭州”太庙中秋诗会开幕式外，10月15—30日为南宋商贸文化风情体验周，主会场设在吴山庙会，包含主题巡游、文艺演出、非遗展示等，在清河坊历史文化特色街区、吴山广场、吴山景区等多个地点同步开展。此外还有“跟着诗词游杭州”、绘制杭州诗歌地图、“南宋印象”视觉写作大赛等活动。2013—2015年，区政协先后编辑出版《诗画山南》《玉皇山南新小镇》等一系列南宋文化书籍。

第二篇 建制区划

上城区地处长江三角洲南翼，是长江三角洲重要城市中心，在杭州城区中部偏南，东南临钱塘江，西北连接西湖，中部有吴山，历史文化底蕴厚重，是杭州市商贸、旅游“黄金”地段。1993年，上城区土地面积6.86平方千米；1996年12月，杭州市行政区域调整，上城区土地面积扩至18.30平方千米。

春秋时，今上城区境域初属越。周敬王二十六年（前494）属吴，周敬王三十年（前490）复属越，周显王三十五年（前334）属楚。秦王政二十五年（前222），于今杭州地置钱唐县，属会稽郡。今上城区境域属钱唐县。东汉建武六年（30），钱唐县并入余杭县。东汉光和二年（179），钱唐县复置（一说107—125年钱唐县已复置），今上城区境域先属钱唐县，后为泉亭县，复为钱唐县。三国时，钱唐县属吴国。两晋，钱唐县仍属吴郡。梁太清三年（549），以吴郡置吴州。是年，侯景升钱唐县为临江郡，隶吴州，此为钱唐设置郡级政区之始，今上城区境域属临江郡。陈祯明元年（587），置钱唐郡，隶吴州，郡治钱唐县，今上城区境域属钱唐县。隋开皇九年（589），废钱唐郡，置杭州，今上城区境域属钱唐县。至唐末，今上城区境域均为钱塘县辖地。

后梁龙德三年（923），吴越国建都杭州，杭州成为吴越国的政治、经济、文化中心，今上城区境域为钱塘、钱江两县辖地。自北宋至清末，今上城区境域分属钱塘县和仁和县。清宣统三年（1911），钱塘、仁和县撤裁，由杭州府直辖。

民国元年（1912），废杭州府，以原钱塘、仁和县地并置杭县，今上城区境域属杭县辖地。民国16年（1927），始建杭州市，今上城区境域属杭州市之城区。民国19年（1930），杭州编为13个区，今上城区境域为一至四区。民国23年、民国26年、民国34年，杭州市各区历经撤并，今上城区境域属第一区、第二区。

1949年5月，杭州解放，原杭州市第一至第八区改名，第一区改为上城区，上城区名由此开始。1950年6月，上城区撤销，归杭州市直辖。1952年11月，上城区复设。1957年5月，撤销中城区，其所属5个街道划归上城区。之后，上城区区划有多次调整，清波门、南山路居民区、西湖东岸沿湖地带、横河桥街道等地先后划入上城区。至1972年末，上城区辖小营巷、勇进（1981年改名涌金）、清泰、清波、湖滨、横河、城站7个街道。

1996年12月，市区行政区划调整，江干区紫阳、望江、南星、闸口4个街道和四季青镇的近江、望江、玉皇3个行政村划归上城区管辖，调整后上城区面积扩大，全区有215个居民区及3个行政村。是年，上城区对与相邻4个区的界线进行勘查，至1998年末完成首次勘界。

1999年4月，上城区撤村建居，全区整合成小营、近江、闸口、南星、城站、望江、清波、紫阳、湖滨9个街道、218个居民区。2001年1月，全区撤销居民区，设置67个社区。2003年5月，上城区再度调整街道行政区划，将原来的9个街道调整为6个，全区67个社区重组为51个社区。2010年，全区社区增加至54个。至2015年末，全区辖湖滨、清波、小营、望江、南星、紫阳6个街道、54个社区，常住人口32万人。

第一章　区位

上城区位于钱塘江下游北岸，地处杭州城区中部偏南，东南临钱塘江，西北连接西湖，中部有吴山，西南沿凤凰山脊毗连玉皇山，与京杭大运河相连的中河、东河、贴沙河等城市河流贯穿其中，与江干区、西湖区、滨江区、下城区毗连。

1949年5月，杭州解放，第一区更名为上城区，区域面积4.66平方千米；第二区更名为中城区，区域面积3.12平方千米。1957年5月，原中城区所辖青年路、金钱巷、马市街、岳王路、皮市巷5个街道划入上城区，全区区域面积5.90平方千米。1993年，上城区东以贴沙河与江干区为界，西以南山路万松岭路口沿西湖东岸至六公园与西湖区交界，南以望江街、鼓楼、城隍山、紫阳山、云居山至万松岭与江干区、西湖区交界，北以庆春路与下城区交界，区域面积6.86平方千米。1996年12月，因市区行政区划调整，上城区的区域面积扩至18.30平方千米，把与滨江区相接的50%钱塘江水域面积和凤凰山、玉皇山的部分山体面积计算在内，全区面积为25.40平方千米[①]。上城区东以贴沙河、清江路至西兴大桥为界与江干区相连；西自钱塘江大桥经虎跑路、铁路涵洞桥、玉皇山、凤凰山、万松岭路沿西湖东岸至六公园庆春路西延伸段与西湖区接壤；南以钱塘江主航道为界与滨江区相望，北以庆春路为界与下城区毗连。至2015年末，上城区行政区域范围未有变化。

① 2006年，杭州市国土资源局上城分局（简称区国土分局）测定上城区包含山体水域的总面积为25.40平方千米。

第一节　地理位置

上城区地处长江三角洲南翼，是长江三角洲重要城市杭州的中心，距上海和宁波各为180千米和160千米。上城区在杭州城区中部偏南，东南临钱塘江，西北连接西湖，中部有吴山，西南沿凤凰山脊毗连玉皇山，与京杭大运河相连的中河、东河、贴沙河等城市河流贯穿其中。地理坐标北纬30° 13′21″ ~ 30° 15′33″，东经120° 08′54″ ~ 120° 10′57″，全境总面积18.30平方千米，是浙江省地区生产总值亩产最高的城区。上城区拥有秀丽的自然风光和淳厚的历史文化，是南宋皇城遗址的核心区，杭州市“零公里”标志——紫薇园坐标原点[①]的所在地。

第二节　辖区范围

1949年前，上城区境域为民国时期的杭州市第一区、第二区。1949年5月，杭州解放后，中国人民解放军杭州市军事管制委员会军事接管小组，分别接管此二区。6月，第一区更名上城区，第二区更名中城区，分别建立上城区、中城区人民政府。上城区区域面积为4.66平方千米，东到古城墙边（清泰门章家桥距东二里至望江门、候潮门），西至膺白路（现南山路），南沿凤山门至吴山、紫阳山、云居山诸山，北接清泰街及开元路，与中城区相邻；中城区区域面积约3.12平方千米，东沿庆春门至清泰门古城墙边，南至清泰街及开元路，西临西湖，北接庆春路及法院路（现庆春路延安路至中山中路段），与下城区相接。

1952年11月，上城区鼓楼、望江街以南，凤山门以北地域（即十五奎巷、六部桥2个公安派出所辖区）划归江干区，清泰门外杭海路止，沿街南面居民区划入上城区。至此，上城区区域面积为3.89平方千米，东至铁路与艮山区相邻，南自望江街经鼓楼沿城隍山南麓至万松岭与江干区相接，西从清波门沿南山路至涌金门与西湖区毗连，北以清泰街及开元路为界与中城区相接。城隍山、紫阳山、云居山、吴山仍归上城区，与西湖区旧界不变。

1957年5月，撤销中城区建置，所辖除东河以东的横河桥、小米巷2个街道划入下城区外，东河以西的青年路、金钱巷、马市街、岳王路、皮市巷5个街道划入上城区。至此，上城区区域面积5.90平方千米，东接贴沙河（望江街至清泰门段），折向西至章家桥，向北沿东河至菜市桥为界，南至望江街、鼓楼、城隍山、紫阳山、云居山至万松岭，西至万松岭路口沿西湖东岸至圣塘路口，北以圣塘路口经武林路、小车桥、法院路接庆春路至菜市桥为界。

1963年3月，西湖区所辖清波门、南山路居民区和清波公园（今柳浪闻莺公园）、涌金公园、湖滨公园的沿湖地区划归上城区。12月，下城区横河桥街道划归上城区。1964年6月，清波街道所辖城隍山元宝心1～31号划归江干区，全区区域面积6.49平方千米，东临贴沙河，南以望江街、鼓楼、伍公山、城隍山、紫阳山、云居山、万松岭为界，西以南山路万松岭路口沿西湖东岸至六公园圣塘路口为界，北自武林路、小车桥、庆春路至庆春门为界。

1969年4月，西湖区所辖南山街道划入上城区；1972年12月，南山

① 紫薇园坐标原点：浙江省在民国2年（1913）开始实施全省十年迅速测图计划时，在上城区延安路15-2地块内设立杭州地理中心。建立天文台及砖砌的子午仪台墩，进行天文观测。将测定的原点经纬度作为民国初期全省三等三角测量和1:50000测图的坐标系统的起算依据。1928年，天文台毁弃，由浙江省陆地测量局在原点采用混凝土复建天文台，并使用该原点，重建坐标系。2007年12月，杭州市政府将紫薇园坐标原点定为杭州市“零公里”标志。

街道划还西湖区。至此，上城区辖小营巷、勇进（1981年改名涌金）、清泰、清波、湖滨、横河、城站7个街道，区域面积6.86平方千米，东以贴沙河与江干区为界，西以玉清路及清波、涌金、湖滨等公园、沿湖与西湖区交界，南以望江街、鼓楼、城隍山、紫阳山、云居山至万松岭与江干区、西湖区交界，北以庆春路与下城区交界。

1996年12月，根据市政府《关于调整杭州市市辖区行政区划的通知》，杭州市市辖区行政区域调整，江干区望江、南星、紫阳、闸口4个街道和四季青镇的近江村、望江村、玉皇村3个行政村划入上城区，上城区的区域面积从6.86平方千米扩至18.30平方千米。上城区地域调整后，东以贴沙河、清江路至西兴大桥为界，与江干区相连；西自钱塘江大桥经虎跑路、铁路涵洞桥、玉皇山、凤凰山、万松岭路，沿西湖东岸至湖滨六公园庆春路西延伸段，与西湖区接壤；南以钱塘江主航道（西兴大桥至钱塘江大桥）为界，与滨江区相望；北以庆春路（六公园至贴沙河）为界，与下城区毗连。

至2015年末，上城区行政辖区范围未有改变。

第二章 建制

春秋时，今上城区境域初属越，后属楚。秦王政二十五年（前222），今上城区属会稽郡钱唐县。两汉时期，今上城区境域先属钱唐县，后为泉亭县，复为钱唐县。三国时，钱唐县属吴国。南朝陈祯明元年（587），置钱唐郡，为钱唐设置郡级行政建制之始，今上城区属钱唐县。隋开皇九年（589），废钱唐郡，置杭州，今上城境域属钱唐县，隶杭州。后梁龙德三年（923），吴越国建都杭州，今上城区境域为钱塘、钱江两县辖地。北宋太平兴国四年（979），钱江县改为仁和县，今上城区境域属钱塘、仁和两县。由此至清末，今上城区均属钱塘、仁和两县。

清宣统三年（1911），钱塘、仁和县撤裁，由杭州府直辖，今上城区域为杭州府直辖。民国元年（1912），废杭州府，以原钱塘、仁和县地并置杭县，今上城区属杭县辖地，直属浙江省。民国16年（1927），设杭州市，市下设6个区，今上城区为杭州市的城区。19年（1930），今上城区境域为第一区至第四区。之后，杭州市区区划有所调整，今上城区属第一区、第二区。1949年5月，杭州解放，一区更名为上城区，二区更名为中城区。1950年6月至1952年10月，上城区一度被撤销，由市直辖。1957年5月，杭州市撤销中城区，其大部分街道划入上城区。1996年12月，杭州行政区划调整，江干区4个街道和四季青镇的3个行政村划归上城区管辖。至2015年，上述地区一直设为区级行政建制。

第一节 清朝及清朝以前

远古时，今上城区境域尚是海湾，后西南山区渐出水面。

春秋时，今上城区境域初属越。周敬王二十六年（前494）属吴，周敬王三十年（前490）复属越，周显王三十五年（前334）属楚。

秦王政二十五年（前222），于今杭州地置钱唐县，属会稽郡。今上城区境域属钱唐县。

西汉高祖五年（前202），钱唐县先后属楚王国、荆王国、吴王国。西汉前元四年（前153），钱唐县复属会稽郡，隶江都国。西汉元始四年（4），改钱唐县为泉亭县。东汉初，复钱唐县旧名。东汉建武六年（30），钱唐县并入余杭县。东汉光和二年（179），钱唐县复置（一说107—125年钱唐县已复置）。今上城区境域先属钱唐县，后为泉亭县，复为钱唐县。三国时，钱唐县属吴国。

两晋，钱唐县仍属吴郡。

南朝宋大明三年（459），以扬州所统六郡为王畿，吴郡属之，钱唐县隶王畿。梁太清三年（549），以吴郡置吴州。是年，侯景升钱唐县为临江郡，隶吴州，此为钱唐设置郡级行政建制之始。今上城区域属临江郡。陈祯明元年（587），置钱唐郡，隶吴州，郡治钱唐县，今上城区域属钱唐县。

隋开皇九年（589），废钱唐郡，置杭州，州治始设余杭县，次年迁至钱唐县，杭州之名始此。今上城境域属钱唐县，隶杭州。隋大业三年（607），改杭州为余杭郡，郡治钱唐县。

唐武德四年（621），改余杭郡置杭州。至唐末，今上城区均为杭州之钱塘县辖地。

五代后梁开平元年（907），封钱镠为吴越王，次年升杭州为大都督府。后梁龙德二年（922），置钱江县，与钱塘县同城设治，同为杭州州治。龙德三年（923），吴越国建都杭州。今上城区境域为钱塘、钱江两县辖地。

北宋太平兴国三年（978），吴越王钱俶纳土归宋，杭州复降为州，次年改钱江县为仁和县。今上城区境域属钱塘、仁和两县。

南宋建炎三年（1129），宋高宗赵构为避金兵，自扬州南渡至杭州，以州治为行宫，升杭州为临安府。南宋绍兴八年（1138），南宋正式定都临安，临安府治所在钱塘、仁和两县升赤县（京都），今上城区境域为赤县所辖地。

元至元十三年（1276），元军攻占临安府，次年改临安府为杭州。至元十五年（1278）又改为杭州路。至元二十一年（1284），自扬州迁江淮行省治于杭州，次年改称江浙行省，杭州为省治始此。杭州路治钱塘、仁和两县。今上城区境域属钱塘、仁和两县。

元至正二十六年（1366），朱元璋攻占杭州，改杭州路为杭州府。是年，置浙江等处行中书省，治杭州府。明太祖洪武九年（1376），改浙江行中书省为浙江承宣布政使司。今上城区境域属杭州府治钱塘、仁和两县。

清顺治二年（1645），置浙江巡抚，驻杭州。清康熙元年（1662），浙江承宣布政使司改为浙江行省。清宣统三年（1911），钱塘、仁和两县撤裁，由杭州府直辖。今上城区境域为杭州府直辖。

第二节　中华民国时期

民国元年（1912），废杭州府，以原钱塘、仁和县地并置杭县，直属浙江省，并为省会所在地。今上城区境域属杭县辖地。

民国16年（1927），划杭县所属城区等地设杭州市，杭州置市始此。是年10月，杭州市设6个区①，杭州置区始此，今上城区境域为杭州市城区辖地。17年（1928），区以下实行街村制，今上城区是杭州市城区的东南街、西南街、中东街、中西街。是年11

① 其时杭州市所设6区分别为城区、西湖区、江干区、会堡区、湖墅区、皋塘区。

月，街村制修正为村里制，改街为里，今上城区为城区的东南里、西南里、中东里、中西里。19年（1930）8月，街村制改回区制，杭州市改设为13个区，其中东南、西南、中东、中西4里分别改为第一区至第四区。

民国23年（1934），杭州市13个区合并为8个区，其中现上城区所在的第一、第二区合并为新的第一区，第三、第四区合并为新的第二区。

民国26年（1937），原8个区改为7个区，现上城区建制未变，仍为第一、第二区。

民国34年（1945），抗日战争胜利后，杭州市恢复8个区，现上城区境域仍属第一、第二区。

第三节　中华人民共和国成立后

1949年5月3日，杭州解放，杭州市为浙江省会。原杭州市第一至第八区依次改为上城、中城、下城、西湖、江干、艮山、笕桥、拱墅等区，上城区名由此始。

1950年6月，上城区撤销归市直辖。1952年11月，复设上城区。

1957年5月，杭州市撤销中城区，中城区所属岳王路等5个街道划归上城区。

1960年4月，上城人民公社成立，辖6个人民公社分社。1961年10月，上城人民公社终止，恢复区人民委员会职能，改各街道分社为公社。1962年5月，街道公社终止，恢复为街道。

1963年3月，原西湖区管辖的清波门、南山路居民区和西湖东岸沿湖地带划归上城区。12月，下城区横河桥街道划归上城区。

1969年4月，西湖区南山街道划入上城区。1972年12月，南山街道划归西湖区，上城区辖小营巷、勇进（1981年改名涌金）、清泰、清波、湖滨、横河、城站7个街道。

1996年12月，根据市政府《关于调整杭州市市辖区行政区划的通知》，江干区紫阳、望江、南星、闸口4个街道和四季青镇的近江、望江、玉皇3个行政村划归上城区管辖。

2015年末，全区辖湖滨、清波、小营、望江、南星、紫阳6个街道、54个社区，常住人口32万人。

第三章　区划

1972年末起，上城区辖小营巷、勇进、清泰、清波、湖滨、横河、城站7个街道。1996年12月，江干区望江、南星、紫阳、闸口4个街道和四季青镇的近江、望江、玉皇3个行政村划入上城区，全区有11个街道，下辖215个居民区及3个行政村。1999年初，上城区实施撤村建居工作，撤销近江村等3个行政村，新建近江、望江、玉皇3个居民区。4月，上城区进行街道行政区划调整，撤销小营巷、涌金、清泰、湖滨、横河、城站6个街道，新建湖滨、小营、城站、近江4个街道，全区共9个街道，辖218个居民区。2001年1月，全区撤销138个居民区，设置67个社区。2003年5月，撤销小营、城站、望江、近江、南星、闸口街道，新建小营街道、望江街道、南星街道，全区共6个街道，辖51个社区。2010年，全区社区数增加到54个。至2015年末，上城区辖清波、湖滨、小营、南星、紫阳、望江6个街道，共54个社区。

第一节　街道

1993年，上城区辖湖滨、涌金、清波、小营巷、城站、清泰、横河7个街道。

1996年12月，根据市政府《关于调整杭州市市辖区行政区划的通知》精神，江干区望江、南星、紫阳、闸口4个街道和四季青镇的近江村、望江村、玉皇村3个行政村划入上城区。调整后，上城区辖湖滨、涌金、清波、小营巷、城站、横河、清泰、望江、南星、紫阳、闸口11个街道。1998年，惠民路至中河延伸段以南涌金街道辖区划归清波街道管辖。

1999年4月，根据市政府《关于调整上城区街道行政区划的批复》，上城区将涌金街道所辖的涌金路及羊坝头至中河延伸段（现西湖大道）以南区域划归清波街道管辖，其余区域划归湖滨街道管辖；撤销湖滨街道、涌金街道，新建湖滨街道；撤销小营巷街道、横河街道，新建小营街道；撤销城站街道、清泰街道，新建城站街道；在望江街道秋涛路以东地区新建近江街道。调整后，上城区辖湖滨、清波、小营、城站、闸口、望江、近江、南星、紫阳9个街道。

2003年5月，为适应城市建设和管理需要，上城区对紫阳街道行政管辖界线进行调整，将原望江街道的海潮社区、木场巷社区，原南星街道的新工社区、凤凰社区全部和紫花埠社区一部分，原近江街道的江边路社区望江东路以南部分划入紫阳街道；撤销小营街道、城站街道，建立新的小营街道；撤销望江街道、近江街道，建立新的望江街道；撤销南星街道、闸口街道，建立新的南星街道。调整后，上城区辖小营、清波、湖滨、南星、紫阳、望江6个街道，直至2015年末。

一、湖滨街道

湖滨街道地处上城区西北部，因濒西湖而得名。东以中河为界与小营街道相邻，南以西湖大道为界与清波街道相接，西邻西湖与西湖区北山街道毗邻，北至庆春路与下城区武林街道接壤，区域面积1.59平方千米。

1954年8月，中城区建立湖滨路、岳王路街道办事处。1957年春，湖滨路街道并入岳王路街道。6月，中城区撤销，岳王路街道划归上城区。1960年4月，上城人民公社成立，设湖滨分社。1961年10月改为湖滨公社。1962年5月，恢复湖滨街道办事处。1968年6月，建立湖滨街道革命委员会。1979年11月，恢复湖滨街道办事处。

1993年，街道办事处驻浣纱路64号，1999年5月因街道区域调整搬迁至国货路7号，2004年4月搬迁至中河中路275-2号。至2015年末，辖涌金门、青年路、东平巷、岳王路、东坡路、吴山路6个社区。

二、清波街道

清波街道地处上城区西部，因清波门而得名。东以中河为界与小营街道相连，西濒西湖与西湖区西湖街道毗邻，南以吴山、万松岭山脊线与紫阳街道及西湖区西湖街道连接，北以西湖大道与湖滨街道分界，区域面积2.19平方千米。

1964年5月，上城区将花牌楼街道办事处更名为清波街道办事处。1993年，街道办事处驻青平里1号。2005年7月搬迁至清波街28号。2015年末，街道辖清波门、劳动路、定安路、清河坊、柳翠井巷5个社区。

三、小营街道

小营街道地处上城区东北部，因有太平军听王府营地而得名。东以贴沙河为界与江干区采荷街道、上城区望江街道相连，南以望江路为界与紫阳街道相接，西以中河为界与清波街道、湖滨街道毗连，北以庆春路为界与下城区长庆街道、潮鸣街道接壤，区域面积2.71平方千米。

1964年5月，上城区将马市街街道办事处更名为小营巷街道办事处。1993年，街道办事处驻小营巷62号。1999年，小营巷街道与横河街道合并成小营街道，街道办事处搬迁至华藏寺巷8幢。2003年7月，小营街道和城站街道合并成小营街道，街道办事处搬迁至建国南路98号。2015年末，街道辖小营巷、马市街、葵巷、金钱巷、茅廊巷、长明寺巷、姚园寺巷、西牌楼、紫金、老浙大、大学路、梅花碑12个社区。

四、望江街道

望江街道地处上城区东部偏东北，东北以清江路为界与江干区四季青街道相连，东南沿钱塘江中心线与滨江区西兴街道隔江相望，南、西南至望江路、望江东路与紫阳街道相邻，西、西北接贴沙河与小营街道毗连，北傍清江路与江干区采荷街道接壤，区域面积4.01平方千米。

1954年8月，江干区设立望江门街道。1957年11月，更名天王桥街道。1960年9月，撤销街道建制，成立望江门、天王桥、大通桥、自建新村4个生产生活服务站，隶属江干人民公社。1961年11月，撤销生产生活服务站，建立海潮人民公社。1962年5月，建立海潮街道。1964年5月，复称天王桥街道。1965年12月，更名为望江街道。1968年9月，成立望江街道革命委员会。1980年2月，以清泰街直街马路为界（今清江路），望江街道划分为望江、凯旋2个街道。1980年12月，恢复望江街道办事处。

1996年12月，望江街道从江干区划入上城区，街道办事处驻海潮路53号。1999年4月，秋涛路以东的区域新建近江街道。2003年7月，望江街道与近江街道合并，街道办事处搬迁至衢江路151号。至2015年末，望江街道辖清泰门、莫邪塘、兴隆、大通桥、徐家埠、在水一方、近江东园、近江西园、始版桥、耀华、婺江11个社区。

五、南星街道

南星街道地处上城区西南部，因南星桥而得名。东以江城路、秋涛路及飞云江路与紫阳街道毗邻，东南、南沿钱塘江中心线与滨江区长河街道、浦沿街道隔江相望，西、西北以钱江大桥、玉皇山及凤凰山与西湖区西湖街道交界，北以万松岭路、凤山路（中河）与清波街道、紫阳街道相连，区域面积4.31平方千米。

1954年8月，江干区设立南星桥街道。1960年9月，撤销街道建制，成立江干公社南星桥生产生活服务站。11月，撤销生产生活服务站，建立南星桥人民公社。1962年5月，复置南星桥街道。1968年7月，更名为南星街道革命委员会。1980年12月，恢复南星街道办事处。

1996年12月，南星街道从江干区划入上城区，街道办事处驻南瓦坊3幢。2003年7月，因街道区域调整搬迁至复兴路118号。2008年8月，因新的街道办公用房安置到位，搬迁至复兴南街258号。2015年末，南星街道辖水澄桥、馒头山、海月桥、玉皇山、复兴街、美政桥、紫花埠、白塔岭8个社区。

六、紫阳街道

紫阳街道地处上城区中部，因近紫阳山而得名。东北以望江路、望江东路为界与小营街道、望江街道相连，东南濒钱塘江与滨江区西兴街道、长河街道隔江相望，南、西南以万松岭路、江城路及飞云江路为界与南星街道毗邻，西北以云居山、紫阳山、城隍山、伍公山至鼓楼为界与清波街道接壤，区域面积3.49平方千米。

1965年，江干区望江街道划分为紫阳、通江街道。1968年5月，街道成立革命委员会。1980年，恢复街道办事处。1990年9月，紫阳、通江2个街道合并为紫阳街道。

1996年12月，紫阳街道从江干区划入上城区，街道办事处驻江城路307号。1998年6月，因江城路雄镇楼一带环境整治改造，办事处搬迁至中山南路白马庙巷17号。2010年11月，因街道办公用房安置到位，搬迁至秋涛路36号。2015年末，紫阳街道辖十五奎巷、太庙、上羊市街、彩霞岭、海潮、候潮门、北落马营、新工、凤凰、木场巷、春江、甬江12个社区。

七、城站街道

城站街道位于上城区东南角，因地处城站（杭州火车站）而得名，区域面积0.75平方千米。1954年8月，上城区设立城站街道。1957年11月，将三昧庵街道并入城站街道。1993年，城站街道辖江城路、建一、西牌楼、建二、姚园寺巷、羊线弄、郭东园巷、金刚寺巷、三桥、火把弄、福缘巷、城站路、清泰街、二桥14个居民区。1999年4月，街道撤并调整后辖民生路、建一、西牌楼、江城路、断河头、吉祥巷、信余里、凝海巷、义井巷、城头巷、金鸡巷、金钱巷、茅廊巷、姚园寺巷、城站路、上马坡巷、建国中路17个居民区。2001年撤销居民区，建立茅廊巷、金钱巷、义井巷、梅花碑、长明寺巷、姚园寺巷、西牌楼、吉祥、城站9个社区。街道办事处驻地建国南路305号，1997年搬迁至城头巷122号过渡；1998年因街道办公用房规划安置到位，搬迁至建国南路239号；1999年因街道撤并调整，搬迁至佑圣观路145号；2002年因街道办公用房规划安置到位，搬迁至建国南路98号。2003年5月，城站街道并入小营街道。

八、小营巷街道

小营巷街道位于上城区中北部，因镇守杭州的太平军主将听王陈炳文在此设指挥部（俗称听王府），小营巷因此得名，区域面积0.59平方千米。1964年5月，上城区将马市街街道办事处更名为小营巷街道办事处。1993年，街道办事处驻小营巷62号，下辖万安桥、宿舟河下、菜市桥、上马市街、下马市街、紫金观巷、上皮市巷、小塔儿巷、小营巷、下华光巷、皇诰儿巷、杨绫子巷、下皮市巷、上八界巷、田家园、中皮市巷、大塔儿巷、永宁院18个居民区。1999年4月，上城区街道撤并调整，撤销小营巷街道，与横河街道合并建立小营街道。

九、涌金街道

涌金街道位于上城区中西部，因近古涌金门而得名，区域面积0.89平方千米。1954年8月，上城区设立涌金门街道。1957年11月，涌金门街道与行宫前街道合并改称定安路街道。1964年5月，定安路街道更名为涌金街道。1968年，涌金街道改名为勇进街道；1981年复名涌金街道。1993年，涌金街道办事处驻定安路51号，辖南山路、韶华巷、紫城巷、营门口、饮马井巷、涌金新村、定安路、火药局弄、羊坝头、后市街、惠民路、保佑坊、元福巷、源茂里、盔头巷、日新桥弄、东平巷、羊血弄、青年路、国货街、人民路、奎垣巷22个居民区。

1999年4月，上城区街道行政区划调整，涌金路及羊坝头（现西湖大道）以北的韶华巷、紫城巷、营门口、饮马井巷、涌金新村、定安路、羊坝头、盔头巷、日新桥弄、东平巷、羊血弄、青年路、国货街、人民路、奎垣巷15个居民区的区域划归湖滨街道管辖，涌金路及羊坝头（现西湖大道）以南的南山路、火药局弄、后市街、惠民路、保佑坊、元福巷、源茂里7个居民区的区域划归清波街道管辖，撤销涌金街道。

十、清泰街道

清泰街道位于上城区中东部，因地处清泰街南北两侧而得名，区域面积0.67平方千米。1964年5月，金钱巷街道更名为清泰街道。1993年，清泰街道办事处驻佑圣观路三益里10幢，下辖百岁坊巷、水亭址、三益里、柴木巷、五柳巷、道院巷、丰禾巷、青莲巷、忠孝巷、断河头、吉祥巷、信余里、凝海巷、城头巷、金鸡岭、金钱巷、茅廊巷、义井巷、民生路共19个居民区。1999年4月，上城区街道行政区划调整，清泰街道与原城站街道合并建立新的城站街道，撤销清泰街道。

十一、横河街道

横河街道位于上城区东北角，因有横河桥而得名，区域面积0.97平方千米。1963年12月，下城区横河桥街道划归上城区。1964年5月，横河桥街道更名为横河街道。1993年，横河街道办事处驻华藏寺巷8号，下辖上石板巷、上马坡巷、建国中路、毛竹弄、小河下、大学路、下马坡巷、大河下、菜市场、叶家弄、横河新村、老浙大、环城东路、华藏寺巷14个居民区。1999年4月，横河街道解放路以南3个居民区划归城站街道，解放路以北的11个居民区与原小营巷街道下辖18个居民区合并新建小营街道，撤销横河街道。

十二、闸口街道

闸口街道位于上城区西南部，因龙山闸而得名，区域面积2.60平方千米。

1954年8月，江干区设立闸口街道。1957年11月，闸口、海月桥街道合并为化仙桥街道。1962年5月，复置闸口街道。1968年7月，更名为闸口街道革命委员会。1980年12月，恢复闸口街道办事处。

1996年12月，闸口街道从江干区划入上城区，街道办事处驻复兴里街11号，下辖甘水巷、涵婆桥、八卦田、水澄桥、山南、小桥、化仙桥、海月新村、立新、羊义弄、复兴街、海月桥、洋泮桥、柴校弄、景余共15个居民区。1998年，柴校弄居民区更名为复兴北苑居民区，洋泮桥居民区更名为复兴南苑居民区。1999年，上城区撤村建居，撤销街道区域内的玉皇村，新建为玉皇居民区；是年，因复兴地区拆迁改造，通过撤并调整重新组建甘水巷、复兴南苑、复兴北苑、立新、水澄桥、八卦田、山南、玉皇8个居民区。2000年因复兴地区整体改造，办事处搬迁至复兴路118号。2001年，撤销8个居民区，新建成复兴北苑、复兴南苑、山南、十亩田、白塔岭、玉皇、海月花园7个社区。2003年，上城区进行街道行政区划调整，将闸口街道的7个社区与原南星街道的从飞云江路沿秋涛路及江城路和万松岭路以南的馒头山、宋城、美政、紫花埠4个社区合并（其余的凤凰、新工2个社区划归紫阳街道管辖），重建新的南星街道，撤销闸口街道。

十三、近江街道

近江街道位于上城区东部，以近钱塘江而得名。1999年，以秋涛路以东、清江路以南、钱塘江以西，以原木材厂以北的分界线为区域新建近江街道，区域面积约4平方千米，办事处驻鸥江公寓4幢。是年，设华龙、耀江、恒丰、滨江新苑、世纪坊、天福、徐家埠、近江、江边、滨江家园10个居民区。2001年，撤销10个居民区，新建江滨、耀华、徐家埠、江边路、近江家园第一社区5个社区。2003年，上城区进行街道行政区划调整，将近江街道望江东路以南江边路社区的部分区域划归紫阳街道管辖，将望江东路以北江边路社区的部分区域和江滨、耀华、徐家埠、近江家园第一共4个社区与望江街道合并，重建新的望江街道，撤销近江街道。

第二节　社区

1993年初，上城区下辖湖滨、涌金、清波、小营巷、横河、城站、清泰共7个街道、132个居民区。

表2-3-1　1993年上城区各街道居民区情况表

单位：个

街道名称	居民区个数	居民区名称
湖滨街道	20	东坡路、延安路、龙翔桥、尚德里、蕲王路、下兴忠巷、长生路、学士路、解放路、枝头巷、李博士桥、石贯子巷、岳王路、邮电路、洪福里、平海街、团子巷、延定巷、吴山路、白傅路
清波街道	25	打铜巷、扇子巷、大井巷、高银巷、四宜路、吴山、华光巷、十三港湾、理问所、嘉禾里、诚仁里、清波街、涌金路、螺蛳山、陆官巷、四宜亭、清波门、河坊街、四条巷、东都司卫、劳动路、缎局司弄、钱王祠、三衙前、荷花池头
涌金街道	22	南山路、韶华巷、紫城巷、营门口、饮马井巷、涌金新村、定安路、火药局弄、羊坝头、后市街、惠民路、保佑坊、元福巷、源茂里、盔头巷、日新桥弄、东平巷、羊血弄、青年路、国货街、人民路、奎垣巷
清泰街道	19	断河头、百岁坊巷、信余里、吉祥巷、水亭址、凝海巷、三益里、柴木巷、义井巷、城头巷、民生路、五柳巷、道院巷、金钱巷、丰禾巷、金鸡岭、茅廊巷、青莲巷、忠孝巷
小营巷街道	18	万安桥、宿舟河下、菜市桥、上马市街、下马市街、紫金观巷、上皮市巷、小塔儿巷、小营巷、下华光巷、皇诰儿巷、杨绫子巷、下皮市巷、上八界巷、田家园、中皮市巷、大塔儿巷、永宁院
横河街道	14	上马坡巷、建国中路、上石板巷、毛竹弄、大学路、下马坡巷、大河下、华藏寺巷、叶家弄、菜市桥、老浙大、环城东路、横河新村、小河下
城站街道	14	江城路、建一、西牌楼、建二、姚园寺巷、羊线弄、郭东园巷、金刚寺巷、三桥、火把弄、福缘巷、城站路、清泰街、二桥
合计	132	—

说明：资料来源于杭州市上城区民政局

1996年12月，杭州市市辖区行政区域调整，江干区的望江、南星、紫阳、闸口4个街道和四季青镇的近江村、望江村、玉皇村3个行政村划入上城区。其中，望江街道有24个居民区：肉厂宿舍、海潮新村、三多村第一、三多村第二、上灰团巷、新丰新村、兴隆东村第一、兴隆东村第二、莫邪塘北村、莫邪塘西村、莫邪塘南村第一、莫邪塘南村第二、霞晖南村第一、霞晖南村第二、木场巷、永明新村、始版桥东村、始版桥新村、兴隆西村、甘王新村、桥南新村、清泰门、大通桥第一、大通桥第二；南星街道有14个居民区：美政、钱江、钱航、秋涛、木材新村、剪刀、太平、南风段、馒头山、宋城、梵天寺、秋统、凤山新村、新工新村；紫阳街道有26个居民区：大悲阁弄、上羊市街、大狮子巷、金钗袋巷、车驾桥、雄镇楼、白马庙巷、中山南路、吴山新村、平安里、上仓桥、六部桥、兴汤、北落马营、抽分厂、十五奎巷、过军桥、袁井巷、严官巷、彩霞岭、太庙巷、瑞石亭、大马弄、茶啾弄、万松岭、通江桥；闸口街道有15个居民区：甘水巷、八卦田、山南、海月桥、化仙桥、立新、复兴街、洋泮桥、柴校弄、羊义弄、景余、海月新村、涵婆桥、水澄桥、小桥。调整后，上城区辖小营巷等11个街道，共有215个居民区、3个行政村。

1999年初，因撤村建居，撤销近江、望江和玉皇3个行政村，并建立居民区，全区居民区由215个增加至218个。是年8月，在4月调整撤并街道的基础上，对居民区规模进行撤并调整，从原来的218个居民区调整为138个居民区。至此，全区有9个街道138个居民区。

表2–3–2　1999年末上城区各街道居民区情况表

单位：个

街道名称	居民区个数	居民区名称
湖滨街道	16	长生路、东平巷、青年路、羊血弄、日新桥弄、韶华巷、奎垣巷、人民路、李博士桥、洪福里、吴山路、东坡路、学士路、岳王路、尚德里、团子巷
清波街道	14	劳动路、四条巷、四宜亭、后市街、惠民路、高银巷、荷花池头、清波门、扇子巷、源茂里、华光巷、吴山、南山路、定安路
小营街道	19	小营巷、田家园、上马市街、下马市街、下皮市巷、永宁院、横河新村、杨绫子巷、老浙大、小塔儿巷、万安花园、皇诰儿巷、上八界巷、小河下、叶家弄、菜市桥、大学路、大河下、华藏寺巷
城站街道	17	民生路、建一、西牌楼、江城路、断河头、吉祥巷、信余里、凝海巷、义井巷、城头巷、金鸡岭、金钱巷、茅廊巷、姚园寺巷、城站路、上马坡巷、建国中路
紫阳街道	19	上羊市街、雄镇楼、茶啾弄、吴山新村、大马弄、严官巷、袁井巷、金钗袋巷、大狮子巷、通江桥、彩霞岭、过军桥、车驾桥、上仓桥、兴汤、北落马营、抽分厂、十五奎巷、候潮门
望江街道	19	三多村、霞晖南村、兴隆东村、大通桥第二、上灰团巷、莫邪塘西村、新丰新村、木场巷、大通桥第一、永明新村、始版桥东村、始版桥新村、兴隆西村、莫邪塘南村第一、莫邪塘南村第二、甘王新村、清泰门、近江、望江
南星街道	16	秋涛北苑、秋涛南苑、美政花苑第一、美政花苑第二、美政花苑第三、美政花苑第四、新工新村、馒头山、宋城、剪刀、太平、木材、秋统、钱江、美政、钱航
闸口街道	8	复兴南苑、复兴北苑、立新、水澄桥、八卦田、甘水巷、山南、玉皇
近江街道	10	华龙、耀江、恒丰、滨江新苑、世纪坊、天福、徐家埠、近江、江边、滨江家园
合计	138	—

说明：资料来源于杭州市上城区民政局

2000年12月，在南星、湖滨街道启动社区建设试点的基础上，上城区全面推进社区建设工作。至2001年1月，全区撤销138个居民区，设置67个社区。

表2-3-3　2001年初上城区各街道社区情况表

单位：个

街道名称	社区个数	社区名称	原居民区名称
湖滨街道	8	人民路社区	人民路、韶华巷
		青年路社区	青年路、奎垣巷
		东平巷社区	东平巷、羊血弄、日新桥弄
		洪福里社区	洪福里、李博士桥
		岳王路社区	岳王路、团子巷
		长生路社区	长生路、学士路
		东坡路社区	尚德里、东坡路（部分）
		吴山路社区	吴山路、东坡路（部分）
清波街道	6	清波门社区	清波门、四条巷、四宜亭
		劳动路社区	劳动路、荷花池头、南山路
		定安路社区	定安路、后市街、惠民路
		高银巷社区	高银巷、华光巷
		清河坊社区	吴山、扇子巷（部分）
		惠民苑社区	源茂里、扇子巷（部分）
小营街道	9	小营巷社区	小营巷、上马市街、永宁院
		马市街社区	田家园、下马市街、下皮市巷
		紫金社区	皇诰儿巷、上八界巷
		丰乐社区	杨绫子巷、小塔儿巷
		万安社区	万安花园
		菜市桥社区	叶家弄、菜市桥、华藏寺巷（部分）
		老浙大社区	老浙大
		大学路社区	横河新村、大学路、大河下
		葵巷社区	小河下、华藏寺巷（部分）
城站街道	9	茅廊巷社区	民生路、茅廊巷
		金钱巷社区	金鸡岭、金钱巷
		义井巷社区	义井巷、城头巷
		梅花碑社区	信余里、凝海巷、吉祥巷
		长明寺巷社区	上马坡巷、建国中路
		姚园寺巷社区	姚园寺巷、江城路（部分）
		西牌楼社区	西牌楼、江城路（部分）
		吉祥社区	建一、断河头
		城站社区	城站路
紫阳街道	8	十五奎巷社区	十五奎巷、茶楸弄
		太庙社区	大马弄、吴山新村

续表 2-3-3

街道名称	社区个数	社区名称	原居民区名称
紫阳街道	8	严官巷社区	严官巷
		袁井巷社区	袁井巷、金钗袋巷、大狮子巷
		彩霞岭社区	彩霞岭、过军桥、通江桥、雄镇楼（部分）、车驾桥（部分）
		候潮门社区	候潮门、兴汤、上仓桥
		雄镇楼社区	上羊市街、雄镇楼（部分）、车驾桥（部分）
		北落马营社区	北落马营、抽分厂
望江街道	9	清泰门社区	清泰门、莫邪塘西村
		甘王社区	新丰新村、甘王新村
		莫邪塘社区	莫邪塘南村第一、莫邪塘南村第二、近江
		始版桥社区	始版桥东村、始版桥新村
		兴隆社区	兴隆东村、兴隆西村
		大通桥社区	大通桥第二、三多村（部分）、望江
		霞晖社区	霞晖南村、三多村（部分）
		海潮社区	上灰团巷、大通桥第一
		木场巷社区	木场巷、永明新村
南星街道	6	馒头山社区	馒头山
		宋城社区	宋城、剪刀（部分）
		美政社区	美政花苑第一、美政花苑第二、美政花苑第三、美政花苑第四
		凤凰社区	秋涛南苑、凤凰北苑、木材、秋统
		紫花埠社区	美政、钱航、钱江、剪刀（部分）
		新工社区	新工新村、太平、剪刀（部分）
闸口街道	7	复兴南苑社区	复兴南苑
		复兴北苑社区	复兴北苑
		山南社区	山南
		十亩田社区	立新、水澄桥
		白塔岭社区	甘水巷
		玉皇社区	八卦田、玉皇
		海月花园社区	新开发小区（新建）
近江街道	5	江滨社区	滨江新苑、世纪坊、天福、滨江家园
		耀华社区	华龙、耀江、恒丰
		徐家埠社区	徐家埠、近江
		江边路社区	江边
		近江家园第一社区	新开发小区（新建）
合计	67	—	—

说明：1. 2001年9月，因人民路更名为将军路，湖滨街道的人民路社区更名为涌金门社区。2. 资料来源于杭州市上城区民政局

2003年5月，结合街道区划调整，对社区进行撤并和调整，全区由67个社区重组为51个社区。

表 2-3-4　2003 年上城区各街道社区情况表

单位：个

街道名称	社区个数	社　区　名　称
湖滨街道	6	吴山路、东坡路、岳王路、青年路、东平巷、涌金门
清波街道	5	清河坊、惠民苑、清波门、劳动路、定安路
小营街道	12	小营巷、马市街、葵巷、金钱巷、茅廊巷、长明寺巷、姚园寺巷、西牌楼、紫金、老浙大、大学路、梅花碑
紫阳街道	10	十五奎巷、太庙、袁井巷、彩霞岭、海潮、候潮门、北落马营、新工、凤凰、木场巷
望江街道	10	清泰门、莫邪塘、兴隆、大通桥、徐家埠、在水一方、近江东园、近江西园、始版桥、耀华
南星街道	8	十亩田、馒头山、海月桥、玉皇山、复兴街、美政桥、紫花埠、白塔岭
合计	51	—

说明：资料来源于杭州市上城区民政局

2006 年 3 月，南星街道十亩田社区更名为水澄桥社区。2007 年 6 月，清波街道惠民苑社区更名为柳翠井巷社区。2008 年 5 月，望江街道新建婺江社区；7 月，紫阳街道袁井巷社区更名为上羊市街社区；9 月，紫阳街道新建春江花月社区。2009 年 3 月，紫阳街道春江花月社区更名为春江社区。2010 年 4 月，紫阳街道新建甬江社区。至 2015 年末，上城区辖 6 个街道、54 个社区。其中湖滨街道有社区 6 个、清波街道有社区 5 个、小营街道有社区 12 个、望江街道有社区 11 个、南星街道有社区 8 个、紫阳街道有社区 12 个。

一、湖滨街道下辖社区[①]

涌金门社区　涌金门社区地处西子湖畔古涌金门东侧，因社区内有古涌金门而得名。社区东邻浣纱路，南起西湖大道，西沿西湖，北接解放路。2001 年 9 月，由人民路社区更名为涌金门社区。2015 年末，有社区居民 1864 户，常住人口 4976 人。社区居民委员会驻定安路染坊弄 1 号。

青年路社区　青年路社区地处古浣纱河井亭桥东南侧，因社区内基督教青年会东的青年路（原称青年会路）而得名。社区东起中河中路沿开元路至青年路，南接西湖大道，西至浣纱路，北抵解放路。2015 年末，有社区居民 2006 户，常住人口 5651 人。社区居民委员会驻青年路见仁里 17 号。

① 人口数据为上城区民政局统计各社区管理服务的相关数据。

东平巷社区　东平巷社区地处官巷口南侧，因社区内有东平巷而得名。社区东起中河中路，南接开元路，西至青年路，北抵解放路。2015年末，有社区居民1890户，常住人口4880人。社区居民委员会驻青年路羊血弄8号。

岳王路社区　岳王路社区位于庆春路众安桥南侧，因社区内有岳王路而得名。社区东起中河中路，南接解放路沿中山中路至平海路，西至浣纱路，北抵庆春路。2015年末，有社区居民2047户，常住人口6589人。社区居民委员会驻中山中路503号。

东坡路社区　东坡路社区地处杭州繁华的延安路商贸中心，因社区内有东坡路而得名。社区紧邻西子湖，东起浣纱路，南至平海路，西临西湖，北达庆春路。2015年末，有社区居民2207户，常住人口5278人。社区居民委员会驻长生路蕙宜村4号。

吴山路社区　吴山路社区地处杭州繁华的湖滨闹市区，因社区内有吴山路而得名。社区毗邻西湖，东起中山中路，南至解放路，西临西湖，北到平海路。2015年末，有社区居民2401户，常住人口5215人。社区居民委员会驻仁和路37号。

二、清波街道下辖社区

定安路社区　定安路社区位于杭州“零公里”标志紫薇园坐标原点东，因社区内有定安路而得名。社区东至中山中路，南至惠民路，西至延安路，北至西湖大道。2015年末，有社区居民3154户，常住人口10738人。社区居民委员会驻后市街125号。

柳翠井巷社区　柳翠井巷社区位于中山中路东、鼓楼北侧，因社区内有柳翠井巷而得名。社区东起中河中路，南接鼓楼，西邻中山中路，北至西湖大道。社区于1949年成立，是中华人民共和国成立后较早建成的居民委员会之一。2007年6月，由惠民苑社区更名为柳翠井巷社区。2015年末，有社区居民1560户，常住人口3811人。社区居民委员会驻柳翠井巷55号。

清河坊社区　清河坊社区地处吴山北麓，因社区位于南宋临安城清河坊而得名。社区东沿中山中路，南靠鼓楼沿伍公山至城隍山，西接延安路至吴山广场，北抵惠民路。2015年末，有社区居民2246户，常住人口6423人。社区居民委员会驻太平坊巷3号。

劳动路社区　劳动路社区位于柳浪闻莺东，因社区内有劳动路而得名。社区东起延安路，南至河坊街，西临西湖，北靠西湖大道。2015年末，有社区居民3414户，常住人口14795人。社区居民委员会驻南山路荷花池头30号。

清波门社区　清波门社区位于古清波门东侧，因社区内有古清波门而得名。社区东接吴山天风，南枕万松书院，西依西子湖，北临河坊街。2015年末，有社区居民2811户，常住人口6309人。社区居民委员会驻铁冶路7–2号。

三、小营街道下辖社区

葵巷社区　葵巷社区地处东河古万安桥东，因社区位于旧时葵巷而得名。社区东起大学路，南靠解放路，西临东河，北至庆春路，面积0.25平方千米。2015年末，有社区居民4348户，常住人口11988人。社区居民委员会驻叶家弄6幢。

大学路社区　大学路社区地处横河公园西，因社区内有大学路而得名。社区东起贴沙河，南到解放路，西接大学路，北至老浙大横路。2015年末，有社区居民3993户，常住人口11848人。社区居民委员会驻大学路新村92号。

老浙大社区　老浙大社区地处古庆春门西南，因社区位于老浙大直横二路而得名。社区东起贴沙河，西临大学路，南接解放路，北至庆春路。2015年末，有社区居民2765户，常住人口7916人，社区居民委员会驻翰林街76～78号。

马市街社区　马市街社区位于庆春路菜市桥西南侧，因社区内有马市街而得名。社区东临东河，南接清吟街，西到皮市巷，北至庆春路。2015年末，有社区居民2743户，常住人口8289人。社区居民委员会驻马市街178号。

小营巷社区　小营巷社区地处东河古万安桥西，因社区内有小营巷而得名。社区内的小营巷是毛泽东曾经视察过居民卫生工作的地方。社区东临东河，南接解放路，西沿中河，北至清吟街。2015年末，有社区居民3661户，常住人口10750人。社区居民委员会驻小营巷16号。

紫金社区　紫金社区位于庆春路联桥东南，因社区内有紫金观巷而得名。社区东临皮市巷，南接清吟街，西沿中河，北至庆春路。2015年末，有社区居民2383户，常住人口8483人。社区居民委员会驻清吟街108号。

茅廊巷社区　茅廊巷社区地处中河古丰乐桥至水漾桥东，因社区内有茅廊巷而得名。社区东靠佑圣观路，南接西湖大道，西沿中河，北抵解放路。2015年末，有社区居民2610户，常住人口7702人。社区居民委员会驻欢乐巷8号。

金钱巷社区　金钱巷社区地处东河解放桥至章家桥西，因社区内有金钱巷而得名。社区东沿东河，南临西湖大道，西接佑圣观路，北至解放路。2015年末，有社区居民2445户，常住人口7083人。社区居民委员会驻金鸡岭淳祐桥西弄1号。

长明寺巷社区　长明寺巷社区地处铁路杭州站（即城站火车站）西北，因社区内有长明寺巷而得名。社区东临贴沙河、西至东河、南接西湖大道、北至解放路。2015年末，有社区居民2391户，常住人口7245人。社区居民委员会驻长明寺巷22号。

梅花碑社区　梅花碑社区地处断河头梅花碑一带，因社区内有古梅花碑而得名。社区东临东河、南靠河坊街，西沿中河，北至西湖大道。2015年末，有社区居民3153户，常住人口11978人。社区居民委员会驻中河中路52号。

姚园寺巷社区　姚园寺巷社区位于城站火车站南，因社区内有姚园寺巷而得名。社区东沿贴沙河、西接东河、南临河坊街东段、北至西湖大道。2015年末，有社区居民2361户，常住人口7083人。社区居民委员会驻建国南苑39幢底层。

西牌楼社区　西牌楼社区地处鼓楼望仙桥东北侧，因社区位于西牌楼而得名。社区东靠江城路，西至中河中路，南临望江路，北接河坊街。2015年末，有社区居民2799户，常住人口7073人。社区居民委员会驻建国南路38号。

四、望江街道下辖社区

大通桥社区　大通桥社区地处古望江门东侧，因社区处于原大通桥西而得名。社区东靠秋涛路，南临望江路，西沿贴沙河，北至东宝路。2015年末，有社区居民7299户，常住人口13957人。社区居民委员会驻东霞巷50号。

始版桥社区　始版桥社区地处杭州汽车南站西北侧，因社区内建有始版桥新村、始版桥东村住宅小区而得名。社区东起秋涛路，南接东宝路，西临贴沙河，北至兴隆路秋涛路一弄。2015年末，有社区居民3125户，常住人口7595人。社区居民委员会驻始版桥东村19幢底层。

莫邪塘社区　莫邪塘社区地处杭州华东家具市场西侧，因社区内建有莫邪塘住宅小区而得名。社区东临秋涛路，南接秋涛路一弄，西至海潮路，北接甘王路。2015年末，有社区居民2790户，常住人口5262人。社区居民委员会驻秋涛路一弄23-14号。

清泰门社区　清泰门社区地处古清泰门东南侧，因社区位于古清泰门边而得名。社区东沿秋涛路，南接甘王路，西临贴沙河，北至清江路。2015年末，有社区居民4491户，常住人口6867人。社区居民委员会驻甘王新村11幢底层。

兴隆社区　兴隆社区位于杭州城站火车站东侧，因社区内建有兴隆东村、兴隆西村住宅小区而得名。社区东至秋涛路一弄，南沿兴隆路，西临贴沙河，北接秋涛路一弄。2015年末，有社区居民3269户，常住人口7595人。社区居民委员会驻兴隆东村26幢。

婺江社区　婺江社区地处杭州汽车南站东侧，因社区紧靠婺江路边而得名。社区东靠钱江路，南至望江东路，西临秋涛路，北接婺江路。2008年5月，上城区在徐家埠社区的区域新建婺江社区。2015年末，有社区居民3895户，常住人口11073人。社区居民委员会驻望江西园2幢底层。

耀华社区　耀华社区地处观音塘南侧，因社区内建有耀江福村、华龙坊2个住宅小区，取该小区名首字而得名。社区东起富春路，南至衢江路，西临钱江路，北接钱江三桥。2015年末，有社区居民3240户，常住人口8642人。社区居民委员会驻钱江路578号。

在水一方社区　在水一方社区位于西兴大桥西南侧，因社区内的在水一方公寓在2003年抗击“非典”期间，成为国内第一个大范围隔离区。在居民的守望相助下，共度难关，自发建立居民互助的自治组织，影响面颇广；“非典”疫情之后，江滨社区更名为在水一方社区。社区东起之江路，南至衢江路，西邻富春路，北至清江路。2015年末，有社区居民5348户，常住人口13986人。社区居民委员会驻天福花园13幢。

徐家埠社区　徐家埠社区位于总管塘东南侧，因社区处于古徐家埠（钱塘江边一个古码头）而得名。社区东靠钱江路，南至婺江路，西临秋涛路，北接清江路。2015年末，有社区居民2586户，常住人口5693人。社区居民委员会驻婺江家园一园4幢底层。

近江东园社区　近江东园社区地处杭州传媒大厦西侧，因社区位于近江家园住宅区的东部而得名。社区东临钱塘江，西沿富春路，北靠衢江路，南至望江路。2015年末，有居民3034户，常住人口6542人。社区居民委员会驻近江家园三园珊园弄19号。

近江西园社区　近江西园社区地处万泰城东北侧，因社区位于近江家园住宅区的西部而得名。社区东沿富春路，南至望江东路，西接钱江路，北邻衢江路。2015年末，有社区居民2932户，常住人口6639人。社区居民委员会驻近江家园八园13幢底层。

五、南星街道下辖社区

白塔岭社区　白塔岭社区位于上城区最南端，濒临钱塘江大桥，因社区内建有千年白塔而得名。社区东起水澄路，南沿复兴路接之江路，西至白塔山西虎跑溪，北接浙赣铁路线。2015年末，有社区居民1369户，常住人口2890人。社区居民委员会驻闸口白塔人家兰巷6号。

水澄桥社区　水澄桥社区位于钱塘江畔原闸口电厂区域，因社区内的清康熙年间古水澄桥而得名。社区东靠化仙桥路、北临复兴路、南沿钱塘江边的之江路（与复兴路相交）呈三角形区块。2006年3月，由十亩田社区更名为水澄桥社区。2015年末，有社区居民2619户，常住人口6123人。社区居民委员会驻复兴路民安苑14幢底楼。

玉皇山社区　玉皇山社区地处上城区西南部，因社区位于玉皇山南麓的玉皇村而得名。社区东起里太祖湾金家山、南沿复兴路、西至江洋畈，北靠玉皇山。2015年末，有社区居民2437户，常住人口6439人。社区居民委员会驻八卦新村西1幢1楼。

复兴街社区　复兴街社区位于上城区南部复兴地区洋泮桥畔，因社区地处旧复兴街而得名。社区东起美政路，南临钱塘江，西接洋泮路，北至复兴路。由复兴北苑和复兴南苑两个小区组成。2015年末，有社区居民3555户，常住人口8851人。社区居民委员会驻复兴南苑小区32幢边。

海月桥社区　海月桥社区地处上城区南部钱塘江畔，位于复兴地区海月桥边，2001年建立海月花园社区，2003年更名为海月桥社区。社区东起洋泮路，南临之江路，西接化仙桥路，北至复兴路，分别由海月花园、金棕榈花园、十亩田家园、清怡花苑4个独立封闭小区组成。2015年末，有社区居民2480户，常住人口5394人。社区居民委员会驻复兴南街333号。

馒头山社区　馒头山社区位于凤凰山南麓，因地处馒头山边而得名。社区东起凤山路，南沿浙赣铁路线，西靠凤凰山山体，北达万松岭路，其中绝大部分属于南宋皇城遗址重点保护区范围。2015年末，有社区居民2239户，常住人口5922人。社区居民委员会驻梵天寺路54号。

美政桥社区　美政桥社区位于钱塘江畔复兴地区的美政桥畔，社区因古美政桥而得名。社区东靠钱塘江，南傍美政路，西依复兴路，北接紫花路。2015年末，有社区居民2505户，常住人口6543人。社区居民委员会驻美政花苑小区41幢底。

紫花埠社区　紫花埠社区地处上城区南部复兴大桥北端，位于南星桥第一码头边。因传说此地古有取紫花为名的城河埠头而得名。社区东临飞云江路，南接之江大道，西连紫花路，北靠浙赣铁路线，辖有紫花苑、复兴东苑、钱塘雅苑、复兴路27号等居民住宅小区，有杭州（中国）针织城、大名空间、凤凰城、赞成太和广场、兴合大厦、海运国际、钱江国际等数家商务楼。2015年末，有社区居民2760户，常住人口6177人。社区居民委员会驻紫花苑小区18幢1单元1楼。

六、紫阳街道下辖社区

十五奎巷社区　十五奎巷社区坐落于城隍山脚下，因社区地处十五奎巷而得名。社区东临中河，南抵城隍牌楼至丁衙巷，西北以鼓楼伍公山、城隍山与清波街道相接。2015年末，有社区居民2339户，常住人口5480人。社区居民委员会驻十五奎巷38-8号。

太庙社区　太庙社区地处紫阳山东麓，因社区位于南宋太庙遗址而得名。社区东临中河，南沿凤山门万松岭路，西靠云居山紫阳山至丁衙巷，北接城隍牌楼。至2015年末，有社区居民3225户，常住人口8352人。社区居民委员会驻大马弄25-2号。

上羊市街社区　上羊市街社区地处江城路南端，是中华人民共和国第一个居民委员会的诞生地，也是中国社区建设展示中心所在地。旧时此地有上羊市街，社区因此得名。社区东临贴沙河，南至抚宁巷及延伸段，西沿中河，北靠望江路。2008年7月，由袁井巷社区更名为上羊市街社区。2015年末，有社区居民3823户，常住人口9030人。社区居民委员会驻金钗袋巷87号。

彩霞岭社区　彩霞岭社区地处上仓桥东北侧，因社区内原有一处名称为彩霞岭的小高地，后渐经改造为彩霞岭小区，因此而得名。社区东沿贴沙河，南至上仓桥路平安里，西临中河，北接抚宁巷及延伸段。2015年末，有社区居民4067户，常住人口11296人。社区居民委员会驻彩霞岭5号。

候潮门社区　候潮门社区地处雄镇楼，因社区内的古候潮门而得名。社区东靠贴沙河，西临中河，南沿浙赣铁路线，北接上仓桥路平安里。2015年末，有社区居民2670户，常住人口6750人。社区居民委员会驻候潮公寓8幢1楼。

北落马营社区　北落马营社区地处雄镇楼东，位于贴沙河与浙赣铁路线南北两个交会处之间，社区因处于落马营北端而得名。社区东临浙赣铁路线、南至江枫苑南端铁路桥，西沿贴沙河，北接永昌坝北端铁路桥，由江枫苑、城南家园、金都华府、北落马营新村和永昌坝抽分厂铁路宿舍5个小区组成。2015年末，有社区居民3242户，常住人口6141人。社区居民委员会驻城南家园8幢1楼。

海潮社区　海潮社区位于望江路南侧秋涛两翼，因社区坐落于海潮寺一带而得名。2001年，望江街道成立海潮社区；2003年，海潮社区划归紫阳街道管辖。2011年8月，重新划分为海潮、甬江2个社区。海潮社区东起钱江路，南临原肉联厂铁路专线，西至海潮路，北靠望江路。2015年末，有社区居民2015户，常住人口4697人。社区居民委员会驻海潮路29-2号。

木场巷社区　木场巷社区位于望江立交桥东南，因此地相传为古代杭城堆放木材的场地，因此得名。社区所在之处，古有草桥门，为梁祝传说中“十八相送”所在地。草桥门又称望江门，古有“望江门外菜担儿”之说。社区东起海潮路，南接上灰团巷，西沿浙赣铁路线，北靠望江路。2015年末，有社区居民2121户，常住人口6290人。社区居民委员会驻坤年里46号。

新工社区　新工社区地处南星桥三廊庙，位于秋涛路西侧，因建有新工新村和南瓦坊小区，而取新工之名。社区东临秋涛路，西至浙赣铁路、江城路，南临复兴路，北至原杭州肉联厂404铁路专线。2015年末，有社区居民4145户，常住人口8383人。社区居民委员会驻三廊庙南太平巷19号。

凤凰社区　凤凰社区地处南星桥三廊庙，位于秋涛路东侧，建有凤凰南北二苑和木材新村为主的住宅小区。因社区傍凤凰山而得名。社区东起钱江路，南临飞云江路，西靠秋涛路，北接姚江路。2015年末，有社区居民4252户，常住人口11055人。社区居民委员会驻凤凰南苑1幢2楼。

春江社区　春江社区位于钱塘江畔，毗邻南星桥统一码头，2008年9月新建成立春江花月社区，2009年3月更名为春江社区。社区东依姚江路，南临钱塘江，西邻飞云江路，北靠钱江路。2015年末，有社区居民2192户，常住人口6351人。社区居民委员会驻春江花月小区映霞苑3幢2单元2楼。

甬江社区　甬江社区地处钱塘江畔，毗邻钱江新城，因社区位于甬江路而得名。社区东起望江东路，南临钱塘江，西接姚江路，北傍钱江路，一条甬江路贯穿于社区南北两端。2015年末，有社区居民4973户，常住人口15366人。社区居民委员会驻甬江路56号新绿园公寓5幢2楼。

第四章　勘界

上城区与下城、江干、西湖、滨江四区交界。1996年原江干区望江等4个街道和四季青镇近江等3个行政村的区域划归上城区管辖后，上城区即于1997年4月成立勘界工作领导小组，启动与相邻四区界线的勘定工作。至1998年12月首次勘界基本完成，并经浙江省人民政府批复生效。上城区北与下城区接壤，其界线称“上下线”；东与江干区相接，其界线称“上江线”；西与西湖区相连，其界线称“上西线”；南与滨江区相望，其界线称“上滨线”。上述4条界线长度为27.06千米。2015年，根据国务院《行政区域界线管理条例》规定和省、市民政部门关于做好市县级行政区域界线联合检查工作通知要求，上城区对与相邻区的行政区域边界线进行联合检查，对“上下线”“上江线”“上西线”“上滨线”再次勘定。

第一节　上下线

“上下线”是上城区与下城区行政区域界线，呈西向东走向，全长2.85千米，于1997年7月24日勘定。“上下线”设有5个界桩点，西起点为环城西路中心线与庆春路中心线交会处，即上城、下城、西湖三区边界交会点（简称“上下西”三交点），沿庆春路中心线东延至贴沙河，东止点为庆春立交桥桥面中心线与贴沙河中心线水平垂直交会处，即上城、下城、江干三区边界交会点（简称“上下江”三交点）。“上下线”的西起点到东止点之间设有3个界桩点：1号界桩点位于菩提寺路中心线延长线与庆春路中心线交叉点；2号界桩点位于广兴巷中心线延长线与庆春路中心线交叉点；3号界桩点位于大学路北口中心线延长线与庆春路中心线的交叉点。整条“上下线”处于城市主干道路中央，边界地形不复杂，经协商确定不实地埋设界桩。界线两边涉及上城区的湖滨街道、小营巷街道（现为小营街道）、横河街道（2003年并入小营街道）和下城区的武林街道、长庆街道、潮鸣街道。根据2015年行政区域界线检查，“上下线”所设置的5个界桩点位，无移位情况，仍不予实地埋设界桩。

第二节 上江线

“上江线”是上城区与江干区行政区域界线，由西北往东南走向，全长4.76千米，于1999年12月13日勘定。“上江线”北起点为庆春路中心与贴沙河中心线相交处，即上城、下城、江干三区边界交会点，自贴沙河向南，经清泰立交桥中心点向东，沿清江路上西兴大桥至钱塘江；东止点为西兴大桥中心线与钱塘江中心线相交处，即上城、江干、滨江三区边界交会点（简称“上江滨”三交点）。“上江线”设有3个界桩点，从北起点“上下江”到东止点“上江滨”之间设有1个界桩点，该点位于清泰立交桥中心线与贴沙河河面中心线投影交会点。因整条“上江线”都在城市建成区范围内的河道和交通道路中央，经协商不实地埋设界桩。界线两边涉及上城区的横河街道（现小营街道）、望江街道和江干区的凯旋街道、四季青镇（现四季青街道）。2015年6月末，经联合检查，“上江线”全线设置的3个界桩点位无移位情况，鉴于界线位于城区不适宜埋设界桩，3个界桩点仍不实埋界桩。

第三节 上西线

“上西线”是上城区与西湖区行政区域界线，由北往南走向，全长10.95千米，于1997年9月30日勘定。“上西线”北起点为环城西路中心线与庆春路中心线交会处，即上城、下城、西湖三区边界交会点，自庆春路以西延伸段沿西湖岸边往南，经万松岭路攀九华山、凤凰山、玉皇山及九曜山西（得意亭）绕钱王山西麓沿浙赣铁路线及龙山河过进龙桥至钱塘江大桥；南止点为钱塘江大桥中心线与钱塘江中心线的水平垂直交会处，即上城、西湖、滨江三区边界交会点（简称“上西滨”三交点）。“上西线”大部分是传统习惯线，主要以山地和湖岸为界，边界地区局势基本稳定。该线设有2个界桩点：北起点“上下西”和南止点“上西滨”2个三交点被定为界桩点。因起点位于市区交通道路中央，止点位于钱塘江大桥中心点水平垂直江面，经协商确定不实地埋设界桩，只在地形图上标设界桩点。界线两边涉及上城区的湖滨街道、涌金街道、清波街道、紫阳街道、南星街道、闸口街道（2003年并入南星街道）和西湖区的北山街道、南山街道、西湖乡（现为西湖街道）。2015年，经联合检查，“上西线”设置的2个界桩点位无移位情况。鉴于界线不适宜埋设界桩，2个界桩点仍不实埋界桩。

第四节 上滨线

“上滨线”是上城区与滨江区行政区域界线，由西南往东北走向，全长8.50千米，于1997年9月30日勘定。“上滨线”设有2个界桩点，南起点为钱塘江大桥中心线与钱塘江中心线水平垂直交会处，即上城、西湖、滨江三区边界交会点，自钱塘江大桥沿钱塘江中心线向北，至西兴大桥，北止点为西兴大桥中心线与钱塘江中心线水平垂直交会处，即上城、江干、滨江三区边界交会点。因该线全部以钱塘江中心线为界，属无争议的习惯线，不适宜埋设界桩，故未实地埋设界桩。界线两边的上城区闸口街道（2003年闸口街道归并入南星街道）、南星街道（2003年飞云江路至望江东路段部分归为紫阳街道）、望江街道与滨江区浦沿镇（现浦沿街道）、长河镇（现长河街道）、西兴镇（现西兴街道）隔江相望。2015年7月末，经联合检查，“上滨线”界桩的方位物与界桩登记表上所记一致，无移位情况。

表2-4-5　2015年上城区与接壤城区界线勘定情况表

单位：千米

界线名称	简称	代号	长度	勘定时间
上城区—下城区	上下线	0203	2.85	1997-07-24
上城区—江干区	上江线	0204	4.76	1999-12-13
上城区—西湖区	上西线	0206	10.95	1997-09-30
上城区—滨江区	上滨线	0207	8.50	1997-09-30

说明：资料来源于杭州市上城区民政局

表2-4-6　2015年上城区与接壤城区三交点勘定情况表

名称	简称	代号	界线所处行政区域
上城区—下城区—江干区	上下江	020304	上城区小营街道 下城区潮鸣街道 江干区凯旋街道
上城区—下城区—西湖区	上下西	020306	上城区湖滨街道 下城区武林街道 西湖区北山街道
上城区—江干区—滨江区	上江滨	020408	上城区望江街道 江干区四季青镇 滨江区西兴街道
上城区—西湖区—滨江区	上西滨	020608	上城区南星街道 西湖区西湖街道 滨江区浦沿街道

说明：资料来源于杭州市上城区民政局

第五章　地名

中华人民共和国成立前，上城区地名通常以山、岭、湾、巷、弄、坊、里、桥、门、亭、楼、堂、局、署、卫、田等为名称。道路、街巷名称富有浓厚的文化底蕴，既有反映历史地理、自然地貌的地名，又有涉及人文社会、民俗山水的地名，还有数字方位、吉祥谐音相关的地名。20世纪70年代，区内危房和低洼区域的住房被成片改造，建成的居民点或住宅区，其通名多为"新村""里""坊"，专名多以当地地名命名，反映其地理区位。80年代后期，由单位投资建设的职工住宅，其通名多为"职工宿舍"，专名则多以单位或行业名称命名，如"肉厂职工宿舍""铁路职工宿舍"等。1993—2015年，因城区改造和建设快速发展，区内地名发生很大变化。众多历史悠久的街、巷、里、弄在旧城改造中消失，其地名就此湮灭，而随着新建或改建道路规格的提升，"大道""大街"类的通名随之出现；同时住宅小区通名也由原来相对单一的"新村""宿舍""小区"演变为"公寓""花园""家园""苑""庄""人居""人家"等。具有个性的高层建筑名称和影响较大的经济地名随之产生。各类专名的采词注重系列化。在旧城改造中，一些在原来里弄民宅周围改造而成的住宅楼（群），其名称基本上是在对原地名的扩大使用或移用，既方便社会交往，又使里、坊、巷、弄等原有地名得到保护和传承。

但随着城区发展，上城区道路通名的演变主流，在数量上是"路""街"等通名的增加和"巷""弄""里"等通名的减少。20世纪80年代初，上城区范围"路""街"只有67条，占道路总数790条的8.5%。2015年末，区境域内有111条以"路""街"为通名的道路，占道路总数的24.1%。

第一节　街路

庆春路　庆春路位于上城区北部，是与下城区的分界线。东起庆春立交桥与庆春东路相接，西至环城西路与湖滨路的交叉口。以古庆春门得名。众安桥以东原称菜市桥直街、庆春门直街，后改称庆春路。众安桥以西原称钱塘路、法院路、性存路等。1964年统称庆春路，亦名庆春街。1981年改称庆春路。1991—1993年，庆春路拓宽改建，西端由东坡路拓至湖滨路，东段延伸段名庆春东路。

清吟街　清吟街东起直大方伯中段，西至中河中路，接平海路。因近清吟巷，故名。清吟亦亲营之讹称，因宋皇城司，亲从、亲事指挥营驻此附近，故名。2000年拓建，原

杨绫子巷、龙骧里等地名消失。

马市街　马市街南起解放路中段，北至庆春路中段。南宋时此地为马市，故名。1966年巷北端之肃仪巷并入马市街，更名为向阳巷，1981年复原名。

平海路　平海路东起中河路接清吟街，西至湖滨路。民国初建路，称平海街。抗日战争胜利后，因路西端湖滨公园建有陈英士铜像，改称英士街。中华人民共和国成立后，复名平海街。1966年改名为工人路，1981年复称平海路。

解放路　解放路东起环城东路，经新城隧道与解放东路相连，西至湖滨路与南山路相接。民国初，湖滨至官巷口段统称迎紫路，官巷口至葵巷段统称新民路。民国35年（1946）两路合并改名中正街（以蒋介石之名命路）。1949年改名解放路，1954年改称解放街，1981年复称解放路。2004年4月，于解放路东端建成新城隧道，道路穿过铁路往东延伸至钱江新城，延伸段名解放东路。

清泰街　清泰街东起清泰立交桥与清江路、杭海路相接，西至中山中路连开元路，以古清泰门得名。清代称清泰门直街、荐桥直街。民国时称清泰门直街、荐桥路、清泰路。1967年称立新路，1981年将清泰门外直街并入，统称清泰街。

西湖大道　西湖大道东起城站广场，西至南山路。1998年竣工，因西湖是杭州著名风景地，以“西湖”命路使外地游客出铁路杭州站（即城站火车站）后沿西湖大道便可直达西湖景区，故于1999年9月命名。西湖大道一线原为巷弄密布的旧城区，因道路拓建，原涌金路、羊坝头、营门口、大井弄、庆和弄、庆慎里、夭桃弄、平和里、定安巷、温州新村、熙宁巷、柴垛桥弄、柴木巷、安乐桥西弄、大火把弄、小火把弄、竹弄、道院巷、宝善巷等20余条街巷消失，地名大多废止。

清波街　清波街东起四宜路，西至南山路中段。南宋时为仁美坊，为杭城西南入城的唯一通道。清代、民国时称清波门直街，中华人民共和国成立后，清波门直街和清波桥合并，因近清波门而命名为清波街。

河坊街　河坊街东起江城路，西至南山路。因清河坊得名。清河坊，明改旬宣街，中华人民共和国成立后统称河坊街。1966年改称勤俭路，1981年复称河坊街。

望江路（望江东路）　望江路东起秋涛路中段，接望江东路，西至中河中路。望江东路东起之江路，西至秋涛路接望江路，为望江路往东延伸段。望江路因古望江门得名。南宋时路之西段有演教寺，元代改称演教寺前。清代至民国，先后称望江门直街、草桥门直街、望仙桥直街。中华人民共和国成立后统称望江街，1981年改称望江路。望江东路2003年竣工，2004年6月定名。

万松岭路　万松岭路东起凤山路北端，西至南山路南段。清雍正八年（1730），岭为省城通衢，植有松树万株，故名。民国初建路，名拱三路（拱宸桥至三廊庙），后改称万松岭。1981年命名为万松岭路。

复兴路　复兴路西起虎跑路接之江路，东至凤山路与江城路相接。清代称江干大街，民国时由南到北分别称白塔岭、新开路、化仙桥塘上、红庙街、花牌楼、海月桥塘上、洋泮桥外街、美政桥外街、诸桥外街、龙舌嘴大街。抗日战争胜利后以中华复兴之意，统称复兴街。1999年10月命名为复兴路。

复兴里街　复兴里街北起凤山路，南接复兴街。因位于复兴街之北，故名里街。清时已形成街市，民国时由南至北称化仙桥里街、大资福庙前、太祖湾直街、海月桥里街、洋泮桥里街、美政桥里街、南星桥站前。抗日战争胜利后统称复兴里街。1998年复兴地区改造时，复兴里街基本拆除，仅保留150米，地名仍用之。

复兴街　复兴街东接复兴路，西至虎跑路。名称沿革见复兴路。1997年复兴街拓建，西段改道后余下约500米，仍称复兴街。

复兴南街　复兴南街东起紫花路，西至南复路。因位于复兴路南，故名。1998年旧城改造时新建。

之江路　之江路东起三堡船闸连杭海路，西至感应桥接杭新公路。民国始建，因连通杭州、富阳，称杭富路。2000年，因路濒临之江（钱塘江），故以六和塔为界，六和塔以东至清江路名之江中路，清江路至三堡西转接杭海路段名之江东路。2003年10月更名为之江路，不分中、东路。

南山路　南山路北起解放路，西端与湖滨路相接，南折向西与虎跑路相接。因路沿西湖南部诸山而行，故名。清波门以北为旧城基，民国初拆城建路，名涌金路、南山路；民国35年（1946）改称膺白路，以民国名人黄郛（1880—1936）之字名路，清波门以南因处南屏山麓名南屏路。1964年两路合并称环湖南路。1981年命名为南山路。

湖滨路　湖滨路南起解放路，西端接南山路，北至庆春路连环城西路。原为杭州西城墙，民国初拆城筑路，钱塘门以北称圣塘路，因圣塘闸而名，以南称湖滨路。1959年两路合并统称湖滨路。

白傅路　白傅路南起学士路，北至长生路。民国初拆旗营时建成马路，为纪念唐杭州刺史白居易（白居易曾官至皇太子少傅，有白傅之雅称），故名。

蕲王路　蕲王路南起学士路，北至长生路。民国初拆旗营时建成马路，因南宋蕲王韩世忠王府建于此，故名。

延安路　延安路南起河坊街连吴山广场，北至体育场路接武林广场。清时，因路南段在清军旗营内，正对营门延龄门，故称延龄大街。民国拆除旗营，路向北延伸至性存路（现庆春路），名延龄路。1962年向北拓展至体育场路，1966年更名为延安路。1995年由开元路向南延伸至河坊街。

浣纱路　浣纱路南起开元路与定安路相对，北至庆春路西段。因浣纱河得名。浣纱河，宋名清湖河，又名西河。清在旗营内亦叫营河。沿河两岸有路，民国时称浣纱东路、浣纱西路。1973年废河筑路，改建人防工事，两路合一，命名为浣纱路。

中山路（中山南、中、北路）　中山路南起万松岭路东端连凤山路，北至文晖路与河东路相对。鼓楼南称中山南路，鼓楼至众安桥名中山中路，众安桥之北称中山北路。南宋时为皇帝至景灵宫祀祖御道，名御街，又呼天街、大街。民国时拓宽建路，分段赋名，抗日战争胜利后为纪念孙中山，统名中山路。

中河路（中河南、中、北、高架路）　中河路南起凤山桥接凤山路，北至朝晖路接上塘路。分地面和高架二层，地面道路于1986年12月建成通车，因路沿中河，故名。其中，以望江路、庆春路为界，自南至北分段称中河南路、中河中路、中河北路。

建国路（建国南、中、北路） 建国路南起望江路西段，北至朝晖路。以清泰街、庆春路为界分别称建国南、中、北三路。南段曾称板儿巷、白花蛇散巷；后称上、中、下板儿巷，为杭城较古老的街道之一；中段明代称崇新巷，后称普安街；北段曾称艮山门大街、东营街，又称东街。民国时庆春路以北统称东街路。抗日战争胜利后始名建国南、中、北路。1965—1972年建国北路从艮山门向北延伸至朝晖路。

环城东路 环城东路南起杭州火车站接江城路，北至艮山路。因路沿杭城东城墙基地，故名。1959年定名。

江城路 江城路南起凤山路南段与复兴路相接，北至城站火车站与环城东路相连。南段宋为通嘉会门之大道，清末至民国称候潮门外直街，俗称候潮路。中段自候潮路至雄镇楼，清至民国称候潮门直街，或雄镇楼直街。自雄镇楼至望江路，南宋称车驾桥，清称包衙前，民国称车驾桥直街。北段自望江门至城站广场，宋称马坡巷，清至民国称上、下羊市街。1981年撤销各段路名，统称江城路。

秋涛路（秋涛北路） 秋涛路南起复兴路，北至机场路接石桥路。古为钱塘江江岸。早年称浙江塘，秋涛拍岸，是观潮胜地。民国时筑路，因螺蛳埠建秋涛宫而得名，又名杭海路。中华人民共和国成立后将三廊庙前、兵马司巷、总管塘等路段并入，统称秋涛路。20世纪80年代路向北拓伸至机场路，杭海路以北段称秋涛北路。

清江路 清江路东起清泰立交桥，西至之江路接西兴大桥。1998年竣工，因连接清泰立交桥和江滨故名。旧为观音塘直街，观音塘外即为江涂。

钱江路 钱江路南起飞云江路，北至杭海路。2004年3月竣工，因位于钱塘江西侧，故名。

富春路 富春路南起姚江路，北至之江路。2003年12月竣工，2004年6月定名富春，以寄寓政府为民致富，开创杭州发展又一春天之意。富春亦为古县名和富春江江名，历史悠久。

衢江路 衢江路东起之江路，西至秋涛路。以浙江省境内的衢江命路。2003年竣工，2004年6月定名。

姚江路 姚江路东起之江路，西至飞云江路。以浙江省境内姚江命路。2003年竣工，2004年6月定名。

甬江路 甬江路东起之江路，西至秋涛路。以浙江省境内甬江命路。2003年竣工，2004年6月定名。

婺江路 婺江路东起之江路，西至秋涛路北段。以浙江省境内婺江命路。2003年竣工，2004年6月定名。

飞云江路 飞云江路东起之江路，西至秋涛路。以浙江省内飞云江命路。1994年7月竣工，1999年定名。

大学路 大学路南起解放路东段，北至庆春路。以近原浙江大学而得名。旧称蒲场巷。清光绪年间（1875—1908）在路东创求是书院，后为浙江大学。民国16年（1927）改名大学路。1959年里横河桥直街并入大学路。

佑圣观路　佑圣观路南起河坊街中段，北至解放路中段。以佑圣观得名。清始名佑圣观巷。1964年更名为胜利路。1981年改为佑圣观路。2002年拓建，北由清泰街延伸至解放路，金钱巷并入佑圣观路。

虎玉路　虎玉路东起南复路与大资福庙前相接，西至虎跑路。因连接虎跑路与玉皇村，故名。1993年定名。

南复路　南复路南起之江路，北至玉皇山隧道。因连接复兴路和南山公墓，故名。1993年建，2004年向南延伸至之江路。

劳动路　劳动路南起河坊街西段，北至西湖大道西段。南宋时为丰豫坊、府学巷。清康熙年间（1661—1722）改为运司河下。民国25年（1936）填塞河道，改筑为劳动路。

惠民路　惠民路东起中河中路南段，西至延安路南段。后市街以东至中山中路段，南宋时为市南坊，即巾子巷，或称金子巷。相传北宋时，苏东坡在此置病坊，名“安乐”。南宋淳祐八年（1248），创施药局。元至元元年（1264）复置药局，名“惠民药局”。明洪武三年（1370），杭州府设医学（诊所）于此。西段原为宋理宗之潜邸，后改为龙翔宫，明为织造署。清康熙间改为行宫，故名行宫前。宫前有牌坊，坊外有河，民国25年（1936）填河筑路与惠民巷合并，统称惠民街。1966年改称为民路，1981年西端之东公廨并入，复称惠民路。1997年惠民路拓建，东由中山中路延伸至中河中路，西由旧藩署延伸至延安南路。

察院前巷　察院前巷东起中山南路，西至太庙巷。南宋时，丞相府在此。元时，原设扬州的江淮行御史台迁杭，并改为江南行御史台即南察院，治江南三省之地，始称察院前。明改巡按察院，路名如旧。清初为巡抚奉裁台署，后废为菜圃。康熙末年改作令节万寿祝圣之所，建有万岁龙亭。民国时称察院前巷，中华人民共和国成立后沿用。

十五奎巷　十五奎巷东起中山南路，西折南至城隍牌楼巷。宋名竹竿巷，属长庆坊。明万历《钱塘县志》：“长庆坊，俗呼石乌龟巷。”又名十五奎巷、十武魁巷。清康熙《钱塘县志》：“长庆坊，嘉靖间多习骑射者，一举得十人，故张其名曰十武魁巷。”后音讹为十五奎巷。1968年曾更名为大红花巷，1981年复原名。

荷花池头　荷花池头南起河坊街西段，北转西连南山路。南宋时名流福坊，为临安府治所在。明代一赵姓武官在此建荷花池，故得名。清康熙两次大火，夷为平地。地名沿用至今。1981年南城脚下并入荷花池头。

凤山路　凤山路南起南星桥，北至中山南路与万松岭路交会处。因地处凤山门外得名。其地南宋时为皇城通道；元明时为城南大道；清称凤山门外直街；民国时先后称拱三路（拱宸桥—三廊庙）、江墅路、警署街、中山南路凤山段。1981年更名为凤山路。20世纪90年代江城路延伸，凤山路分为东西两段。

东坡路　东坡路南起邮电路，北至庆春路西段。清名长塘头、元宝街。民国初建路，南段称东坡路，以纪念北宋杭州地方官苏东坡得名。北段先后称北浣纱路、小车桥路。

1966年南段更名为新艺路。1981年两路合并，统称东坡路。

学士路　学士路东起岳王路，西至湖滨路北段。明时有工部侍郎江晓住此，死后追称为“学士”，故名。其宅旁有桥称江学士桥，民国初建路时毁桥为路。

长生路　长生路东起浣纱路北段，西至湖滨路中段。因旧时有长生老人桥，遂名。民国初建路。1966年更名为向阳路，1981年复名长生路。

吴山路　吴山路南起开元路中段，北至龙翔路。因正对城南吴山，遂名吴山路。民国时建路。清为旗营内通道，先后称向阳胡同、黄沙弄、荷花弄。

岳王路　岳王路南起仁和路东端，北至庆春路西段。路北昔有清代所建岳庙，俗称老岳庙（今娃哈哈美食城址）。民国拆旗营墙筑路，为纪念岳飞，取名岳王路。1966年称新风路，1981年复称岳王路。

思鑫坊　思鑫坊南起学士路中段，北至承德里，西起菩提寺路南段，东塞。长约91米，宽约3米。清为旗营镶黄旗坊福昌巷，民国初陈鑫公在此建房，称思鑫坊。其中思鑫坊41号、42号系韩国独立运动旧址，“韩国国父”金九曾居住在该处，现为杭州市文物保护点。

邮电路　邮电路东起中山中路北段，西至湖滨路南端。清时由东到西分别名铁线巷、义坊巷、清和弄、双井西弄。民国初建路，名花市路。后为纪念辛亥革命领导人宋教仁，改称教仁街。1966年改称邮电路，因路东段南侧有杭州市电信局，故名。

仁和路　仁和路东起岳王路南端，西至湖滨路南端。清时，位于旗营中部，东段名吉祥巷，西段名广福街。北宋太平兴国四年至民国元年（979—1912），杭州城区一直分属钱塘、仁和两县，民国初建路，因此路地处仁和县一侧，故以仁和命名。1966年更名为群英路，1981年复称仁和路。

国货路　国货路东起青年路，西至延安路南段。清代时为八旗营内道路，因临近跨越浣纱河的泗水坊桥，取名泗水坊巷。民国初称泗水路。20世纪20年代末为抵制日货，于今解百商店处建国货陈列馆，并将馆前路改名国货路。

将军路　将军路东起浣纱路南端，西至南山路北段。古称泗水芳（坊）巷，清光绪十八年（1892）名为将军署、库使前、草芝巷。民国初，西段称将军路（清将军署在此），东段称慈幼路。因朱瑞为浙江督军时，被袁世凯授予“兴武将军”称号，故此路又名兴武路。东端有建于民国时的泗水新村，日伪时为“慰安妇”驻所。1966年更名为人民路，因路南侧建有人民大会堂，北侧市人民政府驻此，更名为人民路。2002年，因萧山设区后，与其境内人民路重名，故改现名。

开元路　开元路东起中山中路中段，西至南山路北段。以开元桥得名。清为旗营南墙旧基。民国初拆营建路，开元桥为跨浣纱河第一桥，遂以桥名路。

青年路　青年路南起开元路东段，北至解放路西段。清为旗营东墙基，民国时拆营墙建路，初名杭县路。民国8年（1919）路西侧建有基督教青年会，改名为青年会路。1949年后改为青年路。

第二节　片区

羊坝头　羊坝头泛指中山中路中段，即今西湖大道至清泰街西端一带地域。其地古时滨海，为防海潮侵袭在此作坝，称洋坝，俗称洋坝头，后称羊坝头。宋名坝西巷，属市西坊。清名三桥直街，宋时御街穿此而过，为杭城商贸繁华地域。20世纪90年代后期，因新建西湖大道，仅剩一角。

官巷口　官巷口泛指解放路与中山中路交叉一带地域。宋时称寿安坊，俗称官巷，因沿街多冠子行，故又呼冠巷。古时此处江潮拍岸，故又称官涧口。清筑旗营，地处迎紫门外，又名花市营门。民国拆旗营，为新市场闹市之一。中华人民共和国成立后，仍为杭州繁华的商业金融中心。

龙翔桥　龙翔桥是延安路与学士路交叉地域的泛称。桥跨清湖河（浣沙河），宋时称安济桥，元时改名龙翔桥。因龙翔宫从后市街西迁至清湖桥西，桥以宫名。元末张士诚踞杭，占宫为军械局，明初复建，清筑旗营，宫毁。1973年填河筑路，桥废。桥名作为区片地名沿用至今。今龙翔桥仍为商贸繁华地段和市公交枢纽中心。

钱塘门　钱塘门泛指湖滨路、环城西路、庆春路相交处一带的地域名称。钱塘之名自秦始，历代沿用。古钱塘门建于南宋绍兴二十八年（1158）。清顺治年间建旗营时，门位于旗营西北角。自宋以来，往灵隐天竺进香者，必由此门出入，有“钱塘门外香篮儿”之民谣。民国初筑路时拆除，名称遂为区片地名。今古钱塘门遗址已辟为绿地，并立有门址石碑。周围有西湖国贸中心、望湖宾馆等商用楼宇，西临湖滨公园步行街。

庆春门　庆春门泛指庆春路与环城东路、凯旋路相交地域。吴越时在今庆春路与东青巷相交一带筑北土门。南宋绍兴二十八年（1158）废北土门筑东青门。因门位于城东，门外弥望皆菜圃，故名。因门外有菜市，故又名菜市门。元初毁。元末向东拓展三里筑新门，称太平门，有“太平门外菜担儿”之民谣。明初朱元璋部将常遇春由此入城，为庆贺胜利，改名庆春门。城门残垣于1958年筑环城东路时拆除，区片地名沿用至今。并派生庆春路、庆春东路、庆春里、庆春弄、庆春桥等地名。今庆春门古址于1994年建庆春立交桥，跨越贴沙河、沪杭、宣杭铁路，由上、中、下三跨组成。上行机动车，下走非机动车和行人，铁道穿中间。

清泰门　清泰门概指清泰街与环城东路、凯旋路相交地域。吴越时名南土门，南宋时在其西另建崇新门，也称荐桥门。元初毁，元末重建，改称清泰门，俗称螺蛳门。清光绪三十三年（1907）因铁路进城拆城门，地名延用。并派生清泰街、清泰街道等地名。昔时因地近钱塘江，门外为水网田野，旧有盐场，故有“螺蛳门外盐担儿”之民谣。今清泰门为杭城交通枢纽之一，1985年建成的清泰立交桥横跨沪杭铁路、贴沙河，把古城门外连成一片。20世纪80年代末，清泰门外又崛起四季青服装城等大型批发市场，商贾云集。

望江门　望江门泛指望江路与江城路相交处一带。城门于宋绍兴年间始建，名新门，因东有草桥，又名草桥门。元初门毁，元末重建，名永昌门。清康熙五年（1666），因永昌为李自成年号，改名望江门。民国时城门拆除，地名沿用，并派生望江路、望江街道、望江门外直街、望江新村、望江家园等地名。古时，望江门外为观潮胜地，唐有江楼，宋有烟云鱼鸟亭，门内有御园富景园。元有瞰江亭，明之映江楼有“形胜东南属此楼”之誉。又有顺济庙，俗称海潮寺。清时，望江门外江涂田野，乡民以种菜为业，故有“望江门外菜担儿”之民谣。

候潮门　候潮门泛指候潮路与江城路交叉一带地域的名称。吴越时名竹车门。因筑城时以“竹笼盛巨石”车运之定城基，故名。宋代重建。因临江，一日两次可观潮，故易名为候潮门。《武林旧事》曾记有宋孝宗帝出门观潮事。门外旧有观潮楼，门内有都亭驿及侍从官宅。相传，绍兴之酒，皆由此门入城，故有“候潮门外酒坛儿”之民谣。城门于民国年间拆除，地名沿用，并派生候潮路、候潮门外直街、候潮公寓等地名。今候潮门附近为旧城改造区，建有金都华府、城南家园等住宅区。

凤山门　凤山门概指中山南路与万松岭路、凤山路相交一带。凤山门故址在六部桥西侧。其地原为南宋大内北门和宁门所在，地处御街南端，北达城内诸宫观。三省六部诸官署、学士院均设门北。元初城毁，至正间重筑城门，名凤山门，又呼正阳门。元末，一度萧疏，门外万松岭一带成为骑马踏青之处。有“正阳门外跑马儿”之民谣。民国初拆城，门毁，名称沿用，并派生凤山路、凤山桥、凤山新村等地名。民国时多为旧街陋巷，今日高楼林立，附近有凤山水城门遗址。

清波门　清波门指清波街、河坊街与南山路相交地域。吴越时筑罗城，于此设涵水门。南宋重建，因位于西湖之滨有流福沟引湖水经此门入城，故名清波门。因城门通南山，旧时城中薪柴多于此入城，故有“清波门外柴担儿”之民谣。民国时城门拆除，清波门作为区片地名延用至今。并派生清波街、清波街道、清波社区等街巷、政区地名。1999年4月在南山路与清波桥河下交叉处立“古清波门”石碑。其地有称为南宋御园之首的聚景园、西湖十景之一的柳浪闻莺公园及穆斯林先贤古墓园。

涌金门　涌金门指称南山路与涌金路（今西湖大道）相交一带。后唐清泰三年（936），吴越文穆王钱元瓘开涌金池，始设涌金门，门濒湖，又传为金牛出现处，故名涌金。南宋名丰豫门，明复称涌金门，民国拆除。地名沿用，并派生涌金路、涌金街道、涌金立交桥等地名。旧时涌金门内有涌金池，门外有游船码头，故有“涌金门外划船儿”之说。傍湖有丰乐楼酒肆，为宋时“杭城市肆名家”之一。今涌金门一带公园（柳浪闻莺、一公园）已连成一片，再现金牛涌池、柳丝宛地、翠浪翻空之美景。古涌金门石碑立在西湖大道与南山路交叉处北侧。

众安桥　众安桥概指庆春路与中山路交叉处地域。宋有众安桥跨清湖河上，为御街所经。桥平坦，不作石级。皇帝至景灵宫祀祖必经此处。南宋时，此地为北瓦所在，乃杭州闹市之一，每逢元宵佳节，张灯结彩，游人云集，谓之灯市。明时，有众安桥市，为瓜果、鱼肉集散处。桥上有施公庙。清光绪二年（1876）桥西建忠显庙，祀岳飞及其子岳云。民国25年（1936）填河筑路，桥废。但仍沿用桥名指称该地域。今众安桥一带已拓宽改建，仍为繁华地段，有娃哈哈美食城、浙艺大厦、中河大厦、交通银行、金融大厦、天和证券等。在中河路与庆春路交叉口立有“众安百戏碑”。

湖滨　湖滨泛指一至六公园沿湖地带及延安路、解放路、湖滨路、南山路交叉一带地域。因濒西湖，故名。自隋筑杭州城始，唐、宋、元、明此处均为杭城的西城郭。清初沿西城墙改建旗营，湖滨一带圈入旗营内。民国初城墙拆除，营内通道先后改建道路。西侧沿湖之地辟为湖滨公园。湖滨遂成商业、旅游服务业繁华地带。今湖滨路改建成休闲步行街，来往主要车辆从湖滨地下隧道穿行。

金衙庄　金衙庄指称解放路东端与环城东路相交处地域。金衙庄建于明代，庄主为隆庆戊辰进士、湖南臬司金学曾。清时数度易主，先后改称臬园、舒园、四间别墅，后又为采纺局、洋务局与盐运使署。金衙庄内旧有梧桐楼、绿血轩、小太湖、芙蓉亭等，优雅别致。其“太湖垂钓”为东城八景之一。至民国，日渐衰败。20世纪50年代初解放路东延时，拆除建筑，唯留百年古香樟和太湖石堆砌的假山，成为解放路与环城东路街心一景。2003年建的新城隧道从地下穿越，解放路往东延伸至钱塘江畔，街心得以保留。

清河坊　清河坊泛指中山中路与河坊街相交地域。南宋时清河郡王张俊之宅位于西侧太平巷，坊以此名，历代沿用。其时近大内和德寿宫，为京城最繁华之地，酒楼茶肆，鳞次栉比，买卖昼夜不绝。清时南有抚署，西有藩署，为省城政治中心。后胡庆余堂、孔凤春香粉号、宓大昌烟店等著名老店，皆开设于此，为商业兴盛之地。今河坊街建成仿古一条街，清河坊又恢复宋时繁华景观，游客如潮。清河坊作为区片地名，延用至今。

横河桥　横河桥指大学路中段，大河下、小河下、横河公园一带。因旧有东西横河桥，故名。东横河桥位于大学路南段，西横河桥位于建国中路南段，两桥相隔210米。因河道自西向东，故称横河，上设之桥称横河桥。东桥又名广济桥、报恩桥，西桥又名普安桥。明代有第一、第二桥之称。清代始称东、西横河桥。顺治年间（1644—1661），两桥之中有庾园。东城八景之一“横河夜月”即指此。中华人民共和国成立后，河道填没，桥面尚存。横河桥名演变为横河街道等政区地名，并派生出横河公园、横河新村等地名。今有大学路新村、横河新村、大学路小学、杭州旅游职业学校等。

鼓楼　鼓楼泛指中山中路与中山南路相接处及大井巷、望江路、十五奎巷相汇一带地域。鼓楼始建于吴越，为罗城十大城门之一，称朝天门。元代改称拱北楼，明初改呼来远楼。不久，又改镇海楼。明正德年间（1505—1521），曾置大钟一，大小鼓九，以供朝暮报时之用，亦称鼓楼。鼓楼为杭城三大城楼之一，气势雄伟，后几经火焚，屡毁屡建。1970年拆除，仅存西壁遗址。2000年河坊街改建为仿古休闲一条街，2002年复建鼓楼，再现当年的雄伟气势。

南星桥　南星桥概指凤山路、江城路、秋涛路、复兴街相交一带。南星桥于宋时建，初名南新桥，清改今名。民国时于桥南中河另建梁版式公路桥，仍名南星桥。其地依山濒江，古称柳浦，为南渡浙江（今钱塘江）重要渡口。民国后在原三郎庙建轮船码头，西南有铁路南星桥车站和南星立交引道。1995年复兴路改建拓宽，2004年复兴立交桥及跨越钱塘江的复兴大桥建成通车，南星桥地区的交通、市容发生变化，往日拥挤不堪，靠轮渡过江已成为历史。

察院前　察院前泛指察院前巷、太庙巷一带地域。南宋时，是左右丞相府及枢密知院府所在。元代设南察院，是监烧纸钞御史的官署，院前通道称察院前。明朝改为巡按院。清裁巡按，康熙末年改建为万岁龙亭，作为节日文武百官朝贺、拜表迎诏的场所。咸丰后废为菜圃。察院前巷地名至今沿用。

第三节　桥梁　隧道

一、桥梁

钱塘江大桥　钱塘江大桥位于南星街道西南端，为铁路、公路双层两用桥，横贯钱塘江南北，连接铁路杭甬线、浙赣线、虎跑路、之江路、复兴路。因跨钱塘江，故名。

西兴大桥（钱江三桥）　西兴大桥位于望江街道东部，横贯钱塘江。北接清江路，南连滨江区西兴路。1996年末建成通车。初称钱江三桥，2003年12月以江南岸有西兴镇，更为现名。

复兴大桥（钱江四桥）　复兴大桥位于南星街道东部，横贯钱塘江。北接复兴立交、中河高架路，南连滨江区中兴立交。于2004年10月建成通车。规划名称为钱江四桥（按建设时间排序），因大桥北堍地处复兴地区，故2003年12月命名为复兴大桥。

庆春立交桥　庆春立交桥位于庆春门，与下城、江干两区交界处。西起庆春路东端，东至庆春东路西端，跨越贴沙河、沪杭铁路和凯旋路、环城东路，1994年5月建成通车。因连接庆春路，故名。

涌金立交桥　涌金立交桥位于西湖大道与中河路交叉处，为杭州火车站车流进入中河高架路的主要出入口，1999年9月竣工。因位于原涌金路位置，故名。

清泰立交桥　清泰立交桥位于区境东北部环城东路南端，杭州火车站北侧。东连清江路、杭海路，西接清泰街、建国中路。横跨铁路、贴沙河、环城东路，1985年11月建成通车。因位于古清泰门，故名。

南星立交桥　南星立交桥南接复兴路，北连江城路，1984年6月建成通车。以南星桥得名。

望江立交桥　望江立交桥位于小营、紫阳、望江3个街道交界处。西起江城路西侧，东止海潮路，跨越江城路、浙赣铁路、贴沙河，2003年1月建成通车。因位于望江地区，故名。

复兴立交桥　复兴立交桥位于南星街道东部，复兴路、秋涛路、江城路交叉口。北接中河高架路，南连复兴大桥，2002年3月建成通车。因位于复兴地区，故名。

中河诸桥[①]

南大通桥　南大通桥位于南星街道，通之江路。20世纪80年代建，因位于中河通钱塘江位置，故名大通。为区别于西湖区西溪路之大通桥，称南大通桥。

白塔岭路桥　白塔岭路桥位于南星街道，通复兴路。建于20世纪80年代，因近白塔岭故名。

水澄桥　水澄桥位于南星街道，复兴路西端，连接水澄路。重建于20世纪50年代，因桥西旧有水登庙，故名。旧作水登，今为水澄。

复兴桥　复兴桥位于南星街道，复兴路西端，水澄桥东侧，连接南复路。民国时建，原无名。1981年命名为复兴桥。

海月路桥　海月路桥位于南星街道，洋桥东北侧。建于20世纪80年代，南、北接海月路，故名。

洋泮路桥　洋泮路桥位于南星街道，海月路桥东北侧。建于20世纪80年代，南、北接洋泮路，故名。

美政路桥　美政路桥位于南星街道，洋泮桥东北侧。建于20世纪80年代，因接通美政路，故名。

美政桥　美政桥位于南星街道，美政路东北侧，接复兴路。始建宋朝，亦名美政关。旧时凡紫竹柄皆榷于此，城南左厢公事所亦设于桥畔。时有乐平韩屏住左厢官，执法严明，人皆称其美政，因以名桥，宋时玉津园在其地。1967年改建为公路桥。1995年复兴路改造，重建。

老南星桥　老南星桥位于南星街道，小诸桥东北侧，亦名南新桥、朱桥。南宋《淳祐临安志》卷七："朱桥，旧名南星。"南宋《咸淳临安志》卷二十一载："南新桥，一名朱桥，雪醅库东。"民国时在其南建公路桥，亦称南星桥，故称此桥为老南星桥。

凤山桥　凤山桥位于南星、紫阳街道交界处，南星铁路桥北侧。东接江城路和凤山桥直街，西连凤山路。原名炭桥，1953年改建，因处凤山门，故称凤山桥。1985年在其南重建，为今之凤山桥。

六部桥　六部桥位于紫阳街道，古凤山水门北侧。东为六部桥直街，西为六部桥弄。南宋时，桥东有都亭驿，为当时接待外国来使之处，故旧名都亭驿桥。绍兴二十七年（1147），以桥西显宁寺基为基础扩建三省六部官署，吏员千余人，遂更称六部桥。元时，更六部桥为通惠桥，明称锦云桥，清复称六部桥。今存拱桥重建于清道光六年（1826）。1985年在桥南建一座梁式公路桥。

嵇接骨桥　嵇接骨桥位于紫阳街道，上仓桥北。宋名州桥，原中东河茅山河之水会于此。旧时有骨科医生嵇清居此，故名。

① 本节所记中河诸桥，按照从南至北的顺序排列。

通江桥　通江桥位于紫阳街道，福德桥北，东接抚宁巷。本名庆元桥。南宋淳熙三年（1176），漕臣赵蟠老于桥下置版闸，遇城中河水涸时，则启闸纳潮，故名通江桥。或以其东之通江门，以门名桥。1985年整修。

新宫桥　新宫桥位于小营街道，通江桥北，河坊街东段。始建宋代，南宋咸淳年间（1265—1274），度宗将德寿宫之一部改建宗阳宫，其西筑桥，直通清河坊，名宗阳桥，俗称宗阳宫桥。明改称新宫桥。民国19年（1930）改建成公路桥。

三圣桥　三圣桥位于小营街道，新宫桥北。始建于宋，因有三圣庙故名。三圣者，北宋高永能、景思谊、程博古，北宋元丰年间（1078—1085）同为统军，战死于银川。南宋初，于此建庙祀之。明代始称三圣桥，沿用至今。1986年重建。

铁佛寺桥　铁佛寺桥位于小营街道，三圣桥北。始建于宋，原名佑圣观桥，以近有佑圣观而得名。明代始名铁佛寺桥，铁佛寺乃慈光寺俗称。因寺内弥勒佛为铁所铸，俗称铁佛寺。1986年重建。

荣府桥　荣府桥位于小营街道，铁佛寺桥北，始建于宋。初因桥东有荣文恭王府，故称荣王府桥，南宋咸淳年间（1265—1274）称荣府桥。清称府桥，民国时称抚桥。今复称荣府桥。1986年重建。

柴垛桥　柴垛桥位于小营街道，荣府桥北，始建于宋。原为单孔石拱桥，又名太和桥。宋时建柴场于河东，以运输柴木堆垛于此，故有此俗名。1986年重建，桥接西湖大道，为梁版式公路桥。

荐桥　荐桥位于小营街道，柴垛桥北，始建于宋。宋时有崇新门，俗呼荐桥门，因此名桥。后又因清泰门，又名清泰桥。民国19年（1930）与1981年2次改建。

回回新桥　回回新桥，又名道明桥、积善桥，位于小营街道，荐桥北。因旧有西域拜寿堂，元代殷富回民多居此，从事珠宝业，因此名桥。清乾隆四十八年（1783）四月重建，1984年中河疏浚时改建。

丰南桥　丰南桥位于小营街道，回回新桥北，斜跨中河。建于20世纪80年代，因位于丰乐桥南，故名。

丰乐桥　丰乐桥位于小营街道，丰南桥北。宋时桥北多橘树，有亭号桔园，桥南有狗儿山，桥畔有丰乐楼酒肆，朝士多会饮于此，故桥取丰乐之名。原为石拱桥，民国14年（1925）改建为公路桥。

丰北桥　丰北桥位于小营街道，丰乐桥北。20世纪80年代建，位于丰乐桥北，故名。

新桥　新桥位于小营街道，丰北桥北。始建于宋初，名新桥。明代始称油局桥。清顺治六年（1649），清乾隆十年（1745）2次重修。20世纪90年代后改称新桥。2003年在其紧邻的南侧又建一桥，成双桥，供双向通行。

盐南桥　盐南桥位于小营街道，新桥北，斜跨中河。20世纪80年代建，因位于盐桥南，故名。

盐桥　盐桥位于庆春路中段，上、下城区交界处，盐南桥北。南系梁版式公路桥，连通庆春路；北为单孔石拱桥。宋代始建，旧时从江海入城之盐船皆泊于此，故名。该桥亦名惠济桥，因桥上原有惠济庙。建庙时新建一桥作庙基与旧桥相联，故又有联桥之名。民国8年（1919）建庆春路时又作南侧车行桥与旧桥并联。1986年整治中河，重修。

东河诸桥[①]

斗富一桥　斗富一桥位于小营街道，河坊街东端。始建于宋，称通利桥，明称平安一桥，后称斗富一桥，音讹为豆腐一桥。20世纪60年代重建，后废，20世纪90年代又重建。

斗富二桥　斗富二桥位于小营街道，斗富一桥北侧。宋名米市桥，明改称平安二桥，俗呼斗富二桥，音讹为豆腐二桥。20世纪80年代改建。

斗富三桥　斗富三桥位于小营街道，斗富二桥北侧。南宋淳祐年间（1241—1252）称五柳庄桥，咸淳间改呼五柳园桥。明更名平安三桥，俗称斗富三桥，又呼豆腐三桥。民国6年（1917）6月重修，20世纪80年代改建。

安乐桥　安乐桥位于小营街道，斗富三桥北侧，东西接西湖大道。原为单孔石桥，南宋淳祐年间（1241—1252）称席潭桥，咸淳年间（1265—1274）改名福济桥。明代因桥附近有安乐园，故名安乐桥。2000年建西湖大道时拓宽改建为公路桥，名称沿用。

健民桥　健民桥位于小营街道，安乐桥北。2002年建，通杭州市第三人民医院，故名。

解放桥　解放桥位于小营街道，淳祐桥北，解放路东段。民国14年（1925）始建时，因时值军阀孙传芳部进驻杭州城，故名传芳桥。孙传芳兵败后，桥改称永宁桥。中华人民共和国成立后更名解放桥，因连通解放路，遂名。

万安桥　万安桥位于小营街道，解放桥北，连接万安东弄和万安西弄，故名。明嘉靖年间（1522—1566）钱科建，初名南桥，后改万安。清康熙间、中华人民共和国成立后两次改建。

菜市桥　菜市桥位于庆春路东段，与上城区交界处。南宋时，东青门外皆菜园，故东青门又名菜市门，桥亦名菜市桥。明代扩城，改东青门为庆春门，桥亦改称庆春桥，但仍俗呼菜市桥。1981年地名普查时正式定名为菜市桥。

贴沙河诸桥[②]

候潮桥　候潮桥位于紫阳街道，肖公桥北，西通候潮路，建于2000年，因通候潮路，故名。

落马营桥　落马营桥位于紫阳街道，候潮桥北。因近落马营，故名。

① 本节所记东河诸桥，按照从南至北的顺序排列。

② 本节所记贴沙河诸桥，按照从南至北的顺序排列。

永昌桥　永昌桥位于紫阳街道，落马营桥北，建于20世纪60年代。因通永昌坝，故名。

望江路桥　望江路桥位于望江路东段，紫阳、望江街道交界处，跨贴沙河，2002年建。因通望江路，故名。

清泰吊桥　清泰吊桥位于望江街道清泰立交桥下北侧，跨贴沙河，1953年改建。因连清泰街，故名。

东青桥　东青桥亦名庆春吊桥、太平桥，位于小营街道，清泰吊桥北，庆春路东端。庆春门，亦称东青门，故名。

新开河诸桥[①]

① 本节所记新开河诸桥，按照从南至北的顺序排列。

南落马营桥　南落马营桥位于紫阳街道，下义桥北。东接秋涛路，西连南落马营。2001年建，因连南落马营，故名。

望江桥　望江桥位于紫阳、望江街道，甬江桥北。东、西通望江路。1960年代建，2002年重建。因连望江路，故名。

南站桥　南站桥位于望江街道，望江桥北，2001年建。因西通汽车南站，故名。

东宝路桥　东宝路桥位于望江街道，南站桥北，1984年建，2001年重建。原名花子桥，因西通东宝路，故名东宝路桥。

兴隆桥　兴隆桥位于望江街道，东宝路桥北。20世纪60年代建，2001年重建。因西通兴隆路，故名。

甘王桥　甘王桥位于望江街道，市场桥北，跨新开河，1982年建。因附近有养鸡场，遂名鸡场桥。2001年重建，改名甘王桥。

新塘河诸桥[②]

② 本节所记新塘河诸桥，按照从南至北的顺序排列。

中心桥　中心桥位于望江街道近江住宅区，20世纪90年代建，因处近江住宅区中部，故名。

鸥江路桥　瓯江路桥位于望江街道，连接鸥江路，1996年建。因位于鸥江路上，故名。

新塘河桥　新塘河桥位于望江街道和江干区交界处，跨新塘河，连接清江路，2000年建。因跨新塘河，故名。

二、隧道

西湖隧道　西湖隧道位于湖滨，北连环城西路、北山路、庆春路，南接南山路、解放路。2002年12月开工，2003年10月14日建成开通。因穿越西湖底，故名。

新城隧道　新城隧道为解放路上的隧道。西起大学路口，东至商教苑北，西连解放路，东接解放东路，建于2003年12月。为老城区通往钱江新城的捷径，故名。

玉皇山隧道　玉皇山隧道位于玉皇山麓，南连南复路，北接玉皇山山路，1996年12月竣工通车。因玉皇山得名。

万松岭隧道　万松岭隧道位于紫阳山麓，东连严官巷，西接万松岭路、南山路，2005年2月6日隧道全线通车。因接万松岭路，故名。

表2-5-7　1999—2015年杭州市政府命名上城区道路和桥梁名称情况表

序号	年度	名称	位置（起讫点）长度
1	1999	钱江路	南起飞云江路，北至之江路。长5650米，宽40米
2		婺江路	秋涛路以东，杭州牙膏厂、杭州孔凤春化妆品厂以南，杭州香料厂以北。长500米，宽12米
3		飞云江路	东起之江中路，西至秋涛路。长500米，26米
4		西湖大道	东起城站广场，西至南山路。长1700米，宽60米
5		涌金立交桥	位于西湖大道与中河高架交会处
6		复兴路	东起复兴立交桥，西至之江中路。长4500米，宽30米
7		复兴街	东起凤山路，西至虎跑路接之江中路。长4675米，宽12米
8		清吟街	东起直大方伯，西至中河中路，接平海路。长630米，宽16米
9		之江中路	西南起钱塘江大桥（六和塔），东北至清江路西兴大桥。长4638米，宽19~33米
10		复兴南街	东起紫花路中段，西至南复路。长1650米，宽20米
11		海月路	南起之江中路，北至复兴路。长380米，宽20米
12		美政路	南起之江中路，北至复兴路。长410米，宽20米
13		洋泮路	南起之江中路，北至复兴路。长410米，宽20米
14		水澄路	南起之江中路，北至复兴路。长210米，宽20米
15		紫花路	南起之江中路，北至复兴街。长410米，宽20米
16	2000	秋涛路216弄	秋涛路中段东侧216号处。长70米，宽2米
17		甘王路	东起秋涛支路，西至莫邪塘南村。长300米，宽4米
18		近江路一弄	从秋涛路向近江路东面走50米左右的左边第一条弄。长300米，宽6米
19		近江路二弄	从秋涛路向近江路东面走100米左右的左边第二条弄。长300米，宽6米
20		徐家埠路北弄	西起秋涛路，东至近江家园。长60米，宽2米
21		江边路一弄	从秋涛路向江边路面走100米左边第一条路。长300米，宽5米
22		江边路二弄	从秋涛路向江边路面走500米左边第二条路。长300米，宽5米
23		江边路三弄	从秋涛路向江边路面走600米左边第三条路。长300米，宽5米
24		江边路四弄	从秋涛路向江边路面走700米左边第四条路。长300米，宽5米
25		江边路五弄	从秋涛路向江边路面走800米左边第五条路。长300米，宽5米
26		江边路六弄	从秋涛路向江边路面走900米左边第六条路。长300米，宽5米
27		兴隆路一弄	南起兴隆路，北至秋涛路一弄。长160米，宽4米
28		婺江路一弄	北起婺江路，南塞。长30米，宽2米
29		婺江路二弄	西起秋涛路，东折北接婺江路。长70米，宽2米
30		东宝里	北起东宝路折西至海潮路。长550米，宽3米
31	2001	邮驿路	南起城站广场，北接清泰街。长200米，宽10米
32		将军路（原名人民路）	东起浣纱路，西至南山路中段。长530米，宽10米
33		化仙桥路	南起之江中路，北至复兴路。长400米，宽16米

续表 2-5-7

序号	年度	名称	位置（起讫点）长度
34	2002	河坊街	东起江城路，西接河坊街。长400米，宽30米。为河坊街向东延伸段，撤销断河头、西牌楼地名
35		佑圣观路	南起佑圣观路，北接解放路。长300米，宽30米。为佑圣观路向北延伸段，撤销金钱巷、丰禾巷地名
36		翰林街	东起环城东路，西至大学路。长400米，宽13米
37	2003	高银街	东起中河中路，西接劳动路。长1000米，宽16米
38	2004	复兴大桥	原钱江四桥，因桥北堍地处复兴地区，故名。主桥全长1376米，宽26.4米，分上下两层
39		西兴大桥	原钱江三桥，因桥南连滨江区西兴街道，故名。全长5700余米，主桥长1280米，宽29.5米，桥型为双独塔、单索面、三向预应力箱型连续梁斜拉桥
40		之江路	原之江东路（清江路—杭海路）、之江中路（钱江一桥—清江路）更名为之江路。长4638米，宽18~45米
41		富春路	南起姚江路，北至之江路。长6000米，宽24~50米
42		钱江路	南起飞云江路，北至杭海路。长6500米，宽40~50米
43		衢江路	东起之江路，西至秋涛路。长1480米，宽16~20米
44		望江东路	东起之江路，西至秋涛路。长1480米，宽50米
45		甬江路	东起之江路，西至秋涛路。长1290米，宽45米
46		姚江路	东起之江路，西至秋涛路。长1100米，宽45米
47		新城隧道	东起商教苑100幢，西至大学路口。长955米，双孔，各宽8.5米
48	2005	紫薇街	东起延安路南段，西至劳动路南段。长210米，宽12米
49		龙舌路	东南起之江路中段，西北至秋涛路南段。长200米，宽12米
50		紫花支路	东起复兴大桥，西至紫花路。长318米，宽12米
51		江岚路	南起之江路西段，北至复兴路西段。长300米，宽9米
52		近江东路	南起衢江路东段，向北穿越聚景弄折西至富春路中段。长430米，宽12米
53		聚景弄	东起13号路（规划名），向西穿越近江东路至衢江路东段。长260米，宽12米
54		近江南路	东北起衢江路东段，向西南交珊园弄、诗园弄至富春路东段。长475米，宽12米
55		珊园弄	西起诗园弄中段，北折至近江南路。长290米，宽12米
56		诗园弄	南起婺江路东段，北至近江南路西段。长250米，宽12米
57		近江西路	南起富春路，北至衢江路西段。长405米，宽12米
58		栖园弄	东起近江西路南段，西至芭园弄南段。长132米，宽12米
59		芭园弄	南起婺江路中段，北至钱江路中段。长360米，宽12米
60		久园弄	东起近江西路北段，西至芭园弄北段。长132米，宽12米
61		近江北路	南起衢江路中段，至清静弄折东接富春路中段。长410米，宽12米
62		清静弄	南起近江北路中段，北至清江路东段。长250米，宽12米
63	2007	吟潮路	位于钱江新城。东起之江路，西至富春路。长310米，宽12米
64		闻潮路	位于钱江新城。东起之江路，西至富春路。长477米，宽20米
65		望潮路	位于钱江新城。东起之江路，西至钱江路。长814米，宽16~20米
66		鲲鹏路	位于钱江新城。南起吟潮路，北至婺江路。长1291米，宽12~20米
67		雷霆路	位于钱江新城。南起望江东路，北至婺江路。长525米，宽20米
68		横河人行地道	横河公园东门南侧过环城东路地道。长187.9米，宽6米
69		庆春天桥	庆春路和中河路互通人行天桥。长40米，宽3.5米
70		庆春人行地道	马市街过庆春路人行地道。长45.6米，宽5.6米

续表 2-5-7

序号	年度	名称	位置（起讫点）长度
71	2009	府学巷	东起劳动路25号，西折南至旧仁和署。长152米，宽4米
72		复广直街	南起之江路600号，北至钱江路。长445米，宽12米
73		复广支二路	东起飞云江路，西至龙舌路46号。长315米，宽12米
74		复广支三路	东起复广直街，西至龙舌路52号（预编）。长125米，宽12米
75		金刚寺巷	东起江城路865号，西至建国南路。长240米，宽12米
76		福缘巷	南起郭东园巷8号，北至西湖大道。长220米，宽12米
77		聚丰弄	南起之江路958号，北至清江路。长289米，宽7米
78		清笛弄	南起近江北路39号，北至钱江路。长179米，宽9米
79		聚乐弄	东起聚丰弄59号（预编），西折南至近江东路。长346米，宽12米
80		三多路	南起望江路10号，北至东宝路。长571米，宽18米
81		银鼓路	南起望江东路390号（预编），北至婺江路。长420米，宽16米
82		映霞街	东起秋涛路373号，西至海潮路。长289米，宽16米
83		东霞巷	南起映霞街40号（预编），北至东宝路。长289米，宽16米
84		官巷口天桥	位于解放路与中山中路路口，互通式人行天桥。长35米，宽4米
85	2011	清泰街人行地道	南起市三医院西侧，北至清泰花苑东侧。长88.94米，宽4.2米
86		解放路人行地道	南起星河商务大厦东侧，北至东河家园东侧，长81.46米，宽4.2米
87		全新桥	位于解放路78号，跨东河。长21米，宽3.5米
88		东清桥	位于清泰街346号，跨东河。长11米，宽3.5米
89		浦玉路	南起复兴路558号（预编），北至浙赣铁路绕行线。长433米，宽20米
90		大学路一弄	西起大学路6号，向东折北至高官弄。长150米，宽8米
91		水澄路	南起之江路，北至复兴路，现向北延伸至虎玉路。长479米，宽20米（2014年更名为水澄北路）
92		水弄	东起兰巷，西至浦玉路56号（预编）。长183米，宽12.5米
93		云弄	东起兰巷，西至浦玉路24号（预编）。长263米，宽14.5米
94		紫弄	东起兰巷，西至浦玉路40号（预编）。长263米，宽16米
95		竹巷	南起复兴路，北至水弄3号（预编）。长253米，宽15.5米
96		兰巷	南起复兴路490号（预编），北至浙赣铁路绕行线。长170米，宽13米
97		菊巷	南起复兴路，北至水弄17号（预编）。长253米，宽15.5米
98		德寿桥	位于中河中路36号（预编），跨中河。长10米，宽5米
99		河坊街人行地道	东起河坊街67号，西至河坊街73号。长81.4米，宽6.2米
100	2012	江吟巷	南起吟潮路，北至甬江路73号（预编）。长235米，宽12米
101		银鼓路	南起望江东路390号，北至婺江路，现向南延伸至姚江路。长1690米，宽16~20米
102		铜鼓路	东起银鼓路，向西折北至望江东路477号（预编）。长385米，宽12米
103		候潮东路	东起富春路42号（预编），西至秋涛路。长710米，宽24米
104		吟潮路	东起之江路，西至富春路60号（预编），现向西延伸至秋涛路。长1090米，宽12米
105		闻潮路	东起之江路，西至富春路142号（预编），现向西延伸至铜鼓路。长1197米，宽12~20米
106		甘王支路	东起甘王路27号，西至秋涛路一弄。长300米，宽6米

续表 2-5-7

序号	年度	名称	位置（起讫点）长度
107	2013	兴隆巷	南起兴隆路15号，北至秋涛路一弄。长240米，宽4.8米
108	2014	银鼓路	原路南起姚江路66号（预编），北至婺江路，现向北延伸至清江路。长2690米，宽18米
109		水澄北路	南起水澄路1号，向北延伸至虎玉路。长479米，宽20米（由水澄路更名）
110	2015	嘉禾里支弄	南起嘉禾里8号，向西北折至红门局西段。长130米，宽10米
111		佑圣观天桥	位于解放路、马市街与佑圣观路三路交叉口，呈“口”字状。长120.8米，宽5.6米
112		秋涛路天桥	位于秋涛路与沙地路交叉口，呈“工”字状。长56.2米，宽4米
113		甬江路天桥	位于秋涛路与甬江路交叉口，呈“口”字状。长237.9米，宽4米

说明：1. 表中所标注的“预编”地名，至2015年仍为预编，未使用实际门牌号。2. 资源来源于杭州市上城区民政局

第四节　住宅区

万安城市花园（南苑·西苑）　万安城市花园地处小营街道。东至建国中路，西抵直大方伯，南连庆春路，北至万安桥西弄、解放桥。东河东岸万安桥北侧称万安城市花园；万安桥南侧称万安城市花园·南苑；东河西岸万安桥西弄北侧住宅称万安城市花园·西苑。建于1999—2000年。因位于万安桥畔，故名。

金隆花园　金隆花园地处小营街道金钱巷社区。东至九曲巷，南临西湖大道，西抵佑圣观路，北近清泰街。1993年开工，1996年建成。因其地为原金钱巷居住区，并喻兴隆之意，故名。

建国南苑　建国南苑位于小营街道的姚园寺巷、西牌楼社区。东至下羊线弄、灰团巷、江城路一线，南临望江路，西达建国南路，北近郭东园巷。建于1980—1995年。因西临建国南路得名。

大学苑　大学苑地处小营街道大学路社区。东邻马坡巷，南至解放路，西近大学路，北抵高官弄，建于2002年。因邻大学路得名。

清泰花苑　清泰花苑地处小营街道金钱巷社区。东近东河绿化带，南临清泰街，西抵金鸡岭，北至淳祐桥西弄。建于2003年，因该住宅区临东河，其东、南面各有一个花园，景色秀丽，故名。

翰林花园　翰林花园位于小营街道老浙大社区。东临环城东路，南至翰林街，西抵大学路，北靠庆春路。建于2000年，按中国传统造园手法建设，环境幽雅，内分求是阁、文汇阁、文渊阁、文苑阁、文澜阁、文景阁6个楼群组团。

水岸城市花园　水岸城市花园位于小营街道老浙大社区。东起环城东路，西邻老浙大直路，南靠环东新村，北至老浙大横路。原为浙江省卫生学校校址。因濒临贴沙河，清雅幽静，故名。

东河家园　东河家园位于小营街道小营巷社区。东临东河，南至解放路，西抵直大方

伯，北至万安桥西弄。建于1999年。因滨东河，故名。

小营巷民居　小营巷民居地处小营街道小营巷社区。直大方伯以西，小营巷56号之东，小营巷以北，清吟街南侧。建于1999年，因近小营巷得名。

八卦新村　八卦新村地处南星街道玉皇山社区。东邻杭州陶瓷品市场西侧，西靠陶瓷品市场仓库，南近铁路，北至虎玉路。建于1999年，因近八卦田得名。

美政花苑　美政花苑地处南星街道美政桥社区。东近紫花路，南邻之江路，西达美政路，北至复兴路。建于1997年，因地处美政桥而得名。

民安苑　民安苑地处南星街道水澄桥社区。东邻江岚路，南近中河，西至水澄路，北面复兴路。建于2002年，因旧城改造在原明安村所在地新建，以原名称之谐音定今名。

清怡花苑　清怡花苑地处南星街道海月桥社区。东起海月路，南临之江路和钱塘江，西近化仙桥路，北至复兴南街。建于2002年，为旧城改造中建造的新型住宅区，以环境清悠宜人之意命名。

十亩田家园　十亩田家园地处南星街道海月桥社区。东邻海月路，西靠化仙桥路，南起中河，北至复兴路。该住宅区2001年前原有24幢住宅，2001年后新建14幢。因当地原称十亩田，故名。

金棕榈花园　金棕榈花园地处南星街道海月桥社区。东临洋泮路，南临之江路，西至海月路，北至复兴南街。建于2001年。

海月花园　海月花园地处南星街道海月桥社区。北近复兴路，西靠海月路，南临中河，东傍原杭州市江滨职业学校。建于1998年，因住宅区内有海月桥得名。

六和源花园　六和源花园地处南星街道水澄桥社区。东起水澄路，南至中河南端北岸，西、北临复兴路西端。建于2001年，取“和为贵”及佛教《本业璎珞经疏》中“身和同住，口和无诤，意和同悦，戒和同修，见和同解，利和同均”之意综合而名之。

水澄花园　水澄花园位于南星街道水澄桥社区，分为南苑、北苑，因近水澄路故名。水澄为古地名，旧时有水澄庙，桥名水澄桥。2000年旧城改造，路仍名水澄。2005年5月命名。

蓝江公寓　蓝江公寓地处南星街道美政桥社区。东至紫花路，南近之江路和钱塘江，西抵美政花苑，北邻港监办公大楼。建于2003年，因滨钱塘江得名。

好望角公寓　好望角公寓地处南星街道水澄桥社区。南起之江路，北至复兴南街，东邻化仙桥路，西近南复路。建于2001年8月，含美好希望之意得名。

清泰南苑　清泰南苑地处望江街道清泰门社区。清泰立交桥东堍南侧。建于1997年。因桥得名。

新丰苑　新丰苑地处望江街道清泰门社区。东邻四季星座大厦，南界新丰新村，北临清江路，西邻莫邪塘北村。建于2001年，因其地原属杭州新丰塑料厂，故名。

望江家园　望江家园地处望江街道婺江社区。东至钱江路，南抵望江东路，西至秋涛路，北达婺江路。建于2003年，因望江路得名。

近江家园　近江家园位于望江街道近江东园、近江西园社区。东邻衢江路，南靠钱江之滨的之江路，西抵婺江路，北达钱江路。于1999年12月开工建设，2001年相继竣工。其地为原近江行政村，有近江自然村，且近钱塘江，故名。

林风花园　林风花园地处望江街道海潮社区。东至望江村发展用地，西临甬江路，南起富春路，北至钱江路。2005年5月命名。因该住宅区绿树成荫，远处阵阵江风袭来，给人安逸清新的感觉，故名林风花园。

近江住宅区　近江住宅区位于望江街道在水一方和耀华社区。东至之江路，南达婺江路，西临钱塘江路，北近清江路。住宅区内分新城坊、世纪坊、南光坊、华龙坊、耀江福村、恒丰坊、富星苑、天福花园、滨江新苑、鸥江公寓、怡和苑、文华苑、滨江家园、钱江苑、在水一方公寓、临江风帆公寓、钱塘名都、钱塘人家、景江城市花园19个居住组团，共有住宅楼128幢。建于1996—1997年，因地近钱塘江得名。

钱江时代公寓　钱江时代公寓地处望江街道在水一方社区。东邻景江城市花园，南靠天福花园，西近富春路，北至清江路。建于2003年，因位于钱塘江畔得名。

郡亭公寓　郡亭公寓地处望江街道在水一方社区，之江路与衢江路交叉口。2004年6月命名。“郡亭”一名的意蕴来自白居易《忆江南》中“郡亭枕上看潮头”之句。

定安苑　定安苑位于清波街道定安路社区。东抵火药局弄，南达惠民路，西临定安路，北近羊坝头。建于1999年。因临定安路得名。

定安东苑　定安东苑地处清波街道定安路社区。东近中山中路，南抵甘泽坊巷，西至后市街，北近凤凰寺。建于2002年。因处定安苑以东，故名。

嘉禾苑　嘉禾苑位于清波街道劳动路社区。东近延安路，南邻嘉禾里，西至劳动路，北抵红门局。建于2003年。因嘉禾里得名。

吴山名苑　吴山名苑位于清波街道劳动路社区。东近浙江省杭州第四中学，南至高银街，西临劳动路，北靠嘉禾里。建于2001年。因近吴山景区得名。

柳浪东苑　柳浪东苑位于清波街道劳动路社区。东至旧仁和署，南近河坊街，西临荷花池头，北抵三衙前。建于2001年。因近柳浪闻莺景点得名。

柳浪新苑　柳浪新苑位于清波街道清波门社区。东抵府前街，南达清波街，西至孝子坊，北临河坊街。建于1998年。因近柳浪闻莺景点得名。

吴山新苑　吴山新苑地处清波街道清波门社区。东至保健路，南、西两面靠浙江省军区，北邻吴山鸣翠苑。建于2003年，因位于吴山脚下得名。

吴山鸣翠苑　吴山鸣翠苑原名吴山公寓。地处清波街道清波门社区。东近四宜路，南靠吴山新苑，西临蔡官巷公寓，北临吴庄。建于2003—2004年。2003年7月命名为吴山公寓，11月更今名，因近吴山景区，故名。

惠民苑　惠民苑位于清波街道柳翠井巷社区。东近中河中路，南至惠民路，西临光复路，北抵保佑桥东弄。建于2001年。因近惠民路，故名。

中山苑　中山苑位于清波街道柳翠井巷社区。东近中河中路，南达熙春弄，西抵光复路，北至惠民路。建于1998年。

涌金花园　涌金花园位于清波街道劳动路社区。东达劳动路，南邻浙江省军区第二招待所，西近南山路，北近西湖大道。建于1999年。以原涌金路得名。

蔡官巷公寓　蔡官巷公寓位于清波街道清波门社区。东、南面靠吴山鸣翠苑，西近铁冶路，北邻蔡官巷。建于2000年。因蔡官巷得名。

柳浪阁　柳浪阁位于清波街道清波门社区。东近蔡官巷，南邻蔡官巷公寓，西至铁冶路，北临清波街。建于1999年。因距柳浪闻莺景点较近，故名。

吴庄　吴庄位于清波街道清波门社区。东临四宜路，南、西两面抵蔡官巷，北至清波街。建于2001年。

南星公寓　南星公寓地处紫阳街道候潮门社区。东邻贴沙河，西至江城路，南近造船厂弄，北至凤山桥直街。建于1996年。因位于南星桥地域得名。

嘉景苑　嘉景苑地处紫阳街道上羊市街社区。东至江城路，西、南靠金狮苑，北接望江公寓。建于2001年，以此地人文历史悠久，住宅建筑锦上添花之意命名。

金狮苑　金狮苑地处紫阳街道上羊市街社区。东至江城路，南抵抚宁巷，西达金钗袋巷，北至望江路与望江公寓为邻。建于1994年。因在原金钗袋巷、大狮子巷地段建造，以两巷各取一字组合得名。

云雀苑商住城　云雀苑商住城地处紫阳街道上羊市街社区。东近贴沙河，西至江城路，南邻小剪刀弄，北靠宋都大厦。建于1996年。

凤山花苑　凤山花苑地处紫阳街道候潮门社区。东至江城路，南近复兴立交桥，西临中河南路，北靠南兴加儿巷。建于2001年，因地近凤山桥、凤山门得名。

凤凰北苑、南苑　凤凰北苑、南苑地处紫阳街道凤凰社区。东北至秋涛南苑，东南靠钱江路，西达飞云江路，西北至秋涛路。北片称凤凰北苑，南片称凤凰南苑。建于1999年。因其西侧有凤凰山，故名。

秋涛南苑　秋涛南苑地处紫阳街道凤凰社区。东近钱江路，西邻秋涛路，南靠凤凰北苑，北至木材新村。建于1996年，因路得名。

江枫苑　江枫苑地处紫阳街道北落马营社区。位于直河头与铁路交接口之北城，南家园以南。建于2002年，因近凤山桥直街和江城路而得名。

鼓楼花苑　鼓楼花苑地处紫阳街道上羊市街社区。东至牛羊司巷，西临中河，北靠胡雪岩故居。建于1997年，因近鼓楼得名。

候潮公寓　候潮公寓地处紫阳街道候潮门社区。东近贴沙河，南抵凤山桥直街，西达江城路，北靠平安里。建于1998年，因位于古候潮门遗址附近得名。

望江公寓　望江公寓地处紫阳街道上羊市街社区。东起江城路，西靠金狮苑，南邻嘉景苑，北接望江路。建于2001年，因望江路得名。

春江花月住宅区　春江花月住宅区地处紫阳街道春江社区。东起之江路，西至钱江路，南起飞云江路，北至姚江路。共有芳甸苑、月华苑、流云苑、映霞苑、江树苑、晓风苑、潇湘苑7个组团。建于2002年，因处钱塘江畔，取其意境得名。

金色海岸住宅区　金色海岸住宅区地处紫阳街道甬江社区。东起之江路，西至富春路，南邻姚江路，北靠甬江路。建于2002年，因位于钱塘江畔，寓自然、优美的居住园区之意得名。

南瓦坊　南瓦坊地处紫阳街道新工社区。东近南瓦子巷，南靠太平巷，西邻铁路，北邻秋涛路小学。建于1992—2001年，因地近南瓦子巷，故名。

柴校坊　柴校坊地处紫阳街道新工社区。东、南面近秋涛路，西至南瓦子巷，北达柴校路。建于1997年。因在秋涛路一侧、原柴校路一带进行旧城改造而建，故名。

金色家园　金色家园地处紫阳街道海潮社区。南达富春路，西临姚江路，北至钱江路。2003年9月命名。以住宅区具有舒适、优美的生活空间之意命名。

城南家园　城南家园地处紫阳街道北落马营社区。南至凤山桥直街，北靠北落马营，西临贴沙河，东靠铁路。建于2003年。因位于城市南部，故名城南家园。

华府花园　华府花园地处紫阳街道北落马营社区。东靠铁路，西近贴沙河，南至候潮路。建于2004年。“华”意蕴着光辉华彩，“府”意蕴为尊邸。

平海公寓　平海公寓位于湖滨街道岳王路社区。东抵中山中路，南临平海路，西近岳王路，北达宏农里。于2002年建成。因近平海路得名。

元华公寓　元华公寓地处湖滨街道涌金门社区。东临元华广场，南至将军路，西达柳营路，北邻南山路。建于2000年。

湖滨公寓　湖滨公寓地处湖滨街道涌金门社区。东起延安路，西至柳营路，南达开元路，北靠将军路。于2003年开工。因邻近湖滨一公园得名。

聚景阁　聚景阁地处湖滨街道涌金门社区。东靠涌金广场（商务楼），西至直紫城巷，南临西湖大道，北近开元路。建于1999年。

表2-5-8　1999—2015年杭州市政府命名上城区建筑物、住宅区名称情况表

命名年份	标准（地名）建筑物名称	标准（地名）住宅区名称
1999	金钱大厦、浙江机械大楼、西子迎宾大厦、平海景苑、娃哈哈美食城、解百商城、聚景阁、城益大厦、杭州国际商务大厦、浙江省军供大厦、兴合商城、浙江中保大厦、阳光电信广场、涌金广场、明珠商业中心、耀江广厦、杭州中财发展大厦、吴山广场	临江风帆公寓、凤凰南苑、涌金花园、柳浪东苑、钱塘人家、凤凰北苑、钱江苑、中山苑、长堤名苑、高官弄公寓、万安城市花园·西苑、东河家园、小营巷民居、八卦新村、近江新村、柳浪阁、平海公寓
2000	浙江人寿大厦、天风商厦、远洋大厦、吴山大世界、香榭商务大厦、吴山商务综合楼、杭州瑞丰大厦、杭州商业大厦、时代广场、清波商厦、仁和大厦	元华公寓、万安城市花苑·南苑、紫花苑、凤山花苑、近江家园、翰林花园、蔡官巷公寓、梅花三胜公寓
2001	杭州科技大厦、杭州瑞丰国际商务大厦、铭扬大厦、平海旺角商务楼、金泰商务大厦、西湖国贸中心、元华商城、太平洋商业中心、利群大厦、东河世纪大厦、华夏银行大厦	嘉景苑、望江公寓、吴庄、金棕榈花园、嘉禾苑、惠民苑、好望角公寓、十亩田家园、新丰苑、六和源花园、吴山名苑
2002	新东方大厦、西湖国贸大厦、联银大厦、星河商务大厦、涌金商业综合楼、吴山名楼	春江花月住宅区·江树苑、春江花月住宅区·月华苑、春江花月住宅区·流云苑、春江花月住宅区·芳甸苑、春江花月住宅区·晓风苑、春江花月住宅区·潇湘苑、春江花月住宅区·映霞苑、民安苑、钱塘名都、杭州元华休闲广场、碧水云天住宅区（同年更名为“金色海岸住宅区”）、景江城市花园、江枫苑、清怡花苑

续表 2-5-8

命名年份	标准（地名）建筑物名称	标准（地名）住宅区名称
2003	万新大厦、金衙庄大厦、航天通信大厦、东方金座、四季星座大厦、钱江国际商务中心、浙江长城资产大楼	湖滨公寓、钱江时代公寓、定安名都、蓝江公寓、望江家园、清泰花苑、金色家园、吴山公寓（同年更名为“吴山鸣翠苑”）、吴山新苑
2004	红星文化大厦、大名空间商务大厦	华府花园、江韵园、凤凰城、瑞丰格林苑、郡亭公寓、林风花园、复兴城市家园、钱塘雅苑、水岸城市花园、太和广场
2005	复兴广场（同年更名为复兴国际商务广场）、水澄大厦、凯恩西湖金座、平海国际商务大厦、万安商厦、雪峰大厦、锦都大厦、房经大厦	林风花园·和风苑、林风花园·映水苑、林风花园·沁林苑，名珏公寓、水澄花园、城南家园、江新苑、锦都嘉园
2006	绿都大厦、东坡文物大楼、凤山公园（公园）、阳光国际广场	西湖名苑、复兴东苑、国检新苑
2007	杭州市老年活动中心大楼、杭州市消防指挥中心大楼、金色城品大楼、尚筑金座	锦都世家、新绿园公寓、望江新园
2008	通润银座、阳光国际广场、通诚商务楼、冠盛大厦	水岸枫庭、紫源公寓、阳光海岸公寓、紫轩、春江名苑、元福里、蓝色钱江公寓
2009	安居临江大厦、八达大厦、望江大厦、望江国际中心	—
2010	复兴商务大厦、兴合商业中心、海运国际大厦、钱塘大厦、置地国际金座	婺江家园、吴山新苑、丽园、吴山人家、白塔人家
2011	外海西湖国贸大厦	钱塘印象公寓、山南人家
2012	临江金座	闻潮尚庭、钱塘艺墅
2013	勾山商务中心、鑫隆商务中心	望江府
2014	东铁大厦	钱塘印象公寓、钱江御府
2015	横店大厦	好学府、钱江侯潮府

说明：资料来源于杭州市上城区民政局

第五节　消失地名

一、湖滨街道

长生里　南起学士路中段，北至长生路中段。长153米，宽1米。民国初建房，始称延龄路后弄。因通长生路，1981年名长生里。1995年建造龙翔大厦，此巷消失。

长庚里　北起庆春路西段，南塞。长69米，宽1米。明称下瓦巷。民国时建房，名长庚里。2000年建娃哈哈美食城，此巷消失。

广裕里　南起学士路中段，北折西连延安路中段。长110米，宽3米。民国时建房，称广裕里。1966年更名为光明里，1981年复原名。1955年建龙翔大厦，此巷消失。

居安里　东起菩提寺路南段，西塞。长30米，宽3米。民国时建房称居安里。1997年因建兴合服饰大厦，此巷消失。

尚德里　北起庆春路西段，南塞。长25米，宽2米。民国初建房，称尚德里。2000年因东坡路拓宽，此巷消失。

新声新村　西起菩提寺路北段，东塞。长65米，宽2.4米。原名菩提新村。1966年更名为新声新村。1994年庆春路拓宽，新声新村消失。

养和里　西起延安路中段，东塞。长33米，宽3米。民国后建房，称养和里。1998年建明珠小百货市场，此巷消失。

邻德里　西起东坡路北段，东塞。长40米，宽1.3米。民国时建房，名邻德里。1992年庆春路拓宽，邻德里并入，地名消失。

湖滨五弄　东起东坡路南段，西至湖滨路中段。长107米，宽2米。清名长塘头。民国时建房，因近湖滨故名。2002年旧城改造，此弄消失。

湖滨六弄、七弄、八弄　湖滨六弄东起东坡路南段，西至湖滨路中段。长107米，宽2米。湖滨七弄，位于六弄北，东起东坡路中段，西塞。长25米，宽1.6米。湖滨八弄，位于七弄北，东起东坡路中段，西至湖滨路中段。长184米，宽2米。民国时建房，因此三弄近湖滨路，故名。1998年因建杭州凯悦酒店，此三弄消失。

丁兴里　南起长生路西段，北至武林路南段。长163米，宽2米。清称众兴弄。民国时建住宅，有丁姓居住，称丁兴里。2000年建西湖时代广场，此巷消失。

崇英里　南起湖滨八弄，北至学士路。长62米，宽3米。民国时建房，称崇英里。1998年建杭州凯悦酒店，此巷消失。

永静里　北起庆春路西段，南塞。长33米，宽2.5米。1933年建房，称永静里。1992年庆春路拓宽，永静里并入庆春路，地名消失。

善承里　西起学士里，东折北连湖滨六弄，长48米，宽2米。民国时建房，称善承里。1998年建杭州凯悦酒店，此巷消失。

养颐里　北起庆春路西段，南连延安坊二弄。长47米，宽2米。民国时建房，称养颐里。20世纪80年代建国泰商厦，此巷消失。

上兴忠巷　南起解放路中段，北至新桥。长324米，宽2米。1966年与下兴忠巷合并称乘风巷，1981年析出，复原名。1994年建中河路，此巷消失。

下兴忠巷　南起油局桥，北至庆春路中段，长476米，宽2米。地名沿革见“上兴忠巷”条。1994年建中河路，此巷消失。

大浒弄　东起下兴忠巷，西至祖庙巷。长48米，宽2米。清名高陶巷，民国后称大浒弄。1994年建金峰大厦，此弄消失。

小浒弄　东起下兴忠巷，西至祖庙巷。长50米，宽1.5米。清名火弄、浒弄。民国称小火弄、小浒弄。1994年建金峰大厦，此弄消失。

扁担弄　东起中山中路北段，西塞。长34米，宽2米。清称扁担弄，以旧有扁担岭得名。宋时北瓦在此，故又名下瓦巷。1997年建娃哈哈美食城，此弄消失。

嘉树巷　东起中山中路北段，西至岳王路。长81米，宽2米。明称枣木巷。清名嘉树巷。1997年建平海公寓，此巷消失。

芝泉里　西起岳王路中段，东塞。长4米，宽1.5米。民国时建房，称芝泉里。1997年建平海公寓，此巷消失。

棚桥弄　东起祖庙巷南端，西至中山中路中段。长100米，宽1.5米。宋名棚桥巷，名称后沿用。1995年平海路延伸，此弄消失。

宝树里　西起岳王路中段，东塞。长4米，宽1.8米。民国建房称宝树里。1997年旧城改造，建平海公寓，此巷消失。

和平村　东起岳王路南段，西塞。长45米，宽3米。民国建房称和平村。20世纪90年代扩建工人文化宫，和平村消失。

四一里　北起平海路东段，南折西塞。长74米，宽3米。民国建房时名四一里。1999年建平海大厦及杭州市总工会，四一里消失。

涌金路　东起定安路中段，西贯南山路北段通西湖边。长654米，宽8米。以近有涌金门、涌金池而得名。民国涌金水池填塞，改筑涌金路。1966年曾更名为勇进路，1981年复原名。1998年因建西湖大道，此路消失。

油坊弄　东起南山路中段，西折北塞。长57米，宽2米。民国称油坊弄。1966年改为反修弄。1981年复原名。2001年环湖南线整治，此弄消失。

浣纱路西一弄　东起浣纱路南段，西至知足路。长60米，宽2.2米。民国时筑弄，因位于浣纱路西，故名。1981年更名为浣纱路西一弄。1988年建浙江省烟草大厦（又名杭州香溢浣纱宾馆），此弄消失。

浣纱路西二弄　东起浣纱路南段，西至吴山路。长95米，宽2米。1998年建新世纪大酒店，此弄消失。得名详见上文“浣纱路西一弄”。

松庐　南起国货路中段，北折东塞。长30米，宽2.5米。民国时，满人赵松生建住宅两幢，名松庐。1998年建新世纪大酒店，松庐消失。

马车弄　南起饮马井巷，北塞。长44米，宽2米。民国始名。1994年延安路向南延伸，此弄消失。

营门口　营门口南起涌金路中段，北至开元路中段。清名闹市口巷，街对旗营南门，为出入旗营之要道，故名营门口。1981年闹市口、营门口合并，统称营门口。1994年建延安南路，营门口消失。

财源弄　东起营门口，西折北至开元路中段至营门口。长43米，宽2米。清时始名。1994年延安路延伸，建涌金广场，此弄消失。

闹市井弄　南起涌金路中段，北塞。长23米，宽4米，原名井弄。因重名，又近旧时之闹市口，1981年更名为闹市井弄。1998年建西湖大道，此弄消失。

夭桃弄　南起涌金路中段，北至营门口。长115米，宽1.5米。清时始名，1966年曾名光辉弄。1981年复原名。1998年建西湖大道，此弄消失。

庆和弄　南起涌金路中段，北折东连庆慎里。长77米，宽1.5米。原名清湖里，庆和乃清湖之音讹。1998年建西湖大道，此弄消失。

庆慎里　南连庆和弄，北接横紫城巷。长40米，宽2.5米。1998年建西湖大道，此巷消失。

平和里　东起定安路北段，西折北塞。长39米，宽2米。民国后名平和里。1998年建西湖大道，此巷消失。

鉴平里　西起青年路，东塞。长40米，宽3米。宋为积善坊之一部分。民国始称鉴平里。1992年建电脑通信市场（现积善坊巷19号、20号大楼），此巷消失。

回回新桥弄　东起回回新桥，西至盔头巷。长18米，宽3米。因旧时桥旁有回族人之礼拜堂，故名。1985年建中河中路，此弄消失。

谢麻子巷　南起芳润桥弄，东端接盔头巷，北至解放路中段。长394米，宽2米。明称柴木巷，亦名柴木普宁巷。后有谢姓人，面麻，在此卖酒，故名。1985年建中河中路，此巷消失。

盔头巷　南起清泰街西段与扇子巷相对，北至芳润桥弄。长394米，宽2米。原名普福巷，清名盔头巷。1966年与谢麻子巷合并，称自力巷。1981年析，复名盔头巷。1985年建中河中路，此巷消失。

温州新村　南起羊坝头西段，北塞。长59米，宽2米。民国始名，建房者多系温州人。2000年建西湖大道，温州新村消失。

定安巷　南起羊坝头南段，北至定安路。长134米，宽2米。清名定安巷。2000年建西湖大道，此巷消失。

开元里　南起开元路中段，北至浣纱路东一弄。长46米，宽1.5米。民国时建房，因近开元路，故名。2002年开元路拓宽，此巷消失。

处顺里　南起浣纱路东一弄，北至见仁里。长60米，宽2.5米。民国始名。1991年，旧城改造建新住宅楼，此巷消失。

宜宜里　西起浣纱路南段，东塞。长25米，宽2.2米。民国始称。1984年改建楼房，宜宜里拆除。现为浣纱路58号。

蓬庐　西起浣纱路南段，东塞。长30米，宽2.5米。民国始名。1988年改建楼房，蓬庐消失。

平津桥东弄　东起元福巷，四至光复路中段，长98米，宽2米。地处平津桥东，故名。2000年建西湖大道，此弄消失。

平津桥西弄　东起光复路中段，西至中山中弄。长98米，宽2米。地处平津桥西，故名。2000年建西湖大道，此弄消失。

浣纱路东一弄　西起浣纱路南段，北接尚农里一弄。长119米，宽1.5米。民国始名，因位于浣纱路东，故名。20世纪90年代改建楼房，此弄消失。

浣纱路西七弄　东起浣纱路北段，西塞。长26米，宽3米。宋称兴庆坊前洋街巷。因该弄处于浣纱路西，故于1981年命名为浣纱路西七弄。1986年，因建向阳新村而消失。

长生路南七弄　北起长生路东段，南塞。长20米，宽1.2米。该弄位于清旗营东北隅，民国后称长生路南七弄。1966年更名为向阳路南七弄。1981年恢复原名。1985年建城乡建委大楼而消失。

长生新村　南起长生路西段，北塞。长110米，宽14米。清为旗营西北隅，钱塘门内东南侧，称众兴巷。民国为陆军骑兵营驻地、律师公会，后建房，称长生新村。1966年曾更名向阳新村。1981年复称长生新村。1999年建西湖国贸中心而拆除，地名消失。

朝阳里　南起国货路中段，北塞。长30米，宽2.2米。民国始称朝阳里。1998年因建新世纪大酒店而消失。

太平局弄　东起后市街中段，西塞。长104米，宽1.5米。宋时为龙翔宫之一部分，清为行宫所在。清同治年间（1862—1874）省垣城厢总图标为太平桥弄。清光绪十八年（1892）省城图为太平局弄。1966年曾名前进巷三弄。1981年复名太平局弄。20世纪90年代建后市街住宅区而消失。

中山中路181弄　东起中山中路南段，西塞。长66米，宽2.2米。清光绪十八年（1892）省城图上名多福弄。因重名，1982年更名为中山中路181弄，以门号名弄。20世纪90年代因建中山大厦而消失。

协兴里二弄、三弄、四弄、五弄　此处清为旗营中部正红旗坊，民国时期有9人合资在此建居民住房数幢，名协兴里。里内有通道四，由南到北分别称二、三、四、五弄。其中，二弄东起吴山路，西塞。长405米，宽2米。三弄东起吴山路，西塞。长40米，宽2米。四弄东起吴山路，西塞。长40米，宽2米。五弄东起吴山路，西塞。长40米，宽2米。2002年此四弄因湖滨地区旧城改造而消失。

学士里　南起平海路西段，北至学士路西段。长62米，宽2.5米。清为旗营西北隅虎头牌。民国时建房，因近学士路，故名。1998年建凯悦利星大酒店时消失。

熙宁巷　东起扇子巷北段，西至元福巷中段。长34米，宽2米。清名熙宁巷。1998年建西湖大道时消失。

邮电路南三弄、四弄　邮电路南三弄北起邮电路中段，南塞，长74米，宽2.4米。邮电路南四弄南起吴山里，北至邮电路西段，长90米，宽2.4米。此地清为旗营西南部正红旗坊，民国时建房，因在花市路南侧，故分别名花市南三弄、四弄。民国时花市路改名教仁街，后又更名为邮电路，弄遂改称邮电路南三弄、四弄。1984年建新侨饭店时三弄消失。2002年旧城改造中四弄消失。

延安东四弄　东起吴山路中段，西至延安路中段，长67米，宽2米。清为旗营中部正红旗坊，清和弄。民国时建房，因近延龄路，故名。1966年延龄路更名为延安路，遂更名为延安东四弄。20世纪90年代湖滨地区改造中消失。

延安东六弄　东起吴山路北段，西至延安路中段。长54米，宽2米。清为旗营北部正黄旗坊，民国时建房，因近延龄路，故名。1966年延龄路更名为延安路，遂更名为延安东六弄。20世纪90年代因建金城饭店而消失。

杨广才弄　西起扇子巷中段，东折北至府桥弄东端。长78米，宽1.5米。1986年因建中河路而消失。

涌金桥河下　东起南山路中段，斜对开元路，西塞。长70米，宽4米。该巷原在涌金桥沿河一带。因名涌金桥河下。20世纪90年代因西湖南线整治而拆除。

营门口东弄　西起营门口，东塞。长34米，宽1.5米。原名酱园弄。因重名，于1981

年更名为营门口东弄。20世纪90年代因建延安南路而消失。

庆年里　北起庆春路西段，南塞。长24米，宽2.5米。清为旗营北部营墙基，民国时建房称庆年里。1994年因庆春路拓宽而消失。

福庆里　西起吴山路中段，东塞。长65米，宽1.8米。民国初，三姓合营建房名“三姓里”。后改称福庆里。20世纪90年代旧城改造时消失。

府桥弄　东起府桥，西至扇子巷中段。长35米，宽2米。因近中河之府桥而名。20世纪90年代旧城改造时消失。

板桥村　东起板桥路中段，西塞。长27米，宽2米。清为旗营东北部正黄旗坊，民国时建房，因近板桥路，故称板桥新村。1966年板桥路更名为风雷路，遂改为风雷村。1981年复称板桥村。20世纪90年代造平海旺角商务楼时消失。

二、清波街道

小螺蛳山巷　南起四宜亭，北接大螺蛳山，西连四宜路。长342米，宽2.2米。1981年，小螺蛳山和小螺蛳山脚合并称小螺蛳山巷。1998年建吴山广场，小螺蛳山巷消失。

提督弄　东起火药局弄，西至定安路南段。长113米，宽2.4米。原名旗纛弄，因旗纛庙得名。明洪武八年（1375）改建于普济桥东，后讹为提督。1966年曾改名工读弄。1981年恢复提督弄名。20世纪90年代因建定安苑住宅区而消失。

王衙弄　东起后市街北段，西塞。长67米，宽1.5米。此处宋时为龙翔宫之一部分。清光绪十八年（1892）省城图名王衙弄。1966年曾更名为前进巷六弄。1981年恢复原名王衙弄。20世纪90年代因建后市街住宅区而消失。

庆余里　南起提督弄，北塞。长67米，宽1.5米。里以庆余桥名。20世纪90年代因建定安苑住宅区而消失。

赵衙弄　东起后市街北段，西塞。长67米，宽1.5米。此地原为宋龙翔宫，清为行宫一部分。1966年曾更名前进巷五弄。1981年恢复原名赵衙弄。20世纪90年代因建后市街住宅区而消失。

福寿桥弄　西起定安路，东塞。长89米，宽2米。20世纪90年代旧城改造时消失。

柴垛桥弄　东起柴垛桥，西至扇子巷北段。长35米，宽3米。宋时柴木运输，堆垛于此，故名。20世纪90年代因建中河中路和西湖大道而消失。

木匠弄　北起清波街，南塞。长50米，宽1.5米。始名木衙弄，又名木瓜弄、木板弄。木匠乃木衙之音讹。1998年建柳浪阁住宅楼，此弄消失。

木瓜弄　东起中山中路南段，西至祠堂巷，北至太平坊巷。长172米，宽1.5米。宋时为中瓦所在。木瓜疑为中瓦之讹。明代称中瓦巷、道院巷。1966年更名为革命弄。1981年复称木瓜弄。1988年建中山大厦等，此弄消失。

石板弄　南起四宜路，北塞。长57米，宽1.5米。因路面石板铺成，故名。1998年建吴山广场，此弄消失。

龙华里　南起红门局，北、东塞。长40米，宽1.6米。因相传民国时有金华人在此定居，始名龙华里。1998年建中河路，此巷消失。

东都司卫　南起河坊街西段，北塞。长299米，宽2.5米。明洪武间（1368—1398）浙江都指挥使府驻此。其东为前卫指挥使司，即今东都司卫。其西是右卫指挥使司即今西都司卫。1966年曾更名为红专弄，1981年复原名。1998年建吴山广场，东都司卫消失。

西都司卫　南起河坊街西段，北连锻局司弄。长232米，宽2.5米。1998年建吴山广场，西都司卫消失。名称沿革见上“东都司卫”。

东廊下　东起河坊街中段，北折西连旧藩署。长74米，宽2米。旧布政使署门外有百狮池，两旁为东西廊。东廊下因此得名。1966年更名为军民东里，1981年名东廊下。1998年建吴山广场，东廊下消失。

西廊下　南起河坊街中段，北折东连旧藩署南段。长72米，宽2.5米。1998年建吴山广场，西廊下消失。名称沿革见上“东廊下”。

西公廨　南起河坊街西段，北接嘉禾里，东连旧藩署。长228米，宽4米。为旧藩署之一部。并为经历司、照磨公廨所在，故有东、西公廨之称。民国初，改为民居，名称沿用。1966年更名军民路，1981年复原名。1998年建吴山广场，西公廨消失。

汤家弄　南起四宜路，北至河坊街。长118米，宽1.5米。曾名杨家弄。1998年建吴山广场，此弄消失。

库弄　南起红门局中段，北折东连红门局。长82米，宽2米。原为红门局的一部分，民国后始名。1998年建西湖大道，此弄消失。

陆官弄　南起四宜路南段，西至陆官巷。长80米，宽1.8米。1966年曾名为群策巷。1981年更名为陆官弄。1998年建吴山鸣翠苑，此弄消失。

英珍里　北起三桥址河下，南塞。长8米，宽2.5米。民国始名。房主为惠英、惠珍，故名。2000年旧城改造，此巷消失。

诚仁里一弄、二弄　诚仁里一弄南起诚仁里二弄东端，北至红门局，长54米，宽3米。诚仁里二弄北起红门局中段，南折东接测量局，长238米，宽3米。明清时，此地为红门局布政使署的一部分，民国后始名诚仁里，东侧为一弄，西侧为二弄。1995年新建延安南路，此二弄消失。

居仁里　东起后市街南段，西至东太平巷。长103米，宽2米。民国始称。1966年曾更名前进里，1981年复原名。2000年高银巷拓建为高银街，此巷消失。

南园　东起上华光巷南段，西塞。长51米，宽1.5米。清名南园弄。1998年建吴山广场、吴山花鸟城，南园消失。

振声里　东起后市街南段，西折北塞。长166米，宽2米。民国时有“振声会”，故名。1966年曾名前进巷二弄，1981年复原名。2000年建住宅楼，此巷消失。

三桥址河下　东起定安路中段，西塞。长45米，宽1.6米。民国25年（1936）填河筑路，初名三桥址河下，后称定安路，桥拆除。1981年将定安路以西之东西向小巷定名为三桥址河下。1998年建西湖大道，此巷消失。

大井弄　南起红门局中段，西折北连红门局。长140米，宽2.5米。弄内有井曰“大井”，原名沈公井，亦名南井、惠廷井，宋代沈遘开浚。1998年建西湖大道，此弄消失。

大螺蛳山巷　东起粮道山北段，西接小螺蛳山，折北连四宜亭。长598米，宽2.2米。因吴山城隍庙后，东有大螺蛳山，西有小螺蛳山，巷以山名。1998年建吴山广场，此巷消失。

理问所　西起旧藩署南段，东塞。长81米，宽2.5米。明代理问所在此，故名。1995年延安路延伸，此巷消失。

缎局司弄　西起劳动路南段，东折南接西都司卫，北塞。长36米，宽2米。其地为明代都司卫遗址，下有断事司、司狱司。后人讹为缎局司，1998年建吴山茗苑住宅，此弄消失。

管米山巷　俗呼管米巷，北起河坊街中段，南折西至粮道山。长30米，宽1.7米。宋代属安荣坊，宋为诸司、诸军粮料院，因名管米山巷。1998年建吴山广场及杭州博物馆，此巷消失。

德润里　东起祠堂巷，西塞。长27米，宽2米。民国时金润泉在此建房，名德润里。1966年改名灭资里，1981年复原名。1999年高银巷拓建为高银街，此巷消失。

三圣桥弄　东起三圣桥，西至扇子巷。长34米，宽2米。巷以桥名。1998年因建设中河高架路，此弄消失。

四宜井弄　东起四宜路中段，西塞。长57米，宽1.5米。原名小井弄。明画家吴伟（号小仙）曾居此，故又名小仙巷。因重名，于1981年更名为四宜井弄。1998年，因建吴山广场，此弄消失。

志德里一弄、二弄　志德里北起大螺蛳山，南塞，长30米，宽1.4米。民国时建房。志德里东侧为一弄，西侧为二弄。1998年建吴山广场时消失。

测量局　南接旧藩署，北连诚仁里二弄。长130米，宽2.8米。民国初，旧藩署二堂改为陆军测量局，故名。1995年因延安路延伸消失。

钱家弄　北起清波街，南塞。长30米，宽1.8米。因传清代钱震彪居此，冬施粥，夏施巾，数十年不倦，弄由此名。1998年建柳浪阁，此弄消失。

紫薇坊　东起旧藩署，西塞。长55米，宽2.5米。明代布政使司内有紫薇楼，门外有百狮池，皆宋元古称。紫薇堂为宋秘书省道山堂故址。因巷近古紫薇楼，民国时定名。1995年建延安南路时消失。

鸿兴里　南起红门局，北塞。长60米，宽1.2米。民国时陈玉英夫妇在此建房，取“鸿图兴旺”之义，故名。2000年旧城改造时消失。

布市巷　南起鼓楼湾，北至河坊街东段与扇子巷相对。长255米，宽2.5米。旧有布业会馆设此，故名。1998年因建中河高架路，布市巷并入中河中路。

扇子巷　南起河坊街东段与布市巷相对，北至清泰街与盔头巷相对。长750米，宽2米。原名集庆巷，因巷内多扇店，至南宋以来，为扇子生产的集中区，故名。清称上、中、下扇子巷，后统称扇子巷。1998年建中河高架路，扇子巷并入中河中路。

扇子井弄　西起扇子巷中段，东至中河边。长93.7米，宽1.5米。清名井弄，因重名，

1981年更名为扇子井弄。20世纪90年代旧城改造中消失。

扇子弄　西起扇子巷中段，东塞。长104米，宽3米。原名花园弄，因重名，1981年更名扇子弄。20世纪90年代旧城改造中消失。

三、小营街道

司马渡巷　南起油局桥，北至庆春路中段。长445米，宽25米。宋名下中沙巷，有司马渡。明时称西北巷即丝麻巷，丝麻乃司马之讹。1985年建中河路，此巷消失。

宿舟河下　南起淳祐桥西弄接里塘巷，北折东转北越解放路至万安桥河下。长215米，宽2.5米。宋时为官船廨所在，因舟船集聚，故名。东河改造时，此路消失。

杨绫子巷　东起皮市巷中段，西至司马渡巷。长369米，宽2.5米。清光绪十八年（1892）省城图考，东段名杨绫子巷，西段称龙华巷。民国8年（1919）省城图东段作杨绫子巷，西段称薛衙前、龙王巷。1966年曾将杨绫子巷与薛衙前、横龙华巷合并更名为雨露里，1981年统称杨绫子巷。现并入清吟街。

菜市桥南河下　南接万安桥北河下，北至庆春路中段。长495米，宽2米。因位于菜市桥南沿河一带，故名。1996年旧城改造，此路消失。

萧王弄　北起庆春路中段，南接万安桥河下折西连直大方伯。长269米，宽1.5米。因巷口有萧王庙，故名。1996年建万安城市花园·西苑，此弄消失。

万安桥南河下　北起万安桥西弄东端，南折西连宿舟河下。长119米，宽2米。因巷地处万安桥南面沿河一带，而名。1996年建万安城市花园住宅区，此路消失。

万安桥北河下　南起万安桥西弄，北至萧王弄。长261米，宽2米。因地处万安桥北沿河一带，故名。1996年建万安城市花园和东河家园住宅区时消失。

龙骧里　西起马市街中段，东折北连黄醋园。长143米，宽2.5米。民国始名。1996年建清吟街，此巷消失。

酱园弄　南起小营巷，北接大王庙巷。长206米，宽2米。横向称酱园弄，纵向称阿弥陀佛弄。1966年更名为新风里，1981年统称酱园弄。1996年旧城改造时，此弄消失。

上刀茅巷　北起庆春路，南塞。长77米，宽2.5米。明万历年间（1573—1620）时称南星巷，后称麻柴巷、刀茅巷。20世纪90年代建凯旋门商业中心，此巷消失。

土山弄　南起大河下，北折西转南至大河下。长150米，宽1.6米。民国时称大河下一弄。因弄位于横河公园土山旁而得名。1986年，建大学路新村时消失。

总管弄　东起建国中路中段，西折南连毛竹弄。长206米，宽1.5米。旧时弄口有总管庙，故名。1966年曾与毛竹弄合并，称全新巷。1981年析出，复原名。1999年建万安城市花园南苑，此弄消失。

萧家弄　东起建国中路中段，西至东河边。长10米，宽1.5米。清光绪十八年（1892）浙江省城图上有此名。1999年建万安城市花园南苑，此弄消失。

余打枝巷　东起建国中路北段，西塞。长82米，宽2米。俗称余达子巷。1993年建万安城市花园，此巷消失。

瓦子巷　东起建国中路北段，西至菜市桥东河下，北连庆春路东段。长118米，宽2.5米。宋时有菜市瓦子，故名瓦子巷。1997年建万安城市花园时，此巷消失。

菜市弄　东起建国中路北段，西至菜市桥东河下。长60米，宽1.5米。民国时称堂子弄，1981年更名为菜市弄。1997年建万安城市花园时，此弄消失。

宝善巷　南起柴木巷，北至清泰街西段，西连凝海巷。长341米，宽0.3米。宋时巷内有宝善堂，故名。1989年旧城改造时，此巷消失。

上珠宝巷　南起清泰街西段，北至民权路。长237米，宽2.5米。元时，回人居此，多富商大贾，珠宝铺甚多，故名。宋益王府在此，有司马渡、肃家渡。1966年上、下两巷合并称灭资巷，1981年复名。1989年中河改造时，此巷消失。

下珠宝巷　南起民权路接上珠宝巷，北至解放路，长150米，宽2.5米。1989年中河改造时，此巷消失。名称沿革见“上珠宝巷”。

水仙弄　南起陆家河头，北接大光坊弄，西连江城路。长67米，宽2.5米。1966年曾名水利弄，1981年复称水仙弄。1988年建为陆家河头住宅区，此弄消失。

戏院弄　东起环城东路南段，西折南连城站路。长120米，宽1.5米。民国时有杭州第一舞台之称。中华人民共和国成立后建铁路工人文化宫，故名。20世纪90年代旧城改造中消失。

瓦灰弄　北起南班巷，南折西连丰禾巷。长252米，宽2米。旧时多擂瓦灰者，故名。1996年旧城改造中消失，现为南班巷住宅区。

南班巷北弄　南起南班巷，北塞。长20米，宽2米。本名花园弄，因重名，故于1981年更名为南班巷北弄。1996年建南班巷住宅区时消失。

章家桥河下　北起章家桥，南折西连道院巷。长82米，宽1.5米。因位于章家桥沿河一带，故名。2000年建西湖大道时消失。

长乐里　东起佑圣观路北段，西塞。长20米，宽3米。民国时始名。2000年建西湖大道时消失。

新宫桥河下　又称新宫桥直街，南起河坊街与靴儿河下相对，北至三圣桥接三圣桥河下。长30米，宽3米。因地处新宫桥沿河一带，故名。1966年曾与三圣桥河下、铁佛寺桥河下、凝海巷、堂子巷合并称兴无巷。1981年与上述各巷分开，复称新宫桥河下。1989年中河改造时消失。

里塘巷　南起清泰街中段与道院巷相对，北至淳祐桥西弄与宿舟河下相对。长50米，宽2米。因旧时巷外有菜市塘，此巷殆系塘里之护堤，故名。2003年建清泰花苑时消失。

凝海巷　南起水亭址接铁佛寺桥河下，北至清泰街西段与上珠宝巷相对。长227米，宽2.5米。1966年更名为兴无巷。1981年复名。20世纪90年代旧城改造时消失，现为福利新村。

沈衙弄　西起三圣桥河下，东塞。长120米，宽1.5米。清时始称沈衙弄，又名沈家弄。1966年更名兴无弄。1981年复称沈衙弄。20世纪90年代旧城改造时消失，现为信余里小区。

青莲巷　北起淳祐桥西弄，南至章家桥，西连里塘巷。长226米，宽1.5米。一名葫芦兜，在里塘巷东。清时始名青莲巷。20世纪90年代旧城改造时消失。

忠孝弄　东起民生路，西至忠孝巷。长72米，宽2.5米。原名浒弄。1966年更名为爱民西一弄。因重名，1981年更名为忠孝弄。20世纪90年代旧城改造时消失。

周叶闻弄　又名周一文弄，东起信余里，西至三圣桥河下。长149米，宽2米。1966年曾与长寿弄合并，更名为兴无里。1981年与长寿弄分开，复原名。20世纪90年代旧城改造时消失，现为信余里小区。

铁佛寺桥弄　东起铁佛寺桥，西至柳翠巷中段。长31米，宽2米。铁佛寺即慈光寺，晋开运初僧吾恩建。南宋宝庆二年（1226），张俊割地扩充，名张府功得庵，赐额慈光。因寺中弥勒佛像系铁铸，俗呼铁佛寺。铁佛寺桥，宋时称佑圣观桥，明代始有铁佛寺桥之称。弄以桥名。20世纪90年代中河改造时消失。

上石板巷　南起清泰街中段，北至淳祐桥东。长219米，宽2米。清光绪十八年（1892）浙江省城图及民国8年（1919）杭州城区图上作石板巷。民国后因与下城区石板巷重名，改称上石板巷。20世纪90年代中河改造时消失。

道院巷　南起安乐桥西弄，北至清泰街中段与里塘巷相对。长184米，宽2米。明称双茶坊巷。1966年曾更名为上友谊巷，1981年恢复道院巷原名。1998年建西湖大道时消失。

竹椅子巷　又名东里，南起望江路西段，北接断河头。长73米，宽2.5米。南宋时之新开门在巷口，有新门瓦，亦称匹通馆瓦。20世纪90年代建望江立交桥时消失。

三官巷　俗称三圣庙，南起解放路中段与欢乐巷相对，北折西连下华光巷。长163米，宽1.5米。因巷内旧有三官庙，祀高永能、景思谊和程博古三人，故名。《武林坊巷志》作三官弄。1966年曾名大丰巷。1981年复三官巷名。20世纪90年代建航天通信大厦和林业大厦时消失。

毛竹弄　东起建国中路中段，西连总管弄，南转东连建国中路。长113米，宽2.5米。清时始名。1966年曾与总管弄合并称全新弄，1981年复原名。1999年建城市花园南苑时消失。

大光坊弄　西起江城路北段，东折南接水仙弄。长117米，宽2米。清名光坊弄。中华人民共和国成立后，其侧另成一小弄名小光坊弄，原光坊弄称大光坊弄。1988年建陆家河头住宅小区时消失。

安乐桥河下　南起老人弄接东赶猪弄，北至安乐桥。长198米，宽1.5米。沿东河东侧西行，放名安乐桥河下。坊间有传安乐桥之名是后人为颂扬岳飞部将王佐而命名。1998年城站广场扩建时消失。

直福缘巷　南起横福缘巷，北至城站路。长120米，宽10米。清名福缘巷，亦名福园巷。旧名暮园巷，其地为宋之富景园。曰暮园者，富园之讹，而福缘则谐音同而误称。民国初扩建为马路，名称沿用。1964年改称红星路。1981年将纵向通道称直福缘巷，横向者名横福缘巷。1998年城站广场扩建时消失。

小城隍庙前　西起江城路北段，东至铁路。长70米，宽2米。清称古城隍庙。民国时改今名。1966年改称迎春巷，1981年复称小城隍庙前。20世纪90年代江城路扩建时消失。

金刚寺巷　东起江城路北段，西至建国南路中段。长285米，宽2.5米。巷以寺名。1966年曾更名为红星巷。1981年复原名。1998年城站广场扩建时消失。

皇甫园巷　北起郭东园巷，南塞。长46米，宽2米，皇甫为皇府之误。其地旧名东花园。元朝末年张士诚扩建杭城始划入城内，称皇甫园巷。1998年城站广场扩建时消失。

福元里　北起福缘巷，南塞。长44米，宽2米。福元里源于福缘巷。民国始名。1998年城站广场扩建时消失。

大茅衙弄　南起小茅衙弄，北折西连建国南路。长70米，宽2米。因明代茅瓒居此，故名。茅瓒为嘉靖十七年（1538）状元，官至吏部侍郎。北为大茅衙弄，南为小茅衙弄。1966年更名为建新巷，1981年复原名。20世纪90年代建建国南苑住宅区时消失。

什物库巷　东起建国南路，西至断河头。长51米，宽2.5米。明志作什物库巷，宋时建什物库于此，故名。清名玄坛弄，因重名。1981年复称什物库巷。1988年建断河头住宅区时消失。

双井弄　南起豆腐弄，北至西牌楼。长5米，宽2.5米。旧名四眼井，因弄内有四眼井而得名。1964年修建道路，封闭二眼井。因重名，1981年更名为双井弄。20世纪90年代建建国南苑住宅区时消失。

大火把弄　南起五福弄，北至章家桥南，东河东侧。长207米，宽2米。清光绪十八年（1892）的省城图和民国8年（1919）的杭州城区图均有火把弄地名，后将南、北向的称为大火把弄，东西向的称为小火把弄。1966年曾更名为大、小火炬弄。1981年复原名。20世纪90年代东河改造时消失。

小火把弄　东起建国南路北段，西至大火把弄。长152米，宽2米。20世纪90年代东河改造时消失。名称沿革见上“大火把弄”。

东赶猪弄　南起斗富三桥，北至老人弄接安乐桥河下。长76米，宽2米。民间传说，昔时农民运猪到城，舟船停泊于此，将猪赶上岸，沿此巷去出售，故名。20世纪90年代东河改造时消失。

贺衙弄　东起皇诰巷，西至司马渡巷。长45米，宽1.7米。又作吴牙巷、河下弄、严州弄。旧为徽州盐商聚居处。1966年改称丰乐里。1981年复原名。20世纪90年代中河改造时消失。

庆春弄　北起庆春路东段，南连庆春新村。长108米，宽2.6米。1981年始名。1994年庆春路拓宽时消失。

莫山房弄　北起小河下，南塞。长50米，宽1.5米。相传清时名莫三房弄，后讹为莫山房弄。1966年曾名革旧弄。1981年复莫山房弄名。20世纪90年代建小河下住宅区时消失。

建中井弄　东起建国中路中段，西至上石板巷。长45米，宽1.5米。原名井弄，因重名。1981年更名为建中井弄。20世纪90年代东河改造中消失。

南花园弄　西起建国中路北段，东塞。民国后称花园弄。因重名，1981年更名为南花园弄。2000年建叶家弄住宅区时消失。

河坊里　南起河坊街东段，北塞。长97米，宽2米。地名源于河坊街。民国时，名柴弄。因重名，1981年更名为河坊里。20世纪90年代建信余里住宅区时消失。

马所巷　东起直大方伯北段，西至马市街北段。长250米，宽2米。一名马嫂巷，又名兴福社里。兴福社为杭州祭祀宋代施全的七十二社之一。20世纪90年代浙一医院扩建时消失。

池山弄　又名冯开子巷，东起皇诰巷，西至司马渡巷。长37米，宽2米。清名徽州弄，因徽州盐商居此，故名。民国时名池山弄。20世纪90年代建晋京大厦时消失。

杨衙弄　西连建国中路中段，东折南连锅子弄。长168米，宽2米。俗称堂子弄，又名羊衙弄。亦为宋时捧日、天武营基地。杨衙为羊衙之讹。20世纪90年代建锅子弄住宅区时消失。

城站马弄　东起城站路，西塞。长59米，宽1.5米。民国时名马弄，因重名。1981年更名城站马弄。20世纪90年代建新东方大厦时消失。

五福弄　东起建国南路北段，西至安乐桥。长97米，宽3米。因曾有五福神庙，故名。五福神庙又名五福将军庙。清光绪十八年（1892）浙江省城图作乌风弄。1998年建西湖大道时消失。

安乐桥西弄　东起安乐桥，西折南连五柳巷。长84米，宽3米。因地处安乐桥西而名。1996年东河改造、1998年建西湖大道时消失。

四、南星街道

叶家场弄　北起复兴街北段，南塞。长110米，宽3米。民国时原为江边堆栈，渐成弄，以姓氏名。1995年复兴地区改造建美政花园住宅区，此弄消失。

余家荡　南起海月桥，北连复兴里街。长280米，宽4米。民国时形成里弄，以姓氏名。1995年建复兴南苑、北苑住宅区此弄消失。

五丰场弄　北起复兴街北段，南至钱塘江边。长170米，宽12米。民国时称五丰场，五丰商行之堆栈所在，以此名弄。1995年复兴地区旧城改造，建美政花园住宅区时消失。

义源场弄　北起复兴街中段，南塞。长36米，宽3米。民国时为沿江堆栈，称义源场，弄以场名。1995年复兴地区改造，建美政花园住宅区时消失。

金友声场弄　北起复兴街北段，南塞。长42米，宽3米。民国时为沿江货物堆栈，为金友声所有，后形成弄堂。1995年复兴地区改造，建美政花园住宅区时消失。

新生路　北起秋涛路南段，南折西连石灰弄。长250米，宽2米。中华人民共和国成立后始名新生路。1995—1998年建针织城，此路消失。

盐水弄　东起龙舌咀，西至小诸桥码口。长120米，宽1.5米。民国时始名。1998年建复兴大桥时消失。

南星桥火车站前　东起复兴里街北段，西至南星桥火车站。长100米，宽4米。因地处南星桥火车站前，故名。1998年建抗咸工程、中河高架桥时消失。

紫花埠　北起秋涛路南段，南塞。长440米，宽4米。民国时始名。1998年3月旧城改造中，建紫花苑住宅区时消失。

螺蛳埠　北起复兴街北段，南至胜利造船厂。长200米，宽2米。清时此地为观潮处，建有秋涛宫，清乾隆帝曾于此检阅水师。民国时称螺蛳埠。1998年旧城改造中，建紫花苑住宅区时消失。

美政埠　东起钱塘江边，通胜利造船厂，西至复兴街。长30米，宽15米，以美政桥名路。1998年旧城改造中建紫花苑住宅区时消失。

汤官弄　南起复兴街西段，北塞。中华人民共和国成立后形成，始名。1998年建复兴路时消失。

羊义弄　南起海月桥河下中段，北至复兴里街。长163米，宽3.6米。民国始名，1998年旧城改造中建海月花苑住宅区时消失。

横河塘　东连余家荡，南临海月桥，北近原杭州市江滨职业学校。长312米，宽4米。民国时称横河塘，以河塘得名。1998年复兴街改造时消失。

大巷口　南起化仙桥河下，北连复兴里街西端。长90米，宽4米。民国时始名。1998年旧城改造中建清河家园时消失。

水澄桥河下　位于中河水澄桥边，西临复兴街。长80米，宽2米。中华人民共和国成立后建，以桥名巷。1998年建民安苑住宅区时消失。

化仙桥河下　东起立新弄接海月桥河下，西至复兴街中段，北连大巷口。长380米，宽4.2米。以化仙桥得名。1998年建清河家园时消失。

化仙桥里街　东临中河，西至铁路，南起南复路，北至复兴里街。1998年复兴街改造时消失。

立新弄　南起海月桥河下西端，北至复兴里街。长186米，宽2米。明称烧香弄，中华人民共和国成立后改称立新弄。1998年建海月花园时消失。

海月桥河下　东起海月桥接余家塘，西至立新弄南端。长441米，宽4米。民国形成街巷，以海月桥得名。1998年建清河家园时消失。

小桥外街　东起闸口中河进水口，西至大通桥。长280米，宽3米。民国始名，以桥名街。1998年旧城改造中建六和源住宅区时消失。

二圣庙场弄　北起复兴街北段，南塞。长30米，宽3米。昔日此地为木材堆栈，又近二圣庙，民国时即称二圣庙场弄。1996年建美政花苑住宅区时消失。

小桥河下　东起钱江新村南侧，西过小桥塞。长160米，宽4米。民国时始名，路沿河而行，故名。1998年建六和源住宅区时消失。

复兴里街一弄　东起复兴里街大巷口旁，西至铁路。长80米，宽2.5米。以复兴里街得名。1999年复兴地区改造时消失。

南小井头　南接复兴里街西端，西邻周王庙前后，北靠大资福庙前。长130米，宽3

米。清时称小井头，1981年改称南小井头。2003年建复兴城家园时消失。

五、望江街道

沙地路一弄、二弄、三弄　南起沙地路，北塞。长30米，宽2米。2005年建望江家园·西园时消失。

六、紫阳街道

三角地　东起五圣堂，西至彩霞岭。长82米，宽3米。旧名谈郎步巷，有谈、郎两姓居此。1989年建彩霞岭住宅区时消失。

五奎弄　西起六部桥河下，东折南连六部桥直街，长190米，宽2.5米。民国始名。1966年称大红花巷，今复称五奎弄。1995年建直箭道巷住宅楼群时消失。

水门弄　西起江城路中段，东至贴沙河。长90米，宽2.5米。明代名乌盆场巷。宋时保安水门在此，故名。20世纪90年代旧城改造中消失。

凤山桥东弄　南起凤山桥直街，北塞。长140米，宽3.5米。位于保安水门之南，故名。1992年旧城改造建南星公寓时消失。

六部桥弄　东起六部桥直街西端，西至中山南路，长34米，宽4米。民国始名。1986年建中河路时消失。

六部桥河下　南起六部桥，北至上仓桥。长251米，宽2.5米。因路接六部桥，且沿河而下，故名。1986年建中河路时消失。

兴隆巷　东起中山南路南端，西折南连万松岭路，长140米，宽2米。民国始称兴隆巷，1966年曾称兴东巷。1981年复称兴隆巷。1993年杭州卷烟厂扩建，此巷消失。

江城路五巷　东起贴沙河，西至江城路。长50米，宽2米。巷以江城路名。1996年旧城改造，江城路五巷消失。

余后里　东起江城路中段，西通汤家村。长32米，宽3米。民国始名。2001年建凤山花苑时消失。

南小桥弄　东起江城路中段，西至保安桥河下。长39米，宽1.7米。清称水门弄，亦名小桥弄。宋时有保安水门、保安闸桥，保安闸桥为茅山河未湮桥之一。20世纪90年代建保安桥河下住宅楼群时消失。

嵇接骨桥河下　北接福德桥西河下南端，南至嵇接骨桥转西连中山南路。长140米，宽2米。民国始名。1984年中河整治时消失。

福德桥西河下　南起嵇接骨桥河下，北至福德桥弄。长148米，宽2.5米。民国时始名。因地处福德桥之西，故名。1984年中河整治时消失。

福德桥东河下　南起彩霞岭西端，北至福德桥弄。长142米，宽1.5米。在福德桥东，与福德桥西河下隔河相望。1984年中河整治时消失。

大悲阁弄　西起江城路中段，东通上玄坛弄。长88米，宽3米。清始称大悲阁弄，亦名大悲阁街。因旧有大悲阁得名。1966年改勤丰六弄。1981年复称大悲阁弄。1994年建云雀苑商住城时消失。

下麻雀弄　西起江城路中段，东折南通上麻雀弄。长68米，宽2米。民国时始名。1966年称勤丰三弄，1981年复原名。1994年建云雀苑商住城时消失。

上麻雀弄　西起江城路中段，东折北连下麻雀弄。长74米，宽3米。1994年建云雀苑商住城时消失。

上玄坛弄　西起江城路，东折北通大悲阁弄。长120米，宽3米。因弄内有玄坛小庙而名。清时避皇帝讳改玄为元，称元坛弄。民国时沿用。1966年改勤丰五弄。因重名，于1981年改称上玄坛弄。1994年建云雀苑商住城时消失。

上陈家园　北起白衙巷，南折西与金钗袋巷相连。长150米，宽3米。陈家园为南宋捍江营故址，后为陈氏所居。1997年建金狮苑住宅区时消失。

小狮子后巷　东起大狮子巷北段，西至金钗袋巷北段。长104米，宽2米。民国时称堂子弄，因名不雅，故改名小狮子后巷。1997年建金狮苑住宅区时消失。

白衙巷　东起大狮子巷，西至金钗袋巷。长144米，宽4米。清称白牙巷、白葭巷。民国称白衙巷，中华人民共和国成立后沿用。1966年改名红丰巷，1981年复名白衙巷。1997年建金狮苑住宅区时消失。

袁井巷　南起镇东楼西端，北至望江门。长356米，宽3米。明称袁酒巷。清称袁井巷。因传南宋京尹袁彦纯在此卖酒，故名。井者酒之音误。1966年称思甜巷，1981年复称袁井巷。1986年中河整治时拆除，建袁井巷住宅区。

木香巷　南起秋涛路南端，北连复兴街北段，东通风山路。长150米，宽2米。民国时称猪前巷，后称木香巷。1966年改称联农巷。1981年复称木香巷。2001年建复兴大桥时消失。

永寿弄　东起中山南路与福德桥弄相对，西塞。长120米，宽2米。地为元代察院之后照墙，故称照墙弄，亦名照弄，后改永寿弄。1966年称民众里，1981年复名永寿弄。1993年旧城改造，此弄消失，现为南宋太庙遗址保护地。

后卫弄　东起牛羊司巷，西至袁井巷。长134米，宽4米。民国始名，中华人民共和国成立后沿用。明总督府、清巡抚都察院署所在。1972年建袁井巷住宅区时消失。

砚瓦弄　东起望仙桥河下，西连中山南路北段。长58米，宽2米。弄内原有金鼎财神庙，为严、华两姓所施舍，故称严华弄，又名金鼎弄，后讹为砚瓦弄。1998年建中河高架时消失。

茶店弄　西起江城路中段，东至铁路。长102米，宽3米。一名杨店弄。中华人民共和国成立后沿用茶店弄名。1966年改称勤丰四弄，1981年复名。1994年建云雀苑商住城时消失。

通江桥弄　西起中山南路北段，东至通江桥。长50米，宽8米。以桥名弄。1998年建中河高架时消失。

福德桥弄　东起彩霞岭，西至中山南路中段。长160米，宽4米。福德桥即黑桥，在糍接骨桥北，亦称洪桥，弄以桥名。20世纪80年代旧城改造时消失。

石灰弄　西起复兴街北段，东折南转西接紫花埠。长160米，宽2米。民国时始名。

2001年建复兴大桥时消失。

肖公桥弄　东起肖公桥接柴校路，西至铁路边。长100米，宽3米。以桥得名。1997年建新工新村、柴校坊住宅区时拆除。

新泰弄　南起太平巷，北塞。长86米，宽2米。民国时称新开弄，中华人民共和国成立后改新泰弄。20世纪90年代建南瓦坊住宅区时消失。

宝善弄　西起江城路南段，东塞。长40米，宽2米。中华人民共和国成立后建成此弄，20世纪90年代建南星公寓时消失。

通江桥西河下　南起福德桥西河下，北至通江桥弄接望仙桥河下。长198米，宽2米。1986年建中河路时消失。

清河里　南起白衙巷，北塞。长80米，宽2米。地为清抚左营守备署营地。民国时为白衙巷北段，称清河里。1997年建金狮苑住宅区时消失。

望仙桥河下　南起通江桥西河下，北至望江路。长352米，宽2米。因地处望仙桥，沿中河而行，故名。1986年建中河路时消失。

鼓楼湾　东起望江路西端，西至中山路北端。长50米，宽10米。宋为怀信坊，俗呼糍团巷。民国时建路，因地近鼓楼，故名。1998年建中河高架时消失。

洪福桥河下　东起南瓦子巷中段，西至洪福桥弄。长100米，宽2.5米。沿贴沙河而行。20世纪90年代旧城改造中消失。

抽分厂巷　南起候潮路，北通华安里。长200米，宽2米。巷近抽分厂路，故名。2001年建候潮新桥时消失，现为候潮新桥桥址。

过军桥直街　南起福德桥弄东端接彩霞岭，北连镇东楼。长180米，宽3米。自宋建德寿宫，填茅山河，过军桥为茅山河仅存六桥之一。因此名街。民国时称通江桥直街，1966年曾称彩霞巷。1986年中河整治时消失。

水师前　水师前指中山南路北段，鼓楼南地域。因旧有水师衙门而得名。明时，此处设有杭嘉湖分守道署，清改为城守副将署。城守副将兼带水营，故俗称水师衙门。清末改为讲武堂。20世纪90年代因旧城改造，水师前消失。

第三篇 自然环境

远古时，现上城区域系岬海相接之浅海湾。斗转星移，经泥沙沉积，海湾渐成陆地。由于钱塘江水动力条件复杂，由疏松轻亚黏土和粉砂组成的河槽和岸坡极不稳定。公元4世纪以前，杭州湾北岸西段岸线大致在尖山—青龙山—笕桥—古荡一带，其时，杭州市区西湖与大海相通。此后，由于潮流作用，钱塘江河口呈现北岸冲蚀、南岸淤涨的自然趋势，成为上城区闸口以上河段形成之江的部分原因。中华人民共和国成立后，大规模围垦造田，修筑堤坝，钱塘江岸线逐渐固定，形成接近现上城区江岸的情况[①]。

上城区境域处于扬子准地台钱塘台褶带，为第四系覆盖区，长期以来在海积、江积、湖积多元作用下逐渐形成，地层发育较为齐全，地震活动微弱，地壳相当稳定。境域内主要为负载较轻的多层建筑的天然地基，短桩基础的承载层；深层则主要为钱塘江古河床相沉积的沙砾石层，可作为荷载较大建筑物的中长桩桩基持力层[②]。

上城区境域处在浙西中山丘陵向浙北平原的过渡地带，其西南部有一列丘陵蜿蜒，如吴山、凤凰山及玉皇山等，其余大部分地区为平原。上城区呈现不规则的长方形，地势西南高东北低，平均海拔4～8米。

上城区境域河流密布，水系分属钱塘江水系和运河水系。钱塘江蜿蜒于南，西湖荡漾在西。宋时，现上城区域内内河有茆山河（今东河）、盐桥河（今中河）、市河（今光复路）、清湖河（今浣纱路）、小西河（又名运司河，今劳动路）。清光绪十八年（1892），城中水道有中河、东运河（今东河）、小河（又名市河）、清湖河、运司河。随着历史推移，河道变迁甚大。至当代，中河、东河、贴沙河、新开河、新塘河、龙山河流经区内，而市河（小河）、清湖河（浣纱河）、运司河、横河等河流都已湮没。上城区境域河道落差较小，水流平稳缓慢。河流依靠引配水、降水或区域外补给为主，水位变化较大，水体自净能力相对薄弱，

① 余锡平主编.浙江沿海及海岛综合开发战略研究 滩涂海岛卷[M].杭州：浙江人民出版社，2012：109.

② 严小建.杭州上城区地下空间开发利用规划研究[D].西安：西安建筑科技大学，2014：18.

容易形成污染物和淤泥沉积。境内地下水多为松散岩类孔隙水和基岩裂隙水，含水层为全新世的海积、湖沼积及冲积海积层，地表5～8米贮存淡水。上城区开发利用地下水较早，水井众多，现多弃用。

上城区境域植被以人工植被为主，自然植被较少，香樟、桂花树、枫香树、朴树最为常见。西湖丘陵区林木覆盖、郁郁葱葱；平地主要分布在以柳浪闻莺为代表的各大公园。20世纪90年代初，近江村等地仍有部分蔬菜园，常见作物有小白菜、包心菜、豌豆、南瓜等。[①]后随着城中村改造的推进，境域内的蔬菜作物、经济林、苗圃，以及大部分水生植被逐渐消失。至2015年，全区绿地面积562.57万平方米，覆盖率35.04%，人均绿地面积17.2平方米。

上城区地处亚热带季风区，冬、夏季风交替明显，四季分明，降水充沛，具有春多雨、夏湿热、秋气爽、冬干冷的气候特征。境域1月最冷，均温3.6℃；7月最热，均温28.7℃；年平均气温15.9℃～17.0℃。秋冬多雾霾，且呈增长趋势。全年有两个雨季和一个多雨时段：第一个雨季出现在5月初至6月底7月上旬，谓梅汛期；第二个雨季出现在8—9月底，多因台风所致；3—4月则为春雨期。年均降水量1438.0毫米左右。有气象记录以来，极端最高气温41.6℃（出现在2013年8月9日），极端最低气温-9.6℃（出现在1969年2月6日）。盛夏酷暑时节，湖滨商圈、原望江门外食品工业区一带和高楼密集处有热岛效应，与郊区的地面温差可达8℃～11℃。年平均太阳总辐射量在100～110千卡/平方厘米，日照时数1709小时，日照百分率[②]41%～48%，无霜期250天左右。由于季风强度变化、气候变暖以及城市热岛效应等原因，常伴有台风、暴雨、高温、干旱、洪涝、雷暴、寒潮、冰冻等气象灾害。为此，上城区建有区、街道、社区三级防灾减灾指挥体系和工作系统，形成全区“一盘棋”的网格化应急管理体系。[③]

① 杭州四季青乡近江村志编委会.近江村志，1991：123.（内部编印）

② 日照百分率，是指某一时段内实际日照时数与该地理论上可照时数的百分比。该指标表征因气候条件（主要是云、雨、雾、尘、沙等）减少了多少日照时间。

③ 有关地质灾害情况见第六篇城区管理第一章国土资源管理第六节地质灾害防治。

第一章　地质地貌

上城区地形为不规则的长方形，地势西南高东北低，处于扬子准地台钱塘台褶带，位于江南地层区，地质构造复杂，地层发育多样。现代地质构造运动缓和，地壳相对稳定。古生界由海相碎屑岩、碳酸盐岩组成，中生界由火山岩组成，新生界由浅海滩涂相亚黏土、黏土、亚砂土、粉细沙组成。上城区以平原为主，丘陵面积较小。

第一节　地质

上城区位于杭州市城区中部偏南，境域地质构造复杂。近期由于现代构造运动趋向缓和，地震活动微弱，地壳相当稳定。境域地质发展经历前覆冰纪（前震旦纪）陆壳增生并成熟、古生代被动大陆边缘、中—新生代大陆边缘活动3个构造演化阶段。

在上城区范围内，古生界、中生界、新生界均有出露。古生界石炭—二叠系灰白—灰黑色结晶灰岩，生物碎屑灰岩、深灰色含燧石条带灰岩分布于玉皇山、吴山等地。中生界英安玢岩偶穿插于古生界灰岩中。第四系亚黏土、黏土、沙砾层等分布于钱塘江、西湖周围，地表层分布有几米到20余米的饱和粉土、砂土，主要为钱塘江北岸江海相沉积。

第二节　地貌

上城区主要位于钱塘江冲海积平原，境域西南有一列低丘，山体由西南面的将台山、凤凰山朝东北方向延伸，经紫阳山、城隍山，止于鼓楼附近一带，制高点为玉皇山巅，海拔237米。其中，凤凰山由泥盆系石英砂岩等构成，偶夹泥岩，玉皇山主要由石炭系、二叠系石灰岩和生物碎屑石灰岩构成。

图3-1-1　吴山（2005年）　　（陈建荣　摄）

一、丘陵

吴山　吴山在境域中部偏西，西湖东南，是西湖群山伸入市区的山体，由石炭系、二叠系灰岩构成。

山势平稳，是一条弧形丘岗，上有紫阳、云居、峨眉、螺蛳、狗儿、清平、浅山、宝月、城隍、竹园、石佛、宝莲等10余个小山头，绵亘数里，海拔均在百米以下。最高峰紫阳山，海拔98米。吴山因山上有城隍庙，俗称城隍山。

云居山　云居山在吴山西南，海拔94米。旧有云居寺，故名云居山。

铁冶岭　铁冶岭位于云居山西北，又名铁崖岭。铁崖为元代诗人杨维桢之号，因其晚年携家定居铁冶岭，故此山又名铁崖岭。

七宝山　七宝山位于紫阳山与云居山之间南侧，海拔98米。初名宝积山，俗称五台山。旧有三茅观，内藏宋高宗赵构所赠古器宋鼎、唐钟、褚遂良书阴符经、吴道子绘南方星君像、玉靶剑、七宝数珠、轩辕镜，是谓七宝，故名。

紫阳山　紫阳山位于七宝山东，海拔98米，为吴山最高峰。紫阳山旧名瑞石山，因山上多奇峰怪石而名。元代山上建有紫阳庵，名声颇盛，后人遂名紫阳山。紫阳山东侧山腰为瑞石洞石林景观，有瑞石古洞、云隐洞、归云洞、月波池、涤凡池、龙窟等洞、泉；有蛤蟆石、蹲狮石、飞来石、垂云峰、鳌峰、驼峰、寿星石、青芙蓉、采芝岩等石景。瑞石洞景区所在紫阳山东麓一带，是吴山石景最为奇特之处，是典型的喀斯特地貌。[①]

宝月山　宝月山在紫阳山北，又名天井山，以上有黑龙潭，深邃如井而得名。南宋《咸淳临安志》卷二十二记载："宝月山，在秘书省对巷山坡之下，旧有宝月寺，黑龙潭在寺西，一名天井山。"山以寺名。遍山林木森森。在宝月山、云居山相汇处，有一组出露地面的岩溶石芽，酷似鼠、牛、虎、兔、龙、蛇、马、羊、猴、鸡、狗、猪十二生肖，故得名"吴山十二生肖石"。文人墨客则分别题名为盘龙、伏虎、鸣凤、舞鹤、象鼻、牛眠、龟息、笔架、香炉、棋盘、剑泉、玉笋，雅称为"巫山十二峰"。

峨眉山　峨眉山位于吴山南部，宝月山东北，与宝月山相并列。山形弯环如眉，故有此称。因宋时为粮道署所在，杭人今称粮道山。

管米山　管米山在峨眉山东，又名浅山。南宋时设诸司、诸军粮料院于此，故名。

城隍山　城隍山位于吴山东北部，紫阳山北，海拔67米，又名金地山，是吴山主要山岭之一。旧有城隍庙，今建城隍阁和周新祠，故名。

伍公山　伍公山在吴山东北端，下临鼓楼，海拔63米。山上建祭祀伍子胥的伍公庙，山以庙名。宋时，山麓有石佛寺，曾称石佛山。后寺废，杭州人仍按本意呼伍公山。

① 马时雍主编.杭州的山[M].杭州：杭州出版社，2003：16.

万松岭　万松岭在九华山北，云居山南，海拔76米。又名孔家山，因白居易有诗句“万株松树青山上，十里沙堤明月中”描绘此处而得名。

九华山　九华山在西湖东南，凤凰山北偏东，万松岭南，海拔128米。石炭、二叠系灰岩经流水作用，形成千姿百态、玲珑剔透的岩溶地貌，尤以石林取胜。

凤凰山　凤凰山位于九华山西南，西接慈云岭，主峰海拔174米。由泥盆系石英砂岩及石炭系灰岩、砂砾岩、泥岩构成。又名凤山。北宋乐史《太平寰宇记》卷九十三载：“凤凰山在（钱塘）县南三里，有凤凰欲飞之象”，山以形得名。有归云洞，原名仙姑洞，明朝时改现名，属石灰岩溶洞。洞南有石林，其中一块拔地6～7米高岩石，称为“月岩”，岩体顶端有一天然圆孔。据《西湖游览志余》记载，月岩“每到中秋，月光以岩孔穿出，幻化成一轮明月，天上地下，相映成双”。为杭州的赏月胜地之一。

栖云山　栖云山在西湖南，凤凰山和将台山之间，南临钱塘江，为一低矮岗丘，海拔149米。山腰有栖云寺，山以寺名。

金家山　金家山在栖云山东南，乌龟山东北，钱塘江北岸，海拔102米，为一低矮冈丘。旧时多桃花，故又名桃花山。

包家山　包家山在西湖西南，栖云山东，与金家山相望，海拔98米，为一低矮山丘。宋时号小桃源，俗亦名边家山、包山。

乌龟山　乌龟山在西湖南偏东，玉皇山东南，钱塘江北岸。海拔73米，为一低矮山冈，由泥盆系石英砂岩夹粉砂岩、泥岩构成。

白塔岭　白塔岭位于区境西南部，北连大慈山，西接月轮山，俯视钱江，海拔84米，为一低矮山丘。一名白塔山。东南麓有白塔，塔身用白石精工雕琢砌叠而成，故名。

玉屏山　玉屏山在西湖南，南濒钱塘江，与施家山、钱王山成三角对峙。海拔30米，为一低矮山丘，由泥盆系石英砂岩夹粉砂岩、泥岩构成。

钱王山　钱王山在西湖南，玉皇山南偏西，玉屏山西。海拔52米，由泥盆系石英砂岩夹粉砂岩、泥岩构成。南麓有五代吴越国钱弘佐墓遗址，东北麓有五代吴越国文穆王钱元瓘墓，山名由此而名。

贺家山　贺家山在西湖南，大慈山西，南临钱塘江，海拔39米，由泥盆系石英砂岩夹粉砂岩、泥岩构成。

馒头山　馒头山位于区境南部，凤凰山东部，馒头山路环绕该山。为一低矮山丘，海拔43.6米。坡缓顶平，状若馒头，故名。

玉皇山　玉皇山在西湖南缘，东并北接将台山、凤凰山，西连南屏与大慈诸山，海拔237米，山顶由二叠系石灰岩构成，山麓由石炭系结晶灰岩、含砾砂岩组成。玉皇

图3-1-2　玉皇山（2008年）　　（韩盛　摄）

山的西北、西南和东南三坡较为陡峻，而东北坡不仅比较平缓、延伸较长，中央还出现一个宽浅的洼沟，构成一个马蹄形态。[①]东南坡山腰有一规模较大的石灰岩溶洞，名紫来洞，旧名飞云洞。洞体总体呈东南向西北倾斜，深邃幽奇，洞中有洞，分上中下3级，上层主洞高约10米，洞底平坦，能容纳数百人。洞顶与洞内水池垂直处有一通天洞，可透天光。

慈云岭　慈云岭位于玉皇山东、将台山西南。其岭有若慈云，因名。慈云宫后有慈云洞，又名灵化洞、登云洞，深百余步，阔十余丈，为石灰岩溶洞。

将台山　将台山位于凤凰山西南、慈云岭东北，连接凤凰山、玉皇山和慈云岭，海拔203米。山顶平坦如砥，西南一端隆起，约4000平方米，亦平坦，若点将台，山名由此而得。将台下东北有一组石笋拱立，为一群小岩峰，高3～5米。

二、平原

上城区位于钱塘江左岸，大部分地域处于浙北平原区钱塘江平原亚区。在全新世中、晚期由江水携带来的泥沙堆积而成，地势平坦，平均海拔4～8米，表层为冲积—海积、冲积、冲积—湖积形成褐黄、灰黄、灰色轻亚黏土、亚黏土、粉砂、细砂及亚砂土层。

① 张福祥编著.杭州的山水[M].杭州：地质出版社，1982：77.

第二章　水文

上城区水系发达，河流纵横，分属钱塘江水系和运河水系。地表水以河流为主，受亚热带季风气候影响，河流普遍具有径流丰富、水位季节变化大的特点。钱塘江、中河、东河等大部分河流只是自西南流向东北流经上城区境域。

区内人均水资源量有限，但过境水资源丰富，钱塘江平均年入境水量286亿立方米，全区河道通过河道引配水调度工程，从钱塘江引水来满足城市生产、生活和环境用水的需要。区内河道水流速度缓慢，容易导致污染物、淤泥的形成和沉积。

上城区浅层地下水为松散岩类孔隙水和基岩裂隙水，水井资源丰富，开发利用较早。由于过度开采和不合理利用，导致地下水位逐年下降。至2015年末，通过“五水共治”[①]，取得阶段性成果，水质得到提升。

① 指治污水、防洪水、排涝水、保供水、抓节水。

第一节　地表水

上城区境内河流众多，主要有钱塘江、中河、东河、贴沙河、新开河、新塘河、龙山河7条。受地形影响，河流大多自西南向东北流。上城区地势平坦，高程差小，河道落差较小。

一、河流

钱塘江　钱塘江古名浙江。北源为新安江，源头在安徽休宁县西南，浙皖赣交界怀玉山

图3-2-3　钱塘江（2018年）　（张羽　摄）

脉的六股尖；南源为兰江，源头为安徽青芝埭尖，两源在建德梅城汇合。河长按北源源头起量计，到河口入海处为668千米，流域面积5.56万平方千米。钱塘江上城段自西南向东北流，起点为钱塘江大桥，流经南星、紫阳、望江街道，终点为清江路口，全长7900米，钱塘江大桥下游河宽约1000米，河床纵剖面存在沙坎隆起。

中河　中河（上城段）南起凤山门，北至庆春路，长4894米，河道宽8～15米，水域面积3.92万平方米。河流自西南向东北流，流经紫阳、小营、清波、湖滨街道，最后在下城区仓河下并入东河，通过坝子桥船闸进京杭运河。旧时中河南段通钱塘江，民国以前，一直是杭州城的水运要道，舟船穿梭，货运繁忙，并在龙山闸（白塔岭附近）引江水北流，补给城内诸河。

东河　东河（上城段）南起斗富一桥，北至庆春路，长2003米，河道宽8～35米，水域面积3.23万平方米。河流自南向北流，流经小营街道，最后通过下城区坝子桥船闸汇入京杭运河。南宋时，因建造德寿宫填没其南端，今“断河头”因此得名。

图3-2-4　东河（2017年）　（张金宝　摄）

新塘河　新塘河（上城段）南至姚江路取水泵站，北至清江路，长2019米，河道宽12～16米，水域面积3.23万平方米。河流自西南向东北流，流经紫阳、望江街道，最后通过江干区新塘河排涝泵站进钱塘江。新塘河开挖于2002年，是近江住宅区内集绿化与排水于一体的景观河，因流经新塘，故名。

图3-2-5　新开河（2017年）　（徐晖　摄）

新开河　新开河（上城段）南起贴新二闸，北至清江路，长3400米，河道宽12米，水域面积3.74万平方米。河流自西南向东北流，流经紫阳、望江街道，最后经江干区御道闸进京杭运河。

龙山河　龙山河南起白塔岭，北至凤山门，长3700米，河道宽度7.1～12.4米，水域面积5.36平方米。河流自西南向东北流，流经南星街道，是上城区中河、东河、贴沙河和新开河的水源。2012年，经杭州市文物考古研究所勘探认证龙山河为龙山闸遗址，并作为大运河（杭州段）申遗点申请世界文化遗产，龙山河属饮用水水源一级保护区。

贴沙河　贴沙河（上城段）南起贴新一闸，北至庆春路，长4010米，河道宽20～100

米，水域面积12.62万平方米。河流自南向北流，流经紫阳、望江、小营街道，最后经下城区艮山西路进京杭运河。贴沙河是杭州的饮用水备用水源保护河道。

图3-2-6 贴沙河（2014年） （石国仙 摄）

横河　横河东通贴沙河，向西穿流马坡巷、横河桥直街、建国中路至万安桥南接东河，长700米。清代厉鹗在《东城杂记》中说：“横河，东运河之支流，西河水灌市河，从城外过坝入焉，东西夹以双桥，如眉影窥镜……今但名东西横河桥。”今大河下系其北岸，杭城望族许家宅院、庾院、清末直隶总督陈夔龙的产业横河小学与清华中学由西及东排列。今小河下、土桥西河下、土桥东河下是横河南岸。横河于1956年被填，河道建横河公园。

市河　市河在中河西侧，亦名小河，不通舟楫。考南宋《淳祐临安志》记载，该河东始自清泠桥，西流至今光复路南端折北，历金波桥、巧儿桥、猫儿桥、舍人桥、炭桥、李博士桥、鹅鸭桥、北桥、军头司桥，至清远桥后分二支，一支继续北流，过天水桥、便桥，出余杭水门；另支西折，穿观桥沿凤起路南侧西至武林路与凤起路交会处南入浣纱河，全长约5000米。宋时，市河两岸多大酒楼、布铺、漆器铺，有书市及城内最大的猪肉市场。日军侵占杭州后河道湮塞。民国34年（1945）后，填河筑路，即今光复路。天水桥与清远桥折西河道填于1960年，成宝极观巷（现为凤起路一段）。

浣纱河　浣纱河流经城西，旧称西河，又因源在西湖，水较清，亦名清湖河。考南宋《淳祐临安志》，浣纱河西接西湖涌金闸，过闸折北，历楼店务桥、凌家桥、仁寿桥、转运司桥后折东，穿渡子桥与涌金池水合，至金文库桥与旱河头桥、三桥水合，复历军将桥、泗水坊桥、井亭桥、洪福桥、鞔鼓桥、马家桥、清湖桥折北穿石灰桥、结缚桥、下瓦桥、众安桥与市河合，经鹅鸭桥折西。另支历洗麸桥、左藏库桥、安福桥、丁家桥、纪家桥折北历车桥、杨四姑桥、新庄桥、师姑桥、仓桥、斜桥、便桥出余杭水门。今开元路东侧、浣纱路、龙翔路、东坡路、武林桥河下、狮虎桥河下、凤起桥河下皆其河道或流经之地，全长约3700米。

清时，浣纱河部分河道圈入旗营，康熙南巡曾从行宫（在现惠民路）登舟经浣纱河游西湖。由于浣纱河流经市民居住处，两岸多埠头，家庭主妇多到此洗涤衣衫，河名浣纱。武林门外的菜农与渔民，则船载自产的蔬菜或鲜鱼至武林桥、龙翔桥交易，市面兴旺。民国20年（1931）后曾填众安桥东西河道筑路。20世纪70年代初，因建人防工程而全河湮填。

二、河流水文特征

杭州市河流是典型的平原水系，河流流速缓慢，泥沙一旦进入河网，几乎都会淤积下来，直接导致水体环境承载能力低下。但上城区拥有丰富的过境水资源，钱塘江年均入境水量286亿立方米，可通过引取过境水来满足城市生产、生活和环境用水的需要。

根据上城区的闸口水文站监测，钱塘江多年平均流量为952立方米/秒，年平均流量最大值为1710立方米/秒，最小值为412立方米/秒，二者比值为4.15：1，变化很大。径流年内分配颇不均匀，每年3—6月或4—7月为丰水期（梅雨期），径流量约占全年的70%，11月至次年2月或3月为枯水期。7月常受台风的影响，时有较大流量。钱塘江径流还具有连续丰、枯水文年交替出现的情况。钱塘江流域一次洪水过程历时约10天，接近洪峰流量的持续时间一般仅1~3天。

钱塘江为强潮河口，其潮汐为不规则半日潮，一天两涨两落。河段潮汐强弱除天文因素影响外，还受江道地形、径流（丰、枯）影响。丰水年，径流量大，江道顺直，河道刷深，河槽容积扩大，此时低潮位也较低，潮差增大。遇枯水年，径流量小，江道弯曲，床面淤积抬高，低潮位抬升，潮差减小。尤其是连续枯水年，闸口站潮差很小，甚至没有出现涨落潮。1993—2015年，闸口站平均潮差为0.77米，平均低潮位为3.79米，平均高潮位为4.56米。

表3-2-1　1993—2015年钱塘江河口闸口站潮位特征情况表

高潮位（米）		低潮位（米）		平均历时（分钟）		潮差（米）	
最高潮位	平均	最低潮位	平均潮位	涨潮	落潮	最大潮差	平均潮差
发生日期及时间		发生日期及时间				发生日期	
8.02	4.56	1.68	3.79	94.2	900.6	3.69	0.77
1997-8-19 2:08:00		1995-7-22 22:30:00				2002-9-8	

说明：1. 高程为1985国家高程基准。2. 资源来源于闸口水位站

钱塘江的含沙量在一年中明显分为高、低两个时期，每年12月至次年6月为低含沙量月，其间总体含沙量低，且变化幅度小；每年7—11月为高含沙量月，其间总体含沙量高，且变化幅度大。全年高含沙量（>0.8千克/立方米）时段出现的时间不多，仅占全年时间的2.6%，且集中在7—11月，但其输送的泥沙量很大，占全年总输沙量的21%。钱塘江双向泵站[①]取水口每年12月至次年6月，月平均含沙量在0.1千克/立方米左右，该7个月各时段的含沙量均低于0.2千克/立方米，其中80%左右的时段里甚至低于0.1千克/立方米。每年7—11月，月平均含沙量在0.168~0.36千克/立方米，所有含沙量高于0.5千克/立方米的时段均出现于该时间段。

① 钱塘江双向泵站建于1998年12月，其主要用于解决中河（包括中河南段）、东河、新开河、贴沙河东部4条河道的环境用水问题。既从钱塘江引水，又向钱塘江泄洪，故称双向泵站。该泵站位于钱塘江边白塔岭，出4根直径为1200毫米的钢管伸入钱塘江，依靠虹吸作用将江水引入泵房前池，经4台潜水泵提升江水排入中河南段。

表 3-2-2　2003 年钱塘江双向泵站取水口各级含沙量在各月出现频率情况表[①]

单位：千克/立方米

含沙量等级	月份											
	1	2	3	4	5	6	7	8	9	10	11	12
<0.1	0.81	0.84	0.85	0.84	0.79	0.75	0.23	0.28	0.26	0.16	0.29	0.80
0.1 ~ 0.2	0.18	0.16	0.15	0.16	0.21	0.24	0.58	0.41	0.22	0.44	0.54	0.18
0.2 ~ 0.3	0.01	—	—	—	0.01	0.01	0.10	0.17	0.18	0.16	0.09	0.01
0.3 ~ 0.4	—	—	—	—	—	—	0.03	0.05	0.10	0.06	0.04	—
0.4 ~ 0.5	—	—	—	—	—	—	0.03	0.04	0.04	0.04	0.02	—
0.5 ~ 0.6	—	—	—	—	—	—	0.01	0.01	0.04	0.03	—	—
0.6 ~ 0.7	—	—	—	—	—	—	0.01	—	0.01	0.02	0.01	—
0.7 ~ 0.8	—	—	—	—	—	—	—	—	0.04	0.01	0.01	—
>0.8	—	—	—	—	—	—	0.02	0.04	0.11	0.07	0.01	—

上城区从钱塘江引水，主要河流水位、水质、含沙量受到钱塘江引水量及水质影响。其中，中河常水位 6.0 ~ 6.7 米，平均水深 1.4 米，河道库容 16.30 万立方米；东河常水位 2.8 ~ 3.5 米，平均水深 1.2 米，河道库容 8.90 万立方米；贴沙河常水位 1.8 ~ 5.8 米，平均水深 5.4 米；新开河常水位 2.0 ~ 4.3 米，平均水深 4.5 米。[②]

①②③ 宋正华. 杭州市双向泵站引水泥沙淤积研究[D]. 上海：同济大学，2005.

表 3-2-3　2004 年上城区主要河流水文情况表[③]

河流项目	常水位（米）	平均水深（米）	河道库容（万立方米）	水质
中河	6.0 ~ 6.7	1.4	16.3	上游Ⅱ类、下游Ⅴ或超Ⅴ类
东河	2.8 ~ 3.5	1.2	8.9	一般为Ⅵ ~ Ⅴ类
贴沙河	1.8 ~ 5.8	5.4	—	一般为Ⅱ类
新开河	2.0 ~ 4.3	4.5	—	一般为Ⅴ类或超Ⅴ类

第二节　地下水

上城区浅层地下水为松散岩类孔隙水和基岩裂隙水，古时水井甚多，至 2015 年末尚存水井 156 口，但由于人类活动影响，井水受到污染，大多已不能满足饮用要求。由于地下水过度开发利用，1986 年就形成以望江门为中心的水位漏斗。20 世纪 90 年代开始，上城区地下水开采量逐年下降。

一、水量

上城区除部分丘陵地形外，大多为平原河网区，浅层地下水为松散岩类孔隙水和基岩裂隙水，水井资源丰富。1986年有以望江门为中心的水位漏斗，漏斗中心水位-3.99米，1996年漏斗中心水位-7.0米。1997年以后，地下水开采量呈下降趋势。

1991—2004年，望江门—艮山门孔隙承压水水位主要受开采量和开采方式的影响，地下水水位年动态呈单谷"V"型而且年水位差有逐年下降趋势，年最低水位出现在8—10月开采高峰期，水位年变幅4米。[①] 至2015年末，全区有水井156口。

钱塘第一井　钱塘第一井坐落在吴山北麓清河坊大井巷22号民居的天井里。现该井仍保存完好，井深约4米，内径1米，静止水位约1.8米；井壁用条石抹角砌筑，井台水泥抹面，仿方砖铺地；井圈为水泥抹面六边形，高32厘米，内径34厘米；三面围有二层走马楼，砖木结构井圈南北面竖刻"古大井"三个字。

上八眼井　上八眼井位于粮道山路26号门前。据宋《梦粱录》记载："宝月山下上八眼井。"一井八眼，4大4小。大眼居中，按四角形排列。4小眼分别列于大眼东西两侧。原井圈圆形在现井圈下，后井圈以水泥砌筑。井水深约10米，从不干涸。

乌龙井　乌龙井位于大螺蛳山麓。为元、明时井。该井呈六角形，井圈高为0.32米，内径各为0.30米，井壁用条石叠砌。现井基本已废，井圈无存。

郭婆井　郭婆井位于四宜亭52号。开凿年代当在宋或宋以前，传为郭璞所凿。郭婆井面开十眼，呈圆形分布，井壁用长方条石作菱角式叠砌，每排井之间用大块的长条石相隔。后周围八眼的井圈已重新砌筑，井口内径0.36米，井圈高约0.28米。

图3-2-7　郭婆井（2009年）　（王华　摄）

① 张月萍.杭州市地下水质量及开采引起的地面沉降环境效应分析[D].南京：河海大学，2007：22.

表 3-2-4　2015 年上城区主要水井情况表

水井名称	地　　址	水井名称	地　　址
金波桥弄11号旁井	金波桥弄11号旁	三元坊巷10号井	三元坊巷10号
太平坊巷20号井	太平坊巷20号	奎垣巷13号井	奎垣巷13号
十三湾巷37号井	十三湾巷37号	奎垣巷8号井	奎垣巷8号
柳翠井巷3号园子内井	柳翠井巷3号园子内	星远里直弄井	星远里直弄
城隍牌楼巷2号井	城隍牌楼巷2号	光复路120号井	光复路120号
刮浆坊40-19号后门边井	刮浆坊40-19号后门边	东平巷9号井	东平巷9号
刮浆坊6号井	刮浆坊6号	解放路中南新村19号井	解放路中南新村19号
严官弄9号井	严官弄9号	奎垣巷20号井	奎垣巷20号
金鱼弄1号井	金鱼弄1号	奎垣巷21号井	奎垣巷21号
坤年里58号井	坤年里58号	枝头巷13号井	枝头巷13号
坤年里41号井	坤年里41号	齐心里井	齐心里
丁衙门巷14号井	丁衙门巷14号	保康巷13号井	保康巷13号
四牌楼34号对面井	四牌楼34号对面	三元里8号井	三元里8号
茶啾弄77号对面井	茶啾弄77号对面	安家塘21号井	安家塘21号
井弄3号井	井弄3号	甘水巷上口井	甘水巷5号
井弄10号井	井弄10号	甘水巷下口井	甘水巷5号
义井	金钗袋巷19号旁	里太祖湾52号对面井	里太祖湾52号对面
白洋巷义井	金钗袋巷20号旁	大资福庙前137号井	大资福庙前137号
牛羊司巷17号门前井	牛羊司巷17号门前	大资福庙前27号井	大资福庙前27号
察院前巷32号井	察院前巷32号	大资福庙前94号井	大资福庙前94号
紫阳泉	中山南路281号	大资福庙前119号井	大资福庙前119号
中山南路375号井	中山南路375号	凤山路铁路边11号井	凤山路铁路边11号
瑞石亭13号对面井	瑞石亭13号对面	金井	梵天寺路89号
丁衙门巷5号井	丁衙门巷5号	笤帚湾57号井	笤帚湾57号
十五奎巷4号井	十五奎巷4号	笤帚湾23号旁边井	笤帚湾23号旁边
方井弄5号井	方井弄5号	笤帚湾34号对面井	笤帚湾34号对面
燕春里8号井	燕春里8号	宋城路9号后井	宋城路9号后
城隍牌楼123号井	城隍牌楼123号	宋城路205号对面井	宋城路205号对面
城隍牌楼127号井	城隍牌楼127号	凤凰山脚路7-1号边井	凤凰山脚路7-1号边
四牌楼5号井	四牌楼5号	万松岭75号井	万松岭75号
高士坊巷4号井	高士坊巷4号	凤凰山脚路145号对面井	凤凰山脚路145号对面
晓霞弄2号井	晓霞弄2号	万松岭35号井	万松岭35号
四牌楼43号井	四牌楼43号	万松岭37-1号对面井	万松岭37-1号对面
四牌楼21号井	四牌楼21号	凤凰泉	凤凰山脚
元宝心2号井	元宝心2号	梵天寺遗址旁井	梵天寺路遗址旁菜地内
元宝心3号井	元宝心3号	凤凰山脚路171号旁井	凤凰山脚路171号旁
花生弄16号井	花生弄16号	凤凰山脚路166号旁井	凤凰山脚路166号旁
花生弄9号井	花生弄9号	宋城路108号井	宋城路108号

续表 3-2-4

水井名称	地　　址	水井名称	地　　址
丁衙门巷19号井	丁衙门巷19号	宋城路97-1号井	宋城路97-1号
义井	金钗袋巷79号墙门内	天井泉	小井巷12号
金钗袋巷87号井	金钗袋巷87号	火药局弄29号井	火药局弄29号
皮市巷105号井	皮市巷105号	清波门外15号井	清波门外15号
小营公园11号井	小营公园11号	大井巷85号后井	大井巷85号后
小营公园23号井	小营公园23号	孝子坊13号井	孝子坊13号
仁智里8-1号井	仁智里8-1号	大井巷22号井	大井巷22号
小营巷49号井	小营巷49号	海潮寺弄18号井	海潮寺弄18号
崇文弄3号井	崇文弄3号	严官巷61号井	严官巷61号
斗富一桥西河下9号井	斗富一桥西河下9号	晓霞弄4号井	晓霞弄4号
大学路新村24幢67号井	大学路新村24幢67号	中山中路391号井	中山路中路391号
欢乐巷42号井	欢乐巷42号	东坡路80号井	东坡路80号
小营巷38号井	小营巷38号	思鑫坊直弄2号井	思鑫坊直弄2号
崇文弄17号井	崇文弄17号	大学路新村54号旁井	大学路新村54号旁
皮市巷217号井	皮市巷217号	长明寺巷14号井	长明寺巷14号
皮市巷22号井	皮市巷22号	小营巷49号井	小营巷49号
横吉祥巷3号井	横吉祥巷3号	小营公园22号井	小营公园22号
百岁坊巷6号井	百岁坊巷6号	横吉祥巷井	横吉祥巷内
环城东路16-1号井	环城东路16-1号	旧藩署30号井	旧藩署30号
百岁坊巷14号井	百岁坊巷14号	万松岭90号内井	万松岭90号内
百岁坊巷4号井	百岁坊巷4号	中山南路391号井	中山南路391号
直吉祥巷38号井	直吉祥巷38号	丁衙巷20号内井	丁衙巷20号内
大学路新村38幢10号井	大学路新村38幢10号	—	—

说明：资料来源于杭州市上城区“五水共治”工作领导小组办公室

二、水质[①]

2009年，水质监测结果显示，上城区各监测点位总大肠菌群和细菌总数等生物指标全都超标；同时，锰、铁元素超标，其中金鱼弄1号井水锰元素含量达2.68毫克/升，超标26倍。上城区部分监测点水质较差，其中南星古泉、金鱼弄1号井水质为极差，郭婆井、甘水巷上口井为较差，上八眼井为良好，大多已不能满足饮用要求。[②]

① 杭州市浅层地下水监测点在上城区的有南星古泉、上八眼井、金鱼弄1号井、郭婆井、甘水巷上口井。每年监测2次（第一次采样为5—7月，第二次采样为11—12月），求出2次监测数据的平均值。

② 徐玉裕.杭州市主城区浅层地下水水质现状[J].《环境监测管理与技术》，2010：22（3）.

第三章　土壤与植被

根据1979—1985年第二次土壤普查，杭州市土壤总面积为150.27万公顷，其中市区3.19万公顷。杭州市成土环境复杂，土壤性质差异较大，在土壤分布中，红壤分布最广，占土壤总面积的一半以上；水稻土次之，约占土壤总面积的14%。20世纪80年代中后期起，随着城市化、工业化和农业现代化的加速，土壤酸化、肥力退化、土壤污染等环境问题日趋显现。

上城区境域浙北平原属钱塘江平原亚区，在海积、江积、湖积作用下形成。由于地处杭州老城区，土壤在垂直方向理化性质有很大变化。土壤中有大量建筑垃圾、瓦片、砖块、混凝土、沥青等物质。

上城区地带性植被为中亚热带常绿阔叶林，现存植被大多数为20世纪中后期遭受严重破坏后逐渐发育起来的次生性植被。西南部丘陵为常绿阔叶次生林和常绿落叶阔叶树混交林。西北毗邻西湖，沿湖有柳浪闻莺、老年公园、湖滨公园；中东部还有横河公园、城东公园、青年公园、小营公园等绿地，中河、东河绿化带贯穿南北。丘陵植被与城区公园绿地植被共同构成城区植被系统。

第一节　土壤

一、土壤种类与分布

上城区地处杭州市中部偏南，属浙北平原中的钱塘江平原亚区，境域西南蜿蜒一列低丘缓坡。土壤城市化前为以红壤土类、潮土土类和水稻土土类为主的不同形式的自然土壤—耕作土壤组合。在低丘缓坡区，自高而低，在岗背、坡麓和岙垄处，可相应依次出现有黄筋泥、黄筋泥田、老黄筋泥田等；在石灰岩分布区，一般也出现有油黄泥或油红泥与黄油泥田的组合形式。随母岩类型、地形坡度和人为利用等变化，土壤呈复区组合形式分布。

根据《中策橡胶集团有限公司望江门厂区场地水文地质勘察报告》[①]，上城区该地块地基土可分成3层，包括杂填土［主要由角砾、碎混凝土块（砖块）及黏性土组成］、黏质粉土和砂质粉土夹粉砂。

① 该勘察报告勘察深度为12米。

二、土壤变化

土壤剖面　上城区是杭州市的老城区，土壤在垂直方向理化性质变化较大，剖面中基本看不到原有母质的沉积层次。整个剖面均有较高含量的砾石，不同剖面砾石含量在深度上的变化不尽相同。有些土壤剖面一定深度出现整段建筑残余物，个别地方还可见整块石板；由于城市基础设施建设需要，许多区域设有地下设施，其上土壤是名副其实的薄层土。在高层建筑与道路附近的土壤中，常埋有建筑施工带入的巨大石块。土壤有机碳、全氮和全磷均较高，尤其是剖面上部土壤的有机碳、全氮和全磷较高。

土壤外来物质　上城区土壤的外来物质侵入体主要有建筑垃圾、瓦片、砖块、煤渣、石灰渣、混凝土、沥青、碎玻璃、布块、塑料制品残物、尼龙制品残物、果壳、贝壳、埋藏的生活垃圾等物质，局部地块土壤在一定深度还出现排列整齐的整砖层。土壤中侵入体分布较深的土层主要出现建筑垃圾、瓦片、砖块、贝壳等物质；浅层土壤主要出现石灰渣、混凝土、沥青、碎玻璃、布块、塑料制品残物、尼龙制品残物、果壳及埋藏的生活垃圾等；位于交通干道两侧的土壤中常含有大量的大石块，也有一定量的混凝土物质。

土壤污染　上城区土壤污染主要为工业企业退役场地的污染，如原红星化工厂铬渣堆场污染土壤场地尚未得到修复，原中策橡胶有限公司部分退役场地存在重金属及有机物超标情况。作为杭州市的重要商贸区，土壤中铅的主要来源是汽车尾气排放。同时，由于杭州市酸雨率居高不下，导致土壤有一定程度酸化。

第二节　植物

上城区处于中亚热带常绿阔叶林植被带，属钱塘江下游、太湖平原植被片。上城区范围的石灰岩丘陵山地自然植被为常绿阔叶次生林和常绿落叶阔叶混交林，主要树种有香樟、石栎、黄山栾树、枫香、朴树，混生有少量苦槠、甜槠、紫楠、木荷、女贞和马尾松等常绿乔木，以及麻栎、白栎、榔榆、杭州榆、山合欢、山桃、化香等落叶树种。灌木层包括映山红、檵木、赤楠、马银花、栀子花、隔药柃、短柄枹、山矾、小果南烛、乌饭树、尖连蕊茶、中华绣线菊、白马骨、紫金牛、箬竹等。草本层组成种类主要有芒萁蕨、狗脊、鳞毛蕨、龙芽草、芒和苔藓等。常见的藤本植物有茜草、鸡屎藤和野葛等。

由于长期以来城市化推进速度逐年加快，城市人口快速增长，尤其是房地产业的迅猛发展，土地资源多变性带来土壤植被变化的多样性，上城区境域内面积较大的天然植被带基本未有留存。境域内的蔬菜作物、经济林、苗圃以及大部分水生植被逐渐消失，人工植被带以城市人工绿地形式广泛分布。

一、道路绿地

道路绿地主要包括行道树绿带、分车绿带、交通岛绿带、交通广场和停车场绿地等。上城区一般种植抗性强、根深冠大、枝繁叶密、树干通直的树种，特别是乡土树种。主要有香樟、广玉兰、杜英、女贞、湿地松、合欢、悬铃木、黄山栾树、银杏（俗称白果树）、珊瑚朴、榉树、无患子、枫香、杂交鹅掌楸（俗称马褂木）等。

二、公园绿地

常绿乔木有广玉兰、雪松、杜英、柳杉、日本扁柏、日本花柏、南方红豆杉、浙江楠、雁荡润楠、紫檀、黑壳楠、红果钓樟、银木、红楠、木荷、乳源木莲、红花木莲、黄心夜荷、刨花楠、深山含笑、乐昌含笑、醉香含笑、乐东拟单性木兰、天目木兰、甜诸、东南石栎、椤木石楠、香橼、杨梅、大叶冬青、大叶桂樱、加拿利海藻等。

常绿灌木（半常绿）或小乔木有南天竹、厚皮香、桂花、洒金桃叶珊瑚、狭叶栀子、含笑、金合欢、金边黄杨、火棘、红叶石楠、石楠、无花果、朱砂根、金叶含笑、小叶蚊母树、海桐、黄杨、日本金叶女贞、金叶胡颓子、金叶枸骨、金丝桃、豪猪刺、凤尾兰、香港秀丽四照花、车轮梅、八角刺等。

落叶乔木有黄山栾树、无患子、金钱松、墨西哥落羽杉、中山杉、麻栎、响叶杨、朴树、光叶榉、糙叶树、垂枝榆、榔榆、柿树、浙江七叶树、鹅掌楸、龙爪槐、刺槐、香椿、栾树、丝棉木、重阳木、灯台树、牛鼻栓、木瓜、梓树、楸树、垂柳、金丝垂柳、南川柳、槐树、香花槐、金叶槐、小叶栎、山桐子、日本早樱、晚樱、厚朴、凹叶厚朴、青钱柳、黄檀、皂荚、南京椴、华东椴、珊瑚朴、美国复叶槭、美国枫香等。

落叶灌木或小乔木有金焰绣线菊、金山绣线菊、矮生紫薇、八仙花、海滨木槿、重瓣木槿、伞房决明、双荚决明、红花醉鱼草、紫花醉鱼草、百花醉鱼草、西府海棠、垂丝海棠、紫薇、紫叶李、卫矛、鸡爪槭、欧洲山梅花、宁波溲疏、溲疏、山麻秆、红王子锦带花、双色锦带、花叶锦带、怪柳、金银忍冬、梅花、碧桃、紫荆、木绣球、喷雪花、紫叶小破、花叶柳、红枫、羽毛枫、日本黄栌、日本红枫等。

藤本植物有紫藤、木香、蔷薇、凌霄、美国凌霄、常春油麻藤、南五味子、爬山虎、花叶蔓长春、常春藤、花叶常春藤、香花崖豆藤、鹰爪枫等。

草本植物有海仙花、大花醉鱼草、萱草、花叶玉带草、金叶过路黄、美女樱、大吴风草、虎耳草、长春花、紫露草、亚菊、地被菊、石蒜、麦冬草、吉祥草、书带草、葱兰、大花美人蕉、芭蕉、玉簪、金边玉簪、鸡冠花、矮牵牛、鸢尾、德国鸢尾、报春花、虞美人、三色堇、夏堇、千日红、雪叶菊、金盏菊、雏菊、百日草、凤仙花、马尼拉草、高羊茅、天堂草、狗牙根、黑麦草、红花素浆草、紫叶酥浆草、何首乌、二月兰、紫花地丁、银叶菊、黑线菊、白三叶、一叶兰、万年青等。

水湿生植物有荷花、睡莲、菱、紫芋、蒲苇、千屈菜、黄菖蒲、香蒲、花叶香蒲、香菇草、再力花、水葱、水毛花、芦苇、金叶芦苇、斑茅、慈菇、泽泻、肾蕨、短幅水芹、荚果蕨、梭鱼草等。

竹类有毛竹、紫竹、金镶玉竹、茶竿竹、花毛竹、小琴竹、五月季节、黄秆乌哺鸡竹、孝顺竹、凤尾竹、菲白竹、翠竹、鸡毛竹等。

三、防护绿地

常绿灌木有蚊母、石楠、小腊、小叶女贞、火棘、胡颓子、海桐、大叶黄杨、夹竹桃、阔叶十大功劳、珊瑚树、枸骨冬青、柃木、小叶蚊母树等。

落叶乔木有水杉、朴树、榉树、光叶榉、盐肤木、合欢、麻栎、构树、乌桕、无患子、皂荚、刺槐、鹅掌楸、香椿、黄连木、丝棉木、柿树等。

落叶灌木或小乔木有木槿、决明子、紫穗槐、柽柳、紫荆、木芙蓉、锦带、海州常山、山胡椒、胡枝子、马棘等。

藤本植物有爬山虎、凌霄、野蔷薇等。

草本植物有海仙花、萱草、花叶玉带草、美女樱、紫露草、亚菊、地被菊、石蒜、吉祥草、书带草、斑茅、雪叶菊、雏菊、马尼拉草、高羊茅、狗牙根、二月兰、紫花地丁、白三叶、一叶兰等。

竹类有箬竹、早园竹、茶竿竹、菲白竹、凤尾竹等。

四、居住绿地

常绿乔木有香樟、桂花、杨梅、红楠、广玉兰、龙柏、罗汉松、南方红豆杉、大叶冬青等。

常绿灌木有山茶、茶梅、翠柏、红叶石楠、金合欢、杜鹃、金边黄杨、蚊母、小叶蚊母、狭叶栀子、阔叶十大功劳、八角金盘、厚皮香、朱砂根等。

落叶乔木有银杏、柿树、鹅掌楸、合欢、梧桐、香椿、垂柳、中山杉、梓树、木瓜、桃花、红枫、梅花、紫玉兰、日本晚樱、三角枫、无患子、香花槐、羽毛枫、黄山栾树、榉树等。

落叶灌木或小乔木有紫薇、矮生紫薇、木槿、海滨木槿、鸡爪槭、腊梅、金钟花、紫荆、木芙蓉、垂丝海棠、贴梗海棠、西府海棠、结香、绣球花、伞房决明、日本绣线菊、锦带花、银边八角花、美丽胡枝子、马棘等。

藤本植物有蔷薇、常春油麻藤、花叶常春藤、葡萄、扶芳藤、爬山虎、紫藤、木香、花叶蔓长春、猕猴桃等。

草本植物有海仙花、大花醉鱼草、萱草、花叶玉带草、金叶过路黄、美女樱、大吴风草、虎耳草、紫露草、亚菊、地被菊、石蒜、吉祥草、葱兰、大花美人蕉、玉簪、金边玉簪、鸡冠花、矮牵牛、鸢尾、德国鸢尾、虞美人、三色堇、雏菊、百日草、凤仙花、马尼拉草、高羊茅、紫叶酢浆草、二月兰、白三叶等。

水生植物有荷花、睡莲、梭鱼草、千屈菜、黄菖蒲、再力花、水葱、水生美人蕉、金叶芦苇、石菖蒲、三白草等。

竹类有金镶玉竹、黄秆乌哺鸡竹、花毛竹、龟甲竹、早园竹、紫竹、凤尾竹、菲白竹等。

五、单位附属绿地

单位附属绿地主要选防尘防火抗性强的植物树种。主要有榆树、刺楸、木荷、珊瑚树、蚊母树、银杏、龙柏、香樟、杜英、桂花、女贞、红叶石楠、青冈栎、冬青、棕榈、罗汉松、臭椿、朴树、榉树、苦楝、珊瑚朴、胡颓子、阔叶十大功劳、紫叶李等。

第三节 古树名木

上城区古树名木多分布在风景名胜区（点）、寺庙、古墓葬、名人故居等处。树形苍劲挺拔、翠云如盖，与文物古迹、风景名胜融为一体，为湖光山色增光添彩。

1993年，由上城区绿化办管理的古树名木有73株。2002年，台风毁坏万松岭路67号大门外的1株樟树。至2015年，区绿化办记录在册的古树名木有72株。按树龄划分，树龄在500年以上的一级古树名木4株，树龄300年以上的二级古树名木5株，树龄100年以上的三级古树名木63株。按树种划分，樟树39株、银杏19株、广玉兰4株、珊瑚朴2株、朴树5株、女贞1株、粗糠树1株、枫香1株。其中约36%的古树名木集中分布在江城路古树公园、解放路金衙庄铁栏内等3处，其余零散分布。树龄、胸径最大的古树为老浙大横路2～3号的千年银杏。

此外，吴山、凤凰山等处古树名木由西湖风景名胜区管委会吴山景区管理处负责管理。西湖风景名胜区范围有古树198株，其中，凤凰山景区58株，吴山景区78株，湖滨景区62株；一级古树名木20株，二级古树名木25株，三级古树名木153株。

千年银杏　该树位于老浙大横路2～3号，树旁立有题刻“千年银杏”的巨石。古树编号157号，树龄为1010年。为雄株，只开花不结果。树高33米，胸围6.59米，冠径17米。吴越时期（907—978），此地曾建延寿庵，该树为当年庵内第一代师太所栽。延寿庵后毁于兵燹，于明万历年间（1573—1620）重建，并易名为“莲居庵”。清代文人厉鹗在《东城杂记》“莲居”篇中赞道：“古木离立，突怒堆郁，绿荫满阶，苔痕常如雨过，妙香时闻，翛然有出尘之想矣。”足见当时古树枝繁叶茂。2013年，千年银杏发生火灾，所幸扑救及时，至2015年末依然屹立。

粗糠树　该树位于湖滨街道中河路西侧联桥车站旁，树龄200年，胸围2.30米。该树属于紫草科厚壳树属，生长极为缓慢，多分布在山坡疏林及土质肥沃的山脚阴湿处，闹市区比较少见，因此该树显得尤为珍贵。上塘高架建设时，为保护此树，未予迁移。2015年末，古树仍矗立在车流不息的中河路上。

宋樟　该树位于吴山茗香楼前，树下立碑“宋樟”。古树编号为14，树龄730年，树

图3-3-8　宋樟（2005年）　（徐瑞康 摄）

干高大，枝叶茂盛，树围需3～4人牵手才能合抱。樟树是杭州的市树，也是吴山的一大特色景观，由东岳庙旁至城隍庙一路，植于宋末元初的古樟树达10余株。

表3-3-5　2015年上城区古树名木分布情况表

序号	树名	树龄（年）	胸围（厘米）	位　　置
1	银杏	1010	659	老浙大横路2～3号
2	樟树	700	382	解放路金衙庄铁栏内
3	樟树	700	345	劳动路劳动弄4号
4	樟树	500	470	凤山路五四中学
5	樟树	300	285	解放路金衙庄铁栏内
6	樟树	300	270	解放路金衙庄铁栏内
7	樟树	350	290	杭州市第四人民医院食堂附近
8	樟树	350	350	杭州市第四人民医院北侧
9	樟树	300	305	万松岭路烟厂仓库
10	银杏	100	185	杭州基督教青年会
11	银杏	100	170	杭州基督教青年会
12	银杏	100	170	杭州基督教青年会
13	广玉兰	100	143	工商银行解放路支行南侧
14	广玉兰	100	230	工商银行解放路支行南侧
15	银杏	100	220	杭州市工人文化宫
16	朴树	100	210	杭州市工人文化宫
17	樟树	150	220	杭州市工人文化宫
18	朴树	100	250	学士路1号
19	樟树	150	320	杭州市第一人民医院
20	粗糠树	200	230	中河路西侧车道上
21	广玉兰	120	190	香溢健身中心
22	樟树	100	255	冯山人巷2号
23	银杏	120	152	紫金观巷25号
24	银杏	100	195	紫金观巷25号
25	广玉兰	100	230	直大方伯田家园后
26	银杏	120	172	小塔儿巷4号
27	银杏	120	165	小塔儿巷4号
28	樟树	100	230	浙江大学医学院附属第二医院
29	樟树	100	215	浙江大学医学院附属第二医院
30	银杏	100	165	浙江大学医学院附属第二医院
31	银杏	100	160	浙江大学医学院附属第二医院
32	银杏	200	161	解放路金衙庄铁栏内
33	樟树	100	190	解放路金衙庄铁栏内
34	樟树	100	215	解放路金衙庄铁栏内
35	樟树	120	180	解放路金衙庄铁栏内
36	樟树	250	300	劳动路孔庙内

续表 3-3-5

序号	树名	树龄（年）	胸围（厘米）	位　　置
37	樟树	150	184	劳动路劳动弄4号后院
38	樟树	200	195	杭州橡胶厂
39	樟树	250	250	杭州橡胶厂
40	樟树	250	295	杭州橡胶厂
41	樟树	200	239	杭州橡胶厂
42	樟树	100	240	浙江省公安厅南侧
43	朴树	100	181	赞成宾馆北侧
44	女贞	200	240	中河南路62号前
45	银杏	150	180	江城路古树公园
46	银杏	150	251	江城路古树公园
47	银杏	150	220	江城路古树公园
48	珊瑚朴	150	330	江城路古树公园
49	银杏	150	236	江城路古树公园
50	樟树	150	380	江城路古树公园
51	银杏	150	250	江城路古树公园
52	樟树	100	210	江城路415号三单元
53	朴树	150	275	江城路415号北侧墙外
54	樟树	100	315	江城路415-14号
55	银杏	200	270	万松岭路67号
56	樟树	200	290	万松岭路67号
57	樟树	150	210	万松岭路67号
58	樟树	200	320	万松岭路67号
59	樟树	200	270	万松岭路67号
60	樟树	200	245	万松岭量具厂
61	樟树	200	280	万松岭量具厂
62	樟树	100	211	八卦田山庄内
63	樟树	100	170	施家山11号门口
64	银杏	110	180	湖滨路33号门口
65	朴树	140	132	白马庙巷52号
66	珊瑚朴	150	205	白马庙巷55-2号
67	樟树	130	215	白马庙巷55-2号
68	枫香	210	167	万松岭路67-10号
69	樟树	210	305	万松岭路67-10号
70	樟树	210	246	万松岭路67-10号
71	樟树	210	295	万松岭路67-10号
72	樟树	210	200	万松岭路67-10号

说明：1.本表数据为区绿化办管理的部分。2.资料来源于杭州市上城区住房和城市建设局

第四章　气候　灾害

上城区境域地处浙江省北部，属亚热带季风气候。随着冬夏季风逆向转换，天气系统、控制气团和天气状况均会发生明显的季节性变化。上城区气候季风显著，四季分明，光照充足，温和湿润，雨量丰沛，雨热季节变化同步。

1993—2015年，年平均气温17.0℃，并呈逐年上升趋势；年平均降水量1438.0毫米，常年雨日数为147天；年平均日照时数1709.3小时，年平均太阳总辐射100～110千卡／平方厘米，年日照时数整体呈减少趋势。城市热岛效应显著，盛夏酷暑时节，与郊区的地面温差可达8℃～11℃，以湖滨商圈和原望江门外食品工业区一带最为明显。[①]

由于每年冬夏季风强度不同，交替时间迟早不一，洪涝、干旱、台风、大雪、大风等各种气象灾害时有发生。

① 黄初冬等．杭州市“热岛效应”与城市功能布局的关联分析[J].《规划师》，2011（5）．

第一节　气候

上城区受东亚季风影响，光、热、水同季且配合良好。开春后，太阳辐射逐月增强，气温同步回升，雨量同季增加；6月由春入夏，降水达到高峰期，气温同步上升；7—8月，太阳辐射量达到最高，进入盛夏高温期，同时受副热带高气压控制，降水量较前期减少，进入高温伏旱季节；9月进入夏秋转换季节，光热水同步下降，受热带风暴（台风）和冷空气影响，秋雨来后，伏旱得以缓解；10—11月，受大陆冷高压控制，秋高气爽，光照充足，气温日差较大，光温条件优于春季；冬季光热水处于低值期，是一年中最寒冷的季节。

一、气候特征

上城区气候温和，受全球气候变暖影响，气温呈上升趋势。雨量充沛，年际变化较大，年平均降水量1438.0毫米。常年雨日数147天，日照时数1709小时。

气温　上城区常年平均气温为17.0℃，历史最高值18.4℃，出现在

2007年。有观测记录以来，年平均气温逐年上升，与“全球变暖”趋势一致。全区7月份平均气温最高，为28.7℃；1月平均气温最低，为3.6℃。一年中，高温日数多数出现在7—8月，占全年的88%，其中7月最多，占55%。历史上极端最高气温为41.6℃，出现在2013年8月9日。低温多数出现在12月到次年2月，占全年的94.7%。其中1月最多，占43.8%。极端最低气温零下9.6℃，出现在1969年2月6日。

降水量　上城区常年平均降水量为1438.0毫米，年际变化较大。1951年起，上城区年降水量最多的是1954年，达2356毫米，而2003年只有948.9毫米，是有气象记录以来降水最少的年份。降水季节性明显，3—9月是汛期，占全年降水量的75.2%，其中5—7月上旬是梅汛期，7—9月是台汛期，10月至次年2月是相对少雨期。受梅雨影响，降水最多的是6月，为219.4毫米；最少的是1月，为80.6毫米。

日照时数　上城区年平均日照时数1709.3小时，年际多寡悬殊较大，日照时数最多2256.1小时，出现在1963年；最少仅1315.8小时，出现在2015年。年日照时数整体呈减少趋势，因城市化的快速发展导致大气中的气溶胶颗粒物、氮氧化合物、碳氧化合物、碳氢化合物、光化学烟雾等空气污染物明显增多，到达地面的太阳辐射减少，从而造成日照时数减少。一年中日照时数的年内变化规律呈单峰型，7月日照时数最多，达213小时；2月日照时数最少，仅97小时。

二、四季气候[①]

① 气象意义上，以连续5天滑动平均气温稳定通过10℃～22℃作为四季划分标准：低于10℃为冬季，高于22℃为夏季，10℃～22℃之间为春季、秋季。

春季　上城区春季一般始于3月25—30日，终于6月10—20日，春季持续时间75～85天。每年入春时间波动大，早晚相差40天；持续时间差异显著，长短相差83天。春季光温同步上升，水热同季增长，是春暖花开、万物复苏的季节，但冷暖起伏大，阴雨天气较多，并时有雷雨、大风、冰雹等强对流天气出现。

夏季　夏季一般始于6月11—21日，终于9月23日至10月6日，夏季持续天数95～120天。每年入夏时间差异大，早晚相差50天；持续时间差异大，长短相差73天。初夏为上城区的梅汛期，是一年的降水高峰期，易造成梅涝；盛夏高温少雨，易发生高温干旱；夏末时有热带风暴（台风）影响，其发生次数和强度对夏季台涝和伏旱灾害有决定性作用。

秋季　秋季一般始于9月24日至10月7日，终于12月2—14日，秋季持续天数60～70天。每年入秋时间差异大，早晚相差56天；持续时间差异大，长短相差71天。秋季光温同步下降，降水量显著减少，光照充足，大多数年份为秋高气爽天气。

冬季　冬季一般始于12月3—15日，终于次年3月24—29日，冬季持续天数100～120天。每年入冬时间波动大，早晚相差38天；持续时间差异明显，长短相差61天。前冬寒冷干燥，后冬雨雪渐多，是一年中光热水的低值时期。

第二节　灾害性天气

由于冬夏季风交替的不稳定性，春季连阴雨、倒春寒、晚霜冻，夏季洪涝、干旱、高温、台风，秋季连阴雨、干旱，冬季低温冻害等灾害性天气在上城区时有发生，其中以暴雨为最主要的致灾因子。

一、高温

上城区平均高温日[①]数为27天。随着全球气候变暖，加上城市热岛效应，1990年以后高温日数明显增多。

1994年6月23日出梅，气温猛升，降水急骤减少。7月，上城区降雨量不足10毫米，出现异常持续高温天气，月平均气温达31℃。1995年梅汛期结束后，即出现晴热高温少雨天气，夏季高温一直延续到入秋，“秋老虎”异常凶猛，形成大范围的伏秋连旱。2003年夏季，高温天气持续时间长，且极端最高气温屡创历史新高。6月30日出梅第一天起，上城区温度即超35℃，高温日数破历史最高纪录；7月和8月的极端最高气温均破历史同期极值。是年后，上城区每年高温都多达35天以上。2004年，上城高温天数多于常年，但比2003年偏少。2013年7—8月中旬，上城区高温日数达44天，其中14天最高气温在40℃以上，最高气温41.6℃，创历史极值。

二、寒潮（大雪、冰冻）

上城区寒潮主要发生在10月至次年4月，以1—3月最多；寒潮影响平均每年1次以上。伴随寒潮而来的风、雪、严重积雪、低温冰冻天气可能造成灾害性影响。

上城区大雪在1月出现最多，占总数的46%；其次为2月，占总数的35%，12月占总数的11%。上城区冰冻一般出现在当年12月至次年2月，最早为11月。上城区积雪时间最长的是1977年1月2—20日，达19天。1998年3月19—22日，上城区遭强寒潮袭击，出现强降温、大到暴雨、大风、雷暴、冰粒、雪、冰雹、雾和低温天气。24小时日平均气温下降14℃～16℃，积雪深度1～3厘米。该月下旬平均气温破历史同期最低纪录。

① 气象学上，将日最高气温达到或超过35℃时称为高温日。

2008年，全年出现2次寒潮天气，分别在1月中旬和12月下旬。1月中旬至2月初，全市包括上城区出现历史罕见的持续低温雨雪冰冻天气，对上城区交通、电力、人民生活造成重大影响。1月28日，杭州市包括上城区出现大雪天气。2月1日—2日，出现全市性暴雪过程，杭州主城区最大积雪深度创有气象记录以来新高，达31厘米，超过1984年1月30日的29厘米。随后的降雪和冰冻恰逢春运高峰，给交通运输造成严重影响。

2014年，上城区出现7天雪日，11天积雪日数，其中积雪日数较常年（7天）偏多，并且均集中在2月。2月11日，上城区最低气温为-3.3℃，对交通造成明显影响。

三、暴雨

暴雨[①]是上城区最主要的灾害性天气，平均暴雨日数为3天，主要发生在主汛期（5—9月）。1993—1998年，上城区一直处于暴雨多发期。1993年6月中旬到7月上旬，连降暴雨和大暴雨，上城区出现日雨量超过100毫米的大暴雨，过程雨量265.8～364.4毫米。1995年梅雨期，全区洪涝灾害严重。梅雨量达498.4毫米，为常年的2倍。1996年6月30日至7月2日，连续暴雨，上城区日降水136.4毫米。1997年7月6—11日，上城区连降暴雨和大到暴雨，洪水造成钱塘江水位上涨，速度之快、水位之高、高水位持续时间之长，为历史罕见，内涝严重。

2001年6月10—28日梅汛期，上城区出现多次的暴雨或大暴雨。其中，25—26日，过程雨量134.7毫米，梅汛期较常年偏少5天左右，雨量却偏多30%～40%，降水时段集中，并受台风“飞燕”外围云系影响，降水加强。8月，降水明显偏多，三伏天出现如此多的雨日，为历史罕见。2011年6月，杭州市持续遭遇4次强降雨，半个月内相继出现9个暴雨日，短时暴雨强度大。6月1—19日，全市累计面雨量达497.1毫米，为多年同期平均值的2倍。受持续强降雨影响，钱塘江支流出现流域性洪水，干流水位大部分超保证水位。2012年9月12日12时至14时，上城区出现强雷雨，伴有短时暴雨、强雷电和大风。13时15分左右，风力、雨强瞬间急剧加大，西湖一公园集贤亭附近瞬时风力达10级或以上，风向为西北风。集贤亭倒塌，周边大华饭店、仁和饭店以及六公园附近出现行道树倒伏。2013年10月6日8时至8日20时，受台风“菲特”影响，杭州主城区面雨量达300毫米，馒头山国家基准站雨量246.4毫米，超过2007年台风“罗莎”期间杭州市日雨量191.3毫米的历史极值，最大三日降雨量超过30年一遇标准。

① 气象学上，暴雨是指24小时内降水量达50毫米以上的降水过程。按其降水强度大小又分为3个等级，即24小时降水量为50～99.9毫米称暴雨；100～249.9毫米为大暴雨；250毫米及以上称特大暴雨。按照暴雨发生和影响范围的大小，又可以分为局地暴雨、区域性暴雨、大范围暴雨、特大范围暴雨。

四、干旱

在春、伏、秋三种旱灾中，秋旱发生频率最高，上城区发生频率约5年4遇。秋旱小旱年份很少出现，大旱的发生频率最高，超过总旱年数的一半。1994年、1995年、1996年、1997年、2001年、2003年、2004年均出现大旱或大到中旱灾情。

1996年12月至次年6月，连续7个月全区降水普遍较常年同期显著偏少。2月、3月、5月，降水量仅为同期平均值的30%～50%，出现冬、春连旱。2000年3月下旬至9月，降水持续偏少，出现春、夏、初秋的连续干旱。3月下旬至5月下旬，降水仅100毫米左右，较常年偏少70%，为历史罕见。2003年，冬季降水异常偏多，春季到秋季降水连续偏少。9月，上城区的降水特少，只有常年同期的1/4。是年，出现多于30天降水量不足30毫米的春、夏、秋三季的干旱时段。2013年7—8月中旬，上城区出现2003年以来又一次重大旱灾，高温干旱历时50天。7月1日8时至8月18日8时，平均同期降水量仅为42.7毫米，较多年平均同期减少83.2%。

五、台风

对上城区有影响的台风，大部分集中在7月下旬至9月中旬。台风中心进入北纬25°～30°、东经115°～125°，对上城区均有不同程度的影响。影响上城区的台风主要以东、中路居多。① 中路台风占热带气旋总数的22%，其影响强度等级为“强台风”的相对较多。一般从福建及浙江沿海登陆，在登陆前1～2天开始影响杭州，登陆后由杭州南部山区进入市界并往西北移动，经过杭州境内时，风速大、风力强、风区广、持续时间长，七级风圈覆盖包括上城区在内的杭州全境，是影响上城区较为严重的路径类型。

① 不同路径的台风对杭州的影响范围和影响程度都不一样。根据影响杭州台风的源地特征和致灾规律，影响杭州的热带气旋按台风路径大致可分为东路、中路、西路3类。

1997年8月18日，台风“温妮”影响上城区，区内多次出现17米/秒或以上大风，持续20小时。19日5时，全区最大风速28米/秒，普降暴雨，过程雨量50～107毫米。台风影响正值农历七月半的天文大潮汛，天文潮、台风大风、暴雨“三碰头”，使钱塘江闸口以下各水文站水位均超历史纪录。台风“温妮”是1988年7号台风以后对上城区影响最严重的一次台风。

2005年8月6日19—21时，台风“麦莎”穿过富阳、临安，全市普降暴雨和大暴雨，持续至7日下午。2007年10月6日，台风“罗莎”开始对杭州主城区影响，出现降水并伴有6～7级大风。7日登陆浙江后，虽然台风等级迅速减弱，但对杭州主城区的影响程度逐渐加强。至8日20时，杭州主城区累计雨量达到238.8毫米，杭州国家基准气候站3小时雨量最大达87.8毫米，为历史短时最强降雨记录之一。台风“罗莎”影响期间，杭州主城区有8个站点测到8级以上大风，西湖湖面自动气象站极大风速达26.3米/秒（10级）。

2013年10月7日，台风“菲特”影响杭州，6个主城区中小学校（幼儿园）停课1天，城区交通受到影响。2015年7月10—11日，受台风“灿鸿”影响，杭州主城区出现暴雨、大暴雨；10日8时至11日6时，主城区雨量50.6毫米，并伴有大风。

表3-4-6　1993—2015年影响上城区的台风情况表

台风编号	台风名字	影响月份	台风编号	台风名字	影响月份
9414	Dous	8	0604	碧利斯	7
9417	Fred	8	0608	桑美	7
9418	Gladys	8、9	0713	韦帕	9
9507	Janis	8	0716	罗莎	10
9608	Herb	7、8	0808	凤凰	7
9711	Winnie	8	0908	莫拉克	8
9806	Todd	9	1010	莫兰蒂	9
9908	Sam	8	1105	米雷	6
0004	启德	7	1109	梅花	8
0008	杰拉华	8	1111	南玛都	8
0012	派比安	8	1209	苏拉	8
0102	飞燕	6	1210	海葵	8
0105	桃芝	7、8	1214	天秤	8
0205	威马逊	6、7	1215	布拉万	8
0407	蒲公英	6、7	1312	潭美	8
0414	云娜	8	1315	康妮	8
0505	海棠	7	1323	菲特	10
0509	麦莎	7、8	1410	麦德姆	7
0515	卡努	9	1416	凤凰	9
0601	珍珠	5	1509	灿鸿	7

说明：资料来源于杭州市气象局和中国台风网

第四篇

人口

秦始皇二十五年（前222），秦灭楚推行郡县制设会稽郡，杭州地置钱唐县始，人口情况无文献可考。中唐后，杭州人口曾达50万人。早在唐宋时期杭州已有回族先民分布。[①] 宋室南迁后，钱塘县人口迅速增长，据南宋《咸淳临安志》所列钱塘和仁和两县户口，南宋咸淳年间（1265—1274）有186330户、432046人[②]。蒙古族人在南宋亡国之前已经在杭州活动。元统一全国后，为统治需要，有更多蒙古族人进入杭州。[③] 元初，杭州路人口维持南宋末年水平。元代统治者对杭州本土人民实行严格控制和镇压，不仅人口死亡较多，而且外流现象严重，杭州路人口锐减。元末明初，陶宗仪《南村辍耕录》记载杭州荐桥一带（今羊坝头一带）是回族人聚居的地方："杭州荐桥侧首有高楼八间，俗谓八间楼，皆富实回回所居。"[④] 元代杭州，除蒙、回等族人，还有许多来自中亚、西亚、南亚和东欧等地的外来移民。[⑤] 据明成化《杭州府志》载，在明洪武九年至清弘治五年（1376—1492），杭州府人口大致维持在60万～70万人。[⑥] 此后，明廷吏治日益松弛，逃户、隐户增多，加上实行"一条鞭法"的赋税改革，影响人口的正确统计，杭州府记载（或统计）人口有所下降。到明朝后期，政治日益腐败，社会矛盾日趋尖锐，最后出现大规模农民起义，自明万历元年至崇祯十七年（1573—1644），杭州府人口从50万锐减至28万人。清代中期迎来人口高峰，至清乾隆四十九年（1784），有445943户、2075211人。清嘉庆二十五年（1820），杭州府人口达310余万人。清咸丰八年（1858），太平军入浙，杭嘉湖人口损失严重。杭州府，清咸丰八年人口为372.1万人，清同治四年（1865）全府人口为72万人，仅占战前人口的19.3%，人口损失300.1万人。[⑦] 此后人口略有增长，至清宣统三年（1911），有313541户、1520928人。[⑧]

中华民国时期，政局动荡，战乱频繁，行政区划变化无常，人口变动较大。民国16年（1927），杭州建市，是时，

① 浙江省人口志编纂委员会. 浙江省人口志[M]. 北京：中华书局，2007：90.

② 杭州市人民政府地方志办公室. 杭州市志（第一卷）[M]. 北京：方志出版社，2015：461.

③ 浙江省人口志编纂委员会. 浙江省人口志[M]. 北京：中华书局，2007：92.

④ 浙江省人口志编纂委员会. 浙江省人口志[M]. 北京：中华书局，2007：90.

⑤ 鲍志成. 元代杭州：一个国际性都会[J].《杭州师范学院学报》，1992（4）.

⑥ 杭州市人民政府地方志办公室. 杭州市志（第一卷）[M]. 北京：方志出版社，2015：461.

⑦ 张根福、冯贤亮、岳钦韬. 太湖流域人口与生态环境的变迁及社会影响研究（1851—2005）[M]. 上海：复旦大学出版社，2014：36.

⑧ 杭州市人民政府地方志办公室. 杭州市志（第一卷）[M]. 北京：方志出版社，2015：461.

杭州市人口数为380031人。民国30年（1941），今上城区域所在的第一区18145户、91254人，第二区19117户、97031人。[①]

1949年5月，杭州解放，人口总数不断增加，人口文化素质不断提高。1957年，中城区大部并入上城区，上城区人口43388户，207919人。1956年，上城区人口出生率76.10‰。1959年，下降到29.75‰。1963年4月，上城区推行计划生育工作委员会建立。1964—1977年，上城区人口出生率总体呈下降趋势，从17.14‰下降到8.84‰。[②] 1978年开始，上城区生活条件日益改善，消费水平逐年提高；自由恋爱渐成风气，婚姻择偶观念发生较大变化。上城区人口增长以自然增长为主，人口流动开始加快。但由于地少人多，人口密度较大，主要分布在清波街道、涌金街道等沿湖居住区。全区人口生育开始从早育、密育、多育转变到晚婚、晚育和少生优生阶段，政府开始实施计划生育目标管理责任制。随着城市化发展，人口流动性增大，外来人口逐渐增多。随着经济社会发展，上城居民健康状况发生明显变化，心脑血管病、恶性肿瘤等非传染性疾病逐渐取代原先急、慢性传染病，成为居民的主要死亡原因。随着医疗卫生水平和居民生活质量逐步提高，人口死亡率，尤其是婴儿死亡率呈下降趋势，人口平均预期寿命提高。

20世纪90年代起，上城区人口自然增长率上下波动较大；先于杭州市其他区进入老年型社会，同时全区老少比持续上升。新时期家庭结构逐渐趋于小型化，家庭规模以2～4人户居多。从职业构成上看，上城区从事第一、第二产业的人口呈下降趋势，从事第三产业的人口比重呈上升趋势。居民收入来源逐渐多元化，居民收入总水平不断提高，消费支出开始较快增长，消费从满足温饱向娱乐享受发展，居民生活质量日益提高。1993年，公安户籍信息显示，全区总户数76789户、人口217532人，其中男性109590人、女性107942人，男女性别比101.53（女性=100）。全年

① 上城区地方志编纂委员会.杭州市上城区志[M].北京：方志出版社，2015：65.

② 上城区地方志编纂委员会.杭州市上城区志[M].北京：方志出版社，2015：66-75.

全区出生人口1429人，出生率6.56‰；死亡人口1329人，死亡率6.11‰；人口自然增长率0.45‰，人口密度31710人/平方千米；上城区居民的平均预期寿命是78.13岁，其中男性平均寿命76.76岁、女性79.42岁。随着上城区行政区划调整，人口总量从1996年末的209451人增加至1997年末的336447人，但人口密度降至18233人/平方千米，呈现东南部沿江区域人口分布稀疏的特点。此后，全区户籍人口基本保持稳定，一直在33万人上下浮动。

2000年开始，上城区稳定低生育政策，推进人口与经济社会协调发展，是年出现人口自然增长率的历史最低值-0.98‰。2004年始，人口自然增长率出现反弹，全区人口性别比逐步呈下降趋势，到2010年降到低谷，出现男少女多的现象。2006—2010年，上城区在"婚育新风进万家"、提升计划生育优质服务等方面，创特色、树品牌，被评为"全国计划生育优质服务先进区"。2010年第六次人口普查时，全区具有大学文化程度人口100718人，占总人口的29.23%。2013年12月，国家实施"单独二孩"政策。

至2015年末，上城区总户数人口114124户、人口327924人，其中，男性164109人，男女性别比100.18（女性=100）。全区小营街道人口密度最高，最低为南星街道。全年出生2484人，出生率为7.57‰；死亡人口1622人，死亡率为4.95‰；人口自然增长率为2.62‰，人口密度17919人/平方千米；居民的平均预期寿命是85.96岁，其中男性84.51岁、女性87.53岁。全区年居民人均可支配收入达到4.83万元，居民人均可支配收入构成中工薪收入占比逐步在减少。年人均消费性支出占年人均可支配收入的比重为70.0%；人均食品支出占人均生活消费支出的比重由1995年的49.9%下降到2015年的27.1%，消费支出费用和消费的品质在不断提高。

第一章　人口规模

1978年起，随着经济社会不断发展和计划生育政策推行，少生、优生观念日益被市民接受，人口自然增长得到有效控制，人口规模相对稳定。1982年，第三次全国人口普查，总户数72521户，人口254560人，其中男性128900人，占50.64%（以上为常住人口数量）。随着生活环境日益改善，人口流动迁徙明显加快，作为杭州市的核心城区，上城区吸纳外省市、外区县各业人口日益增多，全区呈现出人多地少的特点，人口密度为全市最高，清波街道、涌金街道等沿湖居住区成为全区人口密度最高的区域。1993年，全区总户数76789户、人口217532人，占杭州主城区（不包含萧山、余杭两区人口）总人口的15.73%；人口密度为每平方千米31710人，是杭州市平均人口密度的89.6倍（以上为户籍人口数量）。

1996年12月，杭州市调整市辖区行政区划，原江干区的紫阳、望江、南星、闸口4个街道和四季青镇近江、望江、玉皇3个行政村划归上城区行政管辖，上城区人口总量从1996年末的209451人增加至1997年末的336447人，占杭州主城区（不包含萧山、余杭两区人口）总人口的19.87%；人口密度则有较大回落，为每平方千米18385人（以上为户籍人口数量）；人口分布呈现出城区西北部沿湖区域人口分布稠密，东南部沿江区域分布稀疏的特点。

2000年第五次全国人口普查结果，全区总户数119689户、人口335050人，占杭州主城区（不包含萧山、余杭两区人口）总人口的18.70%。2010年第六次全国人口普查结果，全区总户数137987户、人口344594人，占杭州主城区（不包含萧山、余杭两区人口）总人口的14.41%；其中，男性170617人，男女性别比98.07（女性=100，以上为常住人口数量）。

至2015年末，上城区总户数人口114124户、人口327924人，占杭州主城区（不包含萧山、余杭两区人口）总人口的13.40%；其中，男性164109人，男女性别比100.18（女性=100），人口密度为每平方千米17919人；人口数量分布上，小营街道人口密度最高，每平方千米30645人，最低为南星街道，每平方千米8403人（以上为户籍人口数量）。

第一节　人口数量

1993年初，上城区户籍人口76789户、217532人。其后人口数量变化不大。1997年行政区划调整，上城区面积扩大，上城区人口数量大增。此后全区人口保持平稳增长，至2015年，全区总户数114124户、总人口327924人。

一、总户数

1990年7月第四次全国人口普查结果，全区总户数为70413户。随着社会和经济发展，人才的引进和外来务工者的聚集，区人口流动较大。1993年初，全区有76789户、总人口217532人。1996年12月，因杭州市调整市辖区行政区划，原江干区的紫阳、望江、南星、闸口4个街道办事处和四季青镇的近江、望江、玉皇3个行政村划归上城区行政管辖，至1997年末，全区总户数为122713户，比1996年的74161户净增48552户，增幅达65.47%。2000年11月，第五次全国人口普查结果，全区总户数119689户。2005年，全区总户数114302户。2010年11月，第六次全国人口普查结果，全区总户数137987户。2015年，全区总户数114124户，较1993年增加48.62%。

二、总人口

1990年7月，第四次全国人口普查结果，全区总人口211048人，其中男性人口106539人、女性人口104509人。1993年，全区总人口217532人；至1996年，全区总人口数量基本持平。随着区行政区划调整，1997年末全区总人口336447人，比1996年的209451人增加126996人，全区人口增幅达60.63%。1998—2015年，上城区人口保持平稳增长，人口增长率保持在3%左右。从常住人口看：2000年11月第五次全国人口普查结果，全区总人口335050人，其中男性人口172635人、女性人口162415人；2010年11月第六次全国人口普查结果，全区总人口为344594人，其中男性人口170617人、女性人口173977人。从户籍人口看：2005年，全区总人口317907人，其中男性人口161339人、女性人口156568人；2015年，全区总人口327924人，其中男性人口164109人、女性人口163815人。[①]

① 1990年、2000年、2010年人口普查数据来自《杭州市上城区第四次人口普查资料》《杭州市上城区第五次人口普查资料》《杭州市上城区第六次人口普查资料》，人口均为常住人口数。

表4-1-1　1993—2015年上城区住户数、人口情况表

年份	户数（户）	人数（人）	年份	户数（户）	人数（人）
1993	76789	217532	2000	114838	318547
1994	76829	218561	2001	114413	316926
1995	75338	212929	2002	114134	314373
1996	74161	209451	2003	113940	312695
1997	122713	336447	2004	113875	315153
1998	121503	334933	2005	114302	317907
1999	117079	325239	2006	114523	319749

续表 4-1-1

年份	户数（户）	人数（人）	年份	户数（户）	人数（人）
2007	114719	321557	2012	114627	329199
2008	114940	323821	2013	114723	330021
2009	115167	325216	2014	114398	329653
2010	115247	326766	2015	114124	327924
2011	115229	327912	—	—	—

说明：1. 1993—2015 年资料来源于历年《上城区统计年鉴》，均为户籍人口数。2. 1997 年户数中含农户 1609 户，人数 2778 人；1998 年户数中含农户 1620 户，人数 2795 人

第二节　密度与分布

上城区作为杭州市的中心城区之一，辖区面积较小，人口密度较高。1993 年，上城区人口密度是全市平均人口密度的 89.58 倍，人口主要分布在沿湖居住区。1996 年区划调整，人口密度回落，但仍是全市平均值的 50 倍，人口分布呈现西北部沿湖区域人口分布稠密、东南部沿江区域分布稀疏的特点。

一、人口密度

1993 年，杭州市人口密度为每平方千米 354 人，上城区人口密度为每平方千米 31710 人，是全市平均人口密度的 89.6 倍。1993—1995 年人口密度每平方千米在 31039 ~ 31860 人，1996 年为每平方千米 30532 人。1996 年，因行政区划调整，区域面积从 6.86 平方千米扩大至 18.30 平方千米，人口密度有较大回落。1997 年末，全区人口密度降为每平方千米 18385 人，杭州市是年人口密度为每平方千米 366 人，上城区的人口密度是全市人口密度的 50.23 倍。至 2015 年，上城区人口密度一直保持在该水平。

表 4-1-2　1993—2015 年上城区人口居住密度情况表

年份	人口（人）	人口密度（人/平方千米）
1993	217532	31710
1994	218561	31860
1995	212929	31039
1996	209451	30532
1997	336447	18385
1998	334933	18302
1999	325239	17773
2000	335050	18309
2001	316926	17318
2002	314373	17179
2003	312695	17087
2004	315153	17221

续表 4-1-2

年份	人口（人）	人口密度（人/平方千米）
2005	317907	17372
2006	319749	17473
2007	321557	17571
2008	323821	17695
2009	325216	17771
2010	344594	18830
2011	327912	17918
2012	329199	17989
2013	330021	18034
2014	329653	18014
2015	327924	17919

说明：1. 1993—2015年（不含2000年和2010年）人口资料来源于历年《上城区统计年鉴》，均为户籍数。2. 2000年和2010年资料来源于《杭州市上城区第五次人口普查资料》《杭州市上城区第六次人口普查资料》，均为常住人口数。3. 1993—1996年，上城区面积6.86平方千米；1997—2015年，上城区面积18.30平方千米

二、人口分布

1993年，上城区人口较多地分布在清波街道、涌金街道等沿湖居住区。是年，清波、涌金两街道人口数占到全区人口总数的35.1%，人口总数最少的是城站街道，占全区人口总数的9.6%。1996年12月，杭州市行政区划调整后，上城区区域面积扩大2.7倍，但人口增长仅60.63%，因此拉低上城区人口分布密度，呈现出城区西北部沿湖区域人口分布稠密、东南部沿江区域分布稀疏的特点。2004年，全区人口分布密度最高为小营街道，每平方千米33248人；最低为南星街道，每平方千米7105人。至2015年，街道人口数量分布排名不变，人口密度最高为小营街道，每平方千米30645人；最低为南星街道，每平方千米8403人。

第二章　人口变动

① 人口流动反映经济社会的发展，一个重要指标就是机械增长率。人口净流入说明劳动力的输入，经济发展对人口的吸引力增大；人口净流出说明劳动力的转移，可能是产业结构发生改变，也可能是城市规划有较大调整。

1978年起，随着改革开放的不断深入，城市化进程不断加快，至20世纪90年代，上城区人口流动性相对较大。之后，人口流动[①]相对稳定，从1990—2010年三次全国人口普查情况看，上城区人口变动除受行政区划调整影响较大外，基本保持稳定，自1996年12月上城区行政区划调整后，全区户籍人口一直在33万人上下浮动。至2015年，全区户籍人口为32.79万人。

1993—2004年，上城区人口机械增长呈净流出状态，1993年净流出1848人，机械增长率为-0.85%，1999年达到高点，净流出9544人，机械增长率为-2.93%。1997年，因上城区行政区划调整，由江干区迁入上城区人口123368人，上城区总人口也从1996年末的209451人增加至1997年的336447人。2004年，杭州市调整户口政策，人口净流出为1993年以后最低，净流出236人。2005年后人口机械增长开始转为正数，是年，增加1385人，机械增加率为0.44%。之后上城区人口机械增长保持相对稳定，2013年，人口又开始出现净流出现象，净流出1068人。2015年，净流出2568人，人口机械增长率为-0.78%。

第一节　自然变动

1993年全区人口出生率6.56‰，2003年为4.33‰，2014年为10.77‰，2015年为7.57‰；1993年，全区人口死亡率6.11‰，2003年为5.27‰，2012年为9.04‰，2015年为4.95‰。人口自然增长率上下波动较大。1993年，人口自然增长率0.45‰，1995年出现负增长，为-0.19‰，2000年降到历史最低的-0.98‰，2004年起，自然增长率开始出现反弹，2014年达到最高值，为4.01‰，2015年为2.62‰。

表 4-2-3 1993—2015 年上城区人口自然变动情况表

年份	自然变动人数（人）			自然变动率（‰）		
	出生人数	死亡人数	增加人数	出生率	死亡率	增长率
1993	1429	1329	100	6.56	6.11	0.45
1994	1332	1178	154	6.09	5.39	0.70
1995	1276	1315	-39	5.99	6.18	-0.19
1996	1193	1375	-182	5.70	6.56	-0.86
1997	1768	2054	-286	5.30	6.16	-0.86
1998	1699	1930	-231	5.12	5.81	-0.69
1999	2242	1671	571	6.89	5.14	1.75
2000	2390	2718	-328	7.13	8.11	-0.98
2001	1957	1478	479	6.17	4.66	1.51
2002	1952	1699	253	6.21	5.40	0.81
2003	1353	1649	-296	4.33	5.27	-0.94
2004	1726	1646	80	5.48	5.22	0.26
2005	1881	1768	113	5.91	5.56	0.35
2006	1838	1817	21	5.75	5.68	0.07
2007	2250	1713	537	7.00	5.33	1.67
2008	2412	1657	755	7.45	5.12	2.33
2009	2271	1718	553	6.98	5.28	1.70
2010	2611	1953	658	7.58	5.67	1.91
2011	2695	2065	630	8.22	6.30	1.92
2012	3354	2976	378	10.19	9.04	1.15
2013	2956	1677	1279	8.96	5.08	3.88
2014	3549	2227	1322	10.77	6.76	4.01
2015	2484	1622	862	7.57	4.95	2.62

说明：1. 1993—2015 年（不含 2000 年和 2010 年）资料来源于历年《上城区统计年鉴》，以户籍人口为基数计算出生、死亡率。2. 2000 年和 2010 年资料来源于《杭州市上城区第五次人口普查资料》《杭州市上城区第六次人口普查资料》，人口均以常住人口为基数计算出生、死亡率

第二节　人口流动

1996 年，全区暂住人口 20206 人，其中男性 12268 人、女性 7938 人。暂住时间 1 个月以下 3796 人，1 个月以上至 1 年 9016 人，1 年以上 7394 人。流动人口中来自省内 12124 人、省外 8034 人。1997 年，上城区外来人口突增，达 44281 人，其中来自省内 16875 人、省外 27406 人。至 2003 年，上城区外来人口一直处于增长态势。2004—2006 年，外来人口数略有波动；2007 年开始一直处于增长状态。至 2015 年，全区暂住人口 101098 人，其中男性 53786 人、女性 47312 人。暂住时间 1 个月以下 31626 人，1 个月以上至 1 年 29305 人，1 年

以上36087人。流动人口中来自省内33337人、省外67761人。其中居住在旅店2250人，居民家中6970人，单位内部11128人，工地现场3559人，租赁房屋67329人，其他1035人。暂住人口中务工70440人、经商9734人。

表4-2-4　1993—2015年上城区暂住人口暂住情况表

单位：人

年份	合计	性别		暂住时间		
		男	女	1个月以下	1个月至1年	1年以上
1993	—	—	—	—	—	—
1994	—	—	—	—	—	—
1995	—	—	—	—	—	—
1996	20206	12268	7938	3796	9016	7394
1997	44281	28304	15977	2574	28087	13620
1998	48765	31503	17262	2360	24686	21719
1999	—	—	—	—	—	—
2000	49198	32331	16867	786	33219	15193
2001	53450	34580	18870	2026	33662	17762
2002	65980	43952	22028	2311	40563	23106
2003	73280	48147	25133	2033	33993	37254
2004	65659	39924	25735	6959	28910	29790
2005	1594	999	595	1326	25	243
2006	4704	2803	1901	1557	1355	1792
2007	8069	4744	3325	2244	2159	3666
2008	11397	6684	4713	3435	2762	5199
2009	42345	24125	18220	32986	4476	4878
2010	80383	45700	34683	35706	37131	7497
2011	88564	48755	39809	35576	36754	16052
2012	89821	49064	40757	36625	31263	21504
2013	84414	45992	38422	25232	23212	33930
2014	89482	47914	41568	28934	27621	32296
2015	101098	53786	47312	31626	29305	36087

说明：1. 2005—2015年为新系统数据。2. 资料来源于杭州市上城区统计局

表4-2-5　1993—2015年上城区暂住人口居住处所情况表

单位：人

年份	居住处所					
	旅店	居民家中	单位内部	工地现场	租赁房屋	其他
1993	—	—	—	—	—	—
1994	—	—	—	—	—	—
1995	—	—	—	—	—	—

续表 4-2-5

年份	居住处所					
	旅店	居民家中	单位内部	工地现场	租赁房屋	其他
1996	—	—	—	—	—	—
1997	4539	5565	4804	4063	937	298
1998	4198	7511	19256	5207	7414	695
1999	2668	6706	13896	7275	17016	1204
2000	—	—	—	—	—	—
2001	1089	3433	5880	8742	26913	3141
2002	1510	3281	6428	9538	31016	1677
2003	1697	2254	7167	15930	37033	1899
2004	3978	7822	12704	17138	30793	845
2005	6450	5050	10607	11142	32254	156
2006	72	216	493	482	3325	9
2007	95	774	708	463	5904	65
2008	142	1131	1193	919	7680	50
2009	489	2945	5055	5327	27022	246
2010	339	5449	8698	9150	52371	373
2011	275	9877	9439	7056	55073	610
2012	410	7545	10686	6015	55236	2320
2013	685	7241	8512	4502	54599	1527
2014	1244	7564	10223	3872	57325	1256
2015	2250	6970	11128	3559	67329	1035

说明：资料来源于杭州市上城区统计局

第三节 人口迁移

1993年，全区省内外迁入10250人，迁出12098人，净减1848人，机械增长率为-0.85%；1996年，全区省内外迁入10125人，迁出13542人，净减3417人，机械增长率为-1.63%。因上城区行政区划调整，由江干区迁入上城区人口123368人，上城区总人口从1996年末的209451人增加至1997年的336447人。1993—2004年，上城区人口机械增长呈净流出状态；1999年达到高点，迁入14560人，迁出24104人，净减9544人，机械增长率为-2.93%。2004年，杭州市调整户口政策，特别是夫妻两地分居政策和人才引进政策的放宽，使大批量的人员开始集中申请进杭州。是年，上城区人口迁入17109人，迁出17345人，净减236人。2005年开始人口机械增长转为正数，全年上城区人口迁入17787人，迁出16402人，增加1385人，机械增加率为0.44%。之后上城区人口机械增长保持相对稳定，2013年后，人口再次出现净流出现象。2015年，上城区人口迁入17411人，迁出19979人，净减2568人，人口机械增长率为-0.78%。

表4-2-6 1993—2015年全区人口迁移情况表

单位：人

年份	总人数	迁入	迁出	机械增长人口
1993	217532	10250	12098	-1848
1994	218561	7878	8387	-509
1995	212929	10817	18119	-7302
1996	209451	10125	13542	-3417
1997	336447	13149	16673	-3524
1998	334933	14947	19471	-4524
1999	325239	14560	24104	-9544
2000	318547	13434	21329	-7895
2001	316926	14888	18244	-3356
2002	314373	17142	21081	-3939
2003	312695	15117	17410	-2293
2004	315153	17109	17345	-236
2005	317907	17787	16402	1385
2006	319749	15252	14296	956
2007	321557	12553	12078	475
2008	323821	12392	11646	746
2009	325216	14307	14243	64
2010	326766	13905	13763	142
2011	327912	11792	11917	-125
2012	329199	12665	12329	336
2013	330021	12323	13391	-1068
2014	329653	12133	14493	-2360
2015	327924	17411	19979	-2568

说明：1993—2015年人口总数资料来源于历年《上城区统计年鉴》，人口迁入、迁出数量资料来源于区公安局历年非农业人口增长情况统计表、人口及变动情况统计表，1997年和1998年人口数含农村人口数

第三章　人口结构

上城区地处“皇城根”下，历来人多地少。人口民族构成中，以汉族为主，属汉族聚居、少数民族散居地区。回族、蒙古族、满族等民族历史上先后迁入杭州，其中回族先民自隋末唐初从阿拉伯、波斯等国迁入杭州，蒙古族于元代大量迁入，满族于清初开始迁入，畲族于清代从浙南迁入。其他少数民族人口则是在杭州解放后因工作、婚嫁等原因，到上城区定居或常住。1978年改革开放后，因流动人口增加，上城区少数民族人口也随之增长，其中畲族、回族、满族人口增长最快。21世纪后，人口流动加速，全区少数民族人口较20世纪90年代翻了一番，但少数民族人口占比仍不到1%。

从人口性别比例看。20世纪90年代以后，上城区人口经历了一个整体上升又回落的过程。1990—1996年，上城区人口性别比相对稳定，保持在101～102。1997年，随着行政区划调整，上城区人口总量猛增，人口性别比也明显上升，是年达到104.49。随后8年间，全区人口性别比为104～107。2004年开始，全区人口性别比逐步呈下降趋势，到2010年降到低谷，出现男少女多现象。根据第六次全国人口普查数据，2010年上城区常住人口男性170617人、女性173977人，性别比98.07（女=100）。至2015年末，全区人口性别比一直保持在100之上。

20世纪90年代，上城区先于杭州市区进入老年型社会①，三次全国人口普查资料显示，全区老少比持续上升。至2010年，全区老少比达152.0%，少儿抚养比日趋下降，老年抚养人口增加。

从职业构成上看，在业人口职业分布相对稳定，行业分布基本符合上城客观实际，从事第一、二产业的人口趋降，至2010年第六次全国人口普查时不到20%，从事第三产业的人口比重呈上升趋势。

① 老年型社会：根据联合国《人口老龄化及其经济社会含义》划分人口年龄类型的标准，65岁以上的老年人占总人口比重达到7%以上，或是在发展中国家60岁以上人口比重超过10%，就可以认为该国家或地区已经成为老年型国家或地区。

第一节　民族构成

上城辖区内居民一直以汉族为主，少数民族人口占比较小。人口较多的少数民族主要是回族、满族和畲族。至2015年，上城区有少数民族34个，人数约2100人，男女性别比都低于同期的汉族人口性别比。

一、少数民族人口结构

上城区域内居民一直以汉族为主。随着社会和经济发展，人口流动加大，少数民族逐年增多，人数呈上升趋势，但在全区人口占比中尚未超过1%。1990年，第四次全国人口普查显示，全区少数民族人数为1080人，主要有回族、满族、畲族等17个少数民族，占全区总人口的0.51%，其中超过百人以上的民族有回族、满族，有11个少数民族的人口均在个位数。1996年，上城区有少数民族23个、733户、1456人。

2000年，第五次全国人口普查结果显示，全区少数民族人数共1460人，占全区总人口数的0.44%，比1990年第四次全国人口普查时增加380人，增长幅度为35.19%。少数民族数增加到22个，人数列前三位的是回族、满族和畲族，分别为787人、254人、131人，3个民族人口占全区少数民族人口数的80.3%，傣族、达斡尔族、毛南族分别只有1人。与1990年第四次全国人口普查相比，增加侗族、藏族、彝族、黎族、毛南族和俄罗斯族，减少高山族、赫哲族。2005年，上城区有回族、满族、畲族、蒙古族等少数民族26个，少数民族常住人口2000余人。

2010年，第六次全国人口普查结果显示，全区有少数民族人口共2005人，占全区总人口数的0.58%，比2000年第五次全国人口普查时增加545人，增长幅度为37.33%。少数民族数增加至31个，较2000年第五次全国人口普查时略有增长。少数民族人数位列前三位的仍是回族、满族和畲族，超过百人的少数民族增加至5个，分别为回族、满族、畲族、土家族和苗族，蒙古族和壮族均为99人，接近百人。与2000年第五次全国人口普查相比，增加哈尼族、傈僳族、佤族、拉祜族、水族、东乡族、土族、仫佬族、撒拉族、怒族等10个民族，同时减少俄罗斯族。至2015年末，上城区有少数民族34个，人数约2100人。

表4-3-7　1990—2010年上城区三次全国人口普查中少数民族人口情况表

单位：人

普查时间＼民族	回族	满族	畲族	蒙古族	壮族	朝鲜族	土家族	苗族	维吾尔族	布依族	瑶族	白族	高山族	达斡尔族	仡佬族	锡伯族	赫哲族	侗族
第四次全国人口普查	727	202	67	27	18	15	7	2	1	1	2	1	2	1	1	2	2	—
第五次全国人口普查	787	254	131	32	42	26	32	59	19	21	3	4	—	1	2	6	—	17
第六次全国人口普查	676	350	157	99	99	61	130	119	9	61	27	16	—	6	10	4	—	41

续表4-3-7

民族 普查时间	藏族	彝族	傣族	黎族	毛南族	俄罗斯族	哈尼族	傈僳族	佤族	拉祜族	水族	东乡族	土族	仫佬族	撒拉族	怒族	其他未识别民族	总计
第四次全国人口普查	—	—	—	—	—	—	—	—	—	—	—	—	—	—	—	—	2	1080
第五次全国人口普查	14	2	1	4	1	2	—	—	—	—	—	—	—	—	—	—	—	1460
第六次全国人口普查	13	25	10	29	3	—	3	1	10	3	3	19	1	1	16	3	—	2005

说明：资料来源于上城区1990年、2000年、2010年三次全国人口普查资料

二、少数民族性别比

2000年第五次全国人口普查显示，全区人口超过50人的少数民族中，性别比都低于同期的汉族人口性别比106.29（女性=100）。回族为106.02，满族为84.06，畲族为104.69。

2010年第六次全国人口普查显示，全区人口超过50人的少数民族中，性别比回族为112.58，满族为101.15，壮族为102.04，布依族为134.62，畲族为68.82，蒙古族为67.80，朝鲜族为56.41，土家族为83.10，苗族为85.94。除回族、满族、壮族和布依族外，普遍低于同期的汉族人口性别比98.07。

三、少数民族地区分布

2000年第五次全国人口普查，回族人口主要分布在城站街道（18.17%）、小营街道（16.01%）、清波街道（15.37%）、湖滨街道（13.21%）和紫阳街道（11.94%）。满族人口主要分布在望江街道（22.05%）、小营街道（18.11%）、紫阳街道（12.99%）、湖滨街道（11.81%）和清波街道（10.24%）。畲族人口主要分布在湖滨街道（23.66%）、小营街道（19.85%）和望江街道（19.85%）。蒙古族人口主要分布在清波街道（18.75%）、南星街道（18.75%）、湖滨街道（15.63%）和近江街道（15.63%）。壮族人口主要分布在清波街道（21.42%）、望江街道（19.05%）和小营街道（14.29%）。朝鲜族人口主要分布在清波街道（34.61%）和小营街道（26.92%）。苗族人口主要分布在近江街道（28.81%）、南星街道（16.95%）、城站街道（15.25%）、紫阳街道（10.17%）和闸口街道（10.17%）。

2010年第六次全国人口普查，回族主要在小营街道（27.66%）、望江街道（20.12%）、紫阳街道（17.90%）和清波街道（12.57%）。满族主要分布在望江街道（26.29%）、小营街道（24.29%）、紫阳街道（22.86%）和南星街道（10.29%）。畲族主要分布在紫阳街道（28.66%）、小营街道（28.03%）和望江街道（22.29%）。蒙古族主要分布在紫阳街道（30.30%）、南星街道（18.18%）、小营街道（13.13%）和望江街道（13.13%）。壮族人口主要分布在望江街道（23.23%）、小营街道（22.22%）、紫阳街道（22.22%）和南星街道（19.19%）。朝鲜族人口主要分布在小营街道（37.70%）、紫阳街道（24.59%）和清波街道

（14.75%）。土家族人口主要分布在望江街道（34.62%）、紫阳街道（25.38%）、南星街道（14.62%）和小营街道（14.62%）。苗族人口主要分布在南星街道（30.25%）、望江街道（22.69%）、紫阳街道（18.49%）和小营街道（16.81%）。

第二节　性别构成

1990年第四次全国人口普查显示，上城区总人口中男性106539人，占总人口50.48%，女性104509人，占总人口49.52%，性别比为101.94（女性=100）。1993—1996年，全区男女性别比变化不大，保持在101。上城区区划调整后，人口总量从1996年末的209451人增加至1997年的336447人，男女性别比出现变化。是年，上城区总人口中男性172032人，女性164415人，性别比为104.63（女性=100）。

2000年第五次全国人口普查结果，上城区男性总人口172635人，占总人口51.53%，女性总人口162415人，占总人口48.47%，性别比为106.29（女性=100），男性比例达到最高值。2000—2003年，男性人口有一定增长，至2003年末，全区总人口中男性160323人，女性152372人，性别比为105.22（女性=100）；男性比例为除2000年全国人口普查外的最高值，随后逐年回落。至2010年第六次全国人口普查，全区男性总人口170617人，女性总人口173977人，性别比为98.07（女性=100），出现男少女多的现象。2011—2014全区性别比稳定在100以上。

至2015年末，全区中男性总人口164109人，占总人口的50.04%，女性总人口163815人，占总人口的49.96%，性别比为100.18（女性=100）。

表4-3-8　1993—2015年全区人口性别构成情况表

单位：人

年份	男	女	性别比（女=100）	年份	男	女	性别比（女=100）
1993	109590	107942	101.53	2005	161339	156568	103.05
1994	110153	108408	101.61	2006	161933	157816	102.61
1995	107225	105704	101.44	2007	162467	159090	102.12
1996	105454	103997	101.40	2008	163484	160337	101.96
1997	172032	164415	104.63	2009	163969	161247	101.69
1998	169950	162188	104.79	2010	170617	173977	98.07
1999	166294	158945	104.62	2011	164806	163106	101.04
2000	172635	162415	106.29	2012	165453	163746	101.04
2001	162205	154721	104.84	2013	165580	164441	100.69
2002	161015	153358	104.99	2014	165175	164467	100.43
2003	160323	152372	105.22	2015	164109	163815	100.18
2004	160319	154834	103.54	—	—	—	—

说明：1. 资料来源于历年《上城区统计年鉴》（均为公安登记户籍人口）。2. 1990年、2000年和2010年数据资料来源于第四次、第五次、第六次全国人口普查数据

一、地区差异

1990年，第四次全国人口普查资料显示，全区人口性别均值为101.94，性别比超过均值的有城站街道（116.98）、清泰街道（106.76）和横河街道（103.90）；低于均值的有湖滨街道（96.95）、清波街道（99.78）、小营街道（96.32）和涌金街道（99.59）。性别比最高的城站街道与最低的小营街道相差20.66。

2000年，第五次全国人口普查资料显示，全区人口性别均值为106.29，性别比超过均值的有近江街道（135.49）、南星街道（118.06）、闸口街道（115.74）和望江街道（108.06）。性别比最高的近江街道与最低的小营街道相差39.44。

2010年，第六次全国人口普查资料显示，全区人口性别均值为98.07，性别比超过均值的有南星街道（102.74）、望江街道（101.06）和紫阳街道（100.87）。性别比最高的南星街道与最低的小营街道相差10.64。

表4-3-9　第四次、第五次和第六次全国人口普查上城区各街道性别比情况表

单位：%

1990年		2000年		2015年	
街道	性别比	街道	性别比	街道	性别比
湖滨街道	96.95	湖滨街道	101.05	湖滨街道	93.92
清波街道	99.78	清波街道	102.35	清波街道	92.13
小营街道	96.32	小营街道	96.05	小营街道	92.10
涌金街道	99.59	近江街道	135.49	望江街道	101.06
清泰街道	106.76	城站街道	102.20	南星街道	102.74
城站街道	116.98	闸口街道	115.74	紫阳街道	100.87
横河街道	103.90	南星街道	118.06	—	
—		紫阳街道	99.72		
		望江街道	108.06		
全区	101.94	全区	106.29	全区	98.07

说明：资料来源于杭州市上城区统计局

二、年龄组差异

2000年第五次全国人口普查时，全区性别比高于100的在55岁之前，55岁之后性别比呈现出下降的趋势。0~54岁的性别比在100~119，30~34岁性别比最高，达到118.23。

2010年第六次全国人口普查时，全区性别比与2000年第五次全国人口普查时有较大变化，0~54岁中出现20~24岁、25~29岁、30~34岁、35~39岁4个年龄段的性别比低于100，而在55~59岁、60~64岁2个年龄段出现性别比高于100的情况。是年，0~15岁、55~59岁、75~100岁及以上人口性别比高于2000年；而20~54岁人口性别比低于2000年。以30~34岁年龄组为例，2000年为118.23，2010年则为94.70。

表4-3-10 第五次和第六次全国人口普查上城区分年龄性别比情况表

年龄组	2000年第五次全国人口普查			2010年第六次全国人口普查		
	男（人）	女（人）	性别比（%）	男（人）	女（人）	性别比（%）
总人口	172635	162415	106.29	170617	173977	98.07
0～4岁	5259	4944	106.37	5859	5214	112.37
5～9岁	5856	5538	105.74	5236	4576	114.42
10～14岁	9484	9051	104.78	5519	5051	109.27
15～19岁	11734	11675	100.51	6364	6244	101.92
20～24岁	13125	11383	115.30	13346	14834	89.97
25～29岁	15483	13564	114.15	15536	17166	90.50
30～34岁	16210	13710	118.23	12852	13571	94.70
35～39岁	18732	16265	115.17	13420	13832	97.02
40～44岁	17972	16322	110.11	14084	14020	100.46
45～49岁	15831	14320	110.55	16565	15814	104.75
50～54岁	10569	9725	108.68	15804	15317	103.18
55～59岁	6638	6785	97.83	14103	13620	103.55
60～64岁	6505	7087	91.79	9631	9203	104.65
65～69岁	7570	8356	90.59	5940	6291	94.42
70～74岁	5761	6174	93.31	5414	6115	88.54
75～79岁	3517	4085	86.10	5697	6610	86.19
80～84岁	1679	2232	75.22	3372	3964	85.07
85～89岁	558	881	63.34	1410	1842	76.55
90～94岁	130	278	46.76	393	577	68.11
95～99岁	21	32	65.63	69	97	71.13
100岁及以上	1	8	12.50	3	19	15.79

说明：资料来源于杭州市上城区统计局

第三节 年龄构成

20世纪90年代初，上城区人口年龄结构就已进入老年型①。进入21世纪，全区老龄化程度进一步加深。2010年，全区65岁及65岁以上的人口占总人口13.87%，老年抚养比达18.02%。

一、基本状况

20世纪90年代初，上城区人口年龄结构早于杭州市区进入老年型。1990年全国第四次人口普查资料显示，全区0～14岁人口35524人，占总人口16.83%；15～64岁人口153519人，占总人口72.74%；65岁及65岁以上人口为22005人，占总人口10.43%，已达到老年型社会标准。是年，杭州市老年人口系数为6.97%，处

① 老年型：根据国际常用规则，老年人口系数（65岁及以上人口/总人口）是判断一个国家和地区是否进入老年型社会的最重要标准，老年人口系数4以下为年轻型，4~7为成年型，7以上为老年型。

于成年型向老年型过渡的临界点。

2000年，全国第五次人口普查资料显示，全区0～14岁人口40132人，占11.98%；15～64岁人口253635人，占总人口75.70%；65岁及65岁以上人口为41283人，占总人口12.32%，较全国第四次人口普查时提高1.89个百分点，老龄化趋势仍在继续发展。

2010年，全国第六次人口普查资料显示，全区0～14岁人口31455人，占9.13%；15～64岁人口265326人，占总人口的77.00%；65岁及65岁以上的人口为47813人，占总人口13.87%，较全国第五次人口普查时提高1.55个百分点，老龄化程度进一步加深。

表4-3-11　1990—2010年上城区三次全国人口普查年龄分组构成情况

年龄组	人口数（人）			占总人口比例（%）		
	1990	2000	2010	1990	2000	2010
总人口	211048	335050	344594	100	100	100
0～4岁	12761	10203	11073	6.05	3.05	3.21
5～9岁	13400	11394	9812	6.35	3.40	2.85
10～14岁	9363	18535	10570	4.44	5.53	3.07
15～19岁	11281	23409	12608	5.34	6.99	3.66
20～24岁	15642	24508	28180	7.41	7.31	8.18
25～29岁	22072	29047	32702	10.46	8.67	9.49
30～34岁	24011	29920	26423	11.38	8.93	7.67
35～39岁	21324	34997	27252	10.10	10.44	7.91
40～44岁	14517	34294	28104	6.88	10.23	8.15
45～49岁	9512	30151	32379	4.51	9.00	9.39
50～54岁	10725	20294	31121	5.08	6.06	9.03
55～59岁	13239	13423	27723	6.27	4.01	8.05
60～64岁	11196	13592	18834	5.30	4.06	5.47
65～69岁	8842	15926	12231	4.19	4.75	3.55
70～74岁	6345	11935	11529	3.01	3.56	3.34
75～79岁	3904	7602	12307	1.85	2.27	3.57
80～84岁	1972	3911	7336	0.93	1.17	2.13
85～89岁	738	1439	3252	0.35	0.43	0.94
90岁以上	204	470	1158	0.10	0.14	0.34

说明：资料来源于杭州市上城区统计局

二、年龄构成指数

1990年第四次全国人口普查显示，全区少年系数（指0～14岁人口占总人口的百分比）为16.83%，人口老少比为61.94（老少比为65岁及以上的人口数与14岁及以下人口之比）。

2000年第五次全国人口普查显示，全区少年系数为11.98%，较第四次全国人口普查时下降4.85个百分点，人口老少比为102.86。全区总抚养比32.10%，其中少儿抚养比

15.82%，老年抚养比[①]16.28%。

① 抚养比：又称抚养系数，是指在人口当中，非劳动年龄人口对劳动年龄人口数之比。现实经济中，人口可大体分为未成年人口、劳动力人口、老龄人口三类。抚养比就是指非劳动力人口数与劳动力人口数量之间的比率，它度量了劳动力人均负担的赡养非劳动力人口的数量。即：总抚养比（即赡养率）=（老龄人口+未成年人口）/劳动力人口=老龄人口抚养比+未成年人口抚养比。抚养比越大，表明劳动力人均承担的抚养人数就越多，即意味着劳动力的抚养负担就越严重。老龄人口抚养比则相对更为直接度量了劳动力的养老负担。

2010年第六次全国人口普查显示，全区少年系数为9.13%，较第五次全国人口普查时下降2.85个百分点，人口老少比达152.0，较第五次全国人口普查时提高近50%，与第四次全国人口普查时相比翻一番多。全区总抚养比29.88%，较第五次全国人口普查时时下降2.22个百分点，其中少儿抚养比11.86%，较第五次全国人口普查时下降3.96个百分点；老年抚养比18.02%，较第五次全国人口普查时时上升1.74个百分点。

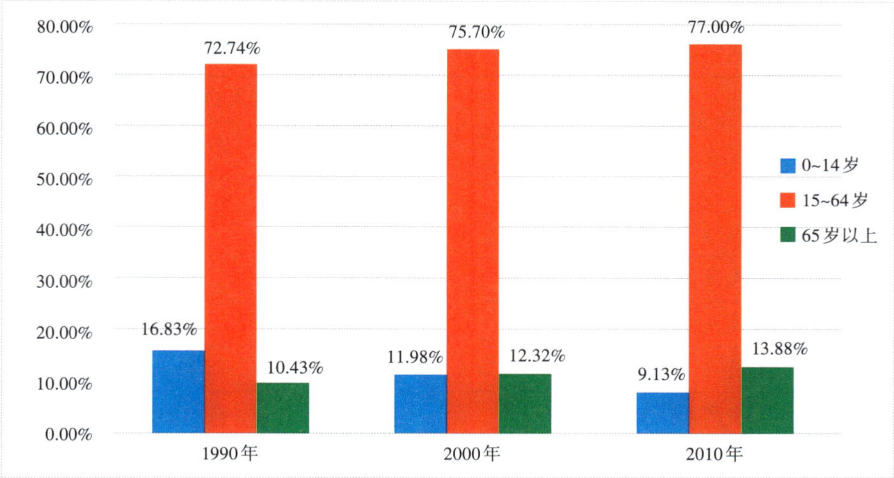

图4-3-1　1990—2010年上城区三次全国人口普查年龄构成指数情况图

第四节　职业构成

2000年第五次全国人口普查统计（全国统一按10%抽样调查数字），全区各类职业人口15652人，占总人口数4.67%。其中国家机关、党群组织、企事业单位负责人597人，占3.81%；各类专业技术人员2926人，占18.69%；办事人员和有关人员2464人，占15.74%；商业、服务人员5184人，占33.12%；农、林、牧、渔、水利生产人员57人，占0.36%；生产、运输设备操作人员及有关人员4423人，占28.26%；不便分类的其他从业人员1人。未工作人口12740人，占总人口数3.80%，其中男性5305人、女性7435人。

2010年第六次全国人口普查统计（全国统一按10%抽样调查数字），全区各类职业人员18411人，占总人口数5.34%。其中国家机关、党群组织、企事业单位负责人1172人，占6.37%；各类专业技术人员4258人，占23.13%；办事人员和有关人员3329人，占18.08%；商业、服务人员6901人，占37.48%；农、林、牧、渔、水利生产人员25人，占0.14%；生产、运输设备操作人员及有关人员2726人，占14.81%。与

2000年第五次全国人口普查相较，从事生产、运输设备操作人员及有关人员减少13.45%，而从事国家机关、党群组织、企事业单位负责人、各类专业技术人员、办事人员和有关人员、商业、服务人员分别增加了2.55%、4.44%、3.33%、4.36%。

2010年第六次全国人口普查统计（全国统一按10%抽样调查数字），全区未工作人口12458人，占总人口数3.62%。其中离退休9332人，占74.91%；因个人原因失去工作1985人，占15.93%；因单位原因失去工作636人，占5.11%；毕业后未工作263人，占2.11%；料理家务229人，占1.84%；其他13人。

表4-3-12　2000、2010年上城区全国人口普查各职业构成情况表

职业类别	第五次全国人口普查		第六次全国人口普查	
	人数（人）	占比（%）	人数（人）	占比（%）
在业人员合计	15652	100.00	18411	100.00
国家机关、党群组织、企事业单位负责人	597	3.81	1172	6.37
各类专业技术人员	2926	18.69	4258	23.13
办事人员和有关人员	2464	15.74	3329	18.08
商业、服务人员	5184	33.12	6901	37.48
农林牧渔水利生产人员	57	0.36	25	0.14
生产、运输设备操作人员及有关人员	4423	28.26	2726	14.81
不便分类的其他从业人员	1	0.01	0	0

说明：资料来源于上城区2000年、2010年全国人口普查资料，数据为抽取10%的人口职业数据

第四章　人口素质

20世纪80年代后，人们生活水平提高，医疗卫生条件改善，上城区人口素质不断提高。从健康素质看，上城区人均预期寿命增长迅速，从1993年到2015年的20余年间，人口平均预期寿命增加7.83岁。上城区百岁老人从1990年的0名增加到2015年的8名。

从文化素质看，由于政府对教育重视，上城区居民文化素质逐渐提高。1986年4月，国家颁布《中华人民共和国义务教育法》，上城区开始实施九年制义务教育。同时高等教育、成人教育、自学考试及扫盲运动发展迅速，上城区人口文化素质全面提高。第四次至第六次全国人口普查资料显示，全区高校学历人口大幅上升，文盲、半文盲逐年减少。1990年，大学本科和大学专科分别为8698人、14606人，占6岁及以上人口的4.12%和6.92%；2010年，大学本科和大学专科分别为49057人、44992人，分别占6岁及以上人口的14.80%和13.57%，高学历人口逐年上升。

第一节　健康素质

20世纪80年代，随着人民生活水平的逐步改善，杭州市区人口质量得到提高，市民健康状况发生变化。至2015年，在传染性疾病基本消亡的状态下，恶性肿瘤占据死因第一位。上城区医疗卫生条件的改善，使得百岁长寿老人人数增加，至2015年末全区百岁老人8名；有视力残疾、听力残疾、语言残疾、肢体残疾、精神残疾、智力残疾、多重残疾等在册残疾人8405人。

一、一般疾病和死因[1]

20世纪90年代后，上城区居民死因顺位中，慢性非传染性疾病逐渐取代传染性疾病，并上升为居民的主要死亡原因。1993—2015年，恶性肿瘤一直居于第一位；大部分年份的第二位是脑血管病（除1993、1996、2010、2015年外）；而居于第三位的则有脑血管病、呼吸系统疾病、心脏病。

①中华人民共和国成立后，杭州市区居民生活水平逐步提高，居民死亡模式发生质的变化。1953年，杭州市区居民死亡原因中，传染病（包括结核病）排第一位，占死亡总数的26.14%。20世纪60年代开始，居民死亡原因逐渐发生变化，结核病死亡比例从1953年的13.95%下降至1964年的9.16%，又降至1976年的3.83%和1985年的1.71%。急性传染病死亡比例，由1953年的12.19%下降至1964年的2.08%，又降至1976年的1.59%和1985年的1.19%。心脏病和脑血管病死亡比例，由1953年的9.2%上升到1964年的14.63%，又升到1976年的33.1%和1985年的41.5%。恶性肿瘤死亡比例，也由1953年4.43%上升到1964年的12.39%，又上升到1976年的20.68%和1985年的21.6%。1985年，杭州市区居民主要死因前五位为心脏病、恶性肿瘤、脑血管病、呼吸系统疾病及意外死亡。城市居民主要死因由心脑血管病、恶性肿瘤等非传染性疾病逐渐取代急慢性传染病。

表4-4-13 1993—2015年上城区居民死因（前五位）调查情况表

年份	居民死因顺序				
	第一位	第二位	第三位	第四位	第五位
1993	恶性肿瘤	呼吸系统疾病	脑血管病	心脏病	损伤和中毒
1994	恶性肿瘤	脑血管病	呼吸系统疾病	心脏病	损伤和中毒
1995	恶性肿瘤	脑血管病	呼吸系统疾病	心脏病	损伤和中毒
1996	恶性肿瘤	呼吸系统疾病	脑血管病	心脏病	损伤和中毒
1997	恶性肿瘤	脑血管病	呼吸系统疾病	心脏病	损伤和中毒
1998	恶性肿瘤	脑血管病	呼吸系统疾病	心脏病	损伤和中毒
1999	恶性肿瘤	脑血管病	呼吸系统疾病	心脏病	损伤和中毒
2000	恶性肿瘤	脑血管病	呼吸系统疾病	心脏病	损伤和中毒
2001	恶性肿瘤	脑血管病	呼吸系统疾病	心脏病	损伤和中毒
2002	恶性肿瘤	脑血管病	心脏病	呼吸系统疾病	损伤和中毒
2003	恶性肿瘤	脑血管病	心脏病	呼吸系统疾病	损伤和中毒
2004	恶性肿瘤	脑血管病	心脏病	呼吸系统疾病	损伤和中毒
2005	恶性肿瘤	脑血管病	呼吸系统疾病	心脏病	损伤和中毒
2006	恶性肿瘤	脑血管病	心脏病	呼吸系统疾病	损伤和中毒
2007	恶性肿瘤	脑血管病	心脏病	呼吸系统疾病	损伤和中毒
2008	恶性肿瘤	脑血管病	心脏病	呼吸系统疾病	损伤和中毒
2009	恶性肿瘤	脑血管病	呼吸系统疾病	心脏病	损伤和中毒
2010	恶性肿瘤	呼吸系统疾病	脑血管病	心脏病	内分泌系统疾病
2011	恶性肿瘤	脑血管病	心脏病	呼吸系统疾病	损伤和中毒
2012	恶性肿瘤	脑血管病	心脏病	呼吸系统疾病	损伤和中毒
2013	恶性肿瘤	脑血管病	心脏病	呼吸系统疾病	损伤和中毒
2014	恶性肿瘤	脑血管病	心脏病	呼吸系统疾病	损伤和中毒
2015	恶性肿瘤	心脏病	脑血管病	呼吸系统疾病	损伤和中毒

说明：资料来源于杭州市上城区疾病预防控制中心

二、百岁老人

1990年，第四次全国人口普查显示，上城区没有百岁及以上老人。

2000年，第五次全国人口普查时，上城区有百岁及以上老人9人（男性1人、女性8人）。

2010年第六次全国人口普查时，上城区有百岁及以上老人22人（男性3人、女性19人）。

至2015年末，全区共有百岁及以上老人8人，其中男性2人、女性6人。

表 4-4-14　2015 年末上城区健在百岁老人情况表

姓名	性别	出生年月	所居街道
许　韡	女	1912-05-14	小营街道
林月娥	女	1913-12-24	清波街道
陈玲娟	女	1914-05-15	小营街道
刘云浦	男	1914-08-15	湖滨街道
宓守林	男	1914-09-17	望江街道
沈桂金	女	1914-11-03	望江街道
钟紫瑶	女	1915-08-14	小营街道
沈阿二	女	1915-09-23	小营街道

说明：资料来源于杭州市上城区统计局

第二节　死亡率与平均预期寿命

1993—2015 年，上城区人口死亡率在 6‰ 左右波动，稳定在较低的死亡水平上，实现向低死亡模式的转变。至 2015 年，上城区居民的平均预期寿命达到 85.96 岁。

一、死亡人口与死亡率

1993 年，全区死亡人口 1329 人，死亡人口占总人口的 6.11‰。2000 年，全区死亡人口 2718 人，死亡人口占总人口的 8.11‰。2010 年，全区死亡人口 1953 人，死亡人口占总人口的 5.67‰。2015 年，全区死亡人口 1622 人，死亡率达 4.95‰。

表 4-4-15　1993—2015 年上城区死亡人口情况表

单位：人

年份	总人口	死亡人口	死亡人口占总人口（‰）	年份	总人口	死亡人口	死亡人口占总人口（‰）
1993	217532	1329	6.11	2005	317907	1768	5.56
1994	218561	1178	5.39	2006	319749	1817	5.68
1995	212929	1315	6.18	2007	321557	1713	5.33
1996	209451	1375	6.56	2008	323821	1657	5.12
1997	336447	2054	6.10	2009	325216	1718	5.28
1998	334933	1930	5.76	2010	326766	1953	5.67
1999	325239	1671	5.14	2011	327912	2065	6.30
2000	318547	2718	8.11	2012	329199	2976	9.04
2001	316926	1478	4.66	2013	330021	1677	5.08
2002	314373	1699	5.40	2014	329653	2227	6.76
2003	312695	1649	5.27	2015	327924	1622	4.95
2004	315153	1646	5.22	—	—	—	—

说明：资料来源于杭州市上城区统计局

二、平均预期寿命

随着社会经济的发展和医疗卫生服务水平的提升，上城区居民的健康水平有新的提高。1993年，上城区居民的平均预期寿命是78.13岁，其中男性平均寿命76.76岁、女性79.42岁。至2015年，上城区居民的平均预期寿命是85.96岁，其中男性84.51岁、女性87.53岁。

表4-4-16　1993—2015年上城区平均预期寿命情况表

单位：岁

年份	总人口	男	女	年份	总人口	男	女
1993	78.13	76.76	79.42	2005	82.41	81.15	83.74
1994	80.45	78.57	81.93	2006	82.59	81.46	86.36
1995	79.64	77.58	80.09	2007	85.51	82.96	88.19
1996	78.87	77.31	80.40	2008	85.19	82.95	87.82
1997	79.99	77.36	82.69	2009	86.62	84.20	89.13
1998	80.96	80.39	83.67	2010	87.23	84.46	90.21
1999	82.74	80.59	84.86	2011	85.26	84.29	86.40
2000	78.71	77.33	80.09	2012	86.42	84.40	88.54
2001	78.71	77.33	80.09	2013	85.94	84.21	87.80
2002	84.67	82.13	86.85	2014	86.12	83.84	88.54
2003	84.30	82.34	86.28	2015	85.96	84.51	87.53
2004	85.40	83.43	87.34	—	—	—	—

说明：资料来源于杭州市上城区疾病预防控制中心

第三节　文化素质

1990年，第四次全国人口普查显示，全区6岁及6岁以上人口195558人，其中大专及以上23304人，占6岁及6岁以上人口的11.92%；高中（含职高、中专）45393人，占23.21%；初中68602人，占35.08%；小学40813人，占20.87%；文盲、半文盲17446人，占8.92%。

2000年，第五次全国人口普查显示，全区6岁及6岁以上人口322751人，其中不识字或识字很少的人口比重从1990年的8.92%下降为2000年的4.59%；小学文化程度人口比重由1990年的20.87%下降到2000年的18.13%；高中文化程度人口比重由1990年的23.21%上升到2000年的25.12%；大专及以上文化程度人口比重从1990年11.92%增加到2000年的14.22%；并出现研究生学历1432人，占0.44%。

2010年，第六次全国人口普查显示，全区6岁及6岁以上人口331529人，其中研究生学历6669人，占2.01%；大专及以上94049人，占28.37%；高中（含职高、中专）73599

人，占22.20%；初中105467人，占31.81%；小学45227人，占13.64%；文盲、半文盲6518人，占1.97%。同2000年第五次全国人口普查相比，每10万人中具有大专以上文化程度的由13704人上升为29228人；具有高中程度的人口由24199人下降为21358人；具有初中程度的人口由36538人下降为30606人；具有小学程度的人口由17463人下降为13125人；文盲人口减少5755人，文盲率[①]由3.38%下降为1.62%，下降1.76个百分点。

① 文盲率：超过学龄期（12~15岁以上）年龄既不会读又不会写字的人在相应的人口中所占的比例。

表4-4-17　1990—2010年上城区6岁及以上人口全国人口普查人口文化构成情况表

学历	1990年		2000年		2010年	
	人数（人）	占比（%）	人数（人）	占比（%）	人数（人）	占比（%）
研究生	—	—	1432	0.44	6669	2.01
本科	8698	4.45	16514	5.12	49057	14.80
大专	14606	7.47	27969	8.67	44992	13.57
高中（含中专）	45393	23.21	81079	25.12	73599	22.20
初中	68602	35.08	122419	37.93	105467	31.81
小学	40813	20.87	58510	18.13	45227	13.64
文盲	17446	8.92	14828	4.59	6518	1.97
合计	195558	100.00	322751	100.00	331529	100.00

说明：1. 文化程度构成的统计对象为6岁及6岁以上人口。2. 资料来源于杭州市上城区统计局

一、文化性别差异

2000年，第五次全国人口普查显示，女性文化程度低于男性。15岁及15岁以上的人口共294918人，文盲人口数为11321人，占3.84%。其中女性文盲9412人，占文盲人口的83.14%，占15岁及15岁以上人口的3.19%。2010年第六次全国人口普查显示，女性文盲人口减少。15岁及15岁以上的人口共313139人，文盲人口数为5566人，占1.78%。其中女性文盲4778人，占文盲人口的85.84%，占15岁及15岁以上人口的1.53%。

二、文化年龄差异

2000年、2010年两次人口普查资料显示，在25～59岁的各个年龄组中，具有大学本科文化程度人数最多的年龄组均是25～29岁组，2000年为2912人，2010年为12186人，分别占当年全区大学本科总人数的17.63%和24.84%。高中文化程度人数（含中专）2000年以15～19岁年龄组14807人为最高，占当年高中总人口的18.26%，2010年该年龄组人口为7295人，占当年高中总人口的9.91%，2010年以45～49岁年龄组9916人为最高，占当年高中总人口的13.47% 。在15岁及15岁以上人口中，2000年文盲、半文盲14159人，占15岁及15岁以上人口总数的4.80%；2010年有文盲、半文盲6108人，占15岁及15岁以上人口总数的1.95%，下降明显。

第五章　婚姻　家庭

改革开放后，婚姻择偶观念发生较大变化，自由恋爱形成风气。1993—2002年，全区结婚率有下降趋势；2002年结婚率1.30%，为1993年以来最低值。之后结婚率开始上升，至2015年，大部分年份结婚率保持在2.00%以上；2006年结婚率为最高值2.81%。1993—2002年，离婚率相对稳定，在1.08‰～1.42‰之间波动，2003年后，离婚率开始上升。2002年，离婚341对，离婚率为1993年以来最低值1.08‰；2014年，离婚4076对，离婚率为最高值3.27‰。2015年，离婚1038对，离婚率为3.17‰。再婚越来越被社会理解和认同，再婚人数日渐增多，1993年再婚人数383人，2002年，再婚人数为548人，2015年再婚人数898人。同时，第五、六次全国人口普查10%人口长表抽样数据显示，全区未婚男性多于女性；丧偶中女性多于男性。

新时期家庭结构逐渐趋于小型化，家庭规模以2～4人户居多，平均家庭构成从1990年第四次全国人口普查时的每户2.85人逐步减少至2000年第五次全国人口普查时的每户2.69人，2010年第六次全国人口普查时为每户2.47人。家庭户类型集中于一、二代，且一代户的家庭数量上升明显，第六次全国人口普查时一代户较第五次全国人口普查时上升10个百分点，超过二代户成为全区家庭主要类别。

第一节　婚姻

2000年第五次全国人口普查资料显示，全区有15岁及其以上适婚人口283920人，占全区人口的84.52%，其中，男性142620人，占50.23%，女性141300人，占49.77%。其中未婚57760人，占适婚人口的20.34%，其中，男性34240人，占59.28%，女性23520人，占40.72%；已婚有配偶204480人，占适婚人口的72.02%，其中，男性102710人，占50.23%，女性101770人，占49.77%；离婚5850人，占适婚人口的2.06%，其中，男性2710人，占46.32%，女性3140人，占53.68%；丧偶15830人，占适婚人口的5.58%，其中，男性2960人，占18.70%，女性12870人，占81.30%。

2010年第六次全国人口普查资料显示，全区有15岁及其以上适婚人口308030人，占全区人口的89.39%，其中，男性151840人、女性156190人。全区未婚62110人，占适婚人口的20.16%，其中，男性33020人，占53.16%，女性29090人，占46.84%；已婚有配偶219590人，占适婚人口的71.29%，其中，男性110910人，占50.51%，女性108680人，占

49.49%；离婚9660人，占适婚人口的3.14%，其中，男性4340人，占44.93%，女性5320人，占55.07%；丧偶16670人，占适婚人口的5.41%，其中，男性3570人，占21.42%，女性13100人，占78.58%。

第五次全国人口普查和第六次全国人口普查数据显示，全区未婚男性多于女性，未婚男性分别占未婚总数的59.28%和53.16%；丧偶人数女性明显多于男性，丧偶女性分别占丧偶总数的81.30%和78.58%。

从结婚年龄看，全区结婚年龄有逐年增大趋势，2000年第五次全国人口普查抽取10%人口抽样调查长表显示，初婚人数为22616人，其中，30岁以上初婚男性2080人，占9.20%，女性525人，占2.32%。到2010年第六次全国人口普查抽取10%人口抽样调查长表显示，30岁以上初婚男性2403人，占9.77%，女性791人，占3.22%。

从受教育程度看，已婚人员受教育程度逐年提高，2000年第五次全国人口普查显示，已婚人口中研究生129人，占0.57%；大学本科1237人，占5.47%；大学专科2149人，占9.50%；高中（含职高、中专）5189人，占22.94%；初中8777人占38.81%。2010年第六次全国人口普查显示，已婚人口中研究生462人，占1.88%；大学本科3189人，占12.97%；大学专科3200人，占13.01%；大学专科以上已婚人口占比达27.84%，较2000年第五次全国人口普查时翻了近一倍；高中（含职高、中专）5515人，占22.43%；初中8624人占35.07%，初高中学历已婚人口与2000年第五次全国人口普查时基本持平。

表4-5-18　1993—2015年上城区结（离）婚情况表

年份	人数（人）	结婚登记数（对）	结婚率（%）	离婚数（对）	离婚率（‰）
1993	217532	1810	1.66	268	1.23
1994	218561	1655	1.51	258	1.18
1995	212929	1703	1.60	251	1.18
1996	209451	1767	1.69	255	1.22
1997	336447	2465	1.47	410	1.22
1998	334933	3016	1.80	475	1.42
1999	325239	2360	1.45	403	1.24
2000	335050	2222	1.33	436	1.30
2001	316926	2083	1.31	386	1.22
2002	314373	2046	1.30	341	1.08
2003	312695	2551	1.63	496	1.59
2004	315153	3539	2.25	735	2.33
2005	317907	2563	1.61	737	2.32
2006	319749	4497	2.81	830	2.60
2007	321557	3236	2.01	872	2.71
2008	323821	3989	2.46	920	2.84
2009	325216	4309	2.65	886	2.72
2010	344594	3780	2.19	887	2.57
2011	327912	4525	2.76	868	2.65

续表 4-5-18

年份	人数（人）	结婚登记数（对）	结婚率（%）	离婚数（对）	离婚率（‰）
2012	329199	4284	2.60	887	2.69
2013	330021	4022	2.44	1054	3.19
2014	329653	4076	2.47	1077	3.27
2015	327924	3781	2.31	1038	3.17

说明：1. 离婚率计算公式采用一定时期内或按所给年份每1000人中离婚的数字，分母是总人口数，分子是离婚次数，表示方法是千分率。2. 资料来源于杭州市上城区统计局

表 4-5-19　2000 年上城区初婚人口情况表

单位：人

初婚年龄	人数	男	女	研究生	大学本科	大学专科	中专	高中	初中	小学	扫盲班	未上过学
合计	22616	10838	11778	129	1237	2149	1329	3860	8777	3581	377	1177
15岁以下	1	0	1	0	0	0	0	0	0	0	0	1
15岁	88	10	78	0	0	1	1	4	16	18	6	42
16岁	248	12	236	0	1			3	38	88	26	92
17岁	413	35	378	0	3	2	11	12	72	150	36	127
18岁	596	57	539	0	1	4	15	36	106	226	38	170
19岁	698	112	586	0	7	23	12	49	183	257	44	123
20岁	910	207	693	0	10	12	19	81	326	269	39	144
21岁	1096	275	821	0	14	36	45	116	445	307	32	101
22岁	1540	458	1082	1	32	86	83	221	663	339	28	87
23岁	2309	679	1630	6	92	180	147	458	977	359	29	61
24岁	2529	958	1571	11	129	215	183	499	1112	306	22	52
25岁	2649	1333	1316	21	180	328	173	566	1010	316	21	34
26岁	2322	1335	987	19	177	331	141	512	874	228	15	25
27岁	2022	1322	700	17	149	255	147	404	831	183	8	28
28岁	1476	1078	398	17	133	233	116	238	587	131	5	16
29岁	1124	887	237	15	107	145	82	193	456	106	5	15
30岁以上	2605	2080	525	22	202	298	154	468	1081	298	23	59

说明：1. 2000年第五次全国人口普查数据为抽取的10%的户数据，初婚人口年龄指人口普查中普查对象初次结婚的年龄。2. 资料来源于杭州市上城区统计局

表 4-5-20　2010 年上城区初婚年龄人口情况表

单位：人

结婚年龄	人数	男	女	研究生	大学本科	大学专科	高中	初中	小学	未上过学
合计	24592	11882	12710	462	3189	3200	5515	8624	2956	646
15岁以下	13	2	11	0	0	0	0	1	8	4
15岁	77	7	70	0	0	1	8	11	29	28

续表 4-5-20

结婚年龄	人数	男	女	研究生	大学本科	大学专科	高中	初中	小学	未上过学
16 岁	137	10	127	0	1	4	8	28	61	35
17 岁	234	20	214	0	2	3	10	61	105	53
18 岁	336	35	301	0	1	6	19	92	143	75
19 岁	475	84	391	0	5	12	45	143	185	85
20 岁	1019	251	768	2	22	45	164	438	284	64
21 岁	1394	410	984	4	43	80	241	632	337	57
22 岁	2039	692	1347	7	97	170	448	962	310	45
23 岁	2531	827	1704	31	253	309	641	985	267	45
24 岁	2698	1028	1670	40	353	346	676	980	264	39
25 岁	2797	1282	1515	66	504	422	693	892	190	30
26 岁	2632	1434	1198	67	512	452	653	776	154	18
27 岁	2167	1371	796	83	413	348	503	657	148	15
28 岁	1659	1133	526	53	303	305	371	514	103	10
29 岁	1190	893	297	40	202	202	276	374	91	5
30 岁	821	591	230	25	129	135	190	282	59	1
31 岁	587	457	130	16	112	90	148	180	37	4
32 岁	436	327	109	8	71	65	87	158	40	7
33 岁	312	251	61	5	39	54	79	103	27	5
34 岁	220	165	55	4	22	36	62	79	17	0
35 岁	162	120	42	2	23	23	45	53	13	3
36 岁	119	86	33	3	14	15	26	41	15	5
37 岁	106	84	22	0	12	20	21	36	14	3
38 岁	100	72	28	2	17	11	29	33	6	2
39 岁	55	38	17	0	7	5	12	22	8	1
40 岁及以上	276	212	64	4	32	41	60	91	41	7

说明：1. 2010 年第六次全国人口普查数据为抽取的 10% 的户数据，初婚人口年龄指人口普查中普查对象初次结婚的年龄。2. 资料来源于杭州市上城区统计局

第二节　家庭

1993—2015 年，上城区的家庭户数增加，但家庭户主要类型从二代户逐渐变为一代户，家庭规模中仍以 3 人户为最多。

一、家庭规模

上城区家庭户数逐年增加，家庭结构向小型化发展。1990 年第四次全国人口普查全区有家庭户 69543 户，家庭户人口 198342 人，平均每户家庭 2.85 人；2000 年第五次全国人口普查全区有家庭户 114425 户，家庭户人口 308084 人，平均每户家庭 2.69 人；2010 年第

六次全国人口普查全区有家庭户132660户，家庭户人口327526人，平均每户家庭2.47人。

二、家庭构成

2000年第五次全国人口普查数据显示，全区114425家庭户中，家庭规模以2~4人户为主，占家庭总户数的78.37%，其中以3人户最多，共48032户，占41.98%；1人户和5人户分别占15.15%和4.71%；6人以上户仅占1.77%。

2010年第六次全国人口普查数据显示，全区132660家庭户中，2~4人户占家庭总户数的73.61%，较2000年第五次全国人口普查时下降近5个百分点，3人户仍最多但下降明显，有46496户，占35.05%，较2000年第五次全国人口普查时下降6.93个百分点；2人户、4人户分别为40011户和11140户，占30.16%和8.40%；1人户和5人户共33785户，占25.47%，较2000年第五次全国人口普查时上升5.61个百分点；6人以上的大家庭，2010年第六次全国人口普查较2000年第五次全国人口普查时减少800户。

表4-5-21　全国第五次、第六次人口普查上城区家庭户规模情况表

家庭人口规模	2000年		2010年	
	户数	比重（%）	户数	比重（%）
一人户	17336	15.15	28343	21.37
二人户	30023	26.24	40011	30.16
三人户	48032	41.98	46496	35.05
四人户	11615	10.15	11140	8.40
五人户	5391	4.71	5442	4.10
六人户	1355	1.18	899	0.68
七人户	423	0.37	203	0.15
八人户	194	0.17	93	0.07
九人户	36	0.03	20	0.02
十人及十人以上户	20	0.02	13	0.01
合计	114425	100.00	132660	100.00

说明：资料来源于《杭州市上城区第五次人口普查资料》《杭州市上城区第六次人口普查资料》

三、家庭类别

2000年第五次全国人口普查显示，全区家庭户主要类型为二代户[①] 59578户，占总户数的52.07%；其次为一代户[②]和三代户[③]，分别占35.73%和12.05%，其中单身户占15.15%；四代户只占0.15%；五代户已经消失。

2010年第六次全国人口普查显示，全区家庭户主要类型为一代户，共61064户，占总户数的46.03%，较2000年第五次全国人口普查时上升10个百分点，其中单身户28343户，占总户数的21.37%，二人户31180户，占总户数的23.50%；二代户58762户，

① 二代户指孩子和父母在一起。

② 一代户指同一辈的住在一起，一般指夫妻两个人居住的家庭或单身家庭。

③ 三代户就是三世代同堂，四代户、五代户依次类推。

占总户数的44.30%，较2000年第五次全国人口普查时下降7.77个百分点；三代户12685户，占总户数的9.56%；四代户只占0.11%。

表4-5-22 2000年全国第五次人口普查上城区人口家庭状况情况表

单位：户

户规模＼户类别	家庭户数	一代户	二代户	三代户	四代户	五代户
合计	114425	40881	59578	13793	173	0
一人户	17336	17336	0	0	0	0
二人户	30023	22118	7905	0	0	0
三人户	48032	944	45812	1276	0	0
四人户	11615	352	4923	6330	10	0
五人户	5391	91	723	4524	53	0
六人户	1355	24	154	1105	72	0
七人户	423	8	37	352	26	0
八人户	194	5	11	169	9	0
九人户	36	0	8	25	3	0
十人及十人以上户	20	3	5	12	0	0

说明：资料来源于2000年《杭州市上城区第五次人口普查资料》

表4-5-23 2010年全国第六次人口普查上城区人口家庭状况情况表

单位：户

户规模＼户类别	家庭户数	一代户	二代户	三代户	四代户	五代户
合计	132660	61064	58762	12685	149	0
一人户	28343	28343	0	0	0	0
二人户	40011	31180	8831	0	0	0
三人户	46496	1113	44126	1257	0	0
四人户	11140	303	5035	5793	9	0
五人户	5442	90	635	4668	49	0
六人户	899	25	101	703	70	0
七人户	203	3	23	164	13	0
八人户	93	4	7	78	4	0
九人户	20	0	3	14	3	0
十人及十人以上户	13	3	1	8	1	0

说明：资料来源于2010年《杭州市上城区第六次人口普查资料》

第六章　计划生育

1979年，计划生育成为基本国策，上城区把“一对夫妇只生一个孩子”作为计划生育工作的目标。是年，全区一胎率从1978年的64.77%提高到76.02%。20世纪80年代开始，上城区计划生育工作坚持以宣传教育、避孕节育为主的原则，逐步建立计划生育的各级领导管理和工作人员的岗位责任制。建立和健全育龄妇女卡片登记、避孕药具的计划、领拨、保管发放、查访等制度。同时，加强对流动人口的计划生育管理和各项奖励措施，使计划生育工作逐步走上经常化、制度化的管理轨道。90年代开始，上城区计划生育宣传教育工作经历“普及基础知识教育”“新家庭计划活动”“婚育新风进万家活动”“建设新型生育文化”四个过程；每年为辖区的已婚育龄妇女提供查孕、查病服务，对当年新婚、产后等已婚育龄夫妇进行随访服务。进入21世纪，上城区通过网络服务、增加避孕药具供应点等多种途径推广避孕节育和生殖保健新技术；并针对不同人群开展不同层次的服务，推出“生命旅程”五站式服务模式，对不同年龄阶段的育龄群众及其家庭提供针对性的专业服务。2007年，上城区在全市率先成立婚育服务中心，为群众提供婚姻收养登记、婚前检查、人口家庭计生咨询等一条龙服务。2013年11月，《中共中央国务院关于调整完善生育政策的意见》出台，上城区启动实施单方独生子女（简称单独）夫妇可以生育两孩政策。2015年，上城区开展国家免费孕前优生健康检查（简称国免），目标人群覆盖率80%以上。12月，《中共中央国务院关于实施全面两孩政策改革完善计划生育服务管理的决定》出台，上城区全面实施一对夫妻可生育两个子女政策。

第一节　宣传教育

1994—1998年，上城区宣传控制人口数量，提高人口素质，创建小康型新家庭，推行“新家庭计划”活动。1999—2010年，开展“婚育新风进万家”活动，宣传科学、文明、进步的婚育观念，自觉实行计划生育、晚婚晚育、少生优生。

2000年3月，国家将5月29日定为“计划生育协会会员活动日”，至2015年上城区计划生育协会每年都推出宣传活动主题，开展以关爱女孩、生育关怀、独生子女创业等各种宣传活动。

2001年，上城区加大对青少年性知识、男性生殖健康知识的宣传，城站街道西牌楼社区被中国人口文化促进会授予“男性健康先进社区”称号。2003年，上城区在全面普及“婚育新风进万家活动”的基础上，建设新型生育文化园区。2005年，上城区被国家人口和计划生育委员会评为计划生育优质服务先进区。

2003—2015年，上城区围绕“7·11”世界人口日开展各类型的主题活动。

表4-6-24　2003—2015年上城区“7·11”世界人口日活动开展情况表

年份	活　动　名　称
2003	“关注青春、热爱生活、拥有健康——幸福人生从这里起步”大型宣传服务周活动
2004	“人与自然和谐发展”的百姓开讲活动
2005	与杭州市人口计生委联合举办以“平等、关爱、和谐”为主题的电视辩论赛
2006	举办“飞翔吧，女孩——纪念‘7·11’世界人口日暨杭州数字电视计生栏目开通仪式”
2007	与市人口计生委联合在吴山广场举办宣传中央决定为主题的大型文艺晚会
2008	举办“构筑婚育文化和谐之美，共享国际水准品质生活”主题的家庭才艺秀比赛
2009	为基层计生工作人员开设“健康生活，快乐工作”的心理卫生讲座
2010	杭州电视台以“让花朵不再有缺陷”为题对上城区的“三优”促进工作做专题报道
2011	流动人口均等化“八免四送”服务宣传月启动仪式暨“7·11”世界人口日主题活动
2012	举办“居家服务零距离，无忧生活新天地”文艺专场演出
2013	送电影进社区活动
2014	开展“十佳幸福女孩”及“十佳幸福家庭”评选活动
2015	开展评选“十佳幸福家庭”活动

说明：资料来源于杭州市上城区卫生健康局

一、新家庭计划活动（1994—1998年）

1994年，上城区开展“新家庭计划”试点工作。1995年，上城区全面推行新家庭计划活动，创建“晚婚晚育、少生优生、文明幸福、勤劳致富”的小康型新家庭。1997年，全区提供结对帮扶、家政教育、避孕节育生殖健康、社会保障服务，宣传“少生优生、文明和谐、健康幸福”的新家庭。1998年，帮扶计划生育特困家庭12户；将新家庭达标户的评估和示范户的评选表彰纳入创建“五好文明家庭”活动，其中对望江村、近江村、玉皇村村民进行逐户评估，达标率均在90%以上。

二、婚育新风进万家活动（1999—2010年）

1998年，国家计划生育部门提出开展以新型生育文化为目标，依托社区，面向家庭，由点到面，争创特色的婚育新风进万家活动。1999年，上城区根据要求开展“婚育新风进万家”活动。2001年，上城区政府被中共中央宣传部、国家人口和计生委评为全国“婚育新风进万家”先进集体。2002年，上城区设立大型计划生育公益宣传牌、宣传长廊、宣传窗、宣传街以及生育主题公园等，营造生育文化氛围，宣传科学、文明、进步的婚育观念。2003年，上城区以万松书院的历史文化景观、河坊街的婚俗文化活动、“爱情之都”玫瑰婚庆广场等不同形式创建“生育文化园区”新亮点。2006年，各街道在居

图4-6-2　2008年7月，上城区以“构筑婚育文化和谐之美”为主题，开展纪念“7·11”世界人口日主题宣传活动（区卫生健康局 供稿）

民楼院设立宣传服务“快餐篮”①。2007—2010年，上城区创新生育文化宣传亮点，南星街道在原十亩田生育文化园区新增休憩亭、馒头山社区建立“人文生态园”；湖滨街道东平巷社区、望江街道近江东园社区等因地制宜地打造“盆景式”的生育文化主题公园，深化“婚育新风进万家”活动。

① “快餐篮”：将计划生育宣传册和避孕药具放在居民楼院的服务篮内。

三、幸福家庭创建活动（2012—2015年）

2012年，上城区印发《实施生殖健康、家庭发展项目创建“幸福·家”公共服务品牌三年行动计划》。5月，清波街道“幸福·家”——上城区首个试点正式揭牌。2013年，上城区提出品牌建设、文明倡导、健康促进、家庭保障、科技信息5大工程，组建医护人员、教育师资、专家居民志愿者3支队伍，为新婚、生育、避孕、早教、特扶5类服务对象提供特色服务。上城区“幸福·家”公共服务品牌受到中国人口基金会和国家卫计委肯定，得到杭州市副市长陈红英批示，在全市进行推广。2014年，上城区成立区、街道、社区三级人口家庭健康生活指导中心，开设专门门诊，开展生育评估、生育指导、告知风险、提醒日常注意事项等工作，引导符合政策家庭优生优育。2015年，上城区创新“互联网+健康”传播方式，利用“健康上城”微博、微信号，每周固定推送“尚卫·幸福家”栏目，开展线上线下互动活动，提高信息传播效率。

第二节　技术服务

1993年，上城区政府将开元路31号50平方米面积房屋分配给区计划生育宣传技术指导站使用，并配备B超仪。避孕药具供应实行“双轨制”，免费供应渠道运转正常，有价供应渠道愈益畅通，全区避孕药具零售网点24个。是年起，上城区每年为辖区的已婚育龄妇女提供查孕、查病服务。1994年，为满足育龄夫妇对避孕、节育技术需要，为育龄夫妇家庭开办杭州康乐保健中心，提供避孕节育指导和性功能障碍恢复等服务。1995年，全区规范避孕药具零售市场管理，防止假冒伪劣药具充斥市场，保障育龄夫妇的身体健康。1998年，全面推行避孕方法“知情选择”①。1998年起，上城区每年对当年新婚、产后等已婚育龄夫妇进行“知情”指导和随访服务。

① 各街道通过计生联系员上门，自制避孕药具知识与实物的宣传包，采取与群众签订协议或知情选择登记册签名等方法，选择适合自己、安全、有效、简便、经济的避孕方法。

2003年，上城区在避孕药具管理工作中提出“贴心关爱、分类指导、按需服务”的新理念。各社区均设立避孕药具展示柜，推广避孕节育和生殖保健新技术、新产品，针对不同人群开展不同层次的服务，流动人口着重介绍使用方法；普通群众着重便利其获得避孕药具的途径；重点人群由计生干部亲自上门送“爱心包”开展面对面的服务，帮助落实避孕节育措施。2004年5月，利用上城区人口网开展网上咨询和服务。2005年，上城区将避孕药具供应点延伸到各街道社区卫生中心（站），扩大到企事业单位。全区共设免费避孕药具供应点447个，其中包括2个24小时供应点。

2007年，上城区在全市率先成立婚育服务中心②，为群众提供婚姻收养登记、婚前检查、人口家庭计生咨询等“一条龙”服务。是年，上城区在杭州市率先开展出生缺陷干预工程，免除婚检、孕前优生检测费用300元。2007年起，上城区开展国家免费孕前优生健康检查，目标人群覆盖率80%以上。2008年，上城区成立出生缺陷干预领导小组和技术指导专家组，召开项目工作研讨会，建立区、街道、社区三级出生缺陷监测和干预网络，推广TORCH免费检测，做好孕前筛选。2009年，上城区在全区范围内全面实施优生婚前免费检查、免费孕前检查、免费产前筛查、免费新生儿疾病筛查的四项免费检查和产前诊断费用补助工作，每对新人婚检、孕前优生检测费用提高到410元。

② 上城区婚育服务中心地处江城路417号，建筑面积756平方米。

图4-6-3　2008年7月，上城区召开出生缺陷干预项目研讨会暨专家聘请仪式　（区卫生健康局 供稿）

2010年，上城区全面推出“生命旅程”五站式服务模式，通过建立青春导航站、婚姻加油站、孕育指导站、温馨服务站、关爱接力站五大服务站点为处于青春期、新婚期、孕产期、更年期等不同年龄阶段的育龄群众及其家庭提供针对性的专业服务。[①] 4月，结合出生缺陷干预工作，建立“孕前3个月—孕期10个月—产后36个月”全程干预体系，促进“三优”[②] 工作。上城区6个街道全部建立“三优”指导中心。2011年，上城区打造职业化的“三优”服务队伍，在全市首推全国“育婴员”资质培训班，全区71名计生干部全部通过培训，并获得国家级培训证书。2012年，全区建立免费避孕药具网上订购、预约上门、物流配送的服务网络，满足育龄群众需求。2015年，上城区妇幼保健计划生育服务中心成立，对相关职能和服务进行整合。

第三节　计划生育管理

1993年，区建立计划生育目标管理领导小组，而基层计划生育工作主要由社区居民委员会、单位专兼职的计划生育干部负责，主要目标是控制人口数量，提高出生人口素质。2000年，上城区计划生育统计开始由户籍地向现居住地管理转换。之后，逐步建立区计生信息数据中心，便于计划生育管理以及对流动人口的动态监测工作。至2015年，上城区计划生育工作党政“一把手”负总责不变。

一、目标责任管理

1993年，区委、区政府建立计划生育目标管理领导小组，每年年初制定计划生育目标管理考核实施意见，对辖区街道、社区、单位实行计划生育目标管理责任制考核。1995年，计划生育目标管理责任书的签订范围，从各街道扩大到区政府相关部门[③]，部门与下属单位签订计划生育目标管理责任书，街道与社区、辖区的机关、企事业单位签订目标管理责任书。责任制的内容，主要是控制人口数量，提高出生人口素质；责任制考核对象主要是党政机关、企事业单位、各街道办事处、社区居委会的单位和个人。2005年，计划生育管理体制由“单位负责、条条保证、条块结合、以块为主”向“属地管理、单位负责、居民自治、社区服务”转变；责任制的内容主要是控制人口数量，提高出生人口素质，强化综合治理，完善执法体系，健全利益导向，提供优质服务。2015年，上城区实行机构改革，区人口和计划生育局与区卫生局合并，计划生育目标管理责任书不再与区政府相关部门签订，只与6个街道签订。1993—2015年，上城区计划生育工作党政“一把手”负总责不变，把计划生育作为评选文明单位、文明家庭、劳动模范等先进集体和先进个人的重要条件，评选实行计生部门“先审制”。

① 如青春导航站为处于青春期的青少年提供各类健康服务。婚姻加油站针对婚姻中的各个阶段提供专项服务，让各个阶段的夫妻正确对待婚姻，对待婚姻中遇到的问题。孕育指导站为孕产妇及其家庭提供优质、专业的优生保健和优教服务，全面提高教养人养育孩子的能力。温馨服务站依托计划生育宣传指导站，为流动人口育龄妇女提供免费技术服务。关爱接力站开展妇女生殖健康促进工程，关爱女性健康、帮助困难计生家庭。

② “三优”：优生、优育、优教。

③ 包括公安、卫生、民政、劳动、财政、工商、教育、环卫、经委、人事、房管、贸易、环保13个部门。

表 4-6-25　1993—2015 年上城区计划生育率情况表

单位：%

年份	计划生育率	年份	计划生育率
1993	99.79	2005	98.28
1994	99.71	2006	98.92
1995	99.93	2007	98.34
1996	100.00	2008	98.87
1997	99.83	2009	99.27
1998	99.56	2010	97.54
1999	99.45	2011	98.76
2000	96.56	2012	98.31
2001	99.09	2013	97.44
2002	99.10	2014	97.94
2003	99.20	2015	97.66
2004	98.44	—	—

说明：资料来源于杭州市上城区卫生健康局

二、基层工作管理

1993 年，上城区基层计划生育工作主要由社区居民委员会、单位专兼职的计划生育干部负责，有工作例会制度、统计报表制度、避孕药具发放制度、工作考核制度等一整套规范化管理制度。1998 年，上城区在全市率先推行计划生育政务公开工作，建立区、街道、社区三级投诉电话，设立三级政务公开(栏)。是年推行计划生育管理四项改革[①]。

2000 年，上城区开始推行计划生育统计由户籍地向现居住地管理转换。2001 年，上城区加强计划生育机构和计生干部队伍建设，每个街道计生办配备 2 名以上专职干部；社区设立计划生育委员会，配备专职计生主任，其中 3000 户以上的社区增加 1～2 人。经区编委同意，设立计划生育协会秘书科，设机关行政编制 2 名。2004 年，上城区建立区计生信息数据中心，实现“四网一库”[②] 的信息平台。2007—2008 年，上城区陆续制定规范社会抚养费自由裁量权限实施意见、第六周期项目工程的实施意见、公益金修改意见、开展出生缺陷干预的实施意见、基层计生服务规范标准化建设的意见和基层计划生育职业化建设等意见，形成计划生育利益导向体系。

2013 年，区委办制定《关于进一步加强基层计划生育机构

① 四项改革：一是改革和完善人口计划生育管理方法，区计生局取消对各街道人口计划，实行按政策生育。简化一孩生育审批程序，“生育证”改为“浙江省生殖健康服务证”。二是推广避孕方法和知情选择。三是完善人口与计划生育目标管理体系，改进考核评估方法。四是推广统计工作“月报表”制度，安装育龄妇女信息软件包，建立育龄妇女信息管理系统。

② “四网一库”:联接政府机关的局域内网；联接计生系统上下的广域网；联接区、街道、社区的“e家人”信息交流管理网；联接到千家万户的“上城计生公众信息因特网”；建立人口和计生信息数据库，实现省、市、区、街道、社区育龄妇女信息库的五级联网。

和干部队伍建设的意见》，明确对从事计划生育工作15年以上或者从事计划生育工作10年以上且工龄30年以上，获得国家人口计生委“计划生育工作者荣誉证书”的街道、社区在岗人员，给予2万元的一次性奖励；推进社区计生服务人员专业技术职称考评机制，对取得计划生育专业技术职称的在岗人员，按初、中、高等级分别给予每月100元、200元、300元职称津贴。增设流动人口管理科，增配科级职位1名，6个街道计生科各配备1名以上公务员，2000人以上社区至少配备2名计生服务员。2015年，上城区创新办证制度，将一孩登记制度下放到社区，推行个人承诺制和全程代办制。

三、流动人口管理和服务

1993年，上城区流动人口计划生育管理和服务坚持“谁受益谁管理，谁用工谁负责，谁的地盘谁清理”的原则，形成政府统一领导，各部门齐抓共管的局面。1993年起，上城区每年组织街道开展流动人口稽查，为外来育龄妇女提供查孕、查病服务，免费提供避孕药具和发放宣传资料。1996年，上城区开始对外来人口计划生育实行统一领导、统一管理、统一验发证、统一收费、统一考核，进行宣传、查验、办证、收费的一条龙服务。2000年，上城区推进流动人口计划生育由“户籍地和现居住地共同管理，以现居住地管理为主”的管理体制。2003年，建立流动人口协调小组，按照500名外来人员比例配备1名协管员的比例配备协管员，全区共招聘140余名流动人口协管员，开展综合管理服务。2008年，全区招聘7名街道流动人口计生专职管理员，社区配备145名流动人口协管员。2010年起，上城区每年完成流动人口动态监测工作，了解流动人口就业、居住、子女入学、享受基本公共服务、计划生育服务等情况，为相关部门提供决策依据。2012—2015年，上城区与淳安县联合开展“牵手流动人口服务”，合作双方实现流动人口计划生育管理信息共享，推进流动人口融入现居住地，享受“市民化”计生服务。

四、出生人口性别比综合治理

2004年，上城区印发《关于贯彻落实中共中央宣传部等11家部门、省委办公厅大力开展出生人口性别比偏高问题治理工作的意见》文件，建立管理制度，落实各部门职责。2011年，上城区建立区人口计生局、区卫生局、区公安分局、区药监局和街道为主的“五位一体”管理网络，实行出生实名制上报等措施；同时开展计划生育药械市场整顿、“两非”[①] 诊所集中排查等多项专项治理行动。2013年，上城区出动警力30余人次，检查“两非”3次，开展非法行医整治4次，查处10家单位，取缔1家。2014年，

① 进行非医学需要的胎儿性别签定和非医学需要的人工终止妊娠。

上城区查处涉嫌非法行医案1起并移送司法机关。被告人姚某、杨某经法院审理，“非法行医罪”给予认定，分别判处有期徒刑1年9个月、罚金1万元和有期徒刑1年6个月（缓刑2年）、罚金8000元。是全区首次对非法开展胎儿性别鉴定者判实刑。2015年，上城区制定《上城区2015年整治“两非”专项行动实施方案》，加强区域间协作，运用相关系统，完整录入“两非”案件1例。

第七章　居民生活

改革开放以后，上城区居民收入日益增加，恩格尔系数逐年下降，生活条件日益改善，消费水平逐年提高，人民生活水平向全面小康快速迈进。

20世纪80年代中后期，城区企业普遍推行工资奖金与企业经济效益挂钩，奖金与补贴占工资的比重逐年增大，职工工资水平提高。90年代后，就业渠道向多元化发展，单一的公有制结构模式被打破，多种经济成分共同发展格局形成，扩大居民就业渠道；就业者收入更趋多样化，改变了过去家庭收入主要依靠工资收入的单一形式，工资性收入比重逐步降低（但仍是城镇居民的主要收入来源），非工资性收入比重大幅度提高。收入来源的多元化，使居民收入总水平不断提高。1993年，上城区居民人均可支配收入为3525元。1993—2000年，居民人均可支配收入增幅为174.3%，呈现出先快后慢的特征：1993—1996年增长较快，1996年为7206元，比1993年增长104.4%；1996—2000年增长相对较缓，2000年为9668元，比1996年增长34.2%。之后，居民收入进入稳定且较快增长阶段。2001年，杭州城镇居民人均可支配收入在浙江省排第一位。2001—2015年，居民人均可支配收入增长343.4%。该阶段也呈现出收入增长先快后慢的特征：2001—2012年收入较快增长，增幅为244.3%；2013—2015年增速逐渐放缓，2013年、2014年和2015年增幅分别9.1%、9.0%、8.2%。

在居民收入增加的同时，消费支出也开始较快增长，生活质量日益提高，消费支出的结构、比重都发生变化。1993年，全区年人均消费性支出占年人均可支配收入的比重为90.3%以上；2000年，全区年人均消费性支出占年人均可支配收入的比重为80.6%；以后占比逐年下降，至2015年，全区年人均消费性支出占年人均可支配收入的比重为70.0%。从消费结构看，消费趋势由数量扩张向质量提高转变，消费支出从满足温饱向娱乐享受发展。人均食品支出占人均生活消费支出的比重，由1995年的49.9%下降到2015年的27.1%。进入21世纪后，汽车、手机、电脑成为居民家庭资产组成部分。

第一节　收入水平

随着改革开放的深入，上城区经济快速发展，收入方式多元化[①]，人均收入大幅增加。1984年，近江村村民人均收入为435元，1989年人均收入达2318元。1992—1996年，居民收入进入高

① 杭州四季青乡近江村志编委会．近江村志，1991：365.（内部出版）1985年，上城区居民年人均可支配收入为1026元。

速增长时期，年递增29%，比1986—1991年年递增幅度提高16.7个百分点；1992—1995年，年增长速度均在20%以上。1994年居民人均可支配收入突破5000元，1995年突破6000元，1996年突破7000元；1997—2000年，居民收入增长放缓，年增加616元，年递增率7.6%；进入21世纪后，居民收入再次进入较快增长时期，年增加2577元，年递增11.32%。其中2001年居民人均可支配收入突破1万元，2007年居民人均可支配收入突破2万元，至2015年居民人均可支配收入达到4.83万元。

随着市场经济和经营活动的多样化，市区居民人均可支配收入构成[①]中工薪收入占比逐步在减少，1995年居民工薪收入占居民人均可支配收入74.6%，2000年占73.2%，至2015年居民工薪收入占居民人均可支配收入59.8%，居民工薪收入占比下降14.8个百分点。

① 统计调查中居民收入主要来源包括工薪收入、经营性收入、财产性收入和转移性收入。

表4-7-26　1995—2015年主要年份上城区居民人均可支配收入情况表

单位：元

项目＼年份	1995	2000	2005	2010	2011	2012	2013	2014	2015
可支配收入	9085	9668	16601	30035	34065	37511	40925	44632	48316
一、工薪收入	6776	7075	12961	21075	23760	25436	25580	27638	28891
工资及补贴收入	6447	6703	12235	20713	23040	24886	—	—	—
其他劳动收入	330	372	726	362	721	549			
二、经营净收入	277	236	1041	1651	1607	1648	3716	4365	4502
三、财产性收入	132	117	586	2189	2587	2210	5691	6039	6851
四、转移性收入	1935	2282	4173	8896	10321	12550	5938	6590	8072

说明：1. 2013—2015年是新口径统计数据，即工薪收入不再区分工资补贴收入及其他劳动收入。2. 资料来源于杭州市区居民家庭抽样调查结果

第二节　消费水平

20世纪90年代前，上城区居民消费的主要特点表现为对基本生存消费的需求量增长很快，而对发展和享受方面的消费量则相对较少，生存消费支出较多。以近江村为例，70年代中期，手表、缝纫机、自行车、电风扇在村民家中还比较少见，看的多为黑白电视机；1987年开始，家庭陆续安装固定电话；至1990年，彩电、录像机、摩托车等都进入农家，基本家家都有收录机、沙发、大衣柜等。[②]90年

② 杭州四季青乡近江村志编委会.近江村志，1991：363.（内部出版）

代后，城市居民在收入增加的同时，消费支出也开始较快增长，生活质量日益提高。1993年，上城区居民人均消费支出3183元；至2015年，人均消费支出达33818元。居民消费特点由数量扩张向质量提高转变，城市居民人均食品支出占人均生活消费支出的比重（恩格尔系数）由2000年的42.4%下降到2013年的34.2%，处于相对富裕水平。生存消费、享乐消费、发展消费的支出费用和品质不断提高。

一、消费支出结构

20世纪80年代起，上城区居民生活由最基本的吃、穿、用不断向教育文化娱乐、交通通信、医疗保健升级。八大类消费[①]水平全面提高，市区居民医疗保健、交通和通信、教育文化娱乐服务、个人商品和服务及居住消费增长较快，占消费支出比重上升，吃、穿、用消费增长缓慢，占消费支出比重下降。

在收入水平较低时，吃的支出在消费支出中占有重要地位。随着收入增加，生活水平提高，食品需求基本满足后，消费重心开始向穿、用、住等方面转移。20世纪90年代中期起，上城区居民食品支出占消费支出的比例呈现总体下降趋势。1995年，上城区居民食品支出占消费支出的比重（恩格尔系数）为49.9%；2000年，食品支出占比为42.4%；2010年，食品支出占比为38.5%。至2015年，上城区居民食品支出比重仅为27.1%，比1995年下降22.8个百分点。

① 包括食品、衣着、家庭设备用品及服务、医疗保健、交通和通信、教育和文化娱乐服务、居住、个人商品和服务。

表4-7-27　1993—2015年上城区人均可支配收入和消费支出情况表

年份	调查户数（户）	年人均可支配收入（元）	年人均消费性支出（元）
1993	200	3525	3183
1994	200	5249	4559
1995	200	6301	5559
1996	200	7206	6095
1997	200	7896	6766
1998	300	8465	7235
1999	300	9085	7424
2000	300	9668	7790
2001	440	10896	8968
2002	500	11778	9215
2003	500	12898	9950
2004	500	14565	11213
2005	600	16601	13438

续表 4-7-27

年份	调查户数（户）	年人均可支配收入（元）	年人均消费性支出（元）
2006	600	19027	14472
2007	600	21689	14896
2008	600	24104	16719
2009	600	26864	18595
2010	600	30035	20219
2011	600	34065	22642
2012	600	37511	22800
2013	1920	40925	30659
2014	1920	44632	32165
2015	1920	48316	33818

说明：资料来源于杭州市区居民家庭抽样调查结果

二、居民人均消费性支出

20世纪90年代后，上城区居民消费水平呈现不断增长的趋势。1995年，居民人均消费性支出5559元。2010年，居民人均消费性支出20219元，比1995年增长2.64倍。至2015年，居民人均消费性支出33818元，比1995年增长5.08倍。

居民消费特点由数量扩张向质量提高转变，居民衣着需求从“穿暖”向“穿美”转变，从“一衣多季”向“一季多衣”转变，从“请裁缝做衣”到“上商场购衣”转变。1995年居民人均衣着支出为665元，至2015年达到2157元，增长2.24倍；居民用于交通和通信，教育、文化、娱乐服务的费用从1995年人均支出713元，至2015年人均支出8848元，增长11.41倍；居民用于居住的费用从1995年人均支出488元，至2015年人均支出9111元，增长17.67倍。

表 4-7-28　1995—2015年主要年份上城区居民家庭人均消费性支出情况表

单位：元

项目＼年份	1995	2000	2005	2010	2011	2012	2013	2014	2015
消费性支出	5559	7790	13438	20219	22642	22800	30659	32165	33818
食品类	2774	3303	4682	7790	8355	8470	7928	8688	9171
粮食	235	207	250	394	474	509	—	—	—
油脂类	49	57	73	150	174	158	—	—	—
肉禽及制品	555	515	574	984	1197	1301	—	—	—
蛋类	57	44	55	100	123	122	—	—	—
水产品类	395	514	466	809	852	963	—	—	—
菜类	267	303	365	664	724	818	—	—	—
酒和饮料	147	192	298	485	497	352	—	—	—
干鲜瓜果类	212	214	335	610	701	743	—	—	—

续表 4-7-28

项目 \ 年份	1995	2000	2005	2010	2011	2012	2013	2014	2015
在外用餐	369	531	1233	2033	2015	1982	—	—	—
衣着类	665	645	1299	2061	2261	1991	2108	2193	2157
家庭设备用品及服务	491	627	674	956	1052	1255	1588	1683	1622
医疗保健	145	444	983	994	1027	1159	1762	1708	2002
交通和通信	280	548	2234	3910	4678	4299	5105	5364	5707
教育、文化、娱乐服务	433	1079	1970	2089	2614	2976	2934	2990	3141
居住	488	701	1151	1853	1945	1749	8316	8565	9111
杂项商品和服务	282	443	445	566	710	902	918	974	907

说明：1. 2013—2015年是新口径统计数据，即支出分类发生变化，分项统计内容减少。2. 资料来源于杭州市区居民家庭抽样调查结果

居民家庭耐用品从“老三件”到“新三件”不断升级，由20世纪80年代的自行车、缝纫机、手表，到90年代的彩电、冰箱、洗衣机，再到21世纪的移动电话、电脑和家用汽车。1995年，每百户居民家庭拥有彩电、冰箱、洗衣机、空调分别只有102.3台、103.5台、93.5台和43台。2010年，每百户居民家庭拥有彩电、冰箱、洗衣机、空调分别为179.2台、102.3台、96.2台和214.6台。是年，一些新型热门产品开始进入家庭，每百户拥有汽车、移动电话和电脑分别为22.8辆、193.6部和99台。至2015年，每百户拥有汽车、电脑分别为48.7辆、110.1台，彩电、冰箱、洗衣机、空调分别为174.1台、92.2台、86.9台和207.3台。作为通信工具的固定电话和移动电话，2000年每百户家庭分别为95部和19部；2005年固定电话普及到每百户99.8部，移动电话猛增到178.7部；至2015年，固定电话下降到每百户50.7部，移动电话则增到229.9部，同期，接入互联网的移动电话达155.8部。

表4-7-29　1995—2015年主要年份上城区居民家庭平均每百户耐用消费品拥有量情况表

指标 \ 年份	1995	2000	2005	2010	2011	2012	2013	2014	2015
家用汽车（辆）	—	0.7	12.8	22.8	31.2	34.3	40.2	45.4	48.7
摩托车（辆）	1.5	3.6	11.0	4.5	4.1	4.0	6.6	6.8	5.4
冰箱（台）	103.5	101.7	100.0	102.3	102.5	102.5	88.0	92.3	92.2
洗衣机（台）	93.5	96.3	94.2	96.2	96.3	96.6	82.6	86.8	86.9
热水器（台）	43.5	81.3	92.3	99.4	103.4	105.4	89.4	93.7	95.5
空调器（台）	43.0	104.0	183.3	214.6	212.0	214.7	189.6	201.5	207.3
彩色电视机（台）	102.3	146.7	182.7	179.2	176.9	178.4	166.4	174.0	174.1
摄像机（架）	—	3.3	7.5	11.1	11.6	12.4	10.0	10.5	10.5
照相机（架）	54.0	64.7	59.0	54.8	62.1	63.5	50.6	54.4	51.5
电脑（台）	—	23.0	74.5	99.0	109.7	112.2	103.7	110.6	110.1

续表 4-7-29

年份 指标	1995	2000	2005	2010	2011	2012	2013	2014	2015
接入互联网的计算机（台）	—	—	—	78.7	92.3	98.6	92.5	100.2	99.8
固定电话（部）	—	95	99.8	89.6	84.7	83.6	51.6	54.2	50.7
移动电话（部）	—	19	178.7	193.6	211	213.1	217.4	227.9	229.9
接入互联网的移动电话（部）	—	—	—	—	—	—	125.1	140.8	155.8

说明：1. 没有数据的年份因当年未统计该指标。2. 资料来源于杭州市区居民家庭抽样调查结果

附

上城区凤凰社区某居民家庭，成员5人，父母、夫妻加1个小孩。父母为离退休人员，每月养老金共7200元；夫妻按月发放工资（含奖金、津贴）共8800元；孩子在上学。

表4-7-30　2015年4月上城区凤凰社区某居民家庭的日常消费情况表

指标名称（摘要）	金额（元）
购买鲜奶	102.84
购买酸奶	29.90
其他在外饮食费	384.00
购买面粉制品	64.30
购买鱼类	92.00
购买虾类	28.00
购买贝类	18.50
购买鸡	152.00
购买猪肉	116.00
购买鲜瓜果	304.10
购买马铃薯	7.00
购买鲜菜	117.60
购买大豆	12.00
购买坚果类	120.00
购买调味品	38.10
购买糕点	127.40
购买糖果	7.00
购买其他糖果糕点	16.60
购买蛋制品	12.00
购买其他肉类及制品	51.00
购买其他禽类及制品	76.00
购买其他水产品及制品	41.00
购买干菜及菜制品	40.00

续表 4-7-30

指标名称（摘要）	金额（元）
购买其他家庭日杂用品	11.50
购买食用植物油	31.50
购买大米	90.00
购买瓶装饮用水	15.80
购买果汁饮料	4.00
购买其他液体饮料	4.00
购买书、报、杂志及音像制品	61.00
市内公共交通费	50.00
门诊医疗总费用	100.00
家庭设备修理费	150.00
其他杂项服务	2120.00
购买家具材料	330.00
美容美发洗浴	15.00
购买洗涤及卫生用品	7.00
生活用水	20.10
移动电话费	180.00
购买交通用汽油	400.00
个人缴纳的养老、医疗、失业保险支出	548.00
合计	6095.24

说明：资料来源于杭州市上城区统计局

第五篇 城区建设

隋开皇九年（589），隋文帝废除钱唐郡，置杭州。开皇十一年（591），移州治柳浦西，依山筑城，此为杭州城市建设之始。[①] 其城垣大致东临盐桥河（中河），西濒西湖，南达凤凰山，北至钱塘门（现六公园附近），当时该地区已是居民群集，铺肆林立。[②] 唐时，杭州水利工程大兴，西湖风景渐成。

五代时期，杭州为吴越国都城（亦称西都），成为地占十三州的吴越国政治、经济和文化中心。其间三次修城，拓宽城郭，钱镠所筑杭城，南至秦望山麓与六和塔一带，北抵现之武林门外，西濒西湖，东以菜市河（现东河）为界，整个外城（即吴越罗城）形成南北修长、东西狭窄的不规则矩形。钱镠取“南宫北城”格局筑城，城市格局主轴线同盐桥河基本平行，自南至北，纵贯杭城。作为城市主干道的市街，基本上取与之平行的线路。河道自南至北穿行杭城的中心区，沿河两岸多为闹市，尤其西岸，居民密集，商工铺肆林立。[③] 后梁开平四年（910），钱塘江江潮为患，钱镠筑捍海塘[④]，以阻止潮水对城市的冲击。

北宋因袭吴越杭城格局。南宋高宗定都杭州（临安），现上城区凤凰山一带为皇宫所在。皇城（也称内城）周围九里，北起凤山门，西至万松岭，东至候潮门，南至江干。[⑤] 建以御街为主轴的南北干道，自朝天门至众安桥的御街中段（现上城区范围内）是临安城中心商业区。城中居住区按坊巷规制，御街朝天门至众安桥段设有27坊，坊中有巷，主干为坊，细支为巷，坊巷与街市相杂处。[⑥] 南宋时外城更加扩大，共有城门13座。在扩建皇宫的同时，在临安城内现上城区范围内陆续兴建太庙、佑圣观、龙翔宫等礼仪建筑。[⑦] 其时，皇城内河道纵横交错，构成水陆网道与城外连通。

元、明、清三代，城区基本保持南宋格局。清末民国初期，杭州城市建设开启近代化进程，上城区作为杭州中心城区，城市建设尤为显著。伴随铁路的建设，杭州站前铺

① 浙江省人口志编纂委员会.浙江省人口志[M].北京：中华书局，2007：90.

② 杭州市人民政府地方志办公室.杭州市志（第一卷）[M].北京：方志出版社，2015：461.

③ 浙江省人口志编纂委员会.浙江省人口志[M].北京：中华书局，2007：92.

④ 浙江省人口志编纂委员会.浙江省人口志[M].北京：中华书局，2007：90.

⑤ 鲍志成.元代杭州:一个国际性都会[J].《杭州师范学院学报(社会科学版)》,1992(4).

⑥ 杭州市人民政府地方志办公室.杭州市志（第一卷）[M].北京：方志出版社，2015：461.

⑦ 张根福、冯贤亮、岳钦韬.太湖流域人口与生态环境的变迁及社会影响研究（1851—2005）[M].上海：复旦大学出版社，2014：36.

装杭城内第一条水泥路面、可走汽车的近代化道路。① 辛亥革命爆发后，杭州首先拆除旗营②，建筑马路，在现湖滨地区开辟新市场，各城门亦逐渐拆除，现延安路、解放路、湖滨路都在此时建成，杭州城市中心区逐渐移到现解放路、延安路一带。③ 同时，杭州自来水、电力、电信等公用市政设施逐渐建立，民国17年（1928），位于清泰门外贴沙河边的杭州第一家水厂——清泰水厂建成供水，④ 但因民国时期政局动荡，杭州城市建设起伏较大。

1949年6月，杭州市人民政府成立工务局（是年11月更名为建设局），着手调查和制定改造城区道路及街巷的计划，并对城市基础设施建设进行规划。1953年，设杭州市建设委员会，主管城市规划工作；是年市政府编制《城市总体规划》。⑤ 杭州市政府在财力比较紧张的情况下，把有限的城市建设资金重点用于疏浚西湖，整修名胜古迹，并逐步实施一批城市基础设施建设，陆续拓宽、延伸、新建道路，新建、改造部分沿街建筑和居民住宅，使城市面貌改善。

1978年，杭州市编制第三轮城市总体规划，将上城区定位为旧城生活居住区，中山路清河坊为区级商业中心。1978年以后，为改变城区建设滞后的状况，围绕完善城市路网建设、构建快捷顺畅的城市交通，上城区基础设施建设投资加大，区内道路、桥梁、排水设施等建设快速发展，新建、拓宽多条城市干道，完善路网；全区大多数主要道路改造为水泥路，支路改造为沥青路，城市道路路况改善。1980年开始，上城区加大对辖区旧城的改造力度，开展成片的旧城改造和房屋开发。1983—1987年，中、东河综合治理工程实施，两河沿岸的大批破旧房屋被拆除，河流两岸污水通过截流管和第二污水管输送到污水处理厂进行净化处理；新建中河路，形成贯穿杭城南北的交通干道，两河河道开辟园林式沿河绿地，美化市容景观，为当地居民提供游憩场所。同时，新建清泰立交桥，缓解市区的交通拥

① 杭州市人民政府地方志办公室．杭州市志（第一卷）[M]．北京：方志出版社，2015：461.

② 上城区地方志编纂委员会．杭州市上城区志[M]．北京：方志出版社，2015：65.

③ 钟毓龙．说杭州[M]．杭州：浙江人民出版社，1983：174.

④ 杭州市人民政府地方志办公室．杭州市志（1986—2015）第一卷[M]．北京：方志出版社，2015：677.

⑤ 上城区地方志编纂委员会．杭州市上城区志[M]．北京：方志出版社，2015：275.

堵问题。1986—1992年，上城区铺设路面14.14万平方米，埋设下水管道17.05千米，新砌窨井1943只，翻修人行道2.73万平方米，修理下水道76.95千米。

1993年开始，上城区市政建设投入多、发展快，结合旧城改造，一批主次干道建成，城区面貌变化很大。随着住房制度改革的推进，上城区房地产市场开始步入市场经济轨道，房产供求机制不断完善，房地产综合开发项目增多，加速城区的住宅建设。"九五"规划期间，上城区完成河坊街、中河高架、西湖大道、涌金立交桥等工程的建设；并按照"三年变个样，五年大变样"的要求，以复兴地区、东河沿线、吴山景区三大改造建设工程为重点，全面开展旧城改造工程。2000年，全区开始实施截污纳管工程，改变雨污合流、河道污水直排的状况。

进入21世纪，随着杭州市从"西湖时代"迈向"钱江时代"，上城区城市建设事业开始新的篇章，通过复兴大桥建设、望江路改造、"一纵三横"道路综合整治[①]等工程，道路从单纯满足交通功能向交通功能、景观功能、文化功能并重转变，城市品位得到提升。

2001—2006年，上城区完成西湖南线景区整合工程、南山路改造工程、新湖滨景区工程、湖滨商贸旅游特色街区（一期）、清河坊历史文化特色街区（一期）、南山路艺术休闲特色街区（一期）、吴山景区整治工程等重点建设项目；并以商业综合体为依托，在其辐射影响范围内新建居民住宅，大批老小区拆迁更新，高层住宅成为上城区建设新趋势，城市面貌持续更新，更富文化、商业、居住品位。"十一五"规划期间，上城区把握杭州市"五纵六路"[②]"两纵三横"[③]、中山路综合保护工程等省市重点工程项目的契机，进一步完善区内道路网络。

2011年起，上城区以城市有机更新为引导，城区道路、河道综合保护工程稳步实施，御街·二十三坊、五柳巷历史文化街区等全面亮相，望江、山南、湖滨、吴山四大区

① 2005年7月，为解决杭州市"行路难、停车难"，彰显城市特色，提升城市综合竞争力，杭州市委、市政府实施"一纵三横"（即保俶路、曙光路—体育场路、凤起路、庆春路）道路实施综合整治工程。2006年4月工程全面结束。

② 2006年，杭州市实施"五纵六路"道路综合整治工程，包括绍兴路、环城东路、东新路、湖墅路、新塘路、古墩路等纵向6条交通干道。2007年3月末工程全面完成。

③ 2007年，杭州市实施"两纵三横"道路综合整治工程，包括教工路、学院路(两纵)，文一路、文二路、文三路(三横)。2008年9月工程全面结束。

块综合整治取得突破。至2015年末，全区道路总长152.12千米，道路面积297万平方米（不含人行道226.1万），排水管道总长294.40千米，建有桥梁130座，人行天桥18座、人行地道12座，有城站广场、吴山广场等大型广场；全区建成建筑面积2万平方米以上的住宅小区90个，完成危旧房改善工程117万平方米，完成旧厂区改造121.4万平方米，城中村改造22.3万平方米。[①]

① 住宅相关内容详见第十二篇建筑业 房地产业。

第一章　城区规划

1978年，杭州市启动编制第三轮城市总体规划（简称总规）。1983年5月，第三轮总规获国务院批复原则同意。第三轮总规把上城区定位为旧城生活居住区，规划中山路清河坊为区级商业中心，把三元坊、清河坊、元宝街一带列为具有地方特色的传统街坊。1989年9月开始，除西湖风景名胜保护区和市管24条主要道路两侧30米以外，辖区范围内的杂项工程和临时建筑由区规划管理部门负责审批，发放建筑许可证。

2001—2007年，上城区共编制涵盖控规、分区规划、布点（布局）规划、详细规划、保护规划5种类型的20项规划。其中，2005年完成的《上城分区规划（2005—2020）》，将上城区定位为杭州市休闲旅游商务服务核心区，是国际风景旅游城市的重要区域、国家历史文化名城的重要组成部分、杭州市商贸商务旅游服务中心和杭州市主城区南部生活居住区等。

2007年，国务院批复原则同意《杭州市城市总体规划（2001—2020）》，该总规明确上城区属于主城之一，承担城市中心功能，重点发展以旅游服务、商贸、金融、会展、信息咨询为主的第三产业和高新技术产业，湖滨地区为旅游商业区①；明确对清河坊历史街区、小营巷旧城风貌保护区、中山中路传统商业街、湖边邨近代民居保护区、思鑫坊近代民居保护区进行重点保护；对南宋皇城遗址保护区、南宋太庙—三省六部遗址保护区、南宋德寿宫遗址保护区严格控制。2008—2012年，上城区规划编制从原来单一的用地、布局、街区保护，转向关注发展战略、生态景观、公共基础、民生保障、近期建设等方面，在深度和广度上有发展，共编制完成战略规划、景观规划、概念规划、近期规划、专项规划、保护规划、控制性详细规划等类型的23项规划。

1993—2015年，上城区发放建设项目选址意见书1804份，建设用地规划许可证896份，建设工程规划许可证1478份，竣工验收证282份。

① 总规原文：“中部、南部为商贸、居住生活区；北部以工业、仓储物流区为主；东部为交通、市政设施区；西部为教育科研、居住区；湖滨地区为旅游商业区，江滨地区为城市新中心”。

第一节　组织机构

1993—1994年，上城区境域内除西湖风景保护区和市管24条主要道路两侧30米以外区域的杂项工程和临时建筑，由上城区城市规划管理站[①] 负责审批，发放建筑许可证。

1995年，撤销上城区城市规划管理站，设立杭州市规划管理局上城区规划管理处，人员从原上城区规划管理站1994年12月末实有在册人员中划转。杭州市规划管理局上城区规划管理处主要监督检查城市规划实施情况，依法处理违法建设，办理临时建设工程和杂项建设工程的规划审批等。2001年9月，根据《杭州市城市管理相对集中行政处罚权实施办法》，城市规划管理方面的行政处罚移交上城区城市管理行政执法局。

2002年，根据《关于杭州市规划局各派出机构设置和人员编制方案的批复》，撤销上城区规划管理处，成立杭州市规划局上城规划分局（简称上城规划分局），为杭州市规划局派出机构。上城规划分局下设3个科室，分别为办公室、规划管理科和监督检查科，人员由原杭州市规划管理局上城区规划管理处的工作人员划转而来。

上城规划分局主要负责对已批准控制性详细规划的科技工业园区、规划多层农居点内的建设工程规划许可证的审批，对符合规划要求的原地改建（含翻建）、扩建（含加层）项目和经行政处罚后可以补办的违法建设项目的建设工程项目规划许可证的审批，对在建项目进行跟踪巡查以及建设工程竣工规划的验收工作。2002—2015年，上城规划分局历任党支部书记杨明聪、李思静、任锦伟；历任局长杨明聪、李思静、任锦伟。地址清吟街110号。

① 1987年，上城区城市规划管理站成立，地址马市街17号。1987年5月，杭州市政府提出改进规划管理办法，简化手续，加快城市建设步伐。其中要求“为加强城区规划管理工作，各区可以建立规划管理站，属于事业单位，所需经费在包干的城市维护费中列支，业务由市规划管理局指导。”

第二节　规划编制

1992—2000年末，编制上城区专属的规划数量为8个，年均1个；规划类型集中在局部地段的控规、详规，是针对建设热点地区提出的针对性方案。2001—2015年，上城区编制的主要规划有43个，规划编制数有较大的增长；规划类型向多元化发展，涵盖宏观、中观、微观各个层面，关注重点转向发展理念、历史文化保护、景观协调、民生保障设施等方面。

一、分区规划

2005年，《杭州市上城分区规划（2005—2020年）》编制工作启动并完成。

该规划将上城区的功能定位为杭州市休闲旅游商务服务核心区（RBD区）。上城区职能为国际风景旅游城市的重要区域之一、国家历史文化名城的重要组成部分、杭州市商贸商务旅游服务中心、杭州市主城区南部生活居住区。

该规划提出分区空间结构为“一核、一心、三片”的城市格局。“一核”，即杭州市休闲旅游商务服务核心区（RBD区）；“一心”，即杭州城站商贸、商务旅游服务中心；“三片”，即紫阳区片、小营区片、望江区片。

“一核”的规划范围为湖滨、清波控规单元和西湖风景名胜区环湖景区控规单元部分用地。主要功能为紧邻杭州市西湖风景名胜区中的环湖景区、吴山景区、吴山广场、河坊街（大井巷）历史保护街区；服务于全市旅游、购物、饮食、娱乐、文化、交往等；集聚代表城市历史风貌、文化内涵的历史文化街区和历史建筑；以休闲娱乐、商业服务、商务为一体的城市特定片区；是展示杭州休闲城市、历史文化名城、国际旅游城市形象的代表区域。

“一心”的规划范围为火车杭州站东西两侧。主要功能为杭州市市级旅游交通集散、商贸、商务中心，火车站及其周边地区商业服务中心，是展示城市窗口形象的重要区域。

“三片”中紫阳区片范围为紫阳、复兴控规单元用地。紫阳片区功能为紧临南宋太庙遗址、胡雪岩故居、南宋皇城遗址、八卦田遗址、白塔公园、玉皇山景点等文物古迹和历史文化街区，是杭州市历史文化名城的组成区之一；是景区景观的重要组成部分，区片规划、建设与景区景观相协调，具有旅游服务、商务、休闲服务、居住等功能的区片。小营区片范围为小营控规单元用地。小营区片功能为紧临杭州市休闲旅游商务服务核心区（RBD），拥有小营巷旧城保护街区等文物古迹和历史建筑保护景点；具有商业服务、商务休闲服务、医疗卫生服务、居住等功能的区片。望江区片范围为近江、南星控规单元用地。望江片区功能为杭州市钱江新城（CBD）南部配套的生活居住区，具有现代城市居住、商业、商务等功能的区片。①

二、专项规划

《杭州市上下城分区工业调整规划》　该规划于1994年10月编制完成。规划调整范围东起贴沙河，西至环城西路、湖滨路、南山路，北起

① 2017年，根据2016年修订版杭州总规编制《杭州市上城分区规划（2017—2020）》，规划提出将上城区打造成集文化时尚、商贸旅游、金融研发、生态居住等多功能于一体，集中展现南宋风韵、古都精华，国际一流的高品质中央活动区，形成“一核、五心、三轴、两片”的规划结构，“一核”指湖滨市级商业商务中心，“五心”指城站智创金融中心、近江智慧服务中心、山南基金集聚中心、皇城文创旅游中心、复兴商业商贸中心，“三轴”指历史文化发展轴、城市综合发展轴、沿江景观发展轴，“两片”指城西沿湖老城片、城东拥江发展片。

环城北路，南至望江路、吴山。经统计，该范围内有工业企业271家，占地面积110.50万平方米，占分区总用地面积的8.60%。从行业分类来看，以机械、丝绸、纺织服装、轻工、仪表类企业为多。规划针对分区内的122家省、市属企业分别采取保留、搬迁、原址改变性质、暂时保留等方法进行调整。其中保留企业32家，因道路拓宽工程、绿化或住宅小区开发建设而需外迁的企业62家，原址改变性质的工厂21家，暂时保留7家。①

《杭州市上城区标志性空间规划》　该规划于2010年7月编制完成。规划分别从高端产业、文化空间体系、特色居住、日常生活公共空间体系、人性交通体系、景观系统、开发强度研究、可持续发展和旅游体系9个方面进行布局。

其中高端产业布局：构建多层产业混合，层级交织的产业网；文化空间体系布局：规划从文化设施和城区空间营建传承杭州历史，同时保护、发展工业遗产文化，通过西湖到钱江的山水文化轴和沿中山路的历史文化轴线，串联主要文化设施和文化空间；特色居住空间布局：规划上城区打造4类特色居住空间；景观风貌协调规划：形成上城区风格鲜明的6类风貌空间；特色旅游街区（巷）：在综合景区中凸显特色旅游街区，开发中以街区为单元，更多展现杭州传统街区形态和现代经营理念。

《杭州市上城区地下空间开发利用专项规划》　该规划于2010年8月编制完成。规划明确近期可开发利用地下空间232.48万平方米，其中轨道交通13.13万平方米，形成“一轴、七中心、多区域”②的地下空间开发体系。

规划明确中期开发利用地下空间208.61万平方米，其中轨道交通10万平方米，形成“二轴、九综合体、多区域”的地下空间开发体系。

规划明确远期开发利用地下空间96.60万平方米，其中轨道交通12万平方米，形成“一城、三轴、十综合体、多区域”③的地下空间开发网络。

《杭州市上城区安置房平衡专项规划》　该规划于2010年12月编制完成。规划坚持以大项目带动，推进上城区旧城更新工作。结合《杭州市拆迁安置房选址规划》，对上城区城市建设中涉及拆迁安置的住户、建筑面积等进行摸底调查，对现状及相关控规指标进行调查和论证，结合用地布局及相关规划技术要求，提出可用于安置地块及相关地块规划指标。经统计，27个安置地块总安置用地面积79.60万平方米，安置住宅面积189.53万平方米。

《杭州市上城区公交专项规划》　该规划于2011年8月编制完成。

① 此处数据包含上下城分区，未经分解。

② “一轴”，指地铁一号线工程，主要由地铁龙翔桥、湖滨、城站、秋涛路、富春路等5个站点和站点之间的地铁线网构成；“七中心”，指由一号线5个站点形成的地下空间开发中心和吴山广场地下空间开发中心以及凤凰城地下空间开发中心；“多区域”，指散布在上城区辖区范围的多个地下空间开发区域。

③ “一城”，即由3条地下空间开发轴线和10个地下城市综合体组成的“地下城”，覆盖整个上城区；“三轴”，即由3条地下轨道交通线网构成的“两纵一横”地下空间开发利用轴线；“十综合体”，包括地铁龙翔桥站地下综合体、地铁湖滨站地下综合体、吴山广场地下综合体、地铁城站站地下综合体、地铁秋涛路站地下综合体、地铁富春路站地下综合体、地铁凤凰城站地下综合体、地铁甬江路站地下综合体、地铁八卦新村站地下综合体、地铁候潮路站地下综合体。

公交场站的总体布局规划为三类场站优先服务乘客，四大片区各自突出功能、加快近期项目实施进程。规划公交场站合计20处，用地规模11.90万平方米。

三类场站用地：在上城区范围内不再设置停车场和保养场。四大功能片区：延安路西湖大道片区，公交服务密集，规划有地铁一号线；城站片区，公交线路密集，但换乘用地紧张，亟待改善；南星近江片区，对公共交通需求增长较快，但公共交通场站的建设相对滞后；山南片区，从服务南宋皇城大遗址公园的角度出发，需要增加公共交通服务支持的力度。

三、历史文化名城保护规划

1993年8月，杭州市修订总体规划时，对历史文化名城保护问题做专题研究。1996年末，杭州市完成《杭州市历史文化名城保护规划》。规划提出，要在旧城改造中，突出保护“三面云山一面城”的城景结合大格局，保持西湖山水和城市形成的基本轮廓线，规划将上城区的清河坊历史街区、小营巷旧城风貌保护区、中山中路传统商业街保护区、湖边邨近代典型民居保护区、思鑫坊近代民居保护区列入历史文化街区保护范围，并明确五代吴越文化保护区、南宋文化保护区、吴山文化保护区为西湖风景名胜区的文化保护区。2003年，根据第五轮总体规划要求编制新一版《杭州市历史文化名城保护规划》。2004年，杭州市编制完成《湖边邨、思鑫坊、小营巷等杭州市历史文化街区保护规划》，涉及上城区的湖边邨、思鑫坊、小营巷、中山中路4个历史文化街区。2005—2006年，编制完成《元福巷、五柳巷、龙翔里、安家塘等杭州市历史地段保护规划》，但勾山里历史地段、韶华巷历史地段未获批复。2007—2008年，杭州市完成《杭州市十五奎巷历史街区保护规划》和《杭州市大井巷历史街区保护规划》。2013年，编制完成《杭州市五柳巷历史文化街区保护规划》及《临安城遗址保护总体规划（2011—2030）》。

小营巷旧城风貌保护区　小营巷旧城风貌保护区北起太平天国听王府北围墙，南至方谷园，东起银枪班巷、毛主席视察小营地区卫生陈列馆东围墙，西至马市街，保护范围2.64万平方米。街区比较完好地保留有代表杭州历史的传统建筑风貌，规划将其作为典型的传统民居加以保护。

保护方向为形成具有杭州传统建筑风貌特色的居住街坊，保护整体的环境风貌，保持粉墙黛瓦的建筑风格和街巷、院落的格局，改造与整体风貌不协调的建筑，建筑高度控制在9米以内；迁出工厂企业，改造和完善各种基础设施；迁出钱学森旧居内的17户居民，恢复其为杭州传统的四合院式民居，并建成科技博物馆对外开放。

中山中路传统商业街保护区　中山中路传统商业街保护区南起鼓楼，北至官巷口，东起光复路，西距道路40米进深的范围。该保护区是杭州古城传统风貌保存最完整的历史地段，沿街两侧保留着清代至民国初期的商业建筑、百年老店及仿西方古典式建筑，周围坊巷古风犹存，历史风貌保存较好。

规划旨在保护沿街两侧中西融合的商业建筑风格，建设成为集商业、文化娱乐、文物古迹、宗教活动等多功能的极富特色的购物旅游一条街。中山中路（官巷口至鼓楼段）

辟为步行商业街区，保持清末民国初期建筑风格为主的风貌特色。着重保护原有商业建筑的特色、街道的空间尺度和延续的界面，严格控制40米进深内的建筑高度、体量、色彩、风格，要求服务设施与环境相协调，统一管理店面装修，严格限制外墙面的用材，标志物的大小尺寸、位置。

湖边邨近代典型民居保护区　湖边邨近代典型民居保护区北起长生路，南到学士路，西至白傅路，东至东坡路，包括劝业里、大庆里，保护范围3万平方米，是20世纪30年代民国时期的典型民居，除部分沿街建筑在性质与外观装修上有所改变外，整体格局及建筑形式都保持原有的特色，规划其作为典型的近现代民居加以保护。

规划要求保护原有建筑的风格和街巷、院落的格局，拆除在原有庭院、空地上搭建的临时建筑物，恢复原有特色；着重改造和完善区内的基础设施，形成具有杭州典型近代石库门里弄建筑风貌特色的居住街坊，并符合现代生活的要求。

思鑫坊近代民居保护区　思鑫坊近代民居保护区北起天长小学，南至学士路，东起孝女路，西至菩提寺路，保护范围1.24万平方米，由思鑫坊、萱寿里和承德里3个街坊及8幢别墅组成。建筑主要以近代石库门建筑和别墅建筑为主。规划着重保护杭州近代民居的风格和里弄、院落的格局，拆除临时建筑物，完善区内基础设施，改善居住环境，形成具有杭州典型近代建筑风貌特色的居住街坊。

兴安里历史地段　兴安里历史地段北起开元路，南至西湖大道，东至奎垣巷，西至开元路南一弄、开元中学旧址（定安路126号），占地面积6500平方米，为近代传统及里弄居住街区。规划要求该历史地段须融入周边以南山路、平海路文化片区，中国美术学院，中山中路近代传统商业街区为代表的历史氛围，形成城市新兴商业—文化区整体空间发展框架。

韶华巷—洽丰里历史地段　韶华巷—洽丰里历史地段在洽丰里一带，直城子巷两侧30～50米及沿南山路东侧，占地面积1.38万平方米，为近代传统及里弄居住街区。规划更新地块的传统功能，构筑以文化商业和低密度、高品质居住为主导，汇集文化商业、传统商业、休闲、娱乐、居住、公共活动等多方位功能为一体的综合型历史文化街区。

泗水坊历史地段　泗水坊历史地段北起国货路，南至将军路，东至浣纱路、直紫城巷，西至吴山路，占地面积5000平方米，为近代中式里弄居住街区，其中有泗水新村等历史建筑和风貌建筑。规划通过街巷的整体保留、拆除搭建，实现对建筑的局部改造。整合地块，以居住和商业为主的泗水坊再造成一个以抗日战争为背景的专题纪念馆和杭派民俗文化展示馆为主题的城市特色文化中心。

安家塘历史地段　安家塘历史地段东、南至现状小路，北至杭州玉皇特种水产实验场，占地面积2900平方米，为近代居住型街区，地段内建筑多为木结构或砖木结构两层建筑，形态丰富多变，连续成片。需保护村落周边的自然山水环境，修缮村落中典型的传统住宅，整理道路与街巷格局，逐步拆除不协调的现代建筑与搭建，部分动迁密度过高的住户。

龙翔里历史地段　重点保护区为龙翔里一、二、三、四弄两侧建筑及周边一定风貌协调范围，占地面积5600平方米。龙翔里因南宋龙翔宫而得名，为近代里弄型住宅区，木结构斜坡屋顶、内天井式院落，内部改造较多，风貌留存较好。规划要求需保护该地段典型的里弄住宅和其他建筑，保护现街巷格局和地段整体风貌，有计划地进行维修与改造，拆除不协调的现代建筑与搭建，动迁内部居民。

中山南路—十五奎巷历史街区　重点保护区范围是十五奎巷北侧鼓楼至茶啾弄片区，以及元宝心两侧，四牌楼、城隍牌楼巷南侧，中山南路以西风貌完整的区域，占地面积11.16万平方米。该街区以清末民国初期建筑风格为主，以杭州城市市井风貌为特色，以居住为主，融商业、文物古迹保护与文化休闲等功能于一体，反映杭州南宋文化、民俗文化的具有地方特色的历史街区。规划要求保持十五奎巷、城隍牌楼巷、丁衙巷、察院前巷等传统街巷的走向和宽度，禁止在街巷中进行任何破坏街巷的空间连续性、改变街巷空间尺度的建设活动。规划疏散重点保护区人口、控制建筑容量。

清河坊—大井巷历史街区　重点保护区范围为东临中河路、西至华光路、南靠吴山及鼓楼、北抵高银街，同时向东延伸到元宝街胡雪岩旧居及朱智故居，向北延伸至祠堂巷于谦故居，占地面积14.93万平方米。街区性质是以清末民国初期建筑风格为主，以传统商业和药业文化为特色的集旅游、商业、文化、娱乐休闲、博物馆设施等功能于一体的具有杭州地方特色、保持生活延续性的传统步行街区。规划要求应保护以河坊街、高银街、中山中路、大井巷等传统街巷为骨架的总体格局和空间尺度，保持传统街巷的走向和宽度，禁止任何破坏街巷空间连续性、改变街巷空间尺度的建设活动；结合古街的建筑、传统商业、独特的饮食文化、语言的历史环境，开展古城风貌旅游，品味杭州城特有的民俗文化韵味。

五柳巷历史街区　重点保护区南起东河坊街，北至西湖大道，东到建国南路，西达城头巷西侧，占地面积10.14万平方米。街区主要为民居住宅街区，历史建筑沿街两侧分布，传统建筑连成一片。规划要求街区内新建建筑、外立面整治应注重建筑风格与水乡建筑风貌相协调，建筑以青石、木材为特色，粉墙黛瓦；街区内主要以步行为主，形成水陆并进的慢行系统；近期停止破坏，修复环境，恢复历史文化街区本来面貌；远期进一步发掘和完善历史街区文化内涵。

临安城遗址保护总体规划　规划范围为临安城城墙范围，即北至环城北路北侧京杭大运河北岸，东至东河东岸，南至中河入钱塘江口，西至桃花河、古新河西岸，西湖东岸；南宋遗存八卦田、郊坛下官窑窑址，中河、贴沙河等与临安城格局相关的空间要素均被纳入规划范围，占地面积15.05万平方米，其中城址面积10.79万平方米。在“保护为主、抢救第一、合理利用、加强管理”的文物保护工作方针指导下，该规划遵循保护遗产本体与环境的真实性、完整性、延续性的原则，重点保护区包括皇城遗址（含老虎洞官窑遗址）、太庙遗址、德寿宫遗址、严官巷南宋御街遗址、三省六部遗址、南宋御街遗址（惠民路南）、恭圣仁烈皇后宅遗址、城墙基础遗址、郊坛下官窑窑址、郊坛遗址、朝天门遗址、钱塘门遗址、临安府治遗址、小河遗址、太学遗址、东城墙、南城墙以及西城墙（南段）。临安城遗址的展示结构是通过点、线、片结合的方式串联，整体形成“一

核、一环、两轴、三线、五片、多点”[①]的结构。通过三大规划游线展现临安城格局之美。[②]

四、生态景观规划

《钱塘江两岸城市景观规划设计》 该规划于2006年编制完成。上城区临江用地占钱塘江北岸岸线长度5387米，其中居住用地岸线为3084米。规划从沿江两岸建筑高度引导、生态景观绿地及景观廊道、高层簇群、用地局部调整、主要景观节点空间、主要景观视点位置分布及视线分析、沿江建筑组合形态与色彩体系、沿江开放空间组织与景观特色、连续的步行空间10个方面提出具体要求。位于上城区的重要视点有之江路—南复路路口视点和之江路—望江路路口视点，主要景观节点空间有复兴大桥凤凰城节点，规划建议临江建筑体量尽量以点式塔楼直接落地，避免板式高层，控制高层版式建筑宽高比不大于2。

《杭州西湖东岸景观控制规划》 该规划于2011年1月编制完成。针对西湖“三面云山一面城”空间环境特点，该规划要求应保持西湖南、西、北三向自然山水的组成要素、空间环境和历史规模的真实性与完整性，保持东向城市沿湖景观与自然山水的和谐关系；加强湖东城市建筑立面的建设控制（含高度、色彩和体量），确保与吴山、宝石山在天际轮廓线上的协调过渡关系。

《三江两岸（上城段）生态景观规划》 该规划于2012年11月编制完成。规划在对接《三江两岸生态景观概念规划》的基础上，结合之江路下穿隧道概念规划研究、南宋皇城大遗址公园规划、玉皇山南创意园综合体和复兴国际商务广场综合体等相关专题研究，将上城区沿江段打造成一条精彩纷呈的沿江廊道。

规划方案以改善道路交通条件为契机，以打造沿江段绿化景观大道为核心，修复沿江景观界面，串联周边景区资源，使复兴段成为沿江主城区的典范段落。通过空间的整合，该规划将整体功能结构划分为“一带三心，七片十点”[③]的格局。

五、西湖风景名胜区规划

2000—2002年，杭州市对1987年编制的《杭州市西湖风景名胜区总体规划》进行编修。涉及上城区范围的景区规划内容有：

环湖景区[④] 该景区面积14.61平方千米。环湖景区是西湖风景名胜区的中心和精髓，西湖十景荟萃于此。上城区境域内的湖滨景区、南山路一段为环湖景区的精华段，分布有柳浪闻莺等景点。

吴山景区 该景区包括万松岭路以北，伸入城区的吴山、紫阳山、云居山、七宝山、城隍山等，景区面积7.34平方千米。规划重点利用吴

① “一核”，指南宋皇城遗址片；“一环”，指临安城城墙城门；“两轴”，指御街、河坊街；“三线”，指中河、东河、古新河—桃花河；“五片”，指太庙—三省六部遗址片、德寿宫遗址片、府治府学遗址片、景灵宫遗址片、八卦田官窑遗址片；“多点”，指南宋御街遗址陈列馆、南宋官窑博物馆、南宋钱塘门遗址等以展示内容及未来考古新发现的遗址点。

② 《临安城遗址保护总体规划》将临安城格局风格概括为三方面：即“登凤凰，‘腰鼓’尽现”——通过特色树种的种植，突出城墙，勾勒城址范围，展现城址特色的腰鼓城形态；“放眼望，接河迎江”——突出山水环境，西依西湖，南面钱塘江，城址内河道贯通；“游御道，龙脉相接”——强化城市南北向主轴线，由皇宫向北至景灵宫的御街，以及向南至郊坛、籍田的祭天道路。

③ “一带”指沿江慢行游览景观带；“三心”指南复创意服务中心、总部商务综合服务中心、沿江美食休闲中心；“七片”为白塔景群游览区、创意服务区、文化体验健身区、总部商务服务综合区、体育健身活动区、沿江美食休闲区、雕塑艺术展示区。“十点”指沿游览景观带形成的集“服、游、佛、展、文、商、健、食、艺、赏”等多种功能的次核心功能区。

④ 包括西湖环湖路以内绿地、西湖水面、湖中孤山、二堤、三岛及茅家埠、普福岭一带湖西区域和太子湾、南屏山、九曜山等西湖南线范围。

山的历史、地理的有利条件，进一步挖掘与展示该地区丰富的城市民俗文化积淀，与凤凰山景区连缀成以历史文化为主体的游览胜地。

凤凰山景区　该景区北起万松岭路，转南山路，上南屏山、莲子峰、九耀山山脊至西侧虎跑路，往南达钱塘江大桥北岸，南界为钱塘江大桥北岸转西湖引水管线，绕过杭州陶瓷品市场，沿笤帚湾路、凤凰山脚路，止于万松岭路。景区面积5.85平方千米。景区内有南宋皇城遗址、南宋官窑博物馆、白塔等历史遗存。规划要求利用吴越、南宋皇城遗址及丰富的历史文化遗产建成吴越、南宋历史文化保护区；重点保护南宋皇城遗址及白塔；加强景区自然资源与人文资源的保护，充实该景区的游览内容，结合历史文化遗存的保护，建设南宋皇城遗址公园、八卦田公园、石景公园、白塔公园等公园和景点，恢复万松书院。

第三节　规划实施

上城区规划编制工作基本都是围绕总规的要求开展，由于城市总规、分区规划、概念规划侧重纲领性、方向性，具体细节多未明确，因此在下位规划的落实中，基本效果良好。控制性详细规划总体实施情况良好，但单个地块在实施过程中面临不确定因素，会出现调整的情况。保护规划因涉及各种产权、体制等因素的制约，进展相对缓慢，但总体实施情况良好。

一、总体规划落实

人口密度　1993年初，上城区总人口21.75万人，人口密度31710人/平方千米。1997年，上城区辖区扩大，通过居住功能疏解、城区综合整治等措施，老城人口疏解初见成效，人口密度下降，年末总人口33.64万人，人口密度18385人/平方千米。2005年，上城区年末总人口31.79万人，人口密度17372人/平方千米。2015年，上城区年末总人口32.79万人，人口密度17919人/平方千米，由于新建住宅地块开发强度较高，人口密度有所上升。[①]

用地布局　上城区土地利用布局与杭州市城市发展同步，由西湖时代向钱塘江时代拓展。作为国家级历史文化名城的重要组成部分，上城区用地布局呈现“西商、东居、南游”的特点。上城区位于杭州市区的中心地段，延续历史形成的杭州商贸、旅游、居住生活区的城市功能，铁路以西区域布局有延安路商业中心、湖滨商贸旅游特色街区、清河坊历史文化特色街区、南山路艺术休闲特色街区等，商业氛围浓厚；铁路

① 人口数据来自历年《上城区统计年鉴》，均为户籍数。

以东地区以居住用地为主，沿江布局部分商务集中区，为钱塘江时代拓展的新城区；南部为西湖风景名胜区重要组成部分，有南宋皇城遗址、清河坊、中山中路等一系列文物古迹及历史街区，历史保护与城市发展在上城区的发展中实现较好的平衡。从用地结构上来看，2005年，上城区居住用地占20.65%，工业用地占7.69%，道路广场用地8.19%，绿地5.74%。2015年，上城区居住用地占36.71%，公共管理与公共服务设施用地占9.64%，商业服务业设施用地占10.84%，工业用地占1.3%，道路广场用地24.15%，绿地8.32%。通过用地结构调整，上城区工业用地占比降低，城区功能“退二进三”，集聚高端生产性服务业功能，提升商业服务业设施用地和公共管理与公共服务设施用地占比，实现总体规划对上城区的定位要求。

绿地面积 1993年初，上城区绿化面积102万平方米，人均占有绿地面积4.66平方米。2005年，上城区绿地面积150.68万平方米，占城市建设用地的5.74%。除金衙庄公园、青年公园、水城门公园、横河公园、太庙遗址公园、吴山休闲文化广场及中河、东河、贴沙河沿河绿地等少部分公共绿地外，其余大部分集中在西湖风景名胜区内。上城区城市绿地配套不足，与风景旅游城市的要求有一定差距。此外，防护绿地建设迟缓，工业区与生活区之间及铁路两侧没有形成连续的隔离绿带，对城市环境影响较大。2015年，上城区绿地面积占城市建设用地的8.32%，绿地率上升，城市品质得到提高。

二、专项规划落实

产业发展 20世纪90年代，上城区以机械、丝绸、纺织服装、轻工、仪表类企业为主。2005年，上城区三次产业结构为0∶53.9∶46.1。2010年开始，上城区的产业发展向金融服务、文化创意、信息技术、商贸旅游、健康服务五大主导产业转型。2015年，上城区三次产业结构为0∶41.7∶58.3，从以第二产业为主到以第三产业为主，产业结构实现“退二进三”的目标。

历史保护 2007年，上城区启动十五奎巷历史街区综合保护工程和五柳巷历史街区综合保护工程。2010年，上城区启动大资福庙、五柳巷、思鑫坊等16个文保单位、历史地段、历史街区及以中山中路甲字形范围内历史建筑为重点的60处历史建筑修缮项目。至2012年，五柳巷历史地段、十五奎巷历史街区、小营巷旧城风貌保护区修缮完成104处历史文化遗产。泗水坊历史地段、平远里历史地段、洽丰里历史地段、安家塘历史地段、湖边邨近代典型民居保护区、龙翔里历史地段、思鑫坊近代民居保护区、勾山里历史地段等11处主要历史地段（街区）的保护，按照保真、修复、改善、整饬、置换、加建、新建、迁移8种手法，尽可能保留原状原物，延续历史风貌。在保护南宋皇城大遗址工作中，上城区先后实施中山路综合保护与有机更新工程、湖滨地区综合整治工程、玉皇山南综合整治工程、望江地区改造等一系列工程，实现南宋御街·中山路的开街和望江地区安置房源建设落地，并同年启动南宋皇城大遗址综合保护工程。2012—2015年，玉皇山南基金小镇等产业平台拓展历史街区可持续发展模式。在非物质文化遗产保护上，结合打造“具有国际水准的高品质中心城区”，综合保护、传承、利用、开发非遗，推动上

城区人文建设。

生态景观　至2015年，上城区控制景观界面，打开沿江空间，以之江路串联公园，控制沿江道路机动车断面；同时控制六和塔3千米半径范围建筑高度，实现沿江界面形成高层簇群，天际线波动丰富。上城区重点建设西湖大道—婺江路现代景观轴、中山中路历史文化景观轴2条特色景观轴，湖滨、沿江、沿山3个景观控制面，吴山广场、城站、凤凰城、沿江商务4个景观节点，打造湖滨精致景观、传统院落景观、生态开敞景观、杭式生活景观、现代生活景观、沿江外滩景观6种景观风貌区，展现上城区历史与现代、文化与自然相融合的景观风貌。

表5-1-1　2004—2015年上城区落实杭州市城市总体规划情况表

规划名称	编制时间	总体规划相关要求	相关核心内容	总体规划落实情况评价
杭州市上城科技工业基地二期控制性详细规划	2004	适当发展无污染的高新技术产业和都市工业	规划工业用地只允许布置对居住和公共设施等环境基本无干扰和无污染的一类工业用地	与总规要求吻合，对总规实施情况良好
杭州市小营单元之大学路地区控制性详细规划	2005	疏解工业和居住用地，降低人口密度，提高环境质量	交通便捷、设施完善、环境优美的居住与商业文化混合功能区	规划目标与杭州总规提出的要求相符合，对总规的落实情况良好
杭州市上城区中小学布局规划	2005	旧区要优化中小学结构布局，新区要按规范合理配置学校设施	规划共设小学28所，中学11所，九年一贯制学校2所，其中Ⅰ类学校2所，Ⅱ类学校4所，准Ⅱ类学校2所，Ⅲ类学校16所，低于Ⅲ类学校16所	总规中提出“旧区要优化中小学结构布局”在布局规划中得到落实
近江单元（SC04）控规	2005	重点发展第三产业和高技术产业、新型都市工业	建设富有活力的中央居住区，钱江新城的配套片区	在单元功能定位上与总规完全符合，在用地主导功能上也与总规一致，落实良好
杭州市南星单元（SC－06）控制性详细规划	2005	保证城市中心功能的发挥，保护好历史文化名城和西湖风景名胜区	配套齐全，设施完善，交通便捷、设施完善、环境优美的新型现代城市居住功能区块	在单元功能定位上与总规完全符合，在用地主导功能上也与总规一致
杭州市上城分区规划（2005—2020）	2005	保护好历史文化名城和西湖风景名胜区；重点发展旅游服务、商贸、金融等第三产业	杭州市休闲旅游商务服务核心区（RBD），国家历史文化名城的重要组成部分、杭州市商贸商务旅游服务中心、杭州市主城区南部生活居住区	分区规划的功能定位是对城市总体规划的完整落实，在用地主导功能上也与总规一致
杭州市小营规划管理单元（SC02）控制性详细规划	2006	疏解工业和居住用地，降低人口密度，提高环境质量，调整用地结构	整体空间结构为“一个中心、两个片区、三条公建带”	在单元功能定位上与总规完全符合，在用地主导功能上也与总规一致，落实情况良好
杭州市紫阳单元（SC05）控制性详细规划	2006	保证城市中心功能的发挥，保护好历史文化名城和西湖风景名胜区	整体空间结构为“两轴、两区、两心、多带”	在单元功能定位上与总规完全符合，在用地主导功能上也与总规一致，落实情况良好

续表 5-1-1

规划名称	编制时间	总体规划相关要求	相关核心内容	总体规划落实情况评价
杭州市上城分区复兴单元（SC06）控制性详细规划	2006	疏解工业和居住用地，降低人口密度，提高环境质量，调整用地结构	对沿江新住宅区将结合路网局部调整，使居住环境更趋完美；结合“城中村”改造，加快农居点的建设改造；对市场用地进行整合	主要工作是对总规中提出的“疏解工业和居住用地，提高环境质量、提升城市品质”的落实，落实情况良好
杭州市清波单元（SC03）控制性详细规划	2006	保证城市中心功能的发挥，保护好历史文化名城和西湖风景名胜区	一条城市商务发展轴、一条特色商业发展轴、三个居住片区、四个特色公建带	在单元功能定位上与总规完全符合，在用地主导功能上也与总规一致，落实情况良好
杭州市湖滨单元（SC01）控制性详细规划	2007	保证城市中心功能的发挥，保护好历史文化名城和西湖风景名胜区	整体空间结构为“两轴、一心、五区”	在单元功能定位上与总规完全符合，在用地主导功能上也与总规一致，落实情况良好
西湖风景名胜区——凤凰山景区控制性详细规划	2008	以秀丽、清雅的湖光山色与璀灿的历史文化交融一体为特色，以观光旅游为主要功能的国家重点风景名胜区	凤凰山景区是以吴越、南宋历史文化与江湖山景相交融为主要特征，以观光游览与休闲活动相结合为主要功能，兼有科教、文化展示、历史纪念等功能的景区	规划秉承和扩充总规对景区的功能定位，提出严格的景观、文物古迹保护要求，总规落实情况良好
杭州市上城区城市发展战略规划	2008	贯彻“控制、疏散、重构”方针，保证城市中心功能的发挥，保护好历史文化名城和西湖风景名胜区	上城区的目标是：具有国际水准的高品质中心城区，具备顶端产业、厚重文化、精致空间、人性交通、品质生活	是对总规提出“湖滨地区为旅游商业区”的深化，对总规的落实情况良好
上城区保障性设施布点规划	2010	积极构建终身教育体系，建设省老年大学，加强区级预防保健和社区卫生服务机构建设	社区卫生服务中心按照建筑面积规范标准（33 平方米/百户），用地面积规范标准（50 平方米/百户）落实	社区卫生服务机构建设在保障性设施布点规划中落实；发展社区教育，新建社区学校没有提及，属于部分落实
杭州市上城区地下空间开发利用专项规划	2010	城市地铁交通和地下空间的建设兼顾人民防空需要；逐步实施城市“共同沟”、地下商业街和地下停车场、物资储存库等建设	通过地下空间开发利用有效解决城区地面空间不足的问题，优化城区用地功能布局，逐步营造“地下城”的建设理念，为上城区打造“国际水准的高品质中心城区”奠定良好的基础	规划兼顾人防、轨道交通和地下商业街、地下停车场，也提出现有人防工程改建利用的方向，落实情况良好
上城区近期建设规划（2006—2010）及 2010 年度行动计划	2010	加快更新改造集中成片的旧城区，积极做好历史文化名城保护工作，加快完善基础设施、公共服务设施，改善投资环境	围绕“高端产业、厚重文化、精致空间、人性交通、品质生活”五大重点领域，构筑形成以“休闲、旅游、商务、文创”等功能为主导的杭州旅游休闲商务中心（RBD）和“杭州生活品质之城”示范区	厚重文化和品质生活两大领域建设很好地回应总规提出的要求，因此对总规的落实情况良好

续表5-1-1

规划名称	编制时间	总体规划相关要求	相关核心内容	总体规划落实情况评价
杭州市上城区历史建筑保护利用专项规划	2010	保护好历史文化街区（历史地段）、文物古迹和历史建筑	制定分类历史建筑利用导引	实现历史建筑保护利用一筑一表，对总规的落实情况良好
杭州西湖东岸景观控制规划	2011	西湖景观面：保持“三面云山一面城”“城景交融，城湖合璧”的景观特色，禁止高层建筑对景观的破坏	保持“三面云山一面城”空间环境，保持东向城市沿湖景观与自然山水的和谐关系；加强湖东城市建筑立面的建设控制	规划将遗产区和缓冲区分为Ⅰ、Ⅱ、Ⅲ类区域实施景观控制，对新建建筑提出控制要求，落实情况良好
上城区公交设施及社会公共停车设施布点规划	2011	中心城建成区公交线网密度近期达到3.3千米/平方千米，远期达到4.0千米/平方千米。调整公交场（厂）布局，完善设施	规划公交场站合计20个，用地规模为11.9万平方米。其中公交首末站10个，合计用地2.8万平方米；公交枢纽6个，合计用地4.3万平方米；公交旅游集散中心4个，合计用地4.8万平方米	该规划是对“落实公共交通优先、加强公交场站建设”的总体规划要求的落实
上城区历史文化遗产保护利用近期规划	2012	保护好历史文化街区（历史地段）、文物古迹和历史建筑，加强环西湖景区保护	上城区以实施南宋皇城大遗址综保工程为载体，力争在三年时间内，完成历史文化遗产的保护修缮任务	对总规的落实情况较好
三江两岸（上城段）生态景观规划	2012	以创建国际风景旅游城市和生态城市为目标，高度重视城区绿化建设，积极实施沿江、沿河、沿路绿带	上城区以打造沿江段绿化景观大道为核心，以修复沿江景观界面，串联周边景区资源为手段，通过规划对区域的公共空间、绿化景观、沿江界面、旅游资源、道路交通、配套服务等多方面进行提升改造	对总规沿江发展战略、沿江绿带建设的延伸和深化
杭州市上城区沿山空间发展概念规划	2014	保护山体，保护水体，严禁在西湖风景名胜区内新建、扩建有碍景区保护的建（构）筑物；严格控制工厂、企事业单位及休疗养用地，逐步搬迁	总体思路：一环：市民的游赏休闲绿环。四片：勾山里与杭州手表厂片区，街区保护与功能利用；二十三坊片区，民生改善与老城文化展现；南星桥货场片区，皇城文化展现与民生改善；陶瓷品市场片区，产业升级与空间景观提升	在满足总规保护要求基础上的开发、利用，与总规不矛盾

说明：资料来源于杭州市规划和自然资源局上城分局

第四节 规划审批

1993—2003年，上城区境域内的建设项目选址意见书、建设工程规划许可证、竣工验收证均由杭州市规划局发放。2004年开始，由杭州市规划局上城规划分局（先后名上城区城市规划管理站、杭州市规划管理局上城区规划管理处）经办。2014年起，杭州市工程建设项目行政审批权力下放，上城规划分局的权限进一步扩大。

一、建设项目选址审批

1993—2003年，上城辖区内的选址意见书均由杭州市规划局发放，从2004年开始，上城辖区内的建设项目选址意见书的审批工作部分由上城规划分局经办。2004年、2005年，上城规划分局经办的上城区选址意见书占全区总数的20%左右；2006—2011年，由于《中华人民共和国城乡规划法》（简称《城乡规划法》）的实施，工程建设项目行政审批权力进一步向杭州市规划局集中，上城规划分局经办比例下降到10%以内。2012年开始，由于行政审批权力下放，上城规划分局经办比例逐步提高。至2015年，经办比例升高至91.3%。从经办项目类型来看，主要是私房翻建、外立面装修、工业厂房、围墙楼梯4种附属加建类型。1993—2015年，共发放建设项目选址意见书1804份，其中上城规划分局经办166份，占总数的9.2%。

表5-1-2　1993—2015年上城区建设项目选址意见书发放情况表

年份	选址发证总数（份）	分局经办发证（份）	分局发证比例（%）
1993	44	0	0
1994	72	0	0
1995	89	0	0
1996	88	0	0
1997	99	0	0
1998	74	0	0
1999	97	0	0
2000	63	0	0
2001	116	0	0
2002	87	0	0
2003	72	0	0
2004	107	21	19.63
2005	112	28	25.00
2006	67	7	10.45
2007	56	3	5.36
2008	64	4	6.25

续表5-1-2

年份	选址发证总数（份）	分局经办发证（份）	分局发证比例（%）
2009	92	1	1.09
2010	88	0	0
2011	67	6	8.96
2012	79	10	12.66
2013	61	14	22.95
2014	41	9	21.95
2015	69	63	91.30
合计	1804	166	—

说明：资料来源于杭州市规划和自然资源局上城分局

二、建设用地规划许可

1993—2014年，上城区的建设用地规划许可证基本由杭州市规划局审批办理。2005年，上城规划分局经办2例建设用地规划许可，为上城科技工业基地的工业用地和道路用地。2014年，杭州市的工程建设项目行政审批权力下放，上城规划分局经办1例，占该年总发证比例6.67%。2015年，上城规划分局经办比例明显提高，达到62.79%。

三、建设工程规划许可

1993—2003年，上城区的建设工程规划许可证由杭州市规划局办理。2004年开始，该工作部分由上城规划分局经办。2004—2006年，上城规划分局经办比例在20%以上；2007—2010年，由于《城乡规划法》实施，经办比例下降到10%左右；2011年开始回升，而且比例逐步增大；2015年达到84%。市政工程发证方面，在2014年以前，市政工程规划许可由杭州市规划局审批办理，分局不承担工作，但在2015年，由于行政审批权力下放，上城规划分局办理2例市政工程许可发证。从经办项目类型来看，除私房翻建、外立面装修、工业厂房、围墙楼梯4种附属加建类型，还包括商品住宅、商业金融用房、教育用房、医疗用房等。

四、竣工验收

1993—2003年，上城区的竣工验收工作由杭州市规划局负责。2004年开始，上城区的竣工验收工作由上城规划分局经办。竣工验收成为上城规划分局主要工作之一。至2015年，上城规划分局总计发放竣工验收证279份。

表5-1-3　2004—2015年上城区竣工验收发证数量情况表

年份	竣工验收发证总数（份）	分局发证数量（份）	分局经办发证比例（%）
2004	8	8	100.00
2005	35	34	97.14
2006	50	50	100.00
2007	29	29	100.00

续表 5-1-3

年份	竣工验收发证总数（份）	分局发证数量（份）	分局经办发证比例（%）
2008	25	25	100.00
2009	33	33	100.00
2010	25	25	100.00
2011	19	19	100.00
2012	16	16	100.00
2013	7	6	85.71
2014	16	15	93.75
2015	19	19	100.00
合计	282	279	—

说明：1. 1993—2003年无竣工验收统计信息。2. 资料来源于杭州市规划和自然资源局上城分局

第五节　勘测设计

杭州主城区测绘工作主要包括基础控制测量以及1：500等大比例尺地形图测绘，1993—2015年一直由杭州市规划部门统一组织实施。

一、测绘工作

平面控制测量　1993年，杭州市原二等三角网加以扩展，首次采用全球定位系统（GPS）进行三角网控制施测，控制面积进一步扩大。2004年4月，完成杭州主城区（覆盖面积近3000平方千米，包括全部上城区区域）全球定位系统（GPS）C级控制网暨精化大地水准面的测量工作。2007年，上城区的二等水准网测量再一次得到完善。2013年，杭州市完成市域范围1.7万平方千米范围内的二等水准网布设及似大地水准面模型精化工作，并投入运行。2015年，杭州市勘测设计院完成主城区549点水准线路普查、选埋和水准外业测量、水准数据平差处理，为后期地面沉降监测网分期、分区域的复测奠定基础。

地形图测量　1993年，杭州市区测有1：10000比例至1：1000比例间大小不等的地形图，涵盖上城区的大部分区域。1998年5月，国家测绘局第四地形测量队对上城区复兴测区5.54平方千米范围，施测1：500地形图116幅。2000年，杭州市规划局组织力量，完成含上城区在内杭州五城区70.9平方千米的航空摄影及测量任务，制作成1：500数字化地形图1418幅。2002年，规划部门完成上城区1：500、1：1000数字化地形图的整理和转换工作，实现DGN数据格式到ARC/INPO数据格式的自动转换，形成一套较为完整的从数据采集、编图到数据转换、入库的生产线。2005年，承担完成吴山测区24.75平方千米1：500数字化地形图修测任务。2011年，杭州市主城区范围内的地形图全部完成更新修测、转换入库和数据维护，上城区范围内的卫星影像图也制作完成。2015年，杭州开展市700平方千米1：500地形图跟踪修测、市卫星定位综合服务系统二期建设，以及市区范围基础空间框架数据更新、整理与集成工作。编制完成《杭州市地图册》以及包括上城区在内的《杭州市五区规划工作用图和控规总图》。至2015年末，上城区区域面积已全部拥有

完整的1：500地形图、三维数据建模等地理空间框架数据。

工程普查测量　市政工程勘测：1993—1999年，市勘察测绘院对上城区范围内的重要道路桥梁等市政工程进行测量；2000年，对上城区范围内多项桥梁工程新建、延伸或拓宽的中线定位和纵横断面进行全面测量。

管线普查测量：20世纪80年代在上城区1：500至1：2000地形图上，进行地下管线和带状地形绘制。2000年，杭州市地下管线普查领导小组对上城区延安路、解放路、中河高架桥等主要道路电力、通信、热力、给水、排水和燃气等管类进行普查，完成全区天然气利用工程测量任务。2001年6月至2005年3月，进行上城区主要区域管线普查，绘制综合管线图。2007年，建立包括上城区的杭州市高精度管网定位系统。2009—2010年，对上城区的地下管线测量成果进行更新。

工业建筑测绘：1980—1999年，杭州市勘察测绘院先后完成上城区多个工业工程建筑及大型公建的地形、定位和施工放样测量。2000年后，完成杭州卷烟厂等工程建筑用地的定位、施工放样和±0检测的测量。

公共建筑、建设测绘：1980—1999年，杭州市勘察测绘院会同浙江省测绘局外业测绘大队相继完成对上城区南宋官窑博物馆、新侨饭店、友好饭店等大中型公共建筑工程的测量作业。2000年，完成上城体育商城等公共建筑用地的地形、定位、±0检测和施工放样测量。2001—2005年，杭州市勘测设计研究院承担和完成杭州市轨道交通工程1：500带状地形图、中河高架控制及中线测量，以及西湖大道、建国中路的测绘及道路现状图、剖面图绘制等工作。

2014年1月，杭州市第一次地理国情普查启动，完成杭州的行政境界、人工化区域、道路、给排水设施、燃气设施等要素的普查数据生产。2015年，杭州市勘测设计院完成近600平方千米主城区的跟踪修测，涉及图幅1.2万幅；并完成“城市公共设施”“地下管线及市政设施”和“道路及交通设施”等12个项目的普查。地理国情普查成果数据分别覆盖市域、市区和主城区3个层级，涵盖自然地理、人文地理和经济地理三大类地理要素、56项市情要素、92个图层，成果编制成《杭州市地理市情手册》。

二、规划勘测设计机构

杭州市建筑设计研究院有限公司　杭州市建筑设计研究院有限公司位于望江东路332号中豪望江国际2幢2～6楼。该公司创建于1952年。1979年，称杭州市设计院。1999年，被列为全国首批扶优扶强换发建筑工程设计资质证书和建筑智能化系统工程设计单位，是浙江省首批勘察设计行业综合实力十强单位。2003年10月改制后更名为现名。2015年，有教授级高级工程师20人、高级工程师180余人，技术人员占职工总数的95%。该院设有建筑、结构、给排水、电气、暖通、建筑经济、室内设计等专业，主要承接工业与民用建筑工程的设计。

杭州市城建设计研究院有限公司　杭州市城建设计研究院有限公司位于浣纱路116号，创建于1952年。1984年，称杭州市城建设计院，为国家甲级建筑、市政工程设计单位。2003年9月改制后更名为现名。2015年，拥有建筑、结构、设备（含室内给排水、电气和暖通）、道路、桥梁、隧道、水工结构、经济分析、计算机和信息技术管理等专业，有高级职称（含教授级）专业技术人员70余人，中级职称专业技术人员90余人，各类注册师80余人。承担各类民用建筑和工业建筑、桥梁、道路、给水排水等工程设计。

浙江省水利水电勘测设计院　浙江省水利水电勘测设计院位于抚宁巷66号，创建于1956年，是一家集咨询、勘测、设计、科研、岩土工程施工、工程建设监理、工程总承包、项目代建、水库蓄水安全鉴定、施工图设计审查和投资等业务于一体的大型专业勘测设计单位。至2015年，有职工1300余人，专业技术人员占90%，博士、硕士、国家注册工程师、教授级高级工程师及高级工程师近半。

第二章　市政建设

1978年起，上城区市政设施建设发展迅速、道路改造力度加强，全区大多数主要道路均得到拓宽并改造为水泥路，支路改造为沥青路，街区面貌焕然一新；上城区逐渐重视河道疏浚、排水截污工作，主要对中河、东河开展治理工程，使两河河道生态环境、水体水质以及沿河地带的交通、市容和居民的居住条件得到提高。1986—1992年，全区共新埋下水管道17045.5米，新砌窨井1943只，修理下水道76945米，道路、下水管道状况明显改善。

1993—2005年，上城区市政建设主要体现在主次干道和桥梁上，延安路（上城段）、之江路、富春路、望江东路等一批主次干道相继建成，同时在旧城拆迁改造过程中，建成西湖大道、望江高架等干道，道路通行能力显著提高；先后建成西兴大桥和复兴大桥，极大改善钱塘江南北岸交通状况。2000年，上城区开始实施截污纳管（即污染源单位把污水截流纳入污水截污收集管系统进行集中处理）工程，改变道路、小区、公建单位等内部雨污合流、河道污水直排的状况，减轻河水受污染程度。2002年起，杭州市实施城市道路有机更新，开展"33929"（即33条道路、9座桥梁、2条隧道、9个入城口）等重大工程，上城区望江路、万松岭隧道、西湖隧道等建成，道路进一步提升改善。

2005年开始，上城区针对背街小巷缺少路灯、道路坑洼不平、排水设施缺失等问题，逐步对全区背街小巷进行完善。至2015年末，上城区先后改善背街小巷666条，整治路段110余千米，面积95万平方米，累计电路"上改下"400余条。

2008—2009年，杭州市开展"十纵十横"[①]道路综合整治工程，上城区中山中路、建国路、江城路、清泰街、复兴路等主次干道进一步整治提升，交通拥堵情况改善。2012年，上城区循序推进12条道路建设工作，太平里、海月路、机务段路（延伸段）、板桥路、仁和路等完工。2014年，上城区最后一片城中村望江地区推进拆迁改造，海潮路、凯旋路等上城区域路段启动建设工程。

2015年，上城区共有道路（不含背街小巷）424条，其中主次干道

① "十纵"，指中山路、建国路、南复路、江城路、秋涛路、石桥路南段、古翠路、古墩路、教工路、杭大路，共17.5千米；"十横"，指清泰街、开元街、复兴路、凤凰山路、平海路、教工路、大关路、沈半路、登云路、潮王路，共19.8千米。

46条、长72.4千米，支路378条、长79.7千米，道路面积297万平方米（不含人行道226.1万平方米）；建有人行天桥18座、人行地道12座；建有桥梁130座，其中跨钱塘江桥梁3座。排水管道总长294.4千米，其中雨水管道222千米，检查井8882座，污水管道72.4千米，检查井4753座，全区截污率97%，截污量每天约13万吨。

第一节　组织机构[①]

1993—2004年，市政设施实行市、区两级管理，雨水管道、一般道路、桥梁、小街小巷由各区管理，其余均属市管，上城区区管市政设施由上城区建设局市政园林管理所（简称区市政所）负责建设、管理、养护。

2004年11月，杭州市上城区城市管理办公室（简称区城管办）成立，有关市政管理和道路、河道绿化带的绿化养护、管理职能划入区城管办；原区建设局所属区市政所整体划归区城管办管理。2012年6月，杭州市上城区城市管理局（简称区城管局）成立，增挂杭州市上城区城市管理行政执法局（区城管执法局）牌子，区市政所纳入区城管局下属单位。至2015年末情况不变。

① 详见第六篇城区管理第四章市政管理第一节组织机构。

第二节　道路街巷

1993年，上城区道路、街巷基本成形。1996—2000年“九五”规划期间，上城区配合杭州市完成河坊街、中河高架路、西湖大道等工程的建设。2001—2005年“十五”规划时期，上城区道路建设开始新的发展，先后完成望江路、南山路的改造、“一纵三横”道路综合整治（庆春路）等工程，道路从满足交通功能向景观功能、文化功能并重转变，城市品位得到提升。2005年，上城区开始背街小巷改造工程。2006—2010年“十一五”期间，上城区把握杭州市“五纵六路”、“两纵三横”、中山路综合保护、“十纵十横”整治等重点项目建设的重要契机，区内道路网络进一步完善。至2015年末，上城区道路达152.1千米，面积297万平方米；先后改善背街小巷666条，面积95万余平方米。

一、道路

20世纪90年代，上城区道路路网基本成形，各主次干道较为完善。1993—1995年，为适应不断加快的城市化进程，上城区配合杭州市对庆春路等道路进行拓宽改造，并配合实施延安南路贯通等建设工程，完善全区主干道的道路网络建设。1996年，杭州市城建总投资达18亿元，相当于整个“八五”期间（1991—1995年）的投资总量，上城区在杭州市的指导下全面推进城市基础设施建设。全年完成玉皇山交通隧道工程、复兴路改造工程、清泰街拓宽工程等。1996年末，全区道路（不含背街小巷）共433条，其中路宽大于3.5米的道路长度约38.5千米，车行道面积约25.7万平方米，人行道面积约10.4万平方米；路宽小于3.5米的道路总长为46.7千米，车行道面积约12.36万平方米，人行道面积约5400平方米。1997—1999年，上城区先后新建、改建西湖大道、之江路等，并完成解放路、浣纱路等主要道路的拓宽工程。2000—2005年，上城区围绕杭州市“构筑大都市，建设新天堂”的总体目标，在杭州市道路建设“33929”（33条道路、9座立交桥、2条隧道和9个入城口环境综合整治）工程中，完成开元路、南山路、清江路、富春路、望江路等工程。2005—2012年，上城区共改造400余条市政道路和小区道路。至2015年末，上城区道路达152.1千米，面积297万平方米。

庆春路　庆春路位于上城区北部，与下城区交界，东起庆春立交桥，与庆春东路相接，西至环城西路与湖滨路的交叉口。1991—1993年，杭州市政府对庆春路全线拓宽改造，西端由东坡路拓至湖滨路，拆迁道路两旁民房，将路拉直，东至环城东路，全长约3040米，宽约40米，设有双向四车道，并在东、西人车密集处建立交桥和人行天桥各1座。2005年7—9月，庆春路实施整治工程，对全路改铺吸音沥青，实施电杆入地、沿路立面整治，整治后路宽40～50米，双向6车道，并设中央绿化带宽1～2米。

湖滨路　湖滨路南起解放路，北至庆春路，西临西湖，东接湖滨商业区。2003年，邮电路—庆春路段作为特色步行街启用，与东坡路、平海路、学士路、庆春路等6条道路相交。2005年6月，原步行街向小型机动车开放，允许机动车通行。2005年7月、2006年12月、2008年10月、2013年8—9月，湖滨路经历4次整修，最后整修后长1315米，宽24～33米。2014年1月末起，庆春路—长生路段、平海路—邮电路段双向禁止机动车通行，长生路—平海路段维持原来的北向南单向通行。6月，庆春路—邮电路段全面禁止机动车和非机动车通行，湖滨路步行街回归。

建国中路　建国中路南起清泰街，北至庆春路。2003年进行整修，2009年作为“十纵十横”项目之一再次整修，整修后全长约1200米，宽38～50米，道路由4车道拓宽至6车道，并建造配套港湾式公交车站，地面电线“上改下”埋至地下。2011年清泰街—解放路段进行整修。

建国南路　建国南路南起望江路，北至清泰街。1994年7月—1995年4月，上城区实施清泰街—郭东园巷段拓宽工程，长530米，宽42米，双向4车道，沥青路面。2009年，杭州市实施“十纵十横”项目，全路段再次整治，整治后全

图5-2-1　建国南路（2009年）　（汤耀亮　摄）

长1182米，其中清泰街至郭东园路段宽46米，郭东园路至望江路段宽20米。道路由4车道拓宽至6车道，地面电线“上改下”埋至地下。

复兴路　复兴路南起虎跑路对之江路，向东偏北过复兴桥至江城路与秋涛路相连。1994年10月至1997年1月，复兴路进行改造，竣工后长3150米，宽30～34米，双向6车道，中间绿化隔离带宽2米，两侧人行道分别宽2.3米和4.7米。2009年，杭州市实施“十纵十横”项目，全路段进行整治，建造配套港湾式公交车站，完善交叉口渠化（不同行驶方向车道避免互相干扰），地面电线“上改下”埋至地下。

南山路（上城段）　南山路（上城段）位于西湖东南面，东靠西湖大道、河坊街、吴山、万松岭，北起解放路与湖滨路相连，南至万松岭路。2002年4—9月，南山路进行改造，车行道采用改性沥青面层，人行道采用花岗岩面板，并设置公交港湾，清除架空线，配置与南线景色相协调的新颖路灯。改造后的南山路上城段全长约2150米，宽27～33米，扭转西湖旅游“北热南冷”的局面。

解放路　解放路东起环城东路金衙庄，西接南山路。2004年，解放路从隧道穿过铁路和贴沙河往东延伸至钱江新城，延伸段名解放东路。是年5月，解放路拓宽改建，长约2160米，宽约40～45米，沿路商铺进行修缮。

西湖大道　西湖大道东起城站广场，西至南山路涌金门。1998年6月开工建设，1999年9月竣工。全长1742米，宽约60米，沥青路面，双向6车道，两侧为慢车道和人行道。快车道中间绿化隔离带宽10米，快慢车道及慢车道与人行道之间绿化带宽3米。整个工程同步建设东河、中河2座平桥及定安路人行地道，在中河路建3层环形互通涌金立交桥。

东坡路　东坡路南起邮电路，北至庆春路。2002年10月，东坡路拓宽工程开工，2003年完工，由6米拓宽至24米，长759米。道路拓宽前东坡路有农贸市场、水产批发中心、剧院、大排档等，现为商贸、娱乐一条街，有杭州东坡剧院、杭州市文化中心、杭州天地实验小学、利星名品广场、杭州凯悦大酒店等。

图5-2-2　东坡路（1996年）　（吴国方　摄）

图5-2-3　东坡路（2015年）　（吴国方　摄）

秋涛路　秋涛路南起江城路复兴立交，东北至西兴大桥（钱江三桥）。2015年，秋石快速路建设完成后，秋涛路作为秋石快速路地面道路重新翻建完成通车，全长约3150米，宽约50米。

之江路（上城段）　之江路（上城段）东起西兴大桥（钱江三桥），西至钱塘江大桥。

1999年实施翻建，上城段长约8500米，宽32～33米，双向4车道。

延安路（上城段） 延安路（上城段）南起高银街，相望吴山广场，北至庆春路，与惠民路、西湖大道、开元路、解放路、仁和路、平海路、庆春路相交。1994年3—11月，完成南延工程，自开元路口向南延伸至高银街，南延后上城段长约2000米，宽约40米。2012—2013年，延安路进行提升改造，宽34～50米，包括地下管网改造、交叉口渠化、公交港湾式改造、路面改造等，上城段新建延安路天桥，改造后庆春路—西湖大道段单向通行改为双向通行，告别该路段10年单向交通历史。

钱江路（上城段） 钱江路（上城段）东起清江路，西至飞云江路。道路于2002年12月动工，2004年3月建成。全长约3330米，宽40～50米，中间绿化分隔带宽5米，机动车道各宽14米、人行道各宽1.5米，沥青混凝土路面。2008年也有改建。

姚江路 姚江路东起之江路，西至秋涛路。道路于2003年8月动工，2004年1月建成。全长约900米，宽约45米，双向6车道，沥青混凝土路面。

望江路 望江路东起秋涛路，西至中河路。2000年12月至2002年12月进行改建，建成望江立交桥，主桥长493米，宽19米，跨过铁路轨道；改建后道路全长约1270米，宽约50米。

望江东路 望江东路东起之江路，西至秋涛路。2002年11月至2003年10月，实施望江路延伸工程（秋涛路至之江路）时建成。全长约1490米，宽约50米，其中中央绿化隔离带宽5米，两侧车行道各宽12.5米、绿化带各宽5米、慢车道各宽3.5米、人行道各宽1.5米。

江城路 江城路南起中河路南段与江城立交相接，北至郭东园路。2009年，在“十纵十横”整治中，江城路实施“上改下”项目，将地面电线埋至地下，对主要路口进行转向车道扩宽并增加车道，完善交叉口渠化，改造后全长约2980米，宽约30米。

环城东路（上城段） 环城东路（上城段）南起城站广场，北至庆春路，东傍贴沙河。2000年，完成解放路至庆春路段拓宽改造，全长约1530米，路宽由27～29米拓宽至约40米，其中车行道宽18～20米，两侧人行道各宽4.5米。

富春路（上城段） 富春路（上城段）南起姚江路，北至清江路。2002年2月动工，2003年12月建成。长2771米，宽28～50米，沥青混凝土路面。

中河路（上城段） 中河路（上城段）南起江城路，北至庆春路。以望江路为界分为中河中路、中河南路。1997年4月，在实施中河高架路建设的同时向西拓宽30米，上城段全长约4266米，宽36～44米。2000年、2001年、2002年均有改建。

城站广场周边道路 城站广场周边道路是清泰街以南、建国南路以东、郭东园路以北、铁路以西范围内各段市政道路的总称（城站路除外）。1997年铁路杭州站重建时，将周边道路一并整治。2014年，在城站广场整修过程中，站前广场被改建成街心公园，并同时将城站周边道路以及邮驿路、西湖大道等道路进行提升整治，城站广场周边道路总长2376米，路宽15～61米。

浣纱路 浣纱路南起开元路，北至庆春路西段。1999年10—12月，实施平海路—庆春路段拓宽改建工程，改建长度453米，路宽由18米拓至25～35米，人行道铺砌彩色地砖。改建后浣纱路全长1187米，宽25～35米，沥青路面。2009年改建。

平海路　平海路东起中河中路，西至湖滨路。1992年向东延伸，拓棚桥弄、大浒弄至中河路。2000年7—9月，完成改建工程，路宽由24米拓宽至32米，车行道宽18米，两侧人行道各7米，彩色道板。在2009年“十纵十横”项目，平海路再次整治，将地面电线埋至地下，改善道路景观、功能，完善公交站，全长1047米，宽30米。

图5-2-4　平海路（1999年）　（吴国方　摄）

图5-2-5　平海路（2015年）　（吴国方　摄）

中山中（南）路　中山中路南起十五奎巷，北至庆春路；中山南路南起中河南路与万松岭路路口，北至十五奎巷，是中山路组成部分。2008年初，以南宋御街为核心的中山路综合保护与有机更新工程启动，历时2年完成。改造后，中山中路十五奎巷至西湖大道段沥青路面改为石材铺装，为步行街（南宋御街），宽约12米；西湖大道至平海路段沥青路面改为石材铺装层，宽14米；平海路至庆春路段宽约25米，中山中路全长2269米。中山南路长1337米，宽12米。

万松岭路　万松岭路东起中河南路，西至南山路，南侧为馒头山、凤凰山、九华山、万松岭，北侧为清平山、云居山。2010年，万松岭路翻修整治，翻修采用透水沥青路面，平石、侧石采用花岗岩，同时在人行道处以及各交叉路口处设置缘石坡道，增加无障碍设施。翻修后，万松岭路全长1863米，宽12～14米。

清泰街（上城段）　清泰街（上城段）东起环城东路，西至中山中路，与开元路相接。在2009年“十纵十横”项目整治中，清泰路实施“上改下”改造，将地面电线改埋地下，分离机动车与非机动车道，完善交叉口渠化，配套公交港湾式车站。改造后，清泰街（上城段）全长1330米，宽33～36米。

开元路　开元路东起中山中路，西至南山路。2001年12月改建工程开工，2002年9月竣工。全长958米，宽24米，沥青混凝土路面。

河坊街　河坊街东起江城路，向西越南北向的建国南路、中河中路、中山中路、劳动路至南山路。1999—2002年，河坊街吴山广场至中山中路段建成仿古商贸旅游步行街。2010年，在原河坊街（建国南路—中河中路）开挖一条河道沟通中河、东河，并新建3座桥梁，对两侧原有道路进行改造，全长约1800米，吴山广场—中山中路段为青石板路面，路宽13米，其余路宽30～41米。

图5-2-6 河坊街、中山中路交叉口（1994年）
（俞秋杭 摄）

图5-2-7 河坊街、中山中路交叉口（2015年）
（俞秋杭 摄）

上塘中河高架路　上塘中河高架路南与复兴大桥相连，北至轻纺路，其中中河高架路上城区段跨越万松岭路、中山南路、望江路、河坊街、西湖大道、清泰街、解放路、平海路等交叉口。中河高架路分3期建设，1997年6月至1998年1月，实施庆春路—中河立交一期工程，长1500米；1997年11月至1998年12月，实施庆春路—望江路二期工程，长2300米；2000年12月，建成望江路—复兴大桥三期工程，长4600米。2001年3月至2002年2月，建设上塘高架路工程，南起文晖路与中河高架路相连，北至轻纺路与上石立交相接，全长5800米。至2015年，上塘中河高架路全长14200米，宽19米，双向4车道，采取全线高架的形式。

秋石高架路（上城段）　秋石高架路（上城段）从清江路立交开始，沿秋涛路到复兴立交桥，连通西兴大桥和复兴大桥，2015年5月建成通车。长约3300米，双向6车道，设计时速80千米，为全线高架形式。

表5-2-4　2015年上城区主要干道情况表

单位：米

序号	道路名称	道路起讫点	道路等级	建成时间	修建、改建时间	长度	宽度
1	湖滨路	庆春路—解放路	主干	民国初	2003、2005、2006、2008、2013	1315	24～33
2	建国中路	清泰街—解放路	主干	宋代	20世纪90年代、2009、2011	349	50
		解放路—庆春路	主干		20世纪90年代、2003	856	38
3	建国南路	清泰街—望江路	主干	宋代	1994、2009	1182	20～46
4	复兴路	之江路—钱江四桥	主干	清代	1997	3150	30～34
5	南山路	万松岭路—解放路	主干	民国初	2002	2150	27～33
6	解放路	环城东路—建国中路	主干	宋代	20世纪50年代、2004	535	45～49
		建国中路—延安路	主干			1500	40
		延安路—南山路	主干			125	45

续表 5-2-4

序号	道路名称	道路起讫点	道路等级	建成时间	修建、改建时间	长度	宽度
7	西湖大道	建国南路—南山路	主干	1999	2004	1742	59～60
8	西兴大桥地面道路	之江路—复兴立交地面道路	主干	2004	—	360	72
9	复兴立交地面道路	紫花路—江城路	主干	2002	—	500	50
		江城路—秋涛路	主干	2002	—	710	63
10	秋涛路	复兴立交—秋涛一弄	主干	民国	20世纪80年代、2003	2205	51
		秋涛一弄—西兴大桥	主干			946	46
11	之江路	钱塘江大桥—复兴路	主干	民国	1999	1110	32
		复兴路—西兴大桥	主干			7390	33
12	延安路	高银街—开元路	主干	清代	民国初、1962、1994、2013	793	40
		庆春路—平海路	主干			500	50
		平海路—解放路	主干			400	38
		解放路—开元路	主干			310	34
13	钱江路	清江路—姚江路	主干	1999	2004、2008	2731	40
		飞云江路—姚江路	主干			599	40
14	姚江路	之江路—秋涛路	主干	2004	—	900	45
15	望江路	中河路—秋涛路	主干	元代	1959、2002	1270	50
16	望江东路	之江路—秋涛路	主干	2003	2003	1490	50
17	衢江路	之江路—钱江路	主干	2003	—	1053	20
18	江城路	郭东园路—江城立交	主干	宋代	1953、20世纪90年代、2009	2980	30
19	环城东路	金衙庄—庆春路	主干	元代	20世纪50年代、1990、2000	1040	36
		金衙庄—城站	主干			490	35～44
20	清江路	钱江路—之江路	主干	1998	2008	1085	22～27
		秋涛支路—钱江路	主干			500	52
		清泰立交—秋涛支路	主干			891	18
21	富春路	姚江路—甬江路	主干	2003	—	777	28
		甬江路—婺江路	主干			1104	50
		婺江路—衢江路	主干			420	40
		衢江路—清江路	主干			470	40
22	中河南路	望江路—万松岭路	主干	1986	1997、2000、2001、2002	1482	36
		万松岭路—江城路	主干			334	36
23	中河中路	庆春路—望江路	主干			2450	44
24	城站广场	江城路—转盘	主干	1997	2014	250	30
		转盘	主干			460	30
		邮驿路	主干			300	20
		城站广场支路	主干			866	15
		建国南路—城站路	主干			100	60
		城站路—转盘	主干			100	61
		转盘—环城东路	主干			300	32

续表 5-2-4

序号	道路名称	道路起讫点	道路等级	建成时间	修建、改建时间	长度	宽度
25	严官巷路	中山南路—万松岭隧道口	主干	2007	—	311	20
26	婺江路	钱江路—之江路	主干	2003	—	995	40
		秋涛路—钱江路	主干			432	—
27	甬江路	之江路—钱江路	主干	2003	2007、2014	708	45
		秋涛路—钱江路	主干			466	—
28	浣纱路	开元路—庆春路	次干	民国	1973、1999、2009	1187	25～35
29	平海路	中河中路—浣纱路	次干	民国	1992、2000、2009	437	32～34
		浣纱路—湖滨路	次干			610	30
30	中山中路	平海路—庆春路	次干	宋代	民国、2008	418	24～36
		西湖大道—平海路	次干			900	14
		十五奎巷—西湖大道	次干			951	12
31	中山南路	万松岭路—十五奎巷	次干			1337	12～13
32	万松岭路	中河南路—南山路	次干	民国	2010	1863	12～14
33	高银街	中河中路—劳动路	次干	2002	2002、2005	934	14～20
34	清泰街	环城东路—中山中路	次干	清代	1981、1996、2008	1330	33～36
35	抚宁巷	金钗袋巷—江城路	次干	2008	2011	150	18
36	开元路	中山中路—南山路	次干	2002	—	958	24～27
37	河坊街	江城路—建国南路	次干	五代吴越时期	2000、2002、2006、2008、2010	286	30
		建国南路—中河中路	次干			293	30
		河坊街景区	—			780	30
		劳动路—南山路	次干			440	41

说明：资料来源于杭州市上城区城市管理局

表 5-2-5　2015 年上城区主要支路情况表

单位：米

序号	道路名称	道路起讫点	等级	建成时间	改建、改善时间	长度	宽度
1	秋涛支路	秋涛路—清江路	支路	1990	2006	550	17
2	鲲鹏路	婺江路—吟潮路	支路	2007	—	1292	20～23
3	闻潮路	之江路—富春路	支路	2007	—	476	20
		铜鼓路—钱江路	支路	2014	—	363	—
4	候潮路	江城路—九米路	支路	2006	2006	375	20
5	铜鼓路	银鼓路—望江东路	支路	2014	—	319	12
6	候潮东路	秋涛路—钱江路	支路	2013	—	440	24
7	雷霆路	望江路—婺江路	支路	2013	—	498	20
8	银鼓路	甬江路—望江东路	支路	2014	—	486	20
9	沙地路	秋涛路—望江路	支路	20世纪70年代	—	409	9.6
10	韶华巷	南山路—西湖大道	支路	20世纪60年代	2000	306	2.3

续表5-2-5

序号	道路名称	道路起讫点	等级	建成时间	改建、改善时间	长度	宽度
11	复兴南街	紫花路—南复路	支路	1998	—	1700	20
12	严官巷上山道路	严官巷—第四医院后门	支路	20世纪60年代	2001年大修	320	3.5
13	映霞街	秋涛路—海潮路	支路	2009	—	521	20～23
14	近江南路	富春江路—东转衢江路西—婺江路	支路	2004	—	1085	12
15	近江西路	富春江路—北转衢江路西—婺江路	支路	2004	—	1002	12
16	甘王路	甘王路—秋涛一弄	支路	1987	—	304	5.5
17	滨江13号路	之江路—瓯江路	支路	1998	—	328	12

说明：资料来源于杭州市上城区城市管理局

二、过街地道

丰乐桥人行地道　丰乐桥人行地道位于解放路和中河中路交叉口，1985年7月至1986年12月建设，是杭州市第一座人行地道。主通道呈口字型，沿中河路长38.6米，沿解放路长31.6米，净宽3.86米，净高2.55米，钢筋混凝土结构，大理石、彩釉砖镶面，塑料扣板顶壁，铝塑板侧壁，水磨石地面。2010年，进行地道设施改善。

定安路人行地道　定安路人行地道位于西湖大道和定安路交叉口，20世纪90年代建成。主通道呈工字形，穿越定安路的两条主通道长40米，穿越西湖大道通道长65米，地道净宽8米，高2.7米，顶面装饰白色涂料，侧壁瓷砖贴面，花岗岩地面。2013年，进行地道设施改善。

西湖大道/南山路过街地道　西湖大道/南山路过街地道位于西湖大道南山路口，2005年9月开工建设，2006年6月完工，9月投入运行。通道呈L型，3个出入口分别位于西湖天地二期、索菲特西湖大酒店、涌金公园，设上行电梯及人行步梯。地道全长164米，宽6米，面积1025平方米，其中主通道长81米，净宽5米，净高2.5米，洞顶采用金属吊顶，搪瓷钢板侧壁，大理石地面，配有排风机、日光灯、配电柜、消防栓、灭火器、水泵、电梯、计算机、摄像机、广播系统等设备设施。

庆春路/新华路过街地道　庆春路/新华路过街地道位于庆春路新华路口，2005年9月开工建设，2006年9月完工投入使用。通道呈L型，3个出入口分别位于新华路两侧及庆春路东南侧，设上行电梯及人行步梯。主通道长37.8米，净宽5.0米，南侧分通道长27.91米，净宽3.8米，北侧分通道长54.3米，净宽3.8米。洞顶花岗岩贴面，搪瓷钢板侧壁，大理石地砖，配有排风机、日光灯、配电柜、消防栓、灭火器、水泵、电梯、计算机、摄像机、广播系统等设备设施。

横河地下通道　横河地下通道位于环城东路横河公园边，2007年6月建成。通道呈一字型，3个出入口分别位于环城东路两侧。地道全长162米，宽6米，面积971平方米。洞顶采用钢架龙骨，玻璃幕墙侧壁，树脂透水石地面。栏杆采用不锈钢扶手及钢化夹胶玻璃，长65米。配有排风机、日光灯、配电柜、消防栓、灭火器、水泵、电梯、计算机、摄像机、广播系统等设备设施。

清泰街人行地道　清泰街人行地道位于东河西岸，下穿清泰街，2011年4月建成。地道全长88.9米，宽4米，面积355.76平方米。洞顶微孔吸音钢板装饰，搪瓷钢板侧壁，纤瓷板地面，菠萝格木栏杆总长52米，配有排风机、日光灯、配电柜、消防栓、灭火器、水泵、电梯、计算机、摄像机、广播系统等设备设施。

海月路人行地道　海月路人行地道位于海月路复兴路口，下穿沪昆铁路，2011年12月建成。地道全长79米，宽4米，面积316平方米，水泥混凝土地面，2个出入口装有半圆拱雨棚172.6平方米，配有条形灯、排水泵、摄像头等设备。

邮电路人行地道　邮电路人行地道位于邮电路和延安路交叉口，2013年建成。地道平面主道呈L型布置，净宽10米，东面、西面各有1个出入口，上下采用自动扶梯及台阶，并配有残疾人使用的斜挂式平台升降机。通道全长85米，主通道限高3米，限宽8.5米。通道内铺装微晶石防滑玻化砖，面积为775.4平方米，不锈钢扶手栏杆长44.35米。配有配电房、荧光灯、排风扇、水泵、灭火器、管理用房、计算机、摄像头等设备设施。

仁和路人行地道　仁和路人行地道位于仁和路和延安路交叉口，2013年建成。地道平面主道呈L型布置，净宽10米。东北面、西北面各有1个出入口，上下采用自动扶梯及台阶，并配有残疾人使用的斜挂式平台升降机。通道全长39米，主通道限高3米，限宽8.5米。通道内铺装微晶石防滑玻化砖，面积为521.26平方米，不锈钢扶手栏杆长43.314米。配有配电房、荧光灯、排风扇、水泵、灭火器、管理用房、计算机、摄像头等设备设施。

解放路人行地道　解放路人行地道位于解放路和延安路交叉口，2013年建成。地道平面主道呈口型布置，净宽5.5米。有4个出入口，上下采用自动扶梯及台阶，并配有残疾人使用的斜挂式平台升降机。通道全长228米，主通道限高3米，限宽5米。通道内铺装防滑玻化砖，面积为1737平方米，不锈钢扶手栏杆长178米。配有配电房、荧光灯、LED灯、排风扇、水泵、灭火器、管理用房、计算机、摄像头、广播系统等设备设施。

河坊街人行地道　河坊街人行地道位于中河路和河坊街交叉口，2013年建成。地道平面主道呈T型布置，有3个出入口，上下采用自动扶梯及台阶，并配有残疾人使用的平台升降机。通道全长168.55米，主通道净高2.9米，净宽6米。通道内铺装纤瓷板，面积为1045.01平方米，木制扶手栏杆长31米。配有配电房、日光灯、排风扇、水泵、灭火器、管理用房、计算机、摄像头、广播系统等设备设施。

三、背街小巷

上城区背街小巷大部分建造年代较早。[①]20世纪90年代，上城区背街小巷的格局基本成形。2005年，杭州市开启背街小巷改善工程，上城区逐步对全区背街小巷进行完善，主要包括道路平整、积水治理、截污纳管、立面整修、危房修缮、景观照明等14个方面。2005—2015年，上城区先后改善背街小巷666条，整治

① 1958年，杭州市将上城区域内的606条小街小巷划归上城区管理。随着城区的更新，背街小巷不断整治翻新。

图5-2-8　2011年，上城区推进背街小巷改善项目（陈跃书 摄）

路段110余千米，面积95万平方米，累计电路“上改下”400余条。至2015年末，上城区形成较为完善的背街小巷网络，改变过去路面坑洼、排水不畅、脏乱差的历史，形成交通序化、道路洁化、景观亮化的环境面貌。

仁和路　仁和路东起岳王路，西至湖滨路，全长668米。清时，位于旗营中部，东段名吉祥巷，西段名广福街。民国初建路。2005年，实施仁和路改善工程，改善长度220米，投资290万元，青砖、花岗岩铺装地面1000平方米，浇铸沥青路面3200平方米，铺装透水砖2100平方米；沿街立面粉刷5000平方米，店招整治300平方米，调换门窗50扇，屋面翻盖600平方米；绿化补种200平方米，修建花坛200平方米，沿墙增设绿化带和座椅；铺设雨污管道1080米，周边道路一并实施电力杆线“上改下”。

吴山路　吴山路南起开元路，北至学士路，全长691米。2005年，实施吴山路（开元路—解放路）改善工程，改善长度300米，投资571万元，拆除沿路约1000平方米违章建筑，拆除违建后道路拓宽至18米，贯通将军路与开元路；铺设雨污管道，沿路电力杆线实施“上改下”，增设路灯、果壳箱、照明设施、绿化小品，统一维修沿路屋面，更换沿路居民楼门窗、安装晾衣架和遮阳雨棚。

学士路　学士路东起岳王路，西至湖滨路，全长742米。原为清旗营北隅，民国初拆旗营建路。2005年，实施学士路（东坡路—湖滨景区）改善工程，改善长度203米，投资350万元，改造沿街二至三层木结构店面50间，立面整治2500平方米，安装木花格装饰窗200平方米，绿化补种200平方米，新增店招店牌350平方米，增设、更换雨污管道930米，新铺道路1800平方米，周边道路一并实施电力杆线“上改下”。

白傅路　白傅路南起学士路，北至长生路，长161米，宽9米，沥青路面。民国初拆旗营时建成马路。2005年，实施白傅路全线改善工程，把电力杆线全部进行“上改下”，解决架空管线凌乱问题；铺设、更新地下雨污管道，并把地下雨污管线延伸至居民小区内部，实现全程雨污分流；道路两侧每隔30米设置路灯；改善、清洗、粉刷沿路立面；增加果壳箱、路名牌、交通指示牌及其他导向标识牌；修缮白傅路5号历史建筑。

蕲王路　蕲王路南起学士路，北至长生路，长163米，宽8米，沥青路面。民国初期拆旗营时建成马路。2005年，实施蕲王路全线改善工程，把电力杆线全部进行“上改下”，解决架空管线凌乱问题；铺设、更新地下雨污管道，并把地下雨污管线延伸至居民小区内部，实现全程雨污分流；道路两侧每隔30米设置路灯；改善、清洗、粉刷沿路立面；增加果壳箱、路名牌、交通指示牌及其他导向标识牌。

图5-2-9 蕲王路（1999年） （吴国方 摄）

长生路　长生路东起浣纱路，西至湖滨路，全长731米。民国自仓桥至长生桥一带筑路，名长生路。沿路有文物保护建筑湖边邨（韩国流亡临时政府所在地），长生路32号为徐青甫故居。2005年实施长生路（东坡路—湖滨路）改善工程，改善长度350米，投入资金252万元。铺设雨污管道850米，铺设沥青4600平方米，人行道3400平方米，周边道路一并实施电力杆线“上改下”，修缮历史保护建筑湖边邨，新增停车泊位80个。

将军路　将军路东起浣纱路，西至南山路，全长474米。2005年实施将军路（浣纱路—延安南路）改善工程，改善长度170米，投资110万元。铺设雨污管道479米，铺装人行道1484平方米，浇铸沥青1740平方米，立面整治8200平方米，店面招牌装修12个，屋面整修200平方米，绿化补种100平方米。拆除违法建筑近2000平方米，对泗水坊和周边老房进行保护性修缮，新增停车泊位30个，增加路灯、果壳箱、照明设施、垃圾房、休闲座椅和绿化小品等。

清波街　清波街东起四宜路，西至南山路中段，全长398米。2005年，实施清波街全线改善工程，投资281万元，铺设雨污水管410米，铺设沥青4500平方米，铺装透水道板1800平方米，沿路墙面粉刷15000平方米，店铺招牌整治600平方米，调换空调机位320个，安装遮阳雨棚600平方米，沿路居民楼顶“平改坡”1000平方米；设置景观围墙80米、砖雕画8幅、雕像1座，新建休闲广场300平方米及花坛150平方米，补种绿化100平方米。

察院前巷　察院前巷东起中山南路，西至太庙巷，全长301米。2005年，实施察院前巷（中山南路—大马弄）改善工程，改善长度160米，共投资175万元。立面整治13560平方米，平改坡800平方米，改造农贸市场、公厕各1座，补种绿化100平方米，铺设雨污管道376米，铺设人行道508平方米，浇筑沥青856平方米。

表5-2-6　2015年上城区主要背街小巷道路情况表

单位：米

序号	道路名称	道路起讫点	建成时间	修建、改建时间	长度
1	将军路	浣纱路—南山路	20世纪50年代	2003、2005	474
2	岳王路	仁和路—庆春路	20世纪50年代	1993、2003、2005	573
3	仁和路	岳王路—湖滨路	20世纪50年代	1995、2003、2005	668

续表5-2-6

序号	道路名称	道路起讫点	建成时间	修建、改建时间	长度
4	吴山路	开元路—学士路	20世纪50年代	1987、2005	806
5	学士路	岳王路—湖滨路	20世纪50年代	2003、2005	742
6	白傅路	学士路—长生路	20世纪50年代	1994、2006	161
7	蕲王路	学士路—长生路	20世纪50年代	1994、2006	163
8	长生路	浣纱路—湖滨路	20世纪50年代	2003、2005	731
9	孝女路	学士路—庆春路	20世纪50年代	2003、2006	256
10	菩提寺路	学士路—庆春路	20世纪50年代	2003、 2006	291
11	思鑫坊	菩提寺路—东塞	20世纪50年代	—	91
12	光复路	高银街—平海路	20世纪50年代	2006	1521
13	劳动路	河坊街—西湖大道	20世纪50年代	2002、2006	630
14	青年路	开元路—解放路	20世纪50年代	1972、1996、2002、2006	322
15	国货路	青年路—延安路	20世纪50年代	2002、2005	327
16	大井巷	河坊街—中山中路	20世纪50年代	1997	284
17	枝头巷	光复路—平海路	20世纪60年代	1999、2007	383
18	邮电路	中山中路—湖滨路	20世纪60年代	2005、2006	588
19	蔡官巷	清波街—四宜路	20世纪60年代	2003、2005	345
20	清波街	四宜路—南山路	20世纪60年代	1985、2005	398
21	后市街	高银街—西湖大道	20世纪60年代	1998、2005、2006	603
22	秋涛一弄	秋涛路—清泰便道边	20世纪60年代	2009	1170
23	老浙大横路	环城东路—大学路	20世纪60年代	2001、2006	489
24	皮市巷	解放路—庆春路	20世纪60年代	2005、2013、2014	769
25	马市街	解放路—庆春路	20世纪60年代	2006、2011	794
26	大河下	建国中路—大学路	20世纪60年代沥青，1988混凝土	1989	276
27	大学路	解放路—小河下	20世纪60年代	—	210
28	太平坊巷	中山中路—后市街	20世纪60年代	1996	135
29	广福里	南山路—荷花池头	20世纪60年代	2002	128
30	城头巷	斗富二桥西弄—清泰街	20世纪70年代	2006	634
31	小营巷	直大方伯—马市街	20世纪70年代	2002	211
32	五柳巷	斗富三桥—安乐桥	20世纪70年代	—	270
33	佑圣观路	河坊街—解放路	20世纪70年代	2000	934
34	馒头山路	凤凰山脚路—凤山路	20世纪70年代	—	590
35	笤帚湾	凤凰山东路—馒头山路	20世纪70年代	2003	290
36	凤山路	秋涛路—江城路便道凤山铁路边—中河南路	20世纪80年代	—	734
37	东宝路	秋涛路—始版桥直街	20世纪80年代	2006、2008	700
38	海潮路	望江路—桃花弄	20世纪80年代	1994、2006、2014、2015	1560
39	兴隆路	秋涛一弄—海潮路	20世纪80年代	2001、2008	525
40	十五奎巷	城隍牌楼—中河中路	20世纪80年代	2001、2006	406

续表 5-2-6

序号	道路名称	道路起讫点	建成时间	修建、改建时间	长度
41	高银巷	中山中路—后市街	20世纪80年代	—	151
42	六部桥直街	江城路—中河南路	20世纪80年代	2001	180
43	北落马营	候潮路—城南家园	20世纪80年代	—	186
44	平安里	江城路—平安里小学	20世纪80年代	2000	133
45	甘王路	秋涛一弄—秋涛支路	1987	2006、2014	530
46	太庙巷	中河南路—察院前巷	1990	1999	172
47	察院前巷	中山南路—太庙巷	1990	1999、2005	301
48	缸儿巷	开元路—解放路	1993	2006、2007	385
49	老浙大直路	老浙大横路—庆春路	1993	2005、2011	350
50	飞云江路	秋涛路—之江中路	1995	—	600
51	美政路	之江路—复兴路	1998	2005、2006	439
52	洋泮路	之江路—复兴路	1998	2006、2014	420
53	惠民路	中河中路—延安路	1999	2006、2013、2014	725
54	直大方伯	解放路—庆春路	2000	2006、2009	820
55	清吟街	直大方伯—中河中路	2000	2006、2009	638
56	定安路	惠民路—开元路	2001	2001、2007	475
57	羊坝头	后市街—定安路	2001	2005	310
58	凤凰山东路（里太祖湾）	南复路—笤帚湾路	2012	—	2000

说明：资料来源于杭州市上城区城市管理局

四、道路无障碍设施

2003—2008年，上城区完成道路无障碍设施改造70条，公共建筑无障碍设施改造241处，居住小区及住宅无障碍设施改造21处。在背街小巷改善、庭院改造等过程中，上城区无障碍设施逐步完善。2013年第二轮改造工作完成，共计完成道路无障碍设施改造16条，公共建筑无障碍设施改造24处，居住小区及住宅无障碍设施改造2处。2015年末，上城区有盲道等无障碍设施118569米、缘石坡道2600处、公交站台提示盲道22处、公厕设置无障碍设施64座。

第三节　广场 桥梁 隧道

1993年，上城区域内有桥梁55座。1996—2000年“九五”规划期间，上城区为构建快捷顺畅的城市交通，完成玉皇山交通隧道、清泰立交桥拼宽工程，新建涌金立交桥、中河立交桥等工程。1999年，城站广场、吴山广场正式投入使用。进入21世纪，上城区立交桥、人行天桥、隧道的建设加快，复兴大桥、复兴立交桥、望江立交桥、解放路人行天桥、御街人行天桥、西湖隧道、万松岭隧道等工程逐步完成。至2015年末，上城区有大型广场7个；桥梁130座，总长7148米；隧道5条，总长3794米。

一、广场

城站广场　城站广场位于铁路杭州站前，东起铁路杭州站站房，前临郭东园路，西至东河，北靠清泰立交桥，占地面积约27.7万平方米。1997年12月至1999年10月，实施广场改建工程。改建后，广场建筑分地下、地上、高架3层，与客站主楼相连，占地面积3.55万平方米。广场中心设大型跌落式喷泉（兼消防池）、停车站，道路间采用主体绿化地带，高架平台采用垂直绿地，绿化覆盖率23.09%。该广场获“2000年度中国建筑工程鲁班奖”，被建设部授予“全国建筑业新技术应用金牌示范工程”称号。

图5-2-10　城站广场（1997年）　（张关春　摄）

图5-2-11　城站广场（2016年）　（张关春　摄）

吴山广场　吴山广场位于延安南路南端，西至四宜路，南延吴山山体，北接河坊街，与杭州市中心武林广场沿延安路南北呼应。1998年6月至1999年9月28日建成。广场由文化广场、下沉广场、绿茵广场、公益广场组成，占地面积8.27万平方米，花岗石地砖铺面1.5万平方米，绿化面积3.4万平方米，建有3条人工瀑布，设置5组造型各异的音乐喷泉。

图5-2-12　吴山广场（2006年）　（陈建荣　摄）

太庙广场　太庙广场位于中山南路，是杭州市保护性发掘和布置绿化的一处休闲景点，该遗址保护性绿地总面积1500平方米。南宋太庙是南宋皇帝祭祀祖先的宗庙，始建于南宋绍兴四年（1134）。1995年9月，杭州市考古部门在建设工地发掘出南宋太庙东围墙、东门址和大型建筑台基。为保护历史文化名城的文物，杭州市政府投入8000余万元，停建原工程项目，布置保护性绿化。广场绿地整体参照宋代造园艺术，采用轴线对称布置。道路沿轴线4个方位贯通，将6000平方米的绿地划为4块。广场中央耸立一块按太庙遗址原样仿制的南宋残墙说明牌，正面刻有南宋皇城图。

二、桥梁

上城区自古为杭州城核心区域，河流众多，桥梁密布，部分留存至今。近代随着城市建设，为便利道路交通，部分河道被改作通衢，桥梁或消失或拓宽改建。20世纪90年代后随着河道整治，上城区对跨河桥梁进行重建、扩建。为解决城市交通拥堵，清泰立交桥等相继建成。1993年，上城区桥梁共55座。2000年，全区各类桥梁近100座（包括立交桥、人行天桥及无名桥梁在内），基本保持古桥面貌的有10余座。至2015年末，上城区桥梁增加至130座，总长7148米，其中跨钱塘江桥梁3座，立交桥7座，人行天桥18座。

钱塘江大桥　钱塘江大桥位于南星街道西南端，为铁路公路双层两用桥，连接铁路杭甬线，浙赣线、虎跑路、之江路、复兴路，因跨钱塘江而得名。民国23年（1934）年11月开工建设，正桥下层铁路桥长1322米；上层公路桥长1453米，宽61米，两侧人行道1.5米；南北引桥长643米。钱塘江大桥是中国自行建造的第一座现代化桥梁，由著名桥梁专家茅以升主持设计。民国26年（1937）年9月铁路桥通车，11月公路桥通车。1976年后，实施公路桥面大修4次，平均5～6年大修一遍。1993年8—10月，实施桥面大修和桥北路基接线改善工程。2000年4月，投资4280万元再次实施大桥维护加固，之后仅限小型汽车通行。2006年5月，钱塘江大桥被国务院批准列入第六批全国重点文物保护单位名单。

图5-2-13　钱塘江大桥（2007年）　　（张关春　摄）

西兴大桥（钱江三桥）　西兴大桥（钱江三桥）位于望江街道东部，横贯钱塘江，为等跨双独塔单索面斜拉桥，北接清江路，南连滨江区西兴路。1993年12月动工，1997年1月建成通车。总长为5700米，主桥长1280米，引桥定向立交长2220米，桥面总宽29.5米，双向6车道，两侧各设1.5米人行观光道。初称钱江三桥，2003年12月以江南岸有西兴镇，更现名。2005年9月至2006年10月，杭州市投入6800万元进行半封闭大修和景观再造。

复兴大桥（钱江四桥）　复兴大桥（钱江四桥）位于钱塘江大桥下游4300米处，是大小拱结合的钢管混凝土系杆拱新型拱桥，北端与复兴立交桥、中河高架路相接，南端与中兴立交相连。2002年3月开工建设，2004年10月竣工通车。桥长1376米，宽26.4米，多跨连拱，双层路面。上层设双向6条机动车快速行车道，下层设双线轻轨、公交车专用道及行人、非机动车通道。该桥设8个观景平台及供游人乘坐的垂直升降梯。

图5-2-14　复兴大桥（2004年）　　（林志刚　摄）

2006年2月，复兴大桥获“2005年度中国建筑行业工程鲁班奖”。2009年，被中国建筑协会评为“新中国成立60周年百项经典·精品工程”。

清泰立交桥　清泰立交桥位于环城东路南端，铁路杭州站北侧，东连清江路、杭海路，西接清泰街、建国中路，横跨铁路、贴沙河、环城东路。1984年11月动工，1985年11月建成通车。1997年清泰立交桥实施拼宽工程，桥北侧拼宽10.50米高架汽车专用道，全长1242米，桥面总宽24.50米，车行道18米，两侧人行道各3米。因位于古清泰门而得名。

庆春立交桥　庆春立交桥位于庆春门，与下城、江干两区交界处。西起庆春路东端，东至庆春东路西端，跨越贴沙河、沪杭铁路和凯旋路、环城东路。1992年12月动工，1994年5月建成通车。总长686.4米，匝道376米，总宽16.80米。分三层，上行机动车，中穿铁道，下层走行人。因连接庆春路而得名。

复兴立交桥　复兴立交桥位于南星街道东部，复兴路、秋涛路、江城路交叉口。复兴立交桥于2000年8月动工，2002年3月建成通车，建成时北接中河高架路，南连复兴大桥。复兴立交桥为三层定向同心圆形互通式立交，最上层为中河高架路及复兴大桥北引桥，跨越铁路杭州编组站，长951米；第二层为复兴路与秋涛路的跨线桥，长1000米；底层为江城路与复兴路、秋涛路交叉口。2015年秋石高架路建成，与复兴立交桥相连。因位于复兴地区而得名。

图5-2-15　复兴立交桥（2012年）　（张关春　摄）

望江立交桥　望江立交桥位于小营、紫阳、望江三街道交界处。西起江城路，东止凯旋路，跨越江城路、凯旋路、浙赣铁路、贴沙河。2001年12月开工，2003年1月建成通车。全长559米，东西引道长分别为84.6米。上跨为四车道机动车道，桥宽17.6米。因位于望江地区，故名。

涌金立交桥　涌金立交桥位于西湖大道与中河路交叉处，为铁路杭州站车流进入中河高架路的主要出入口。1999年9月竣工。该桥为三层环形立交，占地面积2万平方米，长120米，宽18米。底层为西湖大道与中河路地面道路平交路口；中层为环形动车道，直径120米，环形道量层宽15～18.5米，有8条匝道与西湖大道和中河高架路相连；顶层为中河高架跨线桥。因位于原涌金路位置而得名。

复兴人行天桥　复兴人行天桥位于复兴路与紫花路交叉口西南100米处，跨越复兴路。2010年4月建成。天桥主体共三跨，南侧两跨跨越复兴路，北侧一跨跨越中河及老复兴里街。天桥采用桁架结构，无伸缩缝，设计荷载为5千牛/平方米，桥面塑胶铺装。该天桥长68米，宽5米，桥面面积为304平方米，两侧栏杆总长113米，支座32个。建有配电房1间，自动扶梯3台，景观灯44组，管理用房1座。

解放路人行天桥　解放路人行天桥位于中山中路解放路口，南北方向上跨解放路，东西方向上跨中山中路。2010年建成通行，天桥平面呈“工”字形，设计荷载5千牛/平方米，全长74.9米，上部结构通道主跨宽4米，副跨宽3米，为连续钢箱梁结构。桥面面积298.6平方米，两侧栏杆总长150米，板式橡胶支座8个，伸缩缝形式为钢缝。建有配电房1间，人行电动扶梯8台，管理用房1座。

御街人行天桥（中山中路西湖大道口）　御街人行天桥（中山中路西湖大道口）位于中山中路西湖大道口，跨越西湖大道。2010年12月建成。天桥采用箱梁结构，设计荷载为4.5千牛/平方米，桥面塑胶材料铺装。该天桥长46米，宽8米，桥面面积为346平方米，两侧栏杆总长87米，防护玻璃190平方米，支座4个。建有配电房1间，自动扶梯8台，灯4盏。有管理用房1座，配有监控计算机、探头及摇杆。

延安路天桥　延安路天桥位于延安路与庆春路交叉口，南北两侧跨延安路，东西两侧跨庆春路。2012年建成。天桥采用桁架结构，伸缩缝形式为钢缝，设计荷载为5千牛/平方米，桥面用聚氨酯弹性材料铺装。天桥长198.13米，宽4.8米，桥面面积为974.52平方米，两侧栏杆总长518.49米，两侧防护玻璃376平方米，板式橡胶支座68个。建有配电房1间，自动扶梯8台，残疾人专用垂直升降电梯4台，LED灯536盏，景观灯138盏。管理用房1座，配有监控计算机和探头。

秋涛路人行天桥　秋涛路人行天桥位于秋涛路汽车南站前，跨秋涛路。2015年11月建成。天桥采用铝合金结构，伸缩缝形式为钢缝，设计荷载为13.5千帕，桥面塑胶材料铺装。该天桥长56.2米，宽4.8米，桥面面积为269.76平方米，两侧栏杆总长201.4米，支座22个。建有配电房1间，自动扶梯4台，LED灯220套，投射灯90套。管理用房1座，配有监控计算机和探头，监控柜及显示器。

龙翔桥（保灵）人行天桥　龙翔桥（保灵）人行天桥位于延安路与学士路交叉口。1988年建成，是“杭城第一座钢结构人行天桥”，也是“延安路上最早建造的一座天桥”。1989年，杭州保灵有限公司率先出资13万元，买下延安路中段人行天桥的取名权，并以企业产品的商标命名该桥，在杭州名声大振。之后，参加桥名拍卖的企业越来越多。2003年拆除。

海月桥　海月桥位于化仙桥东北侧，横跨中河，连接海月路。建于明代，为三孔石拱桥。长32米，宽3.2米，桥面102平方米，石板桥面。

图5-2-16　海月桥（2012年）　（吴汝华 摄）

水澄桥　水澄桥位于复兴路西端，横跨中河，连接水澄路。长20米，宽2.4米。为三孔石梁桥，拱桥块石浆砌。重建于20世纪50年代。因桥西旧有水登庙故名。旧作水登，现为水澄。桥正中栏板及望柱上刻有“水澄桥里人重修”，“大清光绪二十六年八月重修”等字样。2000年，水澄桥被列为第三批市级文物保护单位。

复兴桥　复兴桥位于复兴路西端，水澄桥东侧，跨中河，连接南复路。长20.4米，宽12.4米，梁板式公路桥。民国时建，1981年命名为复兴桥，1956年、1970年两次拓建。

化仙桥　化仙桥位于复兴路西端，复兴桥东侧，跨中河，东出复兴街，西通大巷口。长22.5米，宽3.15～4.3米，单孔石拱桥。拱壁东则刻有“大明成化十二年次丁酉立”。西侧有“大清光绪二十四年岁次”字样。长销石上刻花纹。桥的4个望柱头为狮子状，桥栏用抱鼓石，桥西南侧设一“桥神碑位”。2000年，化仙桥被列为第三批市级文物保护单位。

美政路桥　美政路桥位于洋泮桥东北侧，跨中河，连接美政路。建于20世纪90年代初，长30.7米，宽20.4米，钢筋混凝土结构。1996年重修。

六部桥　六部桥位于古凤山水门北侧六部桥公交站附近，跨中河，东为六部桥直街，西为六部桥弄，西接中山南路，东至中河南路。长13.6米，宽5.1米，拱高3.6米，跨度6米。桥面顶部由8块青石板构成，西向踏跺16级，东向10级，桥栏由3块青石板组成，末端有卷纹抱鼓石，栏板与桥拱间的青条石上镌刻“六部桥”，两旁刻有小字，上款“道光六年”，下款“里人重建”。1985年在桥南建一长9.6米，宽14米的梁板公路桥。六部桥为市级文物保护单位。

望仙桥　望仙桥跨中河，东接望江路，西达中山路、鼓楼湾。长11.7米，宽30.7米。钢砼板桥台结构公路桥。原为人行桥，始建于宋。桥东，宋有德寿宫。

新宫桥　新宫桥位于河坊街东段，跨中河，为河坊街随路桥梁，古为石砌拱桥。1986年，中东河综合治理时改扩建，分南北两侧，南桥长19米，宽11.7米，北桥长19米，宽13米，为钢筋混凝土梁板桥，两侧仿古青石栏杆。

荐桥　荐桥横跨中河，为清泰街随路桥梁，梁板式公路桥，长21.1米，宽29.9米，1986年重修。

洋泮桥　洋泮桥位于海月桥东北侧，横跨中河，连接洋泮路。建于宋代，为单孔石拱桥，长36米，宽5米。20世纪80年代重修。

图5-2-17　洋泮桥（1994年）　（余军　摄）

图5-2-18　洋泮桥（2016年）　（余军　摄）

斗富一桥　斗富一桥位于河坊街东端，横跨东河，为河坊街随路桥梁。20世纪60年代重建，后废，90年代重建，2011年改建为梁板式公路桥，长16.9米，宽14.6米，高8.5米。

斗富二桥　斗富二桥位于斗富一桥北侧，横跨东河，为斗富二桥弄随路桥梁。1987年改建为梁板式公路桥，长18米，宽10.9米。

斗富三桥　斗富三桥位于斗富二桥北侧，横跨东河，为斗富三桥弄随路桥梁。原为单孔石拱桥，1987年改建为梁板式公路桥，长18米，宽10.9米。

解放桥　解放桥位于解放路东段，跨东河，为解放路随路桥梁。长54米，高11米，1986年桥面拓宽至27.4米，其中车行道宽18米，余为两侧人行道，横跨东河。后拓宽至41.7米。为梁板式公路桥。

万安桥　万安桥位于解放桥北，跨东河，连接万安东弄和万安西弄。明嘉靖年间始建，为单孔石拱桥，长35.8米，宽5.4米。

菜市桥　菜市桥位于庆春路东段，跨东河，在万安桥北、太平桥南，东出建国路，跨越东河。1986年，中东河综合治理时进行整修，桥长17.4米，宽40.5米，高3.4米，为钢筋混凝土梁板桥。1992年11月庆春路拓建时重建，为钢筋混凝土空心板桥，长17.4米、宽40.5米。

老坝子桥　老坝子桥位于宝善桥北，跨东河，东出坝子桥弄，西为坝子桥下。三孔石砌拱桥，长62.5米，宽5.3米。1987年中东河综合治理时，按原桥风格整修，重建歇山式重檐四角亭，亭侧悬“凤凰亭”匾，桥拱题“东河第一桥”。

表5-2-7　2015年上城区主要桥梁修建情况表

序号	桥梁名称	建成时间	跨越河流道路	所在道路	桥梁				结构用材	桥面铺装	大修时间	使用情况
					总长（米）	宽度（米）	桥面面积（平方米）	其中人行道面积（平方米）				
1	化仙桥	明代	中河	—	22.5	3.15～4.3	90	90	圬工	石板	—	人行
2	海月桥	明代	中河	—	32.0	3.2	102	83	圬工	石板	20世纪80年代	人行
3	洋泮桥	宋代	中河	—	36.0	5.0	180	151	圬工	石板	20世纪80年代	人行
4	解放桥	1925	东河	解放路	54.0	41.7	2251	388	圬工、钢筋混凝土	沥青混凝土	1959、20世纪80年代	通车
5	小诸桥	明代	中河	—	25.4	4.4	111	97	圬工	水泥混凝土	20世纪80年代	人行
6	淳祐桥	宋代	东河	南班巷	29.0	4.5	130	113	圬工	石板	1987	人行
7	永昌桥	20世纪60年代	贴沙河	永昌坝路	33.0	9.1	302	—	钢筋混凝土	水泥混凝土	—	通车

续表5-2-7

序号	桥梁名称	建成时间	跨越河流道路	所在道路	桥梁				结构用材	桥面铺装	大修时间	使用情况
					总长（米）	宽度（米）	桥面面积（平方米）	其中人行道面积（平方米）				
8	柴垛桥	宋代	中河	西湖大道	24.4	60.0	1461	350	钢筋混凝土	沥青混凝土	1986	通车
9	白塔岭路桥	20世纪80年代	中河	复兴路	34.0	32.6	1108	272	钢筋混凝土	沥青混凝土	—	通车
10	候潮桥	2000	贴沙河	候潮路	48.0	16.8	809	190	钢筋混凝土	沥青混凝土	—	通车
11	美政路桥	20世纪90年代	中河	美政路	30.7	20.4	626	245	钢筋混凝土	沥青混凝土	1996	通车
12	万安桥	明代	东河	—	35.8	5.4	195	171	圬工	石板	康熙年间、1987	人行
13	金衙庄天桥	1989	贴沙河	—	80.4	6.1	490	458	钢构	水泥混凝土	—	人行
14	江城路天桥	1990	江城路	—	36.0	3.8～4.15	155	155	钢构	水泥混凝土	—	人行
15	落马营桥	2000	贴沙河	水门南弄	30.0	6.9	207	—	钢筋混凝土	水泥混凝土	—	通车
16	候潮桥	2001	新开河	—	19.4	24.2	479	155	钢筋混凝土	沥青混凝土	—	通车
17	甬江路桥	2004	新塘河	甬江路	30.8	34.7	1068	301	钢筋混凝土	沥青混凝土	—	通车
18	衢江路桥	2004	新塘河	衢江路	32.0	20.6	659	185	钢筋混凝土	沥青混凝土	—	通车
19	望江东路桥	2004	新塘河	望江东路	50.4	56.0	2822	493	钢筋混凝土	沥青混凝土	—	通车
20	婺江路桥	2005	新塘河	婺江路	20.0	49.0	980	72	钢筋混凝土	沥青混凝土	—	通车
21	中河桥	2005	中河	南复路	21.3	12.4	264	64	钢筋混凝土	沥青混凝土	—	通车
22	水澄桥	清代	中河	水澄路	20.0	20.6	412	160	钢筋混凝土	沥青混凝土	20世纪50年代、2005	通车
23	万松岭隧道东接线桥	2005	严官巷	万松岭隧道东接线	117.4	11.5	1232	—	钢筋混凝土	沥青混凝土	—	通车
24	闻潮路桥	2006	新塘河	闻潮路	25.0	23.0	575	150	钢筋混凝土	沥青混凝土	—	通车
25	望潮路桥	2006	新塘河	望潮路	25.0	23.0	575	150	钢筋混凝土	沥青混凝土	—	通车
26	荐桥	宋代	中河	清泰街	21.1	29.9	632	156	钢筋混凝土	沥青混凝土	1930、1981、2009	通车

续表5-2-7

序号	桥梁名称	建成时间	跨越河流道路	所在道路	桥梁 总长（米）	宽度（米）	桥面面积（平方米）	其中人行道面积（平方米）	结构用材	桥面铺装	大修时间	使用情况
27	斗富二桥	宋代	东河	斗富二桥弄	18.0	10.9	196	22	钢筋混凝土	沥青混凝土	20世纪80年代、2010	通车
28	斗富三桥	宋代	东河	斗富三桥弄	18.0	10.9	196	22	钢筋混凝土	沥青混凝土	1917、20世纪80年代、2010	通车
29	斗富一桥	宋代	中东河沟通段	河坊街	16.9	14.6	246	88	钢筋混凝土	沥青混凝土	20世纪60年代、90年代、2001	通车
30	新宫桥（南）	宋代	中河	河坊街	19.0	11.7	223	—	钢筋混凝土	沥青混凝土	1930、1984、2011	通车
31	新宫桥（北）		中河	河坊街	19.0	13.0	247	—	钢筋混凝土	沥青混凝土		通车

说明：资料来源于杭州市上城区城市管理局

三、隧道

玉皇山隧道　玉皇山隧道位于玉皇山麓，南连南复路，北接玉皇山山路，全长340米，路宽12米，其中机动车道9米，两侧人行道各1.5米，高度7米，双向车道单向行驶。1996年12月竣工通车，因玉皇山得名。

西湖隧道　西湖隧道北连环城西路、北山路、庆春路，南接南山路、解放路。隧道为双孔（双向定向四车道）箱涵结构，西线全长1265米，东线全长1233米，有750米在西湖内。隧道标准断面为17.8×5.4平方米（双孔）和9.8×5.4平方米（单孔）。2003年10月建成，因穿越西湖底，故名。

新城隧道　新城隧道西起解放路，下穿铁路与贴沙河，东口与解放东路相接，全长970米，宽17米，2004年4月建成。隧道拱部装饰防火涂料，边墙装饰维特拉板，路面浇筑沥青混凝土。配有风机8台，荧光灯1722盏，变压器3台，低配柜9台，高配柜5台，消防栓28套，灭火器28个，潜污泵3台，摄像机14台，监控大屏幕1套，照度仪7台，CO/VI检测仪6台，车辆检测器6套，超高检测器2套。2005年新增挡车器4台，隧道上部水池260.11平方米，4.5千瓦水泵18台，3千瓦水泵4台，水下灯80瓦65盏。

万松岭隧道　万松岭隧道位于南山路与玉皇山路交叉口，向东穿越云居山和严官巷后，连中河路上仓桥交叉口，全长819米，宽16米，2005年2月建成。

南复路下穿隧道　南复路下穿隧道位于南复路复兴路口，下穿浙赣铁路，全长400米，宽27.6米，2009年12月建成。路面浇筑沥青混凝土。

第四节　公园

上城区可对公众开放且规模较大的公园主要包括城市公园、风景名胜区公园、纪念性园林、动植物园林、街旁游园及森林公园等。进入21世纪，随着市民对居住生活环境品质要求不断提高，对于公园、绿地等自然景观需要明显增多，微公园、口袋公园等逐步发展起来。

一、湖滨公园

湖滨公园在西湖东岸，紧挨湖滨路，长约1千米，面积66670平方米。由大小不等的6个园地连缀而成，分称一至六公园。其中以南端的一公园与北边的六公园最大，中间窄，两头宽，形近狭长的哑铃。因处西湖之滨，今统称湖滨公园。

图5-2-19　湖滨公园（2008年）　（胡鉴　摄）

清时，此处为“旗下营”（或称旗营）所在地。居民南出清波门（现南山路柳浪闻莺附近）或北出钱塘门（现庆春路西端西南）须乘舟从西湖中行，极不方便。辛亥革命后拆除旗下营，建新市场与湖滨路，其西辟公园，西湖遂与市连。湖滨公园视野开阔，为眺望湖光山色绝佳之处。公园内灌木成林，绿树成荫，花坛内遍植时花，宛若锦带。其间有鲁迅与志愿军雕像。2003年，恢复淞沪抗战陆军八十八师阵亡将士纪念塔和唐李泌引水纪念标志，与北之旗营、孝女井、风波亭，构成一幅杭州历史文化长卷。

二、柳浪闻莺公园

柳浪闻莺公园在涌金门与清波门之间濒湖地带，原系吴越王钱氏故苑和灵芝寺，南宋孝宗改建为“聚景园”。园中多植柳，有柳浪港、柳浪桥等。清康熙帝爱新觉罗·玄烨取“垂柳风摆成浪”意书“柳浪闻莺”，故名。日军侵占杭州后，在此驻扎部队，大批柳树被砍，几近荒芜。解放后，经杭州市政府多次拨款整修、扩建，并组织机关干部、工人、学生义务劳动，整理地形，植树绿化，公园面积扩大至17.67万平方米。园内遍栽垂柳，并有雪松、樱花、紫楠等乔、灌木2万株，宿根花草5000余丛，草坪6万平方米。园内有聚景园、闻莺馆、“日中不再战”碑等景点。

三、学士公园

学士公园东靠南山路，西临西湖，南与长桥公园相连，北靠柳浪闻莺，面积12.7万平方米。旧时有学士桥、学士港，因传宋代有学士居此，故名。2002年，西湖南线景区整合时外迁少儿公园，改建为学士公园，形成草坡起伏、杉林片片、溪流清浅的公园。

四、白塔公园

白塔公园位于老复兴路，毗邻钱塘江，公园一期工程于2014年5月正式对公众开放，包括白塔园、杭江园、大桥园三大园区，面积约17万平方米，占整个公园面积的20%。该公园以全国重点文物保护单位“闸口白塔”为核心，是以历史建筑和铁路工业遗存保护与利用为重点的一座城市文化公园，也是京杭大运河文化遗产的端点，还是杭州城第一条铁路江墅铁路的始发站所在。公园内可乘坐小火车、铁路自行车，游览白塔、铁路遗存、龙山闸旧址、南宋地经广场等史迹。漫步长堤，远眺钱塘潮涌和滨江新城。

五、复兴立交桥公园

复兴立交桥公园是复兴立交桥的道路配套工程，绿化面积6.20万平方米，总投资800万元。整个工程由杭州园林设计院设计，浙江现代市政园林有限公司、浙江东方市政工程有限公司共同施工。2001年12月动工，2002年12月竣工。公园以杭州历史文化为背景，用高低错落的植物群落、自然起伏的微地形变化、流畅的植物色带及景意相融的园林小品，衬托与点缀复兴立交桥的整体景观。

六、八卦田遗址公园

八卦田遗址公园位于玉皇山南麓，东临南复路，南接虎玉路（杭州陶瓷品市场），西至白云路。此地为南宋皇家籍田遗址，总面积约6万平方米。有学者认为八卦田并非籍田，而是南宋皇帝祭天的拜郊坛。[①]八卦田，外围田八丘，各种八种庄稼，分呈八种颜色；中心圆墩，仿佛太极阴阳，整个地块，从玉皇山上视之，犹如八卦，故名。在2007年玉皇山南综合整治工程中，以保护遗址、整治环境，挖掘文化旅游休闲资源为原则，在维持原有中间土埠阴阳鱼和外围八边形平面格局的基础上对八卦田进行保护性修缮，打造成一个展现农耕文化的农业科普园地和历史文化遗址公园。整治后的八卦田遗址公园分为主入口广场区、古遗址保护区、农耕文化体验区、农耕文化展示区四大板块。

① 林正秋.南宋籍田古今杂谈[J].《杭州通讯（生活品质版）》，2007（2）.

七、杭州江洋畈生态公园

杭州江洋畈生态公园位于上城区玉皇山南麓，是三面环山的谷地。1999—2003年，西湖历经数次疏浚的淤泥通过管道输送到此，逐渐形成湿生林、浅水沼泽、湖泊池塘等多层次的湿地，鸟类、鱼类、水禽、两栖类等野生动物依此觅食、栖息。2008年，杭州市决定把淤泥库打造成21世纪杭州西湖生态公园新典范。整治过程完整地保留原生态植被，补种的植物全部选用原生品种金鸡菊、狼尾草、红蓼、接骨木、波斯菊等植物，与从西湖淤泥中自然生长出来的柳树浑然一体。同时保留基址绝大部分现状，用可回收的锈板围合出若干次生植物群落。公园里的房屋、道路建设，都是以生态为前提，路面大部分采用砂石路，园内基础设施的承重材料均为可回收材料。特别是公园里的2座公共厕所是露天厕所，上无吊顶。

八、水城门公园

水城门公园位于中山南路以东，中河路以西，南起凤山门，北至上仓桥，面积12065平方米，因公园内有凤山水门而得名。凤山水城门建于元至正十九年（1359）。1998年，因建设中河高架，公园成施工场地，仅存部分乔木。1995年，中河高架路三期工程竣工，杭州传化大地园林公司对公园重新整修。本着保护文物古迹的原则，调整水城门遗址内的树木，种植890平方米的地被植物，制作安装四周钢管防护栏杆120米。用浅灰色花岗石和鹅卵石铺筑园路，安装旋转式喷头56只，并安装大理石花钵9只，种植四季花卉。铸铁木条公园座椅19张，供游客休息。

九、古树公园

古树公园位于江城路401号，因保护古树，拆迁周边的居民住房而建，故名。2002年12月动工，2003年2月建成开放，面积3800平方米，工程总投资130万元。公园内有古树12株，以银杏为主，并有香樟、珊瑚朴等树种，树龄均在100年以上。

十、凤山公园

凤山公园位于南星桥中河东侧，为二级驳坎绿化，贯穿南北，南靠南星桥铁路，北接凤山门直街，东临江城路，全长350米，平均宽度33米，绿化面积1.10万平方米。凤山公园由浙江省现代园林景观设计有限公司设计，杭州三江园林绿化工程有限公司施工。2005年12月末凤山公园竣工，总投资800万元（不包括拆迁安置费用）。公园空间狭长，因此以分区组景的形式将该绿地营造为都市中的“桃花源”。绿带南端，与市政排水养护所毗邻。公园大部分地段以疏林草地为主，适当布置拼花铺地及小品，供市民休憩。

十一、青年公园

青年公园位于环城东路以东，贴沙河以西，庆春路以南，金衙庄人行天桥以北。1959年，由杭州市园文局开辟成林带。1986年4月建设成开放式公园，土地面积1.71万平方米。1989年庆春东路拓建时被占用部分，面积缩减为1.60万平方米。1998年1月，公园开始复建，1999年1月竣工。复建后的公园呈狭长带状，全长762.5米，宽5～30米，占地面积8742平方米。公园分成2个部分，北半段长423.5米，为开放式绿地，沿河设有游步道、休憩座椅，供市民休闲散步使用；南半段较窄，长339米，为封闭式绿地，有原公园的“五四”纪念碑和大型群雕。

十二、横河公园

横河公园东抵环城东路，北连横河体育俱乐部，西南面与居民住宅相接，土地面积1.50万平方米。公园最早建成于1956年。1986年，横河公园复建，增加咖啡厅、少儿乐园。2000年，因道路整治建设需要，对横河公园再次进行改建，拆除少儿乐园。横河公园设计精巧，山水相间，树林枝叶茂盛，植物配置疏密有致、色彩和谐，是城东居民锻炼、休憩的理想场所。

十三、金衙庄公园

金衙庄公园位于城东路以东，南临城站火车站，北靠青年公园，土地面积1.85万平方米，绿化面积1.45万平方米。公园始建于20世纪80年代。2004年，因钱江新城实施解放路延伸工程，公园进行改建。改建后，公园绿树成荫，园路、铺装、花架、亭子以及人性化无障碍设施配套齐全，是城东居民锻炼、休憩的理想场所。

十四、小营公园

小营公园位于小营巷西段南侧，占地约2666平方米，近方形。公园西北立有毛主席视察小营巷记事碑，园内亭轩错落，古意盎然，大树若盖，时闻鸟鸣。北近太平天国听王府、毛主席视察小营巷纪念馆，南邻钱学森故居，人文气息浓厚。其地原为慎德里，近南宋禁军银枪班驻所。1959年，拆原慎德里部分房屋建公园，因近小营巷，故名。

十五、丁家花园

丁家花园位于西湖大道北侧兴安里33号，为宋代石榴园遗址，杭州市文保单位。清乾隆年间（1736—1795），石榴园一半花园被割为山东盐运使丁阶所有，故称丁家花园。园中亭台池桥掩映，碧树繁花相拥。花园后来被旗人固氏得到，改名“固园”。20世纪30年代吴兴陈氏建园内中西式别墅，后住户已迁走，房屋仍保留民国时期建造时样式。资产阶级民主革命活动家陈其采在中国银行杭州分行、浙江省财政委员会等处任职时，一直居住于此。20世纪90年代末，为修建西湖大道，丁家花园面积缩小。2001年7月，上城区绿化办公室组织施工队伍实施修缮工程，对园区和水池作彻底清理，拆除南侧封闭的围墙，修整山石和驳坎，补植大批花灌木，并增设石凳石桌，复建具有明清时期江南风格的园亭。至2015年，丁家花园内房屋已由上城区投资控股集团有限公司统一管理。

十六、梅石园

梅石园坐落于佑圣观路93号，为南宋时期德寿宫后圃遗址。南宋绍兴年间（1131—1162），秦桧在此建造府第。秦桧死后，由朝廷收回改筑新宫，宋高宗赵构于绍兴三十二年（1162）禅位之后移居于此，并改名德寿宫。梅石园是德寿宫的一部分。其中，“石”是一块叫“芙蓉石”的奇石，“梅”是生长于石下的一株古梅，一石一梅，构成“梅石双清”。“文化大革命”期间，园中梅石双清碑不知去向。1988年，上城区人民政府斥资百万复建梅石园。2009年7月，区政府根据西湖博物馆馆藏梅石碑复制拓本，出资刻置重建梅石碑，并立《重建梅石碑记》碑文于园内。园中花木扶疏，碑廊、亭榭、溪涧、山石错落其间。

十七、近江公园

近江公园与新塘河相垂直，富春江路纵贯公园中心，犹如“中”字，将近江小区东西两岸紧密联结。近江公园建于1996年，2010年改造完成，公园土地面积1.34万平方米，绿地面积1.08万平方米。绿化系统采用点、线、面结合的形式，将中心绿化林荫干道引向各住宅组团间的院落绿地。公园设计理念现代，线条及图案活泼，注重绿化植被“量”与“质”的结合，环境幽雅，景色优美，体现人与自然的共生主题，是整个近江小区居民尤其是老人、儿童的游憩乐园。

第五节　排水排污

20世纪90年代，上城区域内建有排水暗渠、下水管道等约25千米，污水主要通过杭州市排水系统的第二污水干管（西段自解放路丰乐桥南至解放桥东河西，折向万安桥南，穿东河至万安桥泵站）排入四堡污水处理厂（位于江干区四堡江边），污水处理率约50%；雨水主要通过市政管道排入中河、东河、浣纱渠、新塘河、新开河等河渠中，雨、污水混排形式较多。

1996年，上城区共有下水道雨水管干管103.2千米，支管长18.7千米，检查井5680座，雨水井5833座；污水管长度4.1千米，检查井260座。

2000年，上城区开始实施截污纳管工程，通过建设和改造位于河道两侧国家机关、企事业单位、宾馆、餐饮、居住小区等污水产生单位内部的污水管道，将其接入污水管道系统中，并转输至污水处理厂进行集中处理。2000—2003年，上城区截污纳管工程共完成污水收集系统10个、生活小区截污纳管39个、公建单位截污纳管27家、治理染源点20个，完成农贸市场污水管道改造16个。

2004年，上城区开始大规模实施截污纳管工程，改变各道路、小区、公建单位等内部雨污合流、河道污水直排的状况，减轻河水污染程度。是年，完成民生路、岳王路、紫金观巷、奎垣巷等10个污水收集系统建设，森仁里小区、马市街小区、水门南弄小区等12个生活小区、香溢大厦等35家公建单位以及65个污染源点的截污纳管工作。铺设各类管道1.40万米，设置各类窨井1436座，完成日截污量1.14万吨，受益居民5532户，投入资金2100万元。2005—2006年，上城区完成46个生活小区、94家公建单位、40个污染源的截污纳管，埋设各类管道2.25万米，砌筑各类窨井3203座，截污水量8847吨/日。

2007年，区政府成立区污水截污纳管工程指挥部，实施45处截污纳管工作，惠及居民、单位、店铺20万户（家）。其中实施沪昆铁路顶管搭桥、新开河沿线、凤山路等截污项目，完成6.18万米街巷的管道煤气、自来水管及雨污管网的改造，截污量8000吨/日，使污水环绕的八卦田地区整体环境实现跨越，带动中河、东河水资源环境的提升，改善杭州市饮用水源质量。

2008年，上城区以低洼积水治理为主线，完成八卦田排水方渠、复兴大道方渠等10条渠道，中河中路168号等6处积水点的治理。渠道清淤1.54万立方米，砌筑窨井11座，雨水口20座，提升窨井115座，建设雨水提升泵房1座。改造长达60千米的管道煤气管、自来水管、雨污管网、低洼路段。

2010—2012年，通过3年截污纳管治理，全区截污率从92.3%提升至96.5%，截污量则从2009年末的每天9万吨提升至10.36万吨。整个上城区基本实现截污纳管全覆盖，河道水质改善明显。2012年，除暴雨季节外，中河、东河多保持在Ⅲ、Ⅳ类水质。新开河7、8月达到Ⅳ类水质，摘掉黑臭河道的帽子。新塘河水质指标达Ⅴ类，其中氨氮、总磷、高锰酸盐等主要污染指标都有所下降。

2014年，全区完成24个防汛排涝重点治理项目，包括馒头山南区块小流域整治，建国路等道路积水治理9条，新塘河等河道清淤6处，八卦田环渠等清淤4条，住宅小区3个等。完成34个截污纳管项目，消灭新塘河沿线5个排污口，新增处理污水量达1500吨/日。

2015年，全区完成望北区块积水治理等10个防汛排涝工程，铺设排水管道2862米，增设雨水口300座。推进清水治污工程，开展凤凰山脚路等33处截污纳管治理，新增截污量3000吨/日，完善雨污管网2.27万米，治理面积3万平方米，在杭州市率先实现河道“污水零直排”，成为杭州主城区唯一的浙江省“清三河”[①]达标区。

至2015年末，上城区排水管道总长294.4千米，其中雨水管道222千米，检查井8882座；污水管道72.4千米，检查井4753座。全区截污率97%，截污量每天约13万吨/日。

① 清理垃圾河、黑河、臭河。

表5-2-8　2015年上城区主要雨水设施情况表

序号	所属道路名称	起讫点	雨水设施			
			干管总长（米）	支管总长（米）	检查井（座）	收水井（座）
1	邮电路	中山中路—湖滨路	687	165	33	42
2	岳王路	仁和路—岳王公园	516	115	23	28
3	仁和路	岳王路—湖滨路	624	208	38	50
4	吴山路	开元路—龙翔停车场	652	203	28	43
5	光复路	高银街—西湖大道/开元路—平海路/维景国际酒店—浙艺大厦	1580	356	82	92

续表 5-2-8

序号	所属道路名称	起讫点	雨水设施			
			干管总长（米）	支管总长（米）	检查井（座）	收水井（座）
6	东坡路	湖滨路—庆春路	1215	655	50	69
7	劳动路	河坊街—西湖大道	736	252	53	42
8	四宜路	河坊街—省军区	560	248	24	43
9	定安路	惠民路—开元路	499	341	32	38
10	惠民路	中河中路—延安路	908	26	43	57
11	后市街	高银街—西湖大道	490	164	30	45
12	佑圣观路	河坊街—解放路	801	289	36	61
13	大学路	解放路—小河下	754	245	47	63
14	直大方伯	解放路—庆春路	738	238	34	57
15	马市街	解放路—庆春路	811	400	44	52
16	清吟街	直大方伯—中河中路	683	248	30	42
17	四牌楼	十五奎巷—元宝心	2242	1165	99	121
18	黄家园	海潮路—上灰团巷	630	135	24	45
19	东宝路	秋涛路—始板桥直街	1148	51	36	34
20	海潮路	橡胶厂北门—桃花弄	1505	115	16	23
21	甘王路	秋涛一弄—秋涛支路	560	112	15	18
22	清泰立交东侧便道	桃花弄—清江路	628	165	29	33
23	凤山路	秋涛路—江城路便道/凤山铁路边—中河南路	630	110	16	21
24	凤凰山脚路	馒头山路—万松岭路	576	25	9	4
25	飞云江路	秋涛路—之江中路	649	315	27	26
26	瓯江路	钱江路—滨江13号路	680	148	22	43
27	近江南路	富春江路—东转衢江路西—婺江路	1115	338	44	88
28	近江西路	富春江路—北转衢江路西—婺江路	1065	313	39	78
29	姚江路	钱江路—秋涛路	498	420	13	45
		之江路—钱江路	2049	1568	114	124
30	浣纱路	西湖大道—庆春路	1475	692	65	112
31	开元路	中山中路—南山路	1201	422	37	63
32	复兴路	之中江路—钱江四桥	2758	118	110	260
33	江城路	郭东园路—江城立交	2789	1542	156	303
34	中山南路	万松岭路—鼓楼	1318	551	70	91
35	清江路	清泰立交—钱江路	1567	360	47	34
36	湖滨路	庆春路—解放路	593	42	7	14
37	河坊街	中河中路—江城路/劳动路—南山路	1896	1005	52	58

续表 5-2-8

序号	所属道路名称	起讫点	雨水设施			
			干管总长（米）	支管总长（米）	检查井（座）	收水井（座）
38	中山中路	平海路—庆春路	413	203	15	27
		西湖大道—平海路	866	218	26	52
		鼓楼—西湖大道	665	247	25	—
39	建国中路	清泰街—庆春路	1429	2204	61	106
40	南山路	万松岭路—解放路	2475	1160	99	105
41	解放路	环城东路—南山路	3326	646	68	110
42	西湖大道	建国南路—南山路	3952	1081	53	64
43	秋涛路	复兴立交—钱江三桥	4189	3750	120	347
44	延安路	高银街—庆春路	1076	1385	56	139
45	钱江路	飞云江路—清江路	4238	2536	127	307
46	衢江路	之江中路—钱江路	1313	500	36	41
47	富春江路	姚江路—清江路	3490	2000	55	146
48	中河南路	望江路—江城路	1231	341	105	95
49	中河中路	庆春路—望江路	2437	1778	139	177

说明：资料来源于杭州市上城区城市管理局

表 5-2-9 2015 年上城区主要污水设施情况表

序号	所属道路名称	起讫点	污水设施			
			干管总长（米）	支管总长（米）	检查井（座）	预留井（座）
1	劳动路	河坊街—西湖大道	660	161	25	11
2	惠民路	中河中路—延安路	688	215	37	13
3	大学路	小河下—庆春路	887	—	48	—
4	直大方伯	解放路—庆春路	681	—	27	7
5	马市街	解放路—庆春路	660	292	29	23
6	四牌楼	十五奎巷—元宝心	1345	233	60	—
7	东宝路	秋涛路—始版桥直街	1443	—	38	—
8	瓯江路	钱江路—滨江 13 号路	638	45	20	3
9	近江南路	富春江路—东转衢江路西—婺江路	1057	183	36	15
10	中河截流管	凤山门—体育场路	10963	—	216	—
11	东河截流管	东河断河头—宝善桥	6065	—	137	—
12	新塘河截污管	姚江路—之江路	3504	—	90	—
13	新开河截污管	涌江路—清江路	2812	—	117	—
14	西湖大道	南山路—建国中路	3270	—	128	—
15	南山路	玉皇山—河坊街	1492	—	55	—
16	中河路	万松岭路—体育场路	4838	—	144	—
17	复兴南街	南复路—紫花路	1352	—	47	—

续表5-2-9

序号	所属道路名称	起讫点	污水设施			
			干管总长（米）	支管总长（米）	检查井（座）	预留井（座）
18	中河北岸	化仙桥路—紫花路	1181	—	44	—
19	近江西路	富春江路—北转衢江路西—婺江路	1035	175	35	16
20	解放路	中河路—钱江路	1900	—	80	—
21	钱江路	望江路—衢江路	1150	—	49	—
22	钱江路	飞云江路—望江路	2075	—	70	—
23	富春路	姚江路—清江路	2950	—	72	—
24	玉皇山路	虎跑路复线—玉皇山	1703	—	69	—
25	望江东路	秋涛路—之江路	1128	—	33	—
26	南山路	河坊街—解放路	2370	—	106	—
27	平海路	湖滨路—中河路	1614	—	65	—
28	四宜路	南山路—河坊街	733	—	26	—
29	延安南路	开元路—河坊街	1304	—	52	—
30	万松岭路	纪念碑—南山路	708	—	25	—
31	江城路	江城立交—郭东园路	2461	—	114	—
32	望江路	秋涛路—中河路	1096	—	16	—
33	清泰立交	建国中路—环城东路	1153	—	32	—
34	婺江路	钱江路—之江路	1171	—	37	—
35	甬江路	钱江路—之江路	795	—	23	—
36	虎玉路	虎跑路—南复路	1784	—	74	—
37	复兴路	老复兴路—海月路	2216	—	48	—
38	中山中路	鼓楼—平海路	1446	—	49	—
39	中山南路	万松岭路口—鼓楼	843	—	38	—
40	延安路	庆春路—开元路	1179	—	61	—
41	飞云江路	秋涛路—之江中路	554	172	16	12
42	凤凰山路东段	南复路—笤帚湾	1948	—	78	—
43	甘王路	秋涛一弄—秋涛支路	530	16	14	3
44	秋涛南路	清江路—望江路	2308	—	42	—

说明：资料来源于杭州市上城区城市管理局

第六节　防灾减灾

20世纪90年代，防汛防旱、抗雪防冻、防台抗台等工作均实行行政首长负责制，在灾害性天气来临之前，各级领导上岗指挥，投入抢险救灾。

1995年，上城区环卫所制定《上城区环卫所抗雪救灾应急预案》，要求环卫工作人员在大雪来临时及时进行清雪、扫雪等工作。

1997年7月9日凌晨，南星地区1200余户居民被几十年未遇的特大洪水围困。省军区某营接到抗洪抢险命令后，40分钟赶到灾情现场，立即投入救援。至次日晚，抢运被困群众2000余人，物资10余吨，确保人民生命财产安全。

2001年，上城区制定紧急事件处置预案和值班工作处置程序，要求各部门值班人员遇到灾害性天气或重大突发事件要第一时间报告区委办公室、区政府办公室，由区委、区政府通知相关部门进行抢险等应急处置。

2006年，上城区相继受4个台风影响，分别是台风“珍珠”“碧利斯”“格美”和“桑美”，台风带来暴雨大风天气，均无明显灾情。10月，区政府下发《上城区防汛抗台应急预案》，预案针对防汛抗台工作成立专门工作领导小组，明确全区各职能部门防汛抗台职责。预案按照严重程度从重至轻将汛情分为1至4级，对每个级别的汛情分别明确应对方案，在人员、物资、通信、宣传、演练、善后、重建等方面分别做出规划和要求。

2007年，区城管办在16号台风“罗莎”到来时，积极应对，第一时间实施排水，降低中河、新开河水位，排除低洼积水75处，组织600余人清理淤泥80余吨、树枝等50余吨。

2008年1月末至2月初，南方地区遭受长时间、大范围雪灾，上城区将人工、机械相结合，及时清除路面积雪，扫雪除冰136条路段、28座桥梁，清理积雪路面18.6万平方米。针对城站火车站大量旅客滞留，上城区调整保洁力量，在城站及周边增加保洁员100余人、增加垃圾桶150余个，设置流动公厕10座，为滞留旅客做好清洁服务。3月，区政府制定《上城区防御灾害性天气应急预案》，明确暴雪、台风、暴雨等灾害性天气的应对措施和各成员单位职能。

图5-2-20　2008年2月，区各单位及解放军在城站火车站保障滞留旅客　（潘建忠　摄）

2009年，区政府安装城区防汛防台指挥决策系统，实现与市级部门防汛防台视频会商。8月，台风“莫拉克”影响杭州，主城区出现内涝。上城区组织市政、环卫人员2000人开展应对，各街道、社区对辖区内积涝点、危旧房进行隐患排查，紧急加固危旧房，上城区无一户家庭进水，无一起人员伤亡事故。

2010年12月，上城区遇大雪，环卫、市政部门共出动人员1500余人次，各类车辆250余辆次，清扫积雪近500万平方米，确保交通畅通和道路、桥梁、隧道等市政设施的安全正常运行。

2012年，上城区各环卫所购置5台“山猫”多功能扫雪车，提高暴雪等恶劣天气的应对能力。全年完成老复兴路等5个低洼积水点专项治理，完善“一点一方案”，对不具备低洼积水整体改造条件，但在汛期易产生积水的重点地段、重点部位，对上灰团巷、宋城路等5处易低洼积涝处，按“一点一方案”配置人员、设备、物资及排涝举措，开展汛前应急处置演练。至年末，上城区因台风、强降雨启动四级以上应急响应12次，均无人员伤亡和较大财物损失。

2013年7月，上城区成立区防汛抗台指挥部，并对《上城区防汛抗台应急预案》进行修订。预案明确全区各类灾害性天气预防和应急工作，由区长任总指挥，全区各单位为成员单位，指挥部办公室设在上城区城市管理局（简称区城管局）。新修订的预案新增针对暴雪、冰冻等灾害的应急处置。8月，针对连续40度的高温天气，区城管局各环卫所实施道路24小时不间断洒水降温，同时组织人员、车辆开展“抗旱保绿”。10月，受台风“菲特”影响，上城区强降雨，造成20年一遇积水影响，区城管局全体干部职工放弃国庆节休息，出动市政、环卫工人2000人参与抗台风工作。

2014年8月，区政府印发《上城区高温天气应急预案》，按照严重程度从重至轻将高温预警设为红色预警和橙色预警两级，预案中针对高温应急工作成立专门领导小组，由领导小组牵头，全区各职能部门按照预案明确的职责分工落实各项职责，并对高温后期处置做出明确要求。当年，区城管局市政园林管理所购置1600立方米/小时大功率排涝车，8台160立方米/小时瓦瑞斯克移动水泵，为应对洪涝灾害提供有力保障。12月，区政府印发《上城区大气重污染应急行动方案》，按照严重程度从重至轻将大气污染分为1至3级，针对大气污染应急工作成立专门领导小组，由领导小组牵头，全区各职能部门按照预案明确的职责分工落实各项职责。

2015年7月，为应对台风“灿鸿”，区城管局成立抗台防台指挥部，充实应急保障队伍。台风影响期间，全区处理低洼积水111处，拆除工棚12座、防护网33处、临时围护25处，加固脚手架55处、广告牌212块，加固易倒伏树木3164株，修整树木27株，处理倒伏树木97株。各工地加强对深基坑、外脚手架、建筑起重机械、临时工棚等重点部位的检查。上城区在全区范围内设置59个避灾安置中心，并向社会公布，避灾安置中心多设立在建筑结构安全性能高的学校、地下车库、社区活动室等，配备床位、棉被等设施，提供食物、热水等。

图5-2-21　2015年6月8日，区城管局成立台风“灿鸿”防御指挥部　（区城管局 供稿）

第三章　公用事业

1978年以后，随着杭州市城市公用事业快速发展，上城区供水、燃气、供电等公用事业逐步配套完善。1980年，杭州市供水用户突破2万户。1985年，杭州市区有水厂4家，其中上城区内有清泰水厂、南星水厂，全市供水管道长945千米；市区液化气用户达7.37万户。2000年末，杭州城市供水能力达143万立方米/日，供水普及率100%，供水自动化水平进入全国先进城市行列。杭州市区有液化气和管道煤气用户42.4万户，气化率95.7%。2001—2005年，城市供水、燃气、供热均有较快发展。2005年末，杭州市区供水最高日制水量134.79万立方米，年制水量4.17亿立方米，用水普及率100%；有液化气用户32.3万户，年供液化气38249立方米，天然气用户25.53万户，年售天然气7015万立方米，气化率99.17%。2008年，杭州市天然气供气量1.9万立方米，自来水售水量3.6亿立方米。2009年，杭州市销售天然气2.45亿立方米，增长11.8%；实现自来水售水量4.37亿立方米，增长3.2%。2015年，杭州市区自来水日供水能力382万立方米；杭州全市用电量646.38亿千瓦时，其中城乡居民生活用电90.26亿千瓦时。

第一节　城区供水

1993年初，上城区域内有清泰、南星2家水厂，日最高供水能力40万立方米。之后，南星水厂、清泰水厂相继改造、扩建。2000年，上城区自来水日供水最高为46.62万立方米/日，年制水量13219.37万立方米。2008年，南星水厂出厂水能达到直接饮用的标准。是年12月，清泰水厂开始饮用净水改造工程。2010年末，南星水厂成为杭州市首个达到浙江省城市供水现代化水厂标准的水厂。2013年，清泰水厂成为亚洲最大的膜深度处理工艺水厂。2015年1月起，上城区施行居民阶梯水价制度。

一、水厂

上城区内有清泰、南星2家水厂，除供应上城区居民用水外，还供应周边其他城区居民用水（南星水厂供水范围主要包括城南区域、复兴区域和钱江新城）。清泰、南星水厂均取水于钱塘江。另外，设在西湖区的赤山埠水厂也承担向西湖周边上城区域范围供水的任务。

清泰水厂　清泰水厂位于清泰门外贴沙河边，民国17年（1928）9月建成供水，设计日制水能力8000立方米。1993年4月至1995年12月，改造水厂出水泵房，引进自动加药和自动控制设备，提高制水工艺的自动化程度，出水能力达到35万立方米/日。1999年最高日制水量38.39万立方米，年制水量11794.05万立方米。2000年，最高制水量35.03万立方米，年制水量10082.24万立方米。2005年，最高制水量32.53万立方米，年制水量9992.12万立方米。2008年12月，杭州清泰水厂饮用净水改造工程动工，2013年11月末完成通水并投入试运行。该工程包括配水井及预臭氧池、平流沉淀池、污泥处理系统、膜处理车间、二级泵房配电间等，总投资约4亿元。改造工程重点增加臭氧预处理和膜深度处理工艺，生产过程中产生的排泥废水采取脱水干化处理。改造后的清泰水厂深度水处理规模达30万立方米/日，成为亚洲最大的膜深度处理工艺水厂，经过深度处理的自来水达到欧洲直饮水标准。2015年末，经过浙江省城市水业协会评价验收，清泰水厂成为浙江省城市供水现代化水厂。

南星水厂　南星水厂位于之江中路98号。1968年7月，南星水厂建成投产。1993年4月至1995年12月，水厂进行技术改造，建成4万立方米/日平流式沉淀池、折板隔板反应池、四阀普通快滤池和1500立方米接触池、3500立方米清水池及6台潜水取水泵，增加生产能力4万立方米/日。同时建造容量8万立方米的避碱池1座，增强潮讯期间抵御钱江咸潮影响的应急能力。同时引进自动加药和自动控制设备，提高制水工艺的自动化程度。2000年，最高供水量11.59万立方米/日，年制水量3137.13万立方米。2002年12月至2004年12月，建设饮用净水技术改造及扩建工程，在传统制水工艺增设预臭氧化和后臭氧氧化结合活性炭吸附工艺，设计供水能力10万立方米/日，出厂水质达到欧共体饮用水指标和饮用净水水质标准。2005年，最高供水量10.57万立方米/日，年制水量3419.76万立方米。2006年，南星水厂启动扩建二期工程，新建20万立方米/日深度处理综合池及活性炭滤池、36万立方米/日机械混合合折板絮凝平流沉淀池和均质滤料滤池等设施，2008年12月工程建成投产，出厂水能达到直接饮用的标准。2009年，该厂最高日制水量达到25.10万立方米，年制水量达7519.51万立方米。2010年末，南星水厂通过“浙江省城市供水现代化水厂”评审，成为杭州市首个达到浙江省现代化水厂标准的水厂。

二、水价

1993年，杭州市（含上城区）生活用水为0.30元/立方米，工业用水为0.50元/立方米，非经营性单位用水从0.35元/立方米调至0.40元/立方米，旅馆、饮食业用水从0.55元/立方米调至0.70元/立方米，商业用水从0.35元/立方米调至0.70元/立方米，涉外宾馆、饭店用水从0.95元/立方米调至0.90元/立方米。同时在7—9月供水旺季实行季节差价，每立方米加价0.10元。

1995年，生活用水调至0.48元/立方米，非经营性单位用水调至0.65元/立方米，工业用水调至0.80元/立方米，商业和旅馆、饮食业用水调至1.00元/立方米，涉外宾馆、饭店用水调至1.20元/立方米，取消季节差价。1997年，居民生活用水调整为0.80元/立方米，行政事业单位用水调整为1.00元/立方米，工业交通企业用水调整为1.20元/立方米，商业企业用水调整为1.40元/立方米，建筑行业用水调整为1.50元/立方米，宾馆、饭店、度假村用水调到1.80元/立方米。1998年，每立方米水价增收污水处理费0.10元。

2000年，居民生活用水调至1.40元/立方米，行政事业单位和工业交通企业用水调至1.60元/立方米，商业企业用水调至1.80元/立方米，建筑行业用水调至1.90元/立方米。2001年，自来水到户价所含污水处理费调至0.40元/立方米。2002年，杭州市（含上城区）自来水价格进行结构性调整，由居民生活、工业企业、行政事业单位、商业企业、建筑企业和其他行业6类，改为居民生活、非经营性、经营性和特种用水4类，自来水到户价分别为居民生活用水1.55元/立方米，非经营性和经营性用水1.95元/立方米，特种行业用水2.30元/立方米。2004年，调整为居民生活用水1.65元/立方米、非经营性用水2.15元/立方米、经营性用水2.25元/立方米、特种行业用水2.60元/立方米。2005年，市区供水到户价格调整为居民生活用水1.85元/立方米（其中污水处理费0.50元）、非经营性用水2.85元/立方米（污水处理费1.10元）、经营性用水2.95元/立方米（污水处理费1.20元）、甲类特种行业用水4.00元/立方米（污水处理费1.20元）、乙类特种行业用水6.00元/立方米（污水处理费1.20元）。

2015年1月起，杭州市区（含上城区）施行居民阶梯水价制度，上城区水价与其一致。第一阶梯的用水量为216立方米（含）以下，销售价格为每立方米2.90元；第二阶梯用水量在216～300立方米（含），销售价格为每立方米3.85元；第三阶梯用水量为300立方米以上，销售价格为每立方米6.70元。

三、供水服务

1993年，为方便用户，上城区用水收费由每月一次改为两月一次。1994年5月起，改由中国工商银行代收水费，营业所水费通知单改为水费收据，用户持收据就近向中国工商银行营业网点缴纳。1996年7月，杭州市自来水营业公司推出承诺服务制度，将供水量、水质合格率、管网抢修时间、接水安装时间等事项公开向社会承诺并明确违诺责任。1999年，营业公司在加强抄表管理的同时，开展智能水表试点，逐步推行“一户一表，抄表到户”服务。2000年末，完成试点工作，杭州市共安装一户一表825户。2000年5月，自来水总公司杭水热线“7826789”开通，与市长公开电话、市城乡建委热线、市政公用局和新闻热线联动，规范、快速、高效地为客户服务。2001年，杭州市暂定“一户一表，计量出户”改造安装费标准为每户580元。2003年，“一户一表，计量出户”改造安装费调整为每户450元。

2006年，杭州市实行统一水费收费平台，上城区供水用户也可跨区缴费。2007年，杭州市水业集团公司“一户一表、计量出户”改造工程全面铺开。2011年11月，由原杭州市水业集团有限公司和杭州市排水有限公司整合组建而成的杭州市水务控股集团有限公司挂牌成立，地址建国南路168号。总资产64亿元，员工1832人。设计日供水能力170万立方米，服务面积660平方千米，服务人口300余万人，供水管网总长度3700余千米。主城区供水和排水实现一体化的经营模式。

第二节　城市供电

20世纪90年代，随着经济高速发展，全社会用电量猛增，杭州电网用电紧张形势加剧，限电拉闸现象频发，居民日常生活受到一定影响。1996年起，随着杭州电网整体供电水平的提高，供电部门不再实施限制用电的措施。进入21世纪，用电负荷增长。至2003年，全市出现电源性缺电局面，市电力局采取有序用电和拉闸限电措施，上城区也受到相应影响。此后，随着网供电量的增加，供电紧张局面有所缓解。2009年开始，夏季用电负荷猛增，并逐年攀升。至2015年，杭州成为全国用电水平较高的城市。

一、电力设施

杭州市电力局成立于1984年，位于建国中路219号。1993年冬，电力供应紧张，杭州市电力局提出“三年缓解、六年适应、十年超前”的电网建设新目标，从资金、物资等各方面加大电网建设的力度。其后，随着浙江宁波北仑发电厂和绍兴500千伏兰亭变电所建成，杭州电网第二条500千伏输电通道500千伏绍（兴）瓶（窑）输电线路建成，为浙江沿海大型火电厂的电力输入杭州创造条件。其间，企业余热发电厂及利用焚烧垃圾或垃圾堆放场的沼气发电的环保型发电企业为杭州电网提供良好的调峰和保安电源。同时，还建设钱塘等9项220千伏输变电工程，构成杭州电网220千伏的环网结构，220千伏变电所达到12座，变电容量315万千伏·安，加上各地区电网35～110千伏变电所的建设和10千伏及以下配电网的绝缘化、网络化技术改造，电网网络结构更为完善，供电更为可靠安全。杭州电网还充分运用电子计算机、光纤技术、信息技术等现代化科学技术建成杭州电网调度自动化系统（HDSCADA）、市区配电网调度大屏幕显示系统和电力企业管理信息系统（HDMIS）等电网的先进管理于段，使电网电能输得进、供得出，用得安全可靠，电力供应状况得到缓解并有调节余地。同时，为节能减排和保护环境，开始对某些能耗较大的小型火电厂、热电厂实行按计划发电或“以热定电”的限制发电措施。1999年5月，位于上城区民权路的中心变电所投入运用，主变压器有2台，铭牌容量10万千伏安。

21世纪初，杭州电网被国家列入新一轮五大城市电网建设和改造的重点。随后，所属各区、县（市）级城市电网也被列入电网建设和改造规划。2000年，分别位于上城区劳动路和复兴路的涌金变电所和复兴变电所投入运用，各有主变压器2台，铭牌容量为10万千伏安。随着国家电力公司的体制改革，2002年，杭州市电力局改为国家电网公司所属地（市）级供电企业。杭州市电力局充分运用现代化的科学技术配套实施变电所无人值班和综合自动化系统、电力设施数字式计算机保护装置、配电网自动化管理系统（DMS）、用电负荷控制系统和带电作业等科技成果为电网的现代化管理注入新的活力。2003、2004年，杭州电网再次出现电源性缺电局面。随着浙江电网、杭州电网建设和电源建设的进一步加强各地配电网绝缘化、网络化技术改造完善，至2005年电网供电紧张状况有所缓解。

2006年，杭州市全年新建10千伏线路60条，新敷设、调换10千伏电缆734千米，新设公用变压器1634台、计45万千伏安，新建、改造10千伏开闭所137座。配合“五纵六路”“背街小巷改造”等工程实施架空线改地下电缆工程。2007年，杭州市投产1项500千伏、9项220千伏、35项110千伏输变电工程，新增变电容量380万千伏安，线路320千米；全年新开工110千伏及以上输变电项目35项。2008年，杭州500千伏仁和变电所建成投运，杭州电网全年新增110千伏及以上变电容量456.6万千伏安。杭州市区全年新建10千伏线路134条，新建、改造10千伏线路（含电缆）1062千米，新设公用变压器961台。杭州市区配网新出10千伏线路134条，新建（改造）10千伏线路（电缆）1062千米，新设公用变压器961台，改造低压台区632个。

2011年，杭州市有35千伏及以上公用变电所332座，变电容量4935.6万千伏安；有35千伏及以上输电线路（包括电缆）722条，线路总长度8122.43千米；有10千伏配电变压器（含用户）7.97万台，总容量3392.32万千伏安；10千伏配电线路（含电缆）总长度3.32万千米。2015年，杭州电网建设投入64.68亿元，新开工110千伏及以上输电工程42项，容量513万千伏安，线路403.94千米。

二、电力负荷

1993年，杭州电网供电量65.81亿千瓦时，最高供电负荷100.36万千瓦。同年，为提高电网的受、供电能力，杭州市电力局开始大规模的电网建设，供电能力随之提升。1995年7月，杭州电网最高负荷127.10万千瓦。1991—1995年，杭州电网最高供电负荷增长近1倍，1995年供电量82.30亿千瓦时。

1996年起，随着杭州电网整体供电水平的提高，供电部门不再实施限制用电的措施，电网供电量呈现平稳增长态势。1997年，受东南亚金融危机影响，电力需求增长趋缓，杭州电网最高供电负荷135.70万千瓦，供电量96.92亿千瓦时，电网基本上处于轻载运行。1998年下半年开始，电力负荷恢复增长。8月12日电网最高负荷163.20万千瓦，日最大电网供电量3545.10万千瓦时；全年供电量首次突破100亿千瓦时，达到102.04亿千瓦时。当年电网最高负荷和日供电量的增长率均创杭州电网的历史水平。至2000年，杭州电网供电最高负荷210.60万千瓦，供电量137.36亿千瓦时。

21世纪初，电网建设继续快速发展，输电瓶颈逐渐消除，辅之以电力营销的推进，用电负荷迅速增长。2002年，杭州市电网供电最高负荷297.34万千瓦，供电量185.96亿千瓦时。由于供电量充足，杭州市地方公用电厂和企业自备发电设备装机容量增长缓慢。2003年开始，杭州市出现电源性缺电的局面，用电负荷急剧增加，杭州市采取有序用电和拉闸限电措施。是年，杭州电网最高负荷340.76万千瓦，供电量227.04亿千瓦时。此后，随着网供电量增加，供电紧张局面有所缓解。2005年，杭州电网供电量297.63亿千瓦时，最高供电负荷476万千瓦。2006年，有序用电成效显著，全网没有出现电源性拉闸限电，实现“错峰不拉路、力争不拉电”的目标。

2008年，杭州市年供电量411.73亿千瓦时，杭州电网（不包括建德、淳安）年最高用电负荷699.03万千瓦。2009年，杭州夏季用电负荷达到800万千瓦，电网负载能力达到极限，用电形势严峻。杭州电力部门实施严格执行“线路轮休日”制度、调度城市景观照明、机关事业单位带头开展节约用电等8项有序用电预控措施，确保居民生活用电和正常的供用电秩序，确保杭州电网稳定运行。

2010年，杭州市夏季用电负荷继2009年大幅猛增后，2010年再创新高，全社会最高用电负荷852.6万千瓦，网供最高负荷797.7万千瓦，电网负载能力达到极限，有序用电的形势严峻。杭州电力部门按照杭州市政府“保增长、扩内需、调结构、增活力、重民生、抓稳定”的决策，积极“让电于民”。2011年，杭州市夏季用电负荷继续攀升，全社会最高用电负荷1000.9万千瓦，网供最高负荷970万千瓦。

2012年8月，杭州电网用电负荷再创历史新高，全社会最高用电负荷1032.3万千瓦，网供最高负荷983.2万千瓦。2013年夏季，杭州遭遇极端高温干旱天气，7月24日杭州电网全社会用电负荷达到1131.35万千瓦，比上年增长9.6%，创历史新高。全网53%的220千伏变电站主变重载、满载运行，给电网安全带来严峻考验。2015年，杭州全社会最高用电负荷达1213.8万千瓦，人均用电负荷为1.30千瓦，在全国属用电水平较高的城市。

三、社会用电量

1993年起，随着电网建设大规模展开，杭州电网输电能力和供电可靠性进一步提高，用电水平随之增长。1994年居民空调用电增加，8月，杭州市城乡居民用电9967万千瓦时。至1995年，杭州市全社会用电量94.09亿千瓦时，城乡居民生活用电10.41亿千瓦时。1996年以后，第三产业发展势头良好，城乡居民生活用电有增无减。1997年，杭州市全社会用电量107.77亿千瓦时；建筑业、地质普查和勘探业用电比1996年明显下降，工业用电量增幅放缓，商业、公共饮食、物资供销、仓储用电增长较快。1999年，随着工业用电量的大幅度攀升，全局全社会用电量125.33亿千瓦时。同年，杭州市完成工业用电量89.07亿千瓦时，比1998年同期增长12.29%。商业、交通运输、建筑等行业用电增幅较大，分别达到18.20%、16.27%、12.13%。21世纪初，用电量持续攀升。2003年，杭州全社会用电量242.75亿千瓦时，比1998年翻一番。2005年，杭州市全社会用电量320.76亿千瓦时，是1990年的6倍，15年间平均每年增长12.74%。2005年，杭州市全市城乡居民生活用电35.08亿千瓦时。

2006年，按电度表户为计算单位，杭州市有电力用户278.06万户，全年供电量348.53亿千瓦时，售电量331.07亿千瓦时。2007年，杭州市有电力用户294.37万户，年供电量393.84亿千瓦时，售电量374.74亿千瓦时。

2008年，受国际金融危机影响，全年杭州电网用电量增幅呈逐月加剧递减趋势。至年末，全社会用电量虽然首次超过400亿千瓦时，累计比上年增长4.30%，但与2007年比增幅下降8.02个百分点。全年新装、增容用户比上年下降36.6%，销户、减容和暂停的客户数上升1.38倍。

2009年，全社会用电量达到434.3亿千瓦时（不包括建德、淳安）。2011年，杭州市有电力用户346.6万户；年供电量538.23亿千瓦时，售电量525.39亿千瓦时。2014年，杭州市有电力用户387.84万户；全市全社会用电量640.19亿千瓦时，比2013年增长0.3%，其中城乡居民生活用电83.86亿千瓦时，下降6.3%。

2015年，杭州全社会用电量646.4亿千瓦时，比2010年增加160.40亿千瓦时。其中全市第一产业用电量4.7亿千瓦时，占比0.7%；第二产业用电量421千瓦时，占比65.1%；第三产业用电量130.4亿千瓦时，占比20.2%；居民生活用电90.3亿千瓦时，占比14.0%。第一产业和第二产业用电量比重下降，第三产业比重呈较快的上升趋势。2010—2015年，杭州市全社会用电量年均增长率为5.86%，杭州电力电量增速仍处于中高速增长期。

四、电费电价

1993年，国家全面调整目录电价，城镇居民生活用电价格自10月抄表之日起由0.15元/千瓦时提至0.25元/千瓦时，并收取附加费0.05元，不再收取燃料补偿金。1996年5月起，城镇居民生活用电价格从0.30元/千瓦时提高到0.43元/千瓦时。1997年5月起，杭州市城镇居民生活用电价格从每千瓦时0.43元调整为0.53元/千瓦时。为鼓励居民消费低谷电力，帮助电网“削峰填谷”，2002年11月起，杭州市城区居民生活用电试行峰谷电价计费，居民通过申请安装复费率电能表，可在低谷时段（22:00至次日8:00）享受0.28元/千瓦时的优惠电价，其他时段按0.56元/千瓦时的电价计费。2004年8月，抄见电量起实行阶梯式累计调价。安装“一户一表”的居民用户月用电量低于50千瓦时（含50千瓦时）部分不调整；月电量在51～200千瓦时部分，电价上调0.03元/千瓦时；月用电量超过200千瓦时部分电价上调0.10元/千瓦时。居民合表用户和学校等集体用户上调0.02元/千瓦时。执行峰谷电价的居民用户以总电量与阶梯基数电量比对进行计算，高峰、低谷分别普加。此后至2005年，城乡居民生活用电价格未做调整。

2015年，杭州供电公司将电费缴纳纳入人民银行征信体系。优化“十分钟”缴费圈，加强微信绑定宣传推广，拓展支付宝智联缴费新业务，新增电费充值卡销售网点629个、电费社会化缴费网点49个，居民代扣电子化签约比例提升至81.3%，实现电费年内全额回收。

第三节　燃料燃气

1991年8月，上城区开始使用杭州煤制气厂提供的煤气。至1995年，杭州市区有管道煤气居民用户8万户、工业用户3户、公建用户53户、热水器用户2.97万户，年售气2813万立方米。2000年末，市区有液化石油气用户28.33万户（含管道液化气用户），年销售量3.96万吨；有管道煤气居民用户14.17万户、工业用户3户、公建用户190户、热水器用户5.21万户；市区液化气和管道煤气总用户42.4万户，气化率95.7%。2001年8月，杭州管道煤气公司和杭州煤气公司合并组建杭州燃气有限公司。次年7月，更名杭州市燃气（集团）有限公司。2003年6月，杭州市天然气利用工程全面启动。2004年7月，北门站点火通气并向城区供气。2005年7月，上城区的人工煤气停供，市区原管道煤气用户全部转换使用天然气。年末，城区有液化气用户32.30万户，年供液化气3.82万吨；有天然气用户25.53万户，气化率99.17%。2010—2012年，杭州市实施老小区居民通气“三年行动计划”，上城区管道燃气敷设能到达的居民小区均用上管道燃气。2015年10月，杭州市区（不含萧山、余杭、富阳区）居民生活用管道天然气实行阶梯价格，第一阶段梯气价为3.1元/立方米。

一、气源

石油液化气 1989年起，浙江炼油厂、杭州炼油厂对杭州市的液化气供应实行集资供气，集资额分别为3500万元和6000万元，集资期5年，两厂年供气分别为1750吨、3500吨，供气价格700元/吨。1993年，浙江炼油厂集资供气价转为市场价。1995—1996年，气源以浙江炼油厂、杭州炼油厂为主及通过多渠道采购组成，液化气采购量由2.40万吨升至2.72万吨。1996年冬季，因国际市场影响，液化气价格上升到4200元/吨，甚至出现市场有价无货现象。浙、杭两炼油厂供气价为3600～3700元/吨。1997年，进口液化气成为气源采购新渠道，浙、杭两炼油厂的供应量不断上升，全年采购量3.54万吨，集资气供应价格调整为1808元/吨。1998年，杭州煤气公司调整气源结构，杭州炼油厂成为最大供应商。1999年和2000年，液化气平均采购价为1855元/吨和2858.30元/吨。2001—2004年，分别为2864.96元/吨、2806.28元/吨、3099.75元/吨、3738.82元/吨。2005年，液化气平均采购价格为4508.46元/吨。

煤制气 1991年8月，杭州管道煤气首次投运4号直立炉20门，平均日产煤气4万标立方米。1993年4月，3号直立炉投产，日供气能力增至8万标立方米。同年，杭州钢铁厂的焦炉余气成为杭州煤制气第二气源。1994年7月，实施杭州钢铁厂焦炉气接纳工程。次年12月，向杭城供气，供应流量5万立方米/日。1994年12月，水煤气工程（属杭州管道煤气一期工程范畴）投产并网供气，日产气量11万立方米。为保障冬季高峰用气，杭州管道煤气公司机炉煤气利用工程经一年的建设和调试，于2001年10月通过正式设运，该工程设计规模日供气10万立方米。2005年7月，管道煤气用户全部转换为天然气用户。

天然气 2003年6月，天然气利用工程全面开工建设。2004年3月，杭州市天然气利用工程首个气源站——北门站通过交工验收，7月向杭州主城区供气。年末，天然气用户达到15.54万户。2005年7月，杭州市主城区人工煤气区域天然气转换全面实现。此后，启动管道液化气区域改造转换工作。至11月末，除少部分区域外，主城区天然气转换工作均完成。是年末，天然气用户25.53万户，其中居民用户25.48万户、公建用户478户、工业用户14户，年售天然气7015万立方米，气化率99.17%。

二、用户和用量

1993年末，杭州市区液化气销售量22620吨。1995年末，用户数165596户，年销售量24301吨。2000年，瓶装用户数277538户，其中管道液化气用户2220户，销售量39650吨。2005年，杭州市主城区瓶装液化气用户32.30万户，年供应液化气3.82万吨。

管道煤气用户分为民用、工业、公建用户3类。1991年8月，杭州市首批400余户用户用上管道煤气。1993年，杭州市管道煤气用户38442户，销售气量1193.68万立方米。1995年末，有居民用户8万户、工业用户3户、公建用户53户，其中热水器用户2.97万户，最高日供气量14.74万立方米。2004年，全市增加管道民用户23449户，工业、公建用户69户，全年实现锅炉点火79.6吨，销售气量11288万立方米（折合人工煤气）。

天然气用户同样分为民用、工业、公建3类。2004年，杭州市1700余户居民率先用上天然气。2005年末，杭州城区天然气用户255319户，公建用户478户，工业用户14户，年销售天然气7015万立方米。2006年，全年新增天然气用户3.97万户、工业和公建用户116个，分别比2005年增长28.2%、7.5%；销售天然气1.15亿立方米，增长63.9%；天然气最大日供量56.31万立方米。2010—2012年，为解决老小区居民用气难题，市燃气集团实施老小区居民通气“三年行动计划”，解决43474户居民通气难问题。

三、燃气价格

液化气价格[①] 1992年，经杭州市物价局和杭州市城乡建设委员会核准，杭州市液化气新开用户一律为计划内议价户，实行一次性收取开户费1200元，气价和用气量执行集资用户标准；计划外用户可出资700元转为计划内议价户。1994年10月，开户费调整为每户500元与200元两种。1995年末，平价液化气价格为民用户25元/瓶，集体、工业户50元/瓶，集资民用户28元/瓶，集体户30元/瓶；1200元，500元投资户28元/瓶，200元投资户42元/瓶，代办户46元/瓶。1997年4月，取消瓶装液化气开户费，只需交钢瓶押金即可开户。是年10月，取消钢瓶押金，只需交110元钢瓶购置费即可开户。1999年5月，平价瓶装液化气价格调整为37元/瓶，其他种类的气价调整为集体、工业户49.5元/瓶，集资户37元/瓶，代办户49.5元/瓶。2001—2004年，15千克瓶装液化气零售价分别为50元/瓶、60元/瓶、62元/瓶、75元/瓶，01号、02号、12号、16号磁卡瓶装液化气分别为46元/瓶、56元/瓶、58元/瓶、71元/瓶。2005年，15千克瓶装液化气零售价格为78元/瓶，其中01号、02号、12号、16号磁卡瓶装液化气为74元/瓶。

① 1990年6月，瓶装液化气价：民用户6.00元/瓶、集体户8.40元/瓶、工业户12元/瓶。此后几年，数次调整价格。

管道液化气价格 1995年管道液化气价格，工业、营业及公共集体用户为13.50元/立方米。1996年7月，民用户销售价格9.5元/立方米，工业户销售价格12.5元/立方米。1999年5月，管道液化气用户初装费核准为2500元/户，热水器300元/台；居民及工业、公共集体用管道液化气均为8.00元/立方米。2000年，管道液化气开户费1700元/户，热水器用户200元/户。是年12月，工业用户销售价格调整为9元/立方米。次年12月，调整为10.5元/立方米。2003年4月，管道液化石油空混气销售价格标准调整为居民生活用气3.60元/立方米，经营性公建用气4.50元/立方米，非经营性公建、工业用气4.25元/立方米。2004年10月，管道液化气销售价格调整为民用户9.5元/立方米。

管道煤气、天然气价格　初装费：1992年1月，核定管道煤气初装费1100元/户。1994年4月，调整为2000元/户。1996年12月，调整为3000元/户。2000年3月，降低用户初装费，民用户为1700元/户，工业用户为400元/户，营业性用户为500元/户，非营业性用户300元/户。

热水器开户费：1991年，首批热水器安装按200元/户收费。1992年初，调整为350元/户。1996年12月，调至500元/户。1999年11月，为鼓励使用管道煤气热水器，安装材料费标准从500元/户降为200元/户。2003年，市物价局决定从当年12月1日起取消管道燃气热水器安装材料费。

气价：1993年5月，管道煤气销售价为民用户0.6元/立方米，工业用户0.8元/立方米，营业性用户1.20元/立方米。2000年3月，民用管道煤气价格从0.95元/立方米调至1.2元/立方米。

2004年9月，市物价局规定杭州市居民生活用天然气到户销售价为2.4元/立方米（含税价）；非居民生活用天然气到户基准价3元/立方米（含税价），根据用户年用气量，实行基准价为基础，在下浮30%幅度内分档定价、累进递减。

2015年10月，杭州市区（不含萧山、余杭、富阳）居民生活用管道天然气实行阶梯价格，居民家庭按年度用气量为计算周期，全年用气量划分为三档，各档用气量价格实行超额累进加价。第一阶梯用气量为276立方米（含）以下销售价格3.10元/立方米（含税，下同）；第二阶梯用气量为276～480立方米（含），销售价格3.72元/立方米；第三阶梯用气量为480立方米以上，销售价格4.65元/立方米。居民用气户用气地址对应的户籍人口多于4人的，每增加1人，相应增加年用气量60立方米。自2004年杭州居民开通使用天然气后，杭州市首次对民用管道天然气进行调价。

第四节　停车场

20世纪90年代初，因城市发展水平较低，上城区主要道路上汽车较少，居民出行方式主要为自行车，城市公交线路较少，公交车辆不足百辆。因此上城区停车场较少，其中南山路停车场[①]是杭州最早建成的停车场。

① 南山路停车场建成于民国35年（1946），后有改建、扩建。

1996年开始，随着城市经济水平的提升，车辆开始增多，原有停车场地不敷使用，停车难问题矛盾突出，渐成社会热点。2008年6月，杭州市委办公厅、市政府办公厅联合印发《关于破解“停车难”问题的实施意见》，把广大市民反映强烈的“行路停车难”问题作为“破七难”[①]的一项重要内容。2011年，市政府与区政府签订公共停车场（库）目标责任书，目标为新增1500个停车位。上城区克服省市单位用地多、建筑密度大、土地资源少、征收拆迁成本高等困难，利用闲置土地建设地面停车场所。2013年开始，市政府不再与区政府签订公共停车场（库）目标责任书，而是将其列为“治堵”的一项重点工作，每年进行考核。随着闲置土地的日渐稀缺，停车场（库）建设中的征收拆迁等难题凸显。2013年，上城区引进全市首个外资停车场库项目，完成6个停车场库建设，新增停车泊位1155个。2014年，加强公共停车场（库）建设，新增2408个停车泊位。2015年，上城区完成新开工及续建停车场（库）5处、泊位833个，竣工2处、泊位909个。

① 困难群众生活就业难、看病难、上学难、住房难、行路难停车难、办事难、清洁保洁难。

表5-3-10　2011—2015年上城区主要停车场（库）项目情况表

单位：个

序号	项目名称	建设主体	坐落位置	类型	泊位数	投资性质	投资主体	管理部门	说明
1	白马庙巷停车场	杭州清河坊经济发展有限公司	中山南路严官巷	地面机械	95	社会投资	杭州清河坊经济发展有限公司	杭州清河坊经济发展有限公司	使用
2	建兰中学地下停车场	上城区教育局	抚宁巷中河路口	地下	52	政府自筹	上城区教育局	上城区教育局	使用
3	玉皇山公交停保场地块地下停车场	杭州市玉皇山南综合整治工程指挥部	机务段路北侧	地下	380	政府自筹	杭州市玉皇山南综合整治工程指挥部	杭州市玉皇山南综合整治工程指挥部	使用
4	天龙寺仓库地下停车场	杭州市玉皇山南综合整治工程指挥部	白云路26号	地下	120	政府自筹	玉皇山南指挥部	杭州市玉皇山南综合整治工程指挥部	使用
5	万松岭中河高架匝道下停车场	吴山地区开发建设指挥部	中河凤山路匝道下	地面机械	181	政府投资	市区财政	吴山地区开发建设指挥部	使用
6	秋涛路飞云江路立交停车场	上城区城管办	秋涛路飞云江路立交	地面机械	156	政府投资	市区财政	上城区城管办	使用
7	望江路立交桥东停车场	上城区城管办	望江立交桥	地面机械	56	政府投资	市区财政	上城区城管办	使用

续表 5-3-10

序号	项目名称	建设主体	坐落位置	类型	泊位数	投资性质	投资主体	管理部门	说明
8	马儿山仓库地下停车场	杭州市玉皇山南综合整治工程指挥部	白云路23号	地下	90	政府自筹	杭州市玉皇山南综合整治工程指挥部	杭州市玉皇山南综合整治工程指挥部	使用
9	天龙寺南空部队地面公共停车场	杭州市玉皇山南综合整治工程指挥部	白云路25号	地面	50	政府自筹	杭州市玉皇山南综合整治工程指挥部	杭州市玉皇山南综合整治工程指挥部	临时停车场，使用
10	打铜巷地下停车库扩建工程	杭州市清河坊历史街区管委会	河坊街南侧，布市巷西侧，打铜巷东侧	地下机械	87	政府自筹	杭州市清河坊历史街区管委会	杭州市清河坊历史街区管委会	使用
11	西湖天地停车场	西湖天地有限公司	南山路西湖天地地块	地面	174	社会投资	西湖天地有限公司	西湖天地有限公司	临时停车场，使用
12	东宝路海潮路停车场	望江街道办事处	东宝路海潮路口	地面	75	政府自筹	望江街道	望江街道办事处	临时停车场，使用
13	吴山铭楼南侧停车场	杭州清河坊经济发展有限公司	吴山铭楼南侧	地面	35	社会投资	杭州清河坊经济发展有限公司	杭州清河坊经济发展有限公司	临时停车场，使用
14	工具厂地块停车场	上城区城管局	中河中路东，河坊街南	地面	350	政府自筹	上城区城管局	上城区城管局	临时停车场，使用
15	南复路临时停车场	杭州玉皇物业管理有限公司	陶瓷品市场北侧	地面	60	社会投资	杭州玉皇物业管理有限公司	杭州玉皇物业管理有限公司	临时停车场，使用
16	杭州艺苑停车场	杭州文化广播电视集团	十五奎巷原市委党校内	地下机械	90	社会投资	杭州文化广播电视集团	杭州市广播电视服务有限公司	使用
17	中华饭店停车场	杭州中顺拆迁有限公司	邮电路太子楼酒店对面	地面	82	社会投资	杭州中顺拆迁有限公司	杭州中顺拆迁有限公司	临时停车场，使用
18	江城路复兴立交桥下公共停车场	上城区市政所	江城路口复兴立交桥下	地面机械	128	政府自筹	上城区市政所	上城区市政所	使用
19	望江新苑地面临时停车场	杭州市望江地区改造建设指挥部	海潮路与望江路交叉口	地面	247	政府自筹	杭州市望江地区改造建设指挥部	杭州市望江地区改造建设指挥部	临时停车场，使用
20	新宫桥地面机械停车场	清河坊历史街区管委会	高银街东头	地面机械	75	政府自筹	杭州市清河坊历史街区管委会	杭州市清河坊历史街区管委会	使用
21	秋涛发展大厦南侧停车场	望江村	望江路与秋涛路交叉口	地面	100	社会投资	望江村	望江村	临时停车场，使用

续表5-3-10

序号	项目名称	建设主体	坐落位置	类型	泊位数	投资性质	投资主体	管理部门	说明
22	复兴大桥下部空间公共停车场	上城区市政所	复兴大桥下（秋涛路—之江路）	地面机械	100	政府投资	市区财政	上城区城管局	使用
23	上城工业园区地下公共停车库	上城区科技经济开发建设有限公司	上城工业园区内公共绿地下	地下	447	政府投资	市区财政	上城区城管局	竣工
24	望江公园地下停车库	杭州市钱江新城建设指挥部	望江公园东南部分地下	地下	280	政府自筹	杭州市钱江新城建设指挥部	杭州市钱江新城建设指挥部	竣工

说明：资料来源于杭州市上城区住房和城市建设局

第六篇

城区管理

五代时期，钱镠组建“撩湖兵”千人，专门负责西湖的整治，同时疏浚全城的河道。[①] 北宋以后，城市管理多由属地治安机构负责。南宋时期，朝廷在杭州设置厢，作为社会治安管理的机关。[②] 元代，杭州虽失去都城地位，但作为行省中心，仍建置若干个城市录事司。[③] 明朝在城市设坊厢隅所，所设城内为坊，城外为厢，作为城市管理的基层组织；到明朝中后期，又推行保甲制。[④]

清承明制，杭州城区的街巷秩序和清洁事项由保甲局、清道局管理。清光绪二十九年（1903）五月，浙江全省警察总局成立后，由警察负责管理社会治安。光绪三十四年（1908），钱塘、仁和两县贴出告示，禁止向街道巷弄倾倒污水、垃圾，指定摊贩、挑卖者经营场所和坐轿、马匹的排列及停放地点。由巡警巡逻管理，捕捉疯癫畜犬，处理房屋破损、城垣崩坏、桥梁和路面损坏、沟渠淤塞等事项。宣统元年（1909）二月，设浙江省会巡警局卫生警察班巡查杭州城区，维持清道等卫生秩序。民国时期（1911—1949），杭州的清道、清肥专门机构先后隶属于省会警察厅（局）、市政府卫生科管理。民国18年（1929），杭州市政府对市场、摊贩、街道、建筑、广告、清洁卫生等颁发相应法规进行规范管理。[⑤]

中华人民共和国成立后，上城区用地管理、市容环卫、市政设施由杭州市统一管理。[⑥] 20世纪50年代初，上城区开始在吴山、玉皇山等地植树造林。市政府先后颁布广告、摊贩、环境卫生、公共设施、园林绿化等管理法规，整顿市容市貌。1958年4月，上城区成立具有综合管理职能的环境卫生管理队，承担区域内公共厕所、居民倒粪池、垃圾箱的管理和主要街道的保洁。[⑦]

20世纪60年代中后期，乱搭、乱挂、乱贴现象严重，市容市貌和环境卫生遭受破坏。1981年全国人民代表大会通过义务植树决议后，上城区政府每年组织义务植树活动。[⑧] 80年代初，上城区开始对市容进行全面整顿，综合治

① 杭州简史编委会.杭州简史[M].杭州：杭州出版社，2016：66.

② 林正秋.南宋杭州研究论集[M].北京：中国文史出版社，2008：174.

③ 韩光辉.论中国古代城市管理制度的演变和建制城市的形成[J].《清华大学学报》，2011.

④ 宋迎昌.城市管理的理论与实践[M].北京：社会科学文献出版社，2013：70.

⑤ 上城区地方志编纂委员会.杭州市上城区志[M].北京：方志出版社，2015：287、289、298、299.

⑥ 解放后，杭州市政府设房产管理处，接管旧政权各机关、部队、学校和企事业单位的房产；代管原房主出走弃留的房屋。并设置地征科，进行土地登记工作。1952年，市民政局地政科划归市房产管理处，改称杭州市房地产管理处。1953年6月，杭州市政府组建杭州市环境卫生管理所，下设清道、清肥、运输等9个专业队，隶属市卫生局。

⑦ 上城区地方志编纂委员会.杭州市上城区志[M].北京：方志出版社，2015：300.

⑧ 上城区地方志编纂委员会.杭州市上城区志[M].北京：方志出版社，2015：285.

理“脏、乱、差”，并对沿街单位建立“门前三包”[①]责任制。1984年，上城区环境卫生管理所划归上城区人民政府领导；12月，上城区城市建设委员会设环境保护管理科。1985年开始，上城区首先对延安路等主要道路沿线的燃煤炉灶按环保要求进行改造，并开展固定噪声源的治理；后在全区范围开展烟尘治理工作，并通过杭州市人民政府的验收。[②] 1988年，上城区在全区开展土地申报登记，至年末全区登记的区房管局直管公房4000宗，私产4427宗，单位自管产2331宗。[③] 至1992年末，上城区共调查地籍8250宗，测绘地籍图178幅；并与40条主要道路上的2922家单位、518条小街小巷内的1009家单位和个体工商户签订“门前三包”协议书，签订率达100%；全区环卫部门有职工680人，管理公厕74座（含收费公厕）、倒粪池61个、街巷垃圾箱768个、果壳箱375个；[④] 全区绿化面积102万平方米，人均占有绿地面积4.66平方米。

1993年6月，上城区成为浙江省第一个全面完成地籍调查任务的县级区。是年，上城区道路街巷保洁主要采用机扫和人工清扫相结合的方式，清扫机械化率约19%；生活垃圾由小吨位车（主要为人力三轮车）收集至垃圾中转站，再由大吨位车运输到天子岭垃圾填埋场填埋。1996年，随着杭州市环境保护局上城区环境保护处成立，辖区环保工作管理及责任分工逐步走向规范，上城区环境污染治理工作全方位铺开。1999年，区环卫局试点环卫所企业化管理，环卫所逐步形成企业经营管理体系。是年，上城区开始实施区内主要道路及城市出入口夜景灯光工程。

2000年以后，上城区道路、桥梁、排水设施等养护技术规范进一步完善，市政设施养护由计划养护转变成以发现问题为主，作业工具逐步由人工转变成机械化作业。2005年，上城区启动生态区建设，开展环境污染综合整治，落实水污染长效管理，开展大气环境整治，巩固噪控区创建成果。2009年，上城区开始在餐饮单位安装油烟在线智能

① “门前三包”，即指门前包卫生、包秩序、包绿化，是一种在当时普遍实行的由临街各商店等单位包干负责各自门前环境卫生的管理模式。

② 上城区地方志编纂委员会.杭州市上城区志[M].北京：方志出版社，2015：292.

③ 上城区地方志编纂委员会.杭州市上城区志[M].北京：方志出版社，2015：294.对于住房的管理详见第十二篇建筑业 房地产业篇。

④ 上城区地方志编纂委员会.杭州市上城区志[M].北京：方志出版社，2015：288、292、294、299、301.

监控装置，加强对餐饮企业的净化器和风机使用情况的监控。此后，监控范围从管理规范的大餐饮店向小餐饮店延伸，同时兼顾部分医院等企事业单位，以此解决餐饮油烟净化设备处理效率低下、“装样子”等问题。2012年，区市政所引入市政设施养护市场化模式，通过公开招标，与专业公司签订养护合同。2013年开始，上城区在全域开展旧住宅区、旧厂区、城中村改造和拆除违法建筑（简称“三改一拆”）行动。主要对沿西湖一带、市中心区块、南星地区沿铁路线一带进行改造，对城中村采取拆后重建和综合整治的方式进行改造。2014年，上城区成立“五水共治”[①]工作领导小组，开展城区水质改善和饮用水水源保护、节水供水、防洪排涝、截污纳管等工作。至2015年末，上城区公开招拍挂土地70宗，总出让土地面积116.36万平方米；全区基本实现污水“零直排”，饮用水源得到有效保护，河道水质整体呈改善趋势；基本建成“无燃煤区”，空气质量优良率为72.6%，在6个主城区中位列第二，主要污染物为细颗粒物；区域环境噪声为56.2分贝，质量等级为轻度污染，功能区噪声状况良好；全区道路保洁面积达511.3万平方米，道路保洁机械化率达88.7%，道路保洁市场化比例达到87.5%，全区384个生活小区约14.7万户居民实施生活垃圾分类；城管智能管控平台完成从智能管控向智慧城管的转型升级，城市治理现代化水平提高；区市政所对51条市属道路、365条区属道路公共区域实施市政设施养护，上城区市政设施管理成绩位列杭州市第一；全区绿化总面积562.57万平方米，城区绿化覆盖率35.04%，人均绿地面积17.3平方米，人均公园绿地7.68平方米；完成旧住宅改造170.3万平方米，旧厂区改造121.4万平方米，城中村改造22.3万平方米，拆除违法建筑37.9万平方米。

① “五水共治”指治污水、防洪水、排涝水、保供水、抓节水五项。

第一章　国土资源管理

1978年，上城区国有土地一直由市级有关部门管理。[①] 1988年，杭州市上城区土地管理局成立，在小营巷街道辖区开展土地申报登记试点；10月，在全区实施土地申报登记。1989年，上城区开展土地权属调查、地籍测量和确权发证工作。1993年6月，上城区共调查宗地8250宗，测绘地籍图178幅，界址点41524个，核发国有土地使用证4934本，占应发证总数的85%，精确测定上城区总面积为6.86平方千米，成为全省第一个全面完成地籍调查任务的县级区。1996年12月，上城区行政区划调整，面积扩至18.30平方千米。是年，制定《上城区土地管理局依法治土考核实施办法（试行）》，推进依法治土行政执法责任制，被浙江省政府和国土资源部相继评为“地籍管理先进集体”。1998年开始，杭州市实施土地招拍挂，位于上城区的东河上城段西-2、西-4地块（现万安城市花园部分）住宅用地成为全市第一块通过招拍挂形式公开出让的地块。1999年，上城区完成贴沙河整治项目所涉及的12户农户征地拆迁工作，由此开启全区集体土地征收工作。

2006年，杭州市国土资源局上城分局（简称区国土分局）测定上城区包含山体、水域的总面积为25.40平方千米。2010年，区国土分局建成并完善地籍信息资料库。2011年，上城区推进地籍信息“一张图”工程建设及其应用，制作并绘制完成《上城区存量地块汇总图》《上城区三年行动计划重点工程图》《上城区楼宇经济指标图》等图册25份、600余张。2014年4月，区国土分局办事窗口正式进驻上城区行政服务中心，面向市民提供土地登记（单套房屋土地、大宗地及土地证书查验、抵押）、权属调查等服务。至2015年末，上城区公开招拍挂土地70宗，总出让土地面积116.359万平方米，主要用做住宅、公建和商业金融业用地；共完成集体土地征收项目40个。

① 即由杭州市土地管理局房产管理处地征科负责管理。

第一节　组织机构

一、杭州市上城区土地管理局

1988年7月22日，杭州市上城区土地管理局（简称区土管局）成立，位于羊坝头。1993年搬至直紫城巷。1994—1998年，区土管局主要职责是统一管理全区土地和地籍地政工作，设有办公室、地籍管理科，建设用地、地政监察、地产管理综合科3个科室。

2001年11月，区土管局更名为杭州市上城区国土资源局。区土管局历任局长陈长富、沃铭泉。

二、杭州市上城区国土资源局

2001年11月，区土管局更名为杭州市上城区国土资源局（简称区国土局），地址惠民路26号，职能和内设科室不变。2004年12月，区国土局更名为杭州市国土资源局上城分局（简称区国土分局）。局长沃铭泉。

三、杭州市国土资源局上城分局

2004年12月，杭州市国土资源局上城分局正式成立，地址惠民路26号，为杭州市国土资源局派出机构，日常工作接受由上城区政府负责管理。该局主要负责上城区内土地、矿产等自然资源的规划、管理、保护与合理利用工作。区国土分局内设办公室、土地利用科、地籍管理科、执法监察科4个科室。

2012年，区国土分局主要职责是依法保护国土资源，协助做好国土资源管理，开展国土资源巡查，发现、制止国土资源违法行为。是年5月，区国土分局职责调整，取消已由国务院和省市区政府公布取消的行政审批事项；将科技成果转化具体实施的职责，以及组织实施集体土地征地拆迁监管的具体事务性工作交由下属事业单位承担；加强依法行政，配合区政府法制部门落实集体土地征地和房屋拆迁矛盾和争议调处。

2014年，区国土分局主要职责调整为负责全区土地、地质环境、矿产等自然资源的保护与合理利用，维护全区国土资源管理秩序，负责全区国土资源权属管理。根据职责，区国土分局设办公室、土地利用科、地籍管理科、执法监察科4个职能科室。历任党组书记和局长沃铭泉、丁建华、朱黎明、许联辉。

四、杭州市上城区征地事务所

1994年5月，杭州市上城区地产事务所成立，为区土管局（后为杭州市国土资源局上城分局）下辖的自收自支全民事业单位，位于直紫城巷。2006年5月，该事务所改为杭州市上城区征地事务所，为经费自理的事业单位。2010年12月，事务所增加第二名称“上城区集体土地拆迁管理办公室”，相应增加实施上城区集体土地拆迁管理具体事务性工作的职责。2014年7月，上城区集体土地拆迁管理办公室更名为上城区集体土地房屋征收补偿管理办公室，承担辖区内征收集体所有土地房屋补偿管理、指导、服务与协调等事宜，为从事公益服务的事业单位（公益一类），由经费自理调整为财政适当补助。

五、杭州市上城区土地管理监察大队

1998年12月9日，上城区土地管理监察大队成立，地址惠民路26号，为自收自支的全民事业单位，为区土管局下属事业单位，人员编制在区土管局所属事业单位内部调剂使用。此后先后隶属杭州市上城区国土资源局、杭州市国土资源局上城分局。2006年6月，上城区土地管理监察大队更名为杭州市国土资源局上城分局执法监察大队。

第二节　地籍管理

1993年，上城区成为浙江省第一个全面完成地籍调查任务的县级区。1994年起，上城区地籍管理工作从初始调查逐步转入变更调查的动态管理。1998—1999年，上城区为掌握原江干区管辖的“四街三村”[①]土地使用基本情况，开展地籍调查工作。2007—2010年，上城区开展第二次土地调查。2014年4月，上城区行政服务中心开设土地登记窗口，实现土地登记窗口式服务。至2015年末，上城区人均城市建设用地面积相对较小，建成区容量已趋于饱和，辖区内商业用地、居住用地比例较大。

① “四街三村”是指经区划调整，从江干区划入上城区的望江、南星、紫阳、闸口4个街道和四季青镇的近江、望江、玉皇3个村。

一、土地调查

1993年初，上城区在浙江省率先完成县级区地籍调查，共调查宗地8250宗，测绘地籍图178幅，界址点41524个，精确测定上城区总面积为6.86平方千米。

随着城市化进程的不断加快，大量的旧城改造、翻建、扩建、新建项目使原有的地籍资料不能体现实际变化。为保持地籍的现势性，从1994年开始，上城区每年都进行地籍变更调查，地籍管理工作从初始调查逐步转入变更调查的动态管理。

1994年，上城区重新测量地籍图，完成71宗、3.70万平方米土地的地籍测量工作。是年，上城区土地管理局地籍调查成果获国家土地管理系统科技进步三等奖及浙江省土地管理系统科技进步二等奖。1995年，上城区完成“两路两区”（庆春路、延安南路、金钱巷小区、紫金观巷小区）135宗、28万平方米土地的变更调查和测量。

1996年12月，杭州市调整行政区划。为接轨新旧城区，掌握原由

江干区管辖的“四街三村”土地使用基本情况，上城区于1998年至1999年分两期完成对望江、南星、闸口、紫阳4个街道和近江、望江、玉皇3个村的土地权属调查、地籍测量、地籍图修补测等工作，基本查清区域范围内土地利用状况。

2000年，上城区开展地籍变更测量，相继完成吴山广场、铁路杭州站、延安南路、西湖大道、平海路延伸段、定安苑小区、柳浪新苑、万安花园等道路、小区的修测工作。是年，开展农村宅基地清查，查清查实近江等3个村的宅基地用地面积、宅基地面积以及村民主辅房用地面积、建筑面积、超用地面积等用地状况。

2007年，全国范围内开展第二次土地调查工作。至2010年，上城区全面完成辖区内6个街道、38个街坊的土地二次调查工作。该调查按照“国家整体控制、地方细化调查、各级优势互补、分级负责实施”的模式具体实施。上城区主要负责组织实施细化调查工作，以2009年12月31日为标准时点汇总两次调查数据，查清全区土地利用现状，建立对应数据库，并通过年度土地利用现状变更调查确保数据的现势性。

表 6-1-1　2009 年上城区主要地类情况表

单位：万平方米

一级地类	二级地类	面　积	小　计
耕地	—	0	—
园地	—	0.38	—
林地	—	280.80	—
草地	—	0	—
城镇村及工矿用地	城市	1583.63	—
	风景名胜及特殊用地	121.55	—
小计	—	1986.36	
交通运输用地	铁路用地	49.59	169.42
	公路用地	119.83	
水域及水利设施用地	河流水面	444.90	445.95
	湖泊水面	0.68	
	水工建筑用地	0.37	
其他土地	—	0	0
全区用地合计	—	2601.73	

说明：资料来源于杭州市规划和自然资源局上城分局

2010年，上城区开展地块调查与紧急分析，上城区尚有存量建设用地54宗可供开发利用，土地面积为53.5万平方米。①其中，可直接开发用地20宗，土地面积17.76万平方米；通过调整用途可进行开发用地6宗，土地面积2.6万平方米；通过大项目带动可开发用地28宗地，土地面积为33.14万平方米。

至2015年末，上城区通过地籍信息化建设，建立地籍信息数据库，逐步完善全区地籍信息，掌握各类土地的现状和历史情况。作为

① 该数据不包含钱江新城控制区内明确用地、望江指挥部已规划用地范围、八卦田景区范围和湖滨指挥部明确建设范围内地块。

杭州的老小城区，上城区人均城市建设用地面积为51.06平方米，相对较小，建成区容量趋于饱和。其中混合型用地（包括商住混合）和综合性商服用地（包括各类复合功能建筑与综合体等）的比例极大，占到67.7%；商业用地类型、档次多样，基本能够满足各层次人群消费和使用需求，辖区内商业用地比例较大，达到25.73%。建设用地中居住用地比例高达39.43%，主要集中在小营街道、紫阳街道及望江街道，清波街道次之，湖滨街道居住用地最少。

表6-1-2　2015年上城区主要地类情况表

单位：万平方米

一级地类	二级地类	面积	小 计
耕地	—	0	1986.69
园地	其他园地	0.38	
林地	有林地	265.75	
草地	—	0	
城镇村及工矿用地	城市	1586.13	
	风景名胜及特殊用地	134.43	
交通运输用地	铁路用地	44.44	162.93
	公路用地	118.49	
水域及水利设施用地	河流水面	434.91	435.59
	湖泊水面	0.68	
其他土地	—	0	0
全区用地合计	—	—	2585.21

说明：资料来源于杭州市规划和自然资源局上城分局

二、土地登记发证

1993—1994年末，上城区初始登记工作完成95%以上，开始开展土地变更登记，完成变更登记52宗，面积4.57万平方米。1995年，初始登记工作结束；完成新建、扩建项目变更登记78宗，发证80本。

1998年，杭州市在全国首创市区土地证书年检。是年初，上城区对清泰街道进行土地证书查验试点，继而扩展到涌金、湖滨、小营巷、横河、城站、清泰6个街道，进行全面清查验证，共清查宗地7116宗，土地面积637万平方米，清查率达100%，共验证宗地450宗，验证率达100%。1999年，区土管局对南星、闸口、紫阳街道和望江、玉皇2村进行土地权属调查、地籍测量及土地证书的年检工作，共计完成土地变更登记和设定登记155宗，土地面积22.29万平方米，发证200本；查验土地使用证685本，土地面积119.45万平方米。1993—1999年，上城区共办理土地初始及变更登记577宗。

2001年，区国土局对100余家转制企业用地进行权属调查，协助杭州市土地管理局发证30余本，并核发国有土地使用证124本。是年，土地登记资料建档及登记数据的数字化工作开始完善，提高土地登记与地籍管理水平。至2006年，上城区共核发国有土地使用证1311本。

2014年4月1日，上城区行政服务中心开设土地登记窗口，实现土地登记窗口式服务，业务范围在过去私房、大宗地登记的基础上，新增单套房屋土地登记。其中单套房屋土地登记实现主城区同城办理，加之房地产市场走热，土地登记数量较历史大幅增长。自设立窗口至2015年末，共核发国有土地使用证15166本。

第三节　土地利用管理

1993年，区土管局办理小搭小建临时用地划拨报批手续。2001—2013年，上城区用地审批相关工作由市级部门负责。2014—2015年，杭州市国土资源局先后下放行政许可等权力事项17项。

1998年，现上城区万安城市花园地块成为杭州市第一块通过招拍挂形式公开出让的地块。1999年，上城区吴山四宜路西侧地块土地中标单价高达10515元/平方米，当时被业界称为“天价”。2004年8月末起，杭州市经营性用地出让全部改为招拍挂形式。2015年，上城区出让2宗湖滨绝版商业地块，其中原西湖电影院地块单价48024元/平方米，刷新杭州楼面地价纪录。2005—2015年，上城区公开招拍挂土地47宗，总出让土地面积71.31万平方米。

一、土地出让

1995年，上城区除房管公房外的85%以上划拨土地使用权出租行为已纳入管理范围。是年，上城区配合市地产市场办理1宗划拨用地转让手续，收取转让金151.8万元。

1998年开始，杭州市实施土地招拍挂，第一块通过招拍挂形式公开出让的地块位于上城区，为东河上城段西-2、西-4地块（现万安城市花园部分）住宅用地，由浙江广厦集团房地产开发有限公司与浙江经贸房地产公司联合竞得，出让面积分别为1561平方米、9986平方米，出让金额1467.33万元、7508.59万元。

1999年公开出让地块2宗，吴山四宜路西侧地块由浙江中大集团联合房产有限公司竞得，土地面积29635平方米，用做住宅及公建，土地中标单价10515元/平方米，被业界称为“天价”，开启西湖景观豪宅的商品化时代；东河沿线西-1号地块由浙江金地实业有限公司竞得，面积1952平方米，用于公建，单价9800元/平方米。

2004年8月31日起，根据国土资源部《关于继续开展经营性土地使用权招标拍卖挂牌出让情况执法监察工作的通知》，杭州市经营性用地土地协议出让全部停止，必须改为招拍挂形式。

2015年7月，上城区出让两宗湖滨绝版商业地块。湖滨单元D-C2/C3-05、06地块是原西湖电影院，紧邻东坡路，地块出让面积4082平方米，地上建筑面积13470.6平方米，起价43418万元；经过37轮竞价达到48024元/平方米，同时刷新杭州楼面地价纪录[①]。湖滨单元D-B1-16（B）地块为原中华饭店，出让面积5007平方米，地上建筑面积14119.7平方米，出让起价38415万元，经

① 之前该纪录保持者为2009年出让的南山路勾山里B地块，楼面地价46032元/平方米。

过38轮竞价达到40538元/平方米。上述2宗地块被杭州湖滨环球商业发展有限公司以总价12.19亿元包揽，同时2宗地块还要配建2250平方米与3100平方米的商业安置房。

2005—2015年，上城区公开招拍挂土地47宗，总出让土地面积71.31万平方米，出让土地金额301.28亿元，主要用做住宅、公建和商业金融业用地。

表6-1-3　1998—2015年上城区公开招拍挂出让土地情况表

年份	土地数量（宗）	地块名称	四至范围	面积（平方米）	用地性质	出让金额（万元）	单位价（元/平方米）
1998	2	东河上城段西-2地块	北至庆春路，东至东河，西至直大方伯，南至东河上城段西-3地块	1561	住宅用地	1467.33	9400
		东河上城段西-4地块	北至东河上城段西-3地块，东至东河，西至直大方伯，南至解放路	9986	住宅用地	7508.59	7519
1999	2	吴山四宜路西侧地块	—	29635	住宅公建用地	31161	10514
		东河沿线西-1号地块	—	1952	公建用地	1913	9800
2000	3	东至南白路，西至规划道路，南至中河，北至复兴路	东至南白路，西至规划道路，南至中河，北至复兴路	14034	住宅用地	—	—
		复兴地区，东隔C15-3和C15-5地块为规划钱江四桥	东隔C15-3和C15-5地块为规划钱江四桥	10834	综合用地	—	—
		复兴R5-6地块	东至规划15米道路，西隔规划R5-5地块为南复路	12834	住宅综合用地	—	—
2001	3	原望江电热厂地块	—	63554	住宅用地	42989	6764
		东至规划道路，南至已建6层住宅，西至郁达夫故居、规划幼儿园、省图书馆，北至老浙大横路	东至规划道路，南至已建6层住宅，西至郁达夫故居、规划幼儿园、省图书馆，北至老浙大横路	9950	住宅、商业用地	8228	8269
		上城区东河西岸，东至东河规划绿化带，南至淳祐桥西弄	东河西岸，东至东河规划绿化带，南至淳祐桥西弄	3206	公建用地	4850	15127
2002	9	原杭州针织厂地块	—	6877	住宅公建用地	2858.91	4157
		上城区北落马营A块	—	12050	住宅用地	2059	1709
		上城区东河沿线西-8地块	东至东河，南至保佑桥西弄，西至金鸡岭，北至解放路	10719	公建用地	8078.42	7536
		上城区吴山地区	—	8745	住宅用地	3849.45	4402
		上城区复兴17-2地块	—	15923	公建用地	6610	4151

续表6-1-3

年份	土地数量（宗）	地块名称	四至范围	面积（平方米）	用地性质	出让金额（万元）	单位价（元/平方米）
2002	9	上城区秋涛路192号	东至铁路，南至铁路，西至秋涛路，北至江边路	13479	商业用地	3509.02	2603
		上城区复兴17-4地块	东至规划道路，南至规划道路，西至规划地铁，北至规划道路	8487	公建用地	2554.30	3010
		上城区复兴17-9地块	—	12670	公建用地	5225.03	4124
		上城区候潮路以北，贴沙河以东	候潮路以北，贴沙河以东	62814	住宅用地	23004.6	3662
2003	3	上城区规划钱江新城内，南至富春江路，北至钱江路	上城区规划钱江新城内，南至富春江路，北至钱江路	46149	住宅用地	23094.5	5004
		上城区，东至望江村发展用地，南至富春江路，西至甬江路，北至钱江路	东至望江村发展用地，南至富春江路，西至甬江路，北至钱江路	56983	住宅用地	35138.5	6166
		上城区东至直紫城巷，南至西湖大道，西至南山路，北至开元路	东至直紫城巷，南至西湖大道、西至南山路，北至开元路	20582	公共设施用地	14050	6826
2004	1	上城区清江路	—	17493	住宅、办公、商业、金融业用地	13084	7480
2005	5	上城区吴山R3、R4地块	—	5548.1	住宅用地（设配套公建）	20000	36048
		上城区清江路地块	—	18638	住宅用地、商业金融业用地	15231	8172
		上城区湖滨地区25号地块	东至吴山路，南至解放路，西至保留地块，北至邮电路	4784	商业、办公用地	16400	34281
		钱江新城F-05地块	东至规划F06地块，南至规划F07地块，西至甬江路，北至新塘河	27666	住宅（设配套公建）用地	41519	15007
		钱江新城F-07地块	东至杭州定海股份经济合作社，南至新业路，西至新塘路，北至和谐嘉园南苑	33642	住宅（设配套公建）用地	44596	13256
2006	8	上城区湖滨地区22地块	—	6699	商业、金融、办公用地	37206	55540

续表6-1-3

年份	土地数量（宗）	地块名称	四至范围	面积（平方米）	用地性质	出让金额（万元）	单位价（元/平方米）
2006	8	上城区钱江新城望江地区B-20地块	东至婺江路，西至近江小区建设工程指挥部，北至近江小区建设工程指挥部，南至近江小区建设工程指挥部	2515	加油站用地	2684	10672
		上城区（规划钱江新城望江E06地块）	东至杭州市中级人民法院，南至规划道路，西至富春路，北至规划甬江路	17936	住宅用地	32108	17901
		上城区（规划复兴白塔U11-3-1地块）	东至六和源小区，南至中河，西至复兴路，北至复兴路	13375	住宅用地	22020	16464
		上城区（保安桥河下5号地块）	东至保安桥河下，南至彩霞岭，西至保安桥直街，北至保安桥现状住宅	6559	住宅用地	8900	13569
		上城区（湖滨地区19号地块）	东至吴山路，南至仁和路，西至延安路，北至平海路	6268	商业、金融业用地	29180	46554
		上城区（秋涛路296号地块）	东至近江路，南至杭州牙膏厂，西至近江大厦，北至秋涛路	3492	商业、金融业用地	11080	31730
		上城区（规划复兴5-1地块）	东至清河家园，南至中河，西至南复路，北至复兴路	8855	商业、金融业用地	8228	9292
2007	3	上城区（万安桥地块）	东至建国中路，南至杭州市排水总公司，西至东河绿化，北至万安城市花园	5763	商业、金融业用地	28500	49453
		上城区（规划钱江新城望江区块C-06、08、17、18地块）	—	84255	住宅(设配套公建)和商业、金融业用地	349000	41422
		上城区（复兴里街437～439号地块）	东至复兴东苑，南至中河，西至复兴公交中心站，北至浙赣铁路	9031	商业、金融业用地	10000	11073
2008	4	上城区西湖风景名胜区（清波单元C-21地块）	东至吴山，南至四宜亭，西至四宜路，北至清波幼儿园	31117	商业、金融业用地	19465	6255
		钱江新城（近江单元D-C2-04地块）	东至衢江路，南至之江路，西至近江小区，北至近江家园一园	9986	商业、金融业用地	24388	24422

续表6-1-3

年份	土地数量（宗）	地块名称	四至范围	面积（平方米）	用地性质	出让金额（万元）	单位价（元/平方米）
2008	4	上城区（紫阳单元E18-01、E19地块/原东南化工厂地块）	东至江城路，南至直箭道巷14、16、17幢，西至直箭道巷，北至上仓桥路	27503	住宅（设配套公建）和商业、办公用地	52200	18980
		上城区（龙翔里地块）	东至延安路，南至平海路，西至东坡路，北至学士路	12076	商业、金融业用地	35844	29682
2009	7	上城区（南山路勾山里B地块）	东至荷花池头，南至河坊街，西至南山路，北至广福里	12281	公共设施用地	70000	56999
		上城区（钱江新城南星单元E02、03地块）	东至吟潮路，南至富春路，西至候潮路，北至久光房地产开发有限公司	38136	住宅（设配套公建）用地	189000	49559
		上城区（南星桥粮库地块）	—	22867	住宅（设配套公建）用地、办公、商业、金融业用地	77777	34013
		上城区（近江单元B-C2-03-1地块）	东至凤山路，南至馒头山路，西至规划绿化，北至杭州市土地储备中心	8295	办公、商业、金融业用地	41700	50271
		上城区（钱江新城南星单元E-12地块）	东至久光房地产开发有限公司，南至杭州市土地储备中心、杭州市钱江新城建设管理委员会，西至候潮路，北至规划绿化	8203	商业、金融业用地	57000	69487
		上城区（钱江新城南星单元E-13地块）	东至规划二号支路，南至杭州市土地储备中心、杭州市钱江新城建设管理委员会，西至浙江久光房地产开发有限公司，北至规划绿化	7155	商业、金融业用地	41500	58801
		上城区（复兴地区C1-17-11地块）	东至飞云江路，南至飞云江路，西至规划道路，北至杭州金澎房地产开发有限公司	12403	商业、金融业用地	47000	37894
2010	1	湖滨单元E02、03地块	东至吴山路，南至平海路，西至延安路，北至龙翔路	7333	商业、金融业用地	82747	112842

续表6-1-3

年份	土地数量（宗）	地块名称	四至范围	面积（平方米）	用地性质	出让金额（万元）	单位价（元/平方米）
2011	4	上城区（南星单元D-15地块）	东至杭州建工集团有限责任公司、西湖电子集团有限公司，南至规划一号支路，西至姚江路，北至秋涛路	13731	商业、金融业用地	84453	61505
		上城区（南星单元G06地块）	东至复兴泵站，南至绿城春江花月，西至绿城春江花月，北至钱江路	2284	商业、金融业用地	7800	34151
		上城区（近江单元B-C2-06地块）	东至中国石油化工股份有限公司浙江杭州石油分公司，南至望江家园·东园，西至规划道路，北至婺江路	4285	商业、金融业用地	16685	38938
		上城区（近江单元C2-D01地块）	—	6652	商业、金融业用地	36800	55322
2012	4	上城区（复兴国际商务广场地下空间）	东至杭州金澎房地产开发有限公司、杭州市土地储备中心，南至之江路，西至复兴立交桥、浙江省钱江船舶有限公司，北至复兴地区开发总指挥部	22456	商业、金融业、停车场用地（地下空间）	8606	3832
		上城区（南星单元D-02地块）	东至杭州木材有限公司，南至杭州木材有限公司，西至秋涛路，北至杭州木材有限公司	24423	住宅（设配套公建）用地	153800	62973
		上城区（南星单元B-04地块）	东至望江东路，南至钱江路，西至规划道路，北至规划道路	20480	住宅（设配套公建）用地	112000	54688
		上城区（玉皇山南B-乙-02地块）	东至玉皇养鱼场，南至规划机务段路，西至玉皇养鱼场，北至玉皇养鱼场	3617	景区旅游服务用地（租赁）	3460	9566
2013	5	上城区（近江单元C-17地块）	东至上城区近江经济联合社，南至富春路，西至杭州市土地储备中心、杭州市钱江新城建设管理委员会，北至杭州市土地储备中心	8390	商业、商务用地	51900	61859
		上城区（近江单元C-19地块）	东至杭州市土地储备中心、杭州市钱江新城建设管理委员会，南至富春路，西至望江东路，北至浙江省长城建设集团股份有限公司	8738	商业、金融业兼容商务办公用地	48119	55069

续表 6-1-3

年份	土地数量（宗）	地块名称	四至范围	面积（平方米）	用地性质	出让金额（万元）	单位价（元/平方米）
2013	5	上城区（钱江新城近江单元C-09地块）	东至杭州市上城区近江经济联合社，南至富春路，西至望潮路，北至雷霆路	13774	商业兼容商务用地	83357	60518
		上城区（复兴单元C2-04地块）	东至杭州玉皇股份经济合作社，南至复兴路，西至规划南白路，北至上海铁路局浙赣线	25616	商业、商务用地	48002	18739
		上城区（钱江新城南星单元D-01地块）	—	18409	住宅（设配套公建）用地	133000	72247
2014	1	南星单元D-04地块	东至规划南星一号支路，南至杭州市土地储备中心、杭州市钱江新城建设管理委员会（南星单元D-15地块），西至秋涛路，北至规划候潮路	32220	住宅（设配套公建）用地	202800	62942
2015	5	上城区（湖滨单元FG01－C2、U2-01地块）	东至板桥路，南至杭州工联大厦股份有限公司、杭州电影大厦，西至延安路，北至学士路	8877	商业、商务用地兼容交通设施用地	134268	151254
		上城区（南星单元SC0504-08地块）	东至甬江路，南至富春路，西至杭州商博南星置业有限公司，北至杭州市公共交通集团有限公司	4640	服务设施兼容文化活动设施兼容商业商务用地	11500	27784
		上城区（南星单元B-02地块）	东至闻潮路，南至绿化，西至杭州市钱江新城建设指挥部，北至银鼓路	33008	住宅（设配套公建）用地	339000	102702
		上城区（湖滨单元D-B1-16（B）地块	东至延安路，南至解放路246～262号，西至湖滨路1～10号，北至邮电路	5007	商业设施用地	57239	114318
		上城区（湖滨单元D-C2、C3-05、06地块）	东至延安路，南至东坡大世界、新东坡宾馆，西至东坡路，北至平海路	4082	文化娱乐兼容商业用地	64693	158484

说明：资料来源于杭州市规划和自然资源局上城分局

二、用地审批

1993年，区土管局办理小搭小建临时用地划拨报批手续，面积517333平方米；审批临时用地40宗，面积2319平方米。1994年，区土管局审核报批建设用地16宗，面积

49300平方米；小搭小建项目25宗，面积47333平方米。

1996年12月，因行政区划调整，近江、玉皇、望江3个村并入，上城区内出现农村集体土地，改变此前全域城镇土地的格局，区土管局新增村民宅基地审批工作。1998—1999年，近江、玉皇、望江3个村先后作为杭州市第一、二批撤村建居改革试点村，撤销村建制，土地性质转为国有（撤村建居）土地，宅基地审批工作随之结束。

1993—2000年，区土管局审核报批建设项目用地206宗，土地面积3115660平方米，批地准确率100%；审批临时用地67宗，土地面积3613.33平方米。

因经济建设和土地使用制度改革的深入，上城区划拨用地量逐步减少。随着土地管理机构调整，2001—2013年用地审批相关工作由市级部门负责。

2014年3月，杭州市国土资源局第一批委托下放7项行政审批权限。9月，第二批委托下放6项行政审批权限。2015年7月扩大下放权限范围。2014—2015年，杭州市国土资源局先后下放行政许可、行政监管、其他审批事项等权力事项17项。区国土分局拥有2公顷以上临时用地审批，公共设施、公益事业建设用地审核，建设项目用地预审，建设项目国有土地使用权审核，收回土地使用权审核，土地出让合同变更（成立项目公司）审批，建设项目用地复核验收等权力事项。

2014年3月，区国土分局在上城区行政服务中心开设审批窗口，将行政审批事项纳入一窗受理。至2015年末，该窗口共办理35宗建设项目用地预审、22宗划拨用地审批。

图6-1-1　2014年3月，区国土分局在上城区行政服务中心开设审批窗口

（市规划和自然资源局上城分局　供稿）

表6-1-4　1993—2015年部分年份上城区土地报批情况表

年份	宗数（宗）	面积（平方米）	年份	宗数（宗）	面积（平方米）
1993	25	34045	1998	49	78711
1994	16	3287	1999	33	27022
1995	24	8387	2000	27	31269
1996	10	1159	2015	11	130788
1997	22	35831	—	—	—

说明：1. 2001—2014年因机构权限调整，无区国土分局（区土管局）土地报批数据。2. 资料来源于杭州市规划和自然资源局上城分局

三、划拨、租赁土地管理

1993年，上城区开始清理划拨土地使用权自发交易的土地隐形市场，全区共签订“划拨土地缴纳地租合同”86份，颁发出租许可证84本，收取土地使用权租金70万元，居杭州市五个城区①之首。1994年，上城区签订“划拨土地使用权出租补办出让合同”300份，面积13801平方米，合同金额152.6万元（含1993年合同接转48万元）。1995年，上城区新签合同240份，续签合同296份，收取出让金195.66万元。

1998年，全区对行政划拨用地使用情况进行地毯式清查，共查出未办理手续私自转让、出租土地使用权行为228宗，土地面积160971.61万平方米，并要求土地使用主体补交出让金。同时对改革月报社大楼等较大面积的土地使用权擅自转让案件进行查处。全年办理划拨土地使用权出租、转让和改变用途合同185份，其中出租157份，土地面积7045平方米，收取出让金41.96万元；改变用途27宗，土地面积2924.72平方米，收取出让金14.74万元；办理转让1宗，土地面积1994.42平方米，收取出让金12万元。

2002年，上城区开展土地年租金调查核实工作，共计987宗地、1532处，建筑面积196.58万平方米，经营面积60万平方米，土地面积154.42万平方米。全年签订年租金合同80份，收取年租金172万元。

2004年，全区年租金征收金额创新高，签订年租金与地租合同200份，征收面积29.30万平方米，合同金额651.79万元。根据杭州市委、市政府《关于利用工业厂房发展文化创意产业的实施意见》文件精神，上城区对利用空余或闲置工业厂房、仓储用房等存量房地资源兴办文化创意产业，不涉及重新开发建设且无需转让房屋产权和土地使用权的，暂不征收原产权单位土地年租金或土地收益，因此减免100.48万元，实收金额551.31万元。

2009年，因中山中路整治改造，沿线经营户大量被拆迁，年租金征收量减少。全年签订土地年租金合同和出让土地临时改变用途补交出让金合同190份，应收金额598.7万元，实收金额558.8万元。

2013年1月，上城区依据新的土地年收益征收管理办法收取土地年收益金，全区签订年租金合同128份，征收金额1233万元，首次突破千万元大关。2014年，全区签订土地年收益合同141份，计征面积240425.56平方米，合同金1522.53万元，超额完成市局指标的171%。2015年，全区签订国有土地年收益合同144份，合同金额1431.8万元，完成率达150%。

① 五个城区为上城区、下城区、江干区、西湖区、拱墅区。

表 6-1-5　1993—2015 年土地年收益金征收情况表

年份	土地年收益金合同数（个）	征收金额（万元）	年份	土地年收益金合同数（个）	征收金额（万元）
1993	86	70.00	2005	179	416.33
1994	300	152.60	2006	156	437.30
1995	536	195.66	2007	174	452.93
1996	315	200.00	2008	197	511.70
1997	400	220.00	2009	190	558.80
1998	185	68.70	2010	170	530.75
1999	311	190.00	2011	170	702.00
2000	—	200.00	2012	161	817.00
2001	—	232.50	2013	128	1233.00
2002	154	346.79	2014	141	1522.53
2003	—	477.76	2015	144	1431.80
2004	200	551.30	—	—	—

说明：资料来源于杭州市规划和自然资源局上城分局

第四节　集体土地征收补偿

1993 年，上城区无集体土地。1996 年因行政区划调整，划入近江等 3 个村，上城区开始有集体土地。1998 年 8 月，《杭州市征用集体土地房屋拆迁管理条例》正式实施，上城区依据该条例落实补偿、安置。1999 年，上城区完成贴沙河整治项目所涉及的 12 户农户征地拆迁工作，是全区第一个集体土地征收项目。1999—2002 年，上城区征购原 3 个村的农用地 106.7 万平方米、林区 10 万平方米。进入 21 世纪，上城区城区建设速度加快，市政公用基础设施、房地产开发项目等不断发展，集体土地征收项目增加。2009 年，上城区根据《杭州市人民政府关于调整杭州市区征地补偿标准的通知》，实施域内集体土地征收涉及的补偿，安置方式有开发性安置和货币安置两种，并一直沿用至 2015 年。

一、集体土地征收

上城区作为杭州最老的城区之一，在 1996 年由江干区划拨近江、望江、玉皇 3 个行政村至上城区管辖之前并无集体土地。1999 年，上城区完成贴沙河整治项目所涉及的 12 户农户征地拆迁工作，是全区第一个集体土地征收项目。2001 年，上城区完成新开河整治、近江地区改造、钱江新城建设项目、浙江近江集团上城区五金锁具博物馆的征地、评估、拆迁补偿等工作，征用集体土地 28.5 万平方米，完成撤村建居试点村农用地征购 82.7 万平方米。2002 年，上城区以“33929”工程① 等为重点项目，实施征地项目 19 个，征用集体所有土地面积 41.4 万平方米。4 年中，累计

① “33929”工程是杭州市政府为了完善市区路网而实施的重大市政工程，包括 33 条路、9 座桥梁、2 个隧道和 9 个入城口建设，主要实施“一纵一横两辅”城市快速主干道、11 项隧道桥梁、9 个入城口建设及整治。

征购原3村农用地106.7万平方米、林区10万平方米。

2003年，全区共有征地项目任务13个（钱江路、望江路、秋涛路、富春江路、甬江路、婺江路改造、省属机关用地、钱江新城办公大楼、钱江新城一期、地铁试验段、引水沉淀池、220千伏秋涛变电所、汽车南站项目），征用集体所有土地19.4万平方米，其中10个项目属“33929”工程及钱江新城建设的重点项目，占地面积17.8万平方米。

2005年，上城区完成杭州陶瓷品市场综合楼、望江热电厂收购地块和望江地区安置房建设项目等征地任务，共征收土地19.2万平方米。2006年，上城区完成钱江新城望江区块木材厂地块、杭州市妇女活动中心项目、长城集团本部迁建和钱江新城望江区块C地块（肉联厂）项目等征地任务，共征收土地4.2万平方米，补偿金额4580万元。开展甬江路整治（热电厂地块）、地铁项目（含秋涛路445号）、望江地区安置房建设、“望江片”居住区二期项目、农居中心多层农居公寓建设等项目评估拆迁工作。2007年，上城区完成南星单元内部一号支路、南星单元内部二号支路、南星单元B-01地块①、南星单元B-02地块②的征地工作，土地面积2.1万平方米。

2008年，上城区组建动迁队，开展杭州地铁一号线（富春路站）、市公交停保场安置房建设项目（一、二期）、南复路及凤凰山路等7个项目的征地工作，共征地7.4万平方米。2009年，上城区完成陶瓷品市场综合楼项目、玉皇山南指挥部轿子巷项目、里太祖湾项目、部分望江安置房建设项目的房屋拆迁4个项目的拆迁工作。完成杭州市城市基础设施建设发展中心委托的借用杭州玉皇村股份经济联合社部分集体土地上非住宅用房、基础设施等的拆迁评估。是年，完成钱江新城甬江路的拆迁安置工作。2010年，上城区贯彻“阳光征迁”工作方针，派遣工作组进驻相关指挥部，严格履行拆迁方案审核、安置资格审查、拆迁计划编制统计申报、拆迁施工安全的监督管理等职能，完成征地项目11个，涉及征地面积共10.4482万平方米。2011—2013年，完成集体土地征收项目25个，实施集体土地拆迁项目23个。

2014年，为加大城市建设进度，杭州市全面开展征迁清零行动，上城区完成4个市重点工程（地铁四号线南段、白塔公园建设项目C地块拆迁、秋涛南路提升改造工程（复兴立交—清江路）、近江单元B-R21-04地块农居项目）征迁任务，全年完成望江区块4号支路、近江单元B-C1-01地块征地项目，集体土地拆迁全年签约70户，拆迁安置审核50户，并完成近江单元B-R21-03（徐家埠地块）、近江单元B-R21-04地块（味精厂地块）项目征收补偿审批工作。

2015年，全区完成集体土地征地项目11个，实施集体土地拆迁项

① 该地块东至杭州联合肉类集团有限公司，南至江边路，西至秋涛路，北至望江东路。

② 该地块东至杭州联合肉类集团有限公司，南至钱江路，西至甬江路（规划），北至南星单元内部一号支路（规划）。

目14个，完成集体土地征迁598户。并开展安置清零行动，完成集体土地回迁安置清零项目5个（“望江片”居住区二期、钱江新城南星单元B-01地块[①]、钱江新城南星单元B-02地块[②]、钱江新城南星单元木材厂地块、南星单元内部二号支路），完成安置在外超期过渡人数1020人、安置房720套、安置面积67606平方米。

图6-1-2 2015年3月，上城区对望江门外地块进行征收 （吴海平 摄）

① 该地块东至杭州联合肉类集团有限公司，南至江边路，西至秋涛路，北至望江东路。

② 该地块东至杭州联合肉类集团有限公司，南至钱江路，西至甬江路（规划），北至南星单元内部一号支路（规划）。

二、补偿安置标准

20世纪90年代初，根据《杭州市人民政府关于改革和加强国家建设征用市郊土地补偿安置管理若干意见的通知》，上城区征地费用标准为：土地补偿费按被征土地前3年平均年产值的6倍计算，青苗补偿费按被征地当季产值补偿。

表6-1-6 20世纪90年代上城区土地补偿标准情况表

单位：元/亩

土地类别	年产值	说明
茶地	2000~3000	—
菜地	2000~3000	—
鱼塘	1800~2500	鱼苗塘加30%
水田	1000~1200	包括荸荠、莲藕
旱地园地	900~3000	竹、桑、果园（包括各类药材）取上限；玉米、黄豆、地瓜、南瓜、绿豆、花生果等取下限
茭白	1200~1500	—
莼菜	2000	—
非耕地	500	按水田二分之一计补
柴草山	500	—

说明：资料来源于杭州市规划和自然资源局上城分局

拆迁农村居民私有或集体所有房屋，根据房屋结构按重置完全价结合新旧成色进行评估补偿。重置完全价的基价及其评估方法参照市物价局、市房管局《关于杭州市房屋重置价格的通知》办理。补偿后的房屋旧料应归建设用地单位收回。被拆迁户如要求拆回的，由其向建设用地单位适当支付旧房料残值费。

表 6-1-7　20 世纪 90 年代上城区青苗补偿费标准情况表

单位：元/亩

类别	标准（元/亩）	说　　明
茶地	1250～1500	按征地前一年亩产价补偿标准的1/2
菜地	1000	辣椒、番茄、黄瓜、花菜、莴苣笋另加50%
鱼塘	800	鱼种塘另加50%
水田	500～600	间作物以一种为主另加30%
旱地园地	450～1500	—
柴草山	400	补贴砍伐人工费，每人20元

说明：1. 对短期内将收割的农作物，规定用地单位待收割后再用地。被征地单位、个人利用征地间隙抢种青苗、树木或搭建设施的，一律不予补偿。2. 资料来源于杭州市规划和自然资源局上城分局

表 6-1-8　20 世纪 90 年代上城区房屋残值费标准情况表

结构	标　　准
钢 砖混	10元/平方米～15元/平方米 （建筑面积）
砖木 木	15元/平方米～20元/平方米 （建筑面积）
简易	3元/平方米～5元/平方米 （建筑面积）

说明：资料来源于杭州市规划和自然资源局上城分局

被拆迁户在征地前，其家庭人口中有农业户口的，征地后就地实行“农转非”。其住房由建设用地单位用公房安置，或由被征地单位在经批准的规划居民点范围内建多层住宅安置。参照城市居民安置标准，原人均使用面积大于20平方米以上的，安置使用面积人均最高不超过20平方米；原人均使用面积大于10平方米以上，小于20平方米（不含20平方米）的，按原人均使用面积安置；原人均使用面积低于10平方米（不含10平方米）的，按人均使用面积10平方米安置。

被拆迁户要求保留私房所有权的，原则上按原人均使用面积保留产权，但人均保留使用面积最高不超过30平方米。被保留的使用面积应按国家有关设计技术规范换算成建筑面积后，新房按成本价、旧房按重置完全补偿价进行结算。被保留面积超过原面积的，其超面积部分按商品房价结算。

1998年8月，《杭州市征用集体土地房屋拆迁管理条例》正式实施，上城区依据该条例落实补偿、安置。其中拆迁私有住宅用房实行迁建安置的，其安置住房面积标准为：6人以上户不得超过240平方米，4～5人户不得超过200平方米，3人以下户不得超过135平方米。在农居点内安置被拆迁人的，当地村民委员会应在拆迁公告发布后15日内，确定具体安置方案。

拆迁私有住宅用房，根据城市规划不能新建农居点的且被拆迁人全部是非农业人口的，由拆迁人以统一建造的多层成套住宅用房安置被拆迁人，实行产权调换。其安置的建筑面积，以原住宅用房建筑面积结合被拆迁人家庭的常住户口人数为标准确定。对于1～2人户的安置，原面积不足40平方米的，安置面积为40平方米；原面积在40～80平方

米的，按原面积安置；原面积超过80平方米的，安置面积为80平方米。对于3人户，原面积不足55平方米的，安置面积为55平方米；原面积在55～120平方米的，按原面积安置；原面积超过120平方米的，安置面积为120平方米。对于4人以上户（含4人），原人均建筑面积不足18平方米的，按人均18平方米安置；原人均面积在18～40平方米的，按原面积安置；原人均面积超过40平方米的，按人均面积40平方米安置。

被拆迁人在同一拆迁范围内有多处住房的，应合并计算其原住宅用房面积。实行产权调换安置的，经拆迁人与被拆迁人协商一致，也可以由拆迁人对被拆迁人实行货币化安置，由被拆迁人自行解决拆迁安置用房。货币化安置的具体办法，按杭州市政府规定执行。

2001年，上城区根据市政府《关于钱江新城征地拆迁有关问题的专题会议纪要》，以每亩16万元标准（包括土地补偿费、安置补偿费、地上附属物补偿费、青苗补偿费四项费用），实行撤村建居试点村农用地征购的经济补偿。按该标准补偿的被拆迁人，不再享受拆复建安置用地政策及非住宅用房拆迁货币安置政策，且人员安置方式为货币安置。

2002年，上城区根据《杭州市人民政府关于杭州市市区征地综合补偿标准的批复》，贯彻施行《杭州市市区征地综合补偿标准》及《杭州市征用集体所有土地实施办法》①。其中安置补助费为3万元/人，安置补助费中包含自谋职业费。

① 地上附着物补偿费：1.农用电线及电线杆（水泥、木杆）的迁移按100元/根补偿，防旱、排涝一般性沟渠按30元/立方米补偿；机耕道路（不包括水泥路）按50元/立方米补偿。2.家禽家畜舍（间）、柴棚（间）、围墙、水井等构筑物根据制定标准进行补偿。3.房屋拆迁补偿价格标准按照《杭州市房屋重置价格》执行。征地冻结通告发布后突击装饰装修的一律不予补偿。4.重大水利设施和乡（镇）级道路等其他地上附属物的补偿，按有关规定执行。

表6-1-9　2002年上城区土地补偿标准（开发性安置方式）情况表

单位：万元/亩

土地分类	土地级别和补偿标准				说　　明
	5级以内	6级	7级	8级	
菜地	16	14	12	10	1.鱼塘、茶地参照本表菜地标准补偿； 2.未利用地、建设用地可参照本表水田（旱地）补偿标准
园地	13	12	10	9	
水田（旱地）	12	10	9	8	
山林	9				

说明：资料来源于杭州市规划和自然资源局上城分局

表6-1-10　2002年上城区土地补偿标准（货币安置方式）情况表

单位：万元/亩

土地分类	土地级别和补偿标准				说　　明
	5级以内	6级	7级	8级	
菜地	21	18.5	16	13.5	1.鱼塘、茶地参照本表菜地标准补偿； 2.未利用地、建设用地可参照本表水田（旱地）补偿标准
园地	19	16.5	14	11.5	
水田（旱地）	18	15.5	13	1.5	
山林	9				

说明：资料来源于杭州市规划和自然资源局上城分局

表 6-1-11　2002 年上城区青苗补偿费标准情况表

单位：元/亩

土地分类	年产值	补偿标准	说　　明
水田	2900	1450	1. 旱地参照水田的补偿标准； 2. 茶地、鱼塘参照菜地的补偿标准，种植大棚蔬菜或越冬夏令蔬菜的，再增加0.5倍，即4500元/亩； 3. 果园和桑园参照园地的补偿标准； 4. 成片（指面积在0.5亩以上）苗木地补偿标准为菜地2倍，即6000元/亩； 5. 征地冻结通告发布后突击栽种的花草、林木、青苗等一律不予补偿
菜地	6000	3000	
园地	3300	1650	

说明：资料来源于杭州市规划和自然资源局上城分局

2005 年，按《杭州市人民政府关于市区征用土地农转非人员参加低标准缴费低标准享受基本养老保险的补充意见》要求，上城区开展2003 年6 月11 日前经依法批准征用地土地的劳动力年龄内农转非人员参加“低标准缴费、低标准享受”基本养老保险费的30%财政补贴工作。[①] 是年，上城区根据《关于完善撤村建居和城中村改造有关政策的意见（试行）》，明确符合农转居多层公寓安置条件的农转非居民，凡入住高层或小高层住宅的，在原多层公寓安置指标基础上给予增加10%的面积指标。农转非居民可按建安价购买人均建筑面积44 平方米的高层或小高层住宅，按成本价购买人均建筑面积11 平方米的高层或小高层住宅。

① 详见第三十一篇人力资源和社会保障第八章社会保障相关内容。

2009 年，上城区根据《杭州市人民政府关于调整杭州市区征地补偿标准的通知》，实施区域范围内集体土地征收涉及的补偿。征地补偿费包括土地补偿费、安置补偿费、青苗补偿费、地上附着物补偿费4 项费用。土地补偿费和安置补助费实行“征地区片价”，其中安置补助费标准统一为4.5 万元/人；青苗补偿费按照“有苗补偿、无苗不补”原则，按当季作物产值计算；地上附着物补偿费按其实际价值计算。安置方式分为开发性安置和货币安置2 种。对撤村建居村（经市国土资源行政主管部门统一采取货币安置的除外），及经市政府批准实行开发性安置的建设项目征收非撤村建居村土地（林地除外）的，执行开发性安置的补偿标准；除以上情形外均执行货币安置的补偿标准。该补偿安置政策沿用至2015 年。

表 6-1-12　2009—2015 年上城区征地区片价标准情况表

单位：万元/亩

土地分类	安置方式	征地区片和补偿标准			
		一级区片	二级区片	三级区片	四级区片
各类土地（不含林地）	开发性	22.0	19.0	16.0	13.0
	货币	27.0	23.5	20.0	16.5
林地	货币	11.0			

说明：资料来源于杭州市规划和自然资源局上城分局

表6-1-13　2009—2015年上城区青苗补偿费标准情况表

单位：元/亩

类别	补偿标准	类别	补偿标准
水田	2200	菜地	4500
养殖水面	4500	桑园	2500
说明	1. 旱地参照本表水田标准进行补偿；茶园、果园参照本表菜地标准进行补偿；其他原地参照本表桑园标准进行补偿； 2. 养殖水面中虾、蟹、甲鱼、黄鳝等技术含量和市场价值较高的特种水产，按6750元/亩补偿		

说明：资料来源于杭州市规划和自然资源局上城分局

表6-1-14　2009—2015年上城区地上附着物补偿费标准情况表

名　称	补偿标准	名　称	补偿标准
沥青路	77元/平方米	三面光沟渠	230元/立方米
水泥路	46元/平方米	坟墓	3000元/穴
篱笆	10元/平方米	方涵	200元/立方米
石坎	183元/立方米	塘渣道路	20元/平方米
彩钢板	30元/平方米	化粪池	150元/立方米
河埠	1500元/个～3000元/个	成片苗木及树木	6000元/亩～10000元/亩
钢架大棚（含膜）	5000元/亩	竹木大棚（含膜）	2000元/亩

说明：资料来源于杭州市规划和自然资源局上城分局

第五节　土地执法监察

1993年，上城区土地管理局全面清查土地批而不用、少批多用、未批先用、擅自搭建、转让、改变用途等违法用地现象，无违法用地立案案件。1995年，区土管局查处1处擅自占用国有土地22平方米搭建楼梯的违法用地案。1999年，查处违法用地案件11件，土地面积1.47万平方米，建筑面积1.80万平方米，拆除违章建筑40宗，建筑面积2.85万平方米，退还土地面积2.88万平方米。2000年，实行即查即拆，共拆除违章建筑75处，建筑面积为2.92万平方米，共拆除集体土地上违章建筑399处，建筑面积4万平方米。

2001年，区国土局核查2宗卫星遥感监测成果图斑，结果均为合法用地。是年，区国土局对全区党员干部违建进行处理，收缴罚款18万元。2001年6月—2002年5月，在对原近江村、望江村、玉皇村村民房屋全面核对的基础上，调查核对2208户，建筑面积42.29万平方米，其中违法建筑面积11.12万平方米。2002年，区国土局共处理原近江、望江及玉皇村房屋1636户，收处罚款483万元，拆除违章建筑548处，建筑面积13.31万平方米，对违法建筑依法给予没收，移送市房产管理部门，并处罚款8282元。

2004年，按照《杭州市国土资源执法巡回检查暂行办法》，全区开展26.2平方千米的巡回大检查，发现、制止并依法移送76件违法建筑案件，涉及土地1461平方米、建筑面积5077平方米。2008年，区国土分局对268宗建设项目中涉嫌闲置土地的16宗形成违法证据，依法没收建筑面积1800平方米房屋1幢，要求违法主体自行拆除建筑面积5200平方米。

2009年，上城区开展卫星遥感监察专项工作，查处2个卫星遥感图斑及玉皇村经联社、南复路项目部等所涉的4宗违法用地，土地面积6.33万平方米，由违法主体自行拆除。2010—2013年，区国土分局开展“闲置土地处置、在建工程清查、逾期未动工项目清查”为主的专项清查工作，对土地进行动态巡查，累计1173人次，发现违法用地行为10起，并移交区拆违办组织拆除。同时，对辖区内52宗建设用地进行全程跟踪监管。

2015年，上城区助推“三改一拆”“无违建城区”创建工作，在“三改一拆”行动中拆除土地违建224处，拆后土地利用21135.34平方米，利用率达91.65%。全年开展土地执法巡查112次、224人次（其中节假日巡查14次、28人次），“12336”国土资源违法举报电话无举报件，无立案查处国土资源违法案件。

第六节　地质灾害防治

上城区地质灾害类型主要包括滑坡、崩塌、泥石流和地面塌陷。切坡筑路、削坡建房等人类工程建设活动和强降雨是杭州地质灾害发生的主要诱因，八成以上灾害点为不合理的工程建设活动所引发。

1993年起，上城区未发生3.5级以上的地震，但邻近地区强地震对上城区则时有影响。1994年9月16日，震中距上城区800余千米的台湾海峡7.3级地震，上城区内框架结构高层建筑均有震感。1996年11月9日，长江口东南黄海海域发生6.1级地震，上城区震感强烈。1998年6月，《杭州市地震应急预案》制定，规定地震应急工作实行政府领导，统一管理和分级、分部门负责的原则。有感地震、破坏性地震发生或破坏性地震临震预报发布后，区政府有关部门按应急预案进入应急状态，开展有关应急工作。

2003年，根据杭州市地质灾害规划，上城区编制完成上城区地质灾害防治规划预案，对重点地质灾害点进行定期监督检查，建立地质灾害防治监测网络，及时反馈地质灾害点的变动情况，并把馒头山山体崩塌隐患点纳入治理项目。2004年，市政府制定《杭州市突发性地质灾害应急预案》。5月，区国土分局成立汛期地质灾害防治领导小组。是年，上城区在全市率先完成对馒头山、乌龟山、十五奎巷晓霞弄、白云山4个已知地质灾害隐患点的治理；落实巡查监测责任和汛期地质灾害巡查计划，并成立领导小组，落实巡查队伍和责任人；向相关市民发放灾害明白卡及防灾避险卡。

2006年，上城区把已查明但未治理的南星街道里太祖湾149～159号地质灾害隐患点作为重点防范点，落实竖立警示牌、发放防灾避险明白卡、划出危险区禁止人员出入、撤离直接受威胁的居民、严密监测巡查等临时防范措施。是年在台风“桑美”和台风“碧利斯”来临时，严密巡查监测，一天三次巡查，协同有关街道社区张贴通告、落实人员撤离。其中，里太祖湾点临时撤离23人，开展巡回检查10余人次。12月，由区政府下发《杭州市上城区地震应急预案》。预案针对地震应急工作成立专门领导小组，按照严重程度从重至轻将灾情分为特别重大、重大、较大、一般4个级别，根据上级部门发布的应急响应级别，预案在抢修、抢救、人员、物资、通信、宣传、善后、重建等方面分别做出规划和要求。

2007年，区国土分局对新发现的大马厂巷51号地质灾害安全隐患开展治理，对南星街道里太祖湾149～155号地质灾害隐患点的治理工程进行全过程跟踪；在台风和汛期时，实施24小时值班，加强对地质灾害隐患点的巡查和监测；对台风“罗莎”引发坡面型泥石流的里太祖湾69号进行灾情评估和设计治理方案。2008年，区国土分局对里太祖湾69号后山坡进行筑砌坡上截水和坡下排水设施等措施，减弱水流对坡面残坡积层的冲刷，消除地质灾害隐患。

2010—2015年，上城区完成里太祖湾157号至箬帚湾1-1号金家山采石场地质灾害、紫阳小学图书馆后侧边坡崩塌、清波幼儿园东侧边坡隐患点、浙江革命烈士纪念馆东侧上山公路边坡崩塌隐患点、南复路72号粮库专用通道东侧滑坡隐患点、严官巷52～53号房屋后侧边坡挡墙崩塌地质灾害、晓霞弄7号路旁边坡滑坡地质灾害、万松岭路84号东侧崩塌地质灾害的治理工程；在台风“凤凰”期间，连夜转移附近居民群众4户5人。

图6-1-3　里太祖湾地质灾害治理工程施工现场（2010年）
（市规划和自然资源局上城分局　供稿）

1999—2015年，全区完成地质灾害治理5.20万平方米，挽救财产约4080万元。

表6-1-15　2015年上城区地质灾害治理及隐患点情况表

序号	街道	名　　称	始发时间	规模（平方米）	诱发因素	威胁人口（人）	威胁财产（万元）	治理完成时间
1	紫阳	十五奎巷晓霞弄	1999-06	1680	降雨坡脚冲刷等	20～60	90	2004-01
2		万松岭路	2005	100	降雨坡脚冲刷等	行人	—	2005-02
3		大马厂巷51号	2007-05	30	风化	—	—	2007-09
4		太庙巷7号	2009-08	—	风化	50	180	2010-01
5		万松岭路南14号谢顺福家	2012	40	挡墙鼓胀导致边坡不稳	10（1户）	10	2014-11
6		严官巷52～53号屋后边坡	2015-03	40	暴雨冲刷	居民	15	2015-05

续表 6-1-15

序号	街道	名　　称	始发时间	规模（平方米）	诱发因素	威胁人口（人）	威胁财产（万元）	治理完成时间
7	紫阳	晓霞弄7号对面边坡	2015-06	300	降雨坡脚冲刷等	居民及过往行人	60	2015-09
8		万松岭路84号	2013-08	15	暴雨冲刷	边坡前缘人员	—	2015-11
9		上城区看守所	2012	—	降雨坡脚冲刷等	100以下	500以下	2013-06
10	南星	宋城路	1987-06	1100	暴雨冲刷	—	—	1987
11		白云路	2001-06	640	—	10	100	2004-01
12		馒头山	2001-06	2800	超采地下水	5～30	145	2004-08
13		乌龟山	2004	250	降雨人工加载风化	5～15	100	2004-09
14		复兴街13、14号	2005	100	风化	1～6	10	2005-08
15		甘水巷	2005	—	风化	行人	—	2006-03
16		里太祖湾145～155号	2006	7550	风化	10～100	1000	2007-07
17		里太祖湾	2007-01	1150	强降雨坡面径流冲刷	—	40	2008-01
18		里太祖湾157号	2008-01	22500	风化	150（培训人员等）	1500	2010-11
		笤帚湾1-1号			风化			
19		白云路30～34号后边坡	2010	2000	风化	过往行人	200	2011-09
20		凤凰山庄	2010	200	风化	10	10	2012-06
21		南复路72号粮库专用通道	2012	10000	浅表土质滑坡	15	60	2013
22		蕉叶山房	2015-04	—	暴雨冲刷	坡脚人员	—	—
23		山南基金小镇	2015-04	—	暴雨冲刷	边坡处房屋北侧的施工人员	—	—
24		白塔岭1～10号	2011	200	崩塌	30（10户）	60	—
25		进龙桥公交站	2015-07	920	暴雨冲刷	斜坡前行人	—	—

说明：资料来源于杭州市规划和自然资源局上城分局

第二章　环境保护

1978年起，上城区工业经济快速增长，由于经济增长主要靠高投入、高能耗的粗放型方式，企业环保意识薄弱，环境污染问题日益突出。为解决环境问题，1984年9月，上城区城市建设委员会设环境保护管理科（对外称区环境保护站），开展对固定噪声源和烟尘的治理工作。20世纪90年代，杭州市提出“环境立市”战略，遏制环境质量退化的趋势。1993—1996年，上城区环保工作以巩固烟尘控制区和建设环境噪声达标区为主。1996年，全区开始“一控双达标”[①]工作。1998年，杭州市全面启动“碧水、蓝天、绿色、清静”工程，开始创建“国家环境保护模范城市”。

① “一控双达标”，指污染物总量控制、环境功能区达标、污染物排放达标。

2003年，区委、区政府提出以“环境立区”总战略，提出生态区建设目标。2004—2005年，上城区生态区建设全面启动，全区围绕“建设旅游休闲商务区，打造杭州RBD”战略中心，开展环境污染整合整治，落实水污染长效管理，开展大气环境整治，巩固噪控区创建成果。2008年，上城区开展第一次污染源普查工作，排查辖区内所有产生污染物的企业，规范管理。2009年，上城区成为第一个被列为全市生态文明建设试点的城区。是年，上城区开始探索油烟在线监控系统运营管理的新模式；此后，监控系统运行及管理不断完善，逐渐成为上城区环保管理亮点工作。根据“围绕推进美丽杭州建设，健全生态文明建设体制机制”的要求，上城区于2014年编制《上城区生态文明建设三年行动计划（2015—2017年）》，完善生态文明建设考核的指标体系，健全治水、治气、治废、治堵工作机制。至2015年末，全区基本实现污水“零直排”，饮用水源得到有效保护，基本建成“无燃煤区”，生态文明城区建设取得阶段性成效，但仍存在生态环境脆弱、环境质量短期难以改善的问题。

第一节　组织机构

1983年10月，杭州市环境保护局建立，对杭州市环保工作实施统一监督管理。1984年12月，上城区城市建设委员会设环境保护管理科（对外称区环境保护站）。1996年7月，在区环境保护站基础上，组建杭州市环境保护局上城区环境保护处。

2002年4月，杭州市环境保护局上城环境保护处更名为杭州市环境保护局上城环境保护分局（简称上城环保分局），为杭州市环境保护局的派出机构，地址清泰街563号。主要负责组织辖区重大经济建设和社会发展综合决策的环境影响评估；监督管理辖区废气、废水、废渣、粉尘、放射性物质、有害固体废物以及噪声等环境污染的防治工作；组织实施环境影响评价、建设项目“三同时”①审批制度；监督管理辖区自然生态环境保护工作，协调和指导辖区环境综合治理工作；负责辖区环保宣传教育工作，提高公众的环保意识等职责。上城环保分局内设办公室（宣教科）、综合科（法制科）、管理科（污控科）、监理科（信访科）4个科室，均为正科级。2002—2015年末，历任党支部书记任蔚彬、何渭民、常自力、张鸣、黄健平、莫水龙；历任局长任蔚彬、骆荣强、黄健平、莫水龙、王珍薇。

① 建设项目中防治污染的措施，必须与主体工程同时设计、同时施工、同时投产使用。

第二节　环保规划

随着上城区社会经济不断发展，城市化进程快速推进，环境保护地位愈发重要。上城区为实现可持续发展，建设一个社会、经济、环境和谐发展的生态宜居城区，开展系列环保规划的编制工作。2004年，上城区编制完成《杭州市上城区生态建设规划》，提出从2004年至2015年的三阶段工作目标。2010年，编制《杭州市上城区环境保护“十二五”规划》，提出打造“国际生活品质体验区”。2015年，上城环保分局启动环保“十三五”规划编制工作，提出将上城打造成天蓝水净、环境优美的“两美”建设示范区的规划目标。

一、《杭州市上城区生态建设规划》

2004年，上城区十二届人大二次会议通过《关于推进上城区生态区建设的决议》，要求上城环保分局联合杭州市环境保护科学研究院开展《杭州市上城区生态建设规划》编制工作。是年，《杭州市上城区生态建设规划》通过区委常委会、区人大常委会的审议。规划提出上城区创建生态区建设47项指标和42项重点项目。规划根据时间安排，提出四个阶段工作目标：全面启动阶段（2004—2005年），在确保市区“创模”复检成功的基础上，启动上城生态区建设，基本形成上城生态区创建框架与网络，全面保障和推进上城生态区建设。快速推进阶段（2006—

2007年），生态区建设快速推进，生态区建设指标达到并超过2003年至2007年生态市建设目标要求。全面达标阶段（2008—2010年），至2010年全面达到生态区建设指标。巩固深化阶段（2011—2015年），全面提高人口素质，深化生态文化建设，巩固和完善已进入基本良性循环的经济体系和社会体系，初步实现可持续发展；基本形成资源高置换化、产业高效益化、流通高节能化、环保高质量化、社会高和谐化、管理高效能化的城区生态系统。

二、《杭州市上城区环境保护“十二五”规划》

2010年，上城区坚持“环境立区”战略，以建设完善基础设施和解决突出的环境问题为环保工作主线，编制《杭州市上城区环境保护“十二五”规划》，上城区规划打造成特色鲜明、示范作用明显、推广价值显著的“国际生活品质体验区”。规划提出完善生态功能区建设；加强水、气、土壤、噪声等生态环境管理与治理；推动新能源推广应用和产业发展，建立低碳产业体系；弘扬生态文化和低碳民生；加强城市环境管理和环保基础设施建设等5大项内容。规划设置强制性、约束性、促进性三大类共14项指标。

三、《杭州市上城区环境保护“十三五”规划》

2015年，根据省、市政府的要求和区“十三五”规划编制工作领导小组的部署安排，上城环保分局启动环保“十三五”规划编制工作。通过前期调研完成课题《上城区生态城区建设研究》，并于年末前完成《杭州市上城区环境保护“十三五”规划》专家评审。规划指标体系设置约束性、预期性两大类，涉及水环境、大气环境、总量控制、重金属污染物减排、污染防治5个方面共9项指标。规划目标提出，至2020年上城区环境质量明显改善，公众环境满意度不断提高，环境安全得到基本保障，生态文明建设取得新进展，以三大责任主体为核心的环境保护机制不断完善，将上城区打造成天蓝水净、环境优美的“两美”建设示范区。

第三节　环境质量

上城区地处杭州市主城区的核心空间位置，城市化水平较高。20世纪80年代末至90年代中期，环境问题主要是工业企业烟尘和噪声污染。1998年，上城区开始围绕创建环境模范城区的目标，从水、气、声三方面控制新污染源，加快老污染源治理，推进全区环境质量改善。此后，上城区产业结构逐步调整，工业企业逐步搬离，形成以第三产业为主导的产业结构，工业废水、废气排放得到较好控制，工业固废、危险废物产生量不多，因此固废危废及辐射安全问题并不突出。环境压力主要来自于服务业和生活污染源，环境质量改善工作围绕生活污水治理、餐饮油烟整治等方面展开。2014年，上城区全面启动“五水共治”，开展截污纳管、河道清淤、绿化建设以及沿线景观提升等工作，水环境质量改善。2014年、2015年，上城区生态环境质量公众满意度总得分在杭州市主城区中均排第三名。

表 6-2-16　2013—2015 年上城区生态环境质量公众满意度得分情况表

年份	城区排名	总得分	认知度得分	满意度得分					
				总分	生态环境	人居环境	环境污染整治成效	环保工作满意度	信心度
2013	—	53.81	31.15	63.52	66.15	63.80	57.94	61.98	66.72
2014	3	54.69	35.50	62.91	63.11	62.35	56.56	61.60	69.69
2015	3	66.40	62.50	66.58	66.45	66.17	59.95	66.34	72.38

说明：1. 2013 年未公布排名结果。2. 资料来源于杭州市生态环境局上城分局

一、水环境质量

2006—2015 年，全区工业废水排放总量为 5016.94 万吨，化学需氧量去除量为 4634.31 吨，氨氮去除量为 115.93 吨。2015 年，杭州市对上城区中河、东河、贴沙河、新开河、新塘河 5 条河道的 16 个监测断面①进行监测，与 2014 年相比，5 条河道水质整体呈改善趋势。监测断面平均达标率为 70.8%，上升 4.1%。其中，中河达标率为 96.3%，东河为 80.3%，贴沙河为 53.8%，新开河为 73.3%，新塘河为 61.7%，新开河和新塘河水质与 2014 年相比都有 10% 以上的好转。但水质分布情况仍存在一定的波动性，2015 年 11 月和 12 月符合或优于Ⅲ类及以上水质断面比例最高均为 87.5%，而 6 月的符合或优于Ⅲ类及以上水质断面比例最低为 37.5%。根据《杭州市区河道交接断面监测与评价办法》，上城区中河及东河交接断面考核总体评价为优秀，但氨氮、总磷 2 项指标恶化明显，其中氨氮恶化率为 229.32%，总磷恶化率为 94.95%。

① 16 个监测断面分别是，中河的白塔岭、凤山闸、望仙桥、庆春路；东河的江南红楼、解放路桥、万安桥泵站、庆春路口；贴沙河的凤山闸、望江路桥、清泰立交桥下、青年公园；新开河的凤山闸、望江路桥、华家桥；新塘河的候潮路、望江东路桥、清江路桥。

二、大气环境质量

上城区内无重污染企业，大气环境污染主要集中在餐饮业油烟、工地和道路扬尘、机动车尾气等方面。上城区工业废气排放量存在较大波动。2002 年，上城区空气污染指数（API）为 65.5。此后各年有所波动，但呈现整体上升趋势。2006 年起，上城区工业废气污染物中二氧化硫、氮氧化物和烟尘等污染物经历逐步上升又逐渐回落直至“零排放”的趋势。2011 年后，随着上城区污染企业的逐渐搬离和节能减排工程的逐步实施，上城区工业企业逐渐停止使用燃煤锅炉等，二氧化硫、氮氧化物和烟尘的排放量降势明显。2013 年，实现“零排放”，环境空气优良率略有上升。

表 6-2-17　2006—2015 年上城区工业废气中二氧化硫、氮氧化物及烟尘排放情况表

单位：吨

年份	二氧化硫	氮氧化物	烟尘
2006	893.25	402.90	377.03
2007	976.22	365.57	352.32
2008	1367.96	733.82	424.40
2009	1355.94	1735.50	390.31
2010	2488.60	705.38	304.28
2011	643.48	323.87	348.44
2012	789.58	508.12	210.64

说明：1. 2013—2015 年，上城区工业废气二氧化硫、氮氧化物和烟尘基本趋于零排放。2. 资料来源于杭州市生态环境局上城分局

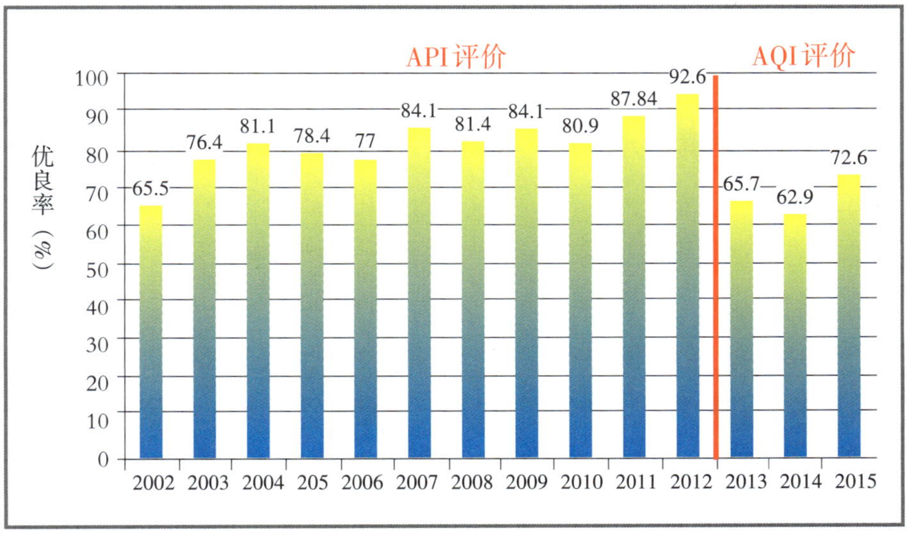

图 6-2-4　2002—2015 年上城区空气环境质量变化图

2013 年起，实施空气质量指数（AQI）评价，上城区 AQI 数值有所下降。2015 年，上城区空气质量有效监测天数 343 天，其中优良天数 249 天，比 2014 年增加 13 天；空气质量优良率为 72.6%，增长 7.9%，在全市 15 个区县市中位列第八，6 个主城区中位列第二。主要污染物为细颗粒物（$PM_{2.5}$），平均浓度 0.06 毫克/立方米，下降 7.6%。降尘 3.76 吨/（平方千米·月），下降 28%。

三、声环境质量

上城区地处杭州市商贸、娱乐、餐饮服务业的核心区，机动车流量大，交通噪声和生活噪声是主要声污染源。在加强城区噪声管理后，区域环境噪声强度和交通干线噪声强度保持相对稳定且均有一定程度的下降，基本达到功能区要求。2015 年，上城区区域环境噪声为 56.2 分贝，质量等级为轻度污染；功能区噪声状况良好，除一类标准适用区[①] 昼间噪声超标 1.7 分贝外，其余功能区昼间噪声均达标；道路交通噪声为 68.6 分贝。

① 一类标准适用于以居住、文教机关为主的区域。

第四节　污染治理

20世纪80年代中期到1996年，是上城区环境治理的起步阶段，水、气、声等污染治理逐步开展。1996年，杭州市环境保护局上城区环境保护处的成立，辖区环境保护工作逐步规范，环境污染治理全方位铺开。从90年代的“一控双达标”、2001年后实施的“蓝天、碧水、绿色、清静”工程、2002年全面实施禁燃区，到“十二五”期间“四边三化”“三江两岸”“无燃煤区”建设、“五水共治”“五气共治”等专项工作，上城区环境污染得到防治，环境质量得到改善。至2015年，全区基本实现污水“零直排”，饮用水源得到有效保护，基本建成“无燃煤区”，生态文明城区建设取得阶段性成效。

一、水环境治理[1]

工业废水整治　1993年，上城区对区属和街道企业进行全面污染物申报登记，重点申报13家单位的工业废水化学需氧量。13家单位排放水量为87.1万吨/年，处理废水量为77.9万吨/年，工业重点污染源废水处理率92.2%，达标率89.4%。1995年，上城区确定9家单位为污染物排放重点单位，排放的工业废水量为88.4万吨/年。废水处理量为87.8万吨/年，达标排放的水量为85.5万吨/年，工业污染废水处理率99.3%，达标率96.7%。1997年，上城区对辖区内230家（次）点污染源进行巡查，对重点污染源设施的现场监理每月不少于1次。

1998年，上城区限期治理杭州近江化工染料总公司等13家污染企业，限期治理完成率100%。12月，首届杭州市环境保护委员会扩大会议下达“九五”期间限期治理通知，对杭州江南春食品工贸公司等11家单位限期第二年11月末前治理达标。为全面实施总量控制，上城区环境保护处共完成15家企业排污口规范化建设。1999年，针对被列为杭州市“九五”期间第三批限期治理单位的29家超标污染企业，上城区成立“一控双达标”领导小组，制定《上城区2000年环保“一控双达标”工作方案》。年末前，完成29家超标污染企业的治理任务，其中近江羽绒制品厂、杭州粮油化工厂和群力营养源厂3家单位被责令停产，26家治理达标。全区投入治理资金851万元，减少污水排放93.34万吨，化学需氧量每年减少排放358.18吨。

2000年，上城区开展工业企业污染源调查、排污申报登记等基础工作，全区98家工业企业全部达标；其中列入杭州市政府第三批限期治

① 参见本章第五节执法管理。

理的10家重点治理单位完成污水治理，实现达标排放；完成28家企业、35个排污口的规范化整治工作。

2003年，上城区落实水污染长效管理机制，加大现场检查力度，规范企业污染设施运转行为，防治设施闲置、污染回潮，对辖区内污染源进行定期定点巡查，全年共巡查683次、单位112家，污染设施运转检查186次，全部正常运转。对所有排放生产废水的单位进行全年2次水质分析，共监测48次，监测结果全部排放达标。2005年，上城区继续完善生产废水排放措施，对杭州木材有限公司等9家企业实施清污分流的规范化整改，确保污水稳定达标排放。2006年，完成杭州木材有限公司、东南化工厂排污口规范化改造。2008年，发现三角道地区有7家陶瓷石材加工点，均无工商营业执照和环保排污许可证，所产生的大量污水未经任何措施，直接排入附近河湖，对涉及的7家单位实施行政处罚。

2014年，区委、区政府联合发文成立上城区“五水共治”工作领导小组，下设办公室（简称区治水办），负责全区治水工作的组织、协调、监督和考核工作。全面实施“阳光排口”工程，在5条河道设置135个阳光排污口标牌，对3家工业企业及7家医院的排口设置阳光排口标牌，对污水类型、排放标准、排放去向以及监督电话予以公示。通过对污染企业关停搬迁等措施，工业废水排放量不断减少，水环境状况不断改善。至2015年末，上城区仅剩1家排污工业企业。

生活污水治理[①]　20世纪90年代，上城区生活污水治理工作主要是对餐饮业、娱乐业的排污管理。上城区严格执行排污许可制度，通过排污许可证年检年审，规范企业排污行为。

①参见第五篇城区建设第二章市政建设第五节排水排污。

2000年，区政府成立小区截污纳管工作协调小组，开始实施截污纳管工程，通过建设和改造位于河道两侧企事业单位、国家机关、宾馆、餐饮、居住小区等污水产生单位内部的污水管道，将其接入敷设在城镇道路下的污水管道系统中，并转输至污水处理厂进行集中处理。

2001年，上城区实施“碧水工程”，开展小区农贸市场的纳管工作，完成马市街、劳动路等6家农贸市场的改造工作，做到雨污分流并纳入相应管网，同时督促公建单位实施污水纳管工作。2002—2005年，上城区完成羊血弄小区、剪刀巷等62个生活小区的截污纳管工作，督促铁路工务段等120家公建单位实施污水纳管工作。2009年，上城区启动始版桥直街截流截污工作，实施“厌氧无动力+人工湿地”的生态化处理方法试点，解决该区块拆迁工作未启动前，民居房生活污水直排贴沙河的问题。2014年，全区完成22个小区截污纳管项目及12家公建单位的纳管工作。2015年，开展凤凰山脚路等33处截污纳管治理，新增截污量3000吨/日，完善雨污管网22685米，治理面积3万平方米，在杭州市率先实现河道“污水零直排”。

河道整治　1996年6月，贴沙河首期整治工程动工。1999年，贴沙河两岸一级驳磡工程竣工，全长6257米。

2000年起，上城区将作为饮用水水源保护区的贴沙河、中河和钱塘江部分区域确定为工作重点。2001年，上城区实施“碧水工程”，投资104万元，开展对新塘河的清淤配水工作，同时引进国外河道净化技术，保持河水水质。

2003年，上城区加强对贴沙河、中河、东河、新开河的养护，全年清理河面漂浮物130余吨；落实河道两岸环境综合整治，改善辖区河道水质。2004年，上城区组织开展饮用水水源取水口保护区的巡查工作，设立100余块饮用水源保护固定宣传牌。

2005年，由于附近居民在中河边洗涤衣物，作为杭州市饮用水源流经之地的中河复兴水渠，水质和景观遭到严重污染和破坏，上城环保分局将该河道列为上城区生态建设工程的重点，在复兴水渠近3千米的河道两侧建设青石护栏做物理隔离。是年，上城环保分局成立饮用水源应急领导小组，制定《上城区饮用水源保护应急预案》，明确饮用水源污染事件发生后，应急响应、现场处置、后期工作、应急保障等方面内容，确保在饮用水源保护区范围内发生的突发环境事件能得到处置。

2006年，上城区针对贴沙河饮用水源保护区存在雨污管排口等问题，联合上城区市政所进行调查。2007年，上城环保分局加强对钱塘江、贴沙河、中河3处饮用水源的保护，采样监测辖区内5条城市内河11个代表性断面及沿线异常排口。2013年，上城区成立“清水治污”专项行动领导小组，制定《上城区“清水治污”专项行动方案》《上城区“河长制”实施方案》。结合“清水治污”行动，排查中河、贴沙河保护区范围内的生活、工业污染源。同时，加强对饮用水源保护区内的工地、加油站、居民小区和洗车店、餐饮企业等产生污水排放的服务行业的巡查。10月，针对杭州市“公述民评”活动中市民反映强烈的中河、东河、新开河污染问题进行全面摸底排查，并提出整改措施。

2014年，上城区为5条河道量身定制整治方案，通过截污纳管、河道清淤、绿化建设以及沿线景观提升等方式改变区域河道现状。同时淘汰落后产能企业1家，完成中河南段生态示范创建项目。推进河道视频监控系统建设，利用井盖管理无线覆盖网格及RFID物联网技术在管辖区域排污口安装电子标签。至年末，共完成4140个窨井盖、20个排污口溢流井电子标签和140个基站的施工安装，第一时间监测污水满溢、管道堵塞问题。上城环保分局委托杭州市环境保护科学研究院开展中河南段、贴沙河饮用水水源地周边污染源调查。4月起，委托监测单位对全区5条河道、15个监测断面开展月度监测工作，并根据国家标准《地表水环境质量标准（GB3838—20024）》进行水质类别达标状况评价，形成水质月报。

2015年，上城区饮用水源保护工作领导小组成立。上城环保分局组织开展辖区河道的定期水质监测工作，每月编写水环境质量月报表，并对5条河道的水质监测数据进行信息公开。6月起，增加监测频次，由“一月一测”改为“一旬一测”，每个断面每月按上、中、下旬监测3次。根据“五水共治”河道水质提升要求，在中河按1千米1个采样点进行监测，分析制定水质提升方案。在东河万安桥泵站、上游解放桥增加监测断面，监控东河水质变化情况。

二、大气环境治理

20世纪90年代，上城区大气治理工作基本围绕烟尘控制区创建展开，城区推进锅炉、灶等设备改造，推广使用洁净型煤和低硫煤。1999年后，逐步开展“一控双达标”“禁硫”“绿色工地”创建等工作，通过大气污染源达标治理及污染物减排等，改善区域大气环境。2004年开始，上城区建立部门联动机制，上城环保分局、区城管执法局等根据每年工作重点，在全区范围内开展工地、道路扬尘、餐饮业油烟等各行业污染防治工作联合专项检查。2014年末，上城区启动“五气共治”① 工作，重点通过工地专项检查、油气回收督查、黄标车淘汰等推进大气环境整治。

① 工业废气、机动车尾气、建筑（扬）尘气、生活毒气和烟民烟气的治理。

工业废气烟尘治理　1993年，上城区环保站重点巩固烟尘控制覆盖率工作，监测人员每月对有燃烧设备的单位烟气黑度监测1次，对窑炉和0.5吨/小时以上锅炉烟尘进行复测，共监测炉、窑69台，复测率为100%，达标率为82.7%。经监测验收，0.5吨/小时以上锅炉84台，E级锅炉178台、开水炉30台，烟气黑度达标率为99.87%，烟尘浓度达标率为94.9%；工业窑炉10座，烟气黑度和烟尘浓度达标率均为100%；炊事灶2237眼，烟气黑度达标率99.8%。

1995年，全年共监测936家次，高空瞭望27次，查超标单位55家次。对窑炉和0.5吨以上锅炉烟尘进行复测，共监测61台、71次，复测率为100%，0.5吨/小时以上锅炉烟尘浓度达标率88.5%；窑炉4座，复测3次，复测率和烟尘浓度达标率均为100%。在复测中，对超标锅炉要求限期治理，并征收超标排污费，全年共整改和新装锅炉除尘设备8台。1998年，上城区完成燃煤E级锅炉、灶的整改工作；推广使用洁净型煤和低硫煤，区内2吨/小时以上锅炉开始燃用低硫煤。

1999年，上城区重点围绕“一控双达标”目标和市政府“蓝天、碧水、绿色、清静”工程，召集全区60余家使用煤锅炉的单位召开“禁硫”工作会议，开始“禁硫”行动。辖区内浙江省卫生学校等20家单位0.5吨/小时以上锅炉改成燃油炉，京晋大厦、新光塑料厂等32家单位使用洁净型煤。浙江省机械厅招待所、杭齿之江分厂等10家单位采用联片供热，全区2吨/小时以上锅炉大多燃用低硫煤。是年，开展煤质申报监测工作。

2000年，通过改变燃料结构或关、停等措施，上城区完成11家烟尘超标单位的污染治理，废气排放全部达标。是年，由于国家大气污染防治法修订和锅炉大气污染物排放新标准的颁布执行，上城区要求27家单位限期治理。全年锅炉烟尘复测33台，达标率88%，工业锅炉全部达标；窑炉2座，复测率、达标率均为100%。

2001年，上城区深化“禁硫”行动，开展大气污染有奖举报活动，建立24小时值班制度，激发公众参与环保的积极性。对63家单位的81台锅炉要求限期治理，对秋涛宾馆等5家未完成治理的单位给予严厉处罚。全年共投资400余万元，完成11家单位的燃煤锅炉整改工作。

2002年，上城区全面实施“禁燃区”工作，有17家单位被列为整改对象。上城环保分局每周上门一次进行督促，针对逾期未完成的单位，制定“一企一策”工作方案。2003年，上城区成立禁燃区领导小组，当年3家单位治理任务全部完成，其中杭州永固塑胶厂、杭州近江食品有限公司燃煤锅炉拆除，杭州光华实业公司全面停产，不再使用锅炉。是年末，上城区有燃煤锅炉8台、燃油锅炉77台、茶炉107台，复测率、达标率均为100%，清洁能源使用率锅炉为77.7%，茶炉和灶均达100%。

2005年，上城区有7家单位被列为“禁燃区”改造对象，其中杭州新光塑料厂、杭州食品厂完成锅炉拆除，杭州木材有限公司、利民食品厂完成锅炉改造，杭州西湖香精香料有限公司和杭州棉毛针织厂因涉及厂房拆迁，于次年完成燃气锅炉改造；杭州东南化工有限公司2006年实施脱硫工程并通过验收。2009年，上城区查处杭州印铁制罐有限公司污染空气问题，责令限期整改，通过部分关停、调整作业模式、更新废气处理设施等措施，降低其污染影响。2013年，上城区督促关停2家企业的燃煤锅炉。至年末，无燃煤区建设、燃煤改燃油工作均全面完成。

2014年，上城区加快推进城中村小茶炉整治，配合街道开展专项执法，共计出动监察人员25人次。至2015年末，全区燃烧设备有77家企业的146台茶炉，辖区工业废气得到有效治理。

餐饮油烟整治　20世纪90年代，主要通过排污许可证的年检年审的方式实施对餐饮业的排污监管。同时根据居民油烟扰民投诉，对违法餐饮企业责令关、停。

2001年，上城区以油烟污染较重的城站街道为突破口，开展油烟达标街道创建工作，成立油烟达标街道创建工作领导小组，编制《城站油烟达标街道实施方案》，对高层住宅下和敏感区域餐饮业的油烟排放开展综合整治。加强对居民使用清洁燃料的宣传，区内住户使用燃气率超过98%。2002年，区政府批准实施《上城区油烟整治实施方案》，在清波街道创建油烟达标街道，限期治理街道内24家油烟超标单位。至年末，清波街道基本完成油烟达标街道创建工作。

2003年，上城区环保、工商、行政执法等部门联合成立餐饮业油烟整治工作领导小组，在34家重点餐饮单位开展“一机一卡”[①]试点工作。2004年，上城区开展新建餐饮服务业项目的竣工验收工作，全年实施竣工验收监测16家，下达限期竣工验收通知52家，对11个项目下达限期整改通知。同时对已建的餐饮服务

① 一台油烟净化设施一张运行登记卡。

单位开展油烟监测工作，并根据监测结果及时对排放不达标单位开展限期治理。

2007年，上城区对86家餐饮单位下达检查餐饮油烟净化装置运行情况和检测油烟排放的通知。8月，对未按时申报的单位进行书面催报，10月立案查处5家逾期未申报单位，处罚金额12.5万元。对油烟超标排放的4家单位下达限期整改通知。

2008年9月起，针对辖区内大部分餐饮单位油烟净化装置安装后未正常运行，或委托非专业的油烟管道清洗单位进行清洗的情况，上城区要求一定规模的餐饮店必须将油烟净化设施委托给有运维资质的专业化公司进行维护。

2009年开始，上城区在4家餐饮单位安装油烟在线智能监控装置，探索油烟在线监控系统运营管理的新模式。该系统能实时监控净化器和风机的使用情况，并通过红、黄、绿三色标识，反映油烟排放以及净化器和风机开启的时间及联动运行等情况。2010年，试行范围扩大，在37家星级以上宾馆饭店为主的餐饮单位安装监控装置。2011年，上城环保分局、区卫生局、区行政执法局、区工商分局及各街道办事处等部门联合成立饮食业油烟智能监控试点工作领导小组。全年重点实施河坊街、高银街美食特色街和中华美食园等区域的餐饮油烟在线监控，该区域有26家餐饮单位完成安装；同时对湖滨街道、小营街道53家餐饮店实施安装工作。此后，上城区油烟在线智能监控系统安装单位从宾馆饭店扩展至纯餐饮企业，从管理规范的大餐饮店向小餐饮店延伸，同时兼顾部分医院等企事业单位。

2014年3月，上城区制定《餐饮油烟三位一体监管年度工作方案》，打造“设备高效、运维到位、联合执法”三位一体餐饮油烟监管体系。以油烟在线智能监控为平台，推行油烟净化设备强制运维清洗，以环保、城管联动执法为保障，解决油烟处罚推诿扯皮无人管的问题。

2015年，上城区对餐饮企业的油烟排放从定性监控转变到定量监测，同时监控油烟净化器、风机的运行情况和油烟排放的浓度，[①]较好地解决餐饮油烟净化设备处理效率低下、“装样子”等问题，促进油烟净化产品质量的提升和清洗运维水平的提高。

工地扬尘治理 20世纪90年代，上城区对工地扬尘管控工作开始起步，未开展工地扬尘污染具体治理。2000年，由于市民对建筑施工污染投诉较多，为加强建筑工地的环境保护工作，上城区成立“绿色工地”创建指导小组，制定创建标准，确定创建流程等，加强工地对扬尘控制、渣土处理等方面的管理。

2002年，全区推行工地扬尘居民举报制度，由社区干部负责监督、

① 根据油烟排放监测数据显示，餐饮企业只要是规范安装和使用合格的油烟净化设备，油烟排放平均浓度一般为1.0~2.0毫克/立方米，低于餐饮业单位油烟最高允许排放浓度国家标准。如果是未安装油烟净化设施设备，油烟排放浓度甚至可超出该标准值的几十倍。

举报受理；上城环保分局、上城区建设局、上城区综合行政执法局多方联合，根据反馈情况综合打分和奖罚。2013年，上城区开展大气复合污染整治专项督查工作，对4个扬尘监测点位的周边建筑工地、道路扬尘进行督查。2014年，上城区继续加强施工工地及车辆、道路扬尘污染防控，督查建筑工地65家次，要求施工单位落实扬尘控制，确保进出大型车辆按要求清洗。

2015年，上城环保分局对辖区地铁工地、秋涛南路改造提升工程、望江路过江隧道等工程走访检查，督促施工单位做好施工中扬尘、噪声、污水的管理工作。

黄标车[①]淘汰　2014年，上城区开始淘汰黄标车。2015年，上城环保分局、上城交警大队、市运管局上城管理处和辖区6个街道的分管负责人组成黄标车淘汰工作小组。4月，上城区所属街道和职能部门梳理辖区黄标车清单，把黄标车淘汰工作任务纳入到对街道的责任制考核，开展备注每一辆车淘汰进展的“一车一档”工作，对有3辆及以上黄标车的单位建立街道分管领导挂包解决制度。至2015年末，上城区共计淘汰黄标车1239辆。

① 黄标车，是对新车定型时排放水平低于国Ⅰ排放标准的汽油车和国Ⅲ排放标准的柴油车的统称，该类车辆尾气排放污染量大、浓度高、排放稳定性差。

三、危险废物及辐射安全治理

上城区工业企业较少，工业固废、危险废物（简称危废）产生量不多，危废及辐射安全问题并不突出。2000年后，上城区逐步开展危废及辐射安全管理工作。

2002年，上城区全面调查59家企事业单位的危险化学品存储使用情况，针对其中23家单位制定事故预防与应急处置预案，要求全区有危险废物产生的单位集中处置危险废物，凭转移联单给予申报，对危险废物实行全过程管理。

2003年，上城区继续规范固体废物管理，召开感光材料废物专项整治会议，向辖区各医院和照相摄影店宣传相关政策，落实废液回收委托处置工作。上城环保分局会同杭州大地环保有限公司对30家重点排放单位上门开展检查，对未按要求处置的单位下达限期整改任务。至年末，辖区有43家单位完成委托处置工作，处置光感材料废物1.83万升。在固废管理重点的废弃食用油脂管理方面，辖区内33家重点废弃食用油脂产生单位与具备资质的处理单位签订协议，废弃食用油脂的管理步入正常轨道。

2005年，上城区强化固废集中处置工作。对杭州自来水总公司等8家单位的800余千克固体危险废物进行专项处置，同时还在全区范围开展汽车修理行业废机油收集工作，全区12家汽车维修单位均与杭州大地环保有限公司签订处置协议，全年共收集废机油60.2千克。同时加强医院医疗废物管理，全区79家医疗机构与杭州大地维康医疗废物处理有限公司签订处置协议，全年共委托处置医疗废物2085.5吨，医疗废物集中处置率达100%。是年，上城区制定放射源单位的环保管理要求，对各单位的环保管理机构、制度以及放射源安全许可证的办理和闲置、废弃放射源的处置提出明确要求。全年申报登记在册的放射源数量32枚。其中新增浙江省疾病预防控制中心6枚，杭州市第三人民医院因未使用由厂家回收2枚，新光塑料公司报废1枚，迁往滨江新厂房1枚。

2007年，上城区制定《上城区突发辐射污染事件应急预案》。对辖区的4家市级重点辐射工作单位和3家区级重点辐射工作单位开展执法检查。至年末，26家辐射工作单位有8家领取辐射安全许可证，11家单位持有有效的卫生部门颁发的许可证，有3家单位完成辐射源搬迁工作。

2013—2015年，上城区多次开展固废和辐射的环保专项执法检查，在接到辐射投诉及咨询电话后，对相关单位进行监督管理。2013年，督促业主单位拆除居民投诉强烈的杭州南线大酒店移动通信基站和联通基站，对万向系统有限公司危废标志不符合规范之处提出整改意见，指导其进行整改工作。

2015年末，辖区内有核技术利用单位32家，其中密封放射源应用单位1家、非密封放射性物质应用单位3家、射线装置应用单位31家。辖区内放射源共6枚，全部是Ⅴ类放射源；射线装置共143台，其中Ⅱ类射线装置12台、Ⅲ类射线装置131台。

四、声环境治理

1993年，湖滨、小营巷通过创建环境噪声达标街道活动，两地声环境质量达到各相应功能区环境噪声标准。达标区有固定声源238个，共计单位130家，治理率100%，达标率白天97.9%、夜间99%。1994年，上城区共治理声源点60个，全部达标。区环保站组织夜间建筑施工突击检查8次，共查处违章施工单位17家次。区环保站发挥街道环保员、居委会、群众的监督作用，组织检查辖区社会生活噪声。

1995年，上城区对150家噪声污染单位的240个超标声源点实行限期治理，其中关、停、迁、检修、改进、更新设备180个，采取吸、隔、消声处理的60个，治理率100%，达标率96.2%。12月，上城区在全市率先成为环境噪声达标区。

1996年，街道环保员开始处理商业喇叭扰民、空调噪声等引起的纠纷。上城区重点整治延安路的商业噪声，同时对辖区内的主要道路商业空调所产生的噪声进行整治。

1998年，上城区全面调查和监测创建区内的固定声源、社会生活噪声、建筑施工噪声，建立动态档案。每个建筑工地均成立由居委会、建筑施工单位负责人、居民代表等组成的群众监督小组，共同监督管理建筑施工。全年投入资金154.32万元，重点整治132家噪声污染单位148个声源，噪声治理率100%，达标率96.6%，各类区域昼夜环境噪声均达到相应功能区标准。

2001年，区城管执法局对居民投诉的工地噪音问题实行“半小时承诺制”（即接到投诉半小时内赶至现场）。2002年开始，上城环保分局与区城管执法局联合开展中考、高考期间噪声污染专项执法整治活动。此后，每年开展“绿色护考”行动。

2004年，针对市民投诉集中的景江城市花园、万新广场和北落马营建筑施工工地噪声污染问题，上城环保分局采取上门召开协调会和严格夜间施工审批等措施加以解决。同时，根据群众举报，关停高层住宅楼下、未批先建的广利贝贝餐饮有限公司。

2006年，上城区开展“安静小区”创建工作，有5个社区通过杭州市安静小区考评组的现场检查考评。2007年，上城区基本解决居民投诉强烈的三原色浴室、金碧辉煌酒吧噪声及浙江省妇女保健院的冷却塔噪声问题。

图6-2-5　2006年6月，杭州市安静小区创建工作启动仪式在袁井巷社区举行　（市生态环境局上城分局 供稿）

2000—2015年，上城区采取管理、治理双管齐下的措施，加强固定声源、建筑施工噪声、社会生活噪声监管力度，严格夜间施工审批，控制、减少敏感地段夜间施工时间，减少夜间施工扰民现象。该阶段，上城区噪声达标区覆盖率一直稳定在100%。

第五节　执法管理

20世纪90年代起，上城区对不符合环保要求的建设项目审批予以一票否决。1994年，上城区开始环境执法检查工作，抽查环保管理较差的单位和自查阶段上报的重点单位。2000年1月起，上城区实行环保并联卫生、工商部门同步审批制度。2005年开始，上城环保分局为控制建设项目产生新的污染，落实专人对建设项目实行批后分类管理。2011年开始，上城区将排污申报等环境管理具体事宜下移至各街道。1997—2015年，上城区建设项目环评执行率及“三同时”① 执行率均为100%。

一、建设项目环保管理

20世纪90年代起，上城区严格执行《杭州市产业发展导向目录》，注重调整和优化产业结构。在审批过程中，对不符合环保要求的建设项目予以一票否决。

1999年，针对上城区居民比较密集、餐饮业污染引起的纠纷频发等问题，上城区规定从7月起一律禁止对三层以上住宅楼底

① 建设项目中防治污染的设施，与主体工程同时设计、同时施工、同时投产使用。

餐饮业的审批。全年否决不符合《杭州市产业发展导向目录》的项目26个，环境影响评价率、“三同时”执行率和备案率均为100%。

2000年1月起，上城区实行环保并联卫生、工商部门同步审批的制度。10月，杭州市政府成立审批受理中心，对项目审批的时间、效率、服务态度等多方面提出更高的要求。全年上城区审批企业108家，其中并联审批项目98个。

2004年，上城区执行建设项目环境影响评价制度[①]和“三同时”跟踪督查、验收制度，实施全过程管理，对1998年至2002年审批的建设项目环保“三同时”执行情况开展专项清查，共查实区级审批的工业性建设项目34个，其中未投产建设的项目12个，关闭搬迁的4个，占到工业性建设审批项目总数的47%，其余18个项目的“三同时”执行率达到100%。

① 2003年，《中华人民共和国环境影响评价法》施行。

2005年开始，上城环保分局依据建设项目的污染程度和建设地址敏感程度，落实专人对建设项目实行批后分类管理。第一类为跟踪管理项目；第二类为直接核发许可证项目；第三类为直接验收项目。全年上城区共有38个建设项目被列为跟踪管理类项目。2007年，上城区实行“三同时”跟踪检查“三及时”制度（跟踪及时、反馈及时、查处及时）和长效管理制度，做到项目20天内跟踪到位，40天内信息反馈，3个月内整改并汇总通报。

2008年开始，上城环保分局在项目审批受理上采用电话预约服务，提前介入、跟踪重点项目在推进过程中出现的环保问题。2012年，杭州市环保局下放部分建设项目的审批权限，其中杭州市政府或杭州市有关部门审批、核准、备案的危旧房改造（或改善）、城中村整治、城中村安置房、拆迁安置房、河道整治、支小路等项目，位于各城区工业园区或科技园区内的项目，区级人民政府或投资主管部门审批、核准、备案的建设项目均下放至辖区审批。至年末，上城区共审批下放项目19个。

2013年，上城环保分局管理科整体入驻上城区行政服务中心，优化环保行政许可政务公开制度，免费提供办事手册；实行“一次性告知”“一站式服务”“一条龙审批”的窗口式标准化管理，提高审批效率，并规范使用权力阳光系统，公开审批过程和时限。2015年，上城环保分局在审批项目过程中，提前介入，开辟“绿色审批通道”，推进万泰城综合体、湖滨银泰二期、龙翔大厦、湖滨停车楼等工程实施。是年，根据浙江省环保厅将8行业、96个项目类别列入审批豁免范围的政策，上城区对于符合范围内的项目应免尽免，推进解放路人行过道、五柳巷地下公共停车场、复兴大桥地下停车场等重点项目落地动工。

1997—2015年，上城区共审批建设项目6266件，项目环境评估执行率及“三同时”执行率均为100%。

表6-2-18　1997—2015年上城区建设项目环保管理情况表

单位：件

年份	审批数量	年份	审批数量
1997	118	2007	268
1998	389	2008	221
1999	244	2009	173
2000	300	2010	142
2001	751	2011	183
2002	760	2012	189
2003	460	2013	186
2004	665	2014	200
2005	491	2015	156
2006	370	—	—

说明：资料来源于杭州市生态环境局上城分局

二、排污管理

1993年，区环保站对全区区属和街道企业实施污染物申报登记，其中化学需氧量（COD）排放量被全部申报登记。全年区环保站征收超标排污费32万元，同时开征二氧化硫排污费和餐饮业超标排污费，征收排污费单位400余家。

1994年9月，上城区开始办理全区服务行业排污许可证，包括餐厅、旅店、卡拉OK厅、歌舞厅、影剧院、浴室、理发店、照相馆、电子游戏机房等业态。至年末，全区办理排污许可证740余份，征收服务业排污费60余万元。

1997年，上城区扩大排污费征收面、加大收费力度，对日常监理中发现的噪声超标单位征收排污费；对烟尘控制区范围内的烟气超标单位征收排污费；对拖、欠交排污费的单位不予年审；对情节严重的，借助法院进行催收，对于确实存在困难的企业、餐饮业单位，予以酌情减免。1998年8月，上城区开始实施总量排污收费试点工作。全年对2800余家单位发放收费通知，共征收排污费594万元。

2001年，《杭州市污染物排放许可证管理办法》实施，上城区把申报对象分为重点污染单位、一般污染单位、污染物排放较少单位、基本无污染单位。全年发放申报登记表约1000份，发放污染物排放许可证750份，临时污染物排放许可证43份。全年对1200家单位征收排污费600余万元。

2003年初，上城区成立以区长为组长，由区府办、上城环保分局、上城区建设局、上城规划分局、上城工商分局等8个部门及6个街道组成的上城区污染物排放总量控制试点工作领导小组，对全区26家产生工业污染和24家产生生活污染的企业，下达总量控制分解指标。

2007年，上城区结合排污申报及换证新软件系统的应用，规范对1000余家单位的排污管理；并制定上城区2007年排污费征收指标减免申请办法，全年征收排污费593万元。

2011年开始，上城区将排污申报等环境管理具体事宜下移至各街道，实现属地申报、缴费、打证一条龙服务。至2015年，排污申报登记和排污收费成为上城环保分局一项重要日常管理工作。

三、环境执法检查

1994年，上城区成立区环保执法检查领导小组，开始环境执法检查工作。在2个月的环保执法检查中，进行自查和重点抽查2个阶段。针对环保管理执法较差的单位和自查阶段上报的重点单位进行抽查，共检查43家单位，其中污染治理设施运转较差的企业2家，餐饮扰民企业8家，排污费拖、欠、拒交3家。建筑施工夜间突击检查3次，查处违章施工单位7家。对违反《中华人民共和国环境保护法》的12家单位进行教育和限期整改，15家单位进行罚款，1家单位搬迁。

1997年，上城区环境保护处依法查处永固塑胶厂焚烧环氧树脂和杭州娃哈哈集团公司擅自停用污染防治设施等违法行为。为加强建筑施工噪声的管理，上城区环境保护处共检查夜间施工36次，处理违章单位48家次，罚款7万元。

1999年，上城区环境保护处依法对130家无环保排污许可证的单位发出限期办理通知书，稽查8家重点污染源污染治理设施运转情况。全年突击检查建筑工地95次，查处违章施工单位89家。

2000—2005年，上城区加大对辖区污染源监管力度，对部分重点污染源和一般污染源进行定期不定时检查，对重点源每月监理一次，一般源每季监理一次，并加大对美容美发、咖啡厅、茶室、歌舞厅等的污染源整治力度。

2006—2007年，上城环保分局针对环境违法情况，共立案查处36家，罚款96.85万元。针对丝贝丝泰餐饮有限公司、爵色酒吧等逾期拒不履行停业整改的处罚决定，依法向上城区人民法院申请强制执行处罚决定。

2012年，上城环保分局开展废气排放行业专项整治行动和建筑工地、道路扬尘防治、饮用水源安全、排污申报等专项检查；并开展对加油站、汽车维修企业、洗衣店等行业的体检式检查。全年共立案10件，处罚案件10件，共处罚金额14.38万元。

2014—2015年，上城环保分局开展汽修行业专项执法检查，共检查辖区内汽修行业50家；开展辖区21家省市区级医院专项执法检查，对不正常使用水污染物防治设施的1家医院进行立案查处，罚款0.98万元；开展区内放射源使用单位专项检查，对其进行现场检查，确保每一枚放射源都在安全监管范围内；对辖区餐饮单位开展联合检查，共检查餐饮单位82家，责令改正5家，立案查处7家，罚款1.95万元。

第六节　生态创建

1999年起，上城区通过“绿色学校”“绿色医院”等“绿色细胞”工程创建，提升辖区生态品质。2002年，上城区开始组织“绿色社区”创建工作。2003年，上城区提出生态区创建目标，成立上城区生态区建设工作领导小组。此后，上城区逐步构建起区、街道、社区三级生态规划体系。2010年3月，上城区“生态文明示范社区”创建活动开始。至2015年末，全区共创建区级“绿色单位”203家，市级142家，省级60家，国家级10家。

一、生态区创建

2003年，杭州市全面启动生态市建设总体部署，上城区提出生态区创建目标，成立由区委书记任组长、区长任常务副组长、28个部门主要负责人参加的上城区生态区建设工作领导小组。

2006年，上城区编制《杭州市上城生态区建设规划》，启动高银街餐饮特色生态示范街和南山路艺术休闲娱乐环境友好示范街道创建工作。2008年，上城区湖滨、清波、南星、小营4个街道被评为杭州市级生态街道。

2010年3月，上城区发布《关于开展上城区“生态文明示范社区”创建活动的通知》。随后，东平巷社区等6个社区成为上城区首批“生态文明示范社区”。6月，上城区被确认为“杭州市级生态文明试点城区”。2011年，青年路社区、劳动路社区等8个社区成功创建为区级“生态文明示范社区”。清波门社区手工DIY利乐包环保物品制作等2个点被命名为“上城区生态文明示范点”。

2012年，上城区开始实施《杭州市上城区生态文明建设三年行动计划（2012—2014年）》。2015年，上城环保分局对2012年至2014年生态文明行动计划实施情况进行技术评估，结合“美丽上城”建设，牵头编制《上城区生态文明建设三年行动计划（2015—2017年）》。

表6-2-19　2010—2013年上城区生态文明示范社区情况表

年份	区生态文明示范社区
2010	东平巷社区、柳翠井巷社区、上羊市街社区、近江西园社区、海月桥社区、西牌楼社区
2011	青年路社区、劳动路社区、梅花碑社区、葵巷社区、近江东园社区、紫花埠社区、北落马营社区、春江社区
2012	东坡路社区、清波门社区、姚园寺巷社区、清泰门社区、馒头山社区、彩霞岭社区
2013	涌金门社区、清河坊社区、茅廊巷社区、耀华社区、水澄桥社区、凤凰社区

说明：1. 2014、2015年上城区没有进行区生态文明示范社区评选活动。2. 资料来源于杭州市生态环境局上城分局

二、绿色单位创建

1999年，上城区环保处与上城区教育局确定新世纪外国语小学和始版桥小学为第一批“绿色学校”试点单位。2000年，新世纪外国语小学和始版桥小学被正式命名并授予“区级绿色学校”奖牌，成为上城区乃至杭州市首批区级“绿色学校”。6月，上城区环保处与上城区建设局向全区建筑工地发起创建“绿色工地”倡议，成立创建指导小组，制定创建标准。2002年，上城环保分局与上城区文明办、各街道开始组织“绿色社区”创建工作。此后，上城区逐步构建起区、街道、社区三级生态规划体系，先后开展“绿色市场”“绿色餐饮”“绿色学校”“绿色医院”等工程的创建。至2015年末，全区共创建区级“绿色单位”203家、市级142家、省级60家、国家级10家。

表6-2-20　1999—2015年上城区“绿色单位”创建情况表

单位：家

分类	区级	市级	省级	国家级
绿色学校	51	28	21	0
绿色社区	50	33	26	1
绿色医院	5	5	0	0
绿色工地	97	76	0	0
绿色饭店	0	0	13	9
合计	203	142	60	10

说明：资料来源于杭州市生态环境局上城分局

第三章　市容环卫管理

20世纪70年代，上城区乱搭、乱挂、乱贴、乱画现象严重，管理力量薄弱，市容市貌和环境卫生较差。1979年，杭州市政府着手整顿市容市貌和环境卫生，上城区环境卫生逐步改善。20世纪80年代，上城区市容环卫管理机构逐步建立和完善，乱扔、乱挂、乱涂、乱张贴、乱设摊点、乱搭乱建等行为被查处，市容环卫管理进一步加强。

1993年，全区环卫清扫保洁面积91.75万平方米，主要采用人工清扫方式，辅以机械化设备清扫，机械化程度较低。垃圾主要通过脚踏三轮车等工具收集至垃圾中转站，再运输至天子岭垃圾填埋场做终端处理。此后，垃圾装袋、垃圾密闭化运输在全区逐步推广。

1996年，上城区市容环境卫生局成立后，加强对市容市貌、“门前三包”、建筑工地、渣土运输与处置、道路污染等方面的执法管理。

2000年起，上城区道路保洁面积不断增大，道路保洁逐步实施市场化，垃圾收运处置更加高效规范，露天垃圾堆放等现象逐步消失。2003年，上城区垃圾装袋化率96%，并开始试行垃圾清洁直运，不再经过垃圾中转站转运。2012年，上城区城市管理局成立后，行使城市管理与执法职能，市容环卫管理更加精细，并逐步向数字化、智慧化转变。至2015年末，全区保洁面积511.3万平方米，保洁时长不断增长，部分道路从13小时保洁增长至24小时保洁；“五定五字”保洁法逐步推广，道路保洁机械化率达到88.7%，全区道路保洁市场化比例达到87.5%；上城区有384个生活小区、14.7万户居民试行生活垃圾分类。

第一节　组织机构

一、杭州市上城区环境卫生管理所

1983年12月，上城区环境卫生管理队[①]改建为杭州市上城区环境卫生管理所（简称区环卫所），隶属于上城区城乡建设委员会。1984年，区环卫所划归区政府领导，地址皮市巷88号。1993年，区环卫所有职

① 1958年4月，上城区环境卫生管理队设立，承担区域内公共厕所、居民倒粪池、垃圾箱的管理和主要街道的保洁。

工877人。是年，区环卫所下设渣土管理办公室，负责实施渣土倾倒及运输的登记审批和监督检查。1996年12月，区政府撤销上城区环境卫生管理所。

二、杭州市上城区市容环境卫生局

1996年9月，上城区政府建立上城区市容环境卫生局（简称区环卫局），将原上城区城市管理办公室、原上城区环境卫生管理所的市容环境卫生管理、执法等职责和人员全部划归区环卫局，地址皮市巷88号。

1997年，区环卫局下属城站、小营、横河、清泰、清波、涌金、湖滨7个街道环卫站更名为市容环境卫生管理所（简称环卫所）。是年，区环卫局建立上城区市容环境卫生监察大队，撤销原上城区市容环卫联合监察队，核定编制人数77人，监察大队下设5个中队，每个中队编制10名，一中队负责湖滨、涌金、清波3个街道辖区，二中队负责城站、清泰、小营、横河4个街道辖区，三中队负责紫阳、望江2个街道辖区，四中队负责南星、闸口2个街道辖区，五中队为机动中队。11月，上城区各街道建立城市综合管理监察队。因行政区划调整，原江干区望江、紫阳、南星、闸口4个街道环卫所划入区环卫局①，全区共11个环卫所。

① 原江干区望江等4个环卫所职工207人、环卫作业车辆15辆同时划入上城区环卫局。

1999年5月，随着上城区街道行政区划的调整，区环卫局撤销湖滨、涌金环卫所，建立湖滨环卫所；撤销小营巷、横河环卫所，建立小营环卫所；撤销城站、清泰环卫所，建立城站环卫所；撤销上城区环境卫生设施修建服务所，建立近江环卫所；保持清波、紫阳、南星、望江、闸口环卫所。

2002年2月，区环卫局行使的行政处罚职能划归区城管执法局（参见本篇第四章第一节）。区环卫局转为区政府直属事业单位，负责上城区域内市容和环境卫生工作；区环卫局核定事业编制数27人，设办公室、计划财务科、市容管理科、环境卫生管理科、设施设备安全科等5科室。

2002年7月，区环卫局撤销小营、城站环卫所，建立小营环卫所；撤销望江、近江环卫所，建立望江环卫所；撤销南星、闸口环卫所，建立南星环卫所；调整紫阳环卫所管理、服务区域；保留清波、湖滨2个环卫所和汽车场。2004年9月，区环卫局撤销。1996—2004年，区环卫局历任党委书记和局长叶承良、曹兢业。

三、杭州市上城区城市管理办公室

2004年9月，上城区城市管理办公室（简称区城管办）成立，地址皮市巷88号。主管城市管理工作，承担原区环卫局全部职能，并管理其下属单位；同时承担原区建设局的市政管理和道路、河道绿化带的绿化养护、管理职能以及按市政府明确的道路、河道绿化调整需迁移、砍伐树木等有关事项的职能。原区建设局所属的事业单位区市政园林管理所整体划归区城管办管理。区城管办主要承担环卫保洁、市政养护、河道养护、绿化养护、气象灾害应急抢险等工作。区城管办设综合科、基建财务科、市容环卫科、市政绿化科、监督管理科5个科室，核定编制为26人。下属单位有上城区市政园林管理所、上城区城市管理服务中心、6个环卫所和1个汽车场，均为正科级事业单位，共核定人员编制720人，经费形式为财政适当补助。

2008年5月，区城管办建立上城区环境卫生监管中心、上城区数字化城市管理监管中心、上城区亮灯监管中心、上城区市政河道绿化监管中心，各监管中心人员在区城管办下属事业单位编制内调剂解决。2012年6月，区城管办撤销。2004—2012年，区城管办党委书记曹兢业；历任主任曹兢业、林国平。

四、杭州市上城区城市管理局（杭州市上城区城市管理行政执法局）

2012年6月，上城区城市管理局成立，增挂上城区城市管理行政执法局[①]牌子，简称区城管局（区城管执法局），为主管全区城市管理和城市管理行政执法工作的区政府工作部门。划入原区城管办、原区城市管理行政执法局职责，地址紫花支路8号。主要承担环卫保洁、市政养护、河道养护、绿化养护、市容景观管理、停车收费服务、生活垃圾分类、实事工程建设、气象灾害应急抢险、城管行政执法10个方面工作，负责城市“洁化、序化、亮化、绿化”管理。区城管局（区城管执法局）机关设办公室、组织人事科、计财装备科、景观秩序管理科、基础设施运行管理科、政策法规科（挂行政审批科牌子）、综合督察管理科、规划科技科8个科室，核定行政编制32人。

区城管局（区城管执法局）下属单位有11家。其中，区城市管理行政执法大队，下辖湖滨、清波、小营、望江、紫阳、南星、城站、机动8个执法中队，为全民所有制事业单位，预算形式为财政补助，核定事业编制242人；区城市管理综合监管服务中心（区河道监管中心、区数字城管信息处置中心）[②]，为财政适当补助事业单位，核定事业编制数45名；上城区城市管理后勤服务中心，核定事业编制10人；上城区市政园林管理所和7个环卫所（场）[③]，均为相当正科级事业单位。

2015年，区城管局（区城管执法局）实施重心下移改革，湖滨、清波、小营、望江、紫阳、南星、城站7个执法中队日常管理权限移交各对应街道（城站中队移交城站管委会），相应的组织关系、日常序化管理经费、管理装备均移交街道（管委会），由街道安排行政执法日常工

① 详见第六章城市管理综合执法第一节组织机构中“上城区城市管理行政执法局”条目。

② 上城区城市管理综合监管服务中心设综合管理科、数字城管督办科、热线受理科、河道绿化监管科、市政设施监管科、市容环卫亮灯监管科、停车收费监管科7个科室。

③ 7个环卫所（场），即湖滨、清波、小营、望江、紫阳、南星等6个环卫所和区城管局汽车场。

作。区城管局（区城管执法局）保留各执法中队人事关系，并落实重大整治行动的统一计划部署。至2015年末，机构无变化。2012—2015年，区城管局（区城管执法局）历任党委书记张伟农、林国平、黄涌泉；历任局长林国平、黄涌泉。

第二节 道路街巷保洁

20世纪90年代，上城区道路街巷保洁主要由区环卫所和街道负责，采用机扫和人工清扫相结合的保洁方式，但清扫机械化率不高，主要靠人工。1999年，全区开始实行基层环卫所企业化管理。2002年，上城区实现全部道路12小时以上保洁，主要道路24小时保洁。2005年1月，道路清扫保洁开始引入市场化模式，向社会招标。至2015年，全区126条主次道路、434条背街小巷纳入分类保洁，道路（街巷）保洁总面积511.3万平方米（市场化保洁道路面积447.5万平方米）；环卫工作人员约1650人，各类环卫作业车辆118辆。

一、环卫部门保洁

1993年，上城区环卫清扫保洁面积91.75万平方米，其中上城区环卫所承担保洁69.76万平方米，街道承担保洁21.99万平方米。上城区环卫所有环卫工作人员877人，各类环卫专用车68辆，其中垃圾运输机动车49辆，垃圾铲车3辆，吸粪车14辆，洒水车2辆；非机动车210辆，其中垃圾收集车116辆，清扫车56辆，粪车14辆，其他非机动车24辆；有其他环卫货用、客用车辆36辆。道路街巷保洁主要是清扫清理机动车路面、人行道路面、果壳箱、树圈、窨井等，采用机扫和人工清扫相结合的保洁方式，清扫机械主要为人工推动的小型扫路机，清扫机械化率约19%。延安路、解放路、湖滨路、南山路、人民路（现将军路）等23条重点道路实施13小时（4:00—17:00）两班制巡回保洁作业（在保洁时间段内不间断巡回保洁），实施面积32.41万平方米，重点道路每日洒水不少于4次，其他道路街巷每日清扫2次，每日洒水不少于1次。

1995年，上城区环卫所接收庆春路、延安南路、建国南路的道路清扫，面积11.54万平方米。在杭州市“环卫杯”[①]竞赛中，上城区环卫所居第二名。1996年，上城区环卫所推出社会服务承诺制，承诺职责范围内的社会投诉及时处置到位，全年共接到投诉35件，办结率100%。1997年，上城区首次引进北京张永江中型机扫车[②]6辆，主要用于延安路、解放路、湖滨路、南山路等重点道路清扫保洁。

1998年，上城区道路清扫保洁面积137.65万平方米，其中机械化清

① 杭州市市容环境卫生管理局每年开展杭城“环卫杯”竞赛活动，从道路清扫，垃圾收集密闭运输及中转，公厕、倒粪处保洁及粪便清运，环卫设施建设、维修，环卫设备管理及安全生产，环卫业务管理基础资料等方面，对上城、下城、江干、拱墅、西湖5个环卫所进行评比。

② 中型机扫车，指区别于人工推动的小型扫路机，可以驾驶前行的清扫汽车。

扫保洁面积16.13万平方米。区环卫局有职工897人，垃圾运输车、吸粪车、扫水车、扫路机等环卫专用车辆106辆，油罐车、客车等环卫辅助车辆49辆，垃圾收集车、消毒车等环卫非机动车296辆。是年，区环卫局对区内35条道路推行全日制保洁，其中16小时保洁的道路11条，14小时保洁的道路9条，12小时保洁的道路15条，主要道路实行机扫与人工清扫相结合，取消街头裸露垃圾堆放点52处。

1999年，区环卫局保洁道路103条（段），管理保洁道路面积约140.4万平方米，其中机扫作业面积43.5万平方米。3月，调整道路清扫保洁作业时间，延安路、湖滨路、解放路等25个路段实行16小时（4:00—20:00）保洁，浣纱路、人民路（现将军路）、河坊街等33条段道路实行12小时（4:00—16:00）保洁，其他路段实行8小时保洁。保洁基本要求为路面清洁见本色，人行道、路面、窨井口、树圈整洁，做到无积泥、无积灰、无积水、无遗留垃圾、无死角垃圾，果壳箱清洁，窨井通畅。

表6-3-21　1999年上城区环卫所保洁道路情况表

环卫所	路段（个）	道路总面积（平方米）	作业总面积（平方米）	16小时保洁		12小时保洁		8小时保洁	
				路段（个）	面积（平方米）	路段（个）	面积（平方米）	路段（个）	面积（平方米）
湖滨	33	297082	503334	13	168289	11	75926	9	52867
清波	15	145365	209317	2	28119	5	71668	8	45578
城站	16	171211	260157	3	46945	5	84004	8	40262
小营	7	117762	191804	2	52060	2	43965	3	21737
紫阳	8	110973	120453	—	—	2	18960	6	92013
望江	6	85895	125955	—	—	5	80120	1	5775
南星	5	99294	120304	—	—	1	42020	4	57274
闸口	2	128525	128525	—	—	—	—	2	128525
近江	2	29420	29420	—	—	—	—	2	29420
汽车场	2	218326	62156	—	—	—	—	2	62156
	7		294595	5	120680	2	35490	—	—
合计	103	1403853	2046020	25	416093	33	452153	45	535607

说明：资料来源于杭州市上城区城市管理局

2000年，上城区道路保洁面积185.54万平方米，机扫道路条数12条，机扫作业面积73.5万平方米，全部机扫车日作业行程279千米。南山路、中山南路、江城路、复兴南街及湖滨所有道路的人行道实行“二把扫把并一把”（街道承担部分与区环卫局承担部分合并，全部由区环卫局承担保洁），实行面积21.3平方米。

2001年3月，区环卫局引进杭州市第一台高压冲洗车，用于延安路、解放路、西湖大道等主要道路的冲洗。2002年4月，区环卫局环卫作业方法由原来简单的人工作业发展为新型程序化、机械化综合作业，开始实施“夜扫日保”（夜间实行机扫车普扫，白天人工分段保洁）道路保洁法，推广道路保洁“五字诀”（即冲、扫、保、洗、喷），实现全部

图6-3-6　2005年，区城管办首创人行道高压水枪冲洗保洁法　（区城管局 供稿）

道路12小时以上保洁、主要道路24小时保洁，作业面从大街逐步向里弄延伸，废弃物滞留地面时间不超过15分钟。后该种保洁法逐步在杭州市推广。

2004年，区环卫局有环卫作业车120辆，其中小型压缩车30辆（3吨），大型压缩车19辆（8吨），密封压缩车31辆（5吨），微型垃圾车4辆（0.6吨），洒水车6辆（5吨2辆，8吨4辆），高压冲洗车3辆（8吨2辆，3吨1辆），吸粪车10辆（3吨），机扫车14辆，铲车3辆。上城区道路、街巷实施“三把扫把并一把”作业模式（街道、社区、区城管办分别承担的保洁部分全部由区城管办实施保洁）。道路保洁逐步精细化，对20条主要道路和1个广场按作业流程设计和落实“五定五字”①24小时保洁法，达到道路清洁始终见本色标准。2006年，上城区24小时保洁覆盖率16%，18小时保洁覆盖率84%，机械化清扫率61%。

① 指“定人、定车、定时、定路段、定质量”管理和“冲、扫、保、洗、喷”的程序作业。

2007年6月，上城区根据《杭州市区城市道路保洁分类管理检查考核试行办法》，对道路保洁作业指标进行分类量化，对不同区域、不同车流量和人流量的道路，分别确定对应的保洁时间、人均保洁面积、机扫、洒水和清洗频次等指标。是月，杭州市提出打造“国内最清洁城市”，为此区城管办开始实行网格化管理，增加环卫工作人员、机械投入，推出“骑扫队”，实行“三员制”（即保洁员、宣传员、劝导员为一体）、道路污迹巡回冲洗制、道路保洁六位一体作业法，并试行内部责任承包、作业承包等考核激励办法，提高道路分类保洁质量。至年末全区共有道路保洁员1231人。

2009年，上城区提出打造“最清洁城区”。是年，16小时以上保洁道路60%以上，24小时保洁道路达25%；并加强环卫作业安全管理，建立健全环卫作业安全检查考核和事故通报等制度，实行环卫作业安全责任制，改进安全防护装备，环卫工人统一穿着反光服和携带三角反光警示标志作业，保洁作业区域采取反光锥形筒围护。

2011年，按照全市保洁工作市场化推进要求，道路保洁工作逐步以招投标方式由社会保洁公司承担，紫阳、望江2个街道实现保洁作业市场化全覆盖。道路保洁逐步采取洒水车、清扫车、高压冲洗车依次对街面进行巡回作业方式，针对顽固油污污染采取高压冲洗车和人工冲洗车相结合进行刷洗。

2014年3月，区城管局对道路、街巷保洁面积进行统一测绘核对，按照从重点到一般的保洁要求，将全区道路分为一至三类道路和一至三类街巷，除一至三类道路和街巷之外道路保洁由各街道按属地管理原则承担。

2015年，全区126条主次道路、434条背街小巷纳入分类保洁，道路（街巷）保洁总面积511.3万平方米（道路369.6万平方米，街巷141.7万平方米），道路主体由区城管局负责保洁，形成普扫、洒水、机扫、清洗的道路保洁工作方式①，按照道路类别分别制定每日道路频次。是年，上城区有环卫工作人员约1650人，各类环卫作业车辆118辆。

① 每日普扫时，即按照规定的时间、人数、路线进行集中清扫作业，道路普扫结束后，按照规定的责任保洁区域、保洁时间组织巡回保洁。每日普扫作业前先对车行道路面进行洒水，小雨及以下雨量时，按计划保持洒水作业，中雨及以上雨量或雷阵雨期间，暂停道路洒水和清洗作业。在寒冷季节，气温低于2℃（含）暂停洒水和清洗作业。清扫（洗）车在规定时间和路线进行机械化清扫作业，并在指定地点卸空机械化清扫车辆中的垃圾。由市级部门和区城管局分别对道路保洁开展检查，实施考核。

表6-3-22　2015年上城区道路保洁要求情况表

类型	保洁时间	洒水（次/日）		机扫（次/日）		清洗频次	普扫时间		巡回保洁时间	机械化清扫率
		日常	夏季	日常	夏季		5—10月	11—4月		
一类道路	24小时	5	6	3	4	每周2次	04:30—06:30 12:00—14:00 19:00—21:00	05:00—07:00 12:00—14:00 19:00—21:00	在保洁时间段内，除去普扫时间，其他时间段不间断进行巡回保洁	主干道机械化清扫率100%；次干道机械化清扫率60%
	18小时 04:30—22:30	5	6	3	4	每周2次	04:30—06:30 12:00—14:00 19:00—21:00	05:00—07:00 12:00—14:00 19:00—21:00		
二类道路	16小时 04:30—20:30	4	6	3	4	每周1次	04:30—06:30 12:00—14:00 19:00—20:30	05:00—07:00 12:00—14:00 19:00—20:30		
三类道路	14小时 04:30—18:30	4	6	3	4	每周1次	04:30—06:30 15:00—17:00	05:00—07:00 15:00—17:00		
一类街巷	16小时 05:00—21:00	1	2	1	2	每周1次	05:00—06:30 12:00—14:00 19:00—21:00	05:00—07:00 12:00—14:00 19:00—21:00		
二类街巷	14小时 05:00—19:00	1	2	1	2	每周1次	05:00—06:30 15:00—17:00	05:00—07:00 15:00—17:00		
三类街巷	10小时 06:00—11:00 14:00—19:00	1	2	1	2	每周1次	06:00—07:30 18:00—19:00	06:00—07:30 18:00—19:00		

说明：资料来源于杭州市上城区城市管理局

表 6-3-23　2015 年上城区一类道路环卫部门保洁情况表

单位：平方米

序号	道路名称	道路起止	道路面积	道路类型	保洁单位
1	庆春路	湖滨路—中河路	31034	一类24小时	湖滨环卫所
2	延安路	开元路—西湖大道	9444		
3	延安路	开元路—庆春路	44655		
4	湖滨路	一码头—六公园	23240		
5	中河中路	庆春路—西湖大道	46277	一类18小时	
6	庆春路	中河路—庆春立交桥	40261	一类24小时	小营环卫所
7	庆春立交	庆春路上桥—贴沙河	2908		
8	西湖大道	建国南路—引桥	9742	一类18小时	
9		中河路—建国南路	40037		
10	建国中路	清泰街—解放路	16815		
11		解放路—庆春路	38054		
12	建国南路	清泰街—郭东园巷	22916		
13	环城东路	庆春路—金衙庄	59229		
14		庆春路—金衙庄（便道）	8037		
15	复兴路	复兴立交桥下（紫花路口）—海月桥	47448	一类18小时	南星环卫所
16	复兴路	海月桥—之江路	62855		
17	美政路	复兴路—之江路	9269		
18	秋涛路	清江路—味精厂	23207	一类18小时	望江环卫所
19		味精厂—东宝路	30119		
20	秋涛路	东宝路—望江路	28300		
21	西湖大道	南山路—中河路	64113	一类24小时	清波环卫所
22	延安路	吴山广场—西湖大道	27990		
23	南山路	西湖大道—万松岭	51144		
24	杨柳路	西湖大道—西湖边	1183		
25	中河中路	西湖大道—望仙桥	28984	一类18小时	
26	中山南路	鼓楼—万松岭路	22577	一类24小时	紫阳环卫所
27	南宋御街	鼓楼—烟厂	4923		
28	秋涛路	望江路—甬江路	18149	一类18小时	
29	秋涛路	甬江路—复兴立桥下	68733		
30	江城立交	凤山桥直街—复兴立交	22960		
31		台阶	36		
32	中河南路	望仙桥—万松岭路	19829		
33	中河南路	万松岭路—五岔路口	9432		
34	城站广场	广场内楼下、地面、上层	33086	一类24小时	城站管委会
35	转盘	北钟楼—南钟楼	10707		
36	环行路	北钟楼—南钟楼	1132		

续表 6-3-23

序号	道路名称	道路起止	道路面积	道路类型	保洁单位
37	引桥	北钟楼—西湖大道	1501	一类24小时	城站管委会
38	引桥	南钟楼—西湖大道	2028		
39	吴山广场	吴山广场	27281		清河坊管委会
40	河坊街	劳动路—华光巷	6676		
41		华光巷—中河路	6812		
42	南宋御街	鼓楼周边及广场	1639		
43	中山中路	西湖大道—鼓楼	11250		
44	城站入口、出口通道	南站入口—广场—出口通道（不包括停车场、大厅）	8000	一类18小时	南站管委会

说明：资料来源于杭州市上城区城市管理局

二、保洁公司保洁

1999年，区环卫局试点环卫所企业化管理，将人、财、物连同具体管理权下放到基层环卫所，环卫所实行员工合同聘用制，环卫保洁作业承包给环卫所员工，环卫所逐步形成企业经营管理体系。区环卫局不再承担具体环卫作业，主要行使规划、指导、协调、监督、服务等职能。

2005年1月，区城管办首次向社会进行道路清扫保洁招标，招标项目由钱江新城范围内的椒江路、庆春东路、姚江路和钱江路等13条道路组成，分4个标段，道路面积84.7万平方米。通过实行规范、公开招投标，年单位清扫保洁费用比内部测算下降6元/平方米。

2007年，区城管办制定《“清洁上城”五年行动计划》，提出环卫作业、社区街巷保洁均应逐步从封闭式的内部承包制走向开放式的市场招标制。2008年4月，区城管办通过对上城区江城路、平海路、清江路3个标段共51.34万平方米道路的清扫保洁进行公开招投标，由具有独立法人资格、从事道路清扫保洁及相关工作2年以上资历的社会保洁、物业企业承担保洁任务，合同期为1年。12月，区城管办继续在复兴南街、河坊街、解放路、平海路、望江路等路段清扫保洁（合计面积75.12万平方米）实施市场招标。企业中标段保洁作业质量由区城管办监管。全区道路对外市场化运作率约34.29%。

表6-3-24　2008年上城区对外招标保洁路段情况表

序号	标段名称	面积（平方米）	中标单位	中标价（万元）
1	清江路标段	244817	杭州大豪物业管理有限公司	203.0
2	江城路标段	150205	杭州鑫煌物业管理有限公司	165.0
3	平海路标段	经评委评审，均不符合招标要求		
4	河坊街标段	127242	杭州市路桥有限公司	150.9
5	平海路标段	189932	杭州大豪物业管理有限公司	146.0
6	望江路标段	138572	杭州德广清洁服务有限公司	134.6
7	解放路标段	138793	杭州五洋公共服务有限公司	158.0
8	复兴南街标段	156625	杭州市路桥有限公司	127.7

说明：资料来源于杭州市上城区城市管理局

2009—2012年，全区市场化保洁道路面积为140.54万平方米，对外市场化运作率约35%。2013年，市场化运作保道路洁面积增至255.48万平方米。

2015年，承担上城区保洁作业市场化的保洁企业有10家，市场化保洁道路面积447.5万平方米，全区道路保洁市场化比例达87.5%。

表6-3-25　2015年上城区一类道路外包保洁情况表

序号	道路名称	道路起止	道路面积（平方米）	道路类型	中标公司
1	郭东园巷	建国中路—江城路	9825	一类18小时	杭州远华物业管理有限公司
2	清泰立交桥	建国中路上桥处—清江路下桥处	21720		
3	清泰立交桥桥下便道	建国中路—环城东路	15534		
4	清泰街	建国中路—中河路	28527		
5	佑圣观路	清泰街—水亭址	9420		
6	佑圣观路	水亭址—河坊街	5690		
7	环城东路	金衙庄（清泰立交桥下）—钟楼	12035		
8	便道	庆春路—西湖大道	17864		
9	便道	西湖大道—望仙桥	12378		
10	中河南路	万松岭—望仙桥（慢车道）	19099		
11	城站路	清泰街—西湖大道	5391		
12	金钱巷	清泰街—解放路	8397		
13	马市街	庆春路—解放路	19708		
14	邮驿路	清泰立交桥下—杭州火车站	7318		
15	清吟街	中河路—直大方伯	13451		
16	皮市巷	清吟街—解放路	4116		
17	皮市巷	清吟街—庆春路	5167		
18	直大方伯	庆春路—解放路	13516		
19	金鸡岭	解放路—清泰街	5964		
20	解放路	中河路—金衙庄	55590		
21	南山路	湖滨路—西湖大道	21654	一类24小时	
22	东坡路	邮电路—平海路	6042		
23		平海路—庆春路	14188		
24	将军路	开元路—浣纱路	8555	一类18小时	
25	柳营路	南山路—开元路	3980		
26	长生路	湖滨路—延安路	9839		
27		延安路—浣纱路	5958		
28	蕲王路	学士路—长生路	1932		
29	太平里	长生路—庆春路	3261		
30	白傅路	学士路—长生路	2066		
31	孝女路	学士路—庆春路	4678		
32	菩提寺路	学士路—庆春路	5483		
33	解放路	南山路—中河路	35652		

续表6-3-25

序号	道路名称	道路起止	道路面积（平方米）	道路类型	中标公司
34	国货路	青年路—延安路	5703	一类18小时	杭州远华物业管理有限公司
35	惠兴路	解放路—仁和路	4322		
36	青年路	开元路—解放路	6697		
37	中山中路	中山中路（庆春路—西湖大道）	25611		
38	光复路	棚桥—西湖大道	9122		
39	浣纱路	开元路—西湖大道	5018	一类24小时	
40		庆春路—开元路	41887		
41	平海路	湖滨路—延安路	8214	一类18小时	
42		延安路—中河中路	25286		
43	仁和路	东坡路—延安路	1833		
44		延安路—岳王路	7109		
45	学士路	湖滨路—延安路	7799		
46		延安路—岳王路	7880		
47	板桥路	仁和路—学士路	4480		
48	邮电路	中山中路—湖滨路	11406		
49	岳王路	众安桥—仁和路	9280		
50	石贯子巷	中山中路—岳王路	2253		
51	吴山路	市交公司停车场—将军路	12525		
52		将军路—开元路	1997		
53	开元路	南山路—浣纱路	12465		
54		浣纱路—中河路	15543		
55	紫花路	复兴路口—之江路	11363		杭州鑫煌物业管理有限公司
56	望江路	中河路—江城路	19425		杭州佳好佳清洁有限公司
57		铁道—秋涛路	36421		
58		望江立交桥下（慢车道）	4886		
59		立交桥	9284		
60	东宝路	秋涛路—始版桥	21148		
61	海潮路	望江路—东宝路	12130		
62		东宝路—兴隆路	5149		
63	建国南路	郭东园巷—望江路	13268		
64	江城路一段	望江路—郭东园巷	23996		浙江波普物业管理有限公司
65		郭东园巷—火车站南钟楼下	9703		
66	江城路二段	望江路—凤山桥直街	64644		
67	复兴南街	紫花路至南复路	42774		
68	清泰立交桥	桃花弄—清江路、桥中心—清江路	12780		
69	清江路一段	清泰立交桥下—秋涛路	4437		
70		清泰立交桥下—秋涛路	16783		
71		清泰立交桥下—秋涛路	5376		
72	清江路二段	秋涛路—之江路	34649		
73	瓯江路	钱江路—江边	13462		

续表 6-3-25

序号	道路名称	道路起止	道路面积（平方米）	道路类型	中标公司
74	河坊街	中河路—江城路	18808	一类24小时	杭州市路桥有限公司
75		南山路—劳动路	14856		
76	高银街	劳动路—华光巷	10780		
77		华光巷—中河路	9507		
78	定安路	惠民路—河坊街	9135		
79	浣纱路	西湖大道—华光路	13660		
80	惠民路	延安南路—中河路	14334	一类18小时	
81	劳动路	河坊街—涌金变电所	3134		
82	劳动路	涌金变电所—西湖大道	13559		
83	四中南路	延安南路—劳动路	3537		
84	光复路	西湖大道—河坊街	5303		
85	复兴立交	复兴立交	50427		
86	中河高架	复兴立交桥口—庆春路	105652		
87	涌金立交	涌金立交	21593		

说明：资料来源于杭州市上城区城市管理局

第三节　垃圾收运处置

1993年，上城区全年清运垃圾9.9万吨。上城区环卫所有垃圾运输机动车辆49辆（其中，垃圾压缩车3辆，全密闭化车辆1辆），垃圾铲车3辆，非机动垃圾收集车116辆；有丰家兜、勤俭路、皮市巷、华光路、环城东路5个垃圾中转站。生活垃圾由小吨位车（主要为人力三轮车）收集至垃圾中转站，大吨位车运输，运输密闭化率约为80%，基本做到日产日清，垃圾经过无害化处理，运到天子岭垃圾填埋场（位于拱墅区半山镇石塘村附近）进行填埋。上城区环卫所全年改造密闭式垃圾箱100个，在延安路以西区域试点垃圾袋装收集工作，每日收集垃圾约12吨，区域内单位、居民、商户将垃圾装袋后，由环卫人员每天6—8时、17—19时2次定时定点摇铃收集，通过垃圾压缩车压缩运输。

1995年，上城区新建住宅小区增长快速，装潢垃圾增多，全年产生装潢垃圾约6000吨。9月，区环卫所向辖区单位和居民发放宣传单与垃圾袋，推行垃圾袋装化工作。湖滨地区垃圾袋装化率有所提升，并扩展到涌金地区。全年清运垃圾12.01万吨，垃圾清运密闭化率达100%。

1996年，上城区根据《杭州市城市生活垃圾管理办法》[①]，逐

① 1996年9月19日开始实施，2013年1月1日废止。

步推行净菜进城，推进生活垃圾处理无害化，鼓励和支持生活垃圾有用物资的回收和综合利用，促进生活垃圾处理的资源化和减量化；对违反办法的单位或个人，根据情节轻重，进行50～2000元罚款；上城区环卫所以100元/吨价格向单位收取垃圾收运处置费，垃圾收集步入市场化进程。上城区环卫所全年改建密闭式垃圾箱（间）49座，新安装沿街果壳箱690只。

1998年，杭州市首次实行生活垃圾处置许可证制度，将单位生活垃圾及餐饮业、农贸市场经营性垃圾硬性纳入规范化管理，制止乱堆垃圾现象。其中，杭州市市容环卫局向上城区发放590本。5月，湖滨地区在全区率先取消小车收集，全部采取压缩垃圾车收集，每日收集2次（即7:00—9:30，16:00—18:30），推广垃圾收集“三化”（垃圾袋装化、储盛容器化、收集机械化）作业模式。其他区域，每天收集垃圾2次（时间同上），居民将垃圾装袋后，放在自家门口或者楼道等指定位置，由垃圾收集人员通过垃圾三轮车上门收集。运输过程中，垃圾三轮车通过盖板盖严，实行密闭化运输。全区袋装垃圾普及率80.1%。

1999年1月，太庙巷压缩式垃圾中转站投入使用，中转站采用2台8吨垃圾压缩箱，实现一车多箱循环作业。3月，杭州市第一座南宁压缩式垃圾中转站在紫阳环卫所太庙中转站检车投入使用，加大垃圾压缩率。8月，杭州市垃圾分类收集试点工作在上城区向阳新村和锦花苑小区启动，居民进行垃圾分类并袋装贮存[①]，然后进行分类投放或者回收。至年末，上城区有垃圾收集点1213个，全年清运垃圾16.5万吨，全区袋装垃圾普及率84.8%。

2002年4月，上城区垃圾袋装率达95.1%。全区30642户居民实行垃圾分类，普及率约25%。是年，杭州市第一台微生物垃圾处理机在小营环卫所丰家兜垃圾中转站试运行，用于处理餐厨垃圾。2004—2007年，上城区垃圾中转站增加至8座（升级改造垃圾中转站2座），占地面积1973.95平方米。

图6-3-7　垃圾清运（2009年）　（林志刚　摄）

2010年，区城管办继续推进垃圾分类，全区310个小区中223个启动生活垃圾分类。上城区成立垃圾分类试点指导小组，进驻建国南苑等

① 将生活垃圾分为三类：可回收垃圾（废纸板、塑料、金属、玻璃等）、不可回收垃圾（主要指厨房垃圾等）、有毒有害垃圾（废电池、灯管等）。

8个试点小区进行垃圾分类现场指导，向家庭配发生活垃圾可降解塑料垃圾袋，设置四色分类垃圾桶①。是年，上城区开始实施垃圾清洁直运模式，拆除三堡等垃圾中转站，垃圾统一交由杭州市环境集团有限公司清运。

2011年，湖滨街道首创“垃圾分类实名制”，受到中央政治局常委、国务院副总理李克强的关注，浙江省委书记赵洪祝，浙江省委常委、杭州市委书记黄坤明等领导专门批示推广。小营街道首创“垃圾定时定点投放收运”做法，在全市推广并列入各区考核。至年末，上城区参与实施垃圾分类的小区占全区小区总数的68.3%。区垃圾分类综合正确率从45.7%提高到76.4%，远高于全市62%水平。2013年1月，区城管局制定生活垃圾管理减量化、资源化、无害化和“谁产生，谁付费”原则，对生活垃圾实行分类投放、桶装收集、清洁直运。至年末，全区371个小区实施生活垃圾分类，普及率91.8%。

图6-3-8　垃圾分类（2015年）　（俞秋杭　摄）

2015年，上城区制定《上城区生活垃圾“三化四分”工作实施方案》，通过推进垃圾分类宣传引导、开展低价值垃圾回收、推广厨余垃圾就地处理、落实非生活垃圾另行处置等措施，实现城区生活垃圾总量增长率小于2%的目标，全年垃圾总量实际增长1.6%。上城区垃圾分类实现居民小区全覆盖，参与垃圾分类的居民增加到14.7万户，实行垃圾分类的区直部门和企事业单位增至182个。是年，全区道路有分类垃圾桶550个，垃圾分类果壳箱1010个，分类垃圾房16座。

第四节　公厕建设管理

20世纪90年代，区环卫所负责辖区公厕建造、提升改建、管理保洁等工作。1993年，区环卫所管理全区公厕74座（含收费公厕②），其中冲水式公厕占75%以上。公厕建设主要依据1988年城乡建设环境保护部批准实施的《城市公共厕所规划和设计标准（CJJ14-1987）》③实行，公厕保洁管理基本标准为：公厕有专人管理，公厕内无蝇、无蛆、无臭，卫生整洁干净，公厕周围环卫

① 蓝色桶为可回收物垃圾桶，绿色桶为厨余垃圾桶，橘黄色桶为其他垃圾桶，红色桶为有害垃圾桶。

② 1992年开始，杭州市区部分公共厕所实行“付费上厕”。到2002年初，杭州市区共有收费厕所80座。2002年5月，市区公厕全部取消收费。

③《城市公共厕所规划和设计标准（CJJ14-1987）》将公厕分为一类厕所7~9平方米，二类厕所为5~7平方米，三类厕所为4~6平方米。其中，一、二类公共厕所男、女厕应最少各设1个洗手盆，蹲（坐）位数超过10个。

整洁，绿化良好，部分公厕接入污水管道，实现粪便排放管道化，并逐步缩小人力粪车和肩挑粪便收集地段。是年，全区有单位、住宅化粪池2167个（其中诚承清洁服务公司清挖化粪池400个），区环卫所清运粪便6.42万吨。区环卫所还在湖滨一码头、劝业里、吴山路3座公厕安装公用电话。

图6-3-9　公共厕所（20世纪90年代）

（区城管局 供稿）

1995年3月，区环卫所率先在全市试行机动吸粪车作业管理下放到各环卫站的做法。是年，上城区翻（迁）建公厕7座，提升改善公厕27座，提升改善倒粪处25座。1996年，上城区提升部分公厕设施，增加管理用房；其中六公园公厕配有管理房，大厅、洗手间地面采用深红色花岗岩，有洗手盆2个，1个坐坑内设置残疾人扶手，每个蹲位增加挂衣钩。全年上城区环卫所清挖粪池187个，疏通单位、小区粪池管道935处，长12571米。

1997年，上城区实施“付费上厕”的公厕主要有三廊庙公厕、浙江第一码头公厕、察院前公厕、金衙庄公厕等，其中金衙庄公厕0.2元/人次，其余收费为0.1元/人次。对持老年卡的老年人、1.3米以下儿童、残疾人、现役军人免费。

2000年，上城区公厕管理推行家庭承包制[①]，除紫阳环卫所外，其他8个环卫所有30座公厕实行收费承包、保洁承包或统包的公厕管理模式。2002年2月，原区环卫局管理的六公园公厕、一码头公厕、清波门公厕、柳莺公园公厕移交景区建设办公室管理。5月以后，杭州市区的公共厕所全部免费。是年，上城区公共厕所内墙上开始挂出公开服务质量、公开规范要求、公开开放时间及保洁人员名单的公约牌，接受社会监督。

2003年，上城区加大环卫设施建设力度，消灭全部“三类厕所”[②]，全年新建、改造公厕21座，全区所有公厕水龙头改为自闭式水龙头，并增设洗手液盒196个。公厕管理要求为“设施配套化、保洁规范化、管理制度化、服务人性化、公众满意化”，上城区落实“男女分开保洁”和保洁遍次质量规范，全年群众满意率达98.5%。

2004年，上城区开展“平路建厕”工程[③]，完成37座公厕的无障碍设施改造，新建景观式公厕10座。是年，上城区共有公厕115座，面积4592.05平方米，并开始实行免费供纸。2月，清波环卫所推出“一掸、二抹、三冲、四拖、五扫、六喷、七查、八跟”的公厕“八部保洁法”，随后该保洁法在全区推广。2007年，区城管办新（改）建公厕10座。

①由环卫工人家庭承包厕所管理的模式，2003年末“家庭承包制”取消。

②三类公厕设置于一般街道，采用通槽式大小便器。

③指平整道路、增建改建公厕，以解决“如厕难”和“行路难”问题为目标。

2008—2010年，上城区实施三年公厕提升改造工程，累计完成109座公厕提升改造，其中新建8座，接收7座，提升改造94座，做到公厕"能改尽改"。2008年，区城管办新（改）建公厕66座，在新（改）建公厕中使用泡沫阻臭、纳米技术，解决公厕臭气问题。是年区城管办有公厕保洁员133人，每座公厕配备专职保洁员。

2009年，上城区根据《杭州市区星级公共卫生间设计标准导则》，详细规定公厕以及内部设施建设标准，将公共卫生间划分为五个等级[1]。是年，上城区新建公厕2座、改建公厕23座，39家企事业单位向社会开放其内部卫生间。

2012年1月，上城区根据《杭州市公共厕所保洁与服务规范》，规定除特殊情形外，在规定时段内有专人进行保洁与服务，公厕保洁员按每10个厕位配备1人；各星级公厕按需提供卫生用品和启用附属设施，公示公共厕所管理信息等。是年，上城区公厕开始试点物业化管理，精细公厕管理项目内容。

至2015年末，上城区有公厕135座，其中一星级公厕24座，二星级公厕44座，三星公厕62座，四星级公厕5座，共有厕位1754个。其中带有倒粪口的公厕46座，用于室内没有厕所的居民倒马桶使用，有64座公厕设置无障碍设施。

图6-3-10　公共厕所（2015年）　（区城管局 供稿）

① 一、二、三星级公共卫生间与周边环境相协调，内部空间布局合理，设施设置规范，粪便处理无污染，材质良好、耐用、环保，适用特殊人群如厕；达到"灯明、水畅、干净、无臭、实用、美观"的要求。四、五星级公共卫生间新颖、有特点，形成独特景观，平面布置合理，设施材质优良，注重辅助和自动化服务功能。

第四章　市政管理

20世纪80年代起，市政设施实行市、区两级管理。其中，雨水管道、一般道路、桥梁、小街小巷归各区管理，其余均属市管。上城区区管市政设施由上城区建设局市政园林管理所（简称区市政所）管理、养护，养护工作基本采取人工作业，运输车辆为机动三轮车等。20世纪90年代，上城区加强河道疏浚、整治。1995年5月至1999年，中河疏浚土方量4.21万立方米，东河疏浚土方量4.02万立方米。2000年后，道路、桥梁、排水设施等养护技术规范进一步完善，杭州市加强对各城区市政养护考核。2004年，全部市管道路设施、部分市管桥梁设施下放区管。2006年，启动“数字城市”管理系统，作业工具逐步由人工作业转变成机械化作业。2012年，区市政所引入市政设施养护市场化模式，通过公开招标，与2家公司签订合同，由其负责环城东路、清江路（南半幅）等道路市政设施养护。2014年，上城区开始逐步推行市政道路设施、环卫市容保洁一体化综合养护（即市政养护、环卫保洁由一家公司负责），在雷霆路等3条道路实施一体化综合养护。2015年，区市政所对51条市属道路、365条区属道路公共区域实施市政设施养护，全年修复道路112204平方米、平侧石1619米、提升加固窨井325座，清疏管渠488.7千米。上城区市政设施管理成绩位列杭州市第一。浣纱路、南山路、湖滨路和钱江新城上城区块市政道路等市属道路市政设施养护均纳入市场化养护。

第一节　组织机构[①]

1993—2004年，市政设施实行市、区两级管理，雨水管道、一般道路、桥梁、小街小巷归各区管理，其余均属市管，上城区区管市政设施由上城区建设局市政园林管理所（区市政所）负责建设、管理、养护。1993年，区市政所有职工约50人、养护队伍3支，其中沥青养护班2个、人行道桥梁养护班1个，每班10～12人。1997年，因上城区行政区划调整，道路养护面积增加，区市政所增加市政养护人员10余人，平

①杭州市上城区城市管理办公室、杭州市上城区城市管理局的机构沿革见本篇第三章市容环卫管理第一节组织机构。

均分配至3个养护班组。2004年11月，上城区城市管理办公室成立，上城区市政园林管理所划入区城管办，负责原区建设局承担的市政管理和道路、河道绿化带的绿化养护、管理等职能。

2011年，区城管执法局[1]成立首支河道行政执法监察中队。2012年6月，区城管办撤销。同时，区城市管理局成立，挂区城管执法局牌子，区市政所纳入区城管局下属单位，为从事公益服务的事业单位（公益二类），机构规格为相当正科级。至2015年，上城区市政管理、养护由区市政所负责，区城市管理综合监管服务中心对市政设施管理、养护情况进行监管。

① 详见本篇第六章城市管理综合执法第一节组织机构中“上城区城市管理行政执法局”条目。

第二节 市政设施养护

1993年，区市政所负责辖区内道路、桥梁、河道、排水等区管市政设施养护。养护人员主要通过巡查了解市政设施情况，制定每日养护计划，养护设备以人力设备为主。2006年，数字城管系统启动，市政养护作业方式由计划养护变为处置数字城管交办的市政问题为主。2008年，区市政所购买第一辆具有收集、中转清理运输污泥、污水功能的吸污车并投入使用。2011年，河道养护投入使用第一艘机动船。是年，区城管执法局成立河道行政执法监察中队（15人），加强对河道的执法管理。2013年，根据《杭州市区城市道路设施完好度检查考核试行办法实施细则》，纠正重数字城管、轻计划养护的现象。2014年，上城区开始逐步推行市政道路设施、环卫市容保洁一体化综合养护（即市政养护、环卫保洁由一家公司负责），解决市政养护、环卫作业过程中相互推诿等问题。2015年，上城区市政养护考核连续12年位列全市第一位。

一、道路养护

20世纪90年代初，上城区市政设施分为市管设施和区管设施，其中大型或重要设施为市管，由市级管理部门管理并委托养护单位养护；其余设施为区管，由区级管理部门主管、区市政所实际管理养护。区市政所3个养护班配备压路机及道板切割机，采用三轮车运输，其余全靠人工开展道路、人行道和桥梁的日常维护。日常养护以完成养护计划为主，施工员事先了解道路情况，安排养护计划，班组按计划对道路进行修复。除坑洞要圆洞方补外，大多数修复是直接在原路面上加盖新沥青料，达到路面基本平整无坑洞。2004年，上城区域内全部市管道路设施、部分市管桥梁设施由杭州市下放至上城区管理。

2006年，杭州市城市管理办公室启用数字城管系统，养护作业方式由计划养护变为处置数字城管案卷[1]为主。10月，《城镇道路养护技术规范（CJJ36—2006）》实施，区市政所据此规范开展道路养护。改变传统的人工加盖沥青的养护模式，采用铣刨机刨除病害路面后摊铺沥青的机械化作业模式，养护效率提高，道路更加美观。杭州市开始对各城区市政养护实行月度考核制度，区市政所组建专业巡查队伍，购置机械设备，开展道路问题自查自改。

2007年，区市政所在实施截污纳管工程时，开展道路整平、沿路杆线线路“上改下”工作。运用人行道降坡、拼接快慢车道、拆除阻碍通行的花坛等手段，平整道路80954万平方米，拓宽街巷34条；完成34条核心地带的杆线“上改下”，缓解人车通行压力、增强用电安全。是年，区市政所修补沥青路面（包括挖掘修补）4万平方米，维修人行道3500平方米，上城区市政设施完好率95%以上，重要市政设施完好率100%。

2009年，区市政所修补沥青路面（包括挖掘修补）9.4万平方米，维修人行道约1.2万平方米。同时开展解放路等16条道路修缮工程，平整道路25万平方米，更换井盖378个，提升窨井341只，修复城市家具702处，拆并杆件540支，拆除移位箱体173个，更换书报亭23个。并加强市政巡查力度，督查整改问题4833件，其中市查646件，区市政所自查4187件，处理率100%，上城区市政设施完好率达100%。

2011年，区市政所以全国文明城市创建为契机，对全区市政道路、设施开展全面整治，全区道路与人行道养护量较2010年分别增加75%、30%。全国文明城市创建前期，重点对22条道路人行道破损、路面不平等问题进行集中整治，重要市政设施完好率100%。

2012年，区市政所引入市场化模式，通过公开招标，与杭州路通市政园林工程有限公司、杭州市路桥有限公司签订养护合同，由2家公司负责环城东路、清江路（南半幅）等道路市政设施养护工作。养护公司投入压路机、铣刨机、摊铺机、沥青保温车、装载车等机械设备，按照道路面积50万平方米以下配备1个沥青班组人员（每个班组8～10人）、2个人行道班组（每个班组4～5人），50万～80万平方米配备2个沥青班组（每个班组8～10人）、3个人行道班组（每个班组4～5人），80万～110万平方米配备3个沥青班组（每个班组8～10人）、4个人行道班组（每个班组4～5人）的标准配备养护人员。养护期限采用“3+1”模式，即先签订3年养护合同，合同期内，乙方能严格履行合同，考核为优秀，甲方可按有关程序与乙方再续签1年的养护合同。上城区市政设施市场化养护量约占全区市属市政设施养护量的38%。是年，区市政所重点完成高银街、浣纱路、南山路、复兴路、复兴立交地面道路等10条道路加固修缮，总修缮面积60352平方米，其中浅处理26906平方米，

[1] 杭州市数字城管信息处置中心发现市政养护问题后，以案卷形式发送到各相关单位，各单位在规定时间内完成问题整改。

深基础处理31046平方米，加固公交站台2400平方米，加固人行道8500平方米，更换防沉降井盖245个，提升各类井盖626个，治理路面网裂、下沉和人行道板松动、破损等问题。

2013年，《杭州市区城市道路设施完好度检查考核试行办法实施细则》实施，从制度建设、资料管理、数字城管检查、设施状况、日常管养行为、社会监督等方面对城市道路、随路排水管渠、随路桥梁进行考核，考核结果与养护经费拨付相挂钩。其中每月重点养护计划制度打破重数字城管、轻计划养护的现象，开始有组织、有计划的养护工作。

2014年，上城区开始逐步推行市政道路设施、环卫市容保洁一体化综合养护（即市政养护、环卫保洁由一家公司负责），上城区雷霆路（望江路—婺江路）、望潮路（富春路—钱江路）、候潮路（钱江路—秋涛路）经公开招标，成为第一批实行一体化综合养护的道路。区市政所通过“数字市政”，推进市政设施电子标签全覆盖建设，实现市政设施实时现场管理，重要市政设施完好率97%以上，市政长效管理考核列杭州市第一名。

2015年，区市政所完成城市道路和街容环境提升工程一类重点保障项目62个，二、三类项目202个，除立项改造以外的市政道路则以养护带动的方式进行设施提升和修复。全年修复道路11.22万平方米、平侧石1619米、提升加固窨井325座，管渠清疏488.7千米。

至2015年末，浣纱路、南山路、湖滨路、钱江新城上城区块市政道路等市属道路市政设施养护工作先后纳入市场化养护，均由杭州路通市政园林工程有限公司、杭州市路桥有限公司实施养护。上城区市政养护考核连续12年位列全市第一位。

二、河道养护

20世纪90年代，上城区内河道由杭州市市政河道管理所管理养护，日常河道保洁方式主要为岸上打捞配合手划船河面打捞，巡查人员骑自行车或步行进行河道巡查，发现河面漂浮物、垃圾等通过钩子、网兜等进行打捞。

1995—1996年5月，上城区实施白塔岭—凤山门长4170米的中河南段河道拓宽改造工程，并与钱塘江沟通，沿河两岸砌坎8.34千米。1996年，上城区复兴街改造时，在龙山闸（闸口在白塔岭附近）开建双向泵房1座[①]，汲取钱塘江清水补充城内河道，在汛期通过该泵房把市区河道的水排至钱塘江。是年，区环卫所集中整治河道绿化带上违章搭建和盲流聚集点，清理河道两岸垃圾杂物。1997年，上城区整治贴沙河庆春立交桥—清泰立交桥段，长1.3千米，河道两侧新建驳坎。1999—2000年，上城区疏浚中河4000米，疏浚土方量19440立方米；疏浚东河4283

① 泵房于1999年竣工。

米，疏浚土方量为43362立方米。

2002年，上城区进行新开河综合整治工程，拆迁房屋12万平方米，新建桥梁16座，新建河道驳坎8千米。全年疏浚中河凤山门以北河道600米，土方量3556立方米；疏浚中河南段双向泵站下游河道500米，土方量9050立方米；疏浚东河河道4023米，土方量50460立方米。2008年，上城区实施中河南段综合保护工程，开展景观绿化、市政排水设施、沉砂池建造等，河道绿化整治面积10万平方米。

2009年4月，上城区市政河道绿化监管中心重新制定河道具体养护方案及实施细则，河道养护包括河面保洁和河岸保洁，河面养护主要利用机械或人工打捞清理及外运处置河道水面的垃圾、枯枝落叶、水草、绿萍等漂浮物（种植物除外），从而保持河道景观、保护河道水环境。河岸保洁主要利用机械或人工方式做好城市河道的河岸、绿地、慢行系统、园路等设施的干净整洁，达到无杂物堆积、无痰迹烟蒂、无青苔、无积水积泥等要求。河岸保洁的垃圾应集中收集，日清日运，不得露天堆放过夜。除对养护对象的日常巡查外，河道巡查还包括对河道水质状况、排水口、生态治理设施设备、绿地及廊亭栈道与景观桥的专项巡查，对涉河建设项目的监督巡查；对河道防汛、设施抢修等紧急状况的特殊巡查；对违法违章行为和不文明现象的劝阻等。

2010—2011年，上城区完成中河南段沉沙池建设，钱塘江水通过沉沙池沉淀滤清后再引入中河。开展新开河、新塘河河道清淤工作，清淤2.6万立方米，同时采用生物膜加造流曝气加水生植物净化等技术对新开河、新塘河进行生态修复，水质明显提升。区市政所在贴沙河横河天桥段养护工作中投入第一艘机动船，逐渐形成以机动船为主、手划船为辅的河道养护模式。

2012年8月，经杭州市考评团专家检查，确认新开河正式摘除“黑臭河”的帽子。2013年，区市政所对新塘河开展生态治理，采用“初期雨水预处理+景观节点营造+原位净化系统建设”等综合技术措施，使新塘河水质由劣于Ⅴ类达到Ⅳ类水标准，河道生态、景观大幅提升。

2014年，区城管局实施中河（沉砂池—美政桥）清淤工程，按照“先清淤后生态”的河道治理方案，对中河实施生态治理，内容包括设置软、硬隔离阻止上游絮凝剂对下游影响，种植水生植物提高河道生态环境等。同时，区城管执法局编制《“五水共治”涉水执法实务指导手册》，推出“一事一约谈”、文明施工“黑名单”、典型案例曝光等整改督促措施，加大涉水违法行为查处力度，共走访涉水施工工地1752家，查处涉水违法案件863件，教育劝导乱排水、

图6-4-11　河道清淤现场（2014年）　（区城管局 供稿）

网鱼、洗涤等违章行为5355件次，拆除渔网2800余米、泥浆管3600余米。

2015年，区城管局与下城区城市管理局联合完成中河、东河全段清淤，清除淤积总量5.8万立方米。区城管局实施新开河和贴沙河河道清淤，清除淤积总量5.28万立方米。是年，完成中河、东河设施改善项目，对沿线廊亭、木栈道、护栏和垃圾桶等设施进行整体修缮。年末，启动实施新开河、新塘河生态治理工程，通过安装曝气装置、底泥处理、水生植物种植等方式改善水环境①。

① 新开河、新塘河生态治理工程于2016年初完成。

表6-4-26　2009—2015年上城区河道清淤情况表

河道名称	河道总长（米）	清淤年份	清淤量（立方米）
新塘河	2019	2009	5175
		2011	10339
		2014	900
		2015	6000
新开河	3400	2011	19869
		2014	960
		2015	33419
贴沙河	4010	2009	1872
		2014	16196
		2015	18799
中河	4894	2015	20368（含下城区）
中河南段	3700	2014	19250
东河	2003	2015	37763（含下城区）

说明：资料来源于杭州市上城区城市管理局

三、排水管渠养护

1993年，区市政所下设6个排水养护班组，分别是清波班、湖滨班、小营班、清泰班、涌金班、城站班，主要对上城区域内排水设施进行清淤养护。养护工具主要为毛竹片、摇车（净重150余千克）、平板车、吊车、铁瓢、冲洗车（1992年美国产，在全国属于先进设备）等设备，养护方式主要依靠人工清捞、人工搬运。

1995年，杭州市制定《杭州市市政设施管理条例》，要求实施雨水、污水分流，规定市政部门管理排水的范围、权限等。1996年，区市政所雨污水管道养护基本标准为管内淤泥小于管径25%，雨污水管检查井井盖无缺损、无移动、无跳动。

2003年，由于街道行政区划调整，区市政所养护班组变为4个，分别是望江班（紫阳、望江区块）、南星班（紫阳、南星区块）、小营班（小营区块）、湖滨班（湖滨、清波区块），每个班组有养护人员10名左右。

2007年，区市政所疏通下水管道63万米，疏挖大窨井5万余座，运污泥4000余吨，补调窨井盖510块。2008年，区市政所购买第一辆吸污车（收集、中转清理运输污泥、污水的车辆），排水养护逐步进入机械化养护方式，养护工具逐步转变为依靠冲洗车、吸污车、钢片、网兜等机械化工具，并辅以人工养护的形式进行排水设施养护。是年，区市政所疏通下水管道47.78万米，疏挖大窨井3.11万座，运污泥3051吨，补调窨井盖854块。2010年，区市政所实施中河、东河沿线杭州市第二污水干管修复工程，为做到最小干预，修复工程采用翻转式原位固化法（CIPP）非开挖技术。

2012年，区城管局对排水管渠（包括雨水管渠和污水管渠）每3个月检查维护一次。管渠维护采用机械作业，通沟污泥采用罐车、自卸卡车或污泥拖斗运输；在运输过程中，污泥运输车辆加盖，并定期清洗保持整洁，做到污泥不落地、沿途无洒落。排水管渠巡查内容包括污水冒溢、晴天雨水口积水、井盖和雨水箅缺损、管道塌陷、违章占压、违章排放、私自接管以及影响管道排水的工程施工等情况。排水泵站内设置的起重设备、压力容器、安全阀及易燃、易爆、有毒气体监测装置每年检验一次。泵站设施、机电设备和管配件外表除锈、防腐蚀处理每两年一次。检查维护水泵、闸阀门、管道、集水池、压力井等泵站设备设施时，全部采取防硫化氢等有毒有害气体的安全措施。至2015年末，区市政所共有3辆吸污车、3辆冲洗车，全年提升加固窨井325座，完成管渠清疏488.7千米。

第三节　亮灯监管

20世纪80年代，上城区道路照明逐渐由高钠灯或汞灯取代白炽灯。1993年，上城区装有路灯3600余盏，主要道路路灯光源多为70瓦、110瓦、150瓦、250瓦的高压钠灯，少量为400瓦投光灯。次要道路、背街小巷等路灯光源功率则以50瓦、125瓦的高压汞灯为主。

1999年开始，上城区实施市区主要道路及城市出入口夜景灯光工程。2000年，结合道路整治，上城区路灯增加至4万盏。2001年起，区市容管理部门在杭州市亮灯监管中心的统一部署下，负责上城区范围内重大节日和西湖博览会等活动期间的亮灯管理。[①]

2002年，上城区实施西湖南线景区及南山路灯光工程，延安路亮灯工程首次运用变色灯光系统，道路夜景得到改观。2003年，湖滨景区采

①杭州市城市管理委员会设有杭州市亮灯监管中心，统一负责城市照明和景观亮灯的日常管理、亮灯工程建设项目和设施养护的监管、亮灯工程专项资金的审核等工作。

用二次发光等技术，应用艺术壁灯、无眩光埋地泛光灯及桥底投光灯等；平海路口音乐喷泉使用灯具6000余盏，总功率200千瓦。8—9月，上城区完成中河高架亮灯工程，其中涌金立交桥至中河立交桥段安装线条灯6096套，中河立交桥至复兴立交桥段安装线条灯4050盏、海鸥灯3100盏、LED球灯540盏、250瓦中窄光束投光灯8盏。

2006年，上城区投入680万元，实施延安路、环城东路亮灯工程。2008年，区城管办建立杭州市上城区亮灯监管中心，负责亮灯监管，检查景观照明、户外广告、路灯照明，督促对存在问题的整改。是年，全区完成华顺大厦、湖滨路骑楼、东坡路满品坊、农业银行、元华购物中心、西湖国贸中心、杭州大华饭店、杭州解百大楼、华辰国际饭店、杭州马可·波罗假日酒店、新开元大酒店、浙江省中医院、杭州科技大厦等景观亮灯工程，共安装景观灯具7000余盏。

2009—2011年，上城区投资1630万元做精、做细包括上城区人民检察院、大名空间商务大厦、中国针织城在内9个建筑的亮灯工程；完善湖滨名品街、杭州文物公司大楼、南宋御街、南宋御街中华美食夜市一条街等9个建筑（道路）的亮灯工程。同时完成中国美术学院、西湖银泰大楼、浙江海运大厦、香溢大酒店、浙江中保（人寿）大厦、浙江国贸大厦、航天通信大厦、新东方股份大楼、绿都大厦、中国石油大楼、中山路照明工程（上城段）等地的景观亮灯工程，共安装景观灯具2.9万盏。

2012年6月，区亮灯监管中心与74家业主单位签订亮化长效管理责任状。是年，完成五柳巷历史街区、湖滨名品街二期、华侨饭店、龙翔商厦、开元路到将军路住宅等地的景观亮灯工程，共安装景观灯具2.2万盏。

2013—2014年，全区完成赞成宾馆、华辰国际饭店、杭州市第一人民医院、城站火车站等地的景观亮灯工程，共安装景观灯具2.2万盏；完成全区6个街道消除功能性照明“暗区”工程，共安装路灯454盏。

2015年，全区完成浙江大学医学院附属妇产科医院2号楼、赞成中心等景观亮灯提升工程，共安装景观灯具1.7万盏；完成上城区消除“暗区”零星路灯改造工程，共安装路灯39盏。至年末，上城区共有建筑景观亮灯15万盏，主要分布在西湖东望天际线、中河高架沿线、钱塘江沿线、湖滨区块、城站区块、南宋御街区块等地。路灯由杭州市路灯监控中心控制，一般夏天开启9个半小时，冬天开启13个半小时。景观灯开启时间为每周三、周五、周日夏令时19时至22时30分，冬令时18时至21时30分。

图6-4-12　2013年，杭州市第一人民医院及周边亮灯工程完成（区城管局 供稿）

第五章　绿化

作为风景旅游城市、国家历史文化名城的中心城区，上城区园林绿地建设发展较早。1983年，上城区绿化委员会办公室承担全区包括道路、河道绿化在内的日常绿化养护及管理，园林则由市、区两级管理。1990年，结合河道整治，上城区沿江、沿河绿带逐步完善。1993年初，全区绿化面积102万平方米，人均占有绿化面积4.66平方米；区内有公园15个，总面积26.89万平方米；区管主要道路及小街小巷共有行道树7942株。此后，道路两旁、河道两岸、公园等公共绿化都有一定发展，认种认养、植纪念树等多种形式的义务植树活动每年开展。

2001—2005年，杭州市道路绿化采取“绿随路延伸”等原则，上城区增加道路绿地63.79万平方米。2001年，完成钱塘江沿江绿带上城区段的建设，有效改善钱塘江生态环境与环境景观。2007年，上城区完成屋顶绿化试点工作。是年，开始河道综合保护工程，至2015年基本完成中河（中河南段）、东河、贴沙河、新开河、新塘河沿岸的滨水绿地整治。

2015年，全区绿化总面积562.57万平方米，城区绿化覆盖率35.04%，人均绿地面积17.3平方米，城区绿地率31.72%；全区有公园绿地21个，总面积36.8万平方米，人均公园绿地7.68平方米；河道绿地总面积40.2万平方米，形成上城区内重要的城市景观绿带。

第一节　组织机构

1983年，上城区绿化委员会办公室（简称区绿化办）成立，园林实现市、区两级管理。地址凤山路1号。1993—2004年，区绿化办承担全区所有绿化（包括道路、河道绿化）的日常养护及管理，主要包括养护招标，日常巡查、考核，经费统计，绿化修剪、时花更换、施肥、补种、病虫害防治，“三防两抗”（防涝、防冻、防极端天气，抗台、抗旱）应急抢险等工作。

2005年，区城管办开始负责区管道路、河道绿化的养护、管理、保洁。日常养护工作包括绿化修剪、更换、施肥、补种、翻种、病虫害防治、冰冻高温天气防护等。依据《杭州市城市绿化管理条例》，由区城管执法局负责损绿、毁绿、占绿及损害园林绿化设施等违法行为的查处。区绿化办主要负责公园、广场等绿地日常养护工作，开展树木整形修枝、中耕除草、施肥灌溉、病虫害防治等工作。

至2015年末，区绿化办和区城管办负责区管公园、道路、河道等的绿化管理。西湖风景名胜区范围内湖滨景区、凤凰山景区、吴山景区的绿化则分别由杭州西湖风景名胜区管委会湖滨管理处、凤凰山管理处和吴山景区管理处负责。2007—2015年末，区绿化办地址凤山公园1号。

第二节　公共绿化

至2015年末，上城区人均公园绿地面积7.68平方米；道路绿地面积118.85万平方米，行道树2万余株；河道绿地面积40.20万平方米。

一、公园绿地

上城区公园绿地建成的时间较早，大部分建于20世纪80年代至90年代末，改建于21世纪初期。1993年，上城区境域内主要有城东公园、横河公园、青年公园、梅石园、小营公园、柳浪闻莺公园、湖滨公园、儿童公园以及吴山景区等。

1997年，因治理贴沙河和环城东路拓宽工程施工，青年公园①除保留几株大乔木外，其余树木均迁移。1999年1月，青年公园复建完成。复建后的公园分2个部分，北半段长423米，为开放式绿地；南半段较窄，长339米，为封闭式绿地，设有铺装地、园路、花坛、花架等。

① 参见第五篇城区建设第二章市政建设第四节公园。

2000年，因道路整治建设需要，横河公园②进行改建，拆除少儿乐园。公园内种植香樟、桂花、广玉兰、海桐球、紫藤、红叶石楠、金边黄杨、日本女贞、红花檵木、麦冬草等植物。

② 参见第五篇城区建设第二章市政建设第四节公园。

2002年12月，复兴立交桥公园③竣工。公园以高低错落的植物群落、流畅的植物色带及景意相融的园林小品，衬托与点缀复兴立交桥的整体景观。公园主要种植香樟、二乔玉兰、白玉兰、栾树、桂花、银杏、西府海棠、杜鹃、八角金盘、红果金丝桃、书带草等，并全市首次从外地引种南方植物加拿利海枣。

③ 参见第五篇城区建设第二章市政建设第四节公园。

2004年，金衙庄公园④进行改建。改建后，公园绿树成荫，绿化面积达1.45万平方米。公园内主要种植香樟、无患子、黄山栾树、桂花、冬青、香泡树、广玉兰、腊梅、茶花、紫藤、雪松、有刺枸骨球、红花檵木球、瓜子黄杨球、鸡爪槭、枸骨冬青球、海桐球、春鹃、夏鹃等植物。

④ 参见第五篇城区建设第二章市政建设第四节公园。

2005年，上城区共扩建绿地12.63万平方米，投入资金2400万元，其中公园绿地2.22万平方米。至年末，全区公园绿地总面积214.56万平方米，人均公园绿地和园林绿地面积分别为6.81平方米和14.80平方米。

2007年，全区绿地总面积520.71万平方米，公园绿地总面积225.14

万平方米，区绿化覆盖率35.79%，人均公园绿地面积7.14平方米。

2010年，近江公园改造完成。该公园绿地面积1.08万平方米，绿化系统采用点、线、面结合的形式，将中心绿化林荫干道引向各住宅组团间的院落绿地。公园设计理念现代，线条及图案活泼，注重绿化植被“量”与“质”的结合，环境幽雅，景色优美。[①]

至2015年，上城区有公园绿地21个，总面积约36.8万平方米，人均公园绿地面积7.68平方米。典型公园绿地有湖滨公园、柳浪闻莺公园、吴山景区、青年公园、水城门公园、横河公园、丁家花园、复兴立交桥公园、古树公园、金衙庄公园、凤山公园、梅石园、近江公园等。

二、河道绿化[②]

1993年起，结合河道整治，上城区沿江、沿河绿带逐步完善。1997年，建中河南段滨河绿地8.50万平方米。1999年，建贴沙河东岸绿地2.40万平方米。2001年，完成钱塘江沿江绿带上城区段的建设，有效改善钱塘江的生态环境与环境景观。2007年，上城区开始实施河道综合保护工程，至2015年基本完成中河（中河南段）、东河、贴沙河、新开河、新塘河沿岸的滨水绿地整治。2015年末，上城区河道绿地总面积达40.20万平方米，形成上城区内重要的城市景观绿带。

中河南段　2008年，上城区实施中河南段综保工程，全长4.16千米，绿化宽度两侧各约15米，河道绿化整治面积10万平方米，建设成绿化层次丰富，植物景观优美的景观性河道。与20世纪90年代建设的绿地相比，在大型乔木较多的情况下，增加桂花、杜鹃、梅花、茶花等中层开花植物，两岸用书带草等常绿且少病虫害的地被覆盖，在保证整体环境效果的同时，节约养护成本。

图6-5-13　中河绿地（2006年）
（区住房和城建局 供稿）

中河、东河　2010年，上城区进行中、东河上城段整治工程。[③]工程全长6千米，上城段长4.14千米。其中有沿线绿化景观提升、五柳巷历史文化街区保护改造等。

新开河　新开河全长4.6千米，上城段长2.7千米，河宽8～10米，

① 参见第五篇城区建设第二章市政建设第四节公园中的“近江公园”条目。

② 参见本篇第四章市政管理第二节市政设施养护中“河道养护”条目。

③ 该工程在20世纪80年代中、东河综保工程基础上，按照“水清、流畅、岸绿、景美、宜居、繁荣”12字方针和“以人为本、保护第一、生态优先、拓展旅游、系统综合、品质至上、联片成网、有机更新”八大原则，开展共计70个子项的整治内容。

是20世纪50年代初为灌溉周边农田开挖的，当时河水清澈。20世纪60年代后，由于沿河单位和个人任意填河搭建违章建筑，倾倒垃圾，使得河道缩窄，河床淤塞，河水水质恶化，成为远近闻名的“龙须沟”。2002年，进行新开河综合整治工程，沿河种植香樟、桂花、红枫等大小乔木、灌木、地被植物，成为上城区的绿化亮点。①

① 参见本篇第四章市政管理第二节市政设施养护“河道养护”条目。

三、道路绿化

20世纪90年代，上城区道路绿化建设由区市政所负责，全区主次干道以及部分背街小巷沿路均有绿化种植。1993年初，上城区区管的45条主要道路有行道树6159株，其他小街小巷有行道树1783株。行道树树种以悬铃木为主，其次是香樟、枫杨和无患子，其他品种有青桐、泡桐、银杏、女贞、水杉、桂花、榆树、柏树、臭椿、枇杷树、核桃树等。1999年，多条新建、改建道路配置分车绿带和道侧绿地，新增道路绿化面积2.89万平方米。2001年开始，杭州市道路绿化采取“绿随路延伸，建设绿色通道，逐步构建城市道路景观廊道”等措施，上城区在钱江路、富春路等新建或改建道路种植黄山栾树、无患子等色叶树种，以及红花檵木、金森女贞、红叶石楠、云南黄馨等观花树种，增加道路色彩。2010年开始，中河高架两侧种植花箱月季（月季花种植在花箱中）。至2015年末，全区道路绿地面积118.85万平方米，悬铃木、香樟、银杏、水杉、无患子等行道树2万余株。

西湖大道　绿化带东起建国中路，西至南山路西湖边，全长2.4千米，绿化总面积2.67万平方米，主要树种为香樟、银杏，有中分带绿地、机非隔离带绿地、道侧绿地及中河高架桥荫绿地组成，是市中心范围内绿量较集中的道路之一。1999年，西湖大道建成，2008年实施绿荫工程改造，在保留原有主要树种的基础上，独创中分带绿地密集种植高大乔木的设计手法，同时增加鸡爪槭、日本早樱、月季、杜鹃等开花观叶植物。道路冬季绿意盎然，春季樱花绽放，秋季银杏金黄，绿地全年季相分明，色彩浓厚。

解放路　绿化带东起环城东路金衙庄，西至南山路口，总长2.3千米。该路段的悬铃木建于20世纪50年代，绿化始建于20世纪80年代，后历经“一纵三横”、道路修缮等多次改造。2010年，解放路进行美化家园改造，主要突出两侧悬铃木行道树为主景，不同路段灌木带、东端古树绿植岛和新城隧道口景观及21处道路交叉节点花卉、栏杆爬藤月季、组合式花境花钵的设计，形成“一轴、两点、一心”②的特点，体现老城区绿化浓郁、浑厚、古朴、靓丽的特色。

② “一轴”，指沿解放路道路中心线主轴，以两侧悬铃木行道树为主景的中央绿化带、机非绿化隔离带构成解放路绿化的主要骨架；“两点”，指位于道路东侧尽头的古树名木绿岛和新城隧道入口处的街头水景小游园为其两大核心特色景观节点；“一心”，指以中河高架与解放路交叉口为核心的“绿色小岛”。

之江路（上城段）　绿化总面积24.04万平方米，主干树种为香樟，由中分带绿地、机非隔离带绿地、道侧绿地及桥荫绿地组成，是杭州市中心范围内绿量较集中的道路之一。绿化初建于20世纪90年代末期，以城市防洪堤坝绿化为主，也是杭州市市民认建认养树木的重要基地之一。21世纪初，因钱江新城的开发建设，沿江住宅林立，市民游客增多。为适应城市绿化功能的转变，2008年开始，之江路（上城段）不断进行绿地调整，沿堤建设近10组花镜，种植美人茶、紫薇、丁香、茶梅、木芙蓉、银杏等开花观叶植物，提升绿地彩化美化程度。

第三节　其他绿化

上城区地域面积较小，绿地相对较少，因而不直接占用城市用地的屋顶绿化、家庭绿化成为上城区增加绿化面积，改善生态环境的新途径。同时，在国庆、春节等重大节日期间，上城区都会制作绿化小品，烘托节日喜庆氛围，为城市增添亮丽的风景线。

一、屋顶绿化

2007年，区绿化办在新开河市民休闲广场配套管理用房实施屋顶绿化试点，面积200余平方米，选择佛甲草等耐热、耐旱、生命力旺盛的植物，并做好屋顶排水、防水措施。

图6-5-14　2011年11月，上城区消防大队屋顶绿化成为全市现场会推广点　（区住房和城建局　供稿）

2010年开始，屋顶绿化逐渐流行，是年上城区实施屋顶绿化项目11个，在包括解百集团、新侨饭店、浙江省中医院、万湖假日酒店等楼顶实施绿化，面积8000平方米。至2015年，上城区总共建设绿化面积7.42万平方米，主要包括定安名都、杭州市消防支队上城大队、中河高架沿线、杭州友好饭店、上城区教育局、杭州第二中学（建国路分校）等项目。

表6-5-27　2010—2015年上城区屋顶绿化项目实施情况表

年份	项目数量（个）	主要项目名称	绿化面积（万平方米）
2010	11	解百集团、新侨饭店、浙江省中医院、万湖假日酒店、中环宾馆、长城资产大厦等	0.8
2011	10	定安名都、赞成宾馆、杭州市消防支队上城消防大队、杭州第四中学等	1.2
2012	16	新世纪外国语学校、娃哈哈学前教育集团赞成林风园区、杭州市燃气公司、环湖大酒店、浙江省工业设备安装公司等	—

续表 6-5-27

年份	项目数量（个）	主要项目名称	绿化面积（万平方米）
2013	23	延安路沿线、中河高架沿线、杭州友好饭店、杭州市工人文化宫、上城区教育局等	3.2
2014	12	杭州紫烟投资管理有限公司、十五奎巷社区、杭州鸟屋实业有限公司、杭州第二中学（建国路分校）等	1.2
2015	13	杭州市娃哈哈小学、杭州市城建综合大楼、培红幼儿园、杭州市公安局上城分局、浙江城邦园林公司、凤凰公社文化创意园、华东医药杭州宝力药业有限公司、浙江广厦贸易有限公司等	1.0

说明：资料来源于杭州市上城区住房和城市建设局

二、绿化小品

21世纪初，为营造节日的喜庆气氛，美化市容市貌，每至春节、国庆节等节日和全市重大活动前夕，上城区在城区主要道路摆放鲜花，制作精美的绿植宣传小品。2005—2015年，上城区在吴山广场、东坡路与平海路交叉路口、凤山公园、南复路与之江路交叉口、中山南路美食夜市等地建设大型立体花坛，以“生生不息”“锦绣江南”“西湖梦”等各式各样的主题，展现充满活力、美丽富饶及具有古老文化底蕴的上城以及上城区人民的朝气蓬勃，积极争上的良好心态。

图 6-5-15　吴山广场立体花坛“西湖梦”（2015年）
（区住房和城建局 供稿）

表 6-5-28　2010—2015年上城区主要立体花坛情况表

年份	作品名称	作品地点	主题构思	主要植物材料、数量	面积（平方米）	制作单位
2010	生生不息	吴山广场	一辆奔驰的地铁列车，一座俊俏秀美的花山上骏马奔腾，一座座古典优雅的建筑和现代宏伟的建筑群交相辉映，寓意着一个充满活力、美丽富饶及具有古老文化底蕴的发展中的上城	时花10万盆，红绿草500平方米	800	杭州弘达园艺有限公司
	船魂水韵	河坊街中东河贯通段	上城号扬起风帆，驶向中东河，浪花飞舞，遥望世博，心潮如大海般澎湃，激情四溢	时花2万盆，红绿草120平方米	250	杭州弘达园艺有限公司
	南宋御街门楼	中山南路美食夜市	为中山南路中华美食街序列的开始，从而与外部达到空间转换的目的，展现南宋御街的文化内涵	时花3000盆，红绿草400平方米	200	杭州格林绿化工程服务有限公司

续表6-5-28

年份	作品名称	作品地点	主题构思	主要植物材料、数量	面积（平方米）	制作单位
2011	吴山乐章	吴山广场	在乐章为主题的前提下，立面上采用鼓、古筝、琵琶为设计元素，以突出“共鸣”的气氛，欢迎四方游客，谱写出一曲和谐的乐章	四季海棠、天蓝鼠尾草、穗花婆婆纳、矮牵牛、孔雀草等3万盆	500	杭州市江干区申华花卉种植场
2012	起舞	吴山广场	仿古的花纹造型和锣鼓，结合音符，美丽的少女随着鼓声和旋律翩翩起舞，展现上城区人民朝气蓬勃、繁荣争上的新气象	一串红、孔雀草、矮牵牛、小菊等18550盆，五色草360平方米，花镜材料3500盆	200	杭州宏大园林绿化工程有限公司
2013	锦绣江南	吴山广场	古典园林和镂空图案造型，结合杭州丝绸、工艺伞等传统工艺品，凝聚上城区的建筑文化与工艺水平，用蓝天、白云烘托居民欢度国庆的喜悦及对未来生活的美好愿望	波斯菊、硫磺菊、孔雀草、矮牵牛、小菊等10000盆，五色草、彩叶草，250平方米，三角梅、龙血树、变叶木等60盆	—	杭州格林绿化工程服务公司
	马闹新春	湖滨路与学士路转角处	马象征奋斗、生生不息。两匹骏马从画幅中奔腾而出，加上绚丽的桃花，炮竹闹腾，寄寓到上城的朋友来年马到功成	三色堇7500盆，羽衣甘蓝700盆，报春500盆，南天竹80盆，茶梅6盆，茶花3盆，罗汉松2株	85	杭州格林绿化工程服务公司
2014	富贵平安	吴山广场	以鲜花打造出牡丹中站着大气的青花瓷，以“唯有牡丹真国色”预示上城人民对“生态上城”的憧憬；青花瓷代表劳动人民精湛的技艺，是大众对美好生活的不息追求	佛甲草、彩叶草近15万株，矮牵牛12000盆，孔雀草2000盆，太阳花400盆，一品红100盆，菊花150盆以及三角梅、罗汉松、各类时花千余盆	150	杭州格林绿化工程服务公司
2015	西湖梦	吴山广场	美丽杭州，生态先行。湖水倒映华灯流淌，群山环抱商机汩涌。“绿水青山就是金山银山”，是美好的西湖梦，也将在美丽杭州建设的脚步中悄然实现	芒草10株，鼠尾草100盆，金露花6盆，龙血树10盆，黄金菊6盆，千层金5盆，三角梅3盆，硫华菊150盆，波斯菊150盆，一串红500盆，矮牵牛1200盆，孔雀草（黄）650盆，海棠（红）700盆等	100	杭州申华景观建设有限公司

说明：资料来源于杭州市上城区住房和城市建设局

第四节　义务植树

20世纪90年代，上城区每年开展义务植树活动。[①] 形式上，与建设公园相结合，促进城市公园建设；与美化市容相结合，增加沿河、沿街绿地，改善市容环境；与植纪念树、造纪念林相结合，种植“同心树”，营造“三八林”等；与青少年活动相结合，建立青少年志愿者队伍，开展植绿护绿行动；与认种认养相结合，开展“认育市民林”等活动。在区内设立义务植树基地或认建认

① 1981年，全国人民代表大会通过义务植树决议后，上城区政府每年组织义务植树活动。

养点，供市民报名参加植树劳动。植树节期间，实行市民、单位团体的预约登记制度。

1998年3月，市、区200余名机关干部在青年公园参加植树活动，在公园内竖立“市领导义务植树点”纪念碑。上城区妇联与上城区市政园林管理所联手开辟“巾帼园”。西湖明珠电视台《明珠欢乐夜》栏目摄制组参加青年公园植树活动，并在3月12日《明珠欢乐夜》放送植树节专场晚会。

2000年，杭州市第一期“市民林”认育活动在钱塘江边举办，3486位各界人士出资50余万元在之江路认育树木2505株。2004年2月，开展第二期“市民林”活动，14家单位和481名市民出资10余万元认育学士公园树木334株，10家单位出资37万元认养行道树3724株。“市民林”一直由专业的园林公司负责养护，树木长势良好。

图6-5-16　2006年3月12日，上城区小学生参加义务植树活动　（区住房和城建局 供稿）

2007年春季，上城区开展全民义务植树月活动。区四套班子主要领导与区级机关事业单位、辖区企业单位职工以及志愿者200余人在复兴铁路边义务植树，营造绿地3500平方米。同时在植树节期间开展绿化法律法规宣传，利用新闻媒体和社会方面力量，提高群众参与绿化工作的热情，全年收取义务植树以资代劳绿化费19.63万元，建卡率100%。

2008年，上城区开展“齐心协力共建绿色军营”义务植树活动，共种植乔木832株，绿化面积3000平方米。全年辖区单位的义务植树建卡率达到90%，收取义务植树费18.81万元。是年，区绿化办完成“市民林”挂牌更新工作，方便市民寻找。至2015年，刻有市民姓名和树木名称的纪念碑仍保存完好。

2013—2015年，上城区与富阳市（后改为富阳区）统筹建设义务植树基地，建立多个协作林。每年植树节期间，上城区各部门代表在姚江路与富春江路口、中河南段（凤山公园段）、环保公园和北落马营绿地等开展全民义务植树，栽种桂花、香樟等700余株。全区参加义务植树活动35.59万人次，其中参与直接植树11.23万人次，认建认养绿地4500人次，绿化管养11.41万人次。

第五节　古树名木管理①

上城区境域范围内的古树名木主要由上城区绿化办和杭州西湖风景名胜区管委会负责管理。其中，属于西湖风景名胜区范围

① 古树名木详见第三篇自然环境第三章土壤与植被第三节古树名木。

内的则由杭州西湖风景名胜区管委会下属的相关景区管理处负责管理，即分别由吴山景区管理处、凤凰山管理处和湖滨管理处管理。区管古树名木则由区绿化办负责管理。

1992年8月起，杭州市实施《城市绿化管理条例》；区绿化办根据杭州市园林管理局要求，对其中48株古树名木实施委托管理，将古树委托给所在单位或个人保护管理，由市、区及古树所在单位3家分摊解决古树保护经费。其余古树由市、区绿化部门负责保护并承担相关经费。同时，根据《杭州市绿化管理条例》，区绿化办在古树保护上，主要采取设保护围栏，设支撑或拉索等加固；及时填补树干空洞，修剪枯枝；加强检查工作，及时做好排水、填土、包扎、防治病虫害等技术工作。

2002年，区绿化办在杭州市园林文物局组织下，调查区内古树名木，开展树龄鉴定、挂牌、确定管理单位等工作，并登记在册，对每株古树名木均建立分类管理档案。2013年，上城区完成古树复壮与保护工程，共投资79.54万元。2014年，古树名木养护费13.03万元。

上城区利用古树名木相对集中特点，结合旧城改造和零星地块的改造，建设公园绿地，使古树名木得到良好保护。至2015年，共建设江城路古树公园、解放路金衙庄街头绿地2个开放式公园绿地，集中保护14株古树名木，为古树名木提供生长空间；以古树为核心建设的公园绿地也为周边的居民提供娱乐、休闲的场所，取得良好的社会与生态效益。

至2015年末，除江城路415号3单元的1株樟树、江城路古树公园的1株珊瑚朴、江城路古树公园的1株银杏、杭州橡胶厂的1株樟树、小塔儿巷4号的1株银杏、中河中路277号对面的1株粗糠树等6株古树不同程度出现树干坏死和树皮脱落问题外，其余66株古树均长势良好。

第六节　绿化审批①

1993—2007年，由上城区绿化行政主管部门提出初审意见的绿化行政许可事项有修剪、砍伐城市树木审批2项。一般流程是建设单位上报审批资料，经现场核查后颁发修剪、砍伐或临时占绿行政许可确认书。

2013年开始，由上城区绿化行政主管部门提出初审意见的绿化行政许可事项有修剪、砍伐城市树木审批和迁移树木审批2项。其中，修剪、砍伐城市树木审批中的修剪，分为城市建设需要、影响居民生活、影响公共安全3种情况；砍伐分为城市建设需要、影响居民生活、影响

① 绿化审批是政府行政主管部门依法对城区各种绿地占用、借用或树木砍伐、迁移的申请做出决定的唯一法定程序。

公共安全、发生检疫性病虫害或死树、影响其他树木生长5种情况。迁移树木审批分为3个子项，即城市建设需要、影响居民生活、影响公共安全。

2014年10月，杭州市将住宅、商业、办公、学校、工厂等绿化竣工验收备案[①]权限下放至区。

至2015年，上城区绿化行政主管部门负责修剪、砍伐城市树木审批，迁移树木（不含古树名木）审批以及住宅、商业、办公、学校、工厂等附属绿地竣工验收备案。

① 绿化竣工验收备案，是指在项目方案阶段，市建委和规划部门征求绿化主管部门意见，建成后由绿化办按照绿地率确认验收是否合格，无需事先审批。

表6-5-29　2008—2015年上城区绿化审批办件情况表

年份	修剪、迁移（件）	砍伐（件）	绿地竣工验收备案
2008	130	17	0
2009	64	9	0
2010	57	7	0
2011	55	14	0
2012	51	13	0
2013	98	19	0
2014	126	21	0
2015	103	10	11

说明：资料来源于杭州市上城区住房和城市建设局

第六章　城市管理综合执法

20世纪90年代，上城区市容环卫联合监察队[①]每年查处大量市容环卫问题。1994年，查处乱扔、乱吐、便溺、垃圾乱堆、渣土乱倒等环境卫生问题57291件，查处乱挂、乱贴、乱搭建、“门前三包”等市容问题27337件，全年开展市容环卫问题突击整顿333次，出动人员18333人次。1996年以后，区环卫局通过与沿街店家签订“门前三包”责任书，要求沿街店家、商铺等做好自己门前卫生、绿化、秩序等管理，辖区道路街巷市容环境卫生秩序提升明显。

2002年起，区城管执法局每年持续开展倚门设摊、占道设摊、环境脏乱、违章停车、毁绿损绿、噪音污染等专项整治，广泛参与节假日、重大活动环境秩序保障，注重与公安、交警、工商等部门联合执法。同时，加强执法队伍建设，注重规范执法。2004年，区城管执法局小营执法中队被命名为局系统首个规范化中队。2006年，区城管执法局湖滨执法中队被杭州市政府授予“人民满意基层站所（办事窗口）”称号。

2008年，上城区城市管理执法开始数字化、智能化、精细化、长效化，区城管执法局建立“网格化”管理模式，实现全区344条主、次道路、背街小巷和7113家临街店面的快速“全覆盖”管控，全年街面保序检查考核成绩排名全市第一。区城管执法局自主研发“数字执法管理平台”，2009年共接收数字城管案卷37.01万条，及时解决率达到99.99%。

2013年，区城管局（区城管执法局）推广“门前新三包”，沿街店家自愿签订《“门前新三包”自我管理承诺书》，加强门前环境卫生管理。2015年，区城管局智慧城管平台进一步完善，做到“第一时间发现问题，第一时间处置问题，第一时间解决问题”，提升执法效率。城管执法重心下移，行政执法日常工作由街道安排，加强基层执法治理，解决望江立交桥下无证旧家具市场、清江路沿线大型市场广告乱设、望江门外直街脏乱差等城市管理难题。

① 1997年撤销，改为上城区市容环境卫生监察大队。

第一节　组织机构

1989年3月，上城区市容管理办公室[1]与上城区环卫所[2]联合成立上城区市容环卫联合监察队，负责市容环卫监督检查、执法工作。1990年1月，上城区市容管理办公室改建为上城区城市管理办公室，7个街道办事处设城市管理科（即街道城管科）。1996年7月，上城区城市管理办公室撤销。

1997年，区环卫局[3]建立上城区市容环境卫生监察大队，撤销原上城区市容环卫联合监察队。11月，上城区各街道建立城市综合管理监察队。2001年9月，杭州市城市管理行政执法局成立，下设上城区城市管理行政执法局（上城区城市管理行政执法大队）。2012年6月，上城区城市管理局成立，增挂上城区城市管理行政执法局牌子。

一、杭州市上城区城市管理行政执法局（杭州市上城区城市管理行政执法大队）

2001年9月，杭州市城市管理行政执法局成立，上城区城市管理行政执法局（上城区城市管理行政执法大队）同步设立，具有行政执法主体资格，地址皮市巷88号。行使市容环境卫生、城市规划、城市绿化、市政公用、环境保护、工商行政、公安交通7大项城市管理行政处罚权。上城区城市管理行政执法局下设党政办公室、综合执法科、法规督查科3个科室，核定机关行政编制18人，下设10个城市管理行政执法中队，9个中队分别派驻9个街道，1个直属机动中队。

2002年2月，区环卫局行使的行政处罚职能划归区城管执法局。2003年5月，区城管执法局调整中队设置，下设7个中队，6个中队分别派驻6个街道，1个直属机动中队。2012年6月，上城区城市管理行政执法局牌子与区城管局合署办公，单独挂牌。历任党委书记杨英英、高圣军、张伟农；历任局长张伟农。

二、杭州市上城区城市管理局（杭州市上城区城市管理行政执法局）

见本篇第三章市容环卫管理第一节组织机构。

① 1984年，市、区两级政府成立市容整顿领导小组，上城区市容整顿小组由区政府主要领导担任正、副组长，区有关部门负责人为小组成员，下设办公室（后为“三整顿”办公室）。1985年4月，上城区“三整顿”办公室易名为上城区市容管理办公室。

② 上城区环境卫生管理所沿革详见本篇第三章市容环卫管理第一节组织机构。

③ 上城区市容环境卫生局沿革详见本篇第三章市容环卫管理第一节组织机构。

第二节　执法管理

20世纪90年代，区各监察中队对随地吐痰、便溺、乱扔、乱丢，乱倒垃圾、粪便、污水，擅自饲养家禽、家畜，运输车辆抛洒滴漏，施工现场影响环境卫生，乱堆、乱放、乱倒废土废渣，乱挂乱涂乱张贴，乱设摊点，乱搭乱建，乱占乱挖，不履行“门前三包”责任，乱停车辆等行为进行查处。1996年，区环卫局行使市容市貌、“门前三包”、道路污染等方面的执法。2001年开始，区城管执法局对违反城市市容和环境卫生管理规定行为、规划管理规定的部分行为、城市绿化管理规定的行为、市政公用管理规定的行为、环境保护管理规定的部分行为、城市道路（广场）等室外公共场所无照经营的行为、侵占城市人行道的行为等依法实施行政处罚。

表6-6-30　1993—2015年上城区城市管理执法处罚情况表

单位：件

年份	处罚违反城市管理法规和规章件数	其中使用简易程序件数	执法主体
1993	130866	—	上城区市容管理办公室、上城区环境卫生管理所
1994	84628	—	上城区市容管理办公室、上城区环境卫生管理所
1995	44066	—	上城区市容管理办公室、上城区环境卫生管理所
1996	42066	—	上城区市容管理办公室、上城区环境卫生管理所、上城区市容环境卫生局
1997	9875	9843	上城区市容环境卫生局
1998	6020	—	上城区市容环境卫生局
2000	1164	1150	上城区市容环境卫生局
2002	4070	3652	上城区城市管理行政执法局
2003	1803	—	上城区城市管理行政执法局
2004	15677	12046	上城区城市管理行政执法局
2005	47433	32768	上城区城市管理行政执法局
2006	26059	17217	上城区城市管理行政执法局
2007	17079	14412	上城区城市管理行政执法局
2008	18801	16716	上城区城市管理行政执法局
2009	23628	21223	上城区城市管理行政执法局
2010	31569	28986	上城区城市管理行政执法局
2011	26454	23957	上城区城市管理行政执法局
2012	22708	20029	上城区城市管理行政执法局
2013	17339	14808	上城区城市管理行政执法局
2014	35513	33072	上城区城市管理行政执法局
2015	42855	40285	上城区城市管理行政执法局

说明：1. 2003年处罚违反城市管理法规和规章件案件数量为1—6月的统计数据。2. 1999年、2001年统计数据缺失。3. 资料来源于杭州市上城区城市管理局

一、沿街店家、无证摊贩管理[①]

① 20世纪80年代，上城区规定沿街、里弄两侧单位和居民住户各包干门前（从门口、墙根至人行道及周围）的卫生、绿化和秩序，是“门前三包”的雏形。1991年，杭州市发布《杭州市“门前三包”责任制管理办法》。

1993年，上城区成立管理小组，白天晚上分班管理，着重解决吴山路个体户违章占道、“门前三包”、取缔无证摊贩、有证摊贩集中管理、夜市经营作风等方面的问题；查处无证摊贩、乱占道120人次，罚款3000元。是年，全区共有206家商家企业办理占道经营手续。

1995年，上城区城市管理办公室开展南山路沿线大排档整治、岳王路花鸟市场周边整治，处罚大排档、摊贩违章事件150余件。1996年，全区42条道路沿街店家签订“门前三包”责任书5151份，其中主要道路签订率为98.5%，一、二类道路为96%，背街小巷为86%。1998年，上城区共有6384家责任单位签订“门前三包”责任书。2000—2001年，区城管执法局加强无证设摊和占道设摊（简称“两摊”）管理，对岳王路、延安路、解放路、平海路、河坊街无证摊点和光复路农贸市场、望江直街无证经营，集中整治40余次，取缔夜间大排档15处。

2002年6月，杭州市城市管理行政执法局开通“96310”城管执法热线电话，区城管执法局同时入网，24小时值班，接到投诉，立即进行处置。是年，区城管执法局开展夏季夜间专项整治，整治望江门外直街、十五奎巷、东坡路，取缔马坡巷室外市场和大学路社区的“露天市场”。处罚违反城市管理法规和规章的行为4070宗，罚款278.08万元。整治无证经营2000余起，夜间大排档200余处。

2003年，杭州市发布新《杭州市“门前三包”责任制管理办法》，将“门前三包”内容扩大至沿街道路保洁、绿化带上晾晒衣物、乱吊挂、出店经营、占道装修等。区城管执法局据此开展临街环境卫生、绿化和容貌秩序执法检查。3月，区城管执法局开展“倚门设摊、占道设摊”专项整治，区公安分局、区工商分局、区市政市容局等有关部门以及行风监督员参加整治活动。

图6-6-17　2006年4月，区城管执法局在望江门外直街对“两摊”开展整治　（区城管局 供稿）

2006年，区城管执法局加强对“两摊”的执法管理，全年针对“两摊”开展集中整治1035次，出动约1.2万人次；取缔胡雪岩故居周边夜间无证大排档摊群；利用错时管理等措施对十五奎巷、察院前农贸市场、大马弄开展连续集中整治；对湖滨街道龙翔里地区、小营街道大学路社区、南星街道凤凰山脚路、紫花路、望江街道的东宝路、海潮路进行重点管控。

2007年，区城管执法局采用督管、巡管相结合的方式，严控早点摊，严罚夜排档，规范背街小巷出店、占道行为。相继取缔望江地区立交桥下大排档、无证摊群，金衙庄农贸市场周边、马坡巷、高管弄和大学路主干道的占道经营，晓霞弄、元宝心的无证早市菜摊等20余处。

2008年，区城管执法局以“网格化”管理模式（即将辖区划分为若干网格，每个网格制定管理人员）为基础，采用协管员定点督岗、执法队员沿路巡查、执法车机动应急的方式，每天管控18～20小时，确保主要道路每15分钟巡查一次、次要道路每20分钟巡查一次、背街小巷每40分钟巡查一次，实现全区344条主次道路、背街小巷和7113家临街店面的“全覆盖”管控，全年消除“出店、无证、违停”等问题848个，街面保序检查考核成绩排名全市第一。

2010年，杭州市废止《杭州市“门前三包”责任制管理办法》，门前环卫保洁、市容环境、设施绿化等职能全都交由城管部门负责。区城管执法局将校园周边道路列入重点管控区域，遏制上、下学期间文具店、食品店出店设摊、乱设招牌等违法行为，共实施宣传教育劝导173次，取缔无照经营商贩9家。

2013年，杭州市城市管理委员会提出“门前新三包”，沿街店家自愿与各区城市管理局签订《“门前新三包”自我管理承诺书》，做到规范设置垃圾容器，规范投放生活垃圾，自觉进行垃圾分类，规范设置店招店牌，规范经营行为，确保门前环境整洁、市容有序、设施完好，同时做到“门前三不”，即不污染周边环境、不损坏公共设施、不影响街容秩序。2014年，区城管局推进“门前新三包”，上城区560条道路（街巷）沿街店家自我管理承诺书签订率93.7%。2015年，上城区无证摊贩基本消除，湖滨、望江等区域无证摊贩消失。

二、广告标志管理和“城市牛皮癣”整治[①]

1993年，上城区按照杭州市规定，安装在车行道上空的广告、灯箱、霓虹灯最低处离地面不得低于5米，跨径不得小于道路宽度；安装在人行道上空的最低处离地不得低于4米，外缘不得超出人行道侧石。户外广告应定期维修更新，必须张贴于工商行政管理部门指定地点或张贴栏内，不准擅自乱贴。5—6月，区城管办组织力量清除非法招贴的游医广告，共清除广告、残标等3230张。1995年9月，上城区开展“清洁杭州”大行动，全区6500余人参与行动，出动各类车辆127辆，收缴各

① “城市牛皮癣”，是指在车站、码头、公交车站、厕所、小区等公共场所非法张贴或者涂写小广告的现象。该类小广告数量多、清除困难，对城市的市容市貌、环境卫生产极大的负面影响。

类户外广告竖牌600余块，查处户外广告147块，面积520平方米；清理乱贴乱画1437张（210处）。

1996年，上城区规定建设单位设置砖砌围护墙或广告牌，高度须在2.5米以上。8月，规定户外广告设置不得占用城市道路。1997年，上城区根据《杭州市城市市容环境卫生管理条例》，规定临街画廊、橱窗、广告栏、宣传栏牌、招贴栏、阅报栏、霓虹灯、招牌、灯箱等破损残缺、色彩剥蚀、不洁、影响市容或危及公共安全的必须整修、加固或拆除，违者处以200元以上2000元以下罚款。11月，上城区路名牌统一更换为绿底白字，中英文标注。

1999年初，上城区规范延安路、解放路沿线市容，统一制作大型广告标价牌3400块挂在各店家门口。3月，改装浣纱路等道路有碍观瞻的广告牌，统一安装沿街招牌、霓虹灯。2001年，区环卫局办理户外广告审批297件，审批横幅291家次。是年，区城管执法局开展为期半个月的以"治噪、治脏、治乱"为重点的专项整治活动，重点整治湖滨龙翔地区、十五奎巷地区、浙江大学医学院附属第一医院、浙江大学医学院附属第二医院周边秩序。

2003—2004年，上城区开展户外广告专项整治和"牛皮癣"精细治理工作，整治、拆除中河沿线、延安路、解放路等重点区域临街户外广告。创新"四四制"消除法①，共出动人员7028人次，粉刷清除"牛皮癣"12757处，揭除招贴广告247856张，"牛皮癣"蔓延现象得到遏制。

2007年，区城管办实行整治城市"牛皮癣"市场化作业（由保洁公司进行清理），实现标准化作业与监管，每日"牛皮癣"问题发生量由120余件减少到10余件。区城管办审批户外广告256家次、商业促销活动206家次，并注重批后监督，每周对商业促销进行一次监督。2008年，区城管办联合区城管执法局、公安、工商等部门，对审批期已过，理应拆除的广告实行责令限期自拆，集中整治建国路、中山路、开元路、清泰街、复兴街等10条道路，自行拆除和强制拆除广告牌84块。

2009—2010年，区城管执法局开展违法散发小广告整治，取缔解百天桥、龙翔桥、解百元华商场、庆春路口腔医院等处违法散发小广告163例，收缴小广告2.47万张。拆除违法户外广告（牌）265块，面积1.14万平方米。

2012年，区城管局对"两站"（城站火车站、杭州汽车南站）违章广告集中清理整治。为减少对周边店家正常经营活动的影响，选择夜间12时至凌晨5时拆除广告，整治持续30天，出动人员350余人次，动用吊机、运输车辆35辆次，拆除145家、581块非法广告，共计5200平方米。

① 即在保障措施上落实专项组织、专项资金、专门车辆工具、专业培训的"四专"；在作业方法上要求晨清、必清、协清、查清的"四清"；在管理方法上采取定人、定路段、定标准、定奖惩的"四定"；在具体操作中满足"色、形、洁、美"有机结合的"四字"要求。

2014年，区城管局完成中河高架等19条主要道路的户外广告详细规划修编。2015年，区城管局整治城区范围内店招、店牌，从“屋顶广告严禁，单设广告严控，店招店牌规范”3方面入手，依法清理、整顿、拆除各类违法店招店牌2172块，拆除面积1.4万平方米。

三、违章建筑管理

1999年以后，杭州市开始大规模拆除违章建筑。2001年，上城区综合整治铁路沿线环境，拆除违章建筑1.07万平方米，拆除破旧围墙1660米。2002年4月，区城管执法局介入拆违办工作，由原来的街道一家进行改为区城管执法局人员和街道联合执法，解决执法无证等问题。

2004年，上城区对违法建筑的认定主体、查处主体、实施强制拆除主体做出明确规定，由区规划局负责违法建筑鉴定，区行政执法局依法实施查处，各街道办事处协同配合并组织强制拆除（重大行动由区拆违办负责实施，并报区政府备案）。

2005年，上城区拆违与背街小巷改善工程结合，全年拆除129处、1.96万平方米的违法建筑，其中，由当事人自行拆除的10处、1220平方米（占总数的6.22%），由行政手段强制拆除的119处、1.84万平方米（占总数的93.78%）；全年拆除该年新违建21处、393.2平方米，实现新增违建“零增长”及“100%拆除率”目标。

2008年，上城区总结“六先六后”[①]违建处置工作原则，在望江、近江、紫阳等重点违建防控区域收到效果。2011年3月，上城区开展违建综合整治宣传月；5—8月，开展“百日拆违综合整治活动”“屋顶违章搭建”问题集中整治及“违法建筑重难点问题集中整治”等活动。

2015年，区城管局开展违章建筑专项整治，主要整治涉及出租房违建、存在安全隐患违建、市场和仓储违建、主要道路和河道两侧违建、已立案但尚未查处到位的违建、信访投诉违建和空中违建7个方面。

图6-6-18　2014年4月11日，上城区拆除东坡路大型违法建筑玉麒麟饭店　（湖滨指挥部　供稿）

① 即先拆法人，后拆个人；先拆党员干部，后拆普通群众；先拆带头，后拆跟风；先拆新建，后拆旧造；先拆占地，后拆加层；先思想疏导，后依法强拆，以及“三联”快速拆违机制（即“联合巡查、联席会议、联合公告”）等创新机制。

表 6-6-31　2002—2015 年上城区违章建筑拆除情况表

年份	拆除违建总量（处）	拆除违建总面积（平方米）	拆除当年新增违建数量（处）	拆除当年新增违建面积（平方米）	违建信访投诉（件）	反馈率（%）
2002	710	113234	—	—	391	99
2003	798	63871	—	—	481	99
2004	862	51236	—	—	728	99
2005	129	19626	21	393	—	—
2006	186	22294	19	1857	—	—
2007	108	26577	18	725	736	100
2008	114	35574	10	266	—	—
2009	90	26829	11	969	—	—
2010	104	28055	3	58	714	100
2011	55	25070	7	756	706	100
2012	105	21246	7	203	520	100
2013	923	118968	—	—	575	100
2014	816	105300	—	—	—	—
2015	1029	67956	—	—	285	100
合计	6209	725836	96	5227	5136	—

说明：资料来源于杭州市上城区城市管理局

四、工程渣土管理

1993 年，区环卫所渣土管理办公室主要依据《杭州市建筑垃圾和工程渣土处置管理实施通知》对工地渣土处置进行登记、审批、收费、监管等工作，查处运输过程中抛洒滴漏等情况。其时，全区有 214 家企业、单位办理渣土处置相关手续。区环卫所渣土管理办公室督促建筑工地进行围挡维护，维护率约 95%。

1995 年，上城区建筑工地均设置围挡设施，全区有 75% 的建筑工地签约环境卫生责任状，89% 的建筑工地建有卫生设施，对渣土运输车辆进行清洗，防止渣土外带；55 家道路临时占用单位签订临时占用道路环境卫生责任状。是年，区环卫所查处各类渣土、施工污染等行为 559 件，批评教育 1300 余起。

2001 年，区环卫局办理工程渣土处置审批 246 家次，督促 32 家签订临时占用道路环境卫生责任书、8 家签订建筑工地环境卫生责任书。2002 年，区环卫局配合区城管执法局加强对工地管理，要求工地设置不低于 2.5 米的围挡，工地出入口 5 米内采用水泥硬化，专人冲洗进出运输车辆，保持车辆整洁，工程车辆采用密闭化运输，严禁抛、洒、滴、漏，纠正 15 家单位渣土道路污染情况，责令 3 家单位补办渣土处置证。全年，区环卫局配合杭州市市容环境卫生局审批渣土 195 家次，有证运输渣土总量为 131.55 万吨，收费额为 300.2 万元。

2007年，区城管办审批工程渣土处置7家共42万吨，并注重批后监督，每周二晚巡查渣土管理情况，处理发现的问题。区城管执法局在钱江新城周边、秋涛路、钱江路、之江路等10余条道路定点设卡，开展专项整治3个月，依法查处无证运输工程渣土、乱倾倒工程渣土等行为，检查各类车辆570余辆，查处违章车辆227辆。

2009年9月，杭州市政府对各区开展乱倒渣土管理工作考核，区城管执法局集中1/3的执法力量在夜间对之江路、富春路、姚江路、凤山路、中河路慢车道等易发路段增加巡查频率，查处违法运输车143辆、随意倾倒渣土13起，清理残存渣土87车次、240吨。区城管办以“代整治”方式清运偷倒的无主废土2.6万吨。

2010年，区城管执法局对随意倾倒工程渣土等违法行为从重处罚。对随意倾倒、偷倒工程渣土的违法行为，个人处以不低于5000元的罚款，单位处以不低于1万元的罚款，对施工单位将建筑垃圾交给个人或者未经核准从事建筑垃圾运输的单位处以不低于3万元的罚款。对无渣土准运证运输工程渣土的违法行为，个人处以不低于5000元的罚款，单位处以不低于9000元的罚款。是年，查处违法运输渣土车辆207辆次、各类渣土乱倒行为161起，从重处罚10例无准运证运输行为，罚款6.66万元。

2013年，上城区偷倒渣土问题严重、形势严峻，全年发生偷倒渣土1.10万车，区城管执法局出动890人次集中开展夜间渣土乱倒整治。2014年1—7月，上城区发生偷倒渣土1.05万车。8月，区城管局推行固体废弃物市场化清运模式，通过公开招投标，由杭州市文景市政园林有限公司负责工程渣土等固体废弃物的清运，并配合区城管执法局做好执法查处。至9月，渣土偷倒行为下降至平均27.07车/天；至11月，下降至平均8.84车/天。全年查处违法运输渣土车辆999辆、随意倾倒渣土1340件、渣土污染道路327件。

2015年，区城管局共审批建设工程渣土12家，全年处置渣土71万余吨。区城管局、各街道、上城交警大队等开展联合执法30余次，清理“无主”废土5.9万吨。但渣土偷倒现象仍时有发生，月均58车。

五、犬类管理

20世纪90年代，居民养犬审批、犬类管理等均由杭州市犬类管理办公室（简称市犬管办）统一负责。1993年，按照《杭州市小型观赏犬管理办法》，具备豢养条件的单位、个人须经市犬管办批准，允许在城区（含上城区，但不含风景游览区、车站）内圈养小型观赏犬。豢养小型观赏犬须向市犬管办书面申请、审批、登记，按规定交费领取观赏犬准养证、免疫证和犬牌，犬只颈挂犬牌、室内圈养。每犬收管理费50元/年，犬只准养证、免疫证工本费2元/本，犬牌3元/块。犬主每年按期持证、牌，携犬到市犬管办验审；对无证、无牌犬只养犬人处以2000元以下罚款。

1996年，《杭州市限制养犬规定》实施，确定杭州市市容环境卫生管理部门是犬类管理的主管部门。上城区范围内养犬按严格控制、严格管理、禁限结合的原则，实行养犬许可制度；对非法养犬者，任何单位和个人有权向犬类主管部门举报；未经批准擅自养犬者，对单位养犬者处以5000元以上1万元以下罚款，对个人养犬者处以3000元以上

5000元以下罚款。对符合准养条件的，发给犬类准购证明，申请人按规定购犬后，应在规定期限内凭有效的犬类免疫证携犬到犬类主管部门办理登记、注册验审手续。养犬许可证每年注册一次。经批准养犬的单位和个人，必须缴纳管理服务费，重点限养区内每只犬第一年为1000元，以后每年度为500元；一般限制区内每只犬为600元，以后每年度为300元。

2001年，区城管执法局配合杭州市城市管理行政执法局开展犬类管理工作。2004年，《杭州市限制养犬规定》修订，确认上城区为重点限制养犬地区，禁止饲养烈性犬、大型犬。2006年，区城管执法局办理犬类执法案件849件。在案件查处中，倡导“人性、温情”，定制犬笼、网兜，尽量不造成犬只损伤。对已经办理养犬许可证的居民，要求犬主在社区登记。

2008年起，区城管执法局加强文明养犬宣传和劝导，多次开展犬类专项整治，加强对吴山广场、涌金广场、横河公园、太庙广场、贴沙河边等公共场地整治力度，对早晨、晚上不按规定遛犬、遛犬不系犬绳等违法行为进行查处。同时，加强对钱塘江大堤、中东河沿线、吴山广场、太庙广场等公共区域流浪犬捕捉，防止犬类伤人。2015年，上城区开展规范化养犬宣传服务活动，为居民提供犬类免疫、办证、续批等服务。

第三节　节假日和重大活动保障执法

2001年，区城管执法局成立后，在节假日和重大活动期间，投入专门人力、物力加强执法，保障辖区环境秩序。国庆节期间，区城管执法局上岗1100余人次，文明劝导3067人次，处理信访92件，反馈率100%，部分执法人员24小时值班，重点地段、窗口区域巡查至23时。西湖博览会期间，区城管执法局出动1100余人次、车辆360余辆次，完成河坊街、吴山广场等处群众活动保障任务，劝导教育纠正不文明行为2600余人次，查处违章物品60余件。

2002年春节期间，区城管执法局巡查1500余人次，劝导教育倚门设摊210户，制止噪音扰民68起，查处无证售卖烟花17处，规范停车870余辆，教育无证商贩1200余次。劳动节期间，区城管执法局共查处倚门设摊105家，取缔无证商贩900起，查处违章运输车辆19车次，清除广告残标7000余张，查处夜排挡28家，教育劝导不文明行为5000余人次。

2005年，在中央文明办和省文明办检查期间，区城管执法局出动执法人员4158人次，开展各类街面环境秩序整治168次，查纠整改各类问题5190个。

2006年，在全国卫生城市复检、省级示范文明城区创建、最佳旅游城市创建、杭州世界休闲博览会等重大活动过程中，区城管办构建城管作业网络、巡查网络、考核网络，推出作业服务十项承诺、满意公厕评比等新举措，整改“市查区改”（市级部门检查，区级部门整改）问题3259个，区政府各部门组织自查自改问题7193个，各社区通过数字城管网上报问题1948个、解决问题1935个。区城管执法局加大街面执法巡查频率和处罚力度，排查卫生死角、无证摊贩、非法设置横幅、破损户外广告等难点热点问题747个，整治海潮路农贸市场、察院前农贸市场周边环境，向沿街商户发放公开信2000余份。

2008年劳动节期间，区城管执法局重点保障湖滨等沿西湖区域环境秩序，教育劝导各类不文明行为630余起，处罚各类违法行为89起，为市民游客指路答疑2700余人次；处理来电来访100余件。10月杭州西湖国际烟花大会期间，区城管执法局236名执法队员、450名协管员，以及其他城区220名城管执法支援人员，加强上城区环境秩序保障。上城区设置45个卡口，对无证商贩和非机动车辆进行管制，对乱扔、乱吐等不文明行为劝导560人次，教育无证摊贩156起，为市民、游客指路6890余次，帮扶残障人士52人次。

2011年，杭州市创建全国文明城市期间，区城管执法局开展违法停车非现场劝离，对侵占人行道的违法停放车辆以电话、短信等非现场方式进行提醒劝离，1—10月处罚车辆18312辆，对5次以上违法车辆锁车425辆、拖车98辆，11—12月，平均每天劝离车辆115起。

2014年，区城管局加强春节、元宵节、清明节、国庆节等重要节假日环卫服务保障、市政设施运行保障和文明城管执法保障，开展道路、河道、公厕长效保洁及公用设施维护，以主要路段、灯会展区为重点，严格管控无证摊贩、出店经营、占道设摊、违章停车等违法行为，发布公益广告宣传，开展文明守法教育劝导。以文明城市迎检为契机，实施市容市貌专项治理。全年在各个重要时间段保障中共出动执法人员近8000人次，教育劝导不文明行为1760余起，清理城市家具5613件，清运垃圾、渣土263吨，清理“牛皮癣”4210处。

2015年，区城管局组建“贴心城管”志愿者队伍，在春节、“五一”劳动节、国庆节、中秋节等节假日开展志愿服务活动，累计开展各类活动1000余场次，出动志愿者6万余人，中央电视台《中国新闻》《新闻30分》等栏目就贴心城管志愿者服务工作做专题报道。

第四节　数字城管[①]与智慧城管建设

2006年3月，上城区数字城管协同指挥中心成立，隶属区城管办。上城区数字城管正式上线运行，拥有数字城管协同处理、数字大展示、远程图像监控、环卫车辆卫星定位系统（GPS）实时监控、防汛抗台应急指挥、视频会议终端六大系统。全区30家协同网络成员单位均进行

① 数字城管基本运作流程，杭州市数字城管信息处置中心每天安排大量信息采集员到各辖区采集城市管理问题，将问题分派至各城区、各部门处置解决。杭州数字城管将市、区、街、社四级责任单位纳入监管体系，有单位1689家，其中市级部门（单位）49家，区级部门（单位）969家，街道（乡镇）99个、社区572个，实现城市管理问题的分层交办、按责处置。

数字城管联网运行，51个社区城管联系站的数字城管上网率达100%。全年上城区数字城管协同指挥中心收到数字城管案卷10.90万条，立案案卷4.96万条，提示案卷5.09万条，结案10.10万条。

2008年，区城管执法局自主研发“数字执法管理平台”，整合地理信息系统、街面保序分析系统、案件报表统计、“数字城管”管理系统等多种信息管理手段，对各中队“序化”考核数据和抄告案件情况进行统计分析；“数字城管”系统由区局延伸至执法中队，使中队及时准确掌握抄告问题有关信息，提高及时解决率。全年共办理“数字城管”案件4.48万件，及时解决率达100%。2009年，区城管执法局接收数字城管案卷37010条，多次派遣率仅0.99%，及时解决率99.99%。

2010年10月，区城管执法局开发的“城市管理智能管控平台”[①]正式上线运行，解决城管执法工作中存在的信息不对称、执法方式简单、管理粗放、责任厘清困难等突出问题。是年，该项目被住房和城乡建设部列入“十二五”卫星遥感技术在城市管理中的应用规划。

2011年，该平台共发现各类城市管理事件21万余件，月均1.7万件。通过平台，执法队员采用非现场（电话、短信）方式，日均教育违章停车100余辆，教育沿街店家出店、占道行为8起。区城管执法局执法队员（协管员）数从2009年的500余人、2010年的352人，下降至2012年的164人，三年共裁减协管员336人。工作效率从2009年日均参加管理260人、月均工作时间218小时，减少到2011年日均参加管理136人，月均工作时间195小时。

2014年，区城管局“从智能管控到智慧城管，推进城市治理现代化水平”实践项目获国际城市论坛基金会颁发的“中国城市管理进步奖”，并入选中国社会治理创新范例50佳；城管执法标准化建设获第七届中国地方政府创新奖[②]。

2015年，区城管局在原有智能管控平台基础上，

① 城管执法智能管控平台运用Wi-Fi、GPS、GIS、RS、智能分析报警等网络智能管理技术，整合开发成熟的数据库、数字城管平台、权力阳光平台、量化管理平台，可以满足远程监控、数据信息共享、案件实时办理、执法实时监管、决策信息辅助、绩效评价管理等多种管理需求。该平台依托具有智能分析报警功能的高清固定监控、无线车载移动监控、单机移动监控，实现城市管理违法行为的非现场管控，对于发现的问题，运用数据库调取相关资料，使用电话告知、短信提醒等方式进行劝导及证据采集，避免正面接触而产生冲突；平台设有数字城管、违章停车、信访投诉、街面保序、执法办案数据库，可随时调阅相关数据，经过智能分析，为下一步执法管理、调整工作方法提供决策依据。该平台将日常工作分成队伍建设、路面管理、规范执法、信访投诉、数字化执法共339项细则，引导日常工作精细化、规范化，考核科学化。

② 该奖项由中共中央编译局比较政治与经济研究中心、中共中央党校世界政党比较研究中心和北京大学中国政府创新研究中心联合组织、颁发。

搭建城市管理网格化管理平台[①]、数字市政综合业务管理平台[②]、数字环卫监管平台[③]、市政设施现场管理系统[④]以及智慧公厕管理系统[⑤]。8月，城管智能管控平台通过执法、市政、环卫、绿化“四位一体”框架搭建，完成向智慧城管平台的转型升级，实现“统一空间地理信息、统一视频监控、统一定位管理、统一呼叫中心”，在环境卫生、市政设施、停车收费、绿化养护、街面管控等工作中建立起问题发现、处置、解决机制。

① 城市管理网格化管理平台，是以街道所辖社区的行政区域为基础网格的管理信息平台，可以对网格内的市政公共设施、公共卫生设施、绿化设施、地下管线、沿街店家、准物业部件、责任单位等城市基础信息进行数据普查，通过建立网格管理数据信息库和地图坐标数据，形成可视化、集成化、实时性的信息展现。
② 数字市政综合业务管理平台，是针对市政工作开发的应用平台，主要包括可视化监管、物资仓储管理、养护工程管理、实施工程管理、巡查勤务管理、人员考核管理、截污纳管管理、市政综合分析、市政通应用等功能。通过信息化手段提高对市政事件、养护单位的规范化管理，提升市政部门的管理效能。
③ 数字环卫监管平台，是利用GPS定位器、电子标签等技术对环卫作业人员和垃圾桶报警的信息化管理平台。通过为环卫作业人员配备定位手环，加强对环卫作业实时状况监管，提高保洁工作效率。此外，通过安装电子标签，平台可以对路面上环卫垃圾桶的丢失、移位等异常情况实时监控和报警，节省人力和物力。
④ 市政设施现场管理系统，是针对市政设施方面的管理系统，利用RFID电子标签和无线传输技术，建立电子代码数据库，自动采集、监测、报警市政数据。至2015年末，上城区建有150个电子标签通讯基站、4300个窨井盖标签、200个河道排污口标签，基本覆盖全区范围内所有窨井盖和河道排污口。
⑤ 智慧公厕管理系统，是针对公厕设施和水电实时状态进行监控的系统。当公厕发生设施被盗、厕纸缺纸、水电异常等情况时，系统便能自动通过无线网络反馈给管理后台，后台根据GPS定位，派发任务给离公厕最近的工作人员。同时，系统还可以对公厕管理人员的出勤率、到岗率等进行考核，对公厕环境卫生等情况进行群众评价。

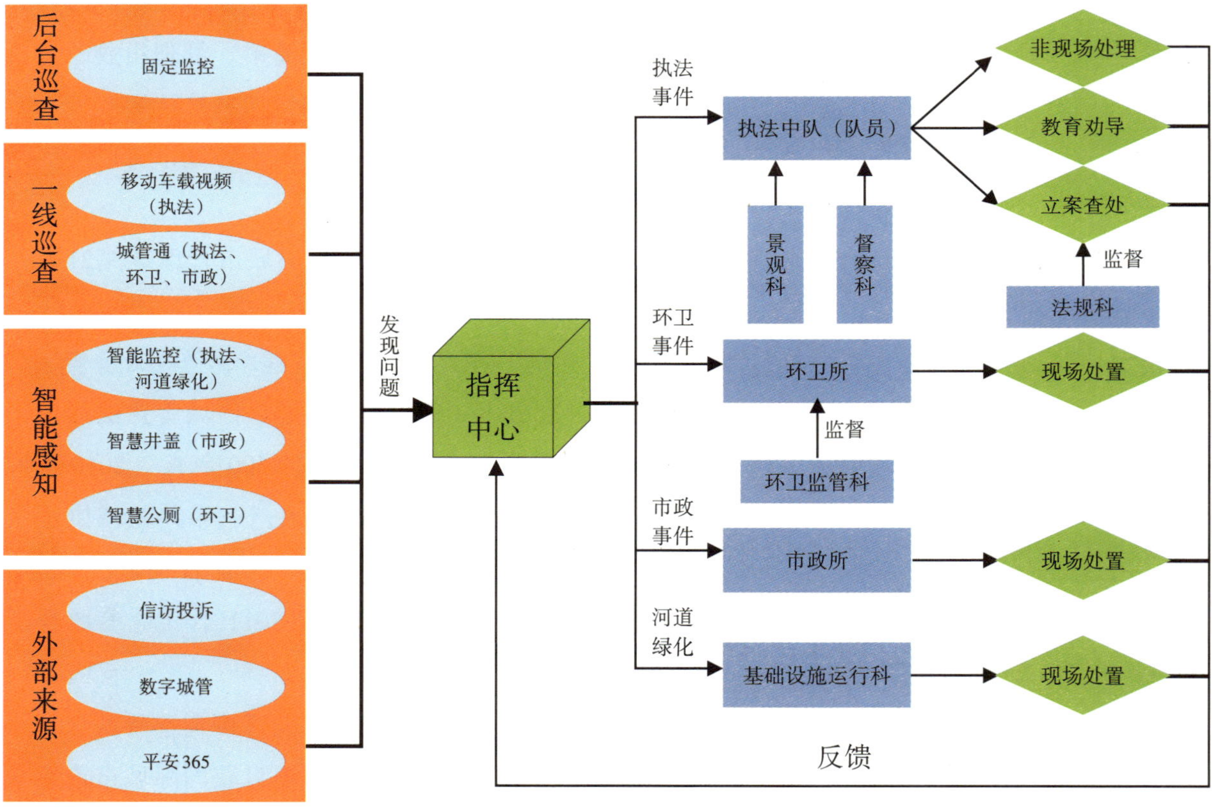

图6-6-19　2015年上城区智慧城管平台日常工作运行图

第七篇

交通　邮电

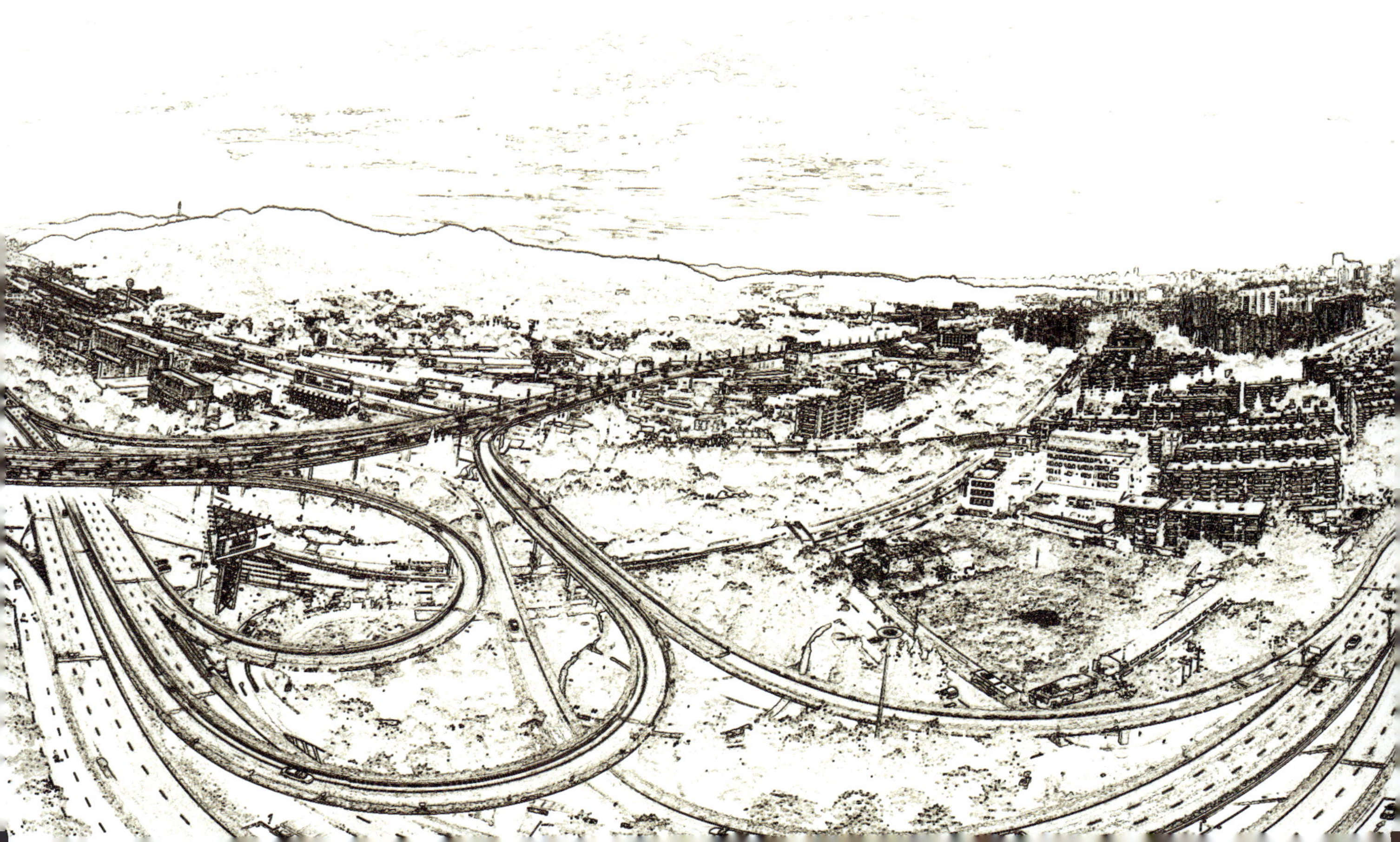

上城区域水陆条件优越，历来为杭州交通枢纽。唐朝时，已发展形成通向都城和两浙各州府的古道布局，车、轿、畜力成为陆路运输三种主要工具。[1]城内道路密布，人车畅行。区域内外河流纵横，依托钱塘江及运河水系，水上运输发达。北宋时，上城区羊坝头地区既可通大运河，又可经钱塘江出海，水运便利；钱江渡（又名西兴渡）则为钱塘江南北两岸客货运输的要津。

①车主要有四轮大车、两轮小车、板车、篷车、厢车等；轿主要有竹轿、官轿、山兜（无篷轿）等；畜力，主要是马、驴、骡3类。

清末，近代交通萌芽，轮船、火车等新式交通工具先后出现。清光绪十二年（1886），上海招商局开行沪杭小轮船航线，为杭州轮运之始。光绪三十二年（1906），建造江墅铁路，线路从拱宸桥开始，经清泰门、南星桥止于闸口，清泰站设在清泰门外东北侧300余米处。之后，沪杭铁路（闸口为浙江省内起点站）等陆续建成。民国11年（1922），城站至灵隐天竺的市内公共交通汽车线路开通，为杭州城最早的公交线路。民国20年（1931），以杭州为中心的主要水运航线有14条，其中通行轮船的航线有7条，可达苏州、上海和浙江的重要地区。民国26年（1937），铁路浙赣线和全国第一座双层铁路公路两用大桥——钱塘江大桥建成。

中华人民共和国成立后，上城区交通事业发展进入新阶段。1974年，辖区内的延安路公交中心站启用，为当时杭州最大的公交站。1988年，杭州汽车南站在上城区秋涛路建成，承担大量旅客运输工作。1997—1999年，铁路杭州站重建，增强铁路客运枢纽作用。进入21世纪，上城区域内市区公共交通营运线路不断完善，客运出租业、汽车租赁业等产业发展加快。公共自行车服务系统成为解决短途市区交通的有力补充。地铁从无到有，2012年11月地铁一号线开通试运营，上城区境内有近江、婺江路、城站、定安路、龙翔桥5个站点。辖区道路、桥梁、隧道路网结构完善，以西湖大道、上塘中河高架路、秋石高架路（上城段）、玉皇山隧道、西湖隧道、新城隧道、复兴大桥、西兴大桥、钱塘江大桥贯通南北，车辆往来便利。2015年2月，杭州地铁四号线一期首通段（彭埠—近江）开通试运营，上城区境域内有近江站。至年末，区内已形成地上地下互为一体的交通格局。

杭州的邮政通信，唐宋时即设有传递官府文书的驿站。清代，杭州是通往全省各地及省外的邮驿中心。乾隆年间（1736—1795），由商人经办寄递、包裹和汇款的民信局出现，一度对杭州民间通信起到重要作用。光绪二十一年（1895），海关试办杭州府送信官局。此后陆续改名为大清杭州邮政局、杭州邮界邮政总局、浙江邮务管理局，官办邮政逐渐取代民信局。中华人民共和国成立后，邮政服务种类增多，增办报刊发行等业务。20世纪80年代起，邮政初步实现包裹收寄、分拣、投领机械化与自动化。1986年起，陆续开办邮政储蓄、国内邮政快件、国际快递函件、快件汇款等业务。20世纪90年代，邮政营业窗口业务由手工作业方式向计算机处理转变，内部处理设备从自行研制和加工为主向引进国内国际先进邮政设备为主转变。陆续开办国内邮政电子信函、礼仪信函、混合信函、广告邮递等业务。2000年起，开办国内包裹快递等业务。

进入21世纪，随着电子商务及网络购物的发展，上城区快递业逐渐兴起。2009—2015年，受到国际金融危机和市场竞争的影响，邮政传统业务出现持续下滑的趋势。

电报电话方面，清光绪九年（1883），清政府在杭州开设官督商办的中国电报总局杭州分局，并开通首条报路，后电报收归官办。光绪三十二年（1906），杭州市内电话开办，成立市内电话公司。民国13年（1924）起，陆续开通杭州至省内等处的长途电话。民国16年（1927），杭州长波无线电台创办，后更名为杭州短波无线电台，归交通部管理。

中华人民共和国成立后，电信业务种类不断增加，市内电话、长途电话逐渐实现自动化。20世纪80年代，陆续开办国际用户电报和用户传真等业务，实现公众电报全自动转报。1992年，移动通信在上城区开始出现，杭州市电信局开通模拟移动电话业务。1995年起，电报传输逐步由模拟传输转向数字传输。1997年，移动通信业务从杭州市电信局分离。2000—2015年，杭州移动、联通、网通、铁通等通信运营企业与杭州电信公司共同发展，形成通信竞争局面。

第一章　交通运输

1978年中共十一届三中全会后，上城区市区道路和对外通道建设进入新阶段，推动运输业的发展。1988年12月，杭州汽车南站建成。20世纪90年代，道路客运业由计划经济向市场经济转轨。2000年起，改扩建后的杭州汽车南站和铁路杭州站客运交通枢纽作用更加明显，上城区在杭州市整体交通布局中的地位举足轻重。区内公共交通体系不断完善，公交线路不断优化、加密，服务时间不断延长，公共自行车服务系统破解市民出行"最后一公里"的难题。2012—2015年，杭州地铁一号线、地铁四号线一期首通段（近江站—彭埠站）相继开通，为市民提供更加快捷的出行方式。

第一节　道路运输

20世纪90年代，杭州市道路客运业开始由计划经济向市场经济转轨。客运经营主体从单一的国有全民性质客运企业转变为全民、股份制、民营、集体等多种经济成分并存的格局。同时，车型也出现较大变化。进入21世纪，全市客运运输量明显增长，客运班线辐射范围扩大。2008年，上城区有交通运输、邮政相关企业134个，就业人数11411人。2012年，上城区交通运输业生产总值为5亿元；至2015年，达到11.1亿元。

一、旅客运输

班线客运　1993年，杭州市区（不含萧山、余杭、富阳区，下同）有营运客车6565辆，计100320座位。100千米以内以普通中巴车经营为主，200千米以上（尤其是600千米以上）班线配备普通高靠背及卧铺车。至2000年，全市年旅客发送量17102万人次，客运班线辐射全国8个省市、省内10个地（市）和大部分县（市）。

2005年，杭州长运运输集团有限公司推出"杭州快客"品牌，参照"浙江快客"服务标准执行，杭州市内距离100千米以上的淳安、建德、桐庐全部以"杭州快客"直达。所有快客线路客车全部达到高二级以上客车标准。车型以金华尼奥普兰、合肥现代、安徽凯斯鲍尔、桂林大宇、西安沃尔沃、郑州宇通等高档豪华客车为主。至年末，省际客运线路辐射苏、皖、鲁等12个省和京、沪、渝3个市，市级客运线路辐射全省10个地级市和除洞头县外的省内全部县（市），县际客运线路辐射萧山、余杭等7个区、县（市）和100%的乡镇及90%以上的行政村。至2008年末，市区共有班车客运经营业户38家，有客运班车902辆，开行客运班线478条。

2009年，新开通杭州至四川雅安、重庆江津、云南昆明、贵州施秉等15条省际班线。2010年，城站等临时客运站纳入行业管理。2015年，杭州市区开行道路客运线路559条，其中省际线路290条，日发班次748个；市际线路200条，日发班次2204.8个；县际线路62条，日发班次893个；主城区内线路7条，日发班次474个。

旅游客运　20世纪80年代后期，全市有旅游客运企业10余家，旅游客车200辆，以国有省、市外事公司为主要经营主体。旅游客车以上海飞翼、江苏太湖、日野、丰田柯斯达等车型为主。主要经营外宾、境外团队接送、工作会议用车和机关、企事业单位、学校等租车业务。经营旅游客运业务占较小比例。90年代中后期，全市有60余家旅游客运企业进入旅游客运市场，累计投放350辆旅游车。“十五”计划期间，全市旅游客运经营主体通过兼并、收购、股份合作后，有50家旅游客运企业拥有客车20辆以上，并具备省际旅游客运资格。全市70%以上的旅游车为高一级以上客车。车型以厦门金龙、苏州金旅、河南宇通等高级客车为主。

2005年，市区有旅游客运企业46家、客车1013辆。旅游客运以经营华东地区及省内各地（市）、县（市）景区观光为主。至2008年末，市区有旅游客运企业55家，旅游客车1642辆，其中100辆以上企业4家。2010年，采用服务质量招投标方式成功投放40辆7座旅游商务车和270辆旅游车。5月18日，正式开通杭州汽车南站开往上海世界博览会的专线班车。2015年，市区共有旅游客运企业76家。

杭州汽车南站　杭州汽车南站位于秋涛路407号，是杭州发往浙江南部以及华南地区方向的长、中、短途客运汽车站。1988年12月建成开业，占地面积6878平方米，建筑面积2114平方米。2001年10月至2002年9月，投资2700万元，按交通部一级客运站标准完成扩建工程，占地面积扩至1.96万平方米，能停放大型客车80辆；候车室设有售票窗口10个，检票口14个；班车主要发往温州、金华、绍兴、丽水以及福建、广东、广西、江西等地。2005年，日发班车483班次，日发送旅客1万人次。2008年9月29日，客流量达32487人次，发送班车885班次，创历史新高。2013年11月，杭州汽车南站开通直达横店的大巴，同步推出特惠自助游服务。2015年末，杭州汽车南站日均发送606班次，日均发送旅客12257人次，是浙江省最大的一家统一票务，统一站务，站、车分离的公用型汽车客运站。[①]

图7-1-1　杭州汽车南站（2018年）　（望江街道 供稿）

① 2018年，杭州汽车南站正式启动搬迁至滨江区浦沿街道新址。

二、货物运输

1993年，杭州市货物运输量6353万吨，周转量264975万吨/千米。1998年8月，杭州市货运管理服务中心成立，地址浣纱路159号。2003年，杭州市货运管理服务中心成立归口杭州市交通集团有限公司管理，主要职责是承担杭州市交通集团有限公司物流板块的构建与拓展，负责杭州市域范围内货运物流市场的建设与管理、公路运费代结算与联运业务，提供货运信息咨询服务和相关社会服务。2004年，全市开行的公路货运零担班线增至132条，其中省际72条，省内60条，总里程6.2万千米；每月发送1034个班次，全年完成零担吞吐量23.5万吨。2005年，全市有货物运输企业经营户1.7万户，其中个体1.4万户，从业人数5.7万人；有营运货车4.9万辆、18.4万吨位；其中8吨以上重型货车4591辆，厢式运输车辆5009辆；完成货物运输量13539万吨，货物周转量549313万吨千米。2008年，传统货运转向现代物流，向仓储、运输、配送等物流一体化服务拓展。2010年，围绕上海世界博览会安保工作，杭州市全年共上报危险品运输电子路单151100条，实现上报率100%。2015年，杭州市区共有货物运输单位1890户，营运货车4.29万辆、31.02万吨位。

三、运输企业

杭州长运三运运输有限公司　公司位于光复路167号。1986年5月，杭州市第三运输公司成立。1993年10月，更名杭州市第三运输总公司。1997年9月，被杭州长运总公司兼并，更名为杭州长运集团公司三运公司。2001年5月，改制为杭州长运三运运输有限公司，注册资本1308万元。公司主要经营公路汽车客（货）运输业务、旅游、出租车、汽车修理、货运仓储、代理、信息及货运配载、中转托运、起重装卸、机械安装、维修以及车辆停放、住宿、餐饮等。

杭州联众客运有限公司　公司位于景江城市花园1幢。2007年9月，杭州联众客运有限公司成立，注册资本1200万元。公司拥有90余辆各种类型中高档旅游客车，主要从事市际、省际包车客运及汽车租赁业务，服务的旅游公司有浙江省国际合作旅行社有限公司、浙江新世界国际旅行社有限公司、浙江海外旅行社等40余家省内外大中型旅游公司。

浙江五祥旅游客运有限公司　公司位于秋涛路178号。2002年公司成立，注册资本1000万元。公司拥有营运客车120余辆，其中35座以上大型客车80余辆。主要从事省内外旅游客运、包车客运、杭州地区厂校接送包车、小车租赁等业务。

第二节　铁路运输

1997年4月至2005年末，为解决铁路运能运力不足的问题，铁道部先后实施列车提速5次。第五次列车提速后，杭州至北京客运列车运行时间从27小时减至13小时30分，首次开行快速列车和夕发朝至列车。2005年，杭州铁路共发送旅客2010万人次，旅客到达

1868万人次；完成货物发送523.5万吨，货物到达2070万吨，实现运输收入18.3亿元。上城区域内的车站有杭州站和南星桥站。2007年1月28日，铁路杭州站发出全国首次运营的和谐号动车组，杭州铁路客运进入高铁时代。2015年末，杭州站旅客发送1235.07万人次，到达1217.03万人次；南星桥站停办客运业务。

一、车站

杭州站　杭州站位于环城东路1号，是沪杭、浙赣、宣杭、杭甬4线交汇处，占地面积22.57万平方米。

车站始建于清光绪三十二年（1906）五月，因在清泰门外，故名清泰站。光绪三十六年（1910），迁至现址，改称杭州站，因铁路穿城而过，车站又设在城内，俗称城站。民国26年（1937）10月13日、15日车站两次遭日军轰炸，毁于战火。民国30年（1941）在原址重建杭州站，次年3月投入运营。重建后的火车站建筑风格典雅古朴，成为杭州市的标志性建筑。

1991年，杭州站改建列为杭州枢纽建设的重要项目。1997年6月，杭州站停办客运业务，移至杭州东站过渡。至8月，杭州站老站房全部拆除。12月8日，杭州铁路新客站暨城站广场改建工程开工。新客站按最高集结5200人设计，采用“高架站前广场—主站房综合楼—高架候车厅”的纵向主体组合型布局、高进低出的客流走向。主站房18层，建筑高度71.55米，长268米，总建筑面积7.9万平方米。广场分为地下、地面、高架3层，地下层辟有出站大厅和出租车站，高架层与主楼进站大厅相通。1999年12月28日，铁路杭州站新客站暨高架广场开通，21时25分首趟列车（杭州—北京，K32）从新客站出发。

2005年，杭州站设有软席候车厅700平方米，50～120平方米的贵宾厅4个，1320平方米硬席候车厅4个，以及军人、母婴候车室1个；售票大厅面积1200平方米，设窗口30个；行包库区3405平方米（含地下库），行包托取厅168平方米；进站大厅1890平方米；基本站台1座长647米，中间站台3座长分别为550米、550米和470米，各站台配有旅客、行包地下通道。行车设备主要有股道22股；车站信号采用计算机连锁装置。2015年10月，再次启动提升改造工程①，主要集中在广场站房地下室，包括出站大厅、出租车通道、南北车库、南侧服务用房以及公共走廊等，以及2、3号站台增高工程，涉及面积1.5万平方米。

南星桥站　南星桥站位于复兴里街站前路25号，站场面积85.92万平方米（含闸口货场31.43万平方米），是杭州铁路分局直属一等区段站，主要办理零担货物，集装箱和整车货物运输业务，担负杭州枢纽

① 工程于2016年2月完工。

40%货物列车和小运转列车的编解作业及少量客运业务。

南星桥站始建于清光绪三十二年（1906），是沪杭甬线上的一个中间站。1956年8月，杭州站改为客运站后，杭州站编组解体及货物列车到发业务全部归南星桥站办理。1990年10月起，全部实行自动扳道，结束建站后人工扳道岔的历史。

图7-1-2 杭州南星桥火车站（1994年） （潘建忠 摄）

1995年，南星桥站新建3层楼站屋，有候车室338平方米、行李房180平方米，有硬面化旅客站台350米及雨棚1350平方米。全站共有52股道，在车站西区设有调车简易驼峰1座。全站货场面积14.32万平方米，货物仓库14座，计12218平方米；站台16座，雨棚5座，装卸线15股，总有效长2954米。1997年4月起，停办客运业务。1998年9月，南星桥直属站建制撤销，并入艮山门直属站。

二、运营

1993年，杭州站旅客发送量为879.89万人，售票方式为手工售票，耗时较长。1995年，杭州站开设站内售票点和候车室应急售票服务，在出口处右侧开设绿色通道，为旅客中途换车和应急售票提供便利。1996年末，杭州站13个窗口实行计算机售票，并与绿色通道联网，做到“一窗有票，窗窗有票”，缩短售票时间。1996年后，加大团体发售和预售，扩大电话订票，组织应急售票、流动售票、站内中转和异地票发售。实行联网发售，拓展网上订票后逐渐取代计划发售环节。2001年，车站所有窗口开通全国联网售票功能。2005年，杭州站旅客发送1462万人次，到达1283万人次。2007年1月28日上午7点15分，杭州站始发的N522次列车从杭州站开出驶往上海南站，为和谐号电力动车组在中国的首次运营，标志着中国铁路进入全新的高速列车时代。4月28日，杭州站开行经由沪昆铁路运行的既有线动车组列车。

2011年6月1日开始，铁路动车组列车售票实行实名制。2012年1月1日开始，实行全部列车实名制售票，主推互联网售票和电话订票两种方式。为应对春运期间铁路旅客高峰，杭州站实行售票、取票窗口分离，增开网购、电话订票取票专窗。2015年末，杭州站旅客发送1235.07万人次，到达1217.03万人次。上城区内火车票代售点有浣纱路147号、望江路88号、中山中路416号3处。

第三节　公共交通

20世纪90年代，上城区的公共交通主要依赖公交车。随着经济的发展，公交线路、车辆不断增多，公交车的收费方式逐渐从有人售票变成无人售票及运用电子收费系统。2008年5月，杭州在全国率先推出公共自行车服务系统，解决居民出行“最后一公里”难题。2012—2015年，杭州地铁一号线和四号线一期首通段相继开通运营，上城区有地铁站6座，其中近江站作为一号线与四号线的换乘站，发挥重要作用。

一、公交车

1993年，上城区形成以公共汽车、无轨电车为主的多车种、新型车营运格局。1997年，为配合铁路杭州站改建，杭州铁路枢纽中心移至杭州火车东站，公交线路有较大调整，市区全年新增8条公交线路。2000年末，杭州市区拥有营运车辆2004辆，营运线路163条、长2016千米，开通无人售票线126条，年客运量5.80亿人次。2002年，为满足乘客需求，设计开通夜车线、高峰线等特色公交线路。2004年4月，近江小区公交站竣工验收。2005年，杭州市区按“统一规划，分步实施”原则，以（准）快速公交线路为骨干，普通公交线路为主体，特色线路为辅助，小区巴士为补充，适时优化、调整线路47条。2008年2月，开通吴山公交站至萧山区临浦汽车站的无人售票（临时）线。2015年，杭州市区投入运营“比亚迪”牌纯电动公交车780辆及“万向”牌纯电动公交车100辆。

延安路公交中心站　延安路公交中心站位于延安路龙翔桥，占地面积7420.4平方米。1972年末筹建，1974年启用，为当时杭州最大的中心站，拥有3条机动车通道，3条双排候车廊，并在候车廊设有候车座位。305、308、514、315路等主要公交线作为始发站。杭州市公共交通集团有限公司行政办公楼和出租汽车营业点、月票发售中心均设于此。2011年，为配合地铁一号线龙翔桥站及周边地区的商贸旅游特色街改造，延安路公交中心站被拆除。

图7-1-3　延安路公交中心站（2011年）　（王巽庠 摄）

城站公交中心站　城站公交中心站位于城站火车站。1999年12月，铁路杭州站新站房投入使用，公交中心站分南北两区设置，有11、21、518、151等12条公交线路。2015年，中心站有3、7、11、39、49路等25条公交线路。

鼓楼公交中心站　鼓楼公交中心站位于吴山东麓鼓楼边，占地面积2616平方米。2000年重建鼓楼，公交中心站的站房为与鼓楼景观相融洽，建成古典式站房。2015年，中心站有13、308、510、71、834、846、87、8、59、501、Y6等公交线路。

二、地铁

图7-1-4 2012年9月13日，部分市民代表受邀体验乘坐地铁 （杭州市人民政府地方志办公室 供稿）

2007年3月，杭州地铁一号线一期工程开工建设，2012年11月开通试运营。共设有车站34座，31座地下站中，近江、婺江路、城站、定安路、龙翔桥5站位于上城区内，龙翔桥站至近江站地下线长4.64千米。

2015年2月2日，杭州地铁四号线一期首通段（彭埠—近江）开通试运营。上城区境内有近江站，其为一号线与四号线的换乘站。[①]

① 杭州地铁四号线全线共设18座车站，全部为地下站，其中上城区境内从北至南有近江、甬江路、南星桥、复兴路、水澄桥5个站点。2018年1月9日，开通运营一期工程西南段（近江—浦沿）。2018年6月6日，开通运营联庄站。

龙翔桥站　龙翔桥站位于平海路和学士路中间的延安路段下，为杭州地铁一号线站。其主体沿延安路设置，为地下二层岛式车站。车站大致呈南—北走向，南接定安路站，北接凤起路站。车站为地下二层岛式车站，总长155米，设4个出入口及通道和2组风亭。

定安路站　定安路站位于中山中路和定安路中间的西湖大道下，为杭州地铁一号线站。车站沿西湖大道设置，车站南面是高档商住楼定安名都、凤凰寺、万源绸庄旧址，东面为涌金立交匝道口，西面约700米为著名的西湖风景区。该站为地下三层框架岛式车站，全长为163米，标准段宽度为20.9米。共设4个出入口和2组风亭。

城站站　城站站位于火车站站前广场和西湖大道西端道路下，规划为杭州地铁一号线、五号线的换乘站，车站总长160米，车站标准段宽度28米，五号线宽度为21米，设4个出入口。

婺江路站　婺江路站位于婺江路和东城站路交叉口，跨秋涛路及新开河，为杭州地铁一号线站。该站附近有汽车南站、公交汽车总站等。该站总长度257米，宽19米，预埋深度18米。车站形式为地下双跨岛式车站，地下一层为站厅层，地下二层为站台层。

近江站　近江站位于富春路和婺江路交叉口，为一号线、四号线的换乘站，四号线在上，一号线在下，采用T字形布置，明挖顺筑法施工。一号线位于婺江路下，车站大致呈东南—西北走向，东南接滨江路站，西北接婺江路站，车站总长度247米，标准段宽度21米，为地下三层岛式结构。四号线位于富春路下，车站大致呈西南—东北走向，西南接甬江路站，东北接城星路站，车站总长度370米，为地下二层三跨岛式结构。

表7-1-1　2015年上城区地铁站点首末班车运营时刻表

线路	车站	往下沙江滨方向		往湘湖方向		往临平方向	
		首班	末班	首班	末班	首班	末班
一号线	近江	6:12	22:53	6:29	23:36	6:07	23:03
	婺江路	6:14	22:55	6:27	23:34	6:09	23:05
	城站	6:16	22:57	6:25	23:31	6:11	23:07
	定安路	6:19	22:59	6:23	23:29	6:13	23:09
	龙翔桥	6:10	23:02	6:20	23:26	6:16	23:12

说明：资料来源于杭州地铁集团公司网站

三、公共自行车

2008年5月1日，为解决市民上班、回家“最后一公里”难题，杭州市在全国率先推出公共自行车服务系统，设置62个租车服务点，在60分钟内可免费使用公共自行车。2009年，公共自行车增至5万辆，服务点增至2150个，基本实现免费单车服务系统在主城区的全覆盖。服务时间由原来的6:30—20:00，调整为6:00—21:00（晚上还车时间延迟至21:30）。

2015年，杭州主城区（不含滨江）公共自行车租车时间从6:00—21:00统一调整为6:00—22:00，还车时间为6:00—24:00。至年末，全市公共自行车总量达8.4万辆，服务网点3300余个，每日为30万人次提供服务，其中上城区公共自行车服务网点有343个。

图7-1-5　2009年10月，外国游客在柳浪闻莺尝鲜公共自行车　　（潘宪勤 摄）

表 7-1-2　2015 年上城区公共自行车服务网点情况表

站点名称	站点编号	站点地址
吴山广场	1001	吴山广场牌坊西侧
河坊街	1002	清波卫生院前
西湖大道	1003	西湖大道南山路口北侧
劳动路口	1004	劳动路西湖大道口
延安南路	1005	延安路开元路东南角
省中医院	1006	浙江省中医院东门北侧
开元路口	1007	浣纱路国货路口西侧
市一医院	1008	浣纱路西侧、市一医院正门北侧
省妇保	1009	浙江省妇女保健院门口
市一医院北	1010	孝女路与学士路东北角
明珠商业中心	1011	延安路明珠小百货门前
解放路北	1013	新侨饭店北报亭东
吴山路口	1014	吴山路平海路口
横河公园	1015	横河公园环城东路西
东坡路	1016	东坡路必胜客门口
地铁龙翔桥站 C1（东坡路西）	1018	东坡路西侧、平海路北侧
涌金广场	1019	涌金广场花园餐厅北侧
三廊庙南	1021	秋涛路 16 号前人行道
省公安厅	1023	省公安厅服务中心门口
解放路东	1024	军供大厦（解放路 13 号）
葵巷社区	1026	葵巷社区建国路 168 号
汽车南站站	1027	汽车南站站内
鼓楼公交站	1028	鼓楼公交汽车站
小车桥	1031	小车桥公交站（南）庆春路南侧、湖滨路东侧
东坡路长生路口	1032	东坡路长生路东北角
凤山路	1033	公交 30 路南星桥车站凤山路北面人行道
凤山门	1034	凤山路 153 号老年活动中心
西湖大道北	1036	西湖大道 150 号前人行道
近江东路	1037	近江东路小天富花园门口人行道
翰林园街	1038	翰林园 2 号对面
嘉和里路口	1039	劳动路 126 号（劳动路嘉和里路口）
富春路口	1040	富春路 255 号前人行道（富春路近江北路口）
雄镇楼	1041	雄镇楼 290 路车站边
近江公交站	1042	公交 32 路近江公交中心站
地铁龙翔桥站 B（利星广场）	1043	利星广场学士路东坡路口
一公园	1044	一公园原湖滨 7 路湖滨站
河坊街东口	1045	河坊街东口与江城路交叉口
仁和路西	1048	东坡路仁和路口
元华商城（原湖滨）	1049	湖滨延安路 238 号大光明眼镜门口

续表7-1-2

站点名称	站点编号	站点地址
板桥路口	1051	板桥路口友好饭店北侧
钱王祠	1052	南山路钱王祠
城头巷	1054	城头巷（车站东、西湖大道南）
美政路	1055	美政路7号
清吟街点	1058	小营街道前（清吟街110号）
延安路305号东（原解百天桥）	1060	延安路庆春路西南角（新华书店前）
瑞丰大厦	1067	庆春路与中河路交叉口（庆春路）
上城区政府	1069	惠民路北侧
六和源	1071	水澄路复兴路口
小营公园	1074	马市街401路车站边
紫花苑	1076	紫花路紫花苑23幢前人行道
望江门	1077	望江门104号人行道
延安南路惠民路口	1078	中国农业银行吴山支行
复兴南街	1079	复兴南街210号（城管边）
清江路	1080	清江路87号前人行道
近江一苑	1081	衢江路（三桥农贸市场对面）
海潮路口	1082	望江路海潮路口
延安南路中信银行	1084	延安路惠民路东南（原8路吴山广场站）
惠民路定安路口	1085	定安路口银泰后门
万松岭路口	1087	万松岭路口车站南面
涌金门	1088	南山路西湖天地
杭州财政局	1089	中河中路152号
胡雪岩故居	1090	望江路与建国南路西北侧人行道
馒头山	1091	中山南路与万松岭口交叉口
复兴南街	1093	复兴南街87～99号
大学路	1094	大学路116号东侧人行道
望江东园	1095	望江东园对面23-2，西园30幢楼下人行道
飞云江路之江路口东	1096	飞云江路16号
青藤茶室	1097	柳营路36号人行道旁
高官弄	1099	大学路高官弄口
丰乐桥南	1101	中河路与缸儿巷东口，42幢靠墙人行道
水亭址	1102	水亭址22号南面
清吟街东	1103	清吟街15号对面人行道
复兴立交桥（9）	1104	复立009号电杆边人行道
复兴立交桥（27）	1105	复立027号电杆边人行道
杭州警校	1106	杭州警校大门前人行道
上城区法院	1107	上城区人民法院东面人行道
小营巷民居	1108	直大方伯14号对面（小营巷民居6幢东侧）
沙地路	1109	沙地路联华超市西侧人行道

续表7-1-2

站点名称	站点编号	站点地址
富春路姚江路口西	1111	富春路16号西侧人行道
富春路姚江路口东	1113	金色海岸北门
衢江路35号	1114	衢江路35号人行道
四宜路	1115	电力招待所大门口东侧人行道
钱江路甬江路北	1117	公交港湾式车站在施工（服务点名称将根据车站站名而定）
钱江路候潮路口北	1118	钱江路候潮路口公交站
钱江路姚江路口东北	1119	钱江路姚江路口东北
南星派出所	1120	南星派出所对面（洋泮路）
金棕榈花园	1121	金棕榈西侧人行道（洋泮路）
高银街	1123	吴山广场东侧
清波街3～5号	1124	清波街3～5号
钱江时代公寓一号	1126	景江城市花园2幢对面清江路离之江路200米
富春路215号	1127	富春路215号
近江家园四园	1128	衢江路近江西路近江南路诗园弄20号对面2～4幢
凤山桥	1129	江城路南端、凤山桥直街19-1号
城南家园	1130	江城路南端、凤山桥直街、城南家园4～7幢底商11号
佑圣观路111号	1131	佑圣观路111号
断河头95号	1132	断河头95号
建兰中学	1133	抚宁巷53号
将军路516号	1134	将军路56～58号
江城路199号	1135	江城路199号
海月路81号	1136	海月路81号
复兴南街337号	1137	复兴南街337号
之江路海月路口站	1138	公交20路之江路海月路口站
复兴里街站	1139	复兴南路411号（62路复兴里街站）
江新苑	1140	复兴南路与之江路交叉口（江新苑2幢）
清怡花园17幢	1141	化仙桥路65号清怡花园17幢
翰林花园	1142	环城东路117号
檀香园	1143	环城东路94号
虹桥医院	1144	环城东路虹桥医院门口
江滨职高	1145	复兴路235号
惠民路联华超市	1146	光复路28-4号对面
定安游泳馆	1150	定安路27号东人行道
将军路延安路口	1151	将军路中国电信正门对面
南山路282号	1152	南山路282号天福茗茶
延安路平海路口	1153	延安路平海路西南角
长生路48号东	1155	长生路48号东
庆春路203号	1156	菩提寺路北口庆春路203号
延安路213号（原公交湖滨站）	1157	延安路老凤祥门前，延安路213号

续表7-1-2

站点名称	站点编号	站点地址
东坡路62号	1158	东坡路62～66号
吴山通宝城	1159	高银街191号对面
吴山广场西侧	1160	吴山广场西侧
菩提寺路口	1161	长生路菩提寺路口
四宜路13～15号	1162	四宜路13～15号
柳浪阁	1163	清波街80-1号（五丰冷食清波提货站左侧）
板桥路十	1164	市一医院后门
岳王路27号右侧	1165	岳王新村6幢对面
庆春路135-1号	1166	绿洲羽绒前
庆春路149号	1167	银乐迪前
马市街清吟街口	1168	马市街99-4号（联华超市后门）
万安城市花园九幢	1169	浙医一院东门对面
之江路二	1170	清怡花园9幢前
之江路洋泮路口	1171	之江路洋泮路口
之江路三	1172	之江路532号
劳动路12～18号	1173	吴山名苑1幢前
延安路127号	1174	中国民生银行前
之江路南复路口东	1175	之江路南复路口东
之江路南复路口	1176	之江路南复路口（39路车站）
水澄路之江路口	1177	水澄路之江路口（浙江省电力公司幼儿园）
之江路美政路口	1178	之江路美政路口
美政路26号	1179	美政路26号左
美政路5号	1180	美政路5号对面
市中级人民法院	1181	之江路768号
之江路复兴路口	1182	之江路复兴路口（之江路315号）
之江路飞云江路口	1183	之江路春江花月西侧
之江路春江花月	1184	之江路春江花月正门
之江路姚江路口	1185	之江路姚江路口
市中级人民法院南	1186	杭州市中级人民法院南侧
市中级人民法院北	1187	杭州市中级人民法院（404公交站）
金色海岸东	1188	之江路滨江金色海岸东
杭州市公安局	1189	华光巷48号对面
定安路32号	1190	定安路32号对面
之江路紫花路口西	1191	之江路555号
海月路2号	1193	杭州教育科学研究所附属小学
秋涛路	1194	复兴立交电杆039号
之江路（市民林）	1195	江新苑2幢对面
南山路218号	1197	南山路218号
清波街28号	1198	清波街28号

续表7-1-2

站点名称	站点编号	站点地址
杭州市旅委（原延安路解放路口）	1206	延安路旅游咨询公司
莫邪塘社区	1207	秋涛一弄23-14号对面
之江路望江东路口	1208	之江路望江东路口东侧
江韵园	1209	之江路915号左侧
之江路945号	1210	之江路945号右侧（景江城市花园）
南山路218-5号	1211	南山路218-5号杭州银行前
清江路292号	1212	清江路292号前
清江路346号	1213	公交517路清江路终点站
钱江时代公寓二	1214	清江路钱江时代公寓3幢前
开元路延安路口（原延安路解放路口）	1217	开元路延安路西北角
珊圆弄96号	1218	衢江路近江南路珊圆路96号
庆春路9号	1219	长堤明苑左侧
庆春路25号	1220	民生银行前
高官弄	1221	高官弄3号对面
大学路	1222	大学路87号对面
学士路92号	1224	凯悦大酒店后门（学士路92号对面）
复兴大桥一	1225	杭州警校右侧（复大电杆096号）
复兴大桥二	1226	复大电杆027号右侧
复兴大桥三	1227	复大电杆024号右侧
直大方伯解放路口	1229	浙二医院保健中心对面
马市街90号	1230	小营法律服务所前
清泰街站前路路口	1232	西湖大道12号右侧
十五奎巷99-1号	1242	十五奎巷99-1号（市委党校）
四牌楼17号	1243	四牌楼17号对面
凤山路137号	1244	凤山路137号左侧
八路鼓楼终点站	1245	公交8路鼓楼终点站
河坊街472号	1247	河坊街472号前
河坊街四宜路口	1248	河坊街四宜路口
杭四中分校	1249	杭四中分校对面（紫薇街延安路口）
庆春路87号	1252	庆春路中国电信
西湖时代广场一	1253	庆春路东坡路口
长生路菩堤寺路口	1254	长生路菩提寺路东南角
庆春路167号	1256	金碧辉煌娃哈哈超市左侧前
庆春路199号	1257	浙江省国贸集团前
吴山通宝城二	1262	德玛咖啡前
孔庙	1264	劳动路劳动弄口（孔庙右侧）
西湖大道252号	1265	西湖大道252号浦发银行
涌金广场	1266	西湖大道262号
章家桥西	1267	西湖大道北面城头巷口东侧人行道

续表7-1-2

站点名称	站点编号	站点地址
开元路比胜庙巷口	1268	开元路比胜庙巷口
开元路延安路口	1269	家乐福超市前
开元路78-10号	1270	开元路78-10号
瓯江路近江北路口	1271	近江住宅区华龙坊2幢对面
之江路934号	1272	之江路934号
之江路衢江路口南	1273	之江路衢江路口南侧
衢江路之江路口北	1274	衢江路之江路口北侧
延安路176号	1275	延安路西湖大道东北角（薇薇新娘）
西湖大道佑圣观路口	1276	西湖大道佑圣观路口（华润万家）
梅花碑	1277	佑圣观路72-9号左侧
平海路5号	1279	平海路光复路口
解放路中河路口	1280	解放路中河路口
浙二医院南	1281	解放路103～105号（浙二对面）
青年路开元路口	1282	青年路2号
长生路54号	1284	长生路54号
解放路178号	1285	解放路惠兴路口
浙江电信	1286	将军路延安路西北角
河坊街461～463号	1287	河坊街461～463号（靠近清波门）
之江路961号	1288	之江路961号
之江路清江路口	1289	之江路清江路口西侧
行知幼儿园	1290	岳王路学士路口
钱塘人家	1293	清江路310号
涌金饭店	1294	劳动路123-4号
望江路68号	1296	海潮路口望江路68号
中河中路240号	1297	中河中路240号
中河中路230号	1298	中河中路230号
中河中路68号	1299	中河中路68号（中保大厦）
浣纱路200号	1300	浣纱路200号省中医院对面
婺江路诗园弄西	1301	婺江路诗园弄口南侧
河坊街12号	1302	河坊街12号（靠近江城路）
青年路19-15号	1303	青年路积善坊巷西南口
解放路148号	1304	解放路中山中路口
解放路89号	1306	解放路金鸡岭路口、久加久连锁店前
中河中路鼓楼堂	1307	中河中路1号鼓楼堂前人行道
近江小公园	1308	富春路181号西侧、近江小公园前
富春路196号	1309	富春路196号（建设银行前）
鉴衡里11号对面	1310	将军路吴山路口南面
候潮路钱江路口	1311	候潮路钱江路口西南角空地上（绿化带内20米）
近江家园三园	1312	衢江路近江南路珊园路15号

续表7-1-2

站点名称	站点编号	站点地址
复兴南街253号	1313	复兴南街253号
富春路甬江路东南	1315	富春路甬江路东南角
望江家园东园37幢	1316	沙地路51号对面
冠盛大厦	1319	望江东路（钱江路与富春路之间）
丰乐歌舞厅	1320	解放路140号前
建中小区	1321	清泰街建国中路口（清泰街280–6号）
衢江路望江街道	1322	衢江路155号（距钱江路口50米）
解放路佑圣观路口	1323	解放路117号（工商银行）
望江路胡雪岩故居	1324	望江路235号（胡雪岩故居围墙前）
西湖大道柴垛桥	1325	西湖大道中河中路（慢车道）东南角，立交桥下
清泰街建国中路口	1326	清泰街建国中路与城站路中间
清泰立交南侧	1327	清泰街259号（城站路与环城东路中间）
中河中路河坊街路口	1328	中河中路河坊街路口南侧
公交耀江广厦	1329	西湖大道中山中路东南角
体育用品市场东	1330	中河中路55号
中河中路高银街口	1331	中河中路高银街口
久园弄	1332	久园弄60号对面近江七苑联华超市大门前（钱江路518号旁小区道路进入约50米，路东）
延安路紫薇路口(原公交吴山广场站)	1333	延安路紫薇路西北角（近吴山广场）
华光路三元地口	1334	华光路54号三元地口（市公安局对面）
四宜路师小	1335	四宜路杭师附小对面
四宜路清波街口	1336	四宜路39号对面
省妇保西门	1337	浣纱路长生路东端
劳动路变电所	1338	劳动路21号高银街西端
复兴路165号	1339	复兴路、洋泮路与美政路之间
复兴路317号	1340	复兴路海月路口
复兴路公交中心站	1342	复兴路106号白马安达公共交通客运服务公司
复兴路433号	1343	复兴路433号民安苑13幢，世纪联华超市前
公交80路钱江路望江东路站	1345	钱江路赞成林风花园映水苑2幢西侧马路对面，公交80路钱江路望江东路站
环城东路22号	1346	环城东路22号解放东路口西北角
中河中路平海路口	1347	中河中路平海路口向北8米
复兴路47～49号	1348	复兴路47～49号钱塘雅苑3幢北侧
建国中路6号	1349	建国中路6号杭州经济技术开发区管理委员会，锅子弄南侧
江城路307号	1350	江城路307号六部桥直街路口东北侧50米，杭州长安医院前人行道，雄镇楼中心花园西北角
海潮路29–2号	1351	望江路上门牌为海潮路29–2号紫阳街道海潮社区居民委员会前人行道，公交60路海潮路口站
闻潮路雷霆路口	1352	闻潮路雷霆路口东南侧，林风花园沁林苑1幢前
富春路闻潮路口	1353	富春路闻潮路口东北侧30米，林风花园沁林苑3幢东侧非机动车隔离带上

续表7-1-2

站点名称	站点编号	站点地址
凤凰山路南复路口	1354	虎玉路（凤凰山路）南复路口西北角70米，门牌号为施家桥19号
虎玉路29号	1355	虎玉路29号（凤凰山路）电厂宿舍1幢4单元
西湖水处理	1356	凤凰山路（虎玉路18号对面）西湖水域管理处
仁和路惠兴路口西北角	1358	仁和路2～14号唐苑酒店前
江城路881号	1359	江城路881号交通银行前
西湖国贸大厦	1360	西湖大道城站路口东南角20米，西湖国贸大厦西侧
光复路166号	1361	光复路平海路口西南角60米，光复路166～168号
之江路复兴大桥东侧	1362	之江路复兴大桥东侧30米
之江路复兴大桥西侧	1363	之江路复兴大桥西侧30米
秋涛支路清江路	1364	秋涛支路清江路南侧18米
钱江路望江东路口	1365	钱江路望江东路口西北角20米，望江家园东园1-1幢
之江路婺江路口	1366	之江路婺江路口北侧20米
之江路闻涛路口	1367	之江路闻潮路口南侧20米
之江路东	1368	之江路姚江路底左侧40米，靠近江边一泵站旁（路南）
之江路姚江路口	1369	之江路姚江路南侧80米
望江新园	1370	东宝路转入，望江新园1园3幢前
之江路紫花路北	1371	之江路紫花路北侧120米
建国南路8号	1372	建国南路8号
解放路1号	1373	解放路环城东路西南角
解放路50号	1374	解放路50号
解放路大学路口	1375	解放路大学路西北角
翰林街101号	1376	翰林街101号
荷花池头	1377	河坊街荷花池头口
大学路北端	1378	大学路庆春路东南角
大学路91-1号	1379	大学路91-1号（翰林园街口）
四维里二弄	1380	四维里二弄16号（西湖大道城头巷口）
西湖大道298号	1381	西湖大道南山路东北角
江城路秋涛路口	1383	江城路秋涛路交会处
望江路220号	1384	望江路220号（建国南路以西80米）
钱江路姚江路口	1385	钱江路姚江路口南侧60米（清河中学围墙边）
姚江路5号	1386	清河中学大门左侧
南复路凤凰山路口	1388	南复路凤凰山路西南角
水澄路水澄桥	1389	水澄路水澄桥西北角
富春路清江路口	1391	富春路清江路三桥下
化仙桥路2号	1393	化仙桥路2号
省妇保东门	1394	岳王路38号
马市街220号	1395	马市街220号
庆春门站	1396	公交88路庆春门站

说明：资料来源于杭州市交通运输局

第四节　其他运输

1993年，除公交车外，市民出行主要借助自行车和人力三轮车。2005年，市区全面禁止人力三轮车通行，出租汽车成为区内客运方式的重要补充。其后，由于杭州城市建成区范围不断扩大，电动车、私人轿车逐渐取代自行车成为普通市民短途出行的重要方式。

一、出租汽车客运

1993年初，杭州市区有客运出租汽车2532辆，主要车型为夏利、桑塔纳、波罗乃茨、拉达等。是年末，由于城市道路拥堵问题突出，杭州市区出租车暂停投放。1994年，市区客运出租汽车增至3675辆。1995年，杭州市制定《市区客运出租车中长期发展规划》，确定总量调控、适度发展、有偿使用的投放政策。7月，市区进行首次客运出租汽车经营权有偿使用价格竞投。此后，市区客运出租汽车投放均实行有偿使用的办法。2001年5月，市政府将市区原行政审批的3675辆客运出租汽车经营权统一纳入有偿使用范围。2002年，在采用桑塔纳、捷达、富康、夏利等主流品牌车型的基础上，市政府鼓励和引导出租汽车更新并提高车辆档次，红旗、帕萨特等品牌高档轿车600余辆投入出租营运。2005年末，市区出租车车型中，帕萨特、红旗、宝来、索纳塔等品牌中档车型占98%，其中奔驰出租车有100辆。

2008年1月25日，杭州首批100辆无障碍出租车上路，顶灯标有白底蓝字的"无障碍出租车"字样，其副驾驶座通过线性遥控可向外旋转90度，以方便残疾人和腿脚不便的老年人出行。2011年，市区新增200辆新能源无障碍出租车，采取时段性运营，每天运营时间为上午7时至晚上10时。2015年，市区客运出租汽车经营户1022户，经营车辆1.01万辆。

图7-1-6　南山路上的三轮车（20世纪90年代）（陈跃书　摄）

二、人力三轮车客运

杭州市区人力客运主要有营运人力三轮车，为游客、市民出行和小件物品搬运提供便利。1986年后，杭州市营运人力三轮车发展较快。1993年初，全市有营运人力三轮车4660辆。年末，对营运人力三轮车进行整顿、削减后，三轮车总量减至3600辆。此后，为解决55岁以上无业人员就业等历史遗留问题及部分城迁人员就业困难，放宽对三轮车的限制，三轮车数量有所增加。由于三轮车外观简陋，有碍市容，且行驶速度慢，占用道路时间较长，随着出租汽车行业发展，营运人力三轮车被逐步淘汰。1999—2000年，市运管部门2次对营运人力三轮车进行裁减，营运人力三轮车总量减少到958辆。2004年3—9月，市政府对市区的“四小车”（正三轮摩托车、燃油助动车、营业人力三轮车、有助动装置的有证残疾人专业车）实施依法管理，有证营运人力三轮车全部予以回收销毁，并采取经济补偿、安置就业、养老保障等政策，1346名从业车主（车工）按政策均得到妥善安置。

三、汽车租赁

20世纪90年代，杭州市汽车租赁行业开始起步。经营形式主要为融资性租赁，又称“门市租赁”，按不同的车型、新旧程度、起租时间、租价，明码标价进行租赁业务。一般租期在1个月以上为长租，以按月计费与按日计费相结合；1个月内为短租，按日计费。1998年，杭州市有汽车租赁企业45家，车辆2000辆。2000年后，由于租赁车的事故赔偿、骗租、违章等现象制约租赁企业发展，杭州市汽车租赁开始回落。2005年，部分汽车租赁公司建立租赁信息网络，通过公众网络与企业网络，沟通租赁信息，还与交警部门联网，以减少骗租事件及租车者违章企业买单等现象，汽车租赁行业逐步回暖。2013年10月起，浙江康迪电动汽车有限公司的子公司——浙江左中右电动汽车服务有限公司投放外观绿白相间的纯电动小车，称为“微公交”，分为双座版和四座版2种车型，采取分时租赁和长租2种使用方式。2015年，全市已备案登记汽车租赁企业766家，备案车辆2.68万辆。

第二章　邮政　快递

1978年以后，上城区邮政事业进入快速发展时期。20世纪80年代起，杭州开始宣传试用邮政编码，市区邮政编码制定完成，邮政初步实现包裹收寄、分拣、投领机械化与自动化。自20世纪90年代起，随着改革开放和中国特色社会主义市场经济的发展，邮政业务向多元化方向发展，生产组织和管理步入现代化、科学化的轨道，邮政服务水平全面提高。1993年5月，杭州邮政国际营业厅在城站附近的杭州邮政枢纽大楼开业，促进杭州及周边地区国际邮政业务发展。

21世纪初，快递行业异军突起，开始对传统邮政行业带来冲击。2009—2015年，受到国际金融危机和市场竞争的影响，传统邮政业务出现持续下滑的趋势。2015年，全市邮政函件业务量1.33亿件，比2014年下降23.9%；包裹业务量累计完成81.26万件，比2014年下降28.42%；杂志业务完成1309.6万份，比2014年下降8.8%；汇兑业务完成169.15万笔，比2014年下降48.8%。

第一节　邮政业务

杭州市邮政局是浙江省邮政枢纽中心，位于环城东路11号。承担全省以及华东部分地区邮件的中转任务，经营信函、印刷品、包件、特快专递、汇兑、报刊发行、集邮等业务。随着经济发展，杭州邮政业务向多元化方向发展，综合通信能力不断增强。进入21世纪，传统邮政业务受到快递行业的冲击，业务量日渐下降。

一、函件

1993年，杭州市函件业务量6224万件。1995年1月，市区各邮政支局开办中国邮政回音卡业务，供收件人及时向寄件人确认邮件已妥收。5月，开办中国邮政礼仪（邮资）信函业务。11月，开办国际回信券的出售业务。是年，给据邮件收寄一律使用条形码签。1995年，受外贸出口下降影响，国际邮政业务减少。1996年12月，平信资费从0.20元调整到0.50元。1997年6月，开办邮递广告业务，实行全国联网传递。1998年5月，邮政总局调整印刷品准寄范围，规定部分纸包按信函或包裹寄递。是月，开办国际商业回函业务。7月，取消邮政快件业务（含快件汇款业务）。1999年3月1日，邮政资费调整为：信函20克以内本埠0.60元、外埠0.80元；印刷品首重100克以内本埠0.30元、外埠0.60元；

图7-2-7　中山中路的邮筒（2007年）　　（周佳清　摄）

国际及中国港澳台地区资费相应提高。12月，规定印刷品内准予附寄内件清单和收、寄件人地址、姓名的纸条；试办限时信函收寄业务。

2000年1月，国内邮件回执业务扩大到个人用户交寄的给据邮件。5月，开办进口印刷品投递业务。6月，开办香港到内地直接进入业务的投递。2001年11月，办理邮政混合信函业务，全省范围通达，省外通达17个省市。2005年，全市函件业务收入7753万元。2012—2013年，顺应电子商务发展趋势，杭州市邮政局拓展国内小包、国际小包等函件新业务。2014—2015年，邮政函件业务量连续下降。2015年，全市邮政函件业务量1.33亿件，与2014年比下降23.9%。

二、包件

1993年3月，杭州市邮政局恢复烟草及其制品的限量邮寄业务。是年，实行商品包裹资费下浮政策。1996年12月，包裹资费上调50%，取消纸质品包裹、民用包裹、商品包裹、大件包裹区分。1997年10月，推出杭州—天津、杭州—沈阳点到点超大件包裹业务。1998年6月，开办直递邮件业务，至年末区域范围为江苏、上海、山东、天津、北京、河南、湖北、安徽、江西、福建、湖南、广东等省市。1999年，邮购业务开发以丝绸为主的具有杭州特色的系列邮购商品。

2000年7月起，市区实行包裹免费投递到户。2001年8月起，在全国范围内开办国内快递包裹业务，种类扩展为普通包裹、快递包裹和特快专递包裹3种。2002年3月，新增中山中路、涌金门等快递包裹收寄网点。12月，开办台湾小包业务。2003年4月，开办杭州—北京、杭州—济南直递包裹业务。2009—2015年，受到国际金融危机影响及快递市场的冲击，包件业务量呈现下降趋势。2015年，包裹业务量累计完成81.26万件，比2014年下降28.42%。

三、报刊发行

1993年，杭州市邮政局报刊收订工作实施各类报刊破月订阅、当地出版的日报和周六报实行当日订报次日起报等措施。1995年，接办297种新邮发报刊。1997年，采用计算机联网处理报刊业务。1999年7月起，陆续对《浙江日报》《都市快报》等杭州当地报纸实行早报早投。

2000年，报刊零售业务计算机管理系统投入应用。10月，推出浙江邮政183网站网上订报服务。2003年6月，开始境外报刊收订工作。2004年3月，开办网购、话购图书业务。2006年，全国报刊发行信息系统成功上线。2011年，对邮政报刊亭进行更换和升级改造，并引入“便民服务一站通系统”。2015年，全市报纸业务完成2.93亿份，比2014年增长0.4%；杂志业务完成1309.6万份，下降8.8%。

四、邮政汇兑

1993年，杭州市邮政局对1000元以下的高额汇票按址投递。1996年6月，邮政汇票每笔最高限额由5000元提高到10000元。1998年7月，与全国各大中城市实行汇兑业务通存通兑。8月，各邮政局（所）免收赈灾汇款各项资费，不受最高款额限制。1999年，受金融系统其他汇兑方式影响，汇票业务量下降。2月，开办国内邮政入账汇款业务和国内邮政礼仪汇款业务。

2000年，开办与上海、福建间的特快汇款业务。4月，开通与香港间的邮政汇兑业务。2001年7月，城站邮局作为杭州市首批网点之一，开通现金24小时电子汇款业务。浙江推出国际特快汇款业务，15分钟到账，单笔发汇限额1000美元。2002年1月，市邮政局在上城辖区网点实行电子汇兑，并在同城联网点实行通兑。9月，试开办京、苏、浙、闽、粤、川6个省市间的2小时加急汇款业务。10月，对通过国内邮政电子汇兑系统办理的汇款附言业务进行收费，每个汉字（2个字节）0.10元。2003年5月，推出实时电子汇款业务。7月，开办邮政汇款投单回执业务，资费1元。8月，对电子汇兑附言6个汉字（12个字节）以内的业务免费。2004年4月，在全省范围内开办邮政汇款短信回执业务，每笔收取1元。2009—2015年，汇兑业务量逐年下降。2015年，全市汇兑业务完成169.15万笔，比2014年下降48.8%。

五、邮政机构和网点

杭州市邮政局　杭州市邮政局位于环城东路11–2号。1965年7月，杭州市邮、电进行分设，分别建立浙江省杭州市电信局和浙江省杭州市邮局。1973年8月，浙江省革命委员会批准，将杭州市邮局定名为杭州市邮政局。1978年后，杭州市邮政局各项工作走向正轨。1986年，正式开办邮政储蓄业务。1994年11月，位于环城东路、解放路交叉口的杭州邮政枢纽大楼投入使用，该楼总建筑面积2.5万平方米，总投资达1亿元，由主楼、辅楼、营业厅组成，主要用于邮件转运，国际、国内邮件内部处理，报刊分发，邮政储务处理等。大楼内建成的信函车间、转运车间、包裹车间和国际营业厅采用国际、国内先进的邮政技术设备和微机管理系统，初步实现生产和管理的机械化、自动化，是浙江省和华东地区重要的邮件中转中心之一。2007年，邮政政企分开。至是年末，杭州市邮政部门有从业人员5974人，邮政局所334处，邮路291条，邮路总长度3.1万千米，日均进出口邮件3万袋，储蓄余额112.25亿元，其中上城区有邮政网点6家。2008年，成立中国邮政储蓄银行杭州市分行（位于环城东路18号）。2013年，杭州市邮政局改名为中国邮政集团公司杭州市分公司。至2015年，中国邮政集团公司杭州市分公司经营的主要业务有国内和国际邮件寄递业务，报刊、图书等出版物发行业务，邮票发行业务，邮政汇兑业务，机要通信业务，邮政金融业务，邮政速递业务，邮政物流业务，电子商务业务，各类邮政代理业务等。业务收入达14.82亿元，位居全省各地（市）首位。①

① 2017年9月，中国邮政集团公司杭州市分公司搬迁至江干区花园兜街221号。

中山中路邮政支局　局址在中山中路313号。杭州解放时称官巷口邮政支局。1956年5月，改名中山中路邮电支局。1970年1月，改称中山中路邮政支局。2015年，支局主要业务种类是储蓄、信函和包裹，业务收入407万元。

河坊街邮政支局　局址在高银街68号。杭州解放时称清河坊邮政支局。1956年5月，改称河坊街邮电支局。1966年9月，改称勤俭路邮电支局。1970年1月，改称勤俭路邮政支局。1984年5月起，更名为河坊街邮政支局。2015年，支局主要业务种类是储蓄、信函和包裹，业务收入350万元。

城站支局　局址在环城东路10号。杭州解放时称站局本地营业组（股）。1956年5月，改设城站邮电支局。1961年12月，改设城站中心局。1964年12月，撤销中心局恢复为城站邮电支局。1970年1月，改称城站邮政支局。2015年，支局主要业务种类是储蓄、信函、国际小包和特快，业务收入13265万元。

表7-2-3　2015年上城区邮政服务网点情况表

服务网点名称	邮编	地址
中国邮政集团公司杭州市河坊街支局	310002	高银街68号
中国邮政集团公司杭州市城站支局	310009	环城东路10号
中国邮政集团公司杭州市中山中路支局	310001	中山中路313号
中国邮政集团公司杭州市涌金门邮政所	310002	劳动路163号
中国邮政集团公司杭州市望江门邮政所	310009	江城路502号
中国邮政集团公司杭州市清泰街邮政所	310009	清泰街489号

说明：资料来源于中国邮政集团公司杭州市分公司

第二节　邮件收件和投递

一、收取信件

1993年，城站邮政支局信箱组分别于12:00、16:30时出局，其他支局以尽可能赶发当天投入信筒的信件为原则，先远后近收取信箱（筒）。1996年6月，杭州市成立信箱道段，由专人定时收取。2005年，城区日开箱2次。至2015年，城区日开箱1次。

二、投递

1993年，市区邮运汽车增加36辆，总数为149辆。1994年，在南星桥邮政支局设立国际国内特快专递代投点。10月，开办市内互寄特快专递业务。1997年1月，实施信报分投，将河坊街邮政支局设为报刊专项投递点，城站邮政支局设为信函投递点。实行信报分投后，大部分市民可提早3~4小时看到当日《人民日报》《光明日报》等17种报纸。1999年起，逐步取消信报分投作业。至2000年，早报早投报纸范围扩大到《浙江日报》《都市快报》《经济生活报》《中国证券报》4种。是年，城区本埠普通信函做到次日上午投递，每日投递3次。

2003年6月，对从日本、韩国、美国和澳大利亚4个国家和中国香港地区寄往县级以上城区范围内部分国际及中国港澳地区小包和包裹实行免费按址投递到户。2005年，日均投递3.35次。2013年，开始在市区推广社区“E邮站”快递包裹智能存取服务平台，解决居民家中无人接收快递的问题。12月18日，杭州市快递车辆统一标识正式发布。快递车辆统一标识由“HZ”“K”“西湖”“飞鸟”元素所构成。2015年，日均投递次数2.7次。

第三节　社会快递

21世纪初，随着电子商务及网络购物的发展，除邮政快递外，社会办快递公司快速兴起。2013年1月，杭州市政府成立杭州市快递行业发展工作协调小组，由分管副市长任组长。快递行业主要由杭州市邮政管理局进行行业管理。9月，杭州市快递行业协会成立。2014年，杭州市制定《杭州市快递服务业发展规划》，提出结合城市物流公共配送站点，按平均3千米服务半径，在市中心等布局多个快递配送处理站，并按市区不同区域人口密度设置多个营业网点。2015年，杭州市规模以上快递服务企业业务量累计完成125707.29万件，比2014年增长48.66%；业务收入达1437542.18万元，比2014年增长40.62%。其中，同城业务收入累计完成192666.71万元，异地业务收入累计完成786102.82万元，国际及中国港澳台地区业务收入累计完成147629.94万元，其他业务收入累计完成311142.71万元。是年末，上城区快递企业主要有5家，分别为中国邮政速递物流股份有限公司杭州市分公司、杭州好友速递服务有限公司、杭州新然中通快递有限公司、杭州优速快递有限公司上城分公司、上海圆通速递有限公司延安路分公司；有物流企业33家。

表7–2–4　2015年上城区物流企业情况表

业户名称	业户地址	经营范围
杭州日晟国际货运代理有限公司	化仙桥路56、58号	站场：货运站（场）经营（货运代理）
杭州长荣货运有限公司	金鸡桥路11号	货运：普通货运；站场：货运站（场）经营（货运代理）
杭州大丰货运有限公司	金鸡桥路11号	货运：普通货运；站场：货运站（场）经营（货运代理）
浙江润达物流有限公司	馆驿后10号万新大厦4幢1507室	货运：普通货运、货物专用运输（集装箱）、大型物件运输（一类）；站场：货运站（场）经营（货运代理、仓储理货）
杭州安铁货运代理有限公司	馆驿后2号1003室	站场：货运站（场）经营（货运代理）
杭州铁路闸口货物储运部	凤山路79–2–10	站场：货运站（场）经营（货运代理、仓储理货）
杭州通江运输有限公司	江城路415–33号	站场：货运站（场）经营（货运代理）
杭州意法货物托运有限公司	清江路8号	站场：货运站（场）经营（货运代理、仓储理货）
浙江正大货运有限公司清江路营业部	清江路96–2号	站场：货运站（场）经营（货运代理）
杭州铁达货运代理有限公司	永昌坝44–5号	站场：货运站（场）经营（货运代理）
杭州市上城区杭陶货物代理托运服务部	虎玉路18号	站场：货运站（场）经营（货运代理）

续表7-2-4

业户名称	业户地址	经营范围
杭州城晓货运代理有限公司	凤山路20号	站场：货运站（场）经营（货运代理）
中铁快运股份有限公司杭州站营业部	环城东路2号铁路杭州站行李房内	货运：普通货运；站场：货运站（场）经营（货运代理）
杭州东兴运输有限公司	南星桥馒头山路1号	货运：普通货运、货物专用运输（集装箱）、大型物件运输（一类）；站场：货运站（场）经营（货运代理）
杭州明捷储运有限公司	凤山路79号2号楼底商11号	货运：普通货运；站场：货运站（场）经营（货运代理）
杭州立达托运服务有限公司	江城路863号	货运：普通货运；站场：货运站（场）经营（货运代理）
杭州中联货运有限公司	凤凰城1幢1单元701室	货运：普通货运；站场：货运站（场）经营（货运代理）
杭州钱江物流有限公司	水门南弄3号12幢1235室	货运：普通货运、货物专用运输（集装箱）；站场：货运站（场）经营（货运代理、仓储理货）
杭州长城汽车运输有限公司	断河头8号甲	货运：普通货运；站场：货运站（场）经营（货运代理）
杭州近江运贸有限公司	东宝路12号	货运：普通货运；站场：货运站（场）经营（货运代理）
浙江省中集物流有限公司	秋涛路296号	货运：普通货运、货物专用运输（集装箱）；站场：货运站（场）经营（货物集散、货运代理、仓储理货）
杭州市货运管理服务中心（杭州联运公司）	浣纱路53号	货运：普通货运；站场：货运站（场）经营（货运代理）
杭州绿绿顺起重运输有限公司	秋涛路5号桥	货运：普通货运；站场：货运站（场）经营（货运代理、仓储理货）
杭州公铁起重运输有限公司	金鸡桥11号	货运：普通货运；站场：货运站（场）经营（货运代理）
杭州渝能货运有限公司	秋涛路296号尚筑金座8楼810室	货运：普通货运；站场：货运站（场）经营（货运代理）
杭州旋风货运有限公司	江城路779号东单元104室	货运：普通货运；站场：货运站（场）经营（货运代理）
杭州永乐货运有限公司	清江路218号	货运：普通货运；站场：货运站（场）经营（货运代理）
杭州千羽快运服务有限公司	滨江家园5幢4号	货运：普通货运；站场：货运站（场）经营（货运代理）
杭州天翔东捷运物流有限公司	始版桥直街159号22幢4楼	货运：普通货运；站场：货运站（场）经营（货运代理、仓储理货）
杭州宏邦航空货运代理有限公司	清江路96号后门浙水宾馆	货运：普通货运；站场：货运站（场）经营（货运代理）
杭州望集货运代理有限公司	南落马营16号	货运：普通货运；站场：货运站（场）经营（货运代理）
杭州香溢投资发展有限公司	中河中路279号7楼	货运：普通货运；站场：货运站（场）经营（货运代理）
杭州聚鑫物流有限公司	郭东园巷6号	货运：普通货运；站场：货运站（场）经营（货运代理、仓储理货）

说明：资料来源于中共杭州市上城区委党史和地方志编纂研究室

第三章 电信

1978年后，社会经济发展迅速，对电信通信的需求与日俱增，推动电信事业不断发展。1985年12月，杭州市电信局开办无线寻呼业务，信号覆盖范围有限。20世纪90年代初期，坐落于惠兴路的杭州市电信局在全市城区范围内推动通信产业发展和家庭固定电话的逐步普及。该时期，杭州市电话进入程控交换机时代。1991年，数据通信开通。1992年5月，模拟移动通信开通。是年，无线寻呼业务向社会开放，一些非邮电企业和机关部门投资建台。至年末，寻呼服务内容和手段从单一的数字机发展到数字、汉字兼容，还可留言、查询、群呼、定时、复台。杭州市电信局127寻呼台推出全自动无线电寻呼业务。1995年，开始进入数字移动通信时代。1997年起，互联网开始进入全面应用阶段。1998年，杭州市电信局寻呼业务被划入浙江省电信寻呼有限责任公司杭州分公司。此后，随着蜂窝移动通信的发展，寻呼业务逐渐萎缩。

21世纪初，上城区形成包括光纤通信、数据通信、卫星通信、无线通信等多种传输手段的立体型现代化通信网络，实现交换程控化、传输光纤化和网络智能化，可提供国内国际电话、数据通信、互联网等几十种基础业务及增值业务，提供社区信息化、远程教育、电子商务、视频点播等各种信息服务。2009—2015年，各通信运营商重点发展3G、4G手机服务，开启多媒体移动通信时代。至2015年，上城区境域内有中国电信浙江分公司、中国电信杭州分公司、中国电信杭州分公司上城分局等运营商机构，有中国电信、中国移动和中国联通营业厅8家。

第一节 电报

1993年，电报的业务类别主要有公众电报、用户电报、传真电报、国际和中国港澳台电报。上城区境域内的杭州市电信局惠兴路营业厅是当时城区2家提供电报业务的电信中心营业厅之一，提供24小时营业的公众电报业务。至年末，全市公众电报3247份，传真电报15721份，用户电报48.08万次。1993—1995年，区内电报电路开始进入数字数据网传输阶段，机械式电传机全部淘汰。随着数据通信和长途自动直拨电话业务的发展，各类电报业务量开始下降。1996—2000年，公众电报网被分组交换网替代，数字载报机开始替代传统的频分制和时分制载报机，各类电报业务量再度下降。

2001—2005年，随着数据通信等新业务推出，电报业务种类减少，加急电报、礼仪电报和鲜花礼仪电报停办，业务量急剧下降。至2005年末，全市公众电报107份，传真电报1591份，用户电报0.02万次。

2006年起，电报业务仍旧逐年减少。至2010年，公众电报业务虽仍存有，但基本淡出百姓通信生活。至2015年，位于上城区惠兴路的电报机房已成为杭州最后一个电报房，发电报每字收费0.14元。①

第二节 固定电话②

1993年10月31日，杭州市电话号码由6位升为7位。是年，开通108国际长话受付业务。1994年，杭州电信局开办长话、市话、移动电话“三账合一、全城通缴”业务。开办电视电话会议业务，逐步取代电话会议。是年，推出以自动密码记账式进行长途电话直拨的200中国电话卡业务。1995年，推出“缴初装费后一个月内装机，超时补偿”和市话装机先使用后付款、集团用户预付款装机、市话租赁等业务。11月，推出“自兼公”业务，即用户私人电话可对外服务。1997年，开办公用电话超市，投入使用IC卡智能公用电话。1999年12月，试开放便携电话（小灵通）业务及网络电话（IP电话）。

2000年3月，杭州电信公司开办宜通电话卡业务，可通达美国、德国、日本等10余个国家和中国港澳台地区。5月，开办国际300电话卡业务，可通达美国、英国等30余个国家和地区。7月，取消固定电话初装费。8月，“189”免费电话受理服务热线开放。9月，开放固定电话来电显示业务。

2001年5月18日起，杭州地区电话号码从7位升至8位。7月，取消代号电话、紧急调度电话等业务，只保留普通人工长话业务受理自动电路接续不畅地区的电话。年末，磁卡公用电话停止服务。2002年3月，固定电话用户试开放“家家e”短消息业务。2003年，全部使用IC卡公用电话机，相继投入使用智能充值公用电话和无线小灵通公用电话。2004年8月，推出“11868”语音短信业务。2005年，推出“‘你使用，我付费’11800电话伴我行”等固定电话延伸业务。

2006年5月，杭州电信公司开办固定电话随身行业务，让固定电话和小灵通共同使用一个电话号码。2009年，在中山中路羊坝头附近的报刊亭旁，安装杭州市区第一部C网无线公用电话。2014—2015年，开展老交换设备退网工作。至2015年，上城区共有固定电话交换机容量19.33万门，实用13.93万门。

① 2015年，武林广场电信营业厅有杭州唯一能受理电报单业务的柜台，后续的转码发送工作由惠兴路电报机房的报务员完成。

② 杭州市固定电话运营商主要为中国电信杭州分公司（简称杭州电信公司），各项业务及数据如未专门注明，均指杭州电信公司。

第三节　移动电话

1993年，杭州市电信局开通杭州与京、津、沪三市和粤、闽、赣、皖、鄂、辽六省移动电话人工漫游业务。1994年5月，开办杭州与香港的移动电话人工漫游业务。9月，杭州开通爱立信系统模拟移动电话（B网），可进行人工和自动漫游。1995年12月，全国A网[①]与B网互联；杭州电信全球通数字移动电话网（GSM）开通，网号139，实现国内和国际漫游。1996年1月，GSM网与全国15个城市联网；杭州市电信局加快移动通信A网、B网、GSM网建设。

① 1992年5月，摩托罗拉900兆模拟移动电话（A网）在杭州开通。

1997年6月，全球通数字移动电话新网号138开始放号，全球通成为杭州最大的移动通信网。7月，用户在全球范围内实现自动漫游，GSM用户实现与英国、德国等11个国家和地区的国际自动漫游。7月1日，移动电话业务从杭州电信剥离，划入浙江省移动通信有限责任公司杭州市分公司。至2005年末，杭州移动公司和杭州联通公司推出全球通、神州行、动感地带、码分多址（CDMA）等业务。

2009年1月7日，工业和信息化部向中国移动公司、中国电信公司和中国联通公司发放3张第三代移动通信（3G）牌照，标志着中国正式进入3G时代。2012年6月5日，杭州移动公司启动第四代移动通信（4G）全城体验。2013年，杭州移动公司4G网络已覆盖上城区。2014年，杭州电信公司推出“天翼4G”手机服务，杭州联通公司开通联通4G网络。2015年，杭州移动公司推出“4G+”高清语音、网络加速的商用服务。

第四节　通信运营商

1993年，杭州市通信运营商主要为杭州市电信局。随着电信体制改革的不断深化，国有电信企业经历多次重组。1997年和1998年，移动电话业务和无线寻呼业务从市电信局剥离，分别划入浙江省移动通信有限责任公司杭州分公司和浙江省电信寻呼有限责任公司杭州分公司。2000年1月，中国联合通信有限公司杭州分公司正式挂牌。7月8日，浙江电信行业实施政企分开，中国电信集团浙江省电信公司挂牌成立。同日，浙江省电信公司杭州市分公司成立。至此，政企合一的电信管理体制结束，公司化运营机制诞生。至2015年，在上城区域内的通信运营商有中国电信浙江分公司、中国电信杭州分公司、中国电信杭州分公司上城分局。

一、中国电信浙江分公司

中国电信浙江分公司地址将军路32号。2000年7月，浙江电信行业实施政企分开，中国电信浙江省电信公司挂牌成立。2010年，公司全省固定电话用户总数达1738万户，移动电话用户达735万户，互联网宽带用户总数达721万户。2015年，公司全面开展光网建设，组织以光网覆盖、光网深度优化、全光受理等为主题的一系列推进活动，光网覆盖率达98%。

二、中国电信杭州分公司

公司前身为杭州市电信局，具有行政管理职能。1992年，杭州七县（市）邮电局划归杭州市电信局领导。是年，成立杭州电信发展总公司。随着电信体制改革的不断深化，国有电信企业经历多次重组。1997和1998年，移动电话业务和无线寻呼业务从市电信局剥离，分别划入浙江省移动通信有限责任公司杭州分公司和浙江省电信寻呼有限责任公司杭州分公司。1999年6月，以杭州电信发展总公司为基础组建杭州迪佛电信集团公司，下设8家控股子公司、1家参股子公司和7家县（市）电信局的多种经营公司。

2000年7月，浙江电信实行政企分开管理体制，中国电信杭州分公司举行挂牌仪式，地址惠兴路10号。9月起，公司开始搬迁至庆春路87号杭州电信大楼。是年，公司电信业务收入23.38亿元，其中市区15.5亿元。2003年6月，全省首家电信陈列馆——杭州电信陈列馆（惠兴路10号）正式开馆。2007年11月，公司搬迁至江干区清江路257号。是年，中国电信杭州分公司设综合支撑部门6家、前后端单位16家、分局7家，辖区、县（市）分公司7家。有员工3160人，其中市本级公司1845人。至年末，公司电信业务收入107.21亿元，比上年增长11.1%。

三、中国电信杭州分公司上城分局

2005年，中国电信杭州分公司在上城区设立中国电信杭州分公司上城分局，地址惠兴路9号。中国电信杭州分公司上城分局开始执行属地化区域综合营销服务制，对区域内实行大客户、商业客户、公众客户融合管理。至2015年末，分局下设1室、2部、2个中心和6家支局，辖自建他营“天翼”卖场9家、“天翼”卖场专营店9家、实业“天翼”专营店2家、大型连锁合作卖场15家、实名制二级渠道网点57家。完成业务收入3.4亿元，比2014年增长3.42%。

第八篇

经济总情

自唐宋以来，现上城区域一直是商贾辐辏、奇珍聚集的繁华地区。唐朝时，杭州城区商业、服务业和手工业经营户有3万余家，其中三分之二集中在上城辖区范围①。南宋定都临安后，杭州成为全国政治、经济、教育、文化中心，不仅是全国第一大都会，而且是当时世界最繁华的大都市之一。今河坊街一带，就是整个南宋临安的文化和经贸中心。全城最繁华区域当属御街，以皇宫北门为起点，延伸而贯穿全城。御街中段（今中山中路）为商业中心区，商店林立，“无一家不买卖者”②。彩帛铺（绸缎店）、花作铺、茶肆、酒楼等诸行百业鳞次栉比，买卖昼夜不绝。元代杭州是江浙行省的省会，仍是全国的一个大都会。明永乐年间（1403—1424），在涌金门建立织造局（时称北局），有房屋120余间，织机500余台。明清时期盛名中外的“五杭”（杭扇、杭线、杭粉、杭烟、杭剪）均始创于今清河坊一带。

清末杭州的第一家发电厂，也始建于今上城地区的馆驿后。民国时期，以丝绸、棉纺、针织、造纸、印刷、火柴等轻工业为代表的杭州近代民族工业悄然兴起。设在今上城区乌龙巷的振兴绸厂、黄醋园的天丰绸厂、府前街的华丰泰布厂和马市街酱园弄的富强丝织厂等轻纺工业，碾米、酿造、制茶等轻工业厂家和木作、剪刀、藤竹器等传统手工业，均为行业翘楚。日本侵略军侵占杭州期间，工商各业遭受极度摧残，损失惨重。抗日战争胜利后，虽有恢复，但境况大不如前。

中华人民共和国成立后，上城区③经济得到迅速发展。1949年末，上城辖区（含中城辖区）工业总产值445.73万元④，社会商业零售额2876万元。此后，上城区逐步完成手工业和资本主义工商业的社会主义改造。1957年，上城区工业总产值1881.61万元，商业零售额6912.8万元（区属统计口径）。1958年，市属部分工商企业划归城区管理。1960年，全区工业总产值11079.80万元，社会商品零售总额

① 杭州市上城区地方志编纂委员会. 杭州市上城区志 [M]. 北京：方志出版社，2015：145.

② 〔宋〕孟元老，耐得翁，西湖老人，吴自牧. 东京梦华录（外四种）[M]. 上海：古典文学出版社，1957：239.

③ 文中上城区指今上城辖区范围，包括1949年属上城、中城辖区两部分。

④ 中华人民共和国第一套人民币发行于1948年，当时解放战争即将胜利，为了统一解放区的货币，便由新成立的中国人民银行印制全国通用的货币。工业总产值按当年的不变价计算。

13013万元。20世纪60年代起，街道企业兴起，全区经济不断发展。1978年，由于市区经济管理体制变动，区属经济总量缩小。全区工业总产值1428万元、利润264万元，商业零售额294.05万元（区属统计口径）。1980年，在改革开放的推动下，区街经济又重新兴起且迅速发展。

1992年起，在邓小平视察南方重要谈话精神鼓舞下，上城区迎来一个经济发展的高增长期。经计划体制改革和投资体制改革，上城区步入以建立社会主义市场经济体制为主要内容的制度创新阶段，生产力得到极大解放。1993—1995年，全区地区生产总值年增长率分别达50.60%、25.39%、15.03%；工业总产值年增长率分别达35.05%、45.27%、12.04%；社会消费品零售总额年增长率分别达22.90%、21.39%、15.24%。1996—1999年，针对前期经济过热，特别是投资增长过快、新开项目过多、在建规模过大、投资结构不合理等问题，上城区经济结构有所调整，以实现经济“软着陆”。该时期，全区生产总值① 平均增幅27.97%，第一产业趋于消失。

进入21世纪，上城区经济发展进入健康、平衡、快速发展的轨道。2000年后，上城区按照“优二兴三”发展战略，加快推进经济结构调整。“十五”计划期间（2001—2005），事关全局的经济体制改革，宏观经济运行与微观经济改革，以及生产、流通、分配、消费等相关领域的布局调整使上城经济驶上快车道。同时，上城区加快产权制度改革，现代企业制度逐步建立。

2001年12月，中国正式加入世界贸易组织，市、区按照世界贸易组织规则完善各项具体制度。2004年7月起，上城区贯彻执行《中华人民共和国对外贸易法》，进一步深化外贸体制改革，加强完善出口退税管理。上城区按照企业不同情况，因症施治，转机建制，建章立制，实行一厂一法、一类一策、分类推进的办法，推进中小企业产权制度改革，一批中小企业焕发出新的生机和活力。至2007年，

① 根据国家统计局有关规定，从2004年起将地区GDP的中文名称改为“地区生产总值”，以前使用的“上城区国内生产总值”改称为“全区生产总值”或“上城区生产总值”。

全区生产总值达352.20亿元；第三产业增加值占地区生产总值比重达46.96%；现代服务业占地方产业的比重不断提高，呈现出多行业、多层次、多形式的现代服务业发展新格局。

2008年，上城区服务业增加值占地区生产总值比重首次超过50%，产业结构转型取得重大突破。规模以上企业支撑作用明显，实现工业销售产值114.7亿元，比2007年增长11.3%，占全区总量的98.6%。2009年，受到国际金融危机影响，上城区首次结束地区生产总值两位数增长的态势，增速明显放缓，年增长率降至5.12%。2010—2011年，由于信贷扩张、基建及房地产投资的集中增长，上城区经济在总量增速上迅速恢复，分别为13.15%和16.95%。2012—2013年，受外需急剧下降以及国内经济调整的影响，上城区经济增速放缓。2014—2015年，在国际形势复杂多变、国内“三期叠加”[①]的背景下，全区经济迎来“增速下台阶、质量上台阶”的新常态。

2015年末，全区生产总值861.02亿元，工业总产值738.03亿元；社会消费品零售总额341.81亿元；固定资产投资额88.58亿元，其中房地产投资65.03亿元。上城区金融、文创、信息技术、商贸、旅游等主导产业实现地方财政收入29亿元，占全区总量的43.6%，较2010年提高7.3%。大湖滨商圈、吴山商圈和玉皇山南基金小镇、望江智慧产业园、科技工业基地等产业平台加快发展，支撑引领作用进一步增强。上城区鼓励和支持企业发展壮大，10家企业实现挂牌上市，人均地区生产总值和亩产税收保持全省第一。上城区第二、第三产业结构比为41.8：58.2，产业结构更趋合理。

① “三期叠加”：是以习近平同志为核心的党中央为适应新常态对经济形势做出的重要判断。具体指增长速度换档期、结构调整阵痛期、前期刺激政策消化期三个阶段。

第一章　经济总量

1978年，由于市区经济管理体制变动，上城区工业、商业等区属企业划归杭州市，区属经济总量缩小。是年，全区工业总产值1428万元，利润264万元，商业零售额294.05万元。1980年，在改革开放的推动下，区街经济又重新兴起且迅速发展。1992年后，在邓小平视察南方重要谈话精神的指引下，上城区通过深化体制改革，创新发展思路，调整经济结构，转变经济增长方式，使国民经济走上一条高速增长的道路。

1993—1995年，全区生产总值增长率分别达到50.60%、25.39%、15.03%。1996年，受中央从紧的宏观调控政策影响，全国经济开始进入适度快速和相对平稳的发展轨道。上城区逐步调整过快、过热的经济发展态势，增长方式逐步向质量、效益型转变。上城区经济发展方式转向集约化经营，改造旧城，建设新城，按照“三产兴区”定位，加快房地产、商贸业的开发，全年实现工业总产值21.83亿元，社会消费品零售总额8.56亿元，完成固定资产投资4.06亿元。2000年起，上城区按照“优二兴三”发展战略，加快推进经济结构调整。“十五”计划期间（2001—2005），商贸旅游服务业年均增长24.2%，第三产业增加值占地区生产总值比重年均递增1.84个百分点；工业销售产值年均增长16.3%；固定资产投资累计达到100.7亿元，年均增长17.6%。2009年，上城区首次结束地区生产总值两位数增长的态势，增速明显放缓。“十二五”规划期间（2011—2015），中国进入经济发展新常态，从高速增长转为中高速增长，从要素驱动、投资驱动转向创新驱动。面临经济转型阵痛期，上城区经济下行压力增大。其间，全区生产总值年均增长10.36%，较“十一五”规划时期下降2.5个百分点。

第一节　地区生产总值

1993年，上城区生产总值6.42亿元，比1992年增长率50.60%。针对1992年开始出现的经济过热和1993年经济过热有所加剧的势头，1993年6月24日，中共中央、国务院下发《关于当前经济情况和加强宏观调控的意见》。以此为标志，在建立社会主义市场经济体制下抑制经济过热和通货膨胀为主要目标的宏观调控全面展开，此后几年中央实行适度从紧财政货币政策的基调。上城区生产总值年增长率从1993年的50.60%回落至1996年的3.02%。

1996—1999年，由于前期经济过热，特别是投资增长过快，在建项目过多等不良影响的出现，上城区经济结构有所调整，以实现经济“软着陆”。该时期，上城区生产总值增幅较为稳定。2000—2007年，地区生产总值年均增长16.5%。2009年，受到国际金融危机影响，上城区首次结束地区生产总值两位数增长的态势，增速明显放缓，年增长率为5.12%。2009—2011年，由于信贷扩张，基建及房地产投资集中增长，上城区经济总量增速迅速恢复，在地区生产总值增长率上并未受到国际金融危机太多影响，平均增长率逐步上升。2012—2013年，受外需急剧下降以及国内经济调整的影响，上城区经济增速放缓，地区生产总值年增长率分别为7.90%和11.05%。2014—2015年，在国际形势复杂多变、国内“三期叠加”的背景下，上城区生产总值年增长率分别为8.34%和7.55%，全区经济迎来“增速下台阶、质量上台阶”的新常态。

表8-1-1　1993—2015年上城区生产总值情况表

年份	地区生产总值（亿元）	同比增长率（%）
1993	6.42	50.60
1994	8.05	25.39
1995	9.26	15.03
1996	9.54	3.02
1997	14.83	55.45
1998	18.50	24.75
1999	23.80	28.65
2000	26.80	12.61
2001	31.60	17.91
2002	36.50	15.51
2003	42.20	15.62
2004	48.60	15.17
2005	57.20	17.70
2006	304.80	—
2007	352.20	15.55
2008	443.31	25.87
2009	466.00	5.12
2010	527.27	13.15
2011	616.66	16.95
2012	665.40	7.90
2013	738.93	11.05
2014	800.59	8.34
2015	861.02	7.55

说明：1. 1993—2005年上城区生产总值为区属口径核算数，2006年开始为“在地统计”数据。2. 资料来源于1993—2015年《上城区统计年鉴》

表 8-1-2 2015 年上城区中国驰名商标情况表

序号	商标名称	商标标识	商品分类	企业名称（商标注册人）	评定年份
1	娃哈哈		32类/无酒精饮料、茶饮料（水）	杭州娃哈哈集团有限公司	1999
2	爽歪歪	爽歪歪	32类/无酒精饮料	杭州娃哈哈集团有限公司	2011
3	大红鹰	大红鹰	34类/卷烟	浙江中烟工业有限责任公司	2002
4	利群	利群	34类/卷烟	浙江中烟工业有限责任公司	2005
5	奥普	奥普	11类/热气沐浴装置、照明器材、排风扇	杭州奥普电器有限公司	2006
6	朝阳	朝 阳	12类/各种车辆内外胎	杭州橡胶总厂	2004
7	华日电器	—	11类/电冰箱、冷柜、冷水机	浙江华日实业投资有限公司	2007
8	回音必	—	5类/新药成药（含片）	回音必集团有限公司	2008
9	两岸	两岸	43类/饭店	浙江两岸食品连锁有限公司	2008
10	两岸	两岸	43类/饭店	浙江两岸食品连锁有限公司	2012
11	船牌	船牌	3类/香皂、药皂、浴粉、肥皂	杭州东南化工有限公司	2012
12	胡庆余堂	胡庆余堂	5类/中药	胡庆余堂国药馆有限公司	2002
13	知味观	知味观 ZHIWEIGUAN	30类/包子、糕点	杭州饮食服务集团有限公司	2012
14	毛源昌	毛源昌	9类/眼镜	杭州毛源昌眼镜厂	2015
15	骆驼	骆驼	30类/茶叶	浙江省茶叶集团股份有限公司	2015
16	奥普	奥普	11类/热气沐浴装置、浴用加热器	杭州奥普电器有限公司	2015

说明：资料来源于杭州市上城区市场监督管理局

表 8-1-3 2015 年上城区名牌产品情况表

序号	企业名称	名牌等级	授信名牌	授信产品（服务）	授信年度
1	浙江中烟工业有限责任公司	浙江省	利群、大红鹰	卷烟	2013
2	浙江永联民爆器材有限公司	浙江省	双力	民用爆破器材	2013
3	浙江省金华火腿有限公司	浙江省	金华火腿	火腿	2013
4	杭州奥普电器有限公司	浙江省	奥普	浴霸	2013
5	杭州解百股份有限公司	浙江省	服务名牌	—	2013
6	杭州西湖味精有限公司	浙江省	西湖	味精	2014
7	浙江省八达物流有限公司	浙江省	—	综合物流服务	2014
8	杭州海兴电力科技股份有限公司	浙江省	—	电度表	2014
9	杭州毛源昌眼镜厂	浙江省	毛源昌	眼镜	2014

续表8-1-3

序号	企业名称	名牌等级	授信名牌	授信产品（服务）	授信年度
10	杭州娃哈哈集团有限公司	浙江省	娃哈哈	瓶装水、果汁、娃哈哈系列饮料及罐头产品	2015
11	浙江省远洋渔业集团股份有限公司	浙江省	zheyu	冻鱼、冻虾及鱼制品	2015
12	浙江华日实业投资有限公司	浙江省	华日	电冰箱	2015
13	杭州图强工程材料有限公司	浙江省	DODRIVE	中空系列注浆锚杆系统	2015
14	杭州中瑞思创科技股份有限公司	浙江省	—	商品电子防盗及RFID系统	2015
15	浙江威星智能仪表股份有限公司	杭州市	威星	智能燃气表	2013
16	杭州捷尔思阻燃化工有限公司	杭州市	JLS	环保无卤阻燃剂—多聚磷酸铵盐	2014
17	浙江宇天科技股份有限公司	杭州市	服务名牌	—	2014
18	杭州璟江瑞华科技有限公司	杭州市	保俶	阳离子染料	2015

说明：资料来源于杭州市上城区市场监督管理局

第二节　工业总产值

1993年，上城区工业总产值12.06亿元。1994年，工业生产保持快速增长，运行质量有所提高，全年工业总产值17. 52亿元，比1993年增长45.27%。

1996年，创利润1000万元以上的工业企业有4家。其中，杭州娃哈哈集团公司和浙江华日集团公司共实现利润1.84亿元，占总量的74.60%。杭州离合器厂、杭州三和食品助剂厂等企业继续快速发展，杭州奥普斯照明器材公司成为新的创利大户。娃哈哈纯净水7条生产线投入运行，浙江华日集团公司出品的电器开始批量生产。在大型工业企业的带动下，工业总产值达21.83亿元，比1995年增长11.21%。

1998年，上城区打破所有制界限，重新评定27家工业企业为上城区重点骨干企业和重点发展企业，并建立提供优质服务的“绿色通道”，实施“一厂一策”、巡回服务等措施，为重点企业解决生产经营中的困难，促进杭州娃哈哈集团公司等8家重点骨干企业的生产增幅达62%，形成以杭州娃哈哈集团公司、浙江华日集团公司为龙头的规模工业群体。浙江华日集团公司实现从产品经营到资本经营的跨越，成为国家大型一档企业和当时中国最大的电器制造企业，年产60万台冰箱的生产线全面投产；杭州离合器厂、杭州三和食品助剂厂和近江化工总厂等大型工业技改项目相继竣工投产；工业园区完成前期工作，10家企业入驻园区，首家企业投入生产。是年，上城区工业总产值50.62亿元，首次超过50亿元。

2000年，工业园区中的杭州德裕拉链有限公司、杭州海兴电器有限公司等企业的厂房建设完工。工业园区企业开发新产品256项，新产品产值率69%，工业产销率98%。规模以上企业逐步增加，有省“五个一批”[①] 企业2家，市百强企业2家，杭州娃哈

① 培育一批大型企业或综合商社，一批“小型巨人”企业，一批名牌产品企业，一批出口创汇大户企业，一批高新技术企业。

哈集团有限公司被杭州市经济委员会树立为杭州市工业战线的“红旗”。

2005年，上城区工业集约化经营效应显现，工业园区入园企业增加68家。上城区通过扶优扶强和产品结构调整，加快推进集约化经营，发展规模经济的步伐。2008年，一批重点骨干企业加大市场开拓力度，调整产品结构，规模化经营加快。杭州娃哈哈集团有限公司的销售产值、销售收入、利润3项指标均居全市十大集团之首。杭州海兴电力科技股份有限公司、浙江威星智能仪表股份有限公司、杭州奥普电器有限公司等产品市场占有率提高。

2010年，上城区规模以上工业总产值、工业销售产值均超过500亿元。2011—2014年，在规模以上工业企业的带动下，全区工业总产值分别比2009年增长16.32%、7.55%、5.50%、6.51%。至2015年末，上城区工业总产值738.03亿元，比2014年增长1.43%。

表8-1-4 1993—2015年上城区工业总产值情况表

年份	工业总产值（亿元）	同比增长率（%）
1993	12.06	35.05
1994	17.52	45.27
1995	19.63	12.04
1996	21.83	11.21
1997	39.89	82.73
1998	50.62	26.90
1999	61.76	22.01
2000	73.51	19.03
2001	87.06	18.43
2002	103.05	18.37
2003	121.05	17.47
2004	135.20	11.69
2005	153.40	13.46
2006	220.17	—
2007	439.00	99.39
2008	456.10	3.90
2009	475.45	4.24
2010	517.59	8.86
2011	602.06	16.32
2012	647.54	7.55
2013	683.18	5.50
2014	727.63	6.51
2015	738.03	1.43

说明：1. 1993—2005年期间的全区工业总产值为区属口径核算数，2006年开始为在地统计数据。2. 资料来源于1993—2015年《上城区统计年鉴》

第三节 社会消费品零售总额

1993年，全区商业、饮食业、服务业营业收入22.21亿元，商业营业额超2000万元的企业共14家。上城区社会消费品零售总额5.19亿元，其中商业4.49亿元，饮食业5700万元，工业及其他行业1300万元。

1995年，传统商业逐步向集团型、连锁化发展，全区社会消费品零售总额7.26亿元，比1994年增长15.24%。其中，商业5.0亿元，饮食业6000万元，制造业及其他行业1.6亿元。商业营业额23.5亿元，增长8.7%；商业利润6757万元，增长11%。1998年起，上城区商贸经济立足区域功能定位，走特色发展之路。2000年，上城区配合杭州市举办西湖博览会，通过开展各种商贸活动，推动商贸旅游业、服务业、餐饮业的发展。全年社会消费品零售总额17.3亿元，比1999年增长17.45%。实现商业营业额41.8亿元、商品交易市场成交额66亿元，分别增长16.6%和25.9%。

图8-1-1 清河坊历史文化特色街区（2007年）
（清河坊管委会 供稿）

2003年，上城区重点抓商贸特色街建设，打造湖滨商贸旅游特色街区、清河坊历史文化特色街区、南山路艺术休闲特色街区三大品牌，形成各具特色、相互补充的业态风貌。全区社会消费品零售总额28.10亿元，比2002年增长17.57%。

2008年，全年实现社会消费品零售总额144亿元，比2007年增长22.14%。其中，按行业划分，批发零售业实现零售额116.3亿元，增长22.9%；住宿餐饮业实现零售额25.8亿元，增长21.2%。按规模划分，限额以上企业实现零售额88亿元，增长23%；限额以下企业实现零售额56亿元，增长20.9%。

2015年，上城区推进大湖滨商圈、吴山商圈融合发展，湖滨路恢复休闲步行街，西湖银泰城重新开业。加快整合品牌消费与电商资源，杭州界内电子商务有限公司、佐卡伊珠宝等优秀电商发展迅猛。全区社会消费品零售总额341.81亿元，比2014年增长12.60%。

表8-1-5 1993—2015年上城区社会消费品零售总额情况表

年份	社会消费品零售总额绝对值（亿元）	同比增长率（%）
1993	5.19	22.90
1994	6.30	21.39

续表 8-1-5

年份	社会消费品零售总额绝对值（亿元）	同比增长率（%）
1995	7.26	15.24
1996	8.56	17.91
1997	10.50	22.66
1998	12.40	18.10
1999	14.73	18.79
2000	17.30	17.45
2001	20.10	16.18
2002	23.90	18.91
2003	28.10	17.57
2004	32.60	16.01
2005	36.90	13.19
2006	87.80	—
2007	117.90	34.28
2008	144.00	22.14
2009	165.10	14.65
2010	182.08	10.28
2011	215.90	18.57
2012	247.00	14.40
2013	279.00	12.96
2014	303.57	8.81
2015	341.81	12.60

说明：1.1993—2005年期间的全区工业总产值为区属口径核算数，2006年开始为在地统计数据。2.资料来源于1993—2015年《上城区统计年鉴》

第四节　固定资产投资规模

1993—1995年，上城区改革开放和现代化建设进入新阶段，全区固定资产投资稳步增长，累计完成固定资产投资8.56亿元。该阶段，上城区固定资产投资由基本建设、城市更新改造组成，以基本建设为主。

“九五”计划期间（1996—2000），上城区固定资产投资完成45.97亿元，其中，房地产投资完成20.44亿元，占比44.5%。1996年，上城区固定资产投资4.06亿元，比1995年增长20.1%。全年住房及公建房开工21.8万平方米，竣工8.9万平方米。1998年，小营危旧房改造二期建设工程、惠民路拓宽贯通工程以及定安苑、近江西南片等住宅小区的建设带动固定资产投资增长。是年，固定资产投资完成10.05亿元，首次突破10亿元大关，增长16.86%。1996—2000年，上城区固定资产投资较“八五”计划期间有较大幅度增长，其中基本建设投资27.34亿元，更新改造投资18.63亿元。[①] 此阶段，上城区固定

① 1996—2000年，上城区统计部门把房地产投资作为基本建设投资的分项，不直接计入投资总额。

资产投资主要由基本建设、更新改造投资、房地产投资组成，房地产投资首次被纳入统计口径，且占比逐年提高，占“九五”计划期间固定资产投资44.46%。

“十五”计划期间（2001—2005），固定资产投资完成100.8亿元，其中房地产投资完成53.9亿元，占比53.47%。2003年，全年新开工面积73万平方米，竣工面积75.7万平方米。固定资产投资额达19.7亿元，比2002年增长20.86%。“十五”计划期间，全区固定资产投资首次突破百亿元大关，实现年均增长17.7%，同比“九五”计划期间增长119%。其中，基本建设投资完成10.9亿元，更新改造投资完成36亿元，房地产投资完成53.9亿元，占比53.5%。[①]

“十一五”规划期间（2006—2010），固定资产投资完成235亿元，其中房地产投资完成131.09亿元，占比55.78%。其间，上城区相继实施玉皇山南综合整治工程、中山中路综合保护与有机更新工程、复兴国际商务广场综合体、湖滨吴山路二期等重点项目，累计新开工面积361.4万平方米，竣工面积183.9万平方米。

“十二五”规划期间（2011—2015），固定资产投资完成345亿元，其中房地产投资完成203.14亿元，占比58.88%。2011年，“51131”[②]南宋皇城街巷综保工程、五柳巷综保二期、“御街·二十三坊”和中山南路双面街建设全面推进，中华美食园顺利开园。湖滨银泰二期提升工程基本竣工，地铁龙翔桥站上盖物业一期建设项目主体结顶。杭州山南国际设计创意产业园一期工程完成并投入使用，“山南人家”和公交停保场地块二期安置房建设顺利竣工，工业园区科技孵化大楼竣工。全年新开工88.2万平方米，竣工62万平方米。2015年，杭政储出〔2011〕61号地块商业金融业用房兼交通设施（中维房地产（杭州）有限公司）、杭政储出〔2014〕39号地块商品住宅（杭州融创大家房地产开发有限公司）、杭政储出〔2013〕103号地块商业金融兼商务办公用房（横店集团杭州投资有限公司）、智能电网设备及系统产业化基地项目（杭州海兴电力科技股份有限公司）等民间投资项目相继开工建设，房地产投资达到65亿元，比2014年增长49.5%，占全年固定资产投资73%。

1993—2015年，上城区固定资产投资呈现上升态势，房地产投资成为拉动上城区经济社会发展的重要动力，房地产投资占比逐年提升，其中“十二五”规划期间占比57.6%。

① 2001—2005年，上城区统计部门把房地产投资作为区别于基本建设的独立项目进行计算。

② 2011—2012年，上城区实施“51131”南宋皇城街巷综保工程。“51131”，代表5条主要道路、11条街道、31条坊巷。5条主要街道为对延安路（庆春路—吴山广场）、西湖大道（南山路—城站）、平海路（中河路—东坡路）、南白路（复兴路—凤凰山路）、之江路进行修缮和改造。11条街道主要围绕湖滨商圈、玉皇山南综合整治工程，其中，延安路周边（湖滨商圈）5条：邮电路、仁和路、板桥路、吴山路、太平里；玉皇山南地区3条：机务段路（延伸）、海月路、凤凰山东路；五柳巷范围1条：建国路（部分）；惠兴路、岳王路等2条街道。31条坊巷指围绕五柳巷历史街区、湖滨商圈、安家塘历史街区、第一居委会周边、直紫城巷、里仁坊巷、思鑫坊等进行修缮和改造。修缮和改造按照“保护为主、抢救第一、合理利用、加强管理”方针，包括应急抢修、日常养护、局部整修、全面整治，修缮手段包括保真、修复、改善、整饬、置换、新建、加建、迁移。

表 8-1-6　1996—2015年上城区固定资产投资及住宅、公建房开竣工情况表

年份	固定资产投资额（亿元）	同比增长（%）	新开工（万平方米）	竣工（万平方米）	重点项目
1996	4.06	20.10	21.80	8.90	天阙花园、惠民商务中心、区文化中心
1997	8.60	111.82	45.40	34.54	延安南路贯通、复兴路改建
1998	10.05	16.86	43.10	27.40	小营危旧房改造二期、惠民路拓宽贯通工程
1999	11.06	10.05	85.90	32.20	近江小区、元华广场、平海公寓
2000	12.20	10.31	50.10	55.60	清河坊历史街区（一期工程）
2001	13.50	10.66	64.30	54.30	小营三期改造、候潮小区
2002	16.30	20.74	72.60	51.50	南山路文化艺术休闲特色街区一期、湖滨商贸旅游特色街
2003	19.70	20.86	73.00	75.70	近江中学、湖滨路东侧整合改造工程
2004	23.70	20.30	50.70	75.60	清河坊历史文化特色街区二期整治工程、解放路整治工程
2005	27.60	16.46	57.00	59.20	区青少年活动中心、湖滨国际名品街
2006	35.80	29.71	80.70	45.30	中山中路步行街、吴山博物馆、吴山科技馆
2007	41.40	15.64	56.10	32.20	望江片03地块、近江农居R21-05地块、玉皇公交停保场地块等安置房
2008	45.59	10.12	60.90	31.60	中山南路西侧立面整治，清河坊二、三期工程
2009	51.41	12.77	82.20	31.90	中山路综保工程、复兴国际商务广场综合体、湖滨吴山路二期
2010	60.86	18.38	81.50	42.90	中山南路美食夜市一条街、南宋御街
2011	55.49	-8.82	88.20	62.00	五柳巷综保二期、地铁龙翔桥站上盖物业一期
2012	59.60	7.41	52.10	55.00	山南人家、白塔人家安置房，“御街·二十三坊”
2013	63.86	7.15	53.40	53.70	印铁制罐厂地块一期、望江启动04地块安置房
2014	77.64	21.58	56.00	62.00	复兴商务广场地下空间、省旅游展示中心
2015	88.58	14.09	47.70	61.70	尚城1157、婺江家园安置房

说明：资料来源于1996—2015年《上城区统计年鉴》

第二章　经济效益

1978年起，上城区落实国家对原有投资体制的一系列改革措施，打破传统计划经济体制下高度集中的投资管理模式，初步形成投资主体多元化、资金来源多渠道、投资方式多样化、项目建设市场化的新格局。

1993年起，固定资产投资领域发生深刻变化，投资渠道由过去的财政性资金为主体，逐步转化为以银行信贷资金为主体，银行贷款成为固定资产投资的主渠道。是年，全区地方财政收入为1.38亿元。

进入21世纪后，居民收入处于稳定较快增长阶段。2010年，上城区制定《上城区产业投资基金管理办法（试行）》《上城区政府投资项目代建制管理办法》《关于进一步加强政府投资建设工程项目监督管理若干规定（修订）》《杭州上城区政府投资项目分类管理实施办法（试行）》等文件，不断规范投资项目工作，促进投资工作有序推进。2013年，上城区优化投资项目审批流程，提高投资项目审批效率，优化投资环境。随着投资建设力度加大，全区产业体系、产业结构不断优化升级，城区面貌、交通网络、环境质量大为改善，居民生活水平从“小康”提升为“富裕”。

至2015年，全区财政总收入达107.15亿元，首次突破百亿元大关。

第一节　固定资产投资

一、投资体制

1992年起，杭州市投资体制改革以简化审批手续、下放审批权限、调整审批方式、加强协调服务为改革的主线。1993年，上城区放宽固定资产项目投资审批权限，外商投资项目的审批权限放宽至500万美元以下。此后，上城区进一步简政放权、放宽审批权限，简化审批手续。

2007年，上城区重点工程协调管理办公室在上城区发展和改革局成立，开始负责全区固定资产投资建设项目的协调、服务和管理等工作。按照建设项目审批流程进行项目审批，对政府投资建设项目实行立项审批制，对民间投资项目实行备案制，对高耗能、高污染等不符合上城区国民经济发展规划要求的项目不予立项审批。“十一五”规划期间（2006—2010），固定资产投资规模持续扩大，累计完成固定资产投资235亿元，其中房地产投资131亿元，占总投资额56%，房地产拉动效应开始显现。

2010年，根据《国务院关于投资体制改革的决定》《浙江省政府投资项目管理办法》等规定和市政府《关于进一步加强政府投资项目管理的若干意见》，结合上城区投资项目审批工作实际，上城区先后制定下发《上城区产业投资基金管理办法（试行）》《上城区政府投资项目代建制管理办法》《关于进一步加强政府投资建设工程项目监督管理若干规定（修订）》《杭州上城区政府投资项目分类管理实施办法（试行）》等文件，规范投资项目工作，促进投资工作有序推进。

2011年，上城区建立区重点工程内审会议制度，提前介入项目前期工作，协调解决市、区重点工程推进过程中的难题和困难，提高项目推进速度。2013年，上城区根据《杭州市投资项目审批全流程再造工作方案（试行）》，将投资项目审批流程整合成立项、用地审批、工程规划许可、施工许可、验收办证5个阶段，并分类优化，压缩项目审批周期。同时，根据《杭州市人民政府办公厅关于进一步简政放权优化投资项目审批流程的意见》中设定的简易审批程序和并联审批机制，上城区在每个审批阶段由各责任单位统一受理、按职分发、组织联审、督导协调，在流程限定的时间内完成审批，并统一告知项目建设单位审批结果。

2015年，上城区在望江地区实施大面积棚户区改造工程，与国家开发银行、杭州市城市建设投资集团有限公司开展合作，拓宽建设资金投融资渠道，先后启动印铁制罐厂地块、华东家具市场地块、中策橡胶厂地块、木场巷地块、永明新村地块安置房等民生保障工程，改善居民居住环境和城市面貌。

二、投资结构

“八五”计划期间（1993—1995），上城区累计完成固定资产投资8.56亿元，其中，基本建设完成投资4.35亿元，占50.82%；更新改造完成投资4.21亿元，占49.18%。投资结构方面，上城区基本建设占比较高，同时作为老城区，城市更新改造项目较多。该阶段，先后完成延安南路贯通、复兴路改建2项市重点城市主干道建设工程；完成小营地区一期危旧房改造；配合实施庆春路改建、清泰街拓宽、抗咸工程、中河南段改造及钱塘江防洪大堤建设等省、市重点工程。结合为民办实事目标，上城区新建10余个住宅小区。

表8-2-7　1993—1995年上城区固定资产投资结构情况表

年份	总投资额（亿元）	其中			
		基本建设（亿元）	占比（%）	更新改造（亿元）	占比（%）
1993	0.81	0.59	72.84	0.22	27.16
1994	4.37	1.74	39.81	2.63	60.19
1995	3.38	2.02	59.76	1.36	40.24
合计	8.56	4.35	50.82	4.21	49.18

说明：资料来源于1993—1995年《上城区统计年鉴》

“九五”计划期间（1996—2000），上城区固定资产投资累计完成45.97亿元，较“八五”计划期间增长437.03%。固定资产投资主要由基本建设、更新改造投资、房地产投资组成。其中基本建设占比最高，达到59.47%；房地产投资首次出现在统计口径，且占比逐年提高，占“九五”计划期间固定资产投资的44.46%。

表8-2-8　1996—2000年上城区固定资产投资结构情况表

年份	总投资额（亿元）	基本建设投资				更新改造投资	
		总额（亿元）	占总投资额（%）	其中：房地产投资（亿元）	占总投资额（%）	总额（亿元）	占总投资额（%）
1996	4.06	2.77	68.22	1.07	26.35	1.29	31.77
1997	8.60	5.10	59.30	3.96	46.05	3.50	40.70
1998	10.05	5.81	57.81	4.38	43.58	4.24	42.19
1999	11.06	5.96	53.89	4.43	40.05	5.10	46.11
2000	12.20	7.70	63.11	6.60	54.10	4.50	36.89
合计	45.97	27.34	59.47	20.44	44.46	18.63	40.53

说明：1.资料来源于1996—2000年《上城区统计年鉴》。2.在1996—2000年《上城区统计年鉴》统计口径中，房地产投资为基本建设投资的分项，不直接计入投资总额。为反映逐年变化，将数据列入表格

“十五”计划期间（2001—2005），上城区累计完成固定资产投资100.8亿元，其中，基本建设投资10.9亿元，占10.81%；更新改造投资36亿元，占35.71%；房地产投资53.9亿元，占53.47%，房地产带动效应明显。2001—2005年，房地产每年的投资占比均在50%以上，占全区固定资产投资权重很大，其间实施的项目主要包括建设竣工复兴、小营等地区的7个住宅项目。

表8-2-9　2001—2005年上城区固定资产投资结构情况表

年份	总投资额（亿元）	其中					
		基本建设（亿元）	占比（%）	更新改造投资（亿元）	占比（%）	房地产投资（亿元）	占比（%）
2001	13.5	1.4	10.37	4.6	34.07	7.5	55.56
2002	16.3	1.7	10.43	5.5	33.74	9.1	55.82
2003	19.7	2.5	12.69	7.1	36.04	10.1	51.27
2004	23.7	2.6	10.97	8.2	34.60	12.9	54.44
2005	27.6	2.7	9.78	10.6	38.41	14.3	51.81
合计	100.8	10.9	10.81	36.0	35.71	53.9	53.47

说明：1.资料来源于2001—2005年《上城区统计年鉴》。2.随着房地产投资占比不断扩大，2001—2005年《上城区统计年鉴》统计口径将房地产投资作为区别于基本建设的独立项目进行计算

“十一五”规划期间（2006—2010），上城区累计完成固定资产投资235.06亿元，较“十五”计划期间增长133%。其中，房地产开发投资完成131.09亿元，占固定资产投资55.77%，较“十五”期间增长143%，房地产投资增幅进一步扩大。民间投资在投资中的

主体地位进一步显现，成为固定资产投资主要来源。其间实施的项目主要包括开工建设绿城·蓝色钱江、绿城元福里、海运大厦、望江阳光国际广场等，建设竣工康都紫轩、赞成太和广场、尚筑金座等。

表 8-2-10　2006—2010 年上城区固定资产投资结构情况表

年份	总投资额（亿元）	其中：房地产投资（亿元）	占比（%）
2006	35.80	17.70	49.44
2007	41.40	17.50	42.27
2008	45.59	31.17	68.37
2009	51.41	28.10	54.66
2010	60.86	36.62	60.17
合计	235.06	131.09	55.77

说明：资料来源于2006—2010年《上城区统计年鉴》

“十二五”规划期间（2011—2015），上城区累计完成固定资产投资345.17亿元，同比“十一五”规划期间增长46.80%，其中，房地产投资203.14亿元，占比达58.85%。上城区房地产投资占全区固定资产投资比重呈现逐年上升态势。至2015年末，房地产投资占比73.41%，成为拉动区域固定资产投资的主要力量。望江府、侯潮府、金隅学府等一批房地产项目相继开工建设。

表 8-2-11　2011—2015 年上城区固定资产投资情况表

年份	固定资产投资额（亿元）	其中房地产投资（亿元）	占比（%）
2011	55.49	27.67	49.86
2012	59.60	30.70	51.51
2013	63.86	36.24	56.75
2014	77.64	43.50	56.03
2015	88.58	65.03	73.41
合计	345.17	203.14	58.85

说明：资料来源于2011—2015年《上城区统计年鉴》

第二节　综合积累

一、财政收入[①]

1993年，全区地方财政收入1.38亿元。进入21世纪，随着经济总量的逐步扩大，上城区财政总收入增长速度加快，2003年和2008年分别突破10亿元、50亿元，分别达到11亿元、64.64亿元。随着财政总收入的增长，地方财政收入也不断扩大。2010年，全区地方财政收入突破50亿元大关，达50.22亿元。2015年，全区

① 详见第十六篇财政税务第一章财政第三节财政收支。

财政总收入达107.15亿元，首次突破百亿元大关。

表8-2-12　1993—2015年上城区财政收入情况表

单位：万元

年份	财政总收入	地方财政收入
1993	—	13779
1994	17106	8451
1995	20497	10014
1996	20899	10984
1997	24711	12623
1998	31590	14674
1999	37936	18454
2000	44558	22617
2001	56035	33670
2002	73415	37806
2003	110044	58558
2004	193933	110379
2005	228720	124132
2006	270938	146434
2007	391323	212112
2008	646442	369074
2009	654273	389886
2010	801644	502201
2011	900059	535526
2012	858675	541005
2013	905891	574322
2014	935708	580281
2015	1071548	664589

说明：1.资料来源于杭州市上城区财政局。2.1994年分税制改革后，收入统计口径发生变化

二、居民收入

见第四篇人口第七章居民生活第一节收入水平。

第三章　经济结构

1978年，国营经济在国民经济占据垄断位置。1993年起，上城区经济体制结构日趋合理。所有制结构的调整以国有经济比重下降和民营经济比重上升为主要特征；产业结构由工业为主向以服务业尤其是现代服务业为主转变；企业结构向规模化、集约化发展。

1993—1995年，上城区实施"优二兴三、三产兴区"战略，工业、商业迅猛发展。至1995年末，第二产业占地区生产总值比重61.7%，第三产业占比38.3%。1996年，随着区划调整，近江、望江、玉皇3个村划入上城区，以乡镇工业企业和各类商品市场为主的农村经济得到迅速发展。1998年，3个村各业总产值占全区社会总产值的11.8%。1999年起，上城区开展撤村建居改革，新的集体经济组织稳定运行，农业经济逐步消失。上城区重点骨干企业保持良好的发展势头，规模以上企业逐步增加，中小企业不断扩大。2002年末，上城区有浙江省"五个一批"企业2家，杭州市百强企业2家，其中杭州娃哈哈集团有限公司被树立为杭州市工业战线的"红旗"。2005年，第三产业增加值占地区生产总值比重达36.5%，现代服务业占地方产业的比重不断提高，呈现出多行业、多层次、多形式的现代服务业发展新格局。全区规模以上企业有84家，实现规模以上工业总产值76.17亿元，规模以上工业销售产值75.77亿元。2008年，上城区服务业增加值占全区生产总值比重首次超过50%，产业结构转型取得重大突破。是年，规模以上企业支撑作用明显，实现工业销售产值114.7亿元，比2007年增长11.3%，占全区工业销售产值总量的98.6%。至2015年末，上城区生产总值第二、三产业结构比为41.8：58.2，产业结构更趋合理。

第一节　产业结构

1993年，上城区工业总产值12.06亿元，第三产业增加值2.8亿元。[①] 1995年，全区生产总值中，第二产业占比61.7%，第三产业占比38.3%。其中，杭州娃哈哈集团公司和浙江华日集团公司两家企业的产值占全区工业总产值的66.7%。第三产业主要以商业、房地产业为主，商业、房地产业占全区第三产业增加值的58%。1996年12月，杭州市调整市区行政区划，近江、望江、玉皇3个村划归上城区。1997年，第一产业增加值700万元。2000年，第三产业增加值占上城区生产总值的27.2%，产业结构逐步优化。2001—2005年，产业结构向

① 1993年，上城区无第一产业。

“优二”与“兴三”并举转变，“十五”计划期间第三产业增加值占地区生产总值比重年均递增1.84%。至2005年，第二产业占比63.5%，第三产业占比36.5%。“十一五”规划期间（2006—2010），以现代服务业为特征的第三产业上升为主导产业，至2010年，第二、三产业结构为44.6∶55.4，产业结构更趋合理。2015年，第二、三产业结构为41.8∶58.2，服务业占比逐渐提高。

一、第一产业

1997年，上城区全年实现上市各类蔬菜2500余吨，鱼鳖380余吨，禽蛋40余吨，肉猪520余吨。农业、牧业、渔业产值分别为463万元、537万元和671万元。1998年，全区继续深化农村改革，农业综合经济稳步发展，全年实现农业总产值1817万元，比1997年增长7.9%。种植、养殖业基地得到扩大和加强，上市各类蔬菜2500余吨、肉类385吨、淡水鱼340吨、全年奶产量达1060吨。1999年起，上城区开始推进撤村建居改革。2000年，撤村建居工作完成。是年，全区实现农业总产值1143万元，上市各类蔬菜823吨、水产品163吨、禽蛋10吨、肉猪59吨、牛奶1251吨。此后由于城市化发展和产业转型，上城区再无第一产业。

二、第二产业

1993年，上城区工业总产值12.06亿元，主要工业产品有娃哈哈营养液、各种罐头及家用冰箱等。1995年，工业总产值19.63亿元，工业销售产值达21亿元，工业利润达2.2亿元。优势企业的集约化程度和规模效益增强，全区年利润超过100万元的工业企业12家，其中杭州娃哈哈集团公司和浙江华日集团公司2家企业共实现利润1.63亿元，占全区工业利润的73.6%，杭州娃哈哈集团公司成为1995年度中国工业企业综合评价最优500家之一。2000年，工业经济在结构调整中保持稳定增长，实现工业总产值73.51亿元，全年工业产品产销率99.5%。

2005年，杭州娃哈哈集团有限公司工业销售产值突破百亿大关，杭州奥普电器有限公司工业增加值增长率44.5%。全区工业结构大幅调整，技改投入10.6亿元，新产品产值率达26.9%。2006—2010年，工业结构进一步优化，形成以食品饮料、电子机械为代表的传统优势产业，以及以浙江威星智能仪表股份有限公司、浙江中杭电子有限公司等企业为代表的电子信息、新材料、智能仪表等为主的高新技术产业。规模以上高技术产业实现销售产值年均增长24.3%。2010年，工业四大重点行业实现销售产值分别为：电力、热力生产和供应业247.33亿元，比2009年增长19.5%；烟草制品业180.29亿元，增长12.8%；食品饮料制造业36.95亿元，下降21.9%；电气机械及器材制造业12.45亿元，增长14.68%。四大行业销售产值占规模以上工业销售产值的92.6%。全年实现新产品产值28.74亿元，增长48.9%，增幅位列杭州市6个主城区第一。全年完成高新技术产业工业总产值16.74亿元，增长29.9%，完成销售产值16.91亿元，增长30.5%。

2011—2015年，具有上城特色的现代化产业体系逐步构建，以浙江中烟有限责任公司杭州卷烟厂、杭州海兴电力科技股份有限公司、浙江中源电气有限公司等企业为代表的烟草制品业及电力、热力生产和供应业成为上城区工业重点支撑行业。上城区以工业园区和科创中心为支撑，借力区市协作平台，提升都市型工业。至2015年末，全区实现规模以上工业企业工业总产值726.41亿元。工业重点行业支撑作用明显，全年烟草制品业实现销售产值301.21亿元，电力、热力生产和供应业实现销售产值333.19亿元。

表8-3-13 1995年上城区第三次全国工业普查全部工业企业情况表

项 目	工业企业数（家）	工业总产值（当年价格新规定）（千元）	从业人员年末人数（人）	实收资本（自由资金）（千元）	本年应缴税金总额（千元）
国有工业	2	837540	3131	375327	48842
集体工业	164	870399	8057	206980	44690
私营工业	7	4342	90	1961	259
个体工业	95	2360	157	906	232
联营工业	1	1368	52	1200	13
外商及中国港澳台投资工业	16	179474	1003	38330	11673
总计	285	1895483	12490	624704	105709

说明：资料来源于《杭州市上城区第三次工业普查资料汇编》

表8-3-14 2010—2015年上城区规模以上工业情况表

单位：亿元

年份	规模以上工业增加值	规模以上工业企业工业总产值
2010	217.55	515.64
2011	260.92	597.87
2012	279.31	641.52
2013	323.01	678.46
2014	343.46	709.80
2015	366.00	726.41

说明：资料来源于2010—2015年《上城区统计年鉴》

三、第三产业

1993年，上城区第三产业增加值2.79亿元，其中商业增加值1.41亿元，占比50.54%，房地产业、其他服务业、金融保险业占比分别为10.1%、10.1%、8.0%。1995年，商贸业形成以杭州大商城总公司为主体的新格局，街区经济在全区经济格局中的比重不断增加。7个街道合计营销收入7.57亿元，比1992年增长79.5%，营销利润2573万元，增长42.4%。其中，商业利润2116万元，占全区商业利润总额的38.6%。2001年，上城区加大商贸旅游开发力度，推动第三产业发展。商品市场成交额68.8亿元。2003年1月，上城区召开中共杭州市上城区第七次代表大会，确定“商旅兴区”战略，提出大力发展商贸旅游业，培育发展电子商务、物流配送等现代服务业，努力把上城建设成为商业、中介、信息、金融、旅游等服务中心。是年，第三产业增加值14.1亿元，比2002年增长16.53%。2005年，全年实现第三产业增加值20.9亿元，比2004年增长25.15%，占地区生产总值比重达36.5%。商贸旅游服务收入首次突破百亿元，湖滨商贸旅游特色街区、清河坊历史文化特色街区、南山路艺术休闲特色街区等多个特色街区品牌凸显。

至2010年，上城区第三产业增加值291.42亿元，其中批发零售业、金融业、房地产业、其他服务业占比分别为20.5%、33.3%、10.4%、30.3%。2010年，《上城区发展“五主多副”①促进转型升级指导意见》发布，推动产业结构向高端、高新和特色方向发展。2011年，现代商贸、金融服务和文化创意三大主导产业实现地方财政收入18.3亿元，比2010年增长14.5%，占比达34.1%。区委、区政府推进“购物天堂、美食之都”建设，湖滨商贸旅游特色街区、清河坊历史文化特色街区（含南宋御街·中山路）、南山路艺术休闲特色街区三大特色街区营业收入和税收分别增长59.1%、101.0%。2015年，五大主导产业实现财政收入29亿元，较2010年占比提高7.3%；第三产业实现增加值448.34亿元。

① 基于“老城”“小城”以及中心城区的区情特点，上城区重点发展文化创意产业、金融及衍生产业、旅游业、现代商贸服务业和精品房地产业等五大主导产业，同时培育发展法律、会计、咨询、服务外包等其他业态。

表8-3-15　1992年上城区第三产业普查情况表

单位：千元

经济类型	总产值	中间耗材	增加值	劳动报酬	生产税净额
国有经济	127722	57659	70064	39601	7734
集体经济	156785	71590	85196	37700	13607
私营经济	2830	2152	678	436	107
个体经济	91735	29445	62290	10211	13188
联营经济	1448	720	728	246	199
股份制经济	469	239	230	73	52
外商投资经济	0	0	0	0	0
中国港澳台地区投资经济	0	746	–746	312	0
其他经济	2339	1536	803	749	80
总计	383328	164087	219243	89328	34967

说明：资料来源于《杭州市上城区第三产业普查资料》

表8-3-16　1995—2015年上城区主要年份第三产业增加值情况表

年份	第三产业增加值（亿元）	同比增长（%）
1995	3.50	19.60
2000	7.30	108.57
2001	8.20	12.33
2002	12.10	47.56

续表 8-3-16

年份	第三产业增加值（亿元）	同比增长（%）
2003	14.10	16.53
2004	16.70	18.44
2005	20.90	25.15
2006	143.80	—
2007	165.40	15.02
2008	239.00	44.50
2009	257.70	7.82
2010	291.42	13.08
2011	338.45	16.14
2012	372.38	10.03
2013	406.61	9.19
2014	445.09	9.46
2015	448.34	0.73

说明：1.1995—2005年的第三产业增加值为区属口径核算数，2006年开始，为在地统计数据。2.资料来源于1995—2015年《上城区统计年鉴》

第二节　所有制结构

“九五”计划时期（1996—2000），随着改革的深化，上城区大力发展个体私营经济，公有制经济所占比重逐渐减少，个体经济和私营经济迅猛发展。非国有、集体经济增长速度快、行业分布广、所占市场份额越来越大，成为流通领域最具活力的市场主体。进入21世纪，上城区逐步形成以公有制经济为主体，多种所有制经济形式同时并存的所有制结构。

一、国有经济和集体经济

1993年，上城区有国有经济单位66家、从业10028人；集体经济单位1031家、从业21372人。7个街道合计营业收入7.57亿元，营业利润2573万元，其中商业利润2116万元，占全区商业利润总额的38.6%。至1995年，上城区国有经济单位增加至73家，从业11403人；集体经济单位减少至1008家，从业人员减少至18848人。全区街居企业实现利润4334万元，7家街居企业的利税超过100万元。

表 8-3-17　1993—1995年上城区国有经济和集体经济单位情况表

年份	国有经济单位		集体经济单位	
	单位数（家）	从业人员（人）	单位数量（家）	从业人数（人）
1993	66	10028	1031	21372
1994	69	10424	1036	21005
1995	73	11403	1008	18848

说明：资料来源于1993—1995年《上城区统计年鉴》

1996—2001年，随着企业改制和对外开放力度加大，上城区国有经济和集体经济在全区经济中的比重呈现下降趋势，尤其是集体经济法人单位数下降明显，由1996年的954家减少到2001年的539家，减幅43.50%。

表8–3–18　1996年和2001年上城区公有制法人单位经济类型构成及变动情况表

经济类型	2001年单位数（家）	1996年单位数（家）	变动	
			增加单位数（家）	增长（%）
国有经济	301	192	109	56.77
集体经济	539	954	–415	–43.50

说明：资料来源于2002年《杭州市上城区第二次基本单位资料汇编（上册）》

表8–3–19　1996年和2001年上城区产业活动单位经济类型构成及变动情况表

所有制类型	2001年单位数（家）	1996年单位数（家）	变动	
			增加单位数（家）	增长（%）
国有经济	364	283	81	28.62
集体经济	597	1180	–583	–49.41

说明：资料来源于2002年《杭州市上城区第二次基本单位资料汇编（上册）》

2004年，国有企业全年营业收入312.63亿元，集体企业9.88亿元。2006年是“十一五”规划（2006—2010）开局之年，工业领域中，国有企业工业增加值占规模以上企业工业增加值的81.3%。2008年，国有企业全年营业收入569.73亿元，集体企业18.1亿元。2010年，上城区有国有企业49家，集体企业151家。在规模以上工业领域中，有国有企业7家，占工业总产值比重为83.9%；服务业领域中，内资企业单位有477家，其中国有企业和集体企业分别有46家与27家。2013年，在上城区169家内资工业企业中，有国有企业5家，集体企业11家；7家规模以上工业企业中，有国有企业2家。2015年，国有企业、集体企业数量较2010年分别下降18.37和37.09个百分点，分别为40家与95家。

表8–3–20　2007—2015年上城区国有企业和集体企业情况表

单位：家

年份	国有企业	集体企业	年份	国有企业	集体企业
2007	72	288	2012	44	120
2008	63	222	2013	41	108
2009	52	180	2014	42	97
2010	49	151	2015	40	95
2011	47	137	—	—	—

说明：1.资料来源于历年《上城年鉴》。2. 2002—2006年数据缺失

二、村级股份合作经济

1997年，玉皇村作为市级试点，进行股份制改革。1999年，根据杭州市委办公室《关于在市区开展撤村建居改革工作的意见》文件精神，上城区近江、望江、玉皇村列入首批撤村建居试点。该项工作于2000年完成，3村村民户籍全部由农业户口转为居民户口。同时，根据杭州市《关于撤村建居后原村集体经济组织股份合作制改革实施意见》要求，上城区按照“民主、公正、稳定”原则，以股权形式明确社员在集体资产中的份额。根据各村不同情况，采取“一村一策”的办法，推进股份制改革工作。村级股份经济合作社作为一种新的集体经济组织，在上城区建立完成。

村级股份经济合作社经过3年发展，至2002年末，近江、望江和玉皇3个村级股份经济合作社实现各业收入13.3亿元，比1997年增长24.3%；工业销售产值8.26亿元，比1997年增长15%；市场成交额37.02亿元，比1997年增长56%。

2006年，近江股份经济合作社集体经济收入8125万元，投资建办的企业有16家；望江股份经济合作社产值和利润比2005年增长13.8%与8%；玉皇村股份经济联合社股份红利从2001年的每份1200元增至每份2398元。2008年，望江股份经济合作社产值和利润比2007年分别增长23.3%与8.5%；近江股份经济合作社投资的富阳东洲工业基地中烟仓库竣工交付使用；玉皇村股份经济联合社实现总税收2856万元，比2007年增长15%。

2012年，“三社”的经营收入平均增长15%，股民分红及区域贡献逐年增长。“三社”总共实现分红约5172万元，上缴税收约3352万元。2015年，近江、望江和玉皇3个村级股份经济合作社实现主营业务收入3.6亿元，实现利润1.2亿元。

三、个体经济和私营经济

1993年，上城区制定《关于进一步促进个体私营经济发展的若干意见》，为发展个体和私营经济解放思想。文件要求，民事政务、劳动服务、城市建设管理、物资、经济协作等系统发挥各自优势，实施全方位发展经济的战略。是年，全区有个体工商户2366户，私营企业58家。

1995年，上城区改制和新组建有限责任公司11家，成立合资合劳合作制企业1家，引进个体经营机制企业10家。1996年，私营企业265家，个体税收增长35.68%。1997年，中共第十五次全国代表大会把“发展个体、私营经济”纳入中国基本经济制度。至1997年末，全区私营企业达464家，个体工商户达5283户，个体私营企业税收占全区税收的18.3%。

1998年，上城区制定发展个体私营经济的22条措施。是年，非公有制经济吸纳就业人数超过3万人；私营企业602家，比1997年增加30%，注册资本3.8亿元；个体私营经济税收约占全区税收总量的14.6%。2000年，全区共有私营企业1080家，个体工商户6200户。

2001年起，市委、市政府制定并实施两轮民营经济发展“三年倍增”计划[①]，是年，全区私营企业增至1640家。2002年，全区有私营企

① 为加快民营经济发展，杭州市先后于2001年、2004年实施两轮民营经济“三年倍增”（在3年的时间内民营经济指标实现增加一倍）计划，杭州民营经济得到快速发展。至2006年，杭州个体工商户和私营企业户注册资金都位于全省首位，杭州入选“中国民企500强”数量逐年增加，位居全国城市第一。

业2410家，2003年私营企业增加至3370家。2004年，上城区私营企业全年营业收入155.81亿元。至2006年末，全区共有私营企业5700家，个体工商户14430户。2008年，上城区私营企业全年营业收入达333.85亿元。2010年，全区有私营企业7073家，个体工商户15253户。

2011—2015年，公司制企业市场主体地位明显且比例上升，其他企业类型逐年减少。至2015年，上城区私营企业14443家，占各类市场主体总数的41.9%，注册资本818.20亿元，成为内资企业主力军。个体工商户15660户，占比为55.8%，注册资本9.52亿元。

表8-3-21　1993—2015年上城区私营企业和个体工商户（经济单位）情况表

年份（年）	私营企业（家）	个体工商户（户）
1993	—	2366
1994	—	2587
1995	185	2866
1996	265	2978
1997	464	5283
1998	602	5381
1999	739	5400
2000	1080	6200
2001	1640	—
2002	2410	—
2003	3370	—
2004	4375	—
2005	5263	—
2006	5700	14430
2007	6062	14530
2008	6434	14030
2009	6570	13971
2010	7073	15253
2011	7747	14669
2012	8322	15458
2013	9510	16048
2014	11170	14872
2015	14443	15660

说明：资料来源于1993—2000年《上城区统计年鉴》、1995—2002年《上城区政府工作报告》、2004—2016年《上城年鉴》，个别年份数据缺失

四、外资及中国港澳台资经济

1993年，上城区有外商投资企业45家，外贸收购额0.75亿元。1995年，全区外贸出口额2.3亿元，比上年增长18.4%，出口值在500万元以上的企业12家。全年新批三资企

业[①] 18家，总数达86家，累计总投资额1.47亿美元，协议外资3800万美元。外商投资企业杭州新利电子有限公司全年创利2828万元，上缴税收374万元。同时，全区有3家企业在境外兴办公司，加速与国外市场的接轨。1996年，杭州娃哈哈集团公司与法国达能集团、中国香港百富勤集团合资，全区协议引进外资及中国港澳台资达3810万美元，实际利用外资及中国港澳台资3713万美元。

① 三资企业：指在中国境内设立的中外合资经营企业、中外合作经营企业、外商独资经营企业3类外商投资企业。

1997年，全区三资企业入库税收15284万元，奥普斯照明器材有限公司、杭州新利电子有限公司、杭州万铨电器有限公司等外商独资企业步入全区重点企业行列。1998年，上城区调整外向拓展策略，克服亚洲金融危机带来的负面影响，制定推进对外开放32条措施，提高招商引资成效。至年末，全区共新办外商及中国港澳台商投资企业13家（增资企业2家），总投资8154.4万美元。协议外资及中国港澳台资2502万美元，实际外资及中国港澳台资7662万美元。是年，共有96家外商及中国港澳台商投资企业落户上城区。2000年，全区新办外商及中国港澳台商投资企业12家，协议外资及中国港澳台资2511万美元，实际外资及中国港澳台资1320万美元，分别比1999年增长181.94%、35.66%。

2004年，上城区实施“建设旅游休闲服务区，打造杭州RBD[②]”战略，通过“以商引商”“以外引外”等途径，与多家世界500强企业建立伙伴关系。探索招商引资新途径，开展“日韩招商”等招商活动。优化发展环境，提高引进企业的规模和档次，主攻大项目和引进现代服务业项目。2008年，重点招引高端产业，发展楼宇经济。集中精力引进适合区情的世界500强企业、知名企业、金融类或类金融企业、中介服务前端企业、优质房地产企业、区域性销售研发中心、承担服务外包的企业、知名品牌销售部和设计创意企业等高端行业。是年，引进2008年度杭州市首个世界500强项目——高盛集团股权并购浙江两岸食品连锁有限公司项目。2014年，思科公司中国总部落户上城区，实现省、市首个世界500强中国总部“零”突破。2015年末，全区有外商及中国港澳台商投资企业654家，协议外资及中国港澳台资累计359108万美元，实际利用外资及中国港澳台资累计245137万美元，全年出口额117237万美元。

② RBD：旅游休闲商务区（Recreational Business District）的英文缩写，是当今国际中心城市推出的与其商务中心功能相呼应的新兴产业区，将休闲娱乐、主题旅游、精品购物等各类项目加以整合，形成与商务相结合的旅游休闲产业，从而创造都市新亮点。

表 8-3-22　1993—2015 年上城区利用外资及中国港澳台资情况表

年份	当年利用外资及中国港澳台资情况			当年累计利用外资及中国港澳台资情况		
	新增企业数量（家）	协议外资及中国港澳台资（万美元）	实际利用外资及中国港澳台资（万美元）	企业数量（家）	合同外资及中国港澳台资（万美元）	实际利用外资及中国港澳台资（万美元）
1993	25	—	—	45	—	—
1994	23	—	—	68	—	—
1995	18	3800	5700	71	—	—
1996	11	3810	3713	82	—	—
1997	7	—	927	89	—	—
1998	13	2502	7662	96	—	—
1999	10	879	973	106	—	—
2000	12	2511	1320	121	—	—
2001	24	3404	1201	144	16077	16027
2002	45	3982	2101	188	17815	18128
2003	45	12601	5475	229	29326	23603
2004	51	14518	6165	280	41373	29768
2005	46	15190	7208	325	52190	36976
2006	48	39015	9355	370	80498	46331
2007	43	41480	17604	405	113540	63935
2008	36	42917	23793	439	146905	87728
2009	36	42188	32018	474	179148	119746
2010	31	42134	9228	504	204099	152515
2011	30	42008	18107	536	234786	147081
2012	31	42155	17512	566	268467	164593
2013	26	42974	17978	592	300058	182571
2014	27	21979	20600	619	325651	204550
2015	36	40587	24902	654	359108	245137

说明：资料来源于杭州市上城区投资促进局

五、上市公司（“新三板”挂牌企业）

1994 年，总部坐落在上城区的杭州解百集团股份有限公司在上海证券交易所（简称上交所）上市，首发募集资金 12188 万元，成为浙江省第一批向社会公开发行股票的企业之一。1996 年，嘉凯城集团股份有限公司在深圳证券交易所（简称深交所）主板上市，首发募集资金 40731 万元，成为上城区第一家在深圳证券交易所上市的企业。2001 年，新利软件（集团）股份有限公司在香港证券交易所（简称港交所）上市。2007 年，广宇集团股份有限公司作为全国首家在国内 A 股市场公开募股民营房地产企业，在深圳证券交易所中小企业板上市，首发募集资金 64893 万元。2010 年，杭州中瑞思创科技股份有限公司在深圳证券交易所创业板上市，首发募集资金 93408 万元。2014 年 8 月，杭州熙浪信息技术股份有限公司在全国中小企业股份转让系统挂牌，成为国内第一家在“新三板”挂牌的专业从事网络营销服务的互联网创业公司。

至2015年末，上城区共有12家上市企业。从行业分布来看，主要集中在传统行业以及科技类、服务类企业，其中科技类和服务类代表企业为杭州中瑞思创科技股份有限公司、思美传媒股份有限公司等。是年，上城区共有8家企业在“新三板”挂牌。

图8-3-2　2007年，广宇集团股份有限公司在深圳证券交易所上市　（广宇集团股份有限公司　供稿）

表8-3-23　2015年上城区企业上市情况表

序号	企业名称/证券简称	上市板块	证券代码	所属行业	上市时间	首发募集资金（万元）
1	杭州解百集团股份有限公司/杭州解百	上交所主板	600814	零售业	1994-01	12188
2	航天通信控股集团股份有限公司/航天通信	上交所主板	600677	商务服务业	1994-08	0
3	通策医疗投资股份有限公司（借壳中燕纺织股份有限公司）/通策医疗	上交所主板	600763	商务服务业	1996-01	13104
4	浙江东方集团股份有限公司/浙江东方	上交所主板	600120	批发业	1997-11	7523
5	嘉凯城集团股份有限公司/嘉凯城	深交所主板	000918	房地产业	1999-06	40731
6	新利软件（集团）股份有限公司杭州新利科技有限公司/新利软件	港交所	08076	软件和信息技术服务业	2001-09	7847
7	奥普集团控股有限公司/奥普集团控股	港交所	00477	工业	2006-12	25361
8	广宇集团股份有限公司/广宇集团	深交所中小板	002133	房地产业	2007-04	64893
9	杭州中瑞思创科技股份有限公司（思创医惠科技股份有限公司）/中瑞思创	深交所创业板	300078	批发业	2010-04	93408
10	浙江华策影视股份有限公司/华策影视	深交所创业板	300133	广播、电视、电影和影视录音制作业	2010-10	90700
11	浙江赞宇科技股份有限公司/赞宇科技	深交所中小板	002637	批发业	2011-11	66536
12	思美传媒股份有限公司/思美传媒	深交所中小板	002712	商务服务业	2014-01	27559

说明：资料来源于杭州市上城区发展改革和经济信息化局

表 8-3-24　1993—2015 年上城区“新三板”挂牌企业信息情况表

序号	企业名称/证券简称	证券代码	所属行业	所属街道	挂牌时间
1	杭州熙浪信息技术股份有限公司/熙浪股份	831026	软件和信息技术服务业	小营街道	2014–08
2	杭州慧景科技股份有限公司/慧景科技	832074	软件和信息技术服务业	科技工业基地	2015–03
3	浙江安正科技股份有限公司/安正科技	832248	软件和信息技术服务业	望江街道	2015–04
4	杭州顺治网络科技有限公司/顺治科技	833060	软件和信息技术服务业	望江街道	2015–08
5	大承医疗投资股份有限公司/大承医疗	833263	零售业	小营街道	2015–08
6	浙江亿邦通信科技股份有限公司/亿邦股份	833294	计算机、通信和其他电子设备制造业	工业基地	2015–08
7	杭州金通公共自行车科技股份有限公司/金通科技	834069	科技推广和应用服务业	南星街道	2015–11
8	杭州远传通信技术有限公司/远传技术	834841	科技推广和应用服务业	小营街道	2015–12

说明：资料来源于杭州市上城区发展改革和经济信息化局

第三节　企业规模[①]

1993 年，随着企业改制，工业企业规模迅速扩大，规模以上工业企业[②]为 34 家。此后，上城区规模以上工业企业逐步增加。1995 年末，全区工业企业和生产单位 285 家，其中，大型企业 1 家，中型企业 4 家，小型企业 280 家。

2002 年起，由于主城区的区域空间和生态环境限制，上城区工业企业陆续迁出，至 2005 年全区有规模以上工业企业 84 家，实现规模以上工业总产值 76.17 亿元，规模以上工业销售产值 75.77 亿元。2009 年，规模以上工业企业增加至 96 家，实现工业总产值 474.81 亿元。

2010 年，全区规模以上工业企业[③] 89 家，规模以上工业企业工业总产值 515.64 亿元，规模以上工业企业工业销售产值 519.40 亿元，规模以上工业产品销售收入 330.98 亿元，规模以上工业利润 22.15 亿元。2013 年，上城区规模以上工业企业 51 家，实现工业总产值 678.46 亿元，其中，轻工业 23 家，重工业 28 家；上城区有大型工业企业 2 家，中型工业企业 26 家，小型工业企业 23 家。

2014 年，上城区规模以上工业企业 49 家，其中，轻工业 21

① 本节仅记载规模以上工业企业的情况。规模以下工业企业，上城区统计局仅抽取 20 家样板企业，无全部工业企业数据。

② 2010 年以前，规模以上工业企业指年主营业务收入 500 万元及以上的工业法人企业。

③ 根据《国家统计局关于布置 2010 年统计年报和 2011 年定期统计报表制度的通知》（国统字〔2010〕87 号），规模以上工业法人企业是指年主营业务收入 2000 万元及以上的工业法人企业。

家，重工业28家；大型工业企业3家，中型工业企业5家，小型工业企业41家。至2015年末，上城区有规模以上工业企业50家，实现工业总产值726.41亿元，规模以上工业企业工业销售产值706.24亿元，全区规模以上工业产品销售收入（主营）693.93亿元，工业利税总额281.63亿元，规模以上工业利润46.43亿元，平均从业人数15045人。

表8-3-25　2006—2015年上城区规模以上工业企业规模情况表

指标年份	企业数量（家）	企业从业人员（人）	工业总产值（亿元）	工业销售产值（亿元）	产品销售收入（亿元）	利润（亿元）
2006	111	16928	217.52	217.67	342.61	33.25
2007	98	15996	432.27	434.02	354.47	35.84
2008	95	17987	454.50	458.19	352.49	37.56
2009	96	18513	474.81	474.31	354.72	35.36
2010	89	19078	515.64	519.40	330.98	22.15
2011	54	16201	597.87	596.54	360.52	30.15
2012	50	14821	641.52	638.23	308.94	39.92
2013	51	12945	678.46	678.39	327.54	41.46
2014	49	15022	709.80	689.72	676.67	43.05
2015	50	15045	726.41	706.24	693.93	46.43

说明：资料来源于2006—2015年《上城区统计年鉴》

第四章　经济体制改革

1978年，区委、区政府带领全区人民，围绕建设现代化总目标，以改革促发展，以开放谋全局，积极组织商品生产，发展社会主义经济。1984年起，经济体制改革从对国有企业放权让利试点开始，推行企业承包经营责任制。1993年11月，中共第十四届中央委员会第三次全体会议做出《中共中央关于建立社会主义市场经济体制若干问题的决定》，全面阐明建立社会主义市场经济总体框架和具体任务。是年，中共杭州市上城区第五次代表大会提出，要加快转换企业经营机制，落实企业经营自主权，同时相应做好培育发展各类市场、调节稳定物价、改善提升住房等一系列配套改革；要按照政企分开的原则和宏观管住、微观放开的要求，把主要精力集中到规划、协调、监督、服务上来。1993—1995年，上城区经济体制改革从单项推进转向综合配套改革。1997年，中共第十五次全国代表大会把"坚持公有制为主体、多种所有制经济共同发展"和"坚持按劳分配为主体、多种分配方式并存"确定为中国在社会主义初级阶段的基本经济制度和分配制度。1998年，为推进企业改革，上城区制定《上城区企业改革三年规划》，提出国有集体企业股份合作制改组的指导意见，从产权改革入手，探索公有制的多种有效实现形式。"十五"计划期间（2001—2005），宏观改革和微观改革、经济体制改革以及生产、流通、分配、消费等相关领域的改革使上城经济驶上快车道。上城区按照企业不同情况，因症施治，转机建制，建章立制，实行一厂一法、一类一策、分类推进的办法，推进中小企业产权制度改革，一批中小企业通过改革焕发出新的生机和活力。2005年起，上城区改革和完善街道一级财政管理体制，实行企业下放和税收属地管理。2008年，上城区启动国有资产经营体制改革，对全区经营性国有资产实行专业化、集约化、规模化、市场化管理与运作。2015年，上城区稳步推进国企改革，加快推进全区国有企业在组织架构、薪酬考核及运营监管等方面改革进程，激发国有企业活力。

第一节　综合体制改革[1]

1993年，中共杭州市上城区第五次代表大会强调，把经济体制改革以及与之相适应的政治体制改革作为突出的任务提到全区各级党组织和全体党员干部的面前，使之适应建立社会主义市场经济体制的要求。1993—2015年，在市委、市政府的统一部署下，

①计划体制改革内容详见第十七篇经济管理第一章计划管理第二节计划管理体制，财税体制改革内容详见第十六篇财政税务。

上城区在计划、价格、财税等国民经济重要领域进行一系列综合性体制改革，逐步实现由传统的计划经济体制向社会主义市场经济体制的转变。随着改革措施的落实，政府对经济的管理逐步由直接管理为主向间接管理为主转变，逐步实现政府管理方式、管理机制与国际通行规则接轨，将政府职能转变到经济调节、市场监管、社会管理、公共服务上来。

一、宏观调控体制改革

1993年11月，中共第十四届三中全会通过《中共中央关于建立社会主义市场经济体制若干问题的决定》，明确政府管理经济的职能主要是制定和执行宏观调控政策，搞好基础设施建设，创造良好的经济发展环境。政府可以运用经济手段、法律手段和必要的行政手段管理国民经济，不直接干预企业的生产经营活动。

1994年，为抑制通货膨胀，确保经济和社会协调发展，国家在宏观调控上采取“双控双紧”的措施，即控制固定资产投资和消费基金增长，实行适度从紧的财政和货币政策。是年起，上城区根据中央财税、金融、计划投资、外贸外汇体制改革方案等实施，做好对接工作。政府从直接参与、直接投资和管理转变为主要从事引导市场，协调经济关系，逐步建立区级宏观调控新机制。落实国家出台的宏观改革举措，健全与新税制相适应的税收征管和税务稽查制度，加大价格监督检查力度，加强对“米袋子”“菜篮子”和市物价局公布的28种监审商品的价格管理，平抑物价，维护经济的健康发展。全年查处各类价格违纪案件3583件。1995年，着重监督市场物价，实施反垄断、反暴利、反价格欺诈，反不正当竞争、打击哄抬物价等扰乱市场的行为，制止流通领域的混乱现象。

1996年，上城区落实各项宏观改革措施，完善财政体制改革，强化预算收支管理，开展和完善财政预算执行情况审计。涵养和开辟财源，加强税收征管，组织财政收入，确保中央两税和地方税收定额入库。运用政策杠杆引导企业改革和发展，先后下发《关于加快我区工业经济发展若干意见的通知》和《关于加快我区第三产业发展若干意见的通知》等文件，制定《关于我区房地产开发企业实行目标管理责任制的奖励办法》，鼓励房地产开发企业留好留足物业，增强企业发展后劲。是年，《上城区1996年经济体制改革工作要点》提出，加强转变政府经济管理职能，与政府机构改革相衔接，进一步加强综合经济部门和监督部门，强化政府的社会管理职能，把政府的职能转到“统筹规划，掌握政策、信息引导，组织协调，提供服务和检查监督”上，在服从宏观调控政策的前提下，增强政府调节经济、社会活动的能力。1997年，上城区改进经济调控方式，发挥计划和财税两大杠杆调节作用，盘活存量资产，加强预算外资金管理，继续扩大技改统筹基金规模，增强政府的经济调控能力。

1998年，面对亚洲金融危机，上城区全力推进新一轮旧城改造，调整和优化经济结构，调整外向拓展策略，制定推进对外开放32条政策，招商引资取得成效，经济增长质量和效益提高。2001年，上城区制定并实施加快工业发展的有关政策措施，建立网上前置审批制度，完善“绿色通道”，全面推广“一审一核制”①，实现办照时间只需5个工作日，简易登记事项可当天申请、当天办结。杭州娃哈哈集团有限公司、浙江华日集团公司和杭州新利软件有限公司被评为浙江省“五个一批”重点骨干企业。建立外贸出口退税周转金制度，鼓励企业扩大出口，外贸出口企业规模效应显现，1000万元以上外贸出口企业达24家。

2003年，面对非典型肺炎疫情、持续高温、咸潮缺水、电力紧缺等诸多不利因素，上城区制定《上城区企业技术改造财政资助管理暂行办法》，每年在科技经费支出项目中安排不少于40%的资助资金，用于扶持地区企业改造性投入项目。实施扶优扶强战略，在全市率先下发《关于进一步鼓励和扶持商贸旅游服务业发展的若干意见》，确定34家商贸旅游企业，给予重点扶持和服务。抓好商贸特色街建设，打造湖滨商贸旅游特色街区、清河坊历史文化特色街区、南山路艺术休闲特色街区三大品牌，形成各具特色、相互补充的业态风貌，全区商贸旅游服务业收入比2002年增长17.8%。是年，上城区生产总值达到42.2亿元，增长15.6%。

2004年，上城区印发《2003年经济体制改革进展情况与2004年工作要点》，提出要适应中国进入世界贸易组织（WTO）的新形势，实现从审批型经济向服务型经济的转变；政府的经济管理职能转到贯彻和执行国家宏观调控政策，搞好基础设施建设，创造良好的经济和社会环境上，正确处理政府与企业、市场、社会中介组织的关系，将政府管不了、管不好或不应当管的事情，交给市场主体和中介组织去做。发挥政府职能作用，促进形成良好的信用环境，构建起与社会主义市场经济相适应的信用体系。

2004—2006年，全国出现煤电油运紧张，部分地区和行业固定资产投资增长过快及外资流入偏多等局部过热的苗头。上城区抓住结构调整主线，把发展服务业特别是现代服务业作为加快经济结构调整、增强发展后劲的战略举措，制定一系列加快现代服务业发展的奖励、扶持和考核政策，推进特色街区建设，湖滨、南山路、清河坊一期工程和解放路等特色街相继完工开放。服务业对地方财政的贡献从2002年的2.7亿元增加到2006年的12亿元，年均增长45.2%，其中现代服务业对地方财政贡献从2002年的1.4亿元增加到2006年的4.2亿元。

2006年，《上城区国民经济和社会发展第十一个五年规划纲要（2006—2010年）》提出，重点强化政府战略指引职能，围绕全区国民经济总量和经济总体素质的提高，编制并组织实施经济和社会发展年度计划；弱化微观管理职能，重点向服务型政府转变，逐步实现政府管理

① 为减少审批环节，原来的受理、审查、审核、批准4个环节26类登记事项简化为2个审批环节，审查员受理后，交核准员直接核准；下放审批把关权，企业法人登记核准权由分管局长下放到分管处长，一般登记核准权即下放到核准员。

方式、管理机制与国际通行规则接轨，改变政府管理经济的基本方式，减少对市场微观主体的直接干预；转变政府职能到经济调节、市场监管、社会管理、公共服务上，为社会提供优质的公共产品，同时协调解决各种社会利益关系和重大社会问题，为经济发展创造一个有利于公平竞争的宽松环境。

2008年，上城区努力克服国际金融危机对经济社会发展的不利影响，坚持以发展高端产业为导向，深入实施“服务业优先”战略，重点发展创意产业、金融产业、商贸流通、大旅游业等现代服务业，加速经济结构调整，推进产业转型升级，加快构建现代产业体系。全年服务业对地方财政收入贡献率达88.2%，服务业增加值占地区生产总值比重超过50%。强化楼宇招商，编制《上城区楼宇经济发展指导性规划》，确定“五个一批”重点楼宇。全年税收3000万元以上的楼宇达14幢，其中中财发展大厦、瑞丰国际商务大厦、中国针织城税收超过亿元。着力引进成熟税源企业和大项目，世界500强企业高盛集团投资两岸咖啡项目落户上城区。

2011年，《上城区国民经济和社会发展第十二个五年规划纲要（2011—2015年）》提出，建立健全公共财政体制，确保新增财力的三分之二以上用于民生事业。2012年，上城区制定《杭州市上城区十大产业发展总体规划（2011—2015）》，推进以金融、文创、商贸、旅游、高新产业为引领的主导产业发展，全年金融、文创、现代商贸服务业合计完成地方财政收入19.64亿元，比2011年增长6.8%。三大特色街区实现营业收入61.6亿元，比2011年增长11.5%。实施集聚区优先发展战略，编制《上城区推进现代产业集聚区发展指导意见》，加快大湖滨商圈建设，优化提升南宋御街、玉皇山南、复兴国际商务广场、科技工业基地等产业平台，集聚效应增强。南宋御街·中山路、湖滨南山路、玉皇山南和复兴国际商务广场四大城市综合体营业收入96亿元，增长23%，杭州山南国际设计创意产业园被省政府命名为“现代服务业示范集聚区”，并入选省文化产业发展“122”工程20强园区，其他城市综合体均被列入市级服务业集聚区。区科技工业基地实现工贸总收入45亿元，其中工业销售产值33亿元，增长8.6%，实现利润6.6亿元；区科技工业基地贡献地方财政收入首次突破1亿元，净地亩均销售收入位居全省工业园区前列。

2013年，上城区实施创新驱动战略，加快建设创新型城区，成为全国科技进步考核先进区，并列入国家可持续发展实验区、全国首批“智慧城市”试点区和浙江省首批创新型试点城区。完善产业政策引导机制，制定科技创新战略若干扶持政策和支持民营经济发展“二十条意见”。帮助企业申报和落实各项扶持资金2.2亿元，惠及企业780户次。新增小额贷款公司2家，“风险池基金”为企业融资6000万元。618家个体户成功转型升级，“个转企”工作完成率位居全市前列。

“十二五”（2011—2015）期末，地区生产总值从2010年的527亿元增加到2015年的861亿元，年均增长10.3%；财政总收入从80.16亿元增加到107.15亿元，年均增长6%。2015年，上城区金融、文创、信息技术、商贸、旅游等主导产业实现地方财政收入29亿元，占全区总量的43.6%，较2010年提高7.3%。大湖滨商圈、山南基金小镇、望江智慧产业园、科技工业基地等平台加快发展，支撑引领作用增强。鼓励和支持企业发展壮大，

10家企业实现挂牌上市，人均地区生产总值和亩产税收保持全省第一。

二、价格体制改革

1993年起，上城区物价部门以社会主义市场经济为导向，逐步建立以市场调节为主的价格形成机制和调、放、管三者有机结合的物价管理制度。是年，浙江省放开钢铁产品、工业用煤和计划外汽油、柴油等一批工业品价格，明确工业品政府定价范围；放开粮食、生猪购销价格。此后，浙江省逐步放开绝大多数商品价格。1997年，《浙江省商品和服务价格管理目录》发布，从制度上规范管理政府定价范围。1998年5月，《中华人民共和国价格法》实施。上城区落实放开商品价格管理的改革，逐步实现从“管价格”为主向“管行为”为主的目标转变。2002年，浙江省首次颁布《浙江省定价目录》，确定17类商品和服务价格实行政府定价、政府指导价。2010年，重新修订颁布《浙江省定价目录》，放开桑蚕茧、化肥等9项可由市场竞争形成的商品和服务价格，将城市供水销售价格等14项定价项目下放市县管理，明晰重要专业服务定价范围。上城区落实价格管理目录和定价目录，开展价格专项检查，以目录为准绳，查处价格违法行为。

2013年起，上城区坚持以推进供给侧结构性改革为主线，着力落实能源、医疗、教育、交通等重点领域价格改革，开展为企服务，持续推进清费减负工作。2014年1月1日，《浙江省价格条例》实施，健全价格监管的法制保障。是年，全面放开民营医疗机构医疗服务价格，由市场竞争形成价格，为社会资本办医创造条件。2015年，浙江省修订《浙江省定价目录》，政府定价项目减少48%。杭州市上城区物价局严格遵守定价目录，管好职权范围内的价格事务。

第二节　工业体制改革

一、工业管理体制改革[①]

1993年，杭州市上城区计划经济委员会负责直接管理工业企业。1995年，上城区选择杭州娃哈哈集团公司和浙江华日集团公司等重点骨干企业实行无行政主管部门试点，实行政企分开。此后，逐步在全区推开。至2015年，全区工业企业已完成公司制、股份合作制等多种形式改造，改组为有限责任公司或股份合作制企业，全面落实企业经营自主权以及各项责任制。

① 1977年10月，上城区成立杭州市上城区第二工业局。1980年1月，杭州市上城区第二工业局与杭州市上城区生产生活服务局合并，称杭州市上城区工业局。是年，成立杭州市上城区工业公司。1984年，杭州市上城区工业局撤销，杭州市上城区工业公司改称杭州市上城区工业总公司。是年，区委、区政府决定，在企业性质和所有权不变的前提下，把各街道工业公司所属企业全部划归杭州市上城区计划经济委员会（杭州市上城区工业总公司）代管，并按比例返回部分利润。1987年12月，撤销杭州市上城区工业总公司，由杭州市上城区经济委员会直接管理工业企业。

二、工业企业改革①

1993年，上城区开始逐步探索建立现代企业制度，确定13家企业为股份合作制试点，完善工业企业的分配政策。是年，区委、区政府制定《关于完善工业企业分配政策的若干意见》，提出必须坚持兼顾国家、企业、经营者和生产者利益合理分配及效益分配、按劳分配的原则。1994年7月1日，《中华人民共和国公司法》施行，建立现代企业制度有了法律依据。是年，以产权制度改革为核心，上城区推进股份合作制或合资合劳的企业试点，要求具有一定规模的老集体企业改组为有限责任公司；要求规模较大、经济效益较好、技改投入较多，符合国家产业政策要求的企业改制为股份有限公司。同时，采取企业联合、兼并等形式，调整企业组织结构，发展企业集团或股份制集团。1995年，对规模大、效益好的企业，坚持增量扩股，改组为股份有限公司或有限责任公司；对规模一般、效益尚可的大部分企业，推行股份合作制、合资合劳合作制；对“小微亏”企业，实行资产租赁、个体经营等多种形式。全年改制和新组建有限责任公司11家，合资合劳合作制1家，引进个体经营机制10家，实行资产租赁、委托经营和抵押承包10家。是年，全面推行全员劳动合同制。1996年，对工业系统个别连年亏损、负债沉重的企业，按照双方自主的原则，实施跨区域、跨行业、跨所有制承租或兼并。是年，杭州凤凰灯具厂被浙江省改革月报实业集团有限公司实施承债式兼并。

1998年，为推进企业改革，上城区制定《上城区企业改革三年规划》，印发国有集体企业股份合作制改组的指导意见，从产权改革入手，探索公有制的多种有效实现形式，全区改制企业达277家，改制面达61.8%。2000年，重点加大对小企业改革调整的力度，采取联合、兼并、出售、托管、租赁、承包经营等形式，放开搞活小企业，对没有发展前景、资产质量差的企业，实行关停、歇业；对个别资不抵债、扭亏无望的企业实施破产；鼓励企业内部职工、私营企业、个体工商户及社会法人出资购买企业资产，通过转让、出售的形式转为非国有、非集体企业。

2001年起，上城区完善以产权制度和劳动用工制度为重点的企业改革，建立健全公有资产管理体制和运行体制，实行国有、集体资产从一般性竞争行业向对区域经济有重大影响的基础产业、高新技术产业转移。引导企业实行组织创新和管理创新，深化企业劳动人事、分配制度改革，建立完善企业内部的动力机制、激励机制、竞争机制、创新机制和优胜劣汰机制。2002年底，全区改制企业达到98%，职工劳动关系转

① 1978年后，区委、区政府先后制定搞活集体工业企业的各项改革政策措施，实行简政放权，试行各种形式经济责任制，开展横向经济联合。1983年，首先在杭州离合器钢片厂推行承包责任制的试点，然后逐步扩大到其他区属工业企业。1984年，全面实行奖金与税利挂钩，进行分配制度的改革，逐步推行单项承包、超定额计件、纯计件等多种形式经济责任制。1985年，在杭州电工仪表厂尝试租赁经营。年末，上城区工业系统全面实行厂长（经理）负责制。1987年，完善承包经营责任制，全面推行杭州凤凰灯具厂“一定三年不变”的承包经营责任制。是年，杭州市上城区工业总公司所属的54家企业，实行承包经营的48家，租赁经营的6家。此后，推行优势企业对劣势企业的有偿兼并、联合改革。1991年上半年，上城区工业系统在12家重点企业进行劳动人事制度改革、工资制度改革，推行岗位技能工资制和竞岗聘用制，打破“铁饭碗”“铁交椅”“铁工资”“大锅饭”，深化企业内部改革。1992年，4家企业进行股份制试点。是年，上城区工业企业分别有经委、部门、街道、合资、联营、股份、个体等多种经营体制和所有制。

换面达84%，平稳完成原市属19家企业的下放接收工作。全年实现工业总产值103.05亿元，工业销售产值100.9亿元，产值首次突破百亿大关。2006年，上城区基本完成区属企业、市属下放企业产权和劳动用工制度改革。是年起，重点帮助指导改制企业完善内部管理和运行机制，健全法人治理结构，逐步建立“产权清晰、权责明确、政企分开、管理科学”的现代企业制度。

至2015年，上城区工业企业基本建立现代企业制度。

附

杭州华立仪表总厂联合重组

杭州华立仪表总厂由杭州热工仪表厂、杭州华立仪表厂、杭州工具仪表厂联合重组而成。杭州热工仪表厂、杭州华立仪表厂、杭州工具仪表厂原是上城区仪表行业的三大困难企业。1998年初，3个厂共计职工400余人，人员负担重，且产品档次低，市场占有率逐步萎缩，经济效益低，银行负债近400万元。1998年4月，杭州热工仪表厂、杭州华立仪表厂[①] 相继接到中河高架桥及东绿化带改造拆迁的通知。上城区计划与经济局根据企业的实际情况，把企业的拆迁与企业改革紧密结合起来，经过充分的调查研究，决定利用杭州热工仪表厂、杭州华立仪表厂拆迁后货币安置的资金及杭州华立仪表厂的产品和销售优势，以杭州工具仪表厂的场地为基础，于1998年11月联合组建杭州华立仪表总厂。

重组后，杭州华立仪表总厂将49名中层管理干部精减22人，充实到生产一线，将三套党政领导班子合并为一套。3家企业原厂址共有5500平方米，其中杭州工具仪表厂2000平方米，杭州热工仪表厂1500平方米，杭州，华立仪表厂2000平方米。重组后的杭州华立仪表总厂在减少不必要的生产储备，减少应收账款的同时，对症下药，将多余的生产场地进行置换，盘活近700万元的沉淀资产，从而加快资金周转速度，企业资金年周转次数也从原来的不到2次，提高到5次。

2001年，杭州华立仪表总厂先后获中国电气工业100强榜首、中国500强企业仪表行业第一名等荣誉；“华立”牌电能表先后获“中国名牌”“中国驰名商标”“国家免检产品”等称号。2005年，摘取仪器仪表行业第一块“进出口商品免验”证书，并成为全国仪表行业第一家获得AAAA级标准化良好行为的企业，是国家重点高新技术企业。

① 杭州热工仪表厂、杭州华立仪表厂位于拆迁范围。

杭州娃哈哈营养食品厂兼并杭州罐头食品厂[①]

一、背景

1989年政治风波后，西方国家趁机对中国全面制裁施压。之后的两三年中，国家出现“市场疲软、经济滑坡”的不景气状况。杭州市多数企业经营艰难，产品大量积压，亏损企业不断增加。杭州罐头食品厂由于产品结构不合理，管理机制不适应，营养午餐肉和清水马蹄出口主导产品大量积压，连续3年亏损，至1990年，当年亏损1000余万元，已经到了资不抵债、濒临破产的境地。全厂1500名员工靠贷款发工资，500余名退休工人退休金时发时停。而此时，杭州娃哈哈营养食品厂经济效益较好，但苦于场地窄、规模小，便向市计委上报立项报告，要求审批土地新建厂房。

二、决策

20世纪90年代初，企业改革的进展还很不明显，全社会都在讨论“姓资姓社”的问题。集体弄堂小厂兼并国有企业在国内尚未有先例，企业兼并还被很多人认为是瓦解国有经济。

1991年，杭州市委决定搞活大中型企业，重点主攻亏损企业，由市委常委和副市长各自“认领一家”。杭州罐头食品厂由市委常委兼秘书长沈者寿认领。沈者寿与杭州娃哈哈营养食品厂厂长宗庆后经调研协商，达成两厂兼并的设想。该设想取得市委书记吴仁源、市长卢文舸的表态支持。之后，沈者寿逐个与市体改委主任、上城区委书记、市经委副主任、市轻工局局长、市总工会主席、杭州罐头食品厂厂长沟通协商，取得共识。8月27日，副市长李志雄和沈者寿召开市级相关部门参加的两厂兼并协调会议，统一思想，并敲定具体兼并方案。8月31日，沈者寿、宗庆后和负责兼并具体工作的湛青在杭州罐头食品厂召开全体党员和班组长以上会议，由宗庆后向与会人员说明兼并步骤、兼并后企业发展方向、员工福利待遇等情况，由沈者寿进行兼并工作上的理念澄清。至此，厂内骨干对兼并工作表示拥护，并在之后重新召开的厂职代会顺利通过兼并决议。9月3日，杭州市人民政府以文件形式作出决定，杭州娃哈哈营养食品厂正式与国营老厂杭州罐头食品厂兼并。10月，杭州娃哈哈食品企业集团公司成立。

三、实施

兼并前，根据中共中央、国务院颁发的《全民所有制工业企业厂长工作条例》《中国共产党全民所有制工业企业基层组织工作条例》和《全民所有制工业企业职工代表大会条例》等，杭州罐头食品厂实行厂

① 根据《杭州月志》2016年第4期《改革：在新旧观念的撞击中前进》（作者：沈者寿）、《我的上城记忆——纪念改革开放40周年口述历史》中《“小鱼吃大鱼”推进改革大手笔》（口述人：宗庆后）等史料整理。

长（经理）责任制。杭州罐头食品厂厂长全权负责厂内事务，员工的收入水平和福利较为稳定、均匀，没有按照实际工作绩效、盈利情况进行区分，导致工厂管理固化，逐渐经营困难。杭州娃哈哈食品企业集团公司在杭州罐头食品厂改革企业内部分配制度，实行干部聘任制度，实行劳动优化组合，全面整顿劳动纪律。在人员待遇方面，杭州罐头食品厂在职人员与娃哈哈营养食品厂员工待遇一致，前三个月按照娃哈哈营养食品厂员工收入标准进行发放，而后依靠个人劳动取酬；退休人员的退休工资由杭州娃哈哈食品企业集团公司承担。兼并3个月后，原亏损4000余万元的杭州罐头食品厂扭亏为盈，首次盈余32万余元。兼并当年，整个集团完成产值2.55亿元，是兼并前的2.5倍。

图8-4-3　1991年，杭州娃哈哈营养食品厂兼并杭州罐头食品厂后首次召开全厂班组长会议　（区工商联 供稿）

四、影响

杭州娃哈哈营养食品厂与杭州罐头食品厂兼并后，引发各方关注与反响。1991年9月5日，《杭州日报》在头版头条、二条刊登两厂兼并消息。之后，中央及省市报刊、电台、电视台等主流媒体纷纷对两厂兼并作大量正面报道，引起全省乃至华东地区、全国关注。12月21日，《解放日报》头版发表长篇通讯《百日兼并》及专门评论。评论指出：“‘小鱼’吃‘大鱼’，实际是‘活鱼’吃‘死鱼’；正是娃哈哈的兼并，才使一个大中企业死而复活，这本身就是‘搞活’的辩证法”。

第三节　商业体制改革[1]

1993年，上城区把产权制度改革作为重要突破口，抓大放小，推行以公司制、股份合作制为主要形式的企业机构建制工作。1994年，开展企业经营机制的转换工作，根据各自不同的实际情况，在资产评估、清资核资、明确产权的基础上，对全区三产企业开展合资合劳、有限责任公司、企业租赁等形式的经营机制转换。

1995年10月，区政府批转杭州市上城区商业局《关于进一步深化商业企业经营机制改革的实施意见》，提出稳步推进公

① 1978年改革开放以前，商业企业吃国家的“大锅饭”，员工吃企业的“大锅饭”，企业和员工缺乏经营的积极性。1978年中共十一届三中全会以后，区委、区政府制定一系列改革政策和措施，深化商业经营体制改革。1980—1984年，推行提成、拆账、租赁、承包等多种形式的经济责任制。1987年，商业企业经营机制的改革全面推开，实行所有权和经营权的适当分离。年末，区属商业企业有162家实行租赁经营，其中有2家开展租赁股份制试点，有107家分别实行提成工资制、净利润拆账制和承包经营责任制。次年，大中五金店进行股份制试点。1990年，在商业企业中，完善经济责任制，实行“三保一定”制（保销售、保利润、保费用，定提成）、“联销计酬”制、全员租赁制、“合资合劳”制、个人全额抵押租赁制等。1992年，开展对10家商业企业实行经营、价格、分配、用工的“四放开”试点。同时，对年利润在3万元以下的41家小企业引进个体经营机制，实行个人承包经营责任制；对年利润在10万元以下的中小型企业实行合资合劳合作经营制。根据开放、搞活的精神，在全区商业经营体制改革中撤销区商业局所属的7家商业分公司，扩大企业自主权，减少管理层次；拓展内联外引，减少流通环节；兴办机关、企事业服务公司，增加流通渠道，搞活商品经济。

司制，试行资产经营责任制，改进和完善股份合作、合资、合劳企业管理机制，加强对集体资产的管理。是年，商业系统对42家小企业实行合并联营，迈出通过企业组织结构调整、提高规模效益的新的一步。1997年，企业改革力度加大。实施对国有商业企业、集体商业企业和村办企业的改组改造，股份合作制在全区范围内得到推广。至年末，全区有50.5%的国有商业企业和26.7%的集体商业企业进行改制，村办企业基本完成改制。

1998年，区委、区政府制定国有、集体企业股份合作制改组的指导意见，实施《上城区企业改革三年规划》。1999年，商业企业进行国有资本退出企业和企业经营者持大股的尝试。全区完成企业改制面在80%以上。2000年，区贸易局系统通过资产置换和拍卖等途径，实现部分国有、集体资产的有序退出，有7个商业网点进行公开拍卖。至2000年末，全区企业改制面达到95.8%，产权制度改革面达到86.8%，劳动用工制度改革面达到51.8%，基本完成企业改革三年目标任务。

2001年，上城区重点围绕产权制度、劳动用工制度2项改革组织实施改革攻坚，全区企业产权改制面达到95%，劳动用工改革人数占应改革职工人数的74.5%。2003年，企业产权制度和劳动用工制度改革不断深化，至年末，全区企业改制面达到98.8%。通过改革，商贸旅游经济呈现加快发展的态势。全年实现商贸旅游服务业收入72.5亿元，比2000年增长17.8%；社会消费品零售总额28.1亿元，增长17.57%。

2004年起，中国零售业全面开放，上城区商业发展加快，市场流通规模扩大，零售与批发更加融合，批发零售业地位不断上升。2005年，国务院发布《国务院关于促进流通业发展的若干意见》，提出加大改革力度，提高流通企业竞争能力等7项举措。上城区商贸企业加快改革和转制，大企业占主导型的流通格局初具雏形。上城区投资环境不断改善，吸引了国内外资本在上城区投资发展商业服务业。商业体制改革直接促进上城区商贸服务业的发展。至2015年末，全区服务业增加值495.5亿元，比2014年增长12.2%；社会消费品零售总额341.81亿元，增长12.60%。

第九篇 主导产业

唐朝时，现上城辖区范围内经济形态主要是商业、服务业、手工业和农业。南宋时期，御街中段（现中山中路）、荐桥街（现清泰街的城头巷口以西）、后市街等已成为商业繁华区，印刷刻书、碾玉、砖瓦、裁缝、靴鞋等手工业发展进入鼎盛时期。元初，手工业一度衰落。明清时期，商业进一步繁荣，手工业进一步发展，近代工业开始起步。民国时期，现上城辖区范围主要产业为商业和轻工业。中华人民共和国成立初期，上城区主要产业为商业、饮食、服务业和机械修配、日用电器等传统工业。

1978年，区属工业总产值1428万元，利润264万元，区属商业零售额294万元。1983年5月，杭州市第三轮城市总体规划经国务院批复原则同意，确定杭州城市性质为“省会所在地，国家公布的历史文化名城和全国重点风景旅游城市”。新的城市定位为上城区产业转型升级明确了发展方向。在改革开放的推动下，至1992年，区属工业总产值8.93亿元，利润1.05亿元；区属商业销售额11.89亿元，利润3721万元，集市贸易成交额9.09亿元。该时期，上城区主要产业仍以传统工业、商业为主。

基于上城区地域狭小，企业发展缺乏足够空间，既无资源，又无大的交易市场，生产“两头在外”① 等经济制约因素，结合杭州市城市定位，1993年1月，中共杭州市上城区第五次代表大会提出加快发展第三产业，把发展第三产业的重点放在搞活商业、发展房地产业、开发旅游业和服务业上。是年起，区委、区政府加大现代商贸设施开发力度，对历史旅游景点进行保护整治，积极培育扶持星级宾馆和旅行社，改善旅游服务设施，推动第三产业走上健康发展的道路。1995年，上城区推行企业技术进步工程，制定包括贴息贷款在内的14条扶持措施，启动20个重点技改和15个重点新品开发项目。1996年，上城区制定《关于我区房地产开发企业实行目标管理责任制的奖励办法》，鼓励房地产开发企业留好留足物业，增强企业发展后劲。1998年，

① “两头在外”：指制造企业在产品生产过程中，其原料采购和产品销售均在国外市场，而加工生产在国内的一种经营模式。

全国停止住房实物分配，实行住房分配货币化，新建住房原则上只售不租，上城区房地产市场此后发展迅速。是年，中共杭州市上城区第六次代表大会提出“优二兴三、三产兴区、科教强区”的战略思路，进一步明确上城区产业转型升级的方向。2000年，上城区提出扶植信息通讯、生物医药、新材料3个高新技术产业群，提升饮料食品、智能家电、机械电子3个传统优势产业群，健全区域科技创新体系的“三三一”高新技术产业发展思路。2001年起，上城区重点培育庆春路金融街，推动金融业向纵深发展。2003年1月，中共杭州市上城区第七次代表大会提出“商旅兴区”战略，提出大力发展商贸旅游业，积极培育发展电子商务、物流配送等现代服务业。2006年12月，中共杭州市上城区第八次代表大会围绕“打造杭州RBD，构建和谐新上城”的总体目标，提出深入实施RBD战略。

在历届区委、区政府的大力推动下，上城区第三产业繁荣发展。至2008年，全区第三产业增加值达239亿元，占地区生产总值比重首次突破50%，达53.91%，以现代服务业为特征的第三产业上升为主导产业。是年召开的全国卫生工作会议提出，要研究实施“健康中国2020”战略①，努力促进公共服务均等化，明确健康产业的发展方向。2009年，上城区提出重点发展文化创意产业、金融及衍生产业、大旅游业、现代商贸服务业和精品房地产业五大主体产业，同时培育发展法律、会计、咨询、服务外包等其他业态，培育“五主多副”产业格局。2010年，上城区编制《上城区文化创意产业发展规划（2010—2015年）》《上城区金融服务业十二五规划》，对文化创意产业和金融服务业发展提出明确要求。2011年12月，中共杭州市上城区第九次代表大会提出大力推进产业集聚化、高端化、特色化，提高产业国际化水平。2013年，上城区健康产业形成以上城高端医疗服务集聚区（东至东河、南至解放路、西至中河、北至庆春路），小营区块和湖滨区块，城站—西湖健康旅游走

① 2008年1月召开的全国卫生工作会议提出：到2015年，使中国医疗卫生服务和保健水平进入发展中国家的前列；到2020年，保持中国在发展中国家前列的地位，东部地区的城乡和中西部的部分城乡接近或达到中等发达国家的水平。

廊，特色楼宇、重点街巷等多点为代表的“一区、两块、一廊、多点”的产业空间布局。2014年1月，上城区第十四届人民代表大会第三次会议上，首次提出加快发展以康复护理、养身保健、健康管理为重点的现代医疗健康产业，努力创建市级健康服务业集聚区。7月，中共杭州市委十一届七次全体（扩大）会议召开，审议通过《中共杭州市委杭州市人民政府关于加快发展信息经济的若干意见》，动员全市上下全面实施创新驱动发展战略，加快发展信息经济、智慧经济，全面推进美丽中国先行区建设，全力推动杭州高起点上的新发展。12月，上城区制定《杭州市上城区“智慧城区”建设总体规划纲要》，提出结合上城实际，积极发展智慧产业，推进战略性新兴产业规模化，依托望江智慧产业园区建设，提高产业核心竞争力，使智慧园区与智慧城区建设相融合。是年，上城区提出大力发展金融服务、文化创意、高新技术、现代商贸和旅游五大主导产业。

至2015年末，上城区形成包括商贸服务业①、文化创意产业、金融产业、旅游产业、科技产业、房地产业②、智慧产业、健康产业等在内的特色主导产业，其中，批发零售业和住宿餐饮业实现增加值114.20亿元，文化创意产业增加值113.52亿元，金融产业增加值138.20亿元，旅游业增加值62.48亿元，房地产业增加值45.60亿元，信息经济增加值44.08亿元，健康服务相关产业营业收入突破100亿元，高新技术企业实现技工贸总收入70亿元。

① 见第十三篇商业服务。

② 见第十二篇建筑业 房地产业。

第一章　文创产业

2000年，《中共中央关于制定国民经济和社会发展第十个五年计划的建议》首次正式提出文化产业概念。2006年7月，《杭州市上城区人民政府关于鼓励与扶持中介服务业和创意产业发展的试行意见》实施，对文化创意企业给予政策扶持。2008年，上城区设立创意产业发展专项资金，加大资金扶持力度。2009年，区委、区政府提出"打造全市文化创意产业中心城区"目标。2010年，上城区编制《上城区文化创意产业发展规划(2010—2015年)》，指明文化创意产业发展方向。2011年5月，杭州山南国际设计创意产业园作为文化创意产业集聚区成功入选杭州市首批现代服务业重点类集聚区。2012年7月，上城区境域内有杭州文化广播电视集团有限公司、思美传媒股份有限公司等5家企业入选首批浙江省重点扶持文化企业，杭州山南国际创意产业园入选首批浙江省重点培育文化产业园区，思美传媒股份有限公司、西泠印社拍卖有限公司被列为首批浙江省重点助推上市文化企业。2013年，区委、区政府制定《促进文化创意产业发展的扶持意见》，对设计服务业、信息服务业、现代传媒业、文化休闲旅游业、艺术品业、教育培训业予以重点扶持。

2015年，上城区文化创意产业实现增加值113.52亿元。主营业务收入超亿元企业43家，共计营业收入156.65亿元，占全区规模以上文化创意企业收入的77.9%，重点企业的引领作用日益显现。

第一节　产业政策及发展

一、文创政策

2006年7月，上城区下发《杭州市上城区人民政府关于鼓励与扶持中介服务业和创意产业发展的试行意见》，明确鼓励与扶持动漫、影视、网游、产品设计、旅游等行业的现代服务业企业，对取得突出贡献、成绩显著的企业经营者给予奖励，对企业在购房、租房、信息化应用、经营用房装修、人才引进等方面给予资助与补贴。对新引进的中介服务企业和创意产业企业，按引进当年企业上缴税收地方所得3%～5%给予主要经营者一次性奖励；在上城区范围内购买经营用房落户的，给予一次性购房补贴，额度为购房款的0.5%～2%；对年度上缴税收300万元以上的中介服务企业和创意产业企业给予企业经营者5万元奖励，上缴税收500万元以上的中介服务企业和创意产业企业给予经营者10万元奖励；对规模较大、在全省全国有较大影响的中介服务企业和创意产业企业和总部型中介服务企业和创意产业企业，按“一事一议”的方式确定项目资助标准与额度。

2008年，为加快推进“西湖创意谷”建设，推动全区创意产业健康快速发展，上城区下发《关于加快创意产业发展的若干补充意见》，设立创意产业发展专项资金，每年安排500万元，主要用于创意产业基地建设，重大项目的研发补助、贷款贴息、配套资助，以及对促进创意产业发展做出突出贡献单位和个人的奖励等。对认定的创意产业发展基地，根据建设规模和水平给予50万元～100万元的资金资助。对认定为国家级、省级、市级的孵化器，再分别追加资助50万元、30万元、10万元。对新引进的创意企业经认定后给予房租专项补贴，按1元/平方米·日的补贴标准计算，补贴面积最高不超过100平方米。补贴期为1～2年。

2009年，区委、区政府下发《中共杭州市上城区委、杭州市上城区人民政府关于推动文化事业繁荣发展的实施意见（2009—2011年）》，明确逐年增加对文化事业的资金投入，每年增长幅度不低于经常性财政支出的增长幅度，建立稳定的投入增长机制，把基层文化工作经费刚性要求列入每年财政预算。明确建立区文化事业发展专项资金，用于文化艺术精品创作，特色文化的挖掘和扶植，群众文化的普及，基层文化设施建设的配套补助以及面向公众的文化服务采购，力争每年用于文化活动的经费达全区人均10元/人以上。

2013年，区委、区政府下发《促进文化创意产业发展的扶持意见》，明确上城区文化创意产业重点发展的行业为设计服务业、信息服务业、现代传媒业、文化休闲旅游业、艺术品业、教育培训业，主要对企业予以工商优惠、资金扶持、房租补贴、融资扶持、人才建设等方面的扶持。其中工商优惠方面，主要是对文化创意企业注册资本在200万元以下的免企业注册（变更）登记费、年检费、补（换）营业执照工本费。资金扶持方面，从2013年起连续3年，区财政每年投入不少于1500万元用于重点园区（基地）建设、重点企业、重点项目、产业孵化等方面的贷款贴息、资助和奖励，促进文化创意产业发展。

二、产业发展

2007年，市委、市政府提出“打造全国文化创意中心”的目标。2009年，区委、区政府提出“打造全市文化创意产业中心城区”目标。4月，杭州市上城区文化创意产业办公室成立，为区委宣传部管理的正处级事业单位。2010年，上城区编制《上城区文化创意产业发展规划（2010—2015年）》，明确产业发展导向。是年，全区文化创意产业实现增加值80.90亿元，比2009年增长27.60%，高于全市增速11.50%，增加值占上城区生产总值比重达15.30%；实现地方财政收入4.70亿元，增长29.50%。

2011年5月，杭州山南国际设计创意产业园作为文化创意产业集聚区成功入选杭州市首批现代服务业重点类集聚区。是年，上城区文化创意产业实现主营业务收入137亿元，实现增加值65.66亿元，实现地方财政收入5.61亿元。2012年7月，杭州文化广播电视集团有限公司、思美传媒股份有限公司等5家企业入选首批浙江省重点扶持文化企业；杭州山南国际创意产业园入选首批浙江省重点培育文化产业园区；思美传媒股份有限公司、西泠印社拍卖有限公司被列为首批浙江省重点助推上市文化企业。是年，上城区文化创意产业完成主营业务收入136.04亿元，比2011年增长0.9%；实现增加值75.07亿元，增长11.5%；实现地方财政收入5.44亿元。2013年，上城区文化创意产业实现地方财政收入5.98亿元，比2012年增长10.9%；实现主营业务收入150.94亿元，增长11.2%。从企业规模看，全区限额以上（年主营业务收入500万元及以上）文创企业224家，其中亿元以上39家，主营业务收入115.77亿元，占限上总额的76.7%；5亿元以上6家，主营业务收入54.7亿元，占限上总额的36.2%。全区文创企业从业42537人。

2014年，上城区文化创意产业增加值86.78亿元，比2013年增长8.8%；实现地方财政收入6.17亿元，增长3.17%；资产总计814.72亿元，增长8.4%，其中，规模以上企业资产149.67亿元，增长13.1%；文创事业单位资产665.05亿元，增长7.4%；规模以上文创企业267家，其中，设计服务业124家，文化休闲旅游业46家，信息服务业26家。从企业盈利水平来看，全区规模以上文创企业共实现利润总额8.85亿元，增长25.6%，其中利润在千万元以上企业23家，增长37.9%；从从业人数看，上城区文化创意产业对就业吸纳能力较强，吸引从业人员45388人，增长4.6%。

2015年，上城区文化创意产业增加值113.52亿元，比2014年增长16.2%；规模以上文创企业实现主营业务收入201.16亿元，增长17.8%；完成一般公共预算收入6.07亿元；规模以上文创企业291家，带动就业46267人，增长6.1%；主营业务收入超亿元企业43家，共计营业收入156.65亿元，增长24%，占全区规模以上企业收入的77.9%，重点企业的引领作用日益显现。

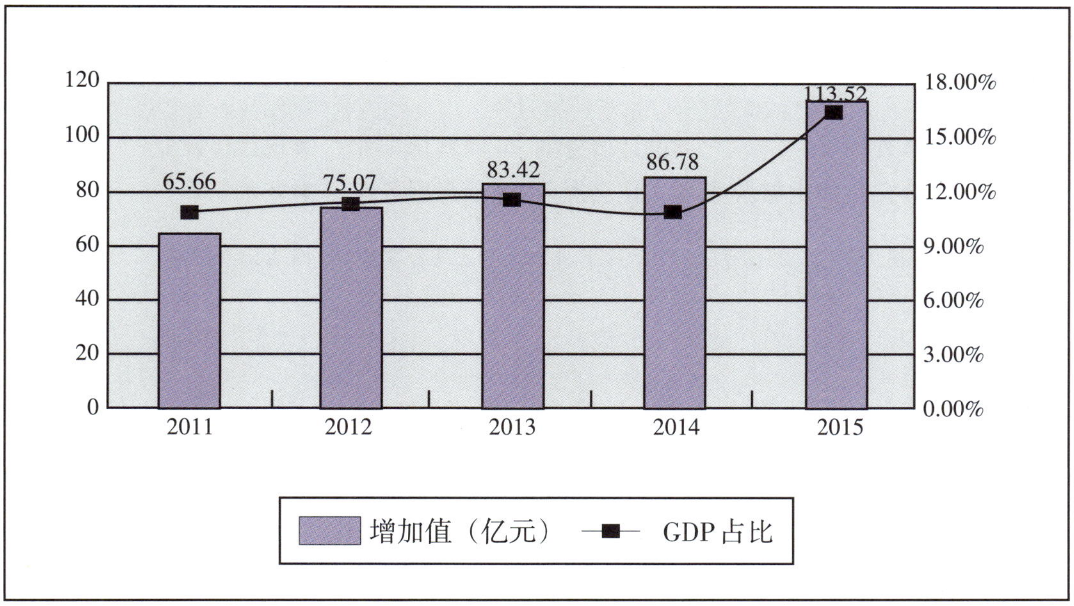

图9-1-1　2011—2015年上城区文化创意产业增加值及地区生产总值占比图

表 9-1-1　2014 年上城区规模以上文创产业情况表

行业分类	主营业务收入（万元）	同比增长（%）	资产总额（万元）	同比增长（%）	利税总额（万元）	同比增长（%）
设计服务业	606766.9	5.1	609445.1	16.9	75341.5	9.1
现代传媒业	44925.9	11.5	78207.8	2	4339.9	8.5
信息服务业	46421.2	32.2	149012.3	28.7	4964.3	9.5
文化休闲旅游业	3584780.0	-1.8	113807.6	-1.4	2068.3	38.6
教育培训业	20443.6	39.5	7506.6	47.6	6730.3	45.6
文化会展业	161717.8	14.8	97374.2	6.8	8549	-72.6
艺术品业	44402.9	-6.7	112448.3	8.50	-850.6	42.4
外围层	341139.4	0.1	348857.3	18.87	22051.6	-15.4
合计	1624295.7	4.0	1496659.2	13.1	123194.3	10.6

说明：资料来源于中共杭州市上城区委宣传部（杭州市上城区文化创意产业办公室）

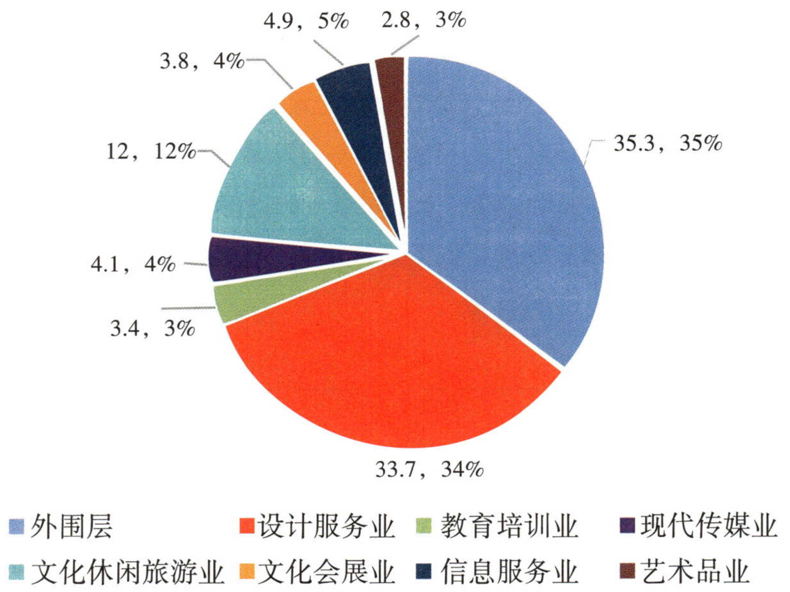

图 9-1-2　2015 年上城区文创产业八大行业及外围层增加值占比分析图

第二节　文创平台及企业

一、文创园区

杭州山南国际设计创意产业园　见第十篇特色街区 园区第四章玉皇山南基金小镇（杭州山南国际设计创意产业园）。

西湖创意谷　西湖创意谷成立于2007年，由区政府和中国美术学院按照“政府引导、市场运作、政策扶持”的建设思路，通过政策引导和资金扶持，推动“一谷多点”的创意产业基地建设，形成“开元198”、时尚创意园、科创中心、复兴大院、国博艺术中心、工艺美术特色园、江南艺术品交易中心、劳动路涌金创意家园等特色园区构成的文创产业集群。其中，“开元198”以开元路198号原杭州市开元中学校区为主体，建筑面积3000平方米，吸纳中国美术学院色彩研究所等创意企业入驻。时尚创意园位于江城路16号，面积7200平方米，依托毛戈平美容学校，打造化妆设计类设计中心，开展该类设计的教育培训工作。国博艺术中心依托天工艺苑的发展，打造工艺品、美术作品的研发、创作、展示、交易中心，带动解放路及小营地区工艺美术产业的发展，打造工艺美术产业带。工艺美术特色园位于清河坊历史文化特色街区，汇聚朱炳仁、王文英等多位国家级工艺美术大师，为工艺美术品创意设计制作搭建集创作、展示、交易于一体的市场化平台。江南艺术品交易中心以西泠印社拍卖有限公司为实施主体，选址清吟巷王文韶故居，充分依托西泠印社拍卖公司的业内影响力，打造高端艺术品展示与交易中心。劳动路涌金创意家园以劳动路为轴线，以艺术创作、艺术品展览展示、国学文化传播教育为主要产业形态，形成画廊画苑、艺术创作工作室、凤山艺术空间、国学馆、孔庙等业态布局，构建艺术创作产业带。2008年，上城区编制《上城区“西湖创意谷”三年行动计划（2008—2010年）》，明确上城区打造“西湖创意谷”园区的指导思想与发展定位、三年行动目标、重点发展领域、重点发展区块、创意产业集聚区建设、工作举措和保障措施。是年，西湖创意谷被市委、市政府命名为“杭州市十大文化创意产业园”，被杭州市科技局、杭州市财政局认定为“杭州市科技企业孵化器”。2009年，西湖创意谷·开元198园区实现营业收入2.84亿元，比2008年增长27%；税收1487万元，增长20%。2012年，在西湖创意谷·开元198园区设立工作室的中国美术学院教授王澍获得被称为建筑界“诺贝尔奖”的普利兹克奖，是第一位获得全球建筑领域最高奖项的中国人。2015年，西湖创意谷·开元198园区实现营业收入1850.2万元。

凤凰御元艺术基地　凤凰御元艺术基地成立于2013年，地址馒头山凤凰山脚路7号，总建筑面积6万平方米。园区结合南宋皇城的历史底蕴，采用园林式的创意办公模式，打造和发展江南门洞文化，以组团为一个单位，一门一景。园内形成“5+3+2”的格局，即50%的面积以地域文化为主题引进文化创意、文化展示、文化体验、文化消费等方面的文创企业；30%的面积用于完善园区内生活配套，包括大众餐饮等；20%的面积用于打造园区公共空间和引进名人、艺术家工作室。2014年，“江南1535”互联网金融茶馆在园区成立。至2015年末，园区已配套有众筹图书馆、700余平方米的展览馆（兼具论坛、培训、路演等功能）。园区先后引进张望工作室、中国作家书画院浙江分院、浙江省朗诵协会、闻音艺术中心、杭州典尚建筑装饰设计有限公司、“77的花屋子”等各类企业、机构110余家，其中文创类企业超过80家，就业人数1000余人，涉及影视文化、个性设计、茶酒文化、书画艺术和西点餐饮等文化领域。2015年，园区实现产值6.05亿元。

二、文创特色楼宇

时尚创意园　时尚创意园成立于2008年，地址江城路16号原杭州市机床电机厂，占地面积7500平方米，由杭州尚都科技有限公司投入1300万元在原废旧厂房的基础上改造而成。园区以“新时尚、高品质”为发展目标，先后引进毛戈平形象设计艺术学校、毛戈平化妆品有限公司、杭州熙丽健康管理有限公司、杭州欣冠餐饮管理有限公司、杭州匡妍健康咨询管理有限公司、杭州美黎汇健康咨询管理有限公司、杭州基本室内设计工程有限公司、80印象婚纱馆、杭州谜亚婚纱礼服私人定制工作室、杭州零创艺术教育学校等企业。2010年，该园被杭州市文化创意产业指导委员会授予“首批杭州市文化创意产业特色楼宇”称号。2011年，时尚创意园投资建设约400平方米的“毛戈平生活馆”，为社会公众提供涵盖化妆、美发、服装、化妆品等整体形象设计于一体的服务。2015年，园区实现营业收入3.64亿元。

杭州文化广播电视集团广电中心　2010年，杭州文化广播电视集团整体搬迁至之江路888号杭州市文化广播电视台大楼，该大楼是杭州文化广播电视集团总部、杭州电视台（6个频道）、杭州人民广播电台（4个频率）、杭州网络广播电视台、影视周报社等市级广播电视媒体单位以及杭州都快久一点吧传媒有限公司、西湖之声传媒、明珠电视传媒等文创企业的驻地。广电中心大楼一期工程建筑面积约9.2万平方米，建筑高度约99.9米，主楼地上23层，其中演播室、录音棚、播出总控、新闻制作、后期制作等技术用房约为3.3万平方米，大楼内员工约2000人。广电中心工艺技术系统能够实现从节目制作、存储到播出的“数字化、网络化、无带化”，从而大大提高广播电视节目生产能力，促进新媒体业务的发展。2015年，大楼全年实现营业收入5.24亿元。

图9-1-3　越界锦绣工坊（2015年）　（区委宣传部 供稿）

越界·锦绣工坊　越界·锦绣工坊成立于2014年，地址水门南弄3号，前身为杭州绣品厂，总建筑面积约1万平方米。园区景观设计自然流畅、形态活跃，辅以人性化小品设置，并配以舒适的室外空间。主力户型在100～300平方米，可自由分割组合，形成独特办公格局。园区坚持保护性功能再造，坚持以人性化设计为出发点，拆除临街一整栋原始楼宇，梳理园区原有交通组织，并通过空中廊道贯穿园区的各栋楼宇，形成独特的空中回廊网络。2014年8月起，杭州自在空间文化艺术有限公司、杭州萨迦文化创意有限公司等文创企业先后入驻。2015年3月，“杭州国家数字产业出版基地”在园区挂牌。是年，园区被杭州市文化创意产业指导委员会认定为杭州市文化创意产业特色楼宇。

三、文创企业

思美传媒股份有限公司　思美传媒股份有限公司成立于2000年，地址虎玉路41号。

2011年，在北京、广州设立分公司。2014年1月23日，正式在深圳证券交易所挂牌上市（股票代码：002712），成为中国第一家在主板上市的民营广告公司。是年，获全国文化企业三十强称号。

公司主要业务包括为客户提供从品牌管理与广告创意、娱乐内容营销、数字营销、全媒体策划及代理、公关推广到效果监测的全方位整合营销服务。先后服务宝洁公司、上海家化联合股份有限公司、上海相宜本草化妆品股份有限公司、欧姆龙自动化（中国）有限公司、卡夫食品（中国）有限公司、百事可乐饮料公司等中外知名企业。2015年，公司有员工500余人，实现营业收入24.94亿元。

浙江南方建筑设计有限公司　浙江南方建筑设计有限公司成立于1999年1月，地址西湖区宝石一路2号。2011年，公司搬迁至上城区白云路36号。2012年，“南方”商标被认定为浙江省著名商标。公司设计的“玉皇山南国际创意产业园”获第八届“龙腾奖·2013中国创意产业年度大奖”的“中国创意产业最佳园区奖”。2015年，公司开启特色小镇、美丽乡村等新产品探索之路，旗下子公司、工作室数量增至70余家，员工人数扩张至1000余人，拥有建筑行业（建筑工程）甲级、风景园林工程设计乙级和城乡规划乙级资质。公司提供包括产业、规划、建筑、结构、设备、景观等12类设计服务。至2015年末，完成涵盖全国25个省、150个市的2000余个项目案例，先后服务国家电网有限公司、北京首都开发控股（集团）有限公司、中国铁建股份有限公司、北京城建投资发展股份有限公司等知名企业。是年，公司主营业务收入1亿元。

图9-1-4　浙江南方建筑设计有限公司（2015年）
（吴璜　摄）

杭州博乐工业设计股份有限公司　杭州博乐工业设计股份有限公司成立于2003年，地址浙江大学科技园。2009年，公司迁址定安路126号。该公司是国家级高新技术企业、中国十佳工业设计公司、浙江省省级重点企业设计院、杭州市级高新技术企业研发中心和浙江省、杭州市工业设计协会副会长单位。2007—2010年，陆续成立杭州博乐品牌策划有限公司、杭州博乐展具有限公司等子公司，以“工业设计”为核心，进行产品、品牌和终端整合设计的模式运作。2014年，开创“创新设计”与“优势制造业”深度融合的发展模式，成为拥有“创新设计服务、自主品牌孵化、设计生态打造”三大板块协同发展的集团化创新设计公司。2015年，公司实现主营业务收入2000余万元。

杭州佳平影业有限公司　杭州佳平影业有限公司成立于2009年3月，地址延安路126号耀江广厦A座608室，是一家集专业从事电影、电视剧策划、制作、营销、文艺活动策划组织、艺人经纪、电影衍生产品开发等经营业务于一体的影视制作机构。2011年，迁至新华路岳官巷4号吴宅。[①] 2009年，该公司出品的非物质文化遗产主题电影《十里红妆》，成功入围第12届上海国际电影节传媒大奖单元和第33届开罗国际电影节展映单元。是年，该公司参与投资运作的大型史诗电视剧《东方》被列入浙江省、杭州市文化精品工程，获得全国第12届精神文明建设“五个一工程”奖、第26届中国电视“金鹰奖”优秀电视剧、第29届中国电视剧“飞天奖”，在中央电视台综合频道黄金时间播出，主题曲《东方为什么红》获全国第十二届精神文明建设“五个一工程”奖。2013年，为纪念世界反法西斯战争胜利暨抗日战争胜利70周年，该公司投资制作反映反战同盟题材的电视剧《烽火双雄》，该剧主题歌《同志们》获全国第十三届精神文明建设“五个一工程”奖。

西泠印社拍卖有限公司　西泠印社拍卖有限公司成立于2004年，地址河坊街153号，2009年12月入驻清吟街127号王文韶故居。该公司业务以中国书画、文房古玩拍卖业务为核心。2010年，公司秋季艺术品拍卖会总成交额为10.8亿元，总成交率逾92%。2011年，该公司拍卖的任伯年《华祝三多图》以1.67亿元创下海派书画拍卖成交纪录。2014年，推出“中国首届青铜礼器专场”，推进中国艺术市场国际化进程。是年，根据商务部、文化部、国家文物局联合中国拍卖行业协会发布的《拍卖年报》显示，西泠印社拍卖有限公司获评综合排名、成交率、主营业务利润率3项全国第一。2015年，公司被中国拍卖行业协会评为首届中国文物艺术品拍卖排行榜“青花奖”十佳拍卖企业。

① 该公司注册地仍在上城区。

第二章　金融产业

1978年，上城区金融机构主要是银行机构。20世纪80年代起，典当商行、信用合作社、保险公司等金融机构逐渐兴起。1993年初，上城区有省、市银行6家、保险公司1家（中国人民保险公司浙江省分公司）以及信用社、典当、信托投资公司等金融机构，金融市场为企业融通资金7.07亿元。1996—2000年，上城区对金融产业实行“扶优扶强扶新，调整外向拓展”策略，加强招商引资机构和队伍建设，重点发展金融贸易服务业。

2001—2005年，上城区重点培育庆春路金融街，突出发展金融业。2010年，上城区制定《上城区金融服务业十二五规划》，提出主动接轨杭州“一核两带三圈三园多点”[①]的金融发展战略，着力打造现代金融业“一园两区”发展格局，即玉皇山南国际金融园、吴山景圈投资基金集聚区、西湖国际专业金融区[②]。

2012年，由庆春路、解放路、西湖大道和延安南路构成的“丰”字形金融带初具规模，其中，庆春路（南侧）上城段有商业银行15家、证券期货（典当）5家、保险公司8家、金融投资公司18家、金融中介服务公司11家，西湖大道沿线地区集聚信泰人寿保险股份有限公司、南华期货股份有限公司、中信银行、浦发银行、中国太平洋保险（集团）股份有限公司等多家全国、省级金融机构的区域总部。2013—2015年，上城区先后举办中国有限合伙人峰会及首届全球对冲基金西湖峰会，扩大上城金融集聚区的影响力。

2015年，金融业增加值138.2亿元，占地区生产总值的比重16.05%，占全市金融业增加值的比重14.13%。9家企业培育上市，9家企业在“新三板”挂牌，上市意向企业51家，股份制公司60家。“一园两区”有近300家金融机构，其中，银行、保险、期货、证券四大行业的省市以上区域总部40家，有25家银行（包括12家省市分行）机构入驻。另外，有投资类企业915家，其中，股权投资公司175家，投资管理公司406家。玉皇山南基金小镇汇聚各类私募基金[③]机构400余家，文创类企业98家，主动管理资产规模2300亿元，税收4.1亿元。

① 2011年10月，市政府发布《杭州市“十二五”金融业发展规划》。该规划提出，杭州市要构筑“一核两带三圈三园多点”的多层次、梯度化的金融功能空间布局。其中，“一核”指“杭州金融城”“钱江金融城”金融综合体建设，吸引各类金融机构省级以上总部入驻；“两带”指延安路和庆春路金融产业带，重点集聚零售金融机构；“三圈”指黄龙商圈、吴山景圈和创业楼圈，主要集聚以会计、法律、评估、投资咨询、各类金融中介代理等为重点的金融中介业；“三园”指滨江金融外包园、下沙金融外包园、余杭金融创新园，重点发展金融软件和信息技术服务外包、金融数据处理、金融人力资源外包和金融公共服务基地；“多点”则是指在以杭州周边县市（县城）和中心城镇为节点的金融机构服务网络。

② 西湖国际专业金融区：2009年，上城区与国际金融机构合作，在南山路地区建立的一个金融机构集聚区。

③ 玉皇山南基金小镇以私募股权投资基金为主，其内容详见第十篇特色街区园区第四章玉皇山南基金小镇。

第一节 银行业

一、行业发展

1993年初，杭州市区有省、市银行12家。其中，驻上城区境域内的地区总部机构有中国人民银行杭州市分行（行址中河路）、中国银行杭州分行（行址孝女路）、中国人民建设银行浙江省分行（行址劳动路127号）、中国工商银行浙江省分行（行址中河路158号）、中国工商银行杭州市分行（行址羊血弄2号）、中国交通银行杭州分行（行址浣纱路18号）6家。

随着金融体制改革的深化和金融分业的实施，至2005年，上城区形成以国有控股银行在杭分支机构为龙头的银行业体系。2008年，渣打银行（中国）有限公司杭州分行、南洋商业银行（中国）有限公司杭州分行、浙江稠州商业银行股份有限公司杭州分行、浙江泰隆商业银行股份有限公司杭州分行等银行相继落户上城区。是年，为加大为企服务力度，上城区搭建"政—银—企—投"对接平台①，帮助中小企业融资约8780万元。2010年，为提高经济发展活力，上城区组建"风险池"担保基金②，累计放贷2000万元。同时，各借款企业按照借款合同总额的一定比例缴纳风险金，补充"风险池"担保基金。

2012年12月，杭州联合农村商业银行（简称杭州联合银行）总行及直属营业部整体迁至建国中路99号的新总部大楼办公营业，成为唯一一家总部在上城区的商业银行。

2015年末，除杭州联合银行外，上城区有省级银行机构3家，分别是中国人民银行杭州中心支行本部、中国银行业监督管理委员会浙江监管局本部、中国工商银行浙江省分行；市级分行8家，分别是上海浦东发展银行股份有限公司杭州分行本部、中信银行股份有限公司杭州分行本部、渣打银行（中国）有限公司杭州分行本部、中国邮政储蓄银行股份有限公司杭州市分行本部、浙江泰隆商业银行股份有限公司杭州分行本部、南洋商业银行（中国）有限公司杭州分行本部、浙江稠州商业银行股份有限公司杭州分行本部、华夏银行股份有限公司杭州分行本部。

① "政—银—企—投"对接平台：是指由政府牵线，组织辖区内银行、投资公司、中小企业和相关职能部门进行"网上对接"，通过网络平台促进信息交流，实现各方共赢。

② "风险池"担保基金：是指不以盈利为目的，建立市、区两级联保体系，由各区（县、市）科技局分别与市级政策性担保公司、银行根据可能发生的不良贷款按照各自匹配风险的比例出资组成的信贷风险补偿基金。

表 9-2-2　2015 年上城区境域内银行机构情况表

级别	银行机构名称	地址	主要业务
总部	杭州联合银行	建国中路99号	货币银行服务
省级	中国人民银行杭州中心支行本部	延安路149号	中央银行
	中国银行业监督管理委员会浙江监管局本部	解放路187号	银行业监督管理
	中国工商银行浙江省分行	中河中路150号	货币银行金融服务
市级	上海浦东发展银行股份有限公司杭州分行本部	延安南路129号	结算等银行业务
	中信银行股份有限公司杭州分行本部	延安路88号	货币银行服务
	渣打银行（中国）有限公司杭州分行本部	庆春路151号	资金借贷存取业务
	浙江泰隆商业银行股份有限公司杭州分行本部	中河中路168号（绿都大厦）	货币银行服务
	南洋商业银行（中国）有限公司杭州分行本部	庆春路195-1号	银行储蓄业务
	浙江稠州商业银行股份有限公司杭州分行本部	建国中路68号北楼	货币银行服务
	华夏银行股份有限公司杭州分行本部	庆春路73号	货币银行服务
	中国邮政储蓄银行股份有限公司杭州市分行本部	环城东路16号	邮政储蓄

说明：资料来源于杭州市上城区金融工作办公室

二、驻区银行选介

中国人民银行杭州中心支行　1949年5月，中国人民银行杭州分行成立，地址中河路（后迁址延安路149号），是中国人民银行的派出机构。中国人民银行杭州中心支行1998年末在原浙江省分行和杭州市分行基础上重新组建，并于1999年1月1日正式运行，同时承接国家外汇管理局浙江省分局职责。中国人民银行杭州中心支行和国家外汇管理局浙江省分局为正厅级单位，负责领导和管理全省货币政策、金融稳定、金融服务及外汇管理等工作。

中国工商银行股份有限公司浙江省分行　中国工商银行浙江省分行成立于1985年1月9日，2005年完成股份制改造，更名为中国工商银行股份有限公司浙江省分行，地址中河中路150号。2015年末，该行有791个分支机构，下辖12家二级分行（义乌、萧山分行系支行升格）、118家支行，员工2万余人。

交通银行股份有限公司浙江省分行　交通银行股份有限公司浙江省分行前身交通银行杭州分行成立于1988年5月14日，地址庆春路173号，是最早进入浙江省开展业务的股份制商业银行。1995年3月，该行升格为总行直属分行。2004年10月，交通银行总行党委决定由杭州分行行使交通银行浙江省分行的管理职能。2010年，交通银行股份有限公司浙江省分行迁址江干区钱江新城剧院路1号。

杭州联合银行　2005年，杭州联合农村合作银行成立，地址中山北路288号。2011年1月，杭州联合农村合作银行整体改制为杭州联合农村商业银行。2012年12月，杭州联合农村商业银行总行及直属营业部整体迁至建国中路99号的新总部大楼办公营业。① 至2012年末，该银行资产总额899亿元，存款余额723.81亿元，贷款余额531.41亿元，实现利润13.17亿元。2013年，该银行获"2013年浙江省社会责任优秀报告企业"等称号。

① 原地址位于下城区。2012年12月，原杭州联合银行总部大楼重新开业，更名为杭州联合银行中山支行。

2015年，杭州联合银行资产总额1227亿元，存款余额953亿元，贷款余额657亿元，资本充足率12.41%，核心资本充足率11.27%。7月，在英国《The Banker》杂志2015年全球银行1000强排名中，以17.18亿美元的一级核心资本位列全球银行第459位，连续三年跻身全球银行500强。

南洋商业银行（中国）有限公司杭州分行　南洋商业银行（中国）有限公司源自中国香港，是中国信达资产管理股份有限公司通过其全资附属机构——南洋商业银行全资拥有的内地商业银行，总部设在上海。其杭州分行于2008年注册成立，行址庆春路195-1号。

渣打银行（中国）有限公司杭州分行　渣打银行建于清咸丰三年（1853），总部设在伦敦，业务网络遍及全球60余个市场。2008年2月，渣打银行（中国）有限公司杭州分行成立，行址庆春路151号。公司主营吸收公众存款，发放短期、中期和长期贷款，办理票据承兑与贴现，买卖政府债券、金融债券，买卖股票以外的其他外币有价证券，提供信用证服务及担保，办理国内外结算，买卖、代理买卖外汇，代理保险，从事同业拆借等业务。

第二节　保险业

1993年初，杭州市区有保险公司2家，其中中国人民保险公司浙江省分公司在中山中路400号。

1996年，中国人民财产保险股份有限公司浙江省分公司在中河中路66号注册成立，是人保财险系统内规模较大的省级分公司之一，下辖有市分公司10家、县级经营单位105家，机构网络遍布全省各地，员工6000余人。

2002年，中国太平洋人寿保险股份有限公司浙江分公司在之江路928号注册成立。该公司是管辖浙江全省（除宁波市外）机构的一级分公司，在全省各地设有10家中心支公司，114家支公司以及营销服务部。

2004—2005年，先后有浙江涌嘉保险经纪有限公司、华泰人寿保险股份有限公司浙江分公司、新华人寿保险股份有限公司浙江分公司入驻上城区。2007年，信泰人寿保险股份有限公司（简称信泰人寿）全国总部落户上城区。至2009年末，信泰人寿年度总规模保费为10亿元。2010年，世界500强企业三井住友株式会社入股信泰人寿，持有信泰人寿7%的股权，成为第六大股东。至2013年，合众人寿保险股份有限公司浙江分公司、浙江联创保险销售有限公司、大众保险销售服务（上海）有限公司浙江分公司、广东泰合保险销售有限公司浙江分公司、天安保险股份有限公司浙江分公司，永安保险销售（上海）有限公司浙江分公司相继入驻上城区。

2015年末，上城区境域内有保险机构省级分公司15家、市级分公司8家。

表9-2-3　2015年上城区保险机构情况表

级别	公司名称	地址	主要业务活动
省级分公司	中国太平洋人寿保险股份有限公司浙江分公司本部	西湖大道35号1号楼15楼	人寿保险
	新华人寿保险股份有限公司浙江分公司本部	中河中路222号	人身保险
	天安保险股份有限公司浙江分公司本部	庆春路25～29号	财产保险
	中国大地财产保险股份有限公司浙江分公司本部	馆驿后8号万新大厦一号楼11楼	财产保险业
	合众人寿保险股份有限公司浙江分公司本部	中河中路222号15～17楼	人寿保险
	浙江涌嘉保险经纪有限公司本部	清吟街108号520室	保险经纪与代理服务
	华泰人寿保险股份有限公司浙江分公司本部	中河南路11号	人身保险业务
	浙江联创保险销售有限公司本部	延安路126号5002A、5002B室	保险代理业务
	中美联泰大都会人寿保险有限公司浙江分公司本部	中河中路258号	人寿保险
	大众保险销售服务（上海）有限公司浙江分公司	秋涛路238、258、242号A座1604～1605座	保险经纪与代理服务
	人保汽车保险销售服务有限公司浙江省分公司	中河中路66号5楼	其他未列明保险活动
	中国人民财产保险股份有限公司浙江省分公司本部	佑圣观路66～68号	意外保险服务
	北京联合保险经纪有限公司浙江分公司	定安路128号	保险经纪
	永安保险销售（北京）有限公司浙江分公司	凤凰城4号1802室	保险产品代理
	广东泰合保险销售有限公司浙江分公司	庆春路11号凯旋门商业中心13D室	保险代理
市级分公司	恒泰保险经纪有限公司杭州分公司	定安路68号501室	保险投资服务
	上海东太保险公估有限公司杭州分公司	延庆里8号901室	事故定损服务
	中国大地财产保险股份有限公司杭州中心支公司本部	馆驿后2号6楼	保险辅助服务
	天安财产保险股份有限公司杭州中心支公司本部	望江东路332号	财产保险
	大众保险股份有限公司杭州中心支公司本部	秋涛路258号A楼1601室	财产保险
	浙江浙商保险销售有限公司杭州第一分公司	紫金观巷26号404室	保险经济与代理服务
	永安财产保险股份有限公司杭州中心支公司本部	秋涛路28号	财产保险业务
	新华人寿保险股份有限公司杭州中心支公司本部	中河中路216号	分红险

说明：资料来源于杭州市上城区金融工作办公室

第三节　证券业

1993年，上城区证券业机构有浙江证券有限责任公司杭州劳动路证券营业部[①]。1997年5月，海通证券股份有限公司杭州解放路证券营业部成立，地址解放路138号1楼。2001年6月，浙江证券有限责任公司杭州平海路证券营业部[②]成立，地址位于上城区中河中路198号。2002年9月，财通证券股份有限公司杭州秋涛路证券营业部成立。

2009—2013年，海通证券股份有限公司浙江分公司、广发证券股份有限公司浙江分公司、中信建投证券股份有限公司浙江分公司3家证券公司先后入驻上城区。

2015年，上城区有证券公司省级分公司3家、营业部16家。业务范围涵盖证券经纪、期货经纪、投资银行、证券自营、资产管理、研究咨询、融资融券、另类投资业务、证券投资基金业务、场外市场业务、质押式报价回购业务、代销金融产品业务、受托管理保险资金业务、私募基金综合服务业务、“新三板”做市业务、收益凭证业务、互联网证券业务试点、私募基金管理等。

① 1992年5月，上城区第一家证券业机构浙江证券有限责任公司杭州劳动路证券营业部（浙江证券有限责任公司柳莺证券交易营业部）成立，地址位于南山路258-1号。

② 2002年8月29日，根据中国证监会机构监管部“机构部部函〔2002〕270号”《关于同意北京北大方正集团公司受让浙江证券有限责任公司股权的函》，方正集团受让浙江证券有限责任公司全体股东所持51%的股权，依法办理有关工商变更登记手续，“浙江证券”相关企业更名为“方正证券”。2002年公司法人变更后，营业部先后更名为方正证券有限责任公司杭州平海路证券营业部、方正证券股份有限公司杭州平海路证券营业部、方正证券股份有限公司杭州中河中路证券营业部 。

表9-2-4　2015年上城区内证券机构情况表

级别	公　司　名　称	地　　址	主要业务
省级分公司	海通证券股份有限公司浙江分公司	解放路138号	经营浙江的证券承销与保荐业务
	广发证券股份有限公司浙江分公司	钱江路41号201	管理浙江、江西的证券营业部
	中信建投证券股份有限公司浙江分公司本部	庆春路225号6楼604室	证券经济服务
营业部	广发证券股份有限公司杭州钱江路证券营业部	钱江路41号201室	证券经纪
	中信建投证券股份有限公司杭州庆春路证券营业部	庆春路225号6楼603室	证券经纪
	长江证券股份有限公司杭州西湖大道证券营业部	西湖大道58号9楼	证券经纪
	光大证券股份有限公司杭州庆春路证券营业部	庆春路155号14层、15层	证券经纪
	方正证券股份有限公司杭州中河中路证券营业部	中河中路198号14楼	证券经纪服务
	海通证券股份有限公司杭州解放路证券营业部	解放路138号2号楼3楼	证券经纪服务
	中信证券（浙江）有限责任公司杭州定安路证券营业部	延安路98号5楼	证券经纪交易服务
	财通证券有限责任公司杭州解放路证券营业部	解放路111号	证券经纪
	方正证券股份有限公司杭州南山路证券营业部	南山路258-1号	证券经纪

续表 9-2-4

级别	公　司　名　称	地　址	主要业务
营业部	兴业证券股份有限公司杭州清泰街证券营业部	清泰街571号金泰商务大厦19楼	证券经纪
	上海证券有限责任公司杭州解放路证券营业部	解放路85号902室	证券经纪
	中国银河证券股份有限公司杭州解放路证券营业部	解放路36号	证券经纪
	长城证券有限责任公司杭州钱江路证券营业部	钱江路58号太和广场8号803室	证券经纪交易服务
	华融证券股份有限公司杭州延安路证券营业部	延安路9号吴山铭楼4001室	证券经纪交易服务
	大通证券股份有限公司杭州庆春路证券营业部	庆春路87-1号15楼1501室	证券经济交易服务
	中信证券（浙江）有限责任公司杭州庆春路证券营业部	庆春路137号华都大厦3楼和5楼	证券经纪服务

说明：资料来源于杭州市上城区金融工作办公室

第四节　期货业

1993年，上城区无期货机构。1996年5月，南华期货股份有限公司在西湖大道193号成立，主要从事商品期货经纪、金融期货经纪、期货投资咨询、资产管理、证券投资基金代销等业务，是中国金融期货交易所首批全面结算会员单位，是上海期货交易所、郑州商品交易所、大连商品交易所的全权会员单位。

2001年，南华期货股份有限公司成立业内第一家研究所，并陆续在北京、上海、深圳、哈尔滨设立研究中心。2006年，经中国证券监督管理委员会批准，该公司成为首批赴香港设立分支机构的6家期货公司之一，设立全资子公司——横华国际金融股份有限公司。2007年，获得香港证券及期货事务监察委员会的批准，在中国香港经营香港地区及国际期货业务。2008年，浙商期货有限公司杭州中河中路营业部、弘业期货股份有限公司杭州营业部成立。

2009年，南华期货股份有限公司正式登记成为香港期货交易所参与者和香港期货结算所直接参与者。是年，南华期货股份有限公司取得超常规发展，全年代理交易额达到3.15万亿元，比2008年增长100.90%，代理交易量4682.53万手，增长74.24%，均超越行业平均增幅。2012年，公司进行增资扩股，壮大资本实力，为拓展业务领域、

图9-2-5　南华期货股份有限公司（2009年）
（区金融工作办公室　供稿）

争取创新发展创造条件。

2011年，新纪元期货有限公司杭州营业部在上城区成立。2013年，南华期货股份有限公司股份制改造和上市。2014年，该公司成为全国首批获得期权经纪业务资格的10个期货公司之一。同时，推进国际化布局，取得美国、欧洲、新加坡等全球主流交易所的会员资格，构建较为齐备的境外证券期货金融综合经营体系。

至2015年末，上城区有南华期货股份有限公司和期货公司杭州营业部7家，分别是国泰君安期货有限公司杭州营业部、浙商期货有限公司杭州中河中路营业部、弘业期货股份有限公司杭州营业部、新纪元期货有限公司杭州营业部、银河期货有限公司杭州营业部、中信建投期货有限公司杭州营业部、渤海期货有限公司杭州营业部。

表9-2-5　2015年上城区内期货公司情况表

级别	公司名称	地址	主要业务活动
本部	南华期货股份有限公司	西湖大道193号2、3层	商品期货经纪
营业部	国泰君安期货有限公司杭州营业部	金隆花园南区3层1号	商品期货经纪、金融期货经纪
	浙商期货有限公司杭州中河中路营业部	中河中路281号1705～1708室	商品期货经纪
	弘业期货股份有限公司杭州营业部	西湖大道18号	商品期货经纪、金融期货经纪
	新纪元期货有限公司杭州营业部	江城路889号香榭大厦7F	商品期货经纪、金融期货经纪
	银河期货有限公司杭州营业部	解放路26号10楼整层	期货投资咨询服务
	中信建投期货有限公司杭州营业部	庆春路137号811～812室	期货经纪人服务
	渤海期货股份有限公司杭州营业部	中河中路250号1303室	证券经济服务

说明：资料来源于杭州市上城区金融工作办公室

第三章　旅游产业

1978年，国家实行改革开放政策以后，作为全国重点旅游城市的中心城区，上城区旅行社、宾馆饭店、旅游商场等旅游服务产业逐步发展。1987年11月，杭州市旅游总公司发文同意成立杭州职工旅行社和杭州春光旅行社。两家旅行社是杭州市旅游总公司行使行政管理职能、首次批准成立的旅行社，也是改革开放后上城区最早被杭州市旅游总公司批准成立的旅行社。

1993年，上城区有一类旅行社3家、二类旅行社5家。1997年末，上城区有旅行社15家，其中，国际旅行社5家，国内旅行社10家。杭州武林客运旅游有限公司是首批获准经营西湖一日游的旅行社。

进入21世纪，随着湖滨地区商贸旅游设施的深度开发，2005年起，衣之家杭州西湖时代店、利星名品百货广场等大型商场先后开办。2010年，上城区印发《上城区发展“五主多副”促进转型升级指导意见》，明确“大旅游”业的发展思路为基于人文历史优势，以特色历史文化为重心，将上城区丰富的旅游休闲资源整合包装成特色旅游产品，成为“外地人必到，杭州人常到”的生活品质国际体验区。2012年，全区旅游业进入新阶段，清河坊历史文化景区（南宋御街中山路）营业收入达到19.9亿元，税收8340万元；湖滨（南山路）特色街区营业收入42.6亿元，税收2.49亿元；抽样酒店接待游客165万人次，营业收入15.7亿元；旅行社外联入境42万人次，组织国内出游94万人次，接待入境35万人次，接待国内112万人次，营业收入46.2亿元。

2015年，上城区景点景区[①]接待人数2847万人次，营业收入87.29亿元，旅游业增加值62.48亿元，占地区生产总值的7.26%；旅游直接、间接行业税收对地方财政的贡献度达到11.74%。全区有旅行社89家，其中，国际旅行社15家，国内旅行社74家。星级以上旅游宾馆（饭店）18家，其中，五星级3家，四星级8家，三星级6家，二星级1家。非星级的品牌酒店主要有杭州凯悦酒店、最佳西方精品杭州瑞丰格林酒店、浙江维多利亚丽嘉酒店等10余家，以及7天连锁酒店、如家快捷酒店、汉庭快捷酒店、布丁酒店等品牌经济型连锁酒店40余家。区域内有王

① 包括清河坊历史文化景区、湖滨（南山路）特色街区。

润兴酒楼、西乐园羊汤饭店、知味观等知名杭帮菜馆，青藤茶楼、太和茶馆等知名茶馆，解百购物广场、西湖银泰城、湖滨银泰in77等知名旅游购物商场。

第一节　旅行社

1993年，上城区旅行社中可以招徕和接待海外旅游者的一类社有浙江省中国旅行社、杭州西湖海外旅行社（原杭州旅行社）、杭州招商国际旅游公司；只能接待内宾、不能在海外招徕旅游者的二类社有5家。1996年10月，国务院发布《旅行社管理条例》，该条例将旅行社分为国际旅行社和国内旅行社两类。至1997年末，上城区有旅行社15家，其中，国际旅行社5家，国内旅行社10家，在上城区的杭州武林客运旅游有限公司是首批获准经营西湖一日游旅行社。

1999年起，在国家实行每周5天工作制、实施扩大内需方针和杭州市推进"旅游西进"战略以及放宽旅行社审批限制等情况下，上城区的旅行社有新的发展。至2004年末，上城区有旅行社43家，其中，国际旅行社11家，国内旅行社32家。2010年，上城区有旅行社84家，其中，国际旅行社15家，国内旅行社69家。2015年，上城区有旅行社89家，其中，国际旅行社15家，国内旅行社74家。其时，国际旅行社和国内旅行社均开展国际与国内旅游业务。[①]

① 国内旅行社冠国际名原因如下：旅行社企业的名称是由市场监管局确定认可。对旅行社企业是否国内社还是国际社的区分是按照"旅行社业务经营许可证"中的经营范围来确定，国内社的经营范围为国内旅游业务、入境旅游业务；国际社（出境社）经营范围为国内旅游业务、入境旅游业务和出境旅游业务。旅行社要获得出境资质需经营满2年且未受到罚款以上行政处罚。就旅行社行业管理而言，对旅行社的划分是国内社和出境社之分，而不是国内社和国际社之分。

表9-3-6　2015年上城区星级品质旅行社情况表

旅行社名称	星级	许可证编号	联系地址
浙江省中国旅行社集团有限公司	五星	L-ZJ-CJ00002	光复路200号
杭州海外旅游有限公司	五星	L-ZJ-CJ00029	西湖大道239号耀江广厦写字楼3楼
浙江中山国际旅行社有限责任公司	五星	L-ZJ-CJ00005	延安路135号涌金广场6楼A座
浙江海峡国际旅行社有限公司	五星	L-ZJ-CJ00009	凤凰城4号1004室
中国国旅（浙江）国际旅行社有限公司	五星	L-ZJ-CJ00064	金隆花园南区2层商场3号
浙江省国际合作旅行社有限公司	四星	L-ZJ-CJ00014	清泰街509号富春大厦12楼1201室
浙江百事通旅行社有限公司	四星	L-ZJ-CJ00130	西湖大道1号杭州外海西湖国贸大厦2302室
浙江上铁旅游有限公司	四星	L-ZJ00847	环城东路12号
杭州游遍天下旅行社有限公司	四星	L-ZJ00938	延安路139号涌金广场6楼602室
杭州市职工国际旅行社	三星	L-ZJ00109	仁和路2号
杭州茜湖恒信旅行社有限公司	三星	L-ZJ00355	江城路889号香榭商务大厦7层D座
杭州康泰国际旅行社有限公司	三星	L-ZJ00086	江城路889号405室
杭州正大国际旅行社有限公司	三星	L-ZJ00195	惠民路75-5-2-305号、75-5-2-307号

说明：资料来源于杭州市上城区文化和广电旅游体育局

一、国际旅行社

1993年，经国家旅游局批准，上城区内的浙江省中国旅行社、杭州西湖海外旅行社（原杭州旅行社）、杭州招商国际旅游公司由二类社升格为一类社。1995年，浙江中山国际旅行社有限责任公司成立。至年末，上城区有国际旅行社4家。1997年起，国家旅游局组织开展旅行社类别转变工作。至年末，上城区有国际旅行社5家。2004年，上城区有国际旅行社11家，浙江省中国旅行社有限公司、浙江国际旅游集团有限公司、浙江中山国际旅行社有限责任公司、杭州海外旅游有限公司进入2004年度全国百强旅行社行列。2009年，浙江中旅旅业集团有限公司、浙江省中国旅行社有限公司和浙江中山国际旅行社有限责任公司进入2009年度全国百强旅行社行列。2011年，浙江中旅旅业集团有限公司、浙江省中国旅行社有限公司和浙江中山国际旅行社有限责任公司入选2011年度全国百强旅行社和全国四项十强旅行社。2012年，浙江中旅旅业集团、浙江省中国旅行社成为2012年度全国百强旅行社。至2015年末，上城区有国际旅行社15家，其中，五星级品质旅行社5家，四星级品质旅行社2家。

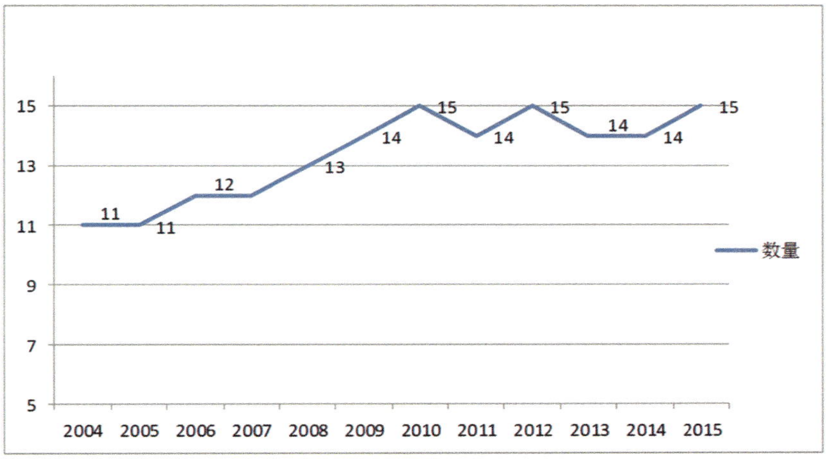

图9-3-6　2004—2015年上城区国际旅行社数量变化图

浙江省中国旅行社　杭州华侨旅行社成立于1956年。1974年，更名为浙江省中国旅行社，地址光复路200号。2009年，完成公司制改制。是年，浙江省中国旅行社被评为浙江省首批五星级旅行社。至2015年，该旅行社是浙江省规模最大的国有独资综合型、复合型旅游产业集团，是省内最早经国家旅游局批准，同时持有国家特许经营中国公民出境旅游资质和赴台旅游资质的组团社，是省内唯一可以熟练操作公务团组并在

图9-3-7　浙江省中国旅行社（2015年）
（区文化和广电旅游体育局 供稿）

境外组织实施大型经贸交流、展会展览的供应商。该旅行社旗下拥有浙江省中国国际旅行社有限公司、浙江中旅知行国际旅游有限公司、杭州国际旅游票务有限公司、浙江省中国旅行社集团宁波有限公司4家全资子公司，全省分公司14家，员工600余人。浙江省中国旅行社曾获全国百强旅行社、全国出境旅行社十强、全国文明旅游先进单位、浙江省十佳国际旅行社等荣誉。

杭州海外旅游有限公司　杭州海外旅游有限公司成立于1989年，地址西湖大道239号耀江广厦写字楼3楼，是一家以经营旅行社业务为主的企业。1997年，杭州海外旅游有限公司成为首批被国家旅游局批准允许经营中国公民出国出境业务的组团社之一。2009年，杭州海外旅游有限公司成为浙江省首批五星品质旅行社。至2015年，杭州海外旅游有限公司曾获全国国际旅行社百强、浙江省国际旅行社10强、杭州市最佳旅行社等荣誉。

浙江海峡国际旅行社有限公司　浙江海峡国际旅行社有限公司成立于1996年，注册资本1000万元，是经国家旅游局批准的一家全资质国际旅行社，地址凤凰城4号1004室。2011年，该公司被浙江省旅游局评定为浙江省五星品质旅行社。公司业务范围涵盖出境旅游、大陆居民赴台旅游、入境旅游、国内旅游以及承办国际、国内、公务考察及各类会议会展组织接待等项目。公司在宁波、绍兴、台州（椒江、温岭）、丽水、金华、嘉兴、杭州（城北、城南）、温州设立分公司10家，在杭州设有营业部12家，是浙江最大的出境组团社和同业批发商之一。至2015年，浙江海峡国际旅行社有限公司获全国百强旅行社、浙江省著名商标、杭州市十佳旅行社等荣誉。

中国国旅（浙江）国际旅行社有限公司　中国国旅（浙江）国际旅行社有限公司成立于2010年，地址金隆花园南区2层商场3号。2013年，公司被浙江省旅游局评为浙江省五星品质旅行社。至2015年，公司以“旅游天堂”品牌接待国内、海外游客，以“环球行”“国旅假期”品牌组织出境游和国内游，同时拓展商务会展、机票、车船票、酒店预订、出国签证、会员俱乐部等配套服务。该公司曾获全国百强国内社等荣誉。

浙江中山国际旅行社有限责任公司　浙江中山国际旅行社有限责任公司成立于1995年，注册资本225万元，地址延安路135号涌金广场6楼A座，有员工255人，分支机构12家。该公司主要经营入境旅游、国内旅游和东南亚、日韩、欧美、澳大利亚、非洲等地区的出境旅游业务。2011年，该公司被浙江省旅游局评为浙江省五星品质旅行社。至2015年，该公司曾获全国百强国际旅行社、浙江省十强国际旅行社、杭州市十佳国际旅行社等荣誉。

浙江外海星空国际旅游有限公司　浙江外海星空国际旅游有限公司成立于2005年，是经国家旅游局批准设立的具有出、入境和国内组团资质的国际旅行社，注册资本500万元，地址南山路258-1号3层302室。至2015年，公司业务涵盖国内旅游、国际旅游、团队机票预订、散客机票预订、旅游线路批发、商务考察旅程定制、会议会展服务、冬夏令营培训团组接待、签证代办以及高端商务车辆接送等服务。公司在淘宝网、天猫旅行板块设有专营店，并通过携程、同程、欢途网等国内知名电商平台建立分销网络。公司曾获浙江省百强旅行社等荣誉。

浙江美达国际旅行社有限公司　浙江美达国际旅行社有限公司成立于2008年11月，注册资金1000万元，地址清泰街507、509号富春大厦1606室。2011年，该公司获出境旅游业务资质。2012年，启动全球签证和日本专线业务。2013年，该公司成立上海美奕旅行社分社。2015年，增加日本地接业务。该公司业务范围涵盖全球签证、出境旅游、入境旅游、国内旅游、会展旅游、奖励旅游、商务旅游（票务、酒店）、自由行等各种业务领域。同时，专注于日本专线批发：散拼，整团地接；商务考察，交流研学；当地一日游，车、酒店、民宿预定等。公司还承接赴日观光旅行团、蜜月旅游、教育交流考察团、建筑考察团、化妆品工厂见学团、户外登山、跑步旅行、医疗（早期癌症）体检等，以及日本当地一日游，日本当地包车、单借司导、单订酒店、民宿体验等单项个性化产品。

浙江百事通旅行社有限公司　浙江百事通旅行社有限公司成立于2010年，地址西湖大道1号杭州外海西湖国贸大厦2302室。2012年，旅游百事通在线商城正式上线。2014年，该公司获出境旅游业务资质，并开发基于微信应用场景的掌上微店“掌旅通”，有旅游产品线路近10万条，建立“线下门店+在线商城+移动微店”三位一体的模式。2015年，浙江百事通旅行社有限公司接待游客突破500万人次，其中出境游客人数占35%左右。

浙江省国际合作旅行社　浙江省国际合作旅行社前身为成立于1985年的浙江供销社旅行社，地址清泰街509号富春大厦12楼1201室。1992年改名为浙江省国际合作旅行社，2005年获出境旅游业务资质。至2015年，该公司主营国内旅游、入境旅游、出境旅游、中国公民赴台旅游及个人旅游业务，并提供与旅游相关的预定业务及个性化服务。公司通过导入ISO9000国际质量管理体系，曾获浙江省百强旅行社、浙江省十佳旅行社等荣誉。2015年，浙江省国际合作旅行社实现主营业务收入3.14亿元，年均国外游客接待量超过6万人次。

二、国内旅行社

1993年起，随着国内旅游业务的发展，上城区经营国内旅游业务的第三类旅行社迅速增加。1995年实行每周5天工作日后，上城区经营国际旅游业务的一、二类旅行社相继开办国内旅游部或设立国内旅行社，开展国内旅游业务。1996年10月《旅行社管理条例》施行后，经营国内旅游业务的旅行社纷纷在上城区增设营业部或门市部，拓展国内旅游和假日旅游业务。1999年4月，市旅游局加强旅行社管理，对国内旅行社继续实行总量控制，上城区旅行社数量不再增加。2002年9月起，杭州市旅游委员会对国内旅行社放开审批。至2004年，上城区国内旅行社共32家。

2012年，杭州康泰旅行社有限公司、杭州茜湖恒信旅行社有限公司2家旅行社被杭州市旅游委员会评为浙江省三星品质旅行社。2013年，杭州正大国际旅行社有限公司、杭州市职工国际旅行社2家旅行社被评为浙江省三星品质旅行社。2014年，浙江百事通旅行社有限公司被评为浙江省四星品质旅行社。至2015年末，上城区有国内旅行社74家，其中，四星级品质旅行社2家，三星级品质旅行社4家。

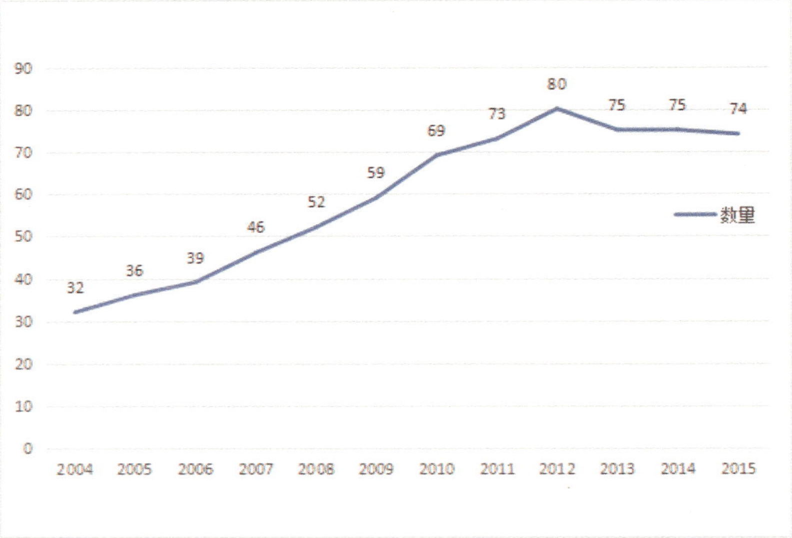

图9-3-8　2004—2015年上城区国内旅行社数量变化图

杭州市职工国际旅行社　杭州市职工国际旅行社成立于1987年，地址平海路27号，是杭州市总工会直属事业单位，以为职工提供疗休养旅游为主要经营方向。2013年，被评为浙江省三星品质旅行社。至2015年，该公司自主设计开发100余条休养、旅游线路，可供各级工会和企事业单位选择参加，组织和接待数十万名职工、干部、社会各界的旅游、休养、度假、考察与会务，以及来自全国各地的中转团体。该公司曾获浙江省优秀旅行社、杭州市优秀旅行社、杭州市最佳旅行社等荣誉。

浙江上铁国际旅游有限公司　浙江上铁国际旅游有限公司成立于2000年，地址环城东路12-5号，系上海铁路局上铁国际旅游（集团）有限公司控股国有独资公司，注册资金300万元。2015年，公司主营国内旅游业务、旅游专列、全国铁路客票代理等业务，下辖温州、台州、宁波、湖州、嘉兴、诸暨、金华、衢州等地区10家分公司，200余家客票代售点和旅游门店，经营网点遍及省内各地区城镇。是年，该公司被杭州市旅游委员会评定为浙江省四星品质旅行社，营业收入7.7亿元，实缴税金531万元。公司曾获国内百强社、上海铁路局文明单位、杭州市优秀旅行社等荣誉。

杭州海外（国内）旅游航空服务有限公司　杭州海外（国内）旅游航空服务有限公司成立于1995年，地址清泰街571号金泰商务大厦，是一家经营国内旅游业务以及航空票务销售代理等业务的旅游公司，同时是国际航空运输协会（LATA）成员、中国民航总局指定的客运销售代理且具备一类代理资质。至2015年，公司曾获全国百强国内旅行社、浙江省创建诚信旅行社等荣誉。

杭州天缘国际旅行社有限公司　杭州天缘国际旅行社有限公司成立于2000年，地址江城路887号（联银大厦）1406室。至2015年，该公司设置散客接待中心、团队接待中心、组团中心、会展中心，财务管理中心等部门，设置7家分公司，并在北京、上海、广州、郑州、南京、苏州、黄山等地设有办事处，在多列火车上拥有散客旅游经营权，年均接待游客超过10万人次。曾获全国百强国内旅行社、浙江省五十强旅行社等荣誉。

杭州金榜旅行社有限公司　杭州金榜旅行社有限公司成立于2008年，地址江城路887号（联银大厦）1407室，注册资本200万元，是经浙江省旅游局批准成立的具有独立法人资格的旅游企业。至2015年，该公司以华东地接为主要经营方向，一直致力于以苏浙沪皖为中心，为客户提供品质旅游度假、会务旅游、商务旅游、商旅管家服务等高级定制旅游项目，并开展专列旅游、夏令营产品、包机运作、大型包船等大型旅游项目，年均接待华东旅游客源6万人次。曾获浙江省百强旅行社、浙江省50强旅行社、杭州市优秀旅行社等荣誉。

杭州正大国际旅行社有限公司　杭州正大国际旅行社有限公司成立于2007年，地址惠民路75-5-2-305号、75-5-2-307号。该公司主要经营方向为国内组团业务和华东地接，并开发个性化、家庭化的“生活方式”旅游。2013年，被评为浙江省三星品质旅行社。

杭州游遍天下旅行社有限公司　杭州游遍天下旅行社有限公司成立于2003年，地址延安路139号涌金广场6楼602室。该公司主要经营入境旅游、国内旅游、会展奖励旅游等业务。2014年，该公司在入境产品上，每年分四季推出100余条线路。承接杭州市旅游委员会举办的西湖与台湾日月潭、两湖论坛友好姐妹湖活动仪式，台湾高屏观光联盟产业到杭州、宁波两地“推广台湾”说明会等。2006—2015年，该公司连续10年获浙江省接待入境旅游第一名。

第二节　旅游接待

一、旅游住宿[①]

1993年，中共杭州市上城区第五次代表大会提出，要把发展第三产业的重点放在搞活商业、发展房地产业、开发旅游业和服务业上。是年起，上城区开始大力发展住宿业等相关旅游配套产业。至2005年，上城区共有二星级以上宾馆28家，旅馆、饭店、招待所300余家。2007年，全区有限额以上住宿业62家，其中，旅游饭店46家，一般饭店16家。2011年，位于上城区的杭州索菲特西湖大酒店、杭州马可波罗假日酒店、杭州香溢大酒店及杭州友好饭店、浙江梅地亚宾馆、杭州香溢浣纱宾馆分获杭州市“2010年度十佳星级饭店”和“2010年度优秀星级饭店”称号。2013年，辖区1家酒店获“市级年度最佳星级饭店”称号，1家酒店获“市级年度十佳星级饭店”称号，4家酒店获“市级年度优秀星级饭店”称号。2015年，上城区共有星级以上旅游宾馆（饭店）18家，其中，五星级3家，四星级8家，三星级6家，二星级1家。非星级

① 南宋时，在清波门、三桥址一带旅店密集，主要接待到京赶考的学子和四方商贾。南宋朝廷专门兴建供外国使臣及朝见的官吏、将士和士大夫居住的都亭驿、怀远驿、樟亭驿三大驿馆（即宾馆）。清初，客栈主要集中在望仙桥、板儿巷（现建国南路）一带。民国34年（1945）10月—35年（1946）12月，经批准在现上城辖区开业的旅馆有93家。1949年杭州解放初期，旅馆业一度处于困境，少数旅店歇业，网点相应减少。1957年末，上城区有旅馆60家。

品牌酒店主要有杭州凯悦酒店、最佳西方精品杭州瑞丰格林酒店、浙江维多利亚丽嘉酒店等10余家，以及锦江之星、7天连锁酒店、如家快捷酒店、汉庭快捷酒店、布丁酒店等品牌经济型酒店40余家。

表9-3-7　2015年上城区星级宾馆（饭店）情况表

宾馆名称	地址	星级
杭州维景大酒店	平海路2号	五
杭州中维歌德大酒店	西湖大道19号	五
杭州索菲特西湖大酒店	西湖大道333号	五
杭州马可·波罗假日酒店	平海路38号	四
杭州友好饭店	平海路53号	四
浙江梅地亚新闻中心（宾馆）	长生路18号	四
杭州华辰国际饭店	平海路25号	四
浙江杭州红楼大酒店	西湖大道2号	四
杭州新侨饭店	解放路226号	四
杭州中维香溢大酒店	解放路108号	四
杭州红星文化大厦	建国南路280号	四
杭州银江宾馆	庆春路65号	三
杭州华侨饭店	湖滨路39号	三
杭州香溢浣纱宾馆	浣纱路17号	三
杭州巨化宾馆	江城路849号	三
浙江赞成宾馆	梅花碑8号	三
浙江铁道大厦城市广场大酒店	城站广场8号	三
杭州印月宾馆	望江路88号	二

说明：资料来源于杭州市上城区文化和广电旅游体育局

星级宾馆（酒店）

杭州华侨饭店　1956年，杭州市政府对旅馆业进行社会主义改造，筹建华侨饭店。1959年5月，杭州华侨饭店正式开业，为政府部门定点接待单位。1990年，被国家旅游局评为三星级旅游饭店，是杭州乃至全国最早创办的涉外旅游饭店之一。2000年7月，杭州华侨饭店以2.08亿元的价格被广厦控股集团有限公司拍卖所得，是杭州市第一家国有企业转为民营企业的饭店。2000年9月，杭州华侨饭店正式成为广厦控股集团有限公司的直属企业，改制重组成立杭州华侨饭店有限责任公司。2015年，该饭店位于湖滨路，占地面积7493平方米，总建筑面积19261平方米，有客房208间。饭店主营住宿餐饮，内设泰国餐厅、中餐厅、海鲜火锅餐厅、日式酒吧、咖啡厅以及商场、工艺品店等，各类设施配套齐全。

杭州新侨饭店　杭州新侨饭店创始于1986年，是一家“老字号”涉外饭店。该饭店位于杭州商业核心区，靠近西湖，周边大型商场、超市、美食等休闲购物场所林立。1989

年被国家旅游局评为三星级旅游饭店，2000年被评为浙江省绿色旅游饭店，2001年被国家旅游局评为四星级旅游饭店。2015年，该饭店有标准房、豪华客房、行政房、总统套房等347间，大小会场9个，宴会厅、自助餐厅、风味餐厅及大小包厢10余个，SPA中心、棋牌室等配套服务设施，还有西湖全景花园，为宾客提供露天式婚礼、下午茶等。

杭州友好饭店　杭州友好饭店1986年开业。1989年被国家旅游局评为三星级旅游饭店，2006年被国家旅游局评为四星级旅游饭店，2008年被浙江省旅游局评为浙江省绿色旅游饭店。该饭店位于繁华市中心平海路，距离西湖约500米，周边有湖滨国际名品街、南山路特色文化街以及大型购物中心。饭店主楼为近西湖高层建筑，夜景灯光迷人，拥有精致高雅舒适的各类客房，特有西湖全景客房，还有中西日港等各色餐厅，涵盖高中低等各种消费层次。楼顶的西湖旋转餐厅可360度旋转欣赏西湖全景和城市景观。

杭州索菲特西湖大酒店　杭州索菲特西湖大酒店2003年9月开业，由法国雅高集团管理，是杭城唯一一家法式酒店。2005年被国家旅游局评为五星级旅游饭店，2009年被评为浙江省绿色旅游饭店。该酒店位于城市中心景色秀丽的西湖之畔，紧邻南山路，著名景点与商圈步行即可到达。酒店拥有客房233间，宴会场地——西湖厅位于酒店6楼，是西湖之畔最高的宴会场地，西湖厅外的钻石露台，适合户外露台婚礼、各类派对和湖景摄影，空中花园可赏180度西湖全景。

杭州维景国际大酒店　杭州维景国际大酒店的前身为1997年开业的杭州五洲大酒店。2000年，被国家旅游局评为五星级旅游饭店。2006年，杭州五洲大酒店更名为杭州维景国际大酒店。该酒店位于大湖滨商圈，距西湖约800米，近地铁一号线龙翔桥站，吴山夜市、南宋御街、音乐喷泉、南山路酒吧街及清河坊历史文化街区环绕四周，交通、娱乐、购物均十分便利。酒店融典雅的异国氛围于传统的中国风格之中，有359间客房、7个会议室，中式、西式餐厅品类丰富。

杭州中维歌德大酒店　杭州中维歌德大酒店2007年开业，2009年被国家旅游局评为五星级旅游饭店，2012年被评为浙江省金叶级绿色旅游饭店。酒店位于杭城繁华的商贸、文化、交通中心，毗邻西湖大道，距离杭州城站火车站行程约300米，距离西湖行程约2.2千米。该酒店主楼层高35层，辅楼8层，有196间欧式风格的客房，包括129间大床房、48间豪华双人房、14间豪华套间、2套大使套房、1套歌德总统套房及2套残疾人房，设置有无烟楼层、行政楼层。酒店餐饮配套齐全，设有中、西餐厅、大堂吧等多个餐饮设施。同时还有大小不同的会议及宴会场所8个，其中位于3楼的金色大厅庭高26米，哥特式风格建筑全玻璃穹顶，接待容量500人左右。

杭州华辰国际饭店　杭州华辰国际饭店2003年开业，2005年被国家旅游局评为四星级旅游饭店，是年被浙江省旅游局评为浙江省绿色旅游饭店。饭店位于西子湖畔边，毗邻中河高架，地理位置优越，交通便捷，漫步到西湖边仅8分钟，步行至延安路商业街（龙翔桥地铁站）6分钟。饭店由杭州华辰旅业集团公司控股管理，建筑面积约为2.04万平方米，共19层，有各类客房219间（套）。2楼中餐厅以杭帮菜为主并辅以粤菜，设有大宴会厅、茶餐厅和6个豪华包厢，餐位300余个。西餐咖啡厅位于饭店19楼，餐位120

余个。会议中心位于饭店4楼，有不同规格的会议厅6个。

杭州中维香溢大酒店　杭州中维香溢大酒店1998年开业，2000年被国家旅游局评为四星级旅游饭店，2003年被评为浙江省绿色旅游饭店。该酒店距离西湖约800米，距铁路杭州站（城站）1千米。酒店有豪华房、商务房、套房、特色房等不同类型的宽敞客房328间，中餐厅、咖啡厅、日式料理、大堂酒廊等各式风格餐饮场所。酒店会议场地总面积1800平方米，有可同时容纳400人的大型多功能宴会厅和面积不等的中小型会议室。

浙江梅地亚新闻交流中心（宾馆）　浙江梅地亚新闻交流中心（宾馆）1999年开业，该宾馆隶属于浙江广播电视集团。2000年被国家旅游局评为三星级旅游饭店，2003年被国家旅游局评为四星级旅游饭店，是年，被评为浙江省绿色旅游饭店。该宾馆位于繁华的湖滨商业中心，毗邻西湖，集住宿、会议、餐饮、旅游、商务为一体，有标准客房200余间。

杭州银江宾馆　杭州银江宾馆1996年开业。1999年被国家旅游局评为三星级旅游饭店，2002年开始引进并通过ISO 9001、ISO 140001双认证，2004年被评为浙江省绿色旅游饭店。该饭店位于繁华的金融商务街庆春路上，有客房170间（套），多个设备完善的会议室及中西餐厅，是一家集住宿、餐饮、娱乐、商务、会议服务于一体的涉外三星级精品商务酒店。

杭州马可·波罗假日酒店　杭州马可·波罗假日酒店2001年开业，是一家具有欧式经典风格的涉外高端商务型酒店，由马可波罗酒店管理公司经营管理。2003年被国家旅游局评为四星级旅游饭店，并被评为浙江省绿色旅游饭店。该酒店位于平海路，建筑面积约为2万平方米，楼高20层，有豪华房、精品行政房、无烟房、亲子套房、马可波罗套房等各类房型，中餐厅、西餐厅、日式料理、全湖景豪华宴会厅、酒吧、精品商场、商务中心、专业理容中心、健身中心及各类会议室、大型地下停车库等综合配套设施。

图9-3-9　杭州马可·波罗假日酒店（2010年）
（杭州马可·波罗假日酒店　供稿）

杭州红星文化大厦　杭州红星文化大厦2001年开业。2006年被国家旅游局评为四星级旅游饭店。整体大厦建筑面积3.15万平方米，主楼23层（含地下2层）。该酒店有标准间、大床间、单人间、套间等各种类型客房221间，并分设高级楼层、商务楼层、行政楼层、无烟楼层，拥有5个大小风格各异的会议室，大堂吧、商场、足浴中心、KTV和棋牌室，以及可容纳350人用餐的“玉蜻蜓”

中餐厅和“堂前屋后”特色餐厅等配套设施。①

浙江赞成宾馆　浙江赞成宾馆于2000年6月开业，宾馆位于西湖大道南，近铁路杭州站（城站）、河坊街，距地铁一号线步行8分钟，距离西湖1千米路程。该宾馆由3幢不同建筑风格的大楼组成（主楼、裙楼、西楼），有标准客房、豪华套房360间（套），设有中西餐厅，豪华包厢60余个，一次同时可容纳1500余人就餐。会议中心有大、中、小型会议室14间。另有健身房、商场、商务中心、美容美发中心以及豪华KTV包厢、桑拿中心、足浴中心、棋牌房及乒乓球室等配套设施。赞成宾馆开业至今，是省政府、市政府两会的定点接待宾馆。

杭州香溢浣纱宾馆　杭州香溢浣纱宾馆于1991年开业，宾馆又名浙江烟草大楼，是一家集住宿、餐饮、会议、商务、休闲和购物为一体的综合性宾馆，为浙江省烟草公司直属企业。2003年10月，被浙江省旅游局评为浙江省“绿色饭店”称号。该宾馆位于湖滨休闲、商贸区，吴山广场、涌金广场附近，距铁路杭州站约800米，交通方便，地理位置优越。宾馆有4个风格各异的会议室，可容纳120人左右。

青年旅社

杭州基督教青年会旅舍　杭州基督教青年会旅舍位于青年路27号原杭州基督教青年会旧址，1990年开业。旅舍近靠西湖、河坊街和南宋御街，均可步行前往。旅舍在青年会主楼的3、4层，外墙为红色清水砖，高墙拱门，底层为圆柱式拱廊，前门为大花园，前院入口处为青年会钟楼。旅舍秉承青年旅舍及国际基督教青年会的环保、助人与自助理念，提供免费的有线及无线网络，详尽细致的出游信息，各种娱乐活动项目以及24小时热水及舒适柔软床铺。

吴山驿国际青年旅舍　吴山驿国际青年旅舍于2005年开业，位于四宜路的吴山脚下，后迁址中山中路22号。旅舍由二十世纪五六十年代的砖瓦建筑改建而成，分为住宿区、公共休闲区、视听室3个部分。旅舍距离吴山广场仅有15分钟步行路程，距离西湖区有25分钟步行路程，距离鼓楼、胡庆余堂中药博物馆、胡雪岩故居和河坊街均不到100米。旅舍简欧风格加青旅元素，充满小资气息，富有年代感。旅舍提供免费有线网络和无线网络，有空调混合宿舍间和私人客房，宿舍间配有个人储物柜和共用浴室。旅舍客人可以在前台安排一日游，也可以在共用休息室打台球，还可以租用自行车游览杭州。

荷方国际青年旅舍　荷方国际青年旅舍位于大井巷67～73号，2010年开业。旅舍距离定安路地铁站有15分钟步行路程，距离西湖1.5千米，距离银泰百货10分钟步行路程。旅舍坐落在一幢拥有灰色石墙和黑色瓷砖屋顶的经过翻新的传统中式建筑内，由2座四合院民居改建而

① 杭州红星文化大厦内有杭州红星剧院，是在原剧院地址基础上扩建的新剧场。该剧院是市政府为改变杭州老城区东部地区文化设施落后的状况，加快“建经济强市、创文化名城”为民办实事的项目之一。该剧院为6层建筑，建筑面积1.30万平方米，剧场内设有观众席923座。剧院自对外开放以来，持续接待国内外诸多著名演出团体及知名音乐家、艺术家的文艺演出活动。在市委宣传部和杭州文广集团的大力支持下，陆续推出一系列新话剧、新戏剧、歌舞剧、新综艺，取得较好的社会效应和经济效益。

成，提供带免费WiFi的宿舍间和私人客房以及国际藏书。旅舍由住宿区、公共休闲区、咖啡吧、中餐厅和陶艺吧组成，提供烧烤设施、日间行李寄存处和洗衣服务。

杭州国际青年旅舍　杭州国际青年旅舍位于南山路101–3号，中国美术学院对面。旅舍由2栋楼组成，1号楼为单独房间，2号楼为多人间。旅舍距离西湖约50米，是杭州最早的一家青年旅舍。旅舍提供免费上网和无线宽带、行李寄存、DVD碟片出借、小巴接送、代售印象西湖门票、预订机票等服务，房间配套空调和热水淋浴。

二、特色餐饮

1993年，上城区餐饮主要以杭帮菜为主。21世纪初，南山路业态逐步调整。至2003年，以新开元酒吧、蜂房酒吧、卡那酒吧、老枪酒吧、皇家经典咖啡屋、贝尼尼咖啡、上岛咖啡、翁隆盛茶庄、茶人居等为代表的酒吧茶楼在南山路街区形成。2004年，高银街、中山路等地开出私房菜等特色菜馆。桐庐、江山、台州、温州菜馆，甚至北京、内蒙古、新疆等地的特色菜馆相继露面。2005年起，许多餐馆融入粤、川、湘、土家风味和异国特色菜肴。至2015年，上城区形成以老字号名店为代表的特色中菜馆以及特色西餐馆、茶馆等特色餐饮服务业态。

特色中菜馆

王润兴酒楼　王润兴酒楼约创办于19世纪40年代，原开设于城站，民国23年（1934）迁到清河坊，以经营“门板饭”而闻名。创始人为宁波一王姓商人，他临门摆上长条桌和长板凳，以劳动者居多，供应猪头冻肉、咸菜豆腐之类的大众菜。楼上供应杭菜，尤以鱼头豆腐和盐件儿为名菜。清末，在杭城普通饭店中，王润兴最有声望。“文化大革命”初期，改名为“向前点心店”。1984年，该店下放上城区管辖，复名“王润兴”，并在城站火车站附近开出新店。21世纪初，杭州市政府提出重建清河坊历史街区，使杭州的“吴越文化”“南宋文化”再现，大规模翻建、重修区域内的商铺和民宅，“王润兴”入驻清河坊，位于河坊街103号。至2015年，王润兴酒楼坚持特色经营，价格亲民。其特色美食主要有龙井虾仁、乾隆大鱼头、东坡肉、西湖醋鱼、糖醋里脊、西湖莼菜汤、虾爆鳝片等20余种，乾隆鱼头是招牌菜。

奎元馆　清同治六年（1867），一个做小吃的安徽人在寿安坊积善坊巷口（今中山中路官巷口以南至积善坊巷口）创设做徽式面的“奎元馆”。在日本侵略杭州时，奎元馆停业。杭州解放后，店址从官巷口四拐角的南面迁到路口的西北角，新建1200余平方米的大楼。1978年改革开放后，随着杭州旅游的发展，不少到杭州旅游的外国友人、侨胞光顾奎元馆品尝虾黄鱼面、虾爆鳝面、雪菜黄鱼面、片儿川等特色面点。20世纪80年代初，中国著名书画家程十发至奎元馆品味，吃虾爆鳝面后，欣然提笔写下“江南面王”匾额。著名书法家沙孟海题写“奎元馆”招牌。1996年，香港著名武侠小说家金庸（查良镛）在杭州留下半年内“三顾奎元馆”的佳话，在留言薄上写下“杭州奎元馆，面点天下冠”的题词。2004年，奎元馆又对老店进行装修，体现仿古与现代相统一的装修风格。每年金秋时节，奎元馆还特别推出金秋十大面系列，有金秋蟹黄面、蟹黄蹄筋面、龟鹤同春面、香菜牛肉面、罗汉素烩面、桂花鸡块面、海鲜四宝面、西芹鱼饺面、蟹黄鸡仔面、白玉乌参面等。除此之外，高中低档兼顾，满足不同消费层次的需求。至2015年，奎元馆共设解放店（上城区解放路154号）、文晖店（下城区文晖路346号）2处分店，经营的面食品种有百种之多，最负盛名的要数片儿川和爆鳝面。

图9-3-10　奎元馆（2012年）　（来顺兴　摄）

知味观　知味观位于仁和路83号（近延安路），由孙翼斋于民国元年（1912）创建，是隶属于中华老字号“知味观”品牌下的一家从事食品生产加工和销售的综合性食品企业。自建店以来便以多款质真价实、味美形佳的小吃点心名扬杭城，赢得众多食客的青睐，成为杭城乃至全国知名的餐饮老字号企业。1993年，知味观被评为“中华老字号”，知味观商标先后被评为和认定为浙江省著名商标和中国著名商标。2001年被评为“中华餐饮名店”。2000年3月，启动连锁经营，至2003年末，知味观的各类连锁店已发展到26家。2007年，成立杭州知味观食品有限公司，以生产和销售知味观品牌的各类月饼、真空包装食品、速冻食品及中、西式糕点等食品为主。知味观以其独特的风味名点、正宗的杭邦菜肴吸引中外顾客。知味观曾接待过诸多政界要人、海内外社会各界著名知名人士，在内地（大陆）及中国港澳台地区，乃至东南亚均具有较高的知名度。至2015年，公司旗下有近50家分店。仁和路总店以杭帮菜为主。知味馆主要名菜有西湖醋鱼、龙井虾仁、叫花童鸡、西湖莼菜汤等，特色小吃鲜肉小笼、猫耳朵、糯米素烧鹅等，先后获省优质产品、国家金鼎奖、中华名小吃等殊荣。

图9-3-11　知味观传统点心制作技艺（2012年）
（邱国强　摄）

新丰小吃　新丰小吃创办于1958年。新丰小吃坚持传统手艺制作，以杭式小吃为主，虾肉小笼、虾肉馄饨、牛肉粉丝被并称为新丰小吃明星三大件。特色招牌虾肉小笼，以皮薄馅多、汤汁鲜醇的特点，受到众多美食家的极力推荐。此外特味大包、香菇菜包、虾肉小笼、虾肉馄饨、麻球、牛肉粉丝、喉口馒头相继被评为“中国杭帮菜十大名点”，特味大包、虾肉馄饨、喉口馒头被中国杭帮菜博物馆永久收藏。

西乐园羊汤饭店　西乐园羊汤饭店创建于清乾隆五十三年（1788）。在抗日战争以前，与王润兴饭店、状元馆面馆齐名，名噪清河坊一带。原系回族饭店，设在羊坝头凤凰寺对面，后迁到河坊街。1989年，推出机械切片（涮羊肉片），现切现卖，深受消费者欢迎。至2015年，西乐园羊汤饭店位于中山中路64号，总面积达400平方米，餐厅设有大小包厢10余个，大厅设有几十张可容纳100余人的餐位。菜肴以羊肉为主料，烹调独特，既保持原汁原味，又无羊膻气，汤汁无油，咸淡适宜，鲜美可口。羊肉烧卖、羊肉煎包是西乐园的盛名点心。西乐园羊汤饭店始终保持百年老店的风格以及传统的手工点心制作特色，受顾客欢迎的有满汉羊腿、蒜爆羊片、红烧羊肉煲、手扒羊肉、西湖羊肉卷、川椒羊肉、鱼羊片等十几道菜肴。

状元馆　状元馆系一家专业面馆，于清同治九年（1870），由宁波人王尚荣创建。原址在联桥边，近临当时科举考场西桥“贡院”（今浙江省杭州高级中学处），为迎合考生心理取名状元楼。清宣统三年（1911），迁址望仙桥（望江街上），易名状元馆。民国17年（1928），再度迁至清河坊。状元馆面馆经营宁（宁波）式汤面为主，兼营酒菜，尤以爆鳝面、虾黄鱼面和片儿川最负盛名。1957年3月，原贞昌、永乐园、望仙楼等酒店、面菜馆并入。1963年，更名为甬江饮食店。1985年，恢复原名“状元馆”。1990年，区政府授予其“名特商店”称号。该店的爆鳝面、黄鱼面、蟹壳黄面，亦被市政府评为“市优点心”。进入21世纪，为配合清河坊历史街区改造和开发，状元馆再次迁址于河坊街85号，以新的面貌迎接四方宾客。其中虾仁爆鳝面、红烧黄鱼面、蟹壳黄炒面是杭州“金牌名点”之一。至2015年，状元馆面馆共有包厢20个、风味大厅2个，可以接纳600余名客人同时进餐。面馆集聚各地的风味为一体，有川菜、宁帮菜、地道杭帮家常菜等。

特色西餐馆

杭州海丰西餐社　杭州海丰西餐社位于延安路231号，由广东省海丰县商人（姓名无考）出资创建于清朝末年。初名“海丰茶楼”，经营广式菜肴和三市茶点（早、午、夜三市茶）。民国后，茶楼改名海丰西餐社。1955年初，海丰西餐社参加公私合营，成为杭州市有名的西餐店。“文化大革命”期间，被视为崇洋而砍掉西餐，仅供应大众化、无特色的甜品，店名也改为光明甜品店。1979年恢复原名，1984年海丰西餐社从香港聘请专业团队进行彻底改造。重新开张后的海丰分上中下三层，一层卖蛋糕、冰淇淋、冷饮，二层卖西餐，三层卖中餐。2000年之后，海丰西餐社生意一路向下。2004年，不再供应西餐，只卖面包糕点，2006年黯然歇业。

蓝水明水　蓝水明水位于南山路101-3号，创建于2005年9月，钱王祠旁边，毗邻杭州国际青年旅舍。厅堂装修简单随意，店门外的植物搭配清新自然。店内特色产品有咖啡、尼泊尔奶茶、提拉米苏、招牌重芝士蛋糕、比萨、热巧克力、千层肉酱面、奶油蘑菇面、芝士肉酱焗土豆泥、葡式鸡肉饭、山楂奶昔、千层面、山楂汁、金枪鱼沙拉、鸳鸯奶茶等。

薄荷庭院　薄荷庭院创办于2011年，位于河坊街大井巷50号，毗邻胡庆余堂，以红酒、咖啡为特色，主要供应商务套餐，或者比萨、意面、烤鸡翅之类的餐点，虽是西餐菜品，但具中式口味。店内装饰以纯净白色系为主要基调，文艺风格浓郁。

特色茶馆

太极茶道苑　太极茶道苑创建于清乾隆三十年（1765），现位于河坊街184号，是一家古茶馆，建筑和布置古色古香，功夫茶独具特色。茶馆茶博士身着青衣长衫，表演茶道技艺。阴韵乌龙、冷迎霜、水丹青、八卦茶、真金八宝茶等都是该茶馆的独家招牌茶，其中最特别的是一种珍藏极品茶，号称“不见皇帝不开封”。此外，茶馆用水讲究，只用天然雨水和雪水泡茶，茶汤特别清澈明亮，回味特别甘甜、爽口。茶馆同时还供应南翔小笼、西湖藕粉、北京茶汤、咸菜老豆腐、南瓜粥、宁波汤圆等特色茶点。

青藤茶馆　青藤茶馆是杭城较早开始连锁经营的茶馆，第一家创建于1996年5月，位于湖滨三公园对面，也是改革开放后西湖边第一家茶艺馆。开张之日，上海壶艺大师许四海专程到茶馆举办“壶艺展”。第二家创建于1997年1月，位于柳营路口，面积200余平方米，江南庭院风格，是当时杭城营业面积较大的茶艺馆之一。1999年5月，青藤茶馆又在湖滨六公园开出第三家茶艺馆，面积2000余平方米，成为当时杭城大型的专业茶馆。2003年5月，青藤茶馆在湖滨一公园元华广场开设第四家分馆，馆内5000平方米的空间被划分成以西湖新十景命名的十大区域，以不同小品点缀。

三、酒吧

Park1999园林式酒吧　Park1999园林式酒吧位于南山路87号，为杭州首家园林式酒吧，2008年开业。酒吧有5个风格迥异的区域，包括A区堂口的精彩演艺，B区码头的园林气息，C区山寨的派对文化，D区酒廊的优雅情调和E区围炉式酒吧，尽显“丽江风情·本土原创”，提倡混搭拼桌文化。附近有公交站万松岭路南山路口、万松岭路口、清波门等。营业时间20:00—02:30，人均消费166元。

根据地酒吧MY HOUSE　根据地酒吧MY HOUSE在上城区境内有2家，分别位于中山南路468号（鼓楼店）和雷霆路126号（雷霆路店）。酒吧于2003年8月1日在杭州市工商局登记注册挂牌成立。营业时间20:00—04:30，人均消费100元～120元。

Joy酒隐（西湖店）　Joy酒隐（西湖店）位于南山路87号（玲珑小镇对面），是一家威士忌及鸡尾酒的专业酒吧，于2013年9月开业。店内有多款美味醉人特调鸡尾酒，口感清爽。酒吧环境静谧优雅，装潢设计独特小资，复古情调别具一格。附近有公交站柳浪闻莺、钱王祠、清波门等。营业时间19:00—02:00，人均消费120元。

V+ Lounge（杭州）　V+ Lounge（杭州）位于东坡路23号湖滨银泰in77A区，2015年12月开业，由那英夫妇持股。酒吧地处西湖旁繁华中心，距离地铁一号线龙翔桥站步行约250米，附近有公交站东坡路平海路口、延安路湖滨路口、湖滨等。酒吧室内面积2779平方米，共1～8楼，采用水底世界般流畅设计。营业时间20:00—06:00，人均消费303元。

四、大型商场

2005—2015年，衣之家杭州西湖时代店、利星名品百货广场、西湖银泰城、杭州湖滨银泰in77等大型商场（城）先后在上城区开办，商业氛围更趋浓厚。

杭州解百购物广场　杭州解百购物广场位于解放路251号。解百购物广场前身是创建于民国7年（1918）的国货陈列馆。1950年，更名为杭州解放路百货商店。1992年10月，改制为杭州解放路百货商店股份有限公司。1996年7月，组建杭州解百集团股份有限公司。解百购物广场由新世纪、B座、新元华3幢物业大楼组成，是集购物、餐饮、休闲、娱乐等功能于一体的核心商业综合体。其中新世纪商厦偏重白领女性消费，荟萃化妆品、黄金首饰、名表、服饰、鞋包等商品大类；新元华主攻年轻时尚客群，聚集服饰、鞋包、配饰等商品大类的潮流品牌；B座则以现代生活类商品和男性品质消费为主流。2015年，杭州解百购物广场实现商品销售额11.57亿元。

图9-3-12　杭州解百购物广场（2009年）　（区委党史和地方志编纂研究室 供稿）

杭州利星名品百货广场有限公司　杭州利星名品百货广场有限公司创建于2005年12月。至2015年，该公司建有杭州利星名品百货广场，另杭州尚城1157·利星① 即将开业。杭州利星名品百货广场建筑面积3万平方米，位于平海路124号，毗邻湖滨路，与西湖仅一街之隔，是集娱乐、购物、美食于一体的大型商场，主营服饰、化妆品以及家居用品，并开设摄影、美容、美食、咖啡吧等众多休闲项目。杭州尚城1157·利星商场建筑面积10万平方米，位于中山南路77号，集文创、购物、休闲、娱乐于一体。2015年，杭州利星名品百货广场有限公司实现商品销售额8.4亿元。

① 2015年，杭州尚城1157·利星商场尚在建设，于2016年8月正式开业。

衣之家杭州西湖时代店　衣之家是香港衣之家家居集团有限公司旗下的定制衣柜品牌，该公司创立于1998年，是中国最早致力于整体衣柜设计、制造、销售、服务的专业企业之一。衣之家杭州西湖时代店于2005年6月开业，位于市区中心地段庆春路227号，毗邻西湖，总营业面积1.6万平方米。商场设3个馆，分别为潮流服饰馆、时尚淑女馆、运动休闲馆，经营品类涵盖少女装、淑女装、休闲男装、运动装、童装、季节品及男女鞋、包、配饰品等各百货主力品种。2015年，衣之家杭州西湖时代店实现商品销售额3.18亿元。

西湖银泰城　2008年4月，位于延安路98号的银泰百货杭州西湖店开业。2014年11月，银泰百货杭州西湖店全新亮相，更名为西湖银泰城。该综合体建筑面积9万余平方米，营业面积4.7万平方米，其中40%的空间为餐饮等辅营业态，近60家主题餐厅、咖啡、水吧分布在地下1楼到5楼的各个空间，随处可见颇具特色的异国美食风味和地方小吃。2015年，西湖银泰城实现商品销售额10.6亿元。

杭州湖滨银泰in77　2011年，杭州湖滨银泰in77开业。该综合体位于东坡路7号，西湖喷泉音乐广场附近，是集商业、人文景观、风景旅游于一体的综合性高端商业区，总营业面积15万平方米。国际品牌旗舰店分布其间，营造出中西文化碰撞的氛围。至2015年，杭州湖滨银泰in77有4个商业区块。A、D区集聚国际品牌旗舰店；B区则为富有特色的庭院里弄文化商业区，引领全新的青年潮流文化；C区为新鲜时尚文化的购物中心。此外，亚洲最大的苹果旗舰店设在B区。2015年，杭州湖滨银泰in77实现商品销售额25亿元。

图9-3-13　杭州湖滨银泰in77（2016年）　（胡鉴　摄）

第三节　旅游收益

1994年，受到“3·31”千岛湖事件[①]影响，杭州市区（含上城区）接待外国人20.17万人次，下降26.6%；接待中国港澳地区同胞5.42万人次，接待中国台湾地区同胞7.02万人次，下降60.4%。1995年5月1日起，中国实行5天工作制。杭州市区（含上城区）接待国内游客2150万人次，增长4.9%。

① 1994年3月31日，千岛湖“海瑞号”发生重大抢劫纵火杀人案，给游客生命、财产安全造成重大损失，对杭州旅游业的声誉造成严重负面影响。

1999年国庆节是国内首个连休7天的黄金周，上城区旅游市场形成全年旅游高峰。杭州市公园景点接待游客比1998年增长60.4%，门票收入增长88.2%，旅游饭店客房出租率增长8.9%。是年，杭州市接待海外游客59.19万人次，接待国内游客2207万人次，旅游总收入186亿元。2002年，杭州市全面实施“旅游西进”

战略，着力打响“游在杭州”品牌，全市接待海外旅游者首次超百万人次大关，达到105.62万人次，入境游客数排名升至全国第六位，显示出杭州旅游国际化地位明显提升。全市接待国内旅游者2652.36万人次，推动吃、住、行、游、购、娱各项要素指标的增长。

2003年，受非典型肺炎疫情影响，上城区旅游一度进入萧条。在全市疫情得到初步控制之后，杭州旅游业提出“快人一拍、先人一步、高人一筹”和“抢吃头口水、增创新优势”工作要求，相继推出“杭州人游杭州”“浙江人游杭州”“中国人游杭州”“外国人游杭州”等活动，恢复国内旅游市场和入境旅游市场。是年，接待国内外旅游者2862万人次，增长3.8%。其中，接待国内旅游者2776万人次，比2002年增长4.7%；接待入境游客86.12万人次，下降18.5%。

2008年，清河坊历史文化景区在成功创建国家级AAAA旅游景区后，全年接待游客950万人次，营业总额10.5亿元，实现利润7600万元，上缴税收2800万元；湖滨（南山路）特色街区接待人数310万人次，营业额8.4亿元，税收5488万元。抽样酒店接待游客总数118万人次，营业收入9.2亿元。旅行社全年接待入境游客15万余人次，接待国内游客90万余人次，外联入境人数25万余人次，组织国内出游游客19万余人次。辖区旅行社营业收入17.20亿元。①

2010年，南宋御街开街。清河坊历史文化景区接待游客人数突破1600万人次，营业收入达到13.7亿元，税收4200万元；湖滨（南山路）特色街区接待游客人数为580万人次，营业额16.6亿元，税收9933.78万元；抽样酒店接待游客171万人次，营业收入15.7亿元；旅行社外联入境37万人次，组织国内出游43万人次，接待入境29万人次，接待国内106万人次，营业收入56亿元。

2012年，上城区风景旅游局成立。是年，清河坊历史文化景区接待游客人数1728万人次，营业收入19.9亿元，税收8340万元；湖滨（南山路）特色街区接待游客974万人次，营业收入42.6亿元，税收2.49亿元；抽样酒店接待游客数为165万人次，营业收入15.7亿元；旅行社外联入境42万人次，组织国内出游94万人次，接待入境35万人次，接待国内112万人次，营业收入46.2亿元。

2015年，上城区全域旅游雏形基本形成，全区旅游产业贡献突出。上城区景点景区接待人数2847万人次，营业收入87.29亿元。其中，清河坊历史文化景区接待游客人数1820万人次，营业收入20.9亿元，税收1.6亿元；湖滨（南山路）特色街区接待游客1027万人次，营业额66.4亿元，税收2.97亿元；抽样酒店接待游客数为181万人次，营业收入为15亿元；旅行社外联入境15万人次，组织国内出游78万人次，接

① 2008年开始，旅游经济统计工作下放到区级统计部门，上城区主要统计景点景区、旅行社以及抽样宾馆的经济指标。

待入境25万人次，接待国内120万人次，营业收入49亿元。上城区旅游业增加值62.48亿元，占地区生产总值的7.26%；提供就业岗位29264个，对全社会就业贡献8.03%；旅游从业人员获得收入17.75亿元，对居民收入的贡献率9.37%；旅游直接、间接行业税收对地方财政的贡献度达11.74%。

表9-3-8　2008—2015年上城区旅游产业经营情况表

年份	景点景区		抽样宾馆		旅行社	
	接待人数（万人次）	营业收入（亿元）	接待人数（万人次）	营业收入（亿元）	接待人数（万人次）	营业收入（亿元）
2008	1260	18.90	118	9.2	132	17.20
2009	1710	19.50	140	9.5	152	18.48
2010	2180	30.35	171	15.7	215	56.00
2011	2571	48.75	150	15.6	327	48.90
2012	2623	62.61	165	15.7	323	46.20
2013	2645	77.84	167	15.7	279	41.30
2014	2795	83.01	178	15.4	296	46.00
2015	2847	87.29	181	15.0	303	49.10

说明：1.景点景区数据为“湖滨、清河坊、南山路”三大特色街区的数据之和。2.资料来源于杭州市上城区文化和广电旅游体育局

第四章　高新技术产业

1978年，上城区召开全区科技工作会议，明确科技主攻方向。1989年，区政府下发《关于进一步推动工业企业技术进步的实施意见》，初步建立依靠科技进步发展区域经济的理念。1991年，区委四届四次全体（扩大）会议提出，把上城区经济工作转到依靠科技进步的轨道上来，使科技进步提升到一个新高度。1993年起，上城区鼓励企业新产品开发和促进传统产业技术改造。1996年，上城区财政开始设立科技三项经费，支持科技成果产业化和新产品研制，鼓励和引导企业科技创新。1997年，《上城区“科教强区”发展纲要》发布。该纲要提出实施“科教强区”发展战略，发展高新技术产业，推进第三产业和社会发展领域的科技进步。上城区通过高新技术产业发展定位，培育科技型企业，促进科技研发成果产业化。2000年，上城区提出“三三一”高新技术产业发展思路，即扶持信息通讯、生物医药、新材料3个高新技术产业群，提升饮料食品、智能家电、机械电子3个传统优势产业群，健全区域科技创新体系。此后，信息技术、生物技术、新材料技术及物联网、信息软件、光机电一体化等相继被列入其中。是年，上城区科技创业中心成立，为科技人员和处于初创阶段的科技型中小企业提供孵化服务。2006年7月，区委、区政府下发《关于增强自主创新能力、建设创新型城区的决定》，提出要完善以企业为主体、“产学研”相结合的区域创新体系。2010年，上城区拥有市级以上高新技术企业45家。2014年，杭州海兴电力科技股份有限公司入选为浙江省百强高新技术企业，浙江赞宇科技股份有限公司入选浙江省高新技术“新材料产业——精细化学品产业十强企业”。

至2015年末，上城区建有市级以上高新技术企业65家，省级科技型企业96家，高新技术企业实现技工贸总收入70亿元。

第一节　研发与产业项目

1993年，上城区一批传统产业通过科技创新提升产业项目。杭州娃哈哈集团公司开发生产的“平安感冒片”、杭州新星微型计算机厂的“智能化电话报警系统”、杭州华日电冰箱厂的“全电脑冰箱”、杭州离合器钢片厂的“膜片簧离合器”等一批重点项目投入试生产。经过技术改造，至1997年，娃哈哈果奶和纯净水、华日冰箱、水晶耐磨漆、阳离子染料、山梨酸钾等一批重点产品生产规模扩大，投资总额达4.6亿元。

1998年，华远微机应用有限公司的印鉴编码器、AS-400对公业务系统、汽车尾气净化器，浙江中源电气有限公司的稀土永磁电机、彩显无纸记录仪，杭州北海程控设备有限公司的119接处警指挥系统以及杭州新利电子有限公司的财务软件、票据清分系统、网上行情分析委托系统等一批高新技术产品应运而生，成为上城区经济发展的增长点。是年，杭州三和食品助剂厂的“第四代甜味剂—AK”项目被列入国家火炬计划。1999年，杭州云天自控装备集团公司杭州建材电子设备厂的“负压抽吸系统XSF-100型负压抽吸机”项目被列入国家重点新产品计划。

2000年，上城区针对经济构成中传统产业占主导的现状，加强对信息通讯、生物医药、新材料3个高新技术产业群和饮料食品、智能家电、机械电子3个传统优势产业群的扶持力度。是年起，各企业加大力度组织高新产品研发，获得一批国家、省、市高新技术项目立项，实施科技成果产业化。2001—2005年，杭州北海程控设备有限公司的“SLD-9501高速公路紧急报警系统”项目、浙江中源电气有限公司的“稀土永磁电动机”项目、杭州新利科技有限公司的“新利无线POS网络交易平台”项目、杭州捷尔思阻燃化工有限公司的“无卤阻燃聚丙烯”项目先后被列入国家火炬计划。

2006年起，上城区在发展电子信息、生物医药、新材料、物联网、信息软件、光机电一体化等高新技术产业中，引导企业加强新产品研发，主动取得拥有自主知识产权的高新产品。同时，组织实施一批国家、省市科技专项，推进市场前景好的高新技术产品和高新成果产业化。2006—2015年，全区累计申报重大科技专项、新产品开发、社会发展研究等项目162个、受理立项项目92个。其间，全区共有24个项目被列入国家火炬计划。

图9-4-14 杭州中瑞思创科技股份有限公司生产的天线芯片（2010年）
（区电子机械功能区管委会 供稿）

表9-4-9 2006—2015年上城区企业申报研发与产业化项目情况表

计划类别	项目名称
分析测试项目	基于快速黏度仪等测试技术的食品原料中蛋白质与多糖的凝胶化特性研究
	热灌装线含乳饮料微生物危害及控制研究
	基于流变仪等测试技术的搅拌型酸奶品质特性的评价法研究
	耐候高尺寸稳定性无卤阻燃聚烯烃
	金银花与山银花指纹图谱研究及有效成分的鉴定
	利用近红外技术判别奶粉掺假的研究

续表 9-4-9

计划类别	项　目　名　称
分析测试项目	辣木叶富集物工艺开发及其在保健食品和普通食品中应用的产业化研究
	卵砾层桩底注浆优化及注浆桩沉降控制研究
公益技术研究	可持续发展实验区环境与可靠性试验技术公共测试平台
	城管执法智能管控平台
社会发展项目	幽门螺杆菌定量耐药性测定试纸的研制
	基于车载立体影像与激光点云融合技术的自动提取交通标志设备研究
	岩土工程中抗震（大变形）新技术及其应用机理研究
	农产品冷链物流信息化智能监控装备及管理平台研发
	基于电信大数据挖掘的多渠道客户行为与智慧营销服务平台
	面向配网开关站在线监测的高可靠自适应无线通信系统
	基于国产龙芯的现代远程教育专用终端机的开发应用
	0.2S级高精度网络智能仪表
	基于国产龙芯的农村现代远程教育专用终端机的开发应用
	汉字点划式人机界面
	垃圾渗滤液膜浓缩液处理技术研究
	工业水泵水系统项目进行EMC专项节能服务
新产品开发	面向香料行业电子商务技术开发与应用
	研发DF11机车静压操作油缸改风动控制
	数据采集与传输控制仪
	AVANT Integer 一体式数据采集与分析仪
	智能浴霸
	光导照明系统的开发研究与推广应用
	Runpos系统软件的开发
	一次性头皮针自动装配设备
	ANANT MI-2004 调理放大器
	运用HPLC法分析面粉中蛋白质的组成
	食品加工生产线后包装技术创新
	“指路王”汽车专用导航电脑
	基于SOA架构协同ECM软件平台
	汽车AMT电机系统速度方向传感器
	移动式流域水环境自动检测系统
	智能防窃电系列产品
	智尊晶彩系列冰箱BCD-213K（HR-225CKHF）
	无甲醛低水溶性多聚磷酸铵
	多媒体短信录音电话机HLSM0101TSD
	环保在线监控组合软件
	高冲击测试分析仪
	无锌阳离子染料兰X-GRL
	污染源在线监控组合式软件系统DLComposer v1.0

续表 9-4-9

计划类别	项　　目　　名　　称
新产品开发	中央空调风管内部定量采样机器人 YDCD-2006
	数据存储技术的研发及产业化
	娃哈哈咖啡可乐碳酸饮料
	热塑性聚氨酯弹性体 TPU 专用无卤膨胀型阻燃剂
	400 吨/年耐热水、低水溶性多聚磷酸铵 JLS-APP104MF
	污水处理工艺流程监控软件
	乳化炸药绿色生产技术的研发及产业化
	高威力岩石乳化炸药
	面向农村的国产龙芯内核低成本多功能计算机的开发应用
	面向大型企业的流程管理软件平台
	水质在线监测仪预处理系统
	DLZC-1000 轴承寿命测试仪开发可行性分析报告
	支持资源集成与业务增值的网吧综合服务平台
	中式培根发酵成熟新技术研究及产业化开发
	液状阳离子染料红 X-GRL
	机电行业电子商务（B2B）交易平台
	无卤阻燃热塑性弹性体
	娃哈哈爽歪歪益生菌发酵酸奶饮品
	智尊华贵系列冰箱 BCD-241K（HR-258CKHS）
	娃哈哈番石榴汁饮料
	KTH18 型本质安全自动电话机
	污染源在线监测（控）通用组合式软件系统
	多应用公用事业缴费平台
	KTA17 型安全耦合器
	CYQ 系列水样采集预处理器
	Q10 型半干氨法烟气脱硫脱氮处理装置
	移动标识枪
	Q 型半干氨法脱硫脱氮
	无卤阻燃耐火复合材料
	水钻磨床上下料一体机
	娃哈哈水果茶果汁茶饮品
	商务信息电话
	液状阳离子染料（阳离子金黄 X-GL）
	用电现场服务和管理终端及系统
	无锌阳离子染料 2GL 红
	LXJ 多功能液压式螺旋卸船机
	基于羧甲基纤维素钠、黄原胶和瓜尔胶的复配胶体的流变学测试及其在乳饮料体系中的应用研究
	樟芝功效成份的检测研究

续表 9-4-9

计划类别	项 目 名 称
新产品开发	CXS-800t/h 链斗式连续卸船机
	便携式声学测试分析仪
	多喷头在线实时喷印系统
	YJ-001 水源地保障预警平台
	高纯度、大粒径三聚氰胺尿氰酸盐 JLS-MC50
	液状阳离子蓝 BL
	阳离子黄 8GL
	阳离子艳红 X-B
	一种自动报靶系统
	新型纳米 AgWC 触头材料
	无锌阳离子翠蓝 X-GB
	液状阳离子黄 X-5GL
	液状阳离子翠兰 X-GB
	液状阳离子红 X-B
	一体式电梯综合性能分析系统
	真空开关用铜铬—铜复合触头
	基于大数据的公用事业管理平台与应用示范
	特殊机加工机器人设计及应用技术
	基于 CFD 结构优化设计的高精度超声波气体流量计研制
	无源导通测试仪
	UrDAQ 数据流测试仪
	主变中性点直流偏磁在线监测系统
	新能源汽车制造过程物联集成软件开发
	基于云技术的农产品物联网智能物流仓储管理系统
	智能电网变电站辅助设备管控系统研发
	209 升双门直冷电冰箱开发项目
	161 升单门铜管冷藏冷冻转换柜的开发项目
	242 升双门直冷电冰箱开发项目
	高腔位精密制瓶制盖模具的设计与制造
	乳基中性饮料超净热灌装技术
一般软科学研究	基于三维数据平台的虚拟城市体验研究
重大科技专项	全数字驱动装置及交流伺服电机、主轴电机
	人消化道菌群分布多样性检测基因芯片的设计与开发
	兔单克隆抗体的研发及其产业化
	新一代智能割草机 DENNA 系列
	高效节能工业生产线新型直驱系统
	基于开放式物联网通信技术的智慧城市节能管理服务平台
	基于高精度同步技术的手持喷码系统

续表9-4-9

计划类别	项　目　名　称
重大科技专项	缓释控药物制剂平台建设
	超材料结构的特种RFID标签开发与产业化
	轨道交通道岔综合监测系统
	新型功能油脂OPO的生物技术制备和抗氧化保存关键技术研究及产品开发
	精密高速大功率电主轴及驱动装置的开发及应用
	数字媒体出版系统研发与产业化
	基于智能电网技术的中高压智能互感器及应用技术的研究和产业化
	智能电网电力监测设备关键技术研究及应用
	有机固体废物生物干化技术及装备开发
	天然油脂基CAB连续化节能清洁生产关键技术研究及产业化
	园林植物病虫害生态调控研究与示范
	多渠道客户行为分析系统软件及运营商应用
	离心泵内部汽液两相流动和汽蚀特性研究
	基于智能读写终端的物流行业云服务系统
	移动数字文化生活云服务平台研发与产业化
	基于电信大数据挖掘的多渠道客户行为分析与智慧营销服务平台
	流程工业用离心泵内部流动不稳定机理及其控制途径研究
	冷变换器技术运用于高效节能制冷产品中的创新项目
	进口直投式发酵剂生产关键技术的国产化研究及产业化示范
	配网线损在线监测及治理解决方案的研究与开发
	污染场地修复专用装备的研发及工程示范
	基于大数据挖掘的一站式品牌企业云服务平台
	九曲红梅红茶自动化连续化加工技术与装备研发
	基于表达谱和蛋白折叠码技术的靶向抗病毒药物重定位研究
	铁道工程预应力中空锚杆技术及标准研究
	大型液压振动试验系统关键技术及其应用研究
	城市有机废弃物无公害处理与循环利用研究
	电动汽车用万向游动连接器总成的研发及产业化
	大容量矩阵式变换器—交流电机控制系统的开发及应用
	沿海水下设施操作维护ROV的国产化研究
	耐高温尼龙无卤阻燃技术
	辛萸贴片系统研究与规模化试生产
	轨道交通抗疲劳高性能无卤阻燃弹性体
	智能电网电力监控系统关键技术的研究及应用
	沿海水下设施操作维护ROV的国产化研发
	乳基发酵高产γ-氨基丁酸关键技术研究及其在功能性乳制品（乳饮料）产业化中的应用
	用于机器人的混合式直驱电机研究与示范
	农村生活垃圾生物堆处理技术研究及工程示范
	茶叶加工过程安全分析与控制技术开发

续表 9-4-9

计划类别	项目名称
重大软科学研究	智慧城区建设的对策研究
重大社会发展项目	固定式弹力破窗器
	双开门大容量系列冰箱 BCD-600K（HR-608WKK）
	电子式多功能电能表

说明：资料来源于杭州市上城区科学技术局

表 9-4-10　1998—2015 年上城区国家火炬计划项目情况表

年份	企业名称	项目
1998	杭州三和食品助剂厂	第四代甜味剂—AK
2001	杭州北海程控设备有限公司	SLD-9501 高速公路紧急报警系统
2002	浙江中源电气有限公司	稀土永磁电动机
2004	杭州新利科技有限公司	新利无线 POS 网络交易平台
2005	杭州捷尔思阻燃化工有限公司	无卤阻燃聚丙稀
2006	杭州原创软件有限公司	电厂锅炉压力容器及管道安全分析系统
	浙江零零壹数码通讯有限公司	电动车节能自发电控制器
2007	杭州鼎利环保科技有限公司	环保在线监控组合软件
	杭州海兴电器有限公司	基于 STS 协议的键盘式预付费电子电能表
2008	杭州璟江瑞华科技有限公司	液状阳离子染料（金黄 X-GL）
	杭州中瑞思创科技有限公司	新防盗声磁标签（AM LABEL）
2010	杭州海兴电力科技有限公司	基于 STS 协议和 PLC 技术的网络预付费系统
	浙江慧达驿站网络有限公司	数字酒店客房信息化服务平台
	浙江亚通金属陶瓷有限公司	高真空器件用氧化铝陶瓷金属化产业化
2011	杭州图强工程材料有限公司	EX 型涨壳式可预应力中空注浆锚杆成套技术
	浙江博世华环保科技有限公司	生活垃圾填埋场渗滤液治理及示范工程
2012	杭州慧景科技有限公司	铁路道岔转换设备综合监测系统产业化
	杭州大光明通信系统集成有限公司	基于独立 SDH 环的基站综合监控系统
	杭州三高光电科技有限公司	仪器仪表用注塑成型 LED 背光源
	杭州柯林电力设备有限公司	BLJK 系列变压器冷却器智能监测控制系统
	浙江凌翔科技有限公司	汽车发动机装配线智能控制系统
	杭州海兴电力科技有限公司	基于智能电网应用的电力线载波技术仿真系统
2013	杭州中瑞思创科技股份有限公司	射频防盗及识别标签
2014	杭州柯林电力设备有限公司	变电设备状态监测系统
	杭州海兴电力科技股份有限公司	电能量综合信息管理系统
	浙江宇天科技股份有限公司	持海量数据处理和版权保护的数字阅读平台
2015	杭州海兴电力科技股份有限公司	输配电网设备一体式智能检测系统
	杭州图强工程材料有限公司	DCP 多重防腐锚杆成套技术

说明：资料来源于杭州市上城区科学技术局

第二节　高新技术企业[①]

① 高新技术企业：指在《国家重点支持的高新技术领域》内，持续进行研究开发与技术成果转化，形成企业核心自主知识产权，并以此为基础开展经营活动，在中国境内（不包括港澳台地区）注册1年以上的居民企业。它是知识密集、技术密集的经济实体。

1993年，上城区尚无高新技术企业。1999年，杭州三和食品助剂厂成为省级高新技术企业。2001年，上城区实施高新技术企业、高新技术成果转化项目和高新技术新产品认定暂行办法，对高新技术及其产业发展重点、认定原则、基本条件等予以进一步明确。2008年，国家颁布《高新技术企业认定管理办法》，上城区积极鼓励符合条件的企业申报，当年认定国家高新技术企业23家。2010年，上城区拥有市级以上高新技术企业45家。2014年，杭州海兴电力科技股份有限公司入选为浙江省百强高新技术企业，浙江赞宇科技股份有限公司入选浙江省高新技术“新材料产业—精细化学品产业十强企业”。至2015年末，上城区有市级以上高新技术企业65家，高新技术企业实现技工贸总收入70亿元。

图9-4-15　杭州海兴电力科技股份有限公司生产车间（2015年）　（区电子机械功能区管委会 供稿）

表9-4-11　2015年上城区市级以上高新技术企业情况表

序号	企业名称	序号	企业名称
1	杭州华日电冰箱股份有限公司	10	浙江远传信息技术股份有限公司
2	杭州璟江瑞华科技有限公司	11	杭州快凯高效节能新技术有限公司
3	杭州思达电子科技发展有限公司	12	浙江中源电气有限公司
4	杭州亿恒科技有限公司	13	杭州图强工程材料有限公司
5	杭州浙江工大普特科技有限公司	14	浙江省机电设计研究院有限公司
6	思创医惠科技股份有限公司	15	机械科学研究院浙江分院有限公司
7	浙江顺舟电力高技术有限公司	16	浙江双元科技开发有限公司
8	浙江赞宇科技股份有限公司	17	杭州市机械科学研究院有限公司
9	杭州捷尔思阻燃化工有限公司	18	杭州海兴电力科技股份有限公司

续表 9-4-11

序号	企业名称	序号	企业名称
19	浙江慧达驿站网络有限公司	43	杭州云灵科技有限公司
20	浙江宇天科技股份有限公司	44	金星铜集团有限公司
21	杭州大光明通信系统集成有限公司	45	杭州星纬物联技术有限公司
22	杭州衡泰软件有限公司	46	浙江浙电电网工程技术有限公司
23	杭州三高光电科技有限公司	47	浙江浙电经济技术研究院
24	浙江永联民爆器材有限公司	48	浙江新华移动传媒有限公司
25	杭州新利科技有限公司	49	杭州银雁金融配套服务有限公司
26	杭州柯林电力设备有限公司	50	杭州博乐工业产品设计有限公司
27	浙江亚通金属陶瓷有限公司	51	浙江划云数据技术有限公司
28	浙江省水利水电勘测设计院	52	杭州石溪科技有限公司
29	浙江凌翔科技有限公司	53	杭州维码科技有限公司
30	浙江求是科教设备有限公司	54	杭州汇坤控制技术有限公司
31	浙江诚邦园林股份有限公司	55	浙江微能科技有限公司
32	杭州博洋科技有限公司	56	杭州泵浦节能技术有限公司
33	杭州宇控机电工程有限公司	57	杭州东鹏智能科技有限公司
34	杭州慧景科技股份有限公司	58	杭州泽大仪器有限公司
35	浙江中杭电子有限公司	59	杭州联众医疗科技股份有限公司
36	杭州云天荣业机械装备有限公司	60	浙江贝付科技有限公司
37	浙江博世华环保科技股份有限公司	61	杭州朗极科技有限公司
38	浙江大禹信息技术有限公司	62	杭州富升电子科技有限公司
39	浙江安正科技股份有限公司	63	杭州大头儿子文化发展有限公司
40	浙江亿邦通信科技股份有限公司	64	杭州口腔医院有限公司
41	杭州熙浪信息技术股份有限公司	65	杭州夏新广告有限公司
42	浙江威星智能仪表股份有限公司	—	—

说明：1. 国家重点支撑领域高新技术企业有效期为3年，以上名单截止到2015年12月31日。2. 序号1～59号为国家级高新技术企业。3. 资料来源于杭州市上城区科学技术局

第三节　科技型中小企业[1]

2002年起，上城区按照省科技厅《关于浙江省科技型中小企业认定工作实施意见》，开展省科技型中小企业申报材料筛选审查及推荐。至2015年末，全区通过省级认定的科技型中小企业共有96家。

① 科技型中小企业：指依托一定数量的科技人员从事科学技术研究开发活动，取得自主知识产权并将其转化为高新技术产品或服务，从而实现可持续发展的中小企业。

表 9-4-12　2015 年上城区省级科技型中小企业情况表

序号	企业名称	序号	企业名称
1	浙江博世华环保科技有限公司	39	浙江贝付科技有限公司
2	杭州杰特电子科技有限公司	40	浙江华云数字科技有限公司
3	微宏软件技术（杭州）有公司	41	浙江慧达驿站网络有限公司
4	杭州衡泰软件有限公司	42	浙江凌翔科技有限公司
5	杭州熙浪信息技术有限公司	43	浙江省机电设计研究院有限公司
6	杭州东龙信息工程有限公司	44	浙江双元科技开发有限公司
7	浙江安正科技有限公司	45	浙江微能科技有限公司
8	杭州远方科技信息有限公司	46	浙江赞宇科技股份有限公司
9	杭州欧鹏教育咨询有限公司	47	浙江中杭电子有限公司
10	杭州香联信息科技有限公司	48	杭州普希信息技术有限公司
11	杭州通兴电子有限公司	49	杭州远欣科技有限公司
12	杭州鸿远测控技术有限公司	50	浙江左元医疗技术有限公司
13	杭州云灵科技有限公司	51	杭州格林爱环保技术有限公司
14	杭州金通公共自行车科技开发有限公司	52	杭州竺特生物科技有限公司
15	杭州康源食品科技有限公司	53	杭州海哲环保科技有限公司
16	杭州大光明通信系统集成有限公司	54	杭州睿云信息技术有限公司
17	杭州亿恒科技有限公司	55	杭州凡锦科技有限公司
18	杭州鼎利环保科技有限公司	56	杭州联众医疗科技有限公司
19	杭州阿普科技有限公司	57	杭州泵浦节能技术有限公司
20	杭州博乐工业产品设计有限公司	58	杭州大头儿子文化发展有限公司
21	杭州七叶信息科技有限公司	59	杭州口腔医院有限公司
22	杭州火线科技有限公司	60	杭州夏新广告有限公司
23	杭州捷玉世轩信息科技有限公司	61	杭州圆橙科技有限公司
24	杭州脸脸会网络技术有限公司	62	杭州橙舍文化创意有限公司
25	杭州钱杭信息科技有限公司	63	杭州乐腾科技信息有限公司
26	杭州石溪科技有限公司	64	杭州高旅汇科技有限公司
27	杭州市机械科学研究院有限公司	65	杭州惠贝科技有限公司
28	杭州术通高端仪器有限公司	66	杭州海绵数据科技有限公司
29	杭州硕文软件有限公司	67	杭州微触科技有限公司
30	杭州图强工程材料有限公司	68	杭州君创科技有限公司
31	杭州万用密宝科技有限公司	69	杭州犀鸟智能科技有限公司
32	杭州网营科技有限公司	70	杭州云加加云科技股份有限公司
33	杭州星纬物联技术有限公司	71	杭州绿仰科技有限公司
34	杭州学易科技有限公司	72	杭州莱恩海思医疗科技有限公司
35	杭州讯典咨信科技有限公司	73	浙江谷丰科技有限公司
36	杭州宇控机电工程有限公司	74	杭州瑞苒科技有限公司
37	杭州远传通信技术有限公司	75	浙江左元医疗技术有限公司
38	机械科学研究院浙江分院有限公司	76	浙江顺舟电力高技术有限公司

续表 9-4-12

序号	企业名称	序号	企业名称
77	杭州快凯高效节能新技术有限公司	87	杭州汇坤控制技术有限公司
78	杭州博坛科技有限公司	88	杭州朗极科技有限公司
79	杭州宁泰节能技术有限公司	89	杭州富升电子科技有限公司
80	杭州启豆教育咨询有限公司	90	杭州如宝科技有限公司
81	杭州神恩科技有限公司	91	杭州世茂旅行社有限公司
82	浙江思创理德物联科技有限公司	92	杭州思创宣道信息技术有限公司
83	杭州思勤通信技术有限公司	93	杭州微寻无线信息技术有限公司
84	杭州易上弘网络技术有限公司	94	杭州鑫茂化工有限公司
85	杭州豆秀文化创意有限公司	95	杭州业郎环保科技有限公司
86	杭州博菲工程设备有限公司	96	杭州中科思创射频识别技术有限公司

说明：资料来源于杭州市上城区科学技术局

第五章　智慧产业

20世纪90年代，上城区落实党中央、国务院关于信息化经济工作的一系列部署，贯彻1994年国家经济信息化联席会议制定的“统筹规划，联合建设，统一标准，专通结合”十六字方针，不断推动国民经济信息化进程。

1993年，上城区有4家单位从事计算机应用服务业，营业收入86.8万元，营业利润6.6万元。1996年，上城区计算机应用服务业企业法人单位数10家，其中，软件开发咨询业9家，数据处理业1家。1999—2000年，上城区依托“科教强区”战略，推进工业信息化产业建设，重点培育信息产业企业。2001年，上城区计算机应用服务业企业法人单位数45家，其中，软件开发咨询业27家，数据处理业1家，数据库服务业10家，计算机设备维护咨询业7家。

2004年，上城区以信息化带动工业化，加快传统产业的改造提升。网上技术市场在线企业301家，签订项目20项，合同成交额1941万元。2008年，上城区信息传输、软件和信息技术服务业法人单位数182家，营业收入达2682.9万元，其中，电信、广播电视和卫星传输服务业法人单位数20家，营业收入达1384.6万元；软件和信息技术服务业162家，营业收入达1298.3万元。2014年3月，上城区引入浙江省内第一家世界500强总部企业思科（中国）总部[①]落户望江智慧产业园。7月，杭州市委十一届七次全体（扩大）会议将“大力发展信息经济、推动智慧应用”作为“一号工程”。是年，上城区确立44个“一号工程”项目，总投资近50亿元。

至2015年末，上城区共完成42个“一号工程”项目。全年信息经济实现增加值44.08亿元，比2014年增长11.7%，实现主营业务收入98.07亿元，增长27.4%。在全市工业和信息化目标责任制考核中，上城区获一等奖。

① 思科系统公司（Cisco Systems Inc），是全球领先的网络解决方案供应商。2008年销售收入395亿美元，在2009年美国《财富》500强中排行第57位。在2015年《福布斯》世界500强排行榜中，思科排在第76位。

第一节　一号工程

2013年，浙江省经济工作会议提出大力发展信息经济。是年，上城区信息传输、软件和信息技术服务业法人达346家，营业收入2.32亿元，其中电信、广播电视和卫星传输服务业法人单位数37家，营业收入4199.1万元；软件和信息技术服务业309家，营业收入19027.8万元。2014年3月，上城区引入浙江省内第一家世界500强总部企业思科（中国）总部落户望江智慧产业园。5月，浙江省制定《浙江省人民政府关于加快发展信息经济的指导意见》，提出深入实施创新驱动发展战略，加强信息基础设施建设，优先发展信息产业，提升发展电子商务，扩大信息消费，推进信息化和工业化深度融合，促进信息经济加快发展，不断提高信息经济的综合实力和国际竞争力，建设信息经济大省。7月，杭州市委十一届七次全体（扩大）会议作出发展信息经济战略部署，“大力发展信息经济、推动智慧应用”被杭州定义为“一号工程”。根据杭州市“一号工程”建设工作安排，9月，上城区成立由区委书记、区长任组长的信息经济和智慧经济发展工作领导小组，办公室设在区发改经信局，负责领导小组日常工作。12月，上城区制定《杭州市上城区“智慧城区”建设总体规划纲要》，提出结合上城实际，发展智慧产业，推进战略性新兴产业规模化，依托望江智慧产业园区建设，提高产业核心竞争力，使智慧园区与智慧城区建设相融合。同时，推进支柱产业智慧化，为产业发展注入新活力。是年，上城区确立44个“一号工程”项目，总投资近50亿元。全区共有17个项目被纳入杭州市第一批“一号工程”项目，总投资7.6亿元，实际完成投资3.3亿元。上城区全年实现信息经济增加值23.79亿元，比2013年增长5.1%，其中，电子商务、智慧物流等产业增幅较大。

2015年10月，上城区望江智慧产业园发展中心成立，至年末引进信息金融类企业317家，其中信息经济类企业67家，形成智慧产业链，推动上城区产业实现转型升级。是年，上城区先后发布《上城区信息经济智慧应用专项目标考核办法》及《杭州市上城区工业与信息化发展专项资金使用管理暂行办法》，落实部门责任，帮助企业转型升级。新增杭州海兴电力科技股份有限公司智慧工厂生产信息化平台的开放及应用和浙江威星智能仪表股份有限公司基于物联网技术的MES信息平台系统2个工厂物联网应用项目；依托思科（中国）总部落地，建成以“步入云中之城，共创智慧杭州”为核心的“智慧上城”体验中心；加快推进智慧上城云服务一期项目建设，云计算中心项目相关设备到货并完成平台搭建，处于测试阶段；无线上城项目基本建成，实现对河坊街、大井巷、南宋御街3条道路及周边区域的室外无线覆盖；智慧医疗诊间结算已全面覆盖。

2015年，杭州市第一批17个“一号工程”项目完成投资3.5亿元，杭州楚风科技有限公司的信息化居家养老项目、浙江亿邦通信科技股份有限公司的智能分组交换系统等项目建设陆续完工。同时，通过梳理第二批“一号工程”项目，上报14家公司的27个项目，总投资20余亿元。“E邮柜”“燃气云”“智慧社区”等重点企业项目进展顺利。其中，市领导重点联系项目“威星燃气云”已完成燃气物联网云端设备和终端传感器的开发。至2015年末，上城区共完成42个“一号工程”项目。全年信息经济实现增加值44.08亿元，比2014年增长11.7%，实现主营业务收入98.07亿元，增长27.4%。在全市工业和信息化目标责任制考核中，上城区获一等奖。

表9-5-13　上城区“一号工程”项目情况表

序号	项目名称	实施单位
1	玉皇山南基金小镇	上城区人民政府
2	望江智慧产业园	上城区人民政府
3	威星“燃气云”项目	浙江威星智能仪表股份有限公司
4	“E邮站”物联网终端智能快递包裹存取便民服务平台推广应用	中国邮政集团有限公司杭州市分公司
5	年产200万套智能燃气表产业化基地建设项目	浙江威星智能仪表股份有限公司
6	PIN终端设备	浙江亿邦通信科技股份有限公司
7	旅游服务平台	浙江新华移动传媒有限公司
8	水下电缆小型连接器研制	浙江中杭电子有限公司
9	设备远程诊断研究及应用	杭州娃哈哈集团有限公司
10	智慧校园	中国电信集团有限公司
11	灾备云	中国电信集团有限公司
12	光网城市	中国电信集团有限公司
13	爱Wi-Fi	中国电信集团有限公司
14	云计算环境下品牌企业海量数据分析与决策系统	杭州熙浪信息技术股份有限公司
15	智能电网设备及系统产业化基地建设项目（一期）	杭州海兴电力科技股份有限公司
16	CAP系列1E级转速传感器研制	浙江中杭电子有限公司
17	IPv6	中国电信股份有限公司杭州分公司
18	一站式互联网金融解决方案	浙江贝付科技有限公司
19	国网智能电表背光源生产线扩能技术改造	杭州三高光电科技股份有限公司
20	城轨信号设备在线综合监测系统	杭州慧景科技股份有限公司
21	基于FPGA技术的4G回传系统	浙江亿邦通信科技股份有限公司
22	基于NFC技术的市民卡空中圈存平台	杭州捷玉世轩信息科技有限公司
23	基于北斗的高精度人员定位系统	浙江北斗卫星导航平台有限公司
24	基于新型金属氮化物的下一代高效薄膜发光二极管生产线及厂房改造	浙江谷丰科技有限公司
25	基于物联网专网的智能燃气计量终端	浙江威星智能仪表股份有限公司
26	基于眼动协调性大数据诊断脑部疾病的移动医疗系统	杭州莱恩海思医疗科技有限公司
27	基于移动云计算的老年痴呆检测治疗系统	杭州蔚星科技有限公司
28	多元化智慧物联网应用管理系统开发项目	浙江划云数据技术有限公司
29	多媒体综合应急指挥平台	浙江安正科技有限公司
30	大数据教育资讯智能聚合推送平台	杭州圆橙科技有限公司
31	慧达“智慧城市”无线云平台开发及部署	浙江慧达驿站科技股份有限公司

续表 9-5-13

序号	项　目　名　称	实　施　单　位
32	智慧农业	中国电信股份有限公司杭州分公司
33	智慧医疗	中国电信股份有限公司杭州分公司
34	智慧城市下智能电网电力通信技术平台的开发	杭州海兴电力科技股份有限公司
35	智慧社区	中国电信股份有限公司杭州分公司
36	智能光传输系统	浙江亿邦通信科技股份有限公司
37	智能电网中计量系统通信及信息安全策略	杭州海兴电力科技股份有限公司
38	燃气物联网专网应用门户软件平台开发	浙江威星智能仪表股份有限公司
39	电务作业卡控系统	杭州慧景科技股份有限公司
40	社区O2O生活圈	杭州顺治科技股份有限公司
41	纸张质量全集成自动化在线测控系统	浙江双元科技开发有限公司
42	钢轨断裂在线监测系统	杭州慧景科技股份有限公司
43	铁路设备区智能视频监控系统	杭州慧景科技股份有限公司
44	面向光纤无线通信应用的高速光调制器模块研制	浙江中杭电子有限公司

说明：资料来源于杭州市上城区发展改革和经济信息化局

第二节　物联网产业

2010年3月5日，第十一届全国人民代表大会第五次会议上的政府工作报告首次提及物联网。是年，中国科学院杭州射频识别技术中心在上城区科技工业基地挂牌成立，成立无线射频识别（RFID）技术开发与应用专业化研发机构，并建成物联网相关领域的技术研发与测试公共服务平台，为杭州广大物联网企业提供公共测试服务。2012年，杭州智诺英特科技有限公司、杭州星纬物联技术有限公司、咸亨国际（杭州）物联网信息产业有限公司等上城区物联网企业申请发明专利10余项，获得著作权10余件。是年，上城区物联网产业全年实现主营业务收入2.5亿元，比2011年增幅19%。

2014年12月，上城区制定《杭州市上城区“智慧城区”建设总体规划纲要》，提出加快发展物联网产业，培育一批拥有核心技术和知识产权、具有显著示范带动作用的大中型企业。是年，上城区围绕物联网技术应用、产业化发展，重点发展电子标签、智能电表、智能交通、环保监测等行业，并拓展产业链，提升传统产业，发展多技术联合产业，培育一批监测传感元器件制造、系统集成开发以及系统运营维护企业。鼓励杭州中瑞思创科技股份有限公司等龙头企业扩大与国内外科研机构和高等院校之间的交流与合作，组织实施一批物联网产业重大科研项目。是年，上城区规模以上物联网产业实现主营业务收入20.04亿元。

2015年，杭州海兴电力科技股份有限公司、浙江威星智能仪表股份有限公司、杭州娃哈哈集团有限公司开始物联网应用。杭州海兴电力科技股份有限公司投入1000余万元，通过自主开发先进的信息化、智能化生产管理系统软件（IMS系统、MES系统），实现从计划、物料、设备、生产、工艺、包装、配货到发货等各环节的全过程智能化精益管理和制造，减少无附加价值的生产活动，形成具备年产1000万只智能电能表的生产能力，人员缩减15%～20%，劳动生产率提升30%以上，库存周转率提高20%以上，设备利用率提升25%以上，综合运营成本降低10%以上，供货周期平均缩短5～7天。浙江威星智能仪表股份有限公司投入270余万元，推出基于物联网技术的EMS信息平台系统项目，通过信息化的手段，实现实时采集现场数据，实时了解生产资源的使用状况，及时反馈计划的实施状态，以扫描订单代替手工录入等，每月节省人工时间4137.6个小时，按20元每个小时的人工费计算，每年实现经济效益99余万元。杭州娃哈哈集团有限公司投入1.98亿元，完成娃哈哈食品饮料流程制造智能化改造项目，采用一流的现代传感技术和智能自动化网络化技术或工艺，引进具有国际一流水平的制造执行系统、吹瓶灌装封口一体机、瓶坯注塑机、瓶盖压塑机、套标机、裹包式装箱机等设备，购置智能监控系统、配料罐、热水罐、配料泵、板式换热器等国产设备，形成年产10.8万吨饮料的生产能力，利税8000余万元。是年，物联网产业实现增加值9.17亿元。

图9-5-16　杭州娃哈哈集团有限公司致力于智能化饮料生产线和智能装备产业化研究（2015年）

（区工商联　供稿）

第六章 健康产业

上城区医疗资源丰富，有浙江大学医学院附属第一医院、浙江大学医学院附属第二医院等省市级医院10家，其中三甲医院5家，是全省优质医疗资源最为密集的城区。2008年，全国卫生工作会议召开，提出要研究实施“健康中国2020”战略，努力促进公共服务均等化。2011年，省政府第81次常务会议把“健康浙江”发展战略研究列为重点推进工作之一。是年，杭州市发展和改革委员会制定《健康杭州“十二五”规划》，提出要稳步推进“健康杭州”建设，明确健康产业的发展方向。

2013年8月，上城区成立由区委书记任组长的打造“健康医疗城”工作领导小组。2014年1月，在上城区第十四届人民代表大会第三次会议上，政府工作报告首次提出加快发展以康复护理、养身保健、健康管理为重点的现代医疗健康产业，努力创建市级健康服务业集聚区。3月，上城区成立由常务副区长任主任的杭州市上城区健康服务业发展管理委员会，办公室设在小营街道办事处。11月，上城高端医疗服务集聚区被杭州市发展现代服务业领导小组办公室认定为杭州市第三批现代服务业培育类集聚区。是年，上城区有规模以上健康服务业企业87家，规模以上企业营业收入246.87亿元，其中健康服务业集聚区企业实现营业收入100.97亿元，比2013年增长14.79%。

2015年，上城高端医疗服务集聚区、五柳巷·建国南路名老中医一条街、河坊街中医一条街均已形成一定的集聚效应，推动上城区健康产业纵深发展。是年，上城区成功入围杭州市健康服务业发展试点，全区共有健康产业单位1053家，健康服务相关产业营业收入突破100亿元。其中核心板块小营辖区健康服务业单位总数为327家，占总量的31.05%，比2014年增长24.5%。

第一节 产业集聚区

2013年起，上城区结合小营地区医疗资源丰富的优势，在小营街道重点推进健康服务业集聚区建设。至2015年末，上城区形成上城高端医疗服务集聚区、五柳巷·建国南路名老中医一条街、河坊街中医一条街3个健康产业集聚区。

一、上城高端医疗服务集聚区

上城高端医疗服务集聚区位于上城区北部，东至东河、南至解放路、西至中河、北至庆春路，总占地面积约60万平方米。集聚区内囊括全省影响力最大的浙江大学医学院附属第一医院、浙江大学医学院附属第二医院2家三甲综合医疗机构，医疗资源在全市乃至省都是得天独厚，对医疗和药械企业具有示范引领作用。

2013年，上城高端医疗服务集聚区内健康服务企业的税收贡献为9521万元，其中医疗服务单位贡献8630万元；对地方财政收入贡献为4155万元，其中医疗服务单位贡献3696万元。2014年11月，集聚区被杭州市发展现代服务业领导小组办公室认定为杭州市第三批现代服务业培育类集聚区。2015年，上城区围绕“产业资本+高端人才+创新项目”的要素，依托上城区科创中心、浙江大学上城技术转移中心等创新创业机构开展健康企业孵化工作，整合资源打造健康服务业集聚区。

二、五柳巷·建国南路名老中医一条街

2013年，在上城区打造健康产业聚集区的政策推动下，“五柳巷·建国南路名老中医一条街”项目正式启动。2014年5月，五柳巷·建国南路名老中医一条街开街，三慎泰、傅同春、天禄堂、俞同春4家百年老字号国医馆，三慎泰养生中心、三慎泰大药房、德合大药房、医疗器械专卖店、许家老号、宝丰参行等机构开馆营业。2015年，该街初具规模，拥有省级老字号国医馆4个、名医个人诊所4个、名医工作室3个，全年营业额1.2亿元。

图9-6-17　2014年5月，五柳巷·建国南路名老中医一条街开街　（区住房和城建局 供稿）

三、河坊街中医一条街

2001年，上城区在胡庆余堂种德堂原址建立第一家门诊部。是年，开设方回春堂中医门诊部。2004—2005年，相继引进北京同仁堂、万承志堂。2009年，上城区决定打造河坊街中医一条街，定位“百年老店”落户上城。此后，在河坊街相继增设胡庆余堂第三门诊部、方回春堂第二门诊部、万承志堂高银街中医门诊部等医疗机构。2015年，胡庆余堂总收入1.4亿元，方回春堂总收入1.8亿元。

附

小营健康产业园

小营健康产业园东至东河、西至中河路、北至庆春路，向南延伸至城站大商圈和五柳巷历史街区，总占地面积约100万平方米，是上城高端医疗服务集聚区的核心。

2016年，中共杭州市上城区第十次代表大会将小营健康产业园确定为“六大平台”之一，提出以小营地区为核心推动健康服务业集聚区规划落地，做大产业规模。上城区依托浙江大学医学院附属第一医院、浙江大学医学院附属第二医院等优质医疗资源，按

照“一圆心三区域”[①]空间布局，以楼宇经济、街巷经济为主要载体来打造健康产业新高地。4月，彩虹鱼康复护理院在斗富二桥东河下1号开业，从事神经康复、骨关节和运动损伤康复、肿瘤康复、伤口管道管理等。是年，市政府办公厅授予上城高端医疗服务集聚区“优秀培育类服务业集聚区”称号。

2017年，杭州全景医学影像诊断中心在江城路893号挂牌成立，是浙江省卫计委批准的专业医学影像诊断机构，也是杭州成立的首家第三方独立医学影像诊断中心。是年，彩虹鱼康复护理院、杭州全景医学影像诊断中心入选2017年全省健康产业“四个一批”重点培育清单。至年末，小营健康产业园累计引进健康产业395家，税收收入共计3.23亿元，地方财政收入1.39亿元，初步形成集“健康预防—疾病诊断—手术治疗—术后康复—高端护理”于一体的健康产业链。是年，上城高端医疗服务集聚区获全市唯一“杭州市重点类健康（养老）服务集聚区”称号。

2018年1月，位于方谷园4号的上城区智慧健康产业展示中心正式试运营，占地面积近5000平方米，设置健康地图、健康体验馆、健康护理站、健康沙龙等功能板块，集中展示杭州健康产业的发展成果，提供健康产品体验。是年，全国首家“e+智慧”医养老年工程示范社区、浙江广济眼科医院（浙江大学眼科医院）2个健康产业重点项目落户小营健康产业园，其中浙江广济眼科医院（浙江大学眼科医院）项目投资总额18亿元。

① “一圆心”：指上城高端医疗服务集聚区；“三区域”，指方谷园区域、五柳巷街区、城站大商圈。

第二节　企业选介

杭州倚天生物技术有限公司　杭州倚天生物技术有限公司前身为杭州倚天科学仪器有限公司，2005年9月在上城区注册成立，注册资本450万元，办公地点惠兴路12号仁和大厦，员工10人，是一家以经销国内外医疗器械、医院设备及其配套试剂为主的专业公司。公司主要经销美国雅培全自动生化仪、美国雅培全自动化学发光分析仪、日本希森美康血球分析仪、日本希森美康尿液分析仪及其配套原装进口试剂及耗材。2009年2月，公司更名为杭州倚天生物技术有限公司，注册资本增资至4560万元，客户服务对象由原来的杭州市内医院延伸至市内的第三方实验室，年销售额超过1亿元。2012年12月，公司被区政府评为上城区优秀科技服务业企业。2014年，公司规模不断扩增，办公地点搬迁至解放路138号航天通信大厦12层，拥有员工180人，占地800余平方米，年销售额达3.87亿元。2015年，公司销售额达4.33亿元。

国药控股浙江有限公司　1998年，国药控股浙江有限公司前身国药集团杭州新亚有限公司成立。2005年，公司加入中国医药集团所属国内最大的医药上市公司国药控股股份有限公司，更名为国药控股浙江有限公司，注册资本3000万元，员工35人，地址雷霆路60号长城大厦，占地面积1.41万平方米[①]。公司主营药品批发、零售，并涉足中药产销、生物制品和医疗器械。2010年，公司第一家子公司国药控股舟山有限公司成立。2012年，杭州国控大药房成立，开始涉足零售产业。是年，公司被浙江省食品药品监督管理局评为药品质量信用等级AA企业。2014年，公司取得互联网药品信息服务资格证书、增值电信业务经营许可证和互联网药品交易服务资格证书，正式进军电子商务。2015年，国药控股浙江有限公司本部主营业务收入19.73亿元，实现净利润2823万元。

① 其中总部办公区域2000平方米，仓储面积为12130平方米。

浙江上药新欣医药有限公司　浙江上药新欣医药有限公司前身为浙江新欣医药有限公司，成立于2005年1月，注册资本500万元，办公地点为解放路163号机械大厦2楼，员工29人，是一家以药品批发为主的民营企业，主要经营品种有各类进口抗肿瘤、抗排异、生物制品、免疫制剂等药品，合资或国产化学药、生化药、医疗器械等。2009年6月，公司搬迁至梅花牌7号浙江轻纺大厦2楼，办公、仓储面积5360平方米。2012年4月，公司加入上市公司上海医药集团，作为其所属的上药控股有限公司在浙江的控股企业。公司正式更名为浙江上药新欣医药有限公司，注册资本增加至3788万元。是年，公司销售额6.66亿元。2013年6月，公司搬迁至望江东路332号望江国际中心4幢8层，办公面积1500平方米。是年，该公司被区政府评为上城区2012年度经济发展突出贡献企业经营团队。2015年，公司销售额12.75亿元、净利润1412万元、纳税总额1828万元。

第十篇

特色街区 园区

上城区作为长江三角洲中心城市核心区城区，产业高度集聚是其经济发展的一大特色。区内有湖滨商贸旅游特色街区、南山路艺术休闲特色街区、清河坊历史文化特色街区三大商业特色街区和玉皇山南基金小镇（杭州山南国际设计创意产业园）、望江新城两大发展平台。

上城区商业源远流长。清河坊[1]自古是杭州的繁华地段，有丰富的历史人文遗产和文化底蕴。河坊街新宫桥以东，是南宋时期宋高宗寝宫——德寿宫遗址。南宋时期，清河坊商铺林立、酒楼茶肆鳞次栉比，是杭城政治文化中心和商贾云集之地。历经元、明、清及民国时期、直至中华人民共和国成立初期，该区域一直是杭城商业繁华地带。王星记、张小泉、万隆火腿栈、胡庆余堂、方回春堂、叶种德堂、保和堂、状元馆、王润兴、义源金店、景阳观、羊汤饭店等杭州百年老店均集中于此。

① 南宋时期，清河郡王张俊住宅就在当时称之为御街的太平巷，故该区域被称为清河坊。

湖滨一带在南宋时期是宋朝最繁华的街市集聚地。清朝时期，属于八旗子弟的旗下营地。民国时期，近代金融业和商业迅速发展。进入20世纪90年代中期，湖滨一带利星广场、名珏公寓、凯悦酒店、龙翔大厦、梅地亚宾馆等大体量项目先后建成。

21世纪初，清河坊、南山路、湖滨一带相继启动大规模的工程建设。2000年4月，清河坊历史文化特色街区一期工程建设启动，2001年10月18日，河坊街正式开街。2002年2月，杭州市园林文物局全线启动西湖环湖南线景区整合工程，上城区在南山路街区东侧配套启动南山路东侧街景整治工程。2004年，湖滨一期国际名品街、高银街餐饮文化街正式竣工。2005年，湖滨二期吴山路项目开工建设。2008年，中山路综合保护与有机更新（上城段）工程开工建设。2012年，南山路勾山里历史地段保护（建设）项目开工。

至2015年，湖滨商贸旅游特色街区、南山路艺术休闲特色街区、清河坊历史文化特色街区持续进行工程建设，经过改造提升，三大特色街区面貌焕然一新，各具特色。在经济业态上，湖滨商贸旅游特色街区是集商业、人文景观、风景旅游于一体的综合性商业街区，拥有湖滨国际名品街、湖滨银泰in77等高端城市旅游购物综合体，聚集阿玛尼（Armani）、爱马仕（Hermès）、钟表、汽车等世界顶级服饰和奢侈品品牌销售专营店铺和国际一线品牌旗舰店。南山路艺术休闲特色街区毗邻吴山天风、龙井问茶、虎跑梦泉、万松书院等景点，沿途有钱王祠、柳浪闻莺等著名景点和中国美术学院、浙江美术馆等艺术胜地，成为集城市艺术化、休闲化、现代化于一身的，具有独特魅力的时尚休闲中心。该街区开设有艺术交流、文化博览、旅游观光、酒吧餐饮、休闲娱乐、名车会所等店铺。清河坊历史文化特色街区则以富有杭州特色的历史文化取胜。其中以胡庆余堂、方回春堂、朱养心药店、保和堂为代表的中医中药文化，以王星记扇子、张小泉剪刀、万隆火腿、景阳观为代表的老字号文化，以高银街美食为代表的餐饮文化，以民间艺人为特色的民俗文化，以南宋御街为代表的南宋市井文化，吸引八方来客，使之成为“旅游者必到、杭州人常到”的商贸旅游特色街区。

凤凰山、玉皇山为南宋皇城所在地及其毗邻地区，景观优美，历史遗存丰富。吴越国时期，在玉皇山南、钱塘江边，吴越王钱镠修筑长达百里的捍海石塘，置龙山（玉皇山）、浙江（钱塘江）两个闸口，以遏制潮水内灌。南宋时期，在玉皇山南辟有千亩籍田，因其呈八卦状分据八方，种植多种不同的庄稼，人称“八卦田”。每年孟春，皇帝亲率公卿士大夫耕籍田、祈社稷、劝农耕，彰显国家农耕文明。凤凰山下的南宋官窑，其青瓷造型端庄，釉色滋润，青莹如玉，薄胎厚釉，历来被视为中国古代瓷器中的珍品。清光绪三十二年（1906），铁路闸口站（南星桥站前身）在钱塘江畔的一片江滩芦塘上建成。清末民国初期，以闸口电厂、光华火柴厂为代表的杭州近代工业在钱塘江玉皇山南一带产生。

与凤凰山毗邻的今望江新城区域古为钱塘江涂，自唐后历数代捍筑海塘，基础不断加固。明后渐成市廛，人烟渐密。至清，已形成城郊集市，周围多菜地、竹园、鱼塘，居民生产交易以农副业为主，种菜贩菜，有“草桥门（望江门别称）外菜担儿”的民谣。中华人民共和国成立后，以秋涛路为界，西为老城区，有莫邪塘、兴隆、始版桥等住宅小区，杭州食品厂、杭州面粉厂、杭州利民食品厂、杭州肉类联合加工厂、杭州味精厂、杭州娃哈哈集团公司与杭州香料厂、杭州孔凤春化妆品厂、杭州牙膏厂等散布其间，形成食品与日用化工两大支柱产业，在杭州占有重要地位。东为新区，尚多江滩沙地，日干夜潮，俚称“夜潮地”，宜种植与养鱼，是杭州“菜篮子”工程的重要基地。

2005年，望江地区拉开改造序幕。2007年，玉皇山南综合整治工程正式启动。2014年，杭州山南国际设计创意产业园被浙江省发展和改革委员会、浙江省财政厅、浙江省统计局评为浙江省级现代服务业集聚示范区20强。至2015年，玉皇山南基金小镇（杭州山南国际设计创意产业园）和望江新城已成为上城区重要发展平台。玉皇山南基金小镇被浙江省发展和改革委员会列入浙江省首批特色小镇创建名单，金融、文创企业总数达503家，资产管理规模2300亿元，税收达4.1亿元。随着私募机构、银行及券商入驻，玉皇山南基金小镇定位向以发展私募金融产业为核心的中国版“格林威治”小镇[①] 迈进。望江智慧产业园则是全国第一批智慧城区建设试点，以及杭州市“一号工程”的重点项目，拥有浙江省内第一家世界500强总部企业思科（中国）总部、浙江能源集团有限公司与浙江省金融控股有限公司共同设立的浙江省海洋开发投资集团有限公司、杭州海绵数据科技有限公司等龙头企业，着力构建“科技+金融”“创新链+产业链”的智慧产业生态系统。

① 格林威治小镇：位于美国康州的南部，占地174平方千米，拥有6万人口，距纽约曼哈顿约45分钟车程，是对冲基金的天堂，小镇人均收入903万美元。小镇在区位交通、自然资源、人文资源、产业基础等方面优势突出。

第一章　湖滨商贸旅游特色街区

湖滨商贸旅游特色街区（简称湖滨街区），范围北起庆春路、南至解放路、西起湖滨路、东至东坡路（实际建设整治范围拓展至浣纱路），与西湖景区相连，是西湖的门厅、杭州的窗口。其中，南北走向有白傅路、蕲王路、东坡路、吴山路、延安路、浣纱路、菩提寺路、孝女路、板桥路等，东西走向有邮电路、仁和路、平海路、学士路、长生路等。街区涉及湖滨街道东坡路社区、吴山路社区、岳王路社区3个社区，有常住人口2万余人，规划占地面积40余万平方米。

1978年，今湖滨街区一带瓦房、墙门房、砖木简易房等建筑虽然外观整洁，但内部年久失修，商居混杂，违建多，配套不全，火警等隐患险象环生，“脏乱差”现象时有发生。20世纪90年代中期起，利星广场、名珏公寓、凯悦酒店、龙翔大厦、梅地亚宾馆等大体量建设项目先后建成，街区建设进程有所加快。

2000年，杭州市专门成立杭州市湖滨地区商贸旅游特色街居建设整治工作领导小组，上城区随后成立杭州市湖滨地区商贸旅游特色街居建设指挥部（上城区），拉开街区改造的序幕。2003年9月，市政府正式命名该街区为湖滨商贸旅游特色街区。2005年10月，杭州西湖博览会期间，湖滨一期项目湖滨国际名品街（步行街）建成开街。至2015年末，除4个重点项目[①]在建和续建，街区已系统地完成东坡路拓宽项目、湖滨国际名品街项目（湖滨一期）、工联大厦重建项目（地铁龙翔桥站上盖物业一期）、吴山路项目（湖滨二期）、龙翔里项目（湖滨四期）等重点工程建设。至此，街区的面貌发生重大变化。原来传统的瓦房、墙门房、砖木简易房建筑被现代建筑替换，并延续和发展传统骑楼[②]建筑风格。湖滨国际名品街、湖滨银泰in77等相继营业，推动街区成为城市高端旅游购物综合体。思鑫坊、湖边邨、五福里等老建筑修旧如旧，传承老城文脉。街区建筑、物业形态基本成型，商业、服务业、旅游业等再焕生机。是年，湖滨街区营业额达37.7亿元，税收1.98亿元。

① 西湖电影院地块项目（湖滨四期）、中华饭店地块项目（湖滨三期）、市公交公司地块项目（地铁龙翔站上盖物业二期）、湖滨派出所地块项目（浙江省妇产科医院保健楼）。

② 骑楼：是城镇沿街建筑，上楼下廊。骑楼下廊，即人行道，叫“五骹基”。该名称与东南亚（印尼等地）的叫法有关系。骑楼下的廊，遮阳又防雨，既是居室（或店面）的外廊，又是室内外的过渡空间。

第一节　规划建设

1993—2000年，依据《杭州市城市总体规划（1981—2000年）》实施湖滨街区规划和建设。利星广场、名珏公寓、凯悦酒店、龙翔大厦、梅地亚宾馆等先后开工、竣工。2000年9月，市政府第六十次市长办公会议讨论通过《杭州市延安路中段商贸旅游特色街规划建设方案》，明确街区改造整治范围和原则，提出按照一次规划、逐步实施、远近结合的原则，在整治过程中不搞大翻大建，对房屋适当改建，体现修旧如旧的风格；对湖滨路沿街的部分建筑物进行整修，使之与西湖风景相融合。是月，杭州市专门成立由分管副市长任组长的杭州市湖滨地区商贸旅游特色街居建设整治工作领导小组。10月，区政府成立由常务副区长任总指挥的杭州市湖滨地区商贸旅游特色街居建设指挥部（上城区）①，为自收自支的事业单位。

2001年6月，市政府召开专题会议研究落实街区改造涉及的商住户拆迁安置问题，明确在下城区三里亭新建10万平方米安置房源用于拆迁安置。8月，市政府就湖滨地区建设整治项目房屋拆迁安置政策、土地政策、城市规划、方案调整、审批程序等进行研究和决策。2002年，湖滨街区作为市政府重点建设项目予以立项。是年，杭州市湖滨地区商贸旅游特色街居建设整治工作领导小组正式更名为杭州市湖滨地区商贸旅游特色街居建设整治指挥部（杭州市）。湖滨商贸旅游特色街区改造建设被中共杭州市第九次代表大会确定为杭州市十大建设工程之一。

2003年1月，东坡路拓宽工程竣工。2004年3月，湖滨一期国际名品街项目正式竣工。2005年8月，湖滨二期吴山路项目开工建设。9月，市政府办公厅发文明确湖滨二期吴山路项目为杭州市重点建设项目。10月10日，湖滨国际名品街开街。2008年初，街区启动湖边邨区块、星远里区块历史街区保护和危旧房改善工程。2009年，启动地铁龙翔桥站上盖物业一期（工联大厦）项目前期、设计、动迁工作。2010—2011年，启动齐心里、九星里历史建筑群维修改善项目，吴山路112～132号维修改善项目，五福里历史建筑群维修改善项目，思鑫坊历史街区保护维修等历史建筑保护和危旧房改善项目。2011年12月，湖滨二期吴山路项目完成竣工验收。2012年9月，地铁龙翔桥站上盖物业一期工程（工联大厦）竣工。2011—2013年，街区部分道路、立面项目列入南宋皇城遗址规划的辐射区项目计划。至2014年，湖滨指挥部先后实施直

① 简称湖滨指挥部。

紫城巷、延安路立面整治、邮电路立面整治、吴山路立面整治、仁和路、浣纱路等道路和沿街建筑立面整治（含杭州市第一人民医院）等项目，合计总工程量约10.4万平方米。

2014年9月，湖滨四期项目龙翔里历史地段复建项目完成竣工交付。2015年11月，为迎接二十国集团（G20）杭州峰会，湖滨街区再次启动思鑫坊历史文化街区保护修缮续建，全面启动湖边邨劝业里整治及街区13条道路提升、49幢住宅与公建建筑立面整治、西湖东望天际线和街区亮灯等项目。

一、土地拆迁（征收）和出让

2000—2015年，街区改造各个项目先后共申领拆迁许可证13张，搬迁公告2张，征收公告1张。同期，街区出让土地7宗，成交金额34.21亿元。

表10-1-1　2001—2015年湖滨街区各建设项目地块拆迁、搬迁、征收及安置情况表

项目名称	地块名称	拆迁、搬迁（征收）范围	起止时间	户数（户）	占地面积（平方米）	建筑面积（平方米）	搬迁估算资金（万元）	安置区块
丁家花园	非出让拆迁	湖滨街道兴安里	2001-07-01 2004-01-31	11	2651	1179	800	下城区三里亭住宅区块；上城区望江、近江住宅区块；凤凰苑住宅区块；其他零星区块住宅
东坡路拓宽	非出让拆迁	东坡路、新龙翔里一带	2002-07-20 2004-07-19	176	26363	33873	19985	
湖滨一期国际名品街	湖滨单元17号、21号、24号地快	西至湖滨路、东至东坡路、南至解放路、北至平海路	2002-11-12 2004-11-11	102	13543	17348	10236	
湖滨二期吴山路项目	杭政储出〔2005〕27号、杭政储出〔2006〕13号、杭政储出〔2006〕39号	吴山路、邮电路一带	2002-07-01 2004-06-30	460	50793	23700	11186	
		解放路、延安路一带	2002-08-10 2004-08-09	36	7558	19892	11736	下城区三里亭住宅区块；上城区望江、近江住宅区块；其他零星区块住宅
湖滨二期后称四期龙翔里项目	杭政储出〔2008〕39号地块，后拆迁延期，规划设计调整改称湖滨四期	东至延安路、西至东坡路、南至平海路、北至学士路	2003-07-10 2005-07-09	302	13637	16467	9716	
韩国临时政府纪念馆	非出让拆迁	东至蕲王路、西至规划红线、南至湖边邨、北至长生路	2003-04-22 2005-04-21	24	1100	部分（50793）	649	

续表 10-1-1

项目名称	地块名称	拆迁、搬迁（征收）范围	起止时间	户数（户）	占地面积（平方米）	建筑面积（平方米）	搬迁估算资金（万元）	安置区块
湖边邨—劝业里历史街区保护搬迁	历史建筑保护危旧房改善	湖边邨、蕲王路、白傅路	2008-03-01 2008-06-30	75	—	4000	—	下城区三里亭住宅区块；上城区望江、近江住宅区块；其他零星区块住宅
湖边邨—劝业里历史街区星远里保护搬迁	历史建筑保护危旧房改善	星远里直弄、一、二、三弄	2008-06-01 2008-09-30	98	—	3000	—	
湖滨三期中华饭店地块项目	湖滨单元D-16地块\杭政储出〔2015〕16号	东至延安路、西至东坡路、南至解放路、北至邮电路	2008-11-19 2010-11-18	23	6442	10697	10839	
地铁龙翔桥站上盖物业一期（工联大厦项目）	湖滨单元E-02、E-03地块	东至吴山路、西至延安路、南至平海路、北至龙翔路	2009-05-27 2012-05-26	6	6485	39808	9000	部分单位回迁原址部分单位项目建成后回迁原址
地铁龙翔桥站上盖物业二期项目	湖滨单元E-04地块（市公交公司、新生三分场、四分场地块）	东至板桥路、西至延安路、南至工联大厦、北至学士路	2010-01-20 2012-01-19	5	13238	13096	21004	
湖滨派出所（浙江省妇产科医院保健楼）项目	湖滨单元C3-12地块	东至岳王路、西至浣纱路、南至杭州图书馆、北至学士路	2010-01-20 2012-01-19	6	5291	3494	2060	下城区三里亭住宅区块；上城区望江、近江住宅区块；其他零星区块住宅
湖滨三期西湖电影院地块项目	湖滨单元D-06地块	东至延安路、西至西湖电影院，南至东坡宾馆、北至平海路	2010-02-09 2012-02-08	18	2930	3883	6271	
	湖滨单元D-05地块	东至延德里、西至东坡路，南至东坡剧院、北至平海路	2010-02-09 2012-02-08	2	3152	2982	3853	
劝业里项目	劝业里10-2号地块	东至东坡路、西至劝业里，南至学士路、北至长生路	2015-09-23 2015-12-23	67	3500	—	—	

说明：资料来源于湖滨指挥部

表 10-1-2　2000—2015 年湖滨街区重点项目土地出让情况表

地块名称	出让编号	四至范围	出让时间	土地面积（平方米）	成交额（亿元）
一期名品街	—	西至湖滨路、东至东坡路、南至解放路、北至平海路	2007-01-17	12565	10.17（含建筑）
二期吴山路项目25号地块	杭政储出〔2005〕27号	北至平海路、南至解放路、东至延安路、西至吴山路	2005-06-09	4784	1.64
二期吴山路项目22号地块	杭政储出〔2006〕13号		2006-07-20	6699	3.70
二期吴山路项目19号地块	杭政储出〔2006〕39号		2007-01-23	6268	2.92
四期龙翔里项目	杭政储出〔2008〕39号	东至延安路、西至东坡路、南至平海路、北至学士路	2009-01-13	12067	3.58
三期西湖电影院	杭政储出〔2015〕15号	东至延安路、西至东坡路、南至东坡宾馆、北至平海路	2015-08-03	4082	6.47
三期中华饭店	杭政储出〔2015〕16号	东至延安路、西至东坡路、南至解放路、北至邮电路	2015-08-03	5007	5.72

说明：资料来源于湖滨指挥部

二、重点建设工程

湖滨一期湖滨国际名品街　湖滨国际名品街位于西子湖畔，东起东坡路，西连西湖东岸，南起解放路，北至庆春路，总商业面积1.8万平方米。20世纪90年代，各类车辆和人流通过湖滨路前往保俶塔、北山街、白堤等西湖北部景区景点。湖滨路、仁和路、邮电路、平海路一带沿街商居混杂，部分住户破墙开店，业态以小零售和居民服务业为主。2003年1月湖滨国际名品街项目开工建设，2004年3月项目竣工，2005年10月开街。

图 10-1-1　湖滨国际名品街（2007年）
（汤耀亮　摄）

在项目实施过程中，注重延续湖滨一带的历史文脉，运用杭州传统建筑“清水墙、坡屋顶、木门窗”三大元素，并将原有骑楼所构成的空间特征保留下来。传统青砖石瓦与玻璃钢现代材质结合在一起，既尊重历史，又产生新的气质。米黄色西班牙砂岩骑廊柱厚重温暖，与周边环境非常和谐。一幢幢独立的小体量建筑围合成精致的内庭，由内庭展开的是里弄式的小巷，通向城市腹地。2008—2011年，上城区对名品街广场进行内庭提升和改造，名品街整体空间感加强。

湖滨二期吴山路项目　该项目位于延安路中段，北沿平海路，南至解放路，东临吴山路，西边紧沿杭州市最繁华的商业街延安路，邮电路和仁和路东西方向穿过其中，总占地面积1.8万余平方米。20世纪90年代至21世纪初，该区块以居住功能为主，住户较多，沿街有公房、私房破墙开店，小零售和餐饮服务比较繁荣。经过商、住户拆迁后，2005年8月项目开工建设，2011年项目竣工。

图10-1-2　吴山路项目（2013年）　（李忠 摄）

在湖滨二期的建筑设计中，通过对杭州历史演变、城市肌理和文脉的系统研究，以“似曾相识”为设计原则，吸收江南建筑的设计元素，创造性地在3个地块的内部打造一条内街。内街沿吴山路侧由一幢幢小体量的单体建筑排列而成，建筑材料选用青砖等富有杭州地域文化特色的建材，地上楼层均为二层或三层，充分承袭原湖滨地区及吴山路建筑的传统韵味。延安路一侧的建筑因紧临繁华商业大道，设计时采用国际化和更为现代的手法，建材使用、建筑体量和楼层均明显区别于吴山路一侧的建筑。

湖滨二期龙翔里项目[①]　湖滨二期龙翔里项目南起平海路北至学士路，东起延安路西至东坡路，建成地上总建筑面积4.00万平方米[②]，地下建筑面积2.34万平方米[③]。20世纪90年代至21世纪初，该区块是成片的江南民居。2011年10月项目开工建设，2014年8月项目竣工。

该项目以保护性修复建为主，大量利用地下空间，横穿延安路，与地铁通道相连。地下零售商铺较多，吸引大量地铁客流消费。项目竣工后，地面龙翔里历史建筑格局和风貌基本未变，引进有苹果智能手机专营店等现代业态。

① 杭政储出〔2008〕39号地块，后拆迁延期，规划设计调整后改称湖滨四期。

② 含5000平方米回迁安置用房。

③ 其中地下商业建筑面积12388平方米。

图10-1-3　龙翔里（1998年）　（刘浩源　摄）

图10-1-4　龙翔里（2015年）　（刘浩源　摄）

地铁龙翔桥站上盖物业一期　该项目位于延安路与学士路交叉口东南角，商业金融用地，建筑面积7.84万平方米。20世纪90年代至21世纪初，位于该区域的工联大厦虽然商业零售业繁荣，但业态层次低。商铺零售竞争主要集中在地摊级的服饰、鞋帽、箱包等商品，与周边杭州龙翔服饰城、杭州明珠小百货市场、龙翔兴合箱包城、杭州新声综合市场三分场、四分场商品业态重叠。2002年6月，该区块被列入湖滨街区改造红线范围。2009年，项目立项，并明确原地重建、3年回迁的目标。2010年3月项目开工建设，2012年9月项目竣工。

建成后的工联大厦地上商业业态档次提升，形成名品经营发展战略。地下通道联通湖滨银泰in77、龙翔里区块，分流地面人流。地下零售商铺林立，吸引大量地铁客流消费。

表10-1-3　2000—2015年湖滨街区重点建设工程情况表

项目名称	地块编号	立项文件	开工时间	竣工时间	占地面积（平方米）	建筑面积（平方米）	投资金额（万元）	施工单位	监理单位
国际名品街（一期）	湖滨单元17、21、24号地块	杭计市场〔2002〕721号	2003-01-28	2004-03-24	12565	—	—	杭州复兴建筑工程有限公司	杭州复兴工程建设监理有限公司
吴山路项目（二期）	杭政储出〔2006〕39号	杭发改变备〔2010〕87号	2006-08-12	2011-12-31	6268	36401	46000	浙江杰立建设工程有限公司	北京中联环建设工程管理有限公司
	杭政储出〔2006〕13号	杭发改变备〔2010〕86号	2006-05-17	2011-12-31	6699	41551	57000	浙江城建建设集团有限公司	北京中联环建设工程管理有限公司
	杭政储出〔2005〕27号	杭发改变备〔2009〕95号	2005-08-01	2011-12-31	4784	22192	25000	浙江城建建设集团有限公司	北京中联环建设工程管理有限公司

续表 10-1-3

项目名称	地块编号	立项文件	开工时间	竣工时间	占地面积（平方米）	建筑面积（平方米）	投资金额（万元）	施工单位	监理单位
龙翔里（四期）	杭政储出〔2008〕39号	杭发改变备〔2014〕38号	2011-10-08	2014-08-10	12067	39995	15000	浙江耀厦控股集团有限公司	杭州三方建设集团有限公司
西湖电影院（四期）	湖滨单元D-06地块	上发改备〔2015〕12号	2014-04-30	—	4082	13471	15000	浙江耀厦控股集团有限公司	杭州三方建设集团有限公司
地铁龙翔桥站上盖物业一期	湖滨单元E-02、E-03地块（工联地块）	杭发改投资〔2009〕50号、杭发改备〔2010〕44号	2010-03-20	2012-09-25	6485	78369	9000	浙江省长城建设集团股份有限公司等	杭州中河建设项目管理有限公司

说明：资料来源于湖滨指挥部

三、道路整治及立面整治

东坡路拓宽工程　东坡路是湖滨地区南北向的重要道路。20世纪90年代，马路市场占用道路情况严重，导致道路交通不畅，并存在“脏乱差”现象。2002年10月，东坡路拓宽工程开工。至2003年1月，工程竣工，缓解了环西湖通行压力。

“51131”整治工程[①]　湖滨街区是南宋皇城大遗址公园辐射区重要部分。2011—2014年，湖滨指挥部先后实施直紫城巷、延安路立面整治、邮电路立面整治、吴山路立面整治、仁和路、浣纱路等道路整治和沿街建筑立面整治（含杭州市第一人民医院），合计总工程量约11.30万平方米。

四、危旧房改善和历史街区、历史建筑、文物建筑保护

20世纪90年代至21世纪初，湖滨街区除各建设项目规划红线范围外，尚有危旧房住户1231户、存量面积约7.88万平方米，主要分布在湖边邨—劝业里历史街区、思鑫坊历史文化街区和九星里、五福里等区块。2008—2015年，上城区相继实施湖边邨—劝业里历史街区保护改善项目，吴山路112～132号维修改善工程，五福里历史建筑群维修改善工程，齐心里、九星里历史建筑群维修改善工程，思鑫坊历史街区保护维修项目，按照“修旧如旧”的理念，采用保真、修复、改善、整饬、置换等手法，通过对建筑内住户进行搬迁稀释，降低居住密度，增加厨卫设施、拆除保护范围内的违章搭建，对建筑结构进行加固和整修，恢复建筑原

① “51131”整治工程：即南宋皇城大遗址公园工程，规划南至钱塘江，北至庆春路，东至中河，西至虎跑路、南山路、延安路，面积14.16平方千米。2011年初，南宋皇城街巷综保工程启动实施，涉及5条道路、11条支路、31条坊巷，共计47条道路的综合保护，故称“51131”工程。

有的外立面，提高历史建筑安全性，改善周边环境，恢复原有历史风貌。

表 10-1-4　2008—2015 年湖滨街区危旧房改善和历史街区、历史建筑、文物建筑保护项目情况表

项目名称		立项文号	住户（户）	建筑面积（平方米）	开工时间	竣工时间
湖边邨—劝业里历史街区保护工程	湖边邨、星远里	上发改建〔2007〕66号	173	7000	2008-05-28	2008-11-09
	劝业里、大庆里		336	15305	2015-12	—
齐心里、九星里历史建筑群维修改善工程		上发改建〔2009〕36号 上发改建〔2009〕58号	202	36009	2010-10-18	2011-08-03
吴山路 112 ~ 132 号维修改善工程		上发改建〔2009〕58号	22	2370	2010-04-20	2013-05-26
五福里历史建筑群维修改善工程		上发改建〔2009〕36号	46	2725	2010-09-16	2012-12-26
思鑫坊历史街区保护维修项目		上发改建〔2009〕85号	288	16614	2012-03-06	—
吴山路 126 号危改项目		上发改建〔2009〕58号	17	392	2013-02-15	2013-05-30
蕲王路 11 号拼接项目		上发改建〔2007〕66号	40	1920	2013-03-20	2013-06-30

说明：资料来源于湖滨指挥部

五、“三改一拆”工作

2013 年，浙江省开展“三改一拆”行动①。2013—2015 年，湖滨街区完成吴山路 126 号维修、蕲王路 11 号拼厨接卫和旧小区整治等旧住宅改造项目，总惠及商住户 700 余户。累计拆除违章建筑 5127 平方米。其中，2013 年 7 月 31 日，湖滨街区取缔新声路综合市场三分场 30 余户无证占道经营户，拆除违章建筑 398 平方米。2014 年 4 月 11 日，拆除东坡路大型违法建筑玉麒麟饭店，违建面积 920 平方米。

① 开展旧住宅区、旧厂区、城中村改造和拆除违法建筑。

六、其他建设项目

1998 年 5—7 月，华侨饭店停业整修。是年，延安路龙翔大厦竣工开业，建筑面积约 4 万余平方米。1999 年，利星广场竣工，梅地亚宾馆落成开业。2001 年 4 月，西湖时代广场建设项目开工，占地 0.7 万平方米、总建筑面积 6.54 万平方米。2003 年，西湖时代广场建成开业。2004 年 5 月，西湖国贸项目竣工，占地面积 1.30 万平方米，建筑面积 5.60 万平方米。2005 年 9 月，名珏公寓、凯悦酒店竣工交付。

第二节　经济业态

20世纪90年代，今湖滨街区主要业态形式为以群英饭店、环湖旅馆、新侨饭店、中日友好饭店、杭州酒家、吴山烤禽店、海丰西餐社、知味观等为代表的餐饮住宿业，时美理发店、湘海池浴室、小吕宋百货公司、杭州照相馆、毛源昌眼镜厂门市部等为代表的居民服务业，杭州龙翔桥农副产品市场、杭州工联大厦、杭州龙翔服饰城等为代表的专业市场，杭州东坡大剧院、杭州西湖电影院、浙江胜利剧院、杭州书画社、王星记扇厂门市部、新华书店等为代表的传统文化产业。

2003年，上城区采取市场化运行模式，由浙江省南都房产集团项目部实施湖滨一期湖滨国际名品街项目前期业态意向招商。2004年11月，湖滨指挥部采取市场化年薪制聘任湖滨国际名品街（筹）总经理，专门负责招商引资，至年末共招募30余家全球著名品牌专卖店入驻湖滨国际名品街。专卖店单店面积200～1000平方米。业态定位为国际高端服饰和奢侈品，主营国际品牌服饰、箱包、珠宝、手表、皮草、家居、美容及中西式餐饮等内容。

2005年10月湖滨国际名品街开街后，上城区加强街区管理、业态定位、招商引资工作。至2007年末，湖滨国际名品街区聚集有阿玛尼（Armani）、爱马仕（Hermès）、史蒂芬劳·尼治（Stefano Ricci）、杰尼亚（Ermenegildo Zegna）、欧米茄（OMEGA）、美伊娜多（MENARD）、玛丝菲尔（Marisfrolg）等世界顶级服饰和奢侈品品牌销售专营店铺，形成一定规模的品牌集聚效应。是年，湖滨国际名品街整体营业额2.40亿元，比2006年增长38.99%。12月，区政府通过招拍挂程序，出让湖滨国际名品街区和在建湖滨二期吴山路项目各50%股权，受让单位银泰集团以5.26亿元获湖滨国际名品街、湖滨二期吴山路项目各50%股权。区政府委托银泰集团行使项目管理和经营5年。2008年，湖滨街区营业额5.2亿元，税收3367万元。

图10-1-5　湖滨国际名品街（2012年）　（陈建荣　摄）

2013年4月，湖滨二期吴山路项目交付开业。湖滨二期吴山路项目主体湖滨银泰in77定位青年文化集散地，入驻品牌以国际一、二线时尚品牌为主，汇集国际知名的服饰品牌，包括MCM、拉菲（LAFEE）、盖璞（GAP）、Clair's等名牌。其中，比利时时尚箱包品牌海格林（Hedgren）、意大利夹克传奇品牌BELFE等均为首次登陆杭州。至年末，湖滨二期已完成90%以上的品牌招商，其中餐饮店铺比约30%，58%为服饰类时尚名品，还有12%为美容、美体、儿童、教育、家居等生活配套品牌。

2013年5月，地铁龙翔桥站上盖物业（一期）工联精品服饰城工联大厦交付试营业，1200余户经营商户回场经营，经营标准有所升级。2014年9月，湖滨四期（湖滨银泰in77B区）试营业，总建筑面积约4万平方米。项目结合历史风貌保护区特征，保留了20世纪初白墙黑瓦的里弄式建筑，是地铁龙翔桥站上盖物业组成，以“年轻、时尚、潮流”作为品牌定位，聚集部分国际、国内快都市节奏时尚潮流品牌和国际一线品牌旗舰店，引进时尚餐饮，forever21、i.t、CHOCOOLATE、Aape、StayReal Café、百万奶昔及莉莲餐饮等65个知名品牌加盟。2015年1月，全球第449家、中国的第14家苹果智能手机专营店在湖滨四期龙翔里项目区块开业。该商业建筑单体建筑面积约3000平方米，南主立面由11块高达14米的玻璃衔接而成，内部2层，由10厘米厚的玻璃楼板分隔，上下台阶均为玻璃台阶。是年，湖滨街区营业额达37.7亿元，税收1.98亿元。

图10-1-6　西湖苹果旗舰店（2015年）
（湖滨指挥部　供稿）

表10-1-5　2015年湖滨街区著名品牌情况表

品牌区位	名　　称	行　业	知名度
湖滨国际名品街	Louis Vuitton 路易・威登	服饰、皮具、箱包	世界顶级奢侈品
	Gucci 古驰	服饰、皮具、箱包	
	Cartier 卡地亚	服饰、皮具、箱包	
	Hermès 爱马仕	服饰、皮具、箱包	
	Versace 范思哲	服饰、皮具、箱包	
	Giorgio Armani 乔治・阿玛尼	服饰、皮具、箱包	
	Graff 格拉夫	服饰、皮具、箱包	
	Prada 普拉达	服饰、皮具、箱包	
	Salvatore Ferragam 萨尔瓦多・菲拉格慕	服饰、皮具、箱包	
	Max Mara 麦丝玛拉	服饰、皮具、箱包	
	YSL 圣罗兰	服饰、皮具、箱包	
	Balmain 巴尔曼	服饰、皮具、箱包	
	Moncler 蒙口	服饰、皮具、箱包	
	Ermenegildo Zegna 杰尼亚	服饰、皮具、箱包	
	Agnona 阿妮欧那	服饰、皮具、箱包	

续表 10-1-5

品牌区位	名　　称	行　业	知名度
湖滨国际名品街	Van Cleef&Arpels 梵克雅宝	珠宝	世界顶级奢侈品
	John Lobb 约翰罗布	鞋业	
湖滨名品街	Hermès Tableware 爱马仕餐具	餐具	世界顶级奢侈品
	Ports 宝姿	服饰、皮具、箱包	
湖滨银泰	很高兴遇见你	饮食	知名品牌
	山葵家	日料	
	kamakama	服饰	
	缸鸭狗	餐饮	
	i.t	服饰	
	Forever 21	服饰	
	第二乐章	餐饮	
	全棉时代	生活用品	
	必胜客	餐饮	
	代官山	餐饮	
	屈臣氏	保健美容	
	许留山	甜品	
	丰和日丽	餐饮	
	浪琴	钟表	世界顶级奢侈品
	Apple	数码产品	世界驰名品牌
利星名品广场	一茶一坐	餐饮	知名品牌
	哈根达斯	冰淇淋	
	星巴克	咖啡	
湖滨路	上海必胜客有限公司湖滨路店	西式快餐	知名品牌
	王星记	轻工产品	中华老字号
	都锦生专卖店	丝绸产品	
	杭州方回春堂国药馆有限公司湖滨茶楼	国药	
	凯悦酒店	国际酒店业	世界顶级品牌
仁和路	知味观	餐饮	中华老字号
延安路	杭州酒家	餐饮	驰名商标

说明：资料来源于湖滨（南山路）特色街区管理委员会

表 10-1-6　2006—2015 湖滨街区中小微业态经济情况表

单位：万元

年　度	营业额	税　收	年　度	营业额	税　收
2006	22596.21	3198.21	2011	121814.21	8885.77
2007	23628.57	3377.71	2012	202959.58	8315.45
2008	65208.20	4073.38	2013	280666.85	13570.44
2009	69023.70	3964.80	2014	339754.20	17976.64
2010	76657.41	3964.80	2015	391384.04	19312.88

说明：1.街区中小微业态是指除银泰集团、凯悦酒店、杭州利星名品百货广场、大型三甲医院及外围杭州解百集团、新侨饭店、中日友好饭店、华侨饭店、工联大厦、龙翔服饰城、知味观等第一、第二层次业态外的街区零售、服务企业、店铺组成的业态。2.资料来源于湖滨（南山路）特色街区管理委员会

第三节 管理与服务

1993—2000年，今湖滨街区由属地湖滨街道和相关职能部门进行条块管理。2000年10月，湖滨指挥部成立，街区管理内容限于项目管理。2005年10月，湖滨国际名品街开街，湖滨指挥部街区管理职能由项目管理向街区综合管理转型。2006年，杭州市贸易局和中国银联浙江分公司以政府推动，银商配合形式，在街区开展杭州银行卡联合推广活动，要求街区所有营业面积100平方米及年营业额50万元以上商户均需安装（标准以下鼓励安装）直联POS机，由银行主动上门免费安装、免收机具押金，并给予一定奖励。

2007年4月，湖滨（南山路）特色街区管理委员会成立。2008年2月，启动“百城万店无假货”示范街创建活动。12月，湖滨国际名品街通过市级“百城万店无假货”示范街创建验收。2010年8月，湖滨（南山路）特色街区商会成立，加强行业自律。2012年7月，上城区以湖滨国际名品街周边为区域重点，实行“管建联动常态化”，整治自行车出租摊点占道经营，加强路面保洁、市政设施修缮和交通疏导，整治野导拉客、强行乞讨、卖唱噪音扰民等现象。9月起，湖滨街道开展全体机关干部“百家企业走访，百日贴心服务”活动，要求每位干部定期走访企业并填写服务企业联系卡，建立起干部走访企业的长效机制。2013年9月，湖滨街道与利星名品百货广场有限公司签订大湖滨商圈首份商家城市管理共建公约。根据公约，利星名品百货广场有限公司承诺遵守大湖滨商圈商户文明公约，履行新门前三包责任。是年，湖滨司法所成立“我们·湖滨·法律智囊团”，为街区商户提供免费法律咨询服务。

2014年，湖滨街道制定上城区地方标准规范《城市商圈容貌管理规范》，作为湖滨商圈管理的指导依据、评价考核的标准。8月，《城市商圈容貌管理规范》通过杭州市质量技术监督局审核，被评为2014年杭州市先进技术标准一等标准化示范项目。是年，湖滨商圈特保队伍成立，以湖滨路步行街为起点，自西向东探索“部门力量下沉、互助执法、辖区单位跨红线互动管理、志愿者协同参与”的综合管理方法。2015年4月，上城区召开城管执法重心下移暨湖滨地区城市综合管理现场会，总结推广湖滨商圈的试点经验，启动城市管理执法重心下移工作。

第四节 对外及对中国港澳台地区交流和重要活动

2001年9月20日，湖滨街区核心区块湖滨一期国际名品街项目在杭州新侨饭店举行启动仪式新闻发布会，在杭11家媒体参加。2005年10月10日，湖滨一期项目杭州湖滨国际名品街开街。10月10日至25日，举办国际时装发布、欧洲画展、国际音乐节、跑车展等“人间天堂新湖滨——湖滨国际名品街开街”系列活动。

2007年，上城区在湖滨国际名品街举办或承办“放飞梦想、送奥运祝福去北京”“万人签名迎奥运”“名品街2周年”等大型社会活动30余项。《都市快报》、《钱江晚报》、《杭州日报》、《每日商报》、《今日早报》、《青年时报》、浙江都市网、杭州电视台、浙江电视台等20余家媒体进行报道。2007年12月23—31日，举办“2008全杭州一起唱”活动，活动特别邀请著名举重运动员占旭刚启动首唱，张信哲、阿杜、胡玲、林宇中等参加。

2008年5月18日上午，北京第29届奥林匹克运动会火炬传递途经湖滨街区。

2009年9月，杭州市贸易局、杭州文化广播电视集团联合举办“欢乐金秋”2009消费促进年系列主题活动。2010年5月28—30日，湖滨（南山路）特色街区管理委员会派员参加2010年浙江（上海）旅游交易会暨世界博览会旅游主题展，宣传“人间天堂新湖滨”和“致美于形，至尚于心”的街区主题。

2012年10月31日，湖滨（南山路）特色街区管理委员会组织以“2012我们聚惠湖滨欢乐GO、购、购”活动暨“品尝绿色美味、倡导文明餐桌”为主题的厨艺大比武启动，外婆家、玲珑小镇、胡庆余堂药膳、新蕉叶等11家餐饮品牌参加。12月5日，组织南山路各品牌汽车法拉利（Ferrari）、保时捷（Porsche）、奔驰（Mercedes-Benz）、奥迪（Audi）、大众辉腾（Volkswagen Phaeton）等组成名车阵营在湖滨银泰半圆小广场集中，沿着湖滨路、南山路，绕上城繁华地段巡游，展示南山路汽车长廊风采和大湖滨商圈时尚风采。12月15日，银泰集团邀请著名演艺界、娱乐界人士那英、叶童和李东学等和全国媒体、社会名流、名企高管聚会湖滨国际名品街，举办“银泰摩登夜”活动，拉开湖滨国际名品街时尚盛典帷幕。12月20日，电影《十二生肖》全国首映杭州发布会在湖滨银泰举行，主演成龙、华谊兄弟传媒股份有限公司王中磊等剧组主演及主创人员均亮相，近50家在杭媒体参与活动。

2013年2月25日，由杭州市上城区风景旅游局、湖滨（南山路）特色街区管理委员会主办，湖滨街道东坡路社区、杭州东坡地书协会承办的东坡书画艺术协会书画展以及“寻找城市的千年记忆——南宋御街·二十三坊金秋魅力摄影作品展”活动，在湖滨路杭州凯悦酒店北侧长廊进行。4月8日，6辆英伦TX4出租车组队从上海出发到湖滨国际名品街区，为英国政府“GREAT英国”全球推广活动造势，重点展示英国在科技创新和文化创意方面的特色。是日，来自英国的艺术家Chris Gill和杭州当地艺术家陈栋帆在西湖边分别为2辆英伦TX4出租车粉饰“新衣”，用艺术的方式阐释“GREAT英国”英伦风情；英国的舞蹈团体Flawless在彩绘现场为观众表演。英国驻沪总领事戴伟绅到场参加活动。5月1日，杭城紫薇原点①举行百年庆典，延安路（庆春路到吴山广

① 紫薇大街源于杭州的城市坐标原点——紫薇原点。传说明朝时有一位官员在红门局兴建一所官邸，因偏爱紫薇树，将官邸称为紫薇园（现延安南路西湖银泰建筑坐落在紫薇园旧址）。该处为杭州城市原点坐标所在地，是中国较早的城市测量坐标，称紫薇原点。民国2年（1913）起被标记为杭州市地理位置中心，浙江省地图的测绘就是以紫薇园为中心坐标，城市内的建筑、道路、水系及名胜古迹，都可根据该原点标出方位。原点标志雕塑主体由取自杭州各个区域的石头方砖堆砌而成，高12米。标注着1913—2009年的不锈钢标尺，从坐标原点一直延伸到石柱的顶端，象征着杭州的不断成长和拓展。作为浙江省大三角控制网及1:50000地形图测制基准，此坐标点一直沿用至20世纪50年代初期。2000年7月，市政府将其列为市级文物保护单位。2009年，区政府会同杭州市规划局、杭州市园林文物局等相关部门完善方案，并在艺术家、工程师和施工人员的共同努力下，于2009年4月奠基纪念碑，7月中旬竣工。

场段）被命名为紫薇大街，同时开街。开街仪式从吴山广场到庆春路，一共设置100余个金橱窗，最大的10平方米，最小的3平方米，离地约2层楼高。它们组成十大艺术馆，有用扇子、剪刀、印章等元素装饰而成的百年馆，讲述新丰小吃故事的杭州城市记忆馆等。9月5—8日，“2013 VOGUE FNO摩登不夜城”暨上城区“湖滨购物节”开幕，150余家商店参与。

2015年4月10—12日，浙江省（江西）旅游交易会在江西南昌国际展览中心举行，湖滨（南山路）特色街区管理委员会组团参加，围绕“吃、住、行、游、购、乐”六要素，开展多种形式的旅游推介。10月16—25日，以“城市剪影”为主题的杭州第二届灯光秀在湖滨路举行。作品结合灯光和工业设计，以富有创意的形式和材料，强烈的视觉冲击力和艺术感，反映城市发展面貌，表现现代城市文化。11月18日，由杭州市上城区商务局、杭州市上城区风景旅游局、湖滨街道办事处主办，杭州湖滨银泰in77、湖滨（南山路）特色街区管理委员会承办的“湖滨美食·舌尖艺术”活动在仁和饭店举行，知味观、杭州酒家、山葵家等16家餐饮店参加。活动通过厨艺表演、现场互动、美食展示，让美食更加亲民，助推杭州建设“购物天堂、美食之都”。

第二章　南山路艺术休闲特色街区

南山路艺术休闲特色街区（简称南山路街区）位于南山路，从湖滨路口至万松岭路口段，约长2500米。南山路街区拥有古杭城清波门、涌金门2个城门遗址，钱王祠、涌金池、宝石流霞、柳浪闻莺、西湖一公园等旅游景点，浙江省军区警备司令部、政治部、装备部及中国美术学院、大华饭店、索菲特西湖大酒店、西湖天地、西湖博物馆等企事业单位，潘天寿纪念馆、茅以升故居、小绿楼、澄庐、恒庐、膺白楼、勾山樵舍等大批历史建筑和文化遗迹。东侧南山路街区与柳营路、开元路、西湖大道、河坊街、清波街等道路西端相连，西侧南山路街区直接接壤西湖。

1978年至20世纪90年代，南山路街区临街民居晾晒衣被“万国旗”乱象严重；空中管线乱拉乱结，雨篷、空调无序架设。各企事业单位高墙深院，建筑污旧，违法建筑混杂，文脉淹没，景观不畅，街区整体性被分割，在社会各界引起关注。2002年2月，杭州市政府全线启动西湖环湖南线景区整合工程，上城区配套启动南山路东侧街景整治工程。是年，街区开始调整业态，突出“酒吧茶楼、艺术字画、中西餐饮、休闲娱乐”四大功能。至2003年末，街区业态调整初步到位。2004—2008年，街区企业会所经济有所发展。世界名车、跑车展销业态进入东街区。2005年3月，南山路艺术休闲特色街区被中国城市商业网点建设管理联合会、中国步行商业街工作委员会评为“中国最具升值前景的商业街区”。2009—2015年，街区咖啡酒吧转移减少，餐饮住宿企业有所增加，西侧街区西湖101文创会客厅、辉映文化体验馆、V创汇创新项目孵化中心、帅丰智慧体验馆、腾讯小小Q机器人俱乐部等文化、智慧、创意企业会所逐渐聚集。2015年，南山路勾山里历史地段保护（建设）项目竣工，南山路街区杭州市第二批历史建筑广福里历史建筑群得到维修改善。是年，南山路街区营业额29.9亿元，税收1.04亿元。

第一节　规划建设

20世纪90年代至21世纪初，南山路东侧区块荷花池头36号住宅楼、新民村住宅楼、三衙前住宅楼、柳浪新苑小区、柳浪阁小区、柳浪东苑等小区相继兴建。2001年，《杭州市城市总体规划（2001—2020年）》和《杭州历史文化名城保护规划》均明确南山路的艺术休闲特色街区定位。2002年2月，杭州市政府全线启动西湖环湖南线景区整合工程，上城区在南山路街区东侧配套启动南山路东侧街景整治工程。2002年10月，西湖环湖南线景区整合工程完成。整合工程通过拆除过密的建筑与围墙栏杆，调整树木、加大绿化，形成疏密得当的绿色长廊，把环湖带打造成大花园。西湖岸线第一次打开，西湖水体被引入滨湖绿带，或成港、或成池、或成溪，组成变化多端的水网，开合有致。散落其间的茶馆、酒吧、咖啡厅、画廊，构成舒适的休闲配套。是月，南山路艺术休闲特色街开街。2003年2月，杭州南山路东侧整合指挥部成立。9月，市政府正式命名南山路艺术休闲特色街。至2015年，上城区相继实施南山路东侧街景整治工程和南山路勾山里历史地段保护（建设）项目。1993—2015年，杭州海底世界、中国美术学院改造、索菲特西湖大酒店、西湖天地、钱王祠修建、西湖隧道、浙江美术馆、西湖博物馆等一批大型项目相继建成。

一、南山路东侧街景整治项目

图10-2-7　南山路东侧街景（2005年）

（湖滨指挥部　供稿）

2002年2月，一期南山路东侧街景整治项目开工，项目实施内容包括市政地下管线埋设、截污纳管、雨污水分流、夜间灯光设置、扩绿建绿、调整公用设施、建筑平改坡、建设城市家具[①]等10余项子工程。6月，上城区启动南山路沿街商住户拆迁工作。9月，项目主要工程竣工。2003年9月，项目全部竣工。东侧南山路街区共整治建筑立面73幢，铺设青石道板2.80万平方米，扩绿、透绿、改绿、补绿3.50万平方米，挖掘修护历史建筑、文化遗址8处，拆除违法建筑35处1563平方米。2004年8月，完成拆迁工作，共动迁商、住户233户，安置到三里亭、凤凰苑区块。总征地占地面积约3万平方米，建筑面积约2万平方米。

① 城市家具：是指城市中各种户外公共环境设施。

二、勾山里历史地段保护（建设）项目

2003年7月，二期南山路勾山里历史地段保护（建设）项目启动拆迁，申领“拆迁许可证（杭房拆许字〔2003〕38号）”，拆迁期限为2003年7月10日至2005年7月9日，拆迁范围东起荷花池头，西至南山路，北起景云村，南至清波饭店。占地面积3.61万平方米，建筑面积约1.55万平方米，总拆迁商住户413户。2004年11月，杭州市规划局做出

图10-2-8　勾山里（2016年）　　（陆瑞芬　摄）

《关于杭州市勾山里拟保历史地段保护规划方案的批复》。2005年7月，完成拆迁工作，共拆迁商住户413户，安置到三里亭、凤凰苑区块。2006年3月，二期项目地块进入招拍挂程序。2009年4月，二期项目地块完成出让，地块东起荷花池头，西至南山路，南起河坊街，北至广福里，土地面积1.23万平方米。2012年10月，南山路街区二期项目工程建设开工，总建筑面积3.01万平方米。2015年8月，项目竣工验收，南山路街区杭州市第二批历史建筑广福里历史建筑群得到维修改善，并建成一排清水砖墙、雕花门楣的石库门、错落有致的青砖别墅，与南山路街区建筑风格相匹配。

三、其他建设项目

中国美术学院（南山校区）整体改造项目　1997年11月，文化部和省政府报请国家计划委员会（简称国家计委）立项。1999年12月，国家计委批准立项，项目总占地面积4.35万平方米，总建筑面积6.61万平方米，总投资3.3亿元。2000年12月项目开工建设，2003年8月项目竣工。

浙江美术馆　浙江美术馆建设项目总占地面积3.50万平方米，建筑面积3.25万平方米，总投资4.2亿元。2001年浙江省启动筹建工作，2002年浙江美术馆工程正式决策启动，项目列入省政府“五大百亿”工程[①]和省“十五”重点建设项目，由浙江省文化厅负责实施。2003年，浙江省成立浙江美术馆建设协调小组。2005年5月，项目正式开工建设。2007年末项目竣工，2009年8月坐落于南山路138号的浙江美术馆开馆。

杭州西湖博物馆　杭州西湖博物馆项目位于钱王祠南侧，西临西湖，总占地面积2.25万平方米，总建筑面积8500平方米。2004年8月项目开工，2005年10月1日坐落于南山路89号的杭州西湖博物馆正式对外开放。

西湖天地一期项目　西湖天地一期项目位于西湖南岸的涌金池畔，

① “五大百亿”工程：即“百亿基础设施建设”工程、“百亿信息化建设”工程、“百亿科教文卫体建设”工程、“百亿生态环境建设”工程、“百亿帮扶致富建设”工程，是浙江省十届人大一次会议提出的为提前基本实现现代化战略目标而实施的重要工程。

南起涌金池，北至大华饭店，西起西湖，东至南山路，占地面积3万平方米。2002年，由香港瑞安集团与杭州风景园林发展总公司签约启动。该项目搬迁杭州市少儿公园和部分居民，保留部分历史建筑，改住宅为商业功能，2005年5月项目建成竣工。设计师巧妙地将现代元素与传统建筑完美结合，既保留粉墙黛瓦雕梁画栋，又采用大面积的落地玻璃窗来传递窗外美景。

表10-2-7　1993—2015年南山路街区及周边其他重大建设项目情况表

单位：平方米

项目名称	开工时间	竣工时间	范　　围	占地面积	建筑面积
杭州海底世界	—	1998	南山路49号	1000	2000
索菲特西湖大酒店	2001-05	2003-08	西湖大道333号	5500	20000
元华广场（含元华公寓）	1999-12	2004-10	西南山路，东延安路，北解放路，南柳营路	27580	131110
钱王祠复建	2002-02	2003-09	柳浪闻莺公园内	11300	4600
浙江省旅游集团管理服务中心	2003-03	2005-07	南山路258-1号	2097	4598
孔庙复建（杭州碑林）	2007	2008	劳动路西南侧	13200	5581
西湖隧道	2002-12	2003-10	北起原教场路口，南至南山路口	—	—

说明：资料来源于湖滨指挥部

第二节　经济业态

20世纪90年代，今南山路街区是杭州城市夜生活的主要场所。咖啡酒吧业兴起，茶饮业较为繁荣，但业态偏小、散、简、陋。21世纪初，街区业态规划、调整、提升始终与西湖环湖南线景区整合建设工程（东侧街景整治建设）同步实施。2002年3月，西湖南线景区整合指挥部召开工作例会，听取并讨论街区商业业态调整方案，确定以小集大、腾笼换鸟的业态调整方案，对街区业态进行有序引导。方案借鉴武汉市之江大道、上海市新天地、衡山路街区模式，经设计定位和专家论证，在业态主题上营造"悠然南山、浪漫人生"的氛围。10月初，配合西湖博览会开幕，南山路街区开街，突出酒吧茶楼、艺术字画、中西餐饮、休闲娱乐四大功能。至年末，街区引进"Day and Night"酒吧、哈乐淇淋屋、皇家经典咖啡西餐厅、太古咖啡西餐屋、台资老树咖啡连锁店、红泥休闲吧、西班牙特色餐饮、上海汉光陶瓷集团陶艺陈列馆等商家，街区业态调整基本到位。

2003年末，南山路街区业态调整初步格局定型，道路两侧有140余家商企，形成以元华广场购物中心、湖畔居柳浪休闲吧、良子健身等为代表的"休闲娱乐"业态，以新开元酒吧、蜂房酒吧、卡那酒吧、老枪酒吧、皇家经典咖啡屋、贝尼尼咖啡、上岛咖啡、翁隆盛茶庄、茶人居等为代表的"酒吧茶楼"业态，以恒庐文化中心、晴雨画廊、华艺斋画廊、印象画廊、博彩画廊、景云轩、华王艺术画廊、吴山书画社等为代表的"艺术字画”业态，以红泥砂锅餐厅、上海往事酒楼、星月酒家、菲乐小吃城、锦香来餐厅、西班牙主题餐厅等为代表的“中西餐饮”业态。

2004年起，街区企业会所经济有所发展。世界名车、跑车展销业态进入东侧街区。2004年6月23日，德国保时捷（Porsche）经典车型率先在街区开业展销。随后，法拉利（Ferrari）、玛莎拉蒂（Maserati）、兰博基尼（Automobili Lamborghini S.p.A.）、奔驰（Mercedes-Benz）、奥迪（Audi）、劳斯莱斯（Rolls-Royce）等世界顶级名车展销厅建成开业。南山路名车长廊形成规模，展销竞争进入常态化。2008年，南山路街区营业额3.2亿元，税收2121万元。

图10-2-9　保时捷展销厅（2005年）
（湖滨指挥部　供稿）

2009—2015年，街区咖啡酒吧渐趋减少，餐饮住宿企业有所增加，西侧街区西湖101文创会客厅、辉映文化体验馆、V创汇创新项目孵化中心、帅丰智慧体验馆、腾讯小小Q机器人俱乐部等文化、智慧、创意企业会所逐渐聚集。

表10-2-8　2006—2015年南山路街区中小微业态经济情况表

单位：万元

年　度	营业额	税　收	年　度	营业额	税　收
2006	34210.12	5098.78	2011	148162.28	10919.36
2007	35840.53	5105.23	2012	191577.54	12759.88
2008	39482.79	2461.88	2013	292870.23	12691.21
2009	64083.50	2306.20	2014	285276.32	9732.21
2010	89839.43	5968.98	2015	299289.91	10428.65

说明：1.资料来源于湖滨（南山路）特色街区管理委员会。2.南山路街区中小微业态是指除杭州索菲特西湖大酒店、大华饭店、杭州海底世界、元华广场购物中心、中国美术学院等大型企事业单位外的南山路街区业态

第三节　管理与服务

20世纪90年代，今南山路街区由街道和职能部门进行条块管理。2003年2月，在成立杭州南山路东侧整合指挥部的同时，杭州南山路东侧管理办公室同步筹建、成立。西侧南山路街区由杭州市西湖名胜管理委员会委托上城区进行统一综合管理。2003年，上

城区在南山路开展倡导“诚信经营、明白消费”示范街活动，设立消费者预赔基金，命名20余家经营户为示范户，南山路街区全年实现消费“零投诉”。2004年4月，南山路街区成立第一届南山路艺术休闲特色街区商会。

2005年，南山路街区106家商户参加南山路街区市级“百城万店无假货”创建活动。12月，南山路街区获杭州市级“百城万店无假货”示范街称号。2006年，杭州市贸易局和中国银联浙江分公司以政府推动、银商配合的形式，在南山路街区开展杭州银行卡联合推广活动，要求南山路街区所有营业面积100平方米及年营业额50万元以上商户均需安装（标准以下鼓励安装）直联POS机，由银行主动上门免费安装、免收机具押金，并给予一定奖励。是年，按照“统一管理、建立台账”的要求，对街景管理、路面卫生管理、商家门前三包、车辆停放，实行“责任到人、责任到户”，南山路街区管理和南山路街区环境管理通过ISO9000认证和ISO14000认证。

2006年末至2007年上半年，上城区因建设体制改革调整，撤并杭州南山路东侧整合指挥部、上城区道路整治指挥部、杭州南山路东侧管理办公室至杭州市湖滨地区商贸旅游特色街居建设整治指挥部（上城区）。2007年4月，成立湖滨（南山路）特色街区管理委员会，合并南山路艺术休闲特色街区管理职能与湖滨国际名品街管理职能。湖滨街道、清波街道和杭州市上城区政府办公室、杭州市上城区建设局、杭州市上城区商贸旅游局、杭州市上城区城市管理行政执法局、杭州市上城区政府城市管理办公室等担任管委会成员，派驻管理人员，落实南山路街区综合管理，包括南山路街区物业资产经营管理、旅游商贸数据汇集申报、南山路街区环境管理、市政道路建设和绿化工程、亮灯工程、治安消防等工作。

2008年，南山路街区建立面向中小微企业的服务体系，对南山路街区商贸企业进行普查和登记工作，了解中小微商贸流通企业的基本信息。是年，针对商家随意装修、张贴促销广告等现象，南山路街区要求商家严格执行户外广告、店面装修先审批后施工制度，并做好环境、噪音等环境污染防范工作。

2009年起，南山路街区开始将中国美术学院、潘天寿纪念馆、西湖博物馆、恒庐美术馆等联成艺术文化旅游线，将世界名车劳斯莱斯（Rolls-Royce）、兰博基尼（Automobili Lamborghini）、宾利（Bentley Motors）、保时捷（Porsche）、法拉利（Ferrari）、玛莎拉蒂（Maserati）、阿斯顿马丁（Aston Martin）等11家汽车品牌打造成世界名车长廊展销线。2010年，南山路街区以杭州市商业特色街联合会《攻略》《商街》等刊物及报纸、网络、微博等媒介为平台，围绕“假日”“换季”“休闲”“文化”四大属性进行推介，着力扩大夜间经济、激活夜间消费。

2011年，南山路街区与商户、单位签订“门前三包”目标责任书，签约率达100%。4月起，南山路街区投入大量人力物力，清除卫生死角、建筑工地等处的废弃物、杂物、生活垃圾，做好迎接国家卫生城市复评迎检工作。是年，南山路街区在南山路路口树立“银行卡消费示范街”标识，在商户店面内布设联网通用标识，南山路街区POS机装机率达93.2%。2013年3月，南山路街区开展“给地球一点色彩，一起行动起来”“为南山路街区添绿，美丽家园共同营造”活动，动员南山路街区企业植树种草。

2015年，湖滨（南山路）特色街区管理委员会与湖滨、清波街道保持联动，对湖滨路、东坡路、南山路一带进行联合执法，重点整治无证导游拉客、无证摊贩、无证出租自行车、盲流乞讨等不文明现象，共计出动2500余人次，车辆600余辆次，规劝、驱赶野导2800余人次。与辖区单位（含建设施工工地）签订安全生产目标责任书，与餐饮企业签订油烟管道定期清洗责任书。是年，南山路街区收到数字城管案卷计493件次，“12319”热线交办案卷5次，均在规定时间内处理并反馈。

第四节　对外及对中国港澳台地区交流和重要活动

2003年10月19—24日，西博会·中国杭州商业特色街风采展示周“休闲之夜·相约南山”活动，每晚在南山路艺术休闲特色街区进行大型户外展示。其中规模和影响较大的有何占豪音乐会、第一届中国国际海报双年展、西湖风景摄影展、酒吧一条街展示、花车游街等活动。

2004年6月3—6日，全国旅游交易会·杭州南山路休闲之夜“动感地带”嘉年华活动举行，包括涂鸦迷宫、轮滑、人体雕塑、校园歌手擂台、酒吧乐队、COSPLAY秀、短信挑战、SP业务演示、业务挑战、街舞、投掷、假面舞会、单车竞技、街头足球、古琴雅集、M-ZONE受理点、卡通人物、百宝箱、小提琴演奏等。

2005年10月14—25日，举行“休闲之夜·相约南山”暨南山路特色街展示活动。活动路段长1.5千米，推出活动9项，演出舞台和场地7处，演出和展示节目50余台次，群众参与38万余人次，邀请各级领导、国外来宾、中国港澳台地区人士290余人。活动不仅展示南山路艺术、休闲特色，也向市民和游客全面、重点推介南山路时尚、人文理念，让更多的市民和游客加深对南山路历史、人文底蕴、建筑风格、商业业态等内容的了解。活动期间，报纸、电台、电视台、网络等媒体报道达50余次。是年，第二届中国国际海报双年展被文化部批准成为2005年杭州西湖博览会正式项目。10月22日，该活动在中国美术学院南山路校区开幕，共收到来自40个国家和地区520名设计师的2070件展品。

2006年4月26—27日，中央电视台国际频道组织全国17家省级卫视采访报道杭州世界休闲博览会盛况。黄楼爵士乐、翡翠音乐、绝对酷室、火知了等酒吧相继接受采访，江苏卫视记者采访和拍摄反映南山路夜生活的《夜色杭州》、《中国新闻周刊》、《浙江日报》、《杭州日报》、《钱江晚报》、《都市快报》、《青年时报》、《每日商报》、浙江电视台、杭州电视台、香港电视台、《休闲》、《品味杭州》、浙江网、都市网等媒体，都从不同角度对南山路进行专题报道和相关报道。9月1日至10月31日，2006年杭州国际武术PK大赛暨中华民间传统武术绝技展示交流活动在钱王祠铜殿举办。10月，南山路艺术休闲特色街区成为杭州市第二批对外传播采访基地。

2007年10月26—31日，第三届中国国际海报双年展在延续往届传统基础上，新增

“中国·波兰电影海报回顾展”和“新招贴时代实验设计邀请展”。

2008年5月18日上午8点起，2008北京奥运圣火在杭州环西湖传递，“祥云”沿西湖途径南山路街区。2009年5月23日，“科学与艺术——院士与书画家作品联展”在街区吴山书画院举办。中国工程院和吴山书画院联手以“科学与艺术”为主题举行书画展览，展示工程科学家和书画艺术家创作成果。

2010年4月9日，南山路街区与湖滨街区举办“喜迎世博·特色街区齐动员”宣传活动，胡庆余堂药膳餐厅、青藤茶馆、西湖博物馆、衣之家、真功夫等商家参与。是年5月28—30日，湖滨（南山路）特色街区管理委员会参加2010年浙江（上海）旅游交易会暨世博会旅游主题展，宣传街区“悠然南山、浪漫人生、艺术情怀”主题。

2011年3月22日，“周沧米捐赠作品展”在浙江美术馆隆重开幕。2012年6月10日，中国美术学院“敦品概念展”在杭州西湖博物馆开幕。展览分为壁挂展示区域，创意家具展示区域，陶瓷、玻璃、漆艺展示区域，新西湖创意展示区域，手工艺创意展示区域，多媒体展示与互动区域，“敦品”海报展示区域7个部分。12月5日，南山路上法拉利等世界名牌汽车沿着湖滨路、南山路巡游上城繁华地段，展示南山路汽车长廊的风采和湖滨商圈的时尚风采。12月31日，由湖滨（南山路）特色街区管理委员会和吴山书画院共同承办的，庆祝香港回归15周年和中共第十八次全国代表大会胜利召开的艺术画展在中国美术学院美术馆举办。2013年12月30日，由中国美术学院主办的“国美之路·雕塑中国——中国美术学院雕塑系八十五年”系列活动在南山路街区开幕。系列活动由四大板块聚焦中国美术学院雕塑系85年历史，展现雕塑在中国的艺术地位和贡献。

2014年3月28日，2014年浙江（山东）旅游交易会在济南舜根国际会展中心开幕。湖滨（南山路）特色街区管理委员会围绕旅游交易会“诗画浙江携手好客山东，齐鲁大地喜迎江南风情”的主题，结合街区旅游特色，携带南山路、湖滨两条特色街及辖区内商贸企业的700余份旅游宣传品参展，包括《行走在南山路》等宣传手册。旅游交易会期间，街区管委会接受郑州、济南两地旅行商咨询100余次，向华北市场展示南山路、湖滨特色街区的旅游形象。5月27日至6月11日，上城区举办2014年南山路艺术节。其间，推出中国美术学院毕业作品展，展出作品3000件，展出面积1.5万平方米。南山路沿街艺术机构的各类艺术品同时参与展出。杭州西湖博物馆推出“故乡有此好湖山——西湖博物馆馆藏杭州名仕书画展”，恒庐美术馆推出“生活在别处——小幅油画精品展”和“画家问园——名家作品邀请展”，西湖当代美术馆推出“共生：四种隐喻”“New Form国际平面设计探索展（杭州站）”“绘的方式第九回”“挪威艺术家惑空油画作品展”4个展览，唐云艺术馆推出“来楚生画展”。11月25日，浙江美术馆“湖山之约——浙江现代版画作品展”在保加利亚瓦尔纳城市美术馆开幕，是浙江版画作品首次在保加利亚展出。是年，“浙江美术馆开馆五周年特展：西泠峰骨——纪念吴昌硕诞辰170周年暨西泠印社七任社长作品展”开幕。

2015年7月中旬到9月末，浙江美术馆集中举办纪念抗日战争胜利70周年六大系列展览，弘扬以爱国主义为核心的民族精神。展览包括纪念抗日战争胜利70周年浙江书法展、血肉长城——浙江省纪念中国人民抗日战争胜利70周年美术、摄影展；由浙江省委宣传部、浙江省委党史研究室、浙江省档案局、浙江日报社、浙江省民政厅、中国新闻社浙江分社、新四军历史研究会主办的浙江省纪念中国人民抗日战争胜利70周年大型图片展等。

第三章　清河坊历史文化特色街区

清河坊历史文化特色街区（简称清河坊街区）位于杭城西湖风景区吴山脚下，范围为华光巷以东，中河路以西，高银街以南，鼓楼、城隍山以北，同时向北延伸至祠堂巷于谦故居，向东延伸到元宝街、胡雪岩故居，距西湖数百米，占地面积13.66万平方米，为杭州保存较完好的旧城区。[①]

① 在实际规划建设中，将吴山休闲区和南宋御街区也纳入清河坊街区建设范围内。

1978年至20世纪90年代，清河坊一带市政设施不全，建筑失修，交通堵塞，商业、办公、居民房、工厂混杂。2000年4月，清河坊历史文化特色街区工程建设启动，重点规划建设河坊古迹区、吴山休闲区、南宋御街区3个特色区块。此后，河坊街主街、高银街先后建成。2003年，清河坊二、三期工程建设启动，分为传统商业街区、医药保健区、山居会所区、休闲会所区4个区块。2004年，清河坊街区被中国民间文艺家协会命名为“中国民间文化街”。2007年，成为全国首个获得国家AAAA级旅游景区称号的商业街区。2008年，上城区开始推进中山路综合保护与有机更新（上城段）工程，对中山南路（沿街）3个地块实施立面整治工程，对中山中路33个地块实施综合保护及部分建筑有机更新。2010年9月30日，“南宋御街中华美食夜市一条街”正式开街。

清河坊街区具备旅游、购物、餐饮、娱乐、休闲等功能，并依托鼓楼、胡雪岩故居、胡庆余堂、南宋御街、吴山休闲文化广场、城隍阁等历史古迹和景区，成为“旅游者必到、杭州人常到”的商贸旅游特色街区。2011年6月11日，清河坊历史文化特色街区获“中国历史文化名街”称号。2015年，上城区围绕二十国集团（G20）杭州峰会对清河坊街区开展一系列街区环境综合整治提升工程。是年，清河坊街区接待游客人数为1820万人次，营业收入20.9亿元，税收1.6亿元。

第一节　规划建设

1999年4月，杭州市大规模的旧城拆迁改造涉及清河坊街区时，市民要求保留清河坊的呼声强烈。为此，杭州市市长率规划、文物保护等职能部门负责人到现场踏访，随后要求立即停止拆迁，决定保护性开发清河坊，并设立清河坊、大井巷历史文化保护区，成立保护区管理委员会。8月，完成保护区的规划方案。2000年，市政府颁布《杭州市清河坊历史街区保护办法》。1月，区政府拟定清河坊保护与改造方案。3月，市政府批复，将河坊街、大井巷一带定名"清河坊历史文化特色街区"，范围为华光巷以东，中河路以西，高银街以南，鼓楼、城隍山以北，同时向北延伸至祠堂巷于谦故居，向东延伸到元宝街、胡雪岩故居。清河坊街区重点规划建设3个特色区块。其中：

河坊古迹区：修复河坊街，在河坊街一期整修的基础上，按照"修旧如旧，保护古迹"的原则，保护性开发和修复二期区块。建筑风格保留清末民国初期老街坊特色，历史遗留古迹尽可能复原性保护。商贸业态沿袭昔日清河坊历史文脉，充分挖掘、保护和恢复百年老店、专业特色店，形成"药文化"（胡庆余堂、方回春堂、种德堂、保和堂、中药博物馆等）、"茶文化"（翁隆盛茶庄、太极茶道、古青茶楼等）、"饮食文化"（状元馆、王润兴、西乐园、新丰小吃、药膳坊、万隆、景阳观等）、"古玩艺术"（荣宝斋、宝贤堂、麒麟阁、雅风堂等）、"市井民俗"（老作坊、手工艺、吴越人家、评谈、说唱、杂耍等）和文化古迹（鼓楼、胡雪岩故居、古井、老墙门等）6个特色。

吴山休闲区：南靠吴山天风景区、城隍阁，东接清河坊历史文化特色街区，西至柳浪闻莺，紧靠吴山花鸟市场、小吃城。通过规划、整合，调整现有吴山广场布局，增加人文景观和历史文化色彩。将面积1万平方米的3处绿化地块，改造成与广场相辅相成、有机结合的盘景式绿地；贯以"灯光、小品、流水、小憩"等手法，把吴山花鸟市场与广场绿化景观、周末花市有机结合，突出"动静结合、商艺结合、赏购结合、休娱结合"风格，形成集艺术性、休闲性、文化性、娱乐性和商贸旅游于一体的吴山休闲文化广场特色区。

南宋御街区：以鼓楼为中心，连接太庙遗址，南至紫阳山北，北至西湖大道，贯穿中山中路、中山南路。南宋临安城以御街为脊骨，鱼骨状联系各坊巷的格局，奠定杭州历史城区的基本空间结构。中山路地区遗存大量此类坊巷，其中历史风貌和空间格局保存较完整的街巷有20余段，大部分集中在上城区段中山中路、清河坊一带，包括18个各级文物保护建筑和29个重点历史建筑，以清末民国时期建筑为主，总建筑面积3.4万平方米，保护范围达3万平方米。建筑风格以南宋盛景为主，清末民国初期为辅。商业业态以老字号商铺、传统食品、街居小作坊、民间工艺品、酒店、茶楼为主体，业态结构突出"老、古、小、杂、吃、俗"，形成南宋御街历史古迹商贸旅游特色区。

2000年4月，清河坊历史文化特色街区一期工程建设启动，主要是保护修缮清河坊历史建筑、传统建筑，同时开发新街景，依照“修旧如旧”原则，严格按原有风貌加以保护。2001年10月河坊街工程建设竣工，10月18日河坊街正式开街。

图10-3-10　河坊街（1999年）　　（吴海森 摄）

图10-3-11　河坊街（2004年）　　（陈建荣 摄）

2003年，清河坊二、三期工程建设启动，范围东至中河路，南至伍公山、环翠楼，西至小井巷，北至河坊街，面积约6.3万平方米。二、三期保护工程分为传统商业街区、医药保健区、山居会所区、休闲会所区4个区块。传统商业街区设在中山中路、大井巷、打铜巷3条道路；医药保健区在吴山北面、大井巷一带，依托胡庆余堂、朱养心膏药店、叶种德堂、保大参号等百年老店，设置中医专科、按摩、推拿、药膳、康复保健等系列服务；山居会所区范围在大井巷南侧吴山上环翠楼一带，由独门独户小院子构成；休闲会所区范围在打铜巷一带，修建的住宅开辟为旅游度假旅馆以及其他服务设施。是年，完成清河坊二、三期主要市政道路的管网建设，修复文保建筑5.67万平方米，拆除重建建筑1.58万平方米。清河坊街区保护工程获第二届杭州市最佳人居环境奖。

2004年10月，高银街餐饮文化街建设工程竣工，整条街区建筑风格与清河坊街区一致。一期工程保留、整修建筑物业6万平方米，新建传统风貌的建筑物业1.7万平方米，动迁居民1156户、单位101家。

2007年，杭州市规划设计院编制《清河坊历史文化特色街区二期保护规划》，细化建筑分类和功能分区，丰富清河坊的建筑文化、商业文化、民俗文化。9月，上城区改造吴山广场文化大舞台，将原景观喷水池改造为二级演出舞台，改造面积280平方米。2008年3月，在吴山广场“侣山堂”旧址重新设立“侣山堂”碑。9月，清河坊历史文化特色街区入选杭州市首批城标应用示范区块。

2008年起，上城区推进中山路综合保护与有机更新（上城段）工程，南起万松岭路口，北至庆春路，

图10-3-12　2008年1月，中山路综合保护与有机更新工程开工仪式在平海路举行　　（清河坊管委会 供稿）

东起中河中路，西至岳王路、惠兴路、青年路、比胜庙巷、后市街，占地面积65万平方米。2009年，基本完成清河坊二、三期修缮工程。全年完成中山路沿街文物保护建筑3处、历史保护建筑8处、光复路管线改造、中山南路地块及中山中路地块危旧房改善、中山南路及中山中路部分地块庭改工程、打铜巷地下车库土建工程、公共艺术配套工程、中山路等沿街单位和居民住宅立面整治、公共区域亮灯等工程。绿化改造1.6万平方米，盆花布置8.2万盆，节庆鲜花造型9处。是年，上城区在中山中路—西湖大道—高银街两端建成大型地下停车库3个。因中山中路核心区块一些道路局部街宽大于12米，有悖于历史风貌，故在中山中路核心区块建设骑楼12段，以调整街道的宽度。骑楼主要分布在中山中路103～198号两侧，具体在北入口牌坊—甘泽坊、甘泽坊—惠民路、惠民路—高银巷区域。同时，增设西湖大道、甘泽坊巷、惠民路口、太平坊巷、高银巷5堵坊墙。建成南宋御街陈列馆，建筑面积397平方米。

至2011年，中山路综合保护与有机更新（上城段）工程完成对中山南路（沿街）3个地块立面整治工程，路长1400米，总建筑面积3.84万平方米；完成对中山中路33个地块实施综合保护及部分建筑有机更新，路长2300米，建筑面积132.25万余平方米。

2012年2月，街区仿古塔楼望仙阁正式对外开放。其屋顶、挑檐、格子门、铜饰体现宋代建筑的特点。阁内陈列有关南宋时期古都杭州的历史事件、皇城规制、京城百业、市井风情等历史资料。2015年，上城区对吴山广场进行整治，清退占用广场仓库的6家商户，拆除广场草坪上设置多年的无合作协议的新华影廊展示架，拆除破损、存在安全隐患的广场门楼。5—6月，开展中山南路违章建筑拆除工作，依法强制拆除7处物业1700余平方米的违章建筑。

第二节　经济业态

1993年，清河坊一带以住宅为主，商业业态以万隆火腿庄等老字号为主。1995年，杭州万隆实业有限公司成为上城区首批改制试点企业，主要生产“万隆”品牌火腿、酱鸭和香肠等传统腌腊食品。2000年4月，区政府明确清河坊历史文化特色街区的业态布局，除保留区内著名的老字号外，以招租、联营等形式，引入民间手工艺人及特色商家，经营古玩、字画、旅游纪念品、工艺品、杭州及各地名土特产等符合街区历史文化氛围的项目。

2001年10月18日，按照南宋及明清建筑风格重建的河坊街开街，恢复昔日“十万游人聚河坊”的繁华景象。经过一期工程的开发建设、业态定位招商，清河坊街区初具规模，形成以胡庆余堂、方回春堂、朱养心药店、保和堂为代表的中医中药文化，以王星记扇子、张小泉剪刀、万隆火腿为代表的百年老店文化，以高银街美食为主的餐饮文化，以民间艺人为特色的民俗文化，整个街区体现“南宋余韵、市井风情”特有韵味、文化气息和旅游、购物、餐饮、娱乐、休闲功能。街区业态布局，除保留百年老店等老字号外，还引入经营古玩、字画、旅游纪念品、工艺品、杭州及各地名土特产等符合街区历史文化氛围的项目200余家。2001年接待海内外游客1000余万人次，营业收入5亿元，上缴税收979万元。

2004年10月，基本完成高银街餐饮文化街招商工作，入驻企业以传统的杭州菜和新派杭州菜为主，主要有南宋宫廷菜、粤菜、川菜、苗家菜、素食、清真、烧烤等风味酒楼30余家，其中皇饭儿、大宋坊、小绍欣、天兴楼、干锅居等店家以其鲜明的餐饮特色和大众消费定位，生意火爆。2005年，清河坊街区引进外资300万美元、内资8600万元。引进永和大王、浙江华泰丝绸有限公司、浙江省中青国际旅游有限公司、杭州旅游集散中心、杭州西泠印社有限公司等10家品牌企业，老莲书画院、谢艺斋（盘龙拍卖艺术品部）、文宝斋、西湖国画艺术研究院4家知名画廊（院）、艺术品经营公司，逐步形成“西太平巷书画一条街”。

2006年1月，杭州市清河坊历史街区管理委员会与浙江省土特产公司合作筹建的“杭州名萃土特产中心”正式营业，位于高银街58号，营业面积4000余平方米，常年展销全省各地的土特产品。9月，麦当劳入驻清河坊。10月1日，经重新规划整顿，伍公山景区9家大碗茶茶馆重新对市民开放。19日，杭州市工艺美术特色园地开业。园地位于清河坊历史文化特色街区安荣巷38号，面积1000平方米，共2层，一楼作为工艺美术企业的卖场，二楼为工艺美术大师工作室及大师作品展示专柜。12月，清河坊历史文化特色街区获杭州商业特色街区特别奖、杭州市年度社会资源国际旅游“最佳访问点”奖。

2008年，清河坊街区全年共接待游客950万人次，营业总额10.5亿元，实现利润7600万元，上缴税收2800万元。

2009年，中山中路业态招商分1轴6板块进行：“1轴”即中山中路，其中，高银街—惠民路，以流行服饰为主；惠民路—西湖大道，以工艺珍品、饰品和金银珠宝为主；高银街—鼓楼，配置老字号商铺。“6板块”指：鼓楼美食，即在鼓楼附近，建全天候的美食广场；清平老巷—打铜巷两侧，复活传统商业、手工业；吴山秀吧，即在吴山坊附近引入演艺、咖啡、娱乐、酒吧；大井万象，即在大井巷两侧引入反映国内外各民族特色的奇珍异宝；大隐藏宝，即在安荣巷，引入古玩和工艺美术；安荣公寓，即依托吴山安荣坊地块自然坡势，引进国际知名的、中西合璧的公寓式酒店1家。

图10-3-13　2010年9月30日，“南宋御街中华美食夜市一条街”开街（清河坊管委会 供稿）

2010年9月30日，“南宋御街中华美食夜市一条街”正式开街。十五奎巷—上仓桥路，全长1400米，总体定位以美食小吃为主，是融购物、旅游功能于一体的中山中路国际旅游综合体。设置移动摊车278

辆，其中无烟烧烤餐饮摊位16辆，风味小炒摊位112辆，工艺小商品摊位150辆。汇集国际国内40余座城市，200余种地方特色的小吃、烧烤、点心。其中有获商业部优质产品“金鼎奖”、首届“中华名小吃”和“中华名点”等称号的开封第一楼以及上海杏花楼、南京永和园、西安饭庄连锁等老店、名店。2012年10月，澳门名品中心在清河坊历史文化特色街区正式开业，经营面积500平方米，主要展销澳门知名手信、特色美食名点、澳门旅游产品、葡语国家特色商品、澳门时尚名牌。2014年1月，杭州市清河坊历史街区管理委员会参加杭州旅游（温州）推介会，展示清河坊·南宋御街历史街区的魅力和皇城遗风。

2015年，杭州市清河坊历史街区管理委员会参加浙江省旅游交易会（江西）和杭州市旅游交易会（福建）等旅游交易会，推广清河坊街区旅游。是年，清河坊街区全年接待游客人数1820万人次，营业收入20.9亿元，税收1.6亿元。

图10-3-14　河坊街（2015年）　　（俞秋杭　摄）

第三节　管理与服务

一、街区运营

1993—1998年，清河坊街区由属地街道负责日常管理。1998年，杭州市吴山地区开发建设指挥部成立，开始针对清河坊地区的保护与开发利用进行前期工作。2000年4月，杭州市清河坊历史街区管理委员会（简称清河坊管委会）成立，负责河坊街保护、开发、管理及招商运营。2005年，上城区改革街区管理机制，成立清河坊街区管理办公室、物业管理中心，对街区、广场实施统一管理。2013年10月，清河坊管委会成为中国文物协会会员，并被中国城市商业网点建设管理联合会（步行商业街工作委员会）授予“2012—2013全国商业街区先进集体”称号。

2014年7月，清河坊管委会机构调整，内设综合科、管理科、旅游发展科，由清河坊管委会负责清河坊街区综合管理。成立杭州清河坊资产管理有限公司，内设办公室、招商部、国资部、工程部、物业部，接受清河坊管委会委托，负责其管辖国有资产的商业运营。是年，上城区加大清河坊街区管控力度，建立由公安、城管执法、交警等职能部门组成的综合管理大队，相互支撑、共同参与街区秩序、环境、安全消防等管理工作，进一步提升街区形象。2015年，清河坊历史文化特色街区完成ISO 14001、ISO 9001环境、质量的体系认证工作。

二、老字号保护

2006年，清河坊街区“吴山庙会”“中华老字号街坊苑”2个项目被列为市级文化产业发展项目，分别获20万元和100万元资金扶持。2007年5月，“浙江省老字号专业商标品牌基地”落户清河坊，为全省首个老字号专业商标品牌基地，致力于培育和保护老字号企业，搭建沟通和服务平台。6月，上城区老字号保护协会在清河坊街区成立，代表老字号企业与外界沟通、协调、整合社会资源为老字号企业服务，倡导自律，引导老字号规范经营行为，自觉维护市场秩序；开展咨询、培训，为老字号培养人才；引导老字号改革体制，创新机制，开拓经营，改善管理。8月22日，杭州市工商行政管理局上城分局和上城区老字号保护协会在清河坊管委会开设老字号企业品牌保护和发展战略讲座，胡庆余堂、奎元馆、王星记、张小泉等17家老字号企业参加培训。2008年7月，清河坊历史文化特色街区被中共中央宣传部、中央精神文明建设指导委员会办公室等八部委评为第七批全国“百城万店无假货”活动示范街，是当年浙江省唯一入选的示范街。10月，清河坊街区获“中华老字号第一街”称号。12月，清河坊街区入选杭州市城市品牌工作指导委员会办公室和《杭州日报》联合主办的“我心目中的杭州品牌”30强。

图10-3-15　2007年5月23日，清河坊街区举行浙江省老字号专业商标品牌基地揭牌仪式　（清河坊管委会 供稿）

2012年9月21—23日，清河坊街区承办“中国历史文化名街保护同盟”成立大会，全国27个历史文化名街50余名代表讨论通过《中国历史文化名街保护同盟章程》和《杭州宣言》。2015年，上城区挖掘历史文化内涵，宣传推广老字号，推出南宋御街、清河坊特色的旅游线路。

第四节　对外及对中国港澳台地区交流和重要活动

一、对外及对中国港澳台地区交流

2005年6月12日，中国城市发展研究会第五届代表大会在杭州举行期间，全国200余个城市的市长及部分国内知名城市问题专家参观考察清河坊街区。

2006年6月17日，中国香港地区媒体采访团到河坊街采访。9月，中国·杭州国际啤酒节在吴山广场举办，活动持续10天，有啤酒嘉年华、中外美食展、啤酒收藏及文化展示等板块内容。2007年7月25日，由国务院侨务办公室和杭州市侨务办公室共同邀请的海外华文媒体访华团一行30人考察街区，参观、了解景区商业氛围以及业态布局。2008年1—2月，清河坊32名民间艺人组团到马来西亚献艺，表演剪纸、陶艺、刺绣、草编和中国结编织等31种中国民间工艺。9月20日，街区承办的中韩文化交流活动在吴山广场、朱炳仁铜雕艺术博物馆举行。玉雕大师李博生、景泰蓝制作名匠张同禄、铜雕大师朱炳仁等10名中国工艺美术领域各项技艺的能工巧匠和韩国的刺绣、针线、华角、入丝等9名无形文物的传承者近100件作品在河坊街朱炳仁铜雕艺术博物馆展出。是月，清河坊街区与韩国首尔仁寺洞文化街签订友好街区意向书。2009年3月27日，国际“金钥匙”外宾团147人参观考察清河坊。7月，清河坊街区与韩国首尔仁寺洞文化街结为姐妹街。9月8日，街区组织街区工艺美术大师、民间艺术家7人参加第22届首尔仁寺传统文化节。10月13日，世界旅游记者联合会的250余名旅游记者到清河坊、南宋御街·中山路观光体验。2010年，清河坊管委会与中国台湾高雄市三凤中街签署缔结友好街区意向书。之后，双方不定期开展商业互助、观光推广、文化交流等活动。

2011年10月14日，泰国清迈市副市长沈宝瑚考察清河坊。12月16日，清河坊作为浙江省唯一的历史名街以独特的历史人文风采，亮相东京中国历史文化名街展。2012年2月，清河坊管委会举办“清河坊·南宋御街”旅游洽谈会。全市20余家旅行社和13家街区商户代表进行现场洽谈和交流。3月，参加2012浙江（江苏）旅游交易会，推广街区旅游品牌。10月23日，街区参加在法国巴黎中国文化中心举行的“中国历史文化名街展”，秉承“承南宋古韵，揽市井风情”特点，以“一街一物一故事”形式，展现生活品质之城——杭州的风貌特色、文化传统、历史典故等。展出的《南宋杭城风情图》织锦画和相关图片展品在展览结束后留由巴黎中国文化中心收藏展览。2013年8月，中国台湾高雄市商圈总会考察团一行30余名企业家参观考察上城区。7月25日，街区与中国台湾高雄市三凤中街缔结姊妹街。2014年5月19日，联合国教科文组织杭州项目事务处在南宋御街揭牌，联合国教科文组织、中国历史文化名街保护同盟、杭州市上城区品牌工作指导委员会共同签署发起设立中国历史文化名街保护研究中心合作意向书。

2015年上半年，在街区取景开拍的《土豪520》和《穿梭千年的爱情》2部影视剧相继热播，吴镇宇等影视明星集聚街区。是年，清河坊管委会先后到江西、福建、武汉、长沙等地开展旅游推介促销活动，提高清河坊街区的国内知名度。开展优质旅游咨询接待工作，向国内外旅游者介绍清河坊和南宋御街的文化底蕴，发放清河坊·南宋御街五国语言宣传册。

二、重要活动

2001年，为配合河坊街开街，清河坊管委会举办首届吴山庙会。此后，每年10月、11月下旬上城区都在吴山、吴山广场、鼓楼小广场、河坊街举办庙会。活动主要有文艺演出、老字号展示、中医文化交流等，以及龙泉宝剑、南宋官窑、张小泉剪刀、王星记扇子、吴越人家等手工技艺现场展示。每届庙会活动持续一周。2004年，清河坊管委会承办首届中国民间艺人节。全国32个省200余名民间艺人及艺术家交流、展示，2000余件民间手工艺精品亮相艺术节，并产生全国民间文艺领域最高奖项“山花奖”。此后，该节每两年举办一届。2006年起，每年4月在吴山广场举办清河坊间茶会。茶会为期7天，围绕“茶”主题，推出品茶、展茶、斗茶、炒茶、茶马古道摄影展等系列活动。2006年2月，清河坊民俗博物馆开放，为全国第一个特色街区民俗博物馆，集中展示从南宋到民国时期杭州闹市区清河坊一带的市井民俗。是年，清河坊管委会组织学者编辑出版记录清河坊街区文化遗存的《古城遗韵》一书，系统、全面、深入地调查采访辖区的历史文化等景点，记录整理选取百处有代表性的人文景观。2007年4月，清河坊街区举办伍公山大碗茶民俗风情展，以茶为主题推出品茶、茶艺表演、饮茶大赛系列活动。中国首位茶状元李刚到伍公山现场为游客表演茶道。10月12日，清河坊管委会与浙江省戏剧家协会联合举办鼓楼“勾栏戏坊”专场演出，茅威涛、王杭娟、孟科娟等24名杭州越剧名角相继在鼓楼公益演出。

2009年起，清河坊街区举办一年一届的南宋御街国际旅游文化艺术节，推出祭祀巡游、文艺展演等活动，让市民、游客前往体验老街市井民俗。4月18日，清河坊街区推出“悠游街坊，体验传统”为主题的市民体验活动，设民间艺人手工绝活、民间杂技杂耍表演、琴书说唱3项活动，400余名市民参与体验活动。6月，清河坊民间艺人艺术团成立。2010年2月，清河坊街区推出南宋御街首个旅游产品“南宋御酒”。6—8月，在河坊街举行“缤纷夜游”活动，围绕“盛世繁华夜千年御街游”主题，推出“南宋盛世”“民间世博”“皇帝巡游”“嫁在河坊”4台大戏，在河坊街、南宋御街轮番上演。10月15日，首次举行伍子胥祭祀大典，全国各地伍子胥后裔、各界群众代表和嘉宾约200人参加祭祀仪式。

2011年5月，落户清河坊的“中国民间艺人节”获第三届“节庆中华奖”——文化传承奖。2013年1月，清河坊街区承办杭州·南宋御街珠宝玉雕精品博览会，推介清河坊历史文化特色街区的珠宝玉石文化元素。2月，上城区举办清河坊新春年俗活动。活动从大年三十持续到正月初六，接待游客100余万人次，营业额2738万元。5月，启动南宋御街品质生活体验季，体验季活动为期60天，在南宋御街沿线设立12大展馆，免费向市民、游客开放。

2014年，清河坊街区在吴山广场举办第十五届中国（杭州）美食节，杭州和周边区、县（市）100余家知名餐饮企业、近万种特色佳肴、风味小吃参加美食节，实现销售额210余万元。2015年，第六届中国民间艺人节暨吴山庙会获杭州西湖国际博览会“最具人气奖”；以清河坊街区贯穿全年的传统文化活动为主要轴线的“2015清河坊·南宋御街寻觅老底子的味道”入围杭州市旅游委员会评选的十大潜力项目，获资助金10万元。

第四章　玉皇山南基金小镇（杭州山南国际设计创意产业园）

玉皇山南基金小镇北依西湖，南临钱塘江，东靠钱江新城，西望群山，汇集八卦田遗址公园、白塔公园、江洋畈生态公园、海月水景公园4个公园，山水相依、城湖合璧，占地面积3平方千米。

20世纪后期，玉皇山南地区工业化与城市化突飞猛进。1993年，杭州陶瓷品市场开业。新建的大型市场仓库与老旧厂房仓库、铁路、村落、住宅区犬牙交错，生产、生活、物流、销售混杂的低成本产业空间，造成产业虽有竞争力，但规模小、技术低、布局散，且引发环境污染、资源浪费等问题。[①]

1996年12月，原江干区望江、南星、紫阳、闸口4个街道和四季青镇的近江、望江、玉皇3个村划归上城区。玉皇山南地区开始由上城区管辖。2007年3月，上城区成立玉皇山南综合整治工程领导小组和指挥部，正式启动玉皇山南综合整治工程。2007—2008年，上城区全面推进八卦田遗址公园和天龙寺造像周边环境整治。2009年，启动杭州山南国际设计创意产业园建设，开始将废旧仓库改建成文化创意产业园区。2010年，正式启动金融企业招商工作。2012年，先后启动山南人家、白塔人家安置房交付工作。2013年，重点抓好玉皇山南地区“三改一拆”行动，完成城中村改造3.4万平方米，加大旧厂房改造力度，完成马儿山组团、目术塘组团一期更新改造和汽修厂地块更新改造。是年，玉皇山南综合整治工程指挥部获联合国环境规划基金会等颁发的“绿色中国·2013杰出环境治理工程奖”。2014年，开始打造“最美园区”，发挥玉皇山南地区独有山水园林景观优势，做好园区扩容提质。是年，杭州山南国际设计创意产业园获评浙江省级现代服务业集聚示范区20强。2015年5月，玉皇山南基金小镇正式揭牌。

至2015年末，玉皇山南基金小镇（杭州山南国际设计创意产业园）累计入驻企业总数503家，其中，金融类企业405家，文创企业98家，

① 徐洁、方志达主编．再生：城市与乡村南方设计的思考与实践[M].上海：同济大学出版社，2015：107-110.

总资产管理规模2300亿元，税收4.1亿元。

表10-4-9　2010—2015年玉皇山南基金小镇（杭州山南国际设计创意产业园）重大荣誉情况表

序号	授奖单位	获奖时间	获奖单位	级别	内　容
1	杭州市建委主办的杭州·城市综合体发展峰会	2010-07	杭州山南国际设计创意产业园	市级	城市综合体规划建筑设计优秀蓝本
2	杭州市政府	2011-05	杭州山南国际设计创意产业园管委会、杭州市玉皇山南综合整治工程指挥部	市级	杭州市首批现代服务业重点类集聚区
3	杭州市委、市政府	2012-04	杭州市玉皇山南综合整治工程指挥部	市级	2010年度市域网络化大都市和新城、城市综合体推进工作最佳建设单位
4	浙江省委、省政府	2012-05	杭州山南国际设计创意产业园	省级	浙江省现代服务业集聚示范区
5	浙江省委宣传部	2012-06	杭州山南国际设计创意产业园	省级	浙江省文化产业发展“122”工程首批重点文化产业园区
6	中国创意产业年度大奖评选委员会	2013-11	杭州山南国际设计创意产业园	国家级	中国创意产业最佳园区奖
7	联合国环境规划基金会、中国环境保护协会及港澳台环境保护协会联合主办	2013-11	杭州市玉皇山南综合整治工程指挥部	国家级	绿色中国·2013杰出环境治理工程奖
8	杭州市发改委	2013-12	杭州山南国际设计创意产业园管委会	市级	国家现代服务业产业化基地拓展区
9	杭州市园林绿化行业协会	2014-05	杭州市玉皇山南综合整治工程指挥部	市级	杭州市优秀园林绿化工程
10	杭州市委、市政府	2014-05	杭州山南国际设计创意产业园	市级	杭州市优秀重点类服务业集聚区
11	浙江省发改委、浙江省财政厅、浙江省统计局	2014-10	杭州山南国际设计创意产业园	省级	浙江省级现代服务业集聚示范区20强
12	浙江省工商行政管理局	2014-11	杭州山南国际设计创意产业园	省级	浙江省广告产业园
13	浙江省工商行政管理局	2015-11	杭州山南国际设计创意产业园	省级	浙江省广告产业园

说明：资料来源于玉皇山南基金小镇管理委员会

第一节　规划建设

2006年，市政府组织编制《杭州市玉皇山南综合整治修建性详细规划》，规划时间为2007—2017年，明确玉皇山南综合整治工程东起馒头山区块，南至复兴路之江路，西至洋房山脊西侧，北至玉皇山脚，占地面积3平方千米，主要通过环境整治、文化保护、民居建设、基础配套、市场改造、产业调整、铁路置换、土地整理八大工程，全面推进玉皇山南及复兴地区综合发展。

2007年3月，玉皇山南综合整治工程领导小组和指挥部成立，杭州市政府办公厅印发《杭州市玉皇山南综合整治工程实施方案》，玉皇山南综合整治工程正式启动。是年，八卦田遗址公园周边环境整治工程启动，工程占地面积9.82万平方米，整治内容主要包括基础设施修缮、绿化充实调整及农作物配置和文化陈设展示3个部分。基础设施修缮包括全场土地平整、修筑4座木桥和30平方米建筑、铺设园路和木栈道6400平方米、建设驳坎和挡墙约4200平方米，以及安装弱电、给排水和监控等基础设施管理系统。工程整治以保护遗址、整治环境、挖掘文化旅游休闲资源为原则，恢复八卦田作为南宋时期皇帝躬耕以示劝农籍田的自然风貌，将其打造成一个展现农耕文化的农业科普园地和历史文化遗址公园。整治后的八卦田遗址公园分为四大板块区域：主入口广场区，古遗址保护区，农耕文化体验区，农耕文化展示区。

2008年，玉皇山南综合整治工程全面铺开。是年，上城区开始分期实施涉及三角地、轿子巷、里太祖湾、尼龙山等景区外地块的村居民拆迁，累计搬迁住户625户；完成玉皇经联社塑胶厂、杭州南洋传感器有限公司、杭州江南粮油批发交易市场等单位企业搬迁9.67万平方米；完成天龙寺造像周边环境整治，拆除违章建筑1000平方米，房屋立面整治1万平方米，新增绿化1000平方米；完成复兴路沿线中河段立面整治、水系整治、铁路沿线绿化整治等。

2009年，上城区重点推进安置房、道路、低洼积水整治等民生工程建设，全年共完成村居民动迁342户，安置218户；完成单位企业搬迁7.26万平方米，整治建设开工46.21万平方米，其中，安置房新开工15万平方米，工程竣工面积25.07万平方米。是年，启动杭州山南国际设计创意产业园建设。

2010年，市委、市政府办公厅印发《南宋皇城大遗址综合保护工程五年行动计划》，明确南宋皇城大遗址综合保护工程包括玉皇山南综合整治工程等15项重点项目。明确在西湖综合保护工程的基础上，以实施南宋皇城大遗址综合保护工程为中心，实施大资福庙地段文化保护恢复项目，樱桃山景区建设项目，安家塘、甘水巷历史风貌保护项目，大畈鱼塘水景公园建设项目，铁路培训中心转型提升项目，白云庵等其他宗教场所、文保点综合整治工程等项目，做好安置房建设工程、支小路建设改造工程、铁路沿线绿化工程3项配套工程。

2011年，上城区重点推进杭州山南国际设计创意产业园建设，分期对玉皇村股份经济联合社原有仓储功能及山南地区简易粗加工形态进行调整提升，致力于打造园林式办公楼，加大绿化景观投入。至年末，累计完成近4万平方米（包括凤凰山组团、天龙寺组团）更新项目，马儿山、安家塘、甘水巷、樱桃山、目术塘5个组团陆续启动更新改造。2012年，先后启动山南人家和白塔人家安置房交付安置工作，安置住户1242户。2013年，重点抓好玉皇山南地区“三改一拆”行动，完成城中村改造3.4万平方米，加大旧厂房改造力度，完成马儿山组团、目术塘组团一期更新改造和汽修厂地块更新改造。

2014年，上城区加快对樱桃山、目术塘、九间头、安家塘等地块剩余单位住户的征收工作，全年共动迁262户，安置204户。发挥玉皇山南地区独有山水园林景观优势，做好园区扩容提质。是年，委托专业机构编制完成《玉皇山南私募对冲基金小镇业态及功能规划》。该规划实施周期起止时间为2015—2019年，以美国格林威治基金小镇为标杆，运用国际先进理念和运作模式，计划在2～3年内，将玉皇山南地区建设成为浙派优秀私募（对冲）基金及财富管理机构的基地，打造具有全国影响力的杭州私募（对冲）基金发展样本区域和示范中心。

2015年5月16日，玉皇山南基金小镇正式揭牌。是年，编制完成《玉皇山南基金小镇空间拓展规划》初稿。投资10亿元，启动小镇塘南组团、塘北组团、八卦山庄、啤酒仓库等组团项目建设，新开工面积4万平方米，竣工4000平方米，完成绿化景观提升2万平方米。实施目术塘组团小企业孵化器、行政服务中心基金小镇分中心、邵逸夫国际医疗中心、基金小镇展示中心等项目建设，其中基金小镇展示中心项目于12月完成装修并投入使用。

图10-4-16　2015年5月16日，玉皇山南基金小镇开园揭牌
（玉皇山南基金小镇管委会 供稿）

一、土地拆迁（征收）和出让

2007—2015年，玉皇山南基金小镇区块累计拆迁村居民1536户，拆迁面积9.86万平方米；拆迁单位40家，拆迁面积17.63万平方米。共申领拆迁许可证17张，搬迁公告11张，征收决定1张。

同期，玉皇山南基金小镇区块共出让土地5宗，成交金额18.92亿元，为玉皇山南建设提供资金保障。

表 10-4-10　2007—2015 年玉皇山南基金小镇区块建设项目地块拆迁、搬迁、征收及安置情况表

序号	拆迁地址	拆迁、搬迁（征收）范围	许可证号	起止时间	户数（户）	占地面积（平方米）	建筑面积（平方米）	安置区块
1	公交停保场	东至规划中南白路，西至规划中引渠路，南至复兴路，北至铁路浙赣线	拆许字〔2008〕20 号	2008-04-28 2010-04-27	64	47821	11557	白塔人家
2	公交停保场二期拆迁安置房项目	东至规划中南白路，西至规划中引渠路，南至复兴路，北至铁路浙赣线	拆许字〔2008〕21 号	2008-04-28 2010-04-27	169	46268	7011	白塔人家
3	公交停保场地块	东至杭州市第七人民医院上城分院，南至复兴路，西至玉皇养鱼场，北至浙赣线	杭土资拆许字〔2008〕37 号	2008-04-30 2010-04-29	8	47821	—	白塔人家
4	复兴单元 D-R2-02 地块拆迁安置房建设项目	东至南复路，南至复兴路，西至南白路，北至浙赣线	拆许字〔2008〕46 号	2008-11-09 2010-11-08	45	34495	2534	白塔人家
5	复兴单元 R21-06 地块	东至规划绿带，西至复兴城市家园，南至铁路支线，北至规划凤凰山路	拆许字〔2008〕47 号	2008-11-09 2010-11-08	219	57725	8599	白塔人家
6	复兴路太祖湾	—	上政公告〔2008〕9 号	2008-11-08 2009-02-07	9	258.07	—	山南人家
7	复兴单元 D-R2-02 地块拆迁安置房建设项目	东至杭州玉皇塑胶厂，西至杭州公交第二汽车公司闸口停车场，南至复兴路，北至浙赣线	杭土资拆许字〔2008〕95 号	2008-11-09 2009-02-08	77	34495	—	白塔人家
8	复兴单元 R21-06 地块	东至杭州列车段服务站，西至复兴城市花园，南至复兴路，北至上海铁路局杭州机辆培训中心	杭土资拆许字〔2008〕96 号	2008-11-09 2009-02-08	48	57725	—	白塔人家
9	凤凰山路（引渠路—南复路）	东至南复路，西至虎玉路，南至杭州陶瓷品市场、八卦新村等，北至闸口发电厂宿舍、西湖风景名胜区环境监测站等	杭土资拆许字〔2008〕99 号	2008-11-25 2009-02-24	17	2345.21	—	白塔人家
10	凤凰山路（引渠路—南复路）	马儿山闸口电厂宿舍内、施家山 14 号	杭房拆准字〔2008〕44 号	2009-09-21 2011-09-20	1	27776	55	白塔人家
11	大资福庙前地块	大资福庙前 89～95 号、95～107 号、109～113 号	上政公告〔2009〕4 号	2009-10-25 2010-01-24	69	—	2215	山南人家

续表 10-4-10

序号	拆迁地址	拆迁、搬迁（征收）范围	许可证号	起止时间	户数（户）	占地面积（平方米）	建筑面积（平方米）	安置区块
12	乌龟山C地块	大资福庙前18、19、27、28、30、94号	上政公告〔2009〕6号	2009-11-25 2010-01-24	9	—	2007	山南人家
13	玉皇山南历史文化遗迹整合工程	东至八卦田，西至玉皇山南历史文化遗迹整合工程，南至杭州玉皇村股份经联社，北至白云庵	拆许字〔2010〕1号	2010-01-13 2012-01-12	11	1186	298	
14	凤凰山路东段大资福庙前地块	大资福庙前35号1幢、2幢	上政公告〔2010〕2号	2010-04-24 2010-06-23	28	—	1351	
15	凤凰山路东段凤山路、笤帚湾地块	凤山路125号（部分）、127号2幢；笤帚湾1号、7-2-101等	上政公告〔2010〕4号	2010-07-09 2010-10-08	24	—	1390	
16	凤凰山路（南复路—凤山路）工程	东至凤山路，西至南复路，南至复兴城市花园、上海铁路局，北至乌龟山、上海铁路局	拆许字〔2010〕18号	2010-07-09 2012-07-08	59	57069	25881	
17	尼龙山路两侧建筑	尼龙山4号、10号等；周王庙前后67、68-1号	上政公告〔2010〕5号	2010-07-28 2010-09-27	2	—	376	
18	甘水巷东西二地块环境整治工程	东至玉皇养鱼场，西至安家塘，南至上海铁路局（闸口机务段），北至甘水巷	拆许字〔2010〕30号	2010-10-28 2012-10-27	99	16661	2318	白塔人家
19	安家塘历史地段环境整治工程	东至甘水巷，西至洋房山，南至甘水巷，北至杭州玉皇特种水产实验场	拆许字〔2010〕31号	2010-10-28 2012-10-27	34	9785	1859	
20	樱桃山顶地块	樱桃山25～41号	上政公告〔2010〕7号	2010-10-28 2011-01-27	19	—	410	
21	安家塘历史地段环境整治工程	安家塘8～12号、18号、22～24号、26～30号、43～45号	上政公告〔2010〕8号	2010-10-28 2011-01-27	76	—	1738	
22	甘水巷东西二地块环境整治工程	甘水巷6～13号、16～48号、93～128号	上政公告〔2010〕9号	2010-10-28 2011-01-27	245	—	4675	
23	安家塘21号	安家塘21号	杭房搬公字〔2010〕4号	2010-11-06 2011-02-05	7	—	250	
24	甘水巷东西二地块环境整治工程	东至玉皇养鱼场，西至安家塘，南至上海铁路局（闸口机务段），北至甘水巷	杭土资拆许字〔2010〕96号	2010-11-30 2011-01-29	1	—	139	

续表 10-4-10

序号	拆迁地址	拆迁、搬迁（征收）范围	许可证号	起止时间	户数（户）	占地面积（平方米）	建筑面积（平方米）	安置区块
25	安家塘历史地段环境整治工程	东至甘水巷，西至洋房山，南至甘水巷，北至杭州玉皇特种水产实验场	杭土资拆许字〔2010〕95号	2010-11-30 2011-01-29	6	—	697	白塔人家
26	樱桃生态公园	东至樱桃山，西至洋房山，南至安家塘，北至浙赣铁路	杭土资拆许字〔2011〕2号	2011-01-05 2011-04-24	7	29799	417	
27	甘水巷、樱桃山农居地块	甘水巷129号、131～132号、134号；樱桃山1～2号、5～7号等	上政公告〔2011〕1号	2011-04-28 2011-07-27	35	14937	4256	
28	樱桃山地块	樱桃山3号、4号、44号3-202室	上政公告〔2011〕3号	2011-04-29 2011-06-28	3	—	156	
29	老复兴街及白塔岭地区	东至甘水巷南至白塔岭路，西至洋房山，北至铁路科技开发公司	杭上政征字〔2015〕20号	2015-12-26 2016-03-26	145	—	5886	

说明：资料来源于玉皇山南基金小镇管理委员会

表 10-4-11　2007—2015 年玉皇山南基金小镇区块重点项目土地出让情况表

地块名称	出让编号	四至范围	出让时间	土地面积（平方米）	成交金额（亿元）
粮库地块	南星桥粮库地块（杭政储〔2009〕29号地块）	东至凤山路，南至馒头山路，西至馒头山脚，北至南星桥公交车站	2009-08-18	22867	7.78
轿子巷地块(山南印)	杭政储出〔2013〕45号地块（即复兴单元C2-04地块）	东至杭州玉皇股份经济合作社，南至复兴路，西至规划南白路，北至上海铁路局浙赣线	2013-06-27	25616	4.80
上城区复兴17－11地块	复兴地区C1-17-11地块	东至飞云江路，南至之江中路，西至杭州钱塘江客运旅游有限公司，北至杭州金澎房地产开发有限公司	2009-11-26	12400	4.70
南星单元G06地块	杭政储出〔2011〕62号	东至复兴泵站，南至绿城春江花月，西至绿城春江花月，北至钱江路	2011-12-30	2284	0.78
复兴国际商务广场地下空间	杭政储出〔2012〕63号	东至杭州金澎房地产开发有限公司、杭州市土地储备中心，南至之江路，西至复兴立交桥、省钱江船舶有限公司，北至上城区复兴地区开发总指挥部	2012-12-26	22456	0.86

说明：资料来源于玉皇山南基金小镇管理委员会

二、基础设施

道路建设　2007年，上城区开始玉皇山南地区主干道建设、支小路和背街小巷改善及道路沿线综合整治，通盘考虑动静交通组织，完善区域路网，梳理道路通道。是年，完成规划道路南复路（隧道口至复兴路）、凤凰山路（南复路至引渠路以西150米段）工程建设；对白云路、白云支路实施截污纳管、雨污分流、上改下、景观绿化等。2008年，实施复兴路、南复路下穿铁路道口道路整治。2009年，杭州市全面实施“十纵十横”[①]道路建设，将玉皇山南地区的凤凰山路、复兴路、南复路3条道路被列入道路建设与整治范围，是年完成凤凰山西路（虎跑路至南复路）、复兴路、南复路“一纵两横”道路建设与综合整治。2010年5月，完成凤凰山东路一期综合整治，道路沿线立面整治5.01万平方米，绿化景观改造5.5万平方米，凤凰山路全线贯通；完成江影路、江月路、江云路等道路建设。2011年，上城区推进“51131”南宋皇城遗址街巷综保工程相关道路整治更新，开展支小路建设及背街小巷改善，南白路、海月路、机务段路延伸段、太祖湾路、凤凰山东路二期整治等均建设竣工。是年，机务段路、万松岭路获杭州市区支路建设整治样板工程二等奖，机务段路及江月路获评“最美支小路”。2012年，配合杭州市城乡建设委员会做好凤凰山东路三期综合整治，完成九间头路、停保场路、轿子巷路等道路建设。2013年，樱桃山路、甘水巷路整治竣工。至2015年，上城区在玉皇山地区共建成10余条道路。

① 2009年，杭州实施“十纵十横”道路综合整治工程，20条道路总长度约54.1千米，投资约15.33亿元。“十纵”为：中山路、建国路、南复路、江城路、秋涛路、石桥路南段、古翠路、古墩路、教工路、杭大路，共17.5千米。“十横”为：清泰街、开元街、复兴路、凤凰山路、平海路、教工路、大关路、沈半路、登云路、潮王路，共19.8千米。

水系整治　2008年，上城区推进玉皇山南地区水系贯通整治，实施低洼积水治理、水系梳理及地质灾害治理。对安家塘、甘水巷及大畈鱼塘地块原有截洪沟重新布局，铺设截污管线，引入污水处理系统，对沪昆铁路绕行线沿线截洪沟开展专项整治，对大畈鱼塘回填，做箱涵，在引渠路设置牵引管，实现大畈鱼塘和中河水系畅通，实施白中渠道迁移改建工作，种植芦苇等净化污水的水生植物。2012年，实施白塔片区生态改善工程，扩大水域面积，实施配水工程改善水质，种植生态植物，净化水源，做好水环境治理和水系贯通。杭州电视台《生态杭州》栏目对此进行专题报道。2014年，对里太祖湾地块、三角道地块及周边原有截污沟进行重新布置，铺设截污管线，引入污水处理系统，实现截污清淤。对铁路沿线截洪沟开展专项整治，彻底改变以往玉皇山南地区长期雨污横流、水质低下、低洼积水现象。

绿化景观　2007年起，上城区全面推进八卦田周边环境整治，在广场中间进行景观绿化建设，增设景观小品，景观综合整治面积达8800平方米。优化生态环境，对复兴路、凤凰山路、甘水巷路、樱桃山路等道路、支小路沿线进行环境整治和景观绿化建设。结合生态景观保护与建设，提升林木、水系覆盖率，种植生态植物。至2015年，玉皇山南基金小镇森林和水系总量占到整个玉皇山南地区的70%，用绿化丰富景观层次。

海月水景公园建设　2010年3月，海月水景公园开始施工，至9月末基本建成。公园东起引渠路，西至甘水巷，南起机务段路，北至引九路，整体占地约6.5万平方米。上城区利用原有大畈鱼塘水系，清淤3万平方米，形成近3.5万平方米大面积水域景观。新建4座桥，增设水榭、长廊等休闲设施，为游人观景提供平台，铺设园路260余米。优化水系及园路周边绿化配置，实现新增绿化3万平方米。

图10-4-17　海月水景公园（2012年）　（黄乐康　摄）

樱桃山生态公园建设　2011年，樱桃山生态公园开工建设，2013年基本建成。公园位于上城区南侧白塔片，四至为樱桃山路、安家塘历史地段、白塔岭、浙赣铁路，建设用地面积约为3.03万平方米。公园建设包括配套地下停车库、附属建筑、绿化景观、水系沟通及周边环境整治。公园内三组庭院各具特色，古朴雅致，融自然生态、水系、绿化景观、宋式建筑于一体，成为小镇休闲观光的最佳场所。樱桃山生态公园绿化工程被评为杭州市优秀园林绿化工程金奖。

三、房屋设施

办公用房　2007年起，上城区开始对玉皇山南地区的旧民居、旧厂房等进行改造，满足商业和行政办公需要。至2015年末，玉皇山南基金小镇累计用于办公的建筑面积26.65万平方米，产业区块划分为五大组团：八卦田组团（建筑面积5.65万平方米）、白塔组团（建筑面积4.6万平方米）、水澄组团（建筑面积12万平方米）、凤凰山组团（建筑面积1.2万平方米）和复兴商务广场组团（自有建筑面积3.2万平方米）。

图10-4-18　改造前的旧厂房（20世纪90年代）
（玉皇山南基金小镇管委会　供稿）

图10-4-19　改造后的办公用房（2013年）
（玉皇山南基金小镇管委会　供稿）

安置房　2009年起，为加快推进玉皇山南地区城市有机更新，改善拆迁村居民居住环境，使得南宋皇城大遗址保护工程拆迁住户早日回迁，上城区加大以拆迁安置房为主的保障性住房建设，先后建设白塔人家、山南人家和复兴15-3地块安置房，安置房源共2132套，总面积26.59万平方米，其中白塔人家，占地面积8.42万平方米，建筑面积17.99万平方米，共26幢，1369套；山南人家，占地面积2.98万平方米，建筑面积5.71万平方米，共12幢，595套；复兴地区15-3地块拆迁安置房（复兴路27号），占地面积6640平方米，建筑面积2.89万平方米，房源168套。

四、专项配套

网络通讯　至2015年末，玉皇山南基金小镇已实现“万兆到企业、千兆到桌面”的极速带宽，实现全光纤网络覆盖。根据小镇部分重点企业同时操盘国内外二级市场的需求，小镇专门配备两路专用变压器和备用电源，提供双路供电，做好用电保障。

教育配套　2014年，杭州娃哈哈双语学校成立。学校位于春江花月小区旁（姚江路5号），具有国际学校办学资质，提供与玉皇山南基金小镇配套的高水平国际化小学和初中教学，小镇多名外籍员工子女入学。该校是一所采用中英文浸润式教育的九年一贯制民办学校，采用义务教育大纲为基础、国际课程标准为辅的教育模式，是小镇高端金融人才的配套国际学校。

医疗配套　2015年6月，邵逸夫医院玉皇山南基金小镇国际医疗中心正式揭牌。中心共有3层，使用面积1300平方米，科室设置包括全科医学科、中医科、营养科在内的多个特色门诊科室及独立的B超、心电图、采血等检查室。中心采用“会员制”和“一般诊疗制”相结合的形式，由总院派驻医务人员的方式运行，为不同需求的基金小镇员工提供医疗服务。医疗网络设施设备齐全，医疗绿色通道和国际医保结算功能等健全。

行政服务配套　2015年，上城区行政服务中心基金小镇分中心[①]启动装修工程。分中心由办事大厅和6间办公室组成，总面积100余平方米。

① 2016年正式投入使用。

五、旅游、历史文保工程

八卦田遗址公园　2007年，上城区全面推进八卦田周边环境整治，在入口处建有2座牌楼，第一座牌楼为木结构，邀请书法家刘江题写牌楼名“八卦田遗址公园”，第二座为石材牌坊，刻写“风调雨顺”牌匾。广场中间布置景观绿化，增设部分景观小品，实施配套亮灯工程。广场周边建设、改建一批旅游配套设施，新建一批园林古建筑商业用房，建成后的南入口广场成为八卦田景区精致的休闲场所。

天龙寺造像　2008年，上城区对天龙寺造像周边环境进行综合整治，累计拆违1000平方米，房屋立面整治1万平方米，新增绿化1000平方米，修建道路八卦田路、八卦田支路，同时在天龙寺造像周边实施电力上改下，自来水及电信、网通等综合管线全面铺设到位。是年9月28日，于国庆节前夕对外开放天龙寺文保景点。

安家塘历史街区　安家塘历史街区西靠白塔，东南侧为铁路机务段宿舍区，南由甘水巷通往复兴路。2010年，上城区实施安家塘历史地段环境整治工程，按照建筑的使用性质、居住形式、外观形式差别，对建筑的保护采取不同的技术手段，对村落周边的自然山水环境及村落中典型的传统住宅和其他建筑进行保护修缮，整理街区周边道路及街巷格局。项目总用地面积约8950平方米，建筑总面积4100平方米，其中保留建筑3907平方米、新建建筑193平方米，拆除建筑1048平方米。建设内容包括基础设施改造、环境整治、完善绿化及景点配套服务设施。

表10-4-12　2007—2015年玉皇山南基金小镇区块重点工程情况表

项目名称	开工时间	竣工时间	占地面积（平方米）	建筑面积（平方米）	投资金额（万元）	施工单位	监理单位
安家塘环境整治工程	2011-03-09	2014-12-30	—	4099	800	江西省丰和营造集团有限公司	杭州园林工程监理有限公司
甘水巷东地块整治工程	2011-04-07	2013-12-20	10300	5000	1500	丰和营造集团股份有限公司	杭州园林工程监理有限公司
甘水巷、樱桃山地块改造工程	2011-07-09	2016-01-15	19177	9640	5054	浙江宝庆建设有限公司	浙江恒超工程管理有限公司
樱桃山生态公园工程	2011-11-26	2013-12-30	30300	1500	2358	浙江天地园林工程有限公司	杭州园林工程监理有限公司
樱桃山生态公园工程	2012-03-21	2014-10-15	30300	1500	1091	杭州中艺园林工程有限公司	杭州园林工程监理有限公司
玉皇山南马儿山仓库整治工程	2012-12-28	2013-10-18	7323	16378	9229	浙江耀厦控股集团有限公司	杭州诚信投资建设管理有限公司
樱桃山地块改善工程	2013-02-22	2014-12-30	13895	5100	2200	丰和营造集团股份有限公司	—
里太祖湾50~61号地块危旧房改善工程	2013-10-20	2014-05-30	5433	7953	1326	福建蓝海市政园林建筑有限公司	浙江广厦监理有限公司
甘水巷危旧房基础加固及地下配套设施工程	2014-11-01	2015-08-20	16661	—	1060	岩土科技股份有限公司	杭州天恒投资建设管理有限公司

说明：资料来源于玉皇山南基金小镇管理委员会

第二节　经济业态

1993年，杭州陶瓷品市场开业。该区块市场仓库与老旧厂房仓库、铁路、村落、住宅区犬牙交错，生产、生活、物流、销售区域混杂，产业规模小、技术低、布局散乱，环境污染、效益品质低下。

至21世纪初，玉皇山南地区仍是旧厂房、旧仓库较为集中的城中村，经济形式以粗放型的仓储加工业为主，经济效益低下，生产生活污染严重。2008年起，上城区在环八卦田片区引入文化创意产业，相继吸引主板上市公司思美传媒股份有限公司、浙江南方建筑设计有限公司等企业入驻产业园，实现第一次产业转型升级。

2010年，首家金融企业浙江赛伯乐基金入驻，标志玉皇山南地区正式启动金融企业招商，开始第二次产业转型升级。2012年6月29日，上城区举行杭州山南国际创意（金融）产业园开园仪式，标志着产业园正式由文创园向“文创+金融”的战略发展格局演变，初步形成文创和金融投资两大产业集聚，并进入快速发展期。是年，园区累计入驻企业总数75家，其中，文化创意类企业53家，金融投资类企业22家，全年实现税收5757万元。2013年，园区累计入驻企业104家，总税收12448万元，地方财政收入6276万元，比2012年分别增长58%和60%。2014年，园区累计入驻企业205家，实现税收1.7亿元，地方财政收入8800万元，比2013年增长26%和14%。2015年5月16日，玉皇山南基金小镇正式揭牌。是年，园区企业总数达503家，资产管理规模2300亿元，税收达4.1亿元。随着私募机构、银行及券商入驻，玉皇山南基金小镇定位向以发展私募金融产业为核心的中国版“格林威治”小镇迈进。历时近10年的规划、整治、改造，玉皇山南基金小镇实现由低端仓储加工业向高端私募金融业的成功转型。

一、文化创意产业

2009年，上城区开始打造杭州山南国际设计创意产业园（简称产业园）。4月，产业园招商处正式成立，全面开展招商工作。7月，产业园被浙江省委宣传部、浙江省发展和改革委员会列入全省集聚发展三十一个文化创意产业园区。产业园借助西湖博览会推介会分别在上海和北京召开的契机，设置展位组织现场招商，助推产业园走向全国。10月，产业园参加2009杭州文化创意产业博览会，提升园区知名度。是年，20余家单位表达入驻园区意向，客户涵盖建筑设计、室内装饰设计、信息服务、旅游策划、现代传媒等文化创意行业。

2010年，产业园被市委、市政府命名为“杭州市文化创意产业园”，被市政府列入《杭州市国民经济和社会发展第十二个五年规划纲要》文化创意产业重点项目（基地）。是年，产业园在中国文化产业园区发展论坛上被评为“中国特色文化产业园区”，在第五届中国文化创意产业年度高峰会上获得2010中国创意产业年度大奖最佳园区奖，是杭州市唯一获奖园区。2011年，产业园作为文化创意产业集聚区，入选杭州市首批现代服务业重点类集聚区。

2012年，产业园新增文创企业13家，累计入驻文创企业53家。入驻企业思美传媒股份广告设计公司、汉唐茶文化公司入选首批浙江省重点扶持文化企业名单。是年，产业园被省政府授予“浙江省现代服务业集聚示范区”称号，被浙江省委宣传部评为省文化产业发展“122”工程20强园区。

2013年，产业园新增文创企业16家，主要税收增长文创企业为思美传媒股份有限公司、浙江南方建筑设计有限公司等，其中，思美传媒股份有限公司全年税收为3274万元，浙江南方建筑设计有限公司税收为2070万元。是年，产业园被中国（北京）国际文化创意产业博览会组委会办公室授予“中国创意产业最佳园区奖”，跻身2013全国7个创意产业最佳园区之列，成为2013年度全省唯一获此殊荣的文创园区。

2014年，产业园新引进包括国家级动漫企业、浙商回归重点项目——浙江甲壳虫动漫文化产业有限公司在内的文创类企业15家。1月，叶子艺术交流中心、艺多多电子商务公司等数家知名企业入驻安家塘组团。

2015年，玉皇山南基金小镇有文创企业98家，入驻文化创意类企业实现税收超1亿元，其中大企业税收贡献可观，思美传媒股份有限公司全年税收4105万元，浙江南方建筑设计有限公司税收914万元。

图10-4-20　思美传媒股份有限公司（2015年）
（玉皇山南基金小镇管委会 供稿）

二、私募金融

2010年7月，浙江赛伯乐投资管理有限公司与杭州山南国际设计创意产业园管理委员会签订协议，成为第一家入驻杭州山南国际设计创意产业园的私募机构。是年，金融招商正式启动。2011年，产业园坚持发展金融创投等业态导向，坚持高品质招商选资。10月，产业园被市政府列入《杭州市“十二五”金融业发展规划》。该规划明确，以杭州山南国际设计创意产业园等为主要集聚平台，依托山水相依、城湖合璧的自然生态和区位交通优势，吸引国内外知名资产管理、投资机构落户，重点打造私募股权投资基金产业链，形成具有广泛影响的投资基金资产管理中心。11月，浙江敦和投资有限公司正式入驻开业。

2012年，产业园全年新增金融企业4家，累计签约、入驻金融投资类企业22家。2013年，新增金融企业13家。主要税收增长金融企业为敦和资产管理有限公司、杭州赛智创业投资有限公司等，其中，敦和资产管理有限公司全年税收2195万元，杭州赛智创业投资有限公司税收1337万元。

2014年，上城区编制规划，计划经过3~5年努力，集约化引进和培育100个以上，辐射带动周边300个以上各类私募（对冲）基金、私募证券期货基金、量化投资基金以及相关财富管理中介等机构，将玉皇山南打造成一个管理资产超过5000亿元的国内一流私募产业小镇。全年新引进包括杭州湖畔山南资本管理有限公司等金融类企业24家，累计入驻金融投资类企业104家，总资产管理规模400亿元，税收1.7亿元。

2015年5月16—17日，产业园承办2015全球对冲基金西湖峰会，浙江省副省长朱从玖、杭州市市长张鸿铭在会上共同为玉皇山南基金小镇揭牌，并宣布全球对冲基金西湖峰会永久落户玉皇山南基金小镇。是年，玉皇山南基金小镇入选浙江省首批特色小镇创建名单，吸引浙商银行等资产管理公司落户，引进股权投资行业权威数据分析机构、中介机构清科集团入驻。园区企业总数503家，其中金融类企业405家，总税收超3亿元。

第三节　政策与服务

一、产业及人才政策

2011年11月，为引进和培养高层次创新创业人才到上城区创新创业，上城区委办公室、区政府办公室发布实施意见，给予符合条件的创新创业人才项目支持与生活保障。其中，项目支持方面，A类项目最高可给予500万元资助资金，给予2年内最高500万元银行贷款全额贴息，给予3年最高30万元/年的办公用房房租补贴。生活保障方面，引进并落户上城的“两院”院士给予100万元安家补助；海内外领军型人才3年可享最高100平方米的公寓租金补贴；海内外领军型随迁子女要求在上城区入托、入小学和初中的，由上城区教育局统筹协调，安排到集团化名校就读。

2014年11月，杭州市上城区人民政府金融工作办公室、杭州市上城区财政局联合下发《关于打造玉皇山南基金小镇的若干政策意见》，支持上城区金融服务业发展，吸引更多资本集聚，重点引进各类投资基金为主的金融机构。扶持政策包括：对符合条件的各类投资基金及管理企业给予工商注册登记便利；按1000元/平方米标准，对办公用途部分的建筑面积给予一次性补助，最高不超过200万元；各类投资基金及管理企业租赁的本部自用办公用房，设立次年起3年内，按每天不超过1.5元/平方米的标准给予补助。

2015年4月，省政府下发《浙江省人民政府关于加快特色小镇规划建设的指导意见》，加快特色小镇规划建设，推动全省经济转型升级和城乡统筹发展大局。政策措施主要包含两个部分：在土地要素保障方面，各地要结合土地利用总体规划调整完善工作，将特色小镇建设用地纳入城镇建设用地扩展边界内；在财政支持方面，特色小镇在创建期间及验收命名后，其规划空间范围内的新增财政收入上交省财政部分，前3年全额返还、后2年返还一半给当地财政。9月，市政府下发《杭州市人民政府关于加快特色小镇规划建设的实施意见》。文件明确，市级特色小镇可享受的财政支持政策包含：市级特色小镇在创建期间及验收命名后，其规划空间范围内的新增财政收入上交市财政部分，前3年全额返还、后2年减半返还给当地财政；对市级特色小镇内的众创空间，同时被认定为市级众创空间的，在杭州市小微企业创业创新基地城市示范期内，每年给予补助20万元；被认定为省级、国家级科技企业孵化器的，在示范期内每年分别给予补助25万元和30万元；对市级特色小镇内为服务特色产业而新设立的公共科技创新服务平台，按平台建设投入的20%～30%给予资助，单个平台资助额最高不超过200万元。

11月，杭州市委办公厅下发《关于杭州市高层次人才、创新创业人才及团队引进培养工作的若干意见》，吸引集聚各类人才到杭州创新创业，加强杭州高层次人才、创新创业人才及团队引进培养工作。该政策打破原有按行业划分人才的模式（比如经营管理、专业技术等），将杭州市重点引进培养的高层次人才，按照能力水平和业绩贡献分为5个层次——国内外顶尖人才（A类）、国家级领军人才（B类）、省级领军人才（C类）、市级领军人才（D类）、高级人才（E类），不同层次的人才享有不同的政策。到杭州创新创业的海外高层次人才项目经评审最高可给予500万元资助，领军型团队项目最高给予2000万元资助，对顶尖人才和团队的重大项目最高给予1亿元项目资助；对到杭州创新创业符合条件的人才，提供事业编制保障；对符合条件的人才创业企业，中小企业转贷引导基金可给予单笔不超过1500万元的转贷资金，市科技型企业融资周转金可给予单笔不超过2000万元的周转金。是月，市政府下发《杭州市人民政府关于加快我市私募金融服务业发展的实施意见》。财政扶持政策主要包含：对管理机构、自营型私募基金购买自用办公用房的，可按每平方米不超过1000元且总额不超过200万元的标准，给予购房补助；租赁自用办公用房的，可按每平方米每天不超过1.5元且每年总额不超过50万元的标准，给予租房补助；对达到一定规模的私募金融企业，给予一定发展奖励。

12月，上城区委办公室下发《关于建设金融人才管理改革试验区的若干政策意见（试行）》，促进玉皇山南基金小镇发展，探索金融人才管理改革试验区建设，加快引进和培育具有国际视野的高层次金融人才。文件明确可享受政策扶持的人群是经认定具有较大行业影响力、较高学术地位和较强引领带动作用的国内外金融顶尖人才（A类）、国内金融领军人才（B类）、区域金融领军人才（C类）、区域金融紧缺人才（D类）和金融高级人才（E类）。扶持政策包含：根据个人投资收益所产生的地方贡献和团队中各类人才构成，分别按A类和B类最高100%、C类最高90%、D类最高80%、E类最高60%给予团队项目资助；对A类、B类人才，根据年薪所产生地方贡献的100%给予奖励，年薪标准上限为300万元；对在杭购买自用商品住房的，A类、B类人才给予购房总金额最高不超过20%的购房补贴，对于外地引进在杭州租住的，A类、B类人才给予租金100%的补贴，最高每年不超过10万元；对引进金融人才的中介组织实施奖励，A类奖励10万元、B类奖励5万元。为贯彻落实相关政策意见，上城区结合玉皇山南基金小镇发展特点，每年开展“十大杰出金融人才”“二十大突出贡献金融人才”评选活动。

二、公共服务

2009年6月，上城区成立杭州山南国际设计创意产业园管理委员会，开始对园区进行日常管理服务。2011年，物业管理公司及餐饮企业开始投入运营。2014年5月，杭州山南国际设计创意产业园管理委员会与杭州银行文创支行达成战略合作协议，由杭州银行对园区文创企业提供全方位的信贷政策和信贷规模的支持，提供意向性融资额度；围绕文创、科技型中小企业的投、融资综合金融服务需求，根据其不同的发展阶段提供具有针对性的文创、科技金融综合服务方案。10月，引进国内首个以“对冲基金”命名的投资公司浙江玉皇山南对冲基金投资管理有限公司。该公司由敦和资产管理有限公司、天堂硅谷资产管理集团、永安期货股份有限公司三方出资设立，注册资本1亿元，首期管理资本逾100亿元，主要采取投资国内外顶尖对冲基金团队的新投资模式，有助于园区吸引国内外特别是回国发展的国际对冲基金团队入驻。

2015年5月16日，首届全球对冲基金西湖峰会在玉皇山南基金小镇召开。上城区在大会分会场举办“2015对冲基金西湖峰会上城投资环境专场推介会”，杭州凯泰资本管理有限公司、中信证券股份有限公司杭州玉皇山南基金小镇证券营业部等8家企业与上城区举行项目签约仪式，签约金额达397亿元。6月，玉皇山南基金小镇工商事务服务室正式进驻小镇，为玉皇山南基金小镇入驻企业提供工商核名、企业登记注册、品牌培育、政策解读、联络帮办等服务，实现基金小镇入驻企业“办事不出镇、办事不过日、办事不跑腿”。全年完成名称核准312家，新设投资类企业276家（注册资金134.8亿元），占小镇投资类企业总量的55%，接受咨询710余次，进行业务指导190余次，解决疑难事项90余次。

11月，玉皇山南基金小镇与中信证券股份有限公司杭州玉皇山南基金小镇证券营业部签订战略合作协议，协议内容包括派驻专业团队服务小镇内私募基金公司，“千里马计划”[①]整体落地小镇等。12月，玉皇山南基金小镇与君澜酒店管理公司达成合作，在基金小镇二期开发精品酒店管理，丰富小镇高端配套，探索与第三方公司合作，在酒店定期开展路演、互动交流活动，为高端金融人士提供互动平台。

① “千里马计划”：即中信证券公司专门为有志于从事职业投资、资本市场创业的人员提供的系统投资交易训练，旨在通过不同阶段训练和持续跟踪投入，培养职业操盘手、交易员或对冲基金经理，为中信证券量化对冲孵化器选拔优秀入驻创业者。

第五章　望江新城[1]

望江新城东至钱江路转望江路至秋涛路，南至飞云江路，西至铁路和贴沙河，北至清江路，紧邻钱江新城，土地总面积2.94平方千米。

1978年，今望江新城区域商贸发展迅速，浙江食品批发市场、近江农贸市场、华东家具市场、自行车零件市场、四季青服装市场一分场等市场星罗棋布，商品丰富，购销两旺。

1996年12月，杭州市区行政区划调整，望江新城区域从江干区划为上城区管辖。该区块为上城区面积最大的棚户区，简易房、墙门房、砖木房建筑较多，违法建筑较多，农民和居民混杂，厂区和住宅混杂，一些住房年久陈旧，“脏乱差”现象严重，百姓要求实施改造建设的呼声极为强烈。

2005年2月，市委、市政府要求加紧实施区块改造。是月，上城区成立望江地区改造建设指挥部。4月，杭州市望江地区改造建设领导小组成立，拉开望江地区改造的序幕。至2009年，重点实施并完成启动区块（范围东至新开河，西至海潮路，南至望江路，北至东宝路）征迁工作。2010年起，中豪·望江国际、长城大厦、近江时代大厦等高端楼宇陆续建成投入使用，为提升产业结构创造重要条件。2012年3月，上城区成立杭州望海潮建设有限公司，承担望江新城基础设施、公共设施、保障性住房等项目建设及管理及筹资融资、做地出让、征迁安置房等工作。至2015年，望江新城改造建设雏形初现。是年，上城区重点打造望江智慧产业园，整合资源优势，构建“科技+金融”“创新链+产业链”的智慧产业生态系统。

① 记述范围涵盖望江新城毗邻地区。

第一节　规划建设

2005年1月，浙江省委常委、杭州市委书记王国平实地勘察望江地区，专题研究加快望江地区改造。2月，王国平提出，要坚持“打造杭州RBD、保护历史文化街区、解决居民住房难”三位一体，统筹安排，坚持就近安置、优先安置，抓紧实施启动区块、煤场地块、工具厂地块改造建设。是月，上城区成立望江地区改造建设指挥部（简称望江指挥部），主要承担望江地区改造、开发建设。4月，杭州市成立由分管副市长任组长的杭州市望江地区改造建设领导小组，拉开望江地区改造的序幕。至2009年，上城区重点实施并完成启动区块（范围东至新开河，西至海潮路，南至望江路，北至东宝路）征迁工作。

2011年，根据望江地区新一轮改造建设的需要，区委、区政府建立由区政府、望江指挥部、街道（社区）、望江（近江）股份经济合作社联合组成的“四合一”核心体制。3月，上城区成立望江街道现场动迁指挥部、紫阳街道现场动迁指挥部。2011—2015年，上城区逐步实施味精厂、徐家埠、印铁制罐厂等区块征迁工作，推进道路、公建、停车场库建设，启动区块婺江家园一园、二园、三园等保障房逐步竣工。

一、规划

2004年，杭州市城市规划设计研究院编制的《杭州市钱江新城望江地区控制性详细规划》获批复。规划范围：清江路、秋涛路、姚江路、之江路4条道路围合地块中除滨江四号地块以外的部分，项目总用地约293.42万平方米（包括之江路与钱塘江之间的绿化带）。明确在规划范围内形成“三轴、八区块”的规划格局。“三轴”即为以望江路为城市景观主轴，钱江路和富春江路为城市景观次轴。“八区块”即为5个居住区块、1个省属区块、1个公建区块、1个体育设施区块。

2006年，望江指挥部委托杭州市规划设计研究院制订望江二期修建性详细规则，范围东起秋涛路，西至贴沙河，南起中策橡胶厂，北至望江路（望南地区）。2009年3月，望江地区控制性详细规划调整方案明确规划区域范围东至秋涛路，南至新工新村，西至铁路线，北至望江路，规划用地总面积约76.81万平方米，住宅70.65万平方米，公建及配套公建6.16万平方米。

2011年8月，杭州市规划局委托杭州市规划设计研究院完成杭州市望江单元（SC08）控制性详细规划（修编），2012年8月方案获批复。该方案明确以城站东出入口为核心，建设一个公建中心，沿婺江路和清江路建成两条公建带，以望江路、婺江路为界分别形成海潮居住区、望江居住区、莫邪塘居住区，形成“一心、两轴、三组团”布局。

2015年5月，《杭州市望江单元婺江路、海潮路沿线地区控规局部调整》获批复，依据杭州市府办简复（第B10131429号）对婺江路、凯旋路（海潮路）线形及道路两侧相邻地块控规进行局部调整，并明确规定资金自行解决。望江单元东至秋涛路、南至复兴立交匝道、西至贴沙河和铁路、北至清江路，总用地223.43万平方米。此次控规局部调整主要对婺江路、凯旋路（海潮路）沿线地区道路线形进行局部调整，对婺江路沿线核心区块的定位进行深化，推进望江新城的核心——婺江路公建带的打造。调整内容包括拓宽婺江路、凯旋路宽度，增加绿地面积；调整教育设施用地容积率，完善校园配套建设；降低拆迁难度，减少征迁居民1350户；完善社区配套设施，整合农贸市场资源，增加建设规模，提升保障房建设整体品质；优化地块功能，增加商业商务设施和商住混合用地，提高片区土地利用效率。

二、土地拆迁（征收）

2005年3月，东宝电器厂签订拆迁补偿协议，4月腾空交房，为望江地区改造建设开启良好开端。9月，上城区启动建筑面积有2.8万平方米的杭州食品厂拆迁工作。

图10-5-21　杭州食品厂厂房　　（望江指挥部 供稿）

2006年2月起，上城区实施启动区块征迁，范围东至新开河，西至海潮路，南至望江路，北至东宝路，占地28.67万平方米。至2009年6月，全面完成启动区块拆迁，共拆迁住户1203户，其中，国有土地一期380户，国有土地二期住户582户，集体土地241户。拆除各类房屋28.32万平方米，其中，非住宅14.32万平方米，住宅14万平方米，征迁单位19家。

2010年9月，上城区启动望江片二期拆迁，范围东至钱江路，西至秋涛路，南至沙地路，北至婺江路，涉及拆迁户数336户，其中，农户88户，联建房248户。

2011—2015年，上城区逐步实施望江片油库地块、近江味精厂地块、徐家埠地块、印铁制罐厂地块、望南等区块征迁工作。其中，杭州印铁制罐有限公司于2011年6月签订搬迁协议，是近江片面积最大的一家被拆迁单位。

表10-5-13　2002—2015年望江新城区域建设项目地块拆迁、搬迁、征收情况表

项目名称	地块名称	拆迁、搬迁（征收）范围	许可证	起始时间	户数（户）	占地面积（平方米）	建筑面积（平方米）	搬迁估算资金（亿元）
上城区秋涛路、沙地路区域	近江地区望江片住宅小区	秋涛路、沙地路区域	杭拆许字〔2002〕58号	2002	150	182781	98890	—
零星地块25号改造	零星地块25号地块改造（江城路）	东至江城路，西至东南化工厂，南至空地，北至小区通道	杭房拆许字〔2003〕70号	2003	45	5074	1994	—
秋涛路417号	秋涛路改造工程（秋涛路417号）	秋涛路417号	杭房拆许字〔2003〕26号	2003	16	—	—	—
秋涛路三期	秋涛路改造工程	秋涛路三期	杭房拆许字〔2003〕14号	2003	31	—	—	—

续表10-5-13

项目名称	地块名称	拆迁、搬迁（征收）范围	许可证	起始时间	户数（户）	占地面积（平方米）	建筑面积（平方米）	搬迁估算资金（亿元）
秋涛路445号	地铁项目工程避险紧急搬迁	秋涛路445号	杭州市人民政府第17483号简复	2003	40	—	3216	—
秋涛站	地铁1号线试验段秋涛站工程	秋涛站	杭土资拆许字〔2003〕79号	2003	24	—	—	—
杭州市老年活动中心	市老年活动中心（凤山路）	东至凤山路，西至中河高架，南至凤山路，北至绿化带	杭房拆许字〔2005〕36号	2005	23	8444	977	—
望江居住区二期	望江片居住区二期	东至钱江路，西至秋涛路，南至沙地路，北至婺江路	杭房拆许字〔2006〕28号	2006	70	88895	11062	—
望江启动地块	望江地区改造启动区块	东至秋涛路，西至海潮路，南至望江路，北至东宝路	杭土资拆许字〔2006〕6号	2006	238	—	—	—
望江启动区块	国有一期	东至秋涛路，西至规划凯旋路，南至望江路，北至东宝路	杭房拆许字〔2006〕2号	2006	380	—	—	—
望江启动区块	国有二期	东至秋涛路，西至规划凯旋路，南至望江路，北至东宝路	杭房拆许字〔2007〕36号	2007	582	—	—	—
工具厂地块	工具厂地块	东至建国南路，西至中河路，南至望江路，北至河坊街	杭房拆许字〔2008〕26号	2008	364	—	—	—
望南区块	含06地块、b1b2－03地块、凯一地块	东至规划海潮寺路，南至规划海潮支路，西至在建海潮路，北至望江路	上政〔2011〕2号《房屋搬迁公告》	2011	1366	30916	144555	1.50
味精厂	近江单元B-R21-04地块出让地块征迁	东至徐家埠路，南至杭州西湖味精厂，西至近江路，北至秋涛路	杭土资拆许字〔2011〕12号	2011	99	—	35800	2.00
凯旋路一期	含06地块、b16－03地块、凯一地块	东至规划海潮寺路，南至规划海潮支路，西至在建海潮路，北至望江路	上政〔2011〕2号《房屋搬迁公告》	2011	—	30916	14455	1.50
徐家埠地块	近江单元B-R21-03地块出让征迁	东至徐家埠路，南至杭州西湖味精厂，西至近江路，北至秋涛路	杭土资拆许字〔2011〕30号	2011	40（农）+84（联）	59223	11000	2.00

续表 10-5-13

项目名称	地块名称	拆迁、搬迁（征收）范围	许可证	起始时间	户数（户）	占地面积（平方米）	建筑面积（平方米）	搬迁估算资金（亿元）
印铁制罐厂地块	近江单元R21-B01b	东至清江路，南至徐家埠北苑，西至徐家埠北路，北至秋涛路	杭土资拆许字〔2011〕48号	2011	5	—	—	—
集体04地块	A-R21-04	东至秋涛路，南至杭州汽车配件公司，西至南落马营住宅，北至中策橡胶	杭土资拆许字〔2011〕51号	2012	51	—	—	—
集体06地块	南星单元R21-06地块	—	杭土资拆许字〔2013〕5号	2013	78	—	—	—
五丰冷食、利民食品	望江单元C2-06、C2-07征迁	东至近江路，南至新开河，西至娃哈哈集团有限公司，北至兴隆东村	杭上政征字〔2015〕6号	2015	7	59223	136186	2.80
凯旋路三期	市政道路征迁	东宝路—望江路	杭上政征字〔2015〕12号	2015	11	16890	9400	0.80
凯旋路四期	市政道路征迁	东宝路—婺江路	杭上政征字〔2015〕13号	2015	5	12630	800	0.04
婺江路	市政道路征迁	凯旋路-秋涛路	杭上政征字〔2015〕8号	2015	7	34700	5600	0.40
利民食品	望江单元C2-06地块	—	杭上政征字〔2015〕6号	2015	—	—	22500	1.60
中策橡胶厂地块	南星单元A-R21-03 城市居民拆迁安置房	东至秋涛路，南至规划候潮路，西至杭州机务段油库，北至华兴实业公司及汽车配件公司	杭土资上房补案〔2015〕1号	2015	22	37289	—	—
		东至海潮寺路，南至海潮支路，西至凯旋路，北至望江路	上政〔2011〕2号《房屋搬迁公告》	—	—	—	—	—

说明：资料来源于望江指挥部

表 10-5-14　2005—2015 年望江新城区域重点项目土地出让情况表

地块名称	出让编号	四至范围	出让时间	土地面积（平方米）	成交金额（亿元）
加油站地块	杭政储出〔2006〕19 号	东至 B-C2-07 地块，南至望江东园，西至银鼓路，北至婺江路	2006-09-20	2000	0.27
日信国际	杭政储出〔2009〕47 号	东至钱江路，南至婺江家园一园，西至婺江家园一园，北至近江路	2006-09-22	8300	4.17
中铁大厦	杭政储出〔2011〕48 号	东至规划加油站，南至望江东园，西至银鼓路，北至婺江路	2011-11-28	4300	1.67
总计	—	—	—	14600	6.11

说明：资料来源于望江指挥部

三、设施建设

2007 年起，杭州市在望江地区开始地铁施工。2012 年 11 月开通试运营。2014 年，望江路过江隧道试验段工程（北出口工程）[①] 先行施工。2015 年末，望江路过江隧道工程正式开工建设。

① 试验段工程（北出口工程）：位于望江路与富春路交叉口，主要包括望江路过江隧道上跨地铁明挖段、新塘河桥梁改造、管线迁改及地铁保护工程等内容，长 145 米，基坑宽 42 米，深 15 米，同时上跨地铁 4 号线、下穿新塘河。

图 10-5-22　望江家园东园（2008 年）

（望江指挥部 供稿）

安置房建设　1999—2005 年，上城区完成近江家园四园、五园、六园、七园、八园、九园建设，共建设安置房 93 幢，建筑面积 32.23 万平方米，共 4121 套。2006—2015 年，上城区重点推进望江家园、望江新园、婺江家园等安置房建设。

表 10-5-15　1999—2015 年望江新城区域保障房建设项目情况表

项目名称	所在地块	建筑面积（万平方米）	套数（套）	开工时间	竣工时间
近江家园九园	一期	5.86	568	1999-07	2000-07
	二期			2004-06	2005-07
近江家园四园	—	5.63	778	2000-08	2001-10
近江家园五园	—	3.81	537	2000-09	2001-09
近江家园六园	一期	5.05	740	2000-09	2001-07
	二期			2001-12	2002-10

续表10-5-15

项目名称	所在地块	建筑面积（万平方米）	套数（套）	开工时间	竣工时间
近江家园七园	一期	6.33	660	2000-09	2001-07
	二期			2001-11	2003-09
近江家园八园	一期	5.56	838	2000-04	2001-04
	二期			2004-06	2005-07
望江家园西园	—	21.06	2018	2003-01	2004-10
望江家园东园	一期	10.62	879	2003-02	2005-03
	二期			2007-07	2009-09
望江新园二园	启动区块03地块	13.35	1117	2005-07	2008-08
	启动区块02地块	—	—	2007-11	2010-05
望江东园R7组团	望江东园R7组团	0.87	—	2005-09	2006-10
近江家园RC-7（农居项目）	近江家园RC-7（农居项目）	2.10	—	2005-12	2005-12
望江B03地块	望江B03地块	7.00	608	2007-04	2010
望江片油库地块	（R5、R6、R7）	6.40	—	2007-06	2010
婺江家园二园	近江单元B-R21-05一期	5.77	358	2007-12	2010-01
钱江路口零星住宅	—	0.20	—	2008-07	2008
望江新园三园	启动区块01地块	10.62	879	2008-12	2010-11
望江新园一园	启动区块04地块一标	18.63	1787	2010-01	2013-05
	启动区块04地块二标				2012-08
婺江家园一园	近江单元B-R21-03-2一标	13.66	900	2011-03	2014-06
	近江单元B-R21-03-2二标			2011-04	
婺江家园三园	近江单元R21-B01a，b二期	7.80	936	2014-03	2016-12
	近江单元R21-B01a，b二期	6.63		2014-11	2017-01
婺江家园四园	近江单元B-R21-03地块	2.25	153	2015-10	2017-09

说明：资料来源于望江指挥部

教育配套　2003年6月，位于近江西路20号的杭州始版桥学前教育集团阳光园区建成交付，建筑面积5.2万平方米。8月，位于近江南路1号的杭州崇文实验小学建成交付，规模36个班。2012年12月，位于徐家埠50号的杭州天地实验小学开工建设，至2014年8月，工程建成交付，建筑面积3.7万平方米，规模36个班。

其他公建项目　2003年9月，位于近江南路2号的上城区唯康老人养生文化公寓建成交付，建筑面积0.41万平方米，床位119个。2007年7月，秋涛发展大厦开工建设，建筑面积8.5万平方米，2010年主体结顶。2012年9月，杭州市上城区行政服务中心及科技文化馆项目开工建设，位于鲲鹏路以南，望江公园以北，望江路以东，总占地面积1.34万平方米，总建筑面积10.88万平方米，地上19层、地下3层。其中，杭州市上城区行政服务中心建筑面积3.56万平方米，科技文化馆建筑面积7.32万平方米，总投资6.07亿元。2015年1月，项目主体工程结顶。是年9月，上城区体育中心项目开工建设，位于钱江路与候潮路交叉口，总建筑面积5.5万平方米，建筑高度59.6米，配有停车位264个。

道路建设　自望江新城改造建设启动以来，上城区先后实施衢江路、沙地路、近江单元规划三号、四号路（秋涛路至钱江路）建设。2015年9月，凯旋路一期（甬江路至望江路）道路工程、甬江路（凯旋路至秋涛路）道路工程开工建设。甬江路道路工程位于望江单元内，为东西向次干道，道路全长380米，双向四车道；凯旋路一期为望江单元内一条主要南北向次干道，道路全长475.79米。11月，近江单元规划四号路延伸段（清江路至徐家埠路）开工建设。

停车场建设　2013年，望江地区望北公园、杭州市开元中学、杭州天地实验小学3个地下停车库开工建设，于2014年竣工交付。望北公园地下停车库总用地面积4.47万平方米，可提供地下停车位330个。杭州市开元中学地下停车库工程位于学校内，总用地面积1.00万平方米，建筑面积8216平方米，可提供地下停车位202个。杭州天地实验小学地下停车库位于徐家埠路50号，总建筑面积3.80万平方米，地下车库面积1.22万平方米，可提供地下停车位295个。2015年7月，望江指挥部被杭州市治理城市交通拥堵工作小组评为2014年度杭州市停车场（库）建设先进单位。

四、重点工程选介

近江单元B-C2-03-2地块安置房　2010年12月，近江单元B-C2-03-2地块安置房开工建设，东起钱江路，西至规划四号线，南起婺江路，北至近江路，建筑面积13.24万平方米，包括5幢26～28层高层住宅楼。2012年末，项目土建竣工。施工单位为杭州建工集团、浙江宝庆建设集团，监理单位为杭州广厦建筑监理有限公司、浙江天成项目管理公司。该项目被杭州市建筑业协会授予2015年度杭州市建设工程“西湖杯”（建筑工程奖）。

望江新城消防网改造工程　2015年7月，望江新城消防管网改造工程完成，项目总长度17千米，涉及高层住宅69幢，商铺219间，包括更新200余个阀门。该工程是上城区十大惠民工程之一，需要在原消防管网基础上重新开挖铺设管道，并接入各个小区高层消防口。该次消防网改造旨在全面提升望江新城消防安全水平。

杭州天地实验小学项目　该项目位于望江地区近江片B-R22-01地块（杭州味精厂地块），东北至徐家埠路、东南至爱弥尔巷，西南至三号路（原近江路），西北至四号路，离钱江新城市民中心2000米，占地面积3.2万平方米，建筑面积3.7万平方米，规模36个班。2013年，项目开工建设。2014年，项目完成交付。

杭州昆仑中心项目　杭州昆仑中心位于富春江路与望潮路交界处，地处望江智慧产业园核心区，由浙江昆仑置业集团支持开发，总占地面积0.83万平方米，总建筑面积5.00万平方米。项目于2015年开工建设。①

① 2018年4月竣工投入使用。

中豪·望江国际　中豪·望江国际位于钱江路和望江东路交叉口，由浙江中豪房屋开发有限公司开发，由4幢国际5A写字楼① 和精品购物广场构成，总占地面积3.16万平方米，建筑面积19.00万平方米。2009年7月项目开工，2012年11月竣工投入使用。

图10-5-23　中豪·望江国际（2014年）　（李忠 摄）

① 国际5A写字楼，是指具备智能化5A的商业办公楼，包括办公自动化系统（Office Automation，OA）、通讯自动化系统（Communication Automation，CA）、消防自动化系统（Fire Automation，FA）、安保自动化系统（Security Automation，BA）、楼宇自动控制系统（Building Automation，BA）。

近江时代大厦　近江时代大厦位于杭州市主城区的钱江新城核心地块，紧临钱塘江，东北临婺江路、市民中心和杭州大剧院，东南临富春路，周边有绿城·蓝色钱江、春江花月和滨江·金色海岸、滨江·阳光海岸等高档商住群。大厦1层与地铁1号线、4号线近江路站直接连通，周边各条交通干线四通八达、交通便利，地理位置优越，周边配套完善。项目由杭州近江股份经济合作社建造，总占地面积1.68万平方米，建筑面积8.50万平方米（其中，商务办公约5.50万平方米，商场约3.00万平方米），总投资3.5亿元。2012年项目开工建设，2015年3月竣工交付使用。

长城大厦　长城大厦位于雷霆路60号，由浙江省长城建设集团股份有限公司投资建设，总建筑面积3.55万平方米，建筑高度99.7米。2012年，项目竣工投入使用。

第二节　经济业态

20世纪90年代至21世纪初，望江新城区域内以居住功能为主，服装市场、海鲜市场、食品市场等老旧市场以及老旧厂区混杂其中，高端商务楼宇稀少，产业结构相对单一。

2010年起，中豪·望江国际、长城大厦、近江时代大厦等高端楼宇陆续建成，为提升产业结构创造重要条件。

2010年，杭州文化广播电视集团整体搬迁至之江路888号。上城区以此为契机，以辖区招商引资企业浙江华策影视股份有限公司为龙头，大力发展文创产业，先后引进杭州都快交通久一点吧传媒有限公司、梦想传媒有限责任公司等文创企业。望江街道文创企业全年实现税收6030万元，比2009年增长91.2%。清江路休闲服饰一条街特色明显，实现税收1213万元，增长151.1%。以花鸟鱼具为特色的沙地路花鸟鱼具特色街初具规模，入驻商家40余家。四季星座淘宝楼集聚300余家淘宝网店，年营业额超过3亿元。

2011年12月，物美华东公司杭州望江店正式投入运营。卖场仅超市营业面积就达3万平方米，加上麦当劳、味千拉面等1万平方米的其他功能业态，总营业面积达到4万平方米。物美望江店是杭州最大的一家物美大卖场，同时也是城南区域、特别是上城区沿江区块唯一的一家集购物、餐饮、休闲、娱乐于一身的综合性商业体。是年，新城大厦纳税超亿元，入选“杭州市商务楼宇先进单位”50强，入驻企业以房地产和高科技产业为主，引进杭州绿城海企房地产开发有限公司等知名企业。

2012年，上城区重点打造“望江新媒体集聚区”，引进培训类、传媒类、设计类、信息技术类等新媒体产业和上下产业链的配套企业，其中包括杭州地铁电视有限公司、浙江风盛传媒有限公司、杭州日报出版控股有限公司、杭州户外传媒有限公司、浙江圣蛛通信科技有限公司及百灵时代传媒集团有限公司等多家具有行业影响力的新媒体企业，使之成为“功能集中、产效集聚、资源集约”的新媒体产业发展战略核心。望江街道全年共有纳税文创企业112家，完成税收7231.6万元，占街道总税收的12.3%；完成地方财政收入4886.6万元，占街道地方财政收入的13.2%。上城区还充分利用钱江新城中央商务区① 核心区的溢出效应，引进以期货、产权、证券机构为主体的相关金融机构，相继引进浙江正吉金融服务有限公司、浙江国安产融投资有限公司、杭州立润投资有限公司等在内的27家金融服务业企业，与CBD核心区遥相呼应、相互融合，一起形成沿江金融产业带。

① 中央商务区：是指位于城市中心，高度集中城市的经济、科技和文化力量的区块。

2014年，思科（中国）总部正式落户中豪·望江国际。是年，上城区将清江路136号1.20万平方米旧厂房（原为杭州新丰塑料厂）进行改造提升，打造电子商务产业园，至年末，已有300余家电商企业入驻，其中B2B② 交易模式电商上线190余家。

② B2B:Business to Business的网络通用缩写，是指企业与企业之间通过专用网络或互联网，进行数据信息的交换、传递，开展交易活动的商业模式。

2015年，上城区重点打造望江智慧产业园，整合资源优势，着力构建“科技+金融”“创新链+产业链”的智慧产业生态系统。望江街道全年引进智慧信息企业147家，智慧产业贡献地方财政收入7500余万元。

第三节　望江智慧产业园

望江智慧产业园坐落于上城区东南部，位于钱塘江北岸，与滨江高新技术开发区隔江相望，紧邻钱江新城中央商务区和玉皇山南基金小镇，以望江东路为中轴，由之江路、贴沙河、清江路和中河路合围而成。园区区块横跨上城区沿江的望江、紫阳、南星3个街道，占地面积约7.5平方千米，核心区域3平方千米，户籍人口约13.8万人，是全国第一批智慧城区建设试点，以及杭州市“一号工程”重点项目。

2014年3月，经过杭州市发展和改革委员会、杭州市上城区商务局等部门对接，全球网络互联解决方案的领先厂商思科（中国）总部签署参与杭州智慧城市建设的战略合作框架协议。思科（中国）总部以中豪·望江国际3号楼为总部办公用楼，正式落户望江核心区域。11月，上城区提出打造望江智慧产业园的概念，定位于B2B电子商务，打造电子商务产业，望江智慧产业园雏形由此产生。12月，杭州海绵数据科技有限公司正式落户。该公司成功研发基于内存计算技术的大数据底层操作系统Sponge，为全球首个具有中国自主知识产权的大数据操作系统。同时，由浙江能源集团有限公司与浙江省财政厅下属的浙江省金融控股有限公司共同设立的浙江省海洋开发投资集团有限公司落户望江新城，注册资金64亿元，支持全省涉及海洋经济的重点工程和主要项目。至2014年末，区域内初步形成信息经济产业和金融产业的聚集。

2015年1月，区委、区政府审时度势，贯彻落实市委、市政府关于大力发展信息经济、智慧经济相关要求，成立望江智慧产业园管委会筹备组，根据区域和功能定位，将望江智慧产业园的范围扩大至望江街道、紫阳街道和南星街道，并确定“建设国家自主创新示范区的创新中心”总体定位、“科技+金融”产业定位和“三个现代化，三个美”[①]发展目标。同时，筹备组组建完成招商和综合管理服务工作小组，开展招商和管理协调工作。4月，园区企业浙江安正科技股份有限公司登陆“新三板”，面向行业用户提供专业的融合通信解决方案和运营服务。6月，盛景网联杭州创新中心和硅谷幼发拉底杭州孵化中心落户产业园。前者为中小企业在其创新转型过程中提供方法论和工具、技术、人才、资本、市场等全方位的服务；后者则重点培育和发展移动互联网、物联网科技、产业平台、O2O[②]等新兴产业，使杭州本土优秀创业团队实现全球化资源对接。8月，杭州顺治科技股份有限公司正式在“新三板”挂牌，主推智慧教育产业。

随着产业园区域企业集中度提升，产业和功能日趋齐全，2015年10月，上城区望江智慧产业园发展中心成立，为区政府直属事业单位，经费形式为财政补助，主要职责为承担望江智慧产业园区总体规划、中长期发展计划拟订工作，园区发展政策拟订和招商引资、招才引智工作，社会资本引导、园区孵化平台建设工作以及承担园区为企服务工作等。至2015年末，望江智慧产业园已建成楼宇地上总建筑面积116.63万平方米，在建楼宇建筑面积23.60万平方米。

① “三个现代化”：是指产业发展现代化、城市形态现代化、管理服务现代化；“三个美”：是指生产美、生态美、生活美。

② O2O：Online To Offline的网络通用缩写，即在线离线（线上到线下），是指将线下的商务机会与互联网结合，让互联网成为线下交易的平台。

表10-5-16　2015年望江智慧产业园楼宇空间情况表

单位：万平方米

所在街道	楼宇名称	地　址	地上建筑面积
望江	中豪·望江国际	望江东路332号	15.00
	蕙沣大厦	婺江路319号	6.00
	近江商务大厦	富春路与婺江路交叉口	10.90
	长城大厦	雷霆路60号	3.50
	杭州日信国际	钱江路555号	6.27
	新城大厦	钱江路639号	10.00
	临江金座	衢江路1号	3.10
	郡亭公寓	之江路968号	5.70
	景江城市花园	之江路958号	11.20
	秋涛发展大厦	秋涛路258号	8.46
	杭州尚筑金座	秋涛路296号	1.94
	稠州商业银行大厦*	富春路168号	6.00
	杭州昆仑中心*	富春路132号	3.70
	东铁集团大厦*	婺江路399号	2.10
	横店集团大厦*	雷霆路60号	3.40
	公交集团大厦*	婺江路289号	3.00
	凯达商务大厦*	清江路290号	3.00
紫阳	越界·锦绣工坊	江城路水门南弄3号	1.00
南星	大名空间商务大厦	龙舌路46号	3.87
	凤凰城	钱江路23、25、27号	2.35
	杭州海运国际	之江中路与中河高架交会处	8.90
	钱江国际商务中心	钱江路8号	1.28
	赞成太和广场	飞云江路、钱江路路口	8.70
	杭州赞成中心	之江路与飞云江路交叉口西北部	6.30
	浙江杭州中国针织城	秋涛路18号	2.16

说明：1.带“*”的楼宇在2015年末尚处于建设状态，分别在2016—2017年竣工。2.资料来源于杭州市上城区望江智慧产业园发展中心

第十二篇

工业

上城地区，自古手工作坊遍布街巷里坊，从穿着衣服到家庭杂物用具等制作生产十分兴盛。南宋时期是上城地区印刷刻书、碾玉、砖瓦、裁缝、靴鞋等行业发展鼎盛时期。棚桥北睦亲坊的陈宅书铺、清河坊的顾家彩帛铺、皮市巷一带的制革作坊（店）等均为一时翘楚。元初，杭州社会经济发展缓慢，手工业一度衰落。明清时期，今上城地区的工业、手工业又有发展。明永乐年间（1403—1424），在涌金门建立织造局（时称北局[①]），有房屋120余间，织机500余台。明清时期盛名中外的“五杭”（杭扇、杭线、杭粉、杭烟、杭剪）都始创于今上城区的清河坊一带。清末，杭州的第一家发电厂始建在今上城地区的馆驿后。

① 民间因其有红漆大门，又俗称红门局。

民国初期，杭州的民族工业尤其是轻纺工业发展较快，设在今上城地区的有乌龙巷的振兴绸厂（1911）、黄醋园的天丰绸厂（1919）、府前街的华丰泰布厂和马市街酱园弄的富强丝织厂（1929）、百岁坊巷的云裳绸厂（1930）、中山中路官巷口的六一织造厂（1932）、东街路的九豫丝织厂（1933）等。此外，设在今上城地区的碾米、酿造、制茶、卷烟、制皂、印刷等轻工业厂家众多；木作、剪刀、藤竹器、铜锡白铁、铁器、制革、服装等传统手工业也十分兴旺。抗日战争爆发后，民族工业遭到破坏，传统手工业有的迁至外地，有的破产。抗日战争胜利后，虽有恢复，但境况大不如前。1949年末，上城、中城辖区工业总产值仅为445.73万元。

1950—1952年，国民经济恢复时期，国家对私营工业采用贷款、加工订货、统购统销等方法予以扶持，上（中）城地区的工业生产得到恢复。1953年起，国家对私营工业、手工业进行社会主义改造。至1956年，辖区内私营企业全部实行公私合营，并先后按行业划归市管；个体手工业基本实现合作化。1958年“大跃进”时，号召“大办工业”“大炼钢铁”。1959年，全区新建工业企业337家，出现机械修配、日用电器、化工颜料、度量衡器等工业企业，工业基础薄弱的情况开始改变。1961年，上城区贯彻“调整、巩固、充实、提高”方针，调整工业经济。1962年，进一步收缩工业，淘汰部分任务不足、生产落后的企业；调整手工业所有制，把一些已经转为地方国营和公社工业的手工业合作社分别恢复为手工业合作社（组）。至1970年，上城区除铁、木、竹、服饰等手工业行业，生产厨刀、皮鞋、手杖、竹筷、木雕、服装等传统产品外，还出现电子、仪表等新兴行业，生产晶体管收音机、示波器、无线电元件等产品。1985年，上城区工业初步形成以电子仪表、家用电器、汽车配件、新型建材、制冷设备、日用轻工等为主体的行业结构。

20世纪90年代，杭州市进行旧城改造，调整工业结构，城区内许多工厂面临迁建。上城区空间地域小，已无工业发展用地，但工业经济作为上城区经济的重要支撑，是财政收入的稳定来源，也是劳动就业的主要渠道。为此，1993年，市政府批准上城区在西湖区（现为拱墅区）祥符镇新文村建立上城区工业园区，规划用地20万平方米。是年，中共杭州市上城区第五次代表大会提出要办大企业，集中精力扶持杭州娃哈哈集团公司、杭州华日电冰箱厂、杭州离合器厂、杭州工业自动化仪表总厂、杭州新星微型计算机厂等重点骨干企业，引导企业搞好技术改造，开发新产品。是年，上城区工业总产值12.06亿元，其中重点工业企业的产值和利润分别占全区工业产值和利润的79.95%和92.57%。1998年，杭州娃哈哈集团公司和浙江华日集团公司被列入浙江省“五个一批”① 重点骨干企业名单。2002年，中共杭州市第九次代表大会确立“工业兴市”战略，杭州市逐渐形成较为完备的鼓励和促进工业发展的政策体系。上城区利用有利的政策环境，提出建设“工业强区”的要求。是年，上城区工业总产值达到103.05亿元，完成冲百亿元的目标。其中，食品饮料业占规模以上工业企业销售产

① 培育一批大型企业或综合商社，一批“小型巨人”企业，一批名牌产品企业，一批出口创汇大户企业，一批高新技术企业。

值的78.5%，实现工业利润占规模以上工业的93.9%，成为全区工业发展的最大拉动力。

2003年1月，中共杭州市上城区第七次代表大会召开，大会确定“工业富区、商旅兴区、环境立区、科教强区、依法治区”五大战略，提出大力发展科技含量高、经济效益好、资源消耗低、环境污染少、人力资源得到充分发挥的都市型工业。区委、区政府继续实施“工业强区”战略，贯彻落实“三位一体”发展战略，鼓励引导企业运用先进适用技术改造提高传统产业，制定加快高新技术产业发展的政策措施，强化自主创新能力提升。此后，上城区工业产业发展重点逐渐向机械制造业和电子行业转移。上城科技经济园（即上城区工业园区）调整招商引资方向，主要引入科技含量高、资源消耗少、经济效益好的项目，优先考虑高新技术企业、外商投资企业、品牌型企业、总部企业和拥有自主知识产权企业。2009年，上城电子机械工业功能区（即上城科技经济园）基本形成以机电一体化、电子信息、仪器仪表、新材料等高新技术产业为主导产业，以农产品加工、商贸、现代服务业配套产业为优势产业的结构。2010年9月，该园区被省政府评为“省级高新技术特色产业基地”。2014年，该园区以物联网技术为切入点，加快运用射频识别技术、传感器及机器视觉技术、数据传输技术和实时定位系统对电子仪器仪表、工业自动化控制等主导优势产业进行改造提升。杭州娃哈哈集团有限公司、浙江华日实业投资有限公司、杭州中瑞思创科技有限公司、杭州海兴电力科技股份有限公司等重点骨干企业发展良好，其中杭州娃哈哈集团有限公司连续入选中国企业500强，并在2008年、2009年连续2年成为浙江省百强企业第一名。

2015年，上城区有规模以上工业企业50家，实现工业总产值726.41亿元。

第一章　工业产业

1978年，上城区完成工业总产值1428万元，利润264万元。1985年，上城区工业初步形成以电子仪表、家用电器、汽车配件、新型建材、制冷设备、日用轻工等为主体的行业结构。“八五”计划时期（1991—1995），上城区主要工业企业以食品制造和家电制造为主。“九五”计划时期（1996—2000），食品制造业产品品种逐渐丰富，蛋白饮料、包装饮用水、特殊用途饮料、罐头食品、乳制品、医药保健食品、卤制品、腌制品等食品加工产业迅速发展。同时，家电制造业开始更加注重产品品质和功能研发。“十五”计划期间（2001—2005），上城区转变工业发展思路，提出大力发展科技含量高、经济效益好、资源消耗低、环境污染少、人力资源得到充分发挥的都市型工业，机械制造业和电子工业开始成为全区重点工业产业。

“十一五”规划期间（2006—2010），机械制造业从以生产者为主导的生产方式逐步向以消费者为主导的定制生产方式转变。电子产品加速更新换代，更能满足消费者个性需求和服务。2010年，上城区鼓励企业加大技术改造力度，提高企业自主创新能力，对杭州海兴电力科技有限公司“电子式多功能电能表生产线”和杭州中瑞思创科技有限公司“电子商品防盗软标签项目购置设备，新建软标签及应答器生产线”2个技术改造项目财政资助70万元，项目总投资1860万元。“十二五”期间（2011—2015），上城区将电子工业作为工业领军产业，电子工业产品进入社会经济和人民生活水平的各个领域，已突破制造业的范围，形成软件、服务、信息等新兴产业。上城区机械制造业初步形成包括主机产品、基础技术、功能部件在内的研发与制造体系。浙江古谷热导新材料有限公司、浙江汉克电源科技有限公司、杭州海兴电力科技股份有限公司、浙江双元科技开发有限公司等企业科技含量高、经营规模大。

至2015年末，上城区规模以上工业企业50家，从业人员9802人，实现工业总产值726.41亿元，形成包括食品制造、家电制造、机械制造、电子、化工、烟草、工艺美术等为主体的工业结构。

第一节　食品制造业

一、行业发展

1993年，上城区区属主要食品制造企业有2家，分别为杭州娃哈哈集团公司和杭州三和食品助剂厂。其中，杭州娃哈哈集团公司工业总产值6.01亿元，利润总额1.14亿元；杭州三和食品助剂厂工业总产值1044.96万元，利润总额165.18万元，主要产品娃哈哈营养液年产量2563.16万盒、各种罐头1.77万吨。

1997年，杭州娃哈哈集团公司职工平均人数3992人，工业总产值20.38亿元，利润3.34亿元，杭州三和食品助剂厂工业总产值3887万元，利润334万元，主要产品产量为娃哈哈营养液124.75万盒、各种罐头食品2.81万吨、娃哈哈果奶21.98万吨、娃哈哈矿泉水3.59万吨、娃哈哈纯净水23.74万吨。

1998年，杭州娃哈哈集团公司列入浙江省“五个一批”重点骨干企业和杭州市“九五”重点培育十个企业集团名单。是年，杭州市经济委员会将杭州三和食品助剂厂“年产60吨甜味剂—AK”项目列入杭州市重点技术创新及重点新产品投产达产项目计划。

1999年，杭州娃哈哈集团有限公司平均职工人数3720人，工业总产值达57.86亿元，销售收入45.06亿元，税金3.79亿元，利润8.75亿元，成为全国饮料行业中规模最大、效益最好的龙头企业。是年，上城区主要食品产品产量为娃哈哈果奶41.43万吨、娃哈哈纯净水94.25万吨、非常可乐30.41万吨、三梨酸钾450吨，分别比1998年增长33.3%、80.2%、446%、74.4%。第四代甜味剂项目被列为国家级重点火炬计划。“九五”计划期间（1996—2000），上城区股份合作制食品工业企业发展较快，至2000年，占全区食品工业经济总量80%以上，食品市场开始出现供货货源充足、花色品种增多的局面，整个食品行业供应略大于需求。是年，杭州市上城区计划与经济局、杭州市上城区科学技术局将杭州娃哈哈集团有限公司“维E钙奶饮料”“维康养胶囊”2个项目和杭州三和食品助剂厂“果酸钙”项目列为重点开发产品计划；将杭州娃哈哈集团有限公司“塑料包装窗口模具中心技改”和“保健品生产线”2个项目列为重点技改项目，项目投资总额9100万元。

进入21世纪，随着人民生活水平显著提高，食品需求快速增长。2002年，全区规模以上食品工业企业增至10家，实现工业总产值79.54亿元，销售收入77.82亿元，利润12.30亿元，利税17.43亿元。2004年8月，国家统计局公布全国大型工业企业名单，杭州娃哈哈集团有限公司以101.89亿元销售额位列98位，跻身全国大型工业企业百强。2005年，全区规模以上食品工业企业12家，职工人数6312人，实现工业总产值123.87亿元，销售收入122.00亿元，利润15.27亿元，利税21.40亿元。2006年起，随着上城区传统产业转型升级不断加快，食品产业产值呈现下行趋势。至2010年末，全区规模以上食品工业企业15家，工业总产值37.03亿元，从业人员3187人，主营业务利润6.33亿元。

2010年起，国民消费不断变化升级，消费者对于食品的需求向健康、养生转变，上城区食品制造企业主动求变，从新产品研发、加工工艺等多个方面入手满足消费者需求。在产品开发方面，杭州娃哈哈集团有限公司不断探索新原料、开发新技术，以降低产品中白砂糖、添加剂的使用量和脂肪含量，并将传统中医食疗理念与现代生物工程技术进行有机融合，在菌种开发、发酵技术、中医食疗等方面重点寻求突破、研发新品，如推出营养果粒、HELLO-C凤梨椰香、山里红果汁等。杭州绿盛食品有限公司申请并实施多项专利技术，开展优化杀菌工艺研究，逐步建立低耗能、少排放、安全清洁的绿色加工体系。2012年，上城区将杭州新苗营养食品有限公司“食品生产线及节能设备技改”列入财政资助项目，财政资助13万元，项目总投资216.35万元，用于改扩建污水处理设施、更新锅炉、更新油烟净化器等。

至2015年末，全区规模以上食品制造业8家，分别为杭州西湖味精有限公司、杭州娃哈哈百立食品有限公司、杭州娃哈哈饮料有限公司、杭州绿盛集团有限公司、杭州娃哈哈乐维食品有限公司、杭州娃哈哈非常可乐饮料有限公司、杭州井藤汉方保健食品有限公司、杭州娃哈哈营养食品有限公司，实现工业总产值21.45亿元，利润总额3.96亿元。

表11-1-1　2002年上城区规模以上食品工业企业情况表

单位：万元

企业名称	工业总产值	销售收入	利润	利税
杭州娃哈哈集团有限公司	766378	750172	120805	171346
杭州三和食品助剂厂	10054	9586	804	842
杭州食品厂	6884	7012	42	345
元祖食品有限公司	3733	3109	340	512
杭州绿盛食品有限公司	2529	2529	19	111
杭州井藤汉方保健食品公司	1842	1894	965	965
杭曼香精有限公司	1348	1348	6	42
杭州燕牌乳业有限公司	1200	1146	28	28
亚都食品有限公司	792	798	73	141
近江食品有限公司	645	642	–38	–4
合计	795405	778236	123044	174328

说明：资料来源于2002年《上城区统计年鉴》

表11-1-2　2005年上城区规模以上食品工业企业情况表

单位：万元

企业名称	工业总产值	销售收入	利润	利税总计
杭州娃哈哈集团有限公司	1189441	1172397	151835	211962
杭州三和食品添加剂有限公司	10460	9074	1019	1184
杭州燕牌乳业有限公司	5777	5519	–5035	–4770
杭州亚都食品有限公司	1030	1026	5	78
杭州井藤汉方保健食品公司	9462	9200	3883	3883
杭州绿盛食品有限公司	11238	11295	136	656
杭州新苗营养食品有限公司	1068	1068	2	78
知味食品有限公司	8844	8832	862	869
九芝斋食品厂	749	749	21	60
香苑食品厂	22	22	0	2
玉龙饮水厂	83	89	3	9
杭州炒货食品有限公司	508	748	9	26
合计	1238682	1220019	152740	214037

说明：资料来源于2005年《上城区统计年鉴》

二、企业选介

杭州西湖味精集团有限公司　杭州西湖味精集团有限公司原名杭州味精厂，成立于1956年9月，公司注册地址秋涛路306号，占地面积8万平方米。主要生产以“西湖”牌味精和“马大嫂”牌酱油、米醋为主的系列调味品，是浙江省食品行业的支柱企业。

1986年，“西湖”牌99%味精获巴黎第十二届国际食品博览会金牌奖。1988年，获国家产品银质奖。1994年起，杭州味精厂开始制做鸡精、酱油、醋等其他调味品。1997年，“西湖”牌99%味精在全国食品行业的产品评优中获“全国食品行业名牌产品”称号；“马大嫂”系列调味品获“国家免检产品”称号。

2004年8月，杭州味精厂完成改制，更名为杭州西湖味精集团有限公司。2011年4月，杭州西湖味精集团有限公司迁址杭州市余杭区瓶窑镇窑北村馒头山15号，并成立杭州西湖味精有限公司余杭分公司。①

杭州娃哈哈集团有限公司　1987年，杭州市上城区校办企业经销部成立，注册地址清泰街160号。成立初期，经销部从3个人、14万元借款起家。1988年，成功开发投产娃哈哈儿童营养液，并成立杭州娃哈哈营养食品厂。1991年9月，有员工100余人、银行存款6000余万元的杭州娃哈哈营养食品厂以8000万元有偿兼并资不抵债的全国罐头生产骨干企业——杭州罐头食品厂。10月，杭州娃哈哈食品企业集团公司成立。1992年，更名为杭州娃哈哈集团公司。1993年，娃哈哈营养八宝粥获“浙江省消费者满意商品”称号。1994年，公司引进第一条果奶全自动生产线，5月获“中国名牌食品”称号。是年，推出娃哈哈果冻。1996年，娃哈哈饮用水上市。杭州娃哈哈集团公司在果奶型产品的基础上，研究开发娃哈哈AD钙奶。是年，为实现“产品上档次、生产上规模、管理上水平”的“二次创业”战略目标，与法国达能集团实行合资，一次性引进外资4300万美元，共同组建5家合资公司。

1997年初，投产的娃哈哈AD钙奶可以补充少年儿童生长发育所需维生素A、维生素D和钙质，市场销路良好。是年，杭州娃哈哈集团公司对营养八宝粥进行配方改良，推出桂圆莲子营养八宝粥。1998年，开始研制娃哈哈无糖营养八宝粥。1999年11月，娃哈哈维E钙奶饮料开发成功并正式投产；12月，公司研制成功适合糖尿病人和肥胖病人及喜食无糖食品者食用的无糖型八宝粥。是年，企业更名为杭州娃哈哈集团有限公司。

2001年，富含多种氨基酸、维生素、乳酸和矿物质的乳酸菌发酵型乳饮料娃哈哈乐酸乳投放市场。2002年，采用质量优异的苹果浓缩汁、

① 2015年末，杭州西湖味精集团有限公司大部分税费在上城区缴纳，在往年基础上的增值部分税收在余杭区缴纳。

纯净水，不含任何色素和防腐剂的娃哈哈100%苹果汁研发成功。是年，杭州娃哈哈集团有限公司推出娃哈哈香瓜子。娃哈哈香瓜子采用内蒙古大草原及东北北大仓的特大颗粒香瓜子为主要原料，以传统煮制工艺和现代技术相结合精制而成，有椒盐和奶油两种口味，后又开发娃哈哈龙井绿茶南瓜子。

2003年，杭州娃哈哈集团有限公司开始进行娃哈哈大厨艺营养湿面的研究。经过近两年的可行性研究、配方设计、工艺确定和稳定性研究，研制出强化5种营养素的营养湿面。娃哈哈大厨艺营养湿面是以优质小麦面粉为主要原料，采用先进真空和面、三层复合、恒温恒湿环境下的醒面技术，经过压延切丝、蒸煮、水煮、水洗、酸洗、包装和杀菌等工艺制成长保质期的湿面。湿面成品口感爽滑筋斗，含水率达到50%～70%，在不添加任何防腐剂的条件下，保质期6个月以上。根据面粉中的营养素成分与中国居民膳食中的营养素摄入情况，创新性地在调味粉包中强化维生素B1、维生素B2、烟酰胺、铁和锌5种营养素，使湿面产品的营养成分更全面。

2004年末，杭州娃哈哈集团有限公司立项研究娃哈哈番石榴汁饮料。2005年2月，在深圳分公司正式投产。2007年，杭州娃哈哈集团有限公司总资产达到178亿元，实现营业收入258亿元，娃哈哈饮料产量、总资产、销售收入等各项指标连续10年名列中国饮料加工业首位。

2010年，杭州娃哈哈集团有限公司推出旗下高端奶粉爱迪生婴幼儿配方奶粉，产品由合作企业荷兰百年皇家乳品企业荷兰皇家菲仕兰乳品集团生产，原装进口。此举开创让国外企业为中国贴牌生产的先河。是年，集团实现营业收入550亿元，利税112亿元，上缴税金46亿元。公司位列2010中国企业500强第141位，中国制造业企业500强第64位，中国企业效益200佳第25位，饮料加工业第1位。在中国民营企业500强中，杭州娃哈哈集团有限公司营业收入居第八位、利润第一位、纳税第二位。

2015年7月，国家工业和信息化委员会公布2015年智能制造试点示范项目名单，娃哈哈食品饮料智能工厂名列其中。是年，杭州娃哈哈集团有限公司营业收入677亿元[①]，在全国29个省市建有58个基地150余家分公司，总资产300亿元，员工3万余人。

① 含集团公司和下属子公司数据。

图11-1-1　杭州娃哈哈集团有限公司的罐装饮料流水生产线（2006年）

（杭州市人民政府地方志办公室　供稿）

杭州绿盛集团有限公司　1993年，杭州绿盛食品有限公司成立，注册地址为艮山西路72号东门大厦15A—B座，注册资本为101万元。1996年，该公司在牛肉干的包装形式上开创用糖果纸包牛肉干的先例，当时在全国尚属首例。由于绿盛牛肉干选料精良，制作考究，很快得到消费者的认同和赞誉，公司因此步入快速发展期。

2002年，该公司迁址莫干山路1418号上城科技经济园，厂房占地面积2.87万平方米，建筑面积2.69万平方米。2003年，企业通过ISO9001国际质量管理体系认证。集团销售网络覆盖全国20余个省，100余个地级市，2万余家网点。2004年7月，杭州绿盛食品有限公司更名为杭州绿盛集团有限公司。2005年，绿盛休闲肉制品被评为“杭州市名牌产品”。

2007年，该公司推出绿盛牛肉丁和百卤坊系列新品，与绿盛牛肉干、农夫与海、绿盛卤味、绿盛手撕构成六大系列100余种规格的产品，在全国17个省、80余个地级市的大中型超市和网点销售。2008年，杭州市经济委员会和杭州市财政局将杭州绿盛集团有限公司确定为2007年度杭州市最具成长型中小工业企业。2010年，公司投资3000万美元，在千岛湖建设占地9万平方米的百卤坊生产基地；投资5000万美元，在萧山机场路建设农夫与海生产基地，一期占地462万平方米，二期占地1333万平方米，建造集高科技、高产能、现代化于一体的厂房。

2015年，杭州绿盛集团有限公司工业总产值2.96亿元，营业收入3亿元，利润5102万元，贡献税收1407万元，员工234人。

图11-1-2　杭州绿盛集团有限公司成品包装车间（2007年）
（区电子机械功能区管委会　供稿）

第二节　家用电器制造业

一、行业发展

1993年，上城区属主要家用电器制造企业有3家，其中杭州华日电冰箱厂实现工业总产值6.01亿元、利润总额1616.67万元；杭州凤凰灯具厂工业总产值776.37万元、利润总额0.6万元；杭州华日电视机组件厂工业总产值826.37万元、利润总额10.72万元，主要产品家用电冰箱年产量13.13万台、各式灯具9.73万只。1994年10月，杭州华日电冰箱厂与澳大利亚格雷福有限公司合资，组建以杭州华日电冰箱厂为核心的浙江华日集团公司。是年，浙江华日集团公司研发出国内第一台模糊控制智能冰箱，获全国发明金奖。该冰箱实现感知环境温度，可以设定最佳温度控制点。1997年和1999年，该公司相继研制开发高科技含量的华日模糊智能型冰箱和数码智能冰箱，被国家科学技术委员会等部门审定为国家重点新产品，获全国发明金奖。1998年，上城区重点、外商家用电器制造企业主要有4家，其中，浙江华日集团公司实现工业总产值2.38亿元、利润284万元；杭州奥普斯照明器材有限公司工业总产值1.07亿元、利润865万元；杭州万铨电器有限公司工业总产值1443万元、亏损24万元；杭州华日电视机组件厂工业总产值32万元、亏损57万元，主要产品家用电冰箱年产量10.91万台、奥普浴霸及暖霸26.75万台。是年，浙江华日集团公司列入浙江省“五个一批”重点骨干企业名单和杭州市“九五”重点培育50家“小型巨人”企业名单。1999年，杭州市经济委员会将杭州华日冰箱厂SCWD3-1000F双开分体式岛柜、华日数码冰箱、华日三门混冷冰箱、华日抗菌冰箱4个项目列入浙江省工业新产品试制试产计划。

2000年起，随着科技的发展，各家电企业开始注重科技研发，满足环保的要求。是年，浙江华日集团公司无氟冰箱生产线达标并投入正常运行，成为联合国“蒙特利尔”基金援助的中国企业之一。是年，上城区将浙江华日集团公司“1400F电脑控制陈列柜”和杭州奥普斯照明器材有限公司蒸汽微波炉2个项目列入重点开发产品计划；将浙江华日集团公司“电冰箱壳体及发泡生产线技改”和杭州奥普斯照明器材有限公司“奥普斯迁建工程”列入重点技术改造项目，项目总投资4100万元。2001年，上城区规模以上家用电器制造企业有4家，实现工业总产值4.02亿元、销售收入4.10亿元、利润3379万元、税金1857万元，其中，浙江华日集团公司实现工业总产值1.67亿元、销售收入1.71亿元、利润137万元、税金446万元；杭州奥普斯照明器材有限公司实现工业总产值1.53亿元、销售收入1.64亿元、利润3188万元、税金1304万元；杭州时达电器有限公司实现工业总产值2510万元、销售收入1926万元、利润8万元、税金41万元；杭州泰格电子电器厂实现工业总产值5680万元、销售收入5606万元、利润46万元、税金66万元。2005年，上城区规模以上家用电器制造企业有3家，实现工业总产值10.73亿元、销售收入10.75亿元、利润1.04亿元、税金3766万元，主要产品家用电冰箱年产量56.77万台、浴霸及暖霸145.53万台，其中，浙江华日实业投资有限公司工业总产值6.85亿元、销售收入7.64亿元、利润2231万元、税金1696万元；杭州奥普电器有限公司工业总产值3.81亿元、销售收入3.02亿元、利润8074万元、税金2032万元；杭州大和照明器材有限公司工业总产值669万元、销售收入943万元、利润125万元、税金38万元。2006年，杭州华日电冰箱有限公司重点推进“电冰箱生产线及冷凝器车间技术改造”项目，总投资4500万元，杭州奥普电器有限公司重点推进“1+N浴顶生产线”“空气加湿净化器生产线”等技术改造项目，总投资3500万元，上城区财政资助合计112.5万元。2008年，上城区将杭州华日电冰箱有限公司① 和杭州奥普

① 浙江华日实业投资有限公司是杭州华日电冰箱有限公司的控股公司。

电器有限公司列入突出贡献企业名单，分别给予10万元奖励。2010年和2012年，区政府对杭州华日电冰箱有限公司“新增15万台低碳节能环保冰箱生产能力技术改造”和“节能低碳冷柜生产线及新工艺技术改造”2个项目进行财政资助，累计资助120万元，项目总投资3598万元，引导企业加大技术改造力度，转变经济增长方式，实现低碳生产。

2015年，上城区有规模以上家用电器制造企业1家①（杭州华日电冰箱股份有限公司），实现工业总产值8.95亿元，利润总额1.47亿元。

① 从2011年1月起，纳入规模以上工业统计范围的工业企业起点标准从年主营业务收入500万元提高到2000万元。规模以上企业有所减少。

二、企业选介

浙江华日实业投资有限公司　杭州华日电冰箱厂前身是杭州东海电冰箱厂，建于1984年7月，地址位于小营街道龙骧里附近，占地面积1000平方米。1985年，搬入玉皇山下第二水泥厂的旧厂房。1987年4月，杭州华日电冰箱厂年产30万台冰箱的新生产大楼投入运行（地址位于江干区乌龙庙附近）。1989年，杭州华日电冰箱厂相继从美国、日本、意大利等国家引进先进的检测、生产设备。1990年，杭州华日电冰箱厂占地面积3万平方米（位于江干区乌龙庙附近），年产电冰箱8.89万台，工业总产值1.33亿元，销售总额1.34亿元，利税1214万元，利润952万元。1992年，杭州华日电冰箱厂推出中国第一台计算机冰箱，被授予“国家重点新产品”称号。是年，杭州华日电冰箱厂形成生产“华日”牌流线型电冰箱系列、计算机全自动电冰箱系列、计算机全自动组合电冰箱和“华日”牌冷柜系列等近20种型号产品的能力。“华日”冰箱被评为浙江省名牌产品。是年，杭州华日电冰箱厂以工业总产值3.9亿元、销售额4.2亿元，跻身全国六大电冰箱厂之列。

1993年，杭州华日电冰箱厂年产电冰箱9.2万台。1994年10月，浙江华日集团公司成立。是年，浙江华日集团公司研发出国内第一台模糊控制智能冰箱，获全国发明金奖，“华日”系列冰箱被中国消费者协会选为推荐商品，被全国48家大商场联合推荐为市场八大金牌产品。1995年，浙江华日集团公司生产冰箱16.2万台，工业总产值4.38亿元，销售总额3.89亿元，利税5316万元，其中利润3795万元，成为全国最大的侨属企业、国家二级企业和外贸扩权企业。

1997年，浙江华日集团公司总投资3亿元，引进英国、意大利先进技术装备，完成年产60万台电冰箱的华日工业城一期工程。

2001年，浙江华日集团公司改制为浙江华日实业投资有限公司，是年公司对冰箱生产线进行无氟技术改造。2002年，投资1610万元，使聚氨酯发泡生产线达到国际先进技术水平，解决生产瓶颈问题，扩大生产规模。2004年，投资1000万元，建成半导体电子冰箱生产线，达到国际先进技术水平，新增5万台半导体电子冰箱年生产能力；投资2084万元，引进国际先进的无氟制冷产品生产线，新增10万台无氟冰箱年生产能力，并通过德国TUV认证。投资2000万元建设华日检测大楼、6工位模拟人工环境试验室、出厂抽检室等关键技术及检测设备，使“华日”产品的生产规模效益和品牌效应快速提升，品质保证能力加强。是年，“华日”冰箱销往东南亚、中东地区和欧洲。

2005年，浙江华日实业投资有限公司有近20个产品达到国家一级能效标准，部分产品达到欧洲A++标准。计算机控制技术、无氟替代技术和节电降噪技术都走在行业前列，“华日”冰箱成为首批国家免检产品、全国用户满意产品和浙江名牌产品。是年，浙江华日实业投资有限公司自主创新的产品不断面世，外贸出口稳定增加，冰箱产量最高时达到日均产4000台。浙江华日实业投资有限公司坚持“科技领先、专业制造、规模经营、持续发展”的发展战略，成为中国100家最大电气化机械及器材制造企业和中国家电制冷行业骨干企业，具有年生产电冰箱120万台的能力。全年生产家用电冰箱71.57万台，工业总产值6.85亿元，工业销售产值6.47亿元，产品销售收入7.64亿元，利税3927万元，其中利润2231万元，资产总额10.46亿元。

2006年，浙江华日实业投资有限公司加强与国内外知名企业的合作，扩大规模生产和外贸出口，电冰箱年产量超过100万台。2007年，积极调整经营策略，加强与国内外知名企业的合作，不断推出有市场竞争优势的新产品，实现企业持续稳定发展。全年冰箱产量达107万台，销售收入比2006年增长60%，外贸产品增长40%。2007年，华日冰箱获“中国名牌产品”称号，华日冰箱通过“国家免检产品”复审，华日数码智能冰箱获得工业和信息化部、国家发展和改革委员会、科技部、商务部、国家统计局审定的“自主创新成果奖”。

图11-1-3　华日电冰箱生产流水线（2007年）
（浙江华日实业投资有限公司 供稿）

2008年，华日无氟改造项目获联合国环境署“示范项目杰出贡献奖”，华日电器被国家工商总局评为“中国驰名商标”。2010年，浙江华日实业投资有限公司重大扩建项目在富阳东洲工业园区落户，占地33.3万平方米，投资10亿元，建设年生产规模300万台/套的现代化家电生产基地。

2015年，浙江华日实业投资有限公司有职工约800人，工业产值8.95亿元，营业收入7.57亿元，利润1.47亿元，贡献税收1.4亿元。

杭州奥普电器有限公司　杭州奥普电器有限公司成立于1993年，位于城站直牌弄33

号，是一家以生产卫浴电器产品为主的外商独资企业，生产销售包括浴室多功能取暖器（浴霸）、1+N浴顶、通风扇等卫浴电器系列产品。是年，生产国内第一台集取暖、照明、换气三功能于一体的浴室多功能取暖器。

2001年，该公司通过ISO9001质量管理体系认证。2006年2月，获得ISO14001认证证书。2002—2005年，售后服务网点从120个发展到212个，顾客满意率从95.6%增加至96.8%。根据国家统计局统计，奥普浴霸2002、2003、2004、2005年连续4年获同类产品销量第一名。

2004年，该公司迁址莫干山路1418号上城科技工业基地内。2005年，该公司解决厨房油烟弥散难题，开发出全新侧吸下排环保灶产品。该产品利用空气动力学原理，贴近锅面及油烟升腾点，侧吸强劲排烟，迫使油烟改变上升路径，使有害油烟远离炒菜操作者鼻咽位置，油烟吸净率接近100%，使厨房彻底敞开成为可能。至年末，奥普浴霸产量115万台，产值3.34亿元，利税8074万元。

2002—2008年，“奥普”电器连续7年获同类产品销量、市场占有率第一名。“奥普”相继获浙江省名牌、浙江省著名商标、浙江省驰名商号等荣誉；2005年，奥普浴霸被授予“国家免检产品”称号；2006年1月，“奥普”商标被认定为“中国驰名商标”。

2009年，公司在中国成立奥普博朗尼厨卫科技有限公司，正式推出精心打造多年的奥普环保灶产品。2007年，公司在下沙占地10万平方米的研发制造中心开工建设。是年，杭州奥普电器有限公司被《福布斯（亚洲）》评为亚洲最具成长性的中小企业（10亿美元以下收入）200强之一，获“浙江创建和谐劳动先进企业”称号。

2010年，该公司销售浴霸、通风扇126万台，含税销售金额4.3亿元。“奥普”浴霸蝉联全国同行业销量第一，销售量市场份额达到53.64%，销售额市场份额62.41%。是年10月，“奥普”浴霸被中国家用电器协会授予“中国小家电原创奖”称号。

至2015年末，该公司在全国设有24个分支机构，1000余家品牌专卖店、4000余个终端网点，全球共有1000余万户家庭选择和使用“奥普”产品。有员工500人，工业产值2.21亿元，营业收入1.3亿元，利润8000万元，贡献税收2000万元。

图11-1-4　杭州奥普电器有限公司生产车间（2014年）
（杭州奥普电器有限公司 供稿）

第三节　机械制造业

一、行业发展

1993年，上城区属主要机械制造企业有12家，实现工业总产值1.20亿元、利润总额1129.6万元，主要产品产量有锅炉仪表1938台、锅炉控制台28台、有机废气净化装置49台、自行车衣架150.27万只、离合器钢片总成111.36万件、压力表19.2万只、套丝机3716台、潜水泵2.01万台。

1995—1997年，上城区机械制造业中，机床、刀具、夹具、检测仪器等设备的许多关键零部件还不能自己生产制造，完全依赖进口，很大程度上限制机械制造业的发展。大多数企业还采用较落后的制造工艺与技术装备进行生产，优质、高效、低耗工艺的普及率不足10%，数控机床、精密设备不足5%，配有国产数控系统的中档数控机床不超过25%，高档数控机床90%以上依赖进口。

1998年4月，为加快企业结构调整，上城区对杭州华立仪表厂、杭州热工仪表厂、杭州工具仪表厂实施资产重组，成立杭州华立仪表总厂。5月，杭州三星风机厂兼并杭州环保设备机械厂，对资产进行合理配置。杭州通达自控设备厂实施易地生产。是年，杭州市经济委员会、杭州市计划委员会、杭州市统计局将杭州离合器厂及其主要产品离合器列为1998年度杭州市重点工业企业和重点产品。杭州离合器厂全年实现工业总产值1.42亿元、利润701万元。

2000年，上城区机械制造业开始钻研工艺，重视科技创新。上城区将浙江中源电气有限公司的“电梯牵引电机”项目列入重点开发产品计划；将杭州离合器有限公司“新生产基地建设”列入重点技术改造项目，项目投资总额2000万元。浙江中源电气有限公司的三相稀土永磁电机产品进入玻璃市场和化纤市场，逐步获得客户的认可。是年，浙江中源电气有限公司获杭州市2000年度优秀新产品新技术奖，后又被科技部列为“2002年国家级火炬计划”项目承担单位。2001年，上城区有规模以上机械制造工业企业8家，实现工业总产值2.16亿元、销售收入1.91亿元、利润494万元，上缴税金848万元。主要产品包括汽车配件、套丝机、仪表、电梯配件等，其中，汽车配件年产量117.09万件，套丝机7424台。

2004年，机械产品内销市场趋缓。为缓解机械产品内销市场不足，机械制造业开始拓展海外市场，实现出口产品交货值1.10亿元，占工业销售产值的8%。2005年，上城区有规模以上机械制造工业企业9家，实现工业总产值1.81亿元、销售收入1.79亿元、利润343万元，上缴税金715万元，主要产品包括汽车配件、手表、永磁电机、电梯配件等机械产品，其中汽车配件年产量16.11万件。2009年，浙江双元科技有限公司成功研发微波浓度计、可调喷嘴热泵等产品，项目“基于嵌入式技术的宽幅材料表面缺陷高速在线检测系统”获国家中小企业创新基金项目立项支持，并于2011年通过验收。

2011年，浙江威星智能仪表股份有限公司被评为浙江省专利示范企业。是年，以浙江双元科技开发有限公司、浙江威星智能仪表股份有限公司等为代表的上城区机械制造产业积极响应“从制造大国向制造强国转变”的发展战略，在专利技术研发、核心部件方面取得突破，初步形成具有先进水平的主机产品、基础技术、功能部件的研发与制造体系，主要产品包括传感器、永磁电机等。2012年，上城区对杭州宇控机电工程有限公司“水下机器人”[①]项目财政资助20万元，项目总投资333.23万元。是年，杭州宇控机电工程有限公司生产的沉积物取样器和样品存放箱，搭载“蛟龙号”载人潜水器在西太平洋马里亚纳海沟成功完成7000米级海试的6次下潜，并在第二至第五潜次试验中，获取6个无扰动的沉积物样品，密封保存机械手获得的深海海参样品，是在人类历史上从6900余米和7000余米海底首次带回沉积物和生物样品，是中国深海技术的一项重大突破。

2015年，上城区有规模以上机械制造工业企业4家[②]，分别为浙江中源电气有限公司、浙江求是科教设备有限公司、浙江威星智能仪表股份有限公司和浙江双元科技开发有限公司，工业总产值5.24亿元，利润总额6737万元，主要产品有工业自动调节仪表与控制系统、永磁电机、鼓风机、燃气表等，其中工业自动调节仪表与控制系统44830台，仪器仪表8717604台。

① 水下机器人项目主要是解决水下探测、取样、检修等问题，解决人在水下作业的难题，是替代人在水下作业的先进设备。

② 从2011年1月起，纳入规模以上工业统计范围的工业企业起点标准从年主营业务收入500万元提高到2000万元。规模以上企业有所减少。

表11-1-3　1993年上城区属主要机械制造企业情况表

单位：万元

企业名称	工业总产值	利润总额
杭州离合器厂	5005.42	500.17
杭州三星风机厂	629.09	121.28
杭州套丝机总厂	1354.72	100.82
杭州江南潜水泵厂	1017.33	100.41
杭州江南压力容器厂	849.49	80.06
杭州长城烟草机械厂	438.72	59.03
杭州自行车另件四厂	1216.85	58.45
杭州华立仪表厂	373.94	50.72
杭州热工仪表厂	690.68	35.11
杭州振华仪表厂	150.55	20.04
杭州节能环保机械厂	102.79	3.00
杭州工具仪表厂	125.62	0.51
合　计	11955.20	1129.60

说明：资料来源于1993年《上城区统计年鉴》

表 11-1-4　2001年上城区规模以上机械制造工业企业情况表

单位：万元

企业名称	工业总产值	销售收入	利润	税金
杭州离合器有限公司	9421	7069	25	208
杭州套丝机有限公司	1521	1539	43	79
杭州华立仪表有限公司	888	919	28	95
杭州江南压力容器制造有限公司	741	670	27	23
杭州恒达专用汽车液罐厂	759	769	7	22
杭州沪宁电梯配件厂	1284	1141	25	42
杭州中豪电梯成套制造有限公司	1876	1817	–41	93
杭州申菱电梯配件制造有限公司	5065	5210	380	286
合计	21555	19134	494	848

说明：资料来源于2001年《上城区统计年鉴》

表 11-1-5　2005年上城区规模以上机械制造工业企业情况表

单位：万元

企业名称	工业总产值	销售收入	利润	税金
杭州离合器有限公司	835	994	2	78
杭州手表有限公司	3898	3649	1	237
浙江中源电气有限公司	1685	1634	24	79
浙江求是科教设备有限公司	2800	2779	112	140
杭州中豪电梯成套制造有限公司	3141	3268	31	99
杭州鼎利环保科技有限公司	1563	1534	31	33
浙江川崎茶业机械有限公司	1868	1697	45	0
杭州云天港口机械设备有限公司	549	714	4	17
杭州蓝天锅炉制造有限公司	1723	1603	93	32
合计	18062	17872	343	715

说明：资料来源于2005年《上城区统计年鉴》

二、企业选介

浙江双元科技开发有限公司　浙江双元科技开发有限公司成立于2006年3月，注册资本1500万元，总部位于莫干山路1418号上城电子机械工业功能区内，占地6000平方米，是一家专业从事传统工业过程自动检测控制系统、智能仪器仪表、机器视觉应用、节能环保和全高清图像处理系统研发、生产、销售于一体的国家级高新技术企业。是年，公司有员工20人，工业产值114万元，营业收入114万元，利润38.95万元，贡献税收33.56万元。

2007年，公司完成“纸张表面缺陷在线检测系统”的研发，该系统能在造纸过程中排除纸面产生的孔洞、褶皱等缺陷。是年，该项目获杭州市科技进步奖三等奖。2009年，成功研发微波浓度计、可调喷嘴热泵等产品，项目“基于嵌入式技术的宽幅材料表面缺陷高速在线检测系统”获国家中小企业创新基金项目立项支持。2010年，公司被评为上城区创新型企业、杭州市雏鹰企业。“可调喷嘴热泵系统”项目获杭州市种子资金项目立项支持，“高能耗行业综合节能技术集成与应用示范”项目获上城区节能减排优秀示范项目奖。

2011年，公司研发定量传感器，完成定量传感器接受探头机械总体设计，实现产品恒温、密封及防尘的功能，并于研发成功后投入使用。是年，公司制浆造纸自动化技术研发中心被认定为杭州市级研发中心。2012年，公司通过ISO 9001质量管理认证并取得双元科技注册商标，获“一种超长型自动扫描设备的机架罩壳”“大型自动扫描设备扫描探头离合装置”等多个实用新型专利。是年，该公司有员工145人，工业产值6643万元，营业收入6643万元，利润957.16万元，贡献税收519.69万元。2014年，公司通过国家高新技术企业复审。“高精度可调圆导轨小车”项目获实用新型专利，“薄膜片材厚度高精度在线检测控制系统”获浙江省信息服务业发展专项项目支持。

2015年，“基于可调热泵的纸机蒸汽冷凝水系统开发及应用示范”获杭州市社会发展科研项目支持。是年，浙江双元科技开发有限公司员工180人，工业产值8185万元，营业收入8185万元，利润1950万元，贡献税收747万元。

浙江中源电气有限公司　浙江中源电气有限公司成立于1992年，位于长生路9号，主营通信设备、程控交换机的研发和制造。1997年，公司开始专业从事稀土永磁电机及其驱动装置的研发制造，参与并主导制定多项国家及行业标准，是国内永磁电机研发、生产的领军企业。是年，公司拥有5条永磁电机生产线，产能达100万台。2003年4月，注册地变更为莫干山路1418号，租赁厂房进行办公。

2000年，三相稀土永磁电机产品进入玻璃和化纤制造市场，逐步获得客户认可。稀土永磁电机获得杭州市2000年度优秀新产品新技术奖，公司后又被科技部列为“2002年国家级火炬计划”项目承担单位。公司年产值增加到300万元。2001年，公司通过英国摩迪公司认证的ISO9001质量体系。2003年，公司和德国Barmag公司（全球最大的化纤机械供应商）达成战略合作伙伴关系。全年实现产值800万元。2005年，成立研发中心，以总经理为技术总监，以清华大学、浙江大学等多位博士为专家顾问团，开始向永磁电机的更前沿技术深入研究。

2006年，公司的稀土永磁电机全系列产品投入市场，进入注塑机和包装行业。是年，在莫干山路1418号内自建的第一期厂房投入使用。2008年，公司产品成功进入新能源领域风力发电、港口机械发电电动两用电机等领域。2012年，二期厂房投入使用。高效永磁电机获得浙江省工业和信息化委员会授予的“知名品牌奖”，稀土永磁矢量电机获得浙江省科技厅授予的“产品创新奖”。浙江大学在公司设立院士工作站，企业获杭州市企业高新技术研发中心资质。

2014年，公司耗资800万元从日本三菱公司购买激光设备投入到研发，自主研发钣金机壳完全取代以往的铸铁机壳，并成功实现轻量化、节能环保效果。超过2000平方米的综合测试实验室涵盖型式试验、环境试验、盐雾试验、静音试验、高低温试验等全面测试功能。公司科研能力和检测能力已达到国内同行业领先水平，产品性能指标达到国际较高标准。

2015年，公司成立浙江中源电气成套技术有限公司，开始向生物质发电系统进军。通过和浙江大学联合研发，实现生物质发电可以移动和智能控制。并开发磁悬浮轴承永磁电机及鼓风机系列新产品。公司产品成功销往德国、日本、法国、比利时等电机强国。至年末，公司共获3项发明专利和11项实用新型专利。是年，公司完成产值5142万元，利润137万元，贡献税收252万元。

浙江威星智能仪表股份有限公司　浙江威星仪表系统集成有限公司成立于2005年8月，位于杭州市高新技术开发区保亭工业园，是一家专业从事智能燃气信息系统平台、智能终端及超声波计量产品等研发、生产和销售的高新技术企业，主要产品包括IC卡智能燃气表及其智能装置、远传燃气表（包括有线远传燃气表、无线远传燃气表和物联网远传燃气表）、电子式燃气表（包括超声波表和音频表）及相应的软件、数据服务和结算系统。2006年，公司被认定为高新技术企业，取得ISO 9001质量管理体系认证。2009年，公司完成股份制改造，更名为浙江威星智能仪表股份有限公司，9月，公司搬迁至莫干山路1418号。

2010年，公司生产的超声波燃气表登记为浙江省科学技术成果。2011年，超声波燃气表获杭州市科技进步三等奖，公司被评为浙江省专利示范企业。2012年，RF远传表燃气表及民用超声波燃气表正式投产，音频表出口外销，威星智能研发中心被认定为浙江省企业技术中心。2013年，无线远传表入选中国燃气行业推荐产品，“威星”牌智能燃气表被认定为杭州名牌产品，研发中心被认定为浙江省工程研究中心，公司被评为浙江省工商企业信用AA级守合同重信用单位。

2014年，公司获中国境内最大的城市燃气运营商之一——中国燃气控股有限公司的战略性投资1080万股，威星“燃气云”企业研究院被浙江省政府认定为省级重点企业研究院。是年，公司员工469人，智能燃气表年产量超过100万台，实现销售收入21777.65万元，利润总额3570.56万元。

2015年，公司获中国燃气行业“博燃风云榜年度企业”称号。“燃气云”项目启动建设，物联网燃气表全面推广，新一代电子式超声波燃气表销售突破10万台。公司在智能制造方面积极规划，持续投入，不断推进智慧工厂的建设进程，公司基于物联网技术的信息平台系统被评为杭州市第一批工厂物联网项目。

是年，公司人员规模581人，实现工业总产值30652万元、销售收入26931万元、利润总额4438万元，企业入选福布斯中国潜力企业排行榜。

第四节　电子工业

一、行业发展

1993年，上城区属主要电子工业企业有9家，实现工业总产值6134.59万元、利润总额907.45万元，主要产品及产量为一体化回扫变压器年产量60.15万只、电子皮带秤391台、电磁流量计217台、集散型工业控制系统122部。其中，产值超千万元的企业有杭州工业自动化仪表总厂、杭州新星微型计算机厂。

1995年，杭州工业自动化仪表总厂生产的XML-30（智能）流量显示积算仪达到国内先进水平。1998年，上城区形成以通信设备、数字家电软件与系统集成和微电子器件业为主的电子信息产业。至2000年，上城区年销售收入500万元以上的电子工业企业有5家。是年，上城区将杭州新利电子有限公司“SLPS200、300压敏邮筒机”、杭州北海程控设备有限公司“SCD-9501高速公路报警系统”、杭州海兴电器有限公司“电子式单相电能表”、杭州华远微机应用有限公司“EC2000电控补气装置”列入重点开发产品计划；将杭州海兴电器有限公司“模具加工制造中心”列入重点技术改造项目，项目投资总额1200万元。

2001年，杭州海兴电器有限公司完成研发第一代电子式电能表，在国内率先研发完成符合美国ANSI标准的电能表产品。是年，上城区有规模以上电子工业企业6家，实现工业总产值1.01亿元、销售收入1.01亿元、利润366万元，上缴税金198万元，主要产品包括商务电子机器、软件产品、电度表、电子器材等，其中电度表产量127.82万台。2005年，上城区有规模以上电子工业企业10家，实现工业总产值2.45亿元、销售收入2.57亿元、利润1645万元，上缴税金738万元。2006年，上城区将浙江电力高技术开发有限公司的“电力负荷控制器生产线”项目列为重点技术改造项目，项目总投资1100万元。是年，杭州海兴电器有限公司研发出国内第一款获得国际预付费系统数据加密传输STS标准认证的预付费表产品，为中国企业在该领域填补空白。2008年，杭州市经济委员会、杭州市财政局将杭州海兴电器有限公司、浙江顺舟电力高技术有限公司评选为杭州市最具成长型中小企业。2010年，上城区对杭州海兴电力科技有限公司“电子式多功能电能表生产线”和杭州中瑞思创科技有限公司“电子商品防盗软标签项目购置设备，新建软标签及应答器生产线”2个技术改造项目财政资助70万元，项目总投资1860万元，激励企业技术创新，提升市场竞争力。随着上城区大力发展高科技、高效益、低耗能、无污染的都市型工业经济，是年，上城区规模以上电子工业企业增至21家，工业总产值11.82亿元。2014年，杭州海兴电力科技股份有限公司“开放式智能计量终端操作系统的研究与产品开发”“输配电网设备一体式智能检测系统”和杭州中瑞思创科技股份有限公司“基于EAS和RFID的物品信息处理关键技术研究和产品开发”3个项目被列入杭州市工业和科技统筹资金项目，市区财政资助资金合计283万元。

至2015年末，上城区有规模以上电子工业企业13家[①]，分别为浙江亿邦通信科技股份有限公司、杭州思越科技有限公司、杭州通兴电子有限公司、浙江顺舟电力高技术有限公司、杭州东信电子有限公司、杭州海兴电力科技股份有限公司、杭州亿恒科技有限公司、杭州三高光电科技有限公司、新际电子元件（杭州）有限公司、杭州中瑞思创科技股份有限公司、杭州思创安防科技有限公司、浙江中杭电子有限公司、杭州慧景科技股份有限公司，工业总产值24.51亿元，利润总额7.19亿元，主要产品包括电连接器、智能电能表、光电子器件、电子元件、电子防盗产品等，其中光电子器件年产量1344万只、电子元件年产量63.15万只。

① 从2011年1月起，纳入规模以上工业统计范围的工业企业起点标准从年主营业务收入500万元提高到2000万元。规模以上企业有所减少。

表11-1-6　1993年上城区属主要电子工业企业情况表

单位：万元

企业名称	工业总产值	利润总额
杭州工业自动化仪表总厂	3066.20	373.43
杭州新星微型计算机厂	1098.32	303.32
杭州云天自控集团公司	802.12	115.30
杭州西西电器有限公司	218.50	53.73
杭州无线电配件厂	214.78	48.12
杭州星际电源设备厂	201.68	7.61
杭州兴国电子配电厂	120.35	5.10
杭州低温设备厂	338.12	0.49
杭州电动剃须刀厂	74.52	0.35
合计	6134.59	907.45

说明：资料来源于1993年《上城区统计年鉴》

表11-1-7　2001年上城区规模以上电子工业企业情况表

单位：万元

企业名称	工业总产值	销售收入	利润	税金
杭州新利电子有限公司	548	412	-799	27
杭州海兴电器有限公司	6168	6168	1119	0
杭州科灵电器有限公司	783	735	65	51
杭州近江电子器材厂	1415	1598	11	49
杭州电讯设备厂	817	826	1	51
杭州昌虹电器有限公司	377	377	-31	20
合计	10108	10116	366	198

说明：资料来源于2001年《上城区统计年鉴》

表 11-1-8　2005 年上城区规模以上电子工业企业情况表

单位：万元

企业名称	工业总产值	销售收入	利润	税金
杭州海兴电器有限公司	11220	11322	977	0
杭州福达电子设备厂	493	690	3	35
杭州通达控制系统有限公司	1440	1570	66	106
杭州科灵电器有限公司	990	1020	123	67
杭州万思计算机制造有限公司	3060	3012	8	13
浙江零零壹数码通讯有限公司	489	489	-155	74
杭州杰登电气有限公司	812	790	-15	39
杭州中瑞思创科技有限公司	5260	6008	585	357
杭州赞成机电科技有限公司	65	100	9	7
杭州大博俊电子工程有限公司	641	691	44	40
合计	24470	25692	1645	738

说明：资料来源于2005年《上城区统计年鉴》

二、企业选介

浙江中杭电子有限公司　浙江中杭电子有限公司前身为成立于2004年5月的浙江中航电子有限公司，由中国航空技术进出口杭州公司发起成立，是一家集开发、研制、生产和销售于一体的专业军工电连接器科研生产单位，是浙江省高新技术企业，浙江省航空航天学会理事长单位，地址拱墅区金华路242-126号，注册资本100万元。

2009年，公司响应国家开发绿色新能源的号召，确立新能源领域发展目标，成功研发游动快速连接器，成为国内最早进入电动及混合动力汽车充换电连接器领域的行业先锋。2010年，公司更名为浙江中杭电子有限公司，搬迁至莫干山路1418-41号。是年，公司自主研发的新能源汽车电池快换连接器是国内研制最早、类型最为齐全，在新能源汽车换电方案中具有技术垄断地位的产品。产品拥有多项国家专利，可以满足换电方案客户不同需求。2011年，公司注册资本增至1000万元，并成功研发深海水密小型电缆连接器，同时确立海洋领域发展目标，并实现新能源成套设备生产能力。

2012年，公司核心产品电连接器成功向浙江大华技术股份有限公司、杭州海康威视数字技术股份有限公司等企业批量供货。是年9月，公司通过中国新时代认证中心综合评议，获ISO/TS 16949：2009汽车行业质量管理体系认证，被认定为国家高新技术企业。

2013年，工业产值3760万元，营业收入3689万元，利润200万元，贡献税收85万元。12月，被浙江省科技厅评为科技型中小企业。2014年，公司员工85人，工业产值3500万元，营业收入3500万元，利润330万元，贡献税收168万元。

2015年，公司注册资本增至1100万元，工业产值5718万元，实现年营业收入5800万元，净利润1276万元，上缴利税1045万元，营业收入比2014年增长39.7%，净利润增长1

倍。拥有员工108人，办公及生产场地面积近3000平方米。主要产品有微矩形电连接器、通用圆形电连接器、电缆组件、深海水密电连接器、电动汽车用电连接器等，主要应用于航空、航天、船舶、兵器、电子、医疗器械、高频通信设备、新能源汽车、深海装备等众多军民领域。

杭州海兴电力科技股份有限公司　杭州海兴电力科技股份有限公司[①]创立于1992年，是一家专业从事电力能源计量和系统服务的科技型生产企业，主要生产智能电能表等产品。1998年，公司落户莫干山路1418-5号，注册资本3.81亿元，占地面积2.58万平方米，建筑面积3.07万平方米。2001年，公司完成研发第一代电子式电能表，在国内率先研发完成符合美国ANSI标准的电能表产品。2002年，电能表等产品相继进入美洲及南亚市场。2004年，公司在巴基斯坦建设工厂，完成在亚洲、美洲、非洲的市场布局，为全球化发展奠定基础。

① 该公司曾名杭州海兴电器有限公司、杭州海兴电力科技有限公司。

2005年，公司继续在中东、东南亚、南美、非洲等区域设立子公司、工厂，表计产品出口量跃居全国首位，出口产品销售收入9292.61万元。2006年，公司研发出国内第一款获国际预付费系统数据加密传输STS标准认证的预付费表产品，为中国企业在该领域填补空白。公司销售收入首次突破1亿元；获评杭州市企业技术中心。2007年，公司获高新技术企业认定；基于STS协议的键盘式预付费电子电能表被列入国家火炬计划项目；“海兴”牌电子式电能表被认定为杭州市名牌产品。2008年，集办公、生产和仓储功能于一体的全新综合办公大楼全部投入使用。公司建设完成符合欧美标准的系统模拟实验室和符合IEC 17025标准的国际认可实验室，为研发测试提供强有力的保障。“海兴”牌电子式电能表获评浙江省名牌产品、杭州出口名牌产品，首次通过欧洲DLMS、EURIDIS 2项国际权威认证。是年，公司国内销售额比2007年增长210%，国外市场增长28%，主营业务收入1.90亿元。2009年，公司被认定为国家火炬计划重点高新技术企业、浙江省高新技术企业研究开发中心，获浙江省最具成长型中小企业100佳称号。

2010年，公司测试研发中心成为国内最早获得ISO/IEC 17025实验室认证的业内企业测试中心之一；生产规模持续扩大，新增2条智能电能表自动化生产线，实现效率提倍，产能翻番。2011年，公司完成博茨瓦纳、南非智能预付费系统项目并提供运维服务，实施印尼变电站工程成套项目，开始由表计产品生产商向电力能源计量与管理系统解决方案供应商与服务商转变，为全球电力客户提供智能用电方案和产品。是年，公司销售收入突破10亿元。

2012年，高低压一体化智能防窃电系统被认定为国家级重点新产品。海兴智能网络预付费管理系统获杭州市科技进步奖二等奖，用电及计量自动化需求侧管理系统（海兴电能量综合信息管理系统）和预付费电能表自动测试校验装置获杭州市科技进步奖三等奖。2014年，公司基于Web Server的智能计量技术和物联网技术的能源管理系统获评杭州市科技进步奖三等奖。是年，公司销售收入突破20亿元，利润总额突破5亿元。

2015年，公司的高低压一体化智能防窃电系统获浙江省科技进步奖三等奖；输配电网设备一体式智能检测系统被认定为国家火炬计划产业化示范项目。公司拥有有效专利55项，登记软件著作权35项。公司研究院获评"海兴电力云省级重点企业研究院"。公司还拥有海兴智能用电及智能电网省级高新技术企业研究开发中心、杭州海兴电力科技股份有限公司省级企业技术中心等科研平台，在印度尼西亚、孟加拉国、巴基斯坦、伊朗、巴西、秘鲁、南非、肯尼亚、塞内加尔等10余个国家设立子公司，产品及服务遍布世界80余个国家和地区，并覆盖国内除西藏外的所有省、市、自治区，形成"大海兴"全球化布局。电能计量仪表和系统类产品出口连续5年稳居国内同行首位。公司主要产品有IEC表、ANSI圆表、故障指示器、智能开关、环网柜、箱式开闭所、电缆分支箱等。

第五节　化学工业

一、行业发展

1993年，上城区内主要有杭州东南化工厂和杭州中策橡胶有限公司2家化工企业。2000年，杭州东南化工厂开始产权制度改革，成为无国有资本的有限责任公司。随着杭州旧城改造和产业转型升级的力度不断加大，2002年起，杭州市陆续印发《杭州市工业企业搬迁专项资金管理办法（试行）》《杭州市市区范围内市属工业企业搬迁实施细则（试行）》等相关文件，鼓励、规范企业搬迁。上城区为响应"环境立市""工业兴市"战略号召，加快对辖区内化工企业的搬迁工作，大力发展都市型工业经济。2008年，杭州东南化工有限公司上仓桥路10号的老厂房拆除。2013年，中策橡胶集团有限公司搬迁至下沙一号大街1号。

至2015年，上城区内有规模以上化工企业3家，分别为杭州兴达特种橡胶有限公司、杭州捷尔思阻燃化工有限公司、杭州璟江瑞华科技有限公司，工业总产值3.38亿元，利润总额2400万元，主要产品包括阻燃化工品、橡胶卷零件、染料、染料中间体、精细化工品。

二、企业选介

浙江东南船牌日化股份有限公司　民国32年（1943），东南化学皂厂在大狮子巷正式开业。8月，生产出第一块"船牌"肥皂。该肥皂原料使用进口香茅油，皂体色泽洁白，当年产量即占全市的10%，第二年上升到30%。中华人民共和国成立后，经公私合营，公司改组成立杭州东南化工厂。1957年，工业总产值1101.8万元。改革开放后，企业产销规模大幅提升。1985年，工业总产值5525.19万元。20世纪90年代，杭州东南化工厂实施科技大升级战略，从意大利引进油脂水解、脂肪酸连续中和的先进制皂装置，扩大产能，提高产品质量。1997—1999年，连续3年产销量居全国同行业之首。2000年，该厂开始产权制度改革，成为无国有资本的有限责任公司。是年，公司完成产值9700万元，销售额1.8亿元，生产香皂830吨、高级半透明洗衣皂1.80万吨、普通洗衣皂4000吨、甘油1500吨、工业硅酸钠1.30万吨、液洗产品1300吨。2001年，公司完成注册登记，企业改名为杭州东南化工有限公司，地址上仓桥路10号。2008年，上仓桥路10号的老厂房拆除，公司场所变更为宋城路91号。2009年，杭州康利实业有限公司收购杭州东南化工有限公司全部股份。2011年，"船牌"被商务部正式认定为"中华老字号"品牌。2015年，公司改名为浙江东南船牌日化股份有限公司。是年，公司主要产品有化工产品、肥皂、洗涤用品等，实现营业收入1.38亿元。

中策橡胶集团有限公司　1957年底，杭州海潮橡胶厂筹建处成立，总投资250万元。1958年2月，浙江省第一家橡胶厂杭州海潮橡胶厂成立，选址海潮寺遗址，即海潮路1号，主要生产胶鞋、雨鞋和力车胎。7月，第一条手推车胎诞生。1960年8月，"海潮"牌产品商标注册，1966年8月改为"朝阳"牌。1966年8月，杭州海潮橡胶厂更名为杭州橡胶厂。1969年12月，开始试制900-20汽车轮胎，1971年6月正式投产。1971年9月，杭州橡胶厂第一条斜交轮胎诞生。1981年10月，"朝阳"牌26×1 1/2手推车外胎获国家银质奖。1985年9月，26×1 3/8尼龙轻便自行车胎被化学工业部评为优质产品，1986年又被评为A级产品。

1973年，第一台内胎机械接头机试制成功并投入使用，标志着该公司内胎生产步入机械化生产行列。1990年，企业进入中国企业500强名单，年销售额达3.26亿元。1992年7月，企业与香港中策投资有限公司合资成立杭州中策橡胶有限公司。2000年，公司第一条实心轮胎诞生，工程轮胎投产。2003年，公司与美国固铂轮胎签订供货协议，并获得巴西、印度尼西亚、印度及海湾地区国家的进口质量认证。2005年，"朝阳"商标被评为中国驰名商标。2008年起，公司相继在美国、巴西、德国等地设立分公司。2012年，公司完成销售收入310亿元。

2013年，公司更名为中策橡胶集团有限公司，搬迁至下沙一号大街1号。

杭州捷尔思阻燃化工有限公司　杭州捷尔思阻燃化工有限公司于2001年4月在上城区紫金观巷科创中心成立。2004年，通过ISO 9001质量管理体系认证。2005年，公司落户上城电子机械工业功能区，是一家专业从事无卤阻燃材料研究、生产和销售的高新技术企业，注册资金500万元，占地面积1.27万平方米，建筑面积1.93万平方米，总投资9000万元。

2007年，公司环保无卤阻燃剂——多聚磷酸密胺盐获杭州市优秀新产品新技术三等奖。2008年，公司成为高新技术企业和省级高新技术企业研发中心。2010年，公司环保无卤阻燃热塑性弹性体技术获浙江省科学技术三等奖。2011年，公司环保无卤阻燃剂——多聚磷酸密胺盐获"杭州名牌产品"及公司品牌"JLS"获杭州市第四批"出口名牌"称号。2012年，通过OHSAS 18000职业健康安全管理体系认证和ISO 14000环境管理体系认证。是年，公司品牌“JLS”被评为浙江省出口名牌，阻燃剂使用图形（商标注册号：3016529）入选杭州市著名商标，高性能地铁专用无卤阻燃电缆料研究和开发获杭州市科技进步二等奖。

至2015年，公司下辖生产基地3个，独立的省级高新技术企业研究开发中心1个，杭州市市级技术研发中心1个，在美国、俄罗斯和韩国建立海外销售公司3个，在欧洲、日本、英国等发达国家和地区有代理商11个。先后承担完成国家创新基金、火炬计划、浙江省重大科技创新、省级新产品试制计划等20余项，申请国家发明专利16项，获授权13项，另3项进入公布及实质审查阶段，形成完整的知识产权保护体系。公司销售收入达到2.6亿元。

杭州璟江瑞华科技有限公司　杭州璟江瑞华科技有限公司原名杭州近江化工染料有限公司，2001年6月成立，是由香港华惠企业有限公司、杭州金江安信实业有限公司共同投资组建的合资经营企业，地址莫干山路1418号。2007年，杭州近江化工染料有限公司投入研发经费820万元，实现生产能力1万吨，占世界总量的33%。全年销售产值1.60亿元，创利税1370万元人民币，出口创汇1055万美元；与德司达印染科技有限公司、德国多闻有限公司等大公司建立长期稳定的技术、贸易合作关系，销售网点遍布全球28个国家和地区。

2008年，公司更名为杭州璟江瑞华科技有限公司。公司研究开发、生产的产品有染料、染料中间体、医药中间体以及有关精细化工产品（限分支机构生产），光机电产品及其配套设备、光机电一体化成套设备（不含分割焊接及有机溶剂清洗工艺），以及从事与上述产品同类商品的采购、批发，包括危险化学品的批发（不带储存经营）。

2014年，公司主营业务收入1.33亿元，净利润394.23万元，所得税129.00万元。2015年，公司主营业务收入1.34亿元，净利润252.68万元，所得税89.91万元。公司先后通过ISO 9001质量管理体系认证、ISO 14001环境管理体系认证、标准化水平认证、三级计量体系认证，被评为浙江省高新技术企业。公司的研发中心是全国首个绿色环保阳离子研发中心，被浙江省科学技术厅认定为省级研发中心。

第六节　其他工业

一、烟草

上城区烟草制造企业只有浙江中烟工业有限责任公司杭州卷烟厂1家。1949年10月，地处上城区万松岭东麓、中河路南端的杭州利群卷烟厂建厂，厂址中山南路77号。1960年，开始生产“利群”牌卷烟。1964年，更名为杭州卷烟厂。至1985年，企业得到长足发展，成为全国烟草行业先进单位，经济技术指标名列行业前茅。是年，全厂职工1808人，卷烟年产量44.54万箱，工业总产值3.26亿元，利税总额2.63亿元。1983—1985年，连续3年被国家经济贸易委员会授予“全国工交商业系统经济效益先进单位”称号。1985年5月，杭州卷烟厂被划为中国烟草总公司直属企业，由中国烟草总公司浙江省公司主管。1989年1月，杭州卷烟厂在管理世界杂志社评选的“全国100家最大的工业企业”中排名第78位。是年，杭州卷烟厂位居“浙江省最佳经济效益工业企业”榜首。

1992年7月，杭州卷烟厂和浙江省烟草公司杭州卷烟调拨站实行“厂站合一”，即“两块牌子、一个法人代表”。1996年1月，杭州卷烟厂（站）兼并嘉兴卷烟厂（站），全称仍为杭州卷烟厂（站），法人代表由原杭州卷烟厂法人代表担任。

1994年8月中旬，杭州卷烟厂引进的第一条德国宏尼公司PROTOS卷接机组和意大利GD公司GDX2包装机组连接自动生产线正式投入生产。它是杭州卷烟厂第一台使硬壳包装从四角形向八角形转变的设备。“八五”计划期间，杭州卷烟厂技术改造项目完成投资14333.3万元。

1998年，杭州卷烟厂顺利完成重点技术改造项目，企业的综合竞争能力得到大幅度提升，产品结构得到优化，推出高级烤烟型特醇蓝“利群”卷烟。与1995年相比，甲级烟从22.54万箱增加到34.27万箱，名优烟从14.61万箱增加到16.95万箱，分别增加52.04%和16.02%。各项经济技术指标均有较大幅度提高。产品销售收入32.63亿元，利税总额23.50亿元，单箱利税4293.29元，人均利税158.34万元，分别比1995年增长1.46倍、2.88倍、2.55倍和4.37倍。

图11-1-5　杭州卷烟厂（2000年）　（何继盛 摄）

2001年7月，杭州卷烟调拨站撤销，资产无偿划转到杭州卷烟厂。10月，杭州卷烟厂“570千克/小时二氧化碳膨胀烟丝生产线技术改造”项目通过国家级竣工验收。项目建成使杭州卷烟厂膨胀烟丝生产能力上一个台阶。

2003年11月10日，在国家信息化测评中心与《互联网周刊》联合发布的“首届中国企业信息化500强”调查活动中，杭州卷烟厂排名第37位。实现销售收入首次突破70亿元，达到71.05亿元；税利达51.8亿元；利润达11.7亿元。是年，杭州卷烟厂在全国烟草工业企业排名中，销量列第11位，销售收入列第6位，利税列第5位，单箱销售收入列第3位。2004年，杭州卷烟厂在行业排名继续保持领先位置。销量列全国烟草工业企业第14位，销售收入列第6位，利税列第6位，利润列第5位，被国家统计局列为全国工业重点行业效益十佳企业。2005年，杭州卷烟厂在全国烟草工业企业中，销售收入列第10位，利税列第7位，利润列第6位，在全国企业500强中列第262位，再次被国家统计局列入全国工业重点行业效益十佳企业。至2005年末，杭州卷烟厂主要生产设备包括：制丝线3条，其中8000千克/小时制丝线1条、3000千克/小时制丝线1条，梗丝线1条；三类制丝设备2条，其中570千克/小时二氧化碳膨胀线1条、800千克/小时白肋烟生产线1条；卷接设备22台（套）其中PROTOS-70卷接机组17台（套）、PROTOS1-8卷接机组2台（套）、MK9-5卷接机组3台（套）；包装设备25台（套），其中GDX1包装机组4台（套）、GDX2包装机组15台（套）、国产ZB45、ZB46包装机组各1台（套），另有ZB包装机组4台（套）闲置；滤棒成型设备8台（套），均为国产KDF2机种；其他烟机设备12台（套），其中滤棒发送机组4台、装封箱机6台、坏烟处理线1条、成品箱输送线1条。由于实行严格的设备管理制度，各项设备运行指标稳定发展。是年，烟机设备完好率100%，卷烟设备平均有效作业率98.03%，包装设备平均有效作业率87.23%，分别比1995年提高9.07个百分点和3.44个百分点。是年，杭州卷烟厂工业总产值95.58亿元，产品销售收入104.82亿元。

2006年9月，经国家烟草专卖局批准，浙江中烟工业公司与杭州卷烟厂、宁波卷烟厂实行联合重组，新的浙江中烟工业公司正式成立，确立浙江中烟工业公司一个法人主体的地位。2007年11月，根据国家烟草专卖局、中国烟草总公司要求，浙江中烟工业公司成立董事会，正式更名改制为浙江中烟工业有限责任公司，企业发展步入新阶段。公司主推“利群”“大红鹰”“雄狮”三大品牌，其中“利群”“大红鹰”均为中国名牌和中国驰名商标，“摩登”等品牌远销中东、南美、印度尼西亚等20余个国家和地区。2010年，公司共生产卷烟225.87万箱，实现销售收入340.45亿元，实现税利226.41亿元。公司效益总量在行业中排名第6位，单箱税利在行业中排名第3位。

2011年11月，浙江中烟工业有限责任公司搬到余杭、转塘新厂，制丝车间老厂区2台G6除杂机和1台OPTXY除杂机经过拆解、搬运、安装、系统升级和功能调试后正式融入新厂区生产线中。至此，老厂区的设备已经全部搬迁、调试成功。①

二、工艺美术业

1993年初，上城区工业美术行业有生产企业15家，技艺人员和职工1048人，工业生产总值8711万元，占杭州市工艺美术业约四分之一。主要产品有王星记扇子、绣品、金银饰品、木雕等。王星记扇子、刺绣、木雕等传统工艺不断发展，部分曾经失传的传统技艺得到恢复，还出现铜雕、高密度全显像数码仿真彩色丝织技术等一批采用高新技术开发的工艺美术品种。同时，由于上

① 浙江中烟工业有限责任公司杭州卷烟厂搬至新厂区后，至2015年末，其产值和工业增加值纳入上城区统计，其他经济指标包括营业收入、纳税等归市级管理，不纳入上城区。

城区工艺美术企业历史负担重、竞争力不强、经营困难，一些传统的工艺美术产品缺乏创新，原有市场、品牌优势逐步失去，如金银饰品、珠宝首饰、玩具等生产厂家在企业改制中相继转产、兼并或歇业。

1998年，市委、市政府建立杭州市传统工艺美术重点保护发展专项资金，重点鼓励、扶持工艺美术产业的发展，用于支持重点传统工艺美术的保护和发展、奖励有成就的工艺美术品创作人员以及培养工艺美术人才和扩大、加强工艺美术领域的宣传与交流等。2000年10月，杭州市工艺美术行业协会成立。2004年11月，杭州市政府办公厅制定《杭州市传统工艺美术保护规定》，对符合保护、发掘、研究传统工艺美术有突出贡献等条件的单位和个人给予表彰或奖励。为加强传统工艺美术保护工作，杭州市经济和信息化委员会评审认定南宋官窑瓷、王星记扇子等25个传统工艺美术品种和技艺作为杭州市首批重点保护传统工艺美术品种和技艺。2006年10月，杭州市工艺美术特色园落户清河坊历史文化特色街区安荣巷38号，建筑面积1000平方米，共有2层，一楼作为工艺美术企业的卖场，二楼是工艺美术大师工作室及大师作品展示专柜。是年，杭州王星记扇业有限公司被商务部认定为全国首批“中华老字号”企业。至2015年末，上城区规模以上从事工艺美术生产的企业7家，工业总产值4.02亿元，工业销售产值4.6亿元，利税7586万元。

制扇　1993年，杭州王星记扇厂[①] 产品有黑纸扇、白扇、檀香扇、香扇、宫团扇、绢扇、戏具扇、白骨扇、象牙扇、轻便扇、帽扇、自开扇、屏扇等15个大类，其中以黑纸扇、檀香扇最为著名。

① 南宋时期，制扇比较发达。清末，杭城扇坊仍有50余家，多开设于太平坊、扇子巷、官巷口一带。清光绪元年（1875），杭州王星记扇厂前身杭州王星记扇庄开张营业。

1994年，杭州天工艺苑商场的一场大火，烧毁杭州王星记扇厂全部厂房和原材料。由此，杭州王星记扇厂从解放路77号迁址到望江路5号。是年5月，杭州王星记扇厂被国家旅游局、中国轻工总会、国内贸易部、中国纺织总会定为首批全国旅游商品定点生产企业。全年生产各类扇子139.57万把。是年起，随着电扇、空调普及，扇子的避暑送凉功能逐渐消退，生产规模缩小。1998年，杭州王星记扇厂的扇子产量降到45.13万把，生产经营处于低谷。

1999年，杭州王星记扇厂在继承王星记手工制扇传统产品的基础上，寻找传统产品与现代时尚生活的结合点，把扇子从日用品艺术品延伸到装饰品。杭州王星记扇厂开发与女士服装配合的绢扇系列，制作古色古香的男士红木扇。2000年，“王星记”被国内贸易部认定为中华老字号。12月，杭州王星记扇厂改制为杭州王星记扇业有限公司。是年，生产各类扇子265.93万把，工业总产值1101.5万元，出口交货值849.5万元。2001年，王星记扇子被认定为浙江省首批传统工艺美术保护品。2002年，杭州王星记扇业有限公司在北京、上海、重庆、青岛、武汉等地设置“王星记”扇子总代理、总经销。在全国中、大型商场设立专柜开展现画现卖活动并通过阿里巴巴网站发布介绍“王星记”的产品，提高品牌知名度。产品销往日本、韩国、美国、西班牙、英国、法国等40余个国家和地区，其中，出口日本绢扇由2002年的60万把增加到2003年的100万把， 2004年达到160万把。是年，“王星记”被评为首批浙江省知名商号，“王星记”扇子被评为浙江省名牌产品。杭州王星记扇业有限公司恢复乌木、檀香木、雕花、镶嵌、流线型、波纹型、圆头型、花瓶型男扇64种。

2005年，“王星记”被浙江省政府确认为非物质文化遗产产品。是年，杭州王星记扇业有限公司生产各类扇子193.85万把，工业销售产值930万元，产品销售收入970万元，利税67万元。2006年，杭州王星记扇业有限公司被商务部认定为全国首批“中华老字号”企业。2008年，“王星记”制扇技艺列入国家级非物质文化遗产名录。2010年，“王星记”成为上海世界博览会特许生产商，其制扇技艺入选世界博览会表演项目。2010年12月，杭州王星记扇业有限公司在下城区长板巷118号创建全国首个中华老字号文化创意产业园，是“王星记”扇业发展史上一个重要的里程碑。2010年末，杭州“王星记”产品有二十五大类10000余个花式。2012年4月，杭州王星记扇业有限公司被联合国教科文组织授予“工艺与民间艺术之都”传承基地称号。5月，“王星记”商标被国家工商总局认定为中国驰名商标。2013年12月，杭州王星记扇业有限公司被浙江省经济和信息化委员会和浙江省旅游局授予浙江省工业旅游基地称号。2014年5月，公司被文化部命名为国家级非物质文化遗产生产性保护示范基地。2015年，公司产值达3000万元，国有资产增值到1.02亿元。

刺绣[①]　1993年，刺绣一般为机绣。是年，上城区从事机绣的人数只有20余人，尚无相关企业。

1999年5月，杭州陈水琴工艺美术大师工作室成立，位于解放路77号，是以传承传统技艺、发掘传统针法、研究创作精品、开发杭绣新品、培养杭绣传人为宗旨的研发性工作室。

2006年，杭州市上城区王文英刺绣工作室成立，位于安荣巷41号。由中国工艺美术大师王文瑛（又名王文英）为响应市政府抢救、保护、传承、发展传统工艺美术品种和技艺而创办。2010年，王文英刺绣工作室推动“杭州机绣”进入市级非物质文化遗产名录。2011年，王文瑛及其徒弟吴敏华成为“杭州机绣”非物质文化遗产代表性传承人。

至2015年末，上城区工业美术协会登记在册的刺绣从业人员112人，个人工作室21家，实现产值623万元。

① 详见第十三篇商业服务第三章商圈商贸场所第五节名店名品。

铜雕　2001年，杭州金星铜饰工程材料厂有限公司成立，地址婺江路39号。是年，更名为杭州金星铜工程有限总公司，主营制造、安装铜工程制品、青铜门窗、城市雕塑、铜制工艺品、铜制装饰材料等。2011年，公司先后更名为杭州金星铜集团有限公司、金星铜集团有限公司，地址延安路111号，注册资金为1.05亿元，总建筑面积1.20万平方米，正式职工400余人，在行业内通过ISO 9001质量管理体系以及职业健康安全和环境管理体系等国家认证。集团组建浙江省铜建筑研究开发中心，被认定为浙江省企业技术中心，拥有国家专利309项，获“浙江省知识产权专利示范企业”称号。2012年，金星铜集团有限公司完成为纪念黑龙江黑瞎子岛回归而建的东极宝塔。

2015年，熔铜彩色壁画《百花齐放》被文化部收藏。是年，公司从业人员377人，实现营业收入11026.6万元，利润292.5万元，利税418.2万元。

第二章　工业产业园区

20世纪90年代初，杭州市进行大规模旧城改造，作为老城区的上城区改造量占全市总量的50%，大批工业企业需外迁。1993年，为给市区内搬迁的中小企业提供新的发展空间，经市政府协调，区政府在距上城区15千米的西湖区祥符镇新文村建立上城区工业园区。2001年1月，上城区工业园区更名为杭州市高新技术产业开发区上城科技经济园（简称上城科技经济园）。是年起，园区调整区域产业结构，注重筛选无污染、技术含量高的高新技术企业，国际和国内知名企业到园区投资创业。2004年3月，根据国土资源部、国家发展和改革委员会等国家七部委《深入开展土地市场治理整顿工作的通知》，区政府撤销杭州高新技术产业开发区上城科技经济园，成立上城科技工业基地。是年，杭州市经济委员会发文要求各区、县（市）工业园区、工业基地统一更名为特色块状功能区，次年园区改名为上城电子机械工业功能区。2010年9月，上城电子机械工业功能区被省政府评为"省级高新技术特色产业基地"。2012年，更名为杭州市上城区电子机械功能区（简称上城区电子机械功能区）。

至2015年末，上城区电子机械功能区总投资9.63亿元，有杭州奥普电器有限公司、思创医惠科技股份有限公司2家上市公司，基本形成以智能仪器仪表、物联网、节能环保、高端装备制造行业为主导的产业结构。是年，纳税企业228家，技工贸总收入51.33亿元，税收收入4.33亿元，地方财政收入1.68亿元，亩产税收达70万元，位居全省功能区前列。

第一节　规划建设

一、规划和园区范围

1993年11月，市政府下发《关于上城区在市郊建立工业园区方案的协调会议纪要》，原则批准上城区在西湖区（现为拱墅区）祥符镇新文村建立工业园区，规划用地20万平方米。1995年6月，杭州市城乡建设委员会根据杭州市规划设计院编制的上城区工业园区（东区）控制性详规出具《杭州市规划设计院、杭州市建委规划设计管理处规划审查意见书》，确定上城区工业园区第二期（东区）规划范围：东至东塘田，南至毛家里，西至西塘河，北至鱼船斗，规划总用地23.78万平方米。

2004年7月，市政府批复《上城科技工业基地控制性详细规划》，规划面积1平方千米。2005年，上城电子机械工业功能区依据市政府《关于集约利用和盘活工业土地的若干意见》，坚持资源共享，统一规划建设道路、供电、给排水、通信、污水处理、仓储等基础设施，统一规划建设科研服务中心、商务、培训、生活服务方面设施及公共绿地等，为园区内企业提供配套服务。工业用地的容积率由原来的1.0调整为1.8。对高新技术产业项目，尤其是对符合浙江省建设先进制造业基地重点领域、关键技术及产品导向目录的高新技术产业、装备制造业工业项目给予优先供地措施。

2008年12月，市政府批复同意《杭州市上城科技工业基地单元控制性详细规划》，明确规划范围为东起东吴路，西至西塘河，南起祥园中路、祥园北路，北至通运路及拱墅、余杭区界，规划总用地面积约1.45平方千米。工业用地容积率为3.0，公建用地容积率为4.0。

至2015年，上城区电子机械功能区实际位于莫干山路1418号，地跨拱墅、余杭两个区，占地面积55.90万平方米①，有标准化厂房28.04万平方米，道路建设总长度2890千米，绿化面积6.48万平方米。至年末，园区规划未再进行调整。

① 杭州城北地区工业开发力度逐渐加强，拱墅区和余杭区也大力发展本区工业体系，上城跨区征地遇到难度加大，使得实际征地面积与最初规划面积相去甚远。

二、基础设施建设

道路交通　1995—1996年，上城区工业园区建设一期道路工程。建设主干道上园路（西塘河以东至杭州奥普电器有限公司门口段），宽20米，长443米；建设次干道大洋坝路，宽12米，长259米。2002年，实施主、次干道工程。建设主干道上园路（杭州奥普电器有限公司门口至西塘路段），宽20米，长395米；建设次干道祥园西路（上园路以南段），宽12米，长160米。2006—2009年，实施园区内道路工程。建成上园北路，宽12～20米，长714米；建成西塘路（通运路至上园路污水泵站段），宽30米，长340余米；建成上园中路，宽12米，长436米；建成大洋坝路（上园北路以北段），宽12米，长82米；建成祥园西路（上园路以北段），宽12米，长212米。2010—2015年，建成主干道祥园东路，宽20米，长450米，对园区内上园路、大洋坝路等路段进行延伸，建成企业间无名支小路。至2015年，上城区电子机械功能区拥有上园路、西塘路、祥茂路3条主干道，大洋坝路、祥园西路、上园北路3条次干道，道路总长度约5000米。

排水排污　1994年，上城区工业园区雨污分流、雨水、排污等基础设施施工启动，污水排往杭州市七格污水处理厂，雨水按就近分散原则，排入附近河道。2007年，完成污水泵站建设。2008年，规划上城电子机械工业功能区单元日均污水量约为8744立方米/日，园中河以东、祥园北路以南区域污水均排入巨州路现状污水管，其他区域污水均经祥符地区临时污水管向南接入污水泵，最终均进入杭州市七格污水厂处理。雨水则按就近、分散原则，排入西塘河、南港河及园中河。2012年，完成上园东路、祥园东路等重要路段的排污、排水工程。至2015年末，共埋设污水管5000余米，雨水管5000余米。

绿地景观　2001年，根据规划要求，上城科技经济园在西塘河设置20米宽绿带，建设沿河绿色带状走廊5.35万平方米。在上园路与西塘路交叉口东北，设置集中绿化，美化园区入口景观，绿化用地面积7.54万平方米。2007年，在上园路与钱家路交叉口东北，建设园区公共绿地，面积2.09万平方米，其中园区中心景观面积3500平方米。在居住用地与工业用地之间建设防护绿地，面积1000平方米。至2015年末，上城区电子机械功能区绿化总面积15.43万平方米，总投资1200万元。

供水　1995年，上城区工业园区由祥符水厂铺设供水管从莫干山路、祥园中路、祥园北路接入供给区域用水，在杭行路、西塘路安装主水管，其他道路安装支水管。2002年2月，为解决园区供水，由杭州市自来水总公司根据供水规划，实施供水管网铺设工程，铺设供水管180米。2010年，完成上园路、祥园路、杭行路等重要路段的供水管道铺设。至2015年，共完成给水管道建设3000余米。

供电　1995年，上城区工业园区由110千伏谢村供电站做主供。2000年，园区实际用电量257万千瓦时。2001年，结合拱墅区祥符区域电力规划及现状，园区由110千伏祥符变电所供电，随着企业增多，园区实际用电量达700万千瓦时。2002年4月，实施莫干山路—南港河主干道电力沟建设工程。2003年，杭州奥普电器有限公司、杭州井藤汉方保健食品有限公司等8家外商投资企业，开始执行市政府“停二开五”有序用电政策。2004年，奥普地块、井藤地块2座10千伏开关站投入使用。2008年，上城电子机械工业功能区在园区南侧新建2座110千伏开关站，供给生产、生活用电。2015年，上城电子机械工业功能区最高日用电量为6.56万千瓦时。

厂房建设　2001年起，上城科技经济园开始按照“七通一平”（给水、污水、雨水、燃气、电力、通信、有线电视、平整土地）的标准建设标准厂房，给水、污水、雨水、燃气、电力、通信、有线电视等管线均实行地下埋设，配备电、水、通讯等各种基础设施，并提供完善的物业管理。至2015年末，共建设标准厂房13幢，建筑面积77.19万平方米，分布于莫干山路1418-41号和莫干山路1418-50号。

图11-2-6　杭州中瑞思创科技有限公司厂房（2010年）
（区电子机械功能区管委会 供稿）

表 11-2-9　1993—2015 年上城区电子机械功能区企业厂房建设项目情况表

序号	项目名称	用地面积（万平方米）	厂房面积（万平方米）	竣工年份	投资金额（万元）
1	杭州奥普电器有限公司	2.13	2.50	2001	2896
2	杭州兴达特种橡胶有限公司	0.45	1.24	2002	1200
3	杭州井藤汉方保健食品有限公司一期	1.23	2.00	2002	2000
4	杭州绿盛有限公司	2.93	3.00	2003	4138
5	杭州中瑞思创科技有限公司	13.60	2.00	2003	2000
6	杭州海兴电器有限公司	0.37	0.36	2003	1000
7	杭州中源电气有限公司	1.80	3.00	2005	30000
8	杭州捷尔思阻燃化工有限公司	1.27	1.83	2005	9000
9	杭州井藤汉方保健食品有限公司二期	1.33	2.50	2005	3000
10	杭州名仕实业有限公司	0.65	1.08	2007	1700

说明：资料来源于上城区电子机械功能区管理委员会

科技孵化大楼　2006年，区委、区政府落实市政府《关于进一步加快科技企业孵化器发展的实施办法》，将分散在紫金观巷5号和东宝路东宝里28号的科技企业孵化基地集中调整至上城电子机械工业功能区。2008年9月，科技孵化大楼开工建设。2012年8月，大楼完成竣工验收、备案，开始启用。大楼共14层，地面建筑面积1.30万平方米，地下2层4000平方米，总投资7000万元，占地3164平方米，为国家级科技孵化器。科技孵化大楼主要面向大专院校、科研院所、留学归国人员、海外学者、高新成果及专利技术持有者等，实施引资引智、创新创业、扶优扶新、育业育人四项功能，旨在孵化高新技术企业、培育科技型企业家目标。在孵企业可以享受房租减免、种子资金、财政返还、专利资助、贷款担保等一系列优惠政策。2014年，上城区电子机械功能区管理委员会迁入科技孵化大楼3楼办公。2015年，孵化大楼共有9家孵化企业入驻。

图 11-2-7　科技孵化大楼（2015年4月）
（区电子机械功能区管委会 供稿）

人才公寓　2012年，人才公寓项目开工建设。项目共有3幢，每幢17层，其中1楼为架空层，2～17层为人才公寓。总建筑面积2.08万平方米，投入资金约5000万元，旨在解决园区内科技人才、专业技术人才和外来务工人员居住问题。2015年末，工程竣工验收。

第二节 招商引资

20世纪90年代，上城区工业园区承接旧城改造拆迁企业易地发展，产业链值低，自身实力弱。“十五”计划时期（2001—2005），上城科技经济园坚持“工业富区”战略，走新型工业化道路，采用“优中选优，宁缺毋滥，提高园区品牌效应”的政策，培育新增长点，开始把电子、机电一体化企业作为招商重点。

“十一五”规划时期（2006—2010），招商引资开始进入“双向选择”的良性阶段。上城科技工业基地管理委员会坚持高起点招商，采用选商引资、择商入园方式，主要引入科技含量高、资源消耗少、经济效益好的项目，重点引进发展电子电器、生物医药、食品三大主导产业，优先考虑高新技术企业、外商投资企业、品牌型企业、总部企业和拥有自主知识产权企业，先后引进杭州宇控机电工程有限公司、浙江中航电子有限公司（后更名为浙江中杭电子有限公司）和浙江双元科技开发有限公司等。

“十二五”规划时期（2011—2015），着眼引入高新技术、外商投资、总部经济和自主知识产权、物联网企业，引进浙江威星智能仪表股份有限公司、杭州泽大仪器有限公司等高科技型企业。其中，2012年，引进内资3.51亿元人民币，外资606万美元（实际到位），为园区历年引资金额最高年份。

一、招商政策

2003年，上城区依据《杭州市高技术产业化项目资助资金管理办法》，对符合高技术产业化项目的企业提供实际总投资2%～4%的资助。是年，区委、区政府下发《关于鼓励中小型工业企业发展的若干意见》《关于上城区科技经济园建设和经济发展的若干意见》等政策文件，提出引进品牌型、科技型、外贸型企业，实行进园企业“四优先、五不进”，即外资企业优先，规模型企业优先，国家重点鼓励和发展的行业优先，高新技术企业优先；污染企业不进，危险企业不进，高能耗企业不进，国家限制类企业、没有实质性项目的企业不进。引入的生产型企业，注册资金要求内资达到1000万元人民币，外资达到100万美元，经营期要求10年以上，投资密度确保150万元/亩，力争200万元/亩。入园企业以不低于土地成本价获得土地使用权，自企业开工投产之日起5年内，地方财政留成部分全额返还企业，用于企业的发展再生产；第6年，以前5年地方财政留成部分平均值为基数，地方财政留成超基数部分全额返还企业；第7～10年，每超上年最高基数新增的地方财政留成部分全额返还企业。入园企业经营期未满10年要离开园区，须全额返还资助给企业的所有地方财政扶持款。2012—2015年，上城区电子机械功能区设立国家级科技孵化器、众创空间等场地，给予符合条件的新进企业房租补贴，对于年度销售绩优企业，予以20万元～100万元奖励。

二、招商成果

1995年，上城区工业园区开始引进旧城拆迁企业，杭州京杭泡沫塑料有限公司、杭州通达节能设备有限公司、杭州德裕拉链厂、杭州飞燕针织厂、杭州兴达特种橡胶厂等6家企业迁入工业园区。随着电子机械、保健休闲类企业引进力度不断加大，园区加快企业更新引进步伐。1998年，科技型生产企业杭州海兴电器有限公司落户园区。2001年9月，外商独资企业杭州奥普电器有限公司落户上城科技经济园，主要生产卫浴电器系列产品。2002年12月，中日合资企业杭州井藤汉方保健食品有限公司进入上城科技经济园区，生产保健食品、健身沐浴用品、中药提取物和中药茶饮料，产品全部销往日本。

2006年，引进杭州天威杰登电气有限公司、杭州安德唯网络传媒有限公司、浙江国光投资集团有限公司、杭州国立实业有限公司、浙江大红鹰利群品牌有限公司等企业。全年引进内资1.76亿元，其中引进市外资金1.08亿元。引进合同外资867万美元，到位外资374万美元。引进企业48家，企业注册资金达4亿元。2007年，引进浙江双齐科技开发有限公司、浙江威星仪表系统集成有限公司、杭州亿恒科技有限公司、杭州鼎利环保科技有限公司、杭州慧翔电液技术开发有限公司、杭州近江化工染料有限公司、宜康（杭州）生物技术有限公司7家企业。引进合同外资930万美元，实际到位外资415万美元。完成引进内资1.71亿元，其中市外资金1.40亿元。2008年，确定"科研型、总部型、品牌型、工业配套服务型"总体发展定位，在项目引进上，由粗放型传统制造业向集约型先进制造业和现代服务业转变。引进杭州三高光电科技有限公司、杭州香溢投资发展有限公司、浙江金石矿业投资有限公司等项目18个，引进合同外资600万美元，实际到位外资300万美元，引进内资1.50亿元人民币，其中市外资金1.07亿元人民币。2009年，借助国家级科技孵化器政策，抓住中国科学院、浙江大学等科研院所产业向地方转移的机遇，陆续引进中科院杭州射频识别研发中心、杭州泽大仪器有限公司等具有高等院校背景的10余家企业。

2010年，重点引进技术含量高、税源结构优的高新技术、电子信息、无污染排放、低能节耗企业。杭州宇控机电工程有限公司、浙江双元科技开发有限公司等新入驻标准厂房的高科技型企业，年销售产值都在6000万元以上。2011年，引进项目18个，增资项目8个，其中较大的项目有浙江古谷热导新材料有限公司、浙江汉克电源科技有限公司（杭州铁城信息科技有限公司）、杭州汇坤控制技术有限公司、浙江美浓影视有限公司、浙江中交科欣控股集团股份有限公司、浙江立博投资有限公司。

至2015年末，上城区电子机械功能区拥有企业200余家，其中规模以上工业企业24家，限额以上商贸服务业企业5家。

表 11-2-10　2004—2015 年部分年份上城区电子机械功能区招商引资情况表

年份	内资企业投资额（万元）	合同利用外资（万美元）	实际到位外资（万美元）
2004	12866	534	251
2005	16073	441	342
2006	17579	867	374
2007	17052	930	415
2008	15000	600	300
2009	13895	650	220
2011	32373	1052	552
2012	35130	1316	606
2013	22835	1308	600
2014	30693	—	600
2015	21968	—	100

说明：1. 资料来源于上城区电子机械功能区管理委员会。2. 1995—2003 年数据资料遗失

第三节　产业经济

20 世纪 90 年代，上城区工业园区产业以电子机械工业为主体，同时兼顾发展商贸类企业，形成工贸相结合的发展模式。2004 年，上城科技工业基地初步形成两大特色产业，分别是以杭州奥普电器有限公司、杭州海兴电器有限公司为代表的仪器仪表和家用电器行业，以杭州绿盛食品集团有限公司、杭州井藤汉方保健食品有限公司为代表的休闲保健食品行业。产值超过 3000 万元的企业有 9 家，其中，杭州奥普电器有限公司产值 2 亿元，杭州绿盛食品集团有限公司产值 1 亿元。2005 年，形成电子机械、高新技术产业和生物技术、食品、保健品生产为主的产业框架结构。2009 年，基本形成以机电一体化、电子信息、仪器仪表、新材料等高新技术产业为主导产业，以农产品加工、商贸、现代服务业相配套的产业结构。2010 年起，注重引入技术含量高、税源结构优、无污染排放、低能节耗企业，坚持集约利用土地，大力发展都市楼宇工业。2014 年，以物联网技术为切入点，加快运用射频识别技术、传感器及机器视觉技术、数据传输技术和实时定位系统对电子仪器仪表、工业自动化控制等主导优势产业进行改造提升，重点围绕电子信息、高端装备、在线监测等产业领域，引进、消化、吸收具有国内外领先水平的科技成果，大力研究开发新产品，并从单一产品制造全面转向系统解决方案。至 2015 年末，上城区电子机械功能区形成以智能仪器仪表、物联网、节能环保、高端装备制造行业为主导的产业格局。

2001—2015 年，上城区电子机械功能区企业从 8 家增至 228 家。2015 年末，上城区电子机械功能区实现技工贸总收入 51.33 亿元，税收收入 4.33 亿元。

表 11-2-11　2001—2015 年部分年份上城区电子机械功能区产业经济情况表

年份	纳税企业数量（家）	规模以上企业数量（家）	工业销售产值（亿元）	利税（亿元）	工贸总收入（亿元）
2001	8	3	—	—	—
2004	21	9	9.0	1.4	7.8
2005	—	—	10.3	1.8	10.5
2006	—	—	13.5	1.44	17.67
2007	8	3	20.9	1.1	25
2008	12	2	22.0	1.7	32
2009	7	14	27.0	1.8	35
2010	91	18	22.6	1.8	35
2011	114	22	30.0	8.5	42
2012	122	24	33.0	2.6	45
2013	168	24	37.2	2.7	48.75
2014	175	24	32	3.2	49
2015	228	24	—	4.33	51.33

说明：1. 资料来源于上城区电子机械功能区管理委员会。2. 2005 年为统计至是年 10 月末的数据

一、智能仪器仪表

1998 年，杭州海兴电器有限公司[①] 落户园区，是一家专业从事电力能源计量和系统服务的科技型生产企业，主要生产智能电能表等产品。2009 年 9 月，浙江威星智能仪表股份有限公司[②] 进驻园区，主要从事城市燃气行业使用的智能计量终端及燃气管理系统平台的研发、生产和销售业务，主要产品有 IC 卡智能燃气表及其智能装置、远传燃气表（包括有线远传燃气表、无线远传燃气表和物联网远传燃气表）、电子式燃气表（包括超声波表和音频表）及相应的软件、数据服务和结算系统。2013 年，公司主营业务收入达 1.44 亿元。

① 该企业详见第十一篇工业第一章工业产业第四节电子工业。

② 该企业详见第十一篇工业第一章工业产业第三节机械制造业。

2015 年末，上城区电子机械功能区有杭州海兴电力科技股份有限公司、浙江威星智能仪表股份有限公司、杭州柯林电气股份有限公司 3 家规模以上智能仪器仪表行业企业，主要产品有智能表计产品、智能燃气表、远传燃气表、电子式燃气表等，工业总产值 16.76 亿元。

二、物联网

2003 年，杭州中瑞思创科技股份有限公司落户莫干山路 1418-25 号，注册资金 1.68 亿元，一期房屋建筑面积 1.41 万平方

米，用地面积9706平方米；二期建筑面积2.67万平方米，用地面积1.20万平方米。2007年，公司销售产值1.7亿元。2008年9月，杭州思越科技有限公司在园区成立。2010年4月，杭州中瑞思创科技股份有限公司在深圳交易所创业板成功上市，股票代码300078，全年销售收入3.2亿元，是国内唯一的电子防盗行业上市企业，拥有高频和超高频天线、标签、服装吊牌、票据、有源标签、特种标签、读写器、电子价格标牌等产品，其应用方向为物流仓储、零售业等诸多领域，在全球拥有300个客户及代理商，产品覆盖欧洲、美洲、中东及东南亚等66个国家和地区。2015年，杭州中瑞思创科技股份有限公司重组并购医惠科技有限公司，开拓医疗物联网业务，重组后公司名变更为思创医惠科技股份有限公司。是年，公司实现全年营业收入8.53亿元，比2014年增长74%；营业利润1.49亿元，增长51%。公司及子公司共获得发明专利4项，软件著作权40项，实用新型专利36项，外观设计专利5项。

图11-2-8　杭州中瑞思创科技股份有限公司生产车间（2011年）（吴汝华　摄）

至2015年末，上城区电子机械功能区有思创医惠科技股份有限公司、杭州思越科技有限公司、杭州思创安防科技有限公司3家规模以上物联网行业企业，主要产品有高频和超高频天线、标签、服装吊牌、票据、有源标签、特种标签、读写器、电子价格标牌等产品，工业总产值3.96亿元。

三、节能环保

2005年，杭州捷尔思阻燃化工有限公司[①]落户园区，注册资金500万元，是一家专业从事无卤阻燃材料研究、生产和销售的高新技术企业。2012年6月，浙江博世华环保科技有限公司迁入上城区电子机械功能区，注册资金7031万元，是一家专业从事环境污染治理和生态环境修复，集技术开发、技术服务、环保设备制造、工程总承包、资源综合利用及进出口贸易于一体的以固体废物处理为主体的综合性环保公司，是浙江省环保产业协会副会长单位。2014年，公司销售额1.6亿元。2015年，公司销售额2.4亿元，产品销售和服务覆盖浙江、广东、广西、江苏、江西、四川、云南、河南、山西、内蒙古、海南、湖北、湖南、安徽、黑龙江等10余个省、自治区。

至2015年末，上城区电子机械功能区有1家规模以上节能环保行业

① 详见第十一篇工业第一章工业产业第六节其他工业。

企业，即杭州捷尔思阻燃化工有限公司，工业总产值1.69亿元。

四、高端装备制造

2006年，浙江中源电气有限公司① 落户园区，注册资金450万元，专业从事稀土永磁电机及其驱动装置的研发与制造。2010年，浙江中杭电子有限公司② 迁入园区莫干山路1418–41号，办公及生产场地建筑面积3000平方米，是集开发、研制、生产和销售于一体的专业电连接器科研生产单位，是浙江省航空航天学会理事长单位。2012年，杭州慧景科技股份有限公司落户园区，注册资金2320万元，工厂建筑面积8000平方米，业务集轨道交通信息化，研发、制造、销售、工程及服务于一体。2015年，企业营业收入达6188万元。

① 详见第十一篇工业第一章工业产业第三节机械制造业。

② 详见第十一篇工业第一章工业产业第四节电子工业。

至2015年末，上城区电子机械功能区有浙江亿邦通信科技股份有限公司、浙江双元科技开发有限公司、杭州慧景科技有限公司、浙江中杭电子有限公司、杭州三高光电科技有限公司、杭州通兴电子有限公司、浙江顺舟电力高技术开发有限公司、浙江中源电气有限公司、杭州亿恒科技有限公司、浙江东信电子有限公司10家规模以上高端装备制造行业企业，主要产品有通信设备、道岔安全监测、电连接器、LED光电器件、磁性元件、自动化设备等，工业总产值4.8亿元。

表11–2–12　2015年上城区电子机械功能区规模以上工业企业情况表

序号	企业名称	主要业务范围
1	杭州海兴电力科技股份有限公司	仪器仪表
2	思创医惠科技股份有限公司	物联网
3	浙江威星智能仪表股份有限公司	仪器仪表
4	浙江亿邦通信科技股份有限公司	通信设备
5	杭州璟江瑞华科技有限公司	精细化工
6	浙江双元科技开发有限公司	自动化设备
7	杭州慧景科技有限公司	道岔安全监测
8	杭州柯林电气股份有限公司	仪器仪表
9	杭州井藤汉方保健食品有限公司	食品健康
10	浙江求是科教设备有限公司	教学仪器
11	杭州捷尔思阻燃化工有限公司	阻燃材料
12	浙江中杭电子有限公司	电连接器
13	杭州三高光电科技有限公司	LED光电器件
14	浙江理想门业有限公司	工业门窗
15	杭州绿盛集团有限公司	食品加工
16	杭州通兴电子有限公司	通信设备

续表 11-2-12

序号	企业名称	主要业务范围
17	浙江顺舟电力高技术开发有限公司	自动化设备
18	浙江亚通冶金科技有限公司	金属材料
19	浙江中源电气有限公司	机电设备
20	杭州亿恒科技有限公司	高端装备
21	杭州思创安防科技有限公司	防盗产品
22	杭州美顺服装有限公司	服饰贸易
23	浙江东信电子有限公司	磁性元件
24	杭州思越科技有限公司	物联网
25	杭州兴达特种橡胶有限公司	特种橡胶

说明：资料来源于上城区电子机械功能区管理委员会

第四节　科技创新

一、创新机构和平台

2006年，杭州捷尔思阻燃化工有限公司成为杭州市级高新技术企业，成为园区最早一家科技创新平台。2008年，浙江双元科技开发有限公司等7家企业成为浙江省级高新技术企业，为园区首批省级创新平台。2012年，杭州海兴电力科技股份有限公司企业研究院被省政府认定为浙江省海兴电力研究院，成为园区首家省级企业研究院。2015年，上城区电子机械功能区拥有省级重点企业研究院2家，省级企业高新技术研发中心10家，市级企业高新技术研发中心8家，中国合格评定国家认可委员会认证实验室4个，院士专家工作站3家，博士后工作站4家，省市高新技术企业24家。

表 11-2-13　2015年上城区电子机械功能区高新技术企业情况表

序号	企业名称	取得杭州市级高新技术企业时间	取得浙江省级高新技术企业时间
1	杭州杰特电子科技有限公司	2006	—
2	思创医惠科技股份有限公司	—	2008
3	杭州捷尔思阻燃化工有限公司	2006	2008
4	杭州海兴电力科技股份有限公司	—	2009
5	浙江双元科技开发有限公司	—	2008
6	杭州亿恒科技有限公司	—	2008
7	浙江中源电气有限公司	—	2008
8	杭州大光明通信系统集成有限公司	—	2009
9	杭州三高光电科技有限公司	—	2009
10	杭州柯林电力设备有限公司	—	2010
11	浙江求是人工环境工程有限公司	2011	—

续表11-2-13

序号	企业名称	取得杭州市级高新技术企业时间	取得浙江省级高新技术企业时间
12	浙江求是科教设备有限公司	—	2011
13	杭州宇控机电工程有限公司	—	2011
14	浙江亚通金属陶瓷有限公司	—	2010
15	杭州亿邦科技有限公司	—	2014
16	浙江中杭电子有限公司	2008	2012
17	杭州慧景科技有限公司	—	2012
18	浙江博世华环保科技有限公司	2009	2009
19	浙江威星智能仪表股份有限公司	—	2008
20	杭州数创自动化控制技术有限公司	—	2008
21	杭州东鹏智能科技有限公司	—	2015
22	杭州泽大仪器有限公司	—	2015
23	杭州汇坤控制技术有限公司	—	2015
24	杭州维码科技有限公司	—	2015

说明：资料来源于上城区电子机械功能区管理委员会

省级企业研究院

海兴电力云省级重点企业研究院　2010年，杭州海兴电力科技有限公司开始创建企业研究院。2012年，企业研究院被省政府认定为浙江省海兴电力研究院。2015年，被认定为海兴电力云省级重点企业研究院。其核心研发方向为智慧城市智能电网应用领域中集电力云、云计算、云支付技术于一体的云服务平台建设及应用软件开发。至2015年末，企业研究院占地面积9300平方米，拥有一支425人的专业化、国际化研发团队，其中专职研发人员412人，年均研发投入近亿元。

威星“燃气云”省级重点企业研究院　2014年，威星“燃气云”省级重点企业研究院成立，聚集高层次人才和行业技术专家100余人，获政府各级资助金额1000余万元。威星“燃气云”重点企业研究院主要研究开发云、网、端于一体的燃气云工程与云服务相关的燃气物联网云端设备、高可靠终端传感器、燃气云平台架构技术、大数据运用技术、燃气终端高并发处理及燃气运营云安全技术等核心技术和产品，重点突破管网安全、户内安全、抄表收费、能源调配等方面的产业发展困境。

浙江省思创医惠射频识别技术研究院　2012年，杭州中瑞思创科技股份有限公司浙江省思创医惠射频识别技术研究院成立，研发场地面积2200平方米，有中高技术人员73人，科研资产2000万元，该研究院主要从事超高频和微波无线射频识别标签、生物识别等现代技术和物联网系统架构等总体标准的研究，推进智能传感器、超高频和微波无线射频识别标签、传感器网络、服务支撑等关键技术标准的制定。2015年11月，该企业研究院被浙江省科学技术厅、省发展和改革委员会和省经济和信息化委员会认定为省级企业研究院。

中国合格评定国家认可委员会认证实验室

国家轻工业家用电器质量监督检测杭州站　国家轻工业家用电器质量监督检测杭州站前身为轻工业部授权的非法人单位浙江省家用电器研究所检测中心，挂靠在浙江省家用电器研究所。2001年3月，该检测站被中国合格评定国家认可委员会（CNAS）认证为国家认可实验室，专业从事家电产品质量检测，完成政府部门指令性检测任务，具有电冰箱、洗衣机、电风扇等30余种家电产品及配套零部件的检测能力。2003年9月，浙江方正家用电器质量检测有限公司成立，地址拱墅区大关路254号，2012年1月迁入园区。2013年4月，为理顺科研和检测的关系，中国轻工业联合会同意挂靠法人主体变更为浙江方正家用电器质量检测有限公司。

杭州海兴电力科技股份有限公司测试中心　2007年5月，杭州海兴电力科技有限公司测试中心成立，地址莫干山路1418-5号。2009年5月，该测试中心获中国合格评定国家认可委员会（CNAS）认证。测试中心有主要仪器设备55台（套），占地面积570平方米，其中试验场地473平方米，检测项目涵盖国际电工组织（IEC）、美国国家标准学会（ANSI）、欧洲标准（EN）、中国国家标准（GB/T）等电能计量产品标准的各项性能试验，支持0.2S级高精度电子式电能表、载波电能表、电量管理系统、电网运行安全性研究、监控设备及控制系统等项目的实施。

中科院杭州射频识别技术研发中心　2010年，市政府与中国科学院上海微系统与信息技术研究所合作共建中科院杭州射频识别技术研发中心并落户园区。至2015年末，中科院杭州射频识别技术研发中心研发成功UHF频段读写器、读写器天线、特种标签、智能车库、智能展示镜等多个产品系列，建成具有中国合格评定国家认可委员会CNAS/DILAC认证资质的无线射频识别及物联网技术公共测试平台，成功申报国家级、省部级科技项目6项，其中，重大科技专项1项，与中国科学院上海微系统与信息技术研究所联合研发的毫米波人体安检成像技术已转化相关公司进行产业化生产。

杭州赛博力学环境实验室　2011年，杭州赛博力学环境试验有限公司成立，是浙江省机电产品可靠性技术研究重点实验室的第三方测试机构，专业从事各类产品的振动、冲击、温度、湿度等方面的环境与可靠性试验，拥有试验场地800平方米。2013年，取得中国合格评定国家认可委员会（CNAS）认可资质证书，可为浙江乃至周边地区的汽车零部件、通信、交通、电子电气、医疗等各行业提供检测服务。

院士工作站[1]

浙江中源电气有限公司院士工作站　2013年，浙江中源电气有限公

① 院士工作站为政府推动、以企事业单位创新需求为导向，以中国科学院院士和中国工程院院士及其团队为核心，依托省内研发机构，联合进行科学技术研究的高层次科技创新平台。

司院士工作站成立，地址莫干山路1418-37号。工作站主要研究方向为高效率高精度伺服电机系统、大功率高速磁悬浮电机、电动汽车驱动系统、有机工质余热利用与发电等。2015年，该站开发的长航时纯电动汽车驱动电机通过2万千米的上车测试并小批量生产；发明的移动式生物质收集造粒系统是全国首台移动式生物质收集造粒系统，生产能力为2吨/小时，可以对含水率30%以下的稻草秸秆、枝条等生物质进行一键启动的智能化处理，热值达到4140卡/克。是年，院士工作站新增产值1000万元，利润100万元。

图11-2-9　2013年11月，中国工程院院士汪槱生（左二）带领团队指导新能源汽车电机项目

（区电子机械功能区管委会 供稿）

杭州亿恒科技有限公司院士工作站　2014年，杭州亿恒科技有限公司院士工作站成立，地址莫干山路1418-41号4号楼。院士工作团队通过选派常驻专家和科研人员对三轴向振动控制系统中的关键技术进行攻关，解决在控制系统研发过程中碰到的包括多轴系统解耦、系统辨识、同步控制等一系列复杂技术难点，保证工作站科研项目顺利进行。院士工作站首个合作项目“三轴向振动控制关键技术与产品研发”成功申报“2015年杭州市网上技术交易成果转化项目”。

浙江博世华环保科技有限公司院士工作站　2015年11月，经杭州市院士工作站建设协调小组批准，浙江博世华环保科技有限公司建立杭州市院士工作站。工作站研究团队包括院士科研团队4人及企业配套研发团队13人，主要研发方向为污染场地、农田污染土壤、矿山尾矿修复方法和技术应用，先后承担污染场地修复专用装备的研发及工程示范、污染土壤热脱附处理技术及装置优化等课题。

博士后工作站

浙江省冶金研究院有限公司博士后工作站　2006年6月，浙江省冶金研究院有限公司博士后科研工作站成立，地址莫干山路1418-22号。主要研究方向包括钎焊材料与技术、催化材料与技术、电工合金材料等。该工作站先后与浙江大学、哈尔滨工业大学等高等院校开展产学研合作研究。至2015年，共联合培养博士后研究人员6人，其中，出站5人，在站1人。博士后研究人员主持完成省部级项目12项，其中，省重大科技专项1项，省自然科学基金2项，省属科研院所专项3项，省级工业新产品项目2项，省博士后科研项目择优资助项目4项；申请国家发明专利15件，实用新型专利3件，其中，授权发明专利5件，实用新型专利3件；在国内外学术期刊发表论文27篇；获得省优秀博士后称号1人、省青年岗位能手称号1人，入选杭州市“131”中青年人才培养计划1人。博士后研究人员所开发的新型无铅钎料、环保型中温钎料、新型贵金属催化剂等成果均在浙江省冶金研究院有限公司进行转化和产业化生产，累计新增产值超过3000万元，利润达500万元。

浙江博世华环保科技有限公司博士后工作站　2015年4月，经浙江省人力资源和社会保障厅批准，浙江博世华环保科技有限公司设立博士后工作站，与浙江大学合作招收博士后，地址莫干山路1418-40号。该工作站主要研究方向为农田与场地土壤修复、固废处理处置、污泥热处理处置技术等领域。至2015年末，招收博士后人员1人，申请省博士后科研项目择优资助项目1项。在站博士后依托公司土壤修复项目，研究应用活化剂和内生细菌强化植物修复砷、镉复合污染土壤，参与公司所承担省重大科技专项——污染场地修复专用装备的研发及工程示范的研发工作和杭州市重大创新专项的申报工作。

杭州海兴电力科技股份有限公司博士后工作站　2015年4月，经浙江省人力资源和社会保障厅批准，杭州海兴电力科技股份有限公司设立博士后工作站，与湖南大学联合培养在站博士1人。

杭州捷尔思阻燃化工有限公司博士后工作站　2015年4月，经浙江省人力资源和社会保障厅批准，杭州捷尔思阻燃化工有限公司建立博士后工作站，旨在对磷-氮系无卤膨胀阻燃体系的制备（设计、合成、生产）及应用研究，并与浙江工业大学化学工程与技术流动站等联合培养企业博士后研究人员。至2015年末，有在站博士后1人。

其他科技创新平台

浙江大学成果转换基地　2008年9月，浙江大学成果转换基地在园区成立。该基地充分利用浙江大学的科技优势，整合资金、市场、人才等方面的资源，物色优质企业与浙江大学进行技术嫁接，共同培育产业成长，推动产业提升。重点在机电建材、生物技术新产品开发、信息网络建设及信息资源利用、节能减排与能源综合利用、污染防治与环境评价、工业区规划，现代物流中心的规划、管理及信息化建设，循环经济发展规划等领域，为上城区电子机械功能区企业升级换代、设备改造等提供咨询服务、技术支持和人力资源培训。

海洋装备试验浙江省工程实验室水下装备集成试验与成果转化基地　2011年11月，海洋装备试验浙江省工程实验室水下装备集成试验与成果转化基地正式落户园区，承担工程实验室水下装备方面的全部集成试验与成果转化任务。2012年，基地升格为海洋工程装备国家地方联合工程实验室（设在浙江大学）下属水下装备室综合试验基地。该基地围绕深海智能采集作业系统检测平台引进高端人才，加大检测条件建设，提供部分海洋装备的第三方检测，特别针对观察型遥控水下机器人建成运动检测室、观察型遥控水下机器人配件检测室、水下机械手检测室、水下声光传感与通讯检测室4个实验室，为国内海洋装备企业提供相关的计量测试服务。

国家冷链食品物流产业技术创新战略联盟　2012年，由浙江大学牵头，联合浙江求是人工环境有限公司、中国农业大学、中国检验检疫科学研究院、国家农产品现代物流工程技术研究中心等11家企业、10所高校、6个研究院所、1个国家工程中心成立国家冷链食品物流产业技术创新战略联盟。国家冷链食品物流产业技术创新战略联盟常设机构设在园区企业浙江求是人工环境有限公司。至2015年末，该联盟组织并承担“食品包装与冷链物流关键技术研究与产业化示范项目”等多项“十二五”国家科技计划项目及国家863项目，获得国家科技进步奖5项，省部级科技进步奖4项，培养人才近万人；发表论文278篇，申请国内专利173项，其中发明专利133项，累计新增产值5.43亿元，利润1.15亿元。

二、科研开发

20世纪90年代起，上城区工业园区在引进企业的同时，注重鼓励进园企业加强科技人才队伍建设，加大经费支出保障，在电子装备、信息系统、机械装备、新材料等领域开展科研开发事业。至2015年，上城区电子机械功能区有14个项目取得国家火炬计划项目，26个项目被列为国家科技型中小企业创新基金项目，8家企业获得市级以上专利示范企业称号。

表11-2-14　2003—2015年上城区电子机械功能区国家火炬计划项目情况表

序号	项目名称	承担单位	承担年份
1	电动车节能自发电控制器	浙江零零壹数码通讯有限公司	2003
2	射频防盗及识别标签	杭州中瑞思创科技股份有限公司	2004
3	输配电网设备一体式智能检测系统	杭州海兴电力科技股份有限公司	2004
4	生活垃圾填埋场渗滤液治理及示范工程	浙江博世华环保科技有限公司	2004
5	变电设备状态监测系统	杭州柯林电力设备有限公司	2005
6	铁路道岔转换设备综合监测系统产业化	杭州慧景科技有限公司	2007
7	无卤阻燃聚丙烯	杭州捷尔思阻燃化工有限公司	2007
8	稀土永磁电动机	浙江中源电气有限公司	2007
9	电能量综合信息管理系统	杭州海兴电力科技股份有限公司	2008
10	基于STS协议和PLC技术的网络预付费系统	杭州海兴电力科技股份有限公司	2008
11	基于独立SDH环的基站综合监控系统	杭州大光明通信系统集成有限公司	2008
12	BLJK系列变压器冷却器智能监测控制系统	杭州柯林电力设备有限公司	2009
13	仪器仪表用注塑成型LED背光源	杭州三高光电科技有限公司	2010
14	基于智能电网应用的电力线载波技术仿真系统	杭州海兴电力科技有限公司	2010

说明：资料来源于上城区电子机械功能区管理委员会

表11-2-15　1993—2015年上城区电子机械功能区
国家科技型中小企业创新基金项目情况表

序号	项目名称	开发单位	立项时间
1	高低压一体化智能防窃电系统	杭州海兴电力科技股份有限公司	2002
2	新型真空触头材料ZY1型合金	浙江亚通金属陶瓷有限公司	2003
3	高压开关金属化陶瓷	浙江亚通金属陶瓷有限公司	2003
4	电动车节能自发电控制器	浙江零零壹数码通讯有限公司	2003
5	无卤阻燃耐火复合材料	杭州捷尔思阻燃化工有限公司	2003
6	仪器仪表用注塑成型LED背光源	杭州三高光电科技有限公司	2004

续表 11-2-15

序号	项目名称	开发单位	立项时间
7	新防盗声磁标签（AM LABEL）	杭州中瑞思创科技有限公司	2004
8	高真空器件用氧化铝陶瓷金属化产业化	浙江亚通金属陶瓷有限公司	2005
9	局部放电特高频（UHF）在线分析诊断系统	杭州柯林电气股份有限公司	2008
10	智能识别传感器产品设计集成一体化技术	杭州中瑞思创科技股份有限公司	2006
11	系列数字式邮资机	浙江工大普特科技有限公司	2007
12	水样采集预处理器	杭州鼎利环保科技有限公司	2007
13	环保无卤阻燃剂——多聚磷酸密胺盐	杭州捷尔思阻燃化工有限公司	2007
14	基于STS协议的键盘式预付费电子电能表	杭州海兴电器有限公司	2008
15	热塑性聚氨酯弹性体TPU专用无卤膨胀型阻燃剂	杭州捷尔思阻燃化工有限公司	2008
16	大型高精度实时数据采集与分析系统	杭州亿恒科技有限公司	2009
17	多DSP并行处理实时动态信号分析系统	杭州亿恒科技有限公司	2009
18	用于标识管理的高精度同步移动喷码系统	杭州杰特电子科技有限公司	2009
19	液状阳离子染料（金黄X-GL）	杭州璟江瑞华科技有限公司	2009
20	基于嵌入式技术的宽幅材料表面缺陷高速在线检测系统	浙江双元科技开发有限公司	2010
21	环保在线监控组合软件	杭州鼎利环保科技有限公司	2010
22	YFM118高速邮资机	杭州浙江工大普特科技有限公司	2011
23	热塑性聚氨酯弹性体TPU专用无卤膨胀型阻燃剂	杭州捷尔思阻燃化工有限公司	2012
24	63路E1综合业务一体化汇聚型光端机	浙江亿邦通信科技股份有限公司	2012
25	压力补偿型高功率密度深海机器人	杭州宇控机电工程有限公司	2013
26	适用于容性负载的高压真空开关触头材料	浙江亚通金属陶瓷有限公司	2013

说明：资料来源于上城区电子机械功能区管理委员会

表 11-2-16　1993—2015 年上城区电子机械功能区企业获市级以上专利示范企业情况表

序号	企业名称	级别
1	思创医惠科技股份有限公司	省级
2	杭州捷尔思阻燃化工有限公司	省级、市级
3	浙江博世华环保科技有限公司	省级、市级
4	浙江威星智能仪表股份有限公司	省级
5	浙江求是科教设备有限公司	市级
6	浙江宇天科技股份有限公司	市级
7	浙江理想自动门业有限公司	市级
8	杭州中瑞思创科技有限公司	市级

说明：资料来源于上城区电子机械功能区管理委员会

第五节　管理与服务

一、管理机构

行政机构　2001年1月，市政府下发《关于加快杭州市城区科技经济园建设的通知》，6月，区政府建立杭州高新技术产业开发区上城区科技经济园管理办公室，为日常办事机构，隶属区政府领导和管理，接受杭州高新技术产业开发区管委会的业务指导。其主要职责是负责编制园区发展规划及建设项目的规划、设计和申报，负责园区土地征用、招商引资与对园区企业的统一管理、指导和服务工作等。9月，园区成立环境保护工作小组，负责园区环境保护方面的宣传、管理、协调工作。

2004年2月，上城科技工业基地管理委员会成立，下设办公室、招商部、工程部，主要职责为贯彻落实区委、区政府关于区科技工业基地的政策决定，研究制定适应园区建设和发展的政策、措施并组织实施，负责产业发展项目准入管理，承担基础设施建设的前期工作、招商引资、招才引智工作、党群组织建设工作。

2012年7月，杭州市机构编制委员会同意设立杭州市上城区电子机械功能区管理委员会，同时挂杭州市上城区科技工业基地管理委员会牌子，为区政府派出机构，与区政府工作部门同级。下设党政办公室、招商企管科、前期工程科。主要职责为编制功能区发展规划，拟订推进产业集聚升级的政策措施和产业准入标准，负责产业发展项目的准入管理，牵头制定功能区重点建设项目年度实施计划，承担功能区的重大宣传工作、招商引资、招才引智工作，以及对园区企业的统一管理、指导和服务工作等。10月，杭州高新技术产业开发区上城区科技经济园管理办公室更名为杭州市上城区电子机械功能区发展服务中心，划归杭州市上城区电子机械功能区管理委员会管理。至2015年末，机构未发生变化。历任主任叶榕、丛培龙。

科学技术协会　2004年12月，上城科技工业基地科学技术协会成立，下辖会员单位22家。主要职责是为园区企业技术进步提供人才服务，培养以高技能专业人才和高素质创新人才为代表的知识型、技能型、创新型职工，配合企业实施科技项目申报，举办科技政策宣讲及培训活动，进行科技交流推广等。2013年12月，成立职工技术协作组，交流企业协作成果，分享创新经验。

二、日常服务

2004年5月，上城科技工业基地开展企业服务月活动，听取企业在创业孵化、技术深化、成果转化等技术活动中的设想与要求，召开银企座谈会，发挥中小企业信用担保中心作用，为缺少资金的企业提供贷款担保。2007年4月，园区成立“作风建设年”活动领导小组，开展作风建设活动，转作风下基层，帮助企业解决问题。2011年，表彰杭州海兴电器有限公司等6家纳税大户，每家奖励3万元，给予杭州交联电气工程有限公司等6家企业贡献奖，每家奖励1.6万元。2012年，上城区电子机械功能区管理委员会建立综合性金融服务平台，承办进驻企业工商、环保、代码、税务、银行、外汇资金等手续，联系园区内外金融服务机构（券商、银行、融资租赁公司、小贷公司、商业保理公司、律师事务所、会计师事务所等一系列金融服务中介）举办投融资项目推介活动、金融知识培训等，引入投资方、产业基金，用资本的力量助力园区企业发展。联合金融机构定期走访企业，为企业对投融资的个性化需求提供一对一的专业服务。

2013年，协助企业引进博士、硕士等高端科技人才19人，帮助企业实现高端产业化项目2个。2014年，以科技攻关项目为突破口，推动企业成为技术创新主体；围绕电子信息、海洋装备等重点领域，引导企业与科研院所、高校开展产学研合作，组织攻克一批阻碍产业发展的共性技术和关键技术。

三、人才服务

2005年，园区搭建人才培训教育平台，与中共杭州市委党校上城区分校联合创办企业管理教学点，先后举办企业经营管理人员、人力资源管理和统计人员培训班，输送3家企业高级管理人员参加杭州市高级管理人才培训和出国考察活动。推荐企业优秀人才参选各级人大代表、党代表、政协委员。2006年1月，建立领导班子联系企业优秀人才制度，帮助企业人才解决遇到的困难和问题。2009年，重点指导企业建立人才激励制度，根据人才贡献大小给予物质和精神奖励，采取提高养老和医疗保险待遇，向员工提供无息借款，定期组织体检和旅游，开展“优秀员工”“创新标兵”“生产能手”评比活动，斥资建设运动场地和图书馆等公共空间为人才提供人性化的发展空间。杭州海兴电力科技有限公司、杭州中瑞思创有限公司和杭州捷尔思阻燃化工有限公司等企业为人才提供购房和购车补助。

2013—2015年，园区重点推进博士后科研工作站、院士工作站建设，吸引10余名浙江大学教授到浙江大学成果转化基地创办企业和合作开发项目，建立以浙江大学科技骨干为中坚，具有较强创新能力的专业技术人才队伍。至2015年末，园区有博士19人、硕士150人、本科1115人、大专877人。

第十二篇

建筑业 房地产业

上城区境域大部分民居建于清末民国初期，多数为泥墙板壁、五木落地。民国时期，上城区域内建筑企业（时称营造业）系由泥木作逐渐演变为营造厂，并出现建筑事务所等经营群体。建筑工程大多由营造厂承建。杭州解放后，建筑行业由杭州市的政府部门统一管理。1956年，对私营营造业进行社会主义改造结束后，市政府将零散的建筑工人组织起来，成立杭州市建筑工人修建服务处，在上城区设服务站。1959年，上城服务站划归杭州市上城区人民委员会建设科管辖，改建为上城区建筑工程队，为上城区属第一家建筑企业，时有职工786人。是年，该工程队承担解放路拓宽、延伸和解放路沿街商业用房及民居的拆建任务，至年末，完成房屋建筑面积2.26万平方米，其中砖木结构2.22万平方米。

1978年党的十一届三中全会胜利召开，杭州市区住房建设速度逐步加快，结合旧城改造，实行“统一规划、统一投资、统一设计、统一施工、统一分配、统一管理”。是年，上城区在危房较为集中的银枪班巷进行成片改造。1980年，区政府加大对辖区旧城改造力度，成立杭州市上城区统一建设办公室（后改名杭州市上城区住宅统一建设办公室），按照《杭州市城市总体规划》，在辖区内开展成片的旧城改造和房屋开发。1984年，区政府决定，由杭州市上城区房地产管理所组建杭州市上城区房屋经营公司，并把杭州市上城区住宅统一建设办公室改组为杭州市上城区房屋建设开发公司，共同开发建设房屋。是年，区政府投资2210万元，对三益里地块和大学路低洼积水地块进行成片改造。至1988年，共建住宅34幢10.86万平方米。1986年，又对辖区内的羊线弄、联珠里、断河头、染坊弄、乌龙巷、大学路、大河下7处低洼积水和危房密集区进行改造，是年竣工住宅8.82万平方米。1992年8月，杭州市上城区城市建设综合开发公司成立，加大旧城改造和房屋开发力度。

1993年，中共杭州市上城区第五次代表大会强调结合城区建设，把房地产业作为第三产业的一个重要支柱认真加以研究。是年，上城区房地产业有10家单位，增加值为2818.27万元，占第三产业增加值10.11%；上城区有建筑施工企业30余家，多数从事单一的房屋施工，企业规模小、资质低、装备差。当时，杭州市上城区建设管理局有上城区第一建筑公司、上城区第二建筑公司、上城区第三建筑公司、上城区设备安装公司和杭州豪华装饰公司5家有资质的企业，街道也有各自直属的施工建筑队。1995年起，上城区根据《建筑业企业资质等级标准》对区属企业资质规范实施管理。1996年，上城区开始实施以项目经理为责任主体的工程总承包项目管理目标责任制度。1998年，中共杭州市上城区第六次代表大会提出要发展房地产业，带动全区经济结构的战略性调整，培育新的经济增长点。是年，国家深化城镇住房制度改革，全国停止住房实物分配，开始实行住房分配货币化，新建住房原则上只售不租，住房从无偿分配逐步向商品化过渡，房地产市场得以充分发展。1999年，房地产开发投资4.43亿元，增加值8497万元，施工面积133.08万平方米，竣工面积36.27万平方米。至2001年，上城区房地产业增加值达到2.04亿元。

2002年起，以杭州广宇房地产集团有限公司、杭州复兴建设集团有限公司为代表的上城区房地产开发企业开始尝试在安徽、江苏省等地跨区域项目开发。是年，上城区房地产业投资额6.35亿元，房地产业增加值2.32亿元。

房地产业快速发展带动物业管理行业的兴起。2003年，上城区共有物业管理公司15家，服务物业小区60余个。是年起，上城区开始推行建造师执业资格制度。至2006年，上城区建筑业总产值116.97亿元。2007年起，杭州市正式启动危旧房改善行动计划，上城区需改善的危旧房总面积占全市总量六成以上。是年，广宇集团股份有限公司在深圳证券交易所上市，成为全国首家在国内A股公开募股上市的民营房地产企业。2009年，上城区将精品房地产业作为五大主导产业之一，全年房地产业投资额28.10亿元，房地产业增加值22.87亿元。2011年起，上城区新建住宅的建设重心由西湖沿线逐步转移至钱塘江沿线，一批高档住宅小区沿江兴建，望江地区城中村改造力度加大。是年，受国际金融危机影响，上城区建筑业总产值首次出现负增长，比2010年下降1.97%。2012年起，上城区建筑业逐渐摆脱国际金融危机的影响，出现快速发展的势头，建筑业总产值203.7亿元，比2011年增长12.75%。

至2015年，全区有房地产企业71家，完成房地产开发投资65.03亿元，实现增加值45.6亿元，占地区生产总值的5.3%，全年施工面积148.42万平方米，竣工面积15.06万平方米，销售面积17.4万平方米，商品房销售额5.9亿元。全区有建筑企业168家，建筑业总产值271.44亿元，其中特级企业1家，总承包一级企业11家、二级企业10家、三级企业22家。企业经营范围从单一房屋建筑施工逐步向一业为主、多种经营方向发展转变。

第一章　房地产开发和中介服务

1978年，在杭州市统一规划下，上城区在危房集中的银枪班巷进行成片改造。次年竣工5幢290套住宅房，建筑面积1.44万平方米，居民居住环境得到改善。1980年起，上城区加大对辖区旧城改造力度，开展成片旧城改造和房屋开发。1980—1992年，全区共竣工住宅建筑面积58.06万平方米，其中商品房36.80万平方米。1993年，上城区房地产业单位有10家，增加值合计2818.27万元，占第三产业增加值10.11%；房地产业利润总额1636.72万元，占第三产业利润总额22.48%。

1996年，上城区通过奖励推动房地产开发企业实行目标管理责任制，鼓励房地产开发企业留好留足物业，增强企业发展后劲。

1998年，全国停止住房实物分配，实行住房分配货币化，新建住房原则上只售不租，房地产市场此后得以充分发展。1999年，房地产开发投资4.43亿元，增加值8497万元，施工面积133.08万平方米，竣工面积36.27万平方米。2003年，区政府全面开展商业楼宇招商，在政策上支持楼宇开发向纵深发展。至2006年，上城区房地产业增加值24.11亿元。2007年起，上城区新建住宅的建设重心开始由西湖沿线向钱塘江边转移，近江区块出现大片高层居民住宅楼。是年，上城区陆续启动四批维修（拼接）改善项目。2011年，上城区房地产开发投资额27.67亿元，增加值23.82亿元，全年施工面积265.76万平方米，竣工面积28.3万平方米，销售面积44.17万平方米，商品房销售额6.49亿元。2011—2015年，上城区住宅销售面积103.6万平方米、销售额18.57亿元，办公楼销售面积13.42万平方米、销售额3.76亿元，商业营业用房销售面积5.58万平方米、销售额1.1亿元。2001—2015年，上城区建成建筑面积2万平方米以上住宅小区90个，建筑面积782万平方米。2015年，全区有规模以上房地产中介服务业企业2家，营业收入9.08亿元，利润总额-1616万元[①]。至2015年末，全区共有税收收入亿元以上商业楼宇8个。

① 受营业成本增加、房产交易量增幅趋缓等因素影响，房地产中介行业出现亏损现象。

第一节　住宅布局与总量

20世纪90年代初，上城区住宅建筑面积约58万平方米。其中，既有居住小区主要沿西湖东岸分布，中山路、南山路、解放路一带住宅分布密集，普遍为二层砖木结构房屋。1995—2000年，新建楼盘主要集中于庆春路南侧，上城区北部的新建住宅较南部多，一般为七层砖混结构房屋。

2001—2006年，上城区沿西湖建设商业综合体，并以商业综合体为依托，在其辐射影响范围内新建居民住宅，大批老居住小区拆迁更新，高层住宅成为城市建设新趋势。2007—2010年，上城区新建住宅的建设重心开始由西湖沿线向钱塘江边转移，近江区块出现大片高层居民住宅楼。2011—2015年，随着城区土地征收工作日益深入，沿钱塘江大片地块被改造开发，望江地区城中村改造力度加大，一批高档住宅小区沿江兴建。

2015年，上城区作为杭州市主城区，主要承担居民居住功能，住宅布局基本呈全域密集分布，但受旧城开发时序、地价和景观环境等因素影响，靠近西湖范围的住宅建设年代相对较早、楼层较低，靠近钱塘江范围分布的住宅建设年代相对较晚、楼层较高，呈现明显的带状递变态势。同时，在南星地块和景区山地，依然有零星分布的破旧砖瓦结构房屋。是年，上城区专业化物业管理小区面积有800余万平方米，社区化准物业管理小区面积340余万平方米。

第二节　新建住宅

20世纪90年代初，房地产综合开发项目增多，加速上城区的住宅建设，并向高层建筑发展。至2000年，上城区共建成住宅小区36个，建筑面积75万平方米。2001—2015年，上城区建成建筑面积2万平方米以上住宅小区90个，建筑面积782万平方米。

一、湖滨街道新建住宅

平海公寓　平海公寓位于湖滨街道平海路与中山中路交叉处，距西湖800米。建于2001年，建筑面积10万平方米，由3幢19～20层高层公寓和地下2层大型停车库及屋顶花园组成，有公寓188套，户型面积在130～300平方米不等，户户朝南，小区绿化率30%。建筑类型为塔楼[①]。

元华公寓　元华公寓位于柳营路22号。建于2004年，建筑面积1.23万平方米，有公寓126套，户型面积100～247平方米，

① 塔楼：是对不同建筑结构的建筑物的称呼，一般是指高层建筑。塔楼的平面图特点是：若干户，一般多于四五户共同围绕或者环绕一组公共竖向交通形成的楼房平面，平面的长度和宽度大致相同，该种楼房的高度从12层以上到35层，超过35层是超高层，塔楼一般是一梯4户到一梯12户。塔楼外观像塔的楼型，平面的长度和宽度大致相同，一般塔楼的同层住户在6户以上。

小区绿化率为30%。建筑类型为板楼[①]。

名珏公寓　名珏公寓位于东坡路27号。建于1997年，建筑面积21000平方米，有公寓642套，户型面积52～205平方米。建筑类型为板楼。

图12-1-1　名珏公寓（2014年）

（区委党史和地方志编纂研究室　供稿）

① 板楼：是对建筑结构的构筑物的称呼，一般建筑层数不会超过12层。板楼的平面图上，长度明显大于宽度，板楼有两种类型，一种是长走廊式的，各住户靠长走廊连在一起；第二种是单元式拼接，若干个单元连在一起就拼成一个板楼。板楼最大的优势是户型规矩、互视小、通风、日照良好。高品质的板楼全部采用板式结构，位于前面的客厅、主卧等有充足的朝阳面；东西朝向时，前后居室各有半天的朝阳面。在房型的组织上，尽量有利于风的直线流动。

二、清波街道新建住宅

中山苑　中山苑位于光复路28号，西至光复路，东至中河中路，北至惠民路，南至浙江体育文化用品市场。建于1998年，总建筑面积4.09万平方米，有住宅楼4幢。户型面积30～147平方米。建筑类型为板塔结合[②]。

② 板塔结合：指一栋楼中有些户型有板楼的户型特点，有些户型有塔楼的户型特点。一般的，板塔结合建筑表现为：一栋楼，两端是板楼户型，中间是塔楼户型。

柳浪东苑　柳浪东苑分为2期，其中一期位于河坊街512号，东至旧仁和，南至河坊街，西至荷花池头，北至三衙街。建于1998年，总建筑面积2.76万平方米，住宅建筑面积1.73万平方米，户型面积35～103平方米。二期位于劳动路9号，西至旧仁和巷，东至劳动路，北至府学巷，南至河坊街。建于2013年，总建筑面积5.32万平方米。户型面积35～103平方米。其中一期建筑类型为板楼，二期建筑类型为板塔结合。

吴山人家　吴山人家位于劳动路65号，东临劳动路，南接府学巷，西至荷花池头，北靠南山路。建于2009年，占地面积1.17万平方米，建住宅楼4幢，户型面积49～53平方米。建筑类型为板楼。

中大吴庄　中大吴庄位于四宜路21号，东至四宜路，南至吴山鸣翠苑，西至蔡官巷，北至清波街。建于2003年，占地面积2.74万平方米，建筑面积6.32万平方米，由公寓13幢、叠排13幢、单体别墅2幢，共28幢楼组成，楼层最高为6层。户型面积142～170平方米。建筑类型为板塔结合。

三、小营街道新建住宅

建国南苑　建国南苑东靠下羊线弄、灰团巷、江城路，南临望江路，西达建国南路，北近郭东园巷。建于1980—1995年，呈南北长条形，姚园寺巷和河坊街东西横贯，将住宅区分隔成北、中、南3个区域，占地面积15.56万平方米，有住宅楼62幢。户型面积80～89平方米。建筑类型为板塔结合。

万安城市花园（南苑·西苑）　万安城市花园东起建国中路，西至直大方伯，南连庆春路，北至万安桥西弄、解放桥。该小区分为3个部分，其中东河东岸万安桥北侧称万安城市花园，建于1999—2000年；万安桥南侧称万安城市花园·南苑，建于2002年；东河西岸万安桥西弄北侧住宅称万安城市花园·西苑，建于2000年。有多层、高层住宅24幢，户型面积138～163平方米。建筑类型为塔楼。

翰林花园　翰林花园是一座高档居住园区，位于环城东路108号，东临环城东路，南至翰林街，西抵大学路，北靠庆春路，占地面积6.5万平方米，建成于2000年。该住宅小区按中国传统造园手法建设，环境幽雅。小区有住宅楼18幢，内分求是阁、文汇阁、文渊阁、文苑阁、文澜阁、文景阁6个楼群组团，户型面积21～181平方米。建筑类型为板塔结合。

四、望江街道新建住宅

近江住宅区　近江住宅区东至之江路，南达婺江路，西临钱江路，北近清江路，分新城坊、世纪坊、南光坊、华龙坊、耀江福村、恒丰坊、富星苑、天福花园、滨江新苑、鸥江公寓、怡和苑、文华苑、滨江家园、钱江苑、在水一方公寓、临江风帆公寓、钱塘名都、钱塘人家19个居住组团，共有住宅楼128幢，分别建成于1996—1997年。小区内有中学、小学等设施。建筑类型大多为板楼。

近江家园　近江家园东邻近江住宅区，南靠之江路，西抵婺江路，北达钱江路。2001年相继竣工，占地面积43.30万平方米，内分一至九园。建筑类型为板楼。

望江家园　望江家园东临婺江路，南达钱江路，西抵望江路，北至秋涛路。建于2003年，占地面积29.45万平方米，由东园和西园2个部分组成。西园建住宅楼41幢，东园37幢。建筑类型为板楼。

钱江时代公寓　钱江时代公寓位于清江路346号，东至清江路，南至十二号支路，西至临江风帆小区，北至滨江燃气营业公司。建于2007年，占地面积2.59万平方米，由6幢高层住宅楼组成，户型面积60～700平方米。建筑类型为塔楼。

望江新二园　望江新二园东临东宝路，南接秋涛路，西至映霞街，北靠东霞巷。建于2009年，占地面积4.16万平方米，有住宅楼13幢。建筑类型为板楼。

望江新三园　望江新三园东临东宝路，南接秋涛路，西至映霞街，北靠海潮路。建于2008年，占地面积3.27万平方米，有住宅楼11幢。建筑类型为塔楼。

婺江家园　婺江家园分为三园，其中一园东临近江路，南接钱江路，西至婺江路，北靠秋涛路，建于2011年，占地面积3.02万平方米，有住宅楼5幢；二园东临钱江路，南接婺江路，西至秋涛路，北靠近江路，建于2010年，占地面积1.46万平方米，有住宅楼4幢；三园则东邻银鼓路，南接徐家埠路，西至秋涛路，北靠清江路，建于2014年，占地面积2.90万平方米，有住宅楼8幢。建筑类型为板塔结合。

五、南星街道新建住宅

复兴南苑、复兴北苑　复兴苑南临之江路，北至复兴路，东傍洋泮路，西邻美政路，建于1997年。其中，复兴南街南侧称复兴南苑，北侧名复兴北苑，共有多层住宅楼50幢。其中，复兴南苑户型面积24～196平方米，复兴北苑21～163平方米。建筑类型为板楼。

海月花园　海月花园位于复兴路中段，海月路东侧，南临中河，东傍原杭州市江滨职业高级中学，建于1998年，有住宅楼16幢，户型面积135～147平方米。建筑类型为板楼。

美政花苑　美政花苑位于紫花路与复兴路交叉口，东临紫花路，南达之江路，西抵美政路，北至复兴路。建于1998年，占地面积6.7万平方米，由20幢多层住宅楼组成，分南北两区。其中美政花苑南区户型面积36～270平方米；美政花苑北区45～119平方米。建筑类型为板楼。

金棕榈花园　金棕榈花园位于复兴南街南侧，洋泮路之西，东临之江路，西至海月路。建于2001年，有住宅楼39幢。户型面积76～195平方米。建筑类型为板塔结合。

十亩田家园　十亩田家园位于复兴南街西段以北，化仙桥路之东，海月路以西，复兴路东段路南。该住宅区2001年前原有24幢住宅，2001年后新建14幢，总占地面积4.47万平方米，建筑面积6.9万平方米。因其地原称十亩田，故名。户型面积38～70平方米。建筑类型为板楼。

清怡花苑　清怡花苑东抵海月路，南临之江中路和钱塘江，西近化仙桥路，北至复兴南街，建于2002年，占地面积4.10万平方米，有多层住宅18幢，高层住宅4幢。户型面积87.73～178平方米。建筑类型为板楼。

山南人家　山南人家东临杭州铁路列车段服务站，南接铁路，西至海月路，北靠凤凰山路。建于2010年，占地面积8500平方米，有住宅楼12幢，户型面积44～120平方米。建筑类型为板楼。

六、紫阳街道新建住宅

金狮苑　金狮苑东至江城路，南抵抚宁巷，西达金钗袋巷，北至望江路与望江公寓为邻，建于1994年，占地面积9万平方米，有32幢住宅楼。在原金钗袋巷、大狮子巷地段建造，户型面积31～144平方米。建筑类型为板楼。

凤凰南苑、北苑　凤凰苑东北临秋涛南苑，东南靠钱江路，西邻飞云江路，西北至秋涛路，建于1999年。小区北片称凤凰北苑、南片称凤凰南苑，共有住宅楼26幢。其中，凤凰南苑户型面积20～70平方米，凤凰北苑45～137平方米。其中凤凰南苑建筑类型为板楼，凤凰北苑建筑类型为板塔结合。

华府花园　华府花园东靠铁路，西近贴沙河，南至候潮路，建于2004年，占地面积7.45万平方米，有住宅楼19幢。“华”蕴涵着光辉华彩，“府”意蕴为尊邸，故名。户型面积97～265平方米。建筑类型为板楼。

滨江·金色海岸　滨江·金色海岸位于钱江新城西南部，西兴大桥和复兴大桥之间，南临钱塘江畔之江大道，北靠富春路，西傍姚江路，背山靠水，拥有近千米的一线江景。

该住宅小区建于2004年，建筑面积22万平方米，有13幢楼宇，户型面积137～380平方米，建筑密度15.9%，容积率2.45。小区所在属于“长边面江”的长方形沿江地块，有较多的住宅单元能享受到江景资源。建筑类型为板楼。

林风花园　林风花园位于钱江新城内，上城区闻潮路与雷霆路交叉口，东至望江路，南至富春路，西至甬江路，北至钱江路。整个项目分三期开发建设，陆续在2007年交付，分别名为沁林苑、和风苑、映水苑。总占地面积56983平方米，由10幢高层住宅楼组成。其中沁林苑户型面积142.72～187平方米；和风苑105～204平方米；映水苑89～145平方米。建筑类型为板楼。

赛丽绿城丽园　赛丽绿城丽园位于江城路与上仓桥路交叉口。建于2012年，占地面积7.4万平方米，建住宅楼7幢，包括小商层、多层。户型面积76.91～206平方米。建筑类型为塔楼。

金隅学府　金隅学府东至银鼓路，南至姚江路，西至秋涛路，北至候潮路。建于2015年，占地面积1.84万平方米，建住宅楼7幢。户型面积89～148.05平方米。建筑类型为板塔结合。

图12-1-2　金隅学府（2020年）　（陈建荣　摄）

钱江御府　钱江御府位于候潮东路与秋涛路交叉口，东临银鼓路，南达候潮东路，西抵秋涛路，北至吟潮路。建于2013年，占地面积9万平方米，由7幢高层住宅楼组成。户型面积89～170平方米。建筑类型为塔楼。

第三节　商业楼宇开发

1993年起，上城区围绕庆春路拓宽、延安路南端贯通和城站广场改造等市政工程建设，重点推进庆春路上各个商业楼宇的开发。

2003年起，区政府印发《关于全面深入开展楼宇招商工作的意见》，全区楼宇开发的力度加强。2010年，区政府印发《2010年上城区为企服务楼宇提升改造实施方案》。是年，浙江国贸大厦、华都大厦、杭州九天国际、华东家具市场1号馆、开元大厦、中国工商银行浙江省分行6家楼宇主体自行出资启动改造提升工作。上城区同时对湖滨地区的17幢楼宇实施第五立面（屋顶花园）改造。2013年，区政府印发《关于加快推进上城区楼宇改造提升的若干意见》，原则上选择商务建筑面积在8000平方米以上、楼宇业主或物业管理企业财务独立核算且财政级次在上城区的楼宇建筑，通过政府引导扶持，鼓励楼宇业主、物业服务企业等对楼宇进行更新改造，重点改造内容包括：外立面、公共部位、暖通空调机组、建筑节能、信息化、智能化、电梯、周边环境、消防系统、安防系统、停车系统等。是年起，上城区启动《上城区楼宇改造提升三年行动计划》，对方正大厦、定安名都等18个项目进行提升改造。至2015年末，上城区税收收入1亿元以上楼宇有中财发展大厦等8个。

新东方大厦　新东方大厦位于西湖大道12、18号。建于2000年，占地面积9000平方米，建筑面积67000平方米，地上层数20层，容积率7.4，绿化率45%，停车位300个。

新城大厦　新城大厦位于钱江路637号、639号。建于2010年，建筑面积20883平方米，地上层数26 层，停车泊位100个。

12-1-1　2015年上城区税收收入亿元以上楼宇情况表

单位：万元

楼宇名称	地址	税收收入
中财发展大厦	庆春路155号	106200.11
杭州联合农村商业银行大厦（总行营业部）	建国中路99号	66194.83
新东方大厦	西湖大道12、18号	32960.20
浙江省商业集团公司	惠民路56号	12612.73
杭州娃哈哈集团有限公司	清泰街160号	12523.85
复兴商务大厦南楼	复兴路397号	12003.58
供水大厦	建国南路168号	11308.87
新城大厦	钱江路637号、639号	10875.53

说明：资料来源于杭州市上城区发展改革和经济信息化局

第四节　危旧房改善

20世纪90年代，上城区有一批20世纪50—70年代建造的无独用厨卫设施的简易住宅，大多厨卫设施不全、住房面积偏小，“脏、乱、差”现象严重。

2005年末，上城区成立由区委书记与区长分别担任正、副组长，相关部门、各街道“一把手”为成员的危旧房改善领导小组，进行危旧房改善前期准备工作。2007年，杭州市正式启动危旧房改善行动计划，上城区需改善的危旧房总面积占全市总量的六成以上。2007年3月，杭州市上城区危旧房改善办公室（简称区危改办）成立，负责项目的组织实施，下设6个分指挥部。

2007年8月至2012年12月，上城区陆续启动四批维修（拼接）改善项目，其中，第一批维修（拼接）改善项目32处，共计4.2万平方米，改善住户983户；第二批维修（拼接）改善项目31处，共计2.3万平方米，改善住户586户；第三批维修（拼接）改善项目38处，共计1.8万平方米，改善住户448户；第四批维修（拼接）改善项目51处，共计7万平方米，改善住户1763户。

2015年，杭州市本着“在世界名城建设中彰显历史文化特色”的宗旨，全面启动

图12-1-3　城隍牌楼127号危改前内景（2008年）
（区住房和城建局　供稿）

图12-1-4　城隍牌楼127号危改后内景（2008年）
（区住房和城建局　供稿）

“危房治理三年行动”任务（2015—2017），上城区计划内治理任务占比超全市的半数以上。至2015年末，上城区完成117万平方米危旧房改善工程，受益住户1.6万户。

一、维修改善[①] 类项目选介

斗富二桥西河下8号、26号和27号项目　五柳巷遗留项目。2014年10月，区危改办对8号项目进场维修，于2015年9月末完工并交付。2015年4月，对26号、27号项目进场施工，对原房屋重新设计，将原木结构房屋调整为框架结构，满足后期招商要求[②]。

皮市巷107号项目　建筑占地面积406.08平方米，建筑面积527.88平方米，主体建筑2层，内原有12户住户。该建筑由于建造年代久远，房屋多处破损，安全隐患日益突出。由于内部无独立卫生间、厨房，住户生活条件很差。2014年10月，区危改办确定施工方案，2015年4月完工并交付。经过维修，原煤渣砖拆除，改成砖墙；每户住户都设置独立厨房、卫生间。

南星二商场项目　地处南宋皇城遗址范围内，根据要求需进行维修，因住户意见未统一，该项目先后分两批实施。第一批是南星二商场15～17号房屋维修，于2015年7月竣工验收，用于居民居住。第二批是南星二商场12～14号、18～20号、91号、93号、95号、97号房屋维修加固，2015年末，该批房屋主体加固完成。其中，南星二商场12～14号、91号、93号基本完成，18～20号、95号、97号仍在施工中[③]。

中山南路347号（有机更新）项目　房屋主要为木结构，部分为砖木结构。2015年4月，区危改办进场施工，对347-1号地块进行危旧房拼接改善维修，对347-2号地块维修原样复原，对347-3号地块落架大修。工程于2015年11月竣工验收，用于居民居住。

① “维修改善”是指通过对木、砖木结构危旧房的维修改善，每户基本能实现拥有独用的厨、卫设施，住房的整体居住条件与环境质量得到明显改善。

② 工程于2016年竣工，已出租。

③ 工程于2016年3月底竣工。

凤凰新村10幢　位于馒头山地区，地处南宋皇城遗址范围内，建筑占地面积215.23平方米，为20世纪60至70年代建造的无独立厨卫设施的简易住房，属D级危房①。2015年9月，区危改办正式启动维修工程。②通过改造，小楼似江南古韵味的"小洋房"，配套设施升级，原先使用集中打水和马桶的居民，享受到独用的厨卫设施和完整的上下水系统，实现自来水"一户一表"。

① 是指依据住房和城乡建设部制定的《农村危险房屋鉴定技术导则（试行）》，承重结构承载力已不能满足正常使用要求，房屋整体出现险情，构成整幢危房的情形可认定为D级危房。

② 工程于2016年1月竣工。

二、拼接改善③类项目选介

③ "拼接改善"就是通过对砖混简易结构危旧房拼接改善，为居民拼厨、拼卫，并结合住房环境的整治，综合改善居住质量。

邮电路32号　房屋建于1980年，房屋面积共计1850平方米，砖混结构，共5层。每层6户居民，共30户，原6户住户共用2个厕所。2007年5月项目启动，是年8月完工。项目主要利用楼房采光天井的位置，拼出1个卫生间，再在原有浴室里增添1个厕位，让所有住户都有独立的卫生间，方便居民日常生活。

中山中路312号　为2幢底部相连的5层楼房，建于20世纪70年代初，共有40户住户，1个厕所5户共用。2007年5月中旬，区危改办开始施工，7月中旬，工程顺利通过验收。改善后，原先走廊边的厕所和储物间被隔成5个独立卫生间，每个卫生间有3平方米左右。

华藏寺巷18幢　房屋建于1989年，房屋面积共计2081平方米，共5层。每层10户居民，共50户，每10户人家共用2个厕所。2007年9月项目开工，2008年3月竣工。在尽可能不影响采光、通风的情况下新增卫生间，实现1户1厕。

横河新村4幢　位于大学路社区，建于1973年，砖混结构。共5层，3个单元，每个单元是1梯5户的布局结构，共有住户75户，每单元每层只有1个公共厕所。2007年11月项目开工，2008年7月竣工。改善工程包括对房子陈旧老化的水、电设施进行更新，换下旧电线，整好破管道，防止漏电滴水；公共厕所改善后为就近住户的独户厕所，确保每户均具有独立的厨卫设施。

清泰街280号　位于长明寺巷社区，房屋建于1977年，砖混结构，1159平方米。共4层，1个单元，有住户29户，每层1个公共厕所。2007年8月项目开工，2008年1月竣工。在保持原有采光通风情况下，增加新卫生间7个。

三、重建改善④类项目选介

④ "重建改善"：是对用地性质、规划指标（采光、通风、日照、消防等）均符合条件的危旧住房，实施拆除并在原地新建住房、住户原地回迁的改善形式。

吴山人家（原劳动新村及劳动路9号重建危旧房项目）　劳动路9号地块住房破旧，配套落后，危旧房屋总面积12369.5平方米、住户189户。其中，劳动新村房屋面积4750.6平方米、住户79户，劳动路9号房屋面积7618.9平方米、住户110户。2009年2月项目开工，2010年12月末竣工。2011年5月起，区危改办组织住户回迁，2011年末已完成住户安置工作。

建兰中学（抚宁巷校区）改扩建工程项目　总占地面积30437平方米，建筑面积40812平方米。建兰中学（抚宁巷校区）于2010年7月开工建设，2011年9月投入使用。新增面积8676平方米，包括学生宿舍、食堂等设施。

平安里地块（含江城文化宫）危改重建项目　区域范围东至贴沙河及沿线绿化，南至候潮公寓，西至江城路，北至黄公厂弄，总用地面积12708平方米。拆迁前，该地块多为砖木结构一层或二层房屋，违章搭建问题严重。2010年5月，项目启动，涉及拆迁面积9016.61平方米，拆迁户45户，其中，国有土地上房屋居民42户，国有土地上非住宅拆迁2户，集体土地上房屋居民1户。项目实施其间，因考古等原因停滞。2015年5月，经杭州市住房保障和房产管理局审核领取拆迁验收合格证书。①

① 工程在2016年末竣工交付。

第五节　房地产投资与中介服务

1993年，上城区房地产业有10家单位，增加值合计2818.27万元，占第三产业增加值10.11%；房地产业利润总额1636.72万元，占第三产业利润总额22.48%。至1995年，上城区房地产业有11家单位，增加值合计7481.96万元，占第三产业增加值21.11%；房地产业利润总额5193.96万元，占第三产业利润总额43.25%。1996年，上城区下发《关于我区房地产开发企业实行目标管理责任制的奖励办法》，鼓励房地产开发企业留好留足物业，增强企业发展后劲。1997年，房地产开发投资3.96亿元，比1996年增长143.1%。

1998年，全国停止住房实物分配，实行住房分配货币化，新建住房原则上只售不租，并允许房改房和经济适用房上市交易，房产中介服务行业迅速发展。1999年，房地产开发投资4.43亿元，增加值8497万元，施工面积133.08万平方米，竣工面积36.27万平方米。至2001年，上城区房地产业增加值2.04亿元。

2002年起，上城区房地产开发企业开始尝试跨区域项目开发。是年，杭州广宇房地产集团有限公司在安徽省黄山市开发广宇·江南新城项目住宅用地，杭州复兴建设集团有限公司开发江苏省泰州市西湖翠苑项目。2004年，上城区房地产业投资额突破10亿元，达17.1亿元。2007年，广宇集团股份有限公司在深圳证券交易所上市，是全国首家在国内A股公开募股上市的民营房地产企业。2009年，全区有房地产中介服务业企业10家，营业收入6996.3万元，利润总额3975.2万元。2011年，上城区房地产开发投资额27.67亿元，增加值23.82亿元，全年施工面积265.86万平方米，竣工面积28.30万平方米，销售面积44.17万平方米，商品房销售额6.49亿元。是年，全区有房地产中介服务业企业14家，营业收入7578.3万元，利润总额52.9万元。

2015年，全区有房地产企业71家，完成房地产开发投资65.03亿元，房地产业增加值46.60亿元，全年施工面积148.42万平方米，竣工面积15.06万平方米，销售面积17.4万平方米，商品房销售额5.9亿元。是年，全区有规模以上房地产中介服务业企业2家，营业收入9.08亿元，亏损1616万元。

表12-1-2 1993—1995年上城区房地产业增加值情况表

年份	单位个数（家）	增加值合计（万元）	利润总额（万元）	税金（万元）	劳动者收入（万元）	利息支出（万元）	其他增加值（万元）	折旧费（万元）	期末固定资产原值（万元）
1993	10	2818.27	1636.72	171.38	651.30	135.28	80.03	18.48	630.74
1994	11	3640.49	1725.24	411.66	717.70	433.65	232.65	57.49	806.25
1995	11	7481.96	5193.96	910.21	774.58	—	362.00	89.21	1136.33

说明：资料来源于1993—1995年《上城区统计年鉴》

表12-1-3 1996—2004年上城区房地产业投资开发情况表

年份	投资额（万元）	增加值（万元）	自年初至年末累计施工面积			房屋竣工面积		
			合计	住宅（平方米）	公建（平方米）	合计	住宅（平方米）	公建（平方米）
1996	10700	—	—	—	—	—	—	—
1997	39600	—	—	—	—	—	—	—
1998	43842	—	573866	447087	107079	308124	241732	60492
1999	44260	8497	1330843	1064674	266169	362650	290120	72530
2000	66250	6731	1461003	1304903	156100	555716	500144	55572
2001	75103	20437	602000	481600	120400	505000	429000	76000
2002	63470	23221	816973	515999	300974	213424	213424	15255
2003	64229	34819	191112	161014	30098	126122	95605	30517
2004	171034	27086	1069685	561087	0	446874	286333	0

说明：资料来源于1996—2004年《上城区统计年鉴》

表12-1-4 2005—2015年上城区房地产业投资开发情况表

单位：亿元

年份	投资额	增加值
2005	14.30	2.79
2006	17.70	24.11
2007	17.50	22.71

续表 12-1-4

年份	投资额	增加值
2008	31.17	17.37
2009	28.10	22.87
2010	47.69	30.32
2011	27.67	23.82
2012	30.70	31.49
2013	36.24	34.25
2014	43.50	42.34
2015	65.03	45.60

说明：1. 2006年起，各城区实行“在地统计”。2. 资料来源于2005—2015年《上城区统计年鉴》

表 12-1-5 2011—2015年上城区房地产房屋施工、竣工、销售情况表

年份	项目	施工面积（平方米）	其中：新开工面积（平方米）	竣工面积（平方米）	商品房销售面积（平方米）	商品房销售额（千元）
2011	住宅	1700165	1025691	159183	393263	534479
	办公楼	268313		23998	24498	67511
	商业营业用房	110356		37664	12455	32164
	其他房屋	579743		62180	11491	15272
	合计	2658577	1025691	283025	441707	649426
2012	住宅	1737074	451727	25196	191640	203172
	办公楼	261934		21278	29859	73855
	商业营业用房	116416		0	12188	28902
	其他房屋	542550		17266	1100	1300
	合计	2657974	451727	63740	234787	307229
2013	住宅	1789228	164822	0	173747	234308
	办公楼	319969	79313	32734	31750	92924
	商业营业用房	159245	42829	0	3715	8067
	其他房屋	768552	155796	0	1190	1556
	合计	3036994	442760	32734	210402	336855
2014	住宅	1432961	137119	388922	121467	354076
	办公楼	302004	10871	0	34586	99684
	商业营业用房	23179	23179	6048	12019	23905
	其他房屋	64762	64762	60578	3215	5062
	合计	2523436	235931	455548	171287	482727
2015	住宅	529015	123848	43495	137980	531216
	办公楼	343539	101706	21388	15416	42100
	商业营业用房	175188	42747	30657	6994	16788
	其他房屋	436461	114644	55088	13589	0
	合计	1484203	382945	150628	173979	590104

说明：资料来源于2011—2015年《上城区统计年鉴》

表 12-1-6　2011—2015 年上城区商品房销售情况表

单位：套

年份	商品住宅销售套数	
2011	现房套数	2447
	期房套数	2372
	合计	4819
2012	现房套数	80
	期房套数	2508
	合计	2588
2013	现房套数	33
	期房套数	2366
	合计	2399
2014	现房套数	46
	期房套数	1244
	合计	1290
2015	现房套数	18
	期房套数	811
	合计	829

说明：资料来源于2011—2015年《上城区统计年鉴》

表 12-1-7　2006—2008 年上城区房地产开发企业主要财务指标情况表

年份	单位数（家）	资产总计（万元）	实收资本（万元）	主营业务收入（万元）	商品房销售收入（万元）	其他业务收入（万元）	利润总额（万元）
2006	92	3048027	347314	936778	920004	13425	236324
2007	86	3085445	358464	594344	582804	6141	129815
2008	—	4228129	644001	411690	23905	11217	104418

说明：1. 资料来源于2006—2008年《上城区统计年鉴》。2. 房地产开发企业指注册、经营地在上城区的企业

表 12-1-8　2009—2015 年上城区房地产开发企业主要财务指标情况表

年份	单位个数（家）	资产总计（千元）	实收资本（千元）	主营业务收入（千元）	商品房销售收入（千元）	其他业务收入（千元）	利润总额（千元）
2009	—	51423462	6572837	5952388	5693268	253778	1734007
2010	—	56223295	6874600	—	9126057	245385	3095371
2011	88	58407601	8234547	7190015	6827329	—	1641407
2012	90	62385865	9159951	7227688	6795962	—	2021451
2013	66	67226326	8874004	6747831	6054986	—	2501977
2014	67	73253585	9503408	3092115	2197098	—	1064200
2015	71	75163041	8889851	7491352	6200192	—	1348880

说明：1. 资料来源于2009—2015年《上城区统计年鉴》。2. 房地产开发企业指注册、经营地在上城区的企业

表 12-1-9　2008—2015 年上城区住宅平均房价情况表

单位：元

时间	月均价	年均价	时间	月均价	年均价
2008-01	—	—	2011-01	27823	28575.25
2008-02	—	—	2011-02	29438	
2008-03	15854	16210.90	2011-03	28344	
2008-04	15715		2011-04	28021	
2008-05	15939		2011-05	28606	
2008-06	15853		2011-06	28914	
2008-07	17264		2011-07	29210	
2008-08	15130		2011-08	30239	
2008-09	17513		2011-09	29620	
2008-10	16147		2011-10	28598	
2008-11	16591		2011-11	27831	
2008-12	16103		2011-12	26259	
2009-01	17249	20618.33	2012-01	25230	26213.75
2009-02	19019		2012-02	26076	
2009-03	17891		2012-03	26065	
2009-04	18944		2012-04	25048	
2009-05	18737		2012-05	25580	
2009-06	21408		2012-06	26235	
2009-07	20386		2012-07	26975	
2009-08	21760		2012-08	26542	
2009-09	22162		2012-09	26597	
2009-10	22032		2012-10	26619	
2009-11	23479		2012-11	26748	
2009-12	24353		2012-12	26850	
2010-01	24272	26560.67	2013-01	26876	27609.17
2010-02	24273		2013-02	26222	
2010-03	24938		2013-03	27278	
2010-04	26291		2013-04	26761	
2010-05	26889		2013-05	26845	
2010-06	27041		2013-06	27817	
2010-07	27897		2013-07	27311	
2010-08	28153		2013-08	28691	
2010-09	26830		2013-09	28104	
2010-10	27687		2013-10	28518	
2010-11	27176		2013-11	28759	
2010-12	27281		2013-12	28128	

续表 12-1-9

时间	月均价	年均价	时间	月均价	年均价
2014-01	27254	26196.08	2015-01	24410	24861.50
2014-02	26832		2015-02	24475	
2014-03	27325		2015-03	24663	
2014-04	26704		2015-04	24642	
2014-05	26748		2015-05	24846	
2014-06	27201		2015-06	25139	
2014-07	26147		2015-07	25126	
2014-08	26204		2015-08	24493	
2014-09	24803		2015-09	25513	
2014-10	25277		2015-10	24726	
2014-11	25245		2015-11	25165	
2014-12	24613		2015-12	25140	

说明：1. 资料来源于中国房价行情平台[1]。2. 分析使用样本：楼盘小区 404 个，房产交易 36.4 万套次。3. 2008 年 1—2 月月平均房价数据缺失，2008 年年平均房价数据根据 3—12 月的月平均房价进行计算

① 中国房地产业协会主办。

表 12-1-10　2010—2015 年上城区商铺平均价格情况表

单位：元

时间	月均价	年均价	时间	月均价	年均价
2010-01	—	—	2012-01	45670	51500.75
2010-02	—	—	2012-02	51601	
2010-03	—	—	2012-03	56445	
2010-04	33252	36521.44	2012-04	56612	
2010-05	32101		2012-05	64851	
2010-06	50703		2012-06	55081	
2010-07	35481		2012-07	44812	
2010-08	36124		2012-08	29187	
2010-09	29547		2012-09	51335	
2010-10	41703		2012-10	48154	
2010-11	39197		2012-11	60440	
2010-12	30585		2012-12	53821	
2011-01	36347	47915.00	2013-01	58968	50446.25
2011-02	42954		2013-02	47073	
2011-03	34998		2013-03	47624	
2011-04	36606		2013-04	39089	
2011-05	42772		2013-05	47233	
2011-06	44239		2013-06	62098	
2011-07	45500		2013-07	52415	
2011-08	64359		2013-08	47225	
2011-09	58432		2013-09	48014	
2011-10	61232		2013-10	54563	
2011-11	59674		2013-11	46330	
2011-12	47867		2013-12	54723	

续表 12-1-10

时间	月均价	年均价	时间	月均价	年均价
2014-01	42234	47578.33	2015-01	42127	45957.58
2014-02	52106		2015-02	45766	
2014-03	56414		2015-03	51863	
2014-04	51890		2015-04	54813	
2014-05	51566		2015-05	43265	
2014-06	46191		2015-06	46763	
2014-07	48584		2015-07	57022	
2014-08	46301		2015-08	32087	
2014-09	52514		2015-09	45433	
2014-10	50518		2015-10	44483	
2014-11	27166		2015-11	48356	
2014-12	45456		2015-12	39513	

说明：1. 资料来源于中国房价行情平台。2. 分析使用样本：楼盘小区 348 个，房产交易 1.3 万套次。3. 2010年1—3月月平均房价数据缺失，2010年年平均房价数据根据4—12月的月平均房价进行计算

表 12-1-11　2010—2015 年上城区办公楼平均价格情况表

单位：元

时间	月均价	年均价	时间	月均价	年均价
2010-01	20918	22563.33	2012-01	24861	24154.75
2010-02	23263		2012-02	25355	
2010-03	22338		2012-03	24278	
2010-04	22722		2012-04	23414	
2010-05	27660		2012-05	28042	
2010-06	25178		2012-06	23527	
2010-07	22928		2012-07	27850	
2010-08	21888		2012-08	23846	
2010-09	21063		2012-09	22123	
2010-10	22454		2012-10	22912	
2010-11	19984		2012-11	21622	
2010-12	20364		2012-12	22027	
2011-01	21392	25108.33	2013-01	24252	25006.58
2011-02	24913		2013-02	26325	
2011-03	26720		2013-03	27721	
2011-04	23321		2013-04	24789	
2011-05	26190		2013-05	23932	
2011-06	24675		2013-06	24335	
2011-07	23572		2013-07	25831	
2011-08	22473		2013-08	24895	
2011-09	27889		2013-09	27377	
2011-10	25594		2013-10	27068	
2011-11	27325		2013-11	23168	
2011-12	27236		2013-12	20386	

续表 12-1-11

时间	月均价	年均价	时间	月均价	年均价
2014-01	24997	22039.33	2015-01	20242	23688.00
2014-02	22613		2015-02	28645	
2014-03	23828		2015-03	22072	
2014-04	20176		2015-04	27142	
2014-05	20515		2015-05	21781	
2014-06	22136		2015-06	24868	
2014-07	24956		2015-07	24843	
2014-08	18174		2015-08	22760	
2014-09	16372		2015-09	20827	
2014-10	23072		2015-10	26381	
2014-11	24939		2015-11	21813	
2014-12	22694		2015-12	22882	

说明：1. 资料来源于中国房价行情平台。2. 分析使用样本：楼盘小区 128 个，房产交易 3530 套次

住宅：柳浪东苑
位置：上城区河坊街
建成：2003 年

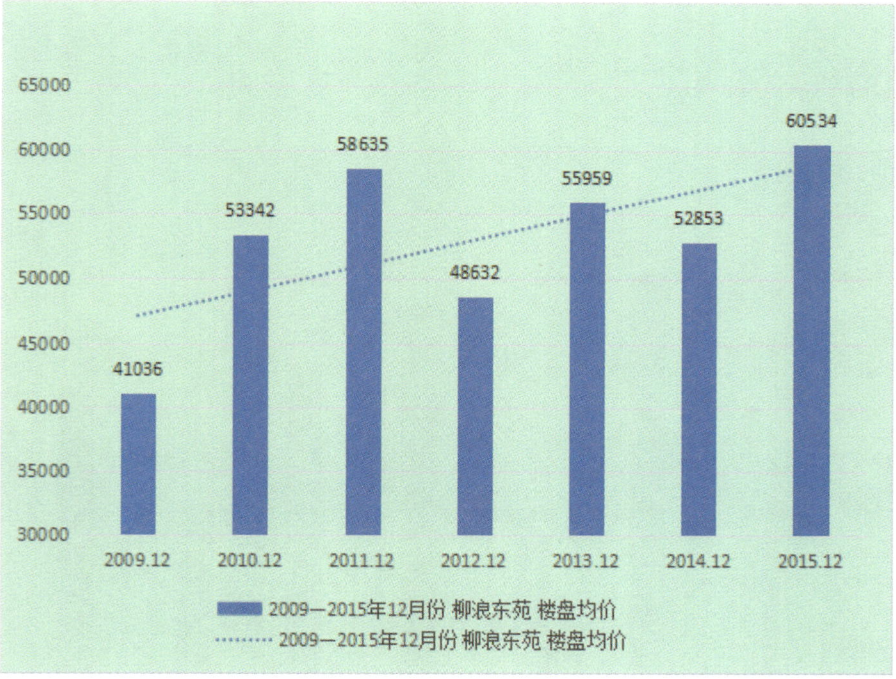

图 12-1-5　2009 年至 2015 年 12 月柳浪东苑楼盘均价
说明：资料来源于中国房价行情平台

住宅：春江花月·月华苑
位置：上城区钱江路
建成：2006年

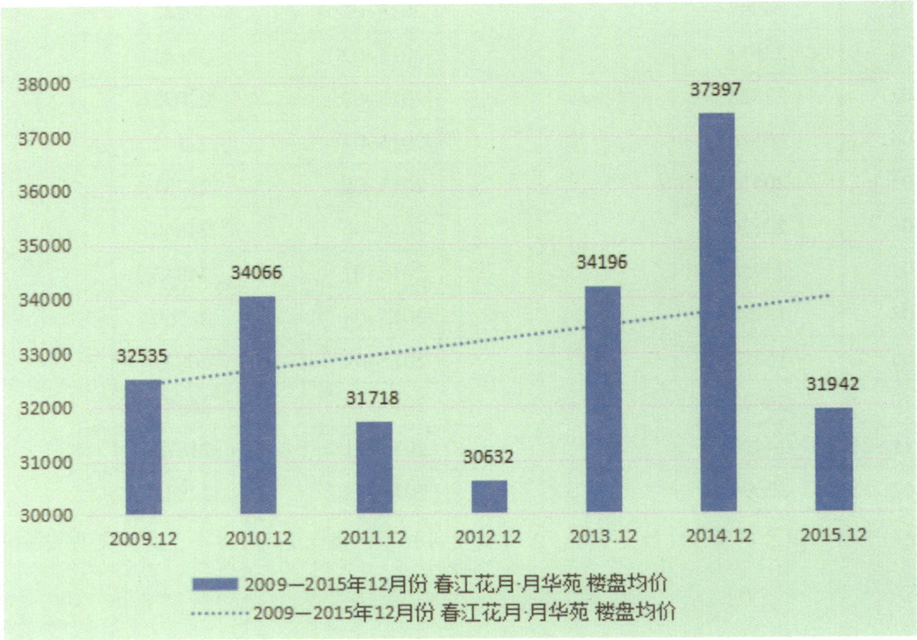

图12-1-6　2009年至2015年12月春江花月·月华苑楼盘均价
说明：资料来源于中国房价行情平台

住宅：定安苑
位置：上城区定安路
建成：2000年

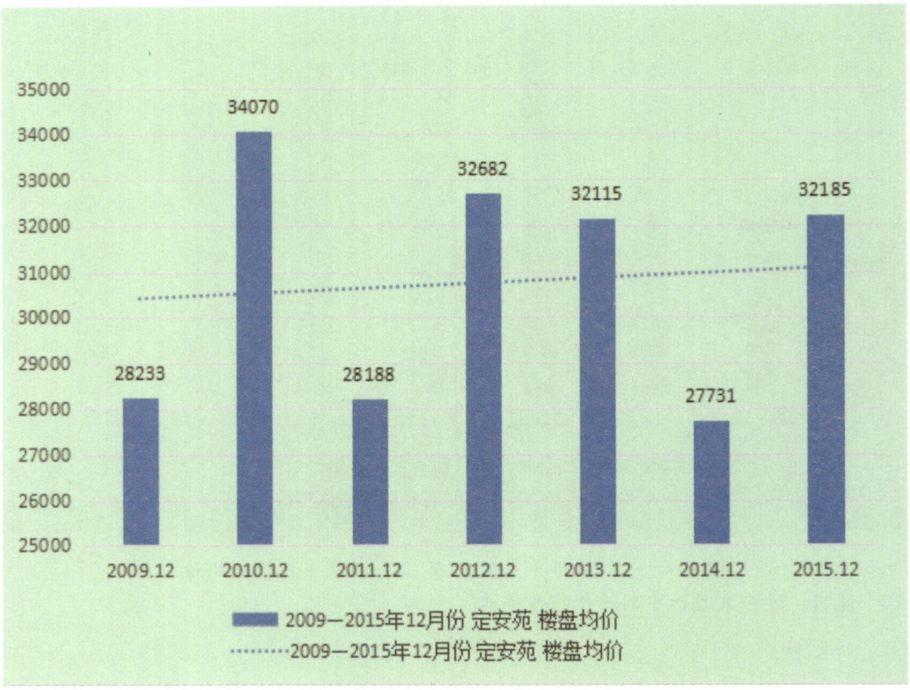

图12-1-7　2009年至2015年12月定安苑楼盘均价
说明：资料来源于中国房价行情平台

住宅：雄镇楼
位置：上城区江城路
建成：2000年

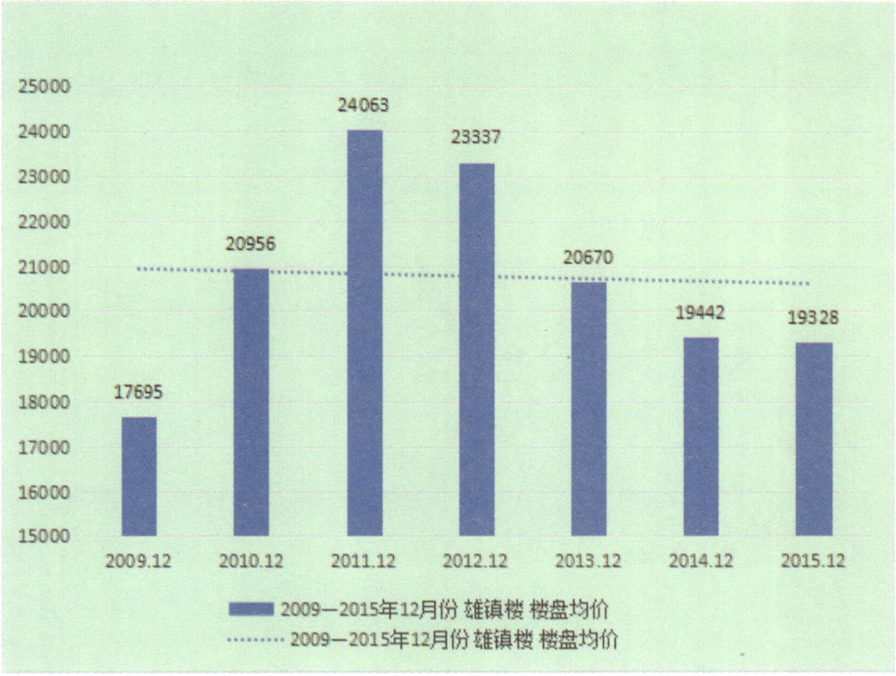

图12-1-8　2009年至2015年12月雄镇楼楼盘均价
说明：资料来源于中国房价行情平台

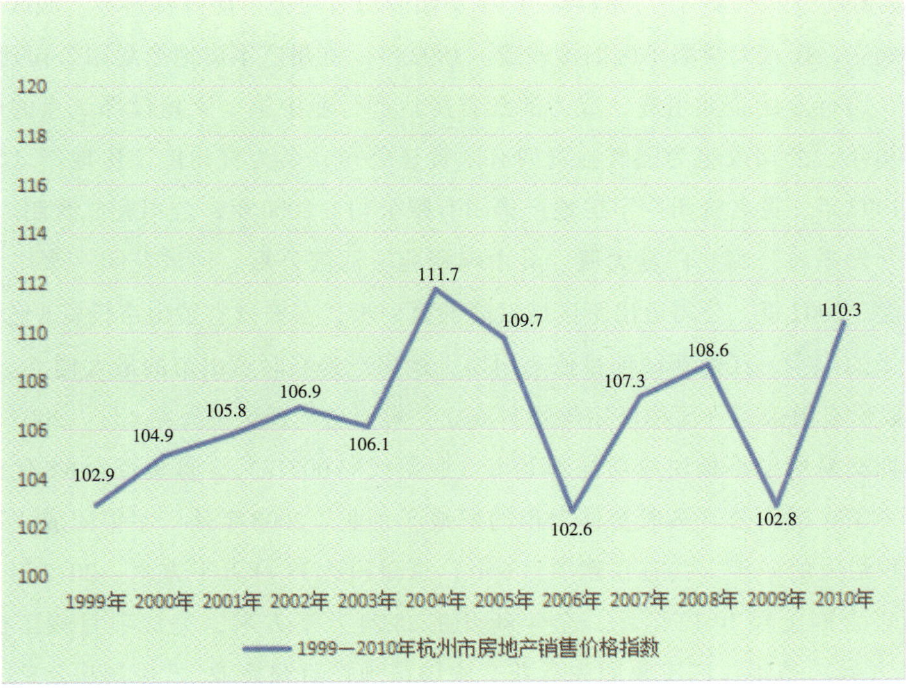

图12-1-9　1999—2010年杭州市房地产销售价格指数
说明：资料来源于2000—2011年《杭州统计年鉴》

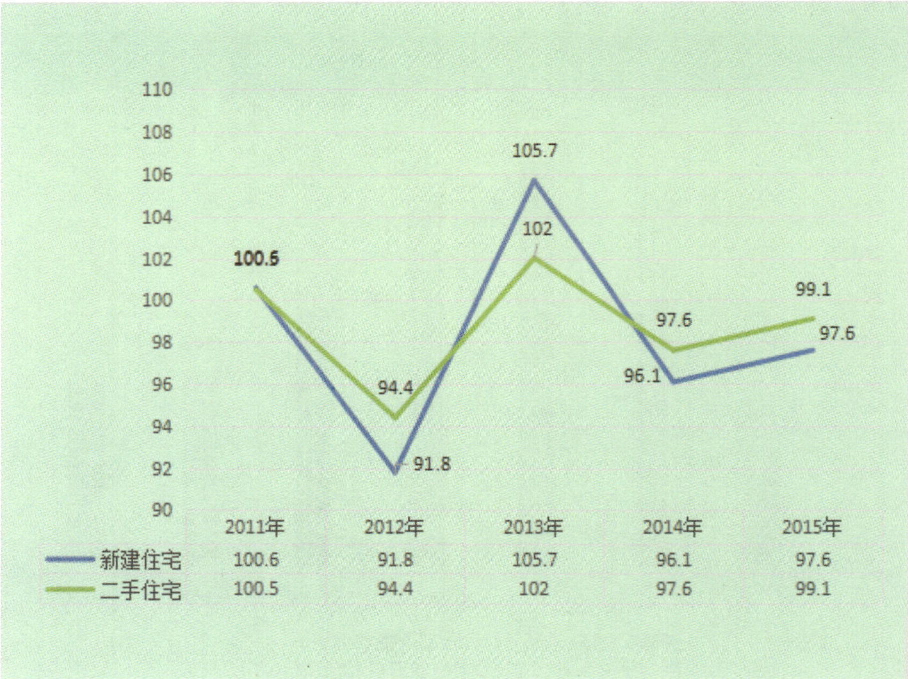

图 12-1-10　2011—2015 年杭州市住宅销售价格指数

说明：数据来源于2012—2016年《杭州统计年鉴》

第六节　房地产企业选介

广宇集团股份有限公司　1984年，广宇集团股份有限公司前身杭州市上城区房屋建设开发公司成立，投入大学路小区旧城改造。1993年，杭州广宇房地产集团公司建立，由8家跨地区、跨行业的企业组成，成为浙江省房地产行业中第一家建设部试点的省级企业集团。1996年，公司改组为国有独资的有限责任公司，名为杭州广宇房地产（集团）有限公司。1997年，更名杭州广宇房地产集团有限公司。2000年，公司完成改制。是年起，公司先后开发平海公寓、广复大厦、吴山鸣翠苑、河滨公寓、河滨花园、水岸雅苑等杭州知名楼盘。2002年，公司迈出跨区域发展的第一步，在安徽省黄山市投资8亿元，签下67万平方米的广宇·江南新城项目住宅用地，该房产是当时黄山市的最大楼盘。2004年，广宇集团股份有限公司（简称广宇集团）成立，集团总部迁至平海路8号。2007年，广宇集团在深圳交易所中小板块成功挂牌上市（股票代码002133），募集资金6.8亿元，成为浙江省第一家在国内公开募股整体上市的房地产企业。2008年是广宇集团成立以后在建和竣工面积最大的一年，共有在建项目6个，总面积达98.11万平方米。2012年，广宇集团完成销售合同金额14.12亿元，全年新开工25.24万平方米，完成项目竣工交付面积20.88万平方米。是年，广宇集团先后获“中国房地产百强企业”“中国房地产企业信用AAA级”“杭州市服务业百强”等荣誉称号。2015年，广宇集团有员工361人，实现销售额35亿元、营业收入17.2亿元，新开工建筑面积18.1万平方米。

杭州复兴建设集团有限公司　杭州复兴建设集团有限公司（简称复兴集团）组建于1998年，注册资本10500万元，位于江城路88号。复兴集团具有房地产一级开发资质，是一家集房地产投资、开发、物业管理、市场经营于一体，拥有12家下属公司的企业集团。1998年起，复兴集团开始承担复兴地区4.45平方千米的旧城改造项目，在钱塘江北岸相继建成13个景观经济型住宅小区，累计开发各类房屋312万平方米，其中住宅237万平方米，公建75万平方米。2002年，复兴集团投资7亿元开发江苏省泰州市西湖翠苑项目，该项目总占地面积20万平方米，总建筑面积24万平方米，系集多层住宅、叠加式别墅、独立别墅等建筑形态为一体的高档住宅区。是年，公司迁至秋涛路18号18～19楼。2003年，复兴集团完成体制改革，成为以商品房开发为主业的有限责任公司。是年起，先后开发钱塘雅苑、人和家园、复兴南苑三期、积家、雍熙山等商品房项目。2003年，复兴集团以“西部大开发为契机”，投资2.5亿元开发广西壮族自治区南宁市怡景西湖新天地广场项目。2005年，复兴集团合作开发杭州云溪香山项目，该项目占地面积11万平方米，总建筑面积27万平方米，是杭州市之江旅游度假区最早开发的项目之一。2008年1月，办公地址迁至南观音洞8号。2010年，开工建设复兴商务大厦，该项目建成后被上城区人民政府授予“节能减排优秀示范项目”称号，获2012年度浙江省建筑工程“钱江杯”奖。2011年，合作开发康都·紫轩项目，建筑面积5.4万平方米，绿地率32%，占据钱江新城核心生活区，是沿江一线的精品高档住宅。2015年，复兴集团有员工66人，实现销售额4.9亿元、营业收入1.2亿元。

杭州滨江房产集团股份有限公司　1992年，杭州滨江房产集团股份有限公司成立，公司位于杭州市江干区庆春东路38号。1997年，公司取得国家一级开发资质。2005年，公司在上城区开发江景豪宅金色海岸项目。2008年5月29日，公司在深圳交易所成功上市（股票代码002244），发行股票31.11亿股，成为当年度唯一国内公开募股上市的房地产企业。是年，该公司在上城区开发滨江阳光海岸项目。至2015年，杭州滨江房产集团股份有限公司在上城区共开发金色海岸、滨江阳光海岸、滨江钱塘印象等项目。是年，杭州滨江房产集团股份有限公司有员工711人，注册资本31.1亿元，实现销售额850亿元、营业收入52.66亿元。

第二章　房屋管理

1978年起，城市建设的步伐逐步加快，大批老城区被列入旧城改造的范围。其间，房管部门的直管公房①被大批拆除改建，公有房地产的质量得到改善，由木结构、砖木结构的老房子改造成砖混结构或混合结构的公寓式房屋，直管公房的数量明显增加。1993年，杭州城南房地产物业公司等物业管理公司在上城区相继成立，物业管理逐渐被百姓所接受。1995年开始，上城区对公有住房租金进行提租工作，之后进行多次提租。1997年，由于行政区域调整，上城区公有住房数量达历史最高点。至年末，直管公房套数45210套，面积224.06万平方米。随着住房制度改革工作的不断深入，上城区停止住房实物分配，逐步实行住房分配货币化，建立完善以经济适用住房为主的多层次住房供应体系。2004年1月，为改善居民住房条件，刺激住宅消费，上城区首次明确允许直管公房使用权转让转租。3月起，杭州市上城区房产管理局停止办理直管公房更名手续，直管公房转租转让、更名工作由杭州市房产管理局负责。2009年2月，上城区执行经济适用住房“先租后买”②和“租售并举”③两大政策，改变此前经济适用住房“只售不租”④的做法。是年，全区开始实行社区化准物业管理。至2011年，基本实现准物业管理全覆盖，上城区社区化准物业模式基本形成。2013年，杭州市直管公房管理工作进行重大调整，直管公房租赁证发放和承租人变更审批等权限下放至城区。2015年，杭州住房保障从以售为主转向以租为主，上城区全域暂停受理经济适用房申请。至年末，上城区直管公房套数仅剩6266套，面积为33万平方米，年入库租金为1200万元，租金入库率达到99.92%；全区共有165个物业项目实行专业化物业管理，其中住宅小区101处，办公楼64处，住宅小区管理总面积800余万平方米，办公楼管理总面积170余万平方米。

① 直管公房：指由国家各级房地产管理部门管理的国有房产，还包括计划经济时代国有和大集体企事业单位自建的福利房。

② “先租后买”：指符合经济适用住房申请条件，但暂无能力购买经济适用住房的家庭，可先租赁经济租赁住房，并在租赁期限届满前按规定程序购买经济适用住房。

③ “租售并举”：指经济适用住房申请家庭按规定比例支付选购的经济适用住房首付款后，向开发建设单位租赁经济适用住房，并在租赁期限届满前付清全部房款，买进该套经济适用住房。

④ 1994—2004年，出售一直是经济适用住房的主要供应方式。2004年颁布的《经济适用住房管理办法》首次提出鼓励经济适用住房实行“租售并举”的原则。

第一节　住房制度改革

1993年2月，市政府颁布《杭州市市区住房制度改革实施方案》，于1993年4月1日施行。该方案明确自1993年4月起在房管部门直接经租管理的直管房和中央、省属、市属、区属及外地驻杭单位和军队企业化工厂管理的自管房中，开展住房制度改革，允许房管部门和国有企事业单位向具有杭州市市区常住城镇户口的职工、居民出售公有住房。为做好直管公房的出售工作，上城区房管部门组织人员配合相关测绘单位对成套的直管公房进行面积测绘和共用部位面积的分摊计算工作。是年，杭州市公布《杭州市市区公有住房提租补贴实行办法》，提高公房租金水平；明确发放职工房租补贴、房租补贴发放范围和房租补贴的发放标准。杭州市上城区住房制度改革办公室组织区属各单位对职工进行房租补贴。杭州市上城区房产管理局所属各房管站，根据规定对辖区内符合减免补助条件的住户，办理直管公房的租金减免补助手续。

1995年2月，上城区依据《关于公布杭州市市区深化住房制度改革实施意见的通知》，推进租金改革，提高公有住房租金。下半年，公有住房租金由平均每平方米使用面积0.40元调整为0.60元～0.80元，提租不补贴（原房租补贴继续保留）；按职工家庭收入区分公有住房出售价格，按公有住房成新、职工工龄给予折扣，免缴或减免房地产税费，允许分期付款、抵押贷款，允许上市交易，稳步出售公有住房。

1996年12月，由于行政区划调整，上城区的直管公房同步增加；12月上城区直管公房45210套，面积224.06万平方米。

1998年12月31日起，上城区所有行政、企事业单位停止住房实物分配，新购、新建住房原则上只售不租，房价按当年经济适用房的微利价核定，不再享受政策优惠，住房从无偿分配逐步向商品化过渡。直管公房的数量开始由上升趋势转为下降趋势，12月下降至39807套，面积203.20万平方米。

1999年，根据《杭州市市区行政事业单位住房分配货币化试行办法》《杭州市市区住房补贴资金管理暂行办法》《杭州市市区职工享受实物分房面积核定细则》等配套办法，上城区相应实施住房分配体制改革，规定1999年1月1日以后参加工作的职工，由单位按月给予不高于本人工资25%的住房公积金补贴；1998年12月31日及其以前参加工作的无房和住房面积未达到规定标准的职工，由单位按规定发给一次性住房补贴。

2000年10月，为保证货币化分房各项数据的准确性，确保住房分配货币化的顺利实施，上城区开展行政、事业单位职工住房情况调查，并做好电脑建档和住房补贴的审批发放工作。

2002年，依据《关于进一步扩大杭州市区公有住房出售范围的通知》，上城区规定在该通知发布之前允许出售的公有住房和非成套简易砖混、砖木、木结构、简易结构及其他暂缓出售的公有住房，在核对拆迁用地范围后，被拆迁人未签订拆迁协议且房屋未拆除之前允许出售；非成套简易砖混、砖木、木结构、简易结构的公有住房，其出售面积以测绘的建筑面积为准，其出售成本价（商品价）按产权单位受理申请人提出购房申请的当年公有住房成本价（商品价）乘以一定的非成套折扣系数计算。

2006年，依据《关于非成套简易砖混、砖木、木结构、简易结构公有住房遇搬迁要求参加房改的处理意见》，上城区规定历史文化街区、历史建筑保护整治及危旧房改造整治搬迁项目和范围应经杭州市房产管理局批复认可；经杭州市房产管理局批准列入搬迁范围的非成套简易砖混、砖木、木结构、简易结构公有住房，凡住户实行搬迁的，可按房改政策申请参加房改购房；对于搬迁范围内的非成套简易砖混、砖木、木结构、简易结构公有住房参加房改的住户，需在《公有住房买卖协议书》中明确购房人在规定期限内不实施搬迁的，撤销房改购房的约定。

2008年起，上城区公房出售和住房补贴程序日趋规范，数量保持稳定。全年上城区出售公房1400余套，面积约6万平方米，建立上城区行政事业单位职工住房补贴档案290余份。2010年，上城区共出售公房900余套，面积约4万平方米。

2012年，根据杭州市《关于做好2013年度出售公有住房有关事项的通知》，上城区规定2013年度公有住房出售成本价（以砖混二等成套住房为标准）为每平方米建筑面积1015元。是年，上城区出售公房489户，面积1.9万平方米左右。

2014年，《关于调整杭州市机关事业单位住房补贴发放和退款业务工作流程的通知》发布，规范全市机关事业单位住房补贴发放和退款业务，优化工作流程[①]。上城区全年共计出售公房353套，撤销房改12件，建立上城区行政事业单位职工住房补贴档案380份。

2015年，依据杭州市《关于公布2015年度公有住房出售价格和租金标准等事项的通知》，上城区自2015年9月起，公有住房出售成本价（以砖混二等成套住房为标准）调整为每平方米建筑面积1218元，公房出售市场价调整为每平方米建筑面积2184元。公房出售超标准部分建筑面积每平方米价格标准分别是：一类地段6600元；二类地段5820元；三类地段5160元；四类地段4560元；五类地段4020元；六类地段3480元；七类地段3000元；八类地段2640元；九类地段2400元；十类地段2160元；十一类地段1860元；十二类地段1560元。公有住房租金标准由原来的每平方米使用面积3.24元调整为3.88元，相应分值为0.032元。是年，上城区出售公房281套，面积约1.3万平方米。至2015年末，上城区直管公房套数仅剩6266套，面积33万平方米。

第二节　直管公房管理

一、转让转租及户名变更

1993—1998年，上城区根据《杭州市市区公有住房租赁管理试行办法》，要求变更新承租人，必须符合下述情况之一：属于现承租人的直

① 文件规定单位一次性住房补贴发放流程：个人申请—单位审查—区房改办审核—市住保办审批—财政局确认划转—公积金中心划转—到达个人账户；单位一次性住房补贴退款流程：个人申请—单位审查—区房改办审核—单位或个人退款至公积金中心—市住保办审批—公积金中心确认—退款至财政局—有住房资金来源的退款至住保办。

系亲属，常住户口在杭州市而无其他住房或属住房困难户；现承租人的随居人口，户口也在一起的亲属，在杭州市无其他住房的；现承租人已由所在单位另行解决住房，原租用公房交由组织按规定安排给住房困难的职工使用；为方便生活而互换住处的公房承租人等。

1999年11月，上城区根据《关于印发〈关于直管公有住房实行有偿再次分配有关问题的通知〉中部分条款解释的通知》，首次明确规定同住使用人直系亲属之间的变更户名，必须同时具备原承租人在杭州市另有住房且达到文件规定的标准；直系亲属是指法律规定的父母子女间、祖父母（外）孙子女间、配偶间；具有同一住址的户籍且实际居住2年以上等条件。

2004年1月，为发挥公有住房的使用效益，改善居民住房条件，盘活存量房产，刺激住宅消费，规范公有住房使用权有偿转让转租行为，上城区依据《关于杭州市公有住房使用权有偿转让转租管理暂行规定的通知》，首次明确允许直管公房使用权转让转租，并规定相关使用权有偿转让转租的具体条件和程序。3月起，杭州市上城区房产管理局停止办理直管公房更名手续，直管公房转租转让、更名工作由杭州市房产管理局负责。

2012年，杭州市住房保障和房产管理局、杭州市监察局、杭州市物价局联合发布《关于直管公有住房户名变更部分遗留问题的处理意见》，解决拆迁安置引起的部分直管公房变更户名遗留问题。

2013年，杭州市住房保障和房产管理局发布《关于开展直管公房事权下放工作的通知》，规定当年5月将直管公房租赁证发放及承租人变更、直管公房使用权有偿转让转租审批等非行政许可事项下放到各区住房和城市建设局。是年，上城区办理承租人变更、直管公房使用权有偿转让转租审批等手续99件。至2015年末，上城区共办理相关手续466件。

二、日常租赁　维修　养护

1993年初，上城区按照《杭州市市区公有住房租金计算试行办法》公有住房的计租面积、租金计算标准等统一规定重新测绘评租全区直管公房，房管部门工作人员入户调查评估每套直管公房，向每一住户确认调查结果。在此基础上，上城区房产管理局对上城区1万余套直管公房租赁证进行换证办理。4月，上城区根据《杭州市公有住房租赁管理试行办法》，明确公有住房的租金缴纳、承租权利义务、房屋维修等。规定公有住房的承租人必须是年满18周岁的常住户口居民，明确无房户和困难户的概念，公房承租人的确定方式，租赁合同的签订方式，承租人变更的条件，以及收回公房使用权的情形。

1994年10月，上城区按照《杭州市非住宅房屋租赁租金参考标准（试行）》，规范公有非住宅房屋的租赁，将公有非住宅分为三级六等，并分别制定10元～150元/平方米不等的月租金参考价。区房管部门调整上城区非住宅直管公房租金，上城区非住宅直管公房租金收入增加。

1995年，上城区提租公有住房租金，由平均每平方米使用面积0.40元调整为0.60～0.80元，提租不补贴（原房租补贴继续保留）。此后，经过6次调整，至2003年7月，租金调整到2.40元/平方米，相应分值为0.02元。

2004年3月，杭州市房产管理局发布《关于调整市直管公房租赁证及租赁合同办理程序的通知》，明确将全市直管公房租赁证发放及租赁合同审定的工作职能，由区一级房产管理局调整至市一级房产管理局。

2006年，上城区根据《关于杭州市市区公有住房售后维修基金管理使用规定》，明确维修基金的定义、用途和归属、使用和续筹等问题，加强对公有住房出售后公用部位和共用设施设备的维修管理，保障维修基金的合理、有效使用。

2007年12月，上城区开展房屋清理，帮助市房管部门完善直管公房信息管理平台，建立包括承租户信息、房屋信息、计分评租信息、租金收缴信息、租金减免信息等在内的上城区直管公房基础档案。

2011年，市房管部门开展直管公房的普查，杭州市上城区建设局组织人员入户调查辖区内的直管公房，共计入户调查7723户。

2013年，杭州市调整直管公房管理工作。6月，杭州市直管公房事权下放至区，下放事权主要涉及直管公房租赁证发放和承租人变更、审批、直管公房使用权有偿转让转租审批等非行政许可事项审批权限。

2015年9月起，公有住房租金标准调整为每平方米使用面积3.88元，相应分值为0.032元，户月租金按该户住房总分数乘以相应的分值计算。是年，根据《杭州市级国有房产清查处置工作总体方案》要求，上城区开展直管公房清查工作，共计清查直管公房6000余户，建筑面积33万平方米，年入库租金为1200万元，租金入库率达到99.92%，其中减免教师、离退休职工1.94万元，减免廉租住房租金7.9万元。全年出具查档证明195份，发放直管公房租赁证171本。

表12-2-12　2009—2015年上城区直管公房管理及收租情况表

年份	直管公房数（户）	面积（万平方米）	年租金收入（万元）
2009	9600	—	1200
2010	8830	43（使用面积）	950
2011	7485	29（使用面积）	1054
2012	7134	37（建筑面积）	744
2013	6788	35（建筑面积）	877
2014	6501	34（建筑面积）	1114
2015	6266	33（建筑面积）	1200

说明：1.资料来源于杭州市上城区住房和城市建设局。2. 1993—2008年的数据遗失

第三节　保障性住房管理

一、廉租住房

2001年11月，上城区根据《杭州市市区廉租住房管理实行办法》，对廉租住房保障资

金来源、房源筹集管理、申请条件及程序、配租标准等方面作出规定，为住房困难家庭提供租金补助或以低廉租金配租普通住房。2003年8月，按照《杭州市市区廉租住房管理实施细则》，廉租房保障面扩大到已领取杭州市区困难家庭救助证（特困、低保、困难）的家庭。2005年11月，按《关于放宽廉租住房申请条件和提高配租标准的通知》要求，申请家庭现住房调整为人均住房使用面积10平方米及以下，租金补贴配租标准调整为人均住房使用面积11平方米，实物配租标准调整为人均住房使用面积10~11平方米。

2008年11月，上城区根据《杭州市区廉租住房保障实施细则（试行）》，规定申请廉租房保障家庭必须同时符合申请家庭至少有1人具有市区常住城镇居民户口（不包括学生户口）并居住5年以上；持有有效期内的“杭州市困难家庭救助证”或收入在城市低保标准2倍以下；现有（已有）住房建筑面积在15平方米以下，或3人以上家庭现有住房建筑面积在45平方米（含）以下等要求。申请家庭放弃实物配租或不接受配租房源的，实行货币补贴。同时，上城区窗口工作人员进行业务培训后上岗，做好受理工作，全年共完成400余户廉租房的受理、初审工作。

2009年，上城区廉租住房货币补贴标准从每月每平方米建筑面积20元提高至30元，上城区成为全国廉租住房货币补贴标准较高的城区之一。2010年，上城区按照《杭州市区廉租住房保障实施细则》《关于进一步加强廉租住房管理的实施意见》等，细化廉租住房的房源管理、资金管理、配租管理、租赁日常管理等经租管理工作。

2012年12月，上城区执行《杭州市主城区廉租住房业务属地办理工作方案》（简称《方案》），《方案》规定第一阶段：11月26日至12月31日，市、区两级启用新程序，按原业务受理、审核流程实施；第二阶段：2013年1月1日开始，廉租住房保障资格审批业务属地办理；第三阶段：2013年3月1日开始，廉租住房保障资格年审验证业务属地办理；第四阶段：2013年1季度后，廉租住房货币补贴发放及相关补（退）款审批业务属地办理。

2013年3月，杭州市廉租住房转公共租赁住房受理工作启动，标志廉租住房和公共租赁住房实现并轨运行。为增强住房保障公平性，优化保障房源配置，推进“职住平衡”[①]，上城区对不再符合廉租住房保障条件但仍符合公租房保障条件的廉租住房实物配租家庭，允许直接办理公租房租赁手续，在原地承租。全年共计受理廉租房申请110户，资格年审1227户。2015年，上城区受理审核廉租房2078户。

① 职住平衡的基本内涵是指在某一给定的地域范围内，居民中劳动者的数量和就业岗位的数量大致相等，即职工的数量与住户的数量大体保持平衡状态，大部分居民可以就近工作；通勤交通可采用步行、自行车或者其他的非机动车方式；即使是使用机动车，出行距离和时间也比较短，限定在一个合理的范围内，有利于减少机动车尤其是小汽车的使用，从而减少交通拥堵和空气污染。

二、经济适用住房

1999年11月，杭州市经济适用住房建设启动。2001年2月，上城区按照《关于杭州市市区经济适用住房销售管理的意见》，从紧控制申请人现住房面积，超下限标准不得购买经济适用住房；销售方式由直接凭证购房改为统一公开摇号销售；控制可享受经济适用住房价的面积，控制标准以内的部分按经济适用住房价格购买，超过部分按商品房价格购买。3月，首次公开销售经济适用住房。

2003年，上城区根据《关于进一步加强杭州市区经济适用住房建设和销售管理工作的若干意见》《杭州市市区经济居住房管理实施细则》和《杭州市市区经济解困房管理实施细则》，细分经济居住房和经济解困住房，严格准入制度。单身青年须满35岁后才可申请，销售方式调整为轮候摇号制，规定经济居住房须满5年、经济解困房满10年才能上市交易，并按规定补缴费用。

2004年11月，上城区根据《杭州市市区经济适用住房销售管理实施细则》，补充和调整经济适用住房的性质、准入制度、建筑面积、住房价格、上市交易等，取消以职级、职称作为经济适用住房面积申购标准，调整为3人及以下申请60平方米住房，4人及以上申请80平方米住房；提高住房面积准入标准，规定住房面积应在48平方米以下；调整享受面积核定范围，从原实物分房扩大为包括商品房、私房等。

2007年，杭州市发布《杭州市区经济适用住房管理办法》，文件规定经济适用住房的准购证采取确定受理周期，限定可受理申请人年龄段的方法受理；申请家庭经街道在其户口所在社区公示无异议并盖章后，将申请表及相关资料交户口所在区建设（房管）局，并领取受理单；区建设（房管）局将初审后的申请家庭资料交市房产管理部门复核；市房产管理部门复核后，将不符合购买条件的申请家庭资料退回区建设（房管）局，并附退件单；符合购买条件的家庭按照受理先后顺序进入轮候。上城区按照杭州市部署，做好经济适用住房的受理初审工作，2008年完成经济适用住房4025户的受理和初审工作。

2009年2月，上城区根据《杭州市区经济适用住房租售并举实施细则》和《杭州市区经济租赁住房管理办法（试行）》，执行经济适用住房“先租后买”和“租售并举”政策，改变此前经济适用住房“只售不租”的做法。是年，经济适用住房集中受理调整为日常受理，方便群众申请经济适用住房。由于房源增加，上城区经济适用住房基本实现“房等人”。2009—2012年，上城区完成6486户经济适用住房受理和初审工作。

图12-2-11　2010年，上城区保障性住房窗口受理群众申请
（区住房和城建局 供稿）

2013年8月，市政府下发《关于规范杭州市区经济适用住房上市

交易和回购管理的实施意见（试行）》，规定经济适用住房上市交易和回购的具体政策及政策分界点。文件规定经济适用住房购房人在签订购房合同（含预售合同）之日起满5年后，可通过补交土地收益等价款取得完全产权；经济适用住房购房人在取得完全产权后，可采用买卖、赠与等方式处置该住房。是年，上城区按照全市统一要求，暂停受理经济适用住房申请。

2014年，上城区完成1188户经济适用住房受理和初审工作。2015年，杭州住房保障从“以售为主”转向“以租为主”，上城区全域暂停受理经济适用住房。

三、公共租赁住房

2011年10月，市政府公布《杭州市公共租赁住房建设租赁管理暂行办法》，对杭州公共租赁住房的建设和租赁管理进行系统规范，内容包括公共租赁住房的性质定义、建设和租赁管理职责分工、建设方式、资金筹集、套型面积、产权归属、房源备案、申请审核制度、配租制度、管理制度、租赁期限、租金标准等方面。12月，杭州市制定《杭州市区公共租赁住房租赁管理实施细则（试行）》，细化公共租赁住房的配租原则，对市区中等偏下收入住房困难家庭、新就业大学生、创业人员等群体申请公共租赁住房的条件等做出规定。上城区按照杭州市相关要求，全年完成153户公共租赁住房受理和初审工作。

2012年，市级公共租赁住房开始实施日常受理，杭州市保障性住房在受理模式上由原来的集中受理全部改为日常受理，所有符合条件的保障性住房申请家庭均可在日常工作时间提出申请，随时申请、随时受理。2012—2014年，上城区完成2027户公共租赁住房受理和初审工作。

2015年，根据《关于大力推进住房保障货币化的指导意见》《杭州市公共租赁住房建设租赁管理暂行办法》《杭州市区公共租赁住房租赁管理实施细则（试行）》等文件，经市政府同意，上城区先行试点公共租赁住房货币补贴保障工作。公共租赁住房货币补贴试点的保障对象包括上城区辖区内符合条件的城市中等偏下收入住房困难家庭、新就业大学毕业生和创业人员3类群体。上城区全年受理和初审公共租赁住房753户。

表12-2-13　2008—2015年上城区经济适用住房、廉租房、公租房办理情况表

单位：户

年度	经济适用住房办理	廉租房办理	公共租赁住房办理
2008	4025	400	—
2009	1045	729	—
2010	2559	570	—
2011	1603	309	153
2012	1279	1042	339
2013	暂停	1337	711
2014	1188	2500	977
2015	暂停	2078	753

说明：资料来源于杭州市上城区住房和城市建设局

第四节 物业管理

一、专业化物业管理

上城区是较早引进专业化物业管理的城区。[①] 1993年开始，杭州城南房地产物业公司、杭州卓盛物业管理有限公司、浙江赞誉物业管理有限公司等相继成立。1998年，市政府首次将物业管理列入为民办实事内容，同时制定政策法规规范物业管理行为。在此背景下，上城区物业管理逐渐被百姓所接受。2003年，上城区共有物业管理公司15家，服务60余个物业小区。

2013年，上城区一级资质的物业企业提供服务的小区，物业费收缴率基本在95%以上。二、三级资质的物业企业提供服务的小区，由于管理水平、设备老化及业主缴费观念等原因，物业费收缴率水平参差不齐，在70%～90%之间；城南家园、美政花苑等小区，物业费收缴率不足50%。

2014—2015年，根据《关于印发〈杭州市保障性住房和老旧普通住宅小区财政扶持资金管理办法〉的通知》，上城区共有61个住宅享受政府财政补助，按0.1元/平方米·月计算，总面积为303万平方米。

至2015年末，上城区共有165处[②] 物业项目实行专业化物业管理，其中住宅小区106处、办公楼64处，住宅小区管理总面积800余万平方米，办公楼管理总面积170余万平方米。在住宅小区中，26处由一级资质的物业企业管理，20处由二级资质的物业企业管理，其余60处由三级或暂定三级的物业企业管理。同时有4个小区进行业主自治管理，分别为在水一方小区、临江风帆小区、怡和苑小区以及钱塘名都5～6幢，总面积约11万平方米。

二、社区化准物业管理

2009年，依据《关于进一步加强住宅小区综合管理的若干意见》《关于印发杭州市区老旧小区物业管理改善工程实施方案的通知》，上城区开始物业改善工程。根据《杭州市区老旧小区物业管理改善资金使用暂行规定》，市、区两级财政在经费上给予扶持，每年投入500万元用于补贴。上城区6个街道根据各自不同特点，成立各具特色的准物业管理中心，通过与专业物业公司合作，引入专业维修技术力量，发动社会力量加入物业维修队伍等方式，提高维修服务效率。

至2011年，全区共接管老旧小区房屋1151幢，面积约320万平方

① 1986年以前，上城区住宅小区主要由房地产管理部门管理，房屋产权关系单一，多数为国家或单位所有，收租养房为其管理特征。在住房制度改革逐步推进中，产权关系由单一产权向多元化方向转变，社会化、专业化、经营型的物业管理体制逐步建立。

② 其中有5处住宅、办公一体化小区，分别列入计算，故住宅小区和办公楼物业项目之和数字170处与165处物业项目数字不等。

米，涉及居民53266户。上城区各街道实现“有物管用房，有公共保洁，有秩序维护，有停车管理，有设施维护，有绿化养护，有道路保养，有维修服务”八有要求，基本实现准物业管理全覆盖，并建立具有“属地管理、立足基层”特征的社区物业管理运作新机制。上城区社区化准物业模式基本形成。

至2015年末，上城区共有83个小区实行社区化准物业管理，总面积340余万平方米；物业管理用房30套，总面积1873.79平方米。规定物业管理补贴按3万元/年·人的标准，实行社区化准物业管理的住宅房屋总面积5万平方米以下的，按3人进行补贴；在此基础上，每增加3万平方米，增设1人岗位补贴。同时，持民政部门核发的救助证，按每平方米0.15元减免物业费。

三、企业选介

杭州城南房地产物业公司　杭州城南房地产物业公司创建于1993年，前身是区住房管理部门的下属企业，注册资金300万元，具有国家二级物业管理企业资质。主要服务上城区的老旧小区、回迁安置房。2014年，划转至杭州上城区投资控股集团有限公司。至2015年，公司有员工600余人，管理项目有上城区政法大楼、上城区行政服务中心、金隆花园、杭州山南人家、白塔人家、通策广场等30余处，物业管理面积300余万平方米。

浙江赞誉物业管理有限公司　浙江赞誉物业管理有限公司成立于1995年，专业从事物业管理服务，注册资金500万元，具有国家一级物业管理企业资质。主要服务上城区的住宅、商务办公楼、综合体等。至2015年，公司有员工2000余人，管理项目有铭扬大厦、长堤明苑、金色成品、金衙庄大厦、林风花园等，物业管理面积600余万平方米。

杭州卓盛物业管理有限公司　杭州卓盛物业管理有限公司成立于1999年，注册资金500万元，具有国家一级物业管理企业资质，是上城第一家系统引进宾馆式管理模式的物业管理公司，主要服务上城区的高档写字楼、住宅小区和综合性楼宇等。至2015年，公司有员工685人，管理项目有凯旋门商业中心、湖滨公寓、元华公寓、中大吴庄等，物业管理面积300余万平方米。

绿城物业服务集团有限公司　绿城物业服务集团有限公司成立于1998年，隶属于绿城控股集团，注册资金5000万元，具有国家一级物业管理企业资质。主要服务上城区的公寓、城市综合体、商务写字楼等。至2015年，公司有员工8万人，管理项目有平海国际商务大厦、平海大厦、大名空间、绿城蓝色钱江、绿城春江花月、赛丽绿城丽园、元福里等800余个，总建筑面积1.4亿平方米，总户数40余万户。

杭州滨江物业管理有限公司　杭州滨江物业管理有限公司成立于1997年，为杭州滨江房产集团股份有限公司的全资子公司，注册资金500万元，具有国家一级物业管理企业资质。主要服务上城区的住宅、写字楼、商场等。至2015年，公司有员工3500人，管理项目有滨江金色家园、滨江金色海岸、滨江阳光海岸、日信国际、滨江钱塘印象等，总建筑面积约1000万平方米。

第三章 建筑业管理

1978年起，建筑业作为拉动经济发展的重要引擎，在经济社会运转中的地位逐渐提高，建筑科技高速发展，建筑形式呈现多样化趋向。1979年10月，上城区域内首幢12层的江城饭店竣工，杭城建筑由此突破低矮结构，向高层发展。1978—1985年，上城区建筑住宅以5～6层砖混结构为主，办公楼以多层框架结构为主，工业厂房建筑以单层排架和三层框架为主。

1993年起，上城区对高层建筑建设的探索和实践进入快车道，高层建筑逐渐成为上城区新建建筑形式的主要选择。1995年，杭州市上城区建筑业管理站、杭州市上城区建筑安全监督站和杭州市建筑工程质量监督站上城分站成立，开始实施区属建筑企业资质规范管理以及质量、安全管理。1997年开始，上城区每年9月开展工程“质量月”活动，提升全区工程质量管理水平。2001年，杭州市上城区小型建设工程管理中心成立，全区建筑业管理工作逐步实现“有机构、有队伍、有制度”的面貌。2005年，杭州市上城区建设工程质量安全监督站成立，主要对建筑业企业、建筑市场招投标行为、建筑工地质量安全和文明施工进行管理。2009年，上城区取消工程质量监督费和工程定额测定费。是年，上城区建筑业总产值突破150亿元。2010年，上城区对由区级政府、区属国有投资建设的房屋建筑和市政基础设施工程的招投标行为监管范围由此前的50万元以下扩大到200万元以下。2011年，受国际金融危机影响，上城区建筑业总产值首次出现负增长，比2010年减少1.97%。2012年，《上城区建设工程文明施工和扬尘污染综合治理工作实施方案》发布。是年，上城区下发标准化图册，明确文明施工合格标准。2014年，建设工程质量安全监督登记，建筑起重机械产权、安拆、使用备案2项市级权力下放至区级，对由区级政府、区属国有投资建设的房屋建筑和市政基础设施工程的招投标行为监管不再设置投资上限。11月，上城区启动工程质量治理两年行动，对辖区所有区管工地进行地毯式质量整治。是年末，物联网管理应用平台投入使用，对在建工地的监督检查进入智慧监管阶段。2015年，建设工程节能举措纳入监管范围，不具备规定建筑节能条件的工程不予竣工验收。至年末，上城区建筑业总产值突破250亿元。

第一节　管理机构

一、杭州市上城区建设工程质量安全监督站（杭州市上城区建筑业管理站）

1995年8月，上城区成立杭州市上城区建筑业管理站，负责全区建筑单位的资质审查、年检、年审考核工作。是年，成立杭州市上城区建筑安全监督站，与杭州市上城区建筑业管理站实行“两块牌子、一套班子”，主要负责监督管理建筑安装、装饰等施工现场安全生产。两站隶属杭州市上城区建设管理局领导，为全民事业单位。是年，杭州市建筑工程质量监督站上城分站成立，负责工程质量管理。

2005年4月，杭州市上城区建筑业管理站、杭州市上城区建筑安全监督站，杭州市建筑工程质量监督站上城分站撤销。上城区建立杭州市上城区建设工程质量安全监督站，保留杭州市上城区建筑业管理站牌子，主要负责监督管理建筑工程质量、安全生产和文明施工，负责建筑行业管理。2008年4月，杭州市上城区建设工程质量安全监督站（杭州市上城区建筑业管理站）工作职责调整为负责监督管理建设工程质量、安全生产和文明施工，负责建筑行业、建筑市场管理和建筑行业职工技术培训等。从2009年1月起，取消收取工程质量监督费、工程定额测定费。2014年10月，根据《杭州市人民政府办公厅关于印发杭州市进一步下放建设工程项目相关市级审批和管理权限实施方案的通知》要求，杭州市将建设工程质量安全监督登记，建筑起重机械产权、安拆、使用备案2项行政职权事项下放到杭州市上城区建设工程质量安全监督站。至2015年，机构和职能未发生变化。

二、杭州市上城区建筑业协会

1993—2015年，杭州市上城区建筑业协会[①]业务范围主要是探讨改革和发展建筑企业的方向，并向党和政府反映情况，提出建议；协助企业培训职工，提高企业素质；开展建筑业务咨询，维护建筑企业的合法权益；组织开展工程质量竞赛，推行先进施工技术，提高工程质量等。至2015年末，协会有团体会员单位111家。

①1986年，上城区建筑业协会由全区行政区域内从事建筑业行业的企业单位以及外地在上城区的建筑施工企业自愿组成，经民政部门注册登记成为具有独立法人资格的非营利性社会团体。

第二节　建筑企业管理

一、企业资质管理

自1995年起，上城区根据《建筑业企业资质等级标准》实施区属企业资质规范管理。资质等级由建设部统一制定，主要包括企业的资历，技术管理人员的资格、数量、比例，拥有固定资产和专业设备数量以及生产能力。资质审核认定，由各级建设行政主管部门实行分级管理，由区级负责辖区所有建筑企业的资质初审工作。

2014年，建设部重新修订《建筑业企业资质等级标准》，新资质标准中的专业承包资质由原先的60项减少为36项，并修改各项指标。2015年1月起，上城区开始参照新修订文件执行资质管理。

表12-3-14　《建筑业企业资质标准》新旧版变化对比情况表

序号	原专业承包资质类别	修订情况
1	地基与基础工程	保留
2	土石方工程	取消
3	建筑装修装饰工程	保留
4	建筑幕墙工程	保留
5	预拌商品混凝土	变更为“预拌混凝土专业承包资质”
6	混凝土预制构件	取消
7	园林古建筑工程	变更为“古建筑工程专业承包资质”
8	钢结构工程	保留
9	高耸构筑物工程	并入“建筑工程施工总承包资质”
10	电梯安装工程	取消
11	消防设施工程	保留
12	建筑防水工程	与“防腐保温工程”合并为“防水防腐保温工程专业承包资质”
13	防腐保温工程	与“建筑防水工程”合并为“防水防腐保温工程专业承包资质”
14	附着升降脚手架	变更为“模板脚手架专业承包资质”
15	金属门窗工程	取消
16	预应力工程	取消
17	起重设备安装工程	保留
18	机电设备安装工程	变更为“建筑机电安装工程专业承包资质”
19	爆破与拆除工程	取消
20	建筑智能化工程	与“电子工程”合并为“电子与智能化工程专业承包资质”
21	环保工程	保留
22	电信工程	并入“通信工程施工总承包资质”
23	电子工程	与“建筑智能化工程”合并为“电子与智能化工程专业承包资质”
24	桥梁工程	保留

续表12-3-14

序号	原专业承包资质类别	修订情况
25	隧道工程	保留
26	公路路面工程	保留
27	公路路基工程	保留
28	公路交通工程	保留。其中：交通安全设施分项变更为公路安全设施分项；通信系统、监控系统、收费系统工程和通信、监控、收费综合系统工程分项合并为公路机电工程分项
29	铁路电务工程	保留
30	铁路铺轨架梁工程	保留
31	铁路电气化工程	保留
32	机场场道工程	保留
33	机场空管工程及航站楼弱电系统工程	变更为“民航空管工程及机场弱电系统工程专业承包资质”
34	机场目视助航工程	保留
35	港口与海岸工程	保留
36	港口装卸设备安装工程	与“通航设备安装工程”“水上交通管制工程”合并为“港航设备安装及水上交管工程专业承包资质”
37	航道工程	保留
38	通航建筑工程	保留
39	通航设备安装工程	与“港口装卸设备安装工程”“水上交通管制工程”合并为“港航设备安装及水上交管工程专业承包资质”
40	水上交通管制工程	与“通航设备安装工程”“港口装卸设备安装工程”合并为“港航设备安装及水上交管工程专业承包资质”
41	水工建筑物基础处理工程	并入“水利水电工程施工总承包资质”
42	水工金属结构制作与安装工程	保留
43	水利水电机电设备安装工程	保留
44	河湖整治工程	保留
45	堤防工程	并入“河湖整治工程”和“水利水电工程施工总承包资质”
46	水工大坝工程	并入“水利水电工程施工总承包资质”
47	水工隧洞工程	并入“水利水电工程施工总承包资质”
48	火电设备安装工程	并入“电力工程施工总承包资质”
49	送变电工程	变更为“输变电工程专业承包资质”
50	核工程	保留
51	炉窑工程	并入“冶金工程施工总承包资质”
52	冶炼机电设备安装工程	并入“冶金工程施工总承包资质”
53	化工石油设备管道安装工程	并入“石油化工工程施工总承包资质”
54	管道工程	并入“市政公用工程施工总承包”“石油化工工程施工总承包资质”
55	无损检测	取消
56	海洋石油工程	保留
57	城市轨道交通工程	并入“市政公用工程施工总承包”
58	城市及道路照明工程	保留
59	体育场地设施工程	取消
60	特种专业工程	保留

说明：资料来源于杭州市上城区住房和城市建设局

二、项目经理资质管理（建造师执业资格管理）

1996年起，上城区根据《建设项目工程总承包管理规范》要求，开始实施以项目经理为责任主体的工程总承包项目管理目标责任制度。

2003年2月，上城区根据《国务院关于取消第二批行政审批项目和改变一批行政审批项目管理方式的决定》规定，取消建筑施工企业项目管理资质核准，由注册建造师代替，并设立过渡期。建筑业企业项目经理资质管理制度向建造师执业资格制度过渡时间为5年。根据《建造师执业资格制度暂行规定》要求，取得建造师执业资格证书的人员，必须经过注册登记，方可以“建造师”名义执业；主要执业范围为担任建设工程项目施工的项目经理，从事其他施工活动的管理工作等。建设部或其授权的机构为一级建造师执业资格的注册管理机构。省、自治区、直辖市建设行政主管部门或其授权的机构为二级建造师执业资格注册管理机构。至2015年末，上城区仍执行此制度。

三、施工企业

1993年，上城区有30余家施工企业，多数从事单一的房屋施工，企业规模小、资质低、装备差。由于未进行改制工作，杭州市上城区建设管理局有上城区第一建筑公司、上城区第二建筑公司、上城区第三建筑公司、上城区设备安装公司和杭州豪华装饰公司5家有资质的企业，各街道有直属的工程建筑队。

2015年，全区有建筑企业168家，其中，特级企业1家，总承包一级企业11家、二级企业10家、三级企业22家。企业经营范围从单一房屋建筑施工逐步向一业为主、多种经营方向兼备的态势发展。建筑业总产值从2006年的116.97亿元增长到2015年的271.44亿元。

表12-3-15　1993—2015年上城区建筑业总产值情况表

序号	年份	建筑业总产值（亿元）	同比增长率（%）
1	1993	0.49	—
2	1994	0.57	16.33
3	1995	0.89	56.14
4	1996	—	—
5	1997	—	—
6	1998	1.52	—
7	1999	2.27	49.34
8	2000	2.55	12.33
9	2001	2.87	12.55
10	2002	4.53	57.84
11	2003	5.73	26.49
12	2004	5.40	-5.76
13	2005	4.74	-12.22
14	2006	116.97	2367.72
15	2007	135.81	16.11

续表12-3-15

序号	年份	建筑业总产值（亿元）	同比增长率（%）
16	2008	149.50	10.08
17	2009	159.40	6.62
18	2010	184.29	15.61
19	2011	180.66	-1.97
20	2012	203.70	12.75
21	2013	226.50	11.19
22	2014	247.93	9.46
23	2015	271.44	9.48

说明：1. 1993—2005年为区属口径核算数，2006年开始，各城区实行“在地统计”，统计注册、经营地在上城区的企业。2. 资料来源于1993—2015年《上城区统计年鉴》

浙江省长城建设集团有限公司　浙江省长城建设集团有限公司位于雷霆路60号长城大厦。始建于1978年1月，前身为浙江省第三建筑工程公司。2001年6月，更名为浙江省长城建设集团股份有限公司。2013年10月，更名为浙江省长城建设集团有限公司。经营范围涉及建筑设计、建筑施工、建材物流、房地产开发、物业运营及投融资等多元领域，具有建筑工程施工总承包特级和行业甲级设计资质。至2015年，公司承建杭州西湖文化广场、杭州国际会议中心、宁波北仑港等经典工程，承担科威特、缅甸、老挝、新加坡等对外援建任务。创出中国建设工程“鲁班奖”、中国土木工程詹天佑奖及省、市优质工程500余项，全国和省市安全文明标化工地500余个，国家专利30余项，省级以上科技成果50余项。

浙江省工业设备安装集团有限公司　浙江省工业设备安装集团有限公司位于开元路21号。成立于1958年1月，前身为浙江省工业设备安装公司，2001年1月改制为浙江省开元安装集团有限公司，又于2009年5月改名为浙江省工业设备安装集团有限公司。公司总股本10028万元，下设1家全资子公司，15家综合性分公司、区域分公司和专业分公司，年施工能力65亿元以上，是持有承装类三级、承修类四级、承试类三级等资质许可的大型综合性安装企业集团。至2015年，公司承建浙江省财政厅综合办公楼、浙江石油大厦、杭州铁路新客站、杭州萧山机场航站楼、宁波栎社机场二期扩建工程航站楼、浙江美术馆、黄龙体育中心体育馆、杭州市红十字会医院病房大楼等工程，共创国家和省部级优质工程200余项，其中，创获中国建设工程“鲁班奖”11项，国家优质工程“银质奖”8项，中国市政金奖1项，上海市建设工程“白玉兰奖”4项，浙江省优质工程和浙江省建设工程“钱江杯”优质工程100余项。

中铁二十四局集团浙江工程有限公司　中铁二十四局集团浙江工程有限公司位于江城路692号。前身为上海铁路局工程总公司第四工程公司，成立于1954年1月。2003年7月，上海铁路局工程总公司第四工程公司改制为上海铁路建设集团浙江工程有限公司。2005年3月，更名为中铁二十四局集团浙江工程有限公司，系中国铁建股份有限公司的下属企业，是一家集工程建设、钢结构制作、机械设备和周转料租赁、工程检测于一体的综合性大型公司。公司注册资本3亿元，下辖2家子公司、2家分公司。至2015年，公司承建一大批国家和省市大中型重点建设项目，包括温福、甬台温、沪宁、杭甬、宁杭、金温、皖赣、杭黄、九景衢、杭绍城际、温州市域、台州市域等高技术含量的高速铁路、城际铁路、城市轨道交通项目；上海虹桥枢纽、杭州枢纽、宁波北站、绍兴东站、杭州北站、金华南站等大型铁路站场项目；杭州文晖大桥、新余仙女湖大道跨铁路高架桥。共获中国建设工程“鲁班奖”、中国土木工程“詹天佑奖”、国家优质工程“银质奖”等国家、省（部）、市级优质工程荣誉10余项，获得国家知识产权局颁发的实用新型专利29项、发明专利2项，省部级科技进步奖数十项，编制1项国家级工法和多项省部级工法。

浙江银力建设集团有限公司　浙江银力建设集团有限公司位于解放路18号。创建于1994年，前身杭州复兴建设工程公司为国有企业，于2003年进行企业整体改制。随着企业的快速发展和综合实力的提高，于2006年组建浙江银力建设集团有限公司。是年，企业获房屋建筑工程施工总承包一级资质，成为一家集房地产投资与开发、建筑及安装施工、装饰装修、园林古建、物资供应、设备租赁、建筑劳务、建筑设计于一体的综合性集团公司，注册资本12668万元。至2015年，公司承建杭州市建兰中学（抚宁巷校区）等工程获浙江省建设工程“钱江杯”优质工程、杭州市建设工程“西湖杯”优质工程等荣誉。

杭州市城市建设基础工程有限公司　杭州市城市建设基础工程有限公司位于钱江路639号1901室。创建于1994年9月，是一家具有市政公用工程施工总承包一级、地基与基础工程专业承包一级、城市照明专业承包三级、建筑工程总承包三级、城市园林绿化三级资质的综合性施工企业。公司在云南、丽水、临安等地区下设分公司。至2015年，公司承建复兴路综合整治工程、临安市人民广场、建德市新安江广场、文二西路工程Ⅱ标段等工程，获浙江省建设工程“钱江杯”优质工程、杭州市建设工程“西湖杯”优质工程、浙江省市政金奖示范工程、华东地区建设工程“华东杯”优质工程等荣誉。

浙江诚邦园林股份有限公司　浙江诚邦园林股份有限公司位于之江路599号。成立于1996年4月，是一家集投资、设计、建设、运营于一体的生态环境综合服务运营商。公司及下属全资控股子公司拥有市政公用工程施工总承包一级、古建筑工程专业承包一级、环境污染治理工程总承包甲级、风景园林工程设计专项甲级、旅游规划设计甲级等专业资质。公司承建杭州市西湖文化广场室外景观工程、杭州铁路东站枢纽地区环站北路（创新路—同协路）道路工程、富阳市江滨南大道工程（二标）等工程，获得“中国优秀园林绿化工程金奖”“中国优秀园林古建工程金奖”“浙江省优秀园林工程金奖”“杭州市优秀园林绿化工程金奖”等多项国家及省市级奖项。

四、监理企业

1993年，建设部制定《工程监理企业资质管理规定》[①]。是年，上城区开始推行建设工程监理制，工程建设项目管理向社会化、专业化、现代化的管理模式转变，促进建筑业适应经济体制重大改革。至2015年末，全区已核准注册监理企业8家。

① 分别在2001年、2007年、2015年5月修改。

表 12-3-16　2015年上城区监理企业情况表

企业名称	资质等级	
	主项	增项
浙江明康工程咨询有限公司	综合甲级	—
浙江盛华工程建设监理有限公司	房屋建筑工程监理甲级	人防乙级、市政公用工程甲级
浙江建协工程咨询监理有限公司	房屋建筑工程监理甲级	市政公用工程甲级
杭州中河建设项目管理有限公司	房屋建筑工程监理甲级	人防丙级、市政公用工程甲级
杭州正大建设项目管理有限公司	房屋建筑工程监理甲级	市政公用工程乙级
浙江省机电设计研究院有限公司	机电安装工程监理甲级	市政公用工程乙级、房屋建筑工程甲级
杭州中技建设工程管理有限公司	房屋建筑工程监理丙级	—
浙江经纬工程项目管理有限公司	房屋建筑工程监理乙级	市政公用工程乙级

说明：资料来源于杭州市上城区住房和城市建设局

浙江明康工程咨询有限公司　浙江明康工程咨询有限公司总部位于清泰街571号金泰商务大厦901室。始建于1996年，注册资金5016万元。公司拥有工程监理综合资质，同时拥有工程咨询甲级资质、政府投资项目代建、水利部水利施工监理资质、人防监理资质等多项资质，是一家专业从事工程咨询、项目管理及工程监理的综合性工程服务企业。至2015年，公司先后为杭州火车东站西广场、杭州国际博览中心、杭州第一高楼“世茂智慧之门”、德胜高架、秋石快速路等3000余个项目提供监理咨询服务。

浙江省机电设计研究院有限公司　浙江省机电设计研究院有限公司位于延安路87号。前身为浙江省机电设计研究院，成立于1958年，2001年改制为省属国有企业，注册资本10001万元，是浙江省内机电行业规模最大的综合性科研设计单位，具有建筑工程和机械行业工程设计甲级资质、工程咨询（机械、建筑、轻工等）甲级资质、工程监理（机电安装、房屋建筑等）甲级资质等。公司主要承接建筑工程、轨道和公路交通机电工程、城市照明亮化工程等项目的咨询、设计、设备成套、施工、监理、质量检测及总承包等工程。至2015年，公司有各类专业技术人员逾400人，其中高、中级职称人员约占专业技术人员总数的70%，拥有各类国家注册执业资格人员150余人次。先后完成国家、省、市各类科研项目200余项，获国家、省部级各类科技奖项和工程项目（设计、咨询、监理和施工）奖项100余项，取得国家发明专利授权50余项。

五、建筑装饰企业[①]

至2015年，上城区内共有43家企业拥有装饰装修资质，其中一级资质5家、二级资质39家。

① 建筑装饰行业属于建筑业子行业。1980年以后，建筑装饰行业从建筑业中分离出来，形成独立行业。装饰业从“马路游击队”“门面小公司”逐步发展到规模化有资质的专业大公司。

表 12-3-17　2015 年上城区建筑装饰企业情况表

序号	企业名称	资质类别	等级
1	浙江天乔装饰成套有限公司	建筑装修装饰工程专业承包	一级
2	浙江中天装饰集团有限公司	建筑装修装饰工程专业承包	一级
3	浙江耀厦控股集团有限公司	建筑装修装饰工程专业承包	一级
4	浙江耀兴建设有限公司	建筑装修装饰工程专业承包	一级
5	浙江省三建建设集团有限公司	建筑装修装饰工程专业承包	一级
6	浙江中源幕墙装饰集团有限公司	建筑装修装饰工程专业承包	二级
7	浙江银力建设集团有限公司	建筑装修装饰工程专业承包	二级
8	中铁二十四局集团浙江工程有限公司	建筑装修装饰工程专业承包	二级
9	杭州振业建筑工程有限公司	建筑装修装饰工程专业承包	二级
10	杭州国成建设工程有限公司	建筑装修装饰工程专业承包	二级
11	浙江鲁业建设有限公司	建筑装修装饰工程专业承包	二级
12	浙江光大装饰工程有限公司	建筑装修装饰工程专业承包	二级
13	杭州名典装饰有限公司	建筑装修装饰工程专业承包	二级
14	杭州中立装饰有限公司	建筑装修装饰工程专业承包	二级
15	杭州福卡装饰工程有限公司	建筑装修装饰工程专业承包	二级
16	浙江金泽装饰工程有限公司	建筑装修装饰工程专业承包	二级
17	杭州万邦装饰设计工程有限公司	建筑装修装饰工程专业承包	二级
18	浙江柏德装饰工程有限公司	建筑装修装饰工程专业承包	二级
19	杭州盈生建筑装饰工程有限公司	建筑装修装饰工程专业承包	二级
20	杭州中艺建筑装潢工程有限公司	建筑装修装饰工程专业承包	二级
21	杭州精与建筑装饰工程有限公司	建筑装修装饰工程专业承包	二级
22	浙江城建联合装饰工程有限公司	建筑装修装饰工程专业承包	二级
23	杭州工联装饰工程有限公司	建筑装修装饰工程专业承包	二级
24	杭州铁路建筑装修装饰工程队	建筑装修装饰工程专业承包	二级
25	杭州杭宇建筑工程有限公司	建筑装修装饰工程专业承包	二级
26	浙江银洲装饰工程有限公司	建筑装修装饰工程专业承包	二级
27	浙江港澳建筑装饰工程有限公司	建筑装修装饰工程专业承包	二级
28	浙江声学建设有限公司	建筑装修装饰工程专业承包	二级
29	浙江震霆装饰设计工程有限公司	建筑装修装饰工程专业承包	二级
30	浙江远景装饰工程有限公司	建筑装修装饰工程专业承包	二级
31	浙江凯瑞装饰工程有限公司	建筑装修装饰工程专业承包	二级
32	浙江零点装饰设计有限公司	建筑装修装饰工程专业承包	二级
33	金星铜集团有限公司	建筑装修装饰工程专业承包	二级
34	浙江永安建设工程有限公司	建筑装修装饰工程专业承包	二级
35	杭州力争建筑装饰工程有限公司	建筑装修装饰工程专业承包	二级
36	杭州华工装饰工程有限公司	建筑装修装饰工程专业承包	二级
37	浙江泰康建筑装饰工程有限公司	建筑装修装饰工程专业承包	二级
38	杭州绿园装饰设计工程有限公司	建筑装修装饰工程专业承包	二级

续表 12-3-17

序号	企 业 名 称	资 质 类 别	等 级
39	杭州安居市政园林工程有限公司	建筑装修装饰工程专业承包	二级
40	杭州安筑建设有限公司	建筑装修装饰工程专业承包	二级
41	杭州江北建筑工程有限公司	建筑装修装饰工程专业承包	二级
42	浙江业强建设有限公司	建筑装修装饰工程专业承包	二级
43	浙江宝庆建设有限公司	建筑装修装饰工程专业承包	二级

说明：资料来源于杭州市上城区住房和城市建设局

浙江中天装饰集团有限公司　浙江中天装饰集团有限公司位于之江路437号。1999年3月，金华市隆达建筑装饰工程有限公司成立。2004年11月，公司迁至杭州，更名为浙江华天装饰工程有限公司。2010年6月，以浙江华天装饰工程有限公司为母体组建浙江中天装饰集团有限公司。2011年1月，正式获得浙江省工商局的名称变更核准通知书，浙江中天装饰集团有限公司正式成立。公司拥有建筑装饰装修工程设计与施工一级、建筑幕墙工程设计与施工一级、设计专项甲级、园林绿化二级等资质。至2015年，公司先后承接杭州红星文化大厦、安吉龙山体育中心、杭州世贸丽晶D座公建综合楼（浙能大厦）等工程，获中国建设工程“鲁班奖”7项，“全国建筑工程装饰奖”23项，上海市建设工程“白玉兰杯”、浙江省建设工程“钱江杯”、“浙江省优秀装饰工程奖”等省级优质奖100余项。

浙江天乔装饰成套有限公司　浙江天乔装饰成套有限公司位于西子湖畔钱王祠5号。成立于1994年9月，是具备建筑装饰设计乙级、建筑装饰施工二级资质的专业施工企业。至2015年，公司承接浙江西子宾馆、杭州之江度假村、杭州未来世界（梦湖山庄）、杭州黄龙饭店、杭州海华大酒店娱乐城、浙江世贸中心、浙江大酒店等建筑装饰项目。获中国建设工程“鲁班奖”等荣誉。

第三节　建筑工程管理

一、招投标管理

1993年起，上城区建筑工程招投标一般由杭州市级城乡建设主管部门统筹管理。

2001年4月，杭州市上城区小型建设工程管理中心成立，主要负责上城区50万元（不含50万元）以下至5万元以上的小型建设工程项目交易监督及管理工作。

2010年6月起，根据《杭州市区级以下小型建设工程管理规定》，杭州市上城区小型建设工程管理中心工作范围扩大到200万元以下（不含200万元）由区政府、区属国有投资建设的房屋建筑和市政基础设施工程。2013年11月，监管范围从单纯的200万元以下小型建设工程招投标监管扩大到20万元以上、200万元以下小型服务建筑及市政基础设施、50万元以下园林绿化工程、项目单项合同估算价在10万元以上50万元以下（不含）

小额监理及合同估算价在20万元以上50万元以下（不含）小额设计项目、全额区财政或区属国有投资占全部比例的500万元以上建设工程代建项目招投标活动监管。

2014年10月，依据《杭州市进一步下放建设工程项目相关市级审批和管理权限的实施方案》要求，杭州市上城区小型建设工程管理中心负责全区除杭州市国有投资建设项目、浙江省重点工程及省级财政资金以外的国有建设工程招投标的监督管理及非国有投资项目的备案工作，承担建设工程招标控制价备案、中标价备案以及建设工程合同备案等相关工作，并负责查处全区招投标活动及造价活动中的违法行为。至2015年末，杭州市上城区小型建设工程管理中心相关职责未变。

二、工程质量管理①

1996年12月，国务院颁布《质量振兴纲要（1996—2010年）》，提出要继续开展“质量月”活动。1997年起，上城区恢复每年9月的“质量月”活动，并根据每年主题制定“质量月”活动实施方案，举办展板宣传、技术讲座、技能比武、现场观摩等形式的活动；在每年“质量月”活动期间，对全区区管工地的施工质量情况开展一次专项大检查和一次工程实体质量检测。

2007年5月，上城区根据《杭州市住宅工程质量分户检验管理暂行规定》，规范住宅工程的分户验收标准；6月，上城区建设工程质量安全监督站开始监督管理住宅工程质量分户检验组织形式和验收程序，并沿用至2015年末。

2009年12月，根据杭州市《转发住房和城乡建设部关于开展全国在建住宅工程质量检查的紧急通知》要求，上城区开展全区在建住宅工程质量检查工作。重点检查涉及结构安全的地基基础和主体结构的相关技术资料，特别是对桩基检测报告、钢材和混凝土等结构性材料的试验报告等进行全面排查，该次检查共检查建设项目27个，开具限期整改通知单20份，对查出的问题，督促整改单位定时整改，并做好整改复查记录。至2010年2月，检查发现的问题全部整改到位。

2013年9月，上城区根据《关于对住宅排气道制品进行专项检查整治的通知》要求，开展排气道专项检查，查阅住宅项目排气道制品的原材料产品合格证及性能检测报告等资料，并委托有资质的检测单位检测排气道的外观质量、壁厚、尺寸偏差、垂直承载力、抗柔性冲击等项目。共检查13个住宅项目，结果均为合格。

2014年11月，杭州市上城区建设工程质量安全监督站制定《上城区建设工程质量安全监督站工程质量治理两年行动实施方案》，旨在推

① 1978—1984年，上城区每年9月开展“质量月”活动，后鉴于“质量月”活动的各项内容基本成为建筑企业的自觉行动，便停止“质量月”活动的明确称呼，但21世纪初上城区“质量月”活动的主要内容仍然进行。

① "三个转变"：中国制造向中国创造转变、中国速度向中国质量转变、中国产品向中国品牌转变。

动"三个转变"①，建设"质量强区"，推行"每建必优"理念，提升工程质量。12月，上城区根据《杭州市民用建筑节能条例》要求，审核施工单位建筑节能施工方案、监理单位建筑节能监理细则，监督检查施工过程中建筑节能标准执行情况以及节能原材料进场报验情况、材料合格证、材料检测等情况，并核查外门外窗保温性能检测报告，建筑外围护结构传热系数检测报告，围护结构节能工程专项验收记录及建设、监理，施工单位出具的建筑节能工程专项检查报告，要求达到规模的新建民用建筑委托民用建筑节能评估机构编制建筑节能评估报告，对不具备以上建筑节能条件的工程不予竣工验收。

2014—2015年，杭州市上城区建设工程质量安全监督站共检查建设项目559个次，签发整改通知书523份、停工整改通知单20份，施工单位项目负责人履职不到位的实施信用惩戒259人次，监理单位项目负责人履职不到位的实施信用惩戒177人次。

表 12-3-18　1993—2015年上城区属工地监督情况表

年份	监督受理工程数（个）	监督受理工程面积（平方米）	竣工验收单数（份）	竣工验收工程面积（平方米）
1993	32	145914	11	22908
1994	34	202744	48	145633
1995	44	384483	57	192736
1996	56	446783	75	256889
1997	35	176949	120	488645
1998	48	417858	87	329424
1999	42	338967	98	399158
2000	49	390254	84	341781
2001	37	386104	128	388386
2002	38	836332	89	313880
2003	41	600754	71	371620
2004	58	782732	150	707135
2005	38	271766	95	500409
2006	22	205062	86	461051
2007	20	274517	30	348573
2008	21	421959	15	149863
2009	14	249127	24	391172
2010	33	349125	12	89360
2011	21	263544	22	268548
2012	26	239901	21	308973
2013	22	253511	22	223176

续表 12-3-18

年份	监督受理工程数（个）	监督受理工程面积（平方米）	竣工验收单数（份）	竣工验收工程面积（平方米）
2014	33	380155	13	229736
2015	23	649346	14	211159

说明：资料来源于杭州市上城区住房和城市建设局

三、施工安全管理

1993年6月，上城区开展建设领域安全生产月活动[①]，通过举办培训讲座，设置宣传展板，组织安全生产标准化建筑工地现场观摩会，发放图册、书籍等安全生产宣传资料，开展专项安全生产大检查等方式，保障区管建设工程安全生产形势平稳可控。

2008年5月，上城区根据《关于开展建设系统安全生产百日督查专项行动的通知》要求，成立建设工地隐患排查治理领导小组，开展安全生产百日督查行动。主要督查内容是：督查安全生产投入情况，落实隐患排查、登记、整改、监控和隐患数据库建立情况，跟踪治理、整改销号情况和重大危险源监控情况；督查在建工程（拆房）施工安全生产情况，包括建筑安全生产法律法规、标准规范及规章制度贯彻执行情况；督查工程建设各方主体，特别是工程建设单位、施工企业和工程监理单位的安全生产责任制建立和落实情况；检查安全教育培训，特别是“三类人员”[②]、特种作业人员持证上岗和生产一线职工（包括农民工）的教育培训情况及建筑工程使用的爆炸物等危险物品的管理情况，安全帽、安全带和安全网等安全防护用品的采购、查验、使用情况等。

2010年，上城区根据杭州市下发的《关于加强建筑起重机械租赁、安装拆卸和使用安全管理的若干意见》，从严管理区管建设工程中使用的塔吊、人货两用施工升降机、物料提升机、吊篮

图 12-3-12　2013年，区建设工程质量安全监督站工作人员巡查建设工地　（区住房和城市建设局 供稿）

① 1980年5月，国务院决定在全国开展安全生产月活动，并确定以后每年6月都开展安全生产月活动。

② “三类人员”：即建筑三类人员，是指建筑施工企业主要负责人、项目负责人和专职安全生产管理人员。

等起重机械，检查起重机械日常维修检查情况、相关特种人员上岗情况，对未办理备案登记手续的起重机械及起重机械无证操作的一律签发局部停工整改通知单。是年起，上城区每年都会委托专业检测机构对区管工地的起重机械开展不少于2次的监督检测，确保建筑起重机械的安全。

2011年4—12月，上城区开展“安全生产年”活动，深化安全生产执法、治理、宣教“三项行动”和法制体制机制、保障能力、监管队伍“三项建设”，推动安全生产各项政策、法律法规和措施的实施。

2014—2015年，杭州市上城区住房和城市建设局建立和依托物联网管理应用平台，在33个区属监管的建设项目中安装施工现场在线监控系统，并接入上城区住房和城建局物联网管理平台，接入率100%。

四、文明施工管理

1997年6月，《杭州市建筑工地文明施工管理规定》实施，明确建筑业管理部门是建筑工地文明施工的行政主管部门。该规定为建筑工地文明施工管理提供依据和具体罚则。

2011年7月，上城区根据《杭州市建设工程推广应用预拌砂浆管理办法》要求，自7月起要求招投标的项目禁止在工地现场自行搅拌砂浆，必须使用预拌砂浆。

2012年5月，上城区制定《上城区建设工程文明施工和扬尘污染综合治理工作实施方案》，要求各建设工地做到“六个必须”“六个不准”，即必须围挡作业、必须硬化道路、必须设置冲洗设施、必须及时洒水作业、必须配齐保洁人员、必须定时清扫施工现场；不准车辆带泥出门、不准运渣车辆冒顶装载、不准高空抛撒建筑垃圾、不准现场搅拌混凝土、不准场地积水、不准现场焚烧废弃物。12月，《杭州市建筑施工现场安全文明施工标准化图册》[①]发布，上城区向区管建设工地宣贯解读。2013年起，上城区第一批建设工地开始使用预拌砂浆，全年区管工地使用预拌砂浆17462.31吨。

2014年2月，《杭州市建设工程文明施工管理规定》颁布，将建设行政主管部门作为建设工程文明施工管理的主管部门，对建设工程的文明施工管理提出更高的要求和更严厉的罚则，同时废止《杭州市建筑工地文明施工管理规定》。

2015年5月起，杭州市上城区住房和城市建设局开展打造“美丽上城”助力“两美浙江”示范区建筑工地环境整治行动[②]。该次行动的重点是推行建筑施工安全质量标准化、推进建设工地文明施工扬尘治理等相关工作。

① 图册对施工现场围挡、外脚手架架体封闭、施工现场主要道路及场地硬化、施工告示牌、裸露土方及散装材料覆盖、运输车辆出场清洗设施、施工场地扬尘控制措施、噪音控制、光污染控制等内容通过图示明确标准化做法，并以此作为施工现场“合格”工程的最低标准，未达到《图册》所规定内容的工程不能被评定为“合格”。

② 此次行动持续到2016年9月，共检查工地156个次，签发限期整改通知书132份，查处文明施工问题265条；对项目负责人不良行为扣分7人次、计28分。

第十三篇

商业服务

上城区是杭州市的中心城区，珍异集聚，商贾云集，自古商业繁华。唐代，杭州商业、服务业和手工业经营户三分之二集中在今上城辖区范围内。南宋时定都临安（今杭州），上城辖区内南北走向的御街中段（今中山中路）商店汇聚“无一家不买卖者”，昼夜不绝。清泰门内荐桥街（今清泰街的城头巷口以西），宋元以来为繁华街市，西域商人开设店铺买卖金银珠宝。明清时期，为适应货物交流，今上城区地域内出现大量集市，著名的有寿安坊市（今官巷口一带）、东花园市（自马婆桥上下街巷延伸至升仙、望仙两桥）等。望仙桥（今望江街上）、羊市街（今江城路的望江路口以北）、板儿巷（今建国南路）、忠清大街（今庆春路菜市桥至皮市巷口）、联桥大街（今庆春路皮市巷至中山中路口）、寿安坊（今官巷口）等成为杭城商业繁华地块。清末，杭州最繁华的商业中心在望江门内的望仙桥直街、大井巷一带。望仙桥河下的大石库墙内都是中药材批发、参燕鹿茸专卖店，鼓楼到水师前（今通江桥东）是鞋帽一条街，大井巷是旅游商品一条街。清河坊一带的后市街、河坊街、祠堂巷则有数量可观的钱庄和南货店。

民国时期，商业中心移至清河坊、保佑坊和三元坊（今中山中路鼓楼到官巷口段）一带，形成留存至今的历史商贸街区的原貌。抗日战争爆发前夕，杭州市金融、交通、杂货、书报、美术、文具、金属、建材、染织、绸布、衣着、妆饰、日用、燃料、饮食、农牧、医药、旅馆、旅游等19个大类200余个行业，绝大多数集中在今上城辖区。抗日战争期间，市场一度萧条。抗日战争胜利后，市场逐渐恢复。民国35年（1946），上城辖区内商业共有85个行业、4145户。民国政府执政末期，货币贬值，物价飞涨，商业一度陷入困境。

中华人民共和国成立后，上城区商业得到恢复和发展。1950年，上城、中城辖区有私营商业3283户、手工业商业870户、饮食业232户、服务业1260户、其他行业904户，合计6549户。[①] 嗣后，上城区对私营、个体商业实施社会主义改造，集体商业一度被并入国营商业，个体商业几度被取消，集贸市场被禁止。中共十一届三中全会后，上城区商业系统在“改革、开放、搞活”方针的指导下，逐步形成以百年老店为支柱，以特色、专业商店为主体的商业企业组织结构，并积极稳步地拓展内引外联。至1992年，上城区商业系统有77家商业企业与外地工商企业建立紧密型的横向联营关系。年末，全区有区属集贸市场18个，其中

① 杭州市上城区地方志编纂委员会. 杭州市上城区志 [M]. 北京：方志出版社，2015：145.

农副产品市场10个，日用工业品市场8个，年累计成交额9.09亿元。

1993年，上城区加快流通体制改革，进一步搞活商业；推行股份制和股份合作制试点；推进企业组织结构和社会经济结构调整；加强市场建设，加快培育市场体系。全年市场商品成交数量为4.17万吨，上缴国家税收近1000万元，全年集贸市场商品成交额达17.1亿元，比1992年增长87.7%，增速达到历史最高水平。1994年2月，区委、区政府下发《关于加速转换企业经营机制的工作意见》，明确企业机构转换的主要形式，并落实企业法人实体和市场主体的责任。是年，上城区遵循“商贸领先，三产兴区”战略目标，重点开发延安南路、建国中路和中山中路3条商业街，兴办龙翔新市场、解放路副食品市场、延安南路地下商城、吴山市场等，以及推进国泰商厦、娃哈哈美食城、娃哈哈工贸大楼、个体大厦、元华广场、延安南路综合大厦等工程建设。1996年，为拓宽经济发展的领域，上城区积极探索跨部门、跨地区、跨行业联合发展新路，从网点增扩发展到店牌、品牌、技术专利等无形资产输入，上城区横向经济协作步入新阶段。1996—2000年，上城区实行多种经济形式并存，加强配套服务设施建设，畅通流通渠道，全区商贸经济日趋繁荣。先后举办首届杭州国际旅游品展销会、全国旅游商品展示展销会、杭州国际锁具精品展销会等，初步形成上城商贸旅游的品牌特色。至2000年，上城区实现商业营业额41.8亿元，商品交易市场成交额66亿元，社会消费品零售总额17.30亿元。

2003年，上城区在全市率先制定《关于进一步鼓励和扶持商贸旅游服务业发展的若干意见》，打造湖滨商贸旅游特色街区、清河坊历史文化特色街区、南山路艺术休闲特色街区“三大品牌”。2004年，上城区实施“建设旅游休闲商务区，打造杭州RBD”战略，商贸旅游服务发展速度加快。继续抓好商贸服务业的调整和改革工作，扶持重点商贸企业发展，保护和发展百年老店和专业特色企业。是年，组建RBD管委会，对上城区RBD建设实施统一领导和协调，初步形成“旅游、文化、美食、娱乐、休闲、商务”六大业态。2005年，上城区实现社会消费品零售总额36.90亿元，有各类商品交易市场35个，市场成交额首次突破百亿元，达111.7亿元。2008年，上城区贯彻落实市委、市政府提出的共建共享与世界名城相媲美的“生活品质之城”战略要求，坚持做大做强“小城”、做优做精“老城”的发展思路，着力提升特色街区、特色街巷、特色潜力行业品质，清河坊历史文化特色街区获得全国唯一的“中华老字号第一街”称号。2010年，全年实现社会消费品零售总额182.08亿元，其中，批发零售业零售额153.29亿元，住宿餐饮业零售额28.79亿元；限额以上企业零售额147.97亿元，限额以下企业零售额34.11亿元。全年实现商品销售收入1453.44亿元，其中，批发零售业销售收入1409.35亿元，住宿餐饮业销售收入44.09亿元。全区有商品交易市场30个，全年市场成交额115.35亿元。2011年，上城区围绕建设“具有国际水准的高品质中心城区”，扎实推进旅游休闲商务区建设和生活品质国际体验区建设，凸显“厚重文化、高端产业、精致空间、人性交通、品质生活”五大内涵。同时，加快上城区作为“购物之都、美食天堂”的建设，努力打造国内一流的国际化商贸旅游中心。2013年，全面启动国家级品牌消费集聚区建设。是年，湖滨银泰正式营业。2014年起，上城区大力推进品牌文化提升，加快湖滨商圈、吴山商圈融合发展，湖滨路恢复成休闲步行街，湖滨银泰四期、二期C座精彩亮相，西湖银泰城全新开业。同时，加快品牌消费与电商资源整合。

2015年，上城区被商务部授予“全国品牌消费集聚区”称号，成为全国首批四个品牌消费集聚区之一，苹果、LV、特斯拉等世界知名品牌相继亮相。全年社会消费品零售额341.81亿元，商品销售收入3000.65亿元。[①] 全区有商品交易市场28个，全年商品交易市场成交额134.21亿元。有湖滨商贸旅游特色街区、清河坊历史文化特色街区、南山路艺术休闲特色街区、解放路现代商贸特色街区等特色街区等。位于上城区内的吴山商圈和湖滨商圈，与武林商圈（属下城区）并称杭州三大商圈。

① 1993—2015年上城区社会消费品零售总额情况详见第八篇经济总情第一章经济总量第三节社会消费品零售总额。

第一章　组织机构

1978年初，上城区商业主管部门为杭州市上城区商业局革命委员会。是年3月，取消革命委员会的名称。9月，因工商管理体制改变，区管的国营、集体商业企业全部划归市管理，杭州市上城区商业局撤销，同时杭州市上城区政府商业科设立。1980年1月，商业科撤销，杭州市上城区商业局（简称区商业局）成立。其后因政府机构改革，区属行政管理机构多有变化，先后为杭州市上城区贸易局（简称区贸易局）、杭州市上城区商贸旅游局（简称区商贸旅游局）和杭州市上城区商务局（简称区商务局）。

除政府职能部门外，上城区内有省属大型国企浙江省商业集团有限公司、市属杭州市商贸旅游集团有限公司。其中，浙江省商业集团有限公司前身为浙江省商业厅，1993年增挂“浙江省商业（集团）总公司”牌子，2000年实现现代企业化运行；杭州市商贸旅游集团有限公司于2012年8月成立，集商贸流通、文化旅游、食品生产、公共服务、教育健康和金融投资六大产业板块于一体。在行业协会方面，2007年6月，杭州市上城区老字号保护协会成立，以秉承保护资源、提升品牌、继承传统、弘扬文化为宗旨，按照国家的法律、法规，依法开展活动，为老字号企业服务。

第一节　行政管理机构

1993年，上城区商业行政管理机构为区商业局。此后区商业贸易行政主管机构几经更迭。1996年，区商业局更名区贸易局；2001年，区贸易局撤销，区商贸旅游局成立；2012年，区商贸旅游局撤销，区商务局、区风景旅游局[①]成立。至2015年，机构和职能没有变化。在23年的发展历程中，各个机构在商贸流通，商品网点和商品市场建设，促进商贸企事业单位向现代化企业改革，促进市场经济多元化发展等方面发挥重要作用。

① 上城区风景旅游局主管旅游产业，商业部分归上城区商务局管理。

一、杭州市上城区商业局[①]

1993—1996年6月，区商业局局址解放路24号，是区政府管理全区（包括街道商业及部分社会商业）商业活动的行政职能机构，内设办公室、财务科、人事保卫科、社会商业科、企业管理科、基本建设科6个科室。1996年7月，改为区贸易局。历任党委书记翁存源、王国民，历任局长蔡仲光、王国民。

二、杭州市上城区贸易局

1996年7月，区商业局更名为区贸易局，局址解放路24号。内设党委办公室、行政办公室、公有资产管理办公室、基建管理科、人事保卫科、财务审计科6个科室，是区政府综合管理全区商品流通和商品市场的职能部门。其主要职责是：研究制定和组织实施全区流通企业发展、商业网点、商品市场、商办工业等规划和流通体制改革方案，推进建立现代企业制度；指导与参与市场商品流通安排、市场分析及对策研究，打击商品流通领域中的违法行为；负责指导全区流通企业对外开拓和外向型经济工作，组织协调流通企业引进和输出名牌、名品工作及审核、批复流通企业的开、关、闭、歇工作等。2001年11月，区贸易局撤销。历任党委书记、局长王国民、徐鸿华。

三、杭州市上城区商贸旅游局

2001年11月，根据市委、市政府《关于杭州市上城区机构改革方案的通知》，区贸易局撤销，区商贸旅游局成立，局址解放路24号。内设党政办公室、商贸科、旅游科、资产管理科、劳动人事科5个科室，主管商贸流通、商品市场和旅游业，主要职责是制定并组织实施全区商贸旅游业的发展规划，对全区商贸旅游业经济运行质量进行统计、分析和预测，对商贸旅游业实行宏观管理，指导协调全区商贸旅游服务业的网点建设，组织协调商贸旅游业引资引才及名企（店）、名牌、名品工作等。2005年6月，增设旅游休闲商务综合科，承担上城区“建设旅游休闲商务区，打造杭州RBD”管理委员会办公室和上城区西湖博览会工作领导小组办公室的相关工作。2012年4月，区商贸旅游局撤销。历任党委书记徐鸿华、徐俊明，局长徐鸿华。

四、杭州市上城区商务局

2012年4月，杭州市上城区商务局成立，同时挂杭州市上城区招商局、杭州市上城区人民政府国内经济合作办公室牌子，简称区商务局（区招商局、区经合办），局址惠民路26号。区商务局（区招商局、区经合办）内设办公室、综合服务科、外资科、经济协作科、外贸外经

① 1953年1月，区政府商业科建立。1960年9月，商业科改为商业局。

科、商贸服务科（挂行政审批科牌子）6个职能科室。区商务局（区招商局、区经合办）是主管国内外贸易、外商投资和国内外经济合作的区政府工作部门。至2015年末，机构和职能未发生变化。历任党委书记、局长孙锦、钟黎。

第二节　省市属商业集团

上城区内有省属大型国企浙江省商业集团有限公司和市属杭州市商贸旅游集团有限公司。浙江省商业集团有限公司前身为浙江省商业厅，公司性质为大型国有企业，1993年增挂“浙江省商业（集团）总公司”牌子，2000年实现现代企业化运行；杭州市商贸旅游集团有限公司于2012年8月成立，由原杭州商业资产经营公司和杭州旅游集团2家国有全资企业联合组建而成。

一、浙江省商业集团有限公司

浙江省商业集团有限公司是浙江省省属国有大型企业，地址惠民路56号。1993年6月，浙江省商业厅增挂“浙江省商业（集团）总公司”牌子，公司经工商注册正式运转。1996年3月，经省政府批准，浙江省商业厅成建制转制为浙江省商业集团公司。浙江省商业集团公司开始承接浙江省商业（集团）总公司经营业务，成为省直属国有大型企业。6月，浙江省商业集团公司正式成立。同时在公司内设立浙江省商业管理办公室，履行原浙江省商业厅的行政和行业管理职能。1998年开始，浙江省商业集团公司对成员企业进行公司制改革，经过一年左右时间，所属成员企业基本组建成为有限责任公司。2000年7月，浙江省级政府机构改革，浙江省商业管理办公室行业管理职能移交浙江省经贸委后，浙江省商业集团公司完全按企业运营。2008年，更名为浙江省商业集团有限公司。

二、杭州市商贸旅游集团有限公司

2012年8月，杭州商业资产经营公司和杭州旅游集团两家国有全资企业正式联合组建成立杭州市商贸旅游集团有限公司，新公司注册资本9亿元，地址庆春路149-3号5—8楼。该公司有商贸流通、文化旅游、食品生产、公共服务、教育健康、金融投资六大产业板块，有商业零售、餐饮服务、宾馆酒店、旅游服务、食品加工、专业市场、物业经营、文化创意和安保服务等业态。在商贸流通板块中，集团有杭州解百集团股份有限公司、杭州联华华商集团有限公司为代表的大型商场超市企业，有杭州市场开发公司等专业市场企业；在文化旅游板块中，有以杭州饮食服务集团（中国杭帮菜博物馆、杭州肯德基有限公司、知味观、味庄、杭州酒家、天香楼、奎元馆等）为代表的餐饮服务企业，有黄龙饭店、仁和酒店管理公司（新侨饭店、五洋宾馆、仁和饭店、天元大厦）、西溪悦榕庄、西溪喜来登度假酒店等高档宾馆酒店企业，有西湖国际旅行社管理公司、杭州旅游集散中心、杭州外事汽车集团等旅游服务企业。公司拥有中国驰名商标“知味观”“杭州大厦”“印象西湖”“牡丹”等省著名商标12个，“解百”“五味和”“采芝斋”等市著名商标12个，中华老字号企业5家，省、市老字号企业9家。2015年末，集团公司总资产超过200亿元，净资产100余亿元。集团下属38家全资和控参股子企业及单位，其中国有全资企业16家、控股企业13家、参股企业9家。

第二章　商业体制和经营结构

1978年起，市委、市政府和区委、区政府先后制定并实施一系列改革政策和措施，深化商业体制改革。是年，区管国营、集体商业企业全部划归杭州市管理，区属公司随之撤销。1984年，杭州市将小型零售商业、饮食、服务业划归区管理。1987年起，部分全民所有制零售商店转为集体所有制企业。1992年，上城区商业局下属7家商业公司（总店）撤销，杭州大商城总公司成立。1993年起，全区商业以市、区部门办国营、集体商业为主导，多种经济成分并存。是年，上城区推行以公司制、股份合作制为主要形式的商业企业改制工作。1996年，国泰商厦购物中心投入营业，结束上城区区属商业无规模商厦的历史。1999年，上城区加大经营结构和营业网点调整，新辟网点3500平方米，老大房食品店传统食品加工、新丰小吃连锁店等优势企业保持稳中有升。2000年，上城区通过资产置换和拍卖等途径，实现部分国有、集体资产有序退出。此后，上城区持续调整和优化经济结构，以促进商贸旅游开发和第三产业发展。进入21世纪，为响应杭州市加快商业结构调整，增强综合竞争力的要求，上城区加快商业业态提升，注重发挥原有优势并持续推进国内外知名品牌、大企业、大项目引进工作。2003年，上城区第一家大型超市杭州家乐福超市有限公司开张营业。至2015年，全区商业已形成国有、集体、个体、私营、外资多种经济成分并存的所有制结构。全区有限额以上批发业法人企业295家，其中，独立门店221家，连锁总店（总部）3家，连锁门店3家，其他68家；限额以上零售业法人企业82家，其中，独立门店56家，连锁总店（总部）14家，连锁门店4家，其他8家；限额以上住宿业72家，其中独立门店65家，连锁总店（总部）1家，连锁门店4家，其他2家；限额以上餐饮业78家，其中独立门店68家，连锁总店（总部）6家，连锁门店3家，其他1家。

第一节　所有制结构

一、国有集体商业

1993年，全区商业以部门办国营、集体商业为主导，全年商业、餐饮业、服务业商品销售收入22.21亿元，其中，区商业局10.75亿元，区计经委1.63亿元，区城建局3500万元，区民政系统1.29亿元，区劳动服务公司2.30亿元，区外贸局6200万元，区物资局

2.14亿元。是年，上城区把产权制度改革作为重要突破口，抓大放小，推行以公司制、股份合作制为主要形式的企业改制工作。1995年，深化企业经营机制改革，实施企业租赁责任制、企业股份合作制和合资经营责任制等多种经济责任制形式。根据现代企业制度要求，对一部分条件较成熟的企业，进行资产评估，推动企业改组成为有限责任公司。1999年，商业企业进行国有资本退出企业和企业经营者持大股的尝试。

2000年，上城区通过资产置换和拍卖等途径，实现部分国有、集体资产的有序退出，有7个商业网点进行公开拍卖。2002年起，上城区采取公有资本向重点企业倾斜转移的策略，激励企业做大做强；对一般小型商贸企业通过二次改制，使公有资本逐渐退出，企业转化成民营性质。

2006年，全区限额以上（年销售额500万元以上）批发业法人企业136家，其中，国有及国有控股40家，集体1家，国有及国有控股企业销售总额519.86亿元，占限额以上批发业法人企业销售总额61.41%；全区限额以上零售业法人企业25家，其中，国有及国有控股7家，集体控股1家，国有及国有控股企业销售总额17.91亿元，占限额以上零售业法人企业销售总额35.48%。全区限额以上住宿业法人企业32家，其中，国有及国有控股19家，集体3家，国有及国有控股企业营业额6.98亿元，占限额以上住宿业法人企业营业总额54.78%；全区限额以上餐饮业法人企业42家，其中，国有及国有控股2家，国有及国有控股企业营业额2.41亿元，占限额以上餐饮业法人企业营业总额23.15%。

2015年，全区有限额以上批发业法人企业295家，其中，国有控股51家，集体控股7家，国有控股企业主营业务收入1779.73亿元，占限额以上批发业法人企业主营业务收入总额的74.96%；限额以上零售业法人企业82家，其中，国有控股14家，集体控股2家，国有控股企业主营业务收入20.48亿元，占限额以上零售业法人企业主营业务收入总额的15.9%；限额以上住宿业法人企业72家，其中，国有控股16家，集体控股3家，国有控股企业主营业务收入5.18亿元，占限额以上零售业法人企业主营业务收入总额的28.14%。2015年末，全区没有限额以上国有控股餐饮业法人企业及集体控股的批发零售企业。

二、个体私营商业

1993年，全区有个体工商户2366户，征税额比1992年增长36.6%；私营企业58家。是年起，多种经济成分得到较快发展。

1996年末，全区有个体工商户2978户，比1995年增加117户；营业收入8996万元，增长21.2%；零售额4989万元，增长15.9%。1998年，上城区制定促进个体私营经济发展的22条措施。是年起，上城区个体、私营商业实现较快发展。2006年，全区有限额以上（年销售额500万元以上）批发业私人控股法人企业55家，限额以上零售业私人控股法人企业6家，限额以上住宿业私人控股法人企业2家，限额以上餐饮业私人控股法人企业30家。

至2015年末，全区有限额以上批发业私人控股法人企业183家，限额以上零售业私人控股法人企业40家，限额以上住宿业私人控股法人企业39家，限额以上餐饮业私人控股法人企业57家。

三、外商及中国港澳台商投资商业

1993年，上城区提出要大力引进外资及中国港澳台资，努力建设起一个以国有、集体商业为主体，个体、私营商业和外商及中国港澳台商合资商业为补充的功能齐全、内外结合、活而有序的商业体系。1995年，杭州市实施开放带动战略，把外向型经济作为新的经济增长点。在政策带动下，上城区外商及中国港澳台商投资商业不断发展。至2006年，全区有外商控股限额以上批发业企业1家；中国港澳台商控股限额以上零售业企业3家，外商控股限额以上零售业企业2家；中国港澳台商控股、外商控股限额以上住宿业企业各1家；中国港澳台商控股限额以上餐饮业企业1家，外商控股限额以上餐饮业企业3家。

2015年，全区有中国港澳台商控股限额以上批发业企业4家，外商控股限额以上批发业企业2家；中国港澳台商控股限额以上零售业企业3家，外商控股限额以上零售业企业9家；中国港澳台商控股、外商控股限额以上住宿业企业分别为1家和2家；中国港澳台商控股限额以上餐饮业企业4家。

表13-2-1　2006—2015年上城区限额以上批发企业、零售企业、住宿企业、餐饮企业所有制分类情况表

单位：家

年份	行业	法人企业数	国有控股	集体控股	私人控股	中国港澳台商控股	外商控股	其他
2006	批发企业	136	40	1	55	0	1	39
	零售企业	25	7	1	6	3	2	6
	住宿企业	32	10	3	2	1	1	15
	餐饮企业	42	2	0	30	1	3	6
2007	批发企业	145	41	1	59	0	2	42
	零售企业	26	9	1	7	2	1	6
	住宿企业	31	10	3	3	1	1	13
	餐饮企业	42	2	0	30	3	3	4
2008	批发企业	308	44	3	145	2	0	114
	零售企业	55	4	1	20	2	8	20
	住宿企业	62	15	6	15	3	1	22
	餐饮企业	78	1	0	51	6	4	16
2009	批发企业	300	51	22	168	3	3	53
	零售企业	53	12	1	21	1	7	11
	住宿企业	64	21	4	20	2	0	17
	餐饮企业	81	1	1	60	6	3	10
2010	批发企业	274	68	17	159	2	3	25
	零售企业	56	13	3	24	2	6	8
	住宿企业	64	23	5	26	1	2	7
	餐饮企业	82	2	1	67	5	3	4

续表 13-2-1

年份	行业	法人企业数	国有控股	集体控股	私人控股	中国港澳台商控股	外商控股	其他
2011	批发企业	263	36	8	166	2	4	47
	零售企业	64	10	2	26	2	10	14
	住宿企业	74	19	5	33	0	2	15
	餐饮企业	86	2	0	72	6	2	4
2012	批发企业	253	33	7	163	2	2	46
	零售企业	64	10	2	24	2	11	15
	住宿企业	67	17	3	33	1	2	11
	餐饮企业	81	2	0	66	6	2	5
2013	批发企业	250	42	6	149	2	3	48
	零售企业	62	10	2	26	2	11	11
	住宿企业	66	16	4	34	1	2	9
	餐饮企业	78	2	0	62	4	2	8
2014	批发企业	264	49	7	152	2	4	50
	零售企业	71	12	2	28	4	10	15
	住宿企业	64	14	3	34	1	2	10
	餐饮企业	72	2	0	57	4	2	7
2015	批发企业	295	51	7	183	4	2	48
	零售企业	82	14	2	40	3	9	14
	住宿企业	72	16	3	39	1	2	11
	餐饮企业	78	0	0	57	4	0	17

说明：1.1993—2005年区统计部门没有对餐饮业按经营规模进行统计。2.资料来源于2006—2015年《上城区统计年鉴》

第二节　经营结构

1993年，上城区有商业营业额超2000万元的公司（商店）14家，商品结构以生活消费品和农业生产资料为主。1995年，上城区有箱包鞋具、文化用品、建材等各类专业市场24家，成为重要的商品批发中心。此后，随着城市建设脚步和商品流通速率加快，上城区原本作为重要商品交易中心的优势资源被重新规划，商业服务向集约化、品牌化方向发展。2004年，上城区提出“建设旅游休闲商务区（RBD）”战略目标，集休闲旅游与商业服务于一体，重点发展湖滨商贸旅游特色街区、清河坊历史文化特色街区、南山路艺术休闲特色街区3条品牌化特色街区。历经十余年发展，至2015年，上城区已形成特色鲜明的特色街区经济，品牌集聚效应凸显，全年限额以上批发和零售业法人企业数377家，限额以上批发零售业实现销售额187.14亿元。

一、业态结构

1993年，上城区内有天工艺苑、杭州解放路百货商店（简称杭州解百）、杭州供销大厦（简称供销大厦）、杭州工联商厦（简称工联商厦）四家大商场，在杭城“十大商场”[①]中占据四席。其中，天工艺苑是华东地区最大的艺术品商场和工艺品销售中心，1993年营业额超过2.8亿元；杭州解百是中华人民共和国诞生后成立的浙江省最大的百货商业企业，也是杭州最早建立的一家国营百货零售企业；供销大厦和工联商厦则百货、五金、交电、化工材料及产品、纺织品、食品、建筑材料等各类商品均有交易。四大商场集中于解放路、延安路一带，从解放路沿延安路到金衙庄，道路两边布满百货公司、日用品零售店、服装、食品、娱乐以及餐饮、理发、照相等服务门店，该地带是杭城名副其实的商业中心。1993年末，区商业局所属商业企业253家，含日用百货、五金交电、车辆化工、服装面料、鞋革塑料、蔬菜食品、烟糖果品、燃料石油、医药保健、饮食服务等商业行业；上城区商业营业额超2000万元的公司（商店）有14家；在省内外开辟商业网点和联销点21个。1994年，杭州大商城总公司新辟网点23个，新增营业面积4500平方米。是年，庆春文化用品市场和解放路副食品茶叶市场开业。1995年，上城区加快市场建设步伐，区商业局开办建北鞋革箱包市场和秋涛路建材市场；小营巷街道、区第三产业办公室和区物价委员会联合开办马市街海产干果市场；清泰街道开办南班巷农贸市场。至年末，全区有各类商品市场24家，年销售额达到36.5亿元。

① 杭州解放路百货商店、杭州百货大楼、杭州大厦、杭州国大、杭州工联商厦、天工艺苑、杭州景福百货、杭州华侨商场、杭州新天龙商厦和杭州供销大厦。

1996年，商贸经济的空间容量不断扩大，重点商贸设施建设进展顺利。上城区属第一家集购物、餐饮与住宿于一体的现代化商贸大厦国泰商厦购物中心在庆春路上投入营业，该购物中心占地面积1.85万平方米，主要经营饰品、时装、鞋类箱包等商品，结束上城区属商业无规模商厦的历史；东坡服装综合市场、国货路服装城和元华服饰商城创办。是年，新开设商业网点29个。杭州万隆实业有限公司、杭州三佳服务有限公司、杭州新丰小吃有限公司、杭州清波饭店、杭州长江摄影器材经营公司照相馆、杭州狗不理包子店等一批重点企业发展加快。1997年，国泰商厦二期工程和金港商厦建成营业。2002年，上城区建成吴山花鸟工艺城，经营范围为花鸟鱼虫、宠物、各类古玩或工艺品的零售、批发。2003年，上城区确定34家商贸旅游企业，给予重点扶持和服务。是年8月，上城区第一家大型超市杭州家乐福超市有限公司正式注册开业。

2004年，上城区围绕“建设旅游休闲商务区”目标，突出打造三大特色街区品牌，湖滨商贸旅游特色街区以国际名品、风味美食为主体业态，清河坊历史文化特色街区以民俗风情旅游产品、特色餐饮为主体业态，南山路艺术休闲特色街区以艺术品、咖啡馆及西式餐饮为主体业态，三大品牌街区吸引大量游客，推动全区商贸旅游业繁荣和兴旺。是年，上城区内营业面积最大的超市世纪联华江城路店开业。2005年10月，湖滨国际名品街开街。湖滨国际名品街由东坡路、湖滨路、平海路围绕的商业建筑组成，总商业面积1.80万平方米，汇集34家国际著名品牌专卖店。

2006年初，上城区制定《延安路时尚购物街业态调整指导性规划》，全面调整业态12家，提升现有业态37家，保留现有业态54家，延安路购物环境更具现代时尚。湖滨商贸旅游特色街区"一带二块"（沿湖旅游休闲观光带和国际名品、异国风情美食区块）成型。是年2月，杭州新表现汽车销售公司在南山路成立，主要销售世界顶级品牌"劳斯莱斯"（Rolls-Royce）轿车，成为"劳斯莱斯"进入杭州市场的第一家门店。2009年，上城区对中山中路进行业态调整，分为"一轴六板块"①。2010年9月，南宋御街中华美食一条街开街。2011年，上城区对南宋御街西侧坊巷特色街区深化业态改造，项目定位为还原《清明上河图》的现实版，再现南宋皇城根下的繁荣市井。至12月末，基本完成西侧坊巷业态提升调整。

2012年8月，杭州成为全国首批5个跨境贸易电子商务服务试点城市之一。此后，上城区电子商务发展迅速，出现"线上+线下"相结合的新型业态。2012年9月，湖滨（南山路）综合体获评杭州市第二批现代服务业培育类集聚区（商贸服务类）商贸服务业集聚区。综合体规划土地开发15万平方米以上、建筑面积30万平方米以上。是年，湖滨（南山路）商贸综合体、特色街区入驻商贸批发零售类企业200家以上，年营业收入10亿元以上。2013年4月，位于延安路中段的湖滨银泰百货二期项目开业，总建筑面积10万平方米，入驻的品牌以国际一、二线时尚品牌为主，汇集国际知名的服饰品牌。商场内餐饮店铺配比30%左右，58%为服饰类时尚品牌，12%为美容、美体、儿童、教育、家居等生活配套品牌。10月31日，欧米茄（OMEGA）全球最大的旗舰店在湖滨银泰百货开业，营业面积668平方米，销售区域面积334平方米。11月7日，湖滨银泰爱马仕（Hermès）旗舰店开业。2015年1月，位于西子湖畔的杭州市首家苹果西湖零售店开业，店铺面积3000平方米，为当时亚洲最大苹果零售店。是年，全区有限额以上批发业法人企业295家，其中，独立门店221家，连锁总店（总部）3家，连锁门店3家，其他68家；限额以上零售业法人企业82家，其中，独立门店56家，连锁

① 详见第十篇特色街区园区第三章清河坊历史文化特色街区第二节经济业态。

总店（总部）14家，连锁门店4家，其他8家；限额以上住宿业72家，其中，独立门店65家，连锁总店（总部）1家，连锁门店4家，其他2家；限额以上餐饮业78家，其中，独立门店68家，连锁总店（总部）6家，连锁门店3家，其他1家。全年社会消费品零售总额341.81亿元，其中商品交易市场成交额127.18亿元。

表13-2-2　2006—2015年上城区限额以上批发企业行业分类情况表

单位：家

年份	限额以上批发业企业数量								
	合计	农畜产品批发业	食品饮料及烟草制品批发业	纺织、服装及日用品批发业	文化、体育用品及器材批发业	医药及医疗器材批发业	矿产品、建材及化工产品批发业	机械设备、五金交电及电子产品批发业	其他
2006	136	1	28	18	5	6	41	34	3
2007	145	1	24	27	3	8	44	35	3
2008	308	4	34	93	9	18	97	50	3
2009	300	5	32	94	10	17	89	50	3
2010	274	5	29	87	9	20	80	43	1
2011	263	6	34	64	9	21	81	48	0
2012	253	5	34	78	9	17	83	27	0
2013	250	3	34	73	9	18	85	28	0
2014	264	4	44	76	11	18	82	29	0
2015	295	4	49	81	11	28	91	31	0

说明：1.1993—2005年区统计部门没有对批发业按经营规模进行统计。2.资料来源于2006—2015年《上城区统计年鉴》

表13-2-3　2006—2015年上城区限额以上零售企业行业分类情况表

单位：家

年份	限额以上零售业企业数量							
	合计	综合零售	食品饮料及烟草制品专门零售	纺织、服装及日用品专门零售	文化、体育用品及器材专门零售	医药及医疗器材专门零售	汽车、摩托车、燃料及零配件专门零售	其他专门零售
2006	25	6	5	7	1	3	2	1
2007	26	5	6	7	1	4	2	1
2008	55	9	7	14	4	6	9	6
2009	53	11	6	14	3	6	8	5
2010	56	11	6	14	4	8	8	5
2011	64	10	7	17	5	9	10	6
2012	64	10	6	16	4	10	10	8
2013	62	10	6	18	6	10	7	5
2014	71	9	8	21	8	12	6	7
2015	82	9	11	24	8	15	5	10

说明：1.1993—2005年区统计部门没有对零售业按经营规模进行统计。2.资料来源于2006—2015年《上城区统计年鉴》

二、商品结构

1993年，上城区社会消费品零售总额51893.39万元，其中，生活消费品零售额51883.22万元，农业生产资料零售额10.17万元。

表13-2-4　1993年商业局系统全民所有制商业商品销售及库存情况表

品名	计量单位	商品总销售	其中		库存
			售给商业外	售给商业内	
总值	万元	39215.4	20862.4	18353	5027.2
猪肉	百千克	37878	13085	24793	1577
猪肉制品	百千克	2535	935	1600	324
牛及牛肉	头	9907	523	9384	430
羊及羊肉	头	11146	658	10488	58
家禽	百只	13866	630	13236	1519
鲜蛋	百千克	1763	285	1478	45
卷烟	箱（250条）	166	119	47	15
酒	吨	4118	53	4065	37
食糖	吨	324	32	292	-1
鲜菜	吨	803	644	159	4
盐	吨	12	1	11	2
各种布	百米	273	96	177	84
呢绒	百米	2373	1751	622	74
绸缎	百米	1283	579	704	203
毛巾	十条	5220	3997	1223	639
汗衫背心	十件	10131	8994	1137	349
棉毛衫裤	十件	14857	12604	2253	4146
各种服装	十件	14983	8519	6464	973
床褥单	条	10624	7064	3560	391
毛线	千克	38068	5114	32954	2711
各种鞋	十双	16626	11730	4896	2779
合成洗衣粉	吨	2	1	1	—
化妆品	千元	10400	10187	213	78
自行车	辆	7754	5459	2295	100
摩托车	辆	4	2	2	—
电视机	架	199	4	195	1
晶体管收音机	架	2246	—	2246	—
录音机	架	6952	232	6720	227
录像机	架	886	—	886	—
电风扇	台	846	123	726	56
家用电冰箱	台	5	5	—	—
家用吸尘器	台	64	48	16	33

续表13-2-4

品名	计量单位	商品总销售	其中		库存
			售给商业外	售给商业内	
家用空调器	台	30	—	30	—
脱排油烟机	台	15	1	14	—
热水器	台	33	4	29	23

说明：资料来源于1993年《上城区统计年鉴》

1996年，集市贸易商品成交额中，肉食禽蛋类成交数量1.07万吨，成交金额1.44亿元；水产品类成交数量1.18万吨，成交金额6.37亿元；干鲜菜类成交数量1.63万吨，成交金额8500万元；工业品成交金额32.75亿元。

2001年，集市贸易商品成交额中，肉食禽蛋类成交数量1.91万吨，成交金额9.17亿元；水产品类成交数量6.02万吨，成交金额51.18亿元；干鲜菜类成交数量3.89吨，成交金额5.25亿元；干鲜果类成交数量1.36万吨，成交金额5.18亿元；工业品成交数量1301吨；粮食类成交数量5.52万吨，成交金额5.80亿元；油脂油料类成交数量1.26万吨，成交金额3.27亿元。

2006年，全区限额以上批发业商品销售总额846.57亿元，其中，农畜产品批发销售总额10.51亿元，食品饮料及烟草制品批发销售总额167.93亿元，纺织、服装及日用品批发销售总额74.90亿元，文化、体育用品及器材批发销售总额5.22亿元，医药及医疗器材批发销售总额28.66亿元，矿产品、建材及化工产品批发销售总额356.77亿元，机械设备、五金交电及电子产品批发销售总额199.80亿元，其他批发商品销售总额2.78亿元。全区限额以上零售业商品销售总额50.49亿元，其中，综合零售（指百货零售和超级市场零售）总额20.81亿元，食品、饮料及烟草制品专门零售总额7.49亿元，纺织、服装及日用品专门零售总额4.31亿元，文化、体育用品及器材专门零售总额2.06亿元，医药及医疗器材专门零售总额3.15亿元，汽车、摩托车、燃料及零配件专门零售总额1.26亿元，家用电器及电子产品专门零售总额11.41亿元。

2010年，全区限额以上批发业主营业务收入1147.25亿元，其中，农畜产品批发业务收入23.31亿元，食品饮料及烟草制品批发业务收入162.03亿元，纺织、服装及日用品批发业务收入165.50亿元，文化、体育用品及器材批发业务收入10.80亿元，医药及医疗器材批发业务收入50.54亿元，矿产品、建材及化工产品批发业务收入607.60亿元，机械设备、五金交电及电子产品批发业务收入127.47亿元。全区限额以上零售业主营业务收入105.71亿元，其中，综合零售收入37.21亿元，纺织、服装及日用品专门零售收入9.41亿元，食品、饮料及烟草制品专门零售收入5.41亿元，文化、体育用品及器材专门零售收入3.00亿元，医药及医疗器材专门零售收入5.57亿元，汽车、摩托车、燃料及零配件专门零售收入44.12亿元，五金、家具及室内装修材料零售收入9900万元。

2015年，全区限额以上批发业营业收入2399.25亿元，其中，农林牧产品批发收入10.54亿元，食品饮料及烟草制品批发收入241.65亿元，纺织、服装及日用品批发收入

226.07亿元，文化、体育用品及器材批发收入35.51亿元，医药及医疗器材批发收入83.40亿元，矿产品、建材及化工产品批发收入1751.29亿元，机械设备、五金交电及电子产品批发收入50.79亿元。全区限额以上零售业营业收入132.42亿元，其中，综合零售收入34.78亿元，纺织、服装及日用品专门零售收入33.54亿元，食品、饮料及烟草制品专门零售收入5.33亿元，文化、体育用品及器材专门零售收入7.96亿元，医药及医疗器材专门零售收入12.08亿元，汽车、摩托车、燃料及零配件专门零售收入21.07亿元，家用电器及电子产品专门零售业收入2828万元。

表13-2-5　2006—2015年限额以上批发业商品销售总额情况表

年份	农畜产品		食品、饮料及烟草制品		纺织、服装及日用品		文化、体育用品及器材	
	销售总额（万元）	占比（%）	销售总额（万元）	占比	销售总额（万元）	占比（%）	销售总额（万元）	占比（%）
2006	105063	1.24	1679320	19.84	749042	8.85	52202	0.62
2007	118290	1.15	2094611	20.42	877160	8.55	31742	0.31
2008	93533.4	0.85	1339571.6	12.10	1565012.9	14.14	61578.0	0.56
2009	83619.9	0.83	1450928.4	14.34	1333787.4	13.18	105210.2	1.04
2010	263935.6	2.01	1881126.7	14.35	1779336.3	13.57	126277.2	0.96
2011	362425.1	2.17	2230264.4	13.38	1925456.3	11.55	177219.4	1.06
2012	346979.0	2.05	2206487.3	13.05	2576158.3	15.24	172027.9	1.02
2013	8260.7	0.29	226330.4	7.98	260263.5	9.18	19506.8	0.69
2014	11343.8	0.38	254531.8	8.48	279121.3	9.30	31293.0	1.04
2015	116334.6	0.43	2500087.1	9.31	2412738.4	8.98	400948.0	1.49

年份	医药及医疗器材		矿产品、建材及化工产业		机械设备、五金交电及电子产品		其他	
	销售总额（万元）	占比（%）	销售总额（万元）	占比（%）	销售总额（万元）	占比（%）	销售总额（万元）	占比（%）
2006	286558	3.38	3567676	42.14	1997950	23.60	27808	0.33
2007	313992	3.06	4507196	43.95	2273363	22.17	38883	0.38
2008	401147.7	3.62	6249848.0	56.47	1346305.2	12.16	10085.9	0.09
2009	460356.6	4.55	5274687.6	52.11	1405870.7	13.89	6869.6	0.07
2010	588602.1	4.49	7044537.0	53.72	1429182.4	10.90	—	—
2011	797236.7	4.78	9585904.8	57.49	1596241.0	9.57	—	—
2012	900778.4	5.33	10191456.7	60.29	510109.8	3.02	—	—
2013	95026.5	3.35	2171836.4	76.62	53222.1	1.88	—	—
2014	89346.6	2.98	2274968.2	75.79	60899.5	2.03	—	—
2015	947092.7	3.53	19927534.6	74.20	552613.0	2.06	—	—

说明：资料来源于2006—2015年《上城区统计年鉴》

表 13-2-6　2006—2015 年限额以上零售业商品销售总额情况表

年份	综合		食品、饮料及烟草制品		纺织、服装及日用品		文化、体育用品及器材		医药及医疗器材	
	销售总额（万元）	占比（%）	销售总额（万元）	占比（%）	销售总额（万元）	占比（%）	销售总额（万元）	占比（%）	销售总额（万元）	占比（%）
2006	208132	41.22	74853	14.83	43051	8.53	20645	4.09	31519	6.24
2007	236317	47.46	88446	17.76	47929	9.63	23730	4.77	38129	7.66
2008	328927.8	39.23	55202.7	6.58	95332.7	11.37	29243.6	3.49	50508.5	6.02
2009	371119.3	44.89	52754.4	6.38	92427.3	11.18	29847.0	3.61	40247.7	4.87
2010	438046.1	36.24	63083.3	5.22	107718.1	8.91	34006.7	2.81	63164.3	5.23
2011	480375.9	31.24	69744.9	4.54	147616.5	9.60	39799.8	2.59	71191.6	4.63
2012	463414.9	28.75	97803.4	6.07	163494.2	10.14	55987.8	3.47	88312.4	5.48
2013	47746.5	35.48	11791.9	8.76	22665.2	16.84	6070.8	4.51	10033.0	7.46
2014	40567.7	30.59	11192.5	8.44	24454.7	18.44	7087.6	5.34	11373.8	8.58
2015	379195.1	25.73	55024.3	3.73	388092.0	26.33	85114.2	5.78	133105.2	9.03

年份	汽车、摩托车、燃料及零配件		家用电器及电子产品		五金、家具及室内装修材料		货摊、无店铺或其他零售业	
	销售总额（万元）	占比（%）	销售总额（万元）	占比（%）	销售总额（万元）	占比（%）	销售总额（万元）	占比（%）
2006	12623	2.50	114073	22.59	—	—	—	—
2007	14466	2.91	47289	9.50	1611	0.32	—	—
2008	232297.9	27.71	36007.2	4.29	10936.3	1.30	—	—
2009	230150.8	27.84	—	—	10160.4	1.23	—	—
2010	491367.4	40.65	—	—	11400.9	0.94	—	—
2011	706839.0	45.97	2819.2	0.18	19095.2	1.24	—	—
2012	711997.3	44.17	11434.1	0.71	14149.8	0.88	5459.2	0.34
2013	32401.9	24.08	113.7	0.08	1316.3	0.98	2431.0	1.81
2014	27254.4	20.55	159.2	0.12	1679.9	1.27	8852.4	6.67
2015	230353.4	15.63	2873.1	0.19	19534.0	1.33	180464.5	12.25

说明：资料来源于2006—2015年《上城区统计年鉴》

第三章 商圈 商贸场所

1978年，上城区主要的商贸场所为国营、集体零售商店。中共十一届三中全会后，个体私营商业、饮食业、服务业有很大发展。1980年起，上城区开始集贸市场建设，先后投资1000余万元，兴建集市贸易市场15个。至1992年末，上城区商业局有独立核算的国营零售商业、饮食、服务单位87家，商业、饮食、服务业集体合作商店164家；其他个体商业、饮食业、服务业经营户1985家，年营业额达3975万元，缴纳国家税收442万元；区属集贸市场18个，年累计成交额9.09亿元。

1993年，上城区解放路、延安路一带坐落杭州解百、天工艺苑、工联商厦、供销大厦四大商场，形成杭州重要的商品零售中心。从1993年起，市民生活、商品贸易及休闲旅游的主要商贸场所如商品市场、大型商场、超市及便利店、商业街等几种形态开始繁荣发展。是年，上城区投入资金400万元，进行网点改造和市场建设。1996年，国泰商厦购物中心投入营业，结束上城区属商业无规模商厦的历史。1997年，集贸市场发展到29家，成交额64.8亿元。

进入21世纪，上城区商贸业优化商业布局，全面提升商业能级，推进市区商圈地标性商业建设，加快国际化购物中心和国际品牌集聚地建成，突出打造三大特色街区品牌，逐步形成以湖滨国际名品街和南山路“名车长廊”为核心的大湖滨精品商圈和以清河坊历史文化特色街区为核心的吴山商圈。商业设施建设趋向综合化和多极化，形成集酒店、办公、停车、购物、餐饮、休闲娱乐等于一体的综合发展态势。大量商贸场所聚集在上城区核心区域内，形成具有上城特色的“五带”（延安路、中山路、庆春路、解放路、西湖大道）格局。2015年末，上城区有农贸市场17家、各类专业市场28家；大型商场5家[①]；大型超市5家，中型超市6家，便利超市65家，面积10.35万平方米；商务部认定的第一批（2006）以及第二批（2010）“中华老字号”32家。全区商业总面积[②]达128.70万平方米，每万人拥有商业面积36439平方米，商品专业市场人均面积7808平方米/万人，市场总产值37.49亿元。

① 大型商场详见第九篇主导产业第三章旅游产业第二节旅游接待。

② 含商品专业市场、商贸综合体、商业特色街、农贸市场、超市。

第一节　商圈[①]

① 商圈：是零售行业发展到一定规模的商业形态，指商店以其所在地点为中心，沿着一定的方向和距离扩展，吸引顾客的辐射范围。

1993年，上城区在解放路、延安路一带有杭州解百、天工艺苑、工联商厦、供销大厦四大商场，集聚效应初显。进入21世纪，随着清河坊、湖滨等地建设开发力度的不断加大，规模性商圈逐步形成。2015年，上城区有吴山商圈、大湖滨精品商圈、城站商圈和复兴商圈等，形成传统商业与现代商贸互动，古城风貌和艺术休闲集聚的商圈特色。其中，商品零售行业以吴山商圈和大湖滨精品商圈为代表，吴山商圈以休闲娱乐、商务中心、餐饮娱乐、购物广场为主，大湖滨精品商圈以旅游休闲、高档购物为主要消费特色，走高档化和国际化的商业路线，是杭州著名的高端品牌购物区。

一、吴山商圈

吴山商圈定位为“皇城根上的商圈”，融南宋古都、老杭州民俗等地域文化与休闲购物为一体，以“古都商业+文化休闲”为主题特色，主打传统文化牌，成为揽南宋风情、品天下美食的特色街区。

吴山商圈西至延安路及吴山沿线，南至万松岭路，北至西湖大道，东至中河，由中山中路、中山南路和河坊街构成“十”字形的横轴与纵轴，串联区域内坊巷、文保单位及其他特色区块，依吴山，傍西湖，地理优势得天独厚。

该商圈主要商业特色是旅游购物和休闲娱乐，主要业态是零售、餐饮、服务、娱乐。商圈内有涌金广场、清波商厦、吴山酩楼等知名商业楼宇；拥有苏宁电器、银泰西湖店等多家知名企业。

作为吴山商圈主要的商业集聚区，清河坊历史文化特色街区是一条极具历史传统特色的商业街。[②] 2015年，吴山商圈购物中心和商业街体量27.4万平方米，写字楼体量3.6万平方米，酒店数量18家，平均价格446元/日。商圈内商铺总体售价较高，商铺售卖均价8.3万元/平方米，日均人流量22万人。吴山商圈辐射小区有嘉禾苑、定安苑、

② 清河坊历史文化特色街区详见第十篇特色街区 园区第三章清河坊历史文化特色街区。

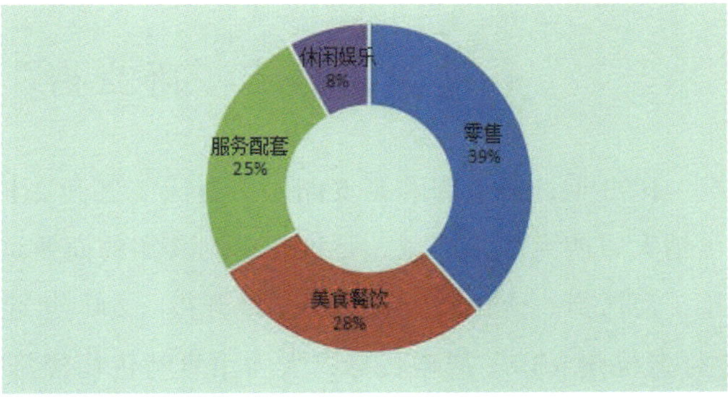

图13-3-1　2015年吴山商圈业态分布情况图

劳动路小区、清波苑、耀江广厦公寓、湖滨公寓、延安新村、吴山名苑、吴山商务综合楼、惠民苑小区、中山苑、安定东苑、西湖定安名都等。[①]

二、大湖滨精品商圈

湖滨地区位于杭州市城区商业核心，毗邻西湖，集西湖文化、高端商业、时尚休闲、艺术风雅和风景旅游于一身，是上城区创建全国首批品牌消费集聚区的重要组成部分。湖滨商圈定位为"世界遗产中的商圈"，走时尚路线，成为引领时尚、体验高端的综合体。

大湖滨精品商圈北至庆春路，与武林商圈相连，南到解放路，东邻中山中路，西沿湖滨路。大湖滨精品商圈主要业态是零售、餐饮、服务、娱乐，以旅游休闲、高档购物为主要消费特色，有国际名品街、特色连锁餐饮店、休闲消费带，不仅涵盖国内外知名品牌专卖店、专业店和特色店的经营，还有老字号、茶吧、咖啡吧、酒吧及旅游纪念品、古玩、字画等。2015年，大湖滨精品商圈购物中心和商业街体量17万平方米，写字楼体量0.5万平方米，酒店数量39家，平均价格542元/日，商圈商铺售价7.2万元/平方米。湖滨商圈所辐射小区有尚农里小区、大塔儿巷小区、青年路小区、东平巷小区、状元弄、见仁里、染坊弄、积善坊巷、羊血弄、光复路小区、湖滨公寓、崔家巷小区、元福里、青年路社区、东平巷社区、三元坊、吴山路社区、元华公寓、涌金花园、清波苑、劳动路小区等。[②]

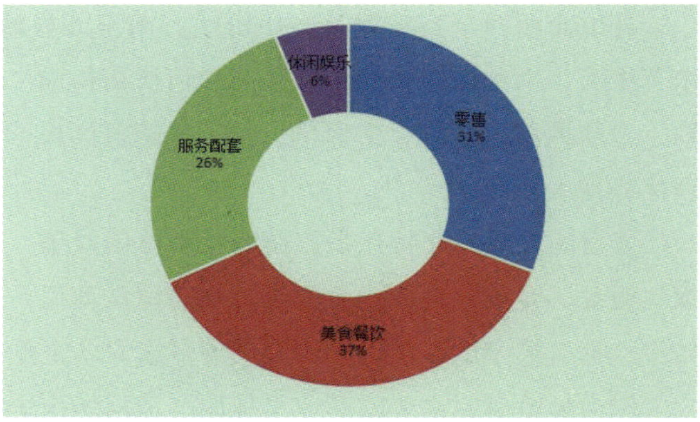

图13-3-2　2015年湖滨商圈业态分布情况图

① 资料来源于赢商网。

② 资料来源于赢商网。

第二节　商业街

1993年，解放路和延安路一带有天工艺苑、杭州解百、工联商厦、供销大厦四大零售商城，是杭州名副其实的商业贸易中心。2001—2003年，河坊街、南山路经整治后相继开街。2004年起，区委、区政府围绕"打造杭州RBD"战略目标，大力培育特色街经济。2010年，上城区制定《上城区发展"五主多副"促进转型升级指导意见》，提出以湖滨、南山路、中山中（南）路、河坊街四大特色街区打造为重点，突出湖滨作为杭州城市客厅的国际旅游商贸功能，提升南山路艺术文化休闲产业氛围，增强河坊街历史民俗特色，彰显中山路皇家御文化气派。至2015年，延安路、解放路、河坊街、南山路、中山路等已成为杭州市内集旅游观光和商贸服务为一体的著名特色商业街。

延安路[1] 延安路是杭州规模最大的商业街，原名延龄门大街，因正对杭州清旗营延龄门而得名，“文化大革命”后改名为延安路。南起河坊街、相望吴山广场，北至体育场路、隔街武林广场，与惠民路、西湖大道、开元路、解放路、仁和路、平海路、庆春路、凤起路相交，全长3570米。庆春路以南属上城区，全长2000米。20世纪90年代起，上城区开始推进延安路南端贯通工程，推进国泰商厦等规模商厦建设和商业网点布局，营造商业氛围。进入21世纪，延安路逐步将杭州市区内武林商圈、大湖滨精品商圈、吴山商圈3个最大的商圈串联起来。延安路上城段从北至南，分别有国泰商厦、工联大厦、龙翔大厦、湖滨银泰in77、西湖银泰城等城市综合体和大型商场，经营品种主要包括服饰、箱包等时尚品牌和餐饮服务等，是杭州首屈一指的购物地段。延安路南端延伸衔接旅游休闲胜地吴山，成为杭州市商贸、金融、娱乐、旅游最集中的一条街。

解放路 解放路东起环城东路，经新城隧道与解放东路相连，西至湖滨路与南山路相接，长2160米，为杭州主要商业街之一。20世纪90年代，解放路有天工艺苑、杭州解百、供销大厦三大零售商城，其中杭州解百是杭州市最早建立的国营零售企业，在杭城商业中处于举足轻重的地位。至2015年，解放路有杭州解百购物广场、天工艺苑等综合性商场，有杭州中维香溢大酒店、杭州新开元大酒店等大型酒店以及毛源昌眼镜、亨得利钟表、奎元馆面馆等老字号。

湖滨国际名品街 见第十篇特色街区 园区第一章湖滨商贸旅游特色街区。

南山路 见第十篇特色街区园区第二章南山路艺术休闲特色街区。

河坊街[2] 河坊街位于吴山脚下，是清河坊历史文化特色街区的一部分，东起江城路，西至南山路，长1800米，其中吴山广场至中山中路段为步行街，青石板路面。经过整治改造，河坊街于2001年10月开街，改建后的河坊街体现清末民国初期风貌，重在突出文化价值，营造以商业、药业、建筑等为主体的市井文化，保持其历史的真实性、文化的延续性和风貌的整体性。2015年，河坊街主要经济业态为以胡庆余堂国药号、保和堂、方回春堂、同仁堂（河坊街分店）为代表的中医中药业，以状元馆面馆、王润兴酒楼为代表的老字号餐饮店、茶楼，以吴越

① 延安路：是民国初拆（旗）营建路形成的一条商业、娱乐街。20世纪20—30年代，清河坊繁华而显拥挤，商业遂向北渗透，不少有识商贾看准临近西湖、与湖滨几乎平行的延龄路为生财聚宝之地，纷纷调资驻店营业，国货陈列馆、杭州酒家、素春斋、天香楼、知味观、小吕宋等老字号相继开业；大世界游艺场、新新娱乐场、西湖共舞台、联华影戏院等应时而生，商业与娱乐的发展使延龄路人店兴旺，百货骈阗，成为杭城最热闹的街路之一。

② 民国时期，孔凤春香粉店、宓大昌旱烟、万隆火腿店、张允升帽庄4家各踞河坊街和中山中路交叉口的一角，该区域成为当时远近闻名的区片。杭城闻名的“五杭”（杭粉、杭剪、杭扇、杭烟、杭线）就出于此。

人家为代表的老作坊、手工艺民俗文化传统店。

中山中（南）路　中山中路历史文化街北起解放路官巷口，南至清河坊鼓楼，全长2269米，是杭州近代历史建筑最集中、反映杭州历史变迁最为丰富的街道。2009年9月，改造后的中山中路即南宋御街正式开街。街区业态以流行服饰、工艺品、饰品、金银珠宝、老字号商铺为主。至2015年，中山中路有以西乐园羊汤饭店、万隆火腿庄、景阳观酱菜店、豫丰祥百货商店等为代表的老字号，有以胡庆余堂、叶种德堂为代表的中医中药业，有以佐卡伊珠宝大厦为代表的金银珠宝行业以及餐饮、酒店、影院等餐饮服务行业。

中山南路北起十五奎巷，沿着中河高架，南至万松岭路，全长1337米。整条路段商业定位为烧烤风味、小吃和工艺品、大排档3个特色路段，集美食、淘店和南宋遗韵特色于一身。

第三节　商品市场

1993年初，上城区有区属集贸市场18个。是年，上城区累计投资470万元，建设燕子弄农贸市场、金钱巷市场和杭州皮革鞋材市场，扩建新声综合市场分部和轻纺市场天工分部，维修龙翔桥、新声、闹市口、断河头等市场的设施，使全区集贸市场交易面积增至3.06万平方米。全区集贸市场农副产品成交量41.74万吨，商品成交金额17.05亿元，创历年来最高纪录，创税近千万元。

1995年11月，闹市口、平津桥2个马路农贸市场迁入劳动路室内农贸市场。1998年，上城工商分局继续做好马路市场“退路入室”[①]工作，岳王路花鸟市场、察院前农贸市场转入室内交易，新声综合市场占道摊位迁入室内经营。全区集贸市场年农副产品成交量7.88万吨，商品成交额47.28亿元。2000年，上城区专业市场成交活跃，杭州陶瓷品市场等重点市场保持良好的发展势头，全年实现市场成交额8亿元。2002年，全区有商品交易市场56个，其中，消费品综合市场4个，农副产品市场26个，工业消费品市场20个，生产资料市场4个，生产要素市场2个。各类市场成交额66.98亿元。2003—2005年，上城区引导市场实施电子商务、现代物流等新兴商品交易方式。2007年，8家农贸市场列入政府提升改造项目，按照“三星级农贸市场”的硬件设施标准，实施提升改造。2008年，上城区加快推进商品专业市场改造提升，全年列入整合改造提升市场15家。是年，上城区鼓励专业市场、大型批发市场和其他有条件的市场，依托现货交易建立网上交易平台，在近江食品市

① 即农贸市场退出道路两侧，进入室内市场交易。

场、解放路茶叶副食品市场等市场开展网上交易试点，商品成交量得到提升。2012年，全区有各类专业市场24个，完成市场成交额116.24亿元，其中亿元以上市场8个，成交额109.68亿元，占全年市场成交额的94.36%。2014年，上城区将培育网络主体市场作为全区各类市场培育发展的工作重点，通过构建第三方服务平台，以公共服务平台为依托，重点培育清江路136号电子商务产业园。同时，推进企业应用电子商务拓展市场，打造全国电子商务之都。2015年，探索市场产业提升和多样化转型的可行性，指导翰林农贸市场首创O2O网上农产品销售模式，并在望江和棚桥2个农贸市场试点；推动杭州工联精品服饰城探索线上线下及跨境电子商务经营模式。是年，全区有农贸市场15个，年销售额42.53亿元；有各类专业市场28个，市场商品成交额134.21亿元。

一、农贸市场

1993年初，上城区有农贸市场10个（区属）。9月，上城区首家室内农贸市场燕子弄市场投入试营业。该市场建设总投资150万元，采用大平板框架式肉—蔬菜—大米等商品货架。1996年，市政府制定市区农贸市场建设五年规划（1996—2000），市政府连续4年把农贸市场“退路入室”列入为民办实事项目。1997年，农贸市场发展到29家，成交额64.8亿元；杭州龙翔桥农副产品市场首批通过浙江省三星级市场验收。1999年，上城区新建室内农贸市场6个，7个马路市场全部“退路入室”。2000年，全区有农贸市场19个。2002年，农副产品市场增加至25个。2006年，金钗袋巷农贸市场、茅廊巷农贸市场完成改造提升。经调整和整合，至2015年末，全区有农贸市场15个。

杭州翰林农贸市场　杭州翰林农贸市场隶属于杭州市商旅集团所属杭州市市场开发服务有限公司，建于2009年，位于大学路118号，市场营业面积2200平方米，摊位70余个，商户40余户，全年成交额8000余万元。市场经营蔬菜、水产、活禽等品类。市场定位较高，有中央空调、自动扶梯、货运电梯、监控喷淋等设施，在商品追溯体系建设、严格索证索票和检测等方面完善食品安全和现场管理工作，严格实施商品抽样检测制度以及不合格、“三无”[①]和腐败变质商品的下架、清退、销毁制度，确保问题商品的可追溯性。2010年，杭州翰林农贸市场被评为浙江省首家五星级农贸市场。2014年，成为全国首个智慧农贸市场，即在摊位上安装安卓系统平板电脑，可查看经营执照、明码标价、检测报告、商户承诺、商户信用、责任管理、消费评价等信息。2015年，市场交易额6500万元。

杭州龙翔桥农副产品市场　杭州龙翔桥农副产品市场位于长生路西

① “三无产品”：是指无生产日期、无质量合格证以及无生产厂家，来路不明的产品。

段，始建于1984年1月。1990年，市场扩建，面积达3000平方米，场内分蔬菜、小水产、鱼肉腌腊、水产、熟食等区段和活禽水产批发部，摊位800个，曾是杭州市区规模较大的室内农贸市场之一。1993年，市场成交额1亿余元。1999年，杭州龙翔桥农副产品市场拆迁，原海鲜、冻品、干货、蔬菜等商品经营户，转入杭州近江水产农副产品综合市场经营。

杭州近江水产农副产品综合市场　杭州近江水产农副产品综合市场隶属于浙江近江集团公司，位于秋涛路一弄15号，建于1996年6月，营业面积1.26万平方米，摊位1027个。市场主要经营各种高、中档淡水产、海鲜、海产品、肉类、干货、调味品及时令蔬菜等农副产品。产品满足杭城90%以上酒店、宾馆、企事业单位、食堂的水产供给，以及周边10余万名居民日常生活需求，还流通辐射浙江省衢州、金华、丽水、绍兴及其他省份。2002年，杭州龙翔桥农副产品市场并入该市场。同时，市场完善基础配套设施，合理调整经营结构，综合竞争力得到全面提升，由单一的零售逐步发展成集零售与配送为一体的经营模式，整体摊位出租率在98%以上。2006年，市场成交额20.69亿元。2015年，市场成交额34.45亿元。①

杭州望江路农贸市场　杭州望江路农贸市场位于望江路109号，前身是杭州金钗袋巷农贸市场。杭州金钗袋巷农贸市场于1999年正式投入营业。2009年10月起，由杭州江干区商业有限公司出资、经营、管理，改名为杭州望江路农贸市场。2013年，市场通过二次提升改造，由原经营面积1931平方米提升至2300平方米，拥有标准商位82个，经营户63户，引进楼外楼、光头卤鸭、一号土猪、沙子岭猪、好得睐方便菜、清溪花鳖、祖名豆腐、鸿光豆腐、威林手工水饺等10余家品牌商户，主要经营蔬菜、鲜肉、淡水产、海水产、禽蛋、粮油制品、调味品、卤味、乳制品、干货、水果等1000余种商品。2015年，市场交易额2500万元。

杭州市茅廊巷农贸市场　杭州市茅廊巷农贸市场位于丰家兜8–12号，其前身是茅廊巷菜场，创建于民国16年（1927）。2000年1月，由马路市场“退路入室”，改现名。2006年下半年，该市场进行提升改造，经营面积由原来的3000平方米增加至4800余平方米，分2层，有经营摊位130个，包厢118个，经营户178户。市场内交易蔬菜、肉类、禽蛋类、淡水产、海水产、豆制品、家禽、腌腊制品、冷冻猪副、鸡副产品、副食品、粮食、卤味等农副产品。日均人流量超万人，年交易额2.8亿元。2014年下半年，再次进行提升改造。2015年，市场交易额2.8亿元。

① 2019年3月，因城市建设需要，杭州近江水产农副产品综合市场开始搬迁。4月1日至8月15日，市场在原址隔壁的华东家具市场3号馆临时经营。

表 13-3-7　2015 年上城区农贸市场情况表

序号	市场名称	地址	市场面积（平方米）	市场成交额（亿元）
1	杭州市上城区察院前农贸市场	察院前巷48号附近	2700	0.68
2	杭州望江路农贸市场	望江路109号	2300	0.25
3	杭州海潮农贸市场	望江路17号	2100	0.13
4	杭州紫阳农贸市场	江城路256-6号	1600	0.46
5	杭州凤凰北苑农贸市场	姚江路33～66号	1800	—
6	杭州三桥农贸市场	近江家园5园1幢	3000	0.85
7	杭州近江茶亭农贸市场	海潮路94号	12600	0.42
8	杭州近江水产农副产品综合市场	秋涛路一弄15号		34.45
9	杭州劳动路农副产品综合市场	劳动路168号	2200	0.21
10	杭州翰林农贸市场	大学路118号	2200	0.65
11	杭州茅廊巷农贸市场	丰家兜8～12号	4800	2.78
12	杭州断河头农副产品市场	建国南苑38幢	2112	0.57
13	杭州玉皇综合农贸市场	八卦新村12幢	2500	0.14
14	杭州复兴农贸市场	复兴里街168号	2520	0.36
15	杭州棚桥农贸市场	中河中路203号	1360	0.58

说明：1.杭州凤凰北苑农贸市场2015年暂停营业。2.资料来源于杭州市上城区商务局及2015年《上城区统计年鉴》

二、服装市场

1993年，上城区服装市场有新声路服装综合市场1家。1996年，杭州中国针织城经省政府立项报国内贸易部审批创办。1998年9月，杭州新声综合市场龙翔服饰城和杭州新声综合市场兴合服饰城建成开业。2002年8月，杭州杭派精品服装市场分场（新杭派休闲服饰城）创办。2004年4月，杭州天阳明珠百货市场开业。2006年3月，浙江九星服饰批发中心开业。至2015年末，全区有服装鞋帽、针纺织品类市场13个，成交额54.26亿元。

杭州新声综合市场兴合服饰城　1998年，杭州新声综合市场兴合服饰城由浙江特产集团有限公司和浙江银河股份有限公司投资兴建，位于长生路24号。大厦建筑面积约2.8万平方米，定位中高档品牌男装专业市场。地下室为裤城，一、二楼为品牌男装交易区，三楼为鞋城，四至七楼为品牌男装商务区。全国知名男装厂家在场内开设总经销、总代理、直销点以及全国销售配货中心、营销总部。2005年起，市场先后被评为省区域重点市场、省级商业信用百强示范专业市场、省四星级文明规范市场、省工商企业信用AA级守合同重信用单位。至2015年末，有波司登、恒源祥、富贵鸟等25家中国驰名（著名）商标厂家入驻。2015年，市场成交额14.33亿元。

杭州龙翔服饰城　杭州龙翔服饰城于1998年9月开业，位于延安路298号，邻近西湖，面积约4万平方米，有摊位（商铺）1055个，服装展销厅130余间。地下一层为皮具百货区，一层为男装市场区，二、三层为女装市场区，四层为童装市场区，五至九层开设时尚品牌服装市场区。市场设中央空调、自动扶梯、观光电梯、货梯、消防控制系统和防盗监控系统，摊位装修风格统一整齐。2004—2005年，龙翔服饰城先后被评为浙江省二星级文明规范市场、杭州市创建延安路“百城万店无假货”活动示范街先进单位。2006年，市场成交额3.67亿元。2015年，市场成交额8.85亿元，上缴税收2634.85万元。

图13-3-3　杭州龙翔服饰城（2008年）　（李忠　摄）

杭州工联精品服饰城　杭州工联精品服饰城位于延安路292号，占地面积7000余平方米，总建筑面积3万余平方米。1988年9月，工联大厦购物中心建成开业。1993年1月，改制成为杭州工联大厦股份有限公司购物中心，经营五金交电、百货、纺织品、工艺美术品、食品、香烟、参茸滋补品等。2001年，购物中心改建成杭州工联精品服饰城。服饰城地下一层为小百货精品购物区，地下二层为停车场，一至三层经营男女服装，四层为童装天地，五层为超音速动漫游艺城，六层为工联超音速美食游戏城。2015年，市场成交额8000万元。

杭州杭派精品服装市场分场（新杭派休闲服饰城）　杭州杭派精品服装市场分场位于清江路96号，创办于2002年8月，市场营业面积2.5万平方米，营业房300余间，经营范围为男女休闲服装、服饰、箱包批发、零售，经营的产品中有自主商标品牌80余个，代理品牌67个，是四季青服装特色街区高档男女休闲服装批发市场。2006年，杭派精品服装市场分场投资3000万元，对整体和配套设施进行全面更新改建。同时，实行“商场化管理，市场化运作，宾馆化服务”管理模式，把“杭派服饰城”改造为“新杭派休闲服饰城”，主要销售休闲女装、休闲男装、休闲箱包、休闲鞋帽、休闲服饰等100余个品牌，成为重要的区域性休闲服饰集散地。2015年，市场成交额1.07亿元。

杭州（中国）针织城　杭州（中国）针织城前身为杭州外滩羊毛衫市场，成立于1996年，位于秋涛路80号。1996年，杭州（中国）针织城立项报国内贸易部审批，定位为国家级中心市场，在杭州外滩羊毛衫市场的基础上组建。2000年，杭州（中国）针织城开张营业，位于秋涛路18号，集商贸、办公写字楼于一体，主要经营针织服装、羊毛衫、内衣、床上用品等一系列针织产品。针织城建筑面积5万平方米，市场营业面积1.97

图13-3-4　杭州（中国）针织城（2012年）

（胡鉴　摄）

万平方米，摊位406个。四楼设服装设计厅，五楼设展示厅。2006年，有四川、重庆、山东、江苏、安徽以及浙江的130余家丝绸厂商入驻。至2015年末，市场共有来自全国各地的国有、合资、个体户等500余家商户入驻。2015年，市场成交额6000万元。

杭州九天国际服装城　杭州九天国际服装城始建于2005年10月，位于清江路168号，总管塘公交车站旁，总建筑面积2.5万平方米，有经营户近500家。2006年3月市场开业，经营范围以国内外品牌休闲服饰批发为主，兼顾零售。2015年，市场成交额1.18亿元。

杭州天阳明珠百货市场　杭州天阳明珠百货市场成立于2004年4月，位于延安路302号，南邻龙翔服饰城，东靠梅地亚宾馆，具有优越的地理位置和商业氛围，以崇尚时尚为理念，汇聚众多国内外知名品牌服装。市场营业面积1.2万平方米，有商铺200余个，经营真维斯、以纯、高尔普、花花公子、傲熊、东方鲨鱼、老人头、梦特娇、雅戈尔、宾奴、古骑博格、银时代、七度等品牌。2006年，市场实现销售、展示、商贸一体化功能。2015年，市场成交额达300万元。

表13-3-8　2015年上城区服装市场情况表

序号	市场名称	地　址	市场面积（万平方米）	市场成交额（亿元）
1	杭州新声综合市场兴合服饰城	长生路24号	2.80	14.33
2	杭州兴合百货网上交易市场	长生路24号		0.03
3	杭州四季星座网上服装交易市场	清江路120号628室	—	20.01
4	杭州欧维女装中心	清江路126号	2.10	5.80
5	杭州中星服饰城	清江路82-4号、90号、91号	0.60	1.02
6	杭州杭派精品服装市场分场	清江路96号	2.50	1.07
7	杭州工联精品服饰城	延安路292号	3.00	0.80
8	杭州龙翔服饰城	延安路298号	4.00	8.85
9	杭州明珠小百货市场	延安路302号地下一层	0.10	0.42
10	杭州泓呈小百货市场	长生路25号、26号	0.06	0.12
11	杭州九天国际服装城	清江路168号	2.50	1.18
12	杭州外滩针织服装市场（从属名杭州（中国）针织城）	秋涛路18号	1.97	0.60
13	杭州天阳明珠百货市场	延安路302号	1.20	0.03

说明：资料来源于杭州市上城区商务局及2015年《上城区统计年鉴》

三、其他市场

1993年，杭州陶瓷品市场建成开业。1995年，杭州华东家具市场有限公司成立，在上城区拥有杭州华东家具市场（秋涛路473号）、杭州华东家具精品馆（秋涛路473号）、杭州华东国际家具广场（秋涛支路近江路1号）3个连锁场馆。2005年6月，杭州第六空间家居生活广场开业。至2015年末，上城区有建筑及装潢材料、食品、家具、文化办公用品、金银珠宝、通信器材等各类市场15家，市场成交额79.95亿元。

表 13-3-9　2015 年上城区其他专业市场情况表

序号	市场名称	地　址	市场面积（万平方米）	市场成交额（亿元）
1	杭州白马珠宝市场	郭东园巷8号	0.80	0.33
2	杭州陶瓷品市场	玉皇山南麓南复路59号	11.00	18.95
3	杭州第六空间家居生活广场	西湖大道18号	2.70	1.60
4	杭州华东家具市场	秋涛南路473号	15.00	1.72
5	杭州华东（国际）家具广场	近江路1号		
6	杭州近江五金锁具市场	秋涛路475号	0.30	0.30
7	杭州吴山花鸟城	华光路1号	2.11	0.50
8	杭州吴山路夜市	惠兴路（邮电路口至仁和路口）；仁和路（工人文化宫门口至岳王路口）	—	0.40
9	杭州青年通讯电脑市场	积善坊巷小区	—	0.25
10	杭州庆春路文化用品市场	庆春路49-1号	—	1.20
11	杭州礼品城	秋涛路5号桥	—	0.35
12	杭州近江食品市场	秋涛支路336号	1.30	37.89
13	杭州解放路副食品（茶叶）市场	南板巷15～18、20号	—	0.49
14	杭州南宋御街美食夜市	中山南路	—	0.20
15	浙江阿特多多知识产权网上交易平台	长生路25、26号	—	15.77

说明：资料来源于杭州市上城区商务局及2015年《上城区统计年鉴》

图 13-3-5　杭州陶瓷品市场（2012年）　（胡鉴　摄）

杭州陶瓷品市场　杭州陶瓷品市场位于玉皇山南麓南复路59号，占地面积14万平方米，建筑面积11万平方米，总投资1.5亿元，1993年3月开业。该市场原先经营单一的陶瓷制品，后逐渐发展成为集陶瓷、建材、石材、厨房设备等于一体的专业化、系列化的综合型市场。2005年，被中国建材市场协会、中国建筑材料流通协会评为全国十大建材家居示范市场。至2015年，市场内有500余家陶瓷企业设摊经营，其中省、市总经销、总代理、专卖店200余家。市场设国产陶瓷区、进口陶瓷建材区、石材区、木材区、厨房设备区、酒店宾馆用品区、五金区七大交易区块。

杭州第六空间家居生活广场　杭州第六空间家居生活广场位于城站广场（西湖大道18号），2005年6月开业，建筑面积2.7万余平方米。市场主要经营家居饰品为主的国际品牌和国内高档品牌商品，设有97个摊位，经营商场品牌96个，其中，国内品牌79个，国际品牌17个。2006—2015年，先后获浙江省消费者信得过单位、平安示范商场等荣誉。

杭州华东家具市场［杭州华东家具精品馆、杭州华东（国际）家具广场］　1995年，杭州华东家具市场有限公司成立。该公司旗下有杭州华东家具市场（秋涛路473号）、杭州华东家具精品馆（秋涛路473号）、杭州华东（国际）家具广场（秋涛支路近江路1号）3个连锁场馆。公司总营业面积达15万平方米，员工超过3000人，有700余家家具厂商的2000余个品牌进驻市场。2000—2015年，市场先后被评为浙江省四星级文明市场、省级先进企业及杭州市上城区重点发展企业。

杭州近江五金锁具市场　杭州近江五金锁具市场建于1999年，由浙江近江集团投资兴办。该市场位于秋涛路475号，倚靠铁路杭州站、汽车客运南站、西兴大桥和钱江新城，是专业经营中高档门锁、拉手、五金、水暖等多种装饰材料和电动车自行车配件的批发市场，营业面积3000余平方米，仓储面积2000余平方米，商位100余个，商品批发零售年吞吐量1万余吨。2006年，市场商品成交额约2亿元。

杭州吴山花鸟城　杭州吴山花鸟城是在原岳王路花鸟城市场基础上发展而起，是集商务、旅游、休闲于一体的大型室内花鸟、工艺品专业市场。该花鸟城位于华光路1号，邻清河坊古街。市场由杭州二轻房地产开发有限公司、杭州外海集团有限公司共同出资兴建，总投资1.5亿元，建筑面积2.11万平方米，有商铺300余个，地下城为水族区，地面一楼为鲜花、精品石廊区，二楼为盆景、保健品、宠物经营区，三楼为工艺品区。2002年7月，正式对外营业。2006年，在杭州市兰花协会举办的春兰名品展上，吴山花鸟城送展的兰花作品，获春兰金奖、洋兰金奖、洋兰铜奖。2011年，市场被浙江省工商行政管理局评为浙江省花鸟专业市场中唯一的三星级市场。

杭州木材交易市场　杭州木材交易市场由杭州木材有限公司创办，1999年12月开业，位于秋涛路190号，占地面积8万平方米，其中营业房面积4万平方米。市场分为板材区、名贵木方区、五金建材区、家具材区、原木、方料、模板区，主要经营各类夹板、名贵木方、五金建材、家具材、档料、原木、装饰木线、地板及配套五金建材。市场年均木材木制品交易量10万立方米，销售额2亿元，从业人员近2000人。2002年、2003年、2006年，被中国木材流通协会评为“全国木材明星市场”。2004年，获“杭州市消费者信得过单位”称号。2011年，杭州木材交易市场整体搬迁至江干区德胜东路2539号。

杭州近江食品市场　杭州近江食品市场始建于1996年8月，是浙江近江集团公司直属企业，位于秋涛路中段，毗邻铁路杭州站、汽车南站。市场经营面积1.3万平方米，停车泊位2000余平方米，仓储面积近3万平方米，有调味品、干果、干海水产、农副产品、副食品等8个交易区块。市场有商户224家，其中注册省、市级公司的商户30余家，注册商标40余个。市场培育一级经销商，拥有省、市级总经销总代理品牌300余个，特约经销品牌近1000个，培育有国内自主品牌注册商标50余个。市场通过电子商务，销售网络覆盖全省，辐射华东，延伸至18个省、市、自治区，是华东地区食品销售的重要集散地。2002年，该市场进入全国百强市场行列。2003—2004年，连续被国家统计局、中国商业联合会确定为全国食品饮料烟酒交易市场交易规模第一位。2006年，市场成交额2210万元。

第四节　超市[①]便利连锁店

20世纪90年代起，在传统商店基础上，超市业态逐渐兴起。尤其是2000年起，杭州的超市业迅猛发展，形成从数量少、规模小、品牌差、竞争弱到门店数量不断增多、单店和总体规模持续扩大、知名品牌纷纷进驻、同业竞争日趋激烈的转变。为加快商业结构调整，增强综合竞争力，上城区积极培育和引进商贸龙头企业。2000年，世界500强企业家乐福集团将杭州市第一家店选址于延安路135～139号（涌金广场），建筑面积1.45万平方米，其中营业面积7500平方米。2003年8月，杭州家乐福超市正式开张。2004年，杭州华商集团有限责任公司通过增资扩股和受让杭州解百集团股份的方式，成功对杭州解百生鲜超市实施控股，对杭州解百生鲜超市江城路店进行提升改造。是年，世纪联华江城路店成立，位于江城路558号，营业面积1.19万平方米，是上城区内营业面积最大的超市。2015年，上城区成为杭州市超市数量最为密集的城区，每平方千米超市数量为4.13家，每万人拥有超市面积2946平方米。是年，上城区内的外资大型超市品牌有家乐福，门店1家，外资连锁便利超市品牌有屈臣氏、喜士多、罗森、万宁等品牌。全区共有大型超市5家，中型超市6家，便利超市64家，面积10.35万平方米。

① 超市一般是指商品开放陈列、顾客自我选购、排队收银结算，以经营生鲜食品水果、日杂用品为主的商店。一种消费者自助选购、统一收银结算的零售企业。在中国，超级市场被引入于1978年，当时称作自选商场。

表13–3–10　2015年上城区大、中型超市情况表

序号	超市类别	超市名称	超市地址	营业面积（平方米）
1	大型超市	杭州家乐福超市有限公司（家乐福涌金店）	延安路135～139号涌金广场	7500
2		杭州物美凯普商业有限公司	望江东路333号1～3层	7676
3		世纪联华杭州江城店	江城路558号（近望江路）	11907
4		世纪联华Citylife超市银泰西湖店	延安路98号银泰商业（集团）有限公司杭州西湖店B1层	2962
5		世纪联华杭州复兴路店	复兴路68号	6621
6	中型超市	杭州联华生鲜超市有限公司近江家园店（近江家园店）	久园弄17号附近	800
7		杭州联华生鲜超市有限公司马市街店（马市街店）	马市街98号	1283
8		杭州联华生鲜超市有限公司清波店（清波店）	清波街28号一层	930
9		杭州联华华商集团有限公司临江风帆连锁店（滨江店）	近江东路临江风帆公寓底层2～3号	2500
10		世界联华（杭州中河店）	中河中路59号	1875
11		世纪联华（杭州民生店）	清泰街498号	1465

说明：资料来源于杭州市商务委员会（杭州市粮食局）、杭州现代商务规划发展中心2016年发布的《杭州市商业网点发展报告》，原数据统计截至2016年，现根据2015年实际情况核实补充

表 13-3-11　2015 年上城区便利连锁店情况表

序号	名称	地址	营业面积（平方米）
1	杭州华联华商集团有限公司联华超市公司清泰连锁店（清泰店）	清泰街 501～502 号	438
2	杭州联华华商集团有限公司联华超市公司海月连锁店（海月店）	复兴北苑 15 幢底层 23～27 号	162
3	杭州顶全便利店有限公司（延安路店）	延安路 292 号工联精品服饰城 1-R03 号	50
4	杭州顶全便利店有限公司（浣纱路店）	浣纱路 235 号 104 室	110
5	杭州顶全便利店有限公司（清泰街店）	清泰街 402 号	105
6	杭州顶全便利店有限公司（解放路店）	解放路 148-4 号	138
7	杭州顶全便利店有限公司（定安路店）	定安路 68 号 101 室	150
8	杭州顶全便利店有限公司（秋涛路店）	秋涛路 28-2 号	93
9	杭州顶全便利店有限公司（望江国际中心店）	望江国际中心 1 号 105 室	114.8
10	杭州顶全便利店有限公司（解放路二店）	解放路 22 号	100
11	联华超市（望江家园店）	望江家园西园 1～4 号	160
12	联华超市（青年路店）	青年路 5 号	150
13	联华超市（始版桥店）	海潮路 75 号	460
14	联华超市（城隍店）	城隍牌楼巷 100-5 号	130
15	联华超市（东平巷店）	中山中路 284-4 号	325
16	十足集团股份有限公司（杭州金鸡岭店）	金鸡岭 78 号	50
17	十足集团股份有限公司（杭州望江东路店）	望江东路 332 号 134 室	81
18	杭州市上城区酷运食品店	海运大厦 1 号楼 101 室	60
19	联华快客（姚园店）	姚园寺巷 49 号	83
20	联华快客（劳动路店）	劳动路 164 号底层	80
21	联华快客（河坊街店）	河坊街 457 号	52
22	联华快客（紫阳店）	江城路 414 号	89
23	联华快客（候潮店）	候潮公寓 4 幢江城路 254 号	78
24	联华快客（江虹店）	江城路 819-1 号	70
25	联华快客（复兴店）	复兴路 109 号	55
26	联华快客（建国店）	叶家弄 11 幢沿街第 14～15 号	170
27	联华快客（定安路店）	定安路 35-2 号	137
28	联华快客（秋涛路二店）	秋涛路 240 号	128
29	浙江万宁日用品有限公司（杭州延安路分店）	延安路 245 号地下 205 室	167
30	浙江罗森百货有限公司（飞云江路分店）	飞云江路 32 号一层	135
31	浙江罗森百货有限公司（延安路店）	延安路 258 号 120 室	80
32	浙江罗森百货有限公司（建国中路店）	建国中路 16 号	150
33	浙江罗森百货有限公司（直大方伯店）	直大方伯 28 号	84
34	屈臣氏（西湖银泰城店）	延安路 98 号银泰商业（集团）有限公司杭州西湖店 B1 层	—
35	屈臣氏（望江路店）	望江路 69 号	—

续表 13-3-11

序号	名称	地址	营业面积（平方米）
36	屈臣氏（杭州利星百货店）	平海路124号一层	—
37	屈臣氏（湖滨名品街店）	延安路东湖滨名品街二期地下一层	—
38	屈臣氏（延安路店）	仁和路42号湖滨银泰2期C区B1层	—
39	屈臣氏（工联CC店）	延安路292号B1层	—
40	屈臣氏（上城鼓楼利星店）	中山南路77号20幢利星百货一楼	—
41	屈臣氏（上城望江物美店）	望江路333号物美超市一层	—
42	可的便利店（复兴店）	复兴南街183-1号	60
43	可的便利店（清泰店）	清泰街480号义井小区1~2幢	100
44	可的便利店（浣纱店）	浣纱路196号	80
45	可的便利店（开元店）	定安路55号	60
46	可的便利店（秋涛店）	秋涛路20号（爱丁堡假日酒店西南）	60
47	可的便利店（仁和店）	仁和路22-3号	56
48	可的便利店（清吟店）	清吟街76号	74
49	可的便利店（葵巷店）	建国中路343号	85
50	可的便利店（滨江店）	富春路237号	72
51	可的便利店（众安二店）	中山中路557~559号	56
52	杭州喜士多便利连锁有限公司（湖滨路分店）	湖滨路39号	70
53	杭州喜士多便利连锁有限公司（义井小区分店）	—	70
54	杭州喜士多便利连锁有限公司（延安路加盟店）	—	25
55	杭州喜士多便利连锁有限公司（郭东园巷加盟店）	—	102
56	杭州喜士多便利连锁有限公司（金隆花园分店）	—	126
57	杭州喜士多便利连锁有限公司（庆春路分店）	庆春路45号	84
58	杭州喜士多便利连锁有限公司（定安路分店）	定安路34号	100
59	杭州市上城区山头邵综合商店	中山中路472号	45
60	杭州市上城区风速食品店	浣纱路347-4号	30
61	杭州美番贸易有限公司	中山中路209号	30
62	杭州市上城区栗普食品便利店	青年路70-5号	55
63	杭州昕杭食品经营部	婺江路217号	38
64	杭州市上城区省登食品店	学士路48-3号	135

说明：资料来源于杭州市商务委员会（杭州市粮食局）、杭州现代商务规划发展中心2016年发布的《杭州市商业网点发展报告》，原数据统计截至2016年，现根据2015年实际情况核实补充

第五节　名店名品

1993年，上城区有区属百年老店9家。1999年，杭州市委、市政府决定将河坊街建成一条仿古商贸旅游步行街。是年，首届吴山金秋文化庙会和吴山旅游庙会举办，名店、名品的知名度扩大。2000年起，清河坊历史文化特色街区改造工程启动，在商业业态上

注重沿袭昔日清河坊历史文脉，挖掘、保护和恢复百年老店、专业特色店。2007年5月，“浙江省老字号专业商标品牌基地”落户清河坊。区政府研究制定相应政策，培育和保护老字号企业。是年，杭州市上城区老字号保护协会成立。2008年6月，杭州市环保局上城环保分局在南山路红泥砂锅酒店举办“绿色烹饪，环保厨艺”大比拼活动，全区有21家餐饮企业参与。清河坊13家餐饮企业在比赛中获佳绩。高银街的知味观、西月楼、皇饭儿、大宋坊、邻家菜等7家餐饮企业获“十佳生态菜肴奖”；羊汤饭店等获“绿色烹饪、生态菜肴”纪念奖。至2015年，上城区共有老字号品牌67个（其中属于商业服务项目的43个），其中商务部认定的第一批（2006）及第二批（2010）“中华老字号”共32家，具有省、市级以上老字号的企业占杭州市总数的70%。名店、名品众多成为上城区商贸服务业的一大特色。

表13-3-12 2015年上城区商业服务类老字号情况表

序号	类别	名称	所属行业	企业名称
1	商务部认定第一批“中华老字号”（2006）	胡庆余堂	医药	杭州胡庆余堂国药号有限公司
2		张小泉	日用百货	杭州张小泉集团有限公司
3		方回春堂	医药	杭州方回春堂国药馆有限公司
4		朱养心	医药	杭州朱养心药业有限公司
5		解百	服务业	杭州解百集团股份有限公司
6		知味观	餐饮	杭州饮食服务集团有限公司杭州知味观
7	商务部认定第二批“中华老字号”（2010）	采芝斋	服务业	杭州采芝斋食品有限公司
8		边福茂	服务业	杭州边福茂鞋业有限公司
9		潘永泰	日用品	潘永泰棉花店
10		万承志堂	医药	杭州万承志堂国药馆有限公司
11		李宝赢堂	保健品	杭州李宝赢堂中药饮片有限公司
12		船牌	日用品	杭州东南化工有限公司
13		孔凤春	化妆品	杭州孔凤春化妆品有限公司
14		西乐园羊汤	餐饮	杭州羊汤饭店有限公司
15		奎元馆	餐饮	杭州饮食服务集团有限公司杭州奎元馆
16		信源	服务业	杭州信源银楼有限公司
17	其他“中华老字号”品牌	小吕宋	服务业	杭州小吕宋有限责任公司
18		广合顺	服务业	杭州广合顺皮塑鞋材公司
19		亨达利	服务业	杭州亨达利钟表店有限公司
20		皇饭儿、王润兴	餐饮	杭州皇饭儿王润兴酒楼有限公司
21		多益处酒家	餐饮	杭州多益处酒家有限公司
22		太极茶道	服务业	杭州太极茶道苑有限公司
23		利民	制造业	杭州利民中式服装厂
24		九芝斋	服务业	杭州九芝斋食品有限公司
25		叶种德堂	医药	杭州胡庆余堂国药号有限公司叶种德堂连锁店
26		亨得利	服务业	杭州亨得利钟表有限公司
27		同庆和堂	医药保健	浙江同庆和堂药材有限公司

续表13-3-12

序号	类别	名称	所属行业	企业名称
28	其他“中华老字号”品牌	豫丰祥	服务业	杭州豫丰祥百货有限公司
29		元吉	日用品	上城区元吉商号
30		保和堂	医药	杭州胡庆余堂国药号有限公司保和堂连锁店
31		状元馆	餐饮	杭州状元馆餐饮有限公司
32		泰山堂	医药	浙江泰山堂药店有限公司
33		乾圣元堂	医药	杭州乾圣元堂参茸有限公司
34		时光	服务业	杭州上城区时光钟表修理店
35		杭州照相馆	服务业	杭州饮食服务集团有限公司杭州照相馆
36		俞同春	医药	杭州俞同春药材有限公司
37		傅同春	医药	杭州新贵医药科技有限公司
38		三慎泰	医药	杭州新贵健康之家大药房有限公司
39		益元参号	医药	杭州益元参号补品有限公司
40		江南春	食品	杭州江南春食品有限公司
41		太和堂	医药	杭州太和堂健康管理有限公司
42		凝和堂	医药	杭州宁禾堂保健食品有限公司
43		乾宁斋	医药	杭州乾宁斋健康管理有限公司

说明：资料来源于杭州市上城区商务局

一、名店选介①

杭州天香楼　天香楼创办于民国16年（1927）秋，初名武津天香楼，由苏州人陆冷年出资创建。陆冷年祖父于清末任苏州知府，民国初迁居杭州。他以唐代宋之问诗句“桂子月中落，天香云外飘”命名该店。民国18年（1929）杭州举办西湖博览会，天香楼的杭帮菜颇受中外宾客赞誉。此后，天香楼在上海、中国香港等地区及美国和东南亚一些国家及地区开设“天香楼杭菜馆”。民国20年（1931），陆冷年聘请杭州饮食业行家孟永泰经营。数年后，孟永泰从陆冷年手中盘过天香楼独家经营。天香楼经营的杭菜，口味纯正，特色鲜明。东坡肉、西湖醋鱼、龙井虾仁、叫化童鸡、干炸响铃、油焖春笋、鲜栗炒子鸡、春笋炒步鱼、火踵神仙鸭等为该店的拿手菜。

天香楼原在教仁街（现邮电路）南侧，1956年迁至闹市区的解放路井亭桥边，1981年7月改建成三层楼，面积2000余平方米。1999年3月，杭州天香楼迁址至下城区延安路与凤起路交叉口。

杭州酒家　杭州酒家前身是创立于民国10年（1921）的高长兴酒菜馆。该菜馆兼营美酒佳肴，尤以绍兴陈年黄喉名噪杭城。1951年正式更名为杭州酒家，聘请当时杭州第一流的名厨，致力

① 状元馆、奎元馆、知味观、西乐园羊汤饭店、王润兴酒楼等部分餐饮业名老字号见第九篇主导产业第三章旅游产业第二节旅游接待第二目特色餐饮。

于传承与创新厨艺，以制作、经营地道的杭帮菜而声名远播。杭州酒家深谙中华饮食之道，主张“饮食多元，顺应四时”，遵循二十四节气变化规律，精选当季食材、时令蔬果，融汇地道杭帮菜烹制技艺，最大限度地保留食材的营养价值，以期得到原汁原味的特色菜品，倡导健康饮食新概念。1956年，杭州市首次评定36道杭州名菜，杭州酒家推出25道名菜独占鳌头。2001年，杭州酒家被拍卖改建。2004年9月，杭州酒家在下城区环城北路10号重开。至2013年，杭州酒家重回延安路，店址延安路205号（近东坡路）。杭州酒家名厨辈出，早期最有影响的名厨是封月生，他在杭州酒家主持厨务，团结一大批杭州名厨，挖掘、研究、恢复一批杭州传统佳肴。20世纪80—90年代，则有中国烹饪大师胡宗英[①]，博采众家之长，中西结合，以杭菜为基础创立“迷宗菜”，并先后主持操办“满汉全席”“仿宋寿宴”“乾隆御宴”三大高水平国际盛宴。

① 2000年11月在中国首届美食节期间，被国家内贸局在53名“中国烹饪大师”中，评选为“中国十佳烹饪大师”。

颐香斋食品商店　颐香斋创建于清光绪元年（1875），创始人葛景山，苏州人，在清泰街义井巷口摆摊，现做现卖定胜糕。后经一位李姓老主顾帮助，将义井巷口的一开间门面转让给葛氏开店，取名颐香斋。开店时，前店后坊，主要制作出售条头糕、方糕、绿豆糕、麻酥糕、椒桃片、小清沙与苏式月饼等糕点。糕点注重“三重”：重色，色深不焦，香味浓郁；重油，油而不腻，入口酥松；重糖，甜味适中，绵软柔糯，其中潮糕和月饼最负盛名。1951年，葛氏因无力经营，将颐香斋盘给上海同业许炳华。“文化大革命”期间，企业改名为“东风”，1980年恢复老字号。1993年，被国内贸易部认定为中华老字号企业。1998年，被确认为浙江省改革开放20年十大优秀食品企业。2001年，企业全面改制，成立杭州颐香斋食品有限公司，地址秋涛路258号。至2015年，公司发展为集传统与现代加工于一体的专业食品企业。

万隆火腿庄　万隆火腿庄位于中山中路79号（中山中路和河坊街交叉口）。原名万隆腿栈，清同治三年（1864），由陈、张两位宁波人合资开办。民国17年（1928）拓建中山中路时，店主翻建扇形三层水泥砖木结构新房，自设工场，

图13-3-6　万隆火腿庄（2012年）　（张关春　摄）

还自制加工“法兰西”火腿（形味似今西式火腿）、酱鸭、盐肉等产品。经营商品有金华火腿、高庄风腿、家乡盐肉等。该店自创建后几经兴衰。1996年5月，杭州万隆实业有限公司万隆火腿庄注册成立。1998年，在余杭勾庄买下4000余平方米旧厂房，改造为初具规模的肉制品加工厂，产品销路逐渐向外发展。2002年起，公司生产的香肠、酱鸭等肉制品通过大型连锁超市销往全国各地。2012年，公司销售额1.2亿元，利税1400万元，公司三大系列产品万隆火（风）腿、万隆酱鸭、万隆香肠多次被评为“最受市场欢迎”“消费者满意”产品。至2015年，公司以生产“万隆”系列肉制品为主，腌制品的批发、零售业务分布内地（大陆）、中国港澳台地区及东南亚等地区。公司拥有5000平方米的生产厂房，年生产能力1000余吨。

景阳观酱菜店　景阳观酱菜店位于中山中路87号（近河坊街）。清光绪三十三年（1907），寿达清始创景阳观于荐桥直街（现清泰街）佑圣观路西首，自设作坊，聘雇绍兴技工制作酱菜、腐乳、醉蟹、泥螺、虾子酱油、调味品等八大类120余种，曾与北京“六必居”、济南“玉堂”、扬州“三和三美”并称全国四大著名酱菜店。解放前，曾几易其主。解放初，企业处于奄奄一息境地。1990年，区政府授予其“名特商店”称号。1993年，“景阳观”取得国内贸易部颁发的“中华老字号”称号。2002年，景阳观改制，恢复前店后场的经营模式，重整“景阳观”百老老店的招牌。2003年11月，景阳观由解放路旧址迁入中山中路87号。2006年4月，景阳观在萧山设立分公司，专业生产酱菜。2015年，公司有员工300余人，主要生产酱油、酱菜、调味品、腌渍菜等。

图13-3-7　景阳观酱菜店（2012年）　（张关春　摄）

九芝斋食品商店　民国14年（1925），稻香春茶食店老板唐达壮出资在羊坝头创设九芝斋。该店由其子唐继壮主持，自设工场，自产自销，主要商品有苏式糕点、九制橄榄、广东梅、甘草梅饼等蜜饯，以及粽子糖、玫瑰糖、梅酱糖等。同时，还常年供应许多地方的名特风味食品。1978年起，为适应市场需要，先后推出琥珀桃仁、榨菜鲜肉小月饼等。1998年，企业改制成立杭州九芝斋食品有限公司，地址光复路20号。1999年3月，成立杭州九芝斋食品厂。至2015年，九芝斋以制作种类丰富的小点心为主。

吴山烤禽店　吴山烤禽店于1985年元旦正式对外营业，地址吴山路62号，此为吴山烤禽店总店。1988年，该店正式启用“吴山牌”注册商标，还与安吉县联办年产100万只鸡的养鸡场，保证鸡源供应。1991年10月更名为吴山烤禽联合公司。在杭州市定安路、庆春路、江城路、湖墅南路、翠苑新村等处开设多家分店或供应点，先后同市外的黄岩、宁波、慈溪、海盐等市、县的商业、粮食业联合开设分店，形成吴山烤鸡的辐射网络。1990年，区政府授予该店“名特商店”称号。至2015年，该店产品主要包括吴山烤鸡、素烧鹅、吴山烧鸡、烤鸭、熏鱼等。[①]

① 吴山烤鸡详见本节第二目名品选介中的相应条目。

老大房食品商店　老大房创设于民国17年（1928）前后，地址中山中路太平坊附近，业主为徽州人。该店自设工场，以制作徽式糕点为主，并吸收苏州、扬州糕点制作精华，自产自销糕点、蜜饯，品种繁多，四季各有名点应市，如春之鲜肉饺，夏之绿豆糕，秋之酥月饼，冬之大松糕，其中徽苏品味的白麻、黑麻、猪油、玫瑰等酥糖尤其受食客称道。1956年，公私合营后，工场停止生产。1958年迁现址（现址解放路109号）。“文化大革命”期间，曾改名为向阳食品商店。1990年9月，区政府授予“名特商店”称号。1992年8月，商店引进广东生产技术，联合开办“老大房羊城饼家”工厂，生产出首批正宗广东月饼供应市场。2002年1月，在上城区工商局注册成立老大房食品商店。至2015年，老大房主要经营食品、卷烟、食品加工、副食品、粮油、饮食、日用百货、中成药、中药材等。

张小泉剪刀店　清康熙二年（1663），张小泉剪刀店始创，地址清河坊大井巷，是杭城唯一保留张小泉牌号的剪刀零售商店，销售民用、农业用、工业用等各类刀剪。1983年11月，成立杭州张小泉剪刀店有限公司，地址解放路162号。1990年9月，被区政府授予“名特商店”称号。1997年，“张小泉”被评定为中国驰名商标。2000年，企业通过转制成立杭州张小泉集团有限公司。2006年5月20日，张小泉剪刀锻制技艺经国务院批准列入第一批国家级非物质文化遗产名录。2015年，公司有员工300人，主要经营张小泉剪刀系列产品，旗下主力门店张小泉剪刀店位于延安路36号。

毛源昌眼镜店　毛源昌眼镜店始创于清同治元年（1862），位于太平坊（中山中路），是中国眼镜行业的百年老店。毛源昌专业生产、经营、加工、销售各类近视眼镜、太阳眼镜、隐形眼镜、老花眼镜，是商业部首批认定的“中华老字号”企业。1992年7月，杭州毛源昌信义光学眼镜有限公司注册成立，办公室地址南山路新民村3号。2008年7月，公司与外方合作到期，厂名恢复为“毛源昌眼镜厂”，并恢复为国有体制。2015年，杭州百年老字号“毛源昌”被商务部认定为中国驰名商标。至2015年，毛源昌在上城区有4家店，即毛源昌眼镜（湖滨店）、毛源昌眼镜（南山路店）、毛源昌眼镜（望江店）、毛源昌眼镜（时代店）。

边福茂鞋店　清道光二十五年（1845），诸暨人边春豪在下城区长庆街五老巷口设摊做鞋，数年后开设鞋店取名为“边福茂”，以“万年春”为商标。清宣统三年（1911），迁址太平坊（中山中路）。其子边启昌继承父业后，创造“宽蹬一字平，穷鞋富后跟”的制鞋十字诀。其鞋选料讲究，制作严谨，脚感舒适，有穿破不走样、不褪色的特色。该店曾在温州、上海设有分店，产品远销黑龙江、内蒙古等地。1956年，公私合营后曾并入爵禄鞋店，次年恢复“边福茂”店名。“文化大革命”初期易名为前进鞋店，1979年再次恢复原名。1991年，被区政府授予“名特商店”称号。1991—2008年，边福茂鞋店5次搬迁，2002年由庆春路209号二楼搬迁至中山中路110号，2008年迁址中山中路338号。2015年，边福茂鞋店（中山中路店）停业。

图13-3-8 边福茂鞋店（2011年） （韩晓栋 摄）

泰山堂药店（原名泰山堂国药号） 清道光元年（1821）前，业主陈岐根创建泰山堂国药号，地址现清泰街大东山弄口。泰山堂主营药材和中成药，零批兼营，折兑外省药材及自制中成药。店内聘请名中医坐堂门诊和上门出诊，就店配药煎药。同时，自制红、黑膏药免费向疮疖病人赠送，深得民心。1956年，药店公私合营，易名为泰山堂中西药店。60年代迁到章家桥边。1966年9月改名红卫药店。1985年恢复泰山堂店名，经营品种1000余种。1983年起，开办夜间问病售药服务。1991年9月，被区政府授予“名特商店”称号。至2015年，泰山堂药店地址中山中路299号，经营面积1500平方米，从事中西医成药、参茸保健品、中药材、中药饮品的经营与配方。名中医馆会集50名国家级、省级名中医和高职称中医专家，以名老中医坐诊为特色。

杭州亨达利钟表店 杭州亨达利钟表店原是上海亨达利钟表店的分店，创设于清宣统元年（1909），店址城站大旅社底层（现红楼招待所）。民国18年（1929），迁至羊坝头凤凰寺旁。民国21年（1932），杭州亨达利被娄仙林盘进，改为独立经营，从而结束作为上海分店的历史。1956年公私合营后，与上海、北京等钟表公司建立业务关系，以经营中高档钟表为主，兼营批发，擅长修理高档疑难手表。亨达利钟表店以信誉为先，讲究质量，服务深受顾客信赖。1984年，参加全国“两亨”（亨达利、亨得利）组织，承担全国“两亨”企业联保联修，并接受上海等8家手表厂特约维修。1990年，被轻工业部授予“售后服务优秀单位”称号。1992年8月，迁入延安路，拓展经营黄金首饰业务。1996年4月注册成立杭州亨达利钟表店有限公司，地址解放路162-1号。至2015年，亨达利主要经营钟表、眼镜的零售；钟表的维修。其经营特色是重服务，讲质量，销修并重。

豫丰祥百货商店 豫丰祥百货商店位于中山中路403号，民国33年（1944）由李奎光始创，主要经营上海产橡胶雨鞋、针织内衣、全毛绒线等商品。1956年春，实行公私合营。1966年9月改名为工农百货商店，1984年恢复原名。商店几经调整，经营场地扩展为560平方米，经营13个大类1万余个规格品种的商品。1990年12月，被区政府授予“名特商店”称号。2001年4月，注册成立杭州豫丰祥百货有限公司。至2015年，公司主要经营零售百货、针纺织品、工艺美术品、文教用品、计算机、家用电器、通信设备、卫生陶瓷、劳保用品（除特种）等商品。公司与多家杭州零售商和代理商建立长期合作关系，以多品种经营特色和薄利多销为原则，赢得客户的信任。

张允升百货店　张允升百货店于清乾隆年间设于杭州清河坊四拐角，原名张允升线帽百货店，是杭城最早开设的百货商店。店主孙仲舒，绍兴人。商店设有制线、制帽2个工场，前店后场，自制的丝线，选料讲究，制作精细。民国15年（1926），张允升百货店开业，地址中山中路70号（老门牌110号），是一座具有西洋风格的三开间楼宇，建筑面积为655.40平方米。当初，“张允升”的老板为使自己的商店更为壮观、气派，特意将该座楼宇设计成假四层建筑，实际只是一座三层楼房。20世纪30年代中期，张允升百货店曾是杭州最大的百货商店，该店拥有职工50余名，年营业额高达70万银元。杭州解放后，随着人们消费习惯的改变，张允升百货店经营商品改变为以日用百货为主。2009年，张允升百货店在中山中路15～17号重新开张。至2015年，经营商品仍以鞋帽为主。

二、名品选介

杭州丝绸　杭州古有“丝绸之府”之称，良渚遗址出土有丝织物。唐代诗人白居易“红袖织绫夸柿蒂，青旗沽酒趁梨花”的诗句道出当时杭州丝绸水准之高。旧时清河坊鳞次栉比的绸庄更见证丝绸经济的繁荣。中华人民共和国成立后，杭州常年生产绸、缎、绵、纺、绉、绫、罗等14个大类，200余个品种，2000余个花色，图景新颖，富丽华贵，花卉层次分明，人物栩栩如生，许多产品荣获国家部优或省级优质产品奖，远销世界上100余个国家和地区。其中，都锦生丝绸厂生产的织锦色彩瑰丽，织工精细，多次获得国际金奖。

杭州刺绣　又名杭绣，亦称古绣，起源于汉代，至南宋为极盛时期。当时的刺绣，有“宫廷绣”和“民间绣”之分，前者专为皇室、内苑绣各种服饰，后者刺绣官服、被面、屏风、壁挂等。直至清末民国初期，杭绣盛而不衰，城内后市街、弼教坊、天水桥一带有刺绣作坊近20处。擅长刺绣的手艺人多达二三百人。杭绣讲究针法，针法很多，主要有平绣、乱针绣、叠绣、贴绫绣、借底绣、发绣、穿珠绣、帑绣、点绣、编绣、网绣、纱绣等。杭绣的刺绣品种很多，尤以盘金绣、包金绣、银线绣、彩丝绣等著称于时。盘金绣，金碧辉煌，雍容华贵；包金绣，层次分明，交相辉映；银线绣古朴文雅，素而不俗；彩线绣细密艳丽，形象活泼。杭绣在刺绣技艺上，吸收并融合苏、湘、蜀、粤四大名绣之长，绣法多变，形成独特风格。杭绣的图案内容大多取材民间喜闻乐见的龙、凤、麒麟、蝙蝠、孔雀、牡丹、宝相花、寿桃、如意、百结、八卦、西湖风景等传统图案，在装饰上运用夸张和变形，成为杭绣一大特色。

西湖绸伞　西湖绸伞以竹作骨，以绸张面，轻巧悦目，式样美观，携带方便，素有“西湖之花”的美称。其选料考究，制作精巧，圆形伞面采用特制伞面绸，薄如蝉翼，织造细密，透风耐晒，易于折叠，色彩瑰丽，单是染色就有湖色、墨绿、果绿，描绘山水、风光、花鸟、人物。伞面图案有西湖十景、古代仕女、龙凤、奔马、梅雀、蝴蝶等数十种，为其他伞望尘莫及。伞骨则采用江南独特的淡竹制成，篾质细洁，色泽玉润，烈日曝晒也不会弯曲，有制红、枣红、桃红、天蓝、橘黄等20余种。在伞面上还采用喷、刷、绣、画等技法形成外形美观的西湖绸伞。

吴山烤鸡　吴山烤鸡是20世纪80年代中期，由吴山烤禽店所创制的风味鸡。吴山烤鸡色泽金黄，皮脆肉嫩，酥而不烂，咸淡适宜，油而不腻，香醇浓厚，在杭城及浙东沿海一些城市消费者中享有很高声誉。烤鸡选用55天龄重1.75千克左右的优质肉用鸡。鸡坯用食糖、食盐、味精和多种中药碾制的香料等混合料内外腌制一段时间，然后用配制的料液浸泡过夜。第二天捞出，在鸡腔内放入香菇、小葱等佐料，在烧热的稀释蜂蜜汁中氽一下，挂炉烤一刻钟，出炉表面涂抹麻油即成。

杭州酱鸭　清时，杭州酱鸭、酱鸡已是达官贵人应酬送人的礼品，故有“官礼酱鸭”之美名。当时杭州加工酱鸭的店家不少，除开设在清泰街上的“颐春斋”外，要数万隆腿栈最负盛名。酱鸭选用体重2.5千克的“苏种鸭”（江苏大麻鸭，又称“绿头颈”），宰杀洗净，沥干水分，内外擦抹食盐平叠在缸内。第二天将鸭腹腔内的盐血水倒出沥干，再平放于缸中，倒入上好酱油，隔天翻一次，六天后起缸。同时，将浸过鸭的酱油入锅烧沸，加饴糖，快速将酱过的鸭在沸酱油中翻滚捞起，晒成酱鸭。

吴山酥油饼　吴山酥油饼原出安徽寿县，系农家常食之饼。相传当地百姓用此饼解救宋皇赵匡胤被困寿州（寿县）断粮之危，赵匡胤感动地说“此真大救驾也”，故曾名“大救驾”。宋室南渡杭州，此饼传入杭州，因形似“蓑衣”，故又称“蓑衣饼”。后经民间制作艺人精心改进，成为杭州传统名饼。当年制作此饼店家多在吴山和清河坊一带，俗称“吴山酥油饼”。制作此饼，把面粉分别用水、素油揉和成面团，各擀成薄带。涂上一层素油后两带相叠卷成一团，再擀成薄带，如法四五次，然后切成条形小块，捏成空心的宝塔形饼坯，经高温油炸，出锅后在饼上撒以细绵白糖。它形似金丝盘绕，层多不碎，食之即酥，油而不腻，香甜可口。

江南春方糕（糕团）　江南春方糕集苏州、杭州、宁波和绍兴四帮名点制作工艺精华，选料讲究，配方严格，制作精细，口感纯真，具有杭帮糕团的地方特点和季节特色。在“江南春”方糕系列中，尤其以绿豆沙茶叶糕、细沙（赤豆沙）定胜糕、荷花糕、果酱方糕、莲蓉元松糕、薄荷糕等方糕为佳，备受消费者所喜爱。

虾肉小笼　虾肉小笼是杭城的一道特色风味点心，具有猪肉、河虾两鲜合一的滋味。虾肉小笼以鲜猪肉和鲜活大河虾挤成的“虾仁”为馅，用小蒸笼旺火蒸就。刚出笼的包子，形似灯笼，色泽如玉，皮薄味美。食时，汁水外溢，虾肉鲜嫩，味道清淡，颇有回味。

葱包桧　葱包桧初称“油炸桧”。它兼有油条之脆、葱之清香、佐料之甜辣。相传葱包桧源于南宋，杭城百姓为寄寓对岳飞的怀念和对秦桧夫妇的仇恨，采用比拟的手法，将面粉擀成两条面条并合在一起比作秦桧夫妇，投入旺油锅中煎炸，称“油炸桧”。后经做小生意人的改制，用熟薄面饼，裹油条、葱段卷成筒状，在平底热锅上反复压烤，至饼呈金黄色时取出，抹上甜面酱或辣酱，称葱包桧。此后，其名在杭城广为流传。

盐件儿（肉）　盐件儿（肉）是杭城独特的一道名菜，取东阳花猪的肋条肉加工成“五花咸肉”（家乡咸肉）。再用淘米水浸“拔淡”，拆去肋骨，开成小条，放入钵头，上笼蒸至皮糯肉酥。吃时趁热切成小块，放入原汁汤。其特点是咸肉层精层肥，精似胭脂，肥似白玉，皮糯肉酥，油而不腻，汤味浓郁，咸淡相宜。

宁式鳝丝　宁式鳝丝是状元馆的主要名菜之一。制作采用80克左右的活黄鳝在水缸中养两天脱尽泥土之气，再用开水冲淋黄鳝，然后剔骨划丝，按不同季节配以笋丝，春用春笋，夏用鞭笋，冬用冬笋。炒时先将鳝丝用素油煸炒片刻，加入佐料，以小火煮熟滚透，即勾芡，起锅装盘，再放葱、姜末等辅料。另把麻油加热，放入花椒，待花椒变色时将它捞出，随手将沸烫的麻油浇在鳝丝中央。食时在鳝丝上撒以胡椒粉，香气浓郁，口感鲜辣，柔嫩滑口。

爆鳝面　爆鳝面是杭城有名的面点之一。它选用肉壮骨细、色泽金黄的黄鳝，先在水缸中放养，吐尽泥沫，收缩肌肉，现用现剖。面条采用优质面粉手工揉打，粗细均匀，软硬适度。烹调鳝段先用大锅素油爆，后用小锅熟猪油炒，适时加蒜泥、调料，片刻起锅留原汁汤，再入出水的生面与原汁汤同煮片刻，放进鳝段、配料略煮，按碗加汤。装碗后浇麻油、撒胡椒粉。其面鳝段色泽金黄、外脆肉松、面条滑润、料汤鲜美。

鲜肉榨菜小月饼、细沙小月饼　鲜肉榨菜小月饼、细沙小月饼是九芝斋、颐香斋2家食品老店的著名产品。小月饼生产，选料认真，配料恰当，手工包裹，皮薄馅多。鲜肉榨菜小月饼，食之酥松，肉馅饱满，咸中带鲜，口感不腻；细沙小月饼，细沙细腻油润，甜度适中，略有桂花香味。于月饼出炉乍热之际品尝，尤为可口。

糖醋大蒜　景阳观酱菜店的糖醋大蒜，以颗粒均匀，肉质饱满，酸中带甜，嚼之爽口而著称。制作选用大小均匀、颗粒饱满、干净新鲜的大蒜头，入坛灌盐水。15天后取出，剥去蒜头表面老皮，削平蒂头，在阳光下晒至蒜头外表衣起皱皮，再装入坛内，加白砂糖，灌入玫瑰香醋后封坛。成熟后的蒜头呈皮黄肉白，颗粒无空瘪，内质坚结，嚼之松脆。

双插瓜　双插瓜是杭城居民的传统佐菜，尤以景阳观酱菜店的久负盛名。选用外形壮直、肉质饱满结实的小肚菜瓜，以每500克6条为最佳。制作时鲜瓜逐条平叠在缸内，灌入鲜汁酱油，加白砂糖，放在太阳下翻晒。10天左右起缸装坛，再灌入优质酱油。经2次酱制，酱瓜乌黑铿亮，香味浓郁，鲜美爽口。

附一

2015年上城区其他老字号情况表

序号	类别	名称	所属行业	企业名称
1	商务部认定第一批“中华老字号”（2006）	五芳斋	食品加工	浙江五芳斋实业股份有限公司
2		万隆	食品加工	杭州万隆肉类制品有限公司
3		利群	烟草	浙江中烟工业有限责任公司
4		王星记	工艺美术	杭州王星记扇业有限公司
5		毛源昌	制造业	杭州毛源昌眼镜有限公司
6		朱府铜艺	工艺美术	杭州金星铜集团有限公司
7		邵芝岩	制造业	杭州邵芝岩笔庄
8		雪舫蒋	食品加工	浙江雪舫工贸有限公司
9		龙泉宝剑	制造业	浙江省龙泉市宝剑厂有限公司
10		西泠印社	文化艺术	杭州西泠印社有限公司
11		龙泉官窑	文化艺术	杭州龙官青瓷有限公司
12	商务部认定第二批“中华老字号”（2010）	邵永丰	食品加工	衢州市邵永丰成正食品厂
13		景阳观	食品加工	杭州景阳观调料酱品有限公司
14		翠沁斋	食品加工	杭州翠沁斋清真食品有限公司
15		小热昏	食品加工	杭州天一堂梨膏糖厂
16		颐香斋	食品加工	杭州颐香斋食品有限公司
17	其他“中华老字号”品牌	蒋同顺	食品加工	杭州市上城区蒋同顺土特产副食品店
18		吴越人家	工艺美术	杭州吴越人家工艺服饰有限公司
19		名城屠林铺	工艺美术	浙江天马造型艺术有限公司
20		金华火腿	食品加工	浙江省金华火腿有限公司
21		胜利剧院	文化艺术	浙江胜利剧院
22		浣花斋	文化艺术	浙江浣花斋文化艺术发展有限公司
23		南宋哥窑	文化艺术	杭州龙宝堂青瓷艺术馆有限公司
24		回龙阁	文化艺术	杭州回龙阁艺术品有限公司

说明：资料来源于杭州市上城区商务局

附二

“五杭”名特商品

杭扇、杭剪、杭粉、杭烟、杭线，统称“五杭”，是杭州独特的传统商品，均选料讲究、制作精细，曾蜚声中外。

杭扇

杭州制扇业在南宋时已甚为发达。今扇子巷就是因当时制扇集中地而得名。及至明清，杭州制扇业更趋兴盛。清末，杭扇制作仍具相当规模，杭城有扇坊50余家，大多开设在太平坊，扇子巷、官巷口一带，工人数达四五千人。清后，杭扇逐步衰落，民国24年（1935），杭州扇店仅11家，以舒莲记扇庄为最巨。抗日战争爆发后，杭扇进一步凋敝，抗日战争胜利后有所复苏。民国35年（1946），杭州有扇庄7家（其中5家设在上城），以王星记扇庄为首。中华人民共和国成立后，杭扇生产停滞，大部分扇庄闭歇或转业。1958年，杭州市政府决定建杭州王星记扇子厂，招回四散的制扇艺人，大力恢复传统的杭扇手工业，杭扇得以继承和发展。

王星记扇庄创办于清光绪元年（1875），创始人王星斋，出身制扇世家。其制作的高级黑纸扇，经86道工序，扇骨花纹美丽柔软，富有弹性，扇面绵韧细洁、色泽乌黑透亮，有“雨淋不透，日晒不翘”的特点，曾作为宫廷用品，称为杭州贡扇。建厂后，生产规模不断扩大，到1986年，已成为全国最大的制扇综合工厂。全厂有白纸扇、檀香扇、黑纸扇等产品16大类，400余个品种，3000余个花色，年产各类扇子620余万把，远销80多个国家和地区，被誉为“不可多得的艺术珍品”和“东方艺术的瑰宝”。

杭剪

杭州剪刀历史悠久。南宋时，杭城已有钉铰（剪刀古称铰刀）作坊和修磨刀剪匠作坊。明末清初，剪刀生产兴盛，并发展为独立的自然行业——剪刀业。

明崇祯年间（1628—1644），安徽黟县人张思家在大井巷开设张大隆剪刀作坊。清康熙二年（1663），其子张小泉易名为张小泉牌号。因选料讲究，制作独到，在清乾隆时已声誉鹊起。后凡经营剪刀业者，均喜用张小泉 牌号。时人曾有“青山映碧湖，小泉满街巷”的描述，足见号称“张小泉”牌号之多。张小泉之子张近高继业后，为示正宗，加“近记”2字。清末，随着生产、经营的发展，杭州剪刀业分工日趋专业，渐发展为专制剪坯的炉作，专业精磨、装配的白工和以经营为主的商号（店）。其时，各商号出售的各类剪刀并非自己生产。清宣统二年（1910），杭州剪刀店号12家，制剪作坊几十家。

民国8年（1919），“张小泉近记”首创镀镍新工艺。民国10年（1921），“张小泉洪记”首创刻花工艺，其他剪刀商号纷纷效之。工艺技术的改革创新，使杭州剪刀日臻完美。

晚清民国时期，张小泉剪刀获得多个奖项。清宣统二年（1910），张小泉剪刀获南洋劝业会银质奖；民国4年（1915），获美洲巴拿马万国博览会四等奖；是年，获农商部物产品国货展览会二等奖；民国18年（1929）获西湖博览会特等奖。

中华人民共和国成立后，杭州制剪企业施行合作社、公私合营等形式的社会主义改造。1958年4月，建杭州张小泉剪刀厂。该厂建立以后，致力于传统产品的发掘与发展，开发出一批适应现代化需要的新产品，在全国被誉为剪刀之冠。

杭粉

杭粉是指化妆用的杭产脂粉，南宋时已负盛名。杭粉以诸暨、湖州所产的滑石，广东的铅华为原料，配以珠蓝、玫瑰、蔷薇等多种香料制成。清代以位于清河坊的孔凤春香粉号生产的鹅蛋粉最为著名。

“孔凤春”创建于清同治元年（1862）。创始人孔传鸿，祖籍萧山，主要产品有鹅蛋粉、水粉、扑粉、雪花粉、玳玳粉、茉莉粉，以及生发油、莲花霜、雪花霜等30余种。其中，鹅蛋粉细腻滑爽，留香经久，成为宫廷用品，被称为“宫粉”“贡粉”。

民国18年（1929），孔凤春化妆品参加西湖博览会展出，有8种产品获奖。此后，鹅蛋粉等化妆脂粉逐步被其他化妆品替代，杭粉逐步消失。

杭烟

杭烟习称旱烟，起源于清初，采用萧山、嵊县、新昌等地烟叶，经加工整理刨成的烟丝，有陈奇、元奇、白奇、贡奇等品种。上等烟丝还在烟叶中掺入蓝花籽、檀香木等香料夹杂刨切制成。在杭城众多的杭烟店中，数位于清河坊宓大昌烟店最为盛名。

“宓大昌”创始于清同治八年（1869），店主宓庄晓。该店烟丝选料讲究，制作精良，在种植烟草时，就派技术工人下点指导，择地设庄收购肉厚、香浓的烟叶，并按季节变换烟味浓淡与燃性强弱，做不同配方加工。其产品曾获南洋巴拿马万国博览会一等奖，盛销浙江、江苏、江西等11个省。民国36年（1947）1月，烟店改为宓大昌股份有限公司，至杭州解放初仍有工人数十人。1956年，实行公私合营后，改称公私合营宓大昌土烟股份有限公司。随着人民生活水平的提高，卷烟行业的发展，宓大昌烟店于20世纪60年代歇业，杭烟就此消失。

杭线

杭线，指以蚕丝为原料纠成的线，用于挑花、刺绣、缝制绸缎丝织品衣服及靴帽璎珞，也用于串念佛珠。旧时杭州纠线大都集中在艮山、庆春门一带。《艮山杂志》有“东郊七八里纠线为业者十室而九”和“天下组紃之需，莫不举称杭线，而逾此七八里者，遂无擅其能者”的记载。清代，专营杭线的以清河坊的“张允升”最有名。该店自设制线工场，选料讲究，加工精细，色泽鲜艳，质地牢固，品种齐全，曾在西湖博览会获奖，深受国内外客商欢迎。随着历史的变迁，制线工艺的进步，杭线已被人们淡忘，“张允升”早已不是专营杭线的商店。

第四章　批发零售业和电子商务

1978年起，上城区批发零售业发展迅速。至1987年，零售行业的国营、集体零售商店经过几次较大的管理体制变动，同时私营零售商业开始发展。至1992年，区商业局有独立核算的国营零售商店、饮食、服务单位87家；区商业局所属商业、饮食、服务业集体合作商店164家；全区有个体商业、饮食业、服务业经营户1985家。

1993年11月，中共第十四届中央委员会第三次全体会议通过《中共中央关于建立社会主义市场经济体制若干问题的决定》。此后，批发零售业发展又掀起一个新高潮。社会消费品零售总额5.19亿元，比1992年增长22.9%；商业营业额22.21亿元，增长84.9%。1996年，上城区全年调整经营网点33家，引进名品、名牌近40个，评定名特商店9家，实施连锁经营28家，合并扩规66家，使众多的小型零售商店转化为有一定竞争能力和辐射能量的商场。2001年，在上城区第十一届人民代表大会第四次会议上，政府工作报告首次提出积极推广电子商务，鼓励、引导商贸企业建立局域网络，发展网上管理与服务等内容。2012年8月，杭州成为全国首批5个跨境贸易电子商务服务试点城市之一。2013年，上城区被列入全国首批4个中心城市试点工作联系点。2014年，世界500强企业思科（中国）总部落户望江新城。以西湖银泰为代表的大型商贸企业，以杭州新声综合市场兴合服饰城、杭州龙翔服饰城、杭州工联精品服饰城等为代表的传统专业市场开启电子商务营销模式。至2015年末，在上城区注册的电子商务、网络科技、信息技术企业359家，开展电子商务应用的商贸服务企业超过800家。是年，全区有限额以上零售业法人企业82家，营业收入122.72亿元，利润总额2.93亿元；限额以上批发业法人企业295家，营业收入2630.04亿元，利润总额64.18亿元。

第一节　批发零售业

1993年，全区商业单位672家，商业系统营业额10.75亿元，其中，商业局6.65亿元，街道4.10亿元，利润0.26亿元；上城区社会消费品零售总额5.19亿元，其中，商业4.49亿元，饮食业0.57亿元；商业局系统商品销售总值3.92亿元，库存0.50亿元，其他全民、集体所有制商业商品销售总值10.52亿元，库存1.30亿元。1995年，全区商业单位753家，销售收入20.82亿元，利润0.36亿元。1996年，全区有批发零售贸易业企业14家，职工427人。

1999年，上城区社会消费品零售总额14.73亿元。全区集体经济批发零售贸易业企业从业1645人，其他经济批发零售贸易业企业从业805人。2005年，上城区社会消费品零售总额36.9亿元。2006年，全区限额以上零售业法人企业25家，商品销售总额46.41亿元，年末库存总额46.20亿元；全区限额以上批发业法人企业136家，商品销售总额850.64亿元。

2010年，全区有限额以上零售业法人企业56家，零售业营业收入105.71亿元，利润总额17.07亿元；限额以上批发业法人企业274家，主营业务收入1148.89亿元，利润总额76.79亿元。2015年，全区有限额以上零售业法人企业82家，营业收入104.56亿元，利润总额3.02亿元；限额以上批发业法人企业295家，营业收入2253.42亿元，利润总额56.47亿元。

表13-4-13　2006—2015年上城区限额以上批发和零售业情况表

年份	法人企业（家）			流动资产合计（亿元）	主营业务收入（亿元）	利润总额（亿元）
	合计	批发业	零售业			
2006	161	136	25	—	—	—
2007	171	145	26	283.83	1366.94	89.17
2008	363	308	55	321.62	1056.47	66.93
2009	353	300	53	387.90	966.27	65.76
2010	330	274	56	461.36	1254.60	93.86
2011	327	263	64	579.78	1589.34	106.14
2012	317	253	64	613.94	1804.95	47.78
2013	328	250	78	678.64	2581.16	59.57
2014	335	264	71	751.67	2734.01	64.58
2015	377	295	82	727.34	2357.98	59.49

说明：1.1993—2005年区统计部门没有对批发和零售业企业按经营规模进行统计。2.资料来源于2006—2015年《上城区统计年鉴》

第二节　电子商务[1]

2001年，上城区首次提出积极推广电子商务，鼓励、引导商贸企业建立局域网络，发展网上管理与服务。此后，上城区电子商务发展较快。2009年，上城区资助1000余家企业引入电子商务。2011年，上城区开始培育“四季星座”电子商务创业基地（清江路一带）。

2012年8月，杭州成为全国首批5个跨境贸易电子商务服务试点城市之一。2013年，上城区被列入全国首批四个中心城市试点

① 电子商务通常是指在全球各地广泛的商业贸易活动中，在互联网开放的环境下，基于浏览器/服务器应用方式，买卖双方不谋面地进行各种商贸活动，实现消费者的网上购物、商户之间的网上交易和在线电子支付以及各种商务活动、交易活动、金融活动和相关的综合服务活动的一种新型商业运营模式。

工作联系点，以品牌消费聚集区示范区打造为契机，招揽和培育一批品牌电子商务企业。至2014年，全区有跨境电子商务企业21家，包括5家自建跨境电子商务销售平台的电子商务企业。其中，电商应用企业3家，专门提供交易服务、物流仓储、报关、检验检疫、退税等专项服务；利用第三方跨境电子商务平台开展电子商务出口的企业15家。是年，上城区开始打造“智慧”商圈，推进传统商贸业转型升级。杭州湖滨银泰in77、杭州解百购物广场、杭州利星名品广场、衣之家杭州西湖时代店等商家不断打破传统百货业模式，探索“线下+线上”相结合的商业交易模式，依托第三方平台开拓市场，扩展线上营销渠道，增强消费体验，促进“智慧商贸”“智慧旅游”的发展。浙江兴合男装大厦、杭州龙翔服饰城、杭州工联精品服饰城等传统市场陆续成立电子商务营销部门，加强O2O平台的开发应用。上城区将清江路136号1.20万平方米旧厂房改造提升，打造成电子商务产业园。至年末，有300余家电商企业入驻，其中B2B交易模式电商上线190余家。

至2015年末，在上城区注册的与电子商务有关的企业359家，实际从事经营活动的企业136家，其中，湖滨街道21家，清波街道11家，小营街道34家，紫阳街道27家，南星街道21家，望江街道22家，实现税收3000余万元，其中杭州佐卡伊电子商务有限公司电商交易额1.38亿元，杭州网营科技股份有限公司交易额2052万元，杭州熙浪信息技术有限公司交易额778万元，浙江新田园农产品股份有限公司交易额409万元。电子商务的应用和普及率较高的商业街区初步形成。清江路服装专业市场群中的10个专业市场中，从事网络分销或为网商提供货源的经营户占比58.8%；自身开展线上经营的商户1300户，其中约40%注册品牌；在淘宝网等知名第三方平台开设网店1280家，开展微信营销商户1500余户；50%的市场本身自建平台和网站，在线会员总数超出200万人次，2014—2015年，线上成交额总数逾75亿元。品牌化效应日益明显，杭州欧维实业有限公司将钱塘大厦物业打造为集高端男装品牌、时尚男装工厂店、男装线上品牌为一体的网络批发市场供货中心，并引进电商第三方服务企业、网络代发企业、投资企业、秀场等，为入驻商户提供电商配套服务、投融资服务及公共展示平台等服务。

第五章　住宿、餐饮业

1978年起，餐饮业的知名老店陆续恢复原名，传统名菜名点、服务项目得到恢复和发展。随着市场经济、旅游事业的迅速发展，出现各行各业兴办住宿、餐饮业的经营格局。至1992年，上城区属餐饮业营业额5697.09万元，其中区商业局属餐饮业企业有状元馆、王润兴饭店、吴山烤禽店、西乐园羊汤饭店、蜀苑饭庄等45家，营业额2516.45万元。此外，上城区有知味观、天香楼、杭州酒家、奎元馆等11家市属驻区菜馆、酒家，以及数以千计的集体和个体小饮食店，全地区餐饮业形成连门俱是、密如蛛网的布局。是年，区属旅馆27家，辖区内省、市属著名饭店、宾馆有大华饭店、柳莺宾馆、友好饭店、新侨饭店、中山大酒店、供销大厦（白天鹅大酒店）等近20家，共有客房2700余间。

1993年起，国营、集体、个体、外商纷纷在上城区兴办饭店、宾馆，住宿餐饮业的发展又掀起一个新高潮。进入21世纪，上城区住宿餐饮业随商贸旅游业的整体发展而水涨船高。川菜系、湘菜系、粤菜系进入市场，日式、韩式、东南亚菜系、台湾菜等多种餐饮店进入上城区，市场竞争激烈。2009年，上城区全年新开业餐厅100家，关闭50家，餐厅数量分布密度为40家/平方千米，为杭州市最密集地区。2010年9月，南宋御街中华美食一条街开街。2003—2015年，上城区引导旅游商贸龙头企业转型升级，促进特色街区业态调整，不断提高餐饮、住宿等休闲娱乐行业相关服务水平。至2015年末，全区有星级住宿业法人企业72家，营业收入19.20亿元；限额以上餐饮业法人企业78家，营业收入209894.8万元。

第一节　住宿业[①]

一、行业发展

1993年11月，中共第十四届中央委员会第三次全体会议通过《中共中央关于建立社会主义市场经济体制若干问题的决定》，国营、集体、

① 住宿业参见第九篇主导产业第三章旅游产业第二节旅游接待中有关内容。

个体、外商纷纷办起饭店、宾馆，形成以国营、集体为主体，多种经济成分同时竞争的市场格局。1999年9月，国务院批准实施“黄金周”集中休假制度后，假日旅游热潮推动杭州各种形式住宿业态的发展。2000年9月，市政府制定《家庭旅馆审批管理办法》，规定市民如有空闲住房，愿意在节假日开设临时住宿服务的，经公安部门核发临时治安许可证、工商管理部门核发临时营业执照后，可在节假日开放接待游客。此后，家庭旅馆业在上城区兴起。2003年1月，位于庆春路的杭州新宇国际青年旅馆开业，成为杭州市第一家加入世界青年旅舍联盟（IYHF，International Youth Hostel Federation）的旅舍。2005年起，如家、假日之星、速8、新宇之星等快捷酒店和连锁宾馆品牌纷纷进入上城区。

2006年，全区有星级住宿业法人企业32家，从业5920人，营业收入10.31亿元。2008年，上城区完成星级宾馆评审工作，全区星级住宿业法人企业62家，其中，旅游饭店46家，一般饭店16家；五星级2家，四星级9家，三星级8家，二星级4家，其他39家。2011年末，全区有星级住宿业法人企业74家，营业收入19.72亿元，年末营业面积7.55万平方米，床位1.83万个。2014年，全区星级住宿业法人企业64家。其中，旅游饭店36家，一般饭店28家；五星级3家，四星级8家，三星级7家，二星级2家，其他44家；营业总收入17.90亿元。2015年，全区星级住宿业法人企业72家；其中，五星级3家，四星级8家，三星级6家，二星级1家，其他54家；营业总收入19.20亿元。

表13-5-14　2006—2015年上城区星级住宿业情况表

年份	法人企业（家）	从业人员（人）	营业收入（万元）	年末营业面积（平方米）	年末床位（个）	年末餐位（位）
2006	32	—	103127	—	—	—
2007	31	6614	146119	50000	10000	16000
2008	62	8494	159834	54111	15372	16267
2009	64	8402	164523	57549	16277	16821
2010	64	7997	186184	55237	16442	16515
2011	74	—	197174	75516	18280	16626
2012	67	7441	193202	45822	17143	14675
2014	64	6297	178976	47056	16382	13513
2015	72	6466	191993	51341	17052	14255

说明：1.1993—2005年区统计部门未对住宿业按经营规模进行分类统计。2.资料来源于2006—2015年《上城区统计年鉴》

二、住宿企业

杭州凯悦酒店　杭州凯悦酒店位于湖滨路28号，2005年开业，拥有客房390间。酒店多数房间配以大幅观景窗，拥有较好湖景。酒店有雅致套房11间，包括嘉宾轩套房8间、嘉宾轩行政套房2间、花园套房1间。酒店的最高两层（七、八层）是嘉宾轩行政楼层，提供免费欧陆式早餐、晚间鸡尾酒，全天候名茶和咖啡，是独立的商务中心，备有专用会议室可供嘉宾轩客人使用。酒店的主题中餐厅位于一楼，提供庭院式和露台式座位，步入式酒窖、吧台和7个独立包厢。咖啡厅，位于酒店一楼，设有开放式厨房，提供全天候自助餐。酒店拥有3300平方米的会议及宴会场地，包括1200平方米的豪华大宴会厅、3个西湖宴会厅、3个董事会议厅及5个西湖沙龙。酒店的健身娱乐设施有湖泉水疗健康中心，提供健身房、桑拿、蒸汽浴室、SPA水疗、各种按摩服务以及装有玻璃顶窗的室内温控泳池。

杭州瑞莱克斯大酒店（望江店）　杭州瑞莱克斯大酒店（望江店）地处钱江新城繁华地带的望江东路323号，2010年开始营业，是一家集客房、餐饮、康体娱乐、会务于一体的商务会议型酒店。酒店拥有384间集精品、简约和欧式风格完美结合的客房。2015年，该酒店营业额5.6亿元。

杭州马可波罗滨湖酒店　杭州马可波罗滨湖酒店位于国货路交叉口处的浣纱路99号，地铁一号线定安路站B出口附近，2012年开业，是一家精致型商务酒店，由马可波罗酒店管理公司经营管理。该酒店融合意大利经典与现代风格，设计典雅、精致细腻，体现出浓郁的人文品位和温馨浪漫的气质。酒店拥有各式精美客房152间，设空中花园。

浙江维多利亚丽嘉酒店　浙江维多利亚丽嘉酒店位于延安路89号，近西湖大道，地处杭州商业、文化、金融的中心地段，南傍吴山广场和百年特色街区河坊街，西靠西湖及时尚街区南山路，东邻南宋御街和银泰百货，地理位置优越。2007年，酒店开业。酒店特邀新加坡设计师为酒店进行室内设计，秉承时尚舒适的现代风格。酒店楼高7层，具备各类豪华舒适的客房200间。

杭州中山国际大酒店　杭州中山国际大酒店位于平海路15号中山中路南宋御街旁，1992年开业。该酒店建筑整体风格为欧式建筑，内部设计蕴涵着杭州的历史文化特色，将杭州西湖、丝绸、茶叶、井的文化在酒店的每一个空间里展现出来，二楼文化长廊则将中西方文化结合在一起。酒店有不同类型的豪华标准房及豪华套间，大小豪华会议室6个，有可容纳250人左右的湖景豪华多功能厅及可容纳25～80人的中小型会议室。酒店的娱乐中心有桑拿、足浴、棋牌室、KTV等各种娱乐服务项目。酒店中山官邸6号中餐厅是以新派杭菜、创意菜、粤菜为主的高档会所式餐厅，有大小不同的12个豪华包厢，最大包厢可容纳16人就餐。顶楼更有可容纳200人同时用餐的湖景宴会厅。

杭州大华饭店　杭州大华饭店位于南山路171号（近延安路）。该酒店于民国25年（1936）开业，楼高3层共3座，2002年翻修，有标间120间。该饭店为古典庭院式风格，紧靠西湖，居杭州商业中心，建筑面积1.80万平方米，交通便利，环境幽雅，闹中取静，与湖光山色相谐成趣。该饭店历史悠久，享誉海内外。毛泽东、周恩来等许多老一辈党和国家领导人都曾下榻，中央和地方的许多重要会议也曾在此召开。

第二节　餐饮业[①]

① 参见第九篇主导产业第三章旅游产业第二节旅游接待相关内容。

一、行业发展

1993年，全区有饮食业企业683家，其中，区属商业274家，街道商业409家。1994年1月，杭州市饮食服务公司在新会酒家旧址投资新建的太子楼大酒家开业，营业面积2590平方米，分设大排档、中档菜肴餐厅和豪华包厢。1995年，杭州一佳饭店投资400万元在浣纱路上开设杭州开元酒店，面积1000平方米。1998年10月，杭州知味观翻建后开张，面积7000平方米，成为当时杭城最大的纯餐饮企业。

2000年起，杭州连续成功举办6届中国美食节，确立杭帮菜在国内外餐饮界中的地位。是年，发展和规范早点业、快餐业、配送中心列为市、区政府为民办实事项目之一。2001年11月，上城区协办的第二届中国美食节"娃哈哈中华名小吃展"在吴山主场举办，共设摊位318个，吸引人流133余万人次，成交额1100余万元。2002年7月，河坊街王润兴酒楼开张，营业面积500余平方米，经营正宗杭菜，招牌菜鱼头豆腐、盐件儿等依老法烹制。

2003年起，市区大型餐馆开始减少，中小型精致餐馆数量则趋于增多。2004年，高银街、中山路等地开出私房菜等特色菜馆。四川、桐庐、江山、台州、温州菜馆，甚至北京、内蒙古、新疆等地的特色菜馆相继露面。2005年，许多餐馆融入粤、川、湘、土家风味和异国特色菜肴。高银街、南山路餐饮业渐成规模。至2006年末，全区限额以上餐饮业法人企业42家，从业人员5635人，餐饮营业面积16.34万平方米，营业收入9.18亿元。

2008年，全区有限额以上餐饮业法人企业78家，其中，正餐服务66家，快餐服务2家，饮料及冷饮服务8家，其他餐饮服务2家；独立门店67家，餐饮业8家，连锁门店3家。2010年9月，南宋御街中华美食夜市一条街开业。该街从十五奎巷起到上仓桥路全长1400米，总体定位是以美食小吃为主，融购物、旅游功能于一体的中山中路国际旅游综合体。设置移动摊车278辆，其中无烟烧烤餐饮摊位16辆，风味小炒摊位112辆，工艺小商品摊位150辆；特色小吃、点心摊点92个。汇集全球40余座城市的200余种具有地方特色的小吃、烧烤、点心，其中有曾获商业部优质产品"金鼎奖"、首届"中华名小吃"和"中华名点"等荣誉的开封第一楼，以及上海杏花楼、南京永和园、沈阳"锦官坊"、西安饭庄连锁等老店、名店。国庆节期间吸引旅客30余万人，人均消费30余元。10月，吴山地区开发建设指挥部会同上海沈大成餐饮快餐有限公司等7家餐饮企业在仁和路知味观举行南宋御街中华美食园签约仪式。签约入驻中华美食园的餐饮企业有开封第一楼有限责任公司、上海沈大成餐饮快餐有限公司、重庆陶然居饮食文化（集团）股份有限公司、福州味中味餐饮有限公司、西安饮食股份有限公司西安饭庄、昆明饮食服务有限公司、南京古南都投资发展有限公司。

2014年，全区有限额以上餐饮业法人企业72家，其中，正餐服务63家，快餐服务2家，饮料及冷饮服务5家，其他餐饮服务2家；其中独立门店61家，连锁总店（总部）7家，连锁门店3家，其他1家；总营业收入19.93亿元。2015年，全区有限额以上餐饮业法人企业78家，其中，大型企业5家，中型企业10家，小型企业57家，微型企业6家；总营业收入20.99亿元。

表13-5-15　2006—2015年上城区限额以上餐饮业情况表

年份	法人企业（家）	从业人员（人）	营业收入（万元）	年末营业面积（万平方米）	年末床位（张）	年末餐位（位）
2006	42	5635	91795	—	—	—
2007	42	6028	117365	12.2	1000	31000
2008	78	7391	134177	12.4	921	33405
2009	81	7131	137167	16.31	991	35840
2010	82	8030	158183	16.28	914	48141
2011	86	8279	197279	17.59	913	47106
2012	81	7913	198090	17.14	859	56816
2014	72	7572	199273	19.50	1219	53444
2015	78	8340	209895	20.50	1057	51947

说明：1.1993—2005年区统计部门未对餐饮业按经营规模进行统计。2.资料来源于2006—2015年《上城区统计年鉴》

二、餐饮企业

花中城清泰街总店　1998年9月，花中城大酒店因西湖区杭大路延伸，搬迁至上城区清泰街501号。2005年2月，花中城大酒店获浙江省精神文明建设委员会办公室颁发的省级文明单位称号，9月获浙江省工商行政管理局颁发的浙江省知名商号称号。花中城清泰街总店以经营杭帮菜和杭州民菜为主，二楼牡丹厅可同时摆放宴席35桌，二楼、三楼设有多个精致典雅、风格迥异的特色包厢，包厢设有独立的操作间和卫生间。至2015年，公司营业收入1.17亿元，是浙江省最具影响力的餐饮企业之一，在国内外具有较高的知名度。

浙江大菱海洋食品有限公司　浙江大菱海洋食品有限公司于2013年11月成立，地址庆春路11号，是由浙江大洋世家股份有限公司与日本三菱商事株式会社共同出资创立的中日合资企业。该公司专注于国内终端市场的水产品销售，通过位于杭州、上海、北京、广州等主要大中型城市的网点辐射全国市场。主要业态包括高超海鲜专柜、品牌专卖店、批发专营店、餐饮连锁配送、商超连锁、终端餐饮直供、电子商务等销售模式。2015年，公司销售额突破5亿元。

杭州皇饭儿餐饮集团管理有限公司　满江红大酒店为杭州皇饭儿餐饮集团管理有限公司所属的龙头企业，成立于2000年8月，坐落在城站广场南侧江城路865~867号。2002年3月和2003年11月，杭州皇饭儿餐饮集团管理有限公司相继开出2家特色餐饮姐妹店，即位于中山中路71~75号的王润兴酒楼和位于高银街53号的皇饭儿酒楼。2006年，公司在鼓楼南侧，开出1000平方米的皇饭儿厨工坊。2010年5月，收购大宋坊酒楼。2012年，在钱塘江边开设云江阁。至2015年，杭州皇饭儿餐饮集团管理有限公司员工500余人，拥有一支由多名高级烹饪师、一级厨师为骨干组成的厨艺队伍。

第六章　居民服务和中介服务业

1978年起，杭州市经济快速发展，人民生产水平逐步提高，促进居民服务业和中介服务业的发展。20世纪80年代，随着社会主义市场经济体制改革的深入和流通体制的逐步放开，杭州市区居民生活服务业从内涵到外延均发生较大变革和发展，逐步形成中外合资、股份制、个私企业多种所有制成分共同发展的格局。市区美容美发店、照相馆、淋浴店、洗染店数量大增。照相摄影业更新技术，尤其是婚纱摄影市场快速发展。沐浴业在传统擦背、推腿、扦脚、按摩基础上，不断升级转型，扩大经营范围，增加服务内容，延长服务时间。洗染业扩张，基本实现洗衣、染色机械化、熨衣蒸气化、电气化，经营效益可观。1992年开始，市区搬家市场急剧扩大，出现一批家政服务企业，服务范围逐步扩大到保姆和钟点工服务。

20世纪90年代，律师事务、房地产中介服务业发展逐渐出现良好势头。进入21世纪，国际、国内知名服务品牌纷纷入驻，生活服务网点遍布社区，经营规模从单一服务到多元服务，品种和价格呈多样化和层次化。2007年，“杭州市（上城）创意产业发展中心”正式在上城科创中心挂牌，为企业提供科技项目申报、高企认定、资质报批等服务。此后，中介服务业在上城区出现集聚化的发展趋势。2010年，全区有居民和其他服务业企业44家，营业收入6.93亿元，其中主营业务收入1.89亿元，主营业务利润8397万元，其他业务利润178万元；租赁和商务服务业企业199家，营业收入72.51亿元。至2015年末，全区有居民服务和其他服务业企业10家，营业收入1.34亿元；租赁和商务服务业企业118家，营业收入156.89亿元。

第一节　居民生活服务业

1993年起，上城区生活服务业进入快速发展阶段。婚纱摄影从大型店走向小型店，并不断向社区扩张。洗染行业经营模式、经营业态发生较大变化，专业化和规模化程度越来越高，各种类型的洗衣店遍布社区，连锁经营模式较多。民营沐浴企业和个体户大量出现。

进入21世纪，国际、国内知名服务品牌纷纷入驻，生活服务网点遍布社区，经营规模从单一服务到多元服务，品种和价格呈多样化和层次化。2003年8月，市政府制定促进、扶持家政服务业发展的政策，对当年新招用下岗人员达到职工总数的30%以上（含

30%），并与其签订3年以上期限劳动合同并签证的新办家政服务企业，自审核年度起至2005年12月31日，免征营业税、城市维护建设税、教育附加税和企业所得税。下岗失业人员在2002年9月30日（含30日）之后从事个体经营家政服务的，也可以享受此政策。2005年起，一些保姆家政公司开始实行保姆职业化和员工制管理，实行保姆签约制。2006年，全区有居民和其他服务业企业14家，从业人员年平均人数618人，营业收入6928万元。其中，居民服务业企业9家，修理业企业2家，其他服务业企业3家。2010年，全区居民和其他服务业企业44家，营业收入1.91亿元，其中，主营业务收入1.89亿元，主营业务利润8397万元，其他业务利润178万元。其中，居民服务业企业25家，修理业企业15家，其他服务业企业4家。

至2015年，全区有居民服务和其他服务业企业10家，营业收入1.34亿元。其中，居民服务业企业5家，修理业企业3家，其他服务业企业2家。

表13-6-16　2006—2015年上城区居民服务业情况表

年份	居民服务企业（家）				营业收入（万元）
	合计	居民服务业	修理业	其他服务业	
2006	14	9	2	3	6928
2007	15	10	2	3	10201
2009	38	23	13	2	16248
2010	44	25	15	4	19120
2011	43	25	15	3	20394
2012	24	12	8	4	15964
2013	25	12	8	5	16669
2014	13	7	4	2	16330
2015	10	5	3	2	13381

说明：1.1993—2005年区统计部门未对居民服务业进行相关统计。2.资料来源于2006—2015年《上城区统计年鉴》

第二节　中介服务业[1]

[1] 有关房地产中介服务业情况详见第十二篇建筑业房地产业第一章房地产开发和中介服务。

1993年，上城区社会服务业在律师事务、公证、会计、审计、税务服务等领域，向市民和社会各界提供全方位的中介服务。20世纪90年代后期，非诉讼业务取得突破性进展，法律服务渗透到市场经济各领域和经济活动各环节，在金融证券、国际投资、房地产、破产清算、企业重组、重大建设项目招投标等方面发挥作用。1999年，国家推行住房制度改革，停止住房实物分配，并允许房改房和经济适用房上市交易，房产中介服务行业迅速发展。

2005年，公证事项扩展到百余种。

2006年，全区有租赁和商务服务业企业96家，营业收入30.46亿元。2007年，上城区首个中介服务业发展中心“杭州市（上城）创意产业发展中心”正式在上城科创中心挂牌，为企业提供科技项目申报、高企认定、资质报批等服务。2010年，全区有租赁和商务服务业企业199家，营业收入72.51亿元。2014年，上城区太和中介服务业发展中心正式揭牌，地址钱江路与飞云江路交叉口，入驻企业有杭州房地产营销代理有限公司、杭州市建设工程管理有限公司等中介服务企业和咨询服务公司。2015年，湖滨中介服务业发展中心在西湖国贸中心正式挂牌成立，入驻中介服务业企业30余家，多为国内外为生产、流通行业提供中介服务的科技、律师、鉴证、会计评估、信息咨询、广告传媒、知识产权代理等各行业著名中介企业。

图13-6-9　2015年10月14日，杭州湖滨中介服务业发展中心在西湖国贸中心挂牌成立　（湖滨街道 供稿）

至2015年末，全区有租赁和商务服务业企业118家，营业收入156.89亿元。

表13-6-17　2006—2015年上城区租赁和商务服务业情况表

年份	租赁和商务服务业企业（家）			营业收入（万元）
	合计	租赁业	商务服务业	
2006	96	—	—	304595
2007	103	2	101	353985
2008	106	1	105	620095
2009	182	3	179	518738
2010	199	2	197	725062
2011	199	2	197	848034
2012	158	1	157	921581
2013	178	2	176	1086443
2014	106	1	105	1136478
2015	118	2	116	1568860

说明：资料来源于2006—2015年《上城区统计年鉴》

第十四篇 对外及对中国港澳台经贸 国内区域合作

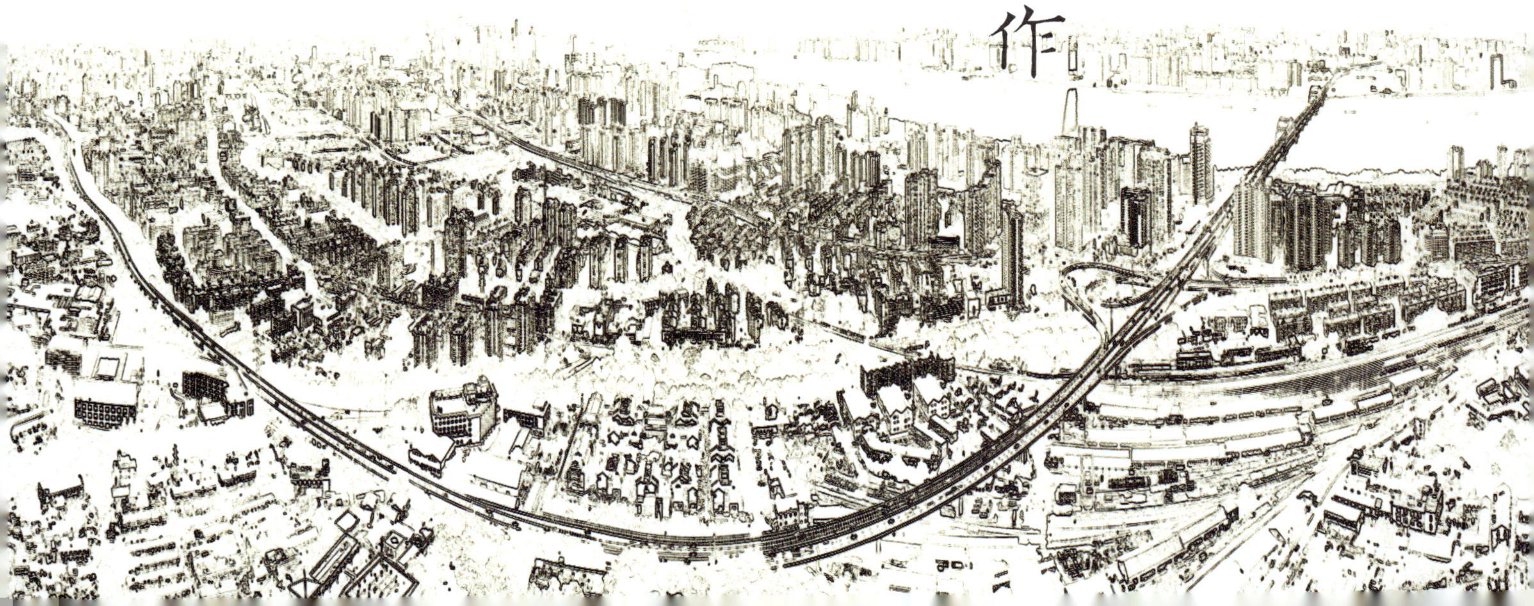

上城地区为杭州的核心城区。魏晋南北朝时期，杭州与海外已有经济联系。至隋代，由于京杭大运河开通，杭州“川泽沃衍，有海陆之饶，珍异所聚，故商贾并凑”[①]。唐代，杭州“骈樯二十里，开肆三万室”，是全国知名的商业城市和重要贸易港口。唐末，吴越国因免遭战乱，杭州港口“海舶常至”，海外贸易日趋繁荣。宋代，杭州海外贸易进入鼎盛时期，与海外数十个国家和地区通商，成为陆上和海上丝绸之路的重要城市。元代，海外贸易又有发展。明初，朝廷以“海疆不靖”为由，严禁商民出海贸易；后期，则因“倭乱”而厉行海禁政策，杭州对外贸易因受此影响，逐渐走向衰退。清康熙二十四年（1685）宣布解除海禁，但此时杭州已不再是海外贸易口岸，国货出洋多赖于上海、宁波等处。清光绪二十一年（1895），清政府被迫与日本签订《马关条约》，杭州被辟为对外通商口岸。民国26年（1937）12月，日军侵占杭州，致使杭州进出口贸易一落千丈。抗日战争胜利后至解放前夕，杭州的出口贸易萎靡不振。

① 〔唐〕魏征、令狐德棻．隋书．卷三一．地理志下[M]．北京：中华书局，1973：887.

中华人民共和国成立后，上城区对外贸易随着国民经济的恢复发展而逐渐起步。20世纪50年代后期，区属企业开始外贸供货。1978年起，上城区外贸供货规模不断扩大，逐步形成以轻工、机械、纺织服装和农产品等产品为主的出口格局。1979年，杭州市对外经济贸易局下放外贸经营权，调动外贸公司和生产企业的积极性。此后，外贸经营权逐步放开。1988年，市、区政府实施大经贸战略，培育出口经营主体，鼓励外商投资设立出口型企业，外商投资企业成为出口贸易的一支重要力量。是年起，随着杭州对外开放的深入，上城区属企业、街道集体企业开始为各口岸进出口公司代加工生产出口产品。1993年，全区外贸收购额0.75亿元，比1992年增长81.7%。1994年，上城区贯彻实施“大经贸”“以质取胜”“市场多元化”等战略，促进外贸出口的增长。1995年，国家实施开放带动战略，上城区把外向型经济作为新的经济增长点。1996年，面对宏观偏紧的大环境，上城区外贸企业扩大外贸出口，拓展市场，适应新形势下市场竞争的要求。至1997年，上城区出口商品供货值突破5亿元大关，达到5.32亿元。1998年起，上城区利用杭州国内经济合作洽谈会平台，逐步开展国内招商引资工作。2001年，上城区通过改善投资环境，健全招商机构，落实引资责任制，实行外贸出口退税周转金等措施，提高利用外资及中国港澳台资的规模和质量，鼓励企业扩大出口，全区外贸出口保持良好增长。

随着2001年12月中国正式加入世界贸易组织（WTO），市、区按照世界贸易组织规则完善进口管理的各项具体制度。2004年7月起，修订后的《中华人民共和国对外贸易法》施行，上城区进一步深化外贸体制改革，完善出口退税管理。杭州市和上城区政府建立起较为健全的招商引资目标责任考核奖励机制，形成涵盖区、街道的招商引资工作体系。是年，根据杭州市统一部署，上城区推进接轨上海工作。至2005年末，全区共有外商及中国港澳台商投资企业325家，合同外资及中国港澳台资累计利用5.22亿美元，实际利用外资及中国港澳台资累计3.70亿美元。2006年，上城区与临安市实行区域联动发展，确定友好合作关系，并正式签署经济合作与交流协议书；实施“山海协作”工程，与衢州市常山县加强经济合作。2007年起，上城区深化涉外经济体制改革，促进贸易投资便利化。2008年，上城区把工作重点放在招引高端产业，发展楼宇经济上。引进杭州市首个世界500强项目高盛集团股权并购浙江两岸食品连锁有限公司项目，引进总部类项目3个，引进投资性公司44家，引进外资银行2家，高端化招商模式初具雏形。2009年，受国际金融危机扩散蔓延的影响，全区经济受到严重冲击，出口大幅下降。全区自营出口7.47亿美元，比2008年下降9.5%。是年起，上城区重视浙商回归招商工作，引进浙江琅盛光电科技股份有限公司项目和杭州安腾实业有限公司项目。2010年3月，日本三井住友海上火灾保险株式会社认购上城区企业信泰人寿保险股份有限公司增发普通股份，该项目成为杭州市首个外资入股保险公司项目。2013年，上城区鼓励有实力企业建立海外研发中心，开拓海外营销网络，提高企业自身技术开发能力，拓展市场，带动出口，促进全区外贸转型升级。推进智能电子及信息技术出口基地的发展，提高企业自主研发能力，鼓励企业开展品牌建设和开拓国际市场，提升基地内特色产业的国际竞争力。是年，上城区引进由香港楠焯资本投资的皇龙停车场库（杭州）有限公司投资建设的浙江大学医学院附属妇产科医院大型智能化立体车库项目，项目总投资5000万美元。2014年7月，围绕加快形成以技术、品牌、质量、服务为核心的出口竞争新优势总目标，鼓励外贸企业自主创新，建立出口多元化发展模式。是年，思科（中国）总部最终落户上城区，实现浙江省首个世界500强企业中国总部零突破。2015年，上城区制定《上城区跨境电子商务三年行动计划》《上城区跨境电商公共海外仓建设的发展规划》，推进全区跨境电子商务。全年出口额11.72亿美元，为2014年同期的74.85%。

2015年末，全年出口额11.72亿美元，全区共有外商及中国港澳台商投资企业654家，合同外资及中国港澳台资累计35.91亿美元，实际利用外资及中国港澳台资累计24.51亿美元。外商投资企业来自新加坡、美国、意大利等90余个国家和地区。2001—2015年，全区累计引进内资项目16089个，实际到位资金累计1986.60亿元，其中市外资金1134.61亿元。2004—2015年，上城区累计批准境外投资项目67个，中方投资累计24.63亿美元。2009—2015年，全区累计执行服务外包合同额10.26亿美元。

第一章　对外及对中国港澳台贸易

1978年起，上城区外贸供货规模不断扩大，逐步形成以轻工、机械、纺织服装和农产品等产品为主的出口（含对中国港澳台地区销售）格局。1979年，杭州市对外经济贸易局下放外贸经营权，调动外贸公司和生产企业的积极性。此后，外贸经营权逐步放开。1989年，全区共有出口创汇企业15家，出口产品16种，外贸收购额1357万元，比1986年增长198%。

20世纪90年代初，上城区外贸出口产品主要有轻工工艺、机械电子、纺织服装和农产食品四大门类。1993年，全区外贸收购额0.75亿元，比1992年增长81.7%。1997年，上城区出口商品供货值突破5亿元大关，达到5.32亿元。

2005年起，上城区加大自主品牌出口比例。2006年，全区完成自营出口5.00亿美元，比2004年增长58.5%。2008年，全区出口8.7亿美元，比2007年增长9.4%。2009年，受国际金融危机扩散蔓延的影响，全区出口大幅下降，不少企业经营困难。全区申报外贸扶持资金约1000万元，实际下达资金489万元；实施投保额5000余万美元。全区高新技术和机电产品出口1.46亿美元，占全区出口总额的39.85%。2010年，上城区组织企业申请国家及省、市各类外经贸扶持资金，全区企业累计获取扶持资金1000余万元。2013年，上城区组织企业申报各级外贸扶持资金2000余万元，实际下拨各级各项外贸扶持资金1607万元，同时兑现落实包括出口信用保险保费补贴等国家、省、市跨年度各项扶持资金929万元。2015年，区政府为企业争取各类扶持资金1611.98万元。全区跨境电子商务上线企业91家，实现跨境电子商务出口5047万美元。在形势严峻复杂的情况下，全年出口额11.72亿美元，为2014年的74.85%。全区有外贸流通企业292家，外贸生产企业20家，主要出口商品有机电产品、高新技术产品等。2003—2015年，全区累计进口额89.72亿美元。

第一节　外贸体制

一、外贸管理体制改革

1994年，全国外贸体制深化改革，出口指令性计划取消，实行指导性计划，外贸企业实行赋税制。杭州市提出统一政策、平等竞争、间接调控、宏观管理、工贸结合、自负盈亏、放开经营、高效协调等新机制，并在全国经贸系统率先进行外贸企业股份制试点工作，积极向上申报各类企业的对外经营权，形成市（县）外贸公司、自营出口生产企业和外商投资企业“三驾马车”共同经营出口的外贸格局。是年，上城区加强和改善宏观管理，即管方针、管政策、管规划、管监督，将对外贸易管理纳入法制化轨道；加快外贸企业经营机制转换，要求国有外贸企业围绕国有资产保值增值和科学管理，推进现代企业制度、综合商社和设立监事会、内部职工持股等试点，实行资产经营责任制。1999年，上城区外贸企业全面进行改制，明晰产权，完善外贸企业法人结构。2000年，上城区贯彻落实省委、省政府《关于进一步扩大对外开放加快开放型经济发展的决定》，通过“大开放促进大发展”，加快开放型经济发展。①

随着中国加入世界贸易组织，2002年起，上城区按照世界贸易组织规则完善进口（含中国港澳台地区）管理的各项具体制度。2004年7月1日起，上城区贯彻执行新修订施行的《中华人民共和国对外贸易法》，深化外贸体制改革，加强完善出口退税管理。具体包括：统一各类企业外贸准入标准，让各类企业享有自主经营和平等竞争的权利；引导外贸代理制的发展；建立外贸诚信经营和退出机制；完善进出口商会体制。2007年，根据国家宏观政策调整、人民币升值、贸易摩擦加剧等因素，上城区实施以质取胜、“科技兴贸”和市场多元化的出口战略，加快转变外贸增长方式。2008年，上城区实施“城市国际化”战略，应对国际金融危机挑战，实现开放型经济平衡发展。2014—2015年，根据杭州市制定的《杭州市出口品牌建设三年行动计划（2014—2016年）》，上城区围绕加快形成以技术、品牌、质量、服务为核心的出口竞争新优势总目标，鼓励外贸企业自主创新，加强出口品牌层级化、个性化管理，建立出口品牌梯度分级培育机制，鼓励外贸企业运用资本经营手段进行品牌资产重组和资源整合，嫁接、引进和收购国际品牌，建立出口多元化发展模式。

① 1949—1978年，上城区贸易形式比较单一，全民所有制对外贸易占主导地位。进出口按照国家计划进行，出口实行收购制，由国家统一经营、统负盈亏。该时期，杭州市区对外贸易业务由市国营商业和供销合作商业部门统一兼管。1973年8月，杭州市对外贸易局、杭州市对外贸易公司成立后，外贸收购遂与国营商业、供销部门脱钩。此后，统一由市对外贸易公司负责外贸收购和调拨业务，向浙江省外贸进出口公司和对外开放口岸提供货源。1977年12月起，由市对外贸易局下辖的8家外贸公司负责外贸业务。1979年，杭州市对外经济贸易局下放外贸经营权。1983年9月起，由杭州市对外经济贸易局下达出口商品收购计划。1984年1月，杭州市对外经济贸易局明确28种限制进口商品，允许一批机构无须经过对外经济贸易部就可进口非限制类商品。1985年1月起，允许企业自己决定使用50%的留成外汇。

1988年，国家实行外贸体制改革，外贸财务、经营由中央统负盈亏改为实行承包经营责任，外贸经营权的审批由对外经济贸易部下放到省（市）一级。杭州市开始实行外贸承包经营责任制，在所有权和经营权分离的前提下，由外贸、工贸专业公司向国家实行各项经营承包（具体承包为出口收汇指标、出口换汇成本指标和财务盈亏指标3项指标）。5月，杭州市上城区对外经济贸易局成立，区政府行使对外经济贸易的行政管理职能。1989年，市政府制定《关于贯彻〈国务院关于加快和深化对外贸易体制改革若干问题的规定〉的通知》等10个文件，全市外贸实行“外贸双轨承包”制度，将出口创汇、出口收汇、上缴中央外汇额度和人民币补亏基数4项指标分别切块下达到有关区、局、公司20家承包单位。由此，外贸经营方式开始从收购逐步向自营进出口转变。同时，相应改革外贸计划、财务经营、行政管理体制，由统到放，由条到块，调动各级政府、部门和企业扩大出口的积极性，推动出口发展。外贸经营权下放后，外商投资企业开始成为出口创汇主力军，对外贸易队伍不断扩大，外汇分成制度不断完善。1991年起，国家逐步取消外贸出口的财政补贴，全面实行自负盈亏，全区外贸逐步走上统一政策、平等竞争、自主经营、自负盈亏、工贸结合、推行代理制的轨道。全区对外经贸的管理转向主要以经济、法律和政策的手段，减少对企业经营运作的行政干预。1992年，国家基本上取消进出口指令性计划，实行指导性的总量计划，允许绝大多数进出口商品放开经营，少数商品实行公开、透明的配额许可证管理。上城区深化外贸企业内部机制改革，推动外贸企业转换经营机制，推动外贸企业实业化、集团化、国际化经营，形成在国际上有竞争力的、以外贸为龙头的贸工结合的外向型企业集团。

二、外贸管理机构

杭州市上城区对外贸易经济合作局　1996年7月，杭州市上城区对外经济贸易局[①]更名为杭州市上城区对外贸易经济合作局，局址清泰街208号。局机关内设办公室、企业管理科（公有资产管理办公室）、外贸科、外经外资科、计划财务科5个职能科室。机构性质为上城区人民政府综合管理全区对外开放、对外贸易和对外经济合作工作的职能部门。2001年11月，不再保留该机构，其职能由杭州市上城区招商局承担。历任党委书记、局长洪正纲、周勤。

杭州市上城区招商局　2001年11月，上城区设立杭州市上城区招商局（简称区招商局），增挂杭州市上城区经济技术协作办公室[②]和杭州市上城区对外贸易经济合作局牌子，局址惠民路26号。内设办公室、外资科、经济协作科、外贸外经科4个职能科室。杭州市上城区招商局是主管招商、外贸、外经和区域经济协调联络工作的区政府工作部门。2012年6月，杭州市上城区商务局（杭州市上城区招商局、杭州市上城区人民政府国内经济合作办公室）成立后，被撤并。历任党委书记、局长周勤、陈砚菁、孙锦。

杭州市上城区商务局　见第十三篇商业服务第一章组织机构。

① 1988年5月，杭州市上城区对外经济贸易局成立，局址清泰街208号，行使区政府对外经济贸易的行政管理职能。

② 2005年5月，杭州市上城区经济技术协作办公室牌子更名为杭州市上城区人民政府国内经济合作办公室（简称区经济合作办公室）。

第二节　出口和对中国港澳台销售

一、出口额

1993年，全区外贸收购额0.75亿元。1994年，杭州市贯彻实施“大经贸”“以质取胜”“市场多元化”等战略，促进杭州市外贸出口的增长。上城区全年外贸出口供货总值1.97亿元。1995年，外贸出口在受到国家汇率和退税政策等因素严重影响下仍然取得较好势头。全区外贸出口供货总值2.3亿元。

1996年，面对宏观偏紧的大环境，全区各外贸企业扩大外贸出口，拓展市场，适应新形势下市场竞争的要求，全年完成出口供货总值2.68亿元。1997年，出口商品供货值突破5亿元大关，达到5.32亿元。2000年，全年全区出口商品供货总值8.66亿元人民币，其中自营出口2896万美元。1996—2000年，全区出口供货值累计27.27亿元。

表 14-1-1　2000 年上城区企业自营出口情况表

单位：万美元

企业名称	自营出口额
杭州川崎制衣有限公司	578
杭州创基发展有限公司	550
杭州近江集团	441
杭州海兴电器有限公司	434
杭州大东对外贸易有限公司	270
杭州基诺纺织品有限公司	248
杭州金鼎工艺品有限公司	127
杭州德塔家用产品有限公司	126
杭州三和食品有限公司	122
合计	2896

说明：资料来源于2000年《上城区统计年鉴》

表 14-1-2　2000 年上城区部门外贸出口供货情况表

部门	外贸供货值（万元）	出口企业数（家）
上城区计经局	33577	19
上城区外贸局	27032	9
上城区民政局	1716	3
上城区劳动局	1341	3
上城区教育局	364	2
上城区建设局	121	1
城站街道	10534	2
清波街道	1618	1
南星街道	3608	1
湖滨街道	263	1
闸口街道	1376	3
其他	5022	11
合计	86572	56

说明：资料来源于2000年《上城区统计年鉴》

2001 年，杭州市建立外贸出口退税周转金制度，鼓励企业扩大出口。全区外贸出口保持良好增长，全年出口商品供货总值9亿元，其中自营出口4824万美元。自营出口企业29家，其中外商及中国港澳台商投资企业7家，自营出口2547万美元。2002年1月，市有关部门对上城区生产和流通型自营企业进行资格证书年检，合格率100%。同年6—8月，换发全区三资企业新版批准证书。全区完成出口供货值11.7亿元人民币，其中自营出口7890万美元。

2003 年，全区外贸出口继续扩大。全年完成出口商品供货值13.6亿元人民币，其中自营出口1.32亿美元。2004 年，全年进出口总额2.88亿美元，其中自营出口1.87亿美元。是年，全区自营出口10万美元以上企业有杭州大东对外贸易有限公司、杭州海宏实业有限公司、杭州近江化工染料有限公司等76家。2005年，自营出口企业成为市场主体，全区出口总额3.35亿美元，其中自营生产企业完成出口2219万美元。2006年，全区完成出口总额5.00亿美元，其中，自营生产企业出口1847万美元，外商及中国港澳台商投资企业出口3518万美元。

表14-1-3　2005—2008年上城区出口情况表

单位：万美元

年份	出口总额	自营企业出口	三资企业出口
2005	33459	2219	5185
2006	49955	1847	3518
2007	66201	3440	5675
2008	87532	4193	4938

说明：资料来源于2005—2008年《上城区统计年鉴》

2009年，受国际金融危机扩散蔓延的影响，全区经济受到严重冲击，出口大幅下降，不少企业经营困难，甚至停产倒闭，失业人员大量增加，经济增速陡然下滑。全区申报外贸扶持资金近1000万元，下达资金489万元；实施投保额5000余万美元。7—8月，上城区参加市外贸文体产品专场大展销，组织辖区杭州久祺工贸有限公司、杭州同富日用品有限公司等5家外贸企业参展，销售外贸库存积压产品3000余件，回笼资金20余万元。全年全区自营出口74658万美元。

表14-1-4　2009年上城区自营出口企业情况表

分　类	企业数（家）	2009年实绩（万美元）	2008年实绩（万美元）	同比增减（%）
外贸进出口公司	148	54499	62472	-12.8
外贸生产企业	25	10317	9883	4.4
其他外贸企业	22	9842	15177	-35.2
合　计	195	74658	87532	-14.7

说明：资料来源于2009年《上城区统计年鉴》

2010年，针对复杂经济形势，上城区政府以优化结构为主线，深入开展优质服务，加快转变外贸增长方式，确保全区外贸平稳发展。制定《上城区电子信息技术产业基地发展规划》，深入打造中部软件园和国家级软件产业基地拓展区。全年共组织企业参加38个境外展会，合计展位169个，对稳定全区外贸发展起到积极作用。全年自营出口10.45亿美元。2012年，上城区重点推进智能电子及信息技术出口基地发展。全年自营出口11.56亿美元。

2013年，上城区利用政策支持、项目补助、金融支持等手段，帮助企业减轻经营压力，多方位确保全区外贸平稳发展，鼓励有实力企业建立海外研发中心，建立海外营销网络，提高企业自身技术开发能力，拓展市场，带动出口，促进全区外贸转型升级。重点发展智能电子及信息技术出口基地，提高企业自主研发能力，鼓励企业开展品牌建设和开拓国际市场，提升基地内特色产业的国际竞争力。全年自营出口13.60亿美元。

2014年，筹建上城区外贸企业协会，通过具体项目推动企业交流与互助。全区有73家企业参加59个境内外展会，展位总数达到359个。全区完成出口额14.97亿美元。

2015年，上城区编制上城区跨境电子发展规划，制定《上城区跨境电子商务三年行动计划》《上城区跨境电商公共海外仓建设的发展规划》及专项政策和专门举措，推进全区跨境电子商务工作。全区跨境电子商务上线企业91家，实现跨境电子商务出口5047万美元。年末，全区共有外贸企业312家，其中，外贸流通企业292家，外贸生产企业20家。在外贸面临的困难和挑战依然较多，形势严峻复杂的情况下，全年出口额11.72亿美元。

表14-1-5　2009—2015年上城区自营出口情况表

单位：万美元

年份	出口总额	外贸流通企业出口	外贸生产企业出口
2009	74658	54499	10317
2010	104451	84790	19660
2011	120110	99015	20431
2012	115612	97815	17797
2013	135990	114207	21783
2014	149687	131265	18422
2015	117237	93950	23287

说明：资料来源于2009—2015年《上城区统计年鉴》

表14-1-6　2015年上城区自营出口企业情况表

分类		企业数（家）	本年实绩（万美元）	2014年实绩（万美元）
出口额	5000万元以上	5	39363	35612
	1000万元～5000万元	19	34377	32613
	500万元～1000万元	32	20917	41385
	100万元～500万元	70	19410	34163
	50万元～100万元	32	2257	3623
	50万元以下	154	913	2293
企业类别	外贸流通企业	292	93950	131265
	外贸生产企业	20	23287	18422
	合计	312	117237	149687

说明：资料来源于2015年《上城区统计年鉴》

二、出口商品

20世纪90年代初，上城区外贸出口产品主要有轻工工艺、机械电子、纺织服装和农产食品四大门类。1993年，四大门类产品在全区外贸额中的比例分别为38.81%、27.28%、17.51%、16.40%。

1994年，上城区重点抓纺织服装和农产食品两大类有较大发展潜力与成长性的产品，其在全区出口额中的比例分别上升到37.77%和24.45%，出口额分别达到7442.92万元和4808.19万元，成为全区出口创汇的两大支柱产业和两大“拳头产品”。至1996年，全年出口商品共24个种类。

2000年，全年机电产品出口额1.53亿元，为1999年的2倍。同时，机电产品出口的快速增长使全区出口产品的结构得到改善，机电产品出口额占出口总额比重为80.44%。2005年起，上城区着重提高产品附加值和科技含量，加大自主品牌出口比例和品牌建设的引导。中瑞思创科技有限公司、杭州海兴电力科技股份有限公司、杭州捷尔思阻燃化工有限公司等生产企业以自主品牌出口为主，主要出口商品有仪器仪表及配件、测试设备、配电自动化产品、阻燃剂。2009年，为增强机电和高新技术产品出口自主创新能力，上城区推选杭州中瑞思创科技有限公司参加申报2008年度国家出口创新研发专项资金选评，获商务部创新发展资金支持50万元。全年高新技术和机电产品出口1.46亿美元，占全区出口总额的39.85%。2010年，全年高新产品和机电产品出口4.77亿美元，占全区出口总额的45.67%。全区有8家企业申请境外商标，3家企业获得市出口名牌，1家企业获得省出口名牌。

2011年，全年机电产品出口4.59亿美元，占全区出口额的38.4%，高新技术产品出口8897万美元，比2010年增长98.0%，占全区出口额的7.5%。2012年，上城区鼓励、扶持外贸企业提升自主创新能力，转变贸易增长方式，优化出口产品结构，实施出口品牌战略，提高自有品牌出口占有率。2014年，争创申报2个省级外贸公共服务平台，其中浙江新洲国际贸易有限公司在美国设立的浙江名特优新农产品美国展示中心被农业部升格为中国农产品美国展示中心，并于9月在美国洛杉矶举行揭牌仪式。至2015年，上城区主要出口商品为机电产品、高新技术产品等。

表14-1-7　2015年度上城区主要出口商品情况表

单位：万美元

序号	名 称	累计出口金额
1	服装及衣着附件	24849
2	纺织纱线、织物及制品	12757
3	自行车	7637
4	摩托车及自行车的零件	4573
5	家具及其零件	3997
6	农药	2588
7	鞋类	2442

续表 14-1-7

序号	名 称	累计出口金额
8	通断及保护电路装置	2211
9	塑料制品	1970
10	床垫、寝具及类似品	1496
11	灯具、照明装置及类似品	1446
12	电视、收音机及无线电讯设备的零附件	1322
13	肥料	1320
14	手用或机用工具	1162
15	体育用品及设备	1054
16	医药品	1031
17	合成有机染料	996
18	旅行用品及箱包	980
19	玩具	825
20	汽车零件	799
21	钢材	749
22	集成电路	704
23	茶叶	601
24	原电池	592
25	冰箱	514
26	阀门	467
27	医疗仪器及器械	460
28	充气橡胶轮胎	304
29	变压器	300
30	金属加工机床	258
31	家用或装饰用木制品	252
32	印刷电路	252
33	汽车（包括整套散件）	193
34	电容器	193
35	蔬菜	175
36	生丝	163
37	钢铁或铜制标准紧固件	150
38	摩托车	148
39	印刷品	143
40	电线和电缆	130
41	未锻造的铝及铝材	130
42	锁	118
43	鲜、干水果及坚果	112
44	二极管、晶体管及类似半导体器件	104
45	静止式变流器	101
46	液晶显示板	98
47	电动机及发电机	98
48	蓄电池	97
49	手电筒	79

续表 14-1-7

序号	名 称	累计出口金额
50	轴承	78
51	陶瓷产品	59
52	玻璃制品	53
53	圣诞用品	52
54	不锈钢厨具、餐具等家用器具	46
55	伞	35
56	竹编工艺品	30
57	眼镜及其零件	28
58	电扇	28
59	热水瓶	26
60	自动数据处理设备及其部件	25
61	纺织机械及零件	24
62	水海产品	20
63	粮食	17
64	扬声器	14
65	草编工艺品	13
66	铅笔	11
67	纸及纸板（未切成形的）	9
68	未锻造的铜及铜材	8
69	日用钟	7
70	萤石（氟石）	6
71	声音录制或重放设备	5
72	工业用缝纫机	5
73	手表	4
74	餐桌、厨房及其他家用搪瓷器	3
75	电视机（包括整套散件）	3
76	胶合板及类似多层板	2
77	感光材料（未曝光）	2
78	电子计算器（包括具有计算功能的袖珍数据记录重现机）	2
79	录、放像机	1
80	电话机	1
81	口腔及牙齿清洁剂	1
82	船舶	1

说明：资料来源于杭州市上城区商务局

三、出口地区

1993—1999年，上城区出口产品主要销往亚洲、非洲、欧洲、南北美洲和大洋洲。2000年，全区出口商品辐射世界55个国家和地区。

表14-1-8　2000年上城区自营出口产品出口地区分布情况表

出口地区	出口额（万美元）	占总出口额（%）
亚洲	1823	55.65
欧洲	451	13.75
非洲	339	10.36
北美洲	313	9.55
大洋洲	233	7.11
南美洲	116	3.58
总计	3275	100.00

说明：资料来源于2000年《上城区统计年鉴》

2001年，输往亚洲、欧洲、北美洲、非洲、大洋洲、拉丁美洲出口额分别占总出口额的49.44%、19.62%、13.64%、10.33%、4.67%、2.30%。出口国家和地区包括日本、美国、埃及等41个国家和地区。

表14-1-9　2001年上城区自营出口产品出口国家和销往地区分布情况表

序号	国别和地区	出口额（万美元）	序号	国别和地区	出口额（万美元）
1	日本	1332.72	22	突尼斯	27.20
2	美国	519.78	23	爱尔兰	24.55
3	埃及	410.65	24	阿联酋	22.51
4	中国香港地区	313.11	25	比利时	22.03
5	澳大利亚	213.87	26	新加坡	21.34
6	俄罗斯	194.76	27	阿根廷	20.54
7	法国	186.77	28	巴西	17.01
8	孟加拉国	170.97	29	以色列	13.89
9	德国	168.28	30	巴勒斯坦	13.11
10	加拿大	138.03	31	科特迪瓦	12.38
11	印度尼西亚	114.84	32	新西兰	11.49
12	韩国	99.88	33	土耳其	10.97
13	中国台湾地区	94.65	34	泰国	10.10
14	荷兰	88.70	35	瑞士	9.51
15	英国	74.44	36	瑞典	8.16
16	印度	72.51	37	智利	7.98
17	墨西哥	49.29	38	波兰	7.60
18	西班牙	48.75	39	芬兰	7.58
19	南非	30.53	40	哥伦比亚	6.62
20	意大利	29.79	41	尼日利亚	6.01
21	伊朗	28.64	—	—	—

说明：资料来源于2001年《上城区统计年鉴》

2003年，全区主要外贸出口国家和地区包括亚洲、欧洲、北美洲、拉丁美洲、大洋洲、非洲的47个国家和地区。

表14-1-10　2003年上城区自营出口产品出口地区分布情况表

序号	出口地区	2003年实绩（万美元）	2002年实绩（万美元）	同比增减（%）
1	亚洲	4872	3271	48.95
	其中：东盟	570	334	70.66
2	欧洲	4044	2192	84.49
	其中：欧盟	3288	1756	87.24
3	北美洲	1828	1221	49.71
4	拉丁美洲	1340	460	191.30
5	大洋洲	584	346	68.79
6	非洲	507	357	42.02
	总计	13175	7890	67.90

说明：资料来源于2003年《上城区统计年鉴》

表14-1-11　2003年上城区自营出口产品出口国家和销往地区分布情况表

排序	出口国家和地区	2003年实绩（万美元）	2002年实绩（万美元）	同比增减（%）
1	日本	2372	1936	22.52
2	美国	1476	878	68.11
3	德国	704	532	32.33
4	巴西	674	305	120.98
5	澳大利亚	485	285	70.18
6	丹麦	429	287	49.48
7	意大利	396	108	266.67
8	荷兰	391	234	67.09
9	墨西哥	382	50	664.00
10	加拿大	353	343	2.92
11	西班牙	335	111	201.80
12	英国	322	2181	85.24
13	印度	310	121	156.20
14	韩国	303	253	19.76
15	法国	302	59	411.86
16	阿联酋	229	48	377.08
17	中国台湾地区	186	82	126.83
18	尼日利亚	178	40	345.00
19	孟加拉国	165	115	43.48
20	菲律宾	152	67	126.87
21	土耳其	151	54	179.63

续表 14-1-11

排序	出口国家和地区	2003 年实绩（万美元）	2002 年实绩（万美元）	同比增减（%）
22	挪威	144	44	227.27
23	捷克	143	30	376.67
24	波兰	141	284	-50.35
25	中国香港地区	139	75	85.33
26	瑞典	135	56	141.07
27	新加坡	130	59	120.34
28	伊朗	116	110	5.45
29	比利时	101	91	10.99
30	也门	101	4	2425.00
31	印度尼西亚	100	146	-31.51
32	新西兰	100	61	63.93
33	瑞士	96	5	1820.00
34	埃及	95	183	-48.09
35	哥伦比亚	85	7	1114.29
36	俄罗斯	80	53	50.94
37	泰国	79	34	132.35
38	南非	76	47	61.70
39	希腊	71	13	446.15
40	阿尔及利亚	68	2	3300.00
41	斯里兰卡	62	29	113.79
42	阿根廷	55	14	292.86
43	芬兰	53	33	60.61
44	马来西亚	52	26	100.00
45	越南	52	0	—
46	乌克兰	52	0	—
47	以色列	51	29	75.86

说明：资料来源于2003年《上城区统计年鉴》

2005年，上城区在保持和扩大主要市场的同时，开拓新的国际市场，向中东、非洲、南美洲、东欧等地区的发展中国家拓展。2010—2015年，外贸出口的主要国家和地区有美国、日本、欧盟、东盟等。

表 14-1-12　2015 年上城区商品出口国家和销往地区情况表

国家和地区	2015 年出口金额（万美元）	2014 年出口金额（万美元）	增减（%）
亚洲	36699	36947	-0.62
缅甸	0	1	-100.00

续表 14-1-12

国家和地区	2015年出口金额（万美元）	2014年出口金额（万美元）	增减（%）
柬埔寨	2	43	-95.35
中国香港地区	148	401	-63.09
印度	495	258	91.86
印度尼西亚	15686	16243	173.96
伊朗	263	96	175.52
以色列	392	20	1860.00
日本	2439	4042	-39.66
科威特	330	15	2100.00
老挝	0	18	-100.00
马来西亚	2101	2234	-5.95
阿曼	155	0	—
菲律宾	169	0	169.00
卡塔尔	118	149	-20.81
沙特阿拉伯	2555	825	209.70
新加坡	4611	3428	34.51
韩国	2577	3604	-28.50
斯里兰卡	43	0	—
泰国	2360	3134	-24.70
土耳其	86	94	-8.51
阿拉伯联合酋长国	946	477	98.32
越南	423	771	-45.14
中国台湾地区	800	1094	-26.87
非洲	475	1639	-71.04
贝宁	242	692	-65.03
埃及	0	3	-100.00
加蓬	43	0	—
冈比亚	7	0	—
加纳	0	46	-100.00
科特迪瓦	0	7	-100.00
利比里亚	3	5	-40.00
摩洛哥	0	4	-100.00
尼日利亚	127	257	-50.58
塞拉利昂	26	121	-78.51
南非	2	274	-99.27
坦桑尼亚	1	0	1.00
多哥	19	48	-60.42
赞比亚	5	3	66.67
莱索托	0	179	-100.00

续表 14-1-12

国家和地区	2015年出口金额（万美元）	2014年出口金额（万美元）	增减（%）
欧洲	8427	12612	-33.17
比利时	174	48	262.50
丹麦	14	16	-12.50
英国	402	295	36.27
德国	3356	6346	-47.12
法国	327	1122	-70.86
爱尔兰	0	6	-100.00
意大利	770	740	4.05
卢森堡	19	5	280.00
荷兰	793	1489	-46.74
希腊	24	8	200.00
葡萄牙	406	120	238.33
西班牙	232	151	53.64
奥地利	936	1097	-14.68
保加利亚	0	1	-100.00
芬兰	66	200	-67.00
匈牙利	0	1	-100.00
挪威	54	59	-8.47
波兰	10	46	-78.26
罗马尼亚	0	5	-100.00
瑞典	467	49	853.06
瑞士	293	664	-55.87
爱沙尼亚	2	1	100.00
阿塞拜疆	42	0	—
俄罗斯	33	131	-74.81
斯洛文尼亚	0	2	-100.00
克罗地亚	7	1	600.00
捷克	0	7	-100.00
—	0	2	-100.00
拉丁美洲	6794	4078	66.53
阿根廷	57	135	-57.78
玻利维亚	0	1	-100.00
巴西	1008	241	318.26
智利	4230	2824	49.79
哥伦比亚	4	0	—
厄瓜多尔	28	0	—
墨西哥	0	166	-100.00
巴拿马	31	0	—
秘鲁	1152	0	—

续表 14-1-12

国家和地区	2015年出口金额（万美元）	2014年出口金额（万美元）	增减（%）
乌拉圭	284	711	-60.06
北美洲	19063	19249	-0.96
加拿大	6486	4844	33.90
美国	12577	14405	-12.69
大洋洲	10072	41190	-75.55
澳大利亚	1495	7725	-80.65
新西兰	8577	33465	-74.37

说明：资料来源于杭州市上城区商务局

四、出口企业

1993年，全区外贸收购额超100万元的企业有21家。1994年，全区外贸出口在500万元以上的企业4家；新增外贸出口企业17家，其中100万元以上企业8家。1995年，上城区出口大户企业主要为杭州娃哈哈集团公司、杭州九洲丝绸贸易公司、杭州会盛电器公司等。至年末，全区有外贸生产企业52家。2000年，全区外贸出口企业数量和出口规模逐步扩大，外贸出口供货企业有71家（有出口实绩企业59家），出口供货值超过1000万元以上的企业18家；自营出口企业29家，其中三资企业17家，自营出口额2547万美元。2001年，全区外贸出口规模企业群体效应日益明显，全区出口额1000万元以上外贸出口企业增至24家。

2002年，上城区积极开拓国际市场，外贸出口增速加快。外贸出口企业和规模得到扩大，年末有出口供货值实绩企业比2001年增加5家，有自营出口实绩企业增加10家；年出口供货值在2000万元以上企业增加6家，年自营出口在100万美元以上企业增加9家。2003年，杭州井藤汉方保健食品有限公司、杭州恒翔贸易有限公司、杭州海宏实业有限公司等5家企业产品出口翻一番以上。2004年末，全区共有自营出口10万美元以上企业76家，其中自营出口200万美元以上企业有杭州大东对外贸易有限公司、杭州基诺纺织品有限公司等29家。

表 14-1-13　2004年上城区自营出口200万美元以上企业情况表

单位：万美元

排序	企业名称	2004年实绩	2003年实绩	同比增减（%）
1	杭州大东对外贸易有限公司	1163.85	1124.70	3.48
2	杭州基诺纺织品有限公司	1066.38	526.29	102.62
3	杭州海宏实业有限公司	1055.16	796.86	32.41
4	杭州近江化工染料有限公司	901.40	448.31	101.07
5	杭州盛宏进出口有限公司	874.51	213.18	310.22
6	杭州嘉德工艺品有限公司	850.20	734.84	15.70

续表 14-1-13

排序	企业名称	2004 年实绩	2003 年实绩	同比增减（%）
7	杭州易和纺织品有限公司	849.97	500.89	69.69
8	杭州海兴电器有限公司	784.12	450.15	74.19
9	杭州井藤汉方保健品有限公司	719.12	593.22	21.22
10	杭州创基发展有限公司	639.72	812.12	-21.23
11	杭州金伟实业有限公司	615.38	611.16	0.69
12	杭州川崎制衣有限公司	534.85	550.43	-2.83
13	杭州海利服饰有限公司	444.36	—	—
14	杭州佳圆贸易有限公司	413.62	554.70	-25.43
15	浙江富临贸易有限责任公司	395.07	—	—
16	杭州杭太工贸有限公司	371.42	14.57	2449.21
17	杭州兴达特种橡胶有限公司	359.87	208.57	72.54
18	杭州呈泰进出口有限公司	356.36	100.18	255.72
19	浙江杉杉茶叶有限公司	353.62	—	—
20	杭州锐锋贸易有限公司	349.71	—	—
21	杭州中盟进出口有限公司	341.96	35.36	867.08
22	杭州中迪贸易有限公司	336.40	—	—
23	杭州泰格电子有限公司	284.51	402.51	-29.32
24	杭州一通车业有限公司	249.17	—	—
25	杭州手表有限公司	234.63	202.98	15.59
26	杭州金江精密化学品有限公司	232.10	328.13	-29.27
27	杭州华晟纺织有限公司	231.82	—	—
28	杭州三和食品有限公司	216.28	228.33	-5.28
29	杭州利群明胶化工有限公司	206.86	124.81	65.74

说明：资料来源于2004年《上城区统计年鉴》

2005年，全区有自营出口10万美元以上企业95家。2006年末，全区有自营出口实绩企业140家，其中出口额超过1000万美元的企业14家。2010年，辖区杭州海兴电器有限公司成为全市唯一获商务部出口创新奖的企业。2012年末，全区有自营出口企业196家。2014年，上城区推进企业争创海关AA类、A类企业的申报，全年全区申报海关A类企业12家，AA类企业1家。当年，全区有20家企业开展跨境电子商务。

2015年，上城区新增进出口经营权备案企业135家。至年末，全区有外贸流通企业292家，外贸生产企业20家。

表 14-1-14　2015 年上城区规模以上出口企业情况表

序号	企业名称	创办时间	出口额（万美元）
1	杭州海兴电力科技股份有限公司	2001-07-06	12298.70
2	杭州久祥进出口有限公司	2008-01-21	8008.82

续表 14-1-14

序号	企业名称	创办时间	出口额（万美元）
3	杭州久祺工贸有限公司	2000-10-06	7163.08
4	航天通信控股集团股份有限公司	1990-06-11	6250.05
5	思创医惠科技股份有限公司	2003-11-23	5642.06
6	杭州易和纺织品有限公司	1997-04-23	3392.72
7	杭州奥格森化学有限公司	2009-07-08	3349.38
8	浙江东方集团泓业进出口有限公司	2012-12-07	2840.49
9	杭州捷尔思阻燃化工有限公司	2001-04-12	2328.09
10	杭州旗奥实业有限公司	2005-06-02	1656.45
11	杭州有朋进出口有限公司	2009-05-27	1540.40
12	杭州久诚纺织品有限公司	2009-01-07	1532.93
13	杭州广豪贸易有限公司	2005-10-26	1459.51
14	浙江瑞凯化工有限公司	2012-09-24	1414.29
15	杭州瑞帆进出口有限公司	2006-03-13	1404.19
16	浙江中大技术进出口集团有限公司	1994-06-30	1381.46
17	杭州保利纺织品进出口有限公司	2006-04-28	1380.71
18	浙江宁丰惠多利农资有限公司	1998-10-12	1323.72
19	杭州新晨进出口有限公司	2004-06-02	1280.96
20	杭州海利服饰有限公司	2002-04-25	1242.11
21	杭州翰都实业有限公司	1999-07-02	1078.09
22	杭州森炬休闲用品有限公司	2001-04-18	1019.76
23	浙江凯发工贸有限公司	2003-08-13	1004.54

说明：1.规模以上出口企业指出口规模1000万美元以上企业。2.资料来源于2015年《上城区统计年鉴》

第三节　进口和对中国港澳台采购

20世纪90年中后期起，外国及中国港澳台地区企业到上城区投资创办三资企业增多，使得设备进口逐年增加。[①]

2005年，全区有自营进口实绩企业116家，其中进口额超过1000万美元的企业有杭州娃哈哈保健食品有限公司等5家。2003—2009年，全区进口总额24.14亿美元。2010年，全区外贸企业进口总额9.06亿美元，其中，外贸流通企业进口6.63亿美元，外贸生产企业进口2.44亿美元。2015年，全区进口总额8.17亿美元，其中，外贸流通企业进口6.75亿美元，外贸生产企业进口1.41亿美元，跨境电子商务上线企业进口30万美元。2010—2015年，全区进口总额累计66.75亿美元。

① 1992年10月，国家陆续放宽进口限制，取消部分商品进口许可证和进口配额等进口限制。

表 14-1-15　2003—2015 年上城区进口情况表

单位：万美元

年份	进口总额	外贸流通企业进口	外贸生产企业进口
2003	6578	—	—
2004	10085	7848	2237
2005	13041	10065	2976
2006	23277	14481	8796
2007	46937	30757	16180
2008	77853	—	—
2009	63616	—	—
2010	90641	66275	24366
2011	125834	92390	33444
2012	126704	—	—
2013	126637	81472	45165
2014	116055	71973	44082
2015	81650	67535	14115
合计	908908	—	—

说明：资料来源于2003—2015年《上城区统计年鉴》

第二章　国际及中国港澳台地区经济合作

1978年起，上城区外商及中国港澳台商投资企业从无到有，从小到大，逐步发展。1993年，全区有外商及中国港澳台商投资企业45家。是年，杭州娃哈哈集团公司在美国洛杉矶设立娃哈哈美国食品集团有限公司，该公司是上城区在境外设立的第一家企业。1994年，杭州新星微型计算机厂投资30万美元在美国加利福尼亚州洛杉矶市独资设立新星（美国）有限公司，主要经营工业过程控制计算机系统和计算机应用软件的开发生产和技术服务。

1995年，杭州市实施开放带动战略，把外向型经济作为新的经济增长点。上城区积极争取利用外资及中国港澳台资，广泛参与对外及对中国港澳台地区合作，全区在境外办企业3家，新办外商及中国港澳台商投资企业18家，合同外资及中国港澳台资3800万美元，实际利用外资及中国港澳台资5700万美元。1996—2000年，全区共设立外商及中国港澳台商投资企业53家，实际利用外资及中国港澳台资14595万美元。

2001年，上城区注重提高利用外资及中国港澳台资的规模和质量，全年新批准外商及中国港澳台商投资项目24个。2005—2008年，全区批准外资及中国港澳台资项目累计1773个，实际外资及中国港澳台资累计14.69亿美元。2009年，上城区服务外包产业发展工作领导小组成立，着力推进服务外包工作。2010年，办理加工贸易业务审批企业31家，完成离岸服务外包执行合同3977.54万美元。2012年，全区服务外包形成以杭州海兴电力科技有限公司、杭州中瑞思创科技股份有限公司等为龙头的嵌入式软件研发外包，以众托移动呼叫中心为领军的电子商务流程外包，以宜康（杭州）生物技术有限公司带头的生物医药研发外包为三大特色的产业领域。

至2015年末，全区有外资及中国港澳台资企业654家，实际利用外资及中国港澳台资24.51亿美元。外商投资企业涉新加坡、美国、意大利等34个国家和地区。2008—2015年，全区累计批准境外投资项目67个，中方投资累计24.63亿美元。2009—2015年，全区累计执行服务外包合同额10.26亿美元。

第一节　外资与中国港澳台资利用

1993年，全区有外商及中国港澳台商投资企业45家。1994年，外商及中国港澳台商投资企业增至68家，其中出口值在500万元以上的企业11家。在68家外商及中国港澳台商投资企业中，生产性企业57家，非生产性（三产项目）企业11家。至年末，累计有51家开业投产，实际引进外资额2421.4万美元。

1995年，杭州市实施开放带动战略，把外向型经济作为新的经济增长点。上城区全年新办外商及中国港澳台商投资企业18家，合同外资及中国港澳台资3800万美元，实际利用外资及中国港澳台资5700万美元。多数外商及中国港澳台商投资企业生产经营情况良好，杭州新利电子有限公司全年创利2828万元，上缴税金374万元。

1996年，杭州娃哈哈集团公司通过与中国香港百富勤公司、法国达能集团协商，成立合资公司。全年全区新批准设立外商及中国港澳台商投资企业11家，新批准增资项目4家，批准减资项目2家，全年总投资额7662.7万美元，合同外资及中国港澳台资3810万美元，实际外资及中国港澳台资额3713万美元。1997年，全区新办外商及中国港澳台商投资企业7家，实际利用外资及中国港澳台资927万美元。

1998年，上城区通过与国际大公司合资，较大规模引进外资和国际一流生产设备，增强市场竞争力；调整经济结构，鼓励外商及中国港澳台商独资兴办企业；兴办一批合资合作企业，扩大招商引资。至年末，全区共新办外商及中国港澳台商投资企业13家（增资企业2家），总投资8154.4万美元，合同外资及中国港澳台资2502万美元，实际利用外资及中国港澳台资7662万美元。是年，上城区共有96家外商及中国港澳台商投资企业。至2000年，全区累计举办外商及中国港澳台商投资企业121家。外资及中国港澳台资投资领域涉及工业、商贸、房地产等行业。

2001年，中国加入世界贸易组织后，杭州开放型经济得到全面发展。上城区通过改善投资环境，健全招商机构，落实引资责任制等措施，提高利用外资及中国港澳台资的规模和质量。10月24日，作为西湖博览会招商引资项目之一的上城区投资说明会暨招商项目签约仪式举行，共签约52个招商项目，投资总额18.77亿元，协议引进资金17.9亿元，其中外商及中国港澳台商投资项目32个，投资总额3482万美元，协议利用外资及中国港澳台资2860万美元。至年末，全区新批准外商及中国港澳台商投资项目24个，比2000年增加12个，增资项目4个，合同外资及中国港澳台资3404万美元，实际利用外资及中国港澳台资1201万美元。2002年，全区新批准外商及中国港澳台商投资项目45个，合同外资及中国港澳台资3982万美元，实际利用外资及中国港澳台资2101万美元。至年末，全区外商及中国港澳台商投资企业总数188家，合同外资及中国港澳台资累计1.78亿美元，实际利用外资及中国港澳台资累计1.81亿美元。

2003年，上城区对外开放进一步扩大，招商引资取得大突破。全区新批外商及中国港澳台商投资项目45个，合同外资及中国港澳台资1.26亿美元，实际利用外资及中国港澳台资5475万美元。2004年，上城区实施“建设旅游休闲服务区，打造杭州RBD”战略，采取“以商引商”“以外引外”等途径，与多家世界500强企业建立伙伴关系；探索招商引资新途径，开展“日韩招商”等招商活动；优化发展环境，提高引进企业的规模和档次，主攻大项目和引进现代服务业项目。是年，新批外商及中国港澳台商投资项目51个，实际利用外资及中国港澳台资6165万美元。2005年，引进外资及中国港澳台资项目46

个，合同外资及中国港澳台资1.52亿美元，实际利用外资及中国港澳台资7208万美元。2001—2005年，全区共举办外商及中国港澳台商投资企业211家，合同外资及中国港澳台资累计4.97亿美元，实际利用外资及中国港澳台资累计2.22亿美元。至2005年末，全区共有外商及中国港澳台商投资企业257家，合同外资及中国港澳台资累计5.22亿美元，实际外资及中国港澳台资累计3.70亿美元。

表 14–2–16　2005年上城区销售收入前20位外商及中国港澳台商投资企业情况表

序号	企业名称	销售收入（万元）	同比增长率（%）
1	杭州娃哈哈保健食品有限公司	900488	23.21
2	杭州娃哈哈饮料有限公司	68563	1062.51
3	杭州娃哈哈百立食品有限公司	50184	9.76
4	杭州娃哈哈食品有限公司	49838	53.52
5	杭州娃哈哈乐维食品有限公司	49093	14.64
6	杭州娃哈哈非常可乐有限公司	42152	1.29
7	杭州奥普电器有限公司	30158	23.58
8	杭州娃哈哈永盛饮料有限公司	26237	10.30
9	杭州家乐福超市有限公司	23800	37.72
10	杭州华日电器有限公司	23794	—
11	杭州鸿瑛房地产开发有限公司	19770	–56.37
12	杭州娃哈哈速冻食品有限公司	17095	46.91
13	杭州近江化工染料有限公司	15067	–2.96
14	杭州井藤汉方保健食品有限公司	9200	55.15
15	杭州基诺纺织品有限公司	6480	–26.22
16	杭州交联电器工程有限公司	6199	5639.81
17	杭州三和食品有限公司	5926	2.83
18	杭州元祖食品有限公司	5115	2.26
19	杭州中豪电梯成套制造有限公司	3267	—
20	杭州川崎制衣有限公司	279	1.29

说明：资料来源于2005年《上城区统计年鉴》

2006年，全区批准外商及中国港澳台商投资企业项目48个，合同外资及中国港澳台资3.90亿美元，实际利用外资及中国港澳台资9355万美元，分别比2005年增长156.85%和29.78%。2007年，上城区全年共办理各类出访团组78批152人次，其中自行组团12批76人次，分赴英国、美国、法国和北欧等多个国家和地区进行经贸考察和友好访问；审批邀请外国人来华函电95批次，是年全区新批准外商及中国港澳台商投资企业项目43个，合同外资及中国港澳台资4.15亿美元，实际到位外资及中国港澳台资1.76亿美元。

2008年，上城区把利用外资重点放在招引高端产业，发展楼宇经济上，主要集中精力引进适合区情的世界500强企业、知名企业、金融类、类金融企业、中介服务前端企业、优质房地产企业、区域性销售研发中心、承担服务外包的企业、知名品牌销售部和设计创意企业等高端行业。是年，引进2008年杭州市首个世界500强项目高盛集团股权并购浙江两岸食品连锁有限公司项目；引进总部类项目3个；引进投资性公司44家，引进外资银行2家，高端化招商模式初显。全年，全区批准外商及中国港澳台商投资企业项目36个，合同外资及中国港澳台资4.29亿美元，实际利用外资及中国港澳台资2.38亿美元。

2009年，世界500强企业日本伊藤忠商事株式会社并购杭州新花海商贸有限公司并落户上城区，项目合同外资450万美元。全年新批准外商及中国港澳台商投资企业项目36个，合同外资及中国港澳台资4.22亿美元，实际到位外资及中国港澳台资3.20亿美元。2010年3月，日本三井住友海上火灾保险株式会社认购上城区企业信泰人寿保险股份有限公司增发的普通股份3030万美元，该项目成为杭州首个外资入股保险公司项目。全年新批准外商及中国港澳台商投资企业项目31个，合同外资及中国港澳台资4.21亿美元，实际到位外资及中国港澳台资9228万美元。2006—2010年，全区共举办外商及中国港澳台商投资企业194家，合同外资及中国港澳台资累计20.77亿美元，实际利用外资及中国港澳台资累计9.20亿美元。2010年末，全区共有外商及中国港澳台商投资企业504家，合同外资及中国港澳台资累计20.41亿美元，实际利用外资及中国港澳台资累计15.25亿美元。

2012年9月，中日节能环保创业投资管理有限公司落户上城，项目总投资3亿元，其中世界500强企业株式会社瑞穗实业银行和日挥株式会社，分别出资4500万元。2013年，上城区引进由香港楠焯资本投资的皇龙停车场库（杭州）有限公司投资建设的浙江大学医学院附属妇产科医院大型智能化立体车库项目，项目总投资5000万美元。

2014年，上城区招商引资工作取得重大突破。思科中国总部最终落户上城区，成为浙江省首个世界500强中国总部。2015年，浙江华聚鑫成投资有限公司、浙江柏泰华盈投资管理有限公司等企业落户上城，投资领域向现代服务业纵深拓展，改善上城区产业结构，提升产业层次。

图14-2-1　2014年，思科中国总部落户中豪·望江国际（《上城报》供稿）

2011—2015年，全区共设立外商及中国港澳台商投资企业150家，合同外资及中国港澳台资累计18.97亿美元，实际利用外资及中国港澳台资累计9.91亿美元。至2015年末，全区共有外商及中国港澳台商投资企业654家，合同外资及中国港澳台资累计35.91亿美元，实际利用外资及中国港澳台资累计24.51亿美元。

表 14-2-17　1993—2015 年上城区利用外资及中国港澳台资情况表

年份	当年利用外资及中国港澳台资情况			当年累计利用外资及中国港澳台资情况		
	新增企业数量（家）	合同外资及中国港澳台资（万美元）	实际利用外资及中国港澳台资（万美元）	企业数量（家）	合同外资及中国港澳台资（万美元）	实际利用外资及中国港澳台资（万美元）
1993	25	—	—	45	—	—
1994	23	—	—	68	—	—
1995	18	3800	5700	71	—	—
1996	11	3810	3713	82	—	—
1997	7	—	927	89	—	—
1998	13	2502	7662	96	—	—
1999	10	879	973	106	—	—
2000	12	2511	1320	121	—	—
2001	24	3404	1201	144	16077	16027
2002	45	3982	2101	188	17815	18128
2003	45	12601	5475	229	29326	23603
2004	51	14518	6165	280	41373	29768
2005	46	15190	7208	325	52190	36976
2006	48	39015	9355	370	80498	46331
2007	43	41480	17604	405	113540	63935
2008	36	42917	23793	439	146905	87728
2009	36	42188	32018	474	179148	119746
2010	31	42134	9228	504	204099	152515
2011	30	42008	18107	536	234786	147081
2012	31	42155	17512	566	268467	164593
2013	26	42974	17978	592	300058	182571
2014	27	21979	20600	619	325651	204550
2015	36	40587	24902	654	359108	245137

说明：资料来源于杭州市上城区投资促进局

表 14-2-18　2015 年上城区外商和中国港澳台商投资企业国别（地区）情况表

国家和地区	企业数量		合同金额		实际金额	
	家数（家）	比重（%）	金额（万美元）	比重（%）	金额（万美元）	比重（%）
中国香港地区	266	38.11	226959	48.58	102630	46.77
维尔京群岛	59	8.45	86715	18.56	60916	27.76
美国	94	13.47	55321	11.84	9702	4.42
新加坡	19	2.72	13462	2.88	8829	4.02
投资性公司	4	0.57	10106	2.16	7796	3.55
日本	28	4.01	13465	2.88	5920	2.70
中国台湾地区	86	12.32	10301	2.20	4503	2.05

续表 14-2-18

国家和地区	企业数量		合同金额		实际金额	
	家数（家）	比重（%）	金额（万美元）	比重（%）	金额（万美元）	比重（%）
萨摩亚	10	1.43	6624	1.42	4267	1.94
澳大利亚	12	1.72	1830	0.39	2609	1.19
开曼群岛	5	0.72	2212	0.47	2184	1.00
加拿大	14	2.01	3315	0.71	2175	0.99
英国	10	1.43	3424	0.73	2022	0.92
荷兰	5	0.72	1988	0.43	1729	0.79
意大利	16	2.29	3878	0.83	1698	0.77
法国	7	1.00	6074	1.30	715	0.33
中国澳门地区	4	0.57	9404	2.01	524	0.24
德国	10	1.43	4630	0.99	333	0.15
瑞士	3	0.43	165	0.04	165	0.08
韩国	18	2.58	440	0.09	143	0.07
卢森堡	1	0.14	120	0.03	120	0.05
菲律宾	1	0.14	100	0.02	100	0.05
泰国	2	0.29	82	0.02	85	0.04
马来西亚	5	0.72	2805	0.6	76	0.03
西班牙	4	0.57	58	0.01	55	0.03
丹麦	3	0.43	48	0.01	46	0.02
奥地利	3	0.43	38	0.01	38	0.02
印度	1	0.14	13	0.01	13	0.01
沙特阿拉伯	1	0.14	12	—	12	0.01
印度尼西亚	1	0.14	5	—	6	—
克罗地亚	1	0.14	560	—	6	—
匈牙利	1	0.14	6	0.01	6	—
文莱	1	0.14	5	—	5	—
巴拉圭	1	0.14	2	0	0	0
塞舌尔	1	0.14	8	0	0	0
伊朗	1	0.14	3000	0.64	0	0
合计	698	100.0	467175	99.98	219428	99.98

说明：1. 沙特阿拉伯、印度尼西亚、文莱、克罗地亚共和国、匈牙利等国合同外资或实际利用外资比重不足0.01%，不计比重，故本表产生所有国家利用外资及中国港澳台资总和略小于100%。2. 资料来源于杭州市上城区商务局

第二节　境外投资

1993年，杭州娃哈哈集团公司在美国加利福尼亚州洛杉矶市兴办娃哈哈美国食品集团有限公司。该公司是上城区在境外设立的第一家企业。1994年，杭州新星微型计算机

厂在洛杉矶市独资举办新星（美国）有限公司，总投资30万美元，注册资本15万美元，主要经营工业过程控制计算机系统和计算机应用软件的开发生产和技术服务。1995年，杭州套丝机厂在马来西亚举办合资项目，云天集团在美国兴办独资项目。上城区全年在境外办企业3家。

2003—2004年，全区共设立境外企业和机构9家，其中，投资性企业1家（杭州娃哈哈集团有限公司与总部设立于法国巴黎的法国达能集团公司在新加坡设立的合资企业），生产企业1家（杭州海兴电器有限公司设在巴基斯坦的工厂），贸易公司1家和办事处6家。2005年11月，创办新加坡达能乳业印度尼西亚投资有限公司，投资总额150万美元，其中中方杭州娃哈哈集团有限公司投资45万美元。

2006年，全区设立境外企业（机构）3家。2008年，完成外经项目2个，合计境外投资总额412万美元。上城区批准设立境外企业3家，生产性企业1家、贸易公司2家，投资总额1590万美元（其中中方投资814万美元）。2009年，上城区新批境外投资项目5个，合计境外投资总额1623万美元，其中中方投资1552万美元。企业投资重点区域由原来的东南亚、美国等发达国家和中国香港地区向第三世界国家转移。

2010年，上城区新批境外投资项目8个，增资项目1个，合计境外投资总额1688万美元，其中中方投资1288万美元。首次开办境外工程承包企业1家，新批境外企业均为实际投资，涉及生产、贸易和商业领域。2011年，新批境外投资项目7个，增资项目1个，合计境外投资总额3069万美元。新批境外企业均为实际投资，涉及生产、贸易和商业领域。获批非建筑类工程承包企业1家，实现工程承包营业额3398万美元。

2012年，上城区赴境外设立企业8家，增资项目1个。总投资5338.90万美元，其中中方累计投资5180.90万美元，实现境外工程承包6092万美元。2013年，全区在境外设立企业9家，增资项目6个，中方累计投资3308万美元，全年实现境外工程承包1.02亿美元。

2014年，上城区新批境外投资项目7个、境外增资项目5个，合计中方境外投资总额1.17亿美元。实现工程承包6596万美元。2015年，全区赴境外设立项目20个，中方累计投资14080.82万美元。2008—2015年，全区累计批准境外投资项目67个，中方投资累计24.63亿美元。

表14-2-19　2004—2015年上城区部分境外投资项目情况表

单位：万美元

序号	境内主体	境外企业名称	批准设立时间	投资总额	中方投资额
1	杭州海兴电力科技股份有限公司	SB电子工程控制有限公司	2004-07-21	—	—
2	杭州娃哈哈集团有限公司	新加坡达能乳业印度尼西亚投资有限公司	2005-11-11	150	45
3	杭州钱江弹簧厂	杭州钱江弹簧（美国）有限公司	2006-09-05	499	499
4	杭州姗娜娜古文化休闲娱乐连锁有限公司	姗娜娜美国公司	2009-05-04	250	250
5	杭州兴达特种橡胶有限公司	兴达环球有限公司	2009-09-18	90	90

续表 14-2-19

序号	境内主体	境外企业名称	批准设立时间	投资总额	中方投资额
6	杭州海兴电力科技股份有限公司	海兴科技（澳大利亚）有限公司	2010-01-07	50	50
7	杭州海兴电力科技股份有限公司	海兴科技（印度尼西亚）有限公司	2010-03-05	526	447
8	浙江省轻纺供销有限公司	太平洋香港国际有限公司	2010-05-05	50	43
9	浙江华东家具投资有限公司	全佳（香港）有限公司	2010-08-09	40	40
10	浙江新洲国际贸易有限公司	浙江名特优新农产品美国展示中心	2010-11-23	300	300
11	杭州海兴电力科技股份有限公司	ELEKTRA电力股份有限公司	2010-12-13	800	400
12	通策医疗投资股份有限公司	通策维尔京群岛公司	2011-04-06	200	200
13	杭州海兴电力科技股份有限公司	海兴电器有限责任公司	2011-04-14	50	50
14	浙江天城实业有限公司	天城集团（泰国）有限公司	2011-04-27	900	900
15	浙江宁丰惠多利农资有限公司	惠农国际有限公司	2011-05-06	63	63
16	通策医疗投资股份有限公司	通策信息有限公司	2011-06-28	200	200
17	杭州海兴电力科技股份有限公司	海兴欧洲公司	2011-07-28	600	600
18	浙江嘉华投资有限公司	高其控股（香港）有限公司	2011-10-28	700	700
19	杭州海兴电力科技股份有限公司	KBK电器有限公司	2011-10-28	85	13
20	浙江博世华环保科技有限公司	博世华环保科技德国有限公司	2012-02-20	66	66
21	新际电子组件（杭州）有限公司	新际电子组件（纽约）有限公司	2012-05-29	30	30
22	浙江物产环保能源股份有限公司	香港健坤能源有限公司	2012-10-08	26	26
23	浙江申发投资有限公司	俄罗斯社会住房建设投资集团有限公司	2013-05-21	1000	700
24	浙江物产环保能源股份有限公司	新加坡千元国际能源有限公司	2013-06-14	16	16
25	浙江塞恒进出口有限公司	西非联合有限公司	2015-01-23	100	100
26	茂信投资管理（杭州）有限公司	CYTOMATRIX有限公司	2015-03-12	1496	1496
27	杭州开啦科技有限公司	开啦设计有限公司	2015-03-27	3	3
28	杭州鑫悦动创业投资有限公司	绿源集团控股（开曼）有限公司	2015-05-05	14595	1081
29	仁和智本有限公司	仁和智本（美国）有限公司	2015-08-24	2998	2998
30	浙江鸿鼎投资管理有限公司	JASS赛车公司	2015-09-01	100	100
31	浙江广宇创业投资管理有限公司	星元商业创业资本合伙企业	2015-12-15	150	150

说明：资料来源于杭州市上城区商务局

第三节　服务外包

2006年，杭州市被列为全国21个服务外包示范城市之一。在国家和地方政府支持下，杭州市的服务外包产业从无到有迅速得到发展，规模不断扩大，领域逐步拓宽，产业的国际竞争力不断加强。

2009年，区政府成立上城区服务外包产业发展工作领导小组，推进服务外包工作。同时举办服务外包人才培训360人次。全年有实际服务外包业绩企业5家；完成离岸服务外包[①]执行合同约

① 指转移方与为其提供服务的承接方来自不同国家，外包工作跨境完成。

1957万美元；世界500强服务外包企业日本软银关联企业落户上城，外资企业速位科技（杭州）有限公司、杭州硕文软件有限公司、盛立金融软件开发（杭州）有限公司、杭州学易科技有限公司及杭州培根科技有限公司等软件企业相继进入上城区。

2010年，全年办理加工贸易业务审批企业31家，完成离岸服务外包执行合同3977.54万美元，服务外包人才培训352人次。当年新增入库企业22家，其中有实际业绩企业22家。2011年，完成离岸服务外包执行合同5090.21万美元，服务外包人才培训450人次。新增入库企业17家，均为有实际业绩企业。

2012年，全区服务外包形成以杭州海兴电力科技有限公司、杭州中瑞思创科技股份有限公司等为龙头的嵌入式软件研发外包，以众托移动呼叫中心为领军的电子商务流程外包，以宜康（杭州）生物技术有限公司带头的生物医药研发外包三大特色产业领域。至年末，全区新增服务外包企业19家，承接接包合同1.35亿美元；接包合同执行额1.25亿美元，其中离岸服务接包合同8178万美元，离岸服务外包执行7660余万美元。

2013年，全年完成接包合同执行额2.34亿美元，其中离岸服务外包执行1.62亿美元，服务外包人才培训300人次。是年新增入库且有实际业绩的服务外包企业5家，使全区服务外包企业数达到97家。入库并有实绩的服务贸易企业52家。上城区在年终杭州市市服务外包工作考核中获二等奖，为历年外包考核成绩最好的一年。

2014年，全区完成服务外包执行额2.61亿美元，比2013年增长11.88%，其中完成离岸服务外包执行额1.61亿美元。2015年，全区完成服务外包执行额2.96亿美元，完成年计划的105.31%，其中完成离岸服务外包执行额1.95亿美元，完成年计划的114.88%。2009—2015年，全区累计执行服务外包合同额10.26亿美元。

第三章　国内经济合作

1978年起，上城区区域经济协作更加紧密。1994年12月，浙江对口支持三峡涪陵库区最大项目——杭州娃哈哈集团公司涪陵分公司成立，上城区开始对口支持三峡库区工作。1998年，上城区利用杭州国内经济合作洽谈会平台，逐步开展国内招商引资工作。2001年，区委、区政府针对上城区地域狭小的现状，提出“有限空间、无限发展”的思路，在杭州市城区中率先推行“一条龙”“全方位”式服务和重点项目、重点企业“绿色通道”服务制度，探索建立一套适合上城实际的招商、引资、服务、指导的基本工作程序及相关处置措施。

2004年，建立起较为健全的招商引资目标责任考核奖励机制，形成涵盖区、街道的招商引资工作体系。是年，根据杭州市统一部署，上城区推进接轨上海工作。

2006年起，上城区把招商的重点放在发展楼宇经济、打造特色街经济上。是年，上城区与临安市实行区域联动发展，确定友好合作关系，签署经济合作与交流协议书；实施“山海协作”工程，与衢州市常山县加强经济合作。2009年起，重视浙商回归招商工作，引进浙江琅盛光电科技股份有限公司项目（总投资额4亿元）和杭州安腾实业有限公司项目（总投资额4亿元）。2010年，浙江创新产业股权投资公司和中银投资浙商产业投资基金落户上城。2011年，引进浙商金汇信托股份有限公司。2012年，省政府将“浙商回归”作为“头号工程”，希望通过此举促产业转型升级。为此，区政府成立“回归引进”领导小组办公室，全面部署此项工作。

2001—2015年，全区共引进内资项目16089个，引进到位资金总计1986.8亿元，其中市外到位资金1134.61亿元。2006—2015年楼宇招商累计引进企业10386家，到位资金1541.06亿元。2011—2015年，上城区累计对淳安县、桐庐县、富阳区实施帮扶项目50个，共支付帮扶资金987万元。

第一节　招商引资

1998年起，上城区开展国内招商引资工作。2000年，建立全区对外招商网站，在网上发布招商信息、投资项目。从该年起，上城区利用历届杭州国内经济合作洽谈会，开展国内招商引资工作。2001年，在全市城区中率先推行“一条龙”“全方位”式服务和重点项目、重点企业“绿色通道”服务制度，解决企业生产经营中的困难和问题。2004年，制定《杭州市上城区人民政府关于招商引资奖励的若干意见》，并针对街道招商引资工作制定《招商引资优胜奖奖励评定细则》，规范招商引资工作。2007年，与上海和北京等众多知名中介和跨国机构建立联系。2009年，建立招商大项目申报制，规范1000万元以上重大信息项目申报流程。2012年，强化招商资源所属单位、街道和区三级共享网络，强化招商人员的街道和区级两级管理。2015年，重点从企业的注册、落地、困难及问题的解决、协助争取政策扶持等方面提供相关服务。

一、目标责任制

2001—2002年，杭州市政府成立专门考核机构，制定多项鼓励政策加强招商引资工作。[①] 在杭州市建立招商引资目标责任制过程中，上城区同步建立起较为健全的目标责任考核奖励机制，形成涵盖区、街道的招商引资工作体系。2004—2015年，区政府对全年招商引资目标进行分解，并向党群部门、非经济部门下达指标任务，将招商引资完成情况与年度目标管理考核奖挂钩。同时，区政府坚持每月专题听取招商引资工作汇报，分析研究形势和存在的问题。根据区域功能定位，上城区把招商引资的重点放在以商贸旅游为龙头的第三产业上，促使引进项目的结构更趋合理。

二、服务与管理

2000年，上城区制作介绍上城区投资环境、优惠政策、审批程序等内容的计算机光盘，重新梳理原有对外招商项目库，建立全区对外招商网站，发布招商信息、投资项目。同时，参加、组织国内外大型招商活动，取得成效。西湖博览会期间，上城区开展招商活动，签约项目23个，总投资额15.6亿元。

2001年，区委、区政府提出“有限空间、无限发展”的思路，在全市城区中率先推行“一条龙”“全方位”式服务和重点项目、重点企业“绿色通道”服务制度。

2004年，上城区制定《杭州市上城区人民政府关于招商引资奖励的若干意见》，明确对列入全区招商引资目标责任考核的各街道、部门、开发指挥部、科技经济园等，按照各责任单位的招商引资实绩分别给予优胜奖、绩效挂钩奖奖励。法院、检察院不列入目标责任考核的部门，若有实绩给予绩效挂钩奖。针对招商引资中存在的极少数人利用假身份注册、虚开增值税发票、抽逃注册资金等情况，制定《关于进一步规范招商引资工作程序的通知》和《关于进一步规范招商引资服务工作的通知》，规范招商引资工作。同时，开展“企业服务月”“外商投资企业服务月”活动，采取调研、座谈、走访、会议等形式倾听企业意见和建议

① 2001年4月，杭州市制定《关于实施开放型经济目标责任制考核的通知》，明确市对外开放工作协调小组为考核工作领导机构，下设外经贸工作目标责任制、国内招商引资工作目标责任制考核办公室。目标责任单位为各区、县（市）和各国家级开发区，主要考核各目标责任单位年度协议利用内资和实际利用内资完成情况。该文件是杭州市首个招商引资目标考核文件。2002年2月，杭州市制定《国内招商引资工作目标责任制考核办法》，建立国内招商引资独立考核体系；同时制定《外经贸工作目标责任制考核办法》。11月，杭州市制定《招商引资目标责任制考核奖励办法（试行）》，统一内资和外资考核奖励，内资考核比重占40%，外资考核比重占60%，原内资和外资考核办法废止。2003年7月，杭州市颁发《招商引资目标责任制考核奖励办法》。11月，杭州市颁发《市直属各单位招商引资目标责任制考核奖励办法（试行）》，对有招商引资任务的市直属单位考核、评分和奖励做出规定。2004年12月，市委、市政府制定新的《杭州市招商引资目标责任制考核奖励办法》，实行分组考核。

并解决问题，定期组织企业沙龙、体育比赛等活动丰富企业职工的文化和精神生活，形成以区招商局为主导，各街道和经济部门（园区）为主体，各社区为基本依托的服务网。采取“以商引商”“以外引外”等途径与国内100余家知名企业建立伙伴关系。

2006年，上城区开展对省直属单位和省属企业服务月活动，促成浙江省五交化公司等10余家企业在上城区投资，投资额约10亿元。2007年，坚持“有档次的走出去，高层次的请进来”的招商思路，与上海和北京等众多知名中介和跨国机构建立联系。聘用专业律师为招商顾问，发挥其专业性招商特长；提高招商成本的性价比，控制招商成本。

2009年，上城区建立“上城区招商大项目申报制”，规范1000万元以上重大信息项目申报流程，实现资源和信息的有效对接。建立区领导重大项目周汇报制度。全年跟踪重大项目192个，完成重大项目122个，累计67.60亿元，其中金融、类金融项目19个，主要以基金公司、担保和拍卖项目为主。

2012年，上城区强化招商资源所属单位、街道和区三级共享网络，强化招商人员的街道和区级两级管理。2014年，完善“杭州·上城”门户网站下的“投资上城”栏目信息，保障每周有新内容。编印2期《上城区招商资源信息手册》，并利用自办的上城区招商资源信息发布会、上城区金融产业发展推介会和2014杭州上城（北京）经济合作洽谈会系列招商活动及QQ群、微信、邮件、商协会等平台，将招商资源信息递送至客商手中。建立招商项目审批“绿色通道”，为外来投资者提供全程代理和“保姆式”服务；对重点项目，实行“一个项目，一名区级领导、一套工作班子、一抓到底”的工作机制，具体协调解决项目落地中遇到的困难和问题，促进项目早落地、早开工、早投产、早见效。

2015年，上城区每月召开招商例会，各类招商推介会，以及招商引资工作培训会等，从企业的注册、落地、困难及问题的解决到协助争取政策扶持等方面做好服务，全年为企业争取扶持资金2613.41万元。杭州市上城区商务局（简称区商务局）在每月商务简报上以表格形式将每月招商引资、外贸出口、社会消费品零售额、服务外包、对外投资等工作完成情况和在市里的排名，各街道的完成情况和排名，做出分析，为后续阶段工作重点提供决策参考。

三、招商引资实绩

2001年，全年引进内资项目154个，协议引资13.8亿元，实际到位资金14.9亿元，注册资本4亿元。

2002年，全年引进内资项目939个，协议引进内资43.5亿元，实际到位内资32.1亿元。其中，第三产业项目占86.7%，科技类项目占8.1%，工业项目占5.2%。2003年，全区共引进内资项目1422个，比2001年增加483个；协议引进资金65亿元，实际到位资金50.3亿元。招商引资目标责任制考核名列全市第一名。

2004年3月，杭州市招商引资大会提出实施第二轮招商引资“三年倍增”计划。全区共引进内资项目1562个，比2003年增加140个；实际到位资金57.41亿元。其中，引进市外项目655个，实际到位资金25.9亿元。

2005年10月13日，由中国国际贸易促进委员会浙江省委员会和区政府主办的杭州国际现代服务业招商引资合作洽谈会召开，是杭州西湖博览会的一个支持项目，在杭州西湖博览会的历史上尚属首次。9个内资项目落户上城。全年共引进内资项目1519个，实际到位资金81.6亿元。其中，引进市外项目868个，实际到位资金18.7亿元。引进企业中，服务业项目1000余个，比重达82%。2001—2005年，全区共引进内资项目5596个，引进到位资金总计236.30亿元。

2006年10月，在第八届西湖博览会杭州国际现代服务业合作洽谈会暨“以商引商”项目推介会上，上城区签约内资项目40个，意向总投资额35亿元。全年赴外地招商超过15场次，取得良好招商成果。全年共引进内资项目1455个，实际到位资金91.2亿元。其中，引进市外项目426个，实际到位资金44.8亿元。

2007年，全年引进内资项目1311个，实际到位资金153.3亿元。其中，引进市外项目564个，实际到位资金111.3亿元，首次突破百亿元大关，名列城区前茅。

2008年，全年引进内资项目1038个，实际到位资金191.6亿元。其中，引进市外项目600个，实际到位资金92.9亿元；第三产业项目1012个，实际到位资金187.9亿元，占全区实际到位资金的98.1%。全年引进1000万元以上的内资项目154个，实际到位资金60.7亿元。

表14-3-20　2008年上城区招商引资情况表

项目分类（个）		内资（亿元）		外资（万美元）		
		项目数（个）	实际到位资金	项目数（个）	合同外资	实际到位资金
合计		1038	191.6	36	42725	35883
按引进项目规模分	2000万元以上项目	94	55.4	8	28787	27379
	1000万元～2000万元项目	60	5.3	—	—	2000
	500万元～1000万元项目	88	5.0	5	3710	1107
	500万元以下项目	796	125.9	23	1026	1962
	增（减）资项目	—	—	—	9202	3435
按引进项目地域分	区（县、市）	438	98.4	—	—	—
	市外省内	480	74.5	—	—	—
	省外	120	18.7	—	—	—
按引进项目行业分	工业（制造业）	8	0.6	5	11078	3470
	建筑业	18	3.1	—	—	—
	批发零售业	525	95.4	10	11045	8915
	住宿餐饮业	46	1.6	4	289	2596
	房地产业	3	3.4	—	1726	607
	文化卫生业	77	2.2	—	—	—
	其他服务业	361	85.3	17	18587	20295

说明：资料来源于杭州市上城区商务局

2009年，全年引进内资项目1067个，实际到位资金157.50亿元。其中，引进市外项目526个，实际到位资金110.53亿元，占70.2%。全年引进1000万元以上大项目132个，实际到位资金68.18亿元，占43.3%；引进第三产业项目1027个，实际到位资金153.35亿元，占97.4%。

2010年，上城区按照区域产业发展定位，重点依托庆春路、延安路金融辐射带，充分发挥其集聚辐射效应，实现金融项目集中布局、产业集群发展。全年引进中银投资浙商产业基金管理有限公司、杭州凯泰成长创业投资合伙企业（有限公司）和杭州艾玮创业投资合伙企业（有限合伙）等投资金融类项目53个，注册资金21.4亿元。全年共参加省、市重大招商活动5次，签约项目7个，累计投资额24亿元。组织各类招商活动29次，成功引进沪昆铁路等项目。全年共引进增资项目20个。全年共引进内资项目1149个，实际到位资金213.3亿元，比2009年增长35.43%。其中，引进市外项目589个，实际到位资金122.9亿元，占57.6%。全年引进1000万元以上大项目167个，实际到位资金97.97亿元，占45.9%；引进第三产业项目1126个，实际到位资金198.95亿元，占93.3%。2006—2010年，全区共引进内资项目6020个，引进到位资金总计806.90亿元，其中市外到位资金482.80亿元。

图14-3-2　2010年10月20日，上城区在第十三届杭州国内经济合作洽谈会上成功签约　（区商务局 供稿）

2012年，由信达资本管理有限公司投资的茂信投资管理（杭州）有限公司落户上城区。是年，上城区集中力量打造金融集聚区，共引进类金融企业69家，总投资额56.92亿元。全年引进1000万元以上大项目173个，实际到位资金181.42亿元，占85.57%；引进第三产业项目996个，实际到位资金192.11亿元，占90.61%。2013年，全区引进内资项目1478个，实际到位资金212.15亿元，其中，引进市外项目121个，实际到位资金154.20亿元，占72.68%。全年引进1000万元以上大项目178个，实际到位资金205.97亿元，占97.09%；引进第三产业项目1442个，实际到位资金207.62亿元，占97.86%。2014年，上城区把产业招商、以商招商、外出招商作为招商引资的主要方式。是年，上城区引进1000万元以上大项目111个；引进第三产业项目526个。全年设立融资租赁公司3个，累计5个；引进1000万元以上投资类企业49家，到位资金34.9亿元。

2015年，全年引进内资项目285个，实际到位资金176.87亿元，其中，引进市外项目97个，实际到位资金108.1亿元，占61.12%。全年引进1000万元以上大项目126个，实际到位资金174.6亿元，占98.87%；引进第三产业项目272个，实际到位资金175.97亿元，占99.49%。

2001—2015年，全区共引进内资项目16089个，引进到位资金总计1987.8亿元，其中市外到位资金1134.6亿元。

表14-3-21 2001—2015年上城区国内招商项目引资情况表

单位：亿元

年份	引进内资项目（个）	其中：市外项目	引进资金	
			到位资金	其中：市外到位资金
2001	154	—	14.90	—
2002	939	—	32.10	—
2003	1422	—	50.30	—
2004	1562	655	57.40	25.90
2005	1519	868	81.60	18.70
2006	1455	426	91.20	44.80
2007	1311	564	153.30	111.30
2008	1038	600	191.60	92.90
2009	1067	526	157.50	110.90
2010	1149	589	213.30	122.90
2011	1126	567	198.60	120.43
2012	1031	554	212.02	117.35
2013	1478	121	212.15	154.20
2014	553	81	144.96	107.13
2015	285	97	176.87	108.10
合计	16089	5648	1987.80	1134.61

说明：资料来源于杭州市上城区商务局

四、楼宇招商

2006年起，上城区把发展楼宇经济、打造特色街经济作为招商重点，完善楼宇动态调查制度，建立重点楼宇区领导联系制度和楼宇物业业主联谊制度，开发出辖区楼宇动态管理软件系统。湖滨国际名品街有30余个国际品牌入驻。当年全区楼宇招商引进企业1455家，到位资金75.38亿元。

2008年，完善上城区楼宇动态管理系统的二期税收管理和企业管理系统，实现资源有效管理和招商引资绩效科学评价，为全区招商引资科学决策提供支持。2009年，制定《上城区楼宇经济目标管理考核办法》，提出楼宇管理上星级、楼宇资源和绩效管理一体化的思路，强化楼宇亩产率、空置率和贡献率“三率”考核。2007—2009年，楼宇招商累计引进企业3311家，到位资金338.57亿元。

2010年，上城区强化楼宇二次招商，全年累计引进楼宇招商项目及到位资金量均占全区引进招商项目总数及到位资金总量的90%以上。2013年，上城区以网上楼宇信息平台为核心，在区商务局专门成立楼宇管理小组，紧抓新建楼宇整体招商。2014—2015年，完善上城区网上楼宇信息发布中心的“投资上城”栏目信息，保障每周有新内容。2006—

2015年，累计楼宇招商引进企业10386家，到位资金1541.06亿元。

表14-3-22　2006—2015年上城区楼宇招商情况表

年份	引进企业（家）	到位资金（亿元）	年份	引进企业（家）	到位资金（亿元）
2006	1455	75.38	2011	1132	198.60
2007	1282	116.84	2012	1070	212.02
2008	996	105.01	2013	1496	212.15
2009	1033	116.72	2014	558	144.96
2010	1069	182.51	2015	295	176.87

说明：资料来源于杭州市上城区商务局

五、浙商回归

2009年9月，首届杭商大会①在杭州举行。上城区30余家企业参会。上城区引进的浙江琅盛光电科技股份有限公司项目（总投资额4亿元）和杭州安腾实业有限公司项目（总投资额4亿元）在会上签约。

2010年，管理规模100亿元的浙江创新产业股权投资公司和管理规模50亿元的中银投资浙商产业投资基金落户上城。2011年8月，上城区引进浙商金汇信托股份有限公司。该公司是中国银行业监督管理委员会批准的专业信托理财机构，注册资本为5亿元，立足浙江、辐射上海及长三角洲地区，服务于全国经济发达地区。

2012年初，省政府下发《关于支持浙商创业创新促进浙江发展的若干意见》，为回归企业制定税收、土地等方面优惠政策，并启动对地市、省级相关部门及省外浙江商会的目标责任制考核。省政府实施“浙商回归”战略，希望通过该举措能度过艰难的产业转型升级期，并为浙江经济转型注入新的活力。上城区成立“回归引进”领导小组办公室，全面部署此项工作。同时，制定《全区浙商创业创新促进上城发展工作实施方案》《支持浙商创业创新促进上城发展工作考核办法》，建立与各地浙商商会联系走访等制度，建立不同层面不同行业的商圈联谊会，定期召开活动，畅通以商引商渠道，建立浙商联系和沟通体系。是年6月，召开上城区首届支持浙商创业创新大会，会上有12个项目签约，总投资额120亿元。

2013年，区商务局组成多支浙商招商小分队，分别走访北京、天津、山东、湖南、海南、广西、深圳、上海等地浙商商会，以

① 首届杭商大会有杭商代表、外地到杭投资杭商代表和北京、天津、上海、重庆、江苏、山东、四川、江西等17个省市的170余名杭商代表，及杭州各级各部门领导、负责人共1100余人参加。会议以“弘扬杭商精神，树立杭商品牌，共谋杭商发展大计，总结杭商发展经验，表彰杭商先进”为主题。

召开专题推荐会的形式，重点对接规模以上浙商企业50余家，推介上城区可招商资源。对大项目落实相应的责任制和责任人，对特别重要的项目，制定计划，倒排时间，确定时间节点并落实责任人。开展“敲门招商”活动，主动出击，引进国内外500强、民营企业500强和行业领军企业。7月26日，“2013杭州·上城浙商创业创新论坛暨投资环境说明会”在杭州新侨饭店举行，近200家境内外知名企业、全国各地商会负责人参加。说明会当天，有12个大项目现场签约，总投资额近70亿元。全年上城区上报浙商回归项目61个，到位资金81.34亿元，占市下达年度计划35.3亿元的230.42%。

2014年，全区共引进到位资金500万元以上的浙商回归创业创新的省外项目36个，到位资金71.11亿元。其中，内资项目30个，中外合资项目4个，外资项目2个，内资到位资金67.42亿元，外资到位资金约3.69亿元。引进到位资金500万元以上的省外项目36个，到位资金71.11亿元。

2015年，全区上报浙商创业创新引进项目59个，累计省外到位资金69.81亿元，完成市下达年度计划的155.13%。其中，内资项目54个，外资项目5个，内资到位资金65.64亿元，外资到位资金约4.17亿元。

第二节　经济协作

一、接轨上海①

2003年，上城区引进上海市投资项目7个，投资总额1.13亿元。

2004年，上城区根据市政府统一部署，推进接轨上海工作。同时，到上海走访有关部门和重点客商，如卢湾区经协办和金源投资有限公司等，就有关部门项目合作的可行性进行磋商。根据杭州市统一部署到上海开展投资说明推介活动，与上海太平洋百货等企业进行接触洽谈，达成初步投资合作意向。是年，天宇网络科技有限公司等项目完成筹建工作，并开始营业。

2006年2月，区招商局组织有关街道和部门赴上海进行现代服务业的专题招商和客户回访，走访在各自领域中有知名度的上海四维文化传媒有限公司和上海凯恩自动门技术有限公司。是月，上海四维文化传媒有限公司在上城成立浙江分公司。4月10—11日，上城区经贸代表团参加市委、市政府在上海举行的大型招商推介活动。活动期间，上城区先后与上海卢湾区举行工作交流座谈会。区四套班子领导带领4个小组分别走访上海帝泰发展有限公司、上海保利第一太平戴维斯物业管理有限

① 1990年4月，中央提出开发开放上海浦东。中外众多投资者看好浦东，抢占滩头，参与开发。1992年10月，中共十四大报告提出“尽快把上海建成国际经济、金融、贸易中心之一，带动长江三角洲和整个长江流域地区经济的新飞跃”。是年，杭州市发起召开把握机遇接轨浦东研讨会。

公司、上海志成企业发展有限公司等。签约仪式上，上城区签约内资企业14家，总投资16亿元。

2010年，《杭州市人民政府办公厅关于印发杭州市接轨大上海融入长三角打造增长极规划的通知》和《杭州市人民政府贯彻国务院关于进一步推进长江三角洲地区改革开放和经济社会发展指导意见的实施意见》等政策文件下发。4月，上城区组队参加市政府在上海举办的2010杭州（上海）经济合作洽谈暨第十二届中国杭州西湖国际博览会新闻发布会。会上，上城区签约外资项目1个和内资项目2个，总投资10亿元，其中浙江景达投资有限公司项目总投资3亿元。

2011年3月，市政府制定《关于杭州市2011年接轨参与长三角合作与交流工作的意见》，组织实施《长江三角洲地区区域规划》，梳理长三角区域重点合作项目，明确目标任务，落实举措，加快推进长三角区域发展。7月，由区政府领导带队参加市政府在上海举办的2011杭州（上海）经济合作洽谈暨第十三届中国杭州西湖国际博览会新闻发布会。会上，上城区签约内资项目2个，其中浙江滔博体育用品有限公司项目总投资4亿元，浙江美华医疗有限公司项目总投资2亿元。2012年6月，上城区在沪浙（杭）商创业创新座谈会上签约项目2个，其中，浙江咸亨国际通用设备有限公司投资总额5亿元，杭州鑫悦动创业投资有限公司投资总额5亿元。

2014年4月，市政府下发《关于杭州接轨中国（上海）自由贸易试验区发展的意见》，就杭州接轨中国（上海）自由贸易试验区发展提出系列政策措施。上城区发挥行业协会等社会组织的助力作用和企业的合作交流主体作用，为企业合作交流创造环境和条件。全区全年引进上海地区投资项目8个，总投资6.01亿元。

二、区县合作

2003—2004年，上城区共向淳安县严家乡划拨扶贫款80万元，并向淳安、建德、桐庐等地派驻“三农”工作指导员，帮助实施优质农业开发和基础设施建设。

2006年6月，上城区和临安市签订经济合作与交流协议书，为区内企业到临安市投资提供服务，促进两地优势互补，合作共赢。是年，区政府下拨淳安县严家乡帮扶经费35万元，重点用于村间道路建设。上城区政府被评为浙江省国内合作交流工作先进单位。

2007年，上城区推进“百村联百乡、千企结千村”活动。区扶贫开发领导小组办公室会同杭州绿盛集团开始实施帮扶项目——淳安县环村村道“绿盛路”。8月，上城区考察桐庐县合村乡，落实帮扶资金100万元。

2008年，上城区按照中共杭州市委组织部提出的城乡基层党组织“联百乡、结千村、帮万家”要求，选派农村工作指导员2～3名到合村乡的所属村挂职锻炼1～2年。6月，市政府领导率领市政府有关部门、杭州市农业开发领导小组办公室和上城区政府牵头的市级“联乡结村”帮扶小组全体成员单位赴桐庐县合村乡对接2008年“联乡结村”帮扶工作，确定2008年上城区的帮扶项目为卫生院医疗用房及医疗设施改善、学校操场改造项目的收尾工作和启动汽车站建设项目、实施下山移民工程和农产品的优化提升等。8

月，上城区为农村的优质农副产品销售提供市场平台。

2010年，以上城区为牵头单位的市级帮扶集团筹集对淳安县严家乡、桐庐县合村乡等帮扶资金325万元。落实100万元帮扶资金用于共建桐庐县合村乡幼儿园项目，帮助合村乡实施汽车站、学校修建等民生工程项目。上城区成立城乡区域统筹发展工作委员会，制定实施意见与工作方案，由区财政每年安排2000万元专项资金，用于支持城乡区域统筹发展。12月20日，萧山区、上城区与富阳市协作交流会议暨区、县协作签约仪式在富阳市南国大酒店举行，萧山区、上城区与富阳市三方相互签订合作协议。其中上城区落实区、县协作专项资金2000万元，并与富阳市签订产业、教育、旅游、交通专项协作协议。同时，签订乡镇（街道）结对协议，小营街道结对富阳市洞桥镇，清波街道结对富阳市高桥镇，湖滨街道结对富阳市灵桥镇，望江街道结对富阳市受降镇，南星街道结对富阳市渌渚镇。

2011年，小营街道与富阳市洞桥镇签署五年城乡区域统筹发展战略协作协议；清波街道与富阳市高桥镇协商共建高桥镇社区卫生服务中心，年内完成选址立项，申报土地指标；望江街道与富阳市受降镇签订协作协议，计划在2011—2012年联合实施集镇自来水管道及燃气管网改建工程，以解决当地居民的饮水和安全用气问题。至年末，上城区5个街道与富阳市5个乡镇全部完成城乡统筹协作对接工作，落实基础设施、社会发展、中心镇、中心村建设等项目7个。是年，由杭州市“联乡结村”财政专项资金管理办公室、上城区政府、杭州娃哈哈集团有限公司、浙江百诚集团、思美传媒股份有限公司、杭州海兴电力科技有限公司、兴业银行杭州分行等单位出资完成帮扶资金物品累计190万元（其中，集团资金152万元，物品8万元，协调资金30万元）。实施帮扶项目12个。全年落实区县协作专项资金2000万元，落实结对资金250万元。上城区投入52万元开展与富阳市的三年卫生事业协作计划，实施四大协作项目。

2012年，上城区推进区县协作工程，9家落户富阳市的协作企业完成投资26.80亿元。上城区与萧山、富阳签订旅游战略协议，联合推出上城、萧山、富阳三地精品旅游两日游线路和主题经典线路，举办旅游企业联合推广活动。开设2个富阳名优农产品上城直销点，其中面积220平方米的杭州复兴农贸市场直销点于2012年4月营业，开业当天营业额突破2万元，至年末，2个直销点完成销售额近400万元。全区向富阳市转移、签约产业项目15个，意向总投资额52.50亿元，涵盖房地产、农业、制造业、文创业、餐饮业及高新技术业等产业，完成联动招商任务4.80亿元，落实各项协作资金2300万元、“联乡结村”资金152万元。富阳市有38所学校与上城区28所学校结成城乡教育互助共同体。区四套班子领导实现互访，部门、街道层面开展交流活动50余次，全区5个街道42个社区完成村社结对任务。联乡结村帮扶富阳市湖源乡，援助资金20万元；帮扶淳安县王阜乡，援助资金10万元。

2014年，上城区牵头与富阳市湖源乡开展“联乡结村”，完成帮扶项目9个，投入帮扶资金142万元，协调有关方面解决开发资金20万元。12月，举办杭州上城—千岛湖·富阳农产品展示展销会，助推杭州城乡区域统筹发展。全区有12个产业项目落地淳安，4

个联动招商项目到位投资额9001万元。全年共向淳安县落实区域协作资金2250万元，落实淳安县威坪镇西山村帮扶资金10万元，落实淳安王埠乡帮扶资金10万元。全区与淳安共同推进的联动招商项目13个，投资总额达35.44亿元。

2015年，上城区在吴山广场举办“2015杭州千岛湖枇杷节暨上城·淳安千岛湖生态农产品推介会”，加强淳安优质农产品渠道和品牌建设，促进淳安当地农业增效、农民增收。全年向淳安县威坪镇西山村落实20万元帮扶资金。同时，帮扶前一轮对口帮扶单位淳安县王阜乡胡家坪村资金10万元。

2011—2015年，上城区累计对淳安县、桐庐县、富阳区实施帮扶项目50个，共支付帮扶资金987万元。

第三节 “双对口”帮扶和山海协作

一、“双对口”帮扶①

对口支援三峡库区移民　1994年12月，浙江对口支持三峡涪陵库区最大项目——杭州娃哈哈集团公司涪陵分公司成立。1995年，上城区根据浙江省对口支持工作要求，加强对口支持三峡库区工作。11月，上城区根据省第二次对口支持工作会议和市对口支持三峡库区移民工作会议精神，建立上城区对口支持三峡库区领导小组和办公室，具体负责全区对口支持工作。12月，组织区代表团到涪陵市，考察对口支持单位涪陵市敦仁街道，并与涪陵市和敦仁街道的领导接触交流，为落实对口支持工作奠定基础。区经济合作部门编印分发2期有关对口支持三峡库区资料册，为全区各有关部门提供对口支持三峡库区情况和政策信息等服务。

1997年，杭州娃哈哈集团公司继在涪陵对口支援三峡库区项目后，又在革命老区湖北红安等7地组建控股分公司。1999年，杭州陶瓷品市场在重庆大渡口区设立分场。

对口帮扶四川脱贫　2004年，上城区按照全市“双对口”工作会议部署，筹措四川省阆中市对口帮扶资金，多次实地考察落实帮扶项目，签订帮扶协议。在浙江省党政代表团考察访问四川、重庆、湖北期间，经上城区多方牵线协调，促成杭州海底世界科普有限公司与武汉市经济技术协作办公室就组建武汉极地世界公园合作项目进行签约，项目总投资3亿元。该项目占地面积约4万平方米，主要开展海洋生物的展示、海洋科普宣传和有关娱乐项目的开发经营等业务。2003—2004年，上城

① 1992年，中共中央、国务院做出开展全国对口支援三峡库区移民和对口帮扶四川脱贫工作的重大决策。1993年12月，杭州市成立对口支持三峡库区移民工作领导小组。1997年1月，成立市对口帮扶四川脱贫工作领导小组。是年，合并对口支持三峡库区移民工作领导小组和对口帮扶四川脱贫工作领导小组，成立杭州市对口支持三峡库区移民和对口帮扶四川脱贫工作领导小组（简称“双对口”工作领导小组）。

区共向四川省阆中划拨扶贫款90万元，帮助实施优质农业开发和基础设施建设。

2006年5月中下旬，由区经济合作办公室、有关街道、部门组成扶贫工作考察组，考察和检查四川省阆中彭城镇界牌垭村的整村推进工作，并与四川省阆中市签订《2006年对口帮扶工作协议书》，拨付2006年对口扶贫资金30万元。11月，再度赴阆中实地检查对口帮扶村的实施情况，并与当地政府探讨如何根据当地实际，深化帮扶工作举措。上城区政府被评为浙江省对口支持工作先进单位。

2008年4月，区招商局赴阆中考察验收2007年帮扶项目，并对2008年项目进行衔接落实。根据中央和省市部署，上城区启动对四川省青川县的灾后重建帮扶工作，由区财政安排专项资金15万元及帮扶项目资金35万元。至2008年，“双对口”工作（包括对口支持三峡库区移民）共投入帮扶资金100余万元。2008年，上城区政府被评为省、市双对口十年工作先进集体。

2009年，上城区完成四川省阆中市界牌垭村、张盐井村等整村推进工作，在当地实施农业基础设施、农作物改造项目10余个，到位项目资金108万元。2010年，落实对口支援援助金35万元，用于帮助四川省南充市实施农业基础设施等10个项目。2011年，落实对口支援援助金35万元，用于帮助四川省阆中市宝台乡中心学校教学楼维修加固，其中幼儿教学楼维修加固400平方米，新建学生厕所300平方米，项目建成后，可解决200名儿童入园学习及1500名师生公共卫生设施的改善。2012年，上城区落实对口支援援助金35万元，对口支持四川省阆中市。

2013年9月，上城区启动对四川省甘孜州新龙县对口帮扶工作。是年，上城区争取杭州市级和区本级帮扶资金共600万元，用于新龙县发展经济作物种植、新农村建设、学校危房改造、扶贫培训等。2014年，对口支援四川省阿坝州若尔盖县，落实345万元帮扶资金，共同推进特色产业、社会事业发展，实现优势互补，共同加快发展。

对口帮扶贵州省黔东南州雷山县　2013年12月，区委领导率上城区代表团考察调研贵州省黔东南州雷山县，开展对口帮扶工作。上城区提出根据雷山县的实际，在增强雷山县自身“造血”功能上下功夫，重点利用民族文化优势做文章，加大交通、水利等基础设施帮扶力度，加快雷山民族文化旅游产业发展，带动全县经济社会快速发展；发挥上城区在资金、技术、市场等方面的优势，加强项目推介和优势资源共享，引导支持企业到雷山参与开发建设，提高对口帮扶工作的实效性，实现两地共同发展。

2014年1月，上城区与雷山县签订《2015年度上城区—雷山县对口帮扶合作备忘录》，清波街道、紫阳街道分别与雷山县丹江镇、西江镇建立小城镇建设合作关系，点对点强化帮扶实效。8月，上城区将位于南宋御街（中山中路119号）300平方米的商铺无偿提供给雷山县设立西江千户苗寨水云间风物馆，推出贵州省东线旅游产品，展示苗寨旅游文化。全年落实帮扶资金200万元，并专门捐赠援助资金30万元，帮助雷山县在上城区举行2014年贵州·雷山旅游推荐会。

2015年，上城区落实帮扶资金280万元，帮助雷山县金鼎龙大酒店有限公司在斗富三桥52—54号设立雷山县酸汤鱼餐馆，举办雷山县与上城区两地茶叶交流会。在雷山县先后遭遇4次特大暴雨袭击时，上城区向雷山县寄送慰问信，并在雷山县举行主题为“爱心献灾区——重建美好家园”的“苗岭笙歌”音乐季专场赈灾义演晚会，捐款50万元。

二、“山海协作”①

2004年，根据杭州市统一部署，上城区与浙江省衢州市常山县签订合作交流协议，根据两地实际组织有关企业前往考察，寻找合作项目，扩大“山海协作”成果。

2006年7月，杭州市和衢州市签署资源与产业合作协议，拉开“十一五”规划期间（2006—2010年）深化“山海协作”工程的序幕。上城区实施“山海协作”工程，加强与常山县的经济合作，组团参加常山县胡柚文化节经贸活动。

2007年上半年，由区政府领导带队的上城代表团前往衢州参加“杭州—衢州山海协作工程·百村经济发展促进计划”工作会议。会上，杭州绿盛集团有限公司与常山县辉埠镇东乡村签署结对协议书。上城区企业杭州景文百货有限公司参与省“山海协作”工程，投资7000万元，成立衢州景文百货有限公司，进驻衢州时代广场。

2008年11月，区招商局赴常山县辉埠镇和新桥乡实地考察2008年帮扶项目，并就已实施的项目进行分析评估。

2009年，《浙江省人民政府办公厅关于实施新一轮山海协作工程的若干意见》《浙江省山海协作工程考核办法》等文件下发。上城区开展“山海协作”和“联乡结村”工作，落实常山县东乡村新农村建设帮扶资金10万元。2012年，对口帮扶金华市武义县俞源乡，援助资金10万元。

2013年11月，上城区组织人员赴衢州对接“山海协作”工程，实地考察“山海协作”产业园和衢州经济开发区，召开两地工作交流座谈会，并举行捐赠资金仪式，捐赠资金10万元。

2014年，上城区与衢州市常山县东乡村对接项目2个，到位帮扶资金10万元。是年，向武义县俞源村拨付10万元帮扶资金。

2015年，上城区向常山县东乡村落实15万元帮扶资金。杭州市上城区教育局每年筹措25万元经费，专项用于支持衢江区教育发展。

① “山海协作”工程是浙江省委、省政府在2001年全省扶贫暨欠发达地区工作会议上提出，2002年4月正式实施的一项旨在推进浙江省沿海发达地区、经济发达地区与浙西南欠发达山区和舟山海岛为主的欠发达地区间通过经济协作，实现全省区域协调发展的重大战略工程。

第十五篇 旅游

上城区位于杭州主城区中部偏南，东临钱塘江，西贴西湖，南枕玉皇山，是南宋皇城遗址所在地，杭州商贸旅游中心和文化创意中心。

上城区旅游文化历史源远流长。隋唐时期，杭州一跃成为东南名郡，今上城区域即是其核心所在。南宋定都临安（今杭州），临安成为全国政治、经济、文化中心，旅游随之兴旺，旅舍、饭馆、瓦子等旅游服务设施集中于上城繁华坊巷之中。“西湖十景”[①]初步形成，今上城境内的柳浪闻莺为其中之一。元明清时期，杭州与海外交往频繁，旅游业仍有发展。民国时期，铁路开通，旅游交通更加便利。中华人民共和国成立后，市政府疏浚西湖，整修游道，兴建柳浪闻莺公园，改变长期荒芜的环境面貌，带动上城区旅游事业不断发展。1953年，国家城市建设总局邀请苏联专家到杭州帮助编制《杭州市初步规划示意图》，提出杭州城市发展的方针是“以游览、休养、文化为主”的风景城市。

① “西湖十景”：指杭州市著名旅游景点西湖及其周边的10处特色风景。分别为苏堤春晓、断桥残雪、曲院风荷、花港观鱼、柳浪闻莺、雷峰夕照、三潭印月、平湖秋月、双峰插云、南屏晚钟。

1978年，市委、市政府确立建设风景旅游城市、加速旅游事业发展的指导方针。1983年5月，国务院批复杭州城市总体规划，明确杭州的城市性质为“历史文化名城和全国重点风景旅游城市”。1985年5月，杭州市第六届人民代表大会第四次会议通过“建设第一流的风景旅游城市”决议，上城区旅游事业开始走上蓬勃发展之路。1993年起，区委、区政府加大对历史旅游景点的保护整治，改善旅游服务设施，推动上城旅游业走上健康发展道路。

1997年，市政府首次召开全市旅游工作会议，指出旅游业是国民经济的支柱产业和新经济增长点，重申建设现代化国际风景旅游城市的决心。1999年，上城区建成吴山广场。2001年10月18日，清河坊历史文化特色街区一期工程河坊街开街迎客。2002年，市委、市政府实施“构筑大都市、建设新天堂”和“旅游西进”的旅游国际化战略。上城区重点推进清河坊历史文化特色街区和湖滨商贸旅游特色街区建设。是年，杭州市上城区贸易局更名为杭州市上城区商贸旅游局（简称区商贸旅游局）。2003年，区商贸旅游局开始履行属地旅游行业监管职责，承担起对全区旅游行业的管理、协调、指导、服务职能。

2003年，《杭州市历史文化名城保护规划》印发，规划确定小营地区一带为传统民居保护区，中山中路的西洋风格建筑、湖滨地区的花园洋房、湖边邨的石库门建筑群为近现代建筑较为集中的片区，并对上述区域内的建筑密度、高度、绿地率等提出控制要求。2005年，区商贸旅游局建立旅游质量监督网络，并将景区和星级宾馆的安全生产纳入行业监管。是年，杭州严官巷南宋御街遗址入选2004年全国十大考古新发现，上城区借助优势，重点发展遗址访古旅游。

2006年，为适应杭州国际风景旅游城市的要求，结合上城区特色资源，《上城区旅游业发展“十一五”规划》编制完成，提出深度包装“湖滨、清河坊、南山路”三大特色街区，建设解放路、中山南（中）路两条特色辅街，打造集历史、商业、现代化为一体的上城旅游品牌。

2007年7月，区委八届三次全体（扩大）会议提出，努力建设“生活品质示范区”目标，明确要发挥上城区特色街区的品牌效应，集聚旅游人气。是年，清河坊历史文化特色街区成为国内首个被评为国家AAAA级旅游景区的商业特色街区。景区内有于谦故居、胡庆余堂国药、吴越人家、清河坊民俗博物馆、朱炳仁铜雕博物馆等丰富的旅游特色场馆。

2008年，区商贸旅游局编制《中山路城市有机更新和综合保护工作旅游发展规划》，规划“中山路作为商业服务、休闲观光、生活居住为一体的商住综合街区，打造成国际级旅游产品”。

2012年，区委提出推进国际化，着眼提升幸福度，打响“南宋古都，经典上城”品牌。是年起，新成立的杭州市上城区风景旅游局（简称区风景旅游局）围绕“南宋古都，经典上城”城区品牌建设要求及旅游休闲产业发展目标，先后编制《小营·江南红巷景区规划》《五柳巷历史街区旅游总体规划》等规划，开发多条旅游线路及“南宋文化节”等节庆旅游产品，提高上城区旅游品牌的知名度。2014年9月，小营·江南红巷成功申报为国家AAA级旅游景区，是当时杭州市唯一一个AAA级红色旅游景区。

至2015年末，上城区有柳浪闻莺、吴山天风、钱祠表忠、湖滨晴雨4个西湖风景名胜区著名景点，清河坊历史文化特色街区（国家AAAA级旅游景区）和小营·江南红巷（国家AAA级旅游景区），以及八卦田、南宋官窑博物馆、江洋畈生态公园等景区、景点；吴山庙会、城市国际日、南宋文化节、中国民间艺人节等旅游节庆，形成文化古迹游、休闲养生游、休闲观光游、健康生态游、自然野趣游、红色追忆游等旅游线路，杭州丝绸、朱炳仁铜雕、王星记扇子、定胜糕等旅游产品深受旅游者欢迎。

第一章　旅游规划

1978年，市委、市政府确立“建设风景旅游城市、加速旅游事业发展”指导方针。1981年末，市政府提出“建设美丽、清洁、文明、繁荣的社会主义风景旅游城市”战略构想。1998年，市委、市政府提出要努力把旅游业建设成为杭州市经济的支柱产业和新的经济增长点，编制《杭州市旅游业发展规划（1998—2010年）》，明确加快吴山景区和南宋皇城遗址公园的建设。1999年，上城区启动清河坊历史文化特色街区保护性开发工作，在有关专家的指导下，遵循修旧如旧原则，保留杭州悠久历史文脉，再现街区的历史风貌。2000年，市政府颁布《杭州市清河坊历史街区保护办法》。

2003年7月，《杭州市历史文化名城保护规划》印发，明确保留传统建筑风格，开辟传统特色街区。2005年9月，《杭州市旅游发展总体规划（2004—2025年）》完成，明确上城区“城市传统文化游憩商务街区”旅游发展总体定位。2006年，杭州市制定《杭州市旅游业发展规划（2006—2010年）》，明确要求恢复中山中路历史街区、南宋皇城遗址公园。上城区相应编制《上城区旅游业发展“十一五”规划》，提出以“湖滨、清河坊、南山路”三大特色街区旅游产品的打造为抓手，明确三大街区的范围和主要建设项目。

2007年9月，《杭州市旅游发展总体规划（2006—2020年）》印发，再次明确上城区旅游发展定位于“城市传统文化游憩商务街区”。2008年5月，区商贸旅游局联合杭州市旅游委员会、浙江大学旅游研究院编制《中山路城市有机更新和综合保护工作旅游发展规划》，规划打造中山路成为集观光、休闲、美食、演艺、体验等于一体的国际级旅游产品。

2013—2015年，区风景旅游局先后编制《小营·红巷景区规划》《五柳巷历史街区旅游总体规划》《南宋“二十三坊”旅游街区规划》。根据规划，上城区建成五柳巷历史街区和小营·红巷景区。

第一节　总体规划

一、《杭州市旅游业发展规划（1998—2010年）》

1998年9月，《杭州市旅游业发展规划（1998—2010年）》编制完成，明确加快吴山景区和南宋皇城遗址公园的建设，以保护和开发南宋皇城遗址为核心，建成杭州南宋古都风情旅游区，开发南宋六部遗址、南宋太庙遗址等南宋古迹，组成富有特色的南宋古都风情旅游线路。

二、《杭州市历史文化名城保护规划》

2003年7月，《杭州市历史文化名城保护规划》完成，明确规定上城区诸多区域的规划，为上城区旅游资源开发奠定良好基础。其中，确定小营地区一带为传统民居保护区，确定中山中路的西洋风格建筑、湖滨地区的花园洋房、湖边邨的石库门建筑群为近现代建筑较为集中的片区，并对上述区域内的建筑密度、高度、绿地率等提出控制要求。中山中路原为南宋都城最繁华的商业街，规划辟为传统商业街。大井巷曾是中医中药集中之地，规划辟为以胡庆余堂国药号为主的中药博物馆和药业一条街。吴山路过去以小吃闻名，规划仍恢复小吃一条街。河坊街作为古城风貌最浓厚的地区，规划辟为土特名产、风味小吃、民间博物馆等具有浓郁地方特色的街区。元宝街、小营巷等地的建筑具有粉墙黛瓦、石库门、深庭院、花木扶疏、清幽整洁的特点，规划划出一定范围作为典型居住坊巷加以保护。

三、《杭州市旅游发展总体规划（2004—2025年）》

2005年9月，《杭州市旅游发展总体规划（2004—2025年）》完成，明确上城区旅游发展定位为“城市传统文化游憩商务街区”，重点发展遗址访古、特色文化街区、都市旅游产品、吴山城隍民俗体验等类型的旅游，主要规划包括宋都公园修复与保护工程、宋城社区、清河坊历史文化特色街区等在内的项目。为保护和利用南宋皇城遗址公园，加强南宋皇城遗址保护工作，利用南宋“三省六部”官署遗址、南宋太庙遗址、南宋临安府治遗址等南宋古迹发展以南宋皇城遗址公园、宋城社区、宋词寻踪、仿宋宫廷乐舞或艺术等为主要内容的古都文化旅游。

四、《杭州市旅游业发展规划（2006—2010年）》

2006年7月，《杭州市旅游业发展规划（2006—2010年）》完成，明确要求恢复中山中路历史街区、南宋皇城遗址公园，推进和完善湖滨、清河坊、南山路、延安路、解放路等商业特色街区建设，注重特色，提升档次，通过调整经营结构，实行错位经营，完善商业特色街区的购物、观光、休闲综合服务功能。

五、《上城区旅游业发展“十一五”规划》

2006年，为贯彻《杭州市旅游业发展规划（2006—2010年）》的要求，上城区编制《上城区旅游业发展“十一五”规划》，提出以“湖滨、清河坊、南山路”三大特色街区旅游产品深度包装为主，以解放路、中山南（中）路两条特色街建设为辅，按照杭州国际风景旅游城市的要求，结合上城区独特资源，做足“历史文化、商业文化、建筑文化、现代（都市）文化”文章，建设具有浓郁地方特色和文化内涵的特色街区旅游产品，使之成为发展现代旅游业的重要载体。

该规划还确定三大街区的范围和主要建设项目。其中，湖滨商贸旅游特色街区范围：东至浣纱路，南至解放路，西至湖滨步行街，北至庆春路，占地面积40万平方米；主要建设项目有湖边邨、思鑫坊、龙翔里、劝业里、九星里、群英饭店等7处；重点突出国际化、现代化、时尚化、个性化的旅游休闲商务功能。

清河坊历史文化特色街区范围：东至中河路，南至吴山，西至劳动路，北至西湖大道，占地面积72万平方米；主要建设项目有吴山科技馆、吴山博物馆、万源绸庄旧址、中山中路历史建筑、大井巷历史建筑、打铜巷历史建筑等12处；重点突出集观赏性、艺术性、文化性、商业性于一体的商贸旅游功能。

南山路艺术休闲特色街区范围：东至孝子坊，南至清波街，西至南山路，北至荷花池头，占地面积1.8万平方米；主要建设项目：孝子坊、广福里北、勾山里、西湖新天地等5处；重点突出传统特色和现代风情休闲相结合的文化功能。

六、《杭州市旅游发展总体规划（2006—2020年）》

2007年9月，《杭州市旅游发展总体规划（2006—2020年）》完成，重申上城区旅游发展定位于“城市传统文化游憩商务街区”。重点发展遗址访古、特色文化街区、都市旅游产品、吴山城隍民俗体验；确定主要旅游项目为宋都公园修复与保护工程、宋城社区、清河坊等特色文化街区等。其中，明确科学恢复和保护南宋皇城遗址，恢复玉皇山南片（八卦田景区）历史风貌；逐步搬迁遗址区内的居民和工业建筑用房；局部保护性修复重要宫殿和御花园；结合电子化模型展示南宋皇城宏伟规模；依托南宋画院、御膳房等开展南宋皇城文化体验和寻踪游览。

明确开发市井民俗艺术旅游产品，以清河坊历史文化特色街区和中山中路文化街区为主要的旅游吸引物，以各种展示“南宋余韵、市井风情”的颇具民间特色的民俗表演为重要依托，向国际游客展示各种民间绝活，通过具体的体验感受富有中国特色的传统文化。主要包括民间传统杂耍技艺表演、民间工艺品购买及学做、民间手艺绝活展示、民间美食品尝、民间庙会体验等。

该规划还明确以南宋官窑遗址为依托，深入挖掘陶瓷文化，将南宋官窑博物馆和邻近的杭州陶瓷品市场、杭州国际旅游品市场结合起来，开设包括陶瓷艺术品欣赏、陶瓷艺术品购买、官窑陶瓷制作过程表演、陶瓷制作亲身体验、陶瓷制作学艺等旅游项目；扩大博物馆规模，强化南宋官窑瓷器珍品搜集、收藏、展示内容，并与修复内窑遗址相联合，将该博物馆真正建成涵盖南宋官窑制作艺术的场所；在邻近地区复原官窑遗址，向游客真实再现制胎、上釉、烧瓷等制作瓷器的全过程；加强游客体验性，使得游客可参与制作陶胎、上釉、烧瓷等实际制瓷工序中的几道工序或所有工序，亲身体验有悠久历史的中国制陶文化的魅力；对于有特殊兴趣的国际游客，可开发历时较长的“瓷器制作全程体验”旅游产品；将南宋官窑博物馆与杭州陶瓷品市场有机结合，形成弘扬陶瓷文化与热销陶瓷品的共荣局面。

第二节　专项规划

一、《中山路城市有机更新和综合保护工程旅游发展规划》

中山路是杭州城市发展的独特资源，是上城区建设“国际水准的高品质中心城区”战略重点，是杭州打造“国际旅游综合体”先行试验区。市委、市政府在中山路历史街区综合保护与有机更新战略中，以“建筑历史博物馆”和“宜居、宜商、宜游、宜文”的特色街区为定位，要求对历史遗存的整体保护和街区城市功能与产业的有机更新并行，通过对街区复合共生资源的综合开发，使各种资源得到最大限度的利用，产生整体的综合城市效应。

2008年5月，根据市委、市政府的要求，区商贸旅游局编制《中山路城市有机更新和综合保护工程旅游发展规划》。该规划坚持以整治战略为目标，以“恢复城市记忆，复兴历史街区，交融中西文化、促进国际旅游”为指导思想，把握杭州建设国际旅游城市的战略目标和国际国内旅游市场发展趋势，深度挖掘历史文化、民俗文化、商贸旅游、市井文化、历史建筑及特色民居等资源，完善街区旅游与商业业态布局，做足“宜游”文章，致力于为中外游客和杭州市民打造一个集观光、休闲、美食、演艺、体验等于一体的旅游街区，力争将中山路打造成为杭州又一国际级旅游产品，成为代表杭州“生活品质之城”的标志性品牌。在功能上，落实宜居、宜商、宜游、宜文的定位，突显宜游功能；在形态上，处理好原真性、整体性、延续性、游赏性的关系，实现“四性”合一；在项目上，注重“四结合”理念，即本地与国际的结合，传统与时尚的结合，现代与经典的结合，高雅与通俗的结合。

规划从旅游角度整合商业、文化及相应资源，规划区域重点为中山中路和中山南路，旅游与商业业态布局以中山中路为主，中山南路为辅。其中，中山中路鼓楼至解放路段的步行区域为旅游国际化的重点区域，是上城区建设“国际水准的高品质中心城区”的战略重点，是杭州打造国际旅游综合体以实现从旅游城市向城市旅游发展的先行示范基地。业态总体布局规划中山路四段七块，即中山南路段、中山中路南段、中山中路中段、中山中路北段；百工百业百艺百乐荟萃区、国际创业实验区、国际旅居部落、SOHO创艺坊、中外美食一条街、中外老字号步行街、百工坊。同时，基于中山路商业和旅游资源，设计六大旅游产品体系：历史建筑博览园观光、购物体验、中外美食品尝、民俗文化体验、休闲娱乐、节事活动。

二、《小营·江南红巷景区规划》

2013年11月，为整合小营·江南红巷优质红色旅游资源，创建杭州城区首个红色旅游景点，小营街道、区风景旅游局与浙江工商大学旅游规划设计院联合编制《小营·江南红巷景区规划》，指导小营·江南红巷景区的基础建设、旅游服务功能完善和未来发展。

根据“以市场为导向、以资源为基础”的原则，定位小营巷景区旅游品牌为“江南红巷”“杭州首个红色旅游景区”“科学家故里”“红色精神传承之地”“社区建设典范”。规划景区总体布局为“两心一区”，即游客接待中心、综合服务中心和游览区。打造“小营·江南红巷”品牌，树立杭州首个“红色旅游”景点的品牌形象，努力打造红色旅游、历史古建筑旅游、名人文化旅游等不同特色的核心吸引物，丰富旅游景区项目与产品，充分引入市场化运作模式，让景区独立、自主经营，重视社区参与，促进景区可持续发展，构建富有社会责任的景区。明确规划发展目标为完善旅游基础设施，创建国家AAA级旅游景区，通过对“小营·江南红巷”品牌的初步打造，使小营·江南红巷景区成为浙江省重要的红色旅游景区。在景区发展逐渐成熟的基础上，融入周边优秀红色资源点，构建小营·江南红巷国家AAA级景区，成为长三角地区重要的红色旅游目的地，并申报国家级、省市级各项荣誉称号。联合浙江辛亥革命纪念馆、浙江革命烈士纪念馆、杭州解放纪念碑等省市红色旅游资源，组建杭州都市红色旅游联盟，在全国形成一定的影响力和号召力。

三、《五柳巷历史街区旅游总体规划》

2014年，区风景旅游局编制《五柳巷历史街区旅游总体规划》，提出依托五柳巷历史悠久的古建筑、滨水人家、市井商贸、中医养生、遗址遗迹等文化载体及其故事传说，深挖五柳巷文化内涵，演绎多元化文化形态，创意发展文化旅游业态；利用东河优美的生态环境，以原真性老杭州滨水生活场景建设为指引，大力发展新型旅游产品，将五柳巷历史文化街区打造成为集老杭城滨水生活体验、中医养生、市井生活、美食休闲等于一体的老杭城滨水生活和休闲体验街区。

规划从文化内核进行分析，市井风情、滨水人家、中医文化延展出三大文化分支，以此对应旅游区核心功能区；充分利用现有东河河道进行设计，打造独具特色的滨水体验区；在对历史公建与现状业态分布进行系统分析的基础上，对各个区块进行业态集聚与功能化统一打造，形成局部功能化分区。空间结构规划十四大节点：五柳小御园，杭州老市，民国街，东河戏台，九种民宿，入口文化广场，古城墙，滨水生活景观，三昧庵，次入口节点，古建遗迹，街区展示厅，斗富一桥、二桥、三桥，安乐桥。规划明确五柳巷历史街区特色静态产品与动态活动相结合，凸显“河边寻烟柳，小巷访画桥”市井风情的独特韵味，形成一条体现杭州特有休闲文化氛围的历史文化街区，打造火车站—五柳巷—河坊街—西湖旅游带。完善五柳巷的游览体系建设、旅游要素配套，推出休闲创意、小众定制的坊巷寻访等社交生活与遁世体验。以巷弄体验式旅游、零售休闲文化、传统手工业作坊为主导，形成一条体现杭州特有休闲文化氛围的历史文化街区。竖立中华老中医铜像，建造富有故事性的中医历史墙绘，以及在绿化带中栽培中药材，将中医文化作为五柳巷历史街区的新“招牌”。

四、《南宋“二十三坊”旅游街区规划》

2015年，区风景旅游局编制《南宋“二十三坊”旅游街区规划》，提出通过“政府引导，社区参与，市场运作，社会共享”等方式，引导业态转型，促成产业集聚，盘活文化资产，拉动周边商圈，发挥综合效益。规划将南宋“二十三坊”打造成与“北京胡同”相对应的国际知名旅游品牌，成为京杭大运河南端的著名“市井文化”旅游产品，杭州市最受旅游者欢迎的老杭州市井生活和文化展示区，上城区重要的旅游休闲和文化产业集聚区，与河坊街、南宋御街并称上城三大文化休闲旅游商圈。

规划明确功能分区为“一心四区四街”：以太庙为中心的旅游服务中心，构建老杭州人家、老杭州生活（商贸）区、宗教文化区、南宋文化区，划定十五奎巷、城隍牌楼巷至四牌楼元宝心一带、大马弄、中山南路为四街范围。规划旅游产品设计为“四个一、五个老、三个节”：即规划设计一条最能代表老杭州市井生活和文化特色的游览线路，争取纳入“杭州一日游”线路，并与周边景点紧密结合；编导并制作一出反映老杭州文化的民间社戏，在太庙广场定期演出；以太庙广场为中心，引导民间广场文化集聚，营造老杭城的市井生活场景；利用“五个老”（老井、老巷、老屋、老茶馆、老字号）资源，挖掘水井里的故事，打造几条特色街巷，修复若干杭州具有代表性的老式民居建筑和历史文化建筑，开设特色小茶馆、聊天室，扶持民间特色老字号；做活吴山庙会、亲子文化周、老杭州文化艺术节三大节庆。

第三节　规划实施

21世纪初开始，上城区根据规划重点推进湖滨商贸旅游特色街区、清河坊历史文化特色街区、南山路艺术休闲特色街区建设，至2015年末，三大特色街区[①]已成为上城区旅游的热门街区。

一、中山路—南宋御街

依据《中山路城市有机更新和综合保护工程旅游发展规划》，2008年7月，区商贸旅游局开始打造“中山路—南宋御街”，并将其纳入清河坊历史文化特色街区景区。参照国家AAAA级景区规范标准，完成多语标识、无障碍设施、交通组织、观景设计、景区导示、数字通讯、网络平台等。同时完成“中山路—南宋御街”的调整，恢复老字号。是年，杭州吴山地区开发建设指挥部完成“中山路—南宋御街”沿街历史

① 详见第十篇特色街区园区。

建筑立面整治修复工程、街区特色的亮灯工程和景观美观绿化工程，保护修缮文保历保建筑11处，共计面积约1.05万平方米，新建骑楼9处，完成南宋御街陈列馆建设。2009年9月30日，南宋御街正式开街。

二、小营·江南红巷

2014年，上城区在小营·江南红巷实施景区硬件改造工程，增设景区文化墙、商标（Logo）文化石等，改造小营花厅，完善红巷生活广场场馆功能布局，更新并完善导览标识系统、监控系统和景区整体及周边外立面等配套设施。制定景区管理制度，开通咨询、投诉及医疗服务专线，并通过微信平台、景区网站实现景区“智慧旅游”。利用钱学森故居、钱学森航天科普（图书）馆、红巷梦工场等资源，开展主题活动及公益志愿服务，丰富景区的旅游互动体验，提升服务品质。是年9月，小营·江南红巷成功申报为国家AAA级旅游景区，是杭州市唯一一个国家AAA级红色旅游景区。

三、五柳巷历史文化街区

2015年，上城区对五柳巷内历史建筑进行修缮和复建，拆除违章建筑，增设基础设施，完成街区小品、标牌等改造，使充满江南水乡韵味的沿河小街重现南宋时期“老杭州”市井生活。同时推出“江南水乡巷弄”体验式旅游品牌，利用西湖博览会、杭州美术节、南宋斗茶节等传统旅游项目，以“互联网+”旅游的手段，设计景点线路。

第二章　旅游景区（点）

1984年，上城区的吴山天风成为“新西湖十景”[①]之一。1999年3月，区政府对清河坊全面启动拓宽改造工程，同时对清河坊历史文化特色街区进行保护性开发。2001年，清河坊历史文化特色街区一期工程竣工并正式开街迎客。2007年，清河坊历史文化特色街区景区成为国内首个被评为国家AAAA级旅游景区的商业特色街区。2007年上城区的钱祠表忠、湖滨晴雨2处景点入选“三评西湖十景”。[②]

2011年，中共杭州小组纪念馆打造完成。2013年，区风景旅游局开始整合中共杭州小组纪念馆、钱学森故居、毛主席视察小营巷纪念馆等优质红色旅游资源，打造小营·江南红巷景区。2014年，小营·江南红巷成功申报国家AAA级旅游景区。景区内有中共杭州小组纪念馆、钱学森故居、红巷生活广场等特色场馆。2015年，玉皇山南基金小镇启动国家AAAA级旅游景区创建工作，经提交旅游资源评估报告，通过省级专家评审，迈出申报国家AAAA级旅游景区的第一步。

至2015年末，上城区有属于国家AAAAA级旅游景区西湖风景名胜区的柳浪闻莺、吴山天风、湖滨晴雨等景点，以及清河坊历史文化特色街区国家AAAA级旅游景区、小营·江南红巷国家AAA级旅游景区。此外还有名人故居53处、各类博物馆13个和杭州孔庙、凤凰寺、白塔公园等著名景区（点）。

① 1984年，杭州日报社、杭州市园林文物管理局、浙江电视台、杭州市旅游总公司、《园林与名胜》杂志5家单位联合发起举办新西湖十景评选活动，邀请夏衍、吴冷西、王朝闻、刘开渠、常书鸿为景名评选委员会顾问。最后评选出10处景点：云栖竹径、满陇桂雨、虎跑梦泉、龙井问茶、九溪烟树、吴山天风、阮墩环碧、黄龙吐翠、玉皇飞云、宝石流霞。

② 2007年6月，为更全面地反映西湖美景，杭州举行“三评西湖十景”活动，评选范围是除“西湖十景”“新西湖十景”之外的，自20世纪80年代起西湖保护建设特别是2002年起实施西湖综合保护工程期间恢复重建、修缮整治的145处景区（点）。10月27日，在第九届中国杭州西湖博览会开幕式上正式揭晓“三评西湖十景”名单。当选的10个景点是灵隐禅踪、六和听涛、岳墓栖霞、湖滨晴雨、钱祠表忠、万松书缘、杨堤景行、三台云水、梅坞春早、北街梦寻。

表15-2-1　2015年上城区主要景区景点情况表

序号	景区（点）	类别	位置
1	柳浪闻莺	国家AAAAA级旅游景区	西湖东南岸
2	吴山天风	国家AAAAA级旅游景区	吴山
3	湖滨晴雨	国家AAAAA级旅游景区	西湖东岸
4	钱祠表忠	国家AAAAA级旅游景区	柳浪闻莺公园内
5	清河坊历史文化景区	国家AAAA级旅游景区	河坊街180号
6	小营·江南红巷景区	国家AAA级旅游景区	皮市巷3号

续表 15-2-1

序号	景区（点）	类 别	位 置
7	玉皇山景区	景区	元宝街18号
8	望仙阁	历史建筑	中山南路十五奎巷口
9	鼓楼	其他遗迹	中山南路十五奎巷口
10	八卦田遗址公园	公园	虎玉路41号
11	白塔公园	公园	老复兴街
12	杭州博物馆	博物馆	粮道山18号
13	南宋官窑博物馆	博物馆	南复路60号
14	胡庆余堂中药博物馆	博物馆	大井巷95号
15	杭州世界钱币博物馆	博物馆	河坊街178号
16	浙江美术馆	博物馆	南山路138号
17	光达美术馆	博物馆	虎玉路18号
18	朱炳仁铜雕博物馆	博物馆	河坊街221号
19	杭州孔庙（碑林）	博物馆	劳动路65号
20	南宋遗址陈列馆	陈列馆	白马庙巷6号
21	毛主席视察小营红巷纪念馆	名人纪念馆	小营巷56号
22	龚自珍纪念馆	名人纪念馆	马坡巷16号小米园内
23	中共杭州小组纪念馆	名人纪念馆	方谷园3号
24	伍公庙	名人纪念馆	吴山东南角
25	钱王祠	名人纪念馆	钱王祠路11号
26	于谦故居	名人故居	祠堂巷42号
27	勾山樵舍	名人故居	河坊街556号
28	胡雪岩故居	名人故居	元宝街18号
29	鲁迅旧居	名人故居	酱园弄12号
30	郁达夫故居	名人故居	大学路场官弄63号
31	钱学森故居	名人故居	方谷园2号
32	麻曷葛刺造像	其他遗迹	紫阳山宝成寺内
33	通玄观造像	其他遗迹	太庙巷7号
34	浙江兴业银行旧址	其他遗迹	中山中路261号
35	紫薇园坐标原点	其他遗迹	延安南路15-2号
36	梵天寺经幢	其他遗迹	凤凰山东麓梵天寺路
37	钱塘第一井	其他遗迹	大井巷22号
38	求是书院	其他遗迹	大学路3弄5号
39	南宋太庙遗址	其他遗迹	中山南路西侧（近太庙巷）

说明：1.此表所列部分景点可参见第二十九篇文化体育第五章文物古迹与历史建筑。2.资料来源于杭州市上城区文化和广电旅游体育局

第一节　国家级景区

一、西湖风景名胜区

杭州西湖风景名胜区位于杭州市中心，以秀丽的湖光山色和众多的名胜古迹闻名中外。西湖风景名胜区总面积49平方千米，其中湖面6.5平方千米。2007年5月8日，经国家旅游局正式批准，成为国家AAAAA级旅游景区。2011年6月24日，“中国杭州西湖文化景观”正式列入世界遗产名录。“西湖十景”中的柳浪闻莺，“新西湖十景”中的吴山天风，“三评西湖十景”中的钱祠表忠、湖滨晴雨位于上城区境域内。

柳浪闻莺　该景点是南宋“西湖十景”之一，位于西湖东南岸，其前身是南宋皇朝御花园——聚景园。宋高宗赵构（1107—1187）退位后，其子宋孝宗赵昚（1127—1194）为奉养太上皇而建该园。为引西湖水入园，开凿人工河道，上设学士、柳浪二桥。园内处处柳色青翠、婉转莺啼，奇花异石，目不暇接。宋末元初蒙古人入侵后，随之迁入的回民将此处作为墓地，盛极一时的园林逐渐荒芜衰败。清康熙帝爱新觉罗·玄烨（1654—1722）南巡时恢复旧时“西湖十景”。20世纪50年代，柳浪闻莺逐渐复兴。此后历经60余年的开发改建，面貌一新。现柳浪闻莺公园占地约21万平方米，北部早先的钱王祠被改建为江南私家园林风格的庭院景区，沿用“聚景园”旧称命名。园内亭台楼榭，假山泉池，小桥流水，矮墙漏窗，奇花异草，各据其位，合为胜景，全园曲径通幽，别有天地。公园东南辟为群众游园文娱活动场所，建有露天舞台，为杭州市民和八方游客晨间锻炼、假日休闲和节日庆典的好去处。每到夏秋季节，公园又是消暑纳凉“夜花园”，举办歌舞、戏曲、电影等活动。

图15-2-1　柳浪闻莺（2015年）　　（戴文昌　摄）

吴山天风　吴山天风位于西湖东南方的吴山，1985年被列入“新西湖十景”。吴山西起万松岭，东到鼓楼，由紫阳、云居、宝莲、峨眉等十几个山头组成。古时，西湖是一个与钱塘江相连的海湾，吴山和宝石山是环抱该海湾的两个岬角。吴山有许多名称。春秋时，此地是吴国南界，称为“吴山”。后为纪念伍子胥（公元前559—公元前484），也称“伍公山”和“胥山”。明朝为纪念清官浙江按察使周新（？—1413），封其为杭州城隍之神，山上建有城隍庙，故吴山又称“城隍山”。由于吴山俯临街巷，历代以来，酒肆遍布，庙宇林立，庙会香市四时不断，三教九流云集于此，成为杭州民俗文化的一个汇聚地。吴山自古有五多，古树清泉多，奇岩怪石多，祠庙寺观多，民俗风情多，名人遗迹多。吴山天风景区以城隍阁为中心，吴山北有东岳庙，南有十二生肖石，山脚下还有清河坊历史文化特色街区。

图15-2-2 钱祠表忠（2012年）
（杭州市人民政府地方志办公室 供稿）

钱祠表忠 2007年，钱祠表忠入选“三评西湖十景”之一。钱王祠位于柳浪闻莺公园内，是供奉五代吴越王钱镠（852—932）的祠宇，旧名表忠观，于北宋熙宁十年（1077）建于龙山，元时被毁。明嘉靖三十九年（1560），表忠观移至清波门灵芝寺重建，改称钱王祠。清雍正六年（1728），钱王祠再次重建，并在祠前立功德坊一座。2001年，市政府为挖掘杭州的历史文化内涵、恢复历史文化景观，在旧址重建钱王祠。重建工程于2002年2月动工，至2003年国庆前夕竣工落成。现钱王祠有吴越国钱氏三世五王塑像、功德崇坊。重建后的钱王祠占地面积1.13万平方米，建筑面积4600平方米，祠内陈列钱氏相关史迹，并以声、光、电等高科技手法再现“钱王修筑海塘”等历史场景，古韵浓郁，情趣盎然。此外，古祠内还建造古戏台，演出《钱镠记》和昆曲、京剧、越剧等。

湖滨晴雨 2007年，湖滨晴雨入选为“三评西湖十景”之一。该景区位于西湖东面，南起湖滨一公园，北至断桥，沿西湖岸约1.5千米，总占地面积9.40万平方米。景区按照景观优美、亲民亲水、生态休闲的设计原则，凭借新颖的园林布局和造景手法，开挖水系，建有大型音乐喷泉、步行街、河埠头、挑水木平台、木花架等富有亲和力和人性化的建筑设施，有著名景点风波亭、马可·波罗纪念像、李泌引水纪念标等，既传承历史又体现现代特征，是西湖边一处可游可憩、可观、可赏的最佳景区，尤其是多雨时节，漫步湖滨，可鉴阴晴雨雾，水天一色。

图15-2-3 湖滨晴雨（2009年） （上城发布 供稿）

二、清河坊历史文化特色街区景区[①]

清河坊历史文化特色街区位于杭城南部景区吴山脚下，范围

① 详见第十篇特色街区园区第三章清河坊历史文化特色街区。

为华光巷以东，中河路以西，高银街以南，鼓楼、城隍山以北，同时向北延伸至祠堂巷于谦故居，向东延伸到元宝街、胡雪岩故居。1999年4月，市政府决定对清河坊历史文化特色街区进行保护性开发。清河坊历史文化特色街区主要分为河坊街、吴山休闲区和南宋御街三大特色区域。河坊街两侧商铺以清末民国初期的古建筑风格为特点，路面为清一色的青石板。街区主要业态为中医药、民俗传统工艺品、古玩字画、茶叶丝绸、餐饮、旅游商品及土特产等。吴山休闲区南靠吴山天风、城隍阁，东接清河坊历史文化特色街区，西至柳浪闻莺，紧靠吴山花鸟市场、小吃城。该区块贯以“灯光、小品、流水、小憩”等手法，把吴山花鸟市场与广场绿化景观、周末花市有机结合，突出“动静结合、商艺结合、赏购结合、休娱结合”风格。南宋御街曾是南宋都城铺设的一条主要街道，以鼓楼为中心，连接太庙遗址，南至紫阳山北，北至西湖大道，贯穿中山中路、中山南路。建筑风格以南宋盛景为主，清末民初为辅。商业业态以老字号商铺、传统食品、街居小作坊、民间工艺品、酒店、茶楼为主体，业态结构突出“老、古、小、杂、吃、俗”六字。

2005年起，清河坊历史文化特色街区一年四季都举办不同主题的特色活动，如春节期间的“年俗活动”、春季的“清河坊民间茶会”、端午节民俗活动、夏季缤纷夜游活动、吴山庙会、中国民间艺人节活动等。2007年，清河坊历史文化特色街区成为国内首个被评为国家AAAA级旅游景区的商业特色街区。

清河坊历史文化特色街区景区内主体街区免费开放。景区内的胡庆余堂博物馆收费，价格10元/次。清河坊历史文化特色街区景区有3条旅游线路：

老杭州经典游：吴山广场—河坊街—清河坊民俗博物馆—胡庆余堂—于谦故居—钱塘第一井—鼓楼。

地方纪念游：鼓楼—万隆火腿庄—景阳观—张小泉剪刀店。

养生保健游：鼓楼—叶种德堂—方回春堂—胡庆余堂—同仁堂—万承志堂—保和堂。

至2015年，清河坊历史文化特色街区先后获得中国民间文化街、全国特色广场、中国著名商业街、全国级“刷卡无障碍”优秀示范街（景）区、中华老字号第一街、第七批全国百城万店无假货示范一条街、全国节庆活动百强、中国历史文化名街、全国商业街先进集体等称号。是年，街区接待游客人数为1820万人次，营业收入达到20.9亿元，税收1.6亿元。

清河坊民俗博物馆　清河坊民俗博物馆位于高银街113号，是全国第一个特色街区民俗博物馆。该馆通过民国时期老店文物或图片资料，以清河坊众多百年老店为背景，把清河坊、吴山乃至杭州的古老民俗展示给游客。

朱炳仁铜雕博物馆　朱炳仁铜雕博物馆位于河坊街221号，建于2004年1月。收藏陈列许多散落在民间的青铜器珍品和近当代铜雕艺术品及文献资料，共有藏品1215件。

吴越人家　吴越人家位于河坊街238号，主要展示蓝印花布的制作工艺（现场表演纺纱、织布、绣花等手工技艺），出售以蓝印花布为主的各类生活和装饰用品。蓝印花布又名“药斑布”，采用全棉纺织，以保健植物为原料，辅以手工刻板，采用刮浆印染工艺精制而成。

胡庆余堂国药号 胡庆余堂国药号位于大井巷95号，是晚清驰誉海内外专门从事中药制作和经营的国药号。清同治十三年（1874）由著名实业家胡雪岩（1823—1885）创办，为全国重点文物保护单位。1987年，在此基础上创办胡庆余堂中药博物馆。店堂正中壁，悬有“真不二价”的金字牌匾。胡庆余堂占地面积3000平方米，内藏文物160余件，由陈列展厅、中药手工作坊、养生保健门诊、营业厅与药膳厅五大部分组成，展示大量中药传统制药器具及上万种中药植物、动物、矿物标本，其中有堪称珍品的，如浙江河姆渡文化、西汉长沙马王堆、宋代泉州湾沉船等地出土的药材。游客既能博览中医药宝库之精华，又能观赏“江南药府”古建筑之风貌。

图15-2-4 胡庆余堂（2011年） （吴汝华 摄）

于谦故居 于谦故居位于清河坊祠堂巷42号，是典型明代江南民居建筑，整体造型简洁秀雅，又有着浓浓的书卷气息。明洪武三十一年（1398），于谦（1398—1457）生于祠堂巷，在此度过青少年时期。于谦死后其故居先改为祠堂，后又为民居，几经更迭，面目全非。1989年，市政府对其进行全面整修。故居现共有前殿、正殿和后殿三进。在前殿和正殿之间，有南北厢房各一间，厢房北面另有配殿一间。除祠堂外，还有表肃堂、思贤亭。故居天井里矗有一尊铁犀牛像，高约2米，浑身乌黑，背上铸有于谦亲撰的《镇河铁犀铭》，体现其为治理黄河不辞劳苦，任劳任怨的大无畏精神。

图15-2-5 于谦故居（2012年） （金光辉 摄）

钱塘第一井 钱塘第一井又名寒泉、吴山井、大井，位于大井巷22号。该井为吴越国时国师释德韶开凿。因为“山脉融液，独源所钟，不杂江湖水之水”[①]的原因，品其水味，为钱塘第一。南宋淳祐七年（1247）杭州大旱，西湖干涸，城中诸多水井皆干枯竭，“独此井日下万绠，不减不盈，都人神之”[②]。明弘治年间

① [明] 田汝成著. 西湖游览志[M]. 杭州：浙江人民出版社，1980：158.

② [明] 田汝成著. 西湖游览志[M]. 杭州：浙江人民出版社，1980：158.

（1488—1505），井眼木石俱坏，参政周木予以整修，并改六眼为五眼。虽然历经千年，钱塘第一井仍然是井水清澈，遇旱不竭，久雨不溢，附近居民多有到此取用者。现有井圈为后人用混凝土制作，呈六边形，上刻“古天井”三字。1986年和2005年分别被列入市级和省级文物保护单位。

图15-2-6　钱塘第一井（2016年）　（陈卫国　摄）

鼓楼　鼓楼位于中山南路431号。始建于五代时期的南朝。明宣德年间（1426—1435），楼内曾置大钟1口，小鼓9面，以供招募报时之用，故有鼓楼俗称。1970年，鼓楼被拆除，2001年重建，2002年重建完成，并于同年10月西湖博览会期间向市民和中外游客开放。鼓楼底层为展示厅，主要用于展示从鼓楼遗址中发现的文物、古砖以及介绍其历史沿革的有关资料。巨幅东阳木雕作品《清明上河图》《鼓楼形胜图》安装在展示厅上方；二楼安置一钟九鼓，重现当年钟鼓齐鸣的情景。群鼓中的大鼓直径达2米，世纪平安钟被放置于观景台上，可供游客击鼓鸣钟以助游兴，引发思古幽情。

图15-2-7　鼓楼（2011年）　（上城发布　供稿）

万隆火腿庄　见第十三篇商业服务第三章商圈商贸场所第五节名店名品。

景阳观　见第十三篇商业服务第三章商圈商贸场所第五节名店名品。

张小泉剪刀店　见第十三篇商业服务第三章商圈商贸场所第五节名店名品。

叶种德堂　叶种德堂位于中山中路49号。叶种德堂由慈溪人叶谱山创办于清嘉庆十三年（1808），是当时杭州自制丸、散、膏、丹的国药号中开设最早、规模最大的一家国药号，原址在望仙桥直街。它以进料严格、炮制精心而名扬海内，畅销全国，曾为杭城国药业六大家之一。民国25年（1936），叶种德堂迁至清河坊新址。叶种德堂整体建筑分为三进：建筑一进为天井，两旁回廊相绕，上面刻绘着神农尝百草、白娘子盗仙草等故事；二进为营业大厅，柱梁场均用钢筋混凝土浇筑而成，清晰的西式罗马线迹和传统的落地罩、立屏、隔扇完美结合；三进为业主居室及高管厢房，家具以红木为主陈设，环境幽雅，显得格外气派大度。

方回春堂　方回春堂位于河坊街117号，于清顺治六年（1649）由钱塘人方清怡创办，是中国最古老的国药馆之一。现方回春堂清河坊店建筑面积2500余平方米，整体布局为典型的明清江南传统特色，主要由三大部分构成，即国药馆、国医馆、参号。其中，国医馆有上百年的古董家具，古老的诊室，透出中医的神秘气息，隐隐显示国医的博大精深。2006年，方回春堂获首批商务部“中华老字号”称号。

图15-2-8　方回春堂（2011年）　（上城发布 供稿）

同仁堂河坊街分店　同仁堂河坊街分店位于河坊街143号。同仁堂创建于清康熙八年（1669），创始人乐显扬。清雍正元年（1723），乐显扬开始供奉清皇宫御药房用药，家族享皇封特权，历经八代皇帝，长达188年。2004年，同仁堂国药号落户河坊街，占地400余平方米，是老字号中医中药文化的重要体验点。

万承志堂　万承志堂位于高银街103号，创建于清光绪元年（1875），原址在清泰街丰禾巷口，与胡庆余堂、叶种德堂并称杭州药业的三大门市，再加上方回春堂、张同泰、泰山堂，并称“中药六大家”。民国26年（1937）因店内伙计不慎，毁于大火。2005年，万承志堂正式复馆开业。2010年10月，国家中医药管理局中华中医药学会决定，将中华中医药学会中医药文化教育传承基地定点设立在万承志堂。2011年3月，万承志堂被商务部授予“中华老字号企业”称号。

保和堂　保和堂位于河坊街227～229号，是一家有近千年历史和美丽动人传说的中药铺。门口楹联“只望世间人无病，何愁架上药生尘”，体现保和堂药铺以济世利民为宗旨的传统。保和堂为上城区中医中药文化重要体验点之一。

胡雪岩故居　胡雪岩故居位于河坊街、大井巷历史文化保护区东部的元宝街18号，建成于清光绪元年（1875），正值胡雪岩事业颠峰时期。豪宅建设工程历时3年，是一座富有中国传统建筑特色又颇具西方建筑风格的宅第。整个建筑南北长东西宽，占地面积7200平方米，建筑面积5800平方米。宅邸内有芝园、十三楼等亭台楼阁，还有董其昌、郑板桥、唐伯虎、文征明等名家书法石刻作品以及两顶十分罕见的红木官轿等。

图15-2-9　胡雪岩故居（2004年）　（陈建荣 摄）

凤凰寺　凤凰寺位于中山中路227号，是中国伊斯兰教四大古寺之一，不仅享誉全国，在阿拉伯国家中也有一定的知名度，每年有众多伊斯兰教徒到此礼拜。凤凰寺建筑形似凤凰展翅，具有伊斯兰教与中国建筑风格相结合的特点。现存大殿共有三组，中间一组为宋时所建，其余两组为元代增建，后由明代依原型重修。其中大殿完全用砖砌成，无梁架，故也有无梁殿之称。殿中以拱券门分隔成为三大间，每间有半球形穹顶，殿顶上的攒尖顶是宋代遗物，中间为八角重檐。殿内礼拜朝向墙砌有凹壁，壁面装有精湛的明代木雕，镌刻有精美的《古兰经》，朱漆贴金，富丽堂皇。该寺是杭州历史悠久的寺庙之一，也是中国文化和阿拉伯文化交流的历史见证。2001年，凤凰寺被国家文物局列为全国重点文物保护单位，成为杭州著名的旅游景点。

三、小营·江南红巷

小营·江南红巷景区西起马市街，东至直大方伯，南到方谷园，北达清吟街，为国家AAA级旅游景区，有浙江省党史教育基地、浙江省爱国主义教育基地、杭州市最具品质体验点、杭州市青年干部成长教育基地、杭州市“红绿蓝”三色现场教学基地、杭州市委党校现场教学点等称号。景区内有毛主席视察小营巷纪念馆、中共杭州小组纪念馆、著名科学家钱学森故居纪念馆、郁达夫杭州故居“风雨茅庐”以及红巷生活广场“四馆一广场”等红色文化景点，并有民国时期杭州著名实业家胡迪生家族的聚居处——胡宅旧址。小营民居、杭州老科技工作者之家等历史建筑以及小营巷、方谷园、银枪班巷等老杭州坊巷散布其间，整个红巷地区形成一派粉墙黛瓦的“江南小巷”建筑风貌。

2013年，上城区将中共杭州小组纪念馆与钱学森故居、毛主席视察小营巷纪念馆等红色景点串珠成链，打造集党员管理、教育、服务、活动于一体的党建基地和展馆精品，将该区域命名为“小营·江南红巷”。

2015年，小营·江南红巷接待旅游人数33.06万人次。其旅游线路一般为小营公园—毛主席视察小营纪念馆—红巷生活馆—中共杭州小组纪念馆—钱学森故居。

图15-2-10　毛主席视察小营巷纪念馆（2015年）
（小营街道　供稿）

毛主席视察小营巷纪念馆　该纪念馆位于小营巷56号，占地面积约200平方米，免费对公众开放。1958年1月5日，毛泽东在赴杭州机场途中临时决定到小营巷视察卫生情况，他先后到61号、56号、42号3个墙门，察看居民的卧室、厅堂、厨房、菜橱、水缸等，对其卫生工作给予肯定。1972年，为纪念该事件，促进爱国卫生运动的深入开展，毛泽东当年视察过的小营巷56号墙门被小营街道打造成毛主席视察小营巷卫生工作陈列馆，陈列毛主席视察时的照片、用过的实物和小营巷卫生工作历史图片资料。1993年12月，小营街道对陈列馆进行重新装修。2001年，小营街道将原建筑拆平后按原样重建，并改为现名。2001年10月，该馆被中共杭州市委宣传部列为杭州市爱国主义教育基地。

中共杭州小组纪念馆[1] 该纪念馆位于方谷园3号，展陈面积约850平方米，是浙江第一个地方党组织——中共杭州小组的诞生地，2011年7月1日正式开馆。2013年1月，中共杭州小组纪念馆被浙江省党史研究室评为第二批浙江省党史教育基地。

图15-2-11 中共杭州小组纪念馆（2015年）（高明明 摄）

钱学森故居[2] 钱学森故居位于方谷园2号，占地面积800余平方米，院落内有一幢面阔三间、进深三楹、二层过街式的木屋民居，共有楼房、厢房、平房等10余间，是中国现存唯一一座为纪念科学家钱学森而修缮的钱氏祖宅。2011年12月，钱学森100周年诞辰之际开馆。钱学森故居建于清末，历经百年，主要建筑保存完整。

图15-2-12 钱学森故居内景（顾越 摄）

红巷生活广场 红巷生活广场位于小营巷57号，由1号楼社区综合服务中心、2号楼仁爱家园和3号楼长青颐养园3个部分组成，占地面积为5300平方米，2014年4月正式投入使用。生活广场有梦剧场、幸福家、亲子会馆、钱学森航天科普图书馆、棋奕书画社、居家养老服务照料中心等20余个功能分区，基本形成集社

图15-2-13 红巷生活广场（2015年）（小营街道 供稿）

① 详见第十八篇中国共产党地方组织第十三章党史研究第三节红色阵地建设。

② 详见第十八篇中国共产党地方组织第十三章党史研究第三节红色阵地建设。

会组织培育、综合社区服务、三社联动实践、社会创新研究、服务成果展示等多位一体的综合性社会管理创新窗口。

四、玉皇山南基金小镇①

玉皇山南基金小镇位于上城区南宋皇城遗址核心区，北依玉皇山，南临钱塘江，东靠钱江新城，西望群山，汇集八卦田遗址公园、白塔公园、江洋畈生态公园、海月水景公园4个公园。小镇范围内历史遗迹众多，有钱王祭天的吴越郊坛遗址，五代的吴汉月墓浮雕、闸口白塔、南宋石刻造像、梵天寺经幢、慈云岭造像、天龙寺造像、大资福庙、白云庵、南宋官窑博物馆、吴越古井、浙江第一码头南星桥、杭州机务段工业遗址等历代历史文化遗存。2007年5月，玉皇山南综合整治工程全面启动，拉开玉皇山南地区旧厂房、旧仓库、旧民居和城中村改造的序幕。2015年，玉皇山南基金小镇启动国家AAAA级旅游景区创建工作，提交旅游资源评估报告，并顺利通过省级专家评审，迈出申报国家AAAA级旅游景区第一步。② 玉皇山南基金小镇以山水景观、南宋吴越文化为独特优势，自然山水景观、历史人文景观和休闲度假景观相互融合，构筑成“金融+旅游”休闲旅游共同体。

玉皇山南基金小镇主要有两条特色旅游线路，分别是金融基金体验线路：游客服务中心—基金小镇公园—基金小镇二期—安家塘—甘水巷—游客中心；特色公园观光游线路：游客服务中心—白塔公园—甘水巷—基金小镇公园—基金小镇一期—八卦田遗址公园。

白塔公园　该公园位于老复兴路4号附近，毗邻钱塘江边，是以全国重点文物保护单位闸口白塔为核心，以历史建筑和铁路工业遗存的保护与利用为重点的一座城市文化公园，2014年5月1日正式开园。公园集古老的历史遗迹与生机蓬勃的自然风光于一体，游客可乘坐小火车游览白塔、铁路遗存、龙山闸旧址、南宋地经广场等名胜史迹。

图15-2-14　白塔公园　（李乃英　摄）

八卦田遗址公园　该公园位于玉皇山南麓虎玉路41号，是南宋皇家籍田的遗址，是古代帝皇通过祭祀活动表达重视农业生产的场所。仪式当日皇帝亲率文武百官到此行“籍礼”，执犁三推一拨，以祭先农。2007年，杭州市启动玉皇山南综合整治工程。立足

① 详见第十篇特色街区园区第四章玉皇山南基金小镇（杭州山南国际设计创意产业园）。

② 2018年，玉皇山南基金小镇创建成为国家AAAA级旅游景区。

于保护遗址，整治环境，挖掘文化旅游休闲资源，在维持原有中间土埠阴阳鱼和外围八边形平面格局的基础上，保护性修缮八卦田，恢复其南宋时皇帝躬耕以示劝农的“籍田”风貌，并将其建设成一个展现农耕文化的农业科普园地和历史文化遗址公园。整治后，八卦田遗址公园分主入口广场区、古遗址保护区、农耕文化体验区、农耕文化展示区4个板块。

图15-2-15　八卦田遗址公园（2008年）　（王华　摄）

南宋官窑博物馆　该博物馆位于南复路60号，是中国第一座依托古窑址建立的陶瓷专题博物馆。1992年正式对外开放，占地面积7800平方米，建筑面积3700平方米。2002年，通过综合改造全方位展示南宋官窑的风韵与特色。2003年5月18日起，免费对社会开放。2007年，博物馆实施二期扩建工程，新增中国陶瓷文化陈列厅、陶艺培训中心、临时展厅及仿古瓷工场等几个部分。中国陶瓷文化陈列以阐述陶瓷与人类生活的关系为切入点，多角度、多层次的展示中国陶瓷文化的蕴藉浑厚与博大精深。2010年，三期工程竣工，占地面积达43000平方米，展厅面积近10000平方米。院内小桥流水潺潺，亭台水榭点缀其中，绿树红花映衬左右，环境优雅。博物馆新增名窑传承馆、南宋历史陈列展厅、休闲馆。杭州南宋官窑博物馆是浙江省文明博物馆和省、市首批爱国主义教育基地，集收藏、展示、教育、休闲等多种功能于一体。

图15-2-16　南宋官窑博物馆（2020年）　（陈建荣　摄）

中国杭帮菜博物馆　该博物馆位于虎玉路9号，江洋畈生态公园内，为展示杭州地区日常饮食及杭帮菜历史渊源、发展脉络和菜系菜品的美食文化专题博物馆，是至今中国最大的地方菜博物馆。该博物馆由崔愷设计，占地面积6000余平方米，建筑面积1.25万平方米，分

图15-2-17　中国杭帮菜博物馆（2012年）　（俞建华　摄）

为两层的展示陈列馆、“钱塘厨房”（市民互动体验区）、“杭州味道”和“东坡阁”（均为包间）4个区域。

第二节　其他景区（点）

五柳巷历史文化街区　五柳巷南起斗富三桥，北至道院巷。南宋时在此建五柳园，故得名。旧时为达官贵人居住之处，后成平民栖息之地，居者多为小手工业者和商贩。清光绪三十三年（1907），清泰门内建火车站，火车穿城而入，此处日渐热闹。1966年改名下友谊巷，1981年恢复旧名。小巷保留民国时期所建里弄建筑。2010年初，市委、市政府启动实施南宋皇城街巷综合保护工程，五柳巷成为反映清末民国初期杭州市民生活居住、生产劳动和商业交流等文化的重要历史街区之一。

图15-2-18　五柳巷历史文化街区（2010年）（王巽庠　摄）

太庙遗址公园　太庙遗址公园位于中山南路西侧太庙巷北，是集历史文化内涵和观赏性于一体的休闲景点。太庙原为宋代帝王祖庙，南宋绍兴四年（1134），太庙始建，至南宋咸淳年间（1265—1274），供奉14位皇室。1995年，杭州市文物考古所发现南宋太庙的东围墙、东门门址和大型夯土台基等遗迹。南宋太庙遗址的发现是南宋临安城考古的重大突破，也是中国城市考古史上的一次重要发现。为保护该处重要的南宋历史文化遗址，市政府停止遗址地块上的建设项目，对已发掘的太庙遗址实行掩埋式保护，并在此规划建设南宋太庙遗址公园。1997年，南宋太庙遗址上保护性绿地建成，总面积1500平方米，绿地整体参照宋代造园艺术，展示南宋皇家宗庙的园林风格。2006年，太庙遗址公园被列为全国重点文物保护单位。

图15-2-19　太庙遗址公园（2011年）（韩盛　摄）

城隍阁　城隍阁位于吴山中部北麓，是杭州标志性景观之一。建设施工始于1998年底，2000年2月建成开放。该景点由城隍阁、周新祠（城隍庙）、仪门、戏台等建筑组成。其中主体建筑城隍阁为7层仿宋元建筑，建筑面积3800平方米，高41.60米，一楼和二楼集中展示吴越、南宋时期杭州文化和民俗风情，一楼陈列的作品有立体硬木彩塑《南宋杭城风情图》，长30余米，高3.6米，集雕、刻、塑、编、扎等多种传统工艺表现手法与技艺，描绘“一色楼台三十里，不知何处觅孤山”的繁华景象；二楼采用浙江温州著名的瓯塑工艺，布置11幅大型壁塑，从不同侧面反映与吴山有关的历史事件、人物和故事；三楼至六楼，以休闲、观景和接待为主要功能。

图15-2-20　城隍阁（2014年）　（王川　摄）

城隍阁是眺望湖山和城市观景之处，从阁顶的观凤台凭栏远眺，北望西湖波平如镜，轻舟荡漾；东眺市区、高楼广厦，鳞次栉比，繁华街市尽收眼底；西览群山，烟云雾霭。

中国社区建设展示中心　中国社区建设展示中心位于金钗袋巷87号，是中华人民共和国第一个居委会——上羊市街居委会所在地。上羊市街居委会是中华人民共和国基层群众自治组织建设的发祥地，标志着中国基层组织建设的一个新起点。2008年11月，民政部正式批复同意建设中国社区建设展示中心。2009年12月，中国社区建设展示中心建成开馆。展示中心集史料陈列、文物展示、理论研究、文献收藏、社区实务于一体，并大量运用4D影院、三维虚拟系统、语音导览系统、二维动画系统等技术和设备，以动感、新奇、全面的感官效果，反映中国社区建设发祥、发育、发展过程，是全国首个展示社区建设历史及成就的专题类场馆。

图15-2-21　中国社区建设展示中心（2015年）
（中国社区建设展示中心　供稿）

御街·二十三坊　御街·二十三坊范围以太庙遗址为核心，覆盖万松岭隧道以北，伍公山麓以南，中山南路以西，紫阳山麓以东范围，占地面积约4万平方米。中间的坊巷及周边部分支小路统称为二十三坊，分别是十五奎巷、晓霞弄、井弄、茶啾弄、丁衙弄、城隍牌楼、四牌楼、察院前巷、察院前支路、

图15-2-22　白马庙巷（2012年）　（陈建荣　摄）

勤远里、周衙弄、大马弄、花生弄、元宝心、方井弄、丁衙巷、瑞石亭、燕春里、太庙巷、白马庙巷、高士坊巷、严官巷（严官巷上山道）、泗水弄。坊巷大多得名于南宋时期，坊巷内的院落多数为清代、民国或中华人民共和国成立初期建造。御街·二十三坊是杭州最市井的老旧街巷，是杭州为数不多、保存较为完整的传统生活街区。

南宋遗址陈列馆　南宋遗址陈列馆位于白马庙巷6号。2004年，在万松岭隧道东接线的建设过程中，严宽巷南宋御街遗址被发现，该发现被列为2004年度“中国十大考古新发现”[①]。2006年6月起，南宋遗址陈列馆免费开放，馆内用透明厚玻璃罩了一段考古发掘出的南宋“御街”，站在上面，能够看到底下用香糕砖[②]所铺设的道路。该馆是杭州市考古遗址的第一个对外展示项目。

图15-2-23　南宋遗址陈列馆（2008年）

（上城发布　供稿）

杭州孔庙　杭州孔庙位于劳动路65号，占地面积1.32万平方米。杭州孔庙原为南宋临安府学所在地，始建于南宋绍兴元年（1131）。2001年，杭州孔庙复建立项，2007年工程开工，2008年工程全面完成，并于2008年9月28日（孔子诞辰日）正式对外开放。复建后的孔庙，孔庙内的主要建筑有太学堂、文昌阁、天文星象馆、国学馆、石经阁等，左右两边即碑亭与碑廊。孔庙壁上绘有晚清的壁画，表现各种花鸟鱼虫。现杭州孔庙主要展示孔子行迹、儒学文化、中国古代科举文化及碑刻陈列等内容，采用多媒体动画短片、机械转动式展示台、电子图书等设施，将整个孔庙的历史和文化发展以及孔庙中的碑林展现在游客面前。

图15-2-24　杭州孔庙（2000年）　（石国仙　摄）

杭州碑林　杭州碑林位于劳动路65号孔庙内。在孔庙的大成

① 全国十大考古新发现评选是中国国家文物局委托中国文物报社和中国考古学会每个年度举行的在全中国范围内评选当年重大考古发现的一项活动，始于1990年。其评选标准要求符合国家文物局的报批手续，并保证发掘质量，发掘内容要具有历史、艺术、科学价值且为中国考古学科提供新的内容信息及新的认识。

② 五代、北宋时期特色建筑用砖，较现代砖细长，形似香糕，故名。

殿左右有碑廊和碑亭，里面包含从唐朝到清末时期的石碑。其中有世界上现存最早的五代吴越石刻星象图，南宋帝王御笔，唐晚期画僧贯休的人物画像，晋代著名书法家王羲之、王献之父子和宋代苏轼、米芾以及元明清名家书法，还有地方史料及儒学经典、宗教经文、墓志等。碑刻集历史、艺术、科学于一体，吴越天文星象碑、十六罗汉像石刻、表忠观碑、辟火碑等都是其中著名代表，它们从当时的社会变革、历史故事等方面反映杭州历史上的重大事件。

图 15-2-25　杭州碑林（2020 年）　（陈建荣　摄）

勾山樵舍　勾山樵舍位于柳浪闻莺公园正门的对面，南山路与河坊路交会处，是以石砌高墙为屏障的旧式院落。院内有一小山坡为勾山。勾山又称竹园山，高数十级，上有一井一泉。清代著名学者陈兆仑（字星斋，号勾山）筑宅第于此，并名其屋为勾山樵舍。勾山樵舍不仅因为陈勾山名闻名遐迩，也因为曾经养育出一位优秀的女诗人——七言排律长篇叙事诗《再生缘》的作者陈端生。她生于清乾隆十六年（1751），约卒于清嘉庆元年（1796）。陈端生出生于此，幼年能诗，学识出众，著有《绘影阁诗集》，被称为才女。

图 15-2-26　勾山樵舍（2018 年）

（区住房和城建局　供稿）

第三章　旅游开发和服务

1978年起，杭州市旅游管理部门坚持一手抓入境旅游，一手抓国内旅游，适度发展出境旅游的方针，推进国际旅游业和国内旅游业发展。1993年起，上城区旅游线路设计主要围绕吴山和湖滨地区，将自然山水资源、历史人文资源串珠成链，吸引旅客观光旅游。1997年，杭州旅游咨询服务中心在上城区成立。

进入21世纪以后，上城区实施“商旅兴区”战略，以“实力上城、精品上城、人文上城、效率上城”为主题，紧紧围绕发展商贸旅游经济，以“新湖滨、南山路、清河坊”三大旅游品牌建设为重点，加大软硬件投入力度，加快旅游产品建设步伐，先后开发设计胡雪岩故居—鼓楼—南宋御街—清河坊历史文化特色街区—吴山广场等多条旅游线路及清河坊民间茶会等多项富有上城特色的节庆旅游产品。2004—2005年，杭州旅游咨询服务中心与杭州旅游集散中心先后在吴山广场、城站火车站、河坊街、中山中路、湖滨国际名品街建立5个旅游咨询点。

2011年1月，区委八届十次全体（扩大）会议提出要打造“南宋古都·经典上城”品牌。是年起，上城区先后策划、设计、制作《南宋古都·悠游上城》《漫游杭州·从这里开始》《社会资源国际旅游访问点》等上城旅游宣传册，创办宣传上城旅游的《品游·尚城》季刊，组织开展“寻找城市的千年记忆”“美丽上城”网络摄影大赛等活动，赴全国多个城市参加中国国际旅游交易会、浙江省旅游交易会等旅游推介会，不断开发和挖掘旅游市场，上城旅游品牌的知名度得到提高。

至2015年末，上城区主要有文化古迹游、休闲养生游、休闲观光游、健康生态游、自然野趣游、红色追忆游等旅游线路，以吴山庙会、城市国际日、南宋文化节、中国民间艺人节为代表的节庆旅游产品，以朱炳仁铜雕、定胜糕、王星记扇子等为特色的旅游纪念品。

第一节　旅游线路

1993—2002年，旅游线路由杭州市旅游管理部门统一设计，上城区开发旅游线路主要围绕吴山和湖滨地区，结合自然山水与历史人文。最主要的旅游线路为：鼓楼—伍公山—吴山—城隍阁，南山路（柳浪闻莺）—中国美术学院—湖滨沿线。

2002年起，区商贸旅游局开始牵头旅游线路的开发设计。通过推进“商旅兴区”战略，以“实力上城、精品上城、人文上城、效率上城”为主题，以“清河坊、新湖滨、南山路”三大旅游品牌建设为重点，推进旅游产品建设。针对清河坊历史文化特色街区内保留着鼓楼、南宋御街、于谦故居、胡雪岩故居、胡庆余堂国药号及一批晚清和民国时期建筑的情况，区商贸旅游局开发设计旅游路线：胡雪岩故居—鼓楼—南宋御街—清河坊历史文化特色街区—吴山广场。

2007年，随着五柳巷历史文化街区综合保护工程的完成，区商贸旅游局同步推出旅游路线：河坊街（新宫桥）—中东河—五柳巷—万安桥—小营巷。

2008年1月起，市政府对中山路街区进行全面历史保护与有机更新的整治，2009年9月南宋御街重新开街。是年，区商贸旅游局在清河坊景区重点推出融“吃、住、行、游、购、娱”为一体的3条“一日游”体验路线：河坊街—鼓楼—伍公山—城隍山—杭州历史博物馆的老杭州市井民俗游；杭州碑林—孔庙—紫薇园原点坐标—胡雪岩故居—南宋御街遗址博物馆—通玄观造像—吴山景区的历史古迹文化游；中山中路步行街—中山南路—南宋御街遗址博物馆—中山南路—南宋皇城遗址—万松岭的南宋皇城文化游。

至2011年，湖滨地区的街区改造整治工程、湖滨国际名品街建设项目、湖滨二期改造项目相继完成，南山路也被市政府命名为南山路艺术休闲特色街区。湖滨、南山路成为上城区的主要商业街区。区风景旅游局重点推出2条时尚休闲观光游线路：湖滨特色街区—南山路—勾山樵舍—柳浪闻莺—雷峰夕照；南山路（万松岭路口）—浙江美术馆—中国美术学院—湖滨美食街—湖滨国际名品街。

2014年9月，小营·江南红巷景区成功创建为国家AAA级旅游景区，是当年杭州市唯一一个国家AAA级红色旅游景区。区风景旅游局为推广宣传上城区的红色文化，结合小营地区红色文化资源丰富的优势，推出红巷旅游线路：小营公园—毛主席视察小营纪念馆—红巷生活馆—中共杭州小组纪念馆—钱学森故居。

至2015年末，上城区全域旅游雏形基本形成，主要线路有：

文化古迹游：杭州八卦田遗址公园—南宋官窑博物馆—江洋畈生态公园—白塔公园；杭州碑林（孔庙）—杭州博物馆—清河坊历史文化特色街区—南宋御街—鼓楼—二十三坊—太庙遗址广场—南宋遗址陈列馆；凤凰御元文创园—大资福庙—光达美术馆—南宋官窑博物馆—杭帮菜博物馆—慈云岭。

休闲养生游：湖滨特色街区—延安路时尚街区—清河坊历史文化特色街区（胡庆余堂、方回春堂等）—南宋御街—五柳巷历史文化街区—建国南路中医街。

休闲观光游：湖滨—南山路—勾山樵舍—柳浪闻莺—雷峰夕照。

健康生态游：白塔公园—八卦田景区—宝成寺—玉皇山—丝绸博物馆—净慈寺—雷峰塔。

自然野趣游：吴山—紫阳山—云居山—凤凰山—馒头山。

红色追忆游：小营·江南红巷—求是书院—郁达夫故居—龚自珍故居—中国社区建设展示中心。

第二节　旅游产品

一、节庆旅游产品

吴山庙会　吴山庙会在南宋时候即已盛行，四季不断。旧时，吴山庙会除烧香拜佛外，还有卖字画、庙台戏、卖唱小曲、变戏法、耍杂技、卖花、斗鸟以及店家、小贩在寺庙四周和沿山路设摊卖物，民众赶庙会往往是“闻风而去，满载而归”。2001年，为配合河坊街开街，作为节庆旅游产品的第一届吴山庙会重新开启。此后，每年10月、11月下旬上城区都在吴山、吴山广场、鼓楼小广场、河坊街举办庙会。活动主要有文艺演出、老字号展示、中医文化交流等，以及龙泉宝剑、南宋官窑、张小泉剪刀、王星记扇子、吴越人家等手工技艺现场展示。每届庙会活动持续一周。2007年，吴山庙会被列入浙江省非物质文化遗产保护名录。

图15-3-27　2007年10月22日，吴山庙会以“吉祥四神迎城隍”活动拉开序幕　（清河坊管委会 供稿）

中国杭州西湖国际博览会子项目　中国杭州西湖国际博览会（简称西博会）是中国会展史上规模较大、影响较深远的展销会。民国18年（1929）6月首次举办西博会，此后停办70年。1999年6月，西博会重新开办。2008年10月17—26日，西博会子项目西湖啤酒节由上城区主办。活动在西湖天地大草坪举行，以“当慕尼黑心醉西湖”为主题，历时9天，共6000余人参与。2010年10月16日，西博会子项目杭州西湖国际烟花大会由市政府主办、区政府协办。主会场重回钱塘江，烟花施放量为10万发，燃放的主题是“壮丽”，同时安排1小时灯光表演，实现钱江两岸夜景、专业灯光表演、空中烟花表演三者交相辉映的立体视觉效果，呈现“创新发展、华丽钱塘”的焰火晚会盛景。2012年11月16—18日，西博会子项目第二届南宋酒文化节，由中国文物保护基金会酒文化保护专项基金管理委员会和区政府主办。活动在杭州索非亚大酒店举行，以“保护民族优秀产品、传承民族遗产”为主题，邀请国内外酒遗产保护行业权威专家、学者参加。至2015年末，西博会共举办17届。每届西博会，上城区均组团参展。

杭州国际体验日　2008年，杭州市城市品牌工作指导委员会办公室创办首届杭州国际体验日。2013年10月16日，2013（第六届）杭州国际体验日活动在上城区启动。活动主题为“让我们生活得更好——美丽杭州·东方品质”，由寻找杭州“国际元素”、启动仪式、东西方生活文化体验活动三部分组成。2015年10月29日，2015（第八届）杭州国际体验日启动仪式暨上城区首届南宋酒文化节在上城区启动，包括杭州茶文化体验、传统工艺体验、社区生活体验、街巷风情体验等8条体验线路以及演绎南宋传统的酒文化礼仪。

图15-3-28　2011年，外国友人在杭州国际体验日活动中学习包粽子　（湖滨街道 供稿）

中国民间艺人节　2004年，杭州市清河坊历史街区管理委员会承办首届中国民间艺人节，全国32个省200余名民间艺人及艺术家进行交流、展示，2000余件民间手工艺精品亮相艺术节，并产生全国民间文艺领域最高奖项“山花奖”。此后，该节每两年举办一届，成为国内民间工艺界规模最大、规格最高、门类最齐的国家级文化盛事之一。2009年10月16—25日，第三届民间艺人节主题为“保护、传承、开拓、创新”，32个省、市民间艺人进行现场创作、作品展览以及各种文艺演出活动。2013年，第五届中国民间艺人节主体活动包括中国民间工艺精品展、中国休闲旅游工艺品推介汇展、中国民间绝技绝活专场表演、中国民间收藏品交流展、中国民间手工艺传承人高级研修班培训交流、中国民间工艺精品拍卖会六大板块，其间举行“中国十佳民间艺人”“最受欢迎民间艺术家”评选活动和“中国民间文化产业示范基地”挂牌仪式。2015年，第六届中国民间艺人节围绕“保护、传承、创新、发展”主题，推出中国民间工艺精品展、中国民间工艺产业示范展、中国旅游工艺品推介汇展、中国民间艺术高层论坛、中国民间收藏品交流展、中国民间工艺精品拍卖会六大板块活动。

图15-3-29　2011年10月12日，第四届中国民间艺人节在吴山广场开幕　（清河坊管委会 供稿）

中国南宋文化节　2015年9月，区政府创办中国南宋文化节。首届中国南宋文化节以“展南宋古韵·建品质杭州”为主题，除9月28日“听南宋，读杭州”太庙中秋诗会开幕式之外，10月15—30日为南宋商贸文化风情体验周，主会场设在吴山庙会，包含主题巡游、文艺演出、“非遗”展示等，在清河坊历史文化特色街区、吴山广场、吴山景区等多个地点同步开展。此外还有“跟着诗词游杭州”、绘制杭州诗歌地图、“南宋印象”视觉写作大赛等活动。

元宵灯会　元宵灯会自古以来是民间传统节庆活动。随时代变迁，元宵灯会逐渐成为由政府主导、群众参与的旅游节庆产品。1993年，上城区元宵灯会以各街道（社区）为基点，就近开展小型分散群众性灯展活动。1995年2月，上城区元宵灯会在延安南路举行，上城区7个街道制作近千盏形态各异的摆灯、挂灯，同时沿街两旁电线杆上彩灯高挂，辅以由松柏、彩灯搭建而成的灯楼，营造节日的喜庆氛围，吸引杭城近15万市民游客观赏。2002年2月，上城区元宵灯会围绕“社区文化年”主题，以街道（社区）为基地，由10个主灯区、10余个分展区的7500余盏彩灯组成，吸引赏灯市民游客42万余人次。2005年2月，上城区举办以“彩灯满古街、和谐过大年”为主题的元宵灯会，整体灯会由灯展区及东片、西片、南片灯区组成。其中，设在吴山广场的灯展区，既有高6～7米的“神舟奔月”“福娃”组灯，又有约10米长的“天凤蝶飞”座灯、约20米长的“和谐上城”大型组合灯以及造型各异的摆灯、挂灯等，并设有趣味游园文体活动助兴。2014年2月，上城区元宵灯会在吴山广场正门和吴山天风前，摆有以“炫亮上城，相拥美丽”为主题的大型座灯，同时展出各色花灯、座灯和组灯。

图15-3-30　2001年吴山广场元宵灯会　（陈建荣 摄）

清河坊民间茶会　2005年，清河坊民间茶会创办，作为中国（杭州）西湖茶文化博览会子项目之一，由区政府和杭州市旅游委员会主办。2009年4月，清河坊民间茶会在吴山广场举行，推出“展茶、斗茶、问茶、论茶、摄茶”五大系列活动，游客可以随处看表演，闻茶香，品龙井，全方位地享受香茗的魅力。2013年4月，茶会在南宋御街的鼓楼小广场拉开序幕，为期7天的清河坊民间茶会包含“问茶、品茶、忆茶、猜茶、展茶”五大活动。2014年4月，茶会在吴山广场开幕，以“民间茶文化”为主题，相继推出“斗茶、问茶、品茶、忆茶、猜茶、展茶”六项活动，市民游客不仅可以喝大碗茶、赏茶艺，还可以猜茶谜、逛茶市。2015年4月，茶会推出大碗茶品鉴、老街问茶、“请到我家来喝茶”、微信微博互动分享、猜茶谜、游老街、茶叶茶具展销会等活动，展现“茶都”杭州悠久的民俗茶文化。

图15-3-31　2006年4月14日，清河坊民间茶会在吴山广场举行开幕式　（清河坊管委会 供稿）

二、旅游纪念品

见第十三篇商业服务第三章商圈商贸场所第五节名店名品。

第三节 旅游宣介

一、媒体[1] 宣介

1993—2002年，由杭州市旅游管理部门统一负责媒体宣传事宜。1996年，杭州市旅游局制作《中国杭州游》宣传片。2002年，杭州市旅游委员会邀请北京申奥片执行总导演分别拍摄制作5分钟、15分钟、30分钟的杭州城市广告片和10分钟的旅游专题片，分故事篇、情景篇、缤纷篇在中央电视台中文国际频道节目中向全球播出，宣传上城旅游。

2004年，区商贸旅游局挖掘吴越文化、南宋文化，特邀历史学家林正秋等多名学者编写《梦寻南宋皇城》一书，对上城区的历史典故、名人名宅、文物保护景点、南宋故事等诸多方面做完整系统的介绍。

2005年，区商贸旅游局以“旅游休闲、文化休闲、时尚休闲、娱乐休闲、美食休闲”为主题，制作“杭州西湖，休闲上城”形象宣传片，获得中共杭州市委宣传部精神文明建设“五个一工程奖”[2]，在全国30个城市旅游频道栏目联播。制作《休闲上城》小册子5万份，发放到各大宾馆饭店。制作“湖滨、清河坊、南山路”三大特色街区新型户外广告，在灵隐寺公交车站投放。

2011年，区商贸旅游局制成《南宋古都·悠游上城》组合旅游宣传册，免费投放到省内外各大宾馆、饭店、旅游集散中心，把上城“吃、住、行、游、购、娱”等旅游要素和与众不同的市井民俗、历史文化的特色景点、行业、企业全方位向中外游客宣传。同时，建立旅游网站，运用网络平台，为中外游客提供便捷、舒适的旅游服务。

2013年，上城区推出本土化与国际化品牌活动，创办宣传上城品牌、旅游的《品游·尚城》季刊，向各个部门单位，各大宾馆、饭店、旅游集散中心发行，受众数量8000余人。拍摄二十三坊巷和大井巷、五柳巷旅游产品宣传片，并通过各大视频网站及西湖游船的电子屏幕传播。

2015年，区风景旅游局制作《漫游杭州，从这里开始》《社会资源国际旅游访问点》宣传册，策划制作上城旅游指南英文版，为国际、国内游客提供便利，全年向50家旅游企业和访问点发放各类宣传资源2.5万册。依托省市旅游微信公众平台，专题推送品牌节庆、特色街区、联

① 此处媒体为广义的媒体，即指传播信息的媒介。

② “五个一工程”指一部好的戏剧作品，一部好的电视剧（片）作品，一部好的电影作品，一部好的图书（限社会科学方面），一部好的理论文章（限社会科学方面）。并对组织精神产品生产成绩突出的省、自治区、直辖市党委宣传部和部队有关部门，授予组织工作奖。

盟企业等旅游资源，参与《钱江晚报》举办的“看晚报，游浙江”大型宣传活动，在《江西都市报》整版投放上城旅游信息，推介玉皇山南基金小镇周边景点和生态旅游线路。

二、活动宣介

1993年，杭州市旅游管理部门在日本、韩国、东南亚、欧洲、澳大利亚等入境旅游客源地进行促销活动。

1994年，杭州市重点推出融良渚文化、吴越文化、南宋文化为一体的“江南文化博古游”，组织游客参观南宋官窑博物馆、胡庆余堂中药博物馆等专业博物馆。2001年，针对美国“911”事件发生后欧美游客下降的形势，杭州市旅游主管部门调整营销策略，重点在日本、韩国等东南亚市场和中国港澳台市场开展促销活动。2002年起，区商贸旅游局依托西湖国际博览会、世界休闲博览会子项目开展大型宣传活动，展示上城旅游资源。2003年，为应对非典型肺炎疫情影响，区商贸旅游局跟随省市旅游主管部门先后赴山东、南京、黑龙江、吉林、辽宁、上海、云南等地进行旅游促销活动，恢复和振兴旅游业。2004年，区商贸旅游局联合杭州市上城区文化体育局在西湖国际博览会狂欢节策划推出一辆长16米、高4.5米的“上城休闲”彩车，展示现代湖滨、新西湖和上城区深厚的历史文化底蕴。

2006年，为开发台湾市场，上城区参加“2006心手相连——浙台旅游业高峰论坛杭州旅游推介会”，把上城区旅游资源推向台湾游客。2007年4月，区商贸旅游局策划推出伍公山大碗茶民俗风情展，中国首位“茶状元”① 现场为游客斟茶助兴。河坊街开展免费奉茶活动，药店也相应推出药茶，其间大碗茶“牛饮”表演擂台赛成为市民和游客关注的最大亮点。2009年，区商贸旅游局组织旅游企业参加杭州市实施的全国重点城市旅游大促销行动，先后到长春、哈尔滨、重庆、广州、深圳进行促销。

2011年，区商贸旅游局制定《2011上城区“购物天堂，美食之都”建设工作系列重点活动实施方案》，推出60项促销活动。组团参加杭州2011年新春旅游推广团，分赴青岛、天津、成都、桂林、昆明、武汉6个主要城市，推广上城区旅游及世界休闲博览会项目等，重点推荐河坊街、南宋御街—中山路等景点。推进“购物天堂、美食之都”建设，借助“世界休闲博览会”平台，组织实施国际文艺展演活动，宣传“经典上城”。

2012年6月，区风景旅游局承办“千年之约·城市记忆之旅”“寻找城市的千年记忆”活动，发布微电影《千年之约》，展现胡雪岩故居、

① 中国第一个“茶状元”在中央电视台《状元360》节目录播现场诞生。杭州太极茶道看家茶博士李刚以四个单项三项第一的成绩获得了“茶状元”称号。

南宋御街、清河坊、八卦田遗址公园等景点。12月，上城区举办《品味南宋饮食文化》新书首发式暨南宋菜肴品鉴活动，组织南宋菜、南宋酒现场品鉴秀等，通过华语之声全球直播，推广宣传“南宋古都·经典上城”品牌。

2014年5月，上城区举办为期半年的“美丽上城”网络摄影大赛，围绕五柳巷、清河坊、南宋御街、紫薇大街及山南创意园等区域，以寻找上城区历史、人文、民俗、美食等元素为主题，重在发现市民眼中的“千面上城”。8月，区风景旅游局参加杭州市对外旅游促销团，开展“北上南下”旅游推介活动。先后到厦门、福州、上海、沧州、德州、扬州、苏州7个高铁和京杭大运河沿线城市，推介秋、冬季上城区旅游线路、旅游产品及节庆活动，介绍南宋历史文化。10月，上城区举办五柳巷裸眼3D艺术展，在五柳巷及建国南路中医药馆的建筑墙面上采用裸眼3D画的方式绘制12组仿古人物场景图，打造3D中医文化艺术街，使五柳巷历史街区成为全国首条裸眼3D艺术特色街。12月末，区风景旅游局在紫薇园坐标原点举办跨年迎新音乐会，通过音乐会聚集人气对紫薇园坐标原点品牌进行宣传推广，活动包括爱馨艺术团手鼓表演、杭州最美助残志愿者服务队萨克斯演奏、酒吧乐队演出等。

图15-3-32　2012年6月，“城市记忆之旅”活动启动
（区文化和广电旅游体育局 供稿）

2015年，区风景旅游局加快旅游市场品牌推销力度，通过2015浙江（江西）旅游交易会、2015中国国际旅游交易会等渠道宣传推介区内特色旅游产品资源，活动覆盖南京、武汉、泰安、徐州、蚌埠、长春、沈阳等城市。是年，区风景旅游局以承办“外国友人走进杭州街坊”活动和2015年第八届杭州国际体验日活动为契机，推广上城旅游品牌。

第四章　旅游管理

1978年，上城区旅游工作由杭州市统一管理。1988年，杭州市旅游总公司开始在全市治理整顿旅游行业索取回扣和小费等不良风气。1993年，市旅游行业加强旅游市场检查和管理，整顿“西湖一日游”等旅游项目的经营秩序和服务质量。2002年，区商贸旅游局成立。2003年，杭州市旅游委员会逐步将部分旅游行业管理职能下放到各区、县、市。区商贸旅游局开始履行属地旅游行业监管职责，开展“诚信经营、诚意服务”活动，提升宾馆饭店的整体服务水平。聘请特约行风监督员，对旅行社开展明察暗访，提出整改意见。

2005年，区商贸旅游局建立旅游质量监督网络，并将景区和星级宾馆的安全生产纳入行业监管。2006年，区商贸旅游局组织辖区星级宾馆、旅行社、商场分管安全生产的责任人参加旅游商贸企业安全质量标准化达标考核培训，对辖区内7家二星级宾馆饭店进行星级复核审核评定，开展“平安饭店”申报评定。2008年，区政府成立杭州市上城区旅游目的地管理工作领导小组。2009年，区商贸旅游局组织导游人员参加杭州市首届金牌导游员评选活动。9月，杭州市上城区旅游执法大队（简称区旅游执法大队）成立，负责对目的地环境秩序进行日常管理，综合整治“野导”“黑车”等严重扰乱旅游目的地环境秩序的违法行为。

2012年1月，区风景旅游局成立。至2015年末，上城区内其他旅游管理机构有杭州西湖风景名胜区（杭州市园林文物局）湖滨管理处、杭州西湖风景名胜区（杭州市园林文物局）凤凰山管理处、杭州西湖风景名胜区（杭州市园林文物局）吴山景区管理处。

第一节　管理机构

1993—2001年，上城区无单独成立旅游行政管理机构，旅游业务由杭州市旅游管理部门统一管理。2002年，区商贸旅游局成立。2009年12月，区旅游执法大队建立，主要负责旅游目的地管理及处理旅游投诉。2012年1月，区风景旅游局成立。

一、杭州市上城区风景旅游局

2001年，区商贸旅游局[1]成立，内设旅游科，局址解放路24

①杭州市上城区商贸旅游局详见第十三篇商业服务第一章组织机构第一节行政管理机构。

号，负责旅游业管理工作。2012年，上城区实行机构改革，撤销区商贸旅游局，成立区风景旅游局，局址解放路54号，内设办公室、市场科、行业管理科、品牌科，上城区西湖博览会工作领导小组办公室设在该局。2012年，中共杭州市委办公厅成立文化研究发展处，下设杭州市城市品牌工作指导委员会办公室，上城区相应成立有关单位，设在区风景旅游局，负责上城区大型活动策划，品牌宣传推广。至2015年末，区风景旅游局机构、职能未发生变化。区风景旅游局党组书记、局长钟黎。

二、其他旅游管理机构

杭州市旅游委员会　2001年10月，杭州市旅游委员会成立，地址延安路228号，是杭州市政府管理全市旅游业务的职能机构，主要负责贯彻执行国家、省、市有关旅游业的方针、政策和法律、法规、规章；受委托研究起草旅游行政管理的地方性法规、规章和政策，经审议通过后组织实施，依法监督检查有关法规、规章和政策的贯彻执行；研究和制订推进现代化国际风景旅游城市建设发展战略，负责旅游商贸系统有关工作的综合协调，组织协调城市旅游环境和基础设施、旅游交通、商贸购物、餐饮、住宿、旅游文化娱乐等各类资源的整合、优化配置与规划指导；负责全市旅游信息化建设工作，强化城市旅游综合服务功能；负责编制杭州市旅游业发展的中长期规划和年度计划，并组织实施和检查等。2015年12月，杭州市旅游委员会搬迁至富春路188号市民中心。

杭州西湖风景名胜区（杭州市园林文物局）湖滨管理处　该管理处位于清波桥河下4号，主要负责管理湖滨景区范围内（望湖楼景区至学士公园）园林绿地、城市园林绿地系统规划与建设、城市园林绿地管理与维护以及商业网点管理、清洁保卫、园林养护等。

杭州西湖风景名胜区（杭州市园林文物局）凤凰山管理处　该管理处位于玉皇山路1号，主要负责制定凤凰山景区保护管理开发建设计划，山林、园林养护、保护，行政执法管理，文物保护、管理、利用，以及规划建设环境保护、旅游促销和工商等方面的行政管理职能。

杭州西湖风景名胜区（杭州市园林文物局）吴山景区管理处　该管理处位于吴山3号吴山城隍阁景区内，管辖范围5.9万余平方米，主要负责吴山景区范围内山林养护及文物保护和管理。

第二节　行业监管

1993年，市旅游行业管理部门加强对旅游市场的检查和管理，主要整顿“西湖一日游”等旅游项目的种种乱象。1997年，杭州市旅游局把加强旅游行业的管理、整治旅游市场、净化旅游环境作为一项主要工作来抓。1999年，杭州市旅游局制定《关于加强旅行社管理工作的若干意见》，严格控制旅行社的申报、审批，加强对旅行社业务年检力度。2003年起，杭州市旅游委员会逐步将部分旅游行业管理职能下放到各区、县、市。区商贸旅游局开始履行属地旅游行业监管职责，承担起对全区旅游行业的管理、协调、指导、服务职能。上城区旅游行业管理的主要职责是做好旅游行业的指导、监督、咨询、服务工作；规范旅游企业、从业人员的经营和服务行为；监督管理旅游市场秩序及服务质量，维护旅游消费者和经营者合法权益；负责全区星级饭店、旅行社、绿色旅游饭店等级评定的申报、审核工作等。

一、旅游饭店（宾馆）管理

2003年，区商贸旅游局在全区范围内的宾馆饭店开展“诚信经营、诚意服务”活动，提升宾馆饭店的整体服务水平。是年，在非典型肺炎疫情期间，区商贸旅游局按区域管理职能对来自非典型肺炎疫情高发区的游客实行重点跟踪调查，掌握景区和辖区内160余家酒家、宾馆、饭店入住情况，并对60家重点旅游单位的情况实行日报制，汇总情况上报杭州市旅游委员会和杭州市上城区疾病预防控制中心。

2004年，区商贸旅游局对区域内9家二星级宾馆进行星级复评工作，同时开展2家宾馆上星级评审工作。根据杭州市旅游委员会分级管理要求，建立对全区三星级以下宾馆的考核认定机制。2006年，区商贸旅游局开展“平安饭店”申报和评定。2007年，区商贸旅游局通过实地检查、评分，并结合日常工作情况，推选杭州华辰国际饭店、杭州香溢大酒店、浙江梅地亚新闻交流中心、杭州索菲特西湖大酒店等企业参加年度杭州市十佳、优秀星级饭店评选。2010年，杭州索菲特西湖大酒店、杭州马可·波罗假日酒店、杭州友好饭店获得杭州市“年度十佳星级饭店”称号；杭州香溢大酒店、杭州华辰国际饭店、杭州钱塘大酒店获杭州市“年度优秀星级饭店”称号。是年，上城区开展三星级饭店的复评工作和绿色旅游饭店的创建工作，制定《2010年上城区三星级饭店复核工作方案》，依据旅游饭店星级的划分与评定标准，对参加复评的9家星级饭店进行对照检查，经过实地明察暗访，复核通过单位7家，另有2家星级饭店由于酒店内部装修或宾馆大楼用途变更等原因，申请暂缓复评。

2012年，区风景旅游局专门成立行业管理科，加强旅游饭店（宾馆）的监管。是年，推进星级饭店的节能目标管理，以创建金叶、银叶级绿色旅游饭店为工作重点，与区各星级宾馆签订节能降耗目标管理责任书，帮助旅游饭店（宾馆）落实节能目标管理，为旅游饭店（宾馆）申报节能减排项目13项，申报专项资金1150万元。杭州中维歌德大酒店、杭州华辰国际饭店被浙江省旅游饭店星级评定委员会评为金叶级绿色旅游饭店，8家星级饭店被评为银叶级绿色旅游饭店。

2015年，区风景旅游局完成9家星级宾馆饭店复评工作，杭州维景国际大酒店通过五星复评，杭州友好饭店等4家单位通过四星复评，杭州银江宾馆等3家单位通过三星复评，杭州印月宾馆通过二星复评。

二、旅行社管理

2003年，区商贸旅游局成立“诚信经营、诚意服务”活动行风评议工作领导小组，聘请特约行风监督员，对旅行社开展明察暗访，提出整改意见。2007年，区商贸旅游局依据《杭州市旅游条例》等法规，根据杭州市旅游委员会授权依法对新申办的旅行社进行材料和场地的初审。2008年，依据浙江省旅游局和浙江省质量技术监督局发布的《旅行社品质等级划分与评定》技术标准，区商贸旅游局对全区旅行社进行评星动员，开展评星标准解读培训2期，向辖区旅行社介绍星评标准和注意事项，推动和引导辖区旅行社开展旅行社的星级评定工作。

2009年，区商贸旅游局按照浙江省旅游局、杭州市旅游委员会的工作部署，完成辖区内73家旅行社业务经营许可证换证工作。是年，根据《旅行社条例》《旅行社条例实施细则》，杭州市旅游委员会制定《旅行社质量保证金存取管理办法》，区商贸旅游局依法受理旅行社质量保证金减退事项，共完成70家旅行社的质量保证金清退、存缴或减缴工作。

2010年，区商贸旅游局组织开展上城区“双十佳”旅行社的评定，开展旅行社品质等级评定工作，指导浙江中山国际旅行社申评五星级旅行社，引导浙江妇女国际旅行社和浙江省国际合作旅行社开展四星级品质旅行社的申评准备工作。组织区内8家国际旅行社做好“杭州市引进境外旅游客源奖励”的申报以及组织开展节能降耗试点工作。

2012年，区风景旅游局组织旅行社参评“市十佳优秀旅行社”评选，其中7家旅行社被评为市十佳优秀旅行社。是年，依据市委、市政府关于旅行社发展的扶持政策，区风景旅游局为13家旅行社申报92个项目，最终获得杭州市旅行社发展专项资金奖励425万元。

2014年，区风景旅游局完成旅游行业管理“权力清单”梳理与“责任清单”编制工作。针对全区91家旅行社中存在“小作坊”经营思路和模式，内部有规章难执行，有制度难落实，内部管理松懈的问题，开展旅行社规范经营大检查，以旅行社的广告、合同、产品价格等市场经营行为作为监管重点，引导旅行社企业逐步强化行业自律行为。

2015年，区风景旅游局组织8家高星级品质旅行社参加杭州市旅游标准化工作会议，并以浙江省中国旅行社集团有限公司和杭州海外旅游有限公司的标准化旅游服务网点为标杆和示范点，逐步推进全区旅游标准化建设工作。

三、导游人员管理

2000年起，杭州导游服务有限公司成立，统一管理和教育全市导游人员，导游人员被纳入行业管理范围。2008年，区商贸旅游局组织138名旅游从业人员参加中级导游培训、异地导游培训等。2009年，区商贸旅游局组织72名导游人员报名参加杭州市首届金牌导游员评选活动，共有11名导游人员获2009年度“杭州市金牌导游员”称号，2名导游人员获2009年度“杭州市文明导游员”称号。2011—2015年，区风景旅游局组织辖区旅行社导游人员先后参加杭州市第二届、第三届、第四届金牌导游员选拔大赛，28名导游人员获“杭州市金牌导游员”称号，5名导游人员获“杭州市文明导游员”称号，9名导游人员获“杭州市优秀导游员”称号，3名导游员获“杭州市优秀外语导游员”称号。2015年，区风景旅游局举办上城区首届金牌导游员选拔赛，评选出10名上城区优秀导游员。

四、旅游质量监督管理

2005年，区商贸旅游局按照《关于在全市旅行社建立健全旅游质量监督网络的通知》要求，建立旅游质量监督网络，明确旅行社总经理是质监工作第一责任人。

2006年3月，区商贸旅游局组织杭州职工旅行社、杭州花都旅行社等30家旅行社负责人召开上城区旅游质量监督网络座谈会，从游客权益保障、人性化服务等方面对旅行社提出要求。

2013年10月，《中华人民共和国旅游法》施行。区风景旅游局开展旅行社质监网络片组活动，组织旅游企业学习《中华人民共和国旅游法》，开展旅游质量监督专项执法检查，重点查处无许可经营旅行社业务，出租、出借旅行社业务经营许可证或以其他形式非法转让旅行社业务经营许可等违法行为①。2014年，区风景旅游局开展旅游企业服务质量专项检查，以普通游客身份对热门线路、投诉较多线路实施随团暗访检查，并逐个约谈存在问题的相关企业负责人，发出“责令整改通知书”。

2015年，区风景旅游局对3家国际旅行社、7家国内旅行社开展包括旅行社品质保障、出境合同签订、内部管理、分支机构备案、对外旅游广告发布情况在内的旅游服务质量专项检查。

第三节　安全管理

1994年，杭州市旅游局先后制定《关于加强旅游安全工作的通知》《关于做好今冬明春安全工作的通知》等文件，规定3月31日作为杭州市旅游系统安全活动日，全年开展5次全市安全大检查。2001年，全市加大对行业安全管理的力度，对全市（包含上城区）58家饭店进行消防专项检查。2005年，根据《中华人民共和国国家安全法》安全生产管理“管行业必须管安全、管业务必须管安全、管生产经营必须管安全”要求，区商贸旅游局开始把景区和星级宾馆的安全生产纳入行业监管。

2006年，区商贸旅游局面向旅游企业下发《2008年社会治安综合治理工作要点》《2006年安全生产、消防安全工作要点》等文件，要求旅游企业建立安全管理值班巡查制度，在旅游企业内部普及安全知识和防范技能。6月，组织辖区星级宾馆、旅行社、商场分管安全生产的责任人和保安参加杭州市旅游委员会举办的旅游商贸企业安全质量标准化达标考核培训。

2008年，区商贸旅游局与30家企业签订“2008年度安全生产和消

① 以不合理的低价组织旅游活动，诱骗旅游者，并通过安排购物或者另行付费项目获得回扣等不正当利益；旅行社和旅游者未经协商一致指定购物场所，安排另行付费旅游项目以及未征得旅游者书面同意，委托其他旅行社履行包价旅游合同；导游领队私自承揽导游和领队业务，擅自变更旅游行程或者中止服务活动，向旅游者索取小费，诱导、欺骗、强迫或者变相强迫旅游者购物或者参加另行付费项目；旅行社未与聘用的导游订立劳动合同，支付劳动报酬，缴纳社会保险费用，未向临时聘用导游支付导游服务费用以及要求导游垫付或者向导游收取任何费用；旅游经营者发布信息不真实、不准确，或未取得旅行社业务经营许可，擅自通过网络经营旅行社业务，或未在网站主页的显著位置标明业务经营许可证信息，或进行虚假宣传，误导旅游者等行为。

防安全目标管理责任书”，与特色街区（景区）签订有安全生产等内容的综合性责任书，与特色街区413家商户进行签约，明确双方职责和义务，增强签约人的主体安全意识。

2009年6月，区商贸旅游局与杭州市上城区安全生产监督管理局联合举办安全生产培训班，来自辖区星级宾馆和旅行社负责人56人参加。全年组织10家旅游企业进行消防灭火和救援演习。是年，共有旅行社64家、宾馆饭店23家、商场市场14家被杭州市上城区社会治安综合治理委员会评为平安单位，其中旅行社1家、饭店1家、商场1家和清河坊历史文化特色街区景区被评为示范单位。

2010年，中国2010年上海世界博览会举行。根据“环沪护城河”安保要求，区商贸旅游局成立世界博览会安保商贸旅游志愿服务队，负责旅游接待、游客安全等工作。“五一”节前，区商贸旅游局共出动检查人员35人次，对旅游宾馆（饭店）、旅游景区等大型人员密集场所开展节前安全检查，全年查处并整改安全隐患90处。组织辖区宾馆（酒店）参加特种设备安全管理培训班，增强宾馆（酒店）特种设备管理人员的安全意识。

2013年，区风景旅游局组织旅行社、宾馆酒店从业人员23人参加杭州市旅游系统安全（救护）培训班，增强旅游景区景点、宾馆饭店员工的安全意识和救护技能，保护游客的健康和生命安全。6月20日，在杭州维景国际大酒店组织实施消防实战演练，分为协助救援、组织疏散、逃生、伤员救治、运送、设备抢修等环节，旨在提高旅游企业和员工的自防自救能力。2014年，根据《关于组织开展全市安全生产大检查和“六打六治”专项行动的通知》要求，7月，区风景旅游局对辖区内旅行社进行抽查，重点检查安全应急预案和安全员对消防设备的操作。8月13—14日，区风景旅游局对星级饭店进行安全排查，重点检查食品卫生安全、应急疏散、全员安全培训等内容。8月19—22日，对旅游景区的安全设备进行排查，重点查处安全社区、设备保养维护不当带病运行、安全距离不够等问题。10月，组织旅游企业在杭州银江宾馆开展逃生演练活动。

2015年，区风景旅游局开展“打非治违”专项行动，对旅游企业开展安全生产检查，包括旅游企业安全生产制度落实情况、消防安全、特种设备的管理情况等，共检查旅游企业32家，发现安全隐患4处，全部落实整改。

第四节　旅游目的地管理

2007年，市政府制定《关于加强杭州旅游目的地环境秩序管理的实施意见》，要求加强市和区、县（市）联动，加大旅游目的地环境管理联合执法力度。同时建立部门联动工作机制，其中旅游行政管理部门重点规范旅游服务质量，牵头做好旅游市场联合执法检查和游客维权工作。2008年，区政府成立杭州市上城区旅游目的地管理工作领导小组，明确由区商贸旅游局牵头，做好旅游市场整顿工作。2009年9月，杭州市旅游执法支队成立，上城区相应成立旅游执法大队，开始对目的地环境秩序进行日常管理，综合整治“野导、黑车”等严重扰乱旅游目的地环境秩序的违法行为。

一、节假日管理

2009年，在劳动节、国庆节黄金周、西湖国际博览会等重大节假日期间，区商贸旅游局按照杭州市旅游委员会要求，加强假日旅游协调与管理，建立假日旅游值班体系，实行24小时值班制度，全天候处理旅游过程中出现的问题。是年，区旅游执法大队和西湖风景名胜区执法大队联合开展节假日专项整治，查处违规带客旅游车1辆，暂扣行运证1本。同时，上城区在节假日开展“野导”整治工作，对湖滨路至庆春路区域“野导”容易聚集的点进行督岗管理，在长生路湖滨路口、学士路湖滨路口、平海路湖滨路口分别设立3个温馨提示点，由湖滨（南山路）特色街管委会专门配备3名工作人员手持喇叭播放温馨提示语音，提醒游客远离“野导”。

2012年，区风景旅游局在实行24小时假日值班的基础上，将重点旅游企业、重点景区、重点旅游集聚区管理单位纳入假日旅游值班体系中。同时，在市旅游实验室大数据平台基础上采集信息大数据，为假日旅游值班提供假日旅游预警，以便及早介入对游客量的提醒、把控、调节、疏散和分流。

2015年，区旅游执法大队在“五一”假期旅游旺季期间，联合公安、交警、市场监管、运管、城管、各特色街区管委会等成员单位，针对湖滨路、平海路、东坡路、南山路、延安路、解放路、吴山广场及龙翔地铁站出口等窗口地区“野导”非法拉客现象进行联合执法和整治。同时，联合美丽杭州旅游志愿者服务大队对湖滨核心区块进行以“美丽杭州，文明旅游”为主题的宣传活动，以文明劝导及发放宣传资料等形式为游客排忧解难，引导游客到正规的旅行社报名参加旅游，提倡文明旅游，安全出行。

二、非法营运车辆管理

2009年3—10月，区商贸旅游局牵头，联合公安、交警、城管执法局、运管、工商、湖滨（南山路）特色街管委会等职能部门，开展4次联合专项整治行动，重点整治“黑车”[①]，共计出动500余人次，处理非法营运车辆80余辆。

2010年，区商贸旅游局与上城区城市管理行政执法局共享智能化监控平台，为区旅游执法大队配置对讲机10台、电动自行车6辆。在区旅游执法大队及湖滨中队安装智能化监控客户端，对湖滨地区的“黑车”情况实施实时监控，实时管理。此外，区商贸旅游局在湖滨地区制作14块禁“黑车”温馨提示牌，对中、外游客进行正面宣传引导。

2012年，区政府实行公车改革。在没有执法车辆的情况下，区旅游

① “黑车”：指未在交通运输管理部门办理任何相关手续、未领取营运牌证而以有偿服务方式非法运营的车辆，又称“黄鱼车”。

执法大队队员徒步、骑电瓶车分两组错时对“黑车”进行巡查管理，缩小队员巡查管理区域，增加小组巡查频次。针对湖滨路等核心景区及周边“野导”频发区块，区旅游执法大队采用人盯人战术，结合日常巡查、摄像取证，全年累计处理“黑车”473辆（次），其中16辆“黑车”因驾驶员不在现场而被联合整治的交警拍照发单。

2015年，区旅游执法大队对涉嫌违法拉客“黑车”采取实时监控抓拍、证据锁定工作，并与湖滨派出所联手对多次在学士路、湖滨路等区域违章停车的“黑车”进行行政罚款处理。全年累计出动执法人员1152人次，处理“黑车”337辆次。

杭州市上城区志

（1993—2015）

第二卷

杭州市上城区地方志编纂委员会 编

方志出版社
Publishing House of Local Records

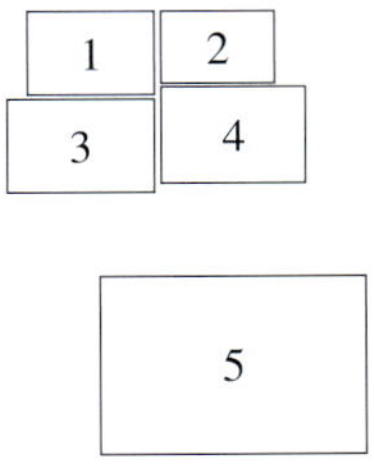

1. 2000 年 4 月 9 日，上城区国税局干部在杭州市国税局举办的税收宣传活动中向纳税人讲解税收政策 （区税务局 供稿）
2. 2012 年 6 月 28 日，上城区国税局党员干部在吴山广场举办“我为党旗添光彩”为民服务活动（区税务局 供稿）
3. 2012 年，地税上城分局举办年度“星级办税员队伍建设”项目培训会（区税务局 供稿）
4. 2013 年 3 月 1 日，上城区国税局办税服务厅设立“营改增”应急窗口（区税务局 供稿）
5. 上城区区级部门预算编制工作会议（2011 年）（区财政局 供稿）

1	2
3	
4	

1. 2006年，上城工商分局执法人员对食品市场进行检查（区市场监管局 供稿）
2. 2015年，区市场监管局执法干部对辖区食品安全进行监督检查（区市场监管局 供稿）
3. 2014年12月，全市首家农副产品平价直销店（世纪联华江城店）开业（区市场监管局 供稿）
4. 2015年，区市场监管局开展宣传咨询活动（区市场监管局 供稿）

1. 2014年2月18日，区委召开党的群众路线教育实践活动动员大会（区委组织部 供稿）
2. 2015年5月20日，上城区召开“三严三实”专题党课暨专题教育部署会（区委组织部 供稿）
3. 2010年7月1日，上城区召开庆祝中国共产党成立89周年大会（区委组织部 供稿）
4. 2015年11月，上城区在职党员迎接G20杭州峰会主题行动启动仪式在吴山广场举行（区委组织部 供稿）
5. 2013年3月3日，上城区成立在职党员志愿服务队（湖滨街道 供稿）

1. 2012年6月30日，上城区举办“最美小营人”颁奖典礼（小营街道　供稿）
2. 2013年4月26日，上城区对新任领导干部进行集体廉政谈话　（区纪委　供稿）
3. 2013年4月29日，柳翠井巷社区召开党委纪委换届选举党员代表大会　（清波街道　供稿）
4. 2015年，上城区为各年龄层党员发放入党周年纪念册和纪念章（区委组织部　供稿）

1
2
3

1. 2011年7月19日，区人大常委会就垃圾分类工作的推进组织代表约见政府负责人（区人大常委会办公室 供稿）
2. 2012年8月17日，区人大常委会组织召开政情通报会（区人大常委会办公室 供稿）
3. 2014年1月21—24日，上城区召开第十四届人民代表大会第三次会议（陈建荣 摄）

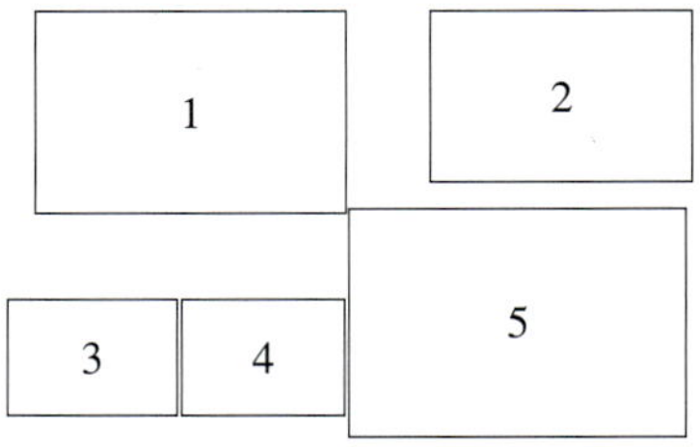

1. 2011年2月25日，上城区召开经济工作会议（区档案馆 供稿）
2. 秋涛路行政服务中心（区审管办 供稿）
3. 湖滨街道便民服务中心（区审管办 供稿）
4. “湖滨晴雨”工作室（2013年）（徐利民 摄）
5. 2011年6月3日，上城区召开治庸治懒治散“效能亮剑”专项行动动员大会（区档案馆 供稿）

请勿酒驾
从你我做起
上城区行政服务中心
上城区公共资源交易服务中心
欢迎您！

上城区治庸治懒治散“效能亮剑”专项行动动员大会

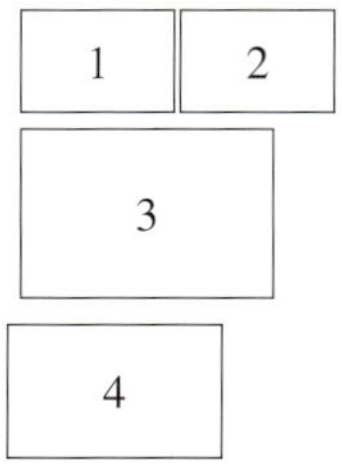

1. 选举投票（区政协办公室 供稿）
2. 区政协组织文化交流活动（区政协办公室 供稿）
3. 2013年1月20—23日，中国人民政治协商会议第四届杭州市上城区委员会第二次会议召开（区政协办公室 供稿）
4. 2013年5月29日，区政协召开政协委员提案办理座谈会（区政协办公室 供稿）

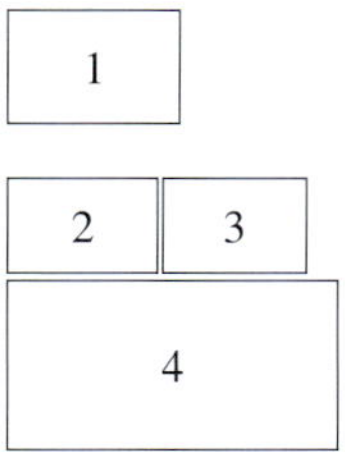

1. 2009年9月17日，区委统战部举办庆祝中华人民共和国成立60周年暨迎中秋联欢会（区委统战部 供稿）
2. 2011年，上城区举办各民主党派庆祝中国共产党成立90周年“同心同行”主题演讲比赛（区委统战部 供稿）
3. 2008年，上城区召开第二次归侨侨眷代表大会（区侨联 供稿）
4. 上城区召开工商业联合会（总商会）第九次会员代表大会（区工商联 供稿）

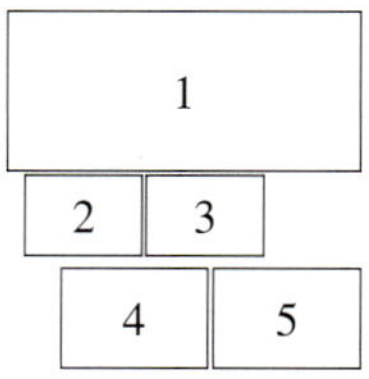

1. 2015年5月19日，上城区举行庆祝第25个“全国助残日”活动暨“社会组织公益助残服务月”启动仪式（区残联 供稿）
2. 2013年9月12日，区科协在全国科普日暨第二十七届科普宣传周启动仪式上举办公益科普类成果展示活动（区科协 供稿）
3. 2015年，区总工会举办维修电工技能竞赛（区总工会 供稿）
4. 志愿者手拉手拥抱新西湖活动（2002年）（石国仙 摄）
5. 2013年，区总工会举办第八届现代服务业（中药调剂）技能大赛 （区总工会 供稿）

1. 路面步行巡逻（何毅 摄）
2. 2004年7月30日，区人民法院开展执行工作法律咨询活动（阮颖 摄）
3. 民警上门走访（李勇 摄）
4. 路面摩托车巡逻（何毅 摄）

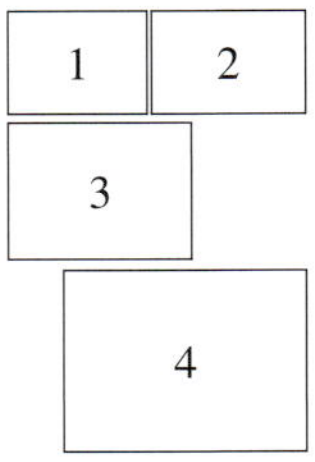

1. 2010年5月11日，区司法局在杭州开往西安的火车上开展流动普法（区司法局 供稿）
2. 2014年12月4日，区法律援助中心为市民提供法律咨询服务（区司法局 供稿）
3. 2015年6月25日，区检察院开展主题为“落实举报规定，推进反腐倡廉和规范司法”的举报宣传活动（区检察院 供稿）
4. “小候鸟暑期法制夏令营活动”启动仪式（2012年）（区检察院 供稿）

1. 2011年4月，上城区组织民兵骨干集训（孙建晓 摄）
2. 2010年4月，上城区民兵应急分队进行训练（孙建晓 摄）
3. 2008年2月26日—3月26日，上城区组织民兵进行训练（区人武部 供稿）

2013上城区最美邻里表彰
暨十年邻里情故事汇
上城区邻里公约
人来车往互谦让，按规停放路通畅；
猫狗宠物勤调教，垃圾入箱习惯好；
杂物楼道勿堆放，公共空间不侵占；

学国学精粹　塑经典上城
上城区学习优秀传统文化系列活动之
国学经典吟诵会

晴雨志愿者
文明交通劝导

最美凉茶
最美凉茶
最美凉茶铺
免费供

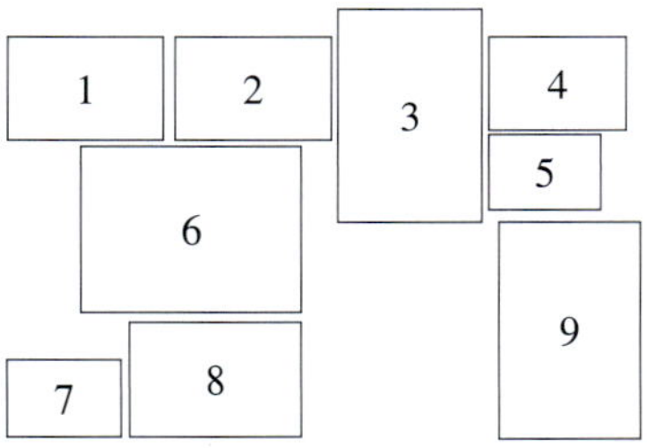

1. 2013年，上城区举办“最美邻里”表彰暨十年邻里情故事汇活动（区委宣传部 供稿）
2. 2011年9月，上城区举办学习优秀传统文化系列活动之国学经典吟诵会（区委宣传部 供稿）
3. 2011年，团区委、区教育局组织学生在云居山开展革命烈士纪念及爱国主义教育活动（陈建荣 摄）
4. 2004年，区政府举行升旗仪式（陈建荣 摄）
5. 2014年9月，清波街道清河坊社区举办庆祝中华人民共和国成立65周年活动（清波街道 供稿）
6. 2013年1月，上城区举办“践行核心价值观、争做文明好邻里”评选表彰会暨“和谐邻里相逢在山南”活动（南星街道 供稿）
7. 杭州晴雨公益服务中心志愿者进行交通文明劝导（区委宣传部 供稿）
8. 小营街道长明寺巷社区已传承三代的杭州“最美凉茶铺”（王川 摄）
9. 2002年，西湖博览会志愿者参与西湖景区清洁行动（陈建荣 摄）

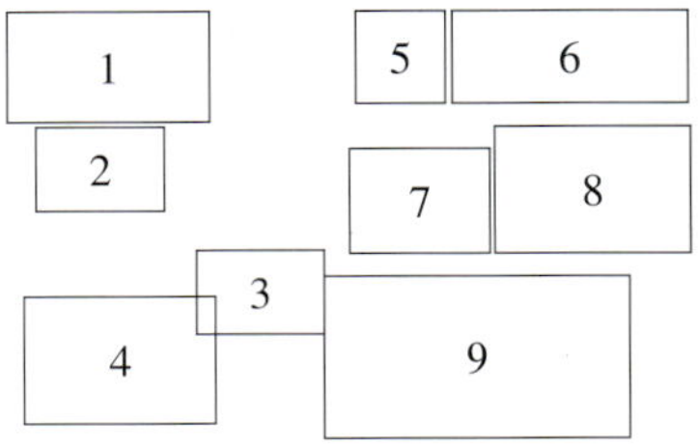

1. 杭州海兴电力科技股份有限公司生产车间（2011年）
（区电子机械功能区管委会 供稿）
2. 杭州海兴电力科技股份有限公司员工在检测产品
（区电子机械功能区管委会 供稿）
3. 浙江中杭电子有限公司生产的电连接器（区电子机械功能区管委会 供
4. 浙江中杭电子有限公司员工进行产品检测（2015年）（李忠 摄）
5. 工业园内的生产设备（2011年）（韩盛 摄）
6. 杭州中瑞思创科技股份有限公司生产车间（2011年）
（区电子机械功能区管委会 供稿）
7. 钱学森航天科普（图书）馆（2014年）（区科协 供稿）
8. 杭州奥普电器有限公司浴霸产品展示厅（2007年）
（区电子机械功能区管委会 供稿）
9. 杭州娃哈哈集团有限公司智能水汽生产线
（杭州娃哈哈集团有限公司 供稿）

杭州市教育科学研究所
附属小学

杭州新世纪外国语学校
NCFLS
Hangzhou New Century Foreign Language School

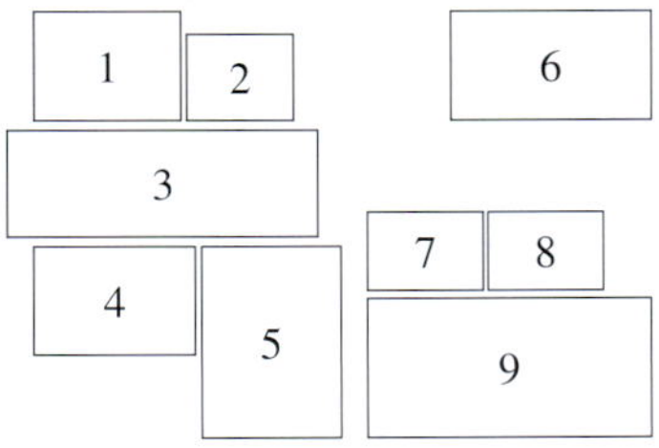

1. 杭州市行知幼儿园（2004年）（区教育局 供稿）
2. 杭州市教育科学研究所附属小学（2006年）（区教育局 供稿）
3. 杭州天地实验学校剧院（区教育局 供稿）
4. 杭州市胜利幼儿园大学路园区（2006年）（区教育局 供稿）
5. 杭州新世纪外国语学校（2011年）（区教育局 供稿）
6. 2013年，杭州市上城区教育学院附属小学举办新春音乐会（区教育局 供稿）
7. 2005年7月，上城区少年军校总校参加全国第五次少年军校大检阅（区教育局 供稿）
8. 2015年9月，区教育局举办教师节庆祝大会（区教育局 供稿）
9. 杭州市紫阳小学学生书法比赛（2012年）（韩盛 摄）

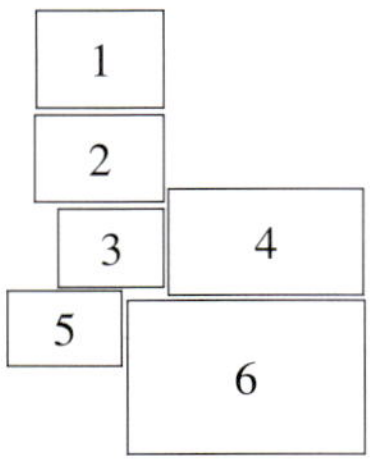

1. 2003年，杭州新世纪外国语学校举办十周年校庆暨第三届外语节活动（区教育局 供稿）
2. 2007年，上城区举行青少年学生“第二课堂活动”启动仪式（区教育局 供稿）
3. 杭州天地实验学校学生开展小交警值勤体验活动（区教育局 供稿）
4. 杭州市娃哈哈双语学校学生在上城区小学生英语节课本剧（戏剧）大中表演节目（区教育局 供稿）
5. 学生上书法课（2009年）（区教育局 供稿）
6. 2005年9月，上城区举办第一届中小学生综合素质展示活动（区教育局 供稿）

总　目　录

第一卷

第二卷

第三卷

Contents

Volume 1

Volume 2

Volume 3

《杭州市上城区志（1993—2015）》
第二卷编纂人员名单

责任编辑： 王　茜　王　琴　刘　毅　楚克静

第十六篇　财政税务

撰稿： 王晓甜　黄怡雯

第十七篇　经济管理

撰稿： 田宝庆　吴璐莹　张　杰　张海树　周文艺　荆　璐　谢少敏　詹丹宁　魏　静

第十八篇　中国共产党地方组织

撰稿： 王　灵　王琳莉　王　蕾　占志铖　吕　啸　朱雁鸣　寿李礼　沈　沉　张汉斌　周云华　高明明　黄友味　裴晓峰

第十九篇　地方人民代表大会

撰稿： 蔡伟利

第二十篇　地方人民政府

撰稿： 王晓华　何　瑶　罗　欢　钱一江　康　丽　潘建强

第二十一篇　政协地方委员会

撰稿： 张　凌

第二十二篇　民主党派与工商联

撰稿： 陈　栋　曹佳妮

第二十三篇　群众团体

撰稿： 王琳莉　刘乃华　李佳杰　李　璟　来小萍　来　源　姜慧芳　柴　淦

第二十四篇　政法

撰稿： 李华珺　李　徽　陈钧文　陈　赟　徐小夏　陶铁鹏　蔡　勤

第二十五篇　军事

撰稿： 张亚辉

第二十六篇　精神文明建设

撰稿： 郭　佳

第二十七篇　科学技术

撰稿： 杨永清

第二十八篇　教育

撰稿： 许　珩　陈　韵

（以上名单按姓氏笔画为序）

目录

第二卷

第十八篇　中国共产党地方组织

第二十二篇　民主党派与工商联

第二十三篇　群众团体

第二十六篇　精神文明建设

第二十七篇　科学技术

第二十八篇　教育

DIRECTORY

Volume 2

Part 19: Local People's Congress

Part 20: Local People's Government

Part 21: Local Political Consultative Committee

Part 22: Democratic Party and Federations of Industry and Commerce

Part 23: Mass Organizations

Part 24: Politics and Law

Part 25: Military Affairs

Part 26: The Spiritual Civilization Construction

Part 27: Science and Technology

Part 28: Education

第十六篇

财政税务

古代以田赋收入为大宗。周代始有“关市之征”。春秋时，实行“盐铁之税”。汉代，新设酒税、缗钱之税。隋唐时，地方杂税增多，有借商（绅富捐）、质钱（派捐）、关商贳钱（货物过卡捐）、竹木茶漆（厘金）、间架除陌（房产税）、率贷（对富有者课征）等。唐大中年间（847—859），对产茶地方课税，十取其一。五代及宋，设置税务官衙，对行商运销货物课以过税，对坐商销售货物课以住税，同时实行许多杂捐。明初，对税政进行统一，设茶课、鱼课、酒课、商课、矿课、市肆门摊税等，施行轻赋体民的政策。清代，杭州财政由朝廷直管，赋税缴纳由朝廷派驻省的布政使转达，清末改为直达。

民国建立后，财政由国民政府总揽，一切税收均属中央，所有地方政费，从中央赋税中拨留一部分备用，无中央财政和地方财政的区别。民国16年（1927），杭州开始建立市级财政，区地方财政由杭州市统一管理。

中华人民共和国成立初期，杭州市本着“稳定政局，不中断经济活动，暂时沿用旧税制，在征收中逐步修订”原则，先后对一些旧税种进行修订。1950年1月起，政务院和财政部陆续制定和颁布《全国税收实施要则》《关于统一全国税政的决定》以及各项税收条例、办法。1950—1957年，杭州市按照国家“统一领导，分级管理”原则，实行高度统一的税收管理体制。

1958年，杭州市部分财政业务下放，始建立区级财政。自1978年市、区经济管理体制改革后，杭州市决定撤销区级财政，对区实行“统收统支”的办法。1983年起，杭州市对国营企业进行利改税改革，将原来国营企业上缴利润办法改为按税法规定缴纳所得税，逐步完善和形成适应社会主义市场经济要求的税制新体系。1985年，杭州市重建区级财政，对区实行“划分收支，分级包干，分灶吃饭”体制。1988年起，市政府局部调整财政管理体制，实行“递增上缴，增收分成，一定三年不变”包干办法。是年，区对各街道也实行“划分收支，逐年递增，超收分成，超支不补，结余留用”财政原则。1992年，杭州市对区试行“分税制”财政体制。试行期间，新老体制并存，新体制不足部分，由市财政年终决算时补足。1993年，上城区实行“财政收支包干”[①]办法，全区实现地方财政收入1.38亿元，预算内财政支出0.59亿元，其中，民生类支出总数2605万元。

① 上城区财政收支包干办法：是按照1993年上城区的实际收入以及税制改革规定的中央、省、市、区之间的收入划分情况，核定1993年上城区的净上划收入数额（即消费税+增值税75%部分+非银行金融企业所得税-中央和省、市下划收入）。1993年净上划的收入全额返给上城区，并以此作为以后市对区的收入返还基数。

1994年，国家进行税制改革，对原有税种进行调整改革，并且按税收收入归属将税种划分为中央税、中央与地方共享税和地方税3类。市、区开始实行分税制财政体制。全区财政收入完成1.71亿元，同口径比1993年增长22.3%，其中，地方财政收入完成0.85亿元，同口径增长24.16%。1997年起，杭州市国家税务局上城分局和杭州市上城区地方税务局各自独立运行，分别管理各自税务，建立办税服务厅集中办理税收事务，不断深化税收征管方式改革，加快信息化建设，推动国家税、地方税收入的稳定增长。1998年，中共杭州市上城区第六次代表大会强调，要根据财税体制改革的新情况，加强财政税收工作，在加强征管的同时不断开辟新税源，保持财政收入稳定增长。2004年起，杭州市根据税收属地征管原则，将省下划给杭州市的省级企业按照行政区划分到各区实行属地征管，税收缴入区国库，实行收入市、区总额分享。是年，全区地方财政收入11.04亿元，比2003年增长88.50%。2005年1月，上城区改革和完善街道一级财政管理体制，实行企业下放和税收属地管理，区本级按固定比例分成，街道分别核定收入基数、支出基数、超收分成比例和房地产分成比例。国、地税部门开始建立征管协作长效机制，明确双方协作内容、工作制度及工作职责。是年起，上城区财政支出重点转移到满足政府履行职能和社会公共需要方面，优先安排财力，保证党政机关正常运转和教育、科技等重点支出依法增长，其中，落实科教文卫事业经费3.02亿元、城市维护及背街小巷改造资金1.20亿元，占预算内财政支出54.7%。2010年，全区地方财政收入突破50亿元大关。全区每平方千米财政收入达到2.76亿元，居浙江省区（县、市）第一位。地方财政收入年均增幅超过“十一五”规划目标8%，实现历史性突破。

2011年，中共杭州市上城区第九次代表大会提出，要坚持民生优先，发挥政府主导作用，确保新增财政收入的三分之二以上用于民生改善，建立健全具有上城特色的普惠型和特惠型有机结合的保障体系，让人民群众生活得更体面、更幸福。是年，上城区实施南宋皇城遗址“51131”道路街巷综合整治工程、五柳巷危改工程、准物业管理等“四改”[①]民生改善项目和望江地区保障性住房建设等重点工程，区财政安排财政资金3.50亿元保障工程顺利推进。2012年，区本级企业下放到属地街道后，街道工作积极性得到提升，小营街道财政总收入突破20亿元，湖滨、清波2个街道财政总收入突破10亿元，6个街道财政总收入占全区财政总收入的60%以上。

① 即背街小巷改善、庭院改善、危旧房改善及物业改善。

2015年，全区财政总收入107.15亿元，其中，一般公共预算收入66.46亿元，财政总收入和一般公共预算收入比“十一五”期末（2010年）分别增长33.67%与32.34%。全区实现预算内财政支出26.01亿元，其中，民生类支出总数21.07亿元，占一般公共预算支出81.01%。

第一章　财政

1978年起，杭州市撤销区级财政，对区实行“统收统支”办法。1985年，区级财政重新建立。上城区政府以保障全区财力持续增长，增强区本级调控能力，建立稳固平衡、可持续发展的地方财政，促进全区经济和社会事业的持续快速、统筹协调发展为财政管理目标。

收入方面，1993年，全区实现地方财政收入1.38亿元。1994年，市、区实行分税制财政体制。2005年，全区实现财政总收入22.87亿元，地方财政收入12.41亿元。是年，上城区按照“收入属地、两级财政全面可持续发展、统筹地区发展、财权与事权相统一、收入分配和支出管理并重”五原则，开始改革和完善街道一级财政管理体制。2010年，全区实现财政总收入80.16亿元，地方财政收入50.22亿元。2015年，上城区财政总收入突破100亿元，达到107.15 亿元。

支出方面，1993年，全区实现预算内财政支出0.59亿元，其中，民生类支出总数0.26亿元。2005年，上城区财政支出重点转移到满足政府履行职能和社会公共需要方面，优先安排财力，保证党政机关正常运转和教育、科技等重点支出依法增长。2007年，上城区财政完成新一轮公务员工资制度改革，科技、教育投入分别比2006年增加10.82%和18.07%。2015年，全区实现一般公共预算支出26.01亿元（区本级，不含省市补助），其中，民生类支出总数21.07亿元，占一般公共预算支出81.01%，重点推进五水共治、棚户区改造和公共停车场建设，实施二十国集团（G20）领导人峰会、馒头山、思鑫坊、劝业里等一批重点项目，集中力量推进湖滨、玉皇山南、望江等重点区块建设。

1993—2015年，上城区逐步加强和规范行政事业单位财务管理、基本建设财务管理、国库集中支付与会计等财务管理工作。强化财政监管，注重预算管理、财政支出绩效评价等工作，全面推进政府采购管理。加强国有资产管理，确保国有资产保值、增值。加大财源培育力度，制定扶持措施，保证扶持资金投入，抓好税源建设，确保财力不断增长。

第一节 管理机构

1993年，杭州市上城区财政税务局[①]负责财政管理工作。1994年9月，杭州市上城区财政税务局分设为杭州市上城区财政局（简称区财政局）、杭州市国家税务局上城分局、杭州市上城区地方税务局，实行“三块牌子、一套班子”，合署办公。

1997年8月，国、地税机构分设，划出单设杭州市国家税务局上城分局。同时，上城区增设杭州市上城区国有资产管理局，形成区财政局、杭州市上城区地方税务局、杭州市上城区国有资产管理局“三块牌子、一套班子”格局。9月，国、地税务机构进一步分设。分设后，区财政局、杭州市上城区地方税务局、杭州市上城区国有资产管理局继续合署办公，杭州市国家税务局上城分局受杭州市国家税务局垂直领导，不再与杭州市上城区地方税务局合署办公。1998年，区财政局迁址惠民路26号。2002年4月，杭州市上城区地方税务局撤销，区级地税征管职能及基层专项编制人员上划杭州市地方税务局。至2015年，区财政管理机构设置未发生变动。

2015年末，区财政局内设办公室（政策研究室）、预算局、资产管理科、预算执行局（国库支付科）、行政事业科、企业科（财源建设管理科）、经济建设科、财政监督局（绩效评价科）、会计科（行政审批科）9个职能科室。主要职责为贯彻执行国家的财政、税收、财务、会计、行政事业单位国有资产管理等法律、法规和方针、政策及其他有关政策，负责各项财政收支管理等。区财政局历任党委书记王朗晨、袁建祥、王国民、朱红卫、来剑波、季黄辉，历任局长王朗晨、袁建祥、王国民、来剑波、季黄辉。局址惠民路26号。

① 1958年，杭州市部分财政业务下放，始建立区级财政。此后，几经撤建，1985年，重建区级财政，复设杭州市上城区财政税务局。1989年，杭州市上城区财政税务局分挂“杭州市上城区财政局”“杭州市上城区税务局”两块牌子，并确定1名副局长分管税收工作。

第二节 管理体制

一、区级财政管理体制

1993年，上城区实行“财政收支包干”办法。

1994年，市、区实行分税制财政体制。区级财政收入包括区属街道企事业单位、个体工商户增值税的25%部分，营业税，所得税，个人所得税，城镇土地使用税，固定资产投资方向调节税，房产税，车船使用税，印花税，屠宰税，农牧业税，农林特产税，遗产和赠与税，教育费附加以及其他收入（包括罚没收入和按规定应纳入预算管理的行政性收费收入）。市对区的收入返还数额以1993年为基期年核定。是年起，收入返还额在1993年基数上逐年递增，市对区的税收返还与上城区上划中央收入的增长率挂钩，挂钩比例按1∶0.3确定（增长1，返还0.3）。市对区税收返还数额比基数增长的部分，市、区按四六比例分成，市得40%，区得60%。如区上划收入达不到1993年基数，则相应扣减税收返还数额。

1995年，根据中央和浙江省财政厅规定，杭州市取消各城区原体制上解每年递增5%的规定，改为以1994年实际上缴数为基数定额上涨。

1997年起，杭州市对上城区实行“两保两联”优惠政策，即在确保实现当年财政收支平衡和确保完成消化历年赤字的前提下，技术改造补助与地方财政收入比1996年增收上缴相联系（环比）。技术改造补助奖励联系比例为11%和4%。

2003年，杭州市将“两保两联”优惠政策调整为“两保一挂”① 奖励政策，实行奖励与其地方财政收入挂钩办法。奖励分为发展资金奖励和个人奖励两个部分，挂钩比例为增收额的5%，其中，4.5%部分用于发展资金，0.5%部分用于个人奖励。

① 在两个“确保”（确保实现当年财政收支平衡、确保完成各项职责任务）的前提下，实行奖励与地方财政收入增收额挂钩。

2004年，杭州市根据税收属地征管原则，将省下划给杭州市的省级企业按照行政区划分到各区实行属地征管，税收缴入区国库，实行收入市、区总额分享。分享范围为各项税收地方部分，即增值税25%部分、营业税、企业所得税40%部分、个人所得税40%部分、资源税、固定资产投资方向调节税、房产税、印花税、城镇土地使用税、土地增值税、车船使用牌照税、屠宰税、筵席税。分享比例以2002年为基数确定，一区一率。上城区分享比例为36.7%。

2007年，根据杭州市《关于调整上城区财政管理体制的通知》，市对区实行“市级企业下划、收入在地统计、财力递增上解”财政体制。市财政核定市属企业下划后，除总额共享比例外，上城区地方分税制收入留库比例为65%。

2013年7月，杭州市财政局下发《关于明确市区财政体制若干事项的通知》，明确省级下划金融业和电力生产企业税收收入预算分配管理体制，建立促进发展奖补机制，包括政府财政税收收入增长奖补机制和金融保险业营业税增收奖励政策。至2015年，市区财政管理体制未发生变化。

二、区以下财政管理体制

1993—2004年，上城区街道财政管理体制[①]实行以1988年、1989年平均收入为基数确定新一轮两年的财政包干办法。

2005年1月，上城区改革和完善街道一级财政管理体制。街道财政体制改革的主要内容：实行企业下放和税收属地管理，区本级按固定比例分成，街道分别核定收入基数、支出基数、超收分成比例和房地产分成比例。此次改革“坚持收入属地、两级财政全面可持续发展、统筹地区发展、财权与事权相统一、收入分配和支出管理并重”五原则，重新划分街道（不含科技经济区块）收、支范围及收入分成办法。改革的主要内容：实行企业下放和税收属地管理，区本级按固定比例分成，街道分别核定收入基数、支出基数、超收分成比例和房地产分成比例。

2006年，上城区建立街道财政管理中心。2007年，依据市对区财政管理体制的调整，相应调整和完善区、街道财政管理体制。按照“属地管理、事权对应、风险共担”原则，采取“划分收支、核定基数、超收分成、以丰补歉”形式管理，调动街道生财、聚财、理财的积极性，规范区、街道财政分配关系，增强区、街道财政实力。

2008年1月，上城区按照“划分收支、核定基数、超收分成、以丰补歉”的管理形式，改革街道财政管理体制。同时，完善街道协税护税体系，建立街道财政收入综合管理网上平台，提高街道财源分析和监管实效。12月，第二批市、区级企业税收下划街道属地管理。下划企业范围：原区本级保留企业和市下划企业中2007年地方财政收入500万元以下的企业（不含房地产开发和出口退税企业）。2008年，上城区所属街道共完成地方财政收入12.22亿元，比2007年增长32.10%。

2012年，上城区对街道辖区企业实施全面属地化服务，凡街道辖区企业由街道经济管理部门统一管理，所有下放服务企业以2011年地方财政收入为基数锁定。同时，为防止各年度收入情况变化而引起街道财政收支不平衡，按当年超收分成的50%提取作为街道稳定调节资金，用于以丰补歉。至2015年，区以下财政管理体制未发生变化。

① 1986年1月1日，上城区建立街道一级财政，试行总收总支、收入上缴、支出下拨、结余留用的管理体制。1989年，调整街道财政体制，实行“递增上交、超收分成、一定两年”的包干办法。1990年，改革街道财政管理体制，以1988年、1989年平均收入为基数确定新一轮两年的财政包干办法。

第三节　财政收支

一、财政收入

1993年，上城区围绕经济发展战略目标，深化改革，保持较快发展势头，地方财政收入首次突破亿元大关，实现地方财政收入1.38亿元。1994年，上城区实施新的分税制财政体制，区财政局强化税收征管，组织财政收入，参与并支持企业改革，培育后备财源。是年，全区财政收入1.71亿元，同口径比1993年增长22.3%，其中，地方财政收入0.85亿元，同口径增长24.16%。

2010年，全区地方财政收入突破50亿元大关。全区每平方千米财政收入达2.76亿元，居浙江省区（县、市）第一位。地方财政收入年均增幅超过“十一五”规划目标8%，实现历史性突破。

2011年，区财政局与国税、地税部门加强联动，跟踪区属重点企业收入增减情况，组织征收部门依法、及时、足额征收。是年，地方财政收入完成53.55亿元，财政总收入超过90亿元。

2012年和2014年，受国家房地产调控政策影响，地方财政收入增幅分别仅为1.02%和1.04%。2015年，全区财政总收入实现107.15亿元，其中，地方财政收入66.46亿元，财政总收入和地方财政收入比“十一五”期末（2010年）分别增长33.67%和32.34%。

表16-1-1　1993—2015年上城区财政收入情况表

年份	总收入（万元）	上缴中央财政收入（万元）	地方财政收入（万元）	比上年增减（%）
1993	—	—	13779	50.57
1994	17106	8655	8451	-38.67
1995	20497	10483	10014	18.49
1996	20899	9915	10984	9.69
1997	24711	12088	12623	14.92
1998	31590	16916	14674	16.25
1999	37936	19482	18454	25.76
2000	44558	21941	22617	22.56
2001	56035	22365	33670	48.87
2002	73415	35609	37806	12.28
2003	110044	51486	58558	54.89
2004	193933	83554	110379	88.50
2005	228720	104588	124132	12.46
2006	270938	124504	146434	17.97
2007	391323	179211	212112	44.85
2008	636442	267368	369074	74.00
2009	654273	264387	389886	5.64
2010	801644	299443	502201	28.81
2011	900059	364533	535526	6.64
2012	858675	317670	541005	1.02
2013	905891	331569	574322	6.16
2014	935708	355427	580281	1.04
2015	1071548	406959	664589	14.53

说明：1.1994年分税制改革后，收入统计口径发生变化。2.资料来源于杭州市上城区财政局

表 16-1-2　1993—1997 年上城区财政收入分项目情况表

单位：万元

科目 \ 年份	1993	1994	1995	1996	1997
工商税收类	12960	6513	8250	9223	11169
农牧业税和耕地占用税类	0	0	0	0	9
企业所得税类	—	1397	2494	2590	1679
国有企业所得税类	241	—	—	—	—
国有企业调节税类	0	—	—	—	—
国有企业上缴利润类	0	0	0	0	0
国有企业计划亏损补贴类	0	0	-295	-329	-376
国家能源交通重点建设基金收入类	33	30	17	0	—
基本建设贷款归还收入类	0	0	0	0	0
其他收入类	97	91	0	0	0
国家预算调节基金类	136	111	58	1	—
国有企业承包收入退库类	0	—	—	—	—
所得税退税类	—	0	-1012	-1006	—
股份制企业所得税类	0	—	—	—	—
企业所得税退税类	—	—	—	—	0
专款收入类	312	309	—	—	—
专项收入类	—	—	399	339	—
罚没收入、行政性收费收入类	—	—	103	166	142
合计	13779	8451	10014	10984	12623

说明：1.1996 年 12 月，江干区所辖的望江、南星、紫阳、闸口 4 个街道和四季青镇近江、望江、玉皇 3 个行政村划归上城区管辖。1997 年，上城区增加农牧业税和耕地占用税类税种。2. 资料来源于杭州市上城区财政局

表 16-1-3　1998—2006 年上城区财政收入分项目情况表

单位：万元

科目 \ 年份	1998	1999	2000	2001	2002	2003	2004	2005	2006
增值税	5632	6492	7311	7451	9006	10368	9762	15621	18884
营业税	3414	4084	8409	10067	15837	31102	53819	52655	60308
企业所得税	3903	4485	4724	10176	4162	8727	28023	30110	34010
企业所得税退税	-2200	-1400	0	0	0	0	0	0	0
外商投资企业和外国企业所得税	1176	—	—	—	—	—	—	—	—
个人所得税	1380	1883	2326	7456	4400	4679	8036	8277	11124
固定资产投资方向调节税	65	110	0	0	0	0	0	0	0
城市维护建设税	649	919	1298	1578	2270	3155	5538	5879	6616
房产税	168	199	532	899	1234	1420	3139	5793	6075
印花税	18	18	69	54	230	391	1061	1087	1792

续表 16-1-3

科目 \ 年份	1998	1999	2000	2001	2002	2003	2004	2005	2006
城镇土地使用税	23	19	28	18	30	70	162	336	323
土地增值税	0	0	0	0	0	0	331	1942	2647
车船使用税	12	—	—	—	—	—	—	—	—
车船使用和牌照税	—	12	11	8	1	38	7	1	1
农业税	9	0	0	0	0	0	0	0	0
国有企业计划亏损补贴	-269	0	-4000	-6000	-2000	-4500	-4000	-2000	0
行政性收费收入	0	0	0	0	0	0	0	0	246
罚没收入	497	1175	1117	1102	1483	1403	1886	1732	1731
专项收入	197	458	710	861	1153	1621	2472	2588	2605
其他收入	0	0	82	0	0	84	143	111	72
合计	14674	18454	22617	33670	37806	58558	110379	124132	146434

说明：1. 1998—2006年，上城区资源税、屠宰税、筵席税、农业特产税、牧业税、耕地占用税、契税、国有资产经营收益、土地和海域有偿使用收入等税种均为零收入。2. 1999年，上城区完成撤村建居工作后，不再有农业税。3. 资料来源于杭州市上城区财政局

表 16-1-4　2007—2015 年上城区财政收入分项目情况表

单位：万元

科目 \ 年份		2007	2008	2009	2010	2011	2012	2013	2014	2015
税收收入	合计	193631	360544	380284	491381	520044	529687	558540	566603	629305
	增值税	22005	35990	40732	38667	46077	38426	61220	76442	97738
	营业税	71141	158143	186762	238437	237080	275434	261628	226516	242432
	企业所得税	52545	78533	53853	66931	98729	86328	91526	107006	117544
	个人所得税	22794	26919	40368	54427	50863	47506	58444	58136	72373
	城市维护建设税	8210	26327	21312	25768	29008	27482	31082	30318	33229
	房产税	9080	18527	17346	18207	27592	27831	31576	35602	33738
	印花税	2752	8590	9888	10594	11990	8846	8062	9500	10465
	城镇土地使用税	1010	2143	1433	1963	2266	2330	2582	2871	2490
	土地增值税	4063	5316	8589	36381	16438	15501	12417	20208	19292
	车船税	31	56	1	6	1	3	3	4	4
非税收入	合计	18481	8530	9602	10820	15482	11318	15782	13678	35284
	专项收入	3128	6452	7772	9511	10485	9952	11319	11018	31918
	行政事业性收费收入	0	0	0	0	1047	0	0	0	0
	罚没收入	20211	1895	1618	1262	1508	1334	4408	1648	2609
	国有资本经营收入	-5000	0	0	0	0	0	0	0	0
	国有资源（资产）有偿使用收入	142	183	212	47	2442	32	55	1012	757
合计		212112	369074	389886	502201	535526	541005	574322	580281	664589

说明：1.2015年开始，区专项收入包含教育费附加收入、地方教育附加收入、残疾人就业保障收入、水利建设专项收入。2.2007—2015年，"税收收入"中的"其他税收收入"和"非税收入"中的"其他收入"均为零。3.资料来源于杭州市上城区财政局

表16-1-5　2010—2015年上城区政府性基金收入情况表

单位：万元

年份	总收入	地方教育费附加	地方水利建设基金	残疾人就业保障金	彩票公益金	国有土地使用权出让金	其他政府性基金
2010	17196	6782	3663	3374	366	160	2851
2011	16871	7052	4758	3858	385	222	596
2012	17477	6669	3944	4447	655	380	1382
2013	25254	7549	4935	4939	778	1	7052
2014	33895	7340	6104	5541	786	0	14124
2015	5574	0	0	0	809	0	4765

说明：1.2015年开始，教育费附加收入、地方教育附加收入、残疾人就业保障收入、水利建设专项收入纳入区专项收入。2.资料来源于杭州市上城区财政局

二、财政支出

1993年，全区财政支出总数5933万元，其中，行政管理费类、公检法支出类分别为398万元、321万元；企业挖潜改造资金类支出1840万元；民生类科技三项费用类支出22万元，农林、水利、气象等部门事业费类支出4万元，工商交通等部门的事业费类支出16万元，城市维护费类支出25万元，文教卫生事业费类支出1764万元，科学事业费类支出7万元，其他部门的事业费类支出125万元，抚恤和社会福利救济费类支出623万元，价格补贴支出19万元。民生类支出总数2605万元，占全年支出总数的43.91%。

1998年，全区地方财政支出总数15677万元，其中，民生类财政支出6355万元，占全区财政收入总数的40.54%。民生类支出中，科技三项费用支出273万元，农林水利气象等部门的事业费支出17万元，工业交通等部门的事业费支出68万元，文体广播事业费支出127万元，教育事业费支出3120万元，科学事业费支出21万元，卫生经费支出2447万元，抚恤和社会福利救济费支出160万元，社会保障补助支出122万元。教育事业支出增长明显。

2005年，上城区财政支出重点转移到满足政府履行职能和社会公共需要方面，优先安排财力，保证党政机关正常运转和教育、科技等重点支出依法增长。落实科教文卫事业经费3.02亿元、城市维护及背街小巷改造资金1.20亿元。支持“科技强警”和“从优待警”，打造“平安上城”，公检法司投入8898万元。加大社会保障机制建设，其中，最低生活保障金950万元，残疾人就业保障金443万元。为保证行政事业单位在职人员货币化分房补贴落实到位，安排住房补贴专项资金2000万元。

2007年，区财政优先保证党政机关正常运转和教育、科技等重点支出依法增长，完成新一轮公务员工资制度改革，落实科教文卫事业经费3.33亿元。完善义务教育投入保障机制，提高生均公用经费等标准，全年增加投入712万元。免收义务教育阶段学生学杂费550万元，惠及学生2.46万人。投入5550万元资金，推进危旧房改善、背街小巷改善、截

污纳管、平改坡、上改下等人民群众最关心、最直接利益项目的实施，优化居住环境。投入社会保障等资金1.14亿元，比2006年增长7.6%。增加公共安全保障经费，公检法司机关投入7752万元。

2011年，上城区安排财政资金3.50亿元，保障南宋皇城遗址“51131”道路街巷综合整治工程、五柳巷危改工程、准物业管理等“四改”民生改善项目和望江地区保障性住房建设。财政支出1.94亿元，用于城市“四化”（洁化、绿化、亮化、序化）管理、屋顶绿化建设、生态垃圾房建设、垃圾分类，以及“三江两岸”[①]生态景观保护三年行动计划启动。全年社区建设和事务管理支出4810万元，离退休支出1.40亿元。实施居民最低生活保障和零贫困家庭工程，发放各类救济支出2706万元。全面推进居家养老全覆盖工程，居家养老支出1105万元。促进再就业及居家就业支出2292万元。提高企业退休人员社保补贴标准，企业退休人员节日慰问费及社会化管理支出6086万元。残疾人康复工程及就业、扶贫补助等支出1776万元。全年财政教育投入5.14亿元，保障教育绩效工资的发放及杭州市建兰中学等学校建设项目的实施。科学技术投入8227万元，用于示范区建设、科学技术研究和支持中小企业科技发展。卫生事业投入6022万元，用于“两卫”（街道卫生服务中心和社区卫生服务室）事业单位绩效工资改革，推进基本药物零差价制度实施，改善社区服务站就医环境。文化事业投入1093万元，保障开展各类群众文化艺术活动，并向困难家庭免费发放文体惠民活动券。

① “三江两岸”在上城区的范围：钱塘江上城区段即钱塘江北岸钱塘江一桥到三桥段共约8.4千米范围，以及此段江岸沿线可视范围，主要在上城区南星街道、紫阳街道、望江街道的行政范围内，南临钱塘江，西北以虎跑路至玉皇山麓再至凤凰山脚为界，沿万松岭路至江城路，往北以秋涛路至清江路及钱江三桥为止。

2015年，全区共投入民生保障支出21.07亿元，推进“五水共治”、棚户区改造和公共停车场建设，实施二十国集团（G20）领导人峰会、馒头山、思鑫坊、劝业里等一批重点项目，集中力量推进湖滨、玉皇山南、望江等重点区块建设。全区各级党政机关落实中央八项规定，厉行节约，全年全区“三公”经费比2014年减少8.52%，其中，公务招待费减少30.61%，公务车购置及运行费减少1.79%，因公出国（境）费减少9.13%。

表16-1-6　1993—1997年上城区财政预算内支出情况表

单位：万元

分类＼年份	1993	1994	1995	1996	1997
基础建设支出类	0	0	0	5	16
企业挖潜改造资金类	1840	810	540	500	100

续表 16-1-6

分类＼年份	1993	1994	1995	1996	1997
简易建筑费类	26	32	0	0	0
科技三项费用类	22	20	30	80	226
农林、水利、气象等部门事业费类	4	6	6	7	8
工商、交通等部门的事业费类	16	22	—	—	—
工业、交通等部门的事业费类	—	—	27	64	45
城市维护费类	25	670	829	865	1180
城镇青年就业经费类	0	—	—	—	—
文教、卫生事业费类	1764	2429	2772	—	—
文教事业费类	—	—	—	1874	2838
科学事业费类	7	9	13	14	22
其他部门的事业费类	125	246	104	200	203
抚恤和社会福利救济费类	623	867	847	129	193
行政管理费类	398	577	656	787	1164
公检法支出类	321	513	685	845	1113
价格补贴支出	19	0	0	0	—
其他支出类	622	301	1703	1012	1417
专款支出类	121	321	328	—	—
专项支出类	—	—	—	391	—
卫生经费类	—	—	—	1456	2047
行政事业离退休经费类	—	—	—	998	1098
合计	5933	6823	8540	9227	11670

说明：1.1993—1997 年，上城区无地质勘探费类、流动资金类、支援农村生产支出类、商业部门事业费类、国防支出类和支援不发达地区支出类、总预备费类的支出。2.资料来源于杭州市上城区财政局

表 16-1-7　1998—2002 年上城区财政预算内支出情况表

单位：万元

分类＼年份	1998	1999	2000	2001	2002
基本建设支出	210	200	228	164	14
企业挖潜改造资金	150	270	240	200	224
科技三项费用	273	328	468	614	740
支援农村生产支出	0	0	15	0	0
农业综合开发支出	0	0	0	6	18
农林、水利、气象等部门的事业费	17	37	17	26	28
工业、交通等部门的事业费	68	64	45	46	82
流通部门事业费	0	0	43	138	202
文体广播事业费	127	159	216	289	290
教育事业费	3120	2619	5204	7675	10650
科学事业费	21	23	26	77	63
卫生经费	2447	2406	2757	3468	3934

续表16-1-7

分类＼年份	1998	1999	2000	2001	2002
税务等部门的事业费	283	448	365	1258	—
其他部门的事业费	—	—	—	—	1348
抚恤和社会福利救济费	160	190	394	406	564
行政事业单位离退休经费	1256	3168	4453	6385	7175
社会保障补助支出	122	251	218	291	355
行政管理费	1649	1523	1390	2238	4007
公检法司支出	1395	1802	1961	3752	4144
城市维护费	1744	8366	4921	3829	3459
专项支出	212	308	1624	1944	2847
其他支出	2423	3817	3016	1591	4674
合 计	15677	25979	27601	34397	44818

说明：1.支援农村生产支出主要用于向涉农企业等发放省市补助。2.1998—2002年，上城区无地质勘探费类、流动资金类、国防支出类、外交外事支出类、武装警察部队支出类、政策性补贴支出类、支援不发达地区支出类、海域开发建设和场地使用费支出类及总预备费类的支出。3.资料来源于杭州市上城区财政局

表16-1-8　2003—2006年上城区财政预算内支出情况表

单位：万元

分类＼年份	2003	2004	2005	2006
基本建设支出	60	20	0	50
企业挖潜改造资金	0	0	46	30
科技三项费用	1183	1861	2244	2407
农业支出	29	40	57	67
工业、交通等部门的事业费	59	106	117	103
流通部门事业费	249	0	0	0
文体广播事业费	374	852	790	906
教育支出	14119	16205	17470	20367
科学支出	59	124	133	241
医疗卫生支出	4518	4527	4768	5128
其他部门的事业费	2206	2663	3622	3660
抚恤和社会福利救济	1082	1901	2510	2349
行政事业单位离退休支出	6492	7811	7896	7951
社会保障补助支出	669	927	620	2005
行政管理费	4704	6011	8055	8957
公检法司支出	5213	6288	7735	7704
城市维护费	11429	5306	6614	7585
支援不发达地区支出	10	0	0	0
车辆税费支出	—	—	0	0
债务利息支出	—	—	0	0

续表 16-1-8

分类＼年份	2003	2004	2005	2006
专项支出	2509	5155	4952	2829
其他支出	7501	11734	9578	12971
合 计	62465	71531	77207	85310

说明：1. 支援农村生产支出主要用于向涉农企业等发放省市补助。2.2003—2006 年，上城区无地质勘探费类、流动资金类、林业支出类、水利和气象支出类、国防支出类、外交外事支出类、武装警察部队支出类、政策性补贴支出类、海域开发建设和场地使用费支出类及总预备费类的支出。3. 资料来源于杭州市上城区财政局

表 16-1-9　2007—2015 年上城区财政预算内支出情况表

单位：万元

分类＼年份	2007	2008	2009	2010	2011	2012	2013	2014	2015
一般公共服务	9154	14158	15569	18650	20667	21327	22149	22172	29602
国防	0	0	0	0	128	78	25	35	0
公共安全	9261	12034	12288	17063	18475	20765	21078	20727	25068
教育	26376	34829	37484	41755	48542	49023	53385	57037	68365
科学技术	3008	5751	6758	8643	9585	10682	9516	11549	13240
文化体育与传媒	309	651	901	1234	1250	1402	1600	1988	5563
社会保障和就业	13791	17534	21105	25377	30098	35783	39072	42151	59939
医疗卫生	5603	7526	8553	10354	11132	10255	10913	14503	16335
环境保护	0	0	478	269	—	—	—	—	—
节能环保	—	—	—	—	470	405	4409	185	94
城乡社区事务	15156	51537	45962	67186	61887	37246	30366	32031	48717
农林水事务	0	5	0	0	450	37	80	7405	9817
交通运输	0	0	0	0	0	67	0	106	43
采掘电力信息等事务	—	—	1555	—	—	—	—	—	—
资源勘探电力信息等事务	—	—	—	2291	9722	9645	7300	7909	8427
粮油物资储备管理等事务	—	—	1348	0	0	0	0	0	0
商业服务业等事务	—	—	—	4540	7823	5358	6273	3980	8513
金融监管支出	—	—	0	488	484	1846	735	1698	2521
工业商业金融等	399	1922	—	—	—	—	—	—	—
地震灾后恢复重建支出	—	0	0	0	0	0	0	—	—
援助其他地区支出	—	—	—	—	—	860	1114	1203	1299
国土资源气象等事务	—	—	—	390	464	479	499	—	—
国土海洋气象等支出	—	—	—	—	—	—	—	427	545
住房保障支出	—	—	—	270	259	302	364	1333	1012
国债还本付息支出	—	—	0	0	0	0	0	0	—
债务付息支出	—	—	—	—	—	—	—	—	—
债务发行费用支出	—	—	—	—	—	—	—	—	82
其他支出	13004	20680	13820	21436	15167	7127	3031	5787	5071
合计	96061	166627	165821	219946	236603	212687	211909	232226	304253

说明：1. 农林水事务支出主要用于向涉农企业等发放省市补助。2.2007—2015 年，上城区无外交类的支出。3. 资料来源于杭州市上城区财政局

表 16-1-10　2010—2015年上城区政府性基金支出情况表

单位：万元

分类＼年份	2010	2011	2012	2013	2014	2015
教育	5051	4949	6540	6060	6000	0
文化、体育与传媒	67	150	75	0	60	0
社会保障和就业	1843	1817	3777	3528	2840	0
城乡社区事务	183071	31459	0	1000	355	0
农林水事务	4082	4000	2900	3002	2427	0
其他支出	694	1398	594	1866	5746	4971
债务发行费用支出	0	0	0	0	0	109
合计	194808	43773	13886	15456	17428	5080

说明：1.根据《国务院关于加强地方政府性债务管理的意见》文件精神，2015年，上城区置换债券并支付债务发行费用109万元。2.2010—2015年，上城区无一般公共服务类、节能环保类、交通运输类、资源勘探电力信息等事务类、商业服务业等事务类的政府性基金支出。3.资料来源于杭州市上城区财政局

三、政府债务

1999年起，上城区利用国家有关政策，开辟融资渠道，利用国内外资金，缓解地方在经济和社会事业发展方面遇到的资金瓶颈制约，促进经济和各项社会事业发展。特别是在城市基础设施建设方面，初步形成政府财政投入与政府引导市场化筹资方式相结合的多渠道、多层次筹措城市建设资金局面。

2007年，区财政局试编全区负债预算，拟定债务管理系列办法，逐步规范建设项目立项审批程序，加强资金调度能力，加大项目审核力度。清理区内建设主体间资金拆借行为，掌握分析全区负债状况，向区政府提出可行性建议，防范和控制政府风险。2008年，区财政局开展各建设单位债务情况梳理和资金使用情况分析；编制年度“上城区建设资金汇总预测表”“2008年上城区土地出让金返还款预测表”“战略合作银行与非战略合作银行贷款到期情况表”等工作台账，为统筹全区建设资金使用管理提供依据，增强政府防范债务风险能力。

2011年，区财政局制定《上城区政府性债务管理实施暂行办法》《上城区政府投资项目融资操作规程》，实施债务执行情况月报制度，做好政府债务动态分析工作，实时监控，加强防范债务风险。制定《重点项目资金应急保障实施细则》，加强项目资金应急保障工作，缓解资金周转压力。2013年，区财政局制定《加强建设平台财务管理的实施意见》，建立可贷款项目库，深化项目贷款管理，提升贷款效率。2014年，区财政局加强全区建设资金统筹管理，按建设项目进度和资金需求落实政府性债务管理计划。贯彻《国务院关于加强地方政府性债务管理的意见》，开展全区存量债务清理与甄别，合理确定全区政府负债规模，促进各建设单位规范举债，防范和化解地方政府性债务风险。2015年，全区共置换债券人民币19.58亿元。

第四节　财政监管

一、预算管理

1993年，面对收支矛盾突出情况，上城区财政部门采用控制支出和加强预算外资金汇集办法，开辟预算外收入渠道，加强组织统收力度。

1995年，上城区对行政事业单位的预算外资金实行专户储存、财政监督办法。为确保收支平衡，区财政局召集各预算单位学习《中华人民共和国预算法》；做好各项基数测定，与各预算单位签订《预算包干协议》；安排一部分支出到预算外开支。1999年，实行预算外资金集中统一管理改革，原由单位分散使用的预算外资金全部缴入财政专户，纳入财政年收支计划管理，实行“收支两条线”。是年，财政部下发《关于改进2000年中央预算编制的意见》，提出实行部门预算改革计划。区财政局执行“二上二下”编制程序①。2000年，上城区加强支出预算管理，控制一般性支出增长，从严审核一般性支出追加报告。

2001年，上城区试行以部门为单位的细化综合预算改革。2004年，《上城区区级部门预算管理暂行办法（试行）》施行，规范加强部门预算管理，对部门预算收入，支出审批、执行、监督和项目支出申报、审核等做出具体规定。2005年，统一使用预算编制软件，规范部门预算编制。2007年，上城区实施部门预算改革，建立政府收支分类体系，完善项目库和基础信息库。逐步扩大部门预算编制范围，将区教育局所属学校按综合预算方式列入部门预算范围。安监、劳动、司法、计生、民政以及文化等重点部门预算安排，经由区人民代表大会审议，增强预算透明度和约束力。

2009年，按照“收入一个笼子、预算一个盘子、支出一个口子”综合预算管理要求，全区预算内外资金全部纳入预算管理。实行预算编制户籍化管理，建立部门对口联络制度。制定财政项目结余资金管理办法，清理、盘活历年结余资金。2010年，推行综合预算管理模式，将税收收入和非税收入有机结合，统筹安排各类不同性质的财政性资金，实现一个部门一本完整预算。2011年，区财政局制定《部门预算编制业务规范》《部门预算调整操作规程》和《区级机关会议费和培训费管理办法》，汇编《上城区公共财政政策解读》。2012年，区财政局完善项目库建设与管理，将项目支出分为行政运行专项和民生保障专项，根据项目类型纳入项目库分类管理。在全市率先开展参与式预算监督试点工作，

①“二上二下”是典型的部门预算编制流程。所谓的“上”与“下”，是指财政部门和支出部门之间正式的沟通过程。部门预算编制的反复沟通的过程，旨在使部门预算编制得更为科学，更有针对性。

选定区民政局和区残联2013年预算中全部专项资金。2013年，参与式预算试点扩至区司法局、区风景旅游局、区安全监管局、区国土分局4个部门的2014年部门预算。

图16-1-1　上城区区级部门预算编制布置会议（2012年）
（区财政局 供稿）

2014年，按照“深化财税体制改革、推动实施公开透明预算制度”的要求，上城区扩大参与式预算试点，推进预决算信息公开，确保财政资金使用效益。在区政府门户网站公开全区2013年度财政总决算和2014年度公共财政预算，实现财政预决算、部门预决算、“三公”经费[①]预决算信息的全面公开。

2015年，除涉密部门外，全区部门预决算和“三公”经费预决算信息公开覆盖面100%。全区深化参与式预算模式，在上城区人民代表大会监督指导下，各界代表以民主恳谈的形式参与区发改局等部门年度预算方案协商讨论，提升预算透明度。

① “三公”经费：一般指“三公”消费，是指政府部门人员因公出国（境）经费、公务车购置及运行费、公务招待产生的消费。

二、国库集中支付

2001年1月1日起，杭州市按照“先易后难、区别对待、结合实际、借鉴经验”原则，开展国库集中支付制度改革试点。是年，上城区区级机关事业单位预算外资金管理通过财政、银行之间网络实施数据传送，实现“以票管费”。年内区级行政单位和街道机关工作人员工资实行财政集中统发。2002年，全面实行部门综合预算，分批进入区会计结算中心，纳入集中结算的预算外资金通过会计结算中心集中支付。2003年9月，执行部门专项资金财政直接支付办法，通过和银行协定存款、定存方式对财政沉淀资金实现保值、增值。2004年，在实现预算外资金“收支两条线”管理基础上，推行国库集中支付改革。国库集中支付中心在商业银行开设零余额集团账户，其中一个子户为集中支付零余额账户，其余子户为各预算单位零余额账户。所有财政性资金全部通过集中支付零余额账户拨付，其中预算单位的统发工资、奖金、政府采购项目、一般预算项目（含建设项目）支付通过该子户直接支付到个人、供应商和服务商；预算单位日常公用经费、离退休经费，通过集中支付零余额账户拨付到各预算单位零余额账户。国库集中支付中心每旬末出具分单位、分预算科目的清算报表，与国库科进行资金清算。

2005年，深化国库集中支付制度改革，按照“积极稳妥、循序渐进、分批实施”的要求，扩大国库集中支付的范围，减少资金流转环节，严把经费审核拨付关。制定《上城区区级部门资金财政直接支付暂行办法》，对财政统发工资、上交工会经费、政府采购专项资金等项目实行直接支付。全年直接支付资金7080万元，提高财政资金的使用效益。同时，扩大会计集中结算范围，于1月起全面对纳入结算中心的34家行政事业单位实行会计网上结报，降低行政运作成本，提高工作效率。共审核受理支出业务1.33万笔，审核资金支出7.85亿元。

2006年，区财政局建立拨款复核机制和不定期银行账户抽查制度。扩大国库集中支付范围，将装修装潢工程、绿化养护等列入直接支付范围，逐步完善现代化财政国库管理体系。2007年，全区建立集部门预算、国库集中支付、总预算会计核算等功能于一体的财政预算管理系统，实现财政与全区所有全额拨款预算单位联网。全年区财政集中结算财政资金14.34亿元，比2006年增长16.6%。2009年，《上城区财政国库管理制度改革方案》公布实施，明确国库集中支付范围，严格支付方式，规范支付流程，提高财政资金运行效率。2010年，《杭州市上城区财政国库集中支付管理办法》施行，将财政资金全部纳入财政国库统一开设的资金账户，实现预算资金拨付的统一性，增强预算执行的约束力。

2011年，上城区公务卡业务系统成功上线。根据国库单一账户体系相关要求，确定中国工商银行和杭州银行作为公务卡发卡单位。年内完成公务卡所涉及的全部业务测试，并成功切换至生产环境，实现公务卡和国库集中支付系统无缝对接。凡纳入公务卡强制消费目录的事项（办公费、差旅费、会议费、公务招待费等），预算单位原则上不再使用现金结算。2012年初，新版“非税收入征管信息系统”正式启用，实现非税收入全程电子化、标准化管理。12月，区财政局将区教育、卫生、城管、建设4个系统的75家二级预算单位纳入国库集中支付管理，使纳入国库集中支付系统的预算单位增加到117家，实现区属财政拨款行政事业单位国库集中支付全覆盖。是年，区级预算单位全部实行国库集中支付和公务卡改革，全面启用零余额账户。

2013年，试行启动单位公务卡应用，解决国库集中支付中同城收款等问题。全区50%以上预算单位使用单位公务卡。2014年，上城区扩大国库集中支付范围，健全公务卡管理制度，制定公务卡消费强制目录[①]，实现全区公共财政支出和政府性基金支出集中支付全覆盖，所有集中支

① 含办公费、印刷费、咨询费、差旅费、维修（护）费、租赁费、会议费、培训费、公务接待费、专用材料费、物业管理费、手续费、水电费、邮电费、公务用车运行维护费、其他交通费用。

付单位全面实行单位公务卡制度。2015年，上城区继续扩大国库集中支付中直接支付的范围，除设备采购、公共交通等专项之外，对不含业务费的项目支出原则上一律采用直接支付方式。

三、财政监督

1993年，区财政部门根据财政部出台的《地方财政有偿使用资金管理办法》，加强财政周转金管理。对预算外资金实行“专户储存、收支两条线”管理办法，即预算外资金存入财政部门指定的设在各商业银行的专用存款账户，使用时由单位提出申请，由财政部门进行拨付。

1995年，上城区开展预算外资金清理，查处少报收入问题，对查出有违控购买专控商品等7类问题的单位给予限期整改处理。1997年，上城区开展国有企业产权登记和行政事业单位资产变动情况登记。1999年，制定区本级预备费申请拨付规定，专项支农、城建资金审批拨付规定和街道财政性资金支出有关规定等规范性文件，使上述财政资金安排拨付纳入规范化管理轨道。2000年，加强票据的监督管理，保证专户资金入库及时，严格资金划拨金额和进度，监督资金使用。

2004年，区财政局督查科技三项经费管理及使用情况，对存在问题提出整改建议，规范资助项目审定、资金拨付手续与程序。2005年，《上城区罚没物资管理办法》施行，强化罚没物资的管理和监督。规范“收支两条线”管理，全面清理审核行政事业性收费，落实收费公示制度。严格按照批准的收费项目发放非税收入票据，定期开展检查、核对各类票据使用情况。2006年，上城区开展政府采购领域和国有产权（资产）交易领域的商业贿赂自查自纠工作，纠正违规行为，整顿财经秩序。2008年，开展会计信息质量、部门预算编制与执行情况及政府采购执行情况专项检查，全区共计监督评价涉及财政资金8300万元，规范财政各种收支行为。2009年8—10月，全区开展“小金库”重点检查工作，确定9家行政事业单位为重点检查对象。

2010年，区财政监督部门重点检查部分行政事业单位、社会团体、国有及国有控股企业“小金库”，查处违纪金额99.43万元。2012年，区财政监督部门通过检查政法经费使用情况，配合相关部门制定区政法装备五年规划。2013年，全面贯彻落实中央八项规定，梳理修订会议经费、差旅费、培训费开支标准，严肃财经纪律，严格规范党政机关“三公”经费及会议经费管理，并专项检查全区各单位财政支出，重点关注“三公”经费、差旅费等费用的使用情况。制定《财政性资金拨款操作规范》《财政资金存款管理操作规范》《财政收入退库（付）业务操作规范》等制度，细化各类财政性资金审批权限、操作流程及授权管理。2014年，全区开展规范财经纪律专项检查和国有资产规范管理专项督查。检查重点涵盖“三公”等经费支出、国有资产管理、预算编制及执行情况、会计基础规范、政府采购执行情况等方面，推进全区节约型机关建设。

2015年，上城区贯彻落实中央八项规定，根据《浙江省党政机关厉行节约反对浪费实施细则》，制定及修订公务接待费、因公临时出国经费、会议费、培训费、差旅费等经费管理办法。

四、财政支出绩效评价

2006年，上城区试行绩效预算，鼓励部门围绕实现业绩目标，自主支配使用财力，提高财政资金使用效率。拟订再就业专项资金绩效评价考核评估和项目具体实施方案，对其适用范围、标准及申拨程序进行深入检查，使财政资金的安排和使用更趋合理。2007年，开展2004年至2006年工业企业技术改造资助资金使用绩效评价。在专项资金绩效评价基础上，制定《上城区财政支出绩效评价暂行办法》及实施细则。

2008年3月，上城区制定《上城区财政支出绩效评价实施意见》，明确评价类型、实施范围、评价方式、指标设置、评价程序、结果应用、监督管理等内容。12月，根据区政府管理与公共服务标准化的要求，制定《财政支出绩效评价规范》，动态监管上级财政转移支付资金。

2009年起，上城区对所有支出项目均根据评价目标编制绩效预算。将100万元以上项目全部纳入绩效评价管理，评价结果作为后续预算安排的依据。全年完成24家行政事业单位的行政运行经费绩效评价、8家企业的2008年企业技术创新专项资金项目绩效评价和上城区基层卫技人员素质提升工程绩效评价，并将评价结果全面运用到财政预算编制、执行以及政府行政目标考核中。2010年，通过单位自查和中介评价相结合，完成区残疾人联合会和区民政局的“小康工程”项目、区民政局的居家养老项目、科技专项经费中的企业技术改造项目的绩效评价工作。

2012年，区财政局重新修订《财政支出绩效评价规范》，在指导预算单位完成17个项目绩效自评基础上，完成“联乡结村”、居家就业、社区服务中心建设3个重点项目的财政绩效评价。2013年4月，浙江省财政厅通报2012年度预算绩效管理工作考核结果，上城区为全省15个先进单位之一，也是杭州城区唯一获奖单位。

2015年，依托参与式预算监督模式，上城区选取若干专项资金项目作为试点，进行绩效评价监督，实时跟踪项目资金支付情况，为实施专项资金绩效管理夯实基础。

第五节　财务管理

一、基本建设财务管理

1999年，区财政局建立财政性基建项目审价制度。5万元以上的基建、装修、水利、绿化、市政等项目，都由区财政部门审价，审查结论作为财政部门拨付前期费用、下达项目支出预算、办理资金拨付及项目竣工验收的依据。2005年，针对上城区基本建设项目多、政府性债务大、管理制度不够完善的现状，区财政局制定《上城区政府性债务管理暂行办法》及《上城区国有建设单位财务管理暂行办法》，落实专人负责，强化国有建设单位债务和财务管理。

2007年，区财政局把财政管理的重点转移和延伸到建设资金管理上，组织开展政府财力情况分析研判，实时掌握政府资金、资产、资源运作情况。区财政局分别与中国工商银行（解放路支行）、中国农业银行（中山支行）、交通银行（浣纱支行）、中信银行（钱塘支行）建立政银合作关系，制定《进一步加强建设资金使用管理的实施意见（试行）》，下发《实行上城区建设资金专户管理的通知》，统一规范建设资金筹措和使用，提高资金集约使用效率和效益，降低全区基本建设成本和政府债务风险。2008年，区财政局在全区建立建设资金专户管理平台，将各建设单位收支业务统一纳入专户管理平台，强化建设资金统一结算支付和监督管理。全年节约银行贷款利息支出4000万元。2009年，区财政局开展全区建设项目收支建议计划编制工作，制定《上城区建设单位资金管理考核暂行办法》《上城区政府性投资建设项目资金财政集中收付管理办法（试行）》，加强政银战略合作，严格落实建设单位贷款审批制度，统一筹措建设资金，降低贷款利率，全年基本建设项目银行贷款余额同口径比2007年下降12.6%，减少银行贷款利息支出5900万元。

2012年，区财政局按财政管理规范化要求，制定完善《上城区政府性投资建设项目资金财政集中收付管理办法》，强化全区基本建设资金财政财务管理工作。深入开展建设项目收支计划编制工作，增强建设项目实施计划的透明度、约束力，为科学、规范、有效筹措和使用建设资金，防范地方政府债务风险提供决策依据。落实建设资金管理各项制度，加强工程概预算审查、合同变更审查以及政府性债务审批。有重点开展专项检查，及时发现并整改建设项目管理中存在的问题，规范建设单位基本建设投资行为和基建财务管理。2013年，区财政局规范建设单位财务会计制度。会计核算方式均严格执行财政部的《基本建设财务管理规定》，建立一套“基本建设财务账目”。2014年，区财政局按照“理顺体制、调整职能、精简机构、规范管理、提高效益”的思路，通过调整优化现有建设体制及清理规范机构与资产，逐步建立征收补偿、建设管理和资产经营统筹协调的建设发展体制。同时，强化建设项目事前、事中、事后管理，完善建设项目概预算审查，规范项目变更与竣工财务决算管理和应用，确保重点工程顺利推进。

2015年，区财政局加强建设资金预算、支付管理与竣工财务决算管理。全年完成工程项目预算审核138个，送审金额11.14亿元，审定金额10.07亿元，净核减率9.61%。按照《2015年度上城区财政投资项目竣工财务决算审核工作计划的通知》要求，引入考核机制，提升各建设单位建设项目竣工财务决算工作水平。

二、行政事业单位财务管理

1993年，区财政局实行行政事业单位支出预算包干的办法，按不同单位类型给予不同方式的补助经费。具体分为定额补助和定项补助两种方式。定额补助核定后，区财政每年给予固定数额补助，单位经费不足由其自行解决；定项补助指财政对单位特定支出内容给予的经费补助，其他支出内容由单位自行解决。1995年，加强行政事业单位的财务管理，各单位配备电脑，全面推广会计电算化。

1996年，区财政局推行预算外资金专户存储制度。1999年，规范票据使用、结报的管理，严格以票管费，强化收支管理。2002年，区财政局建立区级机关会计结算中心。2005年，区财政局开展社区工作经费和工作人员工资福利待遇落实情况调研，推动社区财务管理制度的落实。修订完善《行政事业单位财务工作考核评比办法》，加强行政事业单位财务的管理力度。贯彻国务院《财政违法行为处罚处分条例》，聘请专业人员培训区行政事业单位负责人，提高理财人与用财人的财政法治意识，规范收支运行机制。

2009年，根据中共浙江省委、浙江省人民政府《关于进一步做好党政机关厉行节约有关工作的通知》要求，上城区严格“三公”经费支出管理，各部门均实施公务经费定额标准管理，通过开展“提高工作效率，提高服务水平，降低公务支出，降低行政成本”的“两提高、两降低”效能建设主题活动，压缩出国经费和公务接待费，冻结公务用车购置，提高政府运行效率。2012年，上城区规范“三公”经费支出，合理控制支出规模。完成区级预算单位银行账户年检，有136家预算单位参加年审，通过年审银行账户405个，未通过年检撤销预算单位银行账户3个。开展财政专户清理整顿，撤并区财政银行账户3个，并以此为契机，制定《上城区财政专户管理暂行办法》，使财政专户管理有制度保障。2013年，贯彻落实中央八项规定、省委六条禁令，严格控制行政支出，压缩部门公用经费超过10%，统筹安排用于民生支出。开展“三公”经费全程跟踪监督，实行定期报送机制，合理控制支出规模，全年“三公”经费比2012年下降30%以上。

2015年，区财政局通过定期检查和专项督查的方式，组织实施年度行政事业单位财务决算监督检查、全区社会团体专项检查、执行八项规定情况专项督查等财政监督，进一步规范财政资金使用，严肃各项财经纪律。制定《上城区区级行政事业单位公款竞争性存放管理暂行办法》，修订《上城区区级预算单位银行账户管理暂行办法》，实施首期公款存放公开招标，防范廉政风险。

三、会计管理

1993年，根据国务院颁布的《企业财务通则》《企业会计准则》，上城区实施新的会计准则、财务通则。1996年，专项清理整顿会计秩序、预算外资金、财政周转金等，加强财税、会计基础管理。组织开展会计秩序整顿工作，检查整顿企业偷漏国家税收，截留、挪用国家和单位收入，违反《中华人民共和国会计法》和财务制度等行为。

1997年，全区首次组织会计人员在职继续教育。2000年7月1日，《中华人民共和国会计法》（简称《会计法》）施行，区财政局通过媒体和开讲座等形式宣传、培训新《会计法》，组织参加全国会计知识大赛杭州赛区的比赛。年内完成法人会计登记证制证。

2001年，上城区开展《会计法》执法和会计信息质量检查工作，查处严重扰乱会计工作秩序的违法行为。实行新的会计制度，统一社区账务中心会计制度。2003年，区财政局组织开展“规范会计秩序，重塑会计诚信”系列活动。2004年，实施“金财工程”，升级会计核算软件，推行数据增量复制系统，为各部门、街道的会计信息核算提供技术支持。2005年，区财政局宣传贯彻《民间非营利组织会计制度》《村集体经济组织会计制度》《小企业会计准则》，做好新旧会计制度衔接工作。此外，还加强健全单位内部控制制度，规范工作程序。

2006年，区财政局坚持“按需施教”原则，在广泛吸纳会计人员建议和要求的基础上确定培训内容，全年会计人员参学面95%。2007年，区财政局加强会计从业人员职业道德教育和专业技术培训，做好会计从业资格证管理工作。2012年，为保证“浙江省非税收入一般缴款书”电脑票据的顺利使用，要求各执收单位在启用新系统后立即停止使用旧票据，并在启用新系统后5个工作日内到支付中心核销旧票据，对好收入账，防止新旧票据的混用和串用。2013年，区财政局重点抽查区内单位的会计信息情况，主要检查会计核算是否真实合法、信息披露是否充分完整、是否存在会计造假行为等，并对存在的问题提出整改意见。2014年，区财政局首次编成《上城区2013年度权责发生制政府综合财务报告》，基本摸清政府家底，客观、真实地反映政府资产、负债、收支等财务状况和运营情况。2014—2015年，区财政局推行新行政事业单位会计制度和新会计核算软件，加强预算单位财务人员培训、指导，确保新旧会计制度顺利衔接、平稳过渡。

四、政府采购管理

1999年，上城区建立政府采购制度，制定政府采购招投标办法。6月，成立上城区政府采购中心，组织行政事业单位的计算机、空调、汽车等采购招投标。2000年，完善政府采购制度，扩大政府采购范围，坚持质量跟踪反馈制度，组织电脑、空调、多媒体教学设备、办公用纸等招标。

2002年，区政府采购范围从纯物品领域扩展到服务领域，从设备采购扩展到低值易耗品采购，实行全区行政事业单位机动车定点加油，选定供应商定点供应全区所有行政事业单位的办公用纸。2003年，增加汽车定点维修和定点保险的政府采购项目。2004年，制定《进一步完善政府采购制度的实施意见》，提出协议、定点供货的具体方案，改进政府采购方式。2005年，制定《上城区政府采购工作补充规程》，对单位常用基本设备等采购项目实行协议采购，简化和规范政府采购流程，提高政府采购的质量与效率。完善政府采购操作方式，在原先推出的协议、定点供货的基础上扩大协议、定点供货范围。同时推行政府采购协管员制度，重点监督指导教育和卫生系统政府采购工作，促进教学、医疗设备采购的规范化。是年，全区集中采购金额4816万元，节约资金率10%。

2006年，区财政局编制年度政府采购预算，扩大政府采购规模，将预算单位有财政性资金投入的建设项目纳入政府采购范围，实行公开招投标，使政府采购项目扩至建设领域。2008年7月，制定《上城区行政事业单位公务用车定点维修办法》，全区500辆机动车实施定点维修。2009年，扩大公开招标采购的批量规模，试行通用办公设备标准化配置，有效降低交易成本。2010年，对日常采购数量多、需求大的电脑设备类、空调类等协议供货商品，采取网上协议采购的方式。全面推广使用杭州市政府采购信息系统，规范采购流程，减少采购环节、节约采购时间，全年完成政府采购金额27631万元，资金节约率20.25%。

2011年，政府采购扩面至区建设指挥部。各部门政府采购全部执行网上审批，规范采购流程，提高采购效率。全年政府采购金额2.16亿元，资金节约率22.7%。2013年，上城区加强政府采购资金支付和合同环节监督，全部执行财政直接支付。2015年，制定《上城区政府向社会力量购买服务管理办法》，公布政府购买服务管理目录，从购买内容、承接主体、预算管理、政府采购、资金支付、绩效评价、信息公开、监督管理等方面规范政府购买服务行为。

表16-1-11　2007—2015年上城区政府采购情况表

年份	采购预算金额（万元）	实际采购金额（万元）	节约资金（万元）	节约率（%）
2007	10898	9890	1008	9
2008	21365	18768	2597	12
2009	25718	22490	3228	12
2010	34486	27674	6812	19
2011	27975	21607	6368	22
2012	34544	23790	10754	31
2013	27625	20827	6798	24
2014	56979	45991	10988	19
2015	91123	74546	16577	18

说明：资料来源于杭州市上城区财政局

附

杭州市上城区政府向社会力量购买服务管理办法

第一章　总则

第一条　为进一步规范和推进我区政府向社会力量购买服务（以下简称政府购买服务）工作，加快政府职能转变，提高公共服务供给水平和效率，根据《浙江省人民政府办公厅关于政府向社会力量购买服务的实施意见》（浙政办发〔2014〕72号）、《杭州市人民政府办公厅关于政府向社会力量购买服务的指导意见》（杭政办函〔2014〕161号）、《浙江省财政厅关于印发浙江省政府购买服务预算管理办法的通知》（浙财预〔2014〕25号）等文件精神，制定本办法。

第二条　本办法适用于区级行政机关和参照公务员法管理、具有行政管理职能的事业单位，以及纳入行政编制管理且经费由财政负担的群团组织（以下简称购买主体）。

第三条　政府购买服务是指通过发挥市场机制作用，把政府直接提供的一部分公共服务事项以及政府履职所需服务事项，按照一定的方式和程序，交由具备条件的社会组织、企业和机构承担，并由政府根据服务数量和质量向其支付合理费用的活动。

第四条　政府购买服务项目实行“项目申报、预算统筹、政府采购、绩效评价、信息公开”的管理办法。

第二章　购买内容

第五条　政府购买服务的内容为适合以市场化方式提供、社会力量能够承担的公共服务及政府履职中所需的辅助性服务，公共性、公益性和辅助性特点明显。

（一）教育、就业、社保、医疗卫生、住房保障、文化体育、交通运输及残疾人服务等基本公共服务领域，要进一步加大政府购买服务的力度。

（二）社会事务服务事项、行业管理与协调事项、技术服务事项、政府履职所需辅助性和技术性服务等非基本公共服务领域，凡适合社会力量承担的，均可通过委托、承包、采购等方式交给社会力量承担。

（三）对涉及国家安全、保密事项以及司法审判、行政许可、行政审批、行政执法、行政强制等应当由政府直接提供、不适合社会力量承担的公共服务，以及不属于政府职责范围的服务项目，政府不得向社会力量购买。

第六条 按照先易后难、由点到面的原则，逐渐扩大购买服务的范围。

第七条 《杭州市上城区政府向社会力量购买服务目录》由区财政局牵头制定公布，并根据实际情况进行动态调整。

第三章 承接主体

第八条 承接主体包括依法在民政部门登记成立或经批准免予登记的社会组织，以及依法在工商、税务部门或行业主管部门登记成立的企业、机构等。

第九条 承接主体应具备以下条件：

（一）依法设立，具有独立承担民事责任的能力。

（二）治理结构健全，内部管理和监督制度完善。

（三）具有独立、健全的财务管理、会计核算和资产管理制度。

（四）具备提供服务所必需的设施、人员和专业技术能力。

（五）具有依法缴纳税收和社会保障资金的良好记录。

（六）前3年无重大违法记录，通过年检或按要求履行年度报告公示义务，信用状况良好，未被列入经营异常名录或者严重违法企业名单。

（七）符合国家有关政事分开、政社分开、政企分开的要求。

（八）法律、法规规定以及购买服务项目要求的其他条件。

第四章 预算管理

第十条 购买主体在部门预算编制中，对属于《购买服务目录》内容的事项，应根据实际需求和财力的可能申报政府购买服务项目。项目要与单位履行行政职能及事业发展规划相协调。

第十一条 政府购买服务所需资金，从购买主体部门预算安排的公用经费或经批准使用的项目经费既有预算中统筹安排。随着政府提供公共服务的发展所需增加的资金，按照预算管理要求增列部门预算。

第十二条 购买主体应按照现行部门预算编制管理的有关规定，在编制年度部门预算时，同步编制政府购买服务预算，明确服务事项、受益对象、购买方式、服务标准、预计支出等，并在预算编制系统内完整地反映政府购买服务项目情况。

第十三条 购买主体在编制购买服务预算的同时，应一并编制预算绩效目标。预算绩效目标应细化、量化，便于测算预算资金并作为后续绩效评价的依据。

第十四条　政府购买服务预算绩效目标主要包括：预期产出，指购买服务预期提供的公共产品和公共服务的数量和质量等；预期效果，指购买服务预期产出的社会效益、经济效益、生态效益、可持续发展影响、服务对象或受益者满意程度等；成本控制，指购买服务达到上述预期产出和效果所需要的合理成本。

第十五条　区财政局对政府购买服务预算绩效目标的规范性进行审核，预算绩效目标不明确，未细化、量化的不予纳入预算。对不符合规范要求的绩效目标，应要求购买主体进行调整，审核符合规范后，纳入预算。

第五章　政府采购

第十六条　购买主体对经批准的政府购买服务项目，应纳入政府采购管理，根据购买内容的供求特点、市场发育程度等因素，按照“方式灵活、程序简便、竞争有序、结果评价”的原则，组织实施政府购买服务。

第十七条　购买主体应按照政府采购法的有关规定，采用公开招标、竞争性谈判、竞争性磋商、单一来源采购、询价采购等方式确定承接主体。与政府购买服务相关的采购限额标准、公开招标数额标准、采购方式审核、信息公开、质疑投诉等按照政府采购相关法律制度规定执行。

第十八条　服务项目预算金额在政府采购限额标准以上的，属于政府采购法适用范围：达到政府采购公开招标数额标准的，采用公开招标方式确定承接主体；未达到公开招标数额标准的，采用竞争性谈判或竞争性磋商方式确定承接主体；对市场条件尚不成熟，只有一家潜在承接主体的项目，购买主体可以经合法程序后采取单一来源方式进行定向委托。

第十九条　服务项目预算金额在政府采购限额标准以下的，不属于政府采购法适用范围，可参照政府采购非招标方式执行。

第二十条　对购买服务需求标准统一的服务项目，应采用最低评标价法确定承接主体；对需求标准差异较大或者没有统一标准的服务项目，可按照最有利标的决标原则，采用综合评分法确定承接主体。

第六章　资金支付

第二十一条　政府购买服务资金实行国库集中支付制度，通过国库单一账户体系存储、支付和清算。

第二十二条　购买主体应按照财政预算编制分月用款计划，并根据批复的分月用款计划使用政府购买服务资金。

第二十三条　政府购买服务资金国库集中支付方式分为财政直接支付和财政授权支付。财政直接支付由区财政局开具支付令，通过国库单一账户体系，直接将财政资金支付到收款人账户。财政授权支付由购买主体根据财政授权，自行开具支付令，通过国库单一账户体系将资金支付到收款人账户。购买主体应按照财政国库管理制度有关规定及预算资金政府采购支付相关要求，确定支付方式。

第二十四条　政府购买服务财政直接支付程序：购买主体依据批复的用款计划，在财政直接支付额度内向财政国库支付执行机构提出政府购买服务资金支付申请；财政国库支付执行机构对支付申请审核无误后，向代理银行发出支付令；代理银行从财政零余额账户向收款人付款。

第二十五条　政府购买服务资金财政授权支付程序：区财政局依据批准的购买主体分月用款计划生成授权支付额度；购买主体在授权支付额度内向代理银行开具支付令；代理银行通过购买主体零余额账户向收款人付款。

第二十六条　购买主体向财政国库支付执行机构提交涉及政府购买服务资金的国库集中支付申请时，应提供购买服务的合同或协议等相关支付依据。

第七章　绩效评价

第二十七条　购买主体应建立健全体现政府购买服务项目特点和要求的绩效指标体系，编报政府购买服务项目绩效目标，开展对政府购买服务项目的绩效自评价。

第二十八条　区财政局应会同相关部门按照全过程预算绩效管理机制的要求，推进政府购买服务绩效评价工作，加强成本效益分析，控制和降低服务成本，提高政府购买服务绩效。

区财政局应积极推进第三方评价，推动建立由购买主体、服务对象及第三方专业评审机构组成的综合性绩效评价机制，重点对购买服务项目的资金使用绩效、服务质量以及公开透明程度等进行综合、客观、公正的考核评价。评价结果作为以后年度安排政府购买服务预算和选择承接主体的重要参考依据。

第八章　信息公开

第二十九条　购买主体实施购买服务前，按照政府采购的有关要求及时向社会公告购买内容、规模、对承接主体的资质要求和应提交的相关材料等有关信息。签订购买服务合同后，应及时将购买的服务项目内容、合同金额、具体承接对象等相关信息向社会公开。完成购买服务及其绩效评价工作后，购买主体应及时将绩效评价结果信息向社会公开。

上述信息按规定向社会公开，涉及国家秘密、商业秘密和个人隐私的信息除外。

第九章　监督管理

第三十条　购买主体应建立健全监督检查机制。加强购买服务项目全过程监督，积极配合有关部门将承接主体的承接政府购买服务行为纳入年检（报）、评估、执法等监管体系，确保资金规范管理、安全使用和绩效目标如期实现。对于购买金额较大、受益面广的公共服务项目，在完成服务后，购买主体应委托第三方独立审计机构进行审计，并出具审计报告。

第三十一条　对弄虚作假、冒领财政资金以及有其他违法违规行为的承接主体，依法给予行政处罚，并列入政府购买服务黑名单，三年之内不得参加政府购买服务活动。

第三十二条　区财政局、区审计局等有关部门应加强对政府购买服务的监督、审计，确保政府购买服务资金规范管理和合理使用。对截留、挪用和滞留资金以及其他违反本办法规定的行为，依照《中华人民共和国政府采购法》《财政违法行为处罚处分条例》等国家有关法律法规规定，追究法律责任；涉嫌犯罪的，依法移交司法机关处理。

第十章　组织保障

第三十三条　加强组织领导，建立健全工作机制。按照政府主导、部门负责、社会参与、共同监督的要求，建立由区政府常务副区长担任总召集人，区财政局为牵头单位，各成员单位有关负责人为联席会议成员的政府购买服务工作联席会议制度。

第三十四条　各相关部门要加强统筹协调，做到各负其责又互相衔接，共同推进政府购买服务工作。区财政局负责建立健全政府购买服务制度，研究制订政府购买服务目录，监督、指导各购买主体依法开展购买服务工作，牵头做好政府购买服务的资金管理、采购管理、监督检查和绩效评价等工作；区编委办负责梳理政府职能，对政府购买服务的范围和目录进行审核；区民政局及行业主管部门要按照职责分工，培养和壮大社会力量，支持社会组织、企业、其他经济组织等社会力量参与政府购买服务工作；区审计局负责对政府购买服务的资金安排、管理、支付、使用、效率等进行审计监督，提出意见；区市场监督管理局负责对承接主体中的企业、机构等加强监督管理。

第十一章　附则

第三十五条　本办法由上城区财政局负责解释。

第三十六条　本办法自2016年1月24日起施行。

第六节　国有资产管理

1993年，区财政局内设国有资产管理科室，专司区属国有资产管理工作。1994年，根据国务院《国有资产评估管理办法》，开展全区国有资产评估工作。

1998年，上城区将社会经济管理职能与国有资产管理职能分开，先后制定《上城区企业改革三年（1998—2000年）规划》《进一步推进上城区对外开放的通知》等措施，研究制定《上城区国有资产产权登记实施办法》。1999—2000年，推进区属重点国有企业的改制工作。2001年11月，区财政局增挂上城区国有资产管理委员会办公室（简称区国资办）牌子。2002年，杭州上城区资产经营有限公司成立，其经营范围为区政府授权的国有资产经营及其他无需报经审批的一切合法项目。从此，国有资产管理工作全面加强。

2003年，区财政局制定《上城区行政事业单位资产管理办法》，加强对全区的行政事业单位资产管理工作，要求行政事业单位制定单位内部具体的资产管理制度，规范国有资产使用管理；行政事业单位按规定编制固定资产购置预算；建立采购制度、实物资产（包括低值易耗品）入库登记制度和报废审批制度；建立健全资产管理责任制度和资产出租审批管理制度。

2005年，区财政局强化国有资产管理，按照“盘活存量、监控流量、规范增量、优化总量”的国有资产管理工作总目标，依据《上城区行政事业单位资产管理办法》，抓好国有资产登记、备案、处置等各项基础工作。开展上城区行政事业单位资产清查，审批核销44家区属行政事业单位历年的问题资产，共核销资产1235.51万元。开展11家建设指挥部有关资产收益情况的调查、清理，建立动态管理档案。制定《国有资产收益管理办法》，扩大地方财政收益，降低地方财政风险。

2006年，上城区贯彻《上城区行政事业单位资产管理办法》《上城区政府性债务管理暂行办法》《上城区国有建设单位财务管理暂行办法》，制定完善贷款担保、审核、登记、跟踪、撤销等管理制度。制定《上城区国有资产授权经营和委托监管暂行办法》，在杭州市上城区卫生局、湖滨街道、吴山地区开发建设指挥部和杭州大商城总公司4家单位，开展国有资产授权经营和委托监管试点工作，促进国有资产保值增值。区级国有资产监督管理部门、资产经营公司、国有及国有参股企业3个层次的运营框架建立后，区有关系统相继成立各资产管理中心，专司资产管理与经营。各街道将资产集中到资产管理中心统一经营，各经济主管部门专设资产管理部门，统一管理、运作所属资产。

2007年，上城区完成全区国有资产清查，摸清126家行政事业单位国有资产状况，建立固定资产动态长效管理机制。实施全区行政事业单位国有资产授权经营和委托监管，促进国有资产保值增值。区国资办制定《行政事业单位房屋经营性出租管理暂行办法》，对全区行政事业单位房屋经营性出租严格实施统一招标程序和“收支两条线”管理，公开招租104处。探索国有资产增值方法，实现杭州湖滨国际商业发展有限公司（湖滨一期）、杭州新湖滨商业发展有限公司（湖滨二期）50%国有股权公开拍卖，其中，一期成交价2.24亿元，二期成交价3.02亿元。

2008年，上城区启动国有资产经营体制改革，重点通过摸清全区各单位的资产家底、集中整合等手段，对全区经营性国有资产实行专业化、集约化、规模化、市场化管理与运作。注资5亿元，成立杭州上城区投资控股集团有限公司，其经营范围为以授权经营的国有资产通过投资、控股、参股、租赁、转让等形式从事资本经营业务以及投资管理与咨询等。公司整合全区经营性国有房产25.86万平方米，有效盘活全区国有资产存量。

2010年，上城区制定《建立全区国有资产运行监督管理体制的方案》和《上城区国有资产运营机构监督管理重大事项审批制度》两项制度，从出资人、监管人、运营人三方的权利、义务、业绩考核等方面制定了具体办法，作为上城区国有资产监督管理的重要依据。全面铺开区建设指挥部房产清查工作，组织各建设指挥部成立由总指挥负责，集财务、资产、档案等相关人员参加的清查小组，全面清查完工或正在建设、安置、出租的房产情况。年末，杭州上城区投资控股集团有限公司净资产达20.5亿元，全年实现经营收入1.03亿元。

2011年，上城区制定《上城区人民政府关于试行国有资本经营预算的意见》《上城区行政事业单位国有资产处置管理暂行办法》等文件，建立国有资本经营预算管理制度，对行政事业单位国有资产处置管理作出具体规定。完成建设指挥部房产核查和市对区指挥部资产的清查工作，核实上城区共有存量房产37.70万平方米。完成杭州国泰商厦改制任务和租赁权挂牌拍租工作，通过在杭州产权交易中心挂牌竞拍，最终成交价较挂牌价溢价48%。8月，公开拍卖区行政事业单位报废资产，杭州华松物资回收有限公司以10万元价格拍得行政事业单位报废资产，比评估价高39.5%。

2012年，上城区制定《上城区行政事业单位房产出租管理办法》，规范行政事业单位房产招租方式、租期及租赁价格；推行房产出租电子化备案制度。12月末，完成首期备案，初步实现房产出租动态管理。2014年，上城区制定《上城区深化国有资产管理实施方案》，从完善监督管理体制、推进国有企业监督管理的改革、筹建国有资产管理公司和完善国有企业治理机制等几方面做出规定。修订完善《上城区行政事业单位国有资产管理办法》等制度，明确区财政局主管上城区行政事业单位国有资产综合管理工作，并在资产配置、资产使用、经营性资产管理、资产处置、资产评估与资产清查、产权纠纷调处、资产信息管理与统计报告、监督检查和法律责任等方面作出规定，促使区属各行政、事业单位规范配置、合理使用和合法处置及经营各项资产。

2015年，上城区稳步推进国企改革，制定《进一步深化国有企业改革的意见》和相关管理办法，加快推进全区国有企业在组织架构、薪酬考核及运营监管等方面改革进程，激发国有企业活力。全年国有资本经营收支相抵结余476万元。

第七节　财源培育

1993年，区财政部门执行市政府《关于进一步增强重点工业企业活力的实施意见》，对全区重点企业实行扶持政策。

1996年，上城区抓好税源建设，确定百家企业作为财源建设跟踪反馈的重点，制定支持企业技术改造措施，增加区技改资金积累和投放，支持区重点技改项目。

2005年，上城区落实区域产业结构调整方针政策，把优先支持发展现代服务业放在突出位置，重点发展都市型工业和现代服务业2个主导产业，推进“旅游休闲商务区”建设。区政府制定《加快经济结构调整鼓励与扶持都市型工业和现代服务业发展的若干意见》，安排现代服务业专项扶持资金200万元，重点支持全区现代服务业等业态调整项目。整合经济资源，加大财政投入，重点支持高新技术改造传统产业，扶持低能耗、绿色环保的都市型工业发展，提升工业经济质量。组织企业申报工业技改、商贸服务业发展、高新技术产业化、医药产业发展、“产学研”合作项目、种子资金、名牌产品等一系列发展项目。全年共申报各类项目20个，争取上级配套资金750万元，区级财政全年投入企业发展扶持资金7238.99万元（其中企业技改资金1592.78万元），现代服务业资助资金843.35万元，其他各类扶持资金4802.86万元。

2006年，上城区财政部门到重点骨干企业、高新技术企业、省直单位走访调研。全年落实技术改造、信息化应用、现代服务业发展等扶持项目20余个，拨付扶持资金6300万元。组织38家企业向省、市申报科技创新等项目，争取到省、市级配套扶持资金1000万元。制定《街道财政体制暂行办法》和《鼓励和扶持现代服务业发展的补充意见》等文件，建立生态专项资金、人才专项资金、扶持现代服务业发展专项资金以及扶持创意产业专项资金等，按照“一项资金一个管理办法”原则，对每项财政资金建立管理制度，细化管理内容，加大监督力度，提高财政资金使用效益。

2007年，区财政局搭建“政一银一企一投”对接平台，全年投入扶持发展资金1.16亿元支持企业发展。贯彻“涵养税源、培植财源”的方针，发挥区财政资金和政策的引导支撑作用，加大都市型工业、现代服务业、创意产业和接轨钱江新城项目的支持力度，拨付财政政策扶持资金8954万元。投入科技项目资金2600万元，重点支持高新技术产业建设，扶持新办企业，激励技术创新和企业创牌，提升高新技术产业和新产品对财政增长的贡献份额。上城区制定《鼓励高档商务写字楼建设若干意见》及《发展街巷经济实施意见》，推进楼宇经济发展和特色街区品牌建设。同时，加强经济税源分析，扩大重点税源监控范围，严格实行精细化、科学化管理。完善财政、税务、企业互连机制，通过联席会议、重点财源建设座谈会、走访企业等多种形式，加强三方信息、数据、情况互通，做好分税种、分行业和重点税源企业的收入动态分析和预测，加强跟踪服务，把握进度，增强财政把握经济社会事业发展的主动性。

图16-1-2　2009年3月27日，区财政局召开上城区重点财源建设座谈会（区财政局　供稿）

2009年5月，上城区制定《上城区促进经济发展若干政策规定》，向企业兑现各类政策性资助和税费减免等6.58亿元，创历史最高。以国内首创的“中小企业非定向债权集合资金信托计划”形式启动“涌金池计划”，由国资认购1000万元带动社会认购6000万元，实现1∶6的杠杆效应，为16家企业解决7000万元融资需求。在为企业服务上，上城区设立“上城区为企服务中心”，抓好重点税源企业服务工作。制定财政收入目标任务考核制度、部门创收激励制度和《上城区协税护税管理办法》，建立年地方财政收入50万元以上的重点企业联系人制度和企业需求信息报告制度，每月组织召开街道、国地税、重点财源企业以及金融单位形势分析会。

2010年，上城区围绕区委“培育以高端产业为导向的‘五主多副’[①]产业发展格局”的结构调整目标，发挥财政调控引导作

①“五主多副”：指以文化创意产业、金融及其衍生产业、大旅游业、现代商贸服务业和精品房地产业五大产业为主体，同时培育发展都市型工业、特色潜力行业以及其他现代服务业等业态。

用，多方面推进高端产业发展，全年兑付各类中小企业财政扶持资金18780万元，其中，争取上级资金9683万元，全年“五主”产业实现地方财政收入29.51亿元，占地方财政收入的58.76%。在帮助企业融资上，全年兑现500万元杭州市小额担保贷款风险补助。2011年，上城区根据杭州市发展“十大产业”的相关意见，结合上城区域特色，先后拟定《上城区发展“十大产业”促进转型若干政策意见》《关于促进玉皇山南园区金融产业发展的政策意见》《上城区中山南路西侧坊巷业态调整奖励办法》，围绕“五主多副”现代产业体系，突出发展现代商贸服务业、文化创意产业、金融及衍生产业。全年“十大产业”及现代商贸服务业合计实现地方财政收入33.74亿元，占地方财政收入的63%。

2012年，上城区制定《上城区促进企业转型升级若干政策意见》，落实《促进文化创意产业发展的扶持意见》等政策，表彰奖励2011年经济贡献突出和上市企业117家，发放财政奖励资金2045万元。申报和落实省、市企业扶持资金，全年拨付财政资助项目132个，企业742户次，资助金额1.97亿元，其中中央、省、市资助资金1.01亿元。全年金融、文创、现代商贸服务业合计完成地方财政收入19.64亿元，在整个产业体系中占比增长4.7个百分点，房地产业占比则下降6.3个百分点，转型升级成效初现。同时，落实《上城区推进现代产业集聚区发展指导意见》，发挥6个街道和工业基地的平台优势，推进现代产业集聚区和特色“风情街区”建设。特别是在区本级企业下放到属地街道后，调动街道的工作积极性，小营街道财政总收入突破20亿元，湖滨、清波2个街道财政总收入突破10亿元，6个街道财政总收入占全区财政总收入的60%以上。

至2012年末，上城区有各种类型的现代产业集聚区10余个，其中杭州山南国际创意（金融）产业园被评为省级现代服务业集聚区。

2013年，上城区制定《杭州市玉皇山南国际创意产业园招商体制机制的意见》等政策意见，参照省市商贸、信息化、技术改造、外贸等方面政策，推动产业转型升级。拓宽中小企业融资渠道，全年新增上城区文广小额贷款股份有限公司和上城区汇通小额贷款股份有限公司2家公司，合计发放贷款225笔，涉及企业171家，金额4.51亿元。2014年，上城区落实“营业税改增值税”（简称“营改增”[①]）“个体工商户转变为企业组织形式”（简称“个转企”[②]）补贴政策。完成“营改增”试点期间税负增加企业申报和补助资金确认，全年确认“营改增”试点企业39家，兑付补贴资金1367.29万元。审核通过“个转企”企业464家，兑付补贴资金402.50万元。制定《上城区发展“十大产业”促进转型若干政策意见》，围绕“五主多副”现代产业体系，突出发展现代商贸服务业、

① 指以前缴纳营业税的应税项目改成缴纳增值税。营改增的最大特点是减少重复征税，可以促使社会形成更好的良性循环，有利于企业降低税负。

② 指个体工商户利用现有的生产经营条件，依法重新登记有限公司（含一人有限公司）、个人独资企业、合伙企业等各类企业。

文化创意产业、金融及衍生产业等高端产业和重点企业，培育上城区新的经济增长点。安排1000万元专项资金用于楼宇改造提升，年内，航天通信大厦等6幢楼宇改造提升项目通过验收。全年楼宇经济完成地方财政收入29.35亿元。其中，税收超1000万元楼宇57幢，税收超1亿元楼宇11幢。

2015年，上城区推进收费清理改革，建立区行政事业性收费项目目录管理制度，切实减轻企业负担。设立上城区产业投资基金，首期规模3亿元，实际到位1.2亿元。

第二章　税　务

1978年起，为更好地发挥税收对组织财政收入与经济杠杆的作用，杭州市根据国家规定，对税收制度进行局部调整和改革，包括调整集体企业和个体经济的所得税负，开征3种涉外所得税，开征烧油特别税、建筑税等新税种。1983年6月1日起，杭州市对国营企业进行第一步“利改税”改革，将原来国营企业上缴利润办法改为按税法规定缴纳所得税。1984年10月1日起，杭州市进行第二步“利改税”改革，通过税制改革，逐步完善和形成适应社会主义市场经济要求的税制新体系。

1994年起，全国实行分税制管理体制，以中央与地方政府事权划分为基础，将税种统一划分为中央税、地方税和中央地方共享税。杭州市上城区税务局分设为杭州市国家税务局上城分局和杭州市上城区地方税务局。1997年，杭州市国家税务局上城分局和杭州市上城区地方税务局各自独立运行后，分别管理各自税务，建立办税服务厅集中办理税收事务，不断深化税收征管方式改革，加快信息化建设，推动国家税、地方税收入稳定增长。2005年，国、地税部门建立国地税征管协作长效机制，明确双方协作内容、工作制度及工作职责。至2015年末，全区建立涵盖“区国、地税局—街道网格点—社区、市场网格点”的三级网格管理机制。是年，上城区国税收入34.88亿元，比2014年增长6.28%，完成一般公共预算收入14.75亿元，增加1.74亿元，增长13.37%；地税收入60.67亿元，增长14.49%，完成本级地方财政收入40.03亿元，增收3.68亿元，增幅10.13%，有力支持地方经济社会的发展。

第一节　管理机构

一、地税管理机构[①]

1993年，杭州市上城区财政税务局负责上城区税务工作。1994年9月，杭州市上城区财政税务局分设为“杭州市上城区财政局”“杭州市国家税务局上城分局”“杭州市上城区地方税务局”，实行“三块牌子一

① 1989年，杭州市上城区财政税务局分挂“杭州市上城区财政局”“杭州市上城区税务局”两块牌子，并确定1名副局长分管税收工作。

套班子”，合署办公。

1997年9月，国、地税务机构分设。是年，杭州市上城区地方税务局（简称区地税局）设立税务稽查分局，负责辖区内地方税收检查，并接受杭州市地方税务局税务稽查分局的业务指导管理，全市形成“两级稽查”的模式。2002年，杭州市地方税务局对各区地税机构体制实行垂直管理改革，撤销区地税局（含税务稽查分局），设立杭州市地方税务局上城征收管理局。2005年，杭州市地方税务局上城征收管理局更名为杭州市地方税务局上城税务分局（简称地税上城税务分局），局址江城路701号，内设办公室、综合业务科、计会信息科、管理一科、管理二科、管理三科、办税服务科7个职能科室。主要职责是贯彻执行国家税收工作方针、政策和各项法律、法规、规章以及省、市地方税务局制定的地方税收管理办法，组织地方税收收入工作，做好各项地方税费的征管工作等。至2015年，机构和职能未发生变化。杭州市地方税务局上城征收管理局、上城税务分局历任党委书记、局长来剑波、陈婷婷、陈天兴、李军。

二、国税管理机构

1994年9月，从杭州市上城区财政税务局分设杭州市国家税务局上城分局，局址三益里6号，上城区始有独立国家税务机关。1997年，在杭州市国家税务局的统一部署下，杭州市国家税务局上城分局设立稽查局，主要负责开展日常税务稽查工作和辖区内有关涉税案件的查处。是年9月，杭州市国家税务局上城分局受杭州市国家税务局垂直领导，不再与区地税局合署办公。2001年5月，杭州市国家税务局上城分局更名为杭州市上城国家税务局。10月，杭州市撤销市区各国税局所属稽查局，其职能并入杭州市国家税务局稽查局。此后，杭州市上城国家税务局无稽查职能。2005年5月，更名为杭州市上城区国家税务局（简称区国税局），局址建国南路42号。至2015年，区国税局内设办公室、人教科、监察室、政策法规科、信息中心、纳税服务科、收入核算科、征收管理科、纳税评估科、税源管理一科、税源管理二科、进出口税收管理科12个职能科室。主要职责是承担上城区增值税、消费税、企业所得税等税种的征收管理工作。1997年9月—2015年，历任党组书记、局长王岳兴、申屠水路、朱剑波。

第二节　地方税务

1994年起，全国实行分税制管理体制。区地税局根据国务院统一部署开始征收和管理地方税务。

1997年起，区地税局按照税种管理税务，税收征管方式由原先的税收专管员逐户上门催报，逐渐转变为集中征收、重点稽查。2002年起，市区数据集中并库，实行“统一登记、属地管理、一级稽查”的征管体制。

随着征管方式的改革，地方税收收入逐年增长，对地方财政收入做出突出贡献。至2015年末，上城区地税收入60.67亿元，比2014年增长14.49%，完成本级地方财政收入

40.03亿元，增收3.68亿元，增幅10.13%。

一、地税收入

1994年实行分税制后，国家重整税种，取消产品税等税种，代之以较符合市场化改革的税种，地方税收入逐年增加，税种收入结构发生变化。2004—2006年，上城区地方税收收入分别同比增长13.21%、10.47 %、23.26%。2007年，地方税收收入突破50亿元，达到51.76亿元，比2006年增长45.92%。2008年，受全球经济危机和国家宏观调控等方面影响，地方税收收入较上年降低26.24%。2009—2010年，随着经济形势的稳定，地方税收入呈现上升趋势，2009年和2010年分别同比增长5.83%、29.19%， 2010年税收收入达52.19亿元。2011年，国际国内经济形势复杂多变，受国家宏观调控政策影响，地方税收收入比上年降低15.10%。2013年，由于“营改增”扩大范围，原本由地税部门征收营业税的铁路运输服务、邮政业纳入“营改增”范围，改为由国税部门征收增值税，地方税收入比上年降低0.56%。2014年，面对复杂的国际国内经济形势和密集的国家宏观调控政策，地税上城税务分局按照“既要确保当年地方可用财力，又要确保来年收入平稳持续增长”指导思想，强化管理，落实责任，采取一系列行之有效的措施，地方税收入大幅增长。至2015年，地方税收收入达60.67亿元，比2014年增长14.49%。

表16-2-12 2003—2015年上城区地方税收收入情况表

年度	税收收入（万元）	同比增长（%）	年度	税收收入（万元）	同比增长（%）
2003	230112.74	—	2010	521939.50	29.19
2004	260510.63	13.21	2011	443105.34	-15.10
2005	287776.05	10.47	2012	460015.80	3.82
2006	354699.72	23.26	2013	457460.92	-0.56
2007	517574.55	45.92	2014	529897.61	15.83
2008	381743.44	-26.24	2015	606665.30	14.49
2009	404000.06	5.83	—	—	—

说明：1.1993—2002年数据资料遗失。2.资料来源于杭州市上城区税务局

二、地税征管

20世纪90年代初，地税征管主要实行税务专管员管户制度。1997年起，取消专管员管户制度，实现征管模式由“管户”向“管事”转变。2004年，地税部门以“六率”（登记率、申报率、入库率、压缩陈欠率、控制新欠率、处罚率）指标为抓手，制定方案，每月两次通报“六率”指标，作为考核依据，夯实征管基础质量。2005年，地税上城税务分局与区国税局以文件的形式规范国、地税部门的协作内容、工作制度及工作职责，建立国地税征管协作长效机制。

2007年，地税上城税务分局深化综合治税网络，建立联席会议制度，定期交流，及时反馈，跟踪辅导。狠抓私房出租税收征管工作，全年6个街道工作站合计征收私房出租

税收1854.30万元，比2006年增长531.29%，取得突破性进展。组织力量开展省、市属企业税源调查，掌握税源实际情况，提出应对措施，不断优化招商引资环境，加强精细化管理。2008年，采取调研分析高收入人群分布特点、拓展宣传平台、抓好资料审核等措施，做好年所得12万元以上个人所得税自行申报工作，全年申报人数达到7485人，提前15天完成杭州市地方税务局下达的目标任务。

2009年，地税上城税务分局贯彻落实省市地税管理部门《浙江地税系统重点企业税源监控管理办法》，对占分局税收总额75%的172家重点税源企业进行重点税源管理，加强对企业税收数据的分析，组织合理有效的风险评定、应对和评价，尝试逐步建立起"部门紧密衔接、专业精细实施、人机结合控税、注重深度分析"为特点的重点税源集约化管理模式。2010年，构建"四个一"税源管理体系①，成立由局长牵头的重点税源管理领导小组，对占分局收入75%的206家重点税源企业进行制度化、精细化、科学化管理，不断提高重点税源管理质量和效益。同时，分行业、分税种探索构建较为完整的纳税评估模型，建立健全各行业纳税评估体系，实施纳税评估，提高中型税源管理效率。2011年，对226家重点税源企业进行一对一专人管理，实时掌握税源变化情况。对其汇算清缴实施全程、立体、动态管理，实现226家企业清缴入库企业所得税3.16亿元，比2010年增收0.53亿元，增幅16.77%。提高行业税源管理能力，对建筑行业实施税负预警管理，使纳入预警管理的91家企业达标率达到61.86%，仅企业所得税入库2149万元，增长81.66%。全年共完成个人所得税自行申报9227人，增加626人，补缴税款309万元，重点行业人员申报率提高至43%。2013年，约谈主营业务收入2000万元以上连续3年亏损或利润率5‰以下企业，对250家企业年度所得税进行工资薪金比对，比对新增房产出租信息管理数据，共约谈企业63家，查补税款580余万元，调增应纳税所得额2300余万元。利用"房土两税税源调查（评估）表"等表样，开展案头分析和约谈举证，补缴各项税款404.13万元。2014年，开展股权转让征管工作，探索建立"信息采集→预警分析→纳税评估→约谈互动→数据

图16-2-3　2009年7月16日，地税上城税务分局召开上城区重点税源企业座谈会　（区税务局　供稿）

① "四个一"：税源管理体系：即一种模式——"人对事、事对户"的税源间接控管模式；一种机制——"四位一体"（税收分析、纳税评估、税源监控、税务稽查）的互动机制；一种办法——"抓大、评中、定小"的税源管理办法；一个系统——地税信息征管系统。

增值利用”征管链条，共办理股权转让个人所得税核查137家，征收入库税款472.46万元。在提前、超额完成“个转企”目标任务基础上，秉持“扶上马、送一程”原则，梳理、分析纳税人在涉税过程中需重点注意的政策及办事流程，联系工商、社保等部门联合召开“个转企”已转纳税人辅导会议，累计500余家企业的纳税人代表参加辅导会。

2015年，地税上城税务分局按照“营改增”工作步调，以规范、净收为宗旨，完成售付汇比对的专项核查工作，对支付境外劳务行为实施源头控管。坚持“抓大控中定小”税源分类管理思路，夯实重点企业管理基础，提高一般企业管理绩效，规范小微企业、个体户管理。梳理税源管理岗、发票管理岗等岗位职责、廉政风险，邀请法律专业人士讲课，专题学习岗位相关法律法规。规范个人股权转让、违章处罚数额等业务标准，引导干部合理使用自由裁量权。

三、地税减免

20世纪90年代，为适应建立社会主义市场经济体制的要求，全国实施重大的结构性税制改革。杭州市根据国家税制改革的有关要求，取消盐税、奖金税、集市交易税，停止屠宰税、筵席税、固定资产投资方向调节税，税负大大减轻。

21世纪初，上城区地税部门落实杭州市在就业、医疗、住房、养老等关系民生方面的优惠减免措施以及鼓励高新技术产业发展等一系列优惠政策。2004年，上城区地税部门依法为创新型企业等各类享受优惠政策减免的企业共计减免税收1.5亿元，减轻企业负担，保证企业发展。

2007年，地税上城税务分局在税收优惠条件审核时，做到宽严结合，对企业所得税减免审批相对宽松，而对营业税等地方税种减免审批相对从紧。

2008年，受世界经济危机影响，企业经营遭遇重大困难。地税上城税务分局根据掌握的征管信息，确定可以享受优惠政策的企业名单，开展三轮地毯式排查，办理退税文书168项，办理各类退库减免2251.79万元。2009年，开展为企业送温暖、送政策、送服务活动，了解企业生产经营中的困难，辅导企业及时足额享受优惠政策，做好各项税收减免。全年累计减免各类税费27565.40万元，其中，营业税减免10632.29万元，企业所得税减免4986.98万元，小型微利企业优惠减免113.83万元，个人所得税减免37.3万元，城市房地产税减免375.30万元，房产税减免4632.14万元，土地使用税减免1056.76万元。2011年，上城税务分局为企业减免各类税费1.66亿元。2012年，上城区重点扶持中小企业发展，共认定2011年度小型微利企业328家，优惠减免企业所得税117.6万元，同比增幅20.42%。2013年，共计审理审核企业所得税减免、税前扣除类涉税文书企业326家，预减免税额9581.08万元。研发费加计扣除23家，加计扣除金额9828.72万元，残疾人工资加计扣除15家，换算成减免税额为59.08万元，对残疾人减免个人所得税57.47万元，房产税减免3397.45万元，土地使用税减免187.51万元。

2015年，地税上城税务分局在符合政策的范围内对申请企业减免房产税47家，减免金额5040.80万元，减免土地税37家，减免金额220.26万元。

四、信息化管税

20世纪90年代初，税务部门实行传统的“自报自缴”方式，即纳税人到大厅申报后拿着税务部门开具的税单到指定银行缴款的单一方式。1996年起，开始运用信息化技术手段进行申报纳税，纳税人使用IC卡存入申报数据后在税务大厅进行读取后完成申报。税收管理手段依托现代化信息技术发展，开始由传统的手工操作转向计算机操作，进而走上信息化管理、网上办税等规范、高效、优质的现代税收管理道路。2000年，上城区首次实行网上申报纳税，纳税人只需通过互联网将申报信息发送到税务局网站，由计算机系统接收和处理申报信息。2004年，个体工商户全部纳入定期定额征管及“一户通”[①]电子缴库目标。2006年，建立房产销售与税款电子信息比对体系，对采集的信息进行比对分析，同时通过对房地产企业过去、现在、将来“三时”监控，建立立体税源监控体系。与浙江信源计算机公司、浙江工商大学合作，成立税收预测模型课题组，编写税收收入预测软件，并逐步提高税收收入预测率，在信息管税方面有长足进步。是年，上城税务分局重点建立完善省、市动态税源监控体系，在浙江地税信息系统（2000版）和税源监控软件基础上，建立重点户信息台账，补充企业经营状况信息，参与浙江省商业集团、杭州解百集团股份有限公司等大型企业的经营分析会议，摸清税收企业家底，提高税收分析预测的准确性，确保税收持续增长。2007年，建立个人所得税信息基础数据库，加强个人所得税基础信息管理，全年通过全员申报软件正确申报的企业户数突破8300家，年所得12万元以上的个人自行申报达6400人次。

2008年，地税上城税务分局与浙江省数字安全证书管理有限公司就证书发放、日常维护、证书软件完善升级等问题达成共识，修改和完善业务需求设计，完成发票模块的应用。2009年，充分利用TF2006征管系统和自行设计的“全员申报工资信息、五险申报工资信息、企业所得税工资信息”三方比对征管软件，“城建税、教育费附加、地方教育费附加”比对软件，开展各类数据的案头比对和分析，有针对性对异常企业开展纳税评估，全年共比对发现异常企业769家，补缴各类税费754.35万元。2010年，配合杭州市地方税务局开发个人所得税税源税基管理软件，结合“税源管理平台，实现流程事先设置、差异自动比对分析、工作自动落实到岗、结果逐户解决”工作流程，实现“事找人”设计理念。配合“12366”中心开发催报催缴系统，以未申报征期末提醒、征期后催报、未入库催报为内容，以手机短信、语音客服等形式，系统自动催报催缴与人工后续服务相结合，提高零星税源征管效果。经2个

① “一户通”：缴税系统名称，是指税务部门以电子信息为媒介，将纳税人缴税信息通过金融清算中心“一户通”系统发送给纳税人开户银行，纳税人开户银行据此信息并按照纳税人的委托付款授权、税务机关与纳税人签订的委托收款协议，在纳税人指定的账户划收税款，并解缴到收款国库的缴税方式。

月的试验，未申报提醒共发起1612户，提醒后按期申报率44.47%，未申报催报共发起847户，催报后按期申报率35%，欠税催报共发起155户，催缴后成功入库率67%，取得较好效果。2011年，自主设计开发和应用“企业工资费用与个人工资薪金收入差异分析对比软件”，通过对2009年度个人所得税全员申报软件中差异率在50%以上的730家企业的比对，补缴税款95万元，社保费380万元，扩充个人所得税全员申报人数7745人。2013年，依托“税友龙版”平台支持，在丰富涉税数据、提高数据质量、加强数据利用上下功夫，通过多维分析、综合利用，推进分局税收征管的精细化和智能化程度。与杭州市及上城区工商行政管理局建立信息共享平台，建立法院拍卖资产特别是不动产的税收缴纳长效机制等，建立第三方涉税信息共享平台。推进“税友龙版”风险监控，及时处理风险企业推送名单及风险应对任务。2014年，建立“大企业专业化风险管理”项目，特别邀请国家税务总局税务干部学院教授单建荣到分局指导设计应用大企业税收风险预警软件，引导建立统一规范的大企业专业化管理体系。

2015年，地税上城税务分局结合浙江省地方税务局风险推送软件的推广应用，加强信息采集、分析、利用，将风险推送应对与评估工作有效衔接，进行行业预警分析，降低企业涉税风险。

五、纳税服务

2001年4月，全国人民代表大会常务委员会修订并重新颁布《中华人民共和国税收征收管理法》，第一次将纳税服务确定为税务机关的法定职责，纳税服务由原来的税务人员职业道德范畴上升为必须作为的法律范畴。2004年，为做好省属企业属地征收工作，地税部门在办税大厅设立服务台，由接收服务组派专人提供咨询、导税服务，凡涉税事项，能办马上办。2005年，与浙江工商大学联合开展纳税人需求调查，形成的调查报告获浙江省税收宣传月活动优秀项目奖。此外，地税上城税务分局还开展创建“优质服务年”活动，设立“局长接待日”制度等。2007年，邀请辖区八大省属企业集团及部分市属、区属纳税大户召开以“税企和谐，互动共赢”为主题的税企恳谈会，增进税企之间互信和理解；开展纳税人需求调查工作，吸取纳税人的合理建议与意见，改进工作，优化服务，提高纳税人满意度。

2008年，地税上城税务分局组建青年志愿者服务队，到紫阳街道海潮社区和小营街道西牌楼社区开展税收宣传和服务活动，了解私房出租税收征管情况，交流税收工作心得，开展问卷调查，发放税收宣传手册，解答居民提出的各种具体问题；上门与残疾人士结成对子，定期上门走访，为其提供各种人性化的涉税服务。成立税收政策调研小组，开展税收调研和税收实务研究。紧扣“税收、发展、民生”主题，开展上城税企财税知识联合竞赛活动，以税收法律、税收与民生、创业创新优惠政策、企业财务会计实务等方面知识为主，贴近财税工作和企业发展实际。

2009年，地税上城税务分局落实“三定”（定人、定时、定事）制度，根据规模将重点税源企业分别落实到局长、科长、业务骨干3个层面，实行固定联系，定时走访；选拔业务骨干加入区驻街服务体系，担任驻街专员，前移服务关口，加强与街道、社区和企业的沟通联系，提高服务的及时性、便捷性和高效性。组建青年文明号志愿者服务队，到社区、企业开展税收宣传，上门为企业提供人性化、个性化和温馨化服务。该项特色服务在浙江省服务业百日集中行动暨青年文明号服务企业风采展示大赛活动中获一等奖，且被共青团杭州市委授予“杭州市青年文明号优质服务示范岗”称号。同时，打造有上城特色的“税企交流论坛”和QQ群，利用网络的及时性和便捷性，满足纳税人服务需要。开展税收宣传月活动和吴山广场为民服务活动，为企业和百姓提供各类政策咨询和辅导服务。2010年，贯彻执行杭州市地方税务局办税服务厅“六个标准化”（即办税项目标准化、办税流程标准化、服务窗口标准化、服务设施标准化、服务制度标准化、数字管理标准化）工作内容与要求，践行“同心汇聚”服务理念和精神，做到“走出去”和“请进来”相结合，大厅服务和网络服务相促进，开展送政策、送服务的系列活动。建立领导上门服务机制，开展“面对面”上门服务；打造网络服务综合平台，提供“网对网”在线服务；建立志愿者服务新机制，推出个性化定制服务；建立“三个提醒”[①]服务制度，严把服务质量效率关。

①一是优惠政策享受提醒，二是涉税维权提醒，三是违法风险提醒。

2011年，地税上城税务分局坚持“服务企业、惠及民生”宗旨，开展送政策、送服务等系列活动，分局领导主动走访，带队走企业、走园区、走代表委员，上门送政策、求意见、听民生。完善“以人为本”税收宣传服务机制，通过开展“税收宣传直通车”活动和纳税服务志愿者活动，推动税收宣传。2012年，将“星级办税员”队伍建设项目作为重点项目，将积极纳税、无涉税违法行为的企业和办税员评为一定的星级办税员，其中，三星级以上办税员，办理涉税事宜就可以享受诸多便利；四星、五星办税员所在单位常用证件由税务机关以电子形式保存，在办理涉税事项时，无需再提供常用证件。2013年，持续开展园区“税收宣传直通车”活动，在小营巷社区开展首家“杭州地税税法宣传社区示范点”建设工作，做好浙商创业创新工作和“个转企”

图16-2-4　2013年，杭州市首家税法宣传社区示范点在小营巷社区挂牌　（区税务局 供稿）

专项工作。全年完成194户“个转企”纳税人变更。2014年，结合杭州市地方税务局“税收宣传月”“大走访”等活动，有计划、有部署地开展局班子牵头、中层干部分片、全局干部参与的企业百姓走访问计工作，全年完成54个社区、21名“两代表一委员”[①]、280家重点企业的走访工作。根据企业需求，以“税企通”软件、税企微信互动群的推广使用为主要手段，打造税企沟通信息平台，有200余家企业加入微信群，100余家重点税源企业安装使用“税企通”软件，累计发布政策公告30余条，累计解答纳税人提问150余次。分局办税服务大厅开展“纳税人最满意窗口评选”调查活动，由纳税人根据办税业务的切身体会和感受，投选自己心目中最满意的服务窗口和最不满意的服务窗口，实现纳税人参与评选的模式创新。

2015年，地税上城税务分局学习落实《全国县级税务机关纳税服务规范（2.0版）》，推广24小时自助服务，推出“纳税人学堂”，建立电话班组、协税员业务骨干培养等制度。围绕“新常态、新税风”税收宣传主题，联合杭州之声FM89《民情热线》栏目走进小营街道西牌楼社区，回应社会公众关心的税收热点问题。打造玉皇山南基金小镇直通式服务队伍，开展直通车服务活动，上门辅导税收业务，推广税企微信群，让企业足不出户就能得到需要的服务。

第三节　国家税务

1993年，国务院办公厅转发国家税务总局《关于组建在各地的直属税务机构和地方税务局实施意见的通知》，规定各省、市（地）、县（市）的国家税务局，实行国家税务总局垂直管理领导机制。在机构、编制、经费、领导干部职务的审批等方面按照下管一级的原则，进行垂直管理。1994年起，全国实行分税制管理体制，杭州市国家税务局上城分局开始征收和管理国家税务。

1997年起，杭州市国家税务局上城分局按照税种管理税务，税收征管方式由原先的税收专管员逐户上门催报到建立起“以申报纳税和优化服务为基础，以计算机网络为依托，集中征收，强化管理”为核心的新征管模式。2001年，开始推行以首问责任制和承诺限时服务为核心的全程服务。2009年，区国税局开始实行创新项目责任制考核。2012年，推进“营改增”试点工作。2015年末，国税收入34.88亿元，完成一般公共预算收入14.75亿元，比2014年增加1.74亿元，增长13.37%，有力支持地方经济社会发展。

① 即党代表、人大代表，政协委员。

一、国税收入

1994年，国家实行分税制财政体制，列入国税系统税收计划考核口径税种为国内增值税、国内消费税、外商投资企业和外国企业所得税、中央企业所得税、进口增值税和进口消费税、海洋石油资源税、证券交易印花税和外贸企业出口退税（以负数列入）。1997年，增加金融保险营业税收入。2001—2006年，国税收入呈现稳定增长趋势。

2007年，原属区国税局管理的若干烟草厂全部由杭州市国家税务局接收管理，由此上城区国税税收收入骤然下降。但剔除烟草厂方面的税收收入，2007年比2006年增收3.06亿元，增幅达22.2%。此后，国税收入保持逐年增长态势。

2012年，受严峻复杂的宏观经济形势和房地产政策调控，个别企业经营收入区域调整和税收转移，以及税款入库的时间性差异等多因素的叠加影响，在组织收入过程中遇到前所未有的困难，国税收入比2011年下降25.60%。

2013年，"营改增"试点范围扩大，铁路运输服务、邮政业纳入"营改增"范围，试点纳税人4445户，全年入库"营改增"增值税2.63亿元，受此因素影响，税收收入增长15.48%。2014年和2015年，国税收入分别增长8.25%和6.28%。

表16-2-13　2001—2015年上城区国税收入情况表

年度	税收收入（万元）	同比增长（%）	年度	税收收入（万元）	同比增长（%）
2001	315235	—	2009	260896	7.38
2002	397669	26.15	2010	281329	7.83
2003	520048	30.77	2011	352900	25.44
2004	672550	29.32	2012	262557	-25.60
2005	756855	12.54	2013	303200	15.48
2006	886368	17.11	2014	328200	8.25
2007	168363	-81.01	2015	348800	6.28
2008	242964	43.31	—	—	—

说明：1.1993—2000年数据资料遗失。2.资料来源于杭州市上城区税务局

二、国税减免

20世纪90年代，为鼓励外商进行生产性直接投资，国税部门落实国家税务总局针对新办的生产性外商投资企业制定多项税收优惠政策。其中，经营期在10年以上的，从开始获利的年度起，第一年和第二年免征企业所得税，第三年至第五年减半征收企业所得税。同时，为鼓励外商投资能源、交通、基础设施建设项目，1995年，国家税务总局发文对从事该类别项目的外商投资企业给予减免税优惠，鼓励外商来华投资。2001年，杭州市上城国家税务局共办理出口退税980万元，办理工业企业产品预征税款1609万元，民政福利企业和校办企业退税290万元。2006年，区国税局重点办理增值税优惠政策退税

1147.44万元，其中，民政福利企业退税1072.32万元，“禽流感”退税[①]15.24万元，软件企业退税59.88万元；完成享受增值税免税优惠政策审批工作33户次，其中，粮食企业免税1家，废旧经营企业4家，其他免税企业28家。2007年，注重支持生产型出口企业发展，共审核审批免抵退税4463万元，其中，免抵税2066万元，退税2397万元。

2010年，区国税局重点支持企业技术研发，共办理企业技术研发项目24户，加计扣除企业应纳税所得额3656.96万元；办理高新技术企业6户，减免金额1521.94万元。全年审核免、抵、退税额累计14748万元。2011年，财政部公布《关于修改〈中华人民共和国增值税暂行条例实施细则〉和〈中华人民共和国营业税暂行条例实施细则〉的决定》，提高增值税、营业税起征点。区国税局落实增值税起征点调高政策，全区6005户个体工商户免缴增值税，受惠面覆盖82.8%。2013年，落实个体户起征点调整政策，全区7759户个体户享受税收优惠，共免征增值税205.6万元。2013年8月1日起，“营改增”由原来在部分省市试点扩大到全国，2014年，将铁路运输和邮政服务业纳入“营改增”试点。上城区“营改增”直接税收负担减轻2.14亿元，非“营改增”企业新增进项税额抵扣0.42亿元，以上2项合计为企业减负2.56亿元。

2015年，区国税局共办理各类税收减免15.77亿元。其中，生产企业累计审批免抵退税1.72亿元（免抵0.76亿元，退税0.96亿元），外贸企业退税8.25亿元；落实小微企业税收优惠政策，享受免征增值税的小微企业共计61499家次，其中减免收入2至3万元的为21648家次，减免税款1857.22万元；享受固定资产加速折旧优惠政策企业46家，享受加速折旧优惠312.53万元；享受创业投资企业抵扣政策的企业1家，抵扣应纳税所得额128.44万元；享受公共基础设施项目优惠政策的企业1家，铁路项目所得减免29648万元；享受研发费用加计扣除政策企业44家，研发费用加计扣除额合计9233.12万元；享受高新技术企业优惠政策企业24家，减免税额3472.17万元；享受符合条件的软件企业优惠政策1家，减免税额3.71万元；享受国家规划布局内重点软件企业优惠政策1家，减免税额349.95万元；享受技术先进型服务企业优惠政策企业1家，减免税额278.81万元；享受研发费用加计扣除44家，加计扣除金额9233.12万元。

三、国税征管

20世纪90年代初，国税征管主要实行税务专管员管户制度。1997年起，根据杭州市国家税务局税收征管体制全面改革的要求，国税征管取消税务专管员集征收、管理、检查权于一身的管户制度，实现专管员

① 为保持和促进家禽业持续稳定发展，尽量降低“禽流感”疫情造成的损失，国家税务总局对家禽行业实行税收优惠政策，自2004年2月1日至7月31日，对属于增值税一般纳税人的家禽加工行业和冷藏冷冻企业加工销售禽肉产品实行增值税即征即退政策，并减免城市建设维护税和教育费附加。

由管户向管事的职能转换。税收业务实行征收、管理分离，征收和管理人员分工明确，各司其职，税务专管员不再直接开税票收税，纳税人申报纳税、办理涉税事宜改为到税务机关办税大厅受理，实行公开办税。1998年起，杭州市国家税务局上城分局推出邮寄方式申报纳税。2000年9月，为个体定额与小规模纳税人提供多元化纳税申报方式，推出电话申报纳税，纳税人只要拨打热线电话，即可完成增值税申报纳税、扣款、申报查询、账户余额查询等操作。

2001年，杭州市上城国家税务局推广企业端和网页2种方式进行互联网网上申报纳税工作。是年，针对税收征管出现陈欠较为突出的问题，完善收入考核机制，利用大厅张贴公告和网络宣传等方法宣传税务登记验证工作，并对非正常户和漏征漏管户进行催报整治，清理陈欠679万元，欠税压缩率65.73%。全面强化对商品市场税收的管理，建立市场情况信息库，加强对市场票证的管理。同时，做好外商投资企业和中央企业所得税汇算清缴工作，共汇算清缴外商投资企业所得税60家，补缴外商投资企业所得税1757万元，中央企业所得税17家，补缴所得税70万元，清缴率100%。对外商投资企业逐户进行审核评税工作，对有疑问的8家企业移送稽查处理。2002年，开展集贸市场专项检查，布置落实市场各经营户进行自查，自查面达100%，自查申报率75.8%，查补税款60余万元，入库税款51万元。结合清理漏征漏管户工作，对专业市场进行核对清查，补办税务登记400余家。开展市场税收专项整治回头看工作，选择浙江省食品市场为试点，要求13家经营状况好的纳税大户对2002年度的纳税情况进行自查，共计自查违章金额42万元，同时对13户纳税人上调10%的定额。开展漏征漏管户清理工作，重点清查辖区内22个商务写字楼，动员街道协税组织、社区和城管等力量，对街道进行地毯式清查，共检查纳税户3110户，清查出个体无证户1060户，有问题企业166家。2004年6月起，启用“个体税收管理信息系统”，加强对市场、街道个体户的税收征管。加强对新办企业的管理，通过上门业务辅导、开展业务讲座等方式进行宣传教育，加大催报催缴、实地察看和非正常户认定的工作力度，利用短信平台开展纳税申报的事前提醒和逾期催报工作。

2005年，区国税局建立税收管理员制度，由税收管理员为纳税人提供税法咨询和办税辅导，督促纳税人按照国家有关规定及时足额申报纳税、建立健全财务会计制度，加强账簿凭证管理，税收管理员成为税务机关和纳税人之间的纽带。与地税上城税务分局联合开展纳税信用等级评定工作，成立纳税企业信用等级评定委员会，共同对纳税信用等级评定工作进行指导、协调、监督、宣传、初评、评定等。全年共评定上报等级企业79家，其中，国税AAA级企业21家，AA级企业18家，A级企业22家，纯地税企业18家。2007年，巩固税务登记证换发工作成果，严格落实新办企业实地核查制度，做到案头管理与实地巡查相结合，清理非正常企业470家。是年，升级信息化手段，推行“网上安全申报系统”，完成防伪税控系统一机多票的推广升级工作，做好CTAIS税收征管信息系统调整，增加办税大厅抄报税和发票认证机动窗口，通过设备更换提高报税和发票认证速度，推行网上认证，网上办税开始成为纳税人办税的方便快捷之选。

2008年，区国税局重点组织开展各项税务核查工作。4月起，增值税专用发票审核检查系统上线运行，区国税局全年共完成322份增值税专用发票稽核信息的核查工作，查补入库税款20.55万元。组织开展比对异常海关完税凭证专项核查，共完成核查685条，涉及企业91家，共补缴入库增值税3.39万元，增值税进项转出11.02万元。组织开展2007年存根联滞留票专项核查，共完成核查4972条，涉及企业705家，补缴入库增值税4.63万元。

2009年，区国税局开始实行创新项目责任制考核，发动全局干部结合日常工作开展管理创新，“售付汇管理对外支付证明开具系统”① 被评为全省国税系统管理创新优秀项目，《纳税人税务申请事项否定报备及申诉实施办法》② 被评为全省国税系统管理创新入库项目。2010年，制定《杭州市上城区国家税务局管户分配管理办法》，根据辖区内纳税人具体情况和税务干部的业务分工，将纳税人划分成若干个单位分配给管理员，以便开展具体的税收工作。制定《杭州市上城区国家税务局个体定额管理要求》，对个体工商户在一定经营地点、一定经营时期、一定经营范围内的应纳税经营额进行核定，并以此为计税依据确定其应纳税额，通过核查、调查、分析等方式加强对个体工商户的税收管理。2011年，开发应用“定点联系企业税收信息管理”平台，采集企业经营和管理基本信息和相关第三方信息等，利用数据挖掘、模糊运算、商业智能等技术，完成对企业纳税遵从的风险识别分析，并形成评估报告，可逐步解决定点联系企业征纳信息不对称和系统内部数据未能有效使用等矛盾，为开展大企业风险管理、行业分析、重点税源管理等工作提供数据支持，为各级大企业税收管理员提供查询、分析、预警等功能。推进社会化办税，实现6个街道代开点，29个市场“社会化办税服务平台”全覆盖。2012年，区国税局推进“营改增”试点工作，根据“2012年12月1日顺利开票，2013年1月1日正常申报”两个重要时间节点，分四阶段落实试点纳税人确认、政策宣传、税务登记、税种核定、业务培训、发票出售、征管软件系统开发、升级和调试等工作，全年共确认“营改增”试点纳税人2895户，其中一般纳税人478户。11月14日，成功向“营改增”试点纳税人发售上城区第一张“营改增”通用机打发票。

2013年1月7日，区国税局成功办理第一笔“营改增”试点纳税人申报业务，开出首份“营改增”税收缴款书。是年，在上城区社区学院举办13场面向辖区所有纳入“营改增”试点范围纳税人的专题培训班，培训2600余人，在全市率先完成前期培训工作。在办税厅开设2个“营改增”专窗，增加ARM机自助办税机1台，在局大会议室设置“营改增”纳税人临时申报辅导点，满足“营改增”试点纳税人办税需求。根

① 境内机构和个人向境外支付交易项目资金，应当按照国家有关规定向主管税务机关申请办理对外支付税务证明，该系统使得纳税人可以直接通过系统开具证明。

② 纳税人对税务申请事项审批或办理结果有异议的，可以向税务机关提出复审申请，纳税人只要在规定的时限内填写申请表并附相关材料交至税务机关，税务机关将在规定的工作日内予以答复。此办法的制定既给有异议的纳税人一次陈述及税务机关进行解释的机会，又降低了纳税人的投诉风险。

据杭州市国家税务局《关于加强“个转企”相关工作的补充通知》精神，制定个体户转登记为企业的操作办法，开通“个转企”专用通道，召开专题动员会，就个体户关心的优惠政策、操作流程、转型后注意事项及涉税业务等方面进行说明，全年共受理完成“个转企”445家，所有办理“个转企”手续的纳税人都在规定时间内办结。强化重点税源管理，将2000万元以上的24家重点税源企业集中进行管理，将159家文创企业、29家高新技术企业纳入行业专业化管理。2014年，重点强化涉外税收和反避税管理，清理存在虚拟注册地址且长期无法取得联系的外资驻杭办事处30余家，完成对外支付备案85份，征收税款3273.45万元；加强对企业关联交易、股权变更的审核，完成重点关联申报审核30家，核查2家涉及关联方股权转让的特别纳税调整案件，查补税款200余万元。

2015年，区国税局成立税收网格化管理和服务领导小组，制定并实施网格化管理和服务方案，依托社区网格点，将社区网格员队伍与税收工作有机结合，开展税法宣传、代征税款、代开发票等税收活动，方便企业就近办理涉税业务，加强税收征管。3月初，试点单位小营街道网格点在全市范围内率先试运行，为个体户办理代征税款、代开发票。9月11日，开出全市第一张网格点代开增值税专业发票。11月下旬，区国税局组织召开全区网格化工作推进会，至年末，已建立6个街道一级网格点、22个专业市场二级网格点，合计纳入网格化管理和服务纳税人23601户，约占所管辖户数的92%。是年，全面推行增值税发票系统升级版，完成率100%。

四、纳税服务

20世纪90年代，受限于客观条件，纳税服务主要以优化办税程序、举办培训、上门辅导等面对面方式开展。2003年，杭州市上城国家税务局在一般纳税人年审中，采用年审各道手续现场集中办理“一条龙”新方法，原来十天左右的办理时间减少到十几分钟。开设预约服务，纳税人通过电话预约取号，纳税服务部门对预约信息进行管理，将纳税人通过电话登记的信息与办税服务厅排队叫号系统相关联，纳税人可按照预约时间直接上门办理涉税业务。利用“全程服务”① 进行政策导航，为下岗工人提供政策咨询。2004年，在杭州市城区中建立第一个短信平台，用于涉税信息的发布和催报催缴工作。

2005年，区国税局对100万元以上纳税大户提供星级服务，定期邮寄《涉税须知》和《税收法规汇编》，把税务行政许可、“一户通”纳税无纸化等政策信息传递到纳税人手中。利用社区宣传阵地向居民宣传税

①设置在办税服务厅的全天候办税咨询服务台。

收知识和政策法律，全年共为清波街道清波门社区、南星街道复兴街社区、小营街道茅廊巷社区等联谊社区调换宣传板报9次。2006年，开辟网上交流平台，推行远程纳税服务，促进办税业务的透明、公开。发放“税企联系卡”，设立廉政投诉信箱和效能意见投诉信箱，方便纳税人投诉监督和举报。2008年，区国税局推出电子叫号系统、“一窗通办”[①]和“一窗双机式”[②]办税模式等新举措、新方法，不断优化纳税人办税体验。6月15日《浙江日报》头版对“一窗双机式”报税新模式进行报道，“一窗双机式”报税被评为浙江省国税系统2008年管理创新项目。2009年，在大厅自助服务区增设“自助抄税”功能，推行网上受理开具红字增值税专用发票通知单业务，试点推行网上抄税。开通税企邮箱，畅通税企信息交流渠道。开展“送服务、促发展”活动，深入企业开展调研及税源调查，了解企业的生产经营情况，征求企业对税收工作的意见和建议，开展个性化的纳税辅导。

图16-2-5　2015年11月26日，区国税局完成全省首笔网上申请领用邮政送达增值税专用发票业务

（区税务局 供稿）

2010年，区国税局按照浙江省国家税务局“一窗统办”要求，完成办税服务厅全职能的综合服务窗口设置工作。推广应用社会化办税服务平台，至年末，全区6个街道、29个市场全部安装办税平台。2011年，整合资源，拓展纳税人自助服务区功能，推出“自助购票”和“网上购票”服务新举措，全面推广应用ARM自助办税终端机、POS机刷卡缴税、网上开票和网上抄报税等业务，纳税人可以直接在ARM自助办税终端机上领取发票，或者通过网上办税服务平台申领发票，免去在窗口排队叫号等待，满足纳税人多元化办税需求。办税服务厅被浙江省国家税务局确定为第一批“标准办税服务厅”。在上城区行政服务中心设立延伸申报点，增设3个服务窗口和1个管理办公室。2012年，创新纳税服务网络机制，协商制定纳税服务网络小组工作制度和实施方案，将辖区内6个街道全部纳入纳税服务网络，按季召开网络小组会议。2014年，在《上城报》推出“税收宣传月”专版。举办纳税人实体学校，实现走出去办学，在工业园区、山南创意园、大型集团企业等地集中举办讲座，全年开办各类专场培训24场，培训纳税人2600余人次。

① 纳税人在一个办税窗口可以办理所有涉税业务。

② 即通过1个窗口人员同时控制2台主机，实现了2家企业同时报税，使得每个窗口单位时间的办税处理户数成倍增加，办税服务大厅日报税处理能力成倍提高。

2015年，区国税局开展网上代开发票服务，全年受理纳税人网上申请代开发票5687份。推广网上免填单，在简并表单的基础上，采取已登记信息自动带出、第三方信息自动获取的方式，对部分涉税事项的办理采取免去填写表单的服务，当年办理免填单涉税事项4134件，税收优惠备案类使用网上免填单占比95%。11月26日，完成全省首笔网上申请领用邮政送达增值税专用发票业务。

第十七篇

经济管理

杭州市的经济行政管理工作，民国时期由杭州市政府社会科、杭州市物价评议委员会及度量衡检定管理机构等部门负责。因长期战乱局势影响，政治腐败，导致管理混乱，物价乱涨，经济崩溃。

杭州解放后，杭州市政府全面加强市场物价管理，打击投机、平抑物价；组建国营贸易机构，逐步掌握批发业务，调剂民食民需；积极恢复工业生产，组织城乡物资交流，促进商品流通，使国民经济得到迅速恢复和发展。1958年，上城区计划科建立，经济管理体制逐步建立，经济管理工作得到加强。至1959年，上城区初步形成以计划经济为主体的管理体制，工业生产、商品流通、物资分配、建设项目以及收入分配各个领域均纳入计划管理轨道。“文化大革命”期间，经济秩序遭到严重破坏，宏观经济管理趋于瘫痪。1976—1978年，经济秩序虽迅速恢复，但由于受到“左”的影响，经济管理仍未取得突破性进展。

1978年中共十一届三中全会后，市委、市政府对权力过分集中的经济行政管理体制进行改革，尤其是1992年起，逐步建立和完善社会主义市场经济行政管理体制，提高政府对经济的有效管理、监督和调节。

1993年，上城区组建杭州市上城区计划经济委员会，负责编制全区经济发展规划和年度计划，审批固定资产投资计划，统筹安排计划物资的分配。是年起，为落实安全生产目标管理，区政府与各系统、公司、街道办事处签订管理目标责任书，落实安全生产责任制，列入年度工作目标考核。1994年，《中华人民共和国审计法》颁布，规定各级审计机关要对本级财政预算执行和其他财政收支情况开展审计监督。是年，《中华人民共和国公司法》开始实施。杭州市上城区工商行政管理局按建立现代企业制度的要求，促进企业转换经营机制，支持具备条件的国有企业实行公司制，推动中小企业转制，参与企业兼并、破产的论证工作，凡企业提出变更申请，符合规定就及时办理。1995年，杭州市人大常委会公布《杭州市农副产品集贸市场条例》，上城区抓好“菜篮子”工程，平抑市场物价，严厉查处市场内违法经营行为，先后整治杭州龙翔桥农副产品市场水产早市、杭州新声综合市场外无照经营、杭州断河头农副产品市场占道水果摊位等现象，使市场秩序得到改善。同时，总结推广杭州龙翔桥农副产品市场“买称心菜、过称心年”“大众菜卖大众价”“猪肉随行议价、薄利销售”等活动经验，加强蔬菜最高限价和明码标价管理，在各市场推出蔬菜直销专柜，平抑市场物价。是年，杭州龙翔桥农副产品市场获全国文明市场称号。

1996年起，上城区强化对全区国民经济和社会发展的长期规划、年度计划和重大政策的制定，以及对全区产业政策、产业结构布局的研究规划。统计部门加强对全区的统计、普查和国民经济核算工作，以及全区国民经济、社会发展和科技进步情况的统计分析、预测和监督，为区委、区政府决策提供服务。1998年，《中华人民共和国价格法》实施。此后，上城区进一步加强物价管理工作，认真清理整顿各类收费，加大物价监督检查的力度。2001年起，上城区不再对企业生产、经营、分配、人事进行直接管理，简化行政审批手续，根据市场需求和市场经济规律交由企业自主决定。2002年5月，上城区开始实施企业信用工程，成立由区长任组长的上城区企业信用工程工作领导小组，设立企业信用信息资料库。每年末根据收集的企业信誉综合情况，由企业信用工程领导小组评定信誉企业（红名单）和警示企业（黑名单）。至年末，有145家企业进入企业信用公示平台，收集企业信用信息3612条。

2002—2003年非典型肺炎疫情期间，杭州市上城区物价局通过督促市场、超市加大备货数量，召开价格告诫会、加强价格巡查等方式，维护价格秩序。2004年开始，上城区启动服务标准化工作。是年10月，上城区首个省地方标准《社区建设管理规范》获得通过。2009年6月，上城区被省政府确定为“质量强省”工作首批4个试点区、县（市）之一。2009—2010年，上城区制定《上城区实施质量强区战略的意见》《上城区质量强区工作评价指标》等8项配套制度。2011年，质量强区工作作为单独一章列入上城区“十二五”规划中，并纳入区政府年度考核目标。是年，上城区启动首届区长质量奖评审活动，发布实施《上城区政府质量奖评审管理办法》和《上城区政府质量奖评审细则》，动员组织相关企业开展《卓越绩效评价准则》培训，做好“区政府质量奖”评审各项工作。9月，在全国质量大会上，区政府作为全国唯一的政府单位，获2009—2010年度全国质量工作先进单位。

2013年4月，在第二届浙江省公共管理创新案例评选中，上城区“政府管理与公共服务标准化”项目以总分第二的成绩入选浙江省公共管理创新十佳案例。2014年1月，上城区政府管理与公共服务标准化项目获“第七届中国地方政府创新奖”。至2015年，上城区已形成杭州市上城区发展改革和经济信息化局、杭州市上城区统计局、杭州市上城区审计局、杭州市上城区市场监督管理局、杭州市上城区安全生产监督管理局多部门齐抓共管的经济行政管理格局。

第一章　计划管理

1978年，上城区根据市委、市政府的要求，对权力过分集中的经济行政管理体制进行改革。1992年起，逐步建立和完善社会主义市场经济行政管理体制，提高政府对经济的有效管理、监督和调节。1993年起，上城区深化计划管理体制改革，进一步改进计划管理方式，直接计划管理的范围缩小，由偏重使用行政手段进行直接管理转向运用经济手段进行间接管理。1996年，上城区计划行政管理部门职能转变，主要包括加强宏观经济调节和经济运行中重大问题的综合协调职能，研究和制定国民经济与社会发展的战略目标和重大方针、政策；预测、监测和分析全区经济运行情况，加工处理经济信息；综合运用税收、价格等经济杠杆和资金平衡、投资导向等经济手段对全区经济运行进行宏观管理，调节经济运行；协调管理全区固定资产投资和重点建设项目；指导管理市场培育和建设，计划指导全区社会各项事业的发展等。

1998年起，上城区强化统筹规划、掌握政策、组织协调和提供服务的职能，与市统计、计划指标体系调整相适应，制定符合上城区实际的目标管理和考核办法，完善公有资产监管营运机制，突出资产增值、税源增长等体现运行质量指标的考评。此后，上城区计划行政管理部门历经多次改革。至2015年，上城区计划行政管理部门的主要职能是研究提出全区国民经济和社会发展的战略目标、措施和方针政策，组织编制和实施全区国民经济和社会发展的中长期规划和年度计划、重点专项规划，研究提出促进发展和结构调整的目标及政策措施等。

第一节　机　构

一、杭州市上城区计划经济委员会

1993年7月，杭州市上城区计划委员会[①] 撤销，同时杭州市上城区计划经济委员会（简称区计经委）成立，挂杭州市上城区统计局、杭州市上城区物价局牌子，内设机构有行政办公室、党委办公室、生产管理科、技术科、劳资保卫科、统计科、财务科、物价科，局址佑圣观路68

① 1958年6月，杭州市上城区第三届人民委员会计划科建立。此后，计划科先后更名为计划委员会（计划科）、统计科、计划统计科。1964年11月，计划统计科撤销。1978年9月，计划统计科恢复。1980年1月，计划统计科和财务科合并，建立计划财务科。1984年2月，计划财务科撤销。是年，杭州市上城区计划经济委员会成立。1987年5月，杭州市上城区计划经济委员会撤销，杭州市上城区计划委员会建立。1993年7月，杭州市上城区计划委员会撤销。

号，负责编制全区经济发展规划和年度计划，审批固定资产投资计划，统筹安排计划物资的分配。党委书记吴伟明，主任李校焕。1996年7月，区计经委改名为杭州市上城区计划与经济局。

二、杭州市上城区计划与经济局

1996年7月，区计经委更名为杭州市上城区计划与经济局，同时挂杭州市上城区统计局、杭州市上城区物价局牌子，内设机构有党政办公室、生产经营科、技术改造科、劳资保卫科、财务科、安检科、物价科，局址佑圣观路68号。杭州市上城区计划和经济局（杭州市上城区统计局、杭州市上城区物价局）主要职能为全区国民经济和社会发展的长期规划、年度计划和重大政策的研究和制定以及对全区产业政策、产业结构布局的研究制定。历任党委书记吴伟明、朱永祥，局长李校焕、朱永祥、王国民。2001年11月，该局改名为杭州市上城区发展计划与经济局。

三、杭州市上城区发展和改革局

2001年11月，杭州市上城区计划与经济局（杭州市上城区统计局、杭州市上城区物价局）更名为杭州市上城区发展计划与经济局（杭州市上城区统计局、杭州市上城区物价局），内设机构有行政办公室、生产管理科、技术改造科、劳资保卫科、财务科、农经科、物价科，局址佑圣观路68号。不再对企业生产、经营、分配、人事进行直接管理，简化行政审批手续，根据市场需求和市场经济规律交由企业自主决定。2005年，杭州市上城区发展计划与经济局改组为杭州市上城区发展和改革局（杭州市上城区统计局、杭州市上城区物价局）。历任党委书记王国民、丁建华、陈浩然，局长王国民、陈浩然。2012年4月，更名为杭州市上城区发展改革和经济信息化局。

四、杭州市上城区发展改革和经济信息化局

2012年4月，杭州市上城区发展和改革局更名为杭州市上城区发展改革和经济信息化局，内设党政办公室、发展规划科、技术技改科、企业管理科、体改科、价格管理科6个职能科室，局址后市街47号。主要职能为研究提出全区国民经济和社会发展的战略目标、措施和方针政策，组织编制和实施全区国民经济和社会发展的中长期规划和年度计划；组织编制重点专项规划；研究提出促进发展和结构调整的目标及政策措施；负责全区固定资产投资的综合管理及政府投资项目规划和计划的编制、组织实施、协调监督等综合管理工作；负责全区经济运行的监测、预测、预警和信息引导，协调解决经济运行中的重大问题等。至2015年，机构和职能未发生变化。历任党委书记、局长叶榕、陶晓亮。

第二节　计划管理体制

1993年，上城区按事先制定的计划，提出国民经济和社会发展的总体目标，制定政策和措施，有计划地安排重大经济活动，引导和调节经济运行方向。11月，中共十四届三中全会通过《中共中央关于建立社会主义市场经济体制若干问题的决定》[①]。是年

① 该决定明确政府管理经济的职能主要是制定和执行宏观调控政策，搞好基础设施建设，创造良好的经济发展环境。政府可以运用经济手段、法律手段和必要的行政手段管理国民经济，不直接干预企业的生产经营活动。

起，上城区深化计划管理体制改革，进一步改进计划管理方式，直接计划管理的范围缩小，由偏重于使用行政手段进行直接管理转向运用经济手段进行间接管理，逐步建立适应市场经济发展的计划管理体制。除省、市下达少数指令性产品生产任务外，大多数产品生产经营放开、商品价格放开；从过去偏重于制定实物性计划指标转到注重指导性计划制定、研究市场变化和对社会需求的引导、调节和平衡上来。

1996年政府机构改革后，上城区计划行政管理部门职能进一步转变，加强宏观经济调节和经济运行中重大问题的综合协调职能，研究和制定国民经济与社会发展的战略目标和重大方针、政策；预测、监测和分析全区经济运行情况，加工处理经济信息；综合运用税收、价格等经济杠杆和资金平衡、投资导向等经济手段对全区经济运行进行宏观管理，调节经济运行；协调管理全区固定资产投资和重点建设项目；指导管理市场培育和建设，计划指导全区社会各项事业的发展等。1998年，上城区健全区域经济管理调控体系，强化统筹规划、掌握政策、组织协调和提供服务等职能，与市统计、计划指标体系调整相适应，制定符合上城区实际的目标管理和考核办法，完善公有资产监管营运机制，突出资产增值、税源增长等体现运行质量指标的考评。

1999年起，市委、市政府先后制定并发布《关于杭州市行政制度改革的实施意见》《杭州市审批制度改革若干规定》等11个有关杭州市行政审批制度改革的文件。至2007年末，上城区保留行政许可事项63项，非行政许可事项35项，13项行政许可事项缩短审批承诺期限。

2014年，上城区加快行政审批制度改革，开展部门权力清单和责任清单编制工作，清减权力事项3306项，清减率57.6%。至2015年，上城区各项改革稳步推动，简政放权，全面取消上城区非行政许可审批事项。上城区计划行政管理部门主要研究提出全区国民经济和社会发展的战略目标、措施和方针政策，组织编制和实施全区国民经济和社会发展的中长期规划和年度计划，组织编制重点专项规划等，着力发挥市场在资源配置中的决定性作用。

第三节　计划编制与执行

一、五年计划

“九五”计划（1996—2000）　1996年，上城区编制完成《上城区国民经济和社会发展“九五”计划及2010年远景目标》，明确“九五”时期的工作重点是大力发展第三产业，提高工业经济整体水平，拓展外向型经济，推进经济体制改革。确定“九五”计划的主要指标为：到2000年实现地区生产总值18亿元，年增长率15%；实现第三产业增加值6.5亿元，年增长率15%；工业总产值实现57.6亿元，年增长率25%；社会消费品零售总额实现14.6亿元，年增长率15%。

“九五”期间，面对东南亚金融危机和境内需求不足的双重影响，上城区加快产业结构调整，全面推进企业转制，上城区综合经济实力明显增强，“九五”计划目标全面完成。2000年，地区生产总值26.8亿元，是“八五”期末的2.8倍，完成计划的149%；第三产业增加值7.3亿元，完成计划的112%。社会总产值98.6亿元，社会总收入120.2亿元，社会总利润10.3亿元，工业销售产值73.1亿元；社会消费品零售总额17.3亿元，完成计划的118%；出口商品供货值8.66亿元；自营出口2896万美元；社会固定资产投资12.2亿元，是“八五”期末的5.1倍；地方财政收入2.26亿元，“九五”期间年均增长17.7%。

“十五”计划（2001—2005） 2001年，上城区编制完成《上城区国民经济和社会发展“十五”计划》，明确全区经济和社会发展的总目标是：要把上城区建设成经济繁荣、环境优美、生活方便、社会安定、历史文化与现代文明交相辉映的现代化中心城区，力争到2005年基本实现现代化。具体目标为：实现国民经济持续快速增长，地区生产总值年均增长率保持在12%以上，到2005年达47亿元；地方财政收入继续保持与地区生产总值同步增长，达4亿元；出口商品供货值和自营出口年均增长率保持在15%以上，协议利用外资达1.28亿美元，实际利用外资达0.8亿美元；科技进步对经济增长的贡献率达52%；城区居民收入持续增加，生活质量明显提高，人均可支配收入达1.4万元；绿地覆盖率达到20%。

“十五”期间是上城区经济和社会发展承前启后的重要时期。上城区按照“开放立区、三产兴区、科教强区、依法治区”发展战略，深化改革，努力克服和解决发展中遇到的各种困难和矛盾，“十五”计划确定的主要发展目标得以全面完成。2005年，全区实现地区生产总值57.2亿元，完成计划的122%；“十五”期间第三产业增加值占全区生产总值比重年均递增1.84个百分点，完成计划的141%；地方财政收入12.41亿元，完成计划的310%；社会消费品零售总额36.9亿元；工业销售产值155.3亿元，完成计划的105%；“十五”期间，全区自营出口额达4.68亿美元，累计协议利用外资5.22亿美元，实际利用外资3.70亿美元，分别完成计划的408%和463%；城区绿化覆盖率达29.5%，完成计划的148%；居民人均可支配收入超过1.66万元，完成计划的119%。

“十一五”规划（2006—2010） 2006年，上城区编制完成《上城区国民经济和社会发展第十一个五年规划（2006—2010年）》，围绕“打造杭州RBD，构建和谐新上城”总体目标，提出“商旅富区、工业强区、科教兴区、环境立区、依法治区”五大发展战略，努力实现经济、文化、生态和社会的发展互为支撑。确定上城区“十一五”规划期间的主要目标：地区生产总值年均增长12%以上，地方财政收入年均增长8%以上；产业结构得到明显优化，服务业增加值占全区生产总值的比重超过60%，高新技术产业增加值年均增长20%；累计实际利用外资1.5亿美元；构筑以现代服务业为支柱、高新技术产业为主导、都市型工业为依托的产业体系。

“十一五”期间，上城区以科学发展观为统领，应对国内外形势变化，推进现代服务业发展、生态城区建设、科技进步、历史文化保护、和谐社区建设等十大工程，全面完成“十一五”规划确立的目标。2010年，全区生产总值达到527.27亿元，服务业增加值占全区生产总值比重达到76.6%；“十一五”期间全区生产总值年均增长12.8%，按常住人口计算的人均生产总值突破2万美元；地方财政收入达50.22亿元，“十一五”期间年均增长17.2%。“十一五”期间累计实际利用外资9.20亿美元，是“十五”期间的2.5倍。

“十二五”规划（2011—2015） 2011年，上城区编制完成《上城区国民经济和社会发展第十二个五年规划纲要（2011—2015年）》，提出围绕建设“具有国际水准的高品质中心城区”战略目标，扎实推进旅游休闲商务区建设和生活品质国际体验区建设，实现“十二五”期间地区生产总值年均增长9%，全区财政总收入突破百亿元大关，地方财政收入达到67亿元，服务业增加值年均增长11%的目标。

“十二五”期间，上城区坚定不移提升“发展、文化、生态、健康、平安”五大品质，主动适应宏观经济环境重大变化。除地方财政收入距“十二五”规划目标有0.2%的缺口，保障性住房开工、竣工面积分别为89万平方米与130.3万平方米，开工面积与目标有11万平方米的差距外，其余主要经济指标均完成“十二五”规划目标任务。2015年，全区实现地区生产总值861.02亿元，“十二五”期间年均增长10.3%；社会消费品零售总额341.81亿元，“十二五”期间年均增长16.1%；固定资产投资88.58亿元，5年累计达到345.17亿元；实际利用外资2.49亿美元，5年累计达到9.91亿美元；财政总收入107.15亿元，地方财政收入66.46亿元，“十二五”期间年均分别增长6%和5.8%。

二、年度计划

1993年，上城区编制的国民经济和社会发展年度计划是分解落实五年计划的实施计划。年度计划中主要有地区生产总值增长率、工业总产值增长率、工业利润增长率、社会商品零售总额增长率、商业营业收入增长率、商业利润增长率、出口商品供货额增长率、财政收入增长率等主要指标。

1995年，上城区国民经济发展年度计划指标，增加外贸收购额、集市贸易成交额、住宅及公建房开工竣工面积。1996年，增加全社会固定资产投资额。1998年，增加社会总利润增长率。

2000年，上城区国民经济和社会发展年度计划指标增加社会总产值增长率、社会总收入增长率、外贸出口供货值增长率。2005年，增加商贸旅游服务业收入增长率。2008年，增加新增就业人员、万元工业增加值综合能耗下降率。2010年，增加服务业增加值增长率。

至2015年，上城区国民经济和社会发展年度计划中经济社会发展指标有地区生产总值增长率、服务业增加值增长率、社会消费品零售总额增长率、固定资产投资额、一般公共预算收入增长率、新增就业岗位、计划生育符合率、电力消费总量控制和单位地区生产总值电耗下降率等。

表 17-1-1　1993—2000 年上城区国民经济和社会发展年度计划主要指标完成情况表

单位：%

经济指标	1993		1994		1995		1996	
	计划	完成	计划	完成	计划	完成	计划	完成
地区生产总值增长率	15	50.60	15	25.39	15	15.03	15	3.02
工业总产值增长率	20	45.27	20	45.27	20	12.04	18	11.21
社会商品零售总额增长率	10	22.90	15	21.39	15	15.24	18	17.91
地方财政收入增长率	8	50.57	10.1	—	9.4	18.49	7.2	9.69

经济指标	1997		1998		1999		2000	
	计划	完成	计划	完成	计划	完成	计划	完成
地区生产总值增长率	10	55.45	12	24.75	10.5	28.65	12	12.61
工业总产值增长率	15	82.73	15	26.90	15	22.01	15	19.03
社会商品零售总额增长率	10	22.66	15	18.10	12	18.79	15	17.45
地方财政收入增长率	7.1	14.92	6	16.25	6	25.76	10	22.56

说明："计划"栏数据来源于1993—2000年《上城区政府工作报告》，"完成"栏数据来源于1993—2000年《上城区统计年鉴》

表 17-1-2　2001—2008 年上城区国民经济和社会发展年度计划主要指标完成情况表

单位：%

经济指标	2001		2002		2003		2004	
	计划	完成	计划	完成	计划	完成	计划	完成
地区生产总值增长率	12	17.91	12	15.51	13	15.62	13	15.17
工业总产值增长率	15	18.43	15	18.37	13	17.47	10	11.69
社会商品零售总额增长率	15	16.18	15	18.91	15	17.57	15	16.01
地方财政收入增长率	12	48.87	15	12.28	15	54.89	16	88.50

经济指标	2005		2006		2007		2008	
	计划	完成	计划	完成	计划	完成	计划	完成
地区生产总值增长率	13	17.70	12	15.00	13	15.55	12	25.87
工业总产值增长率	11	13.46	10	13.20	8	99.39	10	3.90
社会商品零售总额增长率	15	13.19	15	—	15	34.28	15	22.14
地方财政收入增长率	20	12.46	10	17.97	10	44.85	10	74.00

说明："计划"栏数据来源于2001—2008年《上城区政府工作报告》，"完成"栏数据来源于2001—2008年《上城区统计年鉴》

表 17-1-3 2009—2015上城区国民经济和社会发展年度计划主要指标完成情况表

单位：%

经济指标	2009		2010		2011		2012	
	计划	完成	计划	完成	计划	完成	计划	完成
地区生产总值增长率	8	5.12	8	13.15	9	16.95	9	7.90
工业总产值增长率	15	14.65	15	10.28	15	18.57	15	14.40
社会商品零售总额增长率	5	5.64	6	28.81	6	6.64	6	1.02
地方财政收入增长率	11	10.9	11	10.1	11	8	9	7.2

经济指标	2013		2014		2015	
	计划	完成	计划	完成	计划	完成
地区生产总值增长率	6	11.05	6	8.34	7.5	7.55
工业总产值增长率	15	12.96	12	8.81	11	12.60
社会商品零售总额增长率	6	6.16	6	1.04	7.5	14.53
地方财政收入增长率	7.5	7.5	7	8.1	8	12.2

说明：“计划”栏数据来源于2009—2015年《上城区政府工作报告》。“完成”栏数据来源于2009—2015年《上城区统计年鉴》

三、专项规划

1993—2015年，上城区根据各个时期经济社会发展趋势和政府工作重点，先后编制《杭州市上城区企业改革三年规划（1998—2000年）》《杭州市上城区全面推进小康社会型社区建设规划》《上城区“全国科技进步示范区”建设与发展规划（2004—2008年）》《杭州市上城区城市环境管理三年规划》《杭州市上城区和谐社区建设三年规划（2006—2008年）》《上城区质量振兴实施规划》《杭州市上城区“智慧城区”建设总体规划纲要》《杭州市上城区“十二五”金融业发展规划》等121个专项规划。

《杭州市上城区企业改革三年规划（1998—2000年）》 1998年，为加快国有和集体企业改革，建立社会主义市场经济体制和运行机制，区政府印发该专项规划。规划提出：到2000年末，上城区属企业集团、重点企业初步建立现代企业制度；一般国有、集体企业放开搞活；放手发展个体、私营等非公有制经济，使其成为调动社会资源、吸纳就业、培育新的经济增长点的重要渠道，形成能够极大促进生产力发展的以公有制为主体的多种所有制结构；通过推进经济结构的调整优化，逐步建立起大企业、大集团为主导的企业结构，以拳头产品、名牌产品、优势特色产品为主体的产品结构，以国际、国内先进水平为中坚，以高新技术为目标，形成多层次科技结构，实现经济增长由粗放型向集约型的根本性转变。

《杭州市上城区全面推进小康社会型社区建设规划（2002—2007年）》 2002年，区委、区政府印发该专项规划，提出：2002—2007年，集中各方面的力量和资源，调动一切积极因素，以基本实现现代化建设的中程目标为指向，全面推进小康社会型社区建设。其中，2002—2003年为建设阶段，以小康社会型社区星级创建为载体，完善社区党建、社区服务、人才队伍、硬件设施等方面的建设；在社区管理体制、自治机制方面进行有效探索，全面提高社区建设的基础水平，建设管理有序、文明祥和的新型社区。2003—2005年为建成阶段，以人的全面发展为中心，以社区自治为重点，在社区管理体制、自治机制方面有突破性进展，推进社区建设的制度化、法治化建设。2005—2007年为深化阶段，在全面建设小康社会型社区的基础上，完成在自治机制、管理体制、服务功能、组织结构等方面与现代化建设要求的全程接轨，全方位提高社区政治文明、精神文明和物质文明的建设水平。

《杭州市上城区十大产业发展总体规划（2011—2015年）》　2012年，杭州市在现代服务业和战略性新兴产业中重点培育产业基础强、发展潜力大的文化创意、旅游休闲、金融服务、电子商务、信息软件、先进装备制造、物联网、生物医药、节能环保、新能源十大产业。为此，区政府制定该专项规划。规划提出：提高十大产业对全区经济增长的贡献度，力争十大产业增加值年均增长率达11%；到2015年，实现十大产业增加值总量为274亿元，占全区生产总值的比重达33.6%；文化创意、旅游休闲、金融服务成为规模实力增强的主力军，三大主导产业实现增加值占十大产业增加值比重达90%。

《杭州市上城区"智慧城区"建设总体规划纲要（2014—2020年）》　2014年，浙江省政府工作报告提出"组织实施重大科技专项和重大技术攻关计划，培育发展重点企业研究院，加快省级特色工业设计示范基地建设，开展智慧城市试点"。是年，区政府制定该规划。规划提出：完成以改善民生、提升城市生活品质为重点的"智慧城区"总体框架顶层设计，努力成为全国最有竞争力的智慧城区之一；完善信息基础设施建设，提升智慧产业发展水平，着力于智慧应用，建立统一开放的"智慧城区"公共平台和信息资源共享服务体系，构建面向政府、企业和公众的"智慧城区"各项业务应用系统；建立"智慧城区"建设投融资体系和评价管理体系；以思科（中国）总部为龙头，推动望江智慧产业园区建设，将"智慧城区"建设与智慧产业相融合，创新社会管理与公共便民服务模式，推动上城成为宜居、安全、便捷的城区。

第二章　物价管理

1979年，上城区的物价工作由杭州市统一管理，或由授权的主管局管理和监督检查。[①] 1980年12月，上城区设物价工作领导小组。1981年起，每逢元旦、春节、“五一”国际劳动节、国庆节等主要节日，区政府均组织开展全区节日物价大检查。1987年，上城区成立杭州市职工物价监督总站上城分站，组织退休工人义务物价检查组，并在区商业局系统建立专职和兼职物价员队伍。

① 1979年，杭州市恢复杭州市物价委员会。

1993年，上城区深入开展物价大检查，监督检查覆盖面90%以上。1994—1995年，为抑制通货膨胀，确保经济和社会协调发展，国家在宏观调控上采取“双控双紧”[②]措施。上城区主动适应国家宏观调控，充分发挥杭州市上城区物价委员会和物价检查所的职能，发挥杭州市职工物价监督总站上城分站和义务物价员的作用，加强对物价的监控，重点加强对居民基本生活必需品和重要服务价格的监管，打击欺行霸市、假冒伪劣、哄抬物价、牟取暴利等不法行为。1998年，《中华人民共和国价格法》实施。此后，上城区加强物价工作管理，清理整顿各类收费，加大物价监督检查的力度。

② “双紧”即紧缩财政和金融，“双控”即控制固定资产投资和消费基金增长。

2001年，杭州市物价系统开通“12358”价格举报电话。2002—2003年非典型肺炎疫情期间，杭州市上城区物价局（简称区物价局）通过督促市场、超市加大备货数量，召开价格告诫会、加强价格巡查等方式，维护价格秩序。2006年起，区物价局开展“价格服务进万家”活动，通过价格服务进社区、进校园、进商场等多种形式活动，将价格服务送到群众身边。2011年，受日本核辐射传闻影响，杭州市出现食盐抢购和涨价风潮。年内，区物价局开展应急事件（食盐）价格检查，查实1起违法价格案件，平息上城区域的食盐涨价风波。至2015年，杭州市居民消费价格指数整体较为稳定，涨跌幅度不大；上城区出口稳定增加，企业收益持续走高，设备投资需求依然旺盛，个人收入在缓慢增加，个人消费也处于良好状态，经济形势仍基本稳定；价格工作任务依然很重，煤电油运供求紧张的问题仍很突出，公用事业和服务价格上涨压力较大。

第一节 机构

一、杭州市上城区物价局[1]

1996年，上城区撤销杭州市上城区物价委员会，成立杭州市上城区计划与经济局，同时挂杭州市上城区物价局牌子，将杭州市上城区物价委员会工作职能并入杭州市上城区计划与经济局。2001年，上城区政府机构调整，杭州市上城区计划与经济局（杭州市上城区统计局、杭州市上城区物价局）更名为杭州市上城区发展计划与经济局（杭州市上城区统计局、杭州市上城区物价局）。2005年，杭州市上城区发展计划与经济局改组为杭州市上城区发展和改革局（简称区发改局）。

2012年，根据《市委办公厅、市政府办公厅关于印发〈杭州市上城区人民政府机构改革方案〉的通知》《中共上城区委、上城区人民政府关于印发〈杭州市上城区人民政府机构改革实施意见〉的通知》文件精神，上城区组建杭州市上城区发展改革和经济信息化局（简称区发改经信局），将区发改局（区物价局）的职责整体划入区发改经信局。区物价局工作职责为：贯彻执行国家、省、市有关价格的法律、法规和规章及价格调控的方针、政策、价格改革和调整方案；负责全区价格综合平衡，指导、协调、监督区直属有关部门的价格工作；根据定价目录分工，制定和调整管理权限范围内的商品价格和经营服务、公益服务价格；负责全区价格监督检查工作、市场价格行为的监督管理工作、价格公共服务工作、办理价格投诉举报、市场价格监测预警工作、价格成本调查和监审工作，组织实施全区社会价格管理有关人员的培训工作等。至2015年，区物价局设3个科（所、中心），分别为物价检查所、价格管理科、杭州市上城区价格认证中心。

二、杭州市上城区价格认证中心

1997年1月，杭州市上城区价格事务所[2]（简称区价格事务所）转变为独立核算、自收自支的全民事业单位，隶属区物价局。根据1997年国家计划委员会、最高人民法院、最高人民检察院、公安部联合下发的《扣押、追缴、没收物品估价管理办法》和1998年国家发展和改革委员会下发的《涉案物品价格鉴证人员资格管理实施细则》文件精神，区价格事务所将涉案物品价格评估从一般物品价格评估中分离出来，开展涉案物品价格鉴证工作。1999年12月，区价格事务所增挂杭州市上城区涉案物品价格鉴证中心牌子，两个机构合署办公。2001年1月，区

① 1980年12月，上城区设物价工作领导小组。1982年，杭州市上城区物价工作领导小组改建为杭州市上城区物价委员会，负责辖区物价管理。1985年8月，国家物价局发出《关于物价检查工作暂行规定》，上城区建立物价检查所，对全区企事业单位及市场物价依法进行监督检查。

② 1988年12月，杭州市上城区价格事务所成立，为集体所有制企业性质，经营范围包括价格咨询、信息服务等，所址惠民路3号。

价格事务所（杭州市上城区涉案物品价格鉴证中心）更名为杭州市上城区价格认证中心（简称区价格认证中心）。2001—2015年，区价格认证中心一直作为区物价局的科室独立完成价格鉴定和认证工作，其主要职能为对刑事、民事、经济、行政、执行案件中的标的物进行价格鉴定和认证，对指定物品的价格或价格行为进行鉴定、认证，开展与价格管理相关的服务型工作。

三、杭州市上城区价格协会

2002年8月，杭州市上城区价格协会成立（简称区价格协会），主要职责为开展价格调研等有关价格理论的学术活动，推进价格体制改革，强化对企事业单位的价格指导，组织开展价格政策和业务知识培训等。至2015年，区价格协会会员涵盖生产、经营、消费主要部门和企业，累计组织培训900余人次，每年为会员单位赠阅《市场与价格瞭望》杂志，组建价格服务小组近30个，每年对30余家企业进行下访服务活动。

第二节　监督检查

1993—1996年，杭州市制定《杭州市商品和服务项目明码标价管理规定》《杭州市行政事业性收费管理实施办法》《杭州市制止价格欺诈和牟取暴利的暂行规定》《杭州市物业管理服务收费实施细则（试行）》等一系列价格监管政策。杭州市上城区物价委员会落实文件精神，先后针对商品和服务项目、娱乐行业、餐饮业、物业管理及行政事业性收费等开展专项价格监督检查活动，查处价格违法案件1.32万件，实施经济制裁（经济制裁金额包括罚款金额、责令退还消费者金额、没收金额等的总和）45.39万元，其中退还消费者3.87万元。

1998年，《中华人民共和国价格法》实施，标志着国家价格管理体制发生根本性的转变。是年，区物价局通过加强民生物品价格检查、开展临时价格监测、加大对哄抬物价行为惩处力度等多种方式克服灾后价格波动和金融危机冲击造成的影响。2001年，杭州市物价系统开通“12358”价格举报电话。2003年非典型肺炎疫情期间，区物价局通过督促市场、超市加大备货数量，召开价格告诫会、加强价格巡查等方式，维护市场价格秩序。

2005年起，区物价局开展针对价格欺诈行为的专项检查，以及医疗和药品价格、教育收费专项检查。2008年，区物价局落实《浙江省物价局关于规范出租房电费结算行为的通知》，完成出租房电价专项整治，禁止房东向承租人滥收电费，维护承租人的合法权益，重点整治价格矛盾较为突出的南星街道和望江街道下属的10个社区。2009年，完成娱乐场所出租车停车收费专项检查，规范娱乐场所的价格行为。2005—2010年，区物价局共查处价格违法案件543件，实施经济制裁216.67万元，其中，退还消费者68.79万元，没收违法所得70.72万元，罚款77.16万元。

2011年，受日本核辐射传闻影响，杭州市出现食盐抢购和涨价风潮。区物价局完成应急事件（食盐）价格检查，查实1起违法价格案件，平息上城区域食盐涨价风波。2013年，区物价局开展社会团体收费专项检查，规范社会团体收费行为。2014年，区物价局开展餐饮业明码标价专项治理活动，重点检查湖滨路及延安路商业区。2011—2015年，区物价局共查处价格违法案件171件，实施经济制裁138.2万元，其中退还消费者75.97万元。

1993—2015年，上城区物价部门合计查处价格违法案件32295件，实施经济制裁总额623.29万元。

表17-2-4　1993—2015年上城区案件处理情况表

年份	案件数量（件）	罚款金额（万元）	退还金额（万元）	没收金额（万元）	制裁金额（万元）
1993—1996	13207	41.52	3.87	—	45.39
1997—2004	18374	130.5	92.53	—	223.03
2005	179	8.39	15.48	14.7	38.57
2006	86	3.61	2.18	32.99	38.78
2007	77	20.77	6.79	—	27.56
2008	74	14.62	0.58	23.03	38.23
2009	69	24.17	7.1	—	31.27
2010	58	5.6	36.66	—	42.26
2011	43	13.7	38.42	—	52.12
2012	22	14.68	34.52	—	49.2
2013	25	22.89	0.31	—	23.2
2014	29	7.79	1.55	—	9.34
2015	52	3.17	1.17	—	4.34

说明：数据来源于杭州市上城区发展改革和经济信息化局

一、旅游市场价格管理

1993—1999年，上城区旅游市场监管重点围绕南山路及西湖沿湖商铺展开。2000—2009年，区物价局监管重点转至湖滨、吴山、解放路等商圈。2010年起，区物价局重点对辖区范围内景点、宾馆、餐饮、娱乐、旅游商场、停车场等重要场所的价格进行监管。2011—2012年，为做好延安路百城万店无假货示范街复查、河坊街申报国家级百城万店无假货示范街复审及全国文明城市创建等工作，加强对延安路、解放路、南山路、河坊街及吴山广场等重点地段的价格监督。2013年，区物价局贯彻浙江省物价局《关于继续开展旅游行业价格行为专项检查的通知》，重点对景区商品如茶叶、丝绸等商品明码标价执行情况，是否存在以次充好、掺杂使假、短缺数量等情况开展检查。2014—2015年，区物价局开展“商品和服务明码标价宣传执法月”活动，检查大型商场、大型超市、丝绸和茶叶专卖店等商业场所。

二、药品价格和医疗服务收费管理

2005年7月，国内医疗收费改革方案出台，区物价局开始组织医疗和药品价格的专项检查，并建立医疗服务价格轮查制度，每五年完成辖区内全部医疗服务机构的价格检查。2006—2009年，区物价局累计检查区域内47家医疗机构，重点检查从盈利性医院转为非盈利性医院的社会办医、民办医疗机构，规范上城区医疗收费价格秩序。2010年，区物价局组织召开全区药品和医疗服务价格政策告诫会，分析非营利性医疗机构存在的主要价格问题，预防价格违法违规行为。2013年，为加强H7N9禽流感防控期间的药品价格监管，在全区范围内开展H7N9禽流感相关药品价格专项检查。2014年，区物价局检查浙江大学医学院附属第一医院等7家省市级医院内设超市，重点查看医院内设超市明码标价不规范及商品销售价格偏高等问题。2015年，针对群众反映的民办医疗机构价格政策落实中存在的问题，区物价局完成对区域内民办医疗机构的价格巡查和指导。

三、教育收费管理

2005年起，区物价局开展教育收费专项检查。是年，区物价局与上城区教育局所属的5所国有民办学校举行“结对子”活动，专门设立联系责任人解答学校遇到的收费政策问题。2006年，区物价局检查教育部门收费情况，发现存在的问题有：幼儿园收取家长接送卡2元～16元不等；保育费未严格按规定收取；在园时间办兴趣班；小学代管费、代办费开支超范围；取消困难班办兴趣班；食堂账开支行政人员奖金等支出；中学存在收取择校费又收借读费问题；择校生人数超计划数15%的标准；教职员工作伙食在学生伙食中开支等。区物价局按相关价格法律法规对责任单位做出行政处罚。

2012年，区物价局查处杭州艾尼斯美容美发职业技能培训学校收费标准未向物价部门备案问题。此案是杭州市针对培训学校学费收费标准未备案的价格违法行为进行处罚的首例案件。2015年，区物价局重点检查义务教育阶段学校择校收费、有偿补课、服务性收费、代管费中乱列支、自立项目擅自收费等问题。

第三节　商品价格与物价指数[①]

① 上城区未单独统计商品价格与物价指数，本节数据参照杭州市区数据。

一、消费价格指数

1993—1997年，杭州市居民消费价格指数（以上一年为100）分别为121.4、121.5、116.5、110.5、106.7，上城区作为主要城区面临通货膨胀压力，消费类商品价格涨势较强，影响居民日常生活。

1998—2003年，因东南亚金融危机，国内需求低迷，粮食价格持续下滑，上城区经济增长速度相对较低，出现通货紧缩迹象。杭州市居民消费价格指数维持在100左右，在2001、2002、2003年跌破100。

2003年8月起，国内粮食价格开始上扬，带动其他食品价格上涨，居民消费价格指数实现攀升。上城区受此影响，居民消费价格指数达到102.5，商品零售价格指数达到101.6。至2007年，上城区全年居民消费价格总水平比2006年上涨3.5%。其中，食品类价格上涨8.1%，烟酒及日用品价格上涨2.4%，家庭设备用品及维修服务价格上涨2.2%，医疗保健和个人用品价格上涨3.3%，居住价格上涨3.9%，衣着价格上涨1.5%，交通和通讯价格下降1.8%，娱乐教育文化用品及服务价格上涨0.1%。

2008年下半年，由美国次贷危机演变的全球金融危机全面爆发，持续保持高位增长的中国经济开始明显减速。2009年，上城区经济下行压力加大，居民消费价格指数和商品零售价格指数落至98.6。2011年，上城区居民消费价格指数和商品零售价格指数分别达到104.8和104.4，处于历年较高水平。2012—2014年，上城区居民消费价格指数和商品零售价格指数有所回落，居民消费价格指数在102.5左右，商品零售价格指数在100.8～101.9。

2015年，上城区居民消费价格指数整体较为稳定，涨跌幅度不大；上城区出口稳定增加，企业收益持续走高，设备投资需求依然旺盛，个人收入在缓慢增加，个人消费也处于良好状态，经济形势仍基本稳定；同时价格工作任务依然很重，煤电油运供求紧张的问题仍很突出，公用事业和服务价格上涨压力较大。是年，居民消费价格总指数101.8，各分类指数如下：食品102.8，烟酒及用品103.9，衣着101.1，家庭设备用品及维修服务101.4，医疗保健和个人用品102.4，交通和通信96.6，娱乐教育文化用品及服务101.0，居住103.5。其中，豆制品、油脂、干鲜瓜果、液体乳及乳制品、交通和通信价格等商品品类价格下跌，多数商品价格平稳上涨，反映城区经济稳健增长。

是年，上城区商品零售价格分类指数显示市区价格整体平稳，各商品品类指数波动有差异，多数商品价格略有增长，纺织品、家用电器及音像器材、体育娱乐用品、交通和通信用品、化妆品、金银珠宝、燃料、建筑材料及五金电料等价格下跌，如燃料指数为90.0，跌幅较大，主要是因其子项石油及其制品价格跌幅较大引起。

表17-2-5　1993—2015年上城区居民消费价格指数和商品零售价格指数情况表

上年=100

年份	居民消费价格指数	商品零售价格指数	年份	居民消费价格指数	商品零售价格指数
1993	121.4	117.3	1995	116.5	113.3
1994	121.5	118.8	1996	110.5	107.2

续表 17-2-5

年份	居民消费价格指数	商品零售价格指数	年份	居民消费价格指数	商品零售价格指数
1997	106.7	102.4	2007	103.5	103.1
1998	101.8	99.8	2008	104.9	106.0
1999	100.4	98.2	2009	98.6	98.6
2000	100.8	98.3	2010	103.9	103.7
2001	99.5	95.3	2011	104.8	104.4
2002	98.8	97.9	2012	102.5	101.9
2003	99.5	98.1	2013	102.5	101.5
2004	102.5	101.6	2014	102.2	100.8
2005	101.7	100.3	2015	101.8	100.2
2006	101.2	100.2	—	—	—

说明：1.本表数据均为杭州市区数据。2.资料来源于1993—2016年《杭州统计年鉴》

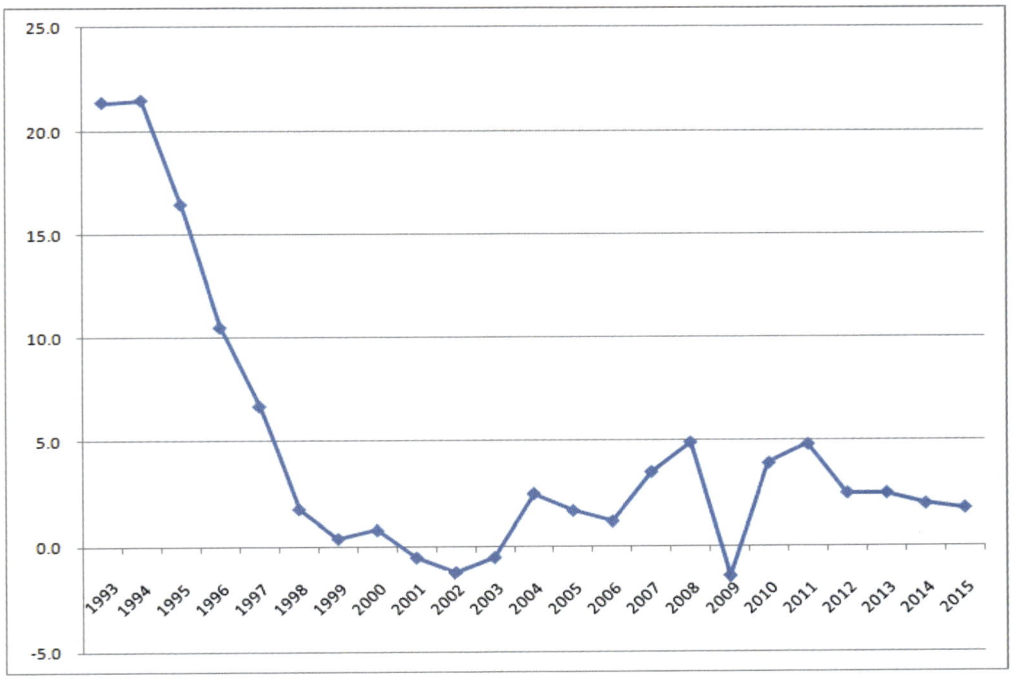

图 17-2-1　1993—2015年上城区居民消费价格指数变化图

表 17-2-6　2015年上城区居民消费价格分类指数情况表

上年=100

项目	指数
居民消费价格总指数	101.8
一、食品	102.8
1.粮食	100.7
2.淀粉及制品	107.3
3.干豆类及豆制品	97.5

续表17-2-6

项目	指数
4.油脂	95.5
5.肉禽及其制品	106.7
6.蛋	102.9
7.水产品	102.0
8.菜	110.7
9.调味品	106.5
10.糖	100.2
11.茶及饮料	100.8
12.干鲜瓜果	99.8
13.糕点饼干面包	101.8
14.液体乳及乳制品	97.3
15.在外用膳食品	101.8
16.其他食品	104.2
二、烟酒及用品	103.9
1.烟草	104.8
2.酒	101.1
三、衣着	101.1
1.服装	100.0
2.衣着材料	100.2
3.鞋袜帽	105.5
4.衣着加工服务费	102.3
四、家庭设备用品及维修服务	101.4
1.耐用消费品	100.6
2.室内装饰品	99.1
3.床上用品	96.7
4.家庭日用杂品	100.4
5.家庭服务及加工维修服务	107.4
五、医疗保健和个人用品	102.4
1.医疗保健	103.7
2.个人用品及服务	97.5
六、交通和通信	96.6
1.交通	95.4
2.通信	99.9
七、娱乐教育文化用品及服务	101.0
1.文娱用耐用消费品及服务	100.3
2.教育	102.1
3.文化娱乐类	101.5
4.旅游	97.9

续表 17-2-6

项目	指数
八、居住	103.5
1.建房及装修材料	101.7
2.住房租金	104.0
3.自有住房	102.8
4.水、电、燃料	107.1

说明：1.表格数据为杭州市区数据。2.资料来源于2016年《杭州统计年鉴》

表 17-2-7　2015年上城区零售价格分类指数情况表

上年=100

项目	指数
商品零售价格总指数	100.2
一、食品	103.0
1.粮食	100.7
2.淀粉及制品	107.3
3.干豆类及豆制品	97.5
4.油脂	95.7
5.肉禽及其制品	106.8
6.蛋	102.9
7.水产品	101.8
8.菜	110.7
9.调味品	106.5
10.糖	99.9
11.干鲜瓜果	99.7
12.糕点饼干面包	101.9
13.液体乳及乳制品	97.3
14.在外用膳食品	101.8
15.其他食品	104.2
二、饮料、烟酒	102.8
1.茶及饮料	100.6
2.烟草	104.6
3.酒	101.3
三、服装、鞋帽	101.2
1.服装	100.0
2.鞋袜帽	105.5
3.其他	104.7
四、纺织品	98.0
1.衣着材料	100.2
2.床上用品	96.5

续表17-2-7

项目	指数
五、家用电器及音像器材	99.9
1.家庭设备	100.0
2.文娱用耐用消费品	100.1
3.专业音像器材	99.1
六、文化办公用品	100.2
七、日用品	100.2
1.日用百货	99.8
2.日用杂品	100.6
3.洗涤用品	98.6
4.其他日用品	101.7
八、体育娱乐用品	99.5
1.体育用品	99.1
2.娱乐用品	99.7
九、交通、通信用品	98.8
1.交通运输机械	99.1
2.通信器材	96.6
十、家具	101.9
十一、化妆品	94.1
十二、金银珠宝	96.8
十三、中西药品及医疗保健用品	102.7
1.医疗器具及用品	99.7
2.中药材及中成药	103.9
3.西药	98.2
4.保健器具及用品	110.5
十四、书报杂志及电子出版物	104.8
1.教材及参考书	98.1
2.书报杂志	115.2
3.电子音像制品	100.6
十五、燃料	90.0
1.煤炭及制品	102.6
2.石油及制品	88.1
十六、建筑材料及五金电料	98.7
1.建筑装潢材料	98.4
2.五金电料	99.5

说明：1.表格数据为杭州市区数据。2.资料来源于2016年《杭州统计年鉴》

二、工业生产者价格指数[①]

① 工业生产者价格指数：是工业生产产品出厂价格和购进价格在某个时期内变动的相对数，反映全部工业生产者出厂和购进价格变化趋势和变动幅度。工业生产者价格指数由工业生产者出厂价格指数（PPI）和工业生产者购进价格指数两部分组成。

1999年，上城区工业生产者出厂价格指数96.9，工业生产者购进价格指数97.2，企业经营压力增加，利润空间被压缩。2012年起，上城区工业生产者出厂价格指数97.2，工业生产者购进价格指数94.6，工业生产者出厂价格指数开始大于工业生产者购进价格指数，企业经营情况逐渐改善。2015年，上城区工业生产者出厂价格指数96.5，工业生产者购进价格指数92.9。

表17-2-8　1999—2015年上城区主要年份工业生产者出厂价格分类指数情况表

上年=100

项目	1999	2000	2005	2010	2011	2012	2013	2014	2015
工业生产者出厂价格指数	96.9	100.3	103.5	104.9	104.7	97.2	98.5	98.6	96.5
一、按轻重工业分									
轻工业	95.8	99.3	101.8	105.0	105.5	98.1	99.9	99.2	97.4
以农产品为原料	96.9	99.9	102.0	103.9	104.6	99.4	100.8	99.9	98.5
以非农产品为原料	95.3	98.0	101.7	106.0	106.8	96.1	98.4	98.2	95.8
重工业	98.0	101.1	105.6	104.7	104.2	96.5	97.5	98.2	95.8
采掘	—	99.5	103.0	114.0	116.6	101.3	101.0	104.2	94.9
原料	99.0	104.4	107.7	110.7	108.7	96.9	97.5	96.7	92.5
加工	97.6	98.9	104.3	102.5	102.8	96.4	97.5	98.5	96.7
二、按二大部类分									
生产资料	97.9	101.9	104.8	106.2	105.1	95.5	97.8	98.0	95.3
采掘	—	99.6	103.0	114.0	116.6	101.3	101.0	104.2	94.9
原料	98.4	103.8	110.7	114.5	110.6	92.6	96.5	95.7	91.0
加工	97.7	100.3	101.6	103.9	103.3	96.4	98.2	98.7	96.6
生活资料	95.7	97.5	101.2	101.0	103.7	102.6	100.6	100.6	100.1
食品	98.8	96.4	101.6	100.1	104.3	101.8	101.0	101.1	100.9
衣着	95.2	101.1	101.4	102.4	104.5	104.6	102.0	100.1	100.1
一般日用品	94.9	97.8	101.7	100.8	103.9	102.3	99.8	100.7	99.9
耐用消费品	94.8	94.5	99.5	100.9	101.5	102.0	99.6	100.0	99.2
三、按工业部门分									
冶金工业	95.6	104.0	104.8	108.0	107.1	93.3	95.4	96.2	93.2
电力工业	99.8	96.0	106.2	105.2	102.0	101.7	99.1	99.6	98.2
煤炭及炼焦工业	99.8	107.9	102.1	—	—	—	—	—	—
石油工业	108.1	131.6	124.7	117.0	110.4	103.0	100.5	100.5	92.4
化学工业	97.2	101.1	106.0	111.9	109.3	93.8	97.3	95.8	92.7
机械工业	94.9	96.7	102.9	100.8	101.3	97.6	98.1	98.9	97.6
建材材料工业	103.1	103.0	91.7	109.3	109.8	94.0	97.3	103.0	94.0
森林工业	96.6	96.9	101.4	101.6	102.0	100.7	101.0	101.3	99.9

续表 17-2-8

项目	1999	2000	2005	2010	2011	2012	2013	2014	2015
食品工业	98.0	95.8	100.6	100.1	105.1	102.0	101.2	100.5	100.2
纺织工业	97.3	107.3	103.4	107.5	105.1	95.5	101.1	98.9	96.3
缝纫工业	96.3	100.5	101.5	102.2	105.6	104.6	102.6	100.5	99.8
皮革工业	91.6	98.0	101.4	102.9	101.9	103.4	101.1	101.0	100.4
造纸工业	96.2	102.9	100.3	104.6	102.0	96.7	96.3	99.7	98.5
文教艺术用品工业	90.4	98.7	99.7	97.3	100.9	100.1	100.0	98.8	98.9
其他工业	101.1	103.6	102.2	104.7	109.0	103.9	101.3	104.6	102.9

说明：1. 表格数据为杭州市区数据。2. 资料来源于2015—2016年《杭州统计年鉴》

表 17-2-9　1999—2015 年上城区主要年份工业生产者购进价格分类指数情况表

上年=100

项目	1999	2000	2005	2010	2011	2012	2013	2014	2015
工业生产者购进价格指数	97.2	107.4	106.9	112.1	110.8	94.6	97.3	97.3	92.9
燃料动力类	103.0	108.0	116.4	111.3	110.6	98.2	96.9	99.0	95.1
黑色金属材料类	96.3	102.7	105.2	108.6	107.0	88.7	95.0	92.4	85.9
1. 钢材	94.9	103.2	104.9	108.2	106.6	88.5	95.4	92.5	86.3
2. 其他	98.2	101.0	105.7	113.0	113.1	91.2	90.1	90.3	80.5
有色金属材料及电线类	97.6	108.0	111.2	129.3	113.4	93.1	93.7	94.5	92.2
化工原料类	97.6	111.0	110.1	113.3	114.3	94.2	97.0	97.7	91.7
木材及纸浆类	95.5	104.5	101.0	106.4	104.0	97.7	98.8	98.5	98.5
建筑材料及非金属类	98.2	100.6	102.3	108.8	116.8	99.5	99.4	105.7	96.9
农副产品类	95.0	104.0	103.9	114.1	112.8	97.2	98.4	100.4	99.3
纺织原料类	89.4	104.7	99.9	110.4	110.5	96.3	101.9	99.9	97.1

说明：1. 本表数据为杭州市区数据。2. 资料来源于2015—2016年《杭州统计年鉴》

第四节　价格事务

一、价格监测

1993年，杭州市上城区物价委员会对商品价格波动情况保持关注，在重大活动、节假日或天气重大变化期间做好价格监测。2000年起，区物价局建立健全价格监测和分析制度，对农副产品开展日常价格监测，做到每周两报，节假日重点报送，为杭州市物价局提供上城区的基础参考数据。

2005年，区物价局根据《杭州市价格监测工作考核办法》，修订上城区价格监测制度，对房地产中介服务收费、房屋租赁价格、物业管理服务收费开始常规监测，设立上城区中医院为医疗价格监测点，设定杭州茅廊巷农贸市场、杭州市上城区察院前农贸市场、杭州海潮农贸市场为农贸市场价格监测点。2006年，区物价局针对油价节节攀升的情况，开展成品油价格监测工作，监测上城区近江加油站的成品油供应、销售和价格情况。2007年，区物价局完善价格监测网络，确定杭州市上城区察院前农贸市场、杭州断河头农副产品市场、杭州近江水产农副产品综合市场、上城区中医院、浙江赞成物业管理公司、杭州外滩房产中介公司作为价格监测点。2008年，为应对年初雨雪冰冻天气和“三鹿奶粉事件”[①]，区物价局开展应急价格监测。2009年，区物价局增加杭州翰林农贸市场、杭州劳动路农副产品综合市场为新的监测点。2013—2015年，区物价局将杭州翰林农贸市场、杭州劳动路农副产品综合市场、杭州三桥农贸市场作为固定监测点，开展农副产品价格监测，每周二、周五报送价格信息。

① 2008年，很多食用三鹿集团生产的奶粉的婴儿被发现患有肾结石，随后在其奶粉中发现含有化工原料三聚氰胺。

二、平价商店创建

2013年，区物价局落实国家发展和改革委员会《关于充分发挥价格职能作用进一步推进农副产品平价商店建设的指导意见》相关要求，围绕民生工程，开展平价商店创建工作，建立全市首家平价商店——世纪联华（江城店）平价直销区，发挥平抑价格和示范带动作用。2014年，上城区全面启动平价商店建设试点工作，先后3次扩充目录库，将包括25个平价商品的目录库增加至42个单品。2015年，上城区在第二家农副产品平价商店——物美超市（望江店）设置“农副产品平价直销区”，开展为期一周的特价惠民活动，推动物美超市开展包括望江店在内的市区7家门店推出两种以上农副产品以1元的价格销售，让利幅度15%以上。同时，区物价局落实平价商店管理和考核制度，维持平价商店运营良好。

图17-2-2　2013年9月29日，全市首家农副产品平价直销店（世纪联华江城店）开业　（区市场监管局 供稿）

三、企业清费减负

2000年起，区物价局推广企业缴费登记卡制度，了解企业缴费情况，完善涉企收费检查和行政事业性收费验审工作，每年开展对上一年度行政事业性收费验审。

2005年，区物价局重点检查工商行政、技术监督、劳动、环保、教育、国土、建设、卫生等政府职能部门，规范政府收费行为，减轻企业和群众负担。2006年，区物价局修订验审工作的制度、工作程序和工作守则。2007年，区物价局清理新增和取消的收费项目，审查新增收费项目是否存在自立收费项目、自定收费标准、擅自向企业收费等情况。至年末，上城区企业缴纳的行政事业性费用负担小于销售收入的1%，在全国处于较低水平。

2010年起，区物价局坚持每年上半年开展检查工作，下半年开展复查工作，重点检查是否存在利用行政审批事项搭车收费或强制收取会员费、保证金、培训费、赞助费、咨询服务费等各种名义的费用。是年，上城区12个部门35项收费项目被取消、暂停或降低行政事业性收费。2013年，区物价局会同区财政局对全区实施行政事业性收费的31家单位和开展有偿服务的事业单位、民办学历教育等非企业组织进行收费年审。2015年，区物价局走访玉皇山南基金小镇一期、二期建设指挥部，听取入驻企业对物价部门价格服务的要求，兑现企业应享受的各项价格优惠政策。

四、价格服务

1998年，《中华人民共和国价格法》施行。是年起，上城区每年5月开展《中华人民共和国价格法》宣传月活动，组织工作人员到社区、商业街区发放宣传手册，开展价格法律法规政策宣传，解答疑难问题。2005年，区物价局开展针对价格欺诈行为的专项整治活动，以“诚实规范标价，禁止价格欺诈”为主题，对辖区内行业经营者进行反价格欺诈相关法律、法规培训。至2005年，上城区邀请省、市物价专家开展超市、宾馆、餐饮等行业培训20余场。

图17-2-3　2011年10月31日，区物价局在吴山广场开展价格服务进社区活动　（区市场监管局 供稿）

2006年起，区物价局开展“价格服务进万家”活动，通过现场指导和组织培训等方式开展价格服务进社区、进校园、进商场等。是年，区物价局在清河坊历史文化特色街区争创“百城万店无假货”期间现场蹲点，进行价格服务和指导；1月，组织辖区45家物业管理公司负责人进行《杭州市物业服务收费管理实施办法》专题培训；下半年开展价格服务进社区工作，向各社区送发统一制作的涉民收费价格公示牌。2007年，区物价局开展5期区属企事业单位价格业务政策培训会，举办《杭州市房屋经纪服务收费管理办法（试行）》政策宣讲会，开展行政事业性收费单位行政事业性收费政策培训，对全区中小学、幼儿园负责人进行教育收费培训和指导，组织上城区社会办医、民办医院进行医疗服务收费价格政策培训和经营场所价格行为指导，对浙江歌德大酒店和西湖金座大酒店等新办企业进行价格法律法规政策服务培训等。

2008年，上城区协助省、市物价部门落实价格补贴，发放物价补贴399.2万元。2009—2011年，上城区重点围绕“一本、一卡、一册”[①]发放工作，以商贸、教育收费及药品价格收费等领域为重点，落实“价格服务进万家”活动。累计组织群众座谈会8场，发放价格政策、法规等宣传资料800余份。

① “一本、一卡、一册”：即“重点工程建设项目缴费登记本”“价格服务进重点工程活动联络卡”“重点工程建设项目价费政策宣传册”。

2013年，上城区开展“送法上门”活动，将价格政策培训和服务送到物美、沃尔玛、联华等多家超市和西湖银泰城等商家。2014年，上城区授予物美大卖场（望江店）、世纪联华（江城店）、解百商场、西湖银泰城4家单位“上城区价格监督服务点”称号。2015年，上城区“价格服务进万家”活动重点关注“菜篮子”供应、医疗机构明码标价及水、电、物业收费等民生项目。

五、停车收费备案管理

2005年，区物价局落实杭州市政府办公厅关于改革和规范杭州市区机动车停放收费实施办法的精神，开始对实行市场调节价的停车场所开展停车收费备案工作。2008年，杭州市下发《杭州市人民政府办公厅转发市物价局关于进一步完善杭州市区机动车停放收费管理实施办法的通知》，强调实行市场调节价的停车场所在实施收费前应到所在区价格主管部门办理备案手续。区物价局做好停车收费备案工作。是年，《杭州市人民政府办公厅关于调整杭州市区道路停车收费区域的通知》和《关于进一步加强和完善杭州市区机动车停放收费管理办法的通知》发布，对停车场所备案管理做出规定。区物价局据此执行停车收费核准备案工作。2005—2015年，区物价局落实实地勘验制度，执行备案工作流程，维护上城区停车收费秩序稳定，共完成停车收费备案153件。

六、“价格诚信单位”评选

2011年10月，为加强上城区医疗行业价格诚信体系建设，推进全国中医药特色社区卫生服务示范区创建，根据浙江省物价局《关于进一步加强价格诚信建设工作的意见》精神，区物价局召开2012年度医疗卫生行业价格诚信工作会议，部署开展医疗行业“价格诚信单位”评选活动，30余家医疗卫生机构参会。在当年15家参评单位中，杭州胡庆余堂第一中医门诊部、杭州胡庆余堂第二中医门诊部、杭州同和中医门诊部、杭州前进中医门诊部、杭州市上城区妇幼保健院、浙江中医药大学中医门诊部、上城区小营街道社区卫生服务中心、上城区紫阳街道社区卫生服务中心、上城区湖滨街道社区卫生服务中心9家单位被评为2012年度价格诚信单位。

2013年，区物价局开展物业管理行业“价格诚信单位”评选活动，评选产生杭州五星物业管理有限公司嘉景苑物业管理处、上海高力国际物业服务有限公司浙江分公司赞成太和物业管理处、杭州信宇物业管理有限公司定安名都管理处及杭州天工艺苑股份有限公司物业管理处4家单位为上城区2013—2014年度价格诚信示范单位。2014年，区物价局推进“诚信上城”品牌工程，敦促指导首批医疗行业的价格诚信示范单位落实价格诚信建设活动，规范医疗行业价格行为、维护消费者价格权益。2015年，区物价局开展价格诚信单位“回头看”工作，监督企业诚信经营。

七、价格认证

1993—2000年，杭州市上城区价格事务所主要开展价格鉴证、价格评估等业务，办理案件2000余件，标的额8000余万元。

2001年，区价格认证中心开始承接上海铁路公安局杭州铁路公安处的涉案物品价格鉴定。2012年，区价格认证中心增加涉纪和涉税工作职责。2001—2015年，区价格认证中心共完成涉案、涉纪、涉税案件认定7515件，总金额2.21亿元。

第三章　统计

1978年起，上城区统计工作得到恢复和发展。建立起工业、交通、建筑、商业等行业经济效益定期统计制度；基本建设投资统计向固定资产投资统计制度发展；恢复职工家计调查后，又充实内容，使其以家庭收支调查为主发展为综合性社会经济调查为主的城市住户调查。同时建立环境保护、科技、旅游、计划生育等统计调查制度。1983年，上城区统计管理网络向基层延伸，各类专业统计报表内容得到充实，城市住户调查全面恢复和发展。1985年起，各业务主管部门基本建立能够反映本部门事业发展情况和体制改革情况的统计报表和指标体系。统计工作逐步由部门统计向综合性统计转变。

1993年，上城区实施新的统计报表制度，废止社会总产值和国民收入统计报表，增加国内生产总值统计报表，实行基层统计报表和专业综合统计报表。1995年5月，上城区贯彻实行《杭州市统计单位登记办法》。10月起，实施统计人员持证上岗考试制度，统计工作队伍素质和调查对象的管理得到加强。1996年起，上城区加强对全区的统计、普查和国民经济核算工作，以及全区国民经济、社会发展和科技进步情况的统计分析、预测和监督。1998年，实施企业抽样调查和企业专项调查。2000年，对社会热点、难点问题开展调查。2003年，实行“在地统计”制度[①]。2009年，上城区在各街道设置统计工作岗位，明确街道统计工作负责人，配备专职统计人员，招用社区统计调查员，增强基层统计力量，形成区、街道、社区垂直管理的统计调查模式。

至2015年，上城区开展的专业统计先后有工业统计、贸易统计、服务业统计、固定资产投资统计、劳动统计、国民经济核算等。实施的全国性普查涵盖第三产业、工业、基本单位及经济普查、人口普查等。每年开展住户调查、价格调查、民情民意调查等专项统计调查工作。同时，杭州市上城区统计局依法开展统计稽查和统计执法检查，推动统计工作法治化。

① “在地统计”制度：指按被调查单位坐落的行政区域范围进行统计，即在该行政区域范围内的各类企事业单位、党政机关、社会团体，不论其行政隶属关系、所有制性质、经营方式如何，均由所在地的政府统计部门依法实施统计管理和开展统计调查。

第一节　机构[1]

1993年，杭州市上城区统计局[2]设在杭州市上城区计划经济委员会。此后，杭州市上城区计划经济委员会、杭州市上城区计划与经济局、杭州市上城区发展计划与经济局、杭州市上城区发展和改革局，相继增挂杭州市上城区统计局牌子，保留区统计工作职能。2006年5月，上城区撤销杭州市上城区发展和改革局增挂的杭州市上城区统计局牌子，组建杭州市上城区统计局（简称区统计局），局址后市街47号。区统计局作为上城区政府工作部门，主管全区统计工作，内设3个科室：办公室、核算法制科、综合统计科。是年6月，杭州市上城区发展和改革局所属的事业单位上城区普查中心和上城区服务业调查队，划归区统计局领导和管理。2010年10月，上城区普查中心更名为上城区社会经济调查队，上城区服务业调查队（企业调查队）成建制并入上城区社会经济调查队。至2015年，区统计局机构和职能未发生变化。2006年起，区统计局历任党组书记宣寅、周建康、胡建宏，局长王国民、陈浩然、周建康。

① 解放初期，由于当时国家指导全国统计工作的机构尚未建立，上城区无专门统计机构。1958年6月，上城区建立计划科，同时负责统计工作。1960年9月，上城区计划科改为公社计划委员会。1962年7月改为统计科，同年10月改称计划统计科。1964年11月，计划统计科撤销。之后，统计工作由相关部门负责管理。

② 1991年8月，杭州市上城区计划委员会增挂杭州市上城区统计局牌子，标志着杭州市上城区统计局的正式成立。

第二节　统计制度

1993年，上城区实施新的统计报表制度，废止社会总产值和国民收入统计报表，增加国内生产总值统计报表，实行基层统计报表和专业综合统计报表。1995年5月，《杭州市统计单位登记办法》实施。10月起，上城区实施统计人员持证上岗考试制度。1996年，区统计局加强对全区的统计、普查和国民经济核算工作，以及全区国民经济、社会发展和科技进步情况的统计分析、预测和监督。1998年，实施企业抽样调查和企业专项调查。2000年，对社会热点、难点问题开展调查。2003年末，对“条块结合”[3]政府统计管理体制进行改革，推行“在地统计”管理体制。2005年，实施服务业统计报表制度，规模以上工业企业执行“网上直报”制度。随后，其他专业统计网上直报陆续展开。是年，地区生产总值数据正式以“在地口径”发布。

2009年，上城区贯彻杭州市《关于切实加强社区统计调查工作的通知》和《上城区社区统计调查工作实施细则》，在街道设置统计工作岗位，明确街道统计工作负责人，配备与街道统计工作任务相适应的专职

③ 指综合性地开展纵向和横向的工作，即由同级党委、政府和上级机关双重领导，以同级党委、政府领导为主的体制。

统计人员2～3人。同时全区招用34名社区统计调查员，使各个街道平均拥有4～10名统计人员（含街道统计人员和社区统计调查员），平均1～2个社区配备1名专职统计调查人员，形成区、街道、社区垂直管理的统计调查模式。在人员管理方面，全部采用街道集中管理、集中办公的方式，由区统计局按月考核，保证辖区各项统计调查工作任务的推进。区和街道两级统筹安排社区统计调查经费，实行基本工作经费和考核专项奖励相结合，形成“事随费转、奖先惩后”经费管理体系。

2012年末，上城区拓展企业“一套表”联网直报的实施范围，将重点服务业统计纳入企业“一套表”统计调查制度，补充完善工业、批发和零售业、住宿和餐饮业调查单位用工情况、流动资金情况、生产预定情况和生产经营状况等内容。

2015年，上城区把城市商业综合体统计专项调查纳入年报统计范畴，旨在全面反映城市商贸流通发展状况，了解和掌握城市商业综合体的基本情况和主要经营情况。是年，根据国家统计局关于开展新产业、新业态、新商业模式统计工作调研的要求，上城区“三新”[①]专项统计工作全面展开。

第三节　专业统计

至2015年，区统计局先后开展工业统计、贸易统计、服务业统计、固定资产投资统计、劳动工资统计等专业统计工作。

一、工业统计[②]

1993年，上城区按照国有经济、集体经济、私营经济、联营经济、股份制经济、外商投资经济和中国港澳台商投资经济等经济类型分组统计。1996年，全国第三次工业普查后期，由于工业小企业和个体户单位数量庞大，全面统计难以科学实施。根据国家统计局《关于开展工业统计抽样调查试点工作的通知》，上城区将工业小企业和个体户由全面统计改为抽样调查。是年，将年产品销售收入在500万元以下非国有工业企业和个体户纳入规模以下工业统计范围。

从1997年年报起，区统计部门进行规模以上工业企业的汇总工作。1998年，上城区由原来的按所有制划分改为按企业登记注册类型划分统计。是年，为适应新形势的发展和需要，国家统计局对工业统计报表制度的填报范围进行重大改革，填报范围将原来的乡及乡以上工业企业改变为全部国有企业和年销售收入500万元及以上的非国有工业企业，并实行分月分企业上报基层数据库，从过去的部分企业全面调查，改革为

① “三新”：即新产业、新业态、新商业模式。

② 工业统计报表制度分为年报和定期报表两部分。在国有企业改制中，大量国有企业改造成国有和非国有资本混合型企业。为全面反映国有经济状况，需要将列入其他经济类型的混合型企业，按国有资本金比重将相应指标数值分离出来，回归到国有经济，即“全部国有”与“国有”（即纯国有）两个口径同时并用。随着改革和开放的逐步深入，工业结构调整力度加大，伴随着传统工业企业的消失，大量新兴工业企业不断涌现。1986年，上城区按国家统计局制定的《大中小型企业划分标准》统计。1992年，在原来的国有、集体和其他经济基础上，增加“私营经济、联营经济、股份制经济、外商投资经济和中国港澳台商投资经济”等经济类型分组统计。

全社会工业企业的重点调查。

至2000年，在反映工业发展速度上，一直采用1980年和1990年两个基期的不变价格来计算。2000年起，区统计部门进行用价格指数缩减法和用工业生产指数计算工业发展速度两种方法的试算工作。在报送方式上，由过去的手工汇总报表，到实现工业统计报表全部超级汇总。

2002年，为适应企业规模扩大的需要，企业统计由原来的按行业生产能力划分改为按企业资产、收入和人数标准划分来统计。

2005年，全区工业统计形成规模以上工业企业超级汇总和规模以下工业采用抽样调查的模式。规模以上工业包括国有企业和年销售收入到500万元及以上集体企业、股份合作企业、联营企业、有限责任公司、股份有限公司、私营企业、其他内资企业、中国港澳台商投资企业、外商投资企业等。工业统计指标包括工业增加值、工业总产值、工业销售产值、主要工业产品产量、销售量、库存量、主要工业产品生产能力、主要经济技术指标、能源购进、消费及库存，以及主要财务成本指标和从业人员、工资总额等。是年，规模以上工业企业执行网上直报制度。

2008年全国第二次经济普查，上城区有规模以上工业企业94家、规模以下工业企业112家，抽取规模以下工业企业样本单位40家。规模以下工业抽样调查信息化和网络化水平进一步提高，样本企业统一使用杭州市“信息采集与业务处理平台”进行网上直报。

2011年，规模以下工业企业统计划分标准，从年主营业务收入500万元以下提高到2000万元以下（不包括2000万元）。是年，上城区规模以上工业企业缩减至52家。

至2015年，上城区拥有规模以上工业企业50家，规模以下工业企业23家，全年完成工业总产值738.03亿元，其中规模以上工业总产值726.41亿元；完成销售产值717.95亿元，其中规模以上销售产值706.24亿元。

二、贸易统计①

1993年，上城区对大中型商贸企业、重点商贸企业执行《重点批发零售贸易企业主要经济指标月报》《批发零售贸易商品购进、销售、库存总额年报》《批发零售贸易业商品销售、库存类值年（月）报》《大中型批发零售贸易业企业商品销售、库存数量年（月）报》《大中型批发零售贸易、餐饮企业财务状况年报》等统计报表。1996年，上城区重新对批发零售贸易、餐饮企业进行统计规模划分，制定批发零售贸易、餐饮业统计限额标准采用复合指标，即“销售额”加“从业人数”，对批发、零售和餐饮3个行业分别制定不同的标准，并将全部企业划分为限

① 1990年以前，商业统计报表制度主要有社会商品购买力测算，社会商业商品购销存数量，社会商品零售总额，社会农副产品收购，全民所有制商业和供销合作社工业品纯购进，全民所有制商业和供销合作社经济效益主要指标，商业、饮食业、服务业机构、人员数等年报、月（季）报统计制度。1992年，国家对大中型商贸企业、重点商贸企业建立《重点批发零售贸易企业主要经济指标月报》《批发零售贸易商品购进、销售、库存总额年报》《批发零售贸易业商品销售、库存类值年（月）报》《大中型批发零售贸易业企业商品销售、库存数量年（月）报》《大中型批发零售贸易、餐饮企业财务状况年报》；同时取消社会商品购买力测算、社会商业商品购销存数量、社会农副产品收购、全民所有制商业和供销合作社工业品纯购进、全民所有制商业和供销合作社经济效益主要指标等的年报、月报。

额以上和限额以下两个层次，限额以上批发企业的标准为：年销售额在2000万元及以上，年末从业人员在20人及以上；限额以上零售企业的标准为：年销售额在500万元及以上，年末从业人员在60人及以上；限额以上餐饮企业的标准为：年销售额在200万元及以上，年末从业人员在40人及以上。从1996年开始，上城区对限额以上商贸、餐饮企业采取全面调查，对限额以下企业实行非全面抽样调查取得统计数据。

2000年，贸易、住宿和餐饮业统计由按隶属关系分组统计改为对限额以上贸易、住宿和餐饮业全面统计，个体贸易、餐饮业实施抽样调查。2003年，零售市场经营业态全面发展，商贸统计制度增加《限额以上连锁零售业和餐饮业经营情况年（季）报》。2005年，上城区建立《星级住宿和限额以上餐饮业经营情况年（月）报》《星级住宿和限额以上餐饮业财务状况年报》《限额以上连锁零售业和餐饮业门店和配送中心分布季报》《连锁零售业和餐饮业分店经营情况季报》等统计报表制度。2007年，增加《其他行业消费品零售额》和《企业能源消费情况》两种报表。2008年，修改批发业和零售业、住宿业和餐饮业的统计限额标准：确定限额以上批发业标准为年主营业务收入2000万元及以上；限额以上零售业标准为年主营业务收入500万元及以上；限额以上住宿和餐饮业标准为年主营业务收入200万元及以上。

2010年，上城区实行“法人在地”（注册地、经营地在上城区）统计原则，并将全面报表统计范围扩大到达到规模标准的个体经营户。同时，社会消费品零售总额统计范围调整为全部批发和零售业、住宿和餐饮业法人企业和个体经营户，以及非批发和零售业法人单位附营的限额以上批发和零售业产业活动单位、非住宿和餐饮业法人单位附营的限额以上住宿和餐饮业产业活动单位。是年，规范和改进限额以下抽样调查。2012年，全面实行国家“企业一套表”制度，对原有统计报表表式进行拆分、调整和完善，实现网上直报。

至2015年，上城区全年完成社会消费品零售额341.81亿元，实现批发零售、住宿餐饮增加值114.2亿元。其中限额以上批发零售企业377家，住宿餐饮企业150家。

三、服务业统计[①]

1993年，上城区在第三产业统计工作中，主要统计增加值、年末劳动者数、年末固定资产原值3个项目。2005年，上城区实行服务业统计调查制度，主要包括“服务业统计调查总制度”和“大旅游产业测算制度”“大文化产业测算制度”“金融服务业测算制度”“商贸与物流业测算制度”“信息服务与软件业测算制度”“中介服务业测算制度”“房地

① 1984年，国家开始编制国民收入年度计划，杭州市统计局建立第三产业核算制度。是年，市统计局开展第三产业统计。1985年11月，市政府批转市统计局、计委、财税局《关于建立国民生产总值和第三产业核算制度的报告》。根据《杭州市国民生产总值统计方案》，第三产业统计的主要指标有3项：增加值（国民生产总值等于各行业增加值之和），构成增加值的有利润总额、税金、劳动者收入、福利基金、利息支出、其他增加值、折旧量7个项目；年末劳动者数；年末固定资产原值。

产业测算制度”和“社区服务业测算制度”8个分制度，并确定“八大重点服务业行业分类标准”“服务业限额以上、限额以下单位划分标准”和“限额以下服务业单位、个体工商户抽样调查方案”等一系列方法制度。是年起，区统计局配备专门人员，对全区服务业的发展实施统计监测和统计分析。服务业统计报表实行年度统计调查和季度统计调查的方式。统计调查采取全数调查和抽样调查相结合的方法，对服务业限额以上单位采取全数调查，对限额以下单位和个体户采取抽样调查收集服务业统计数据。

2010年，按照《杭州市服务业统计工作实施方案》要求，上城区服务业统计组织实施模式由以块（统计部门）为主向条块（统计部门与行业主管部门）结合转变。同时，全数调查单位划分标准变动，按照限额以上单位实现增加值占到整个行业单位实现增加值的70%为原则，划定每个行业的限额以上单位标准。

2012年，上城区进一步扩大统计范围，将金融业统计纳入服务业统计。2013年，建立服务业小微企业监测统计报表制度，并对限额以上企业新增信息化情况表、法人单位基本情况表及其所属产业活动基本情况表等统计表。小微企业的抽样范围为国家重点服务业企业之外的服务业企业。调查内容为主要经济指标、发展状况。2015年，上城区限额以上服务业企业统计执行国家标准：年营业收入1000万元及以上或年末从业人员50人及以上的服务业法人单位。其中，居民服务、修理和其他服务业，文化、体育和娱乐业为年营业收入500万元及以上或年末从业人员50人及以上的服务业法人单位。是年，上城区限额以上服务业单位483家，全年完成第三产业增加值494.0亿元。

四、固定资产投资统计①

1993年起，上城区的固定资产投资统计报表的实施范围为城镇以上的基本建设单位及更新改造企、事业单位，国有其他固定资产投资单位，以及各种经济类型的房地产开发单位。综合报表制度分为基本建设统计、更新改造统计、国有单位其他固定资产投资统计、房地产开发建设投资统计、城镇集体经济所有制单位固定资产投资统计、城镇和工矿区私人建房统计等。

从2002年年报开始，杭州市实施城镇以上及农村限额以上非农户投资项目和全部房地产开发单位超级汇总。2003年，杭州市进一步简化和规范投资统计口径范围，取消已不适应当前经济管理要求的国有等单位投资口径和基建、更新改造、其他等分组，实行对外公布限额以上统计口径；增加反映基础设施投资、民间投资、非国有投资、农村投资等

① 1985年前，杭州市的固定资产投资统计主要包括基本建设投资、更新改造投资、其他投资、农村集体与城乡居民私人建房投资统计。1986年，为适应当时国家宏观调控的需要，上城区增加更新改造措施统计季报，城镇、工矿私人建房增加半年报。1987年，为准确反映投入固定资产建设的资金流量，进一步完善固定资产投资统计指标体系，以适应国家加强固定资产投资的宏观调控和监督检查的需要，在全民建设单位和更新改造企事业单位建立固定资产财务拨款统计制度。6月，建立商品房生产、销售统计制度。1989年3月，新建基建本月新开工项目一览表的月报制度。1990年后，杭州市将农村集体和房地产开发纳入投资统计范围。11月，上城区对全民基建、更新改造和城镇集体固定资产构成作调整。该项调查工作结合固定资产投资年报一起布置、收集、汇总上报。1991年，统计年报使用固定资产投资统计年报数据检查表。

分组。

2011年，固定资产投资项目统计起点由计划总投资50万元及以上提高到500万元及以上，500万元以下项目不再纳入固定资产投资统计范围。

2015年，上城区全年完成固定资产投资额88.58亿元。

五、劳动统计①

1993年，劳动统计报表主要有按不同所有制、经济类型、行业进行划分的职工人数及变动情况表、工资情况表，城乡劳动力资源与分配平衡表等。1994年，为反映各单位实际参加生产或工作的全部劳动力以及各单位在一定时间内支付给单位内全部从业人员的劳动报酬，上城区增加从业人员以及劳动报酬等指标。1996年，增加下岗职工、离开单位仍保留劳动关系的职工等指标。1999年，增加职工素质情况表。2001年，为较详细地反映职工素质情况，在职工素质情况表中增加在岗职工按文化程度、职称分组以及人才资源、受教育培训人员、专业技术人员等指标。

2004年起，统计口径增加规模以上私营企业，即年销售在500万元及以上的私营工业企业、年计划投资总额在500万元及以上的私营房地产企业、年销售额在2000万元及以上的私营批发业企业、年销售额在500万元及以上的私营零售业企业、年营业额在200万元以上的私营餐饮业企业和私营住宿业企业。2007年，上城区将私营单位工资统计范围从规模以上私营单位扩大到全部私营单位，其中规模以上私营单位按原报表制度执行，规模以下私营单位采用抽样调查方法。2014年，统计填报范围进一步扩大，规模以上服务业单位从2013年报开始正式纳入国家一套表劳动工资统计范围。

2015年，劳动统计新增企业用工调查表、信息经济（智慧经济）紧缺人才调查表等统计表。

六、国民经济核算②

1993年，上城区主要统计国民生产总值、第三产业增加值等经济指标。1995年，上城区开始全社会增加值统计。上城区通过国民经济综合平衡统计，反映全区国民经济的总规模、比例、效益和发展速度。2003年末，上城区逐步实施“在地统计”，只要属地在上城区的，无论是部属、省属，还是市属、区属企业，也无论是哪种所有制性质和经营方式，都按行政管理区域划归上城区统计机构统计。2005年，杭州市实行生产总值核算下管一级工作机制，国民经济核算由杭州市统计局统一测算后反馈各区县。是年，上城区生产总值从区属经济扩大到属地经济，

① 劳动统计指标主要反映职工人数和工资变化等，统计口径为城镇各类所有制企业（不包括私营单位）及机关、事业单位。20世纪80年代起，劳动统计改革不断深入，在基层建立、健全以劳动工资原始记录、统计台账为主要形式的劳动工资统计基础建设。

② 1959年，国家开始编制国民经济主要物资平衡表。1961年起，编制国民经济综合平衡表，其中设有社会产品和国民收入生产、消费、积累平衡表，以及主要工农业产品生产分配专业平衡表。1981年，上城区开始国民收入统计。1985年，上城区开始国民生产总值统计和第三产业增加值统计。

经济规模扩大4.5倍，核定确定为258.76亿元。2005年末，上城区服务业增加值测算纳入国民经济核算体系，国民经济核算构成更趋完整。2007年，上城区生产总值352.20亿元，人均首超10万元大关，达12.5万元。至2015年，上城区生产总值达861.02亿元。

第四节　普查

1993—2015年，上城区历年开展的普查有全国第三产业单位普查、第三次全国工业普查、全国基本单位普查和五年一次的全国经济普查及十年一次的全国人口普查。

一、全国第三产业单位普查

1993年6月，国务院决定于1993年下半年对全国第三产业进行首次全面普查。普查的范围包括：除农业、工业和建筑业以外所有各种从事第三产业的企业、事业、行政单位、社会团体和城乡个体户。普查年度为1991年和1992年。普查采用“条块结合”形式。普查的方法是在全面普查的基础上辅之以抽样调查的方法。1993年8月，上城区第三产业普查协调小组成立，下设办公室。1994年底，全区第三产业普查工作结束。

二、第三次全国工业普查

1995年，国务院决定进行第三次全国工业普查。4月，市政府发出《关于进行全市第三次工业普查的通知》，并组建杭州市工业普查领导小组及办公室。上城区相继开展试点、社会宣传动员、企业调查单位清查、普查表的填报上报汇总等一系列工作。

此次工业普查范围为上城区境内全部工业企业和私营工业生产活动单位，包括街道独立核算工业企业和附营工业生产单位、私营工业、合作经营工业和个体工业。上城区通过普查摸清全区工业企业，重点是国有工业企业、集体工业和三资工业企业的家底；查清主要产品产量、生产能力及其利用状况、资源配置、市场容量和供需平衡状况；查清主要生产设备数量、工艺装备及其技术状况；查清主要工业产品成本、价格及盈利状况等。

三、全国基本单位普查

全国第一次基本单位普查　1996年6月，根据《国务院关于开展第一次全国基本单位普查的通知》，上城区成立第一次基本单位普查协调小组，开始组织实施基本单位普查。1998年8月，上城区发布《关于第一次全区基本单位普查结果的公报》。

普查结果为：1996年末，上城区除农户和个体工商户外，拥有各类法人单位1454家，其中，企业法人1186家，事业法人96家，机关法人（国家机关和党政机关）42家，社会团体及其他法人130家；产业活动单位1778家，其中，生产经营性单位1461家，非生产经营性单位317家。

全国第二次基本单位普查　2001年9月，根据《国务院办公厅关于认真做好第二次全国基本单位普查的通知》，上城区成立第二次基本单位普查联席会议办公室，组织实施第二次基本单位普查。

普查结果为：2001年末，上城区除农户和个体工商户外，拥有各类法人单位2322家，其中，企业法人1977家，事业法人172家，社会团体法人29家，机关法人（国家机关和党政机关）56家，其他法人88家；产业活动单位2648家，其中，生产经营性单位2241家，非生产经营性单位407家。

四、经济普查

2003年12月，国务院下发《关于开展全国第一次经济普查的通知》。普查对象为辖区从事第二产业、第三产业的全部法人单位、产业活动单位和个体经营户。普查主要内容包括单位基本属性、就业人员、财务状况、生产经营情况、生产能力、原材料和能源消耗、科技活动情况等。2004年4月，区政府成立杭州市上城区第一次全国经济普查领导小组及办公室，组织实施全区的经济普查工作。该次普查标准时点为2004年12月31日，普查时期资料为2004年年度资料。经过试点、清查摸底、登记、数据处理等工作，于2006年1月向社会发布《上城区全国第一次经济普查主要数据公报》。

图17-3-4　2007年12月30日，区统计局召开全区经济普查业务培训会　（区统计局　供稿）

2008年，上城区组织实施全国第二次经济普查，普查标准时点为2008年12月31日，普查时期资料为2008年年度资料。普查对象为辖区从事第二产业和第三产业的全部法人单位、产业活动单位和个体经营户。行业范围包括采矿业，制造业，电力、燃气及水的生产和供应业，建筑业，交通运输、仓储和邮政业，信息传输、计算机服务和软件业，批发和零售业，住宿和餐饮业，金融业，房地产业，租赁和商务服务业，科学研究、技术服务和地质勘查业，水利、环境和公共设施管理业，居民服务和其他服务业，教育，卫生、社会保障和社会福利业，文化、体育和娱乐业以及公共管理与社会组织等。该次普查包括除农业以外的19个国民经济门类、90个行业大类、378个行业中类和875个行业小类。

2013年，根据《国务院关于开展第三次全国经济普查的通知》，上城区开展全国第三次经济普查。普查标准时点为2013年12月31日，普查时期资料为2013年年度资料。普查对象是在上城辖区内从事第二产业和第三产业的全部法人单位、产业活动单位和个体经营户。普查的任务是摸清全区第二产业和第三产业的发展规模及布局，摸清产业组织、产业结构、产业技术的现状以及各生产要素的构成，查实服务业、小微企业和高技术产业（制造业）、个体经营户的发展状况。

五、人口普查[1]

继1990年全国人口普查后，上城区按照国务院的决定和全国、省、市的统一部署，先后于2000年、2010年组织2次全国人口普查及在1995年、2005年和2015年组织3次全区1%人口抽样调查。

1998年6月，国务院发布《关于开展第五次人口普查的通知》，决定于2000年进行第五次全国人口普查。1999年5月，区政府第五次人口普查领导小组成立，负责全区人口普查的组织实施工作。2000年1月，国务院总理朱镕基签发国务院第277号令《第五次全国人口普查办法》，明确普查登记标准时点为2000年11月1日零时。普查表分为普查表短表和普查表长表两种形式；抽出百分之十的户填报长表，其余的户填报短表。

2010年，上城区开展第六次人口普查。此次普查登记标准时点为2010年11月1日零时。人口普查主要调查人口和住户的基本情况，内容包括：性别、年龄、民族、文化程度、行业、职业、迁移流动、社会保障、婚姻生育、死亡、住房情况等。5月，区政府与6个街道签订目标责任书。11月1日起，普查工作全面启动，至年末，完成第六次人口普查工作。

第五节　统计专项调查

一、城市住户调查[2]

1993—2001年，上城区主要对城市住户消费支出情况进行调查。2002年，国家统计局城市社会经济调查总队下发《中国城市住户调查手册》，抽户的方法改为按住宅门牌号码抽选调查户，调查对象由过去的全国非农业居民家庭改为全国城市市区和县城所在镇区居民委员会行政管理区域内的住户。对住户调查指标设置及定义再次做出调整，增加社会保障收支内容；个人所得税执行情况；工作时间及工作单位性质等指标；将实物收入改为非现金收入，并调查其统计口径；精简吃、穿、用等调查指标，增加医疗、交通通信、教育文化娱乐、居住方面的调查内容；在消费支出下列出居民服务性消费支出；增加住房占有及使用情况内容，进一步明确总收入、可支配收入、支出等主要指标。杭州市区的城市住户调查规模不断扩大，从1981年的100户逐步增加到2002

① 1986年，国务院《对今后人口普查工作安排意见的批复》规定：今后每十年举行一次全国人口普查，两次人口普查之间进行一次1%的人口抽样调查。2010年，国务院颁布的《全国人口普查条例》规定，人口普查每10年进行一次，位数逢0的年份为普查年度，在两次人口普查之间开展一次较大规模的人口调查，也就是1%人口抽样调查，又称为“小普查”。另外，根据国务院规定，每年（除人口普查年份和1%人口抽样调查年份外）组织全区5‰人口变动情况抽样调查。

② 杭州市的城市住户调查始于1955年。“文化大革命”时，统计工作遭受冲击中断，1980年恢复。1984年9月，国家统计局发布《城市住户调查方案》，将整个调查工作的名称由“职工家计调查”改称为“城市住户调查”，抽户的方法由从工作单位抽样改为从居民委员会直接抽取。住户调查的范围由职工家庭扩展到城市非农业居民家庭。主要表式有“职工家庭基本情况和现金收支调查表”“职工家庭购买食品情况调查表”“职工家庭购买非食品情况调查表”“职工家庭居住情况表”“职工家庭购买鲜菜情况表”。1985年，区统计部门增加“城市住户实物收支调查表”和“城市住户生活费支出调查表”。1986年，“城市住户购买鲜菜情况调查表”改为“城市住户购买食品月报表”。1987年9月，进一步将调查范围扩大到单身户，调查的对象包括城镇各行业的职工户和非职工户。1992年，上城区调查指标体系作重大修改，取消原有的“城市住户购买食品情况调查表”和“城市住户购买非食品情况调查表”，新增“城市住户消费支出调查表”，范围包括食品、衣着、家庭设备用品和服务、医疗保健、交通和通讯、娱乐教育文化服务、居住、杂项商品和服务八大类。

年的500户，上城区住户调查在此范围内。2005年起，调查户数增加到600户。2007年，为反映各城区城乡居民收支情况，满足地方党政领导需要，市区城镇住户调查户数从原600户扩大到1000户。上城区在此1000户的范围内。

2012年，城乡一体化住户调查由杭州市下放到各区统计局，由各区、县统计局进行调查并汇总上报。2012—2015年，根据《市政府办公厅关于做好全市城乡住户调查一体化改革工作的通知》要求，上城区开展住户收支与生活状况第一轮调查（简称住户调查）。住户调查包括省住户调查和市县住户调查。上城区共抽取14个调查点，省住户调查和市县住户调查各7个点，每个点10户，共140户。主要分布在紫阳街道的凤凰社区、上羊市街社区、太庙社区、木场巷社区，湖滨街道的青年路社区、东坡路社区、岳王路社区，小营街道的紫金社区、姚园寺巷社区，南星街道的海月桥社区、玉皇山社区，望江街道的始版桥社区，清波街道的清河坊社区，抽中调查小区五年内保持不变，抽中住宅每年轮换一半。住户调查采用日记账和问卷调查相结合的方式采集基础数据。

二、价格调查

1993年，杭州市价格调查主要有职工生活费用价格指数、零售价格指数及工业品出厂价格指数、原材料购进价格指数等。

1994年起，杭州市分开编制居民消费价格指数和商品零售指数；编制餐饮业价格指数，并将其作为居民消费价格指数和商品零售价格指数的一部分纳入汇总计算。该时期编制的主要价格指数有居民消费价格指数、商品零售价格指数、城镇居民基本生活费用价格指数、农业生产资料价格指数、农贸市场农产品成交价格指数、农产品收购价格指数。其中最重要的居民消费价格统计，主要内容包括食品、烟酒及用品、衣着、家庭设备用品及维修服务、医疗保健及个人用品、交通和通信、娱乐教育文化用品及服务、居住8个大类的商品及服务项目。上城区亦同。

1997年，根据国家计划委员会、国家统计局《关于开展房地产价格指数编制工作的通知》精神，区统计局配合杭州市统计局开展全市房地产价格统计工作，着手编制房地产销售价格指数、土地出让价格指数和房地产租赁价格指数。

2000年开始，上城区在价格统计指数的公布使用中，从以商品零售价格指数为主改为以居民消费价格指数为主。

2003年起，上城区增加固定资产投资价格统计。2007年，上城区新增低收入居民基本生活费用价格统计调查制度，并将房地产价格调查范围扩大到全部辖区。2009年，上城区对工业品价格调查企业样本进行调整和扩充，增加的企业均是规模以上销售产值在各行业中排名靠前的企业。2011年，统一价格调查基期，将流通消费价格和工业生产者价格统计的调查基期统一调整为2010年。

至2015年，上城区每月采集上报15家工业企业的生产者购进价格和出厂价格数据。

三、民情民意调查

2000年2月，杭州市成立民情民意调查办公室，建立涵盖六城区所有街道80个社区的调查网络，计4000户居民家庭。2002年，杭州市调查户数增加到5000户。2006年5月，区统计局单设成立后，选择居民关心、领导关注的热点和难点问题开展调查，每年调查项目10～20个。

2009年，区统计局深入居民中开展问卷调查，并撰写《种种举措破“七难”[①]实事工程得民心——政府实事工程实施成效之评价篇》报告。2010年，为积极践行和谐老龄化战略，有效解决养老服务需求，区统计局开展区域内居家养老服务问卷调查，撰写《上城区居家养老服务调查报告》。2011年，为更好地了解上城区实施“政府购买服务”以来，社区统计调查工作的现状、成效及后续发展的可能性，区统计局开展专题调查，撰写《政府购买统计调查服务的情况调研报告》。2014年，为全面了解居民对上城区“五水共治”工作的意见和建议，上城区开展《“五水共治”民意》问卷调查，并撰写《2014年上城区治理“五水”调查问卷居民评价简析报告》。

2015年，区统计局开展杭州市餐饮食品安全状况公众满意度、全省养老服务、文明指数测评、杭州市机关作风和效能建设、教育医疗卫生和文化体育、杭州市全民健身活动状况、全省企业发展环境、“五水共治”民意、生态环境保护公众满意度、综合考评抽样调查、平安浙江等方面的社会调查。

第六节　统计执法[②]

1993年12月，区人大、区政府组织开展《中华人民共和国统计法》（简称《统计法》）颁布10周年纪念活动。1995年，杭州市上城区计划与经济局、杭州市上城区财政局和杭州市上城区监察局（简称区监察局）联合组织对工业企业的统计执法检查。1998年，中共中央办公厅、国务院办公厅发出《坚决反对和制止统计上弄虚作假大检查的通知》。市政府建立由分管副市长为召集人，统计、纪检、组织等部门领导参加的统计执法大检查联席会议制度。上城区也建立相应的机构，开展执法大检查活动。

2000年4月，《浙江省统计违法行政处分规定》公布，上城区对部分工业数据进行跟踪检查。2001年6月，国家、省统计局先后部署统计执法检查，自此全区统计执法开始常态化。

2002年，按照《杭州市“四五”统计普法教育实施意见》要求，上城区组织统计普法教育。统计普法的对象包括与统计活动和统计工作监督管理有关的全部人员。

① 困难群众生活就业难、看病难、上学难、住房难、行路停车难、办事难、清洁保洁难。

② 1983年12月8日，第六届全国人民代表大会常务委员会第三次会议通过《中华人民共和国统计法》。1987年1月，经国务院批准，国家统计局发布《统计法实施细则》。1987年，《浙江省统计工作监督管理条例》等法律法规相继实施。统计工作走上法治轨道。

2004年9月，上城区对杭州某化工涂料有限公司虚报工业总产值的统计违法行为，处以警告并罚款1000元的行政处罚，是上城区首例依法查处的统计违法行为。是年，上城区还对另外5家瞒报单位从业人员劳动报酬的行为进行处罚。

2006年，区统计局内设核算法制科，具体负责全区统计执法和统计法制宣传工作，统计执法力量得到加强。3月，区统计局开展统计执法检查宣传周活动。4—6月，杭州市开展统计执法检查，区统计局、区监察局、区政府法制办公室联合在全区范围内开展统计执法检查。重点检查各地、各部门、各单位2005年和2006年第一季度执行《统计法》和国家、部门统计制度中是否存在统计违法行为[①]。1414家企事业单位进行自查，7家单位接受行政处罚。是年起，区统计局围绕提高统计数据质量的要求，每年至少抽取40～50家单位进行统计稽查。

2007年7月起，上城区启用新版统计执法检查证，全区共18人取得该证。是年，区统计局检查统计单位的原始统计记录、统计台账、单位统计登记证的办理及统计人员的持证上岗和接受统计继续再教育等情况，重点稽查各专业报表不及时、上报方式不规范、上报数据有疑问的单位。是年，区统计局共对41家单位组织开展统计稽查，对存在问题的12家单位进行处罚，对7家单位进行罚款，对5家单位进行当场警告。

2008年2月，经区统计局核实，某旅行社提供不真实统计资料，区统计局对该单位做出罚款1万元的行政处罚，是上城区统计行政处罚金额最高的案例。

2009年5月，监察部、人力资源和社会保障部、国家统计局联合发布《统计违法违纪行为处分规定》。上城区把统计法规列入区委理论学习中心组学习内容，举办统计法律法规讲座。2010年1月1日，新修订的《统计法》正式实施。6月，全国、省先后召开统计执法大检查电视电话会议，部署统计执法大检查活动。上城区在全区范围内开展《统计法》和《统计违法违纪行为处分规定》贯彻执行情况大检查，旨在全面贯彻《统计法》《统计违法违纪行为处分规定》及《浙江省统计工作监督管理条例》中提出的要求，查找存在的问题及原因，有针对性地提出改进措施，强化统计基础建设。是年，区统计局对71家单位进行统计稽查，立案处罚6家，行政警告18家。

2011年4月，区统计局对“四上”单位[②]基本情况和主要数据进行核查，核查面100%。在自查基础上，抽查房地产业、建筑业、工业、商业等重点行业，重点检查工业总产值、建筑业总产值、销售收入、社会消费品零售额、房地产业投资额及销售面积、资金来源、从业人员

① 统计违法行为主要有4种情形：1.虚报、瞒报、伪造、篡改统计资料的；2.对严重失实的统计数据，发现后不予纠正或对发现的统计违法不予查处的；3.拒报和屡次迟报统计资料的；4.未按规定设置原始统计记录、统计台账的。

② “四上”单位：指规模以上工业，限额以上批发零售住宿、餐饮，规模以上服务业以及资质以上建筑业的企业单位。

数、职工工资总额等指标。2013年，区统计局加强对主要统计指标数据的监控，加大对重点数据的审核抽查和统计巡查力度，全年对45家单位、企业进行执法检查，并对1家单位进行罚款处罚，对4家单位进行行政警告。2014年，区统计局开展“送统计法规进社区”活动，组织人员参加市统计局举办的法制培训班，提升执法人员业务素质。

2015年，区统计局进一步加强执法检查力度，对55家单位、企业进行执法检查，对2家单位进行罚款处罚，对1家单位进行行政警告。

第四章 审计管理

1985年10月，杭州市上城区审计局（简称区审计局）成立。1988年7月，上城区建立上城区审计事务所①。

1993年起，上城区的审计工作基本涵盖国家审计、内部审计、社会审计。1993—1995年，审计工作主要是审查财税收入和工业、企业的财务收支，强化对重点部门、重点资金、重点企业的审计。1994年，《中华人民共和国审计法》颁布，规定各级审计机关要对本级财政预算执行和其他财政收支情况开展审计监督。1995年起，上城区开展财政同级审计工作，财政审计成为区审计局的主要工作。同时，逐步开始搭建内部审计网络，加强内部审计单位指导，完善被审计单位内部制度建设。

1996—2000年，审计领域逐渐拓展。"领导干部经济责任审计"开始展开，并以党政部门领导干部经济责任审计工作为切口，审计对象逐步扩大到所有区级党政机关及下属事业单位负责人。全面启动工程项目审计工作，有效防止国有和集体资金的损失。

2001—2007年，上城区审计工作由传统审计向现代审计转型。2001年，首次建立领导干部经济责任审计联席会议制度，领导干部经济责任审计制度基本完善。2003年，企业改制基本完毕，对企业的审计停止。2004年，开展绩效审计，重点审计预算分配、预算支出和内部控制制度的实施情况，探索财政性资金的效益性审计，并对税收情况进行延伸审计。

2008—2015年，上城区围绕贯彻完善财政制度和资金绩效管理为中心推进财政审计工作，使财政管理进一步完善。推进审计信息化建设，以政府投资项目审计管理系统为切口，全过程监控项目审计的各个环节，并加强对协审单位招投标的监管。在此期间，区审计局重点对民生和政策落实情况开展审计。1993—2015年，区审计局共完成审计项目775个。

① 1993年3月，上城区审计事务所更名为上城区审计师事务所，2000年事务所转制为有限责任公司。

表 17-4-10　1993—2015 年上城区审计工作情况表

年份＼项目	审计项目（单位）（个）	违纪违规及管理不规范金额（万元）	上缴财政金额（万元）
1993	38	180	103
1994	43	239	162
1995	53	519	271
1996	64	2541	716
1997	50	1175	306
1998	52	3503	361
1999	34	3157.52	387.91
2000	33	8925	230
2001	28	4012	631
2002	34	4519	2869
2003	34	757	514
2004	41	43616	269
2005	33	12560	437
2006	30	17595	222
2007	25	38833	380
2008	24	28790	103
2009	24	20274	130
2010	25	104626	79
2011	24	—	—
2012	23	16044.83	1321.78
2013	22	16975.75	—
2014	22	19600	—
2015	19	3093	—
合计	775	—	—

说明：资料来源于杭州市上城区审计局

第一节　机构

1993 年，区审计局内设行政事业审计科、工业审计科、商业审计科、办公室 4 个科室，局址惠民路 3 号，主要承担审计监督职能。

1997 年，区审计局内设科室调整为行政事业审计科、商贸审计科、干部经济责任审计科、固定资产投资审计科、办公室 5 个科室。1998 年，迁址惠民路 26 号。1999 年 8 月，杭州市上城区审计学会成立。1999 年，上城区审计师事务所脱钩转制为有限责任公司。是年，上城区基建咨询服务部成立。

2002 年，区审计局内设科室调整为办公室、经济责任审计科、经贸审计科、行政事业审计科 4 个科室。11 月，杭州市上城区政府投资项目审核中心成立。2003 年 2 月，上城区基建咨询服务部脱钩转制为有限责任公司。

2012年5月，区审计局内设科室调整为办公室、法规科、行政事业审计科、经济责任审计科、投资审计科5个科室。至2015年，局址惠民路26号，机构和职能没有变化。历任党组书记、局长洪文华、诸玲玲、吴诗兵、胡建宏。

第二节　国家审计

一、企业审计

1993年起，上城区企业审计工作主要以财务收支审计和资产、负债、损益情况的审计为主。

1993年，区审计局对区属中外合资企业进行审计。发现的主要问题有：合资企业的可行性研究“表面化”；合资企业经济效益不理想；合同履行不力，又无相关的强有力制约措施；外方有“抽回”资本的现象；缺资金、缺场地制约合资企业发展。审计建议为：加强可行性研究；签订合同条款要明确全面；合资企业同样要厉行节约，减少开支；应针对自身的经营状况，采取有效措施，克服困难，提高产品质量，增强企业活力，提高竞争能力；加强对合资企业的审计。

1996年，区审计局对杭州豫丰祥百货商店1995年度资产负债及损益进行审计。发现的主要问题有：未交粮食补偿金1620元；误计管理费1580元。审计决定为：粮食补偿金及所得税合计应补交1241.40元；根据股份合作制企业的有关规定，要进一步完善企业章程，以便保证国有资产应有的保值、增值；进一步加强财务管理，对已查明的问题及时调账处理。

1999年开始，随着企业改制，企业审计工作主要以资产核查审计、经营情况审计、真实性审计为主，并且审计项目逐年减少。

2000年，区审计局对杭州自行车零件四厂1999年度财务收支真实性进行审计。发现的主要问题：该厂会计报表反映资产总额为702.1万元，经查证各类资产不实合计31.50万元，资产实际为733.69万元；报表反映累计负债535.68万元，经查证各类负债不实31.55万元；存放年限较长的无法投入使用或对外销售材料产成品31.11万元，占原材料、产成品总额的33.70%；账龄在三年以上的应收款14.93万元占应收款的11.78%；该厂存在潜亏的问题；预收货款未作销售，合计应缴未缴税金0.37万元；1999年收鸿源公司出租设备款26.19万元，应缴未缴税费合计1.45万元。审计决定：预收货款未作销售，合计应补缴税金0.37万元；1999年收鸿源公司出租设备款26.19万元，应补缴未缴税费合计1.45万元。审计意见：对时间较长无法对外销售及生产的材料，应采取对策，降低损失；对往来账款和投资款年份较长难以收回的问题，应按规定申报有关部门核销；对投资生产的新产品，应积极开拓市场；不要轻易担保类似经济方面的责任。

2002年，区审计局对杭州金巢饭店资产核实及经营情况审计。查明的主要问题：经营入不敷出，资不抵债。审计建议：国有资产并转需经国有资产管理部门会同财政部门审批并办理资产和财务移交手续，交接双方应签署交接协议，并将协议书及交接时的资产负债表和财产清册，报送上城区国有资产管理部门和财政部门；饭店向区政府的借款，可提出申请，报经区政府批准核销。

至2003年，区审计局对杭州复兴建设集团有限公司进行财务收支审计。是年，企业改制基本完毕。2004年起，上城区停止对企业的审计。

表17-4-11　1993—2003年上城区企业审计情况表

年份	审　计　内　容
1993	杭州解放路食品商店财务收支审计；杭州保安器厂财务收支审计；杭州空调设备厂产品销售利润的审计调查；区属中外合资企业审计调查；杭州电工仪表厂股份制试点审计调查；杭州自行车零件四厂财务收支审计；清泰信用社财务收支审计；海口市华海公司财务收支审计
1994	杭州万隆实业公司财务收支审计；上城区塑料印刷行业亏损企业经营状况的审计调查；上城区外贸8家直属企业经济效益审计调查；上城区部分工业——杭州三星巾机厂15家企业机关新增值税实施情况；杭州天荷时装公司财务收支审计
1995	浙江元鸿贸易公司财务收支审计；杭州工具仪表厂资产负债损益审计；浙江万欣贸易公司财务收支审计；杭州环保设备机械厂存货审计；杭州亨达利钟表店资产、负债、损益审计；10家工商企业纳税情况审计
1996	杭州豫丰祥百货商店资产、负债、损益情况审计；区金属材料公司期货交易情况审计调查；杭州亨达利钟表店资产、负债、损益定期审计；区计经委系统工业企业原企业管理费分离摊销情况审计；杭州远东制冷设备公司资产、负债、所有者权益审计
1997	商业网点资金筹集使用情况审计；杭州亨达利钟表店有限公司资产负债、损益情况审计；杭州套丝机总厂资产、负债、损益审计；杭州延应堂药店财务收支审计
1998	区计划与经济局所属5家股份合作制企业的审计；区职工养老保险基金的审计；区房地产管理局财务收支审计
1999	区五交化公司财务收支真实性情况审计
2000	杭州自行车零件四厂财务收支真实性审计；杭州张小泉剪刀商店改制情况审计
2001	杭州凤凰灯具厂资产负债损益审计；杭州复兴建设集团公司所属子公司转制情况审计；区企业审计对象审计；区民政局所属企业国有资产核销情况审计；近江村资产、负债、损益审计；杭州玉皇经济联合社基本情况审计
2002	杭州金巢饭店资产核实及经营情况审计；复兴农贸市场财务收支审计；外滩针织服装市场有限公司资产、负债、损益审计；外滩市场开发有限公司资产、负债、损益审计；杭州横河体育俱乐部经营情况审计
2003	杭州复兴建设集团有限公司财务收支审计

说明：资料来源于杭州市上城区审计局

二、行政事业审计

1993年起，上城区行政事业审计主要以审查各项支出的合法性、真实性以及相关单位行政性收费及收取罚没款的合法性、完整性、及时性为主。上城区审计工作重点在于审查财政预算拨款和上级补助经费支出是否按财政部门批复的部门预算用途和标准使用，专项资金是否专款专用，行政性收费、罚款依据和标准是否合法，是否实行收缴、罚缴、票款分离，是否及时上缴国库、纳入财政预算等问题。

1994年，区审计局对杭州市上城区文化局财务收支进行审计。发现的主要问题有：账外存款10万元；占用所属单位截留营业款购买手机1部，价值3.34万元；私分所属单位联营收入款7000元。审计意见建议：要把一切财务收支都纳入财会部门账目，做到收支两条线，并加强对单位及所属部门的财务管理；对账外存款应全额入账，作文化事业专项基金，专款专用，不得移作他用；对实物“大哥大”手机1部，应作固定资产入账。

1995年，区审计局对上城区卫生局及所属单位预算内外资金进行审计。发现的主要问题：少列业务收入合计1.45万元；未经审批，擅自购买专控商品；公费医疗费超定额包干支出。审计意见建议：加强对各项收入的财务管理；加强购买专控商品审批管理；对超定额医疗费挂账问题，应适当提高人均每年的门诊医疗费定额标准，理顺转院报账关系，做到转院医疗审批与报账单位一致，以便控制；上城区卫生局及公费医疗办公室结合上城区的实际情况对公费医疗管理体制、报销制度进行改革，以控制公费医疗不断增长的趋势。

1997年起，行政事业审计工作向提高资金使用效益和预算编制的合法性、执行的规范性进一步深化。重点审查预算收入的合法性、真实性，预算执行、决算编报的真实性、完整性，是否真实地反映预算情况；上级补助经费是否及时完整入账，有无账外设账、隐瞒转移资金的问题以及资金使用后续情况等问题。

1998年，区审计局对区属部分行政事业单位预算外资金进行审计。发现的主要问题：个别单位未及时足额反映收费收入；个别部门执行预算外资金专户储存制度不到位。是年，区审计局对望江街道办事处预算内外资金收支管理情况进行审计。查明的主要问题：部分收费票据管理和使用不够规范；出借资金效益欠佳；对外投资难以收回；固定资产管理欠完善。审计意见为：凡财政部已明确纳入预算的行政性收费，应按规定上缴财政；应加强《中华人民共和国预算法》、财政部《关于对行政性收费、罚没收入实行预算管理的规定》有关文件的宣传，提高部门对行政性收费管理的认识；加强执法力度，督促各部门及时反映行政性收费收入，并上缴国库或缴存财政专户。

2003年，区财政局对上城区复兴地区开发总指挥部财务收支进行审计。主要问题：售房收入4716.21万元，购房款、扩面款收入14325.84万元，未按规定缴纳税金；杭州娃哈哈集团有限公司欠房款1119.79万元未收回。审计建议：补交相应税款；及时处理应收款项；加强内部控制制度建设和管理。

2008年起，上城区行政事业审计主要围绕领导关注、群众关心的热点、疑点问题，确定审计的重点内容。2008年，区审计局对杭州市上城区科学技术局财务收支进行审计。发现的主要问题：部分科技资助项目未经专家评审程序和公示；科技经费使用效益情况未及时跟踪问效；部分工程施工事先未经招标，事后未经造价审计。审计建议：进一步完善立项专家评审程序和社会公开公示制度，逐步推行网上评审手续，接受群众监督，提高科技经费立项科学合理性；要建立科技项目的定期绩效评价制度，审核完善科技经费问责制度和监督体系，加大资金投入后实现效益情况的跟踪检查；建设工程项目设计监理施工事先均应公开招投标，保证项目质量，节约建设资金，提高经济效益；应及时向区审计局报告国家建设项目每季工程实施进度和完工决算，以便实施国家审计。

2010年，区审计局对近江小区建设工程指挥部财务收支进行审计。发现的主要问题：工程采购收取回扣不入账，私设小金库262万元；向关联企业出租商铺，租金较标准偏低且未及时收取；未及时办理建设项目竣工决算；公务车辆购置与使用维修未参加政府采购等问题。审计建议：该问题要引起区委、区政府高度重视。中共杭州市上城区纪律检查委员会（简称区纪委）对该单位私设小金库问题专门立案处理。

1993—2015年，上城区经历定期“审计—财务收支审计—绩效审计”的发展过程，共对81家单位开展审计。

表17-4-12　1993—2015年上城区部分年份行政事业单位审计对象情况表

年份	审计对象
1993	区教育局、横河街道办事处、区工商局
1994	区文化局
1996	区房管系统、区土地管理局
1997	区土地管理局、区人民医院
1998	区市容环境卫生局、区房地产管理局
1999	区计划与经济局、清泰街道办事处、横河街道办事处、涌金街道办事处、小营街道办事处、湖滨街道办事处、城站街道办事处、紫阳街道办事处、望江街道办事处、闸口街道办事处、清波街道办事处、南星街道办事处、区人民法院
2000	城站广场管委会、区计划生育局、区民政局、区市政园林管理所、区公安分局、区建设局、区司法局、区土地管理局、区物价局、区对外贸易经济合作局、区人民检察院、区劳动局、小营街道办事处、区人民法院
2001	区民政局、区科技局、东河旧城改造指挥部、区人民检察院、区文化局、区体育运动局、区市容环卫局、区卫生防疫站、区公安分局、区人民法院
2002	区民政局
2003	区人民医院、区公安分局、区卫生局、吴山地区开发指挥部、复兴地区开发总指挥部、小营地区危旧房改造指挥部、区残疾人联合会
2004	区计划生育局、杭州市质量技术监督局上城分局、区市容环境卫生局、区地产事务所、杭州口腔医院、浙江省杭州第十中学、杭州清河坊历史街区管理办公室
2005	杭州市工商行政管理局上城分局、区司法局、区人民法院、杭州市江城中学、杭州市八一中学、区中医院、区建设局
2006	区人民检察院、小营地区旧房改造指挥部、南山路东侧整合指挥部、区人民法院、清河坊历史街区管理委员会、科技工业基地管委会
2007	区商业网点集贸市场建设办公室、区公安分局、南山路东侧整合指挥部、东河沿线旧城改造指挥部
2008	区科技局
2009	湖滨地区商贸旅游特色街居建设整治指挥部、区体育局
2010	近江小区建设工程指挥部、望江地区改造建设指挥部
2011	小营街道办事处
2013	区人口和计划生育局、区电子机械功能区管委会、湖滨地区商贸旅游特色街居建设整治指挥部、小营街道办事处
2015	吴山地区开发建设指挥部

说明：资料来源于杭州市上城区审计局

三、财政审计

1993年起，区审计局连续4年开展税收、财务大检查工作，累计检查197家单位，查出应上缴财政金额513.26万元。

表17-4-13　1993—1996年上城区财税大检查情况表

年份＼项目	重点检查单位（家）	违纪金额（万元）	上缴财政金额（万元）
1993	35	75.25	71.76
1994	52	—	90
1995	55	186.50	136.50
1996	55	307	215

说明：资料来源于杭州市上城区审计局

1995年起，区审计局开始区本级财政预算执行情况和其他财政收支审计。是年，根据《中华人民共和国审计法》和《浙江省预算执行情况审计监督实施办法》，按照“抓住重点，强化结合，促进规范，提高质量”总体思路，采用“账户入手，下审一级，摸清家底”审计办法，率先全市开展区本级财政预算执行情况和其他财政收支审计（简称财政同级审）工作。1996年，上城区财政同级审着重体现“大财政”概念，即注意与财税大检查和其他审计项目结合。

2002年，区审计局在开展财政同级审外围审计[①]时，对教育经费的使用提出审计建议。杭州市上城区教育局以审计建议为依据，解决搁置近3年的杭州市上城区教师进修学校“半拉子工程”问题和杭州第五中学校办厂职工工资挤占教育经费问题，共收回“勤工俭学楼”工程款1472.45万元，久拖未付杭州第五中学的拆迁补偿费442万元。

① 财政局审计称核心审计，以外称外围审计。

2004年，区审计局以绩效审计为突破口，重点对预算分配、预算支出和内部控制制度进行审计，探索财政性资金的效益性审计，并对税收情况进行延伸审计。

2009年，区审计局在财政审计时发现科技、教育等专项资金沉淀较多，没有充分发挥应有效益，提出强化专项资金分配与使用管理，促进提高资金使用效益方面的审计建议。同时，区政府还首次下发《关于落实审计问题整改工作的意见》，要求相关责任单位限时整改问题，切实提高审计效能，充分发挥审计监督职能作用，不断规范财政、财务行为。

2011年，区审计局按照浙江省审计厅的要求开展街道决算审计。同时，财政同级审以支出为重点，把本级财政预算执行情况审计延伸到二、三级单位和项目的各个环节，评价各部门下属二、三级预算单位内控和财务管理制度建立健全情况、重大经济决策及执行情况，促进相关单位完善决策民主程序，加强内部管理和制度建设，规范财政资金的使用行为，提高财政资金使用效益和部门预算约束力。杭州市上城区财政局（简称区财政局）也把审计建议落实在2012年区级部门（单位）预算编制的具体部署中，在《关于编制上城区2012年区级部门（单位）预算建议计划的通知》中要求各部门整改落实审计提出的意见，提出加强结余资金管理、完善项目预算管理、增强转移支付资金编制的具体措施，确保部门预算的真实性和完整性。是年，区财政局根据审计建议和整改要求陆续制定《部门预算编制业务规范》《部门预算调整操作规程》《上城区公共财政政策解读》等6项制度和规范。

2012年，区审计局在对望江街道办事处2011年财政决算审计时，查出该街道预算执行不到位，121.42万元专项资金未能专款专用，行政超标拨付工会补助款；城管科副科长兼农贸市场经理，市场摊位费、卫生费未及时上缴财政专户，公款私存584万元，并收取不法利息等问题。对于公款私存问题，区审计局移送区纪委进行立案查处。望江街道办事处撤销城管科副科长农贸市场经理职务，多次召开专题会议，制定关于下属农贸市场、夜市的现金管理办法，明确责任人。

2015年起，上城区围绕贯彻完善财政制度和资金绩效管理为中心推进财政审计工作，使财政管理进一步完善。是年，区审计局查出区财政局存在存款未实行竞争性存放问题，督促区财政局制定《上城区区级行政事业单位公款竞争性存放管理暂行办法》。

四、经济责任审计

1993—1995年，区审计局共对杭州市上城区防汛办公室、杭州市上城区城市管理办公室、杭州市上城区委老干部局等5家单位进行领导干部经济责任审计，为全区全面推行领导干部经济责任审计制度奠定基础。

1996年，上城区党政部门领导干部经济责任审计工作逐步推开，审计对象扩大到所有区级党政机关及下属事业单位负责人。1997年，区审计局对11名干部进行离任经济责任审计。1999年，上城区完成干部经济责任审计项目10个，包括离任审计1个，在职审计9个。

2001年5月，上城区首次建立领导干部经济责任审计联席会议制度，由纪检、组织、监察、人事、审计等部门组成联席会议成员单位。是年，上城区制定《关于进一步做好领导干部经济责任审计工作的意见》，党政领导干部经济责任审计工作形成制度。2004年，上城区建立经济责任审计通报制度，制定《领导干部离任交接制度》和《关于进一步严格财务制度严肃财经纪律的通知》，明确领导干部在办理调任、转任、免职、辞职等手续时，应当清理单位财政、财务、资产情况和个人使用的公有财物，办理离任交接手续。是年，区审计局共对11名领导干部进行经济责任审计，发现的主要问题：对内部控制管理重视不够；固定资产管理意识亟待提高；出借资金及投资收益管理有待完善；全局观念需要加强，有的单位把部分预算外收入滞留下属单位账，未入行政大账，有的列入工会账户核算、坐收坐支，有的罚没款收入滞留，上缴不及时；纳税意识有待提高，有的单位隐瞒房租、营业收入，不缴或少缴房产税、营业税等；会计核算需进一步规范。对上述问题，区审计局提出审计建议，要求完善内控程序和手续，对重大事项应规范议事程序和民主决策，同时加强预算和固定资产管理，完善会计核算手续。

2005年6月，上城区推行经济责任审计审前告示制度，在被审计领导干部所在单位张贴告示，对审计范围及内容、审计组联系方式等进行公告说明，扩大审计线索来源，此项工作得到《中国审计报》报道。9月，区审计局制定《上城区直属单位领导干部内部经济责任审计操作（暂行）办法》，规范二级单位经济责任审计工作。12月，区审计局制定《上城区经济责任审计结果运用、监督办法（试行）》，规定经济责任审计的内容、结果运用、通报方式以及结果运用形式。是年，区审计局对12名领导干部进行经济责任审计，查出违规金额263万元，管理不规范金额4681万元。

2007年，上城区推行区审计局与区纪委、区委组织部联合进点制度，在审前调查阶段，召开进点座谈会，组织前后任领导干部、被审计单位财务人员和有关业务人员一起参加座谈，了解离任领导干部履行经济责任情况，告知审计内容和重点，以及需要被审计单位和离任领导干部配合的事项。

2008年5月，上城区深化经济责任审计，以领导干部工作绩效为重点，制定《上城区行政事业单位绩效审计实施意见》，对行政机关、街道办事处、专项资金、建设项目4个部分分别设置审计评价指标，把单位重大经济决策、内部控制制度建设、行政成本、工作业绩考核等方面列为必审内容，加强对领导干部管理决策、权力行使等方面的审计。2010年，上城区以促进领导干部依法行政为落脚点，在做好“逢离必审”的基础上，把审计关口前移，加大“任中审计”力度，实现审计形式从先离后审到先审后离的转变。2011年3月，上城区制定《上城区领导干部离任经济事项交接办法》，明确离任交接对象和主要内容。4月，区审计局编制《经济责任审计告知手册》，在领导干部任职前告知其应履行的经济责任，经济责任审计的主要内容以及经济责任界定方法等。

2012年6月，区审计局针对党政部门和街道办事处制定《上城区领导干部经济责任量化评价指标表》，设置20个审计评价指标，实行街道和部门领导干部经济责任量化评价指标体系评价，根据评分表计算被审计领导干部的综合得分，确定履职评价相应等次，为组织部门和纪检监察机关加强干部管理监督，更好运用审计成果提供参考依据。9月，上城区制定《上城区经济责任审计工作五年规划》《上城区经济责任审计计划管理办法》等文件，提出重点岗位领导干部经济责任审计名单和分年安排原则，以及其他岗位领导干部接受经济责任审计制度约束的方式方法。是月，区审计局制定领导干部经济责任审计年度报告制度，要求区管干部每年度把履行经济责任情况报告书上报上城区委组织部，主要内容包括：部门事业发展情况、工作目标综合考核完成情况、重大经济决策机制建设和执行情况、公共资产和财政资金管理情况、工程建设项目管理情况、行业管理和内部监督情况等，并抄送经济责任审计联席会议办公室。经济责任年度报告作为领导干部年度述职述廉的主要内容之一，列入领导干部本人的考核档案。

2013年8月至2014年5月，全区首次集中办理20个区直单位领导干部离任经济事项交接事项，经济责任审计联席会议成员单位，纪检监察派驻机构负责人，交接单位离任和接任领导、财务负责人参加交接。

2015年，区审计局继续按照《上城区领导干部经济责任量化评价指标表》，实施经济责任审计量化评价。

表17-4-14　上城区领导干部经济责任量化评价指标表

一级指标及权重	二级指标	序号	三级指标	评价结果			
				A	B	C	D
				权重：1	权重：0.8	权重：0.6	权重：0
一、科学发展观（书记主任各占25%）	（一）工作目标综合考核情况	1	任务完成情况				
	（二）经济可持续发展情况	2	地方财政收入情况				
		3	税收结构优化情况				
	（三）社会有序治理情况	4	民生事业投入				
二、权力运行公开化（书记占30%，主任占20%）	（四）决策机制建设情况	5	决策制度的健全程度				
		6	决策内容的合规程度				
		7	制度执行的有效程度				
	（五）决策效益情况	8	综合管理的效益性				
三、资源配置市场化（书记占15%，主任占20%）	（六）公共资产管理情况	9	公共资产管理的合规程度				
		10	公共资产处置的合规程度				
		11	公共服务管理的合规程度				
	（七）资产购置政府采购情况	12	政府采购的合规程度				
四、操作行为规范化（书记占20%，主任占25%）	（八）财政资金管理情况	13	财政政策的落实程度				
		14	预算编制管理的合规程度				
		15	预算执行管理的合规程度				
	（九）建设项目管理情况	16	程序执行的合规程度				
		17	内控制度的健全程度				
		18	制度执行的有效程度				
	（十）内部监督管理情况	19	内部审计的有效程度				
五、廉洁从政情况（书记、主任各占10%）	（十一）个人廉洁从政情况	20	遵守《中国共产党党员领导干部廉洁从政若干准则》				

五、专项审计

1993年，区审计局对10家区属商业企业引进个体经营机制进行审计调查。查明的主要问题与不足：承包企业流动资金贷款有一定的难度；只重视规定要缴纳的税收，而忽视集体财务会计制度的规定；有的承包企业职工医药费报销有一定的困难。审计意见和建议：主管部门对企业经营要加强管理和指导，帮助解决企业的实际困难，给企业营造良好的外部环境，使企业经济效益不断提高；对税收制度和执行集体财务制度的问题，财税部门和签订合同的主管部门要认真研究配套政策，使企业在经济活动中，既不造反财经纪律，又符合国家政策规定；同时，在承包期满时，要建立审计监督制度，客观地评价承包期间的经济责任；对职工医疗福利的问题，相关部门应给予一定的重视。

1998年，区审计局对区属行政事业单位1997年1月至9月部分预算外资金进行审计。查明的主要问题与不足：一些部门对行政性收费的概念和性质缺乏正确认识；个别单位未及时足额反映收费收入；个别部门执行预算外资金专户储存制度不到位；财务部门对行政性收费的管理方式值得商榷。为此，提出审计处理意见和建议：财政部门要加强对行政性收费的管理与监督，各部门应认真执行财政部的有关文件，把行政性收费及时上缴财政；区财政部门应加大《中华人民共和国预算法》及财政部颁发的《关于对行政性收费、罚没收入实行预算管理的规定》及有关文件的宣传，提高各部门对行政性收费管理的认识，以促进收费管理的规范化；加强执法力度，督促各部门及时反映行政性收费收入，并上缴国库或缴存财政专户；对违反规定，不按期上缴国库或交存财政专户的，应根据《中华人民共和国预算法》以及《国务院关于违反财经法规处罚的暂行规定》的有关规定予以处罚。

2010年，上城区对2009年度全部政府性资金、财政资金安全绩效及政府负债进行审计调查。查明的主要问题与不足：经营性房产管理不够统一规范；未正式编制政府性债务收支计划；财政周转金放款仍未清理核销。为此，提出审计处理意见和建议：区财政局应按规定把公安、计生、法院等的行政事业性收费收入上缴国库，纳入预算管理，以进一步规范预算行为；积极与上级主管部门进行协调，明确行政事业性收费收入上缴国库后的体制结算不影响区级财力；区级部门应规范收支行为，对下级的补助应通过财政进行拨付，便于财政部门全面掌握全部政府性资金来源、支出、结余情况，确保预算收入的完整性，同时合理安排支出，更好地发挥公共财政的作用。

2015年，区审计局对2014年度“五水共治”政策措施落实情况进行跟踪审计。经审计，查明的主要问题与不足：部分项目未按计划完成，截污纳管第三批项目的中、东河截污方案项目、第二批河道设施改善中河（中河路—仓河下路桥）以及中河13号排污口污染源治理项目未及时开工；截污纳管第二批新塘河16号排污口项目和截污纳管第三批西牌楼社区截污梳理项目延期竣工；贴沙河清淤工程实施过程不符合基本建设程序；负责项目发包方的管理人员与中标单位的项目经理同为一人；施工合同主要条款与招标问价不一致；20万元以下直接发包工程未有相应内部控制制度；土方外运违规分包。为此，提出审计处理意见和建议：建设单位应科学立项，统筹安排，确保完成当年任务；强化前期调查，加强沟通协调，对需要市有关部门协调、统一实施的项目，应与市有关部门及时联系，争取早日开工；对因客观原因不能实施的项目，应与市有关部门早联系、早沟通，不列入计划或调整计划；严格按建设程序办事，不能先开工后招标；规范发包与中标管理；加强合同管理，确保合同实质性条款应与招标文件保持一致，尤其是涉及有关价款的调整与招标文件有关合同的条款保持一致；建立工程直接发包的内部控制制度，防止小项目管理失控，降低直接发包风险。

图 17-4-5　2015年2月，区审计局对2014年城镇保障性安居工程进行跟踪审计　（区审计局　供稿）

1993—2015年，区审计局共完成82项专项审计调查。

表 17-4-15　1993—2015年上城区专项审计调查情况表

年份	专项审计
1993	杭州空调设备厂产品销售利润审计调查；区属中外合资企业审计调查；杭州电工仪表厂股份制试点审计调查；10家区属商业企业引进个体经营机制调查；行政机关举办公司注册资金情况专项调查的审计
1994	区计划外生育费专项审计；区养老待业保险基金审计调查；区重点建设项目资金到位及来源审计调查；区外贸8家直属企业经济效益审计调查等
1995	区城建局及部分城建预算外资金审计调查；区卫生局及所属单位预算内外资金审计；区计经委代管部分工业产权定向转让回收资金管理和使用审计；区各街道所属企业转制回收资金管理情况审计；区城建局、区商业局所属企业回收资金的管理和使用状况的审计调查；10家工商企业纳税情况审计；区政府所属部分单位预算外资金收支管理的审计调查；区部分单位罚没收入审计；区部分行政事业单位房改售房资金回笼情况的审计调查
1996	区计经委系统工业企业负担状况的审计调查；区劳动部门预算内外资金审计调查；区计经委系统工业企业原企业管理费分离摊销情况审计；区技术改造资金审计
1997	区医药行业和医院药品价格及经营情况专项审计
1998	区属行政企业预算外资金审计调查；区职工养老保险基金审计；区财务开发公司资产负债损益审计
1999	区教育局教育费附加使用和效益情况；区中国福利彩票赈灾专项募集情况审计；区教育经费审计
2000	区属部分预算执行单位预算外资金专户执行情况专项审计；区属10家预算执行单位国有资产管理情况专项审计调查；上城区企业职工基本养老保险覆盖面情况专项审计；区属部分预算执行单位罚没收入及行政性收费情况专项审计
2001	区教育局教育经费情况专项审计；区清理整顿财政周转金情况专项审计调查
2002	区教育局教育经费情况专项审计
2003	区企业挖潜改造资金科技经费专项审计

续表 17-4-15

年份	专项审计
2004	杭州市地方税务局上城征管局税收专项审计；区科技经费专项审计
2005	区街道资金专项审计；杭州市地方税务局上城税务分局税收专项审计
2006	公务用车专项审计；城市最低生活保障资金专项审计；区教育局经费专项审计；区水利建设资金专项审计；区科创中心绩效情况专项审计
2007	区被征地农民社会保障资金专项审计；区教育经费投入情况专项审计；省级移交支付专项审计
2008	区属部分国有企业国有资本经营收益专项审计；区残联残保金专项审计；区社区卫生服务中心运行状况专项审计；区促进再就业资金专项审计；区庭院改善工程招投标及合同签订专项审计
2009	区各指挥部经营性房产运行情况专项审计；区学前教育管理情况的专项审计；区基层文化建设的专项审计；区政府投资项目工程量清单评价情况专项审计；区第九次“春风行动”专项资金审计
2010	区中小学校校舍安全工程专项审计；部门预算执行情况专项审计调查
2011	区居家帮扶资金专项审计；国有企业运营监管体系专项审计；区企业扶助资金绩效专项审计；区中小学校舍安全工程专项审计
2012	区社区经费预算及资产管理情况专项审计；行政事业性收费政策执行情况专项审计；区中小学校舍安全工程专项审计；区部分建设工程管理政策执行情况专项审计；全区文化经费投入专项审计
2013	区各职能部门预算执行情况专项审计；区财政转移性资金管理专项审计；区招投标管理情况专项审计；上城区政府投资项目工程变更签证价情况专项审计；区财政转移性资金管理专项审计；合同管理情况专项审计；区公务支出公款消费专项审计；区公共停车场（库）建设交付使用管理情况专项审计
2015	区财政存量资金专项审计；区教育经费专项审计；区财政涉农资金专项审计

说明：资料来源于杭州市上城区审计局

六、固定资产投资审计

竣工决算审计　2007年起，区审计局开始竣工决算审计工作。是年，区审计局根据杭州市审计局要求，对上城区2006年度背街小巷改善工程开展第一次竣工决算审计。查明的主要问题与不足：部分项目设计深度不足变更较多，变更设计造价控制缺位，增加施工范围的指令签发不及时；招投标及合同管理有待改进；施工管理工作有待加强；送审资料有待进一步规范。审计提出的处理意见和建议：把好建设前期关，严格项目管理；规范项目招投标工作，加强合同管理；进一步加强施工管理工作；规范竣工资料的送审工作。

2015年，区审计局对上城区城市管理基础设施工程建设指挥部负责实施的背街小巷改善和庭院改善工程竣工决算进行审计。查明的主要问题与不足：评标专家履责不到位，部分工程未及时送审，工程变更报告单不完整。对上城区城市管理基础设施工程建设指挥部负责实施的2013年、2014年度截污纳管工程的竣工决算进行审计。查明的主要问题与不足：工程进入决算比例较低；竣工资料不真实、不完整；2014年决算报告中的部分问题仍未及时整改。审计提出的处理意见和建议：建设单位对投标价明显低于市场价的工程材料应坚决不给予工程变更，即使特殊情况确需变更材料的，也应按原投标口径同比例优惠计价，从而遏制施工单位低价中标后又变更提高造价的做法；指挥部应严格按照基本建设程序进行工程项目建设，重视工程送审情况，在工程竣工后及时督促各单位整理和编制竣工资料，按要求送审，避免竣工后长时间不送审情况的发生。

2007—2015年，区审计局共针对背街小巷改善工程、截污纳管改善工程、庭院改善工程等27个民生实事工程项目开展竣工决算审计。

表17-4-16　2007—2015年上城区竣工决算审计项目情况表

年份	审计项目
2007	2006年度背街小巷改善工程决算审计
2008	2006年旧小区整治及平改坡工程竣工决算审计；环城东路综合整治工程竣工决算审计；庆春路南侧道路综合整治工程竣工决算审计；2007年度背街小巷改善工程竣工决算审计；2007年度截污纳管工作竣工决算审计
2009	2008年度背街小巷工程竣工决算审计；2008年度截污纳管工程竣工决算审计
2010	截至2009年底已完工的危旧房改善项目竣工决算审计
2011	2008年度庭院改善工程竣工决算审计；2009年度背街小巷工程竣工决算审计；2009年度截污纳管工程竣工决算审计；截至2010年底已完工的危旧房改善项目竣工决算审计
2012	2009年上城区庭院改善工程竣工决算审计；2010年度上城区截污纳管工程竣工决算审计；截至2011年底已完工的危旧房改善项目竣工决算审计；2010年度背街小巷改善工程竣工决算审计
2013	2011年度背街小巷改善工程竣工决算审计；2011年度截污纳管工程竣工决算审计；截至2012年底已完工的危旧房改善项目竣工决算审计；2010年度庭院改善工程竣工决算审计
2014	2012年度背街小巷改善工程竣工决算审计；2012年度截污纳管工程竣工决算审计；2011—2012年度庭院改善工程竣工决算审计
2015	截至2015年10月底背街小巷改善工程竣工决算审计；2013和2014年度截污纳管工程竣工决算审计；截至2015年10月底庭院改善工程竣工决算审计

说明：资料来源于杭州市上城区审计局

结算审计　1996年，区政府批转区计经委、区审计局《关于建立上城区行政事业单位基本建设（装饰装潢）工程预结算审计制度（试行意见）》，标志着工程项目审计工作的全面开始。是年，区审计局对18家单位进行结算审计，核减工程款127万余元。

2003年2月，区政府制定《上城区国家建设项目审计办法》，从制度层面加以规范结算审计工作。2004年，区审计局制定《上城区国家建设项目审计实施细则》，对全区基建项目进行全面调查，共对杭州市始版桥小学改建、马市街道路改造、杭州市高银巷小学、清河坊历史街区第一批整修、杭州市清波小学和幼儿园装饰、杭州市娃哈哈小学校门改建、杭州市公安局上城分局刑警办公楼装饰等16个工程进行审计，并对建设过程中存在的可行性研究、招投标管理、财务核算及超计划投资等方面的问题提出相应建议。

2007年起，区审计局逐步加强对协审单位的管理考核，建立摇号制度，规定所有审计项目均由计算机摇号确定协审单位；修订审计约定书，增加受聘协审单位需内部复核的条款，对出现严重审计质量或违反廉政规定的，实行一票否决制；要求审计组长要对协审单位做出全面评价，作为年底考核筛选协审单位的参考。

2008年4月，上城区制定《有效控制建设工程高估冒算的实施意见》，防控施工期频繁变更、决算中高估冒算、虚假报审等情况的发生。2009年12月，区审计局制定《上城区政府投资建设项目结算审计限时审结办法（试行）》，提高审计工作质量及效率，保障审计工作的时效性。同时，着眼于过程控制和服务，探索建设项目的全过程跟踪审计工作，区审计局开展对中山中路改造工程、河坊街二期、危旧房改善工程等重点工程的全过程跟踪审计。

2011年10月，上城区制定《关于规范工程竣工结（决）算送审资料的通知》，重点对结算送审资料中的概算批复文件、招标文件、投标文件、施工合同、工程变更联系单、竣工图等提出具体要求，建设单位建立送审资料预审机制。2012年7月，上城区政府投资项目审计管理系统平台完成调试，正式上线。2014年，上城区重点在隐蔽工程审核、进度款超付、遗留项目推进、联系单变更管理、审计信息等方面开展审计工作。

2015年，区审计局共完成结算审计项目151个。是年，上城区开展二十国集团（G20）领导人峰会项目跟踪审计，坚持监督与服务并重的原则，对峰会项目规范运行、建设资金合法使用等方面监督的同时，也对跟踪审计中发现的疑难问题、廉政建设等方面进行指导。

表17-4-17　1996—2015年上城区结算审计情况表

年度	结算审计项目数（个）	送审造价（万元）	核减金额（万元）
1996	18	—	127
1997	33	1206	187
1998	39	1920	234
1999	22	2185.60	385.60
2000	64	5300	1043
2003	—	—	155.14
2004	16	2333	472
2005	29	7028.42	1167.37
2007	25	7050	1128
2008	113	13725	1837
2009	85	8395.60	1475
2010	197	29434.68	3583.54
2011	215	30203.28	4321.53
2012	138	34114.59	3978.05
2013	171	44473.45	5093.43
2014	139	61521.42	6234.41
2015	151	100334.26	10359.47

说明：资料来源于杭州市上城区审计局

第三节　内部审计

1993—1994年，上城区初步形成内部审计网络。至1994年底，内部审计机构达16家。

1995年，上城区扩大内部审计网络，内部审计机构发展到19家，内审人员61名。

1996年，上城区制定《上城区内部审计工作程序（试行意见）》，举办全区首次内审工作培训班，并派专人对区教育局130余名财务负责人和财会人员进行内审培训。

2004年，上城区制定《上城区内部审计工作考核评比实施办法》，明确考核对象、内容，采取内部审计机构自查、审计机关检查相结合的形式，在各内审机构年度自评基础上，经区审计局组织审定后确定最终考核分值。同时，区审计局确定内审工作指导计划，分解落实到科室，明确工作要求，纳入岗位目标考核。是年，2个内审项目被杭州市审计局评为优秀内部审计项目。

2007年，全区重点单位基本建立内审制度，配备专职内审人员，基本形成内审工作网络。2013年，上城区推进重点部门内部审计工作向财务审计与管理审计并重转型，通过增强人员全面素质、转变传统工作职能等方法，健全内部审计制度，增强风险意识。2014年，通过《上城报》、政府门户网站、区审计局官方网站、区审计局官方微信公众号等方式向社会公告项目结果公告及相关财经法纪知识。

2015年，区审计局对上城区城市管理局40余名人员开展以规范财务及工程管理为主要内容的专题辅导培训。

图17-4-6　2011年，区审计局召开上城区内部审计工作会议（区审计局 供稿）

第四节　社会审计

1993年，上城区审计师事务所（简称区审计师事务所）以企业实行“两则”（《企业会计准则》和《企业财务通则》），转换经营机制为契机，与浙江省审计师事务所联合，对上城区2家企业转为股份合作制进行资产评估，对3家新成立的股份合作制企业进行注册资本金跟踪审计。全年共完成各类委托事项1010个，为委托单位追回损失2万元，收回利息2万元，查出小金库4万元、空挂材料账10余万元。

1994年，区审计师事务所完成验资、资产核实、咨询顾问、经济案件等各种委托事项600余个。是年，上城区建立注册会计师验资复核制度，严把注册资本验资关，全年核减虚假注册资本1048万元。

1995年，区审计师事务所为152家单位进行财务收支承包离任、资产评估、基建决算等方面的审计，还对285家单位的注册资金进行验资，核减虚假注册资金190万元。

1996年，区审计师事务所为462家单位提供年度会计报表查证、财务收支、经济案件鉴定、验资及担任常年审计顾问等方面的服务。1998年，区审计师事务所建立注册会计

① 三级复核制度：由项目经理、部门经理和审计机构的主任会计师或专职的复核机构或复核人员对审计工作底稿进行逐级复核的一种复核制度。

师签字、审计质量三级复核制度[①]。1999年，根据上级审计机关的要求，区审计师事务所脱钩转制。2000年，区审计师事务所转制“扫尾”完成，按规定妥善解决遗留问题，原法人代表、税务登记注销，已审项目归档立卷。

第五章　工商行政管理①

1978年起，工商行政管理工作进入新发展时期，其职能概括为“六管一打一制止”，即工商企业登记管理、市场管理、个体经济管理、商标管理、广告管理、经济合同管理，打击投机倒把，制止流通领域不正之风。1988年10月，杭州市上城区工商行政管理局（简称区工商局）下设涌金、小营、湖滨、清波、清泰、横河、城站工商行政管理所。1992年10月，国家确立建立社会主义市场经济体制目标。1993年起，工商行政管理部门的职能框架开始由“六管一打一制止”演变成为以市场准入管理、市场交易行为管理、市场竞争行为管理和商标注册及专用权保护为主。1998年，杭州市工商行政管理局上城分局（简称上城工商分局）进一步简化个私登记手续，放宽经营范围和经营方式，允许个私企业开分店，允许跨行业经营，极大地促进了个体私营经济发展。

1999年5月起，杭州市工商行政管理系统全面实行垂直管理。2001年，上城工商分局开通计算机网上前置并联审批系统。2003年，上城工商分局按照“明示告知、书面承诺、证照核发、实地查验”的要求，实行企业前置审批告知承诺制，在全市率先发出第一张营业执照。2005年，上城工商分局建立食品、副食品市场商品准入体系，食品检测体系及公示体系。2009年，上城工商分局开展“服务与监管一体化网络平台”建设试点，把电子政务和电子商务结合起来，由工商行政及各职能部门常驻“电子商业街区”服务和监管。2011年，上城工商分局启动上城区商标品牌三年培育计划，确定“品牌产品—品牌企业—品牌产业—品牌经济—品牌上城”的发展思路。

至2015年，上城区工商行政管理既坚持鼓励和扶持个体私营经济的发展，鼓励外地客商经商办企业，又加强工商企业登记管理、市场管理、个体私营经济管理、商标管理、广告管理、经济合同管理，不断规范市场经济秩序。

① 流通领域食品安全工作见第七章食品药品监管。

第一节　机构

一、杭州市上城区市场监督管理局

1993年，区工商局[①]由于地块拆迁，办公地址由旧番署3号搬入中山中路羊坝头45号原杭州手帕厂办公。1994年，迁址皮市巷86号。5月，工商行政管理体制改革施行，全国大中城市（设区的市）的区工商局，一律改为市工商行政管理局的分局，作为市局派出机构。12月，区工商局改设为杭州市工商行政管理局上城分局，同月27日挂牌。

1996年8月，为有利于工商行政管理机关与所办市场脱钩，实行政企分开，杭州市同意建立杭州新龙市场开发服务中心，隶属上城工商分局领导。[②]服务中心实行企业化管理。

1997年1月，杭州市市辖区行政区划进行调整，上城工商分局下设涌金、城站、湖滨、清泰、南星、望江6个工商行政管理所（简称工商所）。是年，上城工商分局办公地址由中山中路羊坝头45号（原杭州手帕厂）搬入皮市巷86号。至1998年，上城工商分局下设岳王路花鸟市场管理所、杭州轻纺市场管理所、闹市口市场管理所、龙翔桥农副产品市场管理所、断河头市场管理所、庆春路文化用品市场管理所、新声路综合市场管理所、清泰工商所、城站工商所、涌金工商所、湖滨工商所、南星工商所、望江工商所、小营工商所。分局机关内设办公室（法制科）、人事组织科（纪检监察室）、企业注册与个体私营经济监督科、市场监督科、商标广告经济合同监督科5个科室。11月，杭州市工商机关服务部上城分部正式挂牌，主要为工商行政机关提供后勤保障等服务和企业登记咨询、登记资料及政策法规查询、企业名称查询、代拟新企业模式方案及可行性研究报告、代拟法律文书、代取企业名称、代收代缴登记注册规费、代办公告手续等中介服务。1999年5月，新设立近江工商所。

2002年，上城工商分局办公地址由皮市巷86号搬入延安路36号。4月，全市工商系统进行新一轮机构改革工作，统一分局名称、调整内设机构、明确工作职责和理顺工作关系。

① 1952年8月，上城区政府设工商科。1953年1月，上城区工商科分设为工业科与商业科，工商行政管理的职能划归商业科负责。1960年9月，商业科改名为商业局。1963年10月，上城区商业局改建为区工商局。此后，区工商局几经撤销。至1974年8月，区工商局复建。

② 杭州市同时同意建立的有杭州新华市场开发服务中心、杭州武林市场开发服务中心、杭州滨江市场开发服务中心、杭州大运河市场开发服务中心、杭州西湖市场开发服务中心。2002年4月，根据《国务院办公厅转发工商总局关于工商行政管理机关限期与所办市场彻底脱钩有关问题意见的通知》，经杭州市政府同意，全市市场开发服务中心合并，组建成“杭州市市场开发服务中心”，从工商部门划出，隶属杭州市贸易局领导。杭州市新龙市场服务中心人、财、物并入杭州市市场开发服务中心。

表 17-5-18　2002 年上城工商分局机构设置情况表

分局（级别：正处级）	内设机构（级别：正科级）	直属机构（级别：正科级）	派出机构（级别：正科级）
上城分局	办公室、人事科（纪检监察室）、法规科、经济检查科（消费者权益保护科）、市场规范管理科、企业注册监管科（个体私营经济监管科）	企业注册分局［与企业注册监管科（个体私营经济监管科）合署］	经济检查大队［与经济检查科（消费者权益保护科）合署］、工商所

说明：资料来源于杭州市上城区市场监督管理局

是年，杭州市工商局对工商所重新调整，重点缩减专业市场工商所、撤并乡（镇）小型工商所，重组中小集镇工商所、优化设置城区工商所。上城工商分局对工商所（站）设置进行调整，设置8个工商所（站）。

表 17-5-19　2002 年上城工商分局重新核定后的工商所（站）情况表

分局	核定工商所	合计（个）	撤销工商所
上城分局	市场工商所、清波工商所（原涌金工商所）、新声路综合市场工商所（原新声路综合市场管理所）、湖滨工商所、城站工商所、南星工商所、望江工商所、城站缉私检查站	8	清泰工商所、小营工商所、近江工商所、龙翔桥农副产品市场管理所、岳王路花鸟市场管理所、杭州轻纺市场管理所、断河头市场管理所、庆春路文化用品市场管理所

说明：资料来源于杭州市上城区市场监督管理局

2014年3月，杭州市工商行政机构由市以下垂直管理调整为市、区县（市）政府分级负责的管理体制。6月，杭州上城区市场监督管理局（简称区市场监管局）组建挂牌；9月末，完成工商行政、质监、食药监局3局合并机构改革工作，完成“三定方案”[①]和局直属机构、派出机构、事业机构的设置。

区市场监管局内设办公室、组织人事科、政策法规科、食品安全协调督查科（挂应急管理科牌子）、质量监督管理科（挂特种设备安全监察科牌子）、标准计量科（挂应对技术性贸易壁垒科牌子）、食品生产流通综合监管科（挂保健食品化妆品监管科）、餐饮服务监管科、药品和医疗器械监管科、公平交易科、市场规范管理科（挂合同监督管理科牌子）、行政审批科、企业监管科（挂个体私营经济监管科牌子）、防疫检验监管科14个职能科室；设置4个直属机构，分别为上城区市场监督管理局行政审批中心（挂杭州市上城区工商行政管理局注册分局牌子）、上城区市场监督管理局举报投诉指挥中心（挂杭州市上城区市场监督管理局消

① 三定主要指定部门职责、定内设机构、定人员编制。

费者权益保护中心牌子）、上城区市场监督管理局信息管理办公室（挂杭州市上城区市场监督管理局信用办公室牌子）、上城区市场监督管理局稽查大队（设立杭州市上城区工商行政管理局经济检查大队、杭州市上城区质量技术监督稽查大队）；设置的派出机构分别为湖滨市场监督管理所、清波市场监督管理所、小营市场监督管理所、望江市场监督管理所、南星市场监督管理所、紫阳市场监督管理所、新声路综合市场监督管理所、专业市场监督管理所8个市场监管所及上城区动物卫生监督所、杭州市上城区市场监督管理局机关后勤服务中心2个事业机构。主要职责是主管全区工商行政管理、质量技术监督、食品药品监督管理和食品安全协调工作。

至2015年，机构和职能未发生变化。历任党委书记倪全江、李玉栋、张尧卿、孙月红、毛学庆，历任局长倪全江、徐松惠、张尧卿、孙月红、毛学庆。

表17-5-20 2014年体制调整前后上城区市场监管所（工商所）机构设置情况表

调整前单位/调整后单位	地　址
湖滨工商所/湖滨市场监管所	石贯子巷13号
望江工商所/望江市场监管所	望江家园西苑41-3号
城站工商所/小营市场监管所	清泰街148号
—/清波市场监管所	中山中路139号
清波工商所/紫阳市场监管所	江城路575号
南星工商所/南星市场监管所	复兴路53号钱塘雅苑
新声工商所/—	龙翔大厦9楼
—/新声市场监管所*	—
专业市场工商所/—	金钱巷严衙弄11幢
—/专业市场监管所*	—

说明：1.“*”，所标监管所在体制调整后虽有编制但未实际运作。2.资料来源于杭州市上城区市场监督管理局

二、行业团体

杭州市上城区消费者协会　1993年6月，杭州市上城区消费者协会成立，是依法成立的对商品和服务进行社会监督的保护消费者合法权益的社会组织。2002—2005年，建立社区消费者维权学校；在各大商场、商店设立24个消费者监督联络站，由商场、商店直接受理消费者商品质量和服务方面的投诉。

杭州市上城区个体劳动者协会[①]　1993—2015年，杭州市上城区个体劳动者协会发挥中国共产党和人民政府联系广大个体劳动者的桥梁和纽带作用，是政府管理个体经济的助手。

杭州市上城区民营（私营）企业协会　1996年4月，杭州市上城区私营企业协会成立，参加对象是全区持有工商营业执照、

①1984年10月，杭州市上城区个体劳动者协会成立，是个体工商户、个人独资企业、合伙企业的个体劳动者组成的联合性社会团体。

自愿加入协会的民营（私营）企业。2004年，经杭州市上城区民政局批准，更名为“杭州市上城区民营（私营）企业协会”，负责贯彻执行杭州市民营（私营）企业协会组织建设、基础建设、会员服务、会员党建、会费管理等方面的要求。

杭州市上城区工商行政管理学会　2004年1月，杭州市上城区工商行政管理学会成立，是经杭州市上城区民政局核准登记的社会团体，同时是全区工商行政管理人员和相关单位自愿结成，以研究社会主义市场监督管理和行政执法理论与实践为目的的群众学术团体。

第二节　企业登记管理

一、企业登记

1993年2月，杭州市工商行政管理局（简称市工商局）发出《进一步改进企业登记管理工作有关问题的通知》，据此区工商局对原在登记中要求企业提供的证明材料作适当调整，取消“个人集资名单”“联营企业各方出资证明”“法定代表人身份证明及任命书”等10种证明材料，简化“企业章程”内容等，为企业发展创造良好的外部环境。同时，放宽企业经营范围和经营方式，并受理股份制、无主管部门企业的登记注册和外资企业的初审工作，改进企业登记注册程序，简化登记手续，缩短办照时间。是年，区政府进一步深化企业改革，制定《上城区集体工业企业股份合作制试行办法》，鼓励和引导上城区集体工业企业股份合作制健康发展。至年末，区工商局共为企业办理登记手续2232起，其中开业1108起，变更757起，歇业280起，出摊87起。全区登记注册的工商企业有3228家，其中公司392家。

1994年，《中华人民共和国公司法》施行。区工商局按建立现代企业制度的要求，促进企业转换经营机制。支持具备条件的国有企业实行公司制，推动中小企业转制，参与企业兼并、破产的论证工作，凡企业提出变更申请，符合规定就及时办理。至年末，依法办理有限责任公司登记4家。是年，清理党政机关经商办企业，至年末，全区有29家企业与原机关脱钩，22家划转其他部门，12家注销登记。

1996年，区政府下发《加快第三产业发展若干意见的通知》，提出建设现代化商贸城区必须大力发展以商贸业为重点的第三产业发展的意见。是年，上城工商分局全年共办理企业登记注册1147起，其中新登记注册有限责任公司84家、分公司11家。

1997年1月和1998年3月，市工商局分别印发《关于股份合作制企业改制登记若干问题的意见（试行）》和《股份合作制企业注册登记若干规定》，对改制企业的条件、登记手续、登记分工等问题作了规定。上城工商分局对列入试点的改制企业，提供咨询和登记服务，开通“绿色通道”，专设改制企业登记窗口，建立企业改制登记优先办理制度和上门服务制度。2000年1月，上城工商分局进行内资企业注册登记前置并联审批试点，以电话传真或计算机网络为技术手段，对申办企业营业执照涉及2个以上部门前置审批项目的，实行同步审批。申请人备齐申办材料后，工商行政部门在5个工作日内，即核发营业执照。全年受理内资企业注册登记前置并联审批70起。

2001年，上城工商分局为高新技术企业登记发照开设“绿色通道”，受理网上并联审批519起。上城工商分局全面推广“一审一核制”①，实现办照时间一般只需5个工作日，简易登记事项可当天申请、当天办结。5月，根据市政府《关于在全市实行企业（个体）注册网上前置并联审批的通知》要求，对电话传真组网方式进行升级，依托市政府办公专网，开通计算机网上前置并联审批系统，实现“经济户口”综合监管、网上并联审批、网上核准企业名称、网上年检等多项职能。至年末，全区新登记国有集体企业55家，其中，独资企业44家，合伙企业11家；有限责任公司2051家。2003年，按照“明示告知、书面承诺、证照核发、实地查验”要求，实行企业前置审批告知承诺制，在全市率先发出第一张营业执照。

① 为减少审批环节，原来的受理、审查、审核、批准4个环节26类登记事项简化为2个审批环节，审查员受理后，交核准员直接核准；下放审批把关权，企业法人登记核准权由分管局长下放到分管科室长，一般登记核准权即下放到核准员。

2006年，新修订施行的《中华人民共和国公司法》降低了设立公司所需的条件。上城工商分局推行企业网上开业登记、网上变更登记工作，做好企业数字证书的发放。2008年，在国际金融危机带来严重冲击的严峻形势下，上城工商分局进一步简化办事手续，确定定安路126号（西湖创意谷）、紫金观巷26号（创业孵化基地）、江城路16号（时尚创意园）、环城东路土山一弄2号（科创中心）作为首批简化经营场所登记试点。企业只要凭租赁合同即可登记。同时推出“温馨提示”服务，提醒企业年检时间及按期履行出资义务、变更、注销等；推出窗口绩效评价，量化登记工作制度；开通“绿色通道”，特事特办，支持“一谷多点”的创意产业发展格局。

2012年，上城工商分局减免2098家企业登记费，共计44.15万元。2013年，上城工商分局整合窗口，将所有的审批事项放在驻区行政服务中心的工商行政窗口办理，实现工商登记事务“一厅受理、分线审核”，成为杭州市主城区将所有部门审批事项全部进驻中心的单位之一。同时，启动网上自助服务专区，实现“线上”“线下”结合。根据下放企业登记权限要求，精简整合工商所窗口，全局工商所窗口由6个调整为2个，工商所登记范围从受理个体工商户、食品流通登记调整为受理个体工商户、食品流通、个人独资企业、合伙企业、有限责任公司等登记发照工作。

2014年3月起，按照国务院和省、市有关商事制度改革部署要求，上城区全面实行注册资本认缴登记制度，放宽注册资本登记条件，降低准入门槛：公司在办理工商登记时无需提交验资报告；股东首次出资额、出资期限和货币出资比例不再受到限制，只需在章程中载明即可。实行名称核准不重名原则，放宽企业名称准入门槛，提高名称申请核准率。探索推行工商营业执照、组织机构代码证、国税登记证、地税登记证、统计证和公章“五证一章”联办模式，办理“先照后证”① 9家。全面推进商事登记制度改革，推进“五证合一、一照一码”“证照合一”等，全年累计发放“五证合一”执照706张、办理“一照一码”企业2332家、“证照合一”企业97家，登记商务秘书企业和商务秘书企业托管企业40家，直接核准冠省、市名企业3614家，办理简易注销企业55家。

图17-5-7　2015年6月17日，玉皇山南基金小镇发出首张“五证合一”证照　（区市场监管局 供稿）

2015年6月，区市场监管局开创服务特色小镇模式，成立驻玉皇山南基金小镇工商事务服务室，成为全区首个进驻基金小镇的政府职能部门。全年完成名称核准312家，新设投资类企业276家（注册资金134.8亿元），占小镇投资类企业总量的55%，接受咨询710余次，进行业务指导190余次，解决疑难事项90余次。

二、企业监督管理

1993—1995年，上城区工商部门会同区有关部门，重点检查、整顿私人经营的旅馆、饭店、歌舞厅、卡拉OK厅，严厉打击卖淫嫖娼、“三陪”及高价宰客等违法违章行为。1996年12月，国家工商行政管理总局（简称国家工商总局）颁布的《企业年度检验办法》施行。至年末，年检工商企业715家。1999年2月起，上城工商分局贯彻执行市工商局试行的企业年检免检制度，将某些经营情况良好，商业信誉较高的大中型国有企业或集体企业列为免检企业。是年，对18家企业实行年检免检。2000年，上城工商分局针对企业抽逃注册资本和虚假出资等违法行为，开展“百日执法大行动”，专项检查公司注册资本的来源和去向，共检查公司60余家，查结公司抽逃注册资本和虚假出资大要案56起，案值450万元。

2001年，各级工商部门逐步建立经济户口制度、企业警示制度。基

① “先照后证”：就是先申领营业执照后再办理有关许可证。

层工商所建立辖区企业的经济户口电子档案；上城区贯彻浙江省工商行政管理局（简称省工商局）《企业警示管理暂行办法》，按一级警示、二级警示、三级警示对企业采取不同级别的警示措施。2003—2004年，全面推行网上年检。全区网上参检企业3722家，网上年检率99.5%。2005年起，上城工商分局试行企业年检申报备案制。2006年，对部分内资企业试行“电子签名”申报方式。2007年，根据市工商局《关于开展责任区监管试点工作的通知》要求，上城工商分局明确开展责任区监管试点工作的总体目标和相关实施要求，并具体落实各业务科室和各工商所的工作职责。2008年，上城工商分局开展“二虚一逃”[①]打击行动，在全市首次处罚给公司出具虚假验资报告的会计师事务所。

① “二虚一逃”：指《中华人民共和国公司法》中所指的虚报注册资本、股东虚假出资、股东抽逃出资3种违法行为。

2009年，上城工商分局开展“服务与监管一体化网络平台”建设试点，把电子政务和电子商务结合起来，在网上建立与传统商业街区店铺、商品一一对应的“电子商业街区”。工商及各职能部门常驻“电子商业街区”服务和监管，先后解决数据库对接、内外网衔接、平台模块开发、数据整合等方面技术问题。是年，指导协助小额贷款公司建立完善以风险防控体系为主要内容的各项制度，掌控小额贷款公司股本结构变动、股权转让、增资扩股情况，运用工商企业信用分类监管措施，形成监管体系。2011年2月起，上城工商分局应用新版“浙江省工商基层管理系统”软件。2013年，内资企业年检首次启用省工商局版本软件。

2014年，国家取消年检制度，实行企业年报制度。2015年，区市场监管局结合“信用上城”建设工作，制定上城区市场监管局信用红黑名单发布制度，建立“经营异常企业目录”和“餐饮违法处罚名单”两项信用黑名单，逐步构建信息公示、企业抽查、信用约束相结合的企业监管新模式。

第三节　个体私营经济管理

一、登记管理

1993年，区委、区政府召开个体、私营经济工作会议，制定《上城区发展个体、私营经济若干规定》。区工商局简化个私企业开业和变更登记手续，取消部分原来必须提交的证明材料。全年办理个体户开业登记578起，变更登记539起，歇业登记406起；私营企业开业登记38起，变更登记13起，歇业登记7起。年末，全区有个体工商户2366户，私营企业58家。

1998年，上城工商分局进一步简化个私登记手续，放宽经营范围和经营方式，允许个私企业开分店，允许跨行业经营。在支持发展个私经济中，鼓励下岗职工从事个私经营，鼓励个私企业吸纳下岗职工再就业，全区从事个私经营的下岗职工1058人。支持个私企业参与国有、集体企业的调整和改革，鼓励个私企业从事外向型经营，引导个私企业扩大再生产，并由单一的产品经营向资本经营过渡。个体户户均注册资金1.5万元，私营企业户均注册资金64.8万元。2001年，实行“登管分离”① 和下放部分个体工商户登记审批权限②。推出网上并联审批办法，缩短个体工商户营业执照的审批时间，全年受理519起。2003年，上城工商分局按“明示告知、书面承诺、证照核发、实地查验”要求，实行企业前置审批告知承诺制，182户个体工商户按告知承诺申领营业执照。2006年，上城工商分局相继实施审核合一制、网上办照、首办责任制、续办随选制等服务措施，制定构建阳光办事环境的“十零”③ 工作目标，方便群众办事。2011年，通过服务承诺制、特事特办制、限时办结制等措施，实现企业所有登记事项在当日办结。2013年，区政府推出《上城区个体工商户转企业及小微企业规范升级的实施意见》，落实税费减免、简化审批手续，重点推进“个转企”工作，推动上城区个私经济、民营经济发展上规模、上档次。全区个体工商户累计户数16048户，新设户数2739户，注销户数1798户。2015年，区市场监管局组织开展“千名市场监管干部服务小微企业成长”活动，牵头制定小微企业三年成长计划，服务小微企业发展，共走访、座谈企业648家次。推行预约服务、延时服务、“绿色通道”服务等服务项目，全年受理各类办件3.12万件，指导个体工商户转型升级为各类企业1429家，助力大学生自主创业登记286家。

二、监督管理

年检、验换照　1993—1995年，上城区工商部门每年对全区个体工商户和私营企业进行一次年检。年检内容主要是检查登记项目和经营活动。1996年，国家工商总局颁布《企业年度检验办法》。上城工商分局强化以年检为主要内容的监督管理，至年末，共检查工商企业715家，其中，回查新开企业158家，查处违章企业14家，注销“三无”（无资金、无场地、无机构）企业138家。1999年3月，《浙江省企业年度检验暂行操作程序》施行，规定企业年检的范围、内容、起止日期、基本程序、处罚幅度等，上城工商分局据此规定执行。当年，共年检企业4695家，年检率

① “登管分离”：分局个私经济监督科对个体工商户注册登记的审批工作，以及对工商所个体注册登记业务工作的指导、检查、考核工作职责，移交给分局企业注册科；分局企业注册科对企业的年检、回访、以及对企业违反登记管理法规行为查处的工作职责，移交给分局个私经济监督科。

② 下放部分个体工商户登记审批权限，凡经营项目不涉及前置审批内容的个体工商户开业、变更、歇业登记审批，分局委托工商所直接审核批准，登记审批材料送分局存档。

③ 一是整合业务、规范操作，做到办事流程“零障碍”。二是信息公示，办事透明，做到政务公开“零保留”。三是热情服务，规范言举，做到办事服务“零距离”。四是建章立制，提升素质，做到办事质量“零差错”。五是制度规范，责任明确，做到服务质量“零投诉”。六是网络流转，短信提示，做到领取执照“零等待”。七是午间值班，语音服务，做到办事咨询“零时限”。八是令行禁止，真诚服务，做到法定之外“零收费”。九是明察暗访，加强监督，做到行风建设“零违规”。十是延伸服务，全程帮办，做到企业办事“零遗憾”。

98%；个体工商户验换照5147户，验换照率95.3%。同时，对18家企业实行年检免检。

2002年，市工商局制定《杭州市个体工商户滚动验照实施办法（试行）》[①]。9月，上城工商分局全面推广个体工商户滚动验照。2003年起，全面推行网上年检。2005年，试行企业年检申报备案制。2010年，开展“企业年检服务月”活动。2014年9月，取消年检制度，实行企业年报制度。2015年，个体工商户报送2013年度年报10031户，2014年度11627户，完成率分别为82.83%、83.40%。企业及个体年报完成情况全部超过规定指标。

规范和管理　1993年，区工商局开展“文明经营一条街”创建和经营秩序专项整顿工作。省、市工商局召开现场会，推广区工商局加强个体私营经济监督管理经验。1994年，东坡路、国货路、环城东路、直大方伯4条街通过市“文明经营一条街”验收。1月，区工商局专项整顿全区美容美发业，要求立即停止按摩服务项目，严禁异性按摩等。4月，专项检查个体电子游戏机和书刊经营户。8月，从登记条件、日常监管等方面，规范管理个体私营饮食业。1996年，针对重点地段、重点行业的个体工商户，专管员每季检查不少于1次，分局每季度组织抽查1次。是年，检验全区个体餐饮、食品行业“信得过店”活动开展成效，检查辖区个体餐饮业、食品行业465家。

2001年，上城工商分局在城站、湖滨工商所试点建立企业、个体工商户经济户口，进行不良行为记录，特别对涉及前置审批的项目和关系人身安全的重点内容进行把关。2002年，建立经济户口综合监管体系，全面启动经济户口监管系统。2003年，加强非典型性肺炎疫情期间市场秩序的整顿和规范工作，严厉打击利用非典型性肺炎疫情特殊时期哄抬物价、销售假冒劣质物品等现象。2005年，根据市政府《关于开展市区无证照“兰州拉面馆”专项整治工作的通知》，上城工商分局会同区卫生、环保、行政执法等部门，专项整治辖区无证照兰州拉面馆，按照“堵疏结合、以疏为主”原则，适当降低兰州拉面馆办证照的准入门槛。2006年，结合全国卫生城市复评迎检、省级示范文明城区创建、全国最佳旅游城市创建工作，开展清河坊历史文化特色街区省级“百城万店无假货示范街”创建，开展“亮照经营一条街”“店招广告规范一条街”“食品放心一条街”等活动。2007年，配合杭州市“最清洁城市”创建活动，完善上城区“八小”行业[②]的长效管理。1—5月，共出动检查人员2230人次，查获无照经营户230户，其中引导办照105户，取缔无照经营1225户。

2009年，上城区引导解放路茶叶副食品市场建立茶叶行业协会，与

①滚动验照：指将原个体户在每年1—3月的证照和登记事项的执行、变动情况的检验（包括执照、前置审批的许可证），改为个体户验照时间按营业执照注册号尾数对应月份确定，即验照时间在1—9月（其中尾数是0的，并入9月验照）。

②“八小”行业：指小餐饮店、小食品店、小食品生产作坊、小浴室、小美容美发店、小歌舞厅、小旅馆、小网吧。

经营户签订茶叶质量保证承诺书。分局每周1次随机抽检15家商铺。同时，上城工商分局采取递进式惩戒处罚措施，对于故意标错茶叶原产地或茶叶等级的市场经营户，第一次警告；第二次店门悬挂红牌，提示消费者“此店诚信有案底”；第三次则清退出市场。

2010年，上城工商分局将7个工商所重新划分到39个责任区，实行“包干到人”工作机制。2012年7月，制定《上城分局清波工商所责任区分层分类监管实施方案》，通过明确工商所、巡查组、责任区三级职责划分，分层配置责任区监管人员，加强系统内部纵向、横向联动，分类设置监管主体，按监管对象、地域、涉危行业对责任区进行划分，形成特定的责任区网格。2015年，区市场监管局依托“智慧上城”逐步建立“阳光餐饮智慧管控平台”①，通过餐饮企业平台自查申报、部门定期审核复查、消费者即时评价打分3项内容综合积分，在企业营业场所显示屏实时生成食品安全积分，倒逼餐饮企业主动提升日常食品安全管理工作，逐步实现“机器换人”高效监管模式。

① “阳光餐饮智慧管控平台”具有监管端、企业端和公众端三个端口，涵盖餐饮监管的日常检查、执法、抽检等项目，企业的原材料采购、索证索票、人员培训、健康管理等内容，社会公众的预约订餐、满意度评价、投诉举报等功能。

第四节　市场管理

1993年7月，国家工商总局颁布《商品交易市场登记管理暂行办法》。区工商局以此为依据，对商品交易市场进行管理。1995年7月，上城工商分局按省工商局《认真做好市场管办分离工作的意见》，将市场开发、服务功能从工商行政管理部门分离出去。1996年6月，上城工商分局成立杭州市新龙市场开发服务中心，为市场管办分离和加强管理服务工作创造条件。2001年12月，杭州市工商部门与所办市场实现完全脱钩。2002年，上城区开办市场6个，办理变更市场7家；因城市改造，拆除市场1家；注销有场无市的“空壳市场”10家。2006年，在杭州龙翔服饰城推出“一库、二卡、三色、四级”②品牌信用监管模式。此监管模式在全省推广。至2015年，上城区始终将星级文明和放心市场创建作为市场管理的重要抓手。

② 一库：将经营户商标吊牌、注册证、商标使用许可合同、营业执照、特殊经销关系协议、每个注册商标信息及商品的生产厂家等信息等录入网络库。二卡：“品牌准入备案卡”和“商品标识卡”准入制度。三色：按信用等级在商户门口贴上绿色标识卡、蓝色标识卡、橙色标识卡。四级：按信用实施四个等级激励机制。

一、监督管理

1993年，区工商局组织各农贸市场开展“满意在市场”“为市场争光”等活动，贯彻《中华人民共和国反不正当竞争法》《中华人民共和国消费者权益保护法》，开展咨询服务，举办实物展览，受理消费者投诉等。1995年，杭州市人大常委会公布《杭州市农副产品集贸市场条例》。工商部门配合政府抓好“菜篮子”工程，参与平抑市场物价，严厉查处市场内违法经营行为。先后整治杭州龙翔桥农副产品市场水产早市、杭州新声综合市场外无照经营、杭州断河头农副产品市场占道水果摊位等现象，使市场秩序得到改善。同时，总结推广杭州龙翔桥农副产品市场“买称心菜、过称心年”“大众菜卖大众价”“猪肉随行议价、薄利销售”等活动经验，实行蔬菜最高限价，加强明码标价管理，在各市场推出蔬菜直销专柜，平抑市场物价。

1997年7月，国家工商总局颁布《商品市场年度检验办法》，要求按年度对商品交易市场进行检验，地方各级工商机关负责对机关核准登记的市场和上级机关授权管辖的市场进行年检。8月，根据市政府对小白菜临时实行限价指示，上城区执行农贸市场小白菜限价管理，采取措施，平抑物价。1999年，市政府把“放心肉”管理工作列入政府为民办实事项目之一。6月，上城工商分局突击检查全区农贸市场“放心肉”情况，查获非定点屠宰和未经检疫的猪肉1000千克，其中母猪肉250千克。

2001年10月，上城工商分局推广市场巡查制，落实摊位“三包”“垃圾袋装”制度，开展灭蟑灭蝇灭鼠工作。专项整治杭州近江水产农副产品综合市场、浙江食品市场、四季青服装市场、杭州解放路副食品（茶叶）市场、国货路食品城、马市街干鲜货市场等商品交易市场，重点查处掺杂使假和销售假冒名牌、过期变质商品的违法行为。2005年，建立“三位一体”[①]的食品、副食品市场商品准入体系、食品检测体系及公示体系。至年末，农贸市场、生鲜超市、粮油副食品市场食品检测室共自检蔬菜食品等5.1万批次，销毁不合格蔬菜食品25973千克，退回厂家2115千克。是年，杭州发生高致病性禽流感。上城工商分局成立高致病性禽流感防控工作领导小组，加强辖区花鸟市场、农贸市场、家禽及产品交易市场的监管，督促市场开办单位和场内经营者建立交易台账，了解和掌握市场内经营户家禽的进货和销售渠道，建立防疫预案，落实防控责任。

图17-5-8　2004年4月，上城工商分局工作人员检查农贸市场（区市场监管局 供稿）

2006年4月，上城工商分局组织市场管理人员参加杭州市流通领域

① 建立健全食品质量经营户自管、市场主办单位主管、工商监管的“三位一体”食品、副食品市场商品准入体系；构建食品市场和农贸市场以及生鲜超市自检、分局检测车抽检、重点商品送检“三位一体”的食品检测体系；建立健全食品安全警示信息经营场所公示牌公示、区政府“一册三网”公示、新闻媒体公示的“三位一体”公示体系。

商品质量快速定性检测岗位资格认证培训。在此基础上，与临安、温岭、景宁三地建立产销两地准入协作机制，由原产地工商部门快速抽检进货食品，发放快速检测合格证；由上城工商分局快速检测进货食品，实现食品进销全程监管。是年，创新商标监管，把好品牌准入关，推出“一库、二卡、三色、四级”品牌信用监管模式。2007年，以杭州新声综合市场兴合服饰城为试点，与商品资源网联手推出网上信用平台，建立8类信用等级“五星级”管理机制。特别是在信用采集上，由工商所和市场主办单位分别提供相关情况，进行统一评价，实现工商所和市场主办单位信用信息互联和共享。2008年，上城工商分局以杭州近江食品市场为试点，制定《食品批发市场食品安全管理标准及考核细则》，从索证索票、供销货台账、食品检测、信息公示、日常巡查、不合格商品售后处理、特发事件应急处理等重要节点，明确工作流程、标准及管理职责，并将ISO 9000认证体系引申到食品安全管理办法中。

2009年，省工商局下发《关于〈转发国家工商局等四部门关于印发联合开展活禽和活体鸟类经营市场专项整治行动方案的通知〉》，上城工商分局出动检查人员528人次，检查辖区内花鸟、农贸市场72家（次），经营户248户，并在杭州近江茶亭农贸市场举行防控重大动物疫情应急演练。同时贯彻落实市工商局《全市推进食品经营“一票通”制度实施方案》，稳步推进全区食品（副食品）批发市场“一票通”[①]工作。2010年，上城工商分局配备多功能食品安全快速分析仪、农药残留快速测试仪等设备，提升流通领域食品安全监管效能。2013年，以棚桥、望江路农贸市场为试点，建立社会化评价体系，通过消费者、经营户、主办方、监督员四方对市场和经营户进行定期和随机评价。5月，市工商局在上城区召开推进会，对社会化评价体系进行推广。是年，对农贸市场经营管理进行改革，探索市场主办权和市场管理权分离，帮助劳动路农贸市场引入棚桥农贸市场管理团队进行市场管理。2015年，加强农贸市场计量监管工作，辖区内农贸市场电子秤的强检工作周检率100%，检定合格率100%；严格把关动物防疫检疫，做好肉类、冷鲜禽及相关产品监督把关，共检出变质、病害肉类111.5千克；结合H7N9禽流感防控，做好杀白禽交易规范和活禽交易查处工作。

① 指根据有关法律法规要求和实际经营需要，规范批发商的销货凭证与零售商的进货凭证为同一种多联票据，统一格式，统一内容，合二为一，并联使用。销货和进货凭证同时作为批发台账和进货台账的资料进行收集、使用和备查。

二、星级文明和放心市场创建

1994年6月，省工商局发出《关于开展市场规范化达标活动的通知》，决定在全省商品交易市场中开展市场规范化达标活动。至年末，有杭州轻纺市场、杭州新声综合市场、杭州龙翔桥农副产品市场达到规范化市场的标准。1995年，杭州龙翔桥农副产品市场获“全国文明市场”称号。1997年，杭州龙翔桥农副产品市场、杭州陶瓷品市场获“三星级文明规范市场”称号。

1998年6月，省工商局制定“星级市场”评审和认定试行办法，采用评分制，每年由省工商局的“浙江省星级市场评审委员会”评审认定一次。上城工商分局指导帮助各市场开展创星级市场活动，华东家具市场成功创建三星级规范文明市场。

2002年，上城工商分局在商品交易市场开展“规范整顿、诚信立业”主题活动，分局和20个试点市场、其他市场和5000余户经营户分别签订诚信责任书和诚信公约，聘请民主党派人士、社区居委会主任、各大企业代表做义务监督员，建立商品预赔制、售后服务制度、守信失信奖惩制度等一系列信用保障制度。至年末，评选出68户诚信示范户。2004年，上城工商分局和上城区消费者协会通报表彰“诚信经营示范企业”和“诚信经营示范户”196家，并予以挂牌公示。2009年，将杭州近江食品市场、杭州新声综合市场兴合服饰城等7家市场列入年度市场提升改造工程。至年末，7家市场竣工投入使用。2010年，杭州翰林农贸市场获评五星级农贸市场。

2011年，浙江省人民政府把农贸市场改造提升和文明示范创建活动列入基本公共服务均等化行动计划和“十大”民生实事来抓，并列入各级政府2011年考核目标。上城工商分局制定《上城区农贸市场提升改造及创星工作三年规划》。至年末，全区共有五星级市场1家，四星级市场4家，三星级市场13家，二星级市场2家。2014年，省、市政府把省“放心农贸市场”创建作为“十大”为民办实事之一。至年末，杭州棚桥农贸市场、杭州翰林农贸市场和杭州茅廊巷农贸市场3家农贸市场成功创建省“放心农贸市场”。2015年，区市场监管局开展省放心农贸市场和星级市场创建工作。至年末，杭州望江路农贸市场、杭州市上城区察院前农贸市场和杭州复兴农贸市场3家市场成功创建省“放心农贸市场”；杭州第六空间家居生活广场成功创建全国“诚信示范市场”。

表17-5-21　2015年上城区星级专业市场情况表

序号	名　　称	有效期	市场星级	认定方式
1	杭州华东（国际）家具广场	2013—2015	四星级	经延续认定
2	杭州新声综合市场兴合服饰城	2013—2015	四星级	经延续认定
3	杭州第六空间家居生活广场	2015—2017	四星级	经延续认定
4	杭州解放路副食品（茶叶）市场	2014—2016	三星级	经延续认定
5	杭州龙翔服饰城	2014—2016	三星级	经延续认定
6	杭州礼品城	2014—2016	三星级	经延续认定
7	杭州九天国际服装城	2014—2016	三星级	经延续认定
8	杭州天阳明珠百货市场	2013—2015	三星级	经延续认定
9	杭州陶瓷品市场	2013—2015	三星级	经延续认定
10	杭州吴山花鸟城（从属名称：杭州岳王路花鸟市场）	2013—2015	三星级	经延续认定

说明：资料来源于杭州市上城区市场监督管理局

表 17-5-22　2015 年上城区星级农贸市场情况表

序号	名　　称	有效期	市场星级	认定方式
1	杭州翰林农贸市场	2014—2016	五星级	经延续认定
2	杭州市上城区察院前农贸市场	2014—2016	四星级	经延续认定
3	杭州望江路农贸市场	2014—2016	四星级	经延续认定
4	杭州棚桥农贸市场	2014—2016	四星级	经延续认定
5	杭州三桥农贸市场	2013—2015	四星级	经延续认定
6	杭州断河头农副产品市场	2013—2015	四星级	经延续认定
7	杭州茅廊巷农贸市场	2014—2016	三星级	经延续认定
8	杭州劳动路农副产品综合市场	2014—2016	三星级	经延续认定
9	杭州玉皇综合农贸市场	2014—2016	三星级	经延续认定
10	杭州近江水产农副产品综合市场	2013—2015	三星级	经延续认定
11	杭州劳动路农副产品综合市场	2014—2016	三星级	经延续认定
12	杭州紫阳农贸市场	2014—2016	二星级	经延续认定

说明：资料来源于杭州市上城区市场监督管理局

第五节　商标管理

一、商标注册及管理

1993 年 7 月 1 日，修订后的《中华人民共和国商标法》实施。杭州市商标注册由产品商标注册扩大到服务商标注册。4 月开始，区属的指定印制商标单位资格审批下放到区工商局核准。至年末，全区办理商标注册 100 件。1999 年 1 月，国家工商总局商标局按照“个案认定，被动保护”原则，依法认定 45 件驰名商标，其中包括杭州娃哈哈集团公司的“娃哈哈”商标。2000 年，上城工商分局指导 60 余家个私企业建立商标管理制度，落实商标管理人员，为 1 家私营企业申报市著名商标。

2002 年，上城工商分局实施商标战略，培育省、市著名商标，引导企业运用品牌拓展市场。举办学习《中华人民共和国商标法》座谈会、辅导讲座等培训班 7 期，受众 2000 余人。全年共办理商标注册 132 件，其中，商品商标 125 件，服务商标 7 件。2003 年，上城区成立“品牌兴企”工作指导小组，建立“品牌兴企”联席会议制度、重点骨干企业品牌专人专职联系制度及考核制度。2004 年，经杭州市著名商标评审委员会评定，杭州娃哈哈集团有限公司的“非常可乐”和杭州花中城大酒店有限公司的“花中城”被评为杭州市著名商标。

2006 年，杭州市网上商标管理平台开通。辖区企业通过互联网随时可以申报省、市著名商标，便捷掌握商标法规政策动态信息。2 月，根据市政府《关于进一步培育发展大企业大集团的若干意见》精神，上城区加强著（驰）名商标保护，被确认为中国驰名商标的企业，奖励 50 万元；被新认定为省著名商标（参照省名牌）的企业，奖励 6 万元；

延续确认的奖励人民币3万元。2007年6月，上城区建立浙江省老字号商标品牌基地，提出信息管理、商标注册、动态管理、成立协会、建立网站、制订规划、加强服务、行政指导、宣传推介、加强保护10项保护培育措施。2010年，根据国务院《世界博览会标志保护条例》和《世界博览会标志使用管理办法》及省、市工商局对世界博览会标志保护的有关要求，上城工商分局重点加强对世界博览会标志的保护，加大吴山夜市、河坊街、中山中路南宋御街、杭州龙翔服饰城、新杭派休闲服饰城、城站广场、湖滨路国际名品步行街等区域的监督管理力度。

2011年，上城工商分局启动上城区商标品牌三年培育计划，确定“品牌产品—品牌企业—品牌产业—品牌经济—品牌上城”发展思路。浙江省老字号商标品牌基地被省工商局评为“十大专业商标示范品牌基地”。是年，上城区建立老字号网，开展“老字号企业品牌保护和发展战略培训”“老字号品牌战略咨询会”等专业讲座、政策报告会。2015年，区市场监管局组织全区30余家重点培育企业进行省、市著名商标申报培训，并上门服务，解答疑难问题。至2015年末，全区共有中国驰名商标16个、省著名商标18个、市著名商标40个。

二、注册商标专用权保护

1993年，杭州市场假冒名酒泛滥。区工商局查扣假冒“洋河大曲”227瓶、假冒“剑南春”194瓶、假冒“五粮液”1045瓶。1996年，上城工商分局在全区范围开展“打假保名牌”工作，全年查处制售假冒劣质商品案件90起，罚没款万元以上大案4起。查获的假劣商品主要有盗版音像制品、假冒名烟、名酒、名牌服装、建筑用白胶等，销毁假冒商品案值约27.6万元。1999年，杭州娃哈哈集团公司的“娃哈哈”商标被认定为驰名商标。为防商标盗用，杭州娃哈哈集团公司注册了“哈娃娃”“哈娃哈”“娃哈娃”“哈哈娃”“娃娃哈”等商标，保护商标专用权。

2000—2001年，上城工商分局开展集中性打假治劣行动，重点打击危害人民群众身体健康的制售假冒伪劣商品行为。3月，查获近江工业区某仓库2000余箱假冒广东“岐江桥”牌老抽王瓶装酱油。2002年，建立企业打假维权协作网，首批有33家企业参加；开展联手打假20余次，查获假冒品牌和各类商品近千件，案值数十万元。2005年4月，开展代号“旋风”的涉外商标专项集中整治行动，清查全区服饰和小商品市场的服装、箱包、眼镜等小商品，共出动检查人员100余人次，检查经营户200余家，查获假冒“LV”品牌各类商品800余件，假冒其他世界顶尖名牌商品100余件。

2006年，上城工商分局建立网上著（驰）名商标品牌数据库，将所有中国驰名商标、浙江省著名商标、杭州市著名商标全部导入数据库。2010年，全年立案查处商标违法案件170件，没收、销毁侵权商品1.4万件，案值455.6万元，罚没金额345.7万元。其中，查处侵犯“江南布衣”商标专用权服装案①，是杭州市首起保

① 周某某在广州批发市场分批购买6000件带有“JNBY”字样的服装鉴定为假冒商品。上城工商分局据此对周某某作出责令立即停止侵权行为，没收侵权商品“JNBY”服装5630件和假冒商品CROQUIS（速写）服装174件，罚款93450元的行政处罚。

护本土驰名商标的案件。

2011年，上城工商分局开展打击网络侵犯知识产权和制售假冒伪劣商品的“猎网行动”，查处一批利用互联网销售假冒伪劣商品典型案件，查处商标违法案件80起。2015年，开展“红盾护航”知识产权专项行动，重点查处涉及食品、服装、驰名商标及涉外商标案件。

第六节　广告管理

一、广告规范

1993年3月，市工商局下放广告经营单位审批权限。区属的广告经营单位经营设计、制作、发布、代理国内广告业务，和限于本地区范围内的临时性广告经营等活动的审批，由区工商局核准；外商来华广告仍需报市工商局审批。7月，《杭州市户外广告管理办法》施行。至年末，区工商局共审批灯箱、霓虹灯广告574只。1995年2月，《中华人民共和国广告法》施行。上城工商分局对全区29家广告经营单位进行资质检查。1998年8月起，市工商局调整市区部分路段广告的审批权限。市区延安路、解放路、湖滨路、庆春路、环城西路、体育场路、机场路两侧及武林广场、浙江世贸中心广场、少年宫广场范围内发布企业自身广告由市工商局统一受理，上城区其他路段的企业自身广告仍按原规定由上城工商分局审批办理。2000年，上城工商分局将广告审批、管理权下放至工商所。

2003年9月，上城工商分局简化广告企业的审批程序[①]，实行网上前置审批。2005年5月起，实行户外广告设置网上并联审批。2009年，配合国家卫生城市复评工作，全面检查、规范和整治烟草广告，规范各类烟草广告56件。2014年，指导杭州山南国际设计创意产业园成功创建全省具有示范效应的广告产业园区。2015年，重点整治部分户外广告、店牌店招，对不合格户外广告进行统一规范设置，并审批登记。

① 即取消“广告经营许可证”，凡是申请办理广告经营的企业，只需按“告知书”标准，在“承诺书”签名即获广告经营许可。

二、广告违法行为查处

1993—1996年，上城工商分局重点稽查户外广告，检查主要街道、车站的户外广告、灯箱、霓虹灯、路牌、商品名称等，清理不良文化现象。2000年，重点查处违法医疗、药品、印刷品广告和违章设置广告，共查处违反广告法律法规案件44起。

2002年，开展元旦、春节期间的广告执法检查，重点检查市场、商场、药店、保健品商店、超市及企业促销活动较集中的广场、医院等场所的保健品、医疗、药品、房地产广告。2006年3月，整治涉案非法食品（药品）印刷品广告，42个产品全部下架。2009年9—11月，对利用互联网发布涉及性药品广告和性病医疗广告进行检查，打击利用互联网等媒体发布虚假广告及通过寄递等渠道销售假药的行为。2010年，重点整治涉及药品、保健食品、医疗器械、特殊用途化妆品、医疗和消毒产品、保健用品、卫生用品等违法广告。2011年，重点整治药品、医疗器械、保健食品、婚介等5类广告及涉及性低俗、涉及民生的各类广告，把医疗、药品、保健食品等虚假违法广告发布频率高的广告主作为整治重点。2015年，区市场监管局开展整治互联网重点领域广告专项行动，要求各类网站自查清理发布的广告及信息，认真审查链接网站主体资格及网页广告和信息内容。至年末，共检查网站（网页）30余家，查处广告案件3件。

第七节　合同管理

一、合同监督管理

合同鉴证　1993年，区工商局开展房屋租赁合同的鉴证工作，鉴证经济合同72起，金额1173万元。1998年5月，《杭州市经济合同监督管理办法》施行，明确合同鉴证可以到合同签订地、合同履行地、合同当事人注册登记机关所在地的工商行政机关办理。上城工商分局共鉴证经济合同2301件。2000年，上城工商分局鉴证经济合同5460份，行政调解经济合同争议案件6起，为当事人挽回经济损失6.5万元。2001年，上城工商分局在重视市场摊位和营业用房的租赁合同鉴证工作的同时，拓展对政府采购合同、经济适用房屋、买卖合同的鉴证。是年，共鉴证经济合同9239份，调解经济合同纠纷11起，为当事人挽回经济损失7.35万元。

2002年11月，国务院发布《关于取消第一批行政审批项目的决定》，合同鉴证在取消之列。此后，上城区工商行政管理部门不再办理合同鉴证，合同鉴证至此退出历史舞台。

合同仲裁　1993年，区工商局办结全省最大的一起合同纠纷案，争议金额1000万元。是年，区工商局发出《关于清理一九九一年、一九九二年经济合同纠纷的通知》，为企业解决经济合同拖欠资金202万元，直接为全区工商企业追回货款76万元。1994年，上城工商分局依法仲裁各类经济合同纠纷案件46件，解决争议金额589万元。是年9月，《中华人民共和国仲裁法》施行。经济合同纠纷仲裁由行政仲裁转为民间仲裁，上城工商分局经济合同仲裁委员会终止其职能。

拍卖管理　1993年3月，省工商局对拍卖涉及的合同作了规范，制定《委托拍卖合同》和《拍卖成交确认书》。1997年1月，《中华人民共和国拍卖法》实施，明确工商行政管理机关在企业拍卖过程中的监管职责。1998年7月，市工商局发布《关于加强拍卖业监管的通知》，规定：工商行政管理部门对拍卖企业拍卖标的进行审核；拍卖企业必须签订委托拍卖合同和拍卖成交确认书，并使用示范文本及进行合同鉴证；工商行政管理部门应在现场监督拍卖活动，对拍卖活动中的违法行为进行查处等。根据通知要求，上城工商分局对全区拍卖企业进行清理整顿。1999年，区工商分局实行拍卖备案制度。

2001年，上城工商分局贯彻实施国家工商总局《拍卖监督管理暂行办法》，对全区拍卖企业进行全员培训，对拍卖行业实施委托合同备案制、现场监拍制、成交合同报告制。2002年7月，上城工商分局召开拍卖企业座谈会，组织拍卖企业学习《中华人民共和国拍卖法》和《拍卖监督管理暂行条例》。2005—2006年，重点审查拍卖主体和委托拍卖人的主体资格。2010年6—7月，组织开展全区拍卖企业的专项执法检查。

2011年，上城工商分局加强对国有资产处置、文物拍卖等拍卖违法行为多发领域的监管力度，严格备案资料审查，打击串标压价、职业竞买等违法行为。查获未取得文物拍卖许可证擅自拍卖文物案，没收参拍文物21件，移交浙江省文物局，并处罚款10.94万元。2013年1月，统一试用浙江省网上拍卖备案操作系统，启动拍卖备案工作。2014年，实施拍卖合同备案28件，拍卖金额1.86余亿元。2015年，检查指导辖区拍卖企业的拍卖备案工作，共实施拍卖合同备案106件，拍卖金额3.7亿元。

违法合同查处和合同格式条款监管　1993年，区工商局查获非法诈骗团伙3起，为13家工商企业减少经济损失123万元。1996年9月，上城工商分局在辖区开展打击合同欺诈行为的执法行动，重点针对利用购销合同、建筑合同、信贷合同、加工承揽合同等进行欺诈的“三无”企业以及多次欺诈的单位与个人。1998年4月，整治辖区从事房地产开发、经营和中介服务的企业（机构），重点是房地产市场的主体资格、交易合同、房地产广告、房屋质量以及国有资产管理等情况。至年末，调解经济合同纠纷3起。

2000—2001年，上城工商分局重点开展打击合同欺诈行为的专项整治。两年共查处合同违法案件17件，违法金额190.74万元，罚没款12.05万元。2002年10月1日，《浙江省合同行为管理监督规定》实施。明确房屋买卖、物业管理、电水热气供应、人身财产保险、旅游、邮政及电信、旅客运输7类合同采用的格式条款，经营者应在开始使用之日起30日内将合同样本报核发营业执照的工商行政管理部门备案。

2005—2009年，上城工商分局重点开展合同欺诈和格式条款合同管理执法检查工作，主要查处利用买卖重要生产资料、农副产品订购、承揽、旅游、中介服务等合同进行欺诈的违法行为。2010年，开展针对消费者关注的商品房买卖合同、房产中介公司服务合同中格式条款合同的重点检查。全年检查辖区房地产中介公司10家，受理备案格式合同8份。

2012年，上城工商分局开展整治消费领域合同“霸王条款”专项行动。全区共征集“霸王条款”线索32条，涉及快递、商场超市、电信等与百姓生活密切相关的24个行业和领域。全年共行政约谈相关行业企业25家，行政指导相关行业企业25家，发放行政建议书87份、责令整改通知书30份。2013年，深化消费热点领域合同格式条款监管，重点执法监督电子产品、银行、电信、快递、旅游、物业服务、汽车7个领域。2014年10月，实地走访辖区中国农业银行、中信银行、浦发银行等10余家银行，重点梳理消费类贷款合同、个人理财合同、银行卡业务合同等消费类合同，检查各类合同60余份。2015年，开展各类合同格式条款备案及专项治理工作，备案房地产合同4家，变更1家，备案旅游合同1家。

二、抵押物登记

1994年10月1日，《中华人民共和国担保法》实施。①1996年，上城工商分局为企业办理动产抵押合同登记注册13件。1996—2007年，上城工商分局对全区企业抵押物登记情况开展检查，共办理抵押物登记49件。

① 《中华人民共和国合同法担保法》规定：财产抵押需办理抵押物登记，以企业的设备和其他动产抵押的，由财产所在地的工商行政管理部门办理抵押物登记。

2008年10月，市工商局制定支持企业发展21条政策，明确扩大动产抵押范围是激活存量资产，拓展企业融资渠道政策中的主要内容。至2009年末，上城工商分局共办理企业动产抵押登记37件，主债权金额达7.61亿元，企业动产抵押变更登记1份，标的460万元。

2010年，随着全国经济形势整体回升向好的发展势头进一步巩固，企业生产规模进一步扩大，对资金需求也进一步增加，各类动产抵押数量随即上升。上城工商分局全年共办理企业动产抵押登记25件，主债权金额6.52亿元，抵押登记的物品有陶瓷品、工程机械、工业生产线、机械设备、空调、木材、建材、钢材、有色金属、酒类等。2013—2015年，办理企业动产抵押55件，主债权金额39.56亿元。抵押物包括车辆、食品、冰箱、机器设备等。

三、企业信用建设

1993年，区工商局评选出1992年度“重合同守信用”单位6家。1994—2000年，持续开展“重合同、守信用”单位命名工作。

2000年起，为解决合同当事人间互不信任以及合同履行效率低下、合同欺诈比较普遍的问题，上城工商分局开展以合同公示为主要内容的企业合同信用工程。主要公示内容：企业登记注册基本情况；在上城工商分局登记的“重合同、守信用”单位评比等情况；登记企业财产抵押登记情况；企业商标注册情况；违反工商行政管理法律法规，从事违法经营活动，被立案查处的情况。2002年，根据国家工商总局的要求和浙江省开展“重合同、守信用”活动的实践经验，省工商局对原有的“重合同、守信用”单位考核办法作较大修改，将实行十余年的“重合同、守信用”名称统一为“浙江省工商企业信用等级守合同重信用单位”。5月，上城区开始实施企业信用工程。成立由区长任组长的上城区企业信用工程工作领导小组，设立企业信用信息资料库。每年年末根据收集的企业信誉综合情况，由上城区企业信用工程工作领导小组评定信誉企业（红名单）和警示企业（黑名单）。至年末，有145家企业进入企业信用公示平台，收集企业信用信息3612条。

2006年，上城工商分局制定《上城工商分局企业信用监督管理操作细则》和“上城工商分局企业信用监管工作计划表”，按照分类监管任务每月按时、按户实施巡查，录入巡查记录。2007年，加强专业市场信用体系建设，分别在杭州新声综合市场兴合服饰城、杭州龙翔服饰城、杭州第六空间家居生活广场、杭州近江食品市场等搭建市场信用监管平台；在全省工商系统首先推出《工商所企业信用指导新制度》，制定信用指导员“十条主要工作职责”。至年末，评定工商信用AAA级企业1214家，AA级企业2221家，A级企业12.27万家，B级企业4409家，C级企业1.44万家，D级企业3.6万家。10月，杭州新声综合市场兴合服饰城被省工商局授予“浙江省首批信用管理示范企业”称号。

2008年，上城工商分局在高银街开展餐饮行业信用分类监管工作，开发信用监管评价软件，制定信用星级商户的评价标准和具体实施方案，每年进行一次信用星级商户评定。至年末，评定出五星级信用商户2家，四星级信用商户5家，三星级信用商户19家。市工商局专门召开现场会在全市推广。2009年，创建网上虚拟“南宋御街”，与淘宝网合作，引导商家在电子商务专区设立网店，开通淘宝网支付宝平台，进行网上交易。将商家分为5个信用级别，最高级为五星级，最低级为一星级，以信用星级为标杆，实施分类监管。2011年，开展商场超市专项整治工作，制定《杭州市工商局上城分局商场超市信用监管评价办法》《上城工商分局信用管理公示办法》，全面开展商场超市信用评价，加强商场超市信用预警。

2013—2015年，上城工商分局按照市工商局“信用走入企业，信用走入行业”活动要求，通过搭建银企对接平台、开展走访活动、指导培育示范企业、强化行业信用指导，不断提升信用监管效能，5家企业被认定为全省信用管理示范企业，1个行业被认定为全省信用管理示范行业，城站工商所、清波工商所被市工商局评为信用管理优秀示范工商所。制定《上城区市场监管局信用红黑名单发布制度》，建立“经营异常企业目录”和“餐饮违法处罚名单”2项信用黑名单，逐步构建以信息公示、企业抽查、信用约束相结合的企业监管新模式。

第八节　经济监督检查

一、经济违法查处

制售假冒伪劣商品查处　1993年，市委、市政府组织开展“塑造天堂新形象”大讨论，进行打假治劣专项整治活动。5月中旬，区工商局开展以打击假冒劣质茶叶为重点的专项整治；6月上旬，检查消费者反映较强烈的服装和鞋类商品。1995年1月，上城工商分局公开销毁7大类假冒伪劣商品，共计18个品种、4万余件，总案值约500万元。1999年，开展红盾打假系列活动、“百城万店无假货”活动，重点检查服装鞋类和日用品专业市场、副食品专业市场、家用音像制品市场等。至年末，查处制售假冒伪劣商品案件94起，比1998年增长74%。查获的物品主要有假冒名牌服装、假冒商标标识、劣质酒、劣质食品、旧压缩机、冒牌座便器等。

2000年，上城工商分局贯彻落实全国“打假”联合行动电视电话会议和省、市工商局紧急通知精神，集中时间，集中力量，点面结合，开展打击制售假冒伪劣商品违法活动。全年共立案查处制售假冒伪劣商品案件75起，其中罚没款万元以上大案12起。查获的假冒伪劣商品有假冒名牌服装8824件（套），盗版VCD光盘2300张，走私旧服装2.40万件等，总案值127万元。捣毁销售假冒名牌服装窝点5个、走私旧服装窝点10个。2001年5月17日，查获销售假冒他人注册商标“多么秀”服装大案，查获假冒“多么秀”毛线衫700余件。根据调查，该摊位共销售假冒服装3万余件，销售额达百万元。

2003年，上城工商分局按照“抓重点地段、重点市场、重点商品”工作思路，完善假冒伪劣案件发现和查处机制。全年出动检查人员1090人次，检查各类市场580家次，检查经营户2万余户次，查办假冒伪劣案件86起，案值157万元，罚没款119万元。2007年，上城工商分局结合“4·26”世界知识产权日，在全区开展知识产权保护专项行动，查缴旧西装和假冒名牌服装、运动鞋1万件。2008—2010年，重点查处侵犯知识产权案件，对销售假冒著名（驰名）商标商品和傍名牌等侵权行为予以严厉打击，累计查办侵犯知识产权案229起。

图15-5-9　2003年4月，上城区集中销毁假冒伪劣产品
（区工商联　供稿）

2011年，上城工商分局查处假冒世界500强挖掘机企业配件535件。美国卡特彼勒公司、株式会社日立制作所、瑞典阿特拉斯·科普柯有限公司等8家外资企业代表专程到杭赠牌答谢。2012年，市工商局新拟定《杭州市知名商品认定保护办法（试行）》《杭州市知识产权重点联系保护企业暂行规定》。在“杭剑一号”专项执法整治中，上城区集中开展红酒市场专项执法行动，共检查批发部、超市、酒庄40余家，查获5家经销商涉嫌经销假冒洋品牌高档葡萄酒、经销无中文标注涉洋高档葡萄酒等违法行为，查处立案9起。2015年，加强商标侵权等违法行为的查处力度。共查处违法案件298件，罚没款468.70万元。①

无照经营整治　1993年5月起，区工商局开展清理无照经营专项整

① 有关知识产权保护参见第二十七篇科学技术第一章科技管理第四节专利管理。

治，重点对城站、学士路等重点地段的租赁、承包、联营商场及其内设摊点进行整治。1999年6月，市工商局制定《杭州市整治室内无证无照经营实施方案》。上城工商分局出动检查人员300余人次，检查各类企业、个体户1200余户，发出行政告诫书80余张，立案10起。先后取缔望江门附近的地下青蛙交易市场、杭州近江水产农副产品综合市场周边无证大排档、秋涛路233-1号地下猪血加工场。查获杭州西子轻工机械厂内无照经营旧冰箱压缩机加工返修案，当场查扣冰箱压缩机200余台。

2000—2002年，上城区采取疏导办法使无照经营变为有照经营，将原在岳王路经营二手手机者安置到杭州青年通讯电脑市场，为23家无照经营的兰州拉面馆办理营业执照。2004—2005年，配合市政府“三口五路”[①]工程、杭州市创建全国文明城市活动，共查处无照经营户683户，取缔183户，引导办照397户，对其他无照经营限期整改后视情处理。

2006—2008年，上城工商分局以“八小行业”整治为重点，共出动检查人员5707人次，取缔无照经营户843户，引导办照867户。2009年，专项整治无照游戏机房、无照休闲按摩房，取缔无照游戏机房、休闲按摩房40余家，收缴游戏机100余台。2012年，上城区将整治无照经营纳入社会治安综合治理目标考核范围。2015年，区市场监管局创新取缔无照经营执法模式。成立常态化的现场执法取缔小组，由6个街道发挥牵头抓总作用，研究确定取缔方案，组织协调公安、城管等部门协同开展综合执法取缔行动。至年末，完成馒头山、思鑫坊无证餐饮整治。

其他案件查处　1993年9月，第八届全国人民代表大会常务委员会第三次会议通过《中华人民共和国反不正当竞争法》。区工商局查处各类经济违法案件294起，上缴罚没款17.2万元。1994年，区工商局根据《中华人民共和国反不正当竞争法》，强化经济监督检查，加强进口商品管理，查处无准运证彩电、空调等进口商品，总价值1300余万元。

1998年，根据市工商局的要求，上城工商分局对安利（中国）日用品有限公司杭州分公司、杭州玫琳凯化妆品有限公司的传销经营行为进行规范，传销业务员培训点由73个压缩到59个，清退不符合国家规定的传销员1973人，其中党政机关干部和全日制在校学生573人。[②]

1999年4月，省工商局发出《关于在全省开展对限制公平竞争、行业垄断等行为整治的通知》。上城工商分局在全区展开限制公平竞争、行业垄断的专项整治，共查处违法违章案件517起。2002年，加大反不正当竞争的执法力度，重点介入房地产市场、银行、保险公司等领域，查处全区首起行业垄断、限制竞争行为案——中国工商银行浣纱支行限

① 市区彭埠、留下、104国道北线3个入城口和解放路、艮山路、环城北路、天目山路、莫干山路5条道路。

② 20世纪90年代，由于国家关于传销经营方式的法律法规尚未建立，对传销活动难以规范和管理，一些不法商人乘机进行欺诈活动，严重侵害消费者合法权益，对守法经营者构成不正当竞争，也使大多数传销员蒙受经济损失，引发社会问题，扰乱经济秩序。为此，1995年9月，国务院决定停止发展多层次传销企业，对传销企业进行审查清理。

制竞争案。2005年，查处涉嫌诈骗、商标侵权、非法经营股权交易等违法案件274起。

2006年，开展对商业贿赂的专项治理，共出动检查人员937人次，专项检查辖区医药购销、零售业、宾馆、酒店业、保险业、房地产评估机构等750余家企业，立案25起，结案22起，罚没款112万元。2008年，查处由中国农业银行浙江分行机关工会委员会等出资成立的浙江华亿评估咨询有限公司商业贿赂案，对该公司作出没收违法所得80.7万元、罚款19.5万元的处罚。查处网络虚假宣传案7起，填补网络监管空白。

2010年，上城工商分局组织开展"迎世博，禁传销"专项行动，查办传销案件1起、直销企业虚假宣传1起。2013年，上城工商分局在全市率先成立情报行动小组，形成情报信息工作体系，相继开展4次"杭剑"行动[①]。2015年，加强食品安全、商品质量、虚假宣传、商标侵权、无照经营、特种设备等领域违法行为查处力度。共查处违法案件298件，罚没款468.7万元。

① 即消费者权益保护专项执法整治行动。

二、消费者权益保护

1993年6月，杭州市上城区消费者协会（简称区消费者协会）成立。1998年，根据省、市工商局要求，上城工商分局"96315"消费者举报投诉中心成立。[②]至年末，共受理消费者投诉举报1124起，结案1064起，结案率95%；为消费者退赔5.49万元。1999年，上城工商分局添置通信设备和车辆，改进"96315"计算机软件。2000年初，杭州采取"96315"与"12315"两号一线并行。上城工商分局"12315"和"96315"同步运行，共受理消费者投诉举报1997起，办结率100%，为消费者挽回经济损失13.15万元。区消费者协会处理消费者投诉298起，为消费者挽回经济损失36.3万元。

② 1997年，为了方便消费者投诉举报，经浙江省人民政府批准，省工商局决定在全省统一设置"96315"消费者举报投诉电话。11月，市工商局下发《关于设立"96315"消费者举报投诉中心的通知》。2000年初，国家工商总局规定全国各大中城市开通消费投诉热线，统一对外公开热线号码为"12315"。

2001年，上城区在全区开展"工商进社区、维权到千家"活动，共建立消费者权益保护联络点22个，初步形成社区消费者投诉举报网络。2002年10月，上城工商分局和杭州市消费者协会、区消费者协会在南山路联合发起"诚信经营、明白消费"示范街创建活动。活动推出示范街消费预赔金制度，由沿街各商户自愿出资（每户1000元），市、区消费者协会出资5000元设立消费预赔金专用账户，实行专款专用。是年，建立社区消费者维权学校，开设知识讲座5期，听众250余人次。2003年，建立社区红盾联系网络，畅通消费者投诉举报渠道，方便消费者投诉。2004年，"96315"号码停用，对外保留"12315"号码。上城工商分局消费者投诉举报中心的名称改为"12315举报申诉指挥中心"。2005

年，上城区在校园和社区分别建立由教师和社区居民组成的红盾志愿者和食品安全义务监督员两支队伍，监督食品消费安全。同时对每季消费投诉排在前10位的企业进行通报。

2007年，市工商局下发《关于实行部分企业自行处理消费争议试点工作的通知》。上城工商分局开展消费争议解决创新转型，把消费争议解决由调解型为主转为指导型为主。是年，上城工商分局、区消费者协会与杭州市上城区人民法院联合制定《关于建立上城区消费纠纷巡回法庭的若干意见》，首次聘请消费纠纷调解员。2008年，启动企业消费争议自行处理解决模式，家乐福超市、苏宁电器（西湖店）等13家企业成为杭州市企业消费争议自行处理解决首批试点[①]。2009年，推行无理由退货制度，全年无理由退货共4804件，退货金额12.6万元。2010年，上城工商分局、区消费者协会建立消费咨询投诉双语受理调处机制。添置24小时录音电话，用汉语、英语双语提示，专人负责接听、处理咨询和投诉。

2012年，"12315"举报申诉中心加入上城区110社会联动处置，全年共签收110社会联动中心的转办单85件，挽回经济损失3.5万元。2015年，处理各类投诉举报7099件，为消费者挽回经济损失156万元。区消费者协会及各分会共受理消费者投诉7038件，结案率100%，为消费者挽回经济损失114.8万元。

图17-5-10　2010年3月15日，上城工商分局、区消费者协会开展"3·15"消费者权益日活动

（区市场监管局 供稿）

① 消费争议由企业自行处理解决的3种情况：1. 消费者向"12315"第一次申诉（无特定需工商或消协处理的个体申诉）；2. 消费者在申诉中未要求工商部门现场处理的申诉；3. 杭州市工商局"12315"中心特别交办、转办的其他申诉。

第六章　质量技术监督[①]

① 食品生产加工环节的安全监管工作见本篇第七章食品药品监管。

1978年起，上城区在度量衡管理基础上开展部分工业计量和标准化管理。“七五”计划期间（1986—1990），杭州市上城区标准计量所协助杭州市标准计量局重点加强企业标准化工作和计量基础工作，贯彻实施《中华人民共和国计量法》和《中华人民共和国标准化法》。“八五”计划期间（1991—1995），上城区围绕国家提出的“质量、品种、效益年”和“以质量为中心，以标准计量为基础”方针，强化法制管理，开展市场商品质量监督，打击假冒伪劣商品等。“九五”计划期间（1996—2000），杭州市上城区技术监督所履行综合管理职能，在专业市场监督管理中，开展创建全国先进专业市场活动；在创建文明卫生城市过程中，开展定量包装商品和餐饮业的计量监督工作；在企业基础管理方面，引导企业采用国际标准，与国际接轨。“十五”计划期间（2001—2005），杭州市质量技术监督局上城分局作为派出机构，协助杭州市质量技术监督局实施名牌发展战略和技术标准战略，抓好食品安全、特种设备安全、民生计量、打假治劣等工作。“十一五”规划期间（2006—2010），上城区作为质量强省试点区之一，正式启动质量强区建设。上城区政府获2009至2010年度全国质量工作先进单位称号。同时，上城区在全市范围率先启动老旧小区电梯安全隐患整治，深化企业标准化、民生计量等其他质量技术监督日常工作。“十二五”规划期间（2011—2015），上城区持续推进质量强区建设。

第一节　机构

1993年9月，杭州市上城区标准计量所（简称区标准计量所）[②]迁址三圣桥河下30号。1997年9月，区标准计量所更名为杭州市上城区技术监督所（简称区技术监督所），内设综合管理科和稽查科，迁址中河中路52号。2000年9月，全省系统实行垂直管理。2001年9月，杭州市质量技术监督局上城分局（简称市质监局上城分局）在区技术监督所的基础上组建成立，并加挂杭州市质量技术监督局上城稽查队牌子，为杭

② 1987年1月，杭州市上城区标准计量所成立，所址河坊街312号，归口杭州市上城区计划经济委员会。

州市质量技术监督局（简称市质监局）的派出机构。

2002年1月，市质监局上城分局迁址中河中路88号。2月，锅容管特监管工作由杭州市上城区劳动局移交给市质监局上城分局。4月，市质监局确定上城分局职能配置、内设机构和人员编制，内设办公室、综合业务科、稽查科3个职能科室，同时挂市质监局上城稽查队牌子。7月，市质监局上城分局迁址皮市巷86号。9月，市质监局上城分局与浙江华日实业投资有限公司合作成立浙江省电动自行车检测中心[①]。2004年7月，市质监局上城稽查队改名市质监局上城稽查大队。[②]9月，市质监局上城分局综合业务科增挂应对技术性贸易壁垒科牌子。2005年12月，卫生部门承担的食品生产加工环节的卫生监管职责划归质监部门，同时各区、开发区及各县（市）质监局增加相关食品生产加工环节的监管职责，在监督稽查科或质量监督管理科增挂食品安全监督管理科牌子。12月31日，稽查科增挂食品安全监督管理科牌子，增加食品生产环节的监管职责。

2012年2月，市安全生产监督管理部门承担的负责场（厂）内专用机动车辆安全监察的职责划入市质监局，市质监局增加监督管理能效标识和监督检查高耗能特种设备节能标准执行情况的职责，取消食品安全企业标准备案工作的职责，取消已由国务院、省政府和市政府公布取消的行政审批事项，加强产品质量和食品生产加工环节安全监督管理的职责。2014年6月，上城区整合工商、质量技术监督、食品药品监督管理部门职责，组建成立区市场监管局。市质监局上城分局党组书记、局长包志青。

① 该中心2005年8月停止营业。

② 2004年7月，市质监局各区（开发区）稽查队统一更名为市质监局××稽查大队，各县（市）质监稽查队更名××县（市）质监稽查大队。

第二节　计量管理

1993年，区标准计量所建立社会公用计量标准5项。同时，开始开展衡器、天平砝码、三大量具、血压计、压力表检定。1996—1999年，组织105家企业参加“杭州市商贸计量信得过”活动，5家企业获“计量信得过”称号，19家企业获“计量合格”称号。全区登记在册的计量器具强制检定数分别为1237台（件）、1245台（件）、1795台（件）、2234台（件）。2000年2月，计量检定工作移交杭州市质量计量检定中心。全区纳入计量管理的专业市场4家、农贸市场19家、商店119家、区属商贸企业164家、个体工商户33户、工业企业28家、医疗机构11家，登记在册的强检计量器具2780台（件）。2002—2015年，重点加强民生计量和企业基础计量管理工作。

一、民生计量管理

1993年，上城区开始建立商贸和医疗机构的强检器具台账，开展衡器、天平砝码、三大量具、血压计检定。1996年，集中整治农贸市场计量器具使用不规范现象。1997年1月，实行强制检定计量器具计算机动态管理，并加强区内餐饮业计量管理，为62家餐饮企业建立档案。1998年底，上城区成为农贸市场计量器具全部受到强制检定的全市唯一城区，在全市率先完成浙江省质量技术监督局提出的在2000年前大型农贸市场禁止使用木杆秤的目标。2000年2月，计量检定工作移交杭州市质量计量检定中心。全区有专业市场4家、农贸市场19家、商店119家、区属商贸企业164家、个体工商户33户、医疗机构11家（另有工业企业28家）被纳入计量管理，登记在册的强检计量器具2780台（件）。2002年起，重点抓好农贸、医疗、餐饮、眼镜、能源等领域的计量监督、管理和服务工作。每年年初与各单位签订年度目标责任书或安全承诺书，年底组织考核并向相关部门通报情况；在掌握各单位底数基础上，制定年度检查计划。检查结果基本符合要求，未出现因严重违规被立案处罚企业。2009年，市质监局上城分局针对民营医院发展快、计量工作存在问题多的情况，专题调研民营医院计量工作，采取加强检查次数、邀请专家开展监督检查、定期开会通报情况、跟踪督促整改等措施，加强对民营医院的计量监管。2010—2012年，在茅廊巷农贸市场组建市质监局农贸市场计量服务站上城站，受理3000余台电子秤的检定和维修任务。2013—2015年，每年对杭州毛源昌、浙江大光明等10家重点眼镜商店进行监督检查，个别企业存在需要整改的项目，但均无立案查处情况。

表17-6-23　2007—2015年上城区农贸市场计量管理情况表

年份	市场数（个）	摊位数（个）	器具台件数（台）	周检率（%）	合格率（%）
2007	15	2004	2232	100	99.9
2008	14	1876	1876	100	100
2009	14	1717	1734	100	100
2010	14	1722	1780	100	100
2011	14	1906	1724	100	99.1
2012	15	1636	1636	100	91.7
2013	15	1806	1806	100	92.3
2014	15	1850	1850	100	93.2
2015	15	1900	1900	100	93.3

说明：资料来源于杭州市上城区市场监督管理局

表17-6-24　2007—2015年上城区医疗机构计量管理情况表

年份	医院数（个）	测量设备数（台）	周检率（%）	检查覆盖率（%）
2007	13	742	100	100
2008	14	1731	100	100

续表 17-6-24

年份	医院数（个）	测量设备数（台）	周检率（%）	检查覆盖率（%）
2009	13	1246	100	100
2010	13	2085	100	100
2011	13	1520	100	100
2012	13	1521	100	100
2013	13	1521	100	100
2014	13	1521	100	100
2015	13	1521	100	100

说明：资料来源于杭州市上城区市场监督管理局

二、企业基础计量

1993年，区属33家工业企业通过三级计量验收。1993—1995年，区标准计量所帮助企业完成21项最高计量标准考核。1996—2002年，上城区质量技术监督部门每年对企业计量工作情况进行日常监督，有督促整改小项，但无立案查处情况。2003年，杭州娃哈哈集团有限公司通过“二级计量水平”确认，杭州近江染料化工有限公司等5家企业通过“三级计量水平”确认，上城区疾病控制中心、上城区红十字会医院等5家事业单位通过“计量合格评定”。2008年1月，杭州橡胶集团公司被评为“2007年省能源计量示范单位”。2009年1月，杭州娃哈哈集团有限公司下属的杭州乐维食品公司等5家企业被评为“2008年杭州市能源计量示范单位”。2013年6月，市质监局上城分局监督检查杭州市水业集团南星水厂、杭州路通市政园林公司等单位环境管理体系认证的有效性，检查情况正常。

至2015年，区市场监管局每年按照年度计划对各类检验检测机构、医院等进行合格评定和资质认定方面的情况检查，检查生产、销售“3C”①产品企业的守法情况，开展ISO 9001、ISO 14000、HACCP认证企业认证有效性的检查。

第三节　标准化管理

1993—1994年，上城区质量技术监督部门每年对区域内20家工业企业实施标准化执法检查。1996年，检查辖区100家食品生产企业、销售企业食品标签使用情况。在涌金街道进行无标生产②治理试点，并通过杭州市技术监督局验收。1996年12月—

① “3C”：为中国强制性产品认证制度英文“China Compulsory Certification”的缩写，也是国家对强制性产品认证使用的统一标志。它是中国政府按照世贸组织有关协议和国际通行规则，为保护广大消费者人身和动植物生命安全，保护环境、保护国家安全，依照法律法规实施的一种产品合格评定制度。

② 指没有按照国家标准、省级标准或企业标准生产的行为。

1997年2月，完成13家“前店后厂”食品加工店产品执行标准的登记工作。1998年，上城区无标生产整治工作通过杭州市技术监督局验收，提前实现国家质量技术监督局要求在2000年前消灭无标生产的目标。完成区内工业企业的标准备案和登记，并录入计算机管理系统；登记8家印刷企业执行的产品标准。1999年2—6月，全面检查全区所有企业执行标准情况。2000年，推出企业标准编写模板，帮助企业简化产品标准编写工作，并派员走访企业30余家。至2000年末，有224家企业进行标准备案。

表17-6-25　1996—2000年上城区企业标准登记情况表

年份	企业标准备案登记数	企业执行标准登记数
1996	18	2
1997	23	3
1998	53	54
1999	72	17
2000	58	6
合计	224	82

说明：资料来源于杭州市上城区市场监督管理局

2002年，市质监局上城分局在杭州龙翔服饰城设立质监工作站，主动上门为服装企业提供标识标注、面料送检、防伪、条码等咨询服务。2004年，对42家食品类、安全类企业和71家生产企业的300余个标准实施监督检查。完成1家企业的“AAA”级标准化水平确认工作，3家企业的“AA”级标准化水平确认；2家企业通过采标确认，1家企业通过HACCP认证①，5家企业通过ISO 9000认证②。2005年，通过清理38家食品生产企业生产依据的158个企业标准，掌握上城区范围内食品企业总体情况、管理水平和食品安全隐患等。指导杭州肉类联合集团有限公司创建省级农产品批发交易市场标准化管理试点并通过省级验收。6月，对辖区30余家食品生产企业开展国家强制性标准《预包装食品标签通则》（GB7718—2004）和《预包装特殊膳食用食品标签通则》（GB13432—2004）培训。

2006年，市质监局上城分局组织开展标准化技术专家推荐，辖区6家企业13名专家被推荐进入省标准化委员会专家库。2007年，指导杭州奥普电器有限公司取得浴室取暖器国家标准组织者地位，并组成标准起草小组制定“浴霸”国家标准。2011年，上城区共有20家企业的主导产品采用国际标准或国外先进标准。2012年，开展上城区科技工业基地企业标准化人员资质培训，52人获标准化人员资质证书。至2012年末，全区完成企业标准备案

① HACCP是Hazard Analysis Critical Control Point的缩写，意思是危害分析的临界控制点。HACCP体系是国际上共同认可和接受的食品安全保证体系，主要是对食品中微生物、化学和物理危害进行安全控制。

② ISO 9000是指质量管理体系标准，它不是指一个标准，而是一族标准的统称。ISO 9000是由TC176（即国际标准化组织质量管理和质量保证技术委员会）制定的所有国际标准。

431项。

2013年5月，杭州“来必堡”餐饮管理有限公司标准化试点项目通过省级验收。2015年，区市场监管局共完成标准备案32项，申报市级先进技术标准补助项目16项，含国际标准1项，全部获不同程度的经费补助。

第四节 质量监督管理

1993年2月，《中华人民共和国产品质量法》公布后，国家和省质量监督部门进行统一部署、统一产品、统一检测标准和检验方法、统一判定原则、统一汇总口径的产品质量监督检查。1995年起，上城区在专业市场建立质量监督联络站，接受消费者投诉，处理质量纠纷。1996—1999年，上城区先后建立杭州市茶叶副食品市场质量监督联络站、浙江食品市场质量监督联络站、杭州羊毛衫市场质量监督联络站、杭州国货路食品市场质量监督联络站、杭州兴合服饰城质量监督联络站、杭州龙翔服饰城质量监督联络站等。2000年，市质监局上城分局参加杭州市第二届杭州西湖博览会上城区“五金展馆”的筹建工作，为参展商家开展商品标识标注的咨询，做好对参展产品的质量监督。是年，加强工业产品生产许可证监管，与企业签订质量安全责任承诺书，引导企业按照规定组织生产。2009—2015年，重点推进“质量强区”建设工作。

1996—2015年，上城区质量技术监督部门共查处违法案件417件，罚款总额381.26万元。

一、名牌认定和管理

1993年，上城区名牌认定和管理由市级质量技术监督部门负责，由企业提出申请，按照规定程序进行认定。2002年，“娃哈哈”牌瓶装饮用水获“国家免检产品”称号。2003年，“娃哈哈”罐装饮料系列产品获“浙江名牌产品”称号，另有4家企业的4个产品获“杭州名牌产品”称号。2004年，“娃哈哈”果汁饮料列“中国名牌产品”第一名，获市政府奖励50万元，公司获2004年度全国质量管理先进单位荣誉。是年，浙江华日投资实业有限公司的电冰箱产品获“中国免检产品”称号，浙江华日投资实业有限公司、杭州奥普电器有限公司、杭州五丰冷食有限公司3家企业的3个产品获“浙江名牌产品”称号。2006年，杭州绿盛集团有限公司和杭州五丰冷食有限公司获“中国免检产品”称号。至2012年末，上城区有中国名牌产品5个，国家免检产品7个，省名牌产品9个，市名牌产品8个。2015年，上城区有省名牌产品14个，市名牌产品4个。

二、“质量强区”建设

2009年6月，上城区被省政府确定为“质量强省”工作首批4个试点区、县（市）之一。2009—2010年，上城区制定《上城区实施质量强区战略的意见》《上城区质量强区工作评价指标》等8项配套制度。2011年，质量强区工作内容作为单独一章被列入上城区

“十二五”规划中，并纳入区政府年度考核目标。是年，上城区启动“首届区政府质量奖”评审活动，动员组织相关企业开展《卓越绩效评价准则》培训。

2011年9月，在全国质量大会上，区政府作为全国唯一的政府单位，获评2009—2010年度全国质量工作先进单位。2012年，上城区着重宣传贯彻《国家质量发展纲要》，开展“强区、强街、强业、强企”示范创建工作。是年，开展“首届区政府质量奖”评选，杭州娃哈哈集团有限公司、杭州华日电冰箱股份有限公司为首批获奖单位。2013年，杭州海兴电力科技股份有限公司、杭州银西百货有限公司为第二届获奖单位。2015年，上城区配合杭州市质量强市工作领导小组办公室对照质量强市示范创建工作的要求，完成上城区2家示范点和1家示范街道的材料申报工作。

第五节　特种设备安全监管

一、日常监察

1993年至2002年2月，锅炉、压力容器、压力管道等特种设备由杭州市上城区劳动局管理。登记在册并实施管理的特种设备有锅炉114台、电梯109台、压力容器132台、起重机17台、厂（场）内机动车辆59台。2002年2月起，特种设备安全监察工作由市质监局上城分局负责。

2005年，市质监局上城分局与6个街道办事处签订上城区特种设备安全监察工作目标管理责任书，在6个街道建立上城区特种设备安全监察协管员队伍，并组织业务培训，经考试合格，由市质监局核发全国统一资格证书。2008年8月，成立上城区质量协会特种设备分会。2010年11月，成立上城区特种设备专家组，对上城区的电梯、锅炉、压力容器、起重机械、厂机、水阀等各类设备安全提供技术支撑。2012年，在重点监控单位中实施特种设备标准化管理，规范提升重点单位特种设备安全管理水平。至2012年末，市质监局上城分局总计出动安全监察人员2500余人次，现场检查使用单位1000余家，总计检查7000余台件，发出安全监察指令书300份，处罚5家单位，全区未发生特种设备安全责任事故。

图17-6-11　2014年1月，市质监局上城分局专项检查辖区内露天电梯　（区市场监管局 供稿）

2015年末，全区共有特种设备使用单位1300余家，设备7511台（件），其中，电梯4552台、锅炉416台、起重机械1167台、厂内机动车409辆、压力容器964件、压力管道单元3个，无大型游乐设施和观光索道。全年共出动663人次，现场检查使用单位167家，总计检查1355台件，其中，电梯831台、锅炉78台、压力容器66台、起重机械113台、安全阀104只、压力表163只，检查发现重点安全隐患113处。

二、重大隐患整治

2009年，市质监局上城分局针对翰林花园小区无业主委员会、无物业管理、无电梯维保单位，44台电梯年检不合格，无法推进整改的情况，多次牵头组织召开专题协调会。最终，该小区引进物业管理公司、组建业主委员会，并向杭州市房产管理局申请从物业维修基金中列支电梯检测维修等费用，从根本上解决该小区电梯隐患问题。2011年，市质监局上城分局聘请电梯专家，对铁路杭州站（城站）运行12年的9台扶梯实施安全评估，发现较严重的安全隐患。至年末，完成9台自动扶梯更新。2012年，多次组织由电梯安装及检验机构、街道（社区）、物业管理公司、业主委员会等部门参与的协调会，落实电梯维修经费，从源头上解决凤凰南苑、近江五苑、丰家兜8～12号、望江东园等小区100余台电梯的隐患整改难题。

2013年，浙江慈溪小锅炉发生爆炸后，市质监局上城分局完成始版桥直街、下灰团巷、馒头山等地区常压锅炉检查，共检查各类常压小锅炉25台，无重大违法情况。10月，完成望江东园10台日立牌HGP型电梯隐患跟踪整改。2014年1月，专项检查辖区4个地块、30台露天电梯，并于3月底前跟踪完成全部整改。2014年7月5日，浙江五丰冷食有限公司完成氨制冷设备报废，更新为氟利昂设备。至此，上城区使用氨制冷设备的企业全部完成整改。

三、老旧小区电梯整治

2008年，市质监局上城分局针对老旧小区住宅电梯数量多、安全隐患多、存在矛盾多等实际，开展全面调研，提交的调研报告得到杭州市委书记王国平和副市长沈坚的批示肯定。调研报告中多项应对措施被采纳到修改后的《杭州市物业管理条例》中。2010年，由上城区人大常委会主任、区政协主席领衔的关于电梯问题的建议和提案分别提交省、市“两会”讨论，引起更多的社会关注。经努力，一些体制机制性的问题得到突破。2011年4月，区政府决定出资更新金隆花园金竹轩的2台电梯，在无维修基金的回迁老旧小区开展电梯隐患整治试点。2012年，区政府决定出资200万元，专项用于上城区14台回迁老旧小区的电梯更新改造，为杭州市开展老旧小区电梯更新改造提供范本。2015年，杭州市制定《关于加强电梯安全工作的实施意见》，进一步明确政府、街道、部门和电梯使用单位等主体的相关责任。

第七章　食品药品监管

1978年，上城区将食品药品安全监督管理作为重大民生和公共安全问题来抓。1993年，杭州市上城区卫生局（简称区卫生局）负责履行药品监督管理和许可权以及食品卫生监督管理职能，区工商局负责流通领域食品安全。1994年，区卫生局要求各医疗单位均须建立药事委员会，加强药品管理。2001年起，卫生部门药品监督管理权移交药品监督管理部门。2005年起，杭州市食品药品监督管理局上城分局成立，开始履行药品医疗器械监管和食品安全综合协调监管职能，同时成立杭州市上城区食品安全委员会（简称区食品安全委员会），强化牵头抓总职能。是年，区卫生局承担的食品生产加工环节的卫生监管职责划归市质监局上城分局。市质监局上城分局建立69家食品企业信息资料库，进行分类监管。2006年，上城工商分局在餐饮业比较集中的清河坊历史文化特色街区开展商品准入制试点工作，制定《清河坊历史街区餐饮业商品准入实施办法》，聘请食品安全义务监督员参与检测。2009年，上城区“民间食安办”协会成立，民间组织开始介入食品安全工作。2012年，杭州市上城区食品药品监督管理局成立。是年，区卫生局的餐饮食品安全监管和保健食品、化妆品卫生监管职责划入杭州市上城区食品药品监督管理局。2012年起，上城区启动药品安全示范区（街道）创建工作。2013年，上城区通过省级药品示范区的考核验收，成为当年考核验收分数最高的城区。2014年，区市场监管局成立，统一履行药品医疗器械监管、餐饮监管、食品生产流通领域监管和食品安全综合协调监管职能。2015年，上城区加大执法检查力度，全力推进药品经营质量管理规范（GSP）认证等制度性措施，同时注重发挥“民间食安办”协会的作用，构建食品药品安全长效管理机制。

第一节　机构

1993年，区卫生局行使药品监督管理和许可权，上城区卫生防疫站根据区卫生局授权行使食品卫生监督管理职能。区工商局负责流通领域食品安全。1995年10月1日，新修订的《中华人民共和国食品卫生法》施行，上城区卫生防疫站委托执法资格被取消。2001年11月，上城区撤销上城区卫生防疫站，设立区卫生局卫生监督所，继续行使食品卫生监督管理职能。12月，新修订的《中华人民共和国药品管理法》施行，卫生部门药品监督管理权移交药品监督管理部门。2005年10月，杭州市食品药品监督管理局上城分局（简称市食品药品监管局上城分局）成立，为杭州市食品药品监督管理局的派出机构，履行药品医疗器械监管和食品安全综合协调监管职能，局址中山南路203-1号。同时，杭州市上城区食品安全委员会成立，是区政府的议事协调机构，负责统一领导、组织协调全区食品安全工作。区食品安全委员会下设上城区食品安全委员会办公室（简称区食安办），区食安办设在市食品药品监管局上城分局，市食品药品监管局上城分局增挂区食安办的牌子，承担上城区食品安全委员会的日常工作。是年，区卫生局承担的食品生产加工环节的卫生监管职责划归市质监局上城分局。2007年，市食品药品监管局上城分局增挂杭州市食品药品监督管理局上城监察稽查队牌子。

2011年10月，市食品药品监管局上城分局迁址复兴南路118号。2012年1月，根据区政府机构改革实施意见，杭州市上城区食品药品监督管理局（简称区食品药品监管局）组建成立，承接原杭州市食品药品监督管理局上城分局承担的食品药品监督管理职责。同时，区卫生局的餐饮食品安全监管和保健食品、化妆品卫生监管职责划入区食品药品监管局管理。区食品药品监管局内设办公室、法规科（挂行政审批科牌子）、餐饮服务（保健食品局、化妆品）监管科、药品（医疗器械）监管科4个职能科室和上城区食品药品稽查大队。2014年6月，区市场监管局成立。区市场监管局履行药品医疗器械监管、餐饮监管、食品生产流通领域监管和食品安全综合协调监管职能。市食品药品监管局上城分局党组书记、局长高圣军，区食品药品监管局历任党组书记、局长高圣军、章琪。

第二节　食品安全监管

一、食品安全综合协调

1993年起，区卫生局每年指导和督促辖区食品生产经营单位、机关企事业单位食堂、公共场所建立健全卫生管理制度，规范许可证申领和年检、从业人员健康体检、卫生状况监测等工作，对存在问题提出整改与处罚，调查、防控食品卫生不合格引发的食物中毒、肠道疾病等。2005年，区食品安全委员会制定《杭州市上城区重大食品安全事故应急预案》《杭州市上城区食品安全监管责任制暂行规定》等相关制度。12月，市食品药品监管局上城分局完成与老百姓生活密切相关的10个重点产品的抽样检测以及杭州市食品安全委员会下达的108批抽检任务。是月，上城区通过杭州市食品安全委员会的综合考评，被评为2005年度食品安全优秀区。

2006年3—10月，区食安办牵头开展专项整治辖区无证无照“三小”[①]行业，共整治无证、无照“三小”386家，整治率达100%。其间，还开展铁皮枫斗、瘦肉精、多宝鱼、食用油、禽蛋

①“三小”：指小食品店、小餐饮店和小食品加工作坊。

等重点品种的食品安全联合整治。2007年3月，紧急调查处理上海荠菜猪肉大馄饨，截至23日晚，完成24家超市、1家食品市场以及食品店全面清查工作，共暂控封存该类产品22个品种，数量660余件。6月，区食品安全委员会召开专题会议，审议通过《杭州市上城区食品安全投诉举报处理暂行办法》，建立健全公开受理制、受理登记制、首问负责制和限时办结制，规范投诉举报处理程序，落实投诉举报处理责任。11月，辖区内杭州五丰冷食有限公司、杭州华辰国际饭店、杭州第六中学食堂等9家杭州市食品安全信用体系建设试点企业通过评价机构的评估，均获"A级信用单位"称号。12月，市食品药品监管局上城分局被评为"省食品安全综合监督工作先进集体"。

2008年9月，区食安办牵头开展含三聚氰胺问题奶粉清查工作，共出动执法2183人次，检查8658家生产经营单位，下架封存"三鹿"牌婴幼儿配方奶粉和"三鹿"品牌的其他奶粉1242包，国家公布的含三聚氰胺的液态奶379.25千克，不合格普通奶粉13.20千克，2008年9月14日前生产的液态奶1646.58千克、奶粉968.35千克。是年，开展食品安全整治，出动执法3600余人次，检查生产经营单位1.23万家次，确保奥运会期间全区食品安全。

2009年3月，杭州崇文实验学校食堂通过浙江省卫生厅卫生监督局专家组食品卫生监督量化分级验收，成为上城区第一家小学食品卫生"A级"食堂。4月，区内餐饮经营单位杭州知味观全面通过全国添加剂专项整治考核评估组进行的"打击违法添加非食用物质和滥用食品添加剂专项整治"工作考核。是月，在区食安办等部门协助指导下，由社区热心居民自发组织的上城区"民间食安办"协会成立。该协会参与辖区食品安全检查活动，监督街道及各职能部门依法履职，监督食品生产、经营者依法生产、经营，定期向食品生产、经营者及社区居民宣传有关食品安全的法律法规、方针政策，及时向街道及各职能部门反映食品安全问题，建立社区食品安全事故应急机制。7月，上城区获"省级食品安全示范区"荣誉称号。

2010年3月，杭州市上城区人民政府办公室制定《进一步加强上城区食品安全监督管理工作的若干意见》，要求加强农产品监管，加强生产加工、流通、消费环节监管，加强保健食品监管，深入推进食品安全信用信息体系建设和"三小"和"十小"[①]整治等。5—7月，在含三聚氰胺问题乳粉重现市场后，上城区立即开展清查，全区出动执法3286人次，检查8658家生产经营单位，张贴公告2000份，与2052家企业签订承诺书，查获青海民和回族土族自治县东垣乳品厂生产的批号为100620的问题乳粉150千克。

① "十小"：指食品加工小作坊、小食杂店、小餐饮店、小药店、小农资店、小菜场、小音像店（包括网吧）、小美容美发店、小客运、小液化气供应点。

2011年6月，区食安办加强食品和食品添加剂中非法添加邻苯二甲酸酯类物质的排查工作。2012年7—10月，牵头开展辖区食品安全大整治百日行动，共出动执法2510人次，检查生产经营单位4190家次，查处各类违法行为80起，立案79起，罚没款15.1万元。11月，在省政府召开的全省食品安全大整治百日行动总结表彰大会上，上城区被授予“浙江省食品安全大整治百日行动先进单位”称号。

图17-7-12　2013年7月16日，上城区“民间食安办”协会成立大会暨食品药品安全嘉年华活动在吴山广场举行（区市场监管局 供稿）

2014年，上城区开展食品安全百日严打行动，全区共检查食品生产经营企业2537家次，监督抽检187批次，约谈违规企业9家次，立案47起，涉案金额15.95万元，罚没款21.81万元，捣毁“黑窝点”[①]1个。是年，开展校园及校园周边食品安全整治，共出动执法人员301人次，检查校园及周边食品生产经营单位347家次，抽样48批次，合格47批次，合格率97.92%，立案查处食品类案件4起，罚没款2万元。实施“阳光厨房”[②]建设工程，加强“阳光厨房进校园”建设，48所学校完成视频监控式“阳光厨房”，建设比率位居全市首位。

2015年，区食安办全年共牵头查处食品案件115件，罚没款达153.33万元，全区共抽检食品1750批次，抽检不合格28批次，不合格食品处置率达100%。上城区在全市试点“五可阳光餐饮”工程，即在“阳光厨房”的基础上做到“后厨操作可视、企业管理可量、食材来源可溯、诚信承诺可查、群众感受可评”，全区大型以上餐饮单位建设“阳光厨房”达52家。继续推进校园平安建设，学生午餐配送单位“透明厨房”[③]建设达100%。依托“智慧上城”建立“阳光餐饮”智慧管控平台和三级信息化监管机制，探索餐饮量化分级社会化评价模式。

二、流通领域食品安全监管

1993年，区工商局针对市场上假冒名酒大肆泛滥的现象，经集中检查，集中立案，集中封样送检，共查获零售、批发假冒“洋河大曲”“剑南春”“五粮液”等名酒的经营部、商店、公司31家及由此涉及的外区经营酒类单位6家，总计查扣假冒“洋河大曲”227瓶、“剑南春”

① 大学路118号翰林农贸市场三楼内非法加工窝点。

② “阳光厨房”：指就餐者可以通过监控系统实时观看厨房的每个角落和操作过程，使就餐者能够对食品卫生更加放心。

③ “透明厨房”：即让学校营养午餐生产配送单位把制作过程通过视频数据接入监管平台和学校校园显示屏，让家长和社会共同进行监督。

1694瓶、“五粮液”1045瓶。1998年2月，国家工商总局下发了《关于严厉打击制售假酒和其他假冒伪劣商品违法行为的紧急通知》，上城工商分局查获冒牌鸡精3360千克、假赤砂糖5000千克。6月，对预先排定的各大商场（店）和超市的二恶英污染食品进行紧急清查。就地封存供货单位仓库的德国产酸奶7700余盒。

2001年5月，上城工商分局查获假冒广东“岐江桥”牌老抽王瓶装酱油2000余箱，改写酱菜保质期的酱菜及过期酱菜1000余包，假冒“川崎”品牌的“州崎”“训崎”商标火锅调料540余箱。2005年，开展劣质藕粉、苏丹红食品、劣质奶粉、问题亨氏营养奶粉等食品安全方面的专项整治10次。2006年，上城工商分局以贯彻和实施国家工商总局《工商行政管理所食品安全监督管理工作规范》和省工商局《工商所食品安全监管“十项制度”》为主线，加强流通环节食品安全日常监管，在餐饮业比较集中的清河坊历史街区开展商品准入制试点工作，制定《清河坊历史街区餐饮业商品准入实施办法》，邀请食品安全义务监督员参与检测，发挥食品安全义务监督员和工商联络员、社区居民的作用，形成共同监督食品安全的氛围。是年，检查各类市场主体1.3万余家，查处劣质食品案件41件，罚没款23万元，销毁假冒伪劣食品7669千克。分局检测车对各市场、超市上市商品和食用农产品实施快速定性检测，共出动231场次，检测商品1990批次，销毁不合格商品4485千克。2007年，上城工商分局在家乐福超市开展不合格食品退出环节全程监管试点工作，建立不合格食品信息相互通报机制和协查机制，完善不合格食品退出的管理制度，明确不合格食品就地销毁范围，制定不合格食品彻底退出工作流程，建立电子监控不合格食品现场销毁制度。市工商局召开现场会，在全市推广上城工商分局的经验。省工商局把此项制度作为食品安全监管的创新亮点，列入《浙江省食品销售者经营行为规范指引》第十条。2008年，上城工商分局推出《创建社区（校区）食品安全放心示范店实施方案》，开展社区（校区）食品安全放心示范店创建工作，首批52家“社区（校区）食品安全放心示范店”在各社区（校区）挂牌。2009年，组织开展流通领域食品安全专项整治，共出动执法人员11282人次，检查经营户18920家次，检查批发市场、农贸市场等各类市场170个次，取缔无照食品经营户44家。是年，《中华人民共和国食品安全法》正式实施。上城工商分局根据市工商局《全市推行食品经营“一票通”制度的实施方案》，开展小食杂店整治规范工作，逐户检查、逐户整改、逐户验收小食杂店，统一标准、统一制度、统一台账，督促辖区小食杂店做到规范经营承诺和证照上墙、店面卫生整洁、物品整齐摆放，建立并执行进货检查验收制度和保证进货商

图17-7-13　2007年，上城工商分局工作人员检查市场食品安全　（区市场监管局 供稿）

品质量。

2010年，根据新修订的《中华人民共和国食品安全法》规定，上城工商分局开展食品流通许可证发放工作，全年发放食品流通许可证446件，其中重新申请359件，变更87件。受理和处理消费者食品类申诉和举报271件，为消费者挽回食品类经济损失2.16万元。制定《上城区商场超市批发企业不合格食品退市就地自行销毁制度》，14家商场、超市和食品批发企业（配送企业）推行不合格食品退市就地自行销毁制度。针对公共自行车亭销售食品的监管盲区，加强对公共自行车亭食品安全监管，发放许可证和营业执照。是年，共查办食品安全方面的案件14起，罚没款15.97万元。出动执法人员1899人次，检查食品经营户2623家次，查处制售假冒伪劣食品案件67件，罚没金额153万元。

2011年，上城工商分局在全区范围开展食品经营主体普查工作，详细核查食品经营主体的基本情况、经营者的文化素质、经营规模、经营品种、食品安全制度落实、台账记录形式、进货渠道、经营行为等具体情况，掌握全区流通环节食品经营主体的基本信息和整体状况。是年，上城工商分局相继开展紧急排查餐厨废弃油脂回收加工违法行为，规范燕窝等滋补食品行业经营行为，开展严厉打击流通环节非法添加非食用物质和滥用食品添加剂专项整治等行动。共组织开展食品专项检查、整治14次，出动执法人员2298人次，检查食品经营户2871户次，抽检农贸市场、蔬菜批发市场、超市等各类食品3101个批次，查处不合格商品96批次，销毁不合格商品168.4千克，查处假冒伪劣食品案件109件，案值44.46万元，罚没款70.64万元，下架问题食品5700余包。2012年7月开始，认真贯彻落实《国务院办公厅关于严厉打击食品非法添加行为，切实加强食品添加剂监管的通知》总体部署，突出对流通领域食品添加剂经营企业的整治。查办食品安全方面的案件65起。2014年，畅通投诉举报渠道，向社会公布“黑名单”企业1家。推进肉菜流通追溯试点建设，启动4家超市的生鲜农产品“放心柜”试点建设。全年累计定量检测食品1620批次，合格率95%。推动1939家食品企业落实食品安全信用信息公开，创建3个示范点，5340家食品企业签订食品安全公开承诺书。是年，立案查处食品案件91起，涉案金额320.05万元，罚没款215.11万元。其中，查获假冒50年陈茅台酒193箱，价值3000余万元，案件被移送公安机关处理。2015年，区市场监管局公布食品安全“黑名单”1起，发放食品安全举报投诉奖励5起。

三、生产加工环节食品安全监管

1993—2004年，区卫生局承担食品生产加工环节的卫生监管职责。2005年起，市质监局上城分局开始负责生产加工环节食品安全工作。是年，建立69家食品企业信息资料库，根据食品生产安全状况将企业由好到差分为ABCD四类进行分类监管，对食品生产行业实施“三员”①“四图”②监管。2006年，重点加强食品添加剂监管工作，采用“五专”③“五对”④方法。2008年，“三鹿”牌婴儿奶粉事件发生后，市质监局上城分局启动应急机制，

① “三员”：即市质监局上城分局专管员、街道质监员、企业信息员。
② “四图”：即动态分布图、行业分布图、监管责任对应图、安全警示图。
③ “五专”：指专人管理、专柜存放、专本登记、专用计量器具、专人添加。
④ “五对”：即对标准、对种类、对验收、对用量、对库存。

集中力量开展专项整治工作，对发现使用问题奶粉的2家企业产品进行封存，督促供应商销毁问题奶粉100余吨。2009年，重点加强肉类、乳制品生产企业的原料监测，防止使用不合格原料生产。2010年，落实集中宣传贯彻《食品生产许可管理办法》《食品添加剂使用卫生标准（GB2760）》工作。2012年，市质监局上城分局应对一起输入性的食品安全事件，与公安、检察、工商行政等部门合作，最终确认问题源头在于2家提供原料的供应商。公安机关对5名涉案人员采取行政强制措施，消除1起较大的安全隐患。

图17-7-14　2008年7月24日，市质监局上城分局召开上城区食品生产加工企业原辅料质量控制培训会议

（区市场监管局 供稿）

2014年3月，根据《杭州市食品安全严打行动方案》要求，召集全区20家食品生产企业开会，启动专项监督检查，并与各企业签订质量安全主体责任承诺书。至2015年，区市场监管局统一行使生产加工环节的监管职责。

第三节　药品安全监管

1993年，区卫生局行使药品监督管理和许可权，对药品安全进行监管。1994年7月，区卫生局制定《上城区医疗单位药品采购、销售、使用管理办法》，要求各医疗单位均须建立药事委员会；规定中西药剂人员必须具有药学技术职称或县级以上卫生行政部门核发的上岗证，非药学人员不得参与药剂工作；药品采购要做到有经销单位“二证一照”的复印件并存档；做好毒性、精神、麻醉、放射等特殊药品的保存、使用、管理工作。

1995年，各医疗单位均成立院药事管理委员会。1997年11月，区卫生局下发《加强上城区医疗单位药品采购管理工作的通知》。2000年，制定《治理药物购销环节中不正之风的实施方案》。2002年3月，区属医疗机构采购药品实行招标。2003年7月，区属医疗机构实行药品网上统一招标采购。9月，上城区在区属医疗单位中开展药品放心工程。

2005年10—12月，市食品药品监管局上城分局组织走访调研120余家药械生产、经营企业和医疗机构，基本掌握辖区食品药品生产经营企业和医疗机构的有关情况。2006年3月，查处假药“爱活胆通”，涉案金额200余万元。11月，全区6家街道卫生服务中心和29家社区卫生服务站全部通过市食品药品监管局上城分局和区卫生局联合组织的“规范药房”和“合格药房”验收检查。2007年1月，市食品药品监管局上城分局开展“药械打假保健康、保安全”和春节期间中药材专项检查，对辖区吴山花鸟市场、青年路保健品市场等中药材市场约190余家经营户开展专项检查。检查中发现国货路参茸保健品市场、青年路参茸保健品市场、香榭大厦保健品超市、汽车南站保健品小商店都普遍存在销售产品不标示品名或标示不规范，还存在以次充好、以假充真的情况。7—8月，开展整顿和规范药品流通秩序专项检查和冷藏药品专项检查，专项整治药品、医疗器械等产品，共出动执法人员102人次，检查相关企业50余家。全年立案查处药品案件16起，其中，一般程序案件12起，简易程序案件4起，结案16起。

2008年8月，市食品药品监管局上城分局部署实施“小药店”药品质量安全整治、规范、提高工作。9月，飞行检查① 持有医疗机构制剂许可证的所有制剂室，共出动检查469人次，组织药械专项检查12次，开展药品安全宣传8次，检查药械企业110余家，处理投诉举报80起，抽样检测药品67批次，立案查处涉药案件16起，罚没款金额3.2万余元，没收假劣药品货值3万余元。2008年12月至2009年4月，重点开展“小诊所”整治与规范工作。

2010年7—10月，市食品药品监管局上城分局开展互联网药品信息服务与交易服务专项检查，检查中未发现辖区内注册的企业有违法发布性保健品、毒性药品、麻醉药品、精神药品、放射性药品、兴奋剂或其他虚假药械信息和广告的行为，也未发现通过辖区互联网站非法销售药械的违法违规行为，但仍然有个别网站未标注互联网药品信息服务证书编号。

2011年4月，为加强药品质量的管理，规范辖区药品经营秩序，开展药品批发企业电子监管监督检查工作。药品批发企业通过特殊的手持终端，对购进和销售的药品电子监管码进行扫码，并上传到国家药品电子监管网进行核注核销，使药品从生产到零售形成闭环。监管人员通过电脑查询电子监管码就可以了解指定药品的购销渠道和最终货主。7月，开展药械市场“非药品冒充药品”及打击侵犯知识产权专项行动。2012年4月，召开药品安全示范区（街道）创建工作会议。6—8月，先后完成清波、湖滨2个试点街道和小营、望江、南星、紫阳4个街道创建药品安全示范街道的考核验收。2013年，上城区通过省级药品示范区的考核验收。

2013年3月，杭州市食品药品监督管理局下放部分药品、医疗器械的行政审批工作至各区。10月，区食品药品监管局一次性集中销毁行政处罚没收药品和过期药品回收点回收的药品，共计销毁药品33箱，价值20余万元。2014年，国家推行新版药品经营质量管理规范（GSP）。2015年3月起，区市场监管局开展辖区GSP认证和跟踪检查。至年末，辖区23家药品批发企业、2家药品零售连锁总部、131家药品零售企业

① 飞行检查：指食品药品监督管理部门针对药品研制、生产、经营、使用等环节开展的不预先告知的监督检查，具有突击性、独立性、高效性等特点。

全部过新版GSP认证检查。

第四节　食品药品安全宣传

1993年起，上城区每年开展法律宣传、卫生知识培训活动。2005年10月，上城区开展“关爱生活、关爱健康，拒绝虚假药品医疗器械保健食品广告”大型宣传活动。2006年3月，组织区食品安全委员会成员单位在吴山广场举办“重质量、维权益、保健康，共创和谐上城”食品药品宣传活动。2007年7月，市食品药品监管局上城分局与浙江工业大学食品卫生系志愿者在湖滨街道东平巷社区开展“食品安全宣传进社区”宣传活动。3月15日，市食品药品监管局上城分局全体人员在吴山广场、紫阳街道凤凰社区设立宣传点，开展食品药品安全知识宣传服务活动。5月20日，与杭州市上城区科学技术协会在吴山广场联合举办“谱写上城创新主旋律，奏响和谐生活新乐章”为主题的科技普及周大型宣传活动。5月，联合杭州市上城区残疾人联合会在吴山广场开展“提升残疾人生活品质、合力构建和谐新上城”为主题的助残日活动。

2008年7月，市食品药品监管局上城分局开展暑期大学生食品安全宣传进社区活动。2009年5月，市食品药品监管局上城分局志愿者参加“2009上城区第二十三届科普宣传周”暨清波地区科普志愿者宣传咨询服务活动。2010年3月15日，组织开展食品药品安全宣传进社区活动。6月，组织开展食品安全宣传周进社区活动。2011年3月，市食品药品监管局上城分局参加“食品药品安全、健康与您相伴”志愿者服务活动。2012年6月，举办“共建诚信家园，同铸食品安全”食品安全宣传周启动仪式暨广场咨询等活动。9月，举办“关注食品药品安全、推进公众科学普及”食品药品安全科普知识竞赛。

图17-7-15　2010年，上城区开展药品安全进社区宣传活动　（区市场监管局 供稿）

2013年3月，区食品药品监管局组成“食安卫士”志愿者小分队，到小营街道西牌楼社区开展食品药品安全宣传服务活动。3月14日，结合“3·15”消费者维权日，组织人员到小营街道茅廊巷社区开展“食品药品安全知识进社区”宣传服务活动。5月21日，在清波街道柳翠井巷社区惠民苑小区举行“流动式办公，走访式服务”活动。5月30日，到清波街道劳动路社区开展“流动办公进小区”宣传服务活动。9月6日，在清波街道定安路社区“流动办公进小区，网格服务千万家”活动中，工作人员通过设立食品药品安全咨询台、发放宣传资料等方式，开展食品药品安全宣传与咨询服务，让更多市民了解掌握用药安全知识。9月13日，组织南星街道复兴南苑社区食品药品志愿服务进社区活动。11月19日，在清波街道柳翠井巷社区开展“流动服务进网格，惠民服务进万家”活动。

2014年5月20日，杭州市市场监督管理局、区市场监管局联合杭州电视台“杭州帮”电视栏目工作人员走进部分餐饮单位的厨房，现场跟拍量化分级评定的全过程，用镜头记录餐饮单位“后院”的真实内幕和监管部门对餐饮单位的管控举措，把群众的视线延伸到食品安全的最前线。7月9日，区市场监管局与浙江省食品药品监督管理局邀请浙江电视台钱江都市频道栏目工作人员开展“你点题，我检测”活动。10月15日，组织开展民间食安办义务监督员培训，170余名义务监督员参加培训。10月27日，杭州市市场监督管理局和区市场监管局共同举办校园食品安全体验活动，邀请两代表一委员、特邀监察员、绩效信息员、食品安全义务监督员、在校学生家长和多家新闻媒体到杭州市胜利实验学校考察体验上城区学校及周边环境食品安全情况。

2015年6月19日，区市场监管局在小营巷公园开展以“尚德守法、全面提升食品安全法制化水平”为主题的食品安全广场宣传活动。6月24日，开展食品安全进校园活动。7月16日，召开食品安全培训暨签订食品安全承诺书会议，邀请专家对新修订的《中华人民共和国食品安全法》进行培训讲解，辖区内全部8家食品生产企业和30余家大型食品流通企业质量负责人参加会议。10月，以“药品安全宣传月”为主线，制作药品安全宣传片，在社区大屏幕上播放；通过上城区社区学院，宣传《十大合理用药问题》；印制和发放新版医疗器械法规汇编800册，药械宣传海报500份；通过微博、微信平台宣传药品安全知识。

第八章　生产安全监管

1978年起，安全生产工作逐步步入正轨。1980年起，杭州市上城区劳动局（简称区劳动局）在全区范围内开展“安全生产月”活动。1990年，上城区成立上城区安全生产领导小组及其办公室，负责安全生产工作的组织、宣传、协调和重大问题的处理。1993年，区政府与各系统、公司、街道办事处签订管理目标责任书，落实安全生产责任制，将安全生产列入年度工作目标考核。2002年2月，上城区将安全生产综合管理职能划给杭州市上城区发展计划与经济局。2003年8月，杭州市上城区安全生产监督管理局（简称区安监局）在杭州市上城区发展计划与经济局挂牌。

2004年起，国家安全生产行政许可逐步形成企业申请、分级发证、属地监管的管理体制。2009年，上城区制定《上城区隐患信息监管规范》，形成包括“单位自查—部门检查—安全督查—隐患整改—信息建档”在内的综合监管体系，同时推进重大事故隐患单位分级挂牌督办制度。2011年，区政府根据市对区考核属地化的新情况，调整责任书内容，把除地铁工程等重点工程以外的中央和省市属企业纳入监管和考核范围。2013年，上城区制定加强安全生产责任制的实施办法，明确政府及其有关部门的主要负责人是安全生产第一责任人，强化安全生产责任“一岗双责”落实。2015年，上城区将安全生产责任制考核纳入到全区综合目标管理考评中。

第一节　机构

1993—2003年，上城区安全生产监督管理职能由区劳动局承担。同时，上城区安全生产领导小组成立，负责安全生产工作的组织、宣传、协调和重大问题的处理。

2002年2月，上城区把安全生产综合管理职责从区劳动局划到杭州市上城区发展计划与经济局。2003年8月，区安监局在杭州市上城区发展计划与经济局挂牌，为内设二级局，主管全区安全生产监管工作。

2004年12月，上城区正式组建区安监局，同时挂区安委办牌子。区安监局（区安委办）是主管全区安全生产综合监督管理的区政府工作部门，下设安全生产综合管理科、安全生产监察科2科，局址后市街47号。

2012年5月，根据《杭州市上城区人民政府机构改革实施意见》，区安监局（区安委办）重新编制“三定方案”，调整部分工作职责：取消已由国务院和省、市、区政府公布取消的行政审批事项，划入原由市级相关部门负责的市属企业安全生产监管工作，划入原由杭州市安全生产监督管理局（简称市安监局）承担的乙种危险化学品经营行政许可的审批职责，增加负责城区范围内的钱塘江沿岸安全管理职责。设立办公室、安全生产综合科（挂行政审批科牌子）、安全生产监察科3个科室，同时设承担行政职能的事业机构上城区安全生产监察大队。

2014年12月，杭州市上城区卫生和计划生育局承担的用人单位职业卫生监督检查等职业安全监管相关职责，划入区安监局，区安监局增设职业安全健康监督管理科。2015年，区安监局机构和职能未发生变化。历任党组书记、局长王汝雷、楼复进。

第二节　安全目标责任制

1993年，为落实安全生产目标管理，区政府与各系统、公司、街道办事处签订管理目标责任书，落实安全生产责任制，并将此列入年度工作目标考核。

1994年，区政府与区劳动局签订年度安全生产责任书，再由区劳动局分别与16个主管部门和街道签订安全生产责任书。随后，各主管部门和街道采取签责任书、承包等形式把安全生产责任落到所属企业。此后，上城区均以签订安全生产责任书形式明确安全生产责任。

2002年，上城区加强考核奖罚，采取安全生产风险责任抵押金①的办法，把安全生产与经济利益挂钩，增强签约单位领导安全生产责任意识。是年，在与区政府签订安全生产责任书的25家单位中，各项考核指标全部达标的有24家单位，占考核总数的96%。

2003年，上城区扩大安全生产责任书的签订范围，区政府与部门、街道、主要企业的负责人签订安全生产责任书，明确安全生产综合管理目标。细化考核办法，把安全生产责任制考核从条文式的考核转变为百分制的考核，内容涉及10个方面②，共28条；加大考核力度，实行“重奖重罚”，把风险责任抵押金由原来的2000元提高到4000元，最高奖励额度从原来的2000元提高到6000元；建立安全生产工作述职报告书制度，要求各部门、街道每季度报告一次安全生产工作开展情况。为确保安全生产责任制落实，区安监局对区域内的企业按等级划分，明确监管重点，实行安全生产分级管理③。12月，区政府进一步健全各级领导安全生产责任制，明确区政府班子成员对职责范畴和分管部门、系统的安全生产负领导责任，分管领导对分管单位的安全生产事故承担领导责

① 安全生产风险责任抵押金：年初签订安全生产责任书时缴纳风险责任抵押金，年终管理目标责任书考核，若合格则返还风险责任抵押金，并依据考核等次予以不同程度奖励。

② 包括事故控制目标2项（劳动安全、消防安全）、安全生产管理工作目标8项（组织领导、安全生产责任制、安全生产检查及事故隐患整治、事故上报及处理、安全生产宣传教育工作、生产经营单位安全生产保障措施、生产经营单位台账、附加）。

③ 对建筑安装和危险化学品生产、经营、使用企业，确定为高危企业，实行一级监管；对冲压、印刷、市场、公众聚集场所、使用锅容管特较多的企业，确定为危险性较大的企业，实行二级监管；对商店、服装制造业、电子仪表、机械加工企业，确定为危险性一般的企业，实行三级监管。

任；明确各单位的行政一把手和分管领导既要对自己分管的工作负责还要对分管领域的安全生产工作负责；明确各部门、街道的安全生产监督监管职责。

2004年，为使安全生产综合管理考核更具有针对性和操作性，区安委办对安全生产综合管理考核的内容进行修改和补充，结合各部门、街道、企业抓好安全生产工作的不同内容，分别制定不同的考核标准。是年，把风险责任抵押金提高至5000元，最高奖励额度提高至7000元。

2005年，区政府把签订安全生产责任书的单位扩大到32家，部分部门、街道分别与企业、工地、学校、医院、社区签订安全生产责任书，部分企业还把责任书分别签订到车间、班组和重点岗位，基本形成"横向到边，纵向到底，一级抓一级，层层抓落实"的安全生产管理机制。

2007年，区政府印发《上城区人民政府街道办事处安全生产管理工作意见》，对街道办事处安全生产工作的组织机构建设、监督管理职责、规章制度建设、安全生产管理基础工作、事故隐患和重大危险源管理、安全生产监督检查、安全生产宣传教育和培训等内容做出具体规定。

2008年，区政府在与职能部门、街道、区属企业单位签订安全生产责任书的基础上，进一步扩大责任书签约范围，并从部门一级逐步向街道、社区一级全面铺开，全区共签订安全生产责任书3664份。

2011年，根据市对区考核属地化的新情况，区政府调整责任书内容，把除地铁工程等重点工程以外的中央和省市属企业纳入监管和考核范围。同时扩大安全生产责任书签订面，重点督促签约单位与危旧房改造、庭院改造、临时性工地等事故多发行业领域生产经营单位签订责任书，做到广泛覆盖与突出重点相结合。全区共签订各类安全生产责任书4561份。是年，为体现分级监管，上城区对安全生产风险责任抵押金进行分级管理，上城区发展和改革局、区安监局等重点安全监管部门和街道、指挥部的风险责任抵押金调整为3万元，上城区招商局、上城区文广新局等一般安全监管部门和广宇集团股份有限公司、杭州复兴建设集团有限公司等企业的风险责任抵押金调整为1万元。

2013年，为强化各级安全生产责任尤其是"一岗双责"落实，上城区下发《关于进一步加强上城区安全生产责任制的实施办法》，对各级、各部门的主要领导和分管负责人的职责做出强调和明晰，明确政府及其有关部门的主要负责人是安全生产第一责任人，对地区、行业安全生产工作负全面领导责任；分管安全生产工作的领导是安全生产工作综合监督管理的责任人，对安全生产工作负组织领导和综合监督管理责任；分管其他工作的领导对分管工作范围内的安全生产工作负直接领导责任。强化责任追究，进一步厘清各部门职责，对安全生产考核和责任追究做出规定。8月，为提高各个街道和相关部门对安全生产工作的重视程度，增强责任意识和调动工作积极性，经区政府批复，各安全生产签约单位风险责任抵押金增加2万元。

2014年，区委、区政府下发《上城区关于加强安全生产促进安全发展的实施意见》，进一步明确各级党委主要领导、党委班子以及党群部门职责，突出强调"党政同责、一岗双责、齐抓共管、失职追责”。

2015年，国务院安全生产委员会办公室提出安全生产责任体系“五级五覆盖”[①]。区政府与街道及安全生产签约单位，各街道、行业部门与所辖企业、个体户层层签订安全生产责任书，形成横向到边、纵向到底的安全生产责任体系。全年全区签订各类安全生产责任书5807份。是年，依据新修订的《中华人民共和国安全生产法》规定，上城区取消风险责任抵押金，安全生产责任制考核被纳入全区综合目标管理考评。

第三节　安全行政许可

1993—2004年，根据国家相关法律法规规定，安全生产行政许可职责由具体行业领域行政主管部门承担。

2004年起，国家安全生产行政许可逐步形成企业申请、分级发证、属地监管的管理体制。

2006年，依据国家安全生产监督管理总局颁布的《烟花爆竹经营许可实施办法》，区安监局开始负责烟花爆竹经营（零售）许可证的管理工作。

2012年，原由市安监局承担的乙种危险化学品经营行政许可审批职责划入区级安监部门。是年，上城区积极推行电子政务，实现行政许可事项网上办理。2013年，区安监局行政审批事项进驻区行政服务中心。

2014年，经部门职权清理工作整理确定，上城区区级涉及安全生产行政审批事项4项，其他行政权力（备案、初审）事项11项，承接市安监局许可事项1项。区安监局对区级行政许可、备案事项进行基础数据整理，做好事项名称、设立依据、申请条件、申报材料、办理流程（图）及岗位、岗位文书到结果文件等整理工作，修改更新办事指南和审批流程，规范办事程序，接受群众监督。

至2015年，区安监局实际主要进行危险化学品经营和烟花爆竹季节性零售两项行政许可。

一、危险化学品经营许可

1993—2002年，依据国务院发布的《危险化学物品安全管理条例》，新建、扩建、改建经营化学危险物品经县级以上（含县级）商业局会同有关部门审查同意后，由省、自治区、直辖市商业厅（局）核发经营许可证。

2002年，中华人民共和国国务院令第344号《危险化学品安全管理条例》颁布，规定由安监部门负责危险化学品安全监督管理综合工作，

① “五级”指省级、市级、县（区）级、乡镇（街道）和行政村（社区）。“五覆盖”指“党政同责”全覆盖、“一岗双责”全覆盖、“三个必须”（管行业必须管安全、管业务必须管安全、管生产经营必须管安全）全覆盖、政府主要负责人担任安委会主任全覆盖、各级安监部门向同级组织部门通报安全生产情况全覆盖。

危险化学品生产、使用、经营许可由设区的市级人民政府安监部门负责。

2005年，区安监局对全区危险化学品企业进行排查摸底，督促未取得危险化学品许可证的企业限期取证，初步掌握全区危险化学品企业127家（生产企业1家、储存单位1家、经营单位86家、使用单位39家）。

2009年，区政府按照市级安监部门的要求，推进非工业园区危险化学品生产、储存企业布局调整，按照“增量向工业区集中，存量逐步消化调整”原则，取消20家危险化学品经营企业经营资格，查处危险化学品无证经营、超期经营、超范围经营等安全隐患49处。区安监局做好证后监管，陆续开展涉氨企业专项治理、进口危险化学品登记企业调查、危险化学品罐区专项检查等多个专项行动，规范企业安全生产行为。

2011年，区安监局加大执法检查力度，对4家无证、超范围经营危险化学品企业进行处罚，罚款共计4000元。

2012年，因政府部门机构改革调整，原由市级安全监管部门承担的乙种危险化学品经营行政许可的审批职责划入区级安监部门。

2013年，区安监局优化审批流程。实行“科室配合窗口，窗口围绕群众”工作机制，优化流程、减少环节、缩短时限，窗口和相关科室密切配合，保证审批案件办结承诺时限比法定时限缩短1/3。是年，区安监局共办理危险化学品经营许可案件38件。

2014年，区安监局进一步完善行政许可各项工作制度，实行服务承诺制、首问责任制、一次性告知制等许可工作制度。全年办理危险化学品经营许可案件48件。

2015年，区安监局推行容缺预审，明确申请人在申请行政许可时只要主件材料齐全，允许其提交限期补齐书面承诺后，实行预先受理并审查，审查通过的，予以预先办证，企业在领证时把所缺材料原件提交核验。是年，区安监局共办理危险化学品经营许可49件。

二、烟花爆竹季节性零售许可

1993年7月，市政府发布《杭州市禁止销售燃放烟花爆竹管理规定》，由公安机关负责烟花爆竹安全管理，确定限制或者禁止燃放烟花爆竹的时间、地点和种类。

2006年1月，国务院颁布《烟花爆竹安全管理条例》[①]。区安监局在确保安全、方便购买、合理定点的原则下，通过安全评价、培训考核等多途径严控准入门槛，在烟花爆竹季节性零售期间，每天组织人员对

① 该条例规定，由县级安全生产监督管理部门负责监督烟花爆竹季节性经营单位安全条件审查和季节性零售许可证发放工作，组织查处非法烟花爆竹经营单位，组织查处烟花爆竹安全生产事故。

定点经营户进行检查。此外，上城区政府组织安监、公安、工商行政、质监、城管、消防、交警等多部门开展地毯式排查，遏制非法经营。是年，区安监局共核发烟花爆竹季节性零售许可53家。

2007年，上城区按照“控制总量，提高质量，合理布点，方便群众，严格要求、确保安全”要求，做好烟花爆竹季节性零售点的布点、发证及安全监管工作，共核发烟花爆竹临时经营许可74家。

2010年，区安监局共核发烟花爆竹临时经营许可61家，决定不予发放12家。同时对经营户的储存安全、经营安全进行逐点、逐户的排查，确保不发生意外事故。

2013年12月，国家安全生产监督管理总局《烟花爆竹经营许可实施办法》①施行。2014—2015年，根据省、市安监局的统一部署，区安监局从严控制烟花爆竹经营，至2015年末，烟花爆竹经营点减少至11家。

① 该办法进一步明确县级安全监管局的零售经营布点规划职责，把零售许可证有效期限的确定由省级安全监管局调整为县级安全监管局，严格烟花爆竹经营许可条件，调整许可证有效期限，进一步规范烟花爆竹经营许可工作程序，增加并强化监督管理内容，加大对非法违法行为的处罚力度。

第四节　安全隐患治理

1993年，针对全区安全生产事故高发情况，上城区开展安全大检查3次，共检查单位34家。

1994年，上城区组织安全生产大检查3次，共检查企业21家，查处事故隐患62处，发出整改通知单15份。此后，上城区每年都组织安全生产检查，及时排查安全隐患。

1998年，上城区组织安全生产专项检查4次，检查企业79家，为规模以上企业建立安全生产基层台账。2002年，上城区在企业自查，部门全面检查的基础上，进行重点抽查。区和部门（街道）二级共发出整改通知书100余份，全区企业自查的覆盖面达到100%，全面检查及重点抽查覆盖面达70%。

2003年，上城区创新检查方法，采取“重点检查与随机抽查相结合，行政人员与专家相结合”办法，不做预先通知，检查后及时指出被检查单位存在的薄弱环节和事故隐患，当场填写检查整改记录表，提出限期整改意见，事后做好监督落实。全区共开展执法检查活动40余次，检查各类单位、场所300余家，出动执法人员500人次，查出问题和隐患187处，发出整改通知书185份，停工单2份。

2004年，全区共组织4次安全生产大检查，由区领导带队、聘请相关专家参与，重点对建筑施工、危险化学品从业单位和压力容器合作单位进行排查，对检查中发现的事故隐患和问题，发出整改通知书要求落实整改。针对当年因高温缺电，部分企业购买自备发电机的情况，上城区组织对自备发电机企业的安全管理情况进行检查，督促企业尽快建立安全管理各项制度，避免事故发生。

2006年，上城区重点开展针对工业企业、危险化学品企业、专业市场和特色街区、建筑施工企业的专项安全整治工作。在元旦、春节、“五一”国际劳动节、国庆节、国际烟花大会等重要节假日、重大活动期间，重点检查危险化学品的管理情况以及工业冲压设备、管道、压力容器以及锅炉、电梯等特种设备的安全管理。

2007年，上城区相继开展火灾隐患普查、安全生产地毯式排查、重点行业领域隐患排查整治等多个专项活动，累计检查312次，出动680人次，排查428家单位，查出动态性隐患近900处。根据省、市统一部署，全区开展“安全生产执法年”活动，加大执法检查力度，强化安全生产行政执法，以生产经营单位安全生产基础管理、企业安全生产主体责任的落实以及建筑施工、危险化学品、老旧房屋等高危行业、领域的安全管理作为执法活动重点，采取日常检查排查和集中执法检查相结合、全面监管执法和专项执法相结合、执法监督和专项整治相结合等办法，查处各类安全生产违法行为，共进行非事故行政处罚16起，处罚总金额9.1万元。

2008年，根据国家、省、市统一部署，上城区开展“安全生产隐患排查治理年”活动，各部门、各单位对生产经营单位进行全面排查，指导和督促相关企业加强隐患自查和整改，建立完善隐患排查治理台账，对排查情况及时进行分类梳理、建档、督查，全区各级、各部门共出动人员1800余人次，共检查生产经营单位7798家，排查整改隐患6964处，落实整改资金107万元，处罚18起，罚款15.5万元。是年，上城区建立安全生产隐患信息档案，把隐患信息分为四类，即一般监管对象信息、重大危险源信息、重点监管单位信息、重大隐患单位信息，加强动态管理，落实安全生产责任制。按照行业主管部门、属地街道、所在社区三级分类，把监管要求、防控管理措施等具体监管责任落实到各级、各部门。

2009年，上城区重点对辖区庭院改善、背街小巷改造、平改坡等建设工程开展安全生产专项整治，查找建设工程安全隐患649处，对建筑行业违法行为立案查处42起，罚款22.08万元。是年，上城区制定《上城区隐患信息监管规范》，形成“单位自查—部门检查—安全督查—隐患整改—信息建档”在内的综合监管体系，同时推进重大事故隐患单位分级挂牌督办制度。

2010年，国家安全生产监督管理总局发起“企业落实主体责任年”活动。全区开展企业主体责任落实工作，推进服务进企业、服务进基层，共出动检查人员1228人次，检查生产经营单位688家，查出75家企业安全生产责任制体系不完善，指导督促13家企业建立安全生产责任制。

2011年，上城区把高处作业、电工作业、高层建筑、消防安全、有限空间作业作为隐患排查治理的重点，开展专项检查。在重要节日、重大活动期间，区四套班子领导带队开展安全大检查，安监、建设、质监、消防等部门联动检查，街道社区相互开展交叉检查，防范各类事故的发生。全区共出动1.63万人次，检查1.44万家生产企业，排查隐患7122条，整改落实7100余条，整改率99%。

2012年，上城区推出重点事故隐患整改档案，进一步规范隐患整改的全过程，形成闭环管理。突出消防、特种设备、建筑、人员密集场所等重点领域以及重要时段，采取明察暗访、联合执法等形式开展执法检查，监督指导行业管理部门和企业强化安全监管。深入开展“打非治违”专项行动，严厉查处各类非法生产经营建设及违规违章作业行为，共出动580人次，检查企业1265家。

2013年，上城区推广网格化管理机制，分区包片，开展网格实时巡查，对居民和沿街商户进行宣传教育，提高其安全意识和应急处置能力。完善安全生产投入机制，加大资金投入、增配灭火器材。把安全生产综合整治与“三改一拆”相结合，加大旧城改造力度，推进区域综合整治工程。实施电力“上改下”和立面整治，更新规范电力线路，消除用电安全隐患。各街道、部门针对危险化学品、建筑、消防、特种设备、涉氨企业等重点领域开展拉网式排查。全区共出动检查人员9533人次，检查企业7493家次，发现隐患5470条，整改5436条，整改率99.38%。各部门累计下发责令改正通知书1204份，处罚单位185家，临时查封26家，停产停业整顿25家，强制执行1家，罚款80.5万元。

2014年，江苏昆山“8·2”爆炸事故①后，上城区采取“行业部门牵头，属地街道配合”模式，突出危险化学品、建筑施工、消防、特种设备、粉尘等领域的严格执法检查，打击非法违法行为，推进“六打六治”打非治违专项行动②。上城区安监、消防、住建、交警、市场监管等执法部门共发出整改指令书1560余份，实施临时查封9家，责令“三停”③8家，立案查处189起，罚款金额110余万元。

2015年，天津港“8·12”火灾爆炸事故④后，全区组织开展安全生产大检查，共检查企业1.12万家次，排查隐患7613处，整改落实7540处，整改率99%。全区共开展各类执法检查3860次，检查企业3520家，下发整改指令书820份，处罚单位174

图17-8-16　2015年6月，区安监局组织夏季易燃易爆场所安全检查　（区应急管理局 供稿）

① 2014年8月2日7时34分，位于江苏省苏州市昆山市昆山经济技术开发区的昆山中荣金属制品有限公司抛光二车间发生特别重大铝粉尘爆炸事故，共造成97人死亡、163人受伤，直接经济损失3.51亿元。

② “六打六治”专项行动：指打击矿山企业无证开采、超越批准的矿区范围采矿行为，整治图纸造假、图实不符问题；打击破坏损害油气管道行为，整治管道周边乱建乱挖乱钻问题；打击危化品非法运输行为，整治无证经营、充装、运输，非法改装、认证，违法挂靠、外包，违规装载等问题；打击无资质施工行为，整治层层转包、违法分包问题；打击客车客船非法营运行为，整治无证经营、超范围经营、挂靠经营及超速、超员、疲劳驾驶和长途客车夜间违规行驶等问题；打击“三合一”“多合一”场所违法生产经营行为，整治违规住人、消防设施缺失损坏、安全出口疏散通道堵塞封闭等问题。

③ “三停”：指停产停业、停止使用、停止施工。

④ 2015年8月12日23:30左右，位于天津市滨海新区天津港的瑞海公司危险品仓库发生火灾爆炸事故，造成165人遇难，304幢建筑物、12428辆商品汽车、7533个集装箱受损。

家次，临时查封30家，停产停业整顿7家，关闭取缔5家，罚款83.94万元，拘留15人。

第五节　应急预案和事故查处

1993—2003年，全区加强安全监察力度，建立健全各级安全生产组织，落实责任制，严控安全生产伤亡事故的发生。

2003年，上城区制定《安全生产事故防范工作若干规定》，完善重、特大安全事故应急处置预案，拟订企业发生伤亡事故的报告、调查和处理程序。

2004年10月，上城区政府办公室印发《上城区重特大安全事故应急处置预案》，明确重特大安全事故的应急指挥机构、应急抢险救灾指挥部办公室的职责，对重特大事故报告、现场保护和应急处理预案做出要求。

2007年10月，根据国务院令第493号《生产安全事故报告和调查处理条例》有关规定，区政府授权区安监局牵头组成事故调查组，对上城区辖区内工矿商贸生产经营单位发生的生产安全一般事故开展事故调查工作。对社会影响较大或情况特殊的事故，由区安监局向区政府专题报告，并由区政府直接组织事故调查组或另行授权（委托）有关部门组织事故调查组进行调查。是年7月，上城区委办公室、区政府办公室印发《杭州市上城区安全生产事故责任评估追究办法（暂行）》，对安全生产事故责任评估追究对象、追究范围、追究依据、追究方式等予以明确规定。

2009年9月，上城区印发《上城区生产安全事故调查处理工作规程》，规定事故调查组如何组成、事故调查组的职责权限、调查程序、调查报告、事故处理等事项。

2012年8月12日，清河坊历史文化特色街区发生牌坊倒塌事故，造成2人死亡，社会影响较大。此事故虽非安全生产事故，但区安监局积极参与事故现场应急救援和善后赔偿谈判事宜，联合区监察局组成督查组对各个街道部门随后开展的公共设施安全隐患大检查工作进行督查，收集、汇总、分析上报的数据。

2015年，区安监局严肃事故查处，按照“安全生产事故处理四不放过”原则[①]，相继对杭州某环境试验有限公司实验室等数起安全生产事故进行严肃查处，督促企业整改问题，同时把事故查处情况向全区通报。

① 事故原因未查清不放过、责任人员未处理不放过、责任人和群众未受教育不放过、整改措施未落实不放过。

附

安全生产事故选录

1994年1月30日凌晨3时许，杭州市解放路91号天工艺苑发生特大火灾事故，烧毁房屋建筑面积1.1万平方米及大量商品和工艺品，直接经济损失991.7万元。

2005年4月7日，江城路一处拆复建工程工地，在用电动葫芦吊机吊一批钢筋过程中，钢筋坠落砸中正在楼下搬运瓷砖的工人，致其抢救无效死亡。8月9日，3名个体装修工在为杭州陶瓷品市场某摊位拆卸顶棚及顶棚吊灯时，1名装修工在未关闭电源的情况下，徒手剪吊灯电线，导致触电。经送医院抢救无效死亡。

2006年3月30日，某房屋拆迁有限公司在拆迁一变电所工程项目房屋时，发生一起拆房工坠落事故，造成1人死亡。

2007年1月13日，湖滨街道三元坊巷某地发生火灾事故。受灾17户43人，造成1人死亡。2月2日，望江地区某地块居民住宅楼建设工地已竣工的3号楼在拆除货物提升机井架时，发生钢丝绳断裂，导致悬空吊笼坠落事故。4名施工人员随吊笼同时坠落，全部死亡。8月2日，解放路某大厦5楼装修办公场地，1名电焊工遭电击昏迷，经抢救无效死亡。8月15日，杭州市某医院口腔科大楼外立面整治工地，1名施工人员从高处坠落，于8月18日抢救无效死亡。9月29日，湖滨地区某商城维修电动防盗卷闸门，发生一起触电死亡事故，1人死亡。11月21日，浙江大学某附属医院一员工电梯发生故障，1名医院人员因失足坠入电梯井中，经抢救无效于当晚死亡。12月17日，杭州某空调安装工程有限公司派员在安装空调过程中，1人在从事室外作业时不慎坠落身亡。

2008年7月17日，浙江体育文化数码用品市场某号摊位在安装吊扇过程中发生一起触电事故，造成1人死亡。

2009年7月30日，凤凰寺整治项目工地在安装屋檐排水沟时，因横穿配电房和清真寺大殿的电线外套钢管带电，致使正在安装屋檐排水沟的1名工作人员触电死亡。8月7日，仁和路某宾馆七楼办公室进行室内装修，1名员工在安装门禁器时，因未把七楼装修施工现场主电源切断，致使带电操作不慎触电死亡。12月29日，某烟草公司制造部卷包车间高架库进料的托盘传送带被卡住，导致高架库进料停止，2名在搭配区场地进行纸箱装卸工作的物资供应部外包员工先后擅自进入高架库禁入区域内去排除故障，在排除故障的过程中，正好遇到高架库堆垛机下降，其中1人身体被下降的堆垛机挤压，导致严重受伤，于2010年1月8日上午不治身亡。

2010年5月29日，在钱江新城区块钱江路甬江路口的某施工工地，1名施工人员在大楼的18层施工时不慎坠落到地面，经医院抢救无效死亡。8月26日，近江苑某栋安装升降机过程中，1名施工人员不幸从井架上坠落，经送医院抢救无效，于26日晚上死亡。11月13日，望江地区某地块工程项目4号塔吊起吊电梯井模板时，由于塔吊扣环松动导致吊装物坠落，砸伤正位于吊装物下方工作的1名钢筋工，后经抢救无效死亡。11月17日，在中河北段综合整治与保护开发工程某标地道基坑出入口位置，在出入口斜坡段材料运输过程中，由于卷扬机牵引的运料翻斗车滑脱碰到1名工人，导致该名工人连同翻斗车一起下滑，头部受碰撞致伤，经送医院抢救无效死亡。

2011年9月9日，杭州某广告有限公司在延安南路更换广告牌时，在施工的过程中1名作业人员不慎从施工脚手架上坠落，于14日经抢救无效死亡。

2013年6月2日，杭州某机械施工有限公司发生一起物体打击事故，导致1人死亡。

2015年5月22日，杭州某环境试验有限公司实验室测试现场发生一起物体打击事故，造成1人死亡。

第六节　宣传教育培训

一、宣传活动

1993年，以全国第三次“安全生产周”为契机，上城区开展咨询、安全知识竞赛、演练等多种形式的安全生产宣传活动。

1994年，全国第四次“安全生产周”期间，全区各单位共悬挂横幅46条，标语1600条，黑板报58块，事故挂图200幅，小彩旗200幅，组织观看录像1200人次，培训义务消防员60人。区劳动局牵头组织安全生产知识竞赛，有5479名干部职工参加。4月下旬，上城区组织2500名干部职工观看“安全之声”文艺演出。

2002年，中共中央宣传部、国家安全生产监督管理总局等部委确定每年6月为“安全生产月”。上城区开展以“安全责任重于泰山”为主题的“全国安全生产月”活动。9月，上城区结合宣传贯彻《中华人民共和国安全生产法》活动，重点对《中华人民共和国安全生产法》法律地位、生产经营单位主要负责人安全生产责任制、从业人员的安全生产权利和义务、安全生产责任追究等基本法律条文进行宣传解读。

2003年，上城区组织征订《中华人民共和国安全生产法》学习资料850册，发放宣传资料3万余份，组织参加《中华人民共和国安全生产法》知识竞赛5000余人次，组织观看录像5000余人次。各部门展出黑板报2000余块，悬挂横幅200余条，张贴宣传画400余张，区安监局还专门对12家单位的学习宣传情况进行走访抽查。

2004年，按照杭州市《关于开展2004年“全国安全生产月”活动的通知》要求，上城区开展以“以人为本，安全第一”为主题的“安全生产月”活动。活动期间，全区共挂标语（横幅）297条，出黑板报247期。培训职工2804人次，举办知识竞赛19场，开展安全咨询39次。上城区总工会组织开展“安康杯”竞赛活动；上城区教育局组织开展“十个一”为内容的安全工作进学校活动；上城区消防大队组织开展消防安全知识竞赛，同时制作2万册消防安全宣传手册发放给辖区单位和木结构房屋居民住户。

2007年6月，区安监局组织消防、质监、建设等部门和各街道在吴山广场举行了现场宣传咨询活动，发放宣传资料3000余份，制作展板80余块，同时进行现场咨询、播放安全教育片和有奖猜谜活动。

2008年，上城区在全区各主要道路的建筑工地围墙外喷涂卡通宣传画，用群众喜闻乐见、浅显易懂的形式，宣传安全教育，全年共喷涂卡通宣传画580平方米。

2009年，区安监局编制《上城区安全生产知识卡通画册》，内容涵盖生产安全、交通安全、消防安全、应急救护等多个方面，用切合实际的漫画，通俗易懂语言来达到宣传教育的目的。6月，上城区在吴山广场举办省、市、区三级联动的“全国安全生产月”宣传咨询活动，通过图板展览、万人签名、有奖竞猜、现场咨询、播放视频等多种形式宣传安全生产知识，使广大人民群众了解更多的安全知识、提高安全意识。2009年和2010年，区安监局成为全省唯一一家连续两年被中央宣传部等国家六部委评为全国安全生产月活动优秀单位的区县级单位。

2011年6月，上城区在吴山广场举办安全生产月大型广场宣传活动，现场设置摊位咨询解答群众有关劳动保护、职业病防治、安全常识等方面的问题，发放宣传资料，组织图片展览、流动消防宣传车、有奖猜谜活动、文艺演出等。现场展出图版60余块，发放宣传手册6000份，发放猜谜奖品2000余份。

图17-8-17　2014年6月5日，上城区安全生产月广场宣传咨询日活动在吴山广场举行　（区应急管理局 供稿）

2014年，上城区各街道和相关部门突出重点人群、重点时段，把日常宣传与隐患排查、专项整治等工作相结合，采取集中上课、小喇叭广播、张贴宣传画、悬挂横幅、发放资料、LED电子屏、流动宣传车等多种形式开展安全常识宣传。

2015年，上城区开展安全生产知识“进企业、进社区、进学校、进机关、进家庭”的“五进”活动，为群众送安全知识上门，提升群众的安全意识。《中华人民共和国安全生产法》修订颁布实施后，区安监局印制新法单行本、《致企业主的一封公开信》和《企业安全生产责任体系五落实五到位规定》发到各个企业。共计发放各类宣传资料5万余份，张贴宣传海报2000份，发布安全提示信息2800余条。

二、教育培训

1993年，区劳动局组织生产一线的操作工参加杭州市劳动局组织的电动、电焊、电梯安装、司炉工等技能培训。

1994年，区劳动局组织做好特殊工种复审换证和培训工作，完成司炉工复审换证72人，送市有关部门培训电工6人、电焊工8人、叉车司机3人、电梯工6人、司炉工13人，共计36人。1995年，全年培训各类特种作业人员73人，全区特种作业人员基本达到持证上岗操作。

2002年，上城区重点开展企业注册安全主任，危险化学品从业人员、特种作业人员培训，有210人参加。2003年，上城区举办区中层以上干部普法教育、《特种设备安全监察条例》宣传贯彻会议，组织部门、街道安全生产分管负责人和全区工业、商贸等主要企业安全管理人员等参加学习《中华人民共和国安全生产法》等培训班50余次，参加人员4000余人次。

2004年，上城区组织举办危险化学品生产、使用和经营单位法人代表和负责人的学习班，组织举办安全质量标准化达标考核工作学习班。

2006年，浙江省安全生产委员会办公室发布《全省全员安全培训工程实施方案》，要求组织开展生产经营单位从业人员的安全生产培训，重点针对生产经营单位主要负责人、安全管理人员及特种作业人员的培训。上城区据此对所有生产经营单位从业人员进行安全生产法、安全生产知识、事故预防与处置培训。全年共组织各类培训班958期，受训人员7.7万人次。是年，为让领导干部充分认识安全生产工作的极端重要性，提高安全管理意识，上城区组织党委中心组理论学习会、部门街道分管领导、安全生产管理人员（简称安管员）等不同类型的领导干部安全生产培训班。2007年，上城区举办区委理论学习中心组法律知识培训班，着重就《生产安全事故报告和调查处理条例》进行解读。

2008年，区安监局举办“烟花爆竹安全管理培训班”“全区危险化学品从业人员培训班”“全区安全生产管理员培训班”“全区企业法人安全生产培训班”等各类培训活动7期，培训企业负责人3774人、培训安全生产从业人员6757人。全区各级各部门通过举办“全区教育系统安全培训讲座”“民工安全生产知识讲座”“企业主管安全生产讲座”等128次教育讲座，教育各类安全生产从业人员1.2万人次。

2010年，上城区围绕落实企业主体责任，推进以“三项岗位人员”（即企业主要负责人、安管员、特种作业人员）为重点的企业全员安全培训，全区举办各类培训班275期，培训各类从业人员2.36万人。2012年，区安监局重点对街道部门安管员进行业务培训，共计培训120余人次。同时，把培训指标分解，督促指导街道部门面向基层，面向一线从业人员，共计培训各类人员2.3万人。

2013年，区安委办制定《上城区2013年安全生产全员培训计划工作方案》和《上城区深化全员培训工作考核办法》，明确工作任务、责任、时间安排，把培训指标层层分解落实到各个街道和相关部门，把全员安全培训纳入安全生产执法检查的重要内容。完善全员培训考核制度，把各街道、部门和工业园区的全员培训工作纳入年度安全生产责任制考核内容。全区培训生产经营单位负责人3866人，安全管理人员1843人，其他人员3.08万人，共计3.6万人。

2014年，新修订的《中华人民共和国安全生产法》[1]于12月1日实

① 新修订的《中华人民共和国安全生产法》对经营主体责任落实、安全生产责任追究等内容有较大修改，对企业相关责任处罚力度大大增加。

施。为切实做好新法实施前的宣传工作，区安监局到各街道、指挥部和工业园区，对辖区内的生产经营单位负责人集中开展新法培训，全面讲解新法修改的背景、思路和主要内容，重点讲解生产经营单位的相关法律责任。全年举办培训7期，培训人员1200人。除开展集中培训外，还下发新《中华人民共和国安全生产法》单行本1万余册，张贴宣传海报130张，宣传画220张。

2015年，上城区抓好领导干部安全教育培训。4月末，在杭州市委党校举办一期安全培训班，对安全生产签约单位分管领导、安管员和社区安全协管员等160余人进行培训。4月、11月分别组织举办全区分管领导、安管员安全生产监管业务培训班，提升街道部门领导和基层安全管理人员业务素质水平。深化全员培训工程，突出“三项岗位人员”教育培训，进一步提高企业主要负责人、安管员持证比例，共培训企业主要负责人3536人、安管员2861人、特种作业人员380人、其他人员2.63万人，共计3.3万人。

第十八篇

中国共产党地方组织

民国11年（1922）9月，中共杭州小组在今辖区皮市巷3号成立，有党员3人，组长于树德。民国12年（1923）春，扩组为中共杭州支部，于树德任书记。民国13年（1924），中共杭州支部驻地先在今辖区马坡巷，后移大塔儿巷21号。民国14年（1925）年后，先后建中共杭州地委、市委、中心县委。机关驻地先后在今辖区皇诰巷24号、平海街瓦灰弄、横河桥和西牌楼32号、清波门道院巷、下羊市街全昶里、豆腐弄4号、学士路31号等处。民国16年（1927）7月，杭州分设中共上城、中城等6个区委，直属省委领导。张崇文任中共杭州市上城区委书记、沈资田任中城区委书记。9月，建立中共杭州县委（又称杭县县委），辖城南等6个区委，上城、中城属城南区委，袁立夫任区委书记（兼）。

1949年5月3日，杭州解放。6月22日，中共杭州市上城区委、中共杭州市中城区委建立，8月19日撤销。1952年5月2日，中共杭州市上城区委、中共杭州市中城区委复建。1957年5月3日，中城区建制撤销，中共杭州市中城区委随之撤销。1960年5月，中共杭州市上城人民公社委员会建立，1961年10月公社终止，改称中共杭州市上城区委员会。

1966年“文化大革命”开始，党的组织受到冲击。1967年初，中共杭州市上城区委被迫停止活动。1968年9月，杭州市上城区革命委员会建立，实行党政“一元化”领导。1969年4月，中共杭州市上城区革命委员会核心领导小组建立，8月，改称中共杭州市上城区革命委员会党的核心小组。1970年8月，中共杭州市上城区第一次代表大会召开，选举产生中共杭州市上城区第一届委员会。当时处在“文化大革命”期间，党内民主生活极不正常，一直未按期换届。

1978年起，区委全面贯彻执行中共十一届三中全会确定的路线、方针、政策，及时把工作重点从“以阶级斗争为纲”转移到“以经济建设为中心”上来。全区各级党组织和广大共产党员，围绕经济建设中心任务，动员和组织各方面力量为经济建设服务。上城区经济逐步恢复，并快速发展。同时，强调“两手抓，两手都要硬”，加强精神文明建设，重视党风建设，加强党风党纪教育，开展反腐败斗争，加强党内廉政制度建设。1984年4月，中共杭州市上城区第二次代表大会召开，此后按3年为期换届。

1993年1月，中共杭州市上城区第五次代表大会[①]召开，会议提出要以建设有中国特色社会主义理论为指导，坚持党的基本路线，围绕建立社会主义市场经济体制，进一步解放思想，转换脑筋，加快改革开放和经济发展的步

① 此后每5年换届（第七届三年半）。

代，把上城区建成经济发达、文化繁荣、社会安定、服务健全、保障完善、环境优美、市民文明素质较高的社会主义文明城区，使全区人民提前进入小康水平，并向更高的阶段迈进。1994年10月，区委在全区经济工作会议上首次提出“商贸领先、三产兴区”战略思想。上城区开始走向重点发展第三产业和外向型经济的转型之路。1995年6月，中共中央、国务院作出《关于加速科学技术进步的决定》，进一步确立科学技术是第一生产力的思想。是年起，区委把工业经济的增长方式转到主要依靠科技进步上来，实施技术进步工程，在重点骨干企业中加快实施一批浙江省、杭州市重点技术改造项目，加快科技体制改革，推进科技开发研究和科技成果转化。

2001年，中国加入世界贸易组织，国家继续实施扩大内需政策，杭州市开始实施“住在杭州、游在杭州、学在杭州、创业在杭州”四大品牌战略。2002年1月，区委六届十一次全会提出，抓住市委八届八次全会提出的大力推进商贸特色街区建设、西湖南线景区开发等利好因素，打响文化休闲品牌，建立以吴越、南宋历史文化为背景的旅游圈。2003年1月，中共杭州市上城区第七次代表大会提出，要全面贯彻中共第十六次全国代表大会精神，努力实践“三个代表”重要思想，构筑新优势，建设新上城，实施“工业富区、商旅兴区、环境立区、科教强区、依法治区”战略，大力发展都市型产业，继续推进城市建设和管理，切实加强政治文明和精神文明建设，在全面建设小康社会的基础上，率先基本实现现代化。2006年，杭州市制定《关于进一步加快钱江新城建设和发展的若干意见》。是年8月，区委召开七届八次全会，提出要“主动接轨钱江新城，发展沿江区块，大力推进现代服务业和都市型工业快速发展，切实增强经济发展后劲”。12月，中共杭州市上城区第八次代表大会提出，要以科学发展观统领经济社会发展全局，深入实施RBD[①]战略，接轨新城、保护老城，大力建设沿湖核心商业圈、沿江商务居住圈、沿山历史文化圈。此后，沿江区块开发成为上城区的发展重点。

① RBD：旅游休闲商务区。

2011年12月，中共杭州市上城区第九次代表大会提出切实打响“南宋古都·经典上城”品牌，率先全面建成小康社会，加快建设“具有国际水准的高品质中心城区”。2012年，中共中央首次把生态文明建设提升到“五位一体”建设中国特色社会主义总体布局的高度。2013年1月，区委九届六次全会通过《关于认真学习贯彻党的十八大精神，扎实推进“美丽上城”建设的决定》，开始从新的思想高度深刻认识建设生态文明的重大意义。是年起，上城区重点推进“三改一拆”“五水共治”“四边三化”等环境整治攻坚战。2014年1月，区委九届九次全会提出要着力提升发展、文化、生态、健康和平安五大品质。2015年7月，区委九届十三次全会提出要加快“基金小镇”“创意小镇”“古韵小镇”和思鑫坊、劝业里等重点区块建设改造提升，打响“最美园区”“最美街区”“最美小区”品牌，全力抓好“五水共治”“五气共治”工作，努力将上城区打造成天蓝水净、环境优美的“两美”建设示范区。

第一章　党员和党的基层组织

1978年，上城区有党委12个、党总支1个、党支部123个，党员1179人。1993年起，中共杭州市上城区委组织部（简称区委组织部）重点在生产工作第一线的优秀知识分子和青年工人中培养、发展党员，积极培养和发展政治素质好、年纪轻、有文化的生产经营骨干、科技人员入党，重视党员发展的年龄、文化等结构因素，全区党员结构基本稳定。是年，上城区有党委13个、党总支6个、党支部369个，党员4848人。1997年，由于上城区行政区划发生变化，全区党员人数大幅度增长，至1997年末共有党员8112人，仅1997年一年就增加党员2878人。

2000年，伴随着市属国有企业党组织关系属地管理，全区党员人数首破万名大关，年末共有党员11889人。2009年，在组织设置上，区委组织部将支部建在退休人员自管小组上，本着“行业相近、地域相邻、便于管理、便于服务”的原则，全面组建退休人员自管小组党支部。是年，全区共有党委63个、党总支31个、党支部925个，党员21340人。2014年，区委组织部按照“控制总量、优化结构、提高质量、发挥作用”的要求，重点在两新（新经济组织和新社会组织）组织领域发展党员。至2015年末，全区共有党委87个、党总支44个、党支部1299个，党员26784人。

第一节　党员

一、党员发展

1993年，区委组织部在发展新党员中重视改善和调整年龄、文化、分布等结构，注重把生产工作第一线的优秀知识分子和青年工人吸收到党的队伍中来。全年共发展新党员106人，女党员占58.49%，高中以上文化程度人员占67.92%，35岁以下人员占34.91%，生产工作一线职工占20.75%，申请入党人员894人。1994年，区委组织部坚持标准，严格把关，指导基层党组织有重点地做好党员发展工作，对3～5年没发展党员的支部开展检查。全年新发展党员83人，其中，生产、工作一线人员占24.10%，高中以上文化程度人员占69.88%。1995年，区委组织部开展团组织“推优”活动，从优秀团员中发展党员，全年全区共发展新党员98人，35岁以下人员占41.84%，较1993年提高6.93个百分点。

1996年，区委组织部重点培养和发展政治素质好、年纪轻、有文化的生产经营骨干、科技人员入党。全年共发展新党员103人，高中以上文化程度人员占86.41%，较1993年提高18.49个百分点，35岁以下人员占48.54%。1997年，区委组织部认真落实党团责任制，入党积极分子保持一定的数量和质量，至年末共有1223名人员申请入党，比1993年提高36.80%。1998年，区委组织部坚持团、妇推优制度，指定专人培养入党对象。全年发展新党员128人，其中，女性党员58人，占45.31%；高中以上文化程度人员99人，占77.34%。

1998—2002年，年发展党员数保持在130人左右。2002—2004年，全区共发展党员565人，发展数量逐步提升，发展结构相对合理。在新发展的党员中，女党员占51.86%，高中以上文化程度人员比例从2002年的80.56%上升至2004年的92.31%。2004年末，上城区共有1610名人员申请入党，后备力量较为充足。2005—2008年，全区共发展党员773人，女党员占52.78%，高中以上文化程度人员占94.57%，其中2008年发展的169名党员均为高中以上文化程度，是历年高中以上文化程度比例最高的一年。2010年，上城区全年共发展新党员137人，女党员占49.64%，较杭州市同期高出10.95个百分点；35岁以下人员占63.50%；高中以上文化程度占94.89%，较杭州市同期高出14.59个百分点。

2014年，区委组织部按照中央“控制总量、优化结构、提高质量、发挥作用”的要求，发展对象重点向两新（新经济组织和新社会组织）组织倾斜。全年共发展党员140人，其中，女党员43人，占30.71%；非公有制单位党员73人，占52.14%；35岁以下79人，占56.43%。

2015年，全区共发展党员163人，其中，35岁以下党员比例从1993年的34.91%上升至58.90%；高中以上文化程度党员比例从1993年的67.92%上升到98.16%，申请入党人员较1993年增长43.51%。

表18-1-1　1993—2015年部分年份杭州市上城区党员发展情况表

年份	发展党员数量（人）	女性（人）	所占比例（%）	35岁及以下（人）	所占比例（%）	高中以上（人）	所占比例（%）	生产工作一线（人）	专业技术人员（人）	先进模范（人）	申请入党人数（人）
1993	106	62	58.49	37	34.91	72	67.92	22	32	19	894
1994	83	41	49.40	29	34.94	58	69.88	20	33	7	861
1995	98	41	41.84	41	41.84	73	74.49	23	12	2	854
1996	103	55	53.40	50	48.54	89	86.41	25	26	0	884
1997	148	63	42.57	81	54.73	119	80.41	39	42	0	1223
1998	128	58	45.31	72	56.25	99	77.34	49	53	12	1119
1999	128	53	41.41	69	53.91	109	85.16	18	45	4	1105
2000	137	55	40.15	86	62.77	119	86.86	26	44	2	1231
2001	137	75	54.74	78	56.93	114	83.21	34	44	1	—
2002	144	72	50.00	84	58.33	116	80.56	26	40	0	1423
2003	200	105	52.50	109	54.50	172	86.00	154	67	105	1405
2004	221	116	52.49	128	57.92	204	92.31	160	67	1	1610
2005	188	105	55.85	114	60.64	173	92.02	115	45	4	1654

续表18-1-1

年份	发展党员数量（人）	女性（人）	所占比例（%）	35岁及以下（人）	所占比例（%）	高中以上（人）	所占比例（%）	生产工作一线（人）	专业技术人员（人）	先进模范（人）	申请入党人数（人）
2006	214	111	51.87	128	59.81	202	94.39	88	47	5	1613
2007	202	102	50.50	120	59.41	187	92.57	64	53	0	1428
2008	169	90	53.25	111	65.68	169	100.00	46	29	0	1617
2010	137	68	49.64	87	63.50	130	94.89	55	0	0	1830
2014	140	43	30.71	79	56.43	127	90.71	69	29	0	1270
2015	163	76	46.63	96	58.90	160	98.16	114	40	0	1283

说明：资料来源于《上城区党员年报》《中国共产党浙江省杭州市上城区组织史资料》（第三卷、第四卷、第五卷）

二、党员基本情况

1993年末，全区党员总数为4848人，其中，女党员2075人，占42.80%；大专以上文化学历620人，占12.79%；35岁以下471人，占9.72%。1996年12月，杭州市区行政区划调整，江干区的紫阳、望江、南星、闸口4个街道和四季青镇的近江、望江、玉皇3个行政村划归上城区管辖。至1997年末，全区党员人数增加至8112人，增长67.33%。2000年，区委组织部做好市属国有企业党组织关系属地管理及接收企业离退休、下岗党员等到社区的工作，年末共有党员11889人，较上年增加党员2962人。至2005末，全区有党员18628人，其中，女党员6801人，占党员总数的36.51%，女党员所占比例高出全国同期17个百分点。随着大专及以上学历党员人数逐年增多，2014年末，大专及以上学历党员占党员总数首次突破50%，达到50.24%。

2015年末，全区有党员26784人，其中，女党员11124人，占党员总数的41.53%；少数民族党员154人，占党员总数的0.57%；大专及以上学历党员13783人，占党员总数的51.46%，连续两年超过50%。

表18-1-2　1993—2015年杭州市上城区党员基本情况表

单位：人

年份	党员总数			性别		民族		年龄					
	总计	正式党员	预备党员	男	女	汉	少数民族	25岁以下	26～35岁	36～45岁	46～55岁	56～60岁	61岁以上
1993	4848	4718	130	2773	2075	4822	26	49	422	928	783	815	1851
1994	5054	4950	104	2891	2163	5028	26	79	510	913	773	831	1948
1995	5127	5008	119	2979	2148	5100	27	108	398	959	904	920	1838
1996	5234	5104	130	3035	2199	5207	27	98	411	920	995	787	2033
1997	8112	7921	191	4869	3243	8077	35	161	621	1187	1430	1129	3584
1998	8533	8376	157	5100	3433	8500	33	195	651	1261	1521	753	4152
1999	8927	8740	187	5343	3584	8889	38	237	689	1266	1706	751	4278

续表 18-1-2

年份	党员总数			性别		民族		年龄					
	总计	正式党员	预备党员	男	女	汉	少数民族	25岁以下	26~35岁	36~45岁	46~55岁	56~60岁	61岁以上
2000	11889	11690	199	7318	4571	11843	46	346	847	1481	2268	1153	5794
2001	14583	14359	224	9262	5321	14524	59	420	1048	1898	2860	1430	6927
2002	16297	16043	254	10460	5837	16225	72	465	1228	2145	3393	1701	7365
2003	17149	16826	323	11010	6139	17072	77	1835		2133	3614	1890	7677
2004	17978	17607	371	11517	6461	17898	80	2037		2126	3696	2044	8075
2005	18628	18297	331	11827	6801	18559	69	2258		2160	3559	2179	8472
2006	19100	18704	396	12001	7099	19011	89	2585		2103	3402	2273	8737
2007	20022	19635	387	12494	7528	19924	98	3043		2191	3300	2340	9148
2008	20773	20339	434	12798	7975	20668	105	3438		2148	3270	2365	9552
2009	21340	20988	352	13339	8001	21229	111	3111		2001	3400	2273	10555
2010	22166	21819	347	13452	8714	22051	115	2948		3020	3280	2642	10276
2011	23152	22822	330	13848	9304	23026	126	4804		2035	2921	2537	10855
2012	24484	24041	443	14525	9959	24349	135	5595		2262	2716	2564	11347
2013	25597	25329	268	15057	10540	25456	141	6154		2466	2577	2584	11816
2014	26378	26170	208	15456	10922	26232	146	6392		2616	3015	2707	11648
2015	26784	26606	178	15660	11124	26630	154	6426		2751	3027	2461	12119

说明：资料来源于2011—2015年《上城区党员年报》《中国共产党浙江省杭州市上城区组织史资料》（第三卷、第四卷、第五卷）

表 18-1-3　1993—2015 年杭州市上城区党员文化程度、入党时间情况表

单位：人

年份	党员总数	文化程度							入党时间							
		研究生及以上	大专及以上	中专	高中	初中	小学	文盲	1937年7月7日至1945年9月2日	1945年9月3日至1949年9月	1949年10月至1966年4月	1966年5月至1976年10月	1976年11月至1992年9月	1992年10月至2002年10月	2002年11月至2007年10月	2007年11月及以后
1993	4848	620		571	583	1453	1547	74	40	113	1941	648	1976	130		
1994	5054	708		637	680	1451	1528	52	40	106	1939	729	1987	253		
1995	5127	801		584	685	1545	1463	49	39	106	1915	666	2023	378		
1996	5234	911		606	698	1509	1469	41	37	101	1831	654	2102	509		
1997	8112	1187		786	984	2308	2766	81	46	142	3081	1175	2752	916		
1998	8533	1307		828	1041	2481	2772	85	49	134	3036	1197	2952	1165		
1999	8927	40	1670	891	1200	2580	2436	110	40	139	3035	1147	3171	1395		
2000	11889	51	2535	1223	1578	3674	2723	105	45	148	4041	1448	4190	2017		
2001	14583	54	3274	1526	2050	4651	2920	108	44	143	4532	1758	5288	2818		
2002	16297	69	3902	1740	2369	5164	2947	106	44	143	4614	1949	6015	3532		
2003	17149	86	4319	1839	2570	8335			37	140	4584	2013	6345	4030		
2004	17978	111	4845	1917	2762	8343			38	136	4553	2078	6574	4599		

续表18-1-3

年份	党员总数	文化程度：研究生及以上	大专及以上	中专	高中	初中	小学	文盲	入党时间：1937年7月7日至1945年9月2日	1945年9月3日至1949年9月	1949年10月至1966年4月	1966年5月至1976年10月	1976年11月至1992年9月	1992年10月至2002年10月	2002年11月至2007年10月	2007年11月及以后
2005	18628	138	5528	1906	2799	8257			35	128	4484	2141	6727	5113		
2006	19100	181	6025	1927	2842	8125			33	122	4369	2139	6759	5678		
2007	20022	239	6838	1967	2907	8071			33	116	4258	2182	11040	2393		
2008	20773	280	7515	1993	2986	7999			31	111	4143	2230	14258			
2009	21340	291	8214	2001	3001	7833			30	118	4335	2331	14526			
2010	22166	347	8772	20774	3122	7851			27	105	3873	2279	15882			
2011	23152	461	9450	2095	3215	7931			21	102	3940	2299	11825		4965	
2012	24484	606	10748	2099	3290	7741			25	89	3606	2323	12207		6234	
2013	25597	788	11640	2100	3372	7697			23	83	3486	2327	12499		7179	
2014	26378	999	12254	2177	3388	7560			17	73	3323	2329	12757		7879	
2015	26784	1154	12629	2197	3387	7417			15	67	3177	2326	12861		8338	

说明：资料来源于2011—2015年《上城区党员年报》《中国共产党浙江省杭州市上城区组织史资料》（第三卷、第四卷、第五卷）

第二节　基层组织

1993年，全区共有党工委7个，基层党委13个，党总支6个，党支部369个。1996年7月，根据市委、市政府批准的《杭州市上城区党政机构改革方案》，区委工作机构做出相应调整，杭州市上城区级机关党委更名为杭州市上城区直属机关党工委。是年，全区共有党工委8个，党委12个，党总支8个，党支部367个。随着杭州市市辖区行政区域的调整，1997年上城区党工委数增至12个，下辖11个街道均建立党的工作委员会。1999年和2003年，上城区先后调整行政区划。至2003年末，上城区共有党工委7个，党委53个，党总支32个。

2007年，区委组织部重点加强和改善党对企事业单位的领导，发挥党在企事业单位中的政治核心作用和监督保证作用。至年末，全区事业单位中，建立党组织96个，其中，党总支8个，党支部88个；公有制企业单位中，建有党的基层组织10个，均为党支部；非公有制企业中，建立党组织135个，其中，党委8个，党总支7个，党支部120个。

2009年，在组织设置上，区委组织部推出把支部建在退休人员自管小组上的新形式，本着“行业相近、地域相邻、便于管理、便于服务”的原则，全面组建退休人员自管小组党支部。至2010年末，全区共有党工委7个，党委64个，党总支32个，党支部992个。党支部数量较1993年增长168.83%。2012年，区委组织部全面完成全区1182个基层党组织分类定级工作，按照巩固先进、推动一般、整顿后进的要求，抓好整改。采取向行业协会辐射、向商圈市场渗透、向产业链延伸的做法，扩大两新组织“双覆盖”（党的组织和党的工作覆盖）。至年末，上城区共有党工委7个，党委74个，党总支42个，党支部1269个。2015年，区委组织部通过单建、联建、示范建、孵化建等方式推动两新党组织覆盖。至年末，上城区共有党工委7个，党委87个，党总支44个，党支部1299个。

表18-1-4　1993—2015年上城区党组织发展情况表

单位：个

年份	党工委	党委	党总支	党支部
1993	7	13	6	369
1994	7	14	6	369
1995	7	14	7	379
1996	8	12	8	367
1997	12	15	9	494
1998	12	15	9	496
1999	10	6	6	409
2000	10	6	27	441
2001	10	8	78	540
2002	10	52	47	592
2003	7	53	32	827
2004	7	60	32	863
2005	7	63	31	895
2006	7	62	30	905
2007	7	65	30	918
2008	7	63	31	925
2009	7	63	31	925
2010	7	64	32	992
2011	7	76	42	1185
2012	7	74	42	1269
2013	7	81	38	1294
2014	7	85	38	1281
2015	7	87	44	1299

说明：资料来源于2011—2015年《上城区党员年报》《中国共产党浙江省杭州市上城区组织史资料》（第三卷、第四卷、第五卷）

第二章　地方党代表大会

1978年起，党员代表大会制度恢复。1982年9月，中共第十二次全国代表大会后，党员代表大会制度趋于完善。经过“整党”和机构改革，1984年4月，中共杭州市上城区第二次代表大会召开。此后每3年换届。1993年1月，中共杭州市上城区第五次代表大会召开，此后每5年换届（第七届三年半）。上城区分别于1998、2003年、2006年、2011年召开第六次、第七次、第八次、第九次代表大会，主要议程是听取和审议上一届委员会的报告，审议上一届纪律检查委员会工作报告，选举产生新一届中国共产党杭州市上城区委员会和纪律检查委员会。区委全体（或扩大）会议每年不少于2次，主要讨论决定工作中的重大问题。在代表大会闭会期间，由区委全会行使领导机关的职能，执行上级的指示和代表大会决议。区委全会闭会期间，由区委常务委员会行使全会的职权，主持经常性工作。

第一节　党代会

一、中国共产党杭州市上城区第五次代表大会

1993年1月7—10日，中共杭州市上城区第五次代表大会在上城区政府会议中心大礼堂召开。应到代表200人，实到代表198人。大会听取题为《以党的十四大精神为指导，加快全区改革开放和建设事业发展的步伐》的报告。报告提出，在今后5年，要以建设有中国特色社会主义理论为指导，坚持党的基本路线，围绕建立社会主义市场经济体制，进一步解放思想，转换脑筋，加快改革开放和经济发展的步伐，在实现“八五”目标的基础上，争取到20世纪末，国民生产总值以年均递增15%左右的速度增长，进而把上城区建成经济发达、文化繁荣、社会安定、服务健全、保障完善、环境优美、市民文明素质较高的社会主义文明城区，使全区人民提前进入小康水平，并向更高的阶段迈进。会议通过第四届区委报告决议和区纪委工作报告决议。大会选举产生中共杭州市上城区第五届委员会委员23人，候补委员4人，中共杭州市上城区纪律检查委员会委员11人。

二、中国共产党杭州市上城区第六次代表大会

1998年1月14—16日，中共杭州市上城区第六次代表大会在上城区文化活动中心召开。应到代表200人，实到198人，列席人员44人，特邀8人。大会听取题为《以邓小平

理论和十五大精神为指导，开创上城区跨世纪发展的新局面》的报告。报告提出，今后5年，要高举邓小平理论的伟大旗帜，全面贯彻落实党的十五大精神，坚持党的基本路线，以经济建设为中心，城市管理为重点，社区建设为基础。遵循“优二兴三，三产兴区，科教强区”的战略思路，保持全区国民经济持续、稳定、健康发展，社会全面进步，基本完成旧城改造任务，努力把上城区建设成为经济繁荣、科教发达、社会安定、生活方便、环境优美的社会主义现代化商贸城区。会议通过第五届区委报告决议和区纪委工作报告决议。大会选举产生中共杭州市上城区第六届委员会委员23人，候补委员4人，中共杭州市上城区纪律检查委员会委员13人。

三、中国共产党杭州市上城区第七次代表大会

2003年1月15—18日，中共杭州市上城区第七次代表大会在上城区政府会议中心大礼堂召开。应到代表220人，实到212人，列席人员48人。大会听取题为《全面贯彻党的十六大精神，努力实践“三个代表”重要思想，构筑新优势，建设新上城》的报告。报告提出，在今后3年，要“高举邓小平理论伟大旗帜，全面贯彻党的十六大精神，努力实践‘三个代表’重要思想，构筑新优势，建设新上城，实施‘工业富区、商旅兴区、环境立区、科教强区、依法治区’战略，大力发展都市型产业，继续推进城市建设和管理，切实加强政治文明和精神文明建设，在全面建设小康社会的基础上，率先基本实现现代化”。会议通过第六届区委报告决议和区纪委工作报告决议。大会选举产生中共杭州市上城区第七届委员会委员23人，候补委员4人，中共杭州市上城区纪律检查委员会委员13人。

四、中国共产党杭州市上城区第八次代表大会

2006年12月28—30日，中共杭州市上城区第八次代表大会在上城区政府会议中心大礼堂召开。应到代表230人，实到223人，列席人员46人。大会听取题为《以科学发展观统领全局，打造杭州RBD，构建和谐新上城》的报告。报告提出，在今后5年，要“高举邓小平理论和‘三个代表’重要思想伟大旗帜，坚持以人为本，以科学发展观统领经济社会发展全局，深入实施RBD战略，接轨新城、保护老城，大力建设沿湖核心商业圈、沿江商务居住圈、沿山历史文化圈，不断提高经济质量、环境品位、文化内涵、生活品质，全面构建社会主义和谐社会”。会议通过第七届区委报告决议和区纪委工作报告决议。大会选举产生中共杭州市上城区第八届委员会委员31人，候补委员6人，中共杭州市上城区纪律检查委员会委员17人。

五、中国共产党杭州市上城区第九次代表大会

2011年12月28—30日，中共杭州市上城区第九次代表大会在上城区政府会议中心大礼堂召开。应到代表235人，实到225人，列席人员48人。大会听取题为《推进国际化，提升幸福感，为建设“具有国际水准的高品质中心城区”而努力奋斗》的工作报告。报告提出，在未来五年，要“以马克思列宁主义、毛泽东思想、邓小平理论和‘三个代表’重要思想为指导，以科学发展观为统领，全面贯彻落实党的十七届五中、六中全会精神，

围绕推进国际化、提升幸福感，以科学发展为主题，以转型发展为主线，以文化建设为主导，以富民强区、社会和谐为主旨，深入实施‘五五’战略，不断提升产业结构、城市功能、公共服务、社会管理和文明素质，切实打响‘南宋古都·经典上城’品牌，率先全面建成小康社会，加快建设‘具有国际水准的高品质中心城区’”。会议通过第八届区委报告决议和区纪委工作报告决议。大会选举产生中共杭州市上城区第九届委员会委员31人，候补委员7人，中共杭州市上城区纪律检查委员会委员13人。

第二节　区委全会

一、中共杭州市上城区第五届委员会

1993年1月—1998年1月，中共杭州市上城区第五届委员会共召开14次全体会议。

区委五届一次全体会议　1993年1月10日召开。会议选举产生中共杭州市上城区第五届委员会常务委员会委员和区委书记、副书记。是日，区纪委五届一次全体会议选举产生中共杭州市上城区纪律检查委员会常务委员会委员和书记、副书记。

区委五届二次全体会议　1993年7月9日召开。会议研究经济工作，提出大力发展第三产业和外向经济。

区委五届三次（扩大）全体会议　1993年9月2日召开。会议选举产生出席中共杭州市第七次代表大会的代表。

区委五届四次全体（扩大）会议　1993年10月6日召开。会议研究部署加强精神文明建设，开展反腐败斗争的具体措施。

区委五届五次全体（扩大）会议　1994年1月8日召开。会议审议确定1994年工作目标和主要思路：加快转换企业经营机制，建立现代企业制度；加快社会保障制度改革；加快转换政府职能，改进宏观管理。

区委五届六次全体会议　1994年7月18日召开。会议提出，根据宏观经济形势的发展，积极探索新举措、新办法，充分发挥全区经济发展的优势，开辟上城经济新的增长点，超额完成全年国民经济计划目标。

区委五届七次全体（扩大）会议　1994年12月27日召开。会议讨论确定加强党的建设的工作部署，审议通过《关于加强领导干部选拔培养管理工作的意见》《关于加强民主集中制度建设的意见》《关于加强和改进基层党支部工作的意见》，确定1995年经济工作指导思想，即遵循“商贸领先、三产兴区”战略目标，把推进“1357”工程[①]，建设和提高经济质量、效益作为经济工作的重点，加大企业转机建制的力度，为建设现代化商贸城区奠定基础。

①“1357”工程：建设工业园区1个；开发延安南路、建国中路和中山中路3条商业街；兴办龙翔新市场、解放路副食品市场、延安南路地下商城、吴山市场、体委环龙市场5个市场；建成国泰商厦、娃哈哈美食城、娃哈哈工贸大楼、个体大厦、元华广场、延安南路综合大厦、城站JK地块综合大楼7幢商厦。

会议做题为《关于加强党的建设三个意见起草情况说明》的报告。

区委五届八次全体（扩大）会议　1995年7月11日召开。会议深入学习政治理论和党章，提出切实加强党的组织建设，重视党风廉政建设。

区委五届九次全体（扩大）会议　1996年1月18日召开。会议审议《上城区国民经济和社会发展“九五”计划和2010年远景目标》，提出集中精力抓好经济工作，加强城市管理和服务，大力加强精神文明建设和民主法治建设。

区委五届十次全体（扩大）会议　1996年7月18日召开。会议要求做好文明城区创建，组织好群众性的精神文明建设活动。

区委五届十一次全体会议　1997年1月10日召开。会议审议通过《关于精神文明建设和领导班子思想政治建设的实施意见》，提出加强领导班子建设，加强基层党组织建设，深入开展反腐败斗争，加强党风廉政建设。

区委五届十二次全体（扩大）会议　1997年4月7日召开。会议推选浙江省出席中共第十五次全国代表大会代表候选人初步人选。

区委五届十三次全体会议　1997年7月17日召开。会议学习贯彻中共中央总书记江泽民在中央党校的重要讲话精神，坚持以邓小平建设具有中国特色社会主义理论和党的基本路线为指导，讨论《关于党政机关厉行节约，制止奢侈浪费行为的实施意见》。

区委五届十四次全体会议　1997年11月7日召开。会议通过《关于召开中国共产党杭州市上城区第六次代表大会的决议》。

二、中共杭州市上城区第六届委员会

1998年1月—2003年1月，中共杭州市上城区第六届委员会共召开12次全体会议。

区委六届一次全体会议　1998年1月16日召开。会议选举产生中共杭州市上城区第六届委员会常务委员会委员和区委书记、副书记，审议通过《中共杭州市上城区第六届委员会关于加强自身建设若干重要问题的决定》。是日，区纪委六届一次全体会议选举产生中共杭州市上城区纪律检查委员会常务委员会委员和书记、副书记。

区委六届二次全体会议　1998年7月23日召开。会议提出：突出“两改一管理”[①]，确保完成全年各项工作目标，同时要加快旧城改造步伐，大力推进文明城区建设，切实加强各级领导班子建设。

区委六届三次全体会议　1998年8月19日召开。会议选举出席中共杭州市第八次代表大会代表候选人，审议通过《关于学习邓小平理论的

① “两改一管理”：以改革促发展、以改革促繁荣、以管理促文明。

实施意见》《关于大力发展个体私营经济的意见》。

区委六届四次全体会议　1999年1月18日召开。会议提出：保持经济持续快速健康发展的优势；加快旧城改造；文明建区、依法治区，营造良好社会政治环境；深入开展“三讲”教育。会议审议通过《关于近江村“撤村建居”试点工作的实施办法》。

区委六届五次全体会议　1999年7月19日召开。会议提出“经济争领先、文明上水平、建设出精品、管理创特色”的工作目标以及指导思想和主要任务。

区委六届六次全体会议　1999年12月30日召开。会议提出：以经济建设为基线，进一步确立经济领先地位；以创文化名城为准线，提高城区品位；以思想政治工作为主线，提高城区文明水平。

区委六届七次全体会议　2000年7月31日召开。会议提出：要努力把上城区建设成为经济繁荣，环境优美，生活方便，社会安定，历史文化与现代文明交相辉映的现代化城区。

区委六届八次全体会议　2000年12月29日召开。会议讨论《上城区国民经济和社会发展第十个五年计划纲要草案》，明确新世纪初全区各项工作目标和重点，提出为建成首善之区、精品城区而努力奋斗。

区委六届九次全体（扩大）会议　2001年7月18日召开。会议提出：要贯彻中共中央总书记江泽民在庆祝中国共产党成立80周年大会上重要讲话精神，要求全区以求真务实的精神，明确目标，落实责任，勇于创新，突出重点，把全会精神学习好、贯彻好、落实好。

区委六届十次全体会议　2001年11月15日召开。会议出席中共杭州市第九次代表大会代表候选人预备人选。

区委六届十一次全体会议　2002年1月18日召开。部署2002年工作，提出“六个加快、六个提升”[①]目标。

区委六届十二次全体会议　2002年7月19日召开。会议回顾总结上半年工作，部署下半年各项任务，提出狠抓各项目标任务落实，全面完成该届区委各项任务。

三、中共杭州市上城区第七届委员会

2003年1月—2006年12月，中共杭州市上城区第七届委员会共召开11次全体会议。

区委七届一次全体会议　2003年1月18日召开。会议审议通过《中共杭州市上城区第七届委员会工作规则》；选举产生中共杭州市上城区第七届委员会常务委员会委员和区委书记、副书记。是日，区纪委七届一次全体会议选举产生中共杭州市上城区纪律检查委员会常务委员会委

① “六个加快、六个提升”：加快体制创新和技术创新，提升工业运行档次；打响文化休闲品牌，加快氛围培育，提升商贸旅游发展速度；着眼区域经济发展，加快观念更新和思路创新，提升招商引资质量；适应城市化进程，加快旧城改造和城市建设，提升中心城区品位；抓住环境建设和素质提高，提升文明城区建设水准；突出作风建设重点，加快探索新的途径和方法，提升党建工作水平。

员和书记、副书记。

区委七届二次全体（扩大）会议　2003年7月21日召开。会议对加强和改进党的建设、深入改革、加快旧城改造、推进再就业、优化环境等工作进行部署，审议通过《关于学习贯彻“三个代表”重要思想新高潮，全面推进经济社会发展和党的建设的决定》。

区委七届三次全体（扩大）会议　2003年12月31日召开。会议提出“打造杭州RBD，推进上城新发展，努力开创全区经济社会发展新局面”的奋斗目标。

区委七届四次全体（扩大）会议　2004年7月15日召开。会议审议通过《关于进一步推进人民政协履行职能制度化规范化程序化建设的若干意见》。

区委七届五次全体（扩大）会议　2004年12月30日召开。会议提出：牢固树立科学发展观，切实加强党的执政能力建设，实现经济社会全面协调可持续发展，围绕打造杭州RBD，推进结构调整；围绕建设精品城区，改善城区面貌；围绕构建和谐社会，着力解决群众关注的问题；围绕提高执政能力，加强党的建设。

区委七届六次全体（扩大）会议　2005年6月21日召开。会议提出，贯彻中共中央总书记胡锦涛“走在前列”重要指示和省委、市委“干在实处、走在前列”的要求，切实抓好抗洪防汛，切实抓好社会稳定，切实抓好校园安全。

区委七届七次全体（扩大）会议　2005年12月21日召开。会议审议通过《关于制定上城区国民经济和社会发展第十一个五年规划的建议》，提出落实科学发展观，构建和谐新上城，努力实现经济社会又快又好发展的工作要求。

区委七届八次全体（扩大）会议　2006年7月7日召开。会议提出：接轨钱江新城，提升RBD功能；推进建设保护，提升城区品位；全面优化环境，提升文明建设水平；围绕换届工作，深入推进党的建设。会议审议通过《关于增强自主创新能力，建设创新型城区的决定》。

区委七届九次全体会议　2006年10月27日召开。会议审议通过《关于召开中国共产党杭州市上城区第八次代表大会的决议》。

区委七届十次全体会议　2006年12月11日召开。会议圈选出席中共杭州市第十次代表大会代表候选人等有关事宜。

区委七届十一次全体会议　2006年12月22日召开。会议审议中共杭州市上城区第八次代表大会工作报告。

四、中共杭州市上城区第八届委员会

2006年12月—2011年12月，中共杭州市上城区第八届委员会共召开14次全体会议。

区委八届一次全体会议　2006年12月30日召开。会议选举产生中共杭州市上城区第八届委员会常务委员会委员和书记、副书记。是日，区纪委八届一次全体会议选举产生中共杭州市上城区纪律检查委员会常务委员会委员和书记、副书记。

区委八届二次全体（扩大）会议　2007年2月25日召开。会议圈选浙江省出席中共第十七次全国代表大会代表候选人初步人选。

区委八届三次全体（扩大）会议　2007年7月17日召开。会议提出：要根据坚持科学发展，努力推进“生活品质示范区”建设的要求，坚持率先发展，夯实物质基础；推进城市更新，改善环境基础；改善民生问题，加强社会基础；深化党的建设，加强政治基础。

区委八届四次全体（扩大）会议　2007年12月14日召开。会议提出：坚持科学发展，促进经济发展速度、质量与效益的统一；城市有机更新，促进城市建设、保护与发展的统一；以人为本，促进经济、社会发展与人的发展的统一；从严治党，促进党员干部思想、作风与能力的统一。

区委八届五次全体（扩大）会议　2008年7月30日召开。会议提出：深化解放思想大行动，努力实现建设具有国际水准的高品质中心城区的奋斗目标。

区委八届六次全体（扩大）会议　2009年1月5日召开。会议提出：坚持保稳促调并重，推进产业升级，确保区域经济平稳发展；坚持建设管理并重，推进城市有机更新，确保环境品质不断提升；坚持扩面提质并重，推进民生改善，确保经济社会协调发展；坚持民主法治并重，推进平安建设，确保和谐基础更加坚实；坚持作风能力并重，推进党的建设，确保执政水平稳步提高。

区委八届七次全体（扩大）会议　2009年8月14日召开。会议提出，全力以赴保增长、促调整，千方百计保民生、促和谐，齐心协力保稳定、促发展，加强党建保先进、促廉政。

区委八届八次全体（扩大）会议　2009年12月31日召开。会议提出：坚持保稳促调不动摇，推进产业转型升级；坚持大项目带动不动摇，推进城市有机更新；坚持以人为本不动摇，推进民生改善；坚持合力维稳不动摇，推进平安法治建设。

区委八届九次全体（扩大）会议　2010年8月12日召开。会议强调要贯彻落实好中共第十七次全国代表大会，中共十七届四中全会、省委十二届七次全会和市委工作会议精神，切实抓好当前工作：加快经济结构调整，推进主导产业高端高效；加快城市有机更新，推进有限资源优质高产；加快社会事业发展，推进群众生活幸福安康；加快民主法治建设，推进社会秩序和谐稳定。会议审议通过《中共杭州市上城区委员会关于推进学习型党组织建设的实施意见》。

区委八届十次全体（扩大）会议　2010年12月31日召开。会议审议通过《关于制定上城区国民经济和社会发展第十二个五年规划的建议》，提出强化创新、人才、文化三大要素，增强区域转型发展动力；提升经济、环境、公共服务三大质量，优化区域转型发展路径；构建党建、和谐、统筹三大体系，强化区域转型发展保障。

区委八届十一次全体（扩大）会议　2011年8月9日召开。会议提出要切实加强社会管理和创新，为“十二五”发展创造良好社会条件。

区委八届十二次全体会议　2011年11月3日召开。会议审议通过《关于召开中国共产党杭州市上城区第九次代表大会的决议》。

区委八届十三次全体会议　2011年12月15日召开。会议讨论决定中共杭州市上城区第九次代表大会召开时间；圈选出席中共杭州市第十一次代表大会代表候选人预备人选；审议通过出席中共第十八次全国代表大会和中共浙江省第十三次代表大会代表候选人初步人选名单；审议通过区委及区纪委提交中共杭州市上城区第九次代表大会审议的工作报告。

区委八届十四次全体会议　2011年12月23日召开。会议酝酿讨论新一届区委、区纪委组成人员建议名单。

五、中共杭州市上城区第九届委员会

2011年12月—2015年12月，中共杭州市上城区第九届委员会共召开13次全体会议。

区委九届一次全体会议　2011年12月30日召开。会议选举产生中共杭州市上城区第九届委员会常务委员会委员和书记、副书记。是日，区纪委九届一次全体会议选举产生中共杭州市上城区纪律检查委员会常务委员会委员和书记、副书记。

区委九届二次全体会议　2012年3月7日召开。会议民主推荐区管正处级领导干部。

区委九届三次全体会议　2012年3月28日召开。会议圈选浙江省出席中共第十八次全国代表大会代表。

区委九届四次全体会议　2012年3月31日召开。会议研究讨论“两轮推荐、两轮票决”选拔正处级领导干部有关工作。

区委九届五次全体（扩大）会议　2012年8月2日召开。会议听取《抢抓机遇，创新发展，努力建设东方品质体验区、幸福和谐示范区》工作报告；审议通过《中国共产党杭州市上城区第九届委员会工作规则》。会议提出：重转型、促发展，努力夯实经济基础；抓进度、优品质，努力夯实环境基础；惠民生、保稳定，努力夯实社会基础；聚人才、推品牌，努力夯实创新基础，提效能、增活力，努力夯实组织基础。

区委九届六次全体（扩大）会议　2013年1月5日召开。会议提出：贯彻落实中共第十八次全国代表大会、省委十三届二次全会和市委十一届三次全会精神，把握结构优化，突出重点转型发展；把握生态建设，抢抓机遇加速发展；把握服务民生，惠及群众为民发展；把握社会管理，探索创新推动发展。会议审议通过《关于认真学习贯彻党的十八大精神 扎实推进“美丽上城”建设的决定》的工作报告。

区委九届七次全体会议　2013年1月25日召开。会议民主推荐区政府工作部门正职。

区委九届八次全体（扩大）会议　2013年8月1日召开。会议提出要在上城区坚定不移实施创新驱动发展战略，集聚产业、品牌、机制、区位、人文和党建6大优势，弘扬敢于担当、求真务实、开拓创新的干事创业精神，科学发展走在前列。

区委九届九次全体（扩大）会议　2014年1月8日召开。会议部署2014年全区经济社会发展各项任务，提出要深化改革，拉高拉杆，着力提升发展、文化、生态、健康和平安五大品质，全力建设现代化美丽上城。

区委九届十次全体会议　2014年4月9日召开。会议审议通过《关于认真贯彻落实党的十八届三中全会精神 全面深化重点领域改革的决定》。

区委九届十一次全体（扩大）会议　2014年8月4日召开。会议贯彻中共第十八次全国代表大会、中共十八届三中全会和中共中央总书记习近平系列重要讲话以及省委十三届五次全会、市委十一届七次全会精神，落实建设现代化美丽上城奋斗目标，审议通过《深化“平安365”社会服务管理平台建设实施方案》。

区委九届十二次全体（扩大）会议　2014年12月30日召开。会议听取《推进法治建设，提升平安品质，为加快建设现代化美丽上城而努力奋斗》工作报告，审议通过《关于“民情E点通”服务平台推广的实施意见》。

区委九届十三次全体会议　2015年7月29日召开。会议提出要更进一步、更快一步推动“四个全面”战略布局在上城的生动实践。会议审议通过《关于强化党建统领巩固政权基础创新基层社会治理的意见》。

第三节　区委常委会会议

一、第五届区委常委会会议

1993年1月—1998年1月，第五届区委召开常委会会议110次。

1993年5月18日，会议研究讨论上城区筹建工业园区情况，并讨论股份合作制的有关意见。

1994年2月18日，会议研究讨论加强人事和经费保障，拟办园区开发公司等工业园区14条政策。11月10日，研究讨论“商贸领先，三产兴区”战略，计划通过6年时间（1995—2000年），实行“两步走战略”，即1997年前重点发展三产集群和外贸出口企业，基本形成三产兴区框架，2000年前基本形成“三产为主、三产并进”[①]格局，基本建成现代化商贸城区。12月8日，研究讨论部分重点骨干企业由区政府直接管理，促进企业转换经营机制。

① “三产为主、三产并进”：第三产业为主，一、二、三产业齐头并进。

1995年4月7日，会议研究召开全区企业技术进步大会。

1996年12月7日，会议研究贯彻省市政法、宣传、组织、人事（机构改革）等会议精神的实施意见。

1997年3月21日，会议研究讨论《上城区科学技术“九五”发展规划（草案）》。

二、第六届区委常委会会议

1998年1月至2003年1月，第六届区委召开常委会会议117次。

1998年8月31日，会议提出建设“浙江教育第一区”的目标，并研究讨论落实社会治安综合治理领导责任制的相关事项。1月19日，决定近江、望江、玉皇3个村撤村建居。

1999年3月16日，会议部署创建全国精神文明建设工作先进城市事项，决定开展“迎国庆、庆回归、世纪潮涌春色晖”为主题的系列活动，推出文明示范岗10个。4月15日，研究讨论《关于加强街道工作的意见》《关于加强街道改革调整工作的实施方案》，健全完善“两级政府、三级管理”的体制，将街道行政区划调整为湖滨、清波、小营、城站、南星、紫阳、望江、闸口、近江9个街道。4月28日，研究讨论进一步加强城管城建工作等问题。

2000年3月27日，会议研究讨论《杭州市上城区深化和谐社区建设三年规划》。6月8日，讨论通过《关于在全区开展“强化世纪机遇，再创上城新业”大讨论活动的意见》。11月15日，讨论审议《上城区国民经济与社会发展“十五”计划与2010年远景目标纲要》。

2001年8月27日，会议讨论通过《上城区机构改革方案》。9月3日，提出集中精力抓好“创建教育强区”攻坚阶段的工作，加强教育资源的开发和调整，实施“品牌”战略。12月31日，讨论关于2002年经济指标预安排和财政预算方案，确定实现旧城改造“三年变个样，五年大变样”目标 。

2002年11月4日，会议讨论通过《关于开展“合力创新业，建设新上城”大讨论活动的决定和实施意见》

三、第七届区委常委会会议

2003年1月—2006年12月，第七届区委召开常委会会议147次。

2003年5月16日和20日，会议研究调整街道行政区划，原9个街道办事处调整为湖滨、清波、小营、望江、南星、紫阳6个街道办事处。6月30日，会议研究讨论上城区分区规划调整，提出要准确定位区域功能，突出商贸旅游功能，发展商贸经济，保护历史文化，融入大都市。8月26日，会议研究讨论重点学校品牌管理，提出要办好名师论坛，办好品牌学校。9月17日，会议决定街道试点设立人大工委。9月27日，会议研究贯彻落实全市工业兴市大会精神，部署“由民到外”“民外合璧”政策，落实企业扶优改革和工业园区科创中心项目。

2004年1月12日，会议研究讨论创建学习型城区。4月12日，会议决定召开“五迎一创”[①]动员大会，研究争创全国文明城区，打响“休闲之都，观光之都”品牌等事宜。5月27日，会议研究讨论社区矫正试点工作。9月1日，会议研究探索15年一贯制[②]教育均衡发展模式，促进办学体制机制改革。11月11日，会议提出要以建设精品社区为载体，

① “五迎一创”：迎接创建国家环境保护模范城市检查、中国国际旅游交易会、中国艺术节、中国杭州西湖博览会、杭州世界休闲博览会，创建全国文明城市。

② 15年一贯制：幼儿园、小学、初中和高中阶段施行一体化的教育。

强化社区服务，提升城市品位。12月27日，会议研究讨论鼓励和扶持都市型工业和现代化服务业发展相关问题。

2005年5月8日，会议讨论通过《关于上城区创建杭州市国家卫生城市先进城区的实施方案》。

2006年7月17日，会议决定召开全区科技创新大会，研究讨论《上城区科学技术奖励研究办法》等6个文件，设立上城区科学技术奖，评选上城区优秀科技工作者，作出增强自主创新能力、建设创新型城区的决定。

四、第八届区委常委会会议

2006年12月—2011年12月，第八届区委召开常委会会议142次。

2007年11月22日，会议讨论通过《中共杭州市上城区委关于建设“法治上城”的决定》。12月6日，讨论通过《贯彻中共中央和国务院关于全面加强人口计划生育工作，统筹解决人口问题的实施意见》，为“建设生活品质示范区，构建和谐社会”创造良好的人口环境。

2008年8月1日，会议传达中共中央总书记胡锦涛视察浙江和杭州时的重要讲话精神，讨论通过《上城区接轨钱江新城“沿江发展”规划》，提出要接轨大上海，融入长三角。12月24日，深入学习贯彻市委十届四次全会，启动开展“服务企业、共渡难关”实践活动，讨论通过《关于设立社区公共服务工作站，创新社区管理体制的实施意见》。

2009年8月20日，会议讨论通过《中共上城区委常委会深入学习实践科学发展观活动整改落实方案》。

2010年5月27日，会议讨论通过《上城区发展“五主多副”促进转型升级指导意见》。8月30日，讨论关于进一步加快杭州生活品质国际体验区建设的相关事项。11月1日，研究讨论上城区养老服务五年发展规划。12月30日，研究讨论《上城区构建“品质上城，和谐家园”区域化大党建工作格局实施方案》等事项。

2011年4月29日，会议讨论通过《关于进一步加快学前教育均衡发展的实施意见》，提出推进名园集团化战略。6月27日，讨论通过《关于加快推进上城区“三江两岸”生态景观保护建设的实施意见》《关于进一步推进品牌创建工作的若干意见》。

五、第九届区委常委会会议

2011年12月—2015年12月，第九届区委召开常委会会议71次。

2012年2月22日，会议研究“走村入企进社区”大走访活动实施意见。3月5日，研究信访工作量化管理积分考评办法，讨论通过《关于促进文化创业产业发展的扶持意见》。7月25日，讨论通过《关于推进“东方品质体验区，幸福和谐示范区”建设的实施计划》《上城区生态文明建设三年（2012—2014年）计划》。11月20日，研究建设省级社会组织观察点及示范平台的行动计划，讨论通过《关于实施科技创新战略加快创新型城区建设的意见》。

2013年7月19日，会议研究讨论宣扬“邻里价值观”相关活动。7月29日，研究健康城区规划。

2015年5月14日，会议讨论通过《关于全面建立上城区法律顾问制度的实施意见》。6月23日，研究加快上城区“两馆两中心”[①]建设。7月23日，讨论通过《关于强化党建统领巩固政权基础，创新基层社会治理的意见》。

① “两馆两中心”：杭州市上城区图书馆、杭州市上城区文化馆、杭州市上城区非物质文化遗产展示中心和杭州市上城区体育中心。

第三章 组织 机构

1977年4月起，省委、市委调整充实区委常委会成员，撤销杭州市上城区革命委员会政治工作组、办事组、生产指挥组，建立办公室、组织部、宣传部等区委工作机构，逐步恢复区委组织机构的正常工作。办公地址惠民路3号（原为22号）。1993—2015年，中共杭州市上城区代表大会选举产生第五届、第六届、第七届、第八届、第九届委员会和各届中共杭州市上城区纪律检查委员会。按照《中国共产党章程》，每届区委、区纪委任期5年。至2015年末，区委工作机构设置为：中共杭州市上城区纪律检查委员会机关，中共杭州市上城区委办公室（简称区委办公室），中共杭州市上城区委组织部，中共杭州市上城区委宣传部（简称区委宣传部），中共杭州市上城区委统一战线工作部（简称区委统战部），中共杭州市上城区委政法委员会（简称区委政法委），中共杭州市上城区委、杭州市上城区人民政府信访局（简称区信访局），中共杭州市上城区直属机关工作委员会（简称区直机关党工委），杭州市上城区机构编制委员会办公室（简称区编委办）。

第一节 中共杭州市上城区委员会

一、中共杭州市上城区第五届委员会

1993年1月10日，中共杭州市上城区第五届委员会第一次全体会议召开，选举产生由9人组成的区委常委会。1995年12月，增补许小富、周稼芳为常委。1996年4月，增补屠根叶、朱履林为常委。1997年1月，增补童新为常委。1997年11月，增补丁晓芳、陈国元、叶洪泉、张玉山为常委。

区委委员：王朗晨、朱云坤、朱永祥、朱红卫（女）、杨余法、吴伟明、陈树达、邵美英（女）、赵鸿声、裘顺昌、蔡仲光。

表18-3-5 中共杭州市上城区第五届委员会书记、副书记、常委情况表

职 务	姓 名	出生年月	籍 贯	文化程度	任职时间
书 记	林伊南	1945-01	浙江杭州	大专	1993-01—1993-08
	徐松林	1948-10	浙江富阳	高中	1993-08—1997-08
	李端阳	1948-06	浙江杭州	大学	1997-09—1998-01

续表 18-3-5

职　务	姓　名	出生年月	籍　贯	文化程度	任职时间
副书记	杨菊芳（女）	1948-10	浙江江山	大专	1993-01—1995-08
	吴士栋	1936-05	浙江杭州	高中	1993-01—1996-04
	李鸿昌	1943-12	浙江台州	大专	1993-01—1995-03
	张鸣放（女）	1957-05	浙江杭州	在职硕士研究生	1995-03—1998-01
	李端阳	1948-06	浙江杭州	大学	1995-08—1997-09
	刘庆龙	1954-12	江苏张家港	大专	1997-09—1998-01
常　委	沈连均	1953-04	浙江绍兴	大专	1993-01—1996-04
	于跃敏（女）	1958-04	江苏宿迁	在职硕士研究生	1993-01—1995-09
	沈国友	1950-01	浙江绍兴	大学	1993-01—1996-04
	钱红旗	1951-02	上海	大专	1993-01—1997-11
	吕泳田	1951-09	浙江东阳	大学	1993-01—1996-12
	许小富	1951-03	浙江绍兴	大学	1995-12—1997-06
	周稼芳（女）	1949-10	浙江嵊州	大学	1995-12—1997-11
	屠根叶	1947-11	浙江富阳	大专	1996-04—1997-09
	朱履林	1953-07	浙江义乌	大专	1996-04—1998-01
	童　新	1958-01	浙江桐庐	大学	1997-01—1998-01
	丁晓芳（女）	1956-07	浙江绍兴	在职硕士研究生	1997-11—1998-01
	陈国元	1955-11	浙江绍兴	大学	1997-11—1998-01
	叶洪泉	1951-06	浙江绍兴	在职硕士研究生	1997-11—1998-01
	张玉山	1954-01	河南洛阳	大学	1997-11—1998-01

说明：资料来源于中共杭州市上城区委办公室

二、中共杭州市上城区第六届委员会

1998年1月16日，中共杭州市上城区第六届委员会第一次全体会议选举产生由9人组成的区委常委会。2001年2月，增补高圣军、蔡仲光为常委。2002年1月，增补迟文军为常委。2002年12月，增补余勇、赵野松、王越剑为常委。

区委委员：王国民、方莉（女）、叶承良、占仁义、朱云坤、朱红卫（女）、李静（女）、张伟农、陈树达、邵美英（女）、施永林、袁建祥、钱国平、徐鸿华。

表 18-3-6　中共杭州市上城区第六届委员会书记、副书记、常委情况表

职　务	姓　名	出生年月	籍　贯	文化程度	任职时间
书　记	李端阳	1948-06	浙江杭州	大学	1998-01—2002-05
	张鸣放（女）	1957-05	浙江杭州	在职硕士研究生	2002-05—2003-01
副书记	张鸣放（女）	1957-05	浙江杭州	在职硕士研究生	1998-01—2002-05
	刘庆龙	1954-12	江苏张家港	大专	1998-01—2002-12
	徐祖尊	1958-01	浙江杭州	在职硕士研究生	2002-05—2003-01
	余　勇	1956-02	山东烟台	大专	2002-12—2003-01

续表 18-3-6

职　务	姓　名	出生年月	籍　贯	文化程度	任职时间
常　委	朱履林	1953-07	浙江义乌	大专	1998-01—2003-01
	童　新	1958-01	浙江桐庐	大学	1998-01—2001-02
	丁晓芳（女）	1956-07	浙江绍兴	在职硕士研究生	1998-01—2003-01
	陈国元	1955-11	浙江绍兴	大学	1998-01—2002-12
	叶洪泉	1951-06	浙江绍兴	在职硕士研究生	1998-01—2003-01
	张玉山	1954-01	河南洛阳	大学	1998-01—2000-08
	高圣军	1955-12	江苏赣榆	大专	2001-02—2002-12
	蔡仲光	1958-11	浙江宁波	大学	2001-01—2003-01
	迟文军	1960-10	山东莱芜	大学	2002-01—2003-01
	余　勇	1956-02	山东烟台	大专	2002-12—2003-01
	赵野松	1962-06	浙江杭州	大学	2002-12—2003-01
	王越剑	1971-03	浙江浦江	在职硕士研究生	2002-12—2003-01

说明：资料来源于中共杭州市上城区委办公室

三、中共杭州市上城区第七届委员会

2003年1月18日，中共杭州市上城区第七届委员会第一次全体会议选举产生由11人组成的区委常委会。2005年5月，增补顾文友为常委。2005年9月，增补林国平为常委。2006年2月，增补朱云夫为常委。2006年12月，增补陈红英为常委。

区委委员：王国民、方莉（女）、方毅、叶榕、吕春生、吴伟明、陈浩然、邵美英（女）、周勤（女）、贾秀智（女）、徐鸿华、麻承荣。

表 18-3-7　中共杭州市上城区第七届委员会书记、副书记、常委情况表

职　务	姓　名	出生年月	籍　贯	文化程度	任职时间
书　记	张鸣放（女）	1957-05	浙江杭州	在职硕士研究生	2003-01—2006-12
	徐祖蕚	1958-01	浙江杭州	在职硕士研究生	2006-12—2006-12
副书记	徐祖蕚	1958-01	浙江杭州	在职硕士研究生	2003-01—2006-12
	朱履林	1953-07	浙江义乌	大专	2003-01—2006-12
	丁晓芳（女）	1956-07	浙江绍兴	在职硕士研究生	2003-01—2006-12
	余　勇	1956-02	山东烟台	大专	2003-01—2006-12
	陈红英（女）	1960-03	浙江永康	大学	2006-12—2006-12
常　委	蔡仲光	1958-11	浙江宁波	大学	2003-01—2004-01
	迟文军	1960-10	山东莱芜	大学	2003-01—2005-09
	袁建祥	1963-09	浙江绍兴	大学	2003-01—2006-12
	占仁义	1965-03	浙江淳安	大学	2003-01—2006-12
	赵野松	1962-06	浙江杭州	大学	2003-01—2006-12
	王越剑	1971-03	浙江浦江	在职硕士研究生	2003-01—2006-12
	顾文友	1960-02	浙江杭州	大学	2005-05—2006-12

续表 18-3-7

职　务	姓　名	出生年月	籍　贯	文化程度	任职时间
常　委	林国平	1961-04	浙江象山	大学	2005-09—2006-12
	朱云夫	1965-07	浙江宁波	硕士研究生	2006-02—2006-12

说明：资料来源于中共杭州市上城区委办公室

四、中共杭州市上城区第八届委员会

2006年12月30日，中共杭州市上城区第八届委员会第一次全体会议选举产生由11人组成的区委常委会。2007年7月，增补黄昊明为常委。2007年9月，增补刘一明为常委。2009年8月，增补林森为常委。2010年3月，增补魏汉昆为常委（挂职）。2010年7月，增补缪承潮、麻承荣、陈洪涛（挂职）为常委。2010年10月，增补郑平为常委。2011年4月，增补沈民为常委。2011年11月，增补陈秋芳为常委。2011年12月，增补叶素为常委。

区委委员：丁晓芳（女）、卢江、叶榕、刘志安、李忠誉、李森红（女）、杨全岁、张璐（女）、陈建中、陈浩然、金燮彪、周勤（女）、施金良、袁巧玲（女）、顾敏达、徐鸿华、傅莉萍（女）、管光尧。

表 18-3-8　中共杭州市上城区第八届委员会书记、副书记、常委情况表

职　务	姓　名	出生年月	籍　贯	文化程度	任职时间
书　记	徐祖萼	1958-01	浙江杭州	在职硕士研究生	2006-12—2010-07
	陈红英（女）	1960-03	浙江永康	大学	2010-07—2011-12
副书记	余　勇	1956-02	山东烟台	大专	2006-12—2010-01
	陈红英（女）	1960-03	浙江永康	大学	2006-12—2010-07
	朱履林	1953-07	浙江义乌	大专	2006-12—2011-04
	缪承潮	1961-10	浙江临安	省委党校研究生	2010-07—2011-12
	袁建祥	1963-09	浙江绍兴	大学	2011-04—2011-12
常　委	顾文友	1960-02	浙江杭州	大学	2006-12—2011-12
	占仁义	1965-03	浙江淳安	大学	2006-12—2011-12
	赵野松	1962-06	浙江杭州	大学	2006-12—2007-09
	王越剑	1971-03	浙江浦江	在职硕士研究生	2006-12—2011-12
	黄爱芳（女）	1965-05	浙江诸暨	省委党校研究生	2006-12—2011-12
	林国平	1961-04	浙江象山	大学	2006-12—2009-08
	黄昊明	1964-04	浙江义乌	大学	2007-07—2011-12
	刘一明	1958-07	浙江杭州	硕士研究生	2007-09—2011-12
	林　森	1962-09	江苏盐城	大学	2009-08—2010-10
	魏汉昆	1964-05	四川冕宁	大学	2010-03—2010-09
	麻承荣	1968-04	浙江宁海	大学	2010-07—2011-12
	陈洪涛	1969-08	浙江三门	在职博士研究生	2010-07—2011-12
	郑　平	1965-05	浙江龙游	大学	2010-10—2011-12

续表 18-3-8

职　务	姓　名	出生年月	籍　贯	文化程度	任职时间
常　委	沈　民	1961-07	浙江绍兴	在职大学	2011-04—2011-12
	陈秋芳（女）	1965-09	浙江义乌	在职硕士研究生	2011-11—2011-12
	叶　素	1976-08	浙江永嘉	在职博士研究生	2011-12—2011-12

说明：资料来源于中共杭州市上城区委办公室

五、中共杭州市上城区第九届委员会

2011年12月30日，中共杭州市上城区第九届委员会第一次全体会议选举产生由13人组成的区委常委会。2012年1月，增补陈洪涛（挂职）为常委。2012年5月，增补楼复进为常委。2013年6月，增补陈益伟（挂职）、陈瑾为常委。2013年10月，增补管光尧为常委。2014年4月，增补秦文、张淦华为常委。2014年11月，增补来剑波、金承涛、金晓东为常委。

区委委员：丁晓芳（女）、毛素云（女）、叶榕、朱黎明、任平、李一青（女）、李森红（女）、余勇、陈勇、周莹（女）、周忠诚、施金良、宣寅（女）、袁巧玲（女）、陶晓亮、章琪（女）、蒋莉（女）、韩丽华（女）、鲁军。

表 18-3-9　中共杭州市上城区第九届委员会书记、副书记、常委情况表

职　务	姓　名	出生年月	籍　贯	文化程度	任职时间
书　记	陈红英（女）	1960-03	浙江永康	大学	2011-12—2013-06
	缪承潮	1961-10	浙江临安	省委党校研究生	2013-06—
副书记	缪承潮	1961-10	浙江临安	省委党校研究生	2011-12—2013-06
	袁建祥	1963-09	浙江绍兴	大学	2011-12—
	陈　瑾（女）	1969-11	浙江杭州	中央党校研究生	2013-06—
常　委	王越剑	1971-03	浙江浦江	在职硕士研究生	2011-12—
	黄爱芳（女）	1965-05	浙江诸暨	省委党校研究生	2011-12—
	刘一明	1958-07	浙江杭州	硕士研究生	2011-12—2014-04
	麻承荣	1968-04	浙江宁海	大学	2011-12—2014-11
	郑　平	1965-05	浙江龙游	大学	2011-12—2012-05
	沈　民	1961-07	浙江绍兴	在职大学	2011-12—2014-11
	陈秋芳（女）	1965-09	浙江义乌	在职硕士研究生	2011-12—
	叶　素	1976-08	浙江永嘉	在职博士研究生	2011-12—2014-11
	占仁义	1965-03	浙江淳安	大学	2011-12—2013-08
	黄昊明	1964-04	浙江义乌	大学	2011-12—2013-01
	陈洪涛	1969-08	浙江三门	在职博士研究生	2012-01—2012-07
	楼复进	1967-07	浙江东阳	大学	2012-05—2014-04
	陈益伟	1974-08	浙江青田	在职硕士研究生	2013-06—2015-01
	管光尧	1963-11	浙江乐清	大学	2013-10—
	秦　文（女）	1966-03	浙江武义	硕士研究生	2014-04—

续表 18-3-9

职　务	姓　名	出生年月	籍　贯	文化程度	任职时间
常 委	张淦华	1968-12	浙江长兴	大学	2014-04—
	斯　力	1981-08	浙江东阳	中央党校研究生	2014-06—2015-09
	来剑波	1964-06	浙江杭州	在职大学	2014-11—
	金承涛	1974-10	浙江义乌	在职博士研究生	2014-11—
	金晓东	1969-12	浙江温岭	中央党校研究生	2014-11—
	童玉玲（女）	1973-07	浙江淳安	在职硕士研究生	2015-06—

说明：资料来源于中共杭州市上城区委办公室

第二节　中共杭州市上城区纪律检查委员会

一、中共杭州市上城区历届纪律检查委员会[①]

1993年1月10日，中共杭州市上城区第五次代表大会选举产生11人组成的中共杭州市上城区纪律检查委员会。区纪委一次全体会议选举产生5人组成的常委会。

书　记：沈国友（1993年1月—1996年4月）
　　　　朱履林（1996年4月—1998年1月）
副书记：毛时志（1993年1月—1998年1月）
　　　　武德安（1993年1月—1998年1月）
　　　　黄爱芳（女，1996年10月—1998年1月）
常　委：来建刚（1993年1月—1997年12月）
　　　　张亦庄（女，1993年1月—1996年10月）
　　　　徐祖德（1995年4月—1996年12月）
　　　　祝宝明（1997年12月—1998年1月）
　　　　任　平（1997年12月—1998年1月）
委　员：王文成、王岳兴、毛时志、李玉栋、来建刚、沈国友、张亦庄（女）、陈明华、武德安、徐祖德、高健

1998年1月16日，中共杭州市上城区第六次代表大会选举产生13人组成的中共杭州市上城区纪律检查委员会。区纪委一次全体会议选举产生5人组成的常委会。

书　记：朱履林（1998年1月—2003年1月）
副书记：毛时志（1998年1月—1999年4月）
　　　　黄爱芳（女，1998年1月—2003年1月）
　　　　王文成（1999年4月—2003年1月）
常　委：祝宝明（1998年1月—2002年4月）

① 1953年7月，中共杭州市上城区委纪律检查委员会成立。1957年2月，改为中共杭州市上城区监察委员会。“文化大革命”中，监察委员会机构一度被取消。1978年7月，中共杭州市上城区委纪律检查委员会重建，委员7人。1984年4月，中共杭州市上城区第二次代表大会选举产生中共杭州市上城区纪律检查委员会委员8人。此后，中共杭州市上城区纪律检查组织不再作为区委的工作机构，在区委和中共杭州市纪律检查委员会双重领导工作，并随区委按期换届。

任　平（1998年1月—2003年1月）

黄涌泉（2002年4月—2003年1月）

委　员：卢晓潮、吴诗兵、陈国兴、林星跃、徐祖德、诸玲玲（女）、章桂华（女）、尉杭新

2003年1月18日，中共杭州市上城区第七次代表大会选举产生12人组成的中共杭州市上城区纪律检查委员会。区纪委一次全体会议选举产生5人组成的常委会。

书　记：朱履林（2003年1月—2006年12月）

副书记：朱国建（2003年1月—2006年12月）

任　平（2003年1月—2006年12月）

杜秀芬（女，2006年12月）

常　委：黄涌泉（2003年1月—2006年5月）

杜秀芬（女，2003年1月—2006年12月）

伍天舒（2006年5月—2006年12月）

郑祖生（2006年12月）

林文杰（2006年12月）

委　员：方宏、朱红卫（女）、李光勋、吴诗兵、陈建中、金燮彪、郑祖生、胡访贤、伍天舒

2006年12月30日，中共杭州市上城区第八次代表大会选举产生17人组成的中共杭州市上城区纪律检查委员会。区纪委一次全体会议选举产生6人组成的常委会。

书　记：朱履林（2006年12月—2011年4月）

沈　民（2011年4月—2011年12月）

副书记：朱国建（2006年12月—2008年3月）

杜秀芬（女，2006年12月—2011年12月）

谢　宁（2008年3月—2011年12月）

常　委：伍天舒（2006年12月—2008年3月）

郑祖生（2006年12月—2007年4月）

林文杰（2006年12月—2011年12月）

委　员：方宏、史倩（女）、朱荷芳（女）、吴诗兵、张国荣、周忠诚、胡建宏（女）、钟黎（女）、施志跃、夏勤（女）、瞿旭平（女）

2011年12月30日，中共杭州市上城区第九次代表大会选举产生10人组成的中共杭州市上城区纪律检查委员会。区纪委一次全体会议选举产生5人组成的常委会。

书　记：沈　民（2011年12月—2014年11月）

金晓东（2014年11月—）

副书记：杜秀芬（女，2011年12月—2013年1月）

谢　宁（2011年12月—2014年12月）

吴电荣（2013年10月—）

毛明秀（女，2015年4月—）

常　委：周建明（2011年12月—2013年7月）

迟跃丽（女，挂，2011年12月—2012年1月）

孙丽敏（女，2011年12月—）

委　员：沙莉萍（女）、胡建宏（女）、何靖、薛迓冰（女）

二、区纪委（区监察局）

1993年4月，中共杭州市上城区纪律检查委员会（简称区纪委）与杭州市上城区监察局[①]（简称区监察局）合署办公，实行“一套工作机构，两个机关名称”体制。合署后的区纪委、区监察局履行党的纪律检查和政府行政监察2项职能，对区委、区政府负责。区监察局仍为区政府组成部门。1997年，区纪委、区监察局履行“保护、惩处、监督、教育”的工作职能。

① 1988年10月，杭州市上城区监察局建立。

1997年7月，区纪委、区监察局机关内设办公室、信访室（杭州市上城区人民政府监察举报站）、纪检监察室、案件审理室、执法监察室、党风廉政宣教室6个职能科室。

2009年3月，区纪委、区监察局执法监察室增挂区纪委纠风室牌子。

2012年5月，区纪委纠风室单设并增挂效能监察室牌子。2014年1月，增设案件监督管理室。

2015年2月，区纪委、区监察局撤销区纪委监察局纠风（效能监察）室、执法监察室、党风廉政宣教室，设立党风政风监督室（杭州市上城区人民政府纠正行业不正之风办公室）；撤销纪检监察室，设立第一纪检监察室、第二纪检监察室；设立干部室、宣传教育室；信访室不再加挂杭州市上城区人民政府监察举报中心牌子。调整后，区纪委、区监察局机关内设机构增设至9个，即：办公室、信访室、案件监督管理室、案件审理室、干部室、宣传教育室、党风政风监督室（杭州市上城区人民政府纠正行业不正之风办公室）、第一纪检监察室、第二纪检监察室。

三、派驻监督机构

2010年7月，区纪委、区监察局机关启动区派驻纪检机构改革试点工作，确定杭州市上城区财政局、上城区建设系统为派驻监督试点单位，分别派驻纪检组、监察室。

2012年8月，在2个派驻纪检机构试点的基础上，区纪委、区监察局机关全面推开区派驻纪检机构改革工作，成立5个归口派驻纪检机构，分别为区机关综合纪工委、区经贸纪工委、区教文卫纪工委、区社会事务管理纪工委、区城建城管纪工委及相应监察室，归口管理除公、检、法以外的所有区直单位。

2015年，区纪委、区监察局制定《加强和改进区纪委派驻（出）机构统一管理工作的意见》《上城区纪委派驻纪检组长、副组长提名考察办法（试行）》，加强与区委组织部、区编委办等部门的协调沟通，推进派驻机构改革。共设置派驻（出）机构10个，分别是派驻第一纪检组、派驻第二纪检组、派驻第三纪检组、派驻第四纪检组、派驻第五纪检组、派驻第六纪检组、派驻杭州市公安局上城区分局纪检组、派驻杭州市上城区人民检察院纪检组、派驻杭州市上城区人民法院纪检组、派驻区直机关纪工委纪检组，实现对全区区直机关单位的派驻监督全覆盖。

第三节　区委工作机构及直属单位

1993年，区委工作机构[①]设有区委办公室、区委组织部、区委宣传部、区委统战部、区委政法委、中共杭州市上城区委老干部局（简称区委老干部局）、中共杭州市上城区委台湾工作办公室（简称区委台湾工作办公室）、中共杭州市上城区委政策研究室（简称区委政策研究室）、中共杭州市上城区级机关党委，另设有直属事业单位中共杭州市上城区委党校（简称区委党校）。此后，区委工作机构多次调整。2011年，中共杭州市委办公厅发文，区委工作机构设置为9个：区纪律检查委员会机关、区委办公室、区委组织部、区委宣传部、区委统战部、区委政法委、区信访局、区直机关党工委、区编委办。至2015年末，机构未有变化。

一、中共杭州市上城区委办公室（区委政策研究室、区保密局、区台办）

1996年7月16日，区委办公室[②]增挂区委政策研究室牌子。1997年，内设3个职能科室：秘书机要科、综合调研科、信息督查科。2001年2月，区委办公室增挂杭州市上城区保密局牌子，保留区委政策研究室牌子，内设4个职能科室：秘书机要科、综合调研科、信息科、督查科。2005年10月，区委台湾工作办公室（杭州市上城区人民政府台湾事务办公室）由与区委统战部合署办公调整为与区委办公室合署办公。2007年7月，信息督查科分设为信息科和督查科。2010年12月，撤销信息科和督查科，设立信息督查科，增设法治科。2011年7月，区委办公室增设政策研究科。2012年，经调整，区委办公室设置内设机构7个：

① 1949年，中共杭州市上城区委建立后，设秘书（室）、组织科、宣传科、民运科、统战科、工业科、纪律检查委员会（监察委员会）和机关党支部等工作机构，后时有变动。1959年，区委工作机构由科改为部。1960年，建立中共杭州市上城区委党校。“文化大革命”期间，区委工作机构除建立审干领导小组和一些临时机构外，其余均未恢复和建立。区委工作机构的职能由区革命委员会的办事组、政治工作组所取代。1977年，区委逐步恢复和建立各工作机构。其中，区纪检委机构沿革见第十八篇中国共产党地方组织第三章组织机构第二节中共杭州市上城区纪律检查委员会第二目区纪委（区监察局）。

② 1957年，区委秘书室撤销，设区委办公室。

秘书机要科、综合调研科、信息督查科、法治科、政策研究科、台湾事务科、法规科。2012年，杭州市上城区档案局（增挂杭州市上城区档案馆牌子）设立，是区委办公室下属正处级事业单位，参照公务员法管理。至2015年末，机构未有变化。

二、中共杭州市上城区委组织部[①]

1993年，区委组织部设置事业单位杭州市上城区党员电化教育服务中心。1996年7月，区委老干部局由区委组织部管理。2002年2月，区委组织部内设3个职能科室：办公室（组织史办公室）、干部科、组织科。2008年8月，增挂中共杭州市上城区委党史研究室（简称区委党史研究室）牌子。2009年9月，建立杭州市上城区社会工作党工委，下设办公室，在区委组织部组织科增挂牌子。是年，设立事业单位杭州市上城区党员服务中心。2011年7月，杭州市上城区社会工作党工委办公室更名为杭州市上城区新经济组织新社会组织党建工作科，干部科增挂的参照国家公务员制度管理办公室牌子更名为公务员管理科，区委人才工作领导小组办公室设置内设机构综合科。2012年5月，区委组织部增挂中共杭州市上城区委新经济与新社会组织工作委员会牌子。2014年1月，上城区设立区委直属正处级事业单位中共杭州市上城区委党史研究室（杭州市上城区地方志编纂委员会办公室），撤销区委组织部增挂的区委党史研究室牌子。2015年6月，区委组织部设内设机构干部教育监督科。调整后，区委组织部设置内设机构5个：办公室（组织史办公室）、干部科（公务员管理科）、组织科、新经济新社会组织党建工作科、干部教育监督科。另有事业单位杭州市上城区党员电化教育服务中心、杭州市上城区党员服务中心。至2015年末，未有变化。

① 1959年，区委组织科改为区委组织部。

三、中共杭州市上城区委老干部局[②]

1993年，区委老干部局局址后市街111号。1998年，区委老干部局下设办公室。2011年，增设服务保健科。至2015年末，区委老干部局设办公室、服务保健科、关心下一代工作委员会办公室3个职能科室。

② 1984年3月，中共杭州市上城区委老干部局建立，未设立职能科室，主要职责是贯彻执行中央、省、市、区委老干部工作的方针、政策和规定，抓好全区老干部政治和生活待遇的落实，配合有关部门党组织抓好老干部党支部建设，组织老干部参加理论学习、有关会议和重大政治活动，协调有关部门做好老干部的医疗保健、生活服务等工作。局址后市街111号。

四、中共杭州市上城区委宣传部[③]

1998年3月，区委办公室对外宣传报道工作职责划归区委宣传部。1997年7月，区委宣传部内设3个职能科室：办公室、理论科、宣传科。2012年12月，机构调整后，区委宣传部设置内设机构5个：办公室、理论教育科、外宣科、文化科、宣传科。同时，设置正处级事业单位2个：杭州市上城区精神文明建设委员会办公室和杭州市上城区文化创意产业办公室。至2015年末，未有变化。

③ 1959年4月，宣传科改为宣传部。

五、中共杭州市上城区委统一战线工作部

1997年6月，上城区进行区级机构改革，杭州市上城区民族宗教事务局、杭州市上城区人民政府侨务工作办公室（简称区侨办）、区委台湾工作办公室、杭州市上城区人民政府台湾事务办公室（简称区台办）与区委统战部①合署办公。2002年2月，区委统战部设1个职能科室：办公室。2005年，区委台湾工作办公室（杭州市上城区人民政府台湾事务办公室）调整为与区委办公室合署办公。2010年12月，增设党派科。至2012年9月，区委统战部设置内设机构4个：办公室、党派科（挂党外知识分子工作科牌子）、民族宗教科、侨务科。至2015年末，未有变化。

六、中共杭州市上城区委政法委员会②（区综治办、区委维稳办）

1997年10月，区委政法委与杭州市上城区社会治安综合治理委员会（简称区综治委）合署办公，内设3个职能科室：区委政法委办公室、政工科、区综治委办公室。2002年2月，内设2个职能科室：区委政法委办公室、综治协调指导室。2003年9月，区委政法委办公室增挂区委政法委政治处、区委政法委执法监督室2块牌子。2004年7月，杭州市上城区创建“平安上城”领导小组（非常设机构）成立，下设办公室，由区委政法委负责人任办公室主任，区委政法委增加平安创建协调、指导工作职责；10月，杭州市上城区维护社会稳定工作领导小组（非常设机构）成立，下设办公室，由区委政法委负责人任办公室主任，区委政法委增加维护稳定工作协调、指导的职责。2005年4月，综治协调指导室增挂维护稳定科牌子。2011年7月，维护稳定科改挂牌为单独设置。2011年9月，中共杭州市上城区委维护稳定工作领导小组办公室（简称区委维稳办）作为常设机构设置，与区委政法委合署办公。2012年3月，杭州市上城区社会治安综合治理委员会更名为杭州市上城区社会管理综合治理委员会。8月，杭州市上城区社会管理综合治理委员会办公室（简称区综治办）、区委维稳办与区委政法委机关合署办公。调整后，区委政法委设置内设机构5个：区委政法委办公室、政治处、综合协调指导室、维护稳定科、执法监督室。至2015年末，机构未有变化。

七、中共杭州市上城区委（杭州市上城区人民政府）信访局

1999年6月，区委、区政府信访办公室③更名为中共杭州市上城区委、杭州市上城区人民政府信访局。2005年9月，区信访局单独设置，

① 1952年5月恢复上城、中城区建置后，7月，上城区委设统一战线工作科，未任命领导成员，由区委宣传科兼管统战工作；中城区委于当年10月设统一战线工作科，1953年12月任命副科长1人。1957年1月，区委内设机构调整，撤销统一战线工作科，统战工作划归区委宣传科（1959年4月改称区委宣传部）负责。1984年2月，区委按照市委指示，设中共杭州市上城区委统一战线工作部，负责全区统战工作，并任命领导成员。

② 1981年，中共杭州市上城区委政法委员会建立，1988年撤销，1990年恢复。

③ 1982年，上城区建立来信来访办公室。后更名为区委、区政府信访办公室，是区政府办公室的内设机构。

列入区委工作机构序列，内设综合接访科。2008年8月，杭州市上城区区长公开电话受理中心（简称区长受理中心）成立，主管单位为区信访局。2010年12月，区信访局增设办公室。至2015年末，区信访局内设办公室、综合接访科，下属事业单位为区长受理中心。

八、中共杭州市上城区直属机关工作委员会

1996年7月，区级机关党委[①]更名为中共杭州市上城区直属机关工作委员会。2002年2月，区直机关党工委内设办公室。2008年12月，增设综合考评科。2010年12月，增设组织宣传科。至2015年，区直机关党工委有内设机构3个：办公室、组织宣传科、综合考评科。

① 1949年，区委机关党支部建立。1959年，并入区级机关党总支。1966年，区级机关党总支撤销。1980年，上城区革委会机关党总支改为区级机关党总支。1981年，区级机关党总支改建为区级机关党委。

九、杭州市上城区机构编制委员会办公室

1993年，上城区机构编制工作由杭州市上城区人事局（简称区人事局）负责。1994年11月，区委、区政府下发《关于建立上城区机构编制委员会的通知》，建立杭州市上城区机构编制委员会。杭州市上城区机构编制委员会办公室为区委、区政府主管机构编制工作的常设办事机构，与区人事局合署办公。

2003年11月，杭州市上城区事业单位登记管理局成立，负责上城区事业单位的登记和监督管理工作，维护经核准登记或备案事业单位的合法权益。2011年3月，杭州市上城区事业单位登记管理局参照公务员法管理。

2012年，区编委办单独设置，列入党委序列，既是区委的工作机构，又是区政府的工作机构；是区机构编制委员会的常设办事机构，在区机构编制委员会的领导下负责全区行政管理体制和机构改革以及机构编制的日常管理工作。区编委办内设综合科、机构编制科、监督检查科（实名制管理科）3个科室。下设杭州市上城区事业单位登记管理局。至2015年，未有变化。

十、中共杭州市委党校上城区分校[②]

2001年9月，区委党校改为中共杭州市委党校上城区分校，由区委直接领导，业务工作接受中共杭州市委党校（简称市委党校）的指导。位于皮市巷158号。2008年10月，中共杭州市委党校上城区分校并入市委党校。

② 1960年，中共杭州市上城人民公社党校建立，1961年9月，更名为中共杭州市上城区委党校（简称区委党校），1962年撤销，1978年3月复建。1978年9月，因城区工商体制变更等原因停办；1984年4月恢复。

表 18-3-10　中共杭州市上城区委工作机构和直属单位负责人情况表

机构	职务	姓名	任期
区纪委	书记	沈国友	1993-01—1996-04
		朱履林	1996-04—2011-04
		沈　民	2011-04—2014-11
		金晓东	2014-11—
区委办公室	主任	裘顺昌	1993-01—1996-10
		占仁义	1996-10—2003-01
		叶　榕	2003-01—2005-03
		叶　素	2005-09—2007-03
		顾敏达	2007-03—2012-02
		周忠诚	2012-02—2015-03
		陈　勇	2015-03—
区委组织部	部长	沈连均	1993-01—1996-05
		屠根叶	1996-05—1997-12
		叶洪泉	1997-12—2003-01
		占仁义	2003-01—2010-07
		黄爱芳（女）	2010-07—2012-01
		陈秋芳（女）	2012-01—
区委老干部局	局长	丁运珠（女）	1994-01—1996-10
		俞祖荫（女）	1996-10—2002-01
		江春晖（女）	2002-01—2006-04
		杨　敏（女）	2006-05—
区委宣传部	部长	于跃敏（女）	1993-01—1995-09
		周稼芳（女）	1996-01—1997-12
		丁晓芳（女）	1997-12—2003-01
		王越剑	2003-01—2012-01
		麻承荣	2012-01—2014-12
		金承涛	2014-12—
区委统战部	部长	赵鸿声	1993-01—1996-10
		郑宝山	1996-10—1998-05
		邵美英（女）	1998-05—2003-04
		臧建五	2003-04—2007-03
		袁巧玲（女）	2007-03—
区委政法委	书记	钱红旗	1993-01—1997-11
		陈国元	1998-07—2000-09
		刘庆龙	2000-09—2003-02
		余　勇	2003-02—2010-03
		袁建祥	2011-05—

续表 18-3-10

机　构	职　务	姓　名	任　期
区信访局	局　长	骆振文	2000-03—2003-04
		孙　锦	2003-04—2007-03
		谢　宁	2007-03—2008-03
		高燕东	2008-03—2011-01
		林　森	2011-01—2013-01
		陈　钢	2013-08—
区直机关党工委	书　记	郑喜梅（女）	1993-01—1993-07
		强肇南	1993-07—1996-10
		陈树达	1996-10—1998-05
		吕春生	1998-05—2004-07
		陈建中	2004-07—2009-07
		周忠诚	2009-07—2012-04
		黄涌泉	2012-04—2015-06
		姚　杰	2015-06—
区编委办	主　任	林文杰	2012-05—

说明：资料来源于中共杭州市上城区委办公室

第四章　重大决策

1978年起，随着党的工作重心转移和改革开放的起步，区委解放思想，从实际出发，坚持以经济建设为中心，把推进工业化进程和改善人民生活作为首要任务。同时，区委坚持“两手抓、两手都要硬”的方针，寻求与上城区区域发展环境相匹配的特色经济发展道路。1993年，中共杭州市上城区第五次代表大会提出围绕社会主义市场经济体制的建立，加快未来5年经济和政治改革步伐的工作总目标。1994年，区委根据区位优势和环境优势，重视经济效益，提出“商贸领先、三产兴区”的战略思想。1998年1月，中共杭州市上城区第六次代表大会将“优二兴三、三产兴区、科教强区”上升为未来5年的指导思想和奋斗目标。2003年，区委提出实施“工业富区、商旅兴区、环境立区、科教强区、依法治区”战略，大力发展都市型产业。2006年12月，中共杭州市上城区第八次代表大会提出“打造杭州RBD、构建和谐新上城”的奋斗目标。2011年12月，中共杭州市上城区第九次代表大会提出“推进国际化，提升幸福感”，“建设具有国际水准的高品质中心城区”。2013年1月，区委九届六次全会通过《关于认真学习贯彻党的十八大精神 扎实推进“美丽上城”建设的决定》，从新的思想高度深刻认识建设生态文明的重大意义。2015年7月，区委九届十三次全会提出要加快“基金小镇”“创意小镇”“古韵小镇”和思鑫坊、劝业里等重点区块建设改造提升，打响“最美园区”“最美街区”“最美小区”品牌，全力抓好“五水共治”“五气共治”工作，努力把上城区打造成天蓝水净、环境优美的“两美”建设示范区。

第一节　战略决策

一、商贸领先、三产兴区

1994年，区委开展全区范围内“解放思想、发展经济”的大讨论，组织人员赴江苏和山东考察。在10月的全区经济工作会议上，区委提出“商贸领先、三产兴区”战略思想，即突出抓好新型市场建设，加快旧城改造步伐，大力发展商贸旅游服务业为主的第三产业和外向型经济。12月，区委五届七次全会提出结合国家宏观调控、产业结构调整新趋势，借鉴吸纳上海“贸易兴市”“建设国际经济金融中心城市”、江苏“三为主”[①]等先进地区的战略部署，明确全区经济工作的指导思想是贯彻中央“二十字方针”[②]，遵循“商贸领先、三产兴区”战略目标，促进经济持续、快速、健康发展和社会进步，为建设现代化商贸城区奠定基础。

在此战略目标的指引下，全区经济运行质量大幅提高，持续保持较好发展势头，第三产业发展迈出新的步伐。1993—1997年，国内生产总值年均增长15.1%，出口商品货值累计达13亿元，实际利用外资7836亿元，实现外向型经济新突破。1997年，上城区生产总值跃升到14.83亿元。

二、优二兴三、三产兴区、科教强区

20世纪90年代，上城区形成以杭州娃哈哈集团有限公司、浙江华日集团公司为龙头的规模工业群体，规模经营步伐不断加快，但企业创新能力薄弱，产业层次较低，面临结构转型的压力。1995年6月，中共中央、国务院作出《关于加速科学技术进步的决定》，确立科学技术是第一生产力的思想。区委认为必须把工业经济的增长方式转到主要依靠科技进步上来，要在重点骨干企业中形成一批科技进步项目。是年，全区技术进步工作会议提出要实施技术进步工程，加快实施一批浙江省、杭州市重点技术改造项目，争取使新增产值占工业总产值比重达到60%；同时，加快科技体制改革，推进科技开发研究和科技成果转化。1997年3月，区委、区政府印发《上城区“科教强区”发展纲要》。7月，区委五届十三次全会作出“优二兴三、三产兴区、科教强区”的战略部署，提出要结合旧城改造契机，积极培育以三产为主的新的经济增长点，逐步培育出一批上规模、上档次、较规范的市场群体，为全区经济发展注入新的活力，“商贸领先、三产兴区”战略指导思想和发展内涵进一步深化。

1998年1月，中共杭州市上城区第六次代表大会将“优二兴三、三产兴区、科教强区”上升为未来五年的指导思想和奋斗目标，提出“要优化提高第二产业，发展繁荣第三产业，依靠科技进步，转变经济增长方式，提高经济运行的质量和效益，放手发展开放型经济、服务型经济，基本完成旧城改造任务，努力把上城区建设成为经济繁荣、科教发达、社会安定、生活方便、环境优美的社会主义现代化商贸城区”。1999年1月，区委六届四次全会提出要“建立科技风险投资机制、高新技术产品‘孵化’机制，构建开放型科技支撑服务体系，加大科技进步力度，抢占经济发展新高地”。2000年上半年，区四套班子领导先后带

① “三为主”：市场调节为主，外向型经济为主，提高人的素质为主。

② “二十字方针”：抓住机遇，深化改革，扩大开放，促进发展，保持稳定。

队到浙江省内的金华、义乌、温州、台州学习考察，还随同市委和市政府领导赴深圳、广州、上海、沈阳、大连、青岛等城市学习考察，并通过年初开展的“三讲”教育查摆问题，推动思想解放。经过充分酝酿准备，区委六届七次全会于8月召开，提出要“调整‘二产’结构，抓高新技术产业，以旅游商贸、房地产、文化产业为重点，拓宽个体私营经济特别是温州、金华、台州等地招商比重，加大第三产业发展力度”。

2000年12月，区委六届八次全会提出，要依托上城丰富的历史文化古迹，利用中国杭州西湖博览会、经贸洽谈会等平台，拓展会展经济、假日经济，加大三产服务业发展力度。2002年1月，区委六届十一次全会要求，抓住市委八届八次全会提出的大力推进商贸特色街区建设、西湖南线景区开发等利好因素，打响文化休闲品牌，建立以吴越、南宋历史文化为背景的旅游圈。

在以上战略目标的指引下，1998—2002年，全区经济继续保持高位增长，综合实力继续提高，2002年上城区生产总值达到36.50亿元。

三、工业富区、商旅兴区、环境立区、科教强区、依法治区

2002年1月，中共杭州市第九次代表大会提出“构筑大都市、建设新天堂”战略。6月，中共浙江省第十一次代表大会召开，作出建设“经济强省、教育强省、科技强省、文化大省”和“信用浙江、数字浙江、绿色浙江”的战略部署。2003年1月，中共杭州市上城区第七次代表大会提出实施“工业富区、商旅兴区、环境立区、科教强区、依法治区”战略，大力发展都市型产业，构筑新优势，建设新上城，具体奋斗目标是打造“实力上城、精品上城、人文上城、效率上城”。

2003年下半年，浙江省、杭州市相继实施主动接轨大上海、积极融入长三角和加快推进城市化一系列战略举措。7月，区委七届二次全会召开，提出“要加大‘腾笼换鸟’力度，调整二三产业结构，提高经济运行质量，做深‘商贸带动、商旅结合’文章，形成特色鲜明的商贸旅游业态布局。加强历史文化名城保护，提升城区综合竞争力。抓好西博会载体，积极开展与长三角兄弟城区合作交流，加大招商引资力度”。下半年，上城区在上海市成功举办“上城区接轨上海推进会”，与上海市卢湾区签署经济合作与交流协议，全面拉开与兄弟城区合作交流的序幕。

为贯彻落实全国“两会”期间中共中央总书记胡锦涛关于浙江工作“干在实处、走在前列”重要讲话精神和浙江省“八八战略”[①]，2005年12月，区委召开七届七次全会，要求以“解放思想、干在实处、走在前列”为要求，以全面、协调、可持续发展为主题，以转型提升为主线，

① 2003年7月，浙江省委举行第十一届四次全体（扩大）会议，提出的面向未来发展的八项举措，即进一步发挥八个方面的优势、推进八个方面的举措。

以创新发展为动力，实施“商旅富区、工业强区、科教兴区、环境立区、依法治区”五大战略，全面建成小康社会，率先基本实现现代化，努力实现“实力上城”“精品上城”“人文上城”“效率上城”“平安上城”5个奋斗目标。

2006年，杭州市制定《关于进一步加快钱江新城建设和发展的若干意见》。是年8月，区委召开七届八次全会，提出要“主动接轨钱江新城，发展沿江区块，大力推进现代服务业和都市型工业快速发展，切实增强经济发展后劲”。

2003—2006年，上城区生产总值年均增长15%，地方财政收入年均增长25%，2006年分别达到304.80亿元和14.64亿元，服务业产值2006年达到11.85亿元，对地方财政贡献日益突出。楼宇经济、商贸旅游日益壮大，湖滨、南山路、清河坊、解放路四大特色街区相继亮相，都市型工业不断巩固和发展，涌现一批新的骨干企业，全区工业销售产值2006年实现196.2亿元。

四、打造杭州RBD、构建和谐新上城

2003年，为贯彻落实中共十六届三中全会精神和谋划2004年发展思路，由区四套班子领导带队，赴广州、厦门、上海等地，组织开展“建设旅游休闲商务区、打造杭州RBD”专题调研活动。2004年1月，区委七届三次全会对“建设旅游休闲商务区、打造杭州RBD”作详细阐述和规划。报告指出，“上城区拥有得天独厚的地理位置和丰富的人文资源，近年来，围绕‘三产兴区’‘商旅兴区’战略，结合城市建设和旧城保护，现代化商贸旅游区雏形基本形成，以湖滨旅游商贸特色街区为核心，打造环境舒适、功能齐全、内涵深厚、特色鲜明的旅游休闲商务区（简称RBD）时机、条件已经基本具备”；报告初步确定RBD业态布局分为四大区块，即新湖滨区块、吴山区块、拉动区块（城站广场区块和江滨区块）、保护区块（吴越南宋文化保护区块），并提出要构建领导协调机制，推进街区管理市场化运作等。2006年12月，中共杭州市上城区第八次代表大会正式提出“打造杭州RBD、构建和谐新上城”的奋斗目标，报告指出，要围绕科学发展、和谐发展，紧紧抓住RBD战略不动摇，推进经济社会又好又快发展。特别是抓住杭州城市空间形态布局向“钱塘江时代”转变的机遇，完善“三圈”布局，形成特色明显的RBD功能区块：围绕建设沿江商务居住圈，接轨新城，促进沿江开发，实现杭州RBD与中央商务区（CBD）互补互荣；围绕建设沿湖核心商业圈，深化湖滨、清河坊、南山路和延安路、解放路特色街区建设，大力发展现代服务业；围绕建设沿山历史文化圈，加快城市更新，传承历史文脉，推进历史文化名城保护工程，打造杭州“历史建筑博物馆”。

2007年，为贯彻衔接好中共杭州市第十次代表大会提出的共建共享“生活品质之城”的战略目标，7月，区委召开七届三次全会，提出上城要在共建共享“生活品质之城”中走在前列，努力建设“生活品质示范区”，要更加注重民生保障，关注人的政治需求、精神文化需求、社会服务需求，高度关注社会的和谐度、幸福度、公平度和社会化程度，在推进老城保护、危旧房改善、地块改造等重点工作要树立精品意识，注重细节提升。全会还提出要努力提升产业层次，加快落实《上城区沿江区块发展规划》，推动服务业尤

其是金融服务业的发展，为上城产业转型升级探明方向和路径。

2008年下半年，在国际金融危机的冲击下，客观形成扩大内需和推进产业转型升级的“倒逼机制”。8月，区委八届五次全会提出要着力形成“一楼八业”[①]产业发展格局。2009年1月，区委八届六次全会提出要加大“腾笼换鸟”力度，加快推进结构调整、产业升级、增长方式转变，实现有限空间，无限发展。对接杭州“一区两带”区域金融中心建设，大力推进庆春路金融辐射带建设，积极筹划“西湖国际专业金融区”，加快创意产业“一谷多点”布局，加快建设杭州山南国际设计创意产业园。2010年8月，区委八届九次全会明确，构建“五主多副”[②]的上城特色现代化产业体系。

2011年，上城区实现地区生产总值616.66亿元，财政总收入90.01亿元。“五主”产业实现地方财政收入33亿元，占总量62%，服务业增加值占全区生产总值比重54.2%，主导地位和拉动作用进一步突出。

五、建设“具有国际水准的高品质中心城区”

经过多年发展，上城区人均地区生产总值、人均期望寿命等指标已处于发达国家水平，群众生活品质、城市服务功能、公共服务能力、法治建设状况、生态文明水平等方面具备向国际化水平迈进的基础，世界500强大企业、大集团逐步入驻，中国杭州西湖国际博览会、杭州世界休闲博览会等会展方兴未艾，城市国际元素日益丰富。2008年8月，区委八届五次全会结合市委十届二次全会作出的“一城七中心”[③]的城市定位，提出做大做强“小城”，做优做精“老城”的发展思路，在打造杭州RBD和生活品质示范区的基础上，确立建设具有国际水准的高品质中心城区的战略目标，并明确“厚重文化、高端产业、精致空间、人性交通、品质生活”五大内涵。

2010年，杭州市印发《关于印发〈上城区“建设具有国际水准的高品质中心城区”三年行动计划〉的通知》，在市级层面为上城区“建设具有国际水准的高品质中心城区”目标提供坚实政策支持，也为下一步工作提供根本遵循，指明前进方向。2011年1月，区委八届十次全会进一步提出深入实施“五五战略”[④]，推进“六位一体”[⑤]的“具有国际水准的高品质中心城区”建设。12月，中共杭州市上城区第九次代表大会召开，将加快建设“具有国际水准的高品质中心城区”作为未来五年的奋斗目标。

为做好省委“物质富裕精神富有的现代化浙江”发展蓝图在上城的生动实践，与市委“打造东方品质之城、建设幸福和谐杭州”口号一脉相承，2012年8月，区委九届五次全会提出，将加快建设“东方品质体

① “一楼八业”：指楼宇经济的主要业态，即企业总部、金融保险业、文化创意产业、中介服务业、现代商业、高端旅游业、信息服务业、高新技术产业。

② “五主多副”：是指以文化创意产业、金融及其衍生产业、大旅游业、现代商贸服务业和精品房地产业五大产业为主体，同时培育发展都市型工业、特色潜力行业以及其他现代服务业等业态。

③ “一城七中心”：生活品质之城，国际旅游休闲中心、全国文化创意产业中心、长三角创新创业中心、长三角综合交通物流中心、长三角先进制造业中心、长三角现代服务业中心和浙江省经济文化科教中心。

④ “五五战略”：深入实施“商旅富区、工业强区、科教兴区、环境立区、依法治区”和“品牌引领、发展惠民、文化振兴、创新驱动、人才优先”战略。

⑤ “六位一体”：幸福上城、实力上城、精致上城、智慧上城、生态上城、和谐上城。

验区、幸福和谐示范区”，作为深化“具有国际水准的高品质中心城区”建设，引领上城区率先发展、跨越发展的总抓手。在该战略部署指引下，2012年，全区实现地区生产总值665.40亿元，财政总收入85.87亿元，各项经济指标位居全市前列。

六、建设现代化美丽上城

2012年，中共第十八次全国代表大会报告提出要全面推进经济建设、政治建设、文化建设、社会建设、生态文明建设，实现以人为本、全面协调可持续的科学发展。2013年1月，区委九届六次全会通过《关于认真学习贯彻党的十八大精神 扎实推进“美丽上城”建设的决定》，从新的思想高度深刻认识建设生态文明的重大意义，提出扎实推进“美丽中国”在上城的生动实践，努力打造环境秀美、人文淳美、生活和美的“美丽上城”，重点是要体现“人文内涵之美、经济协调之美、环境精致之美、社会活力之美”。是年，区委印发《上城区生态文明建设三年行动计划》。2014年1月，区委九届九次全会召开，提出要“着力提升发展、文化、生态、健康和平安五大品质，努力建设富有环境精致之美、经济协调之美、人文内涵之美、社会活力之美的现代化美丽上城”。要“扎实推进“三江两岸”[①]重点工程、“四边三化”[②]行动实施，提升生态品质，打造“最美”高新产业园、“最美”街区、“最美”小区，提升美丽形象，展示现代化美丽上城建设的魅力特质。2015年7月，区委九届十三次全会提出要加快“基金小镇”、“创意小镇”、“古韵小镇”和思鑫坊、劝业里等重点区块建设改造提升，打响“最美园区”“最美街区”“最美小区”品牌，全力抓好“五水共治”“五气共治”工作，努力把上城打造成天蓝水净、环境优美的“两美”建设示范区。

2015年，上城区实现地区生产总值861.02亿元，位列主城区第一，财政总收入实现107.15亿元，突破百亿元大关。

① “三江两岸”：市委、市政府作出的新安江、富春江、钱塘江沿江可视范围内的生态景观保护与建设工程。

② “四边三化”：省委、省政府作出的在公路边、铁路边、河边、山边（简称四边区域）开展洁化、绿化、美化行动。

第二节　经济建设

一、深化国有企业改革

1993年1月，中共杭州市上城区第五次代表大会提出要“进行规范化股份制企业试点改革，形成企业规模经营和集团经营，走出一条适合区属小型企业改革与发展的路子”，还要推进社会保障制度、物价、住房、再就业的配套制度改革，解决企业转轨和结构调整中人员的安全退出问题。7月，区委五届二次全会提出要推进股份合作制，大力推进企业兼并与联合，适时适度发展企业集团，在企业内部完善企业经营承包责任制。1994年1月，区委、区政府制定《关于加速转换企业经营机制的工作意见》。1998年1月，中共杭州市上城区第六次代表大会提出，要以抓大放小为目标，对大型国有企业实施战略性改组，造就特色鲜明的“小型巨人”。1999年1月，区委六届四次全会提出，要解放思想，吸引外来资本和社会资金参与存量资产优化重组，全面放开中小企业，完善灵活多样的分配激励机制，支持资本、技术、管理等要素参与收益分配，大力发展混合所有制经济。2000年8月，区委六届七次全会提出要建立“四自”[①]企业制度。2006年，上城区基本完成区属企业、市属下放企业产权和劳动用工制度改革。2015年8月，区委通过《进一步深化国有企业改革意见》，明确采用国有绝对控股形式，以引入战略投资者、政府与社会资本合作等多种方式，推进企业股权多元化改革，提升企业管理水平。

① “四自”：企业自主经营、自负盈亏、自我发展、自我约束。

二、建设上城区电子机械功能区[②]

② 参见第十一篇工业第二章工业产业园区。

1993年7月，区委五届二次全会提出要向外扩展空间，建设工业园区，推动现有部分企业进入园区，并通过招商形式吸纳一批较有发展前途的民营企业。11月，市政府印发《关于上城区在市郊建立工业园区方案的协调会议纪要》，批准上城区在西湖区（现为拱墅区）祥符镇新文村建立工业园区，规划用地20万平方米。1994年1月，区委五届五次全会提出要抓紧规划设计，多方筹措资金，争取早日动工，分批建成，早出效益。2003年1月，中共杭州市上城区第七次代表大会提出围绕“工业富区”战略，按照“有限城区、异地开发、区区联手、合作双赢”的思路，努力扩大园区规模，形成产业优势，力争通过3年努力，把园区建设成为定位准确、特色鲜明、功能齐全、设施配套、具有较强竞争力的加工制造型产业基地。2008年1月，区委八届四次全会提出，要做优都市型工业，用好国家级孵化器有关政策，加快标准厂房建设，着重引进科研型、总部型、品牌型等都市工业及配套产业，推动工业功能区转型升级。2015年7月，区委九届十三次全会提出，全面推进工业基地“二次创业”，紧盯物联网、工业4.0等科技发展前沿，不断注入自主创新的技术、人才要素，努力在园区经济转型上取得新突破。

2015年，上城区电子机械功能区纳税企业达228家，技工贸总收入51.33亿元，税收收入4.33亿元，地方财政收入1.68亿元，亩产税收达70万元，位居全省功能区前列。

③ 参见第十篇特色街区园区第五章望江新城第三节望江智慧产业园。

三、构筑望江智慧产业园[③]

2014年1月，区委九届九次全会提出，要突出重大项目带动，打造杭州千亿级信息消费产业龙头园区，延伸培育软件产业、智慧教育产业、智慧医疗产业和便民服务产业，努力形成信息产业链，推动产业实现转型升级的新跨越。3月，经过杭州市发展和改革委员会、杭州市上城区商务局等部门的对接，作为公认的全球网络互联解决方案的领先厂商——思科公司（大中华总部）签署参与杭州智慧城市建设的战略合作框架协议。思科中国总部以中豪望江国际3号楼为总部办公用楼，正式落户望江核心区域。8月，区委九届十一次全会提出要把望江智慧产业园打造成为都市中心"智慧硅谷"。2015年1月，区委印发《关于成立望江智慧产业园管委会筹建领导小组的通知》，并确定"建设国家自主创新示范区的创新中心"的总体定位、"科技+金融"的产业定位和"三个现代化、三个美"[①]的发展目标。7月，区委九届十三次全会提出，要瞄准营收千亿元目标，发挥思科中国总部、中国铁塔浙江分公司等龙头企业的带动效应，加快做大以"科技+金融"为重点的智慧产业规模，着力培育一批以互联网金融、数字出版、数字健康为特色的孵化器集群，力争3～5年内把望江智慧产业园打造成杭州国家自主创新示范区的创新中心。10月，杭州市上城区望江智慧产业园发展中心正式成立。"科技+金融"为特色的智慧产业集群规模不断扩大。

四、建设玉皇山南基金小镇[②]

2011年12月，杭州市制定金融业"十二五"发展规划，明确提出要打造"中小企业金融服务中心"和"民间财富管理中心"，构建"一区两带三圈三园多点"的空间布局，玉皇山南国际金融园被列为上城区发展金融服务业的重点区域。2013年6月1日，新《中华人民共和国证券投资基金法》生效实施，明确私募基金法律监管地位，中国基金业协会开始私募基金注册登记和发牌工作，私募（对冲）基金的数量在中国出现爆发性增长的局面。2013年8月，区委九届八次全会作出"依托省、市金融税收体制改革带动和区'十二五'金融业发展规划实施，加大对优质金融机构总部的招商引资力度，重点解决股权投资类企业和财富管理类企业"的总体要求，提出紧紧抓住金融供给侧结构性改革和省委、省政府大力推进"三改一拆"[③]"打造特色小镇"[④]等"转型升级"组合拳为契机，充分借助上城作为浙江省传统金融中心的地位，依托玉皇山南独具特色的地理、生态环境和人才集聚优势，因地制宜打造金融产业平台，以建成私募金融产业为核心的中国版格林尼治小镇。2014年，玉皇山南基金小镇管理委员会成立玉皇山南基金小镇经营管理有限公司，负责小镇后续招商、运营、管理等。2015年5月16日，玉皇山南基金小镇正式揭牌，形成以股权投资类、证券期货类、财富管理类投资

① "三个现代化、三个美"：产业发展现代化、城市形态现代化、管理服务现代化；生产美、生态美、生活美。

② 参见第十篇特色街区园区第四章玉皇山南基金小镇（杭州山南国际设计创意产业园）。

③ "三改一拆"：省政府决定，自2013—2015年在全省深入开展旧住宅区、旧厂区、城中村改造和拆除违法建筑三年行动。

④ 2015年，《政府工作报告》提出在未来三年里浙江将重点培育100个特色小镇，推进产业集聚、产业创新和产业升级。

机构为核心产业的完整的新金融产业生态链，成为杭州创造财富的新高地。至2015年末，玉皇山南基金小镇（杭州山南国际设计创意产业园）累计入驻企业总数503家，其中金融类企业405家、文创企业98家，总资产管理规模达2300亿元，税收达4.1亿元。

第三节　城市建设

一、推进旧城改造

1993年1月，中共杭州市上城区第五次代表大会提出，要紧紧围绕延安路南端贯通和庆春路拓宽等改造建设工程，加快区街经济发展步伐。1994年12月，区委五届七次全会提出要围绕“三产兴区”战略目标落实，推进“1357”工程，进一步奏响延安路贯通、河坊街改造、吴山开发建设“三步曲”，培育第三产业新的经济增长点，为建设现代化商贸城区奠定基础。1997年7月，区委五届十三次全会提出要建立组织机构，制定总体规划、加强动迁力度，推进旧城改造全面展开。至1997年末，上城区顺利完成复兴路改建、延安南路贯通等重大市政工程任务，成功启动复兴地区改造、吴山景区开发、东河沿线绿带改造重点区块，新建建国南路、后市街、南星等10余个住宅新区，2.6万户居民搬入新居，人民群众居住条件得到改善。

1998年1月，中共杭州市上城区第六次代表大会进一步提出，要着重突出复兴地区改造、吴山开发、城站商贸中心区建设，着力抓好“五个一”[①]重点工程，把上城作为全市旧城改造的主战场，集中力量进行“歼灭战”，力争3年变个样、5年大变样、塑造上城新形象。2000年12月，区委六届八次全会提出要结合市委、市政府主要领导对上城区建设“首善之区、精品城区”的要求，着眼于高标准、大手笔、有特色，全力再兴旧城改造新高潮，到2002年基本完成旧城改造任务。

① “五个一”：“一场”为吴山广场；“一区”为滨江小区；“一线”为东河沿线绿带改造；“一片”为复兴地区低洼积水改造片；“一楼”为上城商贸大厦。

2002年1月，区委六届十一次全会指出，杭州发展逐步由“西湖时代”进入“钱塘江时代”，上城临西湖、濒钱江的独特区位优势更加凸显，要继续抓好近江、望江、复兴等地区的建设改造，积极做好南宋皇城遗址公园建设有关工作。2005年2月，省委常委、市委书记王国平到上城调研，强调“上城区是老城区，保护历史文化名城任务重大，望江地区改造和湖滨商贸旅游特色街区建设，是保护老房子，改善住房条件，加快RBD建设的重要抓手，是一举三得的实事工程”。是年，区委、区政府开始实施吴山路、龙翔桥、湖边邨、思鑫坊、劝业里区块背街小巷改善，以及湖滨商贸旅游特色街区二期工程，实现生态效益、社会效益、经济效益的统一。

2007年，上城区围绕全市“最清洁城区”打造，全面启动玉皇山南综合整治工程，并完成八卦田周边整治，积极实施中山路综合保护工程，背街小巷改善全面完工。至2011年，上城区经过实施“四改联动”[①]，基本实现危旧房改善“五年任务三年完成”、庭院改善“三年任务两年完成”的目标，基本完成待改造地块外的背街小巷改善、截污纳管、低洼积水治理等民生工程。

二、建设清河坊（南宋御街·中山路）历史街区[②]

1999年7月，区委六届五次全会提出，要按照“创文化名城”和“建设出精品”的要求，建成风格鲜明、形成亮点的标志性建筑，注重发掘其中的历史文化内涵。12月，区委六届六次全会提出，要以吴山景区、河坊街大井巷地区为重点，把该地区建成市域腹地的文化旅游商贸热点。2000年4月，清河坊历史文化街区一期工程建设启动。经过一系列保护性开发建设，至2007年，清河坊历史文化特色街区被评为国家AAAA级旅游景区。

与河坊街相交的南宋御街·中山路，是南宋时期皇城内一条纵贯南北的御街。根据市委、市政府的决策部署，区委、区政府成立工作领导小组，联合杭州市城乡建设委员会、中国美术学院进行研究论证和谋划。2008年1月，上城区正式启动南宋御街·中山路历史街区暨中山中路综保工程。2009年10月1日，南宋御街正式开街。

三、打造湖滨商圈（湖滨南山特色街区）[③]

2000年，区委决定成立杭州市湖滨地区商贸旅游特色街居建设整治指挥部，同步启动湖滨地区旧城改造。2005年12月，区委七届七次全会提出，特色街区是打造杭州RBD战略的重要载体，要加快推进特色街区延伸工程，加大招商引资力度，优化业态布局调整，积极探索特色街区管理模式。2009年，区委提出“打造湖滨南山特色街区综合体、强势推进工程建设”的目标要求。至2015年末，湖滨南山特色街区综合体除4个重点项目[④]在建和续建，上城区已系统地完成东坡路拓宽项目、湖滨国际名品街项目（湖滨一期）、工联大厦重建项目（地铁龙翔站上盖物业一期）、吴山路项目（湖滨二期）、龙翔里项目（湖滨四期）等重点工程建设。

四、建设望江新城（望江地区改造工程）[⑤]

2005年，区委决定正式启动望江地区改造工程，并组建望江地区改造指挥部，成立征地拆迁领导小组。本着“安置房先行、分步分块实施”的原则，2006年2月，启动区块第一期拆迁工作。2009年1月，区

① “四改联动”：是市委、市政府实施的一项民生、民心工程，即背街小巷改善、庭院改善、危旧房改善及物业改善。

② 参见第十篇特色街区园区第三章清河坊历史文化特色街区。

③ 参见第十篇特色街区园区第一章湖滨商贸旅游特色街区、第二章南山路艺术休闲特色街区。

④ 西湖电影院地块项目（湖滨四期）、中华饭店地块项目（湖滨三期）、市公交公司地块项目（地铁龙翔站上盖物业二期）、湖滨派出所地块项目（浙江大学医学院附属妇产科医院保健楼）。

⑤ 参见第十篇特色街区园区第五章望江新城。

委八届六次全会提出要抓住中央、省、市实施重点项目投资计划的有利契机，加快城市有机更新综合整治工程，实施《决战望江三年行动计划》。2011年，区委在充分调研和征求杭州市规划局、杭州市城市规划设计咨询有限公司等单位意见基础上，结合望江地区资源优势条件，接轨钱江新城、南宋皇城遗址保护、地铁经济等有利时机，主持调整优化规划方案，全面谋划望江地区新的发展，立足于“城市门户、都市驿站”定位，建设集旅游集散、商贸展示、商务休闲功能于一体的城市综合体，打造经济发展新增长极，城市空间新地标。

2011年12月，中共杭州市上城区第九次代表大会提出，要按照“三年初具规模、五年基本建成”的目标，集全区之力推进望江地区改造，彻底改变“脏乱差”的面貌，使之成为展示品质生活、充满发展活力的新望江。至2015年，上城区逐步实施味精厂、徐家埠、印铁制罐厂等区块征迁工作，推进道路、公建、停车场库建设，婺江家园一园、二园、三园等保障房逐步竣工，望江新城改造建设雏形初现。

第四节　文化建设

一、打响“南宋古都·经典上城”品牌[1]

2005年8月，省委常委、市委书记王国平调研玉皇山以南地区，提出打造历史文化遗址公园的设想。2009年，市委、市政府计划启动南宋皇城大遗址综合保护工程[2]。同时，提出要启动南宋博物馆、将台山南宋佛教文化生态公园、白塔景区、南宋官窑博物馆扩建等15个重大项目。2010年1月，区委八届八次全会提出要加快实施南宋皇城大遗址综合保护工程，建设南宋皇城大遗址公园。7月，区委印发《关于加快实施上城区历史文化遗产保护三年行动计划的通知》，在原有旧址上集中恢复104处传统商业街区上的老字号，整治严重影响风貌的建筑，恢复和保护街巷，院落、古碑、古井、古河道、古码头、古桥和古树名木。8月，区委八届九次全会进一步提出要以南宋皇城大遗址综保工程为载体，加快实施南宋御街中山路综保工程。

2011年1月，区委八届十次全会提出要努力打造“南宋古都·经典上城”品牌。6月，区委印发《关于进一步推进品牌创建的意见》，提出全力创建精致和谐、古典浪漫、开放自由的“文化上城”。此后，区委先后组织制定非物质文化遗产传承人保护政策，编写上城历史文化系列读本，组织生活品质市民体验、国际体验和城市记忆之旅等文化体验活动，实施文化振兴战略，提升文化软实力。2013年8月，区委九届八次

① 参见第一篇南宋皇城。

② 南宋皇城大遗址保护范围南至钱塘江，北至庆春路，东至中河及德寿宫遗址，西至虎跑路—南山路—解放路—延安路一线，规划面积约14.1平方千米，主要区域集中在上城区。

全会提出要深化“一街一品牌”建设，大力提升上城特色文化品牌的影响力，充分发挥名声、名宅、名人、名家、老字号等“名声”效应。至2015年，吴山庙会、中国民间艺人节、南宋文化节等已成为上城区的文化品牌。

二、规划西湖创意谷

2006年3月，上城区政协课题组先后调研上海滨江创意产业园、环同济大学建筑设计产业带等项目，赴杭印路49号（LOFT49）、凤山路9号艺术空间等地考察，并与中国美术学院对接交流“西湖设计谷”合作事宜，形成题为《汇聚高端资源要素，推动创意产业起航——打造环美院设计产业圈的几点思考》的调研报告，并经区政协二届十九次常委会审议通过，其主要内容以政协常委会建议案的形式报送区政府。

2006年8月，区委召开七届八次全体（扩大）会议，把创意产业列为上城现代服务业发展的战略重点，提出“探索以发展中国美院高端人才优势为主线，打造环美院设计产业圈，推动区域创意产业发展，扩大现代服务业在区域经济中的比重”。区委召开“环美院西湖创意设计谷”专题会议，发布《关于成立“环美院西湖创意设计谷”管委会（筹）的通知》，开始打造“西湖创意设计谷”第一期孵化基地。12月，中共杭州市上城区第八次代表大会提出要推进西湖创意谷建设，打造美院创意科技园，建立创意产业孵化基地，推进创意产业展示交易区和时尚休闲区建设，构建“一园三区”创意产业格局。2007年，区委、区政府发布《西湖创意设计谷建设规划（2006—2010年）》。4月，西湖创意谷开元198”正式揭牌，先后引进一批国内知名创意设计大师。2008年1月，区委八届四次全会提出要重点鼓励和扶持创意产业，着力形成“一谷多点”文化创意产业建设格局，形成若干个特色鲜明的产业集聚区，成为在国内有一定影响、与国际接轨、全省一流的创意设计与服务的中心区，为上城建设具有国际水准的高品质中心城区提供重要支撑。

三、实施教育集团化战略

1998年1月，中共杭州市上城区第六次代表大会提出，要以实现全省“教育第一区”为目标，全面构筑上城区域性特色的素质教育模式。2005年1月，区委七届五次全会提出要大力实施名校集团化战略，采用“名校+新校”“名校+民校”等模式，以强扩强，创建新型名校，成立天长、宗文、胜利3个教育集团，多途径扩大优质教育资源，通过名校输出管理人才和优秀教师等方式，给予培育和扶持，以强扶弱，促进相对较弱学校快速成长，不断深化素质教育，全面提高教育质量，力争2010年优质教育覆盖率达到90%。12月，区委七届七次全会提出要继续深入实施名校集团化战略，不断完善名校带新校、名校扶弱校和建立学校联盟等模式，加快优质教育资源扩张和名师名校长培养力度。

2011年4月，区委印发《关于进一步加快学前教育均衡优质发展的实施意见》，提出推进名园集团化战略，计划新建公办幼儿园原则上采用“名园+新园”的办园模式。2012年1月，区委印发《关于进一步推进名校集团化战略的实施意见》，提出要逐步形成以学校共同体建设为主要特色的上城区名校集团化办学模式。至2012年末，全区有16个中小学教育集团（教育联盟），13个名园集团，区域内学校互助共同体实现全覆盖，优质义务教育覆盖率达97%，优质学前教育覆盖率达94.95%。

2013年1月，区委九届六次全会提出，要以争创浙江省教育现代化区为契机，全面深化名校集团化办学，推进北京师范大学附属杭州中学、杭州天地实验小学、杭州市行知幼儿园等标准化学校（幼儿园）建设，推动教育向优质均衡和国际化发展。至2015年，上城区被评为“浙江省首批教育基本现代化区”。

第五节　社会建设

一、社区治理体系建设

1998年1月，中共杭州市上城区第六次代表大会提出，按照“两级政府、三级管理”的体制要求，各街道都要建成一个上档次、上规模的社区服务中心，充分发挥居民在城市管理和服务中的重要作用，逐步形成以街道为核心、社区为依托、社区资源共享的社区管理格局。

进入21世纪，随着社会主义市场经济的发展，尤其是社会体制改革和城市管理重心下移，传统的街道模式在向现代社区模式转变，为此，2000年8月，区委六届七次全会提出，要以“创特色、树亮点、出精品”社区建设活动为抓手，进一步完善街道、居民区调整改革工作，建立社区居民委员会，重构社区组织体系。12月，区委、区政府制定《全面推进社区建设的意见》，要求抓好社区自治组织建设。是月，区委六届八次全会提出要以创建“星级社区”为载体，大力加强社区硬件配套设施建设，提高社区服务水平。2001年，138个居民区合并重组为67个社区。

2003年1月，中共杭州市上城区第七次代表大会提出，通过3年努力，建设小康社会型社区，使社区环境更完美、服务更完善、设施更完备、秩序更完好、自治更广泛、文化更先进、关系更和谐。是年，区委制定《上城区全面推进小康社会型社区建设的若干意见》《上城区全面推进小康社会型社区建设规划（2003—2007年）》，并推进“数字化”社区建设，在全市率先实现社区服务和社区管理网络化。2005年1月，区委七届五次全会提出要继续以星级社区、精品亮点社区为抓手，进一步深化社区建设，打造“开门七件事[①]、方便在上城”社区服务品牌。12月，区委七届七次全会提出要切实深化“5A”[②]社区服务新模式，推进“一册三网”[③]服务体系建设。2011年，上城区创造性构建共建共

① “开门七件事”：即柴、米、油、盐、酱、醋、茶。

② “5A”：任何人（anyone）在任何时候（anytime）、任何地点（anywhere）、通过任何方式（anyway）得到任何服务（anyservice）。

③ “一册三网”：《上城区便民服务手册》；电脑服务网、电话服务网、电视服务网。

治共享“333+X”[①]社区大服务体系，该体系被民政部确定为中国和谐社区“上城模式”。

随着经济社会的快速发展和依法治国方略的实施，人民群众民主法治意识日益增强，参与公共决策、公共治理和表达利益诉求、维护自身合法权益的愿望更加强烈。2013年11月，区委通过《关于进一步推广“湖滨晴雨”工作经验，构建全区“17654”[②]民主民生互动平台的实施意见》，探索建立民主、合作、高效、开放的基层社会治理机制，推进基层治理体系和治理能力现代化。2014年8月，区委通过《关于进一步推进社区发展的若干意见》，提出完善以社区为平台、社会组织为载体、专业社会工作人才队伍为支撑的“三社联动”社区治理新模式。2015年，上城区获第三届全国社会创新奖优胜奖。

二、建设“平安上城”

2003年1月，中共杭州市上城区第七次代表大会提出创建“平安城区”目标，强调认真落实社会治安综合治理各项措施，保障人民群众生命财产安全。7月，区委七届二次全会提出，以创建省级文明城区为契机，打造“平安上城”。2011年3月，区委印发《平安上城110社会联动机制建设实施方案》，提出要建设全区统一的110社会联动处置机制和联网信息平台，实现全区平安创建一体化调度，提高全区公共服务救援水平。2012年1月，区委制定《关于推进社会管理网格化建设的实施意见》，实行区、街道、社区、基础网格“四级网格化管理”模式，实施集公共服务、社会事务、安全稳定、应急管理、党群组织、行政执法、社情民意等方面社会事务的综合处置。

2013年1月，区委九届六次全会提出，全面打造集诉求表达、矛盾排查、矛盾调处、应急管理、公共安全管理五位一体的“平安365”社会服务管理体系，不断提高社会管理科学化水平。2014年1月，区委九届九次全会提出，坚持和发展“枫桥经验”，加强和创新群众工作，扎实推进街道社区社会管理服务中心规范化建设，优化“平安365”社会服务管理平台运行机制。“平安365”社会服务管理平台作为全国纪念“枫桥经验”批示50周年现场会参观点之一，被评为“2014年全国创新社会治理十佳案例”。2005—2015年，上城区连续11年获浙江省“平安区”称号。

三、打造“智慧上城”

2011年1月，区委八届十次全会提出打造“幸福上城、实力上城、精致上城、智慧上城、生态上城、和谐上城”，提出要启动智慧型城区建设。2012年，杭州全面实施“智慧城市”建设总体规划，推进“智慧

① “333+X”：提倡服务民生为本、主体（政府、社区、社区其他各类组织）三位复合、发展分类推进的三大管理理念；确立政府、社区以及社区的其他各类组织作为三大参与主体；搭建以公共服务工作站提供公共服务、居委会提供公益服务、社区其他各类组织提供商业服务和便利服务的三大服务架构；衍生X服务项目。

② “17654”：“1”是指区民情信息中心；“7”是指在7个职能部门设立“民情信息收集处置平台”；“6”是指在6个街道设立“民主民生沟通工作室”；“54”是指在54个社区设立“民情气象站”。

城市”建设，市委十一届七次全会专题部署加快发展信息经济、智慧经济工作，通过《关于加快发展信息经济的若干意见》，为智慧上城发展指明路径和方向。2013年1月，区委九届六次全会提出，要着力增强创新驱动发展新动力，着力构建现代产业发展新体系，以“智慧增长”不断增强可持续发展后劲。

2014年8月，区委九届十次全会提出，依托思科等龙头企业带动，推进思科、城云公司打造智慧产业研发中心建设，促进智慧城区建设与主导产业发展相融合，以信息技术推动传统产业转型升级和现代服务业发展，使智慧产业成为上城区新一轮发展增长极。“智慧城区”建设蓝图逐渐勾勒成型。是月，区委九届十一次全会提出要创新智慧治理，在城市智能管理中实现“数字城管、数字执法、数字市政、数字应急”四位一体管理模式，优化智慧政务，构建服务全区的“智慧大脑”，区、街道、社区三级联动的政务服务网，全力推动智慧医疗、智慧校园、居家养老等民生及其相关领域信息化、智慧化。2015年1月，区委九届十二次全会提出，进一步加强街道、社区便民服务中心标准化、智慧化建设，完善“网上便民大厅”，努力提供精细化服务，充分运用信息化手段完善省、市、区三级医疗服务网络，与阿里健康平台开展医养护一体化合作，加快打造“健康医疗城”。是年，上城区被评为“国家智慧城市先导区”。

第五章　纪律检查

1978年，中共杭州市上城区委纪律检查委员会重建后，着重对“文化大革命”前和“文化大革命”中的案件进行全面复查、甄别，对冤假错案予以平反纠正。1984年，区纪委开展党风调查，协助区委建立和落实党风责任制、党风检查制和领导班子民主生活会等制度，提高广大党员和各级领导班子自我教育、自我监督能力，形成一级抓一级、全党抓党风的局面。

1993年4月，区纪委与区监察局合署办公，履行纪律检查和行政监察两项职能。1994年，区纪委、区监察局制定《上城区局（科）级领导干部个人重大事项报告制度》《加强民主集中制制度建设的意见》《开好党内民主生活会的规定》等制度，逐步完善党内监督机制。1995年起，区纪委、区监察局组织开展民主评议活动，通过行风建设问卷调查、召开座谈会、聘请民主党派人士作为党风廉政监督员进行明察暗访，及时掌握各单位行风建设的动态，加强政风行风建设。1998年，区纪委、区监察局实行区反腐败斗争联席会议制度，建立和完善区纪委常委领导包案制和分片负责制，不断完善案件查处工作机制。2001年起，区纪委、区监察局会同区委组织部围绕干部选拔、作风建设、廉洁从政、遵守纪律等方面开展巡察。2004年，区纪委、区监察局关口前移，对区45名新上任及岗位调动的领导干部进行任职前廉政教育。2009年起，上城区建立“公述民评”机制。2013年，区纪委、区监察局制定《改进机关工作作风、密切联系群众的工作意见》及《进一步转变作风加强内部管理的通知》，不断加强作风建设。1993—2015年，全区纪检监察组织把查处党员干部违纪违法案件作为从严治党、惩治腐败的中心环节来抓，全区共受理群众来信来访2549件，查处各类违纪违法案件342件，处分党员干部288人。

第一节　重要会议

一、区纪委全会

区纪委全会一般每年召开一次，主要任务是贯彻上级指示精神，研究部署全区纪检监察工作。1993—2015年，共召开全体会议21次。

表 18-5-11 1993—2015 年区纪委全会情况表

次数	时　间	会议名称	会议内容
1	1993-01-10	区纪委五届一次全会	选举产生区纪委常委、书记、副书记
2	1998-01-16	区纪委六届一次全会	选举产生区纪委常委、书记、副书记
3	1999-12-29	区纪委六届二次全体（扩大）会议	回顾 1999 年纪检监察工作，研究 2000 年纪检监察工作要点
4	2001-02-15	区纪委六届三次全会	区纪委书记朱履林做工作报告
5	2002-01-24	区纪委六届四次全会	总结 2001 年全区党风廉政建设和反腐败工作情况，部署 2002 年的工作任务
6	2003-01-18	区纪委七届一次全会	选举产生区纪委常委、书记、副书记
7	2003-03-19	区纪委七届二次全会	会议传达中共中央总书记胡锦涛在中纪委第二次全体会议上的讲话精神
8	2004-01-09	区纪委七届三次全体（扩大）会议	强调务求党风廉政建设和反腐败工作取得新的成效
9	2005-01-19	区纪委七届四次全体（扩大）会议	强调要认真贯彻区委七届五次全会精神，扎实推进党风廉政建设和反腐败工作
10	2006-01-16	区纪委七届五次全体（扩大）会议	区纪委书记朱履林做工作报告
11	2006-12-30	区纪委八届一次全会	选举产生区纪委常委、书记、副书记
12	2007-03-06	区纪委八届二次全体（扩大）会议	传达学习中共中央总书记胡锦涛在中纪委七次全会上的重要讲话、中纪委书记吴官正的工作报告、省纪委全会精神，研究讨论区党风廉政建设和反腐败工作
13	2008-02-28	区纪委八届三次全体（扩大）会议	通过题为《打造廉洁上城，为建设国际水准的高品质中心城区提供坚强保证》的工作报告
14	2009-02-26	区纪委八届四次全体（扩大）会议	通过题为《完善惩防体系，打造廉洁上城，以反腐倡廉建设新成效推动科学发展》的工作报告
15	2010-03-24	区纪委八届五次全体（扩大）会议	通过题为《深入贯彻党的十七届四中全会精神，扎实推进打造“廉洁上城”工作深入发展》的工作报告
16	2011-03-18	区纪委八届六次全体（扩大）会议	通过题为《全面完善惩防体系，积极打造“廉洁上城”，为推进转型发展开创富民强区新局面提供有力保障》的工作报告
17	2011-12-30	区纪委九届一次全会	选举产生区纪委常委、书记、副书记
18	2012-03-30	区纪委九届二次全会	通过题为《立足巩固提高，坚持创新推进，努力开创“廉洁上城”建设新局面》的工作报告
19	2013-02-27	区纪委九届三次全会	通过题为《完善惩防体系，打造廉洁上城，为建设“东方品质体验区、幸福和谐示范区”提供坚强保障》的工作报告
20	2014-02-21	区纪委九届四次全会	通过题为《坚持改革创新，打造廉洁上城，为建设现代化美丽上城提供坚强保障》的工作报告
21	2015-02-11	区纪委九届五次全会	通过题为《坚持从严执纪，注重坚守担当，深入推进党风廉政建设和反腐败工作》的工作报告

说明：资料来源于区纪委办公室

二、区反腐倡廉会议

联席会议　1993年10月30日，区委召开反腐败斗争第四次联席会议。1994年1月20日，区纪委、区监察局就开展反腐败斗争、查办违法案件、纠正不正之风、加强廉政建设等方面工作情况向区十届人大常委会第六次会议做汇报。1994年4月14日，区委、区政府召开反腐败斗争联席会议，研究落实1994年反腐败工作，确定健全党风廉政责任制、查处大案要案、党政机关与所办企业脱钩工作、纠正不正之风为新一阶段反腐败斗争的重点。

专题会议　1995年4月28日，全区反腐败工作会议召开，会议从各级领导干部的廉洁自律、违法违纪案件查处、纠风治乱工作三方面部署工作。9月14日，全区清理党政干部违反房改政策工作会议召开。

1996年2月17日，区纪委、区监察局召开全区纪检监察工作会议，要求各级党政组织落实党风廉政建设责任制，各级纪检监察部门学习中共十四届五中全会精神，纪检监察干部增强责任感和使命感。4月8日，全区反腐败工作会议召开，强调加强党风和廉政建设、加强思想政治建设、健全和完善党内监督机制、落实党风廉政建设责任制。

1997年3月25日，全区反腐败工作会议召开，会议贯彻中纪委八次全会、省纪委八次全会和全市反腐败工作会议精神，回顾总结1996年上城区反腐败斗争和党风廉政建设工作情况，部署1997年反腐败工作任务，表彰1995—1996年度区纪检监察先进集体和先进工作者。1999年1月22日，区纪委、区监察局召开全区纪检监察工作会议，从落实党风廉政责任制、取得实效、从源头上预防和治理腐败三个方面提出1999年工作意见。2000年6月1日，全区党风廉政教育大会召开，通报重大典型案例情况，听取题为《认真贯彻从严治党方针，加强全区党风廉政建设和反腐败斗争》的报告。

2001年1月12日，上城区反腐倡廉大会召开，提出反腐倡廉要在“严、防、准、实”4个字上下功夫，进一步加强全区反腐倡廉工作。2002年4月23日，区委常委扩大会议专题研究2002年全区党风廉政建设和反腐败工作，提出反腐倡廉工作要加大源头治本力度，提高全区反腐败工作水平。2003年6月20日，全区党风廉政建设大会召开，会议讲评全区满意不满意单位评选工作。

2004年3月9日，《中国共产党党内监督条例（试行）》《中国共产党党纪处分条例》（简称《条例》）宣讲大会召开，杭州市纪委常委张德林应邀就两个《条例》的重大意义、背景、内容、特点以及贯彻落实《条例》需要抓好的重点工作等方面作专题辅导讲座。2007年10月17日，全区推进惩防体系工作会议召开，提出把反腐倡廉建设放在更加突出的位置，注重治本，注重预防，注重制度建设，扎实推进全区惩防体系建设。2010年4月8日，上城区公职人员岗位廉政教育工作现场会召开，安排试点单位交流开展公职人员岗位廉政教育工作经验，部署全面推进岗位廉政教育工作。2011年3月25日，上城区纪检监察派驻机构统一管理工作会议召开，总结部署区纪检监察派驻机构统一管理工作。

2015年2月27日，全区作风建设大会召开。会议围绕落实党风廉政建设责任制、严格正风肃纪、严肃惩治腐败3个方面，进行动员部署。

第二节　作风建设

一、政风行风建设

民主评议　1995年起，上城区全面开展以“纠热点问题，创行业新风”为主题的行风建设“双评”活动[①]，区纪委、区监察局采取行风建设问卷调查、召开座谈会、聘请民主党派人士作为党风廉政监督员进行明察暗访的方式，及时掌握各单位行风建设的动态，提高其服务意识与办事效率。

① “双评”活动：行风评议和评选活动。

从1997年起，区纪委、区监察局每年均确定重点单位开展行风评议。是年，确定公安、财政税务、卫生、房地产管理、市容环境卫生、土地管理、教育、建设系统（包括房产经营单位）8个部门（行业）为重点，开展行风评议活动。1998年，区纪委设置行风评议通报会、行风监督网络、监督举报电话、意见箱等，发动人民群众参与监督。2001年，区纪委、区监察局对重点行风建设部门的100余名行风监督员，实行“统一聘请、统一培训、统一协调、统一评议”制度，发挥行风监督员明察暗访、民主评议的作用。2005年，区纪委、区监察局在杭州市公安局上城区分局、杭州市上城区司法局、杭州市上城区劳动和社会保障局、杭州市上城区物价局、杭州市上城区建设局、杭州市上城区人民政府城市管理办公室等社会管理与服务职能相对较多的部门开展创建人民满意基层站所（办事窗口）活动。

2009年起，上城区建立“公述民评”机制。是年，区纪委、区监察局在杭州市上城区发展和改革局等20家单位开展“公述民评”活动，67名负责人进行公开述职述廉，接受群众和服务对象评议，落实整改意见32条。2014年，首次在杭州市上城区市场监督管理局开展面对面问政活动，该局4名班子

图18-5-1　2014年8—10月，上城区在25家单位开展“公述民评”活动　（区纪委 供稿）

成员接受民评代表的评议。

2015年，区纪委、区监察局围绕“五水共治”主题，开展“公述民评”现场面对面问政活动2次，共收到问题建议30余条，发放“公述民评”反馈函10份。

纠风整治　1993年，区纪委、区监察局组织开展对人民群众反映强烈的不正之风的整治。4—5月，对公安、财税、工商3支执法队伍开展党风廉政调查教育，执法人员拒收礼金、礼物折合人民币6030元。6月，调查全区公费出国（境）情况，制定印发《关于严格控制各级干部外出参观学习的规定》，制止基层单位无实际内容的出国（境）考察9批28人次。

1996年，全区各单位修订廉政纠风制度40余个，在33个窗口部位推行“两公开一监督”[①]制度，拒收、上交各类礼金、红包、回扣以及物品折合人民币约11.6万元。2000年，区纪委、区监察局对领导干部不准公车私用及严禁滥用公款吃喝问题，做出明确规定和要求，严肃处理国庆假期企业负责人公车私用问题4起，做出通报批评。

2002年，区纪委、区监察局着重在教育系统开展义务教育阶段中小学乱收费问题专项投诉活动，对30余件投诉进行核查反馈，规范教育收费行为。2003年，区纪委、区监察局重点整治医药购销中的不正之风，指导卫生医疗系统制定《医德医风十条规定》《廉洁行医十条规定》和窗口服务规范，推进医德医风建设。2004年，区纪委、区监察局着重整治党员领导干部中存在的“两不”行为[②]。2010年，开展“千局万站优化发展环境”“服务企业、服务基层”“倡导勤俭节约、反对铺张浪费、惩治奢靡之风”等专项整治行动，开展“五查五看”[③]以及明察暗访活动，受理机关效能投诉89件，限时办结率100%，通报批评惩戒工作人员5名。2011年，制定《全区政风、行风明察暗访工作实施办法》《进一步规范使用公务电脑的通知》等规章制度。

2013年，区纪委、区监察局制定《改进机关工作作风、密切联系群众的工作意见》及《进一步转变作风加强内部管理的通知》，合并或取消纸质简报36种，纸质简报数量减少43.7%，费用开支减少30%；全区“三公”经费[④]比2012年节减1261.9万元，减少36.3%。

2015年，区纪委、区监察局牵头成立3个督查组，对9家单位开展第一轮中央八项规定精神执行情况专项督查，发现问题25个，发放督查建议、意见书25份。围绕元旦、春节、中秋、国庆等重要时间节点，制定下发正风肃纪相关通知，在区政府门户网站设立网络监督举报专区。全年开展明察暗访176次，出动人员779人次，检查单位412次，发放作风效能督查通知单17份，作风效能问责38人次，通报24份。处理

① “两公开一监督”：程序公开、结果公开；对办理过程进行监督。

② “两不”行为：行为不廉洁，作风不检点。

③ 五查五看：一查政令是否畅通，看是否存在“中梗阻”的问题；二查机关作风，看是否存在影响机关形象和声誉的问题；三查工作效率，看是否存在敷衍塞责、推诿扯皮的问题；四查依法行政，看是否存在违法违规行政的问题；五查完成工作任务，看是否存在不到位、不落实的问题。

④ 三公经费：指政府部门人员因公出国（境）经费、公务车购置及运行费、公务招待费产生的消费。

“96666”投诉件325件，群众来信来访来电25件，民情热线18件。

二、专项检查和清理

1993年，区纪委、区监察局会同物价部门全面清理行政事业性乱收费，取消不合理收费30项，退还21.8万元。1994年，清理党政机关占用企业物资、资金共计18.9万元；清理涉及违规公费旅游党员干部111人，收缴金额12万元。

1995年，区纪委、区监察局开展党政干部违反房改政策专项清理。专项清理全区机关企事业单位使用军警车牌照，清理违规挂军警牌照车辆30辆，其中党政机关4辆；开展预算外资金专项清理，查出违纪金额316.9万元。并会同税务机关专项检查《中华人民共和国个人所得税法》执行情况。1997年，全区停止装修办公用房项目4项，精减、合并、压缩会议31个，取消企业庆典活动1个，停止购买手机7部，停止购买小汽车2辆，制止无实质内容的外出学习参观项目12个，共节约资金260余万元。

1998年，全区清理党政机关、企事业单位公费移动电话311部，上交折价29万元，清理后每月平均节约通话费1.7万元。压缩和取消各类会议47个，节约经费10万元。执行公务接待标准，制止用公款大吃大喝。1999年，重点做好“三乱”[①]专项治理工作，及时查处群众举报的“三乱”行为，受理群众举报35件。2002年，区纪委、区监察局制定《上城区领导干部违反住房规定专项清理工作实施意见》，向在职、退休区管干部及其配偶发放住房情况自查表，并到市房管部门调查核实区在职、退休区管干部的住房情况。

2008年，区纪委印发《进一步加强公车使用、公务接待、国内公务考察管理的通知》，全区公务用车全部实行“四定”[②]管理；公务接待费实行预算管理，规范公务接待标准和超标的处理，完善审批和报销制度；坚决禁止变相公费旅游，公务考察建立审批备案、执行请销假、严格审核报销3项制度。是年，区纪委加强公车使用、公务接待、国内公务考察的监督检查，检查结果纳入各单位党风廉政建设年终目标考核。

2011年，区纪委、区监察局加强“为民办实事”、停车场库建设、危旧房整治改造等民生工程的监督检查，督促职能部门解决群众反映强烈的突出问题。2014年，区纪委、区监察局专项督查行政事业单位办公用房清理整改情况，涉及超标的22家单位整改到位；专项检查公务用车使用管理情况，点名通报8家单位14辆公车使用未按规定报备、未按规定停放指定地点等情况；专项检查42家单位内部食堂，下发作风建设督查通知单7份；深入开展规范财经纪律专项检查和国有资产规范管

① “三乱”：乱收费、乱罚款和乱摊派。

② “四定”：定人驾驶、定点停放、定点维修、定点保险。

理专项督查，全区“三公”经费比2013年下降29.07%。严肃整治“会所中的歪风”，排查疑似场所22家，依法关停5家会所，其中4家按要求完成转型；全区1024名科级以上领导干部提交不出入私人会所、不接受和持有私人会所会员卡承诺书。

2015年，区纪委、区监察局会同区有关部门对区直机关办公用房、公务用车、公务接待、公务考察、“三公经费”使用、津补贴发放、社会团体经费使用、编外用工等进行监督检查，严肃处理并通报曝光违规人员，督促相关单位完成整改。区纪委、区监察局制定《在推进重大项目重点工程中进一步规范党员干部行为的意见》，明确追责情形。跟踪督查“五水共治”、“三改一拆”、“百千万”信访大督查、国家卫生城市复评、城市征迁、二十国集团（G20）杭州峰会项目、安置房平台建设、无违建城区创建、“平安365”社会服务管理工作平台等全区性的重点工作，参与督查20余人次。

第三节　党风廉政教育

1993年，区纪委、区监察局坚持“预防为主，教育在先”的方针，对党员干部进行教育。全年组织党风廉政教育课32次，放录像17部25场，通报典型违纪案例2个，党员干部受教育面90%以上。是年，《上城纪检监察》创刊，全年出刊11期。1994年，区纪委、区监察局举办反腐败斗争成果展、廉政演讲比赛、报告会等活动，受教党员干部3000余人次。1996年，区纪委、区监察局编印《党纪政纪条规手册》600册。1997年，结合“创优良业绩，树公仆形象”教育活动，区纪委、区监察局组织党员干部学习《中国共产党纪律处分条例》《中国共产党廉洁自律准则》；向全区250余名区管领导干部家属发出公开信，倡议领导干部家属当好“廉内助”。1998年，区纪委、区监察局组织党员干部学习《中华人民共和国行政监察法》等法律条例，在全区领导干部和机关干部中深化“三廉”①活动和“廉内助”活动，评选上城区十佳廉洁事（廉洁人）。

① “三廉”：做廉洁事、夸廉洁人、树廉洁风。

1999年，区纪委、区监察局在全区领导干部中开展征集、评选廉政格言活动，从200余条廉政格言中选出12句制成台历，发给全区领导干部。2000年，区纪委、区监察局按“德治和法治必须双管齐下”的要求，每月用一句廉政格言警示教育领导干部；编写《党风廉政手册》发放给区管干部。2001年，区纪委、区监察局组织全区领导干部开展以如何“做人、做事、做官”为内容的大讨论；开展学习范匡夫先进事迹，坚持“从政讲德、为官有规、以身作则”为主要内容的从政道德集中教育活动。2002年，区纪委、区监察局宣传“从政十德”[①]；制作“廉政督牌”；编印《忏悔录》；开展“读廉政文章，写百字心得”活动。

① “从政十德”：坚定理想信念以立德；牢记根本宗旨以守德；加强学习教育以明德；正确运用权力以行德；注重克己自律以养德；完善法制监督以律德；强化管理监督以严德；把握用人导向以崇德；营造舆论氛围以扬德；坚持常抓不懈以重德。

2003年，区纪委、区监察局延伸党风廉政建设教育触角，分别在4所小学、4所中学开设“敬廉崇洁”启蒙教育课。2004年，区纪委、区监察局对区45名新上任及岗位调动的领导干部进行任职前廉政教育；以廉政短信、寄送廉政明信片等形式提醒领导干部“每逢佳节倍思廉”。2005年，区纪委、区监察局开展“立党为公、执政为民”为主题的党风廉政宣传教育活动；组织全区1100名党员干部参加《建立健全教育、制度、监督并重的惩治和预防腐败体系实施纲要》知识竞答活动。2006年，区纪委、区监察局与中国香港廉政公署开展交流和合作，依托历史廉政名人挖掘、提炼历史文化资源中的廉政故事。2007年，区纪委、区监察局组织区管领导干部400余人次参观南郊监狱，旁听查处的3名党员干部职务犯罪案件的庭审，以写心得、座谈会的形式加深理解党纪政纪和法律法规；以电视片、巡回宣讲等形式宣传模范人物，激励党员干部见贤思齐、勇于争先。

2008年，区纪委、区监察局开展“深入持久推进廉洁教育，切实加强未成年人思想道德建设”教育；开展百名科级干部参观杭州法纪教育基地、“帮助一户困难家庭”的系列教育。是年，中共杭州市纪律监察委员会（简称市纪委）命名杭州市公安局上城区分局为廉政文化进机关示范点；南星街道美政桥社区、湖滨街道涌金门社区为廉政文化进社区示范点；杭州师范大学附属第一小学、上城区青少年活动中心为廉政文化进学校示范点。2009年，区纪委、区监察局开展“访贫促廉”和“万名党员结对帮扶万户困难户”活动，全区720名党员干部走访困难家庭，发放慰问金和实物价值30余万元，帮助解决实际困难1400余件。是年，区纪委、区监察局设立廉政文化扶持奖励基金，扶持奖励廉政文化示范点3万元；杭州市上城区文化馆创作的话剧小品《他》获首届杭州市廉政文化建设作品节目类“创新奖”。

2010年，区纪委、区监察局利用报刊、网络、电视等媒介，宣传“勤政廉政好公仆”事迹；组织5095名公职人员参加岗位廉政教育，制定廉政行为规范1195条，查找岗位风险点2139个，编写情景案例761个，编写岗位廉政教育情景案例汇编11本。2011年，区纪委、区监察局梳理2007年来的反腐倡廉制度规定64项，编写反腐倡廉5年制度建设成果的电子书。2012年，区纪委、区监察局开展“保持先进纯洁，打造廉洁上城”主题教育活动，组织区管干部学习《领导干部廉洁从政教育读本》，区领导带头讲廉政党课53节；对新提拔的77名区管领导干部进行集中廉政谈话；组织党员干部参加警示教育2000余人次。举办“树清风、扬正气”全区廉政主题文艺演出。2013年，区纪委、区监察局组织全区党员干部开展“学党章、守纪律、转作风”主题教育活动；组织3000余名党员干部参加网上知识测试和竞赛；征集61篇“我身边的勤廉故事”；组织54家机关单位的党政“一把手”上廉政党课，3000余人接受教育，并评选10个优秀廉政党课。

图18-5-2 2012年6月27日，上城区举办“树清风 扬正气”廉政主题文艺演出（区纪委 供稿）

2014年，区纪委、区监察局邀请市纪委副书记陈建华做题为《党员干部作风建设教育》的专题讲座，700余人接受教育；47名新任职区管干部任前法律知识考试中新增加廉政法规知识；《上城报》开辟“书记谈主体责任”专栏，刊发区直单位党委（党组）书记撰写的理论文章12篇；开通“上城清风”官方微博、微信宣传平台。2015年，区纪委、区监察局在《上城报》设置“正风反腐”专版，在政府门户网站设立“清风资讯”栏目；将廉政短信发送频率调整为每周一次；开展区管党员干部党章党规党纪集中轮训，督促各级党组织学习宣传《中国共产党廉洁自律准则》和《中国共产党纪律处分条例》。

至2015年末，上城区已创建南星街道美政桥社区、清波街道清河坊社区、杭州市建兰中学3个省级廉政文化示范点；创建杭州市公安局上城区分局、湖滨街道涌金门社区、杭州师范大学附属第一小学等市级廉政文化示范点16个。

第四节　党内监督

一、制度建设

1994年，区纪委、区监察局制定《上城区局（科）级领导干部个人重大事项报告制度》《加强民主集中制制度建设的意见》《开好党内民主生活会的规定》等制度，加强对民主生活会的监督，提高领导班子民主生活会的质量，增强领导干部的自我约束能力。1995年，制定《区管领导干部廉政档案》，为评价、考核、选拔和任用班子和干部提供决策依据，全区190余名党员领导干部填写个人重大事项报告表。

1996年，区纪委、区监察局印发《重申严禁用公款请客送礼的通知》《区管领导干部学习驾驶技术和驾驶车辆问题的规定》，重申党政机关干部兼职的有关规定。是年，制定《区管领导干部经济责任审计制度》，对有信访反映的区管领导干部实行谈话制度，对举报有功人员实行奖励制度。1997年，区纪委、区监察局制定《上城区党政机关厉行节约制止奢侈浪费行为的实施意见》，从教育、制度、管理、监督等方面做出明确规定。1998年，区纪委、区监察局制定《上城区区级机关领导干部公费安装住宅电话若干问题的规定》《公费配置和使用移动电话的规定》《严格执行移动电话话费报销规定的通知》等制度。

2003年，区纪委、区监察局建立述廉评廉制度，对杭州市上城区科学技术局、杭州市上城区计划生育局、杭州市上城区国土资源局领导班子成员进行述廉评廉。2005年，区纪委举办学习辅导会、座谈会，建立构建惩治和预防腐败体系工作领导小组，完善廉政预情机制。专题听取杭州市上城区人民政府办公室（简称区政府办公室）、杭州市上城区人事局、杭州市上城区财政局、杭州市上城区建设局（杭州市上城区房产管理局）、杭州市上城区教育局（简称区教育局）等11家单位牵头工作落实情况汇报。2006年，区纪委、区监察局落实《中国共产党党内监督条例》以及市委《重要情况通报和报告的规定》等党内监督制度，推行领导干部任前廉政谈话、诫勉谈话、纪委负责人同下级党政主要领导谈话等制度。

2007年，区纪委、区监察局印发《党政领导干部报告个人事项的实施办法》，对全区党员领导干部报告个人有关事项提出明确要求。2008年，区纪委制定《对区委、区政府重大决策部署执行不力实行问责的办法（试行）》《上城区区管领导干部诫勉谈话和函询暂行办法》，规定对区管领导干部诫勉谈话和函询的情形和程序，加强对区管领导干部的日常教育和管理监督。是年，区纪委修定《党风廉政建设责任制考评标准》，组织年度落实情况自查，把考核结果纳入年度目标管理，作为领导班子业绩评定和领导干部奖惩、任用的重要依据。2010年，区纪委、区监察局制定《建立全区国有资产运行监督管理体制的方案》《上城区国有资产运营机构监督管理重大事项审批制度》，借助行政事业单位国有资产管理信息系统，促进行政事业单位国有资产管理的规范化和制度化。2011年，区纪委、区监察局制定《上城区党务公开目录》，提升基层党务公开的针对性和有效性。2014年，区纪委、区监察局制定《上城区党员干部谈话提醒教育实施办法》。2015年，区委明确党风廉政建设、反腐败工作责任分工，“两个责任”[①]工作清单，把重点任务分解到区委区政府领导班子成员和职能部门，督促各级党组织制定年度党风廉政建设工作计划，细化项目清单，层层签订党风廉政建设责任书和承诺书。区纪委、区监察局协助区委拟定《规范“三重一大”[②]重要事项集体决策机制建设的若干规定（试行）》《全面推行部门和单位主要负责人员“五不直接分管[③]”制度的实施细则（试行）》，加强对领导干部权力行使的制度设计。区纪委、区监察局修定实施《2015年度责任制考核

① “两个责任”：党委负主体责任，纪委负监督责任。

② “三重一大”：重大问题决策、重要干部任免、重大项目投资决策、大额资金使用。

③ “五不直接分管”：党政“一把手”不直接分管人事、财务、工程项目建设、物资采购、行政审批5项工作。

标准》，突出从严履责和责任追究导向。

二、监督检查

1993年，区纪委、区监察局协助区委、区政府到各部门、各单位了解中层干部廉洁自律情况，征求对区三套班子领导党风廉政情况的反映。11月，抽调49名纪检监察干部现场监督全区43个网点对“93”股票认购证[①]发行工作。

1999年，区纪委、区监察局规范公务接待，控制会议、检查和达标评比活动，健全和落实通信工具清理并加强监督和管理，严格管理公费出国（境），把好小汽车的审批购买关，摸清区管干部的住房底数。对10名区管干部进行经济责任审计。2000年，区纪委参与副处级岗位公开竞争工作的政策制定、程序规范和考核等工作，全程监察9个街道招聘144名社区干部工作。是年，区党政机关与所办企业脱钩工作领导小组成立，对13个部门、26家企业（其中挂靠14家）进行清理脱钩。

2001年，区纪委、区监察局检查杭州市上城区市容环境卫生局、清波街道等8家单位执行党风廉政责任制情况，综合分析全区42家单位及第一责任人贯彻落实党风廉政建设责任制情况，对存在问题提出改进意见，并向全区通报。会同区委组织部围绕干部选拔、作风建设、廉洁从政、遵守纪律等方面，巡察16家单位。2005年，区纪委、区监察局巡察杭州市上城区发展和改革局和杭州市上城区商贸旅游局落实党风廉政建设责任制、廉洁从政、重大事项决策、执行民主集中制等“十项制度”执行情况。2010年，针对全区人事招聘、干部选拔等关键环节，实行全程实时监督。2013年，区纪委、区监察局加强驻区部门和归口管理部门贯彻落实区委重大决策部署情况的督查，开展各类巡查60余次，廉政谈话75人次。

2014年，区纪委与区委组织部定期召开干部监督联席会议，加强对干部的监督管理。区纪委常委同15名区直单位“一把手”进行谈话。区纪委对46名拟提拔任用、评先评优对象进行廉政鉴定。7名区管干部书面报告操办婚丧喜庆事宜。区管干部因公因私出国（境）、国内公务考察备案登记82人次，对不符合规定的4人不予审批。是年，区纪委根据省市纪委部署，开展区管领导干部“一家两制”[②]情况调研及公职人员股份经济合作社持股情况调查。

2015年，区纪委通过年初检查考核、每月工作报告、年中专项督查、集体约谈、发意见建议书等方式，确保“两个责任”落实到位。落实区直单位党委（党组）主体责任报告制度，区纪委逐个听取6个街道和15个区直单位主要负责人报告履责情况，出具建议书21份。全年共

① “93”股票认购证：指1993年发行的可以转换为公司股票的认购权证。

② “一家两制”：指领导家庭中，有人在行政机关或事业单位工作，有人在从事商业活动的情况。

开展党风廉政责任制落实情况专项督查4次，实现区直单位检查考核“全覆盖”。全年对落实党风廉政建设主体责任不力的3家单位进行“一案双查”，追究领导责任6人次，监督责任2人次。是年，区纪委协助区委制定《党风廉政巡查实施意见》，组织开展常规巡查、专项巡查，发现问题255个，提出整改措施81条，向相关区领导和部门发放建议、意见书8份。

第五节　案件查处

1993—2015年，全区纪检监察组织围绕党的中心工作，针对党风廉政建设和经济建设中出现的一些倾向性问题，把查处党员干部违纪违法案件工作作为从严治党、惩治腐败的中心环节来抓。各纪检监察组织发挥群众信访在案件排查中的主渠道作用。其间，全区共受理群众来信来访2549件，查处各类违纪违法案件342件，处分党员干部289人，有力遏制腐败现象滋生蔓延的势头。通过执纪办案，为国家和集体挽回经济损失3988.60万元。

一、机制建设

1996年，区纪委、区监察局落实和完善办案责任制、常委分析案件线索制度、信访督办制度。1998年起，区纪委、区监察局建立和完善区纪委常委领导包案制和分片负责制，加强与执法执纪部门协调配合。2013年，区纪委2次牵头召开区委反腐败协调小组工作会议，共同研究查办案件工作，协调推进全区党员数据库与公务员数据库向公安纪检机关延伸。同时建立区纪委案管员牵头、纪检监察室与案件审理室共同指导和规范基层纪检案件办理的模式，提高基层查办案件的数量和质量。2014年，区纪委、区监察局与杭州市公安局上城区分局、杭州市上城区人民检察院、杭州市上城区审计局等部门召开专题协作会议，建立违纪人员信息比对、信息查询协作、问题信息互通3个机制。完成信访谈话室的建设及配套制定使用管理规定，制定案件线索集中管理规定，建立办案人才库。2015年，区纪委、区监察局建立健全领导接访以及阅批信访件、信访举报转送件办理、信访举报工作绩效评价等制度，建立健全问题信息收集比对，财务结算、招投标项目、审计项目等重要事项和信息定期备案等机制，拓宽问题线索来源。建立完善信访谈话室使用管理规定、突发状况应急处置、涉案款物管理暂行规定等制度机制，规范纪律审查各环节工作程序。

二、执纪办案

经济领域违纪违法案件　1998年，区纪委、区监察局以查办经济管理部门违纪违法案件为重点，各纪检监察组织查办各类违纪案件14件，其中，万元以上案件6件，涉及区管领导干部案件4件，为国家集体挽回直接经济损失119.7万元，其中直接追缴各类违纪金额69.7万元。

2006年，区纪委、区监察局重点围绕房地产领域进行重点督查，严厉打击房地产市场管理人员违规为他人办理公房过户更名手续、收受贿赂的行为。是年，区纪委、区监察局立案查处杭州市上城区房产管理局第二房产公司副总经理周某某、杭州市上城区房产管理局上城房地产市场党支部书记周某某违纪违法案件，分别给予开除党籍处分。

2009年，区纪委、区监察局针对重点工程建设领域问题开展专项监督检查，查办杭州市上城区城市管理办公室原副主任朱某受贿案件。经查，朱某利用担任杭州市上城区市政园林管理所所长、杭州通达市政工程公司经理、杭州市上城区城市管理办公室副主任兼杭州市上城区背街小巷工程指挥部成员、杭州市上城区庭院改善工程指挥部办公室副主任等职务便利，为行贿单位承包背街小巷改善和庭院改善工程提供便利，非法收受财物60万元。朱某被给予开除党籍、开除公职处分，判处有期徒刑11年。

2010年，区纪委、区监察局深入开展治理商业贿赂工作，加大商业贿赂案件查处力度，共查处不公开招标案件2起，涉嫌串标案1起。重点检查部分行政事业单位、社会团体、国有及国有控股企业的“小金库”，查处违纪金额99.43万元。

2011年，区纪委、区监察局针对招商引资领域存在的问题开展重点监督检查，查办原望江街道办事处主任俞某滥用职权案。经查，俞某在担任望江街道办事处主任期间，在招商引资引荐奖的审批、管理过程中，违反市、区招商引资相关规定，采用虚报、冒领等方法，取得并截留引荐奖金，用于违规发放奖金等不正当开支，其下属多人也在招商引资工作中冒领、骗取奖金，导致国有资产损失82万元。区监察局给予俞某行政开除处分。

领导干部大案要案　区纪委、区监察局不断加大办案力度，严肃查处重要岗位重大职务的大案要案。

2007年，区纪委、区监察局严肃查处杭州市上城区文化广电新闻出版局（杭州市上城区体育局）党组书记、局长张某某重大贪污受贿案件，查明张某某利用管理工程建设、辖区文化活动和产业、营业房出租等职务便利，受贿数百万元、贪污数十万元的情况。张某某被判处无期徒刑，并被开除党籍、开除公职。

2008年，区纪委、区监察局严肃查处杭州市上城区文化广电新闻出版局（杭州市上城区体育局）党组成员、副局长童某某案件，查明童某某利用经手体育事业经费的职务便利，通过套取及截留等手段，侵吞公款的情况。童某某被判处有期徒刑十年，并被开除党籍、开除公职。

2009年，区纪委、区监察局立案查办杭州望江地区改造建设指挥部副总指挥、法定代表人张某某重大贪污受贿案件。张某某涉案金额数百万元，被判处无期徒刑，并被开除党籍、开除公职。

2015年，区纪委、区监察局重点查办杭州市上城区绿化委员会办公室副主任邵某某贪污受贿案件，查明邵某某在担任杭州市上城区绿化委员会办公室副主任期间，违规获得不正当利益132万元，侵吞公共财物9.5万元，多次收受他人财物，共计51.8万元的情况。邵某某被判处有期徒刑6年，并被开除党籍、开除公职。

查处“两不”案件　区纪委、区监察局把查处“两不”案件作为反腐倡廉建设的一项重要内容。2004年，上城区涉及“两不”案件19人。区纪委对2名嫖娼的党员予以开除党籍处分。2010年，区纪委、区监察局对8名党员做出开除党籍以及对2名党员做出党内严重警告的处分。

表18-5-12　1998—2015年杭州市上城区纪检监察机关来信来访来电情况表

单位：人次

年份	合计	信访方式					信访类别				重复信访	澄清事实	信访谈话
		来信	来访	来电	网络举报	其他方式	控告	申诉	批评建议	其他			
1998	177	143	19	15	—	—	172	—	—	5	55	—	8
1999	168	142	19	7	—	—	150	1	—	17	61	—	4
2000	154	126	16	12	—	—	143	3	—	8	50	—	8
2001	118	95	12	11	—	—	108	—	—	10	17	—	41
2002	103	91	9	3	—	—	96	1	—	6	13	—	20
2003	102	80	13	9	—	—	97	—	1	4	12	—	14
2004	96	74	15	5	2	—	94	—	—	2	9	—	10
2005	91	73	9	2	7	—	85	—	1	5	4	—	6
2006	89	74	10	2	3	—	80	1	1	7	4	—	—
2007	59	50	4	2	3	—	53	—	—	6	2	—	8
2008	47	34	10	1	2	—	44	—	—	3	3	15	7
2009	98	88	5	1	4	—	71	—	—	27	3	27	8
2010	70	55	10	2	3	—	53	—	—	17	2	8	3
2011	66	54	6	3	3	—	40	—	—	26	2	23	3
2012	72	56	9	5	2	—	47	—	5	20	3	—	—
2013	83	60	7	5	6	5	68	2	1	12	4	—	4
2014	105	73	9	5	18	—	87	—	—	18	3	—	—
2015	77	59	3	7	8	—	65	—	1	11	3	—	—
合计	1775	1427	185	97	61	5	1553	8	10	204	250	73	144

说明：资料来源于区纪委办公室

表18-5-13 1993—2015年杭州市上城区纪检监察机关处分情况表

项目 年份	党纪政纪处分情况																		刑事处分（人）	挽回经济损失（万元）
	受处分总数（人）	职级分类（人）				党纪处分（人）					政纪处分（人）							党纪政纪双重处分（人）		
		县处级	乡科级	一般干部	一般党员	警告	严重警告	撤销党内职务	留党察看	开除党籍	警告	记过	记大过	降级降职	撤职	留用察看	开除			
1993	4	0	1	2	1	1	0	0	2	0	1	0	0	0	0	0	0	0	0	0.00
1994	8	0	1	2	5	0	0	1	1	3	0	2	1	0	1	0	0	1	1	20.00

续表 18-5-13

项目/年份	党纪政纪处分情况																		刑事处分（人）	挽回经济损失（万元）
	受处分总数（人）	职级分类（人）				党纪处分（人）					政纪处分（人）							党纪政纪双重处分（人）		
		县处级	乡科级	一般干部	一般党员	警告	严重警告	撤销党内职务	留党察看	开除党籍	警告	记过	记大过	降级降职	撤职	留用察看	开除			
1995	12	1	0	3	8	2	2	0	0	3	2	4	0	0	1	0	0	2	1	0.00
1996	7	1	1	1	4	3	0	0	0	3	0	0	0	0	0	0	1	0	1	199.00
1997	22	3	8	6	5	2	3	0	8	4	0	2	2	0	2	0	1	2	0	39.40
1998	9	1	1	4	3	3	2	0	1	1	2	0	0	0	2	0	0	2	1	119.70
1999	17	1	2	1	13	0	1	1	4	3	1	3	0	2	3	0	1	2	6	44.99
2000	8	0	0	2	6	1	1	0	0	1	1	0	1	0	0	0	3	0	4	52.81
2001	13	2	3	2	6	1	2	0	2	3	2	0	1	0	2	0	1	1	2	86.29
2002	11	0	4	0	7	2	1	0	1	2	1	0	3	0	0	0	1	0	2	662.35
2003	20	1	7	9	3	6	0	0	2	4	6	1	1	0	2	0	1	3	3	22.48
2004	22	1	2	0	19	18	0	0	2	2	0	0	0	1	1	0	0	2	1	1.53
2005	10	2	2	0	6	4	0	0	0	2	4	0	0	0	0	0	0	0	2	250.00
2006	9	1	5	0	3	1	0	0	1	5	0	0	2	1	1	0	0	2	2	245.09
2007	13	4	3	1	5	2	0	0	3	6	1	0	0	0	1	0	4	4	5	240.43
2008	12	2	3	0	7	5	0	0	1	3	0	0	0	0	1	0	5	3	5	93.46
2009	14	3	4	1	6	1	2	0	0	9	2	0	0	0	0	0	4	4	7	882.54
2010	10	0	2	1	7	0	2	0	0	8	0	0	0	0	0	0	2	2	5	35.82
2011	14	3	4	2	5	2	0	0	1	10	0	0	0	0	2	0	5	6	8	67.45
2012	14	1	0	1	12	0	4	1	0	9	0	0	0	0	0	0	1	1	9	670.34
2013	7	2	2	0	3	2	1	0	0	4	0	0	0	0	0	0	2	2	1	18.42
2014	15	0	8	0	7	4	2	0	0	5	3	1	0	0	0	0	0	0	3	0.00
2015	18	3	6	3	6	8	0	0	0	6	3	0	0	0	0	0	2	1	7	236.50
合计	289	32	69	41	147	68	23	3	29	96	29	13	11	4	19	0	34	40	76	3988.60

说明：1.资料来源于区纪委办公室。2.“县处级”指区管干部，“乡科级”指区管以下干部，“一般干部”指无职务干部。3.1993—2015年，无人留用察看

第六章　组织建设

1978年中共十一届三中全会后，上城区党的组织工作围绕党的工作重点开展。贯彻党的实事求是思想路线，开展思想上的拨乱反正、组织上的调整整顿，完善干部管理制度，探索党组织如何发挥政治核心作用等。

1993年，区委组织部将7个街道党委改为街道党工委，确定街道党工委的主要任务和职责。1999年，区委组织部探索非公有制企业党的建设，对辖区内私营企业党组织开展调查，建立4个私营企业党支部和全区第一个属地管理的中外合资企业党支部。

2000年起，区委组织部开始规范干部选拔任用制度，建立领导干部公开选拔、竞争上岗制度，领导干部任前公示制，区领导向区委推荐领导干部人选责任制，干部提拔任用党风廉政“一票否决制”等。2003年，区委组织部提高对党管人才工作的认识，在全区树立人才资源是“第一资源”的观念，建立党管人才联席会议制度。2004年，建立干部监督工作联席会议制度，加强干部管理和监督。

2009年，区委组织部按照“一街道一品牌、一社区一特色”的工作思路，在全区范围内开展创建党建品牌工作。2010年，上城区全面推开社区党组织“公推直选”工作，在全市率先试点和完成社区党组织换届。至2011年，上城区基本形成“上下相通、左右联动，纵向到底、横向到边”的城市区域化大党建工作格局。2015年，区委组织部制定区党政领导班子、区直各党（工）委和党组、社区党委等“三级N岗”党建共性和个性责任清单，试点推行党建工作责任App系统，强化落实党建责任。至2015年末，区委组织部统筹推进党的建设和组织工作各项任务，为全面深化改革、建设现代化美丽上城提供组织保证和人才支撑。

第一节　干部队伍建设

一、领导班子建设

1993年，上城区完成区委、区人大、区政府换届选举工作。坚持“四化”（革命化、年轻化、知识化、专业化）方针和德才兼备的用人原则，先后调整和充实25家单位的领导班子，区管正副职领导干部7人做横向交流，30人先后任区管正副职领导干部岗位和区级领导岗位。对部分内部不团结、无法开展工作的班子和不能胜任现职的领导干部采取组织措施，4人被免去领导职务。1995年，区委组织部对全区各单位领导班子进行年度考核，通过领导干部述职、群众民主评议、召开座谈会、个别谈话、区委讲评等形式，评出优秀领导班子9个。1997年，区委组织部重点考察了解由江干区划归上城区的望江、南星、紫阳、闸口4个街道领导班子和领导干部状况。

1999年，区委组织部按照《中国共产党地方委员会工作条例》和区委《关于加强民主集中制度建设的意见》，重点检查各单位领导班子民主集中制贯彻情况，督查各单位党员领导干部民主生活会执行情况，提高领导班子的民主生活会质量。2001年，区委组织部组织各单位召开民主生活会，要求各单位领导班子围绕专题组织学习讨论，制定和落实整改措施。

2005年，区委组织部提拔任用15名副处级干部，35岁以下年轻干部占区管干部的比例突破10%，大学本科以上学历达60%。2007年，区委组织部调整和充实35家单位领导班子，提拔36人，交流87人。调整后，6个街道12名区管正职领导干部平均年龄为39岁，比调整前下降11%。2010年，区委组织部对51家单位班子建设和干部履职情况进行民主测评。2011年，区委组织部组织开展区委领导“走访谈心”活动，了解领导班子和干部队伍情况。2012年，区委组织部结合区委领导“走访谈心”活动成果和市委对年轻干部、女干部、党外干部等结构性干部队伍建设的要求，对33个区管正职领导职位和62个区管副职领导职位进行调整。调整后，区管在职干部平均年龄46岁，其中，街道正职领导平均年龄42岁；区管在职干部中大学学历以上的领导干部达86%，女性干部达24%。2013年，区委组织部采取述职述廉、民主测评、干部约谈等形式了解掌握全区各单位领导班子的履职情况，摸清干部思想动态。在各街道随机抽取样本，调查领导班子建设状况。是年，区委组织部开发建立领导班子考核评价信息系统。

2015年，区委组织部突出基层导向，优化街道班子建设，精简副书记职数，单独配备纪工委书记、宣传委员。至年末，上城区区管领导干部中，40周岁以下的14.52%，35周岁以下占2.46%，大专以上学历占99.17%，本科以上学历占87.39%，女性干部占25.20%，民主党派和非中共人士占4.38%。

二、干部选拔任用

1993年，在区委换届选举过程中，区委组织部依据重视实绩的原则，大胆使用工作政绩突出、群众信任、熟悉经济工作的中、青年干部。1996年，区委组织部在选拔任用干部时注重听取区纪委、区人大、区监察局、区直机关党工委、杭州市上城区审计局等部门意见。实行干部试用制度，对区属各部门、街道新提任的干部进行试用期考核，到期考核合格后方能正式任用。1999年，区委组织部在湖滨、小营、城站、近江4个街道试行机关科室领导竞争上岗制度，采取个人自荐、群众举荐、组织推荐相结合的方式，经笔试、面试和竞争演讲、组织考察等流程，确定任用28名科（室）长。同时，指导其他街道开展竞争上岗工作。

2000年，区委组织部建立领导干部公开选拔、竞争上岗制度，领导干部任前公示制，区领导向区委推荐领导干部人选责任制，干部提拔任用党风廉政“一票否决制”四项制度。在换届调整中推出提前退休、离岗退养、辞去公职自谋职业三项措施，至年末，提前退休2人，离岗退养24人，退居二线7人。推出19个副处级职位进行竞争上岗，16人予以任用。2001年，区委组织部改进民主推荐方法，在党委推荐的基础上拟定推荐名单，召开全区民主推荐后备干部大会。2002年，区委组织部推出10个职位参加全市联合公选，最终选拔8名副处级领导干部，其中，博士1人、硕士1人，中级以上（含中级）职称6人，平均年龄32岁。

2004年，区委组织部试行区委常委会提拔使用干部票决制，探索干部“双圈”（工作圈、生活圈）考察的办法。2005年，区委组织部拓宽选人用人渠道，定向从社区工作者中选拔担任街道办事处副主任。2006年，区委组织部实施《干部考察预告制度实施办法》等8项配套制度，试行区委全会干部任用初始提名及征求区委全会成员意见等制度，对3人进行区委全会初始提名，对15人进行任用前征求意见。2007年，区委组织部制定《干部选拔任用工作操作规程》等制度，试行干部选拔任用工作全程纪实。2009年，区委组织部制定《杭州市上城区竞争性选拔干部工作实施办法（试行）》，开展“两轮推荐、两轮票决”，首次采用竞争性选拔方式选拔6名正处级领导干部。2010年，区委组织部制定《杭州市上城区区管干部差额选拔工作实施意见》，采取差额提名推荐、差额考察、差额酝酿、差额表决的全程差额方式，择优选调干部。其中，差额考察采取量化评价，并首次引入“德”的评价。是年，探索建立干部选拔任用初始提名库，对初始提名库的来源、使用、完善、分类等进行规范。

2011年，区委组织部研究并实施领导干部德的考核评价制度，采取正、反双向测评的方式，对考察对象进行4个大项、26个小项的“德”的考核评价，作为干部选拔任用、后备干部人选确定的依据。2012年，区委组织部在选拔副处级领导干部工作中采取“双推荐三分类四差额”[①]做法。

2013年，区委组织部首次面向全市机关公务员、事业单位人员和在杭省部属企业、其他大型企业中层以上干部公开选拔区管正职领导干部。2014年，区委组织部贯彻落实《党政领导干部选拔任用工作条例》精神，在个人自荐、单位推荐、领导干部署名推荐等多种民主推荐方式的基础上，经过多次酝酿确定初始提名人选，在多层面征求意见的同时防止“唯票”。是年，在全区范围内选拔4名区属国有企业领导干部。推行干部选拔任用“一报告两评议”制度，55个部门、街道的主要负责人按要求报告单位干部选拔任用情况，全体干部对干部选拔任用情况和新提拔干部履职情况进行评议。

① “双推荐三分类四差额”：单位推荐、群众推荐；分类民主推荐、分类量化排名、分类组织考察；差额推荐、差额考察、差额酝酿、差额票决。

2015年，区委组织部完善干部初始提名机制，制定动议提名操作流程，增加干部实绩台账和问题台账，按照党务、经济、城建、管理、综合等类型，对区管正职、副职领导干部选拔任用初始提名库进行细化分类管理。确定区委书记和组织部门作为干部任用动议的建议主体，原则上要求初始提名人选在初始提名库中产生。全年共选拔区管正职领导干部4人，均做到动议前通过单位党组织推荐、全区领导干部大会署名推荐等方式征求意见建议并酝酿讨论。

三、后备干部队伍建设

1993年，区委组织部坚持干部“四化”方针，对后备干部进行分析筛选工作，对19名工作表现一般的领导干部进行调整，并选拔55名表现突出的领导干部充实到后备干部队伍中。1994年，区委组织部重视非中共党员干部和女性后备干部建设，党外后备干部和女性后备干部分别占后备干部总数的23.5%和40.6%。全年新提拔10名后备干部任区管副职。1995年，区委组织部加大力度培养优秀年轻干部，共推荐优秀年轻干部185人充实到后备干部队伍中。1998年，全区共有后备干部155人，其中，40岁以下占81%，30岁以下占29%，大专以上占71%，女性干部占38%，民主党派和非中共党员占34%。

2002年，区委组织部重视年轻干部多岗位、多台阶锻炼，将社区和“12345”区长公开电话作为培养锻炼和提拔年轻干部的重要基地，3名年轻干部经过社区锻炼走上副处级领导岗位。该做法后在全市推广。2005年，根据“备用结合、动态管理”的原则，正处级后备干部达到一职一备的要求，副处级后备干部数量大量增加，35岁以下的后备干部占1/3以上，实现梯次配备，结构优化。2007年，区委组织部结合换届调整，拟定新一轮区管后备干部队伍建设规划，调整充实换届后区管后备干部队伍。

2013年，区委组织部分层次建立动态人才库，明确“75后”区管正职、“80后”区管副职和“85后”后备干部的培养目标。制定《关于加强社区工作者队伍建设的实施办法》，明确6年内每个街道至少有1名班子成员有社区工作经历，区直部门领导班子至少有6名班子成员有社区工作经历，并把社区干部作为年轻后备干部培养的重要来源。2014年9月，区委组织部启动“上城青干线”方案，面向全区各街道、区直属各单位公务员和事业单位工作人员以及社区班子成员中满足年龄、能力等各项条件的青年干部，根据青年的能力提升和个人发展需求，制定培训计划和实施方案，将学习和实践结合起来，建设具有连续性、系统性的区域青年人才培养工程。

2015年，区委组织部实施“上城青干线”年轻干部“墩苗计划”，全年选派50余名年轻干部到重点工程一线锻炼，并通过定期走访、座谈交流、工作小结、调研成果、单位鉴定、民主评价等形式，加强对墩苗干部的跟踪了解和实绩考核，全年共选拔任用35岁以下区管领导干部5人。至年末，后备干部队伍总计120人，其中，40周岁以下占35.83%，35周岁以下占14.16%，30周岁以下占0.83%，大专以上学历占100%，本科以上学历占95.83%，女性干部占41.66%，民主党派和非中共党员人士占17.5%。

四、干部管理和监督

1993年，区委组织部对全区100余名区管领导干部进行回访考察，掌握了解干部的工作实绩和思想状况。1994年，区委组织部对全区200余名区管领导干部进行年度考核。1997年，区委组织部实行领导干部诫勉制度，对部分出现问题但无需纪律处分的领导干部进行诫勉。1999年6月，开通机关干部作风投诉电话，全年共受理来访、来电投诉44起，其中涉及干部作风31起。

2000年，区委组织部实施党政“一把手”年度总结报告制度。党政“一把手”将一年来主要工作及落实党风廉政建设责任制、选人用人、廉洁自律等情况向干部群众报告，接受干部群众评议。2001年，建立领导干部经济责任审计联席会议制度，由纪检、组织、监察、人事、审计等部门组成联席会议成员单位，制定《进一步做好领导干部经济责任审计工作的意见》和《区领导干部经济责任审计暂行办法》，对8名领导干部进行经济责任审计。2004年，区委组织部建立干部监督工作联席会议制度，由区纪委（区监察局）、区委组织部、杭州市上城区人事局、杭州市上城区人民法院、杭州市上城区人民检察院、杭州市公安局上城区分局、杭州市上城区审计局、区信访局等成员单位组成，原则上每半年召开一次例会，适时分析党政领导干部选拔任用工作中的新情况、新问题，沟通干部思想作风、廉洁自律、遵纪守法等情况。2007年，区委组织部印发《党政领导干部报告个人事项规定的实施办法》。2009年，区委组织部建立新提拔干部一年跟踪管理制度，以任职第一年为重点，采取一个月谈话了解、半年度回访考核、一年试用期考察和记录的方式，全面掌握新任领导干部各方面表现。是年，区委组织部制定并实施《区直机关、街道机关科级干部选拔任用工作暂行办法》《区直机关和街道机关正科级领导干部任免备案管理实施办法》等文件。同时制定《关于进一步发挥退出领导岗位干部作用的意见（试行）》，探索服务中心工作、参与检查督导、开展调查研究等7项发挥作用的途径。2011年，区委组织部在区管干部考察工作中，要求所有考察对象均要报告个人有关事项，加强干部监督管理力度。2013年，区委组织部加强对退出领导岗位区管干部的综合管理服务，设立政策咨询、督查考核、项目推进等10个组，为退出领导岗位的区管干部继续发挥作用搭建平台。2014年，区委组织部重点开展超职数配备、违规党政分设和公务员企业兼职3项清理工作，加强区管干部因私出国境管理，实行年初报告制度，严格审批把关。

2015年，区委组织部建立区管干部个人实绩记录研判系统，对全区重点工作逐层细化分解、每月跟踪，运用“月评、季析、年判”模式对工作进行分析研判，对领导干部实绩进行考核。

第二节　基层党组织建设

一、街道社区党组织建设

1993年，为利于街道党组织加强对街道其他组织和各项工作的领导，协调街道范围内的企事业单位关系，集中精力抓好经济建设，区委组织部将7个街道党委改为街道党工委，确定街道党工委的主要任务和职责。

1995年，区委组织部在各街道开展建设“凝聚力工程”活动。1996年，区委组织部在总结“凝聚力工程”活动经验和教训的基础上，制定印发《关于在全区党组织中实施开展“凝聚力工程”的意见》。全年全区共“帮困结对”200余户（人），收到意见、建议185条，落实反馈154条；组建“老党员服务队”“志愿者服务队”100余支，4000余人参加，服务项目60余项，为民服务10万余次。1999年，区委组织部着力提高居民区党支部书记待遇，优化支部班子结构，60岁以下班子人员由20%上升至69%，高中以上文化程度人员由20%上升至40%。

2001年，上城区在原有138个居民区基础上重新组成67个新型社区，并成立社区党总支。5月，中共中央政治局常委、国家副主席胡锦涛到杭州视察社区党建工作后，市委制定《关于认真学习贯彻胡锦涛同志重要讲话精神，进一步推进社区党建工作的意见》和《社区党总支工作细则（试行）》，确定上城区为全市社区党建工作试点。

2002年，区委组织部推进社区建立党委工作。召开全区社区党建工作研讨会，举办社区党建工作成果巡回展并进行评比，成立全区社区工作者培训中心，开办社区党务工作者培训班，分批组织近40人次参加市委组织部组织的社区党组织负责人培训班。2003年，小营街道小营巷社区被杭州市确定为党建工作示范点。9月，湖滨街道东坡路社区和紫阳街道候潮门社区进行社区居民委员会直选，是杭州市新型社区组建以后第一次社区居民委员会直选。10月，为充分调动社区党支部书记（社区所属二级党支部）积极性，上城区对各街道社区支部专职书记实行按月发放津贴，提高支部书记待遇。

2004年，全市推进社区党建“精品”“亮点”工程建设，小营街道小营巷社区党委被确定为市级社区党建工作示范点。2005年，区委组织部探索基层组织建设新载体，针对社区党建中出现的新情况、新矛盾，尤其是大量企业退休人员回归社区的情况，推动街道和社区构筑一个以服务群众为重点，以党员自我服务、自我纯洁、自我激励为主体内容的社区党建服务综合平台——党员会客厅，着力发挥社区党组织接待、监督、协调、引导、服务等功能，密切党群关系，增强党组织凝聚力。全区15个社区党员会客厅全年共接到群众求助事项1000余件，处理解决社区事务959件，社区党员参与率达85%以上，社区群众对党员满意率由63%上升至89%。2006年，区委组织部推出“功能型党小组”，有效整合区域党建资源，定期组织开展主题活动。2007年，区委组织部开展社区党建工作示范群创建活动，加强功能型党小组建设，深化和拓展党员活动和服务阵地，发挥好街道党员服务中心、社区服务站和楼宇服务点的作用。2008年，上城区被评为“省级城市社区党建示范区”，小营街道小营巷社区、望江街道在水一方社区获“省级城市社区党建示范社区”称号，湖滨、小营、南星街道获“杭州市城市社区党建示范街道”称号，小营街道小营巷社区、望江街道在水一方社区、南星街道美政桥社区、湖滨街道东平巷社区和紫阳街道凤凰社区获“杭州市城市社区党建示范社区”称号。

2009年，区委组织部按照“一街道一品牌、一社区一特色”的工作思路，在全区范围内开展创建党建品牌工作。按照“行业相近、地域相邻、便于管理、便于服务”的原则，推出把党支部建在退休人员自管小组上的新形式，建立退休人员自管小组党支部。树立区域化大党建工作理念，依托社区公共服务工作站和党员服务站两大平台，整合辖区党建资源，搭建党员发挥作用、服务群众、促进和谐的新载体。

2010年，区委组织部全面推开社区党组织“公推直选”① 工作，在全市率先试点和完成社区党组织换届。围绕“5A型目标、网格化管理、组团式服务、片组户联系”，开展“网格民情大比武”活动，推动服务型党组织建设，望江街道近江东园社区被列为中共杭州市委党校“片组户”工作现场教学点。2011年，区委组织部制定《关于进一步加强区域化大党建工作的实施意见》，强化沿湖核心商业圈、沿山精典特色圈、沿江品质商住圈、城站现代商务圈、山南国际创意区、科技工业园区“四圈二区”以及复兴国际商务广场等4个城市综合体内的机关（事业）单位、社区、企业之间的党建、共建、联建，创新吴山商圈“校企社街四位一体”“复兴商圈红色联盟”“雨露万家”等区域化党建工作新载体，在全区范围内基本形成“上下相通、左右联动，纵向到底、横向到边”的城市区域化大党建工作格局。

① “公推直选”：把党委直接提名和委任变为在党组织领导下，通过党员个人的自我推荐、党员群众的联名推荐、党组织的推荐3个环节产生候选人，然后由全体党员直接参与选举产生党组织领导班子。

2013年，区委组织部以清波街道为试点，在全市率先实行街道党员代表会议制度，全面推行社区“大党委制”和党内民主协商制。2014年，区委组织部深化城市型街道党员代表会议制度，对区域公共事务进行民主协商决策。

2015年，区委组织部建立社区党委书记定期工作交流机制，晒成绩、比做法，形成争先进位、比学赶超氛围，涌现“千名好支书”邹紫娟等先进典型。是年，充实基层党务工作者力量，配齐配强各街道组织委员、组织员、组织干事和各社区党务工作者。

二、国有（改制）企业党组织建设

1993年，区委根据企业经济组织结构的变化，加强基层党组织建设，探索企业党建工作以及抓好党政领导职务“一肩挑”或交叉兼职等工作。1994年，区委组织部总结杭州离合器厂党支部抓党建、促发展等先进经验，并在全区企业党支部建设现场会上进行推广。

1995年，区委组织部着重抓重点企业建党委工作，调整改选杭州娃哈哈集团公司党委，指导浙江华日集团公司成立党委。1997年，区委组织部在全区范围内开展企业党建调查，全面考察企业领导班子，重点调查15个企业党建工作情况，并对70家企业进行问卷调查，召开各主管部门党组织和部分企业厂长（经理）党建工作座谈会，抓好转制工作中的党建工作。1998年，区委针对党建工作在全区企业发展不平衡等问题，印发《加强和改进企业党建工作的意见》，明确国有、集体企业等企业党组织的主要职责、任务和要求，要求主管单位党组织按要求对所属企业党组织加强领导，进一步规范企业党组织工作。

1999年，区委组织部印发《1999年全区基层党建工作目标任务》，把企业基层党组织建设纳入其中，同时印发《关于做好全区国有企业党的建设“四个有”[①]目标考核工作的意见》，结合区情，按党组织隶属关系和“谁主管谁考核”的原则分层面组织考核。是年，杭州娃哈哈集团有限公司被杭州市授予党建工作“四好”企业。2003年，市委确定杭州娃哈哈集团有限公司[②]为全市基层党建工作示范点。2005年起，区委组织部重点落实市委制定的《关于巩固深化先进性教育活动成果，加强国有（改制）企业党建工作的若干意见》，在领导班子建设、党员队伍素质等10个方面规范企业党建工作。至2015年，杭州上城区投资控股集团有限公司党委、杭州清河坊资产管理有限公司党支部等国有企业党组织先后成立。

① “四个有”：有一个好的企业领导班子，有一支好的党员队伍，有一个好的工作机制，有一套好的工作制度。

② 杭州娃哈哈集团有限公司后转制为民营企业。

三、新经济组织和新社会组织党组织建设

1999年，区委组织部探索非公有制企业党的建设，对辖区内私营企业党组织开展调查，建立4个私营企业党支部和全区第一个属地管理的中外合资企业党支部。

2000年，区委组织部建立非公有制企业党建工作联席会议制度，印发《关于加强非公有制企业党、政、工、团建的若干意见》。至年末，全区非公有制企业有13家建立党组织，329家建立工会组织，19家建立团组织。2002年，明确非公有制企业党建思路，推进非公有制企业和民办非企业组织的党建工作。2003年，区委组织部重点落实中共浙江省委组织部印发的《关于加强非公有制企业党建工作覆盖网建设的意见》，全年新成立非公有制企业党委1个，党总支1个，党支部5个。

2004年，区委组织部在非公有制企业集中的街道建立非公有经济党委，在上城科技工业基地建立党工委，并探索建立楼宇支部、行业联合支部。至年末，全区共建立非公有制企业党委8个、党总支8个，单独建立支部78个，建立联合支部88个，非公有制企业中共有党员1707人。2006年，区委组织部协同工商、税务等部门，在做好清查摸底工作的基础上，重点做好职工人数在30人以上的企业党员发展工作，以及职工人数在80人以上的企业建立党组织的工作。2007年，区委组织部建立非公有制企业党建工作区委常委联系点制度。开展规模以上非公有制企业党组织组建工作“推进月”活动，初步实现规模以上企业全覆盖。

2010年，区委组织部召开全区非公有制企业和新社会组织创先争优推进会，组织观摩小营街道小营巷社区公开承诺大会、杭州娃哈哈集团有限公司以及传化集团党建工作。全年新成立非公有制企业党总支2家、支部23家，团委76家。

2011年，区委组织部参照政府管理与公共服务标准化建设体系框架，在全省率先制定《上城区非公有制企业党组织管理规范》。在组织标准化建设方面，实施“3080”工程[①]、“三个统一”工程[②]和“三个有”工程[③]；在党员标准化管理方面，设计开发“红芯”系统，发放“E”学卡电子终身教育券，同时开展经常性教育活动；在品牌标准化打造方面，着重打造组织品牌、工作品牌和党员品牌。该地方性标准规范的主要做法先后被中共中央组织部《组工信息》《组织人事报》《浙江日报内部参考》刊登。2012年，区委组织部实施《上城区非公有制企业党建工作标准23条》，推行两新组织党员活动十法，规范非公有制企业党建工作。是年，成立全市首家两新组织党务工作者协会。2013年，区委组织部总结推广两新组织“五型党建”（区域型、智慧型、青春型、公益型、示范型）工作法，制定《民办学校党建工作评估指标》。2014年，区委组织部成立上城区社会组织服务中心、街道社区社会组织服务中心、社区社会组织联合会“三级网络”，建成社会组织及其党组织的“双孵化”平台体系，推广“上城区社会组织党员活动十法”，举办新社会组织党组织书记培训，指导杭州市崇文实验学校、小营街道“红巷梦工厂”等社会组织开展特色党建工作。

图18-6-3　2011年3月3日，上城区召开区域化大党建暨非公有制企业党组织管理标准专家论证会

（区委组织部　供稿）

2015年，区委组织部开展“百家蓝领驿站”建设，全年建立总站1个，街道、园区分站7个，商圈、市场、园区微站84个。加强集聚区党群阵地建设，玉皇山南基金小镇“红色联盟”创设“精英圈”“创客圈”，开展“红歌快闪”等活动，相关经验做法在

① “3080”工程：通过开展“非公企业党组织组建月”活动，采取单独建、联合建、挂靠建、孵化建、派驻建等标准化组建方式，发动商务圈、楼宇、特色街、市场、流动党员集聚区等领域广泛建立党组织，推进辖区26家服务业和楼宇百强企业以及年销售10亿元以上的市场服务业的党组织组建工作，力争实现“80名职工以上企业建立党组织、30名职工以上企业有党员、其他企业都有党”的工作覆盖目标。

② “三个统一”工程：建立党员活动室、电化教育室、远程教育播放室、接待谈心室、图书阅览室，实现标牌标识统一；以红色为基调，调和企业主色调和企业徽标，实现展板基色统一；将党旗，入党誓词，党组织工作奋斗目标，党员的权利、义务，党员（班子成员）的照片，党组织设置情况、班子成员名单、工作职责，党务公开栏，党建荣誉栏，党员活动园地，党建工作制度，远程教育（电化教育）制度十项内容上墙，实现展板内容的统一。

③ “三个有”工程：“有保障”，即把党员教育管理活动经费列入企业年度财务预算，按职工工资总额的5‰至8‰幅度内掌握使用，在管理费中列支；对党员交纳的党费，由上级党委全额返回，作为企业党组织教育活动经费的补充。“有制度”，即建立非公有制企业党员学习培训、党务干部选拔、派遣党建工作指导（联络）员、非公有制党建联席会议、流动党员“安家工程”等工作制度，规范非公有制企业创先争优活动。“有氛围”，即采取厂报、板报、宣传橱窗、局域网、手机短信等不同形式开展宣传，确保全员知晓、全额参与；善于发现身边的闪光点，树立典型，学习典型，坚持典型引路，积极组稿向区级刊物以及外宣媒体投稿，把上城的非公有制党建工作宣传出去。

全省乡镇街道两新组织党建现场推进会上交流。是年，区委组织部制定《上城区"资本众筹·公益相亲"工作细则（试行）》，打造由中共杭州市上城区委新经济与新社会组织工作委员会搭台、企业出资、社会组织出力的运作机制，创建"和合基金"用于民生项目领办，全年筹集450余万元，对接民生实事项目252个。相关经验做法入围第三届"中国社会创新奖"25强。

第三节　党员教育管理

1993年，区委组织部以深入学习贯彻中共第十四次全国代表大会精神和提高广大党员执行党的基本路线的自觉性和坚定性为重点，开展"双争双评"①工作。是年，区委组织部利用业余党校教育和电化教育相结合的方法开展党员教育。

1994年，区委组织部开展党员"两学两提高"②活动。扩大电教网络，在各基层党组织建立58个电教播放点，全年播放党员电教片189场次。1995年，杭州市在涌金街道试点开展学习建设有中国特色社会主义理论和学习党章的活动（简称"双学"活动）。至年末，上城区"双学"活动全面铺开，全年共举办党员培训班28期，培训党员1667人。1997年，区委组织部在全区党员干部中开展"创优良业绩，树公仆形象"深化延伸教育活动，以"开创新局面，奔向新世纪"为主题进行解放思想大讨论。1998年，区委组织部对停产、兼并的企业和三资企业及时建立党支部，配好党支部书记，重点加强对三资企业党员和下岗职工党员的管理。

1999年，区委组织部在建好区级党员信息库的基础上，指导基层党委建设和维护基层信息库，对全区党员进行动态管理。2001年，区委组织部举办以"学习贯彻'三个代表'重要思想，增强理想信念"为主题的报告会，在全区党员中开展"为党争光辉"先进性教育活动月活动。2003年，区委组织部采取知识问答、知识竞赛、巡回宣讲等形式，把"三个代表"重要思想作为共产党员先进性教育的重要内容，兴起学习贯彻"三个代表"重要思想新高潮。2005年，区委组织部开展保持共产党员先进性教育活动，按照"规定动作做到位，自选动作创特色，边整边改见成效"的要求，抓好学习培训、民主评议、整改提高阶段的各项工作，组织实施"打造RBD，党员当先锋"主题实践活动，开展机关党组织和党员"双服务"活动，推出《先锋日记》，举办"我看党员先进性"主题先锋论坛，开展"学先进、找差距、明方向"主题教育。

① "双争双评"：争创先进党组织、争做优秀共产党员，民主评议党支部、民主评议党员。

② "两学两提高"：学习建设有中国特色社会主义理论，提高党员的思想政治素质；学习社会主义市场经济知识和现代科学文化业务知识，提高带领群众发展经济的能力。

2008年，区委组织部以弘扬先进性为主线，发动全区党员干部投入支援汶川抗震救灾工作，全区8371名党员共交纳“特殊党费”238万余元。

2009年，区委组织部组织学习实践科学发展观活动，组织编辑认识成果、实践成果和制度成果等科学发展观系列丛书9本，194万余字，刊发活动简报105期。是年，杭州市上城区党员服务中心成立，各街道、社区进一步建立完善党员服务中心和服务站，初步构建全区三级党员服务网络。

2010年，区委组织部以“促进经济发展、加快破解难题、提升工作效能”为目标，把“亮身份、践承诺、比贡献、赛业绩”系列活动贯穿创先争优活动全过程。活动期间，共帮助群众解决实际困难3756件次，疏导化解邻里纠纷等社会矛盾1532件次。2011年，开展庆祝中国共产党成立90周年系列活动，举办“亲情”党课演讲比赛、“党在我心中”党章党史知识竞赛、“党群连心”大型党员服务日、“旗帜的风采”书画摄影比赛、“党旗辉煌、光耀神州”大型歌咏晚会以及90周年暨党建品牌表彰命名大会等10项活动。2012年，区委组织部总结创先争优活动经验成果，编纂创先争优系列丛书，提炼理论、实践和制度成果，建设红色基地、红色标准等7个红色系列工程。2013年，区委组织部以“双报到双服务双管理”①为抓手，组织在职党员进社区领办服务项目、认领微心愿活动，参与人员达3700余人，形成“工作在单位、服务在社区、奉献在双岗”的良好氛围，得到中共中央组织部调研组充分肯定。

2014年，区委深入开展党的群众路线教育实践活动，从加强理想信念教育入手，开展“三学三思三问”②理论普学，“访民情、聚民智、解民忧”基层走学，“美丽的梦·我们的路”主题论学和“向身边的先进典型学习”活动，聚集“四风”问题，召开民主生活会，查摆问题，开展批评和自我批评，并抓好整改落实。上城区党员开展群众大走访活动被《中国组织人事报》刊登报道。

2015年，区委组织部探索“互联网+”服务模式，推广“民情E点通”和党群服务微平台，实时在线发布招募和服务信息，组织发动在职党员

图18-6-4 2015年6月19日，上城区举办在职党员“最美先锋行动”义工服务日活动 （区委组织部 供稿）

① “双报到双服务双管理”：在职党员居住地报到与工作所在地报到结合、网格服务与网络服务同步、单位管理与社区管理并举。

② “三学三思三问”：“学理论、学传统、学典型”；深入思考“如何增进与百姓的感情”“如何拉近与百姓的距离”“如何增强心中百姓的分量”；扪心自问“为了谁”“依靠谁”“我是谁”。

在线报名并参与线下义工服务活动。区委组织部在全市率先推行在职党员“最美先锋行动”义工服务活动。全区机关事业单位在职党员主动到居住地社区认领1个“义工”岗位或加入到1个功能型义工团队，自觉参与义工服务活动。在职党员也可以发挥自身特长，利用分散时间和灵活方式，进行知识讲座型、法律援助型、调解矛盾型、治安防范型、便民服务型、公益帮扶型等多样化的专项服务。实施党员先锋指数考评管理，打造“红芯”党员智能管理系统，制定《上城区党员积分管理办法》，通过设置党员日常管理、民主评议、正向激励、反向警示四项指数和基层党组织凝聚力、战斗力、服务力三大指数，实现党员和党组织管理数据留痕、工作纪实、智慧研判。全年共根据积分结果处置不合格党员12名，发展党员163名。

第四节　人才工作

1997年起，区委组织部实施“111人才工程”，即建立和调整100名具有较好政治理论素养、有一定基层经验、有发展潜力的党政领导后备干部名单，100名企业经营管理者后备名单，100名科技人才后备名单。2001年，区委组织部先后制定《上城区新世纪人才工程实施意见》和《上城区人才人事“十五计划”和到2010年长期规划纲要》。

2003年，区委在全区树立人才资源是“第一资源”的观念，建立党管人才联席会议制度，由区委组织部分管领导牵头，组织、人事、科技等部门共同参与，整合资源，加强协作。2004年，区委组织部根据党管人才的要求，制定《全区人才工作重点和任务分解计划》，牵头召开党政干部、企业经营管理者、专业技术人才三个层面的座谈会。是年，中共杭州市上城区委人才工作领导小组成立，组长由区委副书记担任，副组长由区委常委、副区长，区委常委、组织部部长担任。下设中共杭州市上城区委人才工作领导小组办公室（简称区委人才办），办公室主任由区委组织部副部长、杭州市上城区人事局局长担任，形成党委统一领导，组织部门牵头抓总，有关部门各司其职、密切配合，社会力量广泛参与的人才工作格局。2005年，区委人才办协调杭州市上城区统计局及相关职能部门按照人才资源统计指标体系的要求，加强人才统计工作，建立完善人才信息库。2006年，区委组织部着力健全人才工作机制，调整充实区委人才办的领导力量和工作力量，配备1名专职副主任，组织编制《杭州市上城区“十一五”人才发展规划》，制定印发《中共杭州市上城区委人才工作领导小组2006年工作要点》，重点从人才培养、吸引、使用三个方面明确工作举措和责任分工，健全人才工作的网络体系和制度体系。2007年，区委组织部优化人才工作机制，召开人才工作领导会议，拟定人才工作通报、督促检查等一系列制度，制定《关于进一步加强人才工作的意见》，明确着力建设好党政人才、企业经营管理人才、专业技术人才、高技能人才和社会工作人才5支队伍，抓好培养、吸引、使用和激励人才4个环节，优化人才的政策法制、工作生活和社会人文环境，创新人才评价、人才选拔、人才配置、人才管理体制，加大人才创业平台构筑、高层次人才引进、人才培养、人才市场建设和人才环境优化力度。

2008年，区委组织部相继制定《关于推进上城区社会工作人才队伍建设的实施意见》《上城区社会工作专业岗位设置方案（试行）》等政策和指导性意见，开展“十一五”人才规划中期评估，做好党政领导科技进步和人才工作目标责任制考核工作。2010年，区委组织部通过前期调研、专家咨询、召开座谈会、征求意见等步骤，制定《杭州市上城区“十二五”人才发展规划》，明确贯彻实施深入推进大学生创业行动计划等25项工作任务，并进行任务分解。

2012年，区委组织部组织开展“走百家企业、访千名人才”活动，通过听取企业情况、召开座谈会、谈话、发放调查表等形式，了解掌握企业人才需求情况，听取企业和人才在人才工作方面的意见建议，共走访企业149家，收集意见建议197条，为企业和人才办实事107件。2013年，区委组织部先后召开全区人才工作例会、区委人才工作领导小组服务人才专项例会，研究、协调、落实全区各项人才工作。制定印发《区领导联系高层次人才管理办法（试行）》，由区领导每人联系2～3名高层次人才，听取高层次人才对全区各项重大决策和重要工作部署的意见建议，帮助高层次人才解决工作、学习和生活中遇到的困难。2014年，区委人才办将杭州市上城区科技局、杭州市上城区科学技术协会等各部门的相关人才政策进行梳理，统一汇编成册，并通过人才网、现场咨询会等形式向人才进行宣传。组织开展“进企访才”主题活动，走访了解全区人才工作的现状和遇到的困难问题，从住房安置、配偶工作、子女入学、社会保障等热点、难点问题入手，用好区委人才工作领导小组服务人才专项例会平台，解决人才的后顾之忧。

2015年，区委组织部制定《关于当好“店小二”优化人才服务的意见》，组建“店小二”（代办员）队伍，对重点人才的计划申报、项目扶持、居留落户、子女入学等事项提供指导和代办服务。是年，重点推进金融人才管理改革试验区建设各项工作，制定《关于建设金融人才管理改革试验区的若干政策意见（试行）》，落实对金融人才团队项目和个人的资助奖励、安家补助、引才奖励、子女入学、能力提升等方面的政策。同时，针对省市对高层次金融人才认定缺乏针对性办法、金融人才认定操作较难的问题，探索建立金融人才分类分层认定机制，根据其从业经历、专业技能、管理规模、工作业绩、地方贡献等情况，制定国内外金融顶尖人才（A类）、国内金融领军人才（B类）、区域金融领军人才（C类）、区域金融紧缺人才（D类）和金融高级人才（E类）五大类的分层认定目录，金融人才根据认定结果，享受相应的政策待遇。

第七章　宣传工作

1978年起，区委宣传贯彻“全党工作重点转移到社会主义现代化建设上来”，确立“以经济建设为中心”的方针。1982年，区委学习、宣传中共第十二次全国代表大会精神，广泛开展党的基本路线教育。1992年，中共第十四次全国代表大会召开，区委开展邓小平建设有中国特色社会主义理论、建立社会主义市场经济体制的学习宣传和法制宣传。

1993年起，宣传工作围绕中心、服务大局、唱响主旋律、打好主动仗，为全区改革开放和发展提供有力保障、智力支持和精神支撑。区委宣传部多层次、多渠道、多形式地学习、宣传、研究党的路线、方针、政策。1998年起，区委宣传部不断丰富宣传载体，通过《今日上城》等平台宣传上城区中心工作。2000年起，区委宣传部调整报道策略：由零打碎敲式更改为阶段性集中式，由单一的报道形式更改为广播、电视、报刊、网页立体推进。外宣报道形成“见报多、重点稿多、命中率高”的特点。2006年，吴山大讲堂开办，通过讲座和专题报告的形式，为领导干部提供理论学习和交流的平台。

2011年，区委宣传部制定《上城区2011年大宣传计划》，围绕“五主多副”产业打造、民生改善、重点工程建设等重点工作进行宣传。2013—2015年，区委宣传部持续开展以“中国梦”为主题的宣传教育活动。

第一节　理论学习

一、两级理论学习中心组

1993年，区委理论学习中心组和中层党委理论学习中心组（简称“两级理论学习中心组”）系统学习建设有中国特色社会主义理论、社会主义市场经济理论、第八届全国人大二次会议精神、中央纪委第二次全会精神、《邓小平文选》（第三卷）和中共十四届三中全会精神等，区委主要领导给中层干部培训班讲课7场次，区委理论学习中心组集中学习12次，出刊《学习通报》16期，4篇理论学习体会文章分别在中共浙江省委宣传部（简称省委宣传部）主办的《理论学习》《学习与思考》和《杭州日报》《杭州精神文明》等省市报纸杂志上发表，2篇学习经验在省级理论刊物上做介绍。

1994年，区委理论学习中心组在学习过程中坚持“三个相结合”，即学习与重大问题的研讨和决策相结合、学习与重大方针政策的贯彻和落实相结合、学习与加强领导班子的建设相结合。该学习管理经验先后在全市宣传思想工作会议上及《杭州日报》《理论学习》报刊上做介绍与报道，在全省县以上党委中心组理论学习交流会进行经验介绍。是年，区委宣传部会同区委组织部、区委党校集中抓好全区中层干部的理论培训，分3期组织全区186名中层领导干部参加理论学习培训班，参训率为97%。

1995年，两级理论学习中心组以中共中央宣传部编写的《邓小平同志建设有中国特色社会主义理论学习纲要》为线索，以《邓小平文选》1～3卷为基本教材，结合对中共十四届三中、四中、五中全会精神的学习贯彻进行理论学习，开展中心组成员优秀理论文章的征集评选和优秀学员的评比表彰。是年，建立“双学”活动协调小组工作办公室，成立业余讲师团，开展党员“学理论学党章”活动。1996年，两级理论学习中心组重点学习《邓小平同志建设有中国特色社会主义理论学习纲要》。

1997年，区委以“讲学习、讲政治、讲正气”（简称“三讲”）和“创优良业绩，树公仆形象”为重点，以学习江泽民在中央党校重要讲话精神为主要内容，以贯彻中共第十五次全国代表大会精神为主题，全年共组织区委理论学习中心组集中学习活动17次。1998年，区委宣传部制定《上城区两级党委理论学习中心组规范化管理实施细则》，对指导思想、学习组织、计划制订、内容安排、学习时间、方法、措施及实绩考核、档案管理等方面做了规定，在省委宣传部《理论学习》刊登全文，予以推广。是年，两级党委理论学习中心组开展“贯彻中央通知，深化理论学习”教育活动，区委专题印发《关于深入学习邓小平理论的实施意见》，召开领导干部读书会。结合领导班子换届和党性党风教育活动，开展“学理论、找差距、振精神、促两改”的主题教育活动，以“解放思想、实事求是，再创上城改革开放新辉煌”“树立群众观点，当好人民公仆”“坚持民主集中制，强化领导班子建设”为学习重点，四套班子领导和240余名中层领导干部参加学习。1999年，区委建立中层干部理论学习一人一档制，坚持“一把手”负总责的理论学习领导责任制，以执行学习计划、拓展学习内容、完善制约机制等为重点，要求领导干部做到“八个一”：每月参加一次集中学习、每年参加一次集中培训、记好一本学习笔记、写一篇以上的理论文章、作一次以上的中心发言、为基层上一次党课、联系指导一个学习基层点、年终写一份学习小结。2000年，区委宣传部制定《上城区中层干部理论学习考核实施办法》，促进全区理论学习的规范化和制度化建设。是年，区委开展区级领导班子和领导干部的“三讲”集中教育，学习“坚定建设有中国特色社会主义理论信念”“全面贯彻民主集中制”“牢记党的根本宗旨”和“弘扬党的优良作风”4个专题。

2001年，两级理论学习中心组采用通读全文、集中学习、巡回宣讲、热点问题讨论、专题中心发言等方式学习江泽民“七一”讲话，依照抓学习、抓调研、抓重点、抓制度、抓载体、抓领导的“六抓”要求学习贯彻中共十五届六中全会精神。是年，区委宣传部以“做人、做事、做官”大讨论为载体开展“官德”教育，组织区管中层干部聆听先进人物范匡夫和毛泽平事迹报告团作的报告，并围绕“人活在世上为了什么？在领导岗位上应该干点什么？将来身后应该留点什么？”等问题，对照先进，交流认识体会。2002

年，两级理论学习中心组以中共第十六次全国代表大会精神、江泽民“5·31”重要讲话、《江泽民论有中国特色社会主义》（专题摘编）和省、市党代会精神为主要学习内容，全面系统推进邓小平理论、“三个代表”重要思想的学习。

2003年，两级理论学习中心组实施《上城区两级党委中心组干部理论学习学分制管理制度》，以“学分制”来督查领导干部的学习，并把“学分制”从两级中心组成员延伸至全体党员，对每个党员的学习进行量化考核。是年，区委宣传部联系形势及城区实际，采取专题报告会、学习辅导报告会、轮训班、讨论等形式推进学习，并将《公民道德建设实施纲要》作为重要辅导材料纳入两级理论学习中心组学习内容。

2004年，两级理论学习中心组学习中共十六届四中全会精神、《中国共产党党内监督条例（试行）》《中国共产党纪律处分条例》《中华人民共和国行政许可法》《中华人民共和国宪法修正案》等内容。是年，区委宣传部修正《上城区两级党委理论学习中心组学分制管理实施意见》部分评分指标，并获首届杭州市宣传思想工作“创新奖”，入选《“零距离”纪实——浙江省基层宣传思想工作“三贴近”100例》。

2005年，上城区开展保持共产党员先进性教育活动，组织全区干部群众学习中共十六届四中全会《中共中央关于加强党的执政能力建设的决定》和胡锦涛等中央领导重要讲话精神，宣传加强党的执政能力建设的重要性和紧迫性。两级理论学习中心组以中共十六届五中全会精神、全国“两会”精神、先进性教育、廉政教育等为重点进行学习，组织调研“构建和谐社会与党的群众工作”等8个重点课题。2006年，区委理论学习中心组的学习内容突出科学发展观、社会主义荣辱观、构建社会主义和谐社会、《江泽民文选》、中共十六届六中全会精神、廉政建设等重点，增加文化软实力建设、“接轨钱江新城，加快沿江发展”、加强新时期政协工作、“浙江精神”、市“一名城四强市”建设工作会议精神等学习内容。2007年，区委宣传部组织两级理论学习中心组专题学习中共第十七次全国代表大会精神、胡锦涛在中纪委十六届七次全会上的讲话精神、胡锦涛“6·25”讲话和视察浙江杭州时的重要指示精神，举办4期领导干部学法日，学习《杭州市大型活动安全管理条例》《中华人民共和国物权法》《生产安全事故报告和调查处理条例》《中华人民共和国档案法》《中华人民共和国劳动合同法》。2008年，区委理论学习中心组重点学习中共十七届三中全会精神、金融工作、创意产业、法律知识等。

2009年，两级理论学习中心组每月至少开展一次专题学习，内容包括科学发展观主题教育、中共第十七次全国代表大会和中共十七届三中全会精神、金融危机应对知识、中央经济工作会议精神、胡锦涛在中纪委十七届三次全会上的重要讲话、全区党风廉政建设大会精神，省委、市委、区委全会精神等。为加强领导干部深入认识科学发展观，区委宣传部分别邀请杭州市科学技术局局长楼健人作题为“硅谷的创新及对我们的启示”讲座和全国人大代表、杭州娃哈哈集团有限公司董事长宗庆后结合全国“两会”精神传达及企业发展情况做学习实践科学发展观的讲座。

2010年，区委宣传部构建“六位一体”① 模式，推进学习型城区建设。启动上城区“e学网”，通过在“e学网”上增设《学习型党组织建设》专栏、实名制统计学分等方式，扩大网上学习覆盖率。2011年，区委宣传部在全区范围开展领导干部学国学活动，通过听国学讲座、读《领导干部国学读本》等国学知识经典书目、参观优秀传统文化精品、举办国学探讨等形式，提高领导干部国学水平，提升文化素养。是年，上城区被杭州市评为“2011年度学习型城市建设先进区”，区委宣传部被浙江省社会科学界联合会评为“浙江省社会科学普及工作先进单位”。2012年，区委理论学习中心组拓展学习模式，实地参观杭州市奥林匹克体育中心、上城区电子机械功能区，开展读书会。区委宣传部拓展理论阵地，在《上城报》开设理论专版5期，根据热点时事刊载重要理论文章。

① “六位一体”：从学习型城区的核心建设、组织建设、内容建设、阵地建设、载体建设、队伍建设六个方面着手，全方位打造学习型城区。

2013年，区委理论学习中心组围绕中共第十八次全国代表大会精神、“中国梦”主题和习近平系列讲话精神等专题开展集中学习12次。2014年，区委重点学习中共十八届三中全会、中共十八届四中全会和习近平系列重要讲话精神。《上城报》开设理论专版，先后刊出“党的十八届三中全会精神”“弘扬社会主义核心价值观”“全面推进智慧城区建设”“依法治国”等14个主题专版，引导干部群众学习讨论；手机短信平台每周发送理论学习短信，共计50余条。2015年，区委宣传部依托小微平台倡导形成“微学习”系列方法，在短信平台及“上城发布”的微博微信平台开通“理论速递”板块，推广“学习中国”等手机App，重点学习习近平系列重要讲话精神。

二、吴山大讲堂

2006年，吴山大讲堂由区委宣传部创办，是领导干部理论学习和交流的平台。区委宣传部邀请各个领域的专家学者，组织上城区四套班子领导、区级机关各部门负责人、街道党政领导、部分机关干部及部分区属企业干部听讲座，每期参与人数350余人。2006—2015年，吴山大讲堂共举办31期讲座或专题报告。

图18-7-5　2014年9月26日，中央电视台、中央人民广播电台特约军事评论员陈洪作“海空利剑 世界航母舰载机作战揭秘”专题科普讲座　（区委宣传部 供稿）

表 18-7-14　2006—2015 年吴山大讲堂情况表

期　数	时　间	姓　名	类　型	标　题　或　内　容
第一期	2006-03-31	何显明	讲座	弘扬与时俱进浙江精神，提升浙江发展软实力
第二期	2006-06-16	童芍素	报告	加快文化建设，增强发展软实力
第三期	2007-09-26	翁南道	讲座	创新、创意与创业
第四期	2007-11-07	房　宁	讲座	坚定不移地发展社会主义民主政治
第五期	2008-05-24	董关鹏	讲座	突发事件应对与媒体关系管理
第六期	2008-09-16	何　俊	讲座	中国传统知识谱系
第七期	2008-11-28	范立舟	讲座	南宋定都杭州的历史进程
第八期	2009-05-21	张绪培	讲座	教育的科学和谐发展
第九期	2009-06-16	曾　鹏	讲座	社区社会工作的目标与方法
第十期	2009-11-03	董　奇	讲座	通过教育创新 促进区域和谐发展
第十一期	2010-04-14	睢国余	讲座	宏观经济形势及国内经济发展分析
第十二期	2010-07-16	赵启正	讲座	城市形象与政府传播之公共外交的意义
第十三期	2010-09-16	张卫红	讲座	解析国学经典《弟子规》
第十四期	2010-10-29	王佐书	讲座	教育与教学目的的研究
第十五期	2011-05-25	石仲泉	讲座	中国共产党与中华民族的伟大复兴
第十六期	2011-12-09	袁腾飞	讲座	杭城英雄
第十七期	2012-07-26	何启明	讲座	省第三次党代会精神解读
第十八期	2012-08-31	徐润龙	讲座	食品安全知识
第十九期	2012-09-14	陈启伟	讲座	突发事件中的媒体应对
第二十期	2012-12-20	郁建兴	讲座	走进社会建设的新时代
第二十一期	2013-03-15	史晋川	讲座	宏观经济形势和区域经济分析
第二十二期	2013-10-17	单霁翔	讲座	把壮美的紫禁城完整地交给下一个六百年
第二十三期	2013-11-08	李良荣	讲座	新传播革命
第二十四期	2014-08-29	胡税根	报告	杭州智慧经济发展规划解读
第二十五期	2014-09-26	陈　洪	讲座	海空利剑，世界航母舰载机作战揭秘
第二十六期	2014-10-24	郑佑君	讲座	预防男性病，做个棒男人
第二十七期	2014-11-04	曹应旺	报告	中华民族伟大复兴中的创新与法治
第二十八期	2014-12-05	沈济时	报告	历史、原因、出路——十八届四中全会解读
第二十九期	2015-04-23	何玲玲	讲座	新媒体时代下的舆论应对
第三十期	2015-05-25	李土生	讲座	中国传统文化中的人生智慧
第三十一期	2015-12-08	沈建明	报告	十八届五中全会精神

说明：资料来源于中共杭州市上城区委宣传部

第二节　宣传教育

1993 年起，区委宣传部围绕经济发展和改革开放重大题目开展宣传，着重对全区经济形势和经济发展战略进行宣传。1997 年，区委宣传部开展香港基本法的学习宣传，组织“知香港、爱祖国”报告会，举办与香港有关的知识竞赛，编发宣传资料。1998年，区委开展“开创新局面、奔向新世纪”解放思想大讨论主题活动，确定“优二兴三、三产兴区、科教强区”的发展战略和“改革促发展、改革促繁荣、管理促文明”的工作方针。1999年，根据省委书记张德江对杭州提出的“建经济强市，创文化名城”的要求和区委、区政府提出的“经济争领先，文明上水平，建设出精品，管理创特色”工作思路，区委开展以“明确新目标，创建新业绩”为主题的大讨论活动，激发干部群众“创一流业绩，向新世纪献礼”的工作积极性。以中共十五届四中全会精神为指针，区委宣传部举办“改革大家谈”主题活动，邀请国务院发展研究中心企业所副所长陈小洪解读《中共中央关于国有企业改革和发展若干重大问题的决定》精神，营造深化企业改革的舆论氛围。以各个重大节庆日为契机，在居民群众中推出“万人参观新变化”“万家升挂五星旗”“万众欢腾迎国庆”“万民金秋赶庙会”“万人读书征文”“万人赛跑显风采”“6个万”系列教育。2000年，区委开展以“解放思想、抢抓机遇、开拓进取、加快发展”为主题的“双思”教育（致富思源，富而思进），召开宣讲会151场，受教育9000余人次，编发宣讲材料1.1万份，宣传简报179份，资料读本3500余份。6月下旬至7月末，区委开展以“抢抓时机机遇，再创上城新业”为主题的解放思想大讨论活动，强化干部群众的思进意识，形成“双思”教育高潮。

2001年，区委宣传部组织“推出上城新典型”系列活动：编印《百舸争流——上城区争先创优成果汇编》1000册，收集获市级以上荣誉的先进集体事迹19个；开展“实践‘三个代表’”先进典型事迹巡回演讲活动，6名先进典型分赴全区26个基层单位进行巡回演讲。是年，由区委宣传部、区委组织部、区纪委、区委党校等单位及部分离退休老同志组成宣讲团，深入全区宣传江泽民“七一”讲话，共宣讲14场，受教育人数2500余人。2002年，区委宣传部在“杭州网”上开设“上城宣传”网页，开辟《上城区学习宣传十六大精神论坛》等栏目，宣传“三个代表”重要思想、中共第十六次全国代表大会精神，建设“因特网上的马克思主义阵地”。是年，推进“合力创新业，建设新上城”大讨论活动。

2003年，区委印发《中共杭州市上城区委关于兴起学习贯彻“三个代表”重要思想新高潮的通知》，开展“三个代表”重要思想网上答疑会、清波街道“早茶读书会”、湖滨街道“让中国街道之星再创辉煌”主题活动等特色活动，通过两级理论学习中心组、党校、市民学校等阵地宣讲80余场，举办培训班164期，召开专题学习会、座谈会、讨论会400余次。2004年，根据市委“深化‘创业在杭州’主题教育活动”的要求，结合上城区改革发展实际，3月，区委宣传部推出“合力创新业，打造RBD”主题教育活动，谋划创业发展的新思路。组织辖区中小学政治教师、机关干部、老干部等32名理论宣传志愿者赴全区各个社区、企业、学校开展义务宣讲活动。9月，区委宣传部将“理论宣传志愿者下社区宣讲哲学社会科学”作为哲学社会科学普及周的重点，组织志愿者围绕“树立科学发展观，推进杭州现代化”主题，围绕“社会发展与终身学习”等10个课题到部分社区中宣讲。是年，上城区被杭州市社会科学界联合会评为“2004年杭州市哲学社会科学普及周活动先进集体”。

2005年，区委宣传部召开先锋人物事迹座谈会，宣传构建社会主义和谐社会等一系列新思想、新观点、新论断，用“三个代表”重要思想统一全区干部群众的思想和行动，为以科学发展观推进全区改革发展营造良好的思想舆论氛围。2006年，区委宣传部举办社会各界“八荣八耻”座谈会、中共十六届六中全会精神网上论坛等活动，利用《上城报》、“上城网”等宣传阵地，通过设立专栏、刊发理论文章、报道学习动态、推广典型经验、探讨理论热点、提供理论学习音像资料等形式，宣传中共第十六次全国代表大会精神、“三个代表”重要思想、科学发展观、构建社会主义和谐社会等基本理论和实践成果。2007年9月，区委宣传部组织全区党员参加“学习贯彻十六届六中全会精神与构建和谐新上城”征文活动，评选出优秀作品12篇。是年，推进“打造杭州RBD，建设生活品质示范区”大讨论活动。

2008年2月，区委印发《开展党的十七大精神主题宣传教育实践活动的实施意见》，明确宣传教育实践活动的指导思想、目标要求、主要内容、阶段安排，成立专门的活动领导小组及办公室。活动期间，区委宣传部组织41个宣讲团，举行6场巡回宣讲活动。2009年，为庆祝中华人民共和国成立60周年，区委宣传部开展“庆祝建国60周年大型文艺晚会”“庆祝新中国成立60周年书画展”“记忆上城——上城区庆祝建国60周年图片展” 等系列庆祝活动。2010年，为推进上城区学习型党组织建设，区委宣传部组建由各单位“一把手”、专家、志愿者和6个街道组成的上城区中国特色社会主义理论宣讲总团。是年，湖滨街道“品质湖滨民间宣传团”被评为“2010年度浙江省优秀宣讲团”；湖滨街道“湖滨论坛”在浙江省建设学习型党组织典型案例评选活动中被评为优秀案例。2011年7月，区委宣传部组建由区委宣传部常务副部长带队的“七一讲话精神宣讲团”赴各单位宣讲，11月，组织部分专家学者在全区开展中共十七届六中全会精神宣讲。

2012年，区委宣传部组建“区第九次党代会精神宣讲团” 和中共第十八次全国代表大会精神宣讲团，赴全区6个街道、社区、企业等地开展宣讲活动。是年，区委宣传部组织“红巷精神”大提炼活动，充分挖掘、发挥辖区“红色”资源，通过单位、社区发动和组织投票，提炼出具有上城特色的“红巷精神”，并发展红色旅游，在全区掀起学习“红巷精神”热潮。制作“上城区2006—2011五年华章”宣传图片，制作展板45块，在全区6个街道进行为期一个月的巡回展出。围绕“我们的价值观”开展岗位价值观主题教育实践活动，启动全区岗位价值观核心词大提炼活动、学雷锋岗位先进人物大推选活动、岗位价值观核心词践行活动。2013年，区委宣传部以学习中共第十八次全国代表大会精神为主线，开展“中国梦”主题宣传教育活动。举办“党的十八大精神”图片展，开展以“中国梦”为主题的微型党课大赛，组织“中国梦巡回宣讲”，开设“中国梦我的梦”新闻宣传专题专栏和征文活动，全区开展各类学习宣讲活动1000余场次，覆盖人群超过10万人次，区属各媒体和手机平台共刊发各类主题报道、征文、短信500余篇。2014年，区委宣传部组建各层面宣讲团，以“五进”[①]方式在全区范围内开展微型党课宣

① “五进”：进机关、进社区、进企业、进学校、进家庭。

图 18-7-6　2013年7月，上城区以“中国梦·我的梦”为主题开展巡回宣讲　（区委宣传部 供稿）

讲活动；邀请市级先进典型人物在街道、社区开展“我们的价值观”每月主题关键词微型宣讲活动，推进理论学习在基层的全覆盖。2015年，区委宣传部持续以“中国梦”为主题开展中国特色社会主义宣传教育，在区、街道、社区及卫生系统等各个层面组织开展上城区“最美人物”巡回宣讲活动。

第三节　新闻宣传

一、宣传平台

《今日上城》　1998年1月，《今日上城》创刊，为月刊。1999年改为旬刊，2000年改回月刊，每期印发1000份。该刊由区委宣传部主办，面向上城区机关单位开展宣传工作，为内刊。至2001年末改刊为《上城信息》前，共出版110期。

《上城信息》　2002年1月，《今日上城》改编为《上城信息》，月刊，内刊，由区委宣传部主办，面向上城区机关单位发行。2003年，《上城信息》宣传上城改革开放和现代化建设的新形势，宣传“三个文明”[①]建设的新成果，逐渐成为区委、区政府的舆论宣传重要阵地。2004年3月25日起，《上城信息》改为周刊。至2005年末，共刊发180期。

《上城报》　2006年2月，《上城信息》改编为《上城报》，为内刊，一周一期，每期4版。2009年1月13日起改为一周两期，分别于每周二、周五出版。该报由区委宣传部主办，面向上城区机关单位、区老干部等发行。2011年，《上城报》扩大发行范围，分发至辖区街道、社区、企业以及上城区“两代表一委员”[②]、辖区部分居民代表等，并与杭州日报报业集团每日送电子商务有限公司合作进行投递。每期印发近1万份。至2015年末，共出报857期。

上城网　2006年6月，杭州网上城支站（上城网）建立，以杭州网

① “三个文明”：物质文明、精神文明、政治文明。

② “两代表一委员”：党代表、人大代表、政协委员。

为平台，面向所有群体开展互联网新闻信息服务。该网站由区委宣传部主办。2007年，全面重构上城网版面，美化页面设计，增设法制、人文等板块。2009年，上城网界面架构全面改版，设置上城新闻、区外新闻、上城人文、上城经济等8个版块、21个频道。2010年，提升办网质量，做到每日有更新，一年单独制作一个网络专题。2013年5月，再度改版，新增“时事聚焦”“专题报道”“图片新闻”板块，重点突出“头条新闻”和“上城快讯”板块。2014年10月，上城网演播室建成，内设采访室，配备有口播器、视频编辑器等，可进行现场直播和录制。年末，上城网获浙江网络新闻奖二等奖。至2015年末，上城网累计更新新闻2万余条，视频314期。

《上城宣传》　2007年，《上城宣传》创刊，为内刊，每月2~3期。由区委宣传部主办，主要面向机关领导干部和“两代表一委员”发行。该刊反映上城思想动态、部门工作交流、理论学习情况，成为全区宣传思想工作传递信息、交流经验的新平台。2015年12月末停刊。

上城快讯（短信）　由区委宣传部主办，推送对象为1500名全区各单位部分在职工作人员、社区党员、区党代表、人大代表和政协委员。2013年3月7日，区委宣传部与中国移动通信集团浙江有限公司杭州分公司合作，建立上城快讯信息平台，围绕时事政治、社会治理、经济发展等全区中心工作，每天编辑1条短信并推送。至2015年末，上城快讯共推送短信738条。

上城发布　“上城发布”互联网信息发布平台区委宣传部主办。2014年10月，区委宣传部制定《关于建设“上城发布”网络平台工作的实施方案》，成立“上城发布”网络平台工作领导小组，形成“上城发布”主平台和51家成员单位子平台新浪微博、腾讯微信全覆盖。是年11月，开始每日更新，由2名专人分别管理“上城发布”微博、微信。至2015年末，“上城发布”微博平台共发布信息2973条，“上城发布”微信平台共发布信息1200条，平台粉丝总量达10.3万余人。发布内容侧重于民生、政务和重大活动。民生主要针对群众关注的热点问题，如教育学区、上城文化旅游路线、事业单位招聘、道路交通信息等。政务方面紧跟区委、区政府每月发布的重点工作内容，如区委重大会议、重大项目签约、营商环境改善等。

二、区内宣传

1993年，区委宣传部围绕经济建设和改革开放的中心工作，宣传重点工程、重点企业、重点改革举措，内容包括延安路南端贯通工程等项目，杭州娃哈哈集团公司、杭州广宇房地产集团公司等集团公司，杭州离合器厂、杭州三星风机厂等工业重点企业，万达实业公司等商业重点企业，杭州恒达音响公司等民营重点企业，以及上城区经济工作会议精神和重要经济改革措施和政策。1995年，区委宣传部组织40余场反映上城“两个文明”[①]建设成果的专题节目，扩大上城知名度和影响力。1997年，区委宣传部报道迎庆香港回归、抗洪、防台等重点专题。

① “两个文明”：物质文明、精神文明。

1998年起，区委宣传部重点围绕全区中心工作，宣传上城区改革开放和现代化建设的新形势。1999年，区委宣传部围绕经济建设和企业改革，相继报道杭州中谊药店、杭州新丰小吃、杭州三和食品助剂厂等企业的改革成就，追踪老字号并进行系列报道，为企业发展树榜样。2002年，区委宣传部重点报道第四届中国杭州西湖国际博览会、2002中国（杭州）国际五金展览会——第三届锁具五金展、2002基础教育名师名校长论坛、中国针织展、西湖花卉艺术节等重大活动。是年，《上城信息》推出“深化社区建设、打造精品城区”“身边的优秀党员干部”等围绕中心工作的专栏。2004年，《上城信息》开设争创全国文明城市、加强领导干部执政能力建设、大力开展机关效能建设、理论学习服务指南等专版专栏，围绕“建设旅游休闲商务区，打造杭州RBD”等中心工作开展宣传报道。11月，在杭州首次举办的中国国际旅游交易会上，区委宣传部运用“三个一”的运作手法，即设计一个特装展台、策划一部电视宣传片、制作一本宣传册，通过电视媒体和平面媒体宣传上城旅游休闲商务区的精品亮点。

2005年，区委宣传部围绕“加强执政能力建设、树立科学发展观，实现上城经济社会全面协调可持续发展”主题进行宣传报道，加强对背街小巷改善工程等民生实事的宣传。是年，《上城信息》在信息报道上更贴近基层，报道基层工作亮点和辖区骨干企业，多角度展示上城形象。2006年7月，区委宣传部重点报道杭州世界休闲博览会活动项目。2007年3月，《上城报》、上城网开设中共第十七次全国代表大会精神理论宣传专栏，及时反映全区宣传思想动态、理论学习情况、文明创建经验，成为全区宣传思想工作、传递信息、交流经验的新平台。创建对外宣传新窗口——《杭州RBD》杂志，展示上城时尚休闲的综合风貌。2009年，区委宣传部对全区开展学习实践科学发展观活动和建设“具有国际水准的高品质中心城区”进行新闻宣传。2010年，调整《上城报》各个版面的报道重心，加大对区域经济发展的深度宣传报道。2011年，《上城报》坚持“三贴近”[①]的原则，发挥宣传主阵地的作用，开设《学习贯彻习近平复信精神》《庆祝中国共产党建党90周年》《效能亮剑专项行动》《争创全国文明城市》等专栏14个。

① “三贴近”：贴近实际、贴近生活、贴近群众。

2012年，《上城报》宣传中共第十八次全国代表大会精神和“我们的价值观”主题实践活动，宣传金融产业打造、社会管理创新等重点亮点工作。上城网首次与杭州网合作，制作“美在邻里——幸福小巷在上城”等专题，推出网络主题报道第一季。此后，上城网相继推出网络主题报道第二季、第三季，三季共制作完成“2013上城区两会”“2014上城区网络宣传年”等30余个专题。2013年，区委宣传部多角度报道中共第十八次全国代表大会精神学习贯彻、金融产业集聚、重点工程建设等重要工作，反映上城区发展全貌。上城网推出“三有”[①]民生工程、“湖滨晴雨”工作法、书记在线访谈等网络主题报道活动。2013年，《上城报》开设理论专版10期，根据热点时事刊载重要理论文章，先后推出贯彻“两会”精神、文化城市建设、邻里价值观、中国梦、践行群众路线、贯彻全国宣传思想工作会议精神等专题。2014年，《上城报》围绕习近平系列讲话精神开展宣传报道工作，开设《聚焦“上改六条”[②]“三转一争”[③]》等专栏26个，编辑专版、特刊40余期。2015年，上城发布、《上城报》、上城网等平台开辟《聚焦美丽上城，打造两美浙江示范区》《五水共治》《三改一拆》《“三严三实”专题教育》《“123+1”产业平台》等专栏，推出系列报道，反映上城区经济社会发展的新成效。上城网配合省、市、区宣传重点，制作“回顾十二五、展望十三五，学习贯彻十八届五中全会精神”等内容为主题的网络专题报道。开设“筑金融集聚之巢，杭州上城打造全国NO.1基金小镇”专题，反映玉皇山南基金小镇的打造过程、未来发展和资本集聚效应；开设“提升五大品质，建设美丽上城”专题，介绍上城如何打赢城市建设发展攻坚战。是年，《上城报》增设的《曝光台》栏目报道海潮路、万松岭南等地违建或环境脏乱差的情况，加强新闻舆论监督和促进整改。

① “三有”：人人有保障、户户有厨卫、家家有就业。

② “上改六条”：2014年4月，区委九届十次全会通过的《中共杭州市上城区委关于认真贯彻落实党的十八届三中全会精神全面深化重点领域改革的决定》，简称“上改六条”。

③ “三转一争”：转理念、转作风、转方式，争先进位、走在前列。

第四节　媒体宣传

区委宣传部利用中央、省、市媒体平台，对上城区特色亮点工作进行宣传报道。1995年，区委宣传部筹措资金购买浙江文艺广播电台周日下午半小时的播出权，自编自办《市民茶馆》专栏节目。《杭州日报》以4个整版的篇幅分别报道上城区经济发展、企业改革、市场建设等方面的新成就。1998年，《浙江日报》《杭州日报》对东河绿化改造、吴山开发、复兴建设等进行大版面报道。浙江电视台拍摄专题片《东河人家》，浙江有线台制作《众手执笔绘彩图》旧城改造专题片。

2000年，区委宣传部调整报道策略：由零打碎敲式更改为阶段性集中式，由单一的报道形式更改为广播、电视、报刊、网页立体推进，扩大宣传领域，丰富报道内容。着重宣传区委、区政府的重大工程、特色工作、基层的先进典型，形成全年报道工作“见报多、重点稿多、命中率高”的特点，其中《上城区找准城区思想政治工作突破口》在中央电视台新闻联播节目专题播出；《群众至上》在《人民日报》头版头条刊登。

2001年，区委宣传部对河坊街开街进行宣传，从业态布局、街景设计到开馆开街等方面开展策划、报道工作。组织跟踪采访报道全区的工业经济、商贸旅游经济、小区与道路整治、铁路沿线整治、星级社区创建等方面工作，总结经验和做法，相继在中央、省、市的报刊、电视、广播中刊登或播发，其中摄制的上城区“做人、做事、做官”大讨论四分钟专题报道被中央电视台播报，《杭州上城区搭建五座便民服务“桥”》一文被新华通讯社（简称新华社）刊登。2002年，区委宣传部重点宣传社区建设，制作社区建设专题片，在《杭州日报》头版刊登《让幸福撒满社区每个角落——上城区争创全国社区示范城区》。

2003年3月，在“抗击非典，清洁上城”活动中，区委宣传部采制第一手资料，撰写数十篇报道，在全市率先推出抗击非典型性肺炎疫情图片展，发送宣传资料（画页、光盘、公告）10余万份，《杭州日报》连续3个版面刊登“抗击非典，清洁上城”活动。4月，与杭州电视台生活频道联手，在鼓楼广场举行“实践‘三个代表’记者在社区”启动仪式；5月，与杭州电视台综合频道联手，在南星桥钱塘江码头举行“直航杭州湾”直航仪式。2004年6月，电视宣传片《杭州西湖，休闲上城》经浙江卫视风雅钱塘节目向国内外播放。上城区以吴山广场、清河坊、鼓楼为大舞台，策划“南宋大乐回到皇城脚下”“清河坊民间艺人节”“人文上城、休闲吴山”“状元迎亲”等民俗风情活动，其中“状元迎亲”活动被中央电视台等24家新闻媒体报道。2005年4月，区委宣传部策划的张福华先进事迹典型报道在《杭州日报》、杭州电视台等新闻媒体进行宣传报道。10月，区委宣传部策划湖滨国际名品街开街的宣传报道，制作宣传册、宣传片，邀请国内外100余家新闻媒介进行采访报道，《人间天堂新湖滨——湖滨国际名品街》在《杭州日报》第一版上刊登。2006年5月，区委宣传部与《杭州日报》开展社会主义荣辱观宣传报道活动，推出系列重点报道12篇。

2009年，上城区带领来自28个国家的250余个记者团体实地参观清河坊、中山路，邀请中央、省、市媒体及境外媒体进行集中采访，组织专业摄影家和摄影爱好者进行专题拍摄，打造“南宋御街·中山路”品牌特色。是年，区委宣传部策划老杭州市井民俗游、历史古迹文化游、时尚休闲观光游、南宋皇城文化游、玉皇山南健康生态游等外宣载体，在主流媒体上以专题新闻的形式加大经济宣传力度，拍摄南山路艺术休闲特色街区、湖滨商贸旅游特色街区2部宣传片，并在杭州电视台综合频道播出。2010年，以“2010杭州国际体验日”在上城活动为契机，区委宣传部在全区设立5条特色采访线，联系省、市相关新闻媒体的记者进行体验、采访、报道。7月，接待日本TBS电视台、亚洲商务卫视、香港亚洲电视等媒体拍摄清河坊、南宋御街旅游宣传片。11月，紧扣“民俗文化”的主题及清河坊茶会，《杭州日报》和杭州电视台宣传报道“斗茶、问茶、赏茶、展茶、找茶”五大系列活动。2011年，区委宣传部制定《上城区2011年大宣传计划》，围绕“五主多副”产业打造、民生改善、重点工程建设等重点工作进行宣传。政府管理和公共服务标准化工作得到《人民日报》、《光明日报》、新华社等中央媒体和《浙江日报》头版头条报道；在庆祝中国共产党成立90周年活动中，上城区居民群众自发在西湖边唱红歌庆祝党的生日活动，中央电视台新闻联播对此进行报道。是年，各类题材的重点稿、新闻稿被全国、省市新闻媒体转载、采编报道100余篇。

2013年，《浙江日报》头版刊登《杭州上城区重塑玉皇山南板块》《红巷里的接力——记杭州小营巷社区六代卫生委员》《谢谢你我的好邻居》等重点稿件；《杭州日报》设置“上城视点”，刊登24期上城区的经济、社会、重点工程建设等重点工作；《今日浙江》《杭州》杂志专题聚焦上城区“三改一拆”工作、工业功能区建设情况和邻里价值观主题教育活动成果。2014年，“平安365”社会服务管理工作平台、民情E点通等工作被中央电视台、新华社等中央级媒体报道；《思科中国总部落户杭州》等重点稿件被《浙江日报》头版报道。2015年，区委宣传部制定《新闻宣传和网络舆论工作意见》和《月度宣传工作要点提示》，举办中央媒体驻浙机构负责人媒体交流会，不定期召开专题媒体沟通会，宣传上城工作特色和改革创新亮点。全年在中央、省、市及各类媒体报道1800余篇，重点报道300余篇，头版60余篇。

第八章　统战工作

1978年，统一战线工作进入新的历史阶段。1984年，区委统战部重建后，加强新时期的形势、政策和统一战线理论教育，逐步建立完善工作制度，加强同民主党派的政治协商。1990年7月，区委制定《关于坚持和完善共产党领导下的多党合作联系制度的实施意见》，对与民主党派的协商、监督、联系等问题作了明确规定，使政治协商、民主监督逐步走上经常化、制度化的轨道。

1993年，区委抓好党派工作，做好服务侨资、台资企业及做好“三胞”[1]及其眷属来信来访工作，定期看望走访重点“三胞”人员，帮助解决住房、户口、入学等实际问题，认真贯彻党的宗教、民族政策，增强民族团结。2004年，杭州市上城区民族宗教事务局（简称区民宗局）结合“平安上城”创建工作，建立区、街道、社区三级宗教工作网络。2007年，区委统战部发动全区统一战线深入开展“凝聚力工程”活动，组织各民主党派开展送一次服务、献一片爱心、搞一项调研、提一份建议、添一分光彩为内容的“五个一”活动。2011年，区委召开民主党派、政府有关部门、特约员3个层面的座谈会5次，构建协商、通报、反馈、服务4项机制。2014年，区委制定《中共杭州市上城区委办公室 杭州市上城区人民政府办公室关于加强和完善政府有关部门与民主党派、无党派对口联系制度的意见》，创新采取政府部门一对一向对口联系民主党派召开通报会机制。至2015年，上城区统一战线工作网络进一步健全，保证各项统战方针、政策和工作任务落实。

① 三胞：台湾同胞、港澳同胞、海外侨胞。

第一节　党派工作[2]

② 参见第二十二篇民主党派与工商联相关章节内容。

一、参政议政

1993年，区委统战部提请区委、区政府出面召开由各民主党派、杭州市上城区工商业联合会（简称区工商联）负责人及无党派人士参加的座谈协商会、通报会，就区委、区人大、区政府三套班子领导人事变动、政府年度工作报告及贯彻《关于坚持和完善中国共产党领导的多党合作和政治协商制度》文件落实情况等征求党外代表人士意见建议。区委统战部每年坚持执行该项政治协商制度。2005年，区委统战部支持民主党派积极参政议政，在区“两会”期间，各民主党派共提交人大议案6件，政协提案45件。

2006年，在市、区“两会”期间，各民主党派共向市、区人大政协提交《做强湖滨商圈的思考》《在基层医院体制改革中要加强社区卫生服务建设》《进一步落实社区卫生服务站用房》《关于进一步完善财政课题经费投入和使用的建议》等议案、提案44件。2007年，区委统战部发动全区统一战线开展“凝聚力工程”活动，组织各民主党派开展送一次服务、献一片爱心、搞一项调研、提一份建议、添一分光彩为内容的“五个一”活动，全年统一战线各界人士共撰写调研文章16篇，建言献策62条。

2009年，上城区各民主党派成员和无党派人士撰写提案议案144件，占总数的80.9%；其中，被列为重点提案9件，占重点提案数的90%。2010年，各民主党派成员先后撰写《国家基本药物制度试行工作中出现的问题应引起重视》《关于在南宋御街建设无障碍通道的建议》《关于落实公共场所集中式中央空调通风系统定期清洗监测的建议》《要求人事部门增加社区卫生服务编制的建议》等提案议案和社情民意159件（条）。

2011年，区委召开民主党派、政府有关部门、特约监督员3个层面的座谈会5次，构建协商、通报、反馈、服务4项机制。2012年3月，区委统战部在杭州山南国际设计创意产业园设立“上城区民主党派活动之家”，解决民主党派无固定活动场所的问题，为各民主党派参政议政搭建平台。2013年9月，区委统战部举办“同心·民生”论坛，全区各民主党派、工商联、民族宗教界、侨界、党外知识分子联谊会、少数民族联谊会共派出11名代表围绕民生做主题发言。

2015年，在区“两会”期间，党外人大代表、政协委员共提交议案、提案50余件，党外代表人士全年共撰写建言献策、社情民意200余条。

二、政治推荐安排

1993年，区委统战部做好党外干部考察推荐工作，完善党外干部档案，杭州市上城区人民代表大会常务委员会办公室（简称区人大常委会办公室）推荐5人，政府部门推荐1人。1996年，区委统战部配合区委组织部做好党外干部的选拔、考察、推荐工作，区教育局、区人大常委会办公室各安排1名副局长和副主任。1998年，区委统战部对区政协委员提名和界别设置等系列问题进行考察，做好首届区政协民主党派、党外代表人士政治安排。

2003年，区委统战部配合市委组织部对上城区的市管后备干部进行充实调整，3名党外干部进入市管后备干部队伍。是年，上城区调整区管后备干部数量比例，调整后，党外干部有30名，占比20%。2005年，区委统战部建立党外干部“人才信息库”，35名学历高、政治素质好的党外人士进入该库。是年，全区共提拔党外干部正处级1人、副处级1人，推荐2名党外干部在基层一线挂职锻炼。2006年3月，区委统战部与区委组织部共同制定《2006—2008年上城区党外干部队伍建设规划》。是年，全区实职副处级以上党外干部共计11人，民主党派成员中有54人担任各级人大代表和政协委员。

2011年9月—2012年1月，区委统战部完成新一届人大代表、政协委员推荐工作。在当选的197名十四届区人大代表中，党外代表人士（包含各民主党派代表人士）64人，占代表总数的32.5%；在推荐的180名四届区政协委员人选中，党外代表人士113人，占委员总数的62.8%。

2013年5月，上城区成立由区委副书记任组长的上城区党外代表人士队伍建设领导小组。5月，举行全区45周岁以下科级实职党外干部座谈会，强化同党外干部联系。是年，区委统战部联合区委组织部开展区管党外后备干部后备人选考察推荐，确定8名部门正职、2名街道班子、8名部门副职后备干部预备人选，报市委组织部、中共杭州市委统一战线工作部（市委统战部）备案，加强党外干部后备梯队建设。

2015年，上城区共提拔任用党外区管干部4人，交流到重要岗位4人。

三、党外知识分子工作

2007年11月，上城区党外知识分子联谊会[①]（简称区知联会）成立。2011年，区委统战部充实完善党外知识分子人才库。召开联谊会、理事会4次。2013年9月，区知联会与同济大学杭州校友会共同举办首届“上城·中行小微企业发展论坛”，企业家代表围绕金融危机下小微企业发展之路、企业视角看政府审批制度改革促发展、网络时代的企业创新管理等话题展开讨论。

2014年，区知联会开设“上城知联”微信公众号，建立会务公开制度，在杭州山南国际设计创意产业园设立活动之家，开展争创“知联之星”和“理事大走访”活动；重点打造“知联大讲堂”品牌，先后进学校、进园区开展宣讲；承办“五水共治·美丽上城”高峰论坛，组织“民族风情、宗教文化”主题摄影巡回展、登山比赛，着力打造“以人为本、以制为纲、我为知联、知联为我”的知联文化。是年，区知联会被评为浙江省优秀知联会。

2015年12月，区委统战部围绕坚持和发展中国特色社会主义学习实践活动和传达贯彻中央统战工作会议精神，组织开展首期无党派人士（知识分子）读书会，邀请中共浙江省委统一战线工作部知工处负责人做专题讲座。读书会采用“世界咖啡论坛”形式，引导学员围绕“无党派人士（知识分子）是什么、为什么、做什么”开展讨论。

① 上城区党外知识分子联谊会是由上城区各界高中级知识分子尤其以中青年无党派高级知识分子为主所组成的统一战线性质的联谊性、地方性、非营利性的社会团体。

四、民主监督

1993年，根据区委《关于坚持和完善共产党领导下的多党合作联系制度的实施意见》《关于区政府加强与民主党派联系的意见》文件精神，区委、区政府及相关职能部门聘请民主党派、无党派人士代表为区委、区政府特约监督员[①]和党风监督员。此后，上城区持续实行该制度。2014年，区委制定《中共杭州市上城区委办公室、杭州市上城区人民政府办公室关于加强和完善政府有关部门与民主党派、无党派对口联系制度的意见》，创新采取政府部门一对一向对口联系民主党派召开通报会机制。2014—2015年，区委统战部连续2年分别组织召开杭州市上城区人力资源和社会保障局向民进上城区基层委员会、区教育局向九三学社上城区基层委员会、杭州市上城区民政局向民建上城区基层委员会、杭州市上城区财政局向致公党上城区总支部委员会、杭州市上城区卫生和计划生育局向民革上城区总支部委员会、杭州市上城区住房和城市建设局向民盟上城区基层委员会、杭州市上城区市场监督管理局向农工党上城区基层委员会召开政情通报会。

五、党派联谊

1993年，区委统战部组织召开“迎中秋、庆国庆”中秋茶话会，邀请各民主党派、无党派代表人士、归侨、定居台胞和部分重点“三胞”参加座谈活动，强化区领导与党外人士联络联谊。会上，区领导向与会人士通报上城区经济建设和各项事业发展情况，并邀请代表做交流发言。区委统战部每年将该次活动作为党派联谊的重要机制。2008年4月，区委统战部举办纪念中共中央发布“五一口号”[②]60周年暨统战知识竞赛活动，全区各民主党派、工商联基层成员组成的8支代表队参加统战知识竞赛。

2011年6月，区委统战部举办以“重温历史·同心同行”为主题的全区统一战线各界人士庆祝中国共产党成立90周年座谈会，9名区领导与53名各民主党派成员的代表、非公有制经济代表人士、少数民族代表人士、宗教界代表人士、港澳台侨代表人士、区政协有关界别组织中的各方面代表人士参加座谈交流。

2014年，区委印发《关于建立区领导与区各民主党派结对联系制度的通知》《关于加强和完善政府有关部门与民主党派、无党派对口联系制度的意见》，明确和细化区四套班子主要领导、区委常委以及区各有关政府部门与区各民主党派之间的结对联系形式和要求。

① 特约人员对聘请单位及所属系统的工作负有民主监督、咨询、联络职责；协助聘请单位宣传贯彻党的方针、政策和国家的法律、法规以及上级机关的工作部署和决定；沟通和促进党和政府同人民群众的联系；对聘请单位的有关决策和专业性重大问题提供咨询、建议和意见；协助聘请单位加强依法行政和廉政勤政建设。

② “五一口号”：中国共产党中央委员会于1948年4月30日发布的纪念“五一”劳动节口号。

2015年12月，区委统战部在吴山广场开展“喜迎G20·统一战线同心同行”启动仪式暨绿色环湖骑行宣传活动，来自全区各民主党派、工商联负责人，无党派人士代表，民族宗教界、侨界代表100余人参加活动。

图18-8-7　2015年12月16日，区委统战部组织“喜迎G20·统一战线同心同行”启动仪式暨绿色环湖骑行宣传活动（区委统战部 供稿）

第二节　侨务和港澳台事务

一、服务工作

区台办、区侨办将服务侨资、台资企业及做好“三胞”及其眷属来信来访工作，定期看望走访重点“三胞”人员，帮助解决住房、户口、入学等实际问题等作为一项常规工作。1993年，区台办、区侨办做好侨台企业与内地牵线搭桥工作，共牵线项目22个，成功4个，总成交额63.5万美元。按条件办理12家侨资、台资企业的认定手续，上门走访台资、侨资企业7家。做好“三胞”及其眷属来信来访，上门看望走访重点“三胞”26人，共帮助解决住房、户口等实际问题6件。全年批准定居台胞1人，确定重点台属48人，接待探亲“三胞”137人。

2003年5月，区台办召开学习通报会，向近20名台属和定居台胞等统战成员传达市委统战部《关于发挥我市统一战线的优势和作用，做好非典型肺炎防治工作的紧急通知》。2004年，区侨办成功引进注册资金达1000万元的生物氧片制造项目。2007年10月，国务院台湾事务办公室和省政府组织浙江省台商在江苏省盐城市召开大型经贸洽谈会。上城区组织部分台商代表参加，共引进台资企业20家，注册资金2.13亿美元，占全区引进外资、港澳台资的22.73%。

2008年，区台办协助杭州市台湾同胞联谊会上城联络组通过多渠道、多方式开展常住台胞和定居台胞工作，组织理事、台胞学习中央文件，领会党的对台方针政策，促进海峡两岸交流交往。春节、中秋节组织台胞开展各种活动，加强与台胞间的联系。

2009年5月，区台办开展台资企业摸底调查。经调查，全区有台资企业22家，其中零售业5家、餐饮和食品业7家、娱乐业3家、其他类7家。台资企业投资重点是餐饮、食品及零售业服务行业，占全区台资企业总数的72.7%。是年，区侨办联合杭州市上城区归国华侨联合会（简称区侨联）以“双向服务”工作为载体，借助和依靠社区资源，全年为华侨、侨眷办实事150件次。2010年，区侨办联合区侨联探索建立“一链四定向”[①]为侨服务模式。区侨办全年联合街道、社区举办招聘会9场，技能培训12次，为侨界人士排忧解难192件次，为全区归侨、侨眷老人建立“一人一档”健康档案，全年组织各类活动51次。2012年7月，上城区发放首张台湾居民个体工商户营业执照。

2015年，区台办共走访慰问台属176户，发放慰问金（物）4.8万元；接待台胞台属咨询涉台事宜31件次，协助解决纠纷2件，为台胞台属排忧解难12件；开展台资企业调查，走访服务22家次。区侨办联合区侨联共受理归侨侨眷来访35件，来电75件，回复率100%。区侨办为10名华侨办理回国定居申报手续，解决华侨定居落户问题；帮助20户涉侨家庭办实事25件。

二、海峡两岸交流

文化交流　2001年3月，台湾海峡两岸释奠佾舞文化交流团的23名师生，参观访问杭州市娃哈哈小学。2002年7月，区教育系统邀请台湾基隆市武仑小学教师会一行20余人到杭州市胜利小学参观访问。2004年4月，台湾云林科技大学参观团36名师生，在省、市、区台办领导的陪同下，参观考察杭州娃哈哈集团有限公司。2007年5月，区台办组织50余名台侨界人士参观由杭州市台胞台属联谊会、杭州市档案局（馆）等联合举办的“台湾历史文化遗存展”。2008年8月，上城区邀请台湾岛屿创意文化事业有限公司《发现新大陆》摄制组一行5人到河坊街、王润兴饭店采访拍摄，并在台湾TVBS电视台播出。2010年8月，清波街道3户家庭与结对的高雄市14名家庭成员，签订《两岸社区结对协议书》，填写亲情联系卡，开展邻里大串门、共栽友谊树、特色街区行等活动。

2011年7月，上城区部分社区书记及居民家庭代表赴高雄市鼓山区裕兴里，参加以共同继承、弘扬中华民族优秀文化和传统美德为主题的邻里文化活动。8月，高雄、台北29名社区居民赴上城区参加为期5天的以“情牵邻里，和乐常伴”为主题的第二届“杭台邻里节”活动。清波街道柳翠井巷、清河坊和劳动路社区的3户家庭，小营街道小营巷社区3户家庭的居民代表和高雄、台北的居民一起游览西湖景区、栽种友谊树、交换亲情卡。2014年，区台办与区教育局共同组织2批青年教师共60人次赴台进行考察访问。7月，区台办联合杭州市人民政府台湾事务办公室在杭州市建兰中学举办杭台青年篮球友谊赛。

2015年，上城区9所学校与台湾9所学校签署校际结对意向书。4月，杭州市胜利小学师生一行13人到台北交流。6月，杭州市胜利小学

① “一链四定向”：建一个长效定向服务网络，开展定向捐岗、定向上门、定向帮扶、定向活动。

接待台北市25名师生，并进行交流。

经济交流　2005年，区台办接待由台湾科技经贸交流基金会等13家台资企业组成的台商经贸考察团一行26人到上城区参观考察清河坊历史文化特色街区，品尝、观赏太极茶道及茶艺表演。10月，由台湾科技经贸交流基金会、台湾顺风有限公司、台湾红鹰能源开发公司、台湾星报等13家企业组成的台商经贸投资考察团一行26人到上城区进行投资环境考察。

2007年10月，台湾物流协会、台湾加盟连锁协会、台湾金融协会、台湾商业总会、台湾观光协会等服务业协会组成的台湾现代服务业参访团到上城区考察交流。2008年8月，区台办邀请台湾南投县行政当局参访团到上城参观考察、交流工作。10月，区台办邀请参加中国杭州西湖博览会相关活动和考察杭州建设成就的国民党南投县党部参访团一行18人到上城参观考察。

2011年5月，区台办接待由《经济日报》《工商时报》等组成的台湾媒体采访团一行，考察杭州山南国际设计创意产业园并召开座谈会。8月，上城区接待台湾光阳工业股份有限公司、磐石投资顾问（上海）有限公司、新普科技股份有限公司等企业组成的“新动力创业投资基金项目考察交流代表团”一行17人，并举行交流座谈会。

2015年，区台办接待国民党南投县党部参访团、台湾南投县草屯镇蔬果产业工会一行16人。

第三节　非公有制经济工作

1993年，区委统战部支持区工商联开展非公经济代表人士工作，并开展调查研究，形成《上城区私营企业、个体工商户调研五篇》调研报告。1994年，区委统战部支持区工商联进行区政府《关于进一步促进个体、私营经济发展若干意见》贯彻执行情况的调查工作，登记非公有制成分会员94家（人），占会员总数的39%。

2003年5月，区委统战部会同区工商联开展非公有制企业走访，共走访杭州德裕拉链有限公司、杭州金星铜世界装饰有限公司等非公有制企业10余家，传达相关政策，听取非公有制企业代表意见建议。2006年，区委统战部会同区工商联在全区开展第二届优秀社会主义事业建设者评选活动①。

2007年5月—2008年10月，由区委统战部牵头，区委组织部、杭州市上城区总工会、杭州市上城区人民法院、杭州市上城区人民检察院等

① 详见第二十二篇民主党派与工商联第八章杭州市上城区工商业联合会第四节优秀社会主义事业建设者评选。

13家单位围绕政治态度、党团工会组织建设、资产收益率、资产负债率、参政议政、学习培训、社会公益、工商信用、纳税信用、环境保护、劳动保障、安全生产、个人遵纪守法、资信、劳动关系、安排就业16项指标，联合对58名非公有制经济代表人士进行综合评价。2008—2011年，区工商联组织开展和组织参加各类培训、论坛、讲座20余次，累计参加的非公有制经济人士近1000人次。

2015年5月，区委统战部、区工商联支持成立以年轻一代非公有制经济企业经营管理人员为主的上城区新生代企业家联谊会，首届大会成员67人，陈敏当选首任会长，李建滨当选常务副会长，许旭宇、李克良、周立钢、高俊顺等当选副会长。7月，上城区新生代企业家联谊会党支部成立，李建滨任支部书记。

第四节　民族工作

一、事务管理

1993年，区民宗局积极向市人大、市政协、市委统战部等多方呼吁解决杭州市回族穆兴小学教育用房问题，在市人大、市政协会议上形成重点议案、提案，最终扩地666.67平方米。

1996年，区民宗局严格落实党的少数民族政策，全年为少数民族群众办理补贴、住房、入学等实事6件。2003年，区民宗局开展辖区少数民族暂住人口调查摸底工作，全区办理暂住证的少数民族成员580人，涉及回族、满族、朝鲜族等10余个少数民族。2005年，区民宗局依据政策为18名群众更改民族成分。调查摸底全区44家清真拉面馆，逐一送达市工商、环保、卫生、民宗等单位开办“清真饮食店”基本条件告知书。

2009年，区民宗局协助、支持南星街道水澄桥社区创办上城区第一个以民族宗教工作为主题的宣传网页，宣传民族宗教政策，介绍南星区域内民族宗教资源，强化社区民族工作特色。2011年，上城区制定突发性事件指导性意见，加强对突发事件的管理。2012年，区民宗局按照“清权厘权、减权简权、确权制权”的要求，组织开展少数民族工作行政权力、责任清单的清理规范工作，对清理出的行政权力编制权力流程图，固化工作程序，确定保留行政权力20项，另有审核转报2项。

2013年，上城区制定《上城区民族宗教突发性事件指导性意见》，通过部门联动、矛盾纠纷处置联动、责任管理联动，进一步完善网络、明确职责。2014年，区民宗局建立完善流动少数民族人口动态信息数据库，发挥少数民族流出地与流入地协管作用。2015年，区民宗局全年妥善处理、有效化解涉及民族纠纷10余起。

二、联络联谊

区委统战部每年均组织“迎中秋、庆国庆”中秋茶话会，邀请少数民族代表人士参加座谈活动。1993年，区民宗局组织少数民族教师联谊活动，强化与少数民族代表人士联系。1995年，上城区举办区首届少数民族运动会[1]。2008年10月，区民宗局组织少数民族、宗教界代表人士参加杭州市民族宗教事务局举办的首届杭州市民族宗教系统趣味运动会2个单人项目、6个团体项目的全部比赛。

① 此后不再举办少数民族运动会。

2013年6月，上城区少数民族联谊会成立，有会员52人，少数民族成员13人；上城区少数民族文化艺术队、法律服务队、志愿者服务队3支队伍同时成立。会员按各人特长、意愿分别编入3支队伍，参与爱心社区行、上城志愿服务等特色服务活动。是年，区民宗局联合南星街道、南星街道美政桥社区共同打造七彩美政民族园，依托阵地开展少数民族特色文化活动。9月，上城区举办七彩美政民族园开园庆祝仪式，市、区领导为上城区少数民族同心室、上城区少数民族文化室和上城区少数民族文化艺术队、法律服务队、志愿者服务队授牌。

图18-8-8　2013年9月25日，上城区举行七彩美政民族园开幕式　（区委统战部 供稿）

2014年，上城区少数民族联谊会共组织全体活动3次，小组活动4次，召开理事会议2次，开展包括有少数民族特色的电影赏析、手工艺展示、美食品尝、便民服务等各类活动10余场。4月，杭州市回族穆兴小学举行一年一度的民俗文化节活动，并正式开放学校新建成的民族文化陈列室。陈列室中有民族服饰展示、民族文化展示、民族大团结的照片及大量介绍民族文化的书籍等展品。2015年2月，上城区少数民族联谊会年会召开，通报联谊会2014年主要工作。

第五节　宗教工作

1993—2015年，区民宗局每年联合消防、公安等单位组织开展场所消防安全检查不少于12次；每季度组织召开场所负责人例会，邀请宗教界代表人士参与党外代表人士读书会和培训交流，邀请参加由区领导参与的茶话会，加强与宗教界代表人士联络联谊，同时注重发挥教职人员及信教群众主动参与社会活动、公益捐赠、建设上城的积极作用。

一、制度制定及执行

1993年，区民宗局根据在全市开展宗教活动场所登记工作的要求，共登记发证5处。1997年起，区民宗局根据国家宗教事务局《宗教活动场所年度检查工作实施意见》，每年开展宗教活动场所年检工作。2005年，根据国务院《宗教事务条例》规定，不再对宗教活动场所进行年度集中检查。

2008年8月，区民宗局制定《宗教活动场所行为、安全管理要求》《宗教活动场所民主管理规范》《宗教活动场所财务管理规范》，为上城区宗教场所规范管理提供依据。2011年，区委统战部（区民宗局）制定《上城区民族宗教工作三级管理网络、二级责任制意见》，加强基层民族宗教工作区—街—社区管理网格建设；组织宗教界人士例会4次，依法加强宗教队伍管理、场所安全、突发事件防范、违法传教查处。2013年，区委统战部（区民宗局）制定《关于建立和完善民族宗教工作“三级网络两级责任制”的意见》，从加强领导、明确街道与社区两级工作职责、建立健全工作信息网络三个方面对落实“三级网络两级责任制”作出细化规定。

二、服务管理

1993年，区民宗局协助做好宗教房产落实工作。1996年，区民宗局落实杭州市集中开展反对封建迷信、制止非法建造寺观教堂等专项治理工作的要求，对乱占土地、乱搭乱建及妨碍社会秩序的寺观教堂、小庙香火点进行整治。全年共审理非法宗教活动点6起。1998年，区民宗局协助完成鼓楼堂拆迁、闸口基督教聚会点的落实等工作。

2003年6月，区民宗局召开宗教活动场所负责人会议，组织汇报各宗教活动场所年检自查小结。9月，区民宗局召开宗教活动场所负责人会议，布置“开展2003年度宗教活动场所管理月”活动，区民宗局与各场所负责人共10人参加会议。2004年，区民宗局结合“平安上城”创建工作，建立区、街道、社区三级宗教工作网络。2005年，区民宗局分别组织街道分管副书记、统战干部开展学习会与社区工作者辅导报告会，组织宗教活动场所负责人和教职人员专题培训会，学习《宗教事务条例》。2009年5月，区民宗局配合市民宗局围绕上城区基督教相关问题、民族政策执行情况以及外来少数民族管理服务3项内容进行调研。9月，配合南宋御街·中山中路的改造与开街，协调凤凰寺、鼓楼堂的环境布置、宗教活动。5—12月，根据杭州市“和谐寺观教堂建设活动”的要求，上城区建立领导小组，提出创建目标，进行工作指导。

2010年，区民宗局规范寺庙民主管理和财务管理制度，改善栖云寺、基督教闸口聚会点、南星聚会点的硬件设施，全面更新装修场所环境，重新购置法物圣器。2012年，区民宗局经与电力部门进行专题研究，为栖云寺的山上道路安装路灯。9月，杭州市上城区宗教管理工作领导小组成立，区委副书记担任组长。2013年，围绕宗教教风建设，上城区开展区“五好”宗教场所和“五好”教职人员创建评比活动，白云庵和基督教南星聚会点负责人朱婷珍分别被评为区级“五好”宗教场所和“五好”教职人员。

2014年，区民宗局与浙江大学合作完成《杭州市上城区宗教文化遗迹调查与保护现状研究》的宗教课题，对辖区内的45处宗教遗迹（其中，全国重点文物保护单位5处、省重点文物保护单位4处）的保护利用情况、存在的问题和下一步工作对策作调查研究。12月，市民宗局将凤凰寺、鼓楼堂、思澄堂3处宗教活动场所管理权移交区民宗局。

2015年，区民宗局与杭州市玉皇山南综合整治工程指挥部等部门沟通协调，将大资福庙主殿及西厢房移交给杭州市道教协会管理使用，同时筹备设立宗教活动场所——杭州市道教协会大资福庙，打造上城区道教正行正信的展示窗口，通过讲座、交流挖掘发扬道教文化。是年，经市民宗局批准，上城区设立道教活动场所大资福庙。

三、公益活动

1994年，区民宗局全年组织宗教界代表人士开展上街为民服务10次，并开展慰问敬老院活动。2003年，区民宗局组织宗教界人士开展"我为小康作贡献、捐资助学促发展"活动，资助上城区5名特困学生每人500元。2010年，区民宗局支持各宗教活动场所积极参加青海玉树抗震救灾祈福募捐活动，白云庵参加当地的救灾志愿活动，捐赠价值10万元的药品、帐篷和食物。

2013年，区民宗局引导、开展宗教界认购公益项目活动，市属宗教场所杭州基督教思澄堂和3家区级宗教活动场所出资5万元，认购小营街道小营巷社区"我的兄弟姐妹"和紫阳街道北落马营社区"光影社区"老年人精神关爱服务等公益服务项目。2014年，区民宗局牵线净慈寺和清波街道结对打造"宗教慈善周"，关爱和帮助社区行动不便或独居、空巢的高龄老人。

2015年，区民宗局引导宗教界开展社会服务，开展"宗教场所慈善进社区"工作。凤凰寺开展向环卫工人送爱心拉面活动，白云庵坚持为敬老院送米、送油，并筹集善款2.5万元为尼泊尔地震灾民购买物资。

第九章　政策研究

1978年起，上城区在社会经济和各项事业的建设中，改革、发展、稳定的任务十分繁重。由于正值社会转型时期，上城区经济建设和社会各项事业发展较快，但深层次矛盾日益暴露，各种新情况、新问题不断出现。在新形势下，区委深入开展调查研究，探索热点、难点问题，理清思路，提出对策，实现正确决策。

1996年7月，区委办公室增挂政策研究室牌子。1999年初，区委围绕全区中心工作，确定科技创新、企业改革、依法治区、三产兴区、招商引资、党建、文化、卫生事业8个重点课题，由区四套班子领导牵头，开展调查研究分析，撰写调研报告。2000年起，区委每年根据全区发展实际情况，围绕全区发展大局，确定调研重点，把调查研究作为决策参谋服务的重要抓手。

2007年11月，区委印发《关于进一步加强政策研究工作的实施意见的通知》，要求对全区政治、经济、文化、民生、城建、党建以及意识形态等方面的方针、政策问题专题开展调查研究。区委办公室、区人大常委会办公室、区政府办公室、政协杭州市上城区委员会办公室（简称区政协办公室）联合行动，组织人员撰写来自实践、来自第一线的若干较高质量的调研成果。《以格林尼治为标杆全力打造私募金融集聚区——玉皇山南基金小镇发展现状及建议》获2013—2014年度浙江省党政系统优秀调研文章三等奖、杭州市2014年度党政系统优秀调研文章二等奖。1999—2015年，全区内部发行《上城调研》15册，收集调研文章532篇。

第一节　资政研究

1993—1998年，围绕改革开放新时期上城区取得的成果及出现的问题，全区进行一次大调查、大研究，形成《我区工业结构调整的思考》《上城区商业发展的战略思考》《非公有制经济在全区未来改革和发展中的地位与作用》《我区群众文化事业跨世纪发展的展望与对策》《上城区医疗卫生事业发展定位》《文明社区建设的特色、功能与前瞻》《前沿冲击站——娃哈哈十一年改革创业实践回眸》等课题。

1999年，区委围绕科技创新、招商引资、企业改革、三产兴区、依法治区、文化事业、卫生事业、党建8个重点方面，开展调查研究，完成《全面提高创新能力，迎接知识经济挑战》《关于对我区招商引资工作的认识和思考》《关于加快我区集体企业改革的思考》《开拓三产兴区新天地》《以“三五”普法验收为动力，深入推进依法治区》《关于进一步加快我区文化事业发展的调查和建议》《大力推进社区卫生服务，全面发展我区卫生事业》《关于我区党的建设状况调查与分析》等资政课题，探讨20世纪90年代上城区经济建设和社会各项事业快速发展的经验，研究逐渐暴露出来的深层次矛盾，理清思路，提出对策。

2000—2005年，区委、区政府指导完成《抢抓世纪机遇，建设精品城区》《突出发展意识，加快结构调整，再创上城工业经济新优势》《加快发展私营经济，构筑经济增长新平台》《新形势下加强招商引资工作的对策研究》《加快和深化商业特色街建设的对策与思路》《上城区服务业发展状况及思考》《区属规模工业企业的现状、问题及对策思考》等资政课题。2001年，区委成立专门课题组，完成课题《上城区商贸旅游经济发展情况调查及思考》，提出围绕建设现代化商贸城区目标，发展三产服务业，不断调整经济结构，形成经济发展新优势。同时，区委完成《坚持党的领导，促进民主法制建设》《区级党政机构改革中应注意的问题与建议》《上城区政协民主监督的实践与思考》《关于提高代表视察效果的几点思考》等课题，不断完善政治建设；完成《市场经济条件下加强城市社会治安综合治理问题的探讨》《创建“平安上城”面临的新情况及对策思路》《创建省级示范文明城区存在的问题与对策》《打造“数字城管”，提升管理效率》《以“一册三网”为载体，实现“5A”社区服务新目标》等课题，围绕建设首善之区、精品城区的要求，指导加大旧城改造力度，创新社区建设；完成《上城区社区党建工作状况的调查与思考》《认真学习贯彻党的十六届四中全会精神，大力加强全区领导班子和干部队伍执政能力建设》等课题，围绕建设高素质干部队伍目标，指导推进党的建设新进展。

2006—2010年，区委、区政府致力于打造“具有国际水准的高品质中心城区”。组织开展资政课题《做大做强“小”城，做优做精“老”城，努力打造具有国际水准的高品质中心城区》《解放思想，彰显优势，全力推进高品质中心城区建设》等的调研。2008年9月，为纪念改革开放三十周年，区委党史研究室撰写课题《上城区改革开放三十年来党建工作回眸》，从思想建设、组织建设、作风建设、制度建设和反腐倡廉建设五大方面，反映中共十一届三中全会以来上城区党建工作的探索和发展情况。

2011—2015年，区委、区政府围绕经济、政治、文化、社会、党组织建设等发展方向，完成《上城区城市功能与产业形态升级的对策思考》《以格林尼治为标杆，全力打造私募金融集聚区》《上城区发展电子商务产业对策研究》《基层协商民主在上城的实践与思考》《打造“阳光司法”，推进司法公平》《发展文化事业、壮大文化产业，努力建设文化强区》《加强我区历史文化街区保护利用的调研》《上城区宗教遗址调查报告》等课题。其间，区委党史研究室多角度进行调查研究，撰写《上城区基层民主建设的特色分析》《以纪念馆建设为契机，提升党史宣教工作》《上城区红色旅游发展模式的分析研究》《“红巷精神”的形成和发展研究》《政府管理与公共服务标准化创新实践》《科学发展、智慧增长，用“两山论”指导现代化美丽上城实践》等课题，紧扣时代主题，服务大局，发挥资政作用。

第二节 调研机制

1993年起，区委强化调研工作职责，加大基层调研力度，健全调研工作机制。2007年11月，区委印发《关于进一步加强政策研究工作的实施意见的通知》。区委办公室、区人大常委会办公室、区政府办公室、区政协办公室联动开展“大调研”活动。每年年初由区委办公室牵头成立调研组，走访若干部门和街道，收集、整理各单位贯彻落实上级会议精神、全面深化改革、五年规划落实等方面重点课题的选题和思路谋划，明确牵头领导、领办或联动部门、调研时间。区委、区人大、区政府、区政协加强对各部门的协调整合，并建立全区政研联席会议制度，对全区重大政策研究工作和活动进行统筹安排，建立区、部门（街道）、部门内部的三级政策研究工作网络，完善联动响应、联动督查、联动分析和联动考核机制。

1993—2015年，区委积极发挥区各职能部门、区人大代表、政协委员的作用，凝聚整合区各民主党派、工商联、无党派人士、人民团体的智慧力量，并与中共浙江省委政策研究室、中共杭州市委政策研究室、杭州市城市品牌工作指导委员会办公室、其他地区政策研究部门密切联系，听取中共浙江省委党校（简称省委党校）、市委党校、高等院校、专家智库的意见建议，推进上城区政策研究工作的科学化、规范化、系统化建设。

第三节 调研成果

一、文件报告

1993—2015年，区委办公室承担区委主要领导各类会议、活动讲话稿，中共杭州市上城区第五、六、七、八、九次代表大会以及届中历次区委全会报告的起草，同时牵头区相关部门完成上城区“九五”“十五”“十一五”“十二五”规划建议、上城区深化改革重点实施项目，以区委名义制定《关于强化党建统领巩固政权基础创新基层社会治理的意见》《上城区人民政府职能转变和机构改革方案》《贯彻落实习近平总书记重要讲话精神区领导专题调研课题分工方案》等政策文件等。

图18-9-9 《上城调研》

（黎颖 摄）

二、《上城调研》

1999年，《上城调研》文集由区委创办，内容涉及企业改革、产业升级、城建城管、社情民意、社会管理、机关作风建设、文化建设、平安创建、园区建设等多方面，内部出版。至2015年末，《上城调研》内部出版15册，收集调研文章532篇。区委办公室及时整理《上城调研》的建议，吸收进中共杭州市上城区历次代表大会、人民代表大会、政治协商会议以及区委全会等重大会议报告的起草工作中。

表18-9-15　1999—2015年上城区部分调研课题分类情况表

序号	课题分类	时间	课题名称
1	经济工作课题	1999	《全面提高创新能力 迎接知识经济挑战》
		1999	《开拓三产兴区新天地》
		2001	《上城区商贸旅游经济发展情况调查及思考》
		2005	《做强湖滨商圈的几点思考》
		2008	《大力发展楼宇经济 着力提高亩均税收》
		2010	《关于上城区发展都市型工业若干问题的探讨》
		2014	《以格林尼治为标杆 全力打造私募金融集聚区》
2	民主工作课题	2002	《深入开展“四五”普法和依法治理工作的思考》
		2003	《依法推进社区民主自治 建设小康社会型社区》
		2004	《上城区政协民主监督的实践与思考》
		2004	《树立和落实科学发展观 建立新型政府服务体系》
		2013	《基层协商民主在上城的实践与思考》
3	文体工作课题	2003	《建设人文上城的理论思考与实践探索》
		2005	《创建省级示范文明城区存在的问题与对策》
		2006	《保护历史名城风貌 改善居民群众生活》
		2009	《上城区文化创意产业现状及对策初探》
		2013	《“邻里价值观”建设的实践与思考》
		2015	《上城旅游文化品牌现状、问题及对策分析》
4	城建工作课题	2000	《抢抓世纪机遇 建设精品城区》
		2005	《打造“数字城管” 提升管理效率》
		2007	《做大做强小城 做优做精老城 努力打造具有国际水准的高品质中心城区》
		2008	《构筑生活品质国际体验区的研究报告》
		2008	《着力提升高品质中心城区住宅小区管理水平》
5	民生工作课题	1999	《关于争创教育强区的调查报告》
		2000	《加快实现社区服务产业化 促进我区经济可持续发展》
		2004	《创建“平安上城”面临的新情况及对策思路》
		2007	《聚焦初中 促进我区初中学校均衡优质发展》
		2013	《构建复合治理平台 创新基层社会治理体制》
		2014	《上城区打造“全能型”社工的实践和思考》
		2014	《上城区打造“健康医疗城”的途径研究》

续表 18-9-15

序号	课题分类	时间	课　题　名　称
6	党建工作课题	1999	《实施1+2工程 充分发挥居民区党支部的核心作用》
		2001	《上城区社区党建工作状况的调查与思考》
		2005	《巩固党员先进性教育成果 完善党员教育管理长效机制》
		2007	《关于积极推进我区反腐倡廉建设的若干思考》
		2014	《与时俱进 开拓创新 扎实推进基层服务型党组织建设》
		2015	《从“+互联网”到“互联网+”：创新平台和思维做强基层党建》

说明：资料来源于中共杭州市上城区委办公室

三、《上城信息·调查研究》

2013年，为增强决策信息辅政效能，《上城信息·调查研究》期刊由区委创办，在全区内部不定期发行。至2015年末，共发行47期。该刊物信息主要来源为区领导领衔调研重点课题，区直各部门、街道重点课题，人大政协和民主党派重点课题，以及借助专家智囊团、省内外高校等合作平台开展的联合调研课题等。其中，《推进行政管理与公共服务创新的积极探索——杭州市上城区行政管理与公共服务标准化工作调研》等调研文章在中央、省市刊物刊发或得到上级领导批示。

表 18-9-16　2013—2014年《上城信息·调查研究》部分调研课题情况表

序号	刊　　号	课题名称	课题成员	转发及批示情况
1	2013年第1期	推进行政管理与公共服务创新的积极探索——杭州市上城区行政管理与公共服务标准化工作调研	中共中央党校中青班第34期学员课题组	中共中央党校《理论动态》第1964期刊发
2	2014年第6期	旧厂房旧仓库到全国最佳创意产业园的“山南”路径	区委办公室、政研室课题组	杭州市委《决策参考》(2014年第11期）专题刊发；区委书记缪承潮专题批示
3	2014年第15期	“东方品质体验区、幸福和谐示范区”背景下上城区发展战略研究	杭州市发展研究中心、市品牌办、区委政研室、区品牌办	区委书记缪承潮专题批示
4	2014年第17期	走向“智慧治理”——上城区社会治理体制创新的经验启示	省委党校课题组、区委办公室	省委副书记王辉忠、区委书记缪承潮专题批示
5	2014年第19期	推进地方政府治理体系和治理能力现代化的有效路径——杭州市上城区政府管理与公共服务标准化实践的经验启示	省委党校课题组	省委副书记王辉忠专题批示
6	2014年第26期	加快基金小镇建设 打造杭州经济重镇	市委政研室课题组	省委常委、市委书记龚正专题批示
7	2014年第27期	杭州市上城区社会组织建设创新示范取得积极成效	省委政研室	《浙江政研》（专报第87期）刊发；区委书记缪承潮专题批示
8	2014年第34期	上城区以“三社”模式扶持社会组织成长的经验值得推广	浙江工商大学公共管理学院副教授徐珣	浙江省《公共政策内参》第14298期刊发；副省长熊建平专题批示

说明：资料来源于中共杭州市上城区委办公室

四、重大课题

区委办公室与省委党校、中共浙江省委政策研究室、中共杭州市委政策研究室、浙江大学等上级政研机构和高校等合作，联合开展重大课题研究，为上城区的发展提供智力支撑。2004—2015年，共开展合作19次。

表18-9-17　2004—2015年上城区与外部政研机构合作调研课题情况表

序号	课　题　名　称	合作单位	完成时间
1	建设旅游休闲商务区　打造杭州RBD	新闻媒体、专家学者、省市职能部门、有关企业	2004-02
2	科学执政、和谐发展与城市人文生态的保护	中共中央党校	2006-08
3	杭州发展文化创意产业研究	中共杭州市委宣传部	2007-08
4	杭州市上城区推进国际化的调研与思考	浙江工商大学	2012-04
5	杭州市上城区城区品牌提升三年计划（2012—2014）	杭州市城市品牌促进会	2012-06
6	杭州上城坊巷结构保护的理论探索与实践体会	杭州钟晓文化策划有限公司	2013-03
7	上城区居家服务无忧在线平台研究（后期）	浙江财经学院	2013-03
8	杭州市上城区南宋历史文化遗存保护现状与建议	浙江大学	2013-03
9	政府管理与公共服务标准化创新研究	浙江大学	2013-05
10	党的执政方式科学化与公共事务治理模式创新——基于杭州市上城区城市复合联动治理的经验研究	中共浙江省委党校公共管理教研部	2013-07
11	中国城市区级政府社会管理创新——杭州市上城区的实践	清华大学（公共管理学院）	2013-07
12	旧厂房旧仓库到全国最佳创意产业园的“山南”路径	中共杭州市委政策研究室	2013-08
13	杭州市上城区宗教文化遗迹调查与保护现状	浙江大学	2013-12
14	上城区平安365智慧治理体系研究	浙江财经大学	2014-08
15	2014年杭州上城区居民幸福感测评	杭州西美商务咨询有限公司	2014-11
16	杭州市上城区社会治理与依法行政研究	浙江工商大学	2015-02
17	进一步发挥社会组织在社会治理中的作用的思考	中共杭州市委政策研究室	2015-03
18	上城区信息高新产业规划	北京睿信致成管理顾问有限公司	2015-04
19	杭州市上城区城区品牌提升三年计划（2015—2018）	杭州市城市品牌促进会	2015-08

说明：资料来源于中共杭州市上城区委办公室

第十章　老干部工作与关心下一代工作

1982年2月，中共中央建立老干部退休制度，区委把老干部工作列入议事日程。上城区老干部阅读文件、听报告、参加会议等各项待遇得到落实。1984年，区委老干部局成立。区委老干部局组织开展各种形式的理论学习教育活动、文体活动，做好老干部生活服务与医疗保健工作，通过办实事、走访慰问、居家养老项目的落实，保证他们老有所养、老有所医、安度晚年；贯彻落实老干部易地安置政策，了解和协助处理易地安置老干部落实"两项待遇"。1991年，杭州市上城区关心下一代工作委员会（简称区关工委）成立，日常办事机构办公室设在区委老干部局，并建立区、街道、中小学（社区）三级网络，开展青少年关心培养教育工作，充分发挥"五老"[①]的模范作用。

1993年，上城区积极落实老干部政治待遇和生活待遇，办好老年大学，同时做好关心下一代工作。1996年，杭州市上城区老干部活动中心（简称区老干部活动中心）成立，组织区老干部外出观看祖国改革开放带来的新面貌，观看杭州城市新变化，观看上城区新气象，组织各种比赛活动。2002年5月，区关工委在全区范围内开展上城区第一届"奋飞奖"评选活动，对成绩优异的寒门学子授予奖学金。2007年，杭州市上城区老年大学（简称区老年大学）被中共浙江省委老干部局（简称省委老干部局）授予浙江省规范化建设示范学校称号。2008年起，区关工委每年7月在全区开展以"关爱明天、普法先行"为主题的普法宣讲活动，加大对青少年普法教育的宣传教育力度。2011年，区老干部活动中心各项建设通过省委老干部局的考核验收，被评为省级"满意家园"。2015年，区委老干部局扎实推进老干部工作和关心下一代工作，发挥老干部"自我教育、自我管理、自我服务"功能，动员老干部参加关心下一代工作。

① "五老"：老干部、老战士、老专家、老教师、老模范。

第一节　组织机构

一、中共杭州市上城区委老干部局

见本篇第三章组织机构第三节区委工作机构及直属单位。

二、杭州市上城区老年大学①

1996年9月，杭州老年大学上城分校搬迁至区老干部活动中心。2004年10月改为现名。2005年3月，区老年大学成为全民所有制事业单位，为独立事业法人单位，主要职能是组织离退休老同志再学习。2007年12月，被省委老干部局授予“浙江省规范化建设示范学校”称号，2012年11月，被省委老干部局评为“省级教学管理先进学校”。至2015年末，机构与职能未有变化。

① 1988年9月，杭州老年大学上城分校成立，由区委老干部局管理，暂借青年路东平巷3号上城区少年宫教室上课。

三、杭州市上城区老干部活动中心

1996年6月，区老干部活动中心成立，是区委老干部局所属的非编制性的活动场所，地点后市街111号。2005年3月，上城区离退休书法协会、上城区离退休钓鱼协会、上城区离退休游泳协会、上城区离退休棋类协会相继成立，由区老干部活动中心负责管理。至2015年末，区老干部活动中心未有变化。

四、杭州市上城区关心下一代工作委员会②

2002年，杭州市上城区关心下一代工作委员会办公室成立，为区关工委日常办事机构，办公室设在区委老干部局，由区委老干部局副局长担任办公室主任。主要职责是负责区关工委确定的工作任务的组织实施和检查督促，联系有关部门关心培养教育下一代的工作等。至2015年末，全区共建有区、街道（区教育局）、社区（企业）三级关工委146个。

② 1989年6月，在区委老干部局的倡导下，杭州市上城区老干部关心下一代协会成立。7月1日，杭州市上城区老干部关心下一代协会成立大会召开，随后各街道成立关心下一代协会小组。1991年6月，为更好地发挥关心下一代组织作用，推动青少年教育工作开展，杭州市上城区关心下一代工作委员会建立，主要职责是开展青少年教育工作。区关工委领导班子由顾问、名誉主任、正副主任和委员43人组成。1992年，区各街道和杭州市上城区教育局分别建立关心下一代工作委员会。

第二节　政策待遇落实

1993年初，区委老干部局负责服务、管理的离休干部共228人，其中，上城区离休干部156人，易地安置72人。上城区156名离休干部之中，抗日战争时期参加革命的老干部67人，解放战争时期参加革命的老干部89人；享受地、师级政治、生活待遇的老干部6人，享受县团级及以下政治、生活待遇的老干部150人。2000年7月，由区教育局负责服务管理的53名离休干部，统一由区委老干部局负责服务管理。至2015年末，全区实有离休干部148人。

一、政治待遇落实

政治学习教育 区委老干部局结合党和国家重大会议、重要政策的贯彻以及省市区重要任务部署，组织全区离休老干部参加政治理论学习。1993—2001年，区委老干部局组织全区老干部学习中共第十四次全国代表大会精神，中共十四届三中、四中全会精神，《邓小平文选》第三卷，中共第十五次全国代表大会精神，“三讲”教育、“三个代表”重要思想等内容。

2002—2011年，全区老干部重点学习中共第十六次全国代表大会精神、中共杭州市第九次代表大会精神、“科学发展观”、杭州市“十一五”发展规划、社会主义荣辱观、中共第十七次全国代表大会精神等。

2012—2015年，区委老干部局组织全区老干部重点学习中共十七届六中全会精神，中共第十八次全国代表大会精神，中共十八届三中、四中、五中全会精神，参加“三严三实”教育。

参加政治和社会活动 在全区性的重大庆祝活动、纪念活动期间，区委老干部局均邀请老干部参加。1995年，区委老干部局组织全区离休干部参加“庆祝抗日战争和世界反法西斯战争胜利50周年纪念大会”，区委书记、区长等领导为64名参加抗日战争的离休干部颁发纪念章。2009年，区委老干部局组织“纪念杭州解放60周年”图片展览活动，为离休干部颁发“杭州解放60周年”纪念章。2011年，区委老干部局组织老干部参加“建党90周年‘学党史、知党恩、颂党情’‘八个一’系列活动”，即一次唱响红歌活动、一次书画展活动、一次党史知识有奖答题活动、一次“与党同呼吸、共命运、心连心”征文活动、一次观看红色电影活动、一次参观学习爱国主义教育基地活动、一次上党课活动、一次表彰大会。

2015年，区委老干部局联合区委组织部、杭州市上城区档案局开展“红色典藏”行动，通过老同志口述、执笔人员记录的方法，采集区48位离休老同志的红色经历，于9月末出版《光辉岁月》一书。

政情通报 为使老干部能够及时了解区情，中央、省、市大政方针，重要文件精神，区委老干部局建立政情通报制度。1993—1994年，区委老干部局每月一次集中传达文件和通报情况，重点通报省市重大会议精神、全区政治经济和其他事业发展情况。1995年起，区委老干部局每年邀请区领导向老干部通报情况并形成制度，每年固定4次，通报内容涵盖上城区政治、文化、民生、城区建设、教育卫生等方面。2006年，区委老干部局召开情况通报会，向全区老干部传达中共十六届六中全会精神、“十一五”规划和主要工作思路。2015年，区领导向老干部通报玉皇山南基金小镇打造、拆迁安置工作、党风廉政建设、民生工作等内容。

二、生活待遇落实

工资福利　1993年1月起，上城区每月向全区离休干部增发生活补贴10元。是年3月起，上城区向企业离休干部增发生活补贴，红军时期每人每月40元，抗日战争时期每人每月35元，解放战争时期每人每月30元，由各企业落实。调整企业离休干部的书报费，由每人每月8元提高至每人每月12元，与行政事业单位离休干部的标准一致。是年7月起，上城区给予全区离休干部生活补贴每人每月50元；离休干部交通费由12元提高至15元。8月起，调整企业离休干部洗理费，由每月8元提高至15元，与行政事业单位离休干部的标准一致。

1995年，区委老干部局根据市委协调会议精神，落实享受地专级待遇离休干部的电话费问题。1997年6月，全区企业离休干部“两费”（离休费、医药费）由上城区社会保障部门统一管理和发放。是年，上城区离休干部公用经费由每人每年500元提高至600元，特需经费由每人每年150元提高至300元。1997年5月1日起，县处级及县处级以下离休干部交通补贴费由每人每月15元调整至25元。2002年1月1日起，上城区离休干部的特需经费由每人每年300元调整至500元。

2011年8月，区委老干部局指导民政部门发放相关费用。离休干部死亡，发放一次性抚恤金；老干部病故，发放上一年度全国城镇居民人均可支配收入的2倍加老干部生前40个月基本工资或基本离退休费。

2013年，上城区离休干部的公用经费调整为每人每年2000元，主要用于离休干部的学习、活动和医院看望等。至2015年，未有变化。

1993—2015年，上城区离休干部的护理补贴标准随着生活水平的提高而有所增加。至2015年未有变化。

表18-10-18　1993—2012年上城区离休干部护理补贴费标准情况表

单位：元/人

执行时间	护理补贴费标准				
	红军时期	抗日战争前期	抗日战争后期	解放战争时期	因公致残和由于瘫痪等原因造成生活完全不能自理
1993-04	—		—		除按规定发放51元护理费外，再增发80元护理补贴
1993-07	100（年龄70岁）		100（年龄75岁）		
2000-08	200	160	130	100	300
2005-06	300	260	230	200	600
2007-08	800	260	230	200	600
2008-01	800	650	580	500	900（包含生活完全不能自理和85周岁以上离休干部两类离休干部）
2012-01	900				

说明：资料来源于中共杭州市上城区委老干部局

实事项目　1993年在上城区旧城改造过程中，区委老干部局经过多方协调，为6名老干部解决住房过渡问题。是年，上城区住房制度改革措施实施，对各个时期参加革命的老同志房租增收部分（即净增部分）给予减免的补贴优惠：红军时期参加革命的给予100%补贴，抗日战争前期（1942年末以前）参加革命的给予70%补贴，抗日战争后期参加革命的给予60%补贴，解放战争时期参加革命的给予50%补贴，并免交住房保证金（已交纳的退还本人）。

1995年，区委老干部局为全区离休干部办理杭州市全年公园票和老年人乘车优待证。1999年，区委老干部局在区政府大院旁设立老干部理发室，坚持每周免费为老干部服务。2004年，杭州市关于事业单位离休干部纳入“两费”统筹的决定实施后，区委老干部局与相关部门取得联系，使全区自收自支、差额拨款事业单位的14名老干部均纳入杭州市社保“两费”统筹。2006年，区委老干部局建立离休干部困难补助专项基金，用于对离休干部因病或突发性事件而导致生活困难的补助。该经费由杭州市上城区财政局列支，由区委老干部局严格管理使用。

2009年，区委老干部局为14名杭州市区企事业单位离休干部解决专项用房符合新建房配售的历史遗留问题。2010年，区委老干部局给予重病、生活困难离休干部及老干部遗属困难补助近15万元。2011年，区委老干部局为有特殊情况需特殊照顾的老同志补办经济房手续。至2015年，区委老干部局持续为全区离休干部办理实事项目。

走访慰问 1993—2006年，区委老干部局走访慰问的对象以生活困难老干部、生病住院老干部为主。其间，走访慰问老干部约700人次。随着老干部普遍进入“双高期”（高龄、高发病），2007年元旦、春节、高温期间，区委老干部局走访慰问老干部遗属，重病、住院、生活困难、部分易地安置老干部，全体机关老干部，全区离休支部书记等，全年对20名老同志进行困难补助。2008年起，区委老干部局创建“六必访”[①]制度，全年慰问60名离休干部，对23名离休干部进行困难补助。2013年，区委老干部局走访慰问85周岁以上离休

图18-10-10　2015年，区委老干部局工作人员走访慰问离休干部（区委老干部局 供稿）

① “六必访”制度：重大节日、生病住院、家有变故、严寒酷暑、生活困难、思想问题出现必访。

干部75人，看望生病住院老干部91人，走访遗属13人次。

2015年，区委老干部局走访慰问离休干部120人，走访住院老干部36人。配合区四套班子领导走访离退休四套班子老领导29人，走访老红军、老干部遗属15人次。

居家养老　2009年4月，区委老干部局筹备杭州市上城区离休干部居家养老服务工作领导小组的成立工作，制定工作方案和各项规章制度。5月下旬，杭州市上城区离休干部居家养老工作领导小组成立，并召开会议，办公室设在区委老干部局。5月末，区委老干部局举办居家养老助老员培训班，讲解离休干部政策法规及有关居家养老的工作规范，邀请杭州市上城区民政局、杭州市上城区卫生局人员对居家养老服务人员做业务辅导和专业知识培训，参训人员30余人。6月，区委老干部局在对近900名离休干部（含上城区、市属及其他区居住在上城区的离休干部）全面调查摸底、多层面召开座谈会、走访相关单位、广泛征求意见的基础上，上城区离休干部居家养老服务工作全面推开。8—9月，区委老干部局拨付离休干部居家养老学习工作、助老员经费累计25.65万元。

2010年，上城区离休干部居家养老服务工作依托社区资源，结合老干部实际情况，让离休干部“就近学习、就近活动、就近服务、就近发挥作用”，形成以家庭为主体，街道、社区为依托，老干部局和区有关部门为枢纽“四位一体”的服务网络。2011年，区委老干部局明确街道、社区、助老员工作职责，制定专项经费使用管理办法、星级助老员评比考核等制度。2012年，区委老干部局根据省委老干部局要求，在市、区依托社区资源向省属老干部延伸服务。

2013年，区委老干部局托管服务的居住在上城区区域范围内的老干部总计700余人，其中，上城区离休干部171人。以居家养老“四就近”服务为依托，提升助老员队伍上门服务的质量，开展助老员服务培训3场次，经验交流会4场次。2014—2015年，区委老干部局持续推进居家养老工作模式。

服务保健　1993年，上城区进行医疗费用改革，全区离休干部（含企业离休老干部）医疗费实行实报实销。区委老干部局每年均组织老干部开展体检疗养工作，全年组织150名离休干部进行体检，组织35名离休干部赴建德疗养。1994年，区委老干部局在杭州市上城区中医院设立4间老干部病房，解决老干部住院难问题。1995年，区委老干部局组织30名老干部到五云山疗养院疗养，疗养费从300元增加至400元。2004年，区委老干部局组织全体离休干部、退休区级老领导、退休县（团）职干部在富阳新疆疗养院进行10天的体检休养。2006年，51名享受县处级待遇的离休干部的医疗用药和住院床位费参照市同级保健干部标准。2007年，区委、区政府解决5名企事业离休干部的医疗用药和住院床位费参照市同级保健干部标准。2008年，区委老干部局为5名解放战争时期参加革命工作老干部的无固定收入配偶统筹解决医疗费用。至2015年，区委老干部局持续开展老干部体检疗养工作。

第三节 离退休党支部建设

1993年，全区有离休支部15个。此后，因机构改革、相关街道、部门老干部数量变化等原因，离退休支部逐步合并。至2015年末，全区有离休支部9个，离退休混编支部65个。

一、组织设置

上城区离退休党支部根据就近、自愿、方便的原则进行设置。党员老干部3人以上的单位，建立老干部党支部；党员老干部人数在3人以下的单位，编入本单位或本系统的其他党支部，或征得本人同意编入居住地（街道或乡镇）党支部；党员老干部易地安置的，编入居住地（街道或乡镇）党支部或接收单位老干部党支部。党员老干部不论原职务高低，均编入党的一个支部，按规定参加党的组织生活，接受党内外群众监督。对于因年迈、病弱确实无法参加组织活动的党员老干部，由管理部门党组织和老干部党支部定期上门走访，联系，传达有关重要文件和会议精神。

老干部党支部委员会按照党章规定，民主选举产生，并按期进行改选。支部委员由党性强、威信高、作风正、身体较好、热心党的工作的党员老干部组成。支部委员会成员缺额时，及时补选。支部班子认真贯彻执行民主集中制原则，实行集体领导和个人分工负责相结合的制度。

二、组织建设

1993年，区委老干部局完善每季度离休干部党支部书记例会制度，交流总结支部工作情况，沟通思想，增强老干部党员组织观念、党纪国法意识。1994年，全区离退休党支部开展先进评比。1995年，区委老干部局开展“为党增光辉”活动，组织离休老党员在党旗下重温入党誓言。1999年，上城区在全区离退休党支部中开展国际国内经济运行学习教育活动。

2000年，上城区机关支部老干部活动经费由每人每年20元增加至40元，由支部统一掌握使用。2006年，区委老干部局组织上城区离退休党支部参加杭州市“示范性老干部党支部”争先创优活动，区教育局所属杭州第十中学离退休党支部被评为市级“示范性党支部”。2008年，“5·12”汶川特大地震发生后，机关离休干部等交纳特殊党费计8600元，捐款53250元。

2009年，省委、市委组织部和老干部局发文提出开展“五好党支部”①创建活动，南星街道离休党支部、区教育局所属服装职高离退休干部党支部获市级“五好”离退休党支部。2014年，

① “五好党支部”：支部班子好、党员队伍好、组织设置好、活动开展好、群众反映好。

区委老干部局结合党的群众路线教育实践活动，将中央关于第二批实践活动的精神传达至每一个离退休支部，要求离退休支部做好学习教育、查摆问题、落实整改，要求每一名老党员坚定理想信念。2015年，区委老干部局充分运用新开发的红芯系统，将离退休干部党支部建设和思想政治建设纳入系统管理。

第四节　老干部文娱活动

1993—2015年，根据“老有所乐、老有所为、老有所养、老有所学”的要求，区委老干部局围绕区老干部活动中心、区老年大学2个活动阵地，通过配备计算机等方式改善活动设备，组织老干部参观秦山核电站、开展“纪念周恩来总理诞辰100周年”座谈会等活动，开设“行楷书研究”等特色课程，服务好、保障好老干部晚年生活。

一、杭州市上城区老干部活动中心

20世纪90年代，老干部活动相对简单，以座谈会、棋类赛为主。进入21世纪，活动内容有所增加，定期组织春游、秋游、品茶、参观考察等活动。

2000年，区老干部活动中心组织老干部参加中国杭州西湖国际博览会开幕式，参观汽车展、丝绸展、文物精品展，参加上城区“迎西博会百人书画表演”等活动。2002年，区老干部活动中心组织机关老干部参观浙江省嘉兴市海盐县的秦山核电站、南北湖等活动。举办全区老干部象棋比赛，组织部分老干部参加杭州市老干部系统象棋赛，获全市第一名。

2004年，区老干部活动中心组织区级老领导参观考察杭州娃哈哈集团有限公司、杭州近江羽绒制品厂等上城区重点民营企业。是年，因上城区老干部象棋爱好者众多，区老干部活动中心设立每周一次的“象棋活动日”。2005年，区老干部活动中心开展为80岁老干部集体祝寿活动。2007年，区老干部活动中心在柳浪闻莺公园闻莺馆茶室举办“快乐老人”评选活动，评选出12名“快乐老人之星”。2008年，区老干部活动中心组织原四班子老领导开展“纪念周恩来总理诞辰100周年”座谈会。2010年，在杭州市“庆祝抗战胜利65周年暨世博会召开中国象棋比赛”活动中，上城区获团体第二名。

2011年，根据省委、市委老干部局关于把老年活动中心建成老同志“满意家园”文件精神，区委老干部局对老干部活动中心大楼进行立面整治，对各活动场所（室）进行装修改造，扩大活动面积，建立电子阅览学习室，补充各活动场所软硬件设施，丰富活动项目。11月，区老干部活动中心被省委老干部局评为省级“满意家园”。2014年，区老干部活动中心加强中心软硬件设施建设，合理利用资金，完善多功能厅、电子阅览室、图书室、书画室、棋艺室等场所的软硬件配置。

2015年，区老干部活动中心组织各层面老干部以“展示阳光心态、体验美好生活、畅谈发展变化”为主题，开展“走、看、促”活动，游览玉皇山南基金小镇、江洋畈公园、西溪湿地、湘湖等23处景点。

二、杭州市上城区老年大学[①]

1993年，区老年大学新开设声乐、戏曲2个专业，共7个专业，18个班级，390余人参加学习。在课程设置中，坚持统筹兼顾，文理结合，合理搭配，根据学员的现实需求进行增删、拓展、分层，形成学科体系。自编教材有《保健》《中医推拿按摩》《越剧》《旅游文化》《行楷书研究》《手工编织》6套。各学科教师酌情设计辅导讲义，适时补充内容，满足学员需求，编印成册由教务处印制印发，部分课程配备视听资料。为促进教学，学校不断改善硬件设施，配备立式钢琴、电动银幕、移动银幕、投影仪、视频展台、无线电话筒接收机、计算机等教学设备。

2005年6月，区老年大学制定《骨干课程、特色课程建设办法》，以电子琴、行楷书研究两门课为骨干特色课程。至2015年末，开设有中医推拿按摩、山水画、养生保健、行楷书研究、民族舞、花鸟画（初级、专修）、声乐（民族唱法、美声唱法）、越剧教唱、旅游文化、行书、形体舞蹈、手工编织（布雕工艺）、电子琴等课程，所有教室均使用多媒体设备，推拿按摩、山水画、养生保健、行楷书研究、花鸟画（初级、专修）等10门课程均使用多媒体进行教学。学校共开设20个班级，800余人参加学习。

① 1988年，区老年大学从下半年首期开设书法、绘画、文史、保健、文体5个专业，5个班级，253人参加学习。

表18–10–19　1993—2015年杭州市上城区老年大学学员情况表

年　份	班级数（个）	学习人数（人）		新报名人数（人）
		上半年	下半年	
1993	9	399	394	122
1994	9	420	409	113
1995	10	467	418	158
1996	11	418	564	214
1997	12	600	551	290
1998	11	463	446	126
1999	11	471	453	140
2000	12	509	504	195
2001	12	486	465	146
2002	14	560	554	162
2003	15	564	501	138
2004	15	575	570	138
2005	16	548	656	189
2006	15	626	624	207
2007	18	636	614	180

续表18-10-19

年份	班级数（个）	学习人数（人）		新报名人数（人）
		上半年	下半年	
2008	20	548	573	154
2009	22	588	602	161
2010	21	701	704	166
2011	23	727	737	113
2012	25	762	705	130
2013	26	833	846	166
2014	21	813	851	321
2015	20	854	822	180

说明：资料来源于中共杭州市上城区委老干部局

第五节　关心下一代工作

1993年，上城区关心下一代基金建立，主要用于帮困助学。1998年，为贯彻中共第十五次全国代表大会精神，区关工委组织“学习伟人、报效祖国”活动。2002年5月，上城区举办第一届“奋飞奖”评选活动。此后一年一届，按期开展。2008年起，区关工委开展以“关爱明天、普法先行”为主题的普法宣讲活动，对青少年进行普法教育。2015年，关爱维权小组建立，矫治问题青少年不良行为，全程参与未成年犯罪嫌疑人案件。至2015年末，上城区有关工委组织146个。

一、工作网络

1993年，上城区区级层面有关心下一代工作委员会，各街道和区教育局分别有对应的关心下一代工作委员会，各居民区和学校分别有相应工作组织。1998年8月，上城区建立中学、小学、幼儿园关心下一代工作委员会。2001年1月，上城区建立社区关心下一代工作委员会。

2010年，上城区建立2个企业关心下一代工作委员会，大型企业代表——杭州东箭集团东箭贸易有限公司关工委，小企业代表——紫阳街道北落马营社区民营企业关工委（含13家个体工商户）。

2015年，上城区有关工委组织146个。其中，一级关工委组织1个（区关工委），二级关工委组织7个（街道6个，区教育局1个），三级关工委组织138个（社区54个，中小学、幼儿园69个，教育局直属部门4个，民营企业11个）。区关工委已建有“五老四团一组一员”[①]的队伍。至2015年末，上城区从事关心下一代工作的人员有6865人。其中，区级顾问团32人，讲师团成员10人，关爱团成员11人，科技团服务团成员10人，网吧义务监督员104人。

①“五老四团一组一员”：五老即老干部、老战士、老专家、老教师、老模范；四团即顾问团、讲师团、关爱团、科技团；一组一员即关爱小组和网吧监督员。

二、主题教育

区关工委于每年重大节日通过讲座、实践活动、实地参观等形式对青少年进行爱国主义主题教育。

1993年，区关工委结合社会主义市场经济进行青少年德育教育。1994年，区关工委举办“讲责任、育新人”讲座。1995—1997年，为纪念抗日战争胜利50周年、纪念长征胜利60周年以及迎接香港回归，区关工委开展“勿忘国耻振兴中华”主题实践活动。1998年，为贯彻中共第十五次全国代表大会精神，区关工委组织“学习伟人、报效祖国”活动。1999年，在中华人民共和国成立50周年之际，区关工委举办增强民族自豪感活动。2000年，区关工委开展“迎接新世纪、做跨世纪接班人”活动。

2001—2005年，区关工委围绕庆祝中国共产党成立80周年、北京申办奥运会成功、实践《公民道德建设实施纲要》、贯彻中共第十六次全国代表大会精神、学习《关于进一步加强和改进未成年人思想道德建设的若干意见》、纪念抗战胜利60周年等方面组织主题活动。2006—2010年，区关工委组织共建和谐社会、实践社会主义荣辱观、迎接北京奥运会、中华人民共和国成立60周年，以及科技教育、崇尚科学等主题教育内容。2011—2015年，在庆祝中国共产党成立90周年、辛亥革命100周年、纪念雷锋50周年、中共第十八次全国代表大会召开之际，区关工委举行“党旗在我心中”、“学英模、树理想、见行动”、学法践行以及健康成长等主题实践活动。

三、帮困助学工作

1993年起，区政府每年对关心下一代工作进行资金扶持。1998年6月，区关工委、社区教育委员会在全区各街道开展特困生情况调查。1999年起，区关工委每年11月对各个社区的贫困中小学生家庭子女、外来务工人员子女、留守儿童进行排查、摸底、核对，确定新一年帮困助学对象，并拨款进行资助。

2002年5月，区关工委举办上城区第一届“奋飞奖”评选活动，对成绩优异的寒门学子授予奖学金。暑假期间，开展“奋飞夏令营”活动，鼓励获“奋飞奖”的学生。2008年起，在每年春节前一个月，区关工委领导走访慰问贫困学生家庭，为他们送上慰问金和慰问品。至2015年，上城区共举办14届“奋飞奖”评选活动。

图18-10-11　2010年5月28日，上城区召开庆“六一”暨第九届“奋飞奖”表彰大会　（区委老干部局 供稿）

四、青少年普法教育

2008年起，区关工委于每年7月在全区开展以“关爱明天、普法先行”为主题的普法宣讲活动，加大青少年普法教育力度。是年，全区各学校由学校副校长、学生安全管理员、社区干部、派出所民警或检察院工作人员进行在校法治安全教育。2010年，区关工委对区法制副校长进行调整，统一由学校辖区的公安派出所副所长（民警）担任法制副校长。

2015年，区关工委建立由退休老领导、老同志和骨干老师18人组成的关爱维权小组，帮教问题青少年、边缘青少年（未成年人），矫治“不良行为”，远离犯罪。关爱维权小组庭前参与社会调查，提出帮教措施；庭中参与陪审，挽救迷途少年；庭后实行一帮一、多帮一结对帮教模式，延伸帮教，避免重蹈覆辙。对未成年犯罪嫌疑人案件的批捕、羁押、提审、公诉、审判等一系列程序，关爱维权小组全程参与、全程监督、全程维权、全程帮教、全程跟踪，最大限度地降低对涉案未成年人的批捕率、起诉率和监禁率。

第十一章　机关党务

1978年起，区直机关党务工作逐步规范。1980年，杭州市上城区革命委员会机关党总支改为区级机关党总支。1981年，区级机关党总支改建为区级机关党委。1996年7月，区级机关党委更名为中共杭州市上城区直属机关工作委员会（简称区直机关党工委）。区直机关党工委根据党章赋予的职责，围绕党在各个时期中心任务，从服务上城区的工作大局出发，加强思想建设、组织建设、机关党风廉政和作风建设。1999—2000年，区直机关党工委主要开展以“三优一满意”（优美环境、优良秩序、优质服务、人民满意）为主要内容的创建文明机关活动，重点抓加强机关政治理论学习、环境整洁、亮证服务等。2012年4月—2013年6月，区直机关党工委开展“优秀机关核心价值词”展评活动，围绕上城精神、上城品牌、上城特色，发动机关党员提炼积极向上、全体认同的岗位价值观核心词。2015年，为发挥好在职党员的先锋模范作用，区直机关党工委率先在全市试点推行“党员先锋365”义工服务品牌。至2015年末，区直机关党工委下辖机关党委7个、党总支19个，党支部110个，党员1555人。

第一节　思想建设

1993—2015年，上城区贯彻中央和省委、市委、区委要求，组织区直机关党员开展理论学习，确保机关党员思想过硬。

一、理论学习

“两学两提高”主题教育　1994—1998年上半年，上城区根据省委、市委、区委的统一部署，在全区机关党员中开展“学理论、讲团结、比廉洁、赛实绩”和“两学两提高”[①]活动。

1996年，区直机关党工委在全区机关党员中开展“学理论，学党章”的双学政治理论教育。坚持从机关党组织和党员的特点出发，要求各机关均制定学习方案，严格学习制度和办班学习，要求机关党委、总

① “两学习两提高”：学习建设有中国特色社会主义理论，提高党员思想政治觉悟；学习社会主义市场经济知识和现代科学文化业务知识，提高带领群众发展经济的能力。

支、支部党员领导干部、党组织的班子成员带头利用党课和工余时间学习，研读领会中共第十四次全国代表大会精神，学习《中国共产党章程》，学习邓小平关于社会主义精神文明建设的重要理论等，结合工作实际活学活用。1997年，区直机关党工委组织400余名机关党员干部参加省委宣传部、《共产党员》杂志社联合主办的“学习十五大文件”知识竞赛。结合香港回归，区直机关党工委组织全体区直机关党员干部学习领会邓小平“一国两制”思想和《中华人民共和国香港特别行政区基本法》，会同区委宣传部、区委统战部组织“迎香港回归”知识测验，123名区直机关干部分获一、二、三等奖。

“三讲”“双思”主题教育　1998年6月至2002年，区直机关党工委在全区机关党员中认真开展“三讲”（讲学习、讲政治、讲正气）、“双思”（致富思源、富而思进）学习教育活动，推进区直机关党的思想建设。

1998年6月，按照区委的总体部署和要求，区直机关党工委制定《区直机关关于开展“三讲”党性党风教育的实施意见》，开展为期3个月的“三讲”党性党风教育；区直机关党工委举行庆祝中国共产党成立77周年报告会，特邀省委党校党建教研室副主任郭亚丁讲授题为“推进新时期的伟大工程”的党课，区直机关党员干部300余人参加。

2000年，在落实区直机关“三讲”教育的同时，区直机关党工委组织区直机关党员干部深入开展“双思”教育活动。在思想发动的基础上，区直机关党工委提出实施意见，分别组织召开党委会、支部书记座谈会、离退休老同志座谈会，抽调43名区直机关干部参加“双思”教育工作组，深入基层企业、街道、居民区，参与和指导基层“双思”教育活动。7月，组织全区各条战线的先进模范和先进典型召开事迹报告会，如杭州市上城区民政局的全国劳动模范马丽华、杭州市公安局上城区分局全国优秀人民警察张福华。11月，区直机关党工委分批组织区直机关各支部书记、机关干部和区劳动模范、优秀党员、党务工作者代表参观杭州市下沙经济开发区和东阳横店集团，实地感受改革开放以来社会经济的发展。

“三个代表”重要思想学习教育　2001年，区直机关党工委认真学习贯彻江泽民“七一”讲话精神和“三个代表”重要思想。区直机关党工委举办读书会，分4个课题进行学习，认真进行专题研讨；组织机关全体党员干部（包括离退休党员），分4批收看中央党校有关专家的“三个代表”重要思想专题辅导电教片；区委常委、宣传部部长丁晓芳为机关支部委员以上成员及部分团员青年作关于“七一”讲话如何学的专门辅导。7月，区直机关党工委开展“做人、做事、做官”大讨论，进行机关思想作风评议，组织机关党员干部参观革命先烈事迹展，崇尚科学、反对迷信大型展览，中华人民共和国成立50周年大型阅兵式模型展览，反腐败展览等多项展览，发放“三个代表”重要思想学习读物、中共十五届六中全会辅导材料等学习资料3500余份。

“保持共产党员先进性”主题教育　2005年2月—2006年，区直机关党工委根据区委部署，组织开展保持共产党员先进性教育活动。按照“规定动作做到位，自选动作创特色，边整边改见成效”的要求，发动机关党员参与“打造RBD，党员当先锋”主题实践活动；开展机关党组织和党员“双服务”活动，密切党群之间、机关与基层间的联系；

开展“学先进、找差距、明方向”主题教育。

“社会主义荣辱观”主题教育 2006年4月起，区直机关党工委根据区委部署，在全区机关党员中开展“树立社会主义荣辱观”学习教育活动。区直机关党工委组织机关党员学习中共十六届五中全会、六中全会和区委七届七次全会、中共杭州市上城区第八次代表大会精神，深刻领会胡锦涛“八荣八耻”重要讲话和庆祝中国共产党成立85周年重要讲话精神，深入学习《中国共产党章程》《江泽民文选》和《社会主义荣辱观学习读本》；举办“八荣八耻”精神解读专题报告会4场，累计培训机关党员、干部800余人；投入4万余元资金购买各类理论学习书籍、光盘；各党委、总支、支部制作墙报、宣传专刊、学习园地共计80余期。7月，区直机关党工委举办“我家的荣辱故事”征文比赛、党章百题竞赛等活动，1200余名区直机关党员参加，覆盖率达98%。8—10月，区直机关党工委通过征求党内外意见、召开座谈会、发放意见征求表、设立意见箱、开展谈心谈话活动以及上门走访等形式，收集、归纳10条意见建议，进行整改落实。

学习实践科学发展观主题教育 2009年3月起，区直机关党工委按照区委《中共杭州市上城区委关于第二批开展深入学习实践科学发展观活动的实施意见》要求，扎实开展学习实践科学发展观主题教育。区直机关党工委组织全体机关党员干部学习《毛泽东邓小平江泽民论科学发展》等规定读本；以贯彻纪念中共十一届三中全会召开30周年大会精神为契机，举办读书会、征文赛、座谈会等系列活动；发放《先锋日记》和各类党员读物、书籍，购买《学习贯彻党的十七届四中全会精神辅导讲座》《构建社会主义和谐社会》等影音光碟（VCD），供区直机关党委、总支、支部借阅，并通过《机关党建》简报和上城报、上城网营造用科学理论武装头脑的浓厚氛围。

2010年5月至2012年10月，区直机关党工委开展以“学习实践科学发展观，建设服务型机关党组织”为主题的“上城先锋”创先争优活动。开展“亲情”党课征文宣讲比赛，通过挖掘典型，弘扬先进，总结提炼和集中展示创先争优活动所取得的理论成果和实践经验。2010年，区直机关党工委召集20余家职能单位、部门，100余名党员干部在吴山广场开展法律咨询、政策咨询、现场办公等广场送服务活动，共接受咨询2800人次，解决市民实际问题或困难182项。是年，区直机关党工委开展社区服务月活动，组织区直单位与挂包社区联系，集中服务106次，解决社区实际困难36项；开展小分队送服务活动，派出小分队为辖区企业服务，走访辖区企业89家，帮助企业解决困难28项。2011年6月，区直机关党工委召集区直机关40余家职能单位、部门，100余名党员干部参加现场送服务活动。

党的群众路线教育实践活动 2014年1—9月，区直机关党工委根据区委部署，开展以“为民务实清廉”为主题的党的群众路线教育实践活动，通过实事联办、难题联解、队伍联建的方式，解决联系服务群众“最后一公里”问题。区直机关党工委利用网络对接“17654”民主促民生互动平台与区直机关党员服务驿站，集合机关党建优势资源；组织机关党员服务挂包社区，以支部书记作为解决难题的核心力量，运用平安“365”社会管理服务平台，切实解决民生热点难点问题；通过机关党组织与社区结对共建，开展

“驿站访民情”活动，共解决群众实际困难26件。6月末，区直机关党工委在吴山广场举办“我为党旗添光彩”党员志愿服务行动，共发放宣传资料1715份，提供咨询服务735次，解决问题46个。

“三严三实”专题教育　2015年5月，根据区委《关于开展“三严三实”专题教育的实施方案》，区直机关党工委组织各基层党组织重点学习中共十八届四中、五中全会和习近平系列重要讲话精神，向各基层党组织印发《习近平论治国理政》等读本，推荐“三严三实”专题教育读本《点赞千名好支书》等书目，组织观看《百团大战》《兰辉》等教育专题片，召开专题学习会、民主生活会，坚定理想信念。

二、干部培训

1996—1998年，区直机关党工委为服务区委中心工作，探索建立干部培训机制，主要通过日常业务、法律培训，开设党建课程等方式进行。

1997年，区直机关党工委联合杭州市上城区司法局在机关党员中开展“三五”普法教育，举办普法教育骨干培训班2期，设置社会主义法制建设基本知识、新修订的《中华人民共和国刑法》和依法治国理论等课程，并组织普法知识教育测评，共培训党员120余人。1998年9月，区直机关党工委举办1期以学习贯彻《中国共产党党和国家机关基层组织工作条例》为主要内容的支部书记培训班。1999年，区直机关党工委举办入党积极分子培训班1期，培训入党积极分子45人。

2000年起，区直机关党工委培训工作从原先单一配合专项工作向年初制定计划，年度进行总结验收的系统化、体系化发展。10月，区直机关党工委组织1期支部书记培训班，邀请杭州市直机关党工委副书记周开疆作中共第十五次全国代表大会精神专题辅导报告。2001年11月，区直机关党工委采用以会代训模式，召开第三次支部书记例会，以读书会形式组织机关支部书记和党建研究会秘书处成员专题学习《论党的建设》和市委书记王国平在全市、区（县、市）领导干部会议上的讲话精神。

2006年，区直机关党工委以调查问卷的形式，向机关党员征求提高能力素质培训工作的意见。根据机关干部的学习意愿，确定培训的内容和时间。2007年，区直机关党工委举办机关党员干部提高能力素质培训班，开设电子政务、公文写作、英语口语、拉丁舞、瑜伽等培训班，区直机关300余名党员干部参加培训。

2009年起，区直机关党工委以深化学习型机关创建为抓手，围绕“服务中心 建设队伍”核心任务，逐步构建年初有计划、事中有跟踪、年末有总结的教育培训体系。2009—2012年，区直机关党工委围绕学习重点，坚持党委理论中心组学习、领导上党课等学习制度，努力做到理论学习制度化、规范化。2013年，在打造学习型机关的基础上，区直机关党工委根据党员需求，与浙江大学国际语言学院合作，举办首届公务英语强化培训班，为期6个月。2014年，区直机关党工委将区直机关55个基层党组织划分为6个片组，每个片组设1名片组长，定期开展党建学习交流活动。全年开展区直机关片组交流学习会6期，党组织书记培训班1期，入党积极分子培训班1期。

2015年，区直机关党工委在市委党校、杭州市上城区社区学院集中举办培训班6期，对机关党组织书记、党务骨干、纪检委员、入党积极分子和离退休党员进行轮训，培训人数达380人，人均培训时长48小时；举办发展党员工作培训班2期，党员义工培训班1期，红芯党员管理系统培训班2期。

三、特色活动

庆祝中国共产党成立80周年“五个一”活动　2001年，为庆祝中国共产党成立80周年，区直机关党工委组织开展“五个一”活动，即“我的入党历程”征文活动、“党的组织生活”图片展、“党的旗帜高高飘扬”迎“七一”歌咏会、编写《党史研究文集》、庆祝中国共产党成立80周年大型报告会。其中，“七一”大型歌咏活动获《人民日报》华东版头版头条报道。

“三大工程”　2008年，区直机关党工委将中共第十七次全国代表大会主题宣传教育实践活动与解放思想大行动有机结合，开展“民心民生工程”“机关服务工程”和“素质提升工程”。组织党员进社区、进单位，走访慰问贫困家庭，实地调查研究，解决群众反映的难题；与杭州市直机关党工委联合举办“关注民生、服务企业”大型为民服务活动；组织包括市直单位在内的28家单位在吴山广场设点为市民、企业服务。

图18-11-12　2008年1月22日，机关党员干部走访慰问困难家庭　（区委直属机关工作委员会 供稿）

“优秀机关核心价值词”展评　2012年4月至2013年6月，根据杭州市“我们的价值观”主题教育活动和区委开展岗位价值观主题教育实践活动的实施方案，区直机关党工委开展“优秀机关核心价值词”展评活动。围绕上城精神、上城品牌、上城特色，区直机关党工委发动机关党员提炼积极向上、全体认同的16字以内岗位价值观核心词。经审核评定，杭州市上城区城市管理局机关党委等20家单位获区直机关“优秀核心价值词”组织奖，评选出优秀核心价值词20条，同时选送部分案例参加全市评选。

“三联惠民”行动　2014年，区直机关党工委实施“联系群众”“联系企业”“联系基层”的“三联惠民”行动。要求每名机关党员必须完成走访网格内10户以上困难家庭，联系100户社区群众的硬任务；推广使用“民情E点通”；重点走访省直、市直机关单位和辖区企业，建立为企业服务联系制度，围绕企业运行中的困难和影响制约项目建设的难题，想办法、出实招，帮助企业解决实际问题5个；全年开展党课巡讲12次。

“党员先锋365”义工服务品牌　2015年，为发挥好在职党员的先锋模范作用，区直机关党工委率先在全市试点推行“党员先锋365”义工服务品牌，将“三承诺、六行动、五大员”[①]作为在职党员服务基层、服务群众的途径和平台。6月，清波地区200余名在职党员在全区首次开展义工服务，服务内容包括户籍咨询、中医问诊、防诈骗知识宣传、现场义卖等。

① “三承诺、六行动、五大员”：每名在职党员要主动向党组织做出3个承诺，即承诺每年认领并完成2个以上的微心愿、参加党员义工服务不少于24小时、走访社区居民群众不少于2次；成立项目攻坚、平安巡防、环境美化、文明劝导、法规宣传、旅游服务6支在职党员队伍，深入到项目攻坚行动、平安巡防行动、环境美化行动、文明劝导行动、法规宣传行动和旅游服务行动中去；当好党的政策宣传员、攻坚克难先锋员、平安和谐巡防员、“美丽环境”保洁员和上城品牌推广员。

第二节　组织建设

1993—1995年，上城区按照抓班子、强队伍目标，不断强化机关党组织建设，打造富有战斗力的集体。

1996年，区直机关党工委重视选好配齐总支、支部班子，在机构改革中，按照组织原则及时进行调整改选和增补。至年末，直属44个党支部和5个党总支书记均由各部门和单位行政正职或副职领导担任。1997年，区直机关党工委陆续制定《机关党支部工作的若干规定》《机关党总支工作的若干规定（试行）》等工作制度。1998年，区直机关党工委编印《机关党建工作手册》，印发给基层支部。1999年，区直机关党工委实施支部书记例会制度，对21个党支部进行换届改选。2000年初，区直机关党工委制定《机关党支部目标管理考核细则》；7月，组织《支部工作手册》检查，95%以上的支部达到目标考核的要求。2006年，区直机关党工委以贯彻落实区委《关于加强和改进机关党的建设工作意见》为重点，推行“先锋日记”制度，提高机关党员加强理论学习和参加组织活动的自觉性。

2007年，区直机关党工委开展争创“优秀共产党员先锋岗”活动，对18家单位24个先锋岗进行考核评比，通过岗位申报、群众测评、基层党组织推荐、公示和党委审批，评出优秀共产党员先锋岗11个，并进行表彰。2012年，区直机关党工委开展基层组织建设年活动，按照基层党组织自评、党员群众测评、区直机关党工委评定的程序，全部完成下属116个基层党组织定级。其中，定级结果为好的基层党组织100个，定级结果为较好的基层党组织16个。针对定级为较好的基层党组织，区直机关党工委严格把关，落实解决相关问题，16个基层党组织按要求重新定级，定级结果为好。

2014年，区直机关党工委对区直机关110个基层党组织开展星级评定晋位升级活动，通过基层党组织自评、工委测评和综合评定三个程序，共评出五星级党组织100个、四星级党组织10个。

2015年，区直机关党工委完成33个基层党组织调整和换届等工作。开展“最佳党员活动日”实例和“最佳亲情党课”教案评选活动，评出“双最佳”单位25家。

第三节　党风廉政和作风建设

1995年5月，中共杭州市上城区直属机关纪律检查工作委员会（简称区直机关纪工委）成立，作为区纪委的派出机构，受区纪委和区直机关党工委双重领导。1996年，区直机关纪工委根据区纪委的统一部署开展党纪党规教育。9—11月，集中进行机关思想作风教育，开展党纪党规测验竞赛，宣传弘扬孔繁森、陈金水模范事迹。11月，聘请10名人大代表、优秀党员、劳动模范、民主人士和离退休老干部作为党风监督员。1998年，区直机关党工委建立机关党工委成员联系基层支部制度，每名机关党工委成员联系若干个基层支部，实行双向监督。落实机关党风廉政建设监督员队伍例会制度，每半年召开一次监督员例会，通报情况，征求意见。2000年，区直机关党工委制定印发《关于进一步加强区直机关党风廉政建设的若干实施意见》，先后组织全体机关干部观看反腐力作《生死抉择》《钱江惊雷》《莫把国有资产当儿戏》《胡长青案例》等典型案例录像。

2001年，区直机关党工委开展机关思想作风评议活动。2006年，区直机关纪工委围绕党性党风党纪教育，在区直机关各基层党组织中开展警示教育和优秀党风党纪电教片教育展播活动，组织区直机关党员干部参观“杭州市反腐成果展”并交流观后感。

2007—2009年，区直机关纪工委开展廉政文化进机关活动，组织机关党员干部参观华君武漫画图片展，参观革命传统教育基地，在《机关党建》上开辟“廉政格言”专栏，并持续开展廉政专题党课、革命传统教育、警示教育等活动。

2010年，区直机关党工委通过岗位廉政教育与机关廉政文化有机结合的形式，组织开展区直机关廉政展板和廉政PPT展评活动。53家单位参加展评，经公开评选，共有34家单位分别获廉政展板和廉政PPT一、二、三等奖。

2011年，区直机关纪工委开展“效能亮剑”活动，结合机关党建工作，举办区直机关党务纪检干部培训班，在区直机关党员先锋岗和窗口单位中开展“亮身份、当标兵、践承诺”活动；组织区直机关党员干部参加杭州市首届“清风杯”公职人员廉政书法大赛，获三等奖2个，优胜奖2个。2012年，区直机关纪工委深化机关岗位廉政风险防控体系建设，在查找岗位廉政风险点的基础上，以点带面，扩大防控层面。

2013—2015年，区直机关纪工委严格执行党风廉政建设“一票否决”制度，组织学习《中国共产党廉洁自律准则》和《中国共产党纪律处分条例》，通过上廉政党课、参观廉政教育基地、召开专题民主生活会、组织生活会等形式，让党员干部受到教育、得到警示。

第十二章　教学培训

1984年4月，区委党校恢复建立。是年起，基层党校逐步发展壮大。1993年，区委党校举办的主体班主要是区管中层干部培训班，重点学习中共第十四次全国代表大会精神和建设有中国特色社会主义理论。1995年，区委党校与中国美术学院成教部联合举办美术高复班和装潢大专班，开创“社会办学、一校多用”的先例。此后，区委党校开启联合办学之路。1998年，区委党校拓宽教育渠道，开办函授大专学历教育。2000年，湖滨街道党校被中共中央宣传部评定为全国基层党校示范点。

2001年，市区联合办校实行后，市委党校制定实施细则，建立集中与分散相结合，市、区两级党校全面合作、紧密联系、共同发展的新管理模式。是年起，区委党校开始探索互联网教学。2002年，区委党校建立教职工定点联系基层党校制度，指导基层业余党校开展教育培训。2004年，区委党校在领导干部主体班培训中，开始推行异地办学。2006年，区委党校推行选修制和实行学分制考核，进一步加强学员管理。2007年，区委党校整合培训渠道，推出“三网合一”的网络培训模式，满足干部不同的培训需求。至2008年10月，区委党校并入市委党校。

1993—2008年，区委党校共轮训、培训上城区管领导干部、中青年干部、公务员、党员、入党积极分子等学员12703人次，培养大专、中专毕业生147人，发挥干部培训教育主渠道作用。

第一节　培训工作

一、主体班

区管中层领导干部培训班[1]　1993年上半年，区委党校举办3期区管中层干部培训班，重点学习中共第十四次全国代表大会精神和建设有中国特色社会主义理论。

1997年，中共第十五次全国代表大会召开。区委党校连续举办6期理论骨干培训班，全区427名基层党支部书记和农村“路教”（农村基本路线教育）、企业“形教”（企业形势任务教育）骨干参加中共第十五次全国代表大会精神学习培训。1999年，根据

① 培训对象是区管中层领导干部。培训目标是增强领导干部的马列主义理论功底，提高执政能力，培训内容主要是马克思主义基本理论、建设有中国特色社会主义理论、经济体制改革、现代领导的思维方法及领导艺术、党风廉政教育、革命传统教育等。

区委提出的“一把手工程”建设要求，举办党政“一把手”专题研讨班，区属各部门、街道64名主要领导干部参加为期10天的学习研讨。

2001年，区委党校举办3期区管中层领导干部轮训班，以学习“三个代表”重要思想和开展“做人、做事、做官”大讨论为主题。2003年，以中共第十六次全国代表大会精神和《“三个代表”重要思想学习纲要》为主要内容，区委党校举办2期区管党政副职领导干部轮训班和1期党政“一把手”研讨班。2005年10—11月，区委党校以构建“和谐社会”为主题，研讨上城区构建和谐社会的重大现实问题，举办区管中层领导干部培训班，学制半个月。2006年，区委党校会同区委组织部、区委宣传部开办选修培训班，内容包括理论思维、战略决策、管理知识、党性锻炼等方面，保证每名区管领导干部每年完成24天学习任务。2008年，区委党校举办3期中共第十七次全国代表大会精神轮训班。

1993年—2008年，区委党校共举办区管中层干部培训班35期，参加培训学员2658人次。

中青年干部轮训[①]　1994年9—10月，区委党校举办第二期中青年干部培训班，重点学习党的基本理论、领导方法等。2004年6—7月，区委党校举办第七期中年干部培训班，35名各单位科级干部参加，为期1个半月，以树立科学的发展观、正确的政绩观、科学的人才观、马克思主义的群众观为主要内容，重点提高中青年干部的思想政治水平和执政能力。2008年5月，区委组织部联合区委党校举办第八期中青年干部培训班，采取到浙江大学办学的方式，引进“突破性领导力”的体验式训练[②]第一阶段的基本课程，通过大量活动和现场案例剖析问题、引发讨论、说明道理。课后反馈表显示，学员们对授课形式、内容和管理认可度达到80%。

1994—2008年，区委党校共举办中青年干部培训班7期。

① 培训对象是中青年干部。培训目标是提高思想政治素质和执政能力，加强后备干部队伍建设和培养教育，培养现代优秀中青年干部。培训课程主要是系统学习党的路线、方针、政策，学习现代领导干部必备的有关理论和业务知识。

② “突破性领导力”体验式训练：为素质管理系列培训课程，涵盖领导科学、管理心理学、管理学、心理学、行为科学、组织行为学等学科学说的内容，是运用世界上流行的管理技术——教练技术而设计。

表18-12-20　1994—2008年区委党校中青年干部培训班情况表

班次	时间	期数	人数	内容
第二期	1994-10	1	36	党的基本理论、领导方法等
第三期	1996-09	1	37	党的基本理论、社会主义市场经济理论、领导方法等
第四期	1997-05	1	57	党的基本理论、社会主义市场经济知识、领导科学等
第五期	1998-11	1	44	邓小平理论、中共第十五次全国代表大会报告
第六期	1999-10	1	41	邓小平理论、十五届四中全会决定、领导科学等
第七期	2004-06	1	35	理论知识、调研等
第八期	2008-05	1	44	中国特色社会主义理论体系与科学发展观、上城区发展战略问题研究、党的建设与修养、领导干部必备知识

说明：1.资料来源于杭州市上城区档案馆。2.1992年，区委党校举办第一期中青年干部培训班

入党积极分子及党务培训班　1994—1995年，区委党校举办入党积极分子培训班5期，210人参加学习培训。1995年，区委党校协同区级机关党委举办机关党的工作研讨班，重点探讨新时期机关党建工作的地位和作用等问题。1997年，区委党校举办学习中共第十五次全国代表大会精神骨干培训班3期，427名基层支部书记和理论骨干参加培训。2004年，受福建省莆田市城厢区驻杭州市党支部的委托，区委党校专门为其举办3期私营企业主入党积极分子培训班，拓宽党校办学空间。2006年，区委党校举办3期党员能力提高培训班，培训内容包括语言艺术、逻辑学知识、摄影艺术等。

1994—2008年，区委党校举办各类党务培训班18期；举办入党积极分子培训班44期，培训2849人次。

二、联合办学

1995年，区委党校与中国美术学院成教部联合举办美术高复班和装潢大专班，开创"社会办学、一校多用"的先例。1998年，区委党校挂"干部科技培训中心"和"普法培训中心"两块牌子，成为干部科技、法律培训基地。2003年12月，区委党校增挂"杭州市上城区行政学校"牌子，发挥干部培训主渠道作用。2004年上半年，区委党校增挂杭州市上城区社区工作者培训中心、杭州市上城区人口学校、杭州市上城区志愿者培训中心。是年，杭州市上城区干部教育培训中心在区委党校正式挂牌，与区委党校、杭州市上城区行政学校实行合署办公教学，形成"二校一中心"的新党校格局。

至2008年末，区委党校共与14家单位实行联合办学，举办公务员、计生干部、档案工作、宣传骨干、安全生产、现代服务业技能等各类培训班144期，培训人数20521人次。

三、教学方法

1993年开始，区委党校积极探索新的培训方式，创新培训机制和改进教学方式方法。

教学与调研相结合　区委党校采取理论教学为主，调查研究为辅的教学方式，围绕培训主题，结合实际，下基层开展调查研究，撰写论文。1994年，区委党校组织中青年干部班学员下基层开展调查研究活动，为期9天，撰写调研报告30余篇。1995年，组织区管中层干部轮训班学员分批赴萧山、余杭、富阳参观考察，学习其他兄弟市县改革与发展的思路和举措。

异地办学　2004年，区委党校在领导干部主体班培训中，开始推行异地办学。10月20日—11月2日，区委党校首次与中央党校合作，在异地办班。2008年5月，中青年干部培训班采取到浙江大学办学的方式。

互联网教育培训　2001—2004年，区委党校发挥多媒体教室、远程教育网等功能，组织安排"执政能力建设"等10余个专题内容的报告会15余场。2005年1月，区委党校设立北京时代光华管理培训学院上城教学中心，开通"时代光华"卫星远程教育，通过卫星远程讲座和大型公开课等形式，为全区党政干部、企业管理人才、技术人才等提供培训。2006年9月，区委党校开通区管领导干部网上学习培训平台——上城党建网站《干部培训》栏目，平台自动统计学员学习时间，作为党校选修班培训的补充形式。2007年4

月，区委党校推出新版互联网教育培训平台，为区管干部提供20余种类别、200部、1000余集视频讲座。12月，区委党校整合培训渠道，推出“三网合一”的网络培训模式，即远程教育网（“时代光华”卫星远程管理学院）、上城党建网（时代上城干部网络学院）和区政府局域网。

图18-12-13　2006年，区管干部参加“时代光华”卫星远程教育选修课　（区委党史和地方志编纂研究室 供稿）

第二节　函授教学

1993年，区委党校在中共萧山市委党校设立辅导站。1998年，在中共富阳市委党校设辅导站。是年，在市委党校函授分院的支持下，区委党校拓宽教育渠道，开办函授大专学历教育。函授教学工作主要针对党政机关、企事业单位和社区的党员、干部、各类管理人员，具有高中、中专文化程度或同等学力（初中毕业并工作8年以上），坚持党的基本路线，作风正派，遵纪守法。1999年12月，区委党校开始招生。2000年，由上城区公安干警参加的法律专业函授班正式开学，利用双休日上课，学制3年，学生51名。

2003年，区委党校开办社区工作与管理函授大专班1个，学员55人。2004年，开设社区工作与管理函授大专班1个，设经济管理、社会工作与管理2个专业，学制均为3年，学员43名。参加函授大专班学习的学员，学完规定课程，经考试合格并通过毕业论文答辩，由中共浙江省委党校函授学院统一颁发毕业证书，取得党校大专学历。

第三节　教学管理

一、制度建设

1993年起，区委党校相继制定《考勤制度》《党校科研工作考核奖励规定》《财务管理制度》《保密工作规定》《党风廉政建设责任制实施办法》等10项管理制度，规范党校各项工作，干部培训步入正规化办学轨道。2001年，市区联合办校实行后，市委党校制定实施细则，实行“五统一”①，督促指导分校业务工作；建立集中与分散相结合，市、区两级党校全面合作、紧密联系、共同发展的新管理模式，推进“大党校、大教育、大队伍”建设。是

① “五统一”：统一主体班次学制、培训任务、教学计划、师资调配和教学考评。

年，根据区委在全区机关、部门开展思想作风评议和“满意不满意”单位评选的工作部署，区委党校修订完善党校各种岗位职责，印发《政治学习制度》《校务公开制度》《财务管理制度》等9项制度，加大日常督查和教育处罚的力度。2002年，区委党校建立教职工定点联系基层党校制度，指导基层业余党校开展教育培训。至2008年，区委党校基本形成有效的教学管理运行机制。

二、教师培养与管理

1993年起，区委党校规定党校教师每年每人必须撰写至少1篇课题论文或调查材料，参加党校系统评选；同时，每年每人必须指导中青年班10名学员完成调研文章，任务完成情况作为教师年度考核、评先评优的依据之一。1994年，区委党校5名教师参加为期一个月的上城区“企业转制”工作组培训。1995年，区委党校4名教师加入区委讲师团，在全区党员、干部“双学”活动中，开展宣讲工作。1996—2000年，区委党校选送教师参加备课会、进修班、学历班61人次，选派教职工参加上城区企业形势任务教育工作组、“三讲”教育、“双思”教育工作等9人次，基层讲课服务183人次。2001年至2004年4月，区委党校教师参与市、区“十五”规划宣传、中共第十六次全国代表大会精神宣讲，《“三个代表”重要思想学习纲要》学习辅导，党员先进性教育，机关效能建设活动等。2007年，区委党校创建学习型党校，建立约束机制，实行集中学习研讨签到制，凡在职教职工全年参加集中学习研讨少于90%的不得评为优秀，少于80%的不得评为称职（合格）；实行个人自学考查制，全年自学政治理论或业务专著少于2本、学习笔记少于1万字的不得评为优秀；实行社会调研考核制，全年下基层调研少于10天，调研报告或论文未完成的不得评称职（合格）。

2004年5月至2008年10月，区委党校选派教师参加省、市党校备课会、培训班、研讨会34人次，开办讲座214场。

三、学员管理

区委党校在恢复建立后，制定《党校培训班学员管理若干规定》。1996年，区委党校规定，区管干部班和中青年干部班的学员在培训结业时提交1篇理论联系实际的学习体会或调研报告，作为党校学习的考核依据之一。

按照中共中央关于处级领导干部5年内普遍轮训3个月的要求，2006年，区委党校推行选修制，即根据学员培训需求，安排富有特色、高质量的远程教育讲座和面授课程，学员可以每月自选课程，适时到党校听课。是年起，区委党校实行学分制考核，以5年为一个周期，在周期内实行年度考核。年度考核总分为100分，90学分以上的为优秀，80学分以上的为良好，达到60学分的为合格，不满60学分的为不合格。区委组织部和区委党校印发区管干部学习手册及培训学分卡，每年年终检查学分制实施情况。

至2008年，区委党校形成有效的干部培训机制。坚持培训学习打卡签到制，以党校为基地，向每位区管干部发放考勤卡，上课时和离场时打卡，作为党校学习时间。坚持后台时间管理，在“时代上城干部网络学院”上为每名干部设置账号，以登录、退出时间和在线总时间为考核依据。坚持作业考查制度，开展在线测验，建立题库，由电脑随机抽题，当场显示分数，按季度进行考查。坚持学分测评制度，每名区管干部每月至少必修2堂课，积满相应学分为合格。

第十三章　党史研究

1978年，区委办公室、区委组织部负责党史工作，承办上级党史部门部署的相关工作。1986年3月，区委组织部首次启动《中共浙江省杭州市上城区组织史资料》征集编纂工作。1993年，《中共浙江省杭州市上城区组织史资料》出版发行。是年，区委组织部启动《中共浙江省杭州市上城区组织史资料（第二卷）》征集编纂工作。此后，组织史编纂工作成为上城区党史工作的一项常规工作。1998年起，上城区启动社会主义时期党史资料征集编纂工作，先后编纂《上城区二十年大事记（1978—1998）》《杭州市上城区党政大事记（1949—2005）》等书籍。

2008年8月，区委组织部增挂区委党史研究室牌子。是年，根据中共中央在全国范围内开展党史胜迹普查的统一要求，上城区组织开展党史胜迹普查。6月，上城区完成钱学森旧居内原有住户的搬迁工作并开始施工，对旧居进行修缮保护。2009年和2011年，中国社区建设展示中心、中共杭州小组纪念馆陆续建成开馆。2012年9月10日，上城区承办召开“纪念浙江省第一个党组织——中共杭州小组成立90周年座谈会”，正式举行上城区“红巷精神”发布仪式。2014年1月，中共杭州市上城区委党史研究室（上城区地方志编纂委员会办公室）成立，为区委直属事业单位，机构规格相当于正处级。

至2015年，区委党史研究室先后编纂党史资料《中共浙江省杭州市上城区组织史资料（第五卷）》、《上城区改革开放新时期党史专题》、《上城区名人旧居·历史建筑名录》（图片集）、《光辉岁月——上城老战士的激情人生》、《见证——上城区抗日战争遗址特辑》。

第一节　资料征编

一、组织史编辑出版

1993年1月，《中共浙江省杭州市上城区组织史资料》[①] 由中国人事出版社出版发行。6月，区委组织部启动《中共浙江省杭州市上城区组

① 1986年3月，区委组织部首次启动《中共浙江省杭州市上城区组织史资料》征集编纂工作。该卷收编时限从1949年5月至1987年12月31日，共计23万字，1992年9月经中共杭州市上城区第四届委员会常务委员会召开会议审定批准出版。

织史资料（第二卷）》征集编纂工作。此卷收编时限为6年，从1988年1月至1993年12月31日。1994年10月，形成初稿，报送市委组织部审阅，同时召开审稿会进行审议。12月，经中共杭州市上城区第五届委员会常务委员会集体讨论通过，同意出版。1995年2月，《中共浙江省杭州市上城区组织史资料（第二卷）》由人民日报出版社出版，共计24.2万字。

1999年初，区委组织部启动《中共浙江省杭州市上城区组织史资料（第三卷）》征集编纂工作。此卷收编时限为5年，从1994年1月1日至1998年12月31日。2000年8月，初稿完成。9月，经中共杭州市上城区第六届委员会常务委员会审定，同意出版。2000年10月，《中共浙江省杭州市上城区组织史资料（第三卷）》内部发行，共计20.8万字。

2008年2月，区委组织部启动《中共浙江省杭州市上城区组织史资料（第四卷）》征集编纂工作。此卷收编时限为9年，从1999年1月至2007年12月31日。6月，区委组织部召开全区组织史第四卷征编工作会议，传达上报组织史资料的具体要求。2009年12月，《中共浙江省杭州市上城区组织史资料（第四卷）》内部发行，共计35万字。

2013年，区委组织部启动《中共浙江省杭州市上城区组织史资料（第五卷）》征集编纂工作。此卷收编时限为7年，从2008年1月至2014年12月31日。2015年末，《中共浙江省杭州市上城区组织史资料（第五卷）》初稿编纂完成。[1]

图18-13-14　上城区组织史资料
（黎颖　摄）

二、口述史料征编

《点燃记忆——纪念杭州解放六十年》　2008年11月，杭州市召开社会主义时期党史编研工作会议，部署纪念杭州解放六十周年相关工作。中共杭州市委党史研究室（简称市委党史研究室）印发《关于共同编纂杭州解放六十周年纪念书籍的通知》，区委党史研究室承担1956年公私合营、1964年经济恢复、1991年企业兼并和2001年河坊街开街4项任务。是月，区委党史研究室确定口述人，搜集相关事件的背景资料和口述人资料，拟定口述提纲。12月，上门进行口述访谈，收集相关照

① 2017年2月，《中共浙江省杭州市上城区组织史资料（第五卷）》内部发行，共计38.2万字。

片，根据采访录音和背景资料整理口述文字。2009年，区委党史研究室完成上城区建设、改革、发展的典型事例口述采访与材料撰写。

《光辉岁月——上城老战士的激情人生》　2015年9月，区委组织部、区委老干部局、区委党史研究室、杭州市上城区档案局联合编纂书籍《光辉岁月——上城老战士的激情人生》。此书收录孙存智、刘占勤、曲鸿秀等48位离休干部的革命事迹，记录老战士在抗日战争时期、解放战争时期和社会主义建设时期做出的贡献，为革命传统教育的教材。是年，此书作为全区开展"三严三实"专题教育和党员发展对象培训的必读书目。

三、党史专题资料征编

《上城区二十年大事记（1978—1998）》　1998年，区委组织部、杭州市上城区档案馆联合编印书籍《上城区二十年大事记（1978—1998）》。通过查阅档案馆历史资料、翻阅《上城动态》《上城政协》《今日上城》等资料，全书收录1978—1998年要闻要事，共计条目1297个，为上城区改革开放发展的重要史料。

《杭州市上城区党政大事记（1949—2005）》　2004年3月，区委办公室、区政府办公室联合启动《杭州市上城区党政大事记（1949—2005）》编纂工作。12月，初稿完成。全书采用编年体形式，分为"基本完成社会主义改造时期（1949.5—1956.8）""开始全面建设社会主义时期（1957.1—1966.5）""文化大革命时期（1966.5—1976.10）""社会主义现代化建设新时期（1976.10—2005.12）"4个部分，简要记录1949年5月3日—2005年12月31日上城发展的大事要事。2006年12月，《杭州市上城区党政大事记（1949—2005）》由中共党史出版社出版发行，共计36.8万字。

《红色印记——上城区党史胜迹录》　2012年，区委党史研究室于浙江省第一个党组织——中共杭州小组建立90周年之际，编纂出版《红色印记——上城区党史胜迹录》。全书分为"上城拾遗""史海钩沉""润物无声""抚今追昔"4个板块，介绍中华人民共和国第一个居民委员会、浙江省第一个党小组诞生地、浙江省第一个工人运动小组诞生地、浙江省第一个团小组诞生地、毛泽东视察过的第一个城市居委会等胜迹的历史、发展、相关故事等内容，为党员干部、人民群众及青少年革命传统教育服务。

《上城区改革开放新时期党史专题》　2013年5月，上城区启动《上城区改革开放新时期党史专题》资料征集。7月，区委党史研究室举办编纂工作培训会，邀请省委党史研究室三处处长俞红霞做题为《如何编写区县市在改革开放时期的党史专题》的辅导。至2015年末，区委党史研究室指导62家单位完成撰写72个专题，形成70余万字的初稿。①

《上城区名人旧居·历史建筑名录》（图片集）　2015年3月，区委党史研究室启动上城区名人旧（故）居、历史建筑普查工作。5月，编纂印刷书籍《上城区名人旧居·历史建筑名录》（图片集）。全书收录辖区内270处名人旧（故）居、历史建筑的图片，其中，国家级文物保护单位1处（胡雪岩故居），省级文物保护单位1处（浙江图书馆大学路馆舍），市级文物保护单位12处，市级历史建筑63处，直观展示上城辖区内名人旧（故）居与历史建筑

① 2017年5月，《上城区改革开放新时期党史专题》内部出版。

的现状。

《见证——上城区抗日战争遗址特辑》 2015年，区委党史研究室于中国人民抗日战争胜利70周年之际编纂印刷书籍《见证——上城区抗日战争遗址特辑》。全书收录大韩民国临时政府杭州旧址、淞沪战役阵亡将士纪念碑、望江门外日军碉堡旧址、泗水新村等抗日战争遗址16处，记录遗址背后的历史故事与发展现状，同时设计“上城区抗日战争遗址分布图”“上城区抗日战争遗址一览表”，让读者了解上城区抗日战争时期的历史。是年，结合郁达夫故居“风雨茅庐”开放，此书面向全区赠阅，成为全区纪念抗日战争胜利70周年活动的宣传教育亮点之一，《杭州日报》用半个版面进行报道。

第二节 宣传教育

一、党史信息宣传

2008年9月，区委党史研究室建立党史工作通讯制度，明确每月编印1～2期《上城党史工作通讯》，以电子政务网和书面形式分发至全区各部门，建立覆盖全区的党史信息工作网络。至2010年12月，共编印27期。①

2012年12月，《红巷》（月刊）创刊，每期2版，由中共杭州小组纪念馆编印。《红巷》全面报道中共杭州小组纪念馆、钱学森故居建设与开馆过程，详细介绍馆中展陈资料，提炼与弘扬“红巷精神”。至2014年8月1日，共编印21期。②

2014年8月，上城区建立“红巷”微信平台——“小营江南红巷”，分为“江南红巷”“生活广场”“游客服务”3个板块。“江南红巷”板块可利用手机浏览红巷各个场馆。“生活广场”板块分为广场介绍、当月安排、广场阅读3个部分。至2015年末，广场阅读部分共发布198条消息。

二、红色资源普查与开发

党史胜迹、遗址普查 2008年8月，根据中共中央在全国范围内开展党史胜迹普查的统一要求，区委转发《关于在全区开展党史胜迹普查的意见》，明确党史胜迹普查工作的指导思想、普查范围、普查内容和普查方法，以杭州市上城区民政局（杭州市上城区地名委员会办公室）、杭州市上城区建设局、杭州市上城区文化广电新闻出版局和各街道为主要责任单位。经过调研与整理，区委党史研究室确定党史胜迹13处。

① 2012年12月起，《上城党史工作通讯》停刊。

② 2014年8月起，《红巷》停刊。

其中，遗址、遗迹4处，分别为浙江省第一个党小组、浙江省第一个团组织、“新中国第一个居民委员会”、湖州会馆；人物故居3处，分别为郁达夫故居、钱学森旧居、茅以升故居；纪念馆（碑）、烈士墓6处，分别为毛主席视察小营巷纪念馆、于子三墓、杭州革命烈士纪念馆、浙江革命烈士纪念馆、求是书院和沈干城、沈乐山烈士纪念馆。

表18-13-21　2008年上城区党史胜迹情况表

序号	时　期	党史胜迹名称	地　　址	保护现状
1	民国时期	浙江省第一个党小组诞生地	原上城区小营街道皮市巷3号	原址已拆，在小营巷57号新建浙江省第一党小组纪念馆
2	民国时期	浙江省第一个团组织诞生地	原上城区小营街道皮市巷3号	原址已拆，异地恢复
3	解放初期	“新中国第一个居民委员会”	上羊市街	原址附近修建第一居委会及社区建设史料馆
4	解放后	毛主席视察小营巷纪念馆	小营巷56号	市爱国主义教育基地；现状良好
5	民国时期	郁达夫故居	大学路场官弄62号	市文保点、爱国主义教育基地；已修缮，现空置
6	清代	钱学森旧居	小营公园南面方谷园2号	市文保点，修缮中
7	清代	湖州会馆	小营巷酱园弄内	房屋有破损
8	民国时期	于子三墓	凤凰山北麓	省级文保单位、市爱国主义教育基地，现状良好
9	民国时期	茅以升故居	南山路荷花池头31号	已被改造，现为私房
10	民国时期	沈干城、沈乐山烈士纪念馆	复兴街23号闸口机务段内	市爱国主义教育基地，现状良好
11	当代	杭州革命烈士陵园	玉皇山南麓南山陵园（白云路27号）内	市爱国主义教育基地，现状良好
12	当代	浙江革命烈士纪念馆	万松岭路100-1号	省爱国主义教育基地，现状良好
13	晚清	求是书院（近代教育史陈列馆）	大学路（昔蒲场巷）北段东侧普慈禅寺内	省级文保单位、市爱国主义教育基地

说明：资料来源于中共杭州市上城区委党史和地方志编纂研究室

2009年，以省委开展第一批“浙江省党史教育基地”评选工作和市委编制党史胜迹保护利用规划为契机，区委党史研究室进一步开展全区党史胜迹普查工作。4月，根据省委党史研究室、市委党史研究室的要求，实地走访13处党史胜迹，整理上报13处党史胜迹的概况、历史沿革、价值评估文字材料和照片资料。

2010年2月，区委组织部与区委党史研究室联合发文《关于进一步开展全区党史胜迹普查工作的通知》，启动革命遗址普查工作。在前期党史胜迹普查工作的基础上，拾漏补缺，对全区革命遗址进行普查和梳理，上报14处新民主主义革命时期遗址（9处革命遗址和5处其他遗址）。其中，重要历史事件和重要机构旧址2处，分别为求是书院、澄庐；重要人物故居5处，分别为钱学森旧居、郁达夫故居、茅以升旧居、潘天寿旧居、膺白楼（黄郛旧居）；烈士墓2处，分别为杭州革命烈士陵园、于子三烈士墓；纪念设施5处，分别为浙江革命烈士纪念馆、沈干城沈乐山烈士纪念馆、中国社会主义青年团杭州支部纪念碑、中共浙江省第一个地方组织——杭州党小组纪念碑、浙江省中山纪念林碑。

名人旧（故）居、历史建筑普查　2015年3月，区委党史研究室启动上城区名人旧（故）居、历史建筑普查工作。经过摸底调查，上城区有名人旧（故）居、历史建筑共270处。其中，国家级文物保护单位1处（胡雪岩故居），省级文物保护单位1处（浙江图书馆大学路馆舍），市级文物保护单位12处，市级历史建筑63处，其他193处；主要分布在湖滨、清波、小营地区，湖滨97处、清波134处、小营29处、南星1处、紫阳9处；产权属于省级14处，市级36处，区级114处，其他106处；使用状况为空置的61处，改建为居民住宅56处，开放或开店153处。

抗日战争遗址普查　2015年7月，区委党史研究室启动上城区抗日战争遗址普查工作。经实地走访与资料搜集，确定上城区域内16处抗日战争遗址。其中，大韩民国临时政府杭州旧址于2014年9月被国务院列为首批国家级抗战纪念遗址；淞沪战役阵亡将士纪念碑是全国第一座表现抗日战争题材的纪念碑；钱塘江大桥、浙江兴业银行旧址是全国文物保护单位；泗水新村记录日军在杭州建立“慰安所”的恶劣行径；澄庐留下蒋介石与周恩来、潘汉年秘密会晤联合抗日的痕迹。在此基础上，区委党史研究室设计“上城区抗日战争遗址分布图”和“上城区抗日战争遗址情况表”，编纂印刷书籍《见证——上城区抗日战争遗址特辑》。

表18-13-22　2015年上城区抗日战争遗址情况表

序号	名　称	地　址	级　别	使用情况	所属街道
1	澄庐	南山路189号	浙江省文物保护单位	一楼空置，二楼是杭州市老干部活动中心	清波
2	黄郛旧居	南山路105号	杭州市历史保护建筑	花园餐厅、1917咖啡&茶、晶生晶世饰品店	清波
3	浙江兴业银行旧址	中山中路261号	全国重点文物保护单位	工商银行羊坝头支行	湖滨
4	蒋抑卮旧居	积善坊巷8号	杭州市文物保护单位	现由汉庭酒店使用	湖滨
5	泗水新村	将军路6号	杭州市历史保护建筑	现已拆迁，剩余住户5户	湖滨
6	郁达夫故居	大学路场官弄63号	杭州市文物保护单位	空置	小营
7	大韩民国临时政府杭州旧址	长生路53～55号	首批国家级抗战纪念遗址（杭州市文物保护单位）	正常开放	湖滨
8	淞沪战役国军第八十八师阵亡将士纪念碑	湖滨学士路口	中国第一座表现抗日战争题材的纪念碑	正常开放	湖滨
9	钱塘江大桥	六和塔附近的钱塘江	全国文物保护单位	正常使用	南星
10	望江门外日军碉堡旧址	望江门外江边路二弄	杭州市历史保护建筑	地块征迁改造中	紫阳
11	思澄堂	解放路132号	杭州市历史保护建筑	正常开放	小营

续表 18-13-22

序号	名 称	地 址	级 别	使用情况	所属街道
12	何柱国旧居	思鑫坊菩提寺路4号	杭州市历史保护建筑	民居，修缮中	湖滨
13	茅以升旧居	南山路206号	杭州市历史保护建筑	空置	清波
14	华君武故居	学士路3号、4号之间	杭州市历史保护建筑	空置	湖滨
15	古凤山门石碑	中河南路公交六部桥站	无	正常使用	紫阳
16	杭州火车站	环城东路	无	正常使用	小营

说明：资料来源于中共杭州市上城区委党史和地方志编纂研究室

党史教育基地申报 2009年，地处上城区的浙江革命烈士纪念馆入选第一批“浙江省党史教育基地”。2011年6月，毛主席视察小营巷纪念馆、“新中国第一个居民委员会”（中国社区建设展示中心）、中共杭州小组纪念馆入选第一批“杭州市党史教育基地”。2012年12月，钱学森故居和地处上城区的浙江革命烈士纪念馆入选第二批“杭州市党史教育基地”。2013年，钱学森故居与中国社区建设展示中心入选第二批“浙江省党史教育基地”。至2015年末，上城区共有浙江省党史教育基地3处、杭州市党史教育基地5处。

红色旅游[①] 开发 2005年，国家发展和改革委员会、中共中央宣传部、国家旅游局等13个部门联合下发通知，公布30条全国红色旅游精品线和100个全国红色旅游经典景区，省、市、区（县、市）开始开发红色旅游资源。2009年11月，上城区提交《杭州市上城区红色旅游开发项目可行性报告》，指出上城区历史文化底蕴深厚，党史资源丰富，具有发展红色旅游的物质基础。经过研究，上城区开发南北两条“红色旅游”路线，北线：浙江省第一党小组、第一团组织纪念碑—钱学森旧居—浙江省第一个党小组纪念馆—毛主席视察小营巷纪念馆—湖州会馆—求是书院—郁达夫故居；南线：中国社区建设展示中心—浙江革命烈士纪念馆—于子三烈士墓—杭州革命烈士陵园—沈干城、沈乐山烈士纪念馆。

① 红色旅游：以革命纪念地、纪念物及其所承载的革命精神为吸引物，组织接待旅游者进行参观游览，实现学习革命精神，接受革命传统教育和振奋精神、放松身心、增加阅历的旅游活动。

2010年2月，上城区提出《关于开发上城区青少年红色旅游项目的建议》。结合青少年的特点，上城区编制红色旅游精品线路，在南北线基础上，增加一条中线，即中国社区建设展示中心—蒋筑英纪念馆（科技馆）。2012年6月，上城区继续提升、整合“红色旅游”资源，打造“红色走廊”，形成上城特色的红色体验区、红色旅游线、红色教学点。“红色走廊”分3条线路：北线（小营地区）：浙江省第一个党团组织建立旧址纪念碑—毛主席视察小营巷纪念馆—中共杭州小组纪念馆—钱学森故居—湖州会馆—求是书院—郁达夫故居；中线（紫阳地区）："新中国第一个居民委员会"（中国社区建设展示中心）—蒋筑英纪念馆（科技馆）；南线（清波、南星地区）：浙江革命烈士纪念馆—于子三烈士墓—杭州革命烈士陵园—沈干城、沈乐山烈士纪念馆。至2015年末，上城区"红色走廊"线路未有变化。

三、重大纪念日活动

庆祝中华人民共和国成立60周年活动　2009年9月，市委党史研究室与《杭州日报》共同编印《聚焦杭州——庆祝中华人民共和国成立暨杭州解放60周年》宣传图片，图片为活页式，每套16页。区委党史研究室将其分发至辖区各街道、社区、学校、企业等基层单位，共计145份。10月，市委党史研究室与《杭州日报》联合推出"庆祝中华人民共和国成立60周年暨杭州解放60周年知识竞赛"活动，区委党史研究室和区委学习实践科学发展观活动领导小组办公室联合发文《关于组织参加庆祝中华人民共和国成立60周年暨杭州解放60周年知识竞赛的通知》，发动区直各党委、工委、支部党员干部参加，作为深入学习实践科学发展观活动的重要内容。全区参与单位共计30家，参赛人数共计3250人。同时，区委党史研究室协助区委宣传部举办"记忆上城——上城区庆祝建国60周年图片展"活动，收集资料，展示、宣传上城区在党建及民主建设、经济建设、城市建设、社会发展和精神文明建设、社区建设等方面的发展历程与成果。

纪念中共杭州小组成立90周年活动　2012年5月，区委办公室、区委组织部、区委宣传部、区委党史研究室通过印发文件、报纸征文、网站宣传等形式，开展"红巷精神"征集活动。全区各单位以"红巷精神"提炼作为"我们的价值观"主题教育实践活动和创先争优活动的重要内容。经专家审定，群众认可，"红巷精神"确定为"敢为天下先，甘做孺子牛"。2012年9月10日，上城区承办"纪念浙江省第一个党组织——中共杭州小组成立90周年座谈会"，举行上城区"红巷精神"发布仪式。中共杭州小组创始人徐梅坤后人徐昆明、中共杭州小组组长于树德后人于传林参加座谈会并进行交流发言。

"喜迎十八大"活动　2012年10月，为迎接中共第十八次全国代表大会胜利召开，区委组织部、区委党史研究室、共青团上城区委员会联合在"上城先锋"党建微博上开展"喜迎十八大，寻找身边的红色记忆"党建微博话题互动活动，通过"寻找身边的红色记忆"，包括身边的党史胜迹、党史遗址、爱国主义教育基地及珍藏的红色物品、图片等，展示上城区爱国主义、党史教育资源与教育成果，营造全区喜迎"十八大"召开的浓厚氛围。全区共发布话题微博460余条，参与转播、评论"上城先锋"微博1100余条（次），搜集红色记忆200余项。

庆祝中国共产党成立系列活动　2013年，区委组织全区各单位观看《没有共产党就没有新中国》中国共产党党史教育影片，庆祝中国共产党成立92周年。2015年，中国共产党成立94周年，区委组织开展"红星在党旗下熠熠生辉"草根民师讲堂活动，通过人物访谈、视频展示、诗歌朗诵、人物情景剧等方式，让全区党员干部共同感受中国共产党的光荣历程；开展10年、20年、30年、40年、50年等党龄党员“年代秀”，以口述历史、颁发纪念章等方式，激励年轻党员铭记历史，继承先烈先辈精神。

图18-13-15　2015年7月1日，上城区举办庆祝中国共产党成立94周年大会暨第二届“草根民师讲堂”

（区委组织部 供稿）

纪念中国抗日战争胜利70周年活动　2015年9月1日，郁达夫杭州故居“风雨茅庐”正式开馆，由小营“红巷”红色旅游纪念教育基地统一管理运营。湖滨街道邀请浙江省新四军历史研究会向辖区党员做“抗日烽火下的湖滨”主题宣讲。紫阳街道组织杭州市金都天长小学的小记者们走访采写紫阳地区10名老兵抗战故事，编辑成《紫阳红旗谱》一书送给抗日老兵和辖区企事业单位的党员。

第三节　红色阵地建设

一、中共杭州小组纪念馆打造

2008年，上城区提出打造“钱塘星火”——浙江省第一党小组纪念馆。2010年10月，中共杭州小组纪念馆筹建工作领导小组成立（简称筹建领导小组），成员单位有区委组织部、区委党史研究室、杭州市上城区档案馆、杭州市上城区人大科教文卫体工作委员会、杭州市上城区人民政府法制办公室、杭州市上城区财政局、杭州市上城区建设局、杭州市上城区政协文史和教文卫体委员会、小营街道、杭州上城区投资控股集团有限公司。筹建领导小组办公室设在区委党史研究室，下分综合组、史料征集整理组、打造组。史料征集由区委组织部、区委党史研究室、杭州市上城区档案馆负责；设计布展由小营街道负责。筹建领导小组建立联络会议制度，定期或不定期召开领导小组会议、史料征集工作会议、设计布展工作会议、各小组联络会议等。11月，中共杭州小组纪念馆筹建工作专题会议召开，议定纪念馆史料征集、内容设计展示、选址产权衔接、建设经费、后续管理等问题。纪念馆选址钱学森旧居，面积约1050平方米。2011年7月1日，浙江省第一个地方党组织——中共杭州小组纪念馆落成开馆。

图18-13-16　2011年7月1日，中共杭州小组纪念馆举行开馆典礼

（区委组织部 供稿）

纪念馆史料征集　2009—2010年，中共杭州小组纪念馆征集史料工作陆续展开，征集内容包括中共杭州小组、上城党建、钱学森3个部分内容。纪念馆筹建工作人员先后赴诸暨征集到诸暨城区党支部、丽坞底党支部、俞秀松故居和烈士陵园、宣中华烈士墓、何赤华烈士墓、浙东人民解放军金萧支队成立旧址等相关资料；赴杭州机务段内的沈干城、沈乐山烈士纪念馆征集到中共杭州小组成员沈干城的相关资料；赴东阳横店金佛庄烈士陵园和金佛庄故居，征集到中共杭州小组成员金佛庄的相关资料。2010年10月，区委党史研究室联合市委党史研究室向全省89个区、县（市）寄送《关于向各区、县（市）党史部门征集第一个党组织资料的函》，内容包括新民主主义革命时期各地区成立的第一个党组织的名称、成立时间、成立地点、组成人员以及原址和成员照片。11月，纪念馆筹建工作人员赴萧山采访朱森水，征集中共杭州小组创始人徐梅坤的相关资料，实地走访徐梅坤家乡富家塔村。12月，纪念馆筹建工作人员赴中共上海市委党史研究室、中国社会主义青年团中央机关旧址纪念馆、中共二大会址纪念馆，征集杭州团支部创建者俞秀松及其他相关资料。12月末，纪念馆筹建工作人员赴国务院参事室、中华全国供销合作总社、北京李大钊故居征集徐梅坤和于树德的资料，采访于树德儿子于传林。至2010年末，共计收集到照片339张、文稿27份、书籍28册、实物1件。

纪念馆设计布展　纪念馆筹建工作人员走访各大纪念馆，学习和借鉴各纪念馆（旧居）在史料收集、环境整治、房屋装修、现代陈列手段等方面的成功经验，经筛选、整理、编排，确定“星星之火”篇、“星火燎原”篇、“雨露小营”篇3个板块的展示方案，于2009年7月形成《“钱塘星火”——中共杭州小组纪念馆图文展示资料集》，送上级领导和有关专家审阅。经领导审阅，修改为“之江曙光”篇、“星星之火”篇、“星火燎原”篇、“迈向辉煌”篇4个篇章。2010年12月，纪念馆史料征集整理组会议确定纪念馆展陈内容分中共杭州小组、上城党建、钱学森3个部分。工作组与中国美术学院风景建筑设计研究院交流纪念馆设计、布展初步设想。筹建领导小组对原有的布展方案进行修改，修改为4个篇章，即“星星之火”篇、“星火燎原”篇、“曲折发展”篇、“迈向辉煌”篇。

2011年3月，中共杭州小组纪念馆工作汇报会明确设计方案修改意见，要求突出“中共杭州小组是浙江省第一个党组织”主题，将3个展馆调整为2个展馆，其中“上城党建展示中心”改为“今日钱塘”，作为中共杭州小组纪念馆的第四展厅。4月，中共杭州小组纪念馆确定建筑总面积1265平方米，展陈面积850平方米，以杭州（浙江）党组织诞生、发展、壮大的历史为主题，分4个部分展示：“潮起钱塘”主要包括中共杭州小组成立前杭州经济社会状况、马克思主义在杭州的传播及工农运动兴起等内容，展示的是党小组成立时的社会背景；“星火钱塘”是整个展览的核心部分，展示内容包括杭州党团组织的建立、中共杭州小组创始人和成员情况及杭州党组织的早期活动情况等；“奔腾钱塘”展示自中共杭州小组成立到浙江解放期间，党在杭州和浙江的发展情况；“今日钱塘”主要展示中华人民共和国成立后，在市委领导下杭州经济社会发展和党的建设成果。

纪念馆周边区块综合提升整治工程　2011年4月，中共杭州小组纪念馆建设工程协调小组成立，召开第一次会议，明确对纪念馆周边环境进行综合整治。4月末，中共杭州小组纪念馆建设工程协调小组第二次会议确定6月20日前完成小营巷、银枪班巷、方谷园及慎德里整治，6月25日前完成银枪班巷支路与绿化景观工程。按照“一馆五巷联动整治、以点连线带圈”工作思路，以中共杭州小组纪念馆为轴心，南达方谷园、北到小营巷、东至直大方伯、西联马市街，通过背街小巷改善、庭院改造、危旧房改善等项目，区块内的小营巷太平天国听王府、毛主席视察小营巷纪念馆、方谷园胡宅、钱学森故居、中共杭州小组纪念馆和周边建筑群串珠成链，最大限度体现江南名巷、杭州雅街特色。

二、中国社区建设展示中心打造

2008年6月28日，民政部在杭州召开“新中国第一个居民委员会”寻访成果发布会，正式宣布：浙江省杭州市上城区的上羊市街居民委员会是“新中国第一个居民委员会”。8月，上城区启动中国社区建设展示中心筹建工作，地址位于金钗袋巷朱智故居旧址，占地面积2000余平方米。上城区完成展示中心建址的文保修缮工程和展陈设计施工图纸，将展陈提纲和展陈文本提交民政部审核。面向全国展开史料征集工作，征集到包括民政部及26个省、自治区、直辖市提供的史料1万件，经过筹建组整理，初步筛选出400余件史料进行上报审核。2009年12月21日，中国社区建设展示中心正式开馆。2015年10月24日，中国社区建设展示中心推出“左邻右社”社区治理创新园。

三、钱学森故居打造

2007年4月，钱学森旧居[①]维修工程正式立项。2008年6月，上城区完成旧居内原有住户搬迁工作并开始施工，对旧居进行修缮保护。此次修缮总占地面积899.49平方米，总建筑面积802.28平方米，包括方谷园2号、方谷园3号和小营公园3号住宅。为维持老房子的建筑风格、特点，除设计中特别规定之外，所有维修部分都使用原材料、原尺寸、原工艺和原做法。对于已经丢失的门窗，按照剩下的原物样式，配齐缺少部分，恢复原装修。修缮工作于2008年末完工。

2010年10月，上城区启动中共杭州小组纪念馆建设工程，包括钱学森旧居陈列馆建设。2011年1月，纪念馆筹建工作人员到钱学森旧居与杭州市园文局、中国美术学院风景建筑设计研究院现场商讨房屋结构变更事宜。是月，纪念馆筹建工作人员与杭州晓钟文化策划有限公司讨论钱学森展区展陈主题和内容，初步确定主题为“钱学森与杭州——杭州走出的‘中国航天之父’”，展出内容分“杭州之子”“航天之父”“情系故乡”“风范永存”4部分。2月，钱学森展区筹建工作专题会议强调钱学森陈列馆主题是一个“非全面的、与杭州有关的、能以小见大的展览馆”，重点突出“家”的感觉，做到“小而精”，讨论陈列馆的布展设计、布展内容、展示形式和史料搜集等问题。是月，纪念馆筹建工

① 钱学森故居建于清末。20世纪60年代，市政府对方谷园2号进行修缮。

作人员与杭州钱镠研究会召开座谈会，杭州钱镠研究会常务理事、秘书长钱刚建议，展览可加入钱学森的成就与家族渊源，说明钱氏家训等家族文化对钱学森的影响。会议确定以公函形式正式联系钱学森的儿子钱永刚，争取征集钱学森的珍贵资料。3月，史料征集整理组赴杭州笕桥机场寻访钱学森1934年实习过的杭州飞机制造厂旧址。是月，纪念馆设计技术公布会召开，初步确定钱学森旧居设计方案。4月，钱学森之子钱永刚到小营街道小营巷社区参观方谷园2号钱学森旧居，带来钱学森各个时期的照片、相关书籍和影视作品等珍贵资料，同时建议将“钱学森旧居”更名为“钱学森故居”。5月，上城区向市委提交《关于“钱学森旧居”更名为“钱学森故居”的请示》。6月，上城区举办“钱学森与杭州”主题展览，展览共分成“杭州之子、航天之父、情系故乡”3个单元，结合中国杭州小组纪念馆开馆进行展示。12月，钱学森故居于钱学森100周年诞辰之际，重新开放。至2015年，钱学森故居年接待党员群众10余万人次。

图18-13-17　2011年12月1日，钱学森故居开馆
（区档案馆 供稿）

四、其他阵地建设

沈干城、沈乐山烈士纪念馆修缮保护　沈干城、沈乐山烈士纪念馆位于复兴街23号闸口机务段内，以沈干城、沈乐山的革命事迹为主线，展示杭州机务段从清光绪三十一年（1905）起建立拱宸桥机器厂的历史发展过程，反映工人阶级在长期斗争和创业过程中形成的光荣传统和优良作风，再现杭州机务段百年的工人运动史、艰苦创业史和科技兴段史。2010年，作为浙江省第一个工人运动小组诞生地的杭州机务段因位于南宋皇城大综保工程规划区而面临拆迁困境，区委党史研究室多次与相关部门联系，保护重要党史遗址。经协调，沈干城、沈乐山烈士纪念馆保留原址，进行修缮保护。

郁达夫故居修缮保护　郁达夫故居位于大学路场官弄63号，是民国22年（1933）4月郁达夫全家由上海迁居杭州时筹建，由郁达夫亲自设计，民国25年（1936）建成，名为“风雨茅庐”。杭州沦陷时被日军用作马厩，2万余册藏书尽毁。民国34年（1945）售予他人。中华人民共和国成立后，郁达夫故居由区政府接管，结构基本保持原状。1986年4月，“风雨茅庐”被列为杭州市市级文物保护单位。2007年7月，上城区修缮郁达夫故居，占地面积900平方米，坚持“不改变原状的原则、最低干预原则、可识别原则、可逆原则”，尽可能保护现存历史原物，坚持原材料、原尺寸、原工艺，提高文物建筑安全性能。2015年，为纪念中国人民抗日战争暨世界反法西斯战争胜利70周年及郁达夫殉难70周年，上城区对“风雨茅庐”进一步修缮、保护，于9月1日正式对公众开放，纳入小营“红巷”红色旅游纪念教育基地进行统一管理运营。

第十四章　保密工作

20世纪80年代初，上城区配备兼职保密干部，制定保密制度。2001年2月，区委办公室增挂杭州市上城区保密局（简称区保密局）牌子，全区保密工作逐步走上经常化、制度化的轨道。进入21世纪，上城区保密工作部门严格贯彻国家保密法法律规章，依法开展保密行政管理工作，在全区开展各种形式的保密宣传教育活动，防止泄密事件的发生。全区保密工作从纸介质、光介质、电磁介质等涉密载体的管理和保密工作普及教育，逐渐延伸到人员全面管理。随着计算机的普及和电子产品的快速发展，保密教育的力度逐渐加大。全区运用现代化手段，加强信息网络的建设、运用和管理，开展保密工作监督检查，做到保密检查经常化、保密检查规范化、保密检查专业化，筑牢保密防线。2012年，中共杭州市上城区委保密委员会、区保密局印发《“十二五”期间上城区保密事业规划》，并从保密信息科学管理、保密技术监管防护（互联网移动终端使用的监管和规范）、教育培训、系统建设等方面，组织贯彻落实阶段的自查与验收。

第一节　保密教育

一、法规宣传

区保密局自《中华人民共和国保守国家秘密法》（简称《保密法》）正式施行后，每年组织各种形式的保密宣传活动。1994年5月，为纪念《保密法》颁布5周年，区保密局印发《保密法实务》《日常保密工作要点》《泄密警示》等保密法规小册子，在人口密集地段悬挂横幅，张贴宣传海报，举办保密法制宣传漫画展等活动。1998年8月，为纪念《保密法》颁布10周年，区保密局在机关、街道、火车站悬挂宣传横幅。2000年，区保密局被评为“全省‘三五’保密法制宣传教育先进单位”。随着信息时代科技的发展，区保密局与时俱进，创新宣传形式。2003年5月，“保密工作”网页在区政府外网开通，由“保密法”“保密知识”“立案规定”等栏目构成。2004年6月，为纪念《保密法》实施15周年，区保密局组织人员参加杭州市开展的保密法知识竞赛活动。2009年与2014年，区保密局分别参加省、市组织的“保密在我身边”特别节目等宣传活动。

二、保密培训

1993年，根据中央关于“有针对性地开办保密教育，把保密教育作为干部培训和党校教学的一项重要内容”的要求，区保密局在辖区范围内开设保密讲座29次，听课人员2000余人。1998年，区委党校在中青年干部培训班增设保密法制课内容。1999年10月，区保密局组织人员参加全市规范定密工作会议和培训。2003年，对全区89名区管干部进行保密法制讲座。2005年，区保密局将保密宣传教育工作纳入区委理论中心组学习计划，并按学分制进行考核。2010年，区保密局邀请中共杭州市委保密委员会副主任、杭州市保密局局长马立群为全区领导干部讲解新《保密法》。2013年，区保密局进行《保密法》知识测试，并组织100余名保密干部分批参加浙江省保密局业务培训。

三、警示教育

1993年起，区保密局每年举行保密工作大会，通报泄密案件，以案说法进行警示教育。1998年11月，区保密局组织区四套班子部分领导，区机关单位干部，区部分企业的党员、干部及涉密人员赴浙江省科技馆参加“浙江省保密教育展览杭州巡展”。2001年5月，区保密局组织全区干部参观杭州市保密局（简称市保密局）举办的“警钟长鸣——窃密泄密案例展”。2003年1月，区保密局购买《步入歧途》保密教育光盘，在保密干部培训班和党校培训班中组织观看。2004年6月，区保密局组织人员观看市保密局与杭州市国家安全局联合举办的“反窃密、反泄密技术”展览。2006年，区保密局组织观看保密形势教育片《筑牢保密防线》《胜利之盾》等教育宣传片。协同市保密局拍摄系列保密微电影，以新型手法开展保密宣传的教育工作。2012年，区保密局通过宣教光盘等形式普及保密管理知识和进行泄密案件警示教育，购买并向全区发放以“保密法实施”“日常保密工作要点”及“泄密警示”为主题的宣传海报。

第二节　涉密管理

一、制度建设

1993—2015年，为加强日常涉密信息管理，区保密局先后研究制定《上城区党政机关计算机信息网保密管理暂行规定（试行）》《上城区国家秘密载体集中回收保管和送交销毁处理实施办法》《上城区各类考试保密安全突发事件应急处置预案（试行）》《杭州市上城区政府信息公开前进行审查的规定》《上城区党政领导干部保守国家秘密的规定》《区委办公室保密工作制度》《关于加强部门预算管理中有关保密工作的通知》等规范性文件，并根据工作实际进行全面修订。

人员管理　区保密局切实加强涉密岗位人员的管理。2010年，区保密局建立任职备案制度，开展涉密岗位人员普查，明确人员底数，完善人员审查制度，细化职责，合理调配人员，每年进行动态管理。建立专业培训合格上岗制度，组织区直属单位涉密人员参加技能培训，重点学习掌握日常保密防范技能、定密管理。2013年，区保密局组织保密干部、涉密人员参加市保密局、杭州市人力资源和社会保障局举办的上岗资格培训班。

经过培训，学员获得上岗资格证书。

监督检查　区保密局重视履行保密工作的监督检查职能。2011—2015年，每年开展4次保密安全检查（抽查），逐步对机构、制度、人员、计算机和网络等各方面进行全面监督检查，扩大监督检查的范围，规范检查制度。借助市保密局力量对全区重点部门、单位开展经常性的保密工作检查，通过检查，促进全区各项保密规章制度的落实，预防泄密事件发生。

二、信息化建设

2003年，区保密局根据《浙江省电子政务网络规范》的要求，实行分级分类管理。2011年起，区保密局引入专业设备对涉密计算机进行管理，使用电子工具检查非涉密计算机。2012年，区保密局根据全省统一部署，进行党委信息化建设，不断提高保密技术检查和防护能力。2013—2015年，区保密局不断加大投入，提升保密科技防范水平和能力，实施多项保密技术工程。

第十五章　编制管理

1980年10月，上城区政府重建人事科。1984年2月，人事科改为杭州市上城区人事局。上城区机构编制工作由杭州市上城区人事局负责。1994年11月，杭州市上城区机构编制委员会成立，与杭州市上城区人事局合署办公。2003年11月，杭州市上城区事业单位登记管理局设立。2012年9月，杭州市上城区机构编制委员会办公室（简称区编委办）单独设置，列入党委序列。

1993年末，上城区有中共杭州市上城区纪律检查委员会1个、区委工作机构9个、区人大常委会办事机构5个、区政府工作机构22个、街道办事处7个，有杭州市上城区人民法院、杭州市上城区人民检察院，杭州市上城区人民武装部，杭州市上城区总工会、共青团杭州市上城区委员会、杭州市上城区妇女联合会、杭州市上城区科学技术协会、杭州市上城区工商业联合会、杭州市上城区残疾人联合会、杭州市上城区老龄工作委员会、杭州市上城区关心下一代工作委员会。是年，全区共设置党政机构31个，其中，区委机构9个，区政府机构22个。党政群机关编制404人，实有人员386人。政法机关编制480人，实有人员479人。上城区分别于1996年、2001年、2005年、2012年、2015年进行机构改革。经过机构改革，至2015年，全区行政编制[①] 1675人，实有工作人员1576人。全区党政群机关48家，行政编制694人，实有工作人员687人；政法机关2家，编制849人，实有人员763人；物价所1家，物价专项编制10人，实有人员10人；工商所12家，工商专项编制122人，实有人员116人。另有行政机关后勤服务人员编制控制数16人，实有人员15人。全区区属事业单位174家，事业编制5777人，实有人员4642人。

①编制人数为核定基数。

第一节　党政群机关机构编制管理

1993年末，上城区有中共杭州市上城区纪律检查委员会1个；有区委工作机构9个：区委办公室、区委组织部、区委宣传部、区委统战部、区委政法委、区委老干部局、区委台湾工作办公室、区委政策研究室、区级机关党委（纪检组）[①]；有区人大常委会办事机构5个：区人大常委会办公室、法制工作委员会、财政经济工作委员会、城建城管工作委员会、教科文卫工作委员会；有区政府工作机构22个：区政府办公室、杭州市上城区计划经济委员会、杭州市上城区体制改革办公室、杭州市上城区科学技术委员会、杭州市上城区财政税务局、杭州市上城区劳动局、杭州市上城区人事局、杭州市上城区城市建设管理局、杭州市上城区民政局、杭州市上城区审计局、杭州市上城区物价委员会、杭州市上城区工商行政管理局、杭州市上城区土地管理局、杭州市上城区物资局、杭州市上城区商业局、杭州市上城区防空办公室、杭州市上城区对外经济贸易局、杭州市上城区教育局、杭州市上城区文化局、杭州市上城区卫生局、杭州市上城区体育运动委员会、杭州市上城区计划生育委员会；街道办事处7个：清波街道办事处、城站街道办事处、清泰街道办事处、涌金街道办事处、横河街道办事处、小营街道办事处、湖滨街道办事处；有杭州市上城区人民法院、杭州市上城区人民检察院、杭州市上城区人民武装部、杭州市上城区总工会、共青团杭州市上城区委员会、杭州市上城区妇女联合会、杭州市上城区科学技术协会、杭州市上城区工商业联合会、杭州市上城区残疾人联合会、杭州市上城区老龄工作委员会、杭州市上城区关心下一代工作委员会。是年，全区共设置党政机构31个，其中，区委机构9个，区政府机构22个。党政群机关编制404人，实有人员386人。政法机关编制480人，实有人员479人。

1996年12月，由于杭州市市辖区行政区域调整，江干区的望江、南星、紫阳、闸口4个街道办事处，近江、望江、玉皇3个行政村，以及复兴路改造工程指挥部成建制划入上城区管辖。江干区移交行政编制人员66人。其中，街道56人，指挥部10人。调整后，上城区核定行政编制505人。1997年12月，杭州市上城区政协组织筹建领导小组建立。1998年3月10—15日，中国人民政治协商会议杭州市上城区第一届委员会第一次会议召开。区政协机关设置办公室、综合一局、综合二局3个工作部门与提案委员会、学习文史委员会、教文卫体委员会、经济科技委员会、社会法制委员会5个专门委员会。

至2015年，上城区共经历5次机构改革。

一、1996年机构改革

1996年7月，市委、市政府印发《杭州市上城区党政机构改革方案》。全区共设置党政机构27个。其中，区委机构6个，区政府机构21个。

① 1988年10月，区级机关党委纪律检查组建立。

在机构改革中，区委政法委员会与区综治委合署办公。区委办公室增挂区委政策研究室牌子，区委统战部增挂杭州市上城区人民政府台湾事务办公室、杭州市上城区人民政府侨务办公室牌子、杭州市上城区人民政府民族宗教事务局牌子。区级机关党委更名为区直机关党工委。区委老干部局由区委组织部管理，此后均由区委组织部管理。

撤销杭州市上城区城市管理办公室，建立杭州市上城区市容环境卫生局；撤销杭州市上城区爱国卫生运动委员会、杭州市上城区物价委员会、杭州市上城区体制改革办公室、杭州市上城区职工教育委员会。杭州市上城区物资局转为杭州市上城区物资总公司。杭州市上城区计划经济委员会更名为杭州市上城区计划与经济局，杭州市上城区科学技术委员会更名为杭州市上城区科学技术局，杭州市上城区商业局更名为杭州市上城区贸易局，杭州市上城区对外经济贸易局更名为杭州市上城区对外贸易经济合作局，杭州市上城区城建局更名为杭州市上城区建设局，杭州市上城区体育运动委员会更名为杭州市上城区体育运动局，杭州市上城区计划生育委员会更名为杭州市上城区计划生育局。杭州市上城区建设局与杭州市上城区人民防空办公室合署办公。杭州市上城人民政府办公室增挂杭州市上城区经济体制改革办公室牌子，杭州市上城区计划经济委员会增挂杭州市上城区统计局、杭州市上城区物价局牌子，杭州市上城区财政局增挂杭州市上城区地方税务局、杭州市上城区国有资产管理局牌子。

此次党政机构改革坚持政企职责分开和精简、统一、效能的原则，转变职能，理顺关系，调整结构，精兵简政。党政机构从1995年的35个减少至27个，精简22.9%；区级机关及街道办事处的行政编制（不含政法系统编制）从1995年的585人减少至415人，精简29.1%。

二、2001年机构改革

2001年11月，市委、市政府印发《中共杭州市委、杭州市人民政府关于杭州市上城区机构改革方案的通知》。全区共设置党政机构25个。其中，区委机构7个（区纪律检查委员会机关作为区委工作部门统计），区政府机构18个。

在机构改革中，区委台湾工作办公室（杭州市上城区人民政府台湾事务办公室）、杭州市上城区人民政府民族宗教事务局、杭州市上城区人民政府侨务办公室、杭州市上城区归国华侨联合会与区委统战部合署办公，不再保留区委统战部增挂的杭州市上城区人民政府侨务办公室牌子。杭州市上城区社会治安综合治理委员会与区委政法委合署办公改为杭州市上城区社会治安综合治理委员会办公室与区委政法委合署办公。区委办公室增挂杭州市上城区保密局牌子。杭州市上城区残疾人联合会机关参照公务员制度管理。

区人大常委会机关设区人大常委会办公室、法制工作委员会、财经工作委员会、城建环保工作委员会、科教文卫体工作委员会、代表工作委员会6个处级工作机构。

杭州市上城区市容环境卫生局转为杭州市上城区人民政府直属的相当于正处级事业单位。建立杭州市上城区经济体制改革委员会；撤销杭州市上城区劳动局，建立杭州市上城区劳动和社会保障局；撤销杭州市上城区贸易局，建立杭州市上城区商贸旅游局；撤销杭州市上城区对外贸易经济合作局，建立杭州市上城区招商局；撤销杭州市上城区房地产管理局；撤销杭州市上城区文化局、杭州市上城区体育运动局，建立杭州市上城区文化体育局；建立杭州市上城区城市管理行政执法局；撤销杭州市上城区地方税务局，建立杭州市地方税务局上城征收管理局[①]。杭州市上城区计划与经济局更名为杭州市上城区发展计划与经济局，杭州市上城区土地管理局更名为杭州市上城区国土资源局。建立杭州市上城区地方税务局，与杭州市上城区财政局合署办公。杭州市上城区人民政府办公室增挂区信访局、杭州市上城区经济体制改革委员会办公室牌子（不再保留杭州市上城区经济体制改革办公室牌子），保留杭州市上城区人民政府法制办公室牌子[②]；杭州市上城区发展计划与经济局增挂杭州市上城区统计局、杭州市上城区物价局、杭州市上城区安全生产监督管理局牌子；杭州市上城区财政局增挂杭州市上城区国有资产管理委员会办公室牌子，不再保留杭州市上城区国有资产管理局牌子、杭州市上城区地方税务局牌子；杭州市上城区招商局增挂杭州市上城区人民政府经济技术协作办公室、杭州市上城区对外贸易经济合作局牌子；杭州市上城区建设局增挂杭州市上城区房产管理局牌子；杭州市上城区城市管理行政执法局增挂杭州市上城区城市管理行政执法大队牌子。杭州市上城区老龄工作委员会办公室划归杭州市上城区民政局管理。

① 杭州市地方税务局对各区地税机构体制实行垂直管理改革，将市、区二级地方税务机构撤并为统一登记、属地征收、一级稽查的市一级地方税务机构。

② 原由杭州市区司法局承担的法制局职能由区政府办公室承担，更名为杭州市上城区人民政府法制办公室，对外保留牌子。

区政协机关设区政协办公室、综合一局、综合二局3个处级机构。

此次机构改革着重清理整顿行政执法队伍。调整后，核定上城区机关编制659人（含后勤服务人员编制86人）；司法机关编制由37人减至30人，精简18.9%；法院机关编制由71人减至64人，精简9.9%；检察院机关编制由64人减至58人，精简9.4%。

三、2005年机构改革

2005年5月，中共杭州市委办公厅、杭州市人民政府办公厅印发《中共杭州市委办公厅、杭州市人民政府办公厅关于印发〈杭州市上城区深化完善政府机构改革方案〉的通知》。全区共设置党政机构28个。其中，区委机构8个，区政府机构20个。

区信访局改为单独设置，列入区委工作机构序列。区委台湾工作办公室（杭州市上城区人民政府台湾事务办公室）与区委办公室合署办公。

撤销杭州市上城区发展计划与经济局，建立杭州市上城区发展和改革局；撤销杭州市上城区文化体育局，建立杭州市上城区体育局；建立杭州市上城区文化广电新闻出版局；建立杭州市上城区安全生产监督管理局；撤销杭州市上城区市容环境卫生局，建立杭州市上城区人民政府城市管理办公室。杭州市上城区人民政府民族宗教事务局更名为杭州市上城区民族宗教事务局，杭州市上城区计划生育局更名为杭州市上城区人口和计划生育局，杭州市上城区招商局挂牌的杭州市上城区人民政府经济技术协作办公室更名为杭州市上城区人民政府国内经济合作办公室，杭州市上城区国土资源局更名为杭州市国土资源局上城分局，为杭州市国土资源局的派出机构。杭州市上城区体育局与杭州市上城区文化广电新闻出版局合署办公，杭州市上城区人民政府法制办公室与区政府办公室合署办公。区政府办公室不再挂杭州市上城区人民政府经济体制改革委员会办公室牌子，杭州市上城区发展和改革局增挂杭州市上城区统计局、杭州市上城区物价局牌子，杭州市上城区安全生产监督管理局增挂杭州市上城区安全生产委员会办公室牌子，杭州市上城区科学技术局①增挂杭州市上城区知识产权办公室牌子。

此次机构改革，坚持政企分开、政事分开，精简、统一、效能，因地制宜与依法行政的原则，按照规定核定编制和配备人员，新增设机构的编制在全区行政编制总数内调剂解决，未超出核定的行政编制总数。改革后，上城区机关行政编制从678人（含后勤服务人员编制86人）减少至654人（含后勤服务人员编制62人），实有人员从642人减少至636人，分别精简3.54%、0.93%。

① 杭州市上城区科学技术局由原先与杭州市上城区科学技术协会合署办公改为分开办公。

四、2012年机构改革

2012年2月，中共杭州市委办公厅、杭州市人民政府办公厅印发《市委办公厅、市政府办公厅关于印发〈杭州市上城区人民政府机构改革方案〉的通知》。全区共设置党政机构29个。其中，区委机构9个，区政府机构20个。

在机构改革中，区编委办单独设置，列入党委机构序列。区委维稳办、杭州市上城区社会治安综合治理委员会办公室与区委政法委合署办公。杭州市上城区社会治安综合治理委员会更名为杭州市上城区社会管理综合治理委员会。区委组织部增挂中共杭州市上城区委新经济与新社会组织工作委员会牌子。区委宣传部增挂中共杭州市上城区委对外宣传办公室、杭州市上城区人民政府新闻办公室、杭州市上城区互联网宣传办公室牌子。

杭州市上城区人民政府法制办公室单独设置，为区政府工作部门。撤销杭州市上城区发展和改革局，建立杭州市上城区发展改革和经济信息化局；撤销杭州市上城区人事局、杭州市上城区劳动和社会保障局，建立杭州市上城区人力资源和社会保障局；撤销杭州市上城区建设局

（杭州市上城区房产管理局），建立杭州市上城区住房和城市建设局；撤销杭州市上城区招商局，建立杭州市上城区商务局；撤销杭州市上城区商贸旅游局，建立杭州市上城区风景旅游局；撤销杭州市上城区人民政府城市管理办公室、杭州市上城区城市管理行政执法局（杭州市上城区城市管理行政执法大队），建立杭州市上城区城市管理局；建立杭州市上城区行政审批服务管理办公室；建立杭州市上城区电子机械功能区管理委员会；建立杭州市城站广场管理委员会。杭州市上城区人民防空办公室与杭州市上城区住房和城市建设局合署办公。区政府办公室增挂杭州市上城区政府突发公共事件应急管理办公室牌子，杭州市上城区人民政府法制办公室挂杭州市上城区人民政府研究室牌子，杭州市上城区发展改革和经济信息化局增挂杭州市上城区物价局牌子，杭州市上城区住房和城市建设局增挂杭州市上城区民防局牌子，杭州市上城区商务局增挂杭州市上城区招商局、杭州市上城区人民政府国内经济合作办公室牌子，杭州市上城区城市管理局增挂杭州市上城区城市管理行政执法局牌子，杭州市上城区行政审批服务管理办公室增挂杭州市上城区公共资源交易管理委员会办公室牌子，杭州市上城区电子机械功能区管理委员会挂杭州市上城区科技工业基地管理委员会牌子，杭州市上城区财政局不再挂杭州市上城区国有资产管理委员会办公室牌子，相关职责继续由杭州市上城区财政局承担。

此次机构改革新增三项重点：明确和强化责任、完善管理体制、加强机构编制管理。调整后，上城区党政群机关行政编制475人（不含街道办事处编制），工勤编制13人，实有行政人员475人，工勤人员13人。

五、2015年机构改革

为优化配置医疗卫生和计划生育服务资源，2014年7月，杭州市卫生和计划生育委员会挂牌成立。2015年1月，撤销杭州市上城区卫生局、杭州市上城区人口和计划生育局，建立杭州市上城区卫生和计划生育局。

2015年11月，区委常委会审议研究，核定区纪委派驻机构（不含派驻杭州市公安局上城区分局纪检组、派驻杭州市上城区人民检察院纪检组、派驻杭州市上城区人民法院纪检组）单列行政编制29人，所需编制在全区行政编制总量中调剂解决，具体调剂方案如下：

表18–15–23　2015年上城区纪委派驻机构行政编制调剂情况表

序号	单位名称	原核定编制数	调剂至派驻单列编制数	调整后核定编制数
1	区纪委（区监察局）	40	10	30
2	区委政法委	8	1	7
3	区编委办	8	1	7
4	区人大常委会办公室	16	1	15
5	区政协办公室	12	1	11
6	区人力社保局	14	1	13
7	区市场监管局	34	4	30

续表18-15-23

序号	单位名称	原核定编制数	调剂至派驻单列编制数	调整后核定编制数
8	区文广新局	10	1	9
9	区财政局	18	1	17
10	区审计局	13	1	12
11	区商务局	17	1	16
12	区风景旅游局	8	1	7
13	区教育局	19	1	18
14	区卫生计生局	21	1	20
15	区住房和城建局	26	1	25
16	区城管局	32	2	30
合计		—	29	—

说明：资料来源于中共杭州市上城区委机构编制委员会办公室

至2015年末，上城区有区委工作机构9个：区纪律检查委员会机关、区委办公室、区委组织部（老干部局由组织部管理）、区委宣传部、区委统战部、区委政法委、区编委办、区直机关党工委、区信访局①；有区人大常委会机关工作机构6个：区人大常委会办公室、法制工作委员会、财经工作委员会、城建环保工作委员会、科教文卫体工作委员会、代表工作委员会；有区政府工作机构19个：区政府办公室、杭州市上城区发展改革和经济信息化局、杭州市上城区教育局、杭州市上城区科学技术局、杭州市上城区民族宗教事务局、杭州市上城区监察局②、杭州市上城区民政局、杭州市上城区司法局、杭州市上城区财政局、杭州市上城区人力资源和社会保障局、杭州市上城区住房和城市建设局、杭州市上城区商务局、杭州市上城区风景旅游局、杭州市上城区文化广电新闻出版局、杭州市上城区卫生和计划生育局、杭州市上城区审计局、杭州市上城区统计局、杭州市上城区市场监督管理局、杭州市上城区城市管理局、杭州市上城区安全生产监督管理局、杭州市上城区法制办公室、杭州市公安局上城区分局③；街道办事处6个：湖滨街道办事处、清波街道办事处、小营街道办事处、望江街道办事处、南星街道办事处、紫阳街道办事处；有区政协委员会工作机构7个：区政协办公室、提案委员会、经济科技委员会、城建和人口资源环境委员会、社会法制和港澳台侨委员会、文史和教文卫体委员会、区政协委员工作委员会；设置杭州市上城区人民检察院、杭州市上城区人民法院、中国人民解放军杭州市上城区人民武装部；有群众团体组织8个：杭州市上城区总工会、共青团杭州市上城区委员会、杭州市上城区妇女联合会、杭

① 区信访局是区委、区政府综合处理信访事项的工作部门，列党委序列。

② 杭州市上城区民族宗教事务局、区监察局列入政府工作部门序列，不计入政府机构个数。

③ 杭州市公安局上城区分局既是杭州市公安局的派出机构，又是区政府工作部门，列入政府工作部门序列，不计入政府机构个数。

州市上城区科学技术协会、杭州市上城区工商业联合会、杭州市上城区残疾人联合会、杭州市上城区老龄工作委员会、杭州市上城区关心下一代工作委员会。

上城区所有行政编制数总计1675人，实有在职人员1576人。党政群机关行政编制694名，实有人员687人；政法编制849人，实有人员763人；物价专项编制10人，实有人员10人；工商专项编制122人，实有人员116人。另有行政机关后勤服务人员编制控制数16名（实有人员15人）。

表18–15–24　2015年上城区党政机构设置情况表

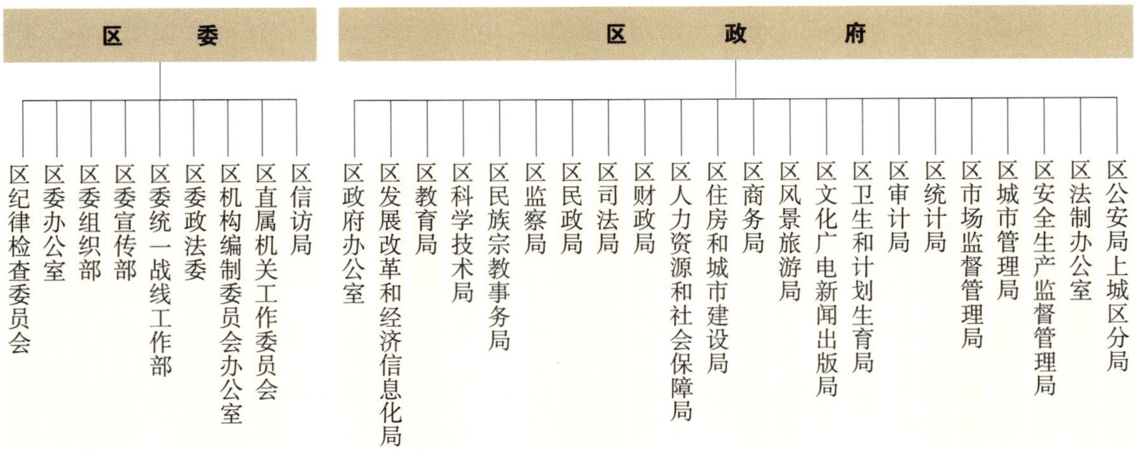

说明：资料来源于中共杭州市上城区委机构编制委员会办公室

第二节　事业单位机构编制管理[①]

一、事业单位调整

1993年，杭州市上城区退休干部服务中心等事业单位成立。是年，区属事业单位机构数100家，核定编制3615人，实有人员3415人。

1994年，杭州市上城区残疾人劳动就业管理所等事业单位成立。

1996年12月，杭州市市辖区行政区域调整后，江干区的紫阳、望江、南星、闸口4个街道办事处和近江、望江、玉皇3个行政村划归上城区管辖。江干区移交教育单位16家（包含1家未定编的幼儿园），事业编制536人，实有人员515人。划入后，上城区教育系统事业单位共54家。其余事业单位也相应移交。行政区划调整后，复兴路改造工程指挥部更名为杭州市上城区复兴地区开发总指挥部。

① 事业单位日常经费和工作人员工资，一般在国家各项事业费内开支。部分事业单位有经费或有收入的，由自己的经费或收入开支，不足部分，由国家事业经费补助；部分事业单位完全靠自收自支，实行企业化管理。事业单位的设置及其人员编制的核定，实行分级管理和业务归口管理。“三定”（定职能、定机构、定编制）方案中，明确事业单位的机构名称、职责、规格、编制数、领导职数、经费形式、分类类别等各要素。事业编制按行政编制的1∶1～1.2比例配备。

1997年，杭州市上城区市容环境卫生监察中队更名为杭州市上城区市容环境卫生监察大队，隶属杭州市上城区市容环境卫生局领导，核定上城大队事业编制77人。

1998年，杭州市上城区区级机关行政事务管理中心、杭州市上城区望江街道社区服务中心，杭州市上城区南星街道就业管理所、杭州市上城区闸口街道就业管理所、杭州市上城区紫阳街道就业管理所、杭州市上城区望江街道就业管理所、杭州复兴建设集团有限公司、杭州吴山开发建设总公司等事业单位成立。杭州复兴建设集团有限公司与杭州市上城区复兴地区开发总指挥部系“两块牌子、一套班子”。

1999年，杭州市上城区近江小区建设工程指挥部、杭州现代小学数学教育研究中心，望江、湖滨、紫阳、城站、闸口、南星、清波、小营8个街道的公有资产管理中心，湖滨、小营、城站、近江4个街道的文化站等事业单位成立。杭州市上城区建筑工程勘察设计所由事业单位改制为企业。

2000年，杭州市天艺幼儿园、杭州市上城区科技创业中心、杭州市上城区医疗保险管理办公室、杭州市上城区协警大队、杭州市上城区吴山广场管理办公室、浙江杭州旅游景区展示服务中心、杭州市城站广场管理委员会办公室、杭州市上城区建设公有资产管理中心等事业单位成立。杭州市清河坊历史街区管理委员会、杭州市吴山地区开发建设指挥部、杭州市延安路南端贯通工程指挥部、杭州市上城区东河沿线旧城改造工程指挥部、杭州市上城区复兴地区开发总指挥部、杭州市上城区近江小区建设工程指挥部、杭州市上城区小营地区危旧房改造指挥部、杭州市湖滨地区商贸旅游特色街居建设整治指挥部被确定为事业单位性质。杭州市上城区审计事务所、杭州市上城区科技人员活动中心、杭州市近江小学、杭州市上城区建国中路第二小学、杭州市九曲巷小学、杭州市百岁坊巷小学、杭州市长生路小学、杭州市六部桥幼儿园、杭州市上城区江城路幼儿园、杭州市高银巷幼儿园撤销。

2001年，杭州高新技术产业开发区上城区科技经济园管理办公室、杭州市上城区城市管理行政执法大队、杭州市上城区卫生监督所、杭州市上城区疾病预防控制中心、杭州市上城区预算外资金管理中心、杭州市上城区中小企业信用担保中心、杭州市上城区地税局税务信息中心、杭州市上城区专利科技情报站、杭州市上城区小型建设工程管理中心等事业单位成立。杭州市上城区公证处、杭州市上城区招商中心、杭州市上城区道路整治指挥部、杭州市上城区马市街道路拓宽建设指挥部被确定为事业单位性质。杭州市上城区价格事务所更名为杭州市上城区价格认证中心，8个街道劳动就业管理所更名为街道劳动和社会保障管理站。杭州市上城区卫生防疫站、杭州市上城区市容环境卫生监察大队撤销。

2002年，杭州市崇文实验学校、浙江省电动自行车产品质量检验中心（杭州）、杭州市工商局上城分局机关后勤服务中心、杭州市上城区科技创业中心、杭州市上城区区级机关事业单位会计结算中心、杭州市上城区人民法院司法后勤服务中心、杭州市上城区政府投资项目审核中心等事业单位成立。杭州市上城区旧城改造开发建设办公室、杭州市上城区地名委员会办公室被确定为事业单位性质。杭州市瑞金中学、杭州市光明小学、杭州市上城区勇进幼儿园、杭州横河幼儿园、杭州市大塔儿巷幼儿园、杭州市上城区凤凰幼儿园撤销。

2003年，上城区调整街道行政规划，由湖滨、清波、小营、望江、南星、紫阳、城站、近江、闸口9个街道调整为湖滨、清波、小营、望江、南星、紫阳6个街道。相应的区属事业单位进行调整。是年，杭州南山路东侧整合指挥部、杭州客运汽车南站管理办公室、杭州市上城区文化体育市场稽查大队、杭州市上城区普查中心等事业单位成立。杭州市上城区城市整治建设服务办公室、杭州市上城区农居多层公寓建设管理中心、杭州市上城区入城口综合整治指挥部被确定为事业单位，并在杭州市上城区事业单位登记管理局登记。杭州市上城区吴山广场管理办公室更名为杭州市清河坊历史街区管理办公室，杭州市诚仁里幼儿园更名为杭州市上城区阳光幼儿园。龚自珍纪念馆与杭州市上城区文化馆合署办公。

2004年，杭州市上城区新闻报道中心、杭州市上城区社区学院、杭州市上城区教育后勤管理中心、杭州市上城区劳动保障监察大队、杭州市上城区志愿者工作指导中心、杭州市上城区企业退休人员服务中心、杭州市上城区城市管理服务中心、杭州惠丰担保有限公司等事业单位成立。杭州市上城区解放路拓宽改造工程指挥部、杭州市上城区资产经营有限公司被确定为事业单位性质，并在杭州市上城区事业单位登记管理局登记。杭州市上城区南星幼儿园更名为杭州市上城区亲亲幼儿园。杭州复兴建设集团由国有独资改制为多元投资主体的有限责任公司。杭州前进电影院撤销。

2005年，杭州市上城区文化市场行政执法大队、杭州市上城区房产监察大队、杭州市上城区图书馆、杭州市上城区青少年活动中心、杭州市上城区检察事务保障中心、杭州市上城区帮扶救助服务中心、杭州市上城区安全生产监察大队、杭州市上城区商贸旅游发展服务中心、杭州市上城区服务业调查队、杭州市上城区建设工程质量安全监督站等事业单位成立。杭州市望江地区改造建设指挥部、杭州市上城区庆春路南侧整治指挥部、杭州市上城区河道整治动迁指挥部、杭州市上城区老年大学被确定为事业单位性质，并在杭州市上城区事业单位登记管理局登记。杭州市三衙前幼儿园更名为杭州市娃哈哈幼儿园，杭州市上城区中医院更名为杭州市上城区清波、望江街道社区卫生服务中心（杭州市上城区中医院），杭州市上城区中西医结合医院更名为杭州市上城区南星街道社区卫生服务中心（杭州市上城区中西医结合医院、杭州不孕不育专科医院）。

2006年，杭州市上城生态区建设工作领导小组办公室、杭州市上城区危旧房改善管理办公室、杭州市上城区劳动仲裁院等事业单位成立。杭州市上城区环城东路综合整治指挥部、杭州市上城区婚姻登记处、杭州市上城区经济发展服务中心被确定为事业单位性质，并在杭州市上城区事业单位登记管理局登记。杭州市复兴第一小学更名为杭州市教育科学研究所附属小学，杭州市复兴第二小学更名为杭州市上城区教师进修学校附属小学，杭州市上城区地产事务所更名为杭州市上城区征地事务所，杭州市上城区市容环境管理局汽车场更名为杭州市上城区人民政府城市管理办公室汽车场，杭州市上城区土地管理监察大队更名为杭州市国土资源局上城分局执法监察大队。浙江省电动自行车产品质量检验中心（杭州）撤销。

2007年，杭州市上城区青少年假日活动中心、杭州市上城区宗文小营实验学校、杭州市上城区福利彩票发行中心、杭州市上城区市政绿化河道监管中心、杭州市上城区市容环卫监管中心、杭州市上城区企业退休人员服务中心等事业单位成立。杭州市玉皇山南综合整治工程指挥部、杭州市上城区危旧房改善指挥部、杭州市上城区庭院改善指挥部、杭州市上城区污水截污纳管工程指挥部、杭州市上城区中山中路保护与综合整治指挥部、湖滨（南山路）特色街区管理委员会被确定为事业单位性质，并在杭州市上城区事业单位登记管理局登记。杭州市上城区科技创业中心更名为杭州市上城区科技创业中心（杭州“西湖创意谷”创业服务中心），杭州市上城区教师进修学校更名为杭州市上城区教育学院，杭州市上城区教师进修学校附属小学更名为杭州市上城区教育学院附属小学，杭州市八一中学更名为杭州市服装职业高级中学。杭州市邮电路小学、杭州市平安里小学、杭州市小营幼儿园撤销。

2008年，杭州市上城区区长公开电话受理中心、杭州市上城区行政中心工程建设筹建办公室、杭州市上城区科技文化中心工程建设筹建办公室、杭州市上城区环境卫生监管中心、杭州市上城区数字化城市管理监管中心、杭州市上城区亮灯监管中心等事业单位成立。杭州市望江地区改造建设指挥部文保项目部、杭州市上城区河道建设工程指挥部被确定为事业单位性质，并在杭州市上城区事业单位登记管理局登记。

2009年，杭州市上城区党员服务中心、杭州市上城区文化创意产业办公室、杭州市上城区旅游执法大队、杭州市上城区学前教育发展中心、杭州市清泰实验学校、杭州市欣欣幼儿园、杭州市上城区小额公共资源交易中心等事业单位成立。杭州市上城区动物卫生监督所被确定为事业单位性质，并在杭州市上城区事业单位登记管理局登记。杭州市上城区房地产服务中心更名为杭州市上城区城市建设发展中心，杭州市上城区小型建设工程管理中心更名为杭州市上城区小额公共资源交易中心（杭州市上城区小型建设工程管理中心）。杭州市玉皇山南综合整治工程指挥部增挂杭州市山南国际创意产业园管理委员会牌子，杭州市上城区农居多层公寓建设管理中心增挂杭州市上城区地铁拆迁分指挥部牌子，杭州市上城区文化馆增挂杭州市上城区非物质文化遗产保护中心牌子。杭州市望江地区改造建设指挥部、杭州市上城区近江小区建设工程指挥部、杭州市上城区农居多层公寓建设管理中心、杭州市上城区地铁工程拆迁指挥部、杭州市上城区入城口综合整治指挥部、杭州市上城区行政中心工程建设筹建办公室、杭州市上城区河道整治动迁指挥部、杭州市上城区科技文化中心工程建设筹办办公室的工作和职能并入整合后的杭州市望江地区改造建设指挥部，杭州市吴山地区开发建设指挥部、杭州市清河坊历史街区管理委员会、杭州市清河坊历史街区管理办公室、杭州市上城区中山中路保护与综合整治指挥部、杭州吴山开发建设总公司、浙江杭州旅游景区展示服务中心的工作和职能并入整合后的杭州市吴山地区开发建设指挥部。

2010年，中科院杭州射频识别技术研发中心、杭州市上城区社会经济调查队等事业单位成立。

2011年，杭州市上城区精神文明建设委员会办公室、杭州市上城区社会体育指导中心（杭州市上城区国民体质监测中心）、杭州市上城区食品药品稽查大队、杭州市金都天长小学、杭州市行知金陶幼儿园、杭州市胜利瑞丰幼儿园、杭州市胜利东河幼儿园等事业单位成立。杭州市上城区人才交流服务中心更名为杭州市上城区人才市场管理办公室，杭州市上城区退休干部服务中心更名为杭州市上城区人才人事综合服务中心（杭州市上城区退休干部服务中心）。杭州现代小学数学教育研究中心撤销。是年，上城区对部分事业单位进行公益一类、公益二类、行政类分类。

2012年，在事业改革中，上城区通过撤销事业机构、内设科室加挂牌子等方式，实现由事业单位承担的行政职能还政于政府工作部门的目标。通过业务归口管理的方式，确保机构总数不膨胀，区政府序列事业单位总数减少4家。采取以实有数控编等形式，精简编制总数，事业编制核减233人。是年，杭州市上城区档案局、杭州中国社区建设展示中心、6个街道综合服务中心（综合设置为1家）、杭州市上城区城市管理综合监管服务中心（杭州市上城区河道监管中心、杭州市上城区数字城管信息处置中心）、杭州市上城区国有土地房屋征收补偿管理办公室、杭州市上城区社会经济调查队等事业单位成立。杭州市上城区信息中心更名为杭州市上城区电子政务办公室，杭州市山南国际设计创意产业园管理委员会更名为杭州市山南国际创意产业园管理委员会（杭州市山南国际金融产业园管理委员会）。杭州市上城区档案局增挂杭州市上城区档案馆牌子，杭州市上城区教育后勤管理中心增挂杭州市上城区教育技术中心牌子，杭州市上城区帮扶救助服务中心增挂杭州市上城区社会养老服务中心牌子，浙江省杭州第六中学增挂杭州市上城区教育学院附属中学牌子。

2013年，杭州市陶子幼儿园、杭州市胜利金都幼儿园、杭州市上城区102人防指挥工程管理所等事业单位成立，杭州市上城区非物质文化遗产保护中心单独设置。

2014年，上城区事业单位体制改革的重点任务是指挥部管理体制改革，即建设体制改革。区编委办拟订杭州市清河坊历史街区管理委员会、杭州市湖滨地区商贸旅游特色街居建设整治指挥部、杭州市望江地区改造建设指挥部等单位机构设置方案，调整杭州市上城区危旧房改善管理办公室、杭州市上城区污水截污纳管工程指挥部等城管、住建系统指挥部体制，并撤销杭州市上城区入城口综合整治指挥部、杭州市上城区马市街道路拓宽建设指挥部、杭州市上城区东河沿线旧城改造工程指挥部、杭州市上城区危旧房改善指挥部、杭州市上城区旧城改造开发建设办公室、杭州市上城区城市整治建设服务办公室、杭州市上城区道路整治指挥部、杭州市上城区庭院改善指挥部、杭州市清河坊历史街区管理办公室、杭州市吴山开发建设总公司。是年，中共杭州市上城区委党史研究室（杭州市上城区地方志编纂委员会办公室）[①]成立，杭州市上城区互联网宣传指导中心单独设置。

① 撤销原在区档案局（档案馆）办公室增挂的史志科牌子，取消其“三定”主要职责中关于“负责编史修志、地方综合年鉴”的职责。

2015年，为满足教学需求，根据地区生源以及学生、班级数变化情况，上城区调整教育系统内各中小学校、幼儿园编制职数。同时调整杭州市始版桥小学、杭州市清河中学等学校办学体制。杭州市始版桥小学更名为杭州市勇进实验学校，杭州市清河中学更名为杭州市清河实验学校。杭州市望江门小学、杭州市秋涛路小学撤销。为保障卫生计生工作需要，上城区及时调整下属事业的单位名称、编制、职数等机构编制事项，并建立杭州市上城区妇幼保健计划生育服务中心。是年，杭州市上城区望江智慧产业园发展中心成立。杭州市上城区残疾人综合服务中心（杭州市上城区残疾人劳动就业服务所、杭州市上城区残疾人康复职业培训中心）更名为杭州市上城区残疾人劳动就业服务所（杭州市上城区残疾人综合服务中心、杭州市上城区残疾人康复职业培训中心）。杭州市上城区互联网宣传指导中心增挂杭州市上城区网络舆情监测应急中心牌子。

至2015年末，上城区共设有各类事业机构174家，编制数5777人，实有人员4642人。其中，按经费形式分，财政补助96家，财政适当补助41家，经费自理37家；按级别分，相当正处级单位8家，相当副处级单位10家，相当正科级单位124家；按照类别分，其中公益一类80家，公益二类65家，承担行政职能事业单位20家。

二、登记管理制度

2000年11月1日—2001年3月31日，全区事业单位统一由原各级登记管理机关核发的事业单位（法人）登记证换发为由国家事业单位登记管理局制发的事业单位法人证书。上城区对具备独立法人条件的事业单位进行重新登记；对不具备法人条件、不能独立承担民事责任的事业单位不予登记。同时，事业单位法人必须在每年1—3月向登记管理机关报送上年度执行《事业单位登记管理暂行条例》的情况，登记管理机关依法对其年检报告进行审查，并根据审查情况作出相应处置，如确认其事业单位法人证书继续有效，在其年检报告中签署合格意见，在事业单位法人证书上贴上年检合格标记。2015年，杭州市上城区事业单位登记管理局取消事业单位年检，证书不再黏贴年检合格标记，更改为年度报告公示。事业单位法人证书有效期限调整为5年。至2015年末，全区进行事业单位法人登记174家。

第十六章　综合考评

1988年，杭州市上城区机关目标管理领导小组成立，负责全区目标管理考评工作。20世纪90年代，上城区实行以目标管理为中心的岗位责任制和领导干部的任期目标责任制。2000年起，上城区积极响应市委、市政府号召，在区直机关单位推出“满意单位和不满意单位”评选活动，以根治机关“四难”（门难进、脸难看、话难听、事难办）综合征，转变机关工作作风。2006年，上城区将目标考核、满意评选进行整合，同时增设领导考评，实行对区直单位“三位一体”（目标考核、领导考评和社会评价）的综合考核评价。2007年起，上城区参照杭州市对市直单位的考评办法进行区直单位综合考评，扩大考评范围，对全区所有部门、单位（包括指挥部、市属垂直单位）实施综合考评。2008年，上城区参加杭州市对县（市）区的综合考评。杭州市上城区综合考评办公室根据市对区的“目标考核”“领导考评”“社会评价整改”“特色创新”4个方面的综合考评，将各项考评内容和评分标准，进行责任分解。是年，上城区将市民、外来务工人员、规模以上企业人员的意见、建议等纳入社会评价层面，并进行整改，完善“评价—整改—反馈”的工作机制，公布每年度社会评价意见，公示重点整改目标，推进服务型政府建设。2009年起，上城区优选创新项目参加杭州市特色创新项目评选。2011年“政府管理与公共服务标准化体系建设”、2012年“上城区‘居家无忧’在线平台”、2013年“上城区‘湖滨晴雨’民主促民生机制的实践和探索”、2015年“从管理走向治理 构筑基层社会建设新格局——上城区‘三社联动’推进基层社会治理和服务创新”4个特色创新项目在杭州市13个县（市）区中综合排名第一。

第一节　机构①

1993—1999年，杭州市上城区机关目标管理领导小组负责全区目标管理工作。2000年，上城区响应市委、市政府号召，在全市区县层面率先开展“满意单位不满意单位”评选。是年6月，杭州市上城区满意单

① 为了更好地发挥机关岗位责任制作用，1988年，杭州市上城区机关目标管理领导小组成立，由区委、区政府分管领导任组长，区委办公室、区人大常委会办公室、区政府办公室、区委组织部、区委宣传部、杭州市上城区计划经济委员会、杭州市上城区财政税务局、杭州市上城区人事局以及各街道为成员，负责全区目标管理的领导、制定、检查、考核、奖金、协调等工作，领导小组下设办公室，办公室设在杭州市上城区人事局。

位不满意单位评选活动领导小组成立，领导小组组长由区委副书记担任，副组长由区委常委、区委组织部部长担任，成员单位为区直机关党工委、区委办公室、区人大常委会办公室、区政府办公室、区政协办公室、区纪委、杭州市上城区财政局、杭州市上城区人事局、区委组织部、区委宣传部，领导小组下设办公室，设在区直机关党工委，负责评选活动的日常工作。

2005年下半年，为加强对区直单位综合考评工作的领导，上城区将目标考核、满意评选进一步整合。2006年1月，杭州市上城区综合考评委员会成立，同时撤销杭州市上城区机关目标管理领导小组和杭州市上城区满意单位不满意单位评选活动领导小组。杭州市上城区综合考评委员会主任由区委副书记担任，副主任由区委常委、常务副区长和区委常委、区委组织部部长担任，委员由区政府领导及区委办公室、区人大常委会办公室、区政协办公室、区纪委、区委组织部、区直机关党工委、杭州市上城区人事局等相关部门负责人担任。

2008年12月，为进一步加强考评工作，杭州市上城区综合考评委员会主任由区委书记、区长担任，副主任由区委副书记，区委常委、常务副区长，区委常委、区委组织部部长担任。杭州市上城区综合考评委员会下设杭州市上城区综合考评办公室（简称区考评办），设在区直机关党工委，办公室主任由区直机关党工委书记兼任，办公室副主任由相关部门负责人兼任。具体考评工作由区直机关党工委综合考评科负责实施。至2015年，机构和职能未有变化。

第二节　杭州市对上城区考评工作

2008年，市委、市政府《关于对区、县（市）实行综合考核评价的意见（试行）》文件规定，对杭州市13个县（市）、区实行综合考核评价。上城区根据市对区的各项考评内容和评分标准，进行责任分解，对上城区相关责任单位实行“目标考核”“领导考评”“社会评价整改”“特色创新”4个方面的综合考评。

一、考评工作

2008年，区考评办根据市对区考评内容和评分标准，将各项考核指标及重点工作分解到全区各责任单位，实行名次奖罚原则和倒扣奖罚制度。全区责任单位主要分为4种类型：

第一种类型的单位涉及经济、社会方面的考核指标，主要为经济建设、社会管理、公共服务、发展潜力等26项。责任单位为杭州市上城区统计局、杭州市上城区财政局等18家单位。

第二种类型是与市委、市政府签订目标责任书的单位，主要考核指标为22项。责任单位有14家。

第三种类型的单位涉及一票否决的考核指标，包含党风廉政建设、社会治安综合治理、节能减排和安全生产事故等5项。责任单位为区纪委（区监察局）、区委政法委、杭州市上城区人口和计划生育局、杭州市上城区发展和改革局、杭州市上城区安全生产监督管理局。

第四种类型的单位涉及市委领导考评层面和社会评价层面2项考核指标。责任单位为区委办公室、区人大常委会办公室、区政府办公室、区政协办公室等20家。

上城区对考核各类经济、社会等指标的牵头责任单位及配合单位，建立“名次奖罚原则”，即责任单位单项考核指标获前三名的，分别奖励目标管理奖基数5%、3%、1%，后三名的分别在目标管理奖基数中扣发1%、3%、5%，配合单位减半扣发。上城区对与市委、市政府签订目标管理责任书的责任单位，建立“倒扣奖罚原则”，即未完成的每项工作按目标管理奖基数5%扣罚。对“一票否决”的责任单位，若在综合考评中被“一票否决”，将按目标管理奖基数8%扣罚，并取消该部门各级干部按职务发放的目标管理奖。

考核分为“目标考核”“领导考评”“社会评价整改”“特色创新”4个方面。目标考核包括发展指标和工作目标。发展指标的考核由统计部门采用功效系数法计算得分；工作目标的考核主要包括一类、二类、三类目标（责任状）完成情况、重点工作完成情况、特色创新项目的核验及绩效评估情况、一票否决制指标情况等6项内容。此外，区考评办对全区各责任单位的综合考核，注重征集社会评价意见。是年，从全区党代表、人大代表、政协委员、老干部、部委办局、街道、企业、市民层面的参评代表中吸取意见建议共112条，内容主要涉及安全生产、服务企业、环境卫生、民生工程、社会管理、工作作风、办事效率、社会治安、公共文化、教育管理、重点工程和民主政治等方面。

2009年，区考评办依照自愿申报、绩效评估的原则进行特色创新工作的考核，并采取定点发放、定点回收的形式征集社会评价。2009年度上城区共征求市级层面社会评价意见49条，区级层面社会评价意见77条，并及时完成整改。

2010年，区考评办通过上城电子政务系统“上城区目标管理控制和重点工作督办系统”将区考评情况分指标任务要求、目前指标状态分析、能否按期完成、是否正常、存在问题和对策以及在13个区、县（市）中的排名等部分上报给杭州市综合考评委员会办公室。同时，区考评办对考评结果的使用实行“上下联评”“奖罚联动”“结果联用”“四办联动”4种办法。“上下联评”即评价的层面包括上级领导、同级单位、“两代表一委员”、市民代表等多方面，促进综合考评结果的客观性。“奖罚联动”即将综合考评结果（包括目标任务完成情况）作为目标管理奖罚的重要依据。目标任务完成情况，根据排名实行名次奖扣制度和倒扣制度。区直单位综合考评当年若被评为优胜单位或先进单位，年终分别给予15%、10%目标管理奖励，在评选各类先进中，同等条件下予以优先推荐。对评为不达标（不合格）单位，取消该单位和领导班子成员评先评优资格，扣发年终目标管理奖励10%。综合考评中，个别退位特别明显的和综合排位在倒数3位的单位，分析原因，向区委、区政府说明情况，并提交整改报告。“结果联用”即将综合考核的结果与公务员管理相结合，对连续3年被评为优胜单位的主要领导个人或班子集体记功奖励，并适当增加优秀公务员指标。对于评为前3名和后2名的垂直管理单位，区考评办向其上级主管部门发放喜报和通报结果。“四办联动”即各类目标的考核、社会评价的各个层面以及创新创优项目等，由区委办公室、区人大常委会办公室、区政府办公室和区政协办公室牵头，抓好督查落实工作。

2011年，区考评办根据考评内容和评分标准，将各项考核指标及市、区意见建议整改目标细化分解到全区各责任单位。每项考核指标及重点工作由各责任单位对区委、区政府负责，实行名次奖罚和倒扣奖惩制度。根据考核指标及任务，上城区从4种类型细化成为7种类型责任单位。

第一种类型有16个责任单位，涉及经济建设、社会管理和公共服务、发展潜力等共25项指标。

第二种类型有15个责任单位，涉及重点目标任务的一类目标考核，包括责任状及其他重要考核共19项指标。

第三种类型有12个责任单位，涉及地区个性工作的二类目标考核，共5类19项指标。

第四种类型涉及三类目标考核，主要包括领导班子建设、党风廉政建设、社会评价整改和目标管理4个方面。

第五种类型有5个责任单位，涉及一票否决制指标的考核，主要包括党风廉政建设、社会治安综合治理、节能减排和安全生产事故等5项指标。

第六种类型是主要涉及特色创新工作考核的责任单位。

第七种类型是综合考评意见建议整改的责任单位。

2011年，上城区共征集意见建议105条。重点整改意见共9条，分别由9名区领导牵头，由责任单位进行整改；市、区两级面上整改意见共96条，由37家单位参与整改。

2012—2015年，上城区考评体系大体保持不变，根据市对区考评指标设置，做好任务分解，明确奖罚制度。区直单位综合考评与市对区综合考评结果挂钩，从目标管理抽取10分，作为年末对市委、市政府综合考评目标任务完成情况的考核，包括完成发展指标、一类、二类、三类目标、意见建议整改情况以及未列入杭州市综合考评但列入杭州市工作目标考核的工作。

表18-16-25　2008—2015年杭州市对上城区综合考评情况表

考评年份	综合考评（排名）	专项考核（排名）
2008	第六名	社会评价第七名
2009	第四名	社会评价第二名
2010	第六名	社会评价第三名
2011	第一名	社会评价第四名
2012	第七名	社会评价第十名
2013	第六名	社会评价、共性目标考核、为民办实事考核均第一名；食品安全专项考核先进区
2014	第六名	共性目标考核第一名；社会评价、为民办实事考核均为第二名
2015	第二名	社会评价、工作目标均为第一名

说明：1.资料来源于中共杭州市上城区委直属机关工作委员会。2.排名为在杭州市13个县（市）区中的名次

二、特色创新项目

2009年起，上城区优选创新项目参加杭州市特色创新项目评选。2011年、2012年、2013年、2015年，上城区分别选送“政府管理与公共服务标准化体系建设”“上城区居家无忧在线平台”“上城区‘湖滨晴雨’民主促民生机制的实践和探索”“从管理走向治理 构筑基层社会建设新格局——上城区‘三社联动’推进基层社会治理和服务创新”特色创新项目，在杭州市13个县（市）区中综合排名第一。

打造中国社区建设展示中心和“新中国第一个居民委员会” 中国社区建设展示中心由民政部批准建立，是集史料陈列、文物展示、理论研究、文献收藏、社区实务于一体的专题类博物馆，是展示居民委员会建设和社区建设发展的专题类场馆，成为历史课堂、实践样板、研究基地和对外交流窗口。该项目建成上羊市街社区公共服务一门式办事大厅、社区服务中心，配备小区广播系统、文体活动设施，完成“三网融合”[①]网线优化、管线“上改下”、社区立面整治、危旧房改善、道路改造、社区绿化品质提升等工程。该项目实现居馆合一模式和以人为本、串珠成链的理念。2009年8月，上城区被民政部命名为“全国和谐社区建设示范城区”，上羊市街社区获“全国和谐社区建设示范社区”称号。

杭州市上城区城管执法智能管控系统建设 该项目依靠无线网络传输（WIFI）、全球定位系统（GPS）、地理信息系统（GIS）、遥感影像系统（RS）、智能分析等核心技术，整合“数字城管”“权力阳光”等平台，形成集远程监控、数据信息共享、案件实时办理、执法实时监督、决策实时监管、决策信息辅助及服务等多种功能为一体的城市管理智能管控系统。该项目从以人为本、公正为民、严格执法、科学执法的理念出发，以打造“和谐城管、品质城管”为宗旨，以“即时发现、即时处理、即时解决”为目标，以量化目标、量化任务、量化考核为手段，实现第一时间发现问题、第一时间处理问题、第一时间解决问题，开创理性化管理、柔性化执法、人性化服务、管理全天候、管控“零遗漏”、处理快反应的执法新模式。该项目入选住房和城乡建设部“住房和城乡建设行业遥感应用‘十二五’发展规划——现代城市精细化管理项目”和杭州市“城市精细化管理与空间信息服务系统”。

政府管理与公共服务标准化体系建设 该体系借鉴企业标准化管理思路，以规范行政权力、提升服务质量为目的，以构建政府职能标准化体系为核心，以制定具体职能管理标准为基础，以推进标准实施和动态完善为重点，全面推进区一级政府行政职能的标准化管理。

① “三网融合”：电信网、计算机网和有线电视网三大网络通过技术改造，能够提供包括语音、数据、图像等综合多媒体的通信业务。

上城区“居家无忧”在线平台　该项目主要包含居家养老、居家教育、居家医疗、居家三优、居家就业、居家文化、居家安养和居家办事8项居家服务项目，涉及杭州市上城区民政局、杭州市上城区教育局等8家实施单位。经过6年的探索，该项目在打造服务型政府、绩效政府、创新社会管理等方面，实现“民有所求，我有所应；民有所需，我有所为”的公共服务目标。《人民日报》《浙江日报》《杭州日报》等10余家媒体相继进行专题报道。

上城区“湖滨晴雨”民主促民生机制的实践和探索　该项目为全国首个“民主促民生”社区互动平台。在3年探索实践的基础上，该民主管理模式建立顺畅的民意表达和吸纳机制，形成民众参与表达新模式。中共中央党校、中国社会科学院、清华大学、北京大学、复旦大学等科研院所和高校专家学者相继到上城区调研，设立“观测点”，收集第一手资料，为公共决策、理论研究提供数据资料和民情实例。《人民日报》、中央电视台、新华网、《光明日报》、《工人日报》、《浙江日报》、新浪网等多家媒体对该模式进行详细报道。“湖滨晴雨”工作室被誉为“最接地气的工作室”，并被列入省委党校、市委党校、浙江大学公共管理学院继续教育中心的现场教学点。

上城区“平安365”社会服务管理的实践与探索　该项目构建区委领导、政府负责、社会协同、公众参与、法治保障的“智慧治理”长效机制，依托分布于268个网格的5000余名“四长一员”① 和8万余名平安志愿者，采集各类民生诉求、矛盾纠纷、突发事件等信息和社情民意，并通过信息化手段，将群众诉求快速分流到各职能部门联动处置，基本做到当天处置，当天反馈，群众对政府工作的满意率从平台运行前的82%跃至95.54%。2013年10月11日，“枫桥经验”50周年大会在杭州召开，上城区“平安365”社会服务管理平台成为大会现场参观点之一。上城区“平安365”智慧治理机制先后入选2013年度“中国社区治理创新成果”和2014年全国“创新社会治理典型案例”。

上城区“三社联动”② 推进基层治理和社会联动　该项目以“三社”行动模式服务社区社会组织，通过创新社区社会组织的体制机制和营造良好的发展环境，服务社区居民。以社区公益创投③、公益创投“相亲会”等形式，使社区社会组织在公益项目中成长，满足社区居民多元的民生需求。同时整合政府部门、企业和其他社会组织的力量，辅助构建社区公共空间，激发、吸纳社区公众参与社区事务。培育专业和实践相结合的本土化的社区社会组织实践者，建设专业学习型与本土实践型社区社会组织，促进社区社会组织成长。该项目在全国率先提出“协商治理”模式，为全国基层社会治理现代化探索提供新思路。

① “四长一员”：网格中的楼道长、单元长、院落长、党小组长以及信息员。

② “三社联动”：以社区居民的社会需求为导向服务社区社会组织成长，以社区内外的多元社会力量整合促进社区社会组织发展和社区社会组织的发展支持基层社区治理创新。

③ “公益创投”：一种新型的公益伙伴关系和慈善投资模式。资助方与公益组织建立长期的、深入参与的合作伙伴关系。该种关系带来双方共赢——公益组织能够更快地成长，资助方更有效地达到最初设定的社会目标。

表18-16-26　2009—2015年上城区市对区特色创新项目考评情况表

考评年份	创　新　项　目	考　评　情　况
2009	打造中国社区展示中心和建设“新中国第一个居民委员会”	核验第一名，综合排名第四名
2010	杭州市上城区城管执法职能管控系统建设	综合排名第十名
2011	政府管理与公共服务标准化体系建设	核验第一名，专家评估第一名，综合排名第一名
2012	上城区“居家无忧”在线平台	核验第一名，专家评估第一名，综合排名第一名
2013	上城区“湖滨晴雨”民主促民生机制的实践和探索	核验第一名，专家评估第一名，综合排名第一名
2014	协同治理 精准服务——上城区“平安365”社会服务管理的实践与探索	核验第一名，专家评估第三名，综合排名第三名
2015	从管理走向治理 构筑基层社会建设新格局——上城区“三社联动”推进基层社会治理和服务创新	核验第一名、专家评估第二名，综合排名第一名

说明：1.资料来源于中共杭州市上城区委直属机关工作委员会。2.排名为在杭州市13个县（市）区中的名次

第三节　上城区综合考评管理

一、满意不满意单位评选

2002年，杭州市上城区满意单位不满意单位评选活动领导小组制定《2002年度上城区满意单位不满意单位评选办法》，推进机关工作作风转变。

参评对象　参评对象主要是区直机关各单位（含市直机关在上城区的延伸部门），分评选单位和评议单位两类。评选单位为区直机关各单位，共47家。根据不同职能，上城区将评选单位分成政府部门及审判、检察机关，人大机关、政协机关、党群及其他部门，分别进行统计和排序。评议单位为市直机关在上城区的延伸部门，共8家。

评选内容　评选内容围绕全局观念、服务宗旨、服务质量、办事效率、勤政廉洁、工作业绩6个方面展开，对参评单位作出满意、比较满意、基本满意、不太满意、不满意的综合评价。

评选方案　杭州上城区满意单位不满意单位评选活动领导小组办公室统计得出各参评单位的得分，由高分到低分进行排序，分别列出政府部门及审判、检察机关的前3名和末2名，人大机关、政协机关、党群及其他部门的前2名和末1名的单位名单，提交杭州上城区满意单位不满意单位评选活动领导小组，确定满意单位和不满意单位。评议单位参加综合评价的测评，但不参加排位。

奖惩办法　满意单位的前5名（政府部门及审判、检察机关的前3名，人大机关、政协机关、党群及其他部门的前2名），由区委、区政府予以通报并奖励，奖励费用在年度目标奖中增加20%；不满意单位的末3名（政府部门及审判、检察机关的末2名，人大机关、政协机关、党群及其他部门的末1名），扣除当年目标管理奖的20%；非不满意单位

的不扣除目标管理奖，仅通报排名。连续2年被评为不满意单位的，依照有关规定和干部管理权限，对领导班子进行适当调整。

二、区直单位综合考评

2007年起，上城区参照杭州市对市直单位的考评办法进行区直单位综合考评。至2015年，全区所有区直单位均实施综合考评。

考评对象　2007年，综合考评对象为区直各单位、部门，共56家。2012年，上城区综合考评（考核）有三类对象：第一类为综合考评单位，共37家，其中，政府部门19家，党群及其他部门12家，街道6个（街道考评结果实行单独排名）；第二类为综合考核单位，共7家；第三类为综合评价单位，共14家，其中，杭州市垂直单位9家，区直单位5家。2014年，上城区将考评对象分为两类：综合考评单位40家，非综合考评单位22家。

2015年，考评对象扩大为64家。综合考评单位40家。其中，政府部门20家，党群部门14家，街道6个。非综合考评单位24家。其中，区属单位14家，其他2家，杭州市垂直单位8家。

考评内容　2007年，上城区综合考评（考核）内容由目标考核、领导考评和社会评价三部分组成。目标考核是区直单位的职能工作目标和共性工作目标的完成情况；领导考评是区直单位的工作目标和区委、区政府交办任务的完成情况；社会评价是区直单位的服务态度和工作效率、办事公正和廉洁自律、工作实效和社会影响。

2008年，上城区在职能工作目标中，新增市委、市政府对区（县）综合考评的指标及重点工作任务完成情况。2011年，上城区首次设立特色创新项目，对于承担特色创新项目的责任单位，给予综合考评加分。2012年，上城区在区直单位目标考核中，新增“上城区目标管理控制和重点工作督办系统”填报情况。

2013年，上城区在区直单位目标考核中，将编制管理列入共性工作目标。2014年，上城区首次设置创新奖。对街道实施专项考核，把目标管理考核、节能降耗、“五水共治”、进京非访、经济发展、城市管理和民生工作列入街道专项考核。将市对区社会评价工作和特色创新专项测评工作列入街道和有关单位的考核，同时加强区行政机关败诉率的考核。

2015年，上城区参考杭州市对市直部门考核办法，突出考核重点，加大对市政府“一号工程”、经济工作责任制、“四治”[①]工作、平安创建等指标的考核力度。

考评方案　2007年，上城区综合考评（考核）结果分为综合考评优胜单位（满意单位）、先进单位、达标单位、未达标单位、未达标末位

① “四治”：“五水共治”“五气共治”“交通治堵”“治废工作”。

单位（不满意单位）5个等次；综合考评优胜单位（满意单位）、先进单位比例，分别为综合考评单位总数的15%、20%。综合考核单位分为综合考核成绩显著单位、工作先进单位、合格单位、不合格单位、不合格末位单位5个等次；其中，综合考核成绩显著单位、工作先进单位的比例，分别为综合考核单位总数的15%。

2009年，上城区加强对社会评价意见整改目标专项考核，对面上整改目标（即区级意见建议和市考评办反馈的一般意见建议）按照办理率、解决率、满意率“三率”指标进行考核，将重点目标（即区领导牵头的11条意见建议）的整改结果在一定范围内向社会公示，接受人民群众的监督，并进行重点整改目标专项满意度测评。社会评价意见整改列入目标管理考核，未完成意见建议整改，面上整改目标扣3分，重点整改目标扣5分，计入单位年度目标考核总分。

2010年，上城区建立区直单位社会评价样本库，与市直单位综合考评工作接轨，扩大社会评价样本的覆盖面，减少自己评自己的模式，以增强社会评价的公平性、公正性。2011年，上城区对承担特色创新项目的责任单位加0.5分，考核结果获全市前六名的分别加1分、0.9分、0.8分、0.6分、0.4分、0.2分，前六名之外不加也不扣分。2013年，上城区完善区直单位社会评价样本库，引入第三方组织开展社会评价。

2014年，上城区对承担杭州市特色创新项目的责任单位，考核结果获全市前三名的，目标考核加5分；获全市4～6名的，目标考核加3分。配合单位和协作单位给予适当加分。获杭州市专项工作表彰奖励的单位，目标管理考核加2.5分。2015年，区考评办加强考核管理，组织市民代表、行风监督员进行跟踪督查和评议，评议结果与目标考核得分挂钩。

奖惩办法　2007年，在综合考评中确定为优胜（满意）和先进、未达标和未达标末位（不满意）的单位及综合考核确定为成绩显著和工作先进、不合格和不合格末位的单位，由区委、区政府予以通报，并按照“奖优罚劣，拉开档次”的原则予以奖惩。2008年，上城区对指标牵头责任单位、配合单位采用“名次奖罚原则”和“倒扣奖罚原则”，进行结果运用。2015年，优胜单位和先进单位当年可分别增加优秀公务员比例15%、10%，由区委、区政府予以奖励；综合考评不合格的单位当年减少优秀公务员比例15%；连续2年综合考评不合格的单位调整领导班子。

表18-16-27　2008—2015年杭州市上城区综合考评情况表（一）

年份	考评对象	优胜（满意）	先　进	未达标
2008	综合考评单位	6家：区公安分局、湖滨街道、区财政局（国资委办）、区委组织部、区发展和改革局（物价局）、清波街道	8家：南星街道、小营街道、区民政局、望江街道、区纪委（区监察局）、区人事局（编委办）、紫阳街道、区劳动和社会保障局	—
2009	综合考评单位	6家：清波街道、区财政局（国资委办）、区民政局、南星街道、湖滨街道、区劳动和社会保障局	8家：区人事局（编委办）、小营街道、区公安分局、区纪委（区监察局）、区科协、区委组织部、区总工会、紫阳街道	—

续表 18-16-27

年份	考评对象	优胜（满意）	先　进	未达标
2010	综合考评单位	6家：区财政局（国资办）、区公安分局、区民政局、紫阳街道、湖滨街道、区人事局（编委办）	7家：区劳动和社会保障局、清波街道、区委组织部、区卫生局、南星街道、区纪委（区监察局）、区人口与计划生育局	—
2011	综合考评单位	6家：区财政局（国资办）、区公安分局、湖滨街道、紫阳街道、区人事局（编委办）、区民政局	8家：区人口和计划生育局、区总工会、区卫生局、区妇联、区委统战部（民族宗教事务局、区政府侨办）、区司法局、清波街道、区科协	—
2012	综合考评单位	5家：区民政局、区人力社保局、区卫生局、区财政局、区委宣传部	7家：区司法局、区残联、区委组织部、区委统战部、区人口计生局、区教育局、区公安分局	—
	综合考评街道	1个：清波街道	2个：望江街道、紫阳街道	—
2013	综合考评单位	5家：区委组织部、区文广新局、区人力社保局、区编委办、区司法局	7家：区委宣传部、区民政局、区卫生局、区风景旅游局、区法制办、区总工会、区公安分局	—
	综合考评街道	1个：清波街道	2个：小营街道、紫阳街道	—
2014	综合考评单位	5家：区司法局、区法制办、区文广新局（区体育局）、区人力社保局、区委组织部	7家：区委宣传部、区行政审批服务办、区卫生和计划生育局、区委老干部局、区编委办、区统计局、区市场监督管理局	—
	综合考评街道	1个：小营街道	2个：清波街道、南星街道	—
2015	综合考评单位	5家：区民政局、区法制办、区公安分局、区司法局、区卫生和计划生育局	7家：区人力社保局、区委组织部、区财政局、区统计局、区科技局、区编委办、区风景旅游局	—
	综合考评街道	1个：南星街道	2个：小营街道、紫阳街道	—
	一票否决单位	—	—	2家：区教育局、区文广新局

说明：1.资料来源于中共杭州市上城区委直属机关工作委员会。2.2008—2015年，无未达标末位（不满意）单位

表 18-16-28　2008—2015年杭州市上城区综合考评情况表（二）

年份	考评对象	成绩显著（优胜单位）	工作先进
2008	综合考核单位	1家：区政府办公室（区政府法制办）	1家：区人大机关
2009	综合考核单位	1家：区委办公室（区委台办、区委政策研究室、区保密局）	1家：区政协机关
2010	综合考核单位（区直机关）	1家：区人大机关	1家：区政协机关
	综合考核单位（区直单位）	—	2家：玉皇山南指挥部、湖滨指挥部
	综合考核单位（市属垂直部门）	6家：市食品药品监管局上城分局、上城交警大队、上城环保分局、上城规划分局、市工商局上城分局、市质监局上城分局	3家：上城地税分局、区国税局、区国土分局

续表18-16-28

年份	考评对象	成绩显著（优胜单位）	工作先进
2011	综合考核单位（区直机关）	1家：区委办公室	1家：区政府办公室
	综合考核单位（区直单位）	—	2家：玉皇山南指挥部、区科技工业基地管理委员会办公室
	综合考核单位（市属垂直部门）	6家：区国土分局、上城环保分局、市食品药品监管局上城分局、市工商局上城分局、上城交警大队、上城规划分局	3家：区国税局、上城地税分局、市质监局上城分局
2012	综合考核单位（区直机关）	1家：区人大机关	1家：区政府办公室
	综合考核单位（区直单位）	1家：玉皇山南指挥部	1家：区电子机械功能区管委会（区科技工业基地）
	综合考核单位（市属垂直部门）	1家：区国税局	2家：上城地税分局、区国土分局
2013	综合考核单位（区直机关）	1家：区委办公室（区档案局）	1家：区人大机关
2014	非综合考评区直单位	2家：区政府办公室、区政协机关	3家：区人大机关、区委办公室、区检察院
	非综合考评市属垂直部门	1家：上城消防大队	2家：区国税局、上城地税分局
	区创新奖	区公安分局	—
2015	非综合考评单位	2家：区人大机关、区政府办公室	3家：区委办公室、区检察院、区政协机关
	非综合考评市属垂直部门	1家：上城消防大队	2家：上城地税分局、区国税局
	区创新奖	区民政局	—
	综合考评结果不列入排名	2家：区纪委机关、区审计局	—

说明：1.资料来源于中共杭州市上城区委直属机关工作委员会。2.2008—2015年，无不合格单位、不合格末位单位

第十九篇 地方人民代表大会

1952年11月，上城区与中城区分别召开第一届各界人民代表会议，选举产生第一届各界人民代表会议协商委员会。1954年7月，根据《中华人民共和国全国人民代表大会和地方各级人民代表大会选举法》（简称《选举法》），在实行普选的基础上，上城区、中城区分别召开第一届人民代表大会第一次会议，从政治制度上保证人民管理国家的权力。1966年5月，人大组织因“文化大革命”而停止活动。

1979年7月，中华人民共和国第五届全国人民代表大会第二次会议重新制定《中华人民共和国地方各级人民代表大会和地方各级人民政府组织法》（简称《地方组织法》），明确规定“县和县级以上各级人民代表大会设立常务委员会，作为本级人民代表大会的常设机关”。1980年6月，杭州市上城区第六届人民代表大会第一次会议选举产生常务委员会组成人员。依据《中华人民共和国宪法》（简称《宪法》）和《地方组织法》，杭州市上城区人民代表大会（简称区人大）和杭州市上城区人民代表大会常务委员会（简称区人大常委会）依法履行职权，监督、管理政治、经济、文化和社会事务。1993年3月，根据中华人民共和国第八届全国人民代表大会第一次会议通过的《中华人民共和国宪法修正案》，每届杭州市上城区人民代表大会代表（简称区人大代表）任期由3年改为5年。

1993—2015年，上城区历经第十届、第十一届、第十二届、第十三届、第十四届人民代表大会。其间，上城区经济和社会各项事业全面快速发展、综合实力持续增强、人民群众生活品质不断提升，人民代表大会制度在实践中不断发展完善。区人大及其常委会始终坚持党的领导，坚持重大事项请示报告制度，通过法定程序，把区委决策转变为国家权力机关的决议、决定，体现党的意志，代表人民的利益。围绕中心，服务大局，履行宪法和法律赋予的各项职责，完成历届历次杭州市上城区人民代表大会确定的各项目标任务，为推进上城区经济社会事业持续健康发展做出贡献。

讨论决定行政区域内经济社会发展的重大事项，是宪法和法律赋予人大及其常委会的重要职权。1995年5月，区十届人大常委会第十七次会议通过《杭州市上城区人大常委会关于“一府两院”应提请审议的重大事项和应通报的重要情况及决议、决定、审议意见办理情况反馈的暂行规定》[①]。2010年11月30日，区十三届人大常委会第三十次会议通过《杭州市上城区人民代表大会常务委员会关于讨

① 该规定于2011年11月29日在区十三届人大常委会第三十六次会议上废止。

论决定重大事项的规定》，对区人大常委会讨论决定重大事项作出规范。1993—2015年，区人大及其常委会先后对依法治区、普法教育、望江地区建设、可持续发展实验区建设等重大事项作出决议和决定198项，推进基层民主法治建设和事关全区经济社会发展大局的各项工作。

历届上城区人大及其常委会在实践中努力探索加强对“一府两院”实施法律监督和工作监督的途径。特别是《中华人民共和国各级人民代表大会常务委员会监督法》（简称《监督法》）实施后，区人大常委会规范监督议题征集和审议意见处理，综合运用专题审议、执法检查、调研视察、专题询问等监督形式，加大监督力度，增强工作实效。同时，区人大积极创新监督工作方式。2007年在杭州市率先开展代表约见国家机关负责人活动，2010年实现所有部门预算上会审查，推出代表圈选政府为民办实事项目，2011年尝试开展专题询问，2013年启动参与式预算监督工作，不断推出监督新举措，有效推动“一府两院”工作。

历届上城区人民代表大会依法做好选举工作，依据《地方组织法》有关规定，结合实际情况，制定选举办法，完善选举程序。区人大常委会按照党管干部和依法任免的原则，不断完善任前法律考试、任职表态发言、颁发任命书、提交任职目标等制度，增强被任命人员的人大意识、法律意识和公仆意识。同时，加强干部任后监督，1994年起，对区政府部门依法进行执法评议；1996年，对区政府组成人员开展述职评议。《监督法》实施后，不再开展述职评议。2010年，区人大常委会制定开展部门工作评议实施办法，督促国家机关工作人员为人民依法履职。

历届区人大常委会不断改进代表工作，努力发挥人大代表作用。区人大常委会组织区人大代表学习《宪法》和有关法律、法规，提高对人民代表大会性质、地位、作用的认识，提高履职能力和水平。不断改进区人大代表议案建议督办工作，提高解决率，切实解决区人大代表反映的事关民生和社会经济发展的难点问题。重视闭会期间区人大代表工作，搭建活动平台，建立“双月代表活动日”“单月代表进社区”、代表小组定向视察、政情通报会等活动制度，组织和引导区人大代表积极开展闭会期间活动，密切区人大代表与选民的联系。建立主任接待代表、专职委员联系代表等制度，听取区人大代表对各方面工作的意见和反映。代表履职约束激励机制不断健全，建立代表向选民述职制度，促进区人大代表依法执行区人大代表职务。2014年5月，中共中央政治局常委、全国人民代表大会常务委员会委员长张德江到小营街道小营巷代表联络站、南星街道白塔岭代表联络站调研，对上城区人大常委会在上城区人民代表大会闭会期间为人大代表联系选民、反映民意提供良好平台的做法予以肯定，并指示要大胆探索，进一步提高人大代表服务保障工作水平，为人大代表依法履职搭建更加高效、便捷的服务平台，使代表联系选民的渠道更丰富、更畅通、更方便。

第一章 人大代表

杭州市人民代表大会代表（简称市人大代表）依据分配名额，依法经区人大及其常委会会议通过等额或差额选举产生。区人大代表根据《宪法》《选举法》《中华人民共和国全国人民代表大会和地方各级人民代表大会代表法》的规定，由选民直接选举产生。1980年起，区人大代表开始实行差额选举，以无记名投票方式进行。1993—2015年，上城区经历第十届、第十一届、第十二届、第十三届、第十四届人民代表大会。其中，第十二届人大代表任期为4年，其余均为5年。

第一节 人大代表产生

区人大常委会设立选举委员会主持选举工作，下设选举办事处。上城区第十届、第十一届、第十二届、第十三届人大代表选举工作分别以各街道和相关系统部门设立选举办事处。2011年，区第十四届人大代表选举办事处仅设在各街道。区选举委员会设主任1人[①]，副主任、委员若干人。选举办事处由主任、副主任和成员组成。

① 一般由区人大常委会主任或副主任担任。

1993年1月7日，依法选举产生杭州市上城区第十届人民代表大会代表280人，其中，通过二次选举产生代表9人，选民参选率92.01%。1997年，由于杭州市市辖区行政区域调整，江干区管辖的望江、南星、紫阳、闸口4个街道和四季青镇的近江、望江、玉皇3个行政村划入上城，79名江干区人大代表转入上城区，上城区第十届人民代表大会代表由此增加至359人。

1997年10月，杭州市上城区第十一届人民代表大会代表选举以清泰街道为试点，全区登记选民251281人，选民10人以上联名和各政党、人民团体提出代表候选人1450人。经充分酝酿和协商，产生正式代表候选人313人。1998年1月12日，依法选举产生杭州市上城区第十一届人民代表大会代表198人，选民参选率94.23%。

2002年10月，杭州市上城区第十二届人民代表大会代表选举以清波街道为试点，将全区划分为106个选区，登记选民244599人。经充分酝酿和协商，确定正式代表候选人306人，其中，10人以上联名推荐的273人。2003年1月10日，依法选举产生杭州市上城区第十二届人民代表大会代表200人，选民参选率90.72%。

2006年9月，杭州市上城区第十三届人民代表大会代表选举，以清波街道为试点，全区登记选民269108人。经充分酝酿和协商，确定正式代表候选人303人，其中10人以上联名推荐的261人。2006年12月20日，依法选举产生杭州市上城区第十三届人民代表大会代表200人，选民参选率93.78%。换届选举期间，选举委员会创新宣传形式，举办网上、报刊换届选举知识竞赛，活动参与人数达7011人次。

图19-1-1　西牌楼社区人民代表选举（2015年）
（石国仙　摄）

2011年9月，杭州市上城区第十四届人民代表大会代表选举，将全区划分为85个选区，登记选民365193人。经充分酝酿和协商，确定正式代表候选人282人。2011年12月20日，依法选举产生杭州市上城区第十四届人民代表大会代表197人，选民参选率91.29%。

第二节　人大代表组成

1993年1月，上城区选举产生第十届人民代表大会代表280人。其中，中共党员179人，占代表总数的63.93%；各民主党派和无党派各界人士101人，占36.07%；妇女97人，占34.64%；具有大专以上学历的为126人，占45%；省属、市属单位和驻地部队的代表96人，占代表总数的34.3%；直接从事经济工作的代表有93人，占33.2%。区人大代表包括各级党政领导干部和企事业单位负责人、工人、知识分子、居民干部、人民警察、军人和军属、归国华侨和侨眷侨属、回大陆定居的台胞和台属、个体工商户以及宗教界和少数民族。

1998年1月，上城区选举产生第十一届人民代表大会代表198人。其中，中共党员133人，占代表总数的67.17%；各民主党派和无党派各界人士65人，占32.82%；妇女76人，占38.38%；具有大专以上学历的为132人，占66.67%；各级党政干部56人，占28.28%；直接从事企事业生产经营活动的为72人，占36.36%；居（村）委会干部39人，占代表总数的19.70%；辖区省属、市属单位和驻地部队为68人，占34.3%。

2003年1月，上城区选举产生第十二届人民代表大会代表200人。其中，中共党员

147人，占代表总数的73.5%；各民主党派和无党派各界人士53人，占26.5%；妇女69人，占34.5%；具有大专以上学历的为168人（研究生7人），占84%；各级党政干部63人，占31.5%；社区工作者37人，占18.5%；从事企事业工作的有67人，占33.5%；从事教育、科技、文化、体育和医务工作的有27人，占13.5%；35岁以下有21人，占10.5%；35～50岁有132人，占66.0%；50岁以上有47人，占23.5%。

2006年12月，上城区选举产生第十三届人民代表大会代表200人。其中，中共党员133人，占代表总数的66.5%；各民主党派和无党派各界人士67人，占33.5%；妇女69人，占34.5%；各级党政干部有57人，占代表总数的28.5%；具有大专以上学历的为184人，占92%；工人90人（基层一线32人），占45.0%；知识分子45人（直接从事教育、文化体育、医疗卫生、金融等工作的29人），占22.5%；军人7人、少数民族代表1人、离退休老干部1人，此外还有宗教界人士、侨眷、个体经营者等。

2011年12月，上城区选举产生第十四届人民代表大会代表197人。其中，中共党员133人，占代表总数的67.51%；各民主党派和无党派人士64人，占32.49%；妇女代表72人，占36.55%；具有大专以上学历的代表为190人，占总数的96.45%；各级党政干部45人，占22.84%；基层一线工人45人，占22.8%；企业负责人49人，占24.9%；专业技术人员52人，占26.4%；此外，军人武警、少数民族、宗教界人士、归侨侨眷以及离退休老干部等占有一定比例。

第三节　代表名录[①]

① 代表名录依照姓氏笔画排序。

一、上城区人大代表

区十届人民代表大会代表（280人，1993年3月—1998年3月）

城站街道（20人）

王小花（女）　王华云（女）　王菊香（女）　王慧雏（女）
卢元功　卢正华　朱慧芳（女）　吴士栋
汪玉佩（女）　汪震人　张玉兴　张莲芝（女）
陆喜钢　陈一君（女）　金汉声　罗佩卿（女）
郑国斌　徐兴泉　尉杭新　蒋佑生

湖滨街道（33人）

王建宙　王银川　王端清（女）　毛玲甫

方桂堂	孔兴桥	叶圣雅	吕建恩	朱永祥
华泉兴	许文娟（女）	许桂根	孙晓荣	孙根娣（女）
杨连堃	杨菊芳（女）	李　林（女）	何洪成	沈荣发
沈雅芬（女）	沈蕊芬（女）	陈正祥	陈炳奎	金太路
金伟民	俞仁美（女）	袁爱梅（女）	钱根元	徐炳生
肖　杨	董吾恩	鲍云霞（女）	鲍幼珍（女）	

涌金街道（31人）

丁晓芳（女）	王阿芳	王海根	王燕芳（女）	戈海涛
毛宗林	丘雪华（女）	安志云	李鸿昌	吴剑明
吴常皓	邱庆胜	汪　寅（女）	沈连均	沈宝珊（女）
张富新	张明珠（女）	陈寅生	范广照	罗　乔（女）
郑志芳	胡世钧	胡忠英	姜青青	肖震西
章黎意（女）	蒋世杰	蔡伟刚	蔡航雁	樊国强
戴　宁				

小营巷街道（24人）

王　竞	王友俭	王贤龄（女）	朱勤儿	刘志安
江观玉	孙彩玉（女）	李福根	吴浦德	何棋光
余承根	张明华（女）	陈月英（女）	陈张仁	陈杏英（女）
金杏英（女）	贾秀智（女）	倪国根	倪清芬（女）	黄文君（女）
舒慕珍（女）	裘华芬（女）	鲍云仙（女）	魏杭富	

清泰街道（24人）

王建永	叶宏明	邬学泰	刘正阳	江惠芳（女）
许小富	李桂凤（女）	李翠芝（女）	吴子贤	何行夏
余松润	张海源	陈卓彦	周　勤（女）	施　钧（女）
费彩姑（女）	袁慰士（女）	翁美玲（女）	高　健	高良如（女）
唐振权	梁秋爱（女）	傅禄珠（女）	谭跃进	

清波街道（27人）

丁振铎	马彩星	王坤堂	王绍规	王昌培
王锦章	叶明莉（女）	包德法	任培生	邬继德
许海英（女）	许增期	陈晓初	杨永兴	杨伟平
李树娟（女）	汪志敏（女）	陈启云	林伊南	金柏堂
郑其成	项文珍（女）	施建中	姚莉莉（女）	顾敏达
高福妹（女）	蔡瑞英（女）			

横河街道（23人）

王宗韩（女）	王建华（女）	王柏林	王家瑜	王新华
叶翠庭（女）	乔臻莉（女）	朱红卫（女）	任锦夫	孙阿定（女）

陈学英（女）	杨永华	李家俊	连建伟	吴立群
余丽华（女）	张　平	周绍聪	柴惠铭	黄力新
高利华（女）	喻素安（女）	童明友		

经委、外贸系统（18人）

王红生	王保中（女）	毕智惠	庄长泰	汤惠民（女）
李　静（女）	李国建	李校焕	李端阳	沈　晔
邵凤根	邵永强	岳美华（女）	周良荣	周强国
邹秋生	章永旺	窦金培		

商业系统（14人）

王亚平（女）	朱培娟（女）	张义军	金幼庭	胡文炳
赵玲玲（女）	姚庚成	袁建祥	诸雅根	曹国珍（女）
程如珍（女）	童吉杭	鲍世甲	蔡仲光	

城建、环卫系统（10人）

王桂仙（女）	叶承良	吕汉裕	刘有明（女）	阮鸣忠
陆祖锦	邵建始	胡方方	倪　立	傅顺锦

房管系统（9人）

叶金森	卢晓潮	朱凯文	李树贤	何根荣
张伟光	张启超	陈佩卿（女）	钱永华	

教育、文化、体育系统（21人）

丁德华（女）	吕春生	孙根莲（女）	吴德初	苏志恒
汪景芬（女）	沈幼堂	沈丽君（女）	张文花（女）	张兴高
张俊先	周稼芳（女）	宗庆后	胡　铂（女）	袁伟炎
夏金美（女）	唐世兴	梁广烈	肖　斌	韩国熹
傅美珍（女）				

卫生系统（10人）

丁志伟	丁德芬（女）	王美英（女）	李关银	李补福
李荣珍（女）	杨佛心	何立尊	钱绍仪（女）	臧建五

机关部队（16人）

王岳兴	王朗晨	王鹤鸣	孙柏春	李仁华
吴生生（女）	陈合达	陈国东	周友芳	钮洪奎
俞海涌	徐松惠	徐雄俐（女）	麻寿欣	裘关清
蔡云乔				

区十届人大代表变动情况

1994年3月，林伊南因工作变动辞去区人大代表职务，补选徐松林为区十届人大代表；5月13日，区十届人大常委会第八次会议做出暂时停止谭跃进执行代表职务的决定（1995年9月27日，区十届人大常委会第二十次会议恢复其职务）；12月，苏志恒因工作变动辞去代表职务。1995年2月25日，区十届人大常委会第十五次会议做出同意逮捕蔡伟刚及停止执行人民代表职务的决定；3月，王建宙、裘关清辞去区人大代表职务；是年补选王晓初、陈励君（女）为区十届人大代表。1996年2月，李鸿昌因调离辖区，区人大代表资格依法终止；3月，补选沈国友为区十届人大代表。1997年1月22日，区十届人大常委会第三十一次会议做出同意逮捕王绍规和暂时停止执行区人大代表职务的决定；4月25日，区十届人大常委会第三十四次会议做出同意逮捕周稼芳（女）和暂时停止其执行代表职务的决定。

区十一届人民代表大会代表（198人，1998年3月—2003年3月）

清泰街道（14人）

王洪新	叶冬平	史建达	朱国建	汤继水
孙　伟	陈卓彦	林国蛟	金水仙（女）	胡凤娟（女）
钱宝珍（女）	徐春喜	翁美玲（女）	傅美珍（女）	

湖滨街道（16人）

马丽君（女）	王水陆	吕建恩	孙根娣（女）	杜金烈（女）
杨永贤（女）	李端阳	张　楚	陈红英（女）	姚企华
袁巧玲（女）	袁恒汉	黄庆平	韩国瑛（女）	傅皖芳（女）
蔡宛如（女）				

涌金街道（15人）

方家铉	叶晓英（女）	叶洪泉	朱文彪	刘志安
杨曼丽（女）	沈吉夫	张天益	陆少连	陆昌林
陆桂仙（女）	林素球（女）	赵万兴	高招弟（女）	濮兰英（女）

清波街道（14人）

丁晓芳（女）	马彩星	朱彩华	李国平	陈国东
孟云生	赵玉林	胡泰阳（女）	骆　新（女）	徐祖德
黄永华（女）	屠根叶	董丽珍（女）	戴晓军	

小营街道（11人）

王斯舜	吴士栋	陈亚岗	赵小英（女）	贾秀智（女）
徐水英（女）	徐松惠	黄文君	舒慕珍（女）	鲍云仙（女）
魏杭富（女）				

城站街道（13人）

王朗晨	毛莉华（女）	刘冬兰（女）	杨英英（女）	李德成
何国华	张文金	陆喜钢	陈一君（女）	金夔彪
韩彧威	蒋佑生	戴　宁		

横河街道（11人）

冯桂珍（女）	吕天章	朱红卫（女）	张　平	陈星豪
施沛沄（女）	莫杏花（女）	紫惠铭	盛　骛（女）	董襄国

蔡国英（女）

紫阳街道（15人）

马巨泽	王雪根	华锦纹（女）	刘庆龙	刘建设
李德顺	汪茂先	张茂生	张洪宪	张根娣（女）
金国兴	金桂花（女）	周奋进（女）	唐　荣	樊建华（女）

望江街道（17人）

王文松	任尧森	杨晓燕（女）	何月芳（女）	汪晨敏（女）
张金焕	陈瑞华	林芸英（女）	范丽华（女）	金　生
金李坤	钱松年	徐　军	葛相校	童　新
傅冬明	傅莉萍（女）			

南星街道（11人）

任春德	杨益秋（女）	吴金星	沈国友	宋久鑫
张平良	俞炎林	姚林富	徐玲珠（女）	傅慧娟（女）
管光尧				

闸口街道（11人）

卢正华	朱履林	汤阿凤（女）	李牛儿	张伟农
邹志英（女）	周　强	郑来鑫	赵金瑞（女）	俞幼涛
顾定藩				

经济系统（17人）

王国民	方胜康	朱培娟（女）	许　强	李国健
李　静（女）	汪华君（女）	沈水花（女）	张鸣放（女）	陈励君（女）
周强国	宗庆后	宗端后	赵金珍（女）	诸雅根
窦金培	潘志超			

教卫文体系统（16人）

王美英（女）	孙小丽（女）	李关银	李国庆	吴生生（女）
何　慧（女）	沈　健	陈小玲（女）	金象生	周忠诚
俞国海	唐世兴	韩国熹	蒋　莉（女）	鲍严钟
臧建五				

城建机关系统（17人）

王桂仙（女）	王银川	王鹤鸣	包建林	吕汉裕
华吾兴	李树贤	沈坤柏	张伟光	张爱明（女）
陈合达	周友芳	施永林	姜胜英（女）	章小琴（女）
曹天云	葛成富			

区十一届人大代表变动情况

2001年，刘建设辞去区人大代表职务。

区十二届人民代表大会代表（200人，2003年3月—2007年2月）

湖滨街道（21人）

王凤玲（女）　石小明（女）　叶洪泉　吕建恩　邬丽娜（女）
汤敏华（女）　杨曼丽（女）　杨建新　李　劲　吴兰冲
张燕玉（女）　张鸣放（女）　张金才　陈　燕（女）　赵万兴
贺　晶（女）　钱明芳（女）　章丽立（女）　楼江跃　蔡宛如（女）
戴　宁

小营街道（20人）

丁晓芳（女）　于爱萍（女）　王勇明　丛黎明　史建达
朱建华　衣美兰（女）　吴士栋　吴水泉　吴建华
余志强　张　蓓（女）　张苏展　陈慧芳（女）　陈国琪
周国强　徐宏伟　戚雅妹（女）　章　麒　韩霄汉

清波街道（18人）

王　乔（女）　叶晓英（女）　李承瑞　严阿英（女）　何校生
张杭生　陆鹤琴（女）　陈国军　林国平　金积华
倪玉珍（女）　徐祖萼　盛瑞熊　章德根　麻承荣
屠根叶　傅美珍（女）　傅肃琴

城站街道（20人）

王云辉　叶冬平　任水仙（女）　全为群　刘德泰
孙建凤（女）　李　静（女）　来剑波　余　勇　余贤远
宋维信　张　能（女）　陆喜钢　陈云龙　陈标良
胡智美（女）　胡建根　徐　明　徐慧琴（女）　戚步云

望江街道（16人）

王文成　孔繁华　孙建文（女）　李海平　汤金成
连宝林　何月芳（女）　沈金荣　张雅罗（女）　陈雪娟（女）
罗新林　周国昌　胡家源　徐　军　傅莉萍（女）
鲍世尊

南星街道（12人）

王连星　方荣信　朱红卫（女）　肖　红（女）　沈国友
张平良　陈国强　郝素琴（女）　俞富明　黄杏琴（女）
詹永明　管光尧

闸口街道（12人）

王理顺　朱宝英（女）　朱履林　汤阿凤（女）　阮琴华（女）
李炳森　吴剑华　陆昌林　郑来鑫　胡建炯
施惠民　黄衍鑫

紫阳街道（15人）

王越剑	王国萍（女）	田欣雨	李如冰（女）	李德顺
张茂生	陈砚菁（女）	周奋进（女）	周　兵	单云龙
郭晓英（女）	袁幸生	徐成章	唐　荣	黄　颖（女）

机关城建（17人）

王国民	邓海鹰（女）	占仁义	叶根荣	边志军
许　铭	许　强	张启超	邵竹宏	杨爱蓉（女）
胡金昌	袁建祥	高万洋	曹天云	章小琴（女）
斯胜华	葛成富			

近江街道（12人）

王光荣	叶伟明	朱静霞（女）	忻剑明	张仁杰
陈炳炎	杭　星	金文兴	赵　奇（女）	贾秀智（女）
顾敏达	葛相校			

经济系统（18人）

王亚萍（女）	王朗晨	朱弘明	杜建英（女）	沈水花（女）
陈瑞华	陈培元	陈浩然	周　勤（女）	宗端后
赵玉林	赵金珍（女）	姚从政	徐雍湘（女）	徐海荣
黄明明	康云强	蔡仲光		

教科卫文体系统（19人）

马　彦	方　莉（女）	方秋萍（女）	方　毅	朱炳仁
严　莺（女）	杨全岁	李国庆	吴生生（女）	何　慧（女）
陈志明	陈小玲（女）	陈金伟	郑佑君	胡志宏
钟丽芬（女）	俞国娣（女）	陶德明	陶　群（女）	

区十二届人大代表变动情况

2003年8月，袁幸生辞去区人大代表职务，并补选董佑华为区十二届人大代表。2004年，汤金成、蔡仲光、罗新林、周国昌、何慧因工作变动，先后辞去区人大代表职务；7月，补选张群（女）、范财富、张伟强、陈秀英（女）为区十二届人大代表，区十二届人大常委会第十三次会议做出暂时停止叶伟明执行代表职务的决定。2005年，吴士栋病故；3月7日，区十二届人大常委会第二十一次会议做出暂时停止吴建华执行代表职务的决定。

区十三届人民代表大会代表（200人，2007年2月—2012年2月）

湖滨街道（26人）

王晓鸣（女）	叶根荣	叶　榕	吕建恩	李　劲
沈宇清（女）	张　楚	张瑞伟	陈红英（女）	陈伟新
陈忠明	杨国英（女）	杨曼丽（女）	杨　敏（女）	杨　键
赵春宝	贺晓卿（女）	贺　晶（女）	钱锦根	高万洋
曹祥荣	章丽立（女）	章国娟（女）	蒋苏浙	楼江跃
戴　宁				

清波街道（24人）

王杭平	王国民	叶洪泉	叶　素	叶晓英（女）
邢建美（女）	曲太东	汤桂云（女）	李忠誉	李承瑞
严　莺（女）	张杭生	张冠东	陆鹤琴（女）	陆镜清
陈文军	金积华	胡钟华	胡洪武	施增富
徐祖莩	陶旭东	章茂红（女）	颜　阳（女）	

小营街道（36人）

丁坚华	丁晓芳（女）	王大冲	王云辉	王勇明
王容峰	方　敏	占仁义	丛培龙	朱建华
孙月红（女）	来剑波	余贤远	沈海萍（女）	张华飞
张郁平	张益慧（女）	陈云龙	陈旦秋	陈慧芳（女）
金　晶	周　勤（女）	孟敏姿（女）	赵小英（女）	姚　晓
顾　云（女）	顾敏达	夏黎明（女）	徐宏伟	徐　明
徐祥燕	戚松鹤	戚雅妹（女）	章　麒	蔡　信
樊文跃				

望江街道（26人）

王文成	王光荣	王　茵（女）	戈海光	卢　江
朱静霞（女）	刘　颖（女）	李树贤	吴立根	吴诗团
余　勇	张伟强	张启超	张茹茵（女）	杭　星
范财富	金文兴	赵依芳（女）	赵建法	赵益民
施克褒	姚晨娇（女）	葛相校	傅建明	颜子龙
瞿新华				

南星街道（24人）

王理顺	韦　云（女）	冯建军	边志军	朱履林
孙　亮	李炳森	李森红（女）	肖　红（女）	张平良
张奎贵	陈杭闽	陈春红（女）	陈国强	林　森
郑士芬（女）	郑来鑫	胡建炯	赵　越（女）	俞富明
施金良	翁正伟	傅莉萍（女）	戴小花（女）	

紫阳街道（26人）

韦敏光（女）	朱明芬（女）	朱荷芳（女）	杜　瑾（女）	李月明
沈　永	沈国友	沈金荣	沈雪鸿	张立新（女）
张　莉（女）	陈学友	陈　岚（女）	邵竹宏	金一飞（女）
金燮彪	周　刚	俞炎林	施惠民	袁建祥
唐　荣	曹天云	屠荣生	董佑华	詹永明
樊红军（女）				

经济科技系统（20人）

朱炳仁　许　强　孙立军　孙莉莉（女）　杜建英（女）
杨玲琴（女）　李小青（女）　余觉新　陈砚菁（女）　陈浩然
陈培元　林　东　金明荣　金承涛　宗馥莉（女）
俞　蒙（女）　柴念义　徐海荣　涂小莉（女）　诸雅根

教卫文体系统（18人）

马　彦　王仁飞　杨全岁　李国庆　李绍才
李　静（女）　沈培红（女）　张　群（女）　张　璐（女）　陆宏英（女）
陈金伟　郑佑君　郑敏芳（女）　钟丽芬（女）　俞国娣（女）
陶　群（女）　龚金根　蒋　莉（女）

区十三届人大代表变动情况

2007年9月，顾敏达、翁正伟、傅莉萍、金承涛因工作变动，辞去区人大代表职务；11月，补选任平、石小明（女）、倪顺金、陈少华为区十三届人大代表；12月，吴立根辞去区人大代表职务。2008年5月30日，区十三届人大常委会第十次会议做出许可逮捕和暂时停止李国庆执行区十三届人大代表职务的决定；9月，周勤、金燮彪、杭星因工作变动辞去区人大代表职务；11月，李国庆辞去区人大代表职务，并补选韩丽华（女）、李一青（女）、谢根福、何明为区十三届人大代表。2009年4月27日，区十三届人大常委会第十七次会议做出许可逮捕葛相校的决定；7月，张启超、葛相校辞去区人大代表职务。2010年12月，补选缪承潮为区十三届人大代表。2011年7月，陈浩然辞去区人大代表职务。

区十四届人民代表大会代表（197人，2012年2月—　　）

湖滨街道（28人）

王　隆　毛　威　毛素云（女）　方仁然　吕建恩
朱　虹（女）　刘　坚（女）　杨　键　吴国平　应　强
沈宇清（女）　陈　敏（女）　陈伟新　陈红英（女）　周　红（女）
胡魏华（女）　赵春宝　贺晓卿（女）　顾敏达　翁焕明
陶　群（女）　黄丽丽（女）　黄爱芳（女）　崔　洁（女）　彭晓亭
蒋苏浙　谢根福　戴　宁

清波街道（32人）

丁志强　王英龙　韦　云（女）　戈海光　方浩波
叶惠忠　申屠宇星（女）　吕社生　朱正伟　朱炳仁
刘红怡（女）　李小青（女）　李承瑞　余觉新　沈国友
张　群（女）　张明祥　陈　勇　林　娜（女）　金　菁（女）
姜玉峰　袁建祥　钱小平　徐国庆　高静华
涂小莉（女）　黄建华　章　琪（女）　舒国云　谢　平（女）
裘雪阳　缪承潮

小营街道（40人）

丁晓芳（女）	马利恰	王勇明	王容峰	王越剑
王毅军	叶　峥（女）	任　平	江晓赟（女）	许　坚
孙碧云（女）	杨玲琴（女）	吴建林	张　蓓（女）	张华飞
张益慧（女）	张耀法	沈建冲	陆建华	陈云龙
陈忠明	陈秋芳（女）	陈继明（女）	陈婷婷（女）	季黄辉
金　燕（女）	金水根	孟敏姿（女）	胡志宏	祝梅君（女）
姚　晓	顾　云（女）	陶旭东	梁冬之	蒋运华
裘云庆	蔡　信	谭跃进	潘许芳	戴丽君（女）

望江街道（34人）

王　茵（女）	朱静霞（女）	朱黎明	杨营营（女）	李　静（女）
吴　韵（女）	吴卫祥	吴华锋	吴步顺	沈洪涛
沈康明	张　奇	张飞军	张浩强	林宗发
范财富	金伟成	周朝星	郑孝林	胡兰珍（女）
胡　晓（女）	赵依芳（女）	赵益民	施克褒	洪见成
姚晨娇（女）	顾文友	徐海荣	黄志廉（女）	龚良泉（女）
韩丽华（女）	葛　燕（女）	蒋　明	嵇晓明（女）	

南星街道（28人）

王理顺	毛戈平	方志达	卢国豪	边　江
朱明虬	朱荷芳（女）	孙　亮	李炳森	李森红（女）
吴佳容（女）	沈祥鑫	张奎贵	陈　玲（女）	陈　斌
陈杭闽	陈国强	陈砚菁（女）	邵竹宏	金燮彪
郑来鑫	赵　越（女）	钟新华	施金良	倪顺金
鲁　军	楼复进	裘璋群（女）		

紫阳街道（35人）

丁海富	马庆文（女）	王卫民	王国民	王瑞华（女）
韦敏光（女）	尤恩校	叶　榕	包兴旺	刘梅春（女）
江龙仙（女）	许　强	李一青（女）	李月明	李昕霞（女）
吴式绣	余　勇	沈杏荣	沈金荣	沈雪鸿
张仲华	周　莹（女）	郑敏芳（女）	茹　静（女）	赵建法
俞林亚（女）	俞冠玉（女）	夏赛丽（女）	徐逸峰	高胜有
唐　荣	曹天云	章建强	屠荣生	潘志刚

区十四届人大代表变动情况

2012年11月，选举余晓川、邬晓华、蔡伟利（女）为区十四届人大代表。2013年9月，彭晓亭、章琪（女）、金水根、张飞军、葛燕（女）、杨营营、钟新华因工作变动，辞去区人大代表职务；11月，补选陈瑾（女）、洪梦君（女）、林森、金松柏、曹强、郑翰献、杨寿松为区十四届人大代表。2014年5月，陈红英因工作变动，辞去区人大代表职务；9月，张明祥、吕社生、陈忠明、余晓川、赵益民、姚晨娇、楼复进、叶榕因为工作变动，辞去区人大代表职务；12月，王越剑、李一青因工作变动，辞去区人大代表职务；2014年12月16日，区十四届人大常委会第二十一次会议做出许可拘留沈洪涛的决定；2014年11月—2015年1月，分别补选徐德良、陈国彪、雷伟蛟、陈伟、李光勋、白友其、姚上毅、吕朝阳、陶晓亮为区十四届人大代表。2015年7月，邵竹宏辞去区人大代表职务。11月，周莹因工作变动辞去区人大代表职务。12月，任平、方仁然、陈勇、嵇晓明、倪顺金、沈杏荣等因工作变动辞去区人大代表职务；林宗发的区人大代表资格自然终止。

二、杭州市人大代表

市八届人民代表大会代表（1992年5月—1997年3月）

杨菊芳（女）[①]

市九届人民代表大会代表（64人，1997年3月—2002年3月）

丁慧安（女）	丁德明	王山榕（女）	王凡琳（女）
王凤鸣（女）	王文松	王永明	王锡安
王鹤鸣	牛富英（女）	方　莉（女）	方震梁
曲万业	朱光驹	朱善祥	刘徐生
许爱娥（女）	孙迪如（女）	孙跃进	李松春
李　昊	李佩璋（女）	李　娜（女）	李鸿昌
李端阳	肖　明	何　超	沈国友
沈雅芬（女）	张汉祥	张伟农	张志仁
张鸣放（女）	张雅罗（女）	陈水琴（女）	陈公仁
陈励君（女）	陈　侠	陈建伟	林立行
范广照	金六民	郑　凌	宗庆后
胡忠英	胡崇杏	施永林	闻　乾
洪凌庆（女）	袁巧玲（女）	柴晓明	倪　立
徐松林	高法根	诸雅根	曹文云（女）
曹俊元	龚源良	蒋维荣	程　炜
傅春英（女）	詹家光	窦金培	戴宝根

市十届人民代表大会代表（47人，2002年4月—2007年4月）

丁月明（女）	丁可珍（女）	马丽珍（女）	王　莺（女）
王鹤鸣	戈冬梅（女）	方胜康	方　莉（女）
孔卫红	曲宽海	朱　刚	朱报春
朱荫湄（女）	乔丽宾（女）	许　岚	李国平
沐淋君（女）	沈国友	沈经伟（女）	沈惠娟（女）

① 1993年3月，区十届人大一次会议补选杨菊芳为杭州市第八届人民代表大会代表。

张广健	张汉祥	张鸣放（女）	张明光
陈文辉	陈励君（女）	陈　侠	陈砚菁（女）
陈瑞华	茅临生	金六民	郑士芬（女）
宗庆后	孟伟刚	赵碧野（女）	胡忠英
钟　黎（女）	俞　良	洪丽亚（女）	洪佳琳（女）
徐立栋	诸雅根	龚金根	蒋胜年
裘秀群（女）	窦金培	谭莉敏（女）	

市十一届人民代表大会代表[①]（53人，2007年4月—2012年4月）

丁坚华	丁晓芳（女）	马　彦	王　莺（女）
王荣富	王鹤鸣	孔卫红	卢　江
吕建平	朱　刚	朱兰娟（女）	许　岚
许小富	李国平	吴育连（女）	吴晓伟
何黎明	陈　侠	陈伟钊	陈红英（女）
陈励君（女）	林长春	林国庆（女）	周智林
宗庆后	孟伟刚	赵光静	胡志荣
俞　良	俞国娣（女）	施国栋	洪悦琴（女）
贺晓卿（女）	徐　兵	徐立栋	徐祖蓴
翁金儿	高　炎	高法根	郭安娜（女）
诸雅根	黄跃君	曹明富	龚金根
崔新明	董　陆	蒋　莉（女）	蒋胜年
傅　欣	裘幼竹	路　楠	蔡　奇
潘劲草			

市十二届人民代表大会代表[②]（39人，2012年4月—　）

丁晓芳（女）	于金镒	王　赞	王利平
王挺革	叶茂东	许　岚	李一青（女）
李卢新	李国平	杨　军	杨　鸣（女）
吴卫祥	沈永振	张鸣放（女）	张建庭
陈　侠	陈　峰	陈文辉	陈红英（女）
陈励君（女）	金　晶	金　翔	宗庆后
孟伟刚	孟敏姿（女）	俞国娣（女）	施国栋
贺晓卿（女）	顾树森	柴红燕（女）	钱申贤
徐祖蓴	唐少华	章明伟	路　楠
褚伟清	缪承潮	戴　宁	

① 市十一届人民代表大会代表届中调整情况：2009年6月11日，区十三届人大常委会第十九次会议做出接受朱刚辞去杭州市第十一届人民代表大会代表职务的决定；2010年1月8日，区十三届人大常委会第二十三次会议补选于金镒、陈星豪为杭州市第十一届人民代表大会代表。

② 市十二届人民代表大会代表届中调整情况：2013年11月29日，区十四届人大常委会第十五次会议补选陈瑾为杭州市第十二届人民代表大会代表；2014年12月16日，区十四届人大常委会第二十一次会议做出接受章明伟、李一青辞去杭州市第十二届人民代表大会代表职务的决定，补选陈国妹（女）、章燕（女）、毛素云（女）为杭州市第十二届人大代表；2015年3月31日，区十四届人大常委会第二十三次会议选举杨勇为杭州市第十二届人民代表大会代表。

第二章 人大会议

1980年6月，上城区召开第六届人民代表大会第一次会议，此后按期换届。1993—2015年，上城区共召开人民代表大会会议23次。人民代表大会闭会期间，由区人大常务委员会行使区人大职权。上城区共召开人大常委会会议191次。区人民代表大会常务委员会主任会议由区人大常委会主任、副主任组织，不定期召开，研究和处理区人大常委会日常重要工作。上城区共召开人大常委会主任会议560次。

第一节 人民代表大会会议

1993年3月29日，第八届全国人民代表大会第一次会议通过《中华人民共和国宪法修正案》，区人民代表大会每届任期改为5年。1993—2015年，在上城区第十届、第十一届、第十二届、第十三届、第十四届人民代表大会期间，上城区共召开人民代表大会会议23次。

杭州市上城区人民代表大会各次会议的主要议程有：听取和审查政府工作报告；审查上一年度区国民经济和社会发展计划执行情况及本年度国民经济和社会发展计划草案的报告，审查和批准该项报告；审查上一年度区财政预算执行情况及当年度财政预算草案的报告，审查和批准该项报告；听取和审查区人民代表大会常务委员会工作报告；听取和审查杭州市上城区人民法院（简称区法院）工作报告；听取和审查杭州市上城区人民检察院（简称区检察院）工作报告；审议区人民政府贯彻执行依法治区决议情况的报告等。

一、杭州市上城区第十届人民代表大会

1993—1997年，杭州市上城区第十届人民代表大会会议共召开5次。

1993年3月16—20日，区十届人大一次会议召开，出席会议代表272人，列席会议84人。会议审查批准1993年上城区经济计划和预算指标：国内生产总值增长15%；工业总产值、工业利润分别增长20%；社会商品零售总额、商业营业收入、商业利润分别增长10%；出口商品供货额增长10%；财政收入9500万元，增长8.8%；区财政分成收入3080万元，支出3080万元，收支相抵基本平衡。会议审议区政府《依法治区三年工作总结和今后五年规划草案的报告》，做出《进一步加强依法治区工作的决议》，要求“一府两院”

巩固发展依法治区工作成绩，为经济建设创造良好的法制环境。会议选举产生区十届人大常委会主任及常委会组成人员、区长、副区长、区法院院长、区检察院检察长。补选杭州市第八届人民代表大会代表1人。

1994年3月22—25日，区十届人大二次会议召开，出席会议代表274人，列席会议120人。大会审议通过《关于政府工作报告的决议》，要求整体推进改革，加快经济发展，维护社会政治稳定，推进社会主义“两个文明”建设。

1995年3月22—24日，区十届人大三次会议召开，出席会议代表268人，列席会议105人。会议要求进一步处理好改革、发展、稳定关系，遵循“商贸领先、三产兴区”的战略思路，把提高经济运行质量和效益作为全年经济工作的重点。

1996年3月26—29日，区十届人大四次会议召开，出席会议代表261人，列席会议115人。会议审议通过《上城区国民经济和社会发展“九五”计划及2010年远景目标纲要》，提出“到2010年实现国内生产总值比2000年再翻一番”。

1997年2月25—29日，区十届人大五次会议召开，出席会议代表325人，列席会议108人。会议确定以经济建设为中心、城市建设和管理为重点、街道乡镇工作为基础的各项任务，提出促进改革开放，发展第三产业，建立健全社会保障体系，强化城市管理，全面开展依法治区工作。会议选举产生杭州市第九届人民代表大会代表64人。

二、杭州市上城区第十一届人民代表大会

1998—2002年，杭州市上城区第十一届人民代表大会会议共召开5次。

1998年3月12—16日，区十一届人大一次会议召开，出席会议代表194人，列席会议74人。会议选举产生区十一届人大常委会组成人员、区长、副区长、区法院院长、区检察院检察长。会议提出解放思想，实事求是，抢抓机遇，开拓奋进，为实现跨世纪宏伟目标而努力奋斗。

1999年3月10—13日，区十一届人大二次会议召开，出席会议代表198人，列席会议72人。会议提出，坚持“改革促发展、改造促繁荣，管理促文明”工作方针，深入推进体制改革，完善以公有制为主体、多种所有制共同发展的所有制结构，加快旧城改造进度，提高城市现代化。

2000年1月15—18日，区十一届人大三次会议召开，出席会议代表198人，列席会议76人。会议通过《杭州市上城区人民代表大会议事规则修正案》。会议要求政府通过经济结构调整，发展商贸经济和外向型经济，全面完成《上城区企业改革三年规划》任务，稳步开展事业单位改革和政府机构改革。

2001年3月6—9日，区十一届人大四次会议召开，出席会议代表190人，列席会议87人。会议审议通过《上城区国民经济和社会发展第十个五年规划纲要》，肯定区政府“九五”期间所取得的工作成绩，对“十五”计划的实施提出要求，要以结构调整为主线，以改革开放和科技进步为动力，以提高人民生活水平为根本出发点，实施“开放立区、三产兴区、科教强区、依法治区”的发展战略，努力建设精品城区。

2002年2月24—28日，区十一届人大五次会议召开，出席会议代表179人，列席会议68人。会议选举产生杭州市第十届人民代表大会代表51人。

三、杭州市上城区第十二届人民代表大会

2003—2006年，杭州市上城区第十二届人民代表大会会议共召开4次。

2003年3月3—8日，区十二届人大一次会议召开，出席会议代表198人，列席会议100人。会议听取和审查各项工作报告，通过《关于制定和实施上城区第四个依法治区五年规划的决议》《关于进一步深化社区建设的决议》等决议。依法选举产生区十二届人大常委会组成人员、区长、副区长、区法院院长、区检察院检察长。

2004年2月24—28日，区十二届人大二次会议召开，出席会议代表197人，列席人员82人。大会做出《关于推进上城区生态区建设的决议》。

2005年2月22—25日，区十二届人大三次会议召开，实际到会代表172人，列席会议96人。会议期间，代表审议的焦点是民生问题，关注湖滨商务旅游特色街区建设、望南望北地区改造等重点工程建设。大会根据代表议案做出《关于加快湖滨地区旧城改造步伐的决议》。

2006年2月8—11日，区十二届人大四次会议召开，出席会议代表186人，列席会议104人。会议批准《上城区国民经济和社会发展第十一个五年规划纲要》，提出要围绕“打造杭州RBD，构建和谐新上城”的战略目标，做好“十一五”规划开局工作。

四、杭州市上城区第十三届人民代表大会

2007—2011年，杭州市上城区第十三届人民代表大会会议共召开5次。

2007年2月3—8日，区十三届人大一次会议召开，出席会议代表199人，列席会议76人。会议围绕中共杭州市上城区第八次代表大会提出的各项目标任务，听取和审议“一府两院”和区人大常委会工作报告。会议选举产生区十三届人大常委会组成人员、区长、副区长、区法院院长、区检察院检察长。依法选举杭州市第十一届人民代表大会的代表53人。

2008年1月28—31日，区十三届人大二次会议召开，出席代表199人，列席人员96人。会议期间，区人大代表围绕“建设具有国际水准的高品质中心城区”战略目标，对城市有机更新、打造最安全城区、最健康城区等新理念和新目标提出意见建议。会议首次邀请4名公民旁听人民代表大会会议。

2009年2月11—14日，区十三届人大三次会议召开，出席会议代表197人，列席会议105人，旁听公民12人。会议关注受金融危机冲击与蔓延影响的辖区经济发展严峻环境，强调“保增长、促调整，保民生、促和谐”，推进“厚重文化、高端产业、精致空间、人性交通、品质生活”为内涵的高品质中心城区建设。大会做出《关于全面推进“建设具有国际水准的高品质中心城区”战略目标实施的决议》。

2010年3月2—5日，区十三届人大四次会议召开，实际到会189人，列席会议102人，旁听公民20人。会议肯定过去一年的工作实绩，肯定人大常委会创新监督方式，丰富监

督内容，突出监督重点，加大监督力度的工作成效。会议号召全区人民为建设具有国际水准的高品质中心城区作出贡献。

2011年1月10—14日，区十三届人大五次会议召开，实际到会197人，列席会议102人，旁听公民20人。会议审议和审查通过各项工作报告的同时，审查批准《上城区国民经济和社会发展第十二个五年规划纲要（2011—2015年）》，要求深入实施“五五”战略，弘扬“追求卓越、品质至上”的上城精神，打响“南宋古都·经典上城”品牌，率先全面建成小康社会。

五、杭州市上城区第十四届人民代表大会

2012—2015年，杭州市上城区第十四届人民代表大会会议共召开4次。

2012年2月13—18日，区十四届人大一次会议召开，出席会议代表197人，列席会议95人，旁听公民20人。会议要求保增长、调结构、惠民生、抓改革、促和谐，做到“稳中求进、奋发有为”；区法院、区检察院要研究法治保障的工作举措，维护社会公平公正，为全区经济社会发展提供有力保障；区人大常委会要创新工作方法，充分发挥人大代表的主体作用和权力机关监督作用，落实好人民代表大会制度。会议选举产生区十四届人大常委会组成人员、区长、副区长、区法院院长、区检察院检察长。选举杭州市第十二届人民代表大会代表39人。

2013年1月21—24日，区十四届人大二次会议召开，出席会议代表198人，列席会议102人，旁听公民18人。会议首次将国有资本经营预算纳入预算草案报大会审查，实行全口径预算。会议做出《关于推进“美丽上城”建设的决议》。

2014年1月21—24日，区十四届人大三次会议召开，出席会议代表196人，列席会议99人，旁听公民18人。会议提出，要提升增长内涵，加快城市有机更新，改善民生环境，强化平安上城建设，改进提高区法院、区检察院司法工作水平，增强区人大常委会履职监督力度；强调要加快“现代化美丽上城建设”。

2015年1月27—30日，区十四届人大四次会议召开，出席会议代表184人，列席会议101人，旁听公民18人。大会首次使用电子报到和电子表决器，建立代表出缺会议通报制度。

第二节　人大常委会会议

1993—2015年，上城区共召开人大常委会会议191次，听取和审议专项工作报告472项，开展部门工作评议、行政执法评议30次，开展任命的区政府、区法院、区检察院工作人员述职评议63人次，讨论、决定重大事项216项，任免国家机关工作人员929人，任免区法院人民陪审员185人。按照《上城区人大常委会议事规则》，区人大常委会会议每两个月至少举行1次，如特殊需要，经主任会议决定，可临时召集会议。会议由区人大常委会主任召集并主持，或由区人大常委会主任委托的区人大常委会副主任主持。会议议

程和日程草案，由区人大常委会主任会议拟定，提请区人大常委会会议通过。2015年，区人大常委会会议启用电子表决器，表决方式由举手表决改为按电子表决器表决。

表19-2-1　1993年杭州市上城区第九届人大常委会会议情况表

次别	时间	主要内容
二十	1993年2月5日	听取审议区政府关于区九届人大常委会第十九次会议对实事办理、环卫条例实施的审议意见处理落实情况、区九届人大二次会议代表意见建议办理情况的报告；听取1992年国民经济和社会发展计划执行情况及1993年初步安排、1992年预算执行情况和1993年初步安排的汇报；讨论区人大常委会工作报告；人事任免
二十一	1993年3月10日	通过区十届人大代表资格审查报告；听取区十届人大一次会议筹备工作情况的报告，通过会议有关名单草案

说明：资料来源于杭州市上城区人民代表大会常务委员会办公室

表19-2-2　1993—1998年杭州市上城区第十届人大常委会会议情况表

次别	时间	主要内容
一	1993年3月31日	学习《宪法》《地方组织法》和区人大常委会工作制度；通过区人大常委会1993年工作要点；研究确定区人大常委会组成人员分工；审议通过《关于建立上城区第十届人大常委会代表资格审查委员会的决定》
二	1993年5月5日	听取和审议区政府关于当前社会治安情况的报告；传达中华人民共和国第八届全国人民代表大会第一次会议精神；人事任免
三	1993年7月21日	听取和审议区政府关于区十届人大常委会第二次会议对社会治安工作审议意见的办理，国民经济计划、财政预算上半年执行情况，《税收征收管理法》初步实施情况，个体私营经济发展情况等报告；人事任免
四	1993年9月23—24	听取和审议区政府关于区十届人大常委会第三次会议有关财政工作审议意见办理情况、《关于采取必要措施、遏制企业潜亏和减少重大经济损失的议案》办理情况和住房制度改革工作情况的报告，区检察院《关于充分发挥检察职能为经济建设服务的报告》，区法院《关于告诉申诉审判工作情况的报告》；人事任免
五	1993年11月25—27日	听取和评议杭州市公安局上城区分局依法行政情况、区法院和区检察院依法司法情况的报告；审议区政府关于为民办实事实施情况、贯彻《中华人民共和国义务教育法》加强基础教育工作情况、区十届人大一次会议代表意见建议处理情况、1993年度区财政预算部分变更的报告并作出决定同意变更预算；审议通过关于建立代表活动制度的决定，关于议案和代表建议批评、意见处理办法，区人大常委会组成人员守则；人事任免
六	1994年1月27—28日	听取和审议区政府关于为民办实事情况、代表意见建议落实情况、1993年国民经济和社会发展计划执行情况和1994初步安排、1993年财政预算执行情况和1994年初步安排、加强群众体育设施开展群众体育工作和反腐败斗争加强廉政建设情况的报告，杭州市上城区工商行政管理局、杭州市上城区土地管理局依法行政情况的报告；审议通过关于召开区十届人大二次会议的决定、关于补选出缺的区十届人大代表的决定；人事任免
七	1994年3月30日	听取和审议区政府对体育工作审议意见落实情况的报告，杭州市上城区科学技术委员会、杭州市上城区对外经济贸易局依法行政情况的报告；通过区人大常委会1994年工作要点；通过区人大会议代表资格审查报告；听取区十届人大二次会议筹备工作情况的报告；补选杭州市第八届人民代表大会代表
八	1994年5月13日	听取和审议杭州市人民检察院《关于逮捕杭州市上城区人民代表谭跃进的报告》

续表 19-2-2

次别	时　间	主　要　内　容
九	1994年5月23—24日	听取和审议区政府关于全区“二五”普法教育实施情况、开展“三打一禁”斗争和当前社会治安情况的报告、医疗卫生工作情况的报告；人事任免
十	1994年7月26—27日	听取和审议区政府对医疗卫生工作审议意见落实情况，关于上半年经济计划执行情况、市场建设情况、商业网点发展情况的报告，杭州市上城区文化局和杭州市上城区监察局依法行政情况的报告；人事任免
十一	1994年9月26—27日	听取和审议区政府关于区转换企业经营机制工作情况、《中华人民共和国婚姻法》《婚姻登记管理条例》执行情况、《中华人民共和国教师法》贯彻实施情况的报告，区法院关于离婚案件受理和审判情况的报告；人事任免
十二	1994年11月23—24日	对杭州市上城区司法局、杭州市上城区审计局两位局长进行述职评述；听取区政府关于企业转制工作审议意见处理情况、为民办实事项目实施情况、科教工作和新产品开发情况、代表意见建议办理情况的报告；审议通过关于补选出缺的区十届人大代表的决定
十三	1995年1月13日	听取和审议区政府关于建立上城区“见义勇为奖励基金”议案办理情况、计划生育工作情况、物价管理工作情况的报告；人事任免；审议通过关于召开区十届人大三次会议的决定、关于在第113选区增选1名人大代表的决定
十四	1995年2月16日	听取和审议区政府关于1994年国民经济和社会发展计划执行情况、财政预算执行情况和1995年初步安排的报告；审议区人大常委会工作报告稿；审议通过常委会1995年工作要点
十五	1995年2月25日	听取和审议杭州市西湖区人民检察院《关于逮捕杭州市上城区人大代表蔡伟刚的报告》
十六	1995年3月11日	听取审议区人大常委会关于区十届人大三次会议筹备工作情况的报告；通过代表资格审查报告和会议有关名单草案
十七	1995年5月25日	听取和审议区政府关于当前打击犯罪和加强刑事侦察工作、区职工教育工作的报告；人事任免；审议通过关于“一府两院”应提请审议的重大事项和应通报的重要情况及决议、决定、审议意见办理情况反馈的暂行规定
十八	1995年7月26—27日	听取和审议区政府关于1995年经济计划和财政预算上半年执行情况（书面）、工会企业扭亏解困情况和区《中华人民共和国环境保护法》执法自查情况的报告，区检察院关于打击经济领域内犯罪情况的报告
十九	1995年8月22日	审议杨菊芳请求辞去杭州市上城区区长职务的报告、主任会议关于提议由杭州市上城区副区长李端阳代理区长职务的议案
二十	1995年9月26—27日	听取和审议区政府关于贯彻实施《中华人民共和国城市房地产管理法》《中华人民共和国药品管理法》和代表意见建议办理情况的报告，区法院少年案件审判工作的报告；听取区人大财政经济工作委员会关于省、市、区三级代表对区贯彻执行“三法一决定”方面联合检查情况的通报；审议代表资格审查委员会关于建议恢复谭跃进区十届人大代表职务的报告；人事任免
二十一	1995年11月23—24日	对杭州市上城区计划经济委员会主任、杭州市上城区城市建设管理局局长和杭州市上城区教育局局长进行述职评议；听取和审议区政府关于深入贯彻《中华人民共和国城市居民委员会组织法》的议案办理情况、关于为民办实事实施情况的报告
二十二	1995年12月28日	审议通过常委会1996年工作要点；审议个别区十届人大常委会委员辞职事项；人事任免
二十三	1996年2月6—7日	对杭州市上城区民政局局长、杭州市上城区房地产管理局局长进行述职评议；听取和审议区政府关于对扭亏解困工作审议意见落实情况，1995年国民经济和社会发展计划、财政预算执行情况和1996年初步安排，《中华人民共和国劳动法》执行情况的报告；讨论区人大常委会工作报告；人事任免；审议关于召开上城区第十届人民代表大会第四次会议的决定草案
二十四	1996年2月17日	审议通过关于补选出缺区十届人大代表的决定

续表 19-2-2

次别	时　间	主　要　内　容
二十五	1996年3月13日	听取和审议区政府关于区本级1995年财政预算执行情况及其他财政收支的审计工作报告；听取关于区十届人大四次会议筹备工作情况的报告，通过代表资格审查报告和会议有关建议名单草案；表彰1995年度代表工作先进小组；审议个别区十届人大常委会委员辞职事项
二十六	1996年5月17日	听取审议区政府关于《中华人民共和国教育法》《人民调解委员会组织条例》《浙江省公共场所治安管理办法》贯彻执行情况的报告，《关于在全区公民中开展法制宣传教育第三个五年规划的报告》；人事任免；通过关于调整区人大常委会各工作委员会组成人员的决定、关于在区级国家机关实行部门执法责任制的决定
二十七	1996年7月24—25日	听取和审议区政府关于1996年经济计划上半年执行情况和下半年工作意见、财政预算上半年执行情况、外经外贸发展情况的报告
二十八	1996年9月25—27日	学习《中华人民共和国审计法》《中华人民共和国食品卫生法》；对杭州市上城区人事局、杭州市上城区财政局和杭州市上城区体育运动委员会开展行政执法评议和三位局长的述职评议；听取和审议区政府关于《中华人民共和国教育法》审议意见的办理反馈情况、贯彻执行《中华人民共和国审计法》和《中华人民共和国食品卫生法》情况的报告；听取区政府关于机构改革和机构设置的说明；听取区政府、区法院、区检察院关于制订执法责任制实施方案的报告；人事任免
二十九	—	—
三十	1996年11月28日	听取和审议区政府关于贯彻执行《中华人民共和国统计法》情况、认真贯彻执行《中华人民共和国行政处罚法》议案的办理情况、代表意见建议办理情况的报告；听取和审议区政府、区法院和区检察院关于廉政建设情况的报告；人事任免；审议通过关于召开区十届人大五次会议的决定
三十一	1997年1月21—22日	听取和审议区政府关于行政区划调整交接工作的报告，关于上城区1996年国民经济和社会发展计划、财政预算执行情况及1997年初步安排的汇报；听取审议杭州市西湖区人民检察院关于逮捕区人大代表王绍规的报告；讨论区人大常委会工作报告稿
三十二	1997年2月4日	听取和审议关于区十届人大五次会议筹备工作情况报告；通过代表资格审查报告和会议有关建议名单草案；人事任免
三十三	1997年4月16—17日	听取和审议区政府关于区本级1996年财政预算执行情况及其他财政收支审计报告和1996年财政决算草案、区科技"九五"发展规划草案及其说明、群众文化工作、环境卫生管理情况的报告
三十四	1997年4月25日	听取和审议杭州市人民检察院关于许可逮捕区人大代表周稼芳的报告
三十五	1997年5月29—30日	对杭州市上城区贸易局局长和杭州市上城区卫生局局长进行述职评议；听取审议区政府关于开展"严打"斗争和社会治安情况、"双禁"工作和复兴地区改造工程情况的报告
三十六	1997年6月5日	人事任免
三十七	1997年7月28—29日	听取和审议区政府关于1997年国民经济计划、财政预算上半年执行情况，村级经济发展情况，预算外资金管理情况等报告；人事任免
三十八	1997年8月29日	审议徐松林辞去区人大常委会主任职务报告、主任会议关于建议由副主任沈国友代理区人大常委会主任职务的议案
三十九	1997年9月16日	人事任免；审议李端阳请求辞去杭州市上城区区长职务报告、主任会议关于提议副区长张鸣放代理上城区区长职务的议案
四十	1997年10月16—17日	听取和审议区政府关于市容环卫工作审议意见办理情况、再就业工作议案办理情况以及代表意见建议办理情况的报告；听取和审议"一府两院"关于《刑事诉讼法》执行情况报告；听取和审议关于换届选举工作意见的报告，审议通过区人大换届选举决定和建立区选举委员会的决定；人事任免

续表19-2-2

次别	时　　间	主　　要　　内　　容
四十一	1997年11月24日	人事任免
四十二	1997年12月12日	听取和审议区政府关于为民办实事实施情况、调整1997年财政收支预算的报告，做出关于部分变更1997年区财政收支预算的决定；人事任免
四十三	1998年2月11日	听取和审议区政府关于1997年国民经济和社会发展计划、财政预算执行情况及1998年初步安排的报告；审议通过区十一届人大代表资格审查报告；审议通知关于召开区十一届人大一次会议的决定；讨论区人大常委会工作报告稿；人事任免
四十四	1998年2月25日	听取区人大常委会关于十一届人大一次会议筹备工作情况的报告；通过有关会议建议议程、名单草案；人事任免

说明：1.资料来源于杭州市上城区人民代表大会常务委员会办公室。2.区十届人大常委会共召开44次会议。3.部分资料缺失

表19-2-3　1998—2003年杭州市上城区第十一届人大常委会会议情况表

次别	时　　间	主　　要　　内　　容
一	1998年4月1日	传达中华人民共和国第九届全国人民代表大会人大第一次会议精神，学习《宪法》《地方组织法》及区人大常委会有关工作制度；确定区人大常委会组成人员分工；审议通过区人大常委会1998年工作要点
二	1998年5月14日	审议通过区人大常委会人事任免工作办法、办事机构和工作机构工作职责规定，区代表持证视察试行办法；审议通过区人大常委会代表资格审查委员会组成人员名单；人事任免；听取和审议区政府关于1997年预算执行和其他财政收支情况审计工作报告和关于区1997年财政决算草案的报告，批准上城区1997年财政决算
三	1998年6月26日	听取和审议区政府关于食品卫生法执行情况、“三五”普法和依法治区工作情况、非公有制经济工作情况等报告
四	1998年7月27日	听取和审议区政府关于1998年经济计划、财政预算上半年执行情况的报告；听取和审议区政府、区检察院关于打击经济犯罪情况的报告；审议通过《杭州市上城区人民代表大会代表工作办法》
五	1998年9月28—29日	听取和审议区政府关于行风建设议案办理情况、区十一届人大一次会议代表意见建议办理情况、旧城改造工作情况、《中华人民共和国义务教育法》实施情况等报告，区法院关于民事审判工作情况的报告，区人大常委会办公室关于代表意见建议处理情况的报告；人事任免
六	1998年11月26—27日	对杭州市上城区土地管理局、杭州市上城区计划生育局开展行政执法评议和二位局长的述职评议；听取和审议区政府关于为民办实事项目实施情况、全区企业改革工作情况等报告，做出关于批准调整1998年区财政预算的决定；人事任命
七	1999年1月28日	听取和审议区政府关于1998年经济计划、财政预算执行情况和1999年初步安排、办理贯彻《中华人民共和国食品卫生法》审议意见情况等报告；审议通过关于召开区十一届人大二次会议的决定；讨论区人大常委会工作报告；通过区人大常委会1999年工作要点；人事任免
八	1999年2月26日	通过代表资格审查报告；听取区十一届人大二次会议有关筹备工作的报告；人事任免
九	1999年4月15日	传达中华人民共和国第九届全国人民代表大会第二次会议精神；听取和审议区政府关于街道改革调整工作情况、1998年财政决算（草案）、区本级1998年度预算执行和其他收支情况的审计等报告，做出关于批准上城区1998年财政决算的决议

续表 19-2-3

次别	时　间	主　要　内　容
十	1999年5月26—27日	听取和审议区政府关于创人民满意派出所工作情况、《中华人民共和国科技进步法》贯彻实施情况、《中华人民共和国建筑法》贯彻实施情况等报告；人事任免
十一	1999年7月28—29日	听取和审议区政府关于1999年上半年国民经济、财政预算上半年执行情况、《中华人民共和国环境保护法》实施情况等报告
十二	1999年9月21—22日	听取和审议区政府关于落实《中华人民共和国科技进步法》审见意见情况、“积极稳妥搞好街、居改革调整的议案”办理情况、区十一届人大二次会议代表意见建议办理情况等报告；听取和审议“一府两院”关于执法责任制和冤错案责任追究制执行情况的报告；初审《杭州市上城区人民代表大会常务委员会议事规则》修订案、《杭州市上城区人民代表大会常务委员会冤案错案责任追究监督办法》《杭州市上城区人民代表大会常务委员会执法检查规定》《杭州市上城区人民代表大会常务委员会加强与区人民政府、区法院、区检察院工作联系的暂行规定》等草案；人事任免
十三	1999年11月23—24日	对杭州市上城区财政局、杭州市上城区教育局、杭州市上城区市容环卫局开展行政执法评议和三位局长的述职评议，对区检察院二位副检察长进行述职评议；听取和审议区政府关于为民办实事情况、调整1999年财政收支预算等报告，做出关于调整上城区1999年财政收支预算的决议；审议通过《杭州市上城区人民代表大会常务委员会议事规则》修订案等4项工作制度
十四	1999年12月16日	通过区人大常委会2000年工作要点；审议《杭州市上城区人民代表大会议事规则（修正案）（草案）》《杭州市上城区第十一届人民代表大会关于议案、代表建议和质询案的处理办法（草案）》，并决定提交大会审议；做出关于召开区十一届人大三次会议的决定
十五	1999年12月24日	听取和审议区政府关于1999年国民经济和社会发展计划、财政预算执行情况及2000年初步安排的报告；讨论区人大常委会工作报告稿
十六	2000年1月6日	审议通过代表资格审查报告；听取区十一届人大三次会议有关筹备工作的报告
十七	2000年3月8日	传达中华人民共和国第九届全国人民代表大会第三次会议精神；听取区政府关于上城区1999年度财政预算执行及其他财政收支的审计工作报告、关于上城区1999年财政决算（草案）的报告，做出关于批准上城区1999年财政决算的决议；人事任免
十八	2000年5月5日	学习《中华人民共和国土地管理法》；听取和审议区政府关于贯彻实施《中华人民共和国土地管理法》情况报告，区法院关于执行工作情况报告
十九	2000年7月31日至8月1日	学习《浙江省文化市场管理条例》；听取和审议区政府关于贯彻实施《浙江省文化市场管理条例》情况报告，2000年上半年国民经济计划、财政预算执行情况报告；对杭州市上城区审计局局长和区法院三位副院长进行述职评议；人事任免
二十	2000年9月1日	人事任免
二十一	2000年9月26日	听取和审议区政府关于区十一届人大三次会议代表意见建议办理情况、加强预算外资金管理情况和加强住宅小区物业管理情况等报告，区人大常委会办公室关于区十一届人大第三次会议代表意见建议处理情况的报告，区检察院关于法律监督工作情况的报告
二十二	2000年11月29—30日	听取和审议区政府关于为民办实事办理情况的、全区商贸旅游经济发展情况、调整上城区2000年度财政收支预算情况的报告，做出关于调整区2000年财政收支预算的决定；对杭州市上城区建设局、杭州市上城区劳动局、杭州市上城区科学技术局开展行政执法评议和三位局长的述职评议；人事任免
二十三	2001年10月5日	听取和审议区政府关于上城区2000年国民经济和社会发展计划、财政预算执行情况及2001年初步安排的汇报；讨论区人大常委会工作报告稿；通过区人大常委会2000年工作要点；审议通过关于召开区十一届人大四次会议的决定

续表 19-2-3

次别	时　间	主　要　内　容
二十四	2001年2月16日	审议通过区十一届人大四次会议代表资格审查报告；听取区十一届人大四次会议筹备工作报告，通过大会有关名单草案；审议童新辞去杭州市上城区副区长职务的报告；人事任免
二十五	2001年4月27日	学习《中华人民共和国刑事诉讼法》；听取和审议区政府关于深化刑侦体制改革推进责任区刑警中队规范化建设情况的报告；对区卫生行政执法工作进行评议；人事任免
二十六	2001年5月30日	听取和审议区政府关于2000年度财政预算执行及其他财政收支的审计工作、2000年财政决算（草案）等报告，做出关于批准上城区2000年财政决算的决议；听取和审议区政府关于开展法制宣传教育第四个五年规划的报告、区检察院关于开展惩治腐败打击经济犯罪情况的报告
二十七	2001年7月13日	人事任免
二十八	2001年7月24—25日	学习《杭州市预算监督条例》；审议《杭州市上城区人民代表大会常务委员会关于预算监督的若干规定（讨论稿）》；听取和审议区政府关于工业经济发展情况的报告；对杭州市上城区监察局局长、杭州市上城区人事局局长进行述职评议
二十九	2001年9月25—26日	学习《中华人民共和国教育法》；听取和审议区政府关于教育强区工作情况、区十一届人大四次会议代表议案、建议办理情况的报告；听取和审议区人大常委会办公室关于区十一届人大四次会议代表意见建议处理情况的报告、区法院关于审判改革情况的报告；审议通过《杭州市上城区人民代表大会常务委员会关于预算监督的若干规定》；人事任免
三十	2001年11月22日	听取和审议区政府关于2001年为民办实事情况、办理《杭州市上城区人民代表大会常务委员会第二十一次会议关于区政府预算外资金管理情况报告审议意见函》落实情况、调整上城区2001年度财政收支预算情况的报告，同意预算调整；对杭州市上城区房地产管理局局长、杭州市上城区对外贸易经济合作局局长进行述职评议；审议刘南辞去杭州市上城区副区长职务的报告
三十一	2002年1月17日	听取和审议区政府关于上城区2001年国民经济和社会发展计划、财政预算执行情况及2002年初步安排的汇报；通过区人大常委会2002年工作要点；审议通过关于召开区十一届人大五次会议的决定；人事任免
三十二	2002年2月8日	听取大会筹备工作的报告，通过区十一届人大五次会议代表资格审查报告、大会有关名单草案；审议刘志安请求辞去区十一届人大常委会副主任职务的报告
三十三	2002年4月24日	对杭州市上城区文化体育局局长、区法院民庭庭长和执行局局长进行述职评议；人事任免
三十四	2002年5月16日	人事任免；审议张鸣放请求辞去杭州市上城区区长职务的报告、主任会议关于建议由副区长徐祖尃代理区长职务的议案
三十五	2002年5月28日	学习《浙江省禁毒条例》；听取和审议区政府关于贯彻实施《浙江省禁毒条例》情况、2001年度财政预算执行及其他财政收支的审计工作、2001年财政决算草案的报告，做出关于批准上城区2001年财政决算的决议
三十六	2002年7月25日	听取和审议区政府关于2002年国民经济计划、财政预算上半年执行情况，社会卫生服务工作情况等报告；听取和审议区法院关于经济审判工作的报告；人事任免
三十七	2002年9月28日	听取和审议区政府关于区十一届人大五次会议代表意见建议办理情况、城市管理行政执法工作情况、社会保障工作情况等报告，区人大常委会办公室关于区十一届人大五次会议代表意见建议处理情况的报告，区检察院关于开展“严打”斗争情况的报告；审议韩国熹请求辞去杭州市上城区副区长职务的报告
三十八	2002年10月11日	审议通过《关于杭州市上城区人民代表大会换届选举的决定》和《关于建立杭州市上城区选举委员会的决定》

续表19-2-3

次别	时　间	主　要　内　容
三十九	2002年11月21日	听取和审议区政府关于2002年区政府为民办实事情况、调整区2002年度财政收支预算情况的报告，做出关于调整区2002年度财政收支预算的决定
四十	2002年12月27日	审议陈合达辞去区检察院检察长职务的报告、杨英英辞去区十一届人大常委会委员职务的报告；审议主任会议关于建议由副检察长高万洋代理区检察院检察长职务的议案
四十一	2003年1月14日	听取和审议区政府关于上城区2002年国民经济和社会发展计划、财政预算执行情况及2003年初步安排的汇报；讨论区人大常委会工作报告；人事任免；审议通过关于召开区十二届人大一次会议的决定
四十二	2003年2月26日	审议通过区十二届人民代表大会代表资格报告；听取关于召开区十二届人大一次会议筹备工作情况的报告，审议通过会议有关名单草案；讨论关于议案、代表建议和质询案的处理办法草案和区十一届人大常委会关于制定和实施依法治区第四个五年规划的议案草案，并决定提交人民代表大会审议；人事任免

说明：1.资料来源于杭州市上城区人民代表大会常务委员会办公室。2.区十一届人大常委会共召开42次会议

表19-2-4　2003—2007年杭州市上城区第十二届人大常委会会议情况表

次别	时　间	主　要　内　容
一	2003年3月28日	审议通过区人大常委会2003年工作要点，区人大常委会办事机构和工作机构工作职责规定；人事任免；审议通过关于设立区第十二届人大常委会代表资格审查委员会的决定、关于调整区人大常委会各工作委员会组成人员的决定
二	2003年4月17日	人事任免，决定任命新一届政府组成人员
三	2003年5月28—29日	专题学习《中华人民共和国传染病防治法》和《突发公共卫生事件应急条例》；听取审议区政府关于传染性非典型肺炎防治工作情况、区2002年度预算执行及其他财政收支的审计工作、区2002年财政决算（草案）、区第四个依法治区五年规划（2003—2007年）（草案）、街道区划调整方案等报告；审议主任会议关于实施上城区第四个依法治区五年规划的议案；审议通过《关于加强区人大代表联系选区及人民群众的若干意见（试行）》
四	2003年6月13日	人事任免
五	2003年7月29—30日	听取和审议区政府关于2003年国民经济计划、财政预算上半年执行情况，贯彻实施《中华人民共和国体育法》情况等报告；听取和审议区检察院关于开展预防职务犯罪工作的报告；人事任免
六	2003年9月25—26日	听取和审议区政府关于进一步深化社区建设的议案办理情况、区十二届人大一次会议代表意见建议办理情况、创建省级文明城区工作情况等报告，区人大常委会代表工委关于区十二届人大第一次会议代表意见建议处理情况的报告；审议个别区人大代表辞职事项；审议通过关于补选出缺的区十二届人大代表的决定、关于设立区人大常委会街道工作委员会的决定
七	2003年11月28日	学习《浙江省人口与计划生育条例》，听取和审议区政府关于该条例贯彻执行情况、2003年为民办实事项目实施情况等报告，区法院关于行政审判工作情况的报告；通过代表资格审查委员会关于补选代表的代表资格审查报告；人事任免
八	2003年12月5日	听取和审议区政府关于调整区2003年财政收支预算的报告，作出关于调整区2003年度财政收支预算的决定
九	2004年1月13日	听取和审议区政府关于上城区2003年国民经济和社会发展计划、财政预算执行情况及2004年初步安排的汇报；讨论区人大常委会工作报告稿；审议通过常委会2004年工作要点、关于召开区十二届人大二次会议的决定；审议蔡仲光辞去杭州市上城区副区长职务的报告

续表 19-2-4

次别	时间	主要内容
十	2004年2月6日	通过区十二届人大二次会议代表资格审查报告；听取关于召开区十二届人大二次会议筹备工作情况的报告；通过大会议程和有关名单草案，确定大会列席人员名单
十一	2004年3月30日	传达中华人民共和国第十届全国人民代表大会人大第二次会议精神；听取和审议区政府关于幼儿教育工作情况的报告，区法院关于立案工作情况的报告；人事任免
十二	2004年5月26日	学习《中华人民共和国宪法修正案》；听取和审议区政府关于上城区2003年度预算执行及其他财政收支的审计工作、区2003年财政决算（草案）等报告，批准上城区2003年财政决算；听取和审议区检察院关于实行主诉检察官制度情况的报告；审议通过关于补选出缺的区十二届人大代表的决定；人事任免
十三	2004年7月16日	听取和审议区检察院关于提请许可逮捕区人大代表叶伟明的报告
十四	2004年7月30日	学习《杭州市城市房屋拆迁管理条例》；听取和审议区政府关于上城区2004年度国民经济计划、财政预算上半年执行情况的报告，关于《杭州市城市房屋拆迁管理条例》贯彻执行情况的报告；通过补选代表的代表资格审查报告；人事任免
十五	2004年8月19日	人事任免
十六	2004年9月22—23日	对杭州市上城区城市管理行政执法局局长、杭州市上城区民政局局长进行述职评议；听取和审议区政府《关于推进上城区生态区建设的议案》办理情况、区十二届人大二次会议代表意见建议办理情况的报告，区人大常委会代表工委关于区十二届人大二次会议代表意见建议处理情况的报告；接受方毅辞去区十二届人大常委会委员职务；审议通过关于批准《上城区“全国科技进步示范区”建设与发展规划（2004—2008年）》的决定
十七	2004年10月22日	人事任免
十八	2004年11月23日	对杭州市上城区劳动和社会保障局局长、杭州市上城区卫生局局长进行述职评议；听取和审议区政府关于2004年为民办实事实施情况、落实区十二届人大常委会第十六次会议有关“生态区”议案办理情况审议意见、上城生态区建设规划及其编制说明等报告，通过关于《推进上城区生态区建设的议案》办理情况的审议结果报告；选举1名杭州市第十届人民代表大会代表
十九	2004年12月27日	听取和审议区政府关于调整区2004年财政收支预算的报告，同意调整区2004年财政收支预算；通过关于召开杭州市上城区第十二届人民代表大会第三次会议的决定；人事任免
二十	2005年1月21日	听取和审议区政府关于上城区2004年国民经济和社会发展计划、财政预算执行情况及2005年初步安排的汇报；听取关于召开区十二届人大三次会议筹备工作情况的报告，通过会议代表资格审查报告、议程草案和有关名单草案，确定会议列席人员名单；讨论区人大常委会工作报告稿，通过常委会2005年工作要点
二十一	2005年3月7日	听取和审议区检察院关于提请对区十二届人大代表吴建华采取强制措施的报告
二十二	2005年3月29日	传达中华人民共和国第十届全国人民代表大会第三次会议精神；听取和审议区政府关于贯彻执行《杭州市中小学校学生伤害事故处理条例》情况的报告，区法院关于执行工作情况的报告；审议区法院关于确定区人民法院陪审员名额的报告；人事任免
二十三	2005年5月25日	学习《杭州市城市市容和环境卫生管理条例（修订案）》，并听取和审议区政府贯彻执行该条例情况的报告；听取和审议区政府关于上城区2004年度预算执行及其他财政收支的审计工作、2004年财政决算（草案）的报告，做出关于批准上城区2004年财政决算的决议；人事任免

续表19-2-4

次别	时　　间	主　　要　　内　　容
二十四	2005年7月27—28日	听取和审议区政府关于上城区2005年度国民经济计划、财政预算上半年执行情况的报告；对杭州市上城区司法局局长、杭州市上城区人口和计划生育局局长、杭州市上城区审计局局长进行述职评议
二十五	2005年9月29日	听取和审议区政府关于《加快湖滨地区旧城保护步伐的议案》办理情况、区十二届人大三次会议代表意见建议办理情况、预算外资金管理情况等报告，区人大常委会代表工委关于区十二届人大三次会议代表建议处理情况的报告，通过关于加快湖滨地区旧城保护步伐议案办理情况的审议结果报告；人事任免
二十六	2005年11月25日	学习《浙江省各级人民代表大会常务委员会监督司法机关工作条例》；听取和审议区政府关于2005年为民办实事实施情况、《上城区"全国科技进步示范区"建设与发展规划（2004年—2008年）》实施情况的报告，区检察院关于民事行政检察工作情况的报告；人事任免
二十七	2005年12月23日	听取和审议区政府关于调整区2005年财政收支预算的报告，同意调整区2005年财政收支预算；通过关于召开区十二届人大四次会议的决定；人事任免
二十八	2006年1月13日	听取和审议区政府关于上城区2005年国民经济和社会发展计划、财政预算执行情况及2006年初步安排的汇报；听取关于召开区十二届人大四次会议筹备工作情况的报告，通过会议代表资格审查报告、议程草案和有关名单草案，确定会议列席人员名单；讨论区人大常委会工作报告稿，通过常委会2006年工作要点
二十九	2006年3月23日	传达中华人民共和国第十届全国人民代表大会第四次会议精神；听取和审议区政府关于《杭州市全民健身条例》贯彻执行情况的报告，区检察院关于依法开展侦查监督工作的报告；人事任免
三十	2006年4月30日	人事任免
三十一	2006年5月30—31日	学习《财政违法行为处罚处分条例》；听取和审议区政府关于上城区2005年度预算执行及其他财政收支的审计工作、2005年财政决算（草案）的报告、关于《中华人民共和国科学技术普及法》贯彻执行情况的报告，批准上城区2005年财政决算；听取和审议区法院关于速裁工作的报告；根据主任会议提请，通过关于加强法制宣传教育的决议；人事任免
三十二	2006年7月27—28日	听取和审议区政府关于上城区2006年度国民经济计划、财政预算上半年执行情况的报告；对杭州市上城区副区长黄爱芳，杭州市上城区教育局局长、杭州市上城区区商贸旅游局局长进行述职评议，并对杭州市公安局上城区分局局长等16位书面述职干部进行评议和民主测评
三十三	2006年9月27日	听取和审议区政府关于加快构建和谐社区的议案办理情况、老房子危旧房修缮保护情况、区十二届人大四次会议代表意见建议办理情况等报告；听取区人大常委会代表工委关于区十二届人大四次会议代表建议处理情况的报告；人事任免；审议通过关于区人民代表大会换届选举的决定和建立区选举委员会的决定；审议通过区人大常委会组成人员守则等7项人大常委会工作制度
三十四	2006年11月28日	听取和审议区政府关于2006年为民办实事项目实施情况的报告
三十五	2006年12月12日	人事任免；审议徐祖萼辞去杭州市上城区区长职务、朱云夫辞去杭州市上城区副区长职务、葛成富辞去区法院院长职务、高万洋辞去区检察院检察长职务等报告；根据主任会议提请，决定由杭州市上城区副区长陈红英代理区长职务、区法院副院长施金良代理院长职务、区检察院副检察长李森红代理检察长职务
三十六	2007年1月5日	听取和审议区政府关于2006年国民经济和社会发展计划、财政预算执行情况及2007年初步安排的汇报；通过区十三届人民代表大会代表资格审查报告；通过关于召开区十三届人大一次会议的决定；人事任免
三十七	2007年1月23日	听取区十三届人大一次会议筹备工作情况的报告；通过区十三届人大一次会议各项建议名单草案及有关提请事项；讨论区十二届人大常委会工作报告稿；人事任免

说明：1.资料来源于杭州市上城区人民代表大会常务委员会办公室。2.区十二届人大常委会共召开37次会议

表 19-2-5　2007—2012 年杭州市上城区第十三届人大常委会会议情况表

次别	时　间	主　要　内　容
一	2007 年 3 月 16 日	通过关于设立杭州市上城区第十三届人民代表大会常务委员会代表资格审查委员会的决定、关于调整区人大常委会各工作委员会组成人员的决定；通过区人大常委会 2007 年工作要点，区人大常委会办事机构和工作机构工作职责的规定；人事任免
二	2007 年 4 月 25 日	通过上城区人大常委会关于加强自身建设的决定；根据区法院的提请，做出关于增加人民陪审员名额的决定；任命新一届政府组成人员
三	2007 年 5 月 30 日	听取和审议区政府关于上城区 2006 年度预算执行及其他财政收支的审计工作、2006 年财政决算（草案）的报告，做出关于批准上城区 2006 年财政决算的决议；听取和审议区法院关于民商事审判质量情况的报告
四	2007 年 7 月 26 日	学习城市建设、财政经济业务知识；听取和审议区政府关于上城区 2007 年度国民经济计划、财政预算上半年执行情况、贯彻实施《中华人民共和国义务教育法》情况等报告；人事任免
五	2007 年 9 月 26 日	听取和审议区政府关于加快接轨钱江新城建设发展议案办理情况、区十二届人大五次会议代表意见建议办理情况等报告；听取区人大常委会代表工委关于区十二届人大五次会议代表建议处理情况的报告；听取和审议区检察院关于开展治理商业贿赂专项工作情况的报告；根据区法院提请，作出关于增加区法院人民陪审员名额的决定；审议个别区人大代表辞职事项；根据主任会议提请，做出关于补选出缺的区十三届人大代表的决定；人事任免
六	2007 年 11 月 22 日	听取和审议区政府关于 2007 年为民办实事实施情况、《中华人民共和国母婴保健法》贯彻实施情况等报告；通过关于补选代表的代表资格审查报告；审议通过关于加快接轨钱江新城建设发展议案办理情况的审议结果报告、关于监督事项向社会公开的暂行规定
七	2007 年 12 月 26 日	通过关于召开杭州市上城区第十三届人民代表大会第二次会议的决定；部分上城地区市人大代表向区人大常委会述职
八	2008 年 1 月 11 日	听取和审议区政府关于 2007 年国民经济和社会发展计划、财政预算执行情况及 2008 年初步安排的汇报；通过关于接受吴立根辞去代表职务的决定、关于区十三届人大二次会议代表资格审查报告；听取区十三届人大二次会议筹备工作情况的报告，通过会议各项建议名单草案及有关提请事项，确定列席会议人员名单；讨论区人大常委会工作报告稿，通过 2008 年常委会工作要点；人事任免
九	2008 年 4 月 7 日	学习《中华人民共和国劳动合同法》和中华人民共和国第十一届全国人民代表大会第一次会议精神；做出关于制定上城区第五个依法治区规划（2008—2010 年）的决议；审议通过关于人大代表约见国家机关负责人暂行办法；人事任免
十	2008 年 5 月 30 日	作出关于实施上城区第五个依法治区（2008—2010 年）规划的决议；听取和审议区政府关于区“三小”行业食品安全工作情况的报告；根据区检察院报告，做出许可逮捕和暂时停止李国庆执行上城区十三届人大代表职务的决定；人事任免
十一	2008 年 7 月 24 日	听取和审议区政府关于 2007 年度财政决算（草案）和 2008 年财政预算上半年执行情况的报告、关于 2007 年度财政预算执行及其他财政收支情况的审计工作报告、关于 2008 年国民经济计划上半年执行情况的报告，做出关于批准上城区 2007 年财政决算的决议；听取和审议区政府关于《中华人民共和国安全生产法》贯彻执行情况（建设工程方面）的报告及人大执法检查报告；审议通过关于实施《浙江省各级人民代表大会常常务委员会规范性文件备案审查规定》办法

续表 19-2-5

次别	时间	主要内容
十二	2008年9月26日	听取和审议区政府关于区十二届人大五次会议代表意见建议办理情况、“双零工程”实施情况等报告，区法院关于落实“三项承诺”情况的报告；听取区人大常委会代表工委关于区十二届人大五次会议代表建议处理情况的报告；审议通过关于发挥代表作用推进实事工程的暂行规定、关于对杭州市上城区教育局、杭州市上城区人民政府城市管理办公室进行工作评议的实施意见；审议个别区人大常委会委员和人大代表辞职事项；根据主任会议提请，做出补选出缺的区十三届人大代表的决定
十三	2008年11月28日	听取和审议区政府关于2008年区政府为民办实事项目实施情况的报告；对杭州市上城区教育局、杭州市上城区人民政府城市管理办公室进行工作评议；根据区政府的报告，做出关于调整区2008年度财政收支预算的决定；审议个别区人大代表辞职事宜；通过关于补选代表的资格审查报告；人事任免
十四	2009年2月10日	审议通过关于召开杭州市上城区第十三届人民代表大会第三次会议的决定；听取和审议区政府关于《上城区“全国科技进步示范区”建设与发展规划2004—2008年）》实施情况的报告
十五	2009年2月2日	听取和审议区政府关于2008年国民经济和社会发展计划、财政预算执行情况及2009年初步安排的汇报；通过关于区十三届人大三次会议代表资格审查报告；听取区十三届人大三次会议筹备工作情况的报告，通过会议各项建议名单草案及有关提请事项，确定列席会议人员名单；讨论区人大常委会工作报告稿，通过2009年常委会工作要点；讨论并决定向区十三届人大三次会议提交关于深入推进“具有国际水准的高品质中心城区”战略目标实施的议案
十六	2009年3月26日	学习《浙江省各级人民代表大会常务委员会监督条例》；听取和审议区检察院关于未成年人犯罪检察工作的报告；人事任免
十七	2009年4月27日	根据杭州市人民检察院报告，做出关于许可逮捕区人大代表葛相校的决定
十八	2009年5月27日	听取和审议区政府委关于上城区“十一五”规划纲要实施中期评估报告的说明、促进就业再就业工作情况报告
十九	2009年6月11日	审议个别市人大代表辞职事宜
二十	2009年7月29日	听取和审议区政府关于2008年度财政决算（草案）和2009年财政预算上半年执行情况的报告、关于2008年度财政预算执行及其他财政收支情况的审计工作报告、关于2009年国民经济计划上半年执行情况的报告，做出关于批准上城区2008年财政决算的决议；听取和审议区政府关于上城区社区卫生服务改革发展情况的报告、区人大常委会执法检查组关于区环境保护执法检查情况的报告；审议通过关于财政预算监督的办法、关于公民旁听区人民代表大会会议和区人大常委会会议的试行办法，审议意见办理工作若干规定等三项工作制度；审议个别人大代表辞职事宜；人事任免
二十一	2009年9月27日	听取和审议区政府关于区十三届人大三次会议代表意见建议办理情况、拆迁安置房建设管理情况的报告，听取区人大常委会代表工委关于区十三届人大三次会议代表建议处理情况的报告；做出关于增加区法院人民陪审员名额的决定；审议通过上城区“人大代表进社区”接待选民与群众工作规则
二十二	2009年11月30日	对杭州市上城区民政局、杭州市上城区科学技术局工作进行评议；听取和审议区政府关于2009年政府为民办实事项目实施情况、全面推进“决战望江”三年行动计划的议案办理情况等报告
二十三	2010年1月8日	听取和审议区政府关于“建设具有国际水准的高品质中心城区”战略目标实施情况的报告；通过关于召开杭州市上城区第十三届人民代表大会第四次会议的决定；补选杭州市第十一届人民代表大会代表

续表 19-2-5

次别	时　　间	主　要　内　容
二十四	2010年2月2日	听取和审议区政府关于2009年国民经济和社会发展计划、财政预算执行情况及2010年初步安排的汇报；通过关于区十三届人大四次会议代表资格审查报告；听取区十三届人大四次会议筹备工作情况的报告，通过会议各项建议名单草案及有关提请事项，确定列席会议人员名单；讨论区人大常委会工作报告稿，通过2010年常委会工作要点
二十五	2010年3月18日	学习中华人民共和国第十一届全国人民代表大会第三次会议精神、《杭州市居住区配套设施建设管理条例》
二十六	2010年5月28日	会议听取和审议区政府关于区安置房建设和使用管理平台运作情况、区建设资金集中管理工作情况等报告，区法院关于刑事审判工作情况的报告；任命36名区法院人民陪审员
二十七	2010年7月27日	听取和审议区政府关于2009年度财政决算（草案）和2010年财政预算上半年执行情况的报告、关于2009年度财政预算执行及其他财政收支情况的审计工作报告、关于2010年国民经济计划上半年执行情况的报告，杭州市上城区司法局、杭州市上城区劳动和社会保障局2009年部门预算执行情况的报告，做出关于批准上城区2009年财政决算的决议；听取和审议区政府关于社会化养老事业发展情况的报告，杭州市上城区民政局关于区人大常委会评议意见落实情况的报告（书面），并进行满意度测评；人事任免；审议陈红英请求辞去杭州市上城区区长职务的报告；根据主任会议建议，决定由杭州市上城区副区长缪承潮代理区长职务
二十八	2010年9月28日	学习《杭州市物业管理条例》以及杭州市旧小区物业管理改善工作的政策；听取和审议区政府关于十三届人大四次会议代表建议办理情况、住宅小区物业管理改善三年计划实施情况的报告，听取和审议区人大常委会代表工委关于区十三届人大四次会议代表建议处理情况的报告；听取和审议常委会执法检查组关于区贯彻执行《中华人民共和国安全生产法》情况的检查报告；通过关于对杭州市上城区司法局、杭州市上城区卫生局进行工作评议的实施意见；人事任免
二十九	2010年11月2日	人事任免
三十	2010年11月30日	对杭州市上城区司法局、杭州市上城区卫生局进行工作评议；听取和审议区政府关于2010年为民办实事项目实施情况的报告；根据区政府报告，作出关于调整区2010年度财政收支预算的决定、关于批准《杭州市上城区“省级可持续发展实验区”建设规划（2011—2015年）》的决定；根据主任会议建议，做出关于补选出缺的区十三届人大代表的决定、关于召开杭州市上城区第十三届人民代表大会第五次会议的决定；审议通过关于讨论决定重大事项的规定、关于开展工作评议的实施办法
三十一	2010年12月30日	听取区政府《关于编制上城区国民经济和社会发展第十二个五年规划纲要的说明》，同意将纲要草案提交区十三届人大五次会议审查；听取和审议区政府关于2010年国民经济和社会发展计划、财政预算执行情况及2011年初步安排的汇报；通过补选代表的代表资格审查报告、区十三届人大五次会议代表资格审查报告；听取区十三届人大五次会议筹备工作情况的报告，通过会议各项建议名单草案及有关提请事项，确定列席会议人员名单；讨论区人大常委会工作报告稿，审议通过2011年常委会工作要点；人事任免
三十二	2011年3月28日	学习《中华人民共和国选举法》；传达中华人民共和国第十一届全国人民代表大会第四次会议精神；根据主任会议建议，做出关于制定上城区第六个法制宣传教育和依法治区五年（2011—2015年）规划的决议；人事任免
三十三	2011年5月19日	听取和审议区政府关于推进残疾人事业发展情况的报告；根据区政府报告，做出关于实施上城区第六个法制宣传教育和依法治区五年规划（2011—2015年）的决议；审议袁建祥请求辞去杭州市上城区副区长职务的报告；人事任免

续表 19-2-5

次别	时　间	主　要　内　容
三十四	2011年7月13日	听取和审议区政府关于上城区2010年财政决算（草案）和2011年上半年财政预算执行情况、2010年度财政预算执行情况和其他财政收支情况的审计工作报告、2011年国民经济计划上半年执行情况的报告，杭州市上城区统计局、杭州市上城区人民政府城市管理办公室2010年部门预算执行情况的报告，做出批准上城区2010年财政决算的决议；听取和审议区检察院关于贯彻执行《浙江省人大常委会关于加强检察机关法律监督工作的决定》情况的报告；审议个别区人大代表辞职事项；人事任免
三十五	2011年9月29日	审议通过关于杭州市上城区人民代表大会换届选举的决定、关于设立杭州市上城区选举委员会的决定；听取和审议区政府关于要求加快望江地区建设改造议案的办理情况、区十三届人大五次会议代表建议办理情况报告，听取区人大常委会代表工委关于区十三届人大五次会议代表意见、建议处理情况的报告，对代表建议办理工作进行专题询问
三十六	2011年11月29日	听取和审议区政府关于2011年为民办实事项目实施情况的报告，区人大常委会执法检查组关于区贯彻执行《中华人民共和国消防法》情况的检查报告；审议通过《杭州市上城区人民代表大会常务委员会询问和质询办法》；决定废止关于"一府两院"应提请审议的重大事项和应通报的重要情况及决议、决定、审议意见办理情况反馈的暂行规定，冤案错案责任追究监督办法等两项制度；人事任免
三十七	2011年12月27日	审议通过区十四届人民代表大会代表资格审查报告；通过关于召开杭州市上城区十四届人民代表大会第一次会议的决定
三十八	2012年1月18日	听取和审议区政府关于上城区2011年国民经济和社会发展计划、财政预算执行情况及2012年初步安排的汇报；讨论区人大常委会工作报告；人事任免；听取关于召开区十四届人民代表大会一次会议筹备工作情况的报告，审议通过会议有关名单草案；讨论关于议案、代表建议和质询案的处理办法（草案）

说明：1.资料来源于杭州市上城区人民代表大会常务委员会办公室。2.区十三届人大常委会共召开38次会议

表 19-2-6　2012—2015年杭州市上城区第十四届人大常委会会议情况表

次别	时　间	主　要　内　容
一	2012年3月28日	学习人民代表大会制度和中华人民共和国第十一届全国人民代表大会第五次会议精神；人事任免；审议通过关于调整区人大常委会各工作委员会组成人员的决定，区人大常委会办事机构和工作机构工作职责的规定，区人大常委会2012年工作要点
二	2012年4月18日	任命新一届政府组成人员
三	2012年5月29日	听取和审议区政府关于"四改"工程及其"回头看"工作情况的报告，并进行专题询问；听取和审议区法院关于"阳光司法"工作开展情况的报告；人事任免
四	2012年6月27日	根据区政府的报告，决定批准《杭州市上城区国家可持续发展实验区建设规划（2012—2016年）》
五	2012年7月27日	听取和审议区政府关于2011年度财政预算执行及其他财政收支情况的审计工作、2011年度财政决算（草案）和2012年财政预算上半年执行情况、2012年国民经济计划上半年执行情况、楼宇招商工作等报告，做出批准2011年财政决算的决议；审议通过关于在区人大代表中开展"创东方品质体验区、建幸福和谐示范区、尽人大代表职责"活动的决定，关于设立杭州市上城区第十四届人民代表大会常务委员会代表资格审查委员会的决定；人事任免

续表19-2-6

次别	时　间	主　要　内　容
六	2012年9月29日	听取和审议区政府关于区十四届人大一次会议代表意见、建议办理情况，抓住文化发展机遇推动上城文化大繁荣议案办理情况，食品安全工作情况等报告；听取区人大常委会代表工委关于区十四届人大一次会议代表意见、建议处理情况的报告；根据主任会议提议，做出补选3名区十四届人民代表大会代表的决定；人事任免
七	2012年11月29日	对杭州市上城区住房和城市建设局、杭州市上城区文化广电新闻出版局（杭州市上城区体育局）开展工作评议；听取和审议区政府2012年为民办实事项目实施情况的报告；审议通过关于选举代表的代表资格审查报告；做出关于召开杭州市上城区第十四届人民代表大会第二次会议的决定
八	2013年1月11日	听取和审议区政府关于2012年国民经济和社会发展计划、财政预算执行情况和2013年初步安排的汇报；讨论区人大常委会工作报告稿，审议通过2013年常委会工作要点；讨论决定提交关于推进“美丽上城”建设的议案；审议通过区十四届人大二次会议代表资格审查报告；听取和审议区十四届人大二次会议筹备工作情况报告，通过各项建议名单及有关提请事项，确定列席人员名单；人事任免
九	2013年2月27日	人事任免；审议金水根、章琪请求辞去区十四届人大常委会委员职务的报告
十	2013年3月29日	学习中华人民共和国第十二届全国人民代表大会第一次会议精神；审议通过关于调整杭州市上城区第十四届人民代表大会常务委员会代表资格审查委员会组成人员的决定；赴江干区人大学习主题监督工作经验
十一	2013年5月24日	听取和审议区政府关于“无证餐饮”专项整治工作情况、“两非”车辆整治工作情况、“四改”工程“回头看”审议意见落实情况等报告，并专题询问“无证餐饮”整治工作；人事任免
十二	2013年7月1日	决定任命陈瑾为杭州市上城区副区长、接受缪承潮辞去杭州市上城区区长职务；决定由杭州市上城区副区长陈瑾代理杭州市上城区区长职务。
十三	2013年7月29日	听取和审议区政府关于2012年度财政决算（草案）和2013年财政预算上半年执行情况、2012年度财政预算执行及其他财政支出的审计工作、2013年国民经济计划上半年执行情况等报告，批准2012年财政决算；听取和审议区检察院关于贯彻实施修改后刑诉法情况的报告；人事任免
十四	2013年9月29日	听取和审议区政府关于区十四届人大二次会议代表意见、建议办理情况、推进“美丽上城”建设议案办理情况、《上城区生态文明建设三年行动计划（2012-2014年）》实施情况等报告，《上城区国民经济和社会发展第十二个五年规划纲要》实施中期评估报告及其说明；听取区人大常委会代表工委关于区十四届人大二次会议代表意见、建议处理情况的报告；审议个别区人大代表辞职事项，做出关于补选出缺的区十四届人大代表的决定；人事任免
十五	2013年11月29日	对杭州市上城区人力资源和社会保障局开展工作评议；听取和审议区政府关于2013年为民办实事项目实施情况的报告；审议通过关于政府重大投资项目监督办法、关于选举代表的代表资格审查报告；做出关于召开杭州市上城区第十四届人民代表大会第三次会议的决定；补选1名杭州市第十二届人民代表大会代表；人事任免
十六	2014年1月10日	听取和审议区政府关于2013年国民经济和社会发展计划、财政预算执行情况和2014年初步安排的汇报；批准关于上城区2014年政府重大投资项目建设计划；讨论区人大常委会工作报告稿；审议通过2014年常委会工作要点，区十四届人大三次会议代表资格审查报告；听取和审议区十四届人大三次会议筹备工作情况报告，确定列席人员名单，通过各项建议名单及有关提请事项
十七	2014年3月27日	专题学习《中华人民共和国义务教育法》；根据区法院的报告，作出关于增加人民陪审员名额的决定；人事任免

续表19-2-6

次别	时　间	主　要　内　容
十八	2014年5月29日	听取和审议区政府关于水环境整治工作的报告，并进行专题询问；审议通过关于促进全面深化重点领域改革的决定；审议通过对区法院部分法官开展履职评议的工作方案；审议个别区人大代表辞职事宜；人事任免
十九	2014年7月29—30日	听取和审议区政府关于2013年度财政决算（草案）和2014年财政预算上半年执行情况、2013年度财政预算执行及其他财政支出的审计工作、2014年国民经济计划上半年执行情况、2014年重大投资项目计划执行情况、公共停车场库建设管理情况等报告，杭州市上城区民政局、杭州市上城区残疾人联合会2013年度部门决算（草案）的报告，批准2013年财政决算；部分杭州市人大代表述职评议；人事任免
二十	2014年9月30日	听取和审议区政府关于区十四届人大三次会议代表建议办理情况、食品安全管理体制调整和监管情况等报告；听取区人大常委会代表工委关于区十四届人大三次会议代表建议处理情况的报告；开展法官履职评议；根据区法院的提请，做出关于许可拘留区人大代表沈洪涛的决定；根据主任会议的提议，做出关于补选出缺的区十四届人大代表的决定；人事任免
二十一	2014年12月16日	听取和审议区政府2014年为民办实事项目实施情况的报告；对杭州市上城区卫生和计划生育局、杭州市上城区城市管理局开展工作评议；审议通过区人大常委会议事规则修订案、关于选举代表的代表资格审查报告；审议个别区人大常委会委员、区人大代表、市人大代表辞职事宜；根据主任会议的提议，做出关于补选出缺的区人大代表的决定；通过关于召开杭州市上城区第十四届人民代表大会第四次会议的决定；补选2名杭州市第十二届人民代表大会代表；人事任免
二十二	2015年1月16日	听取和审议区政府关于上城区2014年国民经济和社会发展计划、财政预算执行情况及2015年初步安排的汇报；讨论区人大常委会工作报告稿；审议通过2015年常委会工作要点、关于补选代表的代表资格审查报告、区十四届人大四次会议代表资格审查报告；听取关于召开杭州市上城区第十四届人民代表大会第四次会议筹备工作情况的报告，确定列席人员名单，通过大会议程草案、议案截止时间决定草案和有关建议名单草案；审议王国民请求辞去区十四届人大常委会副主任职务的报告；人事任免
二十三	2015年3月31日	学习新修订的《中华人民共和国预算法》；听取和审议2014年政府重大投资项目计划执行情况和2015年新增项目计划（草案）、2015年新增建设项目征收任务安排情况等报告，做出关于批准2015年政府新增重大投资项目计划的决定、关于同意增加2015年建设项目征收工作任务的决定；根据主任会议的提请，做出关于调整区十四届人大常委会代表资格审查委员会组成人员的决定；选举1名杭州市第十二届人民代表大会代表；人事任免
二十四	2015年5月29日	听取和审议区政府关于国家可持续发展实验区建设规划（2012—2016年）实施情况、围绕“上改六条”推进经济转型升级情况等报告；人事任免
二十五	2015年7月31日	听取和审议区政府关于2014年度财政决算（草案）和2015年财政预算上半年执行情况、2014年度财政预算执行及其他财政支出的审计工作报告、2015年国民经济计划上半年执行情况等报告，杭州市国土资源局上城区分局2014年度部门决算（草案）的报告，审议杭州市上城区司法局、杭州市上城区风景旅游局、杭州市上城区安全生产监督管理局2014年度部门决算（草案）的报告（书面），做出关于批准2014年财政决算的决议；对区检察院部分检察官开展履职评议；审议个别区人大代表辞职报告；人事任免

续表 19-2-6

次别	时间	主要内容
二十六	2015年9月28日	学习《中华人民共和国安全生产法》；听取和审议区政府关于区十四届人大四次会议代表建议办理情况的报告，听取区人大常委会代表工委关于区十四届人大四次会议代表建议处理情况的报告；听取和审议区人大常委会执法检查组关于区贯彻执行《中华人民共和国安全生产法》情况的检查报告，对区政府贯彻执行安全生产法情况进行专题询问；人事任免
二十七	2015年11月30日	对杭州市上城区商务局、杭州市上城区风景旅游局开展工作评议；听取和审议区政府关于2015年政府为民办实事项目实施情况的报告；根据政府工作报告，做出关于同意增加2015年建设项目征收工作任务的决定、关于调整区2015年度财政预算支出预算的决定；通过关于召开杭州市上城区第十四届人民代表大会第五次会议的决定；听取代表资格审查委员会关于林宗发代表资格自然终止的报告；人事任免
二十八	2015年12月30日	审议个别区人大常委会委员、代表辞职事宜；根据主任会议提议，做出关于补选出缺的区十四届人大代表的决定；人事任免

说明：1.资料来源于杭州市上城区人民代表大会常务委员会办公室。2.区十四届人大常委会共召开过28次会议

第三节　人大常委会主任会议[①]

1993—1998年，区十届人大常委会主任会议成员为吴士栋、王银川、鲍世甲、唐世兴、傅美珍，召开会议120次。

1998—2003年，区十一届人大常委会主任会议成员为沈国友、傅美珍、刘志安、王朗晨、陈小玲，召开会议128次。2002年，区人大常委会主任会议研究决定，在全区开展评选先进代表小组和代表工作积极分子活动，总结表彰区人大代表在开展代表小组活动和依法履行代表职责中取得的成绩。

2003—2007年，区十二届人大常委会主任会议成员为沈国友、叶洪泉、王朗晨、陈小玲、王文成、李静，召开会议117次。区人大常委会主任会议先后听取区政府“建设旅游休闲商务区，打造杭州RBD”战略实施、公安队伍建设、卫生和房管事业单位改革、文化市场管理、竞技体育、区小型建设工程管理、旧城改造和回迁户安置落实、招商引资、打击经济犯罪、口腔医院改革、生态区建设、公安基层群防工作、预算外资金管理使用等23项工作情况，以及《中华人民共和国义务教育法》《中华人民共和国中小企业促进法》等法律贯彻实施情况的汇报。2003年5月16日，区十二届人大常委会第十次主任会议听取区政府关于街道区划调整方案的汇报，要求区政府严格按规定程序上报审批，确保街道区划调整工作顺利平稳进行。7月16日，区十二届人大常委会第十五次主任会议听取区政府关

① 1988年7月20日，区八届人大常委会第十次会议通过《杭州市上城区人大常委会主任会议制度》，规定会议由区人大常委会主任或受区人大常委会主任委托的区人大常委会副主任主持，原则上每2周举行1次，根据工作需要可临时召开。区人大常委会主任会议主要为区人大常委会会议作准备，处理区人大常委会日常工作，或听取“一府两院”的专项工作汇报。区人大常委会主任会议研究确定区人大常委会年度例会议题安排，讨论提出各次区人大常委会会议召开时间、提请区人大常委会审议内容，区人大常委会工作机构和办事机构的人事任免议案等；研究“一府两院”提请区人大常委会人事任免事项，代表议案建议重点督办事项，代表活动日、代表学习培训、政情通报会等日常工作；研究执法检查、专项工作视察等活动安排。根据会议内容需要，可吸收区人大常委会委员、各办事机构人员、区人大代表和“一府两院”有关人员列席会议。

于社区规模调整工作情况的汇报，并建议尽快制定社区配套用房管理办法。2005年5月13日，区十二届人大常委会第七十六次主任会议听取区政府落实区人大常委会会议对幼儿教育工作审议意见情况汇报。经过督促落实，街道办幼儿园教师的基本养老统筹问题得到妥善解决。

2007—2012年，区十三届人大常委会主任会议成员为丁晓芳、叶洪泉、高万洋、王文成、李静、王国民、韦云，召开会议101次。2007年1月，《中华人民共和国各级人民代表大会常务委员会监督法》实施，规定“常委会组成人员在会上对专项工作报告的审议意见，要交区政府、区法院、区检察院研究处理。”区人大常委会会议对专项工作报告的审议意见，由区人大常委会主任会议研究后反馈“一府两院”。区十三届人大常委会主任会议先后听取生态区建设、都市型工业发展、食品安全、教育管理体制改革、“优生优育优教”工作、财政专项转移资金监管使用、禁毒、“全国科技进步示范区”建设、数字城管、依法治理文体市场、第三届社区居民委员会换届选举等49项工作。2007年8月3日，区十三届人大常委会第十一次主任会议专题听取区政府危旧房改善工作的情况汇报，会前实地察看中山中路312号、王文韶学士府、马市街17号、十五奎巷元宝心等危旧房改善项目。会议要求区政府及有关职能部门及时总结经验，认真剖析问题，找准破解切入点，采取有效措施，打好危旧房改善工程攻坚战。

2012—2015年，区十四届人大常委会主任会议成员为丁晓芳、顾文友、李静、王国民（至2015年1月）、韦云、沈民（自2015年1月起）、顾敏达、朱荷芳，召开会议93次，先后听取国家级可持续发展实验区实施、“智慧城区”建设、教育现代化、卫生体制改革、金融业发展、税收征管、国有资产运营、“三改一拆”、城市管理体制和工作机制运行审计报告提出的整改建议落实、诉调对接、社会组织建设、“无证无照餐饮”专项整治、社会治安防控体系建设、劳动就业、生态文明建设三年行动计划实施、“医养护一体化”、“六五”普法迎检准备、行政复议及规范性文件报备、行政审批体制改革、司法改革、政府负债及政府平台大额融资等61项工作汇报。2012年2月29日，区十四届人大常委会第一次主任会议研究明确区人大常委会主任、副主任的工作分工，讨论各工作委员会组成人员的安排、各办事机构和工作机构的工作职责，提出区人大常委会年度工作要点草案及监督工作计划。9月21日，区十四届人大常委会第十三次主任会议讨论通过《开展2013年参与式预算监督工作的实施方案》，启动首次参与式预算监督。2015年11月12日，区十四届人大常委会第八十九次主任会议听取区政府国民经济和社会发展“十三五”规划纲要编制情况的汇报，就做好“十三五”规划纲要编制工作提出建议。

1993—2015年，区人大常委会共召开主任会议560次。

第三章　人大机构

1980年6月，杭州市上城区第六届人民代表大会第一次会议选举产生杭州市上城区人民代表大会常务委员会，由主任、副主任和委员组成，作为杭州市上城区人民代表大会的常设机构。区六届人大常委会设办公室，为其日常工作机构。区八届人大常委会起，先后设立城建城管、教科文卫、法制工作、财政经济4个工作委员会为工作机构。区人大常委会作为区人大的常设机构，依法行使决定权、任免权和监督权，为发挥地方国家权力机关的职能作用提供重要保证。2004年末，全区6个街道均成立区人大常委会街道工作委员会，负责协助区人大常委会开展监督等工作。至2015年，区人大常委会设办公室、法制和内务司法工作委员会、财政经济工作委员会、城建城管工作委员会、教育科学文化卫生和民族宗教华侨工作委员会、代表工作委员会6个工作机构。

第一节　区人大常委会[①]

一、区十届人大常委会

1993年3月，杭州市上城区第十届人民代表大会第一次会议召开，选举产生主任1人、副主任4人、委员14人。

区十届人大四次会议通过同意吴士栋辞去区人大常委会主任职务、王银川和鲍世甲辞去区人大常委会副主任职务的决定，并补选产生区十届人大常委会主任徐松林，副主任沈国友、韩国熹。区十届人大常委会第二十二次、第二十五次会议分别做出接受丁晓芳、胡文炳辞去区人大常委会委员职务的决定。区十届人大常委会第三十八次会议做出接受徐松林辞去区人大常委会主任职务，副主任沈国友代理区人大常委会主任职务的决定。

① 1980年6月，杭州市上城区第六届人民代表大会第一次会议首次选举产生杭州市上城区人民代表大会常务委员会。每一届区人大常委会组成人员的人数，根据《中华人民共和国地方各级人民代表大会和地方各级人民政府组织法》规定，由浙江省人民代表大会常务委员会批准确定。每一届区人大常委会组成人员均在区人大一次会议上通过差额选举产生；届中如有调整，向区人大及其常委会请辞，由区人大会议补选。

表 19-3-7　杭州市上城区第十届人民代表大会常务委员会主任、副主任情况表

职　务	姓　名	性别	出生年月	籍　贯	文化程度	任职时间
主　任	吴士栋	男	1936-05	浙江杭州	高中	1993-03—1996-03
	徐松林	男	1948-10	浙江富阳	高中	1996-03—1997-08
代主任	沈国友	男	1950-01	浙江绍兴	大学	1997-08—1998-03
副主任	王银川	男	1936-07	浙江临安	高中	1993-03—1996-03
	鲍世甲	男	1943-10	浙江绍兴	大专	
	唐世兴	男	1937-11	浙江镇海	大专	1993-03—1998-03
	傅美珍	女	1942-10	浙江绍兴	中专	
	沈国友	男	1950-01	浙江绍兴	本科	1996-03—1998-03
	韩国熹	男	1944-10	浙江杭州	中专	

说明：资料来源于杭州市上城区人民代表大会常务委员会办公室

委员：

丁晓芳（女）　朱红卫（女）　刘志安　李关银　李家俊

李　静（女）　沈　晔　陆祖锦　陈卓彦　胡文炳

袁慰士（女）　顾敏达　诸雅根　韩国熹

以下为区十届人大四次会议补选产生：

卢正华　沈幼堂　窦金培

二、区十一届人大常委会

1998年3月，杭州市上城区第十一届人民代表大会第一次会议召开，选举产生主任1人、副主任4人、委员14人。

区十一届人大常委会第三十二次会议做出接受刘志安辞去区人大常委会副主任职务请求的决定。区十一届人大常委会第四十次会议做出接受杨英英辞去区人大常委会委员职务请求的决定。

表 19-3-8　杭州市上城区第十一届人民代表大会常务委员会主任、副主任情况表

职　务	姓　名	性别	出生年月	籍　贯	文化程度	任职时间
主　任	沈国友	男	1950-01	浙江绍兴	大学	1998-03—2003-03
副主任	刘志安	男	1958-03	江苏宝应	大学	1998-03—2002-03
	傅美珍	女	1942-10	浙江绍兴	中专	1998-03—2003-03
	王朗晨	男	1952-10	江苏滨海	大学	
	陈小玲	女	1955-11	浙江宁波	大学	

说明：资料来源于杭州市上城区人民代表大会常务委员会办公室

委员：

卢正华　朱红卫（女）　杨英英（女）　李关银　李　静（女）

李德顺　吴生生（女）　吴金星　陈卓彦　周友芳
柴惠铭　徐祖德　诸雅根　窦金培

三、区十二届人大常委会

2003年3月，杭州市上城区第十二届人民代表大会第一次会议召开，选举产生主任1人、副主任5人、委员15人。

区十二届人大常委会第十六次会议做出接受方毅辞去区人大常委会委员职务的决定。

表19-3-9　杭州市上城区第十二届人民代表大会常务委员会主任、副主任情况表

职　务	姓　名	性别	出生年月	籍　贯	文化程度	任职时间
主　任	沈国友	男	1950-01	浙江绍兴	大学	2003-03—2007-02
副主任	叶洪泉	男	1951-06	浙江绍兴	在职硕士研究生	
	王朗晨	男	1952-10	江苏滨海	大学	
	陈小玲	女	1955-11	浙江宁波	大学	
	王文成	男	1952-07	辽宁大连	大学	
	李　静	女	1957-06	浙江余杭	在职硕士研究生	

说明：资料来源于杭州市上城区人民代表大会常务委员会办公室

委员：

方　毅　朱红卫（女）　许　强　杜建英（女）　李德顺
吴生生（女）　宋维信　张平良　杭　星　周　勤（女）
钟丽芬（女）　施惠民　贾秀智（女）　顾敏达　章　麒

四、区十三届人大常委会

2007年2月，杭州市上城区第十三届人民代表大会第一次会议召开，选举产生主任1人、副主任6人、委员16人。

区十三届人大常委会第十二次会议做出接受杭星、周勤辞去区人大常委会委员职务的决定。

表19-3-10　杭州市上城区第十三届人民代表大会常务委员会主任、副主任情况表

职　务	姓　名	性别	出生年月	籍　贯	文化程度	任职时间
主　任	丁晓芳	女	1956-07	浙江绍兴	在职硕士研究生	2007-02—2012-02
副主任	叶洪泉	男	1951-06	浙江绍兴	在职硕士研究生	
	高万洋	男	1951-04	浙江萧山	大专	
	王文成	男	1952-07	辽宁大连	大学	
	李　静	女	1957-06	浙江余杭	在职硕士研究生	
	王国民	男	1955-07	浙江诸暨	大专	
	韦　云	女	1966-02	江苏扬州	大学	

说明：资料来源于杭州市上城区人民代表大会常务委员会办公室

委员：

戈海光　叶　榕　朱荷芳（女）　许　强　杜建英（女）

李月明　李忠誉　张　璐（女）　张平良　陈忠明

陈砚菁（女）　杭　星　周　勤（女）　钟丽芬（女）　施惠民

章　麒

以下为区十三届人大三次会议补选产生：

谢根福　韩丽华（女）

五、区十四届人大常委会

2012年2月，杭州市上城区第十四届人民代表大会第一次会议召开，选举产生主任1人、副主任6人、委员17人。

区十四届人大常委会第九次会议作出接受章琪、金水根辞去区人大常委会委员职务的决定。区十四届人大常委会第二十次会议做出接受陈忠明、余晓川辞去区人大常委会委员职务的决定。区十四届人大常委会第二十一次会议做出接受李一青辞去区人大常委会委员职务的决定。

区十四届人大常委会第二十二次会议做出接受王国民辞去区人大常委会副主任职务的决定。区十四届人大四次会议选举沈民为区十四届人大常委会副主任。区十四届人大常委会第二十七次会议做出接受周莹辞去区人大常委会委员职务的决定。区十四届人大常委会第二十八次会议做出接受任平辞去区人大常委会委员职务的决定。

表19-3-11　杭州市上城区第十四届人民代表大会常务委员会主任、副主任情况表

职　务	姓　名	性别	出生年月	籍　贯	文化程度	任职时间
主　任	丁晓芳	女	1956-07	浙江绍兴	在职硕士研究生	2012-02—
副主任	顾文友	男	1960-02	浙江杭州	大学	
	李　静	女	1957-06	浙江余杭	在职硕士研究生	
	韦　云	女	1966-02	江苏扬州	大学	
	顾敏达	男	1964-03	江苏昆山	大学	
	朱荷芳	女	1964-07	浙江富阳	在职硕士研究生	
	王国民	男	1955-07	浙江诸暨	大专	2012-02—2015-01
	沈　民	男	1961-07	浙江绍兴	在职大学	2015-01—

说明：资料来源于杭州市上城区人民代表大会常务委员会办公室

委员：

戈海光　朱明虬　许　强　李一青（女）　李昕霞（女）

陈忠明　陈砚菁（女）　金水根　金燮彪　周　莹（女）

周朝星　徐海荣　陶旭东　章　琪（女）　韩丽华（女）

谢根福　裘雪阳

以下为区十四届人大二次会议补选产生：

余晓川　　　　郧晓华　　　　蔡伟利（女）

以下为区十四届人大三次会议补选产生：

林　森　　　　洪梦君（女）

以下为区十四届人大四次会议补选产生：

任　平　　　　李光勋

第二节　人大常委会工作机构

一、办事机构

区十届人大常委会设有办公室[①]。区十一届人大常委会在办公室增挂代表工作室的牌子，并在办公室下设行政接待科和代表联络科。2002年3月，办公室调整为综合一科、综合二科。2006年12月，办公室增设信访室。2010年1月，区十三届人大常委会增设研究室，与办公室合署办公，下设信息宣传科。区人大常委会办公室（研究室）主要负责区人大会议、区人大常委会会议、区人大常委会主任会议和其他重要会议的筹备和会务工作，起草区人大常委会的文件、报告、工作计划，组织开展对人民代表大会制度的理论研究、宣传工作等。历任办公室主任为刘志安、柴惠铭、施惠民、陈忠明、郧晓华。

① 1980年7月，区六届人大常委会设办公室，为其日常工作机构。

二、专门委员会

区十届人大常委会设有法制工作委员会、财政经济工作委员会、城建城管工作委员会、教科文卫工作委员会。2002年2月，区十一届人大常委会调整内设机构名称：财政经济工作委员会更名为财经工作委员会；城建城管工作委员会更名为城建环保工作委员会；教科文卫工作委员会更名为科教文卫体工作委员会。同时增设代表工作委员会。

2010年1月，区十三届人大常委会调整内设工作机构名称：法制工作委员会更名为法制和内务司法工作委员会；教科文卫体工作委员会更名为教育科学文化卫生和民族宗教华侨工作委员会。

区人大常委会法制和内务司法工作委员会、财经工作委员会、城建环保工作委员会、教育科学文化卫生和民族宗教华侨工作委员会、代表工作委员会各设主任1人，副主任和委员7～11人。其人员根据工作需要由区人大常委会组成人员、区人大代表、专业人士和有关人员组成。

各工作委员会主要职责是：协助区人大常委会开展监督工作，检查了解“一府两院”贯彻执行《宪法》、法律法规以及区人大及其常委会做出的决议、决定的情况，区人大常委会交办的议案、质询案和代表意见建议办理的情况；对区人大常委会审议的议题，区人大代表和人民群众反映的重大问题开展调查研究，督促审议意见的贯彻落实；审查政府规范性文件；承办上级人大常委会交付讨论制定或修改的有关法律、法规草案的征求意见工作；负责代表联络及服务工作，组织代表开展活动；负责承办区人大常委会人事任免方面的具体工作；指导区人大常委会各街道工作委员会开展工作；检查和督促区政府及其有关部门、区法院、区检察院对区人大代表重要来信来访和重要书面意见的处理等。

历届区人大法制工作委员会（法制和内务司法工作委员会）主任：陈卓彦、杭星、谢根福。历届区人大财政经济工作委员会（财经工作委员会）主任：胡世钧、胡文炳、王朗晨、吴金星、许强。历届区人大城建城管工作委员会（城建环保工作委员会）主任：李家俊、周友芳、施惠民、李德顺、邬晓华、陈伟。历届区人大教科文卫工作委员会（科教文卫体工作委员会、教育科学文化卫生和民族宗教华侨工作委员会）主任：韩国熹、吴生生、戈海光。历届区人大代表工作委员会主任：章麒、余晓川、李光勋。

第三节　区人大常委会街道工作委员会

2003年9月，区十二届人大常委会做出建立杭州市上城区人大常委会街道工作委员会的决定。2004年7月，区人大常委会小营街道工作委员会挂牌。至12月，全区6个街道均成立区人大常委会街道工作委员会。

区人大常委会各街道工作委员会设主任1人，副主任1～2人（其中1人为专职副主任），委员3～5人。主任、副主任人选由区委提名，委员人选由各街道党工委在辖区区人大代表中提名，由区人大常委会任免。

区人大常委会街道工作委员会的主要职责是：协助区人大常委会开展监督工作，调研辖区的经济建设、社会治安、社会保障和人民群众普遍关心的其他问题，提出意见和建议；在区人民代表大会闭会期间，组织辖区各级人大代表开展学习、视察、接待人民群众等活动；开展人民代表大会制度和民主法制的宣传和教育，推进基层民主政治建设；处理区人大代表和人民群众的来信来访，反映人民群众的呼声和要求，督促街道办事处认真办理区人大代表的批评、意见和建议；指导社区居民委员会依照有关法律、法规开展自治活动；在区人大常委会和选举委员会的领导下，承办辖区人大代表选举的有关工作等。

2015年，全国人民代表大会常务委员会通过《中华人民共和国地方各级人民代表大会和地方人民政府组织法》修订案，明确人大常委会街道工作委员会的法律地位。区委制定《加强和规范街道人大工作的意见》，推动街道人大工作制度化、规范化，实现人大常委会街道工作委员会主任专职化。区人大常委会加强对街道工作委员会的领导和工作指导，探索实践“授权监督工作”新机制，授权街道工作委员会对实事项目办理过程及效果进行动态监督。街道工作委员会在组织代表开展活动、服务代表履职的同时，更多地参与区人大常委会监督工作，推动街道人大工作全面展开。

区人大常委会湖滨街道工作委员会历任主任：管光尧、叶榕、毛素云、严民强。区人大常委会清波街道工作委员会历任主任：麻承荣、叶素、陈勇、陈兴义。区人大常委会小营街道工作委员会历任主任：顾敏达、任平、陆建华。区人大常委会望江街道工作委员会历任主任：卢江、石小明、朱黎明、胡筱飞。区人大常委会南星街道工作委员会历任主任：傅莉萍、陈少华、鲁军、卢江。区人大常委会紫阳街道工作委员会历任主任：金燮彪、李一青、林国平。

第四章　人大常委会工作

区六届人大常委会至区九届人大常委会共举行区人大常委会会议79次，听取和审议区政府、区法院、区检察院关于法律法规执行情况的报告18个，组织委员和区人大代表对20余个法律法规的执行情况进行检查，共做出决议和决定7个。区人大常委会先后听取和审议区政府关于整顿企业、贸易兴区、深化改革等工作报告，并提出意见和建议。先后任免国家机关工作人员288人次。1993—2015年，区十届人大常委会至区十四届人大常委会听取和审议“一府两院”工作报告472项，做出重大事项决定198项，依法任免区人大常委会、区“一府两院”国家机关工作人员929人。同时，区人大常委会组织区人大代表和辖区内省、市人大代表视察调查、执法检查、开展工作评议，督办代表议案、建议、意见，受理人民群众来信来访，监督同级“一府两院”的工作，从组织和制度上保证国家机关的正常运行，在经济和社会发展、民主政治建设中发挥重要作用。

第一节　重大事项决定

1993年，区十届人大一次会议做出《关于进一步加强依法治区工作的决议》。此后，历届区人大常委会多次做出加强重视宣传教育、依法治区等决定决议。1997年4月，区十届人大常委会第三十三次会议做出《关于批准上城区科学技术“九五”发展规划的决定》。1999年，区人大常委会做出《关于进一步推进执法责任制和冤案错案责任追究制实施的决议》。2004年9月，区十二届人大常委会第十六次会议通过《关于批准〈上城区“全国科技进步示范区”建设与发展规划（2004—2008年）〉的决定》，强调突出科技教育优先发展的战略地位。2010年11月，区十三届人大常委会第三十次会议做出批准《杭州市上城区“省级可持续发展实验区”建设规划（2011—2015年）》的决定。是月，区人大常委会制定《关于讨论决定重大事项的规定》。2012年，区十四届人大常委会第四次会议批准《杭州市上城区国家可持续发展实验区建设规划（2012—2016年）》，要求认真组织实验区规划的实施工作，促进经济、社会和环境协调发展。2013年11月，区十四届人大常委会第十五次会议通过《关于政府重大投资项目监督暂行办法》，要求区政府每年向区人大常委会报告新增重大投资项目计划，由区人大常委会审议批准。2014年5月29日，区十四届人大常委会第十八次会议通过《关于促进全面深化重点领域改革的决定》，要求“一府两院”及其部门主动作为，聚焦区重点领域和关键环节，坚持人民主体地位，建设法治政府和服务性政府，维护司法公正。

1993—2015年，区十届人大常委会至区十四届人大常委会共做出重大事项决定198项。

第二节　法律监督

区人大常委会依法对辖区内贯彻执行宪法和法律法规情况开展监督，还配合省、市人大常委会开展立法调研。2015年5月，湖滨街道湖滨晴雨工作室、南星街道美政桥社区人大代表联络站被列为市人大常委会基层立法联系点，征集基层对立法项目的意见建议。

一、普法依法治区工作检查

1993年，区人大常委会组织开展普法依法治区专项视察，评议杭州市公安局上城区分局局长、区法院副院长和区检察院副检察长依法行政、公正司法情况。1994年，区人大常委会听取和审议区政府关于全区“二五”普法教育实施情况报告。1996年，区人大常委会开展区级国家机关实行部门执法责任制情况检查，对6家试点单位进行考评，并检查18家基层依法治理单位。1998年，区人大常委会审议区政府“三五”普法和依法治区工作情况报告，在推行执法责任制的基础上，建立和实施冤案错案责任追究制。8月，“一府两院”及区政府所属28个行政执法单位建立和实行冤案错案责任追究制。12月，区人大常委会组织部分委员和区人大代表考核检查区法院、区检察院、杭州市公安局上城区分局、杭州市上城区卫生局等8个行政部门执行冤案错案责任追究制情况。1999年，区人大常委会制定《冤案错案责任追究制监督办法》①。2001年起，区人大常委会先后就“四五”“五五”“六五”普法依法治区规划实施，加大监督检查力度，督促区政府行政部门、街道社区、企事业单位落实规划，抓好普法教育、基层依法治理和执法责任制、错案责任追究制、专项治理等工作，着力营造有利于经济社会协调发展的法治环境。

2014年，区人大常委会响应浙江省人民代表大会常务委员会“查找不适应全面深化改革要求的法律法规条文”主题活动号召，组织“代表找、群众谈、部门议、专家评”，共收集对现行法律法规规章的立、改、废、释意见建议157条。2015年，区人大常委会持续就普法依法治区规划实施情况进行监督检查。

二、执法检查

区十届人大常委会先后检查《中华人民共和国环境保护法》《中华

① 2011年11月29日，《冤案错案责任追究制监督办法》在区十三届人大常委会第三十六次会议废止。

人民共和国传染病防治法》《中华人民共和国产品质量法》《中华人民共和国反不正当竞争法》《中华人民共和国消费者权益保护法》《中华人民共和国残疾人保障法》《中华人民共和国归侨侨眷权益保护法》《中华人民共和国国家赔偿法》《中华人民共和国食品卫生法》《中华人民共和国土地管理法》《中华人民共和国审计法》《中华人民共和国统计法》《中华人民共和国兵役法》《中华人民共和国税收征收管理法》《全国人大常委会关于惩治生产销售伪劣商品犯罪的决定》《中华人民共和国义务教育法》《中华人民共和国妇女权益保障法》《浙江省计划生育条例》《浙江省人大常委会关于加强文化市场管理的决定》等法律法规的贯彻执行情况，及时将发现的问题向区政府和有关部门提出，并督促整改，保障法律法规的贯彻和实施。

1999年，区人大常委会制定《执法检查规定》。区十一届人大常委会先后检查《中华人民共和国食品卫生法》《中华人民共和国残疾人保障法》《中华人民共和国土地管理法》《中华人民共和国水污染防治法》《中华人民共和国水土保持法》《中华人民共和国防洪法》《中华人民共和国森林法》《中华人民共和国所得税法》《中华人民共和国产品质量法》《中华人民共和国招标投标法》《中华人民共和国建筑法》《杭州市城市绿化管理条例》等法律法规的贯彻执行情况。

区十二届人大常委会先后检查《中华人民共和国土地管理法》《中华人民共和国义务教育法》《中华人民共和国传染病防治法》《中华人民共和国工会法》《中华人民共和国劳动法》《中华人民共和国档案法》《中华人民共和国安全生产法》《中华人民共和国文物保护法》《中华人民共和国审计法》《中华人民共和国政府采购法》《浙江省禁毒条例》《浙江省人口与计划生育条例》《中华人民共和国婚姻法》《浙江省职工失业保险条例》《浙江省婚姻登记条例》《杭州市房屋拆迁管理条例》《杭州市中小学校学生伤害事故处理条例》《杭州市城市市容和环境卫生管理条例》《杭州市农药残留监督管理条例》等法律法规贯彻执行情况。

区十三届人大常委会先后检查《中华人民共和国环境保护法》《中华人民共和国水污染防治法》《中华人民共和国建筑法》《中华人民共和国义务教育法》《中华人民共和国食品安全法》《中华人民共和国文物保护法》《中华人民共和国安全生产法》《中华人民共和国劳动合同法》《中华人民共和国就业促进法》《中华人民共和国禁毒法》《中华人民共和国母婴保健法》《宗教事务条例》《浙江省安全生产条例》《浙江省水污染防治管理条例》《浙江省城市管理相对集中行政处罚权条例》《杭州市环境噪声管理条例》《杭州市饮用水源保护条例》《杭州市档案管理条例》等法律法规的贯彻执行情况。

第十四届人大常委会先后检查《中华人民共和国义务教育法》《中华人民共和国食品安全法》《中华人民共和国残疾人权益保障法》《中华人民共和国档案法》《中华人民共和国安全生产法》《中华人民共和国消防法》《水污染防治条例》《宗教事务条例》《中华人民共和国大气污染防治法》《中华人民共和国行政诉讼法》《国务院食品安全法实施条例》《浙江省实施〈中华人民共和国食品安全法〉办法》《中华人民共和国环境保护法》《中华人民共和国刑事诉讼法》《浙江省残疾人权益保障条例》《浙江省文化市场管理条例》《浙

江省人大常委会关于加强检察机关法律监督工作的决定》《浙江省社会养老服务促进条例》等法律法规的贯彻执行情况。

1993—2015年，区人大常委会先后检查59部法律法规的贯彻执行情况。

三、规范性文件备案审查

2008年，根据《浙江省各级人民代表大会常务委员会规范性文件备案审查规定》，区人大常委会制定规范性文件备案审查的实施办法，将区政府发布的决定、命令以及规定、办法、意见等规范性文件纳入备案审查范围，要求区政府及时将规范性文件报送区人大常委会备案审查。至2015年末，区政府向区人大常委会报送规范性文件40件。

第三节　财政经济监督

区人大常委会监督区人民代表大会通过的年度国民经济计划和预算执行情况。每年年初，区人大常委会初步审查该年度计划和预算安排，同意后提交区人民代表大会审查。5月或7月，区人大常委会审议并批准上年度财政决算报告；年中听取和审议国民经济计划和预算上半年执行情况报告。对区政府提出的国民经济计划或预算调整报告进行审议并做出决定。2015年，《中华人民共和国预算法》修订后，区人大常委会实行全口径预算监督。

一、部门预算监督

2001年9月，区人大常委会制定《关于预算监督的若干规定》，将预算外资金使用纳入监督范围，规范综合财政预算监督。2004年，区人大常委会首次推出部门预算编制提交区人民代表大会审查的机制，并逐步推广到民政、劳动和社会保障、司法、文体、安监等公共资金占有使用较多的部门。2009年，在区人民代表大会审查的预算单位中，区人大常委会选择1家单位进行重点跟踪监督。2010年，区人大常委会实行所有部门预算上区人民代表大会审查。区十三届人大常委会成立财经专家小组，借助审计监督，利用审计结果，跟踪审计指出问题，要求整改落实，不断完善预算编制。2012年，区人大常委会以杭州市上城区民政局、杭州市上城区残疾人联合会2家单位为试点，开展参与式预算监督，通过民主恳谈、意见反馈、跟踪监督，结合财政支出绩效评估，实现全过程财政资金监督。此后，逐年扩大参与式预算监督覆盖面，并延伸至街道。至2015年，区人大常委会已对14家单位进行参与式预算监督。参与式预算监督中部分项目资金开展绩效评价的做法，被收入《杭州县乡人大工作创新20例》。

二、经济监督

1993—2015年，区人大常委会专题审议经济计划执行情况的同时，对不同发展阶段的经济工作重点开展监督。区十届人大常委会针对企业潜亏现象严重、个体经济发展不快、企业转制推进缓慢、商业网点和市场建设发展难度大等问题进行专题审议。区十一届人大常委会重视监督企业改革、工业经济、商贸旅游等工作。区十二届人大常委会围绕“工业富区、商旅兴区”战略，开展工业基地建设、杭州RBD打造、中小企业促进、楼宇招商和区重点技改项目推进等工作监督。区十三届人大常委会开展“十一五”规划中期评估监督，听取招商引资、创意产业发展、城乡统筹区县协作等多项工作汇报，调研现代服务业、都市型工业经济发展等工作以及国际金融危机对区域经济的影响，为构建“五主多副”经济格局、促进区域经济转型升级建言献策。区十四届人大常委会审议区政府围绕“上改六条”推进经济转型升级的专项报告，关注产业平台建设，视察湖滨商圈、玉皇山南基金小镇、望江智慧产业园和杭州市上城区科技工业基地，调研电子商务产业、众创空间、南宋御街业态调整与市场化运作等情况。

第四节　工作监督

区人大常委会依法对区政府、区法院、区检察院工作开展监督。区人大常委会围绕区委中心工作，把区政府关注、民心关切的工作作为监督重点。2006年，《中华人民共和国各级人民代表大会常务委员会监督法》（简称《监督法》）颁布后，区人大常委会完善监督举措，在审议专项工作报告的同时，综合运用工作评议、述职评议、专题询问、专项视察调研等方式，加大监督工作力度，增强监督效果，推动上城区民主法治建设、经济社会和谐发展。

一、民生实事监督

政府为民办实事项目每年列入政府工作报告，经区人民代表大会审议通过，受到社会广泛关注。区人大常委会以视察检查、专题审议等形式开展监督，推动区政府采取有效措施办好实事。区人大常委会跟踪监督当年未能完成的实事项目，并要求区政府再次报告。如有项目调整，需报区人大常委会审议批准。

区十届人大常委会围绕社会治安综合治理、环境卫生管理、创建安全文明小区、住房制度改革等群众关心的工作开展监督。区十一届人大常委会把旧城改造作为监督工作重点。区十二届人大常委会对非典型肺炎疫情、食品安全等事关民生的问题开展监督。2003年，在抗击非典型肺炎疫情期间，区人大常委会到一线调研，督促区政府建立健全公共卫生应急体系和长效防控机制。区十三届人大常委会关注老房子保护、危旧房改善、社会保障等群众反映强烈的热点难点问题，采取区人大常委会专题审议、区人大常委会主任会议听取汇报和组织区人大代表视察等方式实施监督，努力为居民群众创造安居乐业的社会环境。2010年，区人大常委会对实事项目的监督从事后监督转向事前监督，组织代表圈选政府为民办实事项目，使实事项目贴近群众、贴近实际。

区十四届人大常委会把“五水共治”“三改一拆”等环境突出问题整治工作作为监督重点，尤其是对二十国集团（G20）杭州峰会环境整治项目，采取集中视察、分散督查、暗访检查等方式进行督查，督促整改到位。每年开展食品安全视察检查，针对群众关注度高、工作难度大的“无证无照餐饮”整治，组织区人大代表约见、专题询问，督促整治工作取得阶段性成效。就部分区块优质教育资源供求紧张、卫生服务设施短缺等问题，开展视察调研、听取汇报，推动区政府加大工作力度，补齐民生短板。区人大常委会关心养老服务事业发展，进社区察看老年食堂、老人公寓等服务设施，推动居家养老服务全覆盖。2015年，区人大常委会实施实事项目中期监督，督促区政府保质保量完成实事项目。

二、重点项目监督

区人大常委会会议每年听取区政府关于年度重点投资项目计划报告及项目实施情况报告，着重监督项目的设计方案、建设进度、资金来源、工程质量、施工安全及项目实施中存在的突出困难和问题，推动项目顺利实施。

20世纪90年代中期，区十届人大常委会监督复兴地区改造工程。区十一届人大常委会至区十四届人大常委会将吴山广场、清河坊历史文化特色街区、南山路文化艺术休闲特色街区、湖滨地区商贸旅游特色街区、望江地区改造、玉皇山南地区建设等项目建设作为监督重点，并建立事前介入、事中监督、事后跟踪问效的监督机制，实施全程监督，持续关注项目进展。2013年起，区人大常委会将计划总投资3000万元以上项目列入监督范围。

三、司法监督

历届区人大常委会多次审议区法院立案、执行、行政审判、刑事审判、未成年人案件审判、阳光司法等工作，审议区检察院预防职务犯罪、行政民事检察、法律监督等工作，以及审议有关“严打”、“双禁”、社区矫正、刑侦体制改革、审判改革等工作。2003年，区人大常委会配合杭州市人民代表大会对一起刑事案件实施个案监督，对案件处理提出意见和建议。2014—2015年，区人大常委会启动法官、检察官履职评议工作，分别对3名法官、3名检察官开展履职评议。对于评议发现的案审细节不够周密、个案执行不够彻底等问题，督促区法院、区检察院举一反三制定整改措施，促进“两院”抓好能动司法，维护人民群众合法权益。

四、述职评议和工作评议

1999年，区人大常委会制定《述职评议暂行规定》，开始对区人大常委会任命干部开展监督。2006年，区人大常委会在总结评议工作经验的基础上拓展评议范围，采取区人民代表大会选举干部述职评议与区人大常委会任命干部述职评议并举的形式，对1名副区长进行述职评议。2007年，《监督法》正式实施，区人大常委会不再开展述职评议工作。2010年，区人大常委会制定《关于开展工作评议的实施办法》，对区政府部门依法行政、履行职责、代表议案建议办理以及机关廉政和效能建设等情况进行评议，并进行满意度测评。至2015年，区人大常委会已评议63名选举任命的干部，对49个部门进行工作评议。

第五节　人事任免[①]

① 根据《宪法》《地方组织法》《中华人民共和国法院组织法》《中华人民共和国检察院组织法》的有关规定，结合上城区实际，区九届人大常委会制定《上城区人民代表大会常务委员会人事任免工作办法》。

1996年，区十届人大常委会率先在全省实施干部任职前法律考试制度，对提请区人大常委会任命人员实行任前法律知识考试制度。1998年，区人大常委会修订人事任免工作办法，规定被任命的区政府组成人员须向区人大常委会提交任期目标责任书。2006年，区十二届人大常委会制定《上城区人民代表大会常务委员会任免国家机关工作人员办法》，规范人事任免工作程序。1993—2015年，区人大常委会任免区人大常委会机关工作人员178人，任免区政府组织人员340人，任免区法院审判人员295人，任免区检察院检察人员116人。

表19-4-12　1993—2015年杭州市上城区人大常委会任免工作情况表

单位：人

届　别	区人大常委会机关工作人员		区政府组成人员		区法院审判人员		区检察院检察人员		其他
	任	免	任	免	任	免	任	免	
十届	28	5	48	20	30	12	9	6	—
十一届	15	7	44	24	54	32	17	9	1
十二届	34	10	36	9	11	3	5	7	25
十三届	14	12	41	15	46	36	17	12	67
十四届	24	29	65	38	34	37	16	18	93
总计	115	63	234	106	175	120	64	52	—
	178		340		295		116		—

说明：1.资料来源于杭州市上城区人民代表大会常务委员会办公室。2.其他为区法院人民陪审员

第六节　议案与建议督办

1993年，区十届人大常委会制定《代表议案和代表建议、批评、意见的处理办法》，明确区人大常委会副主任分管、工作人员专人负责，做好交办和催办工作。区人大常委会抓住重点部门、重点环节、重点问题进行督办；对处理难度较大的问题，采取区人大、区政府和承办部门与区人大代表“三见面”的办法，由区人大常委会主任督办，区政府领导负责限期解决，促进落实。区十届人大期间，区人大常委会共督办代表议案5件，意见建议1267件，群众来信来访303件。

区十一届人大常委会督办代表议案3件，代表意见建议697件。区人大常委会组织区

人大代表视察检查议案建议办理情况，向区人大代表寄发办理情况征询意见表，要求不满意件重新办理。在此基础上，办理进度和办理质量均有所提高。2000—2001年，区人大常委会对区人大代表明确表示不满意的22件建议退回区政府重新办理。为推动办理工作，区人大常委会每年召开代表议案意见建议交办会暨办理工作先进集体和先进个人表彰会。

区十二届人大常委会督办代表议案4件、代表意见建议446件。2004年，区人大常委会推出议案、建议办理结果上网等举措，促进督办工作及时有效。区十二届人民代表大会闭会期间，收到区人大代表反映诸如低洼积水、危旧房改造等问题的意见建议95件，梳理后转交区政府办理，问题基本得到处理。

区十三届人大常委会督办代表议案3件，意见建议554件。2007年，区人大代表在区人民代表大会上提出《加快接轨钱江新城建设发展议案》，区人大常委会通过督办，推动《上城区沿江发展规划》编制工作，为接轨钱江新城建设发展、打造沿江现代商务居住区提供重要依据。2010年，区人大常委会跟踪督查2008年和2009年列入“正在解决”的40件代表议案建议办理情况，其中，解决23件，部分解决4件，办理有难度13件，区人大常委会要求承办单位创造条件解决。2011年，区人大常委会分析调研部分建议，选择6件召开区人大常委会会议进行专题询问，督促区政府及有关单位加大办理力度，推动杭州电厂二宿舍170余户居民用气难等问题的解决。

区十四届人大常委会统筹抓好议案建议的撰写与办理，重视会前辅导把关，提高代表提出意见建议质量；改进督办方式，坚持主任重点督办、召开月度督办例会、办理工作“回头看”和不满意件重办等制度，建立“无法解决”建议的合议评估机制，更新网上督办系统，实行建议办理的全过程跟踪。区人大常委会专题审议区政府办理《关于抓住文化发展机遇、推动上城文化大繁荣的议案》情况报告。对建议承办大户的建议办理工作进行集体评议和满意度测评，督促区政府不断改进建议办理理念，切实解决区人大代表提出的涉及群众切身利益问题。区人大常委会制定闭会期间区人大代表建议处理流程图，与大会期间代表建议处理等同对待。区十四届人大常委会共处理区职责范围内的代表议案建议565件，解决率63.89%，满意率在99%以上，办结率和面商率为100%。

表19-4-13　1993—2015年杭州市上城区历届会议的议案建议意见情况表

届　次	议案（件）	建议意见（件）	转省、市有关部门（件）	属区级职责范围内	
				办结率（%）	解决率（%）
十届一次	1	390	71	—	—
十届二次	1	173	46	—	—
十届三次	1	222	45	—	—
十届四次	1	203	51	100.0	—
十届五次	1	279	67	100.0	—
十一届一次	1	238	79	97.5	—
十一届二次	1	174	66	97.9	—

续表 19-4-13

届　次	议案（件）	建议意见（件）	转省、市有关部门（件）	属区级职责范围内	
				办结率（%）	解决率（%）
十一届三次	—	106	39	100.0	—
十一届四次	1	94	23	100.0	—
十一届五次	—	85	13	100.0	—
十二届一次	1	133	22	100.0	—
十二届二次	1	143	21	100.0	—
十二届三次	1	99	5	100.0	60.00
十二届四次	1	71	4	100.0	62.00
十三届一次	1	128	7	100.0	69.00
十三届二次	—	126	9	100.0	61.10
十三届三次	1	95	23	100.0	48.60
十三届四次	—	115	—	100.0	54.30
十三届五次	1	90	18	100.0	53.40
十四届一次	1	158	10	100.0	53.10
十四届二次	—	159	13	100.0	56.77
十四届三次	—	127	16	100.0	76.37
十四届四次	—	120	7	100.0	69.30

说明：1. 资料来源于杭州市上城区人民代表大会常务委员会办公室。2. 此处议案指列入大会议程、交大会审议表决的议案

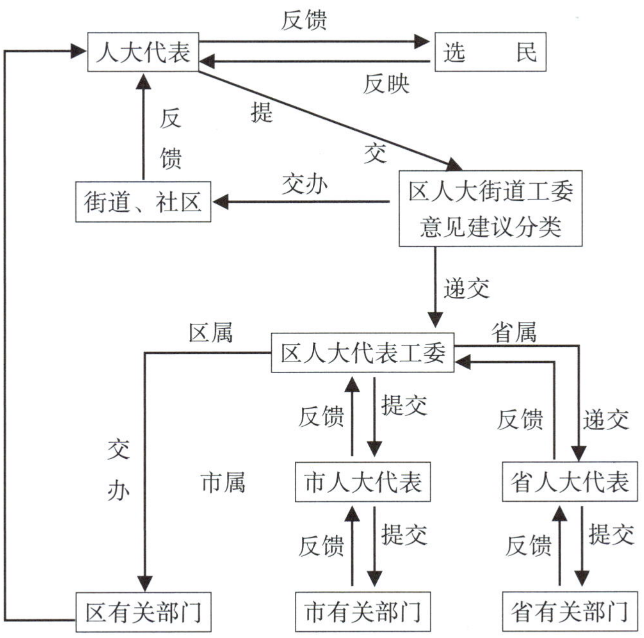

图 19-4-2　区人大代表建议处理流程图

附

议案办理选编

关于加快环境综合整治的决议

（杭州市上城区第十一届人民代表大会第四次会议通过）

杭州市上城区第十一届人民代表大会第四次会议审议华吾兴等12名区人大代表提交的《加大环境综合整治力度，为创建精品城区打好基础》议案。会议要求区政府加大执法力度，采取加大宣传、加强领导、理顺体制、精心规划、明确重点、形成合力、狠抓落实等措施，力争通过1至2年时间使城区环境面貌有较大改善。

通过该议案的办理，上城区拆除违章建筑8.97万平方米，立面整治63万平方米，拓宽道路37326米，新增绿化16.5万平方米，旧小区整治面积118.77万平方米。全区环境面貌有很大改观，涌现小营街道银枪新村小区、西湖大道等一批精品亮点工程。

关于进一步深化社区建设的决议

（杭州市上城区第十二届人民代表大会第一次会议通过）

杭州市上城区第十二届人民代表大会第一次会议审议吴士栋等21名区人大代表提交的《关于进一步深化社区建设》议案。大会为此做出《关于进一步深化社区建设的决议》。

按照决议要求，区政府明确社区建设方向，提出《全面推进小康社会型社区建设的意见》；及时调整社区规模，将原有的67个社区调整为51个，使社区组织和规模更趋合理；改善社区硬件设施，通过确权、调配、腾退、新建翻建，使绝大多数社区配套用房达到或超过市政府规定的标准；理顺社区工作职能，明确社区居民委员会的定位，推行社区工作准入制度，规范社区工作台账，提高社区工作效率；拓展社区服务领域，搭建社区服务信息化平台，加快社区卫生服务站点建设，以满足群众和居民的需求；推进基层民主建设，在全市率先开展社区直选和社区体制改革试点工作，以湖滨街道东坡路社区和紫阳街道候潮门社区为试点，积极探索社区居民委员会议事权、决策权、管理权等民主权利与社区协助政府进行基层管理工作的行政事务权相分离的自治模式，逐步推进基层民主自治。

关于加快湖滨地区旧城保护步伐的决议

（杭州市上城区第十二届人民代表大会第三次会议）

杭州市上城区第十二届人民代表大会第三次会议审议石小明等12名区人大代表提交的《关于要求加快湖滨地区旧城保护步伐》议案。经审议，大会做出《关于加快湖滨地区旧城保护步伐的决议》。

区政府通过办理该议案，推动湖滨地区商贸旅游特色街区建设，打造杭州RBD、保护好历史建筑、解决群众“住房难”三位一体良性互动有所进展，国际名品街开街，历史建筑保护工作启动，居民生活环境得到治理改善。

第七节 代表工作

1993年，上城区实行分工走访代表、定期召开代表联络组和代表座谈会、任职培训等制度，为代表履行职责做好各项服务。2003年起，上城区开展“代表进社区”工作。至2015年，上城区代表工作已形成包括代表小组、“代表进社区”、定向视察、代表约见政府负责人等固定有效的工作机制。

一、代表小组

1993年，区十届人大常委会建立“双月20日代表小组活动日”制度，以代表小组为单位组织视察调研活动，规范闭会期间代表履职工作。区十届人大设有14个代表小组，分别是城站街道、湖滨街道、涌金街道、小营巷街道、清泰街道、清波街道、横河街道、经委外贸、商业、城建环卫、房管、教育文化体育、卫生、机关部队。区十一届人大设有清泰街道、湖滨街道、涌金街道、清波街道、小营街道、城站街道、横河街道、紫阳街道、望江街道、南星街道、闸口街道、经济系统、教卫文体系统、城建机关系统14个代表小组。1999年，街道调整归并后，区十一届人大代表小组调整为12个，减少涌金街道、横河街道、清泰街道，增加近江街道。2003年，街道行政区划和社区规模调整，区人大常委会相应调整代表小组，街道代表小组调整为湖滨、清波、小营、望江、南星、紫阳6个。区十三届人大设8个代表小组。区十四届人大代表选举产生后，上城区撤销各系统单位代表小组，人大代表按属地原则纳入街道代表小组。至2015年末，上城区已开展代表小组活动日活动121次。

二、代表进社区

2003年，区十二届人大常委会制定《加强人大代表联系选区及人民群众的若干意见》，开展“代表进社区”工作，在全区6个街道、3个系统建立“代表之家”，在51个社区建立27个“人大代表接待点”，在各个选区设置200个代表联系信箱，畅通代表联系选民渠道，广泛听取选民意见建议。

2004年，区人常委会建立每单月25日的“主任接待代表日”制度和单月20日的“代表接待选民日”制度，构成区人大常委会、区人大代表、选民的联系链，协调、落实、解决区人大代表接待选民中所反映的意见和要求。2009年，区人大常委会制定《上城区“人大代表进社

图19-4-3 2013年，区人大代表走进紫阳街道北落马营社区听取选民意见 （紫阳街道 供稿）

区”接待选民与群众工作规则》，将全区27个代表接待点整合为21个代表接待站，每个站均设立站长、副站长和工作人员，统一制作表格、公告和工作流程，并从相关单位聘请22名业务骨干，组建“人大代表接待站”义务咨询员队伍。2010年12月6日，《人民代表报》到上城区采访“代表进社区”活动情况，并在头版头条进行大篇幅报道，向全国推介上城经验。2013年，区人大常委会结合监督议题，开展“代表带着议题进社区”活动，为区人大常委会开展监督工作夯实民意基础。

2014年，区人大常委会认真贯彻全国人民代表大会常务委员会委员长张德江在上城区调研的指示精神，推广湖滨街道代表进网格、南星街道网上接待选民工作的经验和做法，完善代表联系选民机制，设立网上代表联络站，组织200名代表进驻159个地理网格，依托21个联络站各自下设联络点，方便代表在站、点轮流接待。2015年，“代表进社区”活动共接待选民901人，听取意见建议409件，落实意见建议339件。

表19-4-14　2003—2015年上城区人大“代表进社区”接待选民情况表

年　份	接待选民（人）	听取意见建议（件）	落实意见建议（件）
2003	843	—	—
2004	1306	652	413
2005	1254	513	406
2006	892	261	172
2007	2580	1165	819
2008	—	—	—
2009	1023	461	373
2010	1375	692	581
2011	810	470	357
2012	890	504	431
2013	1175	435	369
2014	871	579	346
2015	901	409	339

说明：1.资料来源于杭州市上城区人民代表大会常务委员会办公室。2.部分资料缺失

三、定向视察

1993—1999年，区人民代表大会闭会期间，区人大常委会组织区人大代表开展视察工作，以集中视察、专题视察为主，鼓励代表持证视察。2000年，区人大常委会为改善视察效果，以湖滨、紫阳2个代表小组为试点，联系杭州市上城区教育局、杭州市上城区市容环境卫生局，开展定向视察活动。2002年，制定《上城区人大代表小组定向视察暂行办法》，要求区人大代表小组在闭会期间定向视察区行政、司法机关，开展调查、视察、检查等活动，可以向被视察单位提出建议、批评和意见，但不直接处理问题。被视察单位要重视和支持代表视察工作，自觉接受监督，如实介绍情况，认真研究处理问题，并将处理情况及时反馈代表小组，建立定向视察制度。

区十二届人大常委会将定向视察工作推广到6个地区代表小组，同时组建定向视察杭州市工商行政管理局上城分局的专业小组，探索实践对辖区市属垂直部门行政执法进行监督。区十三届人大常委会全面开展定向视察活动，将地区代表小组与政府部门结对定向视察扩展到各系统代表小组。区十四届人大常委会将定向视察对象扩展到区法院、检察院，由原来“一对一”视察，扩展到“一对二”视察，即1个代表小组视察2家单位，将与群众关系度高的教育、卫生等10家单位及区法院、区检察院纳入区人大代表重点监督范围。各代表小组在选准、选好视察主题的同时，事先开展调查研究，视察中提出意见建议，推动被定向视察单位的执法工作和队伍建设。

四、代表约见政府负责人

2007年，区人大常委会以危旧房改善为主题，首次依法组织代表约见政府负责人活动，代表反映意见建议34条，帮助区政府了解民意，推动危旧房改善工作。2008年，区人大常委会在全市率先制定《人大代表约见国家机关负责人暂行办法》，要求人大代表通过视察、检查、调查研究、走访、召开座谈会等途径了解意见建议，约见区政府、区法院、区检察院负责人及区属政府部门及派出机构的负责人向其反馈意见建议。区人大常委会以“双零工程”①、庭院改善为主题，先后两次依法组织区人大代表约见区政府负责人。2009—2015年，区人大常委会以群众普遍关心的老小区物业管理、停车新政、无证无照经营、社区卫生服务、食品安全监管、“三改一拆”为主题，组织区人大代表依法约见区政府负责人，加强民主促民生的基层实践。

①“双零工程”：实施零贫困家庭和消除零就业家庭工程。

五、其他工作

区十届人大起，区人大常委会每年组织召开2次政情通报会，向区人大代表通报区政府、区人大常委会的工作情况。

1999年，区十一届人大常委会首次开展代表优秀议案建议评选工作，激发区人大代表履职的积极性和自觉性。2001年，区人大常委会以湖滨代表小组为试点，开展区人大代表述职工作。2002年，述职工作在各代表小组中全面展开，并形成工作制度。区人大常委会组织38名区人大代表向选民述职，500余名选民参加评议。

区十三届人大常委会要求届内所有区人大代表都向选民述职1次，接受评议，由选民对区人大代表履职情况进行满意度测评。2007年，区人大常委会在区人大代表中开展“建生活品质之城，尽人大代表职责”活动，倡议区人大代表参与社会公益事业。2008年，区十三届人大常委会改进政情通报会形式，年中工作通报会做到有通报、有审议、有反馈。2011年，区十三届人大常委会制定分工联系计划，每名区人大代表都有区人大常委会组成人员负责联系。

图19-4-4　2010年8月20日，区人大代表参加上城区政情通报会
（区人大常委会办公室 供稿）

区十四届人大常委会把年中政情通报内容扩大到区法院、区检察院。此外，在闭会期间，还组织区人大代表列席区人大常委会会议，为代表寄送区人大常委会会刊等资料，使代表及时了解区人大常委会工作情况。区十四届人大常委会组织代表结合全局工作重心，先后开展“创东方品质体验区，建幸福和谐示范区，尽人大代表职责”“转型升级十大组合拳”“查找城市国际化短板”“深化‘四张清单一张网’专项督察”等主题监督活动。2013年，在“关心母亲河溪，查找水污染源，恪尽代表职责”主题活动中，区人大常委会街道工作委员会、代表接待站、代表小组对流经上城的东河、中河、贴沙河、新开河、新塘河及钱塘江，坚持“走一遍、看一遍、查一遍”，提出意见建议73条，为水环境保护发挥作用。2014—2015年，区人大常委会主任会议成员和专职委员直接联系区人大代表，每年不少于2次，听取区人大代表对监督议题、法律法规执行情况的意见建议及社情民意反映，通报区人大常委会工作，为区人大代表参与区人大常委会工作创造条件。

第二十篇

地方人民政府

1949年5月30日，杭州市上城区人民政府（简称区政府）成立。是年8月，区政府改为区公所，为杭州市人民政府派出机构。1950年6月，上城区建制撤销。1952年5月，上城区建制恢复，区政府重建。1955年5月，根据《中华人民共和国宪法》规定，杭州市上城区人民政府改称杭州市上城区人民委员会（简称区人委）。1960年4月，杭州市上城人民公社管理委员会成立，1961年10月，上城人民公社终止，复称杭州市上城区人民委员会。1966年，“文化大革命”开始，区人委机关受到冲击，一度被迫停止工作，全区经济陷入混乱。1967年3月，中国人民解放军上城区武装部生产办公室成立，负责领导全区工业、商业、建筑、交通各系统生产及有关工作。1968年4月，杭州市上城区革命委员会筹备小组建立，是年9月，军、干、群三结合的杭州市上城区革命委员会（简称区革委会）成立，实行党政合一的“一元化”领导，负责全区工作。1976年10月，“文化大革命”结束，上城区开始拨乱反正。

1980年6月，杭州市上城区第六届人民代表大会第一次会议决定杭州市上城区革命委员会改为杭州市上城区人民政府，恢复其行使上城区地方国家行政机关职能，同时选举产生新一届区政府。至1992年末，区政府工作机构31个，街道办事处7个。至2015年，经历第六届、第七届、第八届、第九届、第十届、第十一届、第十二届、第十三届、第十四届区人民代表大会，先后选举产生9届区政府。其间，区政府根据市委、市政府关于上城区党政机构改革方案的统一部署，对政府机构的设置和编制进行4次较大规模的调整和数次局部调整。随着经济体制改革和社会事业的发展，区政府不断转变职能，并逐步建立健全相应的政务制度。在区委领导下，区政府组织全区人民进行社会主义现代化建设，使上城区的经济和社会事业实现了翻天覆地的变化。

1978年起，区政府根据中共中央关于工作重心由以阶级斗争为纲转移到以经济建设为中心的战略决策以及历届中共上城区委的各项决策，始终将发展经济、不断改善人民群众生活作为第一要务，坚定不移地发展辖区经济，稳妥有序地进行经济体制改革，突破长期形成的僵化和封闭模式，使全区经济社会增添前所未有的生机和活力。

20世纪80年代后期，针对经济生活中出现明显的通货膨胀、物价上涨幅度过大、社会总需求超过社会总供给等情况，区政府及时采取调控措施，进行治理整顿，使经济一度过热的现象得到有效控制和调节。

1993年起，区政府围绕逐步建立社会主义市场经济体制目标，使经济体制逐步从传统的计划经济向社会主义市场经济转变，经济增长方式由粗放型向集约型转变。1994年，区政府围绕经济体制和经济增长方式两个根本性转变的目标，深入实施“商贸领先、三产兴区”发展战略，努力建设现代化商贸城区，促进国民经济的持续、快速、健康发展。1997年，区政府实施“优二兴三、三产兴区、科教强区”战略，围绕“经济争领先、文明上水平、建设出精品、管理创特色”的工作目标，努力推进“两个文明”建设进程，改革开放和现代化建设取得新的成果。2001年，区政府积极实施“开放立区、三产兴区、科教强区、依法治区”的发展战略，努力建设首善之区和精品城区，全区经济实力明显增强，改革开放有力推进，社会事业和精神文明建设取得新的成绩，人民生活水平得到较大改善。2003年，区政府围绕“构筑新优势，建设新上城”宏伟蓝图，全面实施“工业富区、商旅兴区、环境立区、科教强区、依法治区”战略，努力实现“实力上城、精品上城、人文上城、效率上城”目标。2007年，区政府围绕“打造杭州RBD，构建和谐新上城”的总体目标，继续实施“商旅富区、工业强区、科教兴区、环境立区、依法治区”五大战略，接轨新城、保护老城，大力建设沿湖核心商业圈、沿江商务居住圈、沿山历史文化圈。2012年，按照打响“南宋古都·经典上城”品牌，加快建设“具有国际水准的高品质中心城区”的目标，加快望江地区建设，做精玉皇山南区块和湖滨区块，努力构建沿江、沿湖区域“一体两翼”协调发展的格局，推进上城旅游休闲商务区、可持续发展实验区、生活品质国际体验区和质量强区建设。2015年，区政府以“加快建设现代化美丽上城”为目标，发展“一镇两园”（玉皇山南基金小镇、望江智慧产业园、杭州市上城区科技工业基地）智慧经济，提升“一城两圈”（健康医疗城、湖滨商圈、吴山商圈）优势产业，全区实现经济社会的全面转型和高位可持续发展。2015年，全区实现地区生产总值861亿元，财政总收入107亿元，首次突破百亿大关。

在大力发展经济的同时，区政府加强政府法制工作，不断提高政府依法行政的能力和水平，全面推行政府法律顾问制度，落实区政府常务会议学法和行政首长出庭应诉制度，执行行政规范性文件合法性审查，促进政府行政管理职能由依靠行政手段向主要依靠法制手段辅之以必要的行政手段的转变。

历届区政府坚持执政为民的宗旨，注重政府自身建设，努力建设廉政、高效、全心全意为人民服务的政府。为加强廉政建设，区政府采取加强行风建设、“效能亮剑”专项行动等一系列反腐倡廉措施，加大对大案要案的查处力度，加强对干部特别是领导干部和人财物的监督，保证人民群众赋予的权力真正用来为人民谋福利。为提高工作效率和工作质量，区政府加快行政审批制度改革，开展部门权力清单和责任清单编制工作，清减权力事项3306项，清减率达57.6%。大力简化办事手续，建立电子政务系统，推广办公自动化，实行政务信息公开，建立并完善一系列政府工作制度，有力地促进政府工作效率的提高。为密切与人民群众的联系，区政府建立区长“12345”公开电话，及时处理和解决人民群众反映的实际问题，加强人民来信来访以及人大代表议案、政协委员提案的办理工作。

第一章 区政府领导及机构

1980年6月，杭州市上城区第六届人民代表大会第一次会议召开后，杭州市上城区革命委员会改称杭州市上城区人民政府。杭州市上城区人民政府是上城区人民代表大会的执行机关。正、副区长由区人民代表大会选举产生，区人民政府序列部门负责人由区人大常委会任命产生。每届任期5年（第十二届政府为4年）。1993—2015年，经区人民代表大会选举产生第十届、第十一届、第十二届、第十三届、第十四届人民政府区长、副区长，并根据区长提名，由区人大常委会任命区政府其他组成人员。1993年，区政府工作部门22个。2015年末，区政府设工作机构19个。

第一节 区长、副区长

1993年3月至2015年12月，经区人民代表大会选举，先后产生7名区长，47名副区长，任命6名代区长。

表20-1-1 上城区第十届人大至第十四届人大期间区长、副区长情况表

届别	职务	姓名	任职时间	出生年月	籍贯	文化程度
第十届（1993-03—1998-03）	区长	杨菊芳（女）	1993-03—1995-08	1948-10	浙江江山	大专
	代区长	李端阳	1995-08—1996-03	1948-06	浙江杭州	大专
	区长	李端阳	1996-03—1997-09	1948-06	浙江杭州	大专
	代区长	张鸣放（女）	1997-09—1998-03	1957-05	浙江杭州	在职硕士研究生
	副区长	李端阳	1993-03—1995-08	1948-06	浙江杭州	大学
		何根荣	1993-03—1998-03	1938-11	浙江东阳	大专
		许小富	1993-03—1997-06	1951-03	浙江绍兴	大学
		何立尊	1993-03—1998-03	1939-08	河北沧县	高中
		蔡仲光	1993-03—1998-03	1958-11	浙江宁波	大学
		丁晓芳（女）	1995-12—1997-11	1956-07	浙江绍兴	省委党校研究生
		童新	1997-02—1998-03	1958-01	浙江桐庐	大学

续表20-1-1

届别	职务	姓名	任职时间	出生年月	籍贯	文化程度
第十一届（1998-03—2003-03）	区长	张鸣放（女）	1998-03—2002-05	1957-05	浙江杭州	在职硕士研究生
	代区长	徐祖萼	2002-05—2003-03	1958-01	浙江杭州	大学
	副区长	童新	1998-03—2001-02	1958-01	浙江桐庐	大学
		蔡仲光	1998-03—2003-03	1958-11	浙江宁波	大学
		韩国熹	1998-03—2002-09	1944-10	浙江杭州	中专
		刘南	1998-03—2001-11	1957-12	浙江绍兴	大专
		林国蛟	1998-03—2002-12	1965-04	福建莆田	博士研究生
		梁群	2001-02—2003-03	1967-11	浙江台州	硕士研究生
		袁建祥	2001-07—2003-03	1963-09	浙江绍兴	大学
		刘志安	2002-02—2003-03	1958-03	江苏宝应	在职大学
		杨必明	2002-05—2003-03	1962-12	浙江义乌	硕士研究生
		顾文友	2002-12—2003-03	1960-02	浙江杭州	大学
第十二届（2003-03—2007-02）	区长	徐祖萼	2003-03—2006-12	1958-01	浙江杭州	大学
	代区长	陈红英（女）	2006-12—2007-02	1960-03	浙江永康	大学
	副区长	蔡仲光	2003-03—2004-01	1958-11	浙江宁波	大学
		袁建祥	2003-03—2007-02	1963-09	浙江绍兴	大学
		刘志安	2003-03—2007-02	1958-03	江苏宝应	在职大学
		顾文友	2003-03—2007-02	1960-02	浙江杭州	大学
		黄爱芳（女）	2003-03—2007-02	1965-05	浙江诸暨	省委党校研究生
		宦金元	2003-03—2007-02	1969-06	江苏扬州	省委党校研究生
		杨必明	2003-03—2004-05	1962-12	浙江义乌	硕士研究生
		梁群	2003-03—2004-08	1967-11	浙江台州	硕士研究生
		李雪萍（女）	2006-03—2006-12	1965-12	浙江余姚	在职大学
		朱云夫	2006-03—2006-12	1965-07	浙江宁波	硕士研究生
第十三届（2007-02—2012-02）	区长	陈红英（女）	2007-02—2010-07	1960-03	浙江永康	大学
	代区长	缪承潮	2011-01—2012-02	1961-10	浙江临安	省委党校研究生
	区长	缪承潮	2010-07—2011-01	1961-10	浙江临安	省委党校研究生
	副区长	袁建祥	2007-02—2011-05	1963-09	浙江绍兴	大学
		顾文友	2007-02—2012-02	1960-02	浙江杭州	大学
		麻承荣	2008-01—2012-02	1968-04	浙江宁海	大学
		刘志安	2007-02—2012-02	1958-03	江苏宝应	在职大学
		宦金元	2007-02—2012-02	1969-06	江苏扬州	省委党校研究生
		管光尧	2007-02—2012-02	1963-11	浙江乐清	大学
		黄昊明	2007-07—2012-02	1964-04	浙江义乌	大学（MPA）
		高波（女）	2008-05—2010-07	1967-06	山东	大学
		陈洪涛	2010-07—2012-02	1969-08	浙江三门	在职硕士研究生

续表20-1-1

届　别	职　务	姓　名	任职时间	出生年月	籍　贯	文化程度
第十四届（2012-02—）	区　长	缪承潮	2012-02—2013-07	1961-10	浙江临安	省委党校研究生
	代区长	陈　瑾（女）	2013-07—2014-01	1969-11	浙江杭州	中央党校研究生
	区　长	陈　瑾（女）	2014-01—	1969-11	浙江杭州	中央党校研究生
	副区长	王越剑	2012-02—	1971-03	浙江浦江	在职硕士研究生
		黄爱芳（女）	2012-02—	1965-05	浙江诸暨	省委党校研究生
		管光尧	2012-02—	1963-11	浙江乐清	大学
		来剑波	2012-02—2014-12	1964-06	浙江杭州	在职大学
		宣　寅（女）	2012-02—	1976-02	浙江诸暨	在职硕士研究生
		马　彦	2012-02—	1968-04	浙江杭州	在职硕士研究生
		黄昊明	2012-03—2013-02	1964-04	浙江义乌	大学（MPA）
		陈洪涛	2012-03—2012-07	1969-08	浙江三门	在职博士研究生
		段法雷	2012-07—2014-07	1976-02	山东沂水	硕士研究生
		陈益伟	2013-07—	1974-08	浙江青田	在职硕士研究生
		叶　榕	2013-11—	1967-02	浙江庆元	大学
		斯　力	2014-07—	1981-08	浙江东阳	中央党校研究生
		周国如	2014-12—	1972-11	江西新干	大学
		童玉玲（女）	2015-08—	1973-07	浙江淳安	在职硕士研究生

说明：资料来源于杭州市上城区人民政府办公室

第二节　区政府其他组成人员

1993—2015年，经区长提名，区人大常委会先后任命99名区政府其他组成人员（按任职先后时间排序）：

诸玲玲（女）	李校焕	方　建	叶洪泉	刘　南
周友芳	毛时志	钱红旗	张国永	徐松惠
王朗晨	王国民	洪正纲	沃铭泉	胡方方
张启超	陈长富	周稼芳（女）	吕春生	臧建五
傅宝林	余汉章	吴生生（女）	俞海涌	徐鸿华
施永林	单天生	吴伟明	方　莉（女）	袁建祥
黄爱芳（女）	王建民	朱云坤	陈国元	周　勤（女）
骆云森	叶承良	陈树达	朱金秋（女）	张伟农
丁建华	陈浩然	吴伟明	朱国建	方本成
袁巧玲（女）	钱国平	陈砚菁（女）	张玉山	邵　瑾
吴诗兵	赵野松	王汝雷	方　毅	曹兢业
柴惠铭	蒋　莉（女）	俞国海	管光尧	金承涛
卢　江	傅莉萍（女）	钱国平	来剑波	季黄辉

陈星豪	孙　锦	李一青（女）	周建康
刘一明	朱荣兴	金燮彪	谢　宁
马　彦	夏　勤（女）	胡建宏（女）	陶晓亮
林国平	叶　榕	薛迓冰（女）	钟　黎（女）
高圣军	吴电荣	金水根	杨盛强
沈武洪	杜秀芬（女）	章　琪（女）	柴闻乐
惠海涛	秦　文（女）	毛学庆	项海刚
黄涌泉	杨　东	石荣祥	薛鸿翔
林系州	徐志忠		

第三节　政府机构

1993年，区政府有22个工作部门。为适应社会经济的发展，上城区本着突出重点、转变职能、上下衔接、因地制宜、统筹兼顾、控制编制的原则分别于1996年、2001年、2005年、2012年进行大规模的机构调整。至2015年12月，区政府共设有19个工作机构，即杭州市上城区人民政府办公室（简称区政府办公室）、杭州市上城区发展改革和经济信息化局、杭州市上城区教育局、杭州市上城区科学技术局、杭州市上城民族宗教事务局、杭州市上城区监察局①、杭州市上城区民政局、杭州市上城区司法局、杭州市上城区财政局、杭州市上城区人力资源和社会保障局、杭州市上城区住房和城市建设局、杭州市上城区商务局、杭州市上城区风景旅游局、杭州市上城区文化广电新闻出版局、杭州市上城区卫生和计划生育局、杭州市上城区审计局、杭州市上城区统计局、杭州市上城区市场监督管理局、杭州市上城区城市管理局、杭州市上城区安全生产监督管理局、杭州市上城区法制办公室、杭州市公安局上城区分局②。区政府驻地惠民路3号。

一、机构调整

见第十八篇中国共产党地方组织第十五章编制管理第一节党政群机关机构编制管理。

二、内设机构

杭州市上城区人民政府办公室　1993年，区政府办公室③下设4个职能科室：文秘科、信息综合科、经济体制改革科、机关事务管理科。

2001年11月，上城区不再保留区政府办公室增挂的经济体制改革办公室牌子，改为增挂经济体制改革委员会办公室牌子，2005年5月撤

① 杭州市上城区民族宗教事务局、杭州市上城区监察局列入政府工作部门序列，不计入政府机构个数。

② 杭州市公安局上城区分局既是杭州市公安局的派出机构，又是区政府工作部门，列入政府工作部门序列，不计入政府机构个数。

③ 1952年，区政府设立秘书室。1955年6月，秘书室改为办公室，是区政府的综合性办事机构。

销挂牌，相关职能划归杭州市上城区发展和改革局；同时将杭州市上城区人民政府法制办公室（简称区法制办）改为与区政府办公室合署办公。至2007年末，区政府办公室下设6个职能科室：文秘科、综合科、督查科、信息科、复议应诉科、管理科。

2012年，区法制办从区政府办公室分出单设。经机构调整，至2015年，区政府办公室下设9个职能科室：秘书科、综合科、督查科、信息科、接待科（区委、区政府接待办公室牌子）、应急处置科、管理科、流动人口服务管理科、区人民政府研究室。

区政府办公室历任主任方建、袁建祥、单天生、丁建华、管光尧、金承涛、朱荣兴、陶晓亮、柴闻乐。

杭州市上城区人民政府突发公共事件应急管理办公室　2006年，杭州市上城区人民政府应急管理办公室成立，其主要职责是履行应急值守、预案管理、信息汇总、资源保障和综合协调职能。

2012年，区政府办公室增挂杭州市上城区人民政府突发公共事件应急管理办公室牌子，其主要职责是加强对全区突发公共事件应急处置的组织、协调、指挥等管理职责。至2015年末，未发生变化。

杭州市上城区机关事务管理中心　1998年，杭州市上城区区级机关行政事务管理中心成立，为全额拨款的全民事业单位，隶属于区政府办公室。主要为机关办公与职工生活提供车辆、公务接待、机关福利、消防、保卫、房产、物业管理、办公用品、通讯、食堂等后勤服务。2002年11月，增设杭州市上城区信息中心为第二名称，其主要职责是负责上城区电子政务办公信息系统建设和管理，保障区政府网络的安全及维护，监督、指导、检查区电子政务办公系统用户的网上保密工作。2006年12月，撤销杭州市上城区信息中心名称。

2013年9月，该中心正式更改为现名。同时，区政府办公室建立中共杭州市上城区委、杭州市上城区人民政府接待服务中心，与杭州市上城区机关事务管理中心合署办公，实行“两块牌子一套班子”。

至2015年末，该中心设综合事务科、节能与房产设备管理科、计财科、安全保卫与车辆管理科4个科室。

杭州市上城区流动人口服务管理委员会办公室　2012年9月，杭州市上城区流动人口服务管理委员会成立，办公室设在区政府办公室，负责委员会日常工作。12月，杭州市上城区流动人口服务管理委员会办公室成立，在区政府办公室增挂牌子，主任由区政府办公室主任兼任。主要职责为承担全区流动人口服务管理工作的统筹协调和监督指导职责。至2015年，未发生变化。

三、派出机构①

街道办事处是上城区人民政府的派出机构，依法行使基层政权的部分权力，管理辖区的行政工作。1993年，上城区设有湖滨、涌金、清波、小营巷、城站、清泰、横河7个街道办事处。

①详见第三十四篇街道。

1996年12月，由于杭州市市辖区行政区域调整，上城区增加望江、南星、紫阳、闸口4个街道办事处。1999年，区划再次调整，上城区有湖滨、清波、小营、城站、闸口、望江、近江、南星、紫阳9个街道办事处。2003年5月，经调整，上城区有湖滨、清波、小营、望江、南星、紫阳6个街道办事处。至2015年，未调整。

第二章 重要会议

1978年起，区政府相关会议重点转向经济建设。1993—2015年，区政府按照区委和上级政府的部署，定期或不定期召开政府全体会议、政府常务会议、区长办公会议、区政府专题会议，根据区委决策和部署，讨论、决定、实施区内重大事宜。会议形成统一意见后，或以口头传达贯彻，或以书面文件形式下达，确保政令畅通。

第一节 区政府全体会议

区政府全体会议由区政府全体组成成员，即区长、副区长、政府相关组成部门的各委、办、局主任（局长）组成，由区长或区长委托主持日常工作的副区长召集，区政府直属各有关单位负责人和有关街道办事处主任列席会议，并邀请有关部门负责人参加。会议主要是传达贯彻中共中央、国务院和省委、省政府，市委、市政府和区委的方针、政策和重大决策；决定和部署区政府的重要工作；通报有关全区工作的重要情况；讨论其他需要由政府全体会议决定的重要事项。会议议题由区长确定。

表20-2-2 2003—2015年区政府全体会议情况表

届 次	会议时间	会 议 内 容
第十二届政府	2003-09-18	回顾当年政府工作完成情况，部署第四季度政府主要工作
	2004-09-21	回顾当年政府工作完成情况，分析全区经济社会发展面临形势和存在问题，部署第四季度政府主要工作
	2005-09-20	回顾当年政府工作完成情况，分析全区经济社会发展面临形势和存在问题，部署第四季度政府主要工作
	2006-09-20	回顾当年政府工作完成情况，分析全区经济社会发展面临形势和存在问题，部署第四季度政府主要工作
第十三届政府	2007-09-14	回顾当年政府工作完成情况，分析全区经济社会发展面临形势和存在问题，部署第四季度政府主要工作
	2008-10-09	开展预防职务犯罪讲座；听取电子政务建设暨“在线互动一站式审批服务平台”项目工作汇报（书面）；部署第四季度政府主要工作
	2009-10-09	听取杭州市上城区城市管理行政执法局作利用信息化手段提升执法管理水平的经验介绍；杭州市上城区民政局作利用标准化手段提升民政工作水平的经验介绍；部署第四季度政府主要工作
	2010-09-21	听取杭州市上城区发展和改革局、杭州市上城区卫生局、杭州市湖滨地区商贸旅游特色街居建设指挥部表态发言；部署第四季度工作

续表20-2-2

届　次	会议时间	会　议　内　容
第十四届政府	2013-03-13	听取杭州市上城区发展改革和经济信息化局、杭州市上城区行政审批服务管理办公室、杭州市上城区民政局、杭州市食品药品监督管理局上城分局、望江地区改造建设指挥部和湖滨街道表态发言；部署第二、三、四季度工作
	2014-02-24	听取杭州市上城区发展改革和经济信息化局、杭州市上城区行政审批服务管理办公室、望江地区改造建设指挥部、紫阳街道表态发言；部署第二、三、四季度工作
	2015-03-05	听取杭州市上城区发展改革和经济信息化局、杭州市上城区商务局、杭州市上城区安全生产监督管理局、杭州市上城区教育局、杭州市上城区市场监督管理局、湖滨街道、紫阳街道、杭州市玉皇山南综合整治工程指挥部表态发言；部署第二、三、四季度工作

说明：1.资料来源于杭州市上城区人民政府办公室。2.第十届、第十一届区政府全体会议资料遗失

第二节　区政府常务会议

政府常务会议由区长、副区长、区长助理组成。由区长或区长委托主持日常工作的副区长召集，邀请区人大常委会、区政协、中国人民解放军杭州市上城区人民武装部、杭州市上城区总工会的负责人参加，有关部门负责人根据议题需要列席会议。会议的议题由区长确定。会议决定的事项，由区政府办公室通知有关委、办、局组织实施。会议主要传达贯彻中共中央、国务院和浙江省、杭州市的重要指示和决定，讨论决定全区性的重要事项；传达和贯彻区人大及其常委会的决议；讨论提请区人大常委会审议的政府工作报告和有关全区性重大问题的决策等。

一、第十一届区政府常务会议

2000年5月8日，区政府常务会议研究区政府5月要着重抓好的工作，关于深入基层加强调研、进一步规范政府工作的问题以及审议土地法执法情况报告。2000年6月5日，区政府常务会议研究区政府6月要着重抓好的几项工作。2000年7月26日，区政府常务会议研究全面推进第三季度各项工作、城建工作、城市管理工作、商贸旅游工作、科教文卫等社会事业方面工作，以及综合工作。①

二、第十二届区政府常务会议

2003年3月—2007年2月，杭州市上城区第十二届区政府召开常务会议16次。2006年6月12日，区政府常务会议研究《主动接轨钱江新城建设，加快沿江区块发展实施意见》《关于鼓励与扶持

①第十一届区政府常务会议会议资料部分缺失。

现代服务业发展若干意见》《全区农贸市场改造提升实施方案》《全区农贸市场管理年活动实施方案》。2006年7月4日，区政府常务会议研究布置抗高温、抗台风工作，省级示范文明城区创建活动，分析经济运行和财政收入情况，提出加大力度推进拆迁工作等。2007年，区政府常务会议研究并原则通过零贫困家庭实施意见、经济发展考核办法、鼓励高档商务楼建设若干意见、社区卫生服务中心“收支两条线”方案等。

三、第十三届区政府常务会议

2007年3月—2012年3月，杭州市上城区第十三届区政府召开常务会议41次。2008年，区政府常务会议研究《上城区防御灾害性天气应急预案》、《政府工作报告》目标任务分解、《区政协三届二次会议重点提案参考目录》及《2008年度区级机关考核计分办法》等。2009年1月8日，区政府常务会议听取杭州市上城区综合考评办公室《关于认真做好市委、市政府对区综合考评工作的通知》的情况汇报，《政府工作报告（征求意见稿）》及其他部门2008年工作总结和2009年工作思路。2009年2月12日，区政府常务会议传达落实杭州市减负解困促发展政策专题会议精神；做好市委、市政府听取上城区有关工作专题汇报会议精神的传达落实；听取第二十三次常务会议确定的有关事项落实情况；听取杭州市上城区审计局关于上城区2009年审计工作思路的汇报；听取区政府办公室关于《政府管理与服务标准化指导性意见》的汇报。2010年8月6日，区政府常务会议听取望江地区改造建设指挥部关于《进一步加快〈决战望江三年行动计划〉拆迁工作实施意见》的汇报等。2011年3月30日，区政府常务会议听取杭州市上城区民政局关于社区建设“十二五”规划的汇报等。2012年1月10日，区政府常务会议听取区政府办公室关于2012年为民办实事项目的情况汇报等。

四、第十四届区政府常务会议

2012年3月—2015年12月，杭州市上城区第十四届区政府召开常务会议31次。2012年5月17日，区政府常务会议听取杭州市上城区民政局关于社区建设“十二五”规划的汇报等。2013年1月31日，区政府常务会议听取杭州市上城区住房和城市建设局关于《进一步加强政府投资建设工程项目监督管理若干规定（试行）》的汇报等。2014年7月21日，区政府常务会议研究《上城区2014年国民经济计划上半年执行情况》等。2015年1月22日，区政府常务会议研究《上城区卫生和计划生育局主要职责内设机构和人员编制规定》等。7月13日，区政府常务会议研究杭州地铁五号线一期工程江城路站二期项目等5个征收项目等事项。

第三节　区长办公会议

区长办公会议由区长、副区长、区长助理组成，区政府办公室主任、副主任和有关委、办、局及街道办事处负责人列席，由区长或主持日常工作的副区长召集，区长办公会议一般不定期，每月召开一至两次。会议主要是交流一个时期区政府各方面的工作，研究、部署区政府日常事务工作。区长办公会议议题由区长确定。

一、第十届区政府区长办公会议

1993年3月—1998年3月，杭州市上城区第十届区政府召开区长办公会议2次。1993年7月12日，区长办公会议就撤销杭州市上城区计划委员会、杭州市上城区经济委员会，建立杭州市上城区计划经济委员会的有关问题的处理和衔接作研究。1995年3月6日，区长办公会议听取杭州市上城区计划经济委员会关于工业困难企业情况和杭州市上城区体制改革办公室关于加强公有资产管理问题的汇报，研究做好两方面工作的意见。

二、第十一届区政府区长办公会议

1998年3月—2003年3月，杭州市上城区第十一届区政府召开区长办公会议14次。1998年5月11日，区长办公会议对上城区贯彻执行“改革促发展，改革促繁荣”方针，进一步发展第三产业等事项进行专题研究。2000年6月26日，区长办公会议听取杭州市上城区科学技术局关于杭州市上城区科技创业中心筹备工作的汇报。2001年6月25日，区长办公会议简要回顾上半年区政府工作，着重研究部署第三季度区政府主要工作任务。

三、第十二届区政府区长办公会议

2003年3月—2007年2月，杭州市上城区第十二届区政府召开区长办公会议21次。2004年11月2日，区长办公会议简要回顾10月份政府工作，并讨论提请区人大常委会讨论的关于2004年为民办实事情况的报告和关于生态区建设规划及其编制说明的报告，着重部署11月份政府主要工作任务。2006年1月6日，区长办公会议研究工业、商旅、招商等工作的目标分解和落实；研究实施国有资产授权经营、管理试点工作；筹备2006年中国杭州西湖博览会、杭州世界休闲博览会；研究依法拆迁工作，养老服务社会化工作。2007年，区长办公会议讨论《关于上城区2006年国民经济和社会发展计划执行情况》和《2007年财政预算草案的报告》；研究讨论《上城区社会化管理企业退休人员帮困救助实施意见》《上城区第一批非物质文化遗产名录》；对经济工作、城建城管工作会议筹备情况及提案建议交办方案和政府工作报告目标责任分解方案进行研究等。

四、第十三届区政府区长办公会议

2007年3月—2012年3月，杭州市上城区第十三届区政府召开区长办公会议24次。2011年，区长办公会议审议关于2010年经济发展考核情况、关于调整区长、副区长分工的情况、关于上城区投资控股集团有限公司有关工作、关于保障性住房建设有关工作、关于上城区重点工作5月份进度情况等事项。2012年，区长办公会议审议关于南宋御街有关问题、关于促进文化创意产业发展的扶持意见、关于调整调拨房源价格的请示、关于省义务教育均衡发展区等议题。

五、第十四届区政府区长办公会议

2012年3月—2015年12月，杭州市上城区第十四届区政府召开区长办公会议25次。

2013年，区长办公会议审议《关于杭州市山南国际创意产业园招商体制机制的意见》、关于设立杭州不孕不育专科医院的有关事宜、关于落实上城区体育中心前期建设资金的情况等。2014年，区长办公会议审议关于2013年度拟记三等功公务员与2013年度嘉奖公务员情况、关于举办上城区第八届运动会的相关情况、关于调整延安路246号安置处理方案的相关情况等。2015年，区长办公会议审议关于《实施上城区第六个法制宣传教育和依法治区五年规划（2011—2015年）的决议》情况、关于陆家圩创业基地推进事宜的相关情况、关于中国铁塔股份有限公司签约事宜、关于聘请玉皇山南基金小镇促进单位的相关情况、关于调整部分副区长分工的相关情况等。

第四节　区政府专题会议

区政府专题会议由区长、副区长、区长助理组成，区政府办公室主任、副主任和有关委、办、局及街道办事处负责人列席，由区长或主持日常工作的副区长召集，专题会议一般不定期召开。会议主要围绕一个专题展开，为攻破、商讨、交流某一事例、某一个案件、某个领域、某技术等问题而召开。专题会议议题由召集会议的区长和副区长确定。

表20-2-3　2003—2015年上城区人民政府部分专题会议情况表

政府届次	时　间	主　　　题
第十二届区政府（2003-03—2007-02）	2003-04-03	关于东河指挥部购买市安居中心房源安置
	2003-12-30	关于做好区初级卫生保健年终考核及总结工作
	2004-05-14	关于调整学校用房
	2004-06-10	关于拆除违法建筑有关问题
	2004-08-04	关于美晨集团依法解散杭州牙膏厂有限公司
	2005-01-21	关于勇进中学装修改建问题
	2005-02-18	关于办好2005年元宵灯会
	2005-03-09	关于全区农贸市场综合整治协调
	2005-03-15	关于浙江省杭州第十中学等校舍建设问题
	2005-04-18	关于杭州市勇进中学改造和清河中学移交问题
	2005-04-25	关于杭州市惠兴中学围墙问题的专题
	2005-07-12	关于龚自珍纪念馆移交修缮问题
	2005-07-19	关于利星购物广场装修有关事项
	2005-09-07	关于湖滨文化中心建设项目
	2006-03-28	关于地铁秋涛路站拆迁及秋涛路445号搬迁问题
	2006-04-13	关于落实俞国华住房修复问题
	2006-04-21	关于进一步加强房屋拆迁裁决力量等有关问题
	2006-05-30	关于北落马营地块住户回迁安置问题
	2006-06-26	关于迁建上城区行政中心
	2006-06-15	关于清理偿还街道对外债务

续表 20-2-3

政府届次	时　间	主　　题
第十二届区政府（2003-03—2007-02）	2006-08-11	关于碑林拆迁问题
	2006-08-21	关于杭州市望江门小学拆迁过渡问题
	2006-08-22	关于铁路退休教师移交上城区管理有关具体事项
	2006-08-31	关于天工艺苑封堵桩孔问题
	2006-09-14	“西湖创意设计谷”建设
	2006-10-20	关于复兴地区配套学校移交问题
	2006-10-20	关于杭州市惠兴中学分部房屋处置
	2006-10-24	关于大学路新村21、25幢居民安置及王文韶故居修复问题
	2006-10-26	关于地铁试验段秋涛路站拆迁有关问题
	2006-10-27	关于杭州东南化工有限公司治污
	2006-11-21	关于上城区行政中心建设项目
	2006-11-30	关于原近江、望江两村农居拆迁安置和农居公寓建设问题
	2006-11-29	关于浙江省杭州第十中学地下停车库项目有关问题
	2006-12-04	关于金碧辉煌餐饮娱乐有限公司噪音问题
	2006-12-04	关于金鸡岭沿街商铺污染问题
	2006-12-20	关于建国中路停车场有关问题
	2006-12-20	关于北落马营回迁安置问题
第十三届区政府（2007-02—2012-02）	2007-06-27	拆迁问题
	2007-06-28	关于北落马营地块住户回迁安置问题
	2007-06-29	上城区、钱江新城联席会议
	2007-07-23	关于近江、望江、玉皇经联社管理体制调整交接工作
	2007-07-26	区危旧房改善项目审批联合会审第一次
	2007-08-03	区危旧房改善项目审批联合会审第二次
	2007-08-08	区危旧房改善项目审批联合会审第三次
	2007-08-16	关于大学路新村21、25幢居民置换安置有关问题
	2007-08-31	关于八卦田南入口配套公建项目行政处罚有关问题
	2007-08-25	关于加强中山中路历史街区（上城段）管理有关问题
	2007-08-29	关于玉皇经联社有关问题
	2007-09-11	区危旧房改善项目审批联合会审第四次
	2007-09-17	关于东河营业房安置遗留问题
	2007-09-20	关于建立行政争议协调处理机制
	2007-09-26	关于石板巷公厕有关问题
	2007-11-07	区危旧房改善项目审批联合会审第七次
	2007-11-06	关于清泰立交桥下中巴车站安全管理
	2007-11-28	关于建立浙江省第一党小组陈列馆问题
	2007-11-29	关于望江街道综治中心有关房屋产权归属问题
	2007-11-21	关于上城区庭院改善、支小路整治
	2007-12-12	关于湖边邨危旧房改善方案审批联合会审
	2007-12-25	关于浙江省杭州第六中学沿西湖大道建设有关问题

续表20-2-3

政府届次	时　间	主　　　题
第十三届区政府（2007-02—2012-02）	2007-12-28	关于危旧房地块内住改非住户拆迁补偿政策
	2008-05-28	关于西湖天地二期项目有关问题
	2008-06-06	区危旧房改善项目审批联合会审
	2008-05-29	关于协调浙江稠州商业银行杭州分行筹建工作
	2008-06-24	关于开辟临时第六空间艺术生活广场进出口便道
	2008-06-02	关于平海公寓部分土地绿化征迁补偿有关问题
	2008-06-10	关于中山中路步行街涉及市商业资产经营公司及下属企业搬迁事宜
	2008-07-15	关于四路一口及支小路整治工作
	2008-07-18	关于时尚创意园开园有关事项
	2008-07-23	关于清河坊历史街区建筑工程消防验收工作
	2008-08-11	区危旧房改善项目审批联合会审
	2008-08-26	关于启动元宝街地块危旧房改善
	2008-08-22	关于杭州小世界幼儿园用房置换问题
	2009-06-05	关于西湖8号地块有关问题
	2009-08-31	关于治理建筑渣土偷乱倒事项
	2009-09-25	关于中山路开街任务布置
	2009-10-30	关于中山中路综保工程（湖滨段）危旧房改善、庭院改善、立面整治工作
	2009-11-19	关于进一步做好流浪乞讨人员救助管理工作有关问题
	2010-02-04	关于清河坊私房自保户遗留问题
	2010-07-29	关于加快推进五柳巷历史文化街区综合整治工程
	2010-08-20	关于治理客运汽车南站周边“两黄”问题
	2010-10-29	关于区行政服务中心工程建设筹建工作有关问题
	2010-11-25	关于南宋御街美食夜市一条街推进工作
	2011-04-29	关于上城区体育中心建设
	2011-07-01	关于社区配套用房
	2011-09-26	关于同仁堂外立面及室内装修问题
	2011-10-31	关于凤凰山东路违章建筑拆除
	2011-12-20	关于城站综合楼拆迁建设
第十四届区政府（2012-02—）	2012-08-13	关于老旧小区安全隐患整治
	2012-06-25	关于望江街道邻里中心睦邻驿站建设项目
	2012-10-09	关于在上城区推行公众责任险投保工作
	2012-10-24	关于杭州江河汇娱乐有限公司设立电子游艺娱乐场所审批问题
	2012-12-20	关于三里家园2小区3-4-201室等四套拆迁安置房产权证办理
	2013-01-31	关于惠民路整治提升工程竣工验收暨项目移交
	2013-03-13	关于进一步明确上城区集体土地安置审核
	2013-03-19	关于阳光国际广场（望江国际中心）公建证照办理等事宜
	2013-06-06	关于湖滨三期项目概念设计方案有关事宜
	2013-11-21	关于上城区文化馆大楼使用有关问题
	2014-05-15	关于城站广场环境综合整治提升工程

续表 20-2-3

政府届次	时　间	主　　　　题
第十四届区政府（2012-02—）	2014-05-28	关于商品交易市场名称登记证延期问题
	2014-08-14	关于上城区交通事故调解处理中心、区统计局经济普查办公用房等相关问题
	2014-11-05	关于上城区社区治理创新园建设相关问题
	2014-12-12	关于老居住小区交通综合治理项目竣工验收
	2015-01-27	关于老居住小区交通综合治理项目后续管理
	2015-03-13	关于地铁4号线南星桥站统一码头地块未登记建筑认定
	2015-03-13	关于区体育中心、凯旋路、甬江路等项目设计审查
	2015-07-13	关于加快推进特色小镇建设
	2015-08-06	关于西湖饭店提升改造

说明：1.资料来源于杭州市上城区人民政府办公室。2.第十届、第十一届区政府专题会议资料遗失

第三章 施政要录

1978年起，在历届区委领导、区人大监督下，区政府围绕经济建设，改善和提高人民生活，依法行政，在经济不断发展的同时，城区建设、旧城改造、城区管理取得新进展，教育、文化、科技、卫生、体育等各项事业有显著发展。

1993年起，区政府实施区委提出的“商贸领先、三产兴区”“优二兴三、三产兴区、科教强区”等战略，着力产业转型升级，营造良好营商环境，加大城市综合整治，改善人民生活水平，提高依法行政能力，依靠科技进步，转变经济增长方式，提高经济运行的质量和效益。2003年起，区政府全面开展创建“平安上城”活动，依法严厉打击刑事犯罪和社会黑恶势力，防范和惩治邪教组织的犯罪活动，扫除“黄赌毒”等社会丑恶现象。2004年，区政府修订《关于招商引资奖励的若干意见》，实施楼宇业态规划，加大楼宇招商力度，探索招商引资新途径，开展“日韩招商”“山海协作”等招商活动，主攻大项目和现代服务业项目的引进，进一步提高引进企业的规模和档次。2006年，上城区启动全区最大的安置房建设地块——望江地区改造。2007年，区政府全面启动危旧房改善工作，按照“整体规划，分步实施；因地制宜，一幢一策；典型引路，以点带面”的原则，全面推进危旧房改善。是年起，上城区建立上城区非物质文化遗产（民间艺术）保护（普查）工作领导小组，开始非物质文化遗产保护工作。2009年，区政府制定《上城区促进经济发展若干政策规定》，多措并举推进经济结构调整，促进形成“五主多副”为主导的现代产业体系。2011—2015年，区政府实施区委提出的“具有国际水准的高品质中心城区”“现代化美丽上城”发展战略，大力实施生态文明城区建设、“最清洁城区”打造、“五水共治”等环境整治攻坚战。2015年，上城区在全市率先完成“污水零直排区”建设，成为杭州市首个“零直排”城区。

第一节 经济建设

一、经济改革

1993年，中共杭州市上城区第五次代表大会提出围绕社会主义市场经济体制的建立，加快经济改革步伐。是年，区政府制定《上城区集体商业企业股份合作制试行办法》，对区集体商业企业股份合作制的股权设置、收益分配、劳动工资、管理体制、审批、企业的设立与终止等做出规定。1994年，区政府制定《关于加速转换企业经营机制的工作意见》，提出要理顺产权关系，划清资产归属，实行政企分开，落实企业自主权，使企业成为自主经营、自负盈亏、自我发展、自我约束的享有民事权利，承担民事责任的法人实体和市场竞争主体。10月，区委、区政府召开座谈会，分析上城区经济发展现状，进一步理清全区未来经济发展基本思路，确定经济发展的战略重点，设想用6年的时间，实现跨三步、翻三番。第一步：到1995年，为建设现代化商贸城区奠定基础；第二步到1997年，初步形成现代化商贸城区的框架；第三步：到2000年，基本建成现代化商贸城区。12月，区委、区政府制定《关于对部分重点骨干企业实行无行政主管部门试点的实施意见》，确定杭州娃哈哈集团公司、浙江华日集团公司、杭州广宇房地产集团公司、杭州市上城区房地产开发经营公司、杭州市上城区财务开发公司、官巷口城市信用社6家企业为试点单位。1995年，区政府批转《关于进一步深化商业企业经营机制改革的实施意见》，至年末，改制和新组建有限责任公司11家，合资合劳合作制1家，引进个体经营机制10家，实行资产租赁、委托经营和抵押承包10家，使上城区完成改制的企业达到239家。同时，全区有11075名职工签订劳动合同，占应签职工的90%，为深化企业改革，建立现代企业制度创造条件。1998年8月，区委、区政府制定《关于大力发展个体和私营经济的意见》《关于区属国有集体企业改制为股份合作制企业的若干意见》。

2003年，上城区对区重点骨干和重点发展企业深化完善产权，推进形式多元化，做好改制“回头看”工作，对尚未改制企业和市属下放企业，妥善做好改革深化工作。2007年，上城区进一步规范股份经济合作社治理结构和管理体制，推进集体经济制度创新，调整管理体制，保障股民合法权益，促进集体经济的稳步发展。2009年，上城区制定《上城区促进经济发展若干政策规定》，多措并举推进经济结构调整，支持引导企业在逆境中实现发展，促进形成“五主多副”为主导的现代产业体系。2010年，上城区制定《上城区发展“五主多副”促进转型升级指导意见》，开展可持续发展战略研究和省级可持续发展实验区总体规划编制，优化产业布局、拓展发展空间、引导自主创新，加快推进经济发展方式转变。2014年，上城区重点改革取得突破，组建杭州清河坊资产管理有限公司，增资杭州市望海潮建设有限公司，实施区属国企人事制度改革，现代企业制度逐步完善。2015年，上城区深化国资管理改革，健全国有企业考核和重大事项决策程序。

二、工业经济

1993年，上城区从区情出发，扬长避短，重组优势，加快经济结构调整步伐。12月，经市委、市政府批准，上城区在西湖区祥符镇新建规划用地20万平方米的上城区工业园区。1994年，区政府批准《关于上城区集体工业企业产权定向转让的试行意见》。至1997年，上城区工业经济持续增长，企业技术改造和产品结构调整步伐加快，工业集约化经营效应进一步显现，形成以杭州娃哈哈集团公司、浙江华日集团公司为龙头的规模工业群体。1999年7月，区委、区政府发出《关于命名重点骨干企业和重点发展企业并为之建立“绿色通道”的通知》，确定杭州娃哈哈集团公司、浙江华日集团公司等11家企业为区重点骨干企业；确定杭州套丝机总厂等16家企业为区重点发展工业企业。2003年，区政府贯彻实施“工业富区”发展战略，制定《上城区企业技术改造财政资助管理暂行办法》，继续加大技术改造投入，全年技术改造投入7.1亿元。2010年，区政府制定《上城区电子信息技术特色产业基地发展规划》，加快发展以3G应用、物联网、电子信息为主导的高新技术产业。2012年，上城科技工业基地被正式批准为杭州市上城区电子机械功能区。至2015年，全区规模以上工业企业50家，规模以上工业企业平均人数15045人，规模以上工业企业工业总产值726.41亿元，规模以上工业企业销售收入706.24亿元，规模以上销售收入693.93亿元，工业利润46.43亿元，利税总额281.63亿元。

三、旧城改造

20世纪90年代起，随着城市化进程的加快，上城区作为中心城区的功能集聚作用日益凸显，城市道路已不能满足日益繁忙的通行需要，出现拥堵现象。同时，居住小区已不能满足日益饱和的人口居住和生活需求，呈现老旧、破小问题，城区环境卫生较差、基础设施简陋、公建配套缺乏，社会反响强烈，旧城改造成为上城区城市建设转型升级的一项必要举措。

区委针对该问题，确定“重点项目引领、片区改造推动、配套功能提升”的总体思路。1993年，区政府开始延安路南端贯通、复兴路改建等市重点城市主干道建设工程。1998年，实施“以片带面”改造，以复兴地区、东河沿线、吴山景区三大改造建设工程为重点，带动全区改造建设的全面展开。2003年，围绕打造“精品上城”目标，高标准实施湖滨路东侧整合改造工程。此后，大力推进安置房建设，加快拆迁户的回迁安置。2006年，启动全区最大的安置房建设地块——望江地区改造。2007年，区政府全面启动危旧房改善工程，确定馒头山一期地块、江城路南端东侧地块、横河新村、湖滨零星地块为危旧房改善试点项目，按照“整体规划，分步实施；因地制宜，一幢一策；典型引路，以点带面”的原则，全面推进危旧房改善。2008—2015年，中山路综合保护与有机更新（上城段）工程、湖滨商贸旅游特色街区、玉皇山南综合整治工程、复兴国际商务广场综合体等重大工程稳步推进。2015年，上城区在全市率先制定货币化安置政策，多渠道解决安置房源。

至2015年末，在旧城改造中，累计动迁3.80万户，竣工住宅小区654万平方米，回迁安置2.70万户。危旧房改善累计启动114.3万平方米、完成95.9万平方米。

四、对外开放

1993年，上城区扩大对外开放领域，外贸、外资、外经三块工作均超过历年同期最高水平，三资企业从1992年的20家增加到51家。1998年，区政府制定推进对外开放的32条政策，招商引资成效显著，新办三资企业13家。1999年，区政府组建上城区招商中心，规范招商引资工作。2004年，修订《关于招商引资奖励的若干意见》，实施楼宇业态规划，加大楼宇招商力度，探索招商引资新途径，开展“日韩招商”等招商活动，主攻大项目和现代服务业项目的引进，提高引进企业的规模和档次。2005年，上城区把招商引资作为“一把手”工程，完善指标考核体系和服务机制。2006年，区政府积极调整招商思路，创新招商手段，完善激励机制，推进重点企业“以企引企”、重点楼宇“责任招商”、重点项目“全力跟踪”，同时充分发挥街道主力军作用，全区有5个街道招商引资额超10亿元。2008年起，上城区着力引进成熟税源企业和大项目，世界500强企业高盛集团投资两岸咖啡项目落户上城区。2012年，区政府实施浙商回归战略，成功举办上城区支持浙商创业创新大会和上城金融环境推介会，签约项目21个，总投资额达133亿元。2015年，着力招引重点企业和行业龙头，引进市外资金500万元以上项目97个，实际到位市外资金108.1亿元；引进浙商回归项目59个，到位资金69.8亿元；实际利用外资2.5亿美元，比2014年增长28%。

五、商贸旅游

1993年，上城区十届人大一次会议提出，开设以连锁店、店中店等专业性较强、服务层次较全的专业商业群，发展规模经营；抓紧调整网点布局与经济结构，改善商业基础设施，开展特色经营与特色服务；开发旅游资源，开拓旅游项目，增加旅游商品，搞好旅游服务，把旅游业的文章做足。2001年，区政府围绕“办好会展活动，提升经济质量，打响城区品牌”的目标，组织实施中国杭州西湖博览会相关项目。2003年，区政府实施扶优扶强战略，在全市率先制定《关于进一步鼓励和扶持商贸旅游服务业发展的若干意见》，确定给予34家商贸旅游企业重点扶持和服务。打造湖滨商贸旅游特色街区、清河坊历史文化特色街区、南山路艺术休闲特色街区三大品牌，形成各具特色、相互补充的业态风貌。2004年，制定RBD建设实施意见，组建RBD管委会，对全区RBD建设，实施统一领导和协调，初步形成“旅游、文化、美食、娱乐、休闲、商务”六大业态。2006年，着力打造特色街，先后制定解放路现代商贸特色街和延安路时尚购物街业态指导性规划。2008年，着力提升特色街区、特色街巷、特色潜力行业品质，清河坊历史文化特色街区获当年全国唯一的“中华老字号第一街”称号。当年，三个特色街区实现税收9000余万元。

2011年，上城区推进“购物天堂、美食之都”建设，湖滨、南山路、清河坊（含南宋御街·中山路）三大特色街区营业收入和税收比2010年分别增长59.1%和101%。2013年，上城区全面启动国家级品牌消费集聚区建设，推进现代产业集聚区发展。2014年，区政府推进湖滨商圈、吴山商圈融合发展，加快品牌消费与电商资源整合，加强文化旅游资源整合，举办杭州美术节、国际设计周等时尚节展活动，开展吴山庙会、国际体验日等民俗文化活动，组织湖滨购物节、夜休闲嘉年华等商贸休闲活动。2015年，上城区成功创建全国首批品牌消费集聚区。

第二节　文化建设

一、非物质文化遗产保护

2007年，区政府建立上城区非物质文化遗产（民间艺术）保护（普查）工作领导小组。2008年，实行“保护为主，抢救第一，合理利用，传承发展”的工作方针，完成普查、申报与命名。2013年6月，上城区单独设立上城区非物质文化遗产保护中心。2015年，上城区完成申报并正式列为各级非物质文化遗产保护单位（项目）、基地、传承人等共达147个（项）。其中，被列为非物质文化遗产保护单位（项目）99个，涉及民间文学、传统音乐、传统体育游艺与杂技、传统美术、传统技艺、传统医药、民俗七大门类；被列为世界级非物质文化遗产“人类口头与非物质文化遗产”代表作名录1项，国家级非物质文化遗产名录6项，省级非物质文化遗产名录17项，市级非物质文化遗产名录27项，区级非物质文化遗产名录48项；被列为国家级非物质文化遗产项目代表性传承人5人，省级非物质文艺遗产项目代表性传承人13人，市级非物质文化遗产项目代表性传承人26名，以及省级非物质文化遗产传统节日保护基地1个，市级非物质文化遗产传统节日保护基地1个，市级非物质文化遗产生产性保护示范基地1个。

二、教育改革

1993年，上城区创办浙江省第一所“国有民办”寄宿制学校——杭州新世纪外国语小学。1996年，区政府制定以等级制为标志的“小学生素质评价方案”，改变过去单一的采用笔试评价的方法，强调通过教师的观察、访谈等日常手段对学生的发展状况进行评定。是年，上城区被浙江省教育厅确定为首批“浙江省素质教育实验区”。1998年，上城区在杭州市率先在杭州市胜利小学开展小班化教育改革实验。2001年，在浙江省杭州第六中学开始尝试初中小班化教育。2002年，上城区被确定为省基础教育课程改革实验区。2003年，区政府实施新课程改革，以转变教师行为和学生发展为目标，在教师思想观念和教学行为转变、综合实践课程、校本培训、校本课程开发、学生综合素质培养等方面进行探索和改革。2004年12月，上城区成立第一个教育集团——杭州市天长教育集团，以同体制、同法人代表“紧密型”办学模式和双体制、双法人代表“结合型”办学模式运作。此后，区政府开始大力推进教育集团化。是年，上城区正式成立杭州市上城区社区学院，开展终身教育活动，并初步构建市民“终身教育体系”。2006年，上城区被命名为“全国社区教育实验区”。2008年起，上城区以《浙江教育信息报》刊登杭州市建兰中学“减轻学生第三种负担”报道为标志，在全区推行“课堂革命”。2010年，区政府制定《上城区“国有民办”体制改革工作方案》，做好“国有民办”体制调整工作，杭州市建兰中学、杭州新世纪外国语学校、杭州市崇文实验学校、杭州市时代小学改为民办学校，杭州市勇进中学、杭州天地实验小学改为公办学校。2012年起，区政府全面实施义务教育阶段“阳光招生”政策，在全省率先提出公办中小学招生“零择校”。2015年，上城区被评为“浙江省首批教育基本现代化区”。

第三节　社会建设

一、卫生创建

1993年，上城区医疗卫生保健事业不断发展，各类传染病和慢性病得到控制，初级卫生保健工作被评为全市城区第一，小营地区健康教育被世界卫生组织列入示范项目。2004年起，区政府开放办医格局，鼓励发展民营中医机构，在建设清河坊“名中医中药一条街”的基础上，打造“五柳巷·中医药文化传承与创新产业园”，解决群众“看名中医难”问题。至2006年，上城区成功创建“国家卫生城市”、全国社区卫生服务示范区、浙江省社区卫生服务示范区。2007年，上城区在51个社区中建立社区卫生服务站30个，形成规划合理、功能完善、覆盖全区的社区卫生服务网络。2008年，上城区作为浙江省传染病自动预警（时空模型）试点区，利用网络平台开展实时监测，快速对潜在的突发公共卫生事件做出分析和预警。2013年起，区政府每年拨款40万元～55万元实施食品安全工程，在54个社区实行监管网格化，推广民间食安办，开通“96301”食品安全投诉电话，加强餐饮食品安全整治。实现辖区内餐饮服务单位持证率100%，餐饮食品及餐具抽检率100%。2014年，上城区在各社区卫生服务中心及社区卫生服务站均开展社区诊断，掌握社区居民主要健康管理问题以及影响因素，制定干预计划。全区54个社区均设有慢性病管理员，社区卫生服务中心（站）均设立免费自动测血压处，为辖区居民提供服务，对高血压病开展分级管理。9月，区政府投入2000余万元的杭州市首家区级居民健康管理中心投入使用。1993—2015年，上城区平均期望寿命从78.13岁增加到85.96岁。

二、平安创建

1993年，上城区加强社会治安综合治理，深入开展“三打一禁”斗争，依法严厉打击各种刑事犯罪活动和经济犯罪活动。1996年起，上城区落实治安防范责任制，强化重点地区整治，加强外来人口管理，初步形成人防、技防、物防“三位一体”的防范体系。2003年起，上城区全面开展创建“平安上城”活动，依法严厉打击刑事犯罪和社会黑恶势力，防范和惩治邪教组织的犯罪活动，扫除“黄赌毒”等社会丑恶现象，保持良好的社会秩序。2008年，上城区大力推进打防控一体化建设，全区刑事发案比2007年下降2.3%，群众安全感及对社会治安状况满意率位居全市前列。2010年，区政府深入开展“警民联调”“和事佬”等人民调解工作，源头化解社会不稳定因素。2012年，区政府成立杭州市首个区级司法行政法律服务中心。2014年，上城区深化基层社会服务管理工作，推出“民情E点通”社区服务平台，“平安365”智慧治理机制被评为“全国社会治理十佳案例”。2015年，区政府完善矛盾纠纷多元调解机制，加大社区矫正和法律援助工作力度，推动律师进社区与“平安365”社会服务管理工作平台联动。完善社会治安防控体系，深入开展出租房屋和重点商圈（企业）安全整治，严厉打击各类违法犯罪行为。是年，全区未发生重大安全事故，安全生产形势保持平稳，实现浙江省平安区十连创。

三、残疾人帮扶工程

1993年起，上城区根据《中华人民共和国残疾人保障法》的法律规定，制定扶助政策。1995年11月，区政府召开按比例安置残疾人工作会议，提出全年按比例安置残疾人工作实施方案。2004年10月，区政府印发《关于进一步加强残疾人康复工作的意见》，提出以社区为工作平台，建立和完善区、街道、社区康复服务机构和社区康复网络。同月，上城区成立法律援助中心残疾人法律援助站。2008年，区政府印发《杭州市上城区人民政府关于实施残疾人共享小康工程的意见》，对家庭人均年收入在低保标准150%以内、有适应指征并有康复需求的残疾人实施助明、助听、助行康复行动。

2009年，区委、区政府印发《中共杭州市上城区委杭州市上城区人民政府关于促进残疾人事业发展的实施意见》，设立残疾人就业创业专项资金，实施小额贷款贴息、用工补助、自谋职业补助、自主创业补助、社会保险费补贴、再就业培训补贴、岗位补助、自主创业奖励、创业带动就业特别贡献奖等就业援助政策，激励残疾人就业和创业。2010年，上城区把残疾儿童少年纳入“两免一补”体系，逐步免除义务教育阶段学杂费，对家庭经济困难学生免费提供教科书和补助寄宿生生活费。

2013年，区政府印发《关于进一步提高上城区残疾人生活品质实施意见》，提高残疾人津贴标准，由原来500元/年增加至600元/年（按每人每月50元标准发放），同时提出加大医疗救助力度。

2015年4月，上城区正式启用残疾人“阳光艺术”中心，由上羊市街残疾人民间艺术制作中心负责运作，为残疾人提供一个就业、创业的平台。是年，该中心为38名残疾人提供就业，其中，长期就业8人，辅助性就业30人。

第四节　生态建设

一、生态文明城区建设

2005年，区政府制定《上城区生态区建设规划》《上城区生态建设考核办法》《上城区生态区创建工作实施方案》。是年，全区三产单位清洁能源使用率达100%，工业废水排放达标率实现100%。2006年，区政府开展“绿色工程”，创建省市级绿色社区24个、绿色学校23所、绿色工地36个。2008年，上城区率先完成全市生态型垃圾房试点建设。2009年，区政府制定实施生态文明建设三年行动计划，实现全区市级生态街道全覆盖。2010年，上城区在全市率先制定低碳家庭标准，创办志愿者减碳俱乐部，开辟生态旅游线，开展低碳主题科普宣传，实施绿色办公，倡导低碳生活。2011年，区政府启动“三江两岸”生态景观保护三年行动计划。首创“定时定点”收集模式和“垃圾分类实名制”做法，受到中共中央政治局常委、国务院副总理李克强及省市主要领导关注及肯定，并在全市推广。2012年，上城区开展全市首个生态文明试点城区建设。2013年，上城区以“四边三化”“三江两岸”行动为抓手，加强能源管理，促进节能减排，推进大气复合污染综合整治，基本建成“无燃煤区”。2015年，区政府全面深化沿山、沿江建设规划，大力推进“两路两侧”“四边三化”等专项行动，深化“五水共治”，严格落实“河长制”，在全市率先实现河道“污水零直排”，成为主城区唯一的省“清三河”达标区。

二、“最清洁城区”打造

1993年，上城区在推进硬件建设的同时，加强各项基础管理工作，通过对建筑工地和渣土运输的监督管理，以及不断完善“门前三包”责任制和推行“示范街巷”，提高道路清洁水平。1997年起，上城区结合全市巩固创建卫生城市成果工作，加强环境卫生整治，筹建城市综合管理监察队，探索城乡一体化和长效管理的路子。2007年7月，杭州市提出打造“国内最清洁城市”。区政府印发《关于打造“杭州市最清洁城区”的实施意见》，召开全区打造“杭州市最清洁城区”动员会。2008年，上城区围绕打造“最清洁城区”目标，实施道路分类保洁。2011年起，上城区按照全市保洁工作市场化推进要求，逐步以招投标方式由社会保洁公司承担。2014年，上城区将全区道路按重点到一般分为一至三类道路和一至三类街巷，其余道路保洁由各街道按属地管理承担。2015年，全区126条主次道路、434条背街小巷纳入分类保洁，道路（街巷）保洁总面积511.3万平方米（道路369.6万平方米，街巷141.7万平方米），全区环卫保洁作业市场化比例达87.53%，实施综合养护道路达11条，城区清洁度位列全市第1名。

三、“五水共治”

2014年，区委、区政府印发《关于全面实施“河长制”进一步加强“五水共治”工作的实施意见》，明确由区委书记担任全区“总河长”，区四套班子主要领导担任全区“副总河长”，相关区领导分别担任一级“河长”，属地街道相关领导担任二级“河长”，河道所在社区负责人担任三级“河长”。4月，区政府印发《关于分解下发上城区“五水共治”三年行动计划任务（2014—2016年）的通知》，总抓清水治污、防洪排涝、保饮水、抓节水四大项，拟3年计划实施项目总数104个，投资预算约2.8亿元。2015年，区政府修订《上城区深化“河长制”落实河道长效管理实施方案》，强化区级、街道、社区三级“河长”的“治、管、护”职责。在完善“河长”联席会议、考核激励、义务宣传等制度基础上，建立“河长”月报、专报制度，配置河道警长。是年，上城区在全市率先完成“污水零直排区”建设，成为杭州市首个“零直排”城区。

附

1993—2015年上城区政府民生实事项目

1993年（11件）：1.加快旧城改造步伐，继续综合开发住宅及公建房6.5万平方米。2.通过各种渠道解决人均4平方米以下住房特困户200户。3.开工建设横河体育俱乐部二期工程3000平方米，争取年末主体竣工。4.开工建设区老龄活动中心和区老年教师乐园。5.迁建前进电影院，将其建成为结构新颖、功能齐全的文化设施。6.扩建杭州市天长小学、杭州市祖庙巷小学、杭州市建国中路第一小学、杭州市建国中路第二小学、杭州市华藏寺巷小学、杭州市九曲巷小学、杭州市江城路小学和杭州市回族穆兴小学，以缓和入学高峰，分流因市政建设而撤点的小学的生源。7.继续为1000处居民住宅的阳台、落水管、遮阳板等易攀爬位置安装安全防范设施，兴建1至2个封闭式管理小区，减少盗窃案件发生。8.扩大袋装垃圾收集范围，由湖滨地区延安路以西扩展至中河路以西。继续改建一类公厕2座。提高道路清扫水平，对全区21条干道实行13小时保洁。9.铺设江城路郭东园巷至豆腐巷口的下水道，以缓解暴雨后道路严重积水。10.完成小营巷街道的城区环境噪声综合治理。11.筹集资金，建立关心下一代事业发展基金。

1994年（8件）：1.集中精力抓好长910米、宽40米的延安路南端道路贯通工程，争取在1995年3月竣工。2.通过多种渠道解决人均4平方米以下住房困难户200户。3.埋设解放路东端下水管道620米，以解决暴雨后低洼积水。4.严密安全防范网络，实行警区管理，设立治安报警点30处，继续为居民住宅安装1000处安全防范设施。5.开展中东河上城段万人清污活动。做好西湖综合整治和南山路沿湖一带的污水截流工作。6.提高道路清扫保洁水平，完善湖滨地区袋装垃圾定点定时收运工作。继续改建一、二类公厕4座。完成横河、城站和清泰街道的城市环境噪声综合治理。7.着手进行多渠道解决教师2000平方米住房的有关前期工作。8.筹集资金，建立残疾人福利基金。

1995年（8件）：1.抓好新规划城站路中，定安路至劳动路段全长436米的道路建设，争取年内主体竣工。2.结合新规划城站路建设，开工并建成7000平方米的地下商场。3.缓解劳动路低洼积水，疏通整治方渠625米；向东西两头延伸惠民路，埋设雨水、污水管1000米。4.根据市创建国家卫生城市的要求，创建城站广场1个示范窗口，龙翔桥1个示范集贸市场，湖滨路、解放路2条示范路。5.翻建公厕4座，改建符合国家标准的二类公厕25座。6.冲洗水箱682只，提高居民饮用水质量;电表增量80只，改善居民用电条件。7.在城东公园、一至六公园建立2个治安执勤岗亭；在辖区旅馆、招待所安装防盗保险箱500只；在新建住宅楼群落实安全防范设施，安装率力争85%以上。8.办好劳动路农贸市场。

1996年（8件）：1.加快住宅建设，切实做好回迁安置工作。全区开工建设公建、住宅房20万平方米，竣工面积8万平方米（其中广宇集团公司4.5万平方米，房产实业经管公司2.5万平方米，小管地区危旧房改造5000平方米，城建开发公司5000平方米）。严格控制拆迁总量，做好回迁工作，认真解决好我区建设项目拆迁在外过渡三年以上的拆迁户安置问题。2.加快建设室内市场，改善群众买菜环境。按照城市建设统一规划，联办劳动路室内农贸市场，开工扩建断河头室内农贸市场1000平方米，相应取消1～2个马路市场，以改善群众买菜环境，并促进市场管理和市容环境卫生管理。3.加快市政道路设施建设，改善居民居住环境。开工建设长650米、宽16米的小营地区清吟巷道路；翻建3～5条道路；疏浚横河方渠；通过调换水管，增加容量等办法，解决1000户居民的吃水难问题。4.搞好治安设施建设，增强社会防范功能。建成上城区电话联络自动报警中心，发展用户200家；在全区宾馆、饭店、招待所等公共场所的标准客房安装新颖防盗门锁500把；建立健全以民警为主体，工纠队、治安联防和保安员参加的昼夜巡逻制度。5.采取多种办法，改善机关工作人员住房条件。多方筹措资金，新建公检法司、文教卫体和区机关工作人员住房7000平方米，通过各种途径解决机关住房困难户200户。6.加强城区环境综合整治，改善居民生活环境。开工建设清江路环卫综合楼，解决3～5个环卫工人作业休息点；改翻建公厕4座，扩大袋装垃圾收集范围；深入开展楼道整治，对全区60%以上的楼道做到“一净、二白、三管”；全年城区绿化面积扩大5800平方米。7.加强小区管理，优化社区环境。理顺管理体制，先行在清泰、横河、小营街道各选择一个小区开展物业管理试点，创造一个宁静、舒适、文明的社区环境。8.加快社会服务设施建设，促进精神文明建设。开工建设区文化中心；恢复开放公共图书阅览室；迁建湖滨敬老院；改建小营街道文化图书室。

1997年（11件）：1.全年公建、住宅房开工27万平方米，竣工18.5万平方米(其中复兴地区开发总指挥部10万平方米，广宇集团4.5万平方米，房地产开发经管公司2.5万平方米，小营地区危旧房改造指挥部1万平方米，城建综合开发公司5000平方米)。切实搞好在外过渡3年以上的拆迁户安置。2.开工建设马市街室内农贸市场3000平方米，扩建断河头室内农贸市场1000平方米，相应取消断河头等室外市场。做好3600平方米的龙翔桥地下商城建设前期准备。3.埋设延安路至惠民路雨污水管，治理大巷口低洼积水路段。4.集资拓建佑圣观路，拓宽秋涛路从三廊庙至木材厂铁路路段，建成紫花路、美政路，完成城隍牌楼、兴隆路等街巷道路整修。5.扩大绿地面积20万平方米，重点搞好中河路延伸段和云雀苑1.3万平方米的屋顶绿化。6.清洗水箱1300只，通过调换水管和增加容量等办法，解决1050户居民的吃水难问题。7.继续推行居民生活垃圾袋装收集和楼道白化，望江、南星、紫阳、闸口街道开展试点；其他街道力争垃圾袋装化普及率达50%，楼道白化率达80%。8.修缮房屋1.24万平方米，保养标准房3.6万平方米。9.改建公厕4座；争取市有关部门支持，搞好环东垃圾中转站、市政污泥中转站的迁建。10.建成平安小区20个，文明管理小区10个。11.建成1000平方米的闸口敬老院。

1998年（10件）：1.全年公建、住宅房开工40万平方米，竣工25万平方米，回迁居民3000户以上。2.建成复兴农贸市场，搬迁化仙桥马路农贸市场。按照市统一部署，搬迁察院前、南班巷、茅廊巷马路农贸市场。3.实施龙舌嘴一带1997年“7·9”洪水和11号台风受淹地区的改造。整治始版桥新村、飞云江路东侧及甘水巷低洼积水地段。4.扩大绿地面积10万平方米。其中，滨江4号区块3.5万平方米，道侧2万平方米，小区2.5万平方米，其他2万平方米。全区拆违建绿1000平方米。5.实施惠民路至中河路的拓宽贯通工程。6.解决龙翔里、邮电路、十五奎巷等处500户居民的吃水难问题。7.翻建公厕4座，新建复兴垃圾中转站，全区袋装垃圾普及率达60%。8.开工建设清江路环卫综合楼、公安看守所。9.完成扩建区教师进修学校的前期工作。10.开工建设区医疗综合中心，建成闸口(复兴)医院，搬迁区妇保所。

1999年（10件）：1.全年公建、住宅房开工80万平方米，竣工30万平方米，回迁居民3500户以上。2.建成吴山广场，建设复兴凤凰城广场。3.启动南复路两侧、北落马营地块改造，实施惠民苑、大庙前地块建设。4.改建四宜路，拓宽直大方伯路，贯通清吟路。5.建设上城体育商城，基本建成区医疗中心，完成公安看守所建设，落实区残疾人活动中心用房，着手筹建100张床位以上的上城老年公寓。6.做好迁建杭州市胜利小学、杭州市杨绫子巷学校的前期工作，改造小营小学，扩建秋涛路小学，完成区教师进修学校扩建工程。7.建成马市街、建国南路室内农贸市场，动工兴建光复路、清波室内农贸市场，马市街、马坡巷、断河头农贸市场退路入室。8.扩大绿地面积22.4万平方米，其中，道侧配套绿地16万平方米，住宅小区配套绿地3.9万平方米，公共绿地2万平方米，单位绿化5000平方米。9.新建公厕4座、垃圾中转站5座，全区袋装垃圾普及率达到90%。10.抓好大学路等6个小区计45万平方米住宅的物业管理；全面开展“安全文明小区”创建活动，居民区达标总数从45个扩大到60个。

2000年（10件）：1.实施河坊街、大井巷传统建筑街巷群落保护区一期工程。2.启动东河二期改造工程。3.拓宽老复兴路、佑圣观路。4.扩建杭州市高银巷小学、杭州市清波小学，建设杭州市胜利小学。5.建成区老年福利中心、区工人俱乐部。6.增设望江、近江地区环卫设施，新（翻）建公厕10座，改造垃圾中转站2座，新建垃圾收集房1000余间。7.全区扩绿20万平方米。8.屋顶综合整治2万平方米，完成平改坡屋面1万平方米。9.配合市政府完全对撤村建居地区的供水、供电网络建设，安装一户一表。10.完成南山路、浣纱路（平海路—开元路）、环城东路、平海路、清泰街、清江路6条道路的综合整治。

2001年（9件）：1.加强学校硬件设施建设。抓好7所学校的建设：扩建杭州市惠兴中学、浙江省杭州第十中学，兴建杭州市建兰中学，动工建设杭州市八一中学教学楼、浙江省杭州第六中学实验楼，迁建抚宁巷小学和区委党校。2.实施道路建设。拓宽改造马市街、严官巷、高银巷和徐家埠路。3.全面整治区内道路。基本完成建国中路、中山中路等25条道路的整治任务。4.全面实施旧小区整治。搞好陆家河头、信余里等20个旧小区整治。5.完善部分居住区市政设施建设。完成新丰、甘王、木材、绿杨新村生活污水截污纳管工作。对始版桥直街、望江支路三多弄、涵婆桥等地段进行低洼积水改造。在兴隆、大学路新村等5个小区增设10只消防栓。翻建、新建公厕8座。开工建设清江路环卫立体停车库。6.扩大绿化和改善环境。搞好丁家花园、古树公园、环保主题公园建设和整治，全年扩绿22万平方米。7.推进农贸市场建设。建成清波农贸市场，建设光复路、候潮、棚桥农贸市场。8.抓好社区硬件建设。基本配齐规范化的社区警务室、劳动和社会保障服务室、社区活动室。9.巩固文明社区、安全文明小区创建成果。文明社区达标率达到

30%，安全文明小区巩固率80%以上。

2002年（5件）：1.完成中山中路(解放路至西湖大道)、望江路、长明寺巷、长生路、大学路、劳动路6条道路的环境综合整治。2.完成比胜庙巷、清波新村、劳动新村等旧小区的环境综合整治。3.全区扩绿15万平方米。4.实施12处(十亩田小区、羊血弄小区、青年路小区、小米巷小区、上马坡巷小区、长明寺巷小区、陆家河头小区、断河头小区、银枪新村、龙华巷小区、定安苑小区及东宝一弄周边地区)截污纳管工作。5.完成始版桥小区和玉皇地区的低洼积水改造工程。

2003年（8件）：1.完成湖滨路东侧整合改造。2.完成清江路入城口整治。3.做好徐家埠北路、江边路二弄低洼积水治理工程。4.实施解放路道路拓宽。5.完成6处生活小区截污纳管工程。6.扩大绿地面积10万平方米。7.建好杭州市近江中学。8.帮助4500名就业困难群众再就业。

2004年（8件）：1.完成皮市巷道路整治工程。2.实施水门南弄、水陆寺巷、三多弄低洼积水治理工程。3.实施红门局小区等16处截污纳管改造工程。4.实施白云路、十五奎巷晓霞弄、馒头山、乌龟山4处地质灾害隐患点的整治工程。5.在复兴地区19号地块配套建造1所中学、1所小学。6.扩大绿地面积10万平方米。7.实施“平路建厕”工程，平整18条街巷，新（改）建10座公厕。8.帮助4500名就业困难人员实现再就业。

2005年（6件）：1.继续抓好背街小巷改善工程，完成120条街巷整治、25处截污纳管工程和6处低洼积水治理。2.加快安置房建设，开工30万平方米，竣工15万平方米，回迁安置1000户。3.新增绿地10万平方米，建设望江公园。4.加强再就业工作，帮助4500名就业困难人员实现再就业。5.关心老年人生活，筹资为1200名困难老人提供居家养老服务。6.修缮十五奎巷170户老房子，力争启动元福巷历史建筑保护、修缮整治工程。

2006年（8件）：1.抓好危旧房修缮，完成横河新村1幢拼阳接卫，启动南星小区二期、皇诰巷共计400户的危旧房改善工程；对30处计400户零星危房（直管公房）进行整修。2.加大截污纳管工作力度，继续实施背街小巷改善工程，完成19个生活小区、25家公建单位的截污纳管和60条背街小巷改善工程。3.加大环境整治力度，完成里太祖湾地质灾害治理和八卦田周边环境整治，完成秋涛南苑等3个旧小区整治及60幢房屋“平改坡”工程。4.加强文保点保护，启动王文韶大学士府、钱学森旧居、郁达夫故居等文保点保护工程。5.建好杭州师范大学第一附属小学分校，改建区社区学院，开工建设钱江新城娃哈哈小学分校和配套幼儿园。6.新增绿地10万平方米，完成中东河绿化工程改造。7.新增就业人员17400人，帮助2800名就业困难人员实现再就业。8.建成100张床位的上城区关怀医院。

2007年（8件）：1.开工建设安置房30万平方米，改善危旧房40万平方米、5000户。2.改造污水收集系统12个、生活小区截污纳管10个；新增绿地10万平方米；启动中河、东河整治工程。3.实施庭院改善工程，结合平改坡、精品小区等整治工作，完成70个旧小区、350幢房屋的改善。4.实施中山中路、清泰街、复兴路、建国路、复兴路与南复路交叉口“四路一口”综合整治工程；新增2000个停车泊位，开工建设吴山广场北侧地下停车库。5.建成钱江新城甬江路配套幼儿园和复兴18号地块配套幼儿园。6.为1500名困难老人提供居家养老服务，启动12家专业市场的提升改造工作，创建4座三星级以上农贸市场。7.建立和完善出生缺陷三级干预技术服务体系，新生儿出生缺陷干预率达95%以上；推进全民健身设施建设，整体更新40个健身点（苑），新建10个乒乓球场（室）。8.帮助2800名就业困难人员实现再就业，全区所有社区均创建为“充分就业社区”。

2008年（10件）：1.推进交通治堵，建设停车场库5处、泊位1177个，其中新开工2处、泊位600个，当年完工3处、泊位577个。实施支小路整治6条，其中完工3条。完成2个小区规范化停车试点工作。2.加快保障性住房建设，全年开工9万平方米，竣工2万平方米，续建13万平方米，交付19万平方米。3.实施“清水治污”工程，完成中河等河道疏浚清淤5000米，河道生态治理3700米。完成20处截污纳管。完成2大区块低洼积水改造。完成改扩绿地3.5万平方米。4.加强教育文体配套设施建设，区体育中心开工建设，新天地实验小学交付使用，浙江省杭州第六中学综合体艺楼及教育学院办公用房主体结顶。完成4所学校直饮水工程。5.加强特殊人群服务，实施“关爱老年人，健康121行动”工程。推进智慧养老服务平台建设。实施区计划生育特殊家庭帮扶救助项目。6.加强公共卫生服务，完成应急救护培训8000人次，实施专项医疗救助。开通食药为民服务直通车。改扩建6家社区卫生服务站。7.深化社区服务，提升改造湖滨街道涌金门社区便民服务中心、清波街道家庭综合服务中心、小营街道姚园寺巷社区便民服务中心、望江街道大通桥社区便民服务中心、南星街道馒头山社区便民服务中心、紫阳街道“爱心港湾”特殊人群帮扶中心。8.进一步改善老旧小区基础设施，安装停车道闸20个，维修、安装电控门364个，增设监控探头53个，增配灭火器1318个。9.加强就业服务，帮助3340名就业困难人员实现再就业。10.推进历史地段、历保建筑保护修缮，启动10处历保建筑修缮。龙翔里历史地段复建工程主体竣工。

2009年（10件）：1.实现2800名就业困难人员再就业，全区充分就业社区覆盖率保持100%。2.基本完成“四纵五横”道路整治。3.完成庭院改善350幢；完成截污纳管10处、背街小巷改善10条。4.启动危旧房改善30万平方米，受益居民达到4000户。5.新建一家100张床位的敬老院；为区内持证残疾人免费体检。6.改建生态型垃圾房100座；改造提升垃圾中转站2座；力争开工建设大型生态垃圾中转站。7.开展生态区建设，市级生态街道创建率达到100%。8.开工建设安置房10万平方米，外来务工人员公寓、创业人才公寓5万平方米。9.启动望江地块省一类标准中学项目建设；深化学前教育、义务教育名校集团化（教育联盟）建设，名校集团化（教育联盟）覆盖率超过80%。10.完成扩绿10万平方米。

2010年（10件）：1.完成项目带动地块的老旧房屋庭院改善225幢、截污纳管30处、背街小巷改善10条；完成水井修缮保护34口。2.安置房新开工15万平方米，竣工28万平方米。3.完善社区卫生服务设施建设，改扩建社区卫生服务站8个。4.完成停车场建设4处，全年新增停车泊位800个。5.杭州市建兰中学改扩建工程开工建设，完成校舍安全加固工程5600平方米。6.加强小区安全设施建设，增设小区安全门300扇、治安监控300处。7.完成环保主题公园建设，全年扩（补）绿8万平方米。提升改造生态垃圾房100座。8.强化劳动保障，帮助2550名就业困难人员实现再就业。9.完成里太祖湾157号至箬帚湾1-1号金家山采石场边坡地质灾害治理工程。10.完成3家专业市场改造提升，对已完成提升的11家农贸市场、19家专业市场强化长效管理。

2011年（10件）：1.实施居家养老服务全覆盖工程，为全区26000户空巢、独居老人免费安装为老服务呼叫器终端。2.改善区域道路环境，完成背街小巷改善10条、支小路整治6条，提升延安路、西湖大道立面景观。3.加快停车场（库）建设，完成地下停车场建设5处，全年新增地下停车泊位500个。4.进一步改善教育设施，完成杭州市建兰中学改扩建并投入使用。5.优化居民居住环境，完成庭院改善89幢、实施物业改善87万平方米，安装小区内电子监控800只。6.加强历史文化遗产保护，提升居民生活品质，实施10处历史地段、7处历史街区修缮，完成9处历史建筑修缮。7.继续推进环境绿化，全年完成扩绿6万平方米、改造绿地12万平方米。8.推进生态环境建设，启动白塔片区生态改善工程，完成海月水景公园建设。9.完善居民生活配套设施建设，新建凤凰农贸市场并投入使用。10.开展就业帮扶，帮助2550名就业困难人员实现再就业。

2012年（10件）：1.加快保障性住房建设，开工建设8万平方米，续建20万平方米，交付20万平方米。2.优化居民居住环境，完成物改“回头看”工程20万平方米，提升改造老旧小区信报箱5万个。3.改善区域道路环境，完成背街小巷改善10条。4.加快停车场（库）建设，建设停车场（库）10处以上，新增泊位1000个。5.改善2245户居民饮用水环境，取消仅存210只屋顶水箱，实现全区自来水直供全覆盖。6.继续推进环境绿化，全年改造扩绿8万平方米、完成屋顶绿化2万平方米。7.提升改造南星街道及小营巷社区、白塔岭社区便民服务中心，打造集公共服务、文体活动、社区管理等为一体的综合性服务基地，提升为民服务水平。8.开展就业帮扶，继续落实居民就业社保补贴等政策，帮助2550名就业困难人员实现再就业。9.加大教育投入，改善教育设施，启动新杭州市行知幼儿园项目，新杭州天地实验小学开工建设。10.缓解群众“看病难”问题，扩大社区卫生服务中心与省市医院合作范围，实现电子健康档案互联互通，同步共享省市专家预约服务，方便居民群众预约就诊。

2013年（10件）：1.缓解停车难问题，建设停车场库6处，新增停车泊位1000个。2.推进环境基础设施改善，完成7处截污纳管、10处背街小巷改善，提升改造9条支小路，扩绿、改造绿地和建设屋顶绿化共8.2万平方米，打造新塘河杭州市生态示范河道工程，完成历史建筑保护修缮10处。3.加快保障性住房建设，开工10万平方米，续建24万平方米，交付15万平方米。4.推进上城区居家服务无忧在线平台建设，创新便民惠民服务载体，打造“15分钟便民服务圈”，新建上城区社会组织服务中心，加强老年食堂建设，至年末老年食堂数量达到12个，建成湖滨街道互助生活馆、清波街道全帮服务便利超市、小营街道紫金社区便民服务中心、望江街道睦邻驿站、南星街道社区居民休闲文化驿站、紫阳街道彩霞公益服务中心。5.加强残疾人服务，建成3300平方米，集残疾人康复、培训、安养为一体的上城区残疾人综合服务中心，提升改造清波街道、小营街道、南星街道工疗站，建成1200平方米的上城区精神卫生服务中心。6.加强社会保障服务，帮助3800名就业困难人员实现再就业。7.深化公共卫生服务，食品安全监管实现网格化管理，新建上城区居民健康管理中心。8.关注老年人生活，为独居老人安装烟感报警器。9.优化人居环境，基本建成莫邪塘风情街区。10.加快教育设施建设，启动望南（木材厂）地块R22-03幼儿园，推广上城区中小学生一卡通项目，打造智慧校园。

2014年（10件）：1.推进交通治堵，建设停车场库5处、泊位1177个，其中，新开工2处、泊位600个，当年完工3处、泊位577个。实施支小路整治6条，其中完工3条。完成2个小区规范化停车试点工作。2.加快保障性住房建设，全年开工9万平方米，竣工2万平方米，续建13万平方米，交付19万平方米。3.实施“清水治污”工程，完成中河等河道疏浚清淤5000米，河道生态治理3700米。完成20处截污纳管。完成2大区块低洼积水改造。完成改扩绿地3.5万平方米。4.加强教育文体配套设施建设，区体育中心开工建设，新杭州天地实验小学交付使用，浙江省杭州第六中学综合体艺楼及教育学院办公用房主体结顶。完成4所学校直饮水工程。5.加强特殊人群服务，实施“关爱老年人，健康121行动”工程。推进智慧养老服务平台建设。实施区计划生育特殊家庭帮扶救助项目。6.加强公共卫生服务，完成应急救护培训8000人次，实施专项医疗救助。开通食药为民服务直通车。改扩建6家社区卫生服务站。7.深化社区服务，提升改造湖滨街道涌金门社区便民服务中心、清波街道家庭综合服务中心、小营街道姚园寺巷社区便民服务中心、望江街道大通桥社区便民服务中心、南星街道馒头山社区便民服务中心、紫阳街道“爱心港湾”特殊人群帮扶中心。8.进一步改善老旧小区基础设施，安装停车道闸20个，维修、安装电控门364个，增设监控探头53个，增配灭火器1318个。9.加强就业服务，帮助3340名就业困难人员实现再就业。10.推进历史地段、历保建筑保护修缮，启动10处历保建筑修缮。龙翔里历史地段复建工程主体竣工。

2015年（10件）：1.建设保障性住房22万平方米，竣工2.9万平方米。2.完成铺设排水管道3000米，治理积水面积3万平方米，更新雨污管网2万米，实施4600米河道水生态治理。3.实施3000户居家养老水电设施统筹保修，建设完成湖滨街道崔家巷日间照料中心、清波街道劳动路社区老年食堂、小营街道陈娟英敬老院、望江街道阳光老人天地、南星街道乾宁敬老院。4.建设停车场（库）4处、泊位800个，竣工2处、泊位500个，支小路整治5条。5.实施望江地区60幢高层建筑消防管道改建工程。6.推进医养护一体化智慧医疗服务，7万人享受医养护一体化签约服务。7.完成城站广场提升改造。8.完成改扩绿地3万平方米。9.完成社区治理创新园建设。建成望江街道清泰门社区便民服务中心、南星街道“红色墙门”便民服务中心、紫阳街道甬江社区居民活动中心。创办清波街道老年大学，打造小营街道“温馨家园”。10.加强困难人群就业服务，帮助3800名就业困难人员实现再就业。

第四章　政府法制

1987年9—10月，浙江省、杭州市两级政府分别召开政府法制工作会议，提出加强各级政府依法行政的要求。1989年9月，上城区在区政府办公室内设法制科，专司政府法制工作。

1993年起，上城区建立和完善制度，加强对区政府行政机关和行政执法人员在市场经济条件下执法行为的规范，清理审核上报规范性文件，做好与新修订的法律、法规的衔接，做好行政复议、行政诉讼应对工作，逐步开展各项政府法制工作。至20世纪90年代中期，区政府各工作部门、街道建立起法制工作机构，设专（兼）职法制工作人员，形成工作网络。2001年，上城区建立抽象行政行为审查和错案追究制度，运用简易程序解决行政争议。2004年12月，《上城区人民政府行政执法监督实施办法》实施，强化区人民代表大会及其常务委员会对行政执法工作的监督。区政府开始实施聘请特邀行政执法监督员制度，实行亮证监督。2006年，上城区制定实施《杭州市上城区人民政府行政执法案卷评查暂行规定》，规范全区行政执法案卷，强化对全区各行政机关行政执法行为的检查考核。2010年11月，区政府印发《关于完善上城区重大行政决策机制的实施意见》，建立和完善重大行政决策制度，为依法决策提供制度保障。是年起，上城区利用网络技术平台，在提高行政执法行为监督时效性的同时，扩大公民、法人及其他组织对行政执法行为监督的透明度。

2015年6月，区政府制定《上城区深入推进依法行政建设法治政府的实施方案》，在依法全面履行政府职能、规范重大行政决策行为、深化行政执法体制改革、严格规范公正文明执法等方面做出规定，明确在2020年前把上城区政府建成为职能科学、权责法定、执法严明、公开公正、廉洁高效、守法诚信的法治政府。

第一节　工作机构

一、杭州市上城区人民政府法制办公室

1993年，区政府办公室法制科[①]负责政府法制工作。1998年4月区政府办公室法制科对外改挂杭州市上城区人民政府法制局牌子，2000年改称杭州市上城区人民政府法制办公室（简称区法制办）。2012年5月，区法制办从区政府

① 1987年9月、10月，浙江省政府、杭州市政府分别召开首次政府法制工作会议，强调政府管理从过去的单纯依靠行政手段，转变到主要依靠经济和法律手段上来，严格依法行政。政府法制工作开始列入区政府日常工作议事日程。1989年9月，上城区在区政府办公室内设法制科，以加强政府系统的法制工作。1990年8月，该科对外挂区政府法制科牌子。

办公室分出单设，机构编制升格为正处级，增挂杭州市上城区人民政府研究室（区政府研究室）牌子。是年末，上城区完成机构改革，区法制办（区政府研究室）成为主管全区综合性法制工作事务、协助区政府领导开展调查研究的区政府工作部门。下设2个内设机构：综合科（挂调查研究科牌子）、执法监督科（挂复议应诉科牌子）。2014年1月，区法制办撤销杭州市上城区人民政府研究室、调查研究科牌子，在其“三定”方案中亦撤销相关职责事项。至2015年末，区法制办内设综合科、执法监督（复议应诉）科2个科室，地址惠民路26号。2012—2015年，区法制办历任主任吴电荣、惠海涛。

二、杭州市上城区全面推进依法行政工作领导小组及其办公室

2006年起，上城区法制机构工作人员的职业化、专门化进程加快，行政管理与行政执法任务繁重的工作部门设立法制工作机构，配备专职工作人员，街道也逐步开始配设专职工作人员。是年12月，杭州市上城区全面推进依法行政工作领导小组成立，由区长任组长，领导小组办公室设在区法制办，由区法制办主任兼任领导小组办公室主任。

第二节　规范性文件工作

一、规范性文件制定

1993年，上城区行政规范性文件主要为规范市场主体与行为、市场秩序维护、各领域改革开放等方面。至2000年起，深化国企改革、扶持和发展私营经济、城市综合管理执法、实施依法行政等，成为上城区行政规范性文件主要的涉及对象。在文件制定过程中，上城区政府法制部门不断规范和完善制定程序，坚持立、改、废并重，实施定期清理制度、成本效益分析制度和后评估制度，以及听取社会公众意见、建议受理制度，及时修改或废止不符合客观实际的规范性文件。

2010年11月，区政府印发《关于完善上城区重大行政决策机制的实施意见》，建立和完善重大行政决策6项制度：合法性审查制度，由区法制办和区政府法律顾问团负责；听取意见制度，即听取和吸收来自公众、专家、代表委员3个层次的意见；集体决定制度，即实行会议决策；公布制度，即除涉密者之外，形成会议纪要、文件，均通过政府门户网或其他媒体予以公开；实施情况后评价制度和行政决策责任追究制度。至2015年，上城区政府均结合实际情况，对重大决策机制做补充完善，形成公众参与、可行性调查评估、专家论证、政府决定相结合的决策机制。凡涉及全区经济和社会发展规划、财政预算、城区规划和发展战略、重大改革方案和政策措施、重要资源配置和社会分配调节、重大建设项目等关系上城区全局的重大决策或规范性文件，均在充分听取各方意见的基础上由区政府常务会议讨论决定；凡涉及法律适用问题的由区法制办进行合法性审核；凡依法应由区人大及其常委会决定的重大事项，提请区人大及其常委会审议批准。

2015年，上城区制定《关于全面建立上城区法律顾问制度的实施意见》，聘请章剑生

等10人担任区委、区政府法律顾问，参与重大行政决策、行政行为法律论证，提供法律意见、审查相关行政合同，办理相关法律事务。同时，上城区制定《上城区法律顾问制度实施细则》，规范法律服务采购的范围、方式和付费标准，区政府各部门、街道均与聘任法律顾问签订合同，基本实现法律顾问全覆盖。是年末，上城区根据《法治政府建设实施纲要（2015—2020年）》，围绕加快形成引领经济发展新常态的体制机制、发展方式以及“五水共治”“三改一拆”等重点工作，依法做好行政规范性文件制定和实施。

二、规范性文件审核备案

1993年，上城区执行《杭州市规范性文件备案规定》《杭州市规范性文件备案审查暂行规定》，规定区政府及其工作部门、直属机构和各街道办事处，以及法律、法规授权的具有管理公共事务职能的组织，依照法定权限、程序制定并公开发布，涉及公民、法人和其他组织权利义务，在一定期限内反复适用具有普遍约束力的行政文件，需报区政府办公室法制科备案，经审查准予备案的即成为行政规范性文件，作为执法机关的执法依据。

1995年，杭州市人民政府法制局规定，实行每年第一季度县市区政府向杭州市人民政府法制局上报上一年度制定的规范性文件目录备案审查制度。同时，区政府明确规定，未按照《杭州市规范性文件备案规定》上报备案的规范性文件，不得作为行政机关审理行政复议案件的依据。

2000年7月1日，上城区开始执行《浙江省行政规范文件备案审查制度》，规范性文件在发布之日起的30日内依法报送备案。2008年，区法制办强调“有件必备、有备必审、有错必纠”，并对规范性文件审查备案过程中的报送程序和格式作出规定。上城区要求区政府所属各职能部门发布规范性文件后，自发布之日起15日内报区政府（区法制办）备案，违规制发的规范性文件不得作为行政管理的依据。是年，区法制办受理部门上报备案各类文件3件，区政府报备市政府规范性文件1件。同时，区法制办建立受理、处理公民、法人或其他组织提出的审查规范性文件建议的制度，接受群众监督。2009年，区法制办共收到部门报备规范性文件5件，区政府报备市政府规范性文件4件。经审核，依法撤销部门规范性文件1件，受理市民征求意见稿14件，结合区实际，区法制办均予以答复。

2010年初，根据省市文件精神，区法制办印发《关于进一步落实行政执法责任制工作的通知》，并制定规范性文件评估制度，强化责任追究。是年4月，区政府办公室印发《杭州市上城区行政机关制定规范性文件指导规则》，强化对行政规范性文件生效前的法律审查，即规范性文件制定机关在规范性文件拟生效日期25个工作日前，将规范性文件提请区法制办进行法律审查。未经区法制办审查、由制定机关自行印发的规范性文件一律无效，执行机关不得执行。报请审查的规范性文件符合各项要求的，由区法制办审查后再经区政府常务会议或者部门办公会议审议决定后正式发文，并在上城区门户网站上予以发布。区政府制定的规范性文件，由区法制办自发布之日起30日内向杭州市人民政府法制局备案。是年至2011年末，区法制办共审查部门规范性文件12件，其中，9件通过审查后进行备案，向区人大报送地方性法规立项草案1件，区政府报备市政府规范性文件5件，受理市民征求意见稿12件。

2011年9—12月初，区法制办开展对现行有效的区政府及各部门制定的实施时间在一年以上的规范性文件评估工作，评估内容包括：实施绩效、文件内容的合理性与操作性、有无盲点、规范制定技术上概念界定是否明确及执法中有无歧义等。共审查规范性文件5件并报送杭州市人民政府法制办公室（简称市法制办）备案，其中3件通过市法制办审查。2013年，区法制办对规范性文件实施统一登记、统一编号、统一发布的“三统一”制度，凡未统一登记、统一编号、统一公布的，不得作为行政管理的依据。

2010—2015年，区法制办共审查区政府文件100余件，其中通过备案审查成为行政规范性文件的30件；向市政府备案以区政府名义制定的规范性文件6件，部门制定2件。

三、行政规范性文件清理

1995年6月、1996年9月，根据省政府统一部署，由区政府办公室法制科主持，上城区两次对1980年至1996年8月末区政府及其办公室制发和批准、批转的各类规范性文件，以及各部门制发和批准、批转的各类规范性文件共1820件进行清理。至1997年3月，对已经被新的规范性文件代替、因实际情况发生变化适用期已过而自行失效的16个规范性文件，予以公布废止。

1999年9月，在《中华人民共和国行政复议法》颁布施行之前，区政府再次开展规范性文件清理工作，提出需要废止或修订的规范性文件清单及意见。

2001年5月，为适应中国加入世界贸易组织的需要，区政府根据法律、行政法规、地方性法规，对照市政府现行有效的政府规章目录，重点清理区政府批准的审批许可制度、收费制度、资格审查制度以及《国务院关于禁止在市场经济活动中实行地区封锁的规定》中列举的地区封锁行为。凡与法律、行政法规及省、市地方性法规不一致或相抵触者，不利于加快发展的不符合改革精神的审批、许可、收费等制度，不符合政府职能转变、社会主义市场经济要求或不符合世界贸易组织运行规则者，失效、不适用或停止使用，以及明显不适应实际需要、失去实际意义者，均予以清理。清理方式包括提出修改或废止意见。此后，区法制办每隔2年对全区规范性文件进行一次清理，对其中与法律、法规相抵触者，以及被新的法规、规章所代替或以自然失效者，经区政府常务会议审议后，由区政府明令予以废止。

2004年12月起，《杭州市上城区人民政府行政执法监督实施办法》规定，对于违法的行政规范性文件，由区法制办通知制定单位限期纠正。在其纠正前继续执行可能造成严重后果者，由区法制办做出暂停执行的决定；逾期未纠正者，报请区政府予以变更、撤销。

2010年10月，区政府公布当年规范性文件清理最新结果：全区及各部门制定的行政规范性文件共113件，其中，94件继续有效，13件废止，2件失效，4件拟修改。在废止的文件中有7件因上位法或现有政策发生变化而制定新文件。未进入该次公布范围内的规范性文件，一律不再适用，不再作为行政管理和行政执法依据。2011年9月，区法制办清理94件有效规范性文件，其中，87件继续有效，6件废止，1件通过区人大上报拟修改为地方性法规。至此，上城区基本完成省市规定的规范性文件清理工作目标任务，比较全面掌握政府规范性文件的实施情况，同时发现若干制订过程中的盲点，为区政府规范性文件的立、改、废提供实施依据。

2011年11月，按照“谁制定、谁清理”原则，区法制办开展规范性文件“行政强制”专项清理工作，对扩大法律、法规规定的行政强制措施对象、条件、种类范围，以及与《中华人民共和国行政强制法》规定的行政强制措施实施程序以及行政强制执行程序不一致的原有规范性文件，予以修正或废除，共有99件符合清理范围，其中，92件继续有效，6件废止，1件拟修改。12月，区法制办公布清理后规范性文件目录。

2014年10月，按照《国务院全面推进依法行政实施纲要》的要求，区法制办主持开展以“查找不适应全面深化改革要求的法律法规条文”为主题的规范性文件清理，做到规范性文件的立、改、废与经济社会发展进程相适应。对不符合法律、法规、规章规定，或者相互抵触、依据缺失以及不适应经济社会发展要求的规范性文件，特别是对存在加重企业负担、地方保护、行业保护等方面内容的规范性文件，先停止文件有关内容的执行，并予以修改或者废止。此次清理共查找出不适应全面深化改革要求的法律法规条文56项，提出意见建议61条，并经区法制办汇总后上报浙江省人民政府法制办公室。

2015年，上城区符合清理范围的行政规范性文件共有112件，其中，95件继续有效，8件废止，9件宣布失效。清理结果通过政府门户网站向公众公开。

第三节　行政复议

1993年，上城区学习台州地区三门县“以复议庭公开审理行政复议案件”的经验做法，试行行政复议案件审理的公开化制度。

1994年2月，《浙江省行政复议实施办法（试行）》颁布生效。7月，区政府依法管辖对政府工作部门根据区政府制定、报经市政府备案、具有普遍约束力的决定、命令做出的具体行政行为不服而申请的复议。是月，上城区开始实行行政复议案件统计制度，区辖域内行政复议案报市政府，再经浙江省人民政府法制局上报国务院法制局。

2000年4月，区法制办依据《中华人民共和国行政复议法》和上级要求，建立与中共杭州市上城区委、杭州市上城区人民政府信访局定期联系制度和信访分析制度，引导信访人员通过行政复议渠道解决问题，依法申请行政复议，解决行政争议，减少集体上访、越级上访、重复上访和妨碍信访秩序行为的发生。

2001年，上城区建立抽象行政行为审查和错案追究制度，运用简易程序解决行政争议。上城区政府法制部门运用书面审查、实地调查、听证、和解、调解等手段进行行政复议审理，撤销或变更违法、不当行为。3月，区法制办受理全区第一件行政复议案件。此后，行政复议案件逐年上升，主要涉及查处违章建筑、治安处罚、劳动用工、信息公开等方面。6月，根据市政府统一部署，区法制办具体办理行政复议案件、出具有关法律文书时，开始加盖“杭州市上城区人民政府行政复议专用章”。

2012年起，区政府加强行政复议案件审查、审理、裁定的制度建设；区法制办加强与司法系统等单位的横向联系，丰富办案方式，提高办案效率。是年，区法制办实行复议建议制度，对复议中发现的普遍性问题或不符合依法行政要求的问题，向有关单位发出行政复议建议，提出完善制度和改进行政执法的建议。同时，运用行政调解等方式化解行政复议双方矛盾，减少行政争议，使行政争议尽量在行政机关内部解决。并会同杭州市上城区人民法院、杭州市公安局上城区分局共同组建及时有效化解社会矛盾的多元化解机制，破解执法难题、统一执法思想、及时妥善处理重大疑难个案。

2014年5月，上城区制定《上城区行政复议案件专家咨询制度》，成立全市首个行政复议咨询专家委员会，聘请11名有丰富专业工作经验的法律工作人员参与重大、复杂案件办理。同时，上城区制定《上城区行政复议案件办理规范》，完善行政复议格式文书，落实行政机关负责人签发行政复议决定书、答复书等制度。

表20-4-4　2008—2015年上城区行政复议案件受理情况表

单位：件

年份	申请数	受理情况		在受理案件中			
		受理	不受理	维持	自行撤销	驳回	其他
2008	8	6	2	1	2	3	—
2009	7	5	2	4	1	—	—
2010	13	13	0	12	—	1	—
2011	5	2	3	1	—	1	—
2012	9	5	4	3	—	2	—
2013	8	5	3	1	1	2	1（撤销）
2014	30	22	8	10	4	7	1（确认违法）
2015	53	45	8	21	15	8	1（责令履职）
合计	133	103	30	53	23	24	3

说明：资料来源于杭州市上城区司法局

2015年，区法制办制定预防和化解行政争议联席会议制度，发挥行政调解定纷止争作用，推动行政调解与司法调解、人民调解有效衔接；制定《上城区人民政府行政调解工作实施办法》，对存在行政争议的复议案件，鼓励申请人与被申请人自愿达成和解。针对违章建筑行政执法行政复议增多现象，区法制办多次牵头主持召开对于违章建筑认定及延伸法律问题的专题研讨会，提高行政复议办案质量。区法制办经与杭州市上城区人民法院、杭州市中级人民法院多次对接协调，先后解决曹某某违章建筑认定纠纷案、陆某某申请国家赔偿案等行政争议。同时，推进行政复议听证制度。对社会影响较大的、对行政执法活动可能产生重大影响的、案件情况复杂的、案件主要事实存在重大争议的、案件适用依据存在重大争议的、听证审理有利于和解（调解）的案件，原则上由区法制办组织听证。遵循公开、公正、便民的原则，除涉及国家秘密、商业秘密或者个人隐私以及其他依法不宜公开听证的不予公开之外，根据案件审理需要，邀请人大代表、政协委员、专家学者以及行政争议发生地群众代表参加听证会。全年共举行听证会11次，网上公开行政复议决定6件。

第四节　行政执法监督

1994年1月，《浙江省行政执法监督办法》颁布实施，确定行政执法监督主要内容为依法审理行政复议案件、规范性文件备案、行政执法情况检查、督促处理违法行政行为、重大的行政处罚和行政强制措施等重大的具体行政行为备案等。2001年3月，《浙江省行政执法监督条例》正式实施，明确将社会反响强烈的热点问题作为行政执法监督的重点。

2004年12月，《上城区人民政府行政执法监督实施办法》实施，强化区人民代表大会及其常务委员会对行政执法工作的监督。区政府建立聘请特邀行政执法监督员制度，实行亮证监督。

2008年，区法制办对行政执法环节、步骤进行具体规范，做到流程清楚、要求具体、期限明确。重点根据上城区实际情况，对行政执法中的自由裁量权，予以细化、量化，并公布执行。是年，杭州市上城区卫生局制定《上城区规范社会抚养费行政征收实施办法》，对内部自由裁量权作出规定。

2009年3月，区法制办在杭州市上城区劳动和社会保障局、杭州市上城区建设局、杭州市上城区城市管理行政执法局开展权力运行流程图编制试点，取得经验后，对3家试点单位职工工伤认定流程图等6个范本进行固化并公布。全区各部门以此为参照，开始编制本部门的权力运行流程，促进构建行政执法的权力阳光运行机制。7月，上城区在行政处罚执法中，开始采用“浙江省行政处罚参考文书样式”，在区局域网建立行政处罚实时填报系统，自动生成浙江省行政处罚案件统计报表。

2010年9月，全区开始推行说理性行政处罚决定书。至2011年末，全区说理性行政处罚决定书制作率达100%。2012年起，区法制办在建立和完善各项制度的同时，先后编撰《行政机关合同签署操作指引》《法律法规汇编》《行政规范性文件管理工作汇编》《行政复议案例汇编》《行政机关合同签署操作指引》等法治政府建设培训系列资料，提高行政执法人员的执法素质，强化执法监督关口前移。

2013年，区法制办发文，规范行政处罚行为，实行行政处罚行为网上填报制度，实行行政处罚行为全流程监督，提高执法行为的透明性，减少争议导致的行政复议。2013—2015年，区法制办重点落实行政执法责任制，对不履行法定职责或违法实施行政处罚等行为，予以追究责任。

一、行政权力规范

行政审批、登记事项规范　2009年，区法制办联合杭州市上城区行政服务中心，建设“一站式”审批服务平台，做到区级行政许可事项集中“网上审批、网上办事”。[①] 同时，结合新一轮审批制度改革，按照杭州市构建权力阳光运行机制的试点要求，上城区制定《上城区依法清理和规范权力实施方案》，依法清理规范区政府行政执法部门各项权力（包括行政许可、非行政许可、行政监管、行政处罚、行政强制、行政确认、行政征收、行政给付、行政裁决等），统一编制权力清单，固化权力流程，明确岗位职责，权责到人，实现定岗、定人、定责。5月，上城区完成试点清理和规范工作，对全区保留的81项行政许可事项、146项非行政许可审批及登记事项予以确认，由区政府发文公布。

① 详见本篇第七章行政审批服务及公共资源交易第二节行政审批服务。

2011年3月，区政府制定《上城区进一步深化行政审批制度改革工作方案》，推进政务公开，按照“事项统一、名称统一；相同系统，相同事项”原则，进一步规范非行政许可审批和登记事项，提升审批效能，加强和改进政府服务。对经市政府确认并公布的上城区行政审批系统执行的非行政许可审批和登记事项目录，第一批22个系统194项，第二批10个系统99项，统一事项名称，拟定办事指南，固化审批流程。次年1月，在上城区网上政务大厅对外公布，共有行政权力事项2684项（其中，行政许可99项，非行政许可150项，行政处罚1986项，行政强制80项，行政征收8项，行政监管286项，行政给付4项，行政裁决1项，其他行政行为70项）。经杭州市上城区行政审批服务管理办公室、区法制办联合审核认定206项审批、服务事项纳入上城区一站式审批服务平台。

2013年，区法制办对23个区属部门清理上报的权力事项，依法审核确认行政许可事项107项、非行政许可审批事项172项、行政处罚事项2521项、行政强制事项74项、行政征收9项、行政监管307项、行政给付3项、行政裁决1项、其他权力事项71项，总计3265项。

2014年，区法制办与浙江劳动律师事务所合作，梳理各单位的现有权力事项清单和实施依据，对上报的权力清单进行集中法制审核，共审核权力事项5364项。

行政执法自由裁量权规范　2008年4月，区法制办与杭州市上城区监察局对全区所有有行政处罚职权的单位开展行政处罚专项执法检查，重点是规范行政处罚的自由裁量权，以促进行政处罚的公平、公开、公正，提高行政执法行为的社会效益。

2010年5月，区法制办对行政处罚裁量权工作中的合法性原则、情势变更原则、留有余地原则、配套实施原则予以明确。2014年12月，区法制办制定《上城区规范行政执法自由裁量权工作实施方案》，规范行政执法自由裁量权（自由裁量权细化、量化）。

二、行政执法行为检查考核

2006年，上城区制定实施《杭州市上城区人民政府行政执法案卷评查暂行规定》，检查内容包括实施行政处罚、行政许可等行政执法行为的实体和程序是否合法、运用自由裁量权是否适当、文书格式和案卷的装订是否规范等。是年，区法制办首次组织开展对全区28个行政执法单位进行行政执法案卷评议检查。此后，区法制办每年进行一次案卷评查工作，对全区各行政机关办理的行政许可、行政处罚案卷进行随机抽查。对检查中发现的问题进行梳理汇总，分别向区政府和相关单位反馈，要求2个月内报告落实整改工作的情况，同时督促其整改。

2008年7月，区法制办组织开展全区食品安全行政执法监督检查工作。2009—2011年，区法制办连续3年对杭州市上城区发展和改革局、杭州市上城区统计局、杭州市上城区教育局、杭州市公安局上城区分局、杭州市上城区城市管理行政执法局、杭州市公安局交通警察支队上城大队、杭州市环境保护局上城环境保护分局等28个区级行政执法部门的依法行政工作进行全面检查考核，重点检查依法履行职责范围和规范行政执法行为情况、预防化解行政争议情况、行政执法监督工作情况等，在检查中执行行政执法投诉举报制度，对重大具体行政行为进行审查和备案。其间，杭州市上城区发展和改革局、杭州市上城区民政局、杭州市公安局交通警察支队上城大队被市政府列为市对区依法行政（执法责任制）考核基层备查单位。此后各年度，上城区均开展侧重点不同的执法行为检查考核，并及时公布考核结果，落实整改措施，接受社会监督。

2013年5月，在开始采用统一的浙江省行政强制常用执法文书后，区法制办将“执法文书格式规范制作”列入行政执法案卷检查内容。2013—2015年，区法制办共抽查行政许可案卷300余卷、行政处罚案卷300余卷，重点检查新增的行政执法强制案卷。其中2015年行政许可案卷共存在问题23个，行政处罚案卷共存在问题12个，行政强制案卷共存在问题7个。对“部分案卷对当事人做出的处罚种类应增加警告”“行政处罚建议依据《杭州市城市管理行政处罚自由裁量权实施办法》未精确到条款”等问题，反馈至相关单位，监督其落实整改。

三、行政处罚实施主体资格确认

2003年11月，经市法制办清理登记，并经市政府审核、公布，杭州市质量技术监督局上城分局、杭州市公安局交通警察支队上城大队被确认为行政处罚实施主体。此后，经区政府确认的，具有行政处罚实施资格的三类主体（法定行政机关、法定授权组织、有关被委托组织）逐渐增加。至2015年12月，区法制办确认上城区43个单位为行政执法主体，分别是：

法定行政执法机关（26家）：区机构编制委员会办公室、杭州市上城区人力资源和社会保障局、杭州市上城区住房和城市建设局、杭州市上城区人民防空办公室（杭州市上城区民防局）、杭州市上城区卫生和计划生育局、杭州市上城区安全生产监督管理局、杭州市上城区市场监督管理局（包括湖滨、清波、小营、望江、南星、紫阳、新声路综合市场7个市场监督管理所）、杭州市上城区发展改革和经济信息化局（杭州市上城区物价局）、杭州市上城区民政局、杭州市上城区商务局、杭州市上城区财政局、杭州市上城区统计局、杭州市上城区司法局、杭州市上城区教育局、杭州市上城区审计局、杭州市上城区文化广电新闻出版局、杭州市上城区体育局、杭州市上城区民族宗教事务局、杭州市上城区风景旅游局，及湖滨、清波、小营、望江、南星、紫阳6个街道办事处，和杭州市公安局上城区分局（包括湖滨、清波、小营、望江、南星、紫阳及站前共7个派出所）。

授权行政执法主体（9家）：杭州市上城区机关事务管理中心、杭州市上城区事业单位登记管理局、杭州市上城区就业管理服务处、杭州市上城区社会劳动保险办公室、杭州市上城区人才市场管理办公室、杭州市上城区卫生和计划生育监督所、杭州市上城区动物卫生监督所、杭州市上城区物价检查所、杭州市上城区档案局。

受委托行政执法主体（8家）：杭州市上城区劳动保障监察大队、杭州市上城区国有土地房屋征收补偿管理办公室、杭州市上城区建设工程质量安全监督站、杭州市上城区安全生产监察大队、杭州市上城区地名委员会办公室、杭州市上城区市场监督管理局稽查大队、杭州市上城区文化市场行政执法大队、杭州市上城区旅游执法大队。

四、执法人员资格证制度①

1996年10月，《杭州市行政执法证件管理试行办法》颁布实施后，区政府所属执法机关向区政府办公室法制科提出申领并经其审核后统一向杭州市人民政府法制局领取“杭州市行政执法证”。杭州市上城区城建监察大队监察人员仍使用建设部统一印制、浙江省建设厅统一编号的城建监察证和标志，并向区政府办公室法制科备案。

1997年10月，按照全省统一要求，上城区实行行政执法证件样式、持证人员资格确认、执法证年审注册制度。1998年2月下旬至3月上旬，上城区首次开展“杭州市行政执法证”验证工作，对从事行政检查、行政处罚、行政监督的工作人员，进行验证。2002年10月，上城区首次进行行政执法证件换证，完善持证、亮证执法制度。2009年，全区通过执法注册年审行政执法人员473人，其中申领新证43人。2010年，上城区对个别不符合执证上岗要求的人员，予以调离执法岗位，并依法取消

① 1992年4月，根据《杭州市行政执法监督检查暂行规定》，上城区实行行政执法人员持证执法制度。

其执法资格。2013年12月，上城区行政执法证件年审注册新增网上申报、网上登记注册形式。年审内容主要包括持证人员证件号、单位、岗位、执法区域和执法类别等变更情况；一年内执法人员的主要表现；更新法律知识的培训学习情况等。全区行政执法证件网上注册、年审通过率100%。

2015年2月，浙江省人民政府法制办公室发文，重申行政执法单位非正式在编人员不得申领行政执法证件。12月，上城区对2015年9月30日以前领取的“浙江省行政执法证”再次开展注册年审，各有关行政执法单位对已经退休、调离执法岗位的执法人员的证件，以及已经到期但不符合换证条件的执法证件，收回并送区法制办，按规定注销。是年开始，上城区行政执法证件上不再记载执法类别和执法区域。全区行政执法人员的执法权限按照法律、法规和规章的规定确定。

五、行政执法责任制①

1996年8月，区政府印发《全区实行部门执法责任制实施意见》；1998年7月，印发《冤错案责任追究制度（试行）》。9月，区十一届人大常委会做出《关于进一步推进执法责任制和冤案错案责任追究制实施的决议》。区法制办先在杭州市上城区财政税务局、杭州市上城区土地管理局、湖滨街道开展试点。试点工作取得成功后，上城区在全区各行政部门全面推行行政执法责任追究。是年，杭州市公安局上城区分局对1名违法民警依法追究刑事责任，对1名违纪民警予以辞退处理。

2006年起，上城区强化行政执法责任追究制度，对行政不作为和行政乱作为追究责任，开展“依法行政示范单位”创建活动。2007年开始，上城区建立上城区依法行政工作评议考核小组，按照《杭州市依法行政工作考核办法（试行）》，开展依法行政工作评议考核，落实行政执法责任。2013—2015年，区法制办对不履行法定职责或违法实施行政处罚等行为，予以追究责任，包括训诫、暂扣或缴销行政执法证件停止行政执法活动、取消行政执法资格调离行政执法岗位等形式，带动和促进依法行政。

六、行政合同审核备案

2010年8月，区政府印发《上城区规范行政合同和民商事合同管理指导规则（试行）》，首次对合同文本格式予以明确规定，对以区政府名义签订的合同等8类合同是否有违反法律、法规和政策性规定等7个方面内容，进行签订前的合法性审查。其中以区政府名义或政府部门、单位名义对外签订的合同，涉及重大利益且合同标的额在100万元以上的（含补充合同），必须送区法制办审查。一般合同（100万元以下），

① 1992年4月，《杭州市行政执法监督检查暂行规定》实施，上城区开始实行行政执法机关行政首长负责制。

由本单位法制机构或法律顾问进行审查，并报区法制办备案。是年10月，区法制办完成行政合同审查18件。2013年，区政府重新制定《上城区行政机关合同管理办法》，区法制办按照区政府要求，就思科中国总部落户上城区等重大招商引资项目提出相关法律意见。共审查、备案标的100万元以上的合同19份，对送审合同提出意见、建议8份。

2014年，上城区制定《上城区行政机关合同审查备案操作细则》《行政机关合同合法性审查、备案流程》等文件，建立健全行政机关合同起草、审查、签订、履行、备案、归档等方面配套工作机制，增强行政机关合同管理工作各环节的实际操作性。2014—2015年，区法制办共收到需经合法性审查合同102件，提出合法性审查意见950条次。

第五节　行政应诉

2001年，市政府制定《行政诉讼案件有关问题的处理意见》，规定区政府作为被告的行政诉讼案件，凡是由区政府以公文形式（含区政府批准以区政府办公室名义发文的）直接做出决定而引起的行政诉讼案件，由区法制办受区政府委托出庭应诉；由区政府设立或批准设立的非常设机构或协调机构及其办公室做出决定而引起的行政诉讼案件，由具体实施的职能部门受区政府委托出庭应诉，区法制办参与。应诉前，必须将应诉方案送区政府领导审定。

2008年，区法院受理第一件以区政府为被告的行政诉讼案件，2009—2011年7月，被诉行政行为类别主要为：房屋拆迁行政裁决、房屋登记行政确认、房屋拆迁许可、劳动和社会保障行政确认、公安行政处罚行政争议、履行信息公开法定职责、城建行政批准行政争议。2011年，区法制办在推进行政首长出庭应诉制度的同时，与法院建立联席制度，组织各部门主要负责人（一把手）参加庭审旁听活动。

2014年，区政府部门作为被告的行政诉讼案件从2013年的8件增至31件，区法制办应诉区政府为被告的一审行政诉讼案件14件。行政应诉案件均与征地拆迁相关。

2015年初，区法制办制定《上城区行政首长出庭应诉工作制度》，全面落实行政首长出庭应诉制度，规定行政首长作为本单位诉讼案件的第一负责人，依法履行出庭应诉职责。是年5月1日，新修改的《中华人民共和国行政诉讼法》施行，以区政府为被告的行政诉讼案件开始大量增加。各行政机关对应诉机构和诉讼代理人员进行完善，及时应对行政诉讼。上城区强化行政首长出庭应诉制度（行政首长及其工作人员出庭应诉或与律师共同出庭应诉）落实，将其作为依法行政工作的重要内容，以往行政首长不出庭或不愿出庭应诉、将应诉完全交由律师代理的状况得到改变。同时，上城区制定《行政机关负责人出庭应诉情况通报制度》，明确行政机关的正职和副职负责人为出庭应诉的天然责任人，必须按要求出庭应诉。有正当理由确实不能出庭应诉者，行政机关应当委托相应的工作人员出庭，不能仅委托律师出庭应诉。

2015年，区法制办代表区政府应诉以区政府为被告的行政诉讼案件47件，经区法院审理，均维持区政府具体行政行为。其中，一审37件，二审10件，审结29件，均驳回诉讼人诉讼请求。部门行政诉讼应诉案件61件，败诉2件，败诉率为4%，比2014年下降4%。区政府应诉案件行政首长出庭应诉4起；全区执法部门应诉案件中行政首长出庭应诉11起。

第五章　信访工作

1978年9月第二次全国信访工作会议以后，区信访工作重点是平反冤假错案，处理各类历史遗留问题。1984年2月，杭州市上城区来信来访办公室开设区长专线电话，开始受理群众信访诉求。

1993年起，随着社会主义市场经济体制的建立、改革开放的深入、社会体制的转轨、经济成分的多元化、社会各种利益的调整，信访数量剧增，越级访、重复访、集体访（简称“三访”）上升，信访矛盾和问题突出。区委、区政府认清信访形势，依据国务院《信访条例》《浙江省信访条例》和中共中央、国务院及省市信访工作文件和要求，加强对信访工作的领导。1995年12月，区委、区政府建立区信访办公会议制度。1996年9月，区委、区政府把信访工作定为党政“一把手”工程，建立区及街道（部门）领导信访工作责任制，实施信访工作目标管理责任制考核。是月，区委、区政府建立区信访工作联席会议制度。1997年，中共杭州市上城区委、杭州市上城区人民政府信访办公室（简称区信访办）及街道（部门）实行信访电首问（办）责任制，及时受理办理。

1999年3月，区信访办公会议更名为区信访工作领导小组。1999年6月，区信访办更名为中共杭州市上城区委、杭州市上城区人民政府信访局（简称区信访局）。

2002年2月，区政府开通网上信访，拓宽信访渠道。2004年起，区委、区政府主要领导与各街道、重点部门党政主要领导每年签订信访工作目标管理责任书。2009年2月，各街道及社区开展信访“五个一”活动和创建“无越级集体访、无进京访、无信访积案”（简称“三无”）街道（社区）。2015年初，区信访局探索和实践诉访分离，推进法定途径分类处理信访投诉请求工作，维护信访人合法权益，确保正常信访秩序，促进社会稳定和谐，使全区信访工作逐步走上制度化、规范化、法治化轨道。

第一节　信访工作制度

一、领导信访责任

“一把手”工程　1996年9月，上城区实行党政领导信访工作责任制，将信访工作列为党政领导“一把手”工程，要求党政领导研究和部署信访电工作、阅批重要信访电事项、签批上级交办报结件、处理重大疑难信访电事项等，并将上述要求列入信访电工作目标管理考核内容。1999年6月，上城区印发《关于进一步加强信访工作的几点意见》，明确全区信访工作由区委、区政府"一把手"负总责，分管领导具体负责，其他领导配合；各级党政"一把手"对信访工作负总责，落实领导信访工作责任制；党政领导亲自阅批来信，接待来访每年不少于2次，协调处理疑难信访和突发性信访事件。2000年，《上城区国民经济和社会发展第十个五年规划纲要》规定："信访和公开电话工作是党委和政府的'一把手'工程，列入重要议事日程，建立信访工作领导责任制。"2006年，区信访局编辑《信访工程一把手》专刊22期，专题报道街道（部门）党政"一把手"信访工作的做法和经验。2010年6月，上城区印发《关于进一步推进新时期信访工作规范化建设的意见》，要求全区各单位主要领导要进一步增强信访工作的使命感和责任感，履行信访领导职责。2015年，区委、区政府要求全区各单位主要领导按照"三严三实"[①]要求，落实信访领导责任。

信访工作联席会议制度　1995年12月起，区委、区政府建立区信访办公会议制度，办公会议主任、副主任分别由区长、区委副书记担任，成员由中共杭州市上城区纪律检查委员会（简称区纪委）、杭州市公安局上城区分局（简称区公安分局）、中共杭州市上城区委办公室（简称区委办公室）、杭州市上城区人民代表大会常务委员会办公室（简称区人大常委会办公室）、区政府办公室、区信访办组成，会议定期半年召开一次，遇到重要事项或突发事件随时召开。会议主要学习和贯彻中共中央国务院、省委、省政府、市委、市政府对信访工作的要求，听取信访工作汇报，分析信访形势，研究处理信访工作中重大问题和突发性事件等。1996年9月，区委、区政府建立区信访工作联席会议制度，联席会议召集人由区委、区人大、区政府分管领导担任，成员由区委办公室、区人大常委会办公室、区政府办公室、区信访办组成。联席会议每年至少召开2次，主要分析信访形势，研究部署信访工作，讨论解决信访工作中重大问题。1999年3月，区信访办公会议更名为区信访工作领导小组。2004年9月，区委、区政府建立区处理信访突出问题及群体性事件联席会议制度，联席会议召集人为区委、区政府分管领导，负责人为区信访局主要领导，成员由区委办公室、区人大常委会办公室、区政府办公室、政协杭州市上城区委员会办公室（简称区政协办公室）、区纪委等单位分管领导组成，下设拆迁安置、企事业改制、企业退休人员、涉法涉诉、其他信访热点问题等6个专项工作小组；会议主要是分析、研判信访形势，对信访突出问题及群体性事件研究对策、部署落实。2015年5月，区处理信访突出问题及群体性事件联席会议（区信访工作领导小组）更名为区信访工作联席会议（区信访工作领导小组），

①严以修身、严以用权、严以律己，谋事要实、创业要实、做人要实。

下设城市房屋拆迁、事业改制、涉法涉诉、教师、企业退休人员、宗教、企业改革搬迁、市场管理、残疾车主管理问题等11个专项工作小组。

领导阅批接访下访制度　1993年起，上城区党政领导实行阅批重要来信和接待日接访。2004年4月起，上城区实行区领导下访接待群众制度，以预约接访为主，随机接访为辅，预约接访提前公告、预先登记，下访采取直接接访、现场办公、协调会、听证会等方式，区领导下访后提出接访意见，责任单位办理、落实、书面答复信访人，区信访局通报下访办理、落实情况。2004—2015年，区领导下访接待221批、1947人次。

表20-5-5　1998—2015年上城区区领导阅批接访下访情况表

年份	阅批重要来信		领导接访（批/人次）	领导下访（批/人次）
	数量（件）	占来信比例（%）		
1998	149	27.3	37/58	—
1999	300	27.7	36/85	—
2000	319	33.3	35/507	—
2001	396	35.1	31/51	—
2002	148	24.7	27/36	—
2003	424	50.4	32/46	—
2004	448	—	33/40	39/311
2005	198	—	27/34	42/487
2006	155	23.48	35/41	26/345
2007	123	23.98	32/40	24/411
2008	121	21.05	189/988	—
2009	109	20.08	57/141	17/261
2010	232	35.2	46/97	21/71
2011	195	27.77	46/2000	22/22
2012	158	22.22	116/180	19/19
2013	130	24.66	201/2347	—
2014	126	18.89	162/176	3/3
2015	107	19.15	214/233	8/17
合计	3838	—	1356/7100	221/1947

说明：资料来源于中共杭州市上城区委、杭州市上城区人民政府信访局

领导包案信访制度　1999—2002年，区委书记、区长每年分别包案协调处理规模较大集体访和疑难信访。2003年9月，上城区实行区委、区政府领导挂牌调处重大信访问题机制，主要挂牌调处中央、省、市交办的信访件，到市以上集体访，5人以上重大不稳定因素联名信，部门（单位）多次调处仍未解决的信访问题、久拖不决的疑难信访等，由区信访局提出建议挂牌调处的信访问题，区委、区政府确定挂牌调处的区领导，挂牌调处区领导召开责任单位和相关部门协调会，签发调处意见，责任单位调查办理、向信访人答复办理结果，区信访局督查督办。各街道（部门）根据规定，制定单位领导挂牌调处

重大信访问题的处理办法。2007年，区四套班子领导开展“走进矛盾，破解难题”专项活动，包案解决疑难信访。2008年，上城区实行定包案领导、定责任单位、定解决措施、定处理期限，包调查情况、包解决问题、包教育疏导、包息诉罢访、包稳定管理的“四定五包”工作责任制，要求事情不查清不放过、问题不解决不放过、措施不落实不放过。是年年初，区四套班子领导、杭州市上城区人民法院院长、杭州市上城区人民检察院检察长对46件疑难信访包案调处。至年末，共化解25件（占总数54.3%）。2009年，区四套班子领导对列入“三色预警”[①]和“三跨三分离”（跨地区、跨部门、跨行业，人户、人事、人事户分离）信访积案包案调处，实行包掌握情况、包思想教育、包解决化解、包息诉息访的“四包”责任制。2010—2011年，区四套班子领导对列入省市区的信访积案分别包案调处，逐案分析，研究解决对策和办法。2012年，对省市区信访结案和44件区级重点不稳定因素，区领导包案负总责，责任单位领导包案化解，属地街道领导包案稳定，责任单位和属地街道领导签订包案化解稳定承诺书，相关部门领导进行政策业务指导。2015年，区领导采取接待来访、听取汇报、现场协调、听证会审等方式，对合情合理合法的予以解决，对合情但不合理或政策不允许的解释疏导，对涉及共性问题的研究对策，对无理信访终结程序。是年，19名区领导包案督查疑难信访71件。

二、基层信访责任

1999年6月，各街道（部门）根据区委办公室、区政府办公室印发的《关于进一步加强信访工作的几点意见》要求，由街道（部门）主要领导负责信访工作，配备专（兼）职信访干部；根据“急事急办、特事特办、难事尽力办”的原则，区信访部门对来信来访多办少转，自办率达30%，街道（部门）只办不转，基本做到事事有回音、件件有落实。2002年，上城区开展社区信访工作，采取民情责任制、民情日记、民情留言板、谈心角、话疗室等形式，把矛盾和问题化解在基层和萌芽状态，创建“三无”社区（单位）41个，占总数的68.3%。2006年，上城区实现区、街道、社区三级网上信访交办反馈。是年，上城区印发《关于加强信访工作基层基础建设的实施意见》，各街道成立信访接待中心，明确“小事不出社区、大事不出街道”的工作目标，由街道党工委书记兼任信访接待中心主任，综治副书记兼任副主任，整合街道信访、综治、司法3个部门，设置固定接访场所，配备相应办公设施，制定接访工作制度。2007年9月，小营街道开启“民情直通车”，组织社工、社区党员、居民小组长、平安志愿者等上门走访，通过“民情直通站”信

① 按非正常访、疑难信访的严重程度、信访化解难度将信访件分为红色、橙色、黄色三级。

箱、小区QQ群、官方微博等收集民意，分析研判，分类处理，及时解决民生问题。

2009年2月，各街道及社区按照区委办公室、区政府办公室《关于在全区开展基层信访“五个一”活动实施意见的通知》要求，建立一套初信初访首办责任制、落实一套信访硬件设备、打造一支信访队伍、健全一套信访工作模式、完善一套组织网络体系。3月，紫阳街道上羊市街社区创建“邻里值班室”，由社区值班室接待居民来访，听取居民意见，做好值班日志，反馈办理情况，调解居民邻里纠纷和家庭矛盾，为居民排忧解难。是年末，紫阳街道在各社区推广“邻里值班室”。是年12月，湖滨街道打造“湖滨晴雨工作室”，整合和利用原有社情民意信息直报点，听取和收集各方意见建议，定期梳理分析，解决居民实际问题，向上级部门反映重点、难点、热点民意问题。

2011年，上城区在全区构建“民情服务网”，区属部门、市属延伸单位及指挥部分别联系对接各街道及社区，合力构建上下联动、左右互通、环环相连的群众工作“网状服务”新体系，将信访矛盾纠纷化解在基层、处置在萌芽状态。年末，湖滨街道在全市基层信访工作会议上做经验介绍。2015年，紫阳街道深化“邻里值班室”建设，解决居民实际困难和邻里纠纷、家庭矛盾，解决率达96%。

三、首办信访责任

1997年，区信访办及街道（部门）实行信访电首问责任制，投诉人来信来访来电后，第一人接受就要责任到底，如非区级及街道（部门）职责范围事项，应负责加以引导或转送。1999年6月，上城区印发《关于进一步加强信访工作的几点意见》，要求起始单位认真处理初信初访，如因初信初访未认真处理引起“三访”的，依照信访工作责任追究制追究相关领导和当事人责任。2001年，区信访局将办事依据、程序、期限、结果和责任追究等公开上墙，接受信访人监督。2008年5月，上城区制定信访事项首办责任制暂行规定的实施细则，明确首办内容、程序、要求和责任。随后全区推行信访首办责任制，各街道（部门）受理、办理、反馈初始信访电。2009年5月，上城区进一步落实首办责任制，要求首办责任制重点遏制“三访”势头。2008—2015年，各街道（部门）信访电首次办结率均98.5%以上。

四、诉访分离责任

1995年10月，国务院颁布《信访条例》，明确规定信访含义、工作机构、信访受理、信访办理、奖励处罚等，信访工作进入规范化轨道。2000年，区信访局和区法制办建立行政复议信访移交制度，行政复议信访事项由区法制办行政复议解决。2005年1月，国务院颁布新的《信访条例》，重点明确信访渠道、信访事项提出、信访秩序、信访督办、法律责任等。2005年，区信访局和浙江君安世纪律师事务所、西湖之声广播电台成立上城区信访调解中心，调解处理涉诉涉法疑难信访6件。

2009年，区信访局和杭州市上城区司法局（简称区司法局）联合印发《上城区律师参与信访接待工作意见》，建立上城区信访法律顾问团，在原律师参与区领导接访下访基础上，组织律师每周一、三、五到区信访局窗口接访。2009—2015年，律师在窗口共接访815批/1111人次，主要涉及拆迁安置、房屋产权、各类纠纷、职工权益、检举揭发等，提供法律咨询和法律援助。同时，区信访局常年聘请信访法律顾问，对疑难信访问题寻求法律指导。2015年初，区政府召开全区法定途径分类处理信访投诉请求工作动员部署会，会后区重点行政部门依据相关法律法规，梳理本部门“法定途径清单”，杭州市上城区机构编制委员会办公室、区法制办、区信访局加强指导和协调，探索和实践法定途径分类处理信访投诉请求工作。[①]是年，区信访局多次与中共杭州市上城区委政法委员会、区法制办、杭州市上城区人民法院、区司法局和相关责任单位对涉法涉诉信访进行会审、化解和程序终结。

五、信访目标考核

1996年9月，上城区实施信访工作目标责任制考核，主要考核领导重视信访工作、加强信访制度建设、完成信访电各项任务指标。1997年，全区参加信访工作责任制考核单位58家，平均得分95.5分。1999年6月，上城区印发《关于进一步加强信访工作的几点意见》《上城区信访工作责任追究制度的实施意见（试行）》，明确将信访工作责任制纳入区两个文明建设“双百分”考核，考核结果与街道（部门）领导政绩、晋升、奖惩挂钩，对“三访”较多的街道（部门）实行信访重点管理，连续2年被列为信访重点管理而又未能及时整改的调整领导班子；对进京集体访、到省市区较大规模（30人以上）集体访、重复集体访、事前信息未报、事发劝返不力、事后处理不到位、交办信访件办结不符要求等，给予责任单位通报批评，扣除信访工作目标考核分20分；上述情况造成不良影响和严重后果的，取消当年评比社会治安综合治理、精神文明建设以及信访工作先进集体的资格，扣除信访目标考核分40分；对单位职责范围内的信访问题上推下卸致使矛盾激化、对交办信访件顶拖不办，公开、泄露信访工作秘密造成严重后果等，依据规定给予党纪政纪处分。2004年初，上城区将控制“三访”作为信访和区长公开电话工作目标管理考核标准的重点内容。是年起，区委书记、区长与街道、重点部门主要党政领导每年签订《关于信访和区长公开电话工作目标管理责任书》（简称信访工作责任书），各街道、重点部门与社区（单位）每年签订信访工作责任书，明确责任主体、责任内容、工作任务、目标要求、考核组织、评分依据和考核奖惩等。7月，区纪委推行领导干部信访工作责任追究制，明确因工作失职导致信访矛盾激化、造成不良影响和严重后果的，追究相关领导的责任。2005年，区委、区政府将信访工作纳入创建“平安街道”和“满意单位”考核内容，赋予信访部门信访交办、督查、协调和建议责任追究等职责。

① 经过2015年探索和实践，2016年1月，区委办公室、区政府办公室印发《关于推进通过法定途径分类处理信访投诉请求工作的实施意见（试行）》，明确诉访分离的工作目的、工作内容和工作要求，通过法定途径分类处理信访投诉请求，明确信访人的信访投诉请求“找谁办、谁必须办”的法定职责，诉访分离，确保信访人合理合法诉求依照法定途径得到解决，推动信访工作回归本位，真正将信访工作纳入法治化轨道。

2006年，上城区印发《关于信访工作目标管理考核评分办法》。2007年初，区信访工作领导小组办公室制定信访和区长公开电话工作目标管理考核细则，明确考核领导信访责任制、信访基础工作（信访事项告知、受理、办理、督办、反馈、回复等工作制度，重大突出信访问题的预警、应急处置、责任追究等工作机制）、信访电工作任务（办理信访电按时反馈率、办结率、满意率、信访积案化解率等）；考核基础分为100分，特色工作另加分，90分以上（含90分）为优秀，80分以上（含80分）为合格，80分以下为不合格，考核不合格的书面说明，定为信访重点管理单位。2008年，区委、区政府与各街道、指挥部、相关部门签订《关于“奥运会”期间信访工作责任书》，要求实现“不发生重大群体性事件、不发生越级进京滋事事件、不发生重大安全事故，实现零进京”工作目标。2010年，区信访工作领导小组将化解信访积案列入目标管理考核内容，对年内完成工作目标的予以加分，对工作不到位、责任不落实的进行问责。2012年，区信访工作领导小组将创建“三无”街道列入信访工作目标管理考核。2014年初，区信访工作领导小组印发《上城区信访“12345”工作目标管理考核评分办法》，明确考核原则、共性指标、专项指标和考核程序等。2015年，区信访工作领导小组重点考核街道（重点部门）党政主要领导接访、包案处理疑难信访、阅批重要来信等情况，因信访事项办理不到位引发的进京访、集体访、缠访闹访等情况。

第二节　信访办理

一、信访数量及形式

1993年，上城区信访人投诉请求主要是通过来信、来访两种渠道。1993—1997年，全区受理来信来访51091件次。1999年开始，来电数量逐渐增多。

1998—2015年，来访中的“三访”、非正常访尤为突出。区信访局受理信、访、电、网络来信（包括电子邮件、短信）共158529件次。

表20-5-6　1998—2015年区信访局受理信访情况表

年份	总量（件次）	来信（件）	到区访（批/人次）		越级访（批/人次）			来电（件）	网信（件）
			个访	集体访	进京访	到省访	到市访		
1998	3738	661	847/1536	31/503	–/2	11/148	144/375	513	—
1999	4484	1036	810/1516	41/547	0/0	1/7	122/156	1222	—
2000	12091	957	1038/2535	42/1221	0/0	0/0	—	7378	—
2001	9584	1129	843/1398	30/320	0/0	0/0	—	6737	—
2002	8799	922	973/1967	43/761	–/2	—	—	5147	—
2003	9169	790	975/1817	46/978	—	—	—	5514	70
2004	11908	807	1147/1884	51/700	–/10	1/50	—	8369	88
2005	18063	815	1170/3153	78/1396	16/23	4/64	50/953	11520	139

续表20-5-6

年份	总量（件次）	来信（件）	到区访（批/人次）		越级访（批/人次）			来电（件）	网信（件）
			个访	集体访	进京访	到省访	到市访		
2006	13107	660	576/1990	73/1582	21/28	9/101	55/940	7700	106
2007	9796	627	549/1299	91/1065	31/73	9/126	23/254	6271	81
2008	6630	736	537/702	43/790	12/13	4/29	33/412	3753	195
2009	9831	953	531/750	99/1473	50/104	8/410	55/849	4670	622
2010	8318	700	498/1495	55/632	14/16	3/86	17/217	4583	589
2011	7195	704	361/510	76/898	50/86	7/133	34/850	3608	406
2012	6919	756	591/2122	65/755	26/40	2/58	27/605	2222	361
2013	7571	528	408/1793	99/1381	243/266	6/225	18/285	2636	457
2014	5889	668	442/1497	73/1008	–/140	5/49	10/116	2119	292
2015	5437	562	555/1428	65/814	–/59	1/8	6/191	1595	780
合计	158529	14011	12851/29392	1101/16824	463/862	71/1494	594/6203	85557	4186

说明：1.资料来源于中共杭州市上城区委、杭州市上城区人民政府信访局。2.2004—2015年到省访、到市访数据是集体访。3.总量（件次）：信访电网各项件/人次相加

二、信访内容

1993年，随着上城区东河绿化带建设、吴山路开发和庆春路、延安南路拓宽等旧城改造的推进，反映土地规划、征地拆迁、城市建设、工程建设、拆迁安置的信访问题突出。1997年，随着企业改制深入，困难企业职工要求发放工资和报销医药费等、工资待遇、职工权益、职工下岗、失业、国有资产流失等信访问题上升。2000—2007年，“事改企”人员、自收自支事业单位等要求提高养老金、医保待遇等信访矛盾突出。2008—2015年，随着改革深入、社会体制转轨、经济成分多元、社会各种利益调整，信访问题反映也呈多方面，主要反映：特困家庭、户口不在杭外地退休人员生活困难、社会救济；房屋产权纠纷、房屋使用权纠纷、房屋租赁纠纷、危旧房改造、房屋维修；小区物业管理、社区管理、邻里纠纷；市场改建、市场搬迁、市场管理、市场纠纷；民事纠纷、合同纠纷、股权纠纷、货款纠纷、欠薪纠纷、劳资纠纷等；执法不公；社会治安；城市管理中供水供电、无证摊贩、破墙开店、餐饮污染、噪音扰民、市容环卫、环境污染、道路整治、市政绿化、违法建筑等。

三、来信办理

1993年起，区信访办（局）办信主要程序：及时启封信件，保持信件的完整性（包括正文、附件、信封、邮票、邮戳、邮编、地址等），按主件、附件、信封顺序装订盖上当日收信专用章；准确领会来信原意，根据内容分轻重缓急逐件登记；对不再受理、无参考价值、内容不清和重复来信进行内存，对需要领导阅批的及时报送，对上级交办（转送）、领导批示、重大举报、申诉和涉及群众生产生活等重要来信，向责任单位及时交办，并要求在规定期限内反馈办理结果，对情况复杂、处理难度较大、涉及多个街道

（部门）、区领导交办等来信，召开有关街道或部门协调会，并督促落实；对交办的反馈件遵循“事实清楚、定性准确、适用政策法规正确、处理意见恰当、程序规范、手续完备”的要求进行审核，符合要求的予以审结（报结）；对交办的反馈、落实情况每月通报一次，并作为年度目标考核、评比依据。2005年起，新的《信访条例》公布，要求责任单位在出具《信访事项处理（复查）意见书》时，必须告知信访人如对信访处理（复查）意见不服，可请求信访复查（复核）。

2006年，区信访局要求对省市交办要信实行办理结果“三见面”（责任单位领导、承办人和来信人见面签字）。2013年，区信访局汇编《上城区办信工作指南》，明确来信登记、告知、受理、转送、交办、办理、调查、处理、反馈、审核、文本、答复、办结、存档等各项规定。2015年，区信访局受理初信423件、重复信139件、联名信11件。

四、来访办理

1993年，上城区推行逐级上访制度，规范信访人上访行为。1996年9月，区委、区政府要求各街道（部门）对可能发生较大规模到省市区集体访要及时做好说服、疏导和劝阻工作，一旦发生上述情况，当事街道（部门）领导应立即赶赴现场做好劝返工作。1997年，区信访办开展创建文明接待室活动，制定领导接待日、文明接访、来访人须知等制度，要求接访员佩证上岗，面对来访人“一张笑脸、一声您好、一把椅子、一杯热茶”热情接待。1998年，正值上城区旧城改造高峰，有些被拆迁户对易地安置不满，多次到省市政府集体访，有些到省市党代会集体访，上城区被列为省信访重点管理单位。对此，区委、区政府采取有效措施，加大化解“三访”力度。区信访办和公安部门、各街道、指挥部对越级集体访现场劝返，召开协调会20余次，做好被拆迁户思想稳定工作。至年末，上城区被取消省信访重点管理单位。1999年，区信访局实行信访工作政务公开，对“三访”苗头制定预案，会同各街道（部门）做好化解和处置工作。2000年，区信访局开展“三声五心”接访服务[①]，向信访人公开印有接访守则、来访须知、咨询电话、接访员姓名、编号、监督电话等信息的信访监督卡。

① 即“来有迎声、问有答声、走有送声”“爱心、热心、耐心、细心、公心”。

2001年，区信访局实施“三访”通报制度，各街道（部门）排查不稳定因素，解决信访实际问题，做好思想疏导工作，年末“三访”势头有所下降。2003年6月，区信访局印发《关于创建文明接待室实施意见》，将政治文明、室容整洁，硬件齐全、制度健全，认真受理、工作有序，规范办理、优质高效，恪尽职守、遵纪守法作为创建标准。9月，上城区印发《关于做好群体性信访事件预防处置工作的通知》，要求各街道（部门）切实做好信访矛盾纠纷排查、预警、报送、督办、处置等各项工作；根据“可散不可聚、可解不可结、可顺不可激”的处置原则，妥善处置群体性信访事件，努力实现“发现得早、化解得了、控制得住、处置得好”的工作目标；建立健全信访工作领导责任制，把预防、化解矛盾纠纷，减少群体性信访事件作为领导政绩考核的重要内容，对工作不实、调处不力、导致矛盾激化引发群体性信访事件、贻误时机、处置失当、造成事态扩大等，追究相关领导的责任。2004年5月，上城区印发《关于依法规范信访工作和群众信访行为的若干意见的通知》《关于规范区政府大门上访秩序的规定》，明确凡到区政府大门上访的，由区信访局劝导到区相关部门（单位）信访或到信访接待室接访，对妨碍信访秩序经批评教育无效的，由公安部门依法处置；一旦发生群体性信访事件，按规模大小和情况严重程度，区分管领导及当事街道（部门）领导亲临现场指挥处置，及时做好劝返工作。6月，区信访局印发《关于进一步完善信访排查制度的通知》，要求各街道（部门）建立月排月报、随排随报、急排急报的“三排三报”制度，对可能进京访、到省市集体访每月排查上报，重要期间提前排查上报，重要紧急突发信访信息及时上报。是年，区信访局将《信访条例》《集体访须知》《接访程序》《接访礼貌用语》等制度，受理范围、办理依据、办理期限、责任追究等规定，以及接访员工号、姓名、职务、联系电话等信息在候访大厅公开上墙。

图20-5-1　2011年，工作人员在信访大厅对信访人进行接访　（区信访局 供稿）

2005年8月，上城区制定区政府大门集体（异常）访处置预案，明确组织领导、职责分工、处置原则、处置程序、处置办法和责任追究等。各街道（部门）制定分级处置预案，开展国务院《信访条例》宣传讲座44场，组建150余人的劝返队伍。2007年，区信访局接待室被评为浙江省信访系统“文明接待室”。是年7月，区信访局印发《上城区接待来访工作规则》。9月，区信访局与浙江大学心理学院团委建立“浙江大学心理学院学生社会实践基地”，接访员与学生共同实践、探讨解决接访员和信访人的心理问题。11月，上城区印发《上城区重点项目信访评估工作导则》，对事关民生、征地拆迁、市政工程、城市改造、环境整治等重点项目，由区信访工作领导小组负责信访评估的组织协调、检查指导、考核测评等，项目实施单位、属地街道对项目立项、启动、实施、竣工各环节可能发生的信访问题进行评估，从源头上预防和减少信访问题。12月，区信访工作领导小组印发《关于上城区重点项目信访评估实施细则（试行）》，明确信访评估的含义、组织机构、工作制度、测评要求和问责追究等。2008年，上城区印发《关于做好进京非正常访劝返和加强依法处理的通知》《关于切实做好“奥运会”期间信访工作方案》《关于上城区开展“涉奥信访百日行动”工作意见》，各街道、指挥部、相关部门成立信访工作领导小组，制定工作预案，实现北京奥林匹克运动会期间“零进京”工作目标，上城区被评为“杭州市‘涉奥’期间信访工作先进单位”。

2009年8月，上城区印发《关于处置群体性和突发性信访事件的意见》，要求重点排查拆迁安置、企业破产倒闭、兼并重组、下岗失业、劳资纠纷、经济纠纷、社会管理和治安问题等可能引发的不稳定因素，分析研判，及时报告；采取有效措施，解决不稳定因素，预防发生群体性和突发性信访事件；一旦发生加强现场领导，实行“六个第一”[①]，妥善处置群体性和突发性信访事件。是年，排查确定25件可能引发群体性信访事件，年末化解19件。

① 第一时间获取信息、第一时间组织指挥、第一时间落实责任、第一时间宣传疏导、第一时间调查分析、第一时间研究对策。

2010年，区信访工作领导小组完善信访评估机制，对事关民生、社会影响较大项目，在实施单位项目信访评估基础上，又聘请专业人员进行实地评估，对可能引发群体性信访事件制定应急预案，妥善处置。是年，全国“两会”、中共十七届五中全会期间，上城区实现“三确保、三无”[②]工作目标；在上海世界博览会、广州亚洲运动会期间，实现“零进沪”“零进穗”工作目标。2012年，上城区印发《关于加强区属单位与市垂直部门联动信访稳定工作意见》《关于全国“两会”期间信访稳定工作方案》《关于党的“十八大”期间信访工作方案》，明确目标任务、职责分工和协作机制，落实化解和稳定措施，全国省市区“两会”党代会期间未发生群体性信访事件，上城区被评为“浙江省党的十八大期间信访工作先进单位”。

② 确保信访渠道畅通有序、确保应急处置快速高效、确保劝返接回工作到位，无较大规模集体访、无滋事闹访、无群体性突发事件。

2014年，上城区开展进京非正常访治理活动，成立区进京非正常访专项治理工作领导小组，全面推进“两穷尽两到位”工作，做好中央、省巡视组驻点接待、APEC会议、世界互联网大会、杭州马拉松等期间信访工作。2015年，上城区专题部署信访工作，制定工作预案，组建劝返工作队伍，各街道（部门）做好全国“两会”、“九三”大阅兵、中共十八届五中全会、世界互联网大会期间信访工作，实现全年“零非正常访”目标。

五、来电办理

区长“12345”公开电话　1993年，区长专线电话[③]（号码7074875）由区信访办负责受理。1999年6月，区长专线电话开通为区长公开电话，号码为“87812345”（简称区长“12345”）。10月，上城区制定办理规定，明确区长“12345”由常务副区长分管，区信访局负责受理办理，各街道（部门）主要党政领导分管，专（兼）职信访干部负责受理

③ 1984年2月，区来信来访办公室开设区长专线电话。

办理；区长“12345”建立登记、交办、反馈、审结、答复等受理办理程序；区信访局加强回访、催办、督查和通报，实行目标管理考核。是年，全区建立24个区属重点部门公开电话网络单位。

2002年，区政府组建信访、公安、房管、执法、环卫、市政、绿化等部门组织的“上城区应急求助服务中心”，区信访局（区长“12345”）开通应急求助专线电话，交办区相关部门，解决群众求助问题。2003年，受钱塘江咸潮影响，杭城陷入“水荒”，区长“12345”作为区政府供水求助热线，每天平均接电100余个，区信访局负责咨询、解释和交办工作。2009年起，区长“12345”建立日日清工作责任制，对重复交办2次以上网络单位，直接联系网络单位主要领导，分析原因，制定整改措施。

2011年，区长“12345”实行每月通报制度，重点通报重复交办件，督促网络单位整改，降低重复交办率。2012年，区信访局与上城区服务管理联动指挥中心制定区信访局与区指挥中心联动办法，区长“12345”专线受理，交办上城区服务管理联动指挥中心，流转处理，协调解决。2015年，区长“12345”参与“三改一拆”、“五水共治”、国有资产中无证房产涉违投诉处置等工作。

表20-5-7　2010—2015年区长“12345”受理来电情况表

单位：件

年份	第一位		第二位		第三位		第四位		第五位	
	类别	数量	类别	数量	类别	数量	类别	数量	类别	数量
2010	社区管理	2131	住房问题	1343	环境保护	1316	违法建设	702	工商管理	536
2011	社区管理	2241	住房问题	1344	环境保护	1214	工商管理	710	违法建设	668
2012	社区管理	2581	住房问题	1251	环境保护	1154	工商管理	820	违法建设	672
2013	社区管理	2484	住房问题	1120	工商管理	1011	环境保护	920	违法建设	—
2014	社区管理	2321	住房问题	1108	工商管理	1004	拆迁安置	741	环境保护	—
2015	社区管理	2501	物业管理 住房问题	1210	拆迁安置	1022	工商管理	931	环境保护	881

说明：资料来源于中共杭州市上城区委、杭州市上城区人民政府信访局

社区“12345”工作　2005年初，区信访局在湖滨街道涌金门社区启动社区“12345”试点工作。2006年，社区“12345”在全区推广，51个社区均开通社区“12345”。是年，社区“12345”受理投诉1500余件，其中80%社区自行处理解决。2007年9月，中共杭州市委杭州市人民政府信访局（简称市信访局）在上城区召开全市“12345”进社区现场推广会。11月，上城区印发《关于积极推进和全面深化社区“12345”工作的实施办法》，明确各街道信访接待中心负责协调和管理社区“12345”工作，各社区设立社区“12345”服务站，并将社区“12345”工作纳入街道目标管理考核。2008年4月，市信访局与杭州电视台综合频道联手在南星街道水澄桥社区民安苑小区举办“12345”真情服务进社区活动，解决居民实际问题。2009年6月，深化“12345”进社区工作，社区“12345”延伸到

辖区单位，形成区、街道、社区、辖区单位立体信访工作网络。2011年，市信访局与杭州市城市建设投资集团有限公司联合在紫阳街道、湖滨街道开展“12345”城投真情服务进社区活动，召开恳谈会，提供现场咨询服务，办理公交、水业、燃气、环保等相关业务。2015年，全区社区“12345”受理投诉2416件，比2014年上升1%，办结率100%、满意率95.94%。

六、网上信访办理

2002年，上城区设立区长电子信箱，信访人可向区长电子信箱发投诉邮件，由区信访局负责受理，办理结果再通过区长电子信箱反馈至信访人。2008年初，区政府网站设置网上信访窗口，开辟“区领导信箱”“部门领导信箱”“网上热线”“社区之家”四大板块，分别由区信访局、街道、区相关部门负责受理，按期限网上反馈。网上信访建立“各自受理、规范办理、限期回复、定期通报”的工作机制。是年7—12月，共受理网上信访147件，主要反映社区管理、政策咨询和意见建议等内容。

2011年11月，区信访局开通“上城信访”微博。2014年，区信访局推进网上信访，开通区信访局微信公众号，借助微博、微信平台，受理办理网民投诉。2015年，网上信访主要反映权益待遇、劳资纠纷、市容市貌、社区管理等。

七、信访督查

信访办理督查　1993年，区信访办加大对信访电办理期限、质量督查力度。1997年，区信访办重点督办区领导接访件和重要来信阅批件。2001年，区信访局通过每月《电话受理情况分析》、每半月《信访电督查专报》，通报责任单位信访电受理情况、反馈质量。2004年，上城区制定《区委、区政府领导信访电批示件督查工作办法》，明确督查主体是区信访局，督查方式是现场督查、协调会、听证会、跟踪督查、回访督查等，审结标准要求事实清楚、处理恰当、结果明确。2005年，上城区修定《区委、区政府领导信访电批示件督查工作办法》，明确对事实未查清的不放过、疑点未核实的不放过、政策把握不准的不放过、定性缺乏依据的不放过、群众不满意的不放过，全年现场督查100余次。2007年，实行信访督查三级负责制，一般信访由区信访局督查，重点信访由区政府办公室、区信访局督查，重大疑难信访由区领导督查。同时规范督查范围和程序，对无正当理由未按规定期限反馈和报结的，未按规定程序办理的，处理意见明显违反有关政策法律法规的，办理事项推诿、敷衍、拖延的，不执行处理意见的，均列入督查范围。2008年6月，上城区印发《关于上城区信访事项催办督办的通知》，明确催办督办原则、范围、程序和责任追究。2009年5月，上城区开展“信访积案化解年”活动，成立区“信访积案化解年”活动领导小组，明确区包案领导、责任单位和办结期限，加大督查力度，对纳入“三色预警”的16件化解13件，化解率81.3%；“三跨三分离”5件化解4件，化解率80%。

2011年，区信访局和杭州市上城区监察局结合“效能亮剑”行动，对因工作不到位而导致重复交办件，追究责任单位领导和承办人相关责任。2012年2月，上城区印发《关于上城区信访事项交办规则的通知》，明确交办范围、原则、方式、程序和责任追究。是年，上城区开展信访“百日攻坚活动”，区委、区政府成立区“百日攻坚活动”领导小组，下设征地与房屋拆迁、不稳定因素化解、非正常访处置3个专项督查组，由区分管领导担任各督查组组长。至年末，全区45件省市区信访积案均已化解（程序终结）。2014年，区信访局对省市交办件办理完毕后，及时扫描录入全国信访信息系统，同时制定信访电办理流程图，对受理期限、办理要求、送达方式等作出具体规定，加大对信访电办理质量的通报，对交办件办理不到位的，书面抄告责任单位主要领导。2015年，区信访局每月通报街道（部门）办理信访结果群众评价满意度排名，每月通过网上信访信息系统抽查责任单位办理信访事项情况，抽查中发现办理程序不规范、信访处理（答复）意见不明确、敷衍塞责、答非所问、未按规定告知信访救济途径等情况，要求重新办理。是年，全区开展督查“百千万”信访专项行动，区主要领导多次做出批示，区信访局制定实施方案，区委、区政府组织3次信访督查，区纪委与区信访局联合跟踪督查，直至问题解决。

信访复查复核　2005年，区信访局印发《上城区信访事项复查（复核）终结暂行办法》，明确复查复核工作机构、范围、提出、程序、期限和终结等，全年区政府信访复查2件，市政府信访复核终结1件。2006年6月，区政府办公室印发《关于印发〈上城区信访事项复查（复核）工作意见〉的通知》，明确申请复查复核基本条件、程序手续、规范文本、审查审核和责任追究等，全年区政府信访复查5件。2010年，区政府完善信访复查复核工作机制，对久拖不决信访事项启动“4+X+Y”①会审方式，区政府信访复查5件，市政府信访复核均维持区政府复查意见。2015年，区政府设立区信访事项复查复核办公室，信访人申请信访复查22件，受理信访复查8件、区领导接访1件、协调9件、咨询4件。

信访评议听证　2005年，区政府办公室印发《上城区信访听证暂行办法》，明确信访听证含义、目的、范围、原则、组织、程序、运用和信访人、听证员权利义务等。2012年9月，上城区印发《上城区信访评议员聘任管理暂行办法》，明确评议员条件、产生、组成、职责和要求等。是年，上城区对3件省级信访积案拆迁安置信访事项进行4次公开评议，信访人和责任单位围绕信访事项进行举证、说明、质证、申辩、答辩，评议员围绕信访事项咨询、质询、公开评议，形成评议结论意见，用无记名投票方式对信访事项处理结果公开投票，当场宣布投票结果。经市政府审核、浙江省信访工作联席会议办公室会审均信访终结。2014年11月，区信访局根据《浙江省信访事项听证办法》，组织拆迁安

① 4指区政府办、区法制办、区监察局、区信访局，X指政府相关部门，Y指专业机构。

置信访事项听证会2次，听证后经市政府审核、浙江省信访工作联席会议办公室会审均信访终结。是月，区政府办公室印发《关于上城区信访事项听证办法实施细则的通知》，明确听证目的、原则、形式、范围、听证机关、听证参加人、信访当事人权利义务、听证员权利义务、听证程序、听证文本和听证结论运用等。2015年11月，区信访局组织拆迁安置信访事项听证会1次，经市政府审核、浙江省信访工作联席会议办公室会审信访事项终结。

信访督查员　2003年12月，中共杭州市上城区委组织部和区信访局规定：凡新提任的副处级领导须分期分批到区信访局担任信访督查员，代表区委、区政府办理来信、接待来访、督查信访事项，每期3个月，每次1～2人。2006年，区信访督查员依据《区委、区政府领导信访电批示件督查工作办法》，对区领导接访下访、重要信访电呈批件等进行督查。2008年，区信访督查员依据《上城区信访事项催办督办办法》，督查疑难信访46件。2010年，区信访督查员对上级交办重要信访件、新闻媒体曝光件、重复投诉信访件进行督查，全年督查100余件。2012—2015年，区信访督查员重点对区领导接访件办理情况进行督查、通报。2004—2015年，共有95名信访督查员到区信访局信访督查。

信访联络员　2008年9月，区政府建立区长信访联络员制度，区长聘请2人，副区长聘请1人，实行一年一聘；采取自愿报名、初步筛选、推荐初定、领导审定、正式聘任的聘任程序。信访联络员主要负责收集、整理、报送信访信息，监督政府工作，提出意见建议，协助做好信访化解工作等。同时，各街道、相关部门相应建立单位行政领导信访联络员制度。2008年9月，杭州市市长蔡奇对此制度进行批示。2010年4月，区信访局印发《关于区长信访联络员对政府工作监督实施意见》，明确监督原则、内容、方式和要求。是年，10名区长信访联络员采取交叉监督的方式，对多次重复交办件进行监督，提出监督意见建议。2011年，14名区长信访联络员对工程建设、小区物业管理、拆迁补偿安置、无证餐饮污染等问题进行专题监督，提出监督意见建议。2015年，由区人大、区政协及各街道举荐，区政府聘请8名信访联络员，监督责任单位信访办理程序、期限、质量和结果等。

信访专家团　2010年6月，上城区开始建立处置信访事项专家团，通过各行政部门推荐，确定信访专家团成员73人。2010年7月—2015年末，信访专家团成员参与区四套班子领导接访下访、重大矛盾纠纷调解、信访会审、信访复查复核、信访听证、集体访调处、信访积案化解等工作。

附

信访处理选介

一、上城区望南望北地区拆迁安置信访

2007年初，上城区望南望北地区改造正式启动，区块部分房屋性质为集体土地（撤村建居）私房，部分村民（居民）因对拆迁安置方案不满，围堵拆迁现场办公室，多次到省市区政府集体访，2次进京集体访。事发后，区相关部门到现场调查，听取被拆迁户

的诉求，分析信访原因，主要是前期宣传工作不到位，村民（居民）对望江地区改造前景和相关政策不清楚；拆迁工作不细，村民（居民）对补偿条件和安置去向等不明确；区相关部门职责不清，协调配合不够，属地街道思想稳定工作不到位等，导致工作进度缓慢、信访矛盾突出。区信访局汇总后向区委、区政府专题报告，提出意见建议。区包案领导多次调查，听取汇报，提出以下处理意见：要求拆迁单位文明拆迁；区相关部门和属地街道及社区要相互配合，克服对强迁的依赖性；做好政策宣传和思想工作，维护被拆迁户实际利益。望江地区改造建设指挥部、望江街道根据区包案领导意见，制定具体拆迁安置方案和群体性信访处置预案，中共杭州市上城区委宣传部和杭州市国土资源局上城分局进行政策宣传，所在社区和望江股份经济合作社多次走访重点信访人，沟通交流，答疑解惑，消除对立情绪，化解信访矛盾，最终拆迁工作得到村民（居民）的理解和支持，原列为强迁的10户被拆迁户主动搬迁。

二、上城区四宜路西湖8号项目施工信访

2006年，上城区四宜路西湖8号项目施工，引起周边四条巷居民信访。主要反映：居民住房是20世纪70年代建造砖混结构，经市房屋安全鉴定，已整体倾斜，影响住房安全；项目与居民住房间距小于10米，影响住房日照；项目建设审批不合法；项目车辆升降机实际位置与规划公示不一致；项目观光电梯玻璃幕墙有光污染等。建设单位与居民代表多次协商无果，部分居民拉横幅、封堵施工现场、与施工人员发生冲突，部分居民到市区集体访20余次，并发生进京集体访。事发后，区包案领导多次听取信访代表诉求和建设单位情况汇报，鉴于西湖8号项目规划审批、日照、光污染等问题涉及市相关部门，区政府向市政府做专题报告。市长对此做出批示，市政府分管副秘书长多次召开市相关部门论证会、协调会，明确市相关部门工作职责和要求。在此基础上，区包案领导会同市区相关部门搭建平台，主动与居民代表对话，出示合法审批手续，对居民代表提出合理诉求，要求采取措施予以解决。经过20余次对话、沟通、疏导，建设单位与施工单位同意解决居民合理诉求，消除居民疑虑，最终平息信访事态。

三、杭州东南化工有限公司股权纠纷信访

2000年，杭州东南化工有限公司零资产改制。2008年初，杭州东南化工有限公司被列入搬迁范围，3月末搬迁移址，除留用70余名员工重新签订劳动合同外，其他员工劳动合同予以解除并给予经济补偿，但未对持股会员进行股权清算。从2008年2月起，公司持股会员多次到省市区政府集体访，要求政府协调解决持股会员的股权。事发后，市委常委、市政府分管副市长、区委书记、区长、区委副书记分别做出批示，区包案领导召开专题会议，提出工作要求，区政府成立由杭州市上城区发展和改革局主要领导牵头的工作组，调查情况，指导、协助公司做好股权清退和稳定工作。经工作组调查后，分析主要起因是公司搬迁补偿金与公司评估原值差额部分资产属性不能确定，公司对470名已解除劳动合同的持股会员所持有的338万股权迟迟未予清算。鉴于上述问题症结，区工作组学习政策后，明确告知公司依照政策搬迁，要求公司应尽快对持股会员股权进行清算，同时依据《中华人民共和国公司法》《公司持股会章程》，帮助公司出主意、想办法，并要求公司依照程序，规范操作，尽快与持股会员代表进行协商妥善解决。随后公司进行测算、评估，与退休、解除劳动合同的持股会员推选的会员代表进行协商，经过相关程序通过股权清算方案。2010年3月，杭州东南化工有限公司对退休、解除劳动合同的持股会员的股权清算完毕。

四、杭州翰林农贸市场纠纷信访

2009年7月，杭州翰林农贸市场建成开业。因上城区金衙庄农贸市场是露天市场，按规定予以关闭停业。原上城区金衙庄农贸市场的68家经营户中，有13家被安置到杭州翰林农贸市场，其余55家因无法安置，与市场方发生矛盾，部分经营户冲击市场管理办公室，多次到市区政府集体访。事发后，市长、市委副书记对此分别做出批示，区包案领导召开两次协调会，成立由杭州市上城区商贸旅游局牵头，杭州市商业资产经营公司、区相关部门、小营街道和大学路社区等单位参加的区协调小组。区包案领导多次到新老市场察看现场，听取经营户代表诉求和区相关部门汇报，召开协调会议，提出“积极分流、限定时间、奖励先进”的分流原则和以下解决方案：杭州翰林农贸市场应尽最大可能安置金衙庄农贸市场经营户；对尚未安排摊位的经营户按搬离日期实行租金奖励；主动到其他市场空余摊位的经营户免3个月租金；优先安排到新开办的棚桥、凤凰北苑农贸市场设摊。杭州市上城区商贸旅游局根据解决方案制定操作方案，会同小营街道与经营户进行沟通、协商，68家经营户在15天内全部搬离，除13家进驻杭州翰林农贸市场外，55家领取4个月的摊位租金，53家填写设摊意向表，最终妥善化解该市场纠纷。

第六章 政务事务管理

1978年起，随着上城区经济社会快速发展，区政府主动顺应时代变化，不断提升政务事务管理水平。1993年起，随着社会主义市场经济体制的确立和不断完善，区政府强化政府职能转变，在应急管理、政务督查、调查研究、行政监察、议案提案办理等方面采取有效举措，为经济社会发展保驾护航。

1997年5月起，区政府加强对公安、卫生、城建、教育、地税、土管、市容环卫等系统的行风建设。1998年7月，区委、区政府建立上城区推进机关政务公开工作协调会议制度。是年，上城区在全区推行政务公开工作。2000年6月，区政府办公室印发《政务督查工作的实施办法》，规范政务督查工作要求。2006年，上城区制定突发公共事件总体应急预案，建立应对突发公共事件的防范、指挥、处置体制和机制，提高应对突发公共事件的能力。2007年，上城区提出构建创新型、责任型、节约型、服务型、法治型和廉洁型政府。是年，上城区编制完成《上城区电子政务建设规划（2007年—2011年）》，开始编制上城区政府电子政务资源共享及审批业务协同项目方案，制定政府管理与服务标准化示范区三年工作实施意见，明确政府行政管理和公共服务标准化体系建设的总体目标、推进原则及工作指标、进度安排与保障措施等内容。至2009年，上城区成为国务院信息化工作办公室确定的全国首批政务信息资源共享及业务协同试点城区。2014年1月，上城区“政府管理与公共服务标准化”项目获第七届中国地方政府创新奖。至2015年，区政府政务工作逐步走上法治化、规范化轨道，进入依法治区阶段。

第一节 政务公开

1993年，区政府的规章制度主要通过媒体、会议、政府公报、宣传册、公告栏等形式向社会公布。

1998年，区委、区政府建立上城区推进政务公开工作协调会议制度，由区委、区政府主要领导任召集人，区委办公室、区政府办公室、区纪委（区监察局）、杭州市上城区计划与经济局、杭州市上城区贸易局、杭州市上城区财政局、杭州市上城区建设局、杭州市上城区民政局等单位为组成部门，研究全区政府机关政务公开工作。9月，区委办公室、区政府办公室联合印发《上城区推行政务公开制度实施意见》，明确在全区开展推行政务公开工作，政府系统和司法系统的各部门及基层站所、各街道办事处以及各村民委员会，从1998年下半年起先行实施政务公开制度。其中重点部门包括财政、计经、贸易、外贸、建设、教育、人事、计划生育、民政、劳动、房管、土地管理、卫生、文化、环卫、司法、公安、法院、检察院以及各街道办事处。至1998年末，全区政务公开推广到11个部门和11个街道。是年，上城区在全市率先推行计划生育政务公开工作，建立三级投诉电话，设立三级政务公开（栏），把计划生育的办事依据、程序、标准、结果向群众公开，有效促进依法管理和转变计生干部工作作风。杭州市先后在上城区召开“计划生育政务公开现场会”“杭州市计生管理改革工作现场会”，推广上城区经验。

2004年，上城区制定《上城区人民政府信息公开实施办法》，对公开的程序、监督等方面做出规定。区政府重点公开对象涉及环境保护、公共卫生、安全生产、食品药品、产品质量的监督检查情况；城乡建设和管理的重大事项；征收或者征用土地、房屋拆迁及其补偿、补助费用的发放、使用情况等。对于政府信息，以公开为原则，不公开为特例。2005年，区委、区政府确定杭州市上城区档案馆（简称区档案馆）为政府信息公开场所。2008年，上城区对《上城区人民政府信息公开实施办法》进行修订，并相继印发《杭州市上城区政府信息公开前进行审查的规定》《杭州市上城区关于违反政府信息公开规定行为的责任追究规定》，对政府信息公开工作的公开形式和程序规范进行具体规定①。是年，上城区建立由区长任组长，所有政府信息公开义务人任成员的区政府信息公开领导小组，下设办公室，由区法制办负责组织、指导，在区档案馆设立政府信息查阅场所。区级机关、各部门建立岗位责任制、服务承诺制、限时办结制、首问负责制、AB岗工作制、失职追究制、否定报备制、窗口部门一次性告知制等8项政府信息公开制度。湖滨街道以创建“杭州市社区信息化建设示范街道”为契机，把网上信息公开作为信息公开的重点，并通过“民情发布会”等载体不断拓展公开形式，结合社区实际，对涉及帮扶救助等政策性的工作，邀请居民参与、监督，做到主动公开、充分公开。清波街道制定《街道办事处推行信息公开工作实施方案》，杭州市工商行政管理局上城分局制定政府信息公开工作实施方案，对政府信息公开工作进行全员普及专题培训。区政府还将各公开义务人的负责信息公开的责任人、责任处室及具体联系人名单在“政府信息公开导航”一栏上进行网上公布，包括23个区级部门及6个街道，方便公众申请办理公开事务和获取咨询意见。

2009年，上城区在街道公共服务大厅设置政府信息公开查阅服务点。是年，上城区将政府信息公开工作列入区级目标管理考核。2010年，上城区对政府信息公开工作进行全员普及，并进行专题培训。2011

① 主动公开上城区规划计划、政策法规、与公众密切相关重大事项、政府重点工作、财政资金使用情况、政府机构职能、人事变动、行政审批等政府信息，并且自该政府信息形成或者变更之日起20个工作日内，以杭州上城区政府门户网站、政府信息专刊、新闻发布会、报刊、广播、电视、网络等形式予以公开。公民、法人或者其他组织可以采用信函、电报、传真、电子邮件等形式向上城区行政机关申请获取相关政府信息。申请的信息涉及国家秘密的不得公开，涉及商业秘密或者个人隐私等公开对第三方合法权益造成损害的不得公开，但是经第三方同意公开或者行政机关认为不公开可能对公共利益造成重大影响的，应当予以公开。收到政府信息公开申请，能够当场答复的，应当当场予以答复。不能当场答复的，应当在接到申请书之日起15日内给予答复，延长答复的期限最长不得超过15个工作日。

年，设置政府信息公开申请受理点29个。2014年，制定区属部门行政审批流程图，张贴于区属部门公开墙公示，开设政务微博和政务微信平台。依托门户网站建设，条块结合，向社会公布财政资金使用情况。

2008—2015年，全区共主动公开政府信息53441条，共收到依申请公开政府信息659件。

表20-6-8　2008—2015年上城区政务信息公开情况表

单位：件

年份	主动公开		依申请公开						
	数量	重点公开内容	数量	其中					主要内容
				同意公开	部分同意公开	信息不存在	申请内容不明确	不予公开	
2008	10554	招生政策、民办学校办学许可、中小学教师资格认定标准；基本养老金申领标准和条件，工伤认定方法、失业人员小额担保工作；困难、低保家庭申办条件；廉租住房申请标准，经济适用住房个人申请流程，住宅装修备案指南等	10	6	—	1	3	—	房屋拆迁、劳动退休等
2009	2367	招生信息、民办学校办学许可、中小学教师资格认定标准；基本养老金申领标准和条件，工伤认定方法、失业人员小额担保工作，少儿医保参（续）保缴费信息，稳定就业补贴奖励政策；困难、低保家庭申办条件；廉租住房申请标准，经济适用住房个人申请流程，住宅装修备案指南等；已审核确定的行政许可、非行政许可审批及登记事项和其他各类权力的清单、目录和流程图	14	1	4	2	4	3	房屋拆迁、建设等
2010	1068	“经济租赁住房”的申请流程；招生信息、民办学校办学许可、中小学教师资格认定标准；失业人员小额担保工作，稳定就业补贴奖励政策；低保、困难家庭申办条件等；已审核确定的行政许可、非行政许可审批及登记事项和其他各类权力的清单、目录和流程图	12	1	4	1	4	2	房屋拆迁、建设等
2011	3787	与公众密切相关的就业、看病、上学等相关信息，包括上城区教育局非行政许可项目；中山路旅游发展总体规划；审核确定的行政许可、非行政许可审批及登记事项和其他各类权力的清单、目录和流程图	11	3	2	2	2	2	房屋拆迁、建设等
2012	19052	上城区十大产业发展总体规划；上城区居家就业社会保险费补贴办法；2012年度科技重点工作；2012年上城区民办培训学校特色品牌建设项目；创建“无欠薪上城”工作领导小组；成立望江新媒体集聚区建设指导小组；上城区人力资源和社会保障局基本信息等政府和部门信息等	3	—	1	1	—	1	房屋拆迁、安置和历史街区改善工程

续表20-6-8

年份	主动公开		依申请公开						
	数量	重点公开内容	数量	其中					主要内容
				同意公开	部分同意公开	信息不存在	申请内容不明确	不予公开	
2013	5363	帮扶救助相关政策、上城区质量奖评审管理办法、上城区液氨事故应急救援预案、上城区非物质文化遗产代表性传承人补贴暂行办法、杭州市上城区“三改一拆”行动考核办法、上城区“三清”“双迎”城市管理问题集中整治月活动方案、关于成立上城区“民间食安办”深化工作领导小组的通知等	461	456	—	3	1	1	—
2014	5537	区发展改革和经济信息化局2013年度决算、2014年上城区科技工作思路、2013年区住建局“三公”经费支出情况等	85	19	—	—	—	37	—
2015	5713	全区各部门、各街道2014年度决算、“三公”经费预算公开表、杭州上城区产业投资基金管理办法（试行）、上城区安监局楼道宣传栏制作安装工程招标书、杭州市上城区食品安全基层责任网络建设实施办法、上城区建设项目环保审批、验收办事须知、上城区物价局加强行政事业性收费事中事后监管、关于加强“安全生产月”期间安全隐患排查治理工作的通知、杭州市区廉租住房2015年第2期申请家庭情况公示等	63	7	2	—	—	11	—

说明：1.本表格数据来源于历年区政府信息公开工作报告。2.2014年，依申请公开信息中，有3件属于主动公开范围，未按规定期限答复2件。2015年，依申请公开信息中，不属于上城区行政机关公开8件，告知做出更改补充14件，告知通过其他途径办理7件

第二节　作风廉政建设

1993年4月，区委、区政府召开机关干部作风纪律教育动员大会，在全区机关干部中开展作风纪律教育。是年，区监察局对公安、财税、工商行政3支执法队伍开展党风廉政调查教育。1994年，全区各级领导干部按照中国共产党中央纪律检查委员会和市委的相关要求进行自查自纠，基本制止收受礼金、礼券和变相出国、出境旅游等行为。1995年6月，区政府开展清理检查“小金库”工作。

1997年5月，区政府对区公安、卫生、城建、教育、地税、土管、市容环卫等系统的行风建设分别提出整顿重点、主要目标、整改措施3个方面的要求。1999年，上城区完成行政事业单位基建工程预决算审计22个，区中层干部在职和离任审计10人。2000年，区委、区政府制定《关于实行党风廉政建设责任制的实施办法》。2001年，上城区加大从源头上预防和治理腐败的力度，开设“7812345”廉政专户，健全预算外资金管理、小型建

筑工程项目公开招投标和预决算审计制度。

2004年，区政府开展机关效能建设，全面推行岗位责任制、服务承诺制、限时办结制、首问责任制、AB岗工作制。制定公务员“末位告诫试行办法”，转变机关作风，提高办事效率。

2009年，区政府围绕“党员干部受教育，科学发展上水平，人民群众得实惠”主题，将践行科学发展观与推进全年工作、实现科学发展有机结合，完成学习调研、检查分析和整改落实3个阶段工作。2011年，区政府落实党风廉政建设责任制，继续完善惩防体系建设，加强对政府公职人员的教育、监督和管理。2012年，区政府开展“效能亮剑”专项行动，着力治庸治懒治散，提升政府行政绩效。深入开展“保持先进纯洁、打造廉洁上城”主题教育活动，深化反腐倡廉宣传，加强政府公职人员教育、监督和管理。开展廉政风险点动态排查，排查出风险点2602个，制定防控措施2843条，有效提升机关干部作风效能。2013年，区政府认真贯彻执行中央关于改进作风、密切联系群众的八项规定，进一步规范公务接待，严格控制公务考察，加强公车使用管理，启动事业单位公务用车清查工作，“三公”经费比2012年减少36.3%；着力改进会风、文风，提高会议效率，规范文件发放，撤销纸质简报36种；大力开展廉政教育，推进基层廉政文化建设；开展“效能亮剑”专项督查活动，落实有效整改40余项。2014年，区政府全面开展党的群众路线教育实践活动，大力开展精简会议文件、厉行节约反对浪费等专项行动。2015年，区政府全面推进“四张清单一张网”①建设，制定政府部门职责管理办法，开展街道权力清单编制工作，着力构建权界清晰、分工合理、权责一致、运转高效的政府职能体系；严格落实中央八项规定精神，结合省委巡视组的反馈意见，深入开展“三严三实”专题教育。

① “四张清单一张网”：权力清单、责任清单、企业投资负面清单、财政专项资金管理清单；政务服务网。

第三节　行政监察

一、执法监察

1993年，杭州市上城区监察局（简称区监察局）会同区物价部门，全面清理行政事业性乱收费，取消不合理收费30项，退还21.8万元。1994年，专项清理群众反映强烈的问题，清理党政机关占用企业物资、资金共计18.9万元。1995年，专项清理全区机关企事业单位违规挂牌车辆30辆，其中党政机关4辆；开展预算外资金专项清理，查出违纪金额316.9万元；开展党政干部违反房改政策专项清理，会同税务机关专项检查个人所得税法执行情况。1999年，开展“三乱”②专项治理工作，

② 三乱：乱收费、乱罚款和乱摊派。

查处群众举报的“三乱”行为，受理群众举报35件。2002年，在区教育系统开展义务教育阶段中小学乱收费问题专项投诉活动，对30余件投诉进行核查反馈。

2008年，区监察局协助推动区委制定《进一步加强公车使用、公务接待、国内公务考察管理的通知》，规定全区公务用车全部实行“四定”[①]管理；公务接待费实行预算管理，规范公务接待标准和超标的处理，完善审批和报销制度；坚决禁止变相公费旅游，公务考察建立审批备案、执行请销假、严格审核报销3项制度。2009年，开展权力事项的清理和规范工作，共规范行政许可权64项，非行政许可权86项，行政处罚权1872项。2014年，深入开展规范财经纪律专项检查和国有资产规范管理专项督查，全区“三公”经费比2013年下降29.07%。严肃整治“会所中的歪风”，排查疑似场所22家，依法关停5家会所，其中4家按要求完成转型；全区1024名科级以上领导干部提交不出入私人会所、不接受和持有私人会所会员卡承诺书。2015年，区监察局会同区有关部门对区直机关办公用房、公务用车、公务接待、公务考察、“三公”经费使用、津补贴发放、社会团体经费使用、编外用工等进行监督检查，处理并通报曝光违规人员，督促相关单位完成整改。

① 定人驾驶、定点停放、定点维修、定点保险。

二、效能监察

1995年，区政府开展以“纠热点问题，创行业新风”为主题的行风建设活动。1997年，区监察局坚持“纠建并举”方针和“谁主管，谁负责”原则，加强部门和行业职业道德建设，以公安、财税、卫生、房管、市容环卫、土管、教育、建设系统包括房产经营单位为重点开展行风评议活动，抓好纠风目标和具体举措的落实。1999年，研究制定行风窗口单位考核评价办法。2001年，区监察局在区直机关开展机关思想作风评议活动，纠正“四难”[②]现象，努力为区域经济发展创造良好的投资环境。2003年，整治医药购销中的不正之风，指导卫生医疗系统制定“医德医风十条规定”“廉洁行医十条规定”和窗口服务规范，开展上下联动民主评议活动，推进医德医风建设。2004年，围绕区政府实事工程和打造RBD重点工程，对职能部门和项目建设单位加强效能监察，促进操作程序规范、资金使用节约、工程管理廉洁。2005年，实施背街小巷改善工程效能监察，对文明安全施工和廉政建设实行“一票否决制”；印发《进一步加强机关效能建设工作的通知》，推进全区机关效能建设。

② 门难进，话难听，脸难看，事难办。

2006年，区监察局规范投诉处理程序，要求各部门认真核实、严肃处理投诉。2007年，开展以“践行良好作风，构建和谐上城”为主题的作风建设年活动、“树新形象、创新业绩”专项行动。2008年，落实作风建设八项制度，深化机关效能建设，区“96666”投诉中心受理群众对机关作风和效能问题的投诉96件，对10名机关工作人员做出处理。2009年，开发实施重大项目和重点任务效能监测系统，对涉及资金193亿元的8个市级重大投资项目和37个子项目进行全过程实时监督。制定《对区委、区政府重大决策部署执行不力实行问责的办法（试行）》，对执行不力情况严格责任追究，确保区重点工作任务落实到位。2010年，深入开展“五查五看”①以及机关作风建设明察暗访活动，受理机关效能投诉89件，限时办结率100%，5名工作人员受到通报批评惩戒。开展“千局万站优化发展环境”“服务企业、服务基层”“倡导勤俭节约、反对铺张浪费、惩治奢靡之风”等专项整治行动，提升基层站所（办事窗口）规范化建设水平。

2011年，区监察局制定《全区政风、行风明察暗访工作实施办法》《进一步规范使用公务电脑的通知》等规章制度。加强“为民办实事”、停车场库建设、危旧房整治改造等民生工程的监督检查，督促职能部门解决群众反映强烈的突出问题。组织各单位开展作风效能问题自查自纠631次，发现并整改问题142个。召开述评大会20次，53名评议对象述职述廉，落实整改意见建议112条。开展“效能亮剑”专项行动，推行效能“五诺”②工作法，全区45家单位、4855名机关干部职工做出效能承诺。2012年，建立区机关作风和效能督查联动中心，发送督查通知单13份，督促解决问题50余个；明察暗访发现效能问题15件，对5名工作人员实施问责；召开公诉民评大会92次，评议干部156人，收集意见建议201条，提出整改措施143条。受理机关作风效能投诉135件，办结率100%，对3名工作人员进行问责。2013年，开展明察暗访22次，检查单位142家，发现问题21个，问责8人；受理效能投诉件133件，办结率100%，问责8人。召开“公述民评”大会106次，评议干部173人，收集意见建议264条，提出整改措施95条；首次在杭州市上城区住房和城市建设局试点评议区管干部。2014年，区监察局制定《2014年区重点建设工程立项监察实施方案》，发现影响工程进展的问题10条，发出监察建议书1份，效能督查通知单3份；对落实“五水共治”“三改一拆”等区重点工作不力的行为印发效能督查问题告知书2份；对作风效能明察暗访发现问题的16家单位在《上城报》点名通报，问责处理相关工作人员50人。2015年，会同相关职能部门，跟踪督查“五水共治”、“三改一拆”、“百千万”信访大督查、国家卫生城市复评、城市征迁、二十国集团（G20）杭州峰会项目、安置房平台建设、无违建城区创建、指挥部退休人员清退、“平安365”社会服务管理平台等全区性的重点工作，参与督查20余人次。

① 五查五看：一查政令是否畅通，看是否存在“中梗阻”的问题；二查机关作风，看是否存在影响机关形象和声誉的问题；三查工作效率，看是否存在敷衍塞责、推诿扯皮的问题；四查依法行政，看是否存在违法违规行政的问题；五查完成工作任务，看是否存在不到位、不落实的问题。

② 将效能承诺分成定诺、示诺、履诺、评诺、查诺5个阶段。

第四节　应急管理

1993—2015年，上城区实行“单灾种”型应急管理体系，即不同的专业部门管理不同类型的灾害与突发事件。

2003年4月20日凌晨，杭州确诊3名非典型肺炎患者。区政府启动应急预案，全面部署防治非典型肺炎工作。成立上城区非典型肺炎疫情防治领导小组，明确全区非典型肺炎疫情工作由区卫生局、区公安分局、区城市管理行政执法局和街道具体落实，在各街道成立指挥部。区四套班子成员分工到疫情蹲点监控，区机关各部门抽调人员参与防控工作。同时，区政府加强宣传防治措施和畅通信息渠道，紧急印制10万份宣传材料发给市民，设立2条防“非典”热线。4月21日，召开非典型肺炎疫情防治工作协调会，对防控工作进行分析研究。设置非典型肺炎疫情留验点，各街道24小时轮流值班，为留验点群众购买生活用品、消毒，宣传防治非典型肺炎疫情知识，并协助做好留验点居民的解释和安抚工作。

2006年，上城区设立杭州市上城区人民政府应急管理办公室，制定《上城区突发公共事件总体应急预案》，建立应对突发公共事件的防范、指挥、处置体制和机制，提高应对突发公共事件的能力。同时，制定关于环境污染和生态破坏、突发性地质灾害、防汛抗台等方面的应急预案，加强防范，提高应对突发事件的处理能力。

2007—2015年，上城区加强应急管理工作，分别战胜“罗莎”“苏拉”“菲特”等台风自然灾害，有效应对雨雪冰冻、洪涝灾害，以及手足口病、“三鹿奶粉”等重大突发性公共事件。

至2015年末，区政府办公室（杭州市上城区人民政府突发公共事件应急管理办公室）共制定《杭州市上城区地震应急预案》《上城区突发公共事件应急预案》等应急预案16个。

第五节　政务督查

1993年，政务督查工作由区政府办公室牵头组织，各业务部门具体落实。2000年6月，区政府办公室印发《政务督查工作的实施办法》，明确督查范围与重点、职责分工、程序等，明确由区政府办公室各科室协同开展督查工作。2002年2月，区政府办公室增设督查科，具体组织开展政务督查工作。是年，区政府建立政务督查工作联系制度，在全区政府系统建立督查工作联系网络，由区政府办公室督查科负责区政府日常督查工作，区政府各部门、各直属单位、各街道明确1名领导（原则上由主要领导负责）分管督查工作，并确定相应工作人员。2007年，区政府办公室制定《上城区政务督查工作规则》，明确上级党委、政府交办的工作任务及区委、区政府的重要工作部署的贯彻落实等6项督查内容，实行提出、办理、催办、反馈的工作程序。2015年4月，区政府办公室根据工作实际情况的变化，对区政府重大决策及议定事项等不同督查内容的督办程序进行修订。

上城区政务督查主要包括上级党委、政府交办的工作及区委、区政府重要工作部署的贯彻落实，区政府全体会议、区政府常务会议、区长办公会议等议定事项的贯彻落实，上级领导和区政府领导重要批示的贯彻落实，《政府工作报告》中提出的各项目标任务的实施和落实，人大代表建议和政协委员提案的办理及其他需要督查的事项。督查事项的形式包括：通过召开会议、发布文件，提出督查事项；根据领导要求，向有关单位发出《上城区人民政府政务督查通知单》，提出督查事项；按照领导批示的要求，向有关单位发出《上城区政府领导批示办理通知单》，提出督查事项；通过电话及其他形式向有关单位提出督查事项。督促检查程序根据督查内容各有差异。区政府重大决策及议定事项督办程序由分解、登记、督查、协调、回复5个环节组成；区政府领导批示件和交办件的办理程序由登记、拟办、交办、承办、催办、审核、报告、归档8个环节组成；人大代表建议和政协委员提案的办理程序由登记、分解、交办、督办、总结、汇报、“回头看”7个环节组成。督查事项情况列入年度综合考评。

1993—2015年，区政府办公室牵头组织开展食品安全“三小”行业整治、道路修缮工程、老旧小区物业管理改善工程、药品安全专项整治工作、违法用地集中整治行动、能源优化配置工作等政务督查工作。

第六节　议案、提案办理

1993年，区政府办公室负责办理人大代表建议和政协提案的交办组织工作。凡属于全国、省、市人大代表建议和政协委员提案，涉及区政府系统的，由区政府办公室直接办理，或先交区政府有关部门及街道办事处提出意见后，由区政府办公室统一答复；区人大代表建议和区政协委员提案，涉及政府系统的，原则上由区政府有关部门及街道办事处负责办理并答复。办理工作实行领导责任制，确保办理工作质量。主办单位收到建议或提案后，一般在3个月内做出答复，最迟不超过6个月。因客观条件所限，暂时难以解决的问题，通过创造条件逐步解决；确因种种原因解决不了的问题，实事求是地向人大代表或政协委员说明情况、取得谅解。人大代表或政协委员对答复意见不满意的，承办单位须重新办理，并在下一次人大会议和政协会议前答复人大代表或政协委员。

2005年，上城区开通网上办理提案系统，承办单位可直接在网上对政协委员答复提案、征询意见，减少政协委员与承办单位之间邮寄传递信函的环节，为政协委员和市民查看提案办理情况提供方便。至2015年，上城区每年都将议案、提案办理工作纳入政府重点工作。

表 20-6-9　1993—2015 年政府序列人大代表、政协委员议案、建议、提案办理情况表

单位：件

年度	人大代表议案、建议		政协委员提案	
	届次	件数	届次	件数
1993	十届一次	389	—	—
1994	十届二次	173	—	—
1995	十届三次	169	—	—
1996	十届四次	209	—	—
1997	十届五次	227	—	—
1998	十一届一次	240	一届一次	41
1999	十一届二次	171	一届二次	49
2000	十一届三次	113	一届二次	59
2001	十一届四次	102	一届四次	78
2002	十一届五次	89	一届五次	73
2003	十二届一次	135	二届一次	105
2004	十二届二次	141	二届二次	116
2005	十二届三次	94	二届三次	114
2006	十二届四次	67	二届四次	99
2007	十三届一次	148	三届一次	113
2008	十三届二次	115	三届二次	137
2009	十三届三次	89	三届三次	119
2010	十三届四次	114	三届四次	144
2011	十三届五次	95	三届五次	130
2012	十四届一次	155	四届一次	142
2013	十四届二次	161	四届二次	150
2014	十四届三次	123	四届三次	116
2015	十四届四次	135	四届四次	108

说明：资料来源于杭州市上城区人民政府办公室

第七节　调查研究

1995 年 4 月，区委、区政府确定深化企业内部机制改革等 13 项重点调研课题。区长带头深入基层开展调查研究，有关职能部门根据实际工作需要，安排调研课题。1998 年 10 月，区委、区政府发出《关于开展街道工作调查研究的意见》，提出客观评价街道工作的形势，主要成绩和存在的问题；明确街道工作的指导方针，加强社区建设和管理的载体有哪些；如何理顺街道管理体制与职能；如何调整和改进街道经济发展的方式和路子；如何合理设置街道规模和调整区划；如何合理调整和改革居民委员会；如何建立健全街道工作激励机制，进一步改进街道工作的考核办法；如何改进和加强职能部门对街道工

作的支持8个探讨课题。11月，区长带队赴各街道进行为期1个月的工作调研。12月，区政协办公室、杭州市上城区建设局、杭州市上城区小营地区危旧房改造指挥部就吴山开发、旧城改造等主题开展调研，分别形成《吴山开发与上城区的旅游经济》《上城经济发展的世纪性课题》《以旧城改造，促进“风貌区”保护》等调研报告。

1999年，区政府围绕科技创新、企业改革、依法治区、三产兴区、招商引资、文化、卫生等重点课题，深入基层，开展调查研究，撰写调研报告。2002年5月，区委、区政府联合制发《关于开展转变作风年和调查研究年活动的意见》，要求全区各单位依托机关思想作风评议、为基层服务月、调查研究3项活动为载体，增强全区党员干部的服务意识，改善机关作风，提高办事效率，转变政府职能。2006年10月，区政府办公室要求各单位认真开展调查研究活动，加强机关效能建设，创建服务型、效能型、节约型、学习型机关。是年，区政府根据区委《关于以十六届六中全会精神为指导深入开展调查研究活动的通知》，就未来5年上城区发展的重大课题开展调研活动。2014年，区政府根据区委《关于加强和改进调查研究工作的意见》，加强重大问题研究和重要决策调研论证，加强调研成果转化。

2015年，区政府根据《区委2015年联动调研课题》，加强联动调研，为科学决策提供参考和依据。

第八节　标准化建设

2002年，民政部在全国广泛开展城市社区建设示范活动，上城区是民政部确定的147个区级示范点之一。2003年1月，民政部发布《民政部标准化工作管理暂行办法》，对民政标准的制定范围、标准的管理机构、标准计划的编制、标准的审批、发布程序等进行明确规定。2004年，上城区在全市率先开展社区管理与建设标准化工作。10月，上城区首个省级地方标准《社区建设管理规范》获得通过，将标准化导入社区建设与管理。

2007年，上城区开展政府行政管理与公共服务标准化[①]试点，通过在区级政府职能模块标准化、部门间合作协调机制标准化、职能部门核心职能标准化，以及区级政府与街道间协作机制标准化4个方面梳理标准，逐步推进公共服务标准化建设。9月，上城区政府管理与服务标准化试点工作领导小组成立，由区委书记任组长，38个部门组成，下设办公室，负责标准项目的申报、发布、实施和管理。12月，区政府制定

① 行政管理与公共服务标准化是以建设公共服务型政府为导向，以规范政府管理职能、整合部门资源、提高行政管理效率和服务质量为目标的政府管理创新活动，是提高政府公共服务水平的重要举措。政府管理和公共服务标准体系是通过对区级政府组成构架、部门职能进行梳理、规范，形成上至区级政府、下至具体微观审批服务事项的标准化框架，并同步制定管理服务标准和行政协助标准，形成指导和规范政府管理和公共服务的标准化体系。同时，通过信息化支撑平台，将标准化体系运用于网上行政中心和网上绩效评估体系，实现政府工作流程扁平化。

《上城区政府管理与服务标准化示范区三年工作实施意见》，明确政府行政管理和公共服务标准化体系建设的总体目标、推进原则及工作指标、进度安排与保障措施等内容。是年，制定《历史文化特色街区服务规范》《上城区和谐社区建设测评规范》《上城区12345信访受理服务规范》等标准规范。

2008年，上城区制定《上城区行政管理与公共服务标准化管理实施办法》《上城区政府行政管理与服务标准体系》等文件。制定《上城区危旧房屋维修、拼接改善规范》《杭州市上城区社区档案管理规范》《杭州市上城区社区工作者管理规范》《学校安全管理规范》《科技创业中心运行管理规范》《居家养老服务与管理规范》《安全生产隐患信息监管规范》《财政支出绩效评价规范》《行政事业单位绩效审计评价规范》等标准规范。

2009年，作为国家级政府管理与公共服务标准化项目试点单位，区政府正式立项行政管理与公共服务标准化项目。上城区制定《上城区政府行政管理与公共服务标准化（国家级）试点工作方案》，全区各部门全面启动标准化工作。制定《健康学校管理规范》《基层计划生育管理规范》《支援服务组织管理规范》等9项标准。

2010年，上城区启动政府权力阳光运行标准化工作。完成《杭州市社区矫正工作规范》《网上行政服务中心管理规范》《街道办事处综合信息地理化管理规范》《事业单位公开招聘人员面试规范》《城管执法智能管控规范》《老龄工作管理规范》《社区准物业管理规范》7个杭州市级服务标准的审定发布工作。完成上城区政府行政管理与公共服务标准化实施办法的编制。

2011年，上城区完成《政府管理和公共服务标准体系编制指南》《居家养老服务与管理规范》等省级地方标准制定、发布工作。9月，国家标准化管理委员会组织专家验收上城区政府标准化工作。上城区最终获95.3分，以总分第一的成绩通过政府行政管理与公共服务标准化国家试点项目的评估。是年，上城区继续开展政府标准化工作，《居家养老服务与管理》通过市级服务标准化试点项目验收。同时，首次将政府权力阳光项目中的行政许可、非许可项目转化为区级标准，113个区级标准完成专家审定并颁布实施。2012年，省级地方标准《社区档案管理规范》经网上公示获浙江省质量技术监督局审批。2013年4月，在第二届浙江省公共管理创新案例评选活动中，上城区“政府管理与公共服务标准化”项目以总分第二的成绩入选浙江省公共管理创新“十佳”案例。

2014年1月，上城区“政府管理与公共服务标准化”项目从全国132个申报项目中胜出，获“第七届中国地方政府创新奖”，也是当年浙江省唯一获该荣誉的项目。12月，上城区“政府管理与公共服务标准化”项目被确定为2014—2015年全国服务业标准化示范项目。2015年，湖滨街道启动街道层级的“政府管理与公共服务”国家级公共服务标准化项目，按岗位梳理街道工作流程并编写街道岗位工作手册，建立街道公共服务标准体系，制定市级地方标准3项、区级地方标准10项，建设标准化示范观摩点2个，通过项目中期验收。

表 20-6-10　1993—2015 年上城区标准制定情况表

序号	标准名称	标准编号	标准制定单位
	省级标准		
1	居家养老服务与管理规范	DB 33/T 837-2011	上城区民政局
2	城区政府公共管理和服务标准体系表编制指南	DB 33/T 851-2011	上城区人民政府办公室
3	社区档案管理规范	DB 33/T 884-2013	上城区档案局
4	历史文化特色街区服务规范	DB33/T 671-2007（2013）	上城区市场监督管理局
	市级标准		
5	和谐（满意）社区建设测评规范	DB3301/T 09-2011	上城区民政局
6	上城区社区 12345 信访服务规范	DB3301/T 10-2011	上城区信访局
7	上城区危旧房屋维修、拼接改善规范	DB3301/T 12-2011	上城区住房和城市建设局
8	杭州市上城区社区工作者管理规范	DB3301/T 0134-2015	上城区民政局
9	学校安全管理规范	DB3301/T 0135-2015	上城区教育局
10	安全生产隐患信息监管规范	DB3301/T 21-2012	上城区安全监督管理局
11	财政支出绩效评价规范	DB3301/T 22-2012	上城区财政局
12	健康学校规范	DB3301/T 0136-2015	上城区教育局
13	基层计划生育管理规范	DB3301/T 26-2014	上城区卫生和计划生育局
14	志愿服务组织管理规范	DB3301/T 0138-2015	共青团杭州市上城区委员会
15	组织机构档案管理规范	DB3301/T 0139-2015	上城区档案馆
16	社会团体、民办非企业单位管理规范	DB3301/T 0140-2015	上城区民政局
17	义务教育阶段学科教学规范	DB3301/T 0141-2015	上城区教育局
18	社区卫生服务机构管理规范	DB3301/T 0142-2015	上城区卫生局
19	政府工作行政协助管理规范	DB3301/T 0143-2015	上城区人民政府办公室
20	社区矫正工作规范	DB3301/T 38-2014	上城区司法局
21	网上行政服务中心管理规范	DB3301/T 0147-2015	上城区行政服务中心
22	街道办事处综合信息地理化管理规范	DB3301/T 0148-2015	小营街道
23	事业单位公开招聘人员面试规范	DB3301/T 0149-2015	上城区人事局
24	城管执法智能管控规范	DB3301/T 0150-2015	上城区城市管理局
25	老龄工作管理规范	DB3301/T 0155-2015	上城区民政局
26	社区准物业管理规范	DB3301/T 0160-2015	上城区住房和城市建设局
27	社区公共服务工作站管理规范	DB3301/T 60-2010	小营街道
28	社区双拥工作规范	DB3301/T 61-2010	上城区民政局
28	幼儿园保育工作规范	DB3301/T 64-2011	上城区教育局
29	政协提案工作规范	DB3301/T 88-2011	上城区人民政府办公室
	区级标准		
30	成立社会团体的筹备许可	DB330102/T 0001-2014	上城区民政局
31	社会团体成立、变更、注销登记	DB330102/T 0002-2014	上城区民政局
32	社会团体分支机构、代表机构的设立、注销登记	DB330102/T 0003-2014	上城区民政局

续表20-6-10

序号	标准名称	标准编号	标准制定单位
33	民办非企业单位成立、变更、注销登记	DB330102/T 0004-2014	上城区民政局
34	社会团体年检	DB330102/T 0005-2014	上城区民政局
35	民办非企业单位年检	DB330102/T 0006-2014	上城区民政局
36	民办非企业单位名称预登记	DB330102/T 0007-2014	上城区民政局
37	伤残人员伤残等级评定审核（初审）规范	DB330102/T 0008-2014	上城区民政局
38	补办《中华人民共和国残疾军人证》的审核（初审）	DB330102/T 0009-2014	上城区民政局
39	收养登记	DB330102/T 0010-2014	上城区民政局
40	结婚登记	DB330102/T 0011-2014	上城区民政局
41	离婚登记	DB330102/T 0012-2014	上城区民政局
42	补领结（离）婚证件	DB330102/T 0013-2014	上城区民政局
43	出具无婚姻登记记录证明	DB330102/T 0014-2014	上城区民政局
44	地名命名和标准地名使用（初审）	DB330102/T 0015-2014	上城区民政局
45	新建社会福利机构审批	DB330102/T 0016-2014	上城区民政局
46	革命烈士认定审核（初审）	DB330102/T 0017-2014	上城区民政局
47	福利企业资格认定、变更核准、年检年审（初审）	DB330102/T 0018-2014	上城区民政局
48	“杭州市困难（低保）家庭救助证”审批	DB330102/T 0019-2014	上城区民政局
49	“杭州市困难家庭救助证”审批	DB330102/T 0020-2014	上城区民政局
50	设立文艺表演团体的审批	DB330102/T 0021-2014	上城区文化广电新闻出版局
51	文艺表演团体变更名称、住所、法定代表人或者主要负责人、营业性演出经营项目的审批	DB330102/T 0022-2014	上城区文化广电新闻出版局
52	设立复印、影印、打印单位或者申请从事复印、影印、打印经营活动的单位、个人的审批	DB330102/T 0025-2014	上城区文化广电新闻出版局
53	设立出版物零售企业或者其他单位、个人从事出版物零售业务的审批	DB330102/T 0026-2014	上城区文化广电新闻出版局
54	设立外商投资出版物零售企业的审批	DB330102/T 0027-2014	上城区文化广电新闻出版局
55	从事出版物发行业务的单位和个体工商户变更“出版物经营许可证”登记事项的审批	DB330102/T 0028-2014	上城区文化广电新闻出版局
56	外商投资出版物零售企业变更“出版物经营许可证”登记事项的审批	DB330102/T 0029-2014	上城区文化广电新闻出版局
57	举办营业性演出（非涉外或中国港澳台地区）的审批	DB330102/T 0030-2014	上城区文化广电新闻出版局
58	设立歌舞娱乐场所的审批	DB330102/T 0031-2014	上城区文化广电新闻出版局
59	歌舞娱乐场所改建、扩建营业场所的审批	DB330102/T 0032-2014	上城区文化广电新闻出版局
60	歌舞娱乐场所变更场地的审批	DB330102/T 0033-2014	上城区文化广电新闻出版局
61	歌舞娱乐场所变更投资人员，法定代表人或者其他负责人的审批	DB330102/T 0034-2014	上城区文化广电新闻出版局
62	设立含有电子游戏机的游艺娱乐场所的审批	DB330102/T 0035-2014	上城区文化广电新闻出版局
63	含有电子游戏机的游艺娱乐场所改建、扩建营业场所的审批	DB330102/T 0036-2014	上城区文化广电新闻出版局
64	含有电子游戏机的游艺娱乐场所变更场地的审批	DB330102/T 0037-2014	上城区文化广电新闻出版局

续表20-6-10

序号	标准名称	标准编号	标准制定单位
65	含有电子游戏机的游艺娱乐场所变更主要设施设备的审批	DB330102/T 0038-2014	上城区文化广电新闻出版局
66	含有电子游戏机的游艺娱乐场所变更投资人员，法定代表人或者其他负责人的审批	DB330102/T 0039-2014	上城区文化广电新闻出版局
67	设立互联网上网服务营业场所经营单位的审批	DB330102/T 0040-2014	上城区文化广电新闻出版局
68	互联网上网服务营业场所经营单位变更营业场所地址或者对营业场所进行改建、扩建的审批	DB330102/T 0041-2014	上城区文化广电新闻出版局
69	互联网上网服务营业场所经营单位变更计算机数量的审批	DB330102/T 0042-2014	上城区文化广电新闻出版局
70	个体演员的备案	DB330102/T 0043-2014	上城区文化广电新闻出版局
71	个体演出经纪人的备案	DB330102/T 0044-2014	上城区文化广电新闻出版局
72	设立演出场所经营单位和演出场所经营单位变更名称、住所、法定代表人或者主要负责人、营业性演出经营项目的备案	DB330102/T 0045—2014	上城区文化广电新闻出版局
73	设立从事美术品经营活动的经营单位和设立从事美术品进出口经营活动的单位的备案	DB330102/T 0046-2014	上城区文化广电新闻出版局
74	从事复印、影印、打印经营活动的单位、个人变更名称、法定代表人或者负责人、住所或者经营场所等主要登记事项或者终止印刷经营活动的备案	DB330102/T 0048-2014	上城区文化广电新闻出版局
75	从事出版物发行业务的单位和个体工商户终止经营活动的备案	DB330102/T 0049-2014	上城区文化广电新闻出版局
76	设立出版物出租企业或者其他单位、个人从事出版物出租业务的备案	DB330102/T 0050-2014	上城区文化广电新闻出版局
77	出版物连锁经营企业设立直营连锁门店的备案	DB330102/T 0051-2014	上城区文化广电新闻出版局
78	已经取得“出版物经营许可证”的出版物发行单位在批准的经营范围内通过互联网等信息网络从事出版物发行业务的备案	DB330102/T 0052-2014	上城区文化广电新闻出版局
79	互联网上网服务营业场所经营单位变更名称、住所、法定代表人或者主要负责人、注册资本或者终止经营活动的备案	DB330102/T 0053-2014	上城区文化广电新闻出版局
80	体育社团的设立	DB330102/T 0054-2014	上城区体育局
81	体育类民办非企业单位的设立	DB330102/T 0055-2014	上城区体育局
82	举办健身气功活动及设立站点审批	DB330102/T 0056-2014	上城区体育局
83	临时占用公共体育设施	DB330102/T 0059-2014	上城区体育局
84	体育竞赛的审批与备案	DB330102/T 0060-2014	上城区体育局
85	游泳场所开场备案登记	DB330102/T 0061-2014	上城区体育局
86	国家三级运动员资格审批	DB330102/T 0062-2014	上城区体育局
87	国家三级裁判员资格审批	DB330102/T 0063-2014	上城区体育局
88	三级社会体育指导员资格审批	DB330102/T 0064-2014	上城区体育局
89	幼儿园、小学和初级中学教师资格认定	DB330102/T 0065-2014	上城区教育局

续表 20-6-10

序号	标准名称	标准编号	标准制定单位
90	实施学前教育、初等教育和初级中等教育的民办学校设立、分立、合并、变更、终止审批	DB330102/T 0066-2014	上城区教育局
91	利用互联网实施远程学历教育的教育网校审批	DB330102/T 0069-2014	上城区教育局
92	残疾人学校设置的审批	DB330102/T 0072-2014	上城区教育局
93	公办学校参与举办民办学校的批准	DB330102/T 0078-2014	上城区教育局
94	公办中小学跨区域招生计划审批和民办中小学招生计划备案	DB330102/T 0078-2011	上城区教育局
95	对未成年人送工读学校进行矫治和接受教育的批准	DB330102/T 0081-2014	上城区教育局
96	适龄儿童、少年延缓入学或者休学的批准	DB330102/T 0082-2014	上城区教育局
97	依法招收适龄儿童、少年进行文艺、体育等专业训练的社会组织自行实施义务教育的批准	DB330102/T 0083-2014	上城区教育局
98	教育培训机构举办剑桥少儿英语项目培训的资质初审	DB330102/T 0084-2014	上城区教育局
99	少年儿童校外教育机构设立的批准	DB330102/T 0085-2014	上城区教育局
100	母婴保健专项服务人员资格认定	DB330102/T 0087-2014	上城区卫生和计划生育局
101	母婴保健专项技术服务许可	DB330102/T 0088-2014	上城区卫生和计划生育局
102	医师执业注册	DB330102/T 0089-2014	上城区卫生和计划生育局
103	放射诊疗建设项目职业病危害预评价报告审核	DB330102/T 0090-2014	上城区卫生和计划生育局
104	公共场所卫生许可证核发	DB330102/T 0091-2014	上城区卫生和计划生育局
105	放射诊疗许可证核发	DB330102/T 0092-2014	上城区卫生和计划生育局
106	医疗机构设置审批	DB330102/T 0093-2014	上城区卫生和计划生育局
107	医疗机构执业许可	DB330102/T 0094-2014	上城区卫生和计划生育局
108	医疗机构义诊备案	DB330102/T 0095-2011	上城区卫生和计划生育局
109	护士执业注册	DB330102/T 0096-2014	上城区卫生和计划生育局
110	门诊部、诊所、卫生所（室）备案	DB330102/T 0097-2014	上城区卫生和计划生育局
111	建筑装饰装修工程施工许可	DB330102/T 0098-2014	上城区住房和城市建设局
112	城市园林绿化企业资质 （三级）初审	DB330102/T 0099-2014	上城区住房和城市建设局
113	建筑业企业资质 （三级、劳务）初审	DB330102/T 0100—2014	上城区住房和城市建设局
114	招标文件备案	DB330102/T 0101—2014	上城区住房和城市建设局
115	招投标情况书面报告备案	DB330102/T 0102—2014	上城区住房和城市建设局
116	建设工程招标事项核准登记	DB330102/T 0103-2014	上城区住房和城市建设局
117	树木迁移、砍伐初审	DB330102/T 0105-2014	上城区住房和城市建设局
118	住宅装修备案	DB330102/T 0106-2014	上城区住房和城市建设局
119	业主委员会选举结果备案	DB330102/T 0107-2014	上城区住房和城市建设局
120	物业管理合同备案	DB330102/T 0108-2014	上城区住房和城市建设局
121	房屋租赁备案	DB330102/T 0109-2014	上城区住房和城市建设局
122	人防工程拆除、改造、报废许可	DB330102/T 0110-2014	上城区住房和城市建设局

续表20-6-10

序号	标准名称	标准编号	标准制定单位
123	人防工程设计审批	DB330102/T 0111-2014	上城区住房和城市建设局
124	人防（兼顾）工程竣工验收许可备案	DB330102/T 0112-2014	上城区住房和城市建设局
125	社区党建工作规范	DB330102/T 301-2012	小营巷社区党委
126	110社会应急联动工作规范	DB330102/T 302-2012	上城区公安分局
127	学校档案管理规范	DB330102/T 303-2013	上城区档案馆
128	屋顶绿化建设规范	DB330102/T 304-2013	上城区住房和城市建设局
129	社区科普服务规范	DB330102/T 305-2014	上城区科学技术协会
130	城市商圈容貌管理规范	DB330102/T 306-2014	湖滨街道、上城区城市管理局、湖滨特色街居建设指挥部
131	影响公共利益的疑似遗弃机动车处置工作规范	DB330102/T 307-2014	上城区人民政府办公室
132	社区网格服务管理规范	DB330102/T 308-2014	清波街道
133	居家医疗服务管理规范	DB330102/T 309-2015	上城区卫生和计划生育局
134	公共厕所数字化管理规范	DB330102/T 310-2015	上城区城市管理行政执法局
135	雨污水井盖现场管理规范	DB330102/T 311-2015	上城区城市管理行政执法局

说明：资料来源于杭州市上城区市场监督管理局

第九节　政务信息

1993年，区政府办公室负责政务信息的收集、筛选和处理，编辑《上城动态》等信息简报，主要反映区政府贯彻中共中央、国务院、省委省政府、市委市政府各项方针、政策的情况，以及各职能部门执行上级机关一个时期重要工作部署的情况；上级机关交办有关事项的落实情况；下级单位重要工作决定、举措及其自身建设方面需要上级单位领导了解并掌握的情况；地区、部门、单位推广的重要经验；工作中的重大问题、灾情、事故、社情以及其他突发事件等；地区经济、社会发展中的热点、难点、重点问题以及相关的举措、对策。此后，区政府办公室一直重视抓好政务信息工作，为区政府领导科学决策做好服务。

2013年，浙江省、杭州市政府办公厅共录用上城政务信息603篇，其中得到省、市领导批示20篇，全省交流8篇。全年编发《上城动态》52期、《上城政务情况专报》52期。是年，上城区被浙江省政府办公厅评为“全省政务信息工作考核先进单位”，被杭州市政府办公厅评为“全市政务信息工作考核先进单位”。

2015年，区级政务信息刊物共编发《每周动态》60期、《情况专报》75期、《上城政务参阅》27期。

第十节　信息化建设

1993年起，区政府利用信息化手段，开展办公信息化建设。1995年，上城区区级机关办公计算机管理系统建成并投入使用。2003年，上城区电子政务系统正式投入使用。2004年，上城区加强社区信息化建设，在全区推广E家人社区综合事务管理系统，实现区、街道、社区三级联网。2011年，上城区完成电子政务信息化建设五年规划，拓展电子政务应用领域。2015年，印发《上城区政务数据资源共享管理暂行办法》，222项行政许可事项在浙江政务服务网（上城平台）运行。

一、电子政务

1995年，上城区区级机关办公计算机管理系统建成并投入使用。1998年，上城区推进办公信息化建设，建立党政计算机信息网络，实施与市委、市政府及市属各部门之间的计算机联网，区本级机关联网率达100%。

2002年5月，为加快信息化建设的步伐，上城区实施政府上网工程，全面推进全区信息化工作。2003年，上城区电子政务系统正式投入使用。是年，第一版区政府门户网站投入使用，首次通过网站形式全方位介绍上城区。至2005年，上城区已建立上城区电子政务系统、上城区信访管理系统、上城区社区E家人管理系统、上城区财政结算系统、上城区育龄妇女管理系统、上城区行政服务中心六大系统。

2006年3月，上城区新的电子政务系统正式投入使用，主要功能有邮件收发、公文流转、发文管理、提案议案管理、信访管理、电子公告、信息刊物管理及其他以服务为主的功能模块。上城区利用电子政务网络开通区及系统的所有城管终端，成为杭州市第一个“数字城管”系统全覆盖的城区。6月，杭州网上城支站上城网正式开通，拥有新闻、最新动态、专题报道、上城图库、上城视频、党员会客厅、四大银行等数十个频道，同时提供互动直播、BBS论坛、在线调查、全文检索、在线多媒体点播、分类信息查询发布等网络信息服务。

2007年8月，上城区编制完成《上城区电子政务建设规划（2007—2011年）》。9月，为加快上城区电子政务建设进程和推动政府战略转型，结合《上城区电子政务建设规划（2007—2011年）》和上城区电子政务现状，上城区开始编制上城区政府电子政务资源共享及审批业务协同项目方案。10月，该项目成为杭州市政务信息资源共享及业务协同试点项目的试点单位。2008年10月，上城区成功开发“上城区政府政务信息资源共享及在线互动一站式审批服务平台”。2009年3月，上城区打造网上行政服务中心。是年，上城区成为国务院信息化工作办公室确定的全国首批政务信息资源共享及业务协同试点城区，并获工信部颁发的2009年度政府网站领先奖。2010年，建立区视频会议系统，构建覆盖区政府和6个街道办事处及杭州市上城区城市管理行政执法局的“1+7+X”的视频会议系统网络。

2011年，上城区联合浙江大学开展“智慧上城”课题研究，利用信息化技术手段，开发、吸收、共享和利用各种信息资源，以提高政府办事效率和服务能力。该研究课题被列入浙江省科技厅2011年度科技创新课题，资助金额为15万元。

2012年，上城区在区政府门户网站设置“网上办事”“居家服务在线平台”“为企服务平台”“网上受理及审批服务”“工程建设领域项目信息公开”等专栏，提供劳动保障、医药卫生、教育、建设等领域的政策解答和表格下载，开展网上信访，网上评议和网上监督等互动活动。2013年，上城区通过服务器和虚拟化技术，构建上城区政府服务器与存储共享平台，加强电子政务统一管理水平。2014年，上城区对区政府门户网站进行升级改造，根据领导、部门和公众三方的需求设计功能模块，并融入南宋皇城文化与现代经典上城的元素，采取简洁清晰的单屏展现方式。9月，区政府门户网站——“杭州上城”及14个部门子网站群正式上线运行。门户网站下属的阳光工程网设有动态信息、行政权力目录、重点公开事项、审批信息公开、决策公开、公共企事业单位等栏目。

2015年5月，上城区开展政府网站普查工作，对各部门的网站基本资料和网站栏目资料进行确认。经普查审核，保留上城区政府门户网站、上城人才网、上城教育信息港3个网站，关停13个网站。是年，有序推进浙江政务服务网上城平台建设工作。

二、信息安全

2001年，上城区按照浙江省、杭州市政府办公厅及保密部门对政府机关网络工程安全性、保密性的有关要求，对区政府大院内部网络进行改造，采用双布线，内、外网完全物理隔离的形式进行智能化布线。2002年1月，区政府办公室发布《关于加强上城区机关计算机网络安全运行管理有关事项的通知》，全面加强上城区计算机网络的安全运行管理，规范操作，防止网络系统遭到破坏或数据被窃。2003年8月，杭州市上城区信息中心在全区范围内开展计算机信息网络基本状况调查，掌握全区计算机信息网络基本状况，加强信息安全工作。

2005年2月，杭州市上城区信息中心对全区各单位进行保密及信息安全检查，要求区级各单位严格按照计算机网络保密管理规定和要求，加强单位涉密计算机及其网络的保密防范措施，严格做到涉密网络与互联网断开，严禁涉密计算机直接或间接地与国际互联网或其他公共信息网络相连接，严禁在国际互联网或其他公共信息网络上处理内部公务。

2009年，上城区采购入侵防御系统、防火墙、防病毒墙等信息安全设备，完善服务器防攻击、防篡改、防病毒等设备和措施，做好安全设备、安全策略的部署、配置和更新，及时检查管理账户和口令、补丁更新、目录结构，并有针对性的进行安全加固和持续改进。2013年，上城区对门户网站信息安全等级保护评定评审。是年12月，制定《上城区网络与信息安全应急预案》，并定期开展应急演练，确保门户网站系统的安全稳定运行。

2015年7月，根据《杭州市人民政府办公厅关于开展2015年政府网站及政务外网安全检查的通知》要求，上城区组织区级各单位进行安全自查，对区级相关重要单位进行安全抽查。

第七章　行政审批服务及公共资源交易

1978年起，上城区逐步对行政审批制度进行改革。1993年起，行政管理事务日益复杂，行政审批的领域逐渐增多，多个部门相继设置行政审批事项，行政审批越来越受到重视。2002年6月，区政府调查上城区现行政府部门审批制度执行情况。

2004年，杭州市上城区行政服务中心（简称区行政服务中心）成立，为市民、企事业单位提供咨询和收件服务。2008年，上城区“在线互动一站式审批服务平台”投入运行，开始网上审批服务。2009年，上城区提出构建“1+6+54+X”行政服务体系，即可在1个行政服务中心、6个街道及54个社区的便民服务中心，均可“一站式”办理与市民相关的许可、非许可及服务类事项。2012年3月，上城区正式成立集行政审批、资源配置、公共服务、效能监察“四位一体”的综合性政务服务平台——杭州市上城区行政审批服务管理办公室（杭州市上城区公共资源交易管理委员会办公室）。2013年7月，上城区制定《上城区公共资源交易管理办法（试行）》，明确公共资源交易平台的工作职责、进场范围、交易规则及监督保障机制，规范公共资源交易行为。是年12月起，上城区全面、彻底地清理行政审批事项。2014年，全区开展部门职权清理、推行权力清单制度。至2015年，区行政服务中心共设置办事窗口96个，进驻职能部门22家和社会服务类部门7家。进驻行政审批事项256项，进驻人员163人，实现便民服务、商事登记（为企服务）、公共资源交易与政府采购等服务。

第一节　组织机构

一、杭州市上城区行政审批服务管理办公室

2000年，各行政审批职能分散在各部门。是年，浙江省在全国率先进行综合行政服务机构建设的试点。2004年10月，区政府转变职能，成立区行政服务中心，属事业单位。[①]同时，建立区行政服务中心管理委员会，全面负责中心的组织领导工作，下设办公室，具体负责中心的日常管理工作。区行政服务中心属于区政府下属科级单位，无独立领导班子，无人员编制，所有成员均从行使行政审批职能的各部门借调。区行政服务中心大厅设于惠

① 2008年8月，杭州市上城区编制委员会发文同意区行政服务中心为事业单位，承担全区行政审批工作。

民路26号，面积200平方米，入驻单位有区城市管理行政执法局、区发展计划与经济局、区教育局、区商贸旅游局、区文化广电新闻出版局、区司法局、区民政局、区建设局等20个部门，为办事群众提供咨询服务。

2009年8月，杭州市上城区行政审批制度改革工作领导小组成立，具体负责行政审批制度改革工作。2012年11月，杭州市上城区行政审批服务管理办公室设立，同时挂杭州市上城区公共资源交易管理委员会办公室牌子［简称区审管办（区公共资源交易办）］。区审管办（区公共资源交易办）是负责行政审批服务和公共资源交易管理工作的区政府派出机构，机构级别与区政府工作部门相同，下设综合科、审批服务指导科和交易管理科。原区政府办公室下属区行政服务中心划归区审管办（区公共资源交易办）。是月，区住房和城市建设局下属事业单位杭州市上城区小额公共资源交易中心（杭州市上城区小型建设工程管理中心）①划归区审管办（区公共资源交易办）管理，更名为杭州市上城区公共资源交易服务中心（简称区公共资源交易服务中心），为公益一类事业单位。2013年6月，区审管办、区行政服务中心办事大厅由惠民路26号迁入秋涛路258号秋涛发展大厦，总建筑面积5000余平方米。

2014年3月，上城区调整区审管办（区公共资源交易办）机构设置，原内设机构交易管理科与审批服务指导科合署办公。至此，区审管办（区公共资源交易办）集行政审批、资源配置、公共服务、效能监察“四位一体”的综合性政府服务平台搭建完成。2015年，区审管办（区公共资源交易办）内设综合科和审批服务指导科，下设区行政服务中心、区公共资源交易服务中心2家事业单位。2012—2015年，区审管办（区公共资源交易办）党组书记、主任徐俊明。

二、街道便民服务中心

2004年起，6个街道便民服务中心陆续成立，为街道直属事业单位，由区行政服务中心进行业务指导。2008年，上城区根据杭州市三级行政服务体系建设的要求，推进街道便民服务中心规范化建设。2012年7月，各街道便民服务中心统一标识标牌和服务功能。至2015年，各街道便民服务中心提供政务咨询、为老服务、社会救助、残疾人服务等日常便民服务。

① 2001年4月，上城区成立杭州市上城区小型建设工程管理中心，隶属杭州市上城区建设局，为全民所有制事业单位。2009年3月，杭州市上城区小型建设工程管理中心更名为杭州市上城区小额公共资源交易中心，增加第二名称——杭州市上城区小型建设工程管理中心。

表20-7-11　2015年上城区各街道便民服务中心情况表

序号	名　　称	地　址
1	湖滨街道便民服务中心	中河中路275号
2	清波街道便民服务中心	铁冶路7-2号
3	小营街道便民服务中心	建国南路98号
4	望江街道便民服务中心	衢江路153号
5	南星街道便民服务中心	美政花苑18幢
6	紫阳街道便民服务中心	新工新村1幢北

说明：资料来源于杭州市上城区行政审批服务管理办公室

表20-7-12　2015年上城区街道、社区便民服务事项清单

序号	所属系统	办理事项名称	湖滨	小营	紫阳	望江	南星	清波
1	人社	就业援助对象确认	是	是	是	是	是	是
2	人社	就业困难人员自助创业补助和社保补贴	是	是	是	是	是	是
3	人社	创业补助和社保补贴	是	是	是	是	是	是
4	人社	享受失业保险金期间的创业扶持资金	是	是	是	是	是	是
5	人社	创业担保贷款资格认定	是	是	是	是	是	是
6	人社	失业登记（就业）	是	是	是	是	是	是
7	人社	失业登记同时申领失业保险金	是	是	是	是	是	是
8	人社	灵活就业协议签订（就业）	是	是	是	是	是	是
9	人社	灵活就业社保补贴	是	是	是	是	是	是
10	人社	灵活就业人员三证维护	是	是	是	是	是	是
11	人社	居家就业协议签订（就业）	是	是	是	是	是	是
12	人社	就业困难人员认定发证及年检（就业）	是	是	是	是	是	是
13	人社	申请发布招聘信息（就业）	是	是	是	是	是	是
14	人社	创业园外房租补贴受理（就业）	是	是	是	是	是	是
15	人社	认证（退休人员、退休供养人员生存认证）	是	是	是	是	是	是
16	人社	退休人员养老（医疗）个人账户余额发放	是	是	是	是	是	是
17	人社	退休人员工资收入、工龄证明	是	是	是	是	是	是
18	人社	退休人员重新认定工龄	是	是	是	是	是	是
19	人社	退休人员养老金发放清单查询打印	是	是	是	是	是	是
20	人社	退休人员养老金发放账号变更	是	是	是	是	是	是
21	人社	到达法定退休年龄时仍按个体劳动者办法继续缴纳基本养老保险费人员社保补贴	是	是	是	是	是	是
22	人社	发放“企业职工退休和基本养老金核准表”和“办事须知”	是	是	是	是	是	是
23	人社	接收企退人员档案	是	是	是	是	是	是
24	人社	企退人员人事档案查询	是	是	是	是	是	是
25	人社	上城区居家就业社保补贴	是	是	是	是	是	是
26	人社	用人单位招用城镇就业困难人员用工补助和社保补贴	是	是	是	是	是	是

续表20-7-12

序号	所属系统	办理事项名称	湖滨	小营	紫阳	望江	南星	清波
27	人社	人员参保信息查询	是	是	是	是	是	是
28	人社	申请221一次性补缴	是	是	是	是	是	是
29	人社	个体劳动者（灵活就业人员）参保登记	是	是	是	是	是	是
30	人社	城乡居民基本养老保险参保登记	是	是	是	是	是	是
31	人社	城乡居民基本医疗保险参保登记	是	是	是	是	是	是
32	人社	证历本申领、换发、遗失补办	是	是	是	是	是	是
33	人社	丧葬补助金和抚恤金核准支付	是	是	是	是	是	是
34	卫计	对计划生育手术并发症的社会救济	否	是	是	是	是	是
35	卫计	社会抚养费征收事项	否	是	是	是	是	是
36	卫计	独生子女父母光荣证申领	是	是	是	是	是	是
37	卫计	独生子女父母奖励费、双农独女户及农村计划生育对象社会养老补助核发	是	是	是	是	是	是
38	卫计	提供计划生育药具和技术服务	是	是	是	是	是	是
39	卫计	计划生育特别扶助金核发	是	是	是	是	是	是
40	卫计	计划生育公益金核发	是	是	是	是	是	是
41	卫计	流动人口未依法办理婚育证明的处理	否	是	是	是	是	是
42	卫计	流动育龄夫妻生育服务登记证明	否	是	是	是	是	是
43	卫计	流动人口婚育证明	是	是	是	是	是	是
44	卫计	生育登记	是	是	是	是	是	是
45	民政	养老服务补贴给付	是	是	是	是	流转	是
46	民政	发放80周岁以上老人高龄津贴	是	是	是	是	是	是
47	民政	智慧养老终端办理	是	是	是	是	流转	否
48	民政	市、区两级救助圈困难家庭就医救助核发	是	流转	是	是	流转	否
49	民政	城乡残保家庭申请	是	流转	是	是	否	否
50	民政	经济状况认定	否	流转	是	是	流转	是
51	民政	备案类社会组织登记	是	否	是	否	是	是
52	民政	老年人优待证办理	是	是	是	否	是	是
53	民政	孤儿认定及基本生活费给付	是	否	是	否	流转	市局确定
54	民政	困境儿童基本生活费给付	是	否	是	否	流转	是
55	民政	临时救助对象认定及救助金给付	是	流转	是	是	流转	是
56	民政	城乡最低生活保障对象认定及保障金给付	是	流转	是	是	流转	是
57	民政	城乡低保边缘户认定及救助金给付	是	流转	否	否	流转	是
58	民政	“三属”优待证办理	是	是	是	否	流转	否

说明：资料来源于杭州市上城区行政审批服务管理办公室

第二节　行政审批服务

一、行政审批事项

1993年起，行政审批的领域和事项逐渐增多，行政审批事项分散在各个部门，极大地影响了企业和群众的办事效率。2002年6月，区政府对上城区现行政府部门审批制度执行情况进行调查，范围包括区政府各部门（包括行使行政审批职能的事业单位、社会团体）现行的审批（包括核准）事项；对所有按规定设立的或自行确定的审批以及收费事项予以上报；提出取消、合并、保留的具体意见；对需要保留的审批及收费事项说明依据和理由。2009年，上城区推进行政审批制度改革，通过梳理保留82项行政许可事项、146项非行政许可审批及登记事项并予以公布。2012年，上城区实施《上城区居家办事项目实施方案》，通过对“居家办事”项目行政审批服务事项的框架整理，初步实现各街道、社区服务事项的统一。2013年12月开始，区审管办（区公共资源交易办）和区法制办对全区行政审批事项进行一次全面、彻底的清理。经审核确认，截至2014年2月，全区19个部门共涉及行政审批服务事项339项，其中，行政许可126项，非行政许可175项，行政服务38项。

2014年4月，全区启动部门职权清理、推行权力清单制度工作。至2014年末，全面梳理完成并在浙江省政务服务网、上城区政府门户网站全面公开，22个区级部门保留行政权力事项2432项，核减率为57.6%。至2015年11月，基本完成事项梳理、比对和规范工作，21个部门入库权力事项共计2953项。12月，区行政服务中心进驻行政审批事项256项，其中，行政许可110项，非行政许可146项。

二、网上行政审批服务

2007年开始，上城区着手开发“在线互动一站式审批服务平台”。2008年6月，该平台正式投入运行。2009年初，上城区试点构建权力阳光运行机制，将该平台提升为“网上行政服务中心”，纳入行政审批和服务两大块内容。2010年，全区所有行政许可、非行政许可事项的80%以上进驻网上行政服务中心。5月，杭州市推进城区进一步构建权力阳光运行机制现场会在上城区召开。12月，网上行政服务中心已成功实现与市、区对接，测试数据顺利贯通。当年，行政许可、非许可项目上网数为202项，占区行政许可、非许可总数的87%。

2011年，上城区发布区民政局、区文化广电新闻出版局、区体育局等部门的共计113项工作标准规范，并将属于公共服务范畴的标准纳入《网上行政服务中心管理规范》，构建互动一站式网上行政审批服务系统，将229项行政许可、非许可事项全部纳入，其中80%实现互联网上预受理。

2014年，上城区在开展行政权力梳理、编制各部门权力运行图的基础上，依托浙江政务服务网统一权力运行系统，实现除行政处罚之外的行政强制、行政征收、行政给付、行政裁决、行政确认、行政奖励和其他行政权力7类行政权力上网运行。浙江政务服务网杭州平台上城区分厅建设工作已导入16个部门的行政许可与非许可权力事项218项（含子项），完成相应事项的统一认证系统人员添加、权力事项库环节人员配置，完成22个部门所有权力事项的外部流程图绘制。是年5月，全区含有便民服务的部门完成便民服务事项的录入工作，涉及婚育、教育、求职、社会保险等14类专题的230个便民服务事项可在浙江政务服务网网上政务大厅查询。2015年，上城区共有229项（含子项）行政许可事项，可网上申报比例为97.38%。浙江政务服务网杭州平台上城区分厅通过验收后自2015年6月12日起正式启用，至是年12月，全区网上办件总量为9108件，每月办件量呈上升趋势。

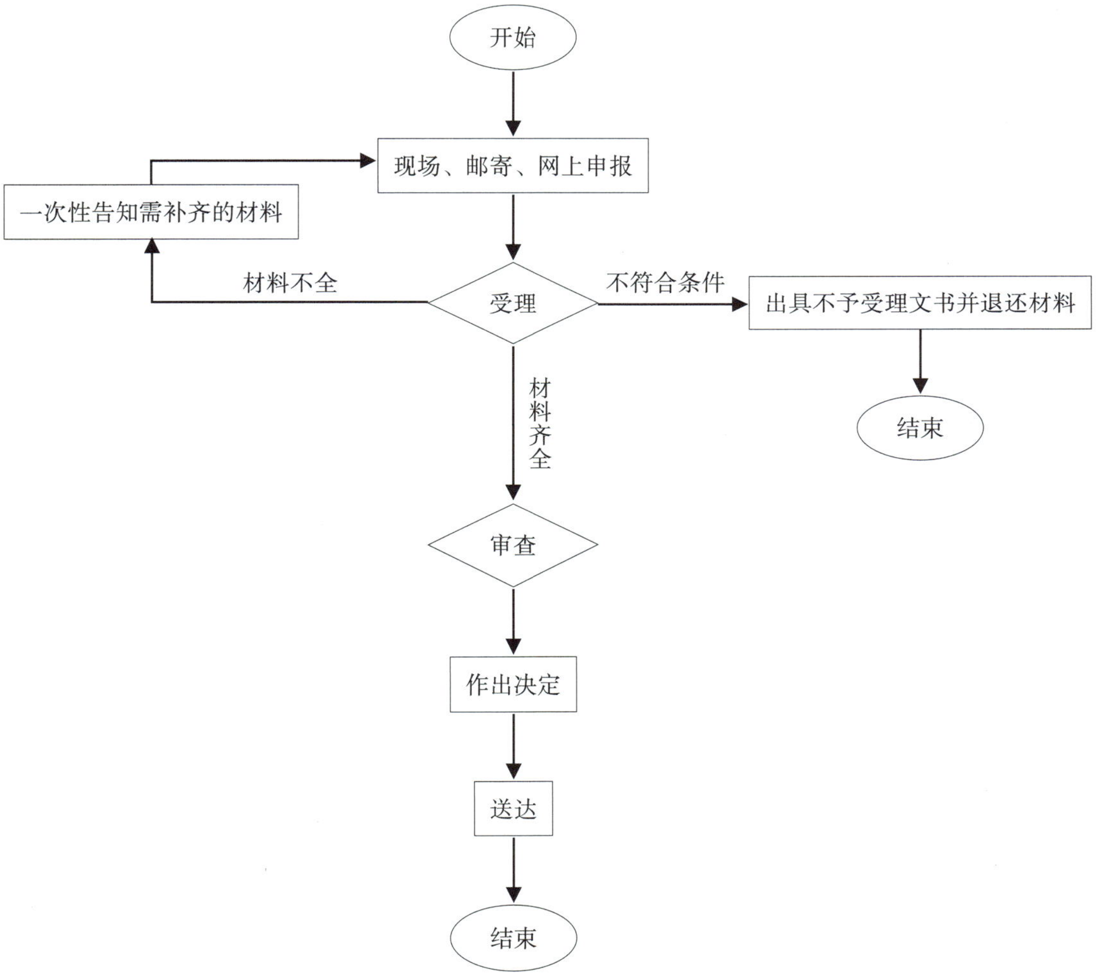

图20-7-2　上城区权力事项外部流程图

第三节　公共资源交易服务

一、交易范围

1993—2001年，由于未建立区级交易平台，上城区的交易活动统一在杭州市交易平台交易。2001年4月—2010年5月，杭州市上城区小额公共资源交易中心（杭州市上城区小型建设工程管理中心）主要开展限额50万元以下的小型建设工程招投标。2010年6月—2013年7月，随着权限下放，主要开展限额200万元以下小型建设工程招投标。2013年8月起，区公共资源交易服务中心除原有的小额建设工程招投标外，还开展政府集中采购招标活动；10月，开展小额设计、小额监理项目招投标活动。2014年5月，开展投资额6000万元以下的建设工程招标代理机构比选；7月，开展综合交易；10月，开始受理市级下放的建设工程项目交易工作，并顺利承接材料设备类及限额以上等各类项目；12月，开展物业管理类项目招投标。2015年5月，将教育部门集中采购项目纳入交易中心平台；8月，开展行政事业单位房产公开招租。至2015年末，区公共资源交易服务中心已开展小额建设工程招投标，政府集中采购招标，小额设计、小额监理项目招投标，投资额6000万元以下的建设工程招标代理机构比选，综合交易，市级下放的建设工程项目交易，材料设备类及限额以上等各类项目，物业管理类项目招投标，教育部门集中采购，行政事业单位房产公开招租等业务。

表20-7-13　2013—2015年上城区工程招标项目交易金额情况表

年份	交易数（宗）	预算总金额（万元）	完成交易额（万元）	核减金额（万元）	核减率（%）
2013	99	16894	12462	4431	35.56
2014	114	87214	68022	16192	19.23
2015	224	233482	203907	29575	12.67

说明：资料来源于杭州市上城区行政审批服务管理办公室

表20-7-14　2013—2015年上城区政府采购项目交易金额情况表

年份	交易数（宗）	预算总金额（万元）	完成交易额（万元）	核减金额（万元）	核减率（%）
2013	14	645.60	592.30	53.30	8.26
2014	39	3996.08	3528.82	467.26	11.69
2015	59	10433.95	8513.03	1920.92	18.41

说明：资料来源于杭州市上城区行政审批服务管理办公室

表 20-7-15　2014—2015 年上城区其他项目交易金额情况表

年份	交易数（宗）	预算总金额（万元）	完成交易额（万元）
2014	3	10720	10724.97
2015	2	88.66	86.16

说明：1.资料来源于杭州市上城区行政审批服务管理办公室。2.2013年暂未开展其他项目的交易

二、交易管理

管理制度　2013年7月，上城区制定《上城区公共资源交易管理办法（试行）》，明确公共资源交易平台的工作职责、进场范围、交易规则及监督保障机制，规范公共资源交易行为。12月，制定《上城区公共资源交易过程中投标保证金代收代退管理办法（试行）》；2014年1月，与银行合作，实行交易保证金规范收退工作。2015年5月，上城区重新修订《上城区公共资源交易管理办法》，拓展公共资源交易范围，优化进场交易程序，完善监督保障机制。尝试建立小型建设工程年度投标保证金缴纳制度，制定《关于小型建设工程年度投标保证金一次性预缴办法的通知》，投标企业通过缴纳规定数额的年度投标保证金，即可参与交费期内平台全部工程建设项目的投标活动，无须逐次交存投标保证金，既方便投标单位投标，提高办事效率，又有效降低围标串标的风险。制定《上城区行政事业单位房产公开招租交易实施细则》，明确房产公开招租流程，从制度方面规范公共资源交易行为，保证平台交易的规范运行。

监督管理　2006年2月起，上城区加强企业投标过程管理，依据杭州市公共资源交易中心《投标人入库登记管理办法》，要求参与投标的企业须办理交易席位证方能投标，对企业的相关证件、资质进行备案。是年，建立上城区建设工程评审专家库。2007年起，通过杭州市统一专家库随机抽取专家，按规定成立评标委员会，实行对评审计分校核机制，加强对评审专家评审工作的监督力度和考核管理。同时落实专人负责涉密工作，加强交易全过程电子监控和影像刻录保存，压缩围标、串标空间。2013年10月，区公共资源交易服务中心开始通过区政府内网每月定期将交易信息抄送区纪委，便于纪检监察机关、公共资源交易监督管理部门跟踪管理项目。实行不良行为记录信息联动，对各部门对公共资源交易进场交易违法违规行为进行处罚和记入不良行为记录的，在区政府及部门外网曝光。

2014年5月，区公共资源交易服务中心开始办理各中介代理机构人员登记，实行中介代理人员持证上岗，并会同杭州市上城区住房和城市建设局健全完善预选名录库内中介代理机构的清退机制，按规定抽取入围单位或中选单位，如实抄报中介不良行为或违规行为，加强对建设工程中介机构的管理。

2014年10月，区公共资源交易服务中心实现建设工程电子评标系统辅助评标，对资格后审建设工程项目使用电子辅助评标或使用小工具电子清标。2015年9月，投标自助报名机投入使用，投标单位可自助报名上城区和市区项目。同时，区公共资源交易服务中

心升级专家指纹签到机，专家可使用身份证或指纹自助签到。10月，购置手机存储柜，加强专家手机保管，避免手机带入评标室内泄露评标过程。

第二十二篇 政协地方委员会

中国人民政治协商会议杭州市上城区委员会（简称区政协）由中国共产党、人民团体、各民主党派和无党派人士、少数民族、各界别代表人士和特别邀请人士组成，常设机构为中国人民政治协商会议杭州市上城区委员会常务委员会（简称区政协常委会）。在全体会议闭会期间，设置若干工作机构，在区政协常委会领导下组织区政协委员开展活动。在常委会会议闭会期间，由主席会议处理日常工作。

1998年3月，政协第一届杭州市上城区委员会成立，设立中共、工商联、经济等13个界别，有区政协委员80人。在区委的领导下，在中国人民政治协商会议杭州市委员会（简称市政协）的指导下，在杭州市上城区人民代表大会（简称区人大）和社会各界的大力支持下，区政协突出团结和民主两大主题，围绕区委、区政府的决策部署，履行政治协商、民主监督、参政议政职能。

1998年起，历届区政协以大会发言、小组讨论、撰写提案和反映社情民意等多种形式，就五年计划的制订和实施、每年度的政府工作报告、国民经济和社会发展计划、财政预决算、杭州市上城区人民法院（简称区法院）工作报告、杭州市上城区人民检察院（简称区检察院）工作报告等涉及全区经济和社会发展的全局性问题，以及人民政协内部的重要事务进行协商。1999年，区政协教文卫体委员会就城市化进程中流动人口子女就学难问题开展专题调研，并提出意见建议。杭州市上城区教育局（简称区教育局）随后采取有效应对措施，产生良好的社会效果。中央电视台新闻联播《“三个代表”在基层》栏目作专题报道。《流动人口子女接受义务教育的现状调查和思考》获2002年度市委、市政府颁发的优秀论文奖。

2000年，区政协制定民主监督建议书，使监督与建议有机结合，针对问题提出意见，力求“一事一议一策”；建立制度，跟踪反馈，提高视察活动的有效性。是年，杭州市上城区人民政府办公室（简称区政府办公室）开始建立工作例会制度，集中反馈和通报提案的办理进度，及时与有关单位进行协商，对有关单位和街道的提案办理工作实行督查。2003年起，区政协为推进产业结构调整，针对上城区发展现代服务业，深入开展一系列调研，形成《高起点发展楼宇经济，做大做强现代服务业》《做强湖滨商圈的几点思考》《浅谈上城东部地区开发的科学运作》等调研报告，其中很多意见建议得到区委、区政府采纳。2006年，区政协围绕如何发挥中国美术学院高端人才优势，发展上城区创意产业，经调研提出：要明确发展定位，编制规划，搭建平台，完善创业环境，联动开发，形成整体合力。该建议得到区委、区政府以及社会各界的高度关注和充分肯定。是年，中共杭州市上城区第八次代表大会明确提出把创意产业作为上城区现代服务业发展的重点。为此，区政府成立工作机构，划拨专项资金，编制西湖创意设计谷发展规划，启动第一期孵化基地建设，与部分创意企业达成引进意向。

2007年起，为拓展民主监督渠道，提高民主监督的组织化程度，区政协统一委派行业接近、专业对口、工作负责的政协委员分别担任区法院、区检察院等部门的“行风监督员”。2012年起，区政协重点关注区委、区政府提出的金融服务、文化创意、信息技术、商贸旅游、健康服务五大主导产业和大湖滨商圈、玉皇山南基金小镇、望江智慧产业园、杭州市上城区电子机械功能区等发展平台建设，发动区政协委员开展深入讨论，从目标定位、产业布局、品牌打造、载体建设、环境优化等方面，提出多项意见建议。2014年，区政协协助区政府制定《人大代表建议和政协委员提案办理工作考评办法》，设立承办数量、重点提案办理、沟通协商情况、建议落实采纳和成效转化等考核加分项目，为提高承办积极性、办理质量和效率发挥引导作用。

至2015年，区政协第四届委员会有区政协委员197名，设立政协界别15个。[①] 1998—2015年，区政协第一届至第四届委员会共召开全体会议18次、常委会会议99次、主席会议223次，形成全体会议全面协商、常委会会议专题协商、主席会议重点协商、专门委员会对口协商的多层次协商格局，使政治协商成为各党派团体、各族各界人士了解区委、区政府决策意图和统一思想认识的过程，成为促进区委、区政府科学民主决策的过程。

① 与第一届相比，增加无党派人士界别、社会福利和保障界别，共青团界别调整为共青团和青联界别，科协界别调整为科协科技界别。

第一章　政协委员

1998年3月，政协第一届杭州市上城区委员会成立，设立13个界别。政协第四届杭州市上城区委员会增加无党派人士、社会福利和保障界别，共15个界别。区政协委员结构随经济社会发展而变化，区政协委员平均年龄呈下降趋势，区政协委员的文化程度整体提高。在区政协第四届委员中，具有大专以上学历的委员比重占区政协委员总数的96.67%。各界别政协委员呈现党内外、界别、民族、年龄、性别、职业和党派等结构合理，兼顾各阶层、各行业系统、各民主党派、工商联、无党派人士、各人民团体和少数民族均有代表参加，体现政协委员的代表性、广泛性和协商一致性。

第一节　委员产生和构成

区政协委员由区政协各参加单位和各系统提名推荐，经区委、区各民主党派和工商联、人民团体及各有关方面反复协商产生。每届区政协的参加单位、委员名额和人选，由上届区政协常委会协商决定。在每届任期内如需增加或变更参加单位、名额和委员人选，由区政协常委会协商决定。为执行中国共产党领导的多党合作和政治协商制度，区政协在每届委员、常务委员和正、副主席及正、副秘书长的名额中，中共党员与民主党派和无党派人士均保持一定比例。

一、政协第一届杭州市上城区委员会

1998年3月，政协第一届杭州市上城区委员会成立。设立界别13个，即中共、工商联、经济、科协、教育、医卫、文体、妇联、工会、共青团、民族宗教、侨联和特邀界别。区政协委员80人，其中，省、市属单位委员24人，占区政协委员总数的30%。

二、政协第二届杭州市上城区委员会

2003年3月，政协第二届杭州市上城区委员会成立。所设界别与第一届相同，仍为13个，政协委员110人。其中，民主党派37人，即中国国民党革命委员会（简称民革）5人，中国民主同盟（简称民盟）9人，中国民主建国会（简称民建）5人，中国民主促进会（简称民进）6人，中国农工民主党（简称农工党）7人，中国致公党（简称致公党）1人，九三学社4人；保留区政协第一届委员会委员32人，占区政协委员总数的29.09%；省、市属单位委员有30人，占27.27%；少数民族2人，其中，回族1人，畲族1人。同

时，在区政协委员中有佛教、伊斯兰教、天主教、基督教的代表人士。

三、政协第三届杭州市上城区委员会

2007年2月，政协第三届杭州市上城区委员会成立。所设界别与上届相同，仍为13个，区政协委员140人。其中，民主党派41人，即民革7人，民盟9人，民建5人，民进7人，农工党5人，致公党2人，九三学社6人；保留区政协第二届委员会委员63人，占委员总数的45%；省、市属单位委员有28人，占委员总数的20%；职工委员（普通企业员工）58人，占委员总数的41.43%。在区政协委员中有佛教、道教、伊斯兰教、天主教、基督教五大宗教的代表人士。

四、政协第四届杭州市上城区委员会

2012年2月，政协第四届杭州市上城区委员会成立，所设界别有所调整，即增加无党派人士、社会福利和保障2个界别，共青团界别改为共青团和青联界别，科协界别改为科协科技界别。区政协委员180人，其中，中共界18人，无党派人士界8人，工会界7人，共青团和青联界9人，妇联界9人，科协科技界14人，工商联界13人，经济界25人，教育界14人，医卫界12人，文体界11人，社会福利保障界6人，民族宗教界5人，侨联界9人，特邀界20人。民主党派57人[①]，其中，民革7人，民盟7人，民建11人，民进13人，农工党5人，致公党4人，九三学社10人；保留区政协第三届委员会委员67人，占区政协委员总数的37.22%；职工委员18人，占10%；少数民族3人，其中，回族2人，畲族1人。

① 省、市属单位的民主党派成员16名，上城区区属单位的民主党派成员41名。

表21-1-1　区政协第一届至第四届委员会委员构成情况表

届别	委员平均年龄（岁）	党派				知识结构				女性委员		少数民族委员	
		中共党员		民主党派		大专以上学历		中高级职称					
		人数（人）	比例（%）	人数（人）	比例（%）	人数（人）	比例（%）	人数（人）	比例（%）	人数（人）	比例（%）	人数（人）	比例（%）
第一届委员会	44.40	32	40.00	—	—	65	81.25	36	45.00	26	32.50	—	—
第二届委员会	43.20	43	39.09	37	33.64	92	83.64	51	46.36	35	31.82	2	1.82
第三届委员会	43.20	54	38.57	41	29.29	126	90.00	—	—	51	36.43	2	1.43
第四届委员会	43.10	67	37.22	57	31.67	174	96.67	—	—	62	34.44	3	1.67

说明：资料来源于中国人民政治协商会议杭州市上城区委员会办公室

第二节　委员名录[①]

① 委员名录依照姓氏笔画排序。

政协第一届杭州市上城区委员会委员（80人）

丁　丹（女）	马　骏	方芝蓉（女）	王　华
王金城	王美玲（女）	王家瑜	韦　云（女）
占仁义	边志军	刘肖红（女）	孙　峰
孙　峻	孙　敏（女）	汤小彦	何师梁
吴　东（女）	吴伟明	吴浩然	吴淑芬（女）
吴锡林	吴　静（女）	张玉卿	张钧松
李全元	李炳泉	来锦龙	沈云仙（女）
沈云明	沈　锋	邵美英（女）	邹传国
陈玉珍（女）	陈庆祝	陈国琪	陈晚祥
陈　硕	单天生	周　武	周厚源
周珊新	周常生	於心如	林土火
林立行	林素花（女）	武德安	罗红英（女）
郑宝山	郑小林	郑永宁	金世雄
金　彬	俞仁美（女）	俞重民	胡世钧
赵海燕	赵鸿声	钟丽芬（女）	钟荣川
徐立命	徐　军	徐震宇	袁金麟
袁慰士（女）	陶云飞	陶　冶	曹国珍（女）
梅建群	章桂华（女）	黄爱芳（女）	傅金泉
董金花（女）	鲁　军	裘雪阳	缪　钦（女）
蔡培心	潘三玉（女）	潘雨生	魏志明

政协第一届杭州市上城区委员会委员变动情况

区政协一届二次会议

增补：

方关行	吕振团	朱炳仁	汤小兔
牟　琴（女）	阮振亚	吴正虎	吴　坚（女）
吴美萍（女）	张　伟	李望苗	沈丽燕（女）
陈震民	宦金元	洪正纲	钮如海
顾红英（女）	顾约瑟	章瑞本	董国华
戴一晖			

不再担任：沈云明

区政协一届三次会议

增补：戴晓军

区政协一届四次会议

不再担任：陶云飞　　　　裘雪阳

政协第二届杭州市上城区委员会委员（110人）

丁一平	丁永中	丁建华	于建国	马志坚
方关行	方　莉（女）	方嘉坚	王子伟	王仁飞
王素芹（女）	王继红（女）	王敏雄	王　菲（女）	韦　云（女）
叶　榕（女）	伍伟强	吕振团	吕　静（女）	孙　峻
朱国建	朱　玲（女）	朱荷芳（女）	朱跃平	朱琦瑛（女）
汤小彦	许　扬	许金彬	阮华林	阮振亚
吴　东（女）	吴江新	吴丽丽（女）	吴　坚（女）	吴忠心
吴美萍（女）	吴晓伟	吴　静（女）	张少华	张邢炜
张国荣	张剑华	李早妹（女）	李　海	李望苗
杨全岁	杨君清（女）	沈丽燕（女）	沈国蓉	邱　巧（女）
邵美英（女）	邵　瑾	邹传国	陈火法	陈玉珍（女）
陈华琴（女）	陈建中	陈　勇	陈　彬	陈　静（女）
周　忠	周常生	易　琦	林立行	林芸英（女）
林国庆（女）	林　豪	武德安	范吉祥	范悦春
郑宝山	郑永宁	郑迅伟	郑孝林	郑　凌
郑　慰	郑燕舞	金建明	金前进	金夒彪
侯小军	俞　蒙（女）	姚从民	胡世钧	赵卫群
赵国军	赵　毅	钟秀兰（女）	钟荣川	徐　军
徐　坚	顾红英（女）	顾震岩	尉杭新	梅建群
章桂华（女）	黄水良	曾国华	董国华	释一介
韩　幸	雷文军	缪　钦（女）	臧建五	蔡元霞（女）
蔡增荣	潘志超	潘晓宇（女）	戴一晖	戴晓军

政协第二届杭州市上城区委员会委员变动情况

区政协二届二次会议

增补：毛素云（女）　　陈小明　　陈敏芳（女）　　宣　寅（女）

不再担任：汤小彦　　许金彬　　沈丽燕（女）　　陈　勇

区政协二届三次会议

增补：

刘德泰　　余觉新　　张铁军　　来国良　　陈利平

陈　坚	陈志静	林　东	罗旭峰	郑若涵
金建民	施国栋	常秀河	曹晓阳	梁财法
鲁　军				

不再担任：

于建国	吴晓伟	邹传国	陈建中	武德安
郑宝山	郑燕舞	金建明		

区政协二届四次会议

增补：吴　坚　　周良璋　　路　楠

不再担任：陈志静　　蔡元霞（女）

政协第三届杭州市上城区委员会委员（140人）

丁一平	丁永中	丁志强	马志坚	方文伟
方　平	方　莉（女）	毛素云（女）	王子伟	王轶磊
王健伍	王朗晨	王素芹（女）	王继红（女）	王敏雄
王琦琼（女）	卢　东（女）	史　倩（女）	叶俊杰	叶惠忠
刘　宏（女）	刘崇明	刘德泰	吕振团	成　蔚（女）
朱大林	朱正伟	朱军岷	朱　玲（女）	朱琦瑛（女）
纪建强	许爱东（女）	许雪梅（女）	阮文龙	阮振亚
何文辉	何建祥	何晓菲（女）	何黎明	余国明
余德利	吴江新	吴　坚（女）	吴　坚	吴美萍（女）
吴　莹（女）	吴　静（女）	张大帆	张　虹（女）	张铁群
张浩强	李光勋	李早妹（女）	李望苗	杜秀芬（女）
来国良	杨全岁	杨君清（女）	杨骥野	汪佩芬（女）
沈　忠	沈贵发	沈煜东	沙莉萍（女）	邱　巧（女）
邵美英（女）	闵　涛	陆　茵（女）	陈　婷（女）	陈小玲（女）
陈仁荣	陈玉珍（女）	陈利平	陈　坚	陈　勇
陈　彬	周好俊（女）	周良璋	周忠诚	周常生
林巾巾（女）	林立行	林芸英（女）	林国庆（女）	罗旭峰
范吉祥	郑永宁	郑孝忠	郑　凌	金　芳（女）
金前进	俞浪进	施国栋	洪丽娅（女）	胡　勇
赵卫群（女）	赵国军	赵毓芳（女）	赵　毅	钟荣川
倪受南	夏　勤（女）	徐　军	徐志忠	徐　辉
袁小航	袁巧玲（女）	钱　萤（女）	顾红英（女）	顾震岩
高胜有	尉杭新	常秀河	曹晓阳	曹　婕（女）
梅建群	盛　军	隋俊华	童回春（女）	董国华
董　洪	蒋晓伟	释一介	韩丽华（女）	韩　幸

鲁　军	楼建明	楼　虹（女）	甄红雷	裘雪阳
裘璋群（女）	路　楠	缪　钦（女）	臧建五	潘志超
潘晓宇（女）	薛鸿翔	戴一晖	戴晓军	瞿旭平（女）

政协第三届杭州市上城区委员会委员变动情况

区政协三届二次会议

增补：傅伟奋

不再担任：郑孝忠　　　　金孝伟

区政协三届三次会议

增补：

毛戈平	王炜民	王茂林	伍天舒	刘志伟
朱明虬	吴诗兵	杨　东	杨　琳（女）	周　莹（女）
周朝星	周　勤（女）	宗佩民	林　萍（女）	郑丽芳（女）
徐江波	徐　敏	章　琪（女）	谢世锵	蔡伟康

不再担任：

毛素云（女）	史　倩（女）	刘　宏（女）	刘德泰	朱　玲（女）
陈　勇	夏　勤（女）	韩丽华（女）	鲁　军	缪　钦（女）
戴一晖				

区政协三届四次会议

增补：

申屠宇星（女）	牟晓军	许　莅	余　勇	吴　韵（女）
张　璐（女）	时永生	邵国华	俞富根	高　静（女）
褚梅云（女）				

不再担任：

金　芳（女）　　　　徐江波

区政协三届五次会议

无变化。

政协第四届杭州市上城区委员会委员（180人）

马　骏	方文伟	方　平	方利强	方　莉（女）
方　颐	毛时法	王子伟	王双林	王炜民
王茂林	王健伍	王晓洁（女）	王　真	王敏雄
王　强	王琦琼（女）	卢　东（女）	卢建军	卢　勇
叶俊杰	叶晨阳	龙卫东	任振义	伍天舒
刘　宏（女）	刘志安	刘崇明	吕　晴（女）	孙杨志（女）
成　蔚（女）	朱军岷	朱　盈（女）	江　梅（女）	汤一佳
汤文芳（女）	牟晓军	许　别	许茂盛	许爱东（女）

许雪梅（女）	阮文龙	阮振亚	严　莺（女）	何文辉
何　奇	何建祥	何莉莉（女）	余　勇	余德利
吴　坚	吴诗兵	吴美萍（女）	吴家平	吴　莹（女）
张子健	张仕权	张武峰	张洪同	张　虹（女）
张铁群	张　敏	张敬宜	张　瑜（女）	张　璐（女）
李正亮	李光勋	李国光	李绍才	李绍平
李　娜（女）	李晋楠（女）	李锦红	杜　缨（女）	杨全岁
杨　帆（女）	杨　琳（女）	杨骥野	沈国民	沈　忠
沈武洪	沙莉萍（女）	肖　斌	闵　涛	陆建文
陆　峰（女）	陆　霞（女）	陈小玲（女）	陈云峰	陈少华
陈　平	陈玉珍（女）	陈励坚	陈宏萍（女）	陈　鸣
陈贺梅（女）	陈敏雅（女）	周芸佳（女）	周　春	周晓露（女）
周海文	周常生	周　智	周　勤（女）	周鑫梅（女）
林巾巾（女）	林系州	林　萍（女）	林　燕（女）	欧阳杰
郑丽芳（女）	郑　凌	金伟军	金孝伟	金　燕（女）
俞国骅	俞　宙	俞　真（女）	俞　珺（女）	俞富根
俞　蒙（女）	姚晓东	姜胜祖	施俞刚	胡大志
胡成敏	胡佩峰	胡　勇	赵毓芳（女）	钟丽芬（女）
钟　娅（女）	项小珍（女）	倪受南	唐水林	夏　阳
夏鹏飞	徐开红（女）	徐以理	徐宏伟	徐志忠
徐志清	徐荣培	徐　婧（女）	徐　敏	徐　皓
徐　辉	袁小航	袁巧玲（女）	贾元元（女）	钱　乐
钱　萤（女）	顾　勇	顾　锋	高　政	高　静（女）
梅建群	盛　军	隋俊华	麻　侃	黄　斌
傅伟奋	傅伟明	傅园珍（女）	傅晓莉（女）	傅潇妍（女）
惠海涛	董　洪	董菁杨（女）	谢　宁	谢炳松
释廓忍	韩　彤	楼强辉	褚梅云（女）	赖晓刚
潘晓宇（女）	薛晓渝	薛鸿翔	魏志明	瞿旭平（女）

政协第四届杭州市上城区委员会委员变动情况

区政协四届二次会议

增补：

叶志钿	何元军	吴桂萍（女）	邱惠国	陈咏梅（女）
郑社来	金丽敏（女）	姚　杰	黄国星	薛迓冰（女）

不再担任：

肖　斌	陈玉珍（女）	钟　娅（女）	倪受南

区政协四届三次会议

增补：

于忠华	宋红朋	汪　政	芮佳南	陈　芳（女）
陈昆柏	陈　洁（女）	龚军成	谢永明	虞大明

不再担任：

任振义	傅伟奋	惠海涛

区政协四届四次会议

增补：

何明俊	陈慧芳（女）	俞　朔	游文程

不再担任：

李光勋	余德利	金孝伟

区政协四届五次会议

增补：

丁洪波	占仁义	叶晓京（女）	李克良	陈学军（女）
周骆斌	金志惠	谢　需（女）	黎　洁（女）	

不再担任：

卢　勇	许　别	许茂盛	张敬宜	周海文
金伟军	姚　杰	傅潇妍（女）	谢　宁	

第二章 政协会议

政协会议是区政协开展政治协商、民主监督、参政议政的重要形式。区政协主要通过全体会议、常委会会议、主席会议、专题视察等形式，对全区经济社会发展大政方针和群众生活重要问题进行政治协商，通过建议和批评，发挥参政议政、民主监督作用。1998年3月至2015年，政协杭州市上城区委员会共召开全体会议18次、常委会会议99次、主席会议223次，形成全体会议全面协商、常委会议专题协商、主席会议重点协商的多层次协商格局。区政协参与全区重大问题决策协商，为区委、区政府建言献策。对企业转型升级、重点项目推进、城乡统筹协调、低碳经济发展、违章建筑拆除、政府机构改革方案等涉及上城区长远发展的问题提出建议，不少意见建议得到重视并被采纳。

第一节 全体会议

区政协全体委员会议是区政协委员最集中的参政议政形式，每年至少举行一次。

一、政协第一届杭州市上城区委员会全体会议

区政协第一届委员会1998年3月成立，2003年3月届满。任期内共召开5次全体会议。

区政协一届一次会议 1998年3月10—15日，区政协一届一次会议召开。出席委员80人，应邀列席会议17人。会议听取和审议区政协筹建领导小组做的《中国人民政治协商会议杭州市上城区委员会筹建工作报告》和提案审查委员会做的《中国人民政治协商会议杭州市上城区第一届委员会第一次会议提案审查情况报告》。与会委员列席区十一届人大一次会议，听取政府工作报告和其他各项报告。会议以无记名等额选举的方式，选举产生区政协第一届委员会主席、副主席、秘书长和11名常务委员组成的第一届常务委员会。会议通过《中国人民政治协商会议杭州市上城区第一届委员会第一次会议政治决议》。

区政协一届二次会议 1999年3月8—12日，区政协一届二次会议召开。会议听取和审议区政协常委会做的工作报告和提案工作情况报告；与会人员列席区十一届人大二次会议，听取和讨论政府工作报告和其他各项报告；审议通过《政协第一届杭州市上城区委员会第二次会议关于提案审查情况的报告》和《政协第一届杭州市上城区委员会第二

次会议决议》；增补边志军、许金彬、陈玉珍（女）、陈硕、钟丽芬（女）为政协上城区第一届常务委员。

区政协一届三次会议　2000年1月14—18日，区政协一届三次会议召开。会议审议通过区政协常委会做的工作报告和提案工作情况报告；与会人员列席区十一届人大三次会议，听取和讨论政府工作报告和其他各项报告；审议通过《政协第一届杭州市上城区委员会第三次会议关于提案审查情况的报告》和《政协第一届杭州市上城区委员会第三次会议决议》。增选戴晓军为区政协副主席；表彰区政协一届一次会议以来作出成绩的委员积极分子、先进委员小组、优秀提案和提案承办优秀单位。

区政协一届四次会议　2001年3月4—8日，区政协一届四次会议召开。会议审议通过区政协常委会做的工作报告和提案工作情况报告；与会人员列席区十一届人大四次会议，听取和讨论政府工作报告和其他各项报告；审议通过《政协第一届杭州市上城区委员会第四次会议关于提案审查情况的报告》和《政协第一届杭州市上城区委员会第四次会议决议》。

区政协一届五次会议　2002年3月24—27日，区政协一届五次会议召开。会议审议通过区政协常委会做的工作报告和提案工作情况报告；与会人员列席区十一届人大五次会议，听取和讨论政府工作报告和其他各项报告；审议通过《政协第一届杭州市上城区委员会第五次会议关于提案审查情况的报告》和《政协第一届杭州市上城区委员会第五次会议决议》。

二、政协第二届杭州市上城区委员会全体会议

区政协第二届委员会2003年3月成立，2007年2月届满。任期内共召开4次全体会议。

区政协二届一次会议　2003年3月2—6日，区政协二届一次会议召开。出席委员110人。会议审议通过区政协常委会做的工作报告和提案工作情况报告。与会委员列席区十二届人大一次会议，听取和讨论政府工作报告和其他各项报告。会议选举产生区政协第二届委员会主席、副主席、秘书长和15名常务委员组成的第二届常务委员会。会议审议通过《政协第二届杭州市上城区委员会第一次会议关于提案审查情况的报告》和《政协第二届杭州市上城区委员会第一次会议决议》。

区政协二届二次会议　2004年3月23—26日，区政协二届二次会议召开。会议审议通过区政协常委会做的工作报告和提案工作情况报告；与会人员列席区十二届人大二次会议，听取和讨论政府工作报告和其他各项报告；审议通过《政协第二届杭州市上城区委员会第二次会议关于提案审查情况的报告》和《政协第二届杭州市上城区委员会第二次会议决议》。

区政协二届三次会议　2005年2月21—24日，区政协二届三次会议召开。会议审议通过区政协常委会做的工作报告和提案工作情况报告；与会人员列席区十二届人大三次会议，听取和讨论政府工作报告和其他各项报告；审议通过《政协第二届杭州市上城区委

员会第三次会议关于提案审查情况的报告》和《政协第二届杭州市上城区委员会第三次会议决议》。同意郑宝山辞去区政协第二届委员会秘书长职务，补选刘德泰为区政协第二届委员会秘书长，增补戴一晖为区政协常务委员。

区政协二届四次会议　2006年2月7—11日，区政协二届四次会议召开。会议审议通过区政协常委会的工作报告和提案工作情况报告；与会人员列席区十二届人大四次会议，听取和讨论政府工作报告和其他各项报告；审议通过《政协第二届杭州市上城区委员会第四次会议关于提案审查情况的报告》和《政协第二届杭州市上城区委员会第四次会议决议》。

三、政协第三届杭州市上城区委员会全体会议

区政协第三届委员会2007年2月成立，2012年2月届满。任期内共召开5次全体会议。

区政协三届一次会议　2007年2月2—6日，区政协三届一次会议召开。出席委员142人，列席人员28人，邀请人员115人。会议审议通过区政协常委会做的工作报告和提案工作情况报告。与会人员列席区十三届人大一次会议，听取和讨论政府工作报告和其他各项报告。会议选举产生区政协第三届委员会主席、副主席、秘书长和21名常务委员组成的第三届常务委员会。会议审议通过《政协第三届杭州市上城区委员会第一次会议关于提案审查情况的报告》和《政协第三届杭州市上城区委员会第一次会议决议》。

区政协三届二次会议　2008年1月27—30日，区政协三届二次会议召开。会议审议通过区政协常委会做的工作报告和提案工作情况报告；与会人员列席区十三届人大二次会议，听取和讨论政府工作报告和其他各项报告；审议通过《政协第三届杭州市上城区委员会第二次会议关于提案审查情况的报告》和《政协第三届杭州市上城区委员会第二次会议决议》。

区政协三届三次会议　2009年2月10—13日，区政协三届三次会议召开。会议审议通过区政协常委会做的工作报告和提案工作情况的报告；与会人员列席区十三届人大三次会议，听取和讨论政府工作报告和其他各项报告；审议通过《政协第三届杭州市上城区委员会第三次会议关于提案审查情况的报告》《政协第三届杭州市上城区委员会第三次会议决议》。补选吴诗兵为区政协第三届委员会秘书长，朱正伟、何文辉、周朝星为区政协常务委员。

区政协三届四次会议　2010年3月1—4日，区政协三届四次会议召开。会议审议通过区政协常委会做的工作报告和提案工作情况报告；与会人员列席区十三届人大四次会议，听取和讨论政府工作报告和其他各项报告；审议通过《政协第三届杭州市上城区委员会第四次会议关于提案审查情况的报告》《政协第三届杭州市上城区委员会第四次会议决议》。因任职年龄到限，会议同意杨全岁辞去区政协第三届委员会主席职务，选举余勇为区政协主席，增补时永生、赵毓芳（女）、徐敏为区政协常务委员。

区政协三届五次会议　2011年1月9—13日，区政协三届五次会议召开。会议审议通

过区政协常委会做的工作报告和提案工作情况报告；与会人员列席区十三届人大五次会议，听取和讨论政府工作报告和其他各项报告；审议通过《政协第三届杭州市上城区委员会第五次会议关于提案审查情况的报告》《政协第三届杭州市上城区委员会第五次会议决议》。

四、政协第四届杭州市上城区委员会全体会议

区政协第四届委员会2012年2月成立，截至2015年12月，共召开4次全体会议。

区政协四届一次会议　2012年2月12—16日，区政协四届一次会议召开。会议审议通过区政协常委会做的工作报告和区政协提案工作报告。与会人员列席区十四届人大一次会议，听取和讨论政府工作报告和其他各项报告。会议选举产生区政协第四届委员会主席、副主席、秘书长和27名常务委员组成的第四届常务委员会。会议审议通过《政协第四届杭州市上城区委员会第一次会议关于提案审查情况的报告》《政协第四届杭州市上城区委员会第一次会议决议》。

区政协四届二次会议　2013年1月20—23日，区政协四届二次会议召开。会议审议通过区政协常委会做的工作报告和区政协提案工作情况报告；与会人员列席区十四届人大二次会议，听取和讨论政府工作报告和其他各项报告；审议通过《政协第四届杭州市上城区委员会第二次会议关于提案审查情况的报告》《政协第四届杭州市上城区委员会第二次会议决议》。

区政协四届三次会议　2014年1月20—23日，区政协四届三次会议召开。会议听取和审议区政协常委会做的工作报告和区政协提案工作情况报告；与会人员列席区十四届人大三次会议，听取和讨论政府工作报告和其他各项报告；审议通过《政协第四届杭州市上城区委员会第三次会议关于提案审查情况的报告》《政协第四届杭州市上城区委员会第三次会议决议》。增补薛迓冰（女）、黄国星、芮佳南为区政协常务委员。

区政协四届四次会议　2015年1月26—29日，区政协四届四次会议召开。听取和审议区政协常委会做的工作报告和区政协提案工作情况报告；与会人员列席区十四届人大四次会议，听取和讨论政府工作报告和其他各项报告；审议通过《政协第四届杭州市上城区委员会第四次会议关于提案审查情况的报告》和《政协第四届杭州市上城区委员会第四次会议决议》。选举何明俊、俞朔为区政协第四届委员会副主席，同意陈小玲（女）、方莉（女）因年龄原因辞去区政协副主席职务的请求。

第二节　常委会会议

常委会会议是全体会议闭会期间履行政治协商、民主监督、参政议政职能的主要形式。常委会会议根据主席会议决定召开，每年可召开多次。1998—2015年，区政协共召开常委会会议99次。

一、政协第一届杭州市上城区委员会常委会会议

1998年3月至2003年3月，区政协第一届常委会共举行32次会议。

1998年3月，区政协一届一次常委会议召开，协商决定5个专门委员会工作机构的设置及各专门委员会主任、副主任、委员人选。1998年7月，区政协一届三次常委会议召开，传达学习区委六届二次全体会议精神；听取区政府关于上半年全区经济工作情况的通报。2000年7月，区政协一届二十次常委会议听取《二〇〇〇年上半年度经济运行情况通报》《关于二〇〇〇年上半年财政预算执行情况的通报》。10月，区政协一届二十一次常委会议传达贯彻中共十五届五中全会精神，听取《上城区国民经济和社会发展“十五”计划和到2015年长期规划基本思路》，听取《关于我区“三五”普法和依法治区工作情况的通报》。2003年2月，区政协一届三十二次常委会议审议通过区政协第一届委员会常务委员会工作报告及报告人，通过区政协第一届委员会常务委员会关于提案工作情况的报告及报告人，协商通过关于召开政协杭州市上城区第二届委员会第一次会议的决定，协商决定区政协第二届委员会名单等。

二、政协第二届杭州市上城区委员会常委会会议

2003年3月至2007年2月，区政协第二届常委会共举行23次会议。

2003年3月，区政协二届一次常委会议召开，审议通过区政协2003年工作要点；协商决定区政协第二届委员会专门委员会的设置和专门委员会主任、副主任、委员的人事安排事项；审议通过《区政协二届委员会常委会工作规则》；通报主席会议成员的分工情况。2003年7月，区政协二届三次常委会议暨政情通报会召开，听取区政府关于上半年经济工作、社会发展和财政执行情况的通报；听取专门委员会有关专题调研报告的汇报。2004年1月，区政协二届六次常委会议召开，协商讨论区政府在区十二届人大二次会议上的政府工作报告和区财政2003年度执行情况及2004年预算（草案）情况的报告等有关事项。2004年7月，区政协二届八次常委会议召开，听取全区上半年经济运行情况、财政收支执行情况的汇报并进行协商讨论；听取专门委员会专题调研情况汇报。2006年10月，区政协二届二十二次常委会议召开，听取区政府关于区政协二届四次会议提案及政协二届一次会议以来重点提案办理情况的通报。

三、政协第三届杭州市上城区委员会常委会会议

2007年2月至2012年2月，区政协第三届常委会共举行24次会议。

2007年4月，区政协三届一次常委会议召开，会议学习传达中国人民政治协商会议第十届全国委员会第五次会议精神，强调要把学习贯彻全国政协会议精神同深入学习贯彻《中共中央关于加强人民政协工作的意见》结合起来，围绕全区工作大局，履行好政协职能；要把全区人民的根本利益作为区政协开展工作的出发点和落脚点，积极协助区委、区政府解决好人民群众最关心、最直接、最现实的利益问题。10月，区政协三届三次常委会议召开，会议结合学习胡锦涛在中共第十七次全国代表大会上的工作报告，学习《人民日报》社论《在中国特色社会主义伟大旗帜下奋勇前进》和《中国特色社会主义事

业的坚强领导核心》，并进行学习交流。2008年4月，区政协三届六次常委会议召开，审议通过区政协三届二次会议提案审查情况的报告，听取区政府关于区政协三届二次会议重点提案办理方案的报告。2009年1月，区政协三届九次常委会议召开，审议通过《关于召开中国人民政治协商会议第三届杭州市上城区委员会第三次会议的决定》。2010年2月，区政协三届十六次常委会议召开，审议通过《政协第三届杭州市上城区委员会第四次会议决议（草案）》和《政协第三届杭州市上城区委员会第四次会议提案收集及初审情况的报告（草案）》；听取区政协三届四次会议各组召集人关于区政协常委会两个报告和政府工作报告的讨论情况汇报。2012年1月，区政协三届二十三次常委会议召开，协商审议区政协第四届常委会候选人建议名单和区政协委员建议名单，协商通过《上城区政协关于召开四届一次会议的决定》。

四、政协第四届杭州市上城区委员会常委会会议

2012年2月至2015年12月，区政协第四届常委会共举行20次会议。

2012年9月，区政协四届三次常委会议召开，协商审议《中国人民政治协商会议杭州市上城区委员会全体会议工作规则（草案）》《中国人民政治协商会议杭州市上城区委员会常务委员会工作规则（修订稿）》《中国人民政治协商会议杭州市上城区委员会主席会议工作规则（草案）》等多个工作规则、办法、规定和制度。2013年2月，区政协四届五次常委会议召开，审议通过政协第四届杭州市上城区委员会第二次会议大会决议（草案）和提案收集及初审情况报告（草案）；听取区政协四届二次会议各组召集人关于讨论区政协常委会工作报告、提案工作报告和政府工作报告的情况汇报。2014年3月，区政协四届十一次常委会议召开，分别听取区政协提案委员会关于四届三次会议以来提案审查立案情况及确定区政协2014年重点提案的情况通报。2015年1月，区政协四届十五次常委会议召开，协商审议区政协四届四次会议选举办法（草案），听取区政协四届四次会议各组召集人关于讨论区政协四届常委会工作报告、提案工作报告和政府工作报告的情况汇报。2015年9月，区政协四届十九次常委会议召开，协商审议《政协杭州市上城区委员会视察工作办法（试行）》《科学稳妥推进上城区社区治理和服务创新》。

第三节　主席会议

主席会议主要研究和处理常委会会议闭会期间的重要日常工作。主席会议由区政协主席、副主席和秘书长组成，一般每月举行1次，必要时临时召集。1998年3月—2015年12月，区政协共召开主席会议223次。

区政协第一届委员会主席会议定期听取区委、区政府重大事项的专题通报，协商讨论全区经济建设、改革开放、精神文明建设等问题，讨论决策区政协内部重要事务。区政协第二届委员会主席会议围绕区委、区政府提出的协商课题进行重点协商，提出可供决策参考的意见建议。区政协第三届委员会主席会议把加强学习作为履行职能的重要基础，

举办专题辅导和学习报告会25次。区政协第四届委员会主席会议将推进社会主义协商民主建设贯穿于履行职能的全过程。

表21-2-2　政协杭州市上城区委员会部分主席会议情况表

会议名称	主要内容
区政协二届三十次主席会议	区政协主席杨全岁传达中国人民政治协商会议第十届全国委员会第三次会议精神和中共中央总书记胡锦涛在全国“两会”中共党员负责人会议上讲话的主要精神；与会人员学习《中共中央关于进一步加强中国共产党领导的多党合作和政治协商制度建设的意见》
区政协二届四十四次主席会议	传达全国“两会”精神；学习国务院总理温家宝做的《政府工作报告》；确定区政协二届四次会议重点提案
区政协二届四十八和四十九次主席会议	讨论区政协第二届委员会换届以来的工作情况；学习胡锦涛在庆祝中国共产党成立85周年暨总结保持共产党员先进性教育活动大会上的讲话
区政协二届五十次主席会议	讨论区政协文史和教文卫体委员会关于《加快社区文化建设，推进城区品位提升》调研报告；讨论区政协社会法制和港澳台侨委员会关于《扎实推进养老社会化服务应对老龄社会挑战》调研报告；讨论区政协第三届委员会委员人数及界别设置
区政协三届一次主席会议	学习全国政协主席贾庆林关于《运用科学理论指导和推动新世纪新阶段人民政协工作》的讲话；研究区政协第三届委员会主席、副主席工作分工；商讨全年区政协工作要点
区政协三届四次主席会议	审议区政协主席会议规则；审议区政协经济科技委员会、社会法制和港澳台侨委员会的两篇调研报告；研究增补区政协委员事项
区政协三届十七次主席会议	讨论区政协文史和教文卫体委员会《关于“两河三路一口”历史文化遗存的挖掘和建议》、区政协城建和人口资源环境委员会《关于对我区环卫作业机制改革方案的建议》、区政协社会法制和港澳台侨委员会《紧扣“三制一案”加强应急管理常态化建设》的调研报告
区政协三届五十三次主席会议	研究讨论区政协提案工作管理规范（初稿）；讨论《皇城遗址街巷综保工程调研报告》
区政协三届五十五次主席会议	学习中共中央总书记胡锦涛“七一”讲话精神；协商讨论《提案工作流程操作规范（修改稿）》《上城区发展楼宇经济的调查与思考》等；研究确定区政协三届二十二次常委会议相关议程
区政协三届五十八次主席会议	协商讨论《关于延安路（湖滨段）业态规划的几点建议》；协商讨论区政协第四届委员会委员提名推荐人选的任前须知；协商确定区政协三届二十三次常委会议议程
区政协三届六十次主席会议	讨论区政协第三届常委会工作报告；各专门委员会汇报区政协四届一次大会发言材料准备情况；讨论区政协经济科技委员会的专题调研课题《关于打造玉皇山南生态创意园的几点建议》
区政协三届六十二次主席会议	根据《关于授权主席会议审议区政协三届二十四次常委会议未尽事宜的决定》的规定，协商讨论区政协四届一次会议准备工作的相关事宜；研究落实区政协四届一次会议大会发言的有关事宜
区政协四届四次主席会议	传达市“两会”精神；协商讨论各专门委员会特聘委员名单；协商讨论区政协主席、副主席分工联系对应的界别；研究召开区政协四届二次常委会议的有关事项
区政协四届十一次主席会议	研究讨论区政协第四届常委会工作报告；研究讨论区政协委员履职的若干规定；研究确定区政协四届五次常委会议相关议程

续表21-2-2

会议名称	主要内容
区政协四届十二次主席会议	学习贯彻中共第十八次全国代表大会精神；研究讨论区政协第四届常委会工作报告；研究讨论区政协四届一次会议以来提案工作情况的报告；协商讨论召开区政协四届二次会议的决定（草案）
区政协四届二十次主席会议	学习习近平系列重要讲话精神；协商讨论《关于打造上城区健康产业集聚区的思考与建议》调研报告；分析2012年度区政协机关综合考评结果
区政协四届二十八次主席会议	传达浙江省政协十一届二次会议精神；学习贯彻中央、省委、市委关于开展第二批党的群众路线教育实践活动的会议精神；协商确定2014年重点调研课题和专题视察计划
区政协四届三十一次主席会议	区政协群众路线教育实践活动前期工作回顾及下一阶段的任务；配合区委开展“平安365”调研的有关情况说明；研究布置市政协“西湖文化名人俱乐部”名人进社区工作
区政协四届三十九次主席会议	学习中共十八届四中全会精神；审议区政协社会法制和港澳台侨委员会的调研报告《加快培育具有承接政府公共职能转移能力的社会组织建议》；布置“杭州发布”“上城发布”政务微博、微信平台推广使用工作
区政协四届四十九次主席会议	传达学习《中国共产党统一战线工作条例（试行）》；传达市政协十届十九次常委会议精神；协商讨论主席会议视察淳安建兰中学校区的意见建议；讨论《〈关于规范“三重一大”重要事项集体决策机制建设的若干规定（试行）〉的民主协商会议议题》
区政协四届五十九次主席会议	协商讨论关于持续深化开展“助推完善和落实‘五水共治’长效机制”专项集体民主监督的实施方案；协商讨论“政协委员访谈录”年度工作计划
区政协四届六十七次主席会议	协商讨论区政协第四届常委会工作报告（初稿）；协商讨论区政协第四届提案工作报告（初稿）；听取各专门委员会对大会发言准备情况的汇报

说明：1.资料来源于中国人民政治协商会议杭州市上城区委员会办公室。2.区政协第一届委员会主席会议资料缺失

第三章　政协机构

1998年3月，区政协成立，组织机构不断健全。1998年区政协第一届委员会第一次全体会议至2015年第四届委员会第四次全体会议，区政协历经4届委员会。每届区政协设立办公室，承担日常秘书、服务和联络工作。同时设立专门委员会作为常设工作机构，设主任主持工作；各专门委员会的设置或撤销，主任的任免由区政协常委会决定。至2015年末，区政协机构设置为区政协办公室、提案委员会、经济科技委员会、城建和人口资源环境委员会、社会法制和港澳台侨委员会、文史和教文卫体委员会、委员工作委员会、区政协研究室。

第一节　政协常委会组成人员

区政协常委会由区政协主席、副主席、秘书长和常务委员组成，每届区政协主席、副主席、秘书长和常务委员由全体政协委员选举产生。

一、政协第一届杭州市上城区委员会

表21-3-3　政协第一届杭州市上城区委员会主席、副主席、秘书长情况表

职　务	姓　名	出生年月	籍　贯	党　派	文化程度	任职时间
主　席	徐　军	1943-10	浙江绍兴	中共	大专	1998-03—2003-03
副主席	邵美英（女）	1949-01	浙江杭州	中共	大专	1998-03—2003-03
副主席	林立行	1947-12	浙江杭州	农工党	大学	1998-03—2003-03
副主席	戴晓军	1951-11	江苏泰州	中共	大学	2000-01—2003-03
秘书长	郑宝山	1947-05	浙江宁波	中共	大学	1998-03—2003-03

常务委员：

马　骏　　王　华　　王美玲（女）　　何师梁　　武德安

周　武　　周厚源　　周常生　　郑孝林　　梅建群

裘雪阳

以下为区政协一届二次会议补选产生：

边志军　　许金彬　　陈玉珍（女）　　陈　硕　　钟丽芬（女）

二、政协第二届杭州市上城区委员会

表 21-3-4　政协第二届杭州市上城区委员会主席、副主席、秘书长情况表

职务	姓　名	出生年月	籍　贯	党派	文化程度	任职时间
主　席	杨全岁	1950-11	浙江杭州	中共	高中	2003-03—2007-02
副主席	邵美英（女）	1949-01	浙江杭州	中共	大专	2003-03—2007-02
副主席	林立行	1947-12	浙江杭州	农工党	大学	2003-03—2007-02
副主席	戴晓军	1951-11	江苏泰州	中共	大学	2003-03—2007-02
副主席	臧建五	1949-01	浙江杭州	中共	大专	2003-03—2007-02
副主席	方　莉（女）	1955-05	浙江杭州	中共	大学	2003-03—2007-02
秘书长	郑宝山	1947-05	浙江宁波	中共	大学	2003-03—2005-01
秘书长	刘德泰	1951-06	浙江金华	中共	大专	2005-02—2007-02

常务委员：

马志坚　韦　云（女）　伍伟强　孙　竣　吴美萍（女）
张少华　陈玉珍（女）　周常生　林　豪　伍德安
郑孝林　金前进　余　蒙（女）　梅建群　潘晓宇（女）

以下为区政协二届三次会议补选产生：

戴一晖

三、政协第三届杭州市上城区委员会

表 21-3-5　政协第三届杭州市上城区委员会主席、副主席、秘书长情况表

职务	姓　名	出生年月	籍　贯	党派	文化程度	任职时间
主　席	杨全岁	1950-11	浙江杭州	中共	高中	2007-02—2010-03
主　席	余　勇	1956-02	山东烟台	中共	大专	2010-03—2012-02
副主席	王朗晨	1952-10	江苏无锡	中共	大专	2007-02—2012-02
副主席	陈小玲（女）	1955-11	浙江杭州	民盟	大学	2007-02—2012-02
副主席	戴晓军	1951-11	江苏泰州	中共	大学	2007-02—2012-02
副主席	方　莉（女）	1955-05	浙江杭州	中共	大学	2007-02—2012-02
副主席	袁巧玲（女）	1963-08	浙江杭州	中共	大学	2007-02—2012-02
秘书长	刘德泰	1951-06	浙江金华	中共	大专	2007-02—2008-04
秘书长	吴诗兵	1963-11	浙江杭州	中共	大学	2009-02—2012-02

常务委员：

王轶磊　叶俊杰　朱大林　李望苗　吴美萍（女）
余德利　张　虹（女）　陈　坚　陈仁荣　陈玉珍（女）
罗旭峰　金　芳（女）　郑永宁　金前进　周常生
梅建群　赵卫群（女）　常秀河　董国华　释一介
潘晓宇（女）

以下为区政协三届三次会议补选产生：

朱正伟　　　　何文辉　　　　周朝星

以下为区政协三届四次会议补选产生：

时永生　　　　赵毓芳（女）　　徐　敏

四、政协第四届杭州市上城区委员会

表 21-3-6　政协第四届杭州市上城区委员会主席、副主席、秘书长情况表

职务	姓　名	出生年月	籍　贯	党派	文化程度	任职时间
主　席	余　勇	1956-02	山东烟台	中共	大专	2012-02—
副主席	刘志安	1958-03	江苏无锡	中共	中央党校大学	2012-02—
副主席	陈小玲（女）	1955-11	浙江杭州	民盟	大学	2012-02—2015-02
副主席	方　莉（女）	1955-05	浙江杭州	中共	大学	2012-02—2015-02
副主席	袁巧玲（女）	1963-08	浙江杭州	中共	大学	2012-02—
副主席	陈少华	1961-11	浙江金华	中共	大学	2012-02—
副主席	何明俊	1964-01	云南武定	无党派	博士	2015-01—
副主席	俞　朔	1961-08	浙江杭州	中共	大专	2015-01—
秘书长	吴诗兵	1963-11	浙江杭州	中共	大学	2012-02—

常务委员：

马　骏　　刘崇明　　牟晓军　　李绍平　　杨　帆（女）

杨　琳（女）　　吴美萍（女）　　何文辉　　张　虹（女）　　陆　霞（女）

陈玉珍（女）　　陈敏雅（女）　　林巾巾（女）　　周芸佳（女）　　周常生

郑丽芳（女）　　赵毓芳（女）　　顾　勇　　徐　敏　　徐　皓

徐志忠　　徐荣培　　梅建群　　隋俊华　　惠海涛

薛晓渝　　薛鸿翔

以下为区政协四届三次会议补选产生：

薛迓冰（女）　　黄国星　　芮佳南

第二节　工作机构

区政协按照实际情况和工作需要设置的若干个专门委员会，是区政协常委会和主席会议领导下的工作机构。专门委员会的设置或撤销及主任的任免，由该届区政协常委会讨论决定。

一、办事机构

1998年5月，区政协机关内设办公室、综合一局、综合二局。

区政协办公室协助领导处理区政协日常工作。2002年2月，区政协办公室内设综合秘书科和行政接待科。2011年7月，设立信息宣传科。1998—2015年，区政协办公室历任主

任戴一晖、刘德泰、吴诗兵。

二、专门委员会

1998年3月，区政协内设提案委员会、学习文史委员会、教文卫体委员会、经济科技委员会、社会法制委员会。2003年3月，区政协内设提案委员会、文史和教文卫体委员会、经济科技委员会、社会法制委员会、城建和人口资源环境委员会5个专门委员会。2004年7月，区政协专门委员会调整为提案委员会，文史和教文卫体委员会，经济和城建、人口资源环境委员会，社会法制和港澳台侨委员会4个专门委员会。

2006年12月，区政协专门委员会调整为提案委员会、文史和教文卫体委员会、经济科技委员会、城建和人口资源环境委员会、社会法制和港澳台侨委员会。2010年8月，设立委员学习和工作联络委员会。2012年8月，政协杭州市上城区委员会研究室（简称区政协研究室）设立。2014年7月，委员学习和工作联络委员会更名为委员工作委员会。

至2015年末，区政协专门委员会有提案委员会、文史和教文卫体委员会、经济科技委员会、城建和人口资源环境委员会、社会法制和港澳台侨委员会、委员工作委员会、区政协研究室。

1998—2015年，区政协提案委员会历任主任林立行、来国良、胡勇。2003—2015年，区政协文史和教文卫体委员会历任主任郑宝山、方莉、武德安、韦云、瞿旭平。2004—2015年，区政协社会法制和港澳台侨委员会历任主任武德安、吴坚、严莺。

1998—2015年，区政协经济科技委员会历任主任梅建群、戴一晖、伍天舒、吴坚。2003—2015年，区政协城建和人口资源环境委员会历任主任邵美英、王健伍、徐志忠。区政协委员工作委员会历任主任张璐。区政协研究室主任薛晓渝。

第四章　政协工作

1998年3月，区政协成立后，围绕全区政治、经济、文化和社会生活中的重要问题，履行政治协商、民主监督、参政议政职能，并探索和拓宽工作渠道和领域，助推区委、区政府决策的民主化、科学化，推进落实重点工作、重大项目。区政协履行职能的形式主要有全体委员会会议、常委会会议、主席会议、专委会会议、专题协商、视察检查、调研考察、委员提案和建议案、社情民意信息反映等。

2000年，区政协采用民主监督建议书的形式，使监督与建议有机结合，针对问题，提出意见，力求“一事一议一策”。2006年，区政协围绕如何发挥中国美术学院高端人才优势，发展上城区创意产业，形成《打造环美院设计产业圈的几点思考》调研报告。是年，中共杭州市上城区第八次代表大会明确提出把创意产业作为上城区现代服务业发展的重点。2007年国际金融危机爆发后，区政协响应区委号召，广泛走访委员企业，召开经济界别委员座谈会，研究保企业、保订单、保发展之策，提出《关于促进我区中小企业发展的建议案》和系列提案，有关建议被区委、区政府采纳落实。是年起，实行领导分工督办重点提案机制。此后，上城区不断加强提案办理工作。2014年，区政府制定《人大代表建议和政协委员提案办理工作考评办法》，提案办理工作规范化、制度化水平进一步提升。至2015年，区政协认真履行政协职能，不断加强文史工作，服务大局，为上城区改革发展发挥重要作用。

第一节　政治协商

政治协商是政协的首要职能。区政协通过召开全体会议、常委会会议、主席会议、专题协商会的形式，或根据需要采取召开协商座谈会、研讨会和提案交办等方式，围绕全区政治、经济、文化和社会生活中的重大问题，从完善代表遴选、意见表达、讨论对话机制等着手，精心组织开展好各种协商活动。

一、全会协商

1998年3月—2003年3月，区政协第一届委员会以大会发言、小组讨论、提案撰写和社情民意反映等多种形式，就“十五”计划的制定和实施、每年度的政府工作报告、国民经济和社会发展计划、财政预决算、区法院和区检察院工作报告等涉及全区经济和社会发展的全局性问题，以及人民政协内部的重要事务实行集中协商。先后提出推进经济体制改革，调整经济结构、提高经济增长质量和效益，发展高科技产业和商贸旅游业，应对加入世界贸易组织挑战、增强经济发展活力，创建文明城区，加快旧城改造，重视环境保护，改进城市管理，实施“教育强区”、调整学校布局，发挥群众团体和政协委员作用等多条建议。区委、区政府领导及各有关部门负责人到会听取意见，共商改革发展大计。部分建设性意见进入区委、区政府民主决策的程序。

2003年3月至2007年2月，区政协第二届委员会以分组讨论、提案撰写、政情交流、社情民意反映等形式，协商讨论政府工作报告及其他重要报告。就“十一五”规划草案、调整经济结构、改善投资环境、发展科技和教育事业、深化劳动保障、加快民营经济发展等全区经济、政治、文化和社会生活中的重大问题，进行大会发言，共提交发言稿40余篇，提出意见建议近200条，对全区工作提供广泛、持续的智力支持。在2006年的区政协全体会议大会发言中，区政协委员围绕应对出口退税政策的调整、促进上城区外贸良性发展，妥善处置群体性事件，维护社会稳定，加快中山中路历史街区保护与整治，加强政府服务企业职能等热点问题与区委、区政府领导及有关部门负责人协商讨论。

2007年2月至2012年2月，区政协第三届委员会有序组织整体协商。区政协全体会议围绕“一府两院”工作、财政预决算报告等进行协商讨论，形成区委、区政府领导和委员面对面座谈的新协商形式。委员们重点围绕政府工作报告、政协常委会工作报告和提案工作报告深入开展讨论，建言献策。各民主党派、委员进行大会发言75次（含书面），区委、区政府主要领导到会聆听，责成有关部门落实办理相关意见建议，使协商参政收到较好效果。

2012年2月至2015年12月，区政协第四届委员会与区委、区政府及有关方面开展协商活动80余次，着力发挥协商民主重要渠道作用。2012年，在区政协四届一次会议上，区政协委员认真听取并讨论政府工作报告及其他报告，着重就打造产业集聚平台、强化民生保障等议题建言献策。区各民主党派、有关界别、专门委员会和区政协委员做大会发言，分别就发展上城区文化创意产业、推进民营企业转型升级、发挥社区社会组织新作用等议题提出意见建议，得到区委、区政府领导的重视和肯定。2015年，在区政协四届四次会议上，区政协委员围绕全区经济社会发展、相关民生问题以及重点工作等主题从不同层面、不同角度为区政府建言献策，提出具有互补性和启发性的意见和建议。区政协委员林巾巾建议，采取修复钱江新城片区的管道工程、疏导望江地区管道工程、推进近江地区雨污分流工程等一系列具体措施来推动“五水共治”，实现“美丽上城，美好生活”的愿景。

二、专题协商

1998年3月至2003年3月，区政协第一届常委会先后讨论区长关于“经济争领先、文明上水平、建设出精品、管理创特色”的通报，分管副区长关于街道社区改革调整方案的通报，中共杭州市上城区委组织部、杭州市上城区人事局关于机构改革和公开招聘干部的通报以及区公、检、法系统队伍建设、思想作风建设情况的通报。

2003年3月至2007年2月，区政协第二届常委会根据形势、任务的发展变化，有计划地组织专题讨论协商，先后对上城区街道区划调整、社区规模调整、区政府机构改革、街道财政体制调整、创建全国科技进步示范区等工作进行协商。2006年，区政协常委会对“推进环美院设计产业圈建设”提出建议案，区政府、区政协多次与中国美术学院召开专题会议进行协商讨论，区政府在区长办公会议和常务会议上进行专题研究，在落实建议案相关建议的基础上，以文件形式回复区政协。

2007年3月至2012年1月，区政协第三届常委会先后就现代服务业发展、国民经济和社会发展“十二五”规划编制等重点课题协商，为区委、区政府民主科学决策提供参考依据。国民经济和社会发展“十二五”规划编制期间，区政协组织委员走访单位25家，收集建议300余条，并召开常委会议进行专题协商，为上城区制定“十二五”规划提供重要参考。

2012年2月至2015年12月，区政协第四届常委会发挥各街道委员小组的作用，探索新形式，紧扣基层群众关切问题进行协商。清波委员小组以“清波话坊”[①]等形式助力老小区物业管理、庭院改造等工作；小营委员小组建立“委员进社区，协商365”的工作机制，让区政协委员定向进驻、扎根基层；紫阳委员小组建立“周末有约”工作机制，推进多方协商，帮助破解难题。

① “清波话坊”基层协商民主平台是以城市基层党建为引领，在街道、社区、网格构成三级网络，向上联系省、市、区各级部门，共同建立“立项—协商—反馈—化解”工作机制，全面参与协调、处理与居民利益密切相关的矛盾纠纷，使服务和治理更加贴近居民的实际需求。

三、重点协商

区政协根据区委、区政府提出的重要事项进行重点协商，提出可供决策参考的意见建议。1998年7月，区政协第一届常委会审议经济科技委员会的《上城经济发展的世纪性课题》，专题讨论发展全区非公有制经济问题，提出重视发展民营科技企业和需要完善的政策措施，邀请非公有制企业人士旁听，得到区委领导和有关部门的肯定。

2003年3月至2007年2月，区政协第二届委员会就编制城市管理三年规划，提出有关解决城市建设和管理中突出矛盾的建议。2006年，着重就吴山景区整治、维护社会稳定等区政府关心的热点问题进行协商，提出相应建议，得到区委、区政府重视并被采纳。

2007年2月至2012年2月，区政协第三届委员会参与全区经济、社会发展等重大问题的决策研究，协助区委、区政府科学制定改革发展规划。先后就《关于进一步加快杭州生活品质国际体验区建设的意见》《上城区“省级可持续发展实验区”建设规划》《关于以新型城市化为主导进一步加强城乡统筹与区市协作的实施意见》《上城区“五主多副”

空间结构优化指导意见》的贯彻实施展开协商，召开专题议政会，从加强规划协调、深化配套发展、完善合作机制等方面提出建议，部分重点建议在区委、区政府落实的相关工作和制定的相关文件中得到体现。

2012年2月至2015年12月，区政协第四届委员会紧扣全区重大工作进行协商。为科学谋划上城区“十三五”发展，由主席会议成员牵头，组织各专门委员会、各党派团体、界别、区政协委员及有关专家参加，围绕上城区“十三五”时期体制机制改革、创新驱动与经济转型升级、城市建设和生态环境保护、民生保障与社会事业、开放带动和国际化等重大问题组成6个调研组，深入开展调查研究，举行专题常委会议协商讨论，提出进一步彰显城区个性与特色、重视城区空间布局、优化城区产业布局、全面提升国际化水平4个方面的12条重要建议。其中，“要以提高人民群众的获得感为出发点和落脚点，既要注重发展绿色经济、循环经济、低碳经济，又要以人为本，关注细节，通过改进城市管理、改善生活环境、活跃精神文化生活等切实提高人民群众生活质量，全方位提升上城百姓的幸福感”的相关建议经区委、区政府主要领导批示后，被有关部门全面运用。

四、对口协商

1998年3月至2003年3月，区政协第一届委员会经济科技委员会对区政府有关部门提出调整和优化经济结构、利用中国杭州西湖国际博览会平台发展会展经济等工作方案；教文卫体委员会定期邀请区教育局等6个区政府部门的主要领导通报工作情况，讨论社会事业改革和发展目标，协助拟订推进区级医院改革、发展社区卫生服务等方案；社会法制委员会就社区建设课题组织专家研讨会，围绕区政法系统争创“双满意”活动，进行讨论和评议；学习文史委员会召开“创文化名城”座谈会，邀请有关部门领导和省市学者参加，为上城区挖掘历史文化资源建言献策。

2003年3月至2007年2月，区政协第二届委员会各专门委员会就国资监管、国企改革、民营科技企业发展、食品卫生监管、产品质量执法、分区规划、阳光规划、国土资源、劳动保障、再就业、卫生防疫、基础教育等问题，与区政府职能部门对口进行协商讨论，取得良好效果。

2007年2月至2012年2月，区政协第三届委员会各专门委员会针对社会管理创新工作、历史文化遗产保护行动计划、南宋御街建设改造业态布局、“三江两岸”生态景观保护和建设、推进品牌创建、实施质量强区战略等问题，与区政府对口联系部门开展协商，为其制定措施、改进工作提供重要参考。

2012年2月至2015年12月，区政协第四届委员会各专门委员会就提升国际化水平、环境综合整治、打造最文明城区、维稳安保等进行协商，提出发挥二十国集团（G20）杭州峰会综合效应、推动全区国际化发展，打好环境整治攻坚战、解决一批事关群众的民生问题，加强文明教育、提升城区形象，抓住峰会举办契机、拉动消费扩大内需等一系列意见建议。

第二节　民主监督

区政协常委会通过提案、视察、社情民意等多种渠道，对上城区贯彻执行法律、法规和政策情况进行民主监督。同时，区政协加强同党政有关部门的联系合作，完善监督机制。

一、视察工作

区政协重点围绕经济社会发展的重点、区政府工作中的难点、居民群众关心的热点问题，组织区政协委员开展视察监督活动。

1998年3月至2003年3月，区政协第一届委员会统筹安排，突出重点，就河坊街、南山路、湖滨地区重点工程和安置房建设，建筑工地和夜间施工噪声，市场管理和食品卫生等问题，开展区政协委员视察活动30余次，并提出建议。2000年，区政协第一届委员会采用民主监督建议书的形式，结合监督与建议，针对问题提出意见，力求“一事一议一策”；后期进行跟踪反馈，提高视察活动的有效性。2001—2002年，区政协常委会围绕政务公开和企业注册审批、“三五普法”和基层依法治理、社会治安、社区建设、人民调解、民兵预备役工作、宗教活动场所等内容组织区政协委员视察20余次，并提出建议。

2003年3月至2007年2月，区政协第二届委员会围绕重大建设项目、政府实事工程、科技产业及发展、工业基地建设、民营企业发展、食品市场卫生安全、环境保护和整治、学校布局调整和医疗设施落实情况等专题开展委员视察活动。2004年4月，配合全国文明城市检查验收，区政协委员深入全区街道、社区、市场和建筑工地，对环境卫生、街道秩序、建筑工地和市场管理等情况进行视察监督，将发现的问题归纳总结，向相关街道和部门发出民主监督建议书17份。2006年10月，根据区委提出的“接轨新城、发展上城”战略，省、市、区三级政协委员视察建设中的钱江新城，对正在建设中的项目和如何接轨新城、发展上城等问题，提出希望和建议。

2007年2月至2012年2月，区政协第三届委员会根据视察内容邀请省市政协委员、专家学者、党政领导、社区代表、市民群众参加，提高视察的专业性。在视察过程中将实地考察、现场座谈、分组调研、集中协商有机结合，凸显视察的层次性。在工作方法上运用明察暗访、民主评议、问卷调查等方式，全面了解深层次问题，提升视察的灵活性。视察后，采用政协信息和情况专报的形式，将区政协委员提出的意见建议反馈给区委、区政府及有关职能部门，督促其及时改进工作，增强视察的实效性。2007年11月，省、市、区政协委员视察玉皇山南综合整治工程，参观八卦田遗址公园，听取玉皇山南综合整治规划方案介绍，进行座谈讨论，提出要注重历史文化保护和生态建设，建设高品位、高质量的各类配套设施，整体推进拆迁工作等意见建议。2009年，区政协委员专题视察上城电子机械工业功能区、科技孵化大楼建设、工商服务与监管一体化平台、劳动就业、社区社会组织发展情况、食品安全、望江地区规划调整、残疾人社会保障、文化市场执法等方面，提出意见建议。2010年，区政协委员视察调研上城区“交通两难”问题，形成《缓解我区行路难、停车难的若干建议》调研报告。区政协委员专项调研国有资产安全运营工作，通过视察杭州上城区投资控股集团有限公司，与区政府召开联席会议，提出有关加强全区国有资产安全运营工作的意见建议。

2012年2月至2015年12月，区政协第四届委员会组织区政协委员视察杭州山南国际设计创意产业园、南宋御街·二十三坊巷、南宋官窑博物馆等地，助推文创产业发展；赴富阳视察相关工作落实情况，关注城乡统筹发展；视察“平安365”社会服务管理工作平台，就平台建设和工作考核提出建议，助力社会管理；视察教育均衡、居家医疗服务、社区卫生志愿服务、屋顶绿化等关系百姓切身利益的工作，促进民生改善；视察杭州市上城区残疾人联合会、杭州市上城区食品药品监督管理局、杭州市公安局上城区分局等与民生联系紧密的部门，为百姓服务；视察新成立的杭州市上城区风景旅游局、杭州市上城区人力资源和社会保障局，并提出意见建议；专题监督未成年人犯罪、学校体育场地对外开放、政府法制信息公开、“权力清单”和“责任清单”等工作，现场监督抗击台风“灿鸿”工作、违法建筑拆除等重大事件，重点监督“清三河”“大市政配套”“饮用水源保护”等民生问题，推进相关工作落实。2013年，区政协委员视察上城“国家可持续发展实验区”建设，为培育智慧产业、提高应用水平提供决策参考；专题调研城管工作机制，为提升工作理念、创新执法模式、增强工作合力献计献策；跟踪视察“三改一拆”、城站广场提升改造、安家塘历史文化街区、樱桃山生态公园建设等工作，为推进重点工程建设出谋划策。2014年，区政协委员赴杭州市上城区疾病预防控制中心视察H7N9禽流感防控工作，为做好全年疾病防控工作提供意见；听取杭州市上城区财政局关于深化国有资产管理的专项汇报，为推动国有企业整合优化和监督管理建言；视察中国人民武装警察部队杭州市消防支队上城区大队，就丰富消防宣传手段、加强消防设施的管理利用等提出建议。

二、社情民意反映

区政协将反映社情民意作为民主监督的重要环节，着力提高信息质量。

1998年3月起，区政协专设《政协信息》简报，反映社情民意。至2003年3月，区政协共收集、分析、整理具有普遍性、紧迫性的信息65条，其中，中国人民政治协商会议全国委员会（简称全国政协）采用2条，经市政协转报省市领导43条，报送区委、区政府14条，为区委、区政府解决社会热点问题提供信息和建议。

2003年3月至2007年2月，区政协第二届委员会委员共撰写信息1200余条。《解决食品安全问题的建议》《建立资源节约型社会的建议》《对深化劳动就业体制改革的建议》《社保基金监督机制存在的问题亟待引起重视》等40余条反映社情民意的信息被上级政协采用。其中，《高度重视地方法院解释法律之风蔓延》的信息经全国政协转送后，引起最高人民法院的重视。最高人民法院以公文回函，认为该信息“所做分析对进一步规范司法解释工作具有重要的参考价值”。区政协遵照最高人民法院的意见，责成有关部门就此问题进行调研，并在此基础上提出措施，以尽快解决实践中存在的问题。至2006年末，8条信息得到杭州市主要领导批示。

2007年2月至2012年2月，区政协第三届委员会注重拓宽信息收集渠道、完善服务网络和促进调研成果转化，筛选重要意见建议报送全国政协，提升信息反映的层次。社情民意信息共报送1300余条，全国政协采用20余条，省、市政协采用近80条，《杭州日报》刊登8条。多篇信息得到国家部委、省、市领导批示。《让文化墙丰富城市文化内涵》得到省委常委、市委书记王国平批示，并被市委、市政府评为“2010年度杭州市优秀人民建议创意奖”；《关于筹建“杭州近代金融陈列馆”的建议》得到市长邵占维批示。区政协连续5年获“杭州市政协信息工作先进单位”称号。

2012年2月至2015年12月，区政协第四届委员会开展社情民意监督，上报信息400余条。全国政协采用《反腐败工作应坚持走法制轨道》等10余条信息，省、市领导批示《关于尽早创办杭州南宋文化节的建议》等近20条信息。2012年，全国政协录用《基层政协委员对中共十八大、十八届一中全会胜利闭幕的心声》等信息，《关于保护和发挥杭州革命历史文物旧址作用的建议》得到省委常委、市委书记黄坤明批示。2013年9月，在界别活动月期间，各界别政协委员共走访群众300余人次，收集意见建议150余条，形成社情民意13条，集体提案7件，协助解决困难17个。全年向上级政协报送信息近200条，其中，《关于中华人民共和国资产评估法的修改建议》被全国政协采用，《关于党的群众路线教育实践活动的建议》《关于推动我国城市管理规范化的建议》《民众对计划生育政策的反映》等信息被市政协录用。2015年，《关于在浙江省博物馆文澜阁展厅增加展览内容的建议》得到省委书记夏宝龙批示。

三、专项检查监督

1998—2003年，区政协第一届委员会各专门委员会参与“企业改革转制”“调整和优化经济结构”“建立上城区中小企业信贷担保机制”等方案的论证，通过专项检查监督促进区政府相关工作、民生实事得到落实。

2003年3月至2007年2月，区政协第二届常委会就创建文明城市、机关效能建设等专项工作发放民主监督建议书34份，对薄弱环节提出改进意见。2006年9月，区政协委员围绕创建生态城区，检查中河源头水资源保护重点工程和辖区单位推进生态建设的情况，听取杭州市环境保护局上城环保分局的工作报告，提出意见建议。

2007年2月至2012年2月，区政协第三届常委会参与行风监督。为拓展民主监督渠道，提高民主监督的组织化程度，区政协统一委派行业接近、专业对口、工作负责的8名区政协委员分别担任区法院“特邀听证员”、区检察院“人民监督员”、杭州市质量技术监督局上城分局“行风监督员”。同时，推荐区政协委员参加市政府有关职能部门的“公述民评”活动。

2012年2月至2015年12月，区政协第四届常委会向区法院、区检察院和相关区直部门委派24名区政协委员担任特约监督员。组织区政协委员参加“优化政务环境”“优化居住环境”“治水”“治气”“治堵”等“公述民评”电视问政活动和城市文明督导等工作近500人次。省市区三级政协联动开展“五水共治”专项集体民主监督，“手机随手拍，随时督治水”活动得到中国人民政治协商会议浙江省委员会（简称省政协）主席乔传秀的肯定。开展“两路两侧”“四边三化”民主监督，实地检查问题点位12处，排查和督促整改问题16个。组织区政协委员参与疑难信访案件接待、评议和征迁听证会200余人次。参与区委大督查项目8个，实地督查重点工程和建设项目20个。组织开展浙商杭商回归重点项目推进情况民主监督，实地走访商会和企业家，帮助协调解决有关问题。发动各党派团体、各界别和广大委员参与二十国集团（G20）杭州峰会项目找短板、补短板专项集体民主监督工作，发挥助力助推作用。

第三节　参政议政

参政议政是人民政协主动服务大局的重要途径。区政协主要通过组织区政协委员广泛参与上城区的政治、经济、文化和社会生活，并对重大方针政策、重要事项、社会普遍关注的问题建言献策。自1998年3月成立起，区政协围绕上城区统筹协调发展、城市有机更新、历史文化遗产的保护与利用、特色主导产业的集聚、公共文化服务体系建设、民生改善工程、创新社会管理等工作，加强与区委、区政府的工作衔接，为推动党委政府科学民主决策提供重要参考。

一、经济建设

1998年3月至2003年3月，区政协第一届委员会开展提升第三产业，改造第二产业，推动知识产业，实现从量的增长转化为结构合理和能级提高的经济工作系列调研。1998年8月，调研报告《上城区经济发展的世纪性课题——非公有制经济在全区未来改革和发展中的地位与作用》，分析上城区非公有制经济的发展趋势与潜力，指出影响全区非公有制经济发展的主要障碍，提出发展非公有制经济，激活、重组区域经济优势的对策措施。1999年9月，区政协经济科技委员会提交《开拓发展三产兴区新天地——对建设“商贸一条街”的几点思考》，提出在全区旧城改造不断扩大的过程中，加快建设旅游“商贸一条街”是驱动投资与消费，实现“三产兴区”发展的新路。2002年6月，区政协经济科技委员会撰写《一个老课题、一次新探索——关于我区三产兴区战略和建设清河坊历史街区的几点思考》，就历史文化带动商贸旅游发展提出对策建议。

2003年3月至2007年2月，区政协第二届委员会为推进产业结构调整，针对上城区发展现代服务业，深入调研，形成《高起点发展楼宇经济，做大做强现代服务业》《做强湖滨商圈的几点思考》《浅谈上城东部地区开发的科学运作》等调研报告，详尽分析上城区发展现代服务业所面临的机遇和挑战。2006年，区政协围绕如何发挥中国美术学院高端人才优势，发展上城区创意产业进行调研，形成《打造环美院设计产业圈的几点思考》

调研报告，提出要统一思想，明确发展定位；编制规划，纳入“十一五”规划体系；整合场地，建设创意园区；搭建平台，推动资源汇聚；政策助燃，完善创业环境；以人为本，构建人才高地；联动开发，形成整体合力7点建议。该调研报告得到区委、区政府以及社会各界的关注和肯定。省政协《联谊报》在头版刊登相关新闻。中共杭州市上城区第八次代表大会明确提出把创意产业作为上城区现代服务业发展的重点。区政府成立工作机构，划拨专项资金，编写《西湖创意设计谷发展规划》，启动第一期孵化基地建设，与部分创意企业达成引进意向。2007年，区政协经济科技委员会就“高起点发展楼宇经济”“打造RBD核心区块独特竞争力”“科学运作望江地区改造”等重要课题，提出具有一定全局性、前瞻性和可操作性的工作建议，得到区委、区政府的肯定，并被市政府内部刊物录用刊登，多条建议已转化成党政部门具体工作措施。

2007年2月至2012年2月，区政协第三届委员会完成《完善中山南路动静态交通组织，打造“中国美食夜市第一街”》《发展我区物联网产业的若干建议》《有效运营国有资产，支撑带动RBD建设》等调研报告，均得到区委、区政府的采纳。《杭州政务调查研究》录用调研报告7篇，市委书记、[illegible]

2012年2月至2015[illegible]四届委员会重点关注区委、区政府提出的金融服务、文化[illegible]、商贸旅游、健康服务五大主导产业和大湖滨商圈、玉皇山南基[illegible]智慧产业园、杭州市上城区电子机械功能区等发展平台建设，组织区[illegible]开展深入讨论，从目标定位、产业布局、品牌打造、载体建设、环境优化等方[illegible]，提出多项意见建议。关注创新创业工作，组织区政协委员进行调研视察，提出打造国家级众创空间、项目带动、人才引进、创新机制等建议，对区委、区政府有关决策产生积极影响。

二、社会发展

1998年3月至2003年3月，区政协第一届委员会把社会发展作为参政议政的重点。1999年，区政协社会法制委员会邀请12名专家学者，就社区建设与管理召开研讨会，区委、区政府主要领导和各街道部门领导到会听取专家见解。2000—2002年，区政协就社区建设的相关问题进行调研，区政协分管副主席带领界别委员和机关干部到7个街道、3个社区，召开9次座谈会，发放700余份调查问卷，并征求主管部门意见，形成《发展我区社区卫生服务的思考与对策》专题报告，促进上城区社区建设的理论研究。2002年，区政协教文卫体委员会就定安路体育中心项目规划设计中的困难进行研究，邀请杭州市城市规划咨询委员会相关专家讨论，撰写《定安路体育商城问题亟待解决》的情况简报，引起市委重视。经过市、区政府的协调，项目在当年开工。

2003年3月至2007年2月，区政协第二届委员会为促进社会事业发展，就推进科教强区、医疗卫生事业改革和创建全国社区卫生服务示范区等工作进行调研，形成《调整学校布局，推进基础教育均衡化》《深化国有民办学校的改革与思考》《以创建为契机，全面提升我区社区卫生服务工作水平》等调研报告，就上城区实施名校集团化战略、实现教育公平、完善公共卫生服务体系等提出意见和建议。2006年，区政协把应对老龄化社会挑战作为调研重点，形成《扎实推进社会化养老，应对老龄社会挑战》调研报告，提出推进养老服务社会化的意见。为适应社会发展和社区居民不断提高的精神文化需求，区政协还就推进社区文化建设开展调研，形成《夯实社区文化基础，加快文化名城建设》调研报告。

2007年2月至2012年2月，区政协第三届委员会围绕文化产业发展问题召开专题议政会，提出设立文化产业主管机构和发展基金、扶持发展文化创意产业等建议，推动文化产业成为上城区支柱产业。区政协撰写《关于"后申遗时代"和"双铁"时代我区发展战略问题》《杭州区县（市）城乡统筹发展中应关注的若干问题和相关建议》等事关全区战略定位、发展思路的重要调研报告，部分建议被纳入全区改革发展战略。

2012年2月至2015年12月，区政协第四届委员会围绕全面深化改革献计出力。区政协重点就提升经济、文化、生态、民生、社会、服务六大举措开展调查研究，提出意见建议。围绕社会治理创新、创建省教育现代化区、大数据运用等工作议政建言。持续关注上城区建设体制改革，形成《进一步完善建设体制，为稳步转型打好基础》调研报告。协同区委就"平安365"社会服务管理工作平台建设进行调研，促成成果转化为正式文件。专题视察走访法、检两院及司法和法制部门，关注新行政诉讼法颁布后出现的新情况，就加强政府法制、信息公开工作等提出意见建议，推进法治上城建设。

三、社会热点难点

1998年3月至2003年3月，区政协第一届委员会围绕社会热点难点问题参政议政。1999年，区政协教文卫体委员会就城市化进程中流动人口子女就学难问题开展专题调研。调查表明，随着"构筑大都市，建设新天堂"步伐的加快，越来越多的流动人口成为城市中的一员，他们的素质高低直接影响着社会的文明和稳定。调查报告提出，要"统筹安排学区、继续完善随班就读、切实解决交费困难"，实实在在帮助他们接受义务教育。区教育局随后采取有效措施，产生良好的社会效果。中央电视台新闻联播《"三个代表"在基层》栏目进行专题报道。《流动人口子女接受义务教育的现状调查和思考》获2002年度市委、市政府颁发的优秀论文奖。

2003年3月至2007年2月，区政协第二届委员会为破解"七难"[①]，围绕群众关心的热点、难点问题开展调研，形成《维护外来务工人员合法权益》《我区帮扶工作存在的问题及解决的对策》《实现名城保护与现代化建设良性互动的思考》《关于在学校操场和公共绿地地下建造停车场的建议》《企业退休人员社会化管理服务工作的问题和建议》等调研报告。其中，《维护外来务工人员合法权益》获中共杭州市委办公厅优秀调研文章奖，在市政协常委会上专题发言交流。区政协就缓解群众"行路难、停车难、住房难"、构筑和谐的务工环境、做好再就业工作、加强社区5A服务等问题提出一系列工作建

① 困难群众生活就业难、看病难、上学难、住房难、行路停车难、办事难、清洁保洁难。

议，得到区政府及其职能部门的采纳。2006年，区政协就老房子保护问题进行专题调研，向区政府提交《关于我区老房子保护修缮工作的思考和若干建议》调研报告，提出要把老房子保护作为“旧城”获得“新生”的更新工程，完善保护规划、法规和政策，树立以人为本的保护修缮观念，避免“孤岛化效应”，注重广大市民的参与，建立专门管理修缮机构和老房子建筑档案等建议。

2007年2月至2012年2月，区政协第三届委员会为应对金融危机献计出力，成为参政议政的亮点。2007年，国际金融危机爆发，区政协响应区委号召，广泛走访委员企业，召开经济界别委员座谈会，研究保企业、保订单、保发展之策，提出《关于促进我区中小企业发展的建议案》和系列提案，有关建议被区委、区政府采纳落实。围绕“企业服务年”“作风建设年”活动，区政协领导赴有关企业调研，协助解决企业困难，推动经济企稳向好发展。

2012年2月至2015年12月，区政协第四届委员会针对“三改一拆”等事关民生的工作，结合二十国集团（G20）杭州峰会环境整治，多次调研馒头山、思鑫坊、始版桥直街等地改造情况，助力民生工作。区政协持续关注医疗、教育、卫生、环境等热点问题，就保障食品安全、推进学前教育基础设施建设、“医养护一体化”医疗服务政策实施、打造数字城管升级版等开展调研视察，提出对策建议。同时，关注弱势特殊群体，专题调研残疾人、老年人权益保障规定落实、无障碍设施建设及信访、法律援助、社区矫正等工作。

第四节　提案工作

提案是促进区委、区政府科学民主决策的重要渠道，也是民主监督的重要途径。区政协支持协助区政协委员围绕国家的方针、政策，区委、区政府中心任务及人民群众普遍关心的问题提出提案；审查委员提案，研究提出处理意见，提交有关单位办理，协助和推动承办单位办理提案。1998—2015年，提案数量和质量逐年稳步提升，许多建议转化为促进全区各项工作的具体成果。提案工作为推动上城区经济建设和社会事业发展，发挥重要作用。

一、提案形成

1998年3月至2003年3月，区政协第一届委员会委员累计提交提案291件。区政协委员关注经济和社会全面发展，提出尽快建立上城区劳动关系三方协调机制、想方设法提高下岗人员再就业机会、加强流动人口子女户籍管理、闸口卫生院亟待回迁、领导干部“五官”要端正等事关改革、发展、稳定和党风廉政建设的建议。《试行小班教育》《实施人才工程》《提高清河坊历史街区文化内涵》《重视历史文化名校挖掘》《尽快启动东河三期改造》《保护开发民俗文化》等被评为区政协优秀提案。2003年3月至2007年2月，区政协第二届委员会委员共提交提案569件，审查立案488件，提案数量和质量均有较大程度的提高，得到区委、区政府的肯定。2007年2月至2012年2月，区政协第三届委员会委员共提交提案936件，集体提案和联名提案占一定比例。2012年2月至2015年12月，区政协第四届委员会委员共提交提案848件，审查立案728件，集体提案和联名提案比例上升。

1998—2015年，区政协共收到委员提案2644件，经审查，立案2227件，其余作意见建议办理，立案率为84.23%。其中，提案内容涉及经济科技方面的435件，占19.53%；涉及城市建设和管理方面723件，占32.47%；涉及教育、文化、卫生、体育方面450件，占20.21%；涉及社会法制建设方面540件，占24.25%；涉及政协统战、民族宗教方面79件，占3.55%。

表21-4-7　2000—2015年区政协第一届至第四届部分重点提案情况表

届　　次	提案年份	案　　由	提案人	提案名义
一届三次会议	2000	上城经济要尽快进入电子商务市场	洪正纲	以个人名义
一届三次会议	2000	关于火车城站成为城市窗口的几点建议	罗红英	以个人名义
一届三次会议	2000	筹建上城区图书馆	陈　颂	以个人名义
一届三次会议	2000	加快推进上城区“人才工程”实施的建议	民盟上城区总支	以组织名义
一届五次会议	2002	尽快建立我区劳动关系三方协调机制的建议	许金彬	以个人名义
一届五次会议	2002	关于望江地区旧城改造的建议	何师梁	以个人名义
一届五次会议	2002	关于设立区级历史文物保护点的建议	陶　冶	以个人名义
一届五次会议	2002	关于建立民营经济发展基金的建议	章桂华	以个人名义
二届四次会议	2006	建议充分利用“娃哈哈”品牌效应，建立我区的文教用品研发、生产、销售中心	董国华	以个人名义
二届四次会议	2006	改善老旧宅楼环境，提高居民生活质量	郑　凌	以个人名义
二届四次会议	2006	建立高效服务机制 吸引更多“海归”创业者	林　东 郑　凌	以多人名义
二届四次会议	2006	关于重视再就业工作，完善社会保障的建议	郑　蔚	以个人名义
三届一次会议	2007	关于我区特色商业街存在问题的分析和建设管理的建议	徐　军	以个人名义
三届二次会议	2008	关于我区危旧房保护性开发改造的建议	何建祥	以个人名义
三届四次会议	2010	关于规范广告管理，提升城市形象的建议	阮文龙	以个人名义
三届四次会议	2010	关于构建智能化步行商业街，提升中山中路商业价值的建议	林巾巾	以个人名义
三届四次会议	2010	关于“打造网上政府，推进管理创新”的建议	叶俊杰	以组织名义
三届四次会议	2010	关于做强、做好名校品牌的建议	赵卫群	以个人名义
三届四次会议	2010	关于加强改革性事项监督管理的建议	徐志忠	以个人名义
三届四次会议	2010	关于进一步完善我区养老服务体系的建议	周常生	以组织名义
三届四次会议	2010	关于进一步加强上城区文化遗产保护利用的建议	瞿旭平	以个人名义
三届五次会议	2011	关于目前社区卫生服务站存在的问题与建议	申屠宇星	以个人名义
三届五次会议	2011	关于提高我区居家养老服务水平的建议	徐　军	以个人名义

续表21-4-7

届　次	提案年份	案　由	提案人	提案名义
三届五次会议	2011	落实长效管理措施，阻绝城市管理盲区	陈仁荣	以个人名义
三届五次会议	2011	关于进一步打造中山南路“美食一条街”的建议	沈　忠	以个人名义
三届五次会议	2011	关于充分发挥政协委员界别作用的建议	叶俊杰	以个人名义
三届五次会议	2011	从上城区建设工程安全形势谈完善建设工程安全监管的有关思考	钟荣川	以个人名义
三届五次会议	2011	关注留杭大学毕业生群体 努力创造良好就业环境	褚梅云	以个人名义
三届五次会议	2011	关于加强老旧小区物业管理的建议	吴美萍	以组织名义
四届一次会议	2012	关于传播“南宋古都、经典上城”品牌，制作上城城市形象片的建议	薛晓渝	以个人名义
四届一次会议	2012	关于在发展残疾人事业中保障残疾人合法权益的建议	陈少华	以个人名义
四届一次会议	2012	关于缓解老小区停车难的建议	徐　婧	以个人名义
四届一次会议	2012	关于进一步加快延安路地块（湖滨地区）开发的建议	陆　霞	以个人名义
四届一次会议	2012	关于加强我区中小学校及幼儿园娱乐活动设施安全监管的建议	杨　琳	以组织名义
四届一次会议	2012	关于完善流动人口子女信息登记的建议	周常生	以组织名义
四届一次会议	2012	关于加强文化创意产业扶持的几点建议	陈贺梅	以个人名义
四届二次会议	2013	关于加强老旧小区电梯安全工作的建议	惠海涛	以个人名义
四届二次会议	2013	关于完善三级物业纠纷调解体系的建议	张　敏	以个人名义
四届二次会议	2013	关于缓解老小区停车难的建议	俞　蒙	以个人名义
四届二次会议	2013	关于“智慧上城”建设的几点建议	杨　帆	以个人名义
四届二次会议	2013	关于更好搭建我区社会服务平台几点建议	何　奇	以个人名义
四届二次会议	2013	关于对上城区历保建筑的文化保护及商业价值提升的建议	顾　勇	以个人名义
四届三次会议	2014	关于推进上城区国际化的若干建议	伍天舒	以个人名义
四届三次会议	2014	关于进一步规范城区老旧小区物业管理工作的建议	姚　杰	以组织名义
四届三次会议	2014	关于尽早创办杭州南宋文化节，打响南宋文化品牌以更好提升杭州（上城）的经济和文化发展的建议	胡成敏	以个人名义
四届三次会议	2014	关于发挥上城区医疗产业资源优势，打造特色医疗健康产业的建议	徐　皓	以个人名义
四届三次会议	2014	关于进一步加大推进我区养老服务产业发展的建议	薛晓渝	以组织名义
四届三次会议	2014	关于深化政府职能改革 加快培育承接公共能力的社会组织的建议	吴　坚	以组织名义
四届三次会议	2014	关于打造有竞争力的高新技术及小微企业创业环境、促进我区产业格局升级的建议	赵毓芳	以多人名义
四届四次会议	2015	关于调整五柳巷历史文化街区招商定位的提议	胡大志	以多人名义
四届四次会议	2015	关于提升玉皇山南基金小镇优势产业的建议	何建祥	以多人名义
四届四次会议	2015	关于加快推进我区“三改一拆”工作的建议	张铁群	以个人名义
四届四次会议	2015	关于全方位推进城区“五水共治”的建议	林巾巾	以组织名义
四届四次会议	2015	关于加强上城区中小学午餐安全的若干建议	陈　芳	以个人名义
四届四次会议	2015	关于分步骤解决社区卫生服务用房的若干建议	张　虹	以组织名义
四届四次会议	2015	关于深化“法治上城”建设的若干建议	周　春	以组织名义

说明：资料来源于中国人民政治协商会议杭州市上城区委员会办公室

二、提案办理

1998年3月至2003年3月，区政协第一届委员会提案委员会会同区政府办公室，依靠各承办单位，建立工作机制，通过抓好培训、及时交办、领导阅批、目标管理、带案察看、协商座谈、跟踪督促、二次办理和推广典型等工作，力求291件提案“事事有交代，件件有答复”。区政协委员对提案的办理结果，满意和基本满意率均在95%以上。

1999年1月，区政协一届二次会议闭会后，区政府领导组织召开人大议案建议、政协提案交办会，将政协提案逐件落实到有关职能部门。1999年7月上旬，区政府召开“两会”议案建议、提案办理工作会议。针对提案工作中出现的需进一步协调的问题，区四套班子碰头会进行研究，在区委召开的“人大、政协”工作会上，区长张鸣放专门强调和明确工作要求。杭州市上城区市容环境卫生局、杭州市上城区建设局、杭州市上城区劳动局、杭州市公安局上城区分局等部门分别建立办理工作领导小组，把办理提案作为改进工作、为民办实事的具体行动。2000年1月，区政协一届三次会议闭会后，许多承办单位加强调查研究，召开现场办公会，并邀请代表、委员举办座谈会，对每件建议、提案，进行分析研究，找出解决问题的方法。政协提案的办理质量明显高于上年，区政协委员满意或基本满意数量占提案总数的94%。是年起，区政府办公室定期召开工作例会，集中反馈和通报提案的办理进度，与有关单位进行协商，对有关单位和街道的提案办理工作实行督查。2002年2月，区政协一届五次会议后，确定《关于尽快启动东河三期改造工程的建议》等8件重点提案分别由区政协主席、副主席牵头督办落实。是年，针对区政协委员许金彬《尽快建立我区劳动关系三方协调机制的建议》提案，区政府办公室专门发文成立协调机构，并明确协调会议的组成人员和日常办事机构，使提案得到落实。

图21-4-1 上城区政协第一届委员会组织提案办理工作培训班 （区政协办公室 供稿）

2003年3月至2007年2月，区政协第二届委员会面商率和办结率100%，委员满意率99%。区委、区政府主要领导每年对所有提案逐件审阅，就如何落实提案作出一系列具体批示，提案中的部分意见建议被吸纳到区“十一五”规划和区重点工作中。区政协主席会议和常委会会议切实加强对提案工作的领导，不断完善提案工作制度和办理机制。2005年，区政协二届三次会议后，区政府对114件提案逐件分析、斟酌，合理确定承办单位，对联合办理的单位确定主办单位和会办单位，防止职能部门之间相互推诿。区政府各承办单位围绕提高“四率”①采取现

① “四率”：领导的亲办率、问题的解决率、同委员的面商率和委员的满意率。

场办公会、座谈、上门专访、深入实际调查研究等方式加强与委员的联系、沟通，虚心听取委员的意见和要求。办理工作中，各承办单位针对委员关注的热点、难点问题，结合实际、突出重点、抓好落实。如针对涉及医疗保险、医疗改革、下岗人员再就业等社会热点问题，杭州市上城区劳动和社会保障局与政协委员共同商讨解决问题的方法，对不属区级权限范畴的问题，邀请市有关职能部门介绍有关医疗保险、医疗改革及下岗工人再就业等方面的政策，区政协委员可当场提问了解政策。至2006年末，上城区已初步形成网上办理、集中面商、联合督办、跟踪视察等办理形式。

2007年，区政协三届一次会议闭会后，区委、区政府主要领导审阅政协委员的全部提案，并对其中的75件提案作出批示。同时，确定《加强政府自身建设规范各类考核检查制度》等7件提案作为领导分工督办的重点提案。针对部分提案内容牵涉多个部门并且办理难度较大的情况，区政府加大对综合性较强提案的协调力度，多次牵头召集相关部门一起协商研究，采取有效措施提高办理成效。同时密切关注提案的办理进度和委员的反馈意见，督促承办单位给委员一个明确的承诺和答复。2009年区政协三届三次会议后，各承办单位在与区政协委员反复进行面商沟通、对区政协委员提出的意见建议认真分析研究的基础上，进而提出解决落实的具体举措，改变重答复、轻落实的现象。由领导分工督办的10件重点提案，均得到采纳并基本落实解决，办理结果全部以文件形式向区政协委员反馈。2010年，7件重点提案办理情况全部以文件形式予以反馈，其中，区政协委员反馈非常满意的4件，满意的3件。

2012年2月至2015年12月，区政协第四届委员会实现办结率、面商率和基本满意率“三个100%”，集体提案和联名提案比例逐年上升，解决率逐年提高，特别是望江街道社区卫生服务中心场地问题在连续两届委员提案推动下基本得到解决。2012年，区政协四届一次会议审查立案158件，所有提案均在规定时限内办理答复完毕，办理结果得到委员的普遍认可。对于超出上城区解决能力和范围的提案，动员市政协委员在市政协会议上提交提案，其中《关于市财政加大对望江地区改造建设资金投入的建议》《关于尽快实施西湖景区白塔岭区域改造的建议》等提案得到较好落实。2014年，区政协协助区政府制定《人大代表建议和政协委员提案办理工作考评办法》，设立承办数量、重点提案办理、沟通协商情况、建议落实采纳和成效转化等考核加分项目。是年，提案所涉及的问题已经解决或基本解决的85件，占59.8%，解决率与上年相比提高10个百分点，区政协委员对提案办理工作评价满意和非常满意的137件，占96.5%。2015年，上城区强化区政府领导领办重点提案机制，7件重点提案中6件得到解决，1件落实。对于区政协委员曾给予“不满意”评价或“不予评价”的4件提案，承办单位通过二次办理、二次面商，最终获得委员“满意”和“非常满意”的评价。区政协四届四次会议委员对提案办理工作评价“非常满意”和“满意”的占94.4%。

第五节　联谊

坚持团结、民主主题，开展多种形式的联谊工作，团结各界人士共同致力于上城区社会主义现代化建设，是政协的一项基本职责和重要任务。区政协重视发挥民主党派、工商联等人民团体和各界人士在政协中的作用，通过走访座谈，听取意见，开展各种会议和学习、考察等活动，加强联系，沟通思想，联络感情，为知情知政提供方便，进一步巩固和加强合作共事的基础。组织民主党派和有关人民团体中的政协委员参加各种调研、座谈等活动，鼓励他们以本党派、团体名义在大会上发言，让他们在政协讲坛上充分发表意见、建议，运用政协“舞台”积极参政议政。

一、团结联合

1998—2003年，区政协第一届委员会不断优化界别设置，扩大包容性，体现广泛性。尊重和保障各民主党派、工商联、人民团体和无党派人士在人民政协中的各项权利，将党派、团体、界别作为全会期间大会发言的重要主体，支持其通过参加全体会议、暑期读书会，开展调研视察、听取通报等形式协商建言，尽力为其履行职能搭建平台、创造条件。

2003—2007年，区政协第二届委员会重视调动各方面积极因素，发挥党派团体和各界人士的作用。区政协增强同党派团体的沟通联系，坚持邀请非政协委员的各民主党派、人民团体负责人列席政协的全体会议和有关常委会议等重要会议，定期与党派负责人沟通信息，交流情况。重视发挥党派团体在政协中的整体作用，鼓励以组织的名义在政协各种会议上发表意见、提出提案和建议。

2007—2012年，区政协第三届委员会促进多党合作，密切与各民主党派的联系，建立并坚持区政协领导联系民主党派制度。区政协积极为各民主党派在政协履行职能创造条件，重点安排民主党派在全体会议上大会发言，在常委会议和专题议政会上发表意见，重点督办民主党派集体提案，重点选派民主党派身份委员担任特邀监督员。重视发挥民主党派的作用，保证民主党派成员和无党派人士在政协委员、常务委员中占有较大比例。联合民主党派开展视察、调研、督办提案和下基层、进社区等活动。

2012—2015年，区政协第四届委员会加强联谊交流工作，促进各方面关系和谐，巩固和发展最广泛的爱国统一战线，汇聚改革发展正能量。弘扬团结、民主两大主题，加强同各党派团体的工作联系和团结合作，坚持联系走访民主党派、工商联制度，充分尊重和保障各民主党派、工商联和人民团体、无党派人士的民主权利，鼓励和支持他们参与政协履职活动。重视发挥工青妇等各界别、各团体的作用，关注残疾人、老年人、青少年等群体的权益保护。

二、联络联谊

1998—2003年，区政协第一届委员会发挥政协与社会各界联系的桥梁纽带作用。关心民族和宗教界人士的工作和生活，注重听取侨联界别委员的意见，做好非公有制经济人士的工作，为其有序参政议政搭建平台。区政协建立政协之友联谊会，聘请社会人士任区政协之友联谊会会员，学习党的方针政策，开展多种形式的联谊活动和咨询服务，促进上城区两个文明建设。区政协分别与区教育局、民盟上城区总支部、民进上城区总支部组织优秀青年教师到少数民族和贫困地区送教下乡；部分委员捐资建造建德凤凰小学，筹集课桌椅资助桐庐畲族小学。区政协组织委员视察宗教组织建设和宗教活动场所，引导宗教与社会主义社会相适应，并通过与有关部门协调沟通，帮助解决鼓楼堂复建、归还天主教房产等实际问题。

2003—2007年，区政协第二届委员会按照“和平统一、一国两制”的方针，多形式、多渠道地开展海外联谊和促进祖国统一的工作。组织学习《中华人民共和国反分裂国家法》，做好对台联谊工作，加强与台胞台属和在上城区台资企业的联系和沟通，听取和反映意见。共接待港澳台侨同胞10余个团组、200余人次，促进相互沟通和了解，增进友谊，广交朋友。开展社会服务，赴常山、景宁、淳安、临安等地开展教育、卫生、文化“三下乡”以及送教、送医、送科技、献爱心为主题的“三送一献”活动，有效扩大区政协的社会影响。

2007—2012年，区政协第三届委员会团结爱国人士，加强民族宗教工作，走访宗教界代表人士，推进民族团结和宗教和睦。密切与杭州市上城区总工会、共青团杭州市上城区委员会、杭州市上城区妇女联合会、杭州市上城区工商业联合会等人民团体的联系，团结新的社会阶层，汇聚各阶层力量共同致力于社会主义事业。组织召开台商协会和台资企业座谈会，宣传贯彻党和国家对台工作方针政策。团结归侨侨眷和海外侨胞，接待海外来访团组23批，增进国际、国内社会对人民政协和上城的了解，巩固和扩大爱国统一战线。

2012—2015年，区政协第四届委员会加强同新经济组织和新社会组织等各阶层、各领域代表人士的联系，关注和反映其利益诉求。关心民族宗教事业发展，促进民族团结、宗教和睦。加大联系辖区省、市政协委员的力度，扩大与各级各地政协的联系与交往。2013年7月，杭州市上城区政协企业家联谊会成立，共有会员企业59家。联谊会成立后，每年组织企业经营者学习、交流、参政议政，帮助企业加强与有关部门沟通和联系，维护企业家合法权益，为委员企业和企业家提供交流平台、咨询服务。

第六节　文史工作

区政协发挥政协文史工作“存史、资政、团结、育人”的作用，根据上城区历史文化名城核心区的功能定位，深挖地域文化内涵。

2001年，区政协第一届委员会为配合中国杭州西湖国际博览会期间清河坊历史文化特色街区开街宣传，收集、整理、编撰文史资料，出版书籍《清河坊》，2002年组织再版修编。该书以历史遗存和掌故传闻为线索，深入发掘清河坊的历史沿革、轶闻趣事和故事传说，通过浙江古籍出版社对外出版发行，在更大范围宣传上城区极为丰富的历史文化资源和根植深厚的民俗文化底蕴。

2003—2007年，区政协第二届委员会编撰出版《南宋皇城》《吴山大观》《寻访千年上城》《杭州南山路》《漫游中东河》《走读中山路》《情系小营（纪念毛主席视察小营巷50周年）》《图说杭州地名故事》等文史资料书籍。为配合区委、区政府保护历史街区、实施道路整治、背街小巷、危旧房改善等重点工程，挖掘整理中山中路、庆春路东侧、南宋皇城、玉皇山以南地区、环城东路、湖滨等历史街区和地段的历史碎片，并编辑相关资料，为保护开发利用提供参考依据。同时还考证全区文保单位、街巷里弄、名人故居，并编辑有关材料。在文史工作中，区政协注重“三亲”（亲历、亲见、亲闻）史料收集，协助市政协完成《百名政协委员企业家创业史》和抗日战争胜利70周年文史资料整理等。

图21-4-2　文史书籍　（区政协办公室 供稿）

2007年10月，杭州市上城区政协文史研究会成立。2007—2012年，区政协第三届委员会探索文史工作服务现实的途径，配合“两河三路一口”①重点整治工程和玉皇山南综合整治工程，组织专家学者和部分委员对相关地段的历史文化遗存进行调研、考证，编撰《“三路两河一口”历史文化遗存实录》资料集、出版《玉皇山南话沧桑》《五柳巷》《西湖大道》《延安路历史文化遗存》《图说南宋京城临安》等史料集。组织政协委员及其联系的社会各界人士参与撰写《浙江省非物质文化遗产代表性传承人口述史》等“亲历、亲见、亲闻”文章。

2012—2015年，区政协第四届委员会先后编辑出版《品味南宋饮食文化》《玉皇山南新小镇》等一系列南宋文化书籍。出版《百年街巷的前世今生》，为二十国集团（G20）杭州峰会建设项目留下文脉。编辑出版《新中国第一个居民委员会纪实》等“三亲”史料集。

① “两河三路一口”：中河、东河；清泰街、复兴路、建国路；南复路口。

第二十二篇

民主党派与工商联

1953年，上城区、中城区小学教育系统开始建立中国民主促进会（简称民进）基层组织。同时杭州市上城区工商业联合会（简称区工商联）成立。区工商联第一届执行委员会委员51人，其中常委11人。1956年12月，区工商联撤销，设立杭州市工商业联合会上城区办事处。此后，小学教育和其他系统相继建立中国民主同盟会（简称民盟）、中国农工民主党（简称农工党）等其他民主党派的基层组织。1966年“文化大革命”开始后，各民主党派和区工商联被迫停止活动。

1978年中共十一届三中全会以后，根据中国共产党和各民主党派“长期共存、互相监督”的方针，通过落实统战政策，1979年末，各民主党派得到恢复和发展。民主党派在中国共产党领导下，加强思想政治工作，对成员进行以四项基本原则为核心的爱国主义教育和社会主义教育、时事政治教育、统一战线理论和优良传统教育；围绕改革开放形势，从自身特色出发，开展参政议政，服务经济建设和社会发展以及联络联谊工作。1985年末，上城区有民主促进会支部7个，成员81人；民主同盟会支部1个，成员24人；中国农工民主党支部1个，成员17人。另有中国国民党革命委员会（简称民革）、中国民主建国会（简称民建）、中国民主促进会3个民主党派的5个基层组织，78名成员，其组织驻地在上城区，成员遍及全市。

1988年2月，区工商联重新恢复工作，建立上城区工商联筹备小组，1989年5月24—26日，上城区第三次工商业联合会会员代表大会召开，选举产生区工商联第三届执行委员会委员22人。1992年10月，区工商联有企业会员、团体会员、个人会员共278人。1992年12月3—4日，上城区第四次工商业联合会会员代表大会召开，会议代表110人，选举产生区工商联第四届执行委员会委员25人。至2015年末，区工商联有会员企业1200余家，基层商会9个。

随着中国共产党工作重心转移到以经济建设为中心，尤其1982年9月中共第十二次全国代表大会明确提出“长期共存、互相监督、肝胆相照、荣辱与共”的中国共产党同各民主党派合作的基本方针后，民主党派逐渐履行参政党职能，以做好政治协商、民主监督、参政议政为工作中心。1989年12月，《中共中央关于坚持和完善中国共产党领导的多党合作和政治协商制度的意见》印发后，区委根据文件精神，开展各领域的统战工作，加强多党合作和政治协商制度。1992年末，上城区有5个民主党派的15个基层组织：国民党革命委员会支部2个，民主同盟会支部3个，民主促进会支部6个，农工民主党支部1个，民主建国会支部3个，其成员在上城区所属单位工作的有314人。1998年，九三学社上城区支部成立。2002年，中国致公党（简称致公党）上城区支部成立。区各民主党派在建有支部的基础上，逐步建立总支委员会、基层委员会。至2015年，上城区有5个民主党派基层委员会、2个总支部委员会，成员共有831人。

政治协商、参政议政、社会服务、社会公益事业，是民主党派履行参政职能的重要内容。1993—2015年，区委、区政府支持区各民主党派、工商联参政议政，发挥民主监督作用，邀请区各民主党派、工商联主要负责人参加协商会、情况通报会、谈心会、专题座谈和征求意见会。重点就全区经济社会发展战略、重大改革举措等大事、要事的决策，坦诚交流，征求听取意见建议。众多民主党派人士当选省市区各级人大代表，担任省市区各级政协委员。23年间，区各民主党派、工商联积极在区人大、区政协会议上提出议案（建议）、提案。撰写社情民意、调研报告。2010年，张虹撰写的《国家基本药物制度试行工作中出现的问题应引起重视》被中国人民政治协商会议全国委员会（简称全国政协）、致公党中央委员会采用，并得到卫生部部长陈竺的批示。2013年，民进上城区基层委员会提交的社情民意《“H7N9”非常时期加强对于禽类养殖以及相关生产管理的建议》被全国政协、民进中央委员会采用并在《联谊报》上刊登。

同时，区各民主党派、工商联发挥自身特色，开展经济科技、文教医卫、建筑设计等咨询服务项目，为辖区群众义诊，组织抗震救灾、帮困扶贫、帮困助学、捐款、赠送药品和各类物件。

20世纪50年代，区工商联在区委的领导下，团结教育广大会员爱国守法，组织评议税收，稳定物价，协调劳资关系，协助党和政府对资本主义工商业进行社会主义改造，推动生产发展。1989年，区工商联恢复成立后，围绕全区经济建设开展调查研究，认真参政议政，向政府和有关部门反映会员的意见和要求，为区委、区政府及有关部门当好参谋和帮手，并为会员提供全方位服务。是年6月，创办《上城工商》刊物，7月，筹建区工商合作基金会，8月，成立区工商联经济咨询服务部，为会员提供信息咨询和缓解生产经营中的资金周转困难服务，至1992年9月底，累计发放贷款984万元。1993—2015年，区工商联帮助企业融通资金、提供担保金额达3亿元；开展各类经贸交流活动，帮助企业寻求发展渠道；推荐100余人当选市、区优秀社会主义事业建设者。

第一章　中国国民党革命委员会上城区组织

1979年12月，民革上城区支部委员会成立。民革成员主要为同原国民党有关系的人士、同民革有历史联系和社会联系的人士、同台湾各界人士有联系的人士。民革上城区组织自成立起发挥特色，参政议政、民主监督、促进祖国和平统一。2007年起，民革上城区支部把每年5月的第二周设为“议政日”。2011年1月，民革上城区总支部委员会成立[①]。至2015年，民革上城区总支部委员会下设3个支部委员会，有党员55人。2006—2015年，民革上城区组织向区“两会”提交的议案、提案和建议达92件，其中2件被确定为区政协重点提案。《做强湖滨商圈的思考》《重视省属企业税源管理 确保区级收入持续增长》等5件提案在区政协大会上发言。

① 2016年初，民革上城区基层委员会成立，林巾巾任主委，许宏波、蔡伟利、沈永翔任副主委，秦菁、傅晓莉、朱葆琳、王晋、潘晓宇任委员。

第一节　组织和党员

一、基层组织[②]

1993年，上城区有民革上城区支部。1999年，民革上城区支部划分为民革上城区一支部、民革上城区二支部，一支部党员主要由在职各领域成员组成，二支部党员主要由原黄埔上城同学会成员组成。2011年1月，民革上城区总支部委员会成立，下设一支部、二支部。2011年5月，民革上城区总支部委员会成立大会召开，林巾巾任主任委员，郑永宁、朱葆琳任副主任委员。2015年12月，民革上城区三支部成立。

② 1979年12月，民革上城区支部委员会在青年路49号成立，汪良铭任主任委员。1981年8月，划分为民革上城区一支部、民革上城区二支部，叶翠婷、汪良铭分别任主任委员。1985年，整合为民革上城区支部。1988—1994年，蒋嘉大任民革上城区支部的主任委员。

二、党员

1993年起，上城区民革组织稳步发展党员，逐步提高整体素质。至2015年，民革上城区总支部有党员55人，其中，研究生以上文化程度党员9人，副高职称以上党员16人。

表 22-1-1　1999—2015 年民革上城区组织和党员情况表

年份	支部数（个）	党员数（人）	年份	支部数（个）	党员数（人）
1999	2	27	2008	2	35
2000	2	26	2009	2	37
2001	2	25	2010	2	41
2002	2	27	2011	2	43
2003	2	29	2012	2	46
2004	2	29	2013	2	48
2005	2	31	2014	2	54
2006	2	32	2015	3	55
2007	2	34	—	—	—

说明：资料来源于民革上城区基层委员会

表 22-1-2　2015 年民革上城区总支部党员结构表

类别	党员数			年龄			学历		职称		界别				
	总计	其中													
		女党员	在职党员	40岁以下	41~60岁	61岁以上	大学及以上	大学以下	中高级及以上	中级以下	普通教育	政府机关	公有制经济	医药卫生	其他
人数（人）	55	34	44	14	31	10	39	16	45	10	22	10	7	4	12
占比（%）	—	62	80	26	56	18	71	29	82	18	40	18	13	7	22

说明：资料来源于民革上城区基层委员会

第二节　参政议政

一、议案、提案、建议

民革上城区组织每年围绕经济发展、城市建设、教育、社会生活等方面提出议案、提案和建议。2003 年，民革党员潘晓宇向区政协二届一次会议提交《合理布局 抢注“清河坊”》《加强属地企业招商 注重资源共享》2 件提案。2004 年，民革上城区支部在政协会议上提交的《办好邻居节推进我区各项文明创建活动的建议》被列为区政协重点提案。2010 年，林巾巾撰写《关于构建智能化步行商业街，提升中山中路商业价值的建议》，提出利用智能系统来完善中山中路步行商业街的服务。其中，综合物业管理系统由商业街物业管理中心、机电设备监控、停车场管理和数据采集与收费管理组成；顾客综合服务系统由智能导购、步行引导、停车服务和物品保存组成；业主综合服务系统由销售网络服务、商品配送信息平台、货流组织和仓储服务组成。该提案被列为区政协重点提案。

随着人口老龄化趋势日益加重，社会对临终关怀的需求越来越高。2011 年，高静撰写《关于提高上城区“临终关怀”质量的建议》，从杭州市上城区人民政府、杭州市上城区卫生局、各层级医院、社区、志愿者和社会舆论的角度提出6条建议。2014年，马骏撰写《关于帮扶和促进残疾人在高科技领域创业和就业的建议》，提出在上城区残疾人网络科技助残孵化园中，要采取出台相关帮扶激励政策、引入第三方管理公司、宣传公益形象等方式促进残疾人创业和就业，并重点推动网络类、科技类、创新类公司创业和入驻。2015年1月，在区政协四届四次会议上，民革上城区总支部委员会提出《关于全方位推进城区“五水共治”的建议》。

2006—2015年，民革上城区组织向区“两会”提交的议案、提案和建议达92件，其中2件被确定为区政协重点提案。《做强湖滨商圈的思考》《重视省属企业税源管理 确保区级收入持续增长》等5件提案在区政协大会上发言。

二、调研与社情民意

民革上城区组织每年围绕区委确定的工作中心，鼓励党员深入群众，了解社情民意，组织开展课题调研。2008年，颜瑶卿撰写的社情民意《崇文小学周边道路拥挤应引起交警部门重视》被市政府录用。2013年，民革上城区总支部委员会开展“我为参政议政献一计”活动，完成《关于杭州市中心城区交通现代化建设的调研报告》等调研课题。2015年，林巾巾撰写《关于构建新形势下大普法体系的思路与措施》，从理顺普法工作机制、注重社区法制宣传、扶持社会法制宣传服务组织、培育普法市场、完善普法考核评估体系5个方面提供思路。2010—2015年，民革上城区总支部委员会共完成《上城区如何充分拓展海洋经济空间》《关于加强我市历史建筑保护与再利用工作的建议》等调研课题10个。

三、协商与监督

民革上城区组织每年应邀参加论坛、听证会、情况通报会、圆桌会等，参与协商与讨论，提出建设性意见。2007年起，民革上城区支部把每年5月的第二周设为“议政日”，组织支部成员就时政热门话题展开讨论和交流，丰富“议政日”活动的内涵。2008年，民革上城区支部参加听证会3次。2013年，民革上城区总支部委员会参加区统一战线“同心·民生”论坛活动，党员许宏波代表总支做《谈认真做好两会建议提案和十大为民实事工程督办工作》的发言。2014年，区委制定《中共上城区委关于加强和完善政府有关部门与民主党派、无党派对口联系制度的意见》。民革上城区总支部委员会组织民革党员实地视察上城区疾病预防控制中心、上城区卫生监督所、小营街道葵巷社区卫生服务站，了解公共卫生管理服务平台建设、社区卫生服务站建设等工作，参加杭州市上城区卫生和计划生育局的情况通报会，反馈民生诉求，为卫计工作建言献策。5月，林巾巾作为民主党派代表，参加杭州明珠电视台举办的“关于西湖景区高档会所转型问题”的政协视点圆桌会，与杭州市园林文物局等职能部门共同探讨，提出意见建议。8月，民革上城区总支部委员会参与区政府、同济大学联合主办的“美丽上城五水共治”高峰论坛，围绕城区“五水共治”建设的相关技术及水环境治理的方式，对优化环境、建设和谐生态展开讨论，林巾巾做题为《治水，绘就“美丽上城”新蓝图》的大会发言。2015年，党员裘春燕被聘为杭州市上城区风景旅游局行风监督员，党员何婕被聘为中共杭州市上城区纪律检查委员会特约监察员。12月，民革上城区总支部委员会主动对接杭州市上城区卫生和计划生育局开展咨情问政，召开民主监督会，提出有针对性的意见建议。

第三节　学习和联络联谊

一、学习交流

民革上城区组织鼓励和推动党员通过多种方式，参与交流和联谊活动。2006年12月，民革上城区各支部组织全体党员参观中国财税博物馆，并邀请中国财税博物馆馆长作有关人文与和谐社会方面的知识讲座。2007年，民革上城区各支部组织党员学习中共第十七次全国代表大会的报告精神，领会精神实质，发挥参政党作用。2013年，民革上城区总支部委员会与民革杭州市委员会体育支部联合开展文艺体育活动。2015年，民革上城区总支部委员会与民革建德总支部委员会开展联谊活动。是年，开展“支部论坛”活动，组织党员结合时事发表观点；组织法律讲座，加深党员对法律的认识和理解。

二、接待会亲

民革上城区组织每年均向“三胞”（海外侨胞和港澳台同胞）及海外亲友寄送节日贺卡，并接待港澳台同胞及海外亲友，借此加深交往，联络感情。2006年，民革上城区支部向“三胞”亲友寄送节日贺卡18件，接待港澳台同胞及海外亲友13人次。2014年，结合爱国主义教育和传承中华文化，向“三胞”及海外亲友寄送贺卡，通过接待、交流、沟通等形式，宣传国家政策，吸引港澳台地区同胞和海外亲友到上城区投资，促进区域经济持续发展，全年接待港澳台同胞及海外亲友28次。

第四节　社会服务

1993—2015年，民革上城区组织为党员服务社会搭建平台。围绕“爱心社区行”“春风行动”“三下乡”等活动，党员发挥自身特长，在岳王路社区等多地开展医疗卫生保健、法律咨询等服务，向贫困地区和受灾地区捐款捐物，帮助改善生活和学习条件。

一、公益活动

民革上城区组织每年参与各项爱心公益活动。2006年，民革上城区支部在湖滨街道岳王路社区为居民提供医疗、法律等咨询活动，提供义务帮（援）助；谈冲等党员向杭州市看守所、杭州市大关艺术幼儿园、西湖区文天社区、下城区仙林社区捐赠书画20幅。2012年，民革上城区总支部委员会与民革杭州市书画支部参加上城区“爱心社区行”活动，现场泼墨挥毫送字送画。2014年7月，民革上城区总支部党员、杭州市口腔医院医生骆英参与7路公交车纵火案的救援工作。2015年，为深化民革杭州市委员会提出的“同心·博爱”品牌活动，民革上城区总支部委员会打造社会服务联系点，将公益支教作为践行中国特色社会主义学习实践活动的重要内容。

二、扶贫帮困

扶贫帮困是民革上城区组织的一项日常活动。2006—2007年，民革上城区支部在“春风行动”中捐款8000元。2008年，“5·12”汶川大地震发生后，民革上城区各支部开展“向灾区人民献爱心”等活动，通过各类渠道捐款捐物达2.02万元。2011年，民革上城区总支部委员会与钱塘书画社联合开展义卖书画活动，捐助贫困家庭。2012—2015年，浙江省捌益久食品有限公司总经理、支部党员谢炳松累计向社会捐资230余万元，受到民革杭州市委员会表彰。

三、“三下乡”[1]活动

民革上城区组织利用自身优势每年开展“三下乡”活动。2006年5月，党员张跃迅、高静与2名儿童结成“爱心助学对子”，帮助因经济困难而面临失学的儿童重返校园。2007年，民革上城区支部组织党员参加“三下乡”活动，开展医疗、法律、慰问咨询活动。2008年，民革上城区支部向桐庐县百江镇钱家村的贫困家庭捐款捐物3500元。2014年，为响应民革中央“伸出博爱之手——民革基层组织牵手困难群众”活动号召，党员姚晓参加民革浙江省委员会“双百”[2]之牵手基层学校活动，向丽水老竹民族学校捐赠10万元[3]，用于购买民族服饰、民族乐器、民族体育用品，帮助学校解决民族教学器材短缺的实际困难，改善学校教学条件。2013—2015年，秦菁等党员到建德新叶村支教。

① “三下乡”：文化下乡，医疗下乡，教育下乡。

② “双百”活动：百名医生牵手基层医院，百名教师牵手乡村学校。

③ 2014年起，捐赠持续3年，共30万元。

第二章　中国民主同盟上城区组织

1979年12月，民盟上城区小教支部重新组建，恢复民盟上城组织生活，盟员总数22人。民盟成员主要为从事文化教育以及科技技术工作的高、中级知识分子。民盟上城区组织自1979年末恢复活动，重视发挥民盟优势，积极履行职责，着重在加强基层组织建设、开展参政议政、做好社会服务等方面做好工作。1999年起，民盟上城区总支部委员会响应民盟中央“农村教育烛光行动”的倡导，每年均在桐庐县开展支教活动。2005年，民盟上城区总支委员会被民盟中央委员会评为全国先进民盟组织。2014年，民盟上城区基层委员会把盟员之家建设作为基层组织建设的重要抓手，在杭州各区县（市）中率先挂牌成立“盟员之家”。9月，民盟杭州市委员会在“盟员之家”召开基层组织“盟员之家”建设工作现场会。萧山区、江干区及大连市、太原市、厦门市等地的民盟基层组织先后到“盟员之家”交流学习。至2015年，民盟上城区基层委员会下设12个支部，盟员总数达213人。

第一节　组织和盟员

一、基层组织①

1993年初，上城区有民盟上城区小教一支部、民盟上城区小教二支部和民盟上城区清波中学支部3个支部。1997年7月，民盟上城区小教一支部划分为民盟上城区一支部和民盟上城区二支部，民盟上城区小教二支部更名为民盟上城区三支部。1997年12月，民盟上城区总支部委员会成立，下设11个支部，分别为一支部、二支部、三支部、杭六中支部、杭十中支部、杭十一中支部、清河中学支部、开元中学支部、八一中学支部、建兰中学支部和江城中学支部，陈小玲担任主任委员。

2008年12月，民盟上城区总支部委员会召开第三届盟员代表大会，选举产生由15人组成的第三届总支部委员会。周常生当选为总支部委

① 1957年，民盟上城区小教支部成立，盟员总数15人。1966—1976年“文化大革命”期间，民盟上城区组织停止活动。1979年12月，民盟上城区小教支部重新组建，恢复民盟上城组织生活，盟员总数22人。1988年10月，民盟上城区清波中学支部成立，此时共有2个支部。1991年，民盟上城区小教支部拆分为民盟上城区小教一支部（在职）和民盟上城区小教二支部（退休），各支部完成换届选举工作。

员会主任委员，金前进、钟荣川、牟晓军、周芸佳当选为副主任委员。2010年，增补王双林为副主任委员。

2013年10月，民盟上城区总支部委员会换届暨基层委员会成立大会召开。会议选举产生第一届民盟上城区基层委员会委员。周常生当选为民盟上城区基层委员会主任委员，钟荣川、周芸佳、牟晓军、王双林当选为副主任委员。至2015年，民盟上城区基层委员会下设一支部、二支部、三支部、服装职高支部[①]、杭六中支部、杭十中支部、惠兴中学支部、清河实验中学支部[②]、开元中学支部、江城中学支部、建兰中学支部、科技支部12个支部。

① 服装职高支部的前身为八一中学支部，因法人名称变更，民盟组织的名称也随之变更。

② 2015年，杭州市清河中学更名为杭州市清河实验学校，成为九年一贯制学校，民盟组织的名称也随之变更。

二、盟员

1997年起，盟员人数有起有伏，整体呈增长态势。至2015年，民盟上城区基层委员会盟员总数达213人。

表22-2-3　1992—2015年部分年份民盟上城区组织支部和党员情况表

年份	支部数（个）	盟员总数（人）	盟员发展数（人）	年份	支部数（个）	盟员总数（人）	盟员发展数（人）
1992	3	40	—	2010	11	194	10
1997	11	159	—	2011	11	191	8
2000	11	182	—	2012	11	199	8
2004	11	165	—	2013	12	198	4
2005	10	163	—	2014	12	208	11
2006	11	169	8	2015	12	213	9
2009	11	174	6	—	—	—	—

说明：1.资料来源于民盟上城区基层委员会。2.部分数据缺失

第二节　参政议政

一、提案、建议

民盟上城区组织每年围绕文化教育、养老体系、安全生产等社会热点，撰写提案、建议，建言献策。1999年，在全市提倡历史文化名城保护的大环境下，上城区以清河坊历史文化特色街区为开端，对历史建筑进行系统化保护。2000年，周常生撰写的《关于重视历史文化名城挖掘的建议》被列为区政协优秀提案。2005年，在市政协八届四次会议上，陈小玲撰写的《加快步伐提前实现普及学前三年幼儿教育的目标》成为市政协重点督办提案。

2007—2009年，盟员陈庆贤、欧庆利合作或单独撰写《关于适时推出“钱江十景”打造杭州又一个金名片的建议》《关于保护开发三廊庙轮渡码头遗址的建议》等8件建议，

其中《关于杭州古井修缮的几点思考》等3件建议被政府部门采纳，《南宋御街·中山路开街的系列建议》中的《建议完善南宋御街的导游牌和特色书店》得到浙江省委常委、杭州市委书记王国平批示，并在杭州市政务《每日动态》上刊载。

2010年，周常生撰写政协提案《关于进一步完善我区养老体系》，提出由政府部门制订上城区养老机构发展规划，通过置换、购买等多种形式解决养老机构建设用房问题，采取租房补贴的形式建设养老机构，培育社会中介机构发展养老服务等建议。是年，《关于进一步完善我区养老体系》《国有民办学校转为民办学校后存在的问题及对策》被列入区政协2010年专送报告和大会发言材料。2015年，王双林针对社区“星光老年之家”场地被占用等问题撰写《关于加强社区“星光老年之家”的管理，发展社区居家养老服务的建议》，提出加强社区介入管理、建立多元化投入机制、委托养老服务机构管理和加大志愿者组织建设等措施，健全社区老年人福利服务设施网络。

2000—2015年，民盟上城区组织有《关于完善流动人口子女信息登记的建议》《关于进一步深化改制民办学校的建议》《加强政府部门之间资源共享的建议》等7件提案被评为区政协优秀提案。2002—2015年，民盟上城区组织在市政协会议上做大会发言或书面发言10篇。

表22-2-4　2002—2015年民盟上城区组织在市政协会议上发言情况表

届　次	年份	发言人	形式	标　　题
市政协八届一次会议	2002	陈小玲	—	《杭州市城市环境综合整治要把握的几个问题》
市政协九届一次会议	2004	陈小玲	书面发言	《从西湖综合保护工程看杭州历史文化名城的保护》
市政协九届二次会议	2008	陈小玲	书面发言	《治理无证无照经营，打造“最清洁城市”》
市政协九届三次会议	2009	陈小玲 陈庆贤 欧庆利	书面发言	《切实推进社区消防安全管理，努力打造“平安杭州”》《着力破解居家养老“吃饭难”，进一步提升老人群体生活品质》
市政协九届四次会议	2010	陈小玲	书面发言	《加大货币化安置力度，加快建设品质之城》
市政协十届二次会议	2013	陈小玲	大会发言	《关于进一步深化改制民办学校的建议》《抓紧出台“失独家庭”援助政策的建议》
市政协十届三次会议	2014	周常生	书面发言	《关于进一步改革中考招生制度，推进我市城区义务教育均衡发展的建议》
市政协十届四次会议	2015	牟晓军	书面发言	《进一步推进我市养老事业的建议》

说明：资料来源于民盟上城区基层委员会

二、调研和社情民意

民盟上城区组织每年围绕环保、教育、城市建设、社会管理等方面撰写调研报告和反映社情民意。2005年，周恩钧撰写的社情民意《关于开展推广绿色环保可降解塑料袋工作的若干意见》，得到浙江省委常委、杭州市委书记王国平的批示。2009年，民盟上城区总支部委员会报送的《建议高度重视至今流落在缅甸的中国远征军老兵的善后工作》被民盟中央委员会采用。

2010年，依照《上城区“国有民办”体制改革工作方案》的要求，上城区进行“国有民办”体制调整（国有民办学校转为民办学校）。2011年，民盟上城区总支部委员会撰写的《国有民办学校转为民办学校后存在的问题及对策》被评为2010—2011年度民盟杭州市委员会优秀调研成果三等奖。2012年，周常生撰写的《改制民办学校路在何方》被评为民盟基础教育（深圳）研讨会优秀论文。2013年，民盟上城区基层委员会围绕社会民生，完成《上城区民办养老机构的现状与对策》《加强城乡统筹，实施区县教育协作工程的调研》等调研课题。

2015年，马海燕撰写《关于加强我市保育员队伍建设的建议》，提出实行人事制度改革，把保育员当做教育工作者，实行“三教共保”，即各班不设保育员，由所配备的三名教师共同承担班内的保育和教育工作。该调研课题获民盟杭州市委员会立项。是年，民盟上城区基层委员会上报社情民意96条，其中，《建议大学毕业生多去民非企业（社会组织）实习、实践》《对非法改装车加强监管机制的建议》《关于改变出租车、专车管理模式的建议》等28条社情民意获领导批示和有关部门借鉴采纳。

第三节　联络联谊

民盟上城区组织重视对外联络联谊工作，每年均带领各支部主任委员和骨干盟员外出考察、学习。2011年8月，民盟上城区总支部委员会组织全体委员和一支部盟员赴江苏溧阳交流学习。

2014年，在上城区“盟员之家”筹建阶段，民盟上城区基层委员会旨在将其打造成盟员交流、学习、展示之家。7月，民盟上城区基层委员会组织盟员赴江山市参观“盟员之家”，与民盟江山市支部委员开展深入交流，学习经验。9月，民盟杭州市委员会在“盟员之家”召开基层组织“盟员之家”建设工作现场会。11月，民盟中央委员会副主席张平对上城区“盟员之家”进行现场指导。是年，萧山区、江干区及大连市、太原市、厦门市等地的民盟基层组织先后到上城区“盟员之家”交流学习。

2015年6月，杭州市委副书记杨戌标专题调研上城区“盟员之家”。是年，民盟浙江省委员会举办的全省基层组织领导培训班、杭州市基层统战干部骨干班、民盟上海市委员会、民盟湖北省委员会等，均安排时间考察调研上城区“盟员之家”。“盟员之家”全年共接待省内外民盟组织20余批。

第四节　社会服务

一、支教活动

1999年起，民盟上城区总支部委员会响应民盟中央“农村教育烛光行动”的倡导，每年均在桐庐县开展支教活动。2006年，民盟上城区总支部委员会组织10余名民盟中学骨干教师和若干名名师名校长赴桐庐县边远乡镇，在桐庐县分水镇玉华中学进行教学教研，并向桐庐县分水镇合村乡中小学赠送价值3000余元的文体用品。是年，民盟上城区杭十中支部赴富阳大源镇中学支教并结对。

2008年12月，民盟上城区总支部委员会将支教活动固定在桐庐县新合乡小学，组织浙江省特级教师参与支教活动。2009年，民盟上城区总支部委员会与桐庐县新合乡政府签订4年对口支教协议书，并募集资金12万元，为新合乡小学新建占地62.5平方米的“大爱书屋”，配书1万册、电脑5台、乒乓球桌12张。2010年，民盟上城区总支部委员会筹集价值30万元的资金和财物，用于更新办公设备、设立教师奖励项目等。是年，民盟上城区总支部委员会与桐庐县新合乡政府签订长期对口支教协议。2012年，民盟上城区总支部委员会利用区域教育资源，牵头组织新合乡小学与杭州市胜利小学结对，为青年教师的成长提供支持。2013年，民盟上城区基层委员会邀请新合乡小学教师到上城区跟班挂职学习，并出资帮扶当地6名困难学生改善学习和生活条件。2014年，民盟上城区基层委员会以师资培训为重点，牵线让新合乡小学5名青年教师与杭州市胜利小学5名名师结对。至2015年，新合乡小学在桐庐县教育综合水平的排名已从落后位置提升至中等位置。

二、指导服务

民盟上城区组织发挥自身优势，将技术指导作为服务社会的一项重要内容。2013年，民盟上城区基层委员会响应新农村建设的号召，发挥科技力量的特长，探索民主党派服务小城镇城市化建设的具体路径。7月起，受富阳市新登镇政府和新登镇建设投资集团有限公司邀请，民盟上城区科技支部每年为当地的保障房建设进行4～5次技术服务工作，通过现场检查、组织专家培训、解决专项质量问题等方式，帮助管理单位建立质量与安全保证体系。2015年，民盟上城区基层委员会组织盟员中的专家到建设工地上实地勘察指导，举办建设工程专业知识讲座，帮助建设单位解决技术难题，推动新登镇双联村保障房建设。

第三章　中国民主建国会上城区组织

1992年，中国民主建国会（简称民建）上城区组织有3个支部。民建会员主要由工商经济界人士及知识分子组成。自民建上城区组织成立起，全体会员利用各种参政议政的平台，认真履行参政党的职责，积极参加参政、议政活动。2013年11月，民建上城区总支部委员会5个支部开展以“解读以房养老政策”为主题的议政日活动。此后，民建上城区组织定期开展议政日活动。2006—2015年，民建上城区组织共向市区提交集体及个人议案、提案累计161件。2012—2015年，上报社情民意累计195篇，获各级借鉴采纳近110篇。2015年，民建上城区基层委员会获民建杭州市2014年度参政议政先进集体称号。是年，民建上城区基层委员会成立，下辖6个支部，有会员165人。

第一节　组织和会员

一、基层组织

2001年9月，民建上城区总支部委员会成立，选举产生民建上城区第一届总支部委员会委员，梅建群任主任委员，下辖上城支部、紫阳支部、清泰支部、湖滨支部、小营支部5个支部。2008年10月，民建上城区第二届总支部委员会选举大会召开，选举产生民建上城区第二届总支部委员会委员，吴美萍任主任委员，下辖上城区一支部、上城区二支部、小营支部、紫阳支部、清波支部、湖滨支部6个支部。2015年1月，民建上城区总支部委员会换届暨基层委员会成立大会召开，选举产生民建上城区第一届基层委员会委员，吴美萍任主任委员，下辖民建上城区一支部、二支部、三支部、四支部、五支部、六支部6个支部。

表22-3-5　2001—2015年民建上城区总支部委员会和民建上城区基层委员会组成情况表

单位：人

类别	届别	时间	主任委员	副主任委员	委员
民建上城区总支部委员会	第一届	2001-09	梅建群	吴美萍　王一心	4
	第二届	2008-10	吴美萍	梅建群　潘志超 王一心　李国平	3
民建上城区基层委员会	第一届	2015-01	吴美萍	李国平　张　敏	5

说明：1.资料来源于民建上城区基层委员会。2.2009年7月，王一心辞去民建上城区总支部委员会副主任委员的职务，增补李国平为民建上城区总支部委员会委员，担任民建上城区总支部委员会副主任委员

二、会员

1995年，民建上城区各支部由13名厂长（经理）、2名国家公务人员、1名人民教师和1名其他会员组成。2001年，会员人数突破100人，随后，会员人数稳步增长。至2015年末，民建上城区基层委员会有会员165人，平均年龄56.1岁，会员以经济界人士为主，其中，私营企业主31人，占会员总数的18.79%。

表22-3-6　1992—2015年部分年份民建上城区组织会员发展情况表

年份	支部数量（个）	会员数量（人）	发展新会员（人）	说　　明
1992	3	—	—	—
1995	2	17	—	—
2001	5	109	—	在职会员25人，退休会员84人
2005	6	111	—	在职会员41人，退休会员61人，其他9人
2006	5	111	—	—
2008	6	115	9	—
2009	5	129	15	—
2010	5	143	8	—
2011	5	148	12	—
2012	5	153	5	—
2013	5	153	8	—
2014	5	161	6	去世1人
2015	6	165	9	—

说明：1.资料来源于民建上城区基层委员会。2.部分数据缺失

表22-3-7　2015年民建上城区基层委员会会员结构表

类　别	学历		职称		界别		参政议政			
	大专及以上	大专以下	中高级	其他	经济界	非经济界	区政协	区人大	市政协	市人大
人数（人）	121	44	62	93	146	19	14	4	—	1
占比（%）	73	27	38	62	88	12	8	2	—	0.6

说明：资料来源于民建上城区基层委员会

第二节　参政议政

一、议案、提案、建议

民建上城区组织每年着眼于区情，积极参政议政，建言献策。2006年，民建上城总支部委员会向市、区提交议案、提案13件，其中《关于中山中路历史商业街区的改造》被区政协列为重点提案。2008年，吴美萍撰写的《关于改善中山中路的建议》和闵涛撰写的《对吴山花鸟市场进行整治、规范运行》分别获民建杭州市委员会（简称民建市委

会）参政议政成果二、三等奖。2009年，在前期八卦田遗址和天龙寺造像周边环境整治的基础上，吴美萍在区政协三届三次会议上做题为《深度打造具有国际品质的玉皇山南旅游休闲体验区》的大会发言。是年，李国平撰写的《关于要求治理公车私用问题加快车改制度的建议》被杭州市人民代表大会常务委员会（简称市人大常委会）评为2009年优秀议案、建议，吴静撰写的《关于尽快建立和完善“预防和化解群体性事件应急工作机制”的建议》被区政协评为优秀提案。

2010年，申屠宇星在《关于能否给癌症患者更多的政策倾斜的建议》中，提出组建“病友康复俱乐部”组织、提前10年享受公交月票优惠政策、心理咨询师每月定期对家庭成员进行疏导等建议。是年，在区政协三届四次会议上，申屠宇星做题为《关于加强对光复路一带坊巷规划的建议》的大会发言。2011年，集体提案《快速转型中的社区服务业 亟需健康发展和科学引导》中指出社区服务业存在的资源整合能力不强、高精尖人才稀缺、不同社区发展不均衡、服务水平低、服务质量不高等诸多问题，提出提高服务人员的专业化水平、扩大社区服务机构的覆盖面、建立完善的服务评估标准等建议，以提高居民群众的生活水平和生活质量。是年，民建上城区总支部委员会在区政协三届五次会议上递交集体提案7件，个人提案11件，被列为区政协重点提案2件，获区委书记陈红英批示3件。

2013年，李国平的《关于加强杭州市电动自行车管理的建议》被市人大常委会评为2013年杭州市优秀人大建议。2014年，在区十四届人大第三次会议上，胡成敏、何奇在大会上做专题发言。2015年，《关于上城区智慧社区建设和推进的若干建议》围绕顶层设计、基础层设计、分级建设、试点工作、资金投入和人才培养6方面展开阐述。2009—2015年，民建上城区组织在区人大会议上提交议案、建议14件，在区政协会议上提交集体提案20件、个人提案115件，其中，《关于进一步缓解我市停车难的建议》《加强社会组织培育力度，积极参与社会公共服务》等23件获民建市委会（优秀）参政议政成果一、二、三等奖，顾勇、赵毓芳、何奇、胡成敏等人提交的提案成为区政协优秀提案。

二、调研和社情民意

民建上城区组织发挥民建联系经济界的优势和作用，每年开展专题调研和反映社情民意。2010年，贾元元、闵涛撰写《关于打造杭州街巷经济的建议》，获民建市委会2010年课题立项。麻侃的调研文章《浅析行政补偿的救济途径》获浙江省直律师协会实务理论研讨会三等奖。2012年，章可夫的《关于银行服务价格管理办法征求稿的几点意见》、纪中久的《著作权法修改草案公开征求意见的建议》、单旭艇的《关于〈互联网信息服务管理办法（征求意见稿）〉的几点意见》被民建中央委员会、民建浙江省委员会录用。

2015年，民建上城区二支部与上城区党外知识分子联谊会在杭州在水一方养老服务集团联合开展社会养老专题调研。是年，民建上城区基层委员会撰写《关于整合为民服务平台的思考建议》，建议优化为民服务平台工作的组织领导，采用“企业投资、政府租用、专业服务、利益双赢”的建设模式整合资源优势，打造多部门、多渠道案件受理等特色功能，完善指挥体系，建立监督管理系统。2013—2015年，民建上城区组织上报社情民意155条（次），获各级借鉴采纳90条（次）。

第三节　联络联谊

民建上城区组织每年创新联络联谊的形式、内容，促进会员交流学习，提升组织建设水平。2007年7月，民建上城区二支部、民革杭州书画支部的30余名会员在梅地亚宾馆举行交流联谊活动。2011年3月，民建上城区三支部和民建浙江省属综合一支部联合举办"重温历史、同心同行、创新实践"大型学习座谈会。7月，民建上城区总支部委员会举办"民建上城总支企业家联谊会暑期学习研讨会"，组织会员考察舟山群岛海洋渔业、岛屿经济旅游开发前景。

2012年3月，民建上城区二支部、三支部赴绍兴，与当地民建组织开展民建基层组织创新发展专题研讨会，交流在新形势下开展党派工作理论和实践。2013年7月，民建上城区二支部、四支部赴临安，与民建临安支部举行"同心联谊"交流活动。2014年，民建上城总支部委员会与民建余杭二支部联谊，举行"如何进一步缓解中小微企业融资难""加大司法改革与加强社会诚信"主题议政日活动。

2015年，民建上城区基层委员会与民建市委会机关以及下城、余杭、新昌等地民建基层组织开展联合议政活动7次。是年，民建上城区五支部在杭州山南国际设计创意产业园举办"民享"读书会，以"传承南星地区文化和推动可持续发展"为主题，邀请部分南星街道办事处工作人员、企业代表参与第一期线下讨论活动。

第四节　社会服务

一、便民服务

民建上城区组织每年均开展咨询服务、志愿服务等形式多样的便民服务活动。2005年7月，民建上城区总支部委员会联合民建市委会、杭州市人民防空办公室，在吴山防空洞开展医疗咨询服务活动，受益群众近百名。2009年8月，民建上城总支部委员会在四牌楼38号纳凉点策划组织纳凉服务活动。2014年，民建上城区一支部发挥贴近基层社区的优势，参加清波街道柳翠井巷社区"千人邻居节"活动，与社区共同打造"春草连心手工织家坊示范基地"。民建上城区二支部、三支部共同在上城区文化馆活动室举办中医养生讲座。2015年，民建上城区基层委员会在夏季防空洞纳凉点为市民开展法律咨询和医疗服务。

二、捐助帮扶

民建上城区组织引导民建会员投身社会公益事业，组织扶贫帮困、捐资助教等活动。

2005年6月，民建上城区总支部委员会参加中共杭州市上城区委统一战线工作部（简称区委统战部）组织的“三送一献”[①]活动。2006年，民建上城区总支部委员会在开展扶贫帮困、捐资助教等社会公益活动中共捐款6000元；与浙江省儿童福利院结爱心对子，捐献床上用品35套，价值5000元。2008年，民建上城区总支部委员会开展“春风帮困扶贫行动”“下乡助教助学”等活动，组织“提供岗位、创业扶贫”大会，通过多种渠道捐款捐物92万元，提供就业岗位10余个。5月，民建上城区二支部与杭州钱塘书画研究社、涌金书画苑、涌金门社区联合举办“情系汶川——赈灾书画义卖”活动。2010年5月，民建上城区总支部委员会开展“情系玉树·大爱无疆”抗震救灾募捐活动。2012年，民建上城区总支部委员会组织杭州市天长小学、建德乾谭第一小学“手拉手，同成长”读书联谊活动。2013年6月，民建上城区三支部赴临安山区，与贫困儿童结对，共度儿童节。2015年，民建上城区一支部组织社会组织、清波慈善分会等参与社会扶助和献爱心活动；民建上城区三支部持续与贫困山区学子结对。

① “三送一献”：送教、送医、送文化，献爱心。

第四章 中国民主促进会上城区组织

1980年，民进上城区组织恢复活动。民进会员主要是从事教育、文化、出版和医药卫生工作的高中级知识分子。自恢复活动起，民进上城区组织参加区各类政治协商座谈会议，关注社会发展，尤其是教育事业的发展，提出意见建议。同时，民进上城区组织还发动全体会员广泛开展调研和做好日常的社情民意信息反映。1993年，民进上城区总支部委员会下属6个支部。1995年10月，民进上城区小营小学支部与丽水市景宁畲族自治县大均乡中心小学结为“姐妹”学校。是年起，民进上城区总支部委员会开始对贫困地区进行教育帮扶。2006年起，民进上城区组织开始与社区结成对子，拓宽收集社情民意的渠道。2014年，民进上城区基层委员会被民进中央委员会评为民进全国组织建设先进基层组织称号。至2015年，民进上城区基层委员会下设10个支部，有会员195人。

第一节 组织和会员

一、基层组织①

1993年，民进上城区总支部委员会下属民进上城区天长小学支部、民进上城区小营小学支部、民进上城区小教一支部、民进上城区小教二支部、民进上城区小教退休一支部、民进上城区小教退休二支部6个支部。2005年，民进上城区开元支部、民进上城区建兰支部、民进上城区江城支部成立，民进上城区总支部委员会下属支部数量增至9个。2006年，民进上城区总支部委员会下属支部增至10个，其中，小学独立支部2个，联合支部2个，退休支部2个，中学支部4个。11月，各支部完成换届选举工作，民进上城区总支部委员会召开会议，完成民进上城区总支部委员会换届选举工作。2009年，民进上城区总支部委员会召开会议，选举产生新一届总支委员会委员，俞国海任主任委员。

2011年12月，民进上城区总支部委员会召开更名暨换届大会，民

① 1953年8月，中城一小（今天长小学）、中城二小（珠宝巷小学）、上城三小（佑圣观路小学）和府前街小学分别建立民进支部，时有会员20人。1962年，因上城区民进成员增多，成立湖滨、小营、涌金、清波地区，城站小学、横河小学6个支部和佑圣观路小学小组，会员68人。“文化大革命”期间停止活动。1980年恢复活动。1989年10月，民进杭州市委员会批文《关于成立民进上城区总支委员会的决定》。11月，民进上城区总支部委员会举行成立大会，张明华任主任委员，韩国熹任副主任委员。民进上城区总支部委员会下属民进上城区天长小学支部、民进上城区小营小学支部、民进上城区小教一支部、民进上城区小教二支部、民进上城区小教退休一支部、民进上城区小教退休二支部6个支部。1992年，民进上城区总支部委员会下属6个支部，会员96人。

进上城区总支部委员会正式更名为民进上城区基层委员会，会议选举产生第一届基层委员会委员，薛鸿翔任主任委员，吴坚、俞富根任副主任委员。民进上城区基层委员会下设建兰中学支部、江城中学支部、杭州第十中学支部、开元中学支部、天长小学支部、小营小学支部、上城区第一联合支部、上城区第二联合支部、上城区第一退休支部、上城区第二退休支部10个支部。至2015年，民进上城区基层委员会未有变化。

二、会员

民进上城区组织贯彻稳步发展方针，民进会员界别组成相对较单一现象逐步改变，从仅有教育文化界人士发展到以教育文化界为主，经济、政法、文化艺术、科技界人士共同组成的会员结构。至2015年，民进上城区基层委员会有会员195人，是杭州市区规模较大的民主党派基层组织。

表22-4-8　2005—2015年民进上城区组织会员情况表

年份	支部数量（个）	当年发展（人）	会员总数（人）	年份	支部数量（个）	当年发展（人）	会员总数（人）
2005	9	—	150	2011	10	5	176
2006	10	—	157	2012	10	2	178
2007	10	—	—	2013	10	8	189
2008	10	7	164	2014	10	5	194
2009	10	—	164	2015	10	4	195
2010	10	4	174	—	—	—	—

说明：1.资料来源于民进上城区基层委员会。2.部分数据缺失

第二节　参政议政

一、议案、提案、建议

以人大议案和建议、政协提案形式参政议政是民进上城区组织参与政治生活的一个重要渠道。1994年，在市政协六届三次会议上，杭州市政协委员韩国熹代表民进界别提交《全社会都来重视青少年思想政治教育工作》的提案，被大会和教育部门采纳。2006年，《关于保护国宝文澜阁，建成古籍博物馆》的建议得到浙江省委批示。2008年，在区政协三届二次会议上，张铁群代表民进上城区总支部委员会做《弘扬法制精神，建设法制上城》的大会发言。

2010年，王轶磊撰写《关于建议将吴山夜市与南宋御街进行有机结合的建议》，提出将南宋御街的南端（至西湖大道）定位为中山路美食一条街的高端业态，并结合饮食、消费，移步一景，将吴山夜市移至平海路与西湖大道之间，扩大吴山夜市的展示面和提高南宋御街的知名度。2011年，民进上城区基层委员会向区人大、政协递交提案、议案（含社情民意）71件，《关于采用邮资明信片作为西湖风景门票的建议》得到杭州市市长

部占维批示。2012年，浙江省人大代表王莺撰写《关于加大钱塘江流域生态保护力度建立生态补偿机制的议案》，建议设立一个钱塘江流域管理委员会，加大生态监测的力度，调整沿江流域的产业布局，建立上下游的补偿机制，该议案被确立为杭州市十届人大“一号议案”。

2013年，薛鸿翔就政府网络征集民意提出建议的文章被《人民政协报》选用刊登。是年，民进上城区基层委员会向区政协会议提交提案26件，其中，大会发言2件，书面发言1件，区重点提案1件。2014年，民进上城区基层委员会将调研课题与区委、区政府中心工作相结合，撰写的《关于加快培育具有承接政府公共职能转移能力的社会组织的意见》《关于加强社区公共服务市场化的建设的建议》等建议，被列入市、区政协大会发言材料。2015年，在市政协十届四次会议上，余丽丽做大会发言，题为《关于加快培育我市具有承接政府公共职能转移能力的社会组织的建议》。是年，薛鸿翔撰写《关于在“五水共治”中进一步提升和弘扬上城区水文化的建议》，建议宣传上城区水文化，挖掘江、河沿线的历史文化遗存，打造水文化消费品牌，系统研究并建立上城区水文化资料库。

二、调研和社情民意

民进上城区组织每年将调研课题与反映社情民意作为参政议政的重要方式。1996年，张廷叔撰写调研文章《把杭州文化市场的管理工作推上新台阶》。2009—2010年，民进上城区总支部委员会组织会员积极撰写调研报告107篇，其中，被中央宣传部采用1篇，被浙江省委办公厅、浙江省政协、民进浙江省委员会等省级单位采用30篇，被杭州市委办公厅、杭州市委统战部、民进杭州市委员会等市级单位采用64篇，获中央、省、市领导批示6篇，其中《关于张小泉历史文化遗产保护的建议》获中共中央政治局常委批示。

2011年，《论上城区大学生创业与产业结构转型升级的双向互动》获全区各民主党派调研课题评比一等奖。2013年，民进上城区基层委员会向民进杭州市委员会、区政协、区委统战部提交40余条社情民意，其中《“H7N9”非常时期加强对于禽类养殖以及相关生产管理的建议》被全国政协、民进中央委员会采用并在《联谊报》上刊登。是年，民进上城区基层委员会与杭州市上城区人力资源和社会保障局、紫阳街道结对，开展对口联系活动，完成《创建和谐劳动关系与中小企业竞争力提升的研究》《加强社区教育，创建学习型城区》2篇调研报告。2014年，民进上城区基层委员会将调研课题与区委、区政府中心工作相结合，反映行政审批制度改革、爱国教育入课堂等问题的3条信息在《人民政协报》上刊登。

2015年，民进上城区基层委员会围绕政府职能转移、社会治理改革与创新、“五水共治”等重点工作形成调研课题。余丽丽撰写《关于“最美”园区、“最美”街区和“最美”社区打造的思考与建议》，从产业、生态、文化、旅游一体化的视角提出建议：园区应推动特色旅游，实现产业与旅游一体化发展；街区应集结多方力量，实现整合式发展；社区应立足于历史文化特色，打造文化路线，实现文化资源融合发展。

三、建言献策

民进上城区组织发动会员立足本职岗位，为区委、区政府决策提供思路，发挥作用。2013年，民进上城区基层委员会组织会员参加区委、区政府组织的相关工作座谈会5次，就廉政建设、效能建设、法治政府建设、教育均衡化、公共文化服务项目推进等方面建言献策。2015年，民进上城区基层委员会3名会员被区政府及区政府部门聘为特邀、特约人员。

第三节　学习和联络联谊

一、联谊活动

民进上城区组织定期开展联谊活动。2006年7月，民进上城区总支部委员会组织全体支部的主任委员、副主任委员赴民进萧山区委员会学习，交流党派工作经验，研讨社会热点问题，并考察萧山新农村建设情况。2013年，民进上城区基层委员会分批组织会员参加主题活动。组织退休会员游览西溪花朝节，组织在职会员到苍南、遂昌、塘栖等地参观会员企业。

二、学习交流

民进上城区组织积极参加各类形式的学习交流活动。2005年7月，民进上城区总支部委员会举办参政议政培训班，近30名会员参加。区政协副主席、区委统战部部长臧建五为会员做区情通报。民进杭州市委员会副主任委员戚俊生围绕“参政党的能力建设是一项长期的政治任务”、“参政党的能力建设是一项系统工程”、“如何提高党派的参政能力建设”和“参政党能力建设需要把握的一些问题”4个方面进行讲述。

2013年，民进上城区基层委员会积极参加杭州市委统战部、区委统战部等组织的各类培训班。部分会员参观上城区红色教育活动基地，学习上城区红色历史。2014年，民进上城区基层委员会结合坚持和发展中国特色社会主义学习实践活动，开展“读会史、深会情”活动，学习民进会章、会史等。2015年，民进上城区基层委员会组织会员学习中共十八届三中、四中、五中全会精神和中央统战工作会议精神、《中国共产党统一战线工作条例（试行）》，并组织会员参加党外代表人士读书会、中国特色社会主义理论专题讲座等活动。

第四节　社会服务

一、教育帮扶

民进上城区组织通过联盟结对或扶贫支教的方式，为贫困地区的教育发展提供智力支持和资金支持。1995年10月，民进上城区小营小学支部与丽水市景宁畲族自治县大均乡中心小学结为“姐妹”学校。是年起，小营小学的教师每年均于教师节前到大均乡中心小学慰问或送教下乡，并邀请大均乡中心小学的教师来杭听课、交流、参观，此项活动持续至2014年。2004年，民进上城区杭十中支部结对临安市於潜镇千洪中学，并与该校建立长期合作关系。2006年，民进上城区天长小学支部与桐庐莪山民族小学结为互助联盟，在提升教师专业素质、改善办学条件等方面给予多方面支持。2010年，民进上城区联合第二支部会员刘志斌出资9万元，资助建德李家村小学建设图书阅览室和多媒体教室。2013年，民进上城区江城中学支部与民进杭州市委员会社会服务处赴遂昌支教，与丽水市遂昌县第三中学、遂昌县民族中学的教师以同课异构的模式开展教学研讨活动。民进上城区江城中学支部捐款并设立扶贫经费，与40余名贫困地区学生签订帮扶结对承诺书。2014年，民进上城区小营小学支部与“滴水公益”组织合作，开展“携手绘彩虹”爱心公益活动，为黄土高原山区小学学生送去关爱；民进上城区天长小学支部带队到广东江门市支教。1995—2015年，民进上城区组织和会员个人捐款赠物累计价值13万元。

二、社区结对

2006年12月，民进上城区杭十中支部与望江街道近江西园社区开展以“携手共建、同创和谐”为主题的结对共建活动，为社区居民解答在医保、物业管理以及环卫等方面的问题。至2007年3月末，超半数支部与社区结对并签订协议书。结对后，民进上城区各支部每年定期召开2次社情民意座谈会，将社区居民提出的下岗失业妇女体检问题、社区工作者健康问题、老人文体生活等内容写成信息，上报各级组织。2015年，民进上城区基层委员会与紫阳街道创新合作模式，在春江社区设立民进上城区基层委员会社会服务点，在收集社情民意的同时，定期为群众开展服务。

三、爱心捐赠

民进上城区组织积极参与爱心捐赠的各项活动。2008年，民进上城区总支部委员会向“5・12”汶川大地震灾区捐赠4.44万元。2012年9月，民建上城区小营小学支部与“滴水公益”组织联合举办“一样的月光”主题活动，在全校征集礼物88件，送给贵州山区的贫困学生。2014年6月，民进上城区基层委员会响应民进杭州市委员会“爱满民进”主题活动的号召，主办“爱满民进”女装义卖活动，关心特殊困难会员。2015年，会员陈敏向“湖滨・利星孝亲园”捐赠爱心专款100万元。2008—2015年，民进上城区组织和会员个人共捐款赠物价值120余万元。

四、便民服务

民进上城区组织每年开展便民服务，为群众办实事。2006年3月，民进上城区总支部委员会联合民进红会医院支部在望江街道外来公寓开展医疗、法律、教育、金融咨询服务活动。2012年10月，民进上城区基层委员会主任委员薛鸿翔带领书画家葛德瑞、章平、黄建华等，在清波街道定安路社区开展以“文化进社区 居民得实惠”为主题的送文化书画慰问活动。2014年，民进上城区基层委员会与民进上城区江城中学支部联合开展“家长心理健康讲座”进社区活动，教授家长与子女的沟通技巧。2015年，持续开展“服务进社区”活动。

第五章　中国农工民主党上城区组织

1979年8月，农工党上城区组织恢复活动。党员以医药卫生界高、中级知识分子为主。1993年，上城区有支部1个。1995年1月，农工党上城区总支部委员会成立。2013年8月，农工党上城区基层委员会成立。农工党上城区组织学习贯彻中国共产党的路线、方针、政策，为建设中国特色社会主义的经济、政治、文化服务。农工党上城区组织履行参政议政的职能，建言献策。2004—2015年，撰写议案、提案、建议近100件，内容涉及社区卫生服务中心基础设施及人才队伍建设、医患关系、养老模式、食品安全、教育、停车、人行横道设置、城市交通、高层建筑消防安全等社会问题。将参政议政工作与社会服务工作相结合，发挥优势，着重在医疗方面提供服务。2015年，农工党上城区基层委员会被农工党浙江省委员会评为“2014—2015浙江省先进基层组织”。至2015年末，农工党上城区基层委员会有支部委员会4个，党员总数85人。

第一节　组织和党员

一、基层组织[1]

1993年，农工党上城区组织有1个支部。1995年1月，农工党上城区总支部委员会成立。成立之时，有3个支部，分别为上城区人民医院支部，上城区中医院联合支部，上城区湖滨、口腔医院联合支部。1997年12月，3个支部分别更名为一支部、二支部、三支部。2012年10月，杭州口腔医院支部成立。2013年8月，农工党上城区基层委员会成立。农工党上城区基层委员会第一次会议召开，会议选举产生农工党上城区第一届基层委员会委员9名，韦云任主任委员。至2015年，农工党上城区基层委员会未有变化。1995—2015年，农工党上城区组织共选举产生5届委员会。

① 农工党上城区支部于1958年成立。1961年6月，农工党上城区医卫支部成立，时有党员16人。“文化大革命”期间停止活动。1979年8月恢复活动，是杭州市民主党派第一个恢复活动的基层支部，时有党员9人。田志君为负责人。1989年，农工党上城区医卫支部委员会更名为农工党上城区支部委员会。

表 22-5-9　1995—2015 年农工党上城区总支部委员会、基层委员会组成情况表

单位：人

时　间	主任委员	副主任委员	委员
1995-01—1997-12	杨佛心	李关银　丁德芬	4
1997-12—2003-01	李关银	杨雨禾　汤小彦　林立行	1
2003-01—2007-06	林立行	郑敏芳　汤小彦　韦　云	2
2007-06—2013-08	韦　云	郑敏芳　郑丽芳	4
2013-08—	韦　云	宋　燕　吴桂萍　赖晓刚	5

说明：1.资料来源于农工党上城区基层委员会。2.2003年11月，因汤小彦于届中病故，增补韦云任总支部副主任委员

二、党员

农工党上城区组织党员发展工作按“以医药界为主，中上层为主，大中城市为主，巩固与发展相结合”的原则进行。2004年6月，农工党上城区总支部委员会有党员42人。至2015年末，农工党上城区基层委员会有党员85人，大学以上41人，其中，硕士9人，博士2人。党员以医卫界为主，所占比例67.1%。此外，政府机关占18.8%，教育界占4.7%，新阶层人士占2.3%，其他占7.1%。

表 22-5-10　2004—2015 年农工党上城区组织党员情况表

年份	支部数量（个）	当年发展（人）	党员总数（人）	年份	支部数量（个）	当年发展（人）	党员总数（人）
2004	3	—	42	2010	3	2	66
2005	3	—	48	2011	3	3	69
2006	3	—	55	2012	4	2	72
2007	3	—	55	2013	4	3	73
2008	3	4	59	2014	4	4	78
2009	3	5	63	2015	4	7	85

说明：1.资料来源于农工党上城区基层委员会。2.部分数据缺失

表 22-5-11　2015 年农工党上城区基层委员会党员结构情况表

类别	学历		职称		界别		参政议政			
	大学及以上	大学及以下	中高级	其他	医卫界	非医卫界	区政协	区人大	市政协	市人大
人数（人）	41	44	83	2	57	28	4	2	1	—
占比（%）	48	52	98	2	67	33	5	2	1	—

说明：资料来源于农工党上城区基层委员会

第二节　参政议政

一、议案、提案、建议

农工党上城区组织每年围绕区委、区政府中心工作，发挥自身优势，撰写议案、提案、建议。2004年，林立行撰写的《部分政协委员和民主党派成员对中共十六届四中全会的反映（五）》被全国政协采用，李望苗撰写的《建议政协全会期间适当安排非界别分组讨论》被市政协采用。2006年，在区政协二届四次会议上，韦云撰写的《关于对中山中路历史街区保护与整治的调研报告》《构建和谐新上城要重视民族宗教工作》作为大会发言材料。2011年，农工党上城区总支部委员会共撰写提案、建议13件，内容涉及养老机制、古井古桥、医疗队伍建设、课程改革等方面。

2012年，韦云撰写的《关于调整南星街道水澄社区水澄大厦东南侧公交车始发站规划的建议》被列为市政协提案；郑敏芳撰写的《关于以区政府为核心，整合财政、编委、人事等部门力量，加大对社区卫生服务事业的投入》被列为区人大重点议案。

2013年，郑丽芳撰写《关于开展健康自我管理工程的建议》，建议加强慢病防控策略和针对性研究，普及慢性病防治知识，探索慢病防控模式，通过健康e站、健康管家等平台打造健康自我管理工程。2004—2015年，农工党上城区组织撰写议案、提案、建议近100件，内容涉及医疗教育、医患关系、养老模式、食品安全、消防安全、城市交通等社会问题。在区政协会议上发言或书面发言9篇。

二、调研报告

农工党上城区组织每年以卫生事业为重点撰写调研报告。2005年，农工党上城区总支部委员会提交的《我市社区为老服务的现状、问题和对策》《加快和谐社区建设 提升城区文化品位》被农工党杭州市委员会采纳，得到市领导批示。2008年，郑丽芳针对上城区社区卫生服务“收支两条线”改革试点进行调研，撰写《关于我区社区卫生服务收支两条线改革的调研报告》，该调研报告被农工党杭州市委员会采用。2015年，郑丽芳撰写《关于鼓励规范社会力量办医的建议》，建议在区政府推出医疗机构设置规划的基础上，实行全行业无差别管理，引导民营医疗机构推广实施现代管理制度，鼓励公办专科医疗机构以技术支持、合作等方式支持民办医疗机构发展，实现互利共赢。

第三节　社会服务

一、医疗服务

农工党上城区组织每年结合自身优势，为群众提供义诊、医疗咨询等免费医疗服务。

2006年，农工党上城区一支部党员陆华俐每周四上午均到社区卫生服务站为居民服务，并于8月随医院医务人员到民工集中的社区，提供免费医疗服务，赠送避暑药品。12月，农工党上城区总支部委员会组织党员到南星街道为居民宣传健康理念，提供健康咨询及义诊。是年，农工党上城总支部委员会组织妇科、骨伤科、内科、中医科4名副主任医师赴临安市清凉峰镇洲头卫生院开展义诊活动，服务50人次。

2007年10月，农工党上城区总支部委员会开展健康教育“千名专家进百家社区为万名居民义诊”大型服务活动，组织3个支部的30名党员走进东坡路社区、玉皇山社区、白塔岭社区等10个社区，为1200余名群众提供服务。农工党上城区三支部与小营街道姚园寺巷社区结对，签订结对协议，建立长效服务机制，开展长期义诊服务活动。11月，农工党上城区总支部委员会联合杭州市上城区疾控中心、杭州市上城区建筑业管理站、杭州基督教女青年会及农工党杭州市委员会，在上城区“钱塘名都”建筑工地，举办防治艾滋病文艺晚会。2008年，农工党上城区总支部委员会被农工党杭州市委员会评为市级先进集体。

2009年，农工党上城区各支部分别与小营、南星、紫阳街道的6个社区共建结对，为社区居民提供医疗咨询、健康问题答疑解惑等社会服务6次。2009—2011年，农工党上城区总支部委员会每年均组织党员参加区委统战部举办的“爱心社区行”活动，为居民提供义诊和健康咨询。2015年，三支部与小营街道敬老院结对，为老人测血压、验血糖。一支部在望江街道社区卫生服务中心建立长期定点服务点，坚持每月一次为周边居民测量血压、提供健康咨询，做好居家医疗保健工作，全年800余人次受益。

二、捐赠慰问

农工党上城区组织借助“春风行动”“三送一献”等载体，捐款捐物，慰问困难群众，奉献爱心。2006年9月，在“三送一献”活动中，农工党上城区总支部委员会向临安清凉峰镇洲头村当地群众赠送篮球、羽毛球拍等文体用具。是年，党员将收集的218本书捐赠给贫困农民。2008年5月，农工党上城区总支部委员会响应支援汶川地震灾区的号召，募集资金1.56万元。

第六章　中国致公党上城区组织

2002年12月，致公党上城区支部成立。党员以归侨、侨眷中的中上层人士及有其他海外关系的代表性人士组成。自成立起，致公党上城区组织按照致公党中央“党小声音不能小、人少作用不能少”的要求，履行参政议政、民主监督的职能，围绕区委、区政府中心工作、侨台工作、社会热点难点问题，提交议案、提案、建议。2008年11月，致公党上城区总支部委员会成立。2011年起，致公党上城区总支部委员会作为党派基层组织与区政府工作部门结对，在政府决策过程中发挥作用。是年，致公党上城区总支部委员会被致公党杭州市委员会评为2011年度参政议政工作先进集体。至2015年，致公党上城区总支部委员会有3个支部，党员55人。

第一节　组织和党员

一、基层组织

2002年12月，致公党上城区支部成立。2008年11月，致公党上城区总支部委员会成立大会召开，选举产生第一届致公党上城区总支部委员会委员，陶群任主任委员。下设致公党上城区一支部、致公党上城区二支部、致公党上城区三支部（退休支部）3个支部，各支部完成换届选举。

2011年11月，致公党上城区总支部委员会进行换届选举，选举产生第二届致公党上城区总支部委员会委员，杨帆任主任委员。至2015年，致公党上城区总支部委员会及下属3个支部未有变化[①]。

① 2016年3月，致公党上城区基层委员会成立。

表 22-6-12　2008—2015 年致公党上城区总支部委员会组成情况表

届　次	时　间	主任委员	副主任委员
第一届	2008-11—2011-11	陶　群	王容峰　严　明　陈　达　杨　帆
第二届	2011-11—	杨　帆	陶　群　王容峰　严　明　丘永宁

说明：资料来源于致公党上城区基层委员会

二、党员

2002 年 12 月，致公党上城区支部有党员 11 人，均为在职人员，且具有大专及以上学历。2006 年，党员总数增长较快，较 2005 年增长 109%。46 名党员中，中高级职称的党员占 90%。至 2015 年，党员有 55 人，其中高级职称的党员占 31%。

表 22-6-13　2002—2015 年部分年份致公党上城区组织党员情况表

年份	支部数量（个）	当年发展（人）	党员总数（人）	年份	支部数量（个）	当年发展（人）	党员总数（人）
2002	1	—	11	2011	3	3	47
2005	1	—	22	2012	3	1	48
2006	1	1	46	2013	3	1	49
2008	3	2	45	2014	3	3	52
2009	3	2	45	2015	3	3	55
2010	3	—	45	—	—	—	—

说明：1. 资料来源于致公党上城区基层委员会。2. 部分数据缺失

表 22-6-14　2015 年致公党上城区总支部委员会党员结构情况表

类别	学　历		职　称		年　龄		参　政　议　政			
	研究生	本科	中高级	其他	70 后	其他	区政协	区人大	市政协	市人大
人数（人）	10	30	50	5	19	36	5	2	2	1
占比（%）	18	55	91	9	35	65	9	4	4	2

说明：资料来源于致公党上城区基层委员会

第二节　参政议政

一、议案、提案、建议

致公党上城区组织履行参政议政职能，每年就经济和社会发展中群众关心的热点、难点问题，撰写议案、提案、建议。2008 年，陶群撰写的《关于更好地利用我区的历史遗存资源，开辟学生的第二课堂的议案》被列为 2008 年区人大重点督办的代表议案、建议之一，在《上城报》进行专题报道。2009 年，在区人大十三届三次会议期间，张虹做题

为《加快自主创新能力培育，推进产业结构优化升级》的大会发言，王容峰的《关于上城区政府如何帮助辖区内中小企业过冬》被列为区人大重点议案。

2012年，杨帆撰写的《加快发展医疗服务业，打造区域医疗保健休闲中心》提出多条建议：从财政、金融等方面研究制定相应的扶持政策，把医疗服务业作为重点培育的领域；培育发展民营医疗机构和医疗集团；推动医疗保健与休闲旅游产业融合发展；加大医务专业人才和护理人员的培养力度。2013年，在区政协四届二次会议中，杨帆做《关于推进智慧上城建设的建议》的大会发言。2015年，致公党上城区总支部委员会在市、区“两会”期间提交《关注工业废水处理，加大工业排污监管力度的建议》《关于杭州市雾霾成分检测建立大数据并共享的建议》《关于抓住难得机遇促进我市燃气供应可持续健康发展的建议》《关于老城区公交站点合理化布局和调整的建议》《关于南宋御街天桥恢复地面通行的建议》《广场舞扰民急待管理措施》等提案议案。

二、调研和社情民意

致公党上城区组织每年通过撰写调研报告和反映社情民意的信息，建言献策。2010年，张虹撰写的《国家基本药物制度试行工作中出现的问题应引起重视》被致公党中央委员会、全国政协及市政协采用，并得到卫生部部长陈竺的批示。2011年，《建议免费发放苗木种子促进立体绿化进千家万户》等4条信息被市政府采用，并得到市领导批示。2015年，致公党上城区总支部委员会分析社区社会组织，并撰写《关于社区社会组织参与和谐社区建设的研究》，指出在参与和谐社区建设过程中，社区社会组织存在独立自主性缺乏、参与能力不足等情况，提出应建立健全相关的法律体系，从内部制度、基础资源、公信力等方面加强自身能力建设。是年，《加强出租车管理的建议》得到杭州市副市长项永丹的批示。2010—2015年，《让钱学森精神发扬光大》《关于做好钱江新城两岸城市轮廓线设计规划的建议》等14条信息被市政府采用。

三、协商与监督

致公党上城区总支部委员会在参政议政过程中发挥参与、监督、服务等作用。2011年，致公党上城区总支部委员会作为党派基层组织与区政府工作部门结对，杨帆和王容峰分别被杭州市上城区财政局和杭州市上城区科学技术局聘请为特约员，参加所聘单位的业务活动，在政府决策过程中发挥作用。2014年9月，致公党上城区总支部委员会与杭州市上城区财政局对口联系，听取相关情况的通报，针对财政预算执行等工作和民众关心的社会热点、难点问题提出意见建议，同时商定下一年度重点督查项目。

第三节　联络联谊

致公党上城区组织每年通过举办各类交流活动，加强沟通，加深友谊。2006年9月，致公党上城区支部承办“迎中秋联欢会”，邀请归侨侨眷和海外华人参加联谊活动，加强华侨华人与祖国亲人的沟通联系。是年，致公党上城区支部结合国内外形势，组织理论培训4次，学习《中共中央关于加强人民政协工作的意见》《中共中央关于进一步加强中国共产党领导的多党合作和政治协商制度建设的意见》等文件，领会文件精神，提高支部党员理论水平和政治素养。与致公党杭州市委员会支部共同学习中共十六届六中全会精神，交流心得体会。

2014年11月，致公党上城区总支部委员会与致公党浙江大学委员会湖滨支部举行联谊活动，交流组织发展情况，学习讨论中共十八届四中全会精神。2015年11月，致公党上城区总支部委员会接待致公党广州市天河区总支部委员会，就如何推进社区法治建设和基层组织建设进行交流探讨。

第四节　社会服务

一、便民服务和公益活动

致公党上城区组织发挥自身优势，每年为居民提供咨询等服务。2006年3月，致公党上城区支部与湖滨街道岳王路社区联合举办“学雷锋为社区居民做好事”活动，组织党员为居民量血压、补牙齿、做理疗，解答法律咨询达85人次。2008年，王容峰出资为小营街道姚园寺巷社区修建雨棚、车棚，为陆家河头一带小区修建铁门。2010年，致公党上城区总支部委员会被市委统战部评为“社会服务先进集体”。2011—2013年，致公党上城区总支部委员会持续参与区委统战部组织的“爱心社区行”活动，为群众提供政策、医疗咨询等服务。2013年，王容峰作为创业导师到各大高校做创业讲座，提供丰富实用的创业经验，为大学生在创业道路上遇到的问题出谋划策。是年，致公党上城区总支部委员会认购湖滨街道东坡路社区帮一把服务社的“直购配送，鲜蔬无忧”的公益项目，出资1万元，为社区60岁以上的独居老人配送蔬菜，解决老人买菜难问题。

2014年9月，致公党上城区总支部委员会组织党员参与“光彩事业”“感恩行动”等主题实践活动，开展教育、医疗、文化、科技等方面的结对帮扶。2015年6月，致公党上城区总支部委员会在紫阳街道上羊市街社区举行应急救护知识演练进社区活动，向基层社区管理人员和群众普及急救知识。

二、捐赠帮扶

致公党上城区组织积极参加区委统战部组织的活动，党员自发向社会捐款赠物。2006年9月，在区委统战部组织的“三送一献”活动中，致公党上城区支部向临安清凉峰镇洲头希望小学捐赠图书1000册，捐赠玩具及科技宣传品价值3000元。10月，致公党上城区支部引进日资折合人民币约20万元，在湖州市安吉县鄣吴镇建成大满都第二希望小学，与30名贫困学生结对，捐助每名学生1800元，以帮助他们完成学业；出资5万元，建成希望书库2个，并配备多媒体设施。2007年11月，陶群联系海外亲友在安吉捐资助教80

万日元。

2010年，致公党上城区总支部委员会与建德贫困山村签订每年定向捐赠3万元的协定。2014年，致公党上城区总支部委员会向淳安严家乡捐献图书200余册，实验室课桌椅54套、投影仪8台、影音光碟（VCD）100盒。2007—2015年，致公党上城区总支部委员会通过“春风行动”等平台，累计向地震灾区、贫困家庭捐款14.85万元。

第七章　九三学社上城区组织

1998年11月，九三学社上城区支社成立。社员以科学技术界高、中级知识分子为主。自成立起，九三学社上城区组织充分发挥科技人才荟萃、联系广泛的群体优势和整体功能，以围绕经济建设中心、服务大局为根本，服务人民群众，运用建议、提案、调研报告、信息反映等形式，开展参政议政和民主监督活动，对科技经济、城建城管等方面的改革和发展提出许多建设性的意见和建议。九三学社上城区组织还组织广大社员，参加社会服务。2004、2005年，九三学社上城区支社连续2年被九三学社杭州市委员会（简称九三学社市委会）评为先进支社。2013年9月，九三学社上城区基层委员会成立。2015年，九三学社上城区基层委员会被九三学社市委会评为社务工作通报表彰集体。是年，九三学社上城区基层委员会有支社3个，社员57人。

第一节　组织和社员

一、基层组织

1998年11月，九三学社上城区支社成立。2013年9月，九三学社上城区基层委员会成立，选举产生第一届九三学社上城区基层委员会委员，徐志忠任主任委员，叶俊杰、杨占友任副主任委员。九三学社上城区基层委员会下设一支社、二支社、三支社3个支社。至2015年，九三学社上城区基层委员会未有变化。

二、社员

九三学社上城区组织发展社员以从事科学技术以及高等教育、医药卫生工作等方面的高、中级知识分子为主，适当发展从事经济、管理、法律、文化等人文社会科学方面工作及政府部门、新的社会阶层中有较强代表性的优秀知识分子。1998年起，社员数量不断增长，整体素质不断提高。至2015年末，九三学社上城区基层委员会共有社员57人，社员以中青年为主，大学本科以上学历53人，占93%，中高级以上职称43人，占75%。

表 22-7-15　1998—2015 年部分年份九三学社上城区组织社员情况表

单位：人

年份	当年发展	社员总数	年份	当年发展	社员总数
1998	3	8	2009	3	22
1999	2	11	2010	1	25
2002	4	15	2011	5	28
2003	1	16	2012	5	33
2005	1	17	2013	3	45
2006	1	18	2014	7	52
2008	2	19	2015	5	57

说明：1. 资料来源于九三学社上城区基层委员会。2. 社员总数中含转入、转出及并入的社员

表 22-7-16　2015 年九三学社上城区基层委员会社员结构情况表

类别	学　历			职　称			年　龄	
	研究生	本科	本科以下	副高以上	中级	中级以下	45 岁及以上	45 岁以下
人数（人）	12	41	4	17	26	14	25	32
占比（%）	21	72	7	30	46	24	44	56

说明：资料来源于九三学社上城区基层委员会

第二节　参政议政

一、议案、提案、建议

九三学社上城区组织每年积极参政议政，社员提交的议案、提案、建议内容涉及区域经济发展、企业自主创新、社会公共事务管理等方面。1999—2009 年，九三学社上城区支社提交议案、提案 157 件。2009 年，九三学社上城区支社组织社员针对凤凰山开发进行实地考察。2010 年，徐志忠在区政协会议上做题为《关于同步开发凤凰山的建议》大会发言，建议将凤凰山的整治与南宋皇城大遗址综合保护工程建设同步，做到同时设计、同时施工、同时投入使用，建设形成灵隐寺、净慈寺、梵天寺、栖云寺、圣果寺一条线的新“上香古道”，整治山间道路，改造完善景点，做好景点介绍，亮化凤凰山。是年，九三学社上城区支社的《打造“网上政府” 推进管理创新》《关于加强改革性事项监督管理的建议》得到区委、区政府主要领导的批示督办。

2013 年，俞蒙提交的《关于缓解老小区停车难的建议》被列为区政协重点提案。是年，徐志忠在《关于加强全区房产管理的建议》中，围绕营业性房产和非营业性房产，提出建立激励机制、权力运行机制、信息化平台，促进房产经济效益与社会效益最大化，促使房产管理科学化。2014 年，九三学社上城区基层委员会在区政协四届三次会议上，提交集体、个人提案 17 件。2015 年，俞宙撰写《关于扶植整合促进调整上城区中小、小

微文化产业的建议》，建议区政府在调研的基础上，组织引导中小、小微文化产业整合，引导企业间以连锁的模式联合经营，以提供营利增长点。是年，叶俊杰联名提交的《关于调整五柳巷历史文化街区招商定位的提议》《关于教育部门加强校园食品安全的建议》等提案被列为区政协重点提案。2001—2015年，九三学社上城区组织在区“两会”上大会发言或专题发言6篇，提案、建议被列入区政协重点提案10件，其中列入一号重点提案1件。

二、调研和社情民意

九三学社上城组织每年均组织实地考察，撰写调研报告和反映社情民意。2008年，九三学社上城区支社在主城区中首创市区联合调研模式，联合市人大代表、区人大代表、区政协委员共同调研上城区庭院改善工程，与九三学社市委会合作撰写《对我市庭院改善工程的几点建议》，得到浙江省委常委、杭州市委书记王国平的批示。2014年，九三学社上城区基层委员会开展调研、考察活动4次，完成调研报告7篇。

2015年，葛向攀撰写的《规范财政资金监管，确保资金运行和使用安全高效》被浙江省财政厅评为优秀调研论文，收入经济科学出版社出版的《财政改革热点问题探索》一书中；《关于尽快并轨大中城市“住房公积金还贷提取按月转账”业务的建议》《再生育政策调整应兼顾社会公平》等社情民意报送至九三学社浙江省委员会，为全省公积金制度、再生育政策改革提供新思路；《关于修改财政预算年度的建议》被九三学社市委会列为范文收录、传阅。是年，九三学社上城区基层委员会三支社信息工作在杭州市城区所有支社中排名第一。

第三节　学习和联络联谊

九三学社上城区组织以学习理论、提高认识、统一思想为目标，到兄弟城区、兄弟党派学习交流，定期组织学习活动。2006年，九三学社上城区支社组织社员与九三学社杭州市余杭支社社员交流党派工作经验，研讨社会热点问题，并考察余杭新世纪汽配专业市场。是年，九三学社上城区支社定期组织社员学习中国共产党统一战线的基本理论、方针政策和九三学社中央委员会的会议精神。

2008年，九三学社上城区支社开展专题学习会议，学习中共十七届三中全会精神和《中共中央关于进一步加强中国共产党领导的多党合作和政治协商制度建设的意见》《中共浙江省委关于进一步加强中国共产党领导的多党合作和政治协商制度建设的实施意见》。组织全体社员学习“五一口号”[①]相关历史背景和现实意义，学习九三学社中央委员会《关于在全社开展向闵乃本同志学

① “五一口号”：中国共产党中央委员会于1948年4月30日发布的纪念“五一”劳动节口号。

习的决定》，参加闵乃本[①]事迹报告会。2012年，九三学社上城区支社被九三学社浙江省委员会评为学习践行社会主义核心价值观先进单位。

① 闵乃本（1935年8月—2018年9月），男，江苏如皋人。晶体物理学家，中国科学院院士，第三世界科学院院士。1995年加入九三学社，任九三学社第九届中央委员会常委，第十、十一届中央委员会副主席。

2014年，根据《九三学社杭州市委员会关于开展坚持和发展中国特色社会主义学习实践活动的实施方案》，九三学社上城区基层委员会以支社为单位开展系列活动，结合社务工作，增强政治共识。2015年，九三学社上城区基层委员会组织活动4次，各支社组织活动10次。

第四节　社会服务

一、便民服务

九三学社上城区组织每年结合自身优势，组织便民服务活动。2006年，九三学社上城区支社发挥社员来源广泛、专业技能突出的优势，为紫阳街道的社区居民提供法律、医疗等方面的咨询服务。2013年，九三学社上城区基层委员会认购湖滨街道吴山路社区程伟华美丽工坊“老年困难人群理发服务”公益社会项目，实践服务民生。2014年，九三学社上城区基层委员会社员积极参与九三学社市委会组织的“九三科技讲堂”活动。2015年，九三学社上城区基层委员会各支社参与区委统战部组织的“爱心社区行”活动，为社区群众提供医疗咨询和医疗服务。

二、结对帮扶

九三学社上城区组织积极参与统筹城乡、联乡结村、扶贫帮困等社会服务工作。2007年，九三学社上城区支社以“建设社会主义和谐新农村”为主题，与临安市三口镇上钱村结对，组织社员赴上钱村考察调研2次，帮助该村开展自来水建设，资助该村饮水工程项目14万元。九三学社上城区支社主任委员张平良结合自来水改造工程，向上钱村提供价值20余万元的自来水改造设备。

2008年9月，九三学社上城区支社在区委统战部的组织下，与区其他民主党派一起，开展“送电脑、送书本、送知识”到农村的活动。10月，九三学社上城区支社向九三学社市委会提出向上钱村开展“三下乡”（送医、送药、送科技）的活动的建议。在九三学社市委会的组织下，九三学社上城区支社联合杭州市科学技术局、市一医院支社、市三医院支社等部门和支社，组织30余名农技、医卫专家，向上钱村发放价值1万元的药品、种子，赠送相关技术资料1000余份，接受村民就诊、咨询近700人次。

三、爱心捐赠

九三学社上城区组织捐款捐物，向社会献爱心。2004年，九三学社上城区支社向紫阳街道贫困家庭、贫困儿童发放慰问金，并给贫困儿童送去学习用具。2006年9月，九三学社上城区支社参与“三送一献”活动，将价值2000元的图书送到临安山区清凉峰镇希望小学。2008年，九三学社上城区支社为四川汶川地震灾区捐赠价值6万元的款物。2009年，九三学社上城区支社在与南星街道复兴街社区结对活动中，提供4500元为社区老人订报。2013年，社员邵安利向建德杨村桥捐款，用于解决当地贫困学生就学问题。2006—2014年，九三学社上城区组织在“春风行动”中捐款达5.22万元。

第八章　杭州市上城区工商业联合会

1988年2月，区工商联筹备小组建立。1989年5月，召开第三次会员代表大会，正式恢复工作。自恢复工作开始，区工商联作为党和政府联系非公有制经济人士的桥梁纽带，政府管理和服务非公有制经济的助手，发挥参政议政、民主监督的职能，为上城区发展建言献策，探索非公有制经济人士思想政治工作的新途径，在强化商会职能，增强服务意识、拓展服务领域、提高服务本领等方面做了大量工作。

1993—2015年，区工商联为区委、区政府出谋划策，撰写调研报告30余篇；会员中人大代表、政协委员积极履职，提交建议、提案、议案等700余件；区工商联帮助企业融通资金、提供担保金额达3亿元；组织开展学习培训活动80余次，参与人员3000余人次；组织参与各类经贸交流活动150余次，帮助企业寻求发展渠道；加强和改进非公有制经济人士思想政治工作，推荐100余人当选市、区优秀社会主义事业建设者。

至2015年末，区工商联有会员企业1233家，基层商会9个。

第一节　组织和会员

一、代表大会

区工商联最高权力机构是会员代表大会，每5年召开1次。其主要职责为听取和审议执行委员会工作报告，选举执行委员会等。会员代表大会闭会期间，执行委员会是最高领导机构。执行委员会闭会期间由常务委员会行使执行委员会的职权。常务委员会由主席、副主席、常务委员组成。1993—2015年，区工商联先后召开4次会员代表大会。

表22-8-17　1997—2011年上城区工商联历届代表大会情况表

单位：人

届　　次	时　　间	出席代表数		工作报告内容
		正式	列席	
上城区工商联第五次代表大会	1997-12—2002-12	80	11	认真学习和贯彻中共十五大精神 努力为我区经济和社会发展做出新的贡献
上城区工商联第六次代表大会	2002-12—2007-12	97	18	认真贯彻中共十六大精神 进一步开创新世纪工商联工作新局面
上城区工商联第七次代表大会	2007-12—2011-11	158	17	贯彻学习中共十七大精神 锐意进取 开拓创新 推进工商联事业全面发展

续表 22-8-17

届　　次	时　　间	出席代表数		工作报告内容
		正式	列席	
上城区工商联第八次代表大会	2011-11—	188	13	肩负新形势下工商联的使命 努力开拓工商联工作新局面

说明：资料来源于杭州市上城区工商业联合会

表 22-8-18　1993—2015 年上城区工商联执行委员会情况表

届　次	时　间	主任委员（会长、主席）	副主任委员（副会长、副主席）	常务委员	执行委员
上城区工商联第四次代表大会	1992-12—1997-12	鲍世甲（1992-12—1996-07） 卢正华（1996-07 替补）	翁存源　吴涌法 章巧凤　蒋一白　韩国瑛 卢正华（1994-07 增补）	选举产生 11 人，界中增补 1 人，不再担任 1 人	选举产生 25 人，界中增补 1 人，不再担任 1 人
上城区工商联第五次代表大会	1997-12—2002-12	卢正华（1997-12—1998-10） 葛立宏（1998-10—2000-09） 宋维信（2000-09 替补）	赵鸿声（1997-12—2002-03） 章巧凤（1997-12—2002-03） 蒋一白（1997-12—1998-10） 郑孝林 邹传国（1998-10 增补） 沈国民（2000-01 增补） 林　豪（2000-01 增补） 史建达（2000-01 增补）	选举产生 11 人，界中增补 7 人，替补 2 人，不再担任 5 人	选举产生 23 人，界中增补 13 人，替补 2 人，不再担任 5 人
上城区工商联第六次代表大会	2002-12—2007-12	宋维信（2002-12—2007-04） 陈砚菁（2007-04 替补）	章桂华（2002-12—2004-03） 宋维信（2007-04—2007-12） 陈玉珍　郑孝林　林　豪 沈国民　汤小兔　李国平 朱炳仁　张平良　周国强 陈火法　史建达	选举产生 25 人，界中增补 6 人，不再担任 1 人	选举产生 49 人，界中增补 14 人，不再担任 4 人
上城区工商联第七次代表大会	2007-12—2011-11	陈砚菁	宋维信（2007-12—2009-03） 陈玉珍　沈国民　汤小兔 李国平　张平良　俞　蒙 林　东 张金土（2007-12 增补） 施国栋　周良璋　梁财法 张跃飞　何文辉　罗旭峰 金文兴（2010-03 增补） 柴晓明（2010-03 增补） 王鹤鸣（2011-07 增补） 夏　阳（2011-07 增补）	选举产生 39 人，界中增补 7 人，不再担任 4 人	选举产生 76 人，界中增补 12 人，不再担任 9 人

续表 22-8-18

届　次	时　间	主任委员（会长、主席）	副主任委员（副会长、副主席）	常务委员	执行委员
上城区工商联第八次代表大会	2011-11—2015-12	陈砚菁（2011-11—2012-12） 薛鸿翔（2012-12—2015-07） 杨帆（2015-07增补）	陈砚菁（2012-12增补） 陈玉珍（2011-12—2012-12） 黄国星（2012-12增补） 王鹤鸣（2011-01—2014-01） 叶惠忠　朱明虬　吴　涛 李国光　沈国民　周良璋 林　东　罗旭峰　俞　蒙 俞国华 施伟光（2011-01—2015-01） 施国栋　夏　阳　徐　皓	选举产生43人，界中增补6人，不再担任6人	选举产生80人，界中增补19人，不再担任11人

说明：1.资料来源于杭州市上城区工商业联合会。2.1992年12月，领导职务名称为主任委员、副主任委员；1997年12月，领导职务名称为会长、副会长；2007年12月后领导职务名称为主席、副主席

二、区工商联机关①

1993年，区工商联又称上城区民间商会，不设职能科室。1995年4月，上城区民间商会更名为上城区总商会。2011年2月，区工商联机关设立办公室。2012年5月，区工商联机关设立会员科。至2015年末，区工商联未有变化。

附

上城区中小企业信用担保中心

2001年11月，上城区中小企业信用担保中心（简称区担保中心）成立，主要服务对象是区工商联会员，主要职能是为辖区中小企业提供担保融资服务。区担保中心是事业法人单位，日常工作委托区工商联机关管理，法定代表人由区工商联主席兼任。至2015年末，区担保中心未有变化。

三、基层商会

1993年，区工商联未成立基层商会②。1997年1月，杭州市解放路副食品茶叶市场挂商会牌子，为上城区首家市场商会。1999年，区工商联和紫阳街道联合开展建立街道商会的试点工作。杭州市上城区紫阳街道商会成立，为上城区首个街道商会，结束上城区街道无商会的历史。在该基础上，各街道先后建立商会。2001年1月，小营街道建立商会。至此，上城区9个街道均建立商会，会长主要由街道分管领导兼任。

2003年5月，上城区街道行政区划调整，9个街道办事处调整为6个，街道商会随之调整，南星、望江、小营街道商会召开新

① 区工商联成立于1953年8月。1956年公私合营后，撤销区工商联建制，设立杭州市工商联上城区办事处。“文化大革命”期间，工商联的活动被迫停止。1989年2月，区工商联开始筹备恢复工作，并开展会员发展工作，是年5月，召开第三次会员代表大会，正式恢复工作。

② 区工商联基层商会以非公有制企业和非公有制经济人士为主体，由区工商联作为业务主管单位，依照法律法规和章程开展活动，接受工商联指导、引导、服务，是区工商联的基层组织和工作依托。

一届的会员大会。8月，杭州市清河坊历史街区商会成立，为杭州市首家特色街区商会。2004年6月，区政府明确区工商联作为行业商会、基层商会的业务主管单位，解决行业商会、基层商会通过社团管理机构登记注册的问题。之后区工商联各基层商会相继开展社团登记备案工作。是年上半年，清波、湖滨2家街道商会召开会员大会，完成换届选举，民营企业家任会长。2007年，小营街道由民营企业家担任会长。至此，上城区6个街道商会均由民营企业家担任会长。

至2015年末，区工商联有基层商会9家，其中，街道商会6家，特色街区商会2家，行业商会1家，分别是湖滨街道商会、清波街道商会、小营街道商会、望江街道商会、南星街道商会、紫阳街道商会，杭州市清河坊历史街区商会、杭州市上城区湖滨（南山路）特色街区商会、杭州市解放路茶街商会。

表22-8-19　1993—2015年上城区工商联基层商会组织情况表

名　　称	成立时间	说　　明
杭州市解放路茶街商会	1997-01	成立时名为杭州市解放路副食品茶叶市场商会；2008年11月在民政局注册登记
杭州市上城区紫阳街道商会	1999-10	—
杭州市上城区南星街道商会	1999-11	2003年，闸口街道商会与南星街道商会合并，组建南星街道商会
杭州市上城区望江街道商会	1999-12	2003年，近江街道商会与望江街道商会合并，组建望江街道商会
杭州市上城区清波街道商会	2000-04	—
杭州市上城区闸口街道商会	2000	2003年合并
杭州市上城区城站街道商会	2000	2003年合并
杭州市上城区湖滨街道商会	2000-08	—
杭州市上城区近江街道商会	2000	2003年合并
杭州市上城区小营街道商会	2001-01	2003年，城站街道商会与小营街道商会合并，组建小营街道商会
上城区家具业商会	2002-11	未注册登记
杭州市清河坊历史街区商会	2003-08	—
杭州市上城区湖滨（南山路）特色街区商会	2010-08	—

说明：资料来源于杭州市上城区工商业联合会

四、会员

区工商联会员分为企业会员、团体会员、个人会员和原工商业者。区工商联基层商会的会员同时也是区工商联的会员。

1993年，区工商联共有企业会员、团体会员、个人会员212家（人），其中，国有、集体等公有制企业会员139家；私营、个体等非公有制经济会员66家，非公有制经济会员占全体会员的31.13%。1996年，区工商联通过筹建杭州市解放路副食品茶叶市场，吸收私营企业会员21家。在区委、区政府鼓励、支持和引导非公有制经济发展的大背景下，全区的私营企业从1994年的100余家发展到1997年的390余家，区工商联私营企业会员随之增长。1997年10月末，非公有制经济会员达114家（私营企业39家，三资企业1家，个体工商户14家）[①]，较1993年增长72.72%。

① 1997年10月末，区工商联有企业会员251家。

1999年10月起，上城区的9个街道相继建立街道商会，区工商联吸收非公有制经济会员，至2001年末，非公有制经济会员占全体会员的80%以上。2001年，上城区评定重点骨干、重点发展的工商企业58家，其中，区工商联会员29家。2002年，区工商联开展企业会员重新调查、登记工作。6月末，区工商联有会员218家（人），其中，个人会员26人，团体会员11家，企业会员181家。企业会员中，非公有制经济会员159家，非公经济会员已占企业会员的87.85%。12月，区工商联召开第六次会员代表大会，在会上确立“民间商会，服务为本”的理念和“服务立会、服务兴会”的宗旨，更加重视会员发展和服务工作。2007年末，区工商联有企业会员598家。在第七届执行委员会工作期间，上城区非公有制经济稳步发展，区工商联的会员队伍不断优化和壮大，2011年末，会员总数达838家（人）。至2015年末，区工商联会员数达1233家（人）。

第二节　参政议政

随着非公有制经济的发展，区工商联会员中部分非公经济人士当选或担任各级人大代表、政协委员。2002年，区工商联会员中非公经济人士当选或担任市人大代表和市政协委员5人。2006年，区工商联会员中非公经济人士当选或担任市、区各级人大代表和政协委员38人。2014年，区工商联会员中非公经济人士当选或担任省、市、区各级人大代表和政协委员70余人。2003—2015年的第二届、第三届、第四届区政协委员会中，工商联界别组人数分别为10人、11人、13人。

一、提案、议案、建议

区工商联各级组织和工商联界人大代表、政协委员以非公经济的健康发展为中心，在经济发展、社会保障、城市管理、环境卫生、居民生活、投资环境、教育文化等方面建言献策。2003年起，区工商联连续4年在区政协会议上做大会发言，内容有《关于加强企业信用建设的思考》《让企业成为自主创新主体的思考》等。2004年3月，区工商联副会长、市政协委员、杭州金星铜工程有限公司董事长朱炳仁的提案《杭州提前一步行动，让“破烂王”下岗》引起《人民日报》的关注并被报道。2014年，提案《关于打造有竞争力的高新技术及小微企业创业环境、促进我区产业格局升级的建议》《关于尽早创办杭州南宋文化节打响南宋文化品牌以更好提升杭州（上城）的经济和文化的发展的建议》得到市委、市政府的重视。

2015年1月，区工商联副主席、市人大代表、杭州德裕拉链有限公司董事长李国平针对危房增多、野蛮装修等问题，经过一年多的调研求证，撰写《尽快修改〈杭州城市房屋使用安全管理条例〉的议案》。该议案被列为市人大一号议案。8月，《杭州市城市房屋使用安全管理条例》修订草案在杭州市第十二届人民代表大会常务委员会上通过。1998—2015年，区工商联会员中的人大代表和政协委员共撰写议案、提案和建议700余件。

二、调研报告

1993年，区工商联结合中共第十四次全国代表大会提出的建立社会主义市场经济体制的目标，客观评价和分析上城区的私营企业、个体工商户，形成《私营企业的现状对策》的调研报告，提出要重视私营和个体经济健康发展的问题。1994年，在“放宽信贷”的政策背景下，区工商联根据私营企业生产和经营的资金比较紧缺的情况，撰写题为《关于上城区私有企业资金问题的若干调研》的专题报告。1995年，区工商联就促进私营企业上规模、上水平、上档次发展开展系列工作，撰写调研文章《私营企业上规模发展的启示》，该调研报告在《上城政务参阅》刊登。1996年，区工商联围绕如何在非公有制经济组织中开展党的组织建设课题，撰写《一块需要精心耕作的园地》。该调研报告在《杭州统战》全文刊登。

2001年，区工商联联合相关部门开展调查研究，全年共形成《加快优势资源转换，发展城站广场商贸》《尽快建立和完善中小企业信贷担保机构，千方百计争创优势求发展》《保源 拓源 引源 培源 扶源》3个题目共4篇调研报告，提出发展区域经济的意见、建议。其中关于建立中小企业信贷担保机构的建议，受到区委、区政府重视并采纳。2003年，以完善非公经济投资环境为主题的调研报告被市政府办公厅编入2003年第55期《调查研究》刊物中；调研文章《“吴越人家”经营场地陷入困境的情况反映》得到区委主要领导的重视，专门批示有关方面研究解决。

2006年，针对上城区老商贸中心百年老店众多但多数生存困难的情况，区工商联走访调研豫丰祥百货商店，撰写调研文章《“豫丰祥”还能维持多久——商贸企业“活化石”是否让他们自行消亡》。2007年，调研文章《树新形象，创新业绩，推进基层商会建设》，得到区委副书记的批示。2010年，区工商联撰写《从上城区工业经济现状看上城区都市型工业发展趋向》调研文章，获杭州市工商业联合会重点调研课题二等奖。

2011年，区工商联完成《关于工商联在组织非公经济参与社会建设和管理的若干建议》《关于推进我区民营经济转型升级的调查与思考》调研项目，为区委、区政府制定有关经济社会的发展政策措施提供决策参考。2012年，区工商联围绕民营企业发展环境、上城区非公有制企业发展需求等热点问题，完成《上城区民办博物馆存在的问题及发展建议》《各方合力共促企业和谐发展》调研课题。2015年，区工商联撰写《关于低税收楼宇运营现状及提升对策》《关于如何有效发挥行业协会作用承接政府职能》2篇调研文章。

1993—2015年，区工商联在促进区域非公有制经济健康发展和非公有制经济人士健康成长等方面，向区委、区政府建言献策，共撰写调研报告30余篇。

第三节 会员服务和社会服务

一、会员服务

融资服务[1] 1993—1994年，会员合作基金会参加的企业41家（次），存入资金385.6万元，2年累计发放贷款3500万元。1995年，区政府重视私营企业贷款难的问题，向区工商联划拨资金50万元，用于私营企业的资金流转。是年，区工商联专程到上海市长宁区工商联学习举办私营企业担保协会的经验。1998年，会员合作基金会为会员融通资金1000余万元。2000年，会员合作基金会为10余家个私企业累计解决400余万元的资金周转问题。此后，会员合作基金会因亏损而解散。

2001年11月，在杭州银行吴山支行的支持下，上城区中小企业信用担保中心成立大会召开。12月起，区担保中心为中小企业的银行贷款提供担保服务，同时也向下岗失业人员提供小额贷款担保。2002年11月末，区担保中心已累计为19家企业提供32笔贷款担保，累计担保金额1870万元；按期归还9笔、600万元；在保23笔，累计担保责任余额1270万元。企业获得银行贷款后，生产经营收入有所提高，5家企业销售收入新增8769万元，利润增加398万元，税收增加149万元，职工安置增加321人。2004年，区担保中心为87人提供担保，累计金额254万元；年末已还贷29人、81万元，还贷率居各城区之首。至2004年，区担保中心已向166名下岗失业人员再就业提供担保，累计485.2万元。2007—2011年，区担保中心为企业累计担保43笔，担保金额达4710万元。2001年11月至2015年12月，区担保中心向企业和下岗失业人员累计提供担保金额近2.2亿元。

经贸交流 区工商联每年均组织部分会员企业参加各类交易会、推介会、考察活动、招商引资和经贸洽谈会，为企业促销产品、开拓市场寻找商机。1993年，区工商联发动4家私营企业和个体工商户会员参加全国工商联系统组织的境外考察活动，赴泰国、马来西亚、新加坡等国家和地区开展经贸考察。1998年，区工商联组织2名非公有制经济代表人士前往澳门参加“世界华商聚濠江，开拓经贸新里程”系列活动和澳

① 1990年，区工商联联合会员企业建立会员合作基金会，帮助会员开展互助性的资金融通。

门中华总商会85周年庆典活动。2000年10月，区工商联邀请和接待温州、台州、金华三市工商联领导和民营企业家到上城区参加中国杭州西湖国际博览会首次招商洽谈会。2001年，区工商联接待台湾客商到上城区考察，共2批20余人次。2007年4月，区工商联组织3家民营企业负责人赴郑州参加第四届全国部分城市友好商会会长会议暨经贸洽谈会、第二届中国中部投资贸易展览会。

2012年，区工商联组织近30家企业参加欧美、拉美、非洲企业家创业峰会和湖北—浙江经贸洽谈、云南招商引资会议、“2012转型升级·浙港企业合作周”等招商引资活动。2013年9月，区工商联与西班牙南部华商会缔结为友好商会，建立上城区首家海外友好商会。2014年，区工商联主办“西班牙南部华商会项目对接会”，西班牙阿卡萨市市长率领商务考察团到访上城，带来家居贸易、语言培训、休闲娱乐等合作项目以及新能源设备采购清单。2015年，区工商联组织70余家会员企业与西班牙南部华商会、山东省枣庄市台儿庄区工商联、新疆维吾尔自治区克拉玛依市工商联、云南省腾冲县工商联等国内外商会社团开展洽谈合作，其中，20余家会员已与异地企业达成合作意向，个别会员企业与异地企业实现贸易的长期互动往来。

教育培训　1993—2002年，区工商联联合有关部门，开展市场经济法律知识、税制税法、税收征营、食品卫生法、企业人力资源管理、创建文明单位等讲座或业务知识培训。2005年1月，杭州市上城区民营企业培训基地在中共杭州市委党校上城区分校挂牌成立。2006年9月，举办第一期企业管理培训班。2008年5月，举办“纪念改革开放30周年暨企业家社会责任论坛”。

2014年，区工商联主办“十八届三中全会精神宣讲会”“和谐劳动关系论坛”等培训活动10余场；依托国学与企业文化研究会，举办“国学进企”系列讲座6期。2015年4月，区工商联联合相关部门举办“2015年度经济形势与投资方向解读会”。是年，区工商联主办“杭商大讲堂”，邀请中国人民大学国际关系学院副院长金灿荣主讲《国际政治经济形势与十八大以来的中国外交》，300余人参加。2003—2015年，区工商联组织开展各类论坛、培训、讲座等教育活动约70次，累计参加的非公有制经济人士近3000人次。

政企连心沙龙　为发挥会员与政府沟通交流的桥梁纽带作用，2005年，区工商联开始举办政企连心沙龙活动。该活动按照会员企业的需求，围绕法律知识、财税金融政策、社会保障政策、劳动就业管理、企业突发事件处置、区重点工程项目等方面内容，通过邀请政府部门负责人作为主讲，为企业提供各类信息支持和服务。3月，区工商联举行政企连心沙龙启动仪式暨第一次政企连心沙龙活动，采取企业咨询问题、政府部门现场解答的形式，受益会员企业90余家。2008年9月，

图22-8-1　2010年7月19日，区工商联举办第19次政企连心沙龙暨重点工程项目介绍会　（区工商联 供稿）

政企连心沙龙活动邀请杭州市上城区人民法院刑事审判庭庭长介绍、剖析企业经营者和管理者在工作中常见的法律问题。2015年10月，区工商联举办政企连心沙龙暨税法知识服务专场活动，邀请杭州市地方税务局上城税务分局局长为企业介绍税法政策、区域经济发展情况及未来前景，邀请杭州商会仲裁站的专家律师讲解相关案例。至2015年末，区工商联共举办政企连心沙龙活动40余次。

会员健康体检　2003年起，区工商联每年组织企业家进行健康体检，并开展心理生理健康讲座等活动，至2015年末，参加的企业家1200余人次。

老会员工作　1993—2015年，在服务会员企业和服务经济建设的同时，区工商联兼顾做好老会员（原工商业者）的服务工作，定期走访慰问和组织活动，帮助老会员解决生活上的困难。

二、社会服务

社会公益　1993—1994年，区工商联与杭州市上城区商业局等单位联办拥军服务活动，发动商店和个体工商户到省军区军属大院为驻军官兵、家属提供免费修理服务和优惠供应商品，服务1600余人次，优惠3000余元。1998年，区工商联动员非公有制会员企业参与社会再就业工作，个体私营企业会员共安排下岗职工250余人。2003—2007年，区工商联联合有关部门举办下岗失业人员招聘活动10余次，参与企业174家（次），安置下岗失业人员就业和再就业440余人，为大学生提供实习岗位180个。此后，社会公益活动适时开展。

捐赠帮扶　1998年夏季，长江和嫩江流域遭受特大水灾，区工商联动员会员企业向灾区伸出援助之手，个体、私营企业会员共捐献财物4800元。2003年，在非典型肺炎病毒肆虐期间，企业会员向社会各界捐款捐物价值53万元。在2008年汶川地震和2010年玉树地震中，区工商联系统职工和会员企业捐款捐物价值2164万元。

区工商联与杭州市上城区关心下一代工作委员会于2001年联合开展“帮困助学”活动，至2015年末，累计帮困结对400余人次，累计资助学费30余万元。

第四节　优秀社会主义事业建设者评选

2003年6月起，区委统战部联合区工商联在非公有制经济人士中开展“优秀社会主义事业建设者”和“先进社会主义事业建设者”评选活动。2005年起，区委统战部、区工商联取消“先进社会主义事业建设者”，只保留“优秀社会主义事业建设者”一项评选活动，并规定已经获市或区“优秀社会主义事业建设者”称号的非公经济人士，不再参加评选活动。2008年，“优秀社会主义事业建设者”的评选从每2年一次改为每3年一次。至2015年末，上城区共开展5次评选活动，区级“优秀社会主义事业建设者”98人，区级“先进社会主义事业建设者”20人。宗庆后、陈励君等21名非公有制经济代表人士获省、市优秀、先进社会主义事业建设者称号。

表22-8-20　1993—2015年上城区非公有制经济人士被评为杭州市“优秀社会主义事业建设者”名单

届次	姓　名	企　业　名　称
第一届	宗庆后	杭州娃哈哈集团有限公司
	陈励君	浙江华日实业投资有限公司
	俞　良	杭州花中城餐饮管理有限公司
第二届	王鹤鸣	广宇集团股份有限公司
	汤小兔	杭州新开元大酒店有限公司
	施国栋	杭州市城建设计研究院有限公司
第三届	路　楠	杭州中瑞思创科技有限公司
	林　东	杭州绿盛集团有限公司
	张杭生	杭州红泥餐饮娱乐有限公司
	余觉新	杭州新丰餐饮经营公司
	沈宇清	杭州青藤茶馆有限公司
	朱明虬	杭州思美传媒股份有限公司
	朱军岷	杭州金星铜工程有限总公司
第四届	罗旭峰	南华期货股份有限公司
	王容峰	杭州施乐事达通讯设备有限公司
	叶惠忠	浙江百诚集团有限公司
	周良璋	杭州海兴电器有限公司
第五届	毛戈平	杭州汇都化妆品有限公司
	朱明虬	思美传媒股份有限公司
	俞国骅	杭州中瑞思创科技股份有限公司

说明：1.资料来源于杭州市上城区工商业联合会。2.排名不分先后

附

上城区历届非公有制经济人士“优秀社会主义事业建设者”名录（按姓氏笔画排列）

第一届（共21人）

方　杰　杭州奥普电器有限公司

王东林　杭州市上城区拉裴特服饰店

王海光　南都集团控股有限公司

王容峰　杭州施乐事达通讯设备有限公司

王鹤鸣　杭州广宇房地产集团公司

朱炳仁　杭州金星铜工程有限公司

张平良　杭州晨光塑料化工有限公司

李国平　杭州德裕服饰有限公司

余觉新　杭州新丰小吃有限公司
汤小兔　杭州新开元大酒店有限公司
陈火法　杭州光达实业投资有限公司
应祖发　杭州上城区菁菁茶叶商店
宗端后　杭州三和食品添加剂配料有限公司
郑迅伟　杭州燕牌乳业有限公司
郑孝林　杭州华东家具市场有限公司
林　东　杭州绿盛食品有限公司
林　豪　杭州八方物流有限公司
周国强　杭州近江羽绒制品有限公司
俞　蒙　杭州近江化工染料有限公司
诸雅根　杭州万隆实业有限公司
詹家瑞　杭州商宇房地产开发有限公司

第二届（2004—2005年度）（共20人）

丁欣欣　杭州亚厦控股有限公司杭州分公司
王理顺　杭州陶都实业有限公司
王水麟　杭州龙翔服饰城6238号
孙莉莉　杭州中纬实业有限公司
阮瑞德　杭州花海工贸发展有限公司
张杭生　杭州红泥餐饮娱乐有限公司
吴　莹　杭州吴越人家工艺服饰有限公司
吴立根　杭州杭派清江服饰市场有限公司
吴海涛　杭州纵横通信服务有限公司
沈宇清　杭州青藤茶馆有限公司
何黎明　浙江五联律师事务所
周良璋　杭州海兴电器有限公司
洪紫林　杭州上城区牛仔百货店
高亚莉　杭州雅戈尔服饰有限公司
屠荣生　杭州满江红大酒店有限公司
梁财法　杭州西湖大酒店有限公司
董国华　杭州鸟屋实业有限公司
曾　渊　杭州卡迈服饰有限公司
路　楠　杭州中瑞思创科技有限公司
裘雪阳　杭州捷尔思阻燃化工有限公司

第三届（2006—2007年度）（共18人）

于祥生　浙江省科威工程咨询有限公司
王琦琼　杭州瑞丰格林酒店有限公司
史伟民　杭州浙江工大普特科技有限公司
刘玉林　杭州大浪淘沙休闲娱乐有限公司
孙　蒂　浙江金科实业有限公司
许爱东　浙江卖炭翁生态科技开发有限公司
许雪梅　杭州千惠礼品有限公司
张智渊　杭州鼎利环保科技有限公司
杨庆忠　浙江杭萧物流有限公司
沈昱东　杭州海王星辰健康药房有限公司
陆镜清　西泠印社拍卖有限公司
陈杭闽　杭州东箭贸易有限公司
金梅央　浙江两岸食品连锁有限公司
施克煲　浙江天宣实业发展有限公司
赵海燕　浙江银燕航空服务有限公司
蒋兆康　八达控股集团有限公司
韩新伟　浙江明日石化有限公司
詹永明　浙江万向系统有限公司杭州分公司

第四届（2008—2010年度）（共20人）

余　强　浙江中汇税务师事务所有限公司
张敬宜　杭州银西百货有限公司
朱明虬　思美传媒股份有限公司
方志达　浙江南方建筑设计有限公司
杨定国　杭州中都百货有限公司
方银军　浙江赞宇科技股份有限公司
王卫民　浙江迪佛网络科技有限公司
万　渊　浙江滔搏体育用品有限公司
毛戈平　杭州毛戈平形象设计艺术学校
谢国强　杭州交联电器工程有限公司
丁越军　杭州衣之家百货有限公司
李锦红　浙江顺舟电力高技术有限公司
毛海劬　杭州方回春堂国医国药馆
边　江　杭州复兴建设集团有限公司
杨杰涛　浙江明康工程咨询有限公司

吴建国　杭州欣联实业有限公司
胡美卿　杭州雄狮运输有限公司
徐王冠　双冠控股集团有限公司
卢　康　浙江新欣医药有限公司
夏　阳　浙江宇天科技股份有限公司

第五届（2011—2013年度）（共19人）

褚梅云　浙江浙经天策会计师事务所
丁海富　浙江亚厦装饰股份有限公司
丁志强　杭州方回春堂国药馆有限公司
方利强　浙江诚邦园林股份有限公司
金增敏　毛源昌眼镜有限公司
吕　晴　杭州恒基消防工程有限公司
毛慧萍　杭州汇都化妆品有限公司
杨仲英　杭州胡庆余堂国药号有限公司
徐荣培　杭州特美刻日用品有限公司
房　翔　杭州佳丽摄影艺术有限公司
吴　涛　佐卡伊电子商务有限公司
张　路　华城控股有限公司
隋俊华　浙江新友控股有限公司
苏维顺　浙江纵横新创投资集团有限公司
楼锦其　浙江中天装饰集团
陈　敏　杭州利星名品百货广场有限公司
陈昆柏　浙江博世华环保科技有限公司
屠叶根　杭州海诚服装设备有限公司
沈鸿坤　杭州宝力中医门诊部

上城区第一届非公有制经济人士“先进社会主义事业建设者”名录

（共20人，按姓氏笔画排列）

王理顺　杭州陶都建材实业有限公司
毛戈平　杭州毛戈平化妆品有限公司
许建明　杭州市上城区太白馆西饼屋
阮瑞德　杭州花海工贸发展有限公司
孙地发　杭州上城四海家电修理部

毕慧英　杭州上城雅惠酒家
汤奕军　杭州市上城区顺风羊毛衫专营店
吴　莹　杭州吴越人家布艺品店
吴美萍　杭州工商企业有限公司
张杭生　杭州红泥餐饮娱乐有限公司
沈国民　杭州北海程控设备有限公司
沈金良　杭州市上城区杰思凡服饰店
周卫强　杭州市上城区正大酒店
周良璋　杭州海兴电器有限公司
郭霞君　杭州通江运输有限公司
洪紫林　杭州市上城区牛仔百货店
顾红英　杭州佳圆贸易有限公司
顾建华　杭州天鹰食品有限公司
曾　渊　杭州卡迈服饰有限公司
韩莲凤　杭州市上城区莲莲裁缝店

第二十三篇 群众团体

民国9年（1920），杭州最早的工会组织浙江印刷公司工作互助会成立，有会员70余人。民国11年（1922）4月，社会主义青年团杭州支部在上城区敬业里1号（现皮市巷3号）成立。民国16年（1927）11月，杭县妇女协会在平海路成立。

1950年2月，杭州市总工会成立。1951年11月，杭州市总工会上城区办事处和中城区办事处成立。1952年，新民主主义青年团杭州市上城、中城区工作委员会成立。1953年5月，杭州市上城区红十字会成立（简称区红十字会）。7月，杭州市上城区民主妇女联合会成立。1957年，新民主主义青年团上城工作委员会改称共青团杭州市上城区委员会（简称团区委）。1958年，杭州市上城区民主妇女联合会更名为杭州市上城区妇女联合会（简称区妇联）。

上城区各群众团体在中国共产党的领导下，发动、组织各自成员，投入各项政治运动，参与经济建设和社会发展，维护成员合法权益。20世纪50年代，杭州市总工会上城区办事处主要加强对职工的思想教育，组织工人投入各项政治运动。同时，关心职工生活，组织生产自救，维护合法权益，协调劳资纠纷。共青团组织在建立和健全团的组织、发展和壮大团的队伍的基础上，开展革命传统教育，团结、教育团员和青年投入各项政治运动，鼓励青年通过学习提高技术业务水平，参加以增产节约为中心的劳动竞赛。各级妇女组织重视做好职工家属工作，提倡勤俭节约、勤俭持家、搞好家务、支援社会主义建设。20世纪60年代，团区委开展学习毛泽东著作、学习解放军、学习雷锋和读好书、学好样、做好事等活动。

1978年起，围绕经济建设，工会组织注重智力开发，组织职工学文化、学技术，创建文明班组，提高职工素质。团区委把工作重点转移到社会主义经济建设教育方面，开展向张海迪、蒋筑英等先进人物学习，争当新长征突击手等活动。1980年8月，杭州市上城区科学技术协会（简称区科协）成立，在培训专业技术人才，配合职工文化补课，承担科研任务，开展科技教育，进行科普宣传、学术研讨、技术交流、科技咨询，以及运用科技服务于经济建设等方面开展工作。1984年开始，杭州市总工会上城区办事处在企业中推行职工代表大会制度和小型企业民主管理小组制度。1985年，改建为杭州市上城区总工会（简称区总工会）。1990年，杭州市上城区残疾人联合会（简称区残联）成立，开展残疾人康复、文体娱乐、警民共建等活动。

20世纪90年代，随着社会经济的快速发展和社会的巨大转型，上城区各人民团体围绕经济体制改革开展工作，投身经济建设，为推动全区经济全面发展和社会全面进步而努力奋斗。同时，不断加强自身建设，完善自身体制，以适应新形势、新变化。1993年，全区有105个社会团体，包括31个学术性团体、12个行业性团体、32个专业性团体、30个联合性团体。是年起，区妇联开展“巾帼建功”活动，在全区女职工中开展“金点子”活动，动员女职工为全区经济发展献计献策。1994—1996年，团区委在全区广泛开展“创青年文明号，争当青年岗位能手”活动，率先在杭城推出“青年文明号”服务卡。1999年，全区各级工会参与和推进国有企业改革和发展，做到企业转制方案经过职工代表大会审议，下岗分流措施征求职工意见。

进入21世纪，区各群众团体充分发挥中国共产党和人民政府与社会各界人士之间联系的桥梁与纽带作用，协助党和政府做好新形势下的群众工作。坚持以人为本，在教育引导群众上下功夫，当好党的路线方针政策的宣传员；在团结联系群众上下功夫，当好党与群众的联络员；在帮助和服务群众上下功夫，当好人民群众的服务员。

2000年8月，区总工会制定推动企业厂务公开制度实施，加强民主监督和民主管理。2002年开始，区妇联以失业妇女、困难和残疾妇女为重点帮扶对象，实施“姐妹帮扶工程”，并持续开展女性素质提升工程和妇女健康促进工程。2003年12月，杭州市上城区归国华侨联合会（简称区侨联）成立，注重发挥归侨、侨眷、海外侨胞参政议政作用，开展归侨、侨眷和海外侨胞的联系指导、合法权益的维护等工作。2005年4月，根据共青团杭州市委员会的要求，小营街道小营巷社区作为全省唯一的城市社区青少年事务管理工作试点单位，围绕社区“闲散、流动、困难、罪错、边缘”5类特殊青少年群体，开展特色教育帮扶工作。2007年，区残联率先在全国推出为无业残疾人缴纳基本养老保险和医疗保险补贴政策，加大残疾人生活保障力度。区红十字会加强造血干细胞捐献宣传工作。2008年，上城区望江街道中国工商银行杭州东宝路支行的金鑫成功捐献造血干细胞，成为上城区第一名造血干细胞捐献者。2012年起，区科协开始组织实施院士专家工作站建站工作，组织和动员广大科技工作者服务基层、服务企业，推进产学研结合。

至2015年，上城区登记有社会团体112家，其中，学术性社团17家，行业性社团5家，专业性社团75家，联合性社团15家。[①]

① 本篇重点记载根据国务院规定免予社团登记的7个团体。

第一章　工会

1980年1月，杭州市总工会上城区办事处恢复建立。1985年5月，区总工会成立，并召开上城区第一次工会会员代表大会。11月，中国教育工会上城区第一次代表大会召开，为上城区首个且是当时唯一的行业工会。1986年，上城区先后建立城站街道、湖滨街道、清波街道、小营巷街道基层工会联合委员会。1987年，区总工会联合杭州市物价局、杭州市上城区工商行政管理局、杭州市上城区标准计量局成立杭州市上城区职工物价监督分站，区总工会为站长单位。1988年3月，杭州市上城区职工技术协会成立。至1989年1月，有14个基层工会建立职工技术协作委员会，组织开展技术攻关、技术咨询、技术服务和创建文明班组的活动。至年末，上城区街道、委（局）系统全部建立工会。

1993年，上城区有产业、（局）系统工会组织9个，街道基层工会组织7个，区属企事业单位工会组织3个。是年起，区总工会团结带领全区各级工会和广大职工，履行社会职能，努力维护职工合法权益，调动广大职工积极性、主动性，为上城区经济社会发展做出贡献。随着经济体制的改革发展，劳动关系的变化，外来务工人员的增加，区总工会面对工会工作领域、内容和对象的拓展，调整工作思路和工作方法，适应新形势，不断提高工作水平。至2009年，区总工会被中共浙江省委组织部、浙江省总工会评为党建带工建“三级联创”先进单位，并获杭州市总工会（简称市总工会）工会组建、职工维权、工作创新、劳动竞赛、技术创新、职工技协等荣誉，湖滨街道总工会被中华全国总工会评为全国百佳乡镇（街道）工会。

2015年，区总工会有基层工会1139个，其中，独立基层工会1009个，联合基层工会130个，涵盖单位4858家，工会会员19万余人。

第一节　组织机构

一、杭州市上城区总工会

1993年，区总工会设办公室。区总工会设有主席、副主席、常务委员，组成常务委员会，基本职责是维护职工合法权益，地址惠民路5号。2008年，迁入惠民路26号上城区政府综合楼。至2015年末，区总工会有工人俱乐部1家直属事业单位。历任主席杨余法、李静、周勤、韩丽华。

1993—2015年，区总工会共召开5次代表大会，会议议题主要为听取上一届委员会工作报告，选举产生新一届委员会组成人员、主席、副主席等。

表23-1-1　1993—2015年上城区总工会代表大会情况表

届　次	会议时间	代表类型	人数（人）	工作报告
杭州市上城区工会第三次代表大会	1993年6月3—5日	正式代表	170	以中共十四大精神为指导，团结全区职工为上城区的改革开放和现代化建设做出贡献
		列席人员	48	
		特邀代表	8	
杭州市上城区工会第四次代表大会	1998年6月3—5日	正式代表	180	以中共十五大精神为指导团结全区职工为实现跨世纪宏伟目标而努力奋斗
		列席人员	55	
		特邀代表	7	
杭州市上城区工会第五次代表大会	2003年6月26—27日	正式代表	200	围绕中心、履行职能为加快我区全面建设小康社会而努力奋斗
		列席人员	50	
		特邀代表		
杭州市上城区工会第六次代表大会	2008年8月26—27日	正式代表	200	服务大局、履行职能、创业创新 为建设“具有国际水准的高品质中心城区”做出新贡献
		列席人员	9	
		特邀代表	4	
杭州市上城区工会第七次代表大会	2013年9月5—6日	正式代表	200	践行“中国梦”，建功“十二五”，为加快建设“东方品质体验区、幸福和谐示范区”做新贡献
		列席人员	16	
		特邀代表	4	

说明：资料来源于杭州市上城区总工会

二、基层工会

1993年，上城区产业（局）系统工会组织9个，街道基层工会组织7个，区属企事业单位工会组织3个。1994年，上城区组建三资企业① 工会18个。1996年12月，因行政区划调整，闸口、南星、紫阳、望江街道工会工作委员会和江干复兴地区开发总指挥部工会工作委员会划归上城区总工会领导管理。至1997年末，全区有基层工会241个，会员1.8万人。1998年8月，上城区私营企业工会工作委员会建立。

2000年，在全市居民区撤销、扩建、重组为社区的背景下，区总工会及时把社区工会工作作为一项重要任务来抓。2001年3月19日，全市第一个社区工会——上城区南星街道凤凰社区基层联合工会成立。

2004年，全国总工会提出“组织起来，切实维权”工作方针后，区总工会创新基层工会组织形式，扩大工会组织的覆盖面，最大限度地把包括外来务工者在内的职工组织到工会中。2005年3月21日，全市第一个街道总工会——上城区望江街道总工会成立。2006年，上城区在湖滨街道成立外来务工者工会组织。是

① 三资企业，指在中国境内设立的中外合资经营企业、中外合作经营企业、外商独资经营企业三类外商投资企业。

年，针对街道社区小公司、小企业、小商店众多和一家一户单独组建工会难度大、不便管理的现实情况，上城区按照区域和行业先后创建梅花碑小餐饮行业工会、马市街一条街工会。2007年，全区6个街道均建立外资企业联合工会。2008年，全区各社区均建立社区基层联合工会委员会。2009年，成立出租车行业工会并建立出租车工会6个。2011年，建立劳务公司工会15个，劳务派遣工入会4786人。2014年，上城区电子机械功能区总工会成立。至2015年末，区总工会有基层工会1139个，其中，独立基层工会1009个，联合基层工会130个。

表23-1-2　2003—2015年上城区基层工会组织、职工、会员情况表

年份	基层工会（个）	涵盖单位（个）	会员人数（人）	职工总数（人）
2003	304	527	23224	—
2004	348	498	25773	—
2005	416	720	32974	—
2006	450	974	42299	—
2007	546	799	46460	—
2008	627	874	54210	—
2009	713	1007	64772	—
2010	783	1371	87724	—
2011	1042	1933	119863	120928
2012	971	5035	164421	165958
2013	1016	4537	172192	174687
2014	1066	4779	180706	189751
2015	1139	4858	190813	199900

说明：资料来源于杭州市上城区总工会

第二节　民主管理

区总工会通过职工代表大会等形式，组织职工参与单位的民主决策、民主管理、民主监督。

1993—1998年，区总工会制定《关于坚持开好职代会和实行职代会报告制度的工作意见》《关于在改革中加强工会工作和职工民主管理的意见》等文件，逐步将职工代表大会工作重点由投身改革、参与民主管理、提高办好企业的自觉性转移到企事业转制、集体合同、职工互助补充保险方案审议以及民主评议民主监督企事业行政领导等方面。至1998年末，全区公有制为主体的企事业单位职工代表大会建制率95.6%，职工代表大会召开率83.7%。1999年，全区各级工会参与和推进国有企业改革和发展，做到企业转制方案经过职工代表大会审议，下岗分流措施征求职工意见。2000年8月，区总工会制定《上城区企业厂务公开制度实施细则》，明确厂务公开的重点是关系单位发展的重大事项，职工

普遍关心的热点问题以及涉及职工切身利益的问题。

随着非公有制经济的快速发展，区总工会重点在非公有制企业推行民主管理。2002年，区总工会制定《上城区非公有制企业职工（代表）大会试行办法》，规定职工代表大会行使知情建议权、平等协商权、选举罢免权和法律授予权。各级工会指导私营企业工会逐步建立职工代表大会制度。2003年，区总工会探索非公有制企事业单位民主管理的内容和方法，根据区情制定《深化厂（事）务公开工作意见》和《在非公企事业单位推广推行厂（事）务公开指导意见》2个文件，规定主要内容、公开程序、组织领导和保证措施。是年，171家单位建立职工代表大会制度，154家单位实行厂务公开制度。

2005年，上城区推行以职工代表大会为基本形式、以厂务公开为重点的职工民主管理制度。湖滨街道总工会、望江街道总工会在全区率先建立街道区域性职工代表大会制度，并召开首次职工代表大会。2010年末，上城区有739家企业实行职工代表大会制度，有735家企业推行厂务公开工作。是年，杭州东箭贸易有限公司和湖滨市容环境卫生管理所获杭州市第三批厂务公开工作先进单位称号。2011年，上城区各企事业单位通过开设局域网、创办企业报、设立网络总经理信箱等形式因地制宜开展厂（事）务公开工作。2012年，全区公有制企事业单位职工代表大会、厂务公开建制率98%，非公有制企业职工代表大会建制率85%，单独建会企业厂务公开建制率95%。2013年，企业民主管理制度进一步完善，公有制企事业单位职工代表大会、厂务公开建制率达100%，非公有制企业职工代表大会建制率达98%。至2015年，全区企事业单位中，1093个基层工会建立职工代表大会制度，涵盖职工近19万人，592个基层工会召开职工代表大会（包括职工大会），1061个基层工会实行厂务公开。

第三节　职工权益维护

一、法律维权

1993年起，全区建立劳动法律监督检查相关组织，组建以工会为主的区域性劳动争议调解组织，为职工提供政策法律咨询服务和法律援助。2001年10月，区总工会组织职工学习《中华人民共和国工会法》，并通过黑板报、墙报、厂报、广播等方式进行宣传。2004年，上城区工会职工法律援助站建立，为上城区法律援助中心（简称区法律援助中心）分设机构，当年接待来信来访14件（次）、19人次。2006年，上城区召开全区工会维权工作会议，制定“工会维权136”[①]的具体措施，建立上城区工会维权工作领导小组，负责全区工会维权工作的组织、协调、指导和监督。至年末，全区所有街道、社区均建立街道职工法律维权站和社区职工法律维权室。

① “工会维权136”：是有关工会维权“一加强、三完善、六破解”的简称。其中，“一加强”指加强工会维权工作领导；“三完善”指完善区政府与区总工会的联席会议，完善区劳动关系三方协调会议，完善困难职工帮扶平台和运作；“六破解”指破解组建难、破解维权难、破解看病难、破解就业难、破解求学难、破解活动难。

2008年，区总工会加大宣传《中华人民共和国劳动合同法》力度，免费向基层分发普法手册1万余本，组织巡讲团在机关、企业普法巡讲7场，接受教育的工会干部和职工代表共1300余人。2009年，上城区工会劳动法律监督大队成立，依法开展劳动法律群众监督活动，针对侵犯职工合法权益和影响社会稳定的问题提出解决措施和建议，全年检查参与重点工程建设企业35家。2011年，全区6个街道、建会企业均建立工会劳动法律监督委员会。

2012年，上城区在全市率先建立区级职工律师服务团，开展法律维权“三进”[①]服务和法律宣传培训“五进”[②]活动。2015年，在全区企事业单位中，建立工会劳动法律监督组织的基层工会960个，工会劳动法律监督员2000余人，劳动保障法律监督员1300余人。

① “三进”：进园区、进企业、进工地。

② “五进”：进机关、进社区、进学校、进企业、进工地。

二、劳动关系协调

1993年，随着市场经济体制的逐步建立，企业经营机制的转换，各种分配关系的调整，企业劳动关系随之发生变化。区总工会适应新变化，主动协调企业劳动关系，确保企业改革和生产经营的顺利进行。1994年，《中华人民共和国劳动法》（简称《劳动法》）颁布后，上城区部分基层工会适时调整充实劳动争议调解委员会。全区各级工会接待受理有关咨询劳动合同签订、履约等方面内容的来信来访近300人次，其中，区总工会直接接待来访、受理来信共50人（件）次。

1995年，根据市总工会提出的“贯彻实施《劳动法》的重要环节和关键问题是签订集体合同”的要求，区总工会推行平等协商签订集体合同制度，并与杭州市上城区劳动局（简称区劳动局）、杭州市上城区计划经济委员会、杭州市上城区对外经济贸易局联合发文提出《关于积极推进平等协商签订集体合同的意见》。至当年末，全区签订集体合同的单位12家。是年，按照省市区统一部署，上城区全面推行劳动合同制工作，普遍建立较为规范的调解会工作制度和劳动争议协调处理制度。

进入21世纪，为适应社会主义市场经济要求，杭州市在全省率先建立协调劳动关系三方会议制度。2002年“两会”期间，区总工会提交提案《关于加快建立上城区劳动关系三方协调机制》，并率先在杭州城区建立劳动关系三方协调会议制度，由杭州市上城区劳动和社会保障局、杭州市上城区工商联（区总商会）和区总工会的相关人员组成上城区劳动关系三方协调会议人员。2004年，上城区6个街道相继建立由街道劳动和社会保障站、工会、商会（经济科）共同参与的街道协调劳动保护三方会议制度。是年，区总工会提出并通过《关于进一步推行平等协商和集体合同制度的指导意见》，全年新签或续签集体合同的单位50家，新建或调整基层单位劳动争议调解组织的单位45家。

2005年，区总工会组织100余家企业的经营者和工会干部参加企业工资集体协商工作培训班。是年，望江街道、湖滨街道开展区域性工资集体协议试点工作，集体协议覆盖企业100余家，涉及职工3000余人。2006年，上城区各级工会建立工资协商指导员队伍。

2007年起，区总工会以创建企业和谐劳动关系为重心开展工作。是年，区总工会会同相关部门，共同建立劳动关系和谐企业培育机制。2009年，区总工会在全区企业中启动“劳动关系和谐企业”创建活动，全年企业参与率85%，达标率45%。2011年，全区参与创建“小三级”① 和谐企业433家，创建率达86.7%。杭州娃哈哈集团有限公司获全国“双爱双评”② 先进单位、全国“和谐劳动关系”先进企业；杭州花中城餐饮有限公司、上城电子机械工业功能区分别被评为浙江省和谐劳动关系先进企业、先进园区。是年，区总工会构筑覆盖全区的劳动争议调解组织，全年共召开区级劳动关系三方协调会议2次，与劳动部门共同调解处理劳动争议案件38件，涉及职工58人，参与劳动仲裁2件，结案2件。

2012年，上城区在全市率先举办和谐企业建设高峰论坛。论坛以“和谐、创新、责任、发展”为宗旨，每年举办一次，选取当年和谐企业建设领域的热门话题，采用演讲、交流、座谈等形式共同交流探讨和谐企业建设的做法经验、困惑以及应对举措等，旨在创建“规范有序、公正合理、互利共赢、和谐稳定”的新型劳动关系。2013年，区总工会在坚持劳动关系三方协调会议制度的基础上，建立工作季度通报制度。是年，全区新增2290家企业参与和谐劳动关系创建，“小三级”企业参与和谐劳动关系创建的覆盖率和达标率均达到100%。2014年，区委、区政府投入5万元专项工作经费用于和谐劳动关系创建，并将测评迎检工作和测评结果纳入区对部门和街道的目标考核。是年，上城区组建上城区企业社会责任建设暨发展和谐劳动关系工作领导小组，组长由区委副书记担任，成员单位有中共杭州市上城区委办公室、杭州市上城区人民政府办公室、中共杭州市上城区委组织部、杭州市上城区人力资源和社会保障局、杭州市上城区安全生产监督管理局、区总工会等24个，领导小组办公室设在区总工会。2014—2015年，区总工会连续两年开展上城区工资集体协商百家示范单位创建活动，杭州娃哈哈集团有限公司等10家企业获“上城区工资集体协商十佳示范单位”称号，浙江博世华环保科技有限公司等100家企业获“上城区工资集体协商百家示范单位”称号。2015年8月，上城区企业社会责任建设暨发展和谐劳动关系工作领导小组办公室被省委、省政府评为浙江省创建和谐劳动关系先进

① “小三级”企业：乡镇（街道）、村（社区）、小企业。

② “双爱双评”：企业爱职工，职工爱企业；评选爱职工的优秀经理（厂长），爱企业的优秀职工。

组织，杭州海兴电力科技股份有限公司被评为浙江省创建和谐劳动关系先进企业。全年全区企事业单位基层工会中，有841个开展创建劳动关系和谐企业活动。

三、劳动保护

20世纪90年代初，上城区安全生产形势严峻，存在安全制度不健全、安全教育欠缺、安全监督不力、安全设施缺乏或简陋、安全投入不足等问题。为逐步缓解安全生产问题，1994年，全区各级工会劳动保护监督检查组织在组织建设和队伍建设方面加强管理，组织建设率达98.9%。是年，区总工会组织“安全生产周”“工会劳动保护工作竞赛月”“冬季防火安全检查”等活动。至年末，工会劳动保护监督检查组织共举办工会劳动保护干部培训班3期250人次，基层自办13期。

1995年，上城区各级工会组织在协助政府对基层劳动安全卫生监督检查的同时，先后对20余家公司、企业的安全生产劳动保护情况进行检查，针对存在问题提出整改意见，消除事故隐患。是年，全区各级工会组织推出安全宣传板报33期，张贴挂图小彩旗130余套、安全宣传标语1924条，悬挂横幅10块、安全标志旗10面，组织观看安全教育录像1000余人次。1996年，根据区政府召开的安全生产工作会议要求，区各级工会以“三不伤害”①竞赛月活动为契机，健全工会劳动保护监督检查组织，加强工会劳动保护干部培训，并在全区范围内贯彻实施《劳动法》规定的劳动安全卫生标准。

2002年6月，上城区各级工会开展“安康杯”竞赛和以“安全责任重于泰山”为主题的活动。2003年，区总工会在区政协二届一次大会上就关注安全生产职业卫生、保护和促进经济健康发展问题提出建议。区各级工会以“掌握安全生产知识，争做遵章守纪职工”为主题，开展劳动保护安全生产竞赛；慰问2500余名高温作业的职工；配合上城区安全生产委员会和各级行政部门进行宣传教育工作；开展安全监督检查，发现和纠正事故隐患和“三违”②行为。2006年，区总工会与杭州市上城区安全生产监督管理局（简称区安监局）、杭州市上城区卫生局（简称区卫生局）联合制定《关于加强企业劳动安全卫生群众监督，建立健全工会劳动保护维权机制的实施意见》，聘任100名上城区企业职工劳动安全卫生监督员。

2007年，区总工会刻录安全教育光盘，在236家基层企业工会轮流播放，接受教育的外来务工者达2.3万人次。2008年，区总工会组织以“安全生产隐患排查治理年”为主要内容的“安康杯”竞赛活动，全区134家企业工会、1579个班组、1.47万名职工参加。2009年，新杭派服

① “三不伤害”：不伤害自己、不伤害他人、不被别人伤害。

② “三违”：违章指挥、违规作业和违反劳动纪律。

饰有限公司获浙江省“安康杯”竞赛活动先进企业。2011年，杭州娃哈哈集团有限公司被评为全国“安康杯”竞赛先进单位。2015年，区总工会以开展迎二十国集团（G20）杭州峰会“安全+”行动为契机，开展安全隐患排查工作，排查企业1500余家，排查出安全隐患324个，其中重大隐患5个，整改率达88.3%；发放倡议书，在“上城职工微家园”“上城发布”等多家平台进行官方微信互动；向玉皇山南基金小镇等建设工地发放有关安全生产、劳动保护等政策法规和《高温天气作业人员关爱手册》近3000册；联合区安监局开展“安全知识进‘楼道’”活动，覆盖率达100%。

四、劳动模范权益保护

1993年，上城区各级工会建立健全劳模（先进）档案，开展各种形式的劳模（先进）联欢慰问活动。1994年，区总工会落实劳模变更情况申报制度，每年汇总劳模脱产学习、工作调动、离退休、亡故等变更情况并上报市总工会。1998年，上城区对市级以上（含市级）劳模的医疗费实行按实报销。2003年，区总工会制定《上城区劳动模范基本待遇和生活医疗困难补助的实施意见》，规定患医保规定的特殊病种、生活困难的劳模（先进）按年在自费部分总额的50%给予补助（每人每年补贴封顶额5000元）。2006年，区总工会初步建立上城区各级劳模先进名册档案。至2007年，区总工会帮助31名劳模申请经济适用房，发放劳模慰问补助金40万元。

2010年，上城区各级工会建立健全退休劳模（先进）动态管理档案和电子档案；建立劳模活动联谊制；建立劳模低收入补助制度，对于月收入少于国家标准的29名劳模进行保底补助，补助金额15万余元。在元旦、春节等节假日对全国劳模以及各类生活困难的劳模进行上门慰问，全年为958名劳模拨付过节费和活动费38.32万元。2011年，区总工会组织20名省、市、区劳模赴武义开展考察活动。2012年，区总工会全年为27名低收入劳模争取补助金19.8万元。2015年，区总工会组织160名80岁以下退休劳模赴杭州宋城景区一日游，各级工会组织劳模观看电影、走访慰问劳模等。

五、疗休养和体检

区总工会每年均组织职工（含劳模）分多个批次参加疗休养和体检。1993—1998年，区总工会组织各级、各类先进模范职工1500余人次到市总工会疗休养院参加疗休养。1998年初，区总工会与杭州市上城区财政局、杭州市上城区劳动局、杭州市上城区审计局联合转发省市相关部门《关于重申职工疗休养工作几点意见的通知》，明确参加疗休养的对象以生产工作第一线职工为主，地点以工人疗养院为主，报销必须凭财政部门监制的疗休养专用收据，参加疗休养非本人责任发生事故的比照因公待遇处理等内容。

2003年，区总工会安排5名奋战在抗击非典型肺炎疫情一线的干部、职工参加健康疗休养，组织8户干部、职工家庭参加休闲度假周末活动。2014年，区总工会全年组织500余名劳模、技能人才、优秀外来务工人员开展免费体检和疗休养活动。2015年，区总工会组织7批次643名一线职工参加免费疗休养和体检活动。

第四节　职工经济技术活动

一、劳动竞赛

1993年起，随着社会主义市场经济体制的逐步建立，上城区社会主义劳动竞赛、技术革新、技术协作和提合理化建议等工会群众生产活动以市场为导向，以提高经济效益为目标，扩大领域，丰富内容，创新形式，逐步适应经济发展的需要。

1994年，区总工会开展以市场为导向，以推进技术进步和提高职工素质为重点，以扩大经济效益为目标的劳动竞赛。至年末，全区各级工会组织开展的各类竞赛活动918项（次），参加职工1.51万人次，提出合理化建议2620件，采纳2572件。1995年，区总工会实现“双增双节”① 总效益120余万元。1999年，区总工会围绕区委、区政府提出的“优二兴三、三产兴区、科教强区”的发展战略，开展“扬主人风范、创一流业绩、迎世纪曙光”为主题的劳动竞赛活动。

① “双增双节”：增产节约、增收节支。

2003年，各级工会把抗击非典型肺炎疫情、夺回损失、促进发展作为重要工作。全区职工立足岗位，开展各类竞赛活动，把损失降到最低。是年，上城区成立以区政府领导、区总工会及其他有关单位为主要成员单位的劳动竞赛委员会，在区总工会设立办公室，在重点工程、工业企业、服务行业等领域建立以企业为主体、职工为主力、市场为主导的劳动竞赛工作机制和企业增效、职工增收的激励机制。2006年，上城区成立由区委副书记任组长的社会主义劳动竞赛领导小组。同时，区委、区政府印发《在全区职工中开展社会主义劳动竞赛活动的实施意见》，下发在工业企业、重点项目建设工程、服务行业以及教育卫生4个领域劳动竞赛的活动方案。全区17个系统（局）、街道根据各自的实际先后建立组织领导机构，制定劳动竞赛方案。上城区全年通过劳动竞赛、合理化建议活动共创造直接经济效益3900余万元。

2008年，上城区各级工会结合实际，组织开展各类劳动竞赛活动。杭州市上城区人民政府城市管理办公室工会以庭院建设改善工程为阵地，开展重点工程比进度、城市管理比质量、车辆驾驶比安全等竞赛活动；杭州市上城区教育局工会探索开展具有教育系统特色的“工人先锋号”品牌创建活动。2013年，区总工会职工经济技术活动逐渐形成技能培训、劳动竞赛、项目扶持、人才培育“四位一体”工作机制。在合理化建议活动中，上城区产生经济效益7003万元。2014年，区总工会建立服务大项目资金扶持制度，全年补助14家企事业单位开展技能比武等区域性活动，共拨付24.94万元。2015年，全区共开展劳动竞赛活动372次，参赛职工达3.8万人次，职工提出合理化建议2976件，实施合理化建议1773件。

二、技能培育　技术革新

1993年起，上城区各级职工技术协会开展"四技"[①]活动，帮助企业开发新产品、新技术、新工艺，解决生产技术上的难题，开展岗位练兵、操作比武活动，鼓励职工自学成才、岗位成才。至1998年，上城区通过技术攻关、技术服务等活动，为企业增创效益1009.21万元。

1998—2003年，上城区各级工会开展"接受新挑战，塑造新形象，勇创新业绩，喜迎十六大""六个一"[②]等经济技术创新活动。全区有946家次工会组织参加1141项次的岗位练兵、技术比武等活动，参加职工达6.15万人次。2006年，区总工会首次建立上城区职工人才库，并重点对300余名入库技能、文化、体育人才开展技能、职业规划等培育活动，对926人进行技能培训。其中，取得技师资格证书14人，高级工70人，中级工724人，初级工78人，上岗证40人。此后，区总工会围绕建筑、环卫等行业不定期组织技术培训、技术比武、技能大赛等活动，并颁发资格证书。

2009年11月，上城区成立首家非公有制企业职工技术协会——杭州鼎利环保科技有限公司职工技术协会。2010年，在节能减排岗位技术革新活动中，区总工会通过开展"职工十大低碳技术创新成果"申报活动，引导职工参与"我为节能减排做贡献"为主题的技术革新和技术攻关活动，并在全区巡回开展60余场（次）低碳讲座、咨询活动。2013年，全区各级工会建立服务大项目资金扶持制度，补助8家企事业单位约12万元。2015年，区总工会以"技能竞赛月"为契机，举办上城区第十届现代服务业技能大赛，推动技能竞赛向基层覆盖。全年培训高技能人才225人，对特定工种的高级工以上人才实行人才奖励，投入约30万元；区总工会探

图23-1-1　2015年，区总工会举办第十届现代服务业技能大赛
（区总工会 供稿）

① "四技"：技术开发、技术转让、技术咨询、技术服务。

② "六个一"：学习一门新技术、提出一条合理化建议、推广一项新工艺、刷新一项新纪录、攻克一项技术难关、参加一次操作比武。

索实施蓝领技能人才晋升津贴机制，惠及蓝领人才100余人。

第五节 职工生活保障

1993年，区总工会走访慰问困难职工，给予补助和救助。同时，区总工会创造条件，促进下岗失业职工再就业。

1994年，上城区各级工会慰问病伤困职工5000余人次，补助困难职工11人；各基层工会建立职工特困户档案，实行重点帮扶。1995年，上城区设立全市城区首家职工解困救急基金，成立基金管理委员会。全年，收到近50家单位、70名干部职工的捐款37万元，共慰问困难职工、伤病残和退休职工6080人次，补助207人，救济20人，发放慰问品、慰问款共计56.2万元。

1996年，在区总工会的指导帮助下，杭州万隆实业有限公司建立基层单位职工互助保险，此后12家单位陆续建立职工互助保险。年末，上城区在全市区县中率先建立职工消费合作社①，对首批特困职工发放优惠卡。1997年，126个单位8000余名职工入社。

① 职工消费合作社属计划经济产物，在市场经济大环境的冲击下，职工消费合作社萎缩以至陷入困境，2000年左右停办。

1998年，区总工会建立上城区下岗职工再就业信息服务培训站，为下岗职工、招工单位提供相关信息咨询与服务。2002年，区总工会首次采用计算机数据库管理困难职工帮扶工作。是年，创建浙江省首个下岗职工创业园，全年帮助安置下岗失业职工再就业2100余人。

2006年，上城区启动“关爱外来女工，享受健康生活”大型公益活动，为近1200名外来女工免费体检；16个系统（局）、街道、直属单位为1862名女职工投保安康团体重大疾病保险，免费为196名单亲困难女职工投保。2007年起，区总工会在全市率先启动外来务工者医疗救助办法，明确医疗救助申请对象覆盖外来务工人员本人及直系亲属。2008年，区总工会安排6000余名农民工与工会干部同吃年夜饭，并发放慰问金，赠送价值12万余元的年货。

2009年，上城区职工维权帮扶中心成立，构建区、街道、基层工会“三级一体”的维权救助帮扶网络，建立职工维权帮扶工作协调会议制度，实现职工维权帮扶工作社会化。6个街道总工会举办各类招聘会，提供就业岗位9286个，帮助5390人就业。上城区劳动路编织社被评为首批杭州市工会促进就业援助行动创业就业基地。是年，上城区在全市首创成立以关爱女职工为宗旨的“五心家园”。“五心家园”由“爱心家园”“信心家园”“诚心家园”“关心家园”和“知心家园”构成。“爱心家园”积极推进扶贫帮困长效机制，为女职工、外来务工女工解疑排难；“信心家园”提供创业就业技能、家庭教育指导、综合素质提升等各方面的教育培训；“诚心家园”提供维权法律咨询、心理健康疏导、婚姻家庭调适等服务；“关心家园”密切关注女职工生产、生活和思想状况，尤其是工作环境、生命安全和身体状况，通过购买女性安康保险等活动提供关爱；“知心家园”主要功能为情感交流、愉悦休憩，推进女职工尽快适应城市生活，融入主流社会。

2010年，上城区6个街道总工会设立“五心家园”服务站，53个社区设立服务点，形成全区上下连动、资源共享的关爱女职工、外来务工女工的网络。至2010年末，“五心家园”累计走访女职工近2万人次，帮助解决困难500余次；举办技能竞赛30余场，帮助3000余名女职工提高技能水平，举办各类专题讲座300余场；放映女职工励志短片80余次，观影女职工2.3万人次。

2011年，区总工会创新推出职工医疗互助，48家单位、4198名职工参加，投保金额20.99万元。是年，区总工会开展“关爱母亲、关注健康”活动，为上城区部分困难单亲女职工及女农民工发放免费体检卡50份。2013年，区总工会为152名困难家庭学生争取困难补助金87万元。2014年，开展“双百平安返乡行动”，为651名外来务工人员公路包车13辆。2015年，区总工会在“春风助学”行动中，援助困难学生家庭64户；在“金秋助学”项目中，资助大专以上15人、高中段5人，共计投入助学金41.44万元；在“送温暖工程”中发放慰问品、慰问金共计35.2万元，为167名外来务工者免费提供返乡火车票、汽车票，组织462名“新杭州人”进行新春联谊、同吃年夜饭和新春观影活动；区总工会联合街道、系统（局）、直属工会对近500家单位高温作业职工、“小候鸟”[①]、省市重点项目和重点工程的一线职工等特殊群体开展高温慰问工作，慰问品价值231万元。全年救助特殊疾病、爱心透析、意外伤害职工11人，发放救助金8万余元；为19家单位发放普通门诊补助金1.48万元，组织305家单位34981人次职工参加在职住院、特种重病和女性特殊疾病医疗保险活动，参保金额达144.6

图23-1-2　2015年，区总工会举办新杭州人新春联谊会

（区总工会　供稿）

① “小候鸟”：每到放寒暑假的时候，农村留守儿童就如同“候鸟”般从外地来到在城里打工的父母身边，所以被称为“小候鸟”。

万元，其中区总工会补助47.57万元。

第六节　职工文化建设

一、思想政治教育

1993—1998年，上城区各级工会采取多种形式组织职工学习邓小平理论、学习社会主义市场经济知识，开展“爱祖国、爱上城、爱岗位、增才智、做贡献”为主题的教育活动、企业形势任务教育活动（指当时国际国内形势教育）、创建文明班组、推动窗口行业建设和职业道德建设等活动。

2003年，全区各级工会把提高职工队伍的思想道德素质和职工职业技能放在同等重要的位置。区总工会以创建学习型组织为载体，以学习贯彻中共第十六次全国代表大会精神为契机，加强“三个代表”重要思想的宣传和教育、社会主义民主法治教育、先进文化和民族精神的教育，提高职工思想道德素质；以加强职业道德建设为重点，在全区基层和职工中开展争创职业道德建设示范单位和争当职工职业道德建设标兵活动。区机关工会开展创建文明示范岗活动，把树立行政执法形象与创人民满意单位有机结合，弘扬文明执法、吃苦耐劳、作风硬朗、服务群众的良好职业风尚。2006年，全区各级工会组织开展社会主义荣辱观和“文明职业和谐创业”职业礼仪宣教实践活动。区总工会利用职工培训中心、流动课堂以及时代光华教育网络平台，提供免费培训讲座46期（次），开设科目30余种，被市总工会授予“文明职工，和谐创业”职业礼仪教育系列活动优秀组织奖。

2008—2013年，上城区各级工会围绕科学发展主题和转变经济方式主线，实施“创建学习型组织，争做知识型职工”主题活动，推进“发展创新型经济、发挥主力军作用”实践活动，开展“爱杭州、爱岗位、爱创新、爱生活”职工价值观教育。面对国际金融危机，开展“同舟共济保增长、建功立业促发展”活动，引导企业和职工签订“企业关爱职工、职工热爱企业”共同约定书，构建利益共同体、事业共同体和命运共同体。

2015年，区总工会围绕“五心五爱”、“新杭州人”圆梦、弘扬“最美”精神等活动，培养有“爱心、热心、诚心、官心、尽心”的工会干部，增强职工“爱杭州、爱学习、爱岗位、爱创新、爱生活”的价值观。

二、文化体育活动

1993年起，上城区各级工会在元旦、春节、“五一”国际劳动节等重大节假日，坚持开展各类文体活动。根据职工的兴趣爱好，组织开展运动会、文艺演出、登山、歌咏等群众性文体活动，满足职工群众精神文化需求。1999—2002年，全区各级工会会员职工参加越野环湖赛跑、职业歌手大赛、职工书画篆刻大赛展等活动。2006年，区总工会举办上城区职工运动会，设4个趣味个人项目、2个集体项目，4000余名职工、36支代表队参加比赛。

2007年，区总工会举办职工艺术节，以“建新世纪上城生活品质，展新时代职工劳动风采”为主题，以基层开展的群众性文艺活动为基础，从全区各系统上报的38个文艺节目中选拔14个参加演出。2009年，上城区职工艺术团成立并进行演出。是年，区总工会开展为职工“送文化、送法律、送科技”活动，引导全区职工学科技、学文化。2012年，区总工会举办职工摄影比赛，参与职工100余人，展出作品30幅。2015年，区总工会结合“世界读书日”、“五一”国际劳动节等节日，举办摄影、诗歌征文比赛、职工趣味运动会等活动。全区各级工会举办区域性的职工文化节、茶文化普及、书画惠企等活动百余场。

图23-1-3　2015年，区总工会举办“奔跑吧上城”职工趣味运动会（区总工会 供稿）

第二章　共青团

1978年起，团区委开展把工作重点转移到社会主义经济建设上来的教育，组织向张海迪、蒋筑英、罗健夫等先进人物学习，争当“新长征突击手”等活动。1992年，全区开展以培养有理想、有道德、有文化、有纪律的社会主义接班人为主线的“一情、二史”（国情，近代史、现代史）教育和“我为‘八五’献青春的岗位成才、岗位奉献、岗位献计、振兴上城建功杯”等活动。1993年，上城区有基层团组织131个，团员2029人。是年起，团区委通过开展读书教育、志愿者、文明创建等活动，坚持用科学的理论武装青少年，用崇高的理想激励青少年，用生动的实践锻炼青少年，用良好的道德风尚影响青少年；在青年人才培养、就业创业，引导、保护青少年健康成长，服务青年业余生活等方面，坚持围绕青年发展需求多样化的趋势，不断深化团组织服务内涵。

进入21世纪，中国掀起创业潮。团区委根据时代发展需要，通过辅导报告、座谈会、搭建平台等方式为创业青年提供服务。2005年4月，根据共青团杭州市委员会要求，小营街道小营巷社区作为全省唯一的城市社区青少年事务管理工作试点单位启动试点工作，开展特色教育帮扶工作。此后，该项工作在全区推开。2006年起，上城区持续完善志愿者行动管理模式，健全和完善“区志愿者工作指导中心（区志愿者协会）—街道志愿者工作指导中心（街道志愿者协会）—社区志愿服务站”的三级管理模式。2012年6月，清波街道团组织格局创新工作入选《全国街道团的组织格局创新工作案例汇编》。至2015年，上城区有基层团委41个、基层团工委9个、基层团总支23个、基层团支部465个，有团员5462人。

第一节　组织机构

一、共青团上城区委员会[①]

1993年，团区委未设职能科室，主要职责是组织青年、引导青年、

① 1957年6月，共青团上城区委员会建立。在“文化大革命”期间，被迫停止活动。1970年12月，恢复活动。

服务青年和维护青少年合法权益。1998年12月，共青团上城区机关委员会更改为共青团上城区机关工作委员会。2010年12月，团区委设立办公室。2015年，团区委办公地址惠民路3号。下属事业单位有杭州市上城区志愿者工作指导中心。历任团区委书记卢江、顾敏达、杨英英、方毅、宣寅、李忠誉、章琪、洪梦君。

1993—2015年，上城区共青团共召开7次代表大会，原则上每3年召开一次，会议主要议程为听取审议上一届委员会工作报告，选举产生新一届委员会。

表23-2-3　1993—2015年共青团上城区代表大会情况表

会　　次	时　　间	出席人数			工作报告
		正式	列席	特邀	
共青团上城区第六次代表大会	1994-05-19—20	100	5	0	坚定政治信念，团结全区青年，为加快改革开放和现代化建设贡献青春
共青团上城区第七次代表大会	1997-05-14—15	100	5	50	锐意进取、开拓创新、扎实工作，切实肩负起历史赋予的跨世纪的重任
共青团上城区第八次代表大会	2000-12-12—14	120	8	—	不辱历史使命，开创世纪未来，带领全区团员青年努力构筑21世纪上城共青团事业新格局
共青团上城区第九次代表大会	2003-06-11—13	118	11	—	实践“三个代表”重要思想，团结带领广大青年在“构筑新优势、建设新上城”的征程中贡献青春和力量
共青团上城区第十次代表大会	2006-07-03—04	120	19	—	以科学发展观为指导，团结带领全区团员青年为“打造杭州RBD，构建和谐新上城”奉献青春和力量
共青团上城区第十一次代表大会	2009-11-26—27	130	18	—	抢抓机遇，科学发展，乘势而上，团结带领团员青年为建设具有国际水准的高品质中心城区贡献智慧与力量
共青团上城区第十二次代表大会	2014-04-09—10	130	18	—	与时代共鸣、与伙伴携手、与梦想共舞，共同谱写“现代化美丽上城”的青春画卷

说明：资料来源于共青团上城区委员会

表23-2-4　1993—2015年杭州市上城区团组织情况表

年份	团员总数（人）	发展团员数（人）	基层组织数（个）	团员入党数（人）
1993	2029	33	131	13
1994	1721	39	129	20
1995	1997	70	147	38
1996	1458	76	128	26
1997	1849	95	129	49
1998	1921	133	154	44
1999	1498	126	133	45
2000	5377	594	181	39
2001	4741	1357	169	71

续表 23-2-4

年份	团员总数（人）	发展团员数（人）	基层组织数（个）	团员入党数（人）
2002	3691	830	155	55
2003	3677	904	383	80
2004	3589	659	356	62
2005	3998	370	343	57
2006	4203	623	319	70
2007	7325	651	308	64
2008	7561	782	294	61
2009	6647	691	343	53
2010	6231	527	404	57
2011	5723	756	465	49
2012	5246	651	454	46
2013	5310	512	454	32
2014	5412	498	538	26
2015	5462	509	538	24

说明：1. 资料来源于共青团上城区委员会。2.2003年，上城区行政区划调整，街道共青团组织数量因此发生变化

二、基层团组织

1993年，上城区有基层团组织131个。1995年9月，上城区街道团委统一改建为街道团的工作委员会（简称街道团工委）。1996年与2003年，上城区行政区划调整，街道共青团组织数量因此发生变化。2015年，上城区有基层团委41个、基层团工委9个、基层团总支23个、基层团支部465个。其中，局、系统共青团组织12个，直属企事业单位共青团组织3个①，街道共青团组织6个②。

三、志愿者服务组织

2002年，杭州市上城区志愿者协会成立。2004年，杭州市上城区志愿者工作指导中心成立，承担全区志愿服务工作的指导、协调工作。是年，杭州市上城区志愿服务工作委员会成立，办公室设在团区委，具体工作由杭州市上城区志愿者工作指导中心实施。2012年，上城区“紫薇·原点”政策咨询党团员志愿服务团成立，秘书处设在团区委，由杭州市上城区志愿者工作指导中心统一管理。2015年，全区各级志愿者组织有注册志愿者6.74万人。

四、青少年团体和机构

上城区青年联合会　2011年，上城区青年联合会（简称区青联）成立，办公室设在团区委。主要职责是引导青年积极参与社会生活，为青年健康成长、奋发成才服务，拓展与中国港澳台青

① 共青团杭州娃哈哈集团公司委员会、共青团浙江华日集团委员会、共青团杭州广宇房地产集团有限公司委员会。

② 共青团小营街道工作委员会、共青团南星街道工作委员会、共青团湖滨街道工作委员会、共青团清波街道工作委员会、共青团紫阳街道工作委员会、共青团望江街道工作委员会。

年及海外青年组织的交流与合作，促进祖国统一。区青联实行委员制，每届委员会任期3年。在2011年、2015年，上城区青年联合会第一届、第二届全体会议分别召开，选举产生历届主席章琪、洪梦君。

上城区青少年活动中心　见第二十八篇教育第七章校外教育第一节教育机构。

上城区少先队工作委员会　见第二十八篇教育第九章教师与学生第二节学生。

第二节　青年思想教育

一、读书教育活动

理论学习　1993年5月，中国共产主义共青团第十三次全国代表大会确立邓小平理论在共青团建设和工作的指导地位。全年全区共举办有中国特色社会主义理论及《邓小平文选》第三卷培训学习班3期，参加的团干部、团员青年200人。是年，团区委组织137名团支部书记学习共青团浙江省委员会编写的《走向大市场》。

1994—1996年，团区委以培训班、团干例会、读书会等形式，加强团员青年对中国特色社会主义理论、党的基本路线等理论知识学习，提高青年的思想政治觉悟。杭州市上城区贸易局团委、杭州娃哈哈集团公司团委围绕企业深化改革、转换经营机制，聘请专家讲授现代企业制度有关知识。1997—2000年，团区委从建立团干部学习制度入手，坚持中心组理论学习，集中培训与分散自学相结合，提高团干部理论素养和工作水平。

2001年，团区委举办为期3天的团干部理论读书班，加强团干部对“三个代表”重要思想、中共十五届六中全会精神以及《公民道德建设实施纲要》的理论学习。上城区各个街道、局系统以及机关单位的基层团干部72人参加。该次培训班是截至2001年团区委举办的规模最大的一次团干部理论读书班。

2007年中共第十七次全国代表大会（简称中共十七大）召开后，团区委通过组织“青春永向党——80后学习十七大”、上城团干QQ群网络学习等活动，学习中共十七大、中共十七届三中全会、中共十七届四中全会和中国共产主义共青团第十六次全国代表大会精神。至2015年，团区委每年根据中央要求，定期组织理论学习。

爱国主义教育　1993年10月，上城区举办革命传统教育学习班，近百名团干部、团员青年参加。1994—1997年，杭州市上城区教育局团委以爱国主义教育为主线，开展“无悔的选择”和“读《生命之歌》，学刘玲英敬业精神”的读书活动；围绕中华人民共和国成立50周年、改革开放20周年，团区委开展“国旗在我心中”升旗仪式、“五十年辉煌，新世纪畅想”读书活动以及“我们拥有同一个祖国母亲”征文演讲比赛。

2001年，上城区举行纪念“五四”表彰大会暨“世纪、中国、青年”大型史诗朗诵音乐会，近1000名团员青年参加活动。为纪念“五四”运动82周年和中国共产党成立80周年，团区委在全区各级团组织中开展“理想、责任、作为”大讨论，举行“坚定信念跟党走，奋发有为接好班”征文演讲比赛活动。2002年4月，上城区召开纪念中国共产主义青年团成立80周年大会，并举行“雷锋，在我们身边”演讲比赛。2004年，小营街道以《弘扬和培育伟大的民族精神》《祖国明天更美好》等读本为载体，开展征文演讲比赛活动。

2006—2009年，团区委以“我与祖国共奋进”“民族精神代代传”等主题教育活动为载体，通过开展“传承五四薪火、寻访团史胜迹、履行青春使命”主题寻访、系列主题读书、少先队“英雄中队”建设等活动，加强青少年爱国主义教育。通过举办“论青年的文化修养”讲座、“梦想让我与众不同”演讲比赛、“十八岁成人门”宣誓仪式和“十大杰出青年”进校园等活动，开展社会主义荣辱观主题教育。

2011年，团区委与中共杭州市上城区委宣传部（简称区委宣传部）合作开展“祝福献给党”千条红色微博征集活动，并以此为契机启动基层团组织微博信息互动体系建设，共收到微博投稿1000余条。2012年，团区委通过微博、座谈会等形式组织各级团组织、团员青年开展“我们的价值观”大讨论、雷锋精神大讨论和岗位核心词提炼等活动；组织10余名团员青年代表参加上城区纪念钱学森诞辰100周年中心组（扩大）学习会；开展上城区红色毅行活动，组织100余名团员青年组成小分队走访浙江省第一个党团组织发源地、钱学森故居、风雨茅庐等13个红色体验点。

2014年，团区委开展“中国梦·我的梦”主题教育实践活动，以团干部、青年学生和青年骨干为重点，依托青年马克思主义培养工程、“学理论·强党性·铸信仰”等项目载体，进行学习座谈、参观寻访、知识竞赛、先进评选；举办“我的中国梦——奋斗的青春最美丽”青年高管职场经验交流会。2015年，团区委走进校园、企业，开展“我心中的党和我心中的祖国”等演讲及时事辩论4场次。

图23-2-4　2014年，团区委举办“我的中国梦——奋斗的青春最美丽”青年高管职场经验交流会　（团区委　供稿）

二、志愿活动

团区委组建青年志愿者队伍，每年通过社区服务等形式开展帮教青少年、关怀单亲儿童、帮扶贫残孤困人员的活动；利用发布平台召集志愿者，采用专场培训等方式，服务各大型活动。

1997年，团区委组建青年志愿者服务队，开展植绿护绿、扶贫助困等传统青年志愿者活动项目。以孤寡老人、入伍战士、单亲双差生[①]、特困青少年、残障弱势群体为主要服务对象，开展“一助一”长期志愿结对服务。是年，全区11个街道均建立以街道团工委为基础、以地区共建单位为依托的青年志愿者服务站，

① 单亲家庭的纪律遵守和自主学习两个方面都有问题的学生。

实行挂牌服务，建立规章制度，并做好建档立卡工作。横河青年志愿者服务站被中共杭州市委宣传部命名为“市级雷锋角”，并受到团中央、省（市）委以及市委的肯定。1998—2000年，团区委建立以广场、公园、敬老院等18个服务基地为阵地，以26支青年志愿者服务分队和100余支特色服务队为主体的上城区青年志愿者行动协管运作机制，并重点推出“助残”“扶贫”“敬老”“拥军”四大志愿工程。2002年2月，团区委在湖滨街道东平巷社区休闲中心举办上城区“弘扬雷锋精神”志愿者服务暨社区志愿服务站授牌仪式，表彰10名“学雷锋标兵”，命名首批7个社区志愿服务基地，为9个社区志愿服务站进行授牌。4月，团区委、南星街道、杭州市上城区民政局（简称区民政局）在美政桥社区召开“个十百千万”[①]社区志愿服务模式现场会。

2006年起，上城区持续完善志愿者行动管理模式，并根据新时期社会热点，立足网络新媒体，不断创新志愿者工作管理实施方式与内容。团区委发挥区志愿者工作委员会作用，健全和完善区志愿者工作指导中心（区志愿者协会）—街道志愿者工作指导中心（街道志愿者协会）—社区志愿服务站的三级管理模式。2009年，上城区率先在全市制定《上城区志愿服务组织管理规范》，统一志愿者品牌形象。围绕社区居民百姓所需，团区委开展口腔医疗、防癌抗癌、禁毒宣传、公共应急等特色志愿服务活动，形成“一社一品”的特色志愿服务模式。创新采用定向招募和社会招募相结合的方式，加大志愿者招募力度。是年，全区注册备案志愿者人数达5.78万人，各类志愿服务队伍887支。2011年，团区委推出“青春优品换宝网”志愿者网络发布平台。该平台实现志愿者注册、活动信息发布、需求对接、志愿者激励一站式服务，并推行“志愿服务时数积分换宝”模式。2012年，团区委利用官方淘宝店、官方微博及微信等新媒体平台，扩大服务覆盖面。

2013年，团区委开展“抗旱护绿·抗旱救灾”、抗击台风“菲特”、“暖衣暖茶暖心暖行”春运志愿服务等行动；配合重点工程项目，开展交通文明劝导、上城区寄宿家庭（Homestay）体验等活动。全年参与志愿服务8000余人次，服务时长近3万个小时。是年，团区委运用新媒体参与社会管理创新，整合机关职能部门、街道、社区党团组织资源，在淘宝网上搭建党团志愿者服务平台。“红淘”服务站共有党团志愿者138人，销售类服务4002件，获好评400个，好评率为100%。2014年，团区委规范志愿服务文明用语、服装礼仪，打造鼓楼志愿服务标准化服务室，配齐全区54个社区服务站刷卡器，成为杭州市首个通过志愿服务标准化的区县单位。

2015年，团区委按常住人口5%储备二十国集团（G20）领导人杭

① “个十百千万”：区指导中心为1个，社区志愿服务中心10个以上，志愿服务站100家以上，志愿服务项目1000个以上，志愿者10000名以上。

州峰会志愿者，在全区范围内建立平安、旅游、卫生、外语等专业志愿服务队伍以及层次分明、功能齐全、门类多样的志愿服务项目库。团区委升级“贴心城管”志愿者工作，开展文明劝导，获中央电视台《新闻30分》专题报道。梅花碑社区及鼓楼微笑亭周炎珍入选全国学雷锋志愿服务“四个100”[①]评选。是年，全区注册志愿者近6.74万人，全年累计服务时数8.5万个小时。

① “四个100”：100个最美志愿者、100个最佳志愿服务组织、100个最佳志愿服务项目和100个最美志愿服务社区。

三、文明创建

1993年，团区委在“窗口”服务行业中，开展“创优秀示范岗柜，做优秀示范员”活动。1994—1996年，团区委在全区广泛开展“创青年文明号，争当青年岗位能手”活动，以万隆酒家、湖滨环卫站湖滨路清扫一班、亨得利钟表珠宝公司黄金铺、湖滨信用社等青年文明号单位为试点，率先在杭城推出“青年文明号”服务卡。全区创建青年文明号活动深入到公安、商业、工业、旅游业、餐饮业、环卫等领域中。

1997—2000年，上城区制定《上城区青年文明号管理办法》，聘请5名青年文明号监督员，完善申报、命名、表彰、监督等各项制度。全区涌现省级青年文明号1个，市级青年文明号15个，市级青年文明号标兵集体2个，区级青年文明号27个。2002年3月，上城区紫阳街道雄镇楼社区获第三批“全国青年文明社区”称号。2005年，小营巷社区和劳动路社区被命名为第四批“全国青年文明社区”。杭州中瑞思创科技股份有限公司自动化小组被评选为“省级青年安全生产示范岗”。

2010年，团区委运用“青年文明号”“青年安全示范岗”等传统品牌吸引整合辖区非公有制企业青年资源，把品牌创建作为凝聚、团结非公有制企业青年员工的有效载体。2011年，团区委联合杭州市上城区安全生产监督管理局开展“青年安全示范岗”的创建活动，引导青年强化安全意识，宣传安全知识。

2012年，团区委制定《上城区“青年安全示范岗”创建管理办法（试行）》和《上城区“青年安全示范岗”考核细则》，成立上城区“青年安全示范岗”创建活动组委会，印制创建台账，监督创建过程，将优秀经验编录成册进行宣传。6月，小营街道金钱巷社区卫生服务站等27家集体被授予“2011—2012年度杭州市级青年安全示范岗”称号，团区委被评为“优秀组织奖单位”。

至2015年，团区委持续开展青年文明号等文明创建活动。

第三节　青年服务

1993—2015年，团区委围绕青年人才培养、就业创业、服务青年业余生活等方面，坚持青年发展需求多样化的趋势，成立上城区青年人才专修学校，举办“上城青年大讲堂”，搭建上城区大学生创业就业俱乐部等平台，不断深化团组织服务内涵。

一、就业创业

1993年，团区委开展青工技术操作比武活动。是年，杭州新星微型计算机厂青年科技人员设计研制的黄磷电路其配料微机控制一项获浙江省青工“五小”[①]科技成果一等奖。1994—1996年，团区委制定《上城青年成才奖励条例》，表彰在劳动竞赛等方面成绩显著的团员青年。

1997年起，团区委组织各类培训以提高青年职工综合素质。1997—2000年，团区委依托社区、业余学校等，以企业青年职工、外来青年职工、下岗职工等为主要对象，开展理论、科技文化、职业技能教育，提高职工适应市场竞争的能力。1998年，上城区青年人才专修学校成立，下设13个培训站，利用地区共建资源，开展法律法规、文明守则、专业技能培训。1998—2000年，团区委共培训外来青年职工1.5万余人。杭州晨光塑料化工厂张茂峰、浙江华日集团公司陈茂军获杭州市优秀外来青工称号。

进入21世纪，中国掀起创业潮。团区委紧跟时代步伐，为创业青年提供服务。2002年12月，上城区举行“青年·创业”大讨论动员会暨中共十六大精神辅导报告。2005年，团区委组织区优秀青年（十大杰出青年、十大外来创业青年）和团员青年召开“青春足迹”青年创业座谈会，交流心得。2006—2009年，团区委坚持“创业带动就业”的工作理念，联合中国美术学院、中国移动杭州分公司、浙江日报社等单位，共同举办大学生就业创业新思维设计大赛，引导当代大学生树立正确的择业、就业和创业观念，呼吁社会关注青年就业问题。团区委搭建共青团服务青年创业就业新平台——上城区大学生创业就业俱乐部，吸纳会员45人。开展共青团“青年就业创业见习基地”建设，提供见习岗位318个，人岗对接成功256人，通过见习实现就业94人。

2010年，团区委建立健全“区—街道—产业园”三个层面的服务青年就业创业组织体系。在望江街道、清波街道分别成立“网店俱乐部”“清波创驿”等创业服务组织。联合杭州市上城区人事局编制《青春优

① “五小”：小发明、小革新、小改革、小设计、小建议。

品——2010上城区青年创业项目推荐手册》，介绍36家青年创业企业的服务和产品。是年，青年就业创业见习基地创新采取导师带徒弟的方式开展创业培训，杭州中瑞思创科技股份有限公司等13名企业总经理作为导师结对18名徒弟。2012年，团区委与杭州市上城区计划生育协会合作举办独生子女创业扶持活动，由7名创业大学生角逐6万元的现金大奖，同时与5名创业导师现场结对。

2013年，以“居家创业”“文创产业”作为上城区扶持重点，团区委重点针对青年网商开展专题培训活动11场，服务青年网商200余人次。举办“上城青年大讲堂”4期，重点面向LOMO创意谷和杭州山南国际设计创意产业园的创业青年开展电子商务、网络营销、文化创意等交流培训。开展创业青年“与阿里巴巴面对面”专题培训会。2014年，团区委联合杭州市大创联盟、杭州市青联开展“微时代·微创业”分享会。开展上城大学生创业企业专项调研，撰写专题文章《加强民办官助，实现三方共赢，继续推进大学生创业园区发展》报送区委。是年，团区委联合杭州市上城区人力资源和社会保障局举办“333就业服务月”[①]，吸引80余家知名企业参加，提供2000余个岗位。

图23-2-5　2015年8月14日，团区委举办创意市集（李忠　摄）

2015年，团区委搭建青年创意大街[②]平台，青年创意大街开设多个摊位，集中售卖各类文创艺术品，打造文创青年创业创意圈；整合“江南1535”众筹咖啡馆、泰隆银行等对接导师带徒、小额贷款、投资孵化和产业服务，扶持项目23个，公募资金47万元，为青年提供“一站式”的创业公共服务圈。是年，团区委召集文创项目100余个，先后在利星广场、凤凰御元、湖滨in77等举办主题市集6场次，销售额累计30余万元。

二、婚恋服务

2006年起，团区委开展青年婚恋服务工作。2006—2009年，上城区“第三空间”青年职工俱乐部成立，为青年职工提供理顺情绪、化解矛盾、相互交流的场地，先后组织“缘聚共青·化装舞会”“缘聚共青·玫瑰之约”“缘聚共青·咖啡物语”等系列交友活动。2010年，团区委

① “333就业服务月”：以送岗位、送服务、送政策为主要内容，面向高校毕业生、城镇登记失业人员、就业困难群体等重点人群，省、市、县三级联动，共同为就业困难群体做好就业服务工作。

② 2015年11月，“尚小创”青年创意大街成功落地吴山广场。

联合区总工会、杭州市建设委员会开展新杭州人集中服务月活动，包括职业青年婚恋交友、身心健康等五大方面，举办各类活动30余场，服务“新杭州人”5300余人次。

此后，上城区各局系统、街道、社区、省市医疗机构、公司联合举办以“缘聚共青·浪漫上城”等为主题的交友联谊活动，帮助解决青年职工的婚恋交友问题。2014年9月，南星街道搭建残疾青年交友平台“爱情超市”。2015年，上城区举办“相约七夕，缘聚上城”青年交友活动，搭建青年交友平台。

第四节　未成年人保护

1994年，区政府建立上城区未成年人保护委员会。1996年，上城区未成年人保护委员会办公室设在团区委，随后各街道相继建立由街道党、政、工、团、司法、文化、派出所等联合组成的未成年人保护小组，承担起辖区内日常的未成年人保护工作。上城区未成年人保护委员会着重加强各单位之间的联络和沟通，对未成年人实施学校、家庭、社会、司法四大保护载体。2005年4月，小营街道小营巷社区作为全省唯一的城市社区青少年事务管理工作试点单位，正式启动试点工作。2014年，杭州市上城区“新起点”未成年人观护基地在望江街道在水一方敬老院挂牌成立，是浙江省首家新型未成年人观护基地。至2015年，上城区基本形成多层次、网络化的青少年维权工作组织体系。

一、未成年人普法教育

团区委每年通过组织演出、观看录像等方式，对未成年人进行普法教育。1997年，上城区未成年人保护委员会开展“一法一例”宣传，加强未成年人特别是中小学生的普法工作，强化青少年的自我保护意识和法治观念。9月，浙江省少年管教所育新艺术团到上城区演出，以少年犯现身说法的形式开展法律法规宣传，600余名中小学生观看演出。2004年，在团区委的指导下，小营街道开展普法教育，邀请杭州市上城区司法局（简称区司法局）领导、法律专家、社区民警讲授《中华人民共和国宪法》《中华人民共和国未成年人保护法》，组织青少年观看录像《远离毒品》和参加法律知识测试，增强青少年的法治观念、自我防范意识。

2005年8月，小营街道西牌楼社区[①] 青少年法制教育基地在上城公安分局巡特警大队成立并举行授牌仪式。2006—2009年，团区委实施“雏鹰普法计划”，开展“法律就在我身边”系列活动，开展新《中华人民共和国未成年人保护法》学习宣传活动。2013年5月，团区委联合区

① 西牌楼社区是团中央定点的全国50家青少年违法犯罪社区预防计划的试点单位之一。

卫生局、杭州市上城区教育局（简称区教育局）、杭州网义工分会等单位在杭州市望江门小学开展青春期保护——“快乐女孩”公益行动，开展心理卫生、自护教育课程。2015年7月，团区委、区教育局联合杭州海事局共建的少年海事学校，以中小学生为主要对象，开展形式多样的水上交通安全法规教育活动。

二、特殊未成年群体帮扶

团区委每年发挥自身能力和发动社会力量帮助上城区的特殊青少年群体。2001年12月，团区委参加杭州市杨绫子学校和儿童“手拉手”一起过新年活动。2002年1月，团区委到紫阳街道和南星街道馒头山社区慰问智力障碍、特困青年。5月，组织“走进无声世界”活动。2004年，在团区委的指导下，小营街道组织志愿者对社区流动人口家庭子女、特困家庭子女、孤残儿童、失足少年等弱势未成年人群体给予关心、帮助，动员社会各界向他们献爱心。2012年，团区委将智力障碍等特殊青少年的画作制成明信片，开展“天使画作”明信片义卖活动，通过“紫薇·原点”淘宝店发售，发动社会力量共同帮助他们成长和回归社会。

2014年，团区委推动“阳光助残行动”，探索性地引入国外残疾友人元素，通过举办“中外手摇车训练营”“励志演讲”等活动，促进中外残疾人士互帮互助。2015年，团区委以望江街道婺江社区“小蒲公英”快乐坊为阵地，围绕学业辅导、亲情陪护、感受城市、自护教育、爱心捐赠5个维度，向外来务工子女提供志愿服务。在“12·5”国际志愿者日，团区委开展的“志愿同行·益动上城”主题志愿服务活动中设置“阳光助残”“关爱农民工子女”主题项目，吸引1600余人次参与。

三、社区青少年事务管理

2005年4月，根据共青团杭州市委员会要求，小营街道小营巷社区作为全省唯一的城市社区青少年事务管理工作试点单位启动试点工作。在团区委的指导下，小营巷社区青少年事务工作站成立，围绕社区“闲散、流动、困难、罪错、边缘”5类特殊青少年群体，开展特色教育帮扶工作。6月，小营街道社区青少年热线开通，主要针对青少年的网络成瘾、无心上学、行为偏差、家庭代沟、心理困扰、孤独内向、朋辈影响、就业困难8类问题进行帮扶。工作人员通过电话访问，建立包含家庭背景、性格特征、成长经历、行为习惯、思想动态等内容的个人档案，并结合电话回访、面询、个案辅导等方式，满足社区青少年群体生存与发展的需求。团区委全年共开展特色帮扶活动300余次，接受家长、青少年咨询1100余人次，接受各类青少年问题求助近100例。其中，30%的青少年有明显好转，45%的青少年有较好的转变。

2006—2009年，团区委总结社区青少年事务管理试点工作经验，面向全区青少年开设社区青少年咨询热线，开通“阳光博客”。4年共受理青少年个案52例，其中，15名青少年彻底好转，占总个案数28.8%；21名青少年明显好转，占总个案数40.4%。至2015年，在团区委的支持下，全区共建立各具特色的社区青少年俱乐部54个，助力青少年健康成长。

第五节　组织建设

1993年4月，上城区制定《上城区共青团基层整体建设三年规划》，把基层团组织建设工作目标定为：力争在3年内，团支部普及达标率要逐年递增10%；至1995年，一类团支部要达50%，二类团支部45%以上，无三类团支部。确立基层团委的工作考核制度，每半年基层团组织自查1次，年末团区委考评1次。1997年，上城区考核直属团组织，对团区委常委、委员以及基层团委书记进行述职评议和等级考核，建立团组织考核档案和团干政绩档案。是年，根据党团配套原则，上城区改建街道系统的团工委，组建浙江华日集团公司、杭州娃哈哈集团公司、杭州广宇房地产集团有限公司、区外贸系统等单位的团组织，并协同党组织对基层团委进行换届。

1998—2000年，上城区开展基层"党建带团建"目标责任书的签订和落实，推进团员发展以及"推优入党、推才上岗"工作。3年共发展团员373人，推优390人，推优入党198人，相继有7名团干部调任新的领导岗位。2007年，杭州市首家特色街区团委——清河坊历史街区团委成立，实现团组织对街区198家商户的全覆盖。至12月，符合建团条件的10家区属重点工业企业全部建立团组织，8家区属重点科技型企业全部建立团组织。

2010年，南华期货有限公司建立团委，成为全省首家期货公司团委。2012年6月，清波街道团组织格局创新工作入选《全国街道团的组织格局创新工作案例汇编》。清波街道是浙江省仅有的3个入选街道之一。在制度化建设方面，清波街道建立街道共青团工作联席会议制度，探索青少年社会工作者、青年志愿者工作机制转化为服务社区的长效机制。在团组织队伍建设方面，清波街道增配中国美术学院团委办公室主任等担任编制外副书记；在全区率先推出基层团委层面的宣传载体"清波团讯"和"清波团讯"手机报，拓宽街道团工作的宣传渠道。在特色活动品牌方面，清波街道率先成立"清波创驿"服务基地，打造"智·原点"吴山青年就业创业俱乐部特色平台，推进青年就业创业；形成清波门社区低碳双拥、劳动路社区青少年维权和预防青少年犯罪等"一社一特"品牌。

第三章　妇女联合会

1978年起，妇女组织活动逐渐常态化。1984年起，上城区开展创"五好"[①]家庭活动，并在妇女中进行理想、纪律与"四自"（自尊、自爱、自重、自强）教育，开展维护妇女儿童合法权益的宣传活动。1991年，区妇联成立法律顾问小组，为妇女和群众提供法律咨询服务。

1993年，上城区有清波街道、城站街道、清泰街道、涌金街道、横河街道、小营巷街道、湖滨街道妇女联合会。是年起，区妇联开展"巾帼建功"活动，动员女职工为全区经济发展献计献策。1996年，上城区制定实施《上城区"九五"妇女发展规划》和《上城区儿童少年事业发展规划（1996—2000）》，保障妇女儿童的发展。1997年，上城区"五好文明家庭"[②]活动协调小组建立，开展"好夫妻""好邻里""好家长""好婆媳"的评比表彰活动。2002年起，区妇联以失业妇女、困难和残疾妇女为重点帮扶对象，实施"姐妹帮扶工程"。同时持续开展女性素质提升工程和妇女健康促进工程，增强体质健康，学习知识技能，更好地展现女性风貌，应对新形势的挑战。同时，继续开展"五好文明家庭"创建活动，凸显女性在家庭和社会中的作用。2014年，区妇联成立上城区婚姻家庭纠纷人民调解委员会，保护妇女合法权益，促进婚姻家庭关系和谐。至2015年末，上城区共有街道妇联组织6个，社区妇联组织54个，妇女工作委员会12个。

第一节　组织机构

一、杭州市上城区妇女联合会[③]

1993年，区妇联未设职能科室。区妇联依法维护妇女儿童合法权益，提高妇女整体素质，动员妇女参与经济建设、促进社会发展。2010年12月，区妇联设立办公室。2015年，办公地址惠民路3号。历任妇联主席朱红卫、贾秀智、张璐、周莹。

上城区妇女代表大会的代表由基层妇联自下而上推荐产生，涉及教

① "五好"：遵纪守法好、完成任务好、勤俭持家好、清洁卫生好、邻里团结互助好。

② "五好文明家庭"活动是在全国所有家庭中开展的家庭文明创建活动。1985年开始，全国各城市将"五好家庭"活动纳入精神文明建设的总规划中。1996年11月，对"五好"条件做新规定，即：爱国守法，热心公益好；学习进取，爱岗敬业好；男女平等，尊老爱幼好；移风易俗，少生优育好；勤俭持家，保护环境好。

③ 1953年7月、8月，上城区、中城区成立民主妇女联合会。1960年9月，改称杭州市上城区人民公社妇女联合会。1963年2月，改称为杭州市妇女联合会上城区办事处。"文化大革命"期间，区妇联一度停止活动，1973年恢复组织。1982年12月，上城区第七次妇女代表大会召开，选举产生上城区妇女联合会第七届执行委员会。

育、卫生、民政等各行业。大会执行委员会候选人由大会主席团提名，提交全体代表酝酿讨论，经代表大会通过，正式确定候选人名单，然后进行选举。主席、副主席、常务委员从候选人中通过等额选举产生。1993—2015年，上城区共召开4次妇女代表大会。

表23-3-5　1993—2015年上城区妇女代表大会情况表

单位：人

会　　次	时　　间	出席代表	工　作　报　告
上城区第十次妇女代表大会	1994-09-21—22	215	团结动员全区妇女为加快上城区改革开放和现代化建设再立新功
上城区第十一次妇女代表大会	1999-09-07—08	185	高举旗帜，开拓进取，团结动员广大妇女为实现上城区跨世纪宏伟目标而努力奋斗
上城区第十二次妇女代表大会	2004-09-23—24	190	与时俱进，开拓创新，团结全区妇女为全面建设小康社会而努力奋斗
上城区第十三次妇女代表大会	2010-01-14—15	187	携手全区妇女，推进科学发展，为共建共享“具有国际水准的高品质中心城区”努力奋斗

说明：资料来源于杭州市上城区妇女联合会

二、基层妇女联合会[①]

1993年，上城区建有清波街道、城站街道、清泰街道、涌金街道、横河街道、小营巷街道、湖滨街道妇女联合会。此后，街道妇联组织随着街道设置的变更而变化。2003年末，上城区建有湖滨街道、清波街道、小营街道、望江街道、南星街道、紫阳街道妇女联合会。

2005年，区妇联组建杭州市上城区教育局妇女工作委员会、杭州市上城区财政局妇女工作委员会等9个妇女工作委员会。2007年末，全区6个街道51个社区全部成立妇联组织。此后新增社区妇联组织3个、妇女工作委员会3个。至2015年末，上城区有街道妇联组织6个，社区妇联组织54个，妇女工作委员会12个。

三、杭州市上城区妇女儿童工作委员会

1993年，上城区建有杭州市上城区儿童少年工作协调委员会[②]。1994年，杭州市上城区妇女权益保障委员会成立。2003年，杭州市上城区儿童少年工作协调委员会、杭州市上城区妇女权益保障委员会撤销，成立杭州市上城区妇女儿童工作委员会（简称区妇儿工委），办公室设在区妇联。区妇儿工委主要负责协调和推动政府有关部门、社会各方贯彻执行妇女、未成年人保护相关法律、法规和政策。2004年10月，区妇儿工委设立办公室。至2015年，区妇儿工委未有变化。

① 上城区各街道妇女组织建于1952年，是按当时公安派出所所属地区建立妇女分会，按居民区设基层妇女代表大会。1963年5月，改名为街道妇女联合会。是年12月，横河街道并入上城区，街道妇联亦由上城区妇联领导。

② 1989年，杭州市上城区儿童少年工作协调委员会成立。

四、杭州市上城区妇女之家

1994年9月，上城区有各类妇女活动阵地131个[①]。2011年，区妇联在52个社区挂牌成立52个妇女之家。妇女之家是凝聚妇女、服务妇女的重要平台，在增强辖区妇女群众归属感、增进妇联组织凝聚力、加强企业文化建设等方面发挥积极作用。2014年，全市首个商圈妇联——湖滨商圈妇联成立，并建立湖滨商圈妇女之家。至2015年末，全区共有妇女之家54个。

图23-3-6 2014年，湖滨商圈妇联成立，并建立湖滨商圈妇女之家（区妇联 供稿）

① 1991年，杭州市妇女联合会把基层妇联的活动阵地建设和经费基地建设列入目标考核细则。此后，上城区积极建设基层妇联活动阵地。

第二节 妇女儿童权益维护

一、普法宣传

1993年，为宣传贯彻《中华人民共和国妇女权益保障法》，区妇联就辖区突出问题开展调查研究，配合有关部门开展打击拐卖妇女、儿童犯罪和查禁取缔卖淫嫖娼犯罪活动的专项斗争。1999年，配合“三五”普法教育，区妇联举办以婚姻家庭为主要内容的讲座，组织区妇女干部与上城籍女犯人结成帮教对子，引导广大妇女学法、懂法、知法、守法。2000年，结合国家“四五”普法，区妇联组织全区妇女干部参加杭州市妇女联合会举办的维权信访工作培训班，宣传学习《中华人民共和国妇女权益保障法》和新修改的《中华人民共和国婚姻法》。

2005年，区妇联以“外来妇女与法同行”为主题，聘请律师、社区警务人员、维权联络员到社区开展妇女维权法律咨询服务，帮助外来妇女、困难家庭妇女、失业妇女和老年妇女了解劳动就业、婚姻家庭、卫生保健等领域的法律法规，提高法治观念和维权能力。2012年，区妇联宣传《浙江省预防和制止家庭暴力条例》《杭州市预防和制止家庭暴力条例》，组织大型广场咨询服务，提高妇女法律意识和自我保护意识。2014年，区妇联参与的杭州市上城区婚姻家庭纠纷人民调解委员会成立，聘任人民调解员参与婚姻家庭纠纷调处，保护妇女合法权益。2015年，以“男女平等”基本国策实施20周年为契机，区妇联开展普法课堂，组织妇女群众参加基本国策及相关法律法规知识竞赛，参与联合国妇女署性别平等和社会共同责任大会暨“他为她”（“He For She”）行动，努力营造关注妇女发展、推动两性平等、促进社会公平和谐的良好氛围。

二、维权接访工作

1993年，区妇联联合杭州市上城区人民法院成立杭州市第一个维护妇女合法权益合议庭。1994年，杭州市上城区妇女权益保障委员会成立后，被动维权现象有所改善。1999年，区妇联完善信访工作制度，发挥社区妇女维权站等组织作用。2002年，区妇联在全区推广维权进社区工作，建立上城区法律援助中心妇联联络点9个、社区妇女维权站67个、110家庭暴力救助中心10个。至2003年末，全区各妇女维权组织共调解婚姻家庭纠纷268起，处理来信59件，结案率100%。

2004年，区妇联创新维权方法，向来访者出具“家庭调适建议书”或“妇女维权诊断书”，帮助妇女分析处境并提出改变境遇的对策。该举措被《浙江日报》《浙江青年报》《杭州日报》等媒体关注。下半年，区妇联与区司法局联手，成立杭州市上城区妇女儿童法律援助站，为辖区内妇女儿童提供法律服务。2006年，区妇联完善区、街道、社区妇联三级投诉救助网络，为合法权益受侵害的妇女群众提供法律服务、法律援助和司法救助。2009年，区妇联全年共接待来信来访45件次，通过街道、社区妇女维权站协助解决12起，介绍专业律师咨询服务17起，落实法律援助3起。

2010年，区妇联挂牌成立上城区妇女心灵驿站，开通维权咨询热线，联系专业心理咨询师对需要帮助的妇女进行电话或面对面的心理疏导。2013年，区妇联创建上城区法律援助中心等2个省级妇女维权示范岗。是年，各级妇联组织共接待妇女群众来访140余件次，参与区社会服务管理平台解决维权案例42起，结案率100%。2014年，区妇联健全“四化”维权模式①，从提升妇女法律素养、强化妇女心理干预、关爱困难妇女群体、维护妇女合法权益、源头化解事前介入等方面，加强妇联干部化解矛盾的能力。2015年，区妇联全年接待妇女来信来访80余件次。

① “四化”维权模式：社会化的维权网络，多元化的维权阵地，专业化的维权队伍，个性化的维权品牌。

三、平安家庭创建

2005年，区妇联联合杭州市上城区社会治安综合治理委员会办公室

（简称区综治办），在全区范围内启动“平安家庭”创建。12月，湖滨街道青年路社区被中华全国妇女联合会授予首批全国12家“零家庭暴力示范社区”之一。2006年，区妇联与区综治办联合举办“平安家庭”创建大型广场宣传活动暨六个街道家庭矛盾疏导站成立授牌仪式，向全区家庭发出“争创平安家庭”倡议，社区创建“平安家庭”参与面达100%。是年8月，上城区被评为全国平安家庭创建活动先进区。

2007年，区妇联组织“平安家庭”宣传推进周，组织“三师”[①]进社区咨询服务活动6场，举办创建“平安家庭”文艺演出。是年，青年路社区被评为浙江省“平安家庭”创建活动示范社区。2011年，区妇联成立预防和制止家庭暴力委员会。2014年，区妇联举办“平安家庭”漫画展，集中展示全区平安家庭、邻里和睦、社区和谐等创建成果。2015年，区妇联推进预防和制止家庭暴力工作部门联动机制，发挥婚姻调解委员会职能。

① “三师”：指家庭律师、婚姻家庭指导师、家教指导师。

四、妇女儿童“两规”[②]实施

1996年，上城区制定《上城区“九五”妇女发展规划》和《上城区儿童少年事业发展规划（1996—2000）》。1998年，上城区通过《上城区“九五”妇女发展规划》和《上城区儿童少年事业发展规划（1996—2000年）》实施情况中期评估。是年，上城区成为全国《中国儿童发展纲要》示范区。2000年10月，上城区被国务院妇女儿童工作委员会确定为实施“十五”期间《中国儿童发展纲要》示范区。《上城区“九五”妇女发展规划》实施后，至2000年末，该规划提出的31项可量化的指标，除“新生儿出生缺陷发生率”无法取得数据外，其余30项指标均已达标；《上城区儿童少年事业发展规划（1996—2000年）》实施后，至2000年末，该规划提出的96项指标均已达标。

此后，上城区先后印发“十五”“十一五”“十二五”妇女儿童发展规划，按期开展中期监测评估、终期监测评估工作，并完成妇女儿童发展规划终期评估报告。

2013年，全国妇女儿童发展纲要示范工作现场会在上城区召开，现场观摩上城区生存教育基地、杭州市杨绫子学校和紫阳街道上羊市街社区的邻里值班室、姐妹手工坊等特色实事项目。2015年，上城区启动“十三五”妇女儿童发展规划编制。

② 两规：指各级地方政府根据国务院妇女儿童工作委员会支持制定的《中国妇女发展纲要》和《中国儿童发展纲要》的要求，分别制定适用于当地的具体规划，一般的文件命名为《XXX省（市、区、县）妇女发展规划》和《XXX省（市、区、县）儿童发展规划》。

第三节 经济活动

一、“巾帼建功”活动

1993年起，区妇联开展“巾帼建功”活动[①]，在全区女职工中开展“金点子”活动，动员女职工为全区经济发展献计献策。1994年，杭州市上城区“巾帼建功”协调小组建立，制定《上城区开展“巾帼建功”活动的“八五”规划》，联合杭州市上城区个体劳动者协会在女个体工商户间开展文明经商竞赛。至1994年9月，全区开展各类竞赛506项，参赛妇女9620人，全区妇联系统创办的经济实体有40余个。1996年，区妇联开展“巾帼展英姿，建功在上城”的行业杯竞赛，组织行业各类岗位竞赛154项，参赛6972人次；提合理化建议1332条，被采纳474条，创经济效益318.93万元。在全区开展“巾帼文明示范岗”、文明标兵的争创活动，评选各类先进个人601人、先进集体79个。

2000年，区妇联启动“巾帼社区服务工程”，全年共组建巾帼志愿者服务队伍293支。2001年，全区被认定省级“巾帼文明示范岗”1个，市级“巾帼文明示范岗”5个，区级“巾帼文明示范岗”21个。2002年，区妇联实施“321”计划[②]。2007年，区妇联召开全区“巾帼文明示范岗”现场交流会，全区8个省级与市级的“巾帼文明示范岗”结对江干区8个省级与市级“示范村妇代会”，20个区级“巾帼文明示范岗”与区内20个社区妇联组织签订共建责任书，促进不同领域妇联组织互惠共进。是年，全区创建省、市、区各级“巾帼文明示范岗”73个。

2008年，区妇联组织“争创巾帼文明岗，优质服务迎奥运”劳动竞赛，掀起“比质量、比服务、比成绩”热潮。至2015年，区妇联开展“巾帼建新功”活动，利用“阿里巴巴”等互联网资源，通过提供小额资金扶持、推出微公益项目等方式，扶持、培育阳光心晴工作社、姐妹手工坊、春草连心工作坊等妇女创业就业组织。

二、妇女培训和创业

1999年起，区妇联对下岗女工进行宣传教育，帮助其转变观念。组织就业培训，让下岗女工接受新知识，树立再就业的信心。1999—2002年，区妇联共举办下岗妇女培训215期，受训5293人，安置下岗失业女性861人。2003年，区妇联提出“十百千”计划[③]，培育出西牌楼巧手编织园、杭州吴越人家、上城区巾帼家政服务社、劳动路社区姐妹编织

① 1991年，全国妇女联合会、国家教育委员会等22个部委共同发起“巾帼建功”活动，旨在动员城镇妇女发扬“四有”“四自”（四有、四自：有理想、有道德、有文化、有纪律；自尊、自信、自立、自强）精神，以主人翁责任意识和拼搏进取精神在社会主义现代化建设中建功立业。

② “321”计划：兴办3个“妇字号”服务实体，创建20个“巾帼文明示范岗”，树立10个社区服务明星。

③ “十百千”计划：建立10个巾帼再就业基地、帮助100名下岗女工实现再就业、对1000名下岗女工进行再就业培训。

苑、十五奎巷社区的小星星母婴服务社等“妇字号”企业，为下岗失业妇女提供就业机会。2005年，区妇联组织“情系困难姐妹，帮扶失业母亲”——上城区女企业家爱心送岗活动，参与企业32家，提供岗位58种，接待咨询735人次，达成就业意向153人。

2008年6月，区妇联加大对创业女性的扶持和培育力度，紫阳街道挂牌成立来料加工生产基地——上城区姐妹手工坊，以手工制作旅游纪念品为特色，搭建妇女创业新平台。2011年，区妇联在南宋御街“吴越人家·一新坊”挂牌成立女大学生创业实习（实训）基地，为女大学生创业就业提供实习（实训）平台。2014年，区妇联联合杭州市妇女儿童工作委员会推出2000余个工作岗位，为自主创业妇女提供小额贷款贴息，帮助妇女实现就业创业。是年，区妇联举办“独生子女大学生创业大赛”，选送优秀女大学生创业项目参赛，角逐创业梦想基金及创业指导。2015年，区妇联携手多家单位、社会组织，共同打造女性创业前端服务平台——“伊+梦享汇”女性创业创意服务平台，帮助女性创业。

图23-3-7　2011年，外宾参观“姐妹手工坊”
（区妇联　供稿）

三、结对帮扶

2002年起，区妇联在全区开始实施“姐妹帮扶工程”。在杭州市妇女联合会提出的“千名女干部与千名下岗失业妇女手拉手帮困结对”活动中，全年全区各级妇女组织结对帮困649对，发动社会各界妇女办好事、实事519件次，受益达4.61万人次；捐款187.45万元，捐物品9.39万件。2004年，区妇联以失业妇女、困难和残疾妇女为重点帮扶对象，号召全区直属机关各领导班子开展“结对帮扶”活动，全区46家单位共结对65户152人。是年，区妇联在全区范围内开展“毛衣传情，送岗暖心”活动，倡议区女干部、女党员走访慰问困难妇女家庭。

2010—2015年，区妇联组织25个“巾帼文明岗”与淳安县25户农村低收入困难妇女家庭结对帮扶；组织全区“巾帼文明岗”负责人和女企业家为富阳新登24名农村低收入家庭妇女及困难妇女提供生活、就业、生产等方面的帮助；组织女领导、妇女干部与200余户困难妇女家庭结对帮扶。区妇联组织老姐妹帮扶社、马大嫂爱心帮扶团等110余支巾帼志愿者队伍，为辖区困难家庭、空巢老人提供家政服务、医疗保健、亲情沟通等生活帮扶。

第四节　教育和创建活动

一、家庭教育

1993年，区妇联创办特色家长学校和函授家长学校，推广湖滨街道家庭教育经验，开展家庭教育工作的研讨。区妇联与杭州市上城区社区教育委员会联合开展“优化儿童少年家庭教育环境”的课题研究，开展家庭教育的先进个人和集体的评选表彰。1999年，区妇联举办上城区家庭教育骨干培训班。是年，全区新婚夫妇学校、孕妇学校教育率，0～3岁儿童家长科学育儿教育普及率，幼儿园、小学、中学家长学校办学率均达到100%。2002年，区妇联坚持家庭教育“四个抓”①。召开上城区家庭教育工作会议，表彰命名10所区示范家长学校。是年，全区开办各类家长培训班309期，参加2.22万人次；举办家庭教育报告会436次，参加5.08万人次；召开家庭教育座谈会277次，参加1.09万人次；评出优秀家长142人。

① “四个抓”：抓家校共识，抓家教指导，抓家长参与，抓家教配套。

2005年，杭州市家庭教育工作现场会在湖滨街道召开。湖滨街道开通全市首条“亲子热线”专线专电，湖滨街道综合家长学校被命名为杭州市示范家长学校。小营街道华藏寺巷居委会孙阿定被评为杭州市“春蕾”工作先进个人。是年，区妇联成立杭州市上城区家庭教育工作领导小组和家庭教育指导中心，开通家教指导服务热线，调整充实家庭教育专家指导组（监测评估组）、家庭教育志愿者讲师团、家庭教育工作骨干3支队伍，推出家教指导宣讲菜单，为家长提供共性化与个性化的服务。至年末，全区6个街道相继成立家庭教育指导站。

2006年，区妇联建立“父母茶座”家庭教育工作新形式。2009年，区妇联推进家庭、学校、社会三结合教育网络建设，组织开展“童心向党”“亲子同行”“低碳生活”等一系列以家庭成员为主体的家庭教育宣传实践活动。启动家庭教育指导“百课巡讲”活动，征集家庭教育指导教案43件，将优秀教案汇编成书出版发行。是年，上城区成功创建南星街道海月桥社区家长学校等2所省级示范家长学校，定安路社区家长学校等15所市级示范家长学校，小营巷社区家长学校被确定为市级专家联系服务点。

2013年，区妇联推广“一社一品牌”家庭教育模式，以社区文化建设为依托，打造社区家庭教育特色品牌。2015年，区妇联组织“解放父母，让孩子自己飞”家庭教育论坛系列主题活动，为上城区家长提供科学育人指导。举办“爸爸与我”照片故事征集活动，开展“家规家训”征集展示，举办好家风故事会、好爸好妈故事会，深化中小学生“洒扫应对”实践活动，推进孝老爱亲、感恩助人等良好道德习惯的养成。

二、“五好文明家庭”创建

1997年，为贯彻落实中共十四届六中全会《中共中央关于加强社会主义精神文明建设若干重要问题的决议》的精神，区妇联组建上城区“五好文明家庭”活动协调小组，开展“好夫妻”“好邻里”“好家长”“好婆媳”的评比表彰活动。1999年，上城区以“家家为上城增辉，户户为文明奉献”为主题进行创建，实施家庭环保行动、家庭敬老行动、家庭助困行动。2000年，区妇联将“五好文明家庭”创建活动与创建文明城市、文明城区结合，开展“百家齐谱新风曲”系列活动。2001年，区妇联实施“家庭文明工程”，表彰区级“五好文明楼群（单元）”16个，“五好文明家庭”50户。2002年，区妇联将“五好文明家庭”创建活动与创星级社区相结合，开展争创“文明家庭（楼群）”等活动。至2002年末，全区共创建“五好文明家庭”62236户，“五好文明楼群（单元）”1854个。2004年起，区妇联组织万户“五好文明家庭网上行”活动，通过网上学习交流与开展知识竞赛等方式，搭建网上学习平台，满足社区居民的精神文化需求。是年，区妇联以发展为主题，推出“学习型家庭”“网络家庭”“环保家庭”评选活动。2006年，区妇联与《上城报》联手推出《知荣辱，树新风，从我家做起》专栏，面向家庭宣传。

2007年，区妇联宣传建设“生活品质之城”从家庭做起的新理念，开展“和谐家庭与生活品质”征文活动，组织“万福送邻里”和“走出小家为大家，清洁杭城我出力”万家行活动，参与“清洁杭城”行动的家庭达7700余户，参与清扫活动2万余人次。区妇联围绕背街小巷改善工程，聘用152名热心公益、乐于奉献的文明家庭成员组建城管义务监督员队伍。2008年，区妇联举办“万户家庭网上学”活动，宣传发动社区家庭开展《杭州市民健康读本》学习并参与网络知识有奖竞答。2009年，区妇联联合紫阳街道、区科协等举办上城区百户家庭生活知识技能大赛，300名父母和儿童分别参加“贤惠主妇”知识赛、“智慧丈夫”技能赛、“聪慧孩子”能力赛。2010年，紫阳街道梁尧芬、徐月婆媳获杭州“十佳好婆媳”称号。2011年，区妇联全面启动家庭生活垃圾分类三年行动计划，全年共有7万户家庭实行垃圾分类投放。湖滨街道羊血弄小区创建成为市级家庭生活垃圾分类示范小区。

2012年，区妇联启动首届“家庭文化节”活动。围绕孝文化，开展“五好文明家庭”创建、“十佳好婆媳”评选表彰、“关爱空巢老人”爱老助老巾帼志愿者活动；围绕亲子文化，举办“家庭读好书”、“爱馨互助会”关爱自闭儿童等活动；围绕健康文化，开展社区家庭趣味运动会、养生知识系列讲座等活动；围绕生态文化，开展低碳环保、节能减排家庭（社区）创建，家庭生活垃圾分类宣传活动等。2013年，区妇联以“万户家庭网上学”活动为抓手，推进普法宣传、文化科技、道德礼仪、平安知识、卫生健康、廉政文化“六进家庭”，促进家庭道德建设；以家庭生活垃圾分类工作为主要载体，鼓励家庭成员自我管理、自我教育、自我服务，自觉践行绿色、健康、环保的生活方式，深化特色文明家庭创建工作。全年评比表彰区“和谐家庭”53户，区“学习型家庭”106户，区“绿色家庭”53户，区“五好文明家庭示范户”212户。2014年，区妇联开展寻找“最美家庭”系列主题活动，推选出“最美家庭”20户、“最美婆媳”14对和“最美妈妈”16名。2015年，开展“好家风、好家貌、好家训”征集、展演活动。围绕“美丽上城”建设，组织垃圾分类督导员300余名、巾帼护河志愿者600余名，开展家庭生活垃圾分类推广、家庭节水宣传、护河劝导等活动，以家庭文明新风促进良好社会风气。

三、妇女健康促进工程

区妇联关爱女性健康，组织各类活动提升女性健康水平。2001年，为响应全国妇女联合会“亿万妇女健身活动”的号召，区妇联举办“健身秧歌”培训班，并与杭州市上城区体育运动局（简称区体育局）联合举办上城区健身秧歌比赛。2006年，区妇联与杭州玛丽亚医院联合组织“康乃馨行动——上城区母亲健康促进活动”，为千名妈妈提供健康普治，为特殊援助对象提供医疗援助；组建“玛丽亚”医疗志愿队，定期深入社区开展健康宣传和义诊服务。区妇联与杭州玛莉亚医院、杭州市上城区计划生育协会携手为3040名女社工、女职工、社区困难妇女、低保家庭妇女和外来务工妇女免费体检。

2007年，区妇联启动“妇女健康促进工程”，普及妇女生殖保健知识，开展妇科疾病普查，建立健全常见妇科病检查的管理服务体系，降低妇科病的发病率。2009年，区妇联开展常见妇科疾病免费检查，发放体检卡1.9万份，全年参检79096人。2010年，吴山天风腰鼓队获“全国妇女健身示范点”称号。2012年起，区妇联开展女性宫颈癌、乳腺癌（简称“两癌”）专题调研和问卷调查，为推动“两癌”筛查项目列入医保范围提供科学依据。2015年，区妇联联合浙江省联合应用心理科学研究院，对上城区外来务工女性、机关事业单位女性及企业中高层女性管理者进行针对性的调研测评，根据测评结果提供个性化的心理健康服务，形成上城区关爱女性心理健康的新模式。

四、女性素质提升工程

1993—2000年，区妇联要求各级妇联干部努力学经济、学法律、学管理，用新知识丰富自己、武装自己，以适应新时期的要求。2001年起，区妇联对在职女职工根据不同层次、不同需求进行思想政治、科学文化和各类职业技术培训，提高女性市场竞争力。2002年，区妇联举办多层次的妇女干部培训班、学术报告会。

2005年，区妇联与中共杭州市上城区委组织部、区体育局联合举办女领导干部时装表演培训，组队参加杭州市女干部风采大赛，展示新时代上城女性的精神风貌。2014年，区妇联开展“百场科普知识进基层”等活动，面向从业女性开展以学习能力、职业技能和技术创新能力为重点的培训指导。2015年，区妇联依托街道、社区和特色商圈“妇女之家”开展家政厨艺、手工工艺等技能培训。

第四章　科学技术协会

1980年，区科协成立，与杭州市上城区科学技术委员会合署办公。是年起，区科协在培训专业技术人才，配合职工文化补课，承担科研任务，开展科技教育，进行科普宣传、学术研讨、技术交流、科技咨询，以及运用科技服务于经济建设等方面进行探索，取得成效。1988年，区科协被评为浙江省城市街道科协工作先进集体。

1993年初，区科协有区级学会、协会、研究会等组织13个和街道科学技术协会7个，会员1833人；区级学会下辖学术团体11个。1999年，区科协开展以“一十百千工程”① 为主要内容的“讲精神文明，比科学生活，创科普社区”活动。20世纪90年代末，区科协开始致力于基层科普场馆和科普画廊建设。

① “一十百千工程”：创建1个科普示范街道，10个科普示范居民区，100户科普文明家庭，1000人的科普志愿者队伍，在全省首家开展科普社区创建工作。

2002年起，区科协开展科普文明街道、社区创建活动。2009年起，区科协开始科普立项工作，给予资金支持。2012年，区科协开始组织实施院士专家工作站建站工作。至2015年末，上城区创建省级院士工作站1个、市级院士工作站4个。

2015年末，上城区有科学技术学会、协会36个。

第一节　组织机构

一、杭州市上城区科学技术协会

1993年，区科协与杭州市上城区科学技术委员会合署办公。主要职能是开展日常科普工作，实施省、市级院士专家工作站建站工作，服务全区科技人员。2000年8月，区科协独立建制和办公。至2015年末，区科协内设办公室、区全民科学素质建设领导小组办公室、科普联席会议办公室和区院士专家工作站服务办公室等机构，办公地址惠民路3号。历任区科协主席傅宝林、吴伟明、陈彬、金燮彪。

上城区科协代表大会的代表由区级的学会、协会、街道科学技术协会，区有关部门及区科协机关推荐产生。区科协委员会委员候选人的建议名单，由区科协委员会常务委员会推荐提名，采取等额选举办法产生。1993—2015年，上城区共召开4次科协代表大会。

表23-4-6　1993—2015年上城区科协代表大会情况表

单位：人

会　次	时　间	代表人数	中　心　议　题
上城区第五届科协代表大会	1996-12-24	105	大会听取和审议区科协第四届委员会的工作报告，提出之后五年的主要任务，讨论通过《上城区科学技术协会章程》《上城区科学技术协会科学技术社团组织通则》《上城区街道科学技术协会章程》
上城区第六届科协代表大会	2002-11-06	112	大会听取和审议区科协第五届委员会工作报告；听取和讨论区委领导和上级科协领导讲话精神；选举产生区科协第六届委员会，讨论通过《上城科协章程》《上城区学会、协会、研究会组织通则》《上城区街道科协章程》；审议和通过区科协第六次代表大会决议
上城区第七届科协代表大会	2008-01-07	112	大会听取和审议区科协第六届委员会工作报告；听取和讨论区委领导和上级科协领导讲话精神；选举产生区科协第七届委员会，审议和通过《关于统一使用〈中国科学技术协会章程〉的决定》《上城区学会、协会、研究会组织通则》；审议和通过区科协第七次代表大会决议
上城区第八届科协代表大会	2013-04-18	165	大会听取和审议区科协第七届委员会工作报告；听取和讨论区委领导和上级科协领导讲话精神；选举产生区科协第八届委员会，审议和通过《关于统一使用〈中国科学技术协会章程〉的决定》《上城区学会、协会、研究会组织通则》；审议和通过区科协第八次代表大会决议

说明：资料来源于杭州市上城区科学技术协会

二、基层组织

1993年初，区科协有区级学会、协会、研究会等组织13个，街道科协7个，会员1833人；区级学会下辖学术团体11个。是年，城站街道科学技术协会成立业余科技学校。

1997年2月，各街道科学技术协会理事会更名为街道科学技术协会委员会，理事长、副理事长改称主席、副主席。2001年，上城区少年科学院成立。2003年，上城区行政区划调整，街道科学技术协会数量随之变化。2004年末，科学技术协会组织发展到民营企业，上城区第一家非国有企业科学技术协会——上城区科技工业基地科学技术协会建立。

至2015年末，上城区有科学技术学会、协会36个，其中，街道科学技术协会6个，区级科学技术学会、协会、研究会26个，企业科学技术协会4个。

第二节　科学技术普及

一、科普活动[①]

1993年10月，全国十大城市联合举办第七届科普宣传周活动，上城区共组织186项活动，近10万人受益。是年，区科协获杭州市科普周活动先进单位称号。1995年，城站街道被中国科学技术协会（简称中国科协）确定为全国城市街道科普工作10个试点之一。1997年，上城区成立科普工作联席会议，办公室设在区科协，陆续制定街道和居民区科普工作暂行标准，科普工作进入规范化发展阶段。1999年，区科协开展以“一十百千工程”为主要内容的“讲精神文明，比科学生活，创科普社区”活动。是年，上城区被中国科协评为全国首批科普示范城区。

2002年起，区科协开展科普文明街道、社区创建活动。4月，区科协开展“科教进社区”活动，并组织全区1万余人参加全国科学知识竞答。2004年，上城区被中国科协确定为全国城市社区居民科学素质行动计划（2049计划）试点单位。2005年上半年，上城区启动试点工作，招收420余名居民学员和社区工作者，开办7个试点社区教学班，开设10门主课，实施试点教学。此后，区科协将居民科学素质提升列为一项重要工作来抓。至年末，上城区6个街道全部成功创建市级科普文明街道。2005年起，在“科教进社区”活动中，区科协每年均开展“百千万科普进社区”[②]活动，建立起“科教进社区”活动长效机制。2009年起，区科协开展“科普进农贸市场”工作，进入杭州劳动路农贸市场、杭州察院前农贸市场等12个农贸市场进行宣传。

2010年，区科协结合低碳社会建设，举办上城区首届“低碳科普周”，以社区、家庭为主要对象，开展低碳特色科普活动，宣传低碳科普知识，倡导低碳生活；开展“低碳生活我参与”金点子征集活动，征集金点子200余条，编印《上城区低碳生活指导手册》。此后，区科协与区相关职能部门联合开展“低碳社区”“低碳家庭”和“生态文明示范社区”创建活动。2011年，在区政府印发《上城区“十二五”全民科学素质行动规划（2011—2015年）》后，区科协开展公务员科学素质提升和科普知识网络竞赛活动。2012年，上城区实施基层科普益民计划，各社区成立社区科普益民站，实施基层科普益民计划。小营街道小营巷社区被评为全国首批科普示范社区。是年，区科协组织科技团体开展科普服务“五进”[③]活动。

① 20世纪80年代，区科协主要通过印发科普资料、设宣传栏等方式进行科普宣传。1987年，区科协举办首届科普周活动。此后每年都举行不同主题的科普宣传周活动。

② “百千万科普进社区”：安排100场市级以上专家科普讲座、1000套科普挂图、10000册科普读本进社区。

③ “五进”：进社区、进工地、进学校、进企业、进军营。

2013年，区科协推出“四化四社”科普公共服务能力提升工程，通过信息化、社会化、标准化，推动科普经常化，提升科普公共服务能力，并通过社区、社会组织、社会企业和社会公众“四社”联动，推动科普工作社会化。是年，区科协在政府门户网站开辟《科学知识普及》栏，开通腾讯微博“上城科普”，依托“数字电视”社区频道、LED电子显示屏等载体在各社区宣传科普知识。2014年，区科协制定《上城区社区科普服务规范》、公益科普类社会组织培育发展办法和科普工作项目申报办法，并成立社区科普大学，建立居民科学素质教育工作平台。

2015年起，区科协举办首次青少年暑期公益科普夏令营活动，通过沙画表演、语言歌舞类节目、互动体验等形式开展科普宣传，普及科学知识。7月，区科协组建由55人组成的科普专家库，建立由504人组成的科普志愿者队伍。9月，区科协以“万众创新，智慧生活”为主题，组织开展全国科普日暨上城区第二十九届科普宣传周活动，通过挂图、展板、知识竞赛等形式开展活动135项，发放科普资料7500余份，参加单位218家，参与活动1.40万人次。区科协全年利用微博、微信平台和区政府门户网站共发布科普文章1700余篇。

表23-4-7　1993—2015年上城区科普宣传周情况表

年份	名　称	活动主题	参与单位（家）	活动项目数（个）	科技工作者参与人数（人）	受益人次（万人）
1993	上城区第七届科普宣传周活动	科技、竞争、发展	—	186	500	10.00
1994	上城区第八届科普宣传周活动	—	—	169	1500	—
1995	上城区第九届科普宣传周活动	意识、投入、实效	—	198	1800	17.00
1996	上城区第十届科普宣传周活动	科普、文明、创新	—	240	2900	17.00
1997	上城区第十一届科普宣传周活动	科普、文明、创新	—	248	—	—
1998	上城区第十二届科普宣传周活动	科学技术与跨世纪发展	587	254	300	—
1999	上城区第十三届科普宣传周活动	科普、创新、跨世纪	—	286	—	—
2000	上城区第十四届科普宣传周活动	树科学精神、创文明天堂	350	414	560	—
2001	上城区第十五届科普宣传周活动	科学、文明、发展	247	416	—	—
2002	2002年科技活动周暨上城区第十六届科普宣传周	科学创造未来	—	389	500	1.30
2003	2003年科技活动周暨上城区第十七届科普宣传周活动	依靠科学，战胜非典	—	385	—	—
2004	2004年科技活动周暨上城区第十八届科普宣传周	科技以人为本，全面建设小康	—	—	256	10.00
	2004年全国科普日活动	绿色、环保、健康	—	—	—	—
2005	上城区2005年科技活动周暨第十九届科普宣传周活动	科技以人为本、全面建设小康——科技与公共安全	312	265	674	8.00
	2005年全国科普日活动	建设资源节约型，环境友好型社会	—	—	—	—

续表23-4-7

年份	名　　称	活动主题	参与单位（家）	活动项目数（个）	科技工作者参与人数（人）	受益人次（万人）
2006	上城区2006年科技活动周暨第二十届科普宣传周	预防疾病、科学生活	312	268	600	8.00
	2006年全国科普日活动	预防疾病、科学生活、节约能源、创新发展	—	—	—	—
2007	上城区2007年科技活动周暨第二十一届科普宣传周活动	携手建设创新型国家——创新、和谐、品质、生活	312	273	600	—
	2007年全国科普日活动	节约能源资源，保护生态环境，保障安全健康	52	37	—	—
2008	上城区2008年科技活动周暨第二十二届科普宣传周活动	携手建设创新型国家——创新创业、文明和谐	—	227	590	5
	2008年全国科普日活动	节约能源资源，保护生态环境，保障安全健康	48	63	—	—
2009	上城区2009年科技活动周暨第二十三届科普宣传周活动	携手建设创新型国家	158	136	480	—
	2009年全国科普日活动	低碳经济、低碳社会、低碳城市	58	79	—	—
2010	上城区首届低碳科普周宣传活动	建设低碳城市，倡导科学生活	117	76	380	—
	2010年全国科普日暨上城区第二十四届科普周活动	低碳、生态、责任	382	246	—	—
2011	上城区第二届低碳科普周宣传活动	低碳、科学、健康	102	59	—	—
	2011年全国科普日暨上城区第二十五届科普宣传周活动	节约能源资源、保护生态环境、保障安全健康、促进创新创造	395	343	—	—
2012	2012年全国科普日暨上城区第二十六届科普宣传周活动	食品安全与公众健康	406	172	—	—
2013	2013年全国科普日暨上城区第二十七届科普宣传周活动	保护生态环境，建设美丽上城	375	181	—	10.70
2014	2014年全国科普日暨上城区第二十八届科普宣传周活动	创新发展、全民行动科学生活、创新圆梦	192	116	—	1.10
2015	2015年全国科普日暨上城区第二十九届科普宣传周活动	万众创新、智慧生活	218	135	—	1.40

说明：资料来源于杭州市上城区科学技术协会

二、科普场所、设施

20世纪90年代末，区科协致力于基层科普场馆和科普画廊建设。1999年，上城区首家科普场馆紫阳街道彩霞岭社区科教中心成立。至2000年，全区每个街道都建有标准科普画廊。2002年，区科协在杭州环城东路解放路口、西湖大道、浣纱路3处临街地段设置示范性科普画廊，其中环城东路解放路口大型科普画廊为全市首座大型机电控制式科普画廊。

2008年1月，蒋筑英科技馆在蒋筑英母校杭州市抚宁巷小学建成并开放。杭州市抚宁巷小学被中国青少年科技辅导员协会授予全国科技教育示范单位称号。是年，区科协与杭州市抚宁巷小学举办“玩科学、科学玩”蒋筑英科技馆体验周，一周内接待学生1000余名。2009年起，区科协开展“科普进农贸市场”工作，至2012年末，在全区15家大型农贸市场设置科普展板。

2013年5月，南星街道水澄桥社区低碳科普馆建成。低碳生活馆由室外馆区和室内馆区2大区域组成，其中室外馆区主要由一组具备自动照明和绿化滴灌功能的太阳能环保宣传栏、厨余垃圾试验田组成，占地面积约50平方米。室内主馆区总面积超过100平方米，馆内细分为地球一小时、绿意空间、废物利用、低碳健身体验等板块和项目，通过声光电多媒体演示、实物展示、科学实验、亲身体验、互动游戏等多种展示方式，让参观者对低碳生活有更深刻的理解。2014年4月，区科协在杭州市上城区社区学院成立全市首所社区科普大学，6个街道设立基层科普大学教学点。社区科普大学开展环境科学、食品安全、生命健康、科技创新、低碳生活5大类专题性的科普讲座，全年开展科普讲座295场，普及人数1.65万人。9月，钱学森航天科普馆在小营红巷生活广场开馆，内设钱学森简介区、科普互动区、模拟空间生活区、模拟空间站工作区、科普阅览区、科学原理区、公共区7个功能区块，在相应区块内可观看航天科普模型、浏览航天科普知识、体验航天科普游戏，寓教于乐。

图23-4-8　钱学森航天科普馆（2014年）
（区科协 供稿）

2015年2月，上城区首个以民俗文化为主题的杭州湖滨民俗文化科普馆开馆，设有科技文明、语言文化、茶道与食、民俗旅游4个模块，展示湖滨地区的地域特色、民风民俗和人文情怀。至2015年末，上城区共有彩霞岭社区科教中心、蒋筑英科技馆、水澄桥社区低碳科普馆、胡庆余堂中医药文化科普馆、钱学森航天科普馆和湖滨民俗文化科普馆6家科普馆。科普画廊121处计1685米，其中，10米以上科普画廊83处，LED科普宣传屏35处。

三、科普立项

2009年起，区科协开展科普立项工作。10月，区科协认定21项区重点科普项目并给予资助。是年，上城区获杭州市重点项目立项3项，重点资助项目3项。2010年，区科协提出《2010年度街道科协工作意见》，对26项上城区科学素质与科普工作重点项目给予立项和资金支持。2012年，区科协认定全民科学素质行动与科普工作重点项目18项，杭州市抚宁巷小学的“我是科学实验室”和小营街道小营巷社区的“钱学森科普体验馆项目”列入杭州市科普工作项目。

2014年，区科协调整科普项目立项机制，并首次对外公开科普和学术项目的申报、立项、合同监管、追踪问效管理等情况。2015年，区科协认定“3D打印创意设计课堂”等区级科普立项项目28个。2011—2015年，区科协认定区级重点科普和学术项目近150项，资助经费270余万元。

第三节　科技服务

一、学术活动

1993年，区科协结合区级协（学）会的特点，组织会员开展多种形式学术交流，编印学术论文集，表彰奖励优秀论文。受政府行政部门委托，参与社会和经济发展项目的论证、研讨、决策咨询。1994年，区科协与杭州市上城区工商行政管理局联办“新声杯”社会主义市场经济与宣传思想工作论文征文活动。1997年，区科协承办全国试点城区科协工作第七次研讨会，并向中国科协提出深化试点工作的建议。

1998年，区科协与区委宣传部、中共杭州市上城区委党校联合举办“上城区面向21世纪经济与社会发展对策”研讨活动。是年，区科协组织11名科协干部，对11个街道220户居民开展杭州市社会公众科学素养调查活动。2000年，区科协撰写的关于科技周活动的论文被选送参加全国第八届科普理论研讨会进行交流。2001年，区科协撰写的5篇论文在《浙江科协》《杭州科协信息》发表。

2005年11月，区科协举办主题为“贯彻科学发展观，打造杭州RBD”的首届学术周，上城区各学术团体举办学术报告会、研讨会、论坛活动21次。此后每年举行不同主题的学术周活动。2012年，区科协首次开展上城区自然科学优秀学术成果奖评审工作，征集到自然科学优秀学术成果35项，涉及工业、城建、卫生、教育领域。其中，孙勇等4人撰写的《取代基的电子效应在邻苯二甲酰亚胺氮氧自由基夺取环己烯烯丙位氢原子过程中的作用分析：密度泛函研究》论文获杭州市自然科学优秀学术成果奖二等奖。

2013年，杭州市上城区住房和城市建设局科学技术协会的“2013低碳城市论坛”被确定为市级重点学术活动项目。是年，区科协与杭州市土木工程学会合作，在学术周期间推出“2013年杭州上城区低碳城市论坛”，探讨屋顶绿化、绿色节能LED站名系统等运用。区科协与上城区工业科学技术学会、杭州娃哈哈集团有限公司研究院合作，开展高端智能装备和工业机器人产业发展研讨会。2014年7月，区科协联合同济大学杭州校友会等单位，举办“2014美丽上城·五水共治”高峰论坛，研讨“五水共治”相关技术和水环境治理对优化环境的作用。

2015年，区科协围绕科技创新发展战略，以信息经济及智慧城市为中心，开展学术交流工作。其中，“智慧城市发展论坛暨国家自主创新区国际研讨会”被列为市级学术年会分会场项目；“院士大讲坛：互联网+数学科普创作研讨会”被列为市级学术交流类项目；“物联网新技术应用协同创新”被列为杭州市科学技术协会学会协同创新服务（示范）基地项目；“轨道交通工程监测技术服务站”被列为杭州市科学技术协会学会科技服务站项目。是年，区科协联合同济大学杭州校友会等单位承办“2015绿色建筑及智慧社区发展论坛”，围绕“绿色建筑及智慧社区发展”等学科领域的前沿交叉技术和跨界应用，结合杭州市经济社会发展重点领域的科学问题，进行交流和研讨，促进学科融合，推进科技创新。

图23-4-9　2015年9月23日，区科协联合同济大学杭州校友会等单位承办“2015绿色建筑及智慧社区发展论坛”（区科协 供稿）

二、学术立项

2009年起，区科协开展学术立项工作，首次提出年度学会年度工作意见，对上城区学会建设、学会活动、科技服务提出要求；确定当年区级重点学术活动项目立项意见，在各学会申报基础上对部分项目给予立项支持，并申报杭州市科学技术协会重点学术项目。是年，区第五届学术周被列为市重点学术项目。

2011年，区科协申报的《杭州市学术年会上城区分会场活动》和区科协与上城区城建科学技术协会申报的《新侨饭店周边建筑屋顶绿化建设与节能的研究和示范》2个项目被列为市重点学术项目。2012年，区科协认定“屋顶绿化研究与推广论坛”“无卤阻燃技术的新发展研讨会”等学术重点项目8项。2014年，区科协收集13项学术项目申报市级重点项目，其中浙江新思维教育科学研究院的“微课程：互联网时代优质教育资源传播与分享”、上城区建筑节能协会的“地铁盾构施工技术及地铁建设对环境影响的研究”被确定为市级重点学术项目。至2015年，区科协给予立项支持的项目25项，列为市重点学术项目16项。

三、科技工作者服务

区科协针对科技工作者的现实需求，解决科技工作者的困难，为科技工作者学习和成长牵线搭桥。1994年，在区科协的协调下，杭州市上城区房屋开发公司在房源紧张的情况下挤出12套房子，作为科技人员公寓。1995年，区科协召开全区高新技术企业科技人员座谈会，邀请部分科技人员代表与区委、区政府领导见面沟通。1996年，区科协邀请省市高校和科研机构专家领导到上城区开展技术与经济恳谈活动，分析上城区产品和技术需求问题。

2005年6月，区科协与杭州市科学技术协会科技工作者服务部合作，举办维护科技人员合法权益的法律讲座；配合省市科学技术协会，开展科技人员状况抽样调查工作。2006年，区科协组织9家上城区企业的11名负责人参加第三届京杭两地高科技产业化合作交流会。2012年，上城区科技人员之家（e站）成立，开展科技人员联谊会、座谈会，传达科技创新信息，交流企业科技情况，帮助科技工作者解决实际困难，维护合法权益。

2014年，区科协推荐优秀科技工作者参加市级“讲理想，比贡献”活动。浙江博世华环保科技有限公司工程师蓝笑丽获二等奖，杭州中瑞思创科技股份有限公司工程师王俊杰获先进个人奖。是年，区科协组织企业人员参加杭州市科学技术协会举办的专利应用工程师培训活动。2015年5月，区科协建成轨道交通工程监测技术服务站，针对杭州地铁项目的特殊性开展监测技术咨询、培训、交流与研讨，服务杭州地铁施工科技人员。12月，在第八个中国科协会员日，区科协组织企业和街道科技、科普相关人员参观上海国际科普产品展览会。

四、院士专家工作站

2012年起，区科协组织实施院士专家工作站建站工作。2012年8月，杭州图强工程材料有限公司院士工作站通过杭州市科学技术协会院士专家工作站建设协调小组的考核。2013年，该院士工作站被确定为浙江省第四批院士专家工作站。该工作站以“产、学、研”结合形式，为企业提供重大战略决策咨询和技术创新支撑。11月，浙江中源电气有限公司与浙江大学院士汪槱生签订合作协议，并成功获评市级院士专家工作站。2014年，上城区新建市级院士专家工作站杭州亿恒科技有限公司院士工作站和区级院士专家工作站新思维教育科技实验院院士工作站。至2014年末，上城区4家院士专家工作站累计承担科研项目14项，其中，国家级3项，省级4项，市级7项。申报专利76项，其中发明专利9项，完成利税2233.06万元。

2015年，区科协走访杭州图强工程材料有限公司、浙江中源电气有限公司等单位院士专家工作站，了解其运作情况、企业科技创新工作及成效、存在问题等，听取企业科技人员的意见和建议；促成浙江省水利水电勘测设计院与河海大学王超团队、浙江博世华环保科技有限公司与环境保护部南京环境科学研究所蔡道基团队建立院士专家工作站。至2015年末，上城区创建省级院士专家工作站1个，市级院士专家工作站4个，共承担1项国家级科研项目，4项省级科研项目，13项市级科研项目，申报24项专利，其中发明专利10项，实现利税2443.2万元。

第五章　归国华侨联合会

2003年12月，区侨联成立，开展归侨、侨眷和海外侨胞的联系指导、合法权益的维护等工作。是年起，区侨联注重发挥归侨、侨眷、海外侨胞参政议政作用，引导归侨侨眷人大代表、政协委员围绕各个时期上城区经济、社会等热点和群众关注的民生问题开展调研，提交议案、提案，反映侨界群众的意见建议。至2007年12月，上城区6个街道全部成立侨联组织。2010年，全区54个社区侨联分会成立，至此，区、街道、社区三级侨联组织工作网络实现全覆盖。2011年，区侨联被浙江省归国华侨联合会评为全省侨联系统先进单位。至2015年末，上城区共有侨联组织61家，其中，区级1家，街道6家，社区54家。

第一节　组织机构

一、杭州市上城区归国华侨联合会

2003年12月，区侨联成立。区侨联围绕“群众工作、参政议政、维护侨益、海外联谊”四项基本职能，做好各项为侨工作，服务上城区的经济建设。2015年，区侨联办公地址惠民路3号。历任区侨联主席均为陈励君。

上城区归侨侨眷代表大会的代表具有归侨、侨眷身份，由区侨联和其他有关方面经民主协商或通过选举、特邀方式产生。区侨联委员会由归侨侨眷代表大会选举产生。候选人名单由大会主席团提名，提交全体代表酝酿讨论，经代表大会通过，正式确定候选人名单，然后进行选举。选举采用无记名投票方式。上城区归侨侨眷代表大会每5年召开1次，由上一届区侨联负责召集。2003—2015年，区侨联共召开归侨侨眷代表大会3次。

表23-5-8　2003—2015年上城区归侨侨眷代表大会情况表

单位：人

会　次	时　间	代表人数		主　要　议　程
		正式代表	列席人员	
上城区第一次归侨侨眷代表大会	2003-12-29	80	20	听取杭州市上城区归国华侨联合会筹备工作报告；选举产生杭州市上城区归国华侨联合会第一届委员会；通过《杭州市上城区归国华侨联合会工作细则》；聘请杭州市上城区归国华侨联合会第一届委员会顾问

续表23-5-8

会次	时间	代表人数		主要议程
		正式代表	列席人员	
上城区第二次归侨侨眷代表大会	2008-12-11	83	20	审议并通过《上城区归国华侨联合会第一届委员会工作报告》《上城区归国华侨联合会工作细则》，选举产生杭州市上城区归国华侨联合会第二届委员会，表彰区基层侨联组织先进单位、先进工作者和归侨侨眷先进个人等
上城区第三次归侨侨眷代表大会	2014-05-07	95	25	大会审议并通过《上城区归国华侨联合会第二届委员会工作报告》《上城区归国华侨联合会工作细则》，选举产生杭州市上城区归国华侨联合会第三届委员会委员

说明：资料来源于杭州市上城区归国华侨联合会

二、杭州市上城区留学人员和家属联谊会

2009年12月，杭州市上城区留学人员和家属联谊会成立，选举产生第一届理事会，林东任会长，会员51人。该联谊会是由全区留学人员和家属自愿组成的联谊性、地方性、非营利性的社会组织。至2015年，机构未发生变化。

三、街道、社区侨联组织

2005年12月，清波街道、湖滨街道第一次归侨侨眷代表大会召开，清波街道、湖滨街道归国华侨联合会成立。2007年8月，上城区第一家社区侨联分会组织——清波街道定安路社区侨联分会成立。至2007年12月，上城区6个街道全部成立侨联组织。各街道、社区侨联组织在杭州市上城区人民政府侨务办公室（简称区侨办）、区侨联的指导帮助下开展工作，为团结、服务好辖区内归侨、侨眷和海外侨胞以及引导侨胞积极参与上城各项事业发展搭建平台。

2008—2009年，上城区新增社区侨联分会51个。2010年5月，紫阳街道春江社区、甬江社区侨联分会成立。至此，全区54个社区全部成立侨联分会，其中，湖滨街道6个，清波街道5个，小营街道12个，望江街道11个，南星街道8个，紫阳街道12个。区、街道、社区三级侨联组织工作网络实现全覆盖。至2015年末，上城区有基层侨联组织60个，其中，街道侨联组织6个，社区侨联组织54个。

第二节　参政议政

区侨联在区人大、区政协换届时，按照分配的名额比例，与中共杭州市上城区委统一战线工作部、区人大、区政协协商，推荐政治素质好、参政议政能力强的归侨、侨眷作为区人大代表、区政协委员候选人。侨界人大代表、政协委员围绕各个时期上城区经济、社会等热点和群众关注的问题，开展调研，提交议案、提案，反映侨界群众的意见建议。

2009年2月，区侨联邀请区侨联界别政协委员和部分人大代表参加座谈会，就基层侨联组织建设、涉侨法律法规完善和全区的经济社会发展征求意见建议。2011年，上城区有涉侨人大代表9人，侨界政协委员9人。2012年，区侨联常务委员、致公党员杨帆撰写的《加快推进我省企业到海外设立研发机构的建议》得到副省长毛光烈批示，并被评为浙江省致公党参政议政优秀成果。2010—2012年，侨界人大代表、政协委员在区“两会”期间提交议案、提案、建议共87件。

2013年，区侨联的《智慧上城建设的几点建议》被列为区领导牵头办理的重点提案。2015年，隋俊华在区政协四届二次会议上做题为《关于建立F2O绿色健康食品进社区长效机制的建议》的发言。2013—2015年，在区“两会”期间，区侨界代表围绕上城形象、城区建设、企业发展等内容提交提案、议案46件。

第三节　维权 帮扶

一、权益维护

区侨联通过成立上城区出国留学人员亲属联谊小组、受理归侨侨眷来信来访等方式维护归侨侨眷的合法权益。2003年，上城区出国留学人员亲属联谊小组成立，在全区范围内宣传《杭州市出国定居人员权益保障规定》，开展华侨华人权益维护工作。2004年，区侨联响应杭州市归国华侨联合会等市“五侨”部门[①]的要求，开展“侨法宣传月”活动，召开全区侨务干部会议，学习新施行的《中华人民共和国归侨侨眷权益保护法实施办法》，并通过发放小册子、学习座谈、张贴横幅、社区黑板报等方式进行宣传。2012—2015年，区侨办、区侨联共受理归侨侨眷来信来访来电408件，回复率为100%，帮助解决华侨定居落户、华侨华人子女落实就学等问题。

二、帮扶慰问

区侨联每年不定期上门走访慰问归侨侨眷，对困难归侨予以生活补助，并开展扶贫帮困。2003年，区侨办、区侨联推荐1名成绩优秀的归侨子女参加杭州市福利基金奖学金评选，获奖学金500元。2008年5月，区侨联为把关爱老年归侨侨眷和侨界困难群众的“温馨工程”工作落到实处，与街道侨联整合资源，创建“五站式”[②]为侨服务机制。2009年，区侨联以“双向服务”[③]工作为载体，借助社区资源，全年为华侨、侨眷办实事150余件次。2010年，区侨联建立“一链四定向”为侨

① “五侨”部门：侨办、侨联、致公党、人大华侨委员会、政协港澳台侨委员会。

② 五站式：称心站——幸福驿站，温暖老年归侨侨眷生活；爱心站——温馨老年食堂，缓解助老之急；放心站——卫生服务站，提升社区医疗服务品质；开心站——老年文体活动站，丰富精神文化生活；舒心站——老年维权服务站，加大侨法保障力度。

③ “双向服务”：社区服务统战人士，统战人士服务社区。

服务新模式，即建设一个长效定向服务网络，开展定向捐岗、定向上门、定向帮扶、定向活动。是年，区侨联为全区归侨、侨眷老人建立“一人一档”健康档案。2008—2015年，上城区各级侨联组织走访慰问侨界家庭近2000户次，送上慰问款36万元，并帮助办理各类实事。

第四节　联谊和服务社会

一、联谊活动

区侨联每年节假日均举办茶话会、联谊会、座谈会等活动，邀请归侨侨眷、侨资企业代表参加活动，加强沟通和联系。同时，接待海外华人、华侨到上城区参观旅游。2005年9月，区侨联在杭州索菲特西湖大酒店召开中秋茶话会，邀请区侨资侨属、留学生企业家和代表以及归侨侨眷30余人参加。2006年6月，区侨联接待由美国、尼加拉瓜、萨尔瓦多、巴拿马、危地马拉等国侨领组成的中华会馆中华公所华侨总会联谊会访问团一行17人，进行参观访问。2015年，区侨联、杭州市上城区党外知识分子联谊会等联合组织33名委员、理事，开展2015秋季环湖走比赛活动，促进沟通交流。

图23-5-10　2015年，区侨联开展秋季环湖走比赛活动
（区委统战部 供稿）

二、捐赠活动

海外侨胞、侨资（涉侨）企业和侨界群众参与各类慈善捐赠活动，服务社会。

2004年，区侨联组织部分侨资、侨属、留学生企业负责人赴淳安贫困山区严家乡开展扶困帮困献爱心的“三送一献”活动。向严家乡中心小学和初级中学的20名贫困学生捐赠一年的学费7444元（中学生392元/人、小学生370元/人）；向严家乡政府捐赠帮困资金1万元；向严家乡希望小学捐赠实验课桌椅54套、教学投影仪7套、图书1200余册，以及一批医疗仪器、文化体育用品和若干书画作品。

2008年5—6月，区侨办、区侨联为四川汶川大地震组织赈灾活动，累计捐款捐物244万元。其中，区侨联主席陈励君捐款126万元，区侨联副主席林东捐赠价值27.6万元的食品，杭州东箭贸易有限公司总裁陈杭闽个人捐款10万元。2010年，在“春风行动”、为西南旱灾地区和玉树地震赈灾等慈善捐款活动中，侨界捐款（物）计76.09万元。2013年，区侨界企业家林东、赵海燕出资1万元认购小营街道老浙大社区“乐侨暖巢”社会公益项目。2014年，涉侨企业家为“五水共治”捐款近10万元。

第六章　残疾人联合会

1990年6月，区残联成立，标志着上城区残疾人事业进入新阶段。区残联主要开展残疾人康复、文娱、体育、“建家做友”、“助残扶疾”、警民共建等活动。1990—1992年末，全区完成单项白内障康复315人，小儿麻痹症矫治232人；聋儿语训30人，其中达到三级康复标准8人。1993年，区残联由区民政局代管。1996年起，区残联举办各类法律讲座、培训班，对残疾人及残疾人工作者进行法制教育。1999年，区残联成立无障碍工作小组，在全区推进无障碍建设。2002年3月，区残联从区民政局分出单设。2004年9月起，区残联加大对困难家庭残疾人康复服务补助力度。10月，上城区法律援助中心残疾人法律援助站[①]成立，为残疾人提供法律援助。是年，上城区开始实施基地就业政策，帮助残疾人就业。是年，区残联被浙江省残疾人联合会（简称省残联）评为浙江省残疾人工作示范残联。2007年，区残联在全国率先推出为无业残疾人缴纳基本养老保险和医疗保险补贴政策。

2009年，区残联采取“民办公助”的办法，在望江东苑23-5建成拥有床位20张、1000余平方米的上城区重度残疾人托（安）养中心，解决智（精）残疾人、重度残疾人托养问题。至2015年，上城区有街道残疾人联合会6个，社区残疾人协会54个，区级残疾人专门协会7个，街道残疾人专门协会分会30个，90%的社区设立残疾人活动室。

① 残疾人法律援助站为上城区法律援助中心分设机构，受区残联领导，接受区司法局的指导和帮助。直接或间接为有需要的残疾人提供法律咨询，依照《中华人民共和国残疾人保障法》，维护残疾公民的劳动、生活和教育与健康人平等的权利，代写法律文书、推荐律师代理辩护及为符合条件的对象提供法律援助等优先、优质、优惠的法律服务，依法维护残疾人的合法权益。

第一节　组织机构

一、杭州市上城区残疾人联合会[②]

1993年，区残联由区民政局代管，主要职责是开展和促进残疾人康复、教育、扶贫、劳动就业、文化体育、社会保障、无障碍设施建设和残疾预防等工作。2002年3月，区残联从区民政局分出单设，独立建制，为区政府直属的正处级群众团体组织，下设办公室。

② 1990年6月，上城区残疾人联合会第一次代表大会召开，大会选举产生第一届残疾人联合会主席、副主席、委员。

2015年，区残联办公地址惠民路26号，直属事业单位有杭州市上城区残疾人劳动就业服务所（杭州市上城区残疾人综合服务中心、杭州市上城区残疾人康复职业培训中心）。历任区残联主席许小富、丁晓芳、刘南、林国蛟、宦金元、黄爱芳、宣寅；历任理事长孟宪良、孙招娣、缪钦、童回春、金水根、林森。

1993—2015年，区残联共召开代表大会5次。

表23-6-9　1993—2015年上城区残疾人联合会代表大会情况表

单位：人

会　　次	时　间	出席代表		工　作　报　告
		残疾人	总人数	
上城区残疾人联合会第二次代表大会	1993年11月5日	—	100	—
上城区残疾人联合会第三次代表大会	1998年12月30—31日	—	121	—
上城区残疾人联合会第四次代表大会	2003年4月10日	78	130	与时俱进，奋力拼搏，为全面推进我区残疾人事业而努力
上城区残疾人联合会第五次代表大会	2007年6月26日	90	150	大力发展残疾人事业 向全面提升残疾人生活品质的目标迈进
上城区残疾人联合会第六次代表大会	2012年11月22日	96	150	提升“两个体系”建设水平 为助推残疾人拥有更体面、更自强、更自信生活而努力

说明：1.资料来源于杭州市上城区残疾人联合会。2.部分资料缺失

二、杭州市上城区残疾人劳动就业服务所（杭州市上城区残疾人综合服务中心、杭州市上城区残疾人康复职业培训中心）

1994年6月，杭州市上城区残疾人劳动就业管理站成立，为区残联直属的全民事业单位，业务上受区劳动行政部门指导和监督，负责上城区残疾人管理、就业安排以及残疾人就业保障金收缴、管理和使用。2001年，杭州市上城区残疾人活动中心建成并投入使用，地址复兴北苑8幢，设有残疾人综合康复中心、劳动就业技能培训中心、盲人按摩培训中心、残疾人电大教育培训基地、图书阅览、文化娱乐、康复训练基地、爱心助残超市等，为残疾人提供教育培训服务。2002年9月，杭州市上城区残疾人劳动就业管理站更名为杭州市上城区残疾人就业服务所。2013年，杭州市上城区残疾人就业服务所与杭州市上城区残疾人活动中心合并为杭州市上城区残疾人综合服务中心。2014年2月，杭州市上城区残疾人综合服务中心迁至海潮路66号。2015年，更名为杭州市上城区残疾人劳动就业服务所（杭州市上城区残疾人综合服务中心、杭州市上城区残疾人康复职业培训中心）。至2015年末，该事业单位设有区精神卫生服务中心、新起点残疾人康复中心、残疾人科技孵化园、区残疾人艺术中心和3家医疗机构服务站，集业务办理、阳光庇护、康复服务、文化艺术、就业培训、网络科创孵化等服务功能为一体。

三、基层组织

1995年7月，杭州市首个区属肢残人协会——杭州市上城区肢残人协会成立。1997年，7个街道残疾人协会① 更名为街道残疾

① 1990年10月，小营巷、湖滨、城站、清波、涌金、横河、清泰街道7个街道残疾人协会成立。

人联合会。此后，街道残疾人联合会数量随街道数量的变更而变更。2004年5月，上城区建立杭州市上城区残疾人无障碍环境促进会、杭州市上城区盲人协会、杭州市上城区聋人协会、杭州市上城区精残（智残）亲友会等专门协会。2005年起，社区残疾人协会陆续建立。2006年，54个社区均完成社区残疾人协会建设。2014年5月，杭州市上城区残疾人艺术团注册并更名为杭州市上城区海芝残疾人艺术团。

至2015年，上城区有街道残疾人联合会6个，社区残疾人协会54个，区级残疾人专门协会7个，街道残疾人专门协会分会30个，90%的社区设立残疾人活动室。全区6个街道均选配残联理事长、残联专职委员，设立专职干事。

第二节　权益保障

一、政策救助

1993年起，根据《中华人民共和国残疾人保障法》的政策规定，区残联联合区司法局、区教育局、区民政局、区房地产管理局、区商业局、涌金街道、小营巷街道等多家单位制定和落实扶助政策。2004年10月，上城区行政服务中心10号窗口作为区残联对外服务窗口，受理残疾人办证、补证等事宜。2007年，窗口平均每月接待各类来访咨询200余人次，累计当场办结1588件。其中，填发残疾人鉴定证明表663份，新领证341本，新建个人档案341份；发放残疾人劳动就业援助证认定表73份、残疾人就业登记表68份；申请购买残疾车登记表38份、办理盲人乘车证36份；发放残疾人法律援助证30本、残疾人个体就业优惠证11本。2008年，区残联实施残疾人“八大扶助”工程①。2009年，上城区建立和完善无业残疾人救助体系，发放临时特困补助和社保补贴近220万元。9月，区残联开展第二代残疾人证换（核）发工作。

2012年，为配合“两非”整治②，区残联扩大重度残疾人托（安）养补助力度，从残疾等级一级且生活不能自理的持证重度残疾人逐步扩大至18～60周岁的残疾等级二级且生活不能自理的重度残疾人；加强残疾人机动轮椅车“重改轻”补贴力度，对改购轻型残疾人机动轮椅车的重型车车主按年发放家属陪护交通补贴600元/车。2013年，区残联制定《关于进一步提高我区残疾人生活品质实施意见》，从扩大养老保险补贴范围、提升残疾人津贴标准、增加残疾人意外伤害保险补助金额、增加残疾车主燃油费补贴、加大医疗救助力度、加大对残疾人及残疾人子女教育补助力度、拓宽残疾人公益性岗位薪酬来源渠道7个方面规范

① “八大扶助”工程：生活扶助，保障残疾人基本生活；康复扶助，实现残疾人人人康复；教育扶助，加强残疾人素质教育；就业扶助，促进残疾人全面就业；培训扶助，增强残疾人技能培训；医疗扶助，实施残疾人医疗保健；科学扶助，普及残疾人生命科学；法律扶助，推进残疾人运用法律。

② “两非”整治：残疾人机动车非法营运、非法上路综合整治。

和提高社会保障标准。新政策实施后，全区用于残疾人事业的经费增加1180余万元。至2015年末，上城区有视力残疾、听力残疾、言语残疾、肢体残疾、精神残疾、智力残疾、多重残疾等在册残疾人8405人，区残联依据各类政策帮扶在册残疾人。

二、法制教育

1996年起，区残联举办各类法律讲座、培训班，对残疾人及残疾人工作者进行法制教育。1998年12月，区残联与杭州市上城区法制局联合举办“三五”普法教育大会。2005年，区残联组织《中华人民共和国残疾人保障法》法律知识讲座，举办法律知识竞赛，开展残疾人保障专题调研活动。2014年，区残联以“加大宣传、落实就业”为主题，巩固整治残疾人机动车非法营运成果，开办法制教育培训班2期，对残疾人机动车车主进行教育疏导。2015年，上城区举办残疾人信访及法制培训班2期，参加残疾人400余人。

三、法律援助

1995年4月，上城区残联法律顾问小组成立，聘请区行政执法部门、街道司法科等单位部门14人为残联法律顾问。2004年10月，杭州市上城区法律援助中心残疾人法律援助站[1]成立。2011年，杭州市上城区紫阳街道残疾人法律救助工作站成立，聘请浙江德名律师事务所为残疾人提供法律服务，搭建维权平台。2014年和2015年，区残联分别为残疾人提供法律援助22件和6件。

① 残疾人法律援助站为上城区法律援助中心分设机构，受区残联领导，接受区司法局的指导和帮助。直接或间接为有需要的残疾人提供法律咨询，依照《中华人民共和国残疾人保障法》，维护残疾公民的劳动、生活和教育与健康人平等的权利，代写法律文书、推荐律师代理辩护及为符合条件的对象提供法律援助等优先、优质、优惠的法律服务，依法维护残疾人的合法权益。

四、信访维权

2003年，区残联设立残疾人权益保障工作信访岗位，为残疾人提供法律服务和援助。2005年，区残联共接待信访50件，接待来访20件，来信5件，来电11件，区长公开电话12件，市长接待1件，区领导接待1件，共解决信访50件，按期结案率达100%。2006年，区残联围绕“平安上城”的工作目标，依法构建维权平台，制定理事长每周四上午信访接待日制度，妥善解决残疾人的各类实际困难和问题。2015年，区残联接待残疾人信访57件，全部办结，无重复信访和新的信访积案发生。

五、无障碍建设

1993年1月，区残联为方便残疾人来访，在区残联办公室前修建无障碍通道。1999年，区残联成立无障碍工作小组。2002年，区残联在解放路商店和区政府综合楼前划定“残疾车专停处”。2004年12月，由建设部、民政部、全国老龄工作委员会、中国残疾人联合会组成的验收组实地考察上城区“无障碍设施进残疾人家庭”情况，高位截瘫者胡雄华向专家组展示由区政府为其安装的家庭无障碍设施。

2009年12月，区残联组织杭州市上城区建设局、杭州市上城区人民政府城市管理办公室、杭州市上城区城市管理行政执法局、商户代表及残疾人开展“南宋御街无障碍体验”主题活动，进行无障碍体验，并提出改进道路盲道、坡道等意见建议。2010年5月，上城区启动实施“千家万户”工程，对1000户残疾人家庭进行家居无障碍改造，包含建造无障碍坡道、楼道盲道，安装楼道扶手、卫生间抓杆、上网系统、盲人电话等20余个项目。2015年，上城区在光复路（平海路—解放路）、长生路湖滨路口、庆春路口腔医院门口、中河路西湖大道南段等5处分别设置残疾人专用机动车停车位。

图23-6-11 无障碍设施进家庭（2010年）

（区残联 供稿）

第三节 康复工作

一、康复服务

1993年，区残联持续开展“三项康复”工作[①]。是年，区残联被国务院残疾人工作委员会评为全国“三项康复”工作先进集体。此后，区残联不断提升康复服务水平。2004年9月，区残联完善康复服务补助，提出对困难家庭残疾人免费实施白内障手术；对参加语训的困难家庭聋儿给予500元补助；对困难家庭残疾人需配助听器的患者给予一定的优惠政策或免费赠送；对困难家庭残疾人需配轮椅的，给予一定的优惠或免费配备；对需安装假肢的，给予小腿缺失患者补助1000元，大腿缺失患者补助3000元，安装矫形器补助1000元；对需配助视器的困难家庭残疾人患者给予补助50元。

2005年，区残联开展康复工程，实行“1113工作法”[②]。全年共为13名低视力患者建立个人档案，提供残疾人用品用具500余件，提供信息、咨询、维修、使用指导等服务600余人次。2008年，根据《杭州市

① “三项康复”工作：由国务院批准颁布实施的残疾人事业发展规划。《中国残疾人事业五年工作纲要（1988—1992年）》规定：全国五年内完成50万例白内障复明手术、30万例小儿麻痹后遗症矫治手术、3万名聋儿听力语言训练任务。为抢救大量亟待康复的白内障致盲者、小儿麻痹后遗症患者和聋儿，《中国残疾人事业“八五”计划纲要（1991年—1995年）》，决定“八五”期间继续开展三项康复工作，除完成“五年工作纲要”规定的任务外，增加任务数量。简称残疾人“三项康复”工作。

② “1113工作法”：上门进行1次调查，了解残疾人的康复需求；填好1张档案卡，即残疾人康复需求卡；指定1套训练计划，为残疾人“量身定制”康复训练计划；做好3项服务：康复知识进家门、训练指导进家门、助康热线进家门。

上城区人民政府关于实施残疾人共享小康工程的意见》，区残联对家庭人均年收入在低保标准150%以内、有适应指征并有康复需求的残疾人实施助明、助听、助行康复行动。2010年5月，上城区成立脊髓损伤者中途之家。2010—2015年，区残联每年安排2万元～5万元专项经费用于脊髓损伤者康复服务。

二、康复服务站、工疗站

1995年12月，上城区在小营巷街道社区康复中心的基础上建立残疾人社区康复中心。2003年，在区残联支持下，6个街道相继成立康复服务站、工疗站，近江东园等社区成立康复服务站。是年，区残联创办杭州市上城区博爱康复经营部，为残疾人提供康复服务。2004年10月，区政府印发《关于进一步加强残疾人康复工作的意见》，以社区为工作平台，建立和完善区、街道、社区三级康复服务机构和社区康复网络。2006年，上城区51个社区全部设立康复服务站，并配备专（兼）职社区康复协调员，完善三级康复组织体系。2008年，工疗站对智力、精神残疾人开展“五疗一教育”[①]服务。至2008年末，全区有康复服务站51个。此后，康复服务站数量逐渐减少。

2009年，区残联鼓励紫阳街道工疗站、望江街道工疗站进行改扩建，优化升级工疗站的区位环境、服务功能、设施设备、内部管理。2011年，上城区开展工疗站事业单位登记工作，加强规范化建设。2012年，街道工疗站配备在职专业康复医生，负责工疗站的日常康复工作和街道的精神病防治治疗工作。2015年，南星街道社区卫生服务中心康复服务站作为上城区最大的社区康复站，拥有门诊康复医疗中心，配备康复病床80张，与浙江大学医学院附属第二医院（简称浙医二院）康复科开展专科定点转诊[②]合作模式，被浙江省卫生和计划生育委员会、浙江省民政厅、省残联联合命名为“省级残疾人社区康复示范站”。至2015年末，全区共有工疗站6个，康复服务站2个。

① “五疗一教育”：指工疗、药疗、娱疗、环疗、心疗和心理教育。

② 专科定点转诊：各种脑血管意外或外伤手术病人需要康复者，在浙医二院经过前期治疗，病情稳定后，转入社区医院进行1～3个月的康复治疗。转诊病人的主管医生定期到社区医院查房，共同探讨病人的治疗、康复方案。当转诊病人病情反复、社区医生无法处理时，转诊病人将通过绿色通道及时被送回浙医二院进行治疗。

第四节　就业

一、就业扶持

培训与竞赛　区残联不定期开展盲人按摩、插花等职业技能培训，组织残疾人参加各类职业技能比赛，帮助残疾人提升职业技能水平，促进就业。2002年10月，区残联邀请福利企业技术人员进行劳动就业技能培训，10名残疾人与杭州市嘉明电器有限公司达成用工意向。2004

年，区残联委托杭州花都美容学校为残疾人进行美容美发培训。

2005年，区残联与浙江省残联特殊教育学校联合举办上城区残疾人成人大专预科班，开展残疾人大专班考试复习，63名残疾人参加。2006年，大专预科班46名残疾人被浙江广播电视大学开放教育学院行政管理专业录取，其中，年龄最大的50余岁，最小的20岁。2008年，43名残疾人从大专班毕业。

2010年6月，区残联邀请淘宝大学教师为残疾人电子商务创业培训班授课，40余名残疾人参加培训。2014年9月，在浙江省第四届残疾人职业技能竞赛中，2名残疾人选手分别获动画制作第二名和服装剪裁第五名。10月，区残联首届书画技能培训班对14名残疾人学员开展为期2周的书画培训。2015年，区残联组织70余名残疾人参加烘焙、钩编、摄影等职业培训。

图23-6-12　2013年，区残联组织就业培训
（区残联　供稿）

岗位与补助　1995年11月，上城区召开按比例安置残疾人工作会议，提出全年按比例安置残疾人工作实施方案。2000年7月，区残联联合区民政局、区劳动局举行福利企业残疾职工招聘会，6家福利企业向全市听力、语言、肢体残疾待业和失业人员提供65个岗位，现场近200名残疾待业人员参加，55名残疾人与用人单位达成招聘意向。

2004年4月，区残联与杭州市上城区工商业联合会联合向全区工商联会员和企业经营者发出“腾出一个岗位，安置一个残障人士，奉献一份爱心”倡议，为残疾人提供献爱心岗位。2006年，上城区招聘社区残疾人协会专职工作者16人，扩大残疾人就业门路。2007年，区残联向用工单位推荐和介绍残疾人就业，推介90余人次到用工单位面试，录用率达90%。

2009年9月，区残联根据区委、区政府《关于促进残疾人事业发展的实施意见》，设立残疾人就业创业专项资金，实施小额贷款贴息、用工补助、自谋职业补助、自主创业补助、社会保险费补贴、再就业培训补贴、岗位补助、自主创业奖励、创业带动就业特别贡献奖等就业援助政策，激励残疾人就业和创业。2014年，上城区新增残疾人就业60人，就业创业帮扶31人。2015年，区残联举办、承办3次残疾人人力资源交流会，达成就业意向18人，全年通过培训、招聘活动增加就业60人。

二、基地就业

2004年起，上城区实施基地就业政策，帮助残疾人就业。是年5月，区残联在杭州四方渔村实业有限公司举行“上城区残疾人种养殖业扶贫基地”揭牌仪式，基地安置3名残疾人。2005年5月，区残联在南星街道设立“上城区残疾人就业培训康复基地”，同时成

① 区残联在每个街道开办以加工业为主的残疾人务工社，面向残疾人定向招聘，吸引有工作愿望且有一定劳动能力的残疾人。

立6个街道的残疾人务工社[1]。2013年，区残联创建上城区残疾人网络科技助残孵化园，位于杭州市上城区残疾人综合服务中心6楼和7楼，设有上城区残疾人网络销售实训基地——淘宝屋，先后引进杭州纳图科技有限公司、杭州义而善科技有限公司、杭州市新青年信息技术有限公司、食神助残工作室和杭州捷辰数据科技有限公司。区残联依托平台和专业人才资源，开展省市区残疾人电子商务培训、授课，帮助残疾人科技创新、网络就业。

2014年，区残联与富阳市湘溪村合作创建上城区残疾人无障碍农业文化生态园，安置残疾人就业。5月，在杭州市残疾人联合会、杭州市残疾人康复职业培训中心、区残联，及《钱江晚报》《杭州日报》《浙江工人报》等帮助支持下，南星街道孔荣法等3名残疾人创办的“心连心电动车维修服务中心”开业，杭州近江五金锁具市场腾出一间临街商铺以低廉租金提供场地。12月，区残联与区教育局联合资助杭州市杨绫子学校创建“智慧树”智障学生校外创业实训基地，为智障学生提供就业和轮训机会。

图23-6-13　2015年4月28日，上城区残疾人“阳光艺术”中心举行启动仪式　（区残联　供稿）

2015年4月，上城区残疾人“阳光艺术”中心启用，由上羊市街残疾人民间艺术制作中心负责运作，为残疾人提供就业创业平台。是年，该中心为38名残疾人提供就业，其中长期就业8人，辅助性就业30人。7月，小营街道梅花碑社区“隐形的翅膀”义卖站成立，通过设立交易点、区“民情E点通”App、每周的“蓝领驿站”微公益活动，义卖残疾人手工及书画作品。

三、残疾人就业保障金征收

1994年，区残联下属事业单位杭州市上城区残疾人劳动就业管理站成立，对上城区内机关、企事业等各类用人单位开展残疾人就业保障金征收工作，每年征收1次。2004年起，区残联负责审核上城区残疾人就业保障金，委托杭州市地方税务局上城征收管理局代为征收。是年，上城区共征收残疾人就业保障金200余万元，首次超过百万元，是2003年征收金额的10倍。2009年，区残联按比例安置残疾人就业800余人，收取残疾人就业保障金约3000万元。2010年起，上城区按规定做好小微企业保障金减免核定工作。2015年，上城区对3418家小微企业减免保障金，减免职工总数7201人，减免总金额达429.47万元。是年，上城区征收残疾人就业保障金6500余万元。

第五节　扶贫帮困

一、困难帮扶

生活扶助　1993—2003年，由于残疾人保障金征收额度较小，区残联对残疾人生活保障力度有限。

2003年，在区政府无偿提供约200平方米场地的基础上，区残联筹集流动资金20万元，开办全省首家以经营残疾人用品为主的博爱超市，先后向困难残疾人发放博爱超市“爱心购物卡”6000余张。2004年，上城区把残疾人扶贫解困工作纳入政府对弱势困难群众的扶持和社会保障中，困难残疾人100%纳入低保范围，做到“应保就保”。2006年，上城区政府针对辖区内低保困难户残疾人家庭实行3项助残扶残新举措：没有电视机的，发放直角屏面彩色电视机；没有安装电话的，配备小灵通电话机；没有缴纳养老保险和医疗保险的，由区政府交纳[①]。同时，把409户低保困难残疾人家庭纳入区残联电话虚拟网，实现困难残疾人、社区居委会、区残联三者电话免费联系。4月，区残联对上城区常住户口并持有残疾证、低保证、困难证及享受区级救助的贫困残疾人按年度配发用品用具。

① 2006年，上城区共为低保残疾人缴纳养老保险47份、医疗保险48份、意外保险541份，合计金额10万元。

2007年，区残联在全国率先推出为无业残疾人交纳基本养老保险和医疗保险补贴政策。2008年，区残联在全市率先对困难低保残疾人实施“三张保险”[②]政策，确保残疾人基本生活保障全覆盖。对566户单独施保户实行保基本生活，享受全额最低生活保障金；为全区无业残疾人补贴交纳养老、医疗保险686份，合计金额200万元；为全区842名低保困难残疾人和驾驶残疾人机动轮椅车车主投保意外伤害险17万元。是年，区残联开展安居工程，为52户困难残疾人家庭装修房屋、购置家电等，投入资金56.79万元。

② “三张保险”：单独施保、社保两险、意外保险。

2009年4月起，区残联联合区卫生局及社区卫生服务中心对全区持证残疾人进行免费体检，向残疾人提供优先、优质、优惠的“三优”服务，建立残疾人健康档案和配备“家庭医生”，做好医疗救助、优惠服务以及配发辅助器具等后续服务。此后，上城区残疾人体检每2年进行

1次。8月起，区残联在无业残疾人两险补助政策基础上，对困难残疾家庭提高补助标准，鼓励自主择业、自主创业的残疾人参加社会保险。

2013年，区政府提高残疾人津贴标准，由原来500元/年增加至600元/年（按每人每月50元标准发放）。加大医疗救助力度，残疾人享受基本医疗保险待遇和医疗困难救助后，当年个人医疗费负担仍较重的残疾人，扣除有关部门医疗救助后再按下列标准给予医疗困难救助：5000元（含）以下部分，按50%的比例给予救助；5000元以上10000元（含）以下部分，按60%的比例给予救助；10000元以上15000元（含）以下部分，按70%的比例给予救助；15000元以上20000元（含）以下部分，按80%的比例给予救助；20000元以上部分，按90%的比例给予救助。

2014年8月起，区残联对上城区455户重度困难残疾人家庭开展为期1年的家电统保试点服务。① 2015年，区残联对5449人次困难残疾人实行重残补助，发放补助金167.82万元；对54名卧床不起、生活不能自理的困难残疾人发放补助，每人200元/月，补助金额12.96万元；对3户残疾人家庭发放省爱心助残特殊救助资金2.08万元；发放区属残疾人特殊困难补助4.15万元。

① 1年后，因部分家电统保项目与区民政局开展的项目重复，故取消。

教育扶助　1993年5月，上城区对符合要求的困难残疾人子女，给予减免或全免借读费。2002年，区残联对有特殊困难的残疾人家庭实行教育补助。2003年，区残联资助17名学生，合计1.6万元。是年，区残联开展残疾儿童“帮困助学”结对活动，为残疾儿童解决学习困难问题。

2010年，上城区把残疾儿童少年纳入“两免一补”体系，逐步免除义务教育阶段学杂费，对家庭经济困难学生免费提供教科书和补助寄宿生生活费。2013年，区残联根据《关于进一步提升全区残疾人生活品质的实施意见》，对残疾人及残疾人子女加大教育补助力度，补贴对象由原来困难残疾人家庭扩大到一般残疾人家庭，困难残疾人家庭接受学前、小学、初中、高中、全日制大专或本科教育补助分别增加至每人每学年2000元、600元、1000元、2000元、3万元。2013—2015年，区残联向1831名次残疾人学生及残疾人家庭子女发放教育补助474万元。

二、托安养服务

2008年5月，上城区建立虚拟“居家安养”院，采取政府买单、政府补贴和社会服务的形式，采用统一服务电话、服务界面、服务功能和服务标准，建立统一的服务流程和全面的服务监督管理体系，确保为残疾人提供优质服务。2009年，区残联采取“民办公助”的办法，在望江东苑23-5建成有床位20张、1000余平方米的上城区重度残疾人托（安）

养中心，解决智（精）残疾人、重度残疾人托养问题。对生活不能自理，残疾等级为一级的残疾人逐步实施集中托养和日间照料；对生活不能自理、残疾等级为二级以上的残疾人逐步实施居家安养。全年实现集中托养107人、日间照料68人、居家安养1234人。

2011年，区残联制定《关于推进上城区残疾人托（安）养工程的实施办法》，针对托（安）养实行保障措施，包括开展集中托养、提供居家安养上门服务、发放特别护理费和实施残疾人津贴制度。2012年，上城区重度残疾人托养中心托（安）养重度残疾人140余人，居家安养750余人，发放特殊护理费210余人，发放特殊津贴4950余人，合计投入资金520余万元，解决残疾人基本生活照料问题，缓解残疾人家庭的经济压力。

2014年，区残联调整重度残疾人托（安）养标准，从每人每年1.20万元提升至1.50万元，日间照料标准由每人每年4800元提升至6000元。7月起，居家安养上门服务费标准由每小时20元提升至25元。2015年，区残联实施残疾人托（安）养扩面工程，将生活自理能力弱、家庭监护困难的重度残疾人全部纳入集中托养范围。全区发放重度残疾人托（安）养补助资金427.59万元，惠及669名重度残疾人。

三、志愿助残

区残联每年将志愿助残作为一项常规工作。1993年，在杭州市物资局、浙江省公安厅前和城站广场上，区残联为1325人次提供20余项免费助残服务项目。1995年4月，区残联召开以“一助一送温暖”为主题的助残结对签约大会，完成助残结对145对。5月，区残联组织开展助残服务活动，参加志愿者136人，提供服务项目36个，共服务1663人次。1996年2月，区残联与杭州市上城区个体劳动者协会党支部召开签订助残协议会议，18名党员分成6组与6名残疾人特困户结对。

2000年5月，区残联组织成立上城区残疾人志愿者服务队。2003年，非典型肺炎疫情时期，区残联前往杭州姚氏盲人推拿公司、上城区残疾人报刊亭等单位，向窗口单位残疾人工作者送去消毒水、21金维他等慰问品。2015年，在春节、高温、中秋慰问活动中，区残联走访慰问困难残疾人3354户，发放慰问金118.50万元。

第六节　文体活动和宣传

一、文艺活动和宣传

1993年起，区残联围绕残疾人重大节日，开展残疾人文艺汇演等形式多样的系列文化宣传活动，邀请新闻媒体跟踪报道，全方位宣传残疾人工作事迹。1995—1998年，区残联受浙江文艺广播电台《市民茶馆》、杭州经济台《品味人生》、杭州经济广播电台《星星点灯》等众多栏目邀请，介绍上城区开展助残活动的工作情况。1999年5月，省、市、区三级残联联手举办“全国助残日”活动，与浙江大学联合举行“携手共建迈向新世纪的无障碍之路”的签名活动。8月，肢残人李少华编著的《平等·参与·共享——方寸世界里的残疾人》集邮图册获中国99世界集邮展览银奖。

2003年，上城区创建全国社区残疾人工作示范区的有关文章刊登于《中国残疾人》。2007年7月，“俏东东”残疾人艺术社成立，每周在近江东园开设活动日，开展讲座及各项文艺活动。2012年9月，区残联联合上羊市街社区残疾人民间艺术制作中心承办“喜迎十八大，书家送博爱，自强展风采”书画艺术联谊系列活动。

2014年8月，上城区残疾人艺术家陈巍创作的《和谐家园》在全国助残美术作品展上展出。2015年，在首届“融合·国际残疾人艺术展”上，陈巍以作品《盛世花开》获最佳创作奖。

二、体育事业

区内活动　1995年，上城区举行第三届残疾人运动会、残疾人乒乓球和残疾人射击比赛，全区8个运动队118名残疾人参加24个项目的比赛。此后，上城区残疾人运动会不定期展开。2005年，区残联建立上城区残疾人体育人才信息库，启动上城区残疾人体育队伍组建工作。2007年9月，区残联组织杭州市杨绫子学校迎接圣火仪式，117名加拿大特殊奥林匹克运动员到杭州市杨绫子学校进行适应性体能训练。2012年11月，区残联联合区教育局、区体育局在杭州市杨绫子学校，为智力障碍学生及全区智力障碍人士举办首届特殊奥林匹克运动会。该届特殊奥林匹克运动会以“我运动，我快乐，我自信，我成功”为口号，350余名智力障碍者在教师、家长及家属的陪同下参加团队展示、文体节目表演、50米往返接力赛、立定跳远、垒球投掷等项目。

其他比赛　1994年9月，上城区残疾人运动员黄彩耀参加第六届远南残疾人运动会男子羽毛球比赛，获单打银牌。1996年11月，上城区残疾人运动员在首届亚太地区特殊奥林匹克运动会上获3金3银4铜。1998年12月，在第二十三届香港特殊奥林匹克运动会城市邀请赛上，杭州市杨绫子学校的9名残疾人运动员在19个项目中夺得9金4银1铜。

2003年，区残联协办浙江省第六届残疾人运动会，黄彩耀获羽毛球项目冠军，舒宏亮获跳高、跳远2个项目的冠军。2005年11月，区残联承办杭州市首届综合性残疾人棋类比赛。2006年，上城区残疾人运动员金梁在浙江省残疾人青少年游泳锦标赛上获3枚金牌。2002—2014年，区残联组织代表队先后参加杭州市第六届至第九届残疾人运动会，共获32金22银32铜，区残联获组织奖1次、体育道德风尚奖3次。

2015年，区残联组织杭州市杨绫子学校4名学生代表国家队出征2015年世界夏季特殊奥林匹克运动会。区残联组织代表队参加全国第九届残疾人运动会，获6金1银，破纪录2项。是年，在第八届亚太听障运动会上，女子聋人游泳运动员胡雨晨获8金。

第七章　红十字会

1981年，区红十字会恢复机构。1993年10月，《中华人民共和国红十字会法》颁布实施，红十字会工作步入法制化、规范化轨道。是年起，区红十字会秉承宗旨，牢记使命，为保护人的生命健康、改善困难群众境况、构建和谐社会开展各项人道工作。开展红十字文化传播、应急救护知识培训、造血干细胞捐献、遗体器官（组织）捐献、参与社区养老服务、社区网格化治理、扶贫帮困、关爱失独家庭、助残献爱心等方面工作，奉献爱心，彰显人道力量。2009年，上城区红十字会机构独立建制，列入群团机关管理，充实干部队伍，发挥红十字会的独特作用。至2015年末，上城区有街道红十字会6个，基层红十字会组织54个，红十字团体会员31个，红十字个人会员4156人。

第一节　组织机构

一、杭州市上城区红十字会①

1993年，区红十字会属卫生事业编制。区红十字会宣传相关法规、卫生和救护知识，开展募捐和救助活动，推进无偿献血等工作，传播人道主义。1997年9月，区红十字会被列为区卫生局所属事业单位。2000年11月，区红十字会在区民政局注册登记。2009年12月，区红十字会由区政府直接联系，独立建制，列入群团机关管理。2013年6月，区红十字会列入参照公务员法管理范围。2015年，办公地址惠民路26号。历任区红十字会会长杨菊芳、杨必明、宦金元、马彦。

1993—2015年，区红十字会共召开3次会员代表大会②。上城区红十字会第二次、第三次会员代表大会分别于2003年9月、2009年5月召开。2014年12月，上城区红十字会第四次会员代表大会召开，出席会议正式代表70人，特邀代表5人，作《凝聚人道力量，共建美丽上城》工作报告。

① 1953年5月，区红十字会成立，负责人史黎明。区红十字会是中国红十字会的地方分会，开展各项人道工作。“文化大革命”期间，区红十字会停止工作，机构被撤销。1981年3月，机构恢复。1987年9月，区红十字会属卫生事业编制。

② 1981年4月，上城区红十字会召开第一次会员代表大会。上城区红十字会一届一次理事会选举产生会长杨菊芳。

二、基层组织[①]

2006年，全区建立基层组织5个，发展会员77名。2014年，全区共有小学17所、初中10所、职业高中1所建立红十字会组织，其中小学12所、初中2所和职业高中1所创建成为红十字工作示范学校。至2015年末，上城区有街道红十字会6个，基层组织54个，团体会员单位31个，个人会员4156人。

第二节　应急救护培训[②]

图23-7-14　2015年1月30日，区红十字会在区统计局组织救护培训　（区红十字会 供稿）

区红十字会以普及救护知识，提高群众自救互救能力为出发点，开展救护培训工作。培训内容包括心肺复苏（含AED使用）、创伤救护基本技能、常见急症和意外伤害的处置及紧急避险逃生等。2006—2008年，举办社区卫生急救知识培训班6期，卫生保健知识培训班24期，卫生救护知识培训班13期。2013年，2989名初中学生参加应急救护知识普及培训班。2014年，区红十字会开展救护培训"进社区、进学校、进机关、进企事业单位"活动，重点培训社工、中小学生、公安干警、安保人员等群体，并建立培训档案，开展应急救护培训班178期，培训9340人次，1088人考取红十字应急救护员证。

2015年，区红十字会为辖区10所中学配发心肺复苏教学模拟人，保障校园应急救护知识普及培训工作。7月，联合区科协拍摄"家庭应急救护"微课堂，利用新媒体普及应急救护知识。全年开展应急救护培训112场，新增初级救护员1501人，普及培训10964人次。

① 1953年，区红十字会在街道建立居民红十字急救站。1956年，红十字急救站改名为红十字卫生站，主要任务是开展卫生和扶危济困工作。"文化大革命"期间，卫生站的工作中断。1978年起，红十字卫生站重新建立，部分工厂也建立起红十字卫生站，服务范围逐步扩大。1981年，区红十字会恢复后，企业、学校、医院和街道逐步恢复和建立红十字组织，并配备专职干部。

② 1965年，区红十字会举办多期国防救护培训班，培训战地卫生救护师资，开展"三防"（防毒、防菌、防辐射）和战地救护训练。1985年11月，中国红十字会总会副会长蔡壬癸考察区红十字会救护培训工作，现场观摩小营巷红十字会开展的救护培训。1990年起，区红十字会开展机动车驾驶员救护知识培训工作，驾驶员培训合格后，由区红十字会发给合格证、配备急救包，未取得合格证者，年度审核暂缓。

第三节　备灾救灾和社会救助

一、突发应急救灾

开展救灾的准备工作，在自然灾害和突发事件中，对伤病人员和其他受害者进行救助是红十字会的重要职责之一[①]。在重大自然灾害发生时，区红十字会多次开展“我为灾区献爱心”活动，向社会公布募捐账号和赈灾电话，以区、街道、社区三级联动的形式动员广大群众奉献爱心。制定《上城区红十字会自然灾害和突发公共事件救助应急预案》，确保赈灾救灾工作快速有效。

① 1993年，《中华人民共和国红十字会法》确定中国红十字会为“从事人道主义工作的社会救治团体”，赈灾募捐和社会救助工作从此逐步开展。

表23-7-10　2007—2014年杭州市上城区红十字会募款情况表

单位：元

时　间	灾　　情	募得善款
2007	抗击台风“罗莎”	31400.00
2008	汶川地震	730000.00
2009-08	抗击台风“莫拉克”	8995.00
2010-01	海地地震	2100.00
2010-03	西南旱灾	132869.56
2010-06	玉树地震	1112395.60
2010-09	舟曲泥石流	50775.00
2013-06	雅安地震	133969.22
2014-08	鲁甸地震	86835.60
2007—2014	其他抗震救灾款	95997.84
总　　计		2385337.82

说明：资料来源于杭州市上城区红十字会

二、社会救助

区红十字会高度重视对困难群众的帮扶工作，以“改善易受损害群体境况”为目标，开展社会救助活动。2001年起，区红十字会持续打造公益品牌“博爱帮困送温暖”活动。每年春节前夕，由街道红十字会进行调查摸底，查清困难家庭名单及基本情况。区红十字会进行核实并予以公示，最终确定慰问对象，发放慰问金。2006年，慰问困难家庭95户，发放慰问金47500元。2007年，区红十字会为249户木结构住户困难家庭购买家庭财产保险，累计投保1992万元；为250户困难家庭发放医疗救助券，总价值50000元。组织医疗队赴临安市河桥镇开展义诊活动，接诊125人次，发放医疗补助金10000元。2008年，区红十字会为120户困难家庭提供义诊服务。

2010年，区红十字会启动“捐出一元钱，帮助身边小伙伴”公益募捐项目，帮助特困和受到意外伤害的学生及其家庭。2014年，启动“特殊困难救助”活动，为辖区内因重大疾病、自然灾害等原因造成的特殊困难群众提供救助。

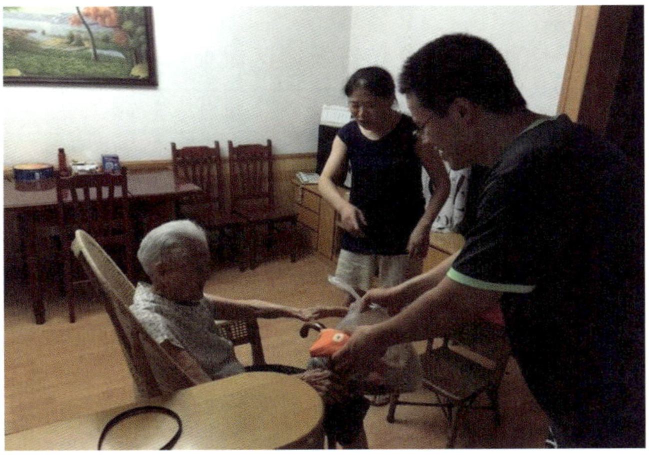

图23-7-15　2015年8月，区红十字会开展“夏季送清凉”慰问老人活动　（区红十字会 供稿）

2015年4月，区红十字会收到杭州市上城区中医药协会的定向捐助款2万元，用于看望慰问因病致贫家庭10户。8月，开展“夏季送清凉”活动，走访慰问辖区内2430名90岁以上的老人。11月，开展“上城区红十字关爱计生特殊家庭活动”，看望慰问计生特殊家庭30户。2009—2015年，区红十字会共慰问困难家庭1140户，发放慰问金63.6万元。

第四节　献血和造血干细胞、人体器官捐献

一、无偿献血

图23-7-16　2014年，区红十字会在区政府开展“我为7·5烧伤病人献爱心”无偿献血活动　（区红十字会 供稿）

区红十字会不断推动献血工作[①]。1998年，《中华人民共和国献血法》颁布。区红十字会参与输血、献血工作，推动无偿献血。2008年，利用“5·8”世界红十字日、“6·14”

① 1983年7月，杭州市上城区义务献血领导小组成立，开展义务献血工作。

世界献血者日等特殊节点，开展多层次、广覆盖的宣传活动，举办《中华人民共和国献血法》及无偿献血知识讲座6期。

2014年，浙江大学医学院附属第一医院、吴山广场、龙翔桥等地先后建成献血屋（点）6处。7月，“7·5”公交纵火事件[1]发生后，为保障烧伤病人的用血需求，区红十字会在全区范围内开展“我为7·5烧伤病人献爱心”无偿献血活动，351人成功献血，总量达88750毫升。

① 2014年7月5日下午5时，杭州一辆7路公交车途经东坡路与庆春路交叉口时车内起火燃烧。事故造成30余人受伤，其中重伤15人，无人员死亡。警方从现场取证调查确认是一起人为纵火案。

表23-7-11　2007—2015年部分年份上城区献血情况表

年份	献血人次（人次）	献血总量（毫升）
2007	2811	562200
2008	2050	410000
2012	18891	5719370
2013	21282	6524906
2014	16798	5410920
2015	16007	5274100

说明：资料来源于杭州市上城区红十字会

二、造血干细胞捐献

区红十字会弘扬“人道、博爱、奉献”的红十字精神，开展造血干细胞捐献宣传动员工作。2007年，上城区21名志愿者加入中国造血干细胞捐献者资料库。2008年，中国工商银行杭州东宝路支行工作人员金鑫成功捐献造血干细胞，成为上城区第一位造血干细胞捐献者。2013年，南星街道社区卫生服务中心医师余红春、杭州口腔医院医师黄震、海南航空股份有限公司杭州办事处工作人员姚志和自由职业者俞红鹰成功捐献造血干细胞。是年，上城区造血干细胞捐献人数位列全省各区、县（市）之首，区红十字会被评为浙江省造血干细胞捐献先进单位。2009—2013年，上城区共有428名志愿者加入中国造血干细胞捐献者资料库。

2015年7月，区红十字会制定《关于推进关爱生命工作的实施意见》，加强造血干细胞捐献的宣传动员、登记入库和关爱慰问等工作，提高捐献活动的知晓率，吸引更多志愿者加入中国造血干细胞捐献者资料库，并落实造血干细胞捐献者及其亲属的优先用血政策。至2015年末，上城区共有671名志愿者加入中国造血干细胞捐献者资料库，其中8名志愿者成功捐献造血干细胞。

三、人体器官捐献

遗体和人体器官捐献工作一直是“三献”[2]工作中的难点。区红十

② 三献：无偿献血、造血干细胞捐献、遗体器官捐献。

字会开展人体器官（遗体）捐献宣传、登记工作，扩大捐献协调员和志愿者队伍。2013年10月，浙江省首个人体器官（遗体）捐献工作室在小营街道梅花碑社区福利新村1号建立，由志愿者朱强荣负责。工作室主要开展宣传、动员、指导等工作，并提供上门登记等服务。2013年11月，《杭州日报》对该工作室的成立及朱强荣的事迹进行宣传报道。

至2015年末，全区有650余名爱心人士加入人体器官捐献志愿者队伍。

第二十四篇 政法

1949年杭州解放后，上城区、中城区根据省、市的统一规定，先后建立公安、法院、检察院等政法工作机构，在巩固新生的人民政权，维护社会治安，取缔旧社会的遗毒，禁毒、肃娼等一系列重大斗争中发挥重要作用。1957年，因中城区建制撤销，中城区的政法工作机构随之撤销。

在国家进行社会主义建设时期，政法机关把工作重点转移到保卫经济建设上，加强对基本建设工程和企事业单位的安全保卫工作。同时，通过内部肃反和打击现行破坏活动，保卫社会主义建设事业的顺利进行。“文化大革命”时期，社会主义法制一度遭到破坏，后逐步恢复建立。1972年12月，杭州市上城区人民法院（简称区法院）恢复。1973年2月，杭州市公安局上城区分局（简称区公安分局）恢复。1978年6月，杭州市上城区人民检察院（简称区检察院）重建。是年起，上城区政法机关在区委、区政府的领导下，坚持实事求是，有错必纠的原则，对办案中出现的冤、假、错案经过复查予以纠正，并健全组织机构和法律规定的办案程序制度，把政法工作纳入法治化轨道，从而使办案质量不断得以提高。1981年，中共杭州市上城区委政法委员会（简称区委政法委）建立。1982年4月，杭州市上城区司法局（简称区司法局）建立。

1983年，上城区在城站、湖滨、各农贸市场设立广播点，开展严厉打击严重刑事犯罪活动的宣传。成立行动指挥部，开展打击刑事犯罪活动，开展全国统一行动的集中打击流窜犯等专项斗争，依法“从重从快”惩处刑事犯罪分子，动员社会各方力量，通过思想、政治、经济、行政、法律手段，控制、预防、减少犯罪。

1985年，上城区第七届人大常委会第八次会议作出《关于加强法制教育普及法律常识的决议》。上城区开展以宪法为核心、“九法一条例”[①]为主要内容的“一五”普法宣传教育，向全区公民普及法律常识。

1993年起，区委政法委加强和改善党对政法工作的领导，协调公、检、法等有关部门，社会治理工作不断创新，工作领域不断延展，上城区社会稳定、平安创建工作不断改善。是年，区公安分局组织开展“三打一禁”[②]专项斗争，侦破全省罕见的15名案犯拐卖19名妇女的特大拐卖妇女团伙案。该案专案组被浙江省公安厅评为集体二等功。

① “九法一条例”：刑法、刑事诉讼法、民事诉讼法（试行）、婚姻法、经济合同法、兵役法、继承法、民族区域自治法、民法通则和治安管理条例。

② “三打一禁”：打击犯罪团伙、车匪路霸、拐卖妇女等犯罪活动，禁止卖淫嫖娼。

1999年起，区法院按照中华人民共和国最高人民法院制定的《人民法院五年改革纲要》，全面推进审判改革。2001年，区法院全面推行审判长、独任审判员选任制，院长、庭长的工作重心从案件审批转向亲自主审或参与重大、疑难案件的审理。2002年，区检察院探索刑事案件普通程序简化审理工作，对案件事实不复杂，被告人认罪态度较好的案件，在使用普通程序的基础上，简化庭审各个环节的内容，节约诉讼资源，年度普通程序简易审理和简易程序的案件占70%。

2003年，根据市委、市政府提出的全力打造“平安杭州”的整体部署，区委政法委、杭州市上城区社会治安综合治理委员会办公室（简称区综治办）以组织实施“12345”精品工程① 为抓手，全面推进“平安上城”活动。2005年起，区委政法委加强维稳工作力量，全面协调处理全区维护稳定工作，建立区、街道、社区三级信息网络，定期排查、收集全区各类重要矛盾纠纷和重大不稳定因素，对重点个案及时协调提出处置意见。2006年，区公安分局自行研发“天网搜搜”警用自动搜索比对平台，开启以信息化带动社会治安管控的工作模式。2009年，区检察院在全省率先开展对公安派出所的法律监督工作，健全立案监督案件跟踪监督机制，监督侦查机关撤案4件，立案7件11人。是年，杭州市上城区物业纠纷调解委员会建立，创新建立全省首个物业纠纷调解工作机制。2010年，区司法局制定的《上城区社区矫正工作规范》成为全国首个社区矫正工作地方标准。2011年，区检察院与区公安分局联合制定《共同开展对在押未成年人帮教、维权工作的实施意见》《办理未成年人刑事案件的工作意见》，规范未成年人案件办理，加强未成年人的帮教维权。

2012年，上城区建立“平安365”社会服务管理工作平台，利用互联网手段拓展民情民意采集和诉求表达互动渠道。综治工作职能开始从社会治安综合治理转为社会管理

① “12345”精品工程：打造科技防范1条路（延安路段）；创建秩序良好的2个广场（城站广场、吴山广场）；构筑平安温馨3个街区（清河坊历史文化特色街区、南山路艺术休闲特色街区、湖滨商贸旅游特色街区）；建成安全文明4个场所（龙翔服饰城、杭州陶瓷品市场、浙江大学医学院附属第二医院、杭州汽车南站）；营造安居乐业5个示范社区。

综合治理，街道综治工作中心改为集社会服务、社会管理、社会稳定为一体的街道、社区基层社会服务管理中心。是年，区法院成立全省法院系统首家单独列编的诉调对接中心，建立以法院主导调解、搭建对接平台、加强调解指导的诉调对接工作模式。2013年，上城区在全区159个网格中部署开展“平安网格”创建活动，创建一批“零发案、零事故、零激化、零上交，人民群众安全感满意度高”的“四零一高”网格。2014年，上城区“平安365”智慧治理被评为浙江省唯一的“全国社会治理十大最佳案例”。

至2015年，上城区各政法机关围绕改革开放和经济建设，履行宪法和法律赋予的职责，发挥政法机关整体效能，严厉打击犯罪活动，强化社会管理综合治理，推进司法改革，加强政法队伍建设，维护社会政治稳定，营造良好的治安秩序和法制环境，促进上城区的改革发展。2005—2015年，上城区连续11年获浙江省“平安区”称号。

第一章　综治与维稳

1978年起，上城区政法机构[①]在区委、区政府的领导下，坚持专门工作与群众路线相结合的方针，加强社会治安综合治理，严厉打击严重刑事犯罪，依法“从重从快”惩处刑事犯罪分子。1993年起，随着改革开放的不断深化和社会主义市场经济的发展，区委政法委将维护社会稳定和社会治安综合治理作为重中之重的工作来抓。是年起，区委、区政府主要领导与各街道、社区和区级有关部门、区属企业、地区单位负责人，层层签订社会治安综合治理目标管理责任及综治责任书。1998年，区委政法委根据中国共产党中央政法委员会（简称中央政法委）《关于加强党委政法委员会执法监督工作的意见》精神，加强对公、检、法、司等部门的执法监督。

① 上城区政法机构情况见第十八篇中国共产党地方组织第三章组织机构第三节区委工作机构及直属单位。

2003年起，上城区全面推进“平安上城”活动，把活动延伸至学校、机关、企事业单位，延伸至街区商场、市场、公共娱乐场所。2005年，区委政法委协调处理全区维护稳定工作，建立区、街道、社区三级信息网络，定期排查、收集全区各类重要矛盾纠纷和重大不稳定因素，对重点个案及时协调提出处置意见，在全区维稳工作中发挥指挥中枢作用。2006年起，上城区建立司法救助专项资金，用于生活确有困难的案件当事人的救助。

至2012年，综治工作职能从社会治安综合治理转为社会管理综合治理。是年，区委政法委推进网格化建设，开展“网组片”社会服务管理联动工作，尝试利用互联网等手段拓展民情民意采集和诉求表达互动渠道，实现高效搜集、解决民生问题和处理社会管理事务的目的。此后，上城区“平安365”社会服务管理工作平台的功能不断完善，社会服务管理水平提升。2005—2015年，上城区连续11年获省“平安区”称号。

第一节　维护社会稳定

一、维稳机制建设

20世纪90年代，随着改革开放的不断深化和社会主义市场经济的发展，上城区在维护社会稳定方面出现不少新情况、新问题和一些社会不稳定因素。1994年，为提高处置突发事件的反应能力，确保处置效应，区委政法委修订和完善区公安分局、派出所两级处置突发事件的预案，健全应急处置机制。1995年，上城区建立由区委副书记参加的维护稳定联席会议制度。2001年4月，杭州市上城区社会治安综合治理委员会（简称区综治委）等五部委（局）转发《杭州市社会治安综合治理等五部委（局）对发生严重危害社会稳定重大问题的地方实施领导责任查究的现行规定》的通知。2004年，上城区落实中共杭州市委维护稳定工作领导小组办公室（简称市委维稳办）、杭州市社会治安综合治理委员会办公室（简称市综治办）提出的维护稳定工作四项制度，即情报信息会商制度、维稳专项工作联席会议制度、维稳信息报送制度、重点人员稳定工作责任制。实行一把手负总责、分管领导具体负责的领导责任制；建立分级负责、包案解决的工作责任制；开展矛盾纠纷督查，对各街道在落实维稳工作责任、信息报送、纠纷处置等方面的工作每季度进行检查，并将督查情况列入社会治安综合治理目标管理考核。

2005年，区委政法委加强维稳工作力量，确定由区委政法委副书记担任杭州市上城区维护社会稳定工作领导小组办公室（简称区维稳办）专职副主任，并增加1名专职工作人员。区委政法委全面协调处理全区维护稳定工作，建立区、街道、社区三级信息网络，定期排查、收集全区各类重要矛盾纠纷和重大不稳定因素，对重点个案及时协调提出处置意见。2006年，区委政法委研究制定《上城区预防处置群体性事件工作实施意见》，落实责任，细化分工、明确程序，规范运作，初步建立预测预警、排查化解、应急处置、责任追究和工作保障5项工作机制，促进预防和处置群体性事件工作规范化与制度化。区、街道、社区三级维稳网络实行重大矛盾纠纷分级负责、包案调处责任制，重大矛盾纠纷信息报送制，调处工作督查督办制。是年，区维稳办通过月排月报、随排随报、急排急报的“三排三报”制度，全年共收集160余条涉及社会稳定的重要信息，向市委维稳办报送维稳专报11期。2007年，区维稳办制定《维稳工作考核办法》，把各街道的维稳工作与平安创建、综合治理考核一并纳入年度目标责任考核。2008年，各街道、指挥部及有关单位成立信访稳控领导小组，制定工作预案，遵守信息“零报告”制度，完成全国“两会”、第29届夏季奥林匹克运动会、第13届残疾人奥林匹克运动会和中共十七届三中全会期间的维稳任务。

2009年，在庆祝中华人民共和国成立60周年活动期间，区委政法委与各个街道和涉稳重点单位签订维稳责任书，落实维稳责任制。完善不稳定因素排查机制，结合日报、月报、季报的形式，排摸收集各类涉稳信息。2010年，区委政法委以中国2010年上海世界博览会（第41届世界博览会）安保维稳为中心工作，健全完善维稳工作机制，通过签订世博安保责任状、组建劝访应急分队、开展不稳定因素排摸、落实肇事肇祸精神病人管控，严密重点人员稳控、完善应急处置预案等措施，关注重点领域、重点行业、重点群体、重点人员情况，应对和处置各类涉稳事件，定期开展维稳形势分析，发挥区维稳办的组织协调功能。区委政法委制定《重大事项社会稳定风险评估实施细则》，组织有关部门和街道对中山南路美食夜市一条街建设等11起重大事项开展社会稳定风险评估，从源头上预防和减少群体性事件发生。2011年，区委政法委强化应急处置工作组织领导，制定《上城区预防处置群体性事件实施纲要》《上城区群体性事件应急处置工作总体预案》，组织群体性事件应急处置演练，基本形成应急预案体系全覆盖。成功处置多起因市场经营、企业拆迁、医疗纠纷、突发亡人个案等引发的群体性事件。

2012年，区委政法委着重在敏感节点做好化解工作，研究制定“八个一批”工作法，即对于各类群体性上访事件，化解一批，稳住一批，缓解一批，感化一批，告诫一批，盯住一批，妥处一批，劝访一批，完成各级“两会”期间工作任务。全年围绕社会稳定风险评估、应急处置机制建设、“六定”联动化解机制[1]建立、维稳工作量化管理考评机制4项重点内容开展维稳工作。2013年，区委政法委完善维稳长效机制建设，印发《关于进一步推进重大决策社会稳定风险评估工作的实施意见》《关于对重大不稳定问题实行“三色预警”[2]和挂牌督办的通知》《关于进一步做好重大突发事件防范应对工作的通知》，优化群体性事件处置方式方法。2014年，上城区建立健全重大决策社会稳定风险评估报备管理制度，提高立项评估、申报评估、指令评估的刚性，提升稳评覆盖面。是年，开展重大涉稳问题项目化监管，明确省、市、区挂牌督办的重大涉稳问题工作目标、责任主体、工作要求，妥善处理监管的重大涉稳问题。2015年，中共杭州市上城区委维护稳定工作领导小组办公室（简称区委维稳办）推进重大涉稳问题落实项目化监管。区委维稳办日常排查、专项排查不稳定因素；对排查出的重大涉稳问题按照分级管理原则分别立项监管；指导督促责任主体落实化解处置措施。

①“六定”联动化解机制：即在处理群体性事件时的“定人员、定责任、定目标、定方案、定任务、定保障”联动处置方法。

②“三色”预警：按照事件发生的紧急程度、发展态势和可能造成的危害程度分为一级、二级、三级，分别用红色、橙色、黄色标示。

二、维稳安保工作

1994年，区委政法委本着抓小、抓早、抓细、抓实原则，超前防范，落实控制措施，全年未发生影响政治稳定和社会安定的事件。加强城区户籍管理，确保联合国世界妇女大会、全国人民代表大会会议期间的安全。1999年，区政法各机关在庆祝中华人民共和国成立50周年、澳门回归祖国等重大活动中发挥作用。

2000年，区政法机关密切掌握非法组织的动态，侦破清泰立交桥和湖滨六公园煽动性标语案件。2002年，区政法机关采取监控与帮教相结合的方式，对重点帮控对象进行集中教育转化，实现中共第十六次全国代表大会期间“零进京”的目标，确保各级“两会”、第四届中国杭州西湖国际博览会和重大节庆日期间的安全和全区社会秩序的稳定。全年区政法机关挫败非法聚会活动2次。2005年，区委政法委做好“两会”期间维稳工作，在全国“两会”后向区委、区政府提出加强和改进维稳工作建议7条。中共杭州市上城区委办公室、杭州市上城区人民政府办公室印发《关于认真做好当前和今后一个时期维护社会和谐稳定工作的意见》。2007年，区委政法委重点完成中共第十七次全国代表大会等重要时期的社会维稳工作，协调处置经营纠纷、讨薪事件、拆迁纠纷等各类群体性事件。2008年，上城区被评为全省涉奥信访与维稳工作先进县（市、区）。2009年，区委政法委组织政法各部门实施维稳风险评估、大巡防、阳光审判、诉讼监督、群体性事件预备队建设、信访积案化解、流动普法等10个专项行动，全力维护社会稳定。

2012年，区委政法委以保障中共第十八次全国代表大会期间社会稳定为中心工作，开展重大不稳定事项排查化解工作，成功化解合同纠纷、产权纠纷、医患纠纷、事故纠纷等。2015年，区委政法委重点完成第二届世界互联网大会、纪念中国人民抗日战争暨世界反法西斯战争胜利70周年大会等会议和活动期间的各项维稳安保任务。

三、矛盾纠纷排查化解

1994年，区委政法委妥善处置各类群众反映强烈的不安定因素，确保社会稳定。全年共牵头组织协调各类纠纷759起，调解成功率达98.4%，防止非正常死亡事件9起，防止民间纠纷激化19起，创建标准化调解委员会11个。1999年，因旧城改造范围扩大、企业改制推广、改革新政推出等情况，上城区矛盾纠纷增多。区政法机关立足维护社会安定团结的大局，学习推广“枫桥经验”①，加强信访工作、人民调解工作和民事审判工作，正确处理人民内部矛盾和民事纠纷，防止激化而引起刑事案件和群体性事件。2000年，区委政法委牵头组织协调政法各部门，及时掌握并处置上城区改造拆迁安置纠纷等一系列群体性事件。2002年，因城建拆迁、环境污染、劳资纠纷、转（改）制等易引发群体性事件，区政法各部门不断完善矛盾纠纷排查调处机制，掌握信息、控制局面，采取协调疏导、人民调解、依法审理等多种手段，化解矛盾，解决纠纷，维护社会稳定。

2004年，全区以实现“建设旅游休闲商务区、打造杭州RBD”为目标，收集、掌控社会不稳定信息和动态，妥善处置和化解群体性上访30件，防止纠纷激化77件。2006年，上城区建立家庭矛盾疏导站、信访接待站，参与人民调解。2008年，为促进诉讼调解，上城区成立调解中心，设立人民调解工作室，全年全区共受理调处各类矛盾纠纷2914件，调解成功率达100%。是年，紫阳街道成立外来创业者调解委员会和物业纠纷调解委员会，延伸人民调解领域。2009年8月，上城区在紫阳街道试点基础上，研究制定《上城区关于加强物业纠纷调解工作的实施方

① “枫桥经验”：20世纪60年代初，浙江省诸暨市枫桥镇干部群众创造“发动和依靠群众，坚持矛盾不上交，就地解决，实现捕人少，治安好”的“枫桥经验”。

案》，成立杭州市上城区物业纠纷调解委员会，负责指导全区物业纠纷调解工作。委员会下设杭州市上城区物业纠纷调解工作室，落实2～3名专职调解员。全年全区受理物业纠纷2599起，调解成功率达100%。

2010年，上城区按照“属地管理”和“谁主管、谁负责”的工作原则，强化人民调解、行政调解、诉讼调解的互动衔接。2013年，区委政法委规范完善具有上城特色的大调解工作模式，加强矛盾纠纷大调解中心建设，构建以“四大调解”[①]和“七大对接”[②]为主要内容的大调解体系工作体系；协调司法、交警、建设、劳动等部门，建设杭州市上城区交通事故纠纷调解委员会、杭州市上城区劳资纠纷调解委员会等专业调解委员会。是年，区法院建立全省首家单独列编的诉调对接中心[③]，将多数民商事案件统一引流到该中心处理。2014年，上城区构建党政挂帅、部门联动、各方参与的大排查大调解工作格局。其中湖滨地区的“进商圈、进医院、进区块、进楼宇、进墙门”助推“发展和、医患和、民企和、劳资和、邻里和”的“五味和”大调解机制，被浙江省社会管理综合治理委员会予以总结推广。2015年，区综治委制定《关于上城区探索物业纠纷调解机制试点工作的实施方案》，杭州市上城区物业纠纷调解委员会工作成为全省试点工作。

① “四大调解”：司法调解、人民调解、行政调解、仲裁调解。

② “七大对接”：诉调对接、检调对接、警调对接、访调对接、裁调对接、上下对接、部门对接。

③ 诉调对接中心详见本篇第四章法院。

第二节 社会治安综合治理

一、基层综合治理机制

综合治理责任制　1993年起，根据中共中央、全国人大常委会、国务院作出《关于加强社会治安综合治理的决定》，区委、区政府主要领导与各街道、社区和区级有关部门、区属企业、地区单位负责人，层层签订社会治安综合治理目标管理责任书。2007年，在落实综合治理领导责任的基础上，上城区推进信访工作责任制和安全生产责任制。2011—2015年，区委、区政府与各部门、街道、社区及企业层层签订年度综合治理、维稳责任书。

社会服务管理平台　为强化基层综合治理基础工作，上城区推进街道综治工作中心建设，并将综治工作中心建设向社区和企业延伸。2005年，全区所有街道均建立综治工作中心，51个社区建立综治工作站。2006年，全区规模以上民营企业引入社会治安综合治理网络和机制，建立民企综合治理工作站。2007年，各街道综治工作中心开展“抓特色、抓拓展、抓深化”活动，推广紫阳街道社区综治工作的“一、三、五、七、九”工作法。该工作法通过建立一套基础工作台账、掌握三类重要敏感信息、对五类重点人员实施管控、落实七项安全防范管理措施、整合九种群防群治力量的方式，开展社区综治工作。是年，全区规模以上企业综治工作站建成率达95%，规模以上民营企业综治工作站建成率100%。2008年，全区社区及规模以上企业综治工作站建成率达100%。2009年，各街道综治工作中心整合维稳、信访、司法行政、人民调解、警务、禁毒、流动人口服务、安全生产等力量，建立协作配合、便民利民的工作平台。2010年，紫阳街道综治工作中心规范化建设成为全市典型。是年，6个街道综治工作中心总人数达93人，各街道专职综治工作人员3人；首批新录用的综治维稳社工充实到各社区，壮大和优化基层综治维稳队伍。

2012年，综治工作职能从社会治安综合治理转为社会管理综合治理。民企综治工作站职能弱化，逐步退出；街道综治工作中心改为集社会服务、社会管理、社会稳定为一体的街道、社区基层社会服务管理中心。是年，区委政法委建立"平安365"社会服务管理工作平台。该平台以110社会联动指挥中心为枢纽，结合网格理念和现代信息技术，综合考虑"人、地、物、事、组织"等因素，通过信息技术和地理信息系统（GIS），实现对社会的精细化、常态式管理。在平台创建的基础上，开展"网格化管理、组团式服务、片组户联系"社会服务管理联动工作，形成平安"365"社会服务管理联动工作体系。该体系构建区委领导、政府负责、社会协同、公众参与、法治保障的"智慧治理"长效机制，依托分布于268个网格的5000余名"四长一员"① 和8万余名平安志愿者，采集各类民生诉求、矛盾纠纷、突发事件等信息和社情民意，并通过信息化手段，将群众诉求快速分流到各职能部门联动处置，基本做到当天处置、当天反馈。群众对区政府工作的满意率从平台运行前的82%提升至95.54%。

2013年，上城区重点推进街道（社区）社会服务管理中心（站）规范化、"平安365"网组片社会服务管理联动工作体系和政法综治维稳基层基础"三个建设"，利用信息终端、网络等现代化技术手段，提升基层社会管理综合治理硬件和软件水平。2014年，上城区进一步完善"平安365"社会服务管理工作平台功能。在重庆举行的2014年全国创新社会治理典型案例颁奖典礼上，上城区"平安365"智慧治理被评为浙江省唯一的"全国社会治理十大最佳案例"。2015年，上城区实行基于"平安365"理念的区、街道、社区"三级网格化管理"模式，全面推进以"网格化管理、组团式服务"为基础的基层社会治理"一张网"建设工程。全区159个基础网格运作正常，网格社情民意采集机制、综合绩效评价机制和社会民生服务机制逐步健全，建成各类基础网格服务队伍

① "四长一员"：网格中的楼道长、单元长、院落长、党小组长以及信息员。

264支，全区登记注册的410个区社会组织和1006个社区社会组织纳入网格化服务团队，组团式服务力量壮大。

二、社会治安防控体系建设

社会治安整治　1993年5月起，上城区根据全市统一部署，开展以打击团伙犯罪为重点的“三打一禁”斗争。1994年，全区政法机关坚持“严打”方针，先后开展“打击流氓恶势力”“反窃车”“打击车匪路霸”“整治外来人口犯罪”和“扫黄打非”等专项斗争，因地制宜、有重点地组织开展全区性集中统一行动20余次，召开公开处理大会、公开宣判大会各4次，保证“严打”斗争的实效和权威。是年，上城区在全区范围内开展“消防整治”和“抓检查、除隐患、保稳定”等活动，反复对全区1000余家机关、商店、厂矿企业的不安全部位进行以防火、防盗为重点的安全检查。1995年，区政法各部门以对外来人口管理中出现的新情况、新问题开展暂住人口专项整治和查漏补缺工作。对严重刑事犯罪和严重经济犯罪不间断开展“春季严打整治”“反抢劫”“百日破案攻坚战”等专项斗争，以抓恶性大要案为主攻目标，加快侦查、起诉、审判工作的进度。1997年，全区保持“严打”高压态势，开展以“禁毒禁赌”为重点的专项斗争，遏制毒、赌犯罪势头。1999—2000年，上城区集中整治美容美发行业，整治毒品犯罪严重地区，“扫丑、除恶、禁毒”，开展“无毒社区”活动，净化社会治安环境。重点打击杀人、爆炸、投毒等严重暴力犯罪、团伙犯罪和严重影响群众安全感的盗窃、抢劫等多发性犯罪，开展以“追逃犯、破大案”“百案攻坚”为重点的破案战役和夏季严打整治斗争。

2002年起，区政法机关围绕中央提出“两年内使社会治安有明显进步”的目标，组织实施“破案追讨”“治安大排查”“反盗抢、禁黄毒”和打击“抢劫、抢夺”等专项行动，侦破“10·2”抢劫杀人案、广西壮族自治区公安厅督办的“5·30”重特大持枪抢劫杀人案等重大恶性案件。2003年，上城区重点加强重大恶性案件的攻坚侦破力度，发挥刑事技术、犯罪信息、刑事特情、阵地控制等基础业务和专门手段的作用，采取挂牌督办制，相继侦破“1·19”杀人案、“投毒敲诈娃哈哈”等恶性大要案。2005年，区公安分局以刑侦专业化建设为契机，相继开展“开年之战”“反盗车大会战”“反盗抢、追逃犯、促打击、严防控”“打黑除恶”等系列专项行动，推行公安勤务机制改革，集中警力投入治安防控工作，“黄、赌、毒”得到整治。

2006年起，上城区启动社会治安大防控一体化建设。2010年，区委政法委推进“最安全城区”建设，全年开展以美容美发、休闲足浴等为重点的公共复杂场所的联合专项整治行动。2011年，区委政法委开展挂牌督办社会治安重点地区整治工作，建立综治长效工作机制。开展封闭式小区“零发案”竞赛，重点打造小营街道小营巷社区服刑人员和未成年人零犯罪工程、望江地区“民间法庭”、“志愿南星”禁毒机制、平安志愿者队伍建设等10个重点项目工作品牌。2012年，全区继续开展封闭式小区“零发案”竞赛，加强治安动态视频监控系统建设，提升科技防控水平，健全完善巡逻防控体系。2013年，深化社会治安防控体系建设，建好街道巡逻防控、街道社区防控、视频监控安防、单位内部防范、实有人口和重点人口管控及虚拟社会管控“六张网”。完善长效常态排查、矛盾纠纷联调、防控等级响应、应急联动处置、长效打击整治、面上宣传教育“六项机制”。制定《上城区动态视频监控系统建设三年规划》，全力构建社会治安防控体系。2015年，上城区重点组织开展2个市级、4个区级、6个街道级社会治安重点区域挂牌整治，如期实现摘牌任务并转为长效管理地区。

平安巡防　1993—2005年，全区治安巡逻力量以公安部门为主。

2006年4月，杭州市上城区平安巡防支队（简称区平安巡防支队）成立，下设6个街道及直属、巡特警、武警、民兵等共10个巡防大队，巡防力量扩充到1.3万人，形成地区单位和广大干部群众积极参与的治安防控工作新格局。2007年，为规范全区平安巡防工作，上城区构建以专职力量为主体、义务力量为补充的巡防格局。杭州市上城区平安巡防支队办公室（简称区平安办）组织开展“平安巡防优胜大队”“十佳巡防队员”等评选活动，投入40万元巡防专项奖励，为各街道巡防大队增配通讯设备。

图24-1-1　2006年4月，上城区平安巡防支队成立
（区委政法委　供稿）

2008年，随着数字化、信息化的推进，上城区构筑以情报信息为主导，多警协调、专群结合、人机互动的数字巡防网。2009年，上城区动员和组织退休党员、治安志愿者、社区“和事佬”等群防群治力量，发挥平安志愿者在治安防范、矛盾调处、法律服务、安置帮教等工作上的积极作用。2010年，上城区组织各巡防队伍参与社会治安防控，组建16支志愿者服务大队，通过治安巡防、排查整治各类隐患开展“平安上城”志愿者服务世博安保行动。

2011年，上城区重点打造和推行清波地区“7+1”平安巡防体系[①]。完善由治安防控机动队、便衣侦察队和重点区域巡逻队组成的巡逻防控机动体系，结合平安巡防和平安志愿者队伍，构建严密的治安防控网。2013年，区平安办调整区平安巡防支队及巡防大队的组织机构和人员组成，配备专职巡防队员848人，占全区实有人口的0.15%；整合治保组织、物业服务企业、治安志愿者和义务联防组织等1万余名群防群治力量协同作战，发现并排除各类安全隐患；修定《上城区平安巡防奖励办法》，全面提高各类

① “7+1”平安巡防体系：地区7个种类的行业、机关和企事业单位在街道平安巡防大队的带领下，发挥自身行业的优势参与平安巡防。

巡防奖励标准。2015年，上城区整合、盘活社会治安资源，搭建区、街道、社区、网格四级巡防架构体系，组建社区专业巡防队伍、社区平安巡防中队，发动平安志愿者队伍，组织开展"万人巡防，守护平安"的平安大巡防活动，在全区形成动态型、联动型、高效型的治安防控模式。

三、平安创建

2003年，根据市委、市政府提出的全力打造"平安杭州"的整体部署，区委政法委、区综治办以组织实施"12345"精品工程为抓手，推进"平安上城"活动，把活动延伸到学校、机关、企事业单位和街区商场、市场、公共娱乐场所。2004年，上城区围绕创建"平安上城"总目标，全面开展"平安街道""安全社区""安全文明学校""治安安全单位"四大基层创安活动。全区6个街道通过年度检查考核，均达到"平安街道"创建标准，创建率达100%。2005年，上城区财政增拨"平安创建"专项经费；政法部门在全区范围内开展"平安街道""安全社区""安全单位""平安校园"等基层创建活动。是年，上城区被省委、省政府评为全省首批平安区（县、市）。2006年，上城区印发《2006年度创建全省平安区（县、市）工作责任分工》。此后，每年对其进行调整、印发，确保各部门了解单位在平安创建中的职责。2009年，上城区组织社区实施小区电子监控、邻里值班守望、消防网格管理、法制宣传教育等项目。推动法律进机关、社区、学校、工地、企业，开展领导干部学法制度，深化平安宣传。

2012年，上城区建立平安创建工作约谈督办制度，对发生《浙江省平安市、县（市、区）考核评审条件》中涉及的重特大案（事）件，出现引发重特大案（事）件问题苗头或某一领域影响平安创建问题集中多发，以及被市级以上有关部门通报、督办事项或市级以上媒体报道批评事项等情况的，对区平安创建成员单位负责人进行约谈。2013年，上城区开展"平安网格"创建，印发《关于开展上城区"平安网格"创建活动的实施意见》《上城区平安网格考评细则》，在全区159个网格中部署开展"平安网格"创建活动，创建一批"零发案、零事故、零激化、零上交，人民群众安全感满意度高"的"四零一高"网格。2014年，推进"各行各业创平安"活动，深化"平安街道""平安社区""平安企业""平安家庭"等创建活动。2015年，坚持平安统揽，以突出知晓率、参与率、安全率、满意率"四率"为重点，健全责任体系，层层签订目标管理责任书，细化区直机关、街道平安综合治理工作考核内容。2005—2015年，上城区连续11年获省"平安区"称号。

第三节　执法监督

1998年，区委政法委根据中央政法委《关于加强党委政法委员会执法监督工作的意见》精神，通过协调重大疑难案件、处理群众来信来访、专项执法检查等形式，加强对区公安分局、区检察院、区法院、区司法局等部门的执法监督。2000年，根据中共浙江省委政法委员会、中共杭州市委政法委员会（简称市委政法委）的统一部署，区委政法委组织开展为期3个余月的“取保候审、保外就医”执法检查，对区公安分局、区检察院、区法院在1999年1月—2000年6月期间办理的案件进行检查，对执法中存在的问题进行剖析和督促整改。2001年，《浙江省各级党委政法委员会执法监督工作实施办法》颁布实行，明确党委政法委执法监督工作的依据、原则、范围和具体内容。区委政法委建立案件督办专人负责制、限期督办制、台账制、一事一办一报制和信访工作制度，确保执法监督工作的具体落实。全年共受理办结群众来信来访20件。

2002年，区委政法委在全区开展“伤害案件”专项执法检查工作，对列入检查范围的78件刑事案件和89件涉及人身伤害的治安案件进行“阅卷审查、调查核实”。对检查中发现的问题分析归类，逐项反馈给有关政法部门和办案单位。2005年，区委政法委制定实施专职督察员和特邀督察员制度，组织督察员对区公安分局、区法院涉法涉诉信访案件、区检察院“不起诉”案件进行专项督查。全年共受理群众信访17件，其中，涉法、涉诉10件，信访办结率达100%。2006年，根据中央政法委《关于切实解决人民法院执行难问题的通知》的要求和市委政法委《关于开展人民法院执行工作专项检查活动的通知》的统一部署，区委政法委印发《上城区关于开展人民法院执行工作专项检查活动的通知》，明确活动的指导思想和工作步骤，对区法院执行工作情况进行专项检查，受理群众来信、来访11件。

2008年，区政法委成立专项督察小组，对各类案件执法情况进行督查，集中开展清理执行积案活动，加大对涉法、涉诉信访案件办理力度，全年执法监督办案12起。2010年，针对区法院执行难问题，根据《市综治委解决执行难协调工作领导小组关于完善全市综合治理执行难工作体系建设的意见》文件精神，区综治委制定《上城区破解执行难推进和谐新上城建设的实施意见》，成立“破解执行难，推进和谐新上城建设”领导小组，制定执行强制机制、执行威慑机制、执行宣教机制、执行惩戒机制、执行救助机制、执行监督机制和执行保障等机制。

2013年，区委政法委深入开展涉法、涉诉信访件办理和案件评查活动，全年受理并办结涉法、涉诉信访件18起，案件评查2件。2015年，区委政法委完善审判质效管理体系，推进涉法、涉诉信访改革，健全案件监督评查机制，加强对刑事诉讼、民事诉讼、行政诉讼和刑罚执行活动的法律监督，不断提高司法公信力。

第四节　司法救助

2006年11月，上城区筹措50万元作为司法救助专项资金，用于救助生活确有困难的案件当事人。2007年，区委政法委制定《上城区司法救助实施办法》，全年向3名当事人发放8.30万元专项救助款。2009年，司法救助资金由50万元增至100万元。2013年，区委政法委印发《关于进一步加强肇事肇祸等严重精神障碍患者救治救助工作的通知》，要求对易肇事肇祸精神障碍患者进行排摸；对家庭管控有困难或查找不到家庭的重性精神障碍患者落实救助措施。全年共使用司法救助专项资金16.2万元，用于化解涉法、涉诉案件10起，解决涉法、涉诉信访当事人的合理诉求和实际困难。2015年，区委政法委加大对弱势群体司法保护和救助力度，落实司法救助案件7起，发放救助金47万元；为956名经济困难当事人依法缓、减、免诉讼费43.90万元。2011—2015年，上城区累计发放司法救助资金101.12万元。

第二章　公安

20世纪70年代末至80年代初，恶性刑事案件数量上升。1983年8月，上城区根据中共中央、国务院决定在全国范围开展严厉打击刑事犯罪活动（简称“严打”）斗争的部署，在全区开展“严打”斗争。上城区成立行动指挥部，确定“三年为期，三个战役”，打击刑事犯罪活动的嚣张气焰，遏制刑事犯罪发案的上升势头。

1993年起，区公安分局围绕经济建设中心，深化打、防、控一体化机制建设，严格执法，热情服务，打防并举，惩治犯罪，全力维护社会大局持续稳定，提升群众安全感、满意度。2000年，区公安分局被公安部评为全国优秀公安局。

进入21世纪，上城区推进警务机制改革，改进公安行政管理和各项保障工作。推进科技强警，加强公安基层基础工作和公安队伍正规化建设，提高整体素质和战斗力。2001年，区公安分局在湖滨派出所开展“110”防控机制改革试点工作，实行一所一车、车巡和步巡相结合的方式，为全市推行“110”防控机制改革积累经验。2006年，区公安分局投入专项资金40万元，自行研发“天网搜搜”警用自动搜索比对平台，开启以信息化带动社会治安管控的工作模式。

2007年起，区公安分局坚持情报、信息、技术等传统侦查手段与网上信息作战、技侦同步上案等现代侦查策略并用，攻克一系列重特大案件。是年，中国人民武装警察部队杭州市消防支队上城区大队（简称上城消防大队）在老式民宅集中地区开展消防整治试点，此后在全区逐步推开。2010年，杭州市公安局交通警察支队上城大队（简称上城交警大队）会同杭州市上城区精神文明建设委员会办公室（简称区文明办）开展“文明出行、杭州先行”系列活动，公交车、出租车在斑马线前礼让行人的举措取得良好的示范效果。至2015年，上城区公安机关忠实履行宪法、法律赋予的职责，为上城区创造稳定的社会政治、治安环境和安定的生活创业就学环境，保障全区社会经济和谐稳定发展。

第一节　组织机构

一、上城区公安分局

1993年，区公安分局①设办公室、政工科、监察室、行政科、法制科、政保科（与出入境管理科合署办公）、保卫科、户政科、治安科、预审科等科室，有刑侦大队、消防大队、收容审查所3个直属单位。区公安分局主要负责维护社会安定，局址中河中路88号。

1996年，增设巡（特）警大队和技术防范办公室。9月，收容审查所更名为看守所。1997年，增设经济案件侦察科；户政科成立户政办理中心。1999年，增设禁毒科；撤销技术防范办公室、户政办理中心；撤销预审科，并入刑侦大队。2000年，增设科技科，成立协警大队。2002年9月，保卫科、治安科、经济案件侦察科、禁毒科、政保科分别更名为经济文化安全保卫大队、治安大队、经济犯罪侦查大队、禁毒大队、国内安全保卫大队。2003年7月，政工科改为政治处，治安大队分设为治安一大队和治安二大队，刑侦大队更名为刑事侦察大队。2014年，增设指挥中心（与情报信息中心合署办公）、网络警察大队、出入境管理大队。是年，警务督察队②（与纪检监察室合署办公）更名为警务督察大队（与纪检监察室合署办公），行政科更名为警务保障室，法制科更名为法制大队；户政科、经济文化保卫大队合署办公，更名为户政大队（挂经济文化保卫大队牌子），治安一大队、治安二大队更名为治安大队（挂警卫大队牌子）。2015年，增设反恐怖大队、增设预审大队（与法制大队合署办公）。5月，户政大队更名为基层基础管理大队，原在户政大队挂牌的经济文化保卫大队改在基层基础管理大队挂牌，治安大队（挂警卫大队、环境和食品药品犯罪侦查大队牌子）调整为治安大队（挂警卫大队牌子，与环境和食品药品犯罪侦查大队合署办公）。10月，指挥中心（与情报信息中心合署办公）与办公室合署办公，更名为指挥中心（与办公室、情报信息中心合署办公）。

2015年末，区公安分局内设科室为政治处、警务保障室、科技科。直属机构有巡（特）警大队、刑事侦察大队、指挥中心（与办公室、情报信息中心合署办公）、警务督察大队（与纪检监察室合署办公）、预审大队（与法制大队合署办公）、国内安全保卫大队、治安大队（挂警卫大队牌子，与环境和食品药品犯罪侦查大队合署办公）、基层基础管理大队、网络警察大队、出入境管理大队、经济犯罪侦查大队、反恐怖大

① 1949年，杭州市公安局建立，随之建立上城区分局、中城区分局。1966年“文化大革命”开始，区公安分局工作一度瘫痪。1973年，区公安分局恢复工作。街道保卫组复更名为派出所，归属区公安分局领导。1985年5月，建立火车站站前派出所。1992年末，区公安分局设局长办公室、政工、秘书、行政、治安、保卫、户政、政保、预审、消防等科以及刑侦队、政审所（站）。区公安分局辖有湖滨、涌金、清波、小营巷、城站、横河、站前8个派出所。

② 警务督察队于2014年前成立。

队、禁毒大队、消防大队、协警大队、看守所。

1993—2015年，区公安分局历任局长洪巨平、钱红旗、陈国元、赵野松、刘一明、秦文，历任政治委员高健、尉杭新、吴志平、丁坚华、费跃忠、杜玉泉。

二、派出机构

1993年，区公安分局派出机构有清波、城站、涌金、湖滨、小营巷、清泰、横河和火车站站前8个派出所。

1996年12月，杭州市市辖区行政区域调整后，杭州市公安局江干区分局的望江、紫阳、南星、闸口4个派出所划归上城区公安分局管辖。1999年6月，上城区调整街道行政区划，撤湖滨、涌金派出所，建湖滨派出所；撤小营巷、横河派出所，建小营派出所；撤城站、清泰派出所，建城站派出所；是月，成立近江派出所。至年末，区公安分局派出机构有湖滨、清波、小营、城站、望江、近江、南星、紫阳、闸口、站前10个派出所。

2003年7月，撤销城站派出所，并入小营派出所；撤销闸口派出所，并入南星派出所；撤销近江派出所，并入望江派出所。至2015年，区公安分局派出机构为清波、湖滨、小营、紫阳、南星、望江、站前7个派出所。

三、驻区公安部门

浙江省公安厅　浙江省公安厅（简称省公安厅）成立于1949年8月，地址民生路66号。省公安厅是省政府下设主管全省公安工作的职能部门，受公安部、省政府的双重领导。至2015年，内设机构有政治部、纪委、监察室、警务督察处、机关党委、办公室、宣传处、教育训练处、经济犯罪侦查总队、治安总队、刑事侦查总队、出入境管理局、浙江省公安消防总队、交通管理局、禁毒总队、法制处、信息通信处、科技处、高速公路交警总队、机场公安局。

杭州市公安局　杭州市公安局（简称市公安局）成立于1949年5月，地址华光路35号。市公安局是市政府下设主管全市公安工作的职能部门，受省公安厅、市政府双重领导。至2015年，市公安局设政治部与办公室（挂行政审批处牌子）、干部处（挂离退休干部处牌子）、警务处、教育训练处、警察公共关系处、警务保障处、科技信息化局（挂信息中心牌子）等8个内设机构。市公安局设交通警察支队、特警支队等直属行政机构30个，设杭州市公安局上城区分局等派出机构9个。

第二节　犯罪打击

1993—2015年，区公安分局在刑侦工作中，实施破案任务指标制、破案实绩奖励制、重大案件主办制、刑侦探长负责制、刑侦工作岗位津贴制等举措，实行局所队领导挂牌侦破责任制，严打暴力性犯罪和多发性犯罪。

一、刑侦破案

1993年，区公安分局重特大案件破案率68.15%，其中重大抢劫、特大盗窃案件与严重暴力案件破案率分别为86.3%、90.69%。1996年起，区公安分局对危害严重的案件实行局所队领导挂牌侦破责任制。全年成功侦破“1·12”绑架案、“8·5”持枪杀人案，“9·13”凶杀案等一批现行重特大案件，摧毁各类犯罪团伙6个，缴获赃款赃物折价641.67万元，依法处理犯罪分子599人。1997年，坚持快侦快破暴力型案件、重特大案件、团伙案件，成功破获有关杀人案、系列抢劫案等大要案。1998年，区公安分局刑侦部门成功破获“8·29”杀人案、“5·30”伤害致死案、“7·17”特大杀人抛尸案、奥星迪斯科舞厅斗殴案等刑事及涉黑恶大要案。

1999年，区公安分局深化刑侦体制改革，推进责任区刑侦中队建设，落实侦查破案责任制，责任区刑警中队破获各类刑事案件769起，刑事案件审结率96.7%。2001年，区公安分局实行局、队、所三级挂牌主侦制，多警种、跨部门协同作战，破获10个恶势力团伙。“黄洪水恶势力犯罪团伙”侦办专案组获省公安厅集体二等功。2002年，区公安分局在看守所开展狱内政治攻势，挖出线索305条，破案124起。运用网上缉逃、盘问检查、信息查询、域外抓捕等手段，抓获网上在逃人员72人（其中杀人在逃人员5人）。全年发生侵财类案件2045起，破获794起。2004年，区公安分局侦办恶性案件实行领导督办、专案专办、重大案件合力办等机制，破获“7·27”特大系列盗窃汽车案，摧毁刑事犯罪团伙59个、235人，缴获赃款赃物价值792.28万元。全年抓获各类在逃人员101人。

2007年，区公安分局坚持情报、信息、技术等传统侦查手段与网上信息作战、技侦同步上案等现代侦查策略并用，攻克有关重特大案件。2011年，区公安分局推进案件技术执法规范化建设，落实技术勘察正副班工作制和串并案专人负责制，技术专业年案件破案率、破案指导数完成量均名列全市第一。其中DNA比对直接破案78起，认定犯罪嫌疑人75人。是年，区公安分局保持快侦快破严重刑事犯罪案件，加强监所配侦工作，破获案件253起，其中“零口供”案件33起。2013年，区公安分局在全市率先建立刑侦大队和派出所双层架构的合成作战工作机制。

2015年，上城区加大面上布警防控，全年侵财案件发案9508起，比2014年下降1.13%。其中“两抢”[①] 34起，下降27.66%；盗窃电动自行车1547起，下降10.78%；扒窃1480起，上升3.06%；入室盗窃1262起，上升8.42%；网络诈骗915起，上升27.79%；电信诈骗395起，上升

① “两抢”，即抢劫、抢夺。

38.60%。五类恶性案件发7破7。全区发生命案4起，全部告破。

表24-2-1　1993—2015年杭州市公安局上城区分局刑事侦破案件情况表

年份	刑事案件立案（起）	侦破刑事案件（起）	破案率（%）	其中				拘捕犯罪嫌疑人（人）	追缴赃款（物）（万元）
				大案、要案（起）		犯罪团伙			
				发案	破案	个	人		
1993	—	—	68.15	116	94	59	210	368	—
1994	1379	1033	74.91	662	464	—	—	480	—
1995	1355	986	72.77	761	496	42	154	475	—
1996	1113	1322	118.78	656	859	66	—	599	641.67
1997	3160	1314	41.58	1791	674	48	188	494	894.32
1998	2278	876	38.45	1457	506	—	—	831	—
1999	—	1131	—	—	—	18	136	2106	498.59
2000	2074	872	42.04	270	134	23	97	925	879.24
2001	2175	898	41.29	167	125	42	161	964	484.00
2002	2108	850	40.32	125	94	59	200	697	522.63
2003	3780	936	24.76	137	82	69	177	616	370.00
2004	4458	1095	24.56	145	71	59	235	753	772.06
2005	4600	1259	27.37	169	87	7	21	878	822.37
2006	4511	1364	30.24	136	94	5	15	840	173.27
2007	4348	1534	35.28	138	95	5	38	880	86.86
2008	4248	1597	37.59	142	99	4	19	767	74.60
2009	4230	1720	40.66	129	102	5	20	682	4.20
2010	4224	1748	41.38	100	82	5	16	684	48.54
2011	3901	1574	40.34	92	61	5	16	703	34.82
2012	3640	1543	42.39	98	73	5	22	917	238.26
2013	3738	1447	38.71	65	50	1	4	633	54.88
2014	3804	1615	42.46	57	45	3	14	689	62.72
2015	7150	1248	17.45	50	40	0	0	765	63.81

说明：1.资料来源于杭州市公安局上城区分局。2.此为刑侦分管刑事案件数据

二、专项斗争

1993年，区公安分局组织开展“三打一禁”专项斗争。在湖滨公园“金三角”一带的治理中，摧毁各类重大犯罪团伙28个，逮捕案犯24人，劳教124人；侦破全省罕见的15名案犯拐卖妇女19名的特大拐卖妇女团伙案，该案专案组被省公安厅授予集体二等功。1994年，区公安分局组织打击流氓恶势力、反窃车、打击车匪路霸、打黄扫非等专项斗争，开展全区性集中统一行动20余次，共摧毁各类犯罪团伙59个。1995年，区公安分局先后开展春季严打整治斗争、以反抢劫为主要内容的专项斗争和百日破案攻坚战，摧毁周勇为首，集绑架人质、贩私走私、暴力讨债、放高利贷为一体的流氓恶势力和张勇为

首17名案犯参与的贩毒、扒窃犯罪团伙。

1996年11月1日至12月29日，区公安分局开展“严打”整治冬季行动，破获刑事案件181起（大案122起），查获各类犯罪团伙20个，缴获赃款赃物折价38.60万元，抓获各类违法犯罪嫌疑人员854人，其中逮捕37人、劳教6人、妇教2人、刑拘130人，追缉归案在逃人员14人。1997年，区公安分局开展“春季严打整治”“反抢劫专项斗争”“禁赌禁毒”“破案战役”等打击行动，全年侦破各类刑事案件1153起（大案583起），摧毁各类犯罪团伙48个，抓获团伙成员188人，追缴赃款赃物折价894.32万元。1998年，区公安分局组织“反盗抢、禁黄毒”、反窃车专项斗争、狱内专项斗争、破案战役等严打整治活动。1999年，区公安分局开展以“追逃犯、破大案”和“扫丑、禁毒、除恶”为内容的夏季严打整治斗争，以及“百案攻坚”为重点的破案战役。在7—9月的“追逃犯、破大案”专项斗争中，抓获各类在逃人员117人，其中网上在逃人员95人，投案自首9人，省市督捕在逃人员6人，杀人在逃人员9人。

2000年，区公安分局实施“打黑除恶”专项斗争和冬季破案会战，共摧毁流氓恶势力团伙21个，抓获涉黑恶团伙成员92人，其中刑拘23人，逮捕29人，治安拘留24人，取保候审14人。2001年，区公安分局组织实施“打黑除恶”、治爆缉枪、重点整治、反扒、打假及“破案追逃”等专项斗争。2002—2003年，开展“破案追逃”治安大排查、“反盗抢、禁黄毒”、打击“双抢”等专项行动以及狱内政治攻势。2004年，区公安分局结合“打恶除丑”等专项行动的开展，严查、严治、严管辖区易孳生“黄、赌、毒”等违法犯罪活动的公共场所和重点区域路段，打击各类违法犯罪活动。2005—2007年，区公安分局组织“开年之战”“反盗车大会战”“反盗抢、追逃犯、促打击、严防控”等专项行动。2008年，区公安分局在贯穿全年的“三打两反一整治”[①]专项斗争中，摧毁恶势力团伙5个、涉恶团伙9个，有组织赌博团伙10个；打掉“两抢”团伙9个、入室盗窃团伙19个、盗窃电动自行车团伙18个；移诉“两抢”、盗窃犯罪嫌疑人281人，破获“两抢”案件77起、入室盗窃案件340起、盗窃电动自行车案件234起、盗窃机动车案件9起。2009年，区公安分局实施打击整治“两抢”犯罪大会战、“四打两整治”[②]等专项斗争。

2011年，区公安分局开展网上追逃专项督察“清网行动”，抓获在档网上在逃人员81人。实施打击侵犯知识产权和制售伪劣商品的“亮剑”专项行动，查破专案12起，抓获犯罪嫌疑人38人，打掉团伙9个，捣毁窝点29个，缴获假冒服装、酒类等总价值1410万元。开展打击银

① “三打两反一整治”：打黑恶、打有组织赌博团伙、打“两抢”；反入室盗窃、反盗车；重点地区整治。

② “四打两整治”：打黑恶、打有组织赌博犯罪、打“两抢”、打盗窃诈骗等多发性侵财犯罪；整治治安混乱的重点行业、整治治安混乱的重点部位。

行卡犯罪“天网2011”行动，查破专案11起，抓获犯罪嫌疑人12人，其中10人被移送起诉。2012年，开展打击盗窃电动自行车、打击盗窃苹果手机（iPhone）等专项行动。2013年，区公安分局组织开展为期3个月的反扒专项行动，全区扒窃年发案1743起，比2012年下降17.67%。实施“打四黑除四害”“打击食品犯罪保卫餐桌安全”“缉枪治爆”等专项行动。开展“扫毒害保平安”专项行动和“肃毒害创平安”专项行动，破获涉毒类刑事案件65起，移送起诉77人，打掉涉毒犯罪团伙5个，缴获各类毒品3786.4克。全年查处涉黄、涉赌案件135起，移诉人员67人，行政处罚341人。2014年，区公安分局开展“夏安”“挺进”等专项行动，攻克湖滨地区怀孕妇女盗窃团伙系列案、紫阳地区盗窃车内物品系列案等重特大案件。

2015年4月，区公安分局先后组织开展相关专项行动，快侦快破“9·4”“9·29”两起杀人案和“9·5”寻衅滋事案件。10月，实施“拼搏3号”行动，启动“诊察行动”，全局建立“诊察巡逻中队”15个，累计检查盘问3万余人，现场查获违法犯罪嫌疑人96人，其中在逃人员9人。在“打违除患”行动中，以南星街道馒头山地区和望江街道始版桥直街等处为重点区域，结合消防安全检查，同步开展出租房屋流动人口安全整治专项行动，发现并整改隐患2000余处；对群租房房东采取一般程序处罚140起，消防拘留14人。

图24-2-2　打击扒窃犯罪公开处理大会
（区公安分局 供稿）

三、经侦破案

1997年3月，区公安分局设立经济案件侦察科，当年经济案件立案74起，挽回经济损失2047万元。1999—2000年，重点围绕打击金融、财税、商贸等领域的严重经济犯罪，区公安分局查处大要案，共侦破经济案件119起，共查获各类犯罪嫌疑人103人，逮捕63人。针对易发制贩假币犯罪的近江、望江农民出租房和城站、汽车南站等重点场所，开展“打假”联合行动，共受理假币案件8起，抓获犯罪嫌疑人12人，缴获假币85850元。2003—2005年，区公安分局打击各类经济犯罪，加大追逃追赃力度，为国家、集体、个人挽回直接经济损失2375万元。2006—2007年，区公安分局结合整顿和规范市场经济秩序工作，打击经济领域的违法犯罪活动，破获涉案100万余元的商业贿赂案、於友兵等10余人非法经营药品案等大要案，挽回直接经济损失2727万元。

2008年6月，区公安分局破获涉案1000余人、涉案金额600余亿元的世纪黄金非法期货交易案，此为杭州市首例非法期货交易案，也是全国涉案金额最大的同类案件。2009年，区公安分局开展打击信用卡诈骗、非法传销，年受理经济案件81起，立案54起，破案39起，挽回经济损失4673万元。2010年，区公安分局重点侦破案值1100余万元的应某、黄某非法吸收公众存款案等重大案件。2012年，区公安分局破获公安部督办的浙江立吉特通信有限公司涉嫌抽逃出资案，抓获省公安厅督捕的涉嫌合同诈骗的在逃犯罪嫌疑人傅某，办理杭州轩安投资咨询有限公司、浙江正吉实业投资有限公司涉嫌非法经营案等一批经济犯罪案件。2014年，侦破的“2013年5月21日特大制售假茅台酒案”被评为全省打假行动“十大精品案例”之一。

2015年，区公安分局破获经济类案件67起。其中，涉众型经济犯罪案件共破案9起，采取强制措施8起。抓获各类犯罪嫌疑人115人，刑拘51人次，取保候审98人次，共计止损追赃超1亿元。

第三节　治安防控

1993年，区公安分局通过组织干警清理整治和开展经常性的警民联手巡逻、驱散行动，解决清泰立交桥下非法劳务市场问题。1994—1995年，区公安分局健全“110”报警网络，建立分局报警中心，设立报警点30个，建立派出所、巡警大队二级巡逻网络，通过巡逻设卡抓获各类违法犯罪分子392人，查破刑案265起。在城站广场、城东公园、湖滨六公园等重点复杂地段新设置治安岗亭3个。

1996年，区公安分局逐步完善人防与技防、专门工作与群防群治结合的整体防控体系。采取分片包干，有计划、有步骤、分阶段的整治措施，杜绝城东公园、湖滨一公园至六公园、吴山风景点等处的治安隐患。1998年6月，在外来人口稠密、专业市场集中、治安状况复杂的湖滨、望江地区建立步巡区，维护治安秩序。1999年6月，区公安分局推行派出所“夜间工作制”。建立以指挥中心为龙头，路面巡警、巡车为主体，派出所为基础，群防群治力量为依托的三级巡逻网络，初步形成110巡逻车、自行车、徒步巡逻相结合，车行大道、人穿小巷的巡逻格局，提高快速反应的处警能力。全年巡特警大队处置突发性事件7起，抓获违法犯罪嫌疑人2316人。2000年初，区公安分局在各派出所组建10支、146人的保安队伍；下半年，建立上城区协警大队，招收协警132人。

2001年，区公安分局在湖滨派出所开展110防控机制改革试点工作，实行一所一车、车巡和步巡相结合的方式，为全市推行110防控机制改革积累经验。3月，结合社区警务建设，区公安分局组建由社区志愿者队伍、辖区单位保安力量和派出所3个层面构成的群防群治网络化防控管理机制，基本形成“大街有巡逻、小巷有协防、单位有保安、楼群有守望”的网络防控格局。全年抓获违法犯罪嫌疑人486人，破获刑事案件321起。2002年起，区公安分局采取步巡、车巡、夜巡、武装巡相结合的方式，推出“所长负责包干制”等措施。

2006年，区公安分局投入专项资金40万元，自行研发“天网搜搜”警用自动搜索比对平台，对二手手机交易登记信息、网吧上网人员信息、医院入住人员伤情信息、路面盘查嫌疑人身份信息、监所关押探视人员信息中的问题数据进行自动比对和跟踪管理，形成以信息化带动社会治安管控的工作模式。2013年，区公安分局采取日常巡检和暗访抽查相结合的方式，通过强化日常管理、交叉检查、治安清查，严查、严治、严管易滋生黄、赌问题的公共娱乐场所；依托社会治安状况常态评估机制，加强桑拿洗浴、大型足浴、歌舞娱乐等公共场所的巡检和暗访。

2015年，区公安分局在全市首发60辆微警务车，建立由社区微警务车、机动队巡车、110警车、警用电动车组成的巡防架构体系。开展“零发案小区”创建活动，组织“进广场、进学校、进医院、进媒体”宣传防范活动及为期3个月的“防火、防盗、防诈骗、防涉众、远离毒品”主题的“安全防范进万家”宣传活动，举行“万人巡防，守护平安”的全区平安大巡防。

第四节 治安管理

一、公共场所管理

1993年，区公安分局完成辖区公共场所的全面检查整改和换验证工作。1995年，区公安分局集中清查整顿公共娱乐场所，全年取缔提供色情服务场所9家，整改歌舞厅、卡拉0K厅30家，吊销治安许可证4家。1997年，区公安分局专项检查和整治全区美容美发场所、洗脚馆，坚决打击流氓恶势力和卖淫嫖娼、聚众赌博、吸毒、贩毒等社会丑恶现象。全年查处有违法犯罪活动的商家6家，吊销治安许可证4家。

2000年3—4月，区公安分局开展“取缔无证、规范经营”集中整治，按照《美容美发业和浴室业的治安安全量化标准》，坚决取缔无证经营的场所和整改不符合硬件标准的场所。2001年起，区公安分局专项整治娱乐服务场所。至2008年，结合辖区治安管理实际，先后推出卡拉OK（KTV）、酒吧、桑拿房、通宵浴室场所从业人员IC卡（Integrated Circuit Card，集成电路卡）管理制度，沿街美容美发场所从业人员登记制度、娱乐场所从业人员指纹考勤系统试点工作。要求场所从业人员持卡上岗，随时接受内部保安部门和公安机关检查。2009年，区公安分局成立扫黄小分队，实行保安督导员派驻制度。依照“保护合法、打击非法、严管缝隙”的要求，整治湖滨地区街头强买强卖、“小搞搞”聚众赌博、拉客宰客等治安顽疾。

2010年，区公安分局按照“公安机关管理与行业内部自律”双轨并进的方针，进行“行业协会自治模式”的社会管理创新探索。2011年，区公安分局在推进娱乐场所星级评定、行业保安交叉检查等制度基础上，创新推出游乐场所电子游戏机“身份牌”管理制度。区公安分局、派出所开展“二级巡检”，强化场所、行业治安环境的动态管控。2015年，区公安分局严查、严治、严管公共娱乐场所，加强巡检和暗访，挤压违法犯罪空间。

二、危险物品管理

1996年，区公安分局通过宣传发动、法律咨询、设点收缴等手段，开展枪支清理、登记、收缴工作。全年共清理、登记、收缴枪支972支，其中不合法枪支145支。至2005年，区公安分局开展涉爆涉枪安全大检查，收缴社会散落的爆炸物品和枪支弹药，及时消除隐患。同时，加强枪支弹药、爆炸物品、剧毒物品及放射性物品管理，严格执行生产、销售、运输、贮存、使用环节的安全操作规范，确保无发生重大责任事故。

2006—2010年，区公安分局加强涉危涉爆物品的源头管理，审查生产、经营、运输、领用等各个环节安全管理制度落实情况，成立专管员队伍，实现危爆物品管理的专业化、制度化和日常化。

2011—2015年，区公安分局严密排查管控爆炸物品、枪支弹药、放射性、剧毒性化学品等重点物品，督促相关单位、企业实行“购买审批制、购买实名制、流向登记制”等制度。对全区4家加油站点、6家民用枪支使用单位、3家放射源使用单位、13家剧毒危化品从业单位及63家易制爆危化品从业单位开展多次上门检查和联合检查，督促整改落实日常管控措施，堵塞安全漏洞。

三、特种行业管理

1996—1997年，区公安分局严格管理特种行业，开展特种行业场所的专项治理，打击涉足其中的流氓恶势力和卖淫嫖娼、聚众赌博、吸毒贩毒等社会丑恶现象。

1998年，区公安分局开展安全旅馆创建工作，推进旅馆业“技防”建设，安装闭路电视监控系统、电子门锁等技防设施，加强从业人员治安业务培训。全年共创建安全旅馆13家，安装闭路电视监控28家，电子门锁2030把，程控防盗保险箱2030只。是年，区公安分局制定派出所上门检查登记制度，整顿清理废旧金属行业和机动车修理行业。2000年，区公安分局推广旅馆业治安信息系统建设，全区联网旅馆176家。2006年，区公安分局在区内39家无证住宿旅馆安装住宿人员信息采集系统，并与“天网搜搜”警用自动搜索比对平台实时关联，通过旅馆业和网吧信息系统比对抓获在逃人员85人。

2007年，区公安分局在上城区16家废旧金属收购从业单位中实行监控设备、管理系统、IC身份卡“三件套”管理模式，规范收购秩序，落实监管措施。2013年，区公安分局加强旅馆“四实”登记[①]制度管理，通过旅馆业信息系统抓获上网在逃人员38人。是年，为提高中、小旅馆自防能力，区公安分局推广安装红外线门铃报警器109家。2015

① “四实”登记：即宾馆旅店住宿人员须：实名，即住宿人与登记人要相符；实数，即登记人数与实际入住人数要相符；实情，即如实登记住宿人证件信息；实时，即登记后要立刻上传住宿信息。

年，区公安分局对特种行业进行常态化管理。

四、毒品查禁

1997年，根据中央和省、市开展“禁毒禁赌”斗争的部署，区公安分局通过宣传发动、排查摸底、打击处理、集中整治等行动，摧毁毒品犯罪团伙26个、138人，缴获毒品166.6克，铲除罂粟210株。1999年，区公安分局破获涉毒案件126起，侦破沈月根为首的特大吸贩毒、盗窃团伙等11个团伙案件，抓获吸贩毒嫌疑人129人，缴获毒品143克。是年，区公安分局在社区开展禁毒宣传、上门做吸毒人员的帮教工作。2000年，区公安分局开展严厉打击吸毒、贩毒和非法提供麻醉药品、精神药品的违法犯罪活动，重点整治娱乐服务行业吸食“摇头丸”现象。

2002年，区公安分局开展创“无毒社区”专项活动，加大对各类吸毒人员的收戒力度和毒品严重地区整治，破获“3・13”“7・4”等一批涉毒大案。2004年，区公安分局坚持“查毒源、催网络、打毒枭、缴毒品”的缉毒工作方针，破获吸贩毒案件34起，摧毁“巴娜娜”贩毒团伙、“10・14”涉枪贩毒团伙等吸贩毒团伙31个，查获涉毒人员275人。2005年，区公安分局与省公安厅禁毒总队共同开发的“吸毒人员缉控预警信息系统”，得到国家禁毒委员会、公安部禁毒局的关注。2006年，区公安分局实行吸毒人员网络动态管控，深化戒毒帮教工作，全年脱毒31人，实现实有吸毒成瘾人员零增长目标。2007年，区公安分局开展禁毒人民战争和“无毒害”地区创建活动，全年查处各类涉毒案件275起，缴获海洛因782.32克、氯胺酮860.39克、冰毒1068.23克、摇头丸11粒、麻古4095粒，查获各类涉毒违法犯罪嫌疑人424人，破获“5・6”等重特大贩毒案件。

2008年，上城区被列为全省社区戒毒试点地区，共接收社区戒毒人68人。制定“社区戒毒协议书”等规章制度，建立专业、志愿并存的社区戒毒工作小组，社区戒毒初具雏形。是年，杭州市上城区禁毒委员会被评为浙江省禁毒人民战争先进集体。2012年，全区建立社区禁毒工作站、联络员工作机制，组织禁毒专题宣传月活动，坚持开展“不让毒品进校园”“职工拒绝毒品行动”等活动。2015年，全区破获毒品刑事案件52起，移送起诉毒品犯罪嫌疑人61人，查获吸毒人员291人，强制隔离戒毒79人，缴获各类毒品7.53千克。

五、赌博查禁

1997年8月，区公安分局突击检查杭州六一大酒店客房，挖出赌资高达百余万元、涉案30余人的特大赌博团伙。2005年，结合全国集中打击赌博违法犯罪活动专项斗争，区公安分局加大打击查处力度，查处赌博案件238起，摧毁聚众赌博、赌博抽头团伙40余个，依法处理违法犯罪人员931人，缴获赌资230余万元。2011年，区公安分局查处赌博案件103起，处罚370人次。2015年9月，区公安分局专项治理棋牌室“下一位麻将”赌博问题，接连摧毁赌博团伙4个，刑拘、取保候审15人，行政处罚72人。

六、卖淫嫖娼查禁

1994年，区公安分局查处从事和提供色情服务的美容院等场所25家，查获传播淫秽录像团伙3个，查处卖淫嫖娼案件503起，处理卖淫嫖娼人员539人，其中逮捕、劳教、妇教31人。1996年，区公安分局严查、严处湖滨公园的卖淫嫖娼、“三陪”拉客等丑恶行为，提升窗口地段的治安秩序。1997年11月，根据群众提供线索，区公安分局查处海潮路倩雅美容院，挖出以汪某、郑某某为首的特大容留妇女卖淫团伙。1998—1999年，区公安分局对湖滨一至六公园、清泰立交桥周边复杂地区卖淫嫖娼活动开展不间断整治。

2000年，区公安分局以城站广场及周边为重点推进区域挂牌整治，组织突击整治、集中清查、联合治理等1300余次，基本实现“报警下降，发案下降”目标。全年查破“涉黄”案件104起，捣毁卖淫窝点25个，关停各类涉黄场所274家，成功破获公安部、省公安厅督办的“8·4”家族型组织卖淫团伙案等典型案件。至2011年，全区主要道路、街巷“涉黄”美容美发场所基本绝迹，34家桑拿浴场规范整改。2015年，区公安分局紧盯治安热点，围绕“色情卡片”“微信招嫖”等新型违法犯罪形式开展打击行动，移送起诉69人。

第五节　户政管理

一、户籍登记管理

1997年11月1日，区公安分局建成全市第一家集户口迁移，身份证、治安、消防许可证申领，边境证签发于一体的户政办理中心。1999年，区公安分局开展户籍登记管理人民满意活动。因上城区住房拆迁，户籍变动较大，区公安分局实行上门办证，提高“窗口”单位的服务意识；建立历史户籍资料查询室，方便群众查询。2004—2006年，以第二代居民身份证换发为契机，区公安分局推进人口管理信息化进程。至2006年末，全区上传普证制证信息100502人次，上传快证制证信息3479人次，共发放二代证成品109586张。2014—2015年，区公安分局开展户口登记管理专项清理整顿工作，清理和纠正一批“错、重、假”户口，查处群众反映、投诉的户口问题，严格户口、居民身份证登记办理。

二、流动人口管理

1993年，区公安分局历时半年开展外来人口和租赁私房的清理整顿，全面调查辖区出租私房321户、暂住人口2.29万人。1996年，区公安分局不间断地组织专项清查行动，围绕登记、管理、检查、制约4个环节，规范暂住人口管理。1997年5月，区公安分局成立工作组，进驻近江村开展外来人口专项整治，基本摸清暂住人口和出租私房的底数，有针对性地建立健全管理制度，形成稳定的外来人口管理队伍。1998年，区公安分局开展以“三无”[①]人员为重点的外来人口集中清理整治工作，取缔和收遣一批“三无”人员。全年处理外来人口中的违法犯罪人员804人。同时，优化外来人口管理措施，

① “三无”：无身份证、无暂住证、无用工证明。

实行派出所责任区民警核发暂住证制度，加强出租私房房主、用工单位及业主的管理查处工作。是年，全区外来人口总数41910人，应领证40082人，已领证人员39683人，出租房和建筑工地治安责任书签订率、治安许可证换证率均为100%。

2000年，区公安分局实施望江地区外来人口居住点公寓化管理，建立适应动态治安特点的外来人员房东、房客分离管理机制。结合人口普查，开展对现住人口的排查和整顿工作，通过上门走访调查，促使责任区民警熟悉掌握辖区重点人口的现实动态。2001年5—6月，区公安分局对出租（出借）房屋进行基础大排查。2002年，区公安分局设立流动人口管理服务中心，施行取消外来人口各项管理收费的政策。采取分层次管理、高危人群暂住证每季审核办理、出租私房“周清查月整治”等办法，加大对高危地区外来人口的管控，减少发案隐患。加强出租房屋管理，提高流动人口的登记和领证率。2006年，区公安分局落实“以房管人、人户一致”的管理原则，严格落实出租房编号制度，加大对违规出租房主的查处力度。是年，在开放式小区建立“有偿信息”机制试点，并在全区推广，全年组建楼道信息员4700余人，提供各类信息4763条，其中出租房信息1350条、违法犯罪线索73条。

2007—2008年，按照建设开放型警务室的要求，区公安分局拓展社区警务室功能，形成流动人口管理进警务室、社区调解进警务室、小区监控进警务室的模式。2009年，区公安分局贯彻执行《浙江省流动人口居住登记条例》，全区办理临时居住证19409张。2011—2013年，区公安分局入户调查掌握流动人口单身居住、无业人员租住、多人合租、同业聚居、同乡聚居的租赁房屋等情况，推进流动人口管理。2015年，区公安分局以群租样板房建设为抓手开展外来人口整治管理，全区共排摸出群租房2085套，登记流动人口44066人，打造样板房500余套。

第六节　出入境管理

1993年，区公安分局出入境管理工作主要包括承担对区域内一些涉外宾馆、涉外企业的管理，受理中国香港、澳门、台湾地区人员的出入境申请，报市公安局统一审批。2008年4月起，市公安局放权，区公安分局开始受理与办理上城区中国公民的出入境管理工作。2014年，区公安分局出入境管理大队单独建制，主要职责是办理中国公民因私出国出境申请；辖区境外人员管理、辖区案（事）件查处。

一、出入境受理与办理

2008年4月，区公安分局开始受理和办理全市公民因私出入境申请管理工作；负责管理上城区中国公民出国出境接待大厅；负责有关出入境申请材料的网上调查、发函调查和复函；负责辖区企业商务登记备案管理工作；协调和督促上城区有关单位做好国家工作人员因私出国境报备的数据录入、撤销、增补、变更等工作；负责出入境文职人员的各项管理工作。2013年7月，区公安分局将出入境服务引进上城区行政服务中心。2014

年，根据省公安厅出入境管理局的统一部署，原先的中国公民办理普通护照、往来港澳通行证和签注、大陆居民往来台湾通行证和签注3类出入境证件的申请表内容简化合并成一张“中国公民出入境证件申请表”。8月1日起，所有材料实现网上审批。

2015年，区公安分局针对不方便上门取证的申请人（老、弱、病、残、孕等），承诺送证上门。在办证高峰期间推行网上预约服务。添置港澳自助加签机，实现持有往来港澳卡式通行证的群众在办理加签时立等可取。

二、境外人员管理

1993—2015年，区公安分局负责全区国外、境外人员住宿登记管理和常住在杭国外、境外人员管理，并进行数据维护与督查，发现问题通报辖区各派出所；负责对辖区各派出所外管业务的指导、培训、检查、考核。承担公安机关各警种境外人员管理工作的协调配合，配合有关部门对境外人员进行管理；负责不准入境人员报备名单的数据录入、撤销，报备人员证件处理的指导工作；指导、协调、配合各派出所做好重点单位和重点人员的日常管理和安全检查。负责列管单位外管联络员、户口管理员等涉外工作人员的外管业务培训；了解掌握、收集上报全区涉外情况（情报）和动态信息，分析研判，做好调查研究和情报信息报送工作；负责对基层公安机关境外人员管理工作的调研和指导。

第七节　单位内保

1993—1995年，区公安分局在辖区列管的机关、团体和企业事业单位开展“系列创安”活动，推行人防、物防、技防“三位一体”防范措施，落实定责、定岗责任制。1998年5月，区公安分局在内部单位开展以“查岗”为主要内容的安全大检查160次，查出不安定因素、隐患80处，发放整改通知书16份。1999—2000年，针对金融系统犯罪增多的趋势，区公安分局对全区70余个网点开展金融系统大检查。

2005年，区公安分局贯彻落实公安部“平安校园”创建“八条措施”，维护校园及周边地区治安秩序。选派中小学法制副校长37人，加强法制宣传教育。2006—2009年，在“平安单位”创建中，区公安分局组织开展金融机构安全评估，“创安”率均达100%。2012年，区公安分局与杭州市上城区教育局成立“护校安园”专项行动工作专班，投入警力27人，设立中小学校、幼儿园“护学岗”27个，落实上学、放学时段警力守护校园工作。2014—2015年，在全区建成7个校园警务室和26个警务岗，实现校园安保工作的常态化、规范化运作。在全区7家三甲医院均建立医院警务室，在实践中总结出处置“涉医”群体性事件的经验，得到公安部治安局的肯定。

第八节　看守所管理

一、安全监管

1996年，杭州市上城区看守所（简称区看守所）在坚持日常值班、巡视和监控的基础上，严格按规定进行安全大检查，遇重大节日或重大政治活动期间进行突击抽查，消除隐患，确保看守所安全。区看守所进一步完善值班、巡视、提审、搜查、放风、监控等制度。至2014年，区看守所推进“五化建设”① 及“三除一创”② 等重点工作。

2015年，区政府投入810万元全面改造区看守所行政办公楼、监室监门、通道门及风场铁门、配电房及双路供电系统、监室隔断玻璃等设施、设备。设立单向视频会见室和双向视频会见室、心理咨询室，对提审室、律师会见室加装呼叫系统，全面升级监控智能设施。

二、教育感化

1996年起，区看守所遵循“教育、感化、挽救”基本方针，坚持“惩教并举、教育为先”的原则，联合办案机关、社会机构等，通过谈话教育、大课教育、观看警示片、心理辅导、社会帮教等方式开展教育感化工作。1996—2015年，区看守所共开展各类社会帮教42次，组织观看警示教育片76部，开展心理咨询和心理干预700余人次。

第九节　消防管理③

一、防火工作

1993年3月，为吸取唐山“2·14”特大恶性火灾事故的教训，上城消防大队组织开展“百日消防安全整治”活动，对消防重点保卫单位开展调查摸底，督促整改和消除火灾隐患。1995年，在街道、社区开展居民区防火群防群治，开展“平安社区”“居民消防安全区工程”和“创建119规范小区”等活动。

1996—1998年，上城消防大队结合创建“119平安小区”活动，推行“家家户户配备灭火器工程”。2000年，为强化全区消防安全环境，上城消防大队全年发出“责令当场改正通知”109份，“责令限期改正通知”542份，复查意见书472份。2003年起，按照“谁主管，谁负责”的原则，在辖区落实消防安全责任制。2005年，上城区先后开展重大火

① “五化建设”：勤务模式科学化、执法行为规范化、管理方式精细化、监管手段信息化、设施保障标准化。

② “三除一创”：消除麻痹懈怠、排除安全隐患、清除内务脏乱，着力创建平安整洁监所。

③ 消防队伍参见第二十五篇军事第一章军事组织第三节驻区机构。

灾隐患整治、商场市场专项治理、消防产品专项整治、学校消防安全治理整顿、“三合一”[1]场所整治等专项活动，发现并整改一批重大火灾隐患，其中挂牌整治的重大火灾隐患单位全部得到整改。是年，全区6个街道、51个社区均建立义务消防队，队员510人；企业建立义务消防队100支，队员2610人。

① “三合一”场所：住宿与生产、仓储、经营一种或一种以上使用功能违章混合设置在同一空间内的建筑。

2006年，上城消防大队吸取省内外“多合一”建筑重大火灾事故的教训，排查全区“多合一”建筑（企业），在出租屋集中的“城中村”及城乡接合部实施消防安全大检查，督促整改“多合一”建筑存在的火灾隐患；对久拖不改的“多合一”企业组织职能部门联合执法，做到彻底消除隐患。2007年，针对辖区老旧民宅多，火灾隐患大的特点，制定《上城区老式民宅（老墙门）消防整治标准》，并在老式民宅集中地区开展消防整治试点。是年起，在全区逐步推开。2009年，上城消防大队在全区范围内开展公众聚集场所易燃、可燃装修材料消防安全专项整治，检查单位756家，排查公众聚集场所103家，发出“责令限期整改通知书”150份，发现火灾隐患和违法行为161处，拆除易燃、可燃装修材料950平方米。9月，提前介入南宋御街·中山路开街的前期工作，举行大型灭火救援演练，设立定点执勤处和流动巡逻岗等，圆满完成南宋御街·中山路开街周消防安保任务。2010年，针对老城区居住出租房现象带来的社会安全问题，上城消防大队在全区6个街道开展居住出租房消防安全示范点创建活动，并通过市政府组织的出租房整治及消防安全工作检查。

2012年，上城消防大队开展“打非治违·消除火患”专项行动，排查人员密集场所、易燃易爆场所、“三合一”场所、高层地下建筑、地下空间、古建筑等场所的火灾隐患。2014年11月，南星街道馒头山社区消防工作站正式投入使用。该消防站为杭州市首个社区消防站，配有2名消防大队专业人员蹲点驻守，负责24小时不间断动态监控辖区安全情况。是年，上城消防大队制定《上城区重大火灾隐患集中整治专项行动方案》《上城区区域性火灾隐患整治方案》，排查区域性火灾隐患区块27处。确定杭州明珠小百货市场有限公司、杭州屋宇物业管理有限公司（仁和大厦）等6家重大火灾隐患单位，湖滨街道思鑫坊、南星街道馒头山社区为区域性火灾隐患区块，并提请市、区两级政府挂牌督办。2015年，上城消防大队持续推进馒头山和思鑫坊2个区域火灾隐患整治，细化火灾隐患整治标准。

二、宣传教育

1993—1999年，上城消防大队于每年11月组织开展一系列消防宣传培训活动。2000年，结合全市开展的“妇女、家庭、社会”消防宣传教育活动，举办“娃哈哈杯”儿童、妇女、家庭消防征文比赛，提高居民群众特别是妇女儿童的消防安全意识和预防火灾能力。2004年2—4月，分期举办公众聚集场所从业人员消防安全培训班，6000余人参加。是年，制定《进一步加强中、小学生消防安全教育工作的实施意见》，明确中小学每学期必须落实3个课时的消防教育时间。2005年起，上城消防大队将每月的第一个周六定为消防站开放日，向群众传授防火、灭火、逃生自救等常识。是年，在吴山广场、龙翔大厦设置大型电子消防宣传广告牌，运用公益广告、黑板报、消防站等宣传阵地，悬挂横幅、张贴标语等进行消防知识宣传。

2010年，上城消防大队以“全民消防，生命至上”为主题，开展系列宣传活动。开展《浙江省消防条例》专题知识宣讲、培训35场。2011年，举办教育系统校园消防示范学校创建研讨会，以此提高师生的消防安全意识和自防自救能力。2015年，上城消防大队建立中小学幼儿园兼职消防辅导员支队，在52所中小学和幼儿园配备1名现役警官担任消防辅导员，督促学校和幼儿园落实消防工作责任制。

图24-2-3　2015年1月9日上午，上城消防大队在吴山广场举办“警民携手110、共筑平安365”广场宣传活动
（杭州市消防救援支队上城区大队　供稿）

三、火灾扑救

1994年1月30日凌晨3时32分，解放路天工艺苑商场因电线短路发生特大火灾事故。中国人民武装警察部队杭州市消防支队（简称市消防支队）先后派出6个中队和杭州民生药业集团消防队的水罐车、特种车、指挥勤务车共35辆，消防队官兵250人投入扑救。历时3个多小时，火最终被扑灭，保住金库、变电所、空调机房、液化气瓶库等1000余平方米建筑，解救被困值班人员3人。该场大火烧毁营业用房及其他附属用房1.1万平方米，经济损失991.7万元（不含工艺精品），是杭州解放后最大一次商场火灾。

2005年12月21日下午14时许，位于延安路和平海路交叉口的一家商铺突然发生火灾。火势在风力推动下迅速蔓延，吞噬多家商铺。市消防支队119报警中心接警后，出动20余辆消防车和数十名消防队员赶到现场进行救火。经过近1个小时的抢险，火势被控制，至15时20分，大火基本扑灭。火灾造成至少6间商铺被彻底焚毁。

2006年10月26日21时07分，中山中路112～114号发生火灾。市消防支队接到报警后，出动4个消防中队9辆消防车到场组织扑救，21时47分火势被全部控制。此次火灾过火面积320平方米，造成112～114号商铺内部分商品烧毁，无人员伤亡。根据调查，认定起火原因是114号电线短路。

2007年1月13日20时40分许，位于开元路附近的三元坊8号老式民宅发生火灾。市消防支队119报警中心接警后，调派湖滨、鼓楼等4个中队的16辆消防车赶赴现场。21时18分，火势被基本扑灭。火灾共造成17户居民受灾，1人死亡。

2010年4月3日1时40分，位于南山路204号的金菁咖啡厅发生火灾。市消防支队119接警中心接警后，出动湖滨、近江等4个消防中队15辆消防车74名官兵前往扑救。此次火灾烧毁建筑面积20余平方米，烧毁吊顶、沙发、餐桌等财物，无人员伤亡。起火原因为电线短路引燃阁楼内可燃物。

2011年5月30日21时40分，位于秋涛路的杭州玛利亚妇女医院门口的天然气管道发生泄漏。上城消防大队近江中队接警后迅速出动。23时25分，经抢险救援，未造成严重危害。

2012年12月23日11时39分，凤山路铁路边简易房发生大火。市消防支队119接警中心接警后调派鼓楼、近江、湖滨3个中队、12辆消防车、100余名消防救援人员赶到现场扑救。12时45分，大火被扑灭。

2013年10月16日9时41分，中山中路邮电路口发生火灾，湖滨中队接到指挥中心调度立即出动，鼓楼、近江中队随即到场增援。11时15分，火被扑灭。火灾过火面积50平方米。

2015年2月19日9时16分，位于近江村近江电影大世界旁的大排档发生火灾。市消防支队119接警中心接警后，先后调派湖滨、鼓楼、近江等8个消防中队21辆消防车赶赴现场。10时21分，大火被扑灭。建筑主体外墙面过火面积约300平方米，钢棚大排档过火约50平方米，火灾未造成人员伤亡。

第十节　道路交通管理

一、路面交通管理

1993年12月，上城交警大队从警力、装备、设施、考核、奖惩5个方面制定重点路口管理标准。1994年，改变以往路面管理定点上街巡逻值勤的形式，重新组建巡逻队，建立定点和巡逻相结合的路面管理形式，扩大道路交通管理的覆盖面。1996年6月，根据杭州市公安局交警支队（简称市交警支队）要求，上城交警大队调整立台指挥时间，根据各自实际自行安排，一般安排在上、下午高峰时段。8月，市交警支队启动学习济南交警活动，上城交警大队对重点路口从严执法管理。其中，六公园岗、解百岗为首批试点岗位。是年，将辖区内路面划分成若干区块，实行路面巡逻网格化区块管理。1997年3月，上城交警大队对六公园岗进行路口渠化[①]管理。是年，确定湖滨路为“人不斜穿”示范路口

①路口渠化：是指在各进口车道按左、直、右分道，路口红绿信号灯采用箭头灯，使进入路口的车辆按箭头信号灯行驶，所有进入路口的车辆不产生交织点的道路交通管理方法。

和路段，取得成功经验后逐步向市区其他主要路口、路段推广。

1998年起，上城交警大队在市区路口安装“电子警察”，对车辆违章进行摄录。是年，推行“高峰站点、平峰巡线（面）、遇堵疏导”的责任制勤务方式，在摩托车巡逻的基础上，采取“徒步、自行车、摩托车、汽车”相结合的动态巡逻管理方式。辖区内所有岗位不再立台指挥。1999年9月，上城交警大队全面推行责任区勤务制度，以中队为基本单位，根据道路交通情况，划分中队管辖范围为若干个主要路口为中心向外辐射，或以主要路段为重点覆盖相邻次干道路的勤务责任区；各责任区之间保持首尾相连、左右衔接。每个责任区设警长1名，并根据责任区范围和交通状况配置若干名责任区民警，警长与责任区民警实行双向选择、优化组合。2000年，根据市交警支队的统一部署，采取调整补充交通设施、增辟出入口车道等多种措施，上城区所有灯控路口进行渠化。

2002年，上城交警大队在西湖大道定安路口和延安路口推出行人二次过街举措。2003年8月，在西湖大道定安路口试行推出机动车“左转待转区”。2006年，试行“直行待驶区”，并在路口采取非机动车停车线前移几米的措施，扩大非机动车等候区域，缓解路口交通拥堵效果明显。2007年，上城交警大队通过路口渠化、信号配时、交改项目等途径挖掘通行潜力。年末，辖区累计设置直行待行区7个路口、左转弯待转区25个、可变车道5处、禁左路口10个。

2010年，市交警支队以路面管理为核心，推动勤务机制更新。上城辖区内推出8个支队级固定岗，每日7—21时，实行定点管理，民警以路口为主向四周辐射100米范围，负责管区内秩序管理和交通事故处置。将全年分为春秋旅游季节和正常时期2个时段进行布警，实行量化管理。其中，正常时期周一至周五保证70%以上警力上路执勤，周六和周日保证60%以上警力上路执勤。春秋旅游季节周一至周日期间保证70%以上警力上路执勤。是年7月起，实行以固定岗定点防控为核心、主要路口定点防控为基点、主要道路联动管理为网络的主动防控型警务模式，路面民警出勤比例由原来的日均49.28%提高到61.14%，路面交通违法行为查处数比2009年上升1.2%。2011年，上城交警大队建立以定点防控为基点、小分队机动整治为手段、巡逻联动管理为补充的“三位一体”夜间主动防控型警务模式。年末，推出交通管理（等级）响应机制，根据警情进行等级化布警。2013年，市交警支队每月开展2次“路面见警日”活动。活动期间，上城交警大队执勤中队民警除轮休外全部上路执勤。9月起，上城交警大队在辖区2个重点路口实行“路口300米严管”措施，完善交通安全设施和智能设施，设置抓拍取证岗、违法拦截（引导）岗、现场处罚岗、指挥岗等岗位，

图24-2-4　2013年，民警在西湖大道定安路口查处违法行为
（上城交警大队　供稿）

形成取证、引导、处罚、教育全方位现场管理模式。

2014年2月，上城交警大队实施道路交通管理“三长制”（路长、岗长、片长）。其中，路长由大队长担任，岗长由中队干部担任，片长由参与社区交通共治的社区交警担任。2015年11月，上城交警大队构建网格管控和责任包干的勤务机制。是年，上城交警大队持续推进交通堵点、乱点治理工作，排查确定堵点（段）2个、乱点4个、严管示范区1个。通过治理，实现堵点（段）高峰平均行程车速比2014年提高10%，乱点秩序明显改善、乱象基本消除、各类投诉比2014年下降50%。

二、道路交通安全管理

1993年5—6月，上城交警大队结合全市“塑造天堂新形象”活动，以延安路、解放路、湖滨路等14条道路为重点，整治交通秩序。同时对黄沙车、自行车，采取扣证、扣车制止违章。1996年1月，上城交警大队设立公益使者道路交通安全义务监督员。公益使者义务监督员以宣传交通安全、协助交警维护道路畅通为主要服务内容。11月，根据《中华人民共和国道路交通管理条例》《杭州市市区道路交通管理条例》有关规定，上城交警大队在辖区中小学中启用交通安全路队引导牌，用于学生上、下学或外出活动列队经过道路时提醒路人注意。1997年10月，根据“讲文明、树新风、整秩序、保畅通”活动部署，上城交警大队开展大规模非机动车交通秩序专项整治行动，共计出动警力30余人，查扣违章非机动车400余辆。1998年，上城交警大队贯彻《关于加强全省城市交通秩序管理工作的若干意见》，将“疏堵治乱”作为业务管理的中心工作，开展交通整治月、春运、春秋旅游旺季和夏季交通大整治等多次整治行动。1999年4—5月，上城交警大队为配合全市交通秩序大整治，在《杭州日报》《之江晨报》等报纸上对市区违章机动车车号、车辆单位进行“曝光”，要求车主限期到指定地点接受处理，对不按时前来处理的违章车辆实行停止检验制约措施。

2000年起，公安部、建设部在全国部署开展城市道路交通管理“畅通工程”（简称“畅通工程”）工作，上城交警大队成立畅通工程工作领导小组，以“严管街”建设为突破口，实行全天24小时不间断管理。经过整治和强化管理，市级“严管街”的机动车遵章率、非机动车遵章率和行人遵章率均有极大提高。2002年，上城交警大队联合杭州市上城区教育局在全区各中小学校开展为期8个月的“做文明行路人”主题交通安全系列教育活动，先后开展“交通安全教育基地”授牌仪式，交通安全图片巡回展，“文明行路”妙语、儿歌、漫画、摄影作品竞赛等活动。2002—2003年，结合畅通工程、文明城市创建、“清洁杭州”等工作，上城交警大队加大对出租车、摩托车、残疾人专用车、助动车、三轮车等严重影响城市道路交通秩序和安全、影响城市整体形象和品位的车辆，以及路口不按交通标志任意变道、转弯、抢插、不按规定调头、随意鸣号等违章行为的整治力度。

2004年，上城交警大队根据市委、市政府统一部署，联合有关部门和其他警种，依法对市区“四小车”[1]开展全面集中整治，全年共查扣“四小车”5300余辆。2005年，上城交警大队开展代号为“蓝盾”的道路交通专项整治行动8次，重点整治机动车辆超速、客运车辆超员、疲劳驾驶、酒后驾驶等违法行为。2006年3—10月，上城交警大队开展“文明行路”宣传教育活动。每日早、晚2个时段，在辖区主要路口配备4名文明交通劝导员，对非机动车及行人交通违法行为进行劝阻。劝导员按照属地管理原则，由各个社区负责进行组织发动。2008年，上城交警大队以第29届夏季奥林匹克运动会举办和《杭州市道路交通安全管理条例》实施为契机，以“讲文明、树新风、促素质”为主题，开展“迎奥运”交通安全宣传图板展、中小学生演讲、中小学生交通安全宣传月等多项活动。2010年9月，根据《杭州市打造交通文明示范城市三年规划（2010—2012）》提出的“打造交通文明示范城市”奋斗目标，上城交警大队会同杭州市上城区精神文明建设委员会办公室开展“文明出行、杭州先行”系列活动，公交车、出租车在斑马线前礼让行人方面起到示范作用。

2011年起，上城交警大队加大对违法停车和工程运输车交通违法的专项整治力度。7月1日起，开展停车秩序整治，通过现场、非现场执法与拖移车辆相结合，民警执法与协管员贴单、报告相结合，舆论引导与严处重罚相结合等手段，强力推进。7月12日起，由市交警支队牵头，联合多部门组织开展为期1个月的工程运输车专项整治行动。全年，共查处工程运输车各类交通违法行为2000余起，扣车800辆。2012年，上城交警大队集成整合交通视频监控系统、智能卡口系统等视频资源建立“视频作战室”，采取桌面与路面相结合的方式，集中机关民警，开展“视频大会战”，对违法变道、违法停车等进行非现场抓拍。全年共查处违法停车25万余起。针对市区“两非”[2]车辆回潮较为严重的情况，从12月末起，对“两非”车辆开展综合整治。至2013年2月末，扣留“两非”车辆400余辆，基本肃清非法上路的无牌无证载客三轮摩托车和仿残疾车。

2013年，按照省委、省政府部署实施治理城市交通拥堵五年工程，上城交警大队贯彻落实省公安厅要求，根据“治堵先治乱、治乱必治违、治违须严管”的工作思路，开展贯穿全年的城市道路严重交通违法行为集中整治行动。其间，对车辆行人闯红灯、违法停车、违反禁令标志、行人过路口不走斑马线、电动自行车违法等10类严重影响交通秩序的违法行为进行重点查处。2015年起，上城交警大队提升对电动自行车交通违法的常态化整治力度，共查处电动自行车违法行为4.9万起，比2014年上升101.3%；查扣电动自行车3021辆，增长5倍。

① “四小车”：三轮摩托车、燃油助动车、营业人力三轮车、有动力装置的有证残疾人专用车。

② “两非”：非法营运、非法上路。

表24-2-2　2003—2015年上城区交通事故死亡人数情况表

单位：人

年份	死亡人数	年 份	死亡人数	年份	死亡人数
2003	19	2008	7	2013	7
2004	20	2009	10	2014	5
2005	12	2010	8	2015	3
2006	9	2011	7	—	—
2007	6	2012	7	—	—

说明：资料来源于杭州市公安局交通警察支队上城大队

第三章　检察

1978年3月，第五届全国人大会议通过新的《中华人民共和国宪法》，重新确认检察制度。6月，区检察院重建，区公安分局检察股同时撤销。随着国家《中华人民共和国检察院组织法》等法律法规的相继制定和修订，检察制度逐步建立健全。

1993年起，区检察院坚持“从严治检”，依据国家有关法律规定，在刑事诉讼活动中独立行使检察权，通过对刑事案件的审查批捕、审查起诉和出庭支持公诉等活动，对公安机关的侦查和人民法院的审判活动实行法律监督。1999年6月，区检察院实行检察官等级制度。2001年，区检察院贯彻中央确定的“三类”案件[①]为重点，坚持从重从快方针，全年批准逮捕三类重点案件283件442人。

2006年起，区检察院推进“平安上城”创建活动，坚持重事实、重证据，注重运用宽严相济的刑事政策，努力实现办案质量、效率、效果的和谐统一。2008年，制定《上城区人民检察院不批准逮捕案件实行“不捕说理”的暂行规定》，对已构成犯罪但情节较轻的犯罪嫌疑人作出不批捕决定。2009年，提前介入侦查案件30余件。在全省率先开展对公安派出所的法律监督工作，健全立案监督案件跟踪监督机制。2011—2012年，区检察院制定《审查逮捕案件跟踪监督工作的暂行规定》，监督侦查机关立案，并就电子证据采集固定、电子数据甄别等提出取证建议。2013年，建立未成年人特别办案机制，确保全部未成年犯罪嫌疑人有专门检察官办案、帮教，有律师提供辩护，接受讯问、审判时有成年人在场保护安抚，并被最高人民检察院确定为全国未成年人检察工作联系点。是年，区检察院被最高人民检察院授予“全国先进基层检察院”称号。2014年，成立浙江省首个政府全额拨款、民间组织托管的未成年人观护基地。至2015年，区检察院始终履行国家法律监督机关职责，服务于上城区经济社会发展大局。

① 三类案件：有组织犯罪、带“黑社会”性质的团伙犯罪和流氓恶势力犯罪；爆炸、杀人、抢劫、绑架等严重暴力犯罪；盗窃等严重影响群众安全的多发性犯罪。

第一节　组织机构

一、杭州市上城区人民检察院

1993年初，区检察院[1]设办公室、政工科、刑事检察一科、刑事检察二科、贪污贿赂侦查局、法纪检察科、财税检察室、控告申诉检察科、经济罪案举报站（由控告申诉检察科管辖）。1994年，经济罪案举报站更名举报中心（与控告申诉科合署办公）。1996年5月，贪污贿赂侦查局更名反贪污贿赂局。1997年12月，政工科更名政治处，刑检一科更名审查批捕科，刑检二科更名审查起诉科。10月，财税检察室撤销，设监所检察科。1998年1月，增设民事行政检察科。10月，区检察院迁至中山中路153号。

2003年3月，审查批捕科更名侦查监督科，审查起诉科更名公诉科，法纪检察科更名渎职侵权检察科。2004年11月，设职务犯罪预防科。2005年2月，院址迁至紫花支路8号。4月，上城区检察事务保障中心成立，为区检察院下设事业单位。

2006年5月，渎职侵权检察科更名反渎职侵权局。2007年8月，增设行政装备（技术）科。2008年8月，设未成年人刑事检察科。2013年4月，增设案件管理办公室；12月，增设司法警察大队。

至2015年末，区检察院设办公室、政治处、行政装备（技术）科、侦查监督科、公诉科、反贪污贿赂局、职务犯罪预防科、反渎职侵权局、监所检察科、民事行政检察科、控告申诉检察科（举报中心）、未成年人刑事检察科、案件管理办公室、司法警察大队，下设事业单位检察事务保障中心。

① 1955年7月，上城区、中城区人民检察院始建。1965年11月，区检察院撤销。1978年6月，重建区检察院，地址人民路8号；1985年起，院址惠民路1-1号。

表24-3-3　1993—2015年杭州市上城区人民检察院历任检察长情况表

姓　名	性别	籍　贯	文化程度	出生年月	任职时间
诸学军	男	浙江绍兴	中专	1942-12	1993-01—1993-04
陈合达	男	浙江东阳	大专	1952-11	1993-04—2002-12
高万洋	男	浙江萧山	大专	1951-04	2002-12—2006-12
李森红	女	江苏淮阴	硕士研究生	1964-01	2006-12—

说明：资料来源于杭州市上城区人民检察院

二、驻区检察机关

杭州市人民检察院前身为杭州市人民检察署，始建于1950年6月，院址惠民路43号。1955年5月，根据《中华人民共和国人民检察院组织法》相关规定，市委决定撤销杭州市人民检察署，成立杭州市人民检察院（简称市检察院）。“文化大革命”期间，市检察院被撤销，1978年重建。至2015年，市检察院辖上城、下城、江干、西湖、拱墅、滨江、萧山、余杭、富阳、临安区人民检察院，桐庐、建德、淳安县（市）人民检察院，派出杭州经济技术开发区检察院，代管临平地区人民检察院。是年5月，市检察院迁至之江路866号。

第二节　刑事检察

一、审查批捕

1993年，在“三打一禁”专项斗争中，区检察院提前介入侦查部门了解案情41件62人次。区检察院全年受理审查批捕案件191件285人，依法批准逮捕175件260人，不批准逮捕5件7人，退回侦查部门补充11件18人，直接增捕1人，建议侦查部门增捕4人。1996—2000年，在“严打”斗争及“春节严打”“扫黄打非”“禁毒禁赌”等社会治安专项治理活动中，区检察院依法严厉打击抢劫、强奸、故意伤害、重大盗窃等刑事犯罪。

2001年，区检察院贯彻以中央确定的“三类”案件为重点，坚持从重从快的方针，全年批准逮捕“三类”重点案件283件442人。对公安部挂牌督办的黄某某、姜某恶势力团伙犯罪，依法从快审查，从快批准逮捕。通过审查批捕刑事案件，立案监督3件7人。建议侦查部门增捕后批准逮捕27人，自行补证143份，发放检察建议书5份。区检察院监督侦查活动，对于违反司法程序的问题，发放纠正违法通知书。2005年，区检察院依法打击“黑恶势力”犯罪、严重暴力犯罪，坚持对重大、疑难案件适时介入侦查，提前介入杭州市涉案数额最大的陈某甲、陈某乙销售假冒注册商标的商品案和南山路王某某等人寻衅滋事、故意伤害案。依法严惩金融诈骗、侵犯知识产权等破坏社会主义市场经济秩序的犯罪，批准逮捕该类犯罪案件15件27人。是年，区检察院侦查监督和立案监督23件27人，其中行政执法领域立案监督4件5人。

2006年，区检察院对1起6人涉嫌寻衅滋事案首次实行捕诉衔接制度[①]，最终以涉嫌故意毁坏财物罪批准逮捕其中4名犯罪嫌疑人。2007年，区检察院从严打击严重暴力犯罪、“黑恶势力”犯罪、毒品犯罪以

① 捕诉衔接制度：审查批捕与审查起诉分别由检察机关的侦查监督部门和公诉部门承担。区检察院为解决侦查监督部门与公诉部门办案质量、办案效率、监督效果上存在的问题，在两部门间建立相互协调配合工作制度。

及抢劫、抢夺、盗窃等严重影响人民群众安全感的多发性犯罪，从快办理石某某等14人故意杀人、聚众斗殴案，王某放火案等案件。是年，监督立案4件4人、监督撤案4人。2008年，区检察院制定《上城区人民检察院不批准逮捕案件实行“不捕说理”的暂行规定》，对24名已构成犯罪但情节较轻的犯罪嫌疑人作出不批捕决定。2009年，区检察院在全省率先开展对公安派出所的法律监督工作，健全立案监督案件跟踪监督机制，监督侦查机关撤案4件，立案7件11人。2010年，区检察院批捕故意杀人、故意伤害、绑架案件24件29人，“两抢一盗”案件170件232人。提前介入侦查案件21件，巡查监督60余次，发现并纠正各类违法情况20余次；监督侦查机关撤案2件6人、立案6件10人。

2011—2012年，区检察院制定《审查逮捕案件跟踪监督工作的暂行规定》。批捕全国首例淘宝网店“恶意差评师”案件2件6人，并就电子证据采集固定、电子数据甄别等提出取证建议。区检察院落实宽缓政策，对主观恶性较小、犯罪情节轻微的初犯、偶犯、过失犯、未成年犯、老年犯等坚持依法从宽处理，对轻微犯罪不批捕42人。2013年，区检察院制定《关于加强捕诉衔接工作制度》，监督侦查机关立案6件8人，撤案4件9人。执行证据种类、标准、证明责任及非法证据排除等新规定，对证据不足案件补充侦查123件次，对不构成犯罪或证据不足案件不批捕56人。是年，区检察院制定《审查逮捕阶段听取律师意见的若干规定》，接收律师书面、口头提交意见56次，采纳律师意见作出不批捕决定5人。2014年，区检察院制发《毒品犯罪案件一类问题通报》，帮助侦查机关查漏补缺，提高办案质量。

2015年，区检察院依法打击金融、环保、知识产权领域犯罪16件20人。对轻微刑事犯罪不批捕55人。督促侦查机关立案22人，纠正漏捕3人，对不构成犯罪或证据不足不批捕57人。是年，规范审查批捕起诉工作，落实全市检察机关统一推行的刑事证据采证审证制度，完善监督公安派出所、引导侦查取证等做法。其中，对于公安机关在刑事执法活动中易发的、具有普遍性的一类问题，区检察院进行专项通报，促进公安派出所执法规范化，该做法在全省检察系统内推广。

表24-3-4　1993—2015年杭州市上城区人民检察院审查批捕情况表

单位：件/人

年份	提请逮捕	批准逮捕	不批捕
1993	191/285	175/260	5/7
1994	251/378	226/343	6/8
1995	247/396	227/359	7/12
1996	280/430	264/390	9/17
1997	276/427	259/392	17/36
1998	403/562	376/512	27/50
1999	420/609	388/552	32/57
2000	490/725	454/632	33/86
2001	464/706	446/658	17/45

续表 24-3-4

年份	提请逮捕	批准逮捕	不批捕
2002	376/503	367/482	8/20
2003	347/480	332/454	15/28
2004	445/621	415/570	30/51
2005	473/709	444/661	29/48
2006	419/683	392/640	27/43
2007	366/630	341/564	25/66
2008	350/550	331/506	16/41
2009	397/620	369/561	28/54
2010	372/559	342/501	31/64
2011	468/691	432/628	33/60
2012	488/632	432/552	56/79
2013	385/499	335/418	51/80
2014	381/534	334/442	45/92
2015	405/488	322/380	87/113

说明：资料来源于杭州市上城区人民检察院

二、审查起诉

1993年，区检察院受理审查起（免）诉案件202件283人，移送审查起诉174件251人，免诉28件32人；向区法院起诉163件217人，免予起诉25件29人；移送市检察院审查4件21人，退回侦查部门补充侦查或建议撤回2件3人。出席法庭支持公诉163次。1997年，区检察院根据新修订的《中华人民共和国刑事诉讼法》《中华人民共和国刑法》，强化证据观念，改进起诉工作，提高出庭水平。2000年，区检察院推行主诉检察官办案责任制，形成权责统一、监督有力的办案制度。在审查起诉案件中，根据犯罪事实和证据，变更罪名12件，增加罪名6件，改变适用法律条款1件，增诉2人，退回侦查部门补充侦查34件39次，移送市检察院起诉14件46人。对1起一审判决的刑事案件提出抗诉，被二审法院采纳。2001年，区检察院受理“三类”重点案件265件403人。

2002年，区检察院探索刑事案件普通程序简化审工作，对案件事实不复杂、被告人认罪态度较好的案件，在使用普通程序的基础上，简化庭审各个环节的内容，节约诉讼资源，年度普通程序简易审和简易程序的案件占70%。2004年，区检察院强化以证据为核心的审查工作机制，严把案件事实关、证据关、程序关和法律适用关。依法审查起诉杭州市首例非法中介（上海银盟投资管理有限公司及其法定代表人）买卖股票的非法经营案。是年，区检察院在重大疑难案件的出庭公诉中运用多媒体示证系统，提高指控犯罪的能力，增强庭审效果。2005年，区检察院依法严惩金融诈骗、侵犯知识产权等破坏社会主义市场经济秩序犯罪，提起公诉22件39人。依法审查起诉的陈某某等涉嫌销售假冒注册商标的商品案，涉案金额235万元，系全市年度查获的涉案金额最大的侵犯知识产权案件。该案件被中国外商投资企业协会优质品牌保护委员会授予“2005—2006年度知识产权保护最佳案例奖”。是年，办理“两抢一盗”等侵财犯罪案件319件，占全部提起公诉案件数的60.99%。

2006—2010年，区检察院推进“平安上城”创建活动，坚持重事实、重证据，注重运用宽严相济的刑事政策，努力实现办案质量、效率、效果的和谐统一。依法审查起诉周某等人涉嫌聚众冲击国家机关案，涉案金额3.4亿元的“公路大王”刘某某等人抽逃出资、挪用资金案，涉案金额583亿元的张某等人非法经营黄金期货的“世纪黄金案”等案件。2011年，区检察院从严从快打击危害国家安全犯罪，严厉打击绑架、抢劫、诈骗等严重危害群众生命、财产安全的犯罪，41人被判处10年以上有期徒刑；办理破坏市场经济秩序犯罪案29件41人，其中追诉的王某虚开增值税发票案被判处10年有期徒刑。

2013年，区检察院在全市首创律师阅卷电子化，保障律师阅卷权，共接待律师阅卷118人次，提供复制电子案卷光盘110人次。是年起，全市基层院管辖的外国人犯罪案件统一交由上城区检察院审查起诉后，区检察院共起诉8人。2014年，区检察院参与“维护医疗秩序打击涉医违法犯罪”专项行动。2015年，区检察院推进刑事案件速裁程序改革试点，适用速裁程序起诉危险驾驶、盗窃案件93件。坚持宽严相济，轻微刑事犯罪不起诉85人。受理移送审查起诉案件926件1095人，提起公诉763件928人，其中，起诉盗窃、抢劫、抢夺、诈骗及“黄赌毒”案件364件448人，生产、销售伪劣产品及假药犯罪9件11人，骗取社保基金的诈骗犯罪13件14人。起诉非法经营、非法吸收公众存款、集资诈骗、合同诈骗、销售假冒注册商标的商品等案件14件30人；开展“涉网三领域”[①]犯罪专项整治工作，依法办理14件34人，起诉杭州市首例利用“阿里巴巴海外速卖通平台”实施的犯罪。区检察院通过审查刑事判决书、检察长列席审委会、提出抗诉等方式，开展刑事审判监督；督促侦查机关纠正漏诉3人，已判决的案件中，3人被判处10年有期徒刑以上刑罚；对不构成犯罪或证据不足的不起诉36人。

① “涉网三领域”：通信网络诈骗、P2P平台非法集资、危害电商发展犯罪。

表24-3-5　1993—2015年杭州市上城区人民检察院审查起诉情况表

年份	受理（件/人）	起诉（件/人）	免诉（人）	不起诉（件/人）	抗诉（件）
1993	202/283	163/217	29	—	1
1994	232/340	208/307	29	—	0
1995	282/469	237/362	32	—	1
1996	255/398	229/334	19	—	1
1997	280/412	257/375	—	5/5	2
1998	398/569	382/544	—	2/3	0
1999	417/608	405/572	—	5/18	3
2000	460/681	448/620	—	4/7	0
2001	520/809	509/777	—	5/13	3
2002	460/642	407/578	—	4/7	0
2003	406/583	370/521	—	2/6	—
2004	476/643	442/584	—	5/7	2
2005	567/837	523/765	—	7/11	0
2006	464/738	421/652	—	18/34	3
2007	434/746	400/672	—	6/12	1
2008	439/740	389/631	—	18/45	2
2009	466/759	405/602	—	23/38	2
2010	428/650	383/609	—	14/22	1
2011	572/851	481/693	—	12/18	0
2012	1017/1322	941/1171	—	58/75	2
2013	818/1018	719/878	—	52/66	2
2014	782/1018	589/712	—	45/63	1
2015	926/1095	763/928	—	88/124	0

说明：资料来源于杭州市上城区人民检察院

三、未成年人刑事检察

1993—1998年，区检察院通过专人办理、开展法治教育、家庭走访等措施，做好涉罪未成年人案件的审查办理、帮教及跟踪工作。1999年，区检察院贯彻宽严相济的政策，对3名未成年犯罪嫌疑人作出不起诉决定，并制定帮教措施。2000年，区检察院设立未成年人犯罪案件审查组，首次对6名青少年犯罪嫌疑人试行缓诉制度；对不诉或缓诉的未成年犯罪嫌疑人采用定期走访、反馈情况、思想汇报等方式，落实帮教措施。其间，区检察院被评为省市首批“青少年维权岗”优胜单位。

2003年起，区检察院对涉罪未成年人坚持“教育、挽救、感化”方针，选派干警兼任学校法制辅导员，针对性地做好未成年犯罪人员的教育、感化和挽救工作。2007年，区检察院坚持宽严相济，创新办案模式，建立适合未成年人犯罪案件特点的刑事和解制度、不起诉听证制度、亲情帮教制度、庭审评语制度、狱内探访制度、狱内情况通报会等制度，办理未成年人犯罪案件77人，对其中9名作出不批捕决定，2名作出不起诉决定。2008年，区检察院成立未成年人刑事检察科，实行捕、诉、防一体化办案机制。推行“适当成年人”介入、家长狱内探访等机制，加强对未成年人的特殊司法保护。2009—2010年，区检察院与区司法局联合制定《关于在检察阶段对未成年人实施刑事法律援助工作的办法》，加强对服刑人员特别是社区矫正对象、轻微犯罪不被起诉人等特殊人群的帮教管理。两年分别受理提请逮捕未成年犯罪嫌疑人37人、31人，受理移送审查起诉未成年人50人、34人。

2011年，区检察院与区公安分局联合制定《共同开展对在押未成年人帮教、维权工作的实施意见》《办理未成年人刑事案件的工作意见》，规范未成年人案件办理，加强未成年人的帮教维权，先后组织辖区200余名未成年人参观看守所、警营、禁毒教育基地。2012年，完善分案办理、适当成年人介入、错时亲情探视、案后回访、特殊未成年人就业帮扶等机制，探索未成年人犯罪记录封存制度，贯彻“教育为主、惩罚为辅”原则。未成年人刑事检察科被评为省级“青年文明号”、市级“杰出青年文明号”。2013年，区检察院建立未成年人特别办案机制，确保所有未成年犯罪嫌疑人有专门检察官办案、帮教，有律师提供辩护，接受讯问、审判时有成年人在场保护安抚。

2014年，区检察院成立浙江省首个政府全额拨款、民间组织托管的未成年人观护基地，并制定《上城区未成年人观护基地管理办法》，对在辖区内触犯刑律，在杭州市无监护人（监管人）、无固定住所、无经济来源，同时“犯罪情节相对轻微”“认罪悔罪态度较好”“没有造成较大社会危害或损失”的外来未成年犯罪嫌疑人，依托观护基地，为其提供非羁押性监管场所，联合办案人员、司法社工、志愿者等共同对其教育、感化和挽救，保护其依法享受各项人身权利和客观公正的司法结果。2015年，区检察院受理批准逮捕11件12人，受理审查起诉9件22人，批准逮捕5件5人，不予逮捕6件7人，提起公诉9件9人，不起诉10件13人。

表24-3-6　2008—2015年杭州市上城区人民检察院未成年人刑事案件情况表

单位：件/人

年份	受理批准逮捕	受理审查起诉	批准逮捕	不予逮捕	提起公诉	不起诉
2008	37/50	38/58	31/43	6/7	29/43	10/15
2009	27/37	35/51	21/30	7/7	29/41	8/10
2010	24/32	25/33	23/30	2/2	23/31	2/2
2011	25/28	26/29	17/20	8/8	22/25	4/4
2012	23/27	25/30	21/25	2/2	21/25	4/5
2013	15/32	21/26	10/16	6/6	12/17	9/9
2014	11/11	19/21	8/8	3/3	15/16	6/6
2015	8/11	16/19	3/4	5/7	5/6	11/13

说明：资料来源于杭州市上城区人民检察院

第三节　反贪污贿赂

1993年，区检察院注重打击在党政机关和司法部门、行政执法部门、经济管理部门内部的贪污贿赂等经济犯罪活动，共立案29件32人，其中大要案21件23人。1995年，区检察院查处中国银行杭州市分行会计科副科长朱某某受贿3.8万元，挪用595万元重特大经济犯罪；查处2起非法开具增值税专用发票案，挽回国家税款122万余元；查处杭州市统计局局长余某某特大贪污案、浙江省卫生医药发展公司总经理金某某特大贪污受贿案。

1996年，区检察院依法查办杭州市电信局账务中心经济核算员张某挪用资金87.6万元案等侵占公司财物罪案9起。受理涉税犯罪案件线索10件，查证后立案查处2件2人，为国家追回税款150余万元。1998年，办理杭州市计划经济委员会所属的汽车工贸公司副总经理祁某挪用公款2900余万元的特大案，追回损失1600余万元。2002年，区检察院在社会热点领域开展行业预防，通过加强与相关单位的联系走访、结合案例上法制课、协助行业部门整改及规范管理等方式，将预防工作落实到各相关单位。2003年，区检察院注重查办重点行业系统的特大案件，如杭州市自来水总公司材料供应处处长陈某某、业务员莫某特大受贿案。

2004年，区检察院落实12小时讯问时间制、讯问犯罪嫌疑人全程同步录音录像制度和安全防范责任制。开展人民监督员制度试点工作，聘任预防职务犯罪联络员38名，建立预防职务犯罪成员单位63家。是年，依法查办私分国有资产案件2起和企业改制过程中侵吞国资的犯罪案件1起。2005年，查办杭州市电力局会计仇某某贪污、挪用公款等案4件4人。坚持惩防并举，开展职务犯罪预防宣传和警示教育，举办案例巡回展40余次，参观人数5000余人。2006年，区检察院查办浙江省盐务管理局局长吴某某、浙江省盐业集团杭州市盐业有限公司总经理俞某某受贿、贪污案等4件8人窝串案。并组织开展杭州市盐业公司系列窝串案等调研活动，帮助案发单位查找、堵塞管理和制度上的漏洞，8名市、区领导分别作批示。

2007年，区检察院成立上城区预防职务犯罪工作领导小组，深化职务犯罪的社会化预防。是年，区检察院联合市检察院举办2007年杭州市预防职务犯罪医院院长论坛。区检察院与中共杭州市纪律检查委员会联合摄制《两面校长》等4部专题片，在杭州电视台《廉政经纬》栏目播出后，引起很大反响。个案预防材料入选全国检察机关预防职务犯罪成果展览。全年共举办各类预防讲座10余次，组织服刑人员“现身说法”警示教育活动2次，组织旁听职务犯罪案件庭审3次。2009年，区检察院贯彻落实《浙江省预防职务犯罪条例》，成立宣教讲师团，开展宣传、法制讲座和案例展览。2012年，区检察院查办涉及省内多地电力系统、涉案金额1200余万元的行受贿窝串案5件7人。该案被评为全市检察机关“三个效果”有机统一优秀案例。查办省残疾人康复指导中心副主任陈某等6人贪污受贿窝串案。

2014年，区检察院制定《反贪办案内部管理规定》，规范线索初查、立案侦查、涉案款物管理等环节的工作。制定《侦查阶段开展同步预防工作实施细则》，通过预防调查、案件剖析、检察建议等方式，帮助案发单位堵塞漏洞。2015年，区检察院立案查处贪污贿赂犯罪9件9人，其中涉案金额100万元以上的6人，县处级要案4人。查办国家发展和改革委员会财政金融司信用处处长苏某某、证券处原副调研员魏某受贿案，此为区检察院首次查办中央国家机关职务犯罪案件。是年，区检察院推动浙江省文化厅制定《浙江省文化系统项目经费管理办法》，推进与浙江中烟工业有限责任公司等企业的“检企共建”，确保工程廉洁。

表24-3-7　1993—2015年上城区人民检察院反贪污贿赂案件情况表

年份	立案（件/人）	大案（件/人）	要案（件/人）	挽回经济损失（万元）
1993	29/32	21/23	0/0	280.50
1994	31/32	27/28	1/1	821.00
1995	29/31	26/28	1/1	454.15
1996	23/27	23/27	1/1	123.88
1997	20/25	20/25	0/0	921.00
1998	13/15	13/15	0/0	2066.00
1999	18/21	18/21	3/3	340.00
2000	21/24	16/18	4/4	186.52
2001	24/34	23/33	1/1	429.00
2002	16/20	16/20	2/2	306.00
2003	11/12	11/12	1/1	115.70
2004	10/12	10/12	4/4	336.02
2005	10/10	10/10	4/4	196.70
2006	12/19	12/19	6/8	430.00
2007	9/15	9/15	7/7	200.00
2008	10/16	10/16	5/6	158.41
2009	8/12	8/12	4/5	251.80
2010	8/16	8/16	1/1	17.00
2011	8/9	8/9	1/1	59.49
2012	10/13	10/13	3/3	72.83
2013	7/14	7/14	3/5	12.11
2014	9/17	9/17	4/6	—
2015	9/9	9/9	0/0	—

说明：资料来源于杭州市上城区人民检察院

第四节　反渎职侵权

1993—1995年，区检察院查处多起渎职案件，为国家和集体挽回直接经济损失300余万元。依法查办天工艺苑“1·30”特大火灾中5名经济民警渎职犯罪行为；查处杭州娃哈哈集团进出口公司总经理陈某某和城站城市信用社主任杨某某特大玩忽职守案，案值总额5000余万元。1996—2000年，区检察院先后查办杭州市上城区财政税务局叶某私自外借增值税专用发票造成国家税收流失1300余万元的玩忽职守案、杭州市物资局对外经济贸易处处长黄某某造成国家435万元的重大经济损失的渎职案。

2002年，区检察院受理举报线索5件、初查5件。调查办理假山村住户的产权纠纷案件，澄清事实真相，消除群众误解。2006年起，建立院内案源信息网络和线索移送机制，促进渎职犯罪案件查处工作。对于未达到立案标准的线索，及时给举报人答复。2011年，依法查办望江街道招商引资环节渎职案件2件2人，城建系统工作人员为非拆迁安置人员违规获取安置用房的滥用职权案1件3人。2012—2013年，区检察院查明吴山地区开发建设指挥部动迁处处长沈某某滥用职权案，杭州市某开发总公司工作人员任某某帮助关系人违规获取拆迁安置资格，致国家损失350余万元的滥用职权案。2014年，立案查处浙江省文化厅文化市场综合执法指导监督处处长姚某某等4人滥用职权、贪污、受贿案。

2015年，区检察院查办渎职犯罪1件1人，排查民生领域的渎职犯罪线索8件。立案查办杭州市经济和信息化委员会下属中小企业服务中心主任助理胡某利用“电子商务进企业”项目初审的职务便利，多次收受业务单位贿赂，滥用职权而给国家造成重大经济损失的案件。

表24-3-8　1993—2015年杭州市上城区人民检察院反渎职侵权案件情况表

单位：件/人

年份	受理	立案	年份	受理	立案
1993	20	2/2	2005	—	1/1
1994	15	6/11	2006	—	1/1
1995	17	5/5	2007	—	2/2
1996	16	5/6	2008	—	1/2
1997	12	3/3	2009	—	1/1
1998	5	1/1	2010	—	1/1
1999	4	0/0	2011	—	3/5
2000	3	1/1	2012	—	1/1
2001	7	1/1	2013	—	1/1
2002	5	0/0	2014	—	3/3
2003	7	0/0	2015	—	1/1
2004	—	1/1	—	—	—

说明：资料来源于杭州市上城区人民检察院

第五节 监所检察

1993—1996年，区检察院依法监督辖区“五类人员”[①]，协助派出所建立健全帮教组织，落实帮教措施，防止重新犯罪，结合惩处与教育，承担“保一方平安”的责任。1997年10月，区检察院监所检察科成立，增加监督区看守所执法活动的职责，协助看守所维护监管场所的正常秩序，教育在押人员遵纪守规，审查在押人员羁押手续是否齐备合法，并监督“五类人员”监外执行情况。1998年，区检察院重点加强交付执行案件的法律监督，审查“五类人员”的监外执行是否符合法律手续。1999年，区检察院加强监管场所的法律监督，对于监管场所的不安全隐患，提出建议，落实整改。是年，区检察院纠正超期羁押10人/次，纠正不文明执法行为23次，驻所干警找在押人员谈话192人/次，开展法制宣传教育课11次，受教育人员1000余人次。

① “五类人员”：假释、缓刑、保外就医、剥夺政治权利和管制人员。

2001—2002年，区检察院加强驻所检察室规范化建设，突出对刑罚执行的法律监督，促进监管部门依法管理和文明管理。2003年，采用经常性监督检查和专项检查相结合的方法，开展监管场所和监外执行“五类人员”法律手续的审查和监督。对刑事判决书计算羁押期限有误提出更正，纠正违法羁押3人。2004年，开展对减刑、假释、暂予监外执行的专项检察，依法向有关办案单位提出纠正违法通知书和检察建议17份次。2005年，区检察院开展“加强监管执法、加强法律监督，保障刑事诉讼顺利进行、保障在押人员合法权益”示范单位创建活动，强化驻看守所检察室的规范化建设，抓好对减刑、假释、保外就医罪犯以及监外执行罪犯的检察监督，实行换押执行情况每季度通报、羁押期限届满前及时通知等工作制度。全区未发生超期羁押情况。

2007年，区检察院开展核查纠正监外执行罪犯脱管、漏管专项行动，依法监督收监监外执行罪犯1名。2008年，区检察院对4件提请减刑案件依法提出不同意呈报减刑意见，均被采纳。2009年，区检察院重点关注超期羁押、违法减刑、假释和监管不当问题。2011年，区检察院通过日常巡查、监控信息联网、约谈在押人员等方式，监督监管场所安全、刑罚执行、变更情况和监管行为，提出检察建议28份。2013年，对监管场所安全、监管不当等问题发出检察建议4份，对2人提出不予减刑、缓报假释的建议，均被采纳。对社区矫正对象脱管、漏管及管理不规范问题提出纠正意见3次。

2015年，区检察院加强对减刑、假释、暂予监外执行的同步监督，审查同意减刑案件8件（人）。针对监管安全存在的苗头性、倾向性问题，发出检察建议1件并被采纳。开展社区服刑人员脱管、漏管专项检察活动，提出建议收监2人。做好特赦法律监督，审查同意对1名未成年社区矫正人员予以特赦。

第六节　控告申诉检察

1993—1997年，区检察院完善检察长接待日、检察长处理信函制度；设立举报奖励基金，加强举报、控告申诉检察工作。坚持"实事求是，有错必纠"的原则，做好申诉案件的复查工作。对受理的举报线索做到件件有登记落实，真查实办，取信于民。1999年，区检察院检察长参加接待日36次，全院接待来访人员130人/次，来信167件，受理刑事申诉6件。

2000年，区检察院开展"举报宣传周"，争创"文明接待室"等活动。受理各类线索198件，办理赔偿案件1件，申诉案件3件。2002年，获省级"文明接待室"称号。2004年，区检察院把涉法上访案件作为"一把手"工程，形成一把手负总责，分管检察长直接抓，控申部门具体负责，其他部门相互配合、各司其职的工作局面。在集中处理涉法上访案件活动中，完成20件涉法上访案件的息诉工作。

2006年，区检察院推行重大疑难复杂信访案件领导包案制，建立全院涉检信访"一盘棋"的工作格局，依法办理各类控告申诉166件。2007年，坚持检察长接待日制度，落实控审工作分级负责和首办责任制。妥善处理群众控告和申诉323件。开展各类法治宣传咨询7次。2008年，区检察院首次运用司法救助，成功息诉童某某长达4年的申诉。做好第29届夏季奥林匹克运动会和国家重大会议期间的工作，在信访工作中突出释法说理和思想疏导，妥善办理控告和申诉130件。2009年，区检察院坚持涉检信访积案化解和源头预防相结合，建立涉检信访风险评估预警化解制度，把化解矛盾贯穿执法办案始终，妥善办理举报、控告和申诉125件。是年，参与社会治安综合治理和"平安创建"活动，开展检察工作进机关、进社区、进学校、进企业活动，提高群众的法律意识。

图24-3-5　2014年6月，区检察院开展举报宣传周活动，为市民现场提供法律咨询　（区检察院　供稿）

2010年，区检察院建立涉检信访案件点名约访和专家接访工作机制，并邀请人民监督员参与息诉息访。是年，健全涉检信访风险预警评估机制，妥善处置各类信访线索110件。做好不立案、不批捕、不起诉、不抗诉等环节的释法说理工作，消除矛盾纠纷产生的源头。2012年，区检察院推行12309举报电话、网上信访、来信、来访“四位一体”机制，妥善处置各类诉求73人次。推动检察官进社区、进学校、进企业经常化、制度化，重视在执法办案中消除、减少群众对立情绪，实施刑事被害人司法救助6件。

2015年，区检察院建成远程视频接访系统，畅通来信、来访、电话、网络、视频等诉求表达渠道，妥善处置各类控告、申诉、举报68件，发出再审检察建议被区法院采纳3件。妥善接待涉众型经济犯罪案件被害人来访15批次近1000人。对不属于检察机关管辖的信访，加强释法说理，引导来访群众通过法律途径解决问题。

第七节　民事行政检察

1993—1997年，区检察院受理行政民事申诉案件13件，并做好调处息诉工作，发挥民事、行政监督职能。1998—1999年，立案审查二审后的遗产、房地产纠纷案2件，并提请上级院抗诉，案件最终由浙江省高级人民法院改判。2003年，区检察院受理不服民事行政判决和裁定案件线索27件，提请抗诉5件，建议提请抗诉10件。市检察院采纳后向杭州市中级人民法院提抗4件，向浙江省人民检察院提抗10件。经法院审理改判3件。

2004年，区检察院贯彻“稳定数量、提高质量、突出重点、讲求实效”的方针，探索抗诉与检察建议启动再审、调解结案、和解息诉等并举的多元化监督模式。与区司法局联合制定《民行申诉案件线索受理的若干意见》，拓展案件线索来源。共受理民事、行政案件线索33件，其中提请抗诉4件，发检察建议5份，完成省、市院交办16件。法院改判3件。2006年，抓好运用检察建议启动再审、督促起诉等工作，寻求监督方式的多样性和灵活性。

2007年，区检察院推行网上办案模式，深化民行法律文书说理改革。2009年，区检察院注重申诉人的服判息诉工作，形成抗诉、息诉工作并举的格局。对确有错误的民事、行政裁判建议市检察院提抗3件，法院改判2件。2012—2014年，区检察院构建多渠道、多手段的民事行政检察监督体系，运用支持起诉、督促起诉、检察建议等手段，履行监督职责，并对民生案件优先快捷办理。2015年，区检察院受理民事行政申诉31件，发出检察建议5件。

第四章　法院

1978年，上城区人民法院（简称区法院）遵循中共十一届三中全会关于发展社会主义民主、加强社会主义法制的方针做好审判工作。1979年，区法院成立审判委员会，设立刑事、民事审判庭及办公室，恢复人民陪审员制度，依照法律规定代表国家独立行使审判权，承担审理辖区除法律规定和专门人民法院管辖以外的一切刑事、民事和行政案件的第一审案件等职能。此后增设经济审判庭、行政审判庭、告诉申诉审判庭等审判业务庭。

1993年起，随着国家改革开放的不断深入，审判工作范围不断扩大，新类型案件不断增加。区法院顺应时代发展，认真贯彻国家诉讼法律的有关规定，提高办案质量，增加审判公开性。1999年起，区法院按照最高人民法院制定的《人民法院五年改革纲要（1999—2003）》，全面推进审判改革。2000年，区法院全程跟踪管理监督案件，实现审判工作由行政化管理向审判型管理转变。

进入21世纪，审判工作逐步实现思想观念从重实体向程序、实体并重转变，工作重心由庭外向庭内转变，庭审过程由形式向实质审理转变，法官角色从包揽控审向居中裁判转变，证据确认从庭外操作向当庭质证转变。2001年，区法院全面推行审判长、独任审判员选任制，院长、庭长的工作重心从案件审批转向亲自主审或参与重大、疑难案件的审理。2003年起，区法院进行案件繁简分流。2009年，区法院率先在全省建成16个数字法庭，实现信息管理、智能复合笔录、刻录存储、远程庭审、庭审播放等功能。是年，区法院被浙江省高级人民法院确定为全省法院数字法庭建设试点单位。2012年，区法院成立全省法院系统首家单独列编的诉调对接中心，建立以法院主导调解、搭建对接平台、加强调解指导的诉调对接工作模式。2013年，区法院诉调对接中心被评为全省民事审判先进集体。至2015年，区法院的年收案量从1993年的1212件增长至8711件，审判业务庭由6个发展为12个，司法行政后勤保障部门由2个发展为4个。组织架构逐步完善，智慧法院建设加快，审判质效和阳光司法水平提升，审判队伍优化，保障司法为民、公正司法。

第一节　组织机构

一、杭州市上城区人民法院

1993年，区法院[1]机构设置为刑事审判庭、民事审判庭、经济审判庭、行政审判庭、告诉申诉审判庭、执行庭、办公室和政工科。1995年5月，增设司法警察大队。1997年12月，增设立案庭、审判监督庭。1998年10月，近江人民法庭正式挂牌成立，为区法院的派出机构[2]，办公地址秋涛路475号。2000年12月，区法院设立案件督查办公室，内设执行局、书记员办公室。2002年11月，增设司法后勤服务中心。2003年6月，设立监察室。2005年，区法院迁至紫花支路6号。

① 1955年，区法院成立，院址扇子巷46号。此后区法院几经搬迁，1977年迁至知足路，1986年迁至惠民路1-1号。

② 根据《中华人民共和国人民法院组织法》，基层人民法院根据地区、人口、案件情况，可以设立若干人民法庭。由于上城区管辖范围扩大，区法院为方便近江地区群众诉讼，设立近江人民法庭。

2007年，区法院调整内设机构，设有政治处、监察室、办公室、立案庭、刑事审判庭、民事审判一庭、民事审判二庭、民事审判三庭、行政审判庭、执行局、审判监督庭、书记员管理室、司法警察大队、司法后勤服务中心14个机构。2012年10月，增设全省法院首家独立编制的诉调对接中心，开展诉前调解、司法确认和引调工作。

2015年，区法院设有政治处（监察室）、办公室、刑事审判庭、民事审判一庭、民事审判二庭、民事审判三庭、行政审判庭、立案庭、审判监督庭、执行局（执行庭）、执行一庭、执行二庭、执行三庭、司法警察大队、诉调对接中心15个内设机构和近江人民法庭、下属事业单位司法后勤服务中心。

表24-4-9　1993—2015年杭州市上城区人民法院院长情况表

姓名	性别	籍贯	文化程度	出生年月	任职时间
钮洪奎	男	江苏无锡	中专	1937-12	1993-01—1997-11
葛成富	男	浙江杭州	中专	1948-01	1997-11—2006-12
施金良	男	浙江杭州	大学	1960-11	2006-12—

说明：资料来源于杭州市上城区人民法院

二、驻区审判机关

1949年6月，杭州市人民法院成立，院址法院路延龄路（现延安路）口，即原民国杭州地方法院旧址。1951年6月，迁至环城西路1号。1955年6月，改称为杭州市中级人民法院。2015年，杭州市中级人民法院依法监督和指导所辖10个区、3个县（市）和经济技术开发区14个基层法院及杭州铁路运输法院的审判工作，院址之江路768号。

第二节　审判改革

1993—1998年，区法院的审判改革旨在贯彻国家诉讼法律的有关规定，提高办案质量，增加审判公开性。1999年起，最高人民法院制定并实施《人民法院五年改革纲要》，区法院按照纲要具体要求，全面推进审判改革。

一、审判职责改革

职能分立　2000年，区法院在案件督查办公室设立的基础上，实施执行工作统一管理和书记员单列管理体制，做到立审分立、审执分立、审监分立、审书分立，内部形成立案、审判、执行、监督的运转环节，相互分离又相互制约，优化审判运行机制，改变以前案件从立案到执行一个部门承办的做法。

裁判文书　2000年，区法院进行裁判文书改革，通过裁判文书的证据分析和论证说理来体现案件审判的过程，反映当事人的诉争，阐述法院裁判的依据。裁判文书成为向社会公众展示司法公正的载体。

选任制　2000年，区法院制定审判长、独任审判员责任制。按规定，在职权范围内，审判长对裁判文书有签发权，独任审判员对案件有裁判权；若出现违法违纪行为、发生错案等情况，将被取消审判长、独任审判员资格。2001年，区法院全面推行审判长、独任审判员选任制，选拔审判长4人、独任审判员27人。院长、庭长的工作重心从案件审批转向亲自主审或参与重大、疑难案件的审理。

二、审判方式改革

案件速裁　2003年，区法院进行案件繁简分流。对于法律关系简单的案件推行普通程序简便审、简易程序速裁审；对于案情复杂的民商事案件，庭前证据交换，明确讼争焦点。区法院通过简案快审、繁案精审的方式，缩短诉讼周期，实现司法效益最大化。全年案件审结率93.48%，其中，3个月内审结的案件占80.25%。

2004年，区法院制定《民商事简易案件速裁规则》，依照简便、灵活、快捷的原则，将主要证据具备的民间借贷案件、合同纠纷案件等9类民商事案件纳入快速审裁的范围。立案后先行调解，当即制发调解书，对调解不成需开庭审理的，则当庭宣判和制发判决书。2009年，区法院推行刑事案件速裁，对事实清楚、证据确实充分且被告人认罪的案件进行快速审裁。全年速裁刑事案件219件，占刑事总结案的53.7%。2011年，区法院开展行政诉讼简易程序试点工作，将基本事实清楚、法律关系简单、权利义务明确，且当事人各方同意的行政案件适用简易程序审理，快速化解行政争议。行政诉讼简易程序的适用率7.06%，月均存案工作量少于2个月，平均审理天数24天。

公开审判　1993年，区法院为改变法官办案包揽调查取证、开庭流于形式、诉讼活动透明度低、办案效率不高的弊端，将庭审规范化作为提高司法水平的重要环节，坚持公开审判，提高审判水平和审判工作的透明度。1999年，区法院全面落实公开审判制度。除邀请人大代表、政协委员观摩评议典型案件审判外，还通过报刊、电视等多种途径向社会公开案件审理、判决情况，使审判全过程置于社会各界的监督之下。全年除法律规定不公开审理的案件外，公开开庭率和宣判率均达100%。

2007年，区法院实行电话和视频监督。在每个业务庭室设立1部录音电话，并向社会公开电话号码；在立案大厅和14个审判法庭设置视频录像，全程监督庭审活动。2011年，区法院开展“公众开放日”活动，先后10次邀请社会各界人士走进法院旁听案件审理；通过对庭审全程录音录像、提高人民陪审员参审率等措施，推进以立案、庭审、执行、听证、文书和审务公开为主要内容的“六公开”制度。

2014年，区法院在门户网站上开展庭审录播。全年公开生效裁判文书13295份，文书上网率93.7%，居全国法院前10位。2015年，区法院制定《局域网、门户网站管理规定》和《官方微博、微信维护管理办法》，通过官方微博“上城法苑”开展庭审视频直播3次和图文直播1次。

信息化审判　2007年起，区法院将信息化工程列为“一把手”工程，推出以信息化建设为核心的科技强院战略，深化“互联网+审判”改革。2009年，区法院率先在全省建成16个数字法庭，开庭审理的所有案件均有全程同步录音录像和记录，实行“一案一光盘”，实现信息管理、智能复合笔录、刻录存储、远程庭审、庭审播放等功能。区法院被浙江省高级人民法院确定为全省法院数字法庭建设试点单位。是年，在全省法院中率先研发案件节点管理系统。2011年，区法院开发使用网上审委会讨论案件系统，修定《审判委员会工作规则》，规定案件提交审委会讨论的流程，加强对网上审委会的流程控制和管理。区法院在网上审阅审理报告、查阅电子卷宗、询问承办人、签署表决意见。全年组织网上审委会32次，占提交总数的68.09%。

2012年，区法院在杭州市看守所增设远程审判法庭，是全市法院中唯一在市、区看守所建立远程审判法庭的法院。2015年，区法院建成具有远程指挥、证据现场采集、决策分析等多项功能的执行指挥中心；建立囚车卫星定位及远程监控管理系统。区法院依托远程视频系统实现与监狱同步视频传输，在押被告的刑事、民商事案件均可实现远程开庭。2013—2015年，远程开庭共660件，占被告人在押简易案件的99%，庭审平均用时15分钟，为法警节省近1320

图24-4-6　2015年，区法院审判席与监狱同步远程开庭
（区法院 供稿）

小时的路程时间。

三、审判流程改革

2000年，区法院制定《案件审判流程管理制度》，改变过去案件层层审批的做法，使审判合一。同时，建立案件审判流程管理制度，全程跟踪管理立案、排期、开庭、结案每个环节，初步形成科学化规范化的审判运行机制。2004年，区法院开展民商事案件判后寄语。针对当事人对案件事实、法律认识可能存在误解或偏差的案件，区法院在判决书后附上法官对当事人在案件中因果得失的分析以及当事人从该案中应得到的警示，释法明理，促使服判息诉。

2009年，区法院制定《案件节点管理办法》，借助案件节点管理系统，覆盖审判执行全过程，通过区分案件类型和所适用程序，量化限定案件办理的立案、排期、送达、开庭、合议、判决、执行等每个“关节点”的运用，设置科学合理的时间节点，进行自动报警、自动催办，以计算机数字化方式，实现实时监控和动态管理，形成统一、全程、严密、高效的审判管理监督体系，实现法官办案审判从行政命令向科学管理转变。

第三节　刑事审判

一、刑事、经济犯罪案件

1993年，区法院开展“三打一禁”专项斗争，判处罪犯221名，5年以上有期徒刑占32.13%。同时，办结经济犯罪案件16件。1994年，区法院严厉打击严重刑事犯罪分子和经济犯罪分子，处5年和10年以上有期徒刑的罪犯人数较上年分别增加16.2%和8.3倍。1995—1996年，区法院重点打击抢劫、强奸、流氓、盗窃、贩运伪造国家货币等刑事犯罪分子，结案352件，判处犯罪分子544人。

1997年，区法院配合全市开展“禁赌禁毒”工作，审结涉毒案件16件、32人。1998年，区法院审结贪污、贿赂、挪用公款等利用职务便利、以权谋私的犯罪案件和金融诈骗、出售伪造的增值税发票、购买运输假币等生产、流通、金融领域中危害社会经济秩序的犯罪案件。2000年，区法院配合全区开展“打黑除恶”等专项斗争，召开公开宣判大会，扩大办案的社会效果。

2004年，区法院把打击严重暴力犯罪、毒品犯罪、严重危害群众安全感的多发性侵财型犯罪作为重中之重，判决抢劫、贩毒、盗窃、故意伤害等严重危害社会治安的犯罪案件381件、513人，其中判处3年以上有期徒刑的148人。2006年，区法院严厉惩治金融诈骗、虚开增值税专用发票等经济犯罪和贪污、受贿、私分国有资产等职务犯罪，整顿和规范市场经济秩序，深入开展治理商业贿赂工作。2009年，区法院依法严惩严重刑事犯罪、“两抢一盗”[①]多发性犯罪、贪污贿赂等职务犯罪及严重破坏市场经济秩

① “两抢一盗”：抢劫、抢夺、盗窃。

序犯罪，办结涉案金额3.4亿元的“公路大王”刘某某抽逃出资、挪用资金案和涉案金额583亿元的世纪黄金公司非法经营、抽逃出资等大案、要案。

2012年，区法院加大对危害食品药品安全、制售假冒伪劣商品犯罪和交通肇事、危险驾驶犯罪的刑罚制裁力度，审结销售假药、销售假冒注册商标案件25件，审结交通肇事和危险驾驶案件256件。2014年，区法院严格执行宽严相济的刑事政策，依法惩治各类刑事犯罪，全年受理各类刑事案件587件，审结588件，比2013年下降20.99%和21.29%，结案率98.9%。2015年，区法院坚持以审判为中心，严惩危害社会治安类犯罪，加大对非法吸收公众存款、合同诈骗等破坏社会主义市场经济秩序犯罪打击力度，保持对贪污、贿赂、渎职等职务犯罪的高压态势。

二、未成年人刑事案件

1993年起，上城区重视对违法犯罪未成年人的依法惩处、权益保护和帮扶挽救工作。1995年，区法院制定“未成年犯罪违法原因测试表”“对监外少年犯实施跟踪教育工作细则”，对少年犯“观护帮教、定期宣判”。1996年，上城区在全省率先推行与浙江省少年管教所（简称省少管所）合作进行所外试工。上城区确定1名在省少管所服刑期间表现突出、2次被减刑的少年犯周某为试工对象，白天安排其在所外的试工单位工作，晚上回省少管所休息，劳动报酬归其个人所得。1997年，开展家长、学校、涉案证人和被害人四位一体全方位的庭审教育，促使少年被告人在情、理、法的综合感召下认罪悔罪。

2001年，上城区选派区法院优秀的审判人员担任共建学校的法制副校长、法制辅导员。2008年，上城区在区法院实行未成年人与成年人共同犯罪案件分案审理，完善未成年人犯罪案件审判机制。对未成年被告人实施庭前调查制度，注重审判工作向庭前、庭后延伸，预防和减少青少年犯罪。2013年，区法院开展未成年人犯罪记录封存工作，主动告知未成年人及法定代理人在就学、入伍、就业时，免除报告自己曾受过刑事处罚的义务，并要求公开宣判时旁听人员不得传播宣判结果。2014年，在涉未成年人民事纠纷案件审理中，采取“庭前多沟通一次”“庭上多释明一句”“庭后多劝导一遍”的举措，保障未成年人合法权益；在举证规则框架内，全面调查案情及矛盾背后症结，寻找最大化保护未成年人合法权益的途径及方案。

2012—2015年，区法院审结未成年人刑事案件38件、50人。

三、涉外刑事案件

2013年，新的《中华人民共和国刑事诉讼法》实施后，区法院开始审理应当由基层法院审理的涉外刑事案件。区法院在审理涉外刑事案件的过程中，为保障被告人的诉讼权利，在送达起诉书副本时，告知被告人享有与其国籍国驻华使领馆联系，与近亲属和监护人通话、通信等权利，并联络相关国家驻华领事馆，询问是否探视当事人或参加案件旁听。区法院落实宽严相济刑事政策，对在华工作、生活、求学等有相对固定居所的被告人，适用缓刑；对为实施犯罪而入境的被告人，从严打击。全年区法院共审理办结涉外刑事案件13件。其中，危险驾驶案9件，盗窃案3件，信用卡诈骗、职务侵占案1

件。至2015年，区法院共依法审结涉外刑事案件34件，涉及外籍被告人54人，类型包含非法吸收公众存款、强奸、组织偷越国（边）境、故意伤害等，国籍遍布亚洲、欧洲、北美洲、非洲和大洋洲。

第四节　民商事审判

1993年起，随着国家改革开放的不断深入，民事交往日益广泛，劳动争议、劳动报酬、著作权等民事案件不断增多，婚姻、房屋、债务、赔偿等案件呈现新特点。2003年，区法院坚持“能调则调、当判则判、判调结合”原则，将诉讼调解工作贯穿于民事诉讼各个阶段。2006年起，调解结案成为民商事审判的首选方式。全年调处各类民商事案件1043件，调撤结案占民商事案件总数的50.83%。2007年，完善委托调解、联合调解、协助调解相结合的多元化调解机制，发挥专业调解委员会和行业协会的作用。2012年，区法院依托诉调对接中心，建立以区法院主导调解、搭建对接平台、加强调解指导的诉调对接工作模式。2013—2015年，区法院诉前纠纷化解率为30.44%，排名全省第一。

一、民事案件

1993年，区法院受理各类民事案件516件，审结630件。婚姻案件占民事案件首位，达59.9%，房屋、债务、“三养”（赡养、抚养、扶养）和赔偿案件占33.7%。1995年，区法院依法调解公民与新闻单位、企业间的名誉权、肖像权纠纷，公正裁判，维护公民合法权益。

1997年，在上城区旧城改造的大背景下，房屋拆迁纠纷案件逐渐增多。区法院发挥司法调解功能，开展疏导工作，保证拆迁工作的顺利实施。1998年，区法院成立杭州市首个房地产案件审判庭。为保证拆迁户按时搬迁、妥善安置，区法院采取动迁纠纷案件直接送达、答辩期满次日开庭审理等措施，承诺案件自受理之日起当月有结果，3个月必结案，形成依法及时审理房地产拆迁纠纷案件的“绿色通道”。

2000年，区法院成立巡回法庭，加强消费者权益保护、医疗纠纷、道路交通事故等损害赔偿案件的审判，严格把握精神赔偿原则、赔偿范围和赔偿数额。2003年，针对外来务工人员被拖欠工资、工伤赔偿、社会保障纠纷等劳动争议案件，区法院开辟快立、快审、快执行的“绿色通道”，依法保障劳动者特别是弱势群体的合法权益。2009年，区法院成立建设工程合同专业审判组，完善道路交通事故损害赔偿巡回法庭、消费者权益保护巡回法庭功能。

2011年，区法院会同区检察院、区公安分局制定《关于建立上城区打击虚假诉讼联动机制的规定》，在审理婚姻家庭、劳动争议、民间借贷等案件过程中，加大对案件事实和证据的审查力度，防范和杜绝借诉讼手段牟取不当利益的虚假诉讼行为。2014年，区法院对建设工程、医疗事故等审计鉴定时间较长的案件实行预立案，前置评估鉴定程序，提高审判效率；制定审书庭前阅卷表，提高一次开庭成功率；推行裁判文书交叉核校，减少裁判文书差错率，促进审判工作良性运行。2015年，区法院坚持“调解优先、调判结合”原则，通过密集排期开庭、注重庭前阅卷、及时跟踪长期未结案件等措施，提高办案质效。全年审结追索劳动报酬、工伤保险待遇等劳资纠纷187件。

二、商事案件

1993年，区法院经济审判[①]工作立足于为宏观调控和发展市场经济服务，通过审判活动为企业和金融部门收回大量资金。全年收案262件，结案265件，结案标的额3134.6万元。1994年，区法院重点审理与建立市场经济体制相关的案件。审理购销合同、借款合同纠纷案件，促进商品正常流通和资金流转；审理企业承包、租赁、联营、兼并等案件，促进企业经营机制的转换和现代企业制度的建立；同时，审理股票、期货交易、广告纠纷、信用卡透支等新类型案件。

① 后改称为商事审判。

1999年，区法院在审理涉及国有企业改革的案件中，注重保护企业合法权益，防止国有资产流失，促进企业经营机制的转换和现代企业制度的建立；对金融纠纷案件，注重审执兼顾，强化诉讼保全措施，以法律手段防范金融风险。同时，推出全周服务、调查走访、服务信息反馈等独具特色的服务制度。2000年，重点审理企业改制、资产重组等涉及国有企业改革金融纠纷案件和侵犯企业商业秘密等反不正当竞争案件，规范市场经济秩序。2002年，区法院着重依法审理3类案件：买卖、承揽、货物运输等合同纠纷案件，平等保护合同双方的合法权益；妥善审理涉及国有企业改革的案件，制裁抽逃资金、逃废债务、损害债权人利益、造成国有资产流失的行为；审理借贷、融资租赁、证券等金融纠纷案件，强化诉讼保全的及时性、有效性，以法律手段防范和化解金融风险。是年，区法院审结互易合同、拍卖合同、不正当竞争、代位权、公司知情权、职工内部股票买卖纠纷等新类型案件。

2007年，区法院重点审理买卖、借款、建设工程等涉及市场经济秩序的案件。在审理金融纠纷案件中，慎重处理股票交易、委托理财、商业票据贴现等引起的案件。在审理涉及企业改革、公司法案件中，妥善化解股权转让、公司解散、股东知情权等引发的纠纷，保护各类市场主体合法权益。2010年，区法院向有关银行提出加强信用卡管理、风险防范的司法建议，从源头上预防和减少信用卡领域的金融风险。2012年，区法院坚持制裁非法集资、违法高利贷与维护合法债权并重，妥善处理融资、证券、保险、信托等金融纠纷，支持金融改革和金融创新。是年，组织辖区10余家金融机构探讨通过法律途径构筑银企合作的模式，以法律手段促进金融改革和金融安全。2013年，区法院开展小额诉讼案件审判，探索担保物权案件的审判模式。2014年，区法院设立金融审判组，探索金融案件专业化、集约化审判机制。推行涉金融民商事纠纷送达地址确认前置制度，并通过推行小额速裁机制、适用担保物权特别程序、简化金融案件裁判文书等措施，加快金融案件的审执进度。2015年，区法院审结金融、公司、票据等商事案件2726件，维护市场交易秩序。

三、医疗案件

2005年，区法院成立专业化审判合议庭审理医疗纠纷案件，妥善化解医疗纠纷，努力构建和谐的医患关系。2008年，区法院成立医疗案件专业审判小组，邀请医学专家作为特约调解员，开展医疗纠纷专业化调解工作。是年，调解成功的医疗案件253件，占已结案件的55.48%。区法院在办案中注重总结医疗纠纷特点，在浙江大学医学院附属第二医院、浙江省中医院等多家医院举办法制讲座，介绍医疗纠纷审判情况，分析医患纠纷成因，引导法治化方式解决医患纠纷，缓和医患矛盾。2005—2015年，区法院审结医疗纠纷案件456件。

第五节　行政审判

1993年，区法院判决行政案件3件，判决全部撤销和部分撤销行政机关处罚决定、维持行政机关处罚决定各1件。1994年，区法院依法审结的11件行政案件涉及公安、消防、城建、房管、公证诸多方面。1999年，区法院受案范围继续扩大，除治安、计生、税务、房产等案件外，还受理涉及盐务机关履行职责、动物卫生检疫所检疫、交通部门发放资质证书的行政诉讼案件。2003年，房屋拆迁许可证、不履行法定职责等行政争议案件和国有资产界定、不服撤销市场经营资格等新类型案件不断涌现。区法院全年做到无改判、无发回重审、无违法违纪投诉。

2004年，面对涉及面广、矛盾易激化的集团诉讼和群体性案件，区法院坚持疏导，依法保护行政相对人的合法权益，促进行政机关依法行政。针对吴山路、仁和路31名原告不服建设计划批复行政争议纠纷一案，区法院认为不属于行政诉讼范围，在驳回起诉的同时，做好释法说理工作，避免集体上访等事件发生。2006年，区法院推动开展行政机关负责人出庭应诉工作。全年受理各类行政诉讼案件117件，审结115件，比2005年上升85.7%、94.9%；审查非诉行政执行案件81件，上升15.2倍。2011年，区法院推行“诉前沟通、诉中协调、诉外交流”的审判模式，努力促成行政争议的协调解决。对因环境整治、房屋拆迁、城市管理、社会保障等社会热点问题引发的案件，加强辨法析理和教育疏导，从实质上化解各类行政纠纷。

2012年，《国有土地上房屋征收与补偿条例》实施后，区法院在全市法院中率先受理申请强制拆迁非诉案件，按照“严格审查标准、多适用听证程序、尽量促成自行履行”的原则，审查拆迁裁决书的合法性，听证被执行人不愿意腾退的理由，并进行协调和解，用各种救济手段敦促被执行人自行履行。2014年，区法院依照“裁执分离”原则，依法稳妥处理拆迁、拆违等纠纷案件。全年受理此类案件3件，裁定准予强制执行2件。2015年，区法院落实行政机关负责人出庭应诉制度，包括浙江省公安厅副厅长在内的多名负责人出庭应诉，行政机关负责人出庭应诉率达27.1%。是年，在望江地区的系列拆迁案件中，区法院联合区政府与当事人进行调解，对无理缠讼的当事人予以驳回，为政府重点工作提供法制保障。区法院全年收案158件，审结144件，案件主要集中在城建、劳动保障、公安等领域，占行政收案数量的74%。

第六节　立案和信访

1993年，区法院的立案信访工作由告诉申诉审判庭负责。1994年，区法院审查公房使用权纠纷，股票、期货交易纠纷，住房拆迁回迁纠纷，名誉权、名称权纠纷，知识产权纠纷，中介合同纠纷等案件，注意保护当事人诉权，依法立案。1995年，区法院规定每月3日为院领导接待日。1997年，区法院引导和帮助群众通过正常途径解决纠纷矛盾，在信访接待工作中实行首问负责制、信访办理责任制。是年，区法院成立立案庭，严格按照《中华人民共和国民事诉讼法》的规定受理各类刑事、民事、行政、执行等案件，保障当事人的诉讼权利。1993—1997年，区法院共审查立案7140件，处理人民群众来信来访32964人次。1999年，区法院立案工作重视发挥“窗口”作用，做到快收、快立、快移。全年70%以上的案件系当天起诉当天立案，90%以上的案件系当天立案当天移送业务庭审理。

2003年，区法院推行“一站式”立案和指导性服务，设专人接待、处理群众来信来访，引导和帮助群众通过法律途径解决纠纷。2004年，区法院推行司法为民十条举措，健全诉讼风险提示、诉讼指导和司法救助等制度，把保障群众利益放在首位。是年，区法院建立涉法上访领导小组，把涉诉信访列为重要工作。2005年，区法院设立“绿色通道”，为外地民工、下岗职工和国家规定的优抚对象等追索劳动报酬、养老金、社会保险金等案件，优先立案、优先判决、优先执行。2006年起，区法院进行网上立案和电话立案。

2007年，区法院在全省范围内首次开展较大规模的院长集中接访活动，通过新闻发布，主动邀请当事人来信来访。是年，区法院立案大厅划分为立案、信访、调解等专门区域，配备电脑、公用电话等便民设施，实行立案、收费、信访、接待、咨询“一站式”服务制度。区法院推行立案指导、诉讼风险提示、上门立案、网上咨询等11项便民利民措施，帮助群众及时、正确、充分地行使诉讼权利。2008年，区法院推行案件随到随立“一小时立案制度”和对不符合立案条件的“一次性告知制度”，落实预约立案、网上咨询、诉讼指导、诉讼风险提示等多种便民举措，做到“诉有门、访有人、问有果”。全年立案接待大厅共接待立案当事人4952人次，被浙江省高级人民法院命名为“文明窗口”。

2011年，区法院制定实施《案件信访风险评估预警化解制度》，建立信访案件排查预警机制，对审判、执行中可能矛盾激化的案件进行预测和排查，做好庭审释明、裁判说明、判后答疑等工作，从源头上预防和减少涉诉信访。2012年，区法院设立诉讼材料收转窗口，新增立案叫号系统，将立案接待大厅建设成为集诉讼引导、法律咨询、风险告知、诉前调解、判后答疑等多项功能为一体的诉讼服务中心。开展领导干部大接访活动和“两排查一促进”[①]专项活动，采取认真解决合理诉求、适当进行经济救助、依法稳控无理上访等措施，推进涉诉信访案件息诉罢访。2013年，区法院在立案大厅设立导诉台，为当事人提供来人来电咨询、诉讼材料收转、开具协查函等服务。2014年，区法院开通“12368诉讼服务热线”，设立专职坐席员，为当事人和社会公众提供实时在线服务。

图24-4-7　2015年，工作人员在诉讼服务大厅导诉台为群众提供服务（区法院　供稿）

2015年，区法院实行立案登记制。对符合法律规定条件的，当场登记立案，对不符合法律规定条件的，一律出具不予受理裁定，并说明理由，严禁“不立不裁”。并推进诉讼服务大厅、诉讼服务网、“12368诉讼服务热线”三位一体的诉讼服务中心建设。是年，开通“院长信箱”和网上申诉信访平台、远程视频接访系统，推进网上信访，回复群众诉求。

第七节　审判监督

1993年，区法院的审判监督工作由告诉申诉审判庭负责。区法院开展案件的自查、互查和抽查活动，逐一分析改进发现的问题，并试行错案追究制。1997年末，审判监督庭成立，负责审判监督工作。按“实事求是、有错必纠”的原则，依法纠正不公正裁判和执法中的错误。1998年，区法院制定审判员工作职责、书记员工作职责、审判委员会工作制度、错案责任追究制等规范制度，建立办案质量每月工作例会制度和案

① “两排查一促进”：深入排查化解矛盾纠纷，深入排查整治社会治安和公共安全突出问题，促进“网格化管理、组团式服务”工作完善落实。

件考核评查制。1999年，区法院开展“审判质量年”活动。实行审限跟踪制，跟踪检查案件的庭前准备、开庭排期、签发打印、庭后下判及诉讼保全、执行等环节的时限。实行督办警示制，对4个月未结案件予以警示提醒，6个月未结案件由承办人说明理由并限定审结日期，基本杜绝超审限案件。实行案件质量逐月评查制度，对已结案件实行执法监督检查，定期通报评查结果并纳入岗位目标管理考核。全年查案3888件，并对其中23件经上级法院改判的经济案件、民事案件进行重点检查和追究。

2000年，区法院制定“案件审判流程管理规定”，全程跟踪管理监督案件，实现审判工作由行政化管理向审判型管理转变。2001年，区法院重点审查和评析改判、重审及上级法院或人大督办的案件，逐件予以反馈，并推行申诉案件和再审复查案件听证制。2003年，区法院梳理审判流程和管理中存在的问题，规范庭前立案、财产保全、送达、证据交换等程序管理，实现审判环节之间的相互衔接、相互制约、紧密配合、有序高效。2004年，区法院评查案件4668件，案件的正确率98.9%。2007年，区法院成立案件质量评查工作领导小组，制定“案件督查、评查办法”“案件质量监控指导意见”“案件质量管理办法”等制度，并建立案件审限、执限网上公示制度。

2008年，区法院每月以《审监专报》形式通报分析各业务庭和法官的收结案数、存案工作量、平均审理（执行）天数以及上诉、改判、归档等情况，实现办案质量效率的良性循环和审判执行工作的均衡发展。2011年，区法院开展清理超12个月、18个月未结案件活动，解决案件平均审理天数偏长等问题，推进归档报结工作，全院月归档报结率均在96%以上。2012年，区法院修订案件质量评查办法，加强对改判、发回重审案件的重点评查，有针对性地对中止案件、开庭排期情况进行专项检查。定期对简易程序超30天、普通程序超60天的未结案件进行通报催办，加大对超12个月以上未结案件的督办力度，剖析和通报评查工作中发现的突出问题。2014年，区法院实行裁判文书判前评查制度，即各类判决书和驳回起诉的裁定书，经签发并由承办法官和书记员校对后，由审判监督庭开展宣判前的评查工作。2015年，区法院强化审判管理工作，评查裁判文书和卷宗档案，定期分析评估数据并形成报告。

第八节　执行

1993年，区法院建立经济、民事、执行三庭协调工作制度，采取依法查封、扣押、冻结、划拨、拍卖等强制措施，集中力量，早晚出击，做好执行工作。是年，执行庭干警依法扣押被执行人王某所有的摩托车、电视机等物品，对其作出司法拘留7天的决定，使长期未解决的案件顺利执行。1997年，区法院采取夜间执行、公告执行、集中执行、委托执行等方法执行标的额较大、影响面广的案件。1998年，区法院采取集中突击执行和平时常规执行相结合、公告督促和举报奖励相结合、被执行人财产申报、无形资产折价等措施，执行各类案件1056件，执行标的额3.19亿元。1999年，区法院开展“执行年”

活动，未执行案件比上年减少64.1%。是年，区法院在全省首次推出“敦促执行”系列活动，通过“敦促被执行人履行债务现场会”“还款协议追踪执行”“债权人权益兑现大会”等，执毕众多案件，执回现金825万元和价值225万元的房产、车辆等物。

2000年，区法院尝试抵贷还租、无形资产抵债、股权转让等执行手段，并推出债权凭证制度①，利用书面凭证来证明债权人享有债权的方式，得到浙江省高级人民法院的肯定。是年，区法院成立金融案件执行小组和中止案件恢复执行小组，开展以涉及国有企业、金融、房地产案件为重点的集中清理未结案行动，并通过新闻发布会的形式展示案件执行情况。2001年，区法院设立房地产案件执行小组，重点清理行政机关和党员干部、个体私营企业为被执行人的案件及立案执行超过6个月的案件，全年案件执结率91.85%。制定申请执行人举证制度、被执行人财产申报制度、执行案件通报制度，尝试公告悬赏执行、交叉执行、债权凭证等执行方式和无形资产拍卖、出租车经营权转让等执行新途径。2003年，区法院以金融案件特别是汽车消费贷款案件为重点，召开汽车消费贷款案件调研会议和金融案件执行通报会，共商防范金融风险。是年，区法院设立执行110快速反应机制，要求干警接到线索后随时赶赴执行。

2007年，区法院建立综合治理“执行难”工作机制，建立公安机关协作执行工作机制与执行工作威慑机制，利用短信群发平台发送执行通知和执行威慑信息，同时采取强制申报政治面貌、冻结变卖股票、限制被执行人的法定代表人出境等方式，创新执行方式。2008年，区法院制定实施易人执行制度、院（局）领导听案制度、诫勉教育和黄牌告诫办法等制度，对执行人员怠于执行、执行不力等情况予以诫勉教育和黄牌告诫等处罚。区法院联合区公安分局制定公安协助法院执行工作的实施细则，建立由街道、社区综治主任、区各部委办局综治人员组成的执行联络员队伍，形成覆盖全区的执行网络。

2010年，区法院开展“执行公告进社区”的执行措施，利用新闻媒体曝光拖延、逃避执行行为，促使被执行人自动履行义务。在全区建立由执行强制、执行惩戒、执行监督和执行保障机制组成的工作体系。是年，区法院执行局被浙江省高级人民法院批准授予二等功。

2012年，区法院建设“征信、查控、惩戒、监督、保障”的执行系统。实行被执行人定期报告令，责令未履行债务的被执行人定期向法院报告财产及债权、债务处置情况，对既不履行义务又拒绝报告或进行虚假报告的，依法予以罚款、拘留，直至追究刑事责任。先后与公安、民政、交通、工商行政、城建、国土等部门建立“点对点”财产查询和协

① 债权凭证制度：在实现金钱债权的执行中，经人民法院执行机构采取措施，债务人确无财产可供执行的，由人民法院发给债权人书面凭证，证明其债权存在并明确未执行的债权数额，待发现债务人的财产后，债权人可依该凭证再次申请人民法院执行的制度。

助执行机制，采取限制被执行人出境、高消费和在银行征信系统记录等强制执行措施，对拒不履行裁判义务的被执行人依法予以罚款、拘留。2013年，区法院开展“冬日暖阳”“阳光下执行”“收网2013”执行专项活动，执结追索劳动报酬、赡养费、抚养费等民生类案件178件，涉及金额449.7万元；执结拒不履行裁判义务案件233件，涉及标的额2.7亿元。自动履行、和解结案占执结案件的53.6%。

2014年，区法院成立执行实施组、外勤组和疑难案件执行组，实行疑难案件专人执行，简易案件快速执结。2015年，区法院成立执行指挥中心，配备远程执行指挥系统。区法院通过全国失信被执行人名单库公开曝光1763人，限制其申请贷款、招投标、资质认定、市场准入、乘飞机高铁等行为，促进案件执结。春节前后，区法院集中力量开展夜间突击执行和节假日执行10余次，共执结欠薪案件84件，执行到位工资款140余万元，其中为52名原杭州中都百货有限公司员工追回工资总计85万余元。

第五章 司法行政

1979年10月，中共中央和国务院印发《关于迅速建立地方司法行政机构的通知》。1982年4月，区司法局建立，开始管理司法行政工作，司法行政工作领域不断拓宽，承担法制宣传、人民调解、公证、律师和基层法律服务等多项司法行政工作。1985年起，上城区开展“一五”全民普法宣传教育，为普及法律知识，推进依法治区，化解社会矛盾，维护社会稳定，促进经济健康发展，保障和改善民生，构建和谐社会发挥作用。

1993年，区司法局选择清泰街道民生路居民区为创建标准化调解委员会试点，并于7月召开现场会向全区推广。1999年6月，区司法局开通“96148”法律服务专线电话，实行值班制度，由专人接听群众来电和接待来访人的法律咨询。2001年起，区各街道在机构改革后调整归正人员安置帮教领导小组成员和办公室人员，明确成员单位职责，加强组织网络建设，动员社区的党员、团员、学校教师参与帮教，扩大安置帮教工作的群众和社会基础。2004年起，上城区社区矫正工作领导小组成立，坚持“依法、规范、有序”和“积极稳妥”的原则推进社区矫正试点工作，逐渐形成具有上城特色的“十化矫正法”。2010年，区司法局制定的《上城区社区矫正工作规范》，成为全国首个社区矫正工作地方标准。是年，上城区启动“律师进社区”工作，制定《上城区“律师进社区”工作实施意见》。6月，在18个社区试点的基础上，在全区全面推开“律师进社区”工作。2012年10月25日，杭州市首个区级司法行政法律服务中心在上城区落成。

1996—2015年，上城区5次获中共中央宣传部、司法部等联合表彰的全国法制宣传教育先进城区或先进集体荣誉[①]。

第一节 组织机构

一、杭州市上城区司法局

1993年，区司法局[②]设有办公室、法制宣传教育科、基层工作管理

① 其中第五次获得的荣誉称号为“2011—2015年全国法治宣传教育先进县（市、区）”。

② 1982年4月，区司法局建立，开始管理司法行政工作。1985年11月，区司法局设办公室、法制宣传科、人民调解科。区属7个街道办事处各配1名司法助理员。

科、杭州市上城区公证处（简称区公证处）。主要负责推动依法治区进程、实施普法宣传、“两劳”回归人员安置帮教等工作。局址惠民路3号。1997年7月，区司法局增设律师管理科，基层工作管理科增设“两劳”回归人员管理办公室。1998年，区司法局迁至惠民路26号。2001年12月，区公证处改制为事业单位。2002年，区司法局增设“148”工作协调科。2006年5月，基层工作管理科增挂社区矫正管理科。是年，区公证处撤销，在原上城区公证处、下城区公证处、江干区公证处的基础上合并成立杭州市钱塘公证处，由杭州市司法局（简称市司法局）管理。2012年，单独设立社区矫正管理科，“148”工作协调科加挂上城区法律援助中心（简称区法律援助中心）牌子，律师管理科更名为律师工作管理科。2013年9月，区司法局办公室增挂法制科牌子。2014年7月，社区矫正管理科增挂执法大队牌子。2015年，区司法局设有办公室（法制科）、法律宣传工作科、基层工作管理科、律师工作管理科、“148”工作协调科（区法律援助中心）、社区矫正管理科。区司法局历任党组书记、局长为徐宗炎、张国永、钱国平、杨盛强、郑平。

二、司法所

2003年，上城区6个街道综治科增挂司法所牌子。2005年，根据司法部、浙江省司法厅（简称省司法厅）、杭州市司法局印发的《关于创建规范化司法所工作的意见》，依照省司法厅“规范化司法所达到办公用房120平方米以上，人员配备不少于3人”的要求，区司法局开展创建规范化街道司法所的工作。至2008年，全区6个街道司法所都被授予省级示范司法所和市级规范化司法所称号。2008年10月，区司法局在全区6个街道建立区司法局直属司法所。2010年，望江司法所、湖滨司法所、南星司法所被省司法厅命名为“省级规范化司法所”。是年，望江司法所被司法部评为模范司法所。2013年12月，望江司法所、清波司法所被评为“全省五星级司法所”。是年，清波司法所被司法部评为先进司法所。2014年，上城区完成6个星级司法所建设任务，为全省星级司法所创建率100%的唯一单位。至2015年，机构未有变化。

三、基层法律服务所

1993年初，全区建有小营巷街道、涌金街道、清波街道、清泰街道、城站街道、湖滨街道、横河街道7个法律服务所。1995年，小营巷法律服务所在全市率先增挂律师事务所牌子。1996年12月，杭州市市辖区行政区划调整后，上城区增加望江、紫阳、南星、闸口4个街道基层法律服务所。2001年，区司法局贯彻省司法厅关于基层法律服务工作者资格授予和基层法律服务所重新登记的要求，整顿全区法律服务所。5月，经重新登记和市司法局核准，近江法律服务所、清波法律服务所、望江法律服务所、惠民法律服务所、小营法律服务所、闸口法律服务所、复兴法律服务所和紫阳法律服务所8家基层法律服务机构批准设立和执业。2005年4月，根据司法部《基层法律服务机构脱钩改制实施意见》的要求，基层法律服务所进行改制，改为“自愿组合、自我管理、共同出资、共担风险”的合伙制社会法律服务机构。至2014年12月，区司法局管理的基层法律服务所完成脱钩改制工作。

第二节　普法宣传教育

一、“二五”普法教育（1991—1995年）

“二五”普法期间，全区以《中华人民共和国宪法》为核心，以专业法为重点，开展普法教育，组建以领导干部为主体的48人讲师团和120名基层辅导员为骨干的宣讲队伍，开展普法宣讲。

1993年，上城区制定《上城区第二个依法治区五年规划》，明确普法教育的基本要求。此后，每年上城区人民代表大会上均有依法治区专项书面工作报告，每次提拔区管干部均进行任前法律知识考试，每季“四套班子”领导及区各部门主要负责人集中开展一次法律知识讲座。是年，区委书记张鸣放作为全省基层单位代表参加全国“二五”普法经验交流会。1994年6月起，中央电视台播放上城区有关法制建设内容的新闻3次，《浙江法制报》报道上城区依法治区的内容4次。1996年5月，区司法局劳吾根被评为“全国法制宣传教育先进个人”。

二、“三五”普法教育（1996—2000年）

1996年5月，区十届人大常委会第二十六次会议通过《关于在全区继续开展法制宣传教育第三个五年规划的决议》。区委、区政府批转中共杭州市上城区委宣传部（简称区委宣传部）、区司法局《关于在全区公民中开展法制宣传教育第三个五年规划的报告》。是年，上城区被全国普法办公室确定为全国8个普法联系点之一。“三五”普法期间，全区在开展法制宣传教育的基础上，坚持学法与用法相结合、法制教育与依法治理相结合、普法宣传与法制实践相结合。

三、“四五”普法教育（2001—2005年）

2001年5月，区委、区政府批转区委宣传部、区司法局《关于在全区公民中开展第四个法制宣传教育的规划》。上城区人大常委会作出《关于进一步开展第四个五年法制宣传教育的决议》。6月起，全区围绕提高全民法律素质和全社会的法治化管理水平2个目标，以各级领导干部、青少年、企业管理人员为普法重点对象，开展《中华人民共和国宪法修正案》《中华人民共和国老年人权益保障法》《中华人民共和国道路交通安全法》《中华人民共和国婚姻法》等30余部法律法规的普及教育。2002年，全区以“法律进社区”活动为载体，组织100余名经验丰富的法律工作者开展法制宣传活动。2004年，全区20余个政府职能部门常年聘请法律顾问，提高依法行政、依法执法水平。区司法局联合杭州市上城区社区学院、杭州市上城区妇女联合会、杭州市上城区科学技术协会等7个部门，开展为期4个月的“万户家庭网上行”法律学习和竞赛活动；把全国现行宪法实施日（12月4日）作为法制宣传日，增强全民的宪法意识和法律观念。10月，全国普法联系点工作经验交流会在上城区召开，19个省（直辖市、自治区）近60名代表参加会议。

四、“五五”普法教育（2006—2010年）

图24-5-8　2010年，杭州市娃哈哈小学法制副校长给学生讲解交通安全知识　（区教育局　供稿）

2006年5月，区委、区政府批转区委宣传部、区司法局《关于在全区公民中开展法制宣传教育第五个五年规划》。区十二届人大常委会第三十一次会议通过《关于加强法制宣传教育的决议》。“五五”普法期间，区司法局将公务员列入普法重点对象。区司法局开展“法律六进”[①]宣传活动和法治城市、法治县（市、区）创建活动；于每年12月4日在吴山广场举办大型广场普法活动；每逢与法制相关的纪念日组织全区各单位举办法制宣传和法律咨询活动。同时，区司法局整合辖区资源优势，联合杭州铁路分局杭州站强化流动普法宣传教育。以城站火车站为点，建设城站法治文化阵地；以杭州始发列车为线，北上进京，西进西安，在列车上开展律师上车释法活动，此为全国首创。2006年，区司法局将普及法律知识与传播法治文化相结合，开通上城区普法网，开辟部门普法专栏，形成以上城区普法网为主干、以部门普法专栏为支撑的法制宣传新模式。

① “法律六进”：进机关、进工地、进社区、进学校、进企业、进单位。

五、“六五”普法教育（2011—2015年）

2011年5月，区十三届人大常委会第三十三次会议审议通过《上城区第六个法制宣传教育和依法治区五年规划（2011—2015年）》。“六五”普法期间，上城区重点学习和宣传宪法、中国特色社会主义法律体系、国家基本法律和促进经济发展的法律法规，开展社会主义法治理念教育。上城区搭建“两微一网”[②]普法微平台，建立从社区到公共服务领域的全方位立体化普法体系，推进法制宣传教育。结合“智慧上城”建设，整合政府和社会管理服务资源，搭建“平安365”社会服务管理平台，促进“平安上城”“法治上城”的建设。构建“政府管理与公共服务标准化体系”，形成标准化管理模式，提供规范的公共服务，利用

② “两微一网”：微信、微博、普法网站。

标准化推动法制化进程。挖掘南宋皇城的地域资源，建设南宋御街法治示范街区。

第三节　人民调解

1993年，区司法局以落实思想、组织、工作、报酬为目标，在清泰街道民生路居民区开展创建标准化调解委员会试点工作，于7月召开现场会并向全区推广。年末，全区共有人民调解组织195个，其中，居民委员会调解组织132个，辖区内厂矿企事业单位调解组织63个。

1997年，随着杭州市市辖区行政区划调整，上城区调解组织增至265个，调解人员1631人，纠纷信息员5699人。1999年，因上城区行政区划调整，区司法局及时将街道纠纷调解中心由11个调整为9个。是年，杭州市邮政局人民调解委员会被评为“全国模范调解委员会”。2000年下半年，为推动市场调解工作，区司法局在湖滨街道召开市场调解工作现场会。年末，全区19家[①]集贸市场中，有16家市场建立调解组织。2001年初，区司法局按统一模式组建社区调解委员会、设立调解室，并在小营街道开展试点。试点工作结束后，市司法局在小营街道召开现场会，推广小营街道做法。5月，全区完成社区调解委员会的组建工作。至年末，全区共有各类调解组织141个，调解人员976人，调解小组长、纠纷信息员2582人。

2002年上半年，区司法局在清波街道试行人民调解协议书由人民法院备案制度，并在此基础上制定《上城区推行人民调解协议书人民法院备案制度的实施意见（试行）》。2003年，区委、区政府印发《关于切实加强新时期人民调解工作的通知》《关于开展建立街道人民调解委员会的工作意见》，区司法局在清波街道、小营街道先行试点建立街道人民调解委员会。街道人民调解委员会由司法助理员、社区工作者、辖区单位调解人员、社会热心调解工作并有一定法律知识的志愿者共同组成，由市司法局统一刻制街道人民调解委员会印章。按人民调解工作法定化、制度化、规范化的要求，建立规范工作规程，并将调解工作的原则、任务、职责、纪律及调解人员的照片等上墙公示。是年，在全区调解组织中开展“四有五无”[②]活动。2004年，各法律服务所与社区建立法律服务机构联系制度，在街道社区服务中心设立窗口，配备人民调解法律顾问，为居民群众提供法律服务。2005年，区司法局通过组织参与庭审的方式，提高调解人员法律政策的应用水平和调解矛盾纠纷的工作能力。全区有3名人民调解员选任为人民陪审员。

① 统计原则：摊位数量超200个。

② “四有五无”：有组织调解、有人调解、有经费调解、有场所调解，无因民间纠纷引起群体性上访、无因民间纠纷引起群体性械斗、无因民间纠纷引起刑事案件、无因民间纠纷引起非正常死亡、无归正人员重新犯罪。

2007年4月，区司法局细化“四有五无”活动内容，制定人民调解按绩奖励方案，明确按绩奖励绩效评定标准。9月，为促进人民调解制度与民事诉讼调解的相互衔接，在区法院设立人民调解工作室。2008年，人民调解工作室受理并成功化解185起矛盾纠纷，其中诉前调解132起、诉中委托和协助调解53起。2009年8月，杭州市上城区物业纠纷调解委员会建立，形成全省首个物业纠纷调解工作机制。2010年，为加强行业性专业化调解组织建设，区司法局在上城交警大队设立交通事故人民调解委员会；在6个派出所设立警民联调工作室。2011年，区司法局加强多元化调解工作体系建设，在各社区建立“和事佬”协会54个。2012年，区司法局在杭州市第一人民医院设立市级医院人民调解工作室。至2015年末，全区共有人民调解委员会145家，调解人员1004人；“和事佬”协会54个，会员347人。

表24-5-10　1993—2015年上城区民间纠纷调解情况表

年份	纠纷受理数量（件）	调解成功数量（件）	调解成功率（%）
1993	632	609	96.40
1994	759	747	98.00
1995	540	530	98.10
1996	471	467	99.20
1997	1340	1329	99.00
1998	1417	1404	98.40
1999	1070	1065	99.50
2000	1292	1272	98.80
2001	1482	1472	99.30
2002	946	938	99.00
2003	717	704	98.00
2004	899	887	98.60
2005	1303	1279	98.00
2006	1447	1429	98.00
2007	2043	2026	99.20
2008	2729	2701	99.00
2009	2929	2929	100
2010	2936	2930	99.80
2011	3069	3012	98.10
2012	1977	1962	99.20
2013	3424	3379	98.70
2014	3266	3205	98.10
2015	1628	1627	99.90
合计	38316	37903	98.71

说明：资料来源于杭州市上城区司法局

第四节　社区矫正与安置帮教

一、社区矫正[①]

上城区是浙江省首批社区矫正3个试点地区之一。2004年4月，上城区社区矫正工作领导小组成立，由区委副书记、政法委书记任组长，区委常委、常务副区长，区委政法委副书记和区司法局局长任副组长。6月，各街道均成立由党政主要领导负责，分管领导、公安派出所和司法所等相关人员参加的街道社区矫正工作领导小组。上城区根据《浙江省社区矫正试点工作意见》《浙江省社区矫正试点工作实施方案》，制定《上城区社区矫正试点工作实施办法（试行）》，形成“八化矫正法”，即队伍建设多元化、衔接解矫程序化、日常管理制度化、思想教育经常化、公益劳动（社区服务）多样化、一人一档个案化、考核奖惩严格化、帮困解难人性化的工作机制。

2006年1月，上城区1名社区矫正对象积极开展技术革新，为企业节约生产成本、提高经济效益，经法定程序认定为确有悔改表现，获减刑，并缩短缓刑考察期。此为全省首例获减刑的社区矫正对象。

2007年8月，上城区在总结试点工作经验的基础上，制定《上城区社区矫正工作若干补充规定（试行）》，细化完善社区矫正相关制度及规定，被浙江省社区矫正工作领导小组办公室（简称省矫正办）转发推广。2008年9月，全省召开社区矫正暨减刑假释工作会议，会上播放全省首部社区矫正工作专题片——《上城区社区矫正工作剪影》，区司法局局长钱国平做题为《坚持以人为本，促进社会和谐，积极探索社区矫正试点工作新路子》的经验介绍。2010年，区司法局制定《上城区社区矫正工作规范》，获杭州市质量技术监督局批准通过，成为全国首个社区矫正工作地方标准。

2011年初，上城区和各街道成立“三防”专项活动领导小组，开展社区矫正防脱管、防漏管、防严重再犯罪活动。构建区公安分局、区检察院、区法院、区司法局和公安派出所、司法所“六位一体”的社区矫正工作衔接模式，形成各司其职、各负其责、协调配合的监管氛围。是年，上城区建立全省第一个社区矫正救助金制度，制定《上城区社区矫正救助金管理暂行办法》，采取“财政拨一点、慈善基金、社会捐一点”的形式筹集专项资金，首期启动资金10万元，用于帮助部分无法按照《杭州市城乡居民最低生活保障实施办法》规定办理低保而陷入生活困

① 社区矫正的对象为被判处管制、被宣告缓刑、被暂予监外执行、被裁定假释和被剥夺政治权利并在监外执行的5种人员。

难的社区服刑人员。2012年11月，在杭州市上城区司法行政法律服务中心建立全省第一个心理矫正室，每周聘请执业心理咨询师坐堂门诊。

2013年，在全区开展社区矫正质量提升年活动，组织各司法所自查自纠执法制度、监管力度、系统信息录入等方面的不足，查找分析社区矫正日常工作中的问题，提升社区矫正工作质量。3月，《人民日报》16版民主法治专刊报道清波司法所"一站式"服务抓社区服刑人员矫正工作的做法。清波司法所为社区矫正人员创造宽松、温馨的社区环境，不歧视、重感化、讲法治，提升教育改造质量。

2014年，区司法局利用杭州市上城区社区学院资源，开通全省首个"e学网"矫正教育学习平台，实现矫正人员网上矫正学习。5月，区司法局与浙江警官职业学院联合编写浙江省第一本社区矫正教材——上城区社区矫正集中教育教材。10月，杭州市上城区社区矫正监管指挥中心建立。是年，社区矫正工作新增加"科学管控信息化、矫正工作标准化"2项标准，由"八化法"升为"十化法"。区司法局被中共浙江省委办公厅、浙江省人民政府办公厅评为浙江省社区矫正工作先进集体。至2015年末，上城区累计接收矫正1447人，依法解除矫正1257人。

二、安置帮教

1997年，区司法局调整各街道帮教组织，对全区5年内刑释人员和3年内解教人员的基本情况进行全面调查摸底。1998年10月，清泰街道被中央综合治理委员会评为全国（安置帮教）先进集体。年末，区、街道、居民区三级安置帮教组织均建立，帮教小组共237个。全区有5年内刑释人员532人，3年内解教人员155人，安置率92.13%，重新犯罪、犯错率分别在2.5%和2.4%以下。1999年，各街道着手建立过渡性安置帮教基地，帮助刑释解教人员解决就业中的实际困难，巩固监所教育改造成果。2000年，区司法局落实刑释解教人员回归衔接工作制度、司法所信息通报制度和人户分离人员的"双列管、两头包"[①]等制度，避免和减少脱管、漏管。联合劳动保障、民政等部门，做好刑释解教人员的就业技能培训和就业援助工作。

2001年，区各街道在机构改革后调整归正人员安置帮教领导小组成员和办公室人员，明确成员单位职责，加强组织网络建设，动员社区的党员、团员、学校教师参与帮教，扩大安置帮教工作的群众和社会基础。2004年，区司法局制定《归正青少年"导航工程"的实施意见》，对归正青少年实施思想、心理、技能、职业4方面的导航，帮助提高其社会生存能力。2005年，区司法局被评为"浙江省安置帮教工作先进集体"。

① "双列管，两头包"：户籍地和居住地同时落实帮教责任人，共同落实帮教措施。

2007年3月30日—6月10日，区司法局对全区2004—2006年期间刑满释放、解除劳教人员开展调查摸底专项活动，基本掌握存在重新违法犯罪的苗头及隐患，从源头上加强重点人员的帮教管控，预防和减少重新犯罪。2010年，区司法局按照“帮教社会化、就业市场化、管理信息化、职责规范化”的工作要求，帮助10余名符合条件的归正人员解决落户、住房、办理低保等实际困难。至2015年，全区共有归正人员482名，其中刑释人员371名，解除矫正111人，帮教率达99%，安置率达97%。

第五节　律师事务管理

1993年，杭州市第五律师事务所[①]与行政脱钩，形成由执业律师组成的具有独立法人地位的自律性机构，并实行自收自支和个人效益浮动工资，财政不再拨款。4月，上城区首家不要国家经费、不占国家编制，自愿组合、自收自支、自我发展、自我约束的合伙制律师事务所——杭州南都律师事务所[②]成立，由此形成国资所与合伙所并存的体制。

1997年1月1日起，《中华人民共和国律师法》正式实施，区司法局依据《中华人民共和国律师法》和司法部有关规章，建立健全规章制度，理顺律师工作运行机制。1998年4月，区司法局开展作风教育整顿和执法执业执纪检查等活动，加强律师职业道德建设。1999年下半年，浙江天都律师事务所率先推行事务公开制度，对外公开办事程序，对内加强制度管理，自觉接受社会和人民群众监督，逐步走上规范化管理轨道。

2000年7月，区司法局成立律师改革领导小组，提出律师改制工作计划和时间表。10月，浙江天名律师事务所通过审计、评估等程序，与区司法局签订脱钩协议，经省司法厅批准，由国资律师事务所改制为合伙制律师事务所。浙江天名律师事务所改制后，按照脱钩不脱管的要求，局所关系良性发展，同时承担部分法律援助和社会公益工作。

2005年，上城区政府法律顾问团建立，成员由政治素质高、责任心强和执业经验丰富的律师组成，其主要职责是参与区领导接待处理群众来访和疑难纠纷分析处理并提供法律意见，配合政府开展维稳工作。2009年，区司法局印发《上城区律师参与信访接待工作意见》，建立律师每周3天参加信访值班制度，开展法律咨询、法制宣传、法律服务和法律援助服务，引导信访群众走法律途径维护合法权益。

2010年1月，上城区启动“律师进社区”工作，制定《上城区“律

① 1982年9月，上城区法律顾问处成立。1988年7月，更名为杭州市第五律师事务所。1996年初，杭州市第五律师事务所更名为杭州开元律师事务所。1997年，更名为浙江开元律师事务所。1999年，更名为浙江天名律师事务所。2003年4月，浙江天名律师事务所注销。

② 1997年，杭州南都律师事务所更名为浙江南都律师事务所。1999年，更名为浙江天都律师事务所。2000年，浙江天都律师事务所与其他4家律师事务所合并成立浙江五联律师事务所，由市司法局管理。

图24-5-9　2010年，律师在涌金门社区为群众提供法律咨询　（区司法局　供稿）

师进社区”工作实施意见》。6月，在18个社区试点的基础上，在全区各社区全面推开，为社区居民解答在日常生活中遇到法律问题。是年，全区增设律师事务所3家。2011年，区司法局落实《杭州市“律师进社区”工作管理办法（试行）》和《加强社区律师值班管理的若干意见》等规章制度，推行“三公开三固定”①等工作制度。全年社区律师值班2190次，解答法律咨询2730次，出具法律意见书110个，起草修改规章制度39个，代写法律文书6个，参与项目谈判11个，进行调解409个，帮助获得法律援助294次，举办法律讲座培训111次，化解矛盾纠纷481次。2013年，区司法局根据中共杭州市委办公室《关于进一步深化“律师进社区（村）”活动，推进“法治（律师）”行动在网格的实施意见》精神，制定《上城区推进法治（律师）行动在网格实施方案》，编排律师行动在网格工作时间表，明确每个网格有相对应的律师，深化律师进社区工作。

2015年8月，根据市司法局《关于部分市直律师事务所实行属地管理的通知》精神，区司法局接收浙江中铭律师事务所等6家市直律师事务所实行属地管理。年末，全区共有律师事务所34家、从业人员296人。

① “三公开三固定”：社区律师姓名公开、联系方式公开、工作规范公开，服务内容固定、服务人员固定、服务时间固定。

表24-5-11　2015年末杭州市上城区司法局所属律师事务所情况表

单位：人

序号	单位名称	机构性质	建立时间	人数	地　址
1	浙江海通联合律师事务所	合伙所	1994-01-04	12	佑圣观路165号通润银座7楼707室
2	浙江西湖律师事务所	合伙所	1995-04-13	27	南山路178-3号
3	浙江初阳律师事务所	合伙所	1996-08-01	4	延安路9号吴山名楼3005室
4	浙江中铭律师事务所	合伙所	1997-01-24	7	紫花支路16号
5	浙江永大律师事务所	合伙所	2002-07-02	14	清泰街499号金隆花园金梅轩11楼

续表 24-5-11

序号	单位名称	机构性质	建立时间	人数	地 址
6	浙江九重天律师事务所	合伙所	2002-05-01	13	江城路889号香榭商务大厦6J室
7	浙江龙剑律师事务所	合伙所	2003	16	东郭园巷8号中闽大厦907、909室
8	浙江天之涯律师事务所	合伙所	2003-05-08	6	古墩路97号浙商财富中心2号楼524室
9	浙江泰杭律师事务所	合伙所	2004-02-11	31	钱江新城万银大厦3706～3709室
10	浙江方仁律师事务所	合伙所	2004-04-21	6	西湖大道18号新东方大厦B-1201室
11	浙江路成律师事务所	合伙所	2007-05-25	6	朝晖路205号深蓝广场写字楼410
12	浙江高名律师事务所	合伙所	2007-10-19	12	中山中路115号403室
13	浙江世元律师事务所	合伙所	2008-02-15	10	小河路458号10幢2楼
14	浙江吴山律师事务所	个人所	2008-05-28	14	西湖大道万新大厦1号楼1201号室
15	浙江劳动律师事务所	合伙所	2008-10-31	9	清泰街571号金泰大厦504～505室
16	浙江乐道律师事务所	个人所	2009-05-20	5	佑圣观路165号通润银座1316号
17	浙江德名律师事务所	个人所	2010-02-03	25	登云路8号运河东苑2-2-1001
18	浙江西溪律师事务所	合伙所	2010-05-25	9	文一西路83号学渊楼506（浙江财经大学）
19	浙江秦简律师事务所	个人所	2010-12-01	4	城星路111号钱江国际时代广场2号楼1109室
20	广东国晖律师事务所（杭州分所）	合伙所	2011-04-25	6	庆春路118号嘉德广场10楼1006、1007室
21	浙江闻一律师事务所	合伙所	2011-06-07	5	钱江国际商务中心1016室
22	浙江绿银律师事务所	合伙所	2011-11-23	5	泰安路239号盾安发展大厦7楼
23	浙江扬理律师事务所	个人所	2012-07-18	7	新塘路78号新业大厦17楼
24	浙江非可律师事务所	合伙所	2012-09-24	7	望江东路332号望江国际中心4号楼1005室
25	浙江和煦律师事务所	个人所	2012-12-28	3	拱康路77号富康大厦B座1805室
26	浙江沁地律师事务所	合伙所	2013-04-01	9	石祥路269号北秀楼307室
27	浙江金驰律师事务所	个人所	2013-08-19	6	钱江路58号赞成太和广场8号1907
28	浙江泽鼎律师事务所	个人所	2014-07-02	6	庆春路25号远洋大厦12E
29	浙江品泽律师事务所	个人所	2015-07-13	1	江城路887号联银大厦1302室
30	浙江睦润律师事务所	个人所	2015-07-13	2	延安路8号天风商厦6005室
31	浙江云睿律师事务所	个人所	2015-07-17	1	清泰街346号雪峰大厦704室
32	浙江首睿律师事务所	合伙所	2015-10-29	5	中河南路11号3幢203室
33	浙江颐保律师事务所	个人所	2015-11	1	西湖大道1号14001、14008室
34	浙江初册律师事务所	个人所	2015-12-07	2	中河中路168号浙江国贸大厦1406室

说明：资料来源于杭州市上城区司法局

第六节　公证服务

1993年，区公证处主要承办国内各类权利义务和经济合同公证事项，共办理各类公证事项3605件。1994年，区公证处面向市场、企业、基层，办理杭州华日电冰箱厂等一批区属企业经营机制转换的联营、承包、租赁、定向转让等协议公证，为企业转制纳入法制轨道发挥积极作用。1996年7月起，区公证处开始办理涉外公证，全年办理涉外公证事项31件。1997年，为方便当事人办理公证，区公证处先后在庆春路、江城路、南星桥、望江门地区设立公证接待点。1998年9月，区公证处在全省率先推行公证服务“三公开一监督”制度，做到服务承诺、收费标准、办事指南公开，自觉接受社会各界的监督，被省司法厅列为全省司法行政系统政（事）务公开试点单位。12月，区公证处被省司法厅授予省级文明公证处称号。1999年，区公证处加强公证监督，分别从中共杭州市上城区纪律检查委员会、杭州市上城区人民政府侨务工作办公室和区人大代表中聘请3名公证监督员。

2001年，区公证处改制为执行国家公证职能、自主开展业务、独立承担责任，按市场规律和自律机制运行的公益性、非营利的全民所有制事业单位，预算形式自收自支。2002年，区公证处在全省率先开通“8008571449”免费法律咨询电话，并利用休息日组织公证人员到社区，现场提供公证法律服务。2003年，区公证处办理公证首次破万件，达1.35万件。2005年5月，区公证处贯彻司法部《关于在公证队伍中开展教育规范树形象活动的意见》精神，开展教育规范活动，提高公证队伍素质，提高公证质量，提高公证公信力，提升公证队伍的社会形象。2006年，区公证处撤销。此后至2015年末，由杭州市钱塘公证处负责公证工作。

表24-5-12　1993—2006年上城区办理公证文书情况表

单位：件

年份	公证文书办理数			
	小计	经济合同	权利义务	涉外、涉中国港澳台地区
1993	3605	1208	2397	—
1994	1100	380	720	—
1995	1876	905	971	—
1996	1627	846	750	31
1997	2110	908	987	215
1998	2842	707	1861	274
1999	2518	484	1640	394
2000	2853	442	1888	523
2001	2861	863	1462	536
2002	8587	4257	3658	672
2003	13500	8510	4580	410
2004	11385	6629	4106	650
2005	17836	11668	4308	1860
2006	13893	7728	4420	1745
合计	86593	45535	33748	7310

说明：资料来源于杭州市上城区司法局

第七节　法律援助

1999年6月，区司法局开通“96148”法律服务专线电话，实行值班制度，由专人接听群众来电和接待来访人的法律咨询。2000年10月，杭州市上城区法律援助中心（简称区法律援助中心）成立。2001年6月，区司法局组织20余名律师、公证员和局机关干部在吴山广场面向社会公众举行义务法律咨询活动。2002年上半年，“148”工作协调科正式列编。9月，“96148”法律服务专线电话更改为“12348”。2003年，区法律援助中心参与解决“白娘子酒楼”拖欠员工工资涉法信访纠纷，引导信访员工通过法律途径解决纷争，并为员工提供法律援助，代写民事诉状120份，平息矛盾。2004年3月，区司法局与区检察院联合制定《关于民事行政申诉案件线索受理的若干意见（试行）》，实现区检察院民事行政检察诉讼监督制度和司法行政部门法律服务专线的优势互补。2003年9月—2005年5月，区法律援助中心先后在杭州市上城区总工会、杭州市上城区妇女联合会、杭州市上城区老龄工作委员会、杭州市上城区残疾人联合会、清波街道等部门建立法律援助站13个。

2006年，区司法局在《中华人民共和国老年人权益保障法》颁布10周年暨浙江省第19个老人节之际，结合“养老在家里，我们来帮你”为主题的居家养老工程，推出司法维权举措。区法律援助中心在上城区行政服务中心法律服务窗口建立律师值班制度，律师直接参与法律援助的日常接待咨询，提高法律援助质量。区司法局与区法院联合印发《做好法律援助与司法救助工作的意见》，方便群众申请法律援助和进行法律咨询，简化当事人申请司法救助和法律援助程序，加强司法救助与法律援助工作的衔接，确保经济困难的当事人能够依法充分行使诉讼权利。是年，区司法局向社会招募法律援助志愿者50名，并上报杭州市法律援助中心登记注册，实行规范管理。2008年，区法律援助中心开通法律援助网上申请通道，提供更为便捷的法律援助途径。在小营公园、太庙广场、惠民苑、近江小区等处宣传《中华人民共和国法律援助条例》，扩大法律援助范围，实现应援尽援。2010年，区司法局与区检察院联合制定《在检察阶段对未成年人实施刑事法律援助工作的办法（试行）》，从援助对象、申请程序、工作制度、律师职责权利等方面作出具体规定。

2011年，上城区加强“12348”法律服务专线电话服务，确保线路畅通，专人值守，节假日在岗。根据《浙江省高级人民法院、浙江省司法厅关于加强刑事指定辩护工作的若干意见》，增加9种刑事被告人指定辩护给予援助的情形，扩大刑事受援人的范围。2012年4月，区司法局开辟1路电话专线与市司法局“12348”法律服务专线对接，完善“12348”专线服务功能。10月，杭州市首个区级司法行政法律服务中心在上城区落成，设置“一厅五室”，即一个大厅和接待室、心理矫正室、法律援助室、金牌和事佬调解室、办公室。2013年9月，为规范刑事法律援助工作，保证在押人员的合法权益，区法律援助中心区看守所工作站成立，每周安排律师值班1次。2014年，区司法局与区法院、区检察院、区公安分局相互配合，做好刑事法律援助衔接工作，提高工作质量和效率。2015年，区司法局在14个法律援助工作站的基础上，增设杭州市上城区人民法院工作站，设立律师值班点，确保每个工作日有律师值班。在湖滨街道青年路等6个社区设立法律援助联络点，为打造法律援助1小时服务圈夯实基础。

图24-5-10　2012年10月25日，上城区司法行政法律服务中心举行落成典礼　（区司法局 供稿）

表24-5-13　2002—2015年上城区法律援助工作情况表

单位：件

年份	法律援助案件		
	小计	民事（行政）代理	刑事辩护
2002	13	4	9
2003	155	125	30
2004	27	12	15
2005	62	17	45
2006	106	43	63
2007	107	40	67
2008	91	47	44
2009	53	31	22
2010	58	28	30
2011	104	55	49
2012	145	49	96
2013	229	30（其中行政2）	199
2014	242	55（其中行政2）	187
2015	275	54（其中行政1）	221
合计	1667	590	1077

说明：资料来源于杭州市上城区司法局

第二十五篇

军事

自秦代始，杭州地区即设有军事机构。明洪武三年（1370），杭州建立有杭州卫都指挥使司、钱塘卫指挥使司等军事机构。清初，清政府专设镇守将军驻防杭州。民国时期，国民政府在杭州驻有警备师、浙北师管区司令部等军事机构。

1949年5月杭州解放后，中国人民解放军华东军区杭州市军事管制委员会成立，为杭州军事管制时期的最高权力机关，统一管理全市军事、民政等事宜。同时，杭州市警备司令部、政治部成立。1956年10月，杭州市兵役局分别在上城区、中城区设立办事处。1959年7月，杭州市兵役局上城区办事处改编为中国人民解放军杭州市上城区人民武装部。人民武装部既是中国共产党同级地方委员会的军事工作部门，又是军队的民兵、兵役动员的工作部门和同级人民武装委员会的办事机构。1960年，杭州市上城区人民武装部委员会（简称区人民武装部委员会）成立。1962年3月，上城区分别建立清波、城站、涌金、小营巷、湖滨、清泰等人民公社人民武装部，5月，改称街道人民武装部。

1978年中共十一届三中全会起，杭州市国防和军队建设在新时期军队建设思想指引下，加快革命化、现代化、正规化建设速度，进入新历史发展时期。民兵预备役工作进行改革调整，在组织建设、民兵训练、政治教育、武器装备、民兵活动等方面逐渐形成制度化、规范化。20世纪80年代，随着国家工作重心转移，上城区军事组织积极抓好精简整编和调整改革。1981年，调整全区民兵组织，简化组织层次，上城区民兵由原规定分编普通民兵、基干民兵和武装基干民兵3种改为分普通民兵和基干民兵两种。1986年6月，按中央规定，中国人民解放军杭州市上城区人民武装部改归地方建制，改称杭州市上城区人民武装部（简称区人武部）。

1993年，上城区区属军事组织有区人民武装部委员会、杭州市上城区国防教育委员会、区人武部、7个街道人民武装部。是年起，上城区加强兵役工作的组织领导，不断健全完善兵役登记、兵员征集等工作机制，调整改革民兵预备役工作，扩大专业技术兵比例，组建民兵应急分队，稳步推进国防动员和人民防空等工作。1996年1月，杭州市上城区国防动员委员会（简称区国动委）成立，为全区国防动员领导机构。4月，区人武部恢复军队建制，编制为正团级。区人武部接受杭州警备区（杭州军分区）和区委、区政府双重领导，区委书记兼任区人武部党委第一书记，区人武部1名主官为区委常委。是年，有5个市属局（公司）及47家企业成立人武部。基层单位普遍建立民兵组织，辖区500人以上的单位99.3%建立民兵组织。1999年3月，杭州市上城区维护国防利益领导小组成立，开始推进维护国防利益和军人军属合法权益工作。2000年末，辖区建有4种类型的民兵高技术分队。全区民兵组织经过规模压缩、结构优化，正规化建设水平不断提升。

2001年起，上城区组建人防专业队伍，先后成立抢险抢修、医疗救护、消防、防化防疫、通信保障、运输、治安7支人民防空专业队和1支民防志愿者队伍，人防工作正规化、专业化水平明显提升。2002年，杭州市开展备受市民关注的西湖南线景区整治，浙江省军区（简称省军区）直接参与西湖环湖南线景区工程建设，为杭州打造历史文化名城做出贡献。是年，杭州被定为“浙江省城市民兵工作调整改革试点单位”。上城区成立以区委副书记为组长，分管副区长、区人武部部长和政委为副组长的城市民兵调整改革领导小组，主要从民兵组织建设、管理体制、教育训练、综合保障、党管武装5个方面进行调整改革。经过改革，民兵发挥作用更加明显。2003年，杭州发生非典型性肺炎疫情期间，全区2000余名民兵参加群防群治工作，为控制非典型性肺炎疫情蔓延做出贡献。清波街道基干民兵营被中国人民解放军总参谋部（简称解放军总参谋部）、中国人民解放军总政治部（简称解放军总政治部）通报表彰，并被授予抗击“非典”先进单位称号。是年起，区委、区政府把双拥共建工作纳入区社会经济发展和部队建设的总体规划。

2007年7月，上城区在全市率先开放白马庙巷坑道避暑纳凉点，接待纳凉群众3.16万人。此后，上城区将“让洞于民、避暑纳凉”活动作为一项常规工作来抓。2008年2月，杭州出现大范围暴雪，主城区最厚积雪达31厘米，对交通、电力和人民生产生活造成严重影响。根据市委、市政府抗雪防冻紧急会议部署，区人武部和驻区部队立即投入抗雪救灾，连续多天奋战在第一线，完成城站火车站周边及辖区内道路铲除冰雪任务。2013年，区人武部被省军区授予“民兵应急连建设标兵单位”称号。2014年，上城区首次依托“全国征兵网”推行网上征兵，兵役登记、应征报名等工作实行网上操作。

至2015年，人民解放军驻上城区部队、武警部队和民兵预备役人员，大力加强军队革命化、现代化、正规化建设。上城区进一步完善国防动员体制，加强民兵预备役部队军事训练和日常管理，努力提高人民战争水平，为上城区加快建设一流的国际化现代化城区做出应有贡献。

第一章　军事组织

1978年起，上城区的驻区军事机构和上城区武装领导机构经历多次调整。1993年，中国人民解放军在上城区军事机关有省军区及所属机构。驻区的有94675部队224营、中国人民武装警察部队杭州市支队三中队及部队干休所、疗养院，以及南京军区杭州房地产管理处、南京军区空军杭州房管处等单位。地方人民武装领导、指挥和协调机构有区人民武装部委员会、区人武部。另有杭州市上城区国防教育委员会和人防工作机构。1996年1月，区国动委成立，是在新形势下贯彻“军民结合、平战结合、寓兵于民”基本方针，维护国家长治久安，力争主动，应对局部战争所采取的一项重大措施。至2015年末，上城区区属机构有区人民武装部委员会、区人武部、基层人民武装部，涉军机构有杭州市上城区国防动员委员会、杭州市上城区国防教育委员会、杭州市上城区人民防空办公室。

第一节　区属机构

一、杭州市上城区人民武装部委员会[①]

区人民武装部委员会是区委领导上城区人民武装建设的协调机构。1993年，区人民武装部委员会由区长、副区长、区人武部部长、政治委员等组成。主任由区长担任，副主任由区人武部部长、政治委员和副区长担任。其主要职责是：研究贯彻党中央、国务院、中央军委有关民兵建设的各项方针、政策和指示；根据上级地方党委和军事机关的有关指示，结合地方情况，研究解决上城区民兵预备役工作中的重大问题；研究贯彻兵员动员和转业、复员、退伍军人安置工作的方针政策。区人民武装部委员会办公室设在区人武部，负责办理区人民武装部委员会具体事务。至2015年，机构和职能未有变化。

二、中国人民解放军杭州市上城区人民武装部[②]

区人武部为上城区行政区域内的常设军事组织，既是上城区人民武

① 1960年，区人民武装部委员会成立，“文化大革命”期间撤销，1980年恢复。

② 杭州市上城区人民武装部的前身为杭州市兵役局上城区办事处，成立于1956年10月。1959年7月，杭州市兵役局上城区办事处改编为中国人民解放军杭州市上城区人民武装部，由区委负责人兼任第一政治委员，为区委的地方军事工作部门，隶属中国人民解放军杭州市人民武装部。1960年10月，上城区人民武装部隶属杭州军分区。1970年5月，隶属杭州警备区。1986年6月，上城区人民武装部改归地方建制。

装的领导和指挥机关，又是区委的军事工作部门、区政府的兵役机关，接受杭州警备区（杭州军分区）和区委、区政府的双重领导。1996年4月，区人武部恢复军队建制，编制为正团级。区人武部党委第一书记由区委书记兼任，区人武部1名主官为区委常委。其主要职责是：负责辖区民兵组织建设和武器装备的管理；负责民兵、预备役人员的军事训练和政治教育；负责组织并带领民兵完成战备值勤任务，组织发动民兵参加政治文明、物质文明和精神文明建设及维稳治安；负责民兵、预备役人员登记和统计；协同教育部门对学生实施军事训练；负责征集兵员、招收特殊兵工作；负责拟制辖区战时动员计划，会同有关部门做好战时动员准备；负责对专职人民武装干部的管理；协同有关部门做好退出现役军人的安置和烈军属的优抚工作；战时负责组织实施兵员动员和带领民兵参军参战、支援前线、保卫后方等任务。

部机关原设办公室、军事科、政工科、后勤科。1996年，调整为军事科、政工科、后勤科。至2015年，机构和职能未有变化。

三、基层人民武装部①

上城区设在街道、市属局（公司）和其他企事业单位中从事武装工作的部门属地方建制，负责相应行政区域、系统、单位的民兵和预备役建设、兵员征集、退伍军人优抚安置等工作。基层人民武装部主要负责民兵工作的组织落实，对预备役人员进行登记、统计和管理，建立兵员动员资料室。征集兵员时，负责动员报名、初步政审、目测和送站体检等工作，并协助区人武部审定兵员。基层人民武装部部长参加同级党委会。

1993年末，全区有7个街道人民武装部。至1996年，全区下辖杭州市电信局、杭州市电力局、杭州市邮政局、杭州市商业局、杭州市公交公司5个市属局（公司）及47个辖区企事业单位人民武装部。1996—2001年，因部分企业转制和机关机构改革，基层人民武装部相应减少。1996年12月，因杭州市城区行政区划调整，江干区闸口、南星、紫阳、望江4个街道人民武装部划入上城区人武部管辖，随后街道人民武装部进行调整合并。2010年6月，中国美术学院成立人民武装部，是上城区辖区内首个高校人民武装部。2015年末，全区有湖滨、清波、小营、望江、南星、紫阳6个街道人民武装部及杭州市电信局、杭州市电力局、杭州市邮政局、中国美术学院、杭州近江集团5个企事业单位人民武装部。

① 1993年前，辖区内街道、市属局（公司）、大中型企业均建立人民武装部，受同级党委和区人武部双重领导。其中杭州市木材公司、杭州市食品工业公司、杭州市工具总厂、杭州市针织厂、杭州市手表厂等企业为全区较早建立人民武装部的基层单位。其间，民兵、预备役工作管理体制发生变化，部分市属局（公司）人武部撤销改为属地管理，全市民兵工作实行市、区、街道三级领导管理。

第二节　涉军机构

一、杭州市上城区国防动员委员会

1996年1月，杭州市上城区国防动员委员会成立，为全区国防动员领导机构。区国动委第一主任由区委书记担任，主任由区长担任，副主任由区委、区政府分管领导和区人武部主要领导担任。区国动委下设秘书组、人民武装动员办公室、经济动员办公室、人民防空办公室、交通战备办公室。2001年10月，增设政治动员办公室。2002年7月，将秘书组改为综合办公室，并增设信息动员办公室和科技动员办公室，共设8个办公室。至2015年，区国动委职能未发生变化。

二、杭州市上城区国防教育委员会[①]

① 1988年5月，上城区成立上城区国防教育领导小组。1990年10月，上城区国防教育领导小组更名为上城区国防教育委员会。

杭州市上城区国防教育委员会是统一领导和管理全区国防教育的机构。杭州市上城区国防教育委员会成员由区委、区政府、区人武部领导及有关部门负责人组成。主任由区委副书记担任，副主任由区政府分管领导、区人武部主要领导担任。全民国防教育由区人武部和中共杭州市上城区委宣传部牵头，并负责具体协调工作；杭州市上城区教育局负责对学校国防教育的指导。

三、上城区维护国防利益领导小组

1999年3月，上城区维护国防利益领导小组成立，是上城区维护国防利益的领导机构，组长由区委常委、政法委书记担任。下设办公室，设在区人武部，作为领导小组的办事机构。

四、人民防空机构

1996年7月机构改革后，杭州市上城区人民防空办公室[②]（简称区人防办）与杭州市上城区建设局合署办公。2006年4月，上城区成立全省首家人民防空管理协会。2007年11月，区人防办增挂杭州市上城区民防局（简称区民防局）牌子，实行“两块牌子、一套机构”。区民防局主要承担防灾救灾一体化建设，参与应急救援和突发公共事件处置等工作。2007年9月，区委办公室、区政府办公室联合发文确定街道人民防空领导体制，街道设立人民防空工作部门，与街道人民武装部合署办公。

② 1969年10月，杭州市上城区人民防空办公室建立，为主管防空战备工作的常设职能机构。

2008年10月，杭州市上城区人民防空指挥部成立。2012年5月，杭州市上城区建设局的职责整体划入杭州市上城区住房和城市建设局，区人防办改为与杭州市上城区住房和城市建设局合署办公。是年，辖区6个街道、54个社区相继成立人民防空领导小组和人防工作站。2013年4月，102人防指挥工程管理所成立，主要履行防灾救灾、应急救援和人防综合指挥任务及做好人防指挥工程维护管理等工作。至2015年，机构和职能未发生变化。1993—2015年区人防办历任主任俞海涌、胡方方、施永林、王汝雷、曹兢业、骆云森、陈星豪、沈武洪。

第三节　驻区机构

一、中国人民解放军

浙江省军区　省军区系浙江省区域的军事领导机构，隶属南京军区。主管全省民兵预备役建设、兵员征集工作、纠察军容风纪，做好军民共建活动等。

1949年5月，华东军区奉中央军事委员会（简称中央军委）电令成立浙江军区。6月，中共华东局和淮海战役总前委电令，第七兵团军政机构兼浙江军区。7月，华东军区命令，第七兵团机关兼浙江军区机关。1951年5月，华东军区电示，第七兵团兼浙江军区改称浙江军区兼第七兵团，机关设司令部、政治部、干部管理部、后方勤务部、军法处。1952年5月，根据中央军委指示，华东军区、第三野战军颁布整编命令，浙江军区兼第七兵团改称浙江军区，第七兵团番号撤销。1960年7月，浙江军区改称浙江省军区，为正军级。省军区机关设司令部、政治部、后勤部等。1992年12月，省军区技术保障部成立。

1993年，省军区机关设有司令部、政治部、后勤部、省军区技术保障部。1994年7月，省军区技术保障部更名为装备技术部。1998年10月，更名为装备部。2015年末，省军区机关设有司令部、政治部、后勤部、装备部。

浙江省军区通信站　1954年9月，以浙江军区通信支台、通信连为基础，浙江军区通信枢纽部组建成立。1960年7月，浙江军区通信枢纽部改称浙江省军区通信枢纽部。1961年5月，改称浙江省军区通信站。

94675部队224营　94675部队224营的前身是山东昌潍独立二团。1949年7月，编为第二野战军特种兵。1973年，改编为空军。1994年，整编为94675部队224营，主要担负杭州城市要地防空任务。

浙江省军区第二招待所　省军区第二招待所隶属省军区企业管理局。1990年，省军区第二招待所对外改称涌金饭店。1995年，省军区第二招待所改由省军区后勤部管理。

浙江省军区杭州第二干休所　1976年，省军区杭州第二干休所开始筹建，1979年进驻。省军区杭州第二干休所为正团级单位，管辖8个点，占地面积1.35万平方米。2015年，省军区杭州第二干休所安置离休干部9户、9人。

解放军海军杭州干休所　1976年，解放军海军杭州干休所开始筹建，占地面积5.91万平方米。1979年，陆续安置离休干部，全年共安置离休干部132户、138人。

海军杭州疗养院　1951年1月开始筹建；1954年7月建成。初设疗养科，后增设门诊室、放射科、理疗科、五官科、内科、外科，床位200张。1963年5月，改称海军杭州疗养院，隶属海军东海舰队后勤部，床位增加至250张。1985年7月，海军杭州疗养院隶属海军舟山基地，拥有1个门诊室、4个疗养科及东海医疗康复中心等11个特色科（室），集预防、医疗、康复、保健于一体。2004年5月，海军杭州疗养院并入南京军区杭州疗养院，归南京军区联勤部管理。至2015年，海军杭州疗养院先后被评为“全军和海军先进疗养院”“全国甲级卫生单位”，获全军医院、疗养院优质服务竞赛最高奖“白求恩”杯。

中国人民解放军驻上海铁路分局杭州军事代表办事处　1951年2月，华东军区驻杭州铁路分局军运代表办事处成立，后相继改称南京军区驻杭州铁路分局军事代表处、中国人民解放军驻杭州铁路分局代表办事处。因2005年3月杭州铁路分局撤销，2007年，改称中国人民解放军驻上海铁路分局杭州军事代表办事处。

南京军区杭州房地产管理处　南京军区杭州房地产管理处对外称南京军区第六房地产管理分局，为正团级单位。1986年建成，隶属省军区后勤部。1994年5月，收归南京军区直管。

南京军区空军杭州房地产管理处　1984年，南京军区空军驻杭州房地产管理所成立，后改称南京军区空军杭州房地产管理处。为正团级单位，主要管理南京军区空军在杭州地区的空闲房地产。

二、中国人民武装警察部队

中国人民武装警察部队浙江省总队　1952年6月，中国人民解放军浙江省公安总队组建成立。1955年8月，整编改为人民武装警察，总队机关撤销。1959年1月，中国人民武装警察部队浙江省总队组建成立，设司令部、政治部、后勤部及29个处室，驻民生路17号。1963年4月，中国人民武装警察部队浙江省总队改称中国人民公安部队浙江省总队，隶属中国人民公安部队，实行公安部队和浙江省公安厅双重领导，以公安部队党委领导为主。1966年7月至1967年8月，中国人民公安部队浙江省公安总队划归浙江省军区建制领导。改编为中国人民解放军浙江省军区独立第二师机关。1967年9月至1969年8月，改为中国人民解放军第二十军独立第二师代管。1969年9月至1976年5月，重归省军区领导，恢复原名“中国人民解放军浙江省军区独立第二师”。1976年5月至1980年12月，先后改编为浙江省公安局民警处、浙江省公安局武装边防保卫局、浙江省人民边防武装警察总队。1983年12月，省军区将独立第二师机关及所属部队移交给公安部门，统一组建中国人民武装警察部队浙江省总队，为师级单位。1999年，中国人民武装警察部队浙江省总队级别提高至副军级单位。

中国人民武装警察部队杭州市消防支队　中国人民武装警察部队杭州市消防支队对外称杭州市公安消防局，为公安武警序列，系一类支队，副师级编制。2015年，下辖消防大队16个、特勤大队1个、战勤保障大队1个、消防中队52个。其中，现役中队24个、合同制中队18个、单编制中队10个。有执勤消防车316辆。全市有政府、企事业单位专职消防队80支，队员856人，消防车95辆。

中国人民武装警察部队杭州市消防支队上城区大队　中国人民武装警察部队杭州市消防支队上城区大队（简称上城消防大队）隶属公安武警序列，系公安武警现役部队，担负全区消防安全监督管理和灭火救援等保障经济建设、维护社会稳定的任务。2015年，大队下辖湖滨、鼓楼、近江、复兴4个建制中队。有执勤车辆18辆。2000—2015年，大队累计接警1.37万起，出动警力15.34万人次、车辆2.48万辆次，抢救、疏散被困人员3341人，挽回国家、集体和个人财产损失1527.6万元，被浙江省消防总队评为基层建设先进集体3次。

中国人民武装警察部队杭州市支队三中队　中国人民武装警察部队杭州市支队三中队是共产主义战士蔡永祥生前所在中队，主要担负警卫、守护、执勤、处突、抢险救灾等任务。1996年6月，中队党支部被中共中央组织部授予“全国先进基层党组织”称号。12月，中队被国务院、中央军委授予“钱塘江守桥模范中队”称号。2014年7月，中队长刘超被中国人民武装警察部队总部表彰为第十九届中国武警“十大忠诚卫士”。建队起至2015年，共荣立集体一等功1次、二等功6次、三等功14次，41次被团中央、南京军区、公安部、中国人民武装警察部队总部、浙江省政府表彰为“全国青年文明号”“拥政爱民先进集体”“建设社会主义精神文明标兵单位”“警民共建先进单位”等。

中国人民武装警察部队总部杭州疗养院　1987年5月，杭州武警接待处建立。1989年5月，更名为中国人民武装警察部队总部杭州疗养院，隶属中国人民武装警察部队总部后勤部，为正团级单位。建筑面积3.6万平方米，设有医务处、政治处、院务处3个处，有床位366张。

第二章　兵役

1978年起，随着国家兵役制度的演变，杭州市兵役工作逐步调整转变。1993年起，上城区根据《中华人民共和国兵役法》《征兵工作条例》，加强兵役工作的组织领导，不断健全完善兵役登记、兵员征集等工作机制，为战时实施快速动员打下基础。2003年10月，上城区被南京军区评为年度征兵工作先进单位；至2015年末，上城区累计被南京军区，省政府、省军区，市政府、杭州警备区评为征兵工作先进单位16次。

第一节　兵役制度

上城区的兵役制度先后经历志愿兵役制、义务兵役制、义务兵和志愿兵相结合的兵役制度三个阶段。义务兵役制是公民在一定年龄内依照国家法律法令规定，必须承担一定期限军事任务的制度。根据《中华人民共和国兵役法》规定，志愿兵从服现役期满的义务兵中挑选，志愿兵服役期限至少3年，不超过30年。1993—2015年，上城区23次征集义务兵，被应征入伍的适龄青年中包括女兵、特殊兵。2013年起，从大学生中征兵的比例逐年提高，2015年达73.2%。义务兵转为志愿兵主要分布在技术保障、后勤管理和其他技术勤务等岗位。1993—2015年，上城区连续23年无责任退兵。

第二节　兵役机构

杭州市上城区征兵工作领导小组（简称区征兵工作领导小组）由区长任组长，区政府常务副区长和区人武部主要领导任副组长。区征兵工作领导小组主要贯彻执行杭州警备区征兵命令和有关规定，制定全区征兵政策，审定征兵工作计划并督促实施；负责协调各方面的力量做好征兵工作；审定落实征兵经费；解决征兵工作中的重大问题；对违反征兵政策的问题做出处理等。

杭州市上城区政府征兵办公室（简称区政府征兵办公室）作为区征兵工作领导小组的办事机构，办公室设在区人武部，主任一般由区人武部部长或副部长兼任。办公室下设秘书组、政审组、体检组、宣传组、纪检组、后勤保障组和体检站。

表 25-2-1　1993—2015 年杭州市上城区征兵工作领导小组历任组长情况表

职　务	姓　名	供职单位及职务	任职时间
组　长	李端阳	上城区代区长	1995-09—1996-10
	张鸣放（女）	上城区区长	1998-10—2002-05
	徐祖荨	上城区区长	2002-10—2006-12
	陈红英（女）	上城区区长	2007-10—2009-10
	缪承潮	上城区区长	2010-10—2013-05
	陈　瑾（女）	上城区区长	2013-06—
副组长	吕泳田	上城区人武部部长	1993-01—1996-04
	李仁华	上城区人武部政委	1993-01—1996-04
	蔡仲光	上城区副区长	1995-09—1998-10
	丁晓芳（女）	上城区副区长	1996-10—1998-10
	戴晓军	上城区人武部部长	1996-10—1998-10
	刘　南	上城区副区长	1998-10—2001-10
	张玉山	上城区人武部政委	1998-10—1999-10
	林国蛟	上城区副区长	1999-01—2002-12
	高圣军	上城区人武部部长	1999-10—2001-10
	迟文军	上城区人武部政委	2000-10—2004-10
	林国平	上城区人武部部长	2002-09—2009-10
	宦金元	上城区副区长	2003-03—2009-02
	林　森	上城区人武部政委	2004-10—2009-10
	郑　平	上城区人武部部长	2010-10—2011-10
	楼复进	上城区人武部政委	2010-10—2013-07
	袁建祥	上城区副区长	2010-10—2011-10
	黄爱芳（女）	上城区副区长	2012-09—2013-06
	张淦华	上城区人武部部长	2012-09—2015-09
	吕朝阳	上城区人武部政委	2014-07—

说明：资料来源于中国人民解放军杭州市上城区人民武装部

第三节　兵役登记

上城区兵役机关为掌握适龄公民的数量、质量、分布情况，做好公民服兵役准备，每年 9 月 30 日以前，组织基层单位对该年 12 月 31 日以前年满 18 周岁的男性公民进行兵役登记。机关、团体、企事业单位和街道办事处根据兵役机关的安排，负责组织该单位和该区域适龄男性公民登记，填写兵役登记表，依法确定应服兵役、免服兵役和不得服兵役的人员，并报上城区兵役机关批准。兵役登记要求“全”“准”“严”，不漏登，不错登，严格掌握标准。机关、团体、企事业单位和街道办事处按照兵役机关的要求，对该单位和该区域的应征公民（经兵役登记和初步审查合格的公民）进行身份核对、体格目测、病史调查、政治和文化初步审查，选定政治思想好、身体好、文化程度高的公民为该年征集对象。

1993年10月，上城区设立7个兵役登记站，对适龄男性公民进行兵役登记，适龄青年兵役登记率达98%。1998年，对高中毕业生进行兵役登记。2014年，上城区首次依托“全国征兵网”推行网上征兵，兵役登记、应征报名等工作实行网上操作。2014年起，实行夏秋季征兵，兵役登记时间提前至当年6月以前进行。至2015年，兵役登记和高中毕业生的兵役登记工作形成制度，每年进行一次。

第四节　兵员征集

1993年起，上城区义务兵征集工作逐渐形成定式，一般在每年第四季度进行。2014年起，改为夏季征兵，兵员征集工作提前到7—8月进行，通常分为组织准备、宣传教育、体格检查、政治审查、走访定兵、新兵输送和征兵总结7个阶段。1993—2015年，上城区有2438名适龄青年应征入伍。

一、征集对象和条件

征集对象　1993年起，企事业单位具有高中毕业以上文化程度的管理人员、技术人员列入征集范围。1998年，义务兵征集重视面向企事业单位中具有高中毕业以上文化程度的优秀青年职工，以及下岗、待业人员中符合条件的优秀青年。1999年，非学历教育民办大学的在校生、高等院校接收的无学籍学生及在各类高考补习班学习的青年也列入征集范围。2008年起，义务兵征集以高等学校全日制应届毕业生和在校大学生为主，其中2015年省、市兵役机关要求大学生征集比例达66%。

征集条件　年龄条件，根据《中华人民共和国兵役法》规定，征集18～22周岁的男、女性公民服兵役，部分年份根据特殊需要，征集年龄提前至17周岁。2014年，征集年龄调整为男青年当年年满18～20周岁，高中毕业文化程度放宽至21周岁，普通高等学校在校生放宽至22周岁，高职（专科）毕业生放宽至23周岁，本科及以上学历毕业生放宽至24周岁。女青年为当年年满18～19周岁，普通高等学校在校生和应届毕业生放宽至22周岁。根据本人意愿，可征集年满17周岁的高中应届毕业生入伍。

政治条件，先后按照公安部、解放军总参谋部和解放军总政治部1990年10月颁布的《关于征集公民服现役政治条件的规定》，2004年10月颁布的《征兵政治审查工作规定》，2014年7月颁布的《征兵政治考核工作规定》和有关规定执行。

身体条件，先后按照国防部1991年9月与2003年9月颁布的《应征公民体格检查标准》和有关规定执行。2000年，冬季征兵根据国防部征兵办公室的通知精神，对征集普通高中毕业生以上文化程度男女青年的体检视力检查标准进行调整。2014年，全面试行新的体格检查标准，放宽身高、体重、视力等体检项目标准。

二、征集程序

征兵宣传教育　在报名应征期间，上城区采取多种形式进行以《中华人民共和国兵役法》《征兵工作条例》和《浙江省国防教育条例》等为基本内容的依法服兵役教育，向青年和群众讲述“国无防不立，民无兵不安”的道理，鼓励适龄青年踊跃报名应征。针对“当兵冷、征兵难”的问题，开展调查研究，制定提高征集兵员质量的对策措施。开展“参军两年，受益一生”、中国美术学院“征兵宣传周”等系列宣传活动。召开《上城报》等媒体及有关部门负责人会议，组织宣传征兵政策、工作程序、征集条件和征集名额等内容。

应征公民报名应征　上城区主要核查户口簿、居民身份证、毕业证或工作证、待业证，防止弄虚作假。适龄青年到户口所在地的街道凭证报名。凡单迁户口或临时迁移户口不准报名。年龄要求均按当年规定执行。

征兵目测体检　上城区卫生部门统一协调医护人员，组成体检组，设立体检站，采取定点或巡回的办法进行体检。1993年起，上城区实行“封闭式”体检，由预征对象凭贴有照片的推荐表和体检表接受检查，专人负责表格传递。加强对传染病、慢性病、精神病的检查，实行目测初检、正式体检、启运前复检，把病史调查贯穿兵员征集全过程，防止患有疾病的青年征入部队。体检合格后，按不同兵种的体格要求进行复查。普通兵由上城区统一组织进行，抽查人员一般不少于征兵数的1/3；特种兵和女兵的复查由杭州市统一组织进行。

征兵政治审查　区政府征兵办公室政审组以公安部等部门制定的有关征集兵员政治条件的规定为依据，对征集对象在文化、年龄、本人现实表现、有无犯罪行为（不良记录）和父母政历5个方面进行审查。1993年，上城区把长期外出人员列为政审重点，组织人员赴外地开展政审调查。至2015年，为确保政治质量，区政府与6个街道签订征兵工作责任书，杭州市公安局上城区分局与各派出所签订政审工作责任书，做到谁政审、谁签字、谁负责。建立监督机制，设立检举箱，公布举报电话，对群众举报反映的问题，均派人进行调查核实。初审、复审后，拟定批准服现役的应征对象，最后由区征兵工作领导小组召开定兵会议逐个审查确定。

新兵交接　1993年起，恢复部队到地方接兵的办法。接兵干部到达后，由区政府征兵办公室编造新兵花名册一式两份，分别由交接兵双方签名盖章，一份交给部队，一份由区兵役机关保存。2014—2015年，部分新兵由区政府征兵办公室组织责任心强、有送兵经验、会做思想工作的干部直接送到部队。新兵到部队后，区人武部每年组织回访。

三、特殊兵员征招

1996—2015年，上城区先后开展潜水员、水兵等特殊兵和在非军事部门招收士官工作。根据省军区、杭州警备区的有关规定，区征兵工作领导小组做好组织发动工作，协调解决特殊兵员征集中遇到的问题，顺利完成特殊兵员征召任务。

第三章　民兵

1978年，上城区贯彻执行中央有关恢复民兵工作“三落实”[①]的重大措施，经过组织整顿，清除混进民兵组织的打、砸、抢分子，基本克服派性、无政府主义和违法乱纪行为等问题。1981年，对全区民兵组织进行调整，缩小民兵组建范围，简化组织层次。上城区民兵由原规定分编普通民兵、基干民兵和武装基干民兵3种改为分普通民兵和基干民兵2种。同时，把民兵作为预备役的基本组织形式。1993年起，随着国防后备力量建设指导思想的战略性转变，全区民兵预备役工作进行一系列调整改革，扩大专业技术兵比例，组建民兵应急分队。按照“政治合格、军事过硬、作风优良、纪律严明、保障有力”的要求，围绕“打得赢，不变质”的课题，加强民兵预备役部队军事训练和日常管理，提高整体素质，发挥民兵在维护区域社会治安、抢险救灾、“现代化美丽上城”建设中的骨干作用。至2015年末，全区以基干民兵为骨干，建有高炮、通信等类型的技术分队。

① 民兵工作“三落实”：1962年6月19日，毛泽东根据民兵工作的基本内容和要求，提出民兵工作要做到“组织落实、政治落实、军事落实”。

第一节　组织建设

1993年，上城区贯彻解放军总参谋部、解放军总政治部提出的“减小数量，提高质量，突出重点，打好基础”的方针，重点抓好基干民兵和民兵应急分队建设。凡符合民兵条件，28岁以下的退伍军人和经过训练合格的人员均编为基干民兵，作为参军参战和执行各项任务的骨干力量。1994年8月，根据杭州军分区指示精神和维护社会稳定及战备工作需要，对全区民兵应急分队进行调整。1996年12月，因杭州市市辖区行政区域调整，闸口、南星、紫阳、望江4个街道从江干区划入上城区，上城区做好新划入街道民兵的衔接工作。是年，上城区民兵组织组建面扩大，其中，辖区2家省级金融单位率先在全省同行中成立民兵组织，全省第一支民兵高技术通信中队同时成立。1997—2000年，以解放军总参谋部和省军区指示为依据，上城区深化全区民兵预备役调整改革，压缩民兵组织规模，优化民兵组织结构。并注重在股份制企业、三资企业、新兴企业、服务性行业和社区建立民兵组织。至2000年末，上城区组建完成4种类型的高技术专业分队。

2001年7月，上城区被南京军区列为预备役军官登记、储备、管理试点单位，旨在探索建立和完善战时干部动员储备机制，为快速动员和执行任务奠定基础。上城区经过调查摸底、精心筛选，从预备役军官中挑选人员为高科技人才进行储备。是年，民兵防空导弹连成立，导弹连民兵平均年龄25.3岁，大专以上文化程度占22.3%，党团员占92.5%。按照杭州军分区提出的“把组织建起来、把牌子挂起来、把硬件配起来、把软件硬起来”的要求，上城区民兵信息网建立。

2002年，杭州被定为浙江省城市民兵工作调整改革试点单位。上城区成立以区委副书记为组长，分管副区长、区人武部部长和政委为副组长，15个部委办局主要领导为成员的城市民兵调整改革领导小组，负责民兵调整改革工作。区委、区政府制定《上城区城市民兵工作调整改革实施方案》，区政府办公室印发《关于上城区私营企业民兵组织建设若干问题的规定》。此次调整改革从民兵组织建设、管理体制、教育训练、综合保障、党管武装5个方面进行。主要内容有构建民兵组织新格局，新组建适应未来战争需要的对口专业分队；明确民兵管理主体和各级的管理职能，合理调整企业武装机构，规范专武干部队伍的管理权限和专武干部来源，拓宽专武干部的进出渠道；改进民兵教育训练内容和方法，突出以新“三打三防”等课目为重点的实战应用训练；健全保障机制，确立民兵经费保障机制，制定完善通用装备征用预案，各类保障逐步走上配套化、规范化、法治化轨道；强化党管武装工作，尤其加强对未建立党组织的三资企业、私营企业民兵工作的领导。此次调整改革达到预期目标，专业对口分队的比例扩大，民兵分队的科技含量提高，重点地区、重要方向的民兵力量加强。

2004年，按照民兵工作“三落实”要求，上城区完成民兵应急分队、专业技术分队、专业对口分队等整组任务。杭州华辰国际饭店、浙江广厦物业管理有限公司西湖时代广场管理处、杭州红泥砂锅餐饮娱乐有限公司、杭州人家大酒店有限公司、杭州花中城大酒店等单位相继成立民兵组织。

2005年，上城区贯彻杭州警备区后备力量作战资源整合方案，落实民兵队伍的领导配备和人员编组，开展集结点验，建立民兵队伍的档案资料，解决交叉重叠和人员混编现象，提高民兵队伍对口率，规范民兵队伍建设秩序。全区初步建立以专业技术分队为主体、应急分队为重点的训练有素、动员快捷的民兵队伍。8月，杭州警备区领导机关对上城区后备力量作战资源整合工作进行检查验收，对应急动员兵员进行拉动点验，全区应急动员兵员到点率100%，受到领导机关充分肯定。

2011年，上城区按照“压缩规模、优化结构、调整布局、提高能力”的要求，进行民兵组织整顿。在社区、学校、机关单位拓展民兵组织，挖掘辖区内企事业单位人员潜力，提高民兵组织专业对口率和退伍军人比例，保持民兵队伍相对稳定。

2012年，根据国家和军队全面深化改革的新形势，上城区采取抓重点带全面的方式，编实建精民兵队伍，配齐配强民兵骨干，规范基层制度建设，解决后备力量建设中存在的规模过大、种类繁杂、编用脱节、科技含量不高等问题。是年，上城区结合民兵组织整顿，启动紫阳街道上羊市街社区和小营街道小营巷社区建立民兵连试点工作，取得经验后在全区铺开。此后，上城区组织3个民兵营（连）开展“红旗党支部”创建工作。推进民兵组织规范化建设，全区街道人民武装部“两室一库”（办公室、资料室、物资器材库）和社区普通民兵连“一部一室”（连部、活动室）规范化建设全部达标。2013年，区人武部被省军区授予民兵应急连建设标兵单位称号。2015年，全区基干民兵总数比2011年减少12.9%。

第二节　政治教育

1993—2015年，上城区民兵政治教育以民兵性质任务、形势政策、爱国主义、遵纪守法、革命英雄主义、国防和战备观念教育为重点，结合民兵组织整顿、军事训练、征兵和重大节日的活动进行，提高民兵预备役人员对国防后备力量的战略地位和光荣任务的认识，培育自觉履行义务的观念，保证各项任务的完成。

一、季课教育

1993年，上城区将党的“一个中心、两个基本点”基本路线，以及民兵性质任务、地位作用、国防义务、战备形势等教育作为季课教育的主要内容，由区人武部主官和街道主要领导给民兵辅导讲课，全区各基层民兵组织授课均在4课以上。1995年，按照中央军委关于加强思想政治建设和“四个教育”[①]的指示，利用典型案例，开展政治教育。1998年，上城区创办政治学校，进行基干民兵季课教育。2000年，根据军事斗争形势的需要，上城区将民兵季课教育与民兵集中教育相结合，在全区开展2周以上的民兵根本职能教育。教育分理论学习、专题辅导、形势报告、问卷调查、撰写体会5个步骤，全区98.5%以上的民兵接受教育。

2001年起，民兵季课教育在内容上突出理想信念、爱国主义、职能任务和形势战备等基础性教育。在教育方法上采取多元化，逐步形成以集中课堂教育为主体，以网络教育为支撑，以其他形式为补充的政治教育格局。2013—2015年，上城区运用季课教育时机，在民兵队伍中开展“学习践行强军目标，做新一代国防后备军”主题教育活动，并开通微信公众号等宣传教育平台，深入学习领会中共中央军事委员会主席习近平关于国防和军队建设一系列重要论述，增强民兵的使命任务意识，在政治上、思想上、行动上同党中央保持高度一致。

① “四个教育”：即20世纪90年代中期，中央军委要求在全军开展以“爱国奉献、革命人生观、尊干爱兵和艰苦奋斗”为主要内容的思想政治教育。

二、训练教育

1993年起，区人武部将政治教育列入训练计划，在每年的军事训练中安排10%的时间进行政治教育。1996年，根据杭州军分区制发的《杭州市民兵规范化训练政治工作实施办法》，抓好政治教育的人员、时间、内容三落实，规定每期参训民兵政治教育的时间不少于2天。教育内容以解放军总政治部群众工作部印发的《民兵政治教育课本》为基本教材，主要包括坚定不移地贯彻党的基本路线，民兵性质、任务及其作用，中国民兵的光荣传统，依法履行兵役义务，提高军事素质、争当合格民兵等，以及强军目标教育。教育采取集中授课、分班讨论、个人作业的形式，并在训练结束前组织闭卷考试，考试成绩列入个人训练成绩单。区人武部建立民兵政治教育台账，对教育计划、时间、内容、材料、授课提纲、人员考勤、考试成绩、教学总结等资料造册登记，存档备案。对各街道进行年度军事工作考核时，把政治教育列入考核内容，考核成绩计入各街道规范化训练综合考分。至2015年，该项工作未发生变化。

第三节　民兵训练

1993年起，民兵训练要求和方式由简单的军事常识教育发展到比较正规的技术、战术训练，由单一的步枪训练发展到多种技术兵训练，由小型分散的练武活动发展到以训练基地为主要形式的集中训练。

1999年开始，按照新的《民兵训练大纲》，结合民兵担负的任务，上城区加强针对性训练，提高民兵的军事素质和执行任务的能力。每年分批参加杭州军分区（杭州警备区）组织的军事训练，每年参训民兵150～200人。训练内容有共同课目、盾牌警棍术、营连战术、协同训练和快速保障等。训练重点人员为武装部部长、高炮教练员、民兵骨干和专业技术兵。先后组织高技术含量专业分队的“接口补差”训练、高炮分队的“封闭式”训练、应急分队的专业训练，包括森林防火演习、水上快速集结及救援训练、医疗救护网上实兵演练等。

2000年，围绕东南沿海地区战备需要，上城区开展以新“三防三打”为主要内容的实打实抗研究和训练，加强民兵分队“三个现地”①工作。训练做到时间统一、内容统一、考核统一，取得较好效果。2011年，杭州警备区对上城区应急分队、专武干部军事理论、军事技能集训进行全面考核，各个课目均达到优秀。2012年，区人武部组织4个街道武装部部长参加全市集训，取得识图用图团体第一、射击个人全优的成

① “三个现地”：即现地整组点验、现地明确任务、现地组织训练。

绩。2013年，区人武部被杭州警备区评为军事训练先进团单位。至2015年，上城区常年进行民兵常规训练。

第四节　民兵活动

一、生产建设

在工业战线上，上城区民兵以厂为家，为厂分忧，开展献计献策、岗位建功、技术革新、“五小竞赛”[①]等活动，为企业的改革、发展、创新出力。1993年，杭州东南化工厂民兵连基干民兵成立5个革新小组，先后完成65项革新改造，为企业创造效益32万元。20世纪90年代，全区民兵组织中大多建立技术革新小组，开展各种形式的技术攻关活动，提出有操作性的合理化建议。

① “五小竞赛”：即以小发明、小创造、小革新、小设计、小建议为主要内容的群众性技术革新活动。

二、抢险救灾

全区民兵积极执行各项急难险重任务，是地方政府和军事部门召之即来、来之能战、战之能胜的重要突击力量之一。

2003年，杭州发生非典型性肺炎疫情期间，全区民兵参加群防群治工作，为控制非典型性肺炎疫情蔓延做出了贡献。清波街道基干民兵营被解放军总参谋部、总政治部通报表彰，授予抗击“非典”先进单位称号。

每年汛期前夕，区人武部修订完善抗洪抢险预案，落实不少于1个排的民兵应急分队，并进行集结点验，确保应急队伍随时拉得出、用得上。区人武部先后组织民兵参加抗击1995年“5·25”“5·31”两次特大洪水、1996年“6·30”特大洪灾、1997年“7·9”洪水和11号台风、1999年6月强降雨、2011年1月严重冰雪灾害、2015年7月台风“灿鸿”及扑救山林火灾等急难险重任务40余次。其中，2011年1月，杭州遭遇严重冰雪灾害，上城区派出400余名民兵在杭州城站火车站疏导旅客；组织100余名民兵参加杭州萧山国际机场除冰扫雪，经过7小时连续奋战，机场恢复通航。

三、治安维护

全区民兵在维护社会治安、建设“平安上城”活动中发挥重要作用。1993年7—10月，区人武部组织民兵200余人次，设湖滨、涌金、横河、城站、清泰、小营巷7个执勤点，配合驻地派出所昼夜执行夏季治安勤务。1994年8月，组织民兵参加夏季巡逻1925人次、整顿城站非法劳务市场313人次，处理各类纠纷48起，缴获赌资及罚没款15.2万元。1993—1999年，配合公安部门开展“严打”斗争及各项专项治理活动，协助破获刑事案件、抓获犯罪嫌疑人。建立军民联防巡逻小分队，参加奥运圣火在杭传递、首次体育彩票销售、中华人民共和国成立50周年大型文艺演出等重大活动的秩序维护。进入21世纪，上城区在杭州市历年举办的中国杭州西湖国际博览会期间，组织民兵应急分队和基干民兵，参与辖区环境卫生整治、道路疏通、主要景区治安、国际烟花大会安保等工作。

2012年，根据省政府、省军区《关于组织民兵预备役部队开展“五项工程”活动的通知》精神，组建70支特色民兵服务队，开展以争创文明城区、文明行业为载体的“创建工程”。全年参与维护社会治安、社区服务等活动9300人次。2013年，根据区委、区政府、区人武部联合印发的《关于组织民兵参与网格社会管理的实施意见》《关于民兵建设融入现代社会管理体系的意见》《关于加强街道民兵应急排建设的实施意见》，全区6个街道成立近500支民兵特色服务小分队及全省首支“平安365”民兵治安巡防队，在城站火车站、汽车南站、湖滨商圈、西湖景区等重要目标和人员密集区，开展不间断的治安巡逻，协助处置各类突发事件，为维护社会稳定做出贡献。

图25-3-1　2013年4月15日，“平安365”民兵治安巡防在湖滨商圈启动　（区人武部　供稿）

四、志愿服务

全区民兵带头弘扬社会主义核心价值观，争做“最美上城人”。至2015年，全区共建民兵学雷锋小组近100个，参加各种为民服务活动。各单位民兵组织以“文明号”“文明窗口”活动为载体，依托本职岗位，开展优质服务、优化管理、优美环境、优良秩序活动，促进全区精神文明建设。是年，全区武装干部和民兵预备役人员以雷锋广场为主阵地，以“学习雷锋好榜样，争做最美上城人”为主题，常态化开展学雷锋志愿服务活动。区人武部政工科被评为“杭州市学雷锋先进集体”。

第五节　武器装备管理

一、武器装备

1993年起，随着新时期军事战略方针的转移和杭州日益突出的战略地位，省军区、杭州军分区对杭州市民兵武器装备的更新力度不断加大。通过4次较大规模的更新，上城区实现民兵武器国产化，逐渐用性能较好的武器替代性能较差的武器。平战结合的指挥和通信自动化建设不断加强。2004年，上城区建成上下通畅的光缆通信作战指挥网络。

2007年，上城区民兵装备新式武器，并自编新装备教材，自己培养教学骨干。

二、武器管理

1993年，上城区加大对武器库标准化建设的投入，改造升级民兵高射武器库和兵器室的监控报警系统，完善值班登记、物资登记、钥匙使用登记、武器弹药器材使用登记等制度。1994年，推进武器库房管理正规化建设，重点加强对区武器装备库房管理，做到库房设施配套、规章制度规范。1999年，上城区对仓库武器进行全面普查、登记造册。2001年10月，区人武部被省军区评为民兵武器装备工作先进单位。2002年，全区所有高射武器完成集中存放。

2003年起，上城区多次开展以消除各种隐患为目标的武器装备管理综合治理，对通用弹药和地爆器材进行专项检查清理，武器装备管理达到“四无”标准[1]。2015年3月，按照杭州警备区有关兵器室规范化建设要求，区人武部对兵器室进行提升改造，完善硬件设施，建立各种登记台账、修订武器管理制度等，并将武器档案整理分类后录入计算机。9月，兵器室完成提升改造及民兵武器弹药的请领和入库。1993—2015年，上城区武器装备管理连续23年实现安全无事故。

①无丢失损坏、无锈蚀霉烂、无鼠咬虫蛀、无差错事故。

第六节　以劳养武

1993年，上城区开展以劳养武活动，为全区民兵训练、民兵教育和民兵活动提供一定的经费保障。

1994年1月，区人武部印发《关于广泛深入开展民兵以劳养武活动的通知》，推进以劳养武活动在基层人民武装部的开展。是年，全区7个街道和12个市级局（公司）人民武装部陆续开展以劳养武活动。全年上缴国家利润税收12.44万元，创收7.4万元。1995年1月，区人武部劳武企业杭州金都贸易公司被市政府、杭州警备区评为以劳养武先进单位。1997年4月，区人武部被市政府、杭州警备区评为以劳养武先进单位。1998年，根据中央精神，劳武企业被清理。

第四章　国防动员

1993年起，上城区国防教育工作进入经常化、正规化、法制化阶段。中共杭州市上城区委宣传部（简称区委宣传部）、中共杭州市上城区委党校（简称区委党校）、杭州市上城区教育局（简称区教育局）、杭州市上城区司法局（简称区司法局）、杭州市上城区民政局和区人武部根据自身职能抓好国防教育工作，形成全民国防教育各部门齐抓共管的局面。是年3月，上城区被省委、省政府、省军区评为浙江省全民国防教育先进单位。1996年，区国动委成立。是年起，上城区着手进行国防动员潜力调查工作。1999年3月，区委、区政府成立上城区维护国防利益领导小组，开始推进维护国防利益和军人军属合法权益工作。至2015年，区国动委立足军事斗争准备，加强现代战争条件下国防动员工作特点规律的研究探索，建立健全国防动员运行机制，深入开展全民国防教育和国防动员潜力调查，组织实施各类动员演练，不断增强全民国防观念和区域国防动员能力。

第一节　国防教育

1993—2015年，上城区在开展国防教育时，根据不同对象，分别对区级机关、社会团体工作人员和企事业单位员工、初中以上学生、民兵预备役人员实施重点教育，主要进行国防理论、国防历史等教育；对社区居民实施普及教育，主要进行国防权利和义务等国防常识的教育。

一、社会国防教育

1993年3月，上城区开展评比“关心国防教育好厂长好经理好书记”“军事日”等国防教育活动。1994年5月，上城区结合《中华人民共和国兵役法》颁布10周年纪念活动，对全区干部群众进行兵役法规和国防义务的教育。全区新闻、文化机构利用各种舆论工具和娱乐阵地，把国防教育搬上报刊、广播、电视、银幕、舞台。1995—1996年，区委党校举办干部国防教育培训班13期，培训党政机关、企事业单位干部1050人。1997年9月，上城区组织全区军民参加全国百家新闻单位举办的国防知识竞赛活动。2001年4月28日，《中华人民共和国国防教育法》公布，全区组织200余人参加杭州市国防教育法知识竞赛和“国防连着你我他”征文活动。是年9月15日是中华人民共和国第一个“全民国防教育日”，上城区在此后每年9月15日开展全民国防教育。2002年4月，上城区在吴山广场举行省、市暨上城区纪念国防教育法颁布一周年宣传咨询活动。

2010年9月，上城区在全区范围内开展以“牢记历史、富国强军、共筑长城”为主题的第9个“全民国防教育日”活动，邀请军事评论家、国防大学教授张召忠为全区领导干部做国际国内形势报告。在各新闻媒体和区政府网开设“国防教育”专栏，宣传国防教育法。2011年，上城区利用各种平台，推进国防教育进机关、进学校、进社区、进企业工作。4月，小营街道小营巷社区代表杭州市基层单位接受全国人大执法检查组的检查，国防教育落实情况得到检查组好评，其做法和经验被《浙江国防》杂志刊载。2015年6月，上城区组织全区机关干部、企事业单位员工等参观杭州市档案馆举行的“以史为鉴、面向未来”为主题的全市纪念抗日战争胜利70周年大型图片展。11月，区委书记、区国动委第一主任缪承潮被南京军区表彰为“国防先锋”，以肯定其对上城区国防动员和后备力量建设工作的重视和支持。

二、学校国防教育

1993年，根据国家教育委员会《中学生国防教育大纲》和浙江省教育委员会组织编纂的《初中国防教育读本》，上城区制定《中小学国防教育手册》，编写《锤炼小兵》课程纲要和教材。各中小学结合实际，把国防教育内容渗透、融合于政治、语文、历史、地理及化学、物理等相关学科的教育之中，受教育学生达2.98万人。是年，上城区组织中小学生参观“红军团”“百将团”“模范守桥中队”的团史馆、展览馆。3月，在全国“保卫21世纪中国”迎国庆万校国防知识竞赛、征文比赛和演讲比赛活动中，上城区33所学校、2.45万名师生参加。2001—2005年，按照浙江省教育厅“三年一个重点、四年一个轮回”的总思路，区教育局筹划、部署、指导学校新一轮国防教育工作，使国防教育更好地进入课堂、进入教材。

2010年，上城区开展第9个“全民国防教育日”活动，在辖区学校举办6场国防教育讲座，宣传国防教育相关内容。至2015年末，杭州市建兰中学、杭州市江城中学、杭州市服装职业高级中学、杭州市娃哈哈小学等24所学校建立的校园国防教育图书专柜，共收藏《国防教育读本》《军事纵横》《军事百科》《世界海军征战史》等军事书籍2563册；上城区建有国防教育图书专柜的学校占全区中小学总数的66.7%。2015年，区教育局将国防教育延伸到幼儿园，开发国防教育幼儿课程，教育幼儿“学习解放军的行为习惯”，争做“勇敢宝宝”，实践《幼儿园教育指导纲要》中提出的“培养幼儿坚强、勇敢、不怕困难的意志品质”的理念。

第二节　动员演练

一、国防动员潜力调查

1996年自区国动委成立起，上城区着手进行国防动员潜力调查工作。国防潜力调查主要围绕人力和物力展开。人力调查包括干部潜力和士兵潜力两项内容。物力调查主要包括能直接为战争服务的运输、通信、医疗、工程、物资、工厂等方面的保障能力。1998年，区国动委制定《国防潜力调查工作实施办法》，对调查核对机构的组成、部门业务分工、各类人员职责及保障措施做出具体规定。根据实施办法，区人武部把国防潜力调查核对任务分解到各部门（系统）、街道，进行切块属地统计。每次调查后对资料进行补充，保持资料的时效性、准确性。1998—2015年，上城区先后5次开展全方位国防潜力调查，同步组织对全区范围内的重点目标、重点区域、重点地段进行战场勘察，通过调查勘察，基本摸清辖区内国防潜力底数、分布和战场建设情况。

二、作战演练

上城区在调查基础上制定完善各类作战预案，并组织动员演练。2001年6月6日，区国动委首次组织战时行动演练，是上城区国防动员史上第一次大规模、高层次、全过程的行动演练。演练采取研究性演练与室内想定作业相结合的方法，着重演练平战转换、战时动员、全民防空和支前保障等课目。区国动委分别成立演习指挥部和导演部，由区委书记李端阳、区长张鸣放担任总指挥，指挥部成员由区国动委委员和区级机关有关部门、有关单位主要负责人组成。区人武部部长高圣军、政委迟文军担任总导演，具体负责导调工作。区国动委所属办公室和区机关职能部门120余人参加，每个动员联络组至少1～2人参演。演习分组织计划、业务培训、集中演习、成果梳理4个阶段，完成作业文书390份、决心图25份。演习从酝酿组织到演习成果汇编上报历时3个月，取得圆满成功。

2004年9月27—28日，上城区组织400余名机关干部、学校师生、社区居民及公安干警、民兵预备役人员、人防专业队员和志愿者参加杭州市演习，演练地区防空袭作战筹划及防、抗、消等行动的组织实施。2007年9月4—5日，区国动委组织指挥演习，区委宣传部、区人武部等17家单位31人参加。演习围绕开设指挥所、搜集情报信息、组织协同和相关保障、火力突击等内容进行，并就反恐维稳、应急动员、指挥干部补充、政治工作、装备等各项保障方案进行指挥程序推演，先后完成作业方案100余份，随机情况处置文书29份。2008年2月3—6日，上城区组织参加全省防空分队进入阵地的实装实案演练，历时3昼夜，做到安全无事故。2012年8月27—29日，上城区参加杭州警备区在某指挥所组织的国防动员演习，在演练的3个阶段完成作业文书77份。

2013年8月14—15日，区国动委组织成员单位参加杭州市演习。10月15日，杭州市国防动员委员会（简称市国动委）组织市、区两级国防动员战时行动演习。上城区成立以区委书记缪承潮、区长陈瑾为组长，区委副书记袁建祥、副区长黄爱芳、区人武部部长张淦华、政委楼复进为副组长的领导小组，并在区人武部设立演习筹备办公室。根据市国动委下达的演练任务，组织战时新闻管制领导机构组建、战时新闻管制运转流程演示、战时国动委新闻发布会组织程序编制等内容的演练。2014年5月15日，区国动委组织辖区铁路杭州站实兵协防演练，80余人参加。10月27日，省军区在萧山民兵训练基地举行网上战役演习，上城区医疗救护分队队员参加实战化条件下卫生勤务支援保障演练，被杭州警备区评为国防动员演练先进单位。

第三节　维护国防利益

1999年3月，上城区维护国防利益领导小组成立。7月，区委、区政府、区人武部制定维护国防利益和军人军属合法权益工作的实施意见，从组织机构、工作职责和经费保障等方面做出规范。是年，杭州市上城区人民法院成立维护国防利益巡回法庭，依法审理由该法院管辖的涉及国防利益的案件。区司法局建立维护国防利益法律援助站，为军人军属提供法律援助。区人武部与区司法局联合进行不定期的国防宣传、法制教育、法律咨询活动，发放法律宣传资料。2009年5月，上城区被省委、省政府、省军区评为“维护国防利益工作先进单位”。

第五章 民事防护

20世纪80年代，上城区根据“长期准备、重点建设、平战结合”的方针，对人防工程由新建为主改为加固改造为主，把平战结合工作摆到重要位置上。1997年1月1日，《中华人民共和国防空法》施行。1998年6月，杭州被南京军区确定为民防试点城市。此后，上城区人防由单一的战时防空向平时防灾、战时防空双重功能转变。

1999年起，在新时期军事战略方针指引下，上城区不断完善防空组织指挥和通信警报体系，全面提升应急防空能力；成立区民防局，大力拓展民防建设领域；在全区初级中学普遍深入开展防空知识宣传教育；坚持平战结合方针，以“发展大融合、能力大提升”为目标，推进人民防空事业取得新的成绩。

第一节 组织指挥

一、人防队伍

2001年，上城区组建人防专业队伍。先后成立抢险抢修、医疗救护、消防、防化防疫、通信保障、运输、治安7支人民防空专业队和1支民防志愿者队伍。抢险抢修专业队由杭州市上城区建设局负责组建，医疗救护专业队由杭州市上城区卫生局负责组建，治安专业队由杭州市公安局上城区分局（简称区公安分局）负责组建，编制各为一个营；通信保障专业队由区人武部军事科协调组建，防化防疫专业队由杭州市上城区环保站、杭州市上城区卫生防疫站负责组建，消防专业队由上城消防大队负责组建，交通运输专业队由区政府办公室负责组建，编制各为一个连。

2013年，上城区开展人防专业队伍和志愿者队伍的整顿，人防专业队伍人数调整。2013—2015年，人防专业队伍训练以在职训练为主，结合适当的集中训练和综合演练。上城区每年组织部分专业队成员和民防志愿者集中训练，时间3～5天，主要安排队列、射击、投弹、组织指挥、应急抢险抢修等课目。

二、防空袭预案

1993年起，根据杭州市关于制定城市防空袭预案的意见，区人防办会同区人武部制定辖区防空袭预案。根据各个时期的形势特点和城市发展情况，先后对城市防空袭预案进行4次修订。2005年5月，基本完成《上城区突发公共事件总体应急预案》制定。2012

年9月，完成《杭州城站火车站周边人防工程兼顾应急疏散避难场所预案》制定。2013年，区人防办完成全区所有重要目标防护方案和社区人员防护方案的修订。

三、防空演习

2001年，上城区组织全区性防空演习。6月，组织参加战时行动演习，主要演练人防的平战转换和全民防空等课题。9月，杭州市惠兴中学500名师生参加全市以“增强国防观念，树立人防意识”为主题的防空袭演练。2004年9月，湖滨、清波、紫阳街道的干部、居民、学生和5支人防专业队1500余人参加城市居民紧急疏散演练。演练内容包括人员紧急疏散、掩蔽，人防专业队的抢险抢修、交通管制、消防灭火、防化洗消和维护社会治安等课目。2004年起，上城区每年结合防警报试鸣进行城市人员疏散掩蔽演练，每次参演人数200～300人。

2005—2006年，小营、望江街道分别组织居民疏散演习和人防专业队医疗救护、治安保障演练，参加演练460余人。2006年10月，南星街道与桐庐县合村乡居民进行疏散安置演练，参演人员320人、车辆26辆，机动疏散里程150千米。重点演练疏散策划、动员集结、机动输送、接收安置、安抚民心等内容。该次演练是杭州市第一次组织的群众早期疏散演练、第一次城区与县（市）联合组织的疏散和接收安置全过程演练，也是第一次以平时应急与战时疏散为背景的“两防”（人防、民防）一体化演练。

图25-5-2　2015年5月12日，区人防办组织全区1300余名中小学师生进行应急疏散演练　（区住房和城建局 供稿）

2015年，区人防办将杭州市清泰实验学校列为学校疏散演练示范点，组织全区1300余名中小学师生进行应急疏散演练。

第二节　人防工程

上城区人防工程包括结建人防工程、早期人防工程和自建人防工程。

一、早期人防工程

早期人防工程主要指坑（地）道工程，大部分修建于20世纪70年代，当时为全区人民防空工程的主体。

二、结建人防工程

结建人防工程为附建式人防工程，是附着于地面建筑、室内地面低于室外地面、高差超过房屋净高一半、有预定防护功能的人防工程。1993年起，杭州市制定人防配套政策，上城区结建防空地下室建设呈逐年上升趋势。

三、上城区人防指挥工程

2010年6月，上城区人防指挥工程开工建设。2014年12月，该工程建成并投入使用。人防指挥工程担负区委、区政府、军事机关战时组织指挥人民群众开展防空袭斗争，平时发挥指挥协调抢险救灾、应对突发事件的重要作用，是全区人防通信指挥系统和综合防护体系的核心。

第三节　开发利用

一、平战结合

1993年，上城区加大平战结合工程投入，改善老工程使用条件，提高使用档次。1997年，区人防办制定人防工程平战功能转换方案，年内完成全区结建防空地下室平战功能转换方案的修订。是年，开始对全区已建人防工程的开发利用实行许可证制度。1998年，杭州被南京军区列为民防试点城市后，上城区人防向民防转轨步伐加快。至2015年，全区有60%的人防结建工程作为单位和社会停车库使用，有近20%的人防工程开办旅馆、招待所、综合商店、餐饮店、水果商行，较好地发挥人防工程的社会效益和经济效益。

二、避暑纳凉

2007年7月，上城区在全市率先开放白马庙巷坑道避暑纳凉点，接待纳凉群众3.16万人。2009年，东方卫视、黑龙江卫视等200余个地方媒体相继报道杭州“让洞于民”做法。2012—2015年，区人防办每年投入资金，对避暑纳凉点进行整修改造，并制定完善《避暑纳凉点突发事件应急处置方案》《避暑纳凉点守则》，推进避暑纳凉点有序开放和规范管理。至2015年，上城区先后开放4处人防坑道，配备安保人员和视频监控加强动态管理，聘用义务监督员参与管理服务，并在纳凉点开展“五水共治”宣传、各类文艺演出和便民服务活动。全区开放的避暑纳凉点占杭州市的一半。

2007—2015年，上城区“让洞于民、避暑纳凉”活动持续进行9年，累计开放时间540余天，出动管理人员1600余人次，接待纳凉群众14.7万人次，开展健康、法律咨询等活动26场。区人防办连续3次（每两年评定一次）被杭州市避暑纳凉工作领导小组评为“让洞于民、避暑纳凉”工作先进单位。

第四节　宣传教育

1993年，上城区加大人防（民防）宣传教育力度，按照人防宣传“五进五面向”[①]要求，利用多种方法、形式、渠道，在学校、社区、机关和企业中开展人防宣传教育，增强公民国防观念，提升公民防空基本技能。1994年，上城区初级中学全面开展“三防”（防核武器、防生物武器、防化学武器）知识教育。全区9所初级中学每年开设人防课，年受教育学生3000余人。1995年5月起，人民防空教育纳入国防教育体系。1997年1月起，人民防空教育纳入法律保障范围。

2001—2015年，上城区每年利用全国国防教育日和全省防空警报试鸣日，在吴山广场等地举办大型宣传活动。在街道社区开展人防知识宣传和疏散演练，受教育群众10余万人。组织“珍爱生命”防空防灾知识进市场宣传咨询活动，向辖区内市场管理人员和经营户讲解防空防灾知识，进行救灾逃生技能教育，赠送《公民防灾手册》。开展《中华人民共和国防空法》宣传月活动。制作宣传橱窗、张贴宣传标语、发放人防知识读物，宣传人防政策法规和基本常识。开设人防讲座，邀请有关方面专家为领导干部进修班和中青年干部培训班授课。

① “五进五面向”：即进党校面向领导干部、进学校面向青少年、进社区面向居民、进企业面向员工、进网络面向网民。

第六章　拥政爱民

进入改革开放和社会主义现代化建设新时期，中国人民解放军、中国人民武装警察部队驻上城区部队在致力于部队现代化建设的同时，牢记人民军队宗旨，继承和发扬部队光荣传统，广泛发展拥政爱民和军（警）民共建活动。服从和服务于经济建设发展大局，在支援地方建设、投身抢险救灾、维护社会稳定等方面做出重要贡献，巩固和发展军政军民“同呼吸、共命运、心连心”的局面。1991年3月，上城区建立拥军优属、拥政爱民工作委员会，下设办公室，主任由副区长兼任。4月，全国部分城市军民共建工作经验交流会在上城区召开。上城区在会议上提出思想教育联抓、社会治安联防、公益事业联办、科学文化联搞、环境卫生联抓、经济建设联搞、文化城区联创的工作思路，拓展深化上城地区军（警）民共建活动。2002年起，军民共建发展到社区共建，驻地共建部队可直接参与社区服务，凝结更深层次的军民关系。2003年起，区委、区政府切实把双拥共建工作纳入区社会经济发展和部队建设的总体规划，通过军政座谈会、军民纳凉晚会、双拥文艺晚会、国防知识竞赛等多种形式，开展丰富多彩的双拥共建和国防教育活动。2015年，上城区着眼国防建设与“现代化美丽上城”建设协调发展的格局，进一步推进军民共建工作。

第一节　支援重点工程建设

驻区部队积极参加辖区有影响的重要工程施工任务。2001年，驻区部队支援雷锋塔重建工程和城区环境整治。2002年，杭州市开展备受市民关注的西湖南线景区整治，驻区部队将其作为“军民共建品牌”实施。省军区首长率领有关部门负责人实地勘察和现场办公，协调解决土地出让、房屋搬迁、环境治理等问题。景区部队取消养猪种菜，对垃圾实行分类袋装，将燃煤锅炉改为燃油锅炉。2004年，在新湖滨改造、钱江新城建设等重点工程中，4000余名官兵参加义务劳动，发扬特别能吃苦的精神，连续奋战在第一线，使上述工程均在国庆节前完工。2013—2015年，上城区组织民兵参加“三改一拆”“五水共治”“四边三化”等重点工作。

第二节　抢险救灾

1994年7—9月，杭州多次遭受台风影响，每次台风均出现大风和强降雨。区人武部先后组织民兵1000余人次，投入扶树救树、路障清理和设备抢修，参与排除重大险情和疏散转移被困群众。

1995年，根据杭州军分区印发的汛期防台防汛和冬季防火的通知要求，区人武部组建民兵救灾应急分队，随时待命。年内，民兵救灾应急分队与驻地部队3次参加抗洪救灾和山林灭火，并会同区人防办做好人员疏散工作。

1996年6月29日至7月1日，杭州遭遇特大洪灾，降雨量175毫米，西湖区水位暴涨，蒋村、三墩两地60余处河床洪水泛滥，杭城西部防洪屏障西险大塘告急。接到命令后，驻区部队和区人武部迅速调集官兵和民兵8000余人次投入抗洪抢险。此次由省军区组织指挥的抗洪抢险，出动冲锋舟、橡皮艇39艘次、汽车30余辆次，营救被洪水围困群众1万余人，抢运物资850吨，加固堤坝80余处。

1997年7月9日，在地方组织的抗洪抢险中，94675部队224营组织200余名官兵，接到命令后及时赶到山洪暴发现场，开辟救援通道，营救遇险群众，为后续大部队抗洪赢得时间，受到市政府领导和当地群众赞扬。

1999年6月末，杭州遭受罕见的洪涝灾害，投入救援的辖区部队官兵和基干民兵近1万人次，与其他驻杭部队指战员一起，抢堵大小决口198处，打下木（钢）桩6万余根，排除险情400余处，转移群众2.63万人次，解救受困群众6500余人。

2000年起，每年汛期前夕，区人武部及时调整充实抗洪抢险专业队伍，修订完善抗洪抢险预案，筹备好车辆、通信设备和其他防汛器材，并对民兵应急分队进行集结点验和行动演练，确保民兵应急分队随时拉得出、用得上。

2003年，在非典型性肺炎疫情期间，上城区由基干民兵组成的抗“非典”应急小分队多次赶到疑似非典型性肺炎疫情隔离区，夜以继日地执行值勤任务，为预防非典型性肺炎疫情蔓延做出贡献。

2008年2月，杭州出现大范围暴雪，主城区最厚积雪达31厘米，对农业、交通、电力和人民生产生活造成严重影响。根据市委、市政府抗雪防冻紧急会议部署，区人武部和驻区部队立即投入抗雪救灾，连续多天奋战在第一线，完成机场路、城站火车站周边及辖区内道路铲除冰雪任务。8月，区人武部成立由60人组成的民兵水上抢险分队，区政府拨出专款8.6万元，为民兵水上抢险分队购买4艘橡皮艇，增强抗洪抢险的机动性。

2010年2月14日（农历大年初一），杭州主城区出现严重积雪，区人武部接到杭州警备区和区委、区政府抗雪救灾的命令后，紧急动员120余名民兵参加城站火车站和机场路的积雪清理和路面破冰任务，确保道路交通顺畅和旅客的出行安全。

2013年8月7日，富阳发生山林火灾。中国人民武装警察部队杭州市消防支队三中队出动官兵22人，紧急赶往现场进行扑救，帮助转移遇险群众，直到山林大火被扑灭。

第三节　维护社会稳定

20世纪90年代，区人武部组织民兵预备役人员参加迎国庆等群众性活动场所的治安保卫工作，完成行车线路、交通要道、会场出入口的秩序维护，妥善处置各种有碍安全情况，实现“三个确保、一个展示”[①]的目标。会同区公安分局干警、平安志愿者持续进行夏季“百日治安巡逻”，协助公安机关抓获犯罪嫌疑人。

2001—2015年，在历年举办的中国杭州西湖国际博览会及烟花大会、国际马拉松赛、西湖国际游船节、钱塘江观潮节、市区“两会”等重大会议和活动中，区人武部每年组织300～500名民兵预备役人员参与环境整治、道路疏通、现场秩序维护、险情处置等工作。先后完成奥运火炬传递、庆祝香港和澳门回归10周年、“南宋御街·中山路”开街、第八届残疾人奥林匹克运动会、第一届和第二届世界互联网大会、纪念中国人民抗日战争暨世界反法西斯战争胜利70周年等重大活动的警卫安保和处突备勤任务。

① “三个确保、一个展示”：确保安全、平安、圆满和展示上城民兵良好精神风貌。

第四节　军民共建

1993年，区人武部与驻区部队为巩固杭州市国家卫生城市创建成果，派出基干民兵和官兵参加解放路、延安路、南山路、中山南路、湖滨等地段的清洁卫生活动。1994年，上城区开展以创优美环境、优良秩序、优质服务为内容的军民共建文明窗口活动，在湖滨公园、吴山景区、城站火车站、汽车南站等主要公

图25-6-3　1999年5月，部队官兵清理中河污泥
（盛怀义　摄）

共场所设立10个军民共建文明窗口，驻杭州部队官兵在主要窗口和路段帮助打扫卫生，文明值勤，上街开展便民服务活动。是年，省军区司令部与清波街道等共建单位共投资数万元建成吴山水塔，结束吴山伍公山附近60余户居民长期挑水吃的历史。1998年，上城区建立军地思想政治工作研究会、军地党建工作联谊会等，适时交流学习邓小平理论心得体会。2005年9月，驻区部队配合杭州警备区完成杭州金融职业学院2000余名大学生军训任务。区人武部与湖滨街道东坡路社区结成文化共建对子，通过以点带面，推进全区军民共建文化示范社区创建。

2013年，区人武部协调地方新建、改建、修缮“历史特色街居”“新军事文化长廊”和科普画廊。与地方财政共同出资10万元，成立“上城区社区新军事爱好者协会”，并提供活动场所、订阅军事刊物。中国人民武装警察部队杭州市消防支队三中队利用“学雷锋日”、助残日、重阳节、春节和“八一”建军节等时机，组织官兵进社区、进学校做好事；派出8名官兵担任杭州市江城中学、杭州市采荷中学等4所学校校外辅导员。是年，由清波街道出资打造的杭州首个社区双拥陈列室建成并对外开放。陈列室设领导关怀篇、历史回顾篇、母子情深篇、拥军优属篇、拥政爱民篇、军地“五连建”篇、双拥文化篇、展望未来篇共八大主题，呈现20余年来清波街道军民共建丰硕成果。

2015年，上城区根据中共中央军事委员会主席习近平一系列重要指示精神，着眼国防建设与“现代化美丽上城”建设协调发展的格局，进一步推进军民共建工作。加强国防动员体系建设，在国防动员、资源共享、应急救灾等方面实施互通，完善军地领导议军会、地方领导过“军事日”、重大事项通报等制度。

第二十六篇

精神文明建设

1949年中华人民共和国成立后，杭州进入大规模建设时期，城市建设步伐加快，人民生活得到改善，城区面貌焕然一新。1978年中共十一届三中全会后，上城区历届区委、区政府以经济建设为中心，坚持“两手抓、两手都要硬”方针，在杭州市精神文明建设委员会统一部署下，开展精神文明创建活动。1981年，上城区响应党中央号召，以学雷锋、“五讲四美”[①]等活动为载体，开展社会主义精神文明创建工作。1983年，中共上城区委、区政府联合发出继续开展“五讲四美三热爱”[②]活动的通知，并建立区精神文明建设领导小组，结合区特点与实际，扎实在全区推进文明街道、文明工厂、文明商店、文明学校、文明医院的建设，开展军民、警民、厂街共建活动。1986年，中共上城区委二届四次全会通过《上城区精神文明建设的实施细则》，成立上城区精神文明建设指导委员会。1987年，开展创文明单位、“五好墙门（楼群）”“五好家庭”等活动，提倡家庭和睦、勤俭持家、邻里友爱。开展移风易俗活动，改革婚嫁丧葬中的陋习。整治城市环境卫生，推行“门前三包”[③]等办法。

20世纪90年代，上城区开展文明单位创建活动，弘扬革命英雄主义精神和艰苦创业精神，兴起以军民共建为主体的各种共建活动，有力推动精神文明建设，并涌现出一批文明单位、先进人物。同时，围绕党的基本路线和改革开放的成就，对群众进行形势政策教育，提倡深入群众，开展对话，把解决思想认识问题和为群众办实事结合起来。1992年，上城区获“杭州市创建文明城区竞赛优胜区”称号。

1993年起，上城区开展爱国主义、集体主义、社会主义（简称“三个主义”）和社会公德、职业道德、家庭美德（简称“三德”）宣传教育，推动思想道德建设深入发展。结合各个重大节日和纪念日组织一系列群众性精神文明建设活动。围绕提高市民素质，开办并完善各类市民学校制

① 五讲四美：讲文明、讲道德、讲礼貌、讲秩序、讲卫生；心灵美、语言美、行为美、环境美。

② 五讲四美三热爱：在五讲四美基础上增加热爱祖国、热爱社会主义、热爱中国共产党。

③ 门前三包：包绿化、包秩序、包卫生。

度，开展扫黄除害活动，逐步创造健康向上的思想舆论环境和良好的社会风气。

1995年，区委制定《上城区社会主义精神文明建设规划（1996—2000年）》，从社会主义现代化建设总体布局的高度，确立区“九五”社会主义精神文明建设的指导思想和总体目标。区文明委精心组织群众性精神文明创建活动，在全区开展“三个主义”和“三德”宣传教育活动。

1997年初，区委发布《关于1997年加强全区社会主义精神文明建设的实施意见》，通过各种渠道增加投入，大力发展教科文卫体事业，增加群众性精神文明建设活动的设施，扩大和巩固精神文明建设的阵地。在全区各行各业、各个领域开展“讲文明、树新风”活动。以文明社区建设为重点，推进文明城区创建的各项基础工程。

1998年，上城区以“塑造天堂新形象”“文明在上城”为主题，精心设计载体，进行文明市民守则教育，坚持以创建文明城区为目标，开展创建文明街道、文明单位、“五好文明家庭”和评选十佳新人（事）等活动，营造良好的精神文明建设氛围。围绕文明城区创建目标开展行风建设活动，区土地管理局推行政务公开制度，获“省级行风建设先进集体”称号。1999年9月，在中央文明委召开的全国精神文明建设工作电视电话会议上，辖区内中国工商银行浙江省分行杭州解放路支行获全国创建文明行业工作先进单位称号。2001年起，上城区深入实施公民道德建设工程，积极开展群众性的公民道德实践活动，提升市民文明素质，打击和抵御各种腐朽落后思想的侵蚀，造就健康向上、奋发进取的思想氛围和良好环境，为全区经济建设和改革开放提供有力的精神保证。

2003年，上城区以创建文明城区为载体，贯彻落实《公民道德建设实施纲要》，大力培育、宣传先进典型，倡导健康向上的社会风尚。开展“清洁上城，抗击非典”环境整治大行动，以“入城口整治”“旧小区整治”“市容街景整治”“墙景美化”等为重点改善城区环境，解决影响居民生活和城区环境面貌的一批热点、难点问题，城区景观得到改善。是年，上城区成功创建浙江省级文明城区。

2006年，上城区开展社会主义荣辱观宣传教育实践活动，聚焦社会公德，树立公共意识，规范公共行为，践行公共道德，引领扬荣拒耻新风尚。是年，上城区成功创建首批省级示范文明城区。2008年，上城区以社会主义核心价值体系建设为重点，加强社会公德、职业道德、家庭美德、个人品德教育的“四德”教育。是年，小营巷社区获“全国未成年人思想道德建设工作先进单位”称号。2010年，上城区以“迎世博、讲文明、树新风”为主题，开展“话说文明出行”、“杜绝十大不文明出行举动”文明礼仪宣传教育、文明出行志愿服务、文明出行劝导等各项实践活动，引导市民群众树立文明出行、遵守交通秩序的意识。2011年，上城区开展“邻里价值观”教育实践活动，通过群众评议群众、从群众中挖掘典型、在群众中宣传典型的方法，践行社会主义核心价值观。此后每年开展此项活动，涌现大量“最美邻里”“最美人物”“最美现象”。2013年，上城区印发《关于推进邻里价值观教育实践活动的通知》，开展提炼邻里价值观核心词和制订邻里公约活动，提炼出“包容、互助、崇德、向善”的邻里价值观核心词和邻里公约，规范邻里行为。

2015年，上城区制定道德模范（最美人物）培育宣传管理规范区级标准，获市级标准立项；建立“最美邻里”等系列道德模范培育选树机制。是年，上城区首个未成年人社会主义核心价值观暨国学教育基地——“尚青书院”建成开放，传承国学经典，弘扬优秀传统文化。全年成功创建全国文明单位2个、省级文明单位（社区）2个、市级文明单位（街道、社区）6个，“国内最清洁城市”示范点1个。至2015年末，区、街道、社区3个层面共发掘宣传“最美人物”1400余人，获上城区道德模范（最美邻里）荣誉称号90人（团队）。上城区共有各级爱国主义教育基地17处。全区精神文明创建工作卓有成效，城区容貌整洁美观。人民群众的生活环境和谐安定，舒适优雅；思想道德文化素质不断提高；爱祖国、爱上城情愫更加强烈；礼貌待人、助人为乐行为层出不穷；敬老爱幼、邻里和睦蔚然成风；尊师重教、崇尚科学已成风尚；移风易俗、勤劳奋斗成为青年人的理念；讲究卫生、举止文明已养成习惯；植树绿化、美化环境成为自觉行动；遵纪守法、敬业奉献的精神不断光大。在建设现代化美丽上城过程中，全区人民以饱满的热情，凝聚力量，锐意改革，大胆创新，为高质量推进一流的国际化现代化城区建设而努力奋斗。

第一章　组织机构

杭州市上城区精神文明建设委员会（简称区文明委）前身是1986年成立的上城区社会主义精神文明建设指导委员会，是在区委、区政府领导下，对全区精神文明建设工作进行综合性指导、协调的领导机构，负责传达、通报和贯彻执行各级党委、政府有关精神文明建设的重要指示和工作部署，规划、部署全区精神文明建设的长期目标和任务，并指导各街道和区级机关各单位的精神文明建设工作。1994年，上城区创建文明城区领导小组成立，下设办公室，负责指导和协调创建活动。2011年10月，杭州市上城区精神文明建设委员会办公室（简称区文明办）成立，为全区精神文明建设提供管理和服务保障，指导、检查和督促全区精神文明建设工作。

第一节　杭州市上城区精神文明建设委员会

1994年，杭州市上城区社会主义精神文明建设指导委员会[①]更名为杭州市上城区精神文明建设委员会。2011年10月，杭州市上城区精神文明建设委员会办公室成立，为区委宣传部管理的正处级事业单位，是上城区精神文明建设委员会的办事机构。内设综合创建科、思想道德建设科2个科室。主要职责是制定实施全区精神文明建设规划，对全区精神文明建设工作进行指导、检查和督促；组织、协调、指导文明城区、文明街道、文明社区、文明行业等群众性精神文明建设活动和基层思想道德建设；组织实施全区精神文明建设工作调研，探索新形势下加强精神文明建设的新途径；组织实施从事精神文明建设工作的人员培训工作；对各街道、区有关部门精神文明建设、文明城区创建等各项任务进行检查、考核、评选、奖惩。至2015年末，机构、职能未发生变化。历任主任江春晖、张璐、周忠诚、肖斌、余向平。

① 1986年，区委通过《上城区社会主义精神文明建设的实施细则》，杭州市上城区社会主义精神文明建设指导委员会成立，主要职责是中央、省、市、区有关精神文明建设的重要指示和工作部署；制定精神文明建设的规划和规则、办法；组织全区性的群众性精神文明建设重大活动；指导各街道和区级机关各单位的精神文明建设工作；评选、命名和表彰、奖励在精神文明建设中做出突出成绩的先进集体和个人；确定和命名各类精神文明建设教育基地（点）及授予有关精神文明建设方面的各种称号。委员会由区委书记任主任，区委副书记、区长任第一副主任，区委常委，副区长，分管精神文明建设的人大常委会副主任，政协副主席任副主任。委员会下设办公室，与区委宣传部合署办公。

第二节　杭州市上城区创建文明城区领导小组

1994年，杭州市上城区创建文明城区领导小组成立，区长任组长，区委副书记任副组长，成员为区委常委、区公安分局局长，区人大常委会副主任，区政府副区长，区政协副主席。领导小组下设办公室，办公室设在区文明办。负责指导和协调全区文明城区创建活动。

2005年，为进一步推动争创全国文明城市活动，杭州市上城区创建文明城区领导小组下设政务环境、法治环境、市场环境、人文环境、生活环境、生态环境、创建活动7个创建专项组。至2015年，机构、职能等未有变化。

第二章　思想道德建设

1981年，上城区响应中共中央号召，在全区开展“五讲四美”及学雷锋等社会主义精神文明建设工作。1983年，“五讲四美”又扩展为“五讲四美三热爱”。1985年，上城区落实市委要求在全市广泛深入开展理想和纪律教育的意见，在全区开展思想道德教育。1987年，根据市委《关于深入进行正面教育，加强社会主义职业道德建设的意见》，开展“三德”[①]宣传教育，加强教师培训。

① 社会公德、职业道德、家庭美德。

1992年，上城区制定《上城区关于社会主义精神文明建设“八五”规划要点》，组织学习中共十三届七中、八中全会精神和邓小平建设有中国特色社会主义理论，提高政治素质。1993年起，上城区以“学雷锋”“爱祖国、爱上城、做贡献”“最美现象”评比等为主题开展实践活动，以图片、黑板报、说唱、录像放映等灵活多样的载体和形式，提高群众的参与程度。通过开展“我看上城新变化”“满意在上城”“塑造天堂新形象”，创建文明单位、文明街道、争当文明市民等活动，促进市民素质和城市文明程度的提高。1996年，上城区开展学习先进人物活动，引导公民树立建设有中国特色社会主义的共同理想和正确的世界观、人生观、价值观。2002年，以贯彻《公民思想道德建设实践纲要》为重点，宣传《公民道德建设实施纲要》和《浙江省公民道德规范》，开展公民思想道德教育。2004年，制定《上城区加强和改进未成年人思想道德建设实施意见》，加强未成年人思想道德建设工作。2006年，上城区开展“八荣八耻”社会主义荣辱观宣传教育实践活动，聚焦社会公德，树立公共意识，规范公共行为，践行公共道德，引领扬荣拒耻新风尚。2008年，以社会主义核心价值体系建设为重点，加强“四德”[②]教育。根据《杭州市青少年学生第二课堂行动计划》，制定《上城区第二课堂行动方案》，开展“第二课堂”活动。小营街道小营巷社区获“全国未成年人思想道德建设工作先进单位”称号。2009年，启动社区青少年俱乐部建设工作，紫阳街道北落马营社区成为杭州市“阳光天地”社区青少年俱乐部的首批试点单位。

② 社会公德、职业道德、家庭美德、个人品德。

2015年，上城区建成省级试点的城市文化公园——吴山文化公园，以及睦邻驿站、红色生活广场、湖滨家园、左邻右舍等一批富有区域特色和时代精神的示范性社区文化家园。至2015年末，上城区共命名爱国主义教育基地10处。

第一节　公民思想道德建设

1993年起，上城区通过开展文明宣传、国学教育等思想教育活动，在重大纪念日举办文艺演出、座谈会，以及文集、画册的编印出版等精神文化活动，开展不同层次、多种形式的公民思想道德建设、精神文明教育活动，对全区党员、干部和群众进行形势政策教育、理想纪律教育和道德风尚教育。并通过争先创优评比活动，组织“学英模，尽责任”等大讨论，宣传先进模范人物事迹，倡导市民学习，提高市民素质和城市文明程度。

一、四德教育和爱国主义教育

1993年，上城区开展爱国主义、集体主义、社会主义和职业道德、社会公德、家庭美德宣传教育活动。通过多种形式，开展形势任务教育，向干部群众宣传贯彻党的十四大精神，传播普及有关市场经济知识和各种科技文化知识。区文明委围绕创建文明城区，提高市民素质和城市文化程度的主题，开展学雷锋、讲文明、讲礼貌、讲奉献活动，倡导和建设忠于职守、高尚文明、优质服务的职业道德风范和相互尊重、相互帮助、敬老爱幼、扶残助残的公共道德风尚。区文明委以企业职工、居民群众和机关干部为主体，进行“爱岗爱厂做主人”“为了上城更美好”“勤政廉洁当公仆”等爱国主义专题教育，把教育落实于群众喜闻乐见的活动之中。1995年，上城区46所中小学、幼儿园开展“谢礼”行动，1400余名教师参加，谢绝礼物500余件，并向全区各行各业发起“弘扬廉洁美德，净化社会风气”倡议，动员党员、干部、群众积极响应。

2001年，上城区开展“诚信立身、信誉立业”主题教育活动，通过开设诚信教育专栏、征集诚信心语、发放倡议书等形式，营造以诚信为荣、以背信为耻的氛围；并举办“争做文明上城人”“道德教育百课宣讲”“公德教育百题竞赛”等“三德”教育活动。2004年，上城区举行“万户家庭网上行”“万户家庭看社报”“万户家庭知识竞赛”“万户家庭看西博”等系列活动，印发宣传资料8万份，参与活动群众10余万人次。2005年，上城区开展“文明从脚下起步”大型宣传教育活动，以“十乱”劝导、“向不文明行为告别”签字、“六不进万家、管理靠大家”宣传等形式，劝导不文明交通行为、不良卫生习惯。开展“创礼仪之区、做文明市民”宣传活动。2006年，上城区通过“我家的荣辱故事”读书征文、演讲比赛、文明从脚下起步、文明礼仪等形式，开展社会主义荣辱观宣传教育实践活动，聚焦社会公德，树立公共意识，规范公共行为，践行公共道德，引领扬荣拒耻新风尚。2007年，上城区组织“文明行路”教育实践活动，开展“文明行路示范路”“文明行路示范岗”创建和“文明从脚下起步”劝导活动，提升市民文明素质。在全区机关团体、企事业单位、社区和车站、广场等“窗口”单位开展“素质促清洁”宣传教育活动。

2008年，上城区以社会主义核心价值体系建设为重点，加强社会公德、职业道德、家庭美德、个人品德教育的“四德”教育，深化思想道德教育实践活动，开展“万户家庭网上学”“绿色环保千人行”等活动。2009年，上城区开展“公民道德宣传日”“市民终身教育节”“居民科学素质行动”等活动，参与群众20余万人次。

2010年，上城区以“迎世博、讲文明、树新风”为主题，开展“话说文明出行”志愿服务、“杜绝十大不文明出行举动”文明出行劝导等遵守交通秩序宣传教育实践活动。是年，上城区开展“学《弟子规》，做文明人”主题教育活动，举办古训传诵、训蒙传教、吟咏传声、书信传情、融智传经、书画传意、墙景传颂、论坛传承8项活动，编印《上城弟子规（节选）》3万册，倡导群众“学精髓思想、悟道德礼仪”，争做文明上城人。

图26-2-1　2011年，杭州市紫阳小学在孔庙开展学习传统文化活动　（区委宣传部 供稿）

2011年，上城区组织“学国学精粹，塑经典上城”——上城区学习优秀传统文化系列活动，开展领导干部学国学、传统佳节讲国学、国学讲堂听国学、经典诵读读国学、情景短剧演国学、“达人”比赛赛国学、人文之旅乐国学7个主题活动。9月，启动上城区首届“国学日”活动，以尊师敬孔典礼、国学之旅、国学讲座、中华经典诗词吟诵会等活动，展示国学学习成果，践行传统美德。2012年，上城区启动社区“道德讲堂”建设，通过“唱歌曲、学模范、诵经典、谈感悟、送吉祥”的形式加强“四德”教育。

2013年，上城区深入贯彻中共十八大精神，以“中国梦”学习宣讲为抓手，发挥各级宣讲团的作用，进社区、学校、企业、机关、工地，开展“中国梦巡回演讲”。2014年，上城区组织学习浙江省委宣传部印发的《最美风尚引领》一书，以诚信建设为重点，开展文明礼仪、文明旅游、文明餐桌等系列宣传教育活动，制作节俭养德倡议书和宣传海报，在公共场所、交通干道、商业大街、居民小区等场所规范设置“遵德守礼”提示牌500余块。

2015年，上城区建成省级试点的城市文化公园——吴山文化公园及睦邻驿站、红色生活广场、湖滨家园、左邻右舍等一批富有区域特色和时代精神的示范性社区文化家园，创建上城区首批“最美社区宣传阵地”示范点10个，实现54个社区“最美光荣墙（廊、栏）”全覆盖，践行社会主义核心价值观和邻里价值观。

表 26-2-1　1993—2015 年上城区范围内爱国主义教育基地情况表

序号	爱国主义教育基地	地　　址	命名年份	级别批次
1	浙江革命烈士纪念馆	万松岭100-1号	1993	市级（第一批）
2	南宋官窑博物馆	南复路60号		
3	胡庆余堂中药博物馆	大井巷96号	1995	省级（第一批）
4	龚自珍纪念馆	马坡巷16号	1996	省级（第二批）
5	毛主席视察小营巷卫生工作陈列室	小营巷56号	1994	市级（第二批）
6	沈干成、沈乐山烈士纪念馆（杭州机务段陈列馆）	复兴路23号	1996	市级（第四批）
7	于子三墓	万松岭路万松书院内	1999	市级（第六批）
8	潘天寿纪念馆	南山路景云村1号	2002	市级（第七批）
9	唐云艺术馆	南山路45号		
10	杭州历史博物馆	粮道山18号		
11	蒋筑英纪念馆	金狮苑20号	2003	市级（第八批）
12	杭州近代教育史陈列馆（求是书院）	大学路160号	2006	市级（第十批）
13	中共杭州小组纪念馆	方谷园3号	2015	市级（第十四批）
14	钱学森故居	方谷园2号		
15	郁达夫杭州故居“风雨茅庐”	场馆弄63号		
16	上城区少年军校总校	宋城路5号	2005	区级
17	杭州市人民防空展览馆	粮道山23号		

说明：资料来源于杭州市上城区精神文明建设委员会办公室

二、先进典型评比宣传

1993年，上城区对具有时代精神风貌的先进代表和模范人物进行表彰和宣传。1994年，上城区实施《中共杭州市上城区委关于加强社会主义精神文明建设“八五”规划要点的决议》，开展“爱杭州、爱上城、学英模、尽责任”大讨论活动，弘扬戴文化等英雄模范见义勇为的时代精神，并建立见义勇为奖励基金，提高市民素质和城市文明程度；举行“上城区十大敬老孝星”“文明在上城十佳新事（人）”评选活动，印发先进事迹，评选对上城区精神文明建设做出显著成绩、有突出贡献和较大影响的个人、集体，树立具有上城特色的先进典型。1995年，举行抗战老战士座谈会，邀请老八路、老战士、老革命举办报告会360场，受教育人数达1.89万人次。

1996年，上城区在干部群众中开展向全国优秀共产党员陈金水学习、向杨东海等先进人物学习的活动，树立建设有中国特色社会主义的共同理想和正确的世界观、人生观、价值观，树立全心全意为人民服务的公仆观。1997年，上城区以“学先进、创一流、赛实绩”为主题，开展“区级劳动模范”“优秀党务工作者”等评选活动。以提高市民素质和城市文明程度为主题，开展“文明在上城十佳新事（人）”评比等活动，倡导和建设高尚文明、优质服务的职业道德风范和敬老爱幼、扶残助残的公共道德风尚。

1998年，上城区开展“学习抗洪英雄、援助灾区人民”活动，举行“抗洪抢险英模事迹”报告会，组织干部群众代表赴驻地慰问，动员各界群众为灾区人民献爱心，全区捐赠物价值共计100余万元。1999年，出版反映全区各行业和社区21名先进人物事迹的图书《上城无处不飞花》，激励干部职工立足本职，爱岗敬业，多作贡献。2000年，区文明办编纂《群星璀璨——上城儿女风采录》一书，并组织“百人讲演上城”巡回演讲活动，宣传劳动模范和先进人物的典型事迹。2001年，上城区开展“实践三个代表”先进典型事迹巡回演讲系列活动，在《今日上城》开设《身边的共产党员》专栏，宣传共产党员的先进事迹。2002年，上城区以宣传《公民道德建设实施纲要》《浙江省公民道德规范》为重点，开展百场公民道德宣传文艺演出进社区活动、百句道德格言征集活动、百块公德宣传牌进社区活动、百名好公民评选活动和“文体百家”评选活动，进行公民思想道德教育。

2003年，上城区收集整理全区先锋模范人物和典型事迹，编写《党旗下的风采》，举办“文明还差一点”漫画巡回展览、文明从我做起——上城区精神文明建设“十佳公民”先进事迹展览等活动。2004年，开展“学习英雄张叶良，争做好党员、好干部、好民警、好学生”活动，弘扬爱岗敬业、乐于奉献的精神。2007年，上城区开展向全国道德模范浙江林学院学生刘霆，浙江省“道德模范建设先进个人”孔胜东、陶晓莺学习活动。2008年，组织“上城区十佳职工科技之星”等精神文明建设先进典型评选活动，评选表彰上城区精神文明建设先进工作者、精神文明建设创新案例和优秀市民学校。2009年，举行全区“夕阳红环保卫士”评选活动，结合“我们的价值观”活动，在全区掀起对道德模范的讨论、学习热潮。组织优秀市民学校、民工学校的评选活动，评出区级优秀市民学校和民工学校7所，湖滨、小营、南星和紫阳4个街道分院被评为杭州示范点。2011年，上城区开展全国道德模范推荐评选宣传教育活动，组织干部群众听取杭州市道德模范宣讲团先进事迹报告会，学习“最美妈妈”吴菊萍的先进事迹，树立道德榜样。2015年，上城区评选表彰上城“最美邻里”30户。

三、重大纪念活动

1993年起，上城区在重大节日、纪念日举行各种主题的纪念活动，编印书籍画册等，以激发群众的爱国热情。是年，组织“纪念毛泽东诞辰100周年大会”“上城地区纪念毛泽东诞辰100周年歌咏大会”系列活动。1994年，上城区组织庆祝中华人民共和国成立45周年系列活动，举办“迎国庆，颂祖国，爱上城，作贡献”群众演讲赛和百部爱国主义影视歌曲演唱赛。1995年，上城区组织纪念世界反法西斯战争胜利和抗日战争胜利50周年系列活动，举办全区爱国主义歌曲演唱会。1996年，上城区组织庆祝中国共产党成立75周年系列活动，举办“三代同庆”纪念红军长征胜利60周年联欢会。1997年，上城区组织迎庆香港回归系列活动，举办“万民迎庆联欢”活动和“知香港、爱祖国”报告会、知识竞赛。1998年，上城区组织纪念改革开放20周年系列活动，拍摄“历史的记录、辉煌的成就”电视专题片，出版题为《奔向新世纪》的理论研讨文集，举行“回眸廿年历程，喜看上城巨变”知识竞赛等纪念活动，组织“学伟人、树理想、守道德、做新人”纪念周恩来百年诞辰主题教育活动，参观周恩来纪念馆、观看摄影展和电影电视片。1999年，上城区组织庆祝中华人民共和国成立50周年系列活动，在吴山广场举行“祖国万岁”大型歌舞晚会、吴山庙会和国庆游园活动，10余万名干部群众参与活动。2001年，上城区组织庆祝中国共产党成立80周年系列活动，举办“党的旗帜高高飘扬”歌咏会、报告会、表彰会、社区文化周、党员教育月等纪念活动50余项，参与群众3万余人次。

图26-2-2 1999年，上城区举行庆祝中华人民共和国成立50周年“祖国万岁”大型文化活动

（陈建荣 摄）

2004年，上城区组织庆祝中华人民共和国成立55周年系列活动，举行国庆升国旗仪式、“庆国庆、迎西博”大型广场文艺活动。2006年，上城区组织庆祝中国共产党成立85周年系列活动，举办大型歌咏晚会和纪念红军长征胜利70周年书画展活动。组织纪念毛主席视察小营巷50周年系列活动，举办座谈会、纪念大会、书法名家现场书写毛主席诗词等系列纪念活动，编辑出版宣传画册《情系小营》，总结、推广小营巷的爱国卫生工作经验。2007年，上城区开展庆祝中国人民解放军建军80周年——“军旗颂”大型歌咏晚会。2008年，上城区组织“改革开放之歌——上城区纪念改革开放三十周年文艺大汇演”等活动，编印《人间天堂·品质杭州》（上城卷），举办“上城区纪念改革开放30周年图片展”、纪念改革开放三十周年研讨会等活动。

2009年，上城区举办“记忆上城——上城区庆祝建国60周年图片展”“‘我和我的祖国’——庆祝建国60周年征文活动”“‘走进上城’摄影艺术展”“重走解放路”等活动；开展社区群众文化艺术节、百场百团广场文艺演出、百场电影免费进社区等系列群众文化活动，形成广场文化、社区文化、企业文化、农民工文化、校园文化等相互辉映的特色品牌。2011年，上城区组织庆祝中国共产党成立90周年，举办“红旗飘飘——庆祝中国共产党成立90周年群众性歌咏活动”和“党旗辉煌、光耀神州”大型歌咏晚会等活动。组织“庆祝中国共产党成立90周年，祝福献给党——千条红色微博征集”“庆祝建党90周年书画摄影比赛”等活动。12月，以弘扬民族精神、时代精神和上城精神为主旨，开展“纪念钱学森诞辰100周年活动月”活动，学习他“爱国、奉献、求真、创新”的精神。

2012年，上城区组织纪念中共杭州小组成立90周年活动，通过座谈会、报纸征文、网站宣传等形式总结提炼“敢为天下先、甘做孺子牛”的“红巷精神”。2014年，上城区组织首个烈士纪念日系列活动，举办“传承烈士精神，共建美好家园”为主题的烈士英雄事迹图片展，开设网上纪念栏目，开展网上公祭活动，向烈士敬献鲜花，走访慰问烈士家属，弘扬爱国主义精神，缅怀革命先烈。2015年，上城区组织纪念中国人民抗日战争暨世界反法西斯战争胜利70周年系列活动，组织全区党员干部和各界群众实地参观反映抗日战争主题的爱国主义教育基地、纪念馆和遗址设施等。区委宣传部与浙江大学合作创建特色教育实践平台，形成书籍《山南水北皇城根》、微视剧《品质湖滨和谐家园》。区妇联、区纪委、区文明办联合编纂《上城区家风建设先进人物和优秀作品集锦》。是年，上城区持续以“中国梦”为主题开展中国特色社会主义宣传教育，依托小微平台倡导形成“微学习”系列方法，学习习近平总书记系列重要讲话。组织以“中国故事·上城魅力”为主题的社会主义核心价值观系列公益广告，广泛征集、传播具有上城特色的地名故事、厂规店训、“非遗”项目等优秀传统文化。

第二节　学雷锋活动

1993年3月，区文明委组织开展纪念毛泽东“向雷锋同志学习”题词30周年的活动，在“学雷锋为民服务周”中，共有700余名党员群众上街服务。8月，区文明委召开全区基层学雷锋活动研讨会，总结“弘扬雷锋精神开展邻里互助”活动的经验。1994年3月，上城区开展“学雷锋日”活动，成立志愿者服务队20余支，义务修理家电、雨伞、自行车等物品1万件，服务群众1000余人次。1995年，上城区开展“雷锋进万家”为主题的树新风活动，以倡导形成良好的社会风尚和文明健康的生活方式。是年3月，湖滨三公园至五公园被杭州市文明委命名为杭州定时定点学雷锋活动基地——“雷锋角”。至11月末，上城区以湖滨公园为主阵地，定期组织党员、团员、共建部队、民兵、志愿者协会、文明单位开展“学雷锋为民服务日”活动，共服务群众1万余人次。

1996年，上城区开展“雷锋精神进万家”“送温暖”等活动，上城区延安南路、紫阳街道雄镇楼被命名为杭州市第二批“雷锋角”。1997年，上城区相继开展扶贫帮困送温暖“结对”活动、学雷锋活动、助残日为民服务活动。上城区横河青年志愿者服务队被命名为杭州市第三批“雷锋角”。1998年3月，上城区开展“学雷锋树新风”活动，组织全区11个街道60家单位500余人参与活动，提供修理、理发、卫生医疗等服务项目100个，服务群众3000余人次。1999年3月，上城区结合学雷锋“万人上街树新风”活动，开展环境美化、便民利民、《市民守则》和“六不”行为规范[①]宣传教育等活动，服务群众2.8万人次，筹集扶贫帮困、捐资助学资金1.83万元。

2000年，上城区开展“三五”学雷锋活动、“社区志愿者服务”等

① “六不”行为规范：1.不随地吐痰；2.不乱扔垃圾；3.不损坏公物；4.不违反交通规章；5.不在公共场所吸烟；6.不说粗话脏话。

精神文明建设活动，建立社区志愿者统一活动日，在每月最后一个周日开展社区志愿服务活动。是年，区文明委开展“雷锋精神进社区”志愿服务活动、“百家文明单位广场树新风”活动，辖区文明单位发挥一技之长为社区居民服务。2002年3月，上城区围绕“弘扬雷锋精神，争做文明上城人”开展学雷锋活动，全区3000余名干部群众在吴山广场和各社区提供便民服务30余项。成立社区“天天志愿服务站”44个，召集志愿者近1.1万名，于每月的统一活动日为居民提供咨询和维修服务。2003年3月，杭州市纪念学雷锋活动40周年暨万名志愿者“清洁杭州、美化社区”大行动动员大会在吴山广场举行。会后，上城区志愿者代表到西湖南线、延安南路、吴山等处开展清捡垃圾，擦洗扶栏、公交站牌、垃圾箱，清理“牛皮癣”等志愿服务公益活动。2005年3月，上城区各街道社区开展学雷锋“便民服务车”系列为民服务活动。

2006年5月，为深化学雷锋活动，区文明办开展上城区首届“公民爱心日”活动，发动全区干部群众、社区居民、在校学生积极捐款捐物，共募集5万余元、书籍6000余本。2007年，上城区发动区域内200余家文明单位参与“双千结对、共创文明”和“3·5”学雷锋为民服务等活动，促成文明单位与文明村镇结对共建。2008年，上城区共举办50余场“3·5”学雷锋志愿活动，参与志愿者1500余人。2012年4月，市文明委在吴山广场设立雷锋广场，将每月第一个星期六确定为“学雷锋为民服务日”，固定开展面向市民学雷锋为民志愿服务活动。上城区在活动中设点服务，开展“弘扬新时代雷锋精神，巩固全国文明城市创建成果”为民志愿服务活动；组织区文明单位、各社区志愿者参与雷锋广场、社区学雷锋志愿服务系列活动，全年开展清洁社区、文明劝导、低碳环保等主题志愿服务活动150余场次，文明劝导1862人次，累计服务3724个小时。至2015年，上城区以雷锋广场为主阵地，以“学习雷锋好榜样，争做最美上城人”为主题，常态化开展学雷锋志愿服务活动。

图26-2-3　2008年，区卫生局开展学雷锋活动
（区卫生健康局 供稿）

第三节　“最美”现象

2011年，上城区开展以“和谐邻里、守望相助”为主题的“邻里价值观”教育实践活动，通过群众评议群众、从群众中挖掘典型、在群众中宣传典型的方法，践行社会主义核心价值观。此后每年开展此项活动，涌现大量“最美邻里”“最美人物”“最美现象”。2012年，上城区成立“践行核心价值观、争做文明好邻里”评比工作领导小组，由

区委常委、宣传部部长任领导小组组长，在全区范围内评选和表彰上城区首届30名“最美邻里”。同时，通过主题讲座、座谈会等形式开展宣传学习活动，在居民、机关干部、企业职工中开展“邻里价值观”大讨论，引导搭建十大邻里互助平台，弘扬“邻里互敬、邻里和谐”新风尚。是年，小营街道办事处开展首届“最美小营人”评选活动，选出10组“最美小营人”。此后每年开展此项评选活动。

2013年，上城区推进邻里价值观教育实践活动，明确主题教育目标任务和要求。在全区范围内开展邻里价值观核心词提炼活动，提炼出“包容、互助、崇德、向善”的邻里价值观核心词和邻里公约，规范邻里行为。创新设计“邻里日”“邻里互助会”“邻里驿站”等价值观践行活动，搭建新的邻里互助平台，让居民享受更便捷高效的服务；实施“十百千工程”，通过区、街道、社区3个层面的评选推荐，培育10个特色践行平台、100家公益性社会组织、1000名“好邻里”，挖掘弘扬邻里正能量。

图26-2-4　2013年11月，上城区举办最美邻里颁奖活动
（区委宣传部 供稿）

2014年，上城区依照“上改六条”[①]工作要求制定工作方案，实施发现、宣传、践行、关爱机制，推进“最美”现象长效机制建设。通过区、街道、社区三级联评制度评选“最美基层干部”“最美教师”等行业性“最美人物”，挖掘群众性“最美”现象，举办“最美邻里”颁奖大会、“最美上城人”座谈会，打造湖滨“旮旯秀”、小营“红巷生活广场”、望江“睦邻驿站”等邻里价值观践行平台，持续开展走访慰问和关爱帮扶。湖滨街道居民孙新宝获“最美杭州人提名奖”，小营街道居民高水娟获杭州市第十届道德模范提名奖。2015年，上城区制定道德模范培育宣传管理工作规范，获市级标准立项；建立“最美邻里”等系列道德模范培育选树机制。每月月底前向省市推荐选送助人为乐、见义勇为、诚实守信、敬业奉献、孝老爱亲5个类别的“最美上城人·身边好人”，开展上城区第四届道德模范（最美邻里）评选，全区邻里价值观年度总结暨道德模范（最美邻里）表彰大会在杭州电视台综合频道播出。组建“最美人物”巡回宣讲团，召开宣讲报告会96场；加大对身边好人好事的挖掘宣传力度；举办第十二届上城区邻居节，评选表彰上

①《中共杭州市上城区委关于认真贯彻落实党的十八届三中全会精神全面深化重点领域改革的决定》（上委〔2014〕9号），其中作出经济、文化、生态、民生、社会、党委政府自身6个领域的体制机制改革部署。

城“最美邻里”30户，其中3户获杭州市“好邻居”称号。全年全区共表彰区级“最美邻里”20人，入选全国“最美家庭”提名奖1户、浙江省“最美家庭”3户、第三届“最美杭州人”1人，入选“浙江好人榜”4人、“杭州好人榜”10人，入选人数全市排名第二。至年末，区、街道、社区3个层面共发掘宣传“最美人物”1400余人，获上城区道德模范（最美邻里）荣誉称号90人（团队）。

表26-2-2　2012—2015年上城区道德模范（最美邻里）评选情况表

年份	获评道德模范（最美邻里）个人和团体
2012	赵有根、谢素琴、吴根如、汪建花、戈冬梅、谢宝凤、蒋建明、陆雅芳、程慧玲、江梅林、曾照民、陈宝芳、吴菊珍、杨水凤、金惠芝、郦月美、周静芬、王金美、杭旭初、王佩玉、王娆婴、潘虎英、曹嘉娴、章月仙、梁尧芬、毛珠花、张惠民、林爱花、金雅珍、奚小平
2013	孙新宝、葛德瑞、蒋建明、李正亮、顾忠根、费世盐、宋关发、杨茂春、沈金囡、周金花、冯吉祥、周炎珍、陈江、魏爱英、湖滨晴雨工作室、陈文英网格工作室、红色电波党员工作室、美政桥相亲会所、大爱无疆服务队、上羊市街邻里值班室
2014	董慧静、于再秒、郭玉珍、吴莹、金水仙、许连珍、刘桂秋、曾照明、姚红卫、杭旭初、邱元昌、孔善兰、梁尧芬、陈仁心、曹嘉娴、老马小马健康驿站、抬出租车救人团队、钱江喊潮服务队、宝宝贝贝俱乐部、701服务队
2015	汪坚、许美群、刘同礼、楼春莲、俞淡珍、鲁立清、楼九斤、傅水炎、何阿奎、利星名品百货广场有限公司、汪雯影、宦军、夏渝生、李之春、高水娟、小营巷六代卫生委员、赵政、朱颖、俞荣金、章凤珍（提名奖）

说明：资料来源于杭州市上城区精神文明建设委员会办公室

第四节　未成年人思想道德建设[①]

1993年，上城区以“爱祖国、爱上城、做贡献”为主题，开展全区第一个爱国主义教育活动周，组织全区中小学生观看爱国主义教育影片、参观革命传统教育基地。1994年，开展中小学生革命传统教育系列活动。1995年，上城区实施爱国主义教育“六百”工程[②]，激发青少年的爱国热情，增强主人翁责任感。1997年，开展“知香港、爱祖国”中小学生读书教育活动。1998年，开展以“弘扬中华美德、争做时代新人”为主题的读书活动。1999年，上城区围绕庆祝中华人民共和国成立50周年和杭州解放50周年、纪念“五四运动”80周年、迎接澳门回归祖国等重大活动，开展“五十年辉煌，新世纪畅想”读书征文活动、“铭记国耻、兴我中华”演讲赛、“弘五四精神，展世纪风采，挑战新世纪当代青年行星”大讨论活动和“祖国在我心中”“知澳门、爱祖国”青少年爱国主义教育活动。

2000年，上城区开展以“走进新世纪”为主题的爱国主义教育读书活动。2001年，开展“世纪、青年、责任”和“争做社区

① 参见第十八篇中国共产党地方组织第十章老干部工作与关心下一代工作中的第五节关心下一代工作和第二十八篇教育第七章校外教育中的第二节教育活动。

② “六百”工程：看百部爱国影片、唱百首爱国歌曲、读百册爱国书籍、写百句爱国格言、知百位爱国英雄、评百名爱国少年。

小主人、争当家庭小能人”主题活动。

2004年，上城区开展学习宣传《中共中央、国务院关于进一步加强和改进未成年人思想道德建设的若干意见》活动，制定《上城区加强和改进未成年人思想道德建设实施意见》，明确未成年人思想道德建设的总体要求和主要任务，要求努力构建加强和改进未成年人思想道德建设的系统工程，开展素质工程、基础工程、阵地工程、净化工程、帮扶工程。是年，开展“三迈”[①]教育活动和“寻访家乡的英雄人物”“向英雄张叶良学习”“做文明行路人”等活动。2005年，上城区开展“中国魂上城情”红色之旅活动、“关爱小伙伴，快乐共成长”等素质教育活动；开展上城区第一届“美德少年”评选活动，从尊师孝亲、诚信守礼、勤学创新、热心公益、自强自立5个方面评出100名美德少年；评选以“爱学习、爱劳动、爱祖国”为总要求，教育引导广大未成年人崇尚先进、学习先进、争做先进。此后每年举行评选活动。2006年，上城区举行“弘扬和培育民族精神”系列主题教育活动，开展以“弘扬民族精神、立志报效祖国”为主题的“好书伴我健康行”、以“民族精神代代传”为主题的“爱国百分百”、以学习先进为主题的“寻访了不起的家乡人”、以弘扬民族艺术文化为主题的“传统艺术文化学习”等活动，全区学生参与2万余人。2007年，上城区开展“我与祖国共奋进”“学习荣辱观，做个好少年”等思想道德教育活动600余项。

① “三迈”教育活动：迈好中学第一步、迈好青春第一步、迈好理想第一步。

2008年，根据《杭州市青少年学生第二课堂行动计划》，上城区制定《上城区第二课堂行动方案》，将“第二课堂”行动计划专项经费由杭州市规定的每生每学年22元增至小学生30元/人、初中生50元/人。上城区以“缅怀革命英烈弘扬革命精神”清明扫墓活动为载体，开展未成年人爱国主义、集体主义、社会主义思想教育活动。小营巷社区获“全国未成年人思想道德建设工作先进单位”称号。2009年，上城区制定《上城区第二课堂活动指南》，为各年级学生推荐6个第二课堂活动，详细介绍每个场馆的活动目标、活动准备、活动流程，并写明每个场馆的地点、交通、游览示意图、场馆网上链接等，开展“七色花”区级青少年社团活动、“伙伴快乐成长营”假日活动、“公益小书房”读书教育活动，建设科技节、“七色花”艺术节等教育品牌和“阳光心语”“父母茶座”等德育品牌，全年开展各类第二课堂活动756项，参与的未成年人达20万人次。是年，上城区启动社区青少年俱乐部建设工作，紫阳街道北落马营社区成为杭州市“阳光天地”社区青少年俱乐部的首批试点单位，全区各社区陆续成立青少年俱乐部。

2011年，上城区举办“学《弟子规》，做文明人”主题教育活动，开展童谣节、青少年国学讲堂、“暑期快乐总动员”、“小候鸟驿站”、

“百场公益夏令营”、“流动少年宫”、少儿动漫大赛等未成年人思想道德建设活动。2012年，开展“学英模、树理想、见行动”主题教育实践活动和“品质上城精彩童年”、“走街串巷集结号”考察寻访、“红领巾假日登山行动”健身锻炼、“行走中东河”、“低碳上城我出力”社会实践活动。6—7月，在小营巷地区（小营巷、方谷园、皮市巷）举办“红巷文化节”，围绕“红巷精神”开展暑期青少年系列活动。2013年，举办“迎风飘扬的旗帜”教育实践活动，围绕“好书伴我健康行”等主题开展读书交流、知识竞赛、征文和演讲比赛活动。2014年，打造“都DO”城，开办“四点半课堂”、图书漂流站，实现54个社区青少年俱乐部全覆盖，其中，紫阳街道北落马营社区、望江街道近江东园社区入选首届杭州市青少年俱乐部示范点。

2015年，上城区围绕纪念中国人民抗日战争暨世界反法西斯战争胜利70周年系列活动，组织中小学生开展以“铭记历史圆梦中华”为主题的爱国主义读书教育活动和“勿忘国耻圆梦中华”主题班队会活动，观看抗日战争图片，聆听抗日战争故事。以弘扬社会主义核心价值观为主线，举办经典诵读、影视观看、科技发明、传统文化体验等校园文化活动；以“做一个有道德的人”为活动载体，围绕“在家庭孝敬父母、在学校尊敬师长、在社会奉献他人”的主题，开展道德实践活动。是年，建成上城区首个未成年人社会主义核心价值观暨国学教育基地——尚青书院，引进各类社会机构和公益活动组织共同参与青少年校外教育，传承国学经典，弘扬传统文化。区文明办将民俗文化科普馆（东平巷社区）、双拥宣传基地（清波门社区）、浙江朱炳仁铜雕艺术馆、钱学森故居、中共杭州小组纪念馆、郁达夫杭州故居“风雨茅庐”、钱学森航天科普（图书）馆、七彩美政民族园、中国建筑陶瓷博物馆浙江分馆、水澄桥低碳生活馆和尚青书院11处命名为区级青少年学生第二课堂活动基地。至2015年末，社区青少年俱乐部累计开展活动3000余次，参与活动的青少年8万人次。上城区“美德少年”评选活动共举办10届，共评选出“美德少年”1000人。

第三章　文明创建

中共十一届三中全会后，为配合社会主义精神文明建设，上城区开展文明城区、文明街道、文明社区、文明行业、文明单位的创建工作。1985年，全国13个城市创建文明街道研讨会在上城区召开。1986年，上城区开展创建文明单位、争做文明市民活动，各单位、各街道、各居民区重点治理道路“脏、乱、差”问题，实行责任承包，落实日常管理。1992年，杭州华日电冰箱厂、城站街道办事处被评为省级文明单位，上城区获“杭州市创建文明城区竞赛优胜区”称号。1994年，上城区创建文明城区领导小组成立，开展文明单位创建活动。1995年，上城区创建省级文明单位4个，市级文明单位11个，文明班组5个，文明街道6个，文明居委会27个，五好墙门1884个，五好家庭32275个。1996年，上城区以行风建设为重点，开展“纠热点问题，创行业新风”和机关干部“形象工程”教育活动。1997年，上城区横河街道大学路小区和延安路中段（湖滨街道段）被杭州市精神文明建设委员会（简称市文明委）命名为首批文明社区示范点。1999年，上城区开展上城区商贸旅游行业“四优一满意”①暨“百城万店无假货”活动，辖区内中国工商银行浙江省分行杭州解放路支行获“全国创建文明行业工作先进单位”称号。2003年起，上城区对于历年评出的文明单位实行两年一复查的“届期制”，明确复查合格的文明单位继续保留荣誉称号，撤销复查不合格单位的荣誉称号。

①“四优一满意”：优质的商品、优良的服务、优美的环境、优秀的形象、让消费者满意。

2005年，上城区将创建示范文明城区工作与“评先创优”“满意不满意单位”评选、领导政绩考核挂钩，在年终目标考核中给予加分奖励或扣分处罚。2011年，区文明委制定上城区文明单位测评体系，共设置13个测评项目。至2015年末，上城区共创建有杭州娃哈哈集团有限公司等全国文明单位11家，广宇集团股份有限公司等省级文明单位54家，创建延安路、清河坊历史文化街区和解放路百货商店为全国“百城万店无假货”示范街与示范商店。

第一节　文明城区创建

1992年8月，市文明委在市区范围内开展创建文明城区竞赛活动。1993年，区文明委召开上城区创建文明城区动员大会，制定《上城区创建文明城区工作实施计划》，围绕思想道德教育、环境卫生、服务质量、社会治安、文化生活、文明单位建设以及组织领导7个方面的竞赛内容，进行综合整治和自查整改。1994年，上城区被市文明委评为1993—1994年度创建文明城区活动竞赛优胜区，创办文明城区竞赛活动优秀组织单位。

1996年，市文明委制定《杭州市创建文明城区达标评分细则》，城区达标分为思想道德教育、环境建设、服务工作、社会治安、科教文化建设、文明单位建设和组织领导7个方面，上城区开展自查整改工作，经市文明委检查达标，并于次年获“1995—1996年度杭州市文明城区”称号。

1998年，上城区以组织领导、思想道德和文化建设、优美环境、优质服务、优良秩序以及创建文明社区6个方面为主要任务开展创建文明城区达标活动。调整充实创建文明城区领导班子，设立6个专项组。1999年，上城区开展“创建全国精神文明建设工作先进城市”、巩固“创建国家卫生城市”等活动，相继涌现湖滨路亮灯工程、吴山广场景区、复兴南苑文明社区，中河闸口段绿化带等一批文明城区工作示范点。同时，重点开展城郊接合部整治、小区楼道、拆违还绿、农贸市场、卫生死角等10个方面，完成延安路、解放路、庆春路、浣纱路4条主要道路的“美化、绿化、亮化、净化”工作，延安路成为全省街容达标路。

2000年，区文明办制定《上城区创建文明城区实施意见》，将创建文明城区工作与评先创优结合起来，并将各单位的创建活动纳入党建工作目标管理百分考核，明确凡创建工作做得好的，成绩突出的，给予表彰；凡创建工作开展不力、行动迟缓、问题突出的，或不认真履行职责，推诿扯皮，影响工作的单位和领导，给予批评教育，限期改正，经教育不改，采取相应措施追究责任；对工作不落实，不能完成创建任务的，不能评为先进。

2003年，上城区开展“弘扬小营光荣传统，创建省级文明城区”大型广场宣传服务活动，并举行“争创文明城区，争做文明市民”万人知行教育活动，通过座谈会、网上论坛讨论、公德评议等形式开展“讲文明、改陋习、树新风”活动。同时开展“清洁上城，抗击非典”环境整治大行动、百家工地“清洁上城，抗击非典，争创洁美工地”等活动。以“清洁上城”为突破口，以建设、整治、管理为手段，开展“入城口整治”“旧小区整治”“市容街景整治”“墙景美化”和“三化”[①]专项整治月活动，完成入城口低洼积水改造工程和生活小区截污纳管改造工程，拆除

① “三化”：美化、洁化、绿化。

违章建筑和保笼，新建垃圾中转站和公厕，新增绿地，美化墙面，改善城区面貌。是年，上城区创建文明城区领导小组办公室制定《上城区创建文明城区实施方案》，成立由区委书记、区长担任组长的8个专项组，通过开展专项检查、加强群众性宣传、开展创建活动等方式，上城区成功创建为浙江省级文明城区。2005年，上城区创建文明城区领导小组办公室制定《上城区争创省级示范文明城区2005年度实施意见》，明确将创建示范文明城区工作与“评先创优”“满意不满意单位”评选、领导政绩考核挂钩，在年终目标考核中给予加分奖励或扣分处罚。2006年，制定《上城区深化省级示范文明城区创建实施意见》，按照《浙江省示范文明城区测评体系》的标准，把各项创建指标分解到创建专项组、各部门、各街道。

2010年起，区文明委将文明城区创建活动与“我们的节日”活动相结合，开展“喜迎春节，文明过节”“迎动漫，庆五一”“清洁杭州、喜迎西博、欢度国庆”等清洁上城大行动，发动广大市民清运地面建筑垃圾、生活垃圾、楼道堆积物、车库（棚）堆积物、屋顶堆积物。按照“应改尽改、能改则改、速度能快则快、标准能高则高”的要求，结合危旧房有机更新、道路整治、房屋开发等项目，开展背街小巷、截污纳管的改善任务和庭院改善工作。是年，上城区被杭州市评为打造“国内最清洁城市”工作先进区县（市）。2015年，区文明委制定《上城区文明城区创建工作督查实施办法》，明确考核坚持定性与定量相结合，平时督查与集中考评相结合，日常工作考评与临时性工作考评相结合，针对全区各部门、街道及辖区其他单位，根据考核条目进行相应加、减分，年末计算总得分，并按比例计入基层党建考核、和谐社区考核和文明单位考核等专项考核项目。至2015年末，上城区清河坊历史街区、翰林农贸市场、中山中路南宋御街、南星街道海月桥社区、水澄桥社区、紫阳街道春江社区、清波街道中大吴庄小区、湖滨街道东平巷社区被市委、市政府评为打造“国内最清洁城市”示范点。

图26-3-5　小营巷背街小巷样板工程

（区城管局　供稿）

第二节　文明街道创建

1994年，上城区开展文明街道竞赛活动。1995年，清泰街道编写《雷锋在我身边》信息报并定期发行，横河街道建立“雷锋岗”“雷锋队”，湖滨街道开展“美我中华大家乐”等系列活动，促进精神文明建设。2005年，湖滨街道获“全国和谐社区示范街道”称号。2006年，上城区6个街道均达到“平安街道”和“交通安全街道”创建标准。湖滨街道、清波街道、望江街道达到杭州市“洁美杯”竞赛示范街道等级，小营、紫阳、南星达到达标街道等级。

2009年，上城区从组织领导、思想道德、科教文体、社会服务、社会治安、环境面貌和创建工作7个方面推进文明街道创建工作。是年，湖滨街道被评为全国和谐社区建设示范街道、全国共建共享和谐社区建设示范街道、浙江省文明街道等；紫阳街道被评为全国和谐社区建设自主创新先进街道、全国和谐邻里建设示范街道等；小营街道被评为全国社区共建共享先进街道；南星街道被评为全国和谐邻里建设示范街道、全国和谐社区共建共享先进街道、杭州市文明街道等。2010年，小营街道创建为浙江省文明街道，清波街道创建为杭州市文明街道。至2015年末，上城区有浙江省文明街道2个：湖滨街道、南星街道；杭州市文明街道4个：清波街道、小营街道、望江街道、紫阳街道。

第三节 文明社区创建

1997年，根据市委、市政府制定《关于开展创建“安全文明小区”活动的意见》和“安全文明小区”创建标准，上城区启动文明小区创建工作。上城区横河街道大学路小区和延安路中段（湖滨街道段）被市文明委命名为首批文明社区示范点。

1998年，上城区将225个居委会和724家企事业单位按区域划分成133个社区片，各街道成立创建文明社区领导小组，制定创建工作方案。7月，上城区在湖滨街道长生路社区召开创建文明社区现场会。是年，全区有21个社区基本达标。

1999年，区委、区政府建立职能部门与社区挂钩共建制度，要求职能部门发挥职能作用并积极参与社区建设。闸口街道复兴北苑小区试点推出居委会与物业公司联手共建文明社区的方法。是年，全区初步建成上城区文明社区37个，杭州市文明社区24个；长生路社区、凝海巷社区、兴隆西村社区被命名为杭州市1998年度文明社区示范点；高银巷社区、小营巷社区、江城路社区、学士路社区、袁井巷社区、彩霞岭社区、青年路社区、华藏寺巷社区、甘水巷社区被命名为杭州市1998年度达标文明社区；市综治委、市文明委还命名上城区横河新村、祠堂巷小区、陆家河头小区为安全文明小区。

2000年，上城区以“倡导文明新风，共建美好家园”为主题，坚持社区共建工作机制，开展创建文明社区活动。闸口街道新增绿地800余平方米，支出20余万元购置健身器材，新建科普画廊40余米；紫阳街道围绕阵地建设，新建市民学校6所，每月均开课；城站街道修补小区道路9500平方米，新增绿地1.58万平方米；南星街道注重优化社区资源配置。是年，杭州市文明社区建成率50%以上，上城区文明社区建成率75%以上，每个街道创建示范点和浙江省文明社区各1个。2001年，上城区机关、企事业单位与社区结对共建活动得到延伸和发展，在职党员干部参与文明社区创建活动。是年，闸口街道复兴南苑社区、湖滨街道长生路社区被省文明委命名为第一批浙江省文明社区，小营街道小营巷社区、南星街道凤凰苑社区被命名为第二批浙江省文明社区，小营巷社区被评为

2000—2001年度杭州市级示范文明社区。2005年，上城区湖滨街道青年路社区等被命名为“四星级民主法治社区”。

2006年，上城区制定《2006年和谐社区建设实施意见》《2006年度和谐社区测评标准》，从居民自治、管理有序、服务完善、治安良好、环境优美、文明祥和、党建有力等7个方面进行创建。是年，上城区新增浙江省文明社区2个、杭州市示范文明社区1个、杭州市文明社区5个。2007年，区文明办制定《上城区和谐社区建设测评规范》，并逐步搭建城市基层公共服务信息平台，推进社区管理和社区服务信息化。是年，市级文明社区创建率达90%。2009年，湖滨街道东平巷社区创建为浙江省文明社区。至2015年末，上城区共创建紫阳街道上羊市街社区等浙江省文明社区18个，望江街道婺江社区等杭州市文明社区45个，上城区文明社区53个。

图26-3-6　东平巷社区家园美化工程（2010年）
（区住房和城建局 供稿）

第四节　文明行业创建

1992年1月，市文明委、市贸易办在杭州解放路百货商店等十大商场开展文明经商、优质服务竞赛活动。1993年2月，区文明委对在十大商场文明经商、优质服务竞赛活动中获得优胜的和成绩显著的杭州解放路百货商店、杭州工联大厦等进行表彰。

1996年，上城区开展“纠热点问题，创行业新风”教育活动，将抓思想认识、抓薄弱环节、抓突出问题、抓行风建设作为本年度精神文明建设主要内容。中共杭州市上城区直属机关工作委员会开展机关干部“形象工程”教育活动，解决机关部门为民服务意识淡薄、办事推诿、效率低下、“门难进，脸难看，事难办”的工作作风问题。区商业系统组织6000余名职工进行职业道德知识竞赛，举办服务工作讲评，教育职工端正经营作风，改善服务态度，提高服务质量；区房管系统开展“远学徐虎，近学劳模”的学先进、找差距、比奉献竞赛和行风建设“双评”活动，杜绝少数人“卡、拿、要”的不廉洁现象；区卫生系统、区公安分局等部门开展纠正行风的教育活动。

1997年，区文明办开展文明行业、文明窗口建设工作，指导区属各单位制定职业行为规范、守则和文明用语等。6月，杭州解放路百货商店、杭州市工商行政管理局上城分局龙翔桥市场管理所被市文明委评为首批文明行业服务示范点。1998年，上城区围绕文明城区创建目标开展行风建设活动。区卫生局开展“以病人为中心，树文明行业新风尚”

主题活动，推出“十佳文明服务示范窗口”，制定“医德医风十条规定”“廉洁行医十条规定”等服务行为规范30余条，成为上城区文明行业示范点。是年，上城区土地管理局推行政务公开制度，被省政府授予“省级行风建设先进集体”称号。

1999年，上城区商贸旅游行业“四优一满意”暨“百城万店无假货”活动启动，开展“蓝盾打假保平安”“真品、真价、真情”等活动。在“窗口单位”职业道德建设测评和“十佳文明示范岗”评选活动中，评选10个文明岗作为全区各岗位的示范榜样。9月，在中央精神文明建设指导委员会召开的表彰全国精神文明建设工作先进单位电视电话会议上，上城区域内的中国工商银行浙江省分行杭州解放路支行获创建文明行业工作先进单位称号。2000年，上城区开展“百城万店无假货”示范街（店）创建活动，延安路商业街被命名为全国第三批创建百城万店无假货示范街，解放路百货商店被命名为全国“百城万店无假货”示范商店。

2001年，上城区以“诚实立身、信誉兴业”为主题，通过开辟“诚信”教育专栏、征集“诚信”心语、发放倡议书、开展知识竞赛等形式进行宣传教育。选出全国优秀质量管理班组——老大房食品商店为先进典型，开展“学先进、找差距、比贡献”竞赛活动。2003年，上城区开展“服务人民、奉献社会”文明窗口和文明示范岗创建活动，加强职业道德教育，树立行业新风，规范服务，文明执法。2004年，上城区开展“三个一工程”[①]创建活动，成功创建15个区级示范街、楼宇和社区，46家社区市民“放心店”。2005年，高银街开展创建文明礼仪一条街活动，以“依法经营，照章纳税；文明经商，礼仪待客；诚实守信，不卖假货；环境优美，讲究仪表；管理规范，温馨服务；行善积德，发扬传统”为文明礼仪公约，多家商店响应。是年，清河坊历史文化特色街区、南山路被评为市级“百城万店无假货”示范街。

2006年，上城区各行业窗口单位开展创建人民满意基层站所（窗口单位）活动，提高工作效能和服务质量。卫生系统完善管理制度，强化依法治院、规范行医、文明行医、廉洁行医意识，改善医患关系。城管系统开展“满意城管，你我共创”活动，打造效能城管，提升执法队员的服务意识和工作效能。旅游部门开展旅游质量监督网络建设、旅游培训等活动，初评复评星级宾馆，整顿和规范旅游市场，提升特色街区品位。2007年，开展“八小”行业[②]“万名经营业主进课堂”教育培训活动，区卫生局、区工商局、区质量技术监督局、杭州市环境保护局上城环保分局、区城市管理局、杭州市公安局上城区分局等单位对“八小”行业加强服务和管理。上城区商贸旅游局开展“诚信上城，品质旅游”

① “三个一工程”：诚信经营一条街、规范经营一幢楼、亮照经营一社区。

② “八小”行业：小餐饮店、小食品加工店、小食品经营店、小理发店、小歌厅、小浴室、小旅馆、小网吧。

活动，评选“十佳”“优秀”旅游企业。

2008年，延安路通过全国“百城万店无假货”示范街复评，清河坊历史文化特色街区被命名为全国第七批创建“百城万店无假货”示范街，南山路被评为省级“百城万店无假货”示范街，湖滨国际名品街被评为市级“百城万店无假货”示范街。2015年，区文明办、区工商业联合会联合开展“好厂规好店训”征集宣传活动，展示文明行业，弘扬浙商文明经商的文化精神。

第五节　文明单位创建

1993年，浙江华日实业投资有限公司、杭州铁路电机厂、上海铁路局杭州机务段被省委、省政府授予省级文明单位称号。1994年，区文明委制定《上城区文明单位建设管理办法》《上城区文明单位台账管理暂行规定》，召开“湖滨文明示范一条路”和“文明单位台账建设”现场会，开展文明单位创建活动。上城区人民法院被评为市级“两个文明建设红旗单位”。1995年，上城区在大学路小区召开全区文明小区现场会和文明单位台账管理现场会，推广杭州广宇房地产集团公司的经验，促进文明单位基础建设。1996年，上城区落实文明单位社会监督和内部监督机制，由区文明办聘请16名区文明建设监督员，督查文明单位建设管理的情况，发挥区人民代表、职工代表、居民代表等人员的民主监督作用。2000年，区文明办制定《上城区文明单位管理办法》，进一步规范区文明单位的申报、审核、检查、验收程序，并复审辖区原有的各级文明单位，考核新创建的文明单位。2002年，区文明办重点对全区60余家非公企业进行文明单位创建动员和指导，通过组织非公企业主培训、创建座谈会等形式，提高企业的创建积极性和创建质量，扩大文明单位创建面，促进非公有制企业文明建设。2004年起，区文明办开始实行两年一复查的“届期制”，撤销复查不合格单位的荣誉称号；对于新申报的单位，坚持好中选优的原则，通过申报公示，听取单位职工、服务对象和辖区群众的意见，组织区纪律检查委员会、区综合治理委员会、区计划生育局、杭州市环境保护局上城分局等部门采取明察或暗访的方式，考核验收新申报单位，共命名95家区级文明单位。

2004年，区文明办重点加强对非公有制企业和民办、民营企业文明单位创建的指导和服务。2006年，上城区对届满的230家省、市、区三级文明单位进行重新申报创建文明单位，新创省级文明单位1家，市级文明单位8家，区级文明单位30家。

2011，区文明办制定上城区文明单位测评体系，共设置学雷锋活动（14分）、志愿服务活动（14分）、道德讲堂建设（14分）、学习型单位建设（4分）、文明有礼培训（6分）、勤俭节约活动（4分）、道德经典诵读（4分）、“我们的节日”活动（4分）、文明风尚传播（8分）、文化体育活动（4分）、参与帮扶共建（8分）、优质服务状况（10分）、优美环境建设（6分）13个测评项目，满分为100分，并规定申报前2年存在单位发生重大安全生产和食品安全事故、领导班子成员发生严重违纪和违法、员工发生刑事案件或违反国家计划生育政策情况的不得申报文明单位创建。1993—2015年，上城区共创建杭州娃哈哈集团有限公司等全国文明单位11家，广宇集团股份有限公司等省级文明单位54家，杭州大华饭店等市级文明单位51家，杭州市紫阳小学等区级文明单位95家。

表26-3-3　1993—2015年上城区范围内获评全国、省、市、区文明单位情况表

单位：家

级别	命名时间	数量	单位名称
全国文明单位	2003	1	杭州市水业集团有限公司
	2009	2	浙江水利水电勘测设计院、上海铁路局杭州站
	2011	2	中国电信浙江分公司、中信银行杭州分行
	2015	6	国网浙江省电力公司杭州供电公司、杭州市市区河道整治建设中心、杭州娃哈哈集团有限公司、上城区市场监督管理局、浙江省卫生监督所、浙江省交通运输厅
省级文明单位	1993	3	浙江华日实业投资有限公司、杭州铁路电机厂、上海铁路局杭州机务段
	1995	2	浙江省工业设备安装集团有限公司、上海铁路局杭州供电段
	1997	5	广宇集团股份有限公司、工商银行杭州江城支行、工商银行杭州城站支行、上海铁路局杭州办事处、杭州市城市基础设施建设发展中心
	1999	8	浙江杭州市新华书店有限公司、上城区人民法院、浙江省杭州第四中学、杭州市土特产有限公司、中铁二十四局集团浙江工程有限公司、中国邮政集团公司杭州市分公司、浙江省长城建设集团股份有限公司、中国邮政集团公司浙江省邮票局
	2001	6	建设银行杭州吴山支行、农业银行杭州中山支行、杭州市第三人民医院、上海铁路局杭州电务段、浙江省赞成集团有限公司、浙江省商业集团公司
	2003	2	杭州银行官巷口支行、杭州市房地产开发集团有限公司
	2005	5	工商银行杭州羊坝头支行、上城区清波街道社区卫生服务中心、杭州市医疗保险管理服务局、浦东发展银行杭州分行、杭州市水务控股集团公司南星水厂
	2007	5	杭州市崇文实验学校、杭州市第一人民医院、浙江省水文局、上城区国家税务局、杭州市市政公用建设开发公司
	2009	6	工商银行杭州众安支行、浙江省杭州市国家税务局、中国美术学院、杭州知味观、杭州市城建开发集团有限公司、上城区疾病预防控制中心
	2011	7	杭州市天长小学、杭州市抚宁巷小学、山西省干部疗养杭州接待处、杭州市交通工程质量安全监督局、浙江省河海测绘院、浙江省公安厅、杭州市水处理设施建设发展中心
	2013	4	上城区卫生和计划生育局、杭州东箭贸易有限公司、杭州市房产交易产权登记管理中心、浙江省公路管理局
	2015	1	浙江省电力实业总公司
市级文明单位	1995	1	杭州市胜利小学
	1997	2	浙江出入境检验检疫局杭州培训中心、杭州大华饭店
	1999	2	杭州市公安局上城区分局清波派出所、上城区人民检察院
	2001	11	杭州市行知幼儿园、上城区湖滨市容环境卫生管理所、浙江大学医学院附属第二医院、杭州市五星幼儿园、中信银行杭州平海支行、杭州市公安局上城区分局小营派出所、杭州花中城大酒店有限公司、上城区南星市容环境卫生管理所、杭州市南山陵园管理处、杭州市卫生信息中心、杭州采芝斋食品有限公司

续表 26-3-3

级别	命名时间	数量	单位名称
市级文明单位	2003	9	农业银行杭州解放路支行、上城区清波市容环境卫生管理所、人保浙江分公司、杭州市天地实验小学、杭州燃气工程安装有限公司、杭州香溢浣纱宾馆有限责任公司、浙江省盐业集团有限公司、中信银行杭州延安支行、杭州市江城中学
	2005	4	浦东发展银行杭州清泰支行、杭州银行之江支行、杭州市惠兴中学、上城区小营街道社区卫生服务中心
	2007	3	上城区教育学院附属小学、杭州市华辰国际饭店有限公司、杭州市清泰实验学校
	2009	8	天安保险股份有限公司浙江省分公司、上城区教育局、杭州新世纪外国语学校、上城区湖滨市场监督管理所、浙江电力建设监理有限公司、杭州北海信息系统有限公司、浙江梅地亚新闻交流中心、杭州市上城区教育学院
	2011	3	上城区城市管理局、浦东发展银行杭州中山支行、浙江省交通运输厅工程质量监督局
	2013	4	杭州银江宾馆、浙江省中医院、浙江省通信产业服务有限公司杭州市分公司、杭州亚龙雕塑艺术有限公司
	2015	4	浙江省通信产业服务公司网络科技分公司、杭州利星名品百货广场有限公司、杭州市娃哈哈小学、杭州市房产档案馆
区级文明单位	1993	2	杭州恒丰典当有限责任公司、杭州市紫阳小学
	1995	1	杭州市始版桥小学
	1997	1	上城区人民政府城市管理办公室汽车场
	1999	2	上城区南星街道社区卫生服务中心、杭州始版桥幼儿园
	2001	4	杭州市宗文小营实验学校、杭州市服装职业高级中学、上城区望江市容环境卫生管理所、上城区公安分局消防大队
	2003	5	杭州市高银巷小学、杭州市胜利幼儿园、浙江赞成宾馆有限公司、杭州市公安局上城区分局、杭州市安保集团服务有限公司
	2005	7	浙江省杭州市钱塘公证处、杭州市时代小学、上城区社区学院、杭州市公安上城区分局紫阳派出所、上城区紫阳市容环境卫生管理所、杭州市杨绫子学校、上城区妇幼保健计划生育服务中心
	2007	8	杭州红泥砂锅有限公司、浙江省邮政信息技术局、杭州市公安局上城区分局南星派出所、杭州迅达铁路机车配件厂、杭州市房屋安全鉴定事务管理中心、杭州市公安局上城区分局站前派出所、浙江省八达物流有限公司、杭州海事局
	2009	15	杭州市公安局上城区分局湖滨派出所、杭州市城建设计研究院有限公司、杭州市清波幼儿园、上城区清波市场监督管理所、上城区残疾人联合会、杭州师范大学第一附属小学、杭州市大学路小学、上海铁路局杭州工务段、杭州市饮马井巷小学、杭州市燃气集团有限公司营业服务分公司、杭州市开元中学、杭州市公安局上城区分局望江派出所、杭州陶都实业有限公司、上城区市场监督管理局南星市场监督所、杭州市培红幼儿园
	2011	20	杭州仁和饭店、杭州市人民政府督查违法建筑办公室、杭州吴山书画院有限公司、杭州联合银行吴山支行、杭州市文物保护管理所、杭州市天艺幼儿园、上城区青少年活动中心、杭州市回族穆兴小学、浙江省通信产业服务公司置业管理分公司、浙江东方集团股份有限公司、杭州中维香溢大酒店股份有限公司、浙江省国际旅行卫生保健中心、浙江省化工进出口有限公司、浙江中都物业管理有限公司杭州分公司、浙江恒基消防工程有限公司、杭州近江艺术幼儿园、杭州市上城区喜洋洋幼儿园、浙江天宣实业发展有限公司、杭州市市区河道监管中心、北京师范大学附属杭州中学

续表 26-3-3

级别	命名时间	数量	单位名称
区级文明单位	2013	20	上城区住房和城市建设局湖滨房管站、上城区湖滨街道社区卫生服务中心、杭州市工人文化宫、上城区小营市场监督管理所、浙江省军用饮食供应站、杭州市胜利瑞丰幼儿园、杭州市城站广场管理委员会、浙江铁道发展集团有限公司、上城区望江市场监督管理所、杭州杭派清江服饰市场有限公司、杭州市居住发展中心有限公司、杭州市行知金陶幼儿园、杭州市公共自行车交通服务发展有限公司、杭州市渔政渔港渔船监督管理总站、杭州市地下空间建设发展中心、杭州市紫阳幼儿园、上城区紫阳市场监督管理所、杭州市娃哈哈幼儿园、杭州市建兰中学、杭州市民卡有限公司
	2015	10	杭州城投投资有限公司、杭州市物业维修资金管理中心、浙江省气象局、杭州太和堂健康管理有限公司、杭州市胜利东河幼儿园、浙江威龙葡萄酒销售有限公司、杭州市金都天长小学、浙江鲁业建设有限公司、浙江省气象研究所、浙江省气象安全技术中心

说明：资料来源于杭州市上城区精神文明建设委员会办公室

第二十七篇 科学技术

中华人民共和国成立后，上城区响应党中央在各个历史时期发出的“向科学进军”“科学技术是第一生产力”“科教兴国”“建设创新型国家”“实施创新驱动发展”等一系列重大决策部署，贯彻落实党和国家科技工作的方针政策，依靠科技进步，全面布局科技创新工作。特别是1978年改革开放后，调整科技工作重点，先后组织实施“科教强区”和建设创新型城区战略，通过加强创新环境建设，组织科技创建活动，培育和发展科技型企业，完善科技机构和科技管理体系，科技事业呈现出强大生机和活力，为经济发展、社会进步、民生改善提供有力的支撑。

1978年4月，区委、区政府第一次召开全区科技工作会议，传达全国科学大会和杭州市科技工作会议精神，学习邓小平在全国科学大会开幕式上的重要讲话，讨论研究全区1978年科技规划和此后3年科技主攻方向。1987年12月，区委、区政府联合发出《关于加强我区科技工作若干意见》。1989年10月，区政府发出《关于进一步推动工业企业技术进步的实施意见》。1990年2月，区委、区政府作出《关于依靠科技进步振兴上城经济的决定》，确立依靠科技进步发展区域经济的理念。

1995年5月，中共中央、国务院作出《关于加速科技进步的决定》，开始实施科教兴国战略。1996年6月，区委、区政府成立区科技领导小组，加强推动上城区科技发展。1997年3月，区委、区政府印发《上城区“科教强区”发展纲要》，优化产业结构，促进科技体制改革，实施“科教强区”发展战略。7月，区政府召开科技工作会议，作出《贯彻科教强区战略，开创上城区科技工作新局面》的要求，提出具体落实科教强区战略的举措。1998年12月，上城区获“全国科技工作先进区”称号。

2000年7月，上城区科技创业中心成立，孵化培育初创型科技企业。2001年1月，区政府召开技术创新会议，研究深入实施“科教强区”战略、率先基本实现现代化目标，确定此后一个时期上城区技术创新工作的各项任务，部署实施“科技创新”工程，促进区域经济跨越式发展的计划。7月，杭州海兴电力科技股份有限公司成立，聚焦于电力行业，为全球电力客户提供智能产品和配用电解决方案。2004年3月，上城区获首批“全国科技进步示范区”称号，12月召开示范区建设启动大会。10月，杭州金星铜装饰工程总公司被认定为“浙江省铜建筑研究开发中心”。2005年3月，上城区申报创建浙江省科技强区。5月，上城区成立知识产权办公室，开展专利行政执法和知识产权保护等工作。

2006年7月，区委、区政府召开第三次全区科技创新大会，作出《关于增强自主创新能力、建设创新型城区的决定》，提出建设创新型城区具体要求。同时，配套推出《知识产权专项资金管理办法》《科学技术奖励评定办法》《促进科技孵化器建设的实施意见》《全面推进信息化的实施意见》《加强科技创新人才队伍建设的实施意见》等促进科技发展的若干举措。11月，杭州娃哈哈集团有限公司被认定为国家级企业（集团）技术中心。12月，上城区科技创业中心被认定为“国家高新技术创业服务中心”。2007年12月，上城区通过科技部“全国科技进步示范区”中期评估并评定为优秀。2008年7月，上城区科技创新大会召开，授予杭州娃哈哈集团有限公司欧凯、杭州华日电冰箱股份有限公司虞立工等人“上城区科技创新特别贡献奖”。2009年12月，上城区在区科学技术局挂牌地震局，负责全区地震和防震减灾综合管理工作。

2012年1月，上城区制定《关于加快发展民生科技的实施意见》，围绕“人口健康、公共安全、生态环境、防灾减灾”四大民生领域，组织实施全民健康科技推广应用、公共安全科技推广应用、生态环境科技推广应用、防灾减灾科技推广应用“四大工程”。2013年1月，上城区科技创新大会召开，公布上城区“1+3”科技创新扶持措施[①]，授予浙江博世华环保科技有限公司等12家企业“上城区创新型企业”称号等。是年，上城区获首批浙江省创新型试点城市（县、区）、“国家可持续发展实验区”称号。2014年2月，杭州海兴电力科技有限公司入选浙江省“百强高新技术企业”，浙江赞宇科技股份有限公司入选浙江省“新材料产业——精细化学品产业十强企业”。2015年8月，上城区按照国家“大众创业、万众创新”要求，在浙江省率先启动创业创新天堂行动，培育和发展众创空间。

1993—2015年，全区共引进各类人才5.92万人，从事科技研究开发人员2180人，新培育高技能人才5079人。至2015年末，建成国家级博士后工作站1个，省级博士后工作站3个，院士专家工作站7个，重点企业创新团队6个；建成国家级技术中心1个、省级高新技术企业研究开发中心21

① 即上城区委《关于实施科技创新战略、加快创新型城区建设的意见》，区政府《关于实施科技创新战略、加快建设创新型城区的若干扶持政策》《上城区科学技术经费使用管理办法补充意见》《上城区科技企业贷款风险池基金实施意见》。

个、市级高新技术企业研究开发中心38个，拥有国家级有效高新技术企业59家，通过省级认定科技型中小企业96家；拥有省级有效专利试点示范企业8家、市级有效专利试点示范企业10家；建有国家级科技企业孵化器1个、省级科技企业孵化器1个、市级科技企业孵化器4个、市级众创空间5个；每万人发明专利授权量8.16件；企业研发机构设置率23.81%；科技服务业营业收入占规模以上服务业比重63.47%；区财政科技经费投入达11275万元；建立区风险池基金可发放贷款额度2亿元；科技进步对全区经济发展的贡献率为58.5%。

第一章　科技管理

1977年，上城区科学技术委员会成立，负责统筹协调、指导和监督管理科技进步等工作。1987年，上城区将科技计划列入年度科技管理工作，通过征集、评定、发文组织实施。1993年，开设专项奖励经费，用于奖励各级各类科技成果。1996年，区科委更名为上城区科学技术局，开展上城区科技的计划管理、科技成果与奖励、专利管理和科技人才队伍建设等工作。2000年，上城区科技创业中心成立，指导不同形式的孵化器开展工作。2001年，制定《上城区新世纪人才工程实施意见》，鼓励和引进高科技人才创新创业，并举办各类专业技术培训和职工岗位技能培训，促进管理队伍的年轻化、知识化。

2003年，上城区开始组织申报专利试点示范企业。2005年，上城区知识产权办公室成立，并通过制定各项专利保护、鼓励发明创造的政策，推进专利管理工作正规化。2006年，《上城区科学技术奖励评定办法》发布，区科学技术奖励评定形成制度。是年，上城区加大科技创新人才培育，实施高层次科技创新人才培养计划，扶持留学人员创业。至2015年末，上城区拥有省级有效专利试点示范企业8家、市级有效专利试点示范企业10家。全区累计列入科技发展计划项目1683项，其中，列入国家省市计划项目635项。

第一节　管理机构

1993年，上城区科学技术委员会开展辖区内科学技术相关工作。1996年7月，区科学技术委员会更名为区科学技术局（简称区科技局）。主要职责是编制科技发展规划，推进科技体制改革，实施“科教强区”战略方针；协调区各有关部门的科技工作，指导各系统、企业、街道的科技工作和科技活动，管理与安排科技三项经费、科技发展基金、科学事业费的使用；负责管理区各民营科技企业和技术市场；管理科技成果，参加重大技术引进项目的立项工作，管理专利工作，负责科技工作有关法规、政策的宣传教育，组织执法检查；承担区“科教强区”领导小组办公室和区科技工作“创先”领导小组办公室、区科普工作联席会议办公室的职能等。1997年7月，区科技局内设办公室1个职能科室。

2000年8月，区科技局由与区科技协会由合署办公改为分开办公。2002年6月，区科技局内设办公室、科技计划管理科、成果合作科。2005年，区科技局增挂区知识产权办公室牌子。2008年10月，知识产权办公室更名为上城区知识产权局。2009年12月，上城区地震局成立，与区科技局合署办公。2012年5月，区科技局（区知识产权局、区地震局）主要开展科技、知识产权和防震减灾等工作，下设事业单位为上城区科技创业中心。区科技局历任党组（委）书记傅宝林、吴伟明、卢江、杨东。历任局长傅宝林、吴伟明、卢江、杨东。

第二节　计划管理

1993—2015年，为加强科技计划管理，发挥区科技发展计划在引领产业发展、科技项目申报、促进企业创新中的作用，上城区根据国家、省、市科技计划安排，结合全区经济和社会发展需求、科技发展规划推进，通过在全区范围内征集新产品开发、技术创新、社会事业科技示范等项目，经综合评定后列入年度区级科技发展计划，并做为推荐申报国家、省、市科技计划项目资源库，先后有1683个项目列入上城区科技发展计划，其中有635个项目被列入国家、省、市计划。

表27-1-1　1993—2015年上城区区级科技发展计划及实施情况表

单位：个

年份	下达区级计划数	实施情况		年份	下达区级计划数	实施情况	
		区级项目数	国家、省、市项目数			区级项目数	国家、省、市项目数
1993	71	53	11	2005	78	64	31
1994	97	73	26	2006	73	69	35
1995	55	48	12	2007	89	70	29
1996	50	43	22	2008	105	93	42
1997	51	45	12	2009	80	63	33
1998	58	46	10	2010	85	75	37
1999	51	44	16	2011	110	90	40
2000	53	39	18	2012	110	92	38
2001	56	43	21	2013	70	65	48
2002	55	51	24	2014	70	56	28
2003	67	59	30	2015	75	61	33
2004	74	62	39	—	—	—	—

说明：资料来源于杭州市上城区科学技术局

第三节　成果奖励

1993年，上城区开展省、市科技进步奖项目的评选推荐工作和区级科技进步奖的评选。为调动科技工作者创新创业积极性，在区科技经费中专设奖励经费，用于奖励获得各级各类科技成果奖项。是年，评出区科技进步一等奖1项、二等奖1项、三等奖3项。

1994年，对获省、市科技进步奖的杭州三和食品助剂厂“多肽蛋白元”等5个项目分别给予区科技经费配套奖励。1999年5月，《国家科学技术奖励条例》颁布，省、市奖励实施条例相继实施，上城区加大鼓励和促进科技进步措施，表彰奖励在推动上城区科学技术进步活动中有突出贡献的企业、事业单位和个人。2000年，科技开发奖励费219.19万元。2002年，区政府授予杭州娃哈哈集团有限公司的“非常柠檬碳酸饮料”等13个项目上城区科技进步奖称号；授予杭州海兴电器有限公司的张如虎等12人上城区优秀科技工作者称号。2003年，上城区制定《上城区科技经费使用管理暂行办法》，区科技进步奖分设为一、二、三等奖，每项分别奖励3万元、2万元、1万元；科技人员突出贡献奖一等奖2万元、二等奖1万元、三等奖5000元。

2006年，上城区制定《上城区科学技术奖励评定办法》，设置区科学技术奖、区优秀专利奖、区自主创新优秀企业奖、区优秀科技工作者奖、区科普工作先进奖等5个奖项，区科学技术奖每2年评审1次，每年对获国家、省、市科技奖的企业、事业单位按照获得的资金额度追加奖励。是年7月，区政府授予“娃哈哈营养快线果汁牛奶饮品及其稳定体系、口感和热灌装技术的研究”等16项科技成果“上城区科技进步奖”；授予杭州华日电冰箱有限公司的“一种双拉手的冰箱门”等6项专利产品“上城区优秀专利奖”；授予杭州捷尔思阻燃化工有限公司等10家企业“上城区自主创新优秀企业”称号；授予欧凯等10人为“上城区优秀科技工作者”；授予上城区蒋筑英科技学校等9家单位“上城区科普工作先进集体”称号。

2008年，上城区增设区科技创新特别贡献奖，突出表彰个人。经评定，区政府授予杭州娃哈哈集团有限公司欧凯、杭州华日电冰箱股份有限公司虞立工等人“上城区科技创新特别贡献奖”；授予浙江赞宇科技股份有限公司的“年产5000吨磺化油脂产业化项目”等10项科技成果“上城区科技进步奖”；授予杭州康源食品科技有限公司的“月桂酸甘油单酯微乳液及其制备方法和应用”等10项专利产品“上城区优秀专利奖”；授予吴伟俊等10人“上城区优秀科技工作者”称号；授予望江街道办事处等9家单位“上城区科普工作先进集体”称号。

2010年，区政府授予杭州娃哈哈集团有限公司楼向明、杭州华日电冰箱股份有限公司徐海荣、杭州中瑞思创科技股份有限公司路楠3人“上城区科技创新特别贡献奖”；授予杭州亿恒科技有限公司的“基于嵌入式ARM技术的温湿度控制器”等15项科技成果“上城区科技进步奖”；授予浙江亚通金属陶瓷有限公司的“铜铬—铜复合触头材料及其制造方法”等10项专利产品“上城区优秀专利奖”；授予中科院杭州射频识别技术研发中心等6家企业“上城区科技创新平台先进企业”称号；授予许斌等16人“上城区优秀科技工作者”称号；授予湖滨街道东坡路社区等8家单位“上城区科普工作先进单位”称号。

2013年，区政府授予杭州娃哈哈集团有限公司舒志成、杭州华日电冰箱股份有限公司何少勇、杭州海兴电力科技股份有限公司周良璋、杭州图强工程材料有限公司项小珍等4人“上城区科技创新特别贡献奖”；授予杭州海兴电力科技股份有限公司等12家企业

"上城区创新型企业"称号；授予杭州海兴电力科技股份有限公司的"用电及计量自动化需求侧管理系统"等14项科技成果"上城区科技进步奖"；授予杭州网聘广告有限公司等14家企业"上城区优秀科技服务业企业"称号；授予杭州博世华环保科技有限公司"一种生活垃圾填埋场渗滤液治理方法及系统"等13项专利产品"上城区优秀专利奖"；授予上城区发展改革和经济信息化局等10家单位"上城区科普工作先进单位"称号。2014年，上城区获省、市科技进步奖各1项。2015年，上城区获省科技进步奖2项。

第四节　专利管理

1989年，上城区专利管理工作开始起步，是年，上城区科技情报站成立，开展专利知识宣传普及，提供专利申报咨询服务。2005年，上城区知识产权办公室成立。随后，上城区通过制定《关于鼓励专利申请和应用奖励办法》《上城区加强专利创造、应用和保护的管理办法》等政策措施，使专利行政执法和知识产权保护工作走向正规。同时，开展知识产权宣传服务进广场、进企业、进学校、进医院活动，将知识产权宣传和保护工作常态化。

一、专利宣传与保护

1993年，上城区开展知识产权知识的宣传和保护工作。1996年7月起，区科技局负责管理全区专利工作。

2005年3月，上城区知识产权办公室成立，负责知识产权的宣传保护工作以及指导培育技术市场，负责技术合同认定、登记、统计等。是年，上城区启动"知识产权促进行动"，开展"十一五"区知识产权战略研究、企业知识产权制度建设专题研讨以及知识产权进社区、知识产权实务培训等活动，并加强对专利成果、软件产品的扶持力度，促进企业知识产权保护工作。

2006年，为加强知识产权保护，鼓励发明创造，促进专利成果的产业化，上城区制定《上城区知识产权专项经费管理办法》。对上城区内企业和个人申请国内外发明专利、实用新型专利、外观设计专利获得授权的给予奖励；对被认定区级以上专利示范（试点）企业，专利技术引进、专利成果产业化项目、获得名牌产品、驰名商标、知名商号、技术标准等均可获得数额不等的经费资助。是年，结合"4·26"国际知识产权日，举行"上城区知识产权活动周"，开展知识产权进楼宇宣传服务、专利纠纷现场口审、专利工作实务培训等活动。此后，上城区将知识产权宣传和保护作为年度常态化工作，每年4月组织知识产权保护或专利申请运用进广场、进企业、进学校、进医院宣传活动。

2007年5月，上城区专利工作领导小组成立，建立起区、街道、企业事业单位三级联动网络。2008年，举办知识产权培训6次，参加的企业人员400余人次，发放宣传资料500余份。2009年8月，区科技局制定《关于鼓励专利申请和应用奖励办法》，2012年1月，制定《上城区专利试点企业认定管理办法》，明确要求建立有效的专利申请、管理、保护、运用及专利信息利用机制，规定专利产品年产值或年销售收入在500万元以上的企业可申请参加区专利试点企业认定，经认定的企业一次性奖励1万元，并优先推荐申报省级、市级专利工作试点示范企业和国家、省、市相关科技计划项目及专利转化实施项目等。2014年12月，区政府制定《上城区加强专利创造、应用和保护的管理办法》等政策措施，鼓励区内企业和个人开展发明创造，对财政级次在上城区，同时专利申请登记地址在上城区的企业国内发明专利、实用新型专利、外观设计专利，经授权后，每件分别奖励10000元、1000元、500元。对专利申请登记地址在上城区的个人国内发明专利，经授权后，每件奖励10000元；对年专利申请量达到30件、50件、70件以上的，分别给予一次性1万元、2万元、3万元奖励。2015年6月，区科技局会同杭州专利培训机构在杭州口腔医院举办专利知识讲座，讲解医院怎样挖掘专利发明潜力、员工如何申报发明专利、医院如何开展专利保护等知识产权保护基础知识。是年，区科技局、区财政局联合下达上城区第一批专利专项资金，有17家企业、3名个人共获37.05万元奖励。

二、专利申请与授权

1993年，上城区申请职务发明专利3件，非职务发明专利1件。1996年，全区有3件实用新型专利获得中国专利局批准。此后，专利申请量和授权量未有大的增量。至1999年，全区专利授权量为78件，其中发明专利11件。

2002年，全区专利授权量200余件，其中，发明专利20件，实用新型专利83件，外观设计专利120件。2011年，上城区专利授权量1271件、申请量1657件，授权量增长率排名全市各区县（市）第二位。

2012年1月，上城区在原有区专利试点企业培育文件的基础上，重新修订《上城区专利试点企业认定管理办法》（简称《办法》），开展区级专利试点企业的培育工作。《办法》明确要求建立有效的专利申请、管理、保护、运用及专利信息利用机制，规定专利产品年产值或年销售收入在500万元以上的企业可申请参加区专利试点企业认定，经认定的企业一次性奖励1万元，并优先推荐申报省级、市级专利工作试点示范企业和国家、省、市相关科技计划项目及专利转化实施项目等。2015年，上城区专利授权量为1402件，其中，发明专利269件，每万人发明专利授权量8.16件。

表27-1-2　2005—2015年上城区专利申请量授权量情况表

单位：件

年份	申请量				授权量			
	发明	实用新型	外观设计	小计	发明	实用新型	外观设计	小计
2005	122	212	159	493	35	118	88	241
2006	130	203	284	617	24	159	179	362
2007	93	236	351	680	32	212	214	458
2008	98	195	335	628	39	246	211	496
2009	103	218	201	522	59	180	195	434
2010	256	649	556	1461	47	345	560	952

续表 27-1-2

年份	申请量				授权量			
	发明	实用新型	外观设计	小计	发明	实用新型	外观设计	小计
2011	309	840	508	1657	103	731	737	1271
2012	348	831	699	1878	145	732	520	1397
2013	397	1014	1443	2854	104	820	779	1703
2014	339	515	426	1280	121	624	461	1206
2015	447	757	521	1752	269	762	371	1402

说明：资料来源于杭州市上城区科学技术局

三、专利试点示范企业

2003年，省市相继制定《浙江省专利示范企业管理暂行办法》《杭州市专利试点企业评审标准（暂行）》，规定省、市级专利试点示范企业认定后每3年要进行一次复核，对复核不合格的取消称号。上城区开始组织申报专利试点示范企业。2004年，上城区共有省级专利示范企业2家（杭州奥普电器有限公司、杭州金星铜工程有限公司），市级专利试点企业4家；全年共资助专利162件，资助经费15.83万元，其中，发明专利17项，实用新型专利76项。2007年，杭州中瑞思创科技有限公司被认定为省级专利示范企业。

2012年3月，杭州娃哈哈集团有限公司等3家企业被认定为市级专利示范企业，杭州图强工程材料有限公司等7家企业被认定为市级专利试点企业，杭州海兴电力科技有限公司、浙江博世华环保科技有限公司、中科院杭州射频识别技术研发中心、浙江宇天科技股份有限公司、杭州博乐工业产品设计有限公司5家企业被认定为上城区专利试点企业。至此，上城区共有省级专利示范企业3家，省自主知识产权优势中小企业1家，市级专利示范（试点）企业10家，区级专利试点企业26家。

2015年末，上城区有省级有效专利试点示范企业8家、市级有效专利试点示范企业10家。

表27-1-3　2015年上城区市级以上专利试点示范企业名单

序号	企业名称	级别
1	杭州娃哈哈集团有限公司	省级
2	金星铜集团有限公司	省级、市级
3	思创医惠科技股份有限公司	省级
4	杭州华日电冰箱股份有限公司	省级、市级
5	杭州赞宇科技股份有限公司	省级、市级
6	杭州捷尔思阻燃化工有限公司	省级、市级
7	浙江博世华环保科技有限公司	省级、市级
8	浙江威星智能仪表股份有限公司	省级
9	浙江求是科教设备有限公司	市级
10	浙江宇天科技股份有限公司	市级

续表27-1-3

序号	企业名称	级别
11	浙江理想自动门业有限公司	市级
12	杭州图强工程材料有限公司	市级
13	杭州中瑞思创科技有限公司	市级

说明：1.市级以上专利试点示范企业有效期为2年。2.资料来源于杭州市上城区科学技术局

第五节　人才管理

1993年，上城区区属单位中有专业技术职称人员4239人，其中，高级职称58人，中级职称934人，初级职称3265人。当时，上城区主要以引进具有全日制普通高等院校本科以上学历、或具有中级及以上专业技术职称、或拥有发明专利的科技人员为主。当年接收大中专毕业生130人，引进各类人才223人。

1994年，上城区开展科技人员的休养活动，宣传优秀科技人员事迹，各经济主管部门在系统内部开展优秀科技人员的评选和奖励。同时，举办各类专业技术培训和职工岗位技能培训，推荐20名优秀青年科技人员（职工）到大专院校脱产进修。至1999年末，全区国有企事业单位专业技术人员3025人，其中，企业从事科技活动的科技人员914人。参加各类专业培训的职工8695人，职工培训率36%。接受继续教育的专业技术人员2189人，专业技术人员继续教育率49.1%。

2000年，全区共引进人才4239人，拥有各类专业技术职称人员1372人，其中高级职称56人、中级职称382人，初级职称934人。

2001年，上城区制定《上城区新世纪人才工程实施意见》，鼓励和引进高科技人才到上城创新创业。2001—2005年，全区共引进各类人才9393人，其中高级职称33人、中级职称118人，专业技术人才806人。2002年，拓宽人才引进和利用渠道，确立“只求所用、不求所有”“引人”与“引智”揽才理念，大力引进高层次、复合型人才和紧缺急需人才，特别重视吸引归国留学人员来上城区创业，并成立上城区科技创业者协会，成为科技创业人员的交流平台。

2006年，上城区制定《上城区加强科技创新人才队伍建设的实施意见》《关于吸引和鼓励留学人员来上城创业的实施意见》等政策措施，加大科技创新人才培育，实施高层次科技创新人才培养计划，扶持留学人员创业。2006—2010年，全区共引进各类人才15577人，其中本科以上学历8815人，从海外及省外引进3404人，中级以上技术职称834人。全区享受省政府特殊津贴专家9人。2010年12月，中国科学院院士孙钧及其领衔的研究团队落户上城，组建杭州丰强土建工程研究院，实现中科院院士引进并落户零的突破。

2013年，上城区制定《关于实施科技创新战略加快建设创新型城区的若干扶持政策》，开展人才提升工程，进一步加大人才激励措施。2011—2015年，全区共引进各类人

才29976人，其中引进海外留学人才400人，诺贝尔医学/生理奖得主1人。至2015年末，全区拥有各类专业技术职称人员3387人，其中正高级职称12人，副高级职称521人，中级职称1766人，初级职称1088人；从事科技研究开发人员2180人，每万名劳动力中科技研发人员68.44人。新培育高技能人才5079人，占技能劳动者总数的26.64%。建成国家级博士后工作站1个，省级博士后工作站3个，院士专家工作站7个，重点企业创新团队6个。

第六节　科研经费

1993年后，上城区建立以政府政策引导、企业为主体、社会多元化为支撑的科技投入体系，为科技创新创业提供支撑。1994年，区财政增加对科技事业经费的投入，安排20万元的科技发展基金和760万元技术改造经费，专项用于科技项目和科技活动宣传，并在财政预算中增加科技教育专项补助经费。是年，区政府制定提取技术改造统筹资金的办法，增加对新品开发和技术改造的投入。

1996年，上城区开始设立科技三项费用①，采用贴息（补贴）、无偿资助和奖励3种资助方式，支持经济和社会发展中共性、关键性、公益性的技术研究开发与应用；支持科技成果产业化及转化、扩散；支持技术含量高、创新性强、拥有自主知识产权的新产品研制；支持各类创新平台和创新载体的建设。是年，上城区科技三项经费为80万元，占当年本级财政一般预算支出比例的1%。2000年，上城区全年科技投入693.7万元，其中，科技三项经费468万元，区本级财政科普经费50.8万元，人均1.49元。全区全年共提用技术开发费15413万元。

2001年，上城区引进上海风险投资机构，建立区中小企业担保基金，为科技型企业新产品开发提供资金帮助。2010年，区科技局与杭州科技银行、杭州高科技担保中心合作，采取3家融资方式，建立风险池基金②，帮助科技型企业成长。当年共有8家科技型企业获得银行贷款额度2000万元。2012年11月，省财政厅、省科技厅联合下发《关于下达2012年市县科技产出绩效挂钩补助资金的通知》，上城区获100万元科技产出绩效挂钩补助资金③。

2013年，上城区制定《上城区科学技术经费使用管理办法补充意见》《上城区科技企业贷款风险池基金实施意见》。至2014年末，共有14家科技型中小企业获得风险池贷款1.38亿元。杭州熙浪信息技术股份有限公司在获得风险池贷款后，企业经营状况得到明显改善，于8月在

① 科技三项费用：为政府对科技投入的一种引导性资金，是支持科技事业发展而设立的新产品试制费、中间试验费和重大科研项目补助费。“科技三项费用”列入区级财政预算科目。2010年，改称区财政科技经费。

② 风险池基金：指不以营利为目的，由各区（县、市）科技局分别与市级政策性担保公司、银行根据可能发生的不良贷款，按照各自匹配风险的比例出资组成的信贷风险补偿基金。同时各借款企业按照借款合同总额的一定比例缴纳风险金，补充风险池基金来源。

③ 该资金是由省财政设立的科技专项性一般转移支付资金，鼓励市县政府加大科技创新力度和资金投入力度，进一步推动科技进步和高新技术产业发展。

北京产权交易所挂牌“新三板”。

2015年5月，区科技局根据区纪委“三重一大”事项集体决策机制试点工作要求，采取完善机制、网上申报、规范评审、强化监管4项措施，加强科技项目经费管理。将省、市、区立项的各类科技项目经费和区科技企业贷款风险池基金项目等11个类别事项列入决策范围。按照项目申报条件、时间规定，依托上城科技网、市财政专项资金网等管理系统，建立科技项目网上申报“阳光通道”，实施“零见面、零距离”管理，最大限度地减少中间环节。制定项目资金申请、审批流程，加强过程审核把关。至2015年末，区财政科技经费支出11275万元。风险池基金可发放贷款额度2亿元，有14家科技型中小企业通过固定资产抵押、公司股权质押等方式，获得风险池贷款1.38亿元。全区企业技术创新投入和研究与试验发展投入分别占全社会投入的92.7%和91.5%，企业年投入科技研发经费5亿元。

第二章 科技创新和战略

1978年4月，上城区召开第一次科技工作会议，传达全国科学大会和杭州市科技工作会议精神，学习邓小平在全国科学大会开幕式上的重要讲话，联系实际制定上城区科技三年规划。中共十一届三中全会后，杭州市开展科技体制改革工作，上城区开展科技创新与战略实施。1990年1月，第二次上城区科技工作会议召开，并做出加强科技人才的引进和队伍建设，用科技进步促进传统产业技术改造，推动新兴产业振兴发展的决定。1995年5月，中共中央、国务院作出《关于加速科学技术进步的决定》，提出科教兴国的战略。1997年3月，区委、区政府印发《上城区“科教强区”发展纲要》，实施“科教强区”发展战略。2001年1月，区政府召开科技创新会议，部署实施“科技创新”工程，促进区域经济跨越式发展的计划。是年，上城区开展“全国科技进步示范区”创建活动。2004年，上城区被命名为全国首批“全国科技进步示范区”。

2006年1月，中共中央、国务院颁发《关于实施科技规划纲要增强自主创新能力的决定》，确立建设创新型国家战略。区委、区政府提出建设创新型城区的重点领域和方向，完善以企业为主体、产、学、研相结合的区域创新体系，加强知识产权保护和品牌建设，推进创新教育和人才培养，营造良好的创新文化氛围。2010年，开展“国家可持续发展实验区”建设工作。2013年，上城区被列入首批“浙江省创新型试点城市（县、区）”建设单位。

第一节 科技战略实施

一、“科教强区”战略实施

1993年，区委根据杭州市“科教兴市”战略，以“科技是第一生产力”为指导，要求“强化科技投入，加大科技分量”“培育引进人才，稳定科技人员队伍”“大力开发科技新品，巩固发展高新技术产业的局部优势”。1995年5月，区政府召开全区企业技术进步工作会议，贯彻中央、省、市经济工作会议关于“转变经济增长方式，提高经济质量和效益”精神，提出《关于促进企业技术进步的若干意见》，推出“技术进步工程”，鼓励企业加大投入、加快技术进步，并列入《上城区科学技术“九五（1996—2000）”发展计划》。1996年6月，上城区根据中共中央《关于加速科学技术进步的决定》精神，成立上城区科技领导小组。9月，区委、区政府印发《上城区“创建全国科技工作先进区”活动实施方案》。是月，区政府聘请浙江大学吴世明等12名专家、学者为区科技创新咨询委员会成员，为全区科技创新出谋划策。是年末，上城区科技领导小组更名为上城区科教强区领导小组，上城区“科教强区”战略由此开始实施。

1997年3月，上城区制定《上城区“科教强区”发展纲要》，纲要包括：实施“科教强区”的发展战略；加快企业科技进步、提高工业经济增长的质量和效益；发展高新技术产业、促进产业结构优化；推进第三产业和社会发展领域的科技进步；深化科技体制改革、促进经济与科技紧密结合；加强科技队伍建设、提高全民科学素质；建立多渠道、多层次科技投入体系，努力增加对科技的资金投入；切实加强领导，确保“科教强区”战略落到实处。7月，区政府召开上城区科技工作大会，作出《贯彻科教强区战略，开创上城区科技工作新局面》的要求，提出推进“科教强区”战略组织领导、机制保障、责任落实的具体举措。

2001年1月，区委、区政府召开上城区技术创新工作会议，明确实施“科教强区”战略、率先基本实现现代化目标和技术创新工作的各项任务，部署实施“科技创新”工程，加快技术创新，发展高科技，实现产业化，促进区域经济发展。同时，区政府与浙江工业大学签订经济建设、产业布局规划咨询，科研成果转化，高素质人才引进培育，促进共同发展的战略合作协议书，与杭州商学院、杭州电子工业学院签订深化“产、学、研、政”全面合作协议书。8月，区政府制定《关于加快实施“一号工程”若干扶持政策意见》《上城区高新技术企业、高新技术成果转化项目和高新技术新产品认定暂行办法》《杭州市上城区中小企业技改项目贴息资金管理办法（试行）》配套措施，制定《上城区科学技术“十五（2001—2005）”发展计划》，将贯彻“加快技术创新、发展高科技、实现产业化”精神、落实“两港三区”建设要求与上城区情有机结合，针对上城区经济构成中传统产业占主导现状，把握好培育高新技术产业和改造、提升传统产业两者关系，提出“培育信息通讯、生物医药、新材料三个高新技术产业群，提升饮料食品、智能家电、机械电子三个传统优势产业群，健全一个区域科技创新体系”为目标的“一号工程”，加速推进“科教强区”战略深入实施。

2003年2月，区委、区政府制定《上城区委区政府关于鼓励中小企业发展的若干意见》，提出以杭州娃哈哈集团有限公司为榜样，加快结构调整，推进技术创新，提升产品档次，增强企业竞争力，推出鼓励企业上规模、鼓励企业技术改造、鼓励科技创新、鼓励企业引进人才等32条具体举措。10月，区政府配套制定《上城区关于全面深入开展以民引外、民外合璧工作意见》，提出为民营企业发展、平台搭建、政策鼓励提供支撑，推进民营企业“二次创业”。同时制定《上城区科技经济园建设和经济发展的若干意见》《上城区科技经费使用管理办法》相关落实措施，提出要统一规划，引进品牌型、科技型、外贸型企业，建设精品经济园；设立区科技经费对接国家、省、市科技计划项目，对区属企业应用研究开发、科技成果产业化、科技创新条件和环境建设、公共科技项目及促进科学技术等有关活动进行资助，为“科教强区”战略提供政策、资金和服务保障。

2005年，上城区被浙江省委、省政府授予首批“浙江省科技强区”称号。2006年7月开始，上城区响应国家政策，转变发展战略，开展创新型城区建设。

二、创新型城区建设

2006年1月，中共中央、国务院作出《关于实施科技规划纲要，增强自主创新能力的决定》，颁发《国家中长期科学和技术发展规划纲要（2006—2020）》，确立“提高自主创新能力，建设创新型国家”战略。区委、区政府积极响应，7月，召开全区科技创新大会。大会通过《关于增强自主创新能力，建设创新型城区的决定》，提出到2010年基本建成以企业为主体、市场为导向、产学研相结合的技术创新体系，基本建成“特色优势明显、引领作用突出、科技人才集聚、创新氛围浓厚”的创新型城区目标；坚持理念创新、坚持体制机制创新、坚持开放集成、坚持重点突破，完成培育提升三个产业、优化经济结构，构建四类平台、完善区域创新体系，实施三大工程、推进知识产权保护和品牌建设，提升社会事业信息化、促进和谐发展的任务和工作重点，推出“1+5”科技政策体系①。

2008年7月，上城区科技创新大会召开，区政府与中国美术学院签订共建创意产业合作平台协议。2011年10月，区政府制定《上城区科学技术“十二五（2011—2015）”发展规划》，提出以提高科技创新能力为主线，以发展高新技术产业、文化创意产业、知识型服务业为重点，通过有效利用科技资源，加快实施区域创新体系建设目标，基本形成大科技的发展格局，科技全方位导入经济发展各个产业层次，城市建设与管理、社会发展等诸多领域，科技在区域经济和社会发展中发挥重要作用；科技持续创新能力显著增强，科技创新创业环境优化，科技投入稳步增长，科技实力有明显提高；产生一批具有自主知识产权和市场竞争力的技术成果和产品；培育一批具有较强技术创新能力的知名企业；造就和凝聚一批高素质的科技创新人才。2012年8月，上城区科技创新领导小组成立；10月，上城区向浙江省科技厅提出“创建浙江省创新型试点城区”的申请。

2013年1月，上城区召开科技创新大会，表彰在科技创新中涌现的单位和个人。区委、区政府制定《关于实施科技创新战略、加快创新型城区建设的意见》，通过科技经费资助、奖励和配套等形式，突出企业在创新型城区建设中的主体地位。是年，上城区被列入首批“浙江省创新型试点城市（县、区）”建设单位。至2015年末，上城区有省级创新型试点企业4家，市级创新型试点企业15家，区级创新型试点企业23家。

① 即在修订《区科技经费使用管理暂行办法》的基础上，重新制定《知识产权专项资金管理办法》《科学技术奖励评定办法》《上城区促进科技企业孵化器建设的实施意见》《全面推进信息化的实施意见》《加强科技创新人才队伍建设的实施意见》5个配套政策。

第二节　科技政策

上城区在不同阶段，根据实际制定科技专题发展规划和科技创新创业政策，不断优化科技创新环境。1995年，上城区制定《上城区科学技术“九五（1996—2000）”发展计划》，着重对上个五年期科技工作进行分析，提出下个五年科技创新工作目标、发展重点和建设举措，此后，制定出科学技术“十五（2001—2005）”“十一五（2006—2010）”“十二五（2011—2015）”发展规划以及《上城区“全国科技进步示范区”建设与发展规划》《上城区“国家级可持续发展实验区”建设规划》《上城区科技服务业发展规划（2011—2015）》等专项规划，以一系列新政策措施推进区域科技进步，提升科技实力、技术创新能力，激发各类科技发展活力。

2001年，上城区制定《关于加快实施“一号工程”若干扶持政策意见》《杭州市上城区高新技术企业、高新技术成果转化项目和高新技术新产品认定暂行办法》《杭州市上城区中小企业技改项目贴息资金管理办法（试行）》《杭州市上城区关于建立区级企业技术中心的试行办法》等科技政策。加强“三地一园”创新创业环境建设，吸引各类科研机构、科技人才到上城区落户、创业，加快科技资源的迅速集聚。建立和完善四个服务平台，在技术支撑平台上充实专家咨询组，强化对企业的分类指导；在资金支撑平台上，引进上海风险投资机构与上城区中小企业担保基金管理中心；建立政策支撑平台使在孵企业了解各项政策；在服务平台上，推荐各类优秀的中介服务机构，建立与中介服务机构互惠互利的双赢模式，健全社会协作网络，营造开放、宽松、和谐、高效的创新创业环境。

2006年，上城区以加强科技经费的使用和管理为核心，开展知识产权、孵化器建设、创新人才、信息化等工作，形成“1+5”科技政策体系，制定《上城区知识产权专项资金管理办法》《上城区科学技术奖励评定办法》《上城区全面推进信息化建设的实施意见》《上城区促进科技企业孵化器建设的实施意见》《加强科技创新人才队伍建设的实施意见》5个配套政策文件。

2008年，上城区制定《上城区高新技术企业认定办法》《上城区“西湖创意谷”三年行动计划（2008—2010年）》和《关于加快创意产业发展的若干补充意见》，优化科技创新环境。

2009年，上城区制定《关于上城区开展科技创业创新导师行动的实施意见》，通过创业导师的引领、指导和服务，促进中小企业发展。

2013年，为加快创新型城区建设，区委、区政府在整合原有政策基础上，推出新的“1+3”科技创新扶持政策。即区委、区政府《关于实施科技创新战略、加快创新型城区建设的意见》，区政府《关于实施科技创新战略、加快建设创新型城区的若干扶持政策》

《上城区科学技术经费使用管理办法补充意见》《上城区科技企业贷款风险池基金实施意见》。扶持政策，突出企业在创新型城区建设中的主体地位，通过区科技经费资助、奖励和配套等形式，引导和鼓励发展创新型企业、科技企业上市，鼓励企业加大创新投入、承担重大项目、加快新产品开发、建设研发中心、加强产学研合作、高新技术企业申报，鼓励创新成果奖励。同时，在助推企业发展上，投入科技经费1000万元，做大风险池贷款基金，并引导企业用好创业风险投资和科技保险。在创新载体的推进上，采取房租减免和园区获得上级认定奖励等措施，推进孵化器和产业集聚区创新载体建设。在推进创新型城区过程中，大力实施专利战略、技术标准战略、名牌战略，推进人才提升工程，为科技创新提供支撑。

2014年，上城区制定《上城区孵化器认定管理办法》，明确孵化企业入驻条件，要求经认定的孵化器，其孵化培育的科技企业所从事的项目须符合《国家高新技术产品目录》和上城区产业发展要求，具有自主知识产权。2015年，制定《上城区关于推广应用创新券推动“大众创业、万众创新”的试行办法》，加大政府购买力，降低企业创新成本。设立创新券专项经费150万元，以事前限额申报领取，发放需求企业在利用省市创新载体资源开展研发活动和科技创新时作“有价凭证”使用。至年末，全区申报创新券注册企业18家，发放创新券24.34万元。

第三节　科技创建

1993—2015年，上城区围绕“科技强区”“创新型城区”的建设要求，把科技创新作为推动经济社会发展转型升级的核心动力，相继实施促进科技进步、科技孵化器建设、引进科技人才等一系列政策措施，加大科技投入力度，着力提升企业创新能力，积极搭建科技创业、公共科技条件、企业自主创新三大平台，深入实施知识产权发展战略，区域科技创新能力不断提升，并通过推进全国科技进步示范区、省可持续发展实验区等载体建设，不断为科技强区注入新的创新活力。

2004年，上城区获首批“全国科技进步示范市（县、区）”称号。2010年，被认定为“浙江省可持续发展实验区”，2013年，成功创建“国家可持续发展实验区”。

一、“全国科技进步示范区”创建

2001年，科技部制定《市、县、区科技进步考核办法（试行）》，在全国逐步建立70个科技进步示范市、县、区。上城区开展“全国科技进步示范区”创建活动。2003年12月，上城区通过科技部专家组的评审；次年3月，被命名为全国首批“全国科技进步示范区”。

2004年9月，上城区制定《上城区“全国科技进步示范区”建设与发展规划（2004—2008年）》（简称《规划》），明确“高新化”提升产业结构、“精品化”提升城市品位、“数字化”提升信息化水平、“生态化”提升可持续发展能力4项战略目标，形成“产业技术提升与创新示范工程”“孵化器与区域创新服务体系建设工程”“RBD核心区块国际化科技示范工程”等10个优先项目与工程。区委、区政府制定《“全国科技进步示范区”建设的实施意见》，成立以区委、区政府主要领导任组长的示范区建设领导小组。12月，召开启动暨动员大会。是年，上城区成为全省首批被授予“全国科技进步示范区”称号的城区。2005年，上城区以“全国科技进步示范区”建设为载体，利用科技手段，建成24小时方便快捷的社区服务网和覆盖51个社区的治安动态监控系统，建立生物芯片重点实验室，开展传染病早期发现和诊断研究，提高社区卫生服务水平。

2006年，上城区制定《上城区“全国科技进步示范区”建设2006年度工作计划》，围绕优先工程初步排出本年度的示范区专项，给予专项经费资助502万元。研发出“天网搜搜”警用自动搜索对比平台、食品安全流动检测系统、社区教育网、社区信息亭、数字城管等项目，将现代科技手段与公共安全、公共卫生、社区建设、城市管理等事业有机结合，推进社会各领域工作水平。2007年，上城区总投入6.30亿元，落实奖励资助经费345万元，并推出西湖创意谷、娃哈哈集团SAP-R/3信息系统、重点商贸旅游企业信息化系统、社区“三管合一”网、社区卫生信息收集管理和预警平台、上城区“校校通”工程、GIS警用地理信息系统、立体绿化、科技审判法庭等精品项目与工程，推动“全国科技进步示范区”建设。2008年，上城区对企业技术创新及民生工程、公共安全等项目的总投入6.51亿元，推出警用地理信息平台系统、楼宇经济规划项目、重点工程信息化项目、电子产品研发公共技术平台项目、特色街区信息化系统平台项目、农贸市场提升工程、居家养老服务信息管理系统项目等精品创新项目。是年，上城区被评为“全国科技进步示范区中期评估优秀县（市、区）”。

2009年，为巩固示范区建设成果，上城区制定《全国科技进步示范区新一轮十大工程三年行动计划（2010—2012）》，在全区开展企业技术创新、高端产业创新、数字政府建设创新、信息化建设创新、城市综合体建设科技、节能减排科技、品质生活科技、卫生医疗服务科技、公共安全科技、社会教育科普科技等十大示范工程建设。2010年，上城区开展新一轮“全国科技进步示范区”建设，其内容包括企业技术创新示范工程、高端产业创新示范工程、数字政府建设创新示范工程、信息化建设创新示范工程、城市综合体建设科技示范工程、节能减排型社区科技示范工程、企业节能减排科技示范工程、卫生医疗服务科技示范工程、公共安全科技示范工程、社会教育科普科技示范工程等，推出“城市管理智能管控”、社区信息化、移动卫生监督执法信息平台等亮点工程与项目。至2015年，上城区获“全国县市科技进步考核先进区”称号7次，共有22人获评“全国县市科技进步考核先进个人”。

二、“可持续发展实验区”创建

2010年12月，浙江省科技厅同意上城区创建“浙江省可持续发展实验区”。2011年3月，上城区创建省级可持续发展实验区领导小组首次召开各成员单位会议，将《上城区“省级可持续发展实验区”建设规划（2011—2015年）》（简称《规划》）分解到各单位和部门，《规划》提出上城区将从2010—2015年全力创建省级可持续发展实验区，并以科学、保护、创新、低碳、协调五大原则为基础，实施六大类30个指标，其中包括人口资源指标4个、资源环境指标9个、经济发展指标6个、社会发展指标7个、科技教育指标4个，囊括计划生育率、CDP综合能耗、CDP年均增长幅度、城镇居民人均可支配收入、科技投入占本级财政支出的比重等方面。《规划》还设置“南宋皇城大遗址综合保护工程”“西湖创意谷和山南文化创意园”“城市管理职能管控平台”“城市垃圾分类”、发展“地铁经济”和“为民办实事工程”6项重点工作，在都市经济、城市有机更新、城市环境、社会事业4大类可持续发展领域中启动19项示范工程建设。是年，上城区设立可持续发展实验区建设专项资金，资助科技进步示范项目11个，共计346.95万元。

2012年1月，区科技局根据浙江省科技厅《关于加快发展民生科技的若干意见》以及上城区“十二五”规划纲要要求，制定上城区《关于加快发展民生科技的实施意见》（简称《意见》），加强民生领域科技创新，发挥科技进步对改善民生的保障作用，推进上城区省级可持续发展实验区建设。《意见》重点围绕“人口健康、公共安全、生态环境、防灾减灾”四大民生领域，组织实施全民健康科技推广应用、公共安全科技推广应用、生态环境科技推广应用、防灾减灾科技推广应用“四大工程”，并通过加强民生科技发展资金引导、民生科技服务体系建设、民生科技人才队伍建设、民生科技工作组织领导，促进工程项目的实施，推进上城区民生科技产业发展。

2012年，上城区开展以创建“文化科技融合创新”为主题特色的“国家可持续发展实验区”建设工作。区十四届人大常委会第四次会议审议批准区政府制定的《杭州市上城区国家可持续发展实验区建设规划（2012—2016年）》（简称《规划》），《规划》指出要发挥科技引领作用，重视引智引才，为实验区建设提供全方位服务。是年，上城区结合“老”“小”城区的实际，按照“科学、保护、创新、低碳、协调”建设目标，推进人口资源、环境资源、经济发展、社会发展、科技教育5类30个项目，破解城市发展空间、老城区保护、人性交通、民生优先“四大难题”。5月，上城区成立创建国家可持续发展实验区建设领导小组，区主要领导担任组长，区分管科技工作领导担任副组长，全区涉及项目的29个部门均为成员单位。6月，《上城区创建国家可持续发展实验区规划（2012—2016）》递交科技部。2013年4月，上城区被科技部批准为“国家可持续发展实验区”。上城区重点支持社会管理创新与民生工程建设、生态环境建设、视频安全及公共安全保障等方面的项目建设，并采取适当自主的方式，鼓励建设单位加大项目经费投入。2014年9月，区科技局、区财政局给望江街道“智慧云社区·民情E点通”管理服务平台、食品安全监管系统、童趣园生态水池建设、目术塘组团孵化器等6个项目下发2014年度“国家可持续发展实验区”项目资助经费310万元。2015年10月，由科技部组织的创建“国家可持续发展实验区”培训班在杭州举行，区科技局在会上做题为“上城区注重加强科技与文化、科技与金融相互融合，推进可持续发展”的交流发言。

表 27-2-4 1997—2013 年上城区科技工作获评市级及以上先进情况表

年份	名　　称	获奖单位	表彰机关
1997	浙江省科技工作先进区	上城区	省科技厅
1998	全国科技工作先进区	上城区	科技部
1999	1998年度浙江省区、县（市）党政领导科技进步目标责任制考核先进单位	上城区	省委、省政府
1999	全国科普示范城区	上城区	中国科学技术协会
2000	1999年度浙江省区、县（市）党政领导科技进步目标责任制考核先进单位	上城区	省委、省政府
2001	2000年度浙江省区、县（市）党政领导科技进步目标责任制考核先进单位	上城区	省委、省政府
2002	1999—2000年度全国县市科技进步考核先进区	上城区	科技部
2002	浙江省重点科技企业孵化器	区科创中心	省科技厅
2002	2001年度杭州区、县（市）党政领导科技进步目标责任制考核先进单位	上城区	市委、市政府
2003	浙江省党政领导科技进步目标责任制考核优秀单位	上城区	省委、省政府
2004	全国首批科技进步示范区	上城区	科技部
2004	2001—2002年度全国县市科技进步考核先进区	上城区	科技部
2004	全国科技管理系统先进集体	区科技局	人事部、科技部
2005	2003—2004年度全国县市科技进步考核先进区	上城区	科技部
2006	国家高新技术创业服务中心	区科创中心	科技部
2006	浙江省首批科技强区	上城区	省科技厅
2007	2006年度全省科技系统科技工作先进集体	区科技局	科技厅
2007	2006年省知识产权（专利）工作先进集体	区科技局	省知识产权局
2008	2007年度杭州市科技工作先进单位	区科技局	市科技局
2008	全国科技进步示范区中期评估优秀区、县（市）	上城区	科技部
2008	2005—2006年度全国县市科技进步考核先进区	上城区	科技部
2009	杭州市国家软件产业基地拓展区	区科创中心	市国家级试点和基地建设工作领导小组
2009	2008年度杭州区、县（市）党政领导科技进步目标责任制考核优秀单位	上城区	市委、市政府
2009	2008年度浙江省科技系统科技工作先进集体	区科技局	省科技厅
2009	2007—2008年度全国县市科技进步考核先进区	上城区	科技部
2010	浙江省可持续发展实验区	上城区	省科技厅
2010	2009年度杭州市科技工作先进单位	区科技局	市科技局
2010	2010年度大学生科技创业见习基地试点单位	区科创中心	科技部
2011	2010年度杭州市科技工作先进单位	区科技局	市科技局
2011	2009—2010年度全国县市科技进步考核先进区	上城区	科技部
2011	全省县（市、区）防震减灾工作先进单位	上城区	省地震局
2011	2010年度杭州区、县（市）党政领导科技进步目标责任制考核优秀单位	上城区	市委、市政府

续表 27-2-4

年份	名　　称	获奖单位	表彰机关
2013	浙江省首批创新型试点城市（县、区）	上城区	省科技厅
2013	国家可持续发展实验区	上城区	科技部
2013	2011—2012年度全国县市科技进步考核先进区	上城区	科技部

说明：资料来源于杭州市上城区科学技术局

表 27-2-5　2002—2013年上城区获全国科技进步考核先进个人情况表

年份	荣　誉　名　称	获　奖　人　员
2002	1999—2000年度全国县市科技进步考核先进个人	李端阳、张鸣放
2004	2001—2002年度全国县市科技进步考核先进个人	张鸣放、蔡仲光
2005	2003—2004年度全国县市科技进步考核先进个人	徐祖萼、顾文友
2008	2005—2006年度全国县市科技进步考核先进个人	徐祖萼、顾文友、顾家达
2009	2007—2008年度全国县市科技进步考核先进个人	陈红英、顾文友、卢　江
2011	2009—2010年度全国县市科技进步考核先进个人	陈红英、顾文友、王印华
2013	2011—2012年度全国县市科技进步考核先进个人	缪承潮、黄爱芳、卢　江、杨永清

说明：资料来源于杭州市上城区科学技术局

第三章　科技成果

1993年开始，上城区通过政策扶持，鼓励企业新产品开发，实现科技成果转化。是年，全区计划开发的新产品共71项，其中列入国家、省、市各类计划的项目11项。当年完成样机研制并投入批量生产有53项，形成产值22436万元，实现利润5067万元。1997年，上城区举办科技合作与成果转让洽谈会，邀请高校、科研院所进场设点，组织企业到会洽谈，促进成果转化。2001年，上城区加强对高新产品发展、高新成果转化的导向作用和扶持力度，开设财政科技专项经费，用于奖励获得各级各类科技成果奖项，企业对新产品开发，新技术改进的投入日益加大，一批高新技术成果和产品相继开发成功并投入市场。是年，先后有铁锌钙奶、低糖绿茶、冰红茶等4项科技成果通过省级鉴定，高速公路报警系统、消防报警调度指挥系统等4个产品被认定省级高新技术产品。高新产业孵化基地全面投入运营。2006年，上城区有12项专利成果产业化项目，实现销售23.73亿元，利税5.35亿元。

2014年，浙江亚通金属陶瓷有限公司开发的“适用于容性负载的高压真空开关触头材料”，杭州捷尔思阻燃化工有限公司开发的“高流动无卤阻燃TPE注塑料”，杭州慧景科技有限公司开发的“CJHD型城市轨道交通道岔监测系统”等8个项目实现科技成果转化。2015年，上城区专利授权量为1402件，其中发明专利269件。

第一节　市级以上获奖项目

1993—2015年，上城区共获市级以上科技进步奖89项，其中浙江省科技进步奖32项，杭州市科技进步奖57项，但发展不够平衡，各年度获奖项目数起伏较大，没有科技成果获国家级奖项。

表27-3-6　1993—2015年上城区获得省级科技奖励项目情况表

年份	项目名称	完成单位	奖项
1993	多孔扁管散热器	杭州铝材厂	省三等奖
1994	多肽蛋白元	杭州三和食品助剂厂	省三等奖
	出口茶叶拼配包装生产线成套设备	杭州市机械科研所	省三等奖
1995	G系列单螺仟泵	浙江省机电设计院	省三等奖
	儿童（益智）营养液	杭州娃哈哈集团公司	省优秀奖

续表 27-3-6

年份	项　目　名　称	完　成　单　位	奖项
1996	模糊控制空调器	杭州东宝电器有限公司	省二等奖
	山梨酸钾	杭州三和食品助剂厂	省三等奖
1997	模糊控制电脑电冰箱	浙江华日集团公司	省四等奖
1998	SLD-9501数字时分程控调度指挥系统	杭州北海程控设备有限公司	省三等奖
2000	娃哈哈非常可乐碳酸饮料	杭州娃哈哈集团公司	省三等奖
2001	娃哈哈非常柠檬碳酸饮料	杭州娃哈哈集团有限公司	省三等奖
2003	新型微机电梯控制系统的研究和开发	杭州通达控制系统有限公司	省二等奖
	“多层次锻刻铜浮雕”和“彩色铜雕刻工程”及在雷峰塔重建工程中的应用	杭州金星铜工程有限总公司	省三等奖
2005	娃哈哈乳娃娃多种维生素营养酸奶饮品的开发及其蛋白质稳定体系的研究	杭州娃哈哈集团有限公司	省三等奖
2006	数字式正弦振动控制器	杭州亿恒科技有限公司	省三等奖
	娃哈哈营养快线果汁牛奶饮品的开发及其稳定体系和热灌装技术的研究	杭州娃哈哈集团有限公司	省三等奖
2007	多腔注塑模热流道技术及应用研究	杭州娃哈哈集团有限公司	省二等奖
2008	基于DSP多功能振动控制器	杭州亿恒科技有限公司	省三等奖
	纺织机械无刷直流电机及数字式智能驱动器	杭州百骏电器有限公司	省三等奖
2009	高安全性椰油脂肪酸单乙醇酰胺产业化	浙江赞宇科技股份有限公司	省三等奖
	紫金刻铜雕工艺在大型无缝壁画上的应用	杭州金星铜工程有限总公司	省三等奖
2010	生活垃圾填埋场渗滤液治理工艺系统优化集成	浙江博世华环保科技有限公司	省三等奖
	无卤阻燃热塑性弹性体	杭州捷尔思阻燃化工有限公司	省三等奖
	三氧化硫膜式磺化系统工程优化的研究开发	浙江赞宇科技股份有限公司	省三等奖
2011	基于物联的城市公交资源数据融合与智能协同管理系统	杭州金通公共自行车科技开发有限公司	省二等奖
	逆向工程中多传感器集成的数字化测量技术及装备	杭州博洋科技有限公司	省二等奖
2013	婴幼儿配方奶粉奶源安全控制及品质提升关键技术	杭州泽大仪器有限公司	省一等奖
	高性能地铁专用无卤阻燃电缆料研究和开发项目	杭州捷尔思阻燃化工有限公司	省二等奖
	中亚洲际石油管线用高等级螺旋焊接钢管	浙江省机电设计研究院有限公司	省三等奖
2014	高低压一体化智能防窃电系统	杭州海兴电力科技股份有限公司	省三等奖
2015	电力设备故障诊断技术研究与智能监控系统开发	杭州柯林电力设备有限公司	省二等奖
	电动汽车动力锂电池高性能环保型阻燃高分子材料	杭州捷尔思阻燃化工有限公司	省三等奖

说明：资料来源于杭州市上城区科学技术局

表 27-3-7　1993—2015 年上城区获得市级科技奖励项目情况表

年份	获　奖　项　目	完成单位	奖项
1993	微机控制铁合金配料、上料、分料工程	杭州市机械科研所	市三等奖
	压力式温度表	杭州华立仪表厂	市三等奖
1994	Bcd-230电脑多功能电冰箱	杭州华日电冰箱厂	市二等奖
	出口茶叶拼配包装生产线成套设备	杭州市机械科研所	市三等奖
	全价粒料生产线微机图像监视测控及管理系统	杭州市机械科研所	市四等奖

续表 27-3-7

年份	获　奖　项　目	完成单位	奖项
1995	清凉露健康饮料	杭州娃哈哈集团公司	市三等奖
	时产1吨添加剂生产线	杭州市机械科学研究所	市四等奖
1997	普通压缩机变频技术及变频模糊控制空调器	杭州东宝电器有限公司	市二等奖
	KFRd-48LW/M638家用二匹柜式空调器	杭州东宝电器有限公司	市三等奖
	模糊控制电脑电冰箱	浙江华日集团公司	市三等奖
	复制南宋官窑瓷的研究	南宋官窑博物馆	市三等奖
	DD50&DT50型电度表	杭州沃特电气有限公司	市四等奖
1999	娃哈哈AD钙奶饮料	杭州娃哈哈集团公司	市一等奖
	RL-4微机控制小拉连续韧炼装置	杭州市机械科学研究所	市三等奖
	SZZ-50型一次性注射针自动装配生产线	杭州市机械科学研究所	市四等奖
2000	娃哈哈非常可乐碳酸饮料	杭州娃哈哈集团公司	市一等奖
2001	娃哈哈非常柠檬碳酸饮料	杭州娃哈哈集团有限公司	市二等奖
2003	多层次锻刻铜浮雕”和“彩色铜雕刻工程”及在雷峰塔重建工程中的应用	杭州金星铜工程有限总公司	市二等奖
	娃哈哈低糖绿茶饮料	杭州娃哈哈集团有限公司	市三等奖
2004	娃哈哈冰红茶柠檬味茶饮料	杭州娃哈哈集团有限公司	市二等奖
2005	娃哈哈乳娃娃多种维生素营养酸奶饮品的开发及其蛋白质稳定体系的研究	杭州娃哈哈集团有限公司	市三等奖
2006	数字式正弦振动控制器	杭州亿恒科技有限公司	市二等奖
	娃哈哈营养快线果汁牛奶饮品的开发及其稳定体系和热灌装技术的研究	杭州娃哈哈集团有限公司	市二等奖
	多重蚀刻仿铸铜技术在铜建筑上的应用	杭州金星铜工程有限总公司	市二等奖
	一次性使用注射针数控自动装配设备	杭州市机械科学研究院	市三等奖
	DLO1-1型水质多参数自动监测仪（COD总量在线自动监测仪）	杭州鼎利环保科技有限公司	市三等奖
	国际质量标准食品级CO_2生产技术	杭州快凯高效节能新技术有限公司	市三等奖
	娃哈哈·大厨艺TM营养湿面的开发及关键技术的研究	杭州娃哈哈集团有限公司	市三等奖
2007	年产5000吨磺化油脂产业化项目	浙江赞成科技有限公司	市二等奖
	非常咖啡可乐碳酸饮料——天然咖啡提取物在酸性碳酸饮料中的应用研究	杭州娃哈哈集团有限公司	市二等奖
	纸张表面缺陷检测处理系统	浙江双元科技开发有限公司	市三等奖
	三色紫金刻铜雕技术在大型壁画上的应用	杭州金星铜工程有限总公司	市三等奖
	爽歪歪TM益生菌发酵酸奶饮品的研制及大比例添加乳清蛋白稳定体系科学评价方法的研究	杭州娃哈哈集团有限公司	市三等奖
2008	内置式智能自动遮阳单梁双层幕墙	杭州武林幕墙有限公司	市二等奖
	基于DSP多功能振动控制器	杭州亿恒科技有限公司	市三等奖
	年产1万吨烯基磺酸盐节能清洁生产新工艺的开发	浙江赞宇科技股份有限公司	市三等奖
	自毁型医用一次性输液器全自动柔性生产线	杭州市机械科学研究院有限公司	市三等奖
	全自动铺布系统的国产化研究和开发	浙江纺织服装科技有限公司	市三等奖

续表 27-3-7

年份	获 奖 项 目	完成单位	奖项
2008	呦呦TM奶咖牛奶咖啡饮料的研制及超净热灌装技术的应用研究	杭州娃哈哈集团有限公司	市三等奖
	牛奶丝营养保健服饰品研制及绿色染整工艺技术研究	浙江纺织服装科技有限公司	市三等奖
2009	基于政务信息目录体系的一站式在线互动审批服务平台及应用	杭州市上城区信息中心	市三等奖
	紫金刻铜雕工艺在大型无缝壁画上的应用	杭州金星铜工程有限总公司	市三等奖
	超净热灌装技术的研究及推广应用	杭州娃哈哈集团有限公司	市三等奖
	海藻纤维及纺织品的开发与应用	浙江纺织服装科技有限公司	市三等奖
	EX型涨壳式预应力中空注浆锚杆系统成套技术开发研究	杭州图强工程材料有限公司	市三等奖
	液状阳离子染料（阳离子金黄X-GL）	杭州璟江瑞华科技有限公司	市三等奖
2010	五加皮类中药保健酒品质控制和精加工关键技术研究	浙江赞宇科技股份有限公司	市二等奖
	无卤阻燃热塑性弹性体	杭州捷尔思阻燃化工有限公司	市三等奖
2011	超声波燃气表	浙江威星智能仪表股份有限公司	市三等奖
2012	海兴智能网络预付费管理系统	杭州海兴电力科技有限公司	市二等奖
	高性能地铁专用无卤阻燃电缆料研究和开发	杭州捷尔思阻燃化工有限公司	市二等奖
	用电及计量自动化需求侧管理系统	杭州海兴电力科技有限公司	市三等奖
	预付费电能表自动测试校验装置	杭州海兴电力科技有限公司	市三等奖
	高速机器人包装工作站	杭州娃哈哈集团有限公司	市三等奖
2013	热塑性聚氨酯弹性体TPU专用无卤膨胀型阻燃剂	杭州捷尔思阻燃化工有限公司	市三等奖
2014	基于WEB SERVER的智能计量技术和物联网技术的能量管理系统	杭州海兴电力科技股份有限公司	市三等奖
2015	电动汽车动力锂电池高性能环保型阻燃高分子材料	杭州捷尔思阻燃化工有限公司	市二等奖

说明：资料来源于杭州市上城区科学技术局

第二节　科技成果选介

全价粒料生产线微机图像监视测控及管理系统　微机检测控制图显技术在国外先进国家普遍应用，且多采用集散型二级控制，即用上下位机实现控制与管理。研制使用STDI控微机使其具有IBMPC的硬件资源，能与MCS-DOS软件兼容，其所具有的软硬件资源足以满足工厂管理需要及工业控制所要求的高可靠性和监视、控制体系，目的是用1台工控微机实现对全粒料生产过程中众多参数自动图像检测、控制及管理，且设备生产能力大于80吨/班全价颗粒料。

SZZ-50型一次性注射针自动装配生产线　该项目针对国内一次性注射针生产厂家普遍依赖手工装配易引起交叉感染，以及净化、消毒带来的种种隐患而自主研发的光机电一体化产品。主要用于一次性使用注射针的自动化生产。生产线由9台单机组成自动装配流水线，采用PLC控制，可同时完成50枚针管的装入针座和均匀上胶、针座与针管粘合力处理、光学成像、计算机分析倒针检测的装配全过程。产品的光学成像、计算机分析倒针自动检测、针座粘合力自动处理创新性强，技术处国内领先水平。拥有发明专利1项，实用新型专利4项。该项目的实施对提高一次性使用输液（血）器具生产企业的技术装备、经济效益，对于该行业摆脱手工装配生产方式、提高劳动生产率具有重大意义，尤其是消除人工装配带来的消毒、净化等种种隐患，稳定控制一次性注射针质量，达到世界卫生组织标准。

“多层次锻刻铜浮雕”和“彩色铜雕刻工程”及在雷峰塔重建工程中的应用　该成果在杭州雷峰塔重建工程中运用多层次锻刻铜浮雕和彩色铜雕技术，对铜的表面处理技术进行研究，解决一整套防氧化工艺与金属工艺涂层予氧化工艺相结合的难题。针对建筑物不同部位的色彩和图案要求，在青铜、黄铜、紫铜等不同铜合金上，分别采用浸渍硫化法，有机涂覆法等氧化处理，结合刻、锻等各种铜雕技术，达到理想的效果。针对雷峰塔是国内外首座以钢结构为骨架，铜构件为外衣的仿古建筑，在工程中着重解决铜构件与钢骨架的严密合缝工艺，铜、钢、水泥不同构件由于膨胀系数差异引起的引力问题及铜、钢构件的双金属腐蚀问题等特殊的工艺要求，并在斗拱、梁柱、黑瓦等研制中开发诸多实用新型专利技术，具有独创性，使之成为世界上第一座彩色铜雕建筑。

DL01-1型水质多参数自动监测仪　该产品集数据通信为一体，充分发挥计算机技术优势，使在线监测COD、pH和流量能同时进行，对水体的整个过程的多个参数进行实时监测，计算COD总量，测量精度高、测量速度快，对不同pH类别的水体，进行吨位分类。COD测量采用国际先进的氢氧化电化学法，仪器稳定可靠，最短测量周期缩短到4分钟，测量费用仅为传统化学法的30%~40%。其自主知识产权“逆流水质量分离采样器”专利有效解决传统采样方法水样失真、管路易堵塞和维护工作。

三色紫金刻铜雕技术在大型壁画上的应用　该成果运用现代科技移动电镀工艺对主体画面局部鎏金、鎏银与铜色结合一起，解决铜雕史上色泽暗淡、线条不清、形态模糊等难题，取得艺术上的突破性成功。刻铜雕采用无酸刻铜技术和铜的硫化物多层次氧化工艺污染减轻，成本降低，工效提高，使用面形成10种不同深浅色泽图面的立体感和艺术感增强，耐腐蚀、寿命长，可保持上千年不变色。该技术在北京钓鱼台国宾馆总统楼的《启功书法》刻铜壁挂、北京人民大会堂香港厅《铜雕门》、西安大雁塔36幅大型刻铜雕画《玄奘求法图》，为2000年西博会创作的刻铜雕《临安胜迹图》等全国各地大型铜壁画上应用。

年产5000吨磺化油脂产业化项目　该项目研究的磺化油脂是以天然油脂为原料，采用SO_3气相膜式磺化、连续中和、改性脱色和新型复配技术等，在天然油脂中引入亲水的硫酸基因，使油脂改性成为具有一定亲水亲油活性的新型材料。整套装置实现连续化运转，生产效率高，产品质量稳定，“三废”污染极小，生产工艺更符合绿色、环保的要求。申请国家发明专利1项，具有自主知识产权。

基于DSP多功能振动控制器　该项目产品与振动台、功放构成振动试验系统，用来模拟现实中的各类振动环境，对产品进行振动可靠性试验。振动试验系统广泛应用于汽车、电子、科研等领域，它的先进程度直接制约相关领域科学技术的发展、新产品的开发与生产。该项目在系统结构、数据传输机、控制算法方面进行创新性的工作。开发的振动控制器技术水平处于国内领先，部分指标达到国际先进水平。在国内首次开发冲击响应谱控制、瞬态冲击控制、路谱仿真控制、正弦加随机控制功能，填补国内的空白，实现振动控制功能10项。

高安全性椰油脂肪酸单乙醇酰胺产业化　该项目为浙江省2006年科研院所科技产业化专项。项目以椰子油与单乙醇酰胺在自制催化剂的作用下进行二步酰胺化反应，提高产品的转化率，应用分子蒸馏技术分离除去未反应的游离单乙醇胺及甘油等，得到高纯度、高得率的高安全性椰油脂肪酸单乙醇酰胺。项目具有转化率高、产品纯度好、三废排放少等特点；具有更优的增稠、发泡、稳定泡沫等性能。该产品经国家轻工业香料化妆品洗涤用品质量监督检测杭州站检测，产品质量指标符合企业标准（Q/ZY 403—2007）的要求。

无卤阻燃热塑性弹性体　无卤阻燃热塑性弹性体具有柔韧性好、使用温度范围广、耐热老化等优点，产品主要用于制造风力发电用耐扭曲电缆和动力机车电缆。项目产品已工业化生产，2008—2009年，新增销售2282.5万元，利润649万元，税收190.6万元，出口创汇118.7万美元。2009年，产品进入东气集团配套的线缆企业，特别是在特变电工（德阳）电缆股份有限公司、成都市鑫牛线缆有限公司2家企业全面使用替代进口产品，为2家企业产生11000万元的经济效益。项目的实施特别对提升中国风能开发以及风力发电装备制造水平，突破该材料主要依靠进口的局面，推动新能源的开发和能源结构调整有重要意义。

三氧化硫膜式磺化系统工程优化的研究开发　该项目为浙江省科研院所应用技术攻关项目，采用液体SO3蒸发替代传统的硫磺燃烧法进行系统工程优化，并采用硫酸厂的排空尾气作为稀释的工艺气体，具有投资省、能耗小、成本低、环境友好等特点。在液体SO3计量、输送及稳定蒸发的技术上有创新。采用项目新工艺，建成生成能力为8.8吨/小时的液体SO3磺化工艺装置，用该工艺及设备生产的产品AES、AOS、AS经国家轻工业香料化妆品洗涤用品质量监督检测杭州站检测，各项质量指标均符合GB/T 13529—2003、GB/T 20200—2006、GB/T 15963—1995标准要求。项目创新性强，申请发明专利2项。

生活垃圾填埋场渗滤液治理工艺系统优化集成　垃圾渗滤液是一种难以进行处理的高浓度有机废水，它的CODcr、BOD5、重金属、氨氮及含盐量都很高，具有可生化性差、有机污染物种类繁多、微生物营养元素比例失调等特性，且具有一定的毒性。该项目工艺系统以发明专利“一种生活垃圾填埋场渗滤液治理方法及系统”（专利号：200510060267.0）为技术核心，以实用新型专利“废水氨吹脱、吸收净化塔”（专利号：200520013771.0）为核心设备之一，通过“氨吹脱+混凝沉淀+生物处理+膜处理”实现渗滤液处理达标排放。2006—2008年，该工艺系统的优化集成在10余座垃圾填埋场渗滤液治理工程有所应用。

高性能地铁专用无卤阻燃电缆料研究和开发项目 该项目通过三合一无卤膨胀阻燃体系的采用，并结合阻燃剂高分子表面处理和高分子合金技术，所制的高分子复合材料具有环保无卤、阻燃等级高、柔韧性好、力学性能好、加工性能优异的特点。项目主要包括三个体系：热塑性无卤阻燃电缆料，辐射交联无卤阻燃电缆料，无卤阻燃热塑性弹性体电缆料，可以满足地铁中的控制电缆、电力电缆和通信电缆/光缆、机车动力电缆的有关技术要求。其核心技术获国家发明专利3项。

海兴智能网络预付费管理系统 项目系统为电力客户提供技术领先、性能优越、功能强大的智能计量系统解决方案，能够解决用户数据采集自动化和收费售电管理自动化等问题。该系统主要利用物联网技术，通过计算机技术、通信技术和传感器技术实现整个系统的功能。由系统主站（系统数据主服务器、售电服务器和售电客户端、电费预付管理平台）、通信终端（集中器和采集器）、用户智能预付费电能表3个部分组成。采用符合IEC标准的国际先进数据安全传输技术，实现与国际上市偶有符合STS协议的预付费管理系统兼容，实现远程在线充值、WEB购电、SMS购电、ATM购电、电话购电、营业点购电、POS机购电等多种方式，并实现24小时自助购电。该系统还可以实现远程负荷限制，可以确保电网平稳运行；也有利于用户自己更好的管理自己的用电计划，提高节能意识，从而节约能源。该项目取得实用新型专利3项、外观设计专利1项及计算机软件著作权2项，填补国内产品在该领域的技术空白，在南非、印尼、江西南昌等地使用，用户均有很好的反响。

高低压一体化智能防窃电系统 该系统针对目前国内外电力市场因管理问题（如抄表不准确、设备落后、不恰当的计量设备及用户拒付电费等）和用户窃电（如对传统的高压计量设备篡改CT/PT接线，对低压计量设备进行旁路、磁影响、接地、篡改硬件甚至破坏设备等）造成电力网络线损过高的问题而研发的新一代智能防窃电系统。采用数字签名、STS加密、高压电能计量、即插即用等关键技术，通过计量单元与显示单元分离，对计量单元进行保护的方式，阻止低压侧用户接触计量设备实施窃电；通过对高压进行直接接入式计量的方式，消除二次侧计量，从而杜绝用户在二次侧窃电的可能；通过主站系统对低压侧与高压侧的数据进行采集、比对与分析，以及对异常告警信息的收集，快速发现窃电行为并进行现场处理。综合技术于2011年6月起在多米尼加电力公司、巴西国家电力局等多个国家使用、销售。

电动汽车动力锂电池高性能环保型阻燃高分子材料 环保型阻燃高分子材料主要用于电动汽车动力锂电池的壳体和外箱体。锂电池作为动力组件，需要频繁充放电，该过程会大量放热，存在安全隐患。采用阻燃材料防止恶性火灾和人身伤害的发生，是先进国家实践多年来行之有效的安全防护措施之一。该材料集凝聚相、气相阻燃功能于一体，适用于玻纤增强聚烯烃的新型无卤膨胀型阻燃剂，在不同阶段气相和凝胶相阻燃各自发挥作用，避免气相和凝胶相阻燃机理的相互干扰，解决玻纤“烛芯”效应，实现磷-硅协同，提高无卤膨胀阻燃剂在聚烯烃中的相容性，提高阻燃剂本身的耐水性和防迁移性能，解决磷氮系阻燃剂易吸湿、易迁移析出等问题。

第四章　科研机构和科技园区（研发平台）

1993年，上城区初步形成以各类民办科研机构为主体，以科协区级协（学）会为网络，以职工技协、厂办研究所为依托的技术市场体系。2000年，上城区科技创业中心成立，为科技人员和处于初创阶段的科技型中小企业提供必需的资源和服务。

2004年，杭州金星铜装饰工程总公司被认定为上城区内第一家省级研发中心。2006年，杭州娃哈哈集团技术中心被认定为国家级技术中心。2010年，区科技创业中心被命名为杭州国家软件产业基地拓展区，发挥国家级试点和基地的拓展效应，做到“一区多园”“一园多点”，实现国家级试点和基地由“点”到“面”发展。2015年，上城区以“江南茶馆1535”众创空间为示范，积极培育新的众创空间。至2015年末，全区拥有市级以上研发机构39个，区属企业建立研究机构9个，辖区建有科技技术开发与服务机构40个，国家级科技企业孵化器1个，区内驻有科研院所国家级2个、省级8个、市级6个，企业科研机构围绕新产品、新材料、新技术开发，覆盖电子信息、生物医药、节能环保、精密制造领域，形成比较完善的科技研发体系。

第一节　企业研发机构

1993年，上城区有杭州工业自动化仪表研究所、杭州电视机配件研究所、杭州大气净化研究所、杭州长江应用技术研究所等厂办研究所。是年，上城区对区属的民办科研机构发放技贸许可证，新批准建立民办科研机构8家，加强与科研院所、大专院校的横向技术协作，共引进、合作开发的新技术新产品23项。2000年，上城区加强企业技术中心建设，杭州娃哈哈集团公司组建企业科委，全区厂办研究所达13家，各类课题组达106个。2004年，杭州金星铜装饰工程总公司被认定为上城区内第一家省级研发中心。2005年，全区有10余家企业组建不同形式的研发中心或技术中心。其中，杭州市机械科学研究院技术中心被认定为省级技术中心，杭州绿盛集团有限公司技术中心被认定为杭州市技术中心，杭州近江染料化工有限公司、杭州奥普电器有限公司2家企业创建市级高新技术研发中心，浙江万思计算机制造有限公司、浙江中源电气有限公司等10家企业的技术中心被认定为区级技术中心。

2006年，杭州娃哈哈集团有限公司被认定为国家级技术中心，市级研发中心新增2家。2011年，新建省市高新技术研发中心9家。有11家企业与省内外院校实现对接，启动13项产、学、研合作攻关和科技成果推广应用项目，研发资金总投入达2760万元。2012年9月，浙江省科学技术厅下达《关于2012年省级高新技术企业研究开发中心建设计划的通知》。上城区企业杭州海兴电力科技有限公司的浙江省海兴电力研究院、浙江宇天科技股份有限公司的宇天移动新媒体技术省级高新技术企业研究开发中心，上榜2012年省级企业研究院建设计划以及省级高新技术研发中心建设计划，每家企业获得总额为100万元的科技部门经费资助。

2015年，新增浙江求是科教设备有限公司、浙江亿邦通信科技股份有限公司、浙江安正科技股份有限公司3家省级研究开发中心，新增杭州衡泰软件有限公司、浙江求是人工环境有限公司2家市级研究开发中心，新增杭州中瑞思创物联科技有限公司、浙江赞宇科技股份有限公司2家省级企业研究院。至2015年末，上城区所属企业建有国家级技术中心1个，省级高新技术企业研发中心21个，市级高新技术企业研究开发中心38个，其中区属企业研发机构9个。

图27-4-1　浙江求是科教设备有限公司工作人员正在调试设备　（区科技局 供稿）

表27-4-8　2004—2015年上城区企业认定市级以上研发机构情况表

企业名称	认定年份	研发机构名称	级别
杭州娃哈哈集团有限公司	2006	技术中心	国家
杭州金星铜装饰工程总公司	2004	研发中心	省级
杭州市机械科学研究院有限公司	2005	技术中心	省级
杭州璟江瑞华科技有限公司	2007	研发中心	省级
杭州捷尔思阻燃化工有限公司	2008	研发中心	省级
杭州中瑞思创科技有限公司	2009	研发中心	省级
杭州海兴电器有限公司	2009	研发中心	省级
杭州鼎利环保科技有限公司	2009	研发中心	省级
浙江赞宇科技股份有限公司	2010	研发中心	省级
杭州华日电冰箱有限公司	2011	研发中心	省级
杭州海兴电力科技有限公司	2011	研发中心	省级
思美传媒股份有限公司	2011	技术中心	省级
杭州图强工程材料有限公司	2011	研发中心	省级
浙江东方市政园林工程有限公司	2011	研发中心	省级

续表 27-4-8

企业名称	认定年份	研发机构名称	级别
浙江宇天科技股份有限公司	2012	研发中心	省级
浙江运达风力发电工程有限公司	2012	研发中心	省级
浙江博世华环保科技有限公司	2013	研发中心	省级
杭州远传通信技术有限公司	2014	技术中心	省级
浙江中源电气有限公司	2014	研发中心	省级
浙江安正科技有限公司	2015	研发中心	省级
浙江亿邦通信科技股份有限公司	2015	研发中心	省级
浙江求是科教设备有限公司	2015	研发中心	省级
杭州绿盛集团有限公司	2005	技术中心	市级
杭州兴达特种橡胶有限公司	2005	技术中心	市级
浙江纵横通信服务集团有限公司	2006	研发中心	市级
杭州亿恒科技有限公司	2007	研发中心	市级
杭州浙江工大普特科技有限公司	2008	研发中心	市级
宜康（杭州）生物技术有限公司	2008	研发中心	市级
浙江亚通冶金科技有限公司	2008	技术中心	市级
杭州三高光电科技有限公司	2008	技术中心	市级
浙江迪佛网络科技科技有限公司	2010	研发中心	市级
浙江双元科技发展有限公司	2011	研发中心	市级
杭州柯林电力设备有限公司	2011	研发中心	市级
浙江永联民爆器材有限公司	2011	研发中心	市级
杭州康源食品科技有限公司	2013	研发中心	市级
浙江凌翔科技有限公司	2013	研发中心	市级
浙江电力电子技术有限公司	2014	研发中心	市级
浙江亚通金属陶瓷有限公司	2015	研发中心	市级
杭州大光明通信系统集成有限公司	2015	研发中心	市级

说明：资料来源于杭州市上城区科学技术局

表 27-4-9　2015 年上城区所属企业研究机构情况表

企业名称	研究机构类别	级别
杭州娃哈哈集团有限公司	企业研究院	省级
杭州海兴电力科技股份有限公司	重点企业研究院	省级
浙江威星智能仪表股份有限公司	重点企业研究院	省级
浙江赞宇科技股份有限公司	企业研究院	省级
浙江省茶叶集团有限公司	企业研究院	省级
杭州中瑞思创科技有限公司	企业研究院	省级
中科院杭州射频识别技术研发中心	研发机构	市级
机械科学研究院浙江分院有限公司	研发机构	市级
杭州丰强土建工程研究院有限公司	研发机构	市级

说明：资料来源于杭州市上城区科学技术局

赞宇科技集团股份有限公司　公司前身是创建于1965年的浙江省轻工业研究所，2000年整体改制为浙江赞成科技有限公司，2007年实施股份制改造组建成立赞宇科技集团股份有限公司，2011年11月，在深圳证券交易所成功上市（证券简称：赞宇科技，证券代码：002637），地址城头巷128号。

公司是专业从事表面活性剂和油脂化学品研发、生产和销售的企业，并提供食品安全、环境、职业卫生等第三方检测认证服务。1997年10月，浙江省科委、省计经委、省财政厅批准组建省级试验基地——浙江省日化工业表面活性剂试验基地，2008年，升级为浙江省表面活性剂重点实验室。2014年，企业被评为高新技术企业。2015年，成立浙江省赞宇科技表面活性剂省级企业研究院。拥有气质联用仪、液相色谱质谱仪、电感耦合等离子体质谱仪等大型精密仪器百余台。专职科研人员50人，其中教授级高工及高级工程师20余人，专业分布有精细化工、皮革化工、油脂工程、分析化学、生物化工、环境化学等，还有自动控制、财务会计、化工机械等共10余个专业，承担多项国家、省部级研究项目，并获省部级科技进步奖20余项，国家、省级等新产品奖10余项，国家发明专利9项。

杭州海兴电力科技股份有限公司　杭州海兴电力科技股份有限公司成立于1992年，地址莫干山路1418-5号（上城科技工业基地内），注册资金38053万元。该公司聚焦于电力行业，为全球电力客户提供智能产品和配用电解决方案，致力于为全球配用电公司量身打造可持续经营和发展的生态系统。主营仪器仪表及配件、测试设备、配电自动化产品及配件、模具、嵌入式软件、电力系统控制软件及工程、系统集成服务的研发、生产、成果转让及技术服务。2015年，获浙江省政府专项资金建设海兴电力云省级重点企业研究院，主要致力于智慧城市智能电网应用领域中，集电力云、云计算、云支付技术于一体的云服务平台建设及应用软件开发。

图27-4-2　2007年，杭州海兴电力科技股份有限公司技术人员在检测电表　（区电子机械功能区管委会 供稿）

浙江威星智能仪表股份有限公司　浙江威星智能仪表股份有限公司位于莫干山路1418-41号（上城科技工业基地内），成立于2005年，注册资金13000万元，公司聚焦智能燃气信息系统平台、智能终端及超声波计量产品的研发、生产和销售，成为燃气领域计量管理、管网安全、在线监测、能源管理、结算收费等完整解决方案的供应商。公司的专业研发团队有150余人，在嵌入式软件开发、模拟与数字通讯技术应用、机械与电子设计、系统软件开发等核心技术方面有丰富的积累与技术储备。公司拥有逾百项各类专利及软件著作权，公司的研发中心经浙江省科技厅认定为省级科技研发中心，经浙江省经济和信息化委员会认定为省级技术中心，经浙江省发展和改革委员会认定为省级工程中心。2014年8月，公司获浙江省政府专项资金1600万元，建设浙江省“燃气云”重点企业研究院。2015年，公司被认定为浙江省科技成长型中小企业，列入杭州第一批工厂物联网项目。

第二节　科研院所

1993年，上城区有杭州经纬建筑经济咨询所、杭州吴山中医多学科研究所、杭州深洋电子研究所、上城区科技情报站、杭州东方新技术应用研究所、杭州华远微机应用研究所、上城区教育局教育科学研究室等区科委所属科研机构。随着城区扩建、产业调整，原驻上城区科研机构有的搬迁、有的因不适应科技发展改制或撤销，同时以精密制造、健康医疗等为主要业务的科研院所相继建立。至2015年末，上城区有国家级科研院所2个，省级科研院所8个，市级科研院所6个。

表27-4-10　2015年上城区科研院所情况表

科研院所名称	级别	成立年份	地址
中国机械科学研究院浙江分院	国家级	2005	中河中路175号
浙江赞宇科技股份有限公司（浙江省轻工业研究所）	国家级	2000	城头巷128号
浙江省水利水电勘测设计院	省级	1978	抚宁巷66号
浙江省机械工业情报研究所	省级	1988	大学路高官巷9号
浙江省医疗器械研究所	省级	1995	环城东路23号
浙江纺织服装科技有限公司	省级	1999	解放路138号
浙江省机电设计研究院有限公司	省级	2001	延安路138号
浙江诚邦园林规划设计院	省级	2003	太和广场2号
浙江大学妇产科学研究所	省级	2006	学士路1号
浙江大学急救医学研究所	省级	2010	解放路88号
杭州市科技信息研究院	市级	1978	惠兴路2号
杭州市政工程设计研究院	市级	1984	浣纱路116号
杭州消防科学研究所	市级	1988	复兴南街278号
杭州现代小学数学教育研究中心	市级	1999	城头巷17号
杭州市机械科学研究院有限公司（杭州市机械科学研究所）	市级	2002	中河中路175号
杭州致远检验医学研究所（实验室）	市级	2004	华藏寺巷8幢

说明：资料来源于杭州市上城区科学技术局

中国机械科学研究院浙江分院　2005年6月，为响应浙江省委、省政府“引进大院名校，共建创新载体”的号召，市政府与中国机械科学研究总院签订全面技术合作协议，引进中国机械科学研究总院与杭州市机械科学研究院合作，成立中国机械科学研究院浙江分院，地址中河中路175号。该院以股份制形式组建、以现代企业制度运行，以非标成套装备开发、表面工程技术开发为主要研究方向，设有精密成形技术实验室、激光表面强化实验室等，开展科学研究、成果推广、人才培训、技术咨询等服务，拥有板材成形、精密冲压、激光表面强化、热喷涂等成果专利30余项。2006年9月，引进中国工程院院士陈蕴博成立浙江应用工程材料研究所。10月，联合浙江大学和浙江省机电设计研究院共建“浙江省机械装备制造技术创新服务平台”，该平台是经浙江省人民政府批准成立，建有“一网三站三室”①，为浙江省机械装备技术创新提供科研基础条件、设计重大创新课题、承担科技攻关任务、实施科技成果推广、服务行业企业、锻炼培养创新人才的重要创新服务载体。2009年，被杭州市经济委员会认定为杭州市行业技术中心。2011年，被杭州市人民政府评为杭州市科技创新十佳高校院系科研院所。2014年，被认定为高新技术企业。2015年，该院硕士、博士占比8%，拥有专业高级人才15名，其专业涉及宏观技术经济分析、企业管理、工程材料、环保、铸造、焊接、热处理、材料保护、自动化等领域。

图27-4-3　2005年6月，中国机械科学研究院浙江分院在上城区成立　（区科技局 供稿）

① 浙江省机械制造业的技术服务网络系统、企业诊断工作站、产品质量检测工作站、人才培训工作站、数字化控制技术实验室、金属材料及热处理技术实验室和精密成形技术实验室。

浙江省水利水电勘测设计院　浙江省水利水电勘测设计院创建于1956年，位于抚宁巷66号，是一家集咨询、勘测、设计、科研、岩土工程施工、工程监理、总承包、项目代建等业务于一体的大型专业勘测设计单位。2006年，被中国勘察设计协会评为全国优秀勘察设计院，2010年，被浙江省人力资源和社会保障厅列为博士后科研工作站（试点单位）。2013年，被认定为高新技术企业。至2015年末，公司有员工652人，其中从事研发和相关技术创新活动的科技人员260人。

第三节　科技企业孵化器

2000年9月，区委、区政府贯彻杭州市《关于实施以“两港三区”为重点的“一号工程”的若干意见》精神，将位于紫金观巷26号原杭州电视机配件厂房，改造成为上城区首个科技企业孵化基地——上城区科技创业中心（简称区科技创业中心），又称“科技企业孵化器”①，主要负责研究拟定全区孵化器的建设与发展规划，指导不同形式的孵化器开展工作；引进高新技术成果、人才和资金，培养科技企业和高新技术企业；协助入驻企业办理企业工商注册、税务登记、（新办）高新技术企业认定等，提供相应咨询服务；组织进驻企业申报各类科技项目，帮助孵化企业取得研发资金和提供产业化过程中的融资服务等工作。

2001年1月，区政府在莫干山路1418号建立的上城科技经济园②一期工程投入使用，孵化器初步构建“产品研发—企业孵化—小规模生产—产业化发展”的创新创业产业链。是年，区科技创业中心企业技工贸总收入和利税总额分别为3500万元、150万元。是年，区科技创业中心在孵企业41家，企业注册资金4620万元，实际到位外资197万美元，其中，生物医药企业7家，信息技术企业17家，光机电及新材料企业14家。

2002年8月，区政府将环城东路土山弄原金巢饭店划归区科技创业中心管理，改建成金巢基地。2003年，区科技创业中心被省科技厅认定为“浙江省重点科技企业孵化器”。2004年，区科技创业中心孵化企业共实现技工贸收入2.5亿元，上缴税收1100余万元，利润1000万元。在孵的42家企业中，有31家企业的孵化项目实现商品化，进入市场销售。产业布局日益优化，机电一体化和生物医药类企业不断集聚，机电一体化类企业有15家，生物医药类企业有12家。

2006年，区科技创业中心租下位于定安路126号的开元中学，将其改造成为文化创意设计孵化基地。区科技创业中心拥有孵化场地面积合计2.1万平方米，由“孵化基地”“后勤基地”和“产业化基地”组成，与上城科技经济园相衔接，形成“三地一园”的模式。并制定房租减免、种子资金、财政返还、贷款担保等培育孵化企业的政策。为企业提供项目申报、工商登记、税务登记、人事档案、人才招聘等服务，定期邀请各行业专家举办培训、讲座及研讨会，为孵化企业提供商务、资金、市场、培训、技术交流合作等全方位创业辅导服务。对企业的经营管理情况进行跟踪、管理和全程服务，实施“扶一批、拉一批、挤一批”的管理方针，实施A、B、C经济指标考核和“创业杯”“开拓杯”评比活动。

是年，区科技创业中心被认定国家级高新技术创业服务中心，并和区人事局合作成立杭州上城区留学人员创业园。全年共引进GIS卫星定位产品、产权交易软件、服装CAD设计软件、HID电子镇流器（嵌入式控制器）、空调节能装置、毛衣织机控制器等12个高新项目。区科技创业中心孵化成效明显。技工贸收入3.4亿元，税收1500万元，成功孵化

① 即以企业孵化工作场地和配套设施为依托，为科技人员和处于初创阶段的科技型中小企业提供必需的资源和服务，以降低创业成本，提高创业成功率，培育科技型企业和企业家的一种经济实体。包括创业服务中心、大学科技园、留学生创业园、农业科技企业孵化器等类型。具有集聚创业要素、转化科技成果、培育科技型企业等功能。

② 1993年12月，经杭州市政府批准，上城区工业园成立。因上城区地域的特殊性，市计委统一上城区在西湖区（现为拱墅区）祥符镇新文村建立工业园区，规划用地20万平方米，分2期实施。2001年，上城区工业园更名为杭州市高新产业开发区上城科技经济园，成立上城科技工业基地。

"毕业"企业19家。

2007年，区科技创业中心实现技工贸总收入3.95亿元，上缴税金1986万元，实现利润2525万元。全年技工贸收入突破500万元的孵化企业达到15家，其中，12家企业突破1000万元，3家企业突破2000万元，4家企业突破3000万元。经过考核杭州高腾科技有限公司、杭州五洲通信技术有限公司等5家孵化企业从区科技创业中心毕业。

2008年，区科技创业中心率先在杭州市孵化器机构内制定《上城区科技创业中心运行管理规范（DB 3301/T18—2008）》，经杭州市质量技术监督局批准发布实施。是年，上城区创新发展科技型孵化器建设，设立财政科创投资引导基金3000万元，支持科技型中小企业发展。并在"开元198"基地建设的基础上，新建金巢新经济园、毛戈平时尚创意园2个创意点，新增孵化基地面积5000平方米。全年共引进孵化企业34家，注册资本6470万元。区科技创业中心全年实现企业销售收入3.96亿元，税金1935万元，利润1475万元。开元198创意基地企业实现营业收入2.04亿元，上缴税金1158.8万元。

2009年，上城区贯彻"孵化器+风险投资"的发展模式，加强与软银中国创业投资公司、金沙江创业投资基金、中经合创业投资公司、杭州中瓯创业投资有限公司等风险投资机构的合作，通过银企沙龙、项目对接、项目推荐等活动，吸引产业资金、投资资金、信贷资金和扶持资金向孵化企业聚集，拓宽融资新渠道，提升孵化能力。同时，加大区科技创业中心企业的考核力度，先后淘汰20余家发展慢、管理弱、效益低的企业，新引进20余家发展前景好、技术含量高、产出效益好的企业落户发展。是年，杭州毛戈平（尚都）时尚创意园建成，位于江城路16号。区科技创业中心企业技工贸总收入和利税总额分别为5.69亿元、2527万元。

2010年，LOMO创意谷建成，位于筲帚湾63号。2月，区科技创业中心被命名为杭州国家软件产业基地拓展区，发挥国家级试点和基地的拓展效应，使国家级试点和基地在扶持政策、产业集聚、品牌资源、服务平台、专家人才等多方面的综合效应向拓展区域、拓展企业和拓展载体延伸覆盖。至年末，区科技创业中心累计孵化成功毕业企业30家，均为销售收入500万元的企业。共有4个孵化基地组成，场地面积20000余平方米，孵化企业85家。形成信息服务、互联网为主体，创意产业为新内容的发展格局，培育出市级以上高新技术企业10家，省市中小民营科技企业24家、市重点培育初创型企业22家、市级研发中心（技术中心）3家。2014年，传媒梦工厂新媒体孵化基地成立，位于复兴路33号。区科技创业中心引进科技型企业17家，实现技工贸总收入8.22亿元，完成税收3105万元。至年末，上城区累计建有国家级科技企业孵化器1个、省级科技企业孵化器1个、市级科技企业孵化器4个。

2015年，上城区按照国家"大众创业、万众创新"要求，拓展孵化器建设思路，抢抓"互联网+"和"双创"发展机遇，培育和发展众创空间。率先在全省启动创业创新天堂行动，并以"江南茶馆1535"众创空间为示范，积极培育新的众创空间。是年培育"江南1535""杭州幼发拉底孵化中心""123茶楼""伊创荟""星工场""唯曦国际创投基地""众创天堂"7个区级示范众空间，其中5个被杭州市认定为市级众创空间。全年新引进入驻孵化企业12家。孵化企业实现技工贸总收入8.28亿元，实现税收3322万元。至2015年末，区科技创业中心在孵企业83家，实现技工贸总收入8.28亿元，税收3322万元。

图27-4-4　2015年8月，杭州创客天堂暨创客嘉年华举行开幕仪式　（区科技局 供稿）

表27-4-11　2015年上城区经认定的市级以上科技企业孵化器情况表

孵化器名称	地　址	面积（平方米）	级别
杭州市上城区科技创业中心	紫金观巷26号	25334	国家 省级 市级
其中：紫金观巷基地	紫金观巷26号	5500	
金巢基地	环城东路土山一弄2号	2800	
西湖创意谷	定安路126号	3000	
产业化基地	莫干山路1418号B-01地块	17034	
杭州毛戈平（尚都）时尚创意园	江城路16号	6166	市级
LOMO创意谷	笤帚湾63号	3500	市级
传媒梦工厂新媒体孵化基地	复兴路33号	5300	市级
合　计		43300	—

说明：1.杭州市上城区科技创业中心同时是省级、市级科技企业孵化器。2.资料来源于杭州市上城区科学技术局

第五章　科技服务和科普

1978年全国科学大会后，区科委加强科技宣传教育，培养科技人才，促进科技普及。科技服务工作以突出各类培训为主。1985年开始，上城区不定期举办社会公益性、中介技术性咨询服务。1987年，杭州市举办第一届科普宣传周，由政府部门组织，企业、街道、社区、学校共同参与设计活动项目，通过广场活动集中设置咨询台、设置科技创新成果展区等，进行科技科普宣传。此后，全区每年开展群众性的科技科普宣传周活动。1988年4月，上城区科技活动中心建成，设有教室、会议室、资料室、多功能活动室，为全区科技工作者提供科技活动的场所。

20世纪90年代，上城区科技服务体系逐步完善，建立区领导联系科技人员制度，通过实地走访调研、培训会、开讲座等形式，为企业提供科技政策宣传、项目申报、银行贷款等服务。至1993年末，上城区初步形成以各类民办科研机构为主体，以科协区级协（学）会为网络，以职工技协、厂办研究所为依托的技术市场。2001年，上城区成立区科技创业者协会，为科技创业人员搭建交流平台。2009年，上城区开展创业创新导师行动。2010年，上城区组建风险池基金，帮助成长型科技企业解决融资难问题。2011年后，上城区科技服务工作力度增强，持续开展省科技厅部署的“百局千人万企”专项调研活动。坚持“实际、实用、实效”的原则组织开展科技活动，并结合各个阶段发展重点，发挥科技部门在克难攻坚、转型升级中的作用，加强科技宣传，适时组织各类科技创业创新服务，开展科技合作与交流，全方位服务科技工作。2015年，上城区利用全国科技活动周、全国防震减灾日等载体，开展科学知识普及和防震安全知识宣传，提高企业和居民科技素质。至年末，上城区累计组织科技活动项目2368个，47万名居民及中小学生参与活动。

第一节　科技服务

20世纪90年代，上城区科技服务体系逐步完善，建立区四套班子领导联系科技人员制度，解决科技人员的工作调动、落户安置、子女上学等实际问题。利用科研体制改革时机，吸引各类科研机构、科技人才到上城区落户创业。不定期组织召开企业科技人员座谈会和街道科技工作会议、科技协会、学会工作会议，共邀请高校教授到上城区为区领导、企业负责人和科技人员作大型科技讲座3场。1996年，上城区建立杭州市第二技术合同登记处，登记管理全区技术交易，帮助企业做好技术合同登记。

2001年，上城区科技创业者协会成立，为科技创业人员搭建交流平台。是年，上城区制定《关于促进企业研发中心（技术中心）建设和发展的若干意见》，对获市研发中心的企业配套资助30万元，对获市技术中心的企业资助10万元。2002年，中国浙江网上技术市场上城分场建成，为企业与高校科研院所、中介机构提供网上科技信息服务。至2005年末，共发展在线企业301家、上网技术难题63项，签约项目62项，合同成交额5788.2万元，发布科技成果专利项目1460项，招商引资项目22项，组织在线高校科研院所219家，在线专家159名，在线中介机构26家，网站链接116家。

2006年，为加大建设创新型城区宣传，上城区开始组织“科技企业创新服务月”活动。2007年，上城区围绕“作风建设年”等教育活动，建立区领导和相关部门班子成员及中层干部联系科技型企业制度。2008年，针对企业“融资难、销售难、经营难、投资难、用工难”等实际问题，上城区组织开展送政策、送服务、送温暖“三送”活动。以学习贯彻新修订的《中华人民共和国科学技术进步法》为切入点，采取学习培训和辅导讲座等多种形式，宣传贯彻新科技政策。全年有针对性地举办7期科技计划与项目申报、省级高新技术企业重新认定申报培训。并结合市局“科技创业创新服务月”活动、全国2008年科技活动周暨第二十二届科普宣传周活动、科普日等活动，开展进企业、进社区、进学校等形式的科技（科普）宣传和服务。

2009年，上城区制定《关于上城区开展科技创业创新导师行动的实施意见》，开展创业创新导师行动，聘请20名优秀企业家，为企业和创业人员提供定向辅导、答疑解惑、项目论证、决策参考等服务。同时，实施帮扶促调行动，组织召开省级高新技术企业申报培训会、科技计划项目申报培训会、企业知识产权工作培训会、科创中心孵化企业座谈会、创业导师上城辅导咨询会、创业大学生座谈会等，直接参加企业230余家，590余人次。印制《创业创新科技资料与政策选编》500册，下发给有关企业，帮助企业提升发展，了解最新科技政策。是年，上城区依托区科技创业中心平台，建立大学生科技创业见习基地，并与浙江工业大学、浙江理工大学机械与自动控制学院、中国美术学院学工部签订合作协议，开展创业教育和创业培训等服务，促进大学生就业。

2010年，上城区与杭州银行科技支行、杭州市高科技担保有限公司组建风险池基金[①]，帮助成长型科技企业解决融资难问题。共为8家企业发放风险池基金贷款2000万元。是年，上城区共有86人次深入企业调研，指导企业单位486家，组织企业、街道人员参加的科技项目申

① 风险池基金市值不以盈利为目的，由各个区（县、市）科技局分别与市级政策性担保公司、银行根据可能发生的不良贷款，按照格子匹配风险的比例出资组成的信贷风险补偿基金。同时，各借款企业按照借款合同总额的一定比例缴纳风险金，补充风险池基金来源。

报、科技政策宣传培训会18次，参与企业230家、人员1190人次。

2011年后，上城区科技服务工作力度增强，持续开展省科技厅部署的“百局千人万企”[①]专项调研活动。先后实地走访调研科技型企业105家，组织科技政策宣讲11场次，召开国家重点领域高新技术企业认定复审、企业申报科技计划项目和企业技术开发费加计扣除等培训26场次，培训人员1325人次。推荐杭州柯林电力设备有限公司、浙江凌翔科技有限公司等10家企业申报国家创新基金，推荐浙江骆驼九宇有机食品有限公司、浙江赞宇科技股份有限公司等20余家企业申报省市科技发展计划项目，推荐杭州金通科技集团股份有限公司、杭州网营科技股份有限公司等12家企业申报杭州市雏鹰计划。全年共为科技企业争取市级以上科技经费1850余万元。

① 即组织100家以上科技管理部门、1000名以上科技管理干部和专家，深入10000家以上企业开展专题调研服务。

图27-5-5　2011年9月，区科技局在工业基地举行科技政策培训　（区科技局　供稿）

2013年，区科技局帮助指导4家企业完成国家重点支持的高新技术企业复审，组织40余家企业进行2012年度技术开发加计扣除，共计申报技术开发费45799万元。组织开展银企对接活动3次，浙江博世华环保科技有限公司等20余家企业参加对接活动，5家企业完成银行贷款4500万元。

2015年，上城区共举办科技政策咨询讲座7场，培训人员980人次，走访调研企业83家，帮助企业了解和用好各项创新扶持政策，指导申报各类科技计划。

第二节　科技宣传

1993—2015年，上城区科技宣传工作突出科学技术普及与推广、防震减灾等方面的宣传。特别是2001年后，在“全国科技活动周”“世界知识产权日”“全国防震减灾日”期间，区科技局每年联合区科学技术协会等部门，组织在辖区街道、社区、企业、学校征集若干活动项目，因地制宜开展形式多样的科技宣传活动，弘扬科学精神，普及科学知识，传播科学思想，倡导科学方法。

一、科普宣传

1993年，上城区举办杭州市统一组织的科普宣传周活动，区科协归口管理的20个区级协（学）会、街道科协以及行政挂靠部门的领导、工作人员500余人直接参与，共组织活动186项。此后，全区每年开展群众性的科技科普宣传活动，由政府部门组织，企业、街道、社区、学校共同参与设计活动项目，通过广场活动集中设置咨询台、设置科技创新成果展区，进行科技科普宣传。辖区各街道、社区、学校利用小场地、小课堂，专家讲座、文艺演出、科普知识竞赛、青少年“科技节”等开展科技科普宣传活动。

图27-5-6　2006年，望江街道开展青少年科技夏令营专项活动　（望江街道　供稿）

1994年，区科协开展群众性、经常性的科学普及工作，共编印生活科学小常识季刊4期，发放科普资料9000份，办科普橱窗55期。1995年，区科协组织对社会公众进行的科普类培训讲座300余期次，受教育者1.50万人次。1999年，上城区将科技进步和精神文明建设相结合，开展“讲精神文明，比科学生活，创科普社区”为主要内容的“一、十、百、千”科普工程和科普周活动。全区创科普示范街道1个，科普示范居民区11个，科普文明家庭110家，科普志愿者超过1000人。是年，上城区被列为全国城市科普示范城区。

2001年，国家将每年5月第三周定为“全国科技活动周”。上城区结合实际，每年设立不同的科技宣传主题。2001—2003年，科技周的主题分别为“科技在我身边”“科技创造未来”“依靠科学，战胜非典”。2004年，上城区被确定为全国城市社区居民科学素质行动计划（2049计划）试点单位。重点实施 “三万大行动”，举办以社区科普专特刊编发活动为内容的“万户家庭看社报”活动，全区有41个社区参与编辑科普专特刊，共编发81期、8万份；组织“万户家庭知识赛”活动，共回收答题卡9700份；举办以科技、家庭、健康等知识为学习竞赛内容的“万户家庭网上行”活动，全区51个社区、1万余户家庭参加活动。2005年，上城区选取紫阳街道十五奎巷、南星街道美政桥、小营街道葵巷、清波街道定安路、湖滨街道岳王路和望江街道近江东园作为试点社区，全面实施“全民科学素质行动计划（2049）”，首期有近400名学员参加，至是年末，共开设10门主课，辅以专题报告和综合讲座，累计实施教学352课时。2006年，上城区实施“科技与公共安全”为主题的科技（科普）周活动，共组织312家单位参加活动，实施活动项目265项。2006—2012年，全国科技活动周的主题为“携手建设创新型城区”。2011年，上城区围绕“携手建设创新型城市——创新创业、转型升级”主题，制定活动方案，精心策划并组织科技周活动。征集活动项目71项，涉及科技创新、低碳环保、防灾减灾以及与社区群众生活密切相关内容。随后，与市科技局及望江街道等部门联合，举办“上城区2011年科技活动周暨首届低碳环保节”，通过实物、展板以及咨询、科普知识竞猜等形式，吸引1600余名市民参与。科技周活动期间，全区所有街道及社区都组织形式多样的活动，共有3万名居民及中小学生参与互动，有效地提高居民的科学文化素质和科技意识。至2015年末，上城区累计组织科技活动项目2368个，47万名居民及中小学生参与活动。

二、防震减灾宣传

1997年，上城区防震减灾工作领导小组成立（办公室设在区科技局），并制定首个上城区地震应急预案。2009年12月，上城区地震局成立，与区科技局合署办公。区科技局按照“预防为主、防御与救助”相结合的方针，每年在全国防震减灾日前后，宣传《中华人民共和国防震减灾法》等法律法规，组织社区居民、学校学生开展地震应急方案演练，邀请省地震局专家普及防灾减灾知识，增强市民防震减灾意识，提高防震避震、自救互救能力。2010年5月，区科技局与杭州市地震局在清波街道定安路社区举办为期1个月的“普及防震知识，提高减灾意识”地震知识进社区系列活动，为杭州市社区范围内首次开展此类活动。活动针对老城区、老小区、老房子且人口密集的特点，采取专家授课、图板展示、应急疏散演练、文艺演出、知识竞赛等活动方式，宣传防震减灾法和防震减灾科普知识。2011年，上城区被省地震局评为“全省县（市、区）防震减灾工作先进单位”。

2013年，上城区将防震减灾宣传向中小学拓展，在杭州市抚宁巷小学、杭州市紫阳小学开展临震紧急疏散、应急逃生、应急救助等科目演练。2014年，在望江街道近江东园社区举行全区社区负责人参加的防震减灾知识宣传及应急疏散、自救自护等科目演练。2015年，上城区修订和完善《上城区地震应急预案》，并在杭州市陶子幼儿园和杭州市惠兴中学分别举行防震应急避险、自救能力演练等活动5场，直接参与互动人员2万人，解答各类咨询信息96个。

第二十八篇 教育

上城区是杭州城区教育发达地区。南宋时期，太学、武学、医学及宗学，临安府学，钱塘、仁和县学等均设在今上城境内。据《都城纪胜·三教外地》载："都城内外，自有文武两学，宗学、京学、县学之外，其余乡校、家塾、舍馆、书会，每一里巷须一二所，弦诵之声，往往相闻。"[①] 元代，创建有杭州最早的书院——西湖书院。明嘉靖元年（1522），浙江巡抚甘炌创建吴山书院、刑部尚书洪钟创建两峰书院，分别设在太平坊巷和涌金门外。

①出自《都城纪胜》（南宋·耐得翁），又名《古杭梦游录》。

清光绪二十三年（1897），杭州知府林启在蒲场巷（今大学路）创建求是书院，为杭州近代教育之先声。清末，今上城境内的小学堂占仁和、钱塘县总数的43.56%。民国后，仁和、钱塘2县合并为杭县。民国6年（1917），今上城区境内学校占杭县城乡学校的近30%。26年（1937），日军侵占杭州期间，教育事业遭到破坏。

中华人民共和国成立后，上城区贯彻落实中共中央、国务院一系列关于教育工作指示精神，不断增加教育经费投入，提高师资水平，发展小学教育、成人教育、职业教育和特殊教育等多种教育、提高教学质量。1978后，恢复整顿幼儿园，大力调整普教事业，巩固提高小学教育。1981年，杭州市上城区教育局（简称区教育局）提出"贯彻方针，加强双基，发展智力，培养能力，减轻负担，提高质量"的要求，狠抓"双基"[②]，开展教育教学改革，走在全市前列。

②"双基"：即基础知识与基本技能。

1986年，《中华人民共和国义务教育法》颁布，上城区开始实施九年制义务教育，至1993年，上城区通过浙江省教育委员会的义务教育检查验收，成为全省率先普及九年义务制教育的县（市、区），全区小学毕业生100%升入初中。

同时期，上城区幼儿教育事业蓬勃发展。至1990年末，全区有各类幼儿园45所，其中教育局办14所，企事业办24所，街道办7所，形成比较合理的格局，基本解决区域内幼儿“入学难”问题。

随着教育、教学改革的不断推进，上城区的教学质量不断提高。1989年，上城区艺术教育研究会成立，指导全区学校深入开展艺术教育。1991年，杭州市杨绫子巷小学更名为杭州市杨绫子巷学校，成为一所集教育、康复、职业培训于一体的智障儿童学校。1992年，上城区有小学31所，班级437个，学生20389人，教职员工1167人（其中专任教师994人）。学龄儿童入学率99.4%、巩固率100%。

1993年，上城区共有幼儿园49所，幼儿教师843人，在园幼儿8717人，班级246个；有小学31所，班级437个，学生20389人；初中1所，班级6个，学生239人；有普通高中4所、职业高中3所和特殊学校1所。是年，经区政府和上级教育行政部门批准，由政协知名人士、侨眷黄瑞琳和区教育局联合创办浙江省第一所“国有民办”寄宿制学校——杭州新世纪外国语小学。是年，上城区被评为“全国特殊教育先进区”。1997年，区教育局创办杭州市第一所“国有民办”走读制小学——杭州天地实验小学，被《人民日报》誉为“杭城国有民办小学的一面旗帜”。

1996年7月，区教育局召开第一次素质教育研讨会。是年，上城区被浙江省教育厅确定为首批“浙江省素质教育实验区”。杭州市胜利小学、杭州市天长小学、杭州师范大学第一附属小学、杭州市小营小学、杭州市饮马井巷小学、杭州市紫阳小学、杭州新世纪外国语学校、杭州市娃哈哈小学、杭州天地实验小学等学校成为优质学校①。1996年，区教育局制定以等级制为标志的“小学生素质评价方案”，改变过去单一采用笔试评价的方法，强调通过教师的观察、访谈等日常手段对学生的发展状况进行评定，是推进素质教育的重大成果。12月，杭州市区划调整，江干区13所小学划归上城区教育局管理。

1997年，为加强资源整合，区教育局开展全区中小学、幼儿园的布局和学区调整工作。1998年，“小学生素质评价

① 优质学校：其认定标准是有正确的办学思路、优良的师资队伍、领先的教改经验、良好的认可程度。

方案”在全区范围内推广。是年，杭州市胜利小学在杭州市率先开展小班化教育改革实验。是年，区教育局对行知幼儿园进行国有民办改革试点。同时，成立国有民办教育科研机构——杭州现代小学数学教育研究中心。1999年，“小学生素质评价方案”在全市、全省得到认同并推广。2000年，杭州市教育局下放初中管理权限，9所市属中学下放为区属公办初中。

2001年，杭州第六中学尝试初中小班化教育。2002年，上城区接收民办建兰中学并改制为国有民办建兰中学，接收民办勇进中学并改制为国有民办勇进中学。是年，创办国有民办时代小学、国有民办崇文实验学校。2002年，上城区被省政府命名为“浙江省教育强区”。是年，上城区被确定为浙江省基础教育课程改革实验区。2003年，全区实施新课程改革，以转变教师行为和学生发展为目标，从“加强师资培训”“开发课程资源”“改革评价方法”等方面展开，在教师思想观念和教学行为转变、综合实践课程、校本培训、校本课程开发、学生综合素质培养等方面都取得突出的成绩。

2004年12月，上城区成立第一个教育集团——杭州市天长教育集团，以同体制、同法人代表“紧密型”办学模式和双体制、双法人代表“结合型”办学模式运作，集天长小学、金都天长小学和时代小学于一体，打造优质教育共同体。是年，上城区正式成立社区学院，开展终身教育活动，并初步构建市民终身教育体系。2005年，杭州市胜利学前教育集团和杭州市行知学前教育集团成立。2006年，上城区被命名为“全国社区教育实验区”，同时争创“全国社区教育示范区”。上城区的社区教育逐步迈入与建设高品质中心城区战略目标相适应的发展轨道。

2008年，以《浙江教育信息报》刊登杭州市建兰中学《减轻学生第三种负担》报道为标志，全区由“减负”引发的“课堂革命”大规模铺开。是年，《杭州市上城区学科教学规范（试行稿）》正式发布，全区新课程改革走向深入。2008年4月，娃哈哈、清波等6个学前教育集团，以及“阳光宝贝”“吴山生态教育研究”“健康之园”3个教育联盟先后成立。至此，上城区共有11个学前教育集团。上城区幼儿教育环境改善，幼教事业得到新的发展。

2009年，区教育局与北京师范大学合作的“基于学生发展的区域教育质量提升工程”正式启动。2010年，北京师范大学附属杭州中学在钱江新城新校址奠基，成为上城区与高校合作办学的成功典范。是年，区教育局按《上城区“国有民办”体制改革工作方案》，做好“国有民办”体制调整工作，杭州市建兰中学、杭州新世纪外国语学校、杭州市崇文实验学校、杭州市时代小学改为民办学校，杭州市勇进中学、杭州天地实验小学改为公办学校。2011年，《为了区域教育质量提升——上城区教育综合改革新实践》一书，正式由浙江教育出版社出版，梳理总结上城区区域教育改革的经验。

上城区校外教育起步早，发展成熟，体系完善，走在全省前列。2011年，在杭州市抚宁巷小学成立青少年科技活动中心，在杭州市娃哈哈小学成立青少年艺术活动中心，上城区青少年活动中心“一头多翼”的发展格局进一步确立。

2012年，上城区标准化学校比例达到100%。是年开始，上城区全面实施义务教育阶段“阳光招生”政策，成为全省第一个提出公办中小学招生“零择校”的城区。2014年，上城区持续完善教师队伍“金字塔”梯队建设，以“静心教书、潜心育人、敬业成人、精业成才”为精神引领，打造全能、卓越、品质教师队伍。完善省特领衔的“金字塔形”四级人才培养机制，实施“五阶段”获奖教师专业成长助力计划、幼儿园教师素质提升工程、名师名校长培养工程等一系列提升教师素质的项目，使上城区成为杭州市第一个全面开展中小幼教师交流的区（县）。该培养模式经过不断完善，形成“五阶段、四梯队、多维度”[①]教师生长平台。

2015年，上城区义务教育均衡被教育部评为全国优秀工作案例，“管办助评”工作按照“发展与稳定、分工与协作、职责与权限”相结合的原则，架构管理、办学、服务、监督评价相互制约、相互协调又相互促进的管理系统和运行机制，力求合理配置和运用决策权、执行权和监督权。是年，上城区被评为浙江省首批教育基本现代化区。至2015年末，上城区有名园集团19个，幼儿园22所，幼儿教师775人，在园幼儿9429人，班级342个；有小学21所，班级589个，学生20237人；初中11所，班级240个，学生8283人。有杭州第二中学（东河

① “五阶段”指不同教龄阶段教师的前30%教师，是上城教育最基础的骨干教师梯队，具体划分为“新苗奖”（教龄1～3年）、“新秀奖”（教龄4～10年）、“能手奖”（教龄11～17年）、“风华奖”（教龄18～24年）、“红烛奖”（教龄25年及以上），让每个阶段的教师都能找到成长动力；“四梯队”指以省特级教师为“尖端”、区特级教师和三星级班主任为“高端”、区学科带头人和二星级班主任为“中坚”、“五阶段”获奖教师和一星级班主任为基础的四级人才梯队；“多维度”指从管理（干部）、专业（教师）、育人（班主任）等多个维度架设起人才成长通道，鼓励上城教师各尽其才。

校区）、杭州第四中学（吴山校区）2所市属普通高中，共有班级60个，学生2516人，教职工255人；杭州市服装职业高级中学1所职业高中，有班级21个，学生703人，教职工79人。特殊学校1所，学校教职工7人，有特殊学生215人。境内有中国美术学院（南山路校区）、杭州广播电视大学（解放路校区）2所高等学校。

1993—2015年，上城区获浙江省民族教育先进集体、浙江省重视教育科研先进单位、浙江省创建绿色学校工作先进单位、浙江省教育系统“五五”普法工作先进集体、全国社区教育示范区、浙江省中小学生课外文体活动工程示范区、全国义务教育发展基本均衡区、浙江省基本实现教育现代化县（市、区）等荣誉。

第一章　教育管理

1978年党的十一届三中全会以后，随着国家改革开放的深入，文化教育事业不断发展。20世纪80年代起，上城区各学校的教学设备不断增加，拥有音乐教室、自然实验室、仪器设备配置水平等达到国际二级标准。1989年起，改造所有学校的传达室、厨房、厕所等设施。12月，区教育局督导室建立，承担监督检查所属各学校（幼儿园）贯彻教育方针和上级指示的情况、开展教育专题调查、提出指导性意见等职能。1990年，区教育局所属教学用房占地面积为11.08万平方米，校舍总建筑面积为9.88万平方米。20世纪90年代，上城区教育信息化工作开始起步，同时，开始实行督学责任区制度。1991—1994年，教育督导组从教育目标、学校管理、教育质量、办学条件等方面对各校（园）进行督导评估。

2000年，市属完全中学下放为区属公办初中后，区教育局职能随之调整，同时社区教育管理职能由面向青少年转变为面向全区居民的教育。2001年，区教育局开始改革初中招生办法，在小学免试相对就近进入初中的基础上，选择各校进行联片招生。2007年，上城区为进一步发挥优质教育资源的辐射作用、提升公办初中的办学水平、探索国有民办学校反哺公办学校的运行机制，当年上城区初中毕业生升入各类高中比例达99.8%，高于6个城区平均水平。1993—2015年，共对46处学校校区、宿舍、幼儿园等进行新建与改造。2000—2015年，上城区先后开展小学办学水平督导评估、中学学校管理合格评估、学前教育规范办园专项督导等，推动全区教育教学水平整体提升。至2015年末，上城区共有全国数字校园示范创建校1所，省数字校园示范创建校3所，市智慧校园示范创建校19所。

第一节　行政管理机构

一、杭州市上城区教育局

1993年，区教育局承担管理、指导辖区内区属中学、小学和幼儿园的教育教学工作及校外活动；深化教育改革，全面实施素质教育，全面提高办学效益和办学质量；加强师资队伍和干部队伍的建设与管理；搞好校舍、教工住宅的规划、建造、维修和教学设备配置；在区政府教育督导室办公室的领导下对全区中、小学、幼儿园进行教育教学督导等职能。地址惠民路26号。内设科室为办公室、普教人事科、组织宣传科、计划财务科、基本建设科、成人教育科、督导室。1997年，普教人事科分为基础教育科、人事保卫科。1998年2月，撤销基本建设科，成立校舍管理办公室。2000年，区教育局增加初中教育、部分高中教育管理，街道、企事业办幼儿园的认定与管理，社会力量办学资格认定与管理等3项职能。社区教育由原青少年校外教育转变为面向全区广大居民的教育，学校基建与后勤管理、成人与职业教育移交给局属事业单位承担。2001年，撤销成人教育科，成立上城区成人教育办公室。

2002年，区教育局实行国家公务员制度，重新规定区教育局职能配置、内设机构和人员编制。主要职能为制定区教育事业的总体发展规划与实施计划，全面负责辖区九年义务教育的实施，管理指导学前教育和各类校外教育；负责教师的调配与管理，负责基层干部的选拔与使用，提高干部队伍和教师队伍的整体素质；认真贯彻教育方针，全面实施素质教育，推进教育教学改革，切实提高教育质量和办学效益；深化办学体制和内部管理机制的改革，增强办学活力；积极筹措并合理安排教育经费，最大限度地发挥有限资金的使用效率；负责中小学和幼儿园的考核、评估工作；负责区教育系统的法制教育、师德建设、计划生育、综合治理等管理工作。内设科室为办公室、组织科、人事科、教育科、计划财务科5个科室。

2007年，区教育局增加“根据事业的发展计划，规划学校开办和学校布局调整，指导学校校舍、设施的配备与管理”等职责。是年，组织科与人事科合并成立组织人事科，教育科分为义务教育科和综合教育科。

2009年7月，区教育局按职责明晰、分工合理、流程高效、协作有力的思路，酝酿起草“管办助评”①各归其位的组织架构变革方案，开始架构新的服务型机构。2010年，区教育局搬迁至水亭址3号。3月，区教育局成立“管办助评”组织架构变革工作领导小组。是年12月，根据《上城区教育局“管办助评”组织架构变革方案》，区教育局工作职能整合为“依据上级行政部门的要求和辖区学生发展现状，制定区域教育发展规划，通过政策设计、资源调配及行政监管，全面提高区域教育质量管理水平，建设让老百姓满意的、具有国际水准的高品质中心城区相匹配的优质、均衡、协调的上城教育”。工作任务是根据区域教育的职能，具体承担义务教育、学前教育、特殊教育以及成人教育、民办教育工作，主要承担制订并组织实施上城区教育事业发展规划和年度计划；深化教育体制和管理体制改革，构建有效的教育运行机制；依法设置、调整、审批或审核学校及其他教育机构；负责制定并组织实施义务

① 按照“发展与稳定、分工与协作、职责与权限”相结合的原则，架构管理、办学、服务、监督评价相互制约、相互协调又相互促进的管理系统和运行机制，力求合理配置和运用决策权、执行权和监督权。管：即行政部门的依法管理。教育行政部门通过政策调控、资源配置等宏观管理方式促使学校间的均衡、优质发展。办：即基层学校的自主办学。学校以发展规划为目标，立足自身现状、关注学生发展、在法律和政策范围内自主办学，达成规划目标。助：即职能部门的助力引导。围绕学生发展，区教育局下设引导与助力机构，为学生、教师、学校、家长提供专业化、个性化的全方位指导与助力服务。评：即评价部门的诊断指导。整合教育评价资源，通过日常性和形成性评价，发现和诊断问题，以促进学生、教师、学校的发展。

教育和学前教育的招生计划；积极筹措和合理安排教育经费，做好学校建设、校舍维修和资产管理；负责教师的招聘、调配和职称评审，加强教师和校长培训；开展教育督导与评价，引导基层单位规范办学，促进教育质量提高；保障教育稳定和师生安全等。

2010年，计划财务科调整为计划基建财务科。2012年，在教育局办公室内设上城区教育局国际交流与合作办公室和上城区教育局安全管理科。2015年，区教育局内设机构5个，分别是办公室、组织人事科、义务教育科、综合教育科、计划基建财务科。区教育局历任党委书记周稼芳、王金城、方莉、蒋莉、项海刚，历任局长周稼芳、方莉、方毅、蒋莉、项海刚。

二、直属部门

2015年，区教育局直属部门有上城区教育学院、上城区青少年活动中心[①]、上城区教育后勤管理中心、上城区社区学院、上城区现代小学数学研究中心、上城区青少年假日活动中心。各直属部门均为独立法人单位。

上城区教育学院　1993年，上城区教师进修学校[②]是杭州市区唯一一所被浙江省教育厅确认的合格教师进修学校。2002年，学校机构重组，成立教学研究、师资培训、教育科研、信息技术、市场研究5个中心。2007年7月，学校更名为杭州市上城区教育学院，设“一办二站五部”，即学院办公室、张化万小学语文名师工作站、朱乐平小学数学名师工作站、学科研究部、师资培训部、教育科研部、信息资源部、教学评价部，负责全区义务教育阶段教学业务管理，承担基础教育课程研究、基础教育学科教育教学研究（包括教学研究、教育评价、教育科研等）、基础教育师资培训、信息技术应用管理、基础教育教学学术团体管理，协助教育行政部门指导、管理教学业务。2015年，学院有教职工43人，100%大专及以上学历，93%本科及以上学历，硕士研究生1人，硕士（教育硕士）8人。中学高级、小学高级教师占84%，省特级教师8人，区特级教师5人，省教坛新秀5人，省优秀教师6人，市优秀教师、市优秀教育工作者10人，市教坛新秀22人，市学科带头人9人，区学科带头人17人，省优秀教研员5人。学院先后获全国首批县级教师培训机构、首批教育部基础教育课程教材发展中心远程研修基地，浙江省教育技术工作先进集体、首批省示范性县级教师培训机构、省“十一五”师干训工作先进集体等荣誉。

上城区教育后勤管理中心　2003年12月，区教育局将区校办企业工业公司、区教育局勤工俭学办公室、区教育局校舍管理办公室、教育

① 上城区青少年活动中心见本篇第七章校外教育第一节教育机构。

② 上城区教师进修学校前身为创办于1959年3月的杭州市上城师范学校。是年，更名为杭州市上城区师资训练班。1960年，浙江省教育厅批准杭州市上城区师资训练班更名为杭州市上城师范学校，参加全省统一招生。1963年，在学校原有师资、设备基础上加以调整、充实，创办杭州市上城区教师业余进修学校。1964年上半年，学校迁至杭州市劳动路小学三楼。1966—1969年，上城区教师业余进修学校受到严重冲击，教师培训、进修工作中断。1970年，杭州市上城区教师业余进修学校更名为杭州市上城区教师进修学校，迁至米团子巷23号。1984年7月，办公地迁至枝头巷17号，与上城区教育局教研室（前身为1963年成立的上城区文教局教研室）合署办公，逐步形成教研、科研和进修“三位一体”的工作机制。

市场研究中心等单位合并，成立上城区教育后勤管理中心，下设学校建设部、资产管理部、采购招标部、综合管理部、后勤服务部。2007年，取消后勤服务部，将资产管理部分设为国资营运部和国资管理部，采购招标部更名采购装备部。2010年，下设学校建设部、采购装备部、国资管理部、国资营运部、综合管理部、会计结算中心。2015年，下设学校建设服务中心、资产装备管理中心、会计结算中心。共有教职工17人。

上城区社区学院[1]　1994年8月，区政府成立上城区社区教育办公室。2002年6月，上城区社区教育学院成立，院址佑圣观路水亭址3号，承担学历教育、非学历教育、正规教育和非常规教育的职能。2004年1月，上城区社区教育学院更名为上城区社区学院，并与上城区少年宫机构重组，实行两块牌子、一套班子的组织机构。学院和中心具体承担全区的社区教育、市民终身教育、青少年校外教育、教育资源共享和早期教育等职能。

2007年7月，上城区整体改造社区学院[2]，清泰街严衙弄7幢新楼投入使用。学院由“选择性学习空间”“开放性服务空间”“共享性健身空间”“多样性教学空间”“多功能活动空间”“多区块交流空间”组成，下设办公室、学前教育部、社教联络部、技能培训部4个部室，形成以区社区教育委员会为主导，社区学院为龙头，6个街道分院为依托，52所市民学校为主体的四级社区教育网络。2015年，区社区学院下设办公室、社教联络部、技能培训部、离退休教职工服务中心4个部门。

第二节　办学经费

一、经费来源

1993—2015年，上城区不断增加教育投入，区财政对教育的拨款依法做到“三个增长”[3]“两个提高”[4]。上城区教育经费来源主要有国家财政性教育经费、民办学校中举办者投入、社会捐赠经费、事业收入及其他收入。

国家财政性教育经费[5]　国家财政性教育经费是上城教育经费的主要保障。国家财政性教育经费包括预算内教育经费、各级政府征收用于教育的税费、企业办学中的企业拨款、校办产业和社会服务收入用于教育的经费。1993—2015年，上城区预算内教育经费和学生人均教育经费逐年增加。2000年，区财政预算内教育经费5204万元，生均预算内教育事业费中小学分别为1608.7元和1301.3元，学生人均预算内公用经费为149.3元和74.34元。2010年，区财政预算内教育支出41755万元，生

① 上城区社区学院开展的社区教育内容见本篇第六章成人教育。

② 2005年7月，上城区青少年活动中心成为独立法人。

③ 财政经常性收入增长，财政教育拨款有所增长，且高于财政经常性收入的增长；生均教育经费有所增长；教师工资和生均教育经费有所增长。

④ 财政教育经费支出占国民生产总值的比例有所提高；教育经费的支出占财政总支出的比例有所提高。

⑤ 上城区历年地方财政教育支出详见第十六篇财政税务。

均预算内教育事业费中小学分别为11583.85元和9771.32元。2015年，区公共财政教育支出68365万元，生均预算内教育事业费中小学分别为17793.99元和13301.32元。

捐资助学款　1991年，上城区中小学根据国家有关政策与《中华人民共和国义务教育法》《中华人民共和国教育法》关于“建立以财政拨款为主、其他多种渠道筹措教育经费为辅的体制”，“鼓励境内、境外社会组织和个人捐资助学”的精神，接受社会组织和个人的捐资助学款项。1991—2010年，上城区共收到各类捐资助学款13492.5万元，全部用于建设中小学及幼儿园，改善教学设施。2005年，上城区教育发展基金会成立，原始基金数额1000万元，开展教育科研活动，发展教育事业。2015年，区教育局所属学校接受社会基金会捐款4027.85万元。至是年末，上城区教育发展基金会筹集资金16146.6万元。

事业收入　1991年，上城区普通幼儿园每人每学期学杂费4元，保育费每月8元；示范幼儿园每人每学期学杂费4元，保育费每月12元。1993年起，幼儿园实行按等级收费。随后，幼儿园收费标准多次调整。1993年，上城区小学低年级学生每学期交杂费7.5元，高年级学生交杂费9元，另收学费21元。随着办学条件的改善和办学成本的提高，1995年、1997年、2000年、2003年杭州市对中、小学收费标准相应调整。2005年，收费标准为小学生每学期交杂费100元，初中生每学期交杂费130元，高中生每学期交学费1000元。

2007年春季学期开始，上城区全面取消义务教育阶段学杂费收费。幼儿园学杂费根据杭州市统一规定的标准执行，保育费另行收取。

2014年，公办学前教育机构的保育教育费（简称保育费）收费标准，由市价格主管部门会同市教育行政部门、财政部门共同制定，按等级收费。具体标准为：日托班幼儿园每人每月特级幼儿园520元，甲级幼儿园400元，乙级幼儿园208元，丙级幼儿园200元，丁级幼儿园100元。3周岁以下婴幼儿保育费标准可在相应等级基础上上浮40%，全托（寄宿）班保育费标准可在日托班标准上最高上浮50%。职高住宿费和民办学校学费按物价部门核定的收费标准收费。

二、经费管理与使用

经费管理　1998年，区教育局下发《上城区教育系统财务管理的若干规定》《加强各校（园）自办学生食堂管理的几项规定》，要求各校严格执行收费制度，做到亮证收费，加强收费工作管理并自觉接受教育、物价、财政等部门的检查和审计部门的经费监督。规定会计必须持证上岗，报组织审批后任职。预算外资金的管理，坚持先收后支、量入为出、专款专用的原则，建立收支预算管理制度。自2002年起，省、市、区物价局、区教育局、区财政局等部门多次联合发文规范中小学、幼儿园收费，对政府举办的九年制义务教育普通中小学实行“一费制”收费办法。区教育局规定学校收费实行“三公开一监督”制度，即公开收费依据、收费项目、收费标准，接受社会监督。学校亮证收费，落实收支两条线。先后制定《上城区教育局基本建设和维修管理实施细则》《上城区教育局关于采购装备工作实施意见》《上城区教育局财产物资管理办法》《上城区中小学幼儿园食堂财务管理暂行办法》《上城区教育局票据管理办法》《上城区教育局应收应付款项管理办法》等文件，进一步规范经费管理。同时聘任各阶层人士担任行风监督员，监督评议教育收费与教育经费管理工作。2007年，区教育局设立教育系统会计结算中心，实行会计委派制，凡纳入中心管理的单位财务工作，实行“单位审批、统一管理、分单位核算”的管理体制。

经费使用　国家预算内教育经费的开支主要用于公办在编教职工工资与福利、校舍修缮、设备购置、公务费和业务费等。学校事业收入主要用于临时教职工工资、修建校舍、自筹基建、添置教学设备以及教职工福利奖金不足部分的补充。凡经过批准立项的大型基建项目，一般在专项基建经费中列支。为合理使用教育经费，区教育局对校舍建设、大型维修、采购招标等作出明确规定。为充分调动中小学办学的积极性，区教育局每年提高义务教育期间初中、小学的生均公用经费的标准。小学生均公用经费拨款从原来的每生每学年15元提高到每生每学年800元，初中生公用经费从原来的每生每学年45元提高到每生每学年1000元。

表28-1-1　1991—2015年部分年份上城区教育局教育经费总收入情况表

单位：万元

年份	预算内教育经费	教育费附加	学杂费	其他	总计
1991	619.1	136.3	33.1	881.8	1670.3
1995	1608.6	345.5	300.5	2226.8	4481.4
2000	7830.3	1662.3	842.3	3511.7	13846.6
2005	26347.1	4952.2	4821.8	7334.1	43455.2
2010	43226.8	10521.5	—	21248.9	74997.2
2015	77613.1	9203.0	—	9194.0	96010.1

说明：1.资料来源于杭州市上城区教育局。2.2007年开始取消学杂费

表28-1-2　1991—2015年部分年份上城区教育局教育经费总支出情况表

单位：万元

年份	预算内教育经费	教育费附加	学杂费	其他	总计
1991	619.1	136.6	33.0	569.9	1358.6
1995	1608.6	345.5	300.5	2226.8	4481.4
2000	7830.3	162.3	842.3	5327.9	14162.8
2005	26347.1	4952.2	4821.8	7334.1	43455.2
2010	43226.8	10521.5	—	21248.9	74997.2
2015	77569.1	8537.5	—	14968.4	101075.0

说明：资料来源于杭州市上城区教育局

表 28-1-3　1991—2015 年部分年份上城区教育局基建维修投入情况表

单位：万元

年份	金额	年份	金额
1991	323.3	2005	3267.9
1995	849.9	2010	3366.0
2000	728.8	2015	5056.6

说明：资料来源于杭州市上城区教育局

第三节　设施

1993—2015 年，上城区落实“教育优先发展”的战略思想，通过改造学校破旧房、创建精致盆景式校园、探索布局调整新路子、抢抓旧城改造、城市东扩及钱江新城建设机遇等途径，实现满足区域内中小学生、幼儿接受高质量教育的需求，促使上城教育向着质量更高、特色更强的方向迈进。

一、学校建设

20 世纪 90 年代开始，上城区的入学适龄儿童不断增加，原有的校舍日渐不够使用。1991—1995 年，区政府、区教育局投资 6700 万元，利用原有西牌楼小学和祖庙巷小学土地，陆续建设杭州市杨绫子巷小学、杭州市江城路小学、杭州新世纪外国语小学、杭州市定安路小学等，扩大居民集中地区学校的办学规模。

1996 年开始，区政府、区教育局筹集资金 7000 余万元，撤并学校 17 所，重点改扩建学校 20 余所，至 2000 年，小学校均面积从 3813 平方增加到 5410 平方米，小学生均占地面积和生均建筑面积分别由 6.5 平方米、4.5 平方米提高到 9.6 平方米、7.8 平方米。

进入 21 世纪，区教育局经过撤、并、扩的资源重组和国有土地集约置换、体制创新等途径，对区内的中小学进行改扩建。2000 年，区教育局把“创建盆景式校园”活动作为学习布局调整和改造的重要举措，创建出以杭州市天长小学、杭州市紫阳小学为代表的精致的盆景式校园，以杭州市娃哈哈小学为代表的中心城区老小区改建学校等。2001 年，杭州市崇文实验学校建成，其大堂式的校门、中置式的操场、人文化教室的设计理念，成为体制创新、理念先进的校舍建设的代表。

2001 年，《上城区教育发展“十五”纲要》中提出“学校标准化”的发展目标，根据《城市普通中小学校舍建设标准》建造新的校舍，撤并不到 18 班规模或占地面积 5336 平方米以下的小学，并逐步扩大初中和幼儿园的办学规模。是年，上城区完成区少年宫、杭州市杨绫子学校的重建，建成全区性的学农基地、劳技中心及其他教育实践基地。2004 年 2 月，区政府召开学校标准化建设会议。根据“浙江省万校标准化建设工程”要求，按照《杭州市九年制义务教育办学条件均衡化发展规划》，通过新建、扩建、迁建、改造等举措，至 2010 年，全区中学生均用地面积达 19.34 平方米，生均建筑面积达 13.54 平方米，小学生均用地面积达16.15平方米，生均建筑面积达11.81平方米。

2012年，全区围绕建设现代化强区的目标，开展“中小学、幼儿园标准化评定工作”，并制定《中小学、幼儿园专项布点规划》。其中按照幼儿园百户指标应不少于11生/百户，小学百户指标应不少于22生/百户，中学百户指标应不少于11生/百户的标准落实建设用地。2014年，北京师范大学附属杭州中学建成并投入使用，学校总投资3.5亿元，占地面积4.60万平方米。

2015年，全年投入基建经费1.06亿元，校（园）舍维修经费2243万元。杭州市行知幼儿园新城园区、杭州娃哈哈双语学校、杭州市天长小学东坡路校区等项目投入使用。全年新增校（园）舍建筑面积6.65万平方米，装修与改造校（园）舍7.8万平方米。

图28-1-1 杭州天地实验小学教室（2014年）
（望江指挥部 供稿）

表28-1-4 1993—2015年上城区校舍建设情况表

年份	建设项目及内容	经费（万元）	建筑面积（平方米）	结构类型	说明
1993	杭州市惠兴中学综合楼	98.5	1474.97	框架	新建
	杭州市江城中学重建二号教学楼	150	2154.38	砖混	重建
1994	杭州新世纪小学改建（祖庙巷）	1066	7156	砖混	重建
1996	杭州市上城区教育学院附属小学复兴开发配套	549	4616	钢架	新建
	杭州市江城中学新建行政楼	264	2284.88	框架	新建
	杭州市清泰实验学校实验楼	77.9	1236.3	框架	新建
	杭州市建兰中学大塔儿巷小区实验楼建设	179.7	2945	砖混	新建
	杭州市江城中学新建图书行政楼	264	2284.88	框架	新建
1997	杭州市大学路小学分部（华藏寺巷）	100	3600	混砖	重建
	杭州市胜利小学临时搬迁装修	80	2467	砖混	翻新
1998	杭州市服装职业高级中学综合楼	482	5475	框架	新建
	浙江省杭州第十中学2号教学楼	470	4680	钢砼	新建
	杭州市清泰实验学校教学楼	417	3661	框架	新建
1999	杭州市江城路小学改建	640	6400	框架	改建
2000	杭州市崇文实验学校	4346	22686	框架	新建
	杭州师范大学附属小学（清波小学）	3450	5163	框架	重建
	杭州市胜利小学搬迁进近江装修	250	5460	砖混	翻新
	杭州市时代小学改建	120	2450	砖混	翻新
	杭州市天艺幼儿园（本部）	80	1784	砖混	翻建
	浙江省杭州第十中学1号教学楼	584	4634	框架	新建

续表 28-1-4

年份	建设项目及内容	经费（万元）	建筑面积（平方米）	结构类型	说明
2000	浙江省杭州第六中学教学楼	584	4634	框架	新建
	杭州市惠兴中学图书楼	179	1024.7	框架	新建
2001	杭州市高银巷小学教学楼、综合楼	800	6550	框架	重建
	杭州市秋涛路小学2号教学楼	220	2416.97	框架	新建
	杭州市清波幼儿园校舍	250	2040	混砖	新建
	浙江省杭州第十中学科技馆	100	3690	混合	加层
2002	杭州市紫阳小学整治	178	1863	砖混	新建
	杭州市服装职业高级中学教学、体艺楼	1100	5598.2	框架	新建
	浙江省杭州第六中学图书行政楼	215	2391	框架	新建
	杭州市江城中学操场改建	85	200米跑道+看台	—	翻建
2003	杭州市始版桥小学8号楼	120	1977.8	钢混	重建
	杭州市开元中学	2200	13970	框架	新建
	杭州市惠兴中学教学楼	1100	6509.33	框架	新建
2004	19号地块配套中学（清河中学）	1660	12000	框架	新建
	杭州市惠兴中学新建校舍	880	7370	框架	新建
	新苗公司车间改造	60	2500	砖混	翻修
	杭州市时代小学教学楼整体维修	230	3800	砖混	翻修
	杭州市邮电路小学教学楼维修	20	1500	砖混	翻修
	浙江省杭州第六中学教学楼维修	20	500	框架	翻修
	浙江省杭州第十中学教学楼维修	30	1200	框架	翻修
	杭州市江城中学教学楼维修	20	700	砖混	翻修
	杭州市惠兴中学操场改建	23	3200	运动场	翻修
	杭州市建兰中学操场改建和办公室维修	50	3000	运动场	翻修
	杭州市时代小学二期环境综合改造	160	2500	室外环境	重建
	杭州市始版桥小学运动场	60	3800	运动场	重建
	杭州市始版桥幼儿园教学楼维修	60	2400	框架	翻修
	杭州市天长小学电路改造	40	4000	砖混	翻修
	杭州市清波幼儿园卫生间维修	12	800	砖混	翻修
	杭州市胜利小学整体维修	395	5400	框架	翻修
	杭州市平安里小学教学楼、大门	120	3600	砖混	翻修
	杭州市饮马井巷小学维修	20	1800	框架	翻修
2005	浙江省杭州第十中学实习楼建设	250	2676	框架	新建
	浙江省杭州第十中学行政楼建设	540	4859	框架	新建
	杭州市杨绫子学校新建校舍	2400	8504	框架	新建
	杭州市天长金都新校舍装饰	30	1200	框架	装修
	杭州市建兰中学整体装饰	180	12000	砖混	装修
	杭州市勇进中学零星维修	15	3000	砖混	维修
	浙江省杭州第十中学零星维修	20	3000	框架	维修
	杭州市江城中学大门校舍维修	30	5000	砖混	维修

续表 28-1-4

年份	建设项目及内容	经费（万元）	建筑面积（平方米）	结构类型	说明
2005	杭州市胜利小学图书室装饰	28	1200	框架	装修
	杭州铁路第五小学教学楼维修	30	4200	砖混	维修
	杭州市行知幼儿园装饰	125	2400	框架	装修
	杭州市紫阳幼儿园整体维修	35	1200	砖混	维修
	杭州市培红幼儿园整体维修	65	1300	砖混	维修
	杭州市平安里小学射击馆建设	30	850	砖混	装修
	区青少年活动中心整体改造	80	3200	框架	装修
	杭州市胜利幼儿园整体改造	120	1800	砖混	维修
	杭州市复兴第二小学教学楼维修	80	4200	框架	维修
	杭州市复兴第二小学室外景观	80	4500	地面	改造
	杭州市崇文实验学校涂料和立面	55	20120	框架	装修
	杭州市八一中学图书馆装饰	78	4300	框架	装修
	杭州市清河中学食堂装修	30	1200	框架	装修
2006	杭州市八一中学田径场改建	100	4500	地面	运动场改造
	浙江省杭州第十中学校舍维修	45	1800	框架	维修
	杭州市勇进中学道路铺装	80	3200	地面	环境改造
	浙江省杭州第六中学教学楼维修	25	6300	框架	维修
	杭州市开元中学领操台建设	20	800	框架	新建
	杭州市惠兴中学校舍维修	30	4600	砖混	维修
	杭州市江城中学总务库房及屋面维修	120	7600	砖混	维修
	杭州市回族穆兴小学教学楼整体	80	2300	框架	维修
	杭州市天艺幼儿园立面改造	30	1300	框架	维修
	杭州市娃哈哈幼儿园外墙涂料维修	14	1480	砖混	维修
	杭州市天长小学室内装饰	50	3200	砖混	装修
	杭州市大学路小学华藏小区整体维修	80	1230	框架	维修
	杭州市上城区教育学院附属小学室内装饰	50	3300	框架	装修
	杭州市杨绫子学校室外景观	80	5400	地面	环境改造
2007	杭州市大学路小学整体改建	560	6870	砖混	改建
	杭州市江城中学中预班装修	70	1200	砖混	装修
	杭州市开元中学食堂装修	120	110	框架	装修
	杭州市回族穆兴小学南大楼综合楼水管维修	50	2400	框架	维修
	杭州市宗文小营实验学校部分维修	50	1200	砖混	维修
	杭州市始版桥小学辅楼室内外改造	30	800	砖混	维修
	区教育后勤管理中心（水亭址3号）办公楼装修	120	1200	砖混	装修
	社区学院整体改造项目	385	5300	砖混	维修
	杭州市行知幼儿园园舍邮电路园区改建	280	4200	砖混	装修
	杭州市瑞丰格林幼儿园园舍完善	120	2400	砖混	装修
	杭州市行知幼儿园金陶园区	130	1600	框架	装修

续表28-1-4

年份	建设项目及内容	经费（万元）	建筑面积（平方米）	结构类型	说明
2008	杭州市江城中学综合楼维修工程	40	2130	砖混	维修
	杭州市建兰中学分校（开元中学）屋面维修	24	3100	框架	维修
	杭州市八一中学会议室装修	25	350	砖混	装修
	杭州市惠兴中学卫生间改造	40	800	框架	装修
	杭州铁路中学校舍综合治理	154	8600	砖混	维修
	浙江省杭州第十中学学教学楼维修	36	4500	砖混	装修
	杭州市回族穆兴小学图书室装修	10	600	框架	装修
	杭州市上城区教育学院附属小学电路改造工程	60	3400	框架	装修
	杭州市始版桥小学附属楼维修	34	2100	砖混	装修
	杭州市时代小学文保楼维修	40	1800	砖木	维修
	杭州市杨绫子学校屋顶花园	49	2310	框架	环境
2009	马市街现数中心室内	50	2300	砖混	维修
	马市街假日中心室内	52	2100	砖混	维修
	杭州市胜利幼儿园东河园区室内维修工程	60	1840	框架	装修
	上城区城站幼儿园装修工程	200	2130	砖混	装修
	杭州市胜利小学运动场维修工程	46	2210	运动场	翻修
	杭州市望江街道望江幼儿园	15	650	砖木	维修
	杭州市木场巷小学校舍维修工程	40	1750	砖混	维修
	杭州市亲亲幼儿园保安桥园区	65	2130	框架	装修
	杭州市闸口幼儿园	20	1300	框架	装修
	杭州天地实验学校	60	6840	砖混	维修
	杭州市天长小学校舍维修	90	6500	框架	维修
	杭州市宗文小营实验学校整体维修工程	175	1850	框架	装修
	杭州铁路中学维修工程	140	7400	砖混	维修
	杭州市惠兴中学装修工程	53	3200	框架	维修
	杭州市开元中学操场装修工程	120	3500	地面改造	翻修
2010	杭州市惠兴中学校安工程	194	3200	框架	维修
	杭州市紫阳小学校安工程	279	6400	砖混	维修
	杭州市回族穆兴小学校安工程	257	5870	砖混	维修
	杭州市崇文实验学校阅览室改造校园整治	330	18000	框架	装修
	杭州师范大学第一附属小学吴山校区校舍维修改造	91	8200	框架	维修
	杭州市紫阳幼儿园加固工程	550	3200	砖混	改造
	杭州市友谊幼儿园整体改造	150	1850	框架	装修
	杭州市胜利幼儿园小营园区室内	120	1560	框架	装修
	杭州市胜利幼儿园杨绫子幼儿园室内改造	200	1679	框架	装修
	杭州市天艺幼儿园室内改造	100	1870	框架	装修
	杭州市上城区教育学院维修改造	64	2540	框架	装修
	区青少年活动中心改造	200	6870	框架	装修
	浙江省杭州第六中学教学楼厕所修漏、改建	30	2300	框架	装修

续表 28-1-4

年份	建设项目及内容	经费（万元）	建筑面积（平方米）	结构类型	说明
2010	杭州市秋涛路小学1号楼整体改造	40	2100	框架	装修
	杭州市高银巷小学大门移建	30	450	钢构	装修
	杭州市教育科学研究所附属小学校舍维修	50	3500	框架	新建
	杭州天地实验小学校舍维修	30	4800	砖混	维修
	杭州新世纪外国语学校维修改造	45	3200	框架	维修
	杭州市胜利小学钱江校区平改坡	40	2100	框架	维修
	杭州市始版桥小学立面整治、围墙	30	2400	框架	维修
	杭州市胜利小学赞成校区地下室	50	1800	框架	装修
	杭州市胜利幼儿园小营园区室外	45	1820	砖混	装修
	杭州市胜利幼儿园、杨绫子幼儿园室外改造	50	1700	砖混	装修
	杭州市天艺幼儿园室外改造	30	1300	砖混	改造
	杭州市娃哈哈幼儿园赞成活动室加层	50	800	框架	装修
	杭州市培红幼儿园立面整治、围墙	55	3500	框架	改造
2011	杭州市建兰中学	1600045	40603	框架	重建
	浙江省杭州第六中学体艺楼及教育学院用房	8782	18616	框架	新建
	北京师范大学附属杭州中学	32000	53077	框架	新建
2012	杭州市服装职业高级中学实训楼及宿舍	3565	8651	框架	新建
	杭州市开元中学整体装修改造工程	13638	1800	框架	改造
2013	杭州天地实验小学工程	11500	37210	框架	新建
2014	杭州市娃哈哈幼儿园新城园区	1100	2000	框架	新建
	杭州市天艺幼儿园整体改造	900	2100	框架	改建
	杭州市天长小学东坡路校区整体装修改造	1500	5640	砖混	改建
	杭州市娃哈哈双语学校整体改造	8000	14297	框架	改建
2015	杭州市行知幼儿园新城园区新建	2250	4200	框架	新建
	杭州市清河实验学校改建	3500	17968	框架	改建
	杭州市杨绫子学校整体装修改造	1700	6200	框架	改建
	杭州市胜利小学新城校区	17600	25853	框架	新建
	杭州市胜利小学新城校区附属幼儿园	4531	3476	框架	新建
	杭州新世纪外国语学校紫金校区改建	20235	9000	框架	新建

说明：资料来源于杭州市上城区教育局

二、教学装备

20世纪90年代，区教育局完善学校、幼儿园的教学设备，包括完善教室课桌椅和各校自然实验室、音美教室、少先队室、学生图书室、体育室的实验器具、活动器具、电教仪器的配备。全区小学各学校均建立学校图书室及班级图书角。各校依托杭州市少儿图书馆，开展各种形式的图书外借流通。

1993年，上城区试行《劳动教育目标考核的意见》，分期分批对部分学校劳动用具进行配置。是年，杭州市胜利小学购入当时技术领先的386电脑。1994年，杭州市天长小学综合实验楼落成，同时建立1个由24台386电脑组成的电脑教室。1996年，杭州市胜利小学开设1个电脑实验班，引入大屏幕液晶投影仪，建成当时上城区首个多媒体教室。1997年，杭州天地实验小学建成小型校园局域网。1998年，上城区开展学校示范性专用教室建设，对部分学校未达标的专用教室全部完成省一级配备标准。1998年开始，杭州新世纪外国语学校、杭州天地实验小学、杭州市紫阳小学相继建造电脑教室。1999年，杭州市胜利小学、杭州市天长小学、杭州新世纪外国语学校等学校先后建成校园网。至2000年初，除4所校舍改建的学校外，全区的所有中小学均建立电脑教室。

2001年后，区政府对基础教育的投资不断扩大，提出装备配备“普通学校均衡化、基地学校特色化、新建学校现代化”的发展思路，合理分配教育资源，基础教育装备发展驶入正规化、信息化的快车道，一大批现代化的信息技术教育教学装备走进课堂。是年，区教育局投入1300万元，启动上城区技术信息化工程，为全区每一所学校重点配备以电脑专用教室为重点的现代教育技术设施。是年5月起，上城区在杭州市建设教育城域网工作的推进下，全区陆续有49家单位（中小学、幼儿园、教育局及直属单位）先后申请和接入上城区教育城域网。2002年，上城区各校图书馆在区教育局统一部署下，配备计算机和打印机。12月，上城区首个教育门户网站“上城教育信息港”开通并投入使用，提供Web、FTP、Mail、VOD、视频会议等服务，同时还购买资源数据库为基层学校提供资源支持。2005年，区教育局向南京市图书馆采购“力博”图书馆管理系统，全面启动区域图书馆信息化管理工作。

2006年开始，上城区首先在杭州天地实验小学和杭州市开元中学进行直饮水试点，后逐步推广。2007年，各中小学全部接入互联网光纤。9月，区教育局从计划申请、审批、采购、供货、验收、结算、入账、维修及报废或调拨等环节进一步完善学校教育装备管理。10月，上城教育办公系统投入使用，推进无纸化办公。2008年，实施《上城区教育局关于采购装备工作的实施意见》，提高各校音、体、美、劳、多媒体等设备的配备率，使其达到省一级配备标准。所有幼儿园全部接入互联网专线。10月，集教学、科研与培训管理为一体的上城教育研修平台（www.stcvs.com）正式开通。

2009年，区教育局与北京师范大学合作，共同开展“基于学生发展的区域教育质量提升工程”的课题研究，结合创建“省级示范实验室”工作，投入60万元，重点改建实验室6个，使公办初中达标率为100%，小学达标率为85%。是年，区教育局制定《关于进一步做好中小学图书装备工作的意见》，每年投入专项资金50万元，按照生均补助15元的标准分配给各个学校、学校自负生均15元的办法采购图书。

2010年，上城区全年新建、更新中小学电脑房3个，新增电脑788台，新配多媒体教学设备198套，改建实验室6个，实验仪器设备投入110万元。2011年，上城区全年新增（更换）电脑840台，新建（改建）计算机房7个，新增（更换）多媒体设备281套，新增（更换）课桌椅5559套，新建改建实验室17间，新建（扩建）安防监控系统15个，广播电视等弱电系统29个，新建直饮水系统的学校8所，投入网络设备55万元，实验仪器设备70万元。实行小学科学实验耗材配送机制，建成第一个苹果电脑机房。全区直饮水普及率达到85%，学校计算机生机比达到4.10∶1，学校班级多媒体配备满足教学需要，班套比达到1∶1，学生人均教育装备历年累计总量小学生均3337.84元，中学生人均4410.06元，100%学校音体美劳器材配备、教学科学器材配备省定配置标准，校园网普及率100%。

2012年开始，各校图书馆开展“义务教育均衡化”创建工作，全区学校图书馆（室）均衡化系数逐年优化。2015年，中学均衡化系数为0.2827，小学均衡化系数为0.1917，分别低于标准值0.55、0.65。

图28-1-2　2012年，杭州市紫阳小学学生在使用计算机上课（韩盛　摄）

2015年，杭州市饮马井巷小学被评为省示范性图书馆，全区各校图书馆藏书总量为78.7011万册，年投入购书资金120万元，学生人均增长2册/年，中学生人均图书拥有量39.43册，小学生人均图书拥有量32.12册。上城区在校园直饮水项目上的累计投入500余万元，共分布725处饮水点，全区100%的中小学校的公共直饮水项目均实施到位并投入使用。全区中小学手摇升降式课桌椅得到进一步推广，新式课桌椅累计有19590套配备到区各个学校。

表28-1-5　1991—2015年上城区若干年份中小学、幼儿园多媒体电化教学设备情况表

年份	类别	投影机（台）	投影仪（台）	录音机（台）	电视机（台）	银幕（张）	计算机（台）
1991	中学	5	39	282	26	40	53
	小学	82	42	130	61	120	39
	幼儿园	0	0	15	3	0	0
2000	中学	101	139	341	235	247	494
	小学	152	137	108	89	95	364
	幼儿园	2	3	41	17	3	17
2010	中学	280	340	307	374	412	2463
	小学	369	356	347	579	276	2677
	幼儿园	12	21	154	117	11	261
2015	类别	有线局域网	无线局域网	多媒体数（套）	其中短焦投影仪及交互式白板（套）	实物展台（套）	计算机（台）
	中学	8	4	225	138	225	2542
	小学	16	8	436	338	436	3145
	幼儿园	14	3	239	14	14	977

说明：资料来源于杭州市上城区教育局

表 28-1-6　1991—2015 年上城区若干年份中小学电脑教室等弱电设备情况表

年份	类别	电脑教室（个）	演播室（个）		闭路电视系统（套）	
			校园电视台（个）	校园广播系统（套）	校园安防监控系统（套）	闭路电视系统（套）
1991	中学	3	0		0	
	小学	2	2		1	
2000	中学	12	0		3	
	小学	17	7		11	
2010	中学	26	8		12	
	小学	31	19		22	
2015	中学	20	6	8	8	8
	小学	25	14	16	16	16

说明：资料来源于杭州市上城区教育局

表 28-1-7　1991—2015 年上城区中小学藏书情况表

单位：册

年份	中学	小学
1991	322915	201793
2000	441735	302505
2010	551632	583375
2015	616720	658375

说明：资料来源于杭州市上城区教育局

第四节　教育督导

1989 年 12 月，上城区教育局督导室建立，承担监督检查所属各学校（幼儿园）贯彻教育方针和上级指示的情况、开展教育专题调查、提出指导性意见等职能。20 世纪 90 年代，上城区教育局督导室开始发挥督学在教育督导方面的作用，实行督学责任区制度。1991—1994 年，教育督导组从教育目标、学校管理、教育质量、办学条件等方面对各校（园）进行督导评估，完成对全区中小学、幼儿园和特殊教育学校的第一轮综合督导任务。

1998 年 2 月，区政府教育督导室成立，下设办公室为办事机构，由区教育局管理。1999 年 7 月，区政府确定上城区教育督导范围主要是区属中小学教育、幼儿教育，教育督导对象主要为区属中小学、幼儿园、区政府有关部门及其他有关单位。2009 年 10 月，根据政府行政审批职能整合和集中改革工作的要求，在区政府教育督导室办公室中增挂行政许可科牌子。2010 年 3 月，在区教育局“管办助评”组织机构改革背景下，整合区政府教育督导办公室和区教育学院教育评价中心，成立上城区教育督导与评价中心，成为区域专业的基础教育评价机构。2012 年，区人民政府教育督导委员会成立。2000—2015 年，上城区先后开展小学办学水平督导评估、中学学校管理合格评估、学前教育规范办园专项督导等，推动全区教育教学水平整体提升。

一、督学责任区

1999年9月，区政府教育督导室建立督学定点联系制度，规定每位督学分别定点联系部分学校，每月联系1次，了解情况、提出建议、指导工作。2008年，制定《上城区督学责任区管理办法（试行）》，实行督学3年任期制。根据学校分布，将幼儿园分为2个督导责任区，将中小学分为4个督导责任区，督学采取日常随访督导与全面、专项性督查相结合的方式进行。2009年12月，制定《上城区督学责任区考核细则（试行）》，全面开展责任区督学工作。2012年，下发《在全区中小学校推行责任区督学公示牌的通知》，明确责任区督学挂牌督导的意义与实施办法。2013年1月，举行责任区督学公示牌授牌仪式，要求所有学校将督学公示牌挂靠在校门醒目位置。2013年，实现全区责任督学挂牌工作全覆盖。2014年，印发《上城区中小学校责任督学挂牌督导工作实施意见》。至2015年末，上城区共有督学责任区21个。

表28-1-8　2015年上城区督学责任区情况表

序号	责任区学校	责任区督学
1	杭州市服装职业高级中学、北京师范大学附属杭州中学、杭州市清河中学	周常生
2	杭州市建兰中学、杭州市开元中学、杭州市千岛湖建兰中学	龚金根
3	浙江省杭州第十中学	于爱萍
4	杭州市大学路小学、杭州市胜利幼儿园	孙碧云
5	杭州市江城中学、杭州市娃哈哈小学、杭州市行知幼儿园	韩　韧
6	浙江省杭州第六中学	唐少华
7	杭州市清泰实验学校、杭州新世纪外国语学校	陈　飞
8	杭州市胜利小学、杭州市胜利实验学校	俞国娣
9	杭州市天长小学、杭州市崇文实验学校、杭州天地实验小学	张化万
10	杭州市时代教育集团蕙兰校区、杭州市时代教育集团天都城校区、杭州市娃哈哈双语学校	李绍才
11	杭州市金都天长小学、杭州市紫阳幼儿园、杭州市胜利金都幼儿园	高桂芬
12	杭州市上城区教育学院附属小学、杭州市教育科学研究所附属小学、杭州市行知金陶幼儿园	唐彩斌
13	杭州市高银巷小学、杭州市清波幼儿园、杭州市杨绫子学校	洪佳琳
14	杭州市惠兴中学、杭州师范大学第一附属小学（吴山、钱江东、钱江西校区）、杭州市五星幼儿园	林发高
15	杭州市饮马井巷小学、杭州市天艺幼儿园	周乐平
16	杭州市抚宁巷小学、杭州市回族穆兴小学、杭州市胜利瑞丰幼儿园	马海燕
17	杭州市紫阳小学、杭州市始版桥小学、杭州市始版桥幼儿园	王晨华
18	杭州市喜洋洋幼儿园、杭州市清荷幼儿园、杭州市陶子幼儿园	杨　利
19	杭州市胜利东河幼儿园、杭州市培红幼儿园、杭州市六一幼儿园	张　群
20	杭州市娃哈哈幼儿园、杭州市欣欣幼儿园、浙江省卫生厅幼儿园	周穗萍
21	杭州市小世界幼儿园、杭州市近江艺术幼儿园、杭州市玉皇幼儿园	王小意

说明：资料来源于杭州市上城区教育局

二、督导评估

小学办学水平督导评估　1999年11月至2002年6月，上城区教育督导室对全区小学进行第一轮办学水平评估。在评估的19所学校中，2所（杭州市胜利小学、杭州市天长小学）被评为一级A类，1所为一级B类，10所为一级C类，6所为二级A类。2002年9月至2004年6月，根据评估计划，开展“回头看”活动。针对评估报告中提出的意见与建议，督查各校整改情况。2010学年起，督导室组织全区公办小学制定实施第一轮三年发展规划，以规划为抓手对学校办学水平进行发展性督导评估。2013年6月，进行小学第一轮三年发展规划终结性评估。在评估的17所小学中，确定杭州市天长小学、杭州市饮马井巷小学、杭州市上城区教育学院附属小学、杭州市抚宁巷小学为综合优秀单位，杭州市胜利小学、杭州师范大学第一附属小学为单项优秀单位。2014—2015年，各小学开始实施第二轮三年发展规划。

中学学校管理合格评估　2002年6月，上城区制定《上城区中学目标管理方案实施细则》，组建初中学校管理合格评估督导组，由专兼职督学共同组成，兼职督学成员包括区教育局原局长、区督导室原主任、资深中学校长、区教育科研中心、教学研究中心主任、机关科室长等。督导组将28个指标作分工，设计问卷、调查提纲等。同时，向各基层学校下发评估通知，告知各校评估时间，对组建学校自评小组、组织教师学习实施细则及有关文件、准备评估材料等方面提出要求。2002年9月—2003年12月，对全区初中进行学校管理合格评估。在9所初中的督导评估中，全体督学（含教研员）共听课387节。2009学年起，督导室全面改革学校发展性评价工作，以全区公办初中为试点，推动学校三年发展规划实施工作。2012年6月，各校完成第一轮三年发展规划。杭州市清泰实验学校为优秀单位。2013—2015年，区各初中实施第二轮三年发展规划。

表28-1-9　2009年上城区初中基础性评估指标体系情况表

一级指标	二级指标	具　体　要　求
规范办学行为	规范收费行为	规范教育收费，合理安排经费开支，财务管理规范，执行大宗物品采购有关规定
	执行教学计划	严格执行国家课程方案，开齐开足课程。合理安排时间，确保学生每天1小时体育活动时间，控制学生在校时间7小时
	减轻课业负担	努力提高课堂教学效率，认真落实“减负”具体措施，切实减轻学生过重的课业负担
落实常规管理	健全师资管理	健全内部人事管理制度，全员岗位职责明确。重视师德教育，教师具有良好的职业道德规范。开展多种形式的、富有实效的教师校本培训，落实师资培训的经费。教师有充分的成长空间，归属感强
	落实教学常规	认真落实教学规范管理，教学活动有序、有效。不向学生公布考试成绩，更不按考试成绩对学生进行排名
	有效管理校产	规范执行财产设备、校舍场地管理制度，校目清楚。管理制度有利于设施、设备的利用。校园环境做到净化、绿化、美化

续表28-1-9

一级指标	二级指标	具　体　要　求
落实常规管理	开展日常活动	校园文化丰富，社团活动正常，定期组织学校的体育运动会、科技节、艺术节等各种活动
	保持政令通畅	政令畅通，执行力强
维护学校稳定	落实安全管理	落实安全管理的各项制度，制订安全工作应急预案并组织演练。学校无安全责任事故，未发生学生刑事案件
	妥善调处纠纷	妥善处理校内外关系，及时发现并处理好各种矛盾与纠纷，及时处理信访事件，未发生严重影响教育工作的信访事件
提高教育质量	学生综合素质	学生的综合素质高，能较好地关注优秀学生和后1/3学生的发展，确保每一位学生都得到良好的教育
	社会认可程度	社会认可度高，满意度90%以上

说明：资料来源于杭州市上城区教育局

学前教育规范办园专项督导　2002年，区政府督导室结合《幼儿园教育指导纲要（试行）》的实施情况，组织专、兼职督学和教研员对区教育局所属9所幼儿园（11个园区）进行“半日活动”的专项督导。2003年4月至2005年末，开展街道、事业、民办幼儿园依法办园专项督导。针对师资队伍、办学条件、经费使用、保教结合、贯彻《幼儿园教育指导纲要（试行）》举措等5个重点检查项目，依据《幼儿园管理条例》《幼儿园工作规程》等，采用听课、听取校长汇报、教师问卷调查、查阅资料、查验设施设备、观察其他教育教学活动等形式，对幼儿园依法办园情况进行督查。同时，将督导结果向区政府汇报，向主管部门反馈，还提出合理布局、加大经费投入、加强幼教师资队伍建设等建议。2011学年，继初中、小学之后，全区幼儿园开启第一轮三年发展规划工作。2014年6月，各园完成第一轮三年发展规划工作。经评估组的研究讨论，并报教育局同意，确定杭州市娃哈哈幼儿园、杭州市胜利东河幼儿园为综合优秀单位，杭州市紫阳幼儿园、杭州市天艺幼儿园、杭州市清波幼儿园、杭州市始版桥幼儿园为单项优秀单位。2015年9月，各幼儿园开始实施第二轮三年发展规划。

学校教育人才培养工作专项督导　2004年4月，上城区教育人才工作会议召开，会议通过《上城区教育局关于加强教育人才建设的决定》《上城区教育局关于加强教育人才建设的实施意见》，明确教育人才建设是教育工作的重中之重。教育督导室贯彻国家教育法律法规中有关教师培训的条款规定及文件，依据整体性、自主性、实践性、规范性、发展性等原则，按照目标规划、制度建设、培养内容、经费落实、激励机制、实绩效果等6个方面的内容，在征求各方意见的基础上，制定《上城区基层学校教育人才培养工作评估方案》。2004年9月至2007年6月，对全区42所学校进行专项督导。督学通过听取专题汇报、听课、查阅资料、召开教师座谈会、中层以上干部个别访谈等方式，对学校的教育人才培养工作进行督查。

特色学校及优秀学校（和谐校园）评比　2003年9月，上城区政府制定《上城区优秀教师和学校奖励办法》，规定设置“上城区优秀学校”和“上城区特色学校”等奖励，每两年评比1次。2004年5月和11月，督导室先后制订特色学校、优秀学校评比方案，包括评比标准、项目指标、操作程序和办法。是年，评选出首批“特色学校”8所：杭州第十中学（教育科研）、杭州市胜利小学（信息技术教育）、杭州市娃哈哈小学（艺术教育）、杭州市抚宁巷小学（科技教育）、杭州市定安路小学（游泳教育）、杭州市杨绫子学校（教育—康复—就业系列化）、杭州市行知幼儿园（艺术教育）、杭州市三衙前幼儿园（环境教育）。2005年，评选出“优秀学校”10所：杭州第十中学、杭州市惠兴中学、杭州市胜利小学、杭州市天长小学、杭州市紫阳小学、杭州市抚宁巷小学、杭州新世纪外国语学校、杭州市杨绫子学校、杭州市胜利学前教育集团、杭州市娃哈哈幼儿园。2006年，围绕“促进均衡发展，打造和谐教育”的工作目标，将“优秀学校”的表彰完善为“和谐校园”的创建，制定《上城区教育局关于“和谐校园”建设工程的实施办法》，评选出杭州第十中学、杭州市服装职业高级中学、杭州市胜利小学、杭州市时代小学、杭州师范大学第一附属小学、杭州市紫阳小学、杭州新世纪外国语学校、杭州市抚宁巷小学、杭州市胜利学前教育集团、杭州市娃哈哈幼儿园首批10所办学特色明显的和谐校园。杭州市胜利小学通过浙江省教育科学研究院评估，成为首批省级“和谐校园”。2007年，评选出第二批上城区“特色学校”7所：杭州第六中学（小班化教育）、杭州市惠兴中学（少先队工作）、杭州市服装职业高级中学（法制教育）、杭州师范大学第一附属小学（教师教育）、杭州市紫阳小学（书香校园）、杭州市行知学前教育集团（陶行知“生活教育”）、杭州市胜利学前教育集团（生命教育）。2008年，杭州市建兰中学、杭州铁路中学、杭州市崇文实验学校、杭州市饮马井巷小学、杭州市娃哈哈小学、杭州市上城区教育学院附属小学、杭州市望江门小学、杭州市行知学前教育集团、杭州市始版桥学前教育集团、杭州市培红学前教育集团10所学校为上城区第二批“和谐校园”。2009年开始，因区域工作重点调整，上城区不再进行“和谐校园”评比。

学校章程建设　2005年9月，区教育局下发《加强学校章程建设的意见》。2006年4—5月，区教育局完成对杭州市胜利小学、杭州师范大学第一附属小学“制定学校发展规划”的专题调研。全区所有学校均完成章程的制定，学校章程正式实施。2007—2011年，各学校不断修订章程，报督导室备案。2012—2015年，各学校在制定学校三年发展规划时先修订学校章程，再报区教育局备案。

学生综合素质评价　1994年，上城区成为浙江省首批素质教育实验区，开始探索学生综合素质评价改革。1996年，周常生研究团队在杭州市南山路第一小学、杭州市回族穆兴小学开展小学生素质评价改革，提出“做一个合格的学生”的评价理念，进行小学生学业考试改革，关注学生学习兴趣、学习态度，改变结果表达方式，取消百分制，并用“优秀、合格、不合格”3种等级表达学习结果，同步推出上城区小学生素质报告单。1997年，该成果在全区推广，并发表在《浙江教学研究》。2000年，小学生等级制评价经验在全市推广。2013年，马海燕研究团队在杭州市饮马井巷小学、杭州市宗文小营实验学校、杭州第六中学等实验基础上，制定《上城区中小学生综合素质评价方案》，对各项指标均提供具体的评价参考标准。同时，该评价方案强调注重发展，突出个性，重视体验，既强调学生应达到的要求，又强调学生的发展变化，更关注学生的个性特长和学生在实践过程中感悟、心得与提高。2015年，《上城区中小学生综合素质评价方案》在6所中学、18所小学全面推进，实现学校的校本化实施。

区域教育质量监测　2009年，区教育局和北京师范大学合作，开始“基于学生发展的区域教育质量提升”的项目合作。6月，首次对全体初中学生实施发展性测评，全面诊断初中生的学业水平、认知水平、社会适应性和成长背景，共有3个年级7335名学生、7278名家长和432名教师参与首次质量监测，由此生成学生报告。至2013年6月，教育督导与评价中心和北京师范大学共为全区学校、教师和班级组织区域质量监测8次，提供反馈报告3.2万份，并开展4届“读懂学生”的改进方案和案例评比以及8次现场交流活动。11月，上城区教育督导与评价中心制定《上城区区域教育质量监测方案》，整合区域教育质量管理和评估需求，围绕学生发展的核心指标，实施包括身体素质、心理素质、学业成就、课业负担、学校满意度共5项一级指标、10项二级指标和34项三级指标监测。2014年7月，上城区成为浙江省首批中小学综合评价改革实验区。2015年12月，通过数据抽样的方式，开展学校管理满意度、课业负担以及学生核心素养等核心指标的监测。监测结果显示，17项非学科评价指数中，达到3分以上的有16项（满分为5分），说明学生的综合素养比较理想。课业负担指数达到2.69（满分为5分），说明学生的课业负担不重。

表28-1-10　2015年上城区五年级学生综合素养的指数情况表

学校	情绪	情感	幸福感	亲子关系	师生关系	生生关系	自我认知	责任感	自信心
上城区	3.75	3.93	4.06	4.01	4.44	3.82	4.34	4.29	4.14
学校	规则意识	爱心	课业负担	学校整体	教学风气	学校环境	日常管理	科学素养	—
上城区	4.44	4.42	2.69	4.51	4.48	4.91	4.31	4.27	—

说明：1.本次学生心理与科学素养监测的综合评价指数分为17个指数，5点计分。其中，课业负担指数为反向指数，分值越高，表示学生的学习压力越大；其余指数为正向指数，分值越高，表示学生的心理和科学素养越高。2.从上图看出，17个指数中均分在4分以上的正向指数有13个，3～4分的正向指数有3个，说明五年级学生的心理与科学素养整体情况比较理想；其中学校环境满意度、学校整体满意度两个指数分值均在4.5分以上，说明学生对学校的两方面非常认可；课业负担指数均分介于2～3分，说明各校学生的课业负担不重。3.资料来源于杭州市上城区教育局

区域质量管理信息化　2007年4月，上城区教育学院评价部引入阅卷系统，完成电子命题、阅卷和数据分析的信息化。2010年6月，自主研发区域学业评价系统，实现考生信息与学籍系统的无缝对接、考务管理的电子化流程和区域教育质量的发展分析功能，达到区域层面教育质量监测全覆盖。2013年，上城区教育督导与评价中心自主开发兰馨青少年儿童发展评价系统，实现管理、监测、分析一体化和非学业测评的电子化以及批量报告的生成。2015年，全区初中引入阅卷系统和分析系统，实现初中质量管理的电子化。

第五节　教育研究①

1993—2000年，上城区重点在教材编写上取得明显进展，先后修订编写《现代小学数学》《现代小学语文》等教材。2002年，上城区被列入省基础教育课程改革实验区。2003—2006年，重视校本教研与培训，创新制度，制定规划，建立教师业务档案，引导教师积极投入教育教学研究，逐步建立“实验、培训、管理、研究”一体化的校本研训运行机制。2007—2010年，依托小学数学（朱乐平）、小学语文（张化万）名师工作站等，引领教学研究的深入展开。2011—2015年，各中小学幼儿园以智慧校园（数字校园）示范校建设为抓手，结合学校发展目标及学校特色，基于学生发展，立足课堂，开展智慧课堂建设与研究。2015年2月，上城区获全国教育信息化创新应用典范区域特别实践奖。

① 1978年，区教育局重新配备专职人员，开展教育研究。1980年，恢复区教育局教研室。1984年7月，区教育局教研室与区教师进修学校合署办公，将教研、科研、进修三者纳入同一轨道。至1990年，教学研究、科研范围从小教扩大到幼教，科目由语文、数学两门，发展到思想品德、自然、历史、地理、劳动、音乐、体育、美术、电化教育11门。

一、课程改革

20世纪90年代，上城区着手教材编写。1996年，上城区教师进修学校张天孝编写的《现代小学数学》经多次修订，通过全国中小学教材审定委员会小学数学学科审查委员会审查，作为全国义务教育小学数学课本之一。2000年，在《现代小学数学》成功实践的基础上，《现代小学语文》实验率先在上城区6所学校及下城、余杭、上虞等县、市、区进行。为配合课题研究，上城区教师进修学校教师张化万、王燕骅、杨明明等负责《现代小学语文》实验教材编写工作。共有10个省、自治区、直辖市的270余个教学班的1.2万名小学生使用该套实验教材。2001年9月，区教育局启动并推进新课程改革，每年投入新课改专项经费100万元。2002年，上城区被列入省基础教育课程改革实验区。2003年起，小学一年级和初中一年级全面开展新一轮课程改革实验。在课程教材编写中，张化万、王燕骅、程琳参与省编小学语文教材编写；上城区教师进修学校朱乐平作为核心组成员，全程参与小学数学国家新课程标准的制订工作。

2007年，上城区启动区域推进校本教研为主题的研究项目，并成为浙江省区域推进校本教研的基地之一。2008年，组织开展新课改绩效调研，组织教研员和兼职教研员听课2800余节，普遍发现课堂气氛融洽，教师授课富有激情，对学生能适时、适度进行即时性学习评价，师生交流民主、和谐；多数课堂采用多媒体设备，比较恰当地引进课程资源，学生学得比较主动、投入。2009年，上城区开展“减轻学生第三种负担”教学研究，以落实学科教学规范为重点，组织开展上城区首届学科教学规范专题论文评比；8月，组织修订和细化《上城区义务教育阶段学科教学规范》及相关实施细则；9月，《中国教育报》庆祝中华人民共和国六十华诞、浙江区域教育特色品牌展示专版刊载《上城区：第三种减负》一文，专题报道上城区开展减轻学生“第三种负担”的研究与实践情况；10月，将学科教学规范形成地方标准。是年，围绕上城区课改重点工作，开展专题研训、成果展示、经验推广等活动深化新课程绩效研究。加强中小学综合实践活动课程建设，注重引导基层学校加强对地方课程、校本课程开发和实施的指导管理，承办全国中小学综合实践活动课程研讨会议，涌现出杭州第十中学、杭州第六中学、杭州市高银巷小学、杭州市抚宁巷小学、杭州市娃哈哈小学、杭州市天长小学等建设校本课程的先进学校。

2010年，上城区成为浙江省区域推进“轻负担高质量”第二批联系县。《人民教育》《中国教育报》等全面报道上城区减负的成效。2013年5月，围绕“践行自主式学习新课堂 促进学生学习方式转变”的主题，在杭州市金都天长小学举办杭州、舟山、宁波、温州四城区小班化教学联谊活动。2014年，全市37所学校参加首批杭州市义务教育课程改革试点学校申报活动，杭州市天长小学、杭州第六中学入选首批杭州市义务教育课程改革试点学校。2015年4月，上城区深化义务教育课程改革专题研讨会在杭州市教育科学研究所附属小学举行。

二、教育科研

1993年，上城区教师进修学校为主管学科教研的业务单位，其中，负责学科教研的部门是区教育局教研室，后更名为区教学研究中心、学科研究部，2010年9月，更名为学生发展研究中心。上城区的教研工作遵循“立足本区，面向基层，为大面积提高全区中小幼教育质量服务”的宗旨，采取“教研、培训进修、科研”三结合的形式，探索提高教学质量的途径，开创具有上城特色的教研工作局面。

教研方式　1993—2005年，上城区坚持走进课堂开展教研，每年下校调研人均15次以上。研究人员根据学校教师的需求，进行评课、提供学习资料和专题讲座。2006—2015年，教研活动采取在场与在线教研结合的模式，一般网络研讨占三分之一。研究人员采取“蹲校听一周”“跟人听一阵”“进班听一天”“对口听多遍”等形式，做到有听必评，让一线教师理解有效教学理念，提高课堂教学能力。同时，改变只教不研或只研不教顽疾，每学期安排一定数量的课堂实践。

教研活动　1993年，区教育局教学研究的重点是：提高课堂教学效率，总结推广轻负高质的典型经验和因材施教、发展学生良好个性的典型经验；组织全区各科教师学习九年义务教育大纲（纲要），开展一年级义务教育新教材的试用工作和教师教材教法培训工作，改进其他年级的教学工作；开展“优质课”的设计、研究、观摩为中心的群众性的教研活动，加强学校教研组建设、实施《教研工作册》的工作。1994年，开设教材教法研究班，开展“学科教学与学生素质发展”的研究，召开上城区常识教学研究会。1998年，杭州市

胜利小学在杭州市率先开展小班化教育环境下学生主体性发展研究。2000年，区教育局开展“小学生素质教育评价体系”的课题研究。

2007年起，区教育学院依托小学数学（朱乐平）、小学语文（张化万）名师工作站，引领教学研究的深入。张化万小学语文名师工作站通过借脑培训、借书培训、“杂交”培训和支教扶贫等方式多维打造高质量名师，促成教育教学方式的改变、工作方式的改变、思维方式的改变和生活方式的改变。朱乐平小学数学名师工作站，通过“一个讲坛、一本刊物”，为学员创设精神对话、沟通思想、交流心得的机会与平台。是年，为改进学校业务工作的组织运行方式，把促进“以校为本的教学研究制度”建设，作为改进和加强教学研究工作的重要抓手，启动区域推进校本教研为主题的研究项目，确立推进校本教研4个目标和3个支柱①。

2008年下半年起，区教育学院组织各学科教研员带领骨干教师逐课、逐单元地梳理各册教材知识点，组织教师开展讨论，聚焦教学的疑难问题。针对“写教案”与“上好课”貌合神离，造成备课活动疏于指导，教师备课能力和教学效率止步不前的问题，突出课堂提问、教学反馈、课堂的组织与管理、学习准备4个教学行为的研究。12月，编成《上城区学科教学规范》②，内容包含教学准备、课堂实施、批改辅导、考试评价等教学工作全过程，以章节条目的形式简明扼要地规范教师教学工作的底线。2009年初，形成杭州市首个涉及教学领域的地方标准。

2009年起，上城区设立“白杨”奖和“丰叶”“金穗”资助项目，每年由上城区教育发展基金拨出专项经费用于资助、鼓励教师开展教育科研。是年5月，启动“基于学生发展的区域教育质量提升工程”项目。2010年，出版项目成果达20万字的专著《给教研组的工作建议》等，组织先进教研组和优秀教研组长培训，开展区优秀教研组评比。2012年，以杭州市首届重大课题“区域大课程的构建”为抓手，以区域课程、学校特色课程建设为载体，探索课程共建、实施服务、管理服务、平台服务等共建共享的区域服务专业助力体系，运用行政资源、先行学校试点、典型经验辐射、全程评价激励等驱动区域整体推进。2014年，出版《区域教育综合改革若干问题的思考》《区域教育管理的上城变革》《学校发展规划的上城经验》

① 4个目标：加强校本教研的制度与规范建设，改进教育教学过程管理，促进校本教研文化形成；加强校本教研的管理与引领队伍建设，突破专业引领与管理的瓶颈，重视校本教研的课程开发；打造校本教研示范基地，推出特色教研组群典型，促进优秀教研资源与经验的共享；创新校本教研的内容与形式，切实提高校本教研的质量，促进区域教学与研究水平的均衡发展。3个支柱：制度与规范完善，名校与名师引领，内容与形式创新。

② 《上城区学科教学规范》：体现6个基本要求：加强备课管理，强化“实”字，做到“四个统一”（即教学目标拟定与课程标准要求要统一，课前分析与解决学生的学习矛盾相统一，教学方法与教学内容相统一，作业设计与培养学生的能力相统一）。追求课堂实效，讲究“活”字，教师上课要全力服务于学生学习新知，发展能力的要求，对“教学组织”“复习巩固”“情景创设”“讲授新知”“巩固新课”“作业布置”几个环节要适当取舍，有机融合，力求体现教师为主导，学生为主体，训练为主线，活动为主要形式的课堂，体现教学的平等参与。注重作业布置与批改，控制“量”字，作业布置要有计划、有目的，作业的内容必须经过教师精心选择或精心设计的材料；将学生每天的作业总量控制在规定的时间内；作业批改要做到认真及时，规范细致，记录翔实，定期讲评。讲究辅导方式和方法，突出“导”字，辅导学生秉承“因材施教、狠抓两头，全面分析，重点治踱”的基本要求，重在对学生的学习方法加以辅导，学习兴趣加以引导，学习习惯加以训导。改革学业评价的方法，要求“细”字，教师要引导学生自我反思，自我评价，激发潜能，着眼学生的终身发展，逐步让学生形成自我认识、自我教育、自我提高的能力；倡导教师以学生成长记录袋的方式开展过程性评价，将终结性评价、形成性评价与过程性评价有机结合。促进教师技能发展，注重“效”字，要求教师集体备课，积极开展教学双边活动的设计；鼓励教师撰写教学反思和教学随笔，提高教师对课改理念的领悟能力和自觉参与课改实践的自觉性。

《学与教改革的上城创新》《发展性评价的上城实践》《区域学生成长支持的上城探索》6本专著。是年，以项目成果为主题组织召开“中国杭州名师名校长论坛”，组织研讨会10余次，吸引全国1000余名教育管理者与会。2015年，上城区实行区域课程连片开发，研究形成28门（系列）课程。

表28-1-11　1995—2015年上城区教学研究活动成果情况表

年份	研究成果名称	单位	奖级
1995	小学课堂交往与合作	杭州市胜利小学	省基础教育科研成果二等奖
1998	两级循环活动制度初步探索	杭州市天长小学	省基础教育优秀科研成果二等奖
1998	小学生素质评价体系的构建与实践	上城区教育局	省首届教育教学优秀成果二等奖
1998	现代教育技术应用	杭州市胜利小学	省首届基础教育教学成果奖二等奖
1998	小学数学教学研究	上城区教师进修学校	省首届基础教育教学成果奖一等奖
1999	计算机技术与各学科教学整合	杭州市胜利小学	全国计算机辅助教学论文评比一等奖
2000	小学课堂交往性合作研究	杭州市胜利小学	省教育科研优秀成果三等奖
2001	小学全程开设心理辅导课的实践研究	杭州市娃哈哈小学校、杭州市饮马井巷小学	省基础教育科研优秀成果二等奖
2002	“新班级教育”实验的教学探索	杭州市崇文实验学校	省第二届基础教育教学成果奖一等奖
2004	小班化教育背景下基于个别化教学的教与学方式变革研究	杭州市崇文实验学校	省基础教育科研优秀成果奖一等奖
2004	案例开发与教师成长	杭州市娃哈哈小学	省基础教育科研优秀成果二等奖
2004	让校园洋溢人文精神——紫阳书院文化与创文化名校研究报告	杭州市紫阳小学	省教育科研成果评比二等奖
2005	从理论到实践——天地双语的教学探索	杭州市天地实验学校	省基础教育科研优秀成果二等奖
2005	小学英语全境教学	杭州新世纪外国语学校	省基础教育科研优秀成果二等奖
2005	在教育创新中构建新教师文化	杭州市胜利小学	省基础教育科研优秀成果二等奖
2005	基于音乐的小学综合艺术活动研究	杭州市崇文实验学校	省基础教育科研优秀成果二等奖
2006	构建小学“新思维数学教学”教学体系	杭州市现代小学数学研究中心	省基础教育教学成果奖获一等奖
2006	智障学生“十五年教育模式”的构建与实践	杭州市杨绫子学校	省基础教育教学成果奖获一等奖
2006	小班化课堂教学研究	杭州市崇文实验学校	省基础教育教学成果奖获二等奖
2006	上城区推进和谐教育的战略研究	上城区教育局	省基础教育优秀科研成果奖二等奖
2007	特级教师工作室环境下的教师专业发展研究	杭州市崇文实验学校	省基础教育优秀科研成果二等奖

续表28-1-11

年份	研究成果名称	单位	奖级
2007	教师团队合作——基于合作的学校管理机制的变革研究	杭州市胜利小学	省基础教育科研优秀成果二等奖
2007	整体思维 单元设计——新课程背景下的小学教学设计应用研究	杭州市饮马井巷小学	省基础教育优秀科研成果奖二等奖
2008	自由学习：基于儿童天性的学习方式变革	杭州市教育科学研究所附属小学	省基础教育优秀科研成果二等奖
2008	学会选择—小学生开放性学习活动的设计与实施	杭州市紫阳小学	省教育科学优秀研究成果二等奖
2008	学习无障碍：改善小学生学习状态的实践研究	杭州新世纪外国语学校	省教育科学优秀研究成果三等奖
2009	区域推进教育内涵发展的实践研究	上城区教育局	省教育科学优秀研究成果二等奖
2009	小学语文“教师走班合作教学”实践研究	杭州市崇文实验学校	省教育科学优秀研究成果二等奖
2009	《杭州市中小学生学习障碍筛查量表》研制报告	上城区特殊教育资源中心	省教育科学优秀研究成果二等奖
2009	时效课堂：时效观下初中学与教方式的变革研究	杭州市建兰中学	省教育科学优秀研究成果三等奖
2010	崇文尚德：学校仪式的设计与实施	杭州市崇文实验学校	省教育科学优秀研究成果三等奖
2010	促进小学生意义学习策略研究	杭州市时代小学	省教育科学优秀研究成果三等奖
2011	基于学生发展：区域教育管理服务新体系的构建与实践	上城区教育局	省教育科学优秀研究成果一等奖
2011	从“讲台学习”到“课桌学习”的初中教学变革	杭州市勇进中学	省教育科学优秀研究成果三等奖
2012	选择和交往：差异教育的操作路径设计及实践	杭州市天长小学	省教育科学优秀研究成果一等奖
2012	依托资源教室构建随班就读工作模式的实践研究	上城区特殊教育资源中心	省教育科学优秀研究成果三等奖
2012	基于小学生生活力提升的育人路径探索与实践——以“西湖小记者”“生活大能人”为例	杭州市饮马井巷小学	省教育科学优秀研究成果三等奖
2013	“体验·融合·渗透”——九年一贯浸润式英语特色课程群建设实践研究	杭州新世纪外国语学校	省教育科学优秀研究成果一等奖
2013	暖巢行动：民工子女幼儿园基于“爱与温暖”教育的新探索	杭州市欣欣幼儿园	省教育科学优秀研究成果三等奖
2014	全境英语:外国语学校英语特色课程群建设实践研究	杭州新世纪外国语学校	国家级教学成果奖二等奖
2014	智障学生十五年教育模式的构建与实践	杭州市杨绫子学校	国家级教学成果奖二等奖
2014	上城创新：区域视角下推进学校课程多样化的策略研究	上城区教育局	省教育科学优秀研究成果一等奖
2015	全人课程：基于核心素养提升的学校课程架构与实施	杭州新世纪外国语学校	省教育科学优秀研究成果一等奖
2015	基于差异的小学数学“个性化导学问题”的设计与使用	杭州市天长小学	省教育科学优秀研究成果三等奖

说明：资料来源于杭州市上城区教育局

三、智慧教育

20世纪90年代，上城区的教育信息化工作开始起步，部分学校在课堂中开展计算机辅助教学的研究，杭州市胜利小学被教育部首批命名为“全国现代教育技术实践学校”。2000年，全国第一次教育信息化工作会议召开，上城区启动教育信息化工程，成立专门机构（教育信息中心）统筹区域教育信息化发展。2009年起，上城区启动教育信息化服务管理平台建设，实现“OA办公系统”“人事业务系统”“学籍管理系统”“学业评价系统”的应用。后相继开展智慧校园、智慧课堂、教育智慧管理等建设。

智慧校园建设　2013年起，上城区全面开始数字（智慧）校园的创建工作，共有全国数字校园示范创建校1所（杭州市胜利小学），省数字校园示范创建校3所（杭州市胜利小学、杭州市天长小学、杭州市建兰中学），市数字校园示范创建校6所（杭州市时代小学、杭州市服装职业高级中学、杭州市开元中学、杭州市崇文实验学校、杭州市饮马井巷小学、杭师范大学第一附属小学）。2014年10月，上城区承办“2014中国杭州名师名校长论坛智慧教育峰会暨全国教育信息化区域应用典范交流会”，同时举办“上城区教育信息化成果展”和“企业教育信息化解决方案展”，全区15所学校参展。2015年，申请全区为浙江省教育资源公共服务平台推广应用试点，鼓励教师利用个人空间进行知识管理，资源共享，互助交流，并在教学活动中积极使用空间资源，促进学习空间与教育教学的融合。2月，上城区获全国教育信息化创新应用典范区域特别实践奖。9月，北京师范大学杭州附属中学、杭州市胜利实验小学、杭州市抚宁巷小学、杭州市金都天长小学、杭州市娃哈哈小学、杭州市行知幼儿园、杭州市娃哈哈幼儿园7所中小学校、幼儿园被确定为杭州市首批智慧教育示范建设校。2015年，上城区共有全国数字校园示范创建校1所，省数字校园示范创建校3所，市智慧校园示范创建校19所。

智慧课堂研究　基于Pad的移动学习项目研究。2012年6月，“Pad进课堂——移动教育”试点项目启动。杭州市建兰中学、杭州市惠兴中学、杭州市胜利小学、杭州市时代小学、杭州市娃哈哈小学、杭州市教育科学研究所附属小学、杭州市上城区教育学院附属小学等13所学校成为首批项目试点学校。至2015年，上城区共开展区域性移动教学培训、交流活动160余次，在数学、语文、英语、科学、美术、思想品德、综合实践等学科开展不同应用情境下的移动学习研究，为学生提供开放的资源渠道、真实的学习情景、个别化的学习设计以及发展性的评价分析等。杭州市饮马井巷小学陶瑛的《石头汤》获全国一对一课例评比一等奖，杭州市胜利小学柯育群的《科技学技术造福人类》获省一对一课例评比一等奖、杭州市胜利小学谷仁杰的《两位数乘两位数》获省一对一课例评比二等奖。

交互式电子白板应用与推进。2011年5月，举行“上城区交互式电子白板的课堂应用与推进”项目研讨会，杭州市胜利小学、杭州市时代小学、杭州市惠兴中学作为首批参与学校，开展以电子白板为载体的互动课堂探索。2012年1月，杭州市建兰中学、杭州市饮马井巷小学成为新的项目核心学校。2013年4月，上城区交互式电子白板培训班开班，

66名学员参加培训。2015年5月，上城区组织教师参加第八届全国中小学互动课堂教学实践观摩活动，共有15节案例获一等奖，33节案例获二等奖，25节案例获三等奖。

智慧管理服务　2009年起，上城区在吸收国内多家信息化管理服务平台优势的基础上，规划并启动教育信息化服务管理平台项目，实现“OA办公系统”“人事业务系统”“学籍管理系统”“学业评价系统”的应用。2011年2月，举办“上城区教育信息服务平台OA办公协同”操作培训。2015年，推进区教育信息化公共服务平台建设项目，系统改造原有的教育信息化服务平台，以满足教育行政部门、教育科研部门、基层学校（园）、社会大众等不同人群对教育数据的需求，通过数据展示、数据订阅、数据推送等，促进数据公开。

市民卡应用　2012年4月，上城区启动“市民卡”应用项目，完成“区统一身份认证中心（UAC）”建设，实现与市民卡中心、区学籍平台的实时数据交换。2014年初，上城区所有校外教育基地启用大课程管理平台，在校外教育春季课程录入平台后，家长和学生能通过现场及网络2种途径进行报名，辖区学生可以通过刷市民卡注册报名。是年，为各中小学图书馆安装市民卡刷卡设备，并对图书借阅系统进行调试，使中学教师及学生可在校内刷市民卡借阅图书。同时，实现全系统图书资源的跨校（库）查询，为区域图书资源的共享创造条件。2015年，上城区完善大课程管理平台，学生可通过网络报名参加校外教育课程，并支持网上报名缴费。

信息化教研平台　2008年，上城区启用“上城区网络研修平台”，开展线上线下相结合的混合型教研，通过教学研讨、教学资源、教学研究和教研组等功能模块，注重对教师研修活动过程的助导。2012年9月，上城区“名优教师网上工作室”开通仪式在杭州市时代小学天都城校区举行。12月，上城区教育学院申报教师网络研修社区建设试点项目，上城区成为全国教师网络研修社区建设试点区。2013年，上城区教育学院通过名师网上工作室、网络教研组构建区域教师学习共同体，改变教师研修方式。2014年，上城区教育学院建立以“学科、年级、单元三级目录”为基本架构“以课例为基本单元”的教学资源建设基本思路，通过资源的查询、推送等手段促进资源的应用。2015年，上城区申请省教育资源公共服务台推广应用试点，通过名师工作室、主题特色工作室、学科工作室，发挥以点带面的示范作用，建立“以1带10、纵横交错”的网络学习空间，鼓励教师利用个人空间进行知识管理、资源共享和互助交流，促进教师研修方式的变革。

第二章　幼儿教育

1993年，上城区共有幼儿园49所，幼儿教师843人，在园幼儿8717人，班级246个。是年起，上城区通过提升学前教育的办学规模、师资水平、后勤保障能力，加快建设与发展“名园集团化”步伐，实施创设良好氛围、实现合理布局、改善办学条件、促进均衡发展、提高教育质量、提升教育层次等扎实有效的措施，成功创建“杭州市学前教育强区”，走出具有上城特色的学前教育内涵发展之路。

20世纪初，区教育局及各幼儿园开始探索0～3岁婴幼儿教育，在幼教机构中开展托幼一体化的教育实践探索。同时整合资源，探索社区早期教育的服务体系和运作模式，拓展幼教机构的社会服务功能。2013年，上城区借助社会组织力量构建早期教育服务平台，成立童乐亲子中心，形成“政府补助支持、家庭分担成本、专业资源参与”的基本格局。至2015年，上城区有名园集团19个，有幼儿园22所（39个园区），幼儿教师775名，在园幼儿9429人，班级342个。其中，民办幼儿园5所（6个园区），幼儿教师208名，在园幼儿1980人。

第一节　幼儿早期教育

20世纪90年代，上城区的婴幼儿教育仅限于在部分幼儿园举办婴幼儿托班。1999年起，上城区开始重视0～3岁幼儿早期教育，推进幼儿教育低龄化。是年，湖滨街道行知早教基地和小营街道胜利早教基地率先开展社区早教服务试点。2002年，杭州市胜利幼儿园试行“托幼一体”办学体制，开展周边社区早教指导。杭州市胜利幼儿园大塔儿园区尝试早教俱乐部活动，组织散居婴幼儿家庭的亲子辅导活动。公办幼儿园组织师资力量，对婴幼儿家长进行0～3岁早期教育意识培训，填补杭州市家庭早期教育的空白，初步建立社区早教基础服务平台。

2003年1月，杭州市胜利幼儿园挂牌为杭州市首批三所“托幼一体化”实验基地之一，以2～3岁托班教育为主，开展“托幼一体化”的尝试与实践。2004年2月，区教育局整合教育、卫生、街道等资源，在各街道设立早教中心。随着“托幼一体化”教育实践及社区早教服务的开展，婴幼儿教育从业人员的需求量增大，区教育局加大师资力量培养力度。2007年，区教育局组织269名幼儿教师参加杭州市早期教育专项培训并取得杭州市婴幼儿教师上岗证。后于2008年、2009年举行3期培训班，有361名教师参加培训并通过考核。2008年，上城区社区学院早教中心成立，设立早教点，开展亲子潜能开发课程及亲子教育，满足家长多层次、个性化的早期教育服务需求。0～3岁散居儿童家长看护人培训受训率98%。2009年2月开始，上城区社区学院早教中心重点打造“父母课堂”项目，2010年增设“祖辈课堂”。杭州市、区妇幼保健、儿科、心理咨询、早期阅读指导等专家组成讲师团，每月定期到早教基地和早教点举行专题讲座、分发宣传资料、接受个案咨询等。

2009年3月，上城区设立上城区学前教育发展中心，成立早教指导中心。是年，打造居家教育服务体系，初步引入市场化机制，初步整合人、物、信息等资源，理顺服务管理制度，探索居家免费预约送教服务模式和网络送教入户的有偿服务，形成覆盖全区53个社区的“1个中心，9个基地、36个早教点”组织网络。11月，小营街道依托上城区社区学院早教中心成立“以优生优育幼教”为宗旨的“三优指导中心”，召集上城区社区学院早教中心、上城区妇幼保健院、区计划生育局及辖区内的早教基地，每学期召开一次联席会议，共同开展“三优”公共教育服务。

2012年3月，上城区建立社区早期教育无忧平台，启动上城区数字化学习中心暨“居家教育”活动，在“e学网”（www.hzscsj.com）推出针对0～3岁幼儿的早教服务平台，除与25个幼儿园园区网上互动外，还邀请市、区医学和教育专家，定期组织在线答疑活动，为家长提供个性化的教养指导。

2013年1月，上城区调整学前教育发展中心职能，开展0～6岁学前教育实践研究，在祠堂巷19号筹建童乐亲子中心，借助社会组织力量构建早期教育服务平台，形成“政府补助支持、家庭分担成本、专业资源参与”的基本格局。各早教基地（早教点）定期组织亲子活动和父母公益讲座，组建智慧父母导师团队，研究系列培训课程。5月，上城区学前教育发展中心牵头建立智慧导师团队，研发父母培育课程。11月，童乐亲子中心正式运作，承接送教服务，每年组织1000人次的社区早教活动。活动形式有大型公益讲座、父母育儿沙龙、亲子活动、早教宣传资讯等。2015年，全区6个早教基地、各幼儿园和园区继续开展3岁前早教探索与研究工作，0~3岁婴幼儿家长和看护人受训率达99.5%。

图28-2-3　早教亲子活动（2014年）（区教育局 供稿）

第二节　3～6岁幼儿教育

1993年开始，上城区幼儿园贯彻国家《幼儿园工作规程（试行）》《幼儿园管理条例》《幼儿园教育指导纲要（试行）》《3～6岁儿童学习与发展指南》精神，全面开展教育改革与实践研究，推进特色课程建设，提高保教质量，促进科学育人，推动区域幼儿教育的发展。2007年，上城区结合学前教育强县（区）活动，实施学前教育名园集团化推进工程，形成名园集团化管理模式，提高优质教育覆盖率，提升整体教育水平。至2015年，上城区有名园集团19个，幼儿园22所，班级数42个，幼儿9429人。

一、沿革

1993年，上城区有幼儿园49所，幼儿教师843人，在园幼儿8717人，班级246个。9月，上城区试行《杭州市幼儿园分等定级评估标准》，12月，杭州市首次实行办园等级评估，杭州市行知幼儿园、杭州市胜利幼儿园、杭州市清波幼儿园、杭州市五星幼儿园被评定为“杭州市首批特级幼儿园”（后统一改为甲级幼儿园）。1994—1999年，开展保教及幼儿生理和心理卫生的保健工作，定期测查幼儿体质“达标”情况，幼儿入园率保持在95%以上。2000年，区教育局开展非法幼儿园整治工作，重新规划幼儿园发展布局，理顺管理体制，并加强幼儿教育研究，开展创学前教育强区活动。

2001—2005年，上城区开展幼儿园等级审核复查、学前教育规范办园专项督导等工作，加强教育教学管理，提高教师业务水平和教学能力。2008年，开展学前教育先进（达标）街道创建活动，评定小营、紫阳、南星、湖滨4个街道为学前教育先进街道，清波、望江街道为学前教育达标街道。2009年，上城区以教育券形式开展早期教育及亲子教育，培训0～5岁婴幼儿家长和看护人，受训率95%。3月，将10个街道办幼儿园划归区教育局管辖，同时成立上城区学前教育中心。2009年，全区有幼儿园26所（35个园区），其中甲级幼儿园11所（22个园区，含省示范性幼儿园7所），乙级幼儿园11所，丙级幼儿园3所，丁级幼儿园1所。有幼儿教师560人，在园幼儿7224人，班级253个。2010年，全区等级幼儿园覆盖率、规范幼儿园覆盖率、学前3年入园率均为100%。2011年，上城区各项指标达到杭州市学前教育强区评估标准要求，并通过杭州市学前教育强区复查。

至2015年，上城区有名园集团19个，有幼儿园22所（39个园区），幼儿教师775名，在园幼儿9429人，班级342个。其中，民办幼儿园5所（6个园区），幼儿教师208名，在园幼儿1980人。办学规模最大的为部门办杭州市五星幼儿园，单个园所有16个班级，能容纳儿童468人；最小的为区教育局办杭州市始版桥幼儿园兴隆园区，有4个班级，容纳儿童92人。

表 28-2-12　1992—2015 年上城区幼儿教育事业发展情况表

序号	学　　年	幼儿园（家）	班 级（个）	在园幼儿（人）	教职工（人）
1	1992—1993	49	246	8717	843
2	1994—1995	46	195	6533	787
3	1996—1997	35	152	4764	610
4	1998—1999	45	221	6976	849
5	1999—2000	12	75	2160	238
6	2000—2001	35	191	6120	688
7	2001—2002	32	215	6469	661
8	2002—2003	29	215	5953	623
9	2003—2004	28	213	5910	633
10	2004—2005	27	209	5884	611
11	2005—2006	29	240	6563	758
12	2006—2007	29	245	6869	760
13	2007—2008	29	253	7140	787
14	2008—2009	26	253	7224	967
15	2009—2010	19	267	7418	1065
16	2010—2011	38	316	8481	1145
17	2011—2012	37	314	8679	1212
18	2012—2013	38	326	8837	1319
19	2013—2014	39	326	8821	1340
20	2014—2015	39	342	9429	1415

说明：资料来源于杭州市上城区教育局

表 28-2-13　1993—2015 年上城区幼儿园新建、撤并、接收情况表

序号	园　　名	变更情况	时　间	园　　址
1	杭州市胜利小学附设幼儿园	独立为杭州市胜利幼儿园	1993-06-03	清泰街义井巷 5 号
2	杭州市南山路幼儿园	并入杭州市三衙前幼儿园	1993-08-07	南山路 216 号
3	浙江省气象局幼儿园	接收并更名为杭州市梅花碑幼儿园	1993-09-07	水亭址 3 号
4	杭州市回族穆兴小学附设幼儿园	并入杭州市梅花碑幼儿园	1993-09-07	丰家兜 23 号
5	杭州市建国中路幼儿园	撤销	1996-08-01	锅子弄 37 号
6	杭州市梅花碑幼儿园	撤销并入杭州市胜利幼儿园	1995-08-29	水亭址 3 号
7	杭州市清吟巷小学附设幼儿园	撤销并入杭州市大塔儿巷幼儿园	1995-08-29	清吟巷 10 号
8	杭州市始版桥幼儿园	从江干区接收并管理	1997-01-06	始版桥东村 12 号
9	杭州市紫阳幼儿园	从江干区接收并管理	1997-01-06	太庙巷 62 号
10	杭州市培红幼儿园	从江干区接收并管理	1997-01-06	十五奎巷 55 号
11	杭州市城站小学附设幼儿园	独立为上城区城站幼儿园	1997-08-18	火把弄 26 号
12	杭州市行知幼儿园	改制为国有民办	1999-05-24	学士路 1 号
13	杭州市江城路幼儿园	撤销	2000-07-13	江城路 715 号

续表28-2-13

序号	园　　名	变更情况	时　间	园　　址
14	杭州市高银巷幼儿园	撤销	2000-07-13	河坊街114号
15	杭州市天艺幼儿园	成立	2000-09-01	直吉祥弄9号
16	杭州市清波幼儿园	新搬迁	2001-03-01	四宜路48号
17	杭州市三衙前幼儿园	改制国有民办	2001-05-22	南山路三衙前8号
18	杭州市清波幼儿园	改制国有民办	2001-05-22	四宜路48号
19	杭州市始版桥幼儿园	改制国有民办	2001-05-22	始版桥东村12号
20	杭州市胜利幼儿园	改制国有民办	2001-05-22	清泰街义井巷5号
21	杭州市培红幼儿园	改制国有民办	2001-05-22	十五奎巷55号
22	杭州市胜利幼儿园东河园区	新成立园区	2002-01-01	万安西苑8幢
23	杭州市胜利幼儿园大塔儿巷园区	新接收	2002-02-01	大塔儿巷9号
24	杭州市阳光幼儿园	改名改制	2003-09-01	近江家园六园16号
25	杭州市近江艺术幼儿园	成立	2004-09-01	近江家园一园13号
26	杭州市娃哈哈幼儿园	更名	2005-01-01	南山路三衙前8号
27	杭州市小世界幼儿园	成立	2005-04-30	清江路6号
28	杭州市胜利幼儿园大学路园区	改建	2005-05-01	叶家弄70号
29	杭州市行知幼儿园陶子园区	成立	2005-09-01	化仙桥路34号
30	杭州市行知幼儿园	拆迁改建	2007-01-18	邮电路20号
31	杭州市鑫鑫幼儿园	停止办学	2007-07-01	东宝里20号
32	浙江省电力公司幼儿园	新成立园区	2007-07-04	水澄小区内
33	杭州市金都华府小区配套幼儿园	移交杭州市胜利幼儿园	2007-07-20	候潮路10号
34	杭州市胜利幼儿园大学路园区瑞丰早教园	小区配套移交	2007-10-10	瑞丰格林苑6号
35	杭州市行知幼儿园金棕榈早教基地	小区配套移交	2007-10-10	金棕榈花园14幢
36	杭州市小营街道幼儿园	停止办学	2008-03-24	大学路71号
37	杭州市凤凰幼儿园	停止办学	2008-05-21	凤凰新村12～34号
38	杭州市娃哈哈幼儿园	整体搬迁	2008-07-07	凤凰北苑10号
39	杭州市清波幼儿园三衙前园区	新搬迁	2008-07-07	南山路三衙前8号
40	杭州市湖滨街道湖滨幼儿园	移交杭州市行知幼儿园	2008-12-11	惠民路火药局弄3号
41	杭州市清波街道阳光幼儿园	移交杭州市始版桥幼儿园	2008-12-11	近江家园六园16号
42	杭州市小营街道小营幼儿园	移交杭州市胜利幼儿园	2008-12-11	大学路71号
43	杭州市紫阳街道亲亲幼儿园	移交杭州市培红幼儿园	2008-12-11	南星桥南瓦坊7幢
44	杭州市紫阳街道保安桥幼儿园	移交杭州市培红幼儿园	2008-12-11	保安桥河下7号
45	杭州市望江街道兴隆幼儿园	移交杭州市始版桥幼儿园	2008-12-11	兴隆西村19幢
46	杭州市望江街道望江幼儿园	移交杭州市始版桥幼儿园	2008-12-11	望江门外直街72-7号
47	杭州市南星街道闸口幼儿园	移交杭州市行知幼儿园	2008-12-11	复兴南苑11号
48	杭州市友谊幼儿园	停止办学	2009-06-30	富春江路199号
49	杭州市欣欣幼儿园	原有杭州市木场巷小学场地改建（成立）	2009-08-17	木场巷坤年里46号
50	杭州市欣欣幼儿园望江园区	成立	2009-08-17	望江门外大通桥里街6号

续表28-2-13

序号	园　　名	变更情况	时　间	园　　址
51	杭州市大拇指幼儿园	停止办学	2009-09-01	秋涛路198号
52	杭州市天艺幼儿园依江园区	成立	2009-09-01	近江东路6号
53	杭州市娃哈哈幼儿园赞成林风园区	成立	2009-09-01	闻涛路169号
54	杭州市上城区喜洋洋幼儿园	成立	2010-02-09	富春江路199号
55	杭州市上城区清荷幼儿园	成立	2010-02-09	清泰街严衙弄8幢
56	浙江省电力局幼儿园	移交杭州市行知新陶幼儿园	2011-07-01	水澄花园南苑15号
57	浙江省商业厅幼儿园	停止办学	2012	惠民路火药局弄
58	杭州橡胶厂幼儿园	整体搬迁至下沙	2013-11	望江门外大通桥里街6号
59	杭州市娃哈哈幼儿园新城园区	新成立园区	2014-07-01	钱江路吟潮路170号
60	杭州市天艺幼儿园天艺园区	落架大修	2014-07-07	直吉祥巷9号
61	杭州市行知幼儿园新城园区	新成立园区	2015-07-01	铜鼓路80号

说明：资料来源于杭州市上城区教育局

表28-2-14　2015年上城区幼儿园基本情况表

序号	名　　称	园区名称	办园等级	地　　址	班级数（个）	学生数（人）	教师数（人）
1	杭州市胜利学前教育集团	大学路园区	特	建国中路叶家弄70号	16	436	38
		胜利园区	甲	清泰街义井巷5号			
2	杭州市胜利东河学前教育集团	东河园区	甲	直大方伯万安西苑8幢	13	338	35
		大塔儿园区	甲	大塔儿巷9号			
3	杭州市胜利瑞丰学前教育集团	瑞丰园区	甲	瑞丰格林苑6号	13	351	30
		小营园区	甲	大学路71号			
4	杭州市行知学前教育集团	行知园区	甲	邮电路20号	36	1046	96
		湖滨园区	甲	惠民路火药局弄3号			
		婺江园区	甲	望江西苑30-2			
		新城园区	甲	铜鼓路80号			
5	杭州市陶子学前教育集团	陶子园区	特	化仙桥路34号	15	415	35
		水澄园区	甲	水澄花园南苑15号			
6	杭州市行知金陶学前教育集团	金陶园区	甲	复兴街金棕榈花园14	21	622	48
		闸口园区	甲	复兴南苑11号			
		玉皇幼儿园	省二	南复路八卦新村4幢前			
7	杭州市清波学前教育集团	清波园区	特	四宜路48号	13	366	34
		三衙前园区	甲	南山路三衙前8号			
8	杭州市始版桥学前教育集团	始版桥园区	甲	始版桥东村12号	25	712	67
		兴隆园区	乙	兴隆西村19幢			
		阳光园区	甲	近江家园六园16号			
9	杭州市娃哈哈学前教育集团	赞成林风园区	特	闻潮路169号	25	682	60
		凤凰园区	甲	凤凰北苑10号			
		新城园区	甲	钱江路吟潮路			

续表 28-2-14

序号	名　称	园区名称	办园等级	地　址	班级数（个）	学生数（人）	教师数（人）
10	杭州市培红学前教育集团	培红园区	甲	十五奎巷55号	24	568	53
		亲亲园区	甲	南星桥南瓦坊7幢			
		保安桥园区	甲	保安桥河下7号			
11	杭州市天艺学前教育集团	天艺园区	甲	直吉祥巷9号	17	473	41
		近江园区	甲	近江东路6号			
12	杭州市小世界幼儿园	定安园区	省二	后市街145-3号	25	609	52
		清泰园区	省二	清江路6号清泰南苑内			
13	杭州市胜利金都幼儿园		甲	候潮路10号	7	208	19
14	杭州市紫阳学前教育集团		特	中山南路太庙巷62号	13	339	33
15	杭州市欣欣幼儿园		乙	木场巷坤年里46号	7	171	17
16	杭州市五星幼儿园		特	紫金观巷28号	16	468	44
17	浙江省卫生厅幼儿园		甲	老浙大横路一弄28号	8	251	19
18	浙江省军区后勤部六一幼儿园		甲	梵天寺路89号	8	219	18
19	杭州市上城区喜洋洋幼儿园		省一	富春江路199号	16	442	35
20	杭州市上城区清荷幼儿园		省二	清泰街严衙弄8幢	11	306	24
21	杭州近江艺术幼儿园		省二	近江家园一园13号	13	407	30

说明：资料来源于杭州市上城区教育局

二、学制与课程

学制　1993年起，上城区各幼儿园实施国家教育委员会颁布的《幼儿园工作规程（试行）》，入园年龄为满3周岁，学制3年。1996年6月1日起，施行《幼儿园工作规程》，《幼儿园工作规程（试行）》同时废止，幼儿园适龄幼儿为3~6周岁，小班为3~4周岁，中班为4~5周岁，大班为5~6周岁，学制一般为3年。2000年起，部分具备相应园舍条件和师资条件的幼儿园开始招收托班，一般为2.5~3周岁的婴幼儿，学制调整为4年。2013—2015年，辖区适龄幼儿增多，以先保障小班幼儿入园为前提，幼儿园基本不设托班，学制为3年。

表 28-2-15　1993—2015年若干年份上城区幼儿园学制情况表

年份	学　制	教学内容	入园年龄
1993	3年（小、中、大班）	体育、语言、常识数学、音乐、美术	满3周岁
1995	3年（小、中、大班）		满3周岁
2000	3~4年（托、小、中、大班）		满2周岁、3周岁
2005	3~4年（部分园开设学前第4年托班）	健康、语言、科学艺术、社会	满3周岁和托班招2周岁以上；早教1.5~3周岁
2009	3~4年		满3周岁，适当招2.5周岁
2013	3年		满3周岁
2015	3年		满3周岁

说明：资料来源于杭州市上城区教育局

课程　1993年起，上城区各幼儿园的课程设置主要为语言、计算、常识、音乐、美术、体育6门学科，开展分科教学。2001年9月，教育部颁发《幼儿园教育指导纲要（试行）》后，幼儿园将课程调整为健康、语言、社会、科学、艺术5门学科。2002年，幼儿园课程设置从单一走向多元，出现“主题课程”“游戏课程”“生活课程”等。2008年开始，幼儿园基本采用主题教学①方式，教材主要为省编教材《幼儿园课程指导》及华东师范大学出版的《幼儿园建构式课程》。2010年，《浙江省学前教育保教指南》规定，每周开展语言、科学、数学、音乐、美术、体育、社会等集体教学活动各1～2次，教材必须选用国家或省级教材审查委员会审定通过的教材和课程辅导资源，有条件的幼儿园可利用本土资源开发个性化的园本课程；园本课程占总课程量的比重，省一级幼儿园不超过20%，省二级幼儿园不超过10%，其他幼儿园不超过5%。

① 以某一主题为核心，按一定线索展开各领域教学及生活活动、游戏活动。

2012年10月，《3～6岁儿童学习和发展指南》和《浙江省幼儿园等级评定标准》颁布后，按“以游戏为幼儿园基本活动”的要求，一日活动安排以充分尊重和发挥幼儿自主权的块状方式呈现。2015年，上城区“区域推进幼儿园特色课程建设的理论架构与实证研究”作为市重大课题获批立项。

表28-2-16　1993—2015年若干年份上城区幼儿园课程与教材情况表

年份	课程设置	幼儿园教材
1993	单元形式分科教学：体育、语言、常识、数学、音乐、美术	部编教材为主，省编教材为辅，部分使用南京市鼓楼幼儿园（幼儿园单元教育大全）教材
2002	主题教学：健康、语言、科学、艺术、社会五大领域	省编教材为主，南京、上海、北京教材为辅
2003	主题教学：健康、语言、科学、艺术、社会五大领域	多数幼儿园选用华东师范大学《幼儿园建构式课程》与省编教材《幼儿园课程指导》
2009	主题教学：健康、语言、科学、艺术、社会五大领域	华东师范大学《幼儿园建构式课程》、省编教材《幼儿园课程指导》、浙江教育出版社《体验、探究、交往》
2015	主题教学：健康、语言、科学、艺术、社会五大领域，同时融入园本特色课程	华东师范大学《幼儿园建构式课程》、新时代出版社《幼儿园课程指导—生命、实践、智慧课程》、浙江教育出版社《体验、探究、交往课程》、幼儿园特色课程教材

说明：资料来源于杭州市上城区教育局

三、工作经费

1993年开始，上城区幼儿园生均教育经费和生均公用经费逐年增长。2007年，全区开始实行学前教育生均公用经费最低标准150元，建立低保和困难家庭子女入园资助券制度。是年10月，设立学前教育专项经费，每年安排专项奖励经费300万元，幼儿园建设经费

300万元，教师人才培养经费200万元。上城区教师阶段成长助力计划中，人均3600元/年的人才培养专项经费覆盖学前教育师资。

2008年，上城区按幼儿生均150元/人/年的标准，拨付经费107.1万元；按教师6万/人/年，保育员2.5万/人/年的标准拨付幼儿园人员经费；按每园（新建园）150万元标准拨付基建维修经费，按新建园每班10万元、改建园每班2万元标准拨付开办经费。同时，增加名园集团工作经费，按1万元/年的标准，拨付11个名园集团及5个学前教育网片组织首期工作经费16万元。2010年，全区学前教育事业支出2874万元，安排学前教育专项经费300万元，学前教育生均公用经费定额标准180元，覆盖辖区所有幼儿园。2012年，学前教育事业支出4040万元，安排学前教育专项经费300万元，学前教育生均公用经费定额标准260元。2015年，上城区学前教育事业支出6165万元，占教育事业经费11.71%。安排学前教育专项经费1300万元，学前教育生均公用经费定额标准为400元，覆盖全区范围内所有幼儿园。

四、幼教改革

1993年起，上城区各幼儿园实行保育与教育相结合的原则，遵循幼儿身心发展特点和规律，对幼儿实施体、智、德、美全面发展的教育。

1996年6月，国家教育委员会《幼儿园工作规程》施行后，各幼儿园开展学习贯彻活动，规范幼儿园工作，改革教育教学实践，开展幼儿教育科研，孕育办园特色。杭州市行知幼儿园、杭州市胜利幼儿园、杭州市清波幼儿园、杭州市三衙前幼儿园，分别在生活教育、游戏研究、艺术教育、环境教育方面逐步形成各自办园特色。杭州市行知幼儿园的“生活教育”使幼儿在活动中服务、体验、交往，在行动中获得知识、能力、情感的发展，受到中国陶行知研究会的关注。1996—2000年，杭州市行知幼儿园每年接待日本友好访华团参观访问与交流，同时接待北京、上海、中国台湾等地幼教同行的参观学习。杭州市胜利幼儿园“游戏研究”倡导“能探索、会发现、常感受、共体验、善表现”的精神。杭州市清波幼儿园“艺术教育”以体验、创造为特点，培养能说会做，能玩会乐，健康体魄，健全人格的儿童。杭州市三衙前幼儿园的“环境教育”把环境教育作为一项极为重要的启蒙教育，充分利用家庭、社区及周边环境等教育资源，努力探索环境教育。

2001年起，上城区贯彻教育部《幼儿园教育指导纲要（试行）》（简称新《纲要》），推进实施素质教育，提高幼儿园教育质量。各幼儿园从园务管理、后勤管理、课程建设、队伍建设、家园社区合作等方面贯彻执行新《纲要》精神，在传承与发展中形成各具特色的园本课程，如杭州市胜利幼儿园的生命教育课程、杭州市行知幼儿园的生活教育课程、杭州市娃哈哈幼儿园的环境教育课程、杭州市清波幼儿园的艺术教育课程、杭州市培红幼儿园的健体教育课程、杭州市五星幼儿园的快乐体验课程等。

2004年1月，上城区社区学院学前教育部成立，承担开展0～6岁婴幼儿教育和幼儿教育的研究、实践和指导，负责幼儿园教育科研和教师培训。2006年，面对办园规模扩大，新教师越来越多、教师来源更加复杂的师资队伍现状，园本教研[①]越来越受到重视，出现集团教研、园区教研、联合教研等教育研究组织形式。至2008年，逐步形成区级、片级、集团（联盟）级和园级4级教研网络。

① 园本教研：是“在本园中，基于本园，为了本园”的教育教学研究活动，是一种以园为本的教学研究，园本教学研究的主体是教师，研究对象是幼儿园发展中的主要问题，研究的过程是教师的教学实践，是教师对自身的教学实践不断地加以反思、改进，获得教学质量的提升。“园本教研”是教师改善自身行为的反思性实践和专业成长的过程。

2012年10月，教育部《3～6岁儿童学习和发展指南》（简称《指南》）颁布后，上城区组织《指南》通识培训，分4个场次向700余名幼儿教师普及《指南》精神，帮助教师正确解读、理解、贯彻《指南》。每月组织1次业务园长、教研组长、骨干教师的深度培训，通过团队参与式研训，对照《指南》互助学习、共同提高。是年，上城区被浙江省教育厅基础教育研究室列为贯彻《指南》的省级试验区，杭州市上城区喜洋洋幼儿园被列为民办幼儿园的研究基地园，以点带面，保障《指南》的贯彻落实。2013年，上城区提出幼儿园“慢成长慧教育”工作思路，开展幼儿园一日活动组织与实施的研究，强调一日生活、游戏、教学皆是幼儿学习与发展的机会，将各项工作落实在“教师有效教学”和“幼儿自主发展”目标上，以幼儿园“自主性游戏”活动开展为载体，引发教师对儿童游戏的关注和研究。2014年5月，上城区重新审核认定等级幼儿园。各幼儿园对照《指南》和等级标准，加大投入、改进教学、加强管理、提升质量，块状安排幼儿在园一日活动[②]，给予幼儿更多的自主时间。上城区32所幼儿园先后通过等级复评工作，5所幼儿园新评上省一级幼儿园，3所幼儿园评为省二级幼儿园。12月，承接浙江省贯彻《指南》研讨会展示任务，全省各教研员、园长、骨干教师等400余名教师观摩杭州市胜利东河幼儿园的自主性游戏活动。

② 幼儿一日活动：活动时间以生活活动、教学活动、游戏活动大环节安排，旨在给幼儿活动更多的自主性。

2015年，上城区《关于区域推进幼儿园特色课程建设》课题获市第二届重大课题立项。区教育局研制《上城区幼儿园特色课程建设与评估标准》，成立上城区幼儿园特色课程实施领导小组和上城区幼儿园特色课程实施工作小组，制定《上城区推进“幼儿园特色品牌课程建设”项目行动计划（试行）》。区教育局成立上城区幼儿园课程评审委员会，组织专家论证评审项目；11月，组织专家对照标准逐一考核，评定杭州市胜利东河幼儿园、杭州市紫阳幼儿园、杭州市欣欣幼儿园、杭州市喜洋洋幼儿园4家单位为首批“特色课程优秀幼儿园”。

五、名园集团化工程

2005年，杭州胜利学前教育集团和杭州市行知学前教育集团成立，开启上城区名园集团化之路。2007年，上城区结合学前教育强县（区）活动，实施学前教育名园集团化推进工程，用“委托、直管、帮扶、培训”4种方式，让“街道办”幼儿园自主选择最适合自己的发展方式。

2008年9月，区教育局批准金都房产集团公司承办金都华府幼儿园，并同意将该园区纳入杭州市胜利学前教育集团，实行名园集团管理。是年，上城区将名园集团从杭州市胜利学前教育集团、杭州市行知学前教育集团2个教育集团、8个园区拓展至11个教育集团、35个园区，名园集团覆盖率80.1%，优质学前教育覆盖率94.7%，网片组织（互助共同体）参与面100%。名园集团化管理演变为单法人核心连锁式办园、双法人核心连锁式办园、双法人松散式办园、教科研单位领衔式办园和共同愿景式教育联盟等模式。2011年，上城区在总结集团办园经验基础上，完成杭州市胜利学前教育集团、杭州市行知学前教育集团两大幼儿园名园集团的重组工作。2015年，由杭州市上城区喜洋洋幼儿园、杭州市上城区清荷幼儿园、杭州市小世界幼儿园、杭州市近江艺术幼儿园、杭州市玉皇幼儿园、杭州市崇文书院幼学园6家单位组成的上城区民园联盟成立，推动优质教育资源共享。为推进民办教育均衡发展，成立杭州市行知金陶学前教育集团，杭州玉皇幼儿园纳入集团管理。至2015年，上城区共有名园集团19个。

六、幼儿园选介

杭州市行知学前教育集团　杭州市行知幼儿园位于学士路1号，前身为创建于清宣统三年（1911）的弘道幼稚园，后改称杭州市学士路幼儿园。1986年，为纪念人民教育家陶行知，杭州市学士路幼儿园更名为杭州市行知幼儿园。1994年，杭州市行知幼儿园被评为浙江省示范性幼儿园。1995年，被评为杭州市首批特级幼儿园。幼儿园坚持以陶行知的“生活教育”的理论为指导，探索和尝试幼儿园的生活教育，提倡“生活即教育”“社会即学校”“教学做合一”的教育理念。2003年，幼儿园被确定为浙江省贯彻《幼儿园教育指导纲要（试行）》实验园，在学习的基础上，充分挖掘生活教育的资源，逐步形成“走进社会的生活教育、融于艺术的生活教育、渗透环保的生活教育、家园共育的生活教育、0岁开始的生活教育”五类主题内容，通过生活体验、生活探索、生活表达3个维度提供幼儿真实的生活与学习，让幼儿在生活中受益、在生活中成长。

2005年12月，杭州市行知学前教育集团成立，下设行知本部和陶子园区两所幼儿园，共有班级16个，幼儿数395人，有专业技术人员36人，幼儿园高级职称24人。2007年9月，集团新办金陶早教园区，园址洋泮路金棕榈花园14幢。至2007年末，集团下分设行知本部、陶子园区、金陶早教3个园区，共有班级21个，教师46人，幼儿552人。

2008年4月，上城区政府改革幼儿园体制，理顺街道办幼儿园管理体制，集团接收曾由湖滨街道管辖的湖滨幼儿园（园址惠民路火药局弄3号，占地面积850平方米，建筑面积1100平方米）。2009年3月，上城区教育局接收闸口街道幼儿园（园址复兴南苑11号），为行知学前教育集团下的第五个园区。2009年9月，杭州市行知学前教育集团本部从学士路搬迁至邮电路20号（原邮电路小学旧址），设立行知园区。至是年末，集团共有班级25个，教师人数54人，幼儿人数621人。至2010年，杭州行知学前教育集团下辖5个园区，共有班级37个，教师人数81人，幼儿933人。

2013年，为让“新杭州人”子女接受更好的学前教育，集团在望江西园30-2号设立婺江园区，占地面积327平方米，建筑面积827平方米，经设计、改建、装修，当年开设4个小班。2015年，以“名园+新园”的方式，将钱江新城B-05地块幼儿园纳入集团管理，设立新城园区，占地面积4311平方米，建筑面积2668平方米，为9个班规模，共有幼儿250人，教职工38人，创新性地提出“学做生活小主人”幼儿园园本课程。至2015年末，杭州市行知学前教育集团共有园区4个，班级36个，教师96人，幼儿1046人。

图28-2-4　杭州市行知幼儿园新城园区

（区教育局 供稿）

杭州市胜利学前教育集团　杭州市胜利幼儿园前身为浙江省实验学校胜利小学附设幼儿园。1993年，成为独立法人幼儿园，改名为杭州市胜利幼儿园，被评为杭州市首批甲级幼儿园，园址清泰街义井巷5号。1995年，吸收合并杭州市梅花碑幼儿园。2001年，为充分利用优质资源，扩大办园规模，接收万安城市花园配套幼儿园为杭州市胜利幼儿园东河园区，合并杭州市大塔儿幼儿园为早教中心，组成三园区管理一体、托幼教育一体的胜利幼儿园。2003年，被评为浙江省示范性幼儿园。

2005年，杭州市胜利学前教育集团成立。是年，接收大学路幼儿园。2007年，接收瑞丰格林小区配套幼儿园，成为杭州市胜利幼儿园瑞丰格林园区。2008年，接收金都华府小区配套幼儿园为金都华府园区。2009年，在上城区政府理顺幼儿园管理体制中，接收小营街道幼儿园为小营园区。至此，集团扩展到7个园区。

2010年，杭州市胜利学前教育集团7个园区共招收42个班级，幼儿1174人，总占地面积16416平方米，总建筑面积13800平方米，绿地面积3486平方米，户外活动场地6193平方米。教职工总数为103人，专职教师66人。其中，胜利园区6个班，幼儿170人，占地面积1560平方米，建筑面积1370平方米，园址清泰街义井巷5号；东河园区6个班，幼儿173人，占地面积2467平方米，建筑面积1870平方米，园址直大方伯万安西苑8幢；大学路园区9个班，幼儿273人，占地面积3835平方米，建筑面积3834平方米，园址建国中路叶家弄70号；瑞

图28-2-5　杭州市胜利幼儿园大学路园区

（区教育局 供稿）

丰格林园区7个班，幼儿158人，占地面积2400平方米，建筑面积1872平方米，园址瑞丰格林苑6号；大塔儿园区4个班，幼儿91人，占地面积112平方米，建筑面积72平方米，园址大塔儿巷9号；小营园区5个班，幼儿170人，占地面积2052平方米，建筑面积1632平方米，园址大学路71号；金都华府园区5个班，幼儿139人，占地面积3270平方米，建筑面积2450平方米，园址候潮路10号。

杭州市胜利学前教育集团实施托幼一体办园模式，构建0～3岁早期教育课程体系，是杭州市“托幼一体化”教育模式实验基地。集团各园区专用活动室配备齐全，有科学发现室、图书室、美工室、模型室，还有海洋池、戏水区、玩沙房、陶吧。每班配备有空调、电脑、钢琴，并有开放式的玩具柜，独立的盥洗室。集团藏书6500余册，有投影仪、大屏幕、多媒体等教学设备。集团办园理念是“满足需要、珍爱生命、快乐成长”，在此理念指导下，生命教育成为校园文化的主要内容。生命教育基于满足幼儿发展需要，提升幼儿生命质量。集团致力开发“2～6岁幼儿生命启蒙教育”园本课程，全面实施学前教育改革，初步形成“生命主体教学、自主活动项目”为主线的生命教研模式，成为杭州师范大学前教育实习基地。至2015年末，杭州市胜利学前教育集团共有园区2个，班级16个，教师38人，幼儿436人。

杭州市紫阳学前教育集团　杭州市紫阳幼儿园位于中山南路太庙巷62号，创建于1958年，为江干区所属的民办幼儿园，实行全托制。1997年，由于杭州市区域调整，杭州市紫阳幼儿园划归上城区，隶属于区教育局。2008年，杭州市紫阳学前教育集团成立。2010年，成为浙江省区域推进校本教研基地学校。集团致力于园本特色研究，利用周边丰富的自然和人文资源开展吴山文化童心体验课程的研究和实践。2014年，吴山文化园本特色课程入选首届浙江省精品课程。至2015年末，共有班级13个，幼儿339人，在职教职工52人，其中教师33人。在职教师中大专及以上学历100%。

杭州市欣欣幼儿园　杭州市欣欣幼儿园位于望江门木场巷坤年里46号，创建于2009年7月。有木场巷和望江2个园区，占地面积共911平方米，建筑面积共1376平方米，配有专用幼儿游戏室、标准化厨房，是一所以新杭州人子女为主要生源的公办幼儿园。幼儿园根据生源特点，探索适合新杭州人子女的教育路径，提出“打造暖巢，为新杭州人子女提供优质学前教育”的办园目标，通过“暖巢共融”园本特色课程的研究助力幼儿快乐成长。2013年11月，幼儿园被评为浙江省二级幼儿园。至2015年，幼儿园有班级7个，幼儿171人，教职员工30人。

杭州市陶子学前教育集团　杭州市陶子学前教育集团隶属区教育局。该园有2个园区，分别为陶子园区和水澄园区。陶子园区成立于2005年9月，前身是杭州市行知幼儿园的分园，坐落在化仙桥路34号，占地面积2803平方米，有班级9个，幼儿240人左右，教职员工35人。园区传承和发扬陶行知“生活教育”理念，着力打造“以艺术教育为手段，以生活教育为核心”的园本特色。2009年，被评为浙江省一级幼儿园，2010年，被评为杭州市特级幼儿园。水澄园区坐落于水澄花园南苑15号，于2009年2月开园，前身为浙江省电力幼儿园水澄园区。2011年8月归属区教育局，成为行知幼儿园新陶园区。2013年

1月，区教育局成立杭州市陶子幼儿园，园区更名为杭州市陶子幼儿园水澄园区，占地面积2261平方米，有6个班，幼儿160人左右，教职工25人。园区以“融于生活的创意美术”为特色活动。2011年，被评为浙江省二级幼儿园，2012年，被评为杭州市甲级幼儿园。至2015年末，杭州市陶子幼儿园有2个园区，共有班级15个，幼儿415人，教师35人。

杭州市上城区喜洋洋幼儿园　杭州市上城区喜洋洋幼儿园创办于2010年2月，位于富春路268号，占地面积3327平方米，建筑面积3864平方米，为省一级民办幼儿园。幼儿园坚持以科学教育为切入点，以体验活动为手段，将科学教育融合社会、艺术、语言、健康等领域，建构以“启蒙性、整合性、开放性”为特征的“科学教育，启迪人生”特色园本课程，创设与之相匹配的教育环境，开辟“梦幻科技城”“创意手工坊”“空中小花园”“百科阅览室”“探秘实验室”“巧手组装间”“发现探索道”“梦幻绘画室”“美妙音符园”“百变构建屋”等专用公共区域环境。通过开放、自主、合作、探究、互动方式引导幼儿主动学习，激发兴趣，发展能力，提高幼儿的科学素养，促进幼儿富有个性、健康快乐地发展。至2015年末，杭州市上城区喜洋洋幼儿园有班级16个，幼儿442人，教师35人。

第三章　义务教育

1990年开始，上城区全面实施义务教育，上城区户籍6周岁学龄儿童全部招收入学，全区小学毕业生100%升入初中，中小学无辍学现象。1992年起，区教育局梳理“面向全体学校、全面贯彻方针、教好全体学生”思想，贯彻《中华人民共和国义务教育法》，逐步变应试教育为素质教育。

1993年，上城区共有小学31所，初中1所。上城区各学校在执行《浙江省义务教育实行教学计划》，科学合理设置文化课程的同时，还开设以爱国主义教育、道德习惯养成为主的德育课程，注重学生心理健康发展，开设艺术、体育、科技等课程，注重学生的全面发展。是年，上城区成为全省率先普及九年义务教育的（县、市）区。1998年，为体现“儿童为本”和个别化教育的先进教育理念，实现小学教育的优质化，杭州市胜利小学开始小班化教学试点工作，后不断在全区推广实践。2002年，上城区被列入浙江省首批义务教育课程改革试验区，率先实施义务教育课程改革。2005年4月，杭州宗文教育集团成立，以高品位名校集团化办学为特色，整合教育资源，促进名校教育均衡化、公平化，实现优质九年制义务教育一体化。2006年起，上城区实施义务教育阶段免费教育。2011年，上城区将区域小班化教育工作成果推广到全国。至2015年，经过撤并调整，上城区共有小学21所，学生20237人；初中11所，学生8283人。

第一节　沿革

1993年，上城区有小学31所，班级437个，学生20389人；初中1所，班级6个，学生239人。是年，上城区通过省教委的义务教育检查验收，成为全省率先普及九年义务教育的（县、市）区，全区小学毕业生100%升入初中。上城区开展儿童心理素质的测试和咨询工作，把监测学生健康状况作为学习卫生工作的主要任务。1996年12月，杭州市调整行政区划，江干区13所小学划属上城区教育局管理。2000年5月，杭州市教育局下放初中管理权限，浙江省杭州第六中学、杭州市开元中学等9所市属中学下放为区属公办初中。7月，杭州市建兰中学从浙江省杭州第二中学分离，改制为国有民办初中，由上城区教育局管理，全区普通中学增至11所，其中初中5所，完全中学6所。

2004年12月，上城区第一个教育集团——杭州市天长教育集团成立。2005年4月，上城区将杭州市小营小学与浙江省杭州第十中学的初中部合并，成立杭州市宗文教育集团下属九年一贯制的杭州市宗文小营实验学校。2006年，在推进九年制义务教育标准化学校建设中，杭州市开元中学、杭州市胜利小学、杭州市崇文实验学校、杭州市天长小学、杭州市紫阳小学、杭州市娃哈哈小学等12所学校通过浙江省教育厅标准化学校评定。2007年初，杭州第六中学推出“中预班”课题实验，杭州市高银巷小学、杭州市回族穆兴小学的六年级学生提前进入初中，部分小学教师随班进入中学协助教学；9月，杭州市清泰实验学校和杭州市江城中学相继推出“中预班”，探索中小学有效衔接模式。

2008年，上城区制定和实施《全面推进名校集团化战略的实施意见》。2009年1月，上城区撤销杭州铁路中学和杭州铁路第五小学，组建成立九年一贯制的杭州市清泰实验学校。

2010年，上城区制定《上城区“国有民办”体制改革工作方案》，调整“国有民办”体制。杭州市建兰中学由“国有民办”改为民办中学，杭州市勇进中学由“国有民办”改为公办初中，杭州新世纪外国语学校、杭州市崇文实验学校、杭州市时代小学改为民办学校，杭州天地实验小学改为公办小学。2012年，上城区改善办学条件，标准化学校达到89.3%。是年，上城区成功创建为全国义务教育基本均衡区。

2015年，上城区教育创10年最佳中考成绩，初中毕业生2961人，全区达到优质高中录取线比例55.52%，超过全市10.72个百分点。全区有小学21所，班级589个，学生20237人；初中11所，班级240个，学生8283人。

表28–3–17　1993年上城区小学基本情况表

序号	学校名称	学校地址	班级数（个）	学生数（人）	教师数（人）	法人代表
1	杭州市天长小学	孝女路4号	21	970	68	李承龙
2	杭州市邮电路小学	邮电路20号	13	536	29	冯幼华
3	杭州市长生路小学	长生路不老里1号	20	883	45	王金城
4	杭州市祖庙巷小学	祖庙巷33号	11	436	28	孔佩娟
5	杭州市小营小学	皮市巷99号	21	963	57	吴锡武
6	杭州市紫金观巷小学	紫金观巷27号	10	460	24	单颂英
7	杭州市马市街小学	马市街158号	12	513	27	张耐华
8	杭州市清吟巷小学	清吟巷10号	8	262	19	赵惠康
9	杭州市杨绫子巷学校	杨绫子巷12号	9	85	21	洪佳琳
10	杭州市建国中路第二小学	建国中路叶家弄70号	12	519	30	朱莲钰
11	杭州市大学路小学	大学路新村54号	18	919	43	王美娟
12	杭州市建国中路第一小学	建国中路锅子弄37号	24	1248	60	徐祖武
13	杭州市华藏寺巷小学	华藏寺巷5号	11	452	25	胡　岚
14	杭州市胜利小学	佑圣观路187号	14	692	42	张文花
15	杭州市城站小学	郭东园巷12号	14	657	31	杨卫国
16	杭州市江城路小学	江城路747–3号	13	568	33	吴吉涛
17	杭州市百岁坊巷小学	百岁坊巷2号	8	316	21	姚雅芳
18	杭州市回族穆兴小学	丰家兜23–4号	11	470	32	沈之梁

续表 28-3-17

序号	学校名称	学校地址	班级数（个）	学生数（人）	教师数（人）	法人代表
19	杭州市九曲巷小学	九曲巷20号	10	433	28	汤水英
20	杭州市饮马井巷小学	饮马井巷13号	17	821	45	冯根娣
21	杭州市娃哈哈小学	劳动路95号	16	809	39	单秀清
22	杭州市南山路第一小学	南山路176号	12	587	34	崔玉巧
23	杭州市三衙前小学	三衙前6号	7	327	17	郭洙丽
24	杭州市清波小学	四宜路180号	12	482	32	叶水泉
25	杭州市开元小学	开元路奎垣巷6号	12	531	32	景素夏
26	杭州市高银巷小学	高银巷37号	20	899	53	高　炜
27	杭州市定安路小学	火药局弄31号	13	560	44	任　捷
28	杭州市光明小学	光复路50号	13	535	35	顾无为
29	杭州师范学校附属小学	南山路240号	13	545	39	邱华利

说明：资料来源于杭州市上城区教育局

表 28-3-18　1991—2010 年上城区中小学新建、撤并、接收情况表

序号	学校名称	校　址	变　动　情　况
1	杭州市杨绫子巷小学	杨绫子巷12号	1991年5月15日更名为杭州市杨绫子巷学校，2000年1月8日更名为杭州市杨绫子学校
2	杭州市劳动路小学	劳动路95号	1992年4月27日更名为杭州市娃哈哈小学
3	杭州市三胜小学	三圣桥河下26号	1993年7月5日撤销
4	杭州市众安桥小学	岳王路46号	1993年8月3日撤销并入杭州市祖庙巷小学
5	杭州市解放小学	解放路欢乐巷13号	1993年9月1日撤销并入杭州市回族穆兴小学
6	杭州市三衙前小学	三衙前6号	1994年6月16日撤销
7	杭州市复兴第一小学	海月路2号	1997年1月划归上城区教育局，2006年8月18日更名为杭州市教育科学研究所附属小学
8	杭州市复兴第二小学	复兴南苑12号	1997年1月划归上城区教育局，2006年3月14日更名为上城区教师进修学校附属小学
9	杭州市平安里小学	平安里62号	1997年1月划归上城区教育局，2007年8月撤销并入杭州市天长小学金都华府校区
10	杭州市紫阳小学	太庙巷7号	1997年1月划归上城区教育局
11	杭州市抚宁巷小学	金狮苑20号	1997年1月划归上城区教育局
12	杭州市凤山门小学	南兴加儿巷6号	1997年1月划归上城区教育局，2003年6月撤销并入杭州市平安里小学和杭州市紫阳小学
13	杭州市凤凰山小学	宋城路5号	1997年1月划归上城区教育局，1999年并入杭州市凤山门小学
14	杭州市鼓楼小学	丁衙巷18号	1997年1月划归上城区教育局，2003年撤销并入杭州市高银巷小学
15	杭州市大狮子巷小学	白衙巷 9 号	1997年1月划归上城区教育局，1999年撤销并入杭州市杨绫子学校
16	杭州市始版桥小学	始版桥东村11号	1997年1月划归上城区教育局，2015年3月30日划转到杭州市勇进实验学校。

续表28-3-18

序号	学校名称	校　址	变 动 情 况
17	杭州市望江门小学	东宝路55号	1997年1月划归上城区教育局，2015年3月30日撤销杭州市望江门小学划转到杭州市勇进实验学校
18	杭州市木场巷小学	坤年里46号	1997年1月划归上城区教育局，2003年撤销并入杭州市望江门小学
19	杭州市城站小学	郭东园巷12号	1997年撤销并入杭州市饮马井巷小学
20	杭州市紫金观巷小学	紫金观巷27号	1997年撤销并入杭州市小营小学
21	杭州市清吟巷小学	清吟巷10号	1997年撤销并入杭州市小营小学
22	杭州市华藏寺巷小学	华藏寺巷5号	1997年撤销并入杭州市大学路小学
23	杭州市开元小学	奎垣巷6号	1998年9月25日撤销并入杭州市定安路小学
24	杭州市祖庙巷小学	祖庙巷33号	1998年9月25日撤销并入杭州市邮电路小学
25	杭州市近江小学	富村江路199号	1999年建立，2000年撤销并入杭州市胜利小学
26	杭州市时代小学	锅子弄37号	2000年4月29日开办
37	杭州市建国中路第二小学	叶家弄7号	2000年7月4日撤销并入杭州市大学路小学
38	杭州市九曲巷小学	严衙弄7幢	2000年7月4日撤销并入杭州市回族穆兴小学
39	杭州市百岁坊巷小学	百岁坊巷2号	2000年7月4日撤销并入杭州市江城路小学
40	杭州市长生路小学	不老里1号	2000年7月4日撤销分别并入杭州天地实验小学、杭州市天长小学
41	杭州铁路第四小学	上羊线弄23号	2001年1月1日移交上城区实行地方办学，同年撤销并入杭州市江城路小学
42	杭州铁路第五小学	秋涛路一弄32号	2001年1月1日移交上城区实行地方办学，2009年1月与杭州铁路中学合并为九年一贯制的杭州市清泰实验学校
43	杭州市南山路第一小学	南山路176号	2001年7月撤销并入杭州市清波小学
44	杭州师范学校附属小学	四宜路180号	2002年3月6日，更名为杭州师范学院第一附属小学，2007年4月更名为杭州师范大学第一附属小学
45	杭州市崇文实验学校	近江南路1号	2002年5月20日创办
46	杭州市光明小学	元福巷11号	2002年9月27日撤销并入杭州市高银巷小学
47	杭州市建国中路第一小学	锅子弄37号	2003年撤销并入杭州市回族穆兴小学
48	杭州市清波小学	四宜路180号	2003年撤销并入杭州师范学院第一附属小学
49	杭州市江城路小学	灰团巷11号	2004年7月撤销并入杭州市饮马井巷小学
50	杭州市马市街小学	马市街158号	2004年撤销并入杭州市小营小学
51	杭州市定安路小学	火药局弄31号	2006年7月撤销并入杭州师范学院第一附属小学、杭州市高银巷小学、杭州市娃哈哈小学
52	杭州市邮电路小学	邮电路20号	2007年2月8日撤销并入杭州市天长小学
53	杭州市小营小学	皮市巷99号	2008年1月撤销，与浙江省杭州第十中学初中部成立杭州市宗文小营实验学校，2013年7月9日停办杭州市宗文小营实验学校并入杭州市回族穆兴小学
54	杭州市胜利实验学校	甬江路80号	2014年2月13日从杭州市胜利小学分离设立杭州市胜利实验学校
55	杭州娃哈哈双语学校	姚江路5号	2014年5月28日成立
56	杭州市秋涛路小学	南瓦坊12号	2015年3月30日撤销杭州市秋涛路小学，划转到杭州师范大学第一附属小学

续表 28-3-18

序号	学校名称	校　址	变 动 情 况
57	浙江省杭州第六中学	佑圣观路161号	2000年5月由市属完全中学下放为区属公办初中
58	浙江省杭州第十中学	皮市巷158号	2000年5月由市属完全中学下放为区属公办中学
59	杭州市开元中学	栖园弄1号	2000年5月由市属完全中学下放为区属公办初中
60	杭州市清河中学	姚江路5号	2000年5月由市属完全中学下放为区属公办初中
61	杭州第五中学	抚宁巷58号	2000年5月由市属完全中学下放为区属公办初中，2003年9月撤并入杭州市建兰中学和浙江省杭州第六中学
62	杭州市江城中学	江城路287号	2000年5月由市属完全中学下放为区属公办初中
63	杭州市八一中学	海潮路51号	2000年5月由市属完全中学下放为区属公办初中，2002年起学校初中部停招，2007年12月变更为杭州市服装职业高级中学
64	杭州市瑞金中学	皇诰巷2号	2000年5月由市属完全中学下放为区属公办初中，2001年撤销并入杭州第十中学
65	杭州市惠兴中学	惠兴路11号	2000年5月8日原浙江省杭州第十一中学初中部更名为杭州市惠兴中学，归上城区政府管理
66	杭州市建兰中学	大塔儿巷15号	2000年7月13日，区政府同意接收民办建兰中学，接收后民办建兰中学改名杭州市建兰中学
67	杭州市清波中学	四宜亭7号	2001年撤销并入杭州市清河中学
68	杭州铁路中学	兴隆西村28号	2001年1月1日移交上城区实行地方办学，2009年1月与杭州铁路第五小学合并为九年一贯制的杭州市清泰实验学校
69	杭州市勇进中学	惠民路5号	2002年11月4日，上城区教育局接收杭州市勇进中学，2010年转制为公办中学，2014年1月更名为北京师范大学附属杭州中学

说明：资料来源于杭州市上城区教育局

表 28-3-19　2015年上城区义务教育阶段学校情况表

单位：人

序号	学 校 名 称	校　址	教师数	学生数	法人代表
1	浙江省杭州第六中学	佑圣观路161号	59	467	柴伟明
2	杭州市江城中学	江城路287号	81	603	杨险峰
3	杭州市清河中学	姚江路5号	80	696	周芸佳
4	杭州市惠兴中学	惠兴路11号	66	591	唐少华
5	杭州市开元中学	近江家园栖园弄1号	91	700	戴爱萍
6	北京师范大学附属杭州中学	银鼓路6号	114	1311	于爱萍
7	浙江省杭州第十中学	皮市巷158号	112	1046	孔晓玲
8	杭州市清泰实验学校	莫邪塘兴隆西村28号	168	2129	刘晖军
9	杭州市建兰中学	抚宁巷58号	164	1677	饶美红
10	杭州市胜利小学	富春路199号	62	1058	俞　珺
11	杭州市天长小学	孝女路4号	98	1508	楼朝辉
12	杭州师范大学第一附属小学	四宜路180号	148	2016	邱向理
13	杭州市饮马井巷小学	灰团巷11号	43	589	黄禾丰
14	杭州市紫阳小学	中山南路太庙巷7号	46	643	陆爱萍
15	杭州天地实验小学	东坡路94-乙号	63	902	王雷英

续表 28-3-19

序号	学 校 名 称	校 址	教师数	学生数	法人代表
16	杭州市娃哈哈小学	劳动路95号	46	619	胡 君
17	杭州市大学路小学	大学路新村54号	43	594	汪 萍
18	杭州市回族穆兴小学	丰家兜23-4号	79	1150	王 静
19	杭州市高银巷小学	高银巷37号	44	617	叶 青
20	杭州市抚宁巷小学	金狮苑20号	43	631	柴 莺
21	杭州市金都天长小学	候潮路6号	49	749	傅颂九
22	杭州市教育科学研究所附属小学	海月路2号	49	737	梅升君
23	杭州市上城区教育学院附属小学	复兴南苑12号	50	807	陆宏英
24	杭州市胜利实验学校	甬江路80号	71	1128	张浩强
25	杭州市始版桥小学	始版桥东村11号	124	1754	方 斌
26	杭州市崇文实验学校	滨江四区近江南路1号	145	1404	俞国娣
27	杭州市时代小学	建国中路锅子弄37号	82	1233	高军玉
28	杭州新世纪外国语学校	祖庙巷33号	75	957	滕梅芳
29	杭州娃哈哈双语学校	姚江路5号	65	205	全 力
30	杭州市杨绫子学校	姚江路3号	75	216	俞林亚

说明：资料来源于杭州市上城区教育局

第二节 文化教育

1993年，上城区各中小学按照《浙江省义务教育试行教学计划》规定，开设文化和思想品德等课程。后多次调整课程设置。1996年秋季起，各小学开设英语课程。1998年，杭州市胜利小学开始小班化教学试点。2000年，各中小学开展小班化教学实践研究，70%的学校参与小班化教育。2007年9月，杭州市清泰实验学校和杭州市江城中学相继推出“中预班”，探索中小学有效衔接模式。至2015年，上城区共有13所杭州市小班化实验学校。

一、课程设置

1993年秋季起，上城区初中起始年级执行《浙江省义务教育试行教学计划》，课程设自然科学、社会、音乐、美术、农业技术基础或劳动技术、家庭生活和职业指导等12门学科。选修课包括文化选修和劳动（职业）选修2类，文化选修开设外语、自然科学等学科。小学阶段开设思想品德、体育与保健、语文、数学、常识、音乐、美术、生活与劳动等8门学科。小学不开设外语或信息技术的学校，相应课时选修其他内容或开展综合实践活动。1995年5月，省教育厅根据每周40个小时工作制，调整中小学教学计划。1996年秋季开始，按市教委“市区小学五、六年级原则上均须开设外语课”的要求，上城区各小学开设英语课程。同时，各初中、小学实施调整后的九年制义务教育课程。

表28-3-20　1993年上城区九年制义务教育（初中部分）课程设置情况表

单位：课时/周

序号	科目			初一	初二	初三
1	思想品德			—	—	—
2	公民			2	2	—
3	体育与保健			3	3	2
4	语文			6	5	5
5	数学			5	4	4
6	外语			5	—	—
7	常识			—	—	—
8	自然科学			4	4	4
9	社会			3	4	3
10	音乐			1	1	1
11	美术			1	1	1
12	生活与劳动			—	—	—
13	农业技术基础或劳动技术			1	2	2
14	家庭生活			0/1	1/0	—
15	职业指导			—	—	1
16	周总课时数			31/32	27/26	23/19
17	并开课目数			10/11	10/9	9/8
18	选修课	文化选修	外语	—	4	4
			自然科学	—	—	4
			其他	—	—	1
		劳动（职业）技术学修		—	—	1
19	活动	晨间活动		—	—	—
		班团队活动		1	1	1
		体育活动		3	3	2
		兴趣活动		—	—	—
20	周学习活动总量			35/36	35/34	32
21	集体教育时间和机动时间			每学年3周		

说明：1.资料来源于杭州市上城区教育局。2.上表每节课时间45分钟。初中第一、二学年上课34周，复习、考试3周；第三学年上课32周（上学期17周），复习、考试5周。3.斜杠代表非强制性开课课程

2000年，上城区启动信息化教育工程，各初中开设信息技术课程。2002年，上城区被列入浙江省首批义务教育课程改革试验区，率先实施义务教育课程改革。2003年9月开始，在小学一年级和三年级、初中一年级实施新课程计划。各校在全面开设外语和信息技术课程的基础上，开设综合实践课程和校本课程。2012年，上城区再次调整九年制义务教育课程设置。

2015年，上城区制定《上城区学校课程改革实施管理办法》，完善课程结构。该管理

办法将义务教育课程分为基础性课程、拓展性课程。[①] 上城区学校按此规定开齐、开好基础性课程，并通过探索拓展性课程的开发、实施、评价和共享机制，体现地域和学校特色，突出拓展性课程的兴趣性、活动性、层次性和选择性，满足学生的个性化学习需求。拓展性课程每学年课时占总课比重：一～六年级15%左右，七～九年级20%左右。全区中小学均开设拓展性课程，课时占比达标率100%，覆盖全区每一位中小学生。各学校开设的拓展性课程数量在25～37门之间，共有省精品课程6项，市精品课程19项。

① 基础性课程：指国家和地方课程标准规定的统一学习内容，拓展性课程指学校提供给学生自主选择的学习内容。

表 28-3-21　2015年浙江省义务教育课时安排情况表

年级	周课时（课时）	基础性课程平均周课时（课时）	拓展性课程平均周课时（课时）	学年教学周数（周）	学年总课时（课时）
一	26	22～23	3～4	35	910
二	26	22～23	3～4	35	910
三	30	25～26	4～5	35	1050
四	30	25～26	4～5	35	1050
五	30	25～26	4～5	35	1050
六	30	25～26	4～5	35	1050
七	34	27～28	6～7	35	1190
八	34	27～28	6～7	35	1190
九	34	27～28	6～7	33	1120

说明：1.资料来源于杭州市上城区教育局。2.品德每周2课时，一～二年级为品德与生活，三～六年级为品德与社会，七～九年级为思想品德。3.体育与健康一～二年级每周4课时，三～九年级每周3课时，保证学生每天在校体育锻炼1小时。4.艺术包括音乐和美术，一～六年级每周4课时，七～九年级每周2课时。音乐、美术可分别开设，也可分时段轮流开设，统筹使用课时。5.综合实践活动、地方课程与校本课程统筹使用课时，合计平均周课时：一～二年级不少于4课时，三～六年级不少于5课时，七～九年级不少于6课时

表 28-3-22　2015年浙江省义务教育课程设置情况表

序号	课程名称	开设年级	一～六年级课时（课时）	七～九年级课时（课时）	九年总课时（课时）	国家规定课时比重（%）
1	品德	一～九	430	200	630	7～9
2	语文	一～九	1540	510	2050	20～22
3	数学	一～九	840	450	1290	13～15
4	外语	三～九	350	410	760	6～8
5	体育与健康	一～九	700	310	1010	10～11
6	艺术	一～九	830	210	1040	9～11
7	科学	三～九	350	480	830	7～9
8	历史与社会	七～九	—	310	310	3～4
9	综合实践活动	三～九	980	620	1600	16～20
10	地方课程与校本课程	一～九				

说明：资料来源于杭州市上城区教育局

二、特色教学

小班化教学　1998年，为体现“儿童为本”和个别化教育的先进教育理念，实现小学教育的优质化，杭州市胜利小学开始小班化教学试点，每班约有25人。2000年，各中小学开展小班化教学的实践研究，70%的学校参与小班化教育。2001年，在普及小班教育的前提下，杭州市胜利小学开展新班级教育实验。2002年，以小班化为标志的新班级教育实验物化成果——杭州市崇文实验学校建成。2009年，上城区开展英语教学提升工程，在杭州市天长小学、杭州新世纪外国语学校、杭州市惠兴中学、杭州市勇进中学等学校开展英语小班化教学；同时，在杭州市始版桥小学开展田径特色小班化教学尝试。

图28-3-6　师生课堂互动　　（区教育局　供稿）

2010年，上城区教育学院成立区域推进小班化教育内涵发展研究小组。各学科教研员通过跟踪调研、个性服务，联合助力全区小班化实验学校发展。杭州市清泰实验学校、浙江省杭州第六中学、杭州市紫阳小学、杭州市大学路小学、杭州市教育科学研究所附属小学、杭州市娃哈哈小学、杭州市高银巷小学、杭州市回族穆兴小学、杭州市时代小学、杭州市饮马井巷小学和杭州市崇文实验学校11所中小学通过市教育局审核，被命名为杭州市小班化教育实验学校。2011年，上城区通过承办“长三角小班化教育论坛”，小班化教育工作成果被推广到全国。2012年，上城区举办小班化教育骨干教师研修班。2013年，开始实施适合学生个性发展的小班化校本课程建设。2014年，杭州市崇文实验学校成为浙江省小班化学校联盟的盟主。

2015年，上城区11所市小班化实验学校全部通过市教育局组织的小班化实验学校复评。同时，杭州市金都天长小学、杭州市上城区教育学院附属小学2所学校通过自主申报、市教育局审查组审查后被确定为杭州市小班化实验学校。上城区共有13所杭州市小班化实验学校，为全市第一。小班化教育在教学模式上形成独具特色的“三化”课堂：活动化、合作化、个别化。基础课程类，严格执行义务教育阶段各个学科的国家课程标准；拓展课程类，各校形成促进学生个性化发展的选择性课程，在德智体美劳满足学生正向发展的需求。

“中预班”模式　2007年9月，杭州市清泰实验学校和杭州市江城中学相继推出“中预班”，探索中小学有效衔接模式。2009年1月19日，上城区撤销杭州铁路中学和杭州铁路第五小学，组建成立九年一贯制的杭州市清泰实验学校。六年级学生提前进入初中，部分小学教师随班进入中学协助教学，缓解小升初的压力，最大限度整合教室、教师、活动场地、教育设施设备等各种教育资源，让学生更好地进行中小学衔接。

第三节 德育

1993年，上城区重视各中小学生思想道德教育工作。辖区各学校贯彻国家教委颁发的《小学德育纲要》，在各学科中贯穿德育。1999年，《杭州市中小学德育工作指导意见》《关于加强中小学校园文化建设的意见》制定。2000年，区教育局建立家长学校，辖区内市直属学校建立家庭教育指导站。2007年，上城区实施《上城区中小学德育工作“十一五”规划》，全面推进“创新和谐的学习环境”“构筑灵活的育人机制”“共享丰富的教育资源”“追求有效的德育成果”4项行动计划。2008年，上城区开始实施德育导师制，培训德育工作队伍，创建德育工作特色学校。2012年，上城区制定《上城区中小学学科德育指导意见》，加强学校德育工作的组织和机制建设，实行校长负责的德育工作领导管理体制。2013年，上城区开展省教科规划立项课题《区域推进初中生社会主义核心价值观的行动机制研究》的实践研究，实施学科德育研究的教研组行动和基地建设，举行上城区学科德育落实推进会，落实各学科日常教学中“情感态度价值观”目标，聚焦“责任、进取、自主、创新”的上城学生品质培养。2015年，上城区以社会主义核心价值观24个字为德育总目标，建设区域德育大课程体系。

一、爱国主义教育

1993年，上城区依据国家教委制定的《小学、初中国防教育纲要》《学校国防教育常规》，开展国防教育，推广杭州市城站小学在学科中渗透国防教育的经验，对学生进行各种形式的国防教育。1994年，上城区各学校加强对学生的爱国主义、社会主义、集体主义教育，通过丰富多彩的少先队活动，广泛开展“我们是新世纪的好少年”“文明在我校（园）”等活动。组织学生参观1～2个爱国主义教育基地，观看3～4部爱国主义教育影片。同时，组织学生参加“祖国万岁”和“振兴中华”读书活动。各校坚决执行《中华人民共和国国旗法》，严格中小学升降国旗制度，普遍开展周一“国旗下讲话”。

1995年，上城区各校实施“看百部爱国影片、唱百首爱国歌曲、读百册爱国书籍、写百句爱国格言、知百位爱国英雄、评百位爱国少年”工程，开展抗日战争胜利50周年纪念活动、跨世纪“中国少年雏鹰行动”争章活动和“考察杭城爱国主义教育基地千里行”活动。1997年，

图28-3-7 杭州市建兰中学开展爱国主义教育活动

（区教育局 供稿）

上城区各校抓住1997年香港回归和建军70周年契机，开展爱党、爱国、爱社会主义系列教育活动。区教育局要求中小学生走访参观抗战纪念设施、遗址，寻访红色足迹，并要求学生记录自己的心得，采访一位抗日英雄或其后人，了解抗战历史、触摸英雄灵魂等。2012年，上城区开展“我与祖国共奋进，我与上城同发展”“我的中国梦”等教育实践活动。2013年，上城区以190中队、大陈英雄中队、陈金水团支部等一批示范型英雄团队为引领，在辖区各中学开展英雄中队（团支部）争创活动，使英雄团队建设成为学校德育的工作抓手。2015年，上城区少年军校总校天长小学武警分校70名小军人代表浙江省到北京参加首届“中国下一代国防教育成果展”。

二、行为习惯养成教育

1993年，上城区各校学生的道德教育以小学设置的思想品德课和中学设置的思想政治课为主。同时，开展“小学生日常行为规范”的训练和传统教育活动。1996年，上城区开展学雷锋、学赖宁活动，进行“弘扬中华传统美德、提高学生思想品德素质”为主题的教育，评选上城区“十佳”小学生。1998年，上城区以“五爱教育”[①]为主题，以“行为规范”为重点，以弘扬中华传统美德为内容，开展学生思想品德教育。2000年，上城区各中小学挖掘校园文化的育人资源，开展校园文化建设，以课题形式专题研究校园文化建设的显性和隐性环境，并开展创优良校园文化评比活动。

① 五爱教育：即爱祖国、爱人民、爱劳动、爱科学、爱社会主义。

2002年，上城区制定上城区文明校园标准，开展星级文明校园达标、评比活动，在区各中小学中开展“创建文明校园”活动。2003年，上城区开展“实践公民道德、争创文明校园”活动和“敬廉崇洁”启蒙教育，进行“敬廉崇洁”专题网站、优秀展示课、小卫士等评选活动。2005年，上城区进行“廉洁教育进校园”的探索，杭州市开元中学成为杭州市开展廉洁教育的重要窗口学校。2006年，上城区各中小学开展预防未成年人犯罪教育活动。2008年，上城区贯彻《杭州市青少年学生第二课堂行动计

图28-3-8　杭州市凤凰小学学生参加文明交通实践活动
（区教育局 供稿）

划》，在中小学普及法制教育、环境教育，开展“绿色学校”创建活动，并深化阳光心语、父母茶座、公益小书房等德育品牌工作。2009年，上城区开展“区域性推进中小学廉洁教育机制研究”课题研究，建立完善网上廉洁教育阵地——上城区廉洁教育电子展览馆，开展义务教育阶段的廉洁教育。

2010年，上城区制定“读懂学生”行动方案，在12个学校开展试点，要求全区各校组织全体行政干部和教师认真阅读学校、年级、班级的测评数据，根据数据结合本部门和个人情况制定行为改进方案。2014年，上城区依托全区54个社区青少年俱乐部建立少先队之家。2015年，以“红领巾相约中国梦，核心价值观记心中”“争做向上向善好少年”“争做传统文化小达人”“杭城少年寻访之旅”“争创英雄中队”等主题开展一系列少先队活动。2名队员获省“美德少年”称号，3名队员获市“美德少年”称号，100名队员获区“美德少年”称号，1800余名少先队员被评为校级“美德少年”。

三、心理健康教育

1993—2000年，上城区开展儿童心理素质的测试和咨询工作，启动心理健康教育人才建设，浙江省杭州第十中学、杭州市惠兴中学、杭州市江城中学、杭州市天长小学等学校开设心理辅导站。2001年，上城区学校心理健康教育指导中心成立，在普及初中心理健康教育的基础上，开展小学心理教育工作。至2010年，全区70%的教师接受不同层次的心理健康教育培训，各初中学校均配备1名专兼职心理辅导站长，开展团体心理辅导活动课、心理讲座，开放心理咨询室为特殊需要学生提供心理援助。

2011年，区教育局开展中学心理辅导课开设情况调研。2012年，依托青少年活动中心“81312345”成长热线电话，组织“阳光心语”心理援助志愿者参与咨询。2013年，开展“校园危机干预调查”，加强心理危机干预机制建设，全区校园危机干预预案设立达到100%。2014年，开展“班级协同背景下的学生课堂行为心理分析”研讨活动，组织骨干心理教师参与《读懂孩子》智慧父母、智慧家长课程编撰，探索学校生命教育课程与心理健康教育课程结合的新途径，初步形成区生命教育实践课程系列。2015年4月，启动区域学生心理危机干预预警机制，推动各校开展高危学生人群筛选及建档、学生情绪问题预警及干预工作。

第四节　体育、艺术和科技

一、体育教育①

1993年，上城区中小学除按教学计划开设体育课外，还在课外时间开展体育活动，开展三大球、乒乓球、游泳、田径等多项体育运动。

2002年10月开始，上城区全面试行新课程改革，体育课程设置为小学一、二年级每周4课时，其余年段每周3课时。2003年

① 1990年，国务院颁发《学校体育工作条例》，对学校体育工作作出规定。区教育局落实中小学校体育工作的基本任务，保证学校体育工作的正常开展，促进学生身心的健康成长。

起，上城区的一、三、五年级和初中的起始年级开始实施教育部、国家体育总局制定的《学生体质健康标准（试行方案）》（简称《标准》）。2007年后，上城区全面实施《标准》，确保学生每天在校参加体育锻炼时间不少于1小时，提升学生体能素质水平。

2008年，上城区贯彻共青团中央、教育部、国家体育总局《关于开展“阳光体育与奥运同行冬季长跑活动”的通知》要求，落实学校阳光体育冬季长跑活动。是年，杭州市始版桥小学被命名为首批“浙江省体育特色学校”。2010年，上城区成功创建浙江省中小学生课外文体活动工程示范区。是年，杭州市始版桥小学体育教育基地更名为上城区青少年体育活动中心。2010—2011年，上城区连续2年获杭州市中小学生体能素质监测第一名。2013年开始，上城区完善区域学生体质状况监测和公布制度，全区集中监测，监测结果纳入学校教育和谐发展考评指标。是年，上城区第五十二届中小学生田径运动会在杭州市体育中心举办。

2014年，上城区首届中小学生“七彩阳光”体育节启动，设置综合类、单项类、文宣类多个活动项目，发展学生体育特长，促进学生全面发展。7月，杭州市清河中学男子足球队代表浙江省参加在长春举行的2014年全国青少年“未来之星”阳光体育大会，获足球比赛冠军。

2015年4月，区教育局在区青少年活动中心首次开展小学科技、体育、艺术特长生认定工作，其中报名参加体育类认定的学生102人。1993—2015年，上城区开展丰富多彩的阳光体育特色活动，举办“七彩阳光”体育节；组织三棋比赛，每年一届田径、三跳、篮球、排球比赛；组织一年一度校园足球联赛；组织开展“快乐健康伴我行”阳光体育夏（冬）令营等品牌特色活动等。至2015年末，全区共有省级体育特色学校3所，市级体育传统项目学校5所，区级体育传统项目学校21所。

二、艺术教育

1993年，上城区组织开展丰富多彩的艺术活动，各中小学学生参与声乐、摄影、书法篆刻、工艺美术、绘画等活动。1995年，上城区根据浙江省调整后的九年义务教育课程设置要求，音乐课设置为小学每周2课时，初中每周1课时。

2009年，上城区在中国印学博物馆举办中小学生篆刻展。2010年，上城区在杭州历史博物馆举办中小学生绘画展。启动“强体培艺促成长”项目，深化浙江省文体工程示范区的创建，落实“体艺2+1”项目。12月，上城区在杭州市娃哈哈小学成立区小学艺术教育基地。是年，上城区开启艺术类拓展性课程开发。杭州市崇文实验学校“戏曲频道”“崇文陶帮”，杭州市娃哈哈小学“会唱歌的小葫芦”“趣‘书’”“创意美术”，杭州市天长小学“琴声悠长”“美术场馆鉴赏”，杭州市建兰中学“印象建兰——校园风景写生”等校本课程被评为浙江省、杭州市精品课程。2012年4月，上城区依托浙江省杭州第六中学成立区中学艺术教育基地。艺术基地资源辐射全区，促进区域艺术教育发展。

2013年11月，根据《浙江省中长期教育改革和发展规划纲要（2010—2020年）》和省政府办公厅《关于启动和实施教育体制改革试点工作的通知》精神，为推进和深入实施中小学素质教育，建立和完善中小学艺术教育质量评价体系，区教育局首次开展中小学艺术素养监测工作。全区10所初中（含九年一贯制学校）、17所小学，参加首次艺术素养监测。2015年，上城区举办第22届中小学生“七色花”艺术节，成功打造“七色花”艺术品牌，组建区级声乐、舞蹈、器乐、表演、绘画等艺术社团，培养学生特色发展。12月，上城区举办“风雅宋”国学斗艺大赛之“国学小博士”争霸赛，上城区12所小学、100余名学生参加。

图28-3-9 2013年，上城区举办第21届中小学生（幼儿）“七色花”艺术节 （区教育局 供稿）

三、科技教育

1993年，杭州市胜利小学在三年级以上的学生中开设电脑课程。1994年，杭州市天长小学在四年级开设电脑课。1996年5月，上城区在杭州市抚宁巷小学内建立蒋筑英纪念室。1998年开始，杭州新世纪外国语学校、杭州天地实验小学、杭州市紫阳小学相继开设电脑课。2000年，上城区青少年科技辅导员协会成立，致力于建设一支团结、协作、业务能力强的科技辅导员队伍，开展青少年科技辅导，普及科学技术知识。2001年12月，上城区成立区少年科学院，下设创造发明学院、科学技能学院、信息技术分院、无线电技术分院，逐年增设小院士工作室、少年创客社、机器人实验室、编程社、电子社、模型社。区少年科学院每年都组织爱好科技的学生外出科技考察活动，与许多著名院士交流。

2004年5月，杭州市抚宁巷小学被区教育局命名为“上城区蒋筑英科技学校”。2007年，挂牌“上城区小学科技教育基地”，同时成立蒋筑英科技馆，开设科普教育和科技体验服务项目，打造家门口的科技馆。2008年，蒋筑英科技馆被授予杭州市第二课堂活动基地。2010年，上城区青少年科技活动中心成立。2013年，蒋筑英科技馆与杭州市建兰中学同时获全国科技体育传统学校称号。同时，被评为全国“科技教育”示范单位。12月，杭州市开元中学挂牌“上城区中学科技教育基地”，与小学科技教育基地（抚宁巷小学）同时评为杭州市科技特色

图28-3-10 上城区青少年科技小发明作品展示活动（2006年） （望江街道 供稿）

学校。

2013年开始，上城区“三模一电”[①]增设3D打印设计、SCRATCH趣味编程、智能机器人、虚拟机器人、创意智造等内容。至2015年，上城区青少年科技辅导员协会定期开展业务培训学习，每年均有全国、省、市、区优秀科技辅导员脱颖而出，指导学生在各级各类比赛中获奖。

① 三模一电：即航天航空模型、航海模型、车辆模型和电子制作。

第五节　学校选介

杭州市胜利小学　杭州市胜利小学前身系始建于明万历二十七年（1599）的崇文书院，曾更名钱塘县高等小学堂、杭县县立第二小学校、杭州市城区第二小学校、上城区第三中心小学、杭州市佑圣观路小学等，1965年改为杭州胜利小学。1998—1999年，因西湖大道新建，杭州市胜利小学搬迁到斗富二桥22号过渡。1998年起，学校开始小班化教学实验。2000年9月，迁至富春江路266号，占地面积12200平方米，建筑面积6058平方米。校园有全塑胶操场、跑道和符合国家标准的篮球场、足球场，有校园网络、闭路电视系统和2个计算机房、30个多媒体教室、200余台计算机，有演播、音乐、美术、舞蹈、自然实验、图书、阅读、劳技、科技、少先队等专用教室。2001年，学校推出“新班级教育”实验研究，全方位改革教育教学。2002年，上城区依托杭州市胜利小学成功创办全国第一所专门为小班化教育设计的学校——杭州市崇文实验学校，2003年杭州市崇文实验学校独立。2009年杭州市胜利小学赞成校区成立，2014年赞成校区更名为杭州市胜利实验学校。至2015年，杭州市胜利小学有24个班级，学生1059人，教师62人。其中中学高级教师6人，区特级教师1人，上城区学科带头人3人，市、区教坛新秀43人。学校曾获浙江省教育教学科研先进集体、全国红旗大队、浙江省体育先进集体、浙江省卫生先进集体、浙江省德育先进集体、浙江省校本教研示范学校、杭州市文明单位等荣誉。

杭州市紫阳小学　杭州市紫阳小学前身为建于清康熙四十二年（1703）的紫阳书院，先后更名仁和县学堂、仁和县高等小学堂、杭县县立第一高等小学校、杭州市城区第一小学、市立太庙巷小学、太庙巷中心国民学校。1970年，改称现名，为江干区重点小学。1997年，该小学从江干区划并到上城区。1999年起，学校深入挖掘紫阳书院的历史文化，开始构建紫阳书香课程。建有图书室、实验室、微机室、民乐室、射击室等各种教育教学场所。学校以“文化立校，书香育人”为办学理念，致力于构建“书香冶情，情景交融；书香益智，智能相长；书香明理，内外兼修”的育人模式。至2015年，学校占地面积7630平方米，建筑面积4018平方米，班级19个，学生643人。教师46人，其中中学高级教师1人，小学高级教师31人，小学一级教师10人。学校曾获全国尝试教育先进集体、浙江省先进学校、浙江省百年名校、浙江省科研先进学校、浙江省优秀红旗大队、浙江省书香校园等荣誉。

图28-3-11　杭州市紫阳小学
（杭州市人民政府地方志办公室 供稿）

杭州市回族穆兴小学　杭州市回族穆兴小学创办于清光绪三十年（1904），由杭州回族群众集体兴办。创办初期，学校设在凤凰寺内。1953年12月，改为公立民族小学，少数民族小学生免缴学费。1957年9月，地处上城区丰家兜的新校舍落成，学生317人（初中76人）。20世纪80年代始，杭州市实行小学生就近入学原则，小学生免缴学费，回族小学生进入各居住地小学就读，杭州市回族穆兴小学回族学生比例逐年减少。20世纪90年代，学校扩大规模，相继并入杭州市解放小学、杭州市三胜小学、杭州市九曲巷小学等。学校配有专业音乐教室、美术教室、科技教室、图书室、网络室等，并全部装配多媒体教学设备，为学生提供全方位、多形式的优质教育环境。2013年6月，为建设标准化学校和共享优质教育资源，杭州市回族穆兴小学和杭州市宗文小营实验学校合并，第一校名为杭州市回族穆兴小学，第二校名为杭州市小营小学。学校分为穆兴、小营两个校区，统一管理。其中，穆兴校区位于解放路丰家兜23-4号，是一所盆景式校园，占地面积5539平方米，建筑面积3399平方米。小营校区位于皮市巷99号，占地面积4316平方米，建筑面积3040平方米。学校生源主要来源于学校周边社区的学区生和各社区的外来务工子女，外来务工子女的比例70%以上。2014年，基于学生核心素养培养、学校特色打造、文化传承和各学科实施民族团结教育的需要，该小学开展“和合”民族课程的多元构建与整合实施以及民族教育的实践研究和课程开发。至2015年，学校共设有34班，学生1150名。学校先后被评为全国民族教育先进单位、杭州市小班化实验学校、杭州市民族团结先进集体、杭州市语言文字规范化示范校、杭州市体育传统学校等。

杭州市天长小学　民国16年（1927），杭州市天长小学的前身创办。2004年，杭州天长教育集团成立，成员学校有杭州市天长小学、杭州市时代小学、杭州市金都天长小学。杭州市天长小学为公办性质，是集团创立的主体单位和母体机构，杭州市时代小学是2000年依托杭州市天长小学创建的国有民营学校，杭州市金都天长小学于2005年9月正式创办，采用与杭州市天长小学同体制、同法人的“紧密型”集团化办学模式。

杭州市天长小学秉承“开发潜能、发展个性”的办学理念，坚持实施“差异教育”，完成“整体优化教育的理论与实践”“直面差异——来自杭州天长小学的教育叙事”“差异教育成果丛书”等一系列“差异教育”的研究成果。2015年，学校分设孝女路校区和东坡路校区2个校区，形成一校两翼的基本格局。孝女路校区位于孝女路4号，占地面积6134平方米，建筑面积4985平方米；东坡路校区位于东坡路94-乙号，占地面积5428平方米，建筑面积5553平方米。至2015年，学校有班级40个，学生人数1508人，教师人数98人，其中特级教师3人，高级职称教师9人，研究生学历教师21人，省市教坛新秀、区学科带头人30余人。学校曾获全国红旗大队、浙江省文明单位、浙江省先进单位、浙江省绿色学校、浙江省教育科研先进单位、浙江省书法实验基地、浙江省示范家长学校、浙江省五一劳动奖章获得者、杭州市实验小学、杭州市人民满意学校等荣誉。

图28-3-12　杭州市天长小学东坡校区（2015年）
（区教育局 供稿）

杭州市娃哈哈小学　杭州市娃哈哈小学位于上城区劳动路95号。1992年5月，上城区扶助的校办企业杭州娃哈哈集团公司赞助100万元，经上城区人民政府批准，将杭州市劳动路小学更名为杭州市娃哈哈小学，由此开创杭州市由企业扶助学校教育的办学之路。学校以“一体两翼”为办学模式，逐步研发艺术校本课程，优化艺术课程设置，打造艺术活动中心，形成多元、合作、富有个性的学校特色。1999年，学校开始实施小班化教育，成为杭州市小班化教育实验基地。2010年3月，学校被确定为上城区艺术教育基地和生存教育基地，是杭州市一所具有鲜明办学特色的实验性、示范性窗口学校。至2015年，学校占地面积7855平方米，建筑面积10043平方米。学校有班级19个，学生602人；专任教师43人，其中中学高级教师5人，小学高级教师24人；有省特级教师1人，市、区教坛新秀26人。学校曾获全国红旗大队、全国综合实践活动先进实验学校、浙江省艺术特色学校、浙江省绿色学校、浙江省文明单位、浙江省现代教育技术实验学校、浙江省体育传统项目学校、杭州市小班化实验学校、杭州市语言文字示范学校等荣誉。

浙江省杭州市第十中学　浙江省杭州第十中学前身是创建于清嘉庆十一年（1806）的宗文义塾，先后更名宗文学堂、杭州公立宗文中学堂、杭州私立宗文中学校、杭州私立宗文初级中学、浙江省杭州私立宗文中学。1956年6月，学校转为公办，更名为浙江省杭州第十中学。2005年4月，以浙江省杭州第十中学为主体的杭州宗文教育集团成立。2007年8月，集团内初、高中分离。2011年1月，浙江省杭州第十中学高中部停止高中招生。学校占地面积14758平方米，建筑面积19363平方米，教育教学设施设备较为完备，有塑胶运动场，室内篮球、排球馆，羽毛球馆、击剑馆。拥有科学实验室8个、综合电化教室、教育教学研究活动楼、数字化实验室、计算机房、录播教室和校园网等现代教育技术设施，图书馆藏有包括珍贵古籍在内的图书10余万册。至2015年，学校共有30个班级，学生1046人，在编教职工104人，在职教师本科及以上学历占100%，其中中学高级教师41人，中学一级教师45人，中学二级教师12人。学校曾获全国教育科研重点课题实验学校、浙江省重点中学、浙江省现代教育技术实验学校、浙江省百年名校100强、教育部国别和区域研究中心浙江外国语学院德国研究中心基地学校、浙江省心理辅导示范校、杭州市“市队联办”体育后备人才基地学校等荣誉。

杭州新世纪外国语学校　杭州新世纪外国语学校是由区教育局与浙江省政协委员、侨眷黄瑞琳于1993年在三胜桥河下26号联合创办的，是浙江省第一所国有民办九年一贯寄宿制学校。1995年，在杭州市祖庙巷小学、杭州市解放小学撤销后的校址上新建杭州新世纪外国语学校新校舍，校址祖庙巷33号。学校以英语教学为办学特色，开展有杭州市教育科学“十五”规划课题“小学英语全境学习模式”的研究。学校以“扬中华文化、创英语特色”为目标，开展基础教育课程改革，利用校园文化、教师人格、语言氛围等潜在课程，促进学生的全面发展和个性发展。坚持“全人教育、全球视野、全程养育、全心关爱”的办学理念，建构“小外交官”课程体系，创新“亲情养成”德育品牌，加强多维国际交流，探索多元升学之路。2015年，学校牵手被誉为中国外交官摇篮的外交学院，成为全国唯一一个国际理解课程示范基地，推行小外交官培养计划，为国际化的学习与交流提供平台。至2015年，杭州新世纪外国语学校共有班级28个，小学部班级22个，学生776人；中学部班级6个，学生202人，教职员工100余人。学校先后获浙江省优秀民办学校、省文明学校、省依法治校示范单位、省科研先进集体、省绿色学校等荣誉。

图28-3-13　北京师范大学附属杭州中学
（区教育局 供稿）

北京师范大学附属杭州中学　1994年，浙江省杭州第四中学创立杭州市勇进中学。2002年，学校有班级10个、学生411人。2002年5月，杭州市基础教育办学体制调整，初高中分离，杭州市勇进中学划归上城区教育局管理。2010年，学校转制为公办中学，与北京师范大学合作，更为现名。2014年秋，学校由四宜亭7号迁至银鼓路6号。新校区总投资3.5亿元，占地面积4.60万平方米，总建筑面积为7万平方米，教学设施完备先进，有创新实验室、翻转课堂专用教室、机器人等专用教室，图书馆、学术报告厅、400米标准运动场、标准篮球馆、排球馆、沙滩排球场、攀岩墙等运动场所。学校弘扬“养正”文化，坚持“以人为本、以质为重、以法为准、以和为贵”的办学理念。至2015年，学校有班级33个，在校学生1300人，在编教师113人，其中高级教师占23%，获省市区教坛新秀的教师占33%。学校先后获全国德育先进单位、浙江省区域推进校本教研基地、北京师范大学基础教育合作办学平台校长研修基地、区域大课程先行试点学校等荣誉。

杭州市建兰中学　杭州市建兰中学原为浙江省杭州第二中学于1995年创建的全日制

民办初级中学，招生规模为每届3个班级，当时租借在梅花碑某单位水亭址幼儿园废弃的校舍里。1999年，杭州市建兰中学从浙江省杭州第二中学分离，由“杭二中初中民办中学”变更为“杭州市国有民办建兰中学”，校址位于建国路锅子弄。2000年，市教育局实施重点中学高、初中分离政策，浙江省杭州第二中学的初中和民办建兰中学移交区教育局管理后，改为现名。2001—2003年，杭州市建兰中学租借于凤起路。2003年，浙江省杭州第五中学停办，其抚宁巷58号校舍划归杭州市建兰中学。2007年8月，学校托管杭州市开元中学，将其更名为建兰分校。2009年，杭州市建兰中学旧校拆除，启动新校工程。其初一、初三2个年级搬进大塔儿巷校区，初二年级搬进开元校区。2010年，办学体制从国有民办调整为民办。2011年9月，抚宁巷58号新校区改扩建完成，占地面积3.06万平方米，建筑面积3.94万平方米。学校注重学生个性发展，以“适性教育，呵护学生的无限发展可能”为教育理念，以打造“一世正气公民，一域博识学者，一代国家栋梁”为教育目标。至2015年，学校有班级39个，在校学生1677人，教职员工170人，其中高级教师47人、省特级教师2人、区特级教师3人、市级学科带头人3人、市教坛新秀26人。学校曾获浙江省科研百强、浙江省数字校园示范学校、杭州市模范集体、杭州市文明学校、文化寻力项目基地学校等数十项集体荣誉。

图28-3-14　杭州市建兰中学（2011年）
（区教育局　供稿）

第四章 高中教育

1993年，上城区辖区内共有普通高中4所和职业高中4所。其中，区属职业高中1所。2000年，杭州市实行教育体制改革，浙江省杭州第十中学划归上城区教育局管辖。经过撤并、搬迁，至2015年，上城区共有浙江省杭州第二中学（东河校区）、浙江省杭州第四中学（吴山校区）2所市属普通高中，共有班级60个，学生2516人，教职工255人；杭州市服装职业高级中学1所职业高中，有班级21个，学生703人，教职工79人。

第一节 普通高中教育

1993年，上城区境内共有普通高中4所，浙江省杭州第二中学、浙江省杭州第四中学、浙江省杭州第十中学隶属杭州市教育局管理，杭州铁路中学隶属杭州铁路分局管理。

2000年，杭州市施行教育体制改革，上城区接收浙江省杭州第五中学[①]、浙江省杭州第六中学[②]、浙江省杭州第十中学、杭州市江城中学[③]。是年，上城区区属高中执行杭州市中考招生制度改革。2001年1月，杭州铁路中学划归上城区教育局管辖。同时，浙江省杭州第五中学、浙江省杭州第六中学、杭州市江城中学和杭州铁路中学按市教育局规定不再招收高一新生，上城区的普通高中教育主要由浙江省杭州第十中学承担。6月，杭州市瑞金中学并入浙江省杭州第十中学。7月，浙江省杭州第十中学被浙江省教育厅、杭州市教育局评定为“杭州市优质高中”。是年，杭州市市区初中毕业生考试权限下放各初中学校，由各校自行组织初中毕业生考试。市教育局首次采用将办学规模相对较大、学校声誉相对较高的一般普高与重高列入同批次志愿选择范围和同批次招生的办法，缩小生源差距，改善生源质量，优化高中教育资源，浙江省杭州第十中学与15所优质高中同批次招生。至此，上城区境内有1所区属高中浙江省杭州第十中学和2所市属高中浙江省杭州第二中学、浙江省杭州第四中学。

① 前身是私立之江大学附中和私立民生初级中学。解放后，之江大学附中改称建华中学。1952年11月，人民政府接办私立建华、民生两所学校。1953年春，两校合并，成为杭州第三初级中学。1956年将雄镇楼原干部文化补习学校校舍划归杭州第三初级中学使用。是年7月，改为杭州第五中学，增办高中，成为完全中学。2003年，为实现资源整合，打造上城区教育优质品牌，杭州第五中学停办，抚宁巷58号校舍划归杭州市建兰中学。

② 前身杭州私立联合中学，创办于1928年，1956年2月由安徽、君毅、止戈三年中学联合而成，是年8月定名浙江省杭州第六中学。

③ 前身是杭州市第四初级中学，创办于1954年9月。

2002年，浙江省杭州第十中学在全校学生中开展包括“校训、班训、家训”在内的“三训”教育，把德育教育从学校延伸到家庭。学校高考上线率达96.97%，列全市普通中学第二。学校课题《四个学会与教师素质》《优化多媒体信息组合，构建研究性学习模式》被列为全国教育科研实验课题。2004年，浙江省杭州第四中学主体由吴山北麓搬迁到杭州经济技术开发区。2005年3月，省教育厅发文认定杭州第十中学为“浙江省三级重点中学”。4月，以浙江省杭州第十中学为主体的杭州宗文教育集团成立。2007年7月，浙江省杭州第十中学高中部与初中部完全分离。是年，浙江省杭州第十中学被浙江省教育厅授予“浙江省百年历史名校百强学校”称号。2008年1月，浙江省杭州第十中学和杭州宗文·小营实验学校各为独立法人单位。是年，创新学校管理模式，实施垂直管理体系，教导主任兼任年级主任，年级主任下设年级组长。一本率和本科率均为61.43%。至2010年，浙江省杭州第十中学有班级28个，学生1033人，专任教师97人。有特、高级教师55人，中高级教师占全校教师总数的83.2%。共有6人获全国级各类优秀教师称号，61人获省、市、区级各类优秀教师称号。2011年，浙江省杭州第十中学停止招收高一新生。至2015年末，上城区有浙江省杭州第二中学（东河校区）、浙江省杭州第四中学（吴山校区）2所市属普通高中。

表28-4-23　2000—2010学年上城区区属普通高中情况表

学年	高中							学生总数（人）	专任教师（人）
	学校数量（所）	一年级		二年级		三年级			
		班数（个）	学生（人）	班数（个）	学生（人）	班数（个）	学生（人）		
2000—2001	4	2	104	17	771	17	713	1588	106
2001—2002	5	7	271	5	203	21	936	1410	105
2002—2003	2	10	489	7	267	5	203	959	65
2003—2004	1	10	471	10	491	7	265	1227	74
2004—2005	1	10	418	10	458	10	486	1362	87
2005—2006	1	10	409	10	411	10	456	1276	89
2006—2007	1	10	427	10	402	10	403	1232	92
2007—2008	1	10	393	10	416	10	398	1207	91
2008—2009	1	8	383	10	390	10	401	1174	87
2009—2010	1	9	272	9	382	10	379	1033	97

说明：1.资料来源于杭州市上城区教育局。2.2011年起杭州第十中学停止招收高一新生

第二节　职业高中教育

1993年，上城区共有杭州市清波中学、杭州市八一中学①（杭州市服装职业中学）、杭州市江滨职业学校、杭州市机械职业中学②4所职业高中。其中，杭州市江滨职业学校、杭州市八一中

① 1983年10月，杭州市八一中学增挂杭州市服装职业中学牌子。

② 与杭州市瑞金中学实行一套班子、两块牌子。

学、杭州市机械职业中学由杭州市教育局管理。12月，杭州市服装职业中学改名为杭州市服装职业高级中学，形成“两块牌子、一套班子”，是集初中与职业高中教育于一体的中学。1994年3月，经浙江省教育委员会、杭州市教育委员会同意，浙江工业大学技术师范学院与杭州市机械职业中学签订联合办学协议，学校更名为浙江工业大学技术师范学院附属职业高级中学。1999年，杭州市清波中学停止招收职高新生。2000年4月，杭州市教育机构调整，浙江工业大学技术师范学院附属职业高级中学和杭州市服装职业高级中学划归上城区教育局管辖。2001年6月，浙江工业大学技术师范学院附属职业高级中学并入浙江省杭州第十中学。2002年，杭州市服装职业高级中学停招初中学生。2007年12月，杭州市八一中学的法人变更为杭州市服装职业高级中学。2015年，杭州市江滨职业学校迁往滨江区。至此，上城区仅有1所职业高中——杭州市服装职业高级中学。

图 28-4-15 杭州市服装职业高级中学毕业设计展示（2007年） （区教育局 供稿）

第三节 学校简介

浙江省杭州第二中学 浙江省杭州第二中学前身为清光绪二十五年（1899）由美国传教士甘惠德创建的私立蕙兰中学和民国29年（1940）由浙江大学校长竺可桢创办的国立浙江大学附属中学。1951年，两校在“蕙兰”原址合并，改称浙江省杭州第二中学。1978年，该中学被认定为浙江省18所重点中学之一；1995年，被评为浙江省首批一级重点中学。2001年，学校实施跨江发展，在钱塘江南岸滨江区建成新校区，形成一校两区的格局。东河校区位于上城区建国中路36号，占地面积26125平方米，建筑面积23586平方米。滨江校区位于滨江区东信大道76号。学校以立意高、渠道宽、强实践的特色体验、自主感悟式的德育模式，对学生德育教育重基础、重创新、重实效，形成立体网络，整体优化；制定“全、优、尖”的素质发展目标，强化学生主体意识，促成学生“全面发展，充分发展，突出发展”。课程结构方面，以学科课程、活动课程、隐性课程为内容，选用必修、选修、自修为修业方式的“三三制”课程体系。教学方法改革方面，建立以“目标达成度”“学生参与度”“时间利用率”等为必要条件的“理想化课堂教学模型”，引导教师探索趋近“理想化效果”的最优化教学。学校先后获全国精神文明建设先进单位、全国教育系统先进集体、全国百强特色学校十佳示范学校、全国文明单位等荣誉。2014年，被评为浙江省首批一级普通高中特色示范学校。至2015年末，浙江省杭州第二中学东河校区有班级30个，学生1316人，教职员工127人。

图28-4-16　杭州第四中学吴山校区（2007年）
（区教育局 供稿）

浙江省杭州第四中学　浙江省杭州第四中学前身是养正书塾，由林启创办于清光绪二十五年（1899），是浙江省最早的现代公立中学，杭城最早的3所省重点中学之一。学校先后改名杭州府中学堂、浙江省立第一中学堂、浙江省立第一中学校、浙江省立杭州初级中学、杭州第一初级中学。1955年，更名为浙江省杭州第四中学。1994年，学校创办浙江省首家中学生电视台，自办校园新闻。1996年，学校被确定为浙江省一级重点中学。2000年，学校停止招收初中学生。2004年，学校主体由吴山北麓搬迁到杭州经济技术开发区，开启一校两区集团化办学模式。2013年，浙江省杭州第四中学在下沙校区建立国际部。学校主校区位于下沙高教园区，是杭州市占地面积最大的公办寄宿制高中学校，占地面积9.34万平方米；吴山校区位于延安路19号，是公办走读制高中学校，占地面积2.67万平方米。学校秉持“以人为本、以质为重，以法为准、以和为贵”的办学理念，校风正、管理严。学校属杭州市重点涉外参观单位，设有经美国政府批准的“王氏奖学金”[①]。至2015年末，吴山校区有班级30个，学生1200余人，教职员工128人。

杭州市江滨职业学校　杭州市江滨职业学校是杭州市教育局直属省级重点职业学校，原名杭州市江滨中学，创建于1956年，校址复兴路235号。1984年，高中部开始举办职业教育，开设财经和糕点食品两个专业。2000—2003年，学校挂“杭州市江滨中学”和“杭州市江滨职业学校”两块牌子，2003年，更名为杭州市江滨职业学校，设金融事务、会计、物流服务与管理、计算机动漫与游戏制作四大专业，其中财经专业是全国中等职业教育财经学校协作会副会长学校、杭州市示范专业，金融事务专业是浙江省示范专业和浙江省实训基地，物流管理专业是杭州市示范专业。学校秉承“求真、求知、求实、求新“的校训，高举“学在财校、活力财校、和谐财校、幸福财校”四大旗帜，通过建设“十二个校园”[②]，办一所真正让家长放心、学生喜欢、同行佩服、社会认可的现代化、标准化、示范性、对外开放的职业学校，让杭州学子实现就业梦、创业梦、升学梦和留学梦。学校建有标准的教学大楼、图书馆、实训大楼、体育馆、塑胶田径运动场、学生餐厅、学生宿舍等设施，有提供各专业教学和技能训练的计算机房、语音室、模拟银行、财

① 王氏奖学金：是由旅美华侨王鸿宾设立的王氏基金会提供资金，其奖励范围为中国各地各级学校和分布在世界各地的优秀中国学生、学者。

② “十二个校园”：分别指以德为先，情怀校园；齐抓共管，平安校园；财政保障，民生校园；美化绿化，生态校园；实训一流，数字校园；活力动漫，城市化校园；魅力物流，现代化校园；精品财经，专业化校园；教改凸显，激励型校园；放眼国际，全球化校园；岗位聘任，绩效型校园；捕捉亮点，示范型校园。

经模拟室、技能演练室、中西点心制作工场、艺术蛋糕制作房、多功能演示展示厅等场地。2015年，学校有班级37个，在校生1303人，教职工135人。是年，学校迁至滨江区滨文路225号。

杭州市服装职业高级中学　杭州市服装职业高级中学位于上城区望江门外海潮路51号。原为1962年8月创办的民办海潮初级中学，1970年，改为公办，改名为杭州市八一中学。1983年10月，挂“杭州市服装职业中学”的校牌。1993年12月，高中部更名为杭州市服装职业高级中学，形成集义务教育的初中与职业教育的高中为一体的中学。2001年，学校划归上城区教育局管辖。2002年开始，学校停招初中学生。2003年，学校被评为省三级重点职业高中。2004年，成为一所完全职业高中，有职业教学班23个。2006年，学校实行学分制管理。2007年9月，服装设计与表演、装潢设计、会展实务、服装制作与营销等4个专业试行“2+1”教学模式，即前两年学习综合基础学科，第三年按升学和就业分流学习不同学科。是年12月，杭州市八一中学改为现名，原有隶属关系、法定代表人不变。2008年，学校参与浙江省专业课程改革，实施专业一体化教学改革。9月，学校正式开始现代学徒制试点教学，依据《现代学徒制试点工作实施方案》《现代学徒制人才培养方案实施细则》，基本形成以工学结合、半工半读为形式的课程管理体系。

2010年，上城区中小学生综合实践基地在该校挂牌成立。学校有教学楼、教师办公楼、综合楼、图书馆、学生宿舍、实训楼、体育馆，占地面积2.08万平方米，建筑面积2.40万平方米。至2015年，学校有教职员工79人，其中杭州市学科带头人1人，上城区学科带头人4人；21个班级，在校学生703人，设服装设计与工艺（含营销方向）、服装展示与礼仪2个专业，是浙江省最早开设、培养T台及平面类模特专业、营销类专业人才的学校。

杭州市瑞金中学　杭州市瑞金中学的前身是英国基督教圣公会所办的“教会学校”，创办人是英国传教士冯马利亚（女）。1952年12月，更名为杭州市公立女子初级中学，归属杭州市教育局领导。1959年4月，学校划归中共杭州市上城区委领导。1962年9月，学校更名为杭州市紫金初级中学。1964年3月，学校划归杭州市教育局领导。1968年9月，学校更名为杭州市瑞金中学。1970年学校增设普通高中部，发展成为完全中学。1980年起，杭州市教育局对全市中等学校教育实施结构体制改革，学校根据市局意见，开始筹办职业高中。7月，学校首次招收机械模具设计与制造专业的2个职业高中班。1984年5月，经杭州市教育局批准，学校职高部定名为“杭州市机械职业中学”，与杭州市瑞金中学并存，为“一套班子，两块牌子”。1986年7月，学校普通高中3个班122人毕业，后不再招收普通高中学生。1994年3月，经浙江省教委杭州市教委同意，浙江工业大学技术师范学院与学校签订联合办学协议，“杭州市机械职业高级中学”更名为“浙江工业大学技术师范学院附属职业高级中学”。2000年4月，杭州市教育机构调整，学校划归杭州市上城区人民政府暨上城区教育局领导。2001年6月，并入浙江省杭州第十中学。

第五章　高等教育

上城区境内的高等教育起步较早。清光绪二十三年（1897），杭州知府林启利用普慈寺（在今大学路）创办求是书院，该校是浙江省第一所新型高等学府。二十九年（1903），清廷颁布《奏定学堂章程》，规定高等教育分通儒院、大学堂、大学预备科（高等学堂）及专门学堂等。是年12月，浙江大学堂改称浙江高等学堂。三十二年（1906），浙江铁路公司创办铁路学堂，后更名为浙江高等工业学堂。到清宣统三年（1911），上城区境内高等学堂有浙江高等学堂、浙江高等工业学堂、私立广济医学堂（广济药学堂）等。

民国16年（1927），高等教育有新的发展。7月，国立第三中山大学成立。由于全国试行大学区制，国立第三中山大学代行省教育厅职权，管理大学区内的一切教育行政事宜。私立广济医学和药学专门学校停办。17年（1928），国立艺术院成立。4月，第三中山大学改名中华民国大学院浙江大学，后称国立浙江大学。18年（1929）6月，大学区制停止试行。是年8月，国立浙江大学将省教育行政职权移交省教育厅。浙江大学直属教育部。到26年（1937）抗日战争全面爆发前夕，上城区高等学校有国立浙江大学、国立杭州艺术专科学校等。抗日战争爆发后，各高等学校陆续内迁。

1949年6月，杭州军事管制委员会文教部接管国立浙江大学、国立艺术专科学校。1959年2月，位于大塔儿巷的杭州市中小学教师业余进修学校改为杭州市教师业余进修学院。是年，市政府在庆春路广兴巷创建浙江医科大学杭州分校。1981年，国务院批准浙江美术学院、浙江中医学院为首批硕士学位授予单位。1984年，批准浙江美术学院为第二批博士授予单位。1993年，上城区境内有中国美术学院、杭州广播电视大学、浙江省卫生学校、浙江水利水电学校、浙江中医学院等。

2000年起，随着滨江高教园区和下沙高教园区的建立，上城区境内的高校逐渐外迁。2000年，浙江中医学院整体迁至滨江高教园区。2002年10月，浙江省卫生学校迁至滨江高教园区。2003年，浙江水利水电专科学校迁至下沙高教园区。至2015年末，上城区境内有中国美术学院（南山路校区）、杭州广播电视大学（解放路校区）2所高等学校。

第一节　中国美术学院

中国美术学院的前身是国立艺术院。民国17年（1928）由蔡元培创立。民国19年

（1930）更名为国立杭州艺术专科学校。抗日战争开始后，民国27年（1938）在湖南与北平艺术专科学校合并，名为国立艺术专科学校。1950年11月，改名为中央美术学院华东分院。1956—1957年，称杭州美术学院。1957年6月，原在西湖区孤山的杭州美术学院迁至上城区南山路。1958年，更名为浙江美术学院。1993年，更名为中国美术学院。学院有南山、滨江、张江（上海）和象山中心4个校区。学校总占地面积66万余平方米，建筑面积29.5万平方米。其中南山校区位于上城区南山路218号，占地面积81619平方米，建筑面积43245平方米。

图28-5-17　中国美术学院（2011年）　　（程慰唐　摄）

学校从创办之初到不断发展的过程中，始终交叠着两条明晰的学术脉络，一条是以首任校长林风眠为代表的“中西融合”的思想，一条是以潘天寿为代表的“传统出新”的思想，他们以学术为公器，互相砥砺，并行不悖，营造出利于艺术锐意出新、人文健康发展的宽松环境，成为该校最重要的传统和特征。中国美术学院重视文化传承创新与艺术教育的双重职责，致力打造视觉艺术东方学体系，打造具有东方文脉与方法特质的一流视觉艺术学科群，以“三育人”[①]为核心，实施“大类招生、分类培养”的策略，设立专业基础教学部，实现“两段式”教学法，在专业内建构“实验室—工作室—研究所”融通的三环结构教学模式。建立以“劳作上手、读书养心”和“人民之心、美美与共”的实践教学体系，形成本、硕、博多层次的办学格局。2015年，学院入选为浙江省第一批重点建设高校。学院设有美术学、设计学、艺术学理论3个博士后科研流动站。学院设有24个专业。在校学生9000余人，教职工约1000余人。

① 教书育人、管理育人、服务育人。

第二节　杭州广播电视大学

杭州广播电视大学创办于1978年11月，是杭州市人民政府主办的一所以开放教育为主体、多元办学、提供多层次、多规格、多形式高等教育、继续教育、各类培训的现代化开放大学。前身是浙江广播电视大学杭州分校。1994年11月，经浙江省教育委员会批准，学校更名为杭州广播电视大学。2000年10月、2002年8月、2002年9月，经杭州市政府批准，杭州城市建设学校、杭州广播电视中等专业学校、浙江省湘湖师范学校分别并入。2000年，杭州广播电视大学成为杭州远程教育中心和杭州终身教育基地。2002年，成为中央广播电视大学继续教育基地。2003年，挂牌成立杭州社区大学。2004年，挂牌成立杭州市市民学校，形成“七牌一体”的办学格局，下辖萧山、余杭、富阳、临安、桐庐、建德、淳安7所分校。校本部在西湖区文一西路37号，设翠苑、解放路、湘湖3个校区，总占地面积6.7万平方米，建筑面积6万平方米。解放路校区位于解放路101号，占地0.42平方千米，该校区于2010年划拨给杭州市委老干部局作为老干部大学办学场地。

学校坚持学历继续教育与非学历继续教育融合发展的办学方针，参与杭州市终身学习体系构建和学习型城市建设。先后开办文科、经济科、理工科近100个专业的培训班，招收普通专科生、成人教育生、开放教育生、高职生、注册视听生、自考助学生等近5万人，接收职业技术教育和岗位培训等50余万人次。2009年开始，学校与杭州科技职业技术学院实行“一套班子、两块牌子”的管理体制。至2015年末，学校累计为社会培养各类毕业生近10万人，开展职业技术教育和岗位培训近70万人次。

第三节　其他学校

国立浙江大学　清光绪二十三年（1897），杭州知府林启利用普慈寺（今大学路）创办求是书院。课程分必修课与选修课，必修课有国文、英文、算学、历史、地理、格致（物理）、化学及体操等课，选修有日文、外国史地、音乐等。学校先后更名为浙江求是大学堂、浙江大学堂、浙江高等学堂、浙江高等学校。民国3年（1914），浙江高等学校停办。16年（1927），在原校址成立国立第三中山大学（由浙江公立工业专门学校和浙江公立农业专门学校改组为第三中山大学工学院和劳农学院），学生174人。17年（1928）4月国立第三中山大学改名为浙江大学，是年7月起，改称国立浙江大学，下设工、农、文理3个学院。1954年，学校从大学路迁到西湖区老和山。

浙江省卫生学校　民国14年（1925）6月，浙江省立女子产科学校创建，租清泰门珍珠巷13号民房为校舍，省教育厅为主管部门。16年（1927）初，更名为浙江省立女子产科职业学校。18年（1929），更名为浙江省立助产学校，改隶省民政厅。20年（1931），更名为浙江省立医院附设助产学校，校址上城区马市街80号，由省教育厅和省民政厅共管。24年（1935），更名为浙江省民政厅卫生实验处附设助产学校，由省民政厅卫生实验处主管。25年（1936）夏，更名为浙江省立杭州高级助产职业学校，改隶省教育厅，后因抗日战争爆发，学校迁址永嘉、临海、天台等地，后由浙江医药专科学校接办。37年（1948），学校迁入教仁街15号（今邮电路），1952年院校调整时，护士科并入新建的杭州护士学校[①]，省立杭州医院附设护士职业学校的医士科并入该校。9月，学校更名为浙江省杭州卫生学校。1956年夏，浙江省杭州卫生学校迁至环城东路25号老浙大旧址。1962年4月，浙江省杭州卫生学校、浙江省卫生干部进修学校与浙江省药材学校合并，浙江省杭州卫生学校与浙江省卫生干部进修学校实行“一套班子，两块牌子”办学模式。1971年4月，浙江省杭州卫生学校与浙江省卫生干部进修学校被迫撤销。1974年10月，浙江省杭州卫生学校恢复，更名为浙江省卫生学校，校址在环城东路25号，由省卫生厅主管。1981年8月，浙江省卫生学校和浙江省卫生干部进修学校合并。2002年10月，浙江省卫生学校[②]迁至滨江高教园区滨文路481号。

浙江水利水电专科学校　1953年，杭州水力发电学校建立，校址在通江桥。1954年，杭州水力发电学校迁至文一街打索桥。设建筑机械与装备、工业企业电气装备、金属切削加工、焊接等专业。1958年，杭州水力发电学校归浙江省管辖，升格为浙江电力专科学校，后更名为浙江水利电力学校，后经历迁址、撤销。1975年4月，浙江水利电力学校重建，1978年3月，迁址清泰门外，9月，改称浙江水利水电学校，校址位于杭海路。1984年，浙江水利水电专科学校成立。2001年，浙江水利水电学校并入浙江水利水电专科学校[③]。2003年，学校迁至杭州市下沙高教园区。

浙江中医学院　1953年6月，浙江省中医进修学校创立。1956年初，浙江省中医进修学校迁址上城区四宜亭，是年下半年，学校迁至庆春路原浙江大学旧址。1959年6月，浙江中医进修学校改为浙江中医学院。1960年，浙江中医学院并入浙江医科大学。1963年，浙江中医学院从浙江医科大学划出，与浙江医学院、中医研究所合并，重组成浙江中医学院。1970年，根据浙江省革命委员会《关于调整大专院校的决定》，浙江中医学院并入浙江医科大学。1974年9月，恢复浙江中医学院。2000年，浙江中医学院[④]整体迁至滨江高教园区。

① 1952年12月，浙江省立杭州高级医事职业学校护士科、广济医院附设技师学校、仁爱医院附设护士学校、省立杭州医院附设卫生学校护士科、杭州市民医院助理护士训练班合并成立杭州护士学校，设有4个教学点，校址上城区学士路杭州市民医院内。

② 2004年5月，学校更名为浙江医学高等专科学校。2016年3月，更名为杭州医学院。

③ 2013年4月，经教育部批准，更名为浙江水利水电学院。

④ 2006年2月，学校更名为浙江中医药大学。

第六章 成人教育

中共十一届三中全会后，上城区的成人教育逐渐恢复。1982年，上城区成立上城区职工教育管理委员会，开展职工教育。1993年后，上城区依托成教办、社区学院和社会力量办学，逐步开展文化教育、学历教育和职业技术教育，初步形成多层次、多学科、多形式的学历培训、科普教育、技能培训、继续教育、老年教育的网络。

20世纪90年代，上城区社区教育开始发展，主要开展青少年校外素质教育。2000年，上城区社区教育的工作重心从青少年校外素质教育为主发展到对全区市民进行终身教育。2002年，上城区先后建立街道社区分院、社区市民学校，2004年，上城区社区学院成立，至2005年，上城区的区（社区学院）、街道（社区分院）、社区（市民学校）三级社区教育实体网络构建完成。2003年，湖滨街道试点发行社区教育券，随后该模式在全国推广。2002年1月，“上城社区教育”网正式开通。

2004年7月，上城区被省教育厅命名为首批省级社区教育实验区。2006年8月，上城区被教育部命名为“社区教育实验区”。2007年，上城区开展针对企业职工尤其是外来务工人员的创业培训和职业技能培训，10月，“终身教育券”被评为全国社区教育示范项目，湖滨街道、小营街道被评为全国社区教育示范街道。2010年1月，市民文化休闲系列课程被中国成人教育协会社区教育专业委员会评为全国社区教育特色课程。是年，上城区社区教育形成以社区教育委员会为主导，社区学院为龙头，社区分院为依托，社区市民学校为主体的4级社区教育网络。

2013年12月，上城区加强“扫盲”教学工作。2015年，全区社会力量办学单位13所，在校学生2.8万人，专职教师446人。至2015年，上城区加强区属各机关、企事业单位干部职工的教育培训，拓宽成人教育渠道，丰富教育培训内容，成功培育终身教育券、终身教育节、上城品质生活大讲坛、“e学网”、“微学通”、居民学习共同体等特色品牌项目。形成多层次、多渠道、多形式的大教育体系，提升市民的综合素质和生活品质，走出一条具有上城特色的成人教育之路。

第一节 文化教育

1993年后，上城区在基本扫除青壮年文盲后，逐步转向发展初等、中等、高等文化教育和各种继续教育。6月，经省教育委员会评估，上城区扫盲工作达标。1998年，上城区有各类成人教育、科普教育培训场所16个，专兼职教师中有高级职称的34人、中级职称的72人、初级职称的37人，初步形成多层次、多学科、多形式的学历培训、科普教育、技能培训、继续教育、老年教育的网络。2004年，区委、区政府制定《建设学习型城区的决定》《深化社区教育工作的实施意见》等文件，开设各种类型成人教育和培训，主要有企业改制综合教育、社区教育、失业人员再就业培训、企业职工（农民工）“双证制”教育、职业技能培训和考级等形式。2008起，上城区社区学院与杭州师范大学合作，面向教师、干部、职员和社区工作者进行大学专科、本科学历教育培训。

2013年，上城区加强“扫盲”教学工作。制定《上城区扫盲工作三年规划》，明确三年完成扫盲不少于2200人的目标。以辖区户籍人口、劳动年龄段人口中的文盲为重点扫盲对象，同时组织外来务工人员、老年文盲参加扫盲学习。2011—2015年，上城区完成扫盲培训2672人，双证制学历培训1707人。2015年，上城区社区学院共开办科学教育与社会工作专业专升本培训班11个，在册学员512人。是年，上城区社区学院与杭州广播电视大学合作，以函授、远程教育等形式，开展各类学历层次教育，逐步建成专科、本科、研究生学历教育体系。

第二节　职业技术教育

1991—1995年，上城区贯彻《国家教育委员会关于改革发展成人教育的决定》和中共中央、国务院印发的《中国教育改革和发展纲要》，以岗位培训为重心开展各项成人教育培训，每年有3000余名职工参加文化技术业务学习，约占全区干部职工总数的26%。2004年3月，区社区学院面向4050失业人员[①]开展帮扶就业工程专项培训，120名失业人员参加培训，其中有3人在教育局所属小学就业，6人在市属单位就业。

2007年，上城区依据《农村劳动力转移培训计划》，开展针对企业职工尤其是外来务工人员的

图28-6-18　外省来杭务工人员免费技能培训现场（2007年）（团区委 供稿）

① 女40周岁、男50周岁以上的无业人员。

创业培训和职业技能培训，开办包括计算机、英语、普通话在内的3项培训和救护、保健、安全、礼仪等专题讲座。2007—2010年，培训人数由2.21万人增至6.38万人。2009年起，上城区社区学院面向具有初中学历的劳动年龄段常住居民和参加杭州市社会保险6个月以上的进城务工人员，开展技能培训和文化课学习的成人“双证制”教育培训[①]。2009年，上城区社区学院利用杭州市教育培训消费券，开展计算机操作员、插花员、绿化工、养老护理员、茶艺师等职业技能培训。2010—2015年，共培训2190人，获得成人职业高中文凭1766人。2015年，上城区开展杭州市网上创业培训，共有703人参加。2011—2015年，共培训下岗失业人员3万人次，组织各项职业技能证培训3897人。

① “双证制”教育培训：将分散的各类培训系统整合，纳入成人教育，由教育行政部门对技能培训和文化课学习达到一定数量和质量要求的学员颁发成人职业高中文凭。技能培训由政府劳动部门颁发相应的职业技能等级证书；文化课学习包括语文、数学、科学、公民道德、法律基础4门必修课程，采用面授与自学相结合的方式进行。

第三节　社会力量办学

1992年后，随着改革开放的深入和扩大，上城区有关单位举办“转轨与接轨”培训，开展学历教育和非学历教育。1995年，全区社会力量办学单位有14个，办班104个，学员7286人。2000年，杭州市对社会力量办学校进行等级评估，杭州钱江业余学校被评定为一级学校，杭州人才开发专修学校为二级学校，杭州中华职业专修学校为合格学校。至2005年，社会力量办学单位17个，专兼职教师568人。

2011年，区教育局在机构改革中专门设立非常设机构——民办培训学校日常管理工作小组，加大对区域内社会力量办学的管理和服务力度。

2013年，全区社会力量办学单位26所，在校学生4.2万人，专职教师589人，兼职教师1085人。有教学用房6.89万平方米，仪器设备价值464.4万元，图书10.89万册。是年，上城区制定《上城区民办培训学校规范管理督导评估办法（试行）》，并评选出杭州维思得英语培训学校等2所学校为上城区民办培训学校规范管理优秀单位，杭州旅游培训学校等5所学校为上城区民办学校规范管理合格单位。2014年6月，由区教育局推荐的杭州维思得英语培训学校、杭州联信财经专修学校获杭州市十佳民办培训学校特色品牌示范项目。至2015年，全区社会力量办学单位13所，在校学生2.8万人，专职教师446人，兼职教师633人。有教学用房4.6万平方米，各类仪器设备价值543万元，各类图书11.8万册。

杭州钱江业余学校　杭州钱江业余学校由民建浙江省委、省工商联创办于1979年3月，是全省第一所自建校舍的社会力量办学校。总校设在定安路126号，建有综合教学楼1幢，设有语音教室、多媒体教室、计算机房。有教职工37人，其中专职教师7人、兼职教师221人。设成人高中教育、自学财会中专教育和教育部备案的成人大学专科学历教育班，开展各类外语培训、高复和职业技能培训，在学5000余人。学校与美国加利福尼亚州茂赛德学院建立校际协作关系，与澳大利亚堪培拉理工学院签订教育培训友好合作备忘录。办学26年，累计就读学员40余万人次，毕、结业8万人，其中大学专科全科毕业1428人。学校多次被评为市职工教育先进集体及省社会力量办学先进学校、省优秀民办学校，被陈香梅教科文奖办公室、中国成人教育协会授予“中国民办教育创新与发展贡献奖”。

杭州前进专修学校　杭州前进专修学校由农工民主党浙江省委会创建于1980年，是浙江省首批具有高教自考助学资质的学校。主要业务有学历提升以及在线职业教育培训课程。学校自办学至2015年，为社会培养输送各类应用型人才4万人。学校以学生为本，诚信办学，管理规范，校园平安，多次被农工民主党中央表彰为“社会力量办学全国先进学校”。2007年，获杭州市“优秀民办学校”称号；2008年，获“浙江省优质民办学院”称号；2009—2013年，连续5年通过上级部门的综合评估，以高分被评为省自考全日制助学合格学校。

表28-6-24　2002年上城区社会力量所办教育机构基本情况表

序号	学校名称	校　址	每学期学员（人）	校舍占地面积（平方米）	校舍建筑面积（平方米）	专职教师人数（人）	外聘教师人数（人）
1	杭州朝日外国语专修学校	庆春路中河大厦3A楼	500	230	230	6	15
2	杭州市博文专修学校	浣纱路254号	300	600	600	11	8
3	杭州上城乔登美语培训学校	近江西路2号	260	3050	2051	11	—
4	杭州上城塞纳培训学校	万松岭路100-1号	100	400	300	2	5
5	杭州钱江业余学校	定安路126号	3000	2000	4000	23	60
6	杭州前进专修学校	皮市巷158号	1000	13000	10000	22	58
7	杭州中华职业专修学校	清吟街113号	150	100	300	4	15
8	杭州雅音艺术培训学校	上城区文化馆3楼	65	300	300	2	10
9	西湖美术专修学校	积善坊巷14号3-403	100	500	500	0	0
10	杭州湖边专修学校	崔家巷4号	5102	600	600	6	15
11	杭州青年会专修学校	青年路27号	600	3000	2000	15	15
12	杭州市退休职工大学	清吟街123号	1261	1800	1800	8	32
13	杭州艺术外国语专修学校	开元路19号	1000	400	1200	3	41
14	杭州人才开发专修学校	庆春路159号	25	1200	1193	119	36
15	杭州市美容美发专修学校	建国北路208-3号	25	500	500	6	5
16	杭州市江滨业余学校	复兴路235号	300	500	500	2	20
17	杭州大家艺术专修学校	中山中路533号	12000	22000	18000	15	100
18	杭州女子业余学校	长生路66号	100	7036	60302	5	25

续表 28-6-24

序号	学校名称	校　址	每学期学员（人）	校舍占地面积（平方米）	校舍建筑面积（平方米）	专职教师人数（人）	外聘教师人数（人）
19	杭州联信财经专修学校	惠兴路11号	6000	2000	6600	7	310
20	杭州建明美术专修学校	凤凰山脚路166号	260	—	—	3	5
21	杭州旅游培训学校	建国中路大河下103号	4099	874	874	5	70
22	浙江中汇财经培训中心	解放路18号	5800	1415	1415	5	11
23	杭州安定专修学校	解放路50号	1644	5616	5616	6	182
24	泉音堂艺术培训学校	国货路7号	200	900	900	9	10
25	杭州阳光世纪专修学校	解放路46号	680	300	300	6	15
26	杭州龙津专修学校	下沙六号大街260号	300	5000	19000	31	0
27	杭州诺华语言培训学校	延安路8号718室	420	350	350	5	15
28	杭州服装业余学校	海潮路51号	250	20840	16432	14	3
29	杭州宗文专修学校	皮市巷158号	1050	600	500	3	45
30	杭州维思得英语培训学校	梅花碑8号	1000	2142	2142	20	10

说明：资料来源于杭州市上城区教育局

表 28-6-25　2015年上城区社会力量所办教育机构基本情况表

序号	学　校	在校生数（人）	招生数	毕（结）业生数（人）	专任教师数（人）	兼任教师（人）	占地面积（平方米）	仪器设备（万）	图书（万册）
1	杭州钱江业余学校	956	879	914	9	8	1200	63	1
2	杭州艺术外国语学校	471	87	79	4	19	645	28.8	0.01
3	杭州联信财经专修学校	9884	6500	8484	8	187	2000	50	0.5
4	杭州人才开发专修学校	751	442	216	11	0	596	15	1
5	杭州大家艺术专修学校	4166	5000	2047	32	286	4354.91	5	0.8
6	杭州前进专修学校	777	142	114	13	21	10222.23	60	0.4
7	杭州青年会专修学校	99	99	99	0	6	930	4	0.1
8	杭州图书馆博文专修学校	700	700	700	—	8	5084.34	30.39	0.023
9	杭州新课堂培训学校	5160	—	—	350	—	4138.2	128	5.2
10	杭州龙津专修学校	588	120	—	6	33	13382	100	0.5
11	杭州维思得英语培训学校	2397	272	72	12	12	1340	36.1	0.72
12	杭州泉音堂艺术培训学校	102	65	18	1	5	323.28	8	—
13	杭州市退休职工大学	2200	2200	2200	—	48	1800	15	1.5

说明：资料来源于杭州市上城区教育局

第四节　社区教育

1993—2015年，上城区借鉴国内外多种社区教育发展模式，结合社区教育的实践，逐步形成“有学、易学、乐学、优学、享学”的社区教育发展理念，建构起区社区学院、街道社区分院和社区市民学校三级办学的社区教育培训模式。

一、发展概况

1989年起，市委、市政府把“百年大计、教育为本”落实到基层，创建以街道为中心的社区教育。上城区各街道开展以爱国主义为中心的思想道德教育和环保治安、交通等宣传教育活动，举办隔代家长、单亲家长、个体户家长培训班。紫阳街道开展以科普教育为重点的系列活动，望江街道创办校外青少年法律业余学校，闸口街道建立居委会文艺、宣传、环保、健身、护绿、礼仪、互助等队伍。区教育部门派出干部和教师，专职从事社区教育。1994年，上城区社区教育管理委员会成立，担负组织开展社区各类教育活动的工作职责。1998年起，湖滨街道逐步建立起社区教育中心、社区健康中心、科普画廊、街道党校、家长学校、市民学校等。

2000年，上城区社区教育重心从青少年校外素质教育为主发展到全区市民的终身教育。湖滨街道率先在上城区发行“社区教育券”，打造湖滨地区“爱心银行”“时间银行”“图书银行”“岗位银行”，各街道和市民学校随后也根据各自特点陆续开展各具特色的市民培训活动。2002年6月，区社区教育学院开展市民培训工作。2004年1月，区社区教育学院更名为上城区社区学院（简称区社区学院），开展学历教育、非学历教育、正规教育和非常规教育。是年，区委、区政府下发《建设学习型城区的决定》《上城区深化社区教育工作实施意见》《上城区社区教育资源共享实施意见》《上城区终身教育券实施办法》等文件，并成立以区委副书记为主任，各职能部门主要领导为成员的区社区教育委员会，负责全区社区教育的领导、规划、实施与评估工作。是年起，社区教育管理经费列入区财政年度预算。按全区总人口人均不少于2元的标准核定市民培训经费。

2004年7月，上城区被确定为省级社区教育实验区。2005年4月，各街道社区分院成立。至此，上城区构建成区（社区学院）、街道（社区分院）、社区（市民学校）3级社区教育实体网络。是年，区社区学院开展退役士兵技能培训、下岗失业人员适应性培训、就业再就业SYB培训、离退休教师教育培训、杭州师范大学上城区教学点专升本（科学教育专业）学历培训以及时装、卡拉OK、健身操、戏曲、艺术插花、书画等培训。湖滨街道社区分院开展财会、英语、现代服务业技能培训、模特培训、美术、吉他、形体、旅游文化、越剧等培训；清波街道社区分院开展插花技术、书画技艺、编织技术、声乐等培训；小营街道社区分院开展阳光使者志愿者培训、纪念抗日战争胜利60周年爱国主义教育、各类才艺培训、夕阳红舞蹈等培训；望江街道社区分院开展禁毒、科普知识培训、法制知识等培训；南星街道社区分院开展抗战知识、学法普法、敬廉崇洁知识、禁毒、科学技术等培训；紫阳街道社区分院开展普法知识、老年模特、交谊舞、健美操等培训。各社区市民学校也开展适合市民的各类培训，总培训人数近2万人。2005年6月，湖滨街道成为首批市级社区教育实验单位。

2007年，区社区学院教师姚怡青的论文《外来务工人员职业培训的现状分析》被收入《杭州蓝皮书》，获中国成人教育成果奖。2008年，区教育局划拨专款，以区社区学院为基地，面向离退休教师开展主题培训、社团活动、市民讲坛、空中课堂系列教育活动，开设培训班16个，参加培训学员682人。2009年，区社区学院被评为浙江省老年电视大学优秀教学点。2010年，上城区市民文化休闲培训系列课程被评为全国社区教育特色课程。12月，上城区被教育部评为全国社区教育示范区。是年，上城居民接受成人教育培训总数27.61万人，占社区居民总数的68.9%。其中，外来务工人员培训6.38万人，占外来人口总数的77.6%；下岗失业人员培训6761人，占失业总人数的98.4%。

2014年，上城区科协在区社区学院成立杭州市上城区社区科普大学，以“美丽上城科普大讲堂”为平台，以开展讲座、班级授课、科普考察活动等形式进行科普宣传，受众涵盖青少年、职工、下岗失业人员、外来务工人员、老年人、残障人士等。2012—2015年，区社区学院与各部门、企事业单位、华东师范大学职业技术培训中心等合作开展职工教育培训100余项；依托和利用区域内丰富的教育资源，开展下岗失业人员、外来务工人员和残疾人等实用技能培训，拓宽社区教育领域。为满足老年人的学习需求，开展科学素养、时尚美容、烹饪美食、花卉种植、手工编织、国画鉴赏、软笔书法、旅游文化、健康生活、器乐欣赏、家庭理财、手机使用、网络购物、信息技术等教育培训活动，受训率达72%。2015年，社区教育管理经费提升至按全区总人口人均15元的经费标准。上城区形成包括决策层、执行层、操作层在内的3层级组织体系①。2011—2015年，老年教育培训4562人，科普教育培训5700余人。

二、特色品牌

1993—2015年，上城区社区教育成功培育终身教育券、终身教育节、上城品质生活大讲坛、“e学网”、“微学通”、居民学习共同体等特色品牌项目。

终身教育券　2003年12月，上城区开始实施终身教育券试点工作。2004年2月，上城区发放全国第一张“终身教育券”②，标志着上城市民开始享受免费教育福利。2006—2008年，每年发放终身教育券66万元，推出共同成长（0～3岁早期教育）、有效衔接（家庭教育、衔接教育）、优化队伍（社区干部培训）、七彩夕阳（老年闲暇教育）、帮扶就业（4050下岗人员就业指导）、人文素质（喜闻乐见的娱乐培训）、市民新知识（计算机、英语、普通话、科普）、职工素质（企业职工继续教育）8项工程。2008年，终身教育券被评为全国社区教育示范项目。

① 第一层面的决策层，以区委、区政府为主线，区社教委为主导；第二层面的执行层，以区教育局、区社教办为执行实体，联合各部委办局、各街道负责具体工作的开展、实施和考评；第三层面的操作层，以区社区学院为主体，与各街道社区分院、社区市民学校及各相关培训机构共同负责社区教育活动的开展。

② 上城区实施市民终身教育券，以0岁到老年人的终身教育为内容，以“培训部门设计菜单，政府及各行业部门买单”的形式，鼓励和引导市民参与教育学习活动。居民凭“终身教育券”参加社区学院、6个社区分院以及51个社区市民学校的学习活动。“终身教育券”按设计、审核、印制、发放、实施、评价程序有序实施：由社区教育委员会设定年度终身教育培训目标；社区教育委员会办公室根据总体要求，提出年度终身教育实施内容和主要培训项目，并核定年度培训经费，印制终身教育券；经区政府和区社教委审批后，由社区学院组织制定详细实施方案；区社教办指导部门、街道做好“终身教育券”组织发放工作；社区学院、街道社区分院、市民学校等培训机构根据年度培训计划组织相应的终身学习活动；培训机构对培训项目进行总结自查，凭回收的教育券向社教办结算经费；区社教办负责总结本年度“终身教育券”实施情况，向区委、区政府汇报；区社教委根据实践经验和发展要求，制定下一年度培训目标。

2010年，教育券增设阳光品质工程（心理健康、睦邻和谐），成为九大工程，共219个项目。2009－2010年，上城区每年开设各类讲座、培训班、咨询会、社会实践、参观访问等活动1000余次，惠及社会人群10余万人次。

2011年，上城区编印《杭州市上城区2011年终身教育券实施指南》，列出十大学习工程，300个学习项目。2011—2014年，上城区合计发放终身教育券438.31万元，培训256832人。2012年，完成培训项目208个，培训额度566.2万元，市民人均教育培训基金达16.6元，突破人均15元的标准。2014年，审批推出终身教育券10项工程、224个项目，举办培训班146个，将社会群体全部纳入社区教育实施范畴，培训额度542.1万元，区市民人均学习基金15.4元，共培训174179人，占全区人口的49.6%。2015年，参与终身学习的区市民达178573人次，占全区人口的50.87%。

终身教育节　2004年10月，由上城区西湖博览会办公室、区教育局、区社区学院承办的名师名校长论坛之“首届上城区终身教育节”，在上城区社区学院启动。以“人人爱学习、时时在学习、处处能学习、事事讲学习”为主题，共设计“社区文化活动”“闲暇教育活动”“爱心书市”“网上市民学校”“街道分类活动”“社会实践活动”等20余项活动。此后，上城区每年举办不同主题的“终身教育节”。

图28－6－19　2008年，上城区举行第五届终身教育节开幕式　（区社区学院 供稿）

表28－6－26　2004—2015年上城区终身教育节举办情况表

年份	主　　题	版　　块
2004	人人爱学习，时时在学习 处处能学习，事事讲学习	社区文化活动、闲暇教育活动、爱心书市、 网上市民学校、街道分类活动、社会实践活动
2005	社会推动学习，全民参加学习，人人崇尚学习	家庭教育、心理健康、时装秀、健身操 戏曲、卡拉OK、艺术插花、书画表演
2006	文化名城、魅力上城	社区居民人文素质展示、终身教育券工程观摩
2007	构建终身教育体系，打造和谐品质上城	论坛学习、成长乐园、书画、舞蹈、电子琴、围棋
2008	浓浓书香溢上城，老少同乐迎西博	动漫饕餮、视听大餐——电子券 轻曲妙韵、巴乌艺术——尝试学 快乐厨艺、营养食谱——动手做 老有所乐、精彩人生——激情演 全民学习、终身教育——现场论 幸福婚姻、用心经营——大讲坛
2009	学习、快乐、健康、和谐	读书日；健康日；交通日； 体验日；环保日；亲子活动日

续表28-6-26

年份	主　　题	版　　块
2010	传承与创新——让学习融入生活	古训今扬；人文寻根；心随阅动 低碳环保；健康生活；特色才艺
2011	学习让生活更加精彩，文明让城市更具魅力	文化传承；文明生活 科学养生；低碳环保
2012	悦读传统文化，颂扬中华文明，打造经典上城	古韵雅今；文化寻访；品阅人生 环保时尚；健身养生；才艺润心
2013	共同学习，让生活更美好	爱心助力；静心文化；热心科学 悉心健康；同心学盟
2014	文化惠民，丰盈居民精神生活	风采尚城、文明和谐；人文怀古、崇德向善 爱心服务、包容互助；慧心读书、爱国崇学 养生点拨、真诚友善；玩转学习、团结务实
2015	学习圆梦想，幸福享人生	学习同行，智慧一生；书香共行，品味一生 文明携行，美好一生；微课随行，感悟一生 健康伴行，活力一生；幸福追行，品质一生

说明：资料来源于杭州市上城区教育局

上城品质生活大讲坛　上城品质生活大讲坛是由上城区委宣传部、上城区社教委主办，各部委办局、上城区社区学院承办的大型文化公益讲坛，是以上城市民为对象的一项文化福利活动，旨在让市民百姓于生动的演说与通俗的讲解中，激发学习兴趣，提高文化素质，共同打造一个有品位的人生。2008年4月，上城品质生活大讲坛首次开讲。此后，每月举办1期，同时上传视频至“e学网”“上城在线”，作为网络学习资源提供给广大市民。是年，上城品质生活大讲坛获杭州市精神文明奖。2012年，实施“大讲坛进街道社区”，让专家与市民零距离，使市民方便地享受家门口的培训。至2015年，共举办80余期，受益面累计1万人次。

上城区数字化学习社区e学网　2009年，为突破市民培训人数增加受场地、师资、课程等资源限制的瓶颈，上城区社区学院建成区数字化学习社区“e学网”①。同时，将社区学院、6个街道分院、52个社区市民学校和辖区中小学作为学习点，为尚未配备电脑的家庭提供上网学习支持。2010年3月，上城区被评为“全国社区教育数字化学习先行区”。2012年3月，“上城区数字化学习中心”成立，“e学网”纳入区政府“居家无忧服务平台”。2013年，上城区《数字化背景下社区“e学网”平台构建的实验》项目获批成为全国社区教育实验项目。2014年，上城区《依托“e学

① “e学网”：为虚拟学习平台，按照学习层次、类型、学习资源媒体功用和格式等，建有“汇智图书馆”“小课电影院”“资源共享广场”“益智游艺厅”“天籁音乐厅”“亲子俱乐部”“生活博物馆”“网上大贡院”“公仆学堂”“职场学堂”10个学习场馆，共计300余门课程，涵盖早期教育、青少年教育、职业培训、继续教育、老年教育等社区教育领域，满足青少年儿童、成年人、老年人等在课外学习、职场充电、艺术修养、健康生活等多方面的学习需求。每个学习场馆均设置“在线答疑”功能，定期由志愿者负责网上指导与在线管理，使学习者个人或家庭成员均可以借助平台享受到快捷、个性化的教育服务，体现了该网络平台可靠、安全、兼容、迅捷、易用、可管理等特色。上城区将“e学网”的操作指南与电子终身教育券（即学习卡）发放到市民手中，区域所辖人群，凭有效证件均可向社区学院、街道分院、社区提出申请，建立电子终身教育券家庭用户账号，一户一券，每券可获得365个学习币，学习相关课程后所修得学分可以兑换成学习币。

网网络平台，构筑数字化学习社区"》项目被评为浙江省社区教育示范实验项目。2015年1月，上城区在"e学网"的基础上，推出基于微信公众号的移动学习平台"微学通"。

"微学通"　2015年1月，上城区定向研发并推出"微学通"掌上移动学习平台。该平台基于"O2O"理念，集微信公众号（发布信息的功能）、订阅号（自动推送）、手机App（交互功能）的功能，实现线上线下相互整合，从而拓宽学习领域，扩大受众面。针对移动学习和成人学习特点，建有"微学习""微互动""微助手"3个板块，通过平台实现在线报名组班、学习过程跟踪、学习资源推送、学习圈交流、横向答疑、学习评价等交互功能。"微学通"移动学习平台突出零门槛学习，市民通过微信扫一扫功能扫描二维码，或搜索"杭州上城社教"微信号，便能进入上城"微学通"平台，在平台获取适合的学习内容，了解学习信息，参与知识竞答、在线预约报名等，实现随时、随地、按需学习的愿望。"微学通"移动学习平台全年共设88门课程，318人实现在线报名；平台展示涉及地域文化、生活技能等方面的微课程40余个，市民在线学习人数达2万人次。

居民学习共同体　2011年，上城区开始培育居民学习共同体的实践与研究。湖滨街道青年路社区"浣纱书画院"、南星街道海月桥社区"宝宝贝贝俱乐部"被评为杭州市优秀居民学习共同体。2013年，制定《上城区示范居民学习共同体考核认定指标》《上城区优秀居民学习共同体考核认定指标》，每年召开优秀居民学习共同体现场展示会，由区教育督导室、区民政局、区文广新局、区教育局共同组成考核认定小组，通过听取汇报、材料审阅、现场提问等环节，综合考察居民学习共同体，考核认定示范或优秀居民学习共同体，由区政府发文授牌表彰，并给予一定的建设经费。对于评上市级示范性学习共同体（学习型社团）的团队，也给予一定的奖励经费。至2015年，共有13个居民学习共同体被评为杭州市示范学习共同体。

表28-6-27　2011—2015年杭州市示范学习型社团（学习共同体）情况表

年度	街道	社区	共同体名称
2011	湖滨	青年路	浣纱书画院
	南星	海月桥	宝宝贝贝俱乐部
2012	小营	葵巷	火棒操俱乐部
	清波	劳动路	姐妹编制社
	紫阳	上羊市街	彩嵌艺术沙龙
2013	紫阳	彩霞岭	"彩霞天工"创意乐园
	小营	小营巷	桑榆书画队
	清波	清波门	"书山仰止"读书俱乐部
2014	望江	婺江	柔力球健身队
	望江	近江东园	"夕阳红"越剧队
2015	湖滨	东坡路	东坡地书协会
	清波	柳翠井巷	"春草连心"手工编织服务社
	紫阳	甬江	金色艺术团

说明：资料来源于杭州市上城区教育局

表 28-6-28　2005—2015 年上城区社区学院培训情况表

年份	主要培训项目或课程	培训班数	培训人数
2005	杭师大上城区教学点专升本（科学教育专业）学历培训	2	101
	上城区离退休教师教育培训	2	46
	七彩夕阳工程	2	64
	帮扶就业工程	2	82
	职工素质工程	3	150
2006	上城区退役士兵技能培训	1	120
	上城区下岗失业人员适应性培训	82	3689
	上城区就业再就业 SYB 培训	3	106
	杭师大上城区教学点专升本（科学教育专业）学历培训	3	150
	上城区离退休教师教育培训	2	53
	七彩夕阳工程	3	123
	帮扶就业工程	7	530
	职工素质工程	6	550
	上城区残障人士文化培训	1	46
	上城区退役士兵技能培训	2	160
	上城区下岗失业人员适应性培训	82	3267
	上城区就业再就业 SYB 培训	4	98
2007	杭师大上城区教学点专升本（科学教育专业）学历培训	3	105
	上城区离退休教师教育培训	2	87
	七彩夕阳工程	4	167
	帮扶就业工程	10	690
	职工素质工程	11	1290
	优化队伍工程	4	320
	上城区残障人士文化培训	2	87
	上城区退役士兵技能培训	2	210
	上城区下岗失业人员适应性培训	41	2776
	上城区教育局基层单位保安人员培训	2	134
	上城区就业再就业 SYB 培训	1	40
2008	杭师大上城区教学点专升本（科学教育专业）学历培训	3	105
	上城区离退休教师教育培训	36	1249
	七彩夕阳工程	8	856
	帮扶就业工程	12	450
	职工素质工程	13	600
	优化队伍工程	4	125
	上城区残障人士文化培训	2	80
	上城区退役士兵技能培训	2	230
	上城区下岗失业人员适应性培训	42	2896
	上城区教育局基层单位保安人员培训	2	113

续表28-6-28

年份	主要培训项目或课程	培训班数	培训人数
2008	上城区就业再就业SYB培训	5	106
	上城区建设局物业管理员培训	1	58
	上城区建设局协管员培训	1	47
	上城区退役士兵SYB培训	1	112
	国家育婴师资格证书培训	2	257
	上城区股份制企业外来务工人员培训	1	80
	健康管理进社区培训	1	110
	安居工程培训	1	112
	社区居民健康知识培训	4	640
2009	杭师大上城区教学点专升本（科学教育专业）学历培训	2	83
	杭师大上城区教学点专升本（社会工作专业）学历培训	1	45
	上城区离退休教师教育培训	36	1296
	七彩夕阳工程	16	2342
	帮扶就业工程	8	780
	职工素质工程	8	730
	上城区残障人士文化培训	2	80
	上城区退役士兵技能培训	2	250
	上城区下岗失业人员适应性培训	42	2889
	上城区教育局基层单位保安人员培训	2	146
	上城区就业再就业SYB培训	2	135
	党员培训	17	2650
	进城农民工培训	3	180
	双证制培训	3	144
2010	职工素质工程	11	1256
	帮扶就业工程	10	704
	优化队伍工程	3	140
	七彩夕阳工程	19	3581
	阳光品质工程	4	1400
	上城区离退休教师培训活动	38	1319
	2009级杭师大社会工作专业专升本	35	43
	2010级杭师大社会工作专业专升本	35	45
	2009级杭师大科学教育专业专升本	21	60
	失业人员适应性培训	48	1920
	退伍士兵创业培训	5	123
	插花员培训	5	48
	成人职业高中文化课培训	32	40
	成人职业高中文化课培训	32	80
	医药（中、西）购销员培训	9	450

续表28-6-28

年份	主要培训项目或课程	培训班数	培训人数
2011	共同成长工程	19	771
	有效衔接工程	15	4208
	职工素质工程	39	8983
	帮扶就业工程	14	2128
	优化队伍工程	12	586
	市民新知识工程	39	5431
	人文科学工程	83	12443
	七彩夕阳工程	18	5872
	阳光品质工程	8	2082
	教师成长工程	50	2734
	杭师大上城区教学点专升本学历培训	2	92
	成人双证制学历培训	8	304
	2049科普培训	11	670
	上城区下岗失业人员适应性培训	94	5680
	上城区离退休教师培训	40	1423
	企事业单位职工培训	9	398
2012	共同成长工程	17	814
	有效衔接工程	21	4439
	职工素质工程	13	2298
	帮扶就业工程	8	1578
	优化队伍工程	6	998
	市民新知识工程	29	7403
	人文素质工程	54	9463
	七彩夕阳工程	8	2725
	阳光品质工程	8	982
	教师成长工程	44	2834
	杭师大上城区教学点专升本学历培训	3	103
	成人双证制学历培训	15	502
	2049科普培训	10	569
	上城区下岗失业人员适应性培训	138	8283
	上城区离退休教师培训	40	1466
	企事业单位职工培训	9	420
2013	共同成长工程	40	1039
	有效衔接工程	9	3475
	职工素质工程	17	6078
	帮扶就业工程	6	2213
	优化队伍工程	5	963
	市民新知识工程	20	6822
	人文素质工程	54	8381

续表28-6-28

年份	主要培训项目或课程	培训班数	培训人数
2013	七彩夕阳工程	10	3787
	阳光品质工程	6	1843
	教师成长工程	68	2995
	小营“五型五优”社工培训（金凤凰工程、百灵鸟工程）	2	100
	杭师大上城区教学点专升本学历培训	4	158
	成人双证制学历培训	14	540
	2049科普培训	16	800
	上城区下岗失业人员适应性培训	37	1065
	扫盲培训	3	550
	上城区离退休教师培训	40	1512
	企事业单位职工培训	20	851
2014	共同成长工程	23	965
	有效衔接工程	8	4468
	职工素质工程	12	7785
	帮扶就业工程	8	2458
	优化队伍工程	7	976
	市民新知识工程	19	5471
	人文素质工程	47	10454
	七彩夕阳工程	12	6483
	阳光品质工程	5	3848
	教师成长工程	83	3586
	小营“五型五优”社工培训（千里马工程、孺子牛工程）	2	80
	小营“五型五优”社工培训（金凤凰工程）	1	50
	杭师大上城区教学点专升本学历培训	2	116
	成人双证制学历培训	8	405
	科普大学培训	18	872
	上城区下岗失业人员适应性培训	8	388
	杭州市网上创业培训	5	240
	扫盲培训	9	1062
	上城区离退休教师培训	44	1500
	企事业单位职工培训	27	1274
	家政服务专业人才培养	17	508
	家政服务专业人才培养	35	935
	上城区中小学生综合技能实践培训	568	17040
	“快乐少年，七彩追梦”工程（第一、二季）	351	11791
2015	上城区首届社区工作领军才人培训	1	63
	小营“五型五优”社工培训（玉麒麟工程）	2	129
	杭师大上城区教学点专升本学历培训	2	91
	成人双证制学历培训	12	484

续表 28-6-28

年份	主要培训项目或课程	培训班数	培训人数
2015	科普大学培训	15	967
	食品安全宣传培训	5	130
	杭州市网上创业培训	14	503
	扫盲培训	18	1060
	普通高中技能培训工程	33	1404
	上城区老年教育培训	45	1502
	企事业单位职工培训	26	1244
	上城区中小学生综合技能实践培训	249	7477
	“快乐少年，七彩追梦”工程（第三、四季）	1051	26194

说明：资料来源于杭州市上城区教育局

第七章　校外教育

1993—2015年，上城区在推进教育教学改革的同时，注重加强青少年校外活动场所的建设，积极开展区域青少年校外教育活动，形成“政府主导、教育局主管、多方协同”的校外教育组织保障体系。上城区的校外教育逐步形成“公益为先、孩子为本、活动育人”的理念，整合科技教育、艺术教育、少先队活动、国防教育、图书教育、德育研究、家庭教育、心理健康教育等多方力量，着力构建“选择性的学习空间、平等性的交流空间、开放性的服务空间、共享性的运动空间、多层次的教育空间、多样化的活动空间”，在青少年技能培养、综合素质提升以及未成年人思想道德建设等方面发挥作用。①

① 有关未成年人思想道德教育的内容，见第十八篇中国共产党地方组织第十章老干部工作与关心下一代工作及第二十六篇精神文明建设第二章思想道德建设。

第一节　教育机构

1993—2015年，区教育局做好资源整合与共享工作，利用学校资源设立基地，先后建立抚宁巷科技教育基地、娃哈哈艺术教育基地、始版桥体育教育基地；通过“学军”“学农”“学游泳”等活动发展基地，扩建区青少年图书馆，新建区少年军校总校、生存教育基地和大观山素质教育基地等；与中国丝绸博物馆、浙江省博物馆、中国茶叶博物馆、杭州西湖博物馆等单位加强沟通与联系，拓宽校外教育活动的平台。

上城区青少年活动中心　1958年12月，杭州市上城区少年之家成立。1970年更名上城区少年宫（简称区少年宫），1990年7月区少年宫设总务室、活动部、培训部。1994年，区少年宫负责筹建上城区社区教育委员会，并在少年宫内设立社教办公室。1995年8月，撤销培训部和活动部，建立教务处和宣教处。2001年3月，上城区成立学校心理健康教育指导中心，由区少年宫负责建立上城区中小学生素质教育实践基地、上城区少年科学院。9月，少年宫设立办公室、文艺部、科技部、活动部。2004年1月，上城区少年宫和上城区社区教育学院合并重组，实行一套班子、两块牌子。11月，区少年宫更名为上城区青少年活动中心，由总部、少年军校、科技教育基地学校、艺术教育基地学校4部分组成。2005年7月，上城区青少年活动中心恢复独立法人。主要开展少先队工作、德育基地建设、图书阅览、科技教育、艺术教育和各种群众性游艺活动。2006年7月，上城区青少年活动中心从青年路72～74号迁至中河中路62号，占地面积3587平方米，建筑面积3077平方米。2008年8月，下设办公室、活动部、德育研究部。2010年，下辖上城区少儿国防教育基地、上城区生存教育基地、上城区体育教育基地、上城区艺术教育基地、上城区科技基地5个基地；挂牌成立上城区青少年科技活动中心、上城区青少年艺术活动中心、上城区青少年体育活动中心、上城区青少年生存教育中心、上城区青少年国防教育中心5个分中心。至2015年，中心有教职员工32人，其中专业教师23人，中学高级教师9人。

上城区少年军校总校　上城区少年军校总校创办于1991年5月，位于凤凰山麓宋城路5号。总校下设24所军分校，涉及海、陆、空等十五个军（警）兵种，是一所设施齐全、功能完善的全国示范性少年军校，是开展青少年国防教育活动的省级国防教育实践基地。1992年10月，获共青团中央、国家教委、全国双拥办联合颁布“全国先进少年军校”称号。1999年，区教育局投入200余万元，将原杭州市凤凰山小学改建成上城区少年军校总校军营基地，占地面积4735平方米，建筑面积2350平方米。总校下设21所军分校，涉及海、陆、空等10个军（警）兵种。2001年6月，军校获“浙江省国防教育基地”称号。7月，获“全国示范性军校”称号。

上城区科技教育基地　上城区有2个科技教育基地，分别为杭州市抚宁巷小学科技教育基地和杭州市开元中学科技教育基地。

杭州市抚宁巷小学科技教育基地，位于金狮苑20号。1995年，杭州市抚宁巷小学建立蒋筑英纪念馆。2004年，学校被命名为“上城区蒋筑英科技学校”。2005年，将蒋筑英纪念馆所在楼层定位为“蒋筑英科技馆”。2008年，蒋筑英科技馆被命名为杭州市第二课堂活动基地。2010年，学校被命名为上城区科技基地学校。基地设有“科技智慧坊”“鲁班巧工坊”“创意智慧坊”“未来工程师”“跳跳虫壁挂科技馆”等项目。

杭州市开元中学科技教育基地，位于近江住宅区栖园弄1号。2013年12月，学校正式挂牌为上城区中学科技教育基地。2014—2015年，学校实施STEM教育理念①，参与浙江省“3D（三维设计）打印进校园”活动。同时，创立“屠燮章创客天地”，开展青少年创客教育，完善“科技教室”，建设“3D（三维设计）打印车间”“电子创意室”“机器人创新实验室”“木工车间”“VR（Virtual Reality 虚拟现实）实验室”。

上城区艺术教育基地　2004年，上城区命名位于劳动路95号的杭

① STEM教育理念：STEM中4个字母分别是Science（科学）、Technology（技术）、Engineering（工程）、Mathematics（数学）的缩写，指融合科学、技术、工程、数学等学科知识与技能，通过在解决真实问题的情境和过程中提升学生探究学习和解决问题的能力的一种教学理念。

州市娃哈哈小学为区艺术教育基地学校。2010年6月，学校挂牌成立上城区艺术教育中心。校内环境优雅，设施先进，拥有演播厅、舞蹈厅等24个专用教室。至2015年，上城区艺术教育基地开展声乐、摄影、篆刻、工艺美术等20余项艺术教育，并举办“七色花”艺术节、“校园星主播”、“天堂儿歌”、“魅力校园”等41个艺术活动。

上城区青少年图书馆　见第二十九篇文化体育第三章公共文化第四节公共图书馆。

上城区生存教育基地　上城区生存教育基地位于劳动路95号杭州市娃哈哈小学内，2002年10月创办。基地内设有面积400平方米的游泳池1座，可容纳160人同时训练。2010年，借助中国儿童基金会的15万元资助，在杭州市娃哈哈小学内建成安全应急体验教室。每年3—11月，由上城区生存教育基地组织全区四年级学生进行为期1周的生存教育活动，开展交通安全、消防安全等生存知识培训和游泳训练。

大观山中小学生学农基地　2001年10月，杭州市大观山素质教育基地（上城区农校）在余杭区大观山成立，为上城区中小学生提供劳动实践教育的场所。上城区青少年活动中心根据各个学校的需求，按年度编排学农时间表，每学期接待上城区小学六年级学生参加为期1周的劳动实践活动，主要在果园参加农业劳动。2009年，基地停办。

上城区中小学综合技能实践培训基地　2010年2月，上城区中小学综合技能实践培训基地在杭州市服装职业高级中学启动建设。将原有教室改建为制陶工艺教室2个、电子电工教室2个、家政布艺教室2个、手工艺教室1个、金工教室2个、机械加工教室1个、机器人教室1个，共计11个技能培训教室。各个教室每次活动可容纳学生400人。5月，基地正式运行。至2015年，基地开设金工、电子电工、陶艺、家政、手工5类课程，有教职工20人，并邀请专业人士做技术指导。

上城区体育教育基地　2013年，上城区中学体育教育基地成立。基地分别设在杭州市始版桥小学和北京师范大学附属杭州中学2处。

杭州市始版桥小学体育教育基地　位于始版桥东村11号。2004年，杭州市始版桥小学被区教育局命名为上城区田径训练基地学校。2007年，被市教育局命名为杭州市体育传统项目学校。2008年，被省教委命名为首批浙江省体育特色学校。2010年6月，被区教育局命名为上城区体育教育基地、上城区体育活动中心。至2015年，基地拥有标准化200米塑胶环形跑道和480平方米的风雨操场，设足球场、排球场、篮球场、轮滑场各1个，标准羽毛球场4个。

北京师范大学附属杭州中学体育教育基地　位于银鼓路6号，以打造体育特色为主，开展全区中小学体育特长生培养，组织特长学生参加体育兴趣社团及各类体育竞赛。至2015年，基地拥有1100余平方米的风雨操场，标准400米跑道的田径场、规范的足球场、2个标准室内网球场、攀岩墙，还有5个室内体育、艺术场馆。

上城区青少年活动中心生活教育基地　2014年9月，上城区青少年活动中心生活教育基地成立，位于姚江路3号。该基地依托杭州市杨绫子学校、杭州市爱心教育体验基地，本着为特殊青少年健康成长服务的宗旨，集特殊青少年实践体验、亲子活动、技能培训、咨询服务等为一体，用尊重与融合为特殊青少年发展创设服务平台。2015年，上城区青少年活动中心生活教育基地开设“玩转周末”“玩转培训”2个系列的活动，推出生活技能训练、才艺发展、康复训练3类30个免费“玩转周末”活动项目和12个“玩转培训”活动项目。

上城区青少年国学教育基地　2015年初，上城区青少年国学教育基地成立，位于牛羊司巷17号，占地面积500平方米，建筑面积816平方米。该基地是爱国主义教育体验基地、传统文化传承基地和“第二课堂”活动公益场馆。主要为区青少年提供琴艺、棋艺、书艺、茶艺、花艺、曲艺等传统文化体验和培训，以及对全区3年级学生进行国学体验课程培训。

上城区少年科学院　2001年12月，上城区少年科学院成立，位于中河中路62号杭州市上城区青少年活动中心内，下设创造发明分院、科学技能分院、信息技术分院、无线电技术分院。2003年，学生王天骏入选“中国百名航空少年”。至2015年，区少年科学院每年寒、暑假均组织青少年学生参加大型科技考察活动。

表28-7-29　2001年上城区基层学校传统美德教育基地情况表

序号	基地名称	挂钩学校
1	小营敬老院	浙江省杭州第十中学
2	涌金敬老院	杭州市开元中学
3	望江敬老院	杭州市八一中学、杭州市建兰中学、杭州铁路第五小学
4	清泰街道敬老院	杭州市胜利小学、杭州市江城路小学、杭州市建兰中学
5	城站街道敬老院	杭州市饮马井巷小学、杭州市建兰中学
6	清波敬老院	杭州市娃哈哈小学、杭州市清波小学、杭州市定安路小学、杭州市清波幼儿园、杭州市建兰中学
7	湖滨敬老院	杭州市邮电路小学
8	南星敬老院	杭州市秋涛路小学
9	益寿敬老院	杭州市大学路幼儿园
10	紫阳街道敬老院	杭州市鼓楼小学、杭州市凤山门小学、杭州市培红幼儿园
11	横河敬老院	杭州市凤山门小学
12	社区敬老院	浙江省杭州第五中学

说明：资料来源于杭州市上城区教育局

表28-7-30　2001年上城区基层学校拥军基地情况表

序号	基地名称	挂钩学校
1	杭州市海军干休所	浙江省杭州第五中学、杭州市江城中学、杭州市凤山门小学
2	海军杭州疗养院	杭州市清波小学
3	某部红军团素质教育基地	浙江省杭州第十中学
4	82469部队（硬骨头六连）教育基地	杭州市八一中学、杭州市小营小学
5	驻杭原贺龙师部	杭州市天长小学
6	省军区警卫连	杭州市清波中学、杭州市娃哈哈小学、杭州市南山路第一小学、杭州市清波小学

续表 28-7-30

序号	基　地　名　称	挂　钩　学　校
7	省军区后勤部	杭州市江城中学
8	省武警一支队三中队（钱塘江守桥模范中队）	杭州市江城中学、杭州市复兴第二小学
9	省武警中队警卫连	杭州市娃哈哈小学
10	省武警总队驻地	杭州市定安路小学
11	武警杭州支队三大队八中队	杭州市铁路中学
12	武警一支队	杭州市清波幼儿园
13	武警杭州支队	杭州市天长小学
14	武警杭州市支队上城区中队	杭州市邮电路小学
15	武警一支队二中队	浙江省杭州第五中学
16	杭州武警指挥学校	浙江省杭州第十中学
17	上城区巡特警大队	杭州市光明小学
18	紫阳派出所	浙江省杭州第五中学
19	湖滨派出所	杭州市天长小学、杭州市邮电路小学
20	上城区交警大队	杭州市高银巷小学、杭州市平安里小学
21	复兴路交警岗亭	杭州市复兴第二小学
22	井亭桥民警岗亭	杭州市开元中学
23	杭州市消防支队	杭州市天长小学
24	杭州市消防队上城支队	杭州市行知幼儿园
25	湖滨消防中队	杭州市清河中学、杭州新世纪小学
26	南星街道消防中队	杭州市抚宁巷小学、杭州市秋涛路小学
27	市武警支队湖滨大队	杭州市鼓楼小学

说明：资料来源于杭州市上城区教育局

表 28-7-31　2001 年上城区基层学校法制教育基地情况表

序号	基地名称	挂　钩　学　校
1	浙江省少年管教所法制教育基地	浙江省杭州第十中学、杭州市建兰中学
2	杭州市公安局强制戒毒所法制教育基地	浙江省杭州第十中学、杭州市建兰中学
3	望江街道法制教育基地	杭州市八一中学
4	上城区人民法院——少年法庭	杭州市邮电路小学

说明：资料来源于杭州市上城区教育局

表 28-7-32　2001 年上城区基层学校历史文化教育基地情况表

序号	基地名称	挂　钩　学　校
1	杭州碑林	杭州市开元中学、杭州市清波中学、杭州市娃哈哈小学、杭州市南山路第一小学、杭州市光明小学、杭州铁路第四小学
2	柳浪闻莺	杭州师范大学第一附属小学
3	胡庆余堂	杭州市开元中学、杭州市清河中学、杭州市饮马井巷小学、杭州市高银巷小学、杭州市南山路第一小学、杭州市光明小学、杭州市鼓楼小学、杭州市木场巷小学、杭州铁路第四小学、杭州市培红幼儿园

续表 28-7-32

序号	基地名称	挂钩学校
4	钱塘江大桥纪念馆	杭州铁路中学
5	于谦纪念馆	杭州市清河中学、杭州市高银巷小学
6	岳坟	杭州市天长小学、杭州市娃哈哈小学
7	龚自珍纪念馆	杭州市小营小学、杭州市回族穆兴小学、杭州铁路第四小学、杭州市大学路幼儿园
8	胡雪岩故居	杭州市光明小学、杭州市鼓楼小学、杭州市木场巷小学、杭州市天艺幼儿园
9	章太炎纪念馆	杭州市天长小学、杭州市小营小学、杭州市娃哈哈小学、杭州市光明小学
10	毛主席视察小营巷卫生陈列馆	杭州市小营小学
11	蒋筑英纪念馆	杭州市饮马井巷小学、杭州市平安里小学、杭州市抚宁巷小学、杭州市凤山门小学、杭州市木场巷小学
12	吴山广场	杭州市建兰中学、杭州市娃哈哈小学

说明：资料来源于杭州市上城区教育局

表 28-7-33　2001 年上城区基层学校博物馆基地情况表

序号	基地名称	挂钩学校
1	浙江省博物馆	杭州市江城中学、杭州市开元中学、杭州市清波中学、杭州市天长小学、杭州师范大学第一附属小学、杭州市小营小学、杭州市饮马井巷小学、杭州市紫阳小学、杭州市娃哈哈小学、杭州市邮电路小学、杭州市大学路小学、杭州市建国中路第一小学、杭州市马市街小学、杭州市回族穆兴小学、杭州市江城路小学、杭州市清波小学、杭州市光明小学、杭州市抚宁巷小学、杭州市鼓楼小学、杭州市凤山门小学、杭州市始版桥小学、杭州市木场巷小学、杭州铁路第四小学、杭州铁路第五小学
2	浙江丝绸博物馆	杭州市开元中学、杭州市八一中学、杭州市天长小学、杭州市小营小学、杭州市鼓楼小学、杭州市复兴第一小学、杭州市凤山门小学、杭州市望江门小学、杭州市始版桥幼儿园
3	中国茶叶博物馆	杭州市开元中学、杭州市小营小学、杭州市凤山门小学
4	浙江自然博物馆	杭州市开元中学、杭州市大学路幼儿园、杭州市胜利幼儿园、杭州市培红幼儿园、杭州市始版桥幼儿园
5	南宋官窑博物馆	杭州市复兴第一小学、杭州市凤山门小学、杭州市望江门小学、杭州市行知幼儿园
6	良渚文化博物馆	杭州市凤山门小学
7	杭州图书馆	杭州市天长小学、杭州师范大学第一附属小学
8	浙江省展览馆	杭州市建国中路第一小学
9	浙江省图书馆	杭州新世纪外国语小学
10	杭州科技馆	杭州市开元中学
11	浙江省科技馆	杭州市天长小学、杭州市饮马井巷小学、杭州市紫阳小学、杭州市娃哈哈小学、杭州市邮电路小学、杭州市大学路小学、杭州市马市街小学、杭州市清波小学、杭州市抚宁巷小学、杭州市鼓楼小学、杭州铁路第四小学、杭州铁路第五小学、杭州市大学路幼儿园
12	江城文化宫	杭州市江城中学

说明：资料来源于杭州市上城区教育局

表 28-7-34　2001 年上城区基层学校环保教育基地情况表

序号	基　地　名　称	挂　钩　学　校
1	中东河畔“植绿护绿”基地	浙江省杭州第十中学
2	上城区绿化办鼓楼绿化带	杭州市江城中学
3	东河绿化带	杭州市胜利小学
4	洪福里社区的4个绿化领养地	杭州市邮电路小学
5	南山路、劳动路社区绿化带	杭州市娃哈哈小学
6	中东河解放路至新宫桥绿化带	杭州市光明小学
7	中河环保、护绿基地	杭州市复兴第二小学
8	清泰义井社区绿化认养地	杭州市胜利幼儿园
9	杭州市上城区环卫处	浙江省杭州第五中学
10	闸口环卫所	杭州市复兴第二小学
11	新工社区环保护绿基地	杭州市秋涛路小学
12	滨江大道环保实践基地	杭州铁路第五小学
13	城区河道整治工程部	杭州新世纪外国语小学
14	杭州市污水处理厂	杭州市回族穆兴小学
15	污水处理厂素质教育基地	浙江省杭州第十中学
16	九溪（西溪）自来水厂	杭州天地实验小学
17	杭州市四堡污水处理厂	浙江省杭州第五中学、杭州天地实验小学
18	望江环卫垃圾中转站	杭州市始版桥幼儿园

说明：资料来源于杭州市上城区教育局

表 28-7-35　2008 年上城区“第二课堂”活动场馆情况表

序号	街道	场所名称	地　　址	教育内容	开放时间
1	湖滨街道	杭州市电信陈列馆	惠兴路10号	杭州电信发展史（实物、图片）	全年
		杭州市图书馆	浣纱路245号	看图书、借光盘	全年
2	清波街道	胡庆余堂	河坊街167号	药学文化教育实践	工作日
		杭州历史博物馆	河坊街口	历史教育	全年
		于谦故居	祠堂巷18号	爱国主义教育	全年
		云居山革命烈士纪念馆	云居山上	爱国主义教育活动	全年
3	南星街道	天华山部队	天华山34号	爱国主义教育	寒暑假
		南宋官窑博物馆	之江路99号	参观和陶瓷制作	全年
		气象局教育实践基地	凤凰山脚路218号	科普活动场地参观学习	预约
		上城区少年军校	宋城路5号	国防教育、体验军营生活	预约
		杭州机务段	复兴街23号	爱国主义教育	全年
		武警一支队一大队三中队蔡永祥纪念馆	复兴街1号	爱国主义教育	全年

续表28-7-35

序号	街道	场所名称	地　址	教育内容	开放时间
4	望江街道	大通桥社区市民学校（一）	海潮路65号	科普	全年
		大通桥社区市民学校（二）	海潮路51号	青少年校外教育党课	双休日
		近江东园社区图书馆	近江一园3幢外围	阅读	全年
		电化教室	近江南路2号	电脑知识、网上学习	预约
		电脑室	近江南路1号	电脑知识、网上学习	周末
		莫邪塘社区市民学校	秋涛一弄23-14号	科普、文体、德育等教育	工作日
		清泰门社区图书馆	新丰苑1幢2楼	阅读	工作日
		始版桥社区市民学校	始版桥东村19幢底层	科普、文化、体育活动	上午
		近江西园社区市民学校	近江家园八园13幢底层	开设象棋班、讲座、电化教育	全年
		近江西园阅览室	近江家园八园13幢底层	看书报、下棋	全年
		西村图书室	西村公园	读书活动	全年
		杭州铁路中学操场	兴隆路28号	体育锻炼	早上
		兴隆社区市民学校	兴隆东村26幢	讲座、电化教育	全年
		徐家埠社区电子阅览室	望江西园2幢底层	电脑知识、网上学习	工作日
		徐家埠社区图书阅览室	望江西园2幢底层	朗诵、导读	工作日
		耀华社区市民学校	钱江路578号	科普、文艺	全年
		在水一方社区市民学校	天福花园13幢	科普、文化、体育活动	工作日
		望江地区外来务工者培训基地	兴隆路20号	科普、文化、体育活动	全年
5	小营街道	毛主席视察小营巷纪念馆	小营巷56号	爱国卫生教育	全年
		太平天国听王府	小营巷61号	人文历史	全年
		钱学森旧居	方谷园2号	科学人文	全年
		王文韶大学士府	清吟街10号	人文历史	全年
		郁达夫故居	大学路新村44幢对面	郁达夫故居	全年
		龚自珍纪念馆	马坡巷16号	人文历史	全年
		浙江公安史陈列馆	民生路66号	公安战线英模事迹展	全年
		求是书院	老浙大直路6号	杭州近代教育史陈列馆	全年
6	紫阳街道	科教中心	彩霞岭5号	各类书刊、电子阅览室	全年
		社区配置的图书馆（10个）	各个社区所在地	各类书刊	全年
		太庙遗址	太庙广场	南宋的古建筑遗址	全年
		南宋陈列遗址	严官巷口	南宋皇城历史遗址	工作日
		紫阳书院	杭州市紫阳小学	古代石刻及清朝书院	工作日
		南宋御街	严官巷口	南宋皇城的遗址	全年
		海军干休所	万松岭98号	海军纪念馆	全年
		鼓楼	十五奎巷口	吴越国及明朝建筑	全年

说明：资料来源于杭州市上城区教育局

表 28-7-36　2015 年上城区基层学校传统美德教育基地情况表

序号	基地名称	挂　钩　学　校
1	小营敬老院	浙江省杭州第十中学
2	涌金敬老院	杭州市开元中学
3	望江敬老院	杭州市建兰中学、杭州市清泰实验学校
4	清泰街道敬老院	杭州市胜利小学、杭州市建兰中学
5	城站街道敬老院	杭州市饮马井巷小学、杭州市建兰中学
6	清波敬老院	杭州市娃哈哈小学、杭州市清波幼儿园、杭州市建兰中学
7	南星敬老院	杭州市凤凰小学
8	益寿敬老院	杭州市胜利幼儿园
9	紫阳街道敬老院	杭州市培红幼儿园

说明：资料来源于杭州市上城区教育局

表 28-7-37　2015 年上城区基层学校拥军基地情况表

序号	基　地　名　称	挂　钩　学　校
1	杭州市海军干休所	杭州市江城中学
2	海军杭州疗养院	杭州师范大学第一附属小学
3	某部红军团素质教育基地	浙江省杭州第十中学
4	82469 部队（硬骨头六连）教育基地	杭州市服装职业高级中学、杭州市回族穆兴小学
5	驻杭原贺龙师部	杭州市天长小学
6	省军区警卫连	杭州市崇文实验学校
7	省军区后勤部	杭州市江城中学
8	省武警一支队三中队 （钱塘江守桥模范中队）	杭州市江城中学、上城区教育学院附属小学
9	省武警中队警卫连	杭州市娃哈哈小学
10	武警杭州支队三大队八中队	杭州市清泰实验学校
11	武警一支队	杭州市清波幼儿园
12	武警杭州支队	杭州市天长小学
13	杭州武警指挥学校	浙江省杭州第十中学
14	某部空 28 师素质教育基地	浙江省杭州第十中学、杭州市大学路小学
15	空 28 师 83 团	杭州市惠兴中学
16	笕桥空军基地	杭州天地实验小学、杭州市崇文实验学校
17	湖滨派出所	杭州市天长小学
18	上城区交警大队	杭州市高银巷小学
19	复兴路交警岗亭	上城区教育学院附属小学
20	井亭桥民警岗亭	杭州市开元中学
21	杭州市消防支队	杭州市天长小学
22	杭州市消防队上城支队	杭州市行知幼儿园
23	湖滨消防中队	杭州市清河实验学校、杭州新世纪外国语学校
24	南星街道消防中队	杭州市抚宁巷小学、杭州市凤凰小学

说明：资料来源于杭州市上城区教育局

表 28-7-38　2015 年上城区基层学校法制教育基地情况表

序号	基地名称	挂钩学校
1	浙江省少年管教所法制教育基地	浙江省杭州第十中学、杭州市建兰中学
2	杭州市公安局强制戒毒所法制教育基地	浙江省杭州第十中学、杭州市建兰中学
3	望江街道法制教育基地	杭州市服装职业高级中学

说明：资料来源于杭州市上城区教育局

表 28-7-39　2015 年上城区基层学校历史文化教育基地情况表

序号	基地名称	挂钩学校
1	杭州碑林	杭州市娃哈哈小学
2	柳浪闻莺	杭州师范大学第一附属小学
3	胡庆余堂	杭州市清河实验学校、杭州市饮马井巷小学、杭州市高银巷小学、杭州市清泰实验学校、杭州市培红幼儿园
4	钱塘江大桥纪念馆	杭州市清泰实验学校
5	于谦纪念馆	杭州市清河实验学校、杭州市高银巷小学
6	岳坟	杭州市天长小学、杭州市娃哈哈小学
7	龚自珍纪念馆	杭州市回族穆兴小学、杭州市清泰实验学校、杭州市胜利幼儿园
8	胡雪岩故居	杭州市天艺幼儿园
9	章太炎纪念馆	杭州市天长小学、杭州市回族穆兴小学、杭州市娃哈哈小学
10	毛主席视察小营巷卫生陈列馆	杭州市回族穆兴小学
11	蒋筑英纪念馆	杭州市饮马井巷小学、杭州市抚宁巷小学、
12	吴山广场	杭州市建兰中学、杭州市娃哈哈小学

说明：资料来源于杭州市上城区教育局

表 28-7-40　2015 年上城区基层学校博物馆基地情况表

序号	基地名称	挂钩学校
1	浙江省博物馆	杭州市江城中学、杭州市开元中学、杭州市天长小学、杭州师范大学第一附属小学、杭州市回族穆兴小学、杭州市饮马井巷小学、杭州市紫阳小学、杭州市娃哈哈小学、杭州市大学路小学、杭州市抚宁巷小学、杭州市勇进实验学校、杭州市清泰实验学校
2	浙江丝绸博物馆	杭州市开元中学、杭州市服装职业高级中学、杭州市天长小学、杭州市回族穆兴小学、杭州市教育科学研究所附属小学、杭州市勇进实验学校、杭州市始版桥幼儿园
3	茶叶博物馆	杭州市开元中学、杭州市回族穆兴小学
4	浙江自然博物馆	杭州市开元中学、杭州市胜利幼儿园、杭州市培红幼儿园、杭州市始版桥幼儿园
5	南宋官窑博物馆	杭州市教育科学研究所附属小学、杭州市勇进实验学校、杭州市行知幼儿园
6	杭州图书馆	杭州市天长小学、杭州师范大学第一附属小学
7	浙江省图书馆	杭州新世纪外国语小学
8	杭州科技馆	杭州市开元中学
9	省科技馆	杭州市天长小学、杭州市饮马井巷小学、杭州市紫阳小学、杭州市娃哈哈小学、杭州市大学路小学、杭州市抚宁巷小学、杭州市清泰实验学校、杭州市胜利幼儿园
10	江城文化宫	杭州市江城中学
11	红星剧院	杭州市时代小学

说明：资料来源于杭州市上城区教育局

表 28-7-41　2015 年上城区基层学校环保教育基地情况表

序号	基　地　名　称	挂　钩　学　校
1	中东河畔“植绿护绿”基地	浙江省杭州第十中学
2	上城区绿化办鼓楼绿化带	杭州市江城中学
3	东河绿化带	杭州市胜利小学
4	南山路、劳动路社区绿化带	杭州市娃哈哈小学
5	中河环保、护绿基地	杭州市上城区教育学院附属小学
6	清泰义井社区绿化认养地	杭州市胜利幼儿园
7	闸口环卫所	杭州市上城区教育学院附属小学
8	新工社区环保护绿基地	杭州市凤凰小学
9	滨江大道环保实践基地	杭州市清泰实验学校
10	城区河道整治工程部	杭州新世纪外国语小学
11	杭州市污水处理厂	杭州市回族穆兴小学
12	污水处理厂素质教育基地	浙江省杭州第十中学
13	九溪（西溪）自来水厂	杭州天地实验小学
14	杭州市四堡污水处理厂	杭州天地实验小学
15	望江环卫垃圾中转站	杭州市始版桥幼儿园

说明：资料来源于杭州市上城区教育局

表 28-7-42　2015 年上城区“第二课堂”活动基地情况表

序号	场　馆　名　称	地　址
1	东平巷社区民俗文化科普馆	羊血弄 8 号 2 楼
2	清波门社区双拥宣传基地	清波新村 21 号
3	浙江朱炳仁铜雕艺术馆	河坊街 207 号
4	钱学森故居	方谷园 2 号
5	中共杭州小组纪念馆	方谷园 3 号
6	郁达夫杭州故居“风雨茅庐”	大学路场官弄 63 号
7	钱学森航天科普（图书）馆	小营巷 57 号
8	七彩美政民族园	美政花苑 18 幢边
9	中国建筑陶瓷博物馆浙江分馆	虎玉路 32 号
10	水澄桥低碳生活馆	水澄花园南苑 2 幢 1 层
11	尚青书院	牛羊司巷 16、17 号

说明：资料来源于杭州市上城区教育局

表 28-7-43　2001—2015 年上城区基层学校爱国主义教育基地情况表

序号	基地名称	地址	挂　钩　学　校
1	浙江革命烈士纪念馆	万松岭路 100-1 号	浙江省杭州第五中学、杭州市开元中学、杭州铁路中学、杭州市清波中学、杭州市天长小学、杭州师范大学第一附属小学、杭州市饮马井巷小学、杭州市娃哈哈小学、杭州市建国中路第一小学、杭州市江城路小学、杭州市南山路第一小学、杭州市清波小学、杭州市光明小学、杭州市平安里小学、杭州市凤山门小学、杭州市木场巷小学、杭州铁路第四小学、杭州市大学路幼儿园、杭州市胜利幼儿园、杭州市培红幼儿园、杭州市回族穆兴小学

续表 28-7-43

序号	基地名称	地址	挂　钩　学　校
2	解放一江山岛烈士陵园	台州市市区枫山北麓与小园山之间	杭州市惠兴中学
3	梅家坞周恩来纪念馆	西湖区梅灵南路	杭州市娃哈哈小学
4	中山公园秋瑾墓	西湖区西泠桥南堍	杭州市建国中路第一小学
5	于子三烈士墓	凤凰山北麓的万松岭南坡	杭州市娃哈哈小学
6	蔡永祥纪念馆	西湖区之江路98号	杭州第五中学、杭州市天长小学、杭州市南山路第一小学
7	大陈岛	台州市椒江区	杭州市清河中学

说明：资料来源于杭州市上城区精神文明委员会办公室

第二节　教育活动

上城区青少年活动中心是在区教育局领导下负责开展校外教育的主要机构，承担着组织和指导全区青少年、儿童校外课余活动和社会实践活动的教育任务。1993—2015年，上城区青少年活动中心在全区范围内开展少先队工作、德育基地建设、图书阅览、科技教育、艺术教育和各种群众性游艺活动，形成众多具有影响力的活动品牌。1997年开始，上城区少年宫为中小学生在课余时间开设书法、绘画、器乐、表演、舞蹈、航模、编程、机器人等培训项目。至2015年末，上城区青少年活动中心共开设720个班，培训学生14400余人次。

一、“伙伴快乐成长营”

2004年，上城区“伙伴快乐成长营”成立，是区青少年活动中心运营管理的公益性活动组织。是年起，该组织利用双休日、寒暑假、春秋假等学生闲暇时间，立足上城区，辐射周边各城区开展校外教育活动，包括“社团活动”“俱乐部活动”“雏鹰假日活动”3类32个小项的活动内容。“伙伴快乐成长营”每年开设一定比例的免费线路，以满足不同层次的孩子和家庭的需求。2006年，推出公益性、全免费的“玩转周末”活动。2013—2015年，上城区每年组织“玩转暑假”夏令营、“流动少年宫”进社区活动以及面向外来务工子女组织免费的“阳光体育夏令营”。

图28-7-20　2006年，上城区举行“父母茶座”启动仪式
（区委宣传部 供稿）

二、“父母茶座”

2006年10月，上城区青少年活动中心开设“父母茶座”主题家教活动。该活动以“清茶一杯、共话

家教”为服务宗旨，重点开展3个“一”活动，即一月一次的“家教热点月月谈”的主题展示活动，一周一次的家教咨询活动，开设一个以“茶座小语”为主题的网络专栏。该主题活动被列为2007年杭州市十大家教亮点工程。2007—2012年，以“指导家长科学教子，促进儿童健康成长”为宗旨，围绕“隔代教育问题”“行为习惯养成”“提高学习效率”“学校的选择”等为主题，通过主题报告、专家研讨、家教沙龙、家教热线等形式服务家长，帮助家长树立科学的家庭教育观念，解答家庭教育中的困惑与疑难。至2015年，共开设各类主题讲座100余场，开展个别咨询面辅200余人次，受益家长1万人。

三、少儿艺术活动

上城区校外的少儿艺术活动主要由上城区少儿艺术团[①]组织开展。常年开展公益性的戏剧、舞蹈、器乐、合唱、主持等专业训练，不定期地组织学生开展国际性的艺术交流，并参与省、市级的各类艺术活动，为热爱艺术的学生提供各种艺术平台，发展个性特长，提升其综合素养。2003年起，上城区少儿艺术团赴欧洲、澳大利亚、韩国、新加坡等地，参与多项赛事和文化交流活动，取得多项荣誉。至2015年，共举办22届上城区“七色花”艺术节，组织开展“校园星主播”“天堂儿歌”“魅力校园”等艺术活动41个。有少儿演员1000余人，共培养具有专业素质和表演能力的少儿演员3万人，创作作品200余个，演出1000余场次，为国际艺术团队输送人才数十人。

① 上城区少儿艺术团：成立于1987年，又名上城区“七色花”艺术团。是一支校外青少年艺术教育活动综合性团体，由少儿合唱团、舞蹈团、表演团各专业团队组合而成。

四、少先队区域性争章体系

1993年起，上城区创新少先队文化，将少先队品牌活动与新课程改革理念结合起来，架构起基础章、兴趣章、校本特色章、技能章4个板块的区域性争章体系，让队员们快乐学习、快乐活动，让辅导员老师快乐工作、快乐生活。是年，上城区“跨世纪中国少年雏鹰行动”启动，打造上城区少先队品牌活动。至2015年，中国少年先锋队杭州市上城区工作委员会围绕社会主义核心价值观，给队员们设计文明章、健身章、环保章、游戏章、服务章、文艺章6个主题的校外争章活动，通过校内、外两条途径，建立大队、社区、中国少年先锋队杭州市上城区工作委员会三级考评机构，构建少先队雏鹰争章活动新体系。共建立80余个雏鹰争章基地，1600余名少先队员获二星级雏鹰荣誉奖章。

五、“阳光心语”

2008—2012年，上城区组建“心理帮扶专家助力团”，每学期为心理骨干教师提供5次专业培训，每月进行1次个案督导；依托上城区心理健康教育指导中心力量，成立“阳光心语”心理骨干教师志愿者服务队，以“避风港行动”“五彩池行动”“彩虹桥行动”“安全岛行动”等活动为载体，为全区青少年学生提供团体心理辅导活动课、心理游戏训练营、同质化小组心理辅导、心理个案跟踪咨询、家庭教育心理讲座等心理帮扶服务；利用“绿色家园沙盘室”“金色暖阳活动室”，为有需求的学生及家长提供获得心理帮扶的活动场所，提供专业化、有实效性的服务；参与市级课题“基于6A教育理念下的小学师生关系研究”，编写《读懂学生》金穗文集、《“阳光心语，共同成长”精品个案集》等。2013—2015年，每学期开设2期注意力训练营，每学期进校为情绪困扰学生提供个案督导2次。

六、“快乐成长”工程

2008年，上城区推出“快乐成长工程”工程，通过完善活动场馆、问卷调查了解需求、根据特色设计方案等举措，组织全区青少年学生开展具有区域特色的第二课堂活动。制定《走进第二课堂·快乐共成长——上城区第二课堂活动指南手册》，手册分小学一～三年级、四～六年级，中学七～九9年级，做到人手1册。学生们按年级，对照手册上的具体内容，有目的、有选择性地进行参观、学习。2009年，上城区青少年活动中心被命名为杭州市第二批第二课堂活动场馆。“童玩世界”等7项活动免费开放，内容涉及手工制作、棋类游戏、头脑奥林匹克、陶艺等6个方面，分“心灵手巧”“棋乐融融”“碰碰相吸”“游戏吉尼斯”“创意飞机”“影视大篷车”“陶泥DIY”等。2010年，上城区改变活动模式，对社区进行调研，了解社区活动需求，把少年宫优质的学生活动项目，以流动少年宫的形式带进社区，开展社区青少年各项体验活动。2012年，推出“玩转系列”活动。2015年，推出“小小非遗传承人”活动。

七、大型公益活动——玩转系列

2012年，上城区青少年活动中心本着“公益为先、活动育人、孩子为本”的宗旨，利用双休日、寒暑假、春秋假等学生闲暇时间，推出“玩转系列”体验活动，相继开展“玩转周末”“玩转特色实践”“玩转春秋假”“玩转寒暑假”“玩转社团”“玩转传统文化”“玩转队活动”“玩转心情”等10类、50余个小项的活动内容。2013—2015年，每年推出“活动嘉年华玩转乐翻天”“活动嘉年华玩转新体验”“活动嘉年华伙伴来争章”活动。至2015年，玩转周末、玩转寒暑假、玩转春秋假共有2.5万人次参与。

八、21天好习惯

2010年，上城区对青少年“21天计划促成长活动”和“好习惯俱乐部”两个学生行为帮扶的小团体训练项目进行策划及课程论证。2011年，首度开展活动，共举办21天促成长小团体周末活动24期。项目开展形式有个体版、小组版、家庭版、校园版等，不拘于参与人数。2015年，在内容上加入魔力学习课程[①]。

① 根据大脑和行为的运作规律，改善学习给孩子带来的压力状况，提升孩子学习的主动性，唤醒孩子内在的潜能，自主、自愿、自动、愉快地去学习。

第八章 特殊教育

上城区的智力障碍儿童教育始于1983年。是年，区教育局在饮马井巷小学筹办智力障碍儿童学校辅读班。1984年9月19日，在杨绫子巷的皮市巷小学分部创办上城区第一所智力障碍儿童学校——杭州市杨绫子巷小学，并把饮马井巷小学智力障碍儿童学校辅读班迁入该校。1988年，省、市、区投资55万元，新建1088平方米3层教学大楼，为当时浙江省智力障碍儿童学校中校舍、设施最完备的学校之一。是年，把学制从原建校时的6年制改为9年制，1991年，学校改名为杭州市杨绫子巷学校。1992年，有班级8个、学生90人、教职员工26人。

1994年，区教育局按国家教委颁布的《关于开展残疾儿童少年随班就读工作的试行办法》，在全区招收智障儿童少年随班就读，并把接收智障儿童少年随班就读纳入普及九年义务教育发展规划。2000年，学校改名为杭州市杨绫子学校。2001年，杭州市杨绫子学校与市残联联合创办智障青年培训就业托管中心，安置和培训九年义务教育之后的中重度智障青年，解决部分家长的后顾之忧。2005年，上城区特殊教育资源中心成立，并在杭州铁路第五小学和杭州市宗文小营实验学校设立特殊教育“资源教室”，对学习障碍儿童进行辅导和个别化教育。

2009年，上城区完善涵盖“教育·康复·就业”的智障教育模式，由区特殊教育资源中心牵头，规范10个资源教室的管理、使用、绩效评估等工作，完成100名资源教师的培训上岗工作，以此推广普通学校的随班就读工作。

2013年5月，区残联、区教育局依托杭州市杨绫子学校建立上城区自闭症康复研究中心。2014年，浙江省首家智障青少年进行职业训练的工作坊——上城区智慧树残疾人服务社[①]在水亭址3-1号成立，为智障学生的就业实习提供场所。2015年，第二家智慧树门店在元宝街开业。至2015年末，杭州市杨绫子学校有教职员工72人，特殊学生215人。

① 该服务社为非营利性机构，是杭州市杨绫子学校为智力障碍青少年进行职业训练和就业的工作坊。主要销售西式点心、各类饮品、花卉盆栽、手工皂、陶艺制品等。

第一节　智障人员教育

上城区的智障教育是杭州市智障教育发展最早的城区之一。上城区特殊教育的对象（普通学校和杭州市杨绫子学校）主要为视力障碍、听力障碍、智力障碍、自闭症、脑瘫、学习障碍情绪行为障碍、多动症、身体病弱、言语与语言障碍、多重障碍等少年儿童。特殊教育学生主要来自上城区。20世纪90年代初期，区教育局开始进行随班就读工作，依托杭州市杨绫子巷学校，先后在杭州市马市街小学和杭州市邮电路小学开展实验，接收轻度残疾儿童进入普通学校随班就读。

1994年，区教育局按国家教委颁布的《关于开展残疾儿童少年随班就读工作的试行办法》，在全区招收智障儿童少年随班就读，并把接收智障儿童少年随班就读纳入普及九年义务教育发展规划。试验学校扩大至杭州市清吟巷小学、杭州市祖庙巷小学、杭州市小营小学、杭州市马市街小学等。其中，杭州市马市街小学还同时进行学习困难儿童的教育研究。

1998年，上城区有28所学校接受79名特殊儿童随班就读。1999年，杭州市杨绫子巷学校设随班就读巡回指导教师，首次提出双学籍制①，对上城区所有随班就读学生建立特殊教育学籍卡，建立随班就读学生档案，并开展巡回指导工作。2001年，区教育局制定《上城区教育局随班就读工作暂行规定》，将随班就读对象扩展到视障、听障、智障、学障等8个类型的特殊需要儿童。2004年，上城区初步形成以杭州市小营小学的智障儿童随班就读、杭州市胜利小学的自闭儿童随班就读、杭州市复兴第二小学的听障儿童随班就读、杭州师范大学附属小学的低视儿童随班就读等一批有特色的随班就读学校。

2005年11月，上城区特殊教育（指导）资源中心成立，承担建立3岁直到终身的特殊教育服务体系，为“特殊需要儿童”的成长提供全程、全方位支持的职能。并在杭州铁路第五小学和杭州市宗文小营实验学校设立特殊教育“资源教室”，对“学习障碍儿童”进行辅导和个别化教育。2006—2009年，区特殊教育资源中心组建课题组，研制完成适合杭州地区使用的学习障碍筛查量表并通过专家鉴定。筛查量表适用于杭州市13个区县的小学和初中学生（包括学习障碍、学习困难和一般学生），对智力障碍学生评估适用性较低。2007年，区教育局开始实施“2212100”工程②，在12所普通学校设立随班就读资源教室。同时，投

① 指残疾学生同时具有特教学校和一所普通学校的学籍，可以定期与普通学校的学生一起学习、生活。

② “建立2个基地、开设2个门诊、建设12个资源教室、培养100位特殊教育人才”工程：建立2个基地：即依托杨绫子学校建设特殊儿童康复训练基地和随班就读师资培训基地；开设2个门诊：即与浙师大心理系合作，举办特殊儿童家长专家咨询门诊，与华东师大特殊教育系合作开设言语障碍康复门诊；全区建设12个资源教室（其中小学8个，中学2个，幼儿园2个），为提供“特殊需要儿童”康复训练和补救教学，并且培养100位特殊教育人才，其中特殊教育学校教师50人，普通学校的资源教师50人。

入资源教师培训经费50万元，为每个资源教室配备1个教师编制。对承担随班就读工作的学校主要人员，给予一定的津贴。

2008年，上城区12个资源教室分两批全部通过杭州市合格资源教室评估验收，并进一步规范12个资源教室的管理、使用、自我评估等工作，完成100名资源教师培训上岗工作。上城区建立起区教育局—区特殊教育中心—随班就读学校的三级管理网络，逐步完善特殊教育管理体系。至2010年，上城区在资源教室工作中，探索随班就读工作规律，逐步建构“零拒绝、全覆盖、多模块、支持性”①的城市随班就读工作模式。

2013年，上城区特殊教育专家委员会成立，为随班就读学生的申报、鉴定以及教育指导提供更好的保障。2014年下半年，区特殊教育资源中心在原杭州师范大学附属第一小学（秋涛校区）尝试设立特殊教育卫星班，让特殊教育学校的学生能最大限度地在普通学校学习与生活，为在普通学校内有特殊教育需求的学生、家长、教师等提供咨询、辅导、评估等多种服务内容。2015年，区特殊教育资源中心在杭州市金都天长小学设立第二个特殊教育卫星班，为更多的特殊教育孩子提供服务。

第二节　杭州市杨绫子学校②

1994年，杭州市杨绫子巷学校设置学前康复班。1996年，杭州市杨绫子巷学校创办九年义务教育后的职业培训班。1999年，杭州市杨绫子巷学校创办全国首个智障教育职业高中，学制3年，开设中西点心、园林花卉2个专业，在全国首创形成集“学前教育—九年义务教育—职业教育”“教育康复—医疗康复—训练康复”为一体的智力障碍教育体系，构建“教育·康复·就业”系列化的智力障碍教育模式。2001年3月，与杭州市残联联合创办全国首个智力障碍者康复就业中心——智障青年培训就业托管中心。2003年，经杭州市民政局同意批准，由杭州市杨绫子学校与杭州市儿童福利院开展合作办学。杭州市儿童福利院在院内建立新苗学校。2013年5月，区残联、区教育局依托杭州市杨绫子学校建立上城区自闭症康复研究中心。2014年，区残联、区教育局依托杭州市杨绫子学校，在水亭址3号成立全市首家残疾人服务社——智慧树，为智障学生提供职业教育、实习和就业平台。2015年，学校教职工共计72人，有特殊学生215人，教师67人。

① 零拒绝：即“一个也不放弃”，安排中、重度智力障碍学生在特殊教育学校学习，轻度智力障碍学生在普通学校随班就读，对极重度和多重障碍儿童少年则“送教上门”。全覆盖：即实现幼儿园、小学、初中纵向各学段全覆盖，区域全覆盖，轻中重度智力障碍学生全覆盖，资源教室支持服务对象涵盖智障、学障、情障、言语和语言障碍、多动症、自闭症等各类特殊需要学生。多模块：即逐步形成智力障碍学生干预工作模块，学习障碍学生干预工作模块—资源教室补救教学康复训练模块和情绪行为问题学生干预工作模块—行为功能分析干预模块；研究多动症、自闭症等多种不同类型的特殊需要儿童的干预工作模块，通过针对不同类型的特殊学生建立不同的工作模块，提高干预效率和效果，促进特殊需要儿童的健康发展。支持性：整合区域资源，培育专业人才，逐步形成专业和技术支持体系，建立环境支持体系；通过补救教学和康复训练相结合，实施个别化教育，满足特殊儿童的实际教育需求，促进特殊需要儿童健康成长。

② 1984年，杭州市杨绫子巷小学创办，校址杨绫子巷12号，是为解决上城区智力障碍儿童入学问题而开办的特教学校，学制6年。1988年，改学制为9年。1991年5月15日，更名为杭州市杨绫子巷学校。1999年，杭州市大狮子巷学校并入。2000年1月28日，更名为杭州市杨绫子学校。

一、学校建设

1993年，杭州市杨绫子巷学校占地面积1600平方米，建筑面积1500平方米。教学楼有音乐律动室、康复活动室、劳动技能室、生活自理室、图书阅览室等7个专用教室，各班实行电化教学一级配备，配有“三机一幕”（电视机、投影机、录音机、银幕）。1995年，建立配套的职业教育专用教室（缝纫、烹调、洗衣等），增加专用教室至12个。

2006年12月，杭州市杨绫子学校迁址姚江路3号，占地面积1.33万平方米，建筑面积8600平方米。设学前教育1个班，义务教育12个班，职业高中6个班。学校有教职工66人。有普通教室、会议室、阶梯教室、风雨操场、实验室、阅览室、图书室、微机室以及音乐、美术、舞蹈等各类专用教室。有专门的康复区域，配有大量的康复设备和特殊教育教学器材，各类粗大动作训练和精细运动训练器具、蒙台梭利教具、福禄贝尔教具、各类量表、平衡功能检测训练系统、成套言语治疗设备等，有感觉统合训练室、语言训练室、心理测试室、水疗室、自闭症训练室、音乐治疗室等。2015年8月，杭州市杨绫子学校开始整体改建工程。

二、学制课程

1993年，杭州市杨绫子巷学校根据智障学生智力水平和个体差异开展分类教学，采取同能划类，分类编组，调整分类教学的教材内容，对不同层次能力的学生提出不同的教学要求，增设感知肌能训练课，增加高年级学生劳动课课时，设置中度智障儿童教训。是年，根据教育部的委托，学校开展中度智障儿童教育的实验试点工作。

1996—1998年，杭州市杨绫子巷学校创办智障学生九年后职业培训（面点）班，每年招收1个班的智障学生，外聘专业教师进行培训。1999年，学校经杭州市教育委员会批准同意设立特殊教育职业高中班，主要招收九年义务教育后的特殊教育学生，开设中西点心、园林花卉两个专业，学制为3年。

2006年，杭州市杨绫子学校建立相对完善的学前教育、义务教育、职业高中教育3套智障教育课程体系。其中《学前教育课程》涵盖生活自理、感知、肌能、认知、沟通和社会适应等领域；义务教育阶段的《生活化课程》，包括中度智障儿童生活课程、生活化语文课程、生活化数学课程，形成一～九年级的教育训练内容。

2015年，杭州市杨绫子学校在原有课程体系中进行深化发展，在义务教育阶段开展以生活教育为核心的主题式教学课程，在职业高中阶段以原有园林花卉专业与面点制作专业为基础，增设洗车、烘焙、洗衣、手工制作、清洁服务等共计13个专业科目，为特殊学生学习职业技能提供更多的选择。

三、学生活动

1993年，杭州市杨绫子巷学校学生手工作品25件在奥地利维也纳大学举办的“中国杭州弱智儿童艺术作品展览”中展出。12月，学校教师沙祖锡带领学校5名学生与其他4名智力障碍运动员一起代表中国队参加中国香港第十八届特殊奥林匹克运动会，共获9枚金牌，2枚银牌，6枚铜牌。2000年，学校特奥队获杭州市第三届特殊学校学生田径运动会团体总分第一名，其中单项第一名16个，第二名12个，第三名10个。2002年，学校男子足球队、女子篮球队参加全国第三届特殊奥林匹克运动会，获男子足球B组金牌，女子篮球B组金牌。同时获田径金牌3枚、银牌2枚、铜牌2枚。2003年，8名学生分别获全国首届特殊教育美工作品评比一、二、三等奖。2004年，杭州市杨绫子学校参加杭州市首届特殊奥林匹克运动会，获金牌21枚、银牌12枚、铜牌5枚和体育道德风尚奖。2007年，世界夏季特殊奥林匹克运动会特奥圣火欢迎仪式在学校举行，学生陈聪被选为2007—2009全球信使，赴美国参加培训。2015年，学生的文艺表演节目获浙江省第六届特殊学生文艺会演启智奖。《甜蜜的智慧树》绘本剧获杭州市第四届中、小学生绘本表演大赛小学组亚军、优秀组织奖。

图28-8-21　2007年，世界夏季特奥会加拿大代表团在杭州市杨绫子学校开展交流活动　（区教育局 供稿）

表28-8-44　1995—2015年杭州市杨绫子学校主要荣誉情况表

序号	等级	获奖内容	获奖年份
1	国家级	全国特殊学校文艺汇演培智奖	1999
2	国家级	全国特奥篮球赛道德风尚奖	2001
3	国家级	全国第三届残奥会男子足球赛冠军	2002
4	国家级	全国第三届残奥会女子篮球赛冠军	2002
5	国家级	中央教育科学所特殊教育实验基地	2002
6	国家级	全国特殊学校美术作品大赛优秀组织奖	2004
7	国家级	第三届全国特奥地板曲棍球比赛体育道德风尚奖	2004
8	国家级	全国智障者美术书法作品展三等奖	2006
9	国家级	全国特殊教育先进单位	2009
10	国家级	全国第五届特奥会体育道德风尚奖	2010
11	国家级	全国特殊教育学校医教结合实验基地	2011
12	国家级	全国巾帼文明岗	2013
13	省级	浙江省科研先进集体	1995
14	省级	浙江省特殊教育先进集体	1996
15	省级	第二届全省盲、聋、培智学校学生艺术会演获启智奖、启智创作奖	2000
16	省级	浙江省残疾人文艺演出获二等奖	2001
17	省级	《创建培智教育职业高中的研究》获浙江省职业教育教学成果二等奖	2003
18	省级	浙江省第二届特校文艺会演二等奖	2004
19	省级	浙江省依法治校示范校	2007

续表 28-8-44

序号	等级	获　奖　内　容	获奖年份
20	省级	《智障学生“十五年教育模式”的构建与实践》获浙江省基础教育教学成果一等奖	2007
21	省级	浙江省巾帼文明岗	2008
22	省级	浙江省残疾人工作先进集体	2011
23	省级	“虹茄子”国际青少儿创意绘画大赛优秀组织奖	2011
24	省级	浙江省规范化数字档案室	2012
25	省级	长三角中小学名校长联合培训基地	2014
26	省级	浙江省第六届特校学生文艺汇演启智奖	2015

说明：资料来源于杭州市上城区教育局

第九章 教师与学生

1978—1990年，上城区为提高教师整体素质，招录中等师范学校毕业生（包括人民中学幼师职业班）302人，1984年、1986年、1987年向社会公开招聘教师60名（享受干部待遇）。1987年，区属中、小学和上城地区幼儿教师（含区教育局、街道、企事业办）开展首次教师专业技术职称评定。至1990年，评出中学高级教师12人，小学高级（中学一级）教师660人，小学一级（中学二级）教师714人，小学二级（中学三级）教师166人，小学三级教师5人。

1989年，上城区少先队工作委员会建立，负责指导开展全区的少先队工作。1992年，上城区六周岁学龄儿童入学率达到99.8%，1993年，上城区成为全省率先普及九年义务教育的区（县、市）区，全区小学毕业生100%升入初中。

2002年，上城区改进和完善职称评聘办法，实行评聘分离，按教师的结构比例聘任教师，逐步优化教师的管理与考核。2003年，根据教育部《〈教师资格条例〉实施办法》及省、市相关法律法规的规定，上城区教师资格认定工作由区教育局组织，区教师资格认定指导中心具体实施。2004年，进一步规范学籍管理，安排流动人口子女入学，保证流动人口子女享受平等的教育机会。是年7月，上城区开展特级教师评选活动。2006年，教师收入分配制度改革后实行岗位绩效工资制度。

2011年，国家开始试行教师资格考试改革，提高教师准入门槛，破除教师资格终身制，实行国家教师资格考试制度，推动教师专业化发展进程，同时开辟非师范类学生通过考试加入到教师队伍中的渠道。2013年8月，教育部印发《中小学教师资格定期注册暂行办法》，上城区根据相关规定对教师入职后从教资格进行定期核查，并开始实行中小学教师资格5年一周期的定期注册，规范教师资格证书管理，推进教师持证上岗制度的落实。至2015年，上城区义务教育阶段学生28736人，其中小学20237人，初中8283人，特教216人。九年制义务教育普及率100%。共有少先队员26577人，大队30个，大队辅导员34人，中队800个。6个街道均成立少先队工作委员会。

第一节 教师

一、教师队伍

1992年，上城区有初中教职员工28人，其中专任教师21人；小学教职员工1187人，其中专任教师973人；特殊教育教职工26人，其中专任教师21人；幼儿教职员工843人，其中专任教师492人。幼儿教职员工中，教育局属219人，街道属187人，其他部门属437人。初中教师中，大学专科及以上学历14人，占66.7%；小学教师中，中专及以上学历636人，占65.4%；幼儿教师中，中等师范学校及以上学历266人，占54.1%。

2000年，中小学入学高峰趋于缓和，高校扩招后，毕业生增多，师资紧缺状况得到缓解，上城区根据教师队伍的变化情况，取消师范类毕业生计划分配政策，改为供需见面、双向选择的市场化就业。2004年，取消对师范类毕业生的就业限制，实行与非师范类毕业生相同的就业政策。2005年，上城区实施教师全员聘用工作，推进竞聘上岗机制，实现区教师队伍的首次调整优化。2011年开始，上城区实行国家教师资格考试制度，同时开辟非师范类学生通过考试加入到教师队伍中的渠道。

至2015年，上城区通过面向社会公开招聘，共有职业高中教职工79人，其中专任教师68人；初中（含九年一贯制学校初中部）教职工916人，其中专任教师822人；小学（含九年一贯制学校小学部）教职工1444人，其中专任教师1410人；特殊教育教职工75人，其中专任教师68人；幼儿园教职工1415人，其中专任教师775人。幼儿园教职工中，教育局属963人，其他部门属150人，民办302人。中小学幼儿园教师学历合格率均达到100%。其中，初中教师中，本科及以上学历814人，占99.03%（其中研究生学历85人，占10.34%）；小学教师中，本科及以上学历1321人，占93.7%；幼儿园教师中，本科及以上学历608人，占78.5%。

二、师资培训

1993年后，上城区通过开办专题进修班和专著研读班；采取面授和函授相结合、个别指导和小组研讨相结合、课堂指导和讲座指导相结合等形式的学历教育、师德教育，促进教师专业素养和职业道德修养的提高。1996年，上城区组织中年教师参加“小学教育专业”的成人自学考试，提升全区大专学历教师的比重。2007年，上城区建立教育人才建设专项经费，开展新苗奖等教师评选活动。发挥教育发展基金会作用，鼓励和资助教师进行高层次提高培训、教学研究等。是年，上城区师资服务中心成立，开展富余教师的脱产培训。2009年，上 城区重点打造高素质的中学教师队伍，先后举办初中骨干教师培训班、初中名师培训班、初中英语教师英语语言及教学基本功培训班、初中数学教师“新思维数学的理论与实践”培训班，开展区初中特级教师和初中名师评选。

2011年，上城区作为省中小学教师专业发展培训制度改革试点区，制定《贯彻〈浙江省中小学教师专业发展培训若干规定（试行）〉的实施方案》《上城区中小学教师专业发展培训实施意见（试行）》，并成立区教育人才建设领导小组，负责中小学教师专业发展培训工作。是年，上城区实行由在职特级教师组成导师团队、退休教师组成顾问团队，每位导师结对1名区优秀青年骨干教师和1名富阳优秀青年骨干教师，构成“1+1+1”的教育协作共同体，通过专业技能传、帮、带，促进名师资源共享，实现青年教师的专业发展和成长。2014年，建立科学、综合实践、艺术、数学4个名优教师工作坊。

跨世纪园丁工程 1994—2003年，上城区共实施3届“跨世纪园丁工程”，每届培训实践2年。该工程以特级教师、全国优秀教师、小学中学高级教师为导师，聘请省内外知名教授、学者组成外聘导师团给培训提供理论支持。每名导师带3~5名青年教师，采用“师徒结对”方式，培养潜心教育、师德高尚、教艺精湛的学科带头人和新名师，以提升全区教师队伍素质。按区级、辅导片级、支部级和学校级4个层次设置。区级学员按教师数的1.5%确定，取30人左右，由区进修学校负责培养，3届共培养区骨干教师130余人。辅导片、支部级、学校级按教职工总数的4.5%、7.5%、10.5%确定。同时，按照区级300元/人，辅导片500元/人等标准配置研究经费，每期投入经费近50万元。

区教育局还设立内部师徒制和外聘导师制的双向机制，将导师带徒和优秀学员带徒结合起来。导师和徒弟实行双向选择，责任到人。《园丁工程实施细则》规定：获优秀学员称号者，可破格参加职称评审，不占学校名额；突出贡献导师的奖励，经费来源采用教育局、学校、个人5：4：1的比例承担等。工程实施中，还采取举行名师名校长论坛，推荐优秀学员参加省级、全国级的学术交流会，送优秀学员去北京师范大学进修或就读研究生班，及出国考察培训等形式，为学员成为名师名家积蓄力量，奠定基础。至2003年，共培训373名教师。

图28-9-22 2002年，上城区开展首届西博会名师名校长论坛 (区教育局 供稿)

教师助力计划 2008年，区教育局结合区域教育的实际情况，制定《五阶段获奖教师助力计划》[①]，根据不同年龄段教师的职业特点，面向全区中小学、幼儿园，分阶段设置“新苗奖”“新秀奖”“能手奖”“风华奖”“红烛奖”五大奖项。是年，组织开展第一届中小学、幼儿园教师“新苗奖”“新秀奖”“能手奖”“风华奖”“红烛奖”评比工作，共评选出525名“五阶段”获奖教师。

①《五阶段获奖教师助力计划》：每1奖项均包含导师团队指导、继续教育绿色通道、课题研究支助、项目成果支助和校本研修互助5方面内容。导师团队指导：在区域层面成立由学科教学专家、学科带头人、教研员、教学名师等组成的专家队伍，充分发挥专家、导师、业务行家的引领作用，对学校校本研修、教师课堂教学等开展团体性或个体性指导。继续教育绿色通道：依据不同阶段获奖教师的特点，结合培养目标，提供符合各阶段教师发展特征的个性化专项培训项目，主要包括特长辐射和游学启智。课题研究资助：鼓励获奖教师将教育教学中遇到的问题转化为研究课题；教师通过研究，解决实际教学问题，改进工作方式方法，优化教育教学效果，提高教学反思与行动研究能力；设立区资助专项经费用于课题互助组研究活动；凡支助对象申报的课题在区、市、省立项的，可获800~1600元支助金额，按期结题可获同样的奖励金额。项目成果资助：设立项目成果专项资金，资助与奖励获奖教师出版教育教学成果、开发校本课程；项目成果由获奖教师自主申报，教育学院科研部组织专家对成果进行评估与推广。校本研修互助：通过专家引领、同伴互助、对话交流、研读反思、案例诊断、课题研究、专题辩论、风采展示、校际联动等研修形式，促进教师专业素质的提升。五阶段获奖教师专业成长专项培训结合培养目标，分层规划。首先，考虑不同阶段教师的共同需要，设立公共模块内容。其次，根据不同年龄阶段教师的发展需要和特点，设置专修模块内容。再次，给予教师自主权，设置自主培训模块内容，供教师自由选择受训内容。

2011年，组织开展第二届“五阶段”获奖教师评选，共评选出642人。2012年，启动首批上城区学科带头人选拔、认定工作，共评选出170名区学科带头人。初步构建以省特级教师、区特级教师、区学科带头人和“五阶段”获奖教师为核心的四级人才梯队。2015年，启动第三届五阶段和第二批学科带头人选拔评选活动，共评出五阶段获奖教师869人，学科带头人169人。

三、教师聘任和资格评定

1987年始，上城区区属中、小学和上城地区幼儿园教师（含教育局、街道、企事业办）开展教师专业技术职称评定。1998年5月，区教育局制定《关于上城区教职工聘任试行办法》，率先在全市试行教职工聘任制和教师流动制。2000年，区教育局核定每所学校教职工编制数，鼓励学校采取按专业技术职务结构比例聘任和破格聘任等政策。2001年，根据教育部有关规定和区编委核定，上城区制定《关于下发上城区教职工全员聘任制办法》，对每所学校核定教职工编制数，鼓励学校采取按专业技术职务结构聘任和破格聘任等政策，在全市率先进行学校人事制度改革的尝试。2002年，上城区改进和完善职称评聘办法，实行评聘分离，按教师的结构比例聘任教师，逐步优化教师的管理与考核。2003年，区教育局制定《关于下发上城区教师资格认定工作方案的通知》，规范教师资格认定工作的开展。2003年，区教育局在教师评议中，对满意和基本满意度不到2/3的实行诫勉，对管理中出现严重失误的教师实行引咎辞职或免职制度。7月，区教育局借鉴足球球员“转会制”，在全国教育界率先实行教师“转会制”[①]。是年，上城区区内外“转会”调动教师31人，其中区内调动21人、区外调动10人，共收取转会金额26万元。2005年起，该政策不再执行。

2004年7月，上城区特级教师评审委员会成立，制定《上城区特级教师评选管理暂行办法》，开展特级教师评选活动[②]。是年起，全区每3～4年评选1次区特级教师。2005年，上城区

图28-9-23　2004年，上城区开展区特级教师评选活动
（区教育局 供稿）

① 接收学校要向调出学校支付一定“转校费”，具体数额由双方学校协商确定。凡学校教育教学骨干教师在区内调动，所在学校视其培养和服务期限，与对方学校签订书面协议进行有偿“转让”，跨区调动可参照执行。

② 评选范围：区政府管辖的普通中学、小学、幼儿园、特殊学校、职业中学、教育学院、教学研究机构、校外教育机构等单位的教师。各校按照“坚持标准，保证质量，全面考核，优中选优及公开，公平，公正”的原则，推荐符合条件的教师申报区特级教师。学科评审委员会通过资格审查、组织考察、说课、论文答辩等形式确定初步名单，经专家委员会评选确定正式名单。

下发《关于转发杭州市上城区实行教职工聘用制度暂行办法的通知》《2005学年上城区教职工聘用工作实施意见》，在杭州市主城区教育系统中率先启动事业单位人员聘用制工作，实施教师全员聘用工作，推进竞聘上岗机制。2011年，国家开始试行教师资格考试改革，提高教师准入门槛，破除教师资格终身制，实行国家教师资格考试制度，上城区按照规定执行。8月，教育部印发《中小学教师资格定期注册暂行办法》，对教师入职后从教资格进行定期核查。开始中小学教师资格实行5年一周期的定期注册。此后，上城区每年开展教师资格定期注册工作，规范教师资格证书管理，推进教师持证上岗制度。2014年3月，上城区有6名教师被评为省特级教师，全区在职特级教师增至28人。至2015年末，上城区特级教师评选活动进行4届，评出区特级教师38人。

四、工资待遇

1990年4月，国家将专业技术人员职务的起点工资标准和最高工资标准分别提高2个档次。1993年10月，国家实行新的专业技术职务等级工资。1997年、1999年、2001年、2003年，国家先后5次提高工资标准。

1994年开始，上城区实行教职工的基本生活用品价格浮动补贴，并随工资一起发放。1995年10月，首次实施2年1次正常增资机制，即教职工在1993年、1994年2年考核为合格及以上的，可从1995年10月1日起在本职务所对应的工资标准内晋升1个工资档次，今后正常晋升档次均从连续2年考核合格后次年1月起执行。1998年5月起，教龄满25年的退休女教师享受全额工资待遇。2000年4月起，特殊教育津贴由原职务工资的20%提高到30%。2001年1月起，教师发放“参照省补贴”，在职教师的标准为中学高级及相当职务310元，中学一级及相当职务230元，中学二级及相当职务190元，小学二级及以下170元；退休和退职教师分别按90%、80%的比例发放。2002年，实行固定价格补贴办法，在职和离退休人员每人每月补贴35元。2004年1月起，给公办教师发放增收节支奖，在职教师（含离休）按月人均500元发放，退休教师按90%的比例发放。2003年3月起，将计发基数调整为职务工资与工资构成中的津贴之和，并将特殊教育津贴作为计发退休费基数的年限由从事特殊教育工作满20年减少为满15年。

2006年，教师收入分配制度改革后实行岗位绩效工资制度。岗位绩效工资由基本工资、绩效工资和特殊岗位津贴3部分组成。在规范津贴补贴的同时实施绩效工资，绩效工资包括基础性绩效和奖励性绩效，逐步形成合理的绩效工资水平调控机制、科学的绩效考核机制、完善的分配激励机制。从2009年1月1日起，义务教育学校实施开始实施绩效工资制度，非义务教育单位从2010年1月1日起实施。2014年10月起，养老金“并轨”，教师实行和企业职工同样的基本养老保险制度，教师个人需每月缴纳养老保险金。同时，同步推进工资制度完善，根据国家的财力情况，从2014年起每1至2年调整1次工资标准。是年，教师专业技术人员的岗位工资标准，由550元至2800元提高到1150元至3810元，薪级工资标准由80元至2600元提高到170元至5795元。2015年，基本工资未进行调整。

五、干部培训与选拔

干部培训　1993年，区教育局坚持每两周举行一次校长书记学习会，举办“暑期干训班”，学习理论、法规，及时传达上级文件精神。

1994年，上城区以“知全局、学理论、懂本行、抓改革、促发展”为主题，举办学习《中华人民共和国教师法》《中华人民共和国义务教育法》等讲座，选送14人参加杭州市小学校长培训班。2001年，设立干部培训专项经费，按照每年1万元的标准拨付。2004年，区教育局加大对干部培训工作的经费扶持，增加至每年2.5万元。是年，上城区采取校长书记系列读书会、校长书记论坛、课题研究等开放、互动式的培训形式，实施“上城区校长（书记）成长工程”。同时，建立教育人才建设专项经费，每年拨出专项经费用于挂职锻炼、外出考察及专题培训。开展上城区十佳校长的评选活动。2005年，输送干部参加岗位培训、提高培训和异地培训，同时，开展区本培训[①]。

2007年12月起，上城区教育研修网利用网络研修平台，创新干部研修模式，将线上学习与交流、线下研讨与实践相结合，培养校长自主学习习惯。2009年，区教育局组织“名校集团文化、制度、队伍三项建设”为主题的教育调研活动和“解放思想、科学发展”为主题的校级干部调访外区初中名校活动。2013年，开展向高校借智力、向专家要思路，与浙江大学生态教育研究所合作，举办正职校长（园长）培训班，通过智慧课程、体验课程、课题研究和高端论坛、赴中央教育科学研究院学习等形式，提升校长的管理能力。2015年，区教育局制定《上城区未来名校长培养计划》，建立名校长工作坊，加大名校长的辐射作用，带动年轻干部的成长。

干部选拔　1993年，区教育局开始完善干部队伍管理的激励机制、竞争机制和制约机制。1995年，推行年轻干部选拔任用、各校党政领导班子换岗交流等举措，提拔、任命干部24人，其中20～30岁的青年干部10人，调动调整6人，正校级干部在同一单位任满2届轮岗交流10人。1997年，针对22名正、副校长级干部因年龄因素退居二线，实施中青年干部考察、选拔、推荐、任用工作，45名中青年教师推上基层领导岗位。

2000—2001年，上城区试行干部招聘和竞争上岗制，建立校级后备干部选拔机制。2003年，实行干部选拔双轨制，通过公开选拔和民主推荐的形式，让群众参与干部的选拔与监督。2004年起，全面推进干部轮岗机制，促进干部多岗位锻炼。2005年，建立“校长成长档案袋”，分类记载考核指标和内容，进行集中管理。2006年，实行校级干部持证上岗制度，试行校长任期制，扩大校级干部交流。2000年、2003年、2006

① 新任校长书记上岗培训、校长书记的分岗培训、书记校长课题研究、干部区内外挂职锻炼、利用远程教育手段开展菜单式网络培训。

年，分别选拔后备干部23人、21人、30人。2008年，改革校长书记民主测评考核和述职考评的考核办法，完善“选拔—培养—任用—考核”的干部培养机制。

2009年起，上城区在各公办初中先行试点，实施校长任期制学校的正职校长，采取委任、选任、竞聘等方式重新任命并明确任期。任期一般为3年，校长在任期内一般不作调动。任期届满，所任校长职务自然终止。在同一所学校的连任一般不超过3届。2010年，全面推进中小学校长任期制工作，在初中校长任期制的基础上，推出杭州市杨绫子学校校长、杭州市秋涛路小学校长、杭州市天长小学金都校区执行校长（正校级）、杭州天地实验小学新校区负责人（正校级）4个小学校长岗位和8个幼儿园校级干部岗位试行竞争上岗。2011年，在区教育局所属幼儿园推行园长任期目标责任制。2014年，推进校长交流工作，建立干部轮岗机制，全区交流校长14人。2015年4—5月，公开选拔产生校级后备干部38人。

第二节　学生

一、学生生源

1992年，上城区6周岁学龄儿童全部按时入学，入学率达到99.8%，同时实行不留级制度。1993年，上城区通过省教委的义务教育的验收检查，成为全省率先普及九年义务教育的区（县、市）区，全区小学毕业生100%升入初中，中小学无辍学现象。随着杭州城市的发展，上城作为中心主城区，更是有许多人才子女、进城务工人员随迁子女等涌入上城区，符合就读条件的外地适龄儿童根据招生顺序进行解决。1995年，上城区6周岁学龄儿童全部按时就近入学，入学率高达99.5%。

2000年，上城区继续推进素质教育，实现高标准普及义务教育，争创教育强区。实施《上城区小学生学籍管理暂行办法》，全区各中小学进一步开展小班化教学的实践研究，推广小班化课堂教学模式，70%的学校参与小班化教育。初中班级234个，学生11518人；高中班级36个，学生1588人；教职工1066人，其中初、高中专任教师662人。2009年，上城区义务教育阶段班级总数713个，其中小学500个，初中201个，特教12个。九年制义务教育普及率100%。2010年，上城区义务教育阶段学生24606人，其中小学16624人，初中7779人，特教203人。九年制义务教育普及率100%。

2015年，上城区九年制义务教育普及率100%，共有学生28736人，其中小学20237人，初中8283人。共有随迁子女8287人，港澳台籍子女160人，华侨7人，外国籍43人，初中共有随迁子女3442人，港澳台籍子女15人，华侨4人，外国籍14人。

二、学生组织

中国少年先锋队[①]　1993年，上城区有少先队员20628人，大

① 1989年，中共杭州市上城区委批复上城区团区委《关于建立上城区少先队工作委员会和加强少先队工作的报告》，同意建立上城区少先队工作委员会并确定上城区少先队工作委员会是全区少先队组织的领导机构，负责指导开展全区的少先队工作。

队32个，中队443个。2009年，上城区第八次少先队代表大会举行，会议表彰一批少先队工作先进集体和个人，选举产生新一届少先队工作委员会。

2011年，上城区少年领袖成长营首期开营式举行。营员来自上城区近20所学校，1学期内开展“与精英对话”“与时代同行”“与团队共赢”三大系列共12次活动。2013年，上城区根据《关于进一步加强全区中小学少先队活动的通知》的要求，全区“少先队活动”课程课表覆盖率达93%。其中，中学进课表的比例为90%。建成区级教研大组1个，校级教研组27个。区内共有省市区三级少先队活动课程试点学校6所。区少工委每月在区内组织少先队活动课程专题培训1次以上，直接服务于基层少先队组织的大、中队辅导员。

图28-9-24　2011年，上城区少年领袖成长营营员们寻访工艺美术大师朱炳仁　（区教育局 供稿）

2014年，上城区第九次少先队代表大会举行，会上上城区少工委在杭州市率先成立区少先队员权益工作小组，为全区少先队员维护自身权益提供新平台。

2015年，上城区在“全国社区和校外少先队工作现场交流会”中进行展示，有近300余名少先队员积极参与。至2015年末，上城区共有少先队员26577人，大队30个，大队辅导员34人，中队800个。6个街道均成立少先队工作委员会，54个社区全部成立社区青少年俱乐部。

中国共产主义青年团[①]　1993年，上城区教育系统共有14～28周岁青年875人，团员614人，基层团委1个，共青团支部30个。1997年起，上城区每年举行“十八岁成人节”宣誓仪式。2004年起，举办教育系统团干读书会。2005年起，举行区教育系统青年教师“群英榜”评选、区教育系统“十佳团员”评比、“唱响心中最红的歌”区教育系统团员青年“红歌会”、区“十大杰出青年进校园”活动以及青年教师基本技能比赛、外地在杭新教师中秋联谊活动、区中学生社团

图28-9-25　2008年，上城区教育系统举办团员青年“红歌会”　（区教育局 供稿）

① 共青团上城区教育局委员会建立于1971年6月。

文化节等活动。还举办“缘聚共青玫瑰之约”大型交友、青年教师读书故事演讲比赛、中学生社团文化节、区青年教师厨艺比赛、区首届青年教师“金话筒”主持人大赛等精彩活动。2010年12月，共青团杭州市上城区教育局委员会建制更改为共青团杭州市上城区教育工作委员会。2015年，共有基层团组织48个，团支部155个，团员1294人。

杭州市上城区志

（1993—2015）

第三卷

杭州市上城区地方志编纂委员会 编

方志出版社
Publishing House of Local Records

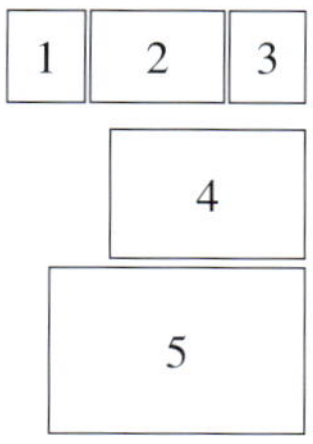

1. 邵芝岩毛笔（2007年）（汤耀亮 摄）
2. 杭州刺绣（2011年）（邱国强 摄）
3. 盘扣（2012年）（顾益民 摄）
4. 朱炳仁铜雕作品——同源桥（2012年）（胡鉴 摄）
5. 浙派牙雕（2012年）（俞建华 摄）

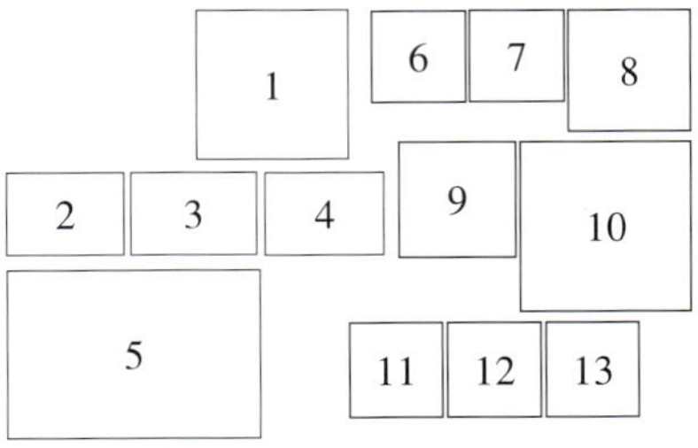

1. 钱学森故居（小营街道 供稿）
2. 茅以升故居（林之江 摄）
3. 郁达夫故居（区住房和城建局 供稿）
4. 龚自珍纪念馆（陈建荣 摄）
5. 杭州市方志馆（杭州市方志馆 供稿）
6～13. 胡庆余堂中药文化（陈跃书 摄）

胡慶餘堂
国药号

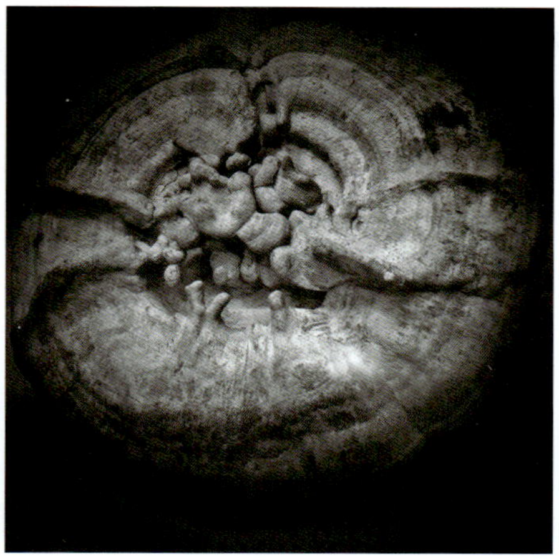

胡慶餘堂雪記

五十二病方

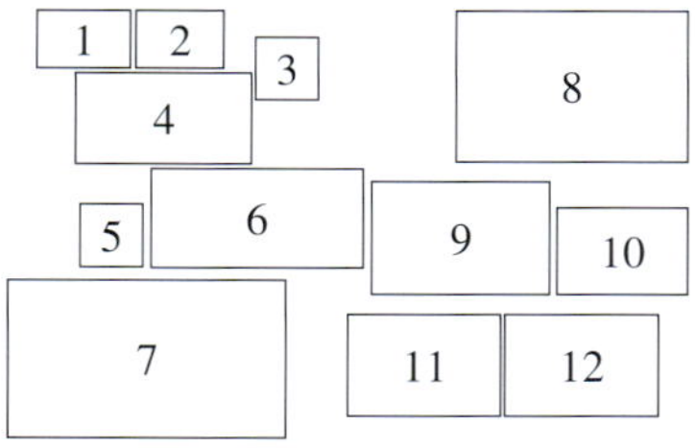

1～7. 南宋赵氏太庙遗址（2015 年）
（潘雯 摄）
8～12. 于谦故居
（金光辉 摄）

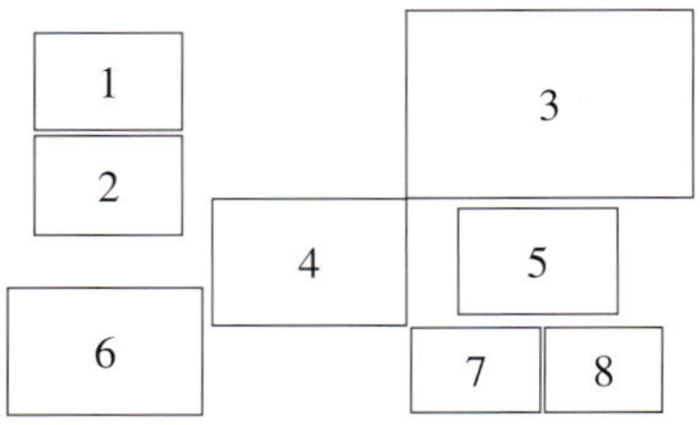

1. 元宵节花灯（2014年）（邱东明 摄）
2. 2013年7月，上城区文艺团队联合会“新舞台”越剧团在浙江胜利剧院演出剧目《陈三两》（区文化和广电旅游体育局 供稿）
3. 茶艺展示（2014年）（张建萍 摄）
4. 吴山庙会（吴汝华 摄）
5. 香茶迎客（2009年）（张建萍 摄）
6. 吴山文化大舞台（2006年）（陈建荣 摄）
7. 小热昏（2013年）（区档案馆 供稿）
8. 中国功夫表演（2012年）（于旭光 摄）

南宋遺址陳列館
南宋御街遺址

CHINA FINANCE & TAXATION MUSEUM

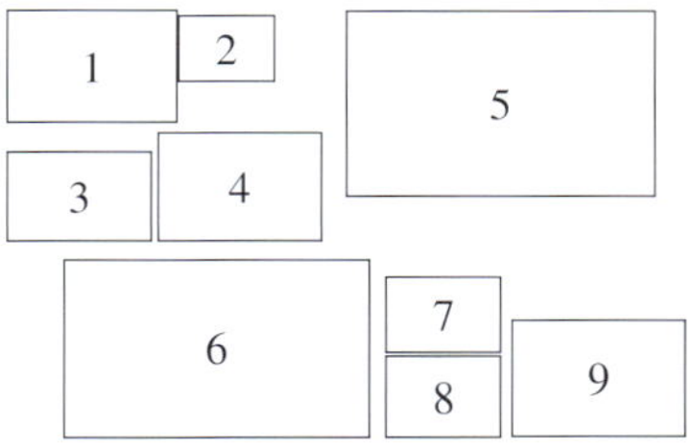

1. 杭州博物馆（陈建荣 摄）
2. 杭州博物馆镇馆之宝——战国水晶杯（区档案馆 供稿）
3. 中国杭帮菜博物馆（俞建华 摄）
4. 南宋遗址陈列馆（2007年）（杭州市人民政府地方志办公室 供稿）
5. 2015年，上城区举办纪念抗日战争胜利70周年歌咏大会（区文化和广电旅游体育局 供稿）
6. 中国财税博物馆（陈建荣 摄）
7. 上城区庆祝改革开放30周年歌舞《走进新时代》（2008年）（区委宣传部 供稿）
8. 舞蹈《吴山香客》（2010年）（区文化和广电旅游体育局 供稿）
9. 杭州“西湖狂欢节”开幕式（2002年）（俞秋杭 摄）

2004年上城区小学生排球比赛

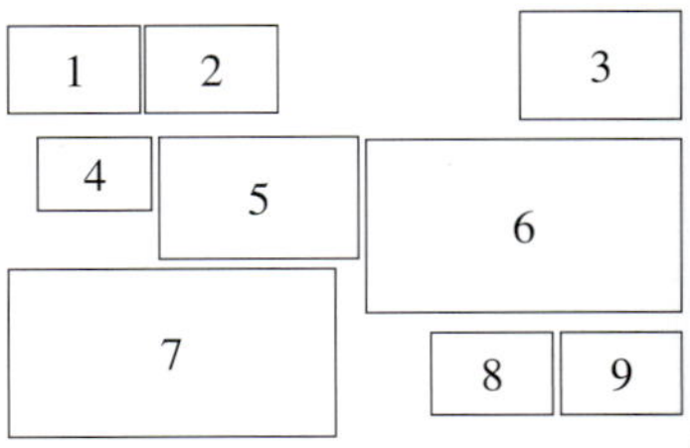
1
2
3
4
5
6
7
8
9

1. 篮球（区文化和广电旅游体育局 供稿）
2. 排球（陈建荣 摄）
3. 上城区第二届大众艺术健身大赛（2004年）（陈建荣 摄）
4. 足球（区文化和广电旅游体育局 供稿）
5. 游泳（区文化和广电旅游体育局 供稿）
6. 2015年，紫阳街道在太庙广场举办康乐球比赛（石国仙 摄）
7. 田径（楼纪范 摄）
8. 家庭亲子运动会（2005年）（区委宣传部 供稿）
9. 2011年，小营地区举办第九届全民健身运动会（小营街道 供稿）

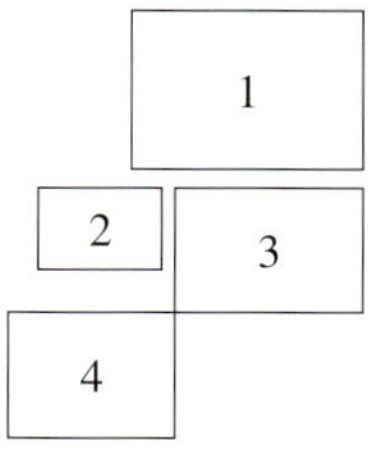

1. 轮滑（2004年）（陈建荣 摄）
2. 老年人舞蹈（韩晓栋 摄）
3. 武术（韩晓栋 摄）
4. 小区公共健身设施（杭州市人民政府地方志办公室 供稿）

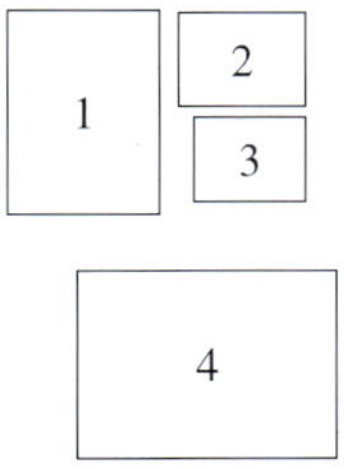

上城区抗击非典型性肺炎疫情组照：

1. 病毒消杀（陈建荣 摄）
2. 书画表心意（陈建荣 摄）
3. 图片展（陈建荣 摄）
4. 解除隔离（陈建荣 摄）

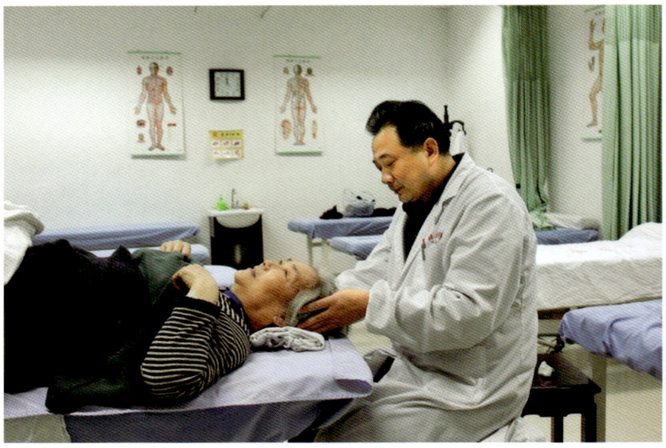

三慎泰
浙江老字號
始創于一九一二年
名醫坐診

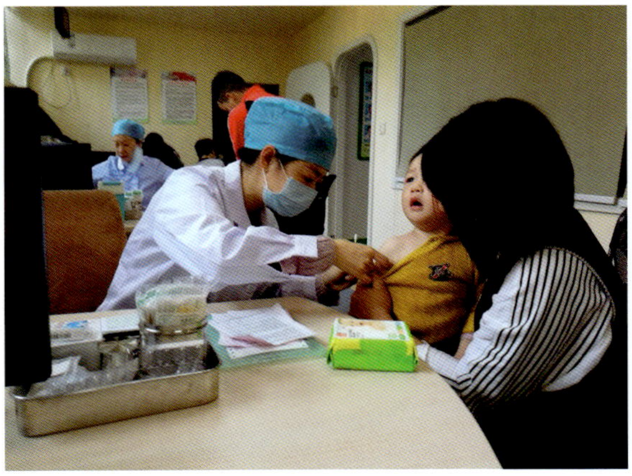

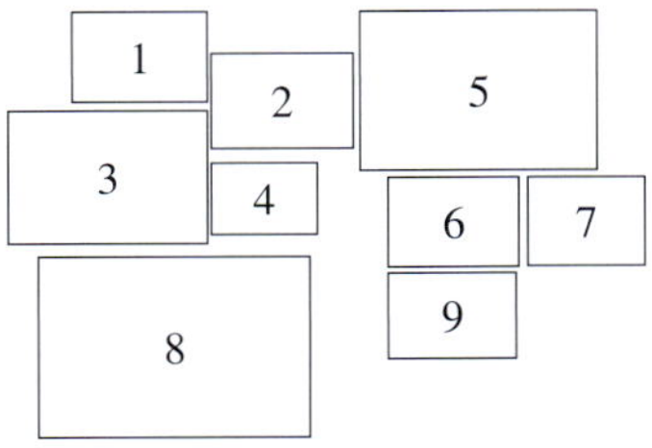

1. 中医按摩（吴璜 摄）
2. 草药加工（卢宝泉 摄）
3. 中药配制（2012年）（吴璜 摄）
4. 养生药膳（2012年）（汤耀亮 摄）
5. 2015年7月，南星街道社区卫生服务中心医护人员为外来务工者送防暑药物（区卫生健康局 供稿）
6. 中医问诊（吴璜 摄）
7. 疫苗接种（区卫生健康局 供稿）
8. 2014年5月，建国南路中医街开街（区财政局 供稿）
9. 望江门禽流感病毒消杀（2014年）（区卫生健康局 供稿）

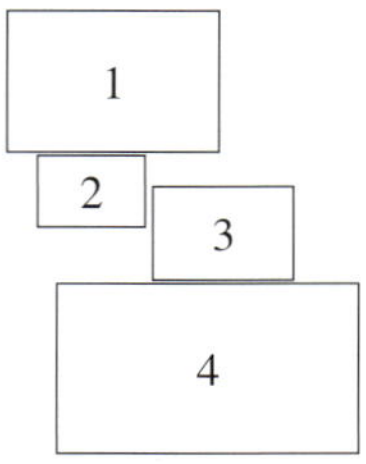

1. 2010年，上城区人民政府、中国美术学院举行大学生创业就业全面合作协议签约仪式（区人力资源和社会保障局 供稿）
2. 城乡统筹——“萧山区、上城区、富阳市”春季人力资源交流大会暨大型高校毕业生就业洽谈会（2012年）（区人力资源和社会保障局 供稿）
3. 大学生创业项目——杭州国力雕塑艺术有限公司（区人力资源和社会保障局 供稿）
4. 上城区现代服务业技能比赛（2014年）（张关春 摄）

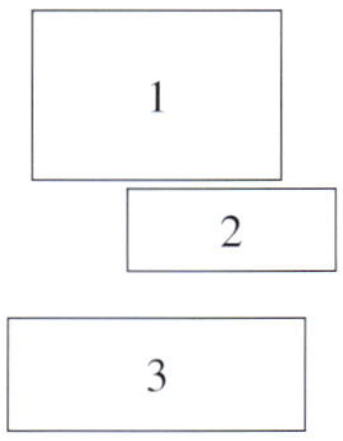

1. “新中国第一个居民委员会”（区民政局 供稿）
2. 2008年，上城区召开“新中国第一个居民委员会”、中国社区建设史料馆建设工作汇报会（区民政局 供稿）
3. 2011年11月10日，上城区在浙江社区社会工作论坛上进行“邻里值班室”工作经验推介（区民政局 供稿）

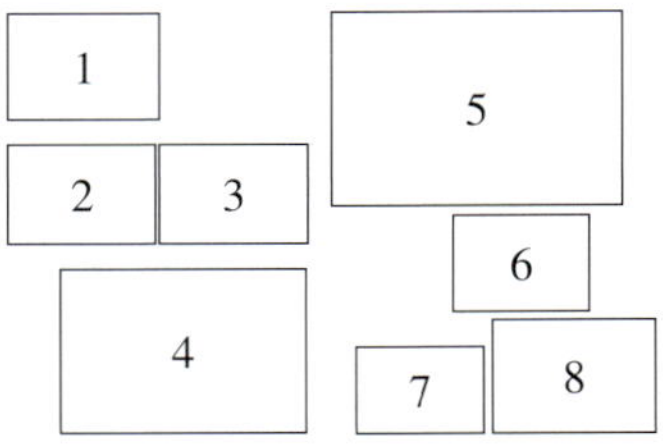

1. 2010年5月22日，社区居民在大学路社区第四届居民委员会换届选举中投票（林之江 摄）
2. 耀华社区三八节活动（2006年）（陈建荣 摄）
3. 东平巷社区邻居节活动（2013年）（俞秋杭 摄）
4. 清波门敬老院老年人活动（朱丹 摄）
5. 工作中的磨刀人（1998年）（吴汝华 摄）
6. 走街挑筐叫卖的小贩（1996年）（吴汝华 摄）
7. 找活的穿棕棚手艺人（1998年）（吴汝华 摄）
8. 找活的磨刀人（1997年）（吴汝华 摄）

杭信 房产
BRIDGESTONE

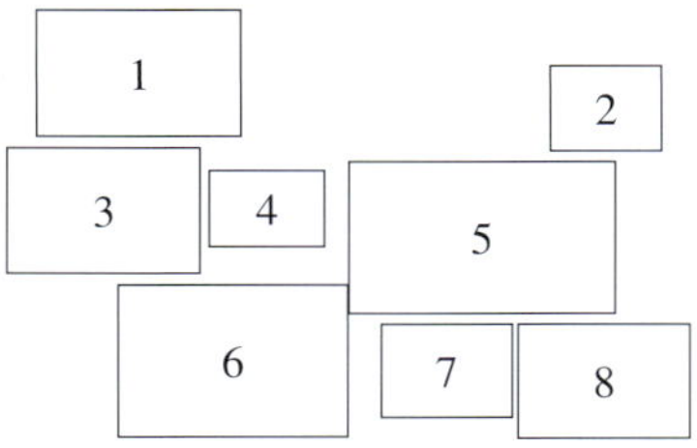

1. 居民在杭州万安桥茶室听书品茶(1998年)（吴海森 摄）
2. 全家庆祝老人九十四岁大寿（2012年）（卢宝泉 摄）
3. 杭州市清吟巷小学学生在杭州王文韶故居玩耍（1996年）（吴海森 摄）
4. 吴山人家（1998年）（吴海森 摄）
5. 万松书院周六相亲日（李蓓敏 摄）
6 .纳凉晚会戏曲专场（2003年）（陈建荣 摄）
7. 居民取用井水（林之江 摄）
8. 上城小巷里的婚礼（区委办公室 供稿）

吴山 烤
吴山路62号
吴山烤禽有限公司
13067805850
文明施工

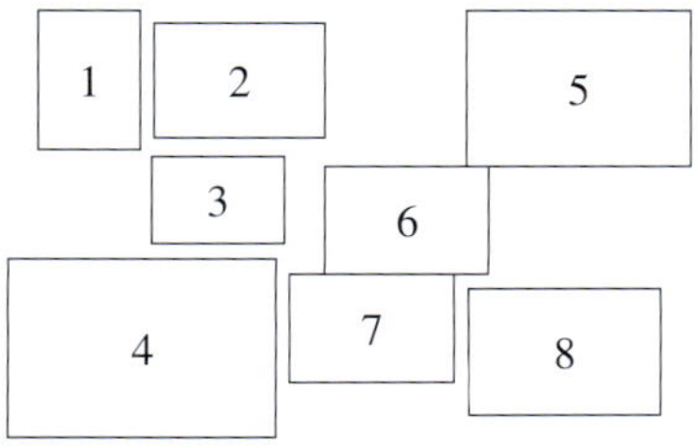

1. 老杭州的腊月（2012年）（吴汝华 摄）
2. 中秋拜月（2010年）（阮晓 摄）
3. 望江门外露天菜市场（2014年）（吴海平 摄）
4. 居民排队购买熟食（俞秋杭 摄）
5. 扇子舞（2007年）（韩晓栋 摄）
6～7. 舞空竹（戴文昌 摄）
8. 戏曲表演（2007年）（吴汝华 摄）

1 2
3
4

1. 白云庵内景（吴海平 摄）
2. 大资福庙内殿（2010年）
（玉皇山南基金小镇管理委员会 供稿）
3. 海潮寺内殿（陈建荣 摄）
4. 鼓楼堂（2011年）（熊靖华 摄）

总 目 录

第一卷

第二卷

第三卷

Contents

Volume 1

Volume 2

Volume 3

《杭州市上城区志（1993—2015）》
第三卷编纂人员名单

责任编辑： 王　茜　刘　毅　徐晓霞　楚克静　蔡　蕾

第二十九篇　文化体育

撰稿： 王　琴　李岳鹏　孟　蕾　项　强　章　莉　温泮婧　裘振华　蔡　蕾

第三十篇　卫生

撰稿： 仲　玥　唐　婴

第三十一篇　人力资源和社会保障

撰稿： 刘海亭　李秀荣　金　鑫　谢阿芳

第三十二篇　民政

撰稿： 任先庭

第三十三篇　民俗 宗教

撰稿： 王琳莉　楚克静

第三十四篇　街道

撰稿： 王　芹　王璀佶　毛徐宝　李淑艳　周廷波　蒋成杰　蔡文哲

第三十五篇　人物 先进集体

撰稿： 许红霞　陈利文　郭　力　蔡　蕾　黎　颖

第三十六篇　文献

整理： 许红霞　楚克静　蔡　蕾　黎　颖

（以上名单按姓氏笔画为序）

目录

第三卷

第三十篇　卫生

第三十一篇　人力资源和社会保障

第三十二篇　民政

第三十三篇　民俗　宗教

第三十四篇　街道

第三十六篇　文献

DIRECTORY

Volume 3

Part 29 : Culture and Sports

Part 30: Hygiene

Part 31: Human Resources and Social Security

Part 32: Civil Administration

Part 33: Folk Custom and Religion

Part 34: Subdistrict Office

Part 35: Figures and Advanced Collectives

Part 36: Documents

第二十九篇 文化体育

今上城地区，历来是杭城文化中心，文化兴盛。南宋画家刘松年、词人李清照，元代戏曲作家范居中，清代和民国时期文化名人袁枚、陈端生、龚自珍、鲁迅、郁达夫等，均在上城辖区居住或留下足迹；历代的杭城文化娱乐场所，如南宋的勾栏，元、明、清时期的书剧场，清末民国初期的戏园、剧场、电影院、报社、藏书楼、民众教育馆等，也大都集中在今上城地区。清光绪三十一年（1905）十月，在金衙庄建成浙江省体育场。民国6年（1917），在涌金门外沿湖一带建杭州公立运动场。20年（1931），省立体育场建于惠民街（路）的清行宫故址。37年（1948），辖区有影剧院12家、歌场3家、舞场3家，民众教育馆、图书馆、广播电台各1家，报社、杂志社、通讯社等18家。无固定场所的游艺活动、灯会、庙会、杭滩、杭剧、说书、杂艺等也大都集中在今上城地区的茶肆酒楼及街坊里弄。

杭州解放后，区政府重视文化体育事业，增加文化体育设施，群众文化艺术活动开展普遍，文艺创作活跃，各类群众性体育运动广泛开展，竞技运动水平逐步提高。陈云曾于1959年、1962年、1977年3次到大华、三元（新艺）书场听书。“文化大革命”期间，上城区文化体育事业受到很大破坏。1978年中共十一届三中全会后，文化体育事业重现生机。

1993年初，上城区域内有省、市驻区影剧场、图书馆、书画社、报社、书店等文化事业单位21家，上城区有区属电影院、书场、文化馆、少年宫各1家，体育场、溜冰场各1个，街道文化站7家，在辖区内各居民区普通建有文化活动室，初步形成区、街道、居民区三级文化体育网络。

1997年，集区文化馆、杭州前进电影院于一体的上城区文化活动中心大楼建成，设有影剧院、歌舞厅、游乐厅、展览厅、排练厅、健身房、琴房、电脑房、画廊、录音棚、服务部等专用场所，达到省、市要求的规范化标准，成为上城区公共文化事业发展的重要标志。是年起，以潘公凯、许江为代表的中国美术学院艺术家群体持续进行艺术创作，在国内、国际形成较大的影响力。2000年起，辖区内博物馆、图书馆、书店、歌舞厅（卡拉OK）、影剧院、美术画廊等公共文化设施发展较快，上城区作为杭州市中心城区的文化地位进一步凸显。

上城区特别重视优秀游泳运动员的培养和输送，着力推进学校游泳运动开展。2001年，上城区首次被国家体育总局评为“全国游泳之乡”。与此同时，社会主义时期地方志编纂工作取得进步。2002年，上城区完成首部区志《杭州市上城区志》编纂和内部出版。2004年，上城区将档案管理工作列入目标管理考核，加强对档案接收、征集工作的制度约束，档案管理工作逐步纳入法制化、制度化的轨道。2007

年起，随着危旧房改造工作的推进，上城区启动大批历史建筑的整体修缮，并开始非物质文化遗产保护工作。2008年，金星铜集团有限公司成为上城区首个浙江省非物质文化遗产传承基地。

2009年，区委、区政府制定《关于推动文化事业繁荣发展的实施意见（2009—2011年）》，提出充分挖掘吴越、南宋厚重历史文化遗产，继续做好重点文物保护、文化典籍整理保护、非物质文化遗产保护等工程，加大力度普及群众文化，加强基层文化设施建设。是年起，杭州市上城区文化馆常年开设舞蹈类、声乐类、器乐类、摄影类、戏曲类、书画类等免费基础课程，深入推进文化惠民，不断满足人民群众的精神文化需求。是年，杭州市上城区作家协会成立，标志着上城区文学事业进入一个新的里程碑。2010年起，上城区开展区域内体育设施共享工作。2011年，杭州大华书场成为浙江省非物质文化遗产宣传展示基地，重点宣传展示曲艺类非物质文化遗产。是年起，上城区加大力度加强非物质文化遗产项目宣传与保护基地建设，重点宣传和保护杭州铜雕技艺、曲艺、振兴祥中式服装制作技艺、胡庆余堂中药文化、方回春堂传统膏方制作技艺、杭州金银饰艺。2013年，上城区文体惠民工作领导小组成立，将太极拳、太极剑、健身气功、排舞等传统项目向社区居民及外来务工人员推广，并赠送器材、发放文体惠民券。2014年9月起，上城区32所中小学校体育设施免费向社会开放。

至2015年，上城区辖区内有综合性博物馆1个，专题性博物馆16个，纪念性博物馆9个；有省级图书馆1个，市级图书馆1个，区属图书馆1个；有歌舞厅（卡拉OK）23家，影剧院14家，画廊42家。被列为联合国“人类口头与非物质文化遗产代表作”① 名录1项，被列为国家级非物质文化遗产6项，被列为省级非物质文化遗产17项，被列为市级非物质文化遗产27项，被列为区级非物质文化遗产48项。上

① 1989年10月17日至11月16日，联合国教科文组织第二十五届会议通过《保护民间创作建议案》，建议世界各国尽快采取行动，保存、保护并传播民间创作，由此诞生人类口头与非物质文化遗产代表作。人类口头和非物质遗产代表作又称无形遗产，是相对于有形遗产，即可传承的物质遗产而言的概念。是指各民族人民世代相承的、与群众生活密切相关的各种传统文化表现形式（如民俗活动、表演艺术、传统知识和技能，以及与之相关的器具、实物、手工制品等）和文化空间。

城区共有国家、省、市、区各级文物保护单位93处，占杭州市主城区的37.05%；有杭州市公布的历史建筑163处，占杭州市主城区的54%；另有历史文化街区（地段）16处。《美术报》《交通旅游导报》在此编辑出版，辖区内有杭州文化广播电视集团、中国美术学院出版社等开展新闻传播和艺术、教育等图书的出版。

第一章　组织机构

1980年起，上城区文化工作先后由中共杭州市上城区委宣传部、杭州市上城区文教局管理。1987年，区政府建立文化科，主管全区文化工作。1988年9月，改设杭州市上城区文化局。1996年，杭州市上城区体育运动委员会更名为杭州市上城区体育运动局。

2002年，上城区结合机构改革，将杭州市上城区文化局、杭州市上城区体育运动局整合设置为杭州市上城区文化体育局，由其全面主管全区文化艺术、体育运动、文体市场和文化体育产业。2005年，在杭州市上城区文化体育局的基础上，上城区组建杭州市上城区文化广电新闻出版局（杭州市上城区体育局）。

至2015年，杭州市上城区文化广电新闻出版局（杭州市上城区体育局）主管全区文化艺术、广播影视、新闻出版、体育运动。内设办公室、文化科、体育科、监督管理科，直属管理机构有杭州市上城区文化市场行政执法大队、杭州市上城区非物质文化遗产保护中心、杭州市上城区国民体质监测中心。

第一节　协调机构

一、杭州市上城区地区文化工作委员会[①]

1993年11月及1998年12月，上城区先后对杭州市上城区地区文化工作委员会成员单位和组织领导进行调整，增加杭州市总工会、杭州市邮政局、浙江大学医学院附属第二医院等相关单位领导任副主任。杭州市上城区地区文化工作委员会由区委、区政府直接领导，业务上接受省、市文化主管部门的指导，主要任务是联合地区单位举办不同形式的群众性文化活动。至2015年，未发生变化。

二、杭州市上城区文化体制改革工作领导小组

2005年3月，上城区建立杭州市上城区文化体制改革试点领导小组，由区委常委、中共杭州市上城区纪律检查委员会（简称区纪委）书

① 1992年2月，上城区在全市首创成立杭州市上城区地区文化工作委员会，名誉主任为杭州市人民政府副市长陈端、浙江省文化厅厅长钱法成、浙江省军区司令部副参谋长黄金登、杭州市文化局局长胡效琦，主任由上城区区长担任，中共杭州市上城区委宣传部部长、区政府副区长、杭州新侨饭店副总经理、浙江人民广播电台副台长、杭州解放路百货商店党委副书记、杭州市电力局工会主席、杭州市上城区文化局局长等领导为副主任。

记任领导小组组长，中共杭州市上城区委宣传部（简称区委宣传部）部长、区政府副区长任副组长，成员由中共杭州市上城区委办公室（简称区委办公室）、杭州市上城区人民政府办公室（简称区政府办公室）、杭州市上城区文化体育局等相关领导组成。2006年8月，更名为杭州市上城区文化体制改革工作领导小组，同步调整充实组成人员。至2015年，未发生变化。

三、杭州市上城区创建浙江省文化先进区领导小组

2009年8月，上城区成立杭州市上城区创建浙江省文化先进区领导小组，由区委书记任领导小组组长，区委副书记、区长任第一副组长，区委常委、区纪委书记任常务副组长，区委常委、常务副区长、区委宣传部部长、副区长任副组长，成员由区委、区政府相关部门及各街道领导组成。至2015年，未发生变化。

四、杭州市上城区文化建设工作领导小组

2010年12月，上城区建立杭州市上城区文化建设工作领导小组，由区委副书记、区长任组长，区委常委、区纪委书记任常务副组长，区委常委、区政府常务副区长，区委宣传部部长、副区长任副组长，成员由区委、区政府相关部门及各街道领导组成。至2015年，未发生变化。

五、杭州市上城区社会文化管理委员会①

1993年、1998年，上城区先后调整杭州市上城区社会文化管理委员会成员单位。该委员会主要职责是研究制定全区文化市场管理目标和任务，指导开展全区性集中整治及检查行动等。至2015年，未发生变化。

六、杭州市上城区非物质文化遗产工作领导小组

2007年4月，上城区成立杭州市上城区非物质文化遗产工作领导小组。区政府分管副区长任组长，区政府办公室主任、杭州市上城区文化广电新闻出版局局长任副组长，成员由区委、区政府相关职能部门及各街道分管领导组成。2011年11月、2012年8月分别调整成员名单。至2015年，未发生变化。

七、杭州市上城区文物保护委员会

2002年4月，杭州市上城区文物保护委员会成立，由分管副区长任主任，区政府办公室主任、杭州市上城区建设局局长任副主任，成员由区政府相关职能部门及各街道分管领导组成。2010年6月，调整为区委书记任主任，区长任第一副主任。至2015年，未发生变化。

八、杭州市上城区历史建筑保护领导小组

2004年7月，杭州市上城区历史建筑保护领导小组成立，由区委书

① 1988年，杭州市上城区社会文化管理委员会建立，主任由区委、区政府分管副书记或副区长担任。

记任组长，区长任常务副组长，成员由区委、区政府相关职能部门及各街道主要领导组成。至2015年，未发生变化。

九、杭州市上城区省级体育强区复评工作领导小组

2015年8月，上城区成立杭州市上城区省级体育强区复评工作领导小组，领导小组由分管副区长担任组长，成员由区委宣传部、杭州市上城区教育局等部门及街道负责人共同组成。

第二节 管理机构

一、杭州市上城区文化局[①]

1993年，杭州市上城区文化局（简称区文化局）内设行政办公室、群众文化科、社会文化科和企业管理科，局址解放路崔家巷4号。区文化局作为政府的职能部门，主要职责是依照国家有关法律、法规制定上城区文化发展规划，负责直属文化单位的日常管理，指导开展群众性文化活动、培训，完善区、基层街道、社区的三级群众文化网络，监督管理全区文化市场，推进文化产业发展和文化交流等。1996年，调整为办公室、社会文化科、文化市场管理科、企业管理科。2000年，搬迁到后市街121号办公。2002年1月，区文化局撤销。历任党支部（党组）书记、局长为吕春生、陈树达、张玉山。

① 1987年3月，杭州市上城区人民政府文化科建立。1988年9月，文化科撤销。是月，杭州市上城区文化局成立。

二、杭州市上城区体育运动局[②]

1993年，杭州市上城区体育运动委员会（简称区体委）负责全区的群众体育、竞技体育等工作。1996年，区体委更名为杭州市上城区体育运动局（简称区体育运动局）。办公地址搬迁到横河商贸大厦（环城东路23号）。2002年2月，区体育运动局撤销。历任党支部（党组）书记、局长余汉章、盛鹤钦。

② 1958年11月，杭州市上城区体育运动委员会建立，主任由副区长兼任。办公地址为定安路20号。

三、杭州市上城区文化体育局

2002年2月，上城区根据市委《关于杭州市上城区机构改革方案的通知》，设置杭州市上城区文化体育局（简称区文化体育局），主管文化艺术、体育运动、文化体育市场和文化体育产业，内设办公室、文化科、体育科、文化体育市场管理科。局址土家弄1号。党组书记、局长张玉山。

四、杭州市上城区文化广电新闻出版局（杭州市上城区体育局）

2005年3月，上城区撤销区文化体育局，组建杭州市上城区文化广

电新闻出版局（简称区文广新局），同时组建杭州市上城区体育局（简称区体育局），与区文广新局合署办公，局址惠民路3号。区文广新局是主管全区文化艺术、广播影视、新闻出版、体育运动的区政府工作部门，内设办公室、文化科、体育科、监督管理科。至2015年，机构和职能未发生变化。历任党组书记、局长为张玉山、丁建华。

五、直属管理机构

杭州市上城区文化市场行政执法大队　2001年，区文化局文化市场管理科增挂杭州市上城区文化市场稽查队牌子，人员在系统内部调剂解决。主要职能是对全区音像制品销售、放映、出租，歌舞厅经营，电子游艺经营，桌、台球经营，书刊销售、出租及其他经营性文化娱乐项目进行审批、管理、监督、稽查、指导和服务，制定全区文化市场发展规划，建立和完善各项制度等。2003年，杭州市上城区文化体育市场稽查大队正式建立，实行单独建制、单独核编，主要职能增加体育市场的日常稽查任务。2005年，上城区撤销杭州市上城区文化体育市场稽查大队，建立杭州市上城区文化市场行政执法队，主要职能是依法监管区域内演出、娱乐、互联网上网服务、电子游戏、美术品销售、音像制品、印刷、复制、出版物发行等文化体育经营活动，依法查处各类违法、违规经营行为等。2008年，杭州市上城区文化市场行政执法队更名为杭州市上城区文化市场行政执法大队。至2015年，机构和职能未发生变化。

杭州市上城区非物质文化遗产保护中心　2009年12月，杭州市上城区文化馆增挂杭州市上城区非物质文化遗产保护中心（简称区非遗中心）牌子。2013年6月，区非遗中心单列，归口由区文广新局管理，主要承担非物质文化遗产保护相关工作。至2015年，机构和职能未发生变化。

杭州市上城区国民体质监测中心　1997年，上城区成立国民体质测定小组。2011年7月，杭州市上城区国民体质监测中心建立，租用惠民路20号一楼房屋作为办公用房。监测中心主要按照国家颁布的国民体质健康指标，在全区范围内不定期对3～69周岁的中国公民统一进行身高、体重、肺活量、台阶指数、坐位体前屈、握力、纵跳、闭眼单脚站立、俯卧撑（男）、1分钟仰卧起坐（女）、选择反应时11项测试和对监测数据进行分析、研究。至2015年，机构和职能未发生变化。

第二章　文学艺术

1978年起，随着改革开放的深入发展和思想解放，人民群众对文化艺术的需求日益高涨，文学艺术重现生机。1993年起，上城区广大文学和艺术工作者、爱好者积极回应时代呼唤，主动深入生活，创作了许多深受群众喜爱的文学和艺术作品。1993年，上城区在省、市级报刊上发表诗歌、散文、小说等作品500余篇。1993—2000年，杭州市上城区文化馆编创了大量反映时代风貌的艺术作品，有《江南苏堤》《南宋街市》《柳浪闻莺》等舞蹈作品，有《寻找那棵树》《好人陈金水》等原创音乐作品，有《新祥林嫂》《窗口》《中秋月更圆》《打针》《幸福伞》等戏剧小品类作品。

进入21世纪，上城区许多作家相继加入省、市作家协会。2009年，杭州市上城区作家协会（简称区作家协会）成立，聘请作家薛家柱为顾问。2010年起，杭州市上城区文化馆和杭州市上城区作家协会设立区文学作品"金桂奖"，每年评选一次，极大地推动了辖区文学事业的发展。至2015年，上城区共举办6届文学作品"金桂奖"评选活动，共评选出"金桂奖"文学创作作品60篇，"银桂奖"文学创作作品60篇。上城区舞蹈、音乐、戏剧小品等方面文艺作品在各级各类演出中展演，并屡屡获奖，舞蹈《南宋街市》《火红的激情》，音乐《海峡情》《铃儿响叮当》，戏剧小品《送你一支玫瑰花》《规矩》为代表的艺术作品深受专家和群众的好评。书画、摄影创作作品在杭州市、全省、全国乃至国际上获奖。

第一节　文学

1993年，上城区作家和文学工作者深入生活，紧随时代步伐，创作思想、题材内容、创作风格逐步趋向成熟，全年在省、市级报刊上发表诗歌、散文、小说等作品500余篇。是年，区文化局刊印出版作品专集《摇篮·足迹·成果——文学作品集》2册，共计25万字。

进入21世纪，上城区作家沈志荣、余英、金毅、王志强、赵福莲、王敏建6人相继加入省、市作家协会，其中王志强、赵福莲先后担任杭州市作家协会副主席。2007年，辖区作家薛家柱出版长篇历史小说《胡雪岩》，描写清代传奇商人胡雪岩一生。2009年，区作家协会成立，聘请薛家柱为顾问。

2010年起，杭州市上城区文化馆（简称区文化馆）和区作家协会设立区文学作品

“金桂奖”，每年评选出“金桂奖”10人，“银桂奖”10人。同时在上城区《风雅上城》报中的文学版面“文海泛舟”上刊发相关文学作品。

2010年8月，上城区首届文学“金桂奖”评选揭晓。邹园的《穿越老街》、王婷的《在中山中路寻找家的感觉》、韩锋的《点亮小心田里那盏善良的明灯》、徐敏的《泰和温馨送人间》等10篇优秀作品获“金桂奖”。

2011年，上城区第二届文学“金桂奖”获奖作品薛家柱的散文《茶都国饮在上城》以纵贯古今的笔法记叙杭州茶文化的历史变迁，突出上城区作为茶都国饮的中心地位。2013年，第四届文学作品“金桂奖”获奖作品仲向平的《美学建筑，孜孜以求——记中国工程设计大师唐葆亨》一文用上万字挖掘浙江省“中国工程设计大师”唐葆亨留在杭州西湖及建筑史上的“脚印”。获奖作品朱炳仁的诗集《云彩》里面充满对艺术及人生的顿悟，读后自然别有一番心境。2010—2015年，上城区共举办6届文学作品“金桂”奖评选活动，共评选出“金桂奖”文学创作作品60篇，“银桂奖”文学创作作品60篇。

2015年4月，区作家协会主席吴重生出版诗集《你是一束年轻的光》，以诗言志、以诗言史、以诗记录生活，读后给人以深刻的启迪和积极向上的力量。11月，由区政协主办、区文化馆承办的“西湖蓝·水之韵”诗歌吟诵会在吴山文化公园大舞台举办，展现上城区在“五水共治”工作中的成就，旨在通过活动呼吁人们保护环境，守望家园，重现西湖一片蓝的美好愿景。12月，区文化馆举办“文传宋韵唱诗G20”上城区文学欣赏与创作讲座，薛家柱、浙江大学古典文学博士施洪波分别就散文与诗歌的欣赏创作作专题讲解。

表29-2-1　2010—2015年上城区历届金桂奖获奖作品情况表

年份	篇名	作者	体裁
2010	穿越老街	邹　园	散文
	在中山中路寻找家的感觉	王　婷	散文
	霓虹灯下的哨兵	郭初阳	报告文学
	点亮小心田里那盏善良的明灯	韩　锋	散文
	杭州	陈　谊	诗歌
	苦铁道人梅知己	杜琳瑛	文学评论
	泰和温馨送人间	徐　敏	散文
	听歌中的祖国	孔易萍	散文
	始终挂念着它	高利佳	散文
	行走在消逝间	杨丽君	散文
2011	南宋京城说茶事	傅伯星	散文
	茶都国饮在上城	薛家柱	散文
	涌金门外谈旧	仲向平	散文
	行走上城系列	黄　琳	散文
	一本书一个梦	许冰冰	散文
	父亲的母爱	张承烈	散文

续表 29-2-1

年份	篇　　名	作者	体裁
2011	人间春风都姓王	徐　敏	散文
	奔赴安宁	邹　园	童话
	吴山初雪	施祖铨	诗歌
	老同学	贾刚为	小说
2012	江南美食谈养生	宋宪章	散文
	大河古桥新中心	薛家柱	散文
	粮道山七号	仲向平	散文
	上城赋	周朝星	歌赋
	上城茶文化图考之宋代茶事	赵大川	散文
	超山赏梅行	唐金梅	散文
	走读紫阳泉	梅升君	散文
	中河边寻访百年白铁铺	徐　敏	散文
	浣溪沙	杜琳瑛	诗词
	冬日暖阳	沈仁红	散文
2013	云彩	朱炳仁	诗词
	月光走过心灵	艾　璞	散文
	美学建筑　孜孜以求——记中国工程设计大师唐葆亨	仲向平	报告文学
	有个花园餐厅，名叫“1917”	何金海	历史散文
	“五马奇人”马寅初与杭州故宅“竹屋”	宋宪章	散文
	可以珍藏的童年	黄　琳	散文
	走街串巷去上学	汪艾佳	散文
	钱塘拾梦	烨　淼	诗歌
	布衣毕昇	包晟诚	诗歌
	他	王朔南	剧本
2014	知识的浩瀚，科学的精神——读《万物简史》有感	卢嘉禾	散文
	从汪庄仰望雷峰塔	葛许国	散文
	清风两袖朝天去，免得闾阎话短长！——观于谦祠有感	王连根	散文
	群文“拓荒牛”	黄　琳	散文
	重度精神分裂症患者	周煜辉	小说
	吴山天风四舞曲	丁荣春	诗歌
	杭城记事	唐金梅	诗歌
	《减字木兰花》二首	何　悦	诗词
	河坊街上　琅格琅珰	钱建隆	歌词
	趣说非遗	梦　河	剧本
2015	哥哥	依然月牙	散文
	双鱼嬉水	冯炳生	故事
	宋韵流芳吴山下	施　翔	歌词
	H（双生花）	左　联	中篇小说
	安家塘：从白居易到莫言	金志伟	报告文学

续表 29-2-1

年份	篇　　名	作者	体裁
2015	恋上城	杨旗军	现代诗
	清波遗风	马　叶	散文
	杭州美食记忆深	葛许国	散文
	剑气箫心话龚馆	沈志荣	散文
	中秋前夜一个山村死亡	不　了	现代诗

说明：资料来源于杭州市上城区文化和广电旅游体育局

第二节　艺术

1993年起，随着国家经济的快速发展，人民群众对精神生活的追求也越来越高，文化生活日益丰富，艺术创作作品内容丰富多样，娱乐生活形式逐步多元化。上城区重视文化艺术作品创作，以区文化馆为主平台，借助辖区中国美术学院人才资源优势，地区舞蹈、音乐、戏剧小品、书画、摄影等不断发展提高和推陈出新。至2015年，上城区舞蹈、音乐、戏剧小品等方面文艺作品在各级各类演出中展演，并屡屡获奖，深受专家和群众的好评。书画、摄影创作作品在杭州市、全省、全国乃至国际上获奖。

一、舞蹈

1993年起，上城区先后创编一批富有区域特点、体现时代特色的舞蹈节目，在各级各类演出中展演。2000年，区文化馆根据南宋文化的一些历史碎片，挖掘整理和创编民间舞蹈《南宋街市》，获首届全国广场民间歌舞大赛全国最高奖——山花奖。2009年，区文化馆创作西班牙舞《火红的激情》，以精湛的技艺、热情的场面、亮丽的服饰，展示国标舞的特有魅力，获第10届香港国际中老年“金紫荆花奖”音乐舞蹈服饰风采艺术大赛金奖。2015年，区文化馆重点创编排舞《乡村爵士乐》和《达坂城的姑娘》。

图 29-2-1　舞蹈《南宋街市》(2000年)
(区文化和广电旅游体育局 供稿)

表 29-2-2　1996—2015年上城区舞蹈类作品创编成果情况表

年份	节目名称	创编演出者（单位）	成　　果
1996	江南苏堤	区文化馆	获杭州市群众文艺会演表演二等奖、创作二等奖
1997	召唤97、春天的故事	区文化馆	获杭州市新剧（节）目汇演优秀演出奖，《春天的故事》获创作三等奖

续表 29-2-2

年份	节目名称	创编演出者（单位）	成　　果
1999	水乡情	区文化馆	获杭州市新剧（节）目汇演获创作奖、演出奖
	南宋街市	区文化馆	获杭州市“风雅颂”杭州民间艺术展示活动优秀节目奖、最佳编导奖
2000	南宋街市	区文化馆	获首届全国广场民间歌舞大赛全国最高奖——山花奖、浙江省大型民间广场舞蹈大赛金奖、杭州市“桂花金奖”以及“优秀组织奖”等荣誉，并受邀参加西湖博览会闭幕式和“西湖踏歌”踩街活动
	吴山小伢儿	区少年宫	获中国杭州城隍阁杯优秀社火节目邀请赛优秀节目奖和优秀组织奖
	友爱	区少年宫	获浙江省首届“蒲公英奖”创作银奖、表演铜奖
	柳浪闻莺	区文化馆	获杭州市第二届“风雅颂”民间广场舞大赛银奖，并作为杭州市代表队参加全省比赛
2002	柳浪闻莺	区文化馆	获第二届杭州市民族民间艺术“桂花奖”银奖
2003	河坊面人	区文化馆	获杭州市第三届“风雅颂”民间艺术节金奖、优秀服装奖；参加中国·杭州2003娃哈哈西湖狂欢节获最佳表演奖
2004	河坊面人	区文化馆	选送参加在杭州举办的全国第七届艺术节“风从东海来”大型开幕式演出；入选第七届中国艺术节开幕式表演，获演出金奖
2006	喊雨	区文化馆	获第十四届“群星奖”杭州市选拔赛二等奖
2007	阿里郎	区文化馆世界语艺术团	获金日沁源素杯“夕阳红”文艺演出浙江赛区三等奖
2009	火红的激情	区文化馆	获第10届香港国际中老年“金紫荆花奖”音乐舞蹈服饰风采艺术大赛最高奖——金奖
	脊梁	区文化馆	作为杭州市唯一参赛舞蹈，获全省“群星奖”表演金奖和创作金奖
2010	吴山香客	区文化馆	获杭州市第五届“风雅颂”民间艺术节展演表演银奖
	天堂走廊	区红舞鞋舞蹈队	获杭州市首届排舞大赛金奖
	杰虹	区文艺团队联合会	获浙江省第五届排舞大赛中老年组一等奖
	钱江潮	区文化馆	获浙江省“群星奖”舞蹈大赛表演、创作双金奖
2011	环保达人	区文化馆	获第一届“杭州杯”全国中老年艺术节比赛最高奖——最佳精神文明奖
	神奇的天路	区世界语艺术团	获第一届“杭州杯”全国中老年艺术节比赛一等奖
	西湖春晓	东方艺术团	获第一届“杭州杯”全国中老年艺术节比赛二等奖
2012	药堂里的小学徒	区文化馆	获浙江省舞蹈大赛创作金奖、表演金奖
	堂风	区文化馆	获杭州市第六届“风雅颂”民间艺术节展演金奖
2013	甘霖	区文化馆	获2013浙江省外来建设者才艺展演创作银奖

续表 29-2-2

年份	节目名称	创编演出者（单位）	成　　果
2014	吴山香客	区文化馆	参加“文化养老·寻梦杭州”2014杭州市老年文化艺术节舞蹈专场文艺会演
	快乐的弹棉匠	区文化馆	获杭州市“风雅颂”民间艺术节展演金奖和优秀组织奖
	扎西德勒	区文化馆	获浙江省第八届排舞大赛青年组金奖
2015	河坊街上	区文化馆	获“文化养老.寻梦杭州”2015杭州市老年文化艺术节舞蹈专场银奖
	乡村爵士乐	区文化馆	获浙江省第九届排舞大赛青年组“银兰花奖”
	达坂城的姑娘	区文化馆	获浙江省第九届排舞大赛行业组“兰花奖”

说明：1.1998、2001、2005、2008年史料缺失。2.资料来源于杭州市上城区文化和广电旅游体育局

二、音乐

1993年，区文化馆创作歌曲《寻找那棵树》，获杭州市歌曲大奖赛创作一等奖。1998年，歌手冯伟军凭借歌曲《星光灿烂》获杭州市农民歌手大奖赛一等奖。2003年，上城区开始尝试民族器乐节目创作，由湖滨街道文化站选送的大型民族器乐节目《海峡情》获杭州市乡、镇（街道）民族器乐大赛金奖。2009年起，区文化馆开始重视培育歌唱组合，其中小山雀组合演唱的《铃儿响叮当》获浙江省首届艺术团队文艺会演暨2009年浙江省民族民间乐团（队）大赛声乐类表演铜奖。至2015年，上城区主要音乐类文化创编节目90余件。

表 29-2-3　1993—2015年上城区音乐类作品主要创编成果情况表

年份	节目名称（类型）	创编演出者（单位）	成　　果
1993	歌曲演唱《寻找那棵树》	区文化馆	杭州市歌曲大奖赛创作一等奖
1994	歌曲演唱《采桑少女》	陈旭红、亚红	杭州第八届“三江”歌手大赛二重唱组优秀奖、创作三等奖
1996	古筝独奏《战台风》	区文化馆	获市群众文艺会演表演三等奖
	歌曲演唱	郑华荣	杭州市“三江歌手大奖赛”获二等奖
1997	原创歌曲《好人陈金水》	区文化馆	获杭州市新剧目文艺演出一等奖、创作二等奖
	《我的美杭州》	区文化馆	获杭州市“歌唱杭州”群众歌咏比赛活动优秀组织奖、女声合唱获一等奖
	童声合唱《在西子湖上》、大合唱《难忘杭州》	区文化馆	分获杭州市“歌唱杭州”群众歌咏比赛获三等奖
1998	歌曲《风调雨顺的江南》	区文化馆	获杭州艺术节暨杭州第十二届三江歌手大赛创作二等奖、演唱二等奖
	歌曲《湿漉漉的东南风》	区文化馆	获杭州艺术节暨杭州第十二届三江歌手大赛创作三等奖、演唱三等奖
	京胡独奏	区文化馆	获杭州首届民乐比赛三等奖
	歌曲《星光灿烂》	冯伟军	获杭州市农民歌手大奖赛一等奖

续表29-2-3

年份	节目名称（类型）	创编演出者（单位）	成　　果
2000	古筝独奏《冰排》	甘琛	获省第三届民乐“中天杯”比赛演奏二等奖
	歌曲演唱	江岚、蔡晓红	获市第十四届“三江歌手”大赛优秀歌手奖
2001	原创弹词开篇《毛泽东——人民的好儿子》	区文化馆	获杭州市“大地啊！母亲”《中华人民共和国土地法》宣传创作金奖、演出金奖；杭州市城建系统庆祝中国共产党成立80周年文艺会演一等奖
2002	歌曲演唱	施红燕	获“全球通”杯杭州市第十六届“三江”歌手演唱大赛一等奖
	歌曲演唱	江潇	获浙江省第四届群众声乐大赛美声组银奖
2003	歌曲演唱	左宇强、施红燕	杭州市历届“三江”歌手大赛获奖歌手展演
	原创歌曲《春江放灯》	区文化馆	获杭州市“情系富春江”征歌活动优秀创作奖
	大型创作民族器乐节目《海峡情》	湖滨街道文化站	获杭州市乡、镇（街道）民族器乐大赛金奖
	合唱《祝福祖国》	区文化馆海韵合唱团	获杭州市第一届西湖合唱节优秀奖；浙江省老年合唱比赛银奖
2004	原创歌曲《嘿！老哥们》	区文化馆	获浙江省群星奖金奖、全国第十三届群星奖纪念奖，参加“全国七艺节老年人文艺专场”演出，参加省文化厅举办的庆祝浙江省第十七个老人节电视文艺晚会
	原创歌曲《祝你成功、为你歌唱》	黄宝森作词，孔祥波、郑德彬等作曲	“展示浙江先进文化，弘扬浙江时代精神”MTV专辑主题曲
2005	原创歌曲《嘿，老哥们》	区文化馆	入围浙江省第三届城市社区优秀文艺节目会演，中央电视台“夕阳红”栏目组展演参选节目
	歌曲演唱	马爱云	获杭州市第十八届“三江”歌手大赛通俗组一等奖
	歌曲演唱	邱嫣	获杭州市第十八届“三江”歌手大赛民族组三等奖
	民乐合奏《西湖晚霞》	区文化馆	获浙江省首届“天目琴行文华杯”民乐社团演奏大赛演出银奖、作品创作奖
2006	创编民乐合奏《西溪怀古》	区文化馆	获第十四届“群星奖”杭州市选拔赛二等奖、浙江省第四届“香溢杯”民乐大赛一等奖
	歌曲演唱《忘了哭》《想和你去吹吹风》	王朔南	获中央电视台“非常6+1”栏目年度冠军
2007	歌曲演唱《天边外》	王朔南	获中国音乐“金钟奖”首届流行音乐大赛华东赛区铜奖、“电信杯”长三角青年歌手大赛通俗组金奖
	民乐大合奏《西溪怀古》	区文化馆吴越之声国乐团	获浙江省第四届民乐“香溢杯”比赛业余C组合奏类一等奖、创作三等奖

续表29-2-3

年份	节目名称（类型）	创编演出者（单位）	成　　果
2007	锯琴独奏《西班牙舞曲》	邱汉泉	获浙江省第四届民乐“香溢杯”比赛业余C组拉弦类三等奖
	歌曲演唱《水姑娘》	陈琼琼	获杭州市第十九届“三江”歌手大赛青年组民族唱法一等奖、获十佳歌手称号
	歌曲演唱《爱什么稀罕》	王子一	获杭州市第十九届“三江”歌手大赛青年组通俗唱法一等奖
	歌曲演唱《母亲》	胡帅	获杭州市第十九届“三江”歌手大赛青年组美声唱法二等奖、获十佳歌手称号
	歌曲演唱《REFLECTION》	周蓉	获杭州市第十九届“三江”歌手大赛青年组通俗唱法二等奖
	歌曲创编《嘿！老哥们》	区文化馆	入选杭州市第九届精神文明建设“五个一工程”评选活动
2008	原创歌曲《宝贝，如果你还能活着》	区文化馆	参加第七届浙江省新歌创作演唱大赛，参加区改革开放三十周年大型文艺晚会演出，应邀在杭州大剧院、红星剧院、浙江音乐厅等省市区大型晚会演出，在市电视台“全市政法系统春节文艺会演”播出
	原创歌曲《城市一家亲》	区文化馆	获全国健康城市歌曲评选优秀奖
	原创歌曲《小桥·流水·人家》	区文化馆	获浙江省第七届音乐新作演唱演奏大赛表演金奖、创作银奖，江浙沪“江南风”长三角音乐创作演唱大赛创作银奖、表演银奖、辅导银奖
	男声独唱《宝贝，如果你能活着》	区文化馆	获浙江省第七届音乐新作演唱演奏大赛表演银奖、创作铜奖
	原创歌曲《城市一家亲》	钱建隆、黄宝森作词，吴大同、陈咏梅作曲	获杭州市“健康城市歌曲”征集评选三等奖
2009	原创歌曲《江南梅雨》	区文化馆	获浙江省第八届音乐新作演唱演奏大赛创作银奖、表演铜奖
	《慢慢》《玛依拉变奏曲》《团结就是力量》	区文化馆选送	获杭州市第二十届“三江”歌手大赛青年组通俗唱法金奖、民族组金奖、合唱组金奖
	民乐合奏《西溪怀古》	区文化馆吴越之声国乐团	获浙江省首届艺术团队文艺会演暨2009年浙江省民族民间乐团（队）大赛器乐类表演银奖
	民乐合奏《钱塘四季》《古越新吟》	区文化馆	获浙江省首届艺术团队文艺会演暨2009年浙江省民族民间乐团（队）大赛器乐类表演铜奖
	女声组唱《铃儿响叮当》	上城区小山雀组合	获浙江省首届艺术团队文艺会演暨2009年浙江省民族民间乐团（队）大赛声乐类表演铜奖

续表 29-2-3

年份	节目名称（类型）	创编演出者（单位）	成　　果
2010	歌曲演唱《真心地朋友》	王朔南	获浙江省群众声乐大赛通俗唱法金奖
	合唱曲目《我爱人的头发黑又亮》，无伴奏曲目《在森林的哪一边》和《日出日落》	区文艺团队联合会联合银行合唱团	获文化部“永远的辉煌”第十二届中国老年合唱节银奖
	歌曲演唱	王朔南、陈若愚	分获浙江省群众声乐大赛（青年歌手与组合专场）金奖
2011	原创歌曲《常想想誓言》《风雅上城》	区文化馆	分获杭州市第二十一届“三江”歌手大奖赛创作二等奖、三等奖
	歌曲演唱《想你的夜》	王朔南	获浙江省第八届音舞节演唱二等奖
	歌曲演唱	黄莺、曹兵、叶挺、徐佳丽、王璐佳、李双凤、魏学斌、杭州联合银行合唱团	分获杭州市第二十一届“三江”歌手大赛中老年组金奖、银奖，青年组通俗唱法金奖、美声唱法银奖、民族唱法银奖、通俗唱法铜奖、美声唱法铜奖，合唱组金奖
	女声独唱《一杯美酒》、男声二重唱《红旗飘飘》	区文化馆	参加杭州市庆祝中国共产党成立90周年群众性歌咏活动
	原创歌曲《江南梅雨》	区文化馆	获2011年浙江省第二届社会艺术团队文艺会演音乐组声乐类创作银奖、表演银奖
	器乐独奏《故乡行》	区文化馆吴越之声国乐团	获2011年浙江省第二届社会艺术团队文艺会演音乐组器乐类表演银奖
	原创歌曲《城市一家亲》、唢呐独奏《打枣》	区文化馆选送	分获杭州市第二届社区文化艺术节活动表演金奖、表演银奖
2012	歌曲演唱《火》《知己红颜》《千古钱塘》	吴璐楠、王海萍“小山雀”组合	分获杭州市首届“下沙杯”新杭州人歌手大奖金、银、优秀奖
	钢琴演奏	陈秋实	获“海伦杯”第八届浙江省少儿钢琴大赛优秀奖
	歌曲演唱	区外来务工者俱乐部李继琼	获浙江省首届“长老情”声乐大赛一等奖
2013	唢呐独奏《大枣》、独唱《吉祥十八》、情景歌曲《城市一家亲》《谢谢你，民工兄弟》	区文化馆选送	分获2013浙江省外来建设者才艺展演表演金奖、创作银奖、铜奖
	原创歌曲《钱潮恋歌》	黄宝森作词、王厚琦作曲	获浙江省第十二届新人新作演唱演奏大赛表演金奖，创作银奖、辅导金奖
	合唱《红军胜利会师陕北》	区文艺团队联合会邮政交响乐团	获浙江省第三届社会艺术团队文艺会演获金奖
	歌曲演唱	樊佗、李鑫森、张敏、高涵宇、肖静和李勇君（组合）、闻雪波、郑华慧、严晓英	分获杭州市第二十二届“三江歌手大赛”青年组民族唱法金、银奖，通俗唱法金奖，美声唱法铜奖，组合金奖，中老年组金奖、银奖
	器乐演奏《忐忑》	外来务工俱乐部	获2013“美丽杭州”艺术节表演铜奖

续表 29-2-3

年份	节目名称（类型）	创编演出者（单位）	成　　果
2014	原创歌曲《河坊街上琅格琅珰》	区文化馆	获杭州市村歌大赛表演、创作金奖，获浙江省新农村题材音乐新作展演暨第十三届音乐新作展演创作金奖、表演银奖，参加第十六届西湖博览会暨“美丽杭州”群众文化活动优秀节目展演
	歌曲演唱	李惠莲	获2014杭州市第九届“放歌天堂”外来创业者（职工）声乐大赛通俗组第二名
2015	歌曲演唱	陈彬彬、金琳、汤永立和向勤、丁立、“小山雀”组合	分获杭州市第二十三届三江歌手总决赛青年组民族唱法金奖、青年组流行唱法金奖、中老年金奖、青年组美声唱法银奖、组合类银奖
	独唱《母亲》《爱在天地间》，小提琴独奏《春之歌》	区文化馆	参加浙江省“爱心拉拉勾，文化志愿者在行动”公益活动
	原创歌曲《老街长长琅格琅珰》	区文化馆	入选浙江省全国第17届“群星奖”节目、参加杭州市2015“我送你秀·百家特色”文化社区群众文艺展演
	原创歌曲《东坡梦家园》	王厚琦作曲、徐阡寒作词	参加浙江省第二届村歌大赛

说明：1.1995、1999年相关史料缺失。2.表格中参赛人员均由区文化馆选送。3.资料来源于杭州市上城区文化和广电旅游体育局

三、戏剧小品曲艺

1993年起，区文化馆注重创编戏剧小品曲艺类节目，以“表现生活，反映热点”为创作宗旨，紧跟社会发展的时代步伐，以百姓喜闻乐见的艺术形式弘扬时代主旋律。1998年，戏剧小品《幸福伞》获浙江省戏剧小品比赛创作、演出一等奖。1999年12月，围绕“澳门回归”主题，杭州大华书场举办评弹名家专场演出。2001年5月，区文化局举办中国杭州京剧票友艺术节，天津京剧院的邓沫玮、杨乃彭，天津青年京剧院的刘桂娟，上海京剧院的李军，著名京剧表演艺术家毕谷云，北京京剧院的赵葆秀，中国戏曲学院教授刘勉宗等全国京剧界的名家、名角专程到场演出。

图29-2-2　中国杭州京剧票友艺术节（2001年）
（区文化和广电旅游体育局 供稿）

2006年，戏剧小品《送你一支玫瑰花》获杭州市科普文艺创作表演大赛一等奖。是年，杭州红星剧院创办“越剧大舞台”，上海越剧

院、杭州越剧院、绍兴小百花越剧团、宁波小百花越剧团、上虞小百花越剧团和嵊州越剧团等著名越剧院团先后加盟“越剧大舞台”，钱惠丽、赵志刚、单仰萍、方亚芬、许杰、王志萍、章瑞虹、谢群英、陈晓红、陈雪萍、徐铭、吴凤花、陈飞、吴素英、张小君等名角均在“越剧大舞台”亮相，《何文秀》《孟丽君》《红楼梦》《西厢记》《盘夫索夫》《流花溪》《蝴蝶梦》等经典剧目轮番上演。2010年，在浙江省文化厅的支持下，浙江胜利剧院推出“周末戏剧金舞台”文化惠民演出项目。参加演出的有浙江京剧团、浙江昆剧团、浙江小百花越剧团等专业剧团，来自北京、上海、苏州、扬州、福建的话剧、越剧、儿童剧、滑稽戏和莆仙戏，也在“金舞台”大放光彩。2011年，杭州大华书场引进全国非物质文化遗产项目“小热昏”说唱传承人——周志华，开展杭州“小热昏”说唱等曲艺人才的培训、演练等。2012年，区文广新局创作廉政小品《规矩》，以“拒绝诱惑，远离风险”为主题，参演的公职人员生动展现面对诱惑做出的反应和决断，该小品获杭州市纪委公职人员廉政情景剧大赛金奖。2013年2月，大型新编神话贺岁京剧《青蛇》在浙江胜利剧院开演。

至2015年，上城区共创作富有时代特色的戏剧小品30余个。

表29-2-4　1993—2015年上城区戏剧小品曲艺类主要作品创编成果情况表

年份	节目名称（类型）	创编演出者（单位）	成　　果
1993	戏剧小品《新祥林嫂》	区文化馆	获杭州市戏剧小品邀请赛获二等奖
1995	戏剧小品《窗口》	区文化馆	获杭州市戏剧小品邀请赛表演二等奖、创作二等奖
	戏曲演唱	区文化馆	杭州市首届越剧卡拉OK大奖赛二、三等奖各1人
1996	戏剧小品《中秋月更圆》《打针》	区文化馆	分获杭州市文艺调演表演二等奖、表演三等奖
1997	戏剧小品《清波情》	区文化馆	获杭州市戏剧小品邀请赛创作演出三等奖
1998	戏剧小品《幸福伞》	区文化馆	获浙江省戏剧小品比赛创作、演出一等奖，杭州市“农家乐”“近江杯”戏剧小品大赛创作、表演一等奖和创作表演二等奖
	《菜农情》	区文化馆	获杭州市“农家乐”“近江杯”戏剧小品大赛创作表演二等奖
1999	戏剧小品《祖国啊，母亲》	区文化馆	获杭州市第七届戏剧小品大赛优秀组织奖、创作一等奖、表演二等奖
2000	戏剧小品《退休之后》	区文化馆	获杭州市第八届戏剧小品比赛演出、编剧三等奖
2001	戏剧小品《蜜月后的礼物》	区文化馆	获西博会杭州新剧（节）目汇演——杭州市第九届小品比赛表演一等奖、创作二等奖
2002	小品《洗脚》《回家》	区文化馆	分获杭州市公民道德建设曲艺小品比赛创作、表演三等奖和表演三等奖
2003	戏剧小品《一张流泪的存折》	区文化馆	获浙江省小品征文比赛优秀奖
	小品《在水一方》	区文化馆 区妇联	获杭州市首届“海通木业杯”五好家庭文艺会演演出金奖、创作金奖、优秀组织奖
2004	戏剧小品《今夜无眠》	区文化馆	获浙江省建筑装修“亚夏杯”文艺会演表演二等奖
	摇滚快板《领导面前告一状》	区文化馆	获浙江省曲艺新作比赛曲艺新作二等奖

续表 29-2-4

年份	节目名称（类型）	创编演出者（单位）	成　　果
2006	戏剧小品《送你一支玫瑰花》《网》	区文化馆	分获杭州市科普文艺创作表演大赛一等奖和二等奖
2008	戏剧小品《他》	区文化馆	获浙江省第十九届戏剧小品邀请赛创作银奖、表演铜奖
	小品《人在车上》	区文化馆	参加杭州市纪念改革开放30周年文艺会演
	原创快板《法轮邪教本质漏》	区文化馆	获杭州市“崇尚科学、反对邪教”专场文艺会演优秀奖
2010	原创快板《人口普查意义大》	区文化馆	参加浙江省暨杭州市第六次人口普查大型广场宣传活动文艺演出
2012	小品《规矩》	区文广新局	获杭州市纪委公职人员廉政情景剧大赛金奖
2013	群口快板《垃圾风波》	区文化馆	获2013浙江省外来建设者才艺展演创作银奖
	小品《爱你没商量》	区文化馆	获2013浙江省外来建设者才艺展演铜奖
2014	戏剧小品《和谐不和谐》	区文化馆	获浙江省第二十五届戏剧小品邀请赛决赛表演银奖、创作铜奖
2015	越剧《珍珠塔》选段、婺剧《辕门斩子》选段《母子会》	区文艺团队联合会新舞台越剧团、婺剧联谊会馆	获杭州市传统戏剧大赛决赛表演银奖、铜奖

说明：1.1994、2007、2009年史料缺失。2.资料来源于杭州市上城区文化和广电旅游体育局

四、书画

1993年，上城区依托区域内中国美术学院优势，以区文化馆、龚自珍诗书画院等为主要活动基地，开展书画创作活动。1997年，中国美术学院院长潘公凯被评为国家级有突出贡献的中青年专家。2000年，潘公凯现代写意水墨画作品《沉香》等刊载于国家级权威艺术类核心期刊《中国艺术》。2002年，中国美术学院院长许江油画《世纪之弈》等3幅入选“世纪风骨——中国当代艺术50家”展览；油画《大北京》系列4幅入选“新形象——中国当代绘画20年展”；水彩画《葵之乐园》在第十一届全国美术作品展览中获首届中国美术奖·创作奖优秀奖。2003年，许江作品参加中法文化交流年文化交流项目“东方既白——20世纪中国绘画展”，参加德国杜伊斯堡博物馆主办中国当代艺术展。2004年，书法家杨卧虎的书法作品《春天的故事》获全国纪念邓小平诞生一百周年书画展二等奖。2011年，书画家黄建华的《红色江山》和陈培林的《荷花写意》2幅绘画作品获“杭州市庆祝建党90周年书法美术大赛”美术类金奖。

至2015年，全区有近百幅作品在全国、省市乃至国际书画比赛或展览中获奖或入展。

图29-2-3　书画作品展（2011年）　（清波街道 供稿）

表 29-2-5　1993—2015 年上城区书画类文化作品主要创编成果情况表

年份	作品及作者	入选（展）及获奖情况
1993	《荷花》《葫芦》	入选中国美术书法名人名作博览会
	《凌波仙子》两幅	入选世界当代书画作品集
	李明《国色天香》	入选中国美术家中国画精品
1994	张超《鸡鸣》	入选庆祝中华人民共和国成立45周年全国画展
	《乱山青翠望中迷》	获杭州市青年书画艺术大奖赛金奖
	《眺望大西北赭黄色的沃土》	获杭州市青年书画艺术大奖赛创作奖
1995	黄建华《青山横云》	获杭州市耕耘者画展银奖
	黄建华《群山耸翠》	获杭州市书画艺术大奖赛金奖
	黄建华《群山耸翠》	获第一届东方杯中国书画艺术大奖赛优秀奖
	徐子久行草《五言诗》、柴欢慈行草《杨万里联》	分均获浙江省艺术节暨全省第三届耕耘者书画展书法组二、三等奖
1997	黄建华《回声》	获浙江省文化馆（站）、群艺馆干部美术、摄影、书法展三等奖
1998	曹国庆行书《郑板桥诗》、吕益军行草《李白诗》、竺波草书《奉化溪口风景诗》、林邦德行书《咏故里》、商力戈行书《五言古诗二首》、李兴祥行书《刘熙载〈书概〉句》、陈进行书《四条屏》	入选全国第八届“群星奖”
1999	国画《山行》	入选中国民主促进会首届画展
2000	黄建华作品六幅	参加杭州画院《笔墨性情》六人书画展
2001	书法《森林野炊》	获省首届少儿造型艺术作品比赛书法铜奖、美术优秀奖
	《快乐的夏天》	获杭州新世纪金彩奖创意儿童画大赛优秀奖
2002	山水画《湖上凉亭》	获杭州市第二节西湖诗词楹联书画比赛铜奖
2003	黄建华国画《积雨暗林》	获杭州市第五届风情画展书画铜奖
2004	陈培林国画《竹报平安》	入选中国美术作品精品展、浙江省第十届全国美展
	来殿贤国画《花鸟》	获中国书画教育名师展金奖
	杨卧虎书法《春天的故事》	获全国纪念邓小平诞生一百周年书画展二等奖
2006	黄建华国画《壑壁云烟》	获2006浙江省中国书画大奖赛暨浙江省中国书画大奖赛暨浙江省“群星奖”评选美术年系列展优秀奖
2008	黄建华国画《铁骨雄风》	获中国美术家协会第十四届大路画展优秀奖
2009	黄建华《山水画》	获“人大风采”杭州市纪念改革开放30周年书画摄影展三等奖
	少儿书画作品	获“阳光下的少年”杭州市少儿书画摄影大赛书法1金、2银、5铜、11优秀；绘画1铜、6优秀
	黄建华、牟建闽	分获首届浙江文化艺术节全省群众美术、书法、摄影优秀作品展美术铜奖、书法优秀奖

续表 29-2-5

年份	作品及作者	入选（展）及获奖情况
2010	黄建华《丘壑云烟》	入选中国美术家协会主办，在中国美术馆展出第十五届大路画展
2011	黄建华《红色江山》、陈培林《荷花写意》、黄伟峰《山高水长》、吴锦平《林亭溪阁》等	分获“杭州市庆祝建党90周年书法美术大赛”美术类2个金奖、2个银奖
2013	黄建华《江湖烟水间》	获“美丽杭州·品质生活”市机关美术书法摄影大赛美术作品一等奖
	少儿书画作品	获“与大自然手拉手”2012杭州市少儿书画摄影大赛美术三等奖1名，书法优秀奖1名
2015	少儿书画作品	杭州市文化馆主办的“我爱家乡水”2015杭州市少儿书画摄影大赛美术类作品3人获一等奖，4人获二等奖，8人获三等奖；书法类作品一等奖1人，2人获二等奖，3人获三等奖

说明：1.1996、2005、2007、2012、2014年史料缺失。2.资料来源于杭州市上城区文化和广电旅游体育局

五、摄影

1993年，上城区主要依托区文化馆摄影爱好者社会团体F1摄影沙龙组织开展摄影活动。1996年，F1摄影沙龙在解放路宣传画廊举办F1摄影沙龙摄影艺术展。2000年，与《钱江晚报》共同举办“吴越风韵”千年之旅运河风采摄影展。2002年，举办钱塘记忆——章胜贤“老杭州”摄影展，翔实记录杭州旧城改造前的江河、坊巷、石桥、界碑、民居、老井等风情。2008年，与《数码摄影》杂志共同举办“我的中国符号”全国摄影大赛。2009年，上城区举办“走进上城”摄影艺术展，展出《上城名景》等106件优秀作品，用图片生动地反映上城区日新月异的巨大变化。

2013年，区文化馆主办“走过30年”——F1摄影沙龙优秀作品展，展出摄影作品600余幅。至2015年，区文化馆持续组织开展摄影沙龙活动，以《家门口看大戏》《童心未泯》等为代表的摄影作品还在国际比赛中获奖。

图29-2-4　“走过30年”——F1摄影沙龙优秀作品展（2013年）
（区文化和广电旅游体育局 供稿）

表29-2-6　1994—2015年上城区F1摄影沙龙成员主要创作奖情况表

年份	作者和作品	获奖情况
1994	蔡荣章《梦醒时分》、陈建荣《两代人的希望》等7幅作品	《杭州日报·撷取鲜花千万朵》摄美专刊影画廊发表
	F1摄影沙龙作品	21幅作品入选庆祝中华人民共和国成立45周年暨第十届杭州摄影艺术展览
1995	陈建荣《愿为山村教育献青春》	全国农村摄影比赛三等奖
	蔡荣章《红装素裹》	浙江省“我最走红”摄影比赛一等奖
	蔡荣章《默默耕耘》	浙江省耕耘者美术书法摄影展一等奖
	蔡荣章《休闲去》	浙江“佳能杯”“快乐的双休日”摄影大赛一等奖
	蔡荣章《烛光曲》	第九届“富士胶卷杯”全国摄影十杰年赛银奖
1996	陈建荣《赛龙舟》	入选全国“银燕杯”摄影大赛
	潘建忠《人车拔河》	《浙江工人日报》新闻摄影比赛二等奖
	陈建荣《喜悦》《幸福之旅》	入选第二届全国群众艺术馆、文化馆（站）摄影大赛，《喜悦》同时获浙江省文化站干部摄影大赛一等奖
1997	鲁延林《生命之梯》	“利群杯”消防一日摄影大赛银奖
	蔡荣章《最佳位置》《跳绳》	“柯达杯”全国优秀摄影作品奖
	汤耀亮《皖南女》	第十八届全国摄影艺术展铜牌
1998	蔡荣章《为民而急》	入选全国第八届群星奖
	翁荣儿《亲亲小伙伴》	第九届全国人像摄影艺术展银牌
	盛龙忠《影展闹山城》	第四届中国摄影艺术节现场摄影大赛铜奖
	蔡荣章《一人牵动众人心》	浙江省文化站摄影展一等奖
	蔡荣章《古宅里的春天》	第八届全国群星奖银奖
1999	汤耀亮《和谐》	全国十九届摄影艺术展银奖
	汪建伟《今日下沙》	浙江省“今日浙江”摄影艺术展一等奖
	盛怀义《杭州乐园》	浙江省“跨世纪旅游摄影”大赛特等奖
	翁荣儿《节日之夜》	香港“祖国山河新貌影赛”金牌
2000	蔡荣章《古镇之喜》	世界华人艺术展摄影大赛铜奖，获“世界华人艺术家”称号
	蔡荣章《嬉戏雀跃》、盛怀义《茶馆的早晨》	中国第七届国际摄影艺术展银奖
	汪建伟《过节啦》	全国摄影艺术大赛一等奖
	徐瑞康《漫漫朝圣路》	第八届“亚洲风采”华人摄影比赛数码影像类二等奖
	王芯克《钱江潮》	中国第九届国际影展铜奖
	盛龙忠《我也是个兵》	浙江儿童摄影大赛金奖
	蔡荣章《情满夕阳》	浙江省“党的光辉照万家”摄影大赛一等奖
2002	盛怀义《茶馆的早晨》	入选中共杭州市委宣传部2000年度精神文明建设“五个一工程”
	张结《金秋》	第11届奥地利超级摄影巡回展彩色照片组铜奖

续表29-2-6

年份	作者和作品	获奖情况
2002	张震毅《观潮危险》	《人民摄影报》全国新闻摄影赛突发新闻类银奖
	王芯克《早茶》、董瑜《大写的人生》	第20届全国摄影艺术展优秀奖
	顾益民《戏水绝佳处》	第20届全国摄影艺术展优秀奖、中国·湖南“猛洞河杯”土家族民俗风光摄影大赛金奖
2003	姚克勤《祝来年吉祥如意》	中国“西双版纳勐巴拉娜西”摄影艺术大奖赛金奖
	韩敏《快乐时光》	第十二届奥地利超级摄影巡回展时间组金牌
	陈建荣《快乐的竞赛》	泰康杯“爱家生活”全国摄影比赛专业组二等奖
2004	陈建荣《天长地久》	浙江省第四届老年艺术节中老年摄影大赛一等奖
	张结《蓝天畅想曲》	《蓝天畅想曲》第二十一届全国摄影艺术展览银奖
	邱国强《赛龙舟》	全国第十三届“群星奖”摄影作品优秀奖
	戴增胜《水面音符》	入选省第十届摄影艺术展
	陈建荣《高台狮舞》	第七届中国艺术节群文活动纪实摄影大赛优秀奖
2005	陈建荣《向往》	入选“残疾人在祖国的怀抱中”全国摄影大赛
	陈建荣《快乐竞赛》	浙江省“迎十运”体育摄影比赛优秀作品展金牌奖
	寿汉涛《反视镜》	首届“浙能杯”摄影大赛金奖
	童融《“西子号”列车乘务组向您致敬》	第五届全国职工摄影大赛纪实类一等奖
	步恩撒《镜花水月》	首届中国国际新闻摄影大赛“华赛”文化艺术类银奖
	吕晨《娃哈哈小学》	浙江省少儿摄影活动金奖
	陈建荣《快乐竞赛》	浙江省第二届家庭文化艺术节“暨文明礼仪进家庭”摄影展一等奖
2006	徐瑞康《黄果树大瀑布》	国际“人与水”摄影比赛清水奖
	魏传民《卖货的小女孩》	入选第十三届浙江摄影艺术展
2007	韩盛《渴望》	联合国水资源国际影赛清水奖
	韩敏《采集春天》	第二届全国摄影艺术家精品大赛三等奖
	步恩撒《木偶戏》	“寻找中国数码摄影师”杭州站活动特等奖
2008	吴国方《排队的变迁》	“长安杯”纪念改革开放30周年全国摄影大展金奖
	顾益民《千年等一回》	第十二届省摄影艺术展金奖
	陈加华《2008北京好运》	浙江省职工迎奥运体育摄影艺术展一等奖
	陈建荣《习近平访小营》	浙江省“档案人情及民生”摄影作品竞赛二等奖
	韩盛《风雪人生》	“咱们中国人”全国摄影大赛铜牌
2009	陈建荣《胡庆余堂药店》	入展墨西哥墨西卡利市下加利福尼亚州艺术中心举办的2009墨西哥·中国浙江文化节暨“和谐浙江”浙江民俗风情摄影展
	陈建荣《秀色千岛湖》	入选世界手工纸文化振兴会组织的第一届中日手工纸风光摄影展银奖
	管建平《锦绣大运河》	第三届杭州生活品质摄影大赛特等奖
	谢左之《血浓于水》	嘉乐华全国摄影大赛三等奖
	潘宪勤《神泉木耳》	漠河“北极之恋”国际摄影大展二级收藏
	陈建荣《河坊走秀》	庆祝中华人民共和国成立60周年杭州市美术、书法、摄影群文精品展金奖

续表29-2-6

年份	作者和作品	获奖情况
2010	汪雪溪《朝觐路上》	入选中国西藏珠穆朗玛摄影大展
	卢宝泉《比比谁的姿态美》	“上海全民健身与世博同行”全国摄影大赛一等奖
	边伟虎《久旱逢甘霖》	第二十三届全国摄影艺术展艺术类银质收藏作品奖
	蒋中来《壮怀激烈》、叶海军《节奏》	入选第十届上海国际摄影艺术展
2011	陈加华《出发》	入选庆祝中国共产党成立90周年全省职工艺术大展
	来顺兴《绰绰“帆影”》	“适马杯”全国摄影比赛优秀奖
	蔡利民《大漠之歌》	“金纳斯杯”全国首届女性书画摄影大赛摄影三等奖
	陈建荣《小丑嘉年华》	庆祝中国共产党成立90周年浙江省第二届群星视觉艺术大展摄影金奖
	胡鉴《赛英滚花》	获“魅力中国”全国摄影大赛三等奖
	蔡利民《拼抢》	中华人民共和国第八届残疾人运动会“共享小康——寻找最幸福残疾人”摄影展三等奖
	吴勇韬《针灸——中华瑰宝》	浙江省科学与艺术摄影赛二等奖
	陈建荣《画中游》	浙江省“潇洒桐庐”摄影采风大赛一等奖
2012	陈建荣《童心未泯》	“我爱杭州”国际摄影大赛佳作奖
	林之江《山村晨雾》、汤丽丽《门》	“雪花纯生杯”中国古建筑摄影大赛浙江赛区一等奖
	王强《杨》	第九届全国摄影创作“金像奖”
	杜铁军《“刻章”人生》	首届“沣标杯”广东国际聋人摄影大赛三等奖
	袁雨庭《层岭尽染》	“永远的江南”全国摄影艺术精品展佳作奖
	步恩撒《下棋》	第二十一届奥地利超级摄影巡回展向前一步组金奖
	王芯克《高铁基石》	第二十四届全国摄影艺术展记录类银奖
	卢宝泉《我为奥运添光彩》	“我爱杭州”国际摄影大赛名校名企组一等奖
2013	潘雯《百姓生活》	全国第五届“知识产权杯”摄影大赛优秀奖
	蔡志伟《元宵迎会》	全国“春节文化摄影（视频）优秀作品评选”优秀作品奖
	陈跃书《古戏台》	“雪花纯生杯”中国古建筑摄影大赛浙江赛区一等奖
	蒋中来《飞羽》	第四届“阳光咸宁·百鸟之都”全国摄影大赛优秀奖
	陈建荣《人性的关怀》	浙江省第三届群星视觉艺术摄影大展金奖
2014	陈建荣《观棋不语真君子》	全国摄影大赛优秀奖
	陈建荣《爱看报的尼泊尔人》	国际街拍节30强、佳作奖
	贺勋毅《家门口看大戏》	第五届国际摄影大赛一等奖
	胡鉴《独臂英雄》、徐晖《快乐轮滑》	首届“我与体育”全国群众体育主题摄影艺术展银奖
	俞小玲《学编草鞋》	中国宣莲之乡“十里荷花”畲族风情第五届全国摄影大赛优秀奖
	边伟虎《闲趣》	全国摄影大赛二等奖
	陈建荣《童话故事》	第十届中国国际动漫节彩车巡游摄影比赛一等奖
2015	陈建荣《童心未泯》	美国洛杉矶摄影节优秀奖
	陈建荣《水之韵》	2015年丽水摄影节“百诺杯”摄影大赛一等奖
	陈建荣《大舞台》	浙江省“农村文化礼堂”摄影大赛兰花奖

说明：资料来源于杭州市上城区文化和广电旅游体育局

第三节　文艺社团（机构）

一、杭州市上城区作家协会

2009年，杭州市上城区作家协会成立，召开第一次会员代表大会，选举产生吴重生（浙江日报北京分社社长）担任区作家协会理事会主席，聘请作家薛家柱为顾问。区作家协会是杭州市主城区第一个区级作家协会，至2015年，有会员58人。

二、杭州市上城区茶文化研究会

2011年，杭州市上城区茶文化研究会成立，地址惠民路26号，后迁至大井巷30-4～5号。首任会长杨全岁。是年，创办《南宋茶韵》内部期刊，每半年1期，全年2期。2012年，杭州市上城区茶文化研究会聘请浙江大学专家、学者，深入挖掘、考证上城区丰富深厚的茶文化历史资料，编辑出版有40余万字典籍和1000余幅图片资料书籍《杭州市上城区茶文化图考》。至2015年，杭州市上城区茶文化研究会有会员69人。

三、龚自珍诗书画院

龚自珍诗书画院隶属于龚自珍纪念馆，于1990年1月正式成立，地址马坡巷16号。龚自珍诗书画院以秉承龚自珍爱国主义思想，弘扬龚自珍诗书画艺术为主导，以挖掘和培养有潜质的优秀中青年书画家为方向，着力开展学术研究、书画交流及展示等活动，是一家集书画研究、创作、交流、展示和社会服务于一体的社会团体。龚自珍诗书画院曾多次聘任著名诗书画家王伯敏、郭仲选、陆抑非、张学理、钱法成、刘江为名誉院长（艺术顾问）。1995年，龚自珍诗书画院编辑出版《龚自珍编年诗注》。2012年10月，龚自珍纪念馆杜琳瑛创作《王铎与诗词》，刊登于《中国钢笔书法》月刊，并入选由天津人民美术出版社出版的《王铎全集》。2012年，龚自珍诗书画院编印出版《纪念龚自珍诞辰220周年诗书画册》。

四、杭州钱塘书画研究社

杭州钱塘书画研究社成立于1981年，位于平海路28号，设有绘画、书法、篆刻、诗词、摄影5个专业组及南社与柳亚子研究专业委员会和钱塘艺苑。至2015年，杭州钱塘书画研究社出版《钱塘书画作品选》《钱塘诗词作品选》《钱塘篆刻楹联选》《钱塘书画名家系列》等系列书籍。

五、中国民间艺术产业示范基地

2013年10月，中国民间艺术产业示范基地挂牌成立，地址中山南路187号。中国民间艺术产业示范基地是一个集会展、陈列、培训、艺术品交流、鉴赏交易等功能于一体的综合性活动场所。

附

东皋雅集[1]

民国初年，余绍宋[2]在北京倡立宣南画社。民国17年（1928），余绍宋辞官定居杭州后，倡议成立书画雅集活动和类似宣南画社的学术组织，以便聚集杭城书画高手，切磋书画艺术，交流经验。经好友马叙伦、孙智敏介绍，开始结识杭州的书画家，有意再结画社。为寻雅集活动合适场所，余绍宋约请徐心庵、孙智敏一同至杭州城东金衙庄和相近的东皋别墅一游。金衙庄[3]为浙江忠义祠旧址，与东皋别墅均在杭城东河之滨。余绍宋等决定将金衙庄作为书画雅集活动场所，并议定名为“东皋雅集”。

民国17年（1928）重阳节前一日（10月20日），由孙智敏出面，约请杭州一些愿意参与书画雅集活动之人，在孙宅集会，共商结社事宜，首次与会的有高时丰、高时显、高时敷三兄弟以及武曾保、叶为铭、范耀雯、程学銮、凌士钧、徐瑞徵、余绍宋及孙智敏共11人。余绍宋起草《社约》和《征社员启事》。10月27日，第一次雅集在金衙庄皋园举行。余绍宋首先阐述结社宗旨，又讲述社约、社规以及活动内容和方法。并决定每周一会，每月半聚餐一次。虽有《社约》及《征社员启事》，但该组织系民间学术集会，众人一致认为不宜发布于众（即不登报，不宣传）。如今《社约》条文已失传，而余绍宋亲笔所订《征社员启事》尚存，兹录全文如下：

“杭城东隅有东皋别墅，明故金尚书顺昌故居也。其旁忠义祠在焉，祠亦为其故居之一隅。清时严侍郎沆、章文简煦、严河督烺先后居之。花木深幽，风烟掩映，精室十数椽，入其中邈然生尚友之想，或曰厉太鸿、杭大宗、丁龙泓诸先贤‘东皋吟社’旧址，即在是云。嗟呼!人亡事息，迹往名留，百年以来风雅之道亦随世变而陵夷几尽，书画两端衰落尤甚。今日吾侪苟不思所以矫正而振兴之，此责更将谁属乎！爰即祠址为社，结约如次，嘤鸣之求，敬俟贤哲。”

东皋雅集成立后不久，社友不断增加，很快就发展到30余人，最多时有40人左右，几乎杭城擅书画者皆云集一起。东皋社员多为传统文人、世家子弟，兼有大学教授、官员、企业家、银行家等身份。其时，杭州西泠印社成员也来参加东皋雅集活动，如叶为铭、丁辅之、高氏三兄弟、俞序文、陈伯衡、武曾保等人。东皋雅集之规模远不如西泠印社，但它是一个纯艺术团体，没有任何经营活动。一般在集社时，各出所藏展示给与会者观赏。观赏之余，愿挥毫作书画的就挥毫作书画，愿聚首谈话的就谈话。但凡入社者每次与会，必带自作书画一页，以四尺

① 文章根据《亭亭寒柯——余绍宋》（余子安著，浙江人民出版社，2006年出版）整理。

② 余绍宋：1883—1949，浙江龙游人。近代著名史学家、鉴赏家、书画家和法学家。

③ 金衙庄处杭州清泰门北、贴沙河之滨。明隆庆二年（1568）进士、福建巡抚金学曾（明代钱塘人）在此建别墅而得名。庄内古树当轩，流泉绕户。清初，户部侍郎严沆购得金衙庄之半，以奉养老母，因取春秋孝子皋鱼的典故，名为皋园。内旧有梧桐楼、绿血轩、小太湖、芙蓉亭等，优雅别致，其中“太湖垂钓”为东城八景之一。百年古香樟和太湖石堆砌的假山成为衙心一景。

十开为标准，以便统一成册。成册后，分别由各社友收藏。而当场所作之书画，以拈阄的方法定书画之归属。所以10年下来，各社友收藏的书画十分丰富。贯穿东皋雅集的“寿苏”雅集始终是重要的专题活动，多选择在高氏准园（今马市街一带）。准园原为清儒许宗彦故宅，园主高时丰在园内建有“辟言精舍”“桐花吟馆”。逢旧历十二月十九日的苏东坡生辰，高氏兄弟陈列出多年积累的有关苏东坡的文物，如画像、墨迹、法帖、文房等供社友鉴赏，备好各种与东坡有关的食品以供佐餐，极尽风雅。“寿苏”雅集一共举行了9次。

社友参不参加活动完全由自己决定，但只要无事缠身，不生病，社友都会按时参加活动，如此持续将近10年，共集会400余次。在一般民间自发的社团中，能活动如此频繁、坚持如此之久者实属少见。直至民国26年（1937）日本发动全面侵华战争后，社友云散，才被迫终止了活动。雅集的发起地点东皋别墅今已不存。

抗日战争胜利后，叶为铭、丁辅之、余绍宋等相继谢世。人亡事息、迹往名留。词人徐行恭是最后在世的社员，1979年曾作词《如梦令·怀东皋雅集》：“台榭亭泉竞爽，画帧诗囊飞响，裙履漫相联，收得沧波珊网。凝想，凝想，云散风流人往。”

第三章　公共文化

自1978年改革开放起，上城区公共文化事业发展步伐加快，人员队伍、基础建设、经费保障等方面得到改善，活动形式不断创新，内容更为丰富，逐渐进入规范化、制度化、科学化的发展轨道。1987年，区委、区政府召开首次群众文化工作会议，制定下发《关于加强群众文化工作的十项措施》，通过调整基层街道文化站的活动经费，设立上城区群众文化工作奖励基金等措施，支持群众文化发展。

1993年，上城区主要依托区文化馆和街道文化站、社区文化室开展群众文化活动。1997年，集区文化馆、杭州前进电影院于一体的上城区文化活动中心大楼建成，设有影剧院、歌舞厅、游乐厅、展览厅、排练厅、健身房、琴房、电脑房、画廊、录音棚、服务部等专用场所。2000年起，上城区内博物馆、图书馆、书店、歌舞厅（卡拉OK）、影剧院、美术画廊等公共文化设施发展较快，极大地满足了人民群众对公共文化的需求。

2003年，上城区推进文化体制改革。经改革，杭州前进电影院改制歇业，杭州大华书场改制转企，龚自珍纪念馆纳入区文化馆统一管理，使全区公共文化事业单位结构更趋合理，更具活力。2006年起，上城区每年举办的上城区“城市一家人”外来务工者文化艺术节成为上城区群众文化活动的品牌。2007年，上城区群众文艺团队联合会成立。上城区将区文化馆直属团队及各街道、社区自有的团队，统一纳入上城区群众文艺团队联合会管理。此后，公共文化活动呈现丰富多彩、空前繁荣的局面。2009年起，区文化馆常年开设舞蹈类、声乐类、器乐类、摄影类、戏曲类、书画类等免费基础课程，深入推进文化惠民。

至2015年，上城区群众文艺团队联合会共有文艺团队403支、会员12000余人，形成门类广泛、参与面广的群众文化团队建设局面。是年，上城区辖区内有综合性博物馆1个，专题性博物馆16个，纪念性博物馆9个；有省级图书馆1个，市级图书馆1个，区属图书馆1个；有歌舞厅（卡拉OK）23家，影剧院14家，画廊42家。

第一节　群众文化活动

一、传统节日活动

庆新春活动　1993年起，上城区每年均组织开展形式多样的庆新春文化活动。2009年3月，上城区召开文艺团队联合会年会暨新春联欢会，区四套班子领导出席并为优秀团

队及先进个人颁奖，同步展演获省、市奖项的12个精品节目，以及进行F1摄影沙龙获奖及精品佳作展览。

2015年3月，上城区举办“欢度新春休闲文化系列活动”，活动内容包括“五柳·小巷”休闲文化活动、河坊街小吃购物一条街及“百姓·闹春”休闲活动。各街道（社区）结合自身实际开展百姓送花灯、百姓上舞台、百姓游步道、百姓猜灯谜、百姓秀家宝、百姓闹童趣等趣味活动，区文广新局同时在小营街道组织专场文艺演出。

元宵灯会　见第十五篇旅游第三章旅游开发和服务第二节旅游产品。

二、重大庆典活动

1993年11—12月，上城区围绕“纪念毛泽东同志诞辰100周年”主题，开展多种形式的文化系列活动。包括“纪念毛泽东诞辰100周年”大型歌咏大会、“革命历史歌曲卡拉OK”大奖赛、评弹展演、龚自珍纪念馆“毛泽东诗词”书画大展、城站地区“毛泽东诗词”演讲赛、涌金地区“万枚毛泽东像章”展览、清泰地区“老一辈无产阶级革命家”知识竞赛、小营地区“情系小营”摄影展览、湖滨街头文艺演出等。

1994年10月，上城区举办庆祝中华人民共和国成立45周年系列群众文化活动。活动内容有戏剧大家唱擂台赛、书画服务、联谊舞会、机关干部卡拉OK大赛、“祖国万岁”百部爱国主义影片插曲演唱比赛等。1997年6月，上城区举办以“万民欢庆迎回归”为主题的系列文化庆典活动，相继进行锣鼓、腰鼓、秧歌、舞龙舞狮等广场表演，庆祝香港回归。1999年12月，上城区围绕“澳门回归”主题，在吴山广场举行有3000余名演职人员参加的大型广场晚会，同时在全区设立13个活动点，节目以舞蹈、独唱、杂技、滑稽小品等为主。

2001年6月，上城区举办庆祝中国共产党成立80周年暨群众文化艺术节。艺术节以“党旗颂”为主题，举办全区性大型综合文艺晚会，以及湖滨街道“社区放歌”、近江街道“颂歌献给党”、清波街道“七一颂歌”、紫阳街道“七月的颂歌”、城站街道“我为党旗增光辉”等9台晚会。2005年，上城区举办纪念抗日战争胜利60周年系列文化活动。活动包括社区工作者、残疾人文艺会演，F1摄影沙龙成果精品展，巾帼先锋风采展示活动，区“社区之歌”创作歌曲演唱比赛等。

2008年12月，上城区举行纪念改革开放30周年大型文艺晚会，整台晚会由开拓篇、发展篇、和谐篇3个板块组成，有歌舞、小组唱、小品、歌曲联唱、舞蹈等。2009年9月，上城区举办“国旗颂——上城区庆祝中华人民共和国成立60周年大型文艺晚会”，3000余人参加。

图29-3-5　2009年9月20日，上城区举行庆祝中华人民共和国成立60周年文艺晚会　（陈建荣 摄）

2011年6月，上城区举办庆祝中国共产党成立90周年大型群众歌咏晚会。晚会以“党旗辉煌，光耀神州”为主题，由“星火燎原”“火红年代”“复兴之光”三大篇章及近20首不同时期的经典红歌串联组成。

2015年7月，区文化馆、南星街道和驻杭空军部队共同举办纪念中国人民抗日战争胜利70周年慰问文艺演出。

三、上城区“城市一家人”外来务工者文化艺术节

2006年5月，上城区举办“城市一家人”——杭州市上城区首届外来务工者文化艺术节。艺术节在区、街联动中，先后举办开幕式、美术作品展、吴越之声国乐器乐专场演出、文艺创作大赛、文艺会演、“八荣八耻”演唱赛、“知荣辱，树新风”演讲比赛、“文化科普法律”系列培训、“共建和谐家园”电影专场、群众纳凉文艺专场演出等。此后，上城区“城市一家人”外来务工者文化艺术节每年举办一次。

图29-3-6　2006年，上城区举办首届外来务工者文化艺术节　（区文化和广电旅游体育局 供稿）

2011年11月，上城区举办首届文艺团队联合会艺术节暨第六届上城区“城市一家人”外来务工者文化艺术节。艺术节包括文艺演出、艺术展览、精品赛事、学术交流四大板块内容，涵盖文学、戏剧、书法、美术、音乐、舞蹈、曲艺、摄影、非物质文化遗产保护和诗词吟唱等10余个大项。

2015年11月，上城区举办文艺团队艺术节[①]暨第十届上城区“城市一家人”外来务工者艺术节。近100个团队1000余人相继表演排舞、太极拳、腰鼓、可乐球、手拍鼓和踢踏舞等项目。

① 2015年，上城区文艺团队联合会艺术节更名为文艺团队艺术节。

四、其他群众文化活动

上城区从1996年开始举办歌手比赛。2000年9月，区文化馆组织“庆国庆迎西博”现场百米书画长卷挥毫活动，区领导、武警战士、学生、书画爱好者百余人参加。2001年6月，上城区举办“十佳”歌手比赛，歌曲《歌唱“山民的好儿子”毛泽东》获表演一等奖、创作一等奖。此后，上城区每年均举办一次“十佳”歌手比赛。2003年5月，上

城区举行抗击“非典”书画创作活动，为抗击“非典”一线的医务人员和公安干警创作60余幅书画作品。2005年6月，上城区举办“社区之歌”创作歌曲演唱比赛，参赛曲目由社区居民自行创编、演唱。2006年10月，上城区外来务工者美术作品展在杭州市工人文化宫举行，展出书画作品60幅，林宾凡作品《春》获一等奖。2013年5月，上城区举办少儿书画摄影大赛暨“快乐·天空”杭州市少儿书画摄影大赛选拔赛。2014年4月，上城区举办“中国梦·劳动美”职工庆“五一”摄影大赛获奖作品展，共参展作品40幅，其中9幅为特邀作品。2015年5月，区文化馆举办“最美上城”少儿书画摄影大赛暨“我爱家乡水”杭州市少儿书画摄影选拔赛，600余名中小学生参加，杭州市胜利实验学校林炳梁、钱思妍获书法作品一等奖，杭州市胜利实验学校徐楠乔、刘怡村及杭州近江艺术幼儿园朱可鑫和杭州师范大学附属第一小学王岚清获绘画作品一等奖。7月，“助推五水共治，建设美丽上城”主题书画摄影展在唐云艺术馆展出。

五、文化惠民及培训辅导

1996年，区文化馆开始举办戏曲表演基础培训班。2001年，区文化馆为共建部队浙江省武警指挥学校开办民乐培训班。2008年7月，上城区百场电影文艺专场进社区活动在小营街道小营巷社区正式启动。该活动作为文化惠民重要举措，历时3个月，相继放映《长江7号》《致命追踪》《兄弟》等20部中外影片，举办多台文艺演出。

2009年起，区文化馆常年开设舞蹈类、声乐类、器乐类、摄影类、戏曲类、书画类等免费基础课程，同步开设名人名家讲座。2010年3月，区委宣传部、区文广新局等部门联合举办社区文体干部业务知识讲座暨品质生活市民大讲堂活动，活动内容包括科学健身知识座以及社区文化业务知识、文化礼仪等业务培训，全区各街道、社区文化干部和市民群众代表等近200人参加。11月，上城区结合文体惠民工程，在杭州市工人文化宫举行上城区辖区首批文体设施资源共享单位的授牌仪式，首批加盟资源共享单位有杭州市中财大厦、杭州市工人文化宫、杭州市基督教青年会、杭州市上城区社区学院等15家。

2011年起，区政府以政府买单形式，免费向社区群众、弱势群体发放文体惠民活动券，活动券总价值113万元，惠及全区2098户低保（残保）户家庭，受益群众3151人。活动内容包括游泳和娱乐两方面，平均每户家庭惠民活动券价值540元，凭券可在指定场所免费游泳或娱乐。2014年，上城区开展“七送”文体惠民工程，内容包括居家文化服务、“百团百场”公益演出、送戏送电影进社区、举办公共文化免费培训、向文体团队赠送器材、发放文体惠民消费券、开展国民体质免费检测。

图29-3-7　上城区百团百场文艺演出（2014年）
（区文化和广电旅游体育局 供稿）

2015年，区文广新局持续开展各类文化免费培训班，发放电影券5200张（惠及全区环保工人1000余人）、书券8000张；举办“百团百场”公益演出、送戏送电影136场次；定制文体团队表演服装250套，总价值达140余万元。

表29-3-7　2009—2015年区文化馆文化惠民、公共文化免费培训情况表

年份	馆内免费培训			下基层培训		
	培训课程	培训课时（小时）	受惠人数（人）	培训课程	培训课时（小时）	受惠人数（人）
2009	健身操、成人拉丁舞、排舞、瑜伽、声乐、古筝、少儿舞蹈、小小主持人等36项	288	5760	舞蹈、演讲、美术等	108	2160
2010	舞蹈类、书法类、器乐类、戏曲类等20项	770	8650	舞蹈、声乐、小品、摄影、诗词、美术、书法、水墨画等	425	8500
2011	舞蹈类、书法类、摄影类、器乐类、音乐戏曲类、少儿艺术类、理论讲座等48项	2200	23463	舞蹈、声乐、小品、摄影、诗词、美术、书法、水墨画等	467	9340
2012	钢琴、古筝、书法、基础数码摄影、少儿绘画、瑜伽、拉丁舞、合唱、肚皮舞、民族舞等48项	2228	24425	舞蹈类、器乐类、书法类、摄影类、声乐类、戏曲类、美术类、文学类、手工技巧类、语言曲艺等	508	10160
2013	舞蹈类、书法摄影类、器乐类、音乐戏曲类、理论讲座类、少儿艺术类等49项	5131	40144	舞蹈类、器乐类、书法类、摄影类、声乐类、戏曲类、美术类、文学类、手工技巧类、语言曲艺等	715	14300
2014	舞蹈类、书法摄影类、器乐类、音乐戏曲类、理论讲座类、少儿艺术类、暑期少儿培训类、街道辅导联办类等112项	4428	42165	舞蹈类、器乐类、书法类、摄影类、声乐类、戏曲类、美术类、文学类、手工技巧类、语言曲艺等	630	12600
2015	声乐、古筝、瑜伽、拉丁舞、中国舞、山水画、书法、少儿围棋、少儿竹笛等87项	4368	34320	舞蹈类、器乐类、书法类、摄影类、声乐类、戏曲类、美术类、文学类、手工技巧类、语言曲艺等	637	12740

说明：资料来源于杭州市上城区文化和广电旅游体育局

六、群众文化团队

上城区群众文艺团队联合会　1993年起，上城区群众文化团队不断壮大，至2007年，全区拥有业余文艺团队346支，参加会员9800余人。2007年，上城区群众文艺团队联合会成立。上城区将区文化馆直属团队及各街道、社区自有的团队，统一纳入上城区群众文艺团队联合会管理。至2015年，上城区群众文艺团队联合会共有文艺团队403支、会员12000余人，逐步形成门类广泛、参与面广的群众文化团队建设局面，相继有183人次获国家级奖项、316人次获省级奖项、781人次获市级奖项。

区文化馆直属文艺团队　1995年12月，区文化馆长乐京剧团成立。1997年11月，区文化馆喜洋洋健身鼓乐队成立，表演腰鼓、军鼓、舞蹈、时装展示、健身运动5类项目。

1999年，区文化馆在原有摄影、民乐、书画、曲艺、合唱等业余团队基础上，建立远风书画院。此后，各类文艺团队相继成立。2007年，吴越之声国乐队、F1摄影沙龙、追梦艺术团、紫阳街道喜洋洋艺术健身鼓乐队、小营街道老年大学健身秧歌队、清波街道钱王祠健身队、湖滨文体艺术协会、望江街道业余文体队、南星街道文艺队被命名为杭州一级群众文化团队。2009年4月，区文化馆组建杭州天风腰鼓健身队，健身队有爵士鼓队、功夫扇队、健身舞队、木兰拳队、腰鼓队等24支分队，拥有队员1000余人。该团队曾多次参加省内外重要活动，包括国际龙舟比赛开幕式、浙江省农村全民健身运动会开幕式、杭州市电视台庆祝“八一”大型文艺活动、全国女子甲级乒乓球比赛开幕式等。至2015年，区文化馆有直属文艺团队47支。

表29-3-8　2015年上城区文化馆直属文艺团队情况表

序号	团队名称	序号	团队名称
1	上城区秋韵合唱团	25	上城区EO世界语合唱团
2	上城区星韵合唱团	26	上城区健身球协会
3	上城区吴山天风腰鼓队	27	上城区常青口琴队
4	上城区春叶合唱团	28	上城区钱王祠艺术团
5	上城区世界语艺术团	29	上城区彩霞艺术团
6	上城区社区学院艺术团	30	上城区越迷秀团
7	上城区金钱巷缘舞舞蹈队	31	上城区城市之声107艺术团
8	上城区明星越剧团	32	上城区亚林之春艺术团
9	上城区新舞台越剧团	33	上城区春天舞蹈团
10	上城区倾琴之恋艺术团	34	上城区丝友艺术团
11	上城区快乐艺术团	35	上城区草根之音越剧团
12	上城区红枫叶艺术团	36	上城区勤凤越剧团
13	上城区东方越剧团	37	上城区爱朵艺术团
14	上城区仙林越剧团	38	上城区咪咪民乐团
15	上城区柳翠越剧团	39	上城区蓝青踢踏舞队
16	上城区夕阳红越剧团	40	上城区东方艺术团
17	上城区柳莺越剧团	41	上城欧雅艺术团
18	上城区笑海艺术团	42	上城区爱博艺术团
19	上城区哆来咪艺术团	43	上城区爱乐艺术团
20	上城区声韵室内乐团	44	上城区俏姐妹组合艺术团
21	上城区二十三坊葫芦丝	45	上城区梦之舞舞蹈队
22	上城区区叶正红舞蹈团	46	上城区蓝雨艺术团
23	上城区丝之语艺术团	47	上城区海燕艺术团
24	上城区钱塘艺术团	—	—

说明：资料来源于杭州市上城区文化和广电旅游体育局

第二节 文化馆（站）、书场

一、区属文化设施

杭州市上城区文化馆 1958年4月，区文化馆建立，为公益性文化事业单位，建筑面积369平方米。馆址河坊街12号，后迁至枝头巷26号，1960年12月移址崔家巷12号。1985年前后，多次对原有馆舍进行改造，改造后的场所面积扩大至1100平方米。

1997年9月，上城区文化活动中心大楼落成，地址惠民路20号，集区文化馆与杭州前进电影院于一体，总建筑面积3760平方米，其中，区文化馆3000平方米，杭州前进电影院760平方米。大楼设有影剧院、歌舞厅、游乐厅、展览厅、排练厅、健身房、琴房、电脑房、画廊、录音棚、服务部等专用场所，及大小会议室，达到省、市文化馆的规范化标准。是年，区文化馆被浙江省文化厅评为全省群众文化工作先进集体。2004年6月，杭州前进电影院撤销。2005年5月，上城区对区文化馆再次改造，将电影院场地改造为三层建筑，使上城区文化活动中心面积从3760平方米扩至为5000平方米。至2015年，区文化馆设施情况未发生变化。1993—2015年，区文化馆3次被文化部授予“国家一级文化馆”称号，3次被浙江省文化厅授予“浙江省一级文化馆”称号。

杭州大华书场 1954年，杭州大华书场建立，建筑面积近300平方米，座位数245个，位于积善坊巷17号。1989年，杭州大华书场在原有基础上进行翻建，整体翻建为期6个月。经翻建，书场面积扩大至550平方米，座位数增至320座。同步增设标准舞池，添置200英寸的大屏幕。是年12月1日，杭州大华书场恢复演出。中国曲艺家协会浙江分会、浙江人民广播电台文艺部等联合举办江浙沪著名评弹演员会书，历时3天，演出《七侠五义》《水浒》等传统节目。

1994年5月，杭州大华书场因旧城改造被拆迁，于5月15日在原址做最后一场演出。为保证正常演出，书场几经借用场地。2001年5月1日起，新建的杭州大华书场竣工投入使用，地址位于青年路48号，整体分为2层，建筑面积900余平方米，一层作为经营用房，二层供书场演出，设有座位180个。2005年，浙江省老字号企业协会授予杭州大华书场浙江省老字号证书。杭州大华书场成为全省首个老字号苏州评弹专业演出场所。2011年，杭州大华书场进行整修装饰，既保留原有的古朴风格，又对内部结构、设施器

图29-3-8 2011年，杭州大华书场重新开张

（区文化和广电旅游体育局 供稿）

材及桌椅等进行调整和更新。至2015年，杭州大华书场正常演出说书（评弹）。

二、街道（社区）文化站

1993年初，上城区有湖滨、涌金、清波、小营巷、城站、清泰、横河7个街道文化站，总建筑面积6988平方米。街道文化站主要有书刊阅览室、多功能活动厅、培训教室等，有条件的地方设有室外活动场地、宣传栏等配套设施。1999年起，上城区对各街道文化站馆舍和社区文化室不断进行改造提升，提质扩容。至2015年，上城区有湖滨、清波、小营、望江、南星、紫阳6个街道文化站，总建筑面积8650平方米，各社区均配有社区文化室。全区共创省一级综合文化站4个（湖滨、小营、望江、南星）、市级综合示范文化站3个（望江、南星、小营）。

表29-3-9　2015年上城区街道文化站设施情况表

上城区街道文化站	地　址	馆舍建成年份	建筑面积（平方米）	藏书（册）	年文化经费（万元）	周开放（小时）
湖滨街道文化站	中山中路崔家巷4号	1958	1500	5000	12	56
清波街道文化站	南宋御街鼓楼旁、蔡官巷35号	2010	1020	3000	10	49
小营街道文化站	小营巷56号、清吟街108号	2003	2500	6000	12	56
望江街道文化站	近江东园珊园弄3号	2001	1500	3000	10	49
南星街道文化站	复兴南街24号	2000	1080	3000	12	56
紫阳街道文化站	彩霞岭5号	1999	1050	3000	10	49

说明：资料来源于杭州市上城区文化和广电旅游体育局

第三节　博物馆（纪念馆）

1993年起，上城区博物馆事业进入快速发展时期。2001年10月，杭州第一座市级综合性博物馆——杭州历史博物馆建成开放。此后，中国财税博物馆、杭州西湖博物馆、浙江美术馆等大型博物馆相继建成开放。至2015年，上城区辖区范围内有综合性博物馆1个，专题性博物馆16个，纪念性博物馆9个。

一、综合性博物馆

杭州历史博物馆位于吴山中麓粮道山18号，与吴山广场和河坊街相邻，占地面积2.4万平方米，建筑面积1.3万平方米，展区面积7000平方米。2001年10月，杭州历史博物馆建成开放。2012年，正式升级为杭州博物馆。

杭州博物馆是国家一级博物馆，是一座展现杭州历史变迁和城市文物珍藏的人文类综合性博物馆。馆内文物种类齐全，涵盖陶瓷、书画、善本、碑帖、印谱、玉石、金属、竹木牙雕、民俗、钱币、邮票等资料、标本。以明清书画、陶瓷器和明清玉器为主要特色，良渚文化玉器、原始青瓷、元代窖藏等为代表性精品，南宋修内司窑出土的瓷器为国内仅有。江南地区明清两代书画家的书画收藏也颇具规模，自成体系。镇馆之宝“战国水晶杯”，是用整块优质天然水晶制成的器皿，被列为国家一级文物，2002年被国家文物局列入64件（组）首批禁止出国（境）展览的珍贵文物名录。

至2015年，展馆分“珍藏杭州——馆藏文物精品陈列”“最忆是杭州——杭州历史文化陈列”和机动展厅三大部分，共有正式展厅8个，机动展厅2个。

二、专题性博物馆

中国财税博物馆　中国财税博物馆位于吴山广场28号，占地面积1.8万平方米，建筑面积1.2万平方米。该馆于2004年11月开馆，免费开放。至2015年，中国财税博物馆收藏各类财税历史相关文物和文献资料近1万件，是国家级专业博物馆。博物馆现有财富中国、中国古代财税历史、中国近现代财税历史、中国当代财税历史、中国会计历史5个展厅和摇钱树与理财家展区。

中国丝绸博物馆　中国丝绸博物馆位于玉皇山路73-1号，是第一座全国性的丝绸专业博物馆，也是集收藏、研究、传承、展示于一体的纺织服饰类专题博物馆，系国家一级博物馆。1992年2月，该馆正式对外开放。2004年起对公众免费开放。该馆为观众提供免费讲解服务和古法织机操作表演，免费发放丝绸文化知识资料，并提供语音导览服务。观众可参与丝绸扎染、丝绸手绘、中国结等手工制作活动。中国丝绸博物馆收藏的文物主要包括历代织、绣、染文物，其中以丝绸之路沿途出土的汉唐织物，北方草原地区出土的辽元织物服饰，江南地区出土的宋代服饰，明清时期官营织造局的匹料、龙袍、官补、旗服，以及20世纪20年代至40年代的旗袍、长袍马褂等最具特色。至2015年，展厅基本陈列主要分为序厅、历史文物厅、蚕桑厅、染织厅、现代成就厅5个部分。

图29-3-9　中国丝绸博物馆（2011年）　（陈明月　摄）

浙江美术馆　浙江美术馆位于南山路138号，毗邻万松岭，占地面积3.5万平方米，建筑面积3.2万平方米。2009年8月，浙江美术馆正式向公众开放。至2015年，该馆拥有各种规格的展厅14个，其中恒温恒湿展厅6个，展厅面积9000平方米，库房区面积3000平方米。另有中央大厅、天光长廊、国际学术报告厅、多功能厅、鉴赏厅、贵宾室、美术图书文献中心、儿童美术天地、美术书店、美术材料用品商店、咖啡吧等配套设施。该馆主要职能是承担美术作品和美术文献的展览、陈列、征集、收藏，并利用美术和美术馆资源开展学术研究、教育推广、对外交流和公共文化服务。

杭州西湖博物馆　杭州西湖博物馆位于西湖边柳浪闻莺公园（南山路89号），占地面积2.26万平方米，总建筑面积8500平方米。2005年10月，该馆建成开放，是集中展示和传播西湖文化的专题性博物馆，也是中国第一座湖泊类专题博物馆。整个建筑大部分延伸于地下，以斜坡式大草坪为屋顶。博物馆集陈列展示、西湖学研究、西湖文献资料和游客服务四大功能于一体。至2015年，馆内有与西湖直接相关的实物藏品和历代以西湖为题材的各种门类的藏品，如商朝云雷纹青铜直内戈、清代《西湖十景》册页、清代《禹航胜迹》册页、清代申石伽“西湖十景”成扇等。馆内陈列展览由序厅、“天工画图”（西湖的山水）、“钟灵毓秀”（西湖的人文）、“浚治之功”（西湖的浚治）、“明珠璀璨”（西湖的影响）5个部分组成。

观复古典艺术博物馆分馆　1997年1月，中华人民共和国成立后第一家私立博物馆——观复古典艺术博物馆在北京对外开放，文物收藏家、鉴赏家马未都任馆长。2002年1月，观复古典艺术博物馆第一家分馆在杭州开馆。分馆位于河坊街131号胡庆余堂旁，为清末民国初期传统建筑，三进两层，建筑面积1000余平方米，内部装修简洁，使用传统工艺，环境幽雅，别具一格。该馆馆藏明清传世文物3000余件；“明韵清风”中国古典家具展依照中国传统民居陈列方式将紫檀、黄花梨、红木等优秀木材制作的明清传统古典家具呈现给游客，中国古代银器展汇集战国至民国200余件精致白银制品，中国古代造像展展出藏传文物50余件。该馆不定期地举办有关传统文化讲座、小型展览等活动，并提供文物鉴定、咨询服务。

求是书院（杭州近代教育史陈列馆）　求是书院（杭州近代教育史陈列馆）位于大学路160号。该馆于2006年5月开馆，依照知识性、教育性、通俗性、观赏性四大原则，按杭州教育发展的内在逻辑，将杭州近代教育史分为起步（1840—1911）、发展（1912—1927）、兴盛（1927—1937）、曲折（1937—1945）和复兴（1945—1949）5个时期，围绕杭州教育与国运、重大史事、历史名校、教育名人等主题展示杭州人杰地灵、人才辈出的人文底蕴。

三、纪念性博物馆

唐云①艺术馆　唐云艺术馆位于南山路45号，是一座仿古型的江南园林式建筑，占地面积3500平方米。1999年4月，由市政府批准单独建制，5月16日开馆（后并入杭州名人纪念馆）。馆内藏有唐云家属捐赠给市政府的艺术珍品195件（唐云作品38件、书画藏品106件、曼生壶等51件）及有关唐云的文献。其中8把曼生壶是镇馆之宝。开馆后通过各种艺术交流活动，馆藏品增至600余件。该馆为研究唐云书画艺术的专业场馆，先后举办唐云作品展、唐云捐赠品展、唐云艺术馆藏品展等。至2015年，馆内设有展厅、美术家之家、创作室、品湖轩等区域。

潘天寿纪念馆　潘天寿纪念馆坐落于南山路212号（原景云村1

① 唐云（1910—1993），出生于杭州市珠宝巷，字侠尘，号药翁，晚署大石、老药等，是中国当代著名国画大师、文物收藏家、鉴定家。唐云在潜心作画的同时，还专心于颜真卿、石涛、朱耷、吴昌硕等历代名家名作的收藏，对紫砂壶、砚台、竹刻、印章、木版书籍等均有涉猎，尤以收藏曼生壶著称。

号）。1981年，纪念馆对外开放，是国内保存潘天寿作品最多、最全的纪念馆。至2015年，纪念馆共2栋楼房建筑，一栋是潘天寿的故居楼，另一栋是陈列楼。故居楼内陈列着潘天寿生前使用的画桌、画具及绘画作品供参观者观赏和研究；陈列楼则陈列着潘天寿的巨幅作品和精品画作，采用先进的微机控制设施，给参观者提供更好的观赏效果。

图29-3-10　潘天寿纪念馆（2014年）　　（李蓓敏 摄）

龚自珍纪念馆　1989年，龚自珍纪念馆在龚式旧居基础上按原貌修复，位于马坡巷16号，占地面积约400平方米，建筑面积686平方米，陈列总面积约200平方米，库房面积约60平方米，馆内陈列龚自珍生平图文简介、大事年表、史料、龚氏年谱、诗选和后人研究文集等。纪念馆具有书香世家、官宦宅第与旧式庭院兼备的清代建筑特色，院内小桥水榭，环境古朴幽雅，是杭州少数保存完好的古建筑之一。1990年1月1日，龚自珍纪念馆行开馆典礼。1995年，龚自珍纪念馆被省委、省政府确定为浙江省爱国主义教育基地。1998年10月，高0.7米的龚自珍铜像在纪念馆落成。纪念馆举行铜像落成典礼暨诗书画中秋雅集。

图29-3-11　龚自珍纪念馆（2015年）　　（俞建华 摄）

2006年，区政府在杭州市园林文物局等有关部门的支持下，对纪念馆进行修缮，按照修旧如旧原则，对原先受白蚁之害的房柱等主体结构进行大范围更换，对屋顶防漏采用先进的ABS塑料[①]施工铺面，并对全馆电路重新设计布线。整体修缮历时6个月，于是年9月竣工。修缮后的纪念馆保留古建筑原有风格，使房屋结构更为科学、牢固、安全和美观，并使馆舍综合利用率得到提高。2011年12月，纪念馆再次进行内部修缮。至2015年，龚自珍纪念馆设施情况未发生变化。

① ABS塑料：是丙烯腈（A）、丁二烯（B）和苯乙烯（S）3种单体的三元共聚物。

表29-3-10　2015年上城区境内博物馆情况表

类别	名　　称	隶属单位（主管单位）	地　　址	开馆时间
综合性博物馆	杭州博物馆（杭州历史博物馆）	杭州市园林文物局	粮道山18号	2001-10
专题性博物馆	中国财税博物馆	财政部、国家税务总局	吴山广场28号	2004-11
	中国丝绸博物馆	浙江省文化厅	玉皇山路73-1号	1992-02
	浙江美术馆	浙江省文化厅	南山路138号	2009-08
	杭州西湖博物馆	杭州市园林文物局	南山路89号	2005-11
	南宋官窑博物馆	杭州市园林文物局	南复路60号	1992-10
	杭州孔庙（碑林）	杭州市文物保护所	劳动路57号	1989-04
	胡庆余堂中药博物馆	杭州胡庆余堂有限公司	大井巷95号	1998-05
	杭州南宋钱币博物馆	个人（屠燕治）创办	酱园弄12号	1999-05
	杭州世界钱币博物馆	个人（储建国）创办	河坊街178号	2001-09
	观复古典艺术博物馆分馆	个人（马未都）创办	河坊街131号	2002-01
	朱炳仁铜雕博物馆	个人（朱炳仁）创办	河坊街221号	2004-01
	求是书院（杭州近现代教育史陈列馆）	杭州市园林文物局	大学路160号	2006-05
	严官巷南宋(御街)遗址陈列馆	清河坊管委会	中山中路112号	2006-06
	光达美术馆	光达控股有限公司	虎玉路18号	2015
	中国杭帮菜博物馆	杭州饮食服务集团	虎玉路9号	2012-03
	中国社区展示中心	民政部	金钗袋巷79号	2009-12
纪念性博物馆	浙江革命烈士纪念馆	浙江省民政厅	万松岭路100-1号	1991-09
	杭州革命烈士纪念馆	杭州市民政局	之江路2号	1968-10
	钱塘江大桥纪念馆	上海铁路局	之江路6号	1999-12
	中共杭州小组纪念馆	小营街道	方谷园3号	2011-07
	毛主席视察小营巷纪念馆	小营街道	小营巷56号	2001-08
	龚自珍纪念馆	区文化和广电旅游体育局	马坡巷16号小米园	1990-01
	潘天寿纪念馆	中国美术学院	南山路景云村1号	1991-05
	蒋筑英纪念馆	杭州市抚宁巷小学	金狮苑20号	1995-05
	唐云艺术馆	杭州市园林文物局 杭州名人纪念馆	南山路45号	1991-05

说明：1.潘天寿的寓居之地原为南山路景云村1号，改造后为南山路212号。2.中国财税博物馆原名中国财政博物馆，2003年更名。3.严官巷南宋（御街）遗址陈列馆南北贯通，北在中山中路112号，南在中山南路193号。4.资料来源于杭州市上城区文化和广电旅游体育局

第四节　公共图书馆

1993年，上城区域内公共图书馆有省级图书馆1个、市级图书馆2个、区属图书室1个。街道文化站和社区文化室均设立图书室。至2015年，上城区域内公共图书馆有省级图书馆1个、市级图书馆1个、区属图书馆1个。

一、浙江图书馆大学路馆舍

浙江图书馆大学路馆舍位于大学路102号。民国21年（1932）9月，浙江图书馆大学路馆舍正式开放使用。大学路馆舍由阅览楼（南楼）、外借楼（北楼）、办公室及若干简易平房组成。2007年12月，浙江图书馆在全国率先免除读者办证一切费用。2013年，浙江图书馆全年新办读者证2万张以上，累计办理读者证达到29万张。外借文献129.5万册次，总流通人次261.5万，其中大学路馆舍报刊阅览室6.8万人次。大学路馆舍报刊阅览室主要向公众开放一些当年的、最新的报纸和期刊，种类较多，更新也较快，每次可借中文图书6册，现刊3册，影碟2套。2015年，浙江图书馆新入藏实体文献24.7万册（件），图书报损1563册、调拨83888册，实际馆藏文献总量为648.5万册（件）。

二、杭州图书馆（生活主题分馆）

杭州图书馆成立于1958年7月，馆址位于青年路见仁里6号，馆舍面积650平方米。1986年5月，浣纱路254号馆舍建成对外开放。业务楼4层，书库8层，连同办公楼面积5140平方米，比建馆初期面积增加7倍。馆内设有讲演厅、普通图书处外借处、普通图书阅览室、总书库、辅助书库、期刊书库、古籍书库，机构设置分为外借部、阅览部、宣传辅导部、采编部、参考咨询部、现代化技术服务部、古籍部7个业务部门及行政办公室。馆内设备全部更新，木书架替换为钢书架。20世纪90年代，杭州图书馆免费公开发放借书证，午间不闭馆并开放夜间服务，周开放时间72小时；并有外借咨询台、预约借书、电话借书、信函借书、送书上门等服务项目。1992年，引进图书馆自动化集成系统（ILAS），后在省内外进行推广。2000年，杭州图书馆拥有藏书近80万册。杭州地方文献和古籍收藏也日益丰富，其中善本4481册，有代表性的善本有明万历刻《圣典》（孤本）、明建文刻《汉唐秘史》、清初抄本《辽记》（四库底本）及《王文韶日记》（手稿）等，另藏有金石照片3000余张和名人字画。2003年10月，杭州图书馆与杭州少年儿童图书馆之间首先实施“一证通”工程。2006年，杭州图书总馆实施《杭州地区公共图书馆服务公约》，取消借阅证注册费。2007年，该馆藏品中有29种善本古籍进入首批《国家珍贵古籍名录》。是年，“图书信息一证通”工程获文化部社会服务“全国第十四届群星（服务）”最高奖。2008年10月，市委、市政府投入近4亿元在江干区市民中心建成新馆，自此该馆成为总馆。

2011年夏天，浣纱路254号的杭州图书馆闭馆休整。2013年7月，浣纱路馆重新开馆，总建筑面积5229平方米。该图书馆正式更名为“杭州图书馆生活主题分馆”，是国内首家以“生活”为主题的图书馆。在设计上引进欧美建筑理念：一楼开架图书区采用美国图书馆常用的“积层书架”①；二楼杂志借阅区采用立体全方面竖式展示柜。2014年，杭州图书馆生活主题分馆的开放时间是周二至周日的9:00—21:00。每张借书证每次能借走20本图书。图书馆还开通了无线（Wi-Fi）功能，方便市民免费上网。2014年

① 无需借助梯子，登上环绕书架的镂空铁艺平台即可伸手拿到顶层图书。

12月至2015年11月底，杭州图书馆生活主题分馆的图书借阅量达60万册次。至2015年，杭州图书馆生活主题分馆图书分布情况：一楼为哲学、社会科学、政治经济类书籍；二楼包含音像碟片和期刊；三楼为养生文化、旅游休闲等生活类书籍；四楼主打文学和历史类书籍。

表29-3-11　2015年杭州图书馆上城区服务点情况表

社区名称	地　址	开放时间	休息日
湖滨街道东平巷社区	羊血弄10号	9:00—11:00 14:30—17:00	双休
湖滨街道吴山路社区	崔家巷4号	9:00—11:00 14:00—16:00	双休
湖滨街道东坡路社区	蕙宜村4号，梅地亚宾馆旁边	9:00—11:00 14:30—16:00	周日休
清波街道定安路社区	后市街125号	9:00—11:00 14:00—16:00	周一休
清波街道劳动路社区	荷花池头30号	8:30—1:30	双休 法定节假日休
清波街道	蔡官巷35号	9:00—11:00 14:00—16:00	周一休
清波街道清河坊社区	高银街113号	9:00—11:00 14:00—16:00	周日休
望江街道在水一方社区	天福花园13幢3楼	8:30—12:00 14:30—17:30 18:30—20:00	无休
望江街道始版桥社区	始版桥东村19幢底层	9:00—11:00 14:00—16:00	周一休
望江街道近江东园社区	近江家园珊园弄19号	8:30—20:00	全开放
紫阳街道彩霞岭社区 紫阳街道	彩霞岭5号	9:00—12:00 14:30—16:00	周六休
望江街道徐家埠社区	望江西园2幢1楼	9:00—11:00 14:30—16:00	周一休
望江街道莫邪塘社区	秋涛一弄23-14	8:30—11:00 14:00—16:30	周日休
紫阳街道杭州市杨绫子学校	姚江路3号	9:00—18:00	双休
紫阳街道凤凰社区	姚江路63号邻里服务中心	9:00—11:30 14:30—16:30	双休
紫阳街道北落马营社区	城南家园8-101	9:00—11:30 14:00—16:30	双休
南星街道馒头山社区	梵天寺路54号	8:30—11:30 14:00—17:30	全开放
小营街道小营巷社区	小营巷26号	9:00—11:00 14:00—16:00	双休
小营街道西牌楼社区	直吉祥巷14号建国南苑8幢2单元底层	8:30—11:00 14:30—16:30	双休
小营街道姚园寺巷社区	建国南苑39幢底层	8:00—11:00 14:00—17:00	周六休

说明：资料来源于杭州市图书馆

三、杭州少年儿童图书馆

杭州少年儿童图书馆前身是创建于民国17年（1928）的浙江图书馆新民路分馆儿童阅览室。1954年，改为浙江图书馆儿童阅览室，地址解放路85号。1963年，改为杭州图书馆儿童分馆。1982年单独建制，定名杭州少年儿童图书馆。至1986年，藏书15万册。1995年7月，停止对外开放，馆舍转让。1997年12月，新馆在西湖区曙光路39号（黄龙洞西侧）奠基。1999年1月竣工，6月对外开放，馆舍面积5482平方米。其中，一层设有低幼区、儿童区（动漫、艺术、教育、自然科学、社会类图书、拼音读物），低幼区设有玩具天地和绘本区。二层设有多媒体视听区、儿童区、少年区。三层设有多功能厅、培训教室。地下一层设有家长学习区、多媒体视听区、电影放映区、舞蹈培训教室。

四、上城区青少年图书馆

上城区青少年图书馆原为上城区少年宫图书室，位于青年路72号。2004年，上城区少年宫更名上城区青少年活动中心，搬迁至中河中路62号。2005年6月，图书室重新开放，更名为上城区青少年图书馆。图书馆面积203平方米，可存放3万余册书籍。其中，低幼阅读区布置舒适，可进行各类别的亲子阅读；大开间阅读板块区内容涉及军事、生活、休闲、娱乐、天文等22类、100余种书籍，能满足中小学生日常阅读的要求；杂志阅读区陈列着100余种最新杂志，符合各阶段学生及家长的阅读需求。至2015年，图书馆每学期接待各类读者1万余人。

第五节　书店

1993年，图书主要由新华书店系统发行。随着改革深入，图书发行实施改革，多种经济成分、多种流通渠道、多种购销形式并存的图书市场逐步形成。1997年，新华书店发行、社会自办发行、出版社自办发行并存的格局形成。此后，随着网络的发展，网上书店开始兴办，与实体店形成互补。至2015年，上城区形成以新华书店为主体，国有书店和民营书店并存的局面。

一、新华书店（解放路店）

1993年，杭州市新华书店投资160万元对解放路225号新华书店进行全面装修，规模在当时全国书店系统首屈一指。1996年，新华书店（解放路店）布置陈列以纪念红军长征胜利60周年和迎接香港回归为主题的政治类读物300余种，销售图书达2.23万册。1997年，浙江科技书店划归新华书店（解放路店）。2000年，书店营业厅面积3400平方米，有文化教育、文学艺术、社会经济等10个类别区。2005年，经营品种近12万种。至2015年，正常营业。

二、庆春路购书中心

1997年，杭州市新华书店投资2500万元开设庆春路购书中心，地址庆春路217号。

2000年，投资3300余万元，购书中心营业面积增至6000余平方米，上架图书品种10万种以上。2004年，再次出资1785万元扩建购书中心，使营业场地增至7500平方米。购书中心成为门类齐全、品种众多、环境优雅、服务优良的全省最大综合性书店之一，并获全国二十强门市称号，被国家新闻出版总署授予全国新华书店精神文明示范单位称号。2005年，有图书品种14万余种。至2015年，正常营业。

三、杭州古旧（古籍）书店

1958年4月，杭州市新华书店吸纳拜经楼、宝贻斋、文艺书店3家私营书店组建成立杭州古旧（古籍）书店，设门市部于解放街600号，设收购组于茅廊巷。“文化大革命”期间基本停业，1974年恢复营业。1987年，整理出版《管子》《唐文萃》《金石书画》等书籍，影印发行《文澜学报》《浙江学报》等史料，为学术服务。2004年停止营业。

四、南山书屋

南山书屋于1988年成立，地址南山路210号，隶属于中国美术学院出版社。书屋是以服务中国美术学院师生为主的专业性书店，以美术理论、画册为主，并配备一些哲学，旅游人文类的书籍。南山书屋不定期组织承办艺术沙龙和图书签销会等。至2015年，正常营业。

第六节　歌舞厅（卡拉OK）

20世纪90年代，位于庆春路娃哈哈大楼的金碧辉煌夜总会（现为杭州鼎红实业有限公司）、涌金广场的钻石年代夜总会（现为杭州中驰餐饮娱乐有限公司），南山路的鼎红夜总会（现搬迁至庆春路娃哈哈大楼）是当时杭城档次较高、规模较大、消费较高的歌舞娱乐场所。

20世纪90年代末，由浙江省文化厅批准的台资企业钱柜文化娱乐有限公司入杭，引进规模化的卡拉OK经营模式，出现了量贩式卡拉OK经营方式。2003年起，上城区区域内的湖滨、南山路等路段夜生活逐渐兴起，歌舞厅随之出现较快发展，为居民提供越来越多的文化享受和选择，满足人们精神文化娱乐生活需求。至2015年，上城区域内有23家歌舞厅（卡拉OK）。

表29-3-12　2015年上城区歌舞厅（卡拉OK）情况表

序号	名　　称	地　　址
1	杭州鑫店娱乐有限公司	建国南路280号3～4层
2	杭州金碧辉煌餐饮娱乐有限公司	庆春路169号娃哈哈美食城4～6楼
3	杭州广声餐饮娱乐有限公司	延安路135号
4	杭州魅力金座餐饮娱乐有限公司	建国中路217号
5	杭州华侨饭店有限责任公司	湖滨路39号

续表 29-3-12

序号	名　　称	地　　址
6	杭州金碧文化传媒有限公司	庆春路169号4～5层
7	杭州罗马假日休闲健身有限公司平海路店	平海路新2号主楼3层
8	杭州钱柜文化娱乐有限公司	湖滨路50–1号
9	杭州钱塘夜宴餐饮娱乐有限公司	秋涛路8号5层
10	杭州市上城区玛莱仕量贩娱乐厅	望江东路332号3楼301室
11	杭州市上城区魔幻酒吧	平海路2号(杭州维景大酒店）主楼地下1层
12	杭州好乐迪繁星娱乐有限公司	解放路30号2～3层
13	杭州威加餐饮管理有限公司	东坡路23号3～8层
14	杭州星聚会餐饮娱乐管理有限公司	延安路98号304–3室
15	杭州金爵娱乐管理有限公司	西湖大道19号（杭州中唯歌德大酒店）裙楼2楼
16	杭州银乐迪文化娱乐有限公司	庆春路149–1号2～3楼
17	杭州钻石年代娱乐有限公司	延安路135、137、139号（涌金广场）4楼403室
18	杭州中山国际大酒店有限公司	平海路15号
19	杭州缤纷淦悦餐饮娱乐有限公司	望江东路333号地下1层
20	杭州缪时凯餐饮娱乐管理有限公司	学士路48号1楼部分，2、3、4楼
21	杭州玺阁餐饮娱乐管理有限公司	解放路7号1号楼2～3层
22	银乐迪娱乐有限公司杭州延安路分公司	解放路251号605室
23	浙江豪门盛典餐饮娱乐管理有限公司	延安路116～134号耀江广厦101室

说明：资料来源于杭州市上城区文化和广电旅游体育局

第七节　影剧院

1993年，上城区影响力较大的影剧院有新华、西湖、太平洋3家电影院和杭州东坡大剧院、浙江胜利剧院等，区属电影院为杭州前进电影院。1993年、1994年，西湖电影院、太平洋电影院先后投资40余万元进行技术改造，在影院内开设较高档次的小型放映厅，即80座的明珠厅和220座的明月厅。1999年，杭州市电影放映公司投资800余万元对西湖电影院进行大规模改造。2002年、2003年，新华、太平洋2家老字号先后歇业。2003年，杭州市电影放映公司投资800余万元，开设新华影都电影超市。2003年6月，区属唯一电影院杭州前进电影院改制歇业。此后民营影剧院迅速发展，至2015年，上城区有影剧院14家。

表 29–3–13　2015年上城区影剧院分布情况表

序号	公司名称	地　　址
1	杭州德信麦迪逊影院有限公司	望江东路332号308、403室
2	杭州电影有限公司新华影都	庆春路169号3楼（部分）
3	杭州华语之声网络传播有限公司电影放映队	江城路763号7层702室
4	杭州金逸电影院有限公司	中山中路168号3～4楼

续表29-3-13

序号	公司名称	地　　址
5	杭州尚晨影城有限公司	庆春路87号5层001室
6	杭州尚橙影院有限公司	中山南路77号20幢303室
7	海上明珠国际影城杭州西湖店	延安路98号银泰5楼
8	杭州西湖博物馆电影场	南山路89号
9	盲人电影院	光复路24号
10	杭州市工人文化宫影剧院	仁和路2号
11	杭州泓杨电影工作室	中山南路363号16幢1楼
12	杭州红星剧院	建国南路280号
13	杭州东坡大剧院	东坡路1号
14	浙江胜利剧院	延安路279号

说明：1.资料来源于杭州市上城区文化和广电旅游体育局。2.其中杭州华语之声网络传播有限公司电影放映队、杭州泓杨电影工作室为流动放映队

一、杭州东坡大剧院

杭州东坡大剧院位于东坡路1号。原系民国杭州大世界游乐场内的京戏场，民国24年（1935）始名东坡剧院。1992年在东坡剧院原址上改建，对外演出并改名杭州东坡大剧院。2004年，杭州市拨专款2000万元对剧院进行全面改造装修。改造后的剧院建筑面积4000平方米，配有升降旋转舞台和升降池等舞台机械设备。观众厅座位数1204座，其中，池座824座，楼座380座。台口宽15米、台口高8米、台深16米、空间高19米。副台总面积112平方米。化妆间5间，总面积114平方米。至2015年正常开放。

二、浙江胜利剧院

浙江胜利剧院位于延安路279号。始建于民国23年（1934），杭州解放后曾6次进行维修和扩建，基础设施与条件得到提高和改善，具有演出、电影、场地出租、影视厅、招待所等功能。建筑面积4413平方米，舞台面积450平方米，观众席982个。2008年、2009年，先后被浙江省和杭州市分别认定为首批“浙江老字号”和“杭州老字号”单位，是浙江省唯一在原址保存较完整、现存历史最悠久的省级专业剧院。至2015年正常开放。

图29-3-12　浙江胜利剧院（2009年）　　（刘浩源　摄）

三、太平洋电影院

太平洋电影院位于解放路199号。民国36年（1947）12月，太平洋大戏院在迎紫路

（现解放路）开业。杭州解放后，正式定名太平洋电影院。1985年，太平洋电影院投资80万元进行危房改造，引进国际上流行的美国CP—200杜比立体声信息处理器和国产松花江5505型宽银幕电影放映机，安装宽19.2米、高8.7米的特大银幕。1987年1月建成对外开放。是年，首创全省电影院放映收入超百万元纪录。2003年，太平洋电影院歇业。

四、西湖电影院

西湖电影院位于西湖边平海路115号。民国28年（1939）1月，日军将杭州大世界电影场划出，定名西湖影戏院。抗日战争胜利后，改名西湖大戏院，后改为西湖电影院。1986年11月，西湖电影院重新成立。设有7个专业影厅，共891个观众席位。同时设有数字影厅，可容纳350人。影院特设情侣雅座、情侣包厢。曾被浙江省文化厅评为“浙江省电影票房十佳影院”。2012年12月31日，影院放完最后一场《泰囧》，2013年停止营业。

图29-3-13　西湖电影院（2000年）　　（刘浩源　摄）

五、杭州市工人文化宫

杭州市工人文化宫位于仁和路2号。1951年3月，杭州市工人文化宫成立。硬件设施包括培训中心、影剧厅、女子美容健身中心、棋牌房、古文化娱乐中心、艺术楼等。曾获全省工会系统先进工人文化宫称号、上城区文明单位、上城区社会治安综合治理先进集体称号等。至2015年正常开放。

六、新华电影院

新华电影院位于国货路69号。民国37年（1948），大华戏院在国货路建立。1949年末，改名新华剧院。1952年，改名新华电影院。1988年，新华电影院筹集资金140万元，对影院进行全面改建，成为既能放映普通电影又能放映35毫米宽银幕四声道立体声影片的影院。1991年，新华电影院把影院招待所改建成160个座位的电影小厅明星厅。厅内设单人座、双人座两种豪华舒适的软座，新片优先排映，服务周到。开放后上座率高，经济效益相当于大厅的2/3。至2002年，新华电影院歇业。

七、杭州红星剧院

杭州红星剧院位于建国南路280号。1950年，城站大戏院成立。1955年春，改建为杭州红星剧院。2001年，杭州红星剧院重新对外开放。建筑面积1.30万平方米，观众厅座位数为923座，其中，池座632座，楼座291座。台口宽14米、台口高8.5米、台深21米、空间高19.8米。副台总面积182平方米。化妆间6间，总面积183平方米。舞台吊杆50道，其中灯光吊杆8道，配有升降乐池。美国MIDASXL1000调音台，路数为40路，功放10千瓦。剧场用电总负荷量1000千瓦，双路供电，配置中央空调。至2015年正常开放。

八、盲人电影院

盲人电影院位于光复路24号（街道社区服务活动中心）。盲人电影院于2015年6月建成，是全市首个盲人电影院。盲人电影院按照专业影院标准建设，建筑面积30平方米，拥有24个座位、150寸纳米级屏幕，供视障人士观看已出版发行的无障碍电影。影院还配备专业解说员，定期免费举办观影活动。

第八节　美术画廊

1993年起，随着市民生活水平提高和居住条件改善，字画作品进入家庭装点居室，促进字画市场的需求和发展。上城区逐渐出现美术馆[①] 和画廊，特别是依托中国美术学院浓厚的艺术氛围以及湖光山色的优势，在南山路、劳动路形成美术画廊一条街，出现杭州恒庐画廊、杭州六和画廊、杭州吴山书画院画廊、杭州山海星云画廊、杭州游艺斋、华艺斋画廊、印象画廊、博彩画廊、晴雨画廊等画廊。画廊各具特色，经营有国画、油画、书法条幅等名家字画，品种有工笔画、写意画、水粉画、山水画、人物画、风景画等，内容有花鸟草虫、飞禽走兽等。至2015年，上城区辖区范围内共有42家画廊。

① 美术馆见本章第三节博物馆（纪念馆）。

表29-3-14　2015年上城区美术画廊情况表

序号	公司名称	地　　址
1	光达控股有限公司	虎玉路18号
2	杭州巴号画廊有限公司	清波街1号
3	杭州当代中国书画社有限公司	惠民路20-1号
4	杭州光达美术馆有限公司	虎玉路16号
5	杭州杭艺文化创意有限公司	劳动路123-10号
6	杭州恒庐文化有限公司	南山路202号
7	杭州恒庐佑钧文化传媒有限公司	南山路202-3号203室
8	杭州华韫文化艺术有限公司	西湖大道266号聚景阁414室
9	杭州积韵堂艺术品有限公司	劳动路111-7号
10	杭州金彩画廊有限公司	延安路37号
11	杭州金蟾文化艺术有限公司	河坊街西太平巷3号

续表29-3-14

序号	公司名称	地　　址
12	杭州锦玺电子商务有限公司	秋涛路178号5号楼324室
13	杭州六和文化传播有限公司	钱江路126号1楼
14	杭州龙门艺术品有限公司	复兴路439号262室
15	杭州鲁越文化艺术发展有限公司	定安路126号8305室
16	杭州美术家画廊有限公司	劳动路111-3号
17	杭州木本缘文化创意有限公司	嘉禾里8号
18	杭州乾嘉文化艺术有限公司	大名空间商务大厦403室
19	杭州市上城区葛德瑞书画艺术馆	崔家巷4号
20	杭州市上城区红年画社	劳动路49号
21	杭州市上城区聚星堂画廊	劳动路130-3号
22	杭州市上城区困学堂画廊	河坊街376号2楼261号
23	杭州市上城区齐越画廊	嘉禾里10号、12号
24	杭州市上城区融宝轩画苑	劳动路75号105室
25	杭州市上城区提香画廊	劳动路111-11号
26	杭州市上城区艺宝阁画廊	劳动路130-2号
27	杭州市上城区印象画廊	延安路42-02号
28	杭州天虹画廊有限公司	劳动路111-6号
29	杭州文物有限公司	解放路138号
30	杭州文兴文化艺术有限公司	南山路220-1号1层101室
31	杭州吴山书画院有限公司	南山路196号
32	杭州西卡文化艺术有限公司	清波街7号
33	杭州艺荣艺术品有限公司	婺江路217号1号楼537室
34	杭州游艺斋艺术品有限公司	华光路8-7号（3楼）
35	杭州元畅画廊有限公司	河坊街518号
36	杭州元臻文化艺术策划有限公司	高官弄9号10幢522室
37	杭州越晋轩文化艺术有限公司	嘉禾里40号
38	杭州自在空间文化艺术有限公司	水门南弄3号3幢312室
39	杭州芸廷文化创意有限公司	秋涛支路336号451室
40	杭州祺昀文化艺术有限公司	四宜路27号
41	浙江葛德瑞文化艺术有限公司	闻潮路255号
42	中画（杭州）文化艺术品资产管理有限公司	海潮路53号148室

说明：资料来源于杭州市上城区文化和广电旅游体育局

一、杭州书画社

1959年，杭州市政府在市区最繁华地段的解放路、湖滨路口组建1000平方米的杭州书画社。当时的书画社一边是门市部，一边是裱画工场。此后，杭州书画社日益繁荣发展，不仅中央和省市领导经常光顾，马一浮、张宗祥、潘天寿、沙孟海、邵裴子、吴茀之、诸乐三、阮性山、余任天、王个簃、程十发、方介堪、方去疾、陆维钊等书画篆刻大家也经常展示作品或购买字画，成为与北京荣宝斋、上海朵云轩齐名的杭州最大的经营字画、文房用品和美术书籍的专业商店和老字号。2003年，因湖滨地区整体改造，杭州书画社搬迁至将军路。2011年，杭州书画社迁址至下城区西湖文化广场，同时继续保留位于西湖边将军路的杭州书画社湖滨分店。

二、杭州恒庐画廊

杭州恒庐画廊位于南山路202-3号，拥有展厅1200平方米，是具有独立企业法人资格的艺术品经营机构。杭州恒庐画廊创办于2002年。画廊开张之初，就发起“百名艺术家援助百名艺术学子活动”，征集浙江108名著名艺术家作品，拍卖所得的35万元全部捐助给中国美术学院的清贫学子，在艺术界和社会上引起极大反响。中国美术学院院长许江撰文并专门请书法家王冬龄书写“南山之南有美院，恒庐之恒在爱心”的书法作品赠送给恒庐画廊。至2015年，正常开放。

三、杭州吴山书画院

2001年，杭州吴山书画院成立，位于南山路196号。画院先后举办书画展览、学术研讨和艺术创作等活动，配合政府积极参加中国杭州西湖博览会、杭州世界休闲博览会等重大活动。杭州吴山书画院以诚信为本，2006年，被文化部评定为“中国诚信画廊”。2009年，举办“院士与书画家作品联展”。至2015年，正常开放。

第四章　非物质文化遗产

2007年起，上城区开始非物质文化遗产保护工作。2008年，金星铜集团有限公司成为上城区首个浙江省非物质文化遗产传承基地。2009年12月，区文化馆增挂杭州市上城区非物质文化遗产保护中心（简称区非遗中心）牌子，主要承担非物质文化遗产保护相关工作。2011年起，上城区逐步加大非物质文化遗产项目宣传与交流力度，极大地提升了上城区非物质文化遗产项目的影响力。

2013年6月，区非遗中心单列，归口由区文广新局管理。至2015年，上城区被列为世界“人类口头与非物质文化遗产代表作”名录1项，被列为国家级非物质文化遗产6项，被列为省级非物质文化遗产17项，被列为市级非物质文化遗产27项，被列为区级非物质文化遗产48项，涉及民间文学、传统音乐、传统体育游艺与杂技、传统美术、传统技艺、传统医药、民俗七大门类；被列为国家级非物质文化遗产项目代表性传承人3人，被列为省级非物质文化遗产项目代表性传承人14人，被列为市级非物质文化遗产项目代表性传承人23人，被列为区级非物质文化遗产项目代表性传承人40人；各级非物质文化遗产生产性保护示范基地、保护研究基地、宣传展示基地、中华老字号保护传承基地、遗产传承基地共12个。

第一节　保护名录

2007年起，上城区非物质文化遗产保护工作开始起步，围绕“非遗”文化保护与传承，按照“保护为主，抢救第一，合理利用，传承发展”的工作方针，加强保护、开发、利用，经过挖掘、整理，全区形成五级非物质文化遗产保护利用体系。至2015年，全区有非物质文化遗产保护项目48项，其中省级以上非物质文化遗产代表性项目数量位居主城区第一。

表29-4-15　2015年上城区非物质文化遗产保护名录情况表

序号	项　目　名　称	列入名录时间	保护级别
1	古琴艺术（浙派）	2008-06	世界级
2	胡庆余堂中药文化	2006-06	国家级第一批
3	张小泉剪刀锻制技艺	2006-06	国家级第一批

续表 29-4-15

序号	项　目　名　称	列入名录时间	保护级别
4	杭州铜雕技艺	2008-06	国家级第二批
5	振兴祥中式服装制作技艺	2011-05	国家级第三批
6	方回春堂传统膏方制作技艺	2014-12	国家级第四批
7	杭州金银饰艺	2007-06	省级第二批
8	疑难光度镜片传统加工技艺	2007-06	省级第二批
9	吴山庙会	2007-06	省级第二批
10	邵芝岩毛笔制作技艺	2009-06	省级第三批
11	知味观点心传统制作技艺	2009-06	省级第三批
12	潘永泰棉花手工弹制技艺	2009-06	省级第三批
13	叶种德堂中药文化	2009-06	省级第三批
14	杭州刺绣	2009-06	省级第三批
15	萧山过江布（一新坊）染制技艺	2012-08	省级第四批
16	奎元馆宁式大面传统制作技艺	2012-08	省级第四批
17	南宋官窑烧制技艺	2012-08	省级第四批
18	钱塘江潮汐计算	2008-06	市级第二批
19	景阳观酱菜制作技艺	2009-06	市级第三批
20	万隆腌腊食品制作技艺	2009-06	市级第三批
21	古画（籍）修缮及墨拓技艺	2011-02	市级第四批
22	杭州“小热昏”梨膏糖传统制作技艺	2011-02	市级第四批
23	（谜语）杭州灯谜	2011-02	市级第四批
24	杭州木雕技艺	2014-09	市级第五批
25	万承志堂中医药养生文化	2014-09	市级第五批
26	斗蟋蟀	2014-09	市级第五批
27	泰山堂中药和药酒炮炙技艺	2014-09	市级第五批
28	于祠祈梦	2007-06	区级第一批
29	翁隆盛制茶技艺	2007-06	区级第一批
30	边福茂制鞋技艺	2007-06	区级第一批
31	杭州钱王元宵祭礼	2008-06	区级第二批
32	紫阳书院书院文化	2008-06	区级第二批
33	八卦田传说	2008-06	区级第二批
34	上城古井传说	2008-06	区级第二批
35	陆锦泰戏鞋传统手工制作技艺	2010-06	区级第三批
36	杭州牙雕技艺	2013-07	区级第四批
37	采芝斋茶食制作技艺	2013-07	区级第四批
38	上城坊巷传说	2015-10	区级第五批
39	糖塑（吹糖人）	2015-10	区级第五批
40	鼻烟壶内画	2015-10	区级第五批
41	油纸伞制作技艺	2015-10	区级第五批
42	杭州微型风筝（袋儿风筝）	2015-10	区级第五批

续表 29-4-15

序号	项　目　名　称	列入名录时间	保护级别
43	圆木技艺	2015-10	区级第五批
44	金属锻打技艺	2015-10	区级第五批
45	棕编技艺	2015-10	区级第五批
46	点茶	2015-10	区级第五批
47	杨氏太极拳（牛春明太极拳）	2015-10	区级第五批
48	俞同春中药炮制技艺	2015-10	区级第五批

说明：1.世界级项目同时为国家级，国家级同时为省级，省级同时为市级，市级同时为区级。2.资料来源于杭州市上城区文化和广电旅游体育局

一、世界级非物质文化遗产

2003年，包括浙派古琴在内的“中国古琴艺术”被联合国教科文组织列入“人类口头与非物质文化遗产代表作”名录。2008年，浙派古琴被国务院公布为第一批国家级非物质文化遗产名录扩展项目。

浙派古琴形成于南宋末年，以郭楚望为代表的古琴流派，以临安（今杭州）为中心，历经元、明两代，至清代逐渐衰微。民国后，以徐元白为代表的古琴流派，集成传承又博采众家之长，形成颇具影响的新浙派，绵延至今。徐元白之子徐匡华继承其父衣钵，家住南山路勾山里17号，属上城区清波街道。他所创立的西湖琴社，就常常在该石库门房子里举行演奏，使得浙派古琴与上城区结下不解之缘。

图 29-4-14　浙派古琴表演（2012年）　　（胡鉴　摄）

二、国家级非物质文化遗产[①]

胡庆余堂中药文化　2006年，胡庆余堂中药文化被国务院列入第一批国家级非物质文化遗产名录。胡庆余堂，始建于清同治十三年（1874），其创始人是著名的“红顶商人”胡雪岩。胡庆余堂中药文化的核心可以用“戒欺”两字概括。它秉承传统文化中

① 已在上一级名录的，本级名录中不再重复介绍，以此类推。

最基本的道德。“采办务真”，指的是入药的药材一定要真，还力求“道地”。“修制务精”，是精益求精。胡庆余堂百年历史中，流传着许多精心制药的故事。为确保药效，胡庆余堂不惜工本，耗黄金四两多，白银两斤，打造成金铲银锅，专门用于紫雪丹的生产，金铲银锅被列为国家一级文物，被誉为中华药业瑰宝。“戒欺”的职业道德，形成胡庆余堂“真不二价”的经营理念。胡庆余堂的中药文化理念，已渗透到企业药材采购、药品制作、市场营销等方方面面。

图 29-4-15　胡庆余堂中药文化（2012年）　（吴璜　摄）

张小泉剪刀锻制技艺　2006年，张小泉剪刀锻制技艺被国务院列入第一批国家级非物质文化遗产名录。张小泉剪刀是杭州的一张金名片。明朝末年，皖南人张小泉在清河坊大井巷创建张大隆剪刀铺，至清康熙二年（1663）始创“张小泉”品牌。清光绪三十年（1904），注册成为中国第一批商标。世代传承人秉承张小泉“良钢精制”的祖训和长期形成的特有的工匠精神。民国元年（1912），张小泉率先将镀镍抛光技术应用于剪刀防腐，开中国传统民用剪表面防腐处理之先河。其中，张小泉独创的“镶钢”技艺，将原来的铁锻剪刀改成在剪刀的铁槽内嵌进钢刃，使剪刀既有钢的坚硬又含铁的柔软，刚柔并济，刃口锋利，开合和顺，成为一绝。另一绝是张小泉率先把银器铜器制作中的“凿花”工艺移用到剪刀装饰上来，从而大大提高了剪刀的观赏性和艺术功能。

图 29-4-16　2010年，“非遗”传承人施金水展示张小泉剪刀锻制技艺　（顾益民　摄）

杭州铜雕技艺　2008年，杭州铜雕技艺被国务院列入第二批国家级非物质文化遗产名录。杭州铜雕技艺的前身是铜器制作。杭州的铜器制作大约在五代吴越国时期崭露头角。应用锻铜、铸铜、刻铜、熔铜以及祖传绝技叠镶铜，使作品形

图 29-4-17　杭州铜雕技艺（2011年）　（胡鉴　摄）

成“书艺结合、彩画相间、三色为本、蚀刻防腐、纹饰永久、熔意多变、富贵象征”的艺术效果。杭州铜雕技艺建造的各类铜雕艺术品已遍布海内外。河坊街上建有铜雕技艺代表人朱炳仁的“江南铜屋”，展示其铜雕技艺作品。

振兴祥中式服装制作技艺　2011年，振兴祥中式服装制作技艺被国务院列入第四批国家级非物质文化遗产名录。“振兴祥中式服装”始于20世纪初翁泰校在吴山路开设的“振兴祥成衣铺”，公私合营后更名为杭州利民中式服装厂。历经近百年的传承，振兴祥中式服装制作形成“大襟、立领、一字扣、镶、嵌、滚、宕、盘、钉、勾、绣”的一整套手工技艺。振兴祥中式服装制作技艺吸收和传承中华民族数千年中式服装服饰的精髓，一般以丝绸为面料，经裁剪缝制成旗袍、长衫、马褂、中式套装、丝棉袄等一系列产品。振兴祥中式服装，非高档的杭州丝绸不用，其服装图案纹饰往往以传统的吉祥如意图案为主，旗袍的图案取材更为广泛。“振兴祥”是全国唯一挂中式服装招牌，从未间断过中式服装生产的专业企业，曾为党和国家领导人，以及卓琳、陈香梅、马季等各界名流定制过中式服装。2008年北京奥林匹克运会上，由“振兴祥”制作的颁奖礼服，被誉为“会行走的中国瓷器”。

图29-4-18　振兴祥中式服装制作技艺　（贺勋毅　摄）

方回春堂传统膏方制作技艺　2014年，方回春堂传统膏方制作技艺被国务院列入第五批国家级非物质文化遗产名录。方回春堂地处河坊街117号，始创立于清顺治六年（1649）。创始人方清怡，系钱塘名医。方回春堂传统膏方先请名医辨证施治，开具处方。制作工艺先由药店审理配料，清水浸泡后始煎头汁，至两、三汁；以大火煮沸，改文火煎煮，后筛网过滤，压榨取汁，弃渣再滤，沉淀6个小时以上，交熬膏师傅熬制，再以铜锅小火浓缩收膏至片状或滴珠状成膏，最后获膏进补。所制膏方由中药饮片、细料药、胶类、糖类、辅料5个部分组成，具有补虚扶弱、防病治病、抗衰等显著的养生治疗功效。

图29-4-19　方回春堂秘制膏方
（区委党史和地方志编纂研究室　供稿）

三、省级非物质文化遗产

杭州金银饰艺　2007年，杭州金银饰艺被省政府列入省级第二批非物质文化遗产名录。杭州金银饰艺历史久远，至南宋时期得以长足发展，时有49家金铺银楼集中于三元坊、荐桥街一带。清同治四年（1865），信源银楼始创于清泰街。至1949年银楼停业，后于1972年重组恢复。杭州金银饰艺（信源首饰）多以生产金饰品为主，秉承百年传统手工技艺，有“坚实、耐用、精致、美观”的基本特征。按佩戴功能分为戒指、耳插、挂件、手镯（链）、胸针、领夹、绣钮七大类。制作技法上因饰品的种类不同，有槽压、锉制、锻打、绕簧、剪粒、套联、制钩、雕花、批抢、嵌宝等诸多工艺手法。

图29-4-20　杭州金银饰艺　（吴璜　摄）

疑难光度镜片传统加工技艺　2007年，疑难光度镜片加工技艺被省政府列入省级第二批非物质文化遗产名录。杭州“毛源昌”的眼镜店始于清同治元年（1862），创始人毛四发，店址位于太平坊（今中山中路191—193号）。该店的疑难光度镜片加工技艺主要针对1500度以上的高度近视和500度以上的高度散光等镜片进行加工。重点工序有选料、号方、确定基弧、搭铁、脱模、外面粗磨、外面精磨、抛光、自检、落铁、搭铁、内面粗磨、内面精磨、抛光、洗片、检验等10余道工序。该手工磨制的镜片，清晰、坚实、耐用。杭州的疑难光度镜片加工技艺，主要源自“毛源昌”，后逐渐向绍兴地区略有扩散，其技艺要领基本相似。

图29-4-21　疑难光度镜片传统加工技艺
（区委党史和地方志编纂研究室　供稿）

吴山庙会　见第十五篇旅游第三章旅游开发和服务第二节旅游产品。

邵芝岩毛笔制作技艺　2009年，邵芝岩毛笔制作技艺被省政府列入省级第三批非物质文化遗产名录。杭州邵芝岩笔庄源于邵芝岩于清同治元年（1862）创建的“粲花室”，位于三元坊，是中国最早的生产和经营为一体的专业笔庄之一。其生产的毛笔名“芝兰图”。“芝兰图”毛笔素以“尖、齐、圆、健”四德具备而著称。其制作工艺繁琐，大小工序120道，分别由技工专司。取材严谨，选料精细，对笔料的产地、采集季节和部位均有严格要求。其毛笔种类因其笔料而分，主要有羊毫、紫毫、狼毫、兔毫、鸡毫5类。同时根据笔毫的软硬程度，总体上分为软毫笔、硬毫笔、兼毫笔3种。

图 29-4-22　邵芝岩毛笔制作技艺

（区文化和广电旅游体育局 供稿）

知味观传统点心制作技艺　2009年，知味观传统点心制作技艺被省政府列入省级第三批非物质文化遗产名录。民国2年（1913），绍兴人孙翼斋倾其全力在仁和路开设知味观，以“欲知我味，观料便知”为老店的祖训。知味观继承传统点心制作技艺的精华，具有浓郁的地方风味特色，被赞誉为“杭城点心第一家”。知味观素以“突出风味、时鲜精工”而著称，完全依靠手工操作，工序技艺繁琐而精致，有和、柔、压、搓、摁、挤、切、卷、包、折、雕等几十道工序，历经几代大师的传承与发展，大致可归纳为煮、炸、蒸、煎、烤、煨、烫等制作工艺。“幸福双”“猫耳朵”“西施舌”等成为传统名点。

图 29-4-23　知味观传统点心制作技艺（2012年）

（邱国强 摄）

潘永泰棉花手工弹制技艺　2009年，潘永泰棉花手工弹制技艺被省政府列入省级第三批非物质文化遗产名录。民国8年（1919），永嘉人潘统印在河坊街开设潘永泰棉花店，其生产的“杭胎”备受杭州人欢迎，并销往湖州及杭州周边地区。老店传承至今，棉花品种主要有60余种，产品远销东南亚。潘永泰棉花手工弹制技艺有32道工序，其弹弓时推、提、拉、压等多手法并用，结合传统图案，在棉胎上做字做花、画龙画凤，集多种工艺于一身，弹制出“四边均匀，当中稍厚，尺寸准确，吊牢四角”的标准棉胎。

图 29-4-24　潘永泰棉花手工弹制技艺

（区文化和广电旅游体育局 供稿）

叶种德堂中药文化　2009年，叶种德堂中药文化被省政府列入省级第三批非物质文化遗产名录。叶种德堂始建于清嘉庆十三年（1808），创始人叶谱山，位于望仙桥直街。

图29-4-25　叶种德堂中药文化　（吴璜　摄）

"真认不二"是叶种德堂的经营之道，更是办堂宗旨。"真"，指的是入药的药材一定要"真"，还力求"道地"。"不二"，是向顾客正言，叶种德堂的药，货真价实，童叟无欺，只卖一个价。叶种德堂开业至今，拣选各省道地药材，广采历代宫廷秘方和家传验方，精心配制成药达400余种。其药堂建筑上呈前店后场格局。场内曾设有鹿场，养关鹿近百只，用以配制全鹿丸。其中成药制作十分注重炮制，讲究遵古炮制，凡学徒进门，必用3年先过"炮制关"。叶种德堂药酒的制作堪称独门绝艺，药效享誉海内外。

图29-4-26　杭州刺绣

（区文化和广电旅游体育局　供稿）

杭州刺绣　2009年，杭州刺绣被省政府列入省级第三批非物质文化遗产名录。杭州刺绣源于江南地区闺阁秀，也称民间秀。南宋初年迁都临安（今杭州），随迁的文绣院（地址在今太庙广场北侧）专为宫廷及皇家制作绣品，称"宫廷绣"。南宋德祐二年（1276），元军攻破临安，宫廷绣匠流落民间，宫廷绣法与闺阁秀相互融合，形成独具独特的杭州刺绣。清末民国初期，在杭州城内（上城区后市街、三元坊一带）有刺绣作坊10余家。杭州刺绣在技艺上融合苏、湘、蜀、粤绣之长，针法多变，其针法有30余种。刺绣品种繁多，尤以盘金绣、包金绣、盘银绣、彩线绣著称于世。技法上以彩线绣和盘金绣相结合，层次分明，立体感强。图案内容大多取材于民间喜闻乐见的传统题材和富有地方特色的图案，并利用各种绣底加以制作。技艺上绣法多变，形成自己的独特风格。在装饰上运用夸张和变形，也是杭绣的一大特色。

萧山过江布（一新坊）染制技艺　2012年，萧山过江布（一新坊）染制技艺被省政府列入省级第四批非物质文化遗产名录。一新坊，由清将军遗孀杨王氏于清光绪二十四年（1898）创立于萧山坎山镇，其后分业遍及江浙沪，产品人称"萧山过江布"。至2000年，杨王氏曾孙杨水春与其妻吴莹在河坊街恢复经营，为纪念前辈创业精神，一新坊更名为吴越人家。萧山过江布传统制作工艺染料取自于靛青（学名水公子，即蓼蓝）。制作染料需经沤靛、搓靛、下靛、搅缸（发靛）后，至靛青呈黄色时方可作为染布染料。染布前，还须裱纸、晾干、描稿、刻板、磨版、上油、晾干、调料、刮浆、晾干等工序后方可入

图29-4-27　吴越人家蓝印花布印染技艺　（俞建华　摄）

染。经5至8次入染后，再经多次反复漂染，后经晾晒、滚压等工序后，乃成。萧山过江布有蓝底白花和白底蓝花。蓝底白花只需一块花版印花，构成纹样的斑点互不相接。白底蓝花布通常采用2块花版套印，首遍称“花版”，第二遍称“盖版”。盖版的作用是把花版连接点和留白底之处遮盖起来，更清楚地衬托出花纹。

奎元馆宁式大面传统制作技艺　2012年，奎元馆宁式大面传统制作技艺被省政府列入省级第四批非物质文化遗产名录。奎元馆，始创于清同治六年（1867），位于寿安坊积善坊巷口（今官巷口以南至积善坊巷口一段中山中路），至民国初期改由宁波人打理，遂以宁式大面见长，传承至今。奎元馆的面被称作“坐面”，选用头号面粉，由专人制作，用手工揿上劲后，再用九尺竹杠坐半个小时左右。每15公斤面粉打成2.7米宽、2.3米长的面皮，可切成1厘米左右的面条，故烧而不糊，韧而滑口。配料的配制也十分讲究，“片儿川”配料以新鲜腿肉、时鲜竹笋、绿嫩雪菜为原料，经厨师烹制后，肉红、笋白、菜绿，色泽分明。“虾爆鳝面”以鳝鱼与河虾配料，选用河虾须大小匀称，现买现烧。鳝鱼需拇指粗细，2.5公斤左右，肉厚质嫩。烹调时，采用“三油”爆炒[①]，烧制出来的“虾爆鳝面”虾嫩鳝脆，美不胜言。

图29-4-28　奎元馆的虾爆鳝面　（来顺兴　摄）

南宋官窑烧制技艺　2012年，南宋官窑烧制技艺被省政府列入省级第四批非物质文化遗产名录。南宋定都临安（杭州），因皇家礼制，在

① “三油”爆炒：先用菜油爆、次用猪油炒，后用麻油浇。

图 29-4-29　南宋官窑拉胚技法（2012年）
（谢迎庆　摄）

凤凰山等处设立官窑，烧制皇家及官方所需青瓷。南宋官窑青瓷种类繁多，其造型严谨肃穆，庄重典雅，珍品釉厚胎薄，光彩焕发，色如碧波，如冰似玉。以造型见长，以釉色取胜，以纹片著称，以紫口铁足别开生面，居南宋五大名瓷之首。宋亡后，工匠散落民间，历经沧桑。至清光绪十八年（1892），金氏创天宝堂，烧制官窑青瓷。南宋官窑烧制技艺形成选料、粉碎、淘洗、陈腐、练泥、揉泥、成型、晾干、修坯、素烧、上釉、装窑、烧成工序。在传统制作的技艺上，金氏瓷艺又融合现代观念和创意，创制出符合时代特征又不失古朴的仿南宋官窑瓷器，深受海内外藏家青睐。

四、市级非物质文化遗产

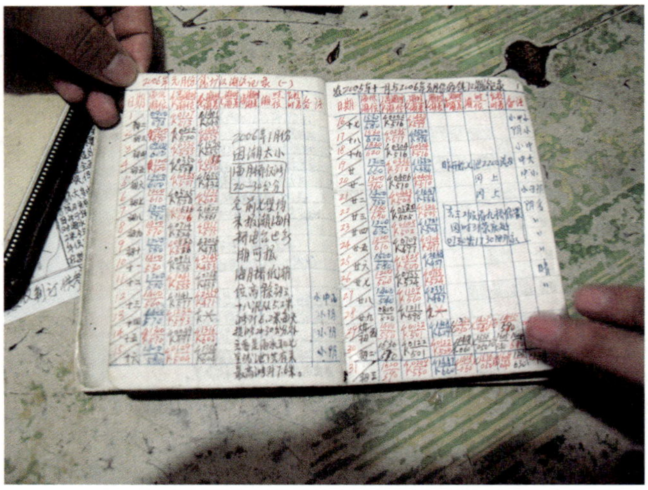
图 29-4-30　钱塘江潮汐计算　（吴汝华　摄）

钱塘江潮汐计算　2008年，钱塘江潮汐计算被市政府列入市级第二批非物质文化遗产名录。南星街道喊潮队成员郑鑫权，是民间计算钱塘江潮汐的专家，其目测计算法自其祖父郑乃升（1883年生）相传至今，准确度极高。郑鑫权钱塘江潮汐计算方法大致可归纳为搭滩估测法和小船斗潮估测法两类。简单地说，就是运用潮差和小船的差来预测潮高。

景阳观酱菜制作技艺　2009年，景阳观酱菜制作技艺被市政府列入市级第二批非物质文化遗产名录。景阳观，始创于清光绪三十三年（1907），地址位于荐桥直街（现清泰街）佑圣观路西首。其腌制的“双插瓜”曾被列为清宫贡品，故又称“贡瓜”。景阳观的酱菜制作坚持做到真工实料，从原料选择、加工制作，到上柜供应，都有严格要求。“双插瓜”的选料，以“腰直肚细、顶花带刺”为标准，用天然的酿造酱油二次酱制，酱香浓郁；糖醋大蒜，采用颗粒均匀的大蒜，削柄去泥，灌入小坛，加天然玫瑰醋直接发酵，外形美观，口味脆、嫩、香、鲜。民国初年，景阳观与北京“六必居”、扬州“三和四美”、济南“玉堂”并称为中国四大著名酱菜店。

万隆腌腊食品制作技艺　2009年，万隆腌腊食品制作技艺被市政府列入市级第二批非物质文化遗产名录。“万隆腿栈”始创于清同治三年（1864），其腌腊食品经百余年薪火相传，至今已有3大系列、100余个品种。万隆腌腊食品因其使用材料不同，腌制工序也千差万别。万隆火腿用料取自东阳、永康上等猪肉，加工时间仅在冬至到立春之间，而且当天投料，当天腌制，至翌年初春上柜。成品形似竹叶，大小适中，切开后红白分明，香气扑鼻。万隆香肠则按照选料、分割、清洗、切丁绞肉、搅拌、灌肠、清洗挂杆、烘制、下架整理、包装和金属探测的工序流程，严格精细。万隆酱鸭的制作更为讲究，对于原料鸭的饮食、养殖、生长环境及屠宰方式都有严格要求，按选料、整理、酱制、造型晾挂、烘制、冷却、包装和金属探测8道工序精心制作。经此制作而成的万隆酱鸭深受杭城百姓欢迎。

图29-4-31　万隆腌腊食品制作
（区文化和广电旅游体育局 供稿）

古画（籍）修缮及墨拓技艺　2011年，古画（籍）修缮及墨拓技艺被市政府列入市级第四批非物质文化遗产名录。浣花斋，始于明崇祯十年（1637）年，位于现上城区中山中路，从事古画、古籍修缮、拓裱、装帧及宣纸加工、文房四宝等传统手工技艺。“浣花斋”浙派古画（籍）修复技艺符合江南潮湿多雨气候对书画保存的要求，其中运用江南独特的修复工艺和古法制剂，采取大量抠、挖、织补及纤维再造工艺，运用刮、拨、接、盘、织、炼、嵌、镶、局、染、全、添等手法，前后81道工序，修复后的书画具有防潮、防蛀、防霉、防皱、防裂、防脆和防颗粒物沉积等特点。凡经“浣花斋”修复的古代书画在正常状况下可保百年无损。

图29-4-32　浣花斋古画装裱
（区文化和广电旅游体育局 供稿）

杭州“小热昏”梨膏糖传统制作技艺　2011年，梨膏糖传统制作技艺被市政府列入市级第四批非物质文化遗产名录。梨膏糖兼有止咳、化痰、平喘、润肺的功效。而传统的梨膏糖被称为“杭州‘小热昏’梨膏糖”，以

图29-4-33　梨膏糖（2012年）
（来顺兴 摄）

“小热昏”作为其卖糖的吆喝声。1989年，“小热昏”传人杨连根在梵天寺路创办全省第一家专业生产梨膏糖的企业——天一堂，将传统制糖技艺加以规范。天一堂梨膏糖制作，原材料主要有中药、鸭梨、广西白砂糖。制作前将原材料分别加工。中药须经选料、清洗、晒干、切片、研粉、细晒过滤、高温消毒等工序。鸭梨须削皮、去头尾、洗净、切块、压榨取汁。后将药粉、梨汁、白砂糖按比例倒入铜锅，以文武火反复熬制，其间不停搅拌，其中技巧全凭经验判断，后倒入模具中让其自然冷却。最后以刀、铜尺将梨膏糖划成小块，以便食用。

谜语（杭州灯谜） 2011年，谜语（杭州灯谜）被市政府列入市级第四批非物质文化遗产名录。灯谜，是将谜语与彩灯相结合的一种深受民众喜爱的民间文学样式，习俗由来已久。谜语起源于春秋时期的瘦辞和隐语，代有传袭，灯谜源于唐，盛于宋。灯谜由谜面、谜目、谜底等部分构成，创作手法上主要有会意、拆字、象形、象声等方式，变化无穷。灯谜主要在元宵节灯会上出现，历代文字记载中均有灯谜的记录。1984年，杭州市工人文化宫创办杭州市职工灯谜研究会，一大批灯谜爱好者定期集中研讨切磋，对杭州灯谜的健康发展起到重要的推动作用。

图29-4-34 杭州灯谜（2009年） （陈建荣 摄）

杭州木雕技艺 2014年，杭州木雕技艺被市政府列入第五批市级非物质文化遗产名录。杭州黄杨木雕的兴起，始于20世纪50年代。1953年，乐清著名黄杨木雕艺术家王凤祚调入中央美术学院华东分院（现中国美术学院），担任黄杨木雕的教学和创作工作。从此，黄杨木雕在杭州落地生根，并蓬勃发展起来。杭州木雕大致可分为圆雕、浮雕、根雕三大类。圆雕又称六面雕，呈各种实体形状。浮雕，如屏风之类，呈不镂空单面雕状。根雕则挑选各种造型奇妙的树根加工雕琢而成。由于黄杨木原材料的日趋减少，严重制约黄杨木雕作品的创作。在此情况下，杭州工艺美术大师们大胆尝试，采用其他木雕材质替代黄杨木。为题材的创作需要，结合不同材质的具体结构、纹理、硬度和木质效果，采用香樟木、红豆杉木、金丝楠木、阴沉木、乌木和菠萝格木等，凭借娴熟的黄杨木雕传统技艺和创新技艺，使不同材质的作品达到完美的艺术效果。

万承志堂中医药养生文化 2014年，万承志堂中医药养生文化被市政府列入第五批市级非物质文化遗产名录。万承志堂创建于清光绪元年（1875），位于清泰街附近，被誉为清末民国初期杭城中药“六大家”之一。创始人万嗣轩，为曾国藩世交，杭城巨贾，继承其父遗志开设药馆“承志堂”。因是万家人所开设，人称“万承志堂”。万承志堂传人十分注重养生文化，制作的药酒有“江南药酒王”的美誉，昔日民谣称：“家有承志酒，长幼保康寿”。传统药酒有史国公药酒、京方加皮酒、养血愈风酒、参桂养荣酒、虎骨木瓜酒、佛蓝洋参酒等。又不断研发新产品，生产秘制吴氏药酒、补血养颜酒、养心护肝酒、滋阴壮阳酒等几十种药酒。2009年新辟“中医护肤养生馆”，馆内的中医肿瘤、中医妇科、中医护肤三大科室逐渐成为杭城颇为著名的特色专科品牌。

斗蟋蟀　2014年，斗蟋蟀被市政府列入第五批市级非物质文化遗产名录。斗蟋蟀勃兴于宋代，杭州地区的斗蟋蟀习俗传说是南宋皇室权贵从北方带入，上至贵族下至百姓，甚至连空门僧尼也皆好此戏。民国初年，迎紫路（今解放路西段）有鸟儿茶店，是斗蟋蟀的一个中心，街头常会贴出“秋虫开斗”广告，注明赛事细则，广而告之。“文化大革命”时，活动一度中止，改革开放后又再度在民间盛行起来。斗蟋蟀，又称斗促织、秋兴或斗蛐蛐，是民间一种逗引蟋蟀争打拼斗的娱乐游戏。杭州的斗蟋之风历来非常盛行，世代相传，拥有一大批斗蟋玩家，每年八九月，杭州的吴山和葛岭等地，常有斗蟋蟀赛事。杭州斗蟋蟀普遍采用比斗和称斗两种对斗法，比赛以胜负积分。

图29-4-35　蟋蟀市场（2012年）　（王巽庠　摄）

泰山堂中药和药酒炮炙技艺　2014年，泰山堂中药和药酒炮炙技艺被市政府列入第五批市级非物质文化遗产名录。泰山堂创建于清嘉庆二十五年（1820），被誉为清末民国初期杭城中药“六大家”之一。创始人金德春，浙江慈城人，后寓居杭城，悬牌行医，有感于“医德良心，重于泰山”的古训，将其所创办的药号取堂名为“泰山”。泰山堂起初坐落于杭州荐桥大马路东山弄口，后堂址历经清泰街、延安路、中山中路几度搬迁。2011年，泰山堂在南宋御街上正式恢复营业。泰山堂在中药材采购时，十分讲究产地和采摘时间，注重药性纯真，非“药出州土”者不收购，不是道地药材决不采购。对于饮片的切制方法，极其讲究，尤重切片，或薄如蝉翼，或卷如鹅管，得到行家器重。对于传统古方药酒的配制尤为注重，传承至今，有20种药酒受到顾客青睐。

图29-4-36　泰山堂药酒
（区文化和广电旅游体育局　供稿）

五、区级非物质文化遗产

于祠祈梦　2007年，于祠祈梦被区政府列入第一批区级非物质文化遗产名录。于谦，明朝重臣，浙江钱塘县太平里人（今杭州上城区）。明英宗正统十四年（1449），英宗朱祁镇御驾亲征，于“土木堡之变”中被瓦剌俘虏，瓦剌以明英宗要挟，于谦等人为免

"主少国疑"的局面出现，拥立明景帝朱祁钰为帝。景泰八年（1457），英宗复辟，以"谋逆罪"处死于谦。葬于杭州三台山。明宪宗成化二年（1466），于谦冤案得以昭雪。在其旧居（上城区祠堂巷）建怜忠祠，百姓敬仰。祠堂巷地名亦由此而来。时多有到省参加考试的文人到祠祭拜，并借宿于祠中，祈求梦中能得到于谦垂顾。明孝宗弘治七年（1494），建旌功祠于三台山于谦墓旁。三台山旌功祠的"于祠祈梦"习俗逐渐在杭州兴起。

翁隆盛制茶技艺　2007年，翁隆盛制茶技艺被区政府列入第一批区级非物质文化遗产名录。翁隆盛茶号前身开创于清康熙二十六年（1687）。清雍正元年（1723），创始人陈振荣与儿子翁跃庭（随母姓）开始研制与众不同的茶叶（原是炒青散茶）。雍正三年（1725），经过千万次试验，创制出一种扁平的茶叶，取名"龙井茶"，然而新创制的龙井茶尚欠完美。雍正七年（1729），翁隆盛茶号终于创制出色、香、味、形俱绝的扁平龙井茶，并上贡朝廷。太平天国之后，翁氏为发展业务，将店址迁至当时的商业闹区清河坊。翁隆盛茶号只采雨前茶，不采雨后茶①，更不采夏、秋茶。制作分为5个过程：采摘，分早采、嫩采、标准采、留叶采、提手采等；晾晒，取清洁、阴凉、透气、避免阳光直射的场所；杀青，用高温处理新鲜的茶叶，使之变软失去部分水分，并保持绿色，为龙井茶的成形及品质打下良好的基础；炒制，杀青后的成形过程，使松散的茶叶呈扁平条形状；干燥，使炒制成形后的茶叶含水量在5%以下。龙井茶叶炒制手法有抛、抖、搭、煸、甩、抓、推、扣、压、磨等多种手法。

边福茂制鞋技艺　见第十三篇商业服务第三章商圈商贸场所第五节名店名品。

杭州钱王元宵祭礼　2008年，杭州钱王元宵祭礼被区政府列入第二批区级非物质文化遗产名录。历史上的元宵节设为3天，即正月十四试灯、十五闹灯、十六落灯。古时杭州一带的元宵"祭钱王"②风俗，与北方等地不一样，是十四试灯、十八落灯。当时的礼仪和陈设均有严格标准，荤素有规定，分量有规定，有规有矩，一丝不苟。比如元宵节侄孙辈到祠堂拜祖时，各给素饺、馒首两双。中堂祭祖毕，将暖茶尊给宗长。弘扬该一民俗，为杭州人"闹元宵"增加更多传统文化气息。

紫阳书院书院文化　2008年，紫阳书院书院文化被区政府列入第二批区级非物质文化遗产名录。紫阳书院创建于清康熙四十二年（1703），初名"紫阳别墅"，位于城内紫阳山麓太庙巷，主要招收商人子弟。书院主要祭祀南宋理学家朱熹，采用《白鹿洞书院揭示》为学规。清乾隆年间（1736—1796），书院学生多达300余人，颇具规模和影响力。咸丰

① 雨后茶指谷雨后的茶叶。

② 钱镠在唐末开创吴越国，历86年，传三世五王。钱氏政权坚持"保境安民"政策，注意兴修农田水利，发展丝织、瓷器和海上贸易，对于浙江一带的社会经济发展有过一定贡献。钱氏家族长期以来在其祖庙（宗祠）举行"钱王祭"，缅怀先人。杭州民众世代怀念在历史上做过一些好事的钱王，形成一种颇具特色而又有较大影响的节日民俗传统。

十一年（1861），院舍毁于兵燹。同治四年（1865）重建，更名为紫阳书院。光绪二十八年（1902）改名为仁和县高等小学堂。如今“紫阳书院石刻”留在杭州市紫阳小学原处。2001年春，还出土刻有“紫阳书院”4个字的祭祀用石香炉，为全国书院所罕见。另有一处建筑，即紫阳小学校园内专门为古诗而筑的墙，被称为杭州市紫阳小学藏诗墙，高2米，长7米，墙上刻有99首古诗，是紫阳书院办学至今，历代先辈流传下来的佳作。

图29-4-37　紫阳书院石刻（2012年）　（韩盛　摄）

八卦田传说　2008年，八卦田传说被区政府列入第二批区级非物质文化遗产名录。八卦田遗址曾是南宋皇家籍田。籍田是古代帝王通过神圣仪式活动对农业生产予以重视的场所。八卦田最早出现于明代记载，《西湖游览志》卷六《南山胜迹》云：“宋籍田，在天龙寺下，中阜规圆，环以沟塍，作八卦状，俗称九宫八卦田，至今不紊。”南宋绍兴十三年（1143）正月，宋高宗赵构为表示对农事的尊重和对丰收的祈祷，采纳礼部官员的提议，开辟籍田于国都南郊（即目前的八卦田遗址处），在每年春耕开犁时，皇亲率文武百官到此行“籍礼”，执犁三推一拨，以祭先农。明嘉靖年间（1522—1566），提学使阮鄂建太极亭于宋郊丘故址阜上（中阜规圆），明万历年间（1573—1620），知县聂正汤重修太极亭，今已不存。明以后，籍田一直作为良田，由附近居民耕作。2007年，上城区启动玉皇山南综合整治工程，对八卦田进行保护性修缮，恢复其作为南宋时期皇帝躬耕以示劝农“籍田”的自然风貌，打造成一个展现农耕文化的农业科普园地和历史文化遗址公园。

上城古井传说　2008年，上城古井传说被区政府列入第二批区级非物质文化遗产名录。上城区的坊巷里弄多保存着一些古井，流传着古井脍炙人口的传说故事。望江门外海潮寺双照井，传说梁山伯与女扮男装的祝英台在万松书院读书，他们同窗三载，情谊深厚，憨厚的梁山伯居然一直没有察觉祝英台是女儿身。后来，家在上虞祝家庄的祝英台接到家书，催其速归。祝英台的心情十分复杂，几次想对梁山伯把话挑明，又感难以启齿。那天，祝英台返回时，梁山伯十八里相送，不知不觉来到望江门外的一口古井旁。想当初，他们两人到杭城求学时，就曾在此休息，还同饮过井水。祝英台取出碗来，想舀水解渴，却见井水已经干枯。她叹一口气，右脚一蹬，古井居然响起流水声。不一会儿，井水就涨到井栏边。祝英台一时高兴，就在井边梳洗起来，又故意邀梁山伯一起过来向井中探望，一语双关地吟起诗来，说是“一男并一女，和合天配成”。谁知梁山伯非但没有领悟，反而责怪“贤弟”太荒唐。后来，祝英台又故意要将家中“九妹”许配给梁兄，约他早日到祝家庄求婚。从此以后，该井便出名。杭城百姓都叫它为“双照井”，并有谚语“若要夫妻同到老，双照井中照一照”。每逢正月里烧香，男男女女都要到海潮寺的双照井来照一照。

陆锦泰戏鞋传统手工制作技艺　2010年，陆锦泰戏鞋传统手工制作技艺被区政府列入第三批区级非物质文化遗产名录。陆锦泰戏鞋铺创始于清末民国初期。主要生产厚底靴、朝方、彩鞋、垫底彩鞋、皂鞋、旗鞋、软硬跷、洒鞋（拖鞋）、僧鞋、快靴、袜子等各种传统戏曲舞台上使用的鞋靴。以朝靴为例，主要有选料、压底、修底、裁扎鞋面、上鞋面、定型、刷白修毛边等几十道工序。戏鞋靴子厚底是一种粗纤维压缩成的麻纸，需造纸厂定做。将麻纸叠加紧压，使之自动粘黏，再用手工修成靴底的特殊形状。接着就可以裁扎鞋面，面料为各种绸缎，并加固鞋帮。上鞋面的针脚细密，技术性很强，既要平整、匀称、美观，又要坚牢、耐用。做成后，要用不同尺码的实木鞋撑模具将鞋里撑满，保持10天，使之定型。最后用大白刷靴底，处理多余的毛边线头，才终于完成一双焕然一新的戏鞋。

图29-4-38　陆锦泰戏鞋传统手工制作技艺
（区文化和广电旅游体育局 供稿）

杭州牙雕技艺　2013年，杭州牙雕技艺被区政府列入第四批区级非物质文化遗产名录。象牙雕刻历史悠远，早在河姆渡文化中，就已经有象牙匕和双鸟朝阳纹象牙蝶形器，技艺之精湛，令人叹为观止。象牙雕、玉雕、雕漆（剔红）与景泰蓝，一向被称为“四大名品”，代表中国传统工艺美术的最高水准。位于中山中路上的金茂源工艺文化用品有限公司，一直致力于象牙雕刻的技艺传承和艺术创造。该公司艺术总监叶萌，其祖父叶和镇、父亲叶声华，均从事象牙雕刻。叶和镇生于民国5年（1916），是“和”字辈的雕刻名家。叶声华，1954年生于杭州，自幼随父学艺，象牙雕作品“明式观音”，获中国工艺美术精品展2012年“金凤凰杯”优秀奖。叶萌，1983年出生，幼承家学，2009年起，赴京师承牙雕名家李春珂，长期在工作室学习牙雕技艺，深得其师真传，其作品“送子观音”在中国工艺美术大师精品展获

图29-4-39　浙派牙雕传统制作技艺(2012年)
（区文化和广电旅游体育局 供稿）

银奖。象牙材质坚韧、细腻、温润，一向被视为高贵典雅之极品。象牙雕刻有浮雕、圆雕、镂雕、皮雕、细刻等技艺。

采芝斋茶食制作技艺　2013年，采芝斋茶食制作技艺被区政府列入第四批区级非物质文化遗产名录。坐落于湖滨一带的采芝斋，是以经营苏杭帮口味的传统茶食而誉满杭城的老字号。商号创始于民国17年（1928），创始人金智轩，苏州人。在采芝斋经营的诸多茶食糕点中，桂花糖、苏式月饼、碗蛋糕、袜底酥的制作技艺十分讲究。如桂花糖，有选料、采摘、清理筛选晒干、去味腌制、清洗晾晒、腌制、分装、熬糖搅拌、入模、晾晒、分装、整理等一系列制作工序。通常采用满觉陇出产的新鲜桂花，筛选后的桂花用适量食盐稍加腌制。按一比一的比例，一层桂花一层白糖，再腌制一周。精选优质白糖加热，加糖桂花与少许蜂蜜搅拌均匀，倒入模具定型，晾晒阴干，便成为定型的桂花糖。

图29-4-40　采芝斋糕点（2013年）　（潘鼎荣　摄）

上城坊巷传说　2015年，上城坊巷传说被区政府列入第五批区级非物质文化遗产名录。上城区的街坊里巷，纵横交错，人口密集，文化积淀深厚，每一条街路，每一个区块，每一个小地名，背后都有许多掌故与传说故事。

糖塑（吹糖人）　2015年，糖塑（吹糖人）被区政府列入第五批区级非物质文化遗产名录。糖塑，俗称吹糖人。民间艺人以麦芽糖为原料，将糖加热，使其变软，调入各种色素待用，借助剪刀、小梳、小篾刀等工具，竹片、弹簧、石膏粉等辅助材料，经由吹、拉、搓、扯、捏、压、剪、揉、按、拨、挑、画等技艺，最终塑造成各种人物、动物、花卉、器皿等造型，形神兼备，色彩鲜艳，惹人喜爱。旧时糖塑艺人大多拜师学艺，走街串巷，浪迹江湖，以此手艺谋生。清波街道的糖塑艺人鲁立清，自幼拜艺人杨宝坤为师，以此为职业。他在清河坊历史文化特色街区设摊位献艺，深受中外游客和当地居民的喜爱。他把技艺传给儿子鲁兵和几名外姓徒弟。有的徒弟学成后已移居大连、河北等地从事糖塑艺术工作。

图29-4-41　糖塑　（胡鉴　摄）

鼻烟壶内画　2015年，鼻烟壶内画被区政府列入第五批区级非物质文化遗产名录。鼻

图29-4-42　鼻烟壶内画　（张关春 摄）

烟壶内画，又称内画。艺人在小小的鼻烟壶内壁上绘制各种反画，用工笔或写意手法画山水人物、花鸟鱼虫、诗词文章，而在壶壁外却产生一种特殊的视觉效果，最终成为一件艺术精品，晶莹剔透，于方寸间见乾坤，令人叹为观止，通常有很高的收藏价值。内画艺术发源于北京，历史上曾形成京派、鲁派和姚江派（广东）。康春梅于1986年拜京派王习三亲传弟子董昆名下，学习内画艺术。2000年移居杭州，并在清河坊设工艺亭，收徒从事内画工艺，颇具影响，受到游客和当地民众的普遍欢迎。

油纸伞制作技艺　2015年，油纸伞制作技艺被区政府列入第五批区级非物质文化遗产名录。油纸伞的使用历史十分久远，以手工削制的竹条为骨架，用涂刷桐油的皮绵纸做伞面，加工制成雨伞，深受民众喜爱。随着时代进步，油纸伞逐渐被边缘化，终于淡出。小营街道老人吴志根，从小学艺，制作油纸伞。1950年，曾在振和伞店老板带领下参与制作一批“西湖十景”油纸伞。吴志根退休后仍然十分怀念该手艺，积极参与油纸伞制作工艺的恢复、保护和开发。

图29-4-43　微型风筝制作　（吴璜 摄）

杭州微型风筝（袋儿风筝）　2015年，杭州微型风筝（袋儿风筝）被区政府列入第五批区级非物质文化遗产名录。杭州陈隆焜制作的微型风筝属于软翅类，较多制成蝴蝶、蜻蜓、小鸟一类形状。一般小于手掌，可放入上衣口袋，同时又可展翅高飞，堪称一绝，人称“袋儿风筝”。陈隆焜2011年去世后，传人沈晓程继承其师技艺，致力于微型风筝的传承与推广，多次在全国性风筝赛事中获奖，部分精品被中国风筝艺术馆收藏。上城区湖滨街道文化站致力于杭州微型风筝的保护，在青少年中间推广、普及，取得一定成效。

圆木技艺　2015年，圆木技艺被区政府列入第五批区级非物质文化遗产名录。箍桶，又称圆木，是指用箍将许多木板拼接在一起，做成桶状器物的一种传统手工技艺，是传统木匠技艺中的一种。制作一件圆木制品，通常依照从上到下、从里到外的程序，大约有40多道工序。以制作茶盘为例，一个箍桶匠也要用半天时间才可完成。制作浴桶、脚桶等大件，费时更多。箍桶的工具，除木匠常用的刨子、锯子、凿子以外，还有外圆刨、板凳刨、削刀、刮刨、脚刨、内圆刨、斜凿等很多专用工具，各有特殊用途。又有搭尺、圆尺等许多测量工具，用来校正器物形状和大小。还要用麻丝、油腻子等填充物来防漏，制作与使用的技艺也十分精致。坐落在中山南路上的戚建飞箍桶刀墩店，是杭州城区颇具知名度的一家圆木作坊。店主戚建飞16岁开始学艺，他的儿子戚越峰也在学习做圆木。有关事迹曾在中央电视台综合频道《留住手艺》栏目介绍，有一定的知名度。

图29-4-44　圆木技艺
（区文化和广电旅游体育局 供稿）

金属锻打技艺　2015年，金属锻打技艺被区政府列入第五批区级非物质文化遗产名录。金属器皿的铸造、锻打、錾刻等加工制作技术历史悠远。南宋临安（今杭州）的打铜巷就因为集聚一大批铜匠名师而闻名。上城区小营街道的陈顺兴工作室则以锻制铜浮雕肖像擅长，颇具影响。他创作的“毛泽东铜像”被浙江省革命烈士纪念馆收藏，“齐白石铜像”“十大元帅铜像”“孔子”“当代伟人”等作品屡屡获奖。

图29-4-45　金属锻打技艺
（陈建荣 摄）

棕编技艺　2015年，棕编技艺被区政府列入第五批区级非物质文化遗产名录。棕编技艺，主要是指艺人采集棕叶、棕芯为原材料，经过加工、剪裁，编织成各种动物、器物造型，既可供孩童赏玩，亦可作为艺术品收藏。棕榈嫩叶便于编织，但不易保存。艺人多采用老叶，经蒸、煮、晒等手段，使其既有弹性，又可长期保存。编织技法颇多，单编、双编、混编，可以随机应变。最后经修剪装饰，完成作品。原材料采自天然，成本极低。经巧手编织，量物之材，尽物之美，得物之趣，往往别出新裁、巧夺天工，编成的蚂蚱、蜻蜓、鱼虾、鹤、蝴蝶、龙蛇等各种造型，形象逼真，栩栩如生，深受大众喜爱。20世纪80年代，河北人王力来到杭州，靠家传的棕编技艺在河坊街上设摊卖艺，当场表演，当场出售，成为一

图29-4-46　棕编技艺
（区文化和广电旅游体育局 供稿）

大亮点。王力的儿子王永恒继承父业，颇得真传。清波街道对于该非物质文化遗产十分重视，正在采取各种措施，加以保护。

点茶　2015年，点茶被区政府列入第五批区级非物质文化遗产名录。点茶的手法及器具原出中国，点茶曾经是宋代十分盛行的饮茶习俗。人们惯以用末茶冲点。末茶是用茶砖或散茶碾磨而成的粉末，冲点时，茶汤表面出现沫饽。届时运用一定技法，又可使沫饽上出现字画图案，变幻无穷，令人赏心悦目，史称点茶、分茶、水丹清、茶百戏。茶人常以点茶相互较量，则称斗茶。明清以后，改用茶叶，又称散茶，直接冲泡。点茶习俗渐衰，以致失传。杭州茶人致力于恢复点茶技艺，重现于各种茶事活动中，引起中外茶人的强烈兴趣，涌现大批爱好者。杭州市上城区茶文化研究会致力恢复和弘扬点茶民俗，由此充实休闲文化的内涵，树立民族自豪感，增进国际文化交流。

图29-4-47　点茶（2014年）　（胡鉴　摄）

杨氏太极拳（牛春明太极拳）　2015年，杨氏太极拳（牛春明太极拳）被区政府列入第五批区级非物质文化遗产名录。17世纪时，河南温县陈家沟人陈王廷首创太极拳，世称陈式，后又衍生出杨氏、吴氏、孙氏等流派。牛春明（1881—1961）系杨氏太极拳第二代宗师杨健侯的弟子，后又拜第三代宗师杨澄甫为师，深得杨家拳艺真传。民国初，浙江国术馆在吴山一带成立，特聘杨澄甫任教务长兼一等教习，教授太极拳。牛春明追随其师来杭，民国35年（1946）年起，定居杭州。是年，牛春明在杭州开设太极拳研究社，收徒授艺，并在青年会、六公园等地设场，公开传授太极拳武艺，培养不少传人。1960年，党和国家领导人陈云、滕代远等在杭州接见牛春明，向他学拳，并派人为其拍摄整套拳照。中央新闻电影制片厂联合浙江电影制片厂，为其拍摄太极拳纪录片《万年常青》，公开放映，产生广泛影响。1961年，牛春明逝世。2015年，牛春明外孙孟宪民成立牛春明太极拳馆，致力于传承与弘扬牛春明太极拳技艺。

图29-4-48　杨氏太极拳　（陈建荣　摄）

俞同春中药炮制技艺　2015年，俞同春中药炮制技艺被区政府列入第五批区级非物质文化遗产名录。俞同春国药号创立于清光绪二十四年（1898），位于河坊街，是百年老字号。民国年间艰苦创业，一直支撑到中华人民共和国成立。几经变迁，于2012年又在原址重新开馆。俞同春传人按照“甄别新陈，辨明州土，修制合度，分量无差，用得其宜”的祖训，认真炮制各种药材。凡处方要求蒸、煮、煅、炒、括、剔、捣等工艺，必定如法炮制。加工前还要对原药通过拣、簸、筛、刷、淘等方法，清除杂质，然后又经水泛、漂净、蒸煮等工序，使之柔软，方可炮制，制作严谨，传承有序。

第二节　保护与宣传

一、基地建设

2008年，金星铜集团有限公司成为上城区首个浙江省非物质文化遗产传承基地，致力于杭州铜雕技艺的传承与发扬。2011年，杭州大华书场成为浙江省非物质文化遗产宣传展示基地，重点进行曲艺类非物质文化遗产宣传展示。至2015年，上城区非物质文化遗产宣传与保护综合性基地有12个，其中，国家级非物质文化生产性保护示范基地1个，国家级非物质文化遗产保护研究基地1个，省级非物质文化遗产宣传展示基地1个，省级非物质文化遗产中华老字号保护传承基地4个，省级非物质文化遗产传承基地1个，市级非物质文化遗产生产性保护示范基地1个，市级非物质文化遗产宣传展示基地3个。

表29-4-16　2015年上城区非物质文化遗产项目宣传与保护基地情况表

项目名称	企业或单位名称	序号	基地名称	年份
杭州铜雕技艺	金星铜集团有限公司	1	第二批国家级非物质文化遗产生产性保护示范基地	2012
		2	第三批国家级非物质文化遗产保护研究基地	2015
		3	浙江省非物质文化遗产传承基地	2008
		4	浙江省非物质文化遗产中华老字号保护传承基地	2011
		5	第一批杭州市非物质文化遗产宣传展示基地	2014
曲艺	杭州大华书场	6	浙江省非物质文化遗产宣传展示基地	2011
振兴祥中式服装制作技艺	杭州利民中式服装厂	7	第一批杭州市非物质文化遗产生产性保护示范基地	2013
胡庆余堂中药文化	杭州胡庆余堂国药号有限公司	8	第一批杭州市非物质文化遗产宣传展示基地	2014
		9	浙江省非物质文化遗产中华老字号保护传承基地	2009
方回春堂传统膏方制作技艺	杭州方回春堂国药馆有限公司	10	第一批杭州市非物质文化遗产宣传展示基地	2014
		11	浙江省非物质文化遗产中华老字号保护传承基地	2009
杭州金银饰艺	杭州信源银楼有限公司	12	浙江省非物质文化遗产中华老字号保护传承基地	2009

说明：资料来源于杭州市上城区文化和广电旅游体育局

二、宣传与交流

2011年，上城区非物质文化遗产保护与利用成果展在清波街道文化活动中心举行，共展出各级非物质文化遗产项目40余项。是年，区非遗中心组织参加在义乌国际博览中心举行的中国（浙江）第三届非物质文化遗产博览会，区域内王星记制扇技艺、杭州铜雕制作技艺、张小泉剪刀镶钢锻制技艺、杭州刺绣技艺、南宋官窑制作技艺等国家级、省级、市级非物质文化遗产保护项目参展。南宋官窑制作技艺获省雕镌塑作类青年作品评选金奖，杭州刺绣技艺获省“民间巧女”手工技艺大赛金奖。

2012年9—10月，上城区组织王星记制扇技艺和南宋官窑传统制作技艺的传承人参加文化部非物质文化遗产司、中共天津市委宣传部等单位主办的第二届全国非物质文化遗产展示会。10月，上城区组织茂源牙雕艺术馆参加由中国轻工业联合会、浙江省经济和信息化委员会、杭州市人民政府主办的2012中国（杭州）工艺美术精品博览会。是年，由茂源牙雕传承人叶萌创作的“江南女子”牙雕作品，在“2012天工艺苑杯中国工艺美术精品奖”评选中获银奖。2013年10月，上城区组织振兴祥中式服装制作技艺、南宋官窑烧制技艺和杭州牙雕技艺等参加由杭州市文化广电新闻出版局主办的“春华秋实——市非遗传统手工技艺展”。是年，区非遗中心编辑出版《南宋遗韵——上城非遗精粹》《上城百个经典》。

2014年5月，上城区组织胡庆余堂中药文化、张小泉剪刀锻制技艺参加由中国艺术研究院（中国非物质文化遗产保护中心）、深圳市宝安区人民政府联合主办的“中华巧艺——中国非物质文化遗产百项技艺联展”。6月，上城区举办“南宋遗韵——上城区非遗摄影图片展”。展览历时一个月，共展出图版近百块，涵盖区5级非物质文化遗产名录35项。是月，杭州铜雕技艺国家级非物质文化遗产传承人朱炳仁参加由中国艺术研究院、中国非物质文化遗产保护中心主办，泛海控股集团有限公司协办的第三届中华非物质文化遗产传承人薪传奖和中华非物质文化遗产保护贡献奖颁奖仪式，并获薪传奖[①]。7月，“杭州刺绣”省级非物质文化遗产代表性传承人、省工艺美术大师金家虹应邀赴台湾参加“海峡两岸文化遗产博览会——忆江南·浙江非物质文化遗产

图29-4-49　2014年，上城区举办非遗文艺专场演出
（区文化和广电旅游体育局 供稿）

① 薪传奖：中国首个由非物质文化遗产专业工作机构设立的国家级专业奖项，旨在表彰为中华非物质文化遗产传承做出杰出贡献的各级非物质文化遗产传承人。

展”，并与台中文化园艺展刺绣工作坊进行交流。9月，杭州牙雕传承人叶声华、叶萌父子的2件作品“恬静仕女”“捧盒仕女”参加由中国轻工业联合会、浙江省经济和信息化委员会、杭州市人民政府共同主办，杭州市经济和信息化委员会承办的中国（杭州）工艺美术精品博览会，并获金奖。是月，上城区选送的杭州铜雕、南宋官窑、杭州刺绣、杭州木雕、杭州牙雕等8件作品入选由浙江省文化厅、浙江省旅游局共同主办的“中国梦想美丽浙江”传统手工艺主题创作展，作品“乡间小路”“禅语”分获银奖、铜奖。10月，上城区举办“传承文化遗产，添彩美丽上城”非遗专场文艺演出，演出节目有浙派古琴演奏、原创舞蹈《吴山香客》、“小热昏”杭州传统说唱等10个节目。

2015年1月，振兴祥中式服装制作技艺责任保护单位杭州利民中式服装厂的“振兴祥”旗袍等系列中式服装专柜入驻杭州大厦“印象·国艺专馆”。6月，上城区结合全国第十个“文化遗产日”，联合举办非物质文化遗产宣传系列活动，活动以“看菜单、记时间、享盛宴”为主题，通过看、听、品、买、动等方式，让居民群众充分体验非物质文化遗产文化成果。是年，区非遗中心进行《上城古井传说》《上城古桥传说》《上城坊巷传说》编写工作。

第五章　文物古迹与历史建筑

20世纪80年代前，由于自然、人为等因素，上城区文物保护单位多存在不同程度的破损，有的相当严重。1982年，杭州市被国务院公布为全国首批历史文化名城。此后，上城区逐步加大文物建筑维修的力度。1993年，上城区内有2处全国重点文物保护单位、3处省级文物保护单位、9处市级文物保护单位。1993—2000年，上城区主要着眼于对历史原貌的保护，采用整街原址保护的方式。2001—2006年，重点针对个别特别危险的历史建筑进行零星修缮或加固保护。2007—2012年，随着危旧房改造工作的推进，上城区启动大批历史建筑的整体修缮，重点通过对房屋内部环境的改造，提升回迁居民的生活质量。2013—2015年，随着危旧房改造工程进入扫尾阶段，重点考虑历史建筑修缮后的合理利用问题，依托历史建筑的独特韵味营造产业氛围，挖掘历史建筑的商业价值和人文价值。

上城区文物保护工作坚持“保护为主、抢救第一”的方针和“有效保护、合理利用、加强管理”的原则，把重要文物古建筑的抢救维修放在首位并优先安排，每年集中实施几项大型、中型抢修工程。截至2015年末，上城区共有各级文物保护单位93处，其中，全国重点文物保护单位12处，占杭州市主城区24处的50%；浙江省文物保护单位13处，占杭州市主城区36处的36%；杭州市文物保护单位52处，占杭州市主城区110处的47%。另有杭州市文物保护点16处，占杭州市主城区81处的20%。

2004年，杭州市开始公布历史建筑，加强对有一定历史价值的建筑物的保护工作，至2015年，共公布历史建筑6批。截至年末，上城区共有杭州市公布的历史建筑163处，占杭州市主城区304处的54%；另有历史文化街区（地段）16处。

第一节　全国重点文物保护单位

1993年，上城区有胡庆余堂和闸口白塔2处全国重点文物保护单位。2001年，梵天寺经幢、临安城遗址、宝成寺麻曷葛剌造像、凤凰寺4处成为全国重点文物保护单位。2006年、2013年，第六批、第七批全国重点文物保护单位名单公布，吴越国王陵之吴汉月墓，郊坛下窑址、老虎洞窑遗址入选。至2015年末，上城区辖区内共有古遗址、古墓葬、古建筑、石窟寺及石刻、近现代重要史迹及代表性建筑5种类别的全国重点文物保护单位12处。

表 29-5-17　2015 年上城区全国重点文物保护单位情况表

编号	名　　称	年代	类　别	地　址	公布批次（时间）
1	飞来峰造像之西湖南山造像（天龙寺造像、慈云岭造像）	五代	石窟寺及石刻	八卦田附近天龙山上慈云岭南坡	第六批 2006-05-25
2	闸口白塔	五代	古建筑	钱塘江边闸口白塔岭上	第三批 1988-01-13
3	梵天寺经幢	五代	古建筑	凤凰山脚	第五批 2001-06-25
4	吴越国王陵之吴汉月墓	五代	古墓葬	闸口施家山	第六批 2006-05-25
5	临安城遗址	南宋	古遗址	杭州老城区内	第五批 2001-06-25
6	郊坛下窑址、老虎洞窑遗址	宋至元	古遗址	乌龟山、凤凰山北麓	第六批 2006-05-25
7	宝成寺麻曷葛剌造像	元	石窟寺及石刻	紫阳山宝成寺内	第五批 2001-06-25
8	大运河之京杭大运河河道、凤山水城门遗址	元至清	古建筑	紫阳街道	第六批 2006-05-25
9	凤凰寺	元至清	古建筑	中山中路 227 号	第五批 2001-06-25
10	胡庆余堂	清	古建筑	清河坊大井巷 95 号	第三批 1988-01-13
	胡雪岩故居	清	古建筑	元宝街 18 号	第六批 2006-05-25
11	浙江兴业银行旧址	1923	近现代重要史迹及代表性建筑	中山中路 261 号	第七批 2013-03-05
12	钱塘江大桥	民国	近现代重要史迹及代表性建筑	六和塔东侧，横跨钱塘江	第六批 2006-05-25

说明：1. 此表中全国重点文物保护单位按文物年代排序。2. 资料来源于杭州市上城区住房和城市建设局

天龙寺造像　天龙寺造像位于上城区玉皇山南麓八卦田附近的天龙山。北宋乾德三年（965），吴越国王钱弘俶建天龙寺时所雕凿。造像共 3 龛。主龛一铺七尊，中为高 1.04 米的弥勒佛，着通肩袈裟，结禅定手印，结跏趺坐在莲花须弥座上，背光饰火焰纹。龛高 2.71 米，宽 6.2 米，横长形。两侧是无著菩萨和世亲菩萨，再两侧是法华林菩萨和大妙相菩萨，又再两侧是力士像。龛楣上浮雕飞天二尊。西龛为无量

图 29-5-50　天龙寺造像（2015 年）　　（张关春　摄）

寿佛，结全跏趺坐式闭目禅定，背后有火焰纹头光和身光。东龛为水月观音，在高1.18米、宽0.96米的拱券形龛内，青头观音像高0.62米，头戴宝冠，面容方圆，左手撑地，右腿上屈左腿盘，坐悬岩上，脸形丰润，文静多姿。天龙寺造像造型生动，雕刻精美，为吴越造像艺术的代表作。

慈云岭造像　慈云岭造像位于玉皇山慈云岭南麓。五代后晋天福七年（942）吴越国王钱弘俶时镌刻，共2龛。主龛内塑造像7尊：阿弥陀佛、观世音、大势至、二菩萨、二力士。龛楣上还刻有“七佛”“文殊”“普贤”字样。主龛北侧为地藏龛，内塑地藏及二供养人，龛楣浮雕“六道轮回”。石刻呈碑形，下部作覆莲式，通高2.7米，宽1.7米，上部为碑首，有五代吴越国建寺造像时凿的“新建镇国资延遐龄石像之记”12个字。2006年5月，与灵隐飞来峰造像合并公布为全国重点文物保护单位。

图29-5-51　慈云岭造像（2012年）　（潘建忠　摄）

闸口白塔　闸口白塔位于钱塘江边闸口白塔岭。该塔为五代吴越国后期佛教建筑。塔旁原有白塔寺，现已不存。白塔是用白色太湖石仿木构雕造的楼阁式实心塔，外观八面九层，高约14.4米。基座由磐石与须弥座组成，刻有流动的海浪和山峰，寓意“八海九山”。其上为须弥座，束腰处刻佛经。白塔每层均由塔身、塔檐和平座三个部分组成。白塔是现存五代吴越末期仿木构建筑中最精美、典型的一座，具历史地理坐标作用。1988年1月，公布为全国重点文物保护单位。

图29-5-52　白塔　（郑继英　摄）

梵天寺经幢　梵天寺经幢位于凤凰山东麓梵天寺遗址前。建于北宋乾德三年（965）吴越国王钱弘俶时期。南、北两经幢对峙，相距13米，高15.76米。通体用太湖石雕刻而成，经幢由基座、幢身、腰檐、短柱层及幢顶5部分组成。基座雕有覆莲、蟠龙、菩萨像，其上是八角形幢身，由华盖、腰檐、蕉叶山花、宝珠、仰莲、短柱、覆莲等相叠而成；北幢身刻有《大随求即得自在陀罗尼经》，南幢身刻有《大佛顶陀罗尼经》。幢顶为日月宝珠。经幢腰檐仿木构，铺作、飞椽雕刻精细，基座束腰及短柱上雕有佛教人物及故事。梵天寺经幢，制作精美，为现存五代佛教艺术珍品，是吴越塔幢类建筑的杰出代表，是研究宋代营造制度的实物资料，也是杭城深厚文化底蕴的标志之一。2001年6月，公布为全国重点文物保护单位。

图29-5-53　梵天寺经幢　（韩盛　摄）

吴汉月[1]墓　吴汉月墓位于闸口施家山南麓，系土坑石椁墓，前有斜坡形墓道，后为墓室。墓穴呈长方形，分前后2室，前室为过庭，用于摆放一些随葬品，后室为主人棺室。前室石扉雕有双手持幡的两尊侍女像，形态逼真。后室四壁上端刻宝相花带，极具装饰性。中部浮雕四神。四壁下部浮雕十二星宫神像。墓后室顶板刻有天文星象图，位置相当准确，是研究中国古代天文史的重要资料。吴汉月墓于1958年发掘，墓中精美的浮雕和出土的多件瓷器、玉器，都代表着吴越文化的发展水平。2006年5月，公布为全国重点文物保护单位。

① 吴汉月：912—952年，钱塘（现杭州）人，为吴越国王钱元瓘次妃、钱弘俶生母。

图29-5-54　吴汉月墓　（何琼华　摄）

临安城遗址　临安城遗址位于杭州老城区内，为南宋都城遗址。临安城分宫城和外城，以吴越国西府城为基础经多次扩建而成。宫城并称皇城和大内，位于城南凤凰山东麓。在今望仙桥东，还建有专为高宗、孝宗退位后安度晚年的德寿宫。外城也叫罗城，南跨吴山，北到武林门，东南靠钱塘江，西临西湖。皇城东西直线距离长约800余米，南北直线距离长600余米，呈不规则长方形，面积近50万平方米。[①] 因城区南北狭长，形如腰鼓，故曾有“腰鼓城”之称。城四周筑有高大的城墙，并环以宽阔的护城河，城周围开便门、钱湖门、清波门等13个城门及5个水门。城内有纵贯南北的大道，即御街或“天街”。皇城至朝天门一带分设三省六部、五府等中央官署及太庙。南宋三省六部遗址位于今六部桥西至青平山、宝莲山一带，六部桥原名都亭驿桥。太庙遗址在紫阳山东麓，太庙巷北侧，是赵氏皇帝之祖庙，每年四孟和季冬行朝享之礼的地方。2001年6月，公布为全国重点文物保护单位。

郊坛下窑遗址、老虎洞窑遗址　见第一篇南宋皇城第三章考古和遗址保护第二节重大考古遗址。

宝成寺麻曷葛剌造像　宝成寺麻曷葛剌造像位于紫阳山东麓宝成寺崖壁上，位于宝成寺大殿正视岩壁右侧，镌于元代至治二年（1322）。宝成寺系后晋天福时期（937—942），吴越国王妃仰氏所建。南宋宝祐五年（1257）赐曰“宝成”。“麻曷葛剌”[②] 造像高1.38米，短腿大腹，头发虬卷，瞪目翘须，呈威猛相。左手抱头颅，左右肩也挂着头颅，脚下又踏一人，显现“大黑天”降魔时的形象。麻曷葛剌造像龛形横长，一龛三尊。中为主尊麻曷葛剌，两侧分别为胁侍文殊与普贤。1988—1989年11月，宝成寺修复工程完成后对外开放，系中国唯一一处有绝对纪年的麻曷葛剌造像，是研究元史和佛教造像史的重要实物。2001年6月，被公布为全国重点文物保护单位。

图29-5-55　宝成寺麻曷葛剌造像（2012年）
（金光辉　摄）

凤山水城门遗址　凤山水城门遗址位于凤山路六部桥南，东西横跨中河。元代张士诚据浙西五郡，于元至元十九年（1359）发动民工

图29-5-56　凤山水城门（2006年）　（潘建忠　摄）

① 郭黛姮.南宋建筑史[M].上海：上海古籍出版社，2018：98.

② “麻曷葛剌”为“大黑天”的梵语音译。元代奉大黑天为军神，在北京、五台山等地多处塑造供奉，至今遗存不多。

筑杭州城，城南缩收1千米，将南宋大内辟于城外。城东处扩至东河以东，设旱门10座、水门5座。凤山水门为中河南端的水上城门。与旱门凤山门并列，原与古城墙相接。现存水城门历经明、清两代维修。单孔拱门以纵联分节并列法砌筑，中有闸槽，闸石及门扇现已缺失，南面拱券上方嵌有“凤山水门”石刻竖碑。辛亥革命后，城墙、旱城门先后被拆除，凤山水城门为杭州仅存的一座古城门。其城楼已毁，现尚存单拱门洞，城门残长9.95米，残高3.8米，宽12.8米，门洞由两个不同跨径的石拱券并联组合，由块石纵联并列分节叠砌而成。其中，南拱券高2.8米，跨径5.7米；北拱券高1.92米，跨径4.3米。南拱券中还有石砌方形闸槽，闸档后有石雕门臼，原安有两扇木门可以启闭，现不存。门洞上城门南北两侧墙壁包砖，内筑夯土。现砖砌城墙部分已修复。2006年5月，公布为全国重点文物保护单位。

凤凰寺　见第十五篇旅游第二章旅游景区（点）第一节国家级景区。

胡庆余堂　胡雪岩故居　见第十五篇旅游第二章旅游景区（点）第一节国家级景区。

图29-5-57　浙江兴业银行旧址

（区住房和城建局　供稿）

浙江兴业银行旧址　浙江兴业银行旧址位于中山中路261号。由蒋抑卮创办于清光绪三十三年（1907），前身为浙江铁路公司铁路银行。民国4年（1915）该行业务重心移至上海，改杭州总行为分行，民国12年（1923），在现址建造银行建筑。建筑坐西朝东，占地面积2256.67平方米，建筑面积3487.42平方米。主体为钢筋混凝土结构。平面呈方形，局部3层并有地下室。立面采用横三段、纵五段的西方古典主义构图手法，用变异的爱奥尼克双柱式和高耸的法国曼塞尔式穹顶强调建筑的主轴线。外墙面为花岗岩贴面，整个外立面花饰丰富，线脚做工精细。门面、台阶，柱身采用苏州金山花岗岩，室内装修仅楼板、墙面用的高档建材就有7种之多。建筑中部为高突的圆顶。现为杭州中国工商银行杭州分行营业部。旧址建筑由中国近代著名建筑师沈理源[1]设计建造。2013年3月公布为全国重点文物保护单位。

钱塘江大桥　见第五篇城区建设第二章市政建设第三节广场 桥梁隧道。

① 沈理源：1890—1951年，名深，字锡爵，浙江杭州人。早年在意大利攻读建筑等学科，回国后创办华信工程公司，主要建筑作品有真光剧场、开明戏院等。

第二节　浙江省文物保护单位

1993年，上城区有杭州碑林、通玄观造像、浙江体育会摩崖题记3处省级文物保护单位。1997、2005、2011年，省政府分别公布了3批省级文物保护单位。至2015年末，上城区辖区内共有古遗址、古建筑、石窟寺及石刻、近现代重要史迹及代表性建筑4种类别的省级文物保护单位13处。

表29-5-18　2015年上城区浙江省文物保护单位情况表

编号	名 称	年 代	类别	地 址	公布批次（时间）
1	吴越郊坛遗址	五代	古遗址	玉皇山南天真山	第五批 2005-03-16
2	钱塘第一井	五代	古建筑	大井巷22号	第五批 2005-03-16
3	杭州碑林	五代—清	石窟寺及石刻	府学巷8号	第一批 1961-04-15
4	通玄观造像	南宋	石窟寺及石刻	太庙巷紫阳小学内	第三批 1989-12-12
5	丁鹤年墓亭	明	近现代重要史迹及代表性建筑	南山路柳浪闻莺公园内	第五批 2005-03-16
6	求是书院	清	古建筑	大学路160号	第四批 1997-08-29
7	浙江体育会摩崖题记	民国	石窟寺及石刻	云居山	第三批 1989-12-12
8	清泰第二旅馆旧址	民国	近现代重要史迹及代表性建筑	仁和路22号	第五批 2005-03-16
9	基督教青年会会所旧址	民国	近现代重要史迹及代表性建筑	青年路27号	第四批 1997-08-29
10	浙江图书馆旧址之大学路馆舍	近代	近现代重要史迹及代表性建筑	大学路102号	第四批 1997-08-29
11	澄庐	近代	近现代重要史迹及代表性建筑	南山路189号	第五批 2005-03-16
12	于子三墓	近代	近现代重要史迹及代表性建筑	万松岭	第四批 1997-08-29
13	钱塘江与运河口水利航运设施之龙山闸遗址	当代	近现代重要史迹及代表性建筑	上城区	第六批 2011-01-07

说明：1.资料来源于杭州市上城区住房和城市建设局。2.此表中省级文物保护单位按照文物年代排序

吴越郊坛遗址　吴越郊坛遗址位于南星街道玉皇山南天真山上。吴越郊坛，又名拜郊坛、登云台，建于后梁龙德元年（921），是吴越国王钱镠祭天的场所。现存遗址大致分2层，占地面积约2000平方米，2层平台之间由数十级台阶相连，中间的山体皆以齐整长方形大石块垫铺，人工垒筑痕迹明显。在2层平台上，散布多处历代遗迹，如灵化洞、登云洞、朱天庙洞、甘露井、午梦床等多处历代遗迹，以及近10处摩崖题刻。吴越郊坛遗址

为研究吴越国的历史发展及其郊祭仪制提供了实物史料，也为确定南宋郊坛的位置提供了线索。2005年3月，公布为省级文物保护单位。

钱塘第一井　见第十五篇旅游第二章旅游景区（点）第一节国家级景区。

杭州碑林　见第十五篇旅游第二章旅游景区（点）第二节其他景区（点）。

图29-5-58　吴越郊坛遗址
（杭州市人民政府地方志办公室　供稿）

通玄观造像　通玄观造像位于紫阳街道中山南路太庙巷7号杭州市紫阳小学内。通玄观是南宋临安府著名的道观，始建于南宋绍兴二十九年（1159），后屡圮屡建，至清咸丰年间（1851—1861）废弃。现存通玄观造像坐北朝南，由6尊造像及1方摩崖题刻、1方浮雕组成。造像以“三茅真君”为中心，上侧有元始天尊像，两侧为刘敖与徐道彰像。通玄观造像是杭州市区唯一的道教造像。1989年12月，公布为省级文物保护单位。

丁鹤年墓亭　丁鹤年墓亭位于南山路柳浪闻莺公园内。丁鹤年（1335—1424），字永庚，号友鹤山人，祖籍波斯，元末明初回族大诗人。卒后，葬于此。后人感其孝而在墓旁建亭，以作纪念。亭坐西朝东，为六角重檐攒尖顶。台基高30厘米，面阔1.95米，六角形石柱外倚抱鼓石，柱间置条石坐凳，柱高2.5米。1999年，杭州市伊斯兰教协会立“元代回族大诗人丁鹤年墓亭”碑，铭文记事。2005年3月，公布为省级文物保护单位。

求是书院　求是书院位于大学路160号。原为普慈寺，清光绪二十三年（1897），杭州知府林启[①]在此创办书院，是浙江近代最早的高等学府之一，初名求是书院，几经更名，民国17年（1928）改名为“国立浙江大学”。现存原普慈寺主殿及偏殿，坐北朝

图29-5-59　求是书院（2011年）
（区委党史和地方志编纂研究室　供稿）

①林启：1839—1900年，字迪臣，福建侯官（现福州市区）人。清光绪二年（1876）进士，知杭州府期间，兴办求是书院、养正书塾、蚕学馆，对浙江文教事业和经济发展起重要作用。

南，面阔五间，通面阔22.15米，通进深18.14米。单檐歇山顶，十架抬梁式带前后三步廊。大殿用料讲究，雕饰精美，是晚清比较有代表性的古建筑及中国近代教育的纪念地。求是书院是浙江省第一所新型高等学府，培养了首批具有近代科学知识、民主思想的人才，在中国近代教育史上具有较高地位。1997年8月，公布为省级文物保护单位。

浙江体育会摩崖题记　浙江体育会摩崖题记位于云居山巅东侧。民国元年（1912），原光复会会员浙江军政要人朱瑞、吕公望、叶颂清、沈钧儒等为缅怀先烈，于秋瑾殉难五周年之际，举行纪念会，重建秋瑾创办的体育会，并在云居山岩壁刊刻题记一则。题记崖壁高4米，最宽处8米。1989年12月，公布为省级文物保护单位。

清泰第二旅馆旧址　清泰第二旅馆旧址位于仁和路22号。旅馆创建于清宣统二年（1910），由张恂伯等合伙开设，位于上城区城站下羊市街。民国2年（1913）迁至湖滨延龄路（现延安路），民国21年（1932）5月15—16日，韩国临时政府在旅馆秘密召开国务会议。民国22年（1933）迁移到仁和路44号（现仁和路22号），并改名新泰旅馆，后改称新泰饭店。20世纪60年代，旅馆改称群英旅馆，后改名为群英饭店。饭店坐北朝南，占地面积约2700平方米。平面布局呈长方形，共五进，每两进之间，上下两层都设走廊并互相连通，形成走马式回廊。2005年3月，公布为省级文物保护单位。

基督教青年会会所旧址　基督教青年会会所旧址位于青年路27号。杭州基督教青年会由地方基督教人士发起创办，曾开展平民教育，赈灾救济等活动。现存建筑主要由主楼与钟水塔组成，占地面积4484.38平方米，建筑面积2700平方米。主楼初建于民国7年（1918），由北美基督教青年会协会捐资建造，坐西朝东，初建时为3层西式洋楼。钟水塔建于民国8年（1919），由上海商务印书馆及地方人士为纪念谢洪赉[①]捐赠所建。塔为青砖砌成，平面呈方形，两边带耳房。1997年8月，公布为省级文物保护单位。

图29-5-60　基督教青年会会所旧址

（区住房和城建局 供稿）

浙江图书馆旧址（大学路馆舍）　浙江图书馆旧址（大学路馆舍）位于大学路102号。前身为浙江藏书楼，创办于清光绪二十八年（1902），宣统元年（1909）扩建为浙江图书馆。由曾任浙江军政府都督汤寿潜[②]遗嘱捐资，其子汤拙存提议建造。民国17年（1928）2月兴工，由庄俊建筑事务所设计，为2层仿西洋古典建筑，带地下室，占地面积2683.96平方米，平面呈“工”字形。21年（1932）9月，正式开放使用。由蔡元培题写“浙江图书馆”

① 谢洪赉：1873—1916年，字鬯（chàng，音畅）侯，号寄尘，晚年自号庐隐。浙江省绍兴人。清末民初基督徒翻译家、著述家。光绪三十年（1904）出任全国基督教青年会总干事。

② 汤寿潜：1856—1917年，字蛰先，萧山人，清末民初实业家和政治活动家。民国初年任浙江军政府都督。

馆名。1997年8月，公布为省级文物保护单位。

图29-5-61　浙江图书馆旧址（2005年）　（陈建荣 摄）

澄庐　澄庐位于南山路189号。始建于清末民初。原为中国第一家钢铁联合企业汉冶萍公司总经理盛恩颐的别墅，后成为蒋介石、宋美龄夫妇的杭州西湖行辕。民国26年（1937）3月，蒋介石曾与中共代表周恩来、潘汉年在此秘密会晤。澄庐临西湖而筑，坐东朝西，建筑面积250平方米。主体为1幢3间3层西式别墅。入门楼梯为双抱梯，以汉白玉构建，二楼设有厢房、客厅、舞厅等，走廊贯穿南北，步入南端大阳台，西湖山水尽收眼底。三层大部分为露台。别墅庭院宽敞，西侧有一精致花园，欧式石柱，东南侧有一欧式大草坪。澄庐是中国近代工业发展领军人物的宅邸，也是国共两党合作谈判的重要地点，是中国近代史的见证之一。2000年7月，被评为杭州市文物保护单位。2005年3月，被升为省级文物保护单位。

于子三①墓　于子三墓位于万松岭上。民国37年（1948）3月14日，于子三葬于此。墓为混凝土结构，呈半圆形，高1.8米，直径2.8米，占地面积440平方米。墓坐南朝北，呈半圆形，墓区以花岗石护墙围合，墓碑上刻有乔石题词“于子三烈士之墓”，其北回龙墙上镌刻由吴学谦题写的“学生魂”及浙江大学撰写的于子三生平介绍。中华人民共和国成立后，墓曾多次修葺。1996年重修于子三墓，1997年8月，公布为省级文物保护单位。

图29-5-62　于子三烈士墓　（区住房和城建局 供稿）

① 于子三：1925—1947年，又名泽西，山东牟平县人。民国33年（1944）考入浙江大学农学院农艺系，任浙江大学学生自治会主席。民国36年（1947）10月29日，在“反内战、反饥饿、反迫害”的爱国民主运动中，被国民党政府逮捕秘密杀害于上仓桥监狱。

钱塘江与运河口水利航运设施之龙山闸遗址　龙山闸遗址位于白塔岭。吴越国王钱镠在龙山附近建浑水闸、清水闸，以限潮水入城中诸河，经五代两宋多次浚治，大幅度提升运河通过市区的航运能力，元延祐三年（1316），建立上下2闸。明以河高江低，改闸为坝，后仍置闸以限潮水，便于军舰舟楫出江。2011年1月，公布为省级文物保护单位。

第三节　杭州市文物保护单位（点）

一、杭州市文物保护单位

1993年，上城区辖区范围内有9处市级文物保护单位。至2015年末，上城区辖区内共有古遗址、古建筑、石窟寺及石刻、近现代重要史迹及代表性建筑4种类别的市级文物保护单位52处。

表 29-5-19　2015年上城区杭州市文物保护单位情况表

编号	名称	年代	类别	地址	公布批次
1	相国井	唐	古建筑	井亭桥解放路浣纱路口	第一批 1986-04-23
2	阮公祠重阳庵遗址摩崖	唐	古遗址、石窟寺及石刻	吴山青衣洞旁	第四批 2009-04-20
3	石佛院造像	五代	石窟寺及石刻	紫阳山南麓	第二批 1992-01-12
4	吴越钱氏海塘	五代	古遗址	六和塔至艮山门老塘堤内	第一批 1986-04-23
5	石龙洞造像	宋	石窟寺及石刻	慈云岭右侧南观音洞靠山顶处	第二批 1992-01-12
6	圣果寺遗址	五代吴越至明	古遗址	将台山与凤凰山之间	第三批 2000-07-05
7	排衙石诗刻	五代	石窟寺及石刻	将台山顶	第三批 2000-07-05
8	八卦田遗址	南宋	古遗址	玉皇山脚以南	第三批 2000-07-05
9	三茅观遗址	宋、明	古遗址	吴山云居山江湖汇观亭西南侧	第五批 2013-12-16
10	云居山摩崖石刻群	宋至民国	石窟寺及石刻	吴山云居山	第五批 2013-12-16
11	天真精舍遗址	明嘉靖九年（1530）	古遗址	南星街道玉皇山社区玉皇山南侧、天龙寺造像东侧	第五批 2013—12—16
12	紫阳山摩崖石刻群	明、清	石窟寺及石刻	吴山紫阳山	第五批 2013-12-16
13	感花岩刻诗	明	石窟寺及石刻	紫阳山宝成寺	第一批 1986-04-23
14	于谦故居	明、清	古建筑	祠堂巷42号	第二批 1992-01-12
15	东岳庙	明、清	古建筑	吴山瞭望台旁	第三批 2000-07-05

续表29-5-19

编号	名称	年代	类别	地址	公布批次
16	小米园	清	古建筑	马坡巷16号	第二批 1992-01-12
17	中河南段古桥及古泉	明、清	古建筑	六部桥直街至白塔间中河上	第三批 2000-07-05
18	王文韶大学士府	清	古建筑	清吟巷127号及3、9、10、11号	第三批 2000-07-05
19	海潮寺旧址	清	古建筑	原海潮路1号	第三批 2000-07-05
20	太平天国听王府	清	古建筑	小营巷58、61号	第三批 2000-07-05
21	阮公祠	清	古建筑	城隍山元宝心60号	第四批 2009-04-20
22	杭州绸业会馆旧址	清	古建筑	原直大方伯92号（现浙医一院内）	第四批 2000-07-05
23	大资福庙	清	古建筑	大资福庙前90号	第四批 2009-04-20
24	明清钱塘江海塘（含四季青碑亭）之上城段	明、清	古遗址	复兴街、秋涛路、碑亭路、杭海路（上城段）	第四批 2009-04-20
25	勾山樵舍遗址	清、民国	古遗址	清波街道劳动路社区河坊街556号	第五批 2013-12-16
26	石观音阁旧址	清	古建筑	吴山瑞石山元宝心67号	第五批 2013-12-16
27	瑞石山摩崖石刻群	清、民国	石窟寺及石刻	吴山瑞石山	第五批 2013-12-16
28	湖州会馆	清末	古建筑	小营巷酱园弄12号	第二批 1992-01-12
29	元宝心66号建筑	清	古建筑	吴山瑞石山北侧山腰	第五批 2013-12-16
30	思澄堂	民国	近现代重要史迹及代表性建筑	小营街道小营巷社区解放路132号	第五批 2013-12-16
31	四宜亭	民国	近现代重要史迹及代表性建筑	清波街道清波门社区吴山七宝山	第五批 2013-12-16
32	中山中路近代建筑群	民国	近现代重要史迹及代表性建筑	中山中路（解放路至鼓楼段）	第三批 2000-07-05
33	方回春堂	民国	近现代重要史迹及代表性建筑	河坊街117号	第三批 2000-07-05
34	浙江省中山纪念林碑	民国	近现代重要史迹及代表性建筑	凤凰山东南山坡	第三批 2000-07-05
35	潘天寿旧居	民国	近现代重要史迹及代表性建筑	南山路212号	第三批 2000-07-05
36	钱王祠	民国	近现代重要史迹及代表性建筑	钱王祠路11号	第三批补充 2003-12-04
37	紫薇园坐标原点	民国	近现代重要史迹及代表性建筑	延安南路15-2号地块	第三批 2000-07-05
38	汪宅	清末民国初期	古建筑	望江路266号	第三批 2000-07-05

续表 29-5-19

编号	名称	年代	类别	地址	公布批次
39	朱智故居	清末至民国	古建筑	金钗袋巷79号	第三批 2000-07-05
40	万松书院遗址	明至民国	古遗址	万松岭北坡山坳中	第三批 2000-07-05
41	丁家花园	民国	近现代重要史迹及代表性建筑	兴安里11号	第四批 2009-04-20
42	钱学森故居	民国	近现代重要史迹及代表性建筑	马市街方谷园2号	第四批 2009-04-20
43	蕙兰中学堂旧址（蕙兰小学旧址）	民国	近现代重要史迹及代表性建筑	建国中路36号杭二中校园内、锅子弄37号	第四批 2009-04-20
44	三三医院旧址	民国	近现代重要史迹及代表性建筑	柳营路6号，南山路266号	第五批 2013-12-16
45	韩国独立运动旧址	民国	近现代重要史迹及代表性建筑	长生路55号、学士路思鑫坊42、44号，板桥路五福里2街2号	第五批 2013-12-16
46	杭县公署一七一号碑	民国	近现代重要史迹及代表性建筑	玉皇山隧道南	第四批 2009-04-20
47	浙江省电话局旧址	民国19年（1930）	近现代重要史迹及代表性建筑	湖滨街道吴山路社区惠兴路10号	第五批 2013-12-16
48	浙江邮务管理局旧址	民国16年（1927）	近现代重要史迹及代表性建筑	小营街道长明寺巷社区环城东路10、11号	第五批 2013-12-16
49	亨达利钟表店旧址	民国	近现代重要史迹及代表性建筑	清波街道定安路社区中山中路229号	第五批 2013-12-16
50	张载阳旧居	民国	近现代重要史迹及代表性建筑	湖滨街道吴山路社区浣纱路159号、169号	第五批 2013-12-16
51	蒋抑卮旧居	20世纪20年代	近现代重要史迹及代表性建筑	湖滨街道东平巷社区积善坊巷10～12号	第五批 2013-12-16
52	郁达夫故居	现代	近现代重要史迹及代表性建筑	大学路场官弄63号	第一批 1986-04-23

说明：1.资料来源于杭州市上城区住房和城市建设局。2.此表中市级文物保护单位按文物年代排序

相国井　相国井位于解放路浣纱路口。因杭州城区由浅海湾演变成陆地，地下水卤咸，唐建中年间（780—783），杭州刺史李泌组织人力物力，引西湖水到城内各地，出水口开六井，供杭城居民饮水之需。李泌后任宰相，杭人为示纪念，将井亭桥旁的一井取名为相国井。现其余五井均灌没，仅存相国井。2004年解放路整治工程时，重砌汉

图29-5-63　相国井（2009年）　　（王华　摄）

白玉围栏，并加井盖。相国井是杭州城市演变的重要实物见证，也是杭州现存为数不多的古井之一。

阮公祠重阳庵遗址摩崖 阮公祠重阳庵遗址摩崖位于吴山青衣洞旁。自唐至元、明、清，历代道士在此结庐修行。元大德年间（1297—1307），正一教天师道第三十八代天师广微子书“青衣洞天、吴山福地、十方大重阳庵”14个大字于岩壁。明洪武年间（1368—1398），重阳庵被列为道教全真丛林，遂于岩壁镌“全真”楷书大字。另有隶书“云壑”。

图29-5-64 阮公祠重阳庵遗址摩崖

（区住房和城建局 供稿）

石佛院造像 石佛院造像位于紫阳山南麓白马庙巷。石佛院造像又称仁王讲寺造像，开凿于五代吴越国时。宋高宗南渡，因汴京开宝寺有仁王院，于南宋绍熙二年（1191年）赐额石佛院，称开宝仁王寺。后毁于清咸丰年间太平军兵火。现存造像三龛五尊。中间一龛三尊为“西方三圣”立像，阿弥陀佛居中高6米，右边大势至菩萨高4.41米，左边观世音菩萨残高3.39米，两边则为智者大师、行修大师。

图29-5-65 石佛院造像（2011年） （赵德顺 摄）

吴越钱氏海塘 吴越钱氏海塘位于六和塔至艮山门老塘堤一带。吴越天宝三年（910）八月，吴越始筑捍海塘，塘西起六和塔迤东，以御钱塘江潮患，长达数十里。1985年在上城区江城路立交桥工地发现海塘，海塘基础宽25.25米，面宽8.75米，残高5.05米。

石龙洞造像 石龙洞造像位于将台山南观音洞上近山顶处。石龙洞造像凿于北宋建中靖国元年（1101）。石龙洞俗称“千佛洞”，洞外岩壁上，自左而右依次分布有十六罗汉坐像，释迦、如来像五尊，千佛浮雕一块，天王立像一尊，菩萨坐像一尊。在洞内崖壁

上还有宋刻《心印铭》[1]和钱倩题字各一，字迹清晰，保存完好。

圣果寺遗址　圣果寺遗址位于凤凰山苕帚湾西。圣果寺始建于唐乾宁年间（894—897）。吴越时期在石壁上镌刻“西方三圣”及十六罗汉像。北宋初期，改名为崇圣寺。南宋时，改为殿司衙。元至正年间（1341—1370），寺院彻底被毁。明洪武年间（1368—1398），重建圣果寺。1958年，寺院被拆毁。圣果寺遗址现存多处古迹。“三佛石”即西方三圣，高约10米。山脚岩壁上雕有北宋十八罗汉造像及多处摩崖题刻，如宋高宗书“忠实”等。

图29-5-66　圣果寺“忠实”石刻
（区住房和城建局 供稿）

排衙石诗刻　排衙石诗刻位于将台山顶四顾坪，海拔190米。排衙石又称排牙石、石笋林、队石。众石峰形状各异，高3～5米不等。排衙石玲珑苍翠，森若朝拱，形状各异，其上留有多处历代题刻。最著名的是钱镠七言诗并序的残文，全文高1.07米，宽1.04米，文字已残缺，字迹因风化而模糊。

八卦田遗址　八卦田遗址位于玉皇山南麓，面积约6万平方米。籍田是古代皇帝通过神圣仪式活动对农业生产予以重视的场所。宋高宗赵构为表示对农事的尊重和对丰收的祈祷，采纳礼部官员的倡议，开辟籍田于南郊，在每年春耕开犁时，亲率文武百官到此行“籍礼”。田中有土丘、田塍、水沟，排列整齐，形似八卦，故称八卦田。

三茅观遗址　三茅观遗址位于吴山七宝山，吴山天风的南面。始建于南宋绍兴年间（1131—1162），三茅观本名“三茅堂”。三茅指秦初咸阳茅氏三兄弟，即茅盈、茅固、茅衷，因同时得道，谓“三茅真君”。宋绍兴二十年（1150），宋高宗赐额“宁寿观”，全称三茅观宁寿观。毁于元末，明初重建，后复毁废。2008年，考古发掘清理三茅观遗址，发现两组叠压关系明确的建筑遗址，中有正殿部分柱础基石，3个神龛基座，殿内藏有茅氏三君的木刻肖像，以及中殿的铺地砖、偏殿、墙基和茅房等，出土部分大型石构件。

云居山摩崖石刻群　云居山摩崖石刻群位于云居山顶。云居山摩崖

① 《心印铭》：由唐翰林学士梁肃撰写，钱塘讲律冲羽书写，陶翼父子镌刻的。北宋皇祐五年（1053）七月，石龙院的草堂僧慎微将它刻于崖壁上。《心印铭》通篇由楷体书写，每个字大约10厘米见方，镌刻清晰，俊秀飘逸。

石刻分布在云居山南坡、三茅观遗址公园附近、石佛院西侧山坡、枫岭山脚、枫岭积义亭下侧一带。石刻先后镌刻于宋、明、清、中华民国，少量石刻镌刻年代待定。摩崖石刻上有杭州极为少见的榜书大字、赐额于南宋重镌于明的三茅观尚书省牒、洞额摩崖、景观题刻、地界标志等，可谓种类繁多，内容丰富，字体各异。

天真精舍遗址　天真精舍遗址位于玉皇山南侧。天真精舍又称天真书院，建于明嘉靖九年（1530），为王阳明门人王臣、薛侃、钱德洪等为纪念先师所建，兼有祭祀、集会讲学功能。明万历年间（1573—1620）曾毁，后复建，恢复祭祀功能，并赐额“勋贤祠”。天真精舍遗址对研究王阳明生平活动及后世的学术影响力有较高历史价值。

紫阳山摩崖石刻群　紫阳山摩崖石刻群位于吴山紫阳山。该组摩崖石刻包括明人胡缵宗题写大字篆书“紫阳洞天”，明钱塘县令姜召摹刻米芾大字行书“第一山”，及无款楷书“敦本兴禳”等。分布在紫阳山东麓，宝成寺南侧、云隐洞附近、杭州市紫阳小学一带，有洞额摩崖、景观题刻、书院题额、联语石刻等。

感花岩刻诗　感花岩刻诗位于紫阳山麓宝成寺上侧崖壁。石刻由“感花岩”和“岁寒松竹”2方石刻组成。“感花岩”3字下为苏轼题七律《留别释迦院牡丹》一首于摩崖。明成化年间（1465—1487），吴东升因题刻的石壁上有石纹似老梅枝干，故在其右侧题“岁寒”，左侧题“松竹”以表“松竹梅岁寒三友”之意。石刻由“感花岩”和“岁寒松竹”2方石刻组成。刻诗现保存完好，字迹清晰。

图 29-5-67　感花岩刻诗　　（区住房和城建局 供稿）

于谦故居　见第十五篇旅游第二章旅游景区（点）第一节国家级景区。

东岳庙　东岳庙位于吴山瞭望台旁。初建于北宋大观元年（1107），元时毁，明景泰年间（1450—1456）重建，清道光年间（1821—1850）修葺。东岳庙共3进，占地面积2470平方米。第一进为山门及戏台，面宽5米，进深6米，戏台为歇山顶，天花四周为一枝香卷棚顶，中间为凹形船篷杆，形制特殊。第二进为庙堂，寺开间，通面阔20.6米，通进深20米。第三进已经重建。

小米园[①]　小米园位于马坡巷16号。据《武林坊巷志》载，桐乡贡生汪淮“买宅杭之东城，有小米山房”。小米园原有水池、三曲桥、假山等，现仅存一部分残园和一厅，占地面积300平方米。厅，坐北朝南，面阔三间，为清式2层楼房。园内配置小桥水榭，环境古朴清雅。

中河南段古桥及古泉　中河南段古桥及古泉位于六部桥直街至白塔间中河上。中河自南而北纵贯，自宋始，即为杭城水运最

① 相传因南宋敷文阁直学士米友仁（北宋书法家米芾长子）曾居于此而得名。

繁忙的河道之一，曾经的繁荣使中河沿线留下不少文物古迹，其中闸口至凤山门的南段就有水澄桥、化仙桥、海月桥、洋泮桥、古南星桥、南星古泉和六部桥等文物古迹，它们从一个侧面展现了中河的历史风貌和文化底蕴。

王文韶[①] 大学士府　王文韶大学士府位于清吟巷东南杨绫子巷北。王家世居清吟巷。清光绪三十三年（1907），王文韶大学士府扩建，占地面积约6670平方米，跨连清吟、杨绫子两巷。府内原有退圃园、红蝠山房、清吟阁等大小厅堂及花园。现府第范围包括清吟巷127号及3、9、10、11号，建筑分东、中、西3个院落，坐北朝南。建筑布局、结构、雕刻上具有浓郁的晚清风格和江南宅第特色。

图29-5-68　王文韶大学士府　（区住房和城建局 供稿）

① 王文韶：1830—1908年，字夔石，仁和（今杭州）人。清末曾任湖南巡抚、云贵总督、体仁阁大学士。

海潮寺旧址　海潮寺旧址位于原海潮路1号。海潮寺始建于明万历年间（1573—1620），为明末高僧莲池袾宏大师所建，寺内有天王殿、钟鼓楼、大雄宝殿，经书房及众多的香客房舍，铸有大钟。因濒临钱塘江口，而起名为海潮寺。清嘉庆年间（1796—1820）该寺扩建，曾有殿宇僧房300余间。道光九年（1829）增建钟楼、观音殿，咸丰十一年（1861）太平军攻克杭州时被毁。于同治至光绪年间（1862—1908）先后重建。后于同治三年（1864）复建，光绪七年（1881）建藏经阁。现存唯一建筑为天王殿，天王殿面阔五间，通面阔22米，通进深14米。原为重檐歇山顶，现为硬山顶，翼角微翘。梁架为抬梁式。殿内梁坊上书有“建于光绪十六岁次庚寅（1890）十月谷旦”。殿内原供奉有四大金刚像，1957年建杭州橡胶厂时被毁。海潮寺旧址是杭州城现存为数不多的清代重檐木构寺庙大殿。

太平天国听王府　太平天国听王府位于小营巷61号。清咸丰十一年（1861），太平军攻克杭州，安徽籍将官陈炳文居此，因陈炳文后被封为听王，故称听王府。58号建筑占地面积978.66平方米，尚存一座四架卷棚轩廊及后墙的小部分壁画，木廊柱为梅花柱，柱上的牛服和轩廊月梁上均浮雕花卉。61号建筑仅存2层门楼，面宽3间，通面宽1.5米，通进深66米。马市街92号建筑为1座2层的木构楼房，院墙上部也有依稀可辨的壁画。

阮公祠　阮公祠位于吴山元宝心60号，为纪念清代浙江巡抚阮元而建。阮元（1764—1849）,字伯元，号芸台，江苏仪征人，为清代著名经学家、金石书法家，官至体仁阁大学士。任浙江学政、巡抚多年，疏浚西湖、修筑海塘、创建书院，其善举为民称颂。现存建筑为清光绪五年（1879）由重阳庵改建而成，依山而筑，坐西朝东。

图29-5-69　阮公祠　（区住房和城建局 供稿）

杭州绸业会馆旧址　杭州绸业会馆旧址位于原直大方伯巷92号（现浙医一院内），其前身为始建于清嘉庆二十二年（1817）位于忠清里通圣庙侧的观成堂。因场地狭小，杭州绸商丁立中在现址划出自家20亩地于宣统年间起建造新馆，至民国3年（1914）落成。初建时有武帝殿、观成堂、行吾素斋等建筑，还有祭祀进财之神的天章阁。现主要建筑仅存观成堂，坐北朝南，面阔5间。此会馆是清末民国时期杭州规模最大、最完整的同业组织会馆，也是杭州现存唯一的丝绸业会馆。

大资福庙　见第三十三篇民俗　宗教第二章宗教第二节道教。

明清钱塘江海塘　明清钱塘江海塘位于狮子口村至九溪，复兴街、秋涛路、碑亭路、杭海路、乔司吴家村至乔莫公路东三村，全长38千米，为明、清两代（主要是清代）修筑而成，用来阻止海潮对杭州的冲击。钱塘江海塘规模宏伟，是古代一项伟大的水利工程，对古河工建筑技术和钱塘江地质变迁的研究具有重要意义。

勾山樵舍遗址　见第十五篇旅游第二章旅游景区（点）第二节其他景区（点）。

石观音阁旧址　石观音阁旧址位于吴山瑞石山元宝心67号。石观音阁旧址始建于清初，形制特别，山门朝北，上有阁楼；大殿朝北、依山而筑，殿内崖壁内凹呈洞穴状，正中崖壁上镌一观音坐像，像两侧崖壁处还镌有数尊形态各异的小佛像。另偏院天井有洗心泉一方。

瑞石山摩崖石刻群　瑞石山摩崖石刻群位于吴山瑞石山及其周边一带。该组摩崖石刻有清代的“碧云天”“台仙来”“翠薇”“飞来石”等摩崖题记和民国时期的“古今如身幻乾坤与物齐”“为寿者相”“五云深处”等，分布在感花岩北侧、瑞石洞附近、宝成寺南上侧、宝成寺西上侧一带。

湖州会馆　湖州会馆位于小营巷酱园弄12号。湖州会馆建于晚清，是清末至民国在杭湖州同乡聚会活动的场所。会馆现存主楼和花园。主楼为二层木结构楼房，造型简朴。

元宝心66号建筑　元宝心66号建筑位于吴山瑞石山阮公祠东南下侧。遗存建筑为清代建造，为一泥墙木构2层建筑，格局严谨，小巧玲珑，山门朝西，进门为一小天井，正厅宽大，朝东，南侧连有附房。

思澄堂　见第三十三篇民俗宗教第二章宗教第五节基督教。

四宜亭　四宜亭位于四宜路支路登吴山道山腰处，建于民国，旧时曾称“步步高”。现为砂石质六柱人字形瓦面长方形过路凉亭，亭柱镌刻有民国8年（1919）撰题的楹联3对。

中山中路近代建筑群　中山中路近代建筑群位于中山中路解放路口至鼓楼段。建筑群由盐业银行旧址、万源绸庄旧址、浙江实业银行旧址、浙江地方银行旧址、叶种德堂中药店、“四拐角”近代建筑群之万隆火腿庄、孔凤春香粉店旧址、翁隆盛茶号旧址、宓大昌烟店旧址、张允生百货店旧址等建筑组成，总体呈现民国建筑风貌。

方回春堂　见第十五篇旅游第二章旅游景区(点)第一节国家级景区。

浙江省中山纪念林碑　浙江省中山纪念林碑位于凤凰山东南麓。民国17年（1928）3月，浙江省政府为倡导植树造林而立。该碑为混凝土结构。通高4.23米，占地面积为16平方米。碑身为四方柱，四面都刻有楷书“浙江省中山植树纪念林中华民国十七年三月植树节浙江省政府植树运动大会建”。

潘天寿[1]旧居　潘天寿旧居位于南山路212号。原为杜氏私宅，建于20世纪40年代，时称“瓶庐”。建筑坐北朝南，占地面积150平方米，为1幢2层3开间的西式别墅。下筑台基，青砖墙面，坡屋顶，上盖灰瓦。庭院中植有花草，配以水池，环境优雅。20世纪50年代末，作为浙江美术学院的宿舍分配给潘天寿等人居住，是潘天寿晚年生活和创作的地方。

钱王祠　见第十五篇旅游第二章旅游景区(点)第一节国家级景区。

紫薇园坐标原点　紫薇园坐标原点位于延安南路15-2号。明代此地曾建紫薇楼，紫薇园因此而得名。紫薇园坐标原点始建于民国2年（1913），于民国17年（1928）整修，运用天文观测法，测定其经纬度，确定地理位置，作为浙江省大三角控制网及1∶50000地形图测制基准，一直沿用至20世纪50年代初期。紫薇园坐标原点包括三角原点、水准原点和子午仪台，三角原点、水准原点保存完好，子午仪台墩建在原点上的四脚坐标已不存。

汪宅　汪宅位于望江路266号，建于清咸丰三年（1853），占地面积约1500平方米，总建筑面积约1100平方米。原为汪氏一族所居，建成时有功能完整的居住院落和花园部分。现仅存正厅、后楼、花厅、厨房等建筑，2005年进行修缮。汪宅坐北朝南，正厅、后楼、花厅均为3开间的2层楼建筑，屋面盖小青瓦。厨房在院落东北角，坐西朝东，为1座简陋的单坡顶建筑，有石库门与后楼相通。

朱智[2]故居　朱智故居位于元宝街东端。为晚清时朱智居所，后由朱氏族人居住。民国以后，部分产业出租，开设源丰祥茶号。整个建筑

① 潘天寿：1897—1971年，原名天授，字大颐，自署阿寿、雷婆头峰寿者、寿者，宁海人，著名国画家、美术教育家。

② 朱智：1829—1899年，字茗笙，钱塘（杭州）人。清咸丰元年（1851）举人。光绪五年（1879）任兵部右侍郎，光绪七年（1881）因病辞官回故乡，曾倾力主持修复钱塘江海塘及六和塔。

群坐北朝南，由东、中、西3个院落组成。中轴线入口现为元宝街1号，为建筑的主体部分，内部保存最为完整，共3进，坐北朝南，民国时曾大修。

万松书院遗址　万松书院遗址位于万松岭路81号。始建于唐贞元年间（785—805），名报恩寺。明弘治十一年（1498），浙江右参政周木改辟为万松书院。明代理学家王阳明曾在此讲学。书院承担讲学、藏书、祭祀三大功能。一进为仰圣门，二进为明道堂（讲堂），三进为大成殿（祭祀孔子处）。陈设有工艺巨著《中国科举大观》。两侧厢房分别为居仁和由义二学斋。

图29-5-70　万松书院　（潘雯　摄）

丁家花园　丁家花园位于兴安里11号。据《梦粱录》载，丁家花园，旧为宋石榴园遗址。清乾隆年间，巡抚王亶望占为别墅。后院子一半由山东盐运使丁阶所有，称为丁家花园。民国时期，该处成为浙江近代史上著名的吴兴陈氏（陈其业、陈其美、陈其采家族）的宅第。现存面积1700平方米，为一砖木混合结构的并联式中西合璧风格的别墅。

图29-5-71　丁家花园　（贺勋毅　摄）

钱学森故居　见第十五篇旅游第二章旅游景区（点）第一节国家级景区。

蕙兰中学堂旧址　蕙兰中学堂旧址位于建国中路36号、锅子弄37号。清光绪二十五年（1899），美籍传教士甘惠德在石牌楼淳祐桥东堍购地建校，招生兴学，命名为“蕙兰中学堂”。民国22年（1933），兴办蕙兰小学。旧址大部分建筑已拆毁，现尚存惠德图书馆、“树人树德”碑、“蕙兰学堂”碑座、小铜钟、蕙兰小学校舍等。

三三医院旧址　三三医院旧址位于南山路266号。三三医院是名中医裘吉生于民国10年（1921）创办的杭州第一家中医医院，初名“三·三医社”，民国11年（1922）改名，并从十五奎巷迁入今址，进而扩充为中西医联合医院。现存旧址为一幢中西合璧的建筑。

杭县公署一七一号碑　杭县公署一七一号碑位于玉皇山隧道南侧，为民国年间杭县公署竖立的警示碑。碑呈长方形，高230厘米，宽120厘米。民国12年（1923），当地居民张巨川等人为牟取私利，以欺骗手法将玉皇山麓一山包盗卖给上海水泥公司作采石场。杭县知事陶镛接报后即行查处，注销采石场资格，并发布公告、立碑为戒：“凡玉皇山界内以及毗连支山，无论公有私有，永远封禁开采，倘敢故违，一经报告，定即拘案，严惩不贷。”

韩国独立运动旧址　韩国独立运动旧址位于长生路55号，学士路思鑫坊42、44号，板桥路五福里2弄2号。清宣统二年（1910），日本吞并韩国。韩国民主革命志士流亡中国，积极开展反日复国运动。大韩民国临时政府在杭州的活动地点约有9处，现查明的明确地点有3处。

图29-5-72　韩国独立运动旧址（湖边邨）（2015年）
（区住房和城建局 供稿）

浙江省电话局旧址　浙江省电话局旧址位于惠兴路10号。浙江省电话局大楼于民国20年（1931）6月落成。建筑原3层，系英国建筑师设计，风格典雅简洁。杭州第一批程控交换机3万门、第一所电话营业部均在此楼。该楼曾在1950年和2000年2次大修，基本保持了原貌。现为杭州电信陈列馆。

浙江邮务管理局旧址　浙江邮务管理局旧址位于环城东路老城站旁。浙江省邮务管理局大楼落成于民国16年（1927），2层楼房，外观为英国古典主义建筑风格，设计精美，用料考究，富丽堂皇。

亨达利钟表店旧址　亨达利钟表店旧址位于中山中路229号。亨达利钟表店创办于清同治三年（1864），是中国钟表行业创办最早、牌子最老的一家。创办者是法国人，专营瑞士表、德国钟。第一次世界大战爆发后，孙梅堂以低价盘进亨达利钟表店。民国18年（1929），孙梅堂租用中山中路凤凰寺房屋9间开设亨达利钟表店。钟表店旧址坐西朝东，为仿巴罗克风格的西洋式3层砖房。

郁达夫[①]故居　郁达夫故居位于大学路场官弄63号。民国22年（1933），郁达夫移居杭州后，自行设计，于民国25年（1936）落成“风雨茅庐”，由马君武题匾。建筑为砖木结构，坡屋顶，盖灰色洋瓦，用清水砖砌筑墙体。分正屋和后院2部分，进大门，两侧有五六间平房。正屋与后院以砖墙相隔，开月洞门，后院建平房3间，为书房和客房。郁达夫在此居住至民国26年（1937）8月后离开。

图29-5-73　郁达夫故居（2009年）
（杭州市人民政府地方志办公室 供稿）

① 郁达夫：1896—1945年，名文，字达夫，浙江富阳人，现代著名作家、诗人，革命烈士。

张载阳旧居 张载阳旧居位于浣纱路159号、169号。张载阳（1873—1945），字春曦，号暄初，浙江新昌人。清光绪年间（1875—1908），考入浙江武备学堂，民国时期曾任浙军旅长、师长，杭州警备司令，浙江省省长。旧居建于民国7年（1918），由主副2幢别墅建筑组成，建筑面积共计1344平方米，建筑体量较大，质量较高，保存完整，是杭州近代高档西式住宅的代表性建筑。

蒋抑卮旧居 蒋抑卮旧居位于积善坊巷10～12号。蒋抑卮为杭州近代实业家。蒋家于清咸丰年间（1851—1861）在积善坊巷开设蒋广昌绸庄，因经营有方，至清光绪末年，业务遍布全国，并远销南洋。蒋抑卮旧居坐北朝南，平面呈矩形，高4层，砖混结构，平屋顶，外轮廓线条简洁方正，具有较明显的现代主义建筑风格。

二、杭州市文物保护点

2003年，杭州市园林文物局公布钱元瓘墓、上八眼井等7处为市级文物保护点。至2015年，上城区辖区内共有古遗址、古墓葬、石窟寺及石刻、古建筑、近现代重要史迹及代表性建筑5种类别的市级文物保护点16处。

表29-5-20 2015年上城区市级文物保护点情况表

编号	名称	年代	类别	地 址	公布批次（时间）
1	青衣洞摩崖题刻	唐	石窟寺及石刻	吴山阮公祠北侧	第二批 2004-07-13
2	钱元瓘墓	五代	古墓葬	玉皇山南坡	第一批 2003-10-31
3	上八眼井	宋	古建筑	粮道山路26号门前	第一批 2003-10-31
4	南观音洞造像	南宋	石窟寺及石刻	将台山南麓玉皇山隧道口	第二批 2004-07-13
5	元城墙遗址	元	古遗址	万松岭路北侧杭州烟厂至海军干休所	第一批 2003-10-31
6	卜合提亚尔及二从者墓	元	古墓葬	清波街道清波门社区清波街与南山路交叉口三角地	第一、二批重新公布 2015-09
7	乌龙井	明	古建筑	粮道山大螺蛳山边	第一批 2003-10-31
8	梵天寺遗址	明	古遗址	凤凰山东南麓	第一批 2015-09
9	张曜墓	清	古墓葬	省军区后勤部仓库	第一、二批重新公布 2015-09
10	栖云寺碑刻	清	石窟寺及石刻	栖云山南麓	第一、二批重新公布 2015-09
11	肖公桥	清	古建筑	柳浪闻莺景区内（迁建）	第一、二批重新公布 2015-09
12	新横河桥	清	古建筑	柳浪闻莺景区内（迁建）	第一、二批重新公布 2015-09

续表29-5-20

编号	名称	年代	类别	地 址	公布批次（时间）
13	郭婆井	清	古建筑	四宜亭	第一批 2003-10-31
14	伍公庙	清	古建筑	吴山伍公山18号	第一批 2003-10-31
15	吴山弥勒造像	民国	石窟寺及石刻	吴山东麓	第二批 2004-07-13
16	浙江省红十字会杭州救济中心旧址	民国	近现代重要史迹及代表性建筑	紫阳街道十五奎巷社区十五奎巷99号内	第一、二批重新公布 2015-09

说明：1.资料来源于杭州市上城区住房和城市建设局。2.此表中市级文物保护点按文物年代排序

青衣洞摩崖题刻　青衣洞摩崖题刻位于阮公祠上侧青衣洞一带。核心为唐开成五年（840）道士邢全、钱塘县令钱华等记书的摩崖题刻，还包括松隐道人彭举题刻“涌泉”等。

钱元瓘墓　钱元瓘墓位于玉皇山南麓。钱元瓘（887—941），字明宝，原名传瓘。第二代吴越王。其墓1965年发掘，长方形土坑石椁墓，长12.2米，墓门前有八字形墙。

上八眼井　见第三篇自然环境第二章水文第二节地下水。

南观音洞造像　南观音洞造像位于将台山南麓。此处存有南宋开禧年间（1205—1207）、明代罗汉像等44尊造像；洞内有宋、明各代的14处题记。

元城墙遗址　元城墙遗址位于万松岭路北侧。元末张士诚拓建杭州城，城墙东起凤山水门，西至万松岭上，现仅存云居山南面一段城墙，残长1200米，残高3.5米。最宽处9米。夯土层内含有大量砖头石块。

卜合提亚尔及二从者墓　卜合提亚尔及二从者墓位于清波街与南山路交叉口。为隋唐时阿拉伯先贤卜合提亚尔和其两位随从的墓园。墓园为阿拉伯建筑风格，内中3座古墓均采用塔式石墓盖，每座4层，高0.6米。

乌龙井　见第三篇自然环境第二章水文第二节地下水。

梵天寺遗址　梵天寺遗址位于凤凰山东麓。史载后梁贞明二年（916），吴越国王钱镠迎鄞县阿育王寺释迦舍利，归于府城，并于城南建浮图致之，而后建寺，名“南塔寺”。后周显德五年（958）毁于火，北宋治平年间（1064—1067）改寺名为“梵天寺”。宋以后寺院屡建屡毁，至清咸丰年间（1851—1861），寺宇俱毁。梵天寺地面文物除一对经幢和金井、灵鳗井外，其余无存，梵天寺建筑遗迹尚可分辨。

张曜墓　张曜墓位于凤凰山东麓。张曜（1832—1891），字朗斋，清朝著名将领，官至山东巡抚兼兵部尚书衔，追赠太子太保，谥勤果，入祀贤良祠。清光绪十九年（1893），赐葬于杭州凤凰山东麓。现仅存墓包、墓道、水池等。

肖公桥　肖公桥又名报恩桥，位于柳浪闻莺景区内。建于清乾隆八年（1743），为单孔石拱桥。桥拱呈多边形，在江南现存石拱桥中该类孔桥并不多见。桥通长21米，宽4.5米；拱净矢高3.6米，净拱跨6.38米，桥身有石刻题记。肖公桥原位于秋涛路小学内，桥

体多半陷于土中，栏板、望柱等皆已破损。后因西湖南线景区整合工程建设，特采取移地搬迁、原状修缮的手法，迁至现址。

栖云寺碑刻　栖云寺碑刻位于凤凰山南。现存如来像古刻碑2块，左右对称，分别嵌入大雄宝殿的东西墙内。两石刻均宽73厘米，高60厘米。

图29-5-74　栖云寺碑刻　　（区住房和城建局 供稿）

新横河桥　新横河桥原位于下城区仓河下北端，建于清光绪七年（1881），为单孔石拱桥。后迁至柳浪闻莺景区内。桥通长16.4米，宽4.31米，拱券用纵连分节并列法砌筑，拱净矢高3.68米，净拱跨6.8米。金刚墙用较为规整的条石错缝叠砌，拱券两侧施一对明柱及长系石，桥东侧拱券上方的石匾上阴刻“新横河桥”，西侧拱券上刻“光绪五年冬造，六年秋敬立”字样。桥栏板为严州青石，中间平台栏板较为宽厚，凿成坐凳式栏板，可供行人小憩，南端栏板刻“回”字纹的松、梅、喜鹊、瑞兽组成的吉祥图案。

郭婆井　见第三篇自然环境第二章水文第二节地下水。

伍公庙　伍公庙位于吴山东南角。伍公，即春秋时的吴国大夫伍子胥，其以忠谏被谗而死，百姓遂立祠祭祀。历史上伍公庙屡毁屡建，现存伍公庙为清代遗存，占地面积844平方米，形成神马门、御香殿、寝殿3进完整的建筑布局。

吴山弥勒佛造像　吴山弥勒佛造像位于紫阳山石观音阁西北下侧。造像于民国17年（1928）依山而凿，整个造像为一笑口弥勒佛，袒胸露腹，作游戏式倚坐，宽衣长带，露臂跣足，左手执一长念珠，右手按在身后依靠的布袋扎口边，布袋中部有一楷书小字铭文。

浙江省红十字会杭州救济中心旧址　浙江省红十字会杭州救济中心旧址[①]位于十五奎巷99号。该建筑落成于民国37年（1948），设计者为现代著名建筑师毛梓尧。建筑主楼共3层，中间是正八边形的拱顶建筑，风格独特。

① 据考证，应为红十字会杭州分会纪念堂旧址。

第四节 历史建筑及历史文化街区

一、历史建筑

2004年，上城区有源茂里近代建筑、红门局别墅建筑等35处建筑被列入杭州市第一批历史建筑。2005—2011年，杭州市陆续公布了5批杭州市历史建筑名单，上城区均有建筑入选。至2015年末，上城区区域范围内共有杭州市公布的历史建筑163处，占全市主城区历史建筑的54%。

表29-5-21 2004年上城区列入杭州市第一批历史建筑情况表

编号	历史建筑名称	年代	范围
1	源茂里近代建筑	民国	源茂里一弄、二弄、三弄
2	红门局别墅建筑	民国	红门局65～67号
3	开元路78号民居建筑	民国	开元路78号
4	双剑楼	民国	旧仁和村5号
5	旧仁和村街6号别墅建筑	民国	旧仁和村街6号
6	旧仁和村街9号别墅建筑	民国	旧仁和村街9号
7	十五奎巷26号民居建筑	民国	十五奎巷26号
8	十五奎巷31号民居建筑	民国	十五奎巷31号
9	十五奎巷32～33号民居建筑	民国	十五奎巷32号、33号
10	崔家巷5号民居建筑	民国	崔家巷5号、6号（包括5-1号）
11	邮电路16号民居建筑	民国	邮电路16号
12	裘宅	民国	枝头巷13号
13	里仁坊17号民居建筑（逸庐）	民国	里仁坊17号
14	学士坊别墅建筑	民国	老学士坊（无门牌号，学士坊路3号、4号之间）
15	学士路3号建筑	民国	学士路3号
16	岳王新村8幢建筑	民国	岳王路8号
17	环城东路16-1号民居建筑	民国	环城东路16-1、16-2号
18	马市街民居建筑	民国	马市街175～177号
19	延安路226号民居建筑	民国	延安路226号
20	黄郛旧居	民国	南山路105号（景区）
21	粮道山43号民居建筑	民国	粮道山43号（景区）
22	南山路182号别墅建筑	民国	南山路182号（包括182-1号）
23	南山路214号别墅建筑	民国	南山路214号
24	南山路210号别墅建筑	民国	南山路210号
25	南山路206号别墅建筑	民国	南山路206号
26	南山路204号别墅建筑	民国	南山路204号
27	恒庐	民国	南山路202号

续表29-5-21

编号	历史建筑名称	年代	范　　围
28	茅以升旧居	民国	荷花池头31号
29	九芝斋旧址	民国	中山中路228号、230号
30	保大参号旧址	民国	大井巷60号
31	吴敬斋旧居	民国	河坊街131号
32	种德产科诊所旧址	民国	打铜巷33号
33	朱养心膏药店旧址	清代	大井巷13号
34	惠民路近代建筑	民国	火药局弄1号
35	平海路61号别墅建筑	民国	平海路61号

说明：资料来源于杭州市上城区住房和城市建设局

表29-5-22　2005年上城区列入杭州市第二批历史建筑情况表

编号	历史建筑名称	年代	范　　围
1	五福里建筑群	民国	五福里一弄1~5号，二弄6号、21号，三弄1号、3~6号、8~9号
2	九星里建筑群	民国	九星里1~9号、16~18号
3	建国南路147号建筑	民国	建国南路147号
4	西湖大道290号至298号（双号）建筑	民国	西湖大道290~298号（双号）
5	西湖大道224号至236号（双号）建筑	民国	西湖大道224~236号（双号）
6	粮道山26号建筑	民国	粮道山26号（景区）
7	邮电路52号建筑	民国	邮电路52号
8	邮电路8号建筑	民国	邮电路8号
9	仁和路2号院内建筑	民国	仁和路2号
10	西河下1号建筑	民国	斗富二桥西河下1号
11	清波桥河下近代建筑	民国	清波桥河下1号（景区）
12	广福里街近代建筑群	民国	广福里4~5号，荷花池头19号
13	十五奎巷47号建筑	民国	十五奎巷47号
14	吴山原小普陀建筑	民国	吴山路12号
15	锅子弄34号建筑	民国	锅子弄34号
16	大通桥取水泵房日军残留工事旧址	民国	原江边路二弄10号
17	南山路178弄1号建筑	民国	南山路178弄1号
18	张小泉剪刀店旧址	民国	大井巷57号、59号
19	邵芝岩笔庄	民国	中山中路298号
20	觉苑寺巷19号建筑	民国	觉苑寺巷19号

说明：资料来源于杭州市上城区住房和城市建设局

表29-5-23　2007年上城区列入杭州市第三批历史建筑情况表

编号	历史建筑名称	年代	范　　围
1	龙翔里建筑群	民国	龙翔里
2	湖边邨建筑群	民国	湖边村2～30号（双号），31号
3	大庆里建筑群	民国	大庆里一弄，二弄，蕲王路23号、27号、35号，劝业里16～18号等
4	劝业里胡宅	民国	劝业里24号
5	孝女路建筑	民国	学士路6号，6-1号，6-2号，6-3号，孝女路1-1号至1-8号
6	思鑫坊建筑群	民国	学士路7～30号，思鑫坊1～40号，承德里一弄7～34号等
7	承德里建筑群	民国	承德里二弄1～10号，萱寿里一弄1～10号等
8	思鑫坊徐宅	民国	思鑫坊直弄1、2号（徐梓林旧居）
9	胡藻青旧居	民国	思鑫坊直弄2号院内
10	何柱国旧居	民国	菩提寺路4号
11	列贤堂	民国	菩提寺路6号、8号
12	成乐堂	民国	萱寿里二弄13～16号（余绍宋旧居）
13	方谷园胡宅	清末民国初期	方谷园8号，小营公园13～21号（1895年，二层祖产，胡汉威）
14	银枪班巷3号建筑	民国	银枪班巷3号
15	西湖大道238号建筑	民国	西湖大道238号
16	平远里建筑群	民国	平远里2～18号，浣纱路146号、156号、160号、162号，浣纱东三弄3号、6号、8号、10号、11号、15号
17	洽丰里建筑群	民国	将军路65号、67号、69号、71号，洽丰里一弄1～14号、二弄1～13号、三弄1～14号、开元路80～104号双号
18	开元南一弄2、3号建筑	民国	开元南一弄2号、3号（兴安里）
19	解放路209号建筑	民国	解放路209号
20	四维里建筑群	民国	四维里一弄1～13号、四维里二弄1～23号
21	建国南路125号建筑	清末民国初期	建国南路125号
22	建国南路129号建筑	清	建国南路129号
23	生昌百货旧址	民国	中山中路82号、84-1号
24	咸章绸庄旧址	民国	中山中路86号
25	五洲药店旧址	民国	中山中路88号、90号
26	中山中路168-4号、170号建筑	民国	中山中路168-4号、170号
27	华德药房旧址	民国	中山中路184号、186号
28	东平巷徐宅	民国	东平巷2号、3号（徐宝琳）
29	渤海医庐	民国	东平巷7～10、9-1、9-2、9-3、9-4号
30	云阁堂	民国	积善坊巷8号
31	积善坊章宅	清	积善坊巷3号、5号
32	三元坊巷9号建筑	清	三元坊巷9号
33	比胜庙巷4号建筑	民国	比胜庙巷4号
34	河坊街152号、154号建筑	民国	河坊街152号、154号

续表 29-5-23

编号	历史建筑名称	年代	范围
35	河坊街397号建筑	民国	河坊街397号
36	东太平巷3号建筑	民国	东太平巷3号
37	杭州手表厂医务室建筑	民国	四宜路22号
38	旧藩署30、32号民居建筑	民国	旧藩署30号、32号
39	中山南路497号建筑	民国	中山南路497号
40	燕春里建筑群	民国	燕春里1～9号、11号，瑞石亭5号
41	严官巷建筑群	民国—20世纪60年代	严官巷61号，严官巷63号3-105号、3-107号、3-108号
42	安家塘21号建筑	民国	安家塘21号
43	白塔岭建筑“驾涛仙馆”	民国	白塔岭顶

说明：资料来源于杭州市上城区住房和城市建设局

表 29-5-24　2008年上城区列入杭州市第四批历史建筑情况表

编号	历史建筑名称	年代	范围
1	隐庐（吕民贵旧居）	民国	白傅路5号
2	天德坊	民国	劝业里20～23号
3	萱寿里建筑群	民国	萱寿里一弄12～16号、二弄1～12号
4	方谷园7号建筑	民国	方谷园7号
5	惠兴里建筑群	民国	惠兴路1-2号、1-3号、1-6号、1-7号
6	开元南一弄4号建筑	民国	开元南一弄4号
7	博济医院旧址	民国	开元路27号
8	广福里裘宅	民国	广福里2号
9	广福里叶宅	民国	广福里4号
10	中山中路337号建筑	民国	中山中路337号
11	中山中路11号建筑	民国	中山中路11号
12	广合顺保佑坊分号旧址	民国	中山中路217号
13	中山中路81、83号	民国	中山中路81号、83号
14	中山中路18、18-1、20号建筑	民国	中山中路18号、18-1号、20号
15	中山中路23、25号建筑	清末	中山中路23号、25号
16	中山中路45、47号建筑	民国	中山中路45号、47号
17	永泰百货店旧址	清	中山中路54号
18	清河坊邮政局分局旧址	民国	中山中路58号
19	义泰昌布号旧址	清	打铜巷25号
20	大井巷27号建筑	民国	大井巷27号
21	大井巷29、31号建筑	民国	大井巷29号、31号
22	中山中路12、14、16、16-2号建筑	民国	中山中路12号、14号、16号、16-2号
23	严官巷36-3号建筑	民国	严官巷36-3号
24	三昧庵巷8号建筑	清末	三昧庵巷8号
25	斗富二桥33号建筑	民国	斗富二桥33号

续表 29-5-24

编号	历史建筑名称	年代	范　　围
26	靴儿河下6-3号建筑	民国	靴儿河下6-3号
27	孝友里19号建筑	民国	孝友里19号
28	横吉祥巷1号、2号建筑	民国	横吉祥巷1号、2号
29	横吉祥巷3号、17号、19号建筑	民国	横吉祥巷3号、17号、19号
30	望江路220号、222号、224号、226号建筑	民国	望江路220号、222号、224号、226号

说明：资料来源于杭州市上城区住房和城市建设局

表 29-5-25　2010 年上城区列入杭州市第五批历史建筑情况表

编号	历史建筑名称	年代	范围
1	金钗袋巷19号，朱婆弄10、12、13号建筑	清末民国初期	金钗袋巷19号，朱婆弄10号、12号、13号
2	金钗袋巷29、32、34、35、38、39、40号建筑	清末民国初期	金钗袋巷29号、32号、34号、35号、38号、39号、40号
3	元宝街5、6、7、9号建筑	清末民国初期	元宝街5号、6号、7号、9号
4	牛羊司巷16、17号建筑	清末民国初期	牛羊司巷16号、17号
5	浙江省水利水电勘测设计院建筑	民国	抚宁巷66号
6	杭州肉联厂职工宿舍建筑群	20世纪50年代	望江路34号
7	南瓦子巷15号建筑	清末民国初期	南瓦子巷15号
8	浙江省杭州第二中学分校老科学馆	20世纪50年代	建国中路36号
9	学士桥1、2、3号建筑群	民国	学士桥1～3号（景区）
10	仁智里1～18号建筑	清末民国初期	仁智里1～18号
11	杭州职工培训中心宿舍楼	民国	馒头山路太祖湾路147号
12	梵天寺遗址建筑群	民国	梵天寺路89号

说明：资料来源于杭州市上城区住房和城市建设局

表 29-5-26　2011 年上城区列入杭州市第六批历史建筑情况表

编号	历史建筑名称	年代	范　　围
1	太庙巷58号建筑	民国	太庙巷58号
2	高士坊巷4号建筑	民国	高士坊巷4号
3	高士坊巷5号、6号、8号，严官巷9号、12号建筑	清末	高士坊巷5号、6号、8号，严官巷9、12号
4	德馨堂（高士坊巷16号建筑）	清末	高士坊巷16号
5	杭州市轻工局旧址	20世纪50年代	国货路5号
6	金钗袋巷3号建筑	民国	金钗袋巷3号
7	朱婆弄4号建筑	清末	朱婆弄4号
8	星远里建筑群	民国	星远里一弄1号、2号、3号、星远里二弄4号、6号、7号、8号，星远里三弄3～10号、蕲王路10号、12号、白傅路3号
9	奎垣巷13号建筑	民国	奎垣巷13号
10	奎垣巷20号建筑	民国	奎垣巷20号

续表29-5-26

编号	历史建筑名称	年代	范围
11	奎垣巷21号建筑	民国	奎垣巷21号
12	冯山人巷6号建筑	清末	冯山人巷6号
13	城头巷79号建筑	民国	城头巷79号
14	浙江矿业公司旧址	20世纪50年代	城头巷123号
15	樱桃山铁路职工宿舍建筑群	20世纪50年代	樱桃山25至41号
16	白塔岭4至9号建筑	清晚期	白塔岭4～9号
17	西华大楼	民国	解放路212号、214号
18	闸口电厂二宿舍建筑群	20世纪50年代	虎玉路29号
19	安家塘8至12号建筑	民国	安家塘8～12号
20	安家塘22至24号建筑	民国	安家塘22～24号
21	安家塘26至30号、43号建筑	民国	安家塘26～30号、43号
22	杭州铁路中学3号教学楼	20世纪50年代	兴隆西村28号
23	泗水新村建筑群	民国	泗水新村1至26号

说明：资料来源于杭州市上城区住房和城市建设局

二、历史文化街区（地段）

上城区历史文化资源丰富，至2015年末，全区共有市级历史文化街区7处、历史地段9处。其中，中山中路历史文化街区是杭州市唯一的国家级历史文化街区。

表29-5-27　2015年上城区历史文化街区（地段）情况表

编号	历史文化街区（地段）名称	范围
1	清河坊历史文化特色街区	东起中河中路，经熙春弄、祠堂巷、由义弄、华光路、高银街，西至吴山花鸟城、杭州历史博物馆，沿伍公山北麓至鼓楼，经中山南路转金钗袋巷、直吉祥巷、百岁坊巷到中河中路所围合的部分，总面积为29.79万平方米
2	小营巷历史文化街区	东起直大方伯，南至方谷园，西起马市街，北至清吟街，面积4.53万平方米
3	中山中路历史文化街区	以中山中路为中心，东起缸儿巷、光复路、柳翠井巷一线，西至羊血弄、比胜庙巷、后市街、祠堂巷一线，南起清河坊鼓楼，北至解放路，总面积23.6万平方米
4	湖边邨历史文化街区	东起东坡路，西至白傅路，南起学士路，北至长生路，面积3.0万平方米
5	思鑫坊历史文化街区	菩提寺路以东，孝女路以西，长生路以南，学士路以北，面积2.09万平方米
6	五柳巷历史文化街区	南至东河坊衔，北至西湖大道，东至建国南路，西至城头巷西，规划总面积9.84万平方米
7	中山南路—十五奎巷历史文化街区	北起伍公山北侧，南至高士坊巷，东起中山南路，西至吴山、紫阳山东侧，总面积44.6万平方米
8	龙翔里历史地段	北段北至学士路，南达平海路，西起东坡路，东到延安路总面积1.49万平方米

续表 29-5-27

编号	历史文化街区（地段）名称	范　　　围
9	元福巷历史地段	以西湖大道为界分南北两部分，其中北地块（西湖大道10号地块）东至中河中路，西至中山中路，南至西湖大道，北至清泰街，规划占地面积1.05万平方米，南地块（西湖大道11号地块）东至中河中路，西至光复路，南至保佑桥东弄，北至西湖大道，规划占地面积1.01万平方米
10	平远里/惠兴路历史地段	北至浙江省机械大厦和市电信局，南达解放路，西起浣纱路，东到惠兴路。西侧平远里地段面积0.43万平 方米，东侧惠兴路地段面积0.48万平方米，总面积0.91万平方米
11	中山中路历史地段	中山中路历史地段的北段位于浙艺大厦以南、中山中路以东、延定巷以西，长约180米，总面积0.53万平方米，南段位于解放路以北、光复路以西、洪福里小区以东，长约240米，总面积2.38万平方米
12	安家塘历史地段	安家塘历史地段位于杭州市上城区白塔岭北复兴大道北侧安家塘村，向西距离虎跑路和钱塘江大桥约1千米。总面积0.88万平方米
13	韶华巷—洽丰里历史地段	洽丰里一带，直紫城巷两侧30～50米及沿南山路东侧，规划总用地面积3.20万平方米
14	兴安里历史地段	北起开元路，南至西湖大道，东邻奎垣巷、比胜庙巷，西接浣纱路，总面积约1.25万平方米
15	泗水坊历史地段	北起国货路、南至人民路、东邻浣纱路、西接延安路，总面积约1.5万平方米
16	勾山里历史地段	北起潘天寿故居，南至卜哈提亚墓地，西到南山路东侧，东至荷花池头、孝子坊一线

说明：1.第1～7号系杭州市历史文化街区，第8～16号系杭州市历史文化地段。2.资料来源于杭州市上城区住房和城市建设局

第五节　保护与管理

1993年前，上城区文物古迹与历史建筑保护工作以零星的单体历史建筑保护为主。2000年，市政府颁布《杭州市清河坊历史街区保护办法》。上城区由此开始开展系统化、规模化的文物古迹与历史建筑保护工作。

2000年，根据市政府提出的“各区政府要指定专门部门负责区级文物保护管理工作”要求，上城区组建杭州市上城区文物保护委员会，办公室设在杭州市上城区建设局（简称区建设局）。是年起，上城区将文物保护工作纳入经济和社会发展计划、纳入城区建设规划、纳入财政预算、纳入体制改革、纳入各级领导责任。区政府确定一名副区长分管文物保护工作，各相关部门和各街道也相应确定分管负责人，将文物保护工作列入工作考核内容。区建设局开始开展文物保护宣传教育、日常巡查和管理、文物建筑修缮、损害文物事件巡查等各项工作，建立专门的执法监察队伍，组建通讯员队伍和历史建筑志愿者队伍，将文物日常管理纳入各街道、社区的工作体系，初步形成区—街道—社区全覆盖的管理工作网络。2005年，区建设局设置文保科，主要负责文物保护监管工作。为

强化安全责任制，与辖区内各级文物保护单位和历史建筑的产权单位签订保护责任书，强化安全巡查，认真做好巡查登记。配合市级部门开展专项行动，在重大节日前对全区各级文物保护单位（点）的文物安全工作进行全面检查，对存在问题督促管理单位及时整改，消除安全隐患。

2008年起，上城区启动《上城区历史文化遗产保护三年行动计划》，确定3年内完成修缮104个未经整治修缮的文化遗产项目（包含6处文物保护单位、10处历史地段、5处历史文化街区、83处历史建筑），整治修缮总面积35.74万平方米。2009年，上城区开始推进南宋皇城大遗址综保工程①，并对历史建筑提出包括原封不动、保护原址，妥善修复、修旧如旧，满足需求、改善设施，整治环境、改善风貌，功能置换、恢复原貌，加建建筑、老树新芽，原地新建、风格协调，整体外迁、异地保护在内的8种保护方法。

① 见第一篇南宋皇城第三章考古和遗址保护第四节遗址保护。

2010年，上城区提出“南宋古都，经典上城”的发展定位和“厚重文化、高端产业、精致空间、人性交通、品质生活”的五大发展战略，加大力度开展文物保护修缮工作，历史建筑得到较好保护。

2012—2015年，上城区结合玉皇山南综合整治、中东河整治、五柳巷历史文化街区整治等工程，共完成历史建筑保护性修缮67处。

第六章　新闻出版

1978年起，上城区辖区内的报社、出版社等坚持正确的舆论导向，积极宣传的党的路线、方针、政策，推动杭州市改革开放和各项事业的发展。是年，经国家出版事业管理局批准，西泠印社出版社在上城区成立。1993年，在上城区辖区范围内出版的报纸有《杭州日报》《美术报》《浙江交通报》，出版社有西泠印社出版社、浙江美术学院出版社。1995年末，杭州日报社迁址下城区体育场路218号。

西泠印社出版社出版的图书多次获奖。至2005年，《青松赞》（年历）获第四届全国年画展展出奖，《铁云藏印选》、《摩登》（年历）、《扇面百图》、《中国篆刻史》等获省优秀图书编辑一等奖，《张深之正北西厢秘本》等获省第十届优秀图书编辑二等奖。2010年，杭州文化广播电视集团整体搬迁至之江路888号，对推动上城区文化事业发展起到十分重要的作用。2012年，西泠印社出版社有限公司迁至下城区西湖文化广场32号。

至2015年，上城区范围内报纸有《美术报》《交通旅游导报》《上城报》，广播电视业有杭州文化广播电视集团，出版社有中国美术学院出版社。

第一节　报纸　广播电视

一、报纸

《杭州日报》　1955年9月16日，市委发出《关于创办杭州日报的决定》，指出："《杭州日报》是中共杭州市委机关报，是地方性的综合报纸，以全市工人和干部为主要教育对象，兼顾城市各阶层人民及郊区农民。"11月1日，《杭州日报》创刊，地址上城区长生路63号。报头由杭州市委书记吴宪题写，对开4版，发行数为7000份。1956年4月，编辑部迁至国货路泗水芳桥东堍（后为国货路4号）办公。1958年5月3日，《杭州日报》报头字改用毛泽东的手写字体。1989年，《杭州日报》改邮局发行为自办发行，在市区设立14个发行站。11月起，第一套激光照排系统开通。12月起，《杭州日报》全部实行胶印。1990年5月，报纸改版，副刊改为综合性副刊《西湖》。1992年2月，《杭州日报·西湖周末》正式出刊。1993年，调整报社内部管理机构，建立以编辑为中心、采编合一的机构，设置要闻部、地方新闻部、国内国际部，分别负责一、二版和三、四版（以新华社电讯为主的国内、国际版），并设立经济、社会、文艺、西湖周末4个专刊、副刊部。1995年末，杭州日报社迁址体育场路218号。

《美术报》　1993年3月，《美术报》由中国美术学院和浙江日报社联合创办。10月25日，正式创刊，出版4开4版，彩色胶印，每周发行一次，每期发行量1.80万份。设置要闻、鉴藏、美育、评论4个内容板块。此后，该报版面不断扩版、改版，至2015年，逢每周六出版，每期40～80版，全轻涂纸印刷。主要设有美术要闻、每期聚焦、视点、评论、美育、鉴藏、拍卖、设计、副刊、艺苑、书法、画家周刊、赏析等内容板块。设有办公室、新闻评论部、美术专刊部、美术移动用户部、出版发行部、事业发展部、美术培训部等部门，并在北京、天津、河南、河北、江西、福建、广东、山西、四川、山东、新疆等省、自治区、直辖市设有工作联络站和艺术中心。

《交通旅游导报》　《交通旅游导报》前身为《浙江交通报》《交通时报》，由浙江省交通运输厅和浙江广播电视集团创办。《浙江交通报》1955年3月创刊，地址梅花碑4号。1958年2月停刊，1982年1月复刊，2000年8月更名为《交通时报》。2005年1月1日，《交通旅游导报》创刊。至2015年，每逢周二、周三、周四、周六发行，以全省交通从业人员为主要读者对象，主要宣传报道浙江省交通改革开放和交通建设成就、经验以及提供旅游服务资讯，传播国内外最新交通信息。

《上城报》　见第十八篇中国共产党地方组织第七章宣传工作第三节新闻宣传。

二、杭州文化广播电视集团[①]

杭州文化广播电视集团于2005年1月成立，由杭州广播电视集团和杭州文化发展投资有限公司合并组建而成，同时增挂杭州广播电视台牌子，原址下城区环城北路139号。2010年，杭州文化广播电视集团整体搬迁至上城区之江路888号。杭州文化广播电视集团有杭州电视台6个频道（综合频道、西湖明珠频道、生活频道、影视频道、少儿频道、导视频道），杭州人民广播电台3个频率（新闻综合频率、西湖之声、交通91.8）和《广播影视周报》等直属媒体，4个中心（技术中心、行政管理中心、视听研究中心、财务结算中心），5个艺术院团（杭州歌舞团、杭州越剧院、杭州杂技总团、杭州滑稽艺术剧院、杭州话剧团），还有杭州数字电视有限公司、杭州广电公交移动多媒体有限公司、杭州广播电视集团公众资讯有限公司、杭州电影有限公司、杭州演出有限公司等控股、参股、全资公司和杭州红星文化大厦、杭州市文化中心、西泠书画院等文化企事业单位。

① 详见第九篇主导产业第一章文创产业第二节文创平台及企业。

第二节 图书出版

一、西泠印社出版社有限公司

1978年4月，经国家出版事业管理局批准，西泠印社出版社成立。出版社依靠西泠印社，拥有遍布全球的擅长金石书画的社员资源，以出版篆刻、书法、绘画类出版物为主。2002年，西泠印社出版社调整为隶属西泠印社社务委员会的独立核算出版经营实体，具有独立法人资格。2003年7月，西泠印社出版社单独设立，明确为独立的全民所有制事业单位，经费预算形式为企业化管理，隶属西泠印社社务委员会领导。办公场地由东坡路搬迁到马坡巷。至2005年，西泠印社出版社出版的图书多次获奖。其中，《青松赞》（年历）获第四届全国年画展展出奖，《铁云藏印选》、《摩登》（年历）、《扇面百图》、《中国篆刻史》等获省优秀图书编辑一等奖，《张深之正北西厢秘本》等获省第十届优秀图书编辑二等奖。2009年，西泠印社出版社有限公司注册成立。2012年，出版社地址变更为下城区西湖文化广场32号。

二、中国美术学院出版社有限公司

1985年3月，浙江美术学院出版社成立，1996年8月改名中国美术学院出版社，是全国高等艺术院校中的艺术类图书出版社。出版社位于南山路218号中国美术学院内。2010年，中国美术学院出版社名称变更为中国美术学院出版社有限公司 。至2015年，主要编辑出版美术系列教材和设计系列教材，还编辑出版《中国美术学院画库》及《希腊艺术手册》《中世纪艺术史》《古典艺术》《西方艺术风格演变史》等一批具有较高史料价值和学术价值的艺术学名著。

第七章　档案事业

1978年2月，上城区区级机关档案室制定档案管理、借阅制度。1980年，制定档案保密工作规定。1986年6月，杭州市上城区档案馆（简称区档案馆）成立，修订完善档案馆工作细则、档案管理守则、档案借阅保密制度和档案馆岗位责任制等规章制度。至1993年初，区档案馆馆藏档案有全宗28个、案卷7949卷、录音录像档案7盘、照片档案114张、底图81张。

1997年起，区档案馆开始使用计算机管理档案。2000年起，区档案馆得到区政府批准，开展档案年检工作。2001年起，区档案馆推进档案信息化建设，将文书档案基本转化为数字化信息，同时启动婚姻档案、知青档案等民生档案信息化工作。2004年，上城区将档案管理工作列入目标管理考核，加强对档案接收、征集工作的制度约束。2005年，上城区网上档案馆建成，馆藏资料、开放档案案卷级目录全部实现电脑查询。2008年8月，上城区组织实施《杭州市上城区社区档案管理规范》，在全区开展市级社区规范化档案室创建工作。2010年，区档案馆制定《数字档案室建设管理规范》，开始推进全区各单位数字档案室建设。2012年，杭州市上城区教育局、紫阳街道、杭州市杨绫子学校等5家单位成为“浙江省规范化数字档案室”。

2015年，杭州市上城区档案局（杭州市上城区档案馆）推出“异地查档、跨馆服务”“送档上门”“预约查档”3项查档便民服务举措。至2015年末，区档案馆拥有馆藏档案109个全宗，档案案卷65285卷、101633件，资料10149册，照片档案1593张等。全区54个社区都已建立档案室，48个社区达到市级示范档案室标准，占比89%，其中7个社区达到省级示范档案室标准。上城区通过省级档案工作目标管理的有28家，创建省级示范数字档案室3个、省级规范化数字档案室24个。

第一节　机构团体

一、杭州市上城区档案局（杭州市上城区档案馆）

1993年9月，区档案馆[1]划归杭州市上城区人民政府办公室领

① 1952年，中共杭州市上城区委、中城区委和区政府分设秘书室，负责管理区委和区政府的文书档案管理，各部门的文书档案分别由部门自行管理。1959年1月，区委设区级机关档案室。区级机关档案室为全区最早的档案机构，负责档案的集中统一管理。1986年，区档案馆成立，隶属中共杭州市上城区委办公室领导和管理。

导和管理。2005年，区档案馆馆址由惠民路3号迁至惠民路3-1号。

2012年5月，杭州市上城区档案局设立，增挂杭州市上城区档案馆牌子，为区委办公室下属正处级事业单位，参照公务员法管理，主要负责全区档案事业行政管理和区级档案保管、利用工作。内设办公室（挂史志科牌子）、业务指导科（挂行政审批科牌子）、保管利用科（挂现行文件查阅办公室、电子文件查阅办公室、重要档案登记备份办公室牌子）。2014年，区档案局撤销史志科，取消“编史修志、地方综合年鉴”等相关职责。至2015年末，区档案局（区档案馆）机构和职能未发生变化。2012年起，局长（馆长）余德利。

二、杭州市房产档案馆

2002年11月，杭州市房产档案馆成立。2003年1月挂牌，隶属于杭州市房产管理局①，馆址浣纱路248号，库房面积1419平方米，对外查阅接待室80平方米、办公用房250平方米。杭州市房产档案馆为全市综合性的房产档案保管和利用基地，主要负责房产档案的征集、收集、整理、保管和开发利用，提供房产档案的查询服务。2005年12月，投资4000余万元建造的杭州市房产档案馆新大楼动工。2008年，杭州市房产档案馆搬入新馆址开元路40号②（与青年路交叉口）。至2015年末有变化。

三、杭州市上城区档案学会

1996年9月，杭州市上城区档案学会经杭州市上城区科学技术协会（区科协）批准成立，主要负责上城区档案学术研究活动。12月，加入区科协。至2015年，机构和职能未发生变化。

第二节　档案资源

1993年，区档案馆接收档案案卷520卷。至1997年末，区档案馆馆藏档案设有全宗30个、档案案卷1198卷、资料2361册；档案门类有文书档案9547卷、会计档案1124卷（册）、婚姻档案368卷、人口普查等专门档案134卷；档案载体除纸质档案外，还有照片档案201张，录音录像带7盒，印章72枚。2002年，杭州市房产档案馆成立，馆藏自清嘉庆二十三年（1818）十月后形成的档案，主要为房地产业务档案，由图、档、卡、册等构成。2003年7月，区档案馆接收抗击非典型肺炎疫情中形成的全部档案材料。至2006年末，区档案馆共有档案案卷53757卷、11153件，照片1714张，底片964张，名特档案16盒，字画183幅，印鉴546枚，资料5429册。是年，在接收纸质档案的同时，加大接收多

① 2011年5月，杭州市房产管理局改称为杭州市住房保障和房产管理局。

② 2008年，新建房产房产档案馆设有服务大厅。2018年，为方便群众查阅，将服务大厅设在平海大厦45号。

媒体材料，接收录像带21盒、照片1卷、电子光盘1盒。2010年，区档案馆作为浙江省档案局电子文件和数字档案登记备份试点单位，开始接收杭州市上城区教育局等单位的电子业务数据。至2015年末，区档案局（区档案馆）拥有馆藏档案109个全宗，档案案卷65285卷、101633件，资料10149册，照片档案1593张，底图964张，印鉴档案626枚，字画183幅，领导题词、礼品实物档案69件，市级以上荣誉奖牌实物443块（件），电子光盘1527张。

一、民生档案

2001年，根据杭州市上城区民政局婚姻登记管理处申请，区档案馆提前接收1996—2000年结婚、离婚档案461卷。2002年，区档案馆派人整理接收杭州市上城区发展计划与经济局所属31家企业转制、破产档案，共进档案馆21912卷。2009年，区档案馆重点接收杭州市上城区劳动和社会保障局的知青（支边）、招工（调动）等档案，区民政系统的低保（困难）金发放名册等档案，区建设局的城市拆迁安置、公房承租等档案。至2015年末，接收至2012年全区婚姻档案案卷3604卷、32950件，优抚档案80卷，知青档案233卷。

二、特种载体档案

1993年，区档案馆征集到南宋时期的辟火碑拓印件1块。1996年，区档案馆开始建立区域内名人个人档案。2000年，区档案馆收集有关中国杭州西湖博览会的简报、图片资料，拍摄南宋临安府遗址等能反映上城区地方特色的照片。2001年起，区档案馆开展各部门获省级以上先进称号的荣誉证书、奖牌的归档工作。是年，接收“全国先进游泳之乡”“全国先进游泳池馆”“全国儿童工作先进市县”等奖牌14块。2005年，区档案馆征集到中共中央政治局常委、中共中央纪律检查委员会书记吴官正考察上城区教育系统“敬廉崇洁”工作的照片、文字材料。2006年，区档案馆投入资金征集散失的档案史料，征集到民国26年（1937）国民身份证、1956年、1957年和1958年国家经济建设公债等10余件实物档案。是年，区档案馆接收中国美术学院徐银森、西泠印社蒋北耿等一批书画家的30幅作品。2009年，区档案馆收集全国人大常务委员会委员长吴邦国为上羊市街居民委员会题写的“新中国第一个居委会”；国务院副总理李岚清题写的“中国社区建设展示中心”等珍贵档案。2011年，区档案馆从小营巷社区接收中共中央政治局常委、国家副主席习近平给小营巷社区党委的回复信。

三、方言语音档案

2011年，上城区开展“语言文化工程”，在区档案馆实施杭州方言建档工作。2012年，上城区邀请和组织党政干部、行业代表、专家、学者、媒体记者、普通市民及有关社会团体等社会各界人士参与建档活动；开展方言录音人选以及地方曲艺项目的选拔工作，完成语音档案资料的收集、整理及录音工作。2013年起，区档案局（区档案馆）建立方言语音库，开展“百行百业说杭州”口述档案收录工作。先后采访、录制施金水、张金华、杜娟、程迪申、叶声华5名非物质文化遗产传承人，以及南下老干部吕建恩、公交司机孔胜东（全国劳模）、“江南说唱达人”朱仲康等口述档案；收存10名“十佳最美小营人”的音频、视频资料以及杭州娃哈哈集团有限公司董事长兼总经理宗庆后、浙江中南建设集团有限公司党委书记兼董事长吴建荣等58名浙商（杭商）人物的音频、视频资料。至2015年末，区档案局（区档案馆）的杭州方言语音库收存76人的语音档案，时长539分钟。

第三节　档案管理

1993年起，区档案馆不断加强对各基层单位档案管理工作的业务指导，推进档案管理规范化。1997年，区档案馆取得档案依法执法权，实现依法管理。2000年起，区档案馆得到区政府批准，开展档案年检工作。此后至2015年，上城区每年通过档案年检、人大执法检查、档案专项检查等形式不断加强对全区机关、企事业单位档案工作的监督管理。

一、业务指导与培训

1993年，区档案馆加强对基层单位的业务指导工作，规范文书立卷、收集、分类、编目、装订等工作。1997年，区档案馆对新划入上城区域的望江街道、南星街道、紫阳街道、闸口街道、望江村、玉皇村、近江村4街3村进行检查与指导。全年举办档案业务培训班4期。2001年起，区档案馆把《中华人民共和国档案法》列入全区社区干部上岗培训计划。2003年，浙江省档案局、浙江省人事厅规定从事档案工作必须持证上岗。区档案馆重点抓好上岗培训，共培训档案工作人员20人。

2004年起，区档案馆开始举办电子档案培训班。2009年，区档案馆举办上城区改造建设指挥部整合中档案交接工作培训班，指导各建设指挥部合理处置各类档案。2010年7月，区档案馆以街道为单位开展社区换届选举档案归档培训。2014年，区档案局（区档案馆）重点聚焦机构改革单位，指导做好档案管理工作。2015年，区档案局（区档案馆）分类开展业务指导，对全区部门、街道进行电子档案收集整理培训；对社区重点开展档案实务培训，指导社区规范档案整理操作流程。

二、档案监督检查

1993—1995年，上城区主要针对部门文书档案进行监管。1996年，区档案馆从文书档案建档扩大到区重点基本建设项目工程，对庆春路重点工程项目、延安南路贯通工程地下管线、城站广场拆迁管理等工程提出需及时建档归档的要求。

1997年5月，上城区首次开展全区《中华人民共和国档案法》执行情况检查。2000年10月，区政府批准区档案馆开展档案年检，对区属机关、企事业单位档案工作进行检查。2001年，区档案馆对全区9个街道第五次人口普查资料的归档工作、区属企业转制过程中、机构改革中的档案管理工作进行抽查。2002年，根据浙江省档案局、浙江省人大教科文卫委员会《关于对全省县级以上机关档案工作进行执法检查的通知》精神，由区人大领导带队并全程参与，对全区8家单位开展档案管理执法检查。2004年，上城区将档案管理工作列入目标管理考核，从制度上保证档案接收、征集工作顺利实施。

2006年，上城区制定《上城区重大活动档案管理办法》，将历次上城区重大活动的活动组织、方案、实施、结果等内容存档，形成全区重大活动档案资料。2007年，区档案馆对全区社保、失业、低保和退休人员12.7万份档案进行检查，并及时将检查意见反馈给杭州市上城区劳动和保障局，提出规范档案管理的要求，明确档案管理经费。2010年12月，区档案馆首次参与全区重点建设项目制度执行情况检查，对2010年新建、修缮、装修项目归档工作进行执法检查，明确政府投资或使用财政资金的重点建设项目应列入档案登记备份范围。2014年，上城区印发《关于做好党的群众路线教育实践活动文件材料收集归档工作的通知》《关于加强“五水共治”工作中档案管理的通知》，要求各部门单位做好文件材料归档工作。

至2015年末，全区65家一级档案单位全部列入年检范围，由区档案局（区档案馆）统一组织实施；对二级单位社区、学校、社区卫生服务中心，则形成区档案行政部门—街道—社区、区档案行政部门—区教育管理部门—学校、区档案行政部门—区卫生管理部门—社区卫生服务中心的层级档案年检模式。

三、档案规范化建设

1993年起，上城区持续推进档案规范化建设。1994年，杭州市上城区房屋建设开发公司被评为省级达标单位。至2002年末，全区已有50余家单位达到国家级、省级和市级标准。2002年，区档案馆选择高银巷、涌金门社区为试点，开展社区建档工作。2003年，上城区召开全区社区建档工作会议，布置全区社区建档工作，规范社区档案管理。至2004年末，上城区51个社区全部建档。

2008年8月，上城区组织实施《杭州市上城区社区档案管理规范》，在全区开展市级社区规范化档案室创建工作。2009年，上城区制定《组织机构档案管理规范》地方标准，全区6个街道、31个社区建成省、市级社区规范化档案室。2010年，区档案馆制定《数字档案室建设管理规范》，杭州市国土资源局上城分局等11家单位开展档案数字化，通过省、市档案目标管理认定。2012年，杭州市上城区教育局、紫阳街道、杭州市杨绫子学校等5家单位成为“浙江省规范化数字档案室”。是年，经浙江省档案局同意，在原《杭州市上城区社区档案管理规范》基础上，区档案局（区档案馆）编制《社区档案管理规范》，推动全省社区档案工作规范化。至2015年末，全区54个社区都已建立档案室，48个社区达到市级示范档案室标准，占比89%，其中7个社区达到省级示范档案室标准。上城区通过省级档案工作目标管理的有28家，创建省级示范数字档案室3个、省级规范化数字档案室24个。

表 29-7-28 1994—2015 年上城区机关企事业单位档案工作目标管理定级、升级（认定）情况表

年份	单 位 名 称	等级
1994	上城区房屋建设开发公司	省 级
1995	上城区房管局	市一级
	上城区卫生防疫站	省 级
1997	上城区档案馆	省三级
	上城区人民法院	省二级
	上城区土管局	市一级
	上城区文化馆	省二级
1998	杭州广宇房地产集团有限公司（原上城区房屋建设开发公司）	国二级
	上城区人民法院	省一级
	清波街道办事处	市一级
	涌金街道办事处	市二级
	闸口街道办事处	市二级
	南星街道办事处	市二级
	紫阳街道办事处	市二级
1999	杭州市公安局上城分局	省一级
	上城区人民检察院	省二级
	杭州新世纪外国语学校	市一级
	杭州市行知幼儿园	市一级
	上城区档案馆	省二级
2000	杭州复兴建设集团公司	市一级
	杭州复兴建设集团公司	省一级
	上城区人民检察院	省一级
	杭州市国税局上城分局	市一级
	杭州市娃哈哈小学	市一级
2001	杭州天地实验小学	市一级
	上城区地税局（财政局、国有资产管理局）	市一级
	杭州复兴房地产开发有限公司	市一级
	杭州市始版桥幼儿园	市一级
	上城区纪委、监察局	市一级
	杭州市质量技术监督局上城分局	市一级
	杭州新城房地产开发有限公司	市一级
2002	上城区纪委、监察局	省二级
	杭州市上城区国家税务局	省二级
	浙江省杭州第十中学	市一级
	杭州市清波幼儿园	市一级

续表 29-7-28

年份	单　位　名　称	等级
2003	杭州市上城区国家税务局	省一级
	杭州市大学路幼儿园	市一级
2004	上城区纪委、监察局	省一级
	上城区环卫局	市一级
	清波街道办事处	省二级
	小营街道办事处	省二级
2005	上城区疾病预防控制中心	省　级
	上城区卫生监督所	省　级
	望江街道办事处	省二级
	上城区教育局	市一级
	上城区审计局	市一级
	上城区卫生局	市一级
	杭州市八一中学、杭州市服装职业高级中学	市一级
	杭州市建兰中学	市一级
	杭州市惠兴中学	市一级
2006	上城区卫生局	省二级
	杭州市口腔医院	市　级
	杭州市天长小学	市　级
	杭州铁路中学	市　级
	上城区教育后勤管理中心	市　级
	近江、望江地区改造建设指挥部	市　级
	上城区档案馆	省　级
2007	杭州市南山路东侧整合指挥部	市　级
	杭州市上城区青少年活动中心	市　级
	杭州绿盛集团有限公司	省　级
	杭州铁路第五小学	市　级
	杭州市时代小学	市　级
	杭州娃哈哈集团有限公司	省　级
	杭州市杨绫子学校	市　级
	上城区民政局	市　级
2008	南星街道办事处	省二级
	杭州市吴山地区开发建设指挥部（杭州市清河坊历史街区管理委员会）	市　级
	杭州市湖滨地区商贸旅游特色街居建设整治（南山路）指挥部	市　级
	上城区招商局	市　级
	上城区司法局	市　级
	杭州市上城区教育学院	市　级
	杭州市秋涛路小学	市　级
	杭州市大学路小学	市　级
	杭州市抚宁巷小学	市　级

续表 29-7-28

年份	单　位　名　称	等级
2008	杭州市紫阳小学	市　级
	杭州市培红幼儿园	市　级
	杭州市天艺幼儿园	市　级
2009	小营街道办事处	省一级
	杭州市工商行政管理局上城分局	省一级
	杭州市上城区城市管理行政执法局	市　级
	杭州娃哈哈集团有限公司	省　级
	杭州市上城区社区学院	市　级
	杭州市勇进中学	市　级
	杭州市回族穆兴小学	市　级
	杭州市高银巷小学	市　级
	杭州师范大学附属第一小学	市　级
	杭州市饮马井巷小学	市　级
	杭州市胜利小学	市　级
	杭州市娃哈哈幼儿园	市　级
	杭州市紫阳幼儿园	市　级
2010	杭州市国土资源局上城分局	省二级
	杭州市服装职业高级中学	省二级
	杭州市望江门小学	市　级
	杭州市清河中学	市　级
	杭州市江城中学	市　级
	浙江省杭州第六中学	市　级
	杭州市开元中学	市　级
	杭州市宗文小营实验学校	市　级
	杭州市教育学院附属小学	市　级
	杭州市教育科学研究所附属小学	市　级
	杭州市胜利幼儿园	市　级
2011	杭州娃哈哈集团有限公司	省级优秀
2012	杭州市崇文实验学校	市　级
	上城区教育局	省二级
	杭州市杨绫子学校	省二级
2013	上城区社会保险办公室	市　级
	紫阳街道办事处	省二级
	上城区总工会	市　级
	上城区电子机械功能区管理委员会（区科技工业基地管委会）	市　级
2014	杭州市国土资源局上城分局	省二级
2015	杭州市陶行知幼儿园	市　级

说明：资料来源于杭州市上城区档案局（区档案馆）

四、档案安全建设

1994年，区档案馆库房配置空调1台，以保持库房温湿度相对稳定，延长档案寿命。1996年，上城区加强科学管理库房，对库房进行“六防”管理，即防火、防潮、防虫、防盗、防光、防有害气体。每天检测库房温湿度，记录和统计基础数据。1997年，区档案馆进行建馆以来规模最大的一次馆藏档案全面检查和破损档案修复工作，修裱病档15512页。2003年起，区档案馆每年指定管理人员定期检查门窗、电源，定期添加杀虫剂、防霉剂，定期更换消防设备。2014年，区档案馆将库房防霉杀虫剂统一更换为植物性材料。2015年，区档案局（区档案馆）将首批档案备份数据移交大连市档案馆①，开展异地备份工作。

①上城区为防止档案资料丢失，由区档案馆进行数字档案、电子文件登记备份，备份存放对接单位为大连市档案馆。

第四节　档案服务利用

一、服务举措

1993年起，区档案馆逐步对外开放馆藏档案，主动做好档案的查询服务工作。2000年，区档案馆对离退休人员、孤寡老人、残疾人、下岗职工实行免费查档服务措施。2002年，区档案馆实行电脑查档操作，清波、清泰、小营、涌金、横河等街道3万余条婚姻档案目录实现电脑查询。2003年，上城区馆藏大部分文书实现电脑检索。2004年，区委、区政府指定区档案馆为政务信息公开场所，现行文件查阅正式对外开放。

2005年，上城区网上档案馆建成，馆藏资料、开放档案案卷级目录全部可实现电脑查询。2006年，区档案馆建立婚姻档案数据库、开放档案库、印鉴库、照片库、资料库、全区荣誉库等专题数据库。2014年，区档案局（区档案馆）开通上城档案官方微博、微信，介绍馆藏资源，线上解答网友查档疑问。

2015年，区档案局（区档案馆）推出“异地查档、跨馆服务”“送档上门”“预约查档”3项查档便民服务举措。“异地查档、跨馆服务”主要是借助浙江档案服务网，查档群众在区档案馆内即可查到长江三角洲地区国家综合档案馆馆藏档案；“送档上门”主要是针对一些年纪较大、行动不便或患有严重疾病的查档群众，由工作人员把资料交到查档人手中；“预约查档”则是通过网络、电话预约查阅内容，由工作人员事先准备好所查阅资料，做到即到即取，缩减查档等待时间。是年，区档案局（区档案馆）档案利用服务窗口创建为“省级巾帼文明岗”。

二、利用实效

1993—1996年，区档案馆为中国人民银行清理账户、省市文明城区检查等工作提供档案查阅服务，接待查档206人次。2001年，随着户口迁移政策改革的深入，迁移户口查档利用大幅增加，区档案馆全年接待查档664人次。2003年，区档案馆馆藏的企业倒闭、破产的文书、会计档案等资料，为企业破产、职工退休、信访举报、住房证明、设备维修提供利用服务，全年接待查档利用735人次。

2010年，区档案馆为上海世界博览会浙江馆“最浙江”家庭展示创作项目提供中山中路、湖滨路、复兴路新老照片史料34幅，为浙江工业大学建筑工程学院调研清河坊“四拐角”课题提供大量的照片与资料。2011年，区档案馆共接待查档利用1435人次，其中接待查阅精减退职、知青下放人员办理养老保险57人次。是年，区档案馆为中共杭州小组纪念馆、钱学森故居布展提供照片371张。至2015年末，区档案局（区档案馆）累计接待查档利用3万余人次，为单位工作查考、群众办事、展览汇报等事项提供档案复印5万余份。

第八章　地方志事业

杭州历来有编纂地方志的传统。现存最早的杭州地方志是南宋乾道、淳祐、咸淳年间先后3次纂修的《临安志》，合称“临安三志”。明成化十一年（1475），编纂有《[成化]杭州府志》，此后，编修万历、康熙、乾隆、光绪、民国5个版本。还修有《[万历]钱塘县志》《[康熙]钱塘县志》《[嘉庆]钱塘县志补》《[嘉靖]仁和县志》《[康熙]仁和县志》《[光绪]仁和县志稿》。杭州除编修府县志之外，还编有寺庙志、游览志等众多志书，为后人留存珍贵史料。

1978年起，上城区开始重视地方志编修工作。1982年12月。杭州市上城区地名委员会办公室完成《地名资料汇编》内部出版。1988年7月，上城区第一部民政志《杭州市上城区民政志》完成内部出版。1992年，上城区启动首轮区志编修工作，由区档案馆统一组织人员编纂《杭州市上城区志》。2002年，完成首轮区志编纂和内部出版。2006年，区档案馆组织人员编写《上城年鉴（2006）》并内部出版。此后，一年一鉴，由方志出版社公开出版。

2014年1月，中共杭州市上城区委党史研究室（杭州市上城区地方志编纂委员会办公室）设立后，即对首轮上城区志进行整理、核对校稿工作。2015年12月，上城区首部区志《杭州市上城区志》由方志出版社正式出版。是年，上城区启动第二轮志书编纂工作。

至2015年末，上城区编纂综合性志书3部、专业性志书8部，综合年鉴17部，部门年鉴24部。搜集旧志计20余部。《上城年鉴》获全国年鉴编校质量检查评比一等奖、二等奖、三等奖各1次；获全国年鉴编纂出版质量评比综合奖二等奖2次，框架设计等单项奖6项。

第一节　组织机构

一、中共杭州市上城区委党史研究室（杭州市上城区地方志编纂委员会办公室）

1993年，区档案馆负责首轮区志编修工作。2012年5月，上城区在区档案局（区档案馆）办公室挂史志科牌子。2014年1月，上城区设立中共杭州市上城区委党史研究室（杭州市上城区地方志编纂委员会办公室），撤销区档案局（区档案馆）办公室增挂的史志科牌子。中共杭州市上城区委党史研究室与杭州市上城区地方志编纂委员会办公室合署办公，机构简称区委党史研究室（区地方志办）。区委党史研究室（区地方志办）为区委直属事业单位，机构规格为相当正处级，事业单位类别为从事公益服务的事业单位（公益一类）。内设综合科、党史科和区志科3个科室。区委党史研究室（区地方志办）主要职责是征集、整理和积累上城区地方史志资料，制定区级有关志书编修方案，负责具体编纂出版工作；开展搜集、保存上城区地方志文献和资料；负责组织编纂综合性《杭州市上城区志》《上城年鉴》等；组织开展党史、地方志资源的开发利用。区委党史研究室（区地方志办）主任周朝星。

二、杭州市方志馆

杭州市方志馆位于胡雪岩故居北门正对面，望江路266号（汪宅）（靴儿河下6–3号）。杭州市方志馆占地面积约2900平方米，其中，展陈面积约1100平方米，资料保存阅览面积约290平方米，外部庭院景观面积约1500平方米。2008年10月，市委、市政府主要领导批示，同意筹建杭州市方志馆。2009年7月，确定上城区望江路266号的汪宅作为杭州市方志馆馆址。2011年6月开始一期工程施工，2011年12月竣工验收。2012年开始二期提升改造工程，确定扩大方志馆建设规模，将靴儿河下6–3号约1500平方米纳入杭州市方志馆建设范围。展陈以杭州地情为主，按照地方志“横排门类、纵述史实”的原则，分设杭州概览（概览）、灵秀江南（山水）、政通人和（政治）、人杰地灵（人物）、文化渊薮（文化）、物阜民丰（经济）、民俗风情（社会）、修志问道（方志）8个展厅。①

① 杭州市方志馆于2016年6月1日正式对外开放。

第二节　地方志

1993年，上城区已编纂出版《地名资料汇编》《杭州市上城区民政志》《杭州市上城区教育志（1912—1990）》专志3部，部门年鉴1部（《上城区统计年鉴》）。2002年，上城区第一轮综合性志书《杭州市上城区志》完成编纂并内部出版。2006年，综合年鉴《上城年鉴（2006）》内部出版，至2015年一年一鉴，由方志出版社公开出版。2015年，首轮《杭州市上城区志》由方志出版社公开出版。至2015年末，上城区编纂综合性志书3部②、专业性志书8部，共为11部。综合年鉴17部，部门年鉴24部，共为41部。搜集旧志计20余部。

② 上城区3部综合性志书：《杭州市上城区志》《小营巷街道志》《清泰街志》，不含《杭州近江村志》（因当时未划入上城区）。

一、地方志书

《杭州市上城区志》　上城区地方志编纂委员会编，是社会主义时期上城区编纂的第一部区级综合性地方志书。1992年3月由区档案馆组织人员启动编纂，2002年完成编纂并内部出版。2014年，区委党史研究室（区地方志办）着手首轮区志公开出版事宜。至2015年12月，上城区首轮志书完成3轮校稿，并由方志出版社正式出版，主编周朝星。该志上限追溯事物发端，下限止于1992年末，按照“通贯古今、明古详今，明远详近、略同详特”的原则，以志为主体，采用述、记、传、图、表、录等体裁形式，系统记述上城区的历史与现状。重点记述上城区建区后自然、人文、社会、经济的变迁和现状，突出上城区发展的特色之处。全书设13篇、51章，共76余万字，收录照片100张，各时期地图6幅。

图29-8-75　杭州市上城区志　（高明明　摄）

《小营巷街道志》　小营巷街道办事处编，主编陈明华，为杭州市第一部街道志。1994年启动编纂，1996年12月内部发行。该志上限追溯事物发端，下限止于1992年。该志以综合古今、详今略古的原则，记述1954年街道办事处成立以来街道工作的历史和现状，积累和保存有价值的街道工作史料，总结以往工作的成功经验及历史教训。全志10余万字，设10章，收图照82张。

《清泰街志》　清泰街道办事处编，主编高诚，主审林国蛟。1996年末开始编纂，1998年2月完成内部出版。该志上限追溯事物发端，下限止于1992年，按照略古详今、略远详近的原则，重点记述1954年街道办事处建立以来，特别是1978年中共十一届三中全会后，街道在政治、经济、文化和社会生活各方面的发展与变化。全志20余万字，设12章，收录图照126张。

《杭州近江村志》　杭州四季青乡近江村志编纂委员会编，主编应志良，为近江村第一部村志，1991年7月完成内部出版。该志上限起于1949年（个别章节上溯事物发端），下迄1989年（个别重要事件延至1990年），依照略古详今、古今相沿的原则，概括记载近江村解放以来政治、经济、文化和社会生活各方面的发展与变化，特别是中共十一届三中全会以后在两个文明建设中取得的成就。全志共50余万字，设10篇，收录图照26张。

《地名资料汇编》　杭州市上城区地名委员会办公室编。1981年，在上城区地名普查成果的基础上进行整理，1982年12月完成内部出版。全志设前言、杭州市上城区地名图、杭州市上城区概况等15个部分，在记述名胜古迹、建筑物、自然地理实体的同时，重点记述上城区的街巷地名。

《杭州市上城区地名志》　杭州市上城区地名委员会办公室编，主编谢前明，2007年4月由新星出版社出版发行。该志上限追溯事物发端（居民区、社区从中华人民共和国成立初记述），下限止于2004年（行政区域等个别信息采用2005年6月的新数据），记事详今略古，收录上城区现行行政区域内各类地名，分为街道社区类、聚落类、街路巷弄类、交通设施类、风景名胜类、商用楼宇类、行政事业单位类、历史地名类，共计1501条。该志50余万字，设10卷，收录地图18幅。

《杭州市上城区民政志》　杭州市上城区民政局编，主审张本义，编纂姚嘉尔，为上城区第一部民政志。1985年1月开始编纂，1988年7月完成内部出版。该志上限追溯事物发端，下限止于1985年末，按照详今略古、详近略远、详特略同的原则，突出反映上城区解放以来各项民政工作的成就及其发展、变化的基本面貌。全志9余万字，设10章，辅以图片24幅、表格33张。

《杭州市上城区民政志（第二卷）》　杭州市上城区民政局编，主审周友芳，编纂张福全，为上城区第二部民政志，《杭州市上城区民政志》的续编。1996年11月内部出版。该志上限起于1986年，下限止于1992年，翔实记述上城区民政工作的重大史实，总结历史经验，探索社会发展规律。全志约8万字，设13章，辅以表格41张，收有图片8张。

《杭州市上城区教育志（1912—1990）》　杭州市上城区教育局编，主编金平一，为上城区第一部教育专志。1987年启动编纂，1993年12月由浙江人民出版社出版。该志书上限起于民国元年（1912），下限止于1990年，清末有关史料从略引述，重点记述中华人民共和国成立以来杭州市上城区教育局直属管辖的中小学、幼儿园、教师进修学校、区少年宫、成人业余学校、校办企业的历史与发展情况。全书42.4万字，设12章，收录图照109张。

《杭州市上城区教育志（1991—2010）》　杭州市上城区教育局编，主编蒋莉，为上城区第二部教育专志。该志2008年启动编纂，2012年8月完成内部出版。该志重点记述1991—2010年间上城区中学、小学、幼儿园的教育发展情况，突出上城区教育发展的办学特色和时代特点。全志约46万字，设13章，收录图照172张。

《杭州市上城区军事志》　杭州市上城区军事志编纂委员会编，主编林森，为上城区首部军事志。2002年4月启动编纂，2010年10月编写完成并内部出版。该志上限追溯事物发端，下限止于2005年，主要记述辖区内行政区域、自然条件、主要战事、战场战例、交通运输、通信、社会经济情况以及从战役战术角度研究评价地区地理条件在军事上的价值和对作战行动的影响等内容，反映上城区军事历史与军事现状。全志约23万字，设12篇，收有照片101张。

《杭州市上城区工商业联合会（商会）图志》　杭州市上城区工商业联合会（商会）图志编纂委员会编，为上城区第一部图志。2010年4月启动编纂，2013年12月完成内部出版。主编薛鸿翔。该志上限起于隋唐时期的工商业起源萌芽状况，下限止于2013年10月31日，记述早期工商业溯源、改革开放后的工商联发展状况、机构人员名录以及特色老字号概况四个部分内容。全志约22万字，设3章、11节及附录，配有图片379张。

二、地方年鉴

《上城年鉴》　中共杭州市上城区委、上城区人民政府主办，上城区地方志编纂委员会办公室承编。2006年4月，《上城年鉴》启动编纂工作。2006年12月，《上城年鉴（2006）》完成内部出版。此后，每年编辑出版一卷，由内部出版转向公开出版发行。由方志出版社出版。至2015年，《上城年鉴》共编辑10卷，其中内部出版1卷、正式出版9卷，计783.5万字。徐祖萼（2006年）、袁建祥（2007—2010年）、顾文友（2011年）、王越剑（2012—2013年）、黄爱芳（2014年）、周朝星（2015年）先后担任主编。该年鉴采用分类编辑法，设类目、分目、条目3个层次，记载上城区政治、经济、文化、社会、生态等方面的基本情况。从2007年卷起，载至“杭州·上城”政府门户网站（www.hzsc.gov.cn），并同时出版纸质图书与配套多媒体光盘。2008年卷起，从部分彩色印刷改成整书全彩印。2010年，《上城年鉴（2008）》获第四届全国年鉴编纂出版质量评比综合奖二等奖；单项奖框架设计一等奖、条目编写一等奖、装帧设计一等奖。2013年，《上城年鉴（2012）》获第七届全国年鉴编校质量检查评比一等奖，被浙江省档案学会评为2011—2012年度全省档案学文献编研、著作著述类档案学优秀成果三等奖。至2015年末，《上城年鉴》获全国年鉴编校质量检查评比一等奖、二等奖、三等奖各1次；获全国年鉴编纂出版质量评比综合奖二等奖2次，框架设计等单项奖6项。

图29-8-76　上城年鉴　（楚克静 摄）

《紫阳年鉴》　中共杭州市上城区紫阳街道工作委员会、杭州市上城区人民政府紫阳街道办事处编，共编写《紫阳年鉴》2004—2006年3卷，内部出版。金燮彪任主编。该年鉴采用分类编辑法，设类目、分目、条目3个层次。2004年卷特设“历史人文”类目，反映紫阳街道悠久的历史积淀与浓厚的文化底蕴。

《望江年鉴》　杭州市上城区人民政府望江街道办事处编，共编写《望江年鉴》2006、2008、2009、2011年4卷，内部出版。韩丽华、余德利、颜子龙、马黎宪先后担任主编。该年鉴为中篇结构，设栏目、分目和条目3个层次。其中，2006年卷“大事记”部分记录1949—2006年街道变革与发展变化情况。

《上城区统计年鉴》　杭州市上城区统计局编。1993年创刊，至2015年，《上城区统计年鉴》共编纂23部。朱永祥、王国民、陈浩然、周建康、胡建宏、薛鸿翔先后担任主编。该年鉴篇目框架每年适当调整，由区统计局在整理年度统计报表及有关部门资料的基础上汇编成书，真实记录上城区年度经济和社会发展各方面的主要统计数据，为资料工具书。《上城区统计年鉴》作为上城区经济资料的企事业单位内部资料，不作为公开出版物对外发布。

《杭州市上城区经济普查年鉴（2008）》 杭州市上城区统计局、上城区第二次经济普查领导小组办公室编。在对2008年第二次全国经济普查资料整理的基础上，汇编成书。2010年12月完成编写并内部出版。周建康任主编。

附

旧志

“临安三志” 分别由周淙、施谔、潜说友于南宋乾道五年（1169）、南宋淳祐十二年（1252）、南宋咸淳四年（1268）先后三次纂修成书，是现存最早的杭州地方志。其中《乾道临安志》在南宋地方志中最为古老，现残缺不齐；《淳祐临安志》今仅存6卷，其中府城、山川2卷，每类冠以总论，下分细目，叙述详晰，多他志所未及，为藏书家所重；《咸淳临安志》地图详明，体例完备，考辨精审，条理秩然，原书100卷，现存有96卷，为“临安三志”中内容最详备、保存最完整的志书。“临安三志”编纂有体，记载详备，是中国古代方志中的上乘之作，向为方志界推崇。

《武林旧事》 南宋周密撰。成书于元至元二十七年（1290）以前，共10卷，为追忆南宋都城临安城市风貌的著作。按照“词贵乎纪实”的精神，根据目睹耳闻和故书杂记，记述朝廷典礼、山川风俗、市肆经纪、四时节物、教坊乐部等情况，为后人了解南宋城市经济文化、市民生活、都城面貌、宫廷礼仪等方面提供丰富的史料。后明朱廷焕撰成《增补武林旧事》，共8卷。

《梦粱录》 宋吴自牧撰。成书年代不详，共20卷。该志详于叙述，拙于文采，除记载南宋郊庙宫殿外，还记录百工杂戏等内容，介绍南宋都城临安城市风貌。

《武林梵志》 明吴之鲸撰。成书于明万历年间（1573—1620）。全志设12卷，先依据城内、城外、南山、北山和各县的划分方式，详细记述426所寺庙的创置始末及其山川形胜；后依据天朝宠锡、宰官护持、古德机缘、历代勋绩4门，记载名流胜迹、高僧支派。

《西湖志类钞》 明俞思冲辑。设序、目录和卷首、卷上、卷中、卷下4卷。该志记述山川寺宇，收集景物题咏。卷首为图之类，卷上为诗词曲等，卷中记述山、峰、岭、石、洞、亭、堤、台、江、泉、涧、井、桥，卷下记述宫、院、祠、庙、寺、庵、观、塔、墓、楼。

《西湖游览志》 明田汝成辑撰，初刻于明嘉靖二十六年（1547）。全志设24卷，体例在志书和杂史之间，记载杭州湖山景物及其历史变迁、兴废沿革，收集相关掌故、题咏。重点记述西湖周边名胜山川的沿革，并附以事迹，记录宋史。

《西湖游览志馀》 明田汝成辑撰，初刻于明嘉靖二十六年（1547）。全志设26卷，体例类同于附录，围绕南宋临安与西湖，记述有关史事、掌故、轶闻，使读者了解南宋到明代中叶以前杭州的政治、经济、文化和社会风貌，较《西湖游览志》含有更多的文学资料。

《西湖梦寻》　明张岱辑撰，有清康熙年间（1662—1722）刻本，共5卷。该志设北路、西路、南路、中路、外景5门，记载杭州的山水景色、佛教寺院、先贤祠堂等，并选录古今诗文。

《西湖志》　清李卫等修，傅王露等纂。清雍正九年（1731）开始编纂，历经数载编纂完成，有清雍正十二年（1734）武英殿刻本。该志是“西湖文化学”的起点，是有关古代西湖最具权威的一部“百科全书”，号称“西湖第一书”。全志共48卷，仿“通志”体例，列水利、名胜、山水、堤塘、桥梁、园亭、寺观、祠宇、古迹、名贤、方外、物产、冢墓、碑碣、撰述、书画、艺文、诗话、志余、外纪20门，图41幅，记述自然景观、人文景观、神话传说等内容。

《西湖志纂》　清梁诗正、沈德潜、傅王露同撰。清乾隆十六年（1751）编，乾隆二十年（1755）刊行。该志以李卫的《西湖志》为蓝本，删繁就简，设12卷，卷首为名胜图，随后为御制诗、西湖水利，再孤山、南山、北山、吴山和西溪等风景名胜，而终以艺文。

《湖山便览》　清翟灏、翟瀚辑，王维翰重订。有清乾隆三十年（1765）刻本。全志由《重刻湖山便览序》（王维翰）、原序（钱维城）、凡例和12卷组成，依照详古略今的原则，记述名胜异迹、园墅堤桥、寺观祠墓等状况。

《清波小志》　清徐逢吉撰。全志设序和上、下2卷，记述范围北至涌金，南至万松岭，西至南屏。根据见闻和前代地方志书，记述清波门等地的名胜古迹与坊巷人事。后清陈景钟撰《清波小志补》。

《杭俗遗风》　清范祖述著，有清同治三年（1864）手钞本。全志设序和备考类、声色类、婚姻类、丧事类、时序类、乐善类、饮食类、寿诞类、女工类、俦品类和驰名类11类，系统记述晚清至民国时期杭州的地方风俗和市民日常生活样貌。

《清波三志》　清陈景钟撰。有清光绪九年（1883）钱塘丁氏嘉惠堂刻本。设3卷，卷上纪人，卷中纪事，卷下纪文。

《吴山城隍庙志》　清朱文藻等辑，有清乾隆五十四年（1789）刻本。全志共8卷：卷一，图说、公牍；卷二，祀典、建置；卷三，事迹、灵应；卷四，祷祠、祠宇；卷五，住持；卷六，侨寓、碑记（匾联附）；卷七，艺文、古迹；卷八，杂志。

《凤凰山圣果寺志》　清释超乾辑。有清光绪七年（1881）泉唐丁氏刻本，共1卷。该志无目录，志首为序、舆图，以山寺旧迹为纲。

《捍海塘志》　清钱文瀚等辑，有清光绪九年（1883）钱塘丁氏嘉惠堂刻本。

《西湖水利考》　清吴农祥撰，有清光绪九年（1883）钱塘丁氏嘉惠堂刊本，共1卷。该志记述自唐代李泌开六井以来，历代浚湖及邻县受益等情况，详细记录杭州西湖的治理情况和保护措施。后有《西湖水利续考》1卷。

《武林坊巷志》　清丁丙辑，孙峻编，于清光绪二十三年（1897）编纂成书。该志记述范围为钱塘、仁和2个县的18个坊区（北不到皋亭，南不及凤山，城门以外的西湖不作搜辑），记录南宋至清末杭州城的坊巷、官府、宫室、寺观、坊市和名人第宅历史沿革和有关人文轶事。《武林坊巷志》是中华人民共和国成立前编撰体例最巨大最全的一部都市坊巷志书。

《吴山汪王庙志略》　清汪文炳辑，孙峻参订，有清光绪三十一年（1905）刊本，共1卷。后有《吴山汪王庙志略续编》，戴振声、汪濂辑，民国25年（1936）刊本。

《杭俗怡情碎锦》　清作者未详，清代稿本。全志设时序类新、药膳（原文善）类、生色类、品制类、旌表类、果食类、排场类、补遗名胜类，记述杭城吴山、玉皇山等地的风俗习惯和人民的社会生活。

《南宋古迹考》　清朱彭辑，有清光绪七年（1881）刻本，共2卷。

《武林玄妙观志》　清仰蘅青屿（仰蘅，号青屿）辑，有清代稿本，共4卷。

《吴山伍公庙志》　清金志章等修，金文淳等纂，有清光绪二年（1876）刻本，共6卷。

《玉皇山庙志》　清卓炳森，有清光绪年间刻本。

《西湖览胜志》　清夏基撰，共14卷。

《武林志馀》　清张昒撰，共32卷。该志辑录武林名胜，详细记述道观、寺庙、名贤和古迹。

《西湖新志》　胡祥翰辑，民国10年（1921）铅印本。设序、凡例、征引书目、总目14卷和封底。该志分山水、堤桥、寺观、祠宇、园墅、冢墓、人物、方外、物产、志余10个门类，计14卷。该志在历代有关西湖的志书的基础上，考证补遗，记载民国初期有关西湖风景园林的变化，增辑文澜阁、雷峰塔、灵隐寺、俞楼等全新内容，保存珍贵资料。后有《西湖新志补遗》，民国12年（1923）铅印本。全志设序、6卷和西湖新志考证，补充记载变化的内容。

《武林山志》　作者、年代不详，为《西湖新志》征引书目。

第九章　体育事业

1978年起，杭州市上城区体育运动委员会转变观念，利用场地优势，通过开办第三产业、吸引外单位资金等方法，自筹体育资金，上城区体育事业进入新的发展阶段，群众性体育活动蓬勃开展，竞技运动水平逐步提高。1986年，在杭州市第十一届运动会上，上城区夺得团体总分、金牌总数、奖牌总数3个第一。

1993年，上城区有上城区体育场、横河溜冰场等区属体育设施。是年起，上城区大力扶持群众体育、竞技体育，全民健身、学校体育、职工体育、老年人体育、残疾人体育、社区体育得到全面发展。1995年，《中华人民共和国体育法》《全民健身计划纲要》《奥运争光计划纲要》颁布实施后，上城区传统体育项目学校、体育社团组织建设、全民健身活动不断深入发展。2001年，上城区首次被国家体育总局评为“全国游泳之乡”。是年起，全区开展基层社区健身苑、健身路径、健身点建设。

2007年，上城区体育活动场地面积39.6万平方米，人均占有面积1.2平方米。2009年起，国务院《全民健身工作条例》颁布实施，上城区每年开展全民健身日活动，同步加快全区全民健身苑点建设，并从2010年起，在区域内开展体育设施共享工作。

2011年，上城区及各街道、社区成立创建省级体育强区工作领导小组。是年，上城区通过浙江省体育局综合考核，被评为“2007—2011年浙江省体育强县（市、区）”。2013年，上城区文体惠民工作领导小组成立，向社区居民及外来务工人员推广太极拳、太极剑、健身气功、排舞等传统体育项目，并赠送器材、发放文体惠民券。至2014年，根据第六次全国体育场地普查结果，上城区体育场地总面积20.4万平方米，人均占有面积0.59平方米。是年9月起，上城区32所中小学校体育设施免费向社会开放。

2015年，上城区再度被浙江省体育局评为“2011—2015年体育强县（市、区）”。

第一节　群众体育

一、全民健身

1993年起，上城区以全民健身为目标，组织开展全区群众体育活动。1995年4月，上城区成立由副区长任组长的上城区全民健身领导小组。是年起，上城区开展全民健身月活动，设有广播操会演、长跑、区少数民族运动会、老年人体育舞蹈比赛、桥牌赛、钓鱼比赛等项目。1996年，各街道、社区相应建立全民健身领导小组。1997年，上城区围绕全民健身运动，举办全民迎新春拔河比赛等健身系列活动。区属各街道、区建设局及区域内杭州木材总厂、杭州肉联厂、杭州食品厂、杭州铁路车辆段等22个代表队参赛。1999年，闸口街道举办闸口地区首届全民健身运动会，设有拔河、象棋围棋、环湖长跑、搬运垫子、“同心协力”、慢骑、家庭接力赛、跳绳、三大球、掷沙包、套花环等活动项目。2001年，城站街道举办全民健身体育运动会。2001年起，全区开展基层社区健身苑、健身路径、健身点建设，推动人民群众参加全民健身活动[①]。2004年，上城区举行全民健身宣传月开幕式暨“华日杯”机关干部健身系列比赛，3000余名机关干部、群众参加比赛。2005年，南星街道紫花埠社区被国家体育总局评为“全国全民健身先进社区”。2007年，望江街道举办望江地区全民健身“与奥运同行”运动会，设有广播操、拔河、排舞、乒乓球、羽毛球、射击、围棋、足球、健身走、跳绳、太极拳、象棋等项目。2008年，上城区举办全民健身月启动仪式暨“儿时游戏”趣味健身活动，活动内容包括打陀螺、掷沙包、踢毽子等8个项目，全区6个街道10支代表队近200人参加活动。是年12月，区政府与国家体育总局登山运动管理中心，省、市体育局共同承办“全民健身与奥运同行”2008全国暨浙江省迎新年群众登山健身活动，来自机关、学校、街道、体育社团等3000余名群众参加活动。

图29-9-77　全民健身系列活动之集体太极拳（2004年）（陈建荣　摄）

① 详见本章第四节公共体育设施。

2009年，国务院批准，从是年起，每年8月8日为“全民健身日”。上城区结合首个全国全民健身日活动，举办“市民群众沿江健身走”活动，从杭州市清河中学走到杭州解放纪念碑。2011年，上城区举行全民健身日体育社团沿江健身走活动，在东起西兴大桥、西至钱塘江大桥3千米的沿江堤岸，组织长跑协会、腰鼓协会、武术协会、健美协会、门球协会和登山协会的近千名体育爱好者进行沿江健身走活动。是年，小营街道、紫阳街道分别举办地区全民健身运动会。

2012年，上城区举行“低碳出行、绿色健身、幸福上城”为主题的自行车骑行活动，区属体育社团和各街道400余人参加活动，骑行路线为吴山广场—南山路—杨公堤—茅家埠。是年，湖滨街道举办地区全民健身运动会，设有广播操、拔河、垂钓、双扣、乒乓球、羽毛球、象棋、围棋等项目。2013年，上城区开展体育健身培训进社区活动，全年组织排舞、健身操、太极拳、健身气功、羽毛球、游泳等项目培训班39期，惠及18个社区、600余人。2014年，上城区举行“中老年环湖健身走”活动，500余人参加活动。2015年6月，上城区代表队参加2015年浙江省全民健身浙北片区“种文化”活动。活动在湖州南浔举行，设有划菱桶、水上高尔夫、齐心协力、搭帐篷、采摘番茄等比赛项目，上城区获三等奖。

二、学校体育

1993年，上城区有传统体育项目学校8个。是年，上城区各学校执行《国家体育锻炼标准施行办法》①，开展“达标”活动，并与体育课教学、课外体育活动等结合起来。1994年，上城区被杭州市体育运动委员会、杭州市教育委员会评为“1991—1993年度杭州市体育传统项目学校先进区、县（市）”。是年，杭州市建国中路第一小学被国家体育运动委员会、国家教育委员会评为全国体育传统项目先进单位。1999年，上城区在杭州市复兴第二小学设立足球基地。2002年，杭州市娃哈哈小学被杭州市体育局、杭州市教育局命名为市级体育传统项目学校。是年8月，教育部、国家体育总局颁布《学生体质健康标准》试行方案，逐步替代《国家体育锻炼标准》。2003年开始，上城区小学从部分年级开始，中学从起始年级开始，实施《学生体质健康标准》试行方案，至2005年在全区所有学生中实施。学校每年组织测试，依据标准评定出学生的体质健康等级，促进学生积极参加体育锻炼，养成良好的锻炼习惯。2005年，杭州市平安里小学建成小学专业训练射击场。2006年，杭州市娃哈哈小学被杭州市体育局、杭州市教育局命名为“市级游泳体育传统项目学校”。2007年起，杭州市始版桥小学作为全区田径基地学校，每年组织中小学校运动员到该校集训。

① 1990年开始，杭州市正式实施《国家体育锻炼标准施行办法》。

2009年，在杭州市传统体育项目学校考核中，杭州市始版桥小学、杭州市上城区教师进修学校附属小学获一等奖，杭州市宗文小营实验学校、杭州市娃哈哈小学获二等奖，杭州市紫阳小学、杭州市江城中学获三等奖。是年，区教育局、区体育局联合命名上城区“2010—2013年度区级体育传统项目学校”16所，优势项目为初中生足球、篮球、排球，小学生田径、射击、足球、棋类等。2010年，杭州市体育局、杭州市教育局开展重新命名杭州市传统体育项目学校工作，杭州市紫阳小学（射击）、杭州市宗文小营实验学校（乒乓球）、杭州市大学路小学（击剑）、杭州市望江门小学（乒乓球）、杭州市秋涛路小学（排球）5所学校被命名为杭州市传统体育项目学校，命名期为4年。

至2015年，上城区共有传统体育项目学校及基地40所（个），其中，全国科技传统体育项目学校1所，省级体育特色项目学校3所，省级阳光体育后备基地1个，市级体育传统项目学校5所，市级体育特色项目学校3所，市队联办学校6所，区级体育特色项目学校21所。是年，上城区参加2015浙江省青少年体育传统项目学校射击、田径比赛，杭州市紫阳小学、杭州市江城中学分获小学组、初中组团体第一名，以及田径团体第三名。

表29-9-29　2015年上城区体育传统项目学校及基地情况表

级别	类型	学校名称	项目
全国级	科技体育传统项目学校	杭州市抚宁巷小学	模型
省级	阳光体育后备基地	杭州市江城中学	射击
	体育特色学校	杭州市始版桥小学	田径
		杭州市娃哈哈小学	游泳
		杭州市上城区教育学院附属小学	足球
市级	体育特色学校	杭州市清河中学	综合
		浙江省杭州第六中学	综合
		杭州市建兰中学	综合
	市队联办学校	杭州市始版桥小学	水上项目
		杭州市上城区教育学院附属小学	足球
		杭州市江城中学	重竞技
		杭州市清河中学	足球
		浙江省杭州第十中学	击剑
		浙江省杭州第六中学	篮球
	体育传统项目学校	杭州师范大学附属第一小学	排球
		杭州市紫阳小学	射击
		杭州市大学路小学	击剑
		杭州市回族穆兴小学	乒乓球
		杭州市始版桥小学	乒乓球
区级	体育传统项目学校	杭州市建兰中学	排球、田径、篮球
		北京师范大学附属杭州中学	田径、排球
		杭州市惠兴中学	国际象棋
		杭州市开元中学	空模
		杭州市清泰实验学校	田径
		杭州市崇文实验学校	足球、武术
		杭州市教育科学研究所附属小学	空模
		杭州师范大学附属第一小学	国际象棋、篮球
		杭州市胜利小学	围棋
		杭州市回族穆兴小学	排球
		杭州市天长小学	足球
		杭州市始版桥小学	足球
		杭州市胜利实验学校	羽毛球
		杭州市时代小学	篮球
		杭州市娃哈哈小学	排球

续表 29-9-29

级别	类型	学校名称	项目
区级	体育传统项目学校	杭州市金都天长小学	跆拳道
		杭州市大学路小学	乒乓球
		杭州市高银巷小学	乒乓球
		杭州市饮马井巷小学	跆拳道
		杭州新世纪外国语学校	武术
		杭州天地实验小学	篮球

说明：资料来源于杭州市上城区文化和广电旅游体育局

田径　1993—2000年，上城区每年举办上城区小学生田径运动会。2000年，上城区小学田径队获杭州市小学生田径运动会团体总分第一名。2001年起，上城区小学生田径运动会更名为上城区中小学生田径运动会。运动会设有60米、100米、110米栏、200米、400米、800米、1500米、跳高、跳远、三级跳远、垒球、铅球、铁饼、标枪、4×100米接力等项目。2007年4月，杭州市举办中小学生田径运动会，上城区夺得金牌10枚、银牌5枚、铜牌3枚，以团体总分128.6分居榜首。2008年，杭州市始版桥小学组队参加浙江省体育特色学校田径比赛，获小学组团体总分第一名。2013年，上城区体育代表队参加浙江省第十一届少儿田径运动会，分获团体总分项目第一名、第三名，女子团体项目三个第一名。2014年，在杭州市中小学生田径运动会上，上城区获小学组团体总分第三名、初中组团体总分第四名。2015年，上城区举办第54届中小学生田径运动会。是年，在杭州市中小学生田径运动会上，上城区获小学组团体总分第二名、中学组团体总分第四名。

表 29-9-30　2002—2015 年上城区小学生田径运动会最高纪录情况表

类别	项目	成绩	姓名	单位	届次	年份
男子项目	60米	7秒80	郑洪杰	杭州市江城路小学	第41届	2002
	100米	12秒80	郑洪杰	杭州市江城路小学	第41届	2002
	200米	26秒80	陈腾帆	杭州市始版桥小学	第44届	2005
	400米	1分00秒8	马　强	杭州市江城路小学	第41届	2002
	800米	2分26秒10	何　俊	杭州市建国中路第一小学	—	—
	1500米	5分12秒66	程昌骏	杭州市胜利实验小学	第53届	2014
	跳高	1.55米	俞晓晶	杭州市大学路小学	—	—
	跳远	4.68米	张　磊	杭州市始版桥小学	第45届	2006
	铅球（4千克）	10.56米	李冬春	杭州市始版桥小学	第41届	2002
	垒球（圆周25.4厘米）	47.15米	徐　勇	杭州市始版桥小学	第49届	2010
	4×100米	52秒7	原江城路小学代表队	杭州市江城路小学	第41届	2002
女子项目	60米	8秒35	杜梦洋	杭州市秋涛路小学	第49届	2010
	100米	13秒40秒	孙　勤	杭州市高银巷小学	—	—
	200米	28秒70秒	乐　佳	杭州市娃哈哈小学	—	—

续表 29-9-30

类别	项目	成绩	姓名	单位	届次	年份
女子项目	400米	1分3秒70	姜莉黎	杭州市始版桥小学	第43届	2004
	800米	2分27秒82	周　雯	杭州铁路第五小学	第47届	2008
	1500米	5分23秒63	张娜娜	杭州市始版桥小学	第53届	2014
	跳高	1.45米	沈晴奕	杭州市始版桥小学	第53届	2014
	跳远	4.45米	徐　丹	杭州市建国中路第一小学	—	—
	铅球（3千克）	10.03米	李　琦	杭州市胜利实验小学	—	—
	垒球（圆周25.4厘米）	44.21米	朱文婧	杭州市胜利实验小学	第52届	2013
	4×100米	57秒	建国一小代表队	杭州市建国中路第一小学	—	—

说明：1. 男子800米、跳高，女子100米、200米、跳远、铅球、4×100米项目纪录所属运动会届数史料缺失。2. 资料来源于杭州市上城区文化和广电旅游体育局

表 29-9-31　2001—2015年上城区中学生创田径最高纪录情况表

类别	项目	成绩	姓名	单位	运动会	年份
男子项目	100米	11秒1	施信良	杭州市建兰中学	2011年杭州市中小学生田径运动会	2011
	200米	22.3秒	施信良	杭州市建兰中学	2011年杭州市中小学生田径运动会	2011
	400米	52秒22	郑泽权	杭州市建兰中学	2013年杭州市中小学生田径运动会	2013
	800米	2分01秒90	王洪坤	杭州市开元中学	上城区第45届中小学生田径运动会	2006
	1500米	4分37秒10	吴欣骏	杭州市开元中学	2014年杭州市中小学生田径运动会	2014
	110米栏	15秒70	方明光	杭州市清河中学	2010年杭州市中小学生田径运动会	2010
	跳高	1.95米	叶李俊	杭州市第十中学	2014年杭州市中小学生田径运动会	2014
	跳远	6.40米	吕吉安	杭州市第六中学	2011年杭州市中小学生田径运动会	2011
	三级跳远	11.96米	杜明昊	杭州市建兰中学	上城区第53届中小学生田径运动会	2014
	铅球（5千克）	15.95米	郑佳豪	杭州市建兰中学	2010年杭州市中小学生田径运动会	2010
	铁饼（1.5千克）	42.62米	孟昊杰	杭州市清河中学	2012年杭州市中小学生田径运动会	2012
	标枪（700克）	50.36米	徐　勇	杭州市清泰实验学校	上城区第52届中小学生田径运动会	2013
	4×100米	54秒68	杭十中代表队	浙江省杭州第十中学	上城区第42届中小学生田径运动会	2003
女子项目	100米	12秒7	许　瑶	杭州市清泰实验学校	2013年杭州市中小学生田径运动会	2013
	200米	25秒7	俞　菁	杭州市清泰实验学校	2012年杭州市中小学生田径运动会	2012

续表 29-9-31

类别	项目	成绩	姓名	单位	运动会	年份
女子项目	400 米	59秒4	俞　菁	杭州市清泰实验学校	2012年杭州市中小学生田径运动会	2012
	800 米	2分26秒50	周　雯	杭州市清泰实验学校	2010年杭州市中小学生田径运动会	2010
	1500 米	5分05秒08	朱璐伊	杭州市开元中学	上城区第45届中小学生田径运动会	2006
	100 米栏	16秒6	徐　洁	杭州市第五中学	2002年杭州市中小学生田径运动会	2002
	跳高	1.58米	李　钰	杭州市建兰中学	上城区第53届中小学生田径运动会	2014
	跳远	5.08米	罗　晨	杭州市清泰实验学校	上城区第50届中小学生田径运动会	2011
	三级跳远	11.09米	计梦颖	北京师范大学附属杭州中学	上城区第53届中小学生田径运动会	2014
	铅球（4千克）	12.08米	陈紫彧	杭州市清泰实验学校	上城区第53届中小学生田径运动会	2014
	铁饼（1千克）	34.66米	史晶晶	杭州市开元中学	上城区第40届中小学生田径运动会	2001
	标枪（600克）	41.53米	王汝玥	浙江省杭州第六中学	2012年杭州市中小学生田径运动会	2012
	4×100 米	51秒50	清泰实验学校代表队	杭州市清泰实验学校	上城区第50届中小学生田径运动会	2011

说明：资料来源于杭州市上城区文化和广电旅游体育局

球类　2001年起，上城区定期举办中学生篮球、排球、足球比赛。2005年，上城区参加杭州市中学生篮球、排球、足球比赛，杭州市建兰中学获篮球比赛男子组第一名，浙江省杭州第六中学获女子组第一名，杭州市惠兴中学获排球女子组第一名。2007年9月，在杭州市第十七届运动会中小学生羽毛球比赛中，上城区获男子乙组团体、双打两项第一，女子组团体第三名。2008年，上城区组织参加杭州市中学生篮球、排球、足球比赛，获4个组别冠军；组织参加杭州市小学生足球比赛，获男子组第一名、女子组第一名。

图 29-9-78　2004年，上城区小学生进行篮球比赛
（陈建荣　摄）

2009年4月，上城区举办小学生篮球、排球、足球比赛。篮球、足球比赛设在杭州市建兰中学和杭州市服装职业高级中学，排球比赛设在杭州市清泰实验学校，比赛分设男、女组，按照比赛规程设立组织奖2人，精神文明奖4人，最佳球员6人。2010年，上城区举办小学

生乒乓球选拔赛，区属各小学组队参赛，设有男、女单打项目。5月，上城区举办中小学篮球、排球、足球比赛。8月，杭州市清泰实验学校组队参加全国软式垒球锦标赛，获第五名。是月，杭州市清河中学代表队参加浙江省中学生男、女子足球锦标赛，均获冠军。9月，在杭州市教育局“2009—2010年度杭州青少年校园足球活动优秀定点学校和先进个人”表彰会上，杭州市上城区教育学院附属小学获小学生男子组竞赛一等奖；杭州市崇文实验学校获小学生男子竞赛优胜奖、女子组竞赛优秀奖；杭州市建兰中学获中学生男子竞赛优胜奖；杭州市清河中学获中学男子组优秀竞赛奖；杭州市上城区教育学院附属小学、杭州市建兰中学、杭州市清河中学分别获优秀开展学校、优秀校长奖；杭州市始版桥小学获优秀指导员奖。

2011年，上城区举办小学生篮球、排球、足球比赛，设置最佳球员6人。8月，杭州市上城区教育学院附属小学组队参加浙江省青少年阳光运动会，获足球比赛团体第一名。2012年，上城区相继举办小学生乒乓球选拔赛以及小学生和中学生篮球、排球、足球比赛。是年3月，上城区组队参加杭州市中小学生乒乓球比赛，获团体总分第三名。2014年，上城区举办首届七彩阳光体育节青少年部乒乓球比赛，区属各中小学参加比赛，设有初中组男女单打、男女团体，小学甲组（2004年12月31前出生）男女单打、男女团体，小学乙组（2005年1月1日后出生）男女单打、男女团体比赛项目，最终决出小学组各单项前八名，初中组前六名，小学组团体总分前八名，初中组团体前八名，以及“体育道德风尚奖”。杭州市清河中学[①]男子足球队代表浙江省参加全国青少年“未来之星”阳光体育大会[②]，获足球比赛冠军。

2015年，在2014—2015年度杭州“市长杯”青少年校园足球活动表彰大会上，杭州市清河中学、杭州市始版桥小学、杭州市上城区教育学院附属小学、杭州市崇文实验学校、杭州市建兰中学、杭州市清泰实验学校、杭州市服装职业高级中学7所学校、6名个人受到表彰，获活动先进单位、联赛竞赛奖、优秀指导员、优秀运动员、优秀裁判员、特别感谢单位6个奖项。

其他体育项目　1993年，上城区小学生射击队参加杭州市射击比赛，获团体总分第一名。2001年，杭州市凤山门小学组队参加杭州市射击比赛，获学校团体总分第一名和女子团体第一名。是年起，上城区举办中小学生登山比赛。2007年11月，杭州市举行青少年跆拳道比赛，上城区5名运动员夺得金牌3枚、铜牌1枚。2008年3月，上城区举办中小学阳光体育运动会，区属各中小学组队参赛，项目设有长绳、个人跳绳、仰卧起坐、编花篮跳、实心球、4×60米往返接力、三人篮球等。

① 杭州市清河中学：为杭州市足球队联办单位。

② 全国青少年“未来之星”阳光体育大会：国内最高规格的青少年大型综合类体育活动。

10月，上城区举行中小学阳光体育冬季长跑活动启动仪式，特邀游泳名将汤景之、杨雨参加仪式并领跑。是年，在杭州市中小学生航海模型比赛中，上城区组织69名运动员参赛，夺得金牌2枚、铜牌3枚，获团体总分第一名。

2010年，上城区举办小学生“三跳”比赛[①]，区属各小学组队参赛，集体项目设有牛皮筋、长绳、接力跳绳，个人项目设有单踢、单跳、花跳。是年1月，杭州市天长小学组队参加中央电视台“挑战小勇士”大型竞技比赛，获比赛冠军；比赛设有高空灌篮、挑战高度、梅花桩、非常赛道和雪山攀登5个项目。9月，上城区组队参加杭州市青少年摔跤、柔道比赛，获摔跤比赛团体总分第四名、奖牌数第六名，柔道团体总分第二名、奖牌数第二名。

① 小学生“三跳”比赛：指单跳、花跳和跳长绳比赛。各学校也有所不同。

2011年，上城区承办浙江省青少年阳光运动会，杭州市江城中学和杭州市紫阳小学获射击比赛团体第一名。3月，美国印第安纳克林顿小学41名师生到杭州市教育科学研究所附属小学开展为期2天的教学体验与交流活动，该校小学生20名与美国小学生22名组成混合班，在学校操场学习中国武术。2012年9月，上城区组队参加杭州市青少年摔跤比赛，获金牌4枚、银牌2枚、铜牌7枚，为团体总分第四名；参加杭州市青少年柔道比赛，获1个第一名、3个第二名、8个第三名、团体总分第五名。2013年，上城区组队参加杭州市青少年阳光体育跆拳道锦标赛，获团体总分第八名，奖牌榜第七名。

2014年，上城区举办首届“七彩阳光”体育节围棋、中国象棋、国际象棋比赛，区属各中小学组队参赛，设有男、女子个人，男、女子团体项目。2015年，上城区举办中小学生围棋、中国象棋、国际象棋比赛。

三、职工体育

机关干部　1993年，上城区举办首届机关干部运动会，运动会分设男、女子组及团体组，设有广播体操、100米、400米、跳高、铅球，以及“赶猪”“瞎子背跛子”等趣味项目。1998年，上城区举办第六届机关干部运动会，比赛历时3个月，区四套班子领导及各部门、街道社区、区域内单位等组成168支代表队、近2000人参加入场式和比赛。1999年，上城区组织机关干部、职工开展包括垂钓、射箭、体质测试等10余个项目的趣味系列活动，以及上城区中层干部“洁美杯”保龄球比赛。2001年，上城区举办机关干部登山比赛。

2006年，上城区举行第八届机关干部运动会，项目设有象棋、乒乓球、游泳等13个大项85个小项，设置道德风尚奖、优秀组织奖、积极参与奖等。2007年，上城区举办机关干部乒乓球、围棋、中国象棋比赛。2008年，上城区举办机关干部职工“庆五一·迎奥运”环湖行活动。2009年，上城区举办“方回春堂杯”迎新春机关干部乒乓球友谊赛，设有单打、男子双打、混合双打等项目，参加单位有区人大、区政府联队，区机关干部代表队。6月，举办“国土杯”区直机关干部划船比赛，区属各部门26支队伍参赛。是月，上城区举办机关干部划船比赛，公安、教育、卫生等27支队伍参赛。9月，上城区举行“区直机关干部职工庆祝中华人民共和国成立60周年环湖行活动”，区机关工会成员单位在职干部、职工参加活动，活动自吴山广场出发，途径柳浪闻莺、一公园、六公园、白堤、苏堤、南山路、清波门返回至吴山广场。

2010年，上城区在西湖区十里琅珰举办“海兴杯”迎新春机关干部登山活动，从龙井村口步行至梅家坞，区属各部门、街道、市属垂直部门共44家单位参加活动。4月，上城区举行机关干部职工“迎世博、庆五一徒步行”活动，从“吴山天风”至南山路公园月票充值点，区机关工会成员单位在职干部、职工参加。6月，上城区承办杭州市“广宇杯”门球邀请赛，浙江省公安厅、浙江省国土资源厅等机关代表队，杭州各区代表队，部分大学生代表队等共47支队伍参赛。9月，上城区举行机关干部职工登山活动，从“吴山天风”登至云居山，区机关工会成员单位在职干部、职工参加。12月，上城区举行迎新年机关干部健身走活动，从九溪停车场步行至龙井村，区属各部门、街道、市属垂直部门的在职人员参加。

2011年4月，上城区在南屏山、九曜山举行机关工会成员单位在职干部“五一”登山活动。6月，上城区举办“国土杯”机关干部乒乓球比赛，区级机关共16家单位组队参赛，设有男、女单打项目。

2012年11月，上城区举办首届公务员体能测试比赛，区属各单位组队参赛，比赛分设男、女子甲组（1972年1月1日至1987年12月31日出生），男、女子乙组（1957年1月1日至1971年12月31日出生），设有50米跑、立定跳远、实心球、跳绳4个单项，4个单项总成绩为个人全能。是月，上城区举行公务员体能达标赛，比赛分设男女甲组（1977年1月1日后出生）、乙组（1976年12月31日前出生）、丙组（正处级及以上领导组），设有立定跳远、4×100米往返跑、掷实心球、仰卧起坐（女）、俯卧撑（男）比赛项目。

2013年，上城区举行迎新年机关干部、职工登山比赛，区属各部门、街道、市属垂直部门等37家单位组队参赛。登山路线为凤凰山脚路—中山纪念林碑—老虎洞窑遗址—圣果寺遗址—排衙石。分设竞赛组和大众组，其中竞赛组分别取男、女子前16名。2014年，上城区举行迎新年职工登山比赛，登山路线为凤凰山脚路—中山纪念林碑—老虎洞窑遗址—圣果寺遗址—排衙石—老玉皇宫。2015年6月，上城区举行机关干部职工乒乓球比赛。7月，上城区举办机关干部足球、篮球、游泳比赛。

教职工　2003—2011年，上城区每两年举办一届教职工运动会，区属各中小学、幼儿园等单位组队参赛，分设男、女子青年组、中年组、壮年组进行比赛。设有入场式、广播操、排舞表演项目；设有篮球、乒乓球、立定跳远、投飞镖、迎面接力、沙包投掷、跳绳、障碍跑、体质测试、“风火轮”、“并肩作战”、“爱心传递”、“齐心协力”、“勇往直前”、“托起明天太阳”、“车轮大战”、“骑兵出击”、“快乐飞索”、“欢乐魔毯”集体项目；设有跳高、跳远、100米赛跑、800米赛跑、1500米赛跑、铅球、沙包投准、30秒投篮、“纤夫的爱”、“肩上迷宫”、“最佳拍蛋”、“为我疯狂”个人项目。其中2009年教职工运动为历届中最大规模，参赛人数达7000人。2009年，杭州市上城区教育局（简称区教育局）与近江电影大世界等5家文体场馆合作，建立教职工文体基地，活动项目包括瑜伽、电影、羽毛球、游泳、保龄球。此后至2015年，上城区持续依托教职工文体基地推进教职工体育工作。

企事业单位职工　2000年，杭州娃哈哈集团有限公司举办职工运动会。是年，上城区举行女职工“庆三八·展风采·奔向新世纪”登山比赛。2001年，上城区协办杭州市电力局“庆三八”趣味运动会，杭州市电力局所属单位员工及家属参加运动会，设有双人夹球跑、“夫妻双双把家还”、踢毽子、“家和万事兴”“两会”知识问答、接力跑等比赛项目。2003年，上城区举办首届环卫系统运动会。2004年，杭州市上城区卫生局系统举办首届趣味运动会。2007年，上城区举办首届股份经济合作社运动会。2011年，区体育局协办浙江博世华环保科技有限公司职工羽毛球比赛，设有男女单打、男女混双项目，共13名女选手和21名男选手参加。是年，区体育局协办浙江威星智能仪表股份有限公司第二届趣味运动会，设有“一矢中的”、吹气球、让毽子飞、“弹子宅急送”、盲人击鼓、乒乓进洞、“投球快准狠”、超级保龄球、“人品大爆发”“你画我猜”等项目。至2015年，上城区各企事业单位定期举办职工篮球竞赛、职工趣味运动会等。

四、老年人体育

1993年，上城区组队参加杭州市第三届老年人运动会。1996年起，上城区开始举办老年人象棋、钓鱼、乒乓球、门球、保龄球等项目比赛。2000年，上城区举办老年人康乐运动会。是年，上城区费世贤被浙江省体育总会评为浙江省健康老人。2001年，上城区举办老年人桥牌比赛和“九九重阳”老年人体育日活动。2003年，上城区举办综合性老年人运动会。是年，上城区承办杭州市老年人门球比赛、“十佳健身家庭、十佳健康老人”健身球比赛、老少同乐项目比赛。2004年，上城区举办老年人可乐球比赛，各街道近20支可乐球队参加比赛。2007年，上城区举办老年人运动会，各街道、区属单位、上城区老年人体育协会等组队参赛，设有乒乓球、象棋、围棋、游泳、健身球、网球、门球、入场式、健身展示、趣味项目等。

2009—2010年，上城区老年人体育协会组织乒乓球、太极拳剑、桥牌、柔力球、健身球、健美操等单项比赛，开展老年人游西湖、看运河、游塘栖、登山品茶等活动，参与老人达1.6余万人。2010年，上城区老年人体育协会组队参加省市柔力球、气排球、地掷球、钓鱼等比赛。2014年，上城区举办“湖滨杯”老年人太极导引功比赛。9月，上城区举办老年人可乐球比赛。

2015年4月，上城区老年人体育协会举办老年人钓鱼比赛。5月，上城区老年人体育协会组织参加“2015全国首届老年人可乐球邀请赛”，比赛分为规定套路和自选套路两大类。是年，上城区长跑协会、上城区老年人体育协会及南星、小营、清波街道老年人体育协会，被杭州市体育局评为“杭州市老年体育工作先进单位”；屠喜临、马松如、张茹茵、黄业、孙勇平、王小芬、孙桂红、谢丹、郭满朝、葛建兵10人被杭州市体育局评为市“2015年老年体育工作先进个人”。

表29-9-32　1993—2015年若干年份上城区老年人体育协会参赛（省、市级）及成绩情况表

年份	竞赛名称	成绩与奖项
1993	杭州市第三届老年运动会	—
2001	杭州市第五届老年运动会	团体总分第一名
2002	浙江省第四届老年人运动会	先进单位
2003	杭州市老年人桥牌比赛	团体第一名
	杭州市老年人钓鱼比赛	个人项目第二名
2004	杭州市老年人柔力球、健身无极球比赛	第三名
2005	杭州市第六届老年人运动会	—
2009	杭州市第七届老年人运动会	门球项目第一名；最佳组织奖
2014	杭州市老年人桥牌比赛	第一名
	杭州市“上城杯”中国象棋邀请赛	二等奖
	杭州市老年人乒乓球比赛	团体第二名
	杭州市老年人太极拳（剑）比赛	优胜奖
	杭州市老年人象棋赛	女子组团体第四名、男子组团体第四名
	杭州市老年人门球比赛	第七名
	杭州市老年人钓鱼比赛	优秀奖
	杭州市老年人排球比赛	女子团体第七名、男子团体第四名
	杭州市老年人健身体操表演赛	女子组优胜奖
	杭州市老年人地掷球比赛	第七名
	杭州市第二届“滨江杯”中国象棋邀请赛	二等奖
	杭州市老年人可乐球操比赛	创编奖、表演奖
	杭州市第二届“滨江杯”中国象棋邀请赛	三等奖
	杭州市老年人经络操表演赛	优胜奖
	杭州市老年人太极导引功比赛	第七名
2015	杭州市第八届老年人运动会太极拳（剑）比赛	团体优胜奖;任勇、陈平、沈金仙、朱玲玲等分获各单项比赛的第一名。上城区老体太极拳（剑）队荣获团体冠军
	浙江省首届生态运动会老年人太极拳（剑）赛	太极拳（剑）团体总分第一名；2个单项第一、4个单项第二、1个单项第三
	杭州市第八届老年人运动会气排球比赛	男子组第三名
	杭州第八届老年人运动会健身球操表演赛	优胜奖

说明：资料来源于杭州市上城区文化和广电旅游体育局

五、残疾人体育

1994年，上城区承办杭州市残疾人游泳比赛，比赛分设盲人组、聋哑组、截肢组、麻痹组等，设有自由泳、蛙泳、仰泳等项目。1995年，上城区组队参加杭州市第四届残疾人运动会，获团体总分第一名。1999年，杭州市上城区残疾人联合会（简称区残联）组队参加杭州市第五届残疾人运动会，团体总分第四名。2002年，上城区举办残疾人运动会，区属各街道、杭州市杨绫子学校、杭州机床电器厂等11支代表队共274名运动员参赛。2005年，上城区承办杭州市残疾人棋类比赛。2007年，上城区举办残疾人运动会，区属各街道等18家单位组队参赛，比赛分设上肢残组、下肢残组、聋人组、视力障碍组，设有田径、游泳、乒乓球、羽毛球、棋类五大类项目。

2009年5月，上城区结合“全国助残日”开展系列活动，小营街道老浙大社区举行柔力球健身表演，南星街道举办残疾人运动会等。8月，区残联组队参加杭州市残疾人射击、羽毛球、乒乓球、网球锦标赛，获3枚金牌、2枚银牌、1枚铜牌，奖牌数名列第4名。2011年4月，上城区组队参加杭州市第八届残疾人运会，获金牌10枚、银牌9枚、铜牌4枚及组织奖和体育道德风尚奖。5月，小营街道小营巷社区举办“生命阳光”残疾人趣味运动会，马市街社区举办残疾人运动会。2012年7月，上城区组队参加杭州市青少年残疾人田径、游泳、射击锦标赛。11月，上城区举办首届特殊奥林匹克运动会，设有50米赛跑、50米迎面接力、立定跳远、垒球投掷、高尔夫球等项目，杭州市杨绫子学校及各街道组队参赛。

2014年，上城区举办残疾人运动会，分设肢体残疾组、听力残疾组、视力残疾组，设有100米赛跑、200米赛跑、400米赛跑和标枪、跳远、铅球、游泳、乒乓球、羽毛球、射击、中国象棋等项目，区属各街道及各有关单位组队参赛。是年，上城区组队参加杭州市第九届残疾人运动会，获金牌5枚、银牌4枚、铜牌11枚。

六、社区体育

1993年，上城区城站、小营巷、清泰、湖滨街道被市政府评为杭州市群众体育先进街道。1994年，清泰街道举办清泰地区居民“楼群”运动会，设有广播操、拔河、老少接力、夫妻协作跑等项目。1999年，上城区承办杭州市第十届家庭组合跑运动会。2000年，近江街道、湖滨街道、紫阳街道、望江街道分别举办家庭运动会。2008年，上城区举办首届社区居民运动会，全区52个社区、900名运动员参加比赛，设有入场式、拔河、跳长绳、田径、趣味5个大项、16个小项。

2009年6月，上城区举办家庭运动会，设有父母牵手7岁以下子女跑100米、牵手12岁以下子女三人100米接力跑，祖父或祖母牵手12岁以下子孙双人100米接力跑，中年夫妻或姐妹（45～60岁）、老年夫妻或姐妹（60岁以上）100米接力跑等项目。11月，上城区举办首届居民智力运动会，全区17个社区、20支代表队近百名选手参加比赛，比赛分设团体和个人赛，设有围棋、中国象棋、桥牌项目。2010年，上城区承办杭州市第十三届家庭趣味运动会，全市各城区及杭州市电力局工会组队参加，设有“我老爸（老妈）

最棒”“浓浓婆媳情”“夫妻双双把家还”“家和万事兴”“全家总动员”5个项目。2012年5月，上城区举办第二届社区运动会，全区社区干部、居民、机关、企事业单位组队参加，运动会设有广播操、跳大绳、拔河比赛项目，有可乐球操“人间西湖”、火棒操、抖空竹、排舞“太阳下”、“爱的恰恰”、健身球操“爱我中华”等体育团队表演。2014年，上城区举办楼宇趣味运动会，设有拔河、跳长绳、“五项全能”、“临门一脚”、“企鹅部落”、“螃蟹赛跑”项目。

2015年，上城区举办第二届居民智力运动会，分设成年男子个人及团体组、成年女子个人组、幼儿组，设有围棋和象棋项目。是年3月，湖滨街道举办家庭文化节暨湖滨商圈运动会家庭趣味比赛，社区居民、职工家庭以及区域内单位职工等组队参赛，设有家庭合作项目“蚂蚁偷菜”“同舟共济”及个人踩高跷、打陀螺等项目。是月，上城区举办“浙水设计杯”上城区家庭趣味运动会，设有三代同堂组（A组）“动感五环”“蚂蚁偷菜”“流水作业”“同舟共济”活动项目；家庭亲子组（B组）“动感五环”“毛虫竞速”“袋鼠运瓜”“巨人脚步”活动项目。6月，上城区举办楼宇运动会暨南星地区儿时趣味运动会。

图29-9-79　2015年，上城区举办第二届智力运动会
（区文化和广电旅游体育局 供稿）

七、特色项目

游泳　1996年，上城区成立由区人大、政府、政协领导及有关部门负责人组成的上城区游泳工作领导小组，指导全区游泳运动发展工作。是年起，上城区每年组织机关干部、中小学生等人群参加游泳培训班，组织开展机关干部、职工、老年人、少儿、残疾人等群众性游泳运动比赛，组织参加全国及省、市举办的少儿游泳比赛、成人游泳公开赛、老年人游泳比赛、传统项目学校游泳比赛等群众性赛事和活动，尤其是重视优秀游泳运动员的培养和输送，着力推进学校游泳运动开展。2001年，上城区首次被国家体育总局评为“全国游泳之乡”。

图29-9-80　游泳　（陈建荣 摄）

2004年，区政府印发《进一步发展上城区游泳运动的工作意见》，确定每年7月20日

至8月20日为游泳活动月，7月下旬第4周为上城区游泳锻炼达标周。是年，区文化体育局和区教育局联合在区中小学校开设游泳生存技能课，并在各小学、幼儿园组建游泳队，专门安排正课时间进行训练。2005年，上城区举办机关干部游泳比赛。2007年，上城区组队参加杭州市东信杯第24届冬游比赛。6月，在杭州市小学生游泳比赛上，上城区运动员夺金牌16枚、银牌11枚、铜牌15枚，9岁、10岁组分获团体总分第一名。8月，第十届全国公开水域游泳比赛在安徽合肥举行，上城区10名队员参赛，有4名队员分别获第一名、第二名、第三名。女子组获团体第五名，综合男女组获团体第六名。

2008年5月全国成人游泳大赛上，上城区派出的7名游泳选手夺得蝶泳50米、100米，蛙泳50米、100米、200米的5项个人第一名，打破全国成人蝶泳50米、100米两项全国纪录。是年，浙江省传统项目（特色）游泳比赛在杭州举行，杭州市娃哈哈小学20名少儿选手代表杭州市游泳特色学校参赛，夺得金牌3枚、银牌3枚、铜牌5枚，获团体总分第二名。2009年8月，上城区游泳协会组织80名游泳爱好者参加“水岸枫庭—横渡钱塘江”活动，定安路游泳（馆）代表队在公开水域团体赛中获第3名。2011年，第十四届全国成人游泳锦标赛在河南省洛阳市举行，上城区派出13名选手参加比赛，获团体总分第八名、男子团体总分第六名、女子团体总分第八名，个人项目11枚金牌。2012年2月，定安路游泳馆被国家体育总局游泳运动管理中心命名为国家游泳队训练基地。10月，在国际成人游泳邀请赛暨第十五届全国成人游泳锦标赛上，上城区派出30名运动员参加比赛，夺得14个单项及接力冠军、13个亚军、12个季军，1个项目破全国纪录，团体总分第五名。2013年，上城区游泳队分别在第十六届全国成人游泳锦标赛，及中国·千岛湖公开水域游泳公开赛上获团体冠军。2014年，上城区举办中小学生、机关干部游泳比赛。2015年，上城区举办“七彩阳光”体育节中小学生游泳联赛、机关干部游泳比赛，家庭游泳接力比赛等。

表29-9-33　1996—2012年上城区游泳运动创优项目情况表

荣誉称号	年份	获奖单位	授予单位
全国游泳之乡	2001	上城区人民政府	国家体育总局
	2005	上城区人民政府	国家体育总局
	2009	上城区人民政府	国家体育总局
全国先进游泳池、馆	1996	定安路游泳池（馆）	国家体育运动委员会
	2001	定安路游泳池（馆）	国家体育总局
	2005	定安路游泳池（馆）	国家体育总局
	2009	定安路游泳池（馆）	国家体育总局
杭州市先进游泳场所	1998	定安路游泳池（馆）	杭州市体育运动委员会
	2011	定安路游泳池（馆）	杭州市体育局
		维景国际大酒店游泳池	杭州市体育局
		阳光海岸小区游泳池	杭州市体育局
	2012	定安路游泳池（馆）	杭州市体育局

说明：资料来源于杭州市上城区文化和广电旅游体育局

表 29-9-34　1993—2015 年上城区参加全国、省、市级游泳类运动比赛情况表

级别	年份	竞赛名称	成绩与奖项
国家级	1996	全国少儿游泳比赛	金牌5枚、银牌3枚、铜牌7枚
	1999	全国游泳锦标赛	金牌6枚、银牌4枚、铜牌4枚
	2004	全国第十六届救生锦标赛	金牌3枚、银牌7枚、铜牌9枚；综合团体总分全国第七名、女子组团体总分第四名、男子组团体总分第八名；以2分57秒打破4×50米混合泳接力赛全国纪录
	2005	全国第十一届成人游泳公开赛	金牌5枚、银牌3枚、铜牌3枚
	2006	全国游泳救生技术比赛	团体总分第十名
	2007	全国第十届公开水域游泳比赛	金牌1枚、银牌2枚、铜牌1枚；女子组团体总分第五名，综合团体总分第六名
		第九届全国救生（静水、海浪）技能锦标赛	团体总分第七名、女子组团体第六名、男子组团体第九名、海浪救生团体总分第七名
	2008	北京奥运会群众游泳系列活动	金牌31枚、银牌27枚、铜牌20枚；破全国纪录5项并获优秀组织奖
	2009	全国公开水域游泳比赛	金牌9枚、银牌3枚、铜牌2枚
	2010	杭州千岛湖国际公开水域游泳赛	金牌2枚、银牌3枚、铜牌5枚
		中国水上运动会公开水域游泳比赛暨第十三届全国公开水域游泳锦标赛	男子团体总分第六名
		全国救生锦标赛暨第四届全国体育大会救生预选赛	团体总分总分第六名，女子团体总分第四名
	2011	全国公开水域游泳比赛	金牌5枚、银牌2枚、铜牌3枚
		第十四届全国成人游泳锦标赛	金牌11枚、银牌7枚、铜牌4枚；综合团体总分第八名，男子团体总分第六名，女子团体总分第八名
	2013	第十六届全国成人游泳锦标赛	综合团体总分第五名
		中国·千岛湖公开水域游泳公开赛	综合团体总分第一名
	2014	全国成人游泳公开赛	金牌13枚、银牌8枚、铜牌7枚；综合团体总分第二名、女子组团体总分第一名、男子组团体总分第四名
	2015	中国·千岛湖公开水域游泳公开赛	男子个人项目第一名、女子个人项目第一名
省、市级	1993	杭州市少儿游泳比赛	团体总分第一名
		浙江省少儿游泳冠军赛	团体总分第二名
	1995	杭州市少儿游泳比赛	团体总分第一名
	1996	浙江省少儿游泳冠军赛	金牌37枚、银牌37枚、铜牌19枚
		杭州市少儿游泳比赛	金牌14枚、银牌16枚、铜牌8枚
	1999	杭州市小学生游泳比赛	团体总分第一名
		浙江省少年儿童游泳比赛	团体总分第二名
	2000	杭州市小学生游泳比赛	团体总分第一名
		浙江省少年儿童游泳比赛	团体总分第二名
		杭州市中老年人游泳比赛	团体总分第一名
	2005	浙江省传统项目学校游泳比赛	定安路小学团体总分第一名

续表29-9-34

级别	年份	竞赛名称	成绩与奖项
省、市级	2006	浙江省传统项目学校游泳比赛	定安路小学团体总分第二名
		浙江省第十四届运动会游泳比赛	金牌14枚、银牌7枚、铜牌9枚
	2007	浙江省迎春杯少年儿童游泳冠军赛	金牌13枚、银牌8枚、铜牌11枚
	2008	浙江省迎春杯少年儿童冬季游泳冠军赛	金牌13枚、银牌8枚、铜牌11枚
		杭州市小学生游泳比赛	团体第二名
	2009	杭州横渡钱塘江活动公开水域比赛	团体第三名
	2010	杭州市小学生游泳比赛	金牌25枚、银牌16枚、铜牌15枚；团体第一名
	2011	杭州市中小学生游泳比赛	团体第四名
	2013	杭州市运动会青少年部游泳比赛	金牌3枚、银牌9枚、铜牌19枚；团体总分第四名
	2015	杭州市中小学生阳光体育游泳锦标赛	团体总分第五名

说明：资料来源于杭州市上城区文化和广电旅游体育局

轮滑　1994年，上城区承办浙江省第十届运动会成年部轮滑比赛。1997年，承办第十二届“奥尔登杯”全国轮滑锦标赛。1998年，横河溜冰场被浙江省体育局命名为“浙江省轮滑训练基地”。

2004年，上城区成立杭州市横河青少年轮滑俱乐部。是年，上城区承办浙江省“米高杯”轮滑比赛，举办上城区青少年轮滑比赛。2006年，上城区承办浙江省第二届速度轮滑锦标赛。是年，杭州市横河青少年体育俱乐部被国家体育总局授予“国家级体育俱乐部”称号。2007年，上城区组队参加全国速度轮滑锦标赛，获男子300米项目第十名，女子300米项目第十名和第十二名，国际42千米轮滑公路马拉松项目第十六名。是年，上城区参加“金峰杯”浙江省第三届轮滑锦标赛。2008年，上城区参加“南湖新杯”浙江省第四届轮滑锦标赛，获金牌15枚、银牌1枚、铜牌3枚，以及团体总分第三名、男子团体总分第三名、女子团体总分第三名，金牌总数名列榜首。

2009年5月，上城区承办浙江省幼儿体育大会暨浙江省第二届幼儿轮滑表演大赛。11月，上城区参加浙江省第五届速度轮滑锦标赛，获团体总分第二名。2011年，上城区组队分别参加浙江省第七届速度轮滑锦标赛、中国（合肥）速度轮滑公开赛。2012年，上城区承办杭州市首届体育大会轮滑比赛，上城区代表队获金牌7枚及杭州市体育道德风尚奖。2013年，上城区举办少儿轮滑锦标赛，区各小学、幼儿园组队参赛。2014年，杭州市横河青少年体育俱乐部组队参加浙江省速度轮滑锦标赛。

2015年，区体育局、区教育局联合主办上城区青少年轮滑锦标赛，区属中小学、幼儿园组队参赛，同时邀请丽水市缙云县、湖州市德清县、宁波市奉化市、杭州市临安市等12个县市轮滑俱乐部参赛。锦标赛分设初中组，小学甲、乙、丙组，幼儿甲、乙组6个组别，项目包括150米、300米、500米、1000米计时赛，速度过桩和花式绕桩等。

八、其他群众体育赛事

1993年，上城区在定安路体育场举行人民运动会，分设单位组、区属机关干部组、街道组等，设有广播操、田径、乒乓球、篮球、拔河、棋类等项目。是年起，上城区相继开展群众性环湖接力赛、广播体操、长跑、健美比赛、趣味活动等各类运动会。1995年，上城区举行环城长跑活动。是年，上城区组织人员参加杭州市“迎香港、庆回归”全国万人长跑活动。1998年，望江街道举办望江地区首届体育运动会，设有广播操、拔河、田径、象棋、围棋、乒乓球、环湖长跑、套圈、丢沙包、飞镖、自行车、慢骑、趣味接力跑等项目。

2001年，上城区举办健身秧歌表演赛。2006年，上城区举行“迎北京奥运·建体育强区”环湖健身走活动。2007年8月8日，上城区承办“喜迎2008北京奥运会倒计时1周年全省万人跳排舞”活动，浙江省体育局、浙江省文化厅、杭州市体育局，区委、区政府领导和群众参加活动。是年，上城区承办“祝福奥运、心手相连”全市手拉手健康徒步走活动，市政府、市政协、上城区相关领导与2008名群众一起参加活动，设有太极拳、舞龙队、腰鼓队、军鼓队等文体展演及趣味健身等项目。2009年，上城区举办青年篮球比赛，小营街道、南星街道、望江街道、杭州娃哈哈集团有限公司、区文广新局、区教育局等10家单位参赛。2010年，上城区举行全民运动会，分设成年部10个、青少年部9个，设有篮球、围棋、乒乓球、游泳、田径、拔河、垂钓等13个大项231个小项。是年，上城区举办“置地国际男装基地杯”羽毛球联谊赛，杭州羽缘羽毛球俱乐部和上城区羽毛球俱乐部参赛，设有混合团体赛、男女单打、男女双打、混合双打等项目。2011年，杭州市特色体育团队上城区选拔赛在杭州市服装职业高级中学体育馆举行；7月，上城区举办健身气功联赛。

图29-9-81　上城区第七届全民运动会开幕式（2010年）
（区文化和广电旅游体育局 供稿）

2012年10月，上城区组队参加浙江省首届女子体育节，获体育道德风尚奖；11月，上城区组队参加杭州市第七届健身气功交流比赛，该比赛设有五禽戏、易筋经和太极导引功等项目。2013年，南星街道举办地区全民运动会，共有29支队伍参赛。2014年，上城区举行全区运动会，分设成年部、青少年部，设有围棋、中国象棋、国际象棋、篮球、排球、足球、游泳、乒乓球、田径、轮滑、钓鱼、广播操、健身功13个大项、239个小项，来自各系统、企事业单位、辖区内单位、中小学校的65个代表团、384支代表队、3318名运动员参加比赛，产生金牌598枚、银牌385枚、铜牌325枚，有34人次刷新23项区最高纪录。

2015年4月，上城区举行太极拳、太极器械比赛；5月，杭州市体育局和区体育局主办杭州市运动休闲嘉年华活动，设有体育产品展览、健身咨询、健身运动体验、体育技能表演、体育消费惠民券发放等项目，同时开展跆拳道、健身教练技能竞赛，个人跳绳和足球颠球民间体育达人秀等活动，吸引300余名市民和游客参加；是月，上城区首届羽毛球俱乐部联赛举行；7月，上城区主办“浙水设计杯”上城区乒乓球比赛，设有男、女子甲组（1980年7月18前出生）单打、双打、团体，男、女子乙组（1980年7月19后出生）单打、双打、团体项目；10月，上城区主办“万年春杯”杭州吴山健身先生、小姐邀请赛，设有男子健体A、B组，男子健身先生，女子健身小组，比基尼健身A、B组共4个组别，杭州市健身俱乐部和各健美社团派代表参赛；11月，上城区举办足球比赛，区属及辖区单位组队参赛。

第二节　竞技体育

一、省级及以上赛事

1994年，上城区组队参加浙江省第十届运动会青少年部比赛，获奖牌70.75枚，其中金牌34枚、银牌20.75枚、铜牌16枚，金牌总数位居全省第三，团体总分702.25分，位列全省第四。1996年，上城区在亚太地区残疾人运动会上，获金牌4枚。是年，上城区参加浙江省田径运动会，获金牌1枚、银牌1枚。1998年，上城区在浙江省第十一届运动会上获金牌47枚，居全省县（市、区）第一，被市政府授予“贡献奖单位”称号。

2005年，上城区武术队参加浙江省第三届国际传统武术比赛，获12枚金牌、3枚银牌。2006年，杭州市江城中学输送的运动员陈豪、陈晓琴、王佳、吴佳宁、吴昊均在浙江省第十三届运动会射击比赛上获得冠军，其中吴佳宁分别打破男子小口径普通运动枪3×10项目、男子普通气步枪40发项目的浙江省青少年记录。是年，上城区组队参加浙江国际传统武术比赛，获健身气功（八段锦）团体第一名、个人金牌10枚、银牌6枚、铜牌5枚。2007年8月，在浙江省第八届田径运动会上，上城区获银牌2枚。

2008年7月，上城区代表队参加第六届浙江省国际传统武术比赛20个单项比赛，获得金牌4枚、银牌6枚、铜牌2枚。2010年，上城区组队参加第四届全国体育大会，获攀岩男子难度C组三等奖，获技巧女子三人平衡套路C组三等奖、海浪救生男子浮标救生C组三等奖。7月，参加第七届浙江国际传统武术比赛，获金牌61枚、银牌32枚、铜牌18枚，其中集体陈氏太极拳和八段锦分获第一名；上城区同时被大会授予集体优胜奖杯、大会组织贡献奖杯、体育道德风尚奖荣誉。10月，上城区组队参加浙江省第十四届运动会，获金牌48枚、银牌23.5枚、铜牌7枚，奖牌数78.5枚，列金牌数第一名、奖牌数第四名、总分第三名。

2011年，上城区组队参加由杭州市体育总会主办的“2011年（杭州）第七届全国传统武术邀请赛”，获15枚金牌、6枚银牌、5枚铜牌，以及集体太极拳金牌。9月，上城区组队参加浙江省传统武术锦标赛，获金牌8枚、银牌9枚、铜牌14枚。2012年7月，在浙江省第七届速度轮滑锦标赛上，上城区获金牌2枚、银牌6枚、铜牌3枚。2014年，上城区组队参加浙江省第十五届运动会，获县（市、区）团体总分第六名，奖牌总数第八名。

2015年5月，上城区体育总会组队参加2015年浙江省健美健身锦标赛。比赛设有健美、健体、健身、形体、健身比基尼等项目，徐清、江再美分别夺得男子75和80公斤级冠军，汤远道夺得男子85公斤级亚军。

二、市级赛事

1994年，上城区在杭州市第十三届运动会上获团体总分第一名、金牌总数第一名和奖牌总数第一名。2009年3月，在杭州市第十七届运动会上，上城区86名教练员和600余名运动员参加运动会，夺得金牌95枚，银牌88枚、铜牌112枚，获团体总分第一名。至2013年，上城区已组队参加杭州市第十三届至十八届（青少年部）运动会，项目包括棋类、皮划艇、武术、乒乓、射击、举重、摔跤、篮球、游泳、排球、羽毛球、足球、田径等十六大类。

表29-9-35　1994—2013年上城区体育代表团参加杭州市运动会（青少年部）成绩情况表

年份	运动会名称	区（县、市）排名		
		团体总分	金牌总数	奖牌总数
1994	杭州市第十三届运动会	第一名	第一名	第一名
1997	杭州市第十四届运动会	第一名	第一名	第一名
2001	杭州市第十五届运动会	第一名	第一名	第一名
2005	杭州市第十六届运动会	第一名	第一名	第一名
2009	杭州市第十七届运动会	第一名	第四名	第三名
2013	杭州市第十八届运动会	第六名	第七名	第七名

说明：1.杭州市运动会从1997年开始每4年一届。2.资料来源于杭州市上城区文化和广电旅游体育局

表29-9-36　1993—2015年上城区输送优秀运动员情况表

姓名	性别	项目	输送后转送单位	运动员等级
张亚东	男	游泳	省队	一级运动员
金小丽	女	游泳	国家队	运动健将
柏自悦	男	游泳	省队	一级运动员
娄红梅	女	游泳	省队	一级运动员
陆　穗	男	游泳	省队	一级运动员
高　平	男	游泳	国家队	运动健将
孔奕翔	男	游泳	省队	一级运动员
张　瑛	女	游泳	省队	运动健将
范国良	男	游泳	省队	运动健将
王　芳	女	游泳	省队	一级运动员
鲁　东	女	游泳	省队	一级运动员
刘敏敏	女	游泳	省队	一级运动员
王刚红	女	游泳	省队	运动健将

续表29-9-36

姓名	性别	项目	输送后转送单位	运动员等级
陈　雨	男	游泳	八一队	运动健将
陈　佳	女	游泳	省队	运动健将
金　炎	男	游泳	八一队	一级运动员
盛　泳	男	游泳	省队	一级运动员
泮莹莹	女	游泳	省队	运动健将
竹　林	女	游泳	省队	一级运动员
钦　炜	男	游泳	省队	一级运动员
祁佳佳	男	游泳	省队	一级运动员
徐　宁	男	游泳	省队	一级运动员
周　洋	男	游泳	省队	运动健将
俞　岚	女	游泳	省队	一级运动员
俞　蓉	女	游泳	广州军区队	一级运动员
俞珠君	女	游泳	省队	一级运动员
张　艳	女	游泳	国家队	国际运动健将
高文采	女	游泳	国家队	运动健将
陈　芸	女	游泳	省队	一级运动员
毕娴馨	女	游泳	省队	一级运动员
陈诗婕	女	游泳	省队	一级运动员
陆奕婷	女	游泳	省队	一级运动员
毛飞廉	男	游泳	省队	运动健将
严小婷	女	游泳	省队	一级运动员
汪航洋	男	游泳	省队	一级运动员
陆亦烨	女	游泳	省队	一级运动员
朱跃勇	男	田径	省队	运动健将
许昱华	女	国际象棋	国家队	国际特级大师

说明：资料来源于杭州市上城区文化和广电旅游体育局

附

运动名人（著名运动员）

一、罗雪娟

罗雪娟，女，浙江杭州人，上城籍游泳运动员，1984年1月26日出生。原浙江省杭州第四中学学生。1995年，进入浙江省游泳队。2000年，进入国家游泳队。2001年、2002年被国家体育总局授予体育运动荣誉奖章，其中2001年被国家体育总局评为全国十佳运动员。

主要成绩：

2000年悉尼奥运会女子200米蛙泳第八名

2000年济南全国游泳冠军赛暨奥运会达标赛女子100米蛙泳冠军

2001年世界游泳锦标赛女子50米蛙泳冠军、100米蛙泳冠军、200米蛙泳季军、4×100米混合泳接力季军

2001年第九届全国运动会女子100米蛙泳冠军

2002年世界短池游泳锦标赛女子50米蛙泳亚军、100米蛙泳季军

2002年泛太平洋游泳锦标赛女子100米蛙泳季军、200米蛙泳第四名

2002年第14届亚运会女子100米蛙泳冠军、200米蛙泳亚军

2003年世界杯短池游泳赛上海站女子50米蛙泳冠军

2003年巴塞罗那世锦赛女子50米蛙泳冠军、100米蛙泳冠军、4×100混合泳接力冠军

2004年雅典奥运会女子100米蛙泳冠军（以1分06秒64打破奥运会纪录）

2005年全国游泳冠军赛暨十运会游泳预赛女子50米蛙泳冠军

2005年第十届全运动会女子100米蛙泳冠军

二、叶诗文

叶诗文，女，浙江杭州人，上城籍游泳运动员，1996年3月1日出生。2008年入选省游泳队。2010年进入国家游泳队，师从教练徐国义。

主要成绩：

2010年国际泳联短池游泳世界杯系列赛北京站女子100米自由泳冠军、女子200米个人混合泳冠军、女子400米个人混合泳冠军

2010年迪拜短池游泳世锦赛女子400米个人混合泳亚军、女子200米个人混合泳亚军

2010年第16届亚洲运动会女子400米个人混合泳冠军、女子200米个人混合泳冠军、女子400米个人混合泳亚军

2011年上海第十四届游泳世锦赛女子200米个人混合泳冠军

2011年全国游泳冠军赛女子4×200米自由泳接力冠军

2011年第七届全国城市运动会女子4×100米自由泳接力冠军、女子400米个人混合泳冠军、女子200米个人混合泳冠军、女子4×200米自由泳接力冠军

2012年伦敦奥运会女子400米个人混合泳冠军（4分28秒43打破世界纪录）、女子200米个人混合泳冠军（2分07秒57打破奥运会纪录）

2012年国际泳联短池游泳世界杯系列赛北京站女子200米混合泳冠军、女子400米混合泳冠军

2012年土耳其伊斯坦布尔短池游泳世锦赛女子400米个人混合泳亚军（4分23秒33打破亚洲纪录）、女子200米个人混合泳冠军（2分04秒64打破赛会纪录和亚洲纪录）

2012年全国游泳冠军赛女子200米个人混合泳冠军

2013年首届中国、澳大利亚、南非三国游泳对抗赛女子200米个人混合泳冠军、女子400米个人混合泳冠军

2013年迈阿密超级挑战赛女子200米个人混合泳冠军、女子100米自由泳冠军

2013年全国游泳冠军赛女子200米个人混合泳冠军、女子200米自由泳冠军、女子

200米仰泳冠军、女子400米个人混合泳冠军

2013年辽宁全运会女子400米个人混合泳冠军、女子200米个人混合泳冠军

2014年五国游泳对抗赛女子200米个人混合泳冠军

2014年仁川亚运会女子4×100米自由泳接力冠军、女子400米个人混合泳冠军、女子200米个人混合泳冠军

2014年国际泳联短池游泳世界杯系列赛北京站女子100米混合泳亚军

2014年全国游泳冠军赛女子400米个人混合泳冠军

2015年澳大利亚珀斯四国游泳对抗赛女子200米个人混合泳亚军

2015年全国游泳冠军赛获女子200米个人混合泳比赛冠军、女子400米个人混合泳比赛冠军

三、陈桦

陈桦，女，上城籍游泳运动员，1982年出生。中国游泳运动员，2000年、2001年、2002年被国家体育总局授予体育运动荣誉奖章。原浙江省杭州第四中学学生。

主要成绩：

1997年第八届全国运动会800米自由泳亚军、400米自由泳第三名

1998年世锦赛800米自由泳第八名

1998年曼谷亚运会400米、800米自由泳、4×200米自由泳接力冠军

1999年世界杯短池北京站、巴黎站、格拉斯哥站400米、800米自由泳冠军

2000年短池世锦赛800米自由泳冠军、400米自由泳第三名

2001年世界杯短池系列赛上海站女子800米自由泳冠军

2002年全国游泳锦标赛女子1500米自由泳冠军

2002年世界短池游泳锦标赛800米自由泳冠军、400米自由泳亚军

2002年釜山亚运会女子800米自由泳冠军

2003年全国游泳冠军赛400米、1500米自由泳冠军

2004年全国游泳冠军赛800米自由泳冠军

四、汤景之

汤景之，女，浙江杭州人，上城籍游泳运动员，原杭州市定安路小学学生。1986年9月1日出生。1995年，在浙江省杭州市陈经纶体校练游泳，教练韩俊国、柏自悦。1998年，进入浙江省体工大队游泳队。2002年，进入国家游泳队。同年，被国家体育总局授予体育运动荣誉奖章。

主要成绩：

2001年世界友好运动会女子400米自由泳冠军

2002年世界短池游泳锦标赛女子4×200米自由泳接力冠军

2002年釜山亚运会女子4×200米自由泳接力冠军

2002年莫斯科世界短池游泳锦标赛4×200米自由泳接力冠军（成绩7分46秒30，打破世界纪录）

2003年世界杯短池游泳系列赛女子800米自由泳冠军、400米自由泳季军

2003年全国游泳锦标赛女子400米自由泳冠军

2005年全国游泳冠军赛暨十运会游泳预赛女子400米自由泳冠军

2006年亚洲游泳锦标赛女子200米自由泳冠军

五、杨雨

杨雨，女，浙江杭州人，上城籍游泳运动员，1985年2月6日出生，原浙江省杭州第十中学学生。1996年10月进浙江省队，师从何新中。2000年首次出国比赛，在世界杯短池系列赛上，5站拿6枚金牌；其中在柏林站创造短池200米自由泳世界杯纪录。2000年、2002年被国家体育总局授予体育运动荣誉奖章。

主要成绩：

2002年釜山亚运会女子200米自由泳冠军

2003年巴塞罗那世界游泳锦标赛4×100米混合泳接力冠军、200米自由泳季军

2003年世界杯短池游泳赛柏林站女子200米自由泳冠军（1分54秒90，打破世界纪录）

2004年世界杯短池游泳赛柏林站女子200米混合泳、200米蝶泳冠军（2分04秒04，打破女子200米蝶泳世界纪录）

2004年雅典奥运会女子4×200米自由泳接力亚军

2005年第十届全运动会女子200米自由泳冠军

六、邵依雯

邵依雯，女，上城籍游泳运动员，1995年3月10日出生，2006年5月进入浙江省队。

主要成绩：

2006年浙江省运动会女子100米蝶泳11岁组比赛冠军

2009年第十一届全运会800米自由泳第五名

2010年广州亚运会女子400米自由泳冠军、800米自由泳亚军

2011年全国游泳冠军赛暨世锦赛选拔赛女子400米自由泳冠军

2011年全国游泳锦标赛女子800米自由泳冠军

2012年全国游泳冠军赛女子400米自由泳冠军

2012年短池世界杯北京站女子200米自由泳冠军、女子400米自由泳冠军

2012年迪拜亚锦赛女子400米亚军、800米自由泳亚军

2013年国际泳联短池世界杯系列赛北京站女子400米自由泳冠军

七、傅园慧

傅园慧，女，浙江杭州人，上城籍游泳运动员，1996年1月7日出生。2008年入选浙江省游泳队，2011年入选中国国家游泳队，师从李雪刚、徐国义。

主要成绩：

2011年世青赛女子100米仰泳亚军

2013年巴塞罗那世锦赛获得女子50米仰泳亚军

2014年仁川亚运会女子50米仰泳冠军、100米仰泳冠军

2015年喀山世锦赛获得女子50米仰泳冠军，女子4×100混合泳接力冠军

八、闻一梅

闻一梅，女，上城籍帆船（板）运动员，1982年11月21日生，1997年11月进入浙江省队，2005年进入国家队。

主要成绩：

2006年亚洲帆船锦标赛帆船女子470级冠军

2006年全国锦标赛青岛站场地赛帆船女子470级冠军

2006年全国锦标赛青岛站长距离帆船女子470级冠军

2006年全国锦标赛日照总决赛场地赛帆船女子470级冠军

2006年第十五届多哈亚运会帆船女子470级季军

第三节　体育组织与社团

1992年，上城区体育总会成立。1994年，各街道建立体育协会。1998年、2000年，上城区体育总会（简称区体育总会）被杭州市体育总会评为先进单位。2009年，上城区制定《上城区体育社会团体管理实施细则》，内容包括指导和管理社团的具体事项，社团成立与变更的条件，社团的规章制度，任职管理等方面共31条。2010—2015年，区体育总会每年召开体育社团工作年会，抓好体育社团建设。至2015年，上城区共有35个体育社团。

一、体育社团

1993年，上城区门球协会成立。至1995年末，上城区有长跑、游泳、轮滑、健美、信鸽、网球、舞蹈等体育协会24个。

2000年，上城区城站广场体育俱乐部和上城区健身腰鼓队成立，近江街道艺术健身俱乐部成立。2005年，上城区钓鱼协会法人社团、杭州横河青少年体育俱乐部成立。2010—2015年，上城区船艇运动协会、上城区空竹协会、上城区健身球协会、上城区东方舞协会、上城区羽毛球协会、上城区足球协会、上城区登山协会、上城区乒乓球俱乐部、上城区排舞协会、上城区社会体育指导员协会等社团成立。

至2015年，上城区共有35个体育社团，其中，街道体育协会6个，行业系统体育协会6个，单项体育协会19个（法人社团12个），二级社团4个。

表29-9-37　2015年上城区体育社团情况表

类型	序号	体育社团名称
街道体育协会	1	湖滨街道体育协会
	2	清波街道体育协会
	3	小营街道体育协会
	4	望江街道体育协会

续表29-9-37

类型	序号	体育社团名称
街道体育协会	5	紫阳街道体育协会
	6	南星街道体育协会
行业系统体育协会	7	上城区老年人体育协会
	8	上城区职工体育协会
	9	上城区卫生体育协会
	10	上城区城管体育协会
	11	上城区钟声体育协会
	12	上城区前卫体育协会
单项体育协会	13	上城区健美体育协会
	14	上城区桥牌体育协会
	15	上城区健身腰鼓协会
	16	上城区登山协会
	17	上城区健身球协会
	18	上城区排舞协会
	19	上城区健身东方舞协会
单项体育协会（法人社团）	20	上城区武术协会
	21	上城区信鸽协会
	22	上城区钓鱼协会
	23	上城区游泳协会
	24	上城区社会体育指导员协会
	25	上城区门球协会
	26	上城区空竹运动协会
	27	上城区吴山太极拳协会
	28	上城区船艇运动协会
	29	上城区长跑协会
	30	上城区足球协会
	31	上城区羽毛球协会
二级社团	32	上城区紫阳健身气功站
	33	上城区御码头气功站
	34	上城区乒乓球俱乐部
	35	上城区快活林气功站

说明：资料来源于杭州市上城区文化和广电旅游体育局

二、社团选介

上城区老年人体育协会　上城区老年人体育协会（简称区老年体协）成立于1994年3月，是具有独立法人资格的社会团体。协会旨在按照国家体育工作方针、政策，组织全区老年人工作者和体育爱好者，开展老年人体育活动，增强老年人体质，以更好地为实现老有所乐、安度晚年，为社会主义精神文明和物质文明建设服务。协会根据老年人生理、心理特点，组织和指导开展老年人体育活动；举办全区性的老年体育活动；培训老年人体育骨干；协助有关部门，组织老年体育的科学研究；组织参加市老年人体育竞赛和对外交流活动。2002年，区老年体协被浙江省老年人体育协会评为“1997—2001年老年体育协会先进单位”。2013年，区老年体协可乐球操队被区体育局授予“2012年度上城区优秀体育团队”称号。

上城区社会体育指导员协会　上城区社会体育指导员协会成立于2014年10月，是由社会体育指导员及相关单位自愿组成的非营利性社会组织。协会宗旨是在全民健身活动中进行技能传授和体育指导；提高社会体育指导员道德与业务水平，发挥社会体育指导员的作用。协会主要开展全民健身活动；组织、辅导群众进行科学的健身锻炼；开展全民健身宣传和咨询活动；配合体育行政部门做好社会体育指导员资格分类等级评定；维护会员合法权益，规范日常指导行为；开展全民健身赛事策划、体育项目培训、全民健身学术研讨及对外交流活动。协会成立后每年开展二级、三级社会体育指导员培训，并多次协办各类体育赛事。

第四节　公共体育设施

1993年，上城区公共体育设施主要有上城区体育场、横河溜冰场。2001年起，全区开展基层社区健身苑、健身路径、健身点建设。2010年起，上城区开展区域内体育设施共享工作。2011年，上城区制定《上城区街道全民健身路径管理年度考评标准》，考评范围包括组织领导、日常管理、路径建设及更新维修，确保基层社区健身路径专人负责，安全有序。2014年，上城区结合望江地块改造，配套建成400米标准田径场。田径场位于钱江路与姚江路交叉路口，为区体育局与北京师范大学附属杭州中学共同使用。至2015年，上城区公共体育设施主要有上城区定安路体育中心、横河溜冰场、横河商贸大厦等，有健身苑点84个。

一、区属设施建设

上城区定安路体育中心　上城区定安路体育中心位于定安路27号。1989年，上城区正式建立上城区体育场。1995年，上城区对原有体育场设施进行改造，增加体育场看台座位，将体育场300米的跑道改为塑胶跑道，室外游泳池改造成室内标准游泳池。1999年9月，区体育运动局和浙江省浙联房地产开发投资有限公司签订协议，将上城区体育场地块联合建设成上城区体育商城。2008年，上城区体育商城竣工，体育场地总面积约11000平方米，其中，健身房1600平方米，羽毛球馆2000平方米，游泳馆（定安路游泳馆）2085平方米，网球场3083平方米，附属用房2232平方米。2011年，定名为上城区定安路体育中心。至2015年正常运转。

上城区体育中心　上城区体育中心位于钱江路与候潮路交叉口西南侧，2015年8月开工建设，预计项目总投资3.5亿元，占地面积约1.00万平方米，总建筑面积5.40万平方米，地上14层，地下4层，包含棋类馆、球类馆、体操馆、健身馆、武术馆、游泳馆（水球馆）、室内足球场、体质监测中心等。

横河溜冰场　横河溜冰场位于土山弄1号。1981年，上城区横河游泳池被改造为溜冰场。1999年，横河溜冰场重新改造为集溜冰、游泳为一体的场所，夏季开展游泳，冬季开展溜冰，整体改造场地总面积2500平方米，浅水区0.6米、深水区1.2米，简易更衣室220平方米，改造总投资140万元。至2015年正常运转。

横河商贸大厦　横河商贸大厦位于环城东路23-2号。1992年，杭州市上城区体育运动委员会、杭州市乡镇企业管理局协议联建杭州市横河体育中心、杭州市乡镇企业管理局办公楼，总占地面积1000平方米。项目于1993年8月开工，1995年1月竣工。是年3月，上城区开办杭州横河商贸大厦，建筑面积1477.6平方米，主营范围有健身娱乐、体育器材等。至2015年正常运转。

二、街道社区体育设施

上城区街道体育设施与文化站合为一体，普遍设有乒乓球房、健身室、棋牌房、文体活动点等，并在室外广场、空地等建有规模不等的健身场所。2001年起，全区展开基层社区健身苑、健身路径、健身点建设。是年，新建6个社会健身苑和22条健身路径。2005年，全区建有精品健身苑14个、群体健身路径52条、室内健身苑9个、标准门球场1个。2009年，紫阳街道凤凰社区建立羽毛球场。2010年，上城区命名第一批全民健身晨晚练点，包括清波街道吴山广场、钱王祠，湖滨街道东平巷休闲广场，小营街道横河公园、小营公园，紫阳街道太庙广场、木材新村，南星街道紫花埠、八卦田公园，望江街道近江西园六园中心花园、天福花园中心公园。

2010—2013年，南星街道紫花苑社区建立地掷球场、门球场。2013—2015年，上城区新建健身苑点12个，更新69个，减少2个，更新器材816件。至2015年，全区共有健身苑点84个。

表29-9-38　2015年上城区全民健身苑点建设情况表

编号	街道	社区	地　址	面积（平方米）	健身点常规器材（件）
1	湖滨	涌金门社区	中国美术学院前	200	11
2	湖滨	青年路社区	社区内	200	11
3	湖滨	东平巷社区	社区内	200	11
4	湖滨	岳王路社区	平海公寓	200	11
5	湖滨	东坡路社区	湖滨健身休闲中心	150	11
6	湖滨	吴山路社区	社区内	200	11
7	清波	劳动路社区	景云村14号旁	100	11
8	清波	劳动路社区	劳动路136～144号	50	11
9	清波	清河坊社区	伍公山	800	26
10	清波	清河坊社区	十三湾小区内	100	11
11	清波	清河坊社区	后市街46号	100	11

续表29-9-38

编号	街道	社区	地 址	面积（平方米）	健身点常规器材（件）
12	清波	定安路社区	后市街115号	100	11
13	清波	定安路社区	定安苑小区公园内	350	11
14	清波	清波门社区	南山路路旁	200	12
15	清波	柳翠井巷社区	光复路28号	100	4
16	清波	柳翠井巷社区	柳翠井巷（世纪联华超市边）	100	11
17	小营	小营巷社区	小营巷	70	11
18	小营	小营巷社区	皮市巷	300	11
19	小营	长明寺巷社区	建国中路	600	11
20	小营	葵巷社区	花园弄	100	11
21	小营	葵巷社区	锦花苑小区	80	11
22	小营	葵巷社区	万安南苑	400	25
23	小营	葵巷社区	小河下	80	11
24	小营	大学路社区	大学路30号	500	11
25	小营	大学路社区	大学路新村92-1号	200	11
26	小营	马市街社区	清吟街小区内	80	11
27	小营	马市街社区	万安西苑内	100	11
28	小营	紫金社区	中河边	500	11
29	小营	梅花碑社区	中河边	200	11
30	小营	茅廊巷社区	中河边	500	11
31	小营	茅廊巷社区	义井巷小区	300	11
32	小营	姚园寺巷社区	斗富二桥东河下	200	11
33	小营	西牌楼社区	直吉祥巷14号对面	200	11
34	小营	西牌楼社区	建国南苑6幢前	500	11
35	小营	金钱巷社区	南班巷1幢边	380	11
36	小营	老浙大社区	老浙大路22号	400	11
37	望江	清泰门社区	社区内	200	11
38	望江	莫邪塘社区	社区内	200	11
39	望江	兴隆社区	兴隆东村26幢边	200	11
40	望江	始版桥社区	始版桥新村公园内	260	11
41	望江	大通桥社区	望江路34号	300	11
42	望江	大通桥社区	霞晖南村9幢旁	300	11
43	望江	徐家埠社区	社区内	400	11
44	望江	耀华社区	华龙坊	200	11
45	望江	在水一方社区	天福花园内	400	11
46	望江	近江西园社区	近江八园19园	300	11
47	望江	近江东园社区	近江三园花厅	200	11
48	南星	复兴街社区	复兴南苑2号门公园	500	11
49	南星	复兴街社区	复兴南苑3号门公园	600	11
50	南星	复兴街社区	复兴北苑2幢后面	400	11
51	南星	美政桥社区	美政花苑2号花坛北	300	12

续表29-9-38

编号	街道	社区	地址	面积（平方米）	健身点常规器材（件）
52	南星	美政桥社区	美政花苑1号花坛南	300	12
53	南星	紫花埠社区	紫花苑1号门	200	12
54	南星	馒头山社区	凤凰新村12幢边	100	12
55	南星	馒头山社区	宋城路96号	100	13
56	南星	海月桥社区	海月桥社区内	600	27
57	南星	十亩田社区	社区内	200	11
58	南星	玉皇山社区	电厂二宿舍院内	120	11
59	南星	玉皇山社区	城市家园16幢边	100	11
60	南星	白塔岭社区	社区内	—	11
61	南星	水澄桥社区	民安苑中心花园	100	11
62	南星	水澄桥社区	水澄南苑	100	11
63	紫阳	十五奎巷社区	丁衙巷1～2号之间	—	12
64	紫阳	街道	凤凰中心花园	2000	32
65	紫阳	街道	黄公厂弄18号后面	600	47
66	紫阳	街道	贴沙河公园	1000	28
67	紫阳	街道	秋涛路157号对面	600	15
68	紫阳	街道	永昌坝9幢旁	600	14
69	紫阳	街道	木材新村花园	1000	7
70	紫阳	太庙社区	勤远里22号前	100	11
71	紫阳	彩霞岭社区	保安桥直街8号	1000	45
72	紫阳	彩霞岭社区	上水陆寺巷40号后	200	9
73	紫阳	彩霞岭社区	保安桥直街1号	300	16
74	紫阳	彩霞岭社区	保安桥直街8～11号	300	14
75	紫阳	候潮门社区	凤山花园3幢边	150	11
76	紫阳	北落马营社区	候潮公园	500	11
77	紫阳	新工社区	秋涛路157号对边	500	11
78	紫阳	新工社区	南瓦坊8幢	—	3
79	紫阳	凤凰社区	凤凰北苑2幢前	1000	32
80	紫阳	海潮社区	海潮社区2幢边	300	11
81	紫阳	木场巷社区	贴沙河公园	300	28
82	紫阳	春江社区	中心花园	100	11
83	紫阳	上羊市街社区	金狮苑6幢边	100	11
84	紫阳	上羊市街社区	袁井巷7幢前	50	5

说明：资料来源于杭州市上城区文化和广电旅游体育局

三、体育设施共享

2010年起，上城区探索区域内体育设施共享工作，让居民可免费就近享受到在社区家门口的文体设施，首批有杭州市中财大厦、杭州市基督教青年会、杭州市工人文化宫、杭州岳王艺术城、星空瑜伽健身中心等15家设施资源共享单位。共享单位对社区居民免费开放的文体资源包括羽毛球场、乒乓球场、健身房、图书室、多功能厅、操场、门球场、活动排练室等。2011年4月，区政府成立上城区文化体育设施资源共享管理委员会，加强对该项工作的领导。2014年，区体育局、区教育局、杭州市上城区财政局联合制定《上城区中小学校体育场地设施向社会开放工作实施细则》，细则包括开放场地、开放时间，保障措施等内容。成人持市民卡到所在社区（或开放学校所在社区）登记个人信息，次日可凭卡进校健身，一人一校。学生持学生市民卡可在全市开放学校刷卡健身。居民进出都需在校门处的刷卡机上刷卡。至2015年末，上城区对外开放中小学校体育场地34所。

表29-9-39　2015年上城区学校体育场地开放情况表

单位：人

序号	学校名称	地址	所在社区	开放时间	开放容量
1	杭州市天长小学	孝女路4号	东坡路	6:00—7:00,17:00—19:00; 放假期间：9:00—12:00,15:00—18:00	80
2	杭州市惠兴中学	惠兴路11号	吴山路	6:00—7:00,17:30—19:30; 放假期间：8:30—11:30,15:00—18:00	80
3	杭州市上城区教育学院附属小学	复兴南苑12号	复兴	5:00—6:30,18:00—19:30; 放假期间：5:00—9:30,18:00—19:30	150
4	杭州市清河实验学校	复兴路235号	海月桥	放假期间：7:00—9:00,14:00—18:00	300
5	杭州市教育科学研究所附属小学	海月路2号	海月桥	6:00—7:00,17:30—19:30; 放假期间：8:30—11:30,15:00—18:00	150
6	杭州市美术职业学校	凤凰山脚路166号	馒头山	5:30—7:00,17:30—19:00; 放假期间：8:30—16:30	80
7	浙江省杭州第四中学吴山校区	延安路19号	劳动路	放假期间：7:00—9:00,14:00—18:00	300
8	杭州市娃哈哈小学	劳动路95号	劳动路	6:00—7:00,17:30—19:30; 放假期间：6:30—9:30,15:30—18:30	80
9	杭州师范大学第一附属小学（吴山校区）	四宜路180号	清波门	6:00—7:00,17:00—19:00; 放假期间：7:00—17:00	80
10	杭州市高银巷小学	高银巷37号	清河坊	6:00—7:00,17:30—19:30; 放假期间：8:30—11:30,15:00—18:00	80
11	杭州服装职业高级中学	海潮路51号	大通桥	放假期间：8:30—11:30,16:30—19:30	150
12	杭州市勇进实验学校（望江校区）	东宝路51号	始版桥	5:30—7:00,18:00—19:30; 放假期间：5:00—8:00,12:00—15:00	150
13	杭州市开元中学	近江家园栖园弄1号	近江西苑	4:30—6:30,19:00—20:00; 放假期间：4:30—10:30	300
14	杭州市勇进实验学校（始版桥校区）	始版桥东村11号	始版桥	18:30—21:30; 放假期间：5:00—8:00,12:00—15:00	150
15	杭州市清泰实验学校（初中部）	兴隆西村28号	兴隆	5:00—7:00,18:30—19:30; 放假期间：5:00—9:00,17:30—19:30	150
16	杭州市胜利小学	富春路199号南光坊	耀华	5:30—6:30,18:00—20:00; 放假期间：9:00—11:30,14:30—18:30	150

续表29-9-39

序号	学校名称	地址	所在社区	开放时间	开放容量
17	杭州天地实验小学	徐家埠路50号	婺江	6:00—7:00,17:30—19:30; 放假期间：8:30—11:30,15:00—18:00	300
18	浙江省杭州第二中学东河校区	建国中路36号	长明寺巷	放假期间：双休日周日开放7:30—17:30; 节假日、寒暑假7:30—20:00	300
19	杭州市旅游职业技术学校解放校区	解放路50号	葵巷	6:00—7:00,16:00—18:00; 放假期间：7:30—9:30,15:00—19:00	150
20	杭州市大学路小学	大学路新村54号	大学路	5:30—6:30,15:00—19:00; 放假期间：5:30—7:30,15:00—19:00	80
21	浙江省杭州第十中学	皮市巷158号	马市街	5:00—6:30,19:00—20:30; 放假期间：8:30—11:30,15:00—18:00	150
22	杭州市回族穆兴小学（穆兴校区）	丰家兜23-4号	茅廊巷	5:00—7:00,18:00—19:00; 放假期间：8:30—11:30,15:00—18:00	80
23	杭州市饮马井巷小学	建国南苑灰团巷11号	姚园寺巷	6:00—7:00,17:30—19:30; 放假期间：8:30—11:30,15:00—18:00	80
24	杭州市回族穆兴小学（小营校区）	皇诰巷3号	紫金	5:00—7:00,18:00—19:00; 放假期间：8:30—11:30,15:00—18:00	80
25	杭州市金都天长小学	候潮路6号	北落马营	18:00—21:00; 放假期间：9:00—12:00,13:00—16:00	80
26	杭州市胜利实验学校	赞成林风小区旁	甬江	6:00—7:00,18:00—20:00 放假期间：9:00—11:00,13:00—17:00	150
27	北京师范大学附属杭州中学	钱江路姚江路口	凤凰	6:00—7:00,18:00—20:00 放假时间：8:00—11:00,14:00—17:00	500
28	杭州市凤凰小学（钱江校区）	钱江路凤凰北苑9号	凤凰	周一至周五：6:00—7:00,18:00—20:00 双休日：8:00—11:00,14:00—17:00	150
29	杭州市江城中学	江城路287号	候潮门	周一至周五：18:30—21:30 周六日、节假日、寒暑假：11:30—17:30	150
30	杭州市抚宁巷小学	金狮苑20号	上羊市街	6:00—7:00,17:30—19:30; 放假期间：8:30—11:30,15:00—18:00	80
31	杭州市紫阳小学	中山南路太庙巷7号	太庙	周一至周五：16:30—19:30; 节假日、双休日：13:00—19:00	80
32	杭州市凤凰小学（秋涛路校区）	南瓦坊12幢	新工	6:00—7:00,18:00—20:00 放假期间：8:00—11:30,13:00—16:30	80
33	浙江省杭州第六中学	佑圣观路161号	梅花碑	6:00—7:00,17:00—19:00; 放假期间：9:00—12:00,15:00—18:00	80
34	杭州市天长小学	东坡路94-乙号	东坡路	放假期间：9:00—12:00,15:00—18:00	60

说明：资料来源于杭州市上城区文化和广电旅游体育局

四、游泳场（馆）

1993年，上城区有区属游泳馆1家（定安路游泳馆）。2013年起，社会开办的游泳场（馆）迅速发展。至2015年，上城区共有社会开办游泳场（馆）21家，区属游泳馆1家。

表29-9-40　2013—2015年上城区社会开办游泳场（馆）情况表

单位：平方米

序号	名称（简）	经营地址	泳池面积	开办年份	开放情况
1	春江花月泳池	钱江路158号	950	2013	室内馆常年开放，室外池夏季开放，小区配套设施
2	阳光海岸泳池	甬江路6号	360	2013	室内馆常年开放，小区配套设施
3	金色海岸泳池	金色海岸小区内	200	2013	室内馆常年开放，小区配套设施
4	凯悦酒店泳池	湖滨路28号	220	2013	室内馆常年开放，宾馆配套设施
5	西湖大酒店泳池	西湖大道333号	30	2013	室内馆常年开放，宾馆配套设施
6	维景大酒店泳池	平海路2号	153	2014	夏季开放，宾馆配套设施
7	蓝色钱江酒店泳池	望江东路39号	240	2014	常年开放，宾馆配套设施
8	东方金座泳池	望江府8幢	350	2013	常年开放，健身房配套设施
9	杭州市妇女活动中心泳池	婺江路333号4层	375	2014	常年开放
10	香溢大酒店泳池	解放路108号5楼	150	2013	夏季开放，宾馆配套设施
11	丽园小区泳池	江城路355号丽园小区内	240	2014	夏季开放，小区配套设施
12	豪仕迈健身	海运国际大厦地下1层	158	2015	常年开放，健身房配套设施
13	金色家园小区泳池	富春路16号金色家园小区内	300	2014	夏季开放，小区配套设施
14	东方金座泳池	岳王路1号东方金座4层东侧	150	2014	常年开放，健身房配套设施
15	绿园小区泳池	鲲鹏路97号新绿园小区内	350	2014	夏季开放，小区配套设施
16	蓝色钱江北区泳池	鲲鹏路229号蓝色钱江北区内	432	2014	夏季开放，小区配套设施
17	蓝色钱江南区泳池	鲲鹏路230号蓝色钱江南区内	700	2014	夏季开放，小区配套设施
18	金都华府泳池	候潮路8号金都华府小区内	340	2014	夏季开放，小区配套设施
19	杭州市娃哈哈小学泳池	劳动路95号	400	2013	学校培训基地
20	江城路游泳馆	江城路402号	250	2014	夏季开放
21	万安小区泳池	建国中路179号万安东苑内	200	2014	夏季开放，小区配套设施

说明：资料来源于杭州市上城区文化和广电旅游体育局

第十章　文化市场管理

1978年起，随着社会主义市场经济的发展，各类文化经营、文化消费活动相继出现。上城区逐步加强对文化市场日常经营活动的监管。1984年前后，上城区先后出现舞会（厅）、卡拉OK厅、录像厅、电子游戏厅等文化经营场所。1988年，杭州市上城区社会文化管理委员会建立，研究制定全区文化市场管理目标和任务，指导开展全区性集中整治及检查行动等。

20世纪90年代，区文化局重点围绕“扫黄打非”斗争，组织力量及时收缴明令禁止的非法出版物、音像制品，整治不良娱乐经营行为。2002年，国务院颁布《互联网上网服务营业场所管理条例》后，区域内互联网上网服务场所被纳入文化市场管理范围。2008年，区文广新局成立行政处罚案件审理委员会，建立案件查处集体会审和行政处罚听证等制度。2009年，上城区建立群众性文体市场义务监督员队伍，以加强日常巡查监督，及时发现和举报社区各类文化市场违法经营行为。是年，区文广新局在杭州市率先开展卡拉OK内容安全管理服务系统安装工作。2011年，区文广新局实行审批流程一次性告知和审核“一条龙”服务机制，制定服务标准规范，并将相关内容上墙，接受社会监督。2012—2014年，电影放映单位的管理权限，广播电视节目制作单位、互联网视听单位、接收卫星传送的境外电视节目单位的管理权限相继下放至上城区。

2015年，区文广新局把好文化市场审批和管理环节，组织文化市场相关单位签订自查自纠承诺书以及开展安全生产月活动，开展法制宣传培训，持续加强对出版物经营场所、娱乐场所、非法地面卫星接收设施进行执法检查。

第一节　文化市场监督

一、审批和管理

1993年，区文化局文化市场审批权限主要为图书报刊零售（出租）、经营电子游戏机房、台球房以及区属文化事业单位开办歌舞厅等。1994年，根据省、市文化行政管理部门要求，区文化局将社会上卡拉OK伴奏、音带（碟片）统一纳入监管范围。1997年，《杭州市印刷业管理规定》明确：申请印刷品印刷业务（不含出版物、包装装潢印刷），经区文化行政管理部门审核后报杭州市新闻出版局批准；申请复印、打字、影印等业务，须报区文化局审批。

2001年，区文化局增加杭州市下放的音像制品经销店监管职能。2002年，根据国家《互联网上网服务营业场所管理条例》等法规，区域内互联网上网服务场所被纳入文化市场管理范围。2009年，区文广新局在杭州市率先开展卡拉OK内容安全管理服务系统安装工作。是年，区文广新局获“杭州市卡拉OK内容管理服务系统建设先进单位”称号。

2010年，根据浙江省新闻出版局《关于开展全省音像制品经营单位审核登记换证工作的通知》要求，按照有关国家规定，区文广新局统一重新审核全区音像制品批发、零售、出租行业经营单位，统一将原文化行政管理部门发放的相关许可证调整为国家新闻出版总署核发。是年，根据省、市有关规定，演出经纪机构、网络文化经营单位的管理权限下放至上城区。2011年，区文广新局结合“权力阳光运行”目标要求，实行审批流程一次性告知和审核“一条龙”服务机制，制定服务标准规范，并将相关内容上墙公开，接受社会监督。是年，上城区规范演出市场经营活动，严格执行演出日志登记备查制度，日志必须保存60天以上；要求演出场所规范安装监控设备，加强对演员的管理，加强对演出团体、节目内容、播放曲目、屏幕画面等自律自管，确保演出内容健康。同时，实行“黑名单”制度，实现全市“黑名单”信息共享，合力打击不法经营行为。

2012年，根据省、市有关规定，对电影放映单位的管理权限下放至上城区。2013年，上城区根据文化部《关于加强演出市场管理工作的通知》精神，进一步规范演出团体、演出节目等审核批准。2014年起，对广播电视节目制作单位、互联网视听单位、接收卫星传送的境外电视节目单位的管理权限下放至上城区。2015年，区文广新局建立文体市场动态信息制度，定期向社会公开，以方便投资者了解文体市场动态。

二、安全监管

1993年，区文化局联合公安、消防等部门，对文化单位及公共娱乐场所进行联合检查行动。1998年，区文化局下发《关于加强文化单位及公共娱乐场所防火安全的通知》。2001年，区文化局根据公安部、国家经济贸易委员会、文化部等11个部委局联合文件精神，制定下发《上城区公众聚集场所消防安全专项治理实施意见的通知》，对区域内娱乐场所开展安全排查。

2008年，《中华人民共和国消防法》修订后，区文广新局对全区舞厅、录像厅、卡拉OK厅、游乐厅、保龄球、夜总会等公共娱乐场所进行安全检查，开展“文化市场消防安全整治百日攻坚行动”。2009年，文化部、公安部、国家安全生产监督管理总局联合组成专家组，对上城区文化娱乐场所易燃可燃装修材料消防安全进行检查。2010年，区文广新局组织全区歌舞娱乐、电子游戏、网吧、演出、音像、出版物场所负责人签订“构筑社会消防安全‘防火墙’工程责任书”。2012年，上城区建立文化市场“清剿火患”战役工作领导小组，严格执行安全生产上岗资格证制度，加强日常巡查，对巡查发现的5家消防安全不达标的文化娱乐场所，当即责令限期整改。2013年，上城区重点检查区域内影剧院、歌舞娱乐和演出等人员密集场所消防合法性、安全通道、消防设施的设置和运行、消防安全预案与安全生产台账落实情况。对在排查中发现的安全隐患，当即责令限期整改。

2015年，上城区深入贯彻落实《浙江省安全生产条例》《杭州市安全生产监督管理条例》及有关工作要求，组织签订自查自纠承诺书以及开展安全生产月活动。是年，杭州市上城区文化市场行政执法大队被国家新闻出版广电总局评为全国广播电视设施安全保护工作先进集体。

三、宣传教育

1993年，区文化局召开1992年度文明经营优胜表彰大会，18家单位和个人获竞赛优胜奖。是年，区文化局组织个体书摊为学校送好书、上街为民优惠供应服务活动，举办非法出版物辨识知识培训班，组织开展街头“扫黄”宣传活动。1994年，结合全国文明城市创建，区文化局举办书刊市场法规政策培训班，区、街两级文化市场稽查全体人员及区域内书刊零售单位（摊）负责人参加。1995年，区文化局举办出版物管理政策法规知识讲座，杭州市新闻出版局局长张建明主讲，区委、区人大常委会领导及全体管理人员、经营单位（户）负责人参加讲座。

1996年，区文化局先后举办图书报刊、音像制品、娱乐场所3次法规轮训。1997年，区文化局举办《中华人民共和国行政处罚法》培训讲座，240余名经营人员参加培训并进行理论考试。1998年，区文化局结合“全国文化市场法制年”活动，举办经营户政策法规学习班和街道法制宣传活动，宣传形式包括黑板展评、文艺演出等。1999年，区文化局开展文化市场执法管理人员及文化经营户普法教育培训。2000年，区文化局举办文化系统法制培训班，组织《娱乐场所管理条例》等法律法规讲座，各街道分管副书记，文化系统及街道文化站在编全体人员参加讲座。2001年，区文化局根据浙江省文化厅、浙江省工商行政管理局《关于促进和规范音像制品零售出租及连锁经营的通知》等文件精神，在吴山广场举办为期一周的法制宣传活动，并专门举办区域内音像经营单位政策法规培训班。

2007年，江西抚州娱乐场所火灾事故发生后，区文广新局举办娱乐场所经营单位管理人员安全知识培训班，培训内容主要是围绕《娱乐场所管理条例》《互联网上网服务营业场所管理条例》进行消防安全常识教育等。2010年，区文广新局开展《杭州市公共场所控制吸烟条例》宣传学习培训班，全区46家网吧、31家歌舞娱乐场所、6家电子游艺娱乐场所和3家演艺场所的法定代表人、相关负责人参加培训。2012年，区文广新局会同公安等部门，相继举办以网吧行业为主的知识产权保护培训班和文化娱乐市场法规培训班。2013年，区文广新局开展以“拒绝盗版，拥抱梦想”为主题的“绿书签行动”，活动内容包括张贴宣传海报，向群众宣传派发“绿书签”，提供文化法制咨询，普及识别非法出版物常识，以及免费维修电脑、发放网吧惠民券等服务。

2015年，区文广新局组织开展包括著作权（版权）法律法规宣传在内的7次法制宣传培训，参加培训单位327家次，参加培训人员658人次。

第二节　文化市场执法

20世纪90年代，上城区文化市场执法检查范围，主要包括区域内图书报刊零售（出租）、电子游戏、桌（台）球，区属文化事业单位开办的相关文化经营活动，以及配合参加省、市组织的集中整治行动。同时，上城区专门建立由原区四套班子领导及部门负责人组成的文化市场义务监督队，不定期对区域内文化经营单位（个人）进行监督检查。2008年，区文广新局成立行政处罚案件审理委员会，建立案件查处集体会审和行政处罚听证制度等。2009年，上城区专门建立群众性文体市场义务监督员队伍。监督员队伍成员来自基层社区，主要任务是加强日常巡查监督，及时发现和举报社区各类文化市场违法经营行为。至2015年，上城区持续加强对出版物经营场所、娱乐场所、非法地面卫星接收设施进行执法检查。

一、出版物管理

1993年，区文化、公安、工商等部门及各街道联合开展集中行动，全面排查区域内的零售（出租）书店（摊）、音像制品零售（出租）点，及时收缴违禁书刊及非法出版物、盗版音像制品等。全区组织集中行动11次，共出动人员1000余人次，收缴禁售非法出版物5300余册，取缔无证经营86起，没收书刊1800余册及违禁物品4件，查处违法违章经营行为42起，吊销文化许可证3家。此后，上城区每年均组织集中执法行动。2006—2007年，上城区整治图书报刊、音像制品市场中的游商夜市地摊出售的非法出版物和少儿版人民币玩具等，仅2007年就收缴盗版音像制品3万余张（盒），非法出版物938册，取缔无证经营48家。2010年，上城区围绕“平安世博、精彩文化”主题，结合“4·26”世界知识产权日等，加强对网络书店、印刷企业和区域内城站火车站、汽车南站、惠兴路、清泰立交桥、东宝路等人流密集场所的日常监管，取缔无证非法经销点30余家，收缴非法出版物1700余册，非法音像制品及电子出版物3300余张。2011年，结合全国文明城市创建及校园周边文化环境整治，在集中检查中，取缔各类无证经营场所40余家，收缴各类非法书刊400余册、非法音像制品及电子出版物5000余张。

2012年，区文化、公安、工商行政管理等部门多次开展集中行动，重点对区域内车站、夜市、十三湾巷及街头小巷无证流动文化经销摊点加强监管，取缔无证非法经营活动，收缴非法、盗版非法出版物300余册，非法音像制品及电子出版物6000余张。2013—2015年，上城区开展非法报刊“清缴”行动，对城站火车站、医院周边，延安路、解放路等人员密集区域的报刊零售亭、经销书店等进行排查，同时加强对音像制品市场的日常监管。

二、娱乐场所管理

电子游戏厅　1993年，针对游戏机房在非法定假日对中小学生开放问题，区文化局共查处违规游戏机房20家，并处以50～300元不等的罚款。1994年，区文化局整顿关闭17家违规游戏机房；对继续经营的游戏机房，专门制作“未成年人禁止进入”警示牌，接受监督。1995年，根据浙江省文化厅要求，区文化局对营业性电子游戏机实行准营证管理，做到一台一证。

2000年，上城区根据全市统一部署，开展电子游戏经营场所专项治理，全面清理“摇钱树”“CD大富翁”“泰山闯天关”“王牌对决”及麻将机等38种具有赌博功能的机种、电路板，并规范场所面积、机型、机种及规模等，重新审核登记。经登记，上城区电子游戏经营场所减至31家，总量缩减2/3以上。2001年，根据文化部《关于开展文化市场治理整顿工作的通知》精神，以及杭州市《关于整顿压缩电子游戏经营场所实施方案》的工作要求，上城区关闭全区使用面积小于120平方米、游戏机完好率少于50台、距中小学校直线距离不足200米的电子游戏机经营场所，全区电子游戏经营场所减至9家。2003—2004年，上城区通过年检、核实，一律关闭不符合省、市政府规定的电子游戏机经营场所准入标准的电子游戏厅。至2005年末，全区电子游戏娱乐场所仅有1家。

2006年，文化部在杭州市对电子游戏经营场所进行有限开放试点，上城区重新制定标准，实行限制准入、指标管理，年内审核批准8家电子游戏经营单位。2008年，区文化、公安、工商行政管理及街道等部门联手行动，重点整治望江地区以及学校周边无证游戏机房，整治取缔无证非法经营游戏房12家，收缴游戏机39台，其中，赌博机8台，游戏电路板21块及连线机主机2块。

2012年，上城区结合杭州市文明城市复检，进一步规范电子游戏机经营审批及机型、机种的审核、编号及归档工作。同时加强日常检查，取缔非法经营游戏房1家，收缴非法游戏机（板）50余台（块）。至2015年，上城区持续加强对电子游戏经营场所的执法检查。

网吧　2001年，根据《浙江省“网吧”经营管理意见》，网吧管理由公安部门牵头，信息产业、文化、工商行政管理等部门根据各自职能配合做好网吧审批、日常监督管理，以及开展联合执法、专项整治等工作。是年，上城区取缔无证网吧2家。2002年，根据国务院《互联网上网服务营业场所管理条例》等相关法规，互联网上网服务场所纳入文化市场管理范围。是年，区文化、公安、工商行政管理等职能部门开展联合执法行动，依法查处违规接纳未成年人、超时营业等不良现象，同步完善凭身份证上网等日常管理制度。2003年，上城区重点取缔“黑网吧”。2006年，上城区首次设立网吧违法经营“黑名单”警示制度，强化对违法经营行为的震慑力度。2007年，依法查处违规经营网吧3家，收缴电脑24台。2014年，上城区重点查处网吧违规接纳未成年人，超时营业等违规行为，取缔“黑网吧”1家，查扣电脑主机29台。2015年，上城区持续对网吧进行执法检查。

歌舞娱乐场所、影吧、演出市场　2006年，国务院发布《娱乐场所管理条例》。是年，上城区依据该条例，整治规范全区歌厅、舞厅等娱乐场所。2007年，上城区取缔无证影吧26家。2008—2010年，上城区重点整治娱乐场所播放违禁歌曲、超时营业、违规接纳未成年人等现象，并依照有关法规给予相应处罚。2015年，上城区在中高考期间，重点进行校园周边文化市场整治和噪音调控。

三、非法地面卫星接收设施专项整治

2005年，上城区根据中央及省、市统一部署，开展全区非法地面卫星接收设施专项整治排查摸底工作。2007年，上城区拆除非法卫星电视接收设施93座。2008年，上城区被浙江省文化厅、浙江省广播电影电视局评为浙江省“无小耳朵[①]社区”创建工作先进区。2009年，上城区组织开展“无非法卫星电视接收设施街道、社区”创建活动，张贴宣传通告1500份，组织专项执法（稽查）38次，拆除非法安装的“小耳朵”108只，取缔非法销售点15个，收缴非法“小耳朵”25只。

2011年，上城区根据杭州市创建“无非法卫星电视接收设施街道”活动要求，成立上城区打击非法“网络共享”网站及设备产品专项治理行动领导小组，集中排查区域内及吴山、东宝路等重点地段的地面卫星电视接收设施及网络共享设备销售摊点，取缔非法经销网络共享设备、卫星电视接收设施摊点37家次，拆除各类地面卫星电视接收设施25套，立案查处非法经销单位2家。

2012—2015年，上城区共查处并取缔非法卫星电视接收单位8家。

① 小耳朵：指非法卫星接收设施。

第三十篇 卫生

上城区有着悠久的医药卫生发展历史，历来是杭州市医疗卫生机构较集中的地区。自宋以来曾设置过“惠民药局”“医药署”等机构。除官家医署，南宋时城内药铺数家，药摊、药贩、药膳、药饮不计其数，以今上城地区御街中段的保佑坊、太平坊、中瓦子、市西坊和猫儿桥一带最为集中。元代寿安坊（今官巷口）的寿安堂药室、明代新宫桥堍的许广和国药号、清代的叶种德堂、胡庆余堂等均是当时杭州名声显著的中药店铺。清同治十年（1871），英圣公会在大方伯创办广济医院，为杭州西医之开端。光绪三十一年（1905），上海华英药房在清河坊开设分店，为杭州第一家经营西药的药房。宣统三年（1911），浙人韩清泉筹资在羊市街（今江城路）创办浙江病院，为国人在杭州办医院之始。据民国35年（1946）出版的《杭州指南》记载，当时杭州市著名医院有19家，上城区占15家，知名西医24人、国医50人、牙医12人。然而，政治腐化、战乱征伐致使民生凋敝，杭州医疗条件、卫生环境恶劣，霍乱、麻疹、白喉、疟疾等传染病常年流行，横河桥、荷花池头等棚户较集中地区更甚。旧式接生陋习致使孕产妇死亡率和新生儿死亡率居高不下。

1949年5月杭州解放后，上城区、中城区均成立区卫生所，除承担医疗、预防工作外，还兼顾妇幼保健和个体诊所的行政管理工作。自20世纪50年代起，上城区同时开展疾病治疗、预防接种、计划免疫、爱国卫生运动等几项医疗卫生工作，收效显著。1951年起，上城区对天花、疟疾、痢疾、白喉、霍乱、伤寒、鼠疫、百日咳等流行传染病开展预防接种。是年，上城区培训饮水消毒员对全区1952口水井开展消毒工作，受益人口占全区总人数的73%。1957年，中城区并入上城区，翌年，经过调整，按街道成立定安路、花牌楼、金钱巷、河坊街、城站、马市街、青年路、岳王路等街道联合保健所8家，妇婴保健所3家和牙病防治所、联合产院、卫生所各1家，全区共设医疗机构14家。1958年，毛泽东主席视察小营巷居民区卫生工作后，上城区把爱国卫生运动列入历年的重要议事日程。各街道办事处成立地区爱国卫生运动委员会和消毒站，全区共有消毒专员114人。是年，上城区开展消灭吸血虫病、血丝虫病、钩虫病、疟疾4种病的突击运动，对检查后有上述病情的居民，基本都予以服药治疗。至1980年，全区预防接种达100045人次，完成率为99.54%。1985年末，计划免疫工作全区普及，“四苗”[①]预防接种覆盖率为95%。1986年末，全区经

① 四苗：卡介苗、麻疹、脊髓灰质炎、百白破。

过大面积灭鼠、灭蟑活动，环境卫生得到极大改善，有卫生居民区65个，文明卫生楼院587个，文明卫生单位268家，文明卫生路5条。1992年，预防接种增加乙型肝炎疫苗，成为“五苗”接种。

1993年，上城区内有省级医疗机构5家，市级医疗机构5家，区属医疗机构11家，其中，综合性医疗机构有7家，专科医院4家，公立医疗机构10家，民营医疗机构1家，个体医[①] 19家，社会办医机构12家。是年，上城区各街道卫生院均设有防疫科，开展预防性疫苗接种工作，接种点设在各街道，全区共接种疫苗18602剂次，其中卡介苗、麻疹、百白破接种率达100%。1995年，上城区区属医疗单位均成立药事委员会，并对药品从业人员实行健康证制度。是年起，开展儿童疾病筛查工作。1996年，浙江大学医学院附属第一医院（简称浙医一院）被浙江省卫生厅授牌为杭州市肺结核病定点诊治单位。1997年，区属街道卫生院将社区卫生服务作为重点，开启基层卫生工作新阶段。另外，对精神病患者实行分级管理。1998年，上城区执行卫生部下发的《职业性健康检查管理规定》，对相关人员进行预防职业病健康检查，并对公共场所等重点行业从业人员进行乙肝疫苗免疫接种。是年9月，上城区妇幼保健所与上城区人民医院（筹）合并为上城区妇幼保健院。1999年1月，上城区社区卫生服务指导中心成立，负责规划辖区社区卫生服务工作发展，对各街道社区卫生服务机构及其工作进行管理、监督、质量控制和考核。5月，在街道改革调整中，由区卫生局管理的爱国卫生、消毒员工作交由各街道统一管理。是年，在市爱卫办组织实施的杭州市城区卫生考评中，上城区被评为爱国卫生工作优秀城区，并顺利通过首轮国家卫生城市复评（简称“国卫复评”）。2000年，上城区医疗保险办公室成立，建立城镇职工基本医疗保险制度。是年起，各街道卫生院逐步转型为社区服务机构，发展成为社区卫生服务中心。

① 个体医包括个体医生和个体医疗机构。

进入21世纪，经过数十年的疾病防治、预防接种、医疗技术进步及制度改善工作的推进，居民健康水平提高，公共卫生条件改善，上城区鲜见重大疫情。丝虫病、血吸虫病、疟疾和碘缺乏症等地方病基本消失，非传染急性、慢性病发病率逐年升高。2002年，上城区开展冠心病急性事件、脑卒中、糖尿病、恶性肿瘤的发病报告工作，并对糖尿病、高血压病人进行干预。2003年，上城区各社区卫生服务中心开始以建立健康档案为基础，掌握居民身体健康。是年3月，非典型性肺炎疫情爆发，上城区发现4例患者，全区对可疑病人采取留置观察、隔离封锁，对确诊病人隔离住院治疗，望江“在水一方”公寓是当时杭州最大、最早的隔离区。全区动用39606人，花费资金500万元，疫情得到全面控制，未发生二代病人或医务人员交叉感染现象。2004年，上城区率先撤销各街道消毒站，6个街道全面实行公共场所除“四害”[①]市场化运作。2005年，区政府改革区属公立医疗机构产权和人事制度。是年，杭州市卫生局（简称市卫生局）对辖区内杭州市第四人民医院公开拍卖出让，其65%的国有资产转让给万事利集团有限公司，该院成为民营医院。1993—2005年，上城区围产期保健服务主要是由区妇幼保健院集中提供。此后，围产期保健服务由辖区各街道社区卫生服务中心提供。2006年，杭州口腔医院经公开拍卖，整体出让给杭州宝群实业集团有限公司。是年，上城区建立突发疫情应急机制。全面启动免疫信息化系统建设，录入儿童资料15947份（人）。2007年，杭州市上城区爱国卫生运动委员会办公室（简称区爱卫办）被评为省爱国卫生运动先进单位。妇女保健和儿童健康始终是上城区居民卫生健康工作的重点。是年，高危产妇住院率100%，孕早期检查率98.17%。

① 该时期的“四害”指蚊、蝇、蟑螂、鼠。

为配合五柳巷中医一条街和中医药老字号的品牌打造，上城区加快对中医文化资源的整合管理。2008年，上城区紫阳街道社区卫生服务中心被批准为杭州市第一批中医药参与社区卫生服务示范单位，上城区中西医结合医院康复科被确定为杭州市第一批市级中医名科建设项目。2009年，胡庆余堂、方回春堂、万承志堂、同仁堂等百年老店所在的清河坊历史文化特色街区，成为中医药特色的杭州市“名中医、名中药一条街”。是年，杭州市第四人民医院被市政府出资收回，重新成为公立医院。2010年，上城区创新麻疹疫苗接种管理模式，对未完成接种的婴幼儿在预约日期到期后2～3天内电话了解具体原因，及时安排补种，全程追踪管理，直到完成接种。2001—2015年，上城区连续15年孕产妇“零死亡”。2010—2015年，有24家单位和社区被评为省爱国卫生先进单位。2004—2015年，上城区“九苗”免疫接种率除个别情况，基本达到100%。2014年10月，上城区开始实行医养护一体化签约服务。是年，上城区中医药行业协会成立，该协会有包括胡庆余堂、方回春堂等35家成员单位。2015年，上城区完成“九苗”接种86981剂次。常住儿童、流动儿童“五苗”全程接种率分别为98.1%和98.0%，突发公共卫生事件处置率100%，乙肝发病率降至4.73/10万人。是年，开展省级中医药健康服务基地示范点建设。至年末，上城区有8.4万名签约居民享受健康管理、双向转诊、家庭病床等医养护一体化服务，签约对象累计就诊52万人次。共开展27个爱国卫生运动月；有民营中医门诊部30家、中医诊所13家；社区卫生服务组织门诊人数294.8万人次，建立电子健康档案34.07万份。

第一章　卫生体制改革

1978年中共十一届三中全会后，杭州市开始进行卫生监督和疾病控制体制、医疗机构体制、医疗卫生单位内部运行机制、医疗保障制度等诸多制度性改革。20世纪80年代至90年代，上城区通过改大医疗单位名称、发展专科建设等措施，扶持街道卫生院发展。

1993年起，上城区为改变区属医疗卫生单位小、弱、差的情况，对其进行组织机构改革，实行扩、撤、并、改等多项办法。1998年，上城区医疗卫生系统实行评聘分开的人事制度改革，提高卫生专业技术从业人员的准入门槛和专业素质。随着社会主义市场经济的不断发展，上城区医疗卫生系统实行自主灵活的分配激励机制和绩效考核制度。2000年起，各街道卫生院逐步转型为社区服务机构，建立社区卫生服务站，将卫生院发展成为社区卫生服务中心。2003年，上城区医疗卫生体制改革领导小组成立，探索医疗机构体制改革，对全区社区卫生服务机构实行收支两条线管理。是年，取消公费医疗制度，逐步建立城镇职工医疗保险体系。2005年，区政府改革区属公立医疗机构产权和用人制度。是年，市卫生局对辖区内的杭州市第四人民医院公开拍卖出让，其65%的国有产权被转让给万事利集团有限公司，该院成为民营医院。2006年4月，杭州口腔医院经公开拍卖整体出让给杭州宝群实业集团有限公司。2009年，杭州市第四人民医院被市政府出资收回，重新成为公立医院。

2010年2月，上城区被确定为浙江省基本药物制度首批实施地区，全部药品实行"零差率"销售。2014年，上城区开始实行医养护一体化签约服务，促进"社区首诊、双向转诊"的分级诊疗制度逐步建立。2015年，上城区继续深化医药卫生体制改革，推进分级诊疗制度建设，试点基层医疗卫生机构补偿机制改革，完善药品集中采购机制和基本药物制度，鼓励支持社会力量办医，给非公立医疗机构留有合理空间，探索医养护一体化签约服务，加快形成健康服务产业集群，不断提升基层医疗服务能力。

第一节　机构改革

一、医疗机构

机构调整　1993年起，上城区为改变区属医疗卫生单位小、弱、差的情况，对区属单位进行组织机构改革，实行扩、撤、并、改等多项办法。3月，上城区城站卫生院撤销，并入上城区清泰卫生院。1996年11月，上城区湖滨卫生院撤销。1997年3月，原江干区中医院、江干区紫阳卫生院、江干区闸口卫生院转由上城区管辖。1998年9月，上城区妇幼保健所与上城区人民医院（筹）合并为上城区妇幼保健院。2000年起，各街道卫生院开始建立社区卫生服务站，进而将卫生院发展成为社区卫生服务中心，第一名称也从“医院”改为“社区卫生服务中心”。2003年3月，上城区小营卫生院撤销，并入重新设立的区城站卫生院。至2006年7月，上城区6个街道均设立社区卫生服务中心。2007年5月，上城区横河卫生院撤销。2009年8月，闸口卫生院撤销，并入上城区中西医结合医院。

所有制改革　2003年7月，上城区医疗卫生体制改革领导小组成立，全区进行医疗机构体制改革。11月，印发《上城区医疗卫生单位体制改革实施方案》。2005年，区政府印发《关于区属公立医疗机构产权和用人制度改革的决定》，确定杭州口腔医院作为体制改革的试点单位。是年，市卫生局对辖区内的杭州市第四人民医院公开拍卖出让，其65%的国有产权转让给万事利集团有限公司，成为民营医院。2006年4月，杭州口腔医院经公开拍卖整体出让给杭州宝群实业集团有限公司。8月，社区卫生服务机构“收支两条线”综合改革试点工作领导小组成立。12月，区政府印发《上城区社区卫生服务机构“收支两条线”综合改革实施方案》，并确定湖滨街道社区卫生服务中心为试点单位，开展“收支两条线”暨综合配套改革工作，政府举办的社区卫生服务机构取得的各项收入全部上交同级卫生行政部门或财政部门，支出由同级卫生行政部门或财政部门按规定核定安排。2007年，上城区对小营卫生院进行所有制改革试点，实行股份制。到2009年，因改革效果不明显，区政府收回全部股份，小营卫生院重新成为公立医疗单位。2009年5月，上城区卫生局社区卫生服务机构“收支两条线”暨综合配套改革领导小组成立，改革工作推广到全区所有社区卫生服务机构，均实行收支两条线管理，风险抵押。是年，杭州市第四人民医院被市政府出资收回，重新成为公立医院。2015年，区政府审议通过《上城区区域医疗机构设置规划（2015—2019）》，鼓励支持社会力量办医，给非公立医疗机构留有合理空间，加快形成健康服务产业集群。

二、行政监督机构

1993年，杭州市上城区卫生防疫站（简称区防疫站）行使卫生监督管理职能，通过任命监督员和卫生检查员进行监督管理工作。1995年10月1日，新的《中华人民共和国食品卫生法》施行，区卫生防疫站授权执法资格被收回。

2001年11月，上城区卫生监督所成立，统一履行卫生行政执法和行政许可的职能。12月1日，新的《中华人民共和国药品管理法》施行，杭州市上城区卫生局（简称区卫生局）药品监督管理权移交给区药品监督管理部门。2013年10月，区卫生局将餐饮食品、保健食品、化妆品3项卫生监督权移交区食品药品监督管理局。2014年12月，杭州市上城区卫生和计划生育局（简称区卫生计生局）将职业卫生监督检查等监管职责，移交杭州市上城区安全生产监督管理局（简称区安监局）。

三、预防保健机构

1993年，上城区有区卫生防疫站、杭州市上城区妇幼保健所（简称区妇幼保健所）、杭州市上城区健康教育所（区健康教育所）分别承担预防、妇幼保健和健康教育宣传工作。1995年1月，为加强妇幼保健工作，上城区改革妇幼保健工作体系，将“条块结合，以块为主”改变为“条块结合，以条为主”，即由以街道卫生院为主改为以区妇幼保健所为主开展妇幼保健工作。1998年9月，上城区妇幼保健所与上城区人民医院（筹）合并为上城区妇幼保健院。1999年5月，在街道改革调整中，由区卫生局管理的爱国卫生、消毒员工作交由各街道统一管理。每个街道由区卫生局派驻1名地段医生，负责该街道的初级卫生保健工作。

2000年1月，区健康教育所并入区防疫站，不再作为独立法人单位，但保留其牌子，其工作职能由区卫生防疫站承担。2001年6月，区卫生防疫站撤销，杭州市上城区疾病预防控制中心（简称区疾病预防控制中心）成立，具体实施全区卫生防疫防病任务、技术指导及提供卫生技术服务。11月，上城区妇幼保健院拆分为区妇幼保健院和区湖滨卫生院。至2015年，区疾病预防控制中心和区妇幼保健院承担预防和妇幼保健工作。

第二节　运营机制改革

一、人事制度

1993年，上城区卫生医疗单位有较大劳动人事自主权，对院内正式职工，根据工作需要统筹安排，合理调动工种。对超编人员或不适应医务工作的人员允许留职停薪，外出自谋出路；系统内允许人才流动，双方单位同意即可进行调动；允许全民所有制与集体所有制人员交流，但所有制性质不变。

1998年，上城区针对职称改革后出现的聘用专业技术人员“大锅饭”现象，实行评聘分开。对确有专长、在专业技术岗位上有较大贡献的人员，单位可高聘专业技术职务，比例控制在3%以内。对不能胜任本职技术工作，因自身原因造成较严重的医疗事故或医疗纠纷的，单位有给予低聘专业技术职务的权力。各医疗卫生单位实行全员聘用制度，定岗定位，择优聘用，受聘上岗。各医疗卫生单位对旷工、连续2年未通过考核、不服从组织调动安排等人员，单位可给予辞退。

1999年4月，上城区对事业单位中工人身份的女性工作人员实行50周岁退休的制度。6月，在全区医疗卫生系统中全面试行全员聘用合同制，对象为各单位的国家干部、固定制工人和合同制工人。专业技术人员实行专业技术职务聘任制，工勤人员实行合同制。2000年，区卫生局进行基层单位领导聘用制度的改革试点，对杭州市口腔医院院长、区妇幼保健院院长进行全市公开招聘。2002年6月，区卫生局下发《关于进一步深化医疗卫生单位运营机制改革的通知》，规定应聘卫生专业技术岗位必须具备相应的专业学历或规定的资格条件，非卫生专业技术人员不得参加应聘进入卫生技术岗位工作。

2009年起，区卫生局开始采用面向社会公开招聘工作人员的方法，招聘卫生专业技术人员。2012年7月，为缓解局属医疗卫生单位编外人员比例过大的状况，区卫生局采用面向所属事业单位及面向社会公开招聘工作人员的方法，招聘专业技术人员73名。是年，区卫生局完成局属7家卫生事业单位岗位设置工作。至2015年，区卫生计生局通过公开招聘的方式，累计招聘工作人员208名。

二、分配制度

1993年10月起，上城区全面改革机关、事业单位工资制度。事业单位在科学分类的基础上，建立体现不同类型单位、不同行业的工资制度。是年，医疗卫生单位实行新工资制度，卫生技术人员按职务工资（固定部分）和津贴（活的部分）计发工资。

1995年3月，区卫生局改革工资制度，对津贴部分的使用作出规定，即从1995年4月1日起，职工工资中的津贴（活工资）部分一律实行浮动。其中50%作为出勤津贴，按日计发；另50%分为3个部分，对各单位领导实行职务津贴；设立工龄津贴；余下的作为工作考核津贴。2001年，对事业单位发放的省补贴和调整的市定岗位补贴，纳入津贴（活工资）部分。2002年6月，根据按岗定酬、按任务定酬、按业绩定酬的原则，上城区医疗卫生系统建立起重业绩、重贡献、向优秀人才和关键岗位倾斜，自主灵活的分配激励机制，根据不同岗位的责任、技术劳动的复杂和承担风险的程度、工作量的大小等不同情况，将管理要素、技术要素、责任要素等纳入分配因素。

2009年10月，上城区按照总量控制、自主分配、优绩优酬、保住底线的原则，对区属卫生医疗单位实行绩效工资制度。其中，基础性绩效工资占60%，奖励性绩效工资由各单位确定分配的方式和办法。2014年，实行临床护理津贴，对护龄满30年的退休护理人员按原基本工资100%计发退休费。

2015年10月，上城区医疗卫生系统建立绩效工资总量正常增长机制。提留绩效工资总量的3%，用于对各单位领导的综合目标管理考核奖励和对各单位做出突出贡献职工的奖励。同时，设立绩效考核奖，重点向关键岗位、业务骨干和做出突出贡献的人员倾斜，拉开差距，不予平均分配。绩效考核奖不纳入绩效工资总量。同时，建立医养护一体化签约服务绩效奖励制度，签约服务费的85%作为绩效奖励，增加绩效工资总量，绩效奖励向开展签约服务的医务人员及团队倾斜。

第三节　医保制度改革

一、公费医疗制度

干部职工公费医疗　公费医疗制度和企业劳保医疗建立于20世纪50年代。随着经济体制改革的深入，传统的医疗费用报销过多，药品浪费和经费超支严重，医患双方缺乏制约等弊端日益显露出来，改革势在必行。1993年3月，上城区推行公费医疗医院目标管理。按照“因病施治、合理用药、合理检查、规范收费、减少浪费、堵塞漏洞”的原则实行定额和定点医疗，根据平均每人每年300元的标准，将费用按月下拨到区级医疗单位。每人选择1家医院定点就诊。是年8月，上城区施行公费医疗管理改革办法，实施“三方筹集经费，四方参与管理”，即医疗经费的筹集以国家（财政）为主，享受公费医疗的单位和个人少量负担，医疗经费的管理以医疗单位为主，公费医疗管理部门、享受公费医疗的单位和个人共同参与。实行核定基数适当递增、结余留用、超支酌补的办法。1996年，区公费医疗开支增长迅速。1—4月发生医疗费415.96万元。区采取加大医药费与享受者个人挂钩力度的措施。门诊、住院药费自负比例20%；住院床位费自负比例10%；在职职工每人自负限度额提高到300元，退休人员提高到150元。同时提高每月医疗费补助发放的标准，由4元提高到10元。2001年4月，上城区贯彻城镇职工基本医疗保险暂行办法，将公费医疗保险纳入城镇职工基本医疗保险，对公务员实行国家公务员医疗补助暂行办法，是年10月，全区取消公费医疗制度，实行城镇职工医疗保险制度①。

①后续部分见第三十一篇人力资源和社会保障第八章社会保障第二节医疗保险。

子女统筹医疗　1993年，上城区对行政事业单位干部职工未成年子女，实行子女统筹医疗，采取单位自筹经费与个人缴纳相结合的方式。1994年4月，子女统筹医疗实行定点医院就诊，自负门诊医疗费的10%，住院费的5%。个人自负最高限额，定点在区级医院为100元，省市级医院为300元。1996年7月起，上城区对子女统筹医疗个人自负比例，参照公费医疗管理办法执行，即门诊、住院药费自负比例定为20%；住院床位费自负比例定为10%。个人自负最高限额不予封顶。2001年10月后，上城区取消少儿医疗统筹制度，并入城镇职工基本医疗保险制度。

二、城镇职工基本医疗保险制度

1993年，上城区的企业除自办的医务室外，基本采用职工用现金到医院看病，回单位报销的办法，解决职工的医疗报销问题。但有部分经济效益不佳的企业拖欠职工医药费用的报销。2000年，上城区医疗保险办公室成立，建立城镇职工基本医疗保险制度。通过建立由用人单位和职工共同缴费的机制，并实行社会化管理，切实保障职工基本医疗。同时，通过合理确定基本医疗保险的筹资水平和给付水平，按照社会统筹与个人账户相结合，发挥社会互助共济和个人自我保障的作用，形成医、患、保三方制约机制，做到“基本保障、广泛覆盖、双方负担、统账结合”。2001年10月，上城区把企业职工纳入杭州市城镇职工基本医疗保险统筹范围。采用门诊保险与大病保险分开的办法，建立职工个人专用账户，资金由企业和个人上缴工资规定比例额度和财政补贴组成。企业职工，凭医疗保险卡，到指定医院就诊，个人承担少部分费用，医保基金支付大部分。2008年，上城区改职工就诊指定医院为定点医院。至2009年末，上城区企业职工均参加城镇职工医疗保险。

第二章　卫生机构

1978年，上城区区域内卫生医疗资源丰富，有浙江医学院附属第一医院、浙江医学院附属第二医院、浙江医学院附属妇产科医院、浙江省中医院、杭州市第一人民医院、杭州市第三人民医院、杭州市妇幼保健医院等省市重点医疗机构。上城区区属卫生医疗机构，主要有城站卫生院、小营卫生院、涌金卫生院、横河卫生院、湖滨卫生院、清泰卫生院、清泰卫生院等街道卫生院。在改革开放的形势下，全市医疗服务机构逐步调整并增多，区各卫生院重点抓专科建设，形成各有特点的医疗服务。

1993年开始，上城区经历行政区划调整和区属医疗机构的全面调整。1997年起，区属街道卫生院将社区卫生服务作为重点，开启基层卫生工作新阶段。2000—2004年，上城区在所辖6个街道先后设立社区卫生服务中心，集医疗、预防、保健、康复、健康教育、计划生育技术指导于一体，以常见病、多发病为医疗重点，并各具特色，为居民提供有效、经济、方便、综合、连续的医疗服务。2001年起，为保障居民健康，上城区逐步在全区建立卫生管理监督机构、预防保健机构等，设有区疾病预防控制中心、区妇幼保健院等，以加强疾病预防控制、妇女儿童预防保健等工作。

2003年，杭州市提出构筑多元化投资兴办医疗机构的新格局，开放医疗市场，鼓励社会办医。上城区开始对区属医疗机构实施体制改革。2006年，以杭州口腔医院作为区属公立医疗机构体制改革试点单位，将其改制为营利性民营医院。此后上城区区域内呈现多方资金办医的局面，民办医疗机构数量不断增加。至2015年末，上城区有民营医院10家，其他民办医疗机构113家。全区医疗卫生机构179家，其中，医院21家，社区卫生服务中心（站）39个，门诊部45个，诊所（含卫生所、医务室）62家，专业公共卫生机构7家，其他卫生机构5家。医疗机构床位12967张，其中医院床位12563张；拥有执业医师6735人、执业助理医师87人、注册护士8611人等卫生技术人员18531人；全年社区卫生服务机构门诊294.84万人次，比2014年增长2.1%，门（急）诊平均每次费用132.1元；全年突发公共卫生事件处置率100%。

第一节　管理监督机构

1993年，区卫生局设医政、防（疫）、保（健）等机构，行使对下辖11家卫生医疗单位的医疗、预防、保健、卫生行政执法和社会办医、个体开业等的领导管理工作。2001

年6月，区卫生防疫站撤销。是年，区卫生监督所成立，受区卫生局委托，行使卫生行政执法和行政许可职能，包括医疗卫生监督、公共卫生监督、食品卫生监督、环境卫生监督、传染病与学校卫生监督、职业卫生监督等。药品、餐饮食品、保健食品、化妆品、职业卫生等监督管理权先后移交给区食品药品监督管理部门和区安全生产监督管理部门。2012年1月，杭州市上城区食品药品监督管理局[①]（简称区食品药品监管局）成立，承担食品药品卫生监督等职能。2014年12月，区安监局[②]成立，承担用人单位职业卫生监督检查等职业安全监管相关职能。此后政府行政管理机构经多次机构改革和职能调整，至2015年，具有卫生行政管理职能的机构分别为区卫生计生局、区食品药品监管局、区安监局等。

一、杭州市上城区爱国卫生运动委员会[③]

1993年9月，区政府实施杭州市上城区爱国卫生委员会（简称区爱卫会）体制改革，杭州市上城区爱国卫生委员会办公室（简称区爱卫办）并入区卫生局，列为区卫生局内设机构。2012年5月，改称区卫生局爱卫科，对外挂区爱卫办牌子，组织区爱卫会成员部门开展工作。2014年5月，区卫生局撤销，区卫生计生局成立，由局爱卫科（对外挂区卫办牌子）领导全区爱国卫生和健康城区建设工作。至2015年，机构未发生变化。

二、杭州市上城区卫生和计划生育局（杭州市上城区卫生局）

1993年，杭州市上城区卫生局[④]设有局办公室、人保科、医政科、防（疫）保（健）科、行政科，地址华藏寺巷21幢。同时，受区政府委托，管理区红十字会、区义务献血委员会办公室、区公费医疗管理办公室。是年9月，区政府将区爱国卫生委员会办公室委托区卫生局管理。1996年，增设卫生监督科、药政科。1997年12月，区卫生局内设科室为党委办公室、局办公室、医政药政科、防保监督科、人事保卫科、计划财务科、爱卫会办公室7个科室。2000年1月，区公费医疗管理办公室并入区劳动与社会保障局。2003年，区卫生局党委办公室与局办公室合并。2012年5月，区卫生局内设科室为局办公室、人事保卫科、计划财务科、医政科、防保监督科、食品安全综合协调科、爱卫科。2014年5月，区卫生局撤销，杭州市上城区卫生和计划生育局成立，设局办公室、组织人事科、计划财务科、疾病预防控制与综合监督科（挂卫生应急办公室、行政审批科牌子）、医政医管科、计划生育基层指导科、计划生育家庭发展科、信息化建设与科技教育科、爱卫科等

① 该机构设置情况见第十七篇经济管理第七章食品药品监管。

② 该机构设置情况见第十七篇经济管理第八章生产安全监管。

③ 1952年7月，杭州市上城区爱国卫生运动委员会成立，下设办公室（与区卫生所合署办公），地址华藏寺巷21幢。分管副区长担任爱卫会主任，在区级机关、各派出所、区工商联等机构设立分会，在各居民区成立支会，领导和组织群众开展爱国卫生运动。1963年4月，区爱卫会曾一度与区红十字会实行“两块牌子、一套班子”合署办公。“文化大革命”期间，区爱卫会组织机构受到冲击。1978年4月，上城区调整和加强爱国卫生运动委员会，恢复爱卫会组织机构。

④ 1960年，区政府卫生科改为区卫生局，并建上城区医疗联合管理委员会。1964年12月，区卫生局改为区政府卫生科，并撤销上城区医疗联合管理委员会。1972年5月，复建区卫生局。

职能科室。区卫生计生局（区卫生局）历任党委书记郑宝山、章桂华、臧建五、史倩、周勤、杜秀芬；历任局长臧建五、邵瑾、马彦、周勤、杜秀芬。

至2015年末，区卫生计生局下属事业单位有杭州市上城区卫生和计划生育监督所、杭州市上城区疾病预防控制中心、杭州市上城区湖滨街道社区卫生服务中心、杭州市上城区清波街道社区卫生服务中心、杭州市上城区小营街道社区卫生服务中心、杭州市上城区望江街道社区卫生服务中心、杭州市上城区南星街道社区卫生服务中心、杭州市上城区紫阳街道社区卫生服务中心、杭州市上城区妇幼保健院、杭州市上城区计划生育宣传技术指导站。

三、杭州市上城区卫生防疫站[①]

1993年，杭州市上城区卫生防疫站，设检验室、相色谱仪室、放射科等科室，工作人员52人，地址位于华藏寺巷21幢。2000年，区防疫站科室设置逐渐完善，先后设置传染病防治科、计划免疫科、食品卫生科、慢病科、放射科、检验室、相色谱仪室、卫生宣教科等。除完成区卫生局交办的卫生监督工作任务外，主要开展预防工作，对全区企事业单位进行有关卫生的监测检查，进行各相关行业从业人员的卫生培训和健康体检，开展慢性非传染性疾病的监测与防治工作等。2001年6月，区防疫站撤销。

① 1958年，区防疫站成立。地址华藏寺巷21幢。设有防疫科、公共卫生科、食品卫生科、学校卫生科、劳动卫生科、宣教科、检验科等科室。主要工作任务包括预防接种，五大卫生（食品、公共场所、劳动、学校、放射）管理、监督、监测、慢性疾病防治，传染病管理与防治，消毒、杀虫、灭鼠、卫生宣传，以及区卫生局委托的部分卫生法律法规的执法检查监督工作等。

四、杭州市上城区卫生和计划生育监督所

1999年6月，杭州市上城区卫生局卫生监督所成立。2001年11月，杭州市上城区卫生局卫生监督所撤销，杭州市上城区卫生监督所（简称上城区卫生监督所）成立，地址华藏寺巷21幢。2002年2月，上城区卫生监督所内设办公室、许可审核科、监督一科、监督二科、监督三科5个科室。2006年12月，上城区卫生监督所更名为杭州市上城区卫生局卫生监督所（简称区卫生监督所）。2011年12月，区卫生监督所将保健食品、化妆品和餐饮服务食品安全的稽查工作职责划入区食品药品监督管理局下属事业单位区食品药品稽查大队。2013年10月，餐饮服务食品安全监督管理和保健食品、化妆品卫生监督管理3项职能划入区食品药品监督管理局。2014年12月，区卫生局承担的用人单位职业卫生监督检查等职业安全监管相关职责划入区安全生产监督管理局。2015年11月，上城区卫生局卫生监督所更名为杭州市上城区卫生和计划生育监督所，不再承担用人单位职业卫生监督管理职责，增加开展计划生育综合监督执法工作等职责。科室调整为所办公室、许可审核科、监督一科、监督二科4个科室。

五、杭州市上城区动物卫生监督所

2012年6月，杭州市上城区商贸旅游局下属事业单位杭州市上城区动物卫生监督所，划归杭州市上城区商务局（简称区商务局），机构为财政补助、相当于正科级的承担行政职能事业单位，地址望江街道近江西路39号。主要职责为依法负责动物、动物产品的检疫工作和其他有关动物防疫的监督管理执法工作；承担饲料、兽药、种畜禽的管理和畜产品安全监控，畜牧兽医从业人员及动物疫病诊疗组织的管理等职责。

第二节　医疗机构

1993年，辖区内有省级医疗机构5家，市级医疗机构5家，区属医疗机构11家，其中，综合性医疗机构有7家，专科医院4家，公立医疗机构10家，民营医疗机构1家。

2000年起，上城区对区属医疗机构进行改革，先后撤销城站卫生院、湖滨卫生院、小营卫生院、横河卫生院等，分别改建为街道社区卫生服务中心，为社区居民提供有效、经济、方便、综合、连续，集医疗、预防、保健、康复、健康教育、计划生育技术指导于一体的专业服务，均为省市医保、离休、统筹定点单位。至2015年末，辖区内有省级医疗机构5家，市级医疗机构5家，区级医疗机构173家。其中，三级甲等医院7家，为浙江大学医学院附属第一医院、浙江大学医学院附属第二医院、杭州市妇幼保健院、杭州市第一人民医院、浙江中医药大学附属第三医院（原浙江省针灸推拿医院）、浙江省中医院、浙江大学医学院附属妇产科医院。另外，区属医疗机构主要有街道社区卫生服务中心6个，开展基础服务工作。

一、省市属医院

浙江大学医学院附属第一医院　浙江大学医学院附属第一医院（简称浙医一院）为浙江省最大的三级甲类综合性医院，位于庆春路79号。其前身为成立于民国36年（1947）11月的浙江大学医学院附属医院，建筑面积2770平方米，时有员工66人，床位65张，院址田家园。该院曾先后改称浙江医学院附属第一医院、浙江医科大学附属第一医院、浙江医学院附属第一医院、浙江大学医学院附属第一医院，又名浙江省第一医院。浙医一院有庆春、城站、大学路3个院区。浙医一院城站院区（原杭州铁路医院）是一家二甲综合性医院，位于城站路58号，原属于铁路系统。2004年末，杭州铁路医院正式移交给浙医一院，成立浙医一院城站院区。浙医一院大学路院区科学教研中心位于老浙大直路17号，是浙医一院下属科研单位。2015年，浙医一院占地面积9.9万平方米，建筑面积21.5万平方米，核定床位2500张。有职工5292人，其中高级职称683人，护理人员2416人。有中国工程院院士2人，“973”计划首席科学家3人。2015年，门急诊396.9万人次，出院病人14.82万人次，住院手术4.31万人次，医院总收入46.84亿元。该院领先学科有传染病学、肝胆胰外科、血液病科、心内科、心脑外科、泌尿科、眼科、血管外科等。是年，浙医一院在全国百强医院中位列第17名。

浙江大学医学院附属第二医院　浙江大学医学院附属第二医院（简称浙医二院）为三级甲类综合性医院，位于解放路88号。其前身为英国圣公会所办的杭州广济医院，成立于清同治八年（1869）。曾先后改称浙江医学院附属第二医院、浙江医科大学附属第二医院、浙江大学医学院附属第二医院，又名浙江省第二医院。2013年3月，浙江大学医学院附属第二医院滨江院区（杭州市滨江医院）建成使用，地址滨江区江虹路1511号。2015年，浙医二院解放路院区占地面积12万平方米，建筑面积38.68万平方米，核定床位3200张。有职工5000余人，共有52个临床科室。门急诊总量380万余人次，住院12万余人次，手术量11万余台。领先学科有肿瘤、眼科、心血管内科、外科、骨科、神经内外科、急诊医学等。是年，浙医二院在全国百强医院中排名第31位。

浙江大学医学院附属妇产科医院　浙江大学医学院附属妇产科医院为三级甲类专科医院，位于学士路1号。其前身为创建于1951年的浙江省妇幼保健院，曾先后改称浙江省妇女保健院、浙江医科大学附属妇女保健院、浙江医科大学附属妇产科医院（浙江省妇女保健院）、浙江大学医学院附属妇产科医院（浙江省妇女医院、浙江省妇女保健医院）。1996年7月10日，浙江省首例试管婴儿在该院诞生。2015年，该院占地面积1.57万平方米，建筑面积9.65万平方米，核定床位1120张，职工1900余人，有高级职称200余人。门急诊量近160万余人次，住院8万人次，分娩2万余人。浙江大学医学院附属妇产科医院是浙江省妇产科医疗、教学、科研及计划生育、妇女保健工作的指导中心，专长为妇科、产科、妇科肿瘤科。

浙江省中医院　浙江省中医院为三级甲类中医医院，其前身是创建于民国26年（1937）的浙江省立医院，由省立传染病院、省助产学校和省立卫生试验所合并改组而成，后改名为浙江省中医院，又称浙江中医药大学附属第一医院。有湖滨和下沙2个院区。其中湖滨院区位于邮电路54号。2015年，浙江省中医院湖滨院区占地面积6.1万平方米，建筑面积15.8万平方米，核定床位2060张。职工2481人，高级职称410人，国家级、省级名中医26人。门急诊255.78万人次，手术23838台，出院5.7万人次，业务总收入

图30-2-1　浙江省中医院　（图片来源于浙江省中医院官网）

18.18亿元。特长为中医各科，尤以消化科、肿瘤科、推拿科、针灸科、骨伤科见长。

浙江中医药大学附属第三医院　浙江中医药大学附属第三医院为三级甲类中医医院，其前身为建于1961年的浙江中医院门诊部。2015年，该院有庆春路和莫干山路2个院区，其中庆春路院区位于上城区庆春路23号。2015年，浙江中医药大学附属第三医院占地面积1.2万平方米（含莫干山路院区），核定床位460张，职工817人，高级职称107名（其中，庆春路院区床位200张，职工280人，高级职称36人），有国家级、省级名中医9人，门急诊65.21万人次，出院1.03万人次，手术1411台。特长为中医各科，以名中医馆、针灸、推拿为著。

杭州市第一人民医院　杭州市第一人民医院（简称市一医院）为三级甲类综合性医院，位于浣纱路261号。其前身为建于民国12年（1923）的浙江省立传染病医院，有床位20张，员工20人。曾先后改称杭州市立病院、杭州市民医院、杭州市第一人民医院。2015年，该院占地面积2万平方米，建筑面积8.8万平方米，核定床位3000张，实际开放2613张。职工有3811人，其中中高级职称医生占全院医生一半以上，西医内外妇儿各科综合力量较强。2015年，杭州市第一人民医院门急诊190余万人次，出院3.3万人次。

图30-2-2　市一医院　（图片来源于市一医院官网）

杭州市第三人民医院　杭州市第三人民医院为三级乙类综合性医院，位于西湖大道38号。其前身为创建于1950年的浙江省卫生厅直属保健院，先后改称杭州市保健医院、杭州市第三医院、杭州市血吸虫病防治医院、杭州市第三人民医院。1993年，该院皮肤科被确定为市医学重点学科。2004年，皮肤科被确定为省医学重点学科，开设白癜风、银屑病、性病、甲真菌病、红斑狼疮、皮肤整型等疑难病特色门诊，有真菌、免疫、性病、聚合酶链式反应[①]（Polymerase Chain Reaction，英文简称PCR）、病理、黑素细胞培养等专业实验室及理疗、光疗、激光等先进治疗室。2015年，该院占地面积1.38万平方米，建筑面积8.15万平方米，核定床位600张，有职工1346人；设有28个门诊科室和9个专病专科门诊，其中皮肤科、肛肠科为其特色科室。

① 聚合酶链式反应（PCR）是一种用于放大扩增特定的DNA片段的分子生物学技术。

杭州市第四人民医院（杭州市肿瘤医院） 杭州市第四人民医院为二级甲类综合医院，位于紫阳山麓严官巷34号。其前身建于1959年12月的杭州市第四医院，1967年改现名。1986年6月，“七一九”坑道医院划归该院。1995年4月，附设杭州市肿瘤医院，其肿瘤专科和肝病科为市医学重点学科。2005年6月，转制为民营医院，2009年，复改为公立医院。2015年，该院占地面积2万平方米，建筑面积2.58万平方米，有职工438人，高级职称70人。核定床位400张，实际开放384张，开设37个临床科室，特色有肿瘤治疗、肝病专科、消化专科等。门诊量204万人次，出院600人。

杭州市妇产科医院（杭州市妇幼保健院） 杭州市妇产科医院位于鲲鹏路369号。该院前身为建于1985年的杭州市妇幼保健院。后改名杭州市妇产科医院，同时挂杭州市妇幼保健院牌子，原址位于开元路70号。2014年11月，新院区建成投入使用。该院是杭州市卫生和计划生育委员会直属的集医疗、保健、教学、科研于一体的三级公立医院。杭州市妇产科医院是杭州市第一人民医院集团成员单位之一，故又称为杭州市第一人民医院钱江分院。医院现开设产科、妇科、新生儿科、生殖计生科、中医妇科、医学美容科、乳腺科、儿童保健科、ICU等临床科室。妇产科学为省市共建医学重点学科。2015年，该院占地面积1.5万平方米，建筑面积9.9万平方米，按三级甲类专科医院建设，床位600张。有职工700人，年门诊量2000人次。重点建设妇科、产科等。

图30-2-3 杭州市妇产科医院 （图片来源于杭州市妇产科医院官网）

杭州市推拿医院 杭州市推拿医院建于1980年，位于解放路229号，是浙江省以盲人推拿为特色且具有综合性医疗服务功能的市属公立二级乙等医院，设有内科、外科、口腔科、放射科、检查科、中医科、中医妇科、西医妇科、骨伤科、针灸科、推拿科、中医肿瘤科12个临床科室，并设有中西医药房和住院部。2015年，建筑面积1834平方米，有职工46人，核定床位60张。

二、区属医疗机构

1993年起，上城区对区属医疗机构进行改革。先后撤销城站卫生院、湖滨卫生院、小营卫生院、横河卫生院等，逐步建立街道社区卫生服务中心。至2015年末，区属医疗机构主要有街道社区卫生服务中心6个，开展基础医疗服务工作。

表30-2-1　2015年上城区各街道社区卫生服务中心情况表

名称	职工（人）	执业医师（人）	助理执业医师（人）	注册护士（人）	药剂人员（人）	其他卫生人员（人）	门急诊人次（万人）	出诊人次（人）	实有床位（张）	出院人数（人）
湖滨	87	32	1	25	7	2	31.10	481	52	312
清波望江	206	80	4	63	15	12	62.70	5997	64	330
小营	146	63	1	37	15	9	95.57	4498	—	—
南星	197	62	8	61	19	19	28.90	3799	172	1181
紫阳	149	58	3	45	10	11	63.89	3912	45	315
合计	785	295	17	231	66	53	282.16	18687	333	2138

说明：1.2014年，上城区望江街道社区卫生服务中心从清波、望江街道社区卫生服务中心分离出来，但截至2015年末，其业务数据仍统计在上城区清波、望江街道社区卫生服务中心。2.资料来源于杭州市上城区卫生健康局

杭州市上城区湖滨街道社区卫生服务中心　杭州市上城区湖滨街道社区卫生服务中心位于东平巷4号，前身是上城区涌金卫生院[①]。1991年，以上城区涌金医院为基础，筹办上城区人民医院。1998年9月，上城区人民医院（筹）与上城区妇幼保健所合并为上城区妇幼保健院，兼挂上城区人民医院（筹）牌子。1999年，上城区行政区划调整，撤销涌金街道，划入新的湖滨街道。2000年11月，经市卫生局批准，上城区湖滨街道社区卫生服务中心建立。2001年11月，上城区妇幼保健院拆分为上城区妇幼保健院和上城区湖滨街道社区卫生服务中心，第二名称为上城区人民医院（筹）。2015年，上城区湖滨街道社区卫生服务中心有医疗用房2879.1平方米，有全科门诊、老年病科、中医科、外科、泌尿科、五官科、骨伤推拿科、针灸理疗科、口腔科、妇科、预防保健科（免疫接种）、儿保科、妇保科等，并提供出诊、家庭病床等服务。上门服务项目包括输液、肌肉注射、导尿、灌肠、拆线、换药、针灸、推拿、鼻饲、心电图、血糖、测血压、上门抽血化验等。住院部开设中西医结合痔科、老年病房，共70张床位，均为该服务中心特色病房，以老年康复护理为特色。

杭州市上城区清波街道社区卫生服务中心　杭州市上城区清波街道社区卫生服务中心位于河坊街413号，前身是1967年区清波街道联合诊所改建成的上城区清波卫生院。1979年，上城区清波卫生院组建为上城区中医院。1995年2月，上城区中医院被浙江省卫生厅评为浙江省中医医院分级管理标准二级乙等中医院。2000年11月，市卫生局批准上城区中医院挂牌上城区清波街道社

① 上城区涌金卫生院前身为建立于1958年的定安路街道联合保健所。1960年，更名涌金街道联合诊所。1967年，更名为涌金卫生院。1984年，更名为上城区涌金医院。1990年，以上城区涌金医院为基础，筹建上城区人民医院（未果）。

区卫生服务中心。2001年8月，上城区清波街道社区卫生服务中心更名上城区清波、近江街道社区卫生服务中心。2005年4月，上城区中医院第一名称变更为上城区清波、望江街道社区卫生服务中心，第二名称为上城区中医院。2014年7月，望江街道社区卫生服务中心从清波、望江街道社区卫生服务中心中分离出来。9月，隶属于该中心的上城区健康管理中心正式投入使用，建筑面积2049平方米。2015年，清波街道社区卫生服务中心有医疗用房5008平方米，设中西医各科，以中医为长，尤以中医外科为特色。

杭州市上城区小营街道社区卫生服务中心　杭州市上城区小营街道社区卫生服务中心位于民生路13号，前身是1967年上城区清泰联合诊所改建成的上城区清泰卫生院（地址位于清泰街）。1993年，因城站火车站改建，上城区城站卫生院撤销，并入清泰卫生院。2000年9月，上城区清泰街道与城站街道合并为城站街道，清泰卫生院改名上城区城站卫生院。11月，经市卫生局批准，挂牌上城区城站街道社区卫生服务中心。2002年4月—2006年3月，使用第二名称上城区第二医院。2006年7月，上城区小营街道与城站街道合并为小营街道，上城区城站街道社区卫生服务中心改名上城区小营街道社区卫生服务中心。2015年，上城区小营街道社区卫生服务中心有医疗用房1533.39平方米，设有中西医各科，以中医眼科为特色。

杭州市上城区南星街道社区卫生服务中心　杭州市上城区南星街道社区卫生服务中心位于秋涛路56号，前身为1965年8月江干区南星街道联合诊所改建成的江干区南星卫生院。1986年，江干区南星卫生院改为江干区南星医院。1987年，挂牌杭州不孕不育专科医院。1990年12月，改称江干区中医院。1997年3月，划归上城区管辖，更名为上城区中西医结合医院。2000年11月，经市卫生局批准，上城区中西医结合医院第一名称为上城区南星街道社区卫生服务中心，第二名称为上城区中西医结合医院。2009年8月，上城区闸口卫生院与上城区南星街道社区卫生服务中心合并，名称为上城区南星街道社区卫生服务中心。9月，撤销杭州市上城区闸口卫生院（杭州市上城区精神卫生防治院），该院的人员、资产整体划归上城区南星街道社区卫生服务中心，保留第二名称杭州市上城区关怀医院和第三名称杭州市上城区中西医结合医院，增设精神病专科病区。2015年，上城区南星街道社区卫生服务中心拥有医疗用房7106平方米，设有中西医各科，以不孕不育科为特色。

杭州市上城区紫阳街道社区卫生服务中心　杭州市上城区紫阳街道社区卫生服务中心位于中山南路303号。前身为江干区紫阳卫生院。1986年2月，紫阳卫生院改名为江干区红十字会医院，原性质不变。1996年12月，紫阳街道划归上城区管辖。1997年4月，杭州市江干区红十字会医院更名为杭州市上城区红十字会医院。2002年2月，杭州市上城区红十字会医院更名为杭州市上城区紫阳街道社区卫生服务中心，第二名称为杭州市上城区红十字会医院。2007年11月，取消第二名称。2015年，上城区紫阳街道社区卫生服务中心有医疗用房1560平方米，设有中西医各科，以中医推拿为特色。

杭州市上城区望江街道社区卫生服务中心　杭州市上城区望江街道社区卫生服务中心位于望江家园西园29-2号。望江街道原无街道卫生院，为改善该区域的居民就医状况，

2004年5月，经市卫生局批复同意设立上城区望江街道社区卫生服务中心，暂由上城区清波、望江街道社区卫生服务中心代管。2013年1月，自瓯江公寓4号搬迁至望江西园29-2号，用房面积1000余平方米。2014年7月，望江街道社区卫生服务中心从原清波、望江街道社区卫生服务中心中分离出来，成为独立法人的事业单位。2015年，经扩面和改造，上城区望江街道社区卫生服务中心拥有医疗用房2267平方米，设有中西医各科。

三、民办医疗机构

1993年，上城区有个体医19家，社会办医机构12家。1999年，个体医疗人员为21人，社会办医机构15家。2003年初，个体医事人员为19人，社会办医机构14家。是年，市委、市政府发布《关于医药卫生和医疗保险救助体制改革的若干意见》，提出构筑多元化投资兴办医疗机构的新格局，开放医疗市场，只要符合条件，均可创办医疗机构，数量不作限制。此后上城区呈现多方资金办医的局面。至年末，增加个体医9家，社会办医2家，民营医院1家。至2015年，全区有民营医院10家，其他民办医疗机构113家。

表30-2-2　2015年上城区民营医院情况表

名　　称	成立时间	床位（张）	地　　址	性质
杭州口腔医院	2006-04-30	50	平海路1号	营利性
杭州美华妇儿医院	2013-01-25	25	中山中路558号	营利性
杭州长安医院	2004-12-24	20	江城路307号	非营利性
杭州中兴医院	2005-12-01	50	秋涛路264号1～7楼	营利性
杭州玛莉亚妇产医院	2006-03-01	50	秋涛路300号	营利性
杭州虹桥医院	2004-03-01	58	清泰街2号	营利性
杭州华山连天美医疗美容医院	2004-02-01	25	东宝路3号	营利性
杭州仁和康复医院	2008-01-28	50	后市街17号（门诊部） 白塔岭路44-1号（住院部）	非营利性
杭州大承医院	2014-12-31	77	中河中路166号	营利性
杭州仁育妇产医院	2014-12-25	20	白马庙巷17号	营利性

说明：资料来源于杭州市上城区卫生健康局

杭州口腔医院　杭州口腔医院建于1952年。1956年，名为杭州市联合牙病防治所，1987年为杭州市口腔医院，2004年更名为杭州口腔医院。2006年医院完成改制，成为上市公司通策医疗全资子公司，地址平海路1号，高24层，总面积33000平方米，核定床位50张，牙椅300张，职工604人。2015年，门急诊439209人次，出院102人次，业务总收入18.18亿元。特长为口腔科。

杭州美华妇儿医院　杭州美华妇儿医院建于2013年，位于中山中路558号，为妇产（科）医院。2015年，建筑面积10899平方米（租赁），有职工134人，核定床位25张。共开设10个临床科室，特色有妇科专业、产科专业、儿童保健科等。门诊量9506人次，出院261人。

杭州玛莉亚妇产医院　杭州玛莉亚妇产医院建于2006年，位于秋涛路300号，为妇产（科）医院。2015年，建筑面积8500平方米（租赁），有职工158人，核定床位50张。共开设12个临床科室，特色有妇科专业、产科专业、儿童保健科等。2015年，门诊量47230人次，出院1812人。

四、厂矿企事业单位医务室

1993年，上城区有厂矿企事业单位医务室109家。随着经济的发展，企事业单位的增加，厂矿企事业单位医务室每年都有少量增加。2001年，全区有厂矿企事业单位医务室131家。10月，杭州市城镇职工医疗保险制度实施，企事业单位逐步参加城镇职工医疗保险，厂矿企事业单位医务室日渐减少。2002年，上城区注销44家医务室，核验87家。至2015年末，全区有厂矿企事业单位医务室29家。

第三节　预防保健机构

1961年，区防疫站成立，开展疾病监测与防治工作，后区健康教育所、区疾病预防控制中心、区妇幼保健院等机构成立，各街道设立预防保健科，开展预防性疫苗的接种工作。2013年，全区除6个街道社区卫生服务中心设置计划免疫接种点外，新增设浙医一院产科接种门诊和杭州美华妇儿医院接种门诊。2014年，增设市妇幼保健医院产科接种门诊。

一、杭州市上城区卫生防疫站

见本章第一节管理监督机构中杭州市上城区卫生防疫站。

二、杭州市上城区疾病预防控制中心

杭州市上城区疾病预防控制中心位于华藏寺巷8～9幢，成立于2001年11月，主要有疾病预防控制、突发公共卫生事件应急处理等职能。2005年，有职工34人，其中，副高3人，中级10人，初级16人。2015年，占地面积772.3平方米，建筑面积2927.4平方米。核定编制39人，实际工作人员37人。设有传染病防制科、慢性病防制科、健康教育科、卫生监测科、检验科等业务科室。

三、杭州市上城区健康教育所

杭州市上城区健康教育所成立于1989年12月。1993年，上城区健康教育所有职工5人。承担全区健康教育与健康促进业务技术指导和效果评估工作。主要工作包括拟订全区健康教育工作规划、计划和考核评估标准，并组织实施；指导辖区内社区、医院、学校等机关企事业单位开展健康教育活动；组织开展大众卫生科学知识传播活动等。2001年6月，上城区健康教育所撤销。

四、杭州市上城区妇幼保健院

杭州市上城区妇幼保健院[①]位于江城路417号。1998年6月，上城区妇幼保健所（布市巷1号）与上城区人民医院（筹）（东平巷4号）合并为上城区妇幼保健院，兼挂上城区人民医院（筹）牌子[②]，新成立的上城区妇幼保健院迁至江城路417-2号，建筑面积为1006.47平方米。2001年11月，单独成立上城区妇幼保健院，不再担任日常医疗任务。主要开展妇女、儿童保健，婚前检查、妇科门诊、计划生育指导等。2002年4月，区卫生局购入江城路417-3号借给上城区妇幼保健院使用，建筑面积增加至2289平方米。2009年，妇科门诊和手术室面积由40平方米扩至200平方米。2012年，该院成为浙江省优生优育健康教育基地。2015年，核定编制44人，实际工作人员32人。

五、各街道社区卫生服务中心防疫科

1993年，上城区各街道卫生院均设有防疫科，开展预防性疫苗接种工作，接种点设在各街道。2006年，上城区开展预防接种单位指定工作，批准各街道社区卫生服务中心设立预防接种门诊，负责常住和流动人口的一类、二类疫苗的预防接种工作。各街道社区卫生服务中心挂牌后，均设有预防保健科，承担辖区预防接种、儿童孕妇围产期保健服务、传染病访视、死因调查监测、慢病管理等工作。至2015年末，湖滨、清波、小营、望江、南星和紫阳各街道的社区卫生服务中心分别有预防保健医生6人、5人、8人、7人、8人、7人，共计41人。

① 上城区妇幼保健院原名上城区卫生所，地址布市巷1号，1951年8月建立，附设门诊部和妇婴保健所。1960年，曾并入杭州市第三人民医院。1962年因杭州市第三人民医院划归市管，区卫生所恢复原名。1991年，与上城区妇幼保健站合并改名为上城区妇幼保健所。1998年，改名为上城区妇幼保健院。

② 上城区人民医院后筹建无果，未挂牌。

第三章　疾病预防控制

1985年，上城区开始普及计划免疫的“四苗”预防接种。1992年，上城区增加乙型肝炎疫苗，成为“五苗”接种，后又扩展为“九苗”[①]接种。计划免疫工作不断完善，进行信息化和规范化建设，对接种门诊进行资质认定评审，对麻疹疫苗接种管理模式进行创新，对流动儿童建卡建档，实行统一免疫管理。1993年以后，上城区卫生工作重点是贯彻预防为主的方针，加强对传染病、地方病、精神病、慢性病的预防与控制干预，特别是防止流行性疾病的发生和蔓延，最大限度地减少疾病对人民的危害，保护人民群众的身心健康。为加强对传染病的预防控制，通过建立健全传染病报告制度，开展传染病监测，进行传染病疫情调查和控制，做好与规范传染病统计、报告、疫情分析和处理。建立突发疫情应急机制，利用网络平台开展实时监测，快速对潜在的突发公共卫生事件做出分析和预警。随着人们生活水平的提高和生活方式的改变，各种慢性病、精神疾病发病率不断提高。通过提倡健康的生活方式，开展宣传教育和人工干预，部分影响人们健康的疾病得到控制。2014年，上城区成功创建全国慢性病综合防控示范区。1993—2015年，上城区平均期望寿命从78.13岁增加到85.96岁，增加7.83岁。[②]居民期望寿命的增长，表明随着社会经济的发展和医疗卫生服务水平的提升，上城区居民的健康水平有新的提高。

① “九苗”，即卡介苗、乙肝、脊髓灰质炎疫苗、百白破、麻疹、麻腮风、甲肝、流脑、乙脑。

② 上城区人口平均期望寿命和居民主要死因详见第四篇人口第四章人口素质。

第一节　计划免疫

一、免疫管理

1978年起，上城区开展预防性疫苗接种工作，区卫生院设防保科，配备防疫医生。1985年，上城区展开计划免疫工作，普及“四苗”预防接种，是年覆盖率在95%以上。1992年，增加乙型肝炎疫苗，成为“五苗”接种。1993年起，上城区逐步加强流动儿童疫苗管理及疫苗冷链设备管理工作。2006年起，为推进预防接种门诊规范化建设，区卫生局对辖区预防接种门诊进行评审及资质认定。2010年，上城区以监督机构为主导，结合医疗机构传染病疫情报告，联合疾病预防控制机构，实现“监督、疾控、医疗”三方联动，建立、健全实时监控、联合工作、量化分级评价三大机制。至2015年，上城区的免疫管理工作在不断加强和完善，相关传染病的发病率显著降低。

计划免疫保偿制度　1993年，上城区实行儿童计划免疫保偿制度，向7岁以下儿童收取一定数额的保偿费，用于接种疫苗后仍患相应疾病儿童的赔偿，以及添置计划免疫设备，开展宣传培训等。是年，全区计划免疫保偿入保1438人，共收保偿费29928元。2002年1月1日起，根据省政府要求停止计划免疫保偿制度。

接种门诊规范化　2006年起，上城区进行辖区内预防接种门诊评审及资质认定工作。对6个街道社区卫生服务中心预防接种门诊，浙江大学医学院附属妇产科医院、杭州市第一人民医院、杭州市第三人民医院、杭州市第四人民医院、浙医一院城站院区5家设产房的接种单位和浙江省国际旅行卫生保健中心的预防接种门诊资质进行认定。2010—2012年，推进全区6个街道社区卫生服务中心预防接种规范化建设与评审。2011年，通过省级评审组评定五星1家（紫阳）、三星2家（湖滨、小营）、规范3家（南星、清波、望江）。2012年，小营升级为五星级门诊，清波、南星升级为三星级门诊。2015年，小营、紫阳为五星级门诊，湖滨、清波、南星为三星级门诊，望江为规范门诊。

计划免疫信息化　2006年，上城区全面启动免疫信息化系统建设，完成硬件配备及软件使用指导，录入儿童资料15947份（人）。2009年，将信息化及规范接种纳入综合目标管理考核。2015年，每个接种门诊均配备了2～4台接种计算机和登记计算机，除南星外，其余5个门诊安装智能客流系统。

麻疹疫苗接种管理模式创新　2009年，上城区根据浙江省卫生厅、省财政厅、省教育厅《关于印发浙江省2009年麻疹疫苗强化免疫实施方案的通知》要求，麻疹强化免疫的接种对象为辖区所有初中三年级及所有高中（包括普通高中、中等职业学校）二、三年级，大学一年级在校学生（仅包括全日制公办和民办普通本专科高等学校），共接种5897人（应种6561人），接种率89.88%，排除未种人数中的拒种人数394人及既往患病127人，全区麻疹强化的接种率为97.63%，达到接种率大于等于95%的工作目标。2010年，上城区创新麻疹疫苗接种管理模式，对未完成接种的婴幼儿在预约日期到期后2～3天内电话了解具体原因，安排补种，全程追踪管理，直到完成接种。通过预约—核实—分析—追踪的全过程监控，婴儿在9月龄内完成麻疹疫苗的接种率从79.2%提高至93.6%，在8个月后的1周内完成的接种率由34.7%提高到72.7%。该工作模式在全市逐步推广。2015年，全区麻疹接种率为99.93%。

流动儿童计划免疫管理　1993年，上城区逐步加强流动儿童免疫管理。1996年3月，以1994年、1995年为重点，对计划免疫工作的资料进行查对，深入居民家中，逐户核对卡、证，掌握流动儿童变动情况，查漏补缺，分门别类，建立档案。2004年4月，制定《上城区流动儿童计划免疫工作管理方案》，对户口不在居住地的浙江省、杭州市外区及外省7岁及以下儿童在上城区居住3个月以上的实行计划免疫统一管理，建卡率98%以上，计划免疫“五苗”单苗接种率超过85%。2009年，针对流动儿童聚集的街道及社区发放如何早期识别重症病例的健康教育资料10000余份。

表30-3-3　2004—2015年上城区流动儿童“五苗”单苗接种情况表

年份	接种率（%）	年份	接种率（%）
2004	99.41	2010	99.63
2005	100.00	2011	99.60
2006	100.00	2012	99.83
2007	100.00	2013	99.93
2008	99.92	2014	99.30
2009	99.83	2015	99.05

说明：资料来源于杭州市上城区卫生健康局

疫苗冷链设备管理　1993年起，上城区加强疫苗冷链设备管理。区疾病预防控制中心每年以多次突击检查和专项督导相结合的方式对辖区接种门诊的冷链和疫苗管理进行督导。1994年，加强冷链管理与规范化接种操作。1997年，辖区疫苗专用冰箱8台。2005年6月1日，《疫苗流通与预防接种管理条例》正式实施，上城区组织计划免疫信息化系统培训班，并为各接种门诊配备计算机、打印机等设备，保证信息化系统建设顺利开展。2006年，区疾病预防控制中心采购并下拨疫苗专用冰箱12台。2007年1月，区疾病预防控制中心按照《浙江省预防接种门诊评审标准》，对辖区6家预防接种门诊进行检查，初步认定规范接种门诊3家，合格接种门诊3家。2014年，上城区推进冷链自动测温监测系统建设，该系统覆盖辖区6个预防接种门诊及7个产科预防接种门诊。2015年，全区共有疫苗专用冰箱56台，各接种门诊均规范开展冷链测温和疫苗管理。

二、免疫接种

1992年3月，上城区计划免疫增加乙型肝炎疫苗，成为“五苗”接种。1994年后，每年以贯彻执行消灭脊灰行动计划为重点，做好强化服苗工作，避免发生脊灰野生病例。1996年，对0至47个月的常住、临时寄住、流动儿童，一律接种两剂疫苗。是年开始，对食品行业从业人员进行乙肝疫苗免疫接种。1998年，对公共场所等重点行业从业人员进行乙肝疫苗免疫接种。

1999年，上城区卫生部门对区内大中专院校学生开展麻疹、甲肝、乙肝疫苗的接种。以后每年对上述学校的新入学学生进行接种。2000年，上城区卫生部门在全区范围内对大、中、小学生进行乙肝疫苗接种工作。2002年，上城区卫生部门对儿童与中小学生、高危人群①、其他人员②开展流感疫苗的接种。

2007年，上城区进行常住儿童接种率调查和查漏补种工作，

① 高危人群：指60岁以上老人，患有心、肺、肾及代谢等慢性疾病者。

② 其他人员：指医生、长期在空调环境工作人员、经常出差人员。

对65所学校（包括幼儿园）查验接种证，凭证入学、入托查验证及查漏补种。全年共报告、调查疑似麻疹34例，其中实验室确诊14例，对杭州铁路第五小学应急接种麻疹疫苗726人。2008年，抽查60名流动儿童的接种情况，建卡率为100%。脊灰查漏补种调查人数为11949人，查出漏服3人，完成补服。乙肝查漏补种工作共调查摸底47560人，补种乙肝疫苗759剂次。对8个月～14岁适龄儿童进行麻疹疫苗查漏补种工作，摸底调查人数36451人，1人因过敏而未接种，其余全部补种。

2015年，上城区完成“九苗”接种86981剂次。常住儿童、流动儿童“五苗”全程接种率分别为98.1%和98.0%。

表30-3-4　1993—2015年上城区计划免疫完成情况表

年份	疫苗接种（剂次）	疫苗接种率（%）					覆盖率（%）
		乙肝	卡介苗	麻疹	百白破	脊灰	
1993	18602	81.83	100	100	100	97.14	99.60
1994	18607	100	100	100	100	100	100
1995	20228	100	100	100	100	100	100
1996	18842	100	100	100	100	100	100
1997	32301	100	100	100	100	100	100
1998	35404	100	100	100	100	100	100
1999	20027	100	100	100	100	100	100
2000	23283	100	100	100	100	100	100
2001	23772	100	100	100	100	100	100
2002	31439	100	100	100	100	100	100
2003	34028	100	100	100	100	100	100
2004	62578	100	100	99.52	100	100	99.52
2005	85846	100	100	100	100	100	100
2006	102943	100	100	100	100	100	100
2007	95153	100	100	100	100	100	100
2008	99713	100	100	100	100	100	100
2009	110353	100	100	100	100	100	100
2010	35763	100	100	100	100	100	100
2011	47535	100	100	97.62	100	100	97.62
2012	93633	99.52	99.52	99.05	99.52	99.05	93.33
2013	88421	97.62	100	100	100	100	97.62
2014	100627	99.05	99.05	100	100	100	97.61
2015	86981	100	98.57	99.52	100	100	98.10

说明：资料来源于杭州市上城区疾病预防控制中心

第二节　传染病预防控制

20世纪80年代起，改革开放逐步深入，到杭流动人口剧增，传染病种类有所增多。1993年起，上城区为加强对传染病的预防控制，针对各个时期的传染病发病情况，制定相应防控措施。通过建立健全传染病报告制度，开展传染病监测、进行传染病疫情调查和控制、做好与规范传染病统计、报告、疫情分析和处理。

2005年，上城区开展传染病网络直报工作，全区网络直报单位25家，覆盖率100%。2006年，上城区建立突发疫情应急机制，成立由区卫生局、区疾病预防控制中心和各社区服务中心组成的传染病防制机动队。2008年，上城区作为浙江省传染病自动预警（时空模型）试点区，利用网络平台开展实时监测，快速对潜在的突发公共卫生事件做出分析和预警。2009年，区卫生局编写《上城区突发公共卫生事件操作手册》。2011年10月，区卫生局在该手册基础上，考虑到实用性和可操作性，编写《上城区突发公共卫生事件随身应急操作手册》。

表30-3-5　2008—2015年上城区传染病网络预警情况表

单位：起

年份	接受预警数量	预警前三位病种
2008	440	感染性腹泻病、痢疾、流行性腮腺炎
2009	488	流行性感冒、麻疹、感染性腹泻病
2010	153	流行性腮腺炎、麻疹、感染性腹泻病
2011	87	流行性腮腺炎、麻疹、痢疾
2012	86	麻疹、感染性腹泻病、手足口病
2013	161	感染性腹泻病、流行性感冒、麻疹
2014	95	流行性感冒、手足口病、感染性腹泻病
2015	109	感染性腹泻病、流行性感冒、麻疹

说明：资料来源于杭州市上城区疾病预防控制中心

表30-3-6　1993—2015年上城区甲乙类传染病发病情况表

单位：人/万

年份	发病率	年份	发病率
1993	586.40	2005	432.92
1994	777.36	2006	454.85
1995	662.98	2007	465.95
1996	561.76	2008	440.93
1997	573.82	2009	371.13
1998	655.16	2010	337.48

续表 30-3-6

年份	发病率	年份	发病率
1999	593.13	2011	337.40
2000	471.97	2012	289.72
2001	363.01	2013	234.09
2002	333.92	2014	229.51
2003	334.02	2015	224.08
2004	331.77	—	—

说明：资料来源于杭州市上城区疾病预防控制中心

一、流感

1993—2009年，流感被作为普通的常见疾病进行治疗。2009年6月，杭州市第三人民医院发现并报告上城区首例甲型H1N1流感确诊病例，上城区迅速制定和启动新型甲型H1N1流感防控应急预案。全年报告现居住地为上城区的甲型H1N1流感病例176例，报告发病率45.49/10万；累计居家隔离治疗确诊病例133例；累计上城区疫点180个；累计开展医学观察密切接触者381人。接到775例辖区医疗机构的人员流感样病例报告，并进行流行病学调查，其中729例为甲型H1N1流感确诊病例。投入经费100万元，开展知识培训与讲座累计达20场（次）、800人次。在4、5、10月对医疗机构的发热门诊进行三轮指导检查。完成第一、第二、第三批甲型H1N1流感疫苗摸底和接种工作，共接种14780人。

2014年，上城区出现人感染H7N9禽流感确诊病例3例，经治疗治愈2例，死亡1例。疫情防控期间，实行隔离措施，对13个农贸市场进行消杀处理。2015年，上城区医疗机构共报告人感染H7N9禽流感24例，上城区无人发病。

二、霍乱

1995年，龙翔桥农贸市场卤味摊点卤制品受污染引起市区大范围食源型霍乱暴发流行，当年病人数462人，为历史记载最高峰。6月，区卫生局制定《杭州市上城区霍乱疫情暴发流行应急处理预案》。是年起，上城区加强餐饮业整治，饮用水消毒和食品卫生管理，增加食具消毒和洗手设施，从源头上防止霍乱疫情的发生和蔓延。1998年，上城区知味观饭店职工食用醉石蟹后集体患病。

2001年6月，上城区对辖区内各级各类医疗机构的肠道门诊进行检查，对不按规定开展工作的，督促整改。2007年，组建10个夏季肠道传染病应急小分队，建立24小时值班电话。2009年起，对辖区开设肠道门诊的医疗单位进行督导检查，并对医护人员进行霍乱等肠道传染病防控知识培训。2015年，共处理霍乱疫情1起，共有病人1例，辖区开设肠道门诊的5家医疗机构：浙医一院、浙医二院、浙江省中医院、杭州市第一人民医院、杭州市第三人民医院，共诊治腹泻病例10474人，对初诊病人9754人，全部进行粪检，做到“有泻必采、有样必检”。

三、非典型性肺炎

2003年3月起，杭州市发生非典型性肺炎疫情的5名“非典”病人中，有4例发生在上城区。上城区各部门、各街道及辖区内省市区三级医疗单位的全体医务人员，采取对可疑病人留置观察，疑似病人隔离封锁，确诊病人住院治疗的办法，遏止疫情的蔓延与进一步发展。望江街道“在水一方”公寓是当时杭州最大、最早的隔离区。全区出动人数39606人，花费资金500万元，累计隔离封锁疫点5个，留验点141个，累计受控358户、1079人。随后，大力做好群防群控工作，未产生第二代病人，未发生医务人员交叉感染的现象。

四、性病

20世纪80年代后期，性病患者人数逐渐增加，上城区加强对性病的监测与预防。从1993年起，上城区规定外来从业人员，必须先行进行健康体检。1995年，对幼托、餐饮和旅游行业工作人员健康体检增加性病检查项目。同时开展防治性病、艾滋病的宣传培训和咨询活动。2004年11月，区政府印发《杭州市上城区预防与控制艾滋病中长期规划（2004—2010年）》。目标是建立政府领导、多部门合作和全社会参与的艾滋病、性病预防与控制体系，把性病的年发病率控制在15%以内，到2010年，实现性病的年发病率稳中有降。

2006年7月，上城区在建筑工地开展艾滋病防治健康干预工作。发放《外出打工预防艾滋病》宣传教育小册子，展出艾滋病防治宣传画报；在每个工地放映宣传艾滋病防治知识的露天电影1～2场；选择文化程度较高，语言表达能力较强的工人作为同伴宣传员。当年问卷调查显示，干预前后建筑工地流动人口对艾滋病知晓率从61.97%上升到72.07%。从是年起，对部分无支付能力的病人给予免费抗病毒治疗。2007年，全区开展大型艾滋病宣传活动5次，发放避孕套3000余个。2008年，为加强对吸毒人员的防艾滋病工作，在区疾病预防控制中心设置的美沙酮社区服药点首次投入使用，每年服药人数100～120人。2009年，上城区全面落实公共场所预防艾滋病宣传资料和避孕套放置工作，涉及场所217家，发放避孕套2.88万个、发放宣传资料2882份。2011年，开展高危人群的干预工作，健康干预1500人。2012年5月，上城区成为105个国家级性病监测点之一。2014年，上城区6家社区卫生服务中心完成艾滋病快速检测点建设并通过验收，实现艾滋病检测网络全覆盖，为上城区艾滋病防治工作提供实验室支持和检测服务。至2015年，无变化。

表 30-3-7　1993—2015 年上城区性病和艾滋病检出情况表

单位：人

年份	性病人数	艾滋病人数	年份	性病人数	艾滋病人数
1993	252	0	2005	394	1
1994	375	0	2006	755	31
1995	344	0	2007	1709	52
1996	452	0	2008	1183	88
1997	612	0	2009	1112	131
1998	879	0	2010	880	137
1999	978	0	2011	706	147
2000	729	0	2012	4772	183
2001	561	0	2013	4787	205
2002	414	0	2014	4987	309
2003	425	0	2015	5552	334
2004	412	1	—	—	—

说明：资料来源于杭州市上城区疾病预防控制中心

表 30-3-8　2006—2015 年上城区抗艾滋病工作情况表

单位：人

年份	咨询免费检测	检出阳性人数	外来人员等检测	检出阳性人数	干预人数	流行病调查	随访管理	免费治疗
2006	357	2	7826	2	2000	15	5	2
2007	888	7	5196	3	203	23	6	3
2008	—	—	458	—	1878	48	13	3
2009	1281	26	6693	1	2882	117	25	3
2010	1172	22	6474	—	5445	137	34	17
2011	1706	28	6110	1	1500	147	79	30
2012	555	25	6777	1	300	183	85	50
2013	629	24	6481	—	—	205	115	77
2014	591	20	3917	—	—	309	143	118
2015	746	32	3989	—	—	334	168	152

说明：资料来源于杭州市上城区疾病预防控制中心

五、乙型肝炎

1993年，上城区乙型肝炎的发病率为84.89/10万人。1993年以后，根据乙肝通过母婴传播、血液传播、性接触传播3个传播途径，上城区采取加强乙肝疫苗接种、公共场所的卫生管理和健康教育的办法进行防控。强化新生儿的乙肝疫苗接种，鼓励宜种成年人接种疫苗；对理发行业的刀、剪等工具强化消毒措施，对医疗单位的注射采用一次性注射器，并严格按规定回收。对医院口腔科的器械探索有效消毒办法。2001年，杭州市口腔医院加大投入，在全市首先采用口腔钳、摄、镜、探针进行高温消毒，一人一换，后在全市医院、门诊部和个体诊所中得到推广。通过以上措施，乙肝发病率得到有效控制，发病率逐年下降。至2015年，发病率降至4.73/10万人。

表30-3-9　1993—2015年上城区乙型肝炎发病率情况表

单位：人／10万

年份	发病率	年份	发病率
1993	84.89	2005	14.26
1994	88.05	2006	17.51
1995	72.31	2007	11.18
1996	43.65	2008	9.68
1997	66.21	2009	8.53
1998	65.31	2010	10.71
1999	59.53	2011	7.22
2000	33.96	2012	6.61
2001	23.12	2013	5.37
2002	25.98	2014	6.52
2003	16.59	2015	4.73
2004	15.62	—	—

说明：资料来源于杭州市上城区疾病预防控制中心

六、结核病

20世纪90年代，上城区实施结核病控制项目，并实行免费政策，减少患者经济压力。1996年，浙医一院被浙江省卫生厅授牌为杭州市肺结核病定点诊治单位。2000年后，因全区学校集中发病逐年增加，上城区采取落实治疗管理、结核病防治机构追踪病人、健康教育宣传等措施。同时，探索结核病督导管理新模式，建立服药点、督导医生上门和医生家庭指导的3种现代结核病控制策略（DOTS）管理模式。开展结核病管理信息系统录入质量考核。推行督导员制度改革，建立区、街道和社区三级结核病督导网络，由1个医生管1个街道辖区的结核病病例，转而为5～6名医生管理。

2002年，区卫生局成立上城区结核病控制项目领导小组，制定《杭州市上城区结核病控制项目实施方案》《杭州市上城区结核病控制项目管理方案》等文件，加强对辖区内结核病的控制，完善结核病人的归口管理制度，提高发现率。并为传染性结核病人提供水洗统一的板式抗结核药，保证病人完成全程化疗；建立结核病治疗寒战医院制度，定点医院负责结核病人的发现、诊断、登记、报告、治疗及管理工作，非定点医院负责发现、报告及转诊工作；筹措资金，对无力支付的病人实行减、免费。2003年，区内5家社区卫生服务中心设立专职或兼职防痨医师，负责社检结核病项目工作，并指导社区医生对结核病人的治疗物管理。2004年，在世界防治结核病日期间，开展结核病防治系列宣传活动，受益对象2000人次。2007年，上城区对53例初诊菌阳肺结核病人进行督导管理，全部落实在医务人员指导下的DOTS管理。对辖区6家非定点治疗医疗机构和1家定点治疗机构进行督查。对4例学校传染性肺结核病人调查处理，排查接触者632例，发现结核菌素试验（PPD）强阳性者5例，未发现肺结核病。开展结核病防治知识讲座和培训班，展出宣传展板10块，编印《上城区结核病人及家属须知》2000份、上城区结核病人及家属告知单1200份，受益人数2000余人。是年，在世界防治结核病日期间，开展结核病防治系列宣传活动，受益对象2000人次。

2008年，上城区规范区肺结核病人密切接触者结核病免费筛查工作；联合上城区建筑行业管理站，到八达建筑等5个工地开展流动人口结核病防治知识宣传；在杭州市服装职业高级中学对155人开展结核病知晓率调查和健康知识宣传。推行督导员制度改革，开展结核病防治示范区的试点工作，在望江街道实施区、街道和社区三级结核病督导网络，由社区责任医师具体负责结核病人的督导管理，区和街道分级指导。2010年，针对学校是结核病易聚集性发生的特点，有针对性地对数千名学生和教职工开展多种形式的健康教育宣传。2011年，扩大宣传，通过组织结核病有奖知识问答活动，发放宣传湿巾纸500余份及结核病宣传环保袋50余只，组织观看结核病防治电视短剧和公益广告。2015年，全年处置学校结核病疫情4起，共筛查接触者226人，发现2例涂阴肺结核病人、1例结核性胸膜炎病人。是年，针对性地对流动性强、条件简陋、治疗不规范的农民工开展宣传活动，组织结核病防治观影活动，提高对农民工人群的结核病防治知识知晓率。

图30-3-4　2010年，上城区在建筑工地开展防治结核宣教活动
（区卫生健康局 供稿）

表30-3-10　1993—2015年上城区新发结核病人数情况表

单位：人

年份	新发病数	年份	新发病数
1993	248	2002	191
1994	321	2003	210
1995	204	2004	225
1996	226	2005	238
1997	143	2006	72
1998	256	2007	206
1999	184	2008	191
2000	191	2009	185
2001	163	2010	167

续表30-3-10

年份	新发病数	年份	新发病数
2011	183	2014	203
2012	198	2015	244
2013	181	—	—

说明：资料来源于杭州市上城区疾病预防控制中心

第三节　地方病预防控制

上城区的地方病防治工作，主要是针对丝虫病、血吸虫病、疟疾和碘缺乏症等开展。

一、丝虫病

上城区于1985年通过浙江省基本消灭丝虫病的考核，随后每年进行监测，无微丝蚴阳性发现和阳性感染者。1997年10月，为实现彻底消灭丝虫病目标，区卫生局下发消灭丝虫病的通知，完成1000人份的末梢血监测，未发现新发丝虫病患者。1998年，市卫生局确认上城区全面达到卫生部《消灭丝虫病标准（试行）》及《浙江省消灭丝虫病达标考评实施方案（试行）》的各项指标和要求。

二、血吸虫病

1993年后，上城区并未发现过血吸虫病例。由于有大量的流动人口，全区每年进行必要的监测。2006年，在血吸虫病流行季节（5—10月），对不明原因发热病人进行监测，全区血检率达2‰。2008年，开展牛蛙的曼氏裂头蚴寄生虫病的流行病学调查。2005—2015年，辖区医疗机构报告2例血吸虫病例，上城区未发现本地血吸虫病例。

三、疟疾

1995年起，上城区对恶性疟疾防治采取3项措施：加强医院发热病人的血检，加强对外来人口的管理，对病人合理用药。2006年，在疟疾流行季节（5—10月），对“三热”病人①进行监测，全区血检率达2‰。2005—2015年，上城区报告输入性疟疾6例（5例恶性疟，1例间日疟），辖区医疗机构报告疟疾病例152例，处置率100%。2011年，区疾病预防控制中心接报疟疾病例12例（11例恶性疟，1例间日疟）。杭州市疾病预防控制中心制定《杭州市医疗机构疟疾规范管理方案（试行）》，提出在医疗机构

① “三热”病人：疟疾发热病人、疑似疟疾发热病人和不明原因发热病人。

按方案对疟疾病人进行规范管理的情况下，可在其内部进行抗疟药的储存及管理。是年7月，区疾病预防控制中心与浙医一院签订抗疟药物放置试点项目协议，使之成为浙江省首家备有抗疟药物的医疗单位。2014年12月，上城区通过杭州市卫生和计划生育委员会组织的消除疟疾考核验收。2015年，上城区医疗机构报告恶性疟19例，间日疟1例。

表 30–3–11　2005—2015 年上城区医疗机构报告疟疾情况表

单位：例

年份	恶性疟	间日疟	卵形疟	三日疟
2005	0	8	0	0
2006	4	4	0	0
2007	5	10	0	0
2008	1	7	0	0
2009	7	7	0	0
2010	6	2	0	0
2011	13	2	0	0
2012	10	3	0	0
2013	18	2	0	0
2014	15	2	2	1
2015	19	1	2	1
合计	98	48	4	2

说明：1.1993—2004年数据缺失。2.资料来源于杭州市上城区疾病预防控制中心

四、碘缺乏病

上城区历史上无地甲病（地方性甲状腺肿）流行记载。据1994年抽样调查，辖区小学生甲状腺肿大率为9.1%。1994年起，上城区根据《食盐加碘消除碘缺乏管理危害条例》，开展碘缺乏病防治工作，成立碘缺乏病专业防治队伍，组织开展专业技术指导、健康教育与行为干预、预防治疗和监测评估工作。1996年，上城区建立碘缺乏病7个监测点，每年开展碘缺乏病监测工作，选取一定户数的居民和小学学生家庭进行碘盐监测，为治疗碘缺乏病取得可靠的抽样数据，并随时掌握病情，对特需人群做好补服工作。1997年，对全区11个街道进行消除碘缺乏病工作的考核，对碘盐批发单位、零售点和居民用户进行采样测定，合格率分别为100%、93.88%、93.31%；对11所小学的3836名8～10

图 30–3–5　2010年，区卫生局工作人员入户开展碘营养调查　（区卫生健康局 供稿）

岁的学生进行甲状腺检查，肿大人数89人，肿大率2.32%；对129名8～10岁学生进行尿碘测定，中位数为198微克/升～308微克/升。1998年，杭州市地方病防治领导小组确认上城区达到国家消除碘缺乏病标准和《浙江省消除碘缺乏病考核方案（试行）》的要求。2006年，上城区开展碘缺乏病宣传活动，发放碘缺乏防治资料，现场咨询问诊人数300人次。2010年，上城区开展碘营养状况专项调查，采集水样17份、尿样1164份、盐样344份、血样376份，完成B超1118人、调查问卷1131人；开展铬渣存放地周围居民健康评估。此后每年开展采样检查。2015年，上城区居民碘盐采样检查合格率93.67%。

表30-3-12　2001—2015年上城区居民碘盐采样检查情况表

年份	采样件数（份）	合格数（份）	合格率（%）
2001	100	98	98.00
2002	288	275	95.49
2003	295	283	95.93
2004	288	265	92.01
2005	297	283	95.29
2006	291	282	96.91
2007	289	273	94.46
2008	300	293	97.67
2009	300	290	96.67
2010	305	279	91.48
2011	619	530	85.62
2012	302	280	73.18
2013	300	237	79.00
2014	300	228	76.00
2015	300	281	93.67
合计	4574	4177	91.32

说明：资料来源于杭州市上城区疾病预防控制中心

第四节　精神卫生管理

一、精神疾病管理

1993年，上城区有专业精神病防治医师队伍，管理各街道的精神卫生工作，负责辖区精神疾病患者的状况调查、定期随访、开展社区居民的心理健康辅导、心理咨询等工作。1997年，对各类精神病患者实行分级管理，开展精神疾病线索调查，扩大城区精神疾病防治管理工作，邀请专家对免费服药的259例病人作疗效评估。2000年，开展贫困救济工作，对辖区内124名精神病人进行贫困救济，共计金额21.57万元。2003年，按《杭州市精神病防治康复"十五"实施方案》，上城区将精神病防治康复经费标准由按辖区人口每人每年0.1元提高到每人每年0.5元，"十五"计划期间（2006—2010年）覆盖人口达

31.79万人。2006年，区卫生局为配合“春风行动”，与杭州市上城区民政局、杭州市上城区残疾人联合会（简称区残联）联合行动，用“春风卡”承包全区341名困难精神病患者治疗精神病所需药物的全部费用。

2007年，上城区有精神病人2163人，其中，精神分裂症有1066人，发育迟滞病人648人，老年痴呆病人282人，情感性病人45人，酒精中毒精神障碍病人13人。其中，2137人得到监护，明显好转有1416人，有社会参与的病人1313人，当年新发病人67人，死亡35人。2010年，社区卫生服务中心（站）全面参与社区精神卫生工作，精神卫生工作经费按照常住人口1元/人的标准予以拨付。2011年，浙江省老年抑郁症管理培训指导中心在上城区成立。2012年，上城区重性精神疾病规范管理领导小组和规范治疗专家组成立，并制定《上城区加强精神卫生工作实施意见》，建立政府领导、多部门合作和社会团体参与的精神卫生工作体制，建立精神卫生工作经费财政投入机制和保障体系。成立区专业精防医师队伍，管理每个街道的精神卫生工作，负责辖区精神疾病患者的状况调查、定期随访、开展社区居民的心理健康、心理咨询等工作，提供专业、科学、个性化的综合服务和康复治疗，促进精神疾病患者的治疗与康复。2014年，上城区精神卫生服务中心投入使用，位于海潮路68号，建筑面积1300平方米，设置床位80张，投资600余万元。2015年，以区专职精神病防治医生团队为核心的“五专”[①]管理模式开展社区精神病防治服务，组织开展严重精神障碍患者专项排查活动。是年，全国精神卫生综合管理试点工作专家组督导上城区精神卫生试点工作。

档案管理　1993年，上城区组织二次自查、互查结合的精神卫生工作考核，加强精神卫生基础资料建设，及时记录，整理档案资料，每季度核对一次并归档。1996年，对企事业单位的精神卫生工作实行联片管理。健全管理制度，完善基础资料建设，监管精神病管理率95%以上。1997年，完成精神卫生全国统一表卡填写工作。2004年，对社区在管病人以及工疗站病人建立治疗档案。2006年，调查全区精神病人服药情况，内容包括服药剂量是否到位、病状有无改善、效果是否明显等，并记入档案。2007年，全区51个社区实现精神病人社区网络化管理，精神病人病案管理正常率95%。2014年，全区在册精神病人1843人，其中6类重性精神疾病病人1718人，检出率5.2‰；重性精神疾病规范管理病人数1559人。2015年，全区在册精神病人1828人，其中6类重性精神疾病病人1718人，检出率5.2‰。重性精神疾病规范管理病人数1636人，规范管理率95%。

随访管理　1993年，上城区进行精神病人开展随访工作，各街道配备家访医生和工疗站医生，随访各社区内的精神病人。1995年，全区有

① 五专：专门机构、专职精防医生团队、专家定期培训、专网信息管理、专门考核制度。

精神病人467人，监护率100%，全年家访达6309人次。1996年，建设家访看护组织，全区共建立家访看护小组793个。1997年，全区家访医生在巡视病人过程中结合心理卫生疏导共1015人次。2012年，完成病人信息录入随访1961例。2013年，随访1937例。2014年，开展社区随访并录入杭州市社区卫生服务信息系统4669人次。2015年，开展社区随访并录入杭州市社区卫生服务信息系统13765人次。

工疗站建设　1994年，各街道加强工疗站的建设，增加用房面积，改善硬件设施，吸引更多精神病患者到工疗站参与工疗生产和活动，提高社会参与率。1995年，全区7个工疗站共收治管理病人131人，进行11种工疗产品固定加工，每月人均收入55元以上。并开展“三疗一教育”① 以及郊游、读报、健身、歌咏比赛等丰富多彩的活动。2008年，对精神病人进行程式化训练和药物的自我管理训练。2012年，帮助100余名重型精神疾病患者进入工疗站学习才艺，30名一级精神疾病患者进入杭州市第七人民医院接受治疗。有4名重性精神疾病患者走上工作岗位，自食其力。2013年，开展服药指导和康复训练，做好肇事肇祸应急处置和帮扶救助工作，全年应急处置54人次，入院治疗185人。2014年起，上城区精神卫生工作领导小组办公室（简称区精卫办）开展每季一次的重性精神疾病患者家属亲友会，提高家属监护能力。2015年，街道工疗站提供重性精神障碍患者的日间康复，引导患者回归社会。至是年11月，有80名患者重新踏上工作岗位。

① 三疗一教育：工疗、娱疗、药疗和健康教育。

表30-3-13　2015年上城区精神卫生工作情况表

分类	数量（人）	比率	数量
常住人口数	326841	社区总数（个）	54
在册精神障碍患者数	1828	检出率（‰）	5.6
在册严重精神障碍患者数	1718	检出率（‰）	5.3
严重精神障碍患者管理数	1713	管理率（‰）	99
严重精神障碍患者规范管理数	1636	规范管理率（‰）	95
最近一次随访病情为稳定及基本稳定患者数	1651	稳定率（%）	96
除精神发育迟滞患者治疗数	1075	治疗率（%）	88
严重精神障碍患者专用治疗证（人）		300	

续表 30-3-13

分类		数量（人）	比率	数量
严重精神障碍患者按管理级别分类（人）				
一级管理	165		二级管理	144
三级管理	972		四级管理	437
严重精神障碍患者按疾病类型分类（人）				
精神分裂症	1027		双相障碍	97
分裂情感性障碍	6		偏执性精神病	5
癫痫所致精神障碍	93		精神发育迟滞伴精神障碍	490

说明：资料来源于杭州市上城区疾病预防控制中心

二、精神心理健康教育

1993年，上城区开展多种形式的心理健康教育，通过心理知识讲座、知识培训、参加科普宣传周活动等方式，加强精神卫生的健康教育工作。2010年，区卫生局和区司法局联合成立区“心理矫正”工作基地，在南星社区卫生服务中心挂牌。组织社区司法调解委员与家访医生进行“会话艺术”专题讲座。是年，区卫生局与浙江大学、杭州市心理卫生中心完成历时4年的“抑郁管理模式对中国老年抑郁症的效果”课题研究，对社区卫生服务站医生、护士进行技能培训，加强社区卫生服务机构与精神病专科医院的双向交流协作，探索建立社区抑郁症专病管理模式。该项目被美国国立卫生所（National Institute of Health，NIH）列为全球发展中国家的6个项目之一，并获得21.6万美元的课题经费。2011年，开展抑郁症筛查工作，运用PHQ-9抑郁量表筛查近6000名老年人，发现阳性案例（PHQ-9≥10）550人，最终确诊并成功入组459人，开展病例随访工作。是年，上城区与富阳市作为对口结对区县，对富阳农村地区医务人员进行老年抑郁相关知识与技能培训。是年11月，浙江省老年抑郁症管理培训指导中心在华藏寺巷挂牌成立。2012年11月，上城区开展老年心理健康问题大讲堂暨第三届老年抑郁高峰论坛。2014年4月，杭州市心理健康知识普及公益讲座进社区活动在上城区启动。2015年10月，小营街道残疾人联合会与杭州市智力、精神残疾人亲友协会在“小营·江南红巷”梦剧场，举办庆祝“仁爱之花”歌唱分团成立演唱会，组织文艺表演、精神卫生知识宣传等活动。

表 30-3-14　1993—2015年若干年份上城区精神卫生健康教育情况表

年份	讲座		培训		简报（期）	黑板报（块）	调查表（份）	心理咨询（人次）	宣传资料（份）	义诊（次）
	次	人数	期	人数						
1993	3	—	1	—	8	108	—	—	—	1
1995	1	—	—	—	12	188	—	—	—	1
1996	1	—	3	—	18	36	—	—	—	3
1997	1	58	—	1800	12	236	—	—	—	—
1998	1	31	—	1800	—	198	—	—	—	—
1999	1	80	—	—	—	—	1000	50	—	2

续表 30-3-14

年份	讲座		培训		简报（期）	黑板报（块）	调查表（份）	心理咨询（人次）	宣传资料（份）	义诊（次）
	次	人数	期	人数						
2000	3	—	1	67	—	—	—	—	—	—
2001	2	110	1	60	—	185	—	20	2700	2
2004	2	110	—	—	—	140	—	20	2500	2
2005	2	900	4	—	—	140	—	—	—	—
2006	—	—	3	270	—	—	—	—	—	—
2007	—	—	1	20	—	—	—	2	—	—
2009	—	—	2	—	—	—	—	—	—	—
2011	1	200	2	100	—	—	—	—	—	—
2012	10	500	5	300	—	—	—	—	—	—
2013	12	600	6	400	—	162	—	300	20000	5
2014	9	600	14	280	—	216	—	30	6000	2
2015	10	500	12	280	—	216	1500	30	5000	2

说明：1.2012年以前部分数据缺失。2.资料来源于杭州市上城区卫生健康局

第五节　慢性非传染性疾病防治

随着生活条件的改善、人们寿命的提高和生活习惯的改变，慢性病人日渐增加。1993年以后，上城区开始进行慢性非传染性疾病（简称慢病）的预防工作。主要收集各医疗单位收治慢性病人的情况，对死亡人员进行分析，进行死因调查。2000年起，加大对慢病的防治工作。以建立健康档案，宣传正确的生活方式，配合服药治疗等方法，对老年人的高血压、糖尿病等常见慢性疾病，实行动态建档和管理服务。2001年，在全区各社区卫生服务中心开展以自我保健为内容的健康促进教育活动。

2002年，上城区开展冠心病急性事件、脑卒中、糖尿病、恶性肿瘤的发病报告工作，并对糖尿病、高血压病人进行干预。2004年，区内各医疗单位实行对35岁以上首诊病人先测血压制度。全区为4.4万名60岁以上老人免费体检。为165966名居民建立健康档案，筛查出高血压16610人，对其中14416人进行随访管理；筛查出糖尿病人3702人，全部进行随访。2006年，上城区开展医院慢性病、死因漏报检查工作，一年2次，医院覆盖率达100%。共调查总病例数130.24万例，其中，查出各类恶性肿瘤病例1490例，脑卒中病例386例，冠心病急性事件22例，糖尿病病例337例。抽查医院首诊测血压应测总病例数为10292例，测压率为98.58%；全年对辖区所有社区卫生服务中心（站）进行督导检查，社区高血压及糖尿病管理率分别达到80%。是年，在湖滨街道东平巷社区开展社区居民肥胖干预工作。

2007年，上城区开展医院慢性病、死因漏报检查，调查总病例数169.79万例，其中，各类恶性肿瘤病例2066例，脑卒中病例319例，冠心病急性事件13例，糖尿病病例406

例。抽查医院首诊测血压应测总病例数为13257例，测压率99.55%。社区高血压及糖尿病管理率达95.61%和91.36%。2008年，开展健康生活进万家活动，发动居民做好慢性病的防控工作。上城区率先向辖区居民送上一份“健康礼物”，发放“‘油勺’‘盐勺’健康生活量具两件套”12.5万套。

2011年6月，上城区成立慢性非传染性疾病社区综合防控工作领导小组及技术指导组，开展首诊高血压患者追踪随访。全区54个社区均设有慢性病管理员，社区卫生服务中心（站）均设立免费自动测血压处，为辖区居民提供服务，对高血压病开展分级管理，高血压控制率达66%。有33个糖尿病管理站，为糖尿病人提供免费测血糖、咨询服务。对肿瘤病人实行每3个月随访一次，访视率达82.10%。根据卫生部《全国慢性病预防控制工作规范》要求，各社区卫生服务中心及社区卫生服务站开展社区诊断，掌握社区居民主要健康管理问题以及影响因素，制定干预计划。全年管理高血压病人3万人，糖尿病病人7380人。各社区卫生服务中心都建有老年康复病房，收治脑梗塞后遗症、糖尿病、慢性支气管炎、肿瘤病人等。2012年，上城区成功创建“浙江省慢性非传染性疾病综合防控示范区”，同时启动“国家慢性病综合防控示范区”创建工作。区政府先后制定《上城区慢性非传染性疾病综合防控工作规划（2011—2015）》《上城区创建国家慢性非传染性疾病综合防控示范区实施方案》，对知识知晓率、健康行为形成率、慢性病早期发现率、慢性病管理率、慢性病控制率等5个方面提出工作目标。2013年，制定上城区社区慢性病防治首席管理医生制。2014年，上城区成功创建全国慢性病综合防控示范区。上城区投入2000余万元建立的区级居民健康管理中心，9月正式使用。区域内浙医一院、浙医二院实现医院信息管理系统与浙江省慢性病监测信息管理系统自动实时数据交换，市一医院的肿瘤系统与浙江省慢性病监测信息管理系统的“四病”①信息进行对接。全区发现并建档的高血压患者39680人，高血压发现率11.5%/10万人。高血压患者规范管理人数22132人，规范管理率83.5%。2015年，规范管理高血压患者29235人，糖尿病患者10444人。是年，在小营巷社区、青年路社区开展社区慢性病患者自我管理市级试点。

① “四病”：糖尿病、脑卒中、急性冠心病、肿瘤。

表 30-3-15　2015 年上城区慢性病防治工作情况表

街道	人口数（人）	总建档数（份）	健教讲座数（次）	听课人数（人）	义诊活动（次）	义诊人次（人）	宣传资料发放（份）	高血压检出数（人）	高血压管理数（人）	糖尿病检出数（人）	糖尿病管理数（人）
小营	83434	81621	85	2646	12	649	4900	434	11765	166	3136
紫阳	72942	77370	71	4093	62	12730	16823	374	8933	223	2356
湖滨	32486	31436	43	2635	11	898	3159	56	3298	30	850
清波	34945	110376	12	600	6	480	800	302	10993	235	2797
望江	68684		12	500	6	420	850				
南星	36294	47579	52	1850	10	780	3000	45	4246	16	1078
合计	328785	348382	275	12324	107	15957	29532	1211	39235	670	10444

说明：资料来源于杭州市上城区卫生健康局

表 30-3-16　2005—2015 年上城区部分年份慢性病发病率情况表

单位：人/10 万

年份	恶性肿瘤	急性冠心病	脑卒中	糖尿病
2005	339.32	40.12	171.24	73.61
2006	333.11	38.89	203.57	103.82
2007	382.36	32.43	195.55	150.95
2008	330.67	27.89	191.83	161.77
2009	537.51	42.43	308.11	250.00
2011	462.24	52.85	318.04	218.74
2012	410.91	45.66	317.16	166.80
2013	430.84	43.69	287.63	201.46
2014	499.35	57.30	314.71	238.00
2015	519.49	60.83	329.40	256.10

说明：资料来源于杭州市上城区疾病预防控制中心

第六节　卫生监测

从20世纪90年代起，上城区每年对食品生产经营、公共场所、学校、厂矿企业、放射场所等进行有计划地、大量地卫生监测。1998年，制定《上城区幼托机构预防性消毒监测管理办法》，对公共场所卫生监测达到100%，全年共抽样监测茶具150件，浴缸20件，坐便器20件，床上用品50件，理发刀具50件，监测项目为细菌总数、大肠菌群、致病菌、金黄色葡萄球菌。

2002年起，上城区加大区内各类单位的卫生监测。2003年9月，上城区成立区卫生监测领导小组、区卫生监测技术指导小组。12月，成立区医疗、预防、保健技术指导组。2006年，开展“非典”和禽流感等重点传染病的监测工作。每周对浙医一院、浙医二院、省中医院、市一医院4家监测点进行不明原因肺炎病例搜索；开展“发热呼吸道病例”“发热肺炎病例”和“不明原因聚集性发热病例”监测。2014年，开展省级食源性疾病监测试点，收集上报患者信息485份，采集样本403例。2015年，推进冷链自动测温监测系统建设。

表30-3-17　2002—2015年上城区部分年份卫生监测情况表

年份	公共场所		食品卫生		医疗机构					幼托机构	
					消毒监测		污水监测		感染监测		
	场所数量（个）	样品数（件）	食品样品数（件）	食具样品数（件）	场所数量（个）	样品（件）	场所数量（个）	样品（件）		场所数量（个）	样品数（件）
2002	—	17914	10603	2629	—	—	—	—	—	—	—
2003	—	—	630	243	8	—	2	—	—	—	—
2005	38	443	—	—	7	573	—	—	—	—	—
2006	181	—	226	300	12	—	23	24	—	4	68
2007	160	883	—	—	12	269	23	24	—	4	68
2008	247	490	10397	2174	10	189	60	300	47	4	68
2009	183	—	—	256	8	107	8	19	44	4	60
2010	—	—	—	—	11	94	11	11	—	7	113
2011	10	100	—	—	11	100	12	12	—	10	169
2012	10	185	—	—	11	92	11	12	—	10	172
2013	19	54	155	155	4	63	5	5	—	10	176
2014	66	500	175	56	4	56	5	5	—	10	159
2015	11	110	239	—	4	52	5	5	—	5	84

说明：1.2004年数据丢失，其余缺失数据为未开展此项监测。2.资料来源于杭州市上城区卫生健康局

第四章　卫生执法监督

1982年以后，国家陆续制定多项保障人民身体健康的法律法规。《医疗机构管理条例》《中华人民共和国母婴保健法》《中华人民共和国食品卫生法》《学校卫生管理条例》《放射性同位素与射线装置放射防护条例》等法律法规的施行，赋予卫生行政部门执法的职能。1993年起，区卫生局加强对卫生行业的行政执法监督工作，先后成立卫生监督科、药政科、防保监督科、医政药政科等负责监督工作的职能科室，对食品卫生、公共场所卫生、学校卫生、职业卫生、放射卫生、饮用水卫生等实行监督，以保证国家的法律法规得到贯彻执行，切实保护人民群众的健康权利不受侵害。

第一节　卫生行政许可

1993—2000年，区防疫站以区卫生局的名义对食品生产、食品经营、公共场所经营、集中式供水单位、放射诊疗建设项目、医疗卫生机构设置、医护人员执业等实行卫生许可。2001年，区防疫站撤销后，行政许可工作统一由区卫生局承担。2004年7月，《中华人民共和国行政许可法》正式施行，规范卫生行政许可的程序和工作要求。

2008年，上城区实行便捷办证程序，即辖区内面积在50平方米以内的小食品店、小理发店申请办证后，所辖街道的卫生协管员上门审核，现场打分，符合审批要求的店家只要资料齐全，当天就可以领取卫生许可证。全年向236家小食品店和41家小理发店发放卫生许可证。2009年，完善行政许可制度，实施“行政许可样板店”“卫生行政许可回访制度”“卫生行政许可分级约谈制”“便民联系卡”等服务措施方便申请人。是年现场服务指导数1339户次，受理新证2359户，受理变更152户，审查2511户次，核准新证2359户，核准变更152户，许可证延续发证353户，注销246户；医师执业注册及变更256人和护士执业注册596人。2010年，编印《卫生行政许可申请参考手册》，将行政许可样板店拍成照片，并配以文字说明，使申请人对经营场所的布局、装修有直观的认识和理解；推行行政指导制，通过行政帮扶、行政预警、行政指示、行政建议等制度，提高行政服务效能；使用新版许可文书，许可受理、决定等文书全部通过计算机打印，依法保障申请人的合法权益；开展评选“每月服务之星”活动，提高窗口办事人员服务意识和水平。2014年5月，由区卫生与计生局承担卫生行政许可工作。2015年，做好卫生行政审批制度改革，调整完善审批事项目录清单，做到清单之外无审批。坚持行政指导、绩效评估与首次督导相结合。

表 30-4-18　2007—2015 年上城区卫生行政许可情况表

年份		2007	2008	2009	2010	2011	2012	2013	2014	2015
放射诊疗建设（家）	预审	—	—	—	—	—	—	1	11	7
	验收	—	—	—	—	—	—	4	5	9
放射诊疗（家）	新办	1	25	1	0	0	2	3	4	6
	变更	0	0	0	2	3	2	4	4	8
公共场所卫生（家）	新办	265	233	218	161	184	136	129	135	95
	延续	0	121	239	71	81	93	195	90	96
	变更	60	71	56	57	51	14	28	32	51
母婴保健	人员（人）	14	91	807	37	69	64	30	178	117
	机构（家）	3	2	1	0	1	11	1	3	11
医疗机构（家）	新办	4	1	10	4	6	6	7	18	114
	变更	50	25	36	43	9	30	58	62	105
	校验	136	141	133	128	136	130	133	141	152
执业医师（人）	注册	—	0	68	57	59	85	104	126	112
	变更	—	416	439	373	381	401	657	547	721
助理医师（人）	注册	—	17	16	25	24	14	15	11	16
护士注册（人）	注册	—	315	290	93	56	79	64	90	110
	延续	—	—	—	—	—	—	384	158	89
	变更	—	0	98	141	126	139	308	241	249
食品卫生（家）	新办	637	1295	1718	203	895	651	555	—	—
	延续	1570	858	230	117	87	80	154	—	—
	变更	504	182	91	28	80	67	57	—	—
计生机构（家）	发证	—	—	—	—	—	—	—	—	—
再生育（人）	发证	106	114	143	179	204	239	288	854	736

说明：资料来源于杭州市上城区卫生健康局

第二节　食品卫生

1993 年，上城区对食品生产经营企业的食品卫生、学校、幼儿园、医院、建筑工地等企事业食堂的卫生进行日常监管工作。实行食品卫生管理检查制度，落实专职管理人员每天巡回检查，对经营者实行扣点式管理。1995 年 10 月，《中华人民共和国食品卫生法》颁布实施，区卫生局行使食品监督管理职责，并设立食品卫生监督员。2004 年 10 月，上城区人民政府实施食品放心工程领导小组成立。

2006 年 7 月，区卫生局开展创建高银街食品卫生示范街活动。是年，针对近江海鲜一条街大排档的规划布局不统一，功能区域分布不清，设备设施排放杂乱等问题，区卫生局对其开展专项整治，建立食品卫生管理检查制度，实行餐具消毒和从业人员登记挂牌上岗制度。

2007年，区卫生监督所出动监督员333人次，监督检查餐饮单位及学校食堂、工地食堂1208家次，查获无证经营单位86家次，取缔无证经营单位76家次，无证查处率100%；对餐饮经营单位发放食品原料采购索证台账，建账率100%。2008年，开展马市街、涌金社区等6条食品安全示范街（社区）创建工作，设计制作并张贴卫生信息公示牌500余块。

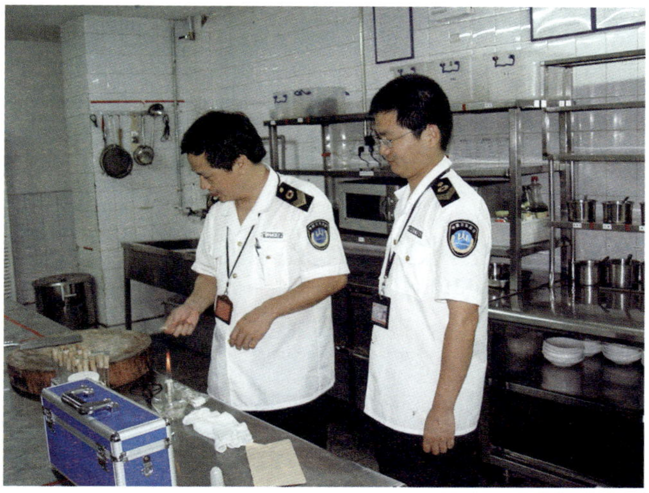

图30-4-6　2008年，区卫生监督所工作人员开展食物中毒演习活动　　（区卫生健康局 供稿）

2009年，区政府引导经营者进入街道选择的餐饮联营店经营；对不能取得合法手续的经营者，责令其转业直至停业。对摸底调查掌握的289家无证小餐饮单位进行全面整治，出动监督员220人次，对其中247家具备基本卫生条件的小餐饮店给予规范发证，对其余42家不能取得合法手续的小餐饮店进行联合取缔。

2011年，上城区开展严厉打击食品非法添加和滥用食品添加剂专项检查工作。针对杭城发生的“塑化剂事件”①，开展餐饮消费环节的清理整顿，严防“涉塑”产品。开展重点督查，走访新侨饭店、梅地亚宾馆、满记甜品等67家重点餐饮服务单位。5—11月，区卫生监督所每周四晚上安排2名卫生监督员在中山南路美食街上巡查，指导督促经营业主规范化管理，从食品原料来源、加工场地卫生管理等方面入手，保障食品卫生安全。2012年7—10月，上城区开展餐饮保健食品安全大整治百日行动，共出动监督员778人次，监督检查餐饮服务经营单位1402家，立案查处73家，处罚金额近15万元。全年开展食品安全知识培训班9期，培训人数1380人，与经营单位负责人约谈并签订食品安全承诺书1369家，培训、约谈、承诺书签订率均为100%。2013年起，上城区每年拨款40万元～55万元实施食品安全工程，在54个社区实行监管网格化，推广民间食安办，开通“96301”食品安全投诉电话等，加强餐饮食品安全整治。实现辖区内餐饮服务单位持证率达100%，餐饮食品及餐具抽检率达100%。2013年，上城区获首批“餐饮服务食品安全示范区”称号，是全省食品安全获此荣誉的8家单位之一。10月，根据要求，区卫生局将餐饮食品、保健食品等2项卫生监督权移交区食品药品监督管理局。

① 2011年4月，中国台湾卫生部门例行抽验食品时，在一款“净元益生菌”粉末中发现含有塑化剂(DEHP)，浓度高达600ppm（百万分之一）。台湾塑化剂事件发生后，卫生部联合国家工商总局、质检总局和食药监局等有关部门在28个省（市、区）的生产企业、批发市场等地，对食品添加剂、饮料、调味料等15类产品6100个样品进行抽样检测。检查结果显示，杭州溢香源生物科技有限公司生产的桂花香精、绿茶香精、杏仁香精中检出塑化剂类物质。

表 30-4-19　2006—2013 年上城区食品卫生监督情况表

年份	监督家数（家）	处罚家数（家）	罚款数（万元）	专项检查数（次）	处理投诉数（件）	量化分级管理数（次）
2006	2968	201	23.01	5	—	—
2007	3885	446	52.19	19	440	966
2008	2102	—	—	14	447	1018
2009	2337	131	14.30	4	383	—
2010	1019	438	32.6	32	580	1112
2011	1109	236	22	10	606	1175
2012	1402	73	15	3	788	1158
2013	3143	117	16	4	582	1164

说明：资料来源于杭州市上城区卫生健康局

第三节　公共场所卫生

1987 年起，区卫生局开始对辖区内公共场所实行卫生监督工作。1993 年后，加大监督力度，对辖区内从事经营活动的公共场所进行卫生宣传、培训，帮助和督促公共场所建立健全卫生管理制度，对因卫生不合格引起的相关疾病的发生进行调查与防控等。1995 年，上城区对《公共场所卫生管理条例》中未列入但新出现的保龄球馆、钓鱼馆、壁球馆、赛车场、婚纱出售及照相馆等经营场所进行卫生监督管理。

2000 年，针对茶馆业发展较快，上城区对茶馆的卫生许可、规范食品售制、严格食品标签和采购索证、加强食具和公用品的消毒管理等做出规定。规范区内盲人保健按摩行业的管理，要求办理公共场所卫生许可证，不得以“门诊部”“诊所”等医疗名称冠名，不得进行医疗报务，不得进行医疗服务宣传。2001 年，建立和落实地段管理责任制，建立小型店摊巡查台账。

2003 年，在“非典”期间，对区内各宾馆、饭店的场所和物品消毒情况、抗击“非典”的措施落实情况进行监督检查，要求对入住客人实行每日测量、记录登记、每日报告等。

2006 年，上城区开展“八小”行业规范亮证经营专项活动，开展专项整治和检查，全区 22 条主要街路、1399 家“八小”行业店家的检查覆盖率 100%，规范许可证持证率、亮证经营率 95% 以上。2007 年，开展对公共场所无证经营单位专项整治，108 家无证经营单位中 16 家改行、停业或拆迁；24 家办理许可证；68 家被取缔。全年卫生监督所实施行政处罚 714 件，罚款 62 万元。

2008 年，通过“一二一一零”① 举措推进集中式空调通风系统监管试点工作，探索建立长效管理机制。2009 年，开展公共场

① “一二一一零”：即成立 1 个试点工作组、开展 2 方面培训、建好 1 本台账、确定 10 家试点对象。

所量化分级管理。对全区342家住宿场所、13家游泳场所、36家沐浴场所全面开展卫生监督量化分级管理工作，量化分级率达到100%。按照杭州市公共场所量化管理分级标准评出住宿场所A级单位14家、游泳场所A级单位2家、沐浴场所A级单位1家。完成游泳池水质监测37家（次）。

2010年3月1日，《杭州市公共场所控制吸烟条例》开始实施。上城区通过培训卫生监督员、发放控烟宣传资料、张贴禁烟标志等措施，加强公共场所控烟。是日，上城区开出《杭州市公共场所控制吸烟条例》实施后全市第一例警告、罚款单：对财通证券杭州解放路营业厅未在所辖单位禁止吸烟场所或者区域内劝阻吸烟者停止吸烟或劝其离开该场所、区域的行为予以警告并罚款2000元。全年共计警告106家，罚款31家，罚款金额30900元。

2011年，上城区开展足浴场所卫生监管试点。2012年，开展公共场所控烟执法活动，出动卫生监督员1586人次，检查各类企事业单位、经营场所2982家次，受理查处投诉举报10起，责令整改13家，警告16家，罚款30家，罚款金额3万元。检查公共场所经营单位卫生，出动卫生监督员1024人次，检查医疗机构、学校等单位共1688家次，采集监测公用品及饮用水样品357件，现场空气监测313件。选择上城区娃哈哈小学游泳馆和绿城春江花月游泳馆作为游泳场所水质在线监测模式试点对象，通过安装在线监测仪，实时掌握水质卫生状况。2013年，开展公共浴室专项检查，共检查22家，立案查处5家，罚款2800元。开展公共场所卫生“333”治理专项行动①，对辖区对外开放的16家游泳场所卫生管理工作和游泳池水质，进行监督检查和采样监测。2014年，共出动卫生监督员1350人次，检查各类公共场所1200余个次。开展游泳场所、住宿场所二维码信息公示试点，公众通过手机扫描二维码即可查询相关单位的卫生许可信息、卫生管理员信息及监督监测信息，首批完成55家单位公示。全年举办公共场所卫生知识培训班4期，培训合格管理相对人250人。开展控烟执法行动，

图30-4-7　2014年，监督员在游泳场所进行卫生监督监测
（区卫生健康局 供稿）

① “333”治理专项行动，即提高自身卫生管理水平，做到“三落实”：配备一名专职（兼职）卫生管理员，设置一批醒目警示标识（控烟及场所警语等标志标识），建立一套公共场所卫生管理档案；规范公共场所经营行为，做到“三合格”：消毒设施设备配置合格，从业人员健康体检和培训考核合格，公共场所卫生检测合格；增强卫生监督信息透明度，做到“三公示”：卫生许可证公示，卫生信誉度等级公示，卫生检测结果公示。

检察机关、企事业单位和公共场所731间次，向14家单位发出整改通知书；依法对10家单位实施处罚，罚款1万元。2015年，出动监督员1540人次，对公共场所检查1993个次。举办公共场所卫生知识培训班4期。

第四节 学校卫生

1998年3月施行的《学校卫生管理条例》规定，卫生局承担学校卫生状况的监督管理职能。区卫生局与区教育局联手，对辖区内各中小学进行宣传教育、开展卫生知识的培训、建立健全卫生制度、建立卫生专管员队伍，每年进行卫生监管，对存在问题督促整改，保证中小学生的身心健康。同时每年对全部学生进行健康体检。2000年，对区内中小学开展“保护学生视力周”、“9·20”爱牙日、碘缺乏宣传教育活动。2002年，指导区内各中小学开展以“三管一灭”[①]为重点的爱国卫生工作，做好学校传染病监测预报，及时消除可能导致传染病发生的各种危险因素。

图30-4-8 小学生体检（2012年）

（区卫生健康局 供稿）

2003年，在“非典”防治期间，上城区重点对区内中小学食堂在食品及原料采购加工卫生安全、餐饮具消毒、加工场所消毒、食堂排气通风、每日体温测量、饮用水卫生质量和学校周边食品摊点的食品卫生进行监督检查。2006年8月，制定上城区幼儿、学生入托入学查验接种证和学校内预防工作实施方案。2007年，区卫生局与区教育局联合，在杭州天地实验小学、杭州市上城区阳光幼儿园、杭州市开元中学3家单位安装并开通使用直饮水，水质监测符合国家标准。2008年，对学校及托幼机构晨检、食品卫生、饮用水卫生等督导333家次。2009年起，每年开展杭州市级监测点学校常见病防治与健康状况综合监测工作，学生常见病防治监测覆盖率100%。通过开展知识竞赛，提高从业人员及师生的卫生健康知识。对学校食品卫生、饮用水及传染病防治3个方面强化监管，规范食品及原料的采购索证工作，结合甲流防控，针对饮用水及加强学校医务室监督检查，切实保障在校师生的身体健康和生命安全。

① “三管一灭”，即管水源、管饮食、管粪便卫生和消灭苍蝇。

2011年，上城区做好学生营养、身高、体重发育评价、常见病矫治、健康教育、传染病管理和指导工作；开展省级中小学学生因病缺课监测试点，以11种疾病症状和20种疾病种类进行周监测报告与网络实时监测与预警。2012年，组织校园卫生安全健康1号、2号、3号行动，开展以学校春、秋季食品安全，传染病防控，生活饮用水卫生等为重点的卫生专项监督检查，共检查学校、托幼机构82所，对14家中小学校教学环境生活设施卫生进行监测，监测合格率100%。是年，卫生部、教育部确定杭州市高银巷小学、杭州市开元中学、杭州市服装职业高级中学为卫生监督监测试点学校。12月，区卫生局、区教育局联合召开上城区中小学校卫生管理工作会议，正式启动学校卫生协管试点工作。开展省级中小学校卫生监督监测试点工作，监测内容主要包括学校教室人均面积、课桌椅、黑板、采光、照明、微小气候、噪声、生活饮用水、学生宿舍等。主要不达标项目为课桌椅符合率、后墙反射率。区卫生监督部门根据监测结果，纳入学校卫生监管内容，加强督导和整改。推进全省首创的“专职校医”模式，入驻学校的社区医师，在学生日常保健与突发事件急救处置上发挥专业水平，有效化解数起健康危机事件。全年上城区发生学校聚集性疫情29起，其中，手足口病17起，流感样疫情8起，水痘聚集性疫情4起，在校医的有效管理下疫情均得到及时控制。

2013年，上城区共监测教学环境生活设施390件，教室人均面积合格率92.3%；教室采光与照明合格率92.3%；教室微小气候合格率100%。2014年，学校教室人均面积合格率92.9%，教室照明、教室采光、黑板（照度）、教室微小气候、噪声合格率均100%。2014—2015年，开展学生传染病与常见病防控工作检查，检查幼托机构34家、小学24所、中学16所、高校4所。专项检查10所学校的病媒生物预防控制工作，总体情况良好。

图30-4-9　2014年5月，卫生监督员开展教学环境卫生监测　（区卫生健康局 供稿）

第五节　职业卫生

1993年后，区卫生局逐步加强职业卫生工作。1995年，上城区建立急性职业病报告制度，24小时内报告，如发生3名及以上病人时，须当即电话报告。1998年，上城区执行卫生部下发的《职业性健康检查管理规定》，对相关人员进行预防职业病健康检查。2001年，全区共有14家有害作业单位，从事有害作业的工人221人，建立健康档案率累计96%以上。全年共设作业监测点74个，实测73个。其中，粉尘测定点7个，化学因素测定点5个，物理因素测定点61个。组织6家企业的尘毒作业工人参加职业性健康体检，体检人数81人。2002年，上城区对5家有毒有害作业企业、55个有毒有害作业点进行卫生监测。

2003年，区卫生局开展职业卫生健康监护工作，对17家企业、266名接触有毒有害作业的工人进行健康体检。9—10月，在厂家自查的基础上，对区内有毒有害化学品生产销售和使用进行专项监督检查。2004年，对辖区内31家企业的137个职业危害点进行检查。组织辖区内15家用人单位，从事有毒有害作业工人317人开展职业健康检查工作，检出疑似听力损伤病人6人，可疑肺功能受限病人20人，以及其他阳性体征100余例。2007年，对辖区单位职业病危害因素进行监控，共监测17家企业危害作业点348个，合格206个，监控噪声作业点242个，合格点118个，全区新增疑似职业病2例，均为噪声性听力损伤。2008年，举办职业病防治培训班，对辖区内3家企业车间现场开展《职业病防治法》的咨询宣传，参与西湖水域管理处下属西湖船厂的“三苯”治理的技术改造，加强对浙江中通物业发展有限公司等5家汽车维修企业的监督检查，其中浙江中通物业发展有限公司因未及时整改被行政处罚；对一批重点职业病危害企业的非固定用工劳动者的健康监护情况进行监督检查，复查企业11家，责令整改3家。

2009年，区卫生局组织开展“千家企业十万劳动者职业健康保障行动”，重点检查用人单位组织劳动者进行职业健康检查和建立健康监护档案、职业禁忌症人员调离等情况，加强职业病危害因素监控管理，督促企业落实职业禁忌人员调离工作，调离率100%；重点职业病危害企业卫生监督覆盖率100%；对申报的14家企业，全部开展职业卫生台账管理和职业危害因素的评估。对12家企业202个作业点进行监测，合格157个，合格率77.22%，不合格指标多为噪声，噪声仍是上城区最主要的职业病危害因素。2011年，开展职业健康状况调查专项工作，共调查辖区内职业病危害企业21家，摸清全区主要行业职业病危害情况、职业病危害接触人群分布、职业病发病人数及主要职业病发病特点，为制定职业病防治政策提供科学依据。2014年12月，区卫生局承担的职业卫生监督检查等监管相关职责，划入区安全生产监督管理局。

图30-4-10　2010年，区卫生局开展职业卫生监测
（区卫生健康局 供稿）

表 30-4-20　2010—2014 年上城区职业病监督监测情况表

年份	作业场所职业病危害因素监测企业（家）	应测点数（个）	实测点数（个）	报告作业场所职业病危害因素监测企业（家）	体检（人）	检出疑似职业病人（人）	检出禁忌症（个）
2010	20	265	265	28	1235	0	0
2011	20	317	317	21	1873	0	0
2012	20	216	217	18	3180	2	3
2013	14	192	192	17	913	5	0
2014	14	192	192	17	733	5	0

说明：资料来源于杭州市上城区卫生健康局

第六节　放射卫生

1993年起，区卫生局对区内医疗机构的医用X线放射卫生进行监督检查，主要检查卫生许可、卫生管理制度、放射工作人员健康管理、医用X线诊断机机房放射防护等情况。2002年7月1日，《放射性同位素与射线装置放射防护条例》（简称《条例》）施行，规定区卫生局对辖区内的放射性同位素和射线装置的放射防护实行监督管理职能。2007年，区卫生局按照《上城区2007年放射卫生重点监督检查实施方案》对36家医疗机构进行监督检查，监督覆盖率100%。全区应检测放射诊疗装置163台，开展质量控制或放射防护检测的装置153台；放射工作人员503人，开展个人剂量监测476人，占应监测人数94.60%。全年应参检462人，实际体检449人；应培训245人，实际培训236人。

2009年，上城区开展放射诊疗单位及非医用放射工作单位的专项检查，全区19家医疗机构持有通过年度校验的放射诊疗工作许可证，新发放射工作人员证3本，持证率达到100%；对3家有工业X射线和β射线装置的企业人员进行培训、体检和剂量监测工作。2010年，对辖区19台医疗机构医用辐射装置X线设备的性能和26个放射机房的防护进行检测；开展医用诊断X射线装置工作用房建设项目职业病危害放射防护评价、职业病危害预评价项目等3项。2011年，区卫生局对辖区医疗机构医用辐射装置X线设备14台进行性能检测，及18个放射机房的防护进行检测；完成建设项目职业病评价报告2项。2012年，完成建设项目职业病危害评价1项，新建放射项目防护效果评价1项。2015年，重点检查放射诊疗许可证、放射工作人员证情况、放射诊疗建设项目职业病危害评价情况、设备状态检测情况、放射工作人员个人剂量监测及职业健康监护情况等。

表 30-4-21　2002—2015 年上城区放射工作人员个人剂量计换发情况表

单位：人

年份	换发人数	年份	换发人数
2002	48	2009	0
2003	46	2010	120
2004	60	2011	152
2005	76	2012	118
2006	80	2013	116
2007	476	2014	123
2008	100	2015	135

说明：1. 个人剂量计换发是指监测放射工作人员从事放射工作时接受的累积剂量的设备换发工作。2. 资料来源于杭州市上城区卫生健康局

第七节　饮用水卫生

1989 年起，上城区对生活饮用水卫生的监督监测，主要针对居民住宅屋顶水箱、管网末梢、二次供水和学校直接供水。1997 年，上城区实行集中式供水单位申领卫生许可证制度。1998 年，区政府规定区内新建、扩建、改建的二次供水设施在投入使用前，须经区卫生防疫站检验。1999 年，由区爱卫办牵头，以街道、居委会为单位，全面开展机关、企事业单位、公共场所和住宅二次供水调查。2000 年，区防疫站对区内部分集中式供水的二次供水的水质卫生进行抽检，监测集中式供水的出厂水和二次供水的出水口处的浑浊度、色度、臭和味、pH 值、总硬度、细菌总数、总大肠菌群、游离余氯等。2002 年，对区内桶装饮用水企业生产的纯净水、矿泉水及水源进行监督监测。

2008 年，上城区对辖区 18 所中小学校饮用水进行监测采水样 49 份，直饮水合格率 63.64%，桶装饮用水合格率 76.92%，茶桶水合格率 50%。2009 年，对 28 所学校的饮用水进行采样抽检，采水样 112 件，其中直饮水 104 件，桶装水 8 件，总合格率 96%，其中直饮水合格率 100%。2010 年，对铬渣存放地周围居民进行健康评估。通过走访、查阅、分析历史监测资料等显示：该区域居民生活用水均来自市政用水，因铬渣可能引起的地表水或地下井水、土壤污染不影响到居民。2011 年，

图 30-4-11　2014 年 5 月 28 日，上城区在杭州市服装职业高级中学开展生活饮用水卫生安全宣传周活动

（区卫生健康局 供稿）

加强现制现售水卫生监督管理工作，建立档案，在10个供水点采样20件，检测结果均符合要求。2012年，对28所学校的饮用水进行采样抽检，采水样112件，其中直饮水104件，桶装水8件，总合格率96%，其中直饮水合格率100%。2013年，对辖区27所学校的直饮水、二次供水、桶装饮用水开展水质检测，直饮水、二次供水检测率100%。直饮水合格率90%，桶装饮用水合格率62.5%，二次供水合格率100%。2014年，加强生活饮用水卫生监督管理。5月，开展生活饮用水卫生安全宣传周活动。采样检测30所学校直饮水，共采水样60件，合格52件，合格率86.7%。3次约谈饮用水供应厂商、酒店负责人、提供未经沸腾直饮水学校负责人。2015年，对辖区内14家提供二次供水单位、5个不同现制现售水点现场检测，余氯44件。检查43所学校的饮用水台账，采样检测12所学校直饮水样36件。

表30-4-22　2002—2015年上城区检查管网末梢及二次供水监测情况表

年份	近网末梢（次）	二次供水（次）	年份	近网末梢（次）	二次供水（次）
2002	20	15	2009	16	4
2003	20	15	2010	16	4
2004	12	8	2011	13	32
2005	16	15	2012	126	12
2006	18	16	2013	120	10
2007	16	15	2014	44	88
2008	18	12	2015	44	88

说明：资料来源于杭州市上城区卫生健康局

第五章　社区卫生

1990年，杭州市确立以区、县（市）为单位，实现“2000年人人享有卫生保健”的目标。1997年，上城区提出在全区发展社区卫生服务，每1万人左右设立1个社区卫生服务站，逐步形成功能合理，方便群众的医疗保健网络。同时，以社区卫生服务为主，做好预防、保健、医疗、康复服务。1998年开始，上城区整合区属卫生医疗资源，并引进高素质社区卫生服务人才。1999年1月，上城区通过调整，6个街道社区卫生服务指导中心成立，社区卫生服务中心科室进行布局、新建扩建服务站点。更新提升医疗设备，推行居家医疗服务，推进基本药物“零差率”销售，实施“阳光用药”工程和阳光采购，建立社区电子健康档案，在所有社区服务中心和卫生服务站开设中医科和中医类服务等。形成一批硬件软件达标、机构管理规范、运行机制科学、服务功能完善、社会效果显著、人民群众满意的社区卫生服务示范中心。通过实行居家医疗，医养护一体化服务，对社区内老弱困家庭提供个性化、随叫随到的上门服务，实现区域内居家医疗服务全覆盖。

2015年，上城区通过签约制、责任制模式，逐步构建“基层首诊、双向转诊、急慢分治、上下联动”的分级诊疗体系，有8.4万名签约居民享受健康管理、双向转诊、家庭病床等医养护一体化服务，签约对象累计就诊52万人次。全区共建有6个街道社区卫生服务中心，共设有33个社区卫生服务站。其中，湖滨街道社区卫生服务中心设有卫生服务站4个，清波街道社区卫生服务中心设有卫生服务站2个，小营街道社区卫生服务中心设有卫生服务站8个，南星街道社区卫生服务中心设有卫生服务站4个，紫阳街道社区卫生服务中心设有卫生服务站8个，望江街道社区卫生服务中心设有卫生服务站5个，形成功能完善、覆盖全区的社区卫生服务网络，为社区居民提供便捷的基础医疗服务。

第一节　机构建设

1997年9月，上城区召开卫生工作会议，提出在全区积极发展社区卫生服务，每1万人左右设立1个社区卫生服务站，逐步形成功能合理，方便群众的卫生服务网络。同时，以社区卫生服务为主，做好预防、保健、医疗、康复服务。1998年开始，各区级医院、街道卫生院调整医院的可用资源，引进高素质社区卫生服务人才，提高社区卫生服务人员队伍素质，提供全额经费，加强社区卫生服务人才培训。社区卫生服务机构全科医师和社区护士岗位培训率90%，临床医师中医药防治知识培训率与技术培训率95%，中医适宜技术利用率100%。12月，区卫生局制定《上城区社区卫生服务的若干意见》，提出开展社区卫生服务以老人、妇女、儿童和残疾人为主要服务对象；以常见病和多发病诊治、慢性病防治、老年保健、院前抢救、临终关怀、妇幼保健、卫生监督、计划免疫、残疾人康复、健康教育为主要服务内容；以建立健康档案、上门服务、家庭病床、站点门诊、24小时电话呼叫等为主要形式；坚持预防为主的方针，面向社区、面向家庭，提供有效、经济、方便、连续的社区卫生服务。

1999年1月，上城区社区卫生服务指导中心成立，负责规划辖区社区卫生服务工作发展，对各街道社区卫生服务机构及其工作进行管理、监督、质量控制和考核。2000年12月，省卫生厅确定清波、近江街道社区卫生服务中心为省社区卫生服务中心省级示范点创建单位。2002年6月，全区开展卫生“七进社区”① 活动。9月，省卫生厅确定上城区清波、近江街道社区卫生服务中心为省中医药参与社区卫生服务试点单位。11月，根据《杭州市规范化社区卫生服务中心（站）评价标准》《杭州市规范化社区卫生服务中心（站）建设管理办法》《杭州市规范化社区卫生服务中心（站）建设标准》的要求，上城区对社区卫生服务中心的组织形式包括管理体制、组织结构、人员配备；设置标准包括设置原则、业务用房、组织标识、预防保健、康复病房；服务功能包括医疗功能、预防保健功能、社区保健功能、卫生信息功能和社区卫生服务站的设置做出规定。2004年3月，上城区实行社区责任医师制。以团队式服务为责任区居民建立健康档案，提供基本医疗服务和公共卫生保障。11—12月，成立创建省级、国家级社区卫生服务示范区领导小组，开展社区卫生服务示范区创建工作。2005年12月，上城区成功创建为浙江省社区卫生服务示范区。2006年3月，上城区成功创建为全国社区卫生服务示范区。至2007年，在全区51个社区中建立社区卫生服务站30个，形成规划合理、功能完善、覆盖全区的社区卫生服务网络。

2008年8月，区卫生局制定《上城区社区卫生服务发展规划》，提出到2010年新建3个社区卫生服务站，完成望江街道社区卫生中心的改扩建和不达标社区卫生服务站的改建任务。新建卫生服务站用房建筑面积不少于150平方米，力争到2010年末基本实现全区卫生服务机构用房标准化。11月，紫阳街道社区卫生服务中心被批准为杭州市第一批中医药参与社区卫生服务示范单位；上城区中西医结合医院康复科被确定为杭州市第一批市级中医名科建设项目。是年，紫阳街道社区卫生服务中心与浙江绿城健康促进管理有限公司共同建立春江花月社区卫生服务站，成为完善社区卫生服务网络，探索解决高档楼宇居民就医问题的途径。

① “七进社区”：即医疗工作进社区、精神卫生进社区、红十字会进社区、爱国卫生进社区、预防保健进社区、健康教育进社区、医学科普进社区。

2011年，紫阳街道社区卫生服务中心、清波街道社区卫生服务中心、南星街道社区卫生服务中心被命名为浙江省首批示范社区卫生服务中心。2013年，6家社区卫生服务中心通过省专家组的评估验收，实现省级示范中心全覆盖。通过调整各社区卫生服务中心科室布局、新建扩建服务站点、更新提升医疗设备，推行居家医疗服务，推进基本药物“零差率”销售，实施“阳光用药”工程和阳光采购，强化电子健康档案规范化管理，率先在全市实现所有社区服务中心和卫生服务站开设中医科和中医类服务等，形成一批硬件软件达标、机构管理规范、运行机制科学、服务功能完善、社会效果显著、人民群众满意的社区卫生服务示范中心。2015年末，全区共有湖滨、清波、小营、南星、紫阳和望江6个社区卫生服务中心，建有33个社区卫生服务站，开展包括老年人健康管理、高血压和糖尿病健康管理、严重精神障碍患者健康管理、孕产妇和儿童健康管理等十二大类基本公共卫生服务项目。

表30-5-23　2015年上城区社区卫生服务机构情况表

序号	名　　称	地　　址	设置时间
1	湖滨街道社区卫生服务中心	中山中路东平巷4号	1953-01-01
2	湖滨街道东坡路社区卫生服务站	向阳新村4号、5号	2001-01-01
3	湖滨街道涌金门社区卫生服务站	直饮马井巷28-3号	2001-01-01
4	湖滨街道青年路社区卫生服务站	比胜庙巷21号	2003-01-01
5	湖滨街道岳王路社区卫生服务站	中山中路宏农里28~30号	2004-01-01
6	清波街道社区卫生服务中心	河坊街413号、419号、421号	1979-07-01
7	清波街道定安路社区卫生服务站	后市街137号	1998-12-30
8	清波街道柳翠井巷社区卫生服务站	光复路24号	2006-09-19
9	小营街道社区卫生服务中心	民生路13号	1956-01-01
10	小营街道西牌楼社区卫生服务站	望江路162号	1996-01-10
11	小营街道紫金社区卫生服务站	清吟街108号	2001-05-01
12	小营街道梅花碑社区卫生服务站	福利新村6幢北侧	2003-04-01
13	小营街道金钱巷社区卫生服务站	南班巷15幢-1	2004-06-01
14	小营街道小营巷社区卫生服务站	小营巷1~13号	2004-12-01
15	小营街道大学路社区卫生服务站	建国中路166号	2005-05-01
16	小营街道长明寺巷社区卫生服务站	解放路9号	2005-04-01
17	小营街道姚园寺巷社区卫生服务站	建国南路102-2号至102-8号	2006-05-01
18	望江街道在水一方社区卫生服务站	天福花苑13幢底层	1998-12-01
19	望江街道兴隆社区卫生服务站	秋涛路一弄22号	2003-05-01
20	望江街道社区卫生服务中心	望江家园西园29幢	2003-12-01
21	望江街道清泰门社区卫生服务站	清泰门甘王新村11幢底层	2004-06-01
22	望江街道近江东园社区卫生服务站	近江南路2~4号	2005-02-01
23	望江街道耀华社区卫生服务站	钱江路628号	2009-07-02
24	南星街道社区卫生服务中心	秋涛路56号	1987-02-01
25	南星街道馒头山社区卫生服务站	笤帚湾87号	1998-02-01

续表30-5-23

序号	名　　称	地　　址	设置时间
26	南星街道复兴南苑社区卫生服务站	复兴街洋泮路63号	2000-01-01
27	南星街道美政社区卫生服务站	美政路3号	2004-02-01
28	南星街道水澄桥社区卫生服务站	民安苑14幢1楼	2005-10-01
29	南星街道玉皇山社区卫生服务站	虎玉路38号B楼103室	2005-10-01
30	南星街道海月桥社区卫生服务站	复兴南街345号	2009-10-13
31	紫阳街道社区卫生服务中心	中山南路303号	1956-08-01
32	紫阳街道彩霞岭社区卫生服务站	江城路黄公厂弄2号	1991-10-01
33	紫阳街道候潮门社区卫生服务站	直箭道巷13号	2004-06-01
34	紫阳街道木场巷社区卫生服务站	盛家弄33号	2005-01-01
35	紫阳街道十五奎巷社区卫生服务站	城隍牌楼129～130号	2007-04-24
36	紫阳街道北落马营社区卫生服务站	北落马营新村7幢边	2007-07-31
37	紫阳街道上羊市街社区卫生服务站	中河南路76号	2009-09-28
38	紫阳街道春江花月社区卫生服务站	映霞苑3幢3单元2楼	2009-02-12
39	紫阳街道新工社区卫生服务站	太平巷19号	2009-09-28

说明：资料来源于杭州市上城区卫生健康局

第二节　基本医疗

一、医疗服务

1993—1996年，上城区区属医疗单位重点抓专科专病建设，重视医疗，轻预防工作。1997年以后，改为以常见病、多发病的治疗为主，解决居民的基本医疗问题。按居民每5000人配备1名全科医生的标准，选拔骨干医生充实社区卫生服务第一线，建立全科医生岗位责任制；选派医生参加全科医生培训，提供全额经费支持。同时推行以岗定员、竞争上岗、全员聘用制等。2004年，实行卫生服务站站长竞聘，提高社区卫生服务人员的工作责任心。2007年，充实社区卫生服务的技术力量，引进医卫工作者23名。2008年，引进医疗卫生工作者20人，其中，硕士2人、本科11人、大专7人。2009年，社区卫生服务机构配备和使用基本药物，药品实行零差率销售，让利于民。使用规定的基本药物557种，其中国家基本药物307种、省增补药物150种。2010年2月，上城区被确定为浙江省基本药物制度首批实施地区，辖区所有社区卫生服务机构、社区卫生服务站配备和使用457种基本药物，其中，307种为国家基本药物，150种为省增补药物，全部药品实行"零差率"销售，采用网上集中采购、统一集中配送、统一组织结算，实行基本医疗保险优惠政策。是年6月，上城区药事管理委员会成立，成为浙江省首批试点单位之一。2010—2011年，上城区完成100种非基本药物的增补药品目录，并对国家基本药物目录的307种、省增补目录的150种和区增补的100种药品进行无记名投票确标，通过了解百姓用药需求、反馈实施情况和市场导向，稳步推进国家基本药物制度。2011年，上城区基层医疗卫生机构门急诊均次费用比2010年下降12.7%，药品让利共计3315.7万元。是年，上城区根据医疗需求将服务对象分为“关爱保障、重点管理、健康促进”3类，分别有针对性地开展基本医疗、基本公共卫生服务以及特色服务。2013年，调整区增补药物100种，并另行确定83种病房用药的药品目录，满足社区居民临床用药需求。10月，诊间收费开始实行，缩短患者的就诊时间。2015年10月，上城区卫生计生系统改善医疗服务，旨在不断提高医疗服务水平，构建和谐医患关系。

二、双向转诊

2009年起，上城区各社区卫生服务中心与省市医院建立双向转诊关系，定期选派医务人员到上级医院进修，上级医院医务人员也到社区卫生服务机构坐诊指导，帮助社区卫生服务人员提高业务水平。2010年，区卫生局与浙医二院签订战略合作协议，进行电子信息互通、双向转诊、人才培养、质控管理4个方面的深入合作。各社区卫生服务中心与浙医一院、市一医院、市三医院、省中医院长期开展医疗合作，专家专网预约覆盖至浙医一院、市三医院。至2010年末，上城区6个社区卫生服务中心分别与8家省市级医院建立双向转诊关系。

2012年，上城区推行专家预约分级诊疗系统，并将预约模式引入基层。使用新系统预约成功后，患者可全面掌握就诊时间、就诊序号等内容，缩短等候看病时间。全年为区内患者预约浙医二院专家971人次。同时，推行“1+X”医师结对帮扶模式，即1名全科医生与若干名相关专科的专家结对，社区医生在转诊中遇到困难，相对应的顾问团队帮助其为病人选择合适的专家和转诊科别。2013年8月，上城区与市一医院合作建立的心电和影像会诊中心投入运行，实现区域内影像信息共享和利用，提高基层诊断报告能力。11月，区卫生局印发《上城区医养护一体化签约服务实施方案》，促进“社区首诊、双向转诊”的分级诊疗制度逐步建立。是年，上城区和浙医一院、浙医二院建立合作关系，浙医一院、浙医二院的专家号向上城区所有社区卫生服务中心开放预约。2014年起，南星街道社区卫生服务中心投资百万余元建立康复中心，与浙医二院签订《“连贯共赢专科定点转诊”合作协议书》，建立“双向转诊”新模式，坚持“中西医结合”的发展道路，在传统康复疗法的同时，开展现代康复医学治疗技术。2015年，上城区实现社区卫生机构与邵逸夫医院、浙医二院等省级医院及所有市属医疗机构的转诊预约，全年预约转诊2280人次。同时，升级改造预约转诊平台功能，拓展可预约单位及开通检查预约功能，逐步构建“基层首诊、双向转诊、急慢分治、上下联动”的分级诊疗体系，与省市医院形成医联体。是年，湖滨街道社区卫生服务中心与市一医院建立“双向转诊”绿色通道；小营社区卫生服务中心在成为浙医二院全科医师社区培训基地的基础上，通过卫生部验收，成为浙医二院全科技术指导中心。

三、困难群众帮扶

1997年7月，区卫生局印发《关于对区内特困职工看病免收部分费用的通知》，上城区范围内的特困职工凭特困职工医疗卡定点到上城区中医院就诊，免收挂号费、诊疗费和三大常规检查费（X光透视、B超、心电图检查），每2年进行1次免费健康体检。

2003年3月，区卫生局印发《关于对区内特困低保人群实行医疗救助的通知》，在社区卫生服务中实行困难群众帮助政策，对特困家庭、低保人员、外来民工、长期服药因病致困家庭、精神病人提供多方位的医疗救助。为低保家庭、困难流动人员提供“四免三减半”[①]服务，向困难家庭发放每年人均200元的医疗救助券；困难家庭的精神病人，医药费全免。在各社区卫生服务中心开设“爱心济困”门诊和病房，对辖区居住和区属企业工作的外来务工者，实行“一免一控一减”[②]服务，解决居民看病难、看病贵的问题。

2011年12月，区政府印发《上城区困难群体基本医疗服务“零自负”工作方案》，对持有有效期内杭州市困难家庭救助证、杭州市残疾人基本生活保障证和上城区慈善总会救助卡，且已加入基本医疗保险并在劳动保障部门备案登记的上城区户籍居民，减免其在上城区属各社区卫生服务机构的所有门诊检查、检验、治疗（不含中医、乙类和丙类服务项目）和所用药品（仅限于国家基本药物目录中所列的457种）的“自负”部分费用。该政策从2012年起正式实行。

① “四免三减半”：免收挂号费、放射费、心电图、B超费；住院注射费、手术费、护理费减半。

② “一免一控一减”：免挂号费、控制门诊单张处方在50元以内，减免住院床位费30%。

表30-5-24　2012—2015年上城区社区卫生服务中心“零自负”减免情况表

单位：元

单　　位	2012	2013	2014	2015
清波、望江街道社区卫生服务中心	7897.73	18705.96	13641.48	17449.56
湖滨街道社区卫生服务中心	2158.68	13118.46	10141.04	10495.47
小营街道社区卫生服务中心	3559.69	11157.84	19403.11	36439.48
南星街道社区卫生服务中心	8529.25	26989.96	12700.59	28327.13
紫阳街道社区卫生服务中心	8062.91	22179.05	23540.07	59554.99
合　　计	30208.26	92151.27	79426.29	152266.63

说明：资料来源于杭州市上城区卫生健康局

表30-5-25　1990—1999年上城区区属医疗单位门诊人数情况表

单位：万人次

年份	门诊人次	年份	门诊人次
1990	64	1995	51
1991	66	1996	55
1992	65	1997	56
1993	55	1998	54
1994	53	1999	52

说明：资料来源于杭州市上城区卫生健康局

表 30-5-26　2005—2015 年上城区社区卫生服务组织门诊人数情况表

单位：万人次

年份	门诊人次	年份	门诊人次
2005	156.6	2011	247.8
2006	145.6	2012	272.7
2007	165.9	2013	275.6
2008	193.4	2014	288.3
2009	228.5	2015	294.8
2010	215.0	—	—

说明：资料来源于杭州市上城区卫生健康局

表 30-5-27　2007—2015 年上城区社区卫生服务中心住院人数情况表

单位：人次

年份	入出院	湖滨	紫阳	清波望江	南星	小营	闸口
2007	入院	273	194	506	299	281	216
	出院	273	194	495	242	256	216
2008	入院	202	228	395	381	131	212
	出院	228	228	395	336	146	213
2009	入院	185	157	332	569	108	—
	出院	148	157	327	568	130	—
2010	入院	212	210	279	524	104	—
	出院	182	210	280	518	138	—
2011	入院	156	220	285	724	99	—
	出院	161	220	279	725	111	—
2012	入院	290	900	259	828	46	—
	出院	296	992	260	819	75	—
2013	入院	291	175	332	939	—	—
	出院	294	280	325	938	—	—
2014	入院	342	301	291	1071	—	—
	出院	323	296	298	1038	—	—
2015	入院	284	320	326	1185	—	—
	出院	312	315	330	1181	—	—

说明：1. 2009 年，闸口卫生院并入南星街道社区卫生服务中心。2. 2012 年末，小营社区卫生服务中心的病房撤销。3. 资料来源于杭州市上城区卫生健康局

第三节　基本公共卫生服务

一、健康档案管理

2003 年，上城区各社区卫生服务中心开始以建立健康档案为基础，掌握社区居民的身体健康状况，动态使用健康档案。2005 年，各社区卫生服务中心与街道、社区联手，

为居民建立健康档案。2009年，上城区开始使用电子版健康档案。2011年，上城区建立居民电子健康档案34.20万份，占常住人口总数的99.40%。其中60岁以上老年人建档率在96%以上。充分发挥健康档案的作用，对老年人的高血压、糖尿病等常见慢性疾病实行动态建档管理服务。至2015年末，上城区建立电子健康档案34.07万份。

二、健康教育

2002年起，区疾病预防控制中心牵头组建上城区健康教育讲师团，定期开设健康知识讲座，举办社区义诊和健康咨询活动，发放宣传资料和健康处方，提高和促进社区群众的健康意识和慢性病预防知识。2008年，编写《健康生活每一天》《关爱老年人·健康夕阳红》等健康宣传资料，发放给辖区街道社区及单位，并创设“小手牵大手·健康日日行”模式。2009年，进行口腔保健、常见皮肤病防治、高血压防治、更年期保健、类风湿关节炎与骨关节炎防治等医疗知识讲座。印制《健康生活一家人》《健康一二一，吃动两平衡》《防治结合，共享健康》3种健康科普资料。2010年，创编刊物《健康上城》，此后每年编发12期。2011年，区卫生局与上城区“e学网”网络平台合作，开展“健康生活”第六届家庭万户网上学有奖答题活动。

图30-5-12　专家义诊（2010年）

（区卫生健康局 供稿）

2012年，区卫生局开展居民基本疾病知识调查，居民基本疾病知识知晓率86.2%，重点疾病知识知晓率89.7%；居民健康知识知晓率88.2%，居民健康行为形成率81.6%，居民健康技能掌握率93.8%。2013年，上城区制作宣传墙体5处，宣传面积138.27平方米。2014年，区卫生局联合杭州外婆家餐饮连锁机构、杭州解百商场等企业，通过微信等新型宣传载体，开展控烟4周年系列宣传活动。“外婆家”微信公众平台收到留言1700余条，微博控烟活动被转发1200余次，收到评论300余条。8月，组织优秀讲师开展“健康好声音”暨健康教育讲师演讲技能比赛，利用微信、微博等媒体开辟线上、线下互动环节，观众通过手机发微信、微博点评演讲实现互动，让“健康好声音”在网络平台上得到有效传播。2015年7—8月，区卫生局开展“合理用药、科学就医”系列宣传活动。活动期间，全区发放小药箱125个、健康生活6件套300余套，制作发放宣传折页500余份。

表 30-5-28　2006—2013 年上城区社区健康教育情况表

年份	健康讲座		咨询（次）	健康处方		宣传资料（份）	健康巡讲	
	场次（场）	人数（人）		种类(种)	份数（份）		期数（期）	人数（人）
2006	18	11218	26	24	15670	35820	—	—
2008	28	2423	—	—	—	50000	—	—
2009	34	2823	—	—	—	90000	50	4000
2010	34	2823	—	—	—	120000	—	—
2011	52	3667	—	—	—	500	30	4200
2012	69	—	—	—	—	—	—	—
2013	—	—	—	—	—	—	63	4300

说明：1.部分年份数据统计不全，没有记录。2.资料来源于杭州市上城区卫生健康局

表 30-5-29　2015 年上城区社区卫生服务机构健康教育基本设施情况表

名称	面积(平方米)	投影仪(台)	VCD(台)	电视机(台)	功放	计算机(台)	空调(台)	照相机(台)	电话(部)	扫描仪(台)	宣传栏(个)	宣传窗(个)	打印机(台)	复印机(台)	电子屏(个)	音响(个)	碟片(张)	处方(份)	书籍(本)
清波中心	30	2	1	3	1	1	2	2	3	0	2	2	2	1	2	2	0	30	500
望江中心	15	0	0	2	0	0	2	1	1	0	1	1	1	1	1	0	0	30	50
湖滨中心	40	1	1	1	1	1	2	1	1	1	5	5	1	1	1	1	6	12	50
南星中心	45	1	1	2	1	2	1	2	1	0	0	15	1	1	2	1	32	35	25
紫阳中心	44	2	8	3	1	2	1	1	9	1	9	35	9	1	1	1	6	24	18
小营中心	24	3	1	3	1	2	2	2	5	1	12	12	15	1	4	1	55	47	191
合计	198	9	12	14	5	8	10	9	20	3	29	70	29	6	11	6	99	178	834

说明：资料来源于杭州市上城区卫生健康局

第四节　居家医疗

2010年起，上城区居家医疗工作在全区社区卫生服务机构先行试点。是年，上城区推行中医中药进社区、进家庭活动，紫阳街道社区卫生服务中心获杭州市中医中药参与社区卫生服务先进单位称号。2011年，上城区给每个家庭发放就医联系卡，提供社区责任医生联系方法，方便居民就医。同时，社区卫生服务中心和社区卫生服务站配备电动自行车，建立“社区120”，实行24小时随叫服务制度。各社区卫生服务中心设立家庭病床，对有困难的病人送医上门。

2012年，上城区实施以签约为基础，以分级诊疗、双向转诊为导向，以智慧医疗为支撑的居家医疗服务。上城区居家医疗领导小组和工作小组成立。各社区卫生服务中心划分各服务社区和居民人数，实行网格化管理。组建43支由全科医生、社区护士和公共卫生等专业人员组成的社区责任医生团队，具体负责开展居家医疗工作，实现中心（站）所服务区域的居家医疗服务全覆盖。12月末，居民居家医疗服务签约80831人。是年，上城区通过“以点带面”，实现辖区内所有90岁以上老人、残疾人（含精神病患者）、失独家庭3个群体的全覆盖，实现居家医疗服务由政府买单。共对505名90岁以上独居空巢老人、617名困难残疾人、143户失独家庭，每月提供2次基本医疗、公共卫生以及个性化的居家医疗服务，涵盖预约服务、常见病、慢性病诊疗服务、家庭护理等。此外，各社区卫生服务中心承接“无忧在线”平台“一键通”工作，所有社区卫生服务站均开通“一键通”服务，为空巢、独居老人提供“随呼随到”的上门医疗保健服务。至2015年末，通过“一键通”呼叫提供上门服务182人次。

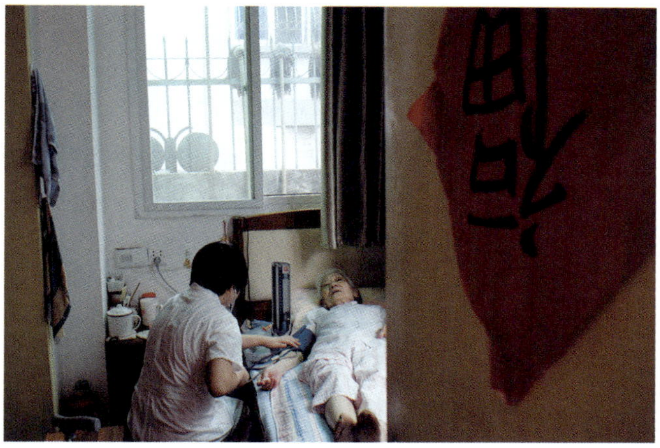

图30-5-13　居家医疗服务（2012年）

（区卫生健康局 供稿）

表 30-5-30　2012—2015 年上城区居家医疗服务情况表

年度	全区签约人数（人）	90 岁以上空巢独居老人			失独家庭			困难残疾人		
		累计服务人数（人）	上门服务人次数（人次）	服务金额（元）	累计服务人数（人）	上门服务数（人次）	服务金额（元）	累计服务人数（人）	上门服务数（人次）	服务金额（元）
2013	118800	697	10983	348500	144	2650	72000	601	10712	300500
2014	84206	783	18251	391500	126	3068	63000	547	13306	273500
2015	92711	908	18980	871680	130	2870	124800	466	9644	447360

说明：1. 一个年度为上年 10 月 1 日至下年 9 月 30 日，即 2013 年度为 2012 年 10 月 1 日—2013 年 9 月 30 日。
2. 资料来源于杭州市上城区卫生健康局

第五节　医养护一体化

2012—2013 年，上城区社区卫生服务机构为居民提供居家医疗服务签约。其中，2012 年签约 80831 人，2013 年签约 118800 人。2014 年 10 月，杭州市开始推进“医养护一体化”签约服务工作。上城区以社区为范围，社区卫生服务机构为平台，各级医疗卫生机构纵向协作服务体系为支撑，街道（乡镇）和社区各方力量协同为保障，通过居民与具备临床诊疗和公共卫生服务工作经历的优秀全科医生签约的形式，因地制宜地为居民提供连续、综合、有效、个性化的健康服务。11 月，区卫生计生局印发《上城区医养护一体化签约服务实施方案》，并成立医养护一体化签约服务工作领导小组和工作小组。医养护一体化签约服务费为 120 元/人·年，由市、区两级财政和个人共同承担，其中，市、区财政承担 90%，签约对象承担 10%。签约后，居民可享受基本公共卫生服务、基本医疗和双向转诊服务、家庭病床服务和远程健康监测管理服务、自我健康管理服务、个性化服务等。上城区以紫阳街道社区卫生服务中心为试点，探索医养护签约服务的有效延伸，针对儿童、孕产妇、老年人、慢性病患者、残疾人 5 类重点人群量身定制 200 元 ~ 500 元不等的增值服务套餐，有 102 人签订个性化服务协议。是年，上城区有 84206 人签约。

2015 年，上城区通过签约制、责任制模式，逐步构建“基层首诊、双向转诊、急慢分治、上下联动”的分级诊疗体系，为居民提供健康管理、双向转诊、家庭病床等医养护一体化服务。是年，上城区有 92711 名居民签约，签约率达 30%，其中居家医疗重点服务人群签约率 100%。全区建立家庭病床 249 张，医生上门服务 4.59 万人次。签约对象累计就诊 52 万人次。是年，上城区在全市医养护一体化签约服务专项考核中获优异等次，考核评估指标中的签约服务优惠政策居民知晓率、签约居民首诊制满意度、优先在社区医院就诊意愿等指标，在市对区年度目标考核中综合排名第一位。

第六章　爱国卫生

1952年，毛泽东主席发出“动员起来，讲究卫生，减少疾病，提高健康水平，粉碎敌人的细菌战争”的号召，全国广泛动员群众开展爱国卫生运动，消灭“四害”[①]，减少疾病对人民健康的危害。上城区积极开展爱国卫生运动，动员全区群众讲究卫生，消灭“四害”。1958年1月5日，毛泽东视察上城区小营巷卫生工作，并给予充分肯定，极大地推动全国爱国卫生工作的开展，小营巷的爱国卫生工作成为全国爱国卫生战线的一面旗帜。

① 1952年“四害”指苍蝇、蚊子、跳蚤、老鼠。

1993年后，上城区继续重视与加强爱国卫生工作。全区建立消毒员制度、爱国卫生运动月制度、门前三包制度、爱国卫生先进评比等制度，加强爱国卫生的制度化建设。参与国家各类卫生创建工作。2007年，上城区爱卫办被评为“省爱国卫生工作先进单位”。2009年，上城区被浙江省爱国卫生委员会命名为“省卫生先进城区”。2012年，上城区爱国卫生工作遵循“政府组织、地方负责、部门协调、群众参与、科学治理、社会监督、分类指导”的方针，通过组织动员各方力量，改善城区环境卫生面貌，努力提升居民健康水平。

第一节　管理制度

一、消毒员管理制度

1993年，上城区各街道建有消毒站，有消毒员52人，主要从事消毒、杀虫和灭害工作。消毒员编制在各街道卫生院，业务受区爱卫办指导。1999年5月，根据区政府办下发的《转发街道改革调整工作领导小组〈关于街道改革调整工作的方案〉的通知》精神，在街道改革调整工作中，爱卫工作、消毒工作实行街道统一管理。每个街道由区卫生局派驻1名地段医生，负责街道的爱国卫生等工作。基本人员经费由区卫生局落实并拨给街道，全权由街道管理。是年，正式编制消毒员16名，由区爱卫办管理，主要从事井水消毒与其他消毒工作。

2004年，上城区率先撤销各街道消毒站，创新除“四害”工作实施机制，6个街道全面实行公共场所除“四害”市场化运作。通过招投标选择具有资质的专业消毒公司进行市场化、专业化的除害操作，区、街道、社区三级对消毒工作进行监督和考核。同时，上城区的消毒员队伍不再存在。

二、爱国卫生运动月制度

1993年，上城区建有爱国卫生运动月活动制度，规定每年4月为爱国卫生运动月，4月第一周定为“健康宣传周”。爱国卫生运动月以举办健康知识讲座、发放宣传资料、设立宣传橱窗、发动辖区居民群众清除卫生死角、清运垃圾废土、开展环境卫生清洁大行动为主，每年根据情况侧重开展。至2015年，共开展27个爱国卫生运动月。第27个爱国卫生运动月期间，在湖滨街道东平巷社区健身休闲中心举办以“全民参与爱国卫生，共享共建健康上城”为主题的大型爱国卫生月广场义诊宣传活动。活动向群众宣传爱国卫生法规和科学除“四害”知识，现场接待就诊咨询居民500余人次，开出处方100余份，并向居民发放灭鼠灭蟑知识宣传单。

表30-6-31　2006—2015年上城区爱国卫生运动月开展情况表

年份	健康讲座（期）	清除死角（处）	清动垃圾（吨）	宣传资料（份）	宣传橱窗（个）
2006	225	—	2088	—	402
2007	—	—	940	—	—
2008	43	1990	300	—	335
2009	53	3506	120	8200	226
2010	66	1035	58	15000	392
2011	—	2955	2900	—	—
2012	—	1597	153	—	—
2013	59	440	205	27092	767
2014	56	1040	40	61400	244
2015	—	—	—	3400	—

说明：资料来源于杭州市上城区卫生健康局

三、定期检查考核制度

1993年起，上城区实行社区公共卫生检查考核制度。各街道爱卫办每月自查1次社区公共环境，区爱卫办每2月抽查1次，每季考核公共环境除“四害”工作并做民意调查，测定群众满意度，发现问题及时整改；会同有关部门每月督查辖区农贸市场和建筑工地，加强农贸市场和工地环境、民工食堂、宿舍、厕所的卫生管理。2000年以后，区爱卫办完善定期检查考核制度，建立“周督查、月通报、季点评”工作制度。2009—2015年，共自查社区环境5619次，农贸市场1406次，建筑工地699次，除四害检查7770处，发现问题612处。针对发现的问题，督促街道和相关单位落实整改。

表 30-6-32　2009—2015 年上城区爱国卫生定期检查情况表

年份	社区环境（次）	农贸市场（次）	建筑工地（次）	除四害检查（处）	发现问题（处）
2009	1126	281	115	—	204
2010	584	120	85	—	42
2011	692	193	106	1244	56
2012	648	122	68	1526	82
2013	712	201	105	1580	80
2014	809	215	108	1670	73
2015	1048	274	112	1750	75

说明：资料来源于杭州市上城区卫生健康局

四、门前三包[①]制度

20世纪80年代开始，上城区开始实行主要街道与马路门前三包制度。每年各街道与相关单位或人员签订“门前三包”责任书，并实施管理和督查工作。年末市、区爱卫办进行抽查，对落实三包不力单位予以通报与处理。2008年，上城区打造“最清洁城区”综合考核名次位居全市首位，城市管理各项考核排名第一，城市管理、环境、生态各项满意度均位居主城区之首。2009年，上城区成功创建为浙江省卫生区。到2011年末，6个街道全部创建成为省级卫生街道。2013年，南星街道、小营街道通过省级卫生街道复评；2014年，湖滨街道、望江街道通过省级卫生街道复评；2015年，清波街道、紫阳街道通过省级卫生街道复评。

① “门前三包”：指一包门前市容整洁，无乱设摊点，乱搭建、乱张贴、乱涂写、乱堆放等行为；二包门前环境卫生整洁，无裸露垃圾、粪便、污水、无渣土等；三包门前绿地整洁。

五、投诉制度

2006年起，区爱卫办开通热线电话，接受市民咨询监督。是年，共处理抄告问题361件，区自查问题1818件，市民来电来信投诉问题115件，全部落实整改，整改率100%。2007—2014年，受理居民群众来电来访，累计处理抄告问题528件、区自查问题583件、市民来电180件，处理整改满意率均100%。2015年，共处理抄告问题34件，市民来电来信投诉问题16件，整改率100%。

表 30-6-33　2006—2015 年上城区爱国卫生热线电话处理情况表

年份	抄告电话（件）	自查问题（件）	投诉电话（件）	整改率（%）
2006	361	1818	115	100
2007	113	184	—	100
2008	54	—	—	100
2009	50	204	38	100
2010	30	42	18	100

续表 30-6-33

年份	抄告电话（件）	自查问题（件）	投诉电话（件）	整改率（%）
2011	113	56	22	100
2012	38	97	22	100
2013	70	—	45	100
2014	60	—	35	100
2015	34	—	16	100

说明：资料来源于杭州市上城区卫生健康局

六、爱国卫生先进评比制度

从1984年开始，上城区将评比区卫生先进单位和推荐市级卫生先进单位、省级卫生先进单位列入常规化工作。每年，由单位申请，区、街道爱卫办组织人员，按照省市区爱国卫生先进单位创建的要求和标准，对申请单位全年的爱国卫生工作进行检查，符合标准的授予“区卫生先进单位”称号。1984—2009年，全区有86家单位和社区被评为“省爱国卫生先进单位”，283家单位和社区被评为“市爱国卫生先进单位”，596家单位和社区被评为“区爱国卫生先进单位”。2010—2015年，有24家单位和社区被评为“省爱国卫生先进单位”，26家单位和社区被评为“杭州市爱国卫生先进单位”，32家单位和社区被评为“区爱国卫生先进单位”。

第二节　卫生创建工作

1991年开始，上城区参与杭州市各类卫生创建工作。1992年，开展国家卫生城市创建工作。1995年，杭州市创建为“国家卫生城市”。1999年，在市爱卫办组织实施的杭州市城区卫生考评中，上城区被评为“爱国卫生工作优秀城区”，并顺利通过首轮国家卫生城市复评（简称“国卫复评”）。2005年，上城区开展创建国家卫生城市先进城区和全国社区卫生示范区工作。是年，上城区被杭州市政府评为“建设健康城市试点工作先进城区”。2005年开始，连续2年被杭州市政府评为国家卫生城市先进城区。2006年，开展国内最清洁城市创建工作。按照《国家卫生城市标准》，加大日常爱国卫生宣传力度，以“改变陋习，清洁上城”为主题，在社区开展竞赛，开通打造“最清洁城区”卫生投诉电话，落实专人负责处理卫生投诉。全区的市容市貌得到有效管控。2007年，参与创建健康城市工作，成为杭州市建设健康城市试点区之一。2008年，上城区制定《上城区建设健康城区三年（2008—2010）行动计划》，提出促进营造健康文化，保护健康环境，优化健康服务，培育健康人群，发展健康产业，构建健康社会“六大任务”建设的协调发展。从2008年开始，上城区连续2年被杭州市政府评为“建设健康城市工作先进城区”。2009年，开展浙江省卫生强区创建工作，制定爱国卫生任务书，以创建省级卫生区为目标，开展卫生整治活动。对照省卫生城区、卫生街道的标准，严格自查。逐条逐项做好创建工作。是年，上城区被浙江省卫生厅命名为“浙江省卫生城区”。

2010年，上城区开展创建杭州市最清洁城区工作。根据“政府倡导、部门合作、社区参与、群众互动”的工作原则，通过“人人动手清洁家园”“人人劝阻室内吸烟”“人人坚持日行万步”“人人掌握控油控盐”“人人学会应急自救”“人人关爱自我健康”等活动，吸引居民群众参与健康城区建设，推动健康城市建设工作全面开展。2011年，区爱卫办成立专项整治组与区综合督导组联合开展全区环境综合整治，通过地毯式、拉网式的大排查，查找脏乱差问题和薄弱环节。各街道分别成立督查小组对各行业卫生进行督查。全区实施环境专项整治45项，检查辖区单位1300余家，排摸无证餐饮店200余家，清理泥渣土2900余吨，清理楼道1900余处。2013年，加强对辖区车站、学校、酒店、餐饮及“八小”① 行业等重点单位的环境卫生整治，督促农贸市场提升改造、宣传建筑工地文明施工、建设生态垃圾房等，不留卫生死角，彻底铲除“四害”孳生场所，降低“四害”密度。11月，顺利通过全国“灭鼠、灭蟑”先进城区复验。2014年，上城区通过国家爱卫委组织的全国“灭蚊、灭蝇”先进城区复评。2015年，上城区顺利通过第四轮国家卫生城市复评。

① “八小”行业，是指小食品生产加工场、小食品店、小餐饮店、小美容美发店、小歌舞厅、小浴室、小旅馆、小网吧。

第三节　病媒生物预防控制

上城区将开展除“四害”工作，消灭鼠、蚊、蝇、蟑螂作为爱国卫生的重要工作之一。1993年起，每年由区爱卫办制定年计划，采购消杀药物品工具，由街道爱卫办组织消毒员队伍实施消毒工作。每年由消毒员按片对居民家庭和井水进行消毒。2004年开始，创新除“四害”工作，实现“市区两级政府出资，市场公开招标，各级爱卫办监督”的管干分离机制。上城区率先全面推行公共环境除“四害”市场化运作，实行招投标。病媒生物防制公司（英文简称PCO）②，承包全区公共环境除“四害”工作，区、街道爱卫办定期监督检查。2006年，除“四害”市场化运作向大中型单位、宾馆、饭店、农贸市场、建筑工地等延伸，市场化运作率达到80.6%，公共环境除“四害”工作群众满意率96%。2007年，开展建设工地、农贸市场和垃圾中转站灭蚊蝇工作的专项检查，严格控制蚊蝇密度。2008年，清理楼道车库981个，清洗城市家具③ 581个，清除绿化带杂物2630平方米，消灭“四害”孳生场所82处。

2009年，组织专业消毒人员为有需要的居民户提供免费上门除“四

② 病媒生物防制公司：除“四害”的专业消杀公司。

③ “城市家具”：指城市中各种户外环境设施，即信息设施（指路标志、电话亭、邮箱），卫生设施（公共卫生间、垃圾箱、饮水器）、道路照明、安全设施、娱乐服务设施（坐具、桌子、游乐器械、售货亭）、交通设施（巴士站点、车棚）以及艺术景观设施（雕塑、艺术小品）等。

害”服务，共接受服务家庭481户，将4万包灭蟑药免费发放到社区。各病媒生物防制公司定期对公共环境进行巡查和消杀处理，在蚊蝇高发时期，增加消杀次数。2010年，区率先在清波门社区进行推广“灭鼠屋”试点工作，后扩大到小营街道、南星街道。是年，开通针对环境卫生、除“四害”工作的投诉热线电话。2011年，全区推广“灭鼠屋”试点经验，在小营巷、近江东园、东坡路等9个社区开展防蚊闸、防蚊贴等除“四害”技防设施建设试点，投入经费10余万元，安装防蚊闸348个、防蚊贴2500个、灭鼠屋561个。2012年，除“四害”技防设施建设增加岳王路、吴山路、定安路、水澄桥、上羊市街5个社区，投入经费10余万元，安装防蚊闸302个、防蚊贴2200个、毒鼠屋726个。区爱卫办监管考核每季度公共环境有害生物防制（PCO）运作情况，群众满意度96%以上。2013年，消灭病媒生物孳生地440处。2014年，定期开展公共环境巡查，加强公共环境PCO运作监管考核。开展以安装“防蚊闸、防蚊贴、灭鼠屋”为重点的技防设施建设，6个街道全部开展除“四害”技防设施试点，39个社区启动除“四害”技防设施建设，投入建设经费30余万元；安装灭蝇灯85台、挡鼠板120块、捕蝇笼457个、防蚊闸470个、毒鼠屋3600个。6—8月，组织开展“清洁家园、除害防病、健康生活”为主题的除“四害”公益服务活动。组织病媒生物防制公司为6个街道、271户居民家庭提供免费病媒生物消杀服务。2015年，投入除“四害”技防设施建设经费4万元，安装捕蝇笼125个。7—10月，全区组织开展“清洁城区、除害防病、共享健康”除“四害”百日大行动，对有需要的居民家庭和小餐饮店、小副食店等“八小”行业进行上门消杀“四害”服务，累计服务家庭500余户，提供蟑螂粉剂9740克，灭蟑胶饵100克，粘鼠板268张，居民满意度100%。

图30-6-14　2015年，消毒人员在紫阳街道北落马营社区进行消杀
（区卫生健康局 供稿）

第七章　妇幼保健

1979年起，上城区开展妇女病普查工作，组织女工保健人员到辖区100人以上的工矿企业单位宣传，要求各单位每2年针对已婚妇女开展1次妇女病普查。20世纪80年代中期，上城区妇幼保健工作步入正轨。1984年7月，上城区妇幼保健站成立，开展系统的儿童保健工作。同时在每个街道配备1～2名妇幼医生，形成区、街道二级妇婴卫生保健网络。1986年4月20日，卫生部《妇幼卫生工作条例》施行。1991年，上城区妇幼保健站扩大为上城区妇幼保健所，主要开展妇女儿童保健、婚前检查、妇产科门诊、计划生育技术指导等工作。1993年1月，上城区实施妇女、儿童保健保偿制度，对参加保偿的妇女、儿童在保偿期内发生相关疾病予以补偿。1995年，《上城区卫生事业九五发展规划》中提出儿童保健系统管理率要达到85%的目标。是年，为加强妇幼保健工作，上城区改革妇幼保健工作体系，将“条块结合，以块为主”改变为“条块结合，以条为主”的体制，即由街道卫生院为主改为以区妇幼保健所为主开展妇幼保健工作。6月1日，《中华人民共和国母婴保健法》施行，妇幼保健工作走上法制化的轨道，上城区妇幼保健工作进入依法管理阶段。1998年9月，上城区妇幼保健所与上城区人民医院（筹）合并为上城区妇幼保健院。2000年起，企业单位妇女病普查项目被纳入辖区各医院的体检套餐，由各医疗机构共同承担。区妇幼保健院工作重心逐渐转向母婴保健工作。2003年12月，上城区儿童保健技术指导组成立。2005年4月，区妇幼保健工作下放到各社区卫生服务中心，由区妇保院下派医务人员。2006年，对辖区“母婴保健专项技术服务”的18家机构及人员进行摸底调查，对15家机构进行准入审核。2011年，上城区探索高危孕产妇管理模式，构建计划生育、婚前服务机构和社区联络员等参与的孕产妇管理格局，形成网状管理体系。2012年，上城区被浙江省优生优育协会定为省优生优育健康教育基地。2015年5月，区妇幼保健工作由各社区卫生服务中心安排人员接替。

第一节　妇女保健

一、妇女保健管理

1992年8月，上城区妇幼保健所被杭州市妇幼保健院批准承担婚前健康检查任务。1993年1月，上城区实施妇女保健保偿制度，参加保偿的妇女在保偿期内发生相关疾病予以补偿。是年，在区妇幼保健所开设新婚学校、孕妇学校、家长学校，宣传婚前、孕后、产后妇女健康知识，倡导正确的生活和工作方式。1995年1月，上城区将妇幼保健工作体系由“条块结合，以块为主”改变为“条块结合，以条为主”。2005年4月，区妇幼保健工作下放到各社区卫生服务中心，由区妇保院下派医务人员，下派人员的人事关系不变，工资、奖金、福利仍由区妇幼保健院发放。2006年6月，上城区母婴保健专项技术服务机构及人员实施许可证制度。

2008年，全区社区卫生服务中心保健专职人员配备率100%，6个中心配备外勤妇幼保健访视专业技术人员7人。2009年，上城区妇幼保健院设立完整独立的妇幼保健功能区，提供青春期保健，婚前保健，孕前保健，围产期保健，儿童健康保健，更年期保健指导和妇女病筛查，儿童智力、听力、视力等健康筛查。

2011年，上城区探索高危孕产妇管理模式，对全区孕产妇开展28周前的县级水平高危筛查。发挥妇幼保健专业机构优势，构建计划生育、婚前服务机构和社区联络员等参与的孕产妇管理格局，形成网状管理体系。2015年5月，上城区妇幼保健院下派社区服务中心人员陆续回归，区妇幼保健工作由各社区卫生服务中心安排人员接替。

二、孕产保健

1993—2005年，上城区围产期保健服务主要是由区妇幼保健院集中提供。2005年，根据社区卫生服务六位一体的要求，围产期保健服务由辖区各街道社区卫生服务中心提供，上城区妇幼保健院主要承担孕产妇保健服务的业务指导、考核、数据统计工作。2006年，孕早期检查率96.6%；孕28周高危筛查率100%；孕产妇死亡率为零；产前高风险筛查率73.1%。2007年，完成辖区户籍1698名孕妇和非辖区户籍380名孕妇的系统管理；高危住院分娩率100%，孕早期检查率96.79%。2008年，完成辖区户籍1698名孕妇和非辖区户籍380名孕妇的系统管理。孕早期检查率98.17%。

2011年，区妇幼保健院开设高危门诊，对全区孕产妇开展28周前的县级水平高危筛查，以保证高危孕产妇的有效管理，降低孕产妇死亡率。2013年，对孕产妇营养性疾病进行监测和管理，减少孕期并发症。同时，落实国家妇幼卫生监测项目“孕产妇死亡、儿童死亡、出生缺陷监测”和省监测项目“围产儿死亡监测”。2014年，完善高危孕产妇管理模式，对全区孕产妇开展28周前的区（县）级水平高危筛查，加强产科医院高危孕产妇信息报告及救治，区（县）级水平高危筛查率99.6%，剖宫产率42.5%。是年，辖区产科医院活产数26795人，户籍产妇3117人，户籍活产数3155人。全年产前筛查2935名孕妇，筛查率94.2%；发现畸形儿41例，出生缺陷率6.0‰。2015年，辖区产科医院活产数29298人，户籍产妇3033人，户籍活产数3078人。孕产妇系统管理率97.2%，全年产前筛查孕妇2751人，筛查率90.7%；发现畸形儿33例，其中28周以上8例，出生缺陷率2.6‰。区（县）级水平高危筛查率99.8%，剖宫产率38.92%。出生医学证明当年发证率96.6%，废证率0.25%。2001—2015年，上城区连续15年孕产妇“零死亡”。

表 30-7-34　2006—2015 年上城区孕产保健工作情况表

年份	孕妇产前检查率（%）	查出缺陷儿（人）	年份	孕妇产前检查率（%）	查出缺陷儿（人）
2006	96.60	—	2011	83.80	39
2007	96.79	—	2012	85.00	38
2008	98.17	—	2013	88.30	21
2009	97.51	—	2014	87.30	41
2010	75.01	28	2015	92.90	33

说明：资料来源于杭州市上城区妇幼保健院

表 30-7-35　2000—2015 年上城区孕产妇保健系统管理率情况表

单位：%

年份	管理率	年份	管理率	年份	管理率	年份	管理率
2000	78.43	2004	86.50	2008	95.30	2012	96.39
2001	87.58	2005	93.80	2009	93.72	2013	95.85
2002	97.48	2006	93.46	2010	94.77	2014	96.55
2003	97.12	2007	93.88	2011	95.44	2015	97.21

说明：资料来源于杭州市上城区妇幼保健院

三、婚前保健

1992 年 8 月，上城区多家医院开展婚前医学检查。1993 年起，上城区婚前医学检查工作全部纳入上城区妇幼保健所，为强制婚检，检查 1100 人次/年，婚检率 100%。检查项目为一般检查、生殖系统检查、血常规、肝功能（GPT①）、乙肝表面抗原、梅毒、尿常规、白带常规、胸透等。2003 年 10 月 1 日，新的《婚姻登记条例》开始实施，国家取消强制婚检，婚检率急剧下降，最低降至 2.66%。同期新生儿出生缺陷呈现上升趋势。2007 年 8 月，上城区在全市率先成立集婚姻登记、计生宣传、婚前检查于一体的婚育服务中心，提供免费婚检。同时，将婚检时已孕妇女信息与辖区各街道社区卫生服务中心妇保科共享。启动“出生缺陷干预”（TOUCH）项目，免费为辖区新婚育龄夫妇提供出生缺陷干预检测服务，提供优生优育指导。2007 年，增加艾滋病病毒血液检测。2008 年，有 3284 人参加婚前保健检查，占结婚登记人数的 54.3%，查出各种疾病 555 人，占 16.9%。2009 年，检查项目逐步完善，增加血型、血糖、淋病筛查、B 超检查等。2014 年，婚前保健 5886 人，体检率 87.3%。2015 年，婚前保健 5724 人，体检率 92.9%。

① GPT：指谷丙转氨酶，是检查肝功能的其中一项指标。

四、妇女病普查

1979年起，上城区开展妇女病普查工作。组织女工保健人员到辖区100人以上的工矿企业单位宣传，要求各单位每2年开展1次妇女病普查，普查对象为已婚妇女，检查项目包括宫颈刮片、白带常规和乳腺红外线检查。

2000年起，随着辖区工矿企业的外迁，企业单位的妇女病普查工作量逐渐减少，区妇幼保健院的工作重心逐渐转向母婴保健工作。妇女病普查项目被纳入辖区各医院的体检套餐，该项工作由各医疗机构共同承担，不再单独由区妇幼保健院承担。

2014年起，为提高辖区妇女子宫颈癌和乳腺癌（简称“两癌”）的早诊早治率，降低死亡率，上城区对参加基本医疗保险的适龄妇女开展免费“两癌”筛查[①]。2014年，筛查人数62841人，乳腺指标异常117人，宫颈指标异常55人。2015年，筛查人数6595人，乳腺指标异常3584人，宫颈指标异常53人。

① 子宫颈癌针对20~65岁已婚妇女，乳腺癌针对20岁以上妇女。

表30-7-36　2004—2015年上城区妇女病普查情况表

年份	普查人数（万人）	普查率（%）	查出疾病人数（万人）
2004	—	94.67	—
2005	—	91.70	—
2006	—	94.30	—
2007	11.78	95.22	3.44
2008	—	88.22	—
2009	7.90	78.70	2.78
2010	4.06	87.50	1.46
2011	8.77	82.35	3.89
2012	9.94	87.07	4.39
2013	12.38	76.60	4.33
2014	7.90	69.50	4.04
2015	9.22	82.20	4.94

说明：资料来源于杭州市上城区卫生健康局

第二节　儿童保健

一、婴幼儿系统管理

1984年7月，上城区妇幼保健站成立，开展系统的儿童保健工作。1993年1月，建立上城区儿童保健保偿制度，对参加保偿的儿童，在保偿期内发生相关疾病予以补偿。是年，成立家长健康学校，向家长进行儿童保健的宣传和知识传播。1995年，《上城区卫生事业九五发展规划》中提出儿童保健系统管理率要达到85%的目标。2003年12月，上城区儿童保健技术指导组成立。2006年，对辖区“母婴保健专项技术服务”的18家机构及人员进行摸底调查，对15家机构进行准入审核。2007年，启动保障妇女儿童健康权利、提高出生人口素质活动，以法律手段来保障母亲和婴幼儿的健康。2010年，上城区被浙江省优生优育协会定为浙江省育儿健康教育基地。制定实施计划，固定中、高级儿保医师师资力量，定期将健康教育开课课程、授课内容和授课教师公布在各社区卫生服务中心儿保门诊和对外网站上，供家长参考。通过每周2次面对面、互动式授课方法，向家长宣传婴幼儿喂养、儿童常见病预防、肥胖与婴幼儿喂养行为、儿童意外伤害预防与救治等育儿知识。全年开课94期。2003年起，每年2次对9家省市级医院做妇幼卫生年报和4项监测质量调查。2009年起，开展儿童意外伤害监测工作。是年，开展0～3周岁疑似残疾儿童监测工作。2010年、2011年连续2年，上城区妇幼保健院获年度“浙江省妇幼保健工作先进集体”称号。2011年，育儿学校全年开课100期。2012年，育儿学校全年开课98期。2015年，上城区妇幼保健院获年度杭州市妇幼保健管理工作一等奖。

二、儿童疾病筛查

1995年起，上城区开展儿童疾病筛查工作。1995—2001年，儿童听力筛查20053人。2002—2009年，儿童听力筛查115645人。1998—2015年，儿童发育筛查（DDST）37033人。2008—2015年，儿童视力筛查24172人。2010年，儿童健康体检6000人，听力筛查17968人。同时，开展一年2次的5岁以下儿童死亡漏报调查和新生儿疾病筛查、新生儿听力筛查及儿童保健年报质控调查。2011年，依据卫生部《新生儿疾病筛查技术规范》，制定和落实上城区新生儿疾病筛查、听力筛查实施方案。开展5岁以下儿童死亡漏报调查和新生儿疾病筛查、新生儿听力筛查及儿童保健年报质控调查。2012年，为全区15618名0～6岁儿童提供保健服务（包括流动儿童）。全年开展发育筛查（DDST）1052例，听力筛查202例，视力筛查3067例。落实卫生部《新生儿疾病筛查管理办法》，协助辖区产科医院召回新生儿疾病筛查可疑病人65例；召回新生儿听力初次筛查未通过者1125例；全区听力高危儿随访管理58例。2013年，开展“艾滋病、梅毒、乙肝母婴阻断”项目，加强阳性病例的母婴跟踪随访、保健服务和病毒阻断治疗，儿童经母婴传播感染艾滋病感染率小于5%，先天梅毒儿的发生率小于30/10万人。2014年，新生儿疾病筛查26483人，新生儿听力筛查26278人。为全区17897名0～6岁儿童提供保健服务，完成8573名集居儿童健康体检营养评价与汇总。2015年，开展婴幼儿营养改善与监测项目工作，对8896名0～23个月儿童进行贫血营养监测，新发生贫血360例，追踪管理360例，管理率100%。

三、托幼机构保健管理

1994年12月，上城区托儿所幼儿园卫生保健工作指导小组成立，研究托儿所、幼儿园的卫生保健工作，分析问题，提出处理意见，协调并检查、指导、考核全区托儿所、幼儿园的卫生保健工作。1995年，依据《杭州市托幼机构卫生保健管理办法实施细则》，上城区建立托幼机构卫生保健管理网络，开展集居儿童管理工作。1997年，上城区制定集居儿童管理工作要求，扩大托幼机构卫生保健合格验收范围。1998年，上城区建立幼托机构预防性消毒规范，建立幼托机构消毒监督登记卡，每年抽查10%的幼托机构，进行消毒质控。2008年，上城区对辖区31家托幼机构卫生保健工作定期指导，做好卫生保健教师业务培训，保育人员上岗前卫生知识学习。针对手足口病的疫情和三聚氰胺奶粉事件开展有针对性地宣传培训，发放资料2000份。2009年，上城区完成区级监测托幼机构5000余名儿童健康体检及五官保健防治工作和全区托幼园所教职工700余人健康查体工作。利用新引进视力筛查仪开展对弱视、斜视的筛查，及时发现儿童视力问题，及早干预；对体弱儿采取专案管理，定期复查，确保儿童的身心健康。2010年，上城区托幼机构执行园长负责制，集团幼儿园配备卫生保健专职园长。2012年，上城区依据《托儿所幼儿园卫生保健工作规范》，着重抓好托幼机构卫生保健人员的资质和配备。制定《上城区婴儿贫血早产营养监测干预与学龄前儿童肥胖综合干预项目》实施方案，对辖区托幼机构卫生保健人员进行相关知识培训。2014年，上城区组织检查辖区34家幼儿园。2015年，上城区在新幼儿园开办前，按照托幼机构管理规范标准进行现场核实，提出整改建议，并多次现场复核，审核后向其发放托幼机构卫生评价报告。

表30-7-37　2010—2015年上城区儿童保健工作情况表

年份	入托儿童健康检查（人）	体检率（%）	幼托机构消毒质量监测数（次）
2010	2822	100	33
2011	3166	100	33
2012	2953	100	34
2013	3222	100	34
2014	3164	100	34
2015	3282	100	35

说明：资料来源于杭州市上城区妇幼保健院

表30-7-38　1997—2015年上城区0～3岁儿童保健系统管理率情况表

单位：%

年份	管理率	年份	管理率
1997	94.74	2007	99.49
1998	92.19	2008	98.50
1999	95.00	2009	98.74
2000	93.55	2010	93.10
2001	97.04	2011	94.04
2002	97.00	2012	93.89
2003	97.08	2013	95.10

续表 30-7-38

年份	管理率	年份	管理率
2004	98.43	2014	95.70
2005	98.08	2015	94.60
2006	99.55	—	—

说明：资料来源于杭州市上城区妇幼保健院

第八章　中医中药

上城区的中医药事业有悠久的历史和坚实的基础。1978年，各街道卫生院划归区卫生局管辖时，都设有中西药房。经过不断发展，上城区不乏医疗技术高明、为人称道的老中医和特色科室。

1993年以后，上城区继续做好中医药事业发展工作，制定《上城区中医药事业发展规划》，建立和完善覆盖全区、服务功能完善、中医药特色突出、与人民群众需求相适应的中医药服务网络，完善中医药服务体系，使上城区中医药事业走在杭州市区的前列。上城区各社区卫生服务中心均设置中医科，挂牌“上城区名中医馆”，在原有中医各科的基础上，通过引进、吸收、发展，创立有一定特色的中医专科，形成“一个中心有一个名中医馆、有一个特色中医专科、有一名名中医”的中医体系。上城区通过实施“中医中药进社区”工程，完善中医药参与社区卫生服务预防、保健、康复、医疗、健康教育、计划生育等服务内容，以中医价廉、质优、实用的特长展示于众，开展以慢性病、老年病、妇科病、心身精神障碍、亚健康人群为重点的医疗、预防、保健、康复工作。在针对老年人慢性病为主的社区医疗、保健、康复服务中，开展健康讲座、中医义诊咨询、健康宣传活动，把中医健康知识和中医药诊疗服务送到老百姓家门口。上城区域内有浙江省中医院、浙江省中医药大学附属第三医院等重点专业医疗机构，设有消化科、肿瘤科、骨伤科等中医专科，名医众多，医术精湛。

2004年以后，上城区开放办医格局，鼓励发展民营中医机构，在建设清河坊“名中医中药一条街”基础上，打造“五柳巷·中医药文化传承与创新产业园”，解决群众“看名中医难”问题。区卫生局牵头成立上城区中医药行业协会，发挥桥梁纽带作用。2010年，上城区成功创建为全国社区中医药工作先进单位。

2015年，区卫生计生局联合杭州市电视台完成中医药专题片《满城杏林春意暖》的拍摄制作，通过介绍上城区中医药传承发展历史、中医药事业发展情况、中医药工作特色亮点，传播中医药文化，并为市民群众推介区内重点中医医疗机构。

此外，上城区始终注重中医中药人才队伍打造，培养一批优秀的省、市、区级名老中医，并通过“送出去，走进来”的方法，开展中医适宜技术的临床应用、中医临床疑难杂症的诊治等教育，培养出一批中医药技术骨干。同时，开展多项中医药新技术研究工作，加强对中医师的全科医学培训，提高医疗队伍整体素质。

第一节　中医药事业

一、中医药机构

1995年2月，上城区中医院被浙江省卫生厅评为浙江省中医医院分级管理标准二级乙等中医院。1997年4月，南星卫生院被评为上城区中西医结合医院。2001年，上城区批准区中西医结合医院等4家医疗单位开设4个中医类专科专病门诊，15名具有副高级职称以上的中医师开设专家门诊。7月，万承志堂国医药馆被杭州市社会保障部门批准为杭州市离休干部和市级机关事业单位职工子女医疗统筹定点单位。

2004年，中共杭州市委、杭州市人民政府《关于医药卫生和医疗保险救助体制改革的若干意见》发布，提出构筑多元化投资兴办医疗机构的新格局，开放医疗市场，只要符合条件，均可创办医疗机构，数量不作限制。之后，上城区社会办中医药兴起，多家中医药老字号落户上城，满足不同层次居民就医需求。2008年11月，上城区紫阳街道社区卫生服务中心被批准为“杭州市第一批中医药参与社区卫生服务示范单位”，上城区中西医结合医院康复科被确定为“杭州市第一批市级中医名科建设项目”。

2009年，在清河坊历史文化特色街区巩固、引进、发展民营中医医疗机构，形成有胡庆余堂、方回春堂、万承志堂、同仁堂等百年老店为中医药特色的杭州市“名中医、名中药一条街”。是年，区卫生局在各社区卫生服务中心全面开展设置“上城区名中医馆”工作。2010年，上城区引进绍兴震元堂和杭州朱养心等优质中医资源落户。2011年，“上城区名中医馆”建设逐步完善，各社区卫生服务中心设置的“上城区名中医馆”初具规模，每个名中医馆均由副高职称的中医师、杭州市基层名中医、上城区名中医坐诊，缓解群众看名中医难的问题。清波街道社区卫生服务中心的中医眼科、中医骨伤科，紫阳街道社区卫生服务中心的中医骨伤科，南星街道社区卫生服务中心的中医治疗不育不孕专科，湖滨街道社区卫生服务中心的中医痣科和小营街道社区卫生服务中心的中医血液病科均在原有的基础上有所发展，形成特色。2012年，按照《上城区医疗机构设置规划》鼓励扶持“百年老店”发展的要求，上城区新设置胡庆余堂第四中医门诊部、北京同仁堂浙江医药有限公司中医门诊部等，择优引进中医药“百年老店”，促进中医药健康产业的发展。

图30-8-15　五柳巷中医街（2014年）　（平传根　摄）

2014年，“三慎泰”“傅同春”“天禄堂”“俞同春”4个百年老字号国医馆及2个中医诊所入驻“五柳巷·中医药文化传承与创新产业园”。是年，上城区中医药行业协会成立。该协会有胡庆余堂、方回春堂、杭州华东医药集团有限公司、上城区中医院等35家成员单位。2015年，上城区开展省级中医药健康服务基地示范点建设，打造中医中药名品街，扶持百年老字号发展。至年末，全区有民营中医门诊部30个、中医诊所13个。

杭州胡庆余堂国药号[①] 清同治十三年（1874），有“江南药王”“红顶商人”之称的胡雪岩创立胡庆余堂。秉承“戒欺”祖训，药材道地、名医荟萃，有口皆碑。胡庆余堂名医馆在上城区设有4个中医门诊部，汇集中医各专病专科、近180名国家、省、市级名老中医和主任中医师和教授坐诊，诊治中医内科、妇科、儿科、肿瘤科、骨伤科、皮肤科、针灸推拿科等各类疑难杂症。至2015年末，4个门诊部总职工89人，门急诊30.76万人次。

杭州方回春堂国医馆[②] 方回春堂始创于清顺治六年（1649），现在上城区开设有2个中医门诊部，均坐落于杭城著名的历史街区。拥有国家级、省级、特色专科等名老中医100余人，覆盖中医多个专病专科。2015年，2个门诊部总职工109人，门急诊47.79万人次。

杭州万承志堂国医馆[③] 清光绪元年（1875），杭城巨贾万嗣轩创办承志堂，世称万承志堂。2005年，万承志堂复馆开业。确立中医肿瘤科、中医妇科、中医皮肤科、中医颈腰椎四大特色科室。至2015年末，职工53人，门急诊13.45万人次。

二、中医药

1993年，上城区各街道卫生院均设有中药配方部，并在原有中医各科基础上，通过引进、吸收、发展，创立有一定特色的中医专科，如湖滨卫生院中医骨伤科、中医眼科，区中医院的中医儿科、紫阳卫生院的小针刀伤科等。1996年，上城区制定《上城区医院中药质量控制标准》（包括中药调剂、中药库管理、加工炮制、中药煎煮）。1997年10月，区委、区政府做出《进一步加强卫生改革与发展的实施意见》，提出要认真贯彻中西医并重的方针，把中医和西医放在同等重要的位置，全区中医药事业得到更快发展。中医药在常见病、多发病的治疗中逐渐得到应用发展。

2006年，清波、望江社区卫生服务中心在原有中医科室的基础上，开设中医治疗肝病、肿瘤、肾病、糖尿病等特色项目及中医内科及外科病房，设置床位60张，病床利用率超过70%；完善中医特色基础设施，施行计算机网络管理，配备心电图、血糖检测仪等设备，备存128种中

① 参见第十五篇旅游第二章旅游景区（点）第一节国家级景区胡庆余堂国药号部分。

② 参见第十五篇旅游第二章旅游景区（点）第一节国家级景区方回春堂部分。

③ 参见第十五篇旅游第二章旅游景区（点）第一节国家级景区万承志堂部分。

药、成药及常用急救药品；在针对老年人慢性病为主的社区医疗、保健、康复服务中培训全科医师，掌握针灸、刮痧、推拿等中医手法。同时，在临床护理中，开展中药灌肠、药膳指导、中药熏蒸、代配代煎中药等服务项目。2007年，全区定期组织中医专家在社区开展健康讲座，用中医理论指导脊柱疾病、心血管疾病等防治及慢性病饮食疗法。2008年，全区开展中医药保健活动6次，并印制健康处方30种，其中中医药健康处方15种发放给社区居民。

2008年，上城区举办“中医中药中国行杭州站”启动仪式，组织老中医和中药药学专家进行宣传中医“治未病”知识，诊治800人次，展出中医药宣传板40块。清波街道社区卫生服务中心新开展中医治疗肝病、肿瘤、肾病、糖尿病、高血压、慢性前列腺增生、失眠、小儿遗尿、便秘等多项适宜技术。紫阳街道社区卫生服务中心制定社区老年人、妇女、儿童和亚健康人群的中医保健方案，并用中西医结合的方法，对社区常见病、高血压、糖尿病进行防治。紫阳街道社区卫生服务中心配备中成药350种、饮片500种，在下设的5个服务站配备中医师及骨伤医师，为患者提供包括针灸、推拿、拔罐、牵引、整骨等多项中医药服务。

2009年，上城区6个社区卫生服务中心和33个社区卫生服务站中广泛开展和使用中医中药，尤其是中医适宜技术为广大群众提供防病、治病的服务。南星街道社区卫生服务中心发挥在防病、治病，医疗保健，慢病康复等方面的优势，开展中医药适宜技术项目20余项。全区在各社区卫生服务中心和服务站新开展“小针刀”“水针”“剥针”治疗各种疼痛，开展中医治疗尿路感染、慢性盆腔炎、痛经、慢性前列腺增生、失眠、便秘、老年痴呆症、痔疮、肛瘘等多项技术。2010年6月，区卫生局制定《上城区中医中药大比武实施方案》《上城区中医药工作要点》，推进社区中医药工作、培养中医药人才、提高中医药文化建设水平。紫阳街道社区卫生服务中心引进、推广使用中医药适宜技术28项，在社区卫生服务中心下属各站使用23项以上。2011年，上城区制定《上城区中医药事业“十二五”发展规划》，建立和完善覆盖全区、服务功能完善、中医药特色突出与人民群众需求相适应的中医药服务网络。是年，上城区进行中医剥针治疗颈椎病、腰椎病，揿针耳穴治疗常见病，超声波中药导入治疗腰腿疼痛中医药适宜技术的培训与试点推广，全年开展中医药适宜技术项目63项。

2012年，上城区开展中医药适宜技术项目21项，中医药适宜技术推广培训686人次。2013年，区卫生局制定《上城区基层中医药服务能力提升工程实施意见》，开展中医药适宜技术项目21项，中医药适宜技术推广培训554人次。是年，加强基层医疗机构中药饮片使用管理，实行中药饮片处方均贴费用每月进行网上公示制度。2014年，上城区开展中医体质辨识理论和应用方法培训，65岁以上老年人中医体质辨识率在30%以上。2015年，全区实施中医药适宜技术34项，各社区卫生服务中心开展中医药适宜技术13项以上，实现基层中医药服务能力提升工程中“社区卫生服务中心使用6项以上中医药适宜技术”的要求。

第二节　中医药人才培养

1993年以后，上城区重视中医药人才培养，采取引进中高级人员、培养中西医结合专业人才、加强培训与继续再教育等措施，提升完善中医药人才队伍建设。同时，推荐优秀中医人才参加各级评选活动，打造省、市、区级名老中医，为上城区中医药事业发展贡献力量。1994年，上城区清泰卫生院李荣珍、区中西医结合医院鲍严钟、王金生经市卫生局审批被评为“杭州市名老中医”。1999年，李荣珍、鲍严钟经省卫生厅审批被评为“浙江省名老中医”。

2006年，上城区引进中医专业人才12人，充实医疗队伍。通过送出去、请进来的方式，培养一批中医药技术骨干，开展多项中医药新技术研究工作，加强对中医师的全科医学培训，提高医疗队伍整体素质。2009年，上城区对各社区卫生服务中心的中医药人员构成进行调查。全区127名中医药人员中有中医人员100人，其中，高级职称14人，中级职称14人；有中药人员27人，其中，高级职称1人，中级职称5人。是年，区政府制定《上城区名中医评定管理办法（试行）》，葛小平、郑佑君、俞企望、黄华被评为上城区名中医。2010年，区卫生局组织社区中医师参加中医类别全科医师岗位培训，参加培训人员77人，完成中医住院医师规范化培训16人。全区中医执业医师占医师比例的37%，其中，高级职称15人、中级职称46人。全年引进中医硕士生4人。是年，清波街道社区卫生服务中心的主任医师葛小平被评为“杭州市名中医”；南星街道社区卫生服务中心的郑佑君，清波街道社区卫生服务中心的俞企望、黄华，小营社区卫生服务中心的赵满靖被评为“杭州市基层名中医”。2011年，上城区加大中医药知识培训力度，多次组织“西学中”、中医基本知识及技术操作培训和考核。全区中医执业医师占医师比例的37%，其中，高级职称15人、中级职称46人。全年引进中医硕士生4人。

2012年，上城区各社区卫生服务中心中医类执业医师逐年上升，至年末，各社区卫生服务中心注册中医类执业医师117人，占执业医师总数42.5%；其中，高级职称中医类执业医师19人，占总数51.4%；中医门诊人次由2011年的56.91万人次升至74.58万人次。2013年，各社区卫生服务中心注册中医类执业医师138人，占执业医师总数46%；其中，高级职称中医类执业医师19人。2014年，各社区卫生服务中心有注册中医执业医师147人，占执业医师总数的48%；全年中医诊疗81.13万人次。2014年，上城区参加“西学中”、中医基本知识及技术操作培训考核687人次。2015年，对1157人次的医务人员进行“西学中”、中医基本知识及技术操作培训，有54名社区医生取得杭州市中医药适宜技术推广项目合格证。全区各社区卫生服务中心有注册中医执业医师148名，占执业医师总数的47.3%，全年中医门诊诊治患者95.37万人次。

第九章　医政管理

1993年起，上城区围绕“以病人为中心，以提高医疗服务质量为重点”，不断加强对区属医疗机构和辖区内其他医疗机构的监督管理，严格执业许可，规范执业行为，加强医疗机构的药事管理，强化质量控制措施和医疗质量管理，减少医疗事故与纠纷，保护广大患者的利益。在不断完善开放办医格局、扶持社会力量办医的同时，实行辖区内医疗机构、从业人员、医疗技术和大型医疗设备的准入制度。每年开展医疗机构校验和医疗质量控制检查，不定期开展“放心药房”、麻醉药品管理、院内感染、医疗美容等专项检查，不断督促辖区医疗机构加强规范化管理。区卫生局会同工商行政管理部门，加强医疗广告监督管理工作。开展医师定期考核，举办各类专业知识培训，提高辖区医务人员专业技术水平。加强医疗机构的药事管理，制定完善药事管理委员会制度，实施国家基本药物制度。加强行风建设，严格执行药品、设备集中招标采购制度，实施医疗服务“阳光用药”工程，开展药品回扣专项治理，举办“廉洁从医大讲堂”。建立完善《上城区医疗纠纷突发群体事件预警的实施办法》等制度，维护社会稳定。强化“以人为本”理念，完善医疗纠纷投诉处理流程，畅通投诉渠道，开展医疗纠纷行政调解工作和委托医学鉴定工作，维护患者就医的合法权益，着力构建和谐医患关系。

第一节　医疗机构管理

1993年起，上城区实行医院目标管理制度，规范区内社会办医门诊部、个体医和对外开放企事业单位医务室的执业范围与设置科目，不允许跨科执业，将规范医疗执业行为列入医院目标管理。1994年6月，按照《综合性医院分级管理院内感染控制标准》要求，上城区建立院内感染的监测、核查及医院感染病例的报告、登记制度；加强病房建设和管理，要求健全病房医、护值班制度，病历书写规范，配备必要的病房设施。1996年11月，上城区制定医院医疗质量控制标准。其中，对控制医院感染、预防交叉感染、对治疗室、手术室、门诊注射室、人流室、供应室、消毒间消毒隔离管理提出严格要求。每年进行检查，督促医疗单位做好消毒工作，防止医源性感染的发生。推广一次性医用易用品的使用，如注射用品、口腔检查用品等。并对一次性用品的购进、验收、保管、领出、使用、用后处理提出要求。1995年12月，首次对区属医疗单位的112名护士发放护士执业证书。1996年，在区属医疗单位中推行十大窗口服务规范，对导诊台、挂号室、药房等10个对外科室和岗位提出文明礼貌、认真履职等规范化服务要求。1997年10月，对临床住院医师规范化培训工作做出规定：派出单位按年度支付给培训基地医院培训费；培训基地医院对临床医师实行考勤制度，考勤情况每月交派出单位。1999年1月，上城区规范医疗行为，严格联合办医审批程序[①]。

2001年4月，上城区开展为期半年的医疗机构规范执业活动[②]。7月，上城区医疗机构分类管理领导小组成立，对区内医疗机构实行分类管理，医疗机构按照《医疗机构管理条例》进行设置审批、登记注册和校验，由卫生行政部门核定，在执业登记中注明“非营利性”或“营利性”。2003年9月，重新制定综合门诊部、中医门诊部、中西医结合门诊部、普通专科门诊部、医疗美容门诊部等6类门诊部和诊所、卫生所、医务室、卫生站的设置基本标准。2005年7月，开展打击非法行医专项行动。12月，制定《上城区医疗卫生“十一五”发展规划》。2006年6月，制定《上城区民营医院计量管理工作方案》。2009年，在全市率先推出《社区卫生服务机构管理规范》。制定《上城区卫生局医疗机构设置审批程序》，严格按照程序做好医疗机构的准入、增设科目等工作。

2010年，执行《浙江省医疗机构不良执业行为记分管理暂行办法》（简称《记分管理暂行办法》），对医疗机构校验审核、医疗质量控制检查、卫生监督机构监督管理中发现的，群众来信、来访经查证属实的不良执业行为，符合《记分管理暂行办法》规定的一律予以记分，全年对10家医疗机构的违规行为实施记分。2015年，修订《杭州市上城区区域医疗机构设置规划（2015—2019）》。是年，实行辖区医疗机构医疗争议月报制度，全年处理医疗纠纷信访件161例，行政调解医疗纠纷3例，其中调解成功1例，委托市医学会进行医疗事故技术鉴定7例。

① 外聘卫技人员必须按规定审批；设立外延性医疗分支机构，须经严格审批；严格医疗广告的审批制度；社会办医机构、门诊部、个体诊所要按《医疗机构执业许可证》核定的冠名、诊疗科目、行医地点、医务人员人数等开展诊疗工作。严格按照经核批的药品备药，杜绝假、劣药上柜供应；严格审批卫生防疫机构内设立性病门诊，严格按照规定进行审批。

② 主要内容是在学习有关法律法规的基础上，各医疗单位检查依法注册、校验、变更登记情况；依照核准的事项，其诊疗科目、执业地点、服务对象等情况；医疗联合办医、专科专病专家门诊、聘用人员等执业情况；医疗机构医疗安全、临床用院内感染管理及医疗收费情况；卫技人员持证上岗情况。

第二节　医疗机构监督

1993年起，上城区加强对各类医疗机构执业情况的监管。每年除新审批建立的医疗机构外，对已有的医疗机构进行校验工作，对不按规范执业的机构注销执业资格，对违反国家有关医疗卫生法律法规的机构予以吊销行医许可证。1999年，根据浙江省卫生厅《关于做好医疗机构变更、注销和校验工作的通知》，区卫生局完善医疗机构执业登记管理，对区级医疗机构每年度校验1次，加强监督检查。是年，上城区规定辖区内开展推拿、按摩，以医疗为目的，涉及医疗活动的，归属区卫生局管理，须领取医疗机构执业许可证，方可执业。当年发放3张许可证。2001年，严格执行准入制度，清理50余个区属医疗单位和社会办医机构中名不符实的专科、专病、专家门诊。对非法行医进行清理打击，全年出动14人次，取缔非法行医7家。2004年，对8家区属医疗单位专项监督检查3次。对小营街道社区卫生服务中心的不规范行医行为提出书面警告，责令做出深刻检查，立即改正。2006年，对无证行医、非法行医等违规行为进行查处。与公安部门联手取证，对雇佣“医托”坑害患者的杭州鼓楼中医门诊部和杭州天济门诊部分别做出注销和吊销医疗机构执业许可证的处理，规范医疗秩序和就医环境，维护患者就医的合法权益。2007年，对美容行业医疗行为进行监督检查，发现2年以上注册未执业65人，依法予以注销执业资格；专项整治辖区的3家医疗美容机构，杭州华山医疗美容医院因中医科缺主诊医师而给予暂缓校验3个月。全年出动卫生监督员500余人次，检查医疗机构256家次，其中检查省市级医疗机构55家次，区级医院及社区卫生服务中心（站）73家次，民营医疗机构93家次，其他35家次。5月，对省工商行政管理部门认定的涉嫌发布违法医疗信息的杭州虹桥医院、杭州长安医院等5家单位依法给予处理。

2008年，对辖区各级各类医疗机构督导检查145家次；病原学采样12例23件样品，检出6例肠道病毒阳性。2009年，全年出动执法人员317人次，对医疗机构开展肠道门诊、生物安全、血液安全监督管理、医疗废弃物和消毒管理等专项检查，监督覆盖率100%。在甲型H1N1流感防控工作中，出动卫生监督员40人次，重点对辖区内开设发热门诊的医院、社区卫生服务中心、社区卫生服务站及民营医院等医疗机构进行检查。对6家社区卫生服务中心、3家综合性医疗机构、3家专科医疗机构的口腔科进行监测，共监测样本109件，对不符合要求的1家社区卫生服务中心口腔科暂停执业，进行整顿，注销社区卫生服务站内口腔科2家。开展内窥镜专项检查，消毒效果检测评价，查处内窥镜消毒不合格的省、市级医疗机构2家。取缔非法行医窝点6个，收缴药品80余种、医疗器械6件，捣毁非法行医招牌30余块，非法行医举报查处率100%。2010年，对辖区68家中小医疗机构进行了量化分级，量化分级覆盖率为100%，其中规范级27家，占39.7%；合格级41家，占60.3%，无不合格的机构。

2011年，上城区试行医疗机构医疗废物异地远程监管模式。选择浙医二院、南星街道社区卫生服务中心作为首批试点单位，通过在医疗废物收集或暂存点安装监控探头，将监控画面实时传回监管人员终端计算机，可随时通过系统回放功能查看历史记录，从而了解掌握医疗机构医疗废物储存安全性和处置规范性，实现高效、全程、常态化监管。

2012年，上城区组织开展打击非法行医“零容忍”专项行动，出动卫生执法人员120人次，出动车辆30辆次，打击非法行医11家次，没收药品20箱，没收药械折合人民币5万余元。取缔4家，行政处罚4家，并录入浙江卫生监督信息网“无证行医黑名单”信息平台。2013年，区卫生局修订完善《上城区非法行医投诉举报奖励办法》，提高奖励额度，从原先100元～2000元提高至500元～5000元。2014年8月，建立打击非法行医长效监管工作机制，通报整治行动整治行动信息，开展联合执法。整治期间，出动卫生监督员85人次，取缔非法行医窝点6处，没收药品、器械86箱，摘除非法行医招牌30余块。

张贴打击非法行医宣传海报1000份。奖励非法行医投诉举报人3人次，奖励金额1500元。全年辖区内未发生非法行医致人死残事件。全年，出动卫生监督员380人次，检查医疗机构126个，立案处罚6起，罚款6500元。2015年4月，按照《医疗机构管理条例》《医疗机构基本标准》相关规定，开展2014—2015年度医疗机构校验。通过校验152个，暂缓校验2个，因改建、扩建、迁建等原因报停7个。是年，出动监督员240人次，检查各级各类医疗机构104家，行政处罚9家，罚款2.3万元。对辖区内10家主流媒体的户外医疗广告进行监督，对其中3起违法医疗户外广告进行处理。查处非法医疗美容、非法牙科诊所2处，收缴牙椅1台，美容器械1批。查处非法胎儿性别鉴定1例，移送司法机关处理。

第三节　药事管理

1993年，上城区加强区属医疗单位的医疗仪器设备管理，规定购买大型医疗仪器设备须报区卫生局审批，通过正规渠道进货。1994年7月，制定《上城区医疗单位药品采购、销售、使用管理办法》，要求各医疗单位均须建立药事委员会，审定单位用药计划，解决单位医疗用药的重大问题。中西药剂人员必须具有药学技术职称或县级以上卫生行政部门核发的上岗证，非药学人员不得参与药剂工作。药品采购要做到有经销单位“二证一照”（药品经营许可证、税务登记证和营业执照）的复印件并存档。做好毒性、精神、麻醉、放射等特殊药品的保存、使用和管理。1995年，区属各医疗单位均成立药事委员会并按要求开展工作。2月，对药品从业人员实行健康证制度。

1996年2月，区卫生局设立药政科，负责贯彻落实国家药物政策制度，执行国家药品法典，组织开展医疗机构药品、医用耗材集中采购及监管工作。10月，制定《上城区医院药剂质量控制标准》。1997年11月，对上城区医疗单位药品采购管理工作做出规定，采购药品必须遵守《中华人民共和国药品管理法》及《中华人民共和国药品管理法实施条例》的有关规定，严禁采购无药品批准文号、无注册商标、无厂牌、无批号的“四无药品”及保健食品、与医疗无关的各种生活用品和化妆品。为确保药品质量，严禁从个人和未取得药品经营许可证的非法经营单位采购药品。1998年，增加区中西医结合医院等3家医院自制制剂的配制与供应。

2002年3月，区属医疗单位实行采购药品招标制度。2003年7月，区属医疗单位实行药品网上统一招标采购。2004年11月，上城区制定《加强医疗器械招标采购工作的规定》。2006年9月，开展上城区社区卫生服务机构和区级医疗机构药房规范建设工作。11月，在全区医疗卫生单位开展治理商业贿赂工作，查处药品采购中的拿回扣问题。

2007年4月，上城区落实执行《处方管理办法》，规范处方管理，促进合理用药，保障医疗安全。9月，区属各医疗单位医疗设备采购纳入杭州市医疗设备政府集中采购。此后，建立医药代表定期集中约谈制和进货单位登记备案制，并与各家医药供应商签订廉洁承诺书。发现医药代表与医疗卫生单位从业人员违规接触，即无条件停止使用相关产品。2009年，上城区对各社区卫生服务中心、民营医院进行中西药品（包括麻醉药品、一类精神药品）医疗质控检查2次。2012年，区建立医疗服务信息公示制度，加强岗位廉洁责任教育。制定以“保障质量、改善服务、公开透明、提高效能”为主题的医疗服务阳光用药工程实施方案，对各社区卫生服务中心、区妇幼保健院、各民营医院在药品采购，临床用药综合管理等方面进行检查。建立处方点评制度，开展全处方点评。2014年，上城区进行医药回扣自查自纠专项治理，完善药事委员会制度，药事委员会专家人数扩充至60人。加强第一类精神药品、麻醉药品管理，经培训考试，辖区医疗机构68人取得麻醉药品、精神药品处方权调剂资格。2015年，基本药物“零差率”[①]销售，新版基本药物目录在上城区正式启用。

第四节　医疗质量管理

1993年，上城区对区属医疗单位的各类医务人员进行“三基三严”[②]的考核，以提高医疗质量。1994年，对区属医疗单位进行病历书写、三级查房制度、术前讨论制度、疑难病例讨论制度的执行情况检查。1996年10—11月，对各医院进行医疗质量大检查，主要检查医院全体职工的质量意识；重点检查临床医疗质量、护理质量、院内感染管医技（放射、化验等）的质量控制和管理、急救工作和中毒事故报告制度内容。11月，制定《上城区医院医疗质量控制标准》。1997—1998年，通过举办学习班、开展“三优”[③]活动、医疗技能比赛等活动，提高医院管理质量。1999年4—7月，在全区医疗单位开展医疗质量大讨论活动，提高医务人员质量意识，降低医疗差错、事故和纠纷数量。

2002年，上城区在区内各医疗单位中开展以“优质医疗、优良服务、规范收费、依法行医”为内容的满意工程的活动。2004年，在区属医疗单位中开展医疗质量规范年活动，重点检查医疗单位的合理用药（特别是抗菌素）、合理检查、杜绝大处方、重复检查和“套餐式”检查情况。2006年，对区属医疗机构进行“放心药房”、麻醉药品管理和院内感染等方面的专项检查，加强医院和医疗质量的规范化管理。以开展“医疗质量管理年”活动为重点，加强医疗质控工作。2007年8月，对区属7家医疗机构和6家民营医疗机构进行医疗质量控制专项检查。2008年，下发《上城区做好医疗质量控制工作的通知》和《上城区临床检验控制标准》《上城区安全医疗质控标准》《上城区护理质量控制标准》《上城区院内感染控制标准》等医疗质量标准。2009年，上城区对

① “零差率”：指选择在社区卫生服务机构中，对常见病、多发病使用的基本药品，实行按药品进价销售，不再加价产生利润，让利给社区居民，利润部分由政府给予补贴。

② “三基三严”：“三基”是指基本理论、基础知识、基本技能，“三严”是指严密组织、严格要求、严谨态度。

③ “三优”：指优质服务、优质医疗、优美环境。

各社区卫生服务中心、民营医院进行住院病历、中西药品、护理质控、检验质控、医学影像、计量管理、门急诊等8条线的医疗质控检查2次。重点对各口腔医疗机构和设口腔科的医疗机构进行口腔院感控制情况检查和培训。是年，区卫生局下发《关于开展上城区医疗机构口腔诊疗器械消毒灭菌专项检查的通知》，按照《消毒管理办法》《医疗机构口腔诊疗器械消毒技术操作规范》的规定和要求，对消毒管理制度、配备清洗消毒设备、执行清洗消毒工作操作流程、个人防护、消毒灭菌效果监测等方面进行检查，并将检查情况进行通报。同时对40余名口腔科执业医师进行口腔诊疗器械消毒灭菌知识的培训与考核。

2010年，上城区开展“医疗质量万里行”活动。明确院长（中心主任）为第一责任人。活动年工作开展情况分别在医疗机构校验现场审核和年终工作考核中督导。2011年，上城区对各社区卫生服务中心和各民营医院进行医疗质控情况检查2次。

2011—2013年，上城区连续3年开展卫生系统“三好一满意”（服务好、质量好、医德好、群众满意）活动，改进与提高医疗质量与服务满意度。2012年，对各社区卫生服务中心、民营医院的100名医务人员进行医院感染防控知识培训。2013年，重新修订并下发护理、门急诊、医疗设备、住院病例、中医、药事管理、院内感染等10项质控检查标准。2013年1月，将全区27家民营中医医疗机构纳入监管范围。2015年，印发《上城区卫生计生系统进一步改善医疗服务行动实施方案》，以提高医疗服务效率，改善群众就医感受，构建和谐医患关系，持续改进医疗服务质量。

表30-9-39　1993—2015年上城区医疗机构审批情况表

单位：家

年份	新批	校验	注销
1993	9	—	—
1994	1	29	—
1995	3	30	—
1996	1	32	—
1997	2	28	—
1998	6	154	—
1999	56	167	6
2000	12	180	17
2001	12	156	12
2002	14	130	56
2003	7	142	9
2004	14	138	11
2005	8	140	10
2006	6	149	15
2007	4	136	12

续表30-9-39

年份	新批	校验	注销
2008	1	141	2
2009	10	133	7
2010	4	128	5
2011	6	136	3
2012	6	130	5
2013	7	133	10
2014	18	141	5
2015	14	152	7

说明：资料来源于杭州市上城区卫生健康局

第三十一篇

人力资源和社会保障

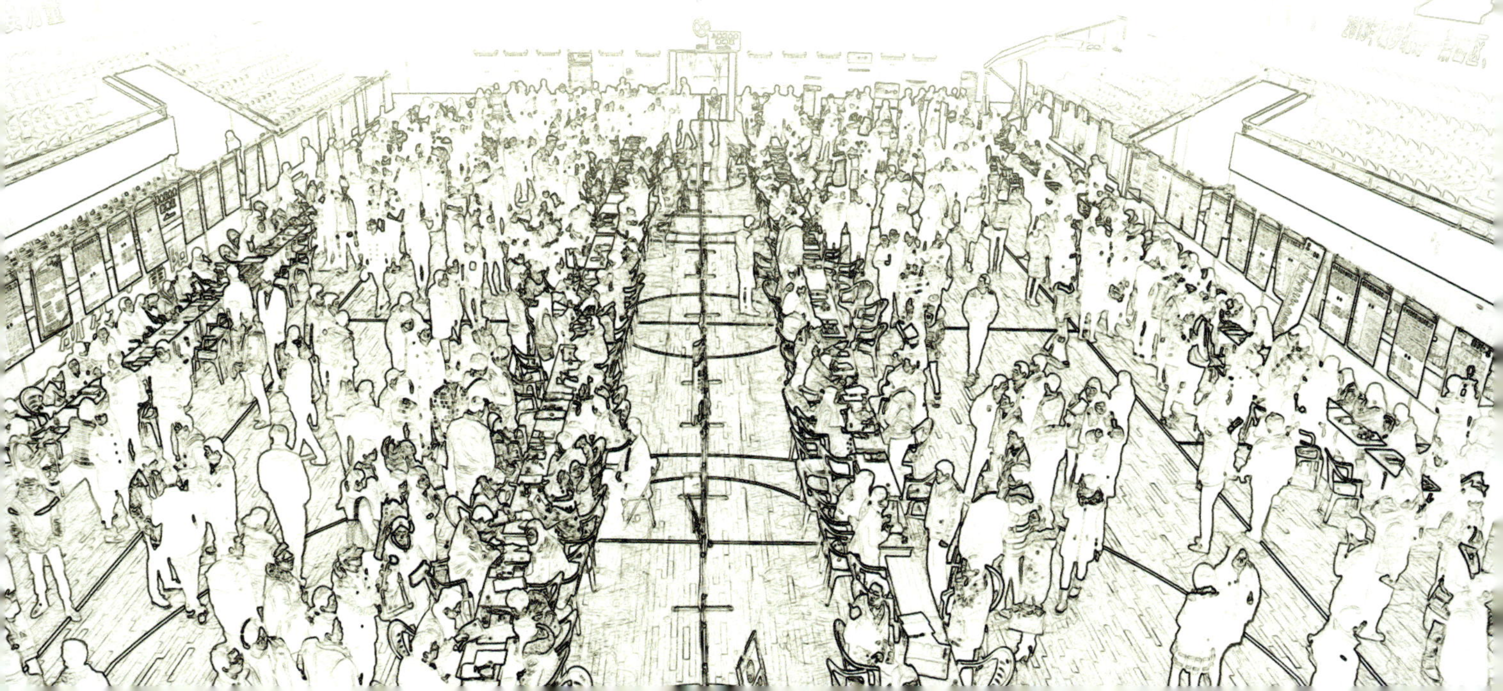

民国时期，上城区未设劳动管理机构，《杭州市劳资争议暂行处理办法》等法律条例也无法有效实施。企业用工由企业自主招雇，劳资双方订立契约或保单，工资制度多样。工人为争取劳动权利，改善劳动条件，以各种方式进行斗争。

中华人民共和国成立后，开始实施劳动保险制度。1952年8月，上城区政府劳动科成立，开始逐步建立社会主义性质的劳动用工、工资和保险制度，并着手解决失业问题。1961—1963年，关停并转全民所有制企业，精简职工。1978年中共十一届三中全会后，经济体制改革逐步深入，劳动用工、工资和社会保障制度改革不断深化，劳动就业实现多渠道就业，干部人事制度改革、机构改革、专业技术职称评定、工资制度改革等重大举措相继实施。

20世纪80年代，随着企业扩权、实行经济责任制、发展多种经济形式等改革措施的实施，杭州市推行招工劳动合同制，实行固定工制度与劳动合同制并存的“双轨制”。同时，创办劳务市场，放开企业用人自主权和劳动者择业自主权，实行市场竞争就业；废除退休工人“子女顶替”和内部招工；实行“面向社会、公开招收、全面考核、择优录用”的企业招用工人办法。

1986年，上城区内全民所有制企业开始实行劳动保险社会统筹。1987年，为使劳动制度配套改革规范运行，上城区根据市政府制定的《杭州市劳动争议处理暂行规定》和市劳动局的要求，成立上城区劳动争议仲裁委员会及办公室，专门负责解决试行劳动合同制后职工与企事业单位发生的矛盾纠纷，并制定《上城区企业劳动争议调解委员会工作暂行办法》，在21家企业建立调解组织。1988年，区内集体所有制企业开始实行劳动保险社会统筹。

20世纪90年代初，上城区实行私营企业和个体工商户养老保险。做好关停并转企业被精简职工的待业保险工作，并探索开展工伤保险、医疗保险的改革工作。1993年，开始推进企业的劳动用工、工资、社会保险“三项制度”改革。1994年，实行全员劳动合同制。1995年，《中华人民共和国劳动法》（简称《劳动法》）实施后，企业的用人自主权和劳动者自主择业权得到法律保护。为保证《劳动法》的贯彻实施，组建上城区劳动监察大队，检查全区企业劳动用工情况，同时调整区劳动争议仲裁委员会，组建仲裁庭。是年，上城区实施“再就业工程”。1998年，在国家政策指导下，实施劳动者自主择业、市场调节就业、政府促进就业的方针，发挥市场调节就业和配置人力资源的基础作用，就业制度改革走向公开、公正、开放的新阶段。通过建立再就业服务中心，保障下岗职工基本生活，让下岗职工逐步进入市场，实现再就业。

进入21世纪，为保护劳动者特别是外来务工人员的合法权益，上城区开展“春雨”“春苗”“春雷”行动，并组建劳动争议仲裁院。2000年，杭州市上城区公费医疗管理办公室从杭州市上城区卫生局（简称区卫生局）划转到杭州市上城区劳动局（简称区劳动局），更名为杭州市上城区医疗保险办公室（简称区医疗保险办公室），负责上城区医疗保险基金管理、医疗审核相关职能，行使医疗救助职能。2002年，上城区全面确立公共就业服务制度，促进下岗用工、失业人员就业。

2003年，按照就业服务体系制度化、专业化、社会化要求，体现人本服务的核心理念，基层劳动保障平台建设被纳入规范化轨道，形成从上到下层层促进就业的组织机制。2004年6月，为加快建立独立于企事业单位之外的社会保障体系，全面推进企业退休人员社会化管理服务，上城区成立企业退休人员服务中心。随后，杭州市建立市、区、街道、社区、楼道五级企业退休人员管理服务网络和“自我教育、自我管理、自我服务、自我监督”体系。2005年，上城区执行《杭州市社会保险费征缴办法》，社会保险实行基本养老保险、基本医疗保险、失业保险、工伤保险和生育保险“五费合征”，实现参保管理、费用征收、基数规定、基本信息“四统一”，强化社会保险的基础工作、扩大社会保险的覆盖范围。是年，上城区街道、社区劳动保障站、室建立，承担原街道、社区劳动管理站、室的就业职能，开展就业服务。区、街道设立劳动争议协调组织和社区劳动关系协调组织。2007年，上城区创建充分就业社区，通过“一对一帮扶”“定向跟踪服务”等措施，在上城区基本消除“零就业家庭”。2009年，开展创建充分就业城区（试点），建立促进就业的创新工作机制，失业率低于全市水平，“零就业家庭”动态消除，51个社区100%保持充分就业。2010年，上城区在全市首先制定居家就业政策，给予居家就业人员每人每月200元的社会保险补贴，明确相应配套扶持措施和社会保险补贴办法，提供小额担保贷款、技能培训等服务。2011年，建立劳动保障监察和劳动争议仲裁联动机制，成立“平安上城110社会联动管理中心”，开展劳动监察和争议调解，确保全区劳动关系和谐稳定。2012年，实施政府机构改革，成立杭州市上城区人力资源和社会保障局（简称区人力社保局），主管全区人力资源和社会保障工作。2013年，实施“政策保障、帮扶援助、创业带动、供需对接、培训促进”五大就业工程。

至2015年，上城区建立以杭州市上城区劳动保障监察大队（简称区劳动保障监察大队）为主，适当向街道延伸的劳动保障监察组织体系，建成一支以专职劳动保障监察员为主，专职监察员与兼职监察员、法律监督员相结合的劳动保障监察队伍。劳动争议仲裁形成区级劳动争议仲裁委员会和劳动争议仲裁院，街道劳动关系调解委员会，社区和企业劳动关系调解小组的三级结构。至年末，全区单位从业人员19.11万人，新增就业3.29万人，失业人员再就业1.73万人。区内线上线下互补的就业服务网络基本建成。全区实现社会保障体系应保尽保，养老保险参保12.56万人，失业保险参保12.56万人，工伤保险参保13.83万人，医疗保险全覆盖，生育保险参保12.12万人，纳入社会化管理人员企业退休人员8.79万人。

第一章　组织机构

1978年9月，上城区革命委员会劳动科恢复。1980年1月，区劳动科改称为区劳动局。是年，成立上城区劳动服务公司，各街道成立劳动服务站，受区劳动服务公司和街道双重领导。区劳动服务公司主要任务是调查登记待业人员；组织输送招工对象，介绍待业人员就业；开展技术培训，提高待业人员素质。1984年2月，杭州市上城区政府人事科改称为杭州市上城区人事局（简称区人事局）。1987年，杭州市上城区劳动力介绍所成立，开展职业介绍服务。1990年，按照行政管理和企业经营职责分开的原则，杭州市上城区劳动服务公司改称杭州市上城区就业管理服务处（简称区就业管理服务处），街道劳动服务站更名为劳动管理站。1992年，区劳动力介绍所更改为杭州市上城区职业介绍所（简称区职业介绍所），开展用工、求职登记，刊登广告，招收人员，档案转移，招工录用等服务。1995年，杭州市上城区人才市场成立。1998年，组建上城区就业信息网络，推进劳动力市场建设。2000年开始，上城区就业信息网络向街道和社区延伸。是年，上城区试点开展街道、社区劳动保障机构建设。2001年起，区劳动局开始面向各类劳动者开展职业推介。11月，不再保留区劳动局，组建杭州市上城区劳动和社会保障局（简称区劳动和社会保障局）。至2002年末，上城区有6个街道和51个社区建成就业信息网络，实现下岗失业人员不出社区就可查询就业和社会保险等有关信息。2005年，上城区街道、社区劳动保障站、室建立，承担原街道、社区劳动管理站、室的就业管理职能，开展就业服务。2009年，杭州市上城区人力资源开发服务公司成立，开展劳动力外包、外来劳动力就业管理等工作。2012年，区人事局（编委办）、区劳动和社会保障局撤销，组建区人力社保局。至2015年末，上城区在册的人力资源公司有34家，建立起职业介绍、就业培训、创业指导、就业帮扶的区、街道、社区三级就业服务体系。

第一节　行政机构

1993年，区劳动局、区人事局负责全区劳动、人事工作。1994年11月，杭州市上城区机构编制委员会建立，下设机构编制办公室，设在区人事局。2001年11月，上城区劳动和社会保障局成立，主管劳动和社会保障工作。2012年，撤销区人事局（编委办）、区劳动和社会保障局，组建区人力资源和社会保障局，主管全区人力资源和社会保障工作。下辖参照公务员管理事业单位6家和上城区企业退休人员管理服务中心、上城区人才人事综合服务中心事业单位2家。区机构编制委员会办公室单独设置，列区委系列。

一、行政管理机构

杭州市上城区劳动局　1993年，区劳动局是区政府综合管理全区劳动工作的职能部门，负责劳动力管理、劳动就业、职工工资、保险福利、就业前培训与在职工人技术培训、劳动保护、安全监察等工作。地址清泰街563号城建大厦6楼。1997年8月，按照建立社会主义市场经济体制的要求，转变劳动行政部门管理职能：由单纯靠计划指标、行政审批手段管理劳动力为主，转向运用经济与法律手段和必要的行政手段，实现劳动力资源的合理配置；由直接的微观管理为主，转向以预测、规划、调控为主的宏观管理，加强指导、监督检查和社会服务；由偏重管理国有企业的劳动工作，转向综合管理社会劳动工作，建立统一开放、有序的劳动力市场。2001年11月，区劳动局撤销。1993—2001年，历任党组书记傅宝林，历任局长刘南、傅宝林。

杭州市上城区劳动和社会保障局　2001年11月，区劳动和社会保障局成立，主管劳动和社会保障工作。地址清泰街563号城建大厦6楼。内设4个职能科室：办公室、工资保险科、劳动监察科、劳动争议仲裁科。下辖6家事业单位：上城区就业管理服务处、上城区社会保险服务办公室、上城区医疗保险办公室、上城区企业退休人员管理服务中心、上城区劳动保障监察大队、上城区劳动仲裁院。

2001年12月，区劳动和社会保障局新增农村养老保险职能。协调、管理、指导、监督全区城镇职工基本养老医疗保险的实施和运行职能；撤销安全生产综合管理和劳动安全监察工作职能，撤销锅炉压力容器监察职能；不再审批企业招用外来劳动力，改为依照劳动力市场管理法规和劳动力合同制度进行管理；不再承担协调企业与机关事业单位工资政策的职能；由制定企业职工奖惩等方面行政规定改为制定适用于各类企业惩处职工的基本准则，使其作为企业制定内部规章制度以及处理劳动关系的依据；强化劳动和社会保险执法检查。2012年4月，不再保留区劳动和社会保障局，与区人事局的职责整合，组建区人力社保局。历任党组书记傅宝林、方本成，历任局长傅宝林、方本成。

杭州市上城区人事局　1993年1月，区人事局有局干部科、科技干部科、工资福利科、综合科4个科室。主要负责全区机关干部的管理、工资福利和退休管理服务工作，军队转业干部的接收安置工作，专业技术人员的管理和继续教育，人才、智力引进开发工作等，地址惠民路3号。1994年11月，杭州市上城区机构编制委员会成立，下设机构编制委员会办公室。办公室设在区人事局，与区人事局合署办公，杭州市上城区编制委员会办公室（简称区编委办）主任由区人事局局长兼任。1997年9月，区人事局内设一办三科：办公室、录用调配科、学生就业管理科、工资福利科。1998年7月，区人事局搬至惠民路26号。2002年，设4个职能科室：办公室、公务员管理科、人才流动开发科、工资福利与离退休科。2012年，上城区人事局（区编委办）撤销，组建区人力社保局。区编委办单独设置，列党委序列。另设杭州市上城区退休干部服务中心、杭州市上城区人才交流服务中心2家事业单位。历任党组书记季黄辉，历任局长许风炎、叶洪泉、王建民、季黄辉。

杭州市上城区人力资源和社会保障局　2012年4月，上城区撤销区人事局、区劳动和社会保障局，职责整合，组建区人力社保局，主管全区人力资源和社会保障工作，地址光复路100号。内设7个职能科室：办公室、公务员管理科（挂事业单位人事管理科牌子）、工资福利与离退休科、人才开发科（挂就业培训科牌子）、社会保障科、劳动关系科（挂调解仲裁管理科牌子）、政策法规科（挂行政审批科牌子）。下辖6家事业单位（参照公务员管理）：杭州市上城区就业管理服务处、杭州市上城区社会保险服务办公室（简称区社会保险服务办公室）、杭州市上城区医疗保险办公室（区医疗保险办公室）、杭州市上城区劳动保障监察大队、杭州市上城区劳动仲裁院（简称区劳动仲裁院）、杭州市上城区人才市场管理办公室。下辖2家事业编制单位：杭州市上城区企业退休人员管理服务中心（简称区退管中心）、杭州市上城区人才人事综合服务中心（简称区人才人事综合服务中心）。至2015年，无机构调整变化。

区人力社保局的主要职责是统筹协调推动家庭服务业发展促进就业，做好职业培训、劳动关系、社会保险、劳务对接等相关工作的职责。加强统筹机关企事业单位人员管理和人才开发职责，加强统筹就业和大学生创业职责，加强统筹社会保障政策职责，建立健全从就业创业到养老医疗的保障和服务体系，加强基层人力资源和劳动保障服务平台建设，加强统筹人力资源市场发展职责，加强构建和谐稳定劳动关系和强化劳动监察职责，维护劳动者合法权益。历任党委书记、局长方本成、孙锦。

二、事业单位

杭州市上城区就业管理服务处　1990年，按照行政管理和企业经营职责分开的原则，杭州市上城区劳动服务公司改称区就业管理服务处，保留区劳动服务公司举办集体企业及管理的相关职能；地址中河中路96号。街道劳动服务站更名为劳动管理站，属区劳动局下辖事业单位，主要承担管理社会劳动力和劳务市场，做好扶持生产就业训练中心，开展就业前培训，发挥组织、协调作用；管理和统筹安排生产自救和转业训练，促进待业金的收发、使用、回收工作；负责收足、管好、用活待业保险基金，开展失业职工重新就业；对劳动服务公司集体企业进行业务指导，办好直属企业等职能。2002年起，区就业管理服务处属区劳动和社会保障局下辖事业单位，主要负责就业供求信息的收集与发布，为职业供求双方提供服务；开展就业岗位开发、就业援助，失业人员职业指导，适应性培训，职业技能培训以及创业培训指导服务工作；负责劳动人力资源登记，统计以及劳动力供需预测工作；档案的接收管理，失业登记、录用备案；承担失业人员和失业保险基金的管理，从事劳动保障事务的代理。2012年起，区就业管理服务处属区人力社保局下辖事业单位，参照公务员管理，地址缸儿巷15号。至2015年末，无机构变化。

杭州市上城区社会劳动保险管理办公室　1990年，上城区社会劳动保险管理办公室成立，属区劳动局下辖事业单位，经费自收自支，地址祠堂巷48号101室。2000年，经费来源调整为财政补助。2002年起，属区劳动和社会保障局下辖事业单位，主要负责办理社会保险登记；负责有关社会保险信息的管理工作；向地方税务机关提供企业缴费单位的社会保险费费率、其他缴费单位及其职工个人的缴费基数和应缴社会保险费数额；负责向用人单位及其职工、城镇个体劳动者无偿提供社会保险费征缴信息查询服务；开展与社会保险费征缴有关的调查、宣传和咨询工作；受劳动保障行政部门委托，依法开展社会保险费征缴监督、检查工作等。拟定机构规格为相当正科级。2012年起，属区人力社保局下辖事业单位，参照公务法管理，地址缸儿巷15号。至2015年末，无机构变化。

杭州市上城区医疗保险管理办公室　1986年10月，杭州市编制委员会同意各城区设立公费医疗管理办公室，属事业单位性质，归区卫生局领导。2000年1月，区公费医疗管理办公室划转到区劳动局，更名为区医疗保险管理办公室，属区劳动局下辖事业单位，负责全区医疗基金管理、医疗审核（相关服务），行使医疗救助职能。地址中河中路102号。2002年起，属区劳动和社会保障局下辖事业单位，拟定机构规格为相当正科级，经费形式为财政拨款。2012年起，属区人力社保局下辖事业单位，参照公务法管理。6月，搬迁至缸儿巷15号。至2015年末，无机构变化。

杭州市上城区人才人事综合服务中心　1993年1月，杭州市上城区退休干部服务中心成立，属区人事局下辖事业单位，负责全区机关退休干部的管理服务工作，地址惠民路3号。1998年8月，搬迁至惠民路26号。2011年12月，更名为区人才人事综合服务中心，主要开展人事代理工作、承担大学生就业创业服务、留学人员创业就业服务、退休干部服务及人才人事综合服务职责。经费形式为财政拨款。2012年起属区人力社保局下辖事业单位。6月，搬迁至缸儿巷15号。至2015年无调整。

杭州市上城区企业退休人员管理服务中心　1995年，上城区企业退休职工管理委员会成立，在街道建立退休人员管理网，企业退休人员实行自我管理，地址惠民路3号。2000年8月，组建街道劳动保障管理站和社区劳动保障服务室。2003年，区内街道和社区的劳动保障站基本建立，并在各街道建立退休人员活动中心和档案室。2004年6月，上城区企业退休人员管理服务中心成立，属区劳动和社会保障局下辖事业单位，地址中河中路96号。主要负责对街道、社区社会化管理服务工作进行检查指导；接收、审核区属企业退休人员实行社会化管理服务申请，办理退休人员职工管理和档案关系转移；建立区退休人员网络管理数据库；开展社会保险及社会化管理服务相关政策的宣传、培训、咨询；指导街道、社区组织退休人员开展文化娱乐活动和社会公益活动。拟定机构规格为相当正科级（不设内设机构），经费形式为财政拨款。2012年，属区人力社保局下辖事业单位，经费形式为财政拨款。至2015年末，无调整。

杭州市上城区劳动保障监察大队　1993年7月，上城区劳务监察队成立，由区劳动局统一领导，区就业管理服务处负责实施。1995年，区劳动监察大队组建。1996年，劳动监察机构人员向街道延伸，建立劳动监察网络。2001年起，属区劳动和社会保障局下辖事业单位，主要负责依法组织对区域内企业的巡视检查、书面审查、专项检查、举报投诉调查等工作；对企业的非法使用童工、收取押金（有效证件）、不签订劳动合同、强迫加班、无故克扣工资、不依法支付加班工资、不执行最低工资标准、未执行保护女职工、未成年工、残疾人的特殊劳动保护规定、不依法参加社会保险、未执行国家有关持证上岗规定和违法从事职业介绍、培训、考核鉴定等违法行为，依法进行查处；组织领导劳动保障监察大队依法开展工作。拟定机构规格为相当正科级（不设内设机构），经费形式为财政拨款。2003年起，根据国务院《劳动保障监察条例》，劳动保障监察机构实行统一领导、分级管理，日常工作由区劳动和社会保障局管理。工作职责主要是督促、检查用人单位贯彻或者遵守劳动保障法律、法规和规章情况，受理群众举报、投诉，依法纠正和查处违反劳动保障法律、法规或规章行为。劳动保障监察人员实行专职与兼职相结合，以专职监察人员为主。2004年，区劳动监察大队更名为区劳动保障监察大队，地址惠民路26号。2007年，街道劳动保障监察中队成立。2009年，区劳动和社会保障局与区总工会联合，在全市率先成立上城区工会劳动法律监督大队。2012年起，属区人力社保局下辖事业单位，参照公务员管理，地址缸儿巷15号。至2015年末，无调整。

杭州市上城区人才市场管理办公室　1993年，杭州市上城区人才交流服务中心成立，属区人事局下辖事业单位，主要开展人才资源的开发利用与培养引进等工作。地址惠民路3号。1998年8月，搬迁至惠民路26号。2011年7月，杭州市上城区人才交流服务中心更名为区人才市场管理办公室，主要负责辖区内人才市场中介组织的管理，全区人才市场发展和交流工作以及大学生就业创业政策等。2012年6月，搬迁至缸儿巷15号。2013年6月，参照公务员法管理。至2015年无调整。

三、争议仲裁机构

1993年，杭州市上城区劳动争议仲裁委员会成立，专门负责解决试行劳动合同制后职工与企事业单位间发生的矛盾纠纷。1995年，上城区调整区劳动争议仲裁委员会，组建仲裁庭。1998年，开展街道劳动争议处理机构和协调组织建设，派出机构名为区劳动争议仲裁委员会街道办事处，设在街道劳动管理站。协调组织名为街道劳动关系协调委员会，协调组织下设办公室，设在街道劳动管理站。1999年8月，杭州市上城区人事争议仲裁委员会建立，下设办公室，与区人事局办公室合署办公，负责人事争议仲裁的日常工作。2000年，上城区建立标准的仲裁庭。

2002年，上城区独立设置劳动仲裁科，建立专门审理劳动争议案件的仲裁庭，地址清泰街563号城建大厦6楼。2005年，上城区街道、社区劳动关系协调机构挂牌，在劳动保障站室开展工作。是年，全区6个街道、51个社区全部建立劳动争议调解组织。2006年，上城区在原有6个街道劳动关系调解委员会的基础上，组建51个社区的劳动关系协调小组。各协调小组组长由社区分管主任担任，下设调解员。2007年，上城区完成劳动争议仲裁院组建，组织基层开展标的较小的劳动争议案件调解。2012年9月，随着机构的调整合并，区人事争议仲裁案件的受理归属于杭州市上城区人事和劳动争议仲裁院，地址缸儿巷15号。2013年12月，机构名称改为区劳动人事争议仲裁院，划入原由区人力社保局公务员管理科（事业单位人事管理科）承担的人事争议调解仲裁职责。至2015年末，无调整。

第二节　社会中介机构

一、职业介绍机构

1992年10月，区劳动力介绍所改为区职业介绍所，在原有的服务项目基础上扩大服务内容，包括用工、求职登记、刊登广告、招收人员、档案转移、招工录用等，设立固定场所，举办劳务交流周，实行常年服务。1994年，根据《杭州市职业介绍机构管理办法》，区职业介绍所更名为上城区职业介绍服务中心（简称区职业介绍服务中心），并开设5个分部。2000年，上城区试点开展街道、社区劳动保障机构建设，建立规范化、科学化、现代化的职业介绍服务中心。2003年，区职业介绍服务中心被评为省示范公共职业介绍机构。2009年，杭州市上城区人力资源开发服务公司成立，承担劳动力派遣外包、外来劳动力就业管理等工作。2010年，全区6个街道建立企业劳资干部联谊会，建立成员企业劳资干部QQ群，进行信息交流。联谊会定期组织成员单位了解交流成员单位的用工需求、岗位空置信息、人才需求等信息等。2013年，上城区利用区、街道、社区三级就业指导、职业介绍平台，发挥人力资源信息网功能，在网上发布用工信息，形成线上线下职业介绍互补模式。至2015年，上城区建立职业介绍、就业培训、创业指导、就业帮扶的区、街道、社区三级就业服务体系。

二、人才中介服务机构

1995年5月，杭州市上城区人才市场成立，地址惠民路3号。2012年10月，省政府制定《关于加快发展人力资源服务业的意见》，提出要大力培育扶持人力资源服务机构。2014年12月，根据市人力资源和社会保障局发布的《关于做好行政权力事项下放承接工作的通知》，杭州市上城区人才市场管理办公室开始承接“设立人才中介服务机构审批”事项，对在上城区注册的20家人力资源服务机构进行日常监督管理。至2015年末，上城区在册人力资源服务公司有34家，其中公共就业服务机构1家，人才公共服务机构1家，国有性质的服务企业5家，民营性质的服务企业26家，外资性质的服务企业1家。全年实现营业收入6.76亿元，其中代收代付部分5.7亿元。从业人数达693人，建立固定招聘场所10处，建立人力资源服务网站9个，为求职人员提供338.16万人次服务，帮助实现就业人数达80.1万人。

表31-1-1 2015年上城区人力资源服务公司情况表

序号	单位名称	地址	机构性质
1	杭州市上城区人才交流服务中心	惠民路26号	国有
2	杭州市上城区人才市场	惠民路3号	国有
3	杭州上城区人力资源开发服务公司	祠堂巷48号1单元101室	国有
4	浙江省对外服务公司	中河中路250号改革月报大楼4楼	国有
5	浙江外服人力资源服务有限公司	中河中路205号改革月报大楼4楼	国有
6	杭州月半弯人才服务有限公司	长生路58号307室	民营
7	杭州奥星经济技术服务有限公司	孝女路未央村2-5-104室	民营
8	杭州诚欣通信科技有限公司	延安路8号天风商厦306室	民营
9	杭州光辉人力资源开发有限公司	清泰商务楼（清泰小区31-1010室）	民营
10	杭州科易瑞管理咨询有限公司	秋涛支路336号611室	民营
11	杭州开来人力资源开发有限公司	解放路40号3楼322室	民营
12	杭州久越企业管理咨询有限公司	后市街133号1-205	民营
13	杭州邦克人才中介服务有限公司	望江路69号宋都大厦1002-1室	民营
14	杭州尚宾企业管理咨询有限公司	江城路887号606室	民营
15	杭州盛林弘人力资源服务有限公司	庆春路159号中河大厦909室	民营
16	杭州路基企业管理咨询服务有限公司	环城东路土山一弄2号308室	民营
17	杭州三谐企业管理咨询有限公司	庆春路紫金观巷26号上城科创中心2202室	民营
18	杭州携创人才开发有限公司	六部桥直街15号	民营
19	杭州恒晖人力资源服务有限公司	秋涛路28号凤凰中心801室	民营
20	杭州志邦人力资源开发有限公司	西湖大道259号清波商厦商务楼E507室	民营
21	杭州睿明企业管理咨询有限公司	中河中路222号2004室	民营
22	杭州军安互动人力资源有限公司	馆驿后8号1810室	民营
23	杭州步安企业管理咨询有限公司	金鸡岭18号4层	民营
24	杭州网聘广告有限公司	太和广场8号5层501、502、503、505室	民营
25	杭州汇杰人力资源有限公司	景江城市花园2幢3单元2307室	民营
26	杭州博源人力资源开发有限公司	高官弄9号8幢（1号楼）410室	民营
27	杭州卡斯达人力资源管理有限公司	解放路89号星河商务大厦305	民营
28	杭州灏翔企业管理咨询有限公司	钱江路58号赞成太和广场8-1901座	民营
29	北京网聘咨询有限公司杭州分公司	飞云江路太和广场8号楼5层505室	民营
30	杭州威仕顿企业管理咨询有限公司	庆春路137号1005室	民营
31	宁波同生人力资源管理服务有限杭州分公司	城站广场（浙江铁道大厦有限公司）1722室	民营
32	杭州万博人力资源有限公司	解放路40号9幢4楼南412室	民营
33	杭州万源人力资源有限公司	凤凰城1幢1单元2601室	民营
34	浙江立德人力资源开发有限公司	清吟街110号318室	民营

说明：资料来源于杭州市上城区人力资源和社会保障局

第二章　劳动就业

改革开放后，国家实行“劳动部门介绍就业、自愿组织起来就业和自谋职业相结合”的就业方针。根据杭州市统一部署，上城区针对就业难的问题，通过企事业单位创办劳动服务公司，举办集体生产服务实体，实施减免税收等优惠政策，扩大就业门路，安置待业人员就业。1987年10月，上城区劳动力介绍所成立，开展职业介绍工作。1990年，按照行政管理和企业经营职责分开的原则，上城区劳动服务公司改称区就业管理服务处。

20世纪90年代，进入新就业高峰期，就业矛盾突出，上城区依靠发展集体经济，扩大就业。同时，开展就业训练培训和职业技能培训，提高劳动者素质。随着企业改制和产业结构调整步伐加快，企业职工下岗失业问题日益突出。1995年，探索开展新型就业安置方式，全面开展再就业工程，帮助区属企业下岗职工实现再就业。2000年，创建规范化、科学化、现代化的职业介绍服务中心。2002年，发展非正规就业劳动组织（原称非正规组织），实行就业援助政策，促进就业弱势人员再就业。2005年，街道、社区劳动保障站、室建立，开展就业服务。是年，举办“创办你的企业”（SYB）创业培训班，开展外来劳动力转移培训。2006年，针对“4050”[①]等就业困难人员，在全区各街道开发社区保绿、保洁、居家养老员等岗位，全部用于安置“4050”就业困难人员。

2007年，创建充分就业社区，通过“一对一帮扶”“定向跟踪服务”等措施，实现全区“零就业家庭”基本消除。2009年，开展创建充分就业城区（试点）。2010年，开展促进居家就业，并制定相应的配套扶持措施。至2015年末，“政府促进就业、市场调节就业、劳动者自主择业”机制得到全面实施，线上线下互补的就业服务网络基本建成。各单位从业人员19.11万人，新增就业32920人，失业人员再就业17296人。

① 指男性年满50周岁、女性年满40周岁。

第一节　就业

1993年，为贯彻国务院《全民所有制工业企业转换经营机制条例》规定，上城区劳动部门不再审批企业招工计划或转达省部属、市属企业招工计划，不再审批招工简章，不再办理批准录用手续，落实企业用人自主权。共安置4366名待业人员就业。1999年3月，根据杭州市部署，上城区实行劳动力需求预测和空岗报告制度，劳动力需求预测每年一次，空岗报告每季一次。同期，个体、私营企业发展迅速，吸纳就业人员增多。

图31-2-1　1994年，来自各地的外来打工者在杭州娃哈哈集团公司排队求职　（吴国方　摄）

2002年，上城区发展非正规就业劳动组织（原称非正规组织），贯彻实施就业援助政策，促进就业弱势人员再就业。下岗失业人员，凡创办从事家庭社区服务、车辆管理、自行车修理、初级卫生保健、家庭管道疏通、货物装卸、搬运搬家等临时性、突击性、辅助性的劳务服务以及为劳动密集型产业配套提供的加工、劳务合作项目，均认定为非正规就业劳动组织，并自领取杭州市非正规就业劳动组织许可证之日起3年内，给予税收上的优惠照顾，并免收地方行政事业性收费。至6月，安排就业弱势人员在社区公益性岗位上就业579名，创办非正规就业劳动组织8家。

2004年，上城区对持有杭州市就业援助证的人员进行用工补助，开发社区就业岗位，对就业困难人员实行兜底安置。是年，湖滨街道在杭州市率先成立“岗位银行”[①]，做好岗位的开发与储存，实行储蓄信息共享制、行长例会交流制和利息积分奖励制三项制度，并采用职业指导法、技能培训法、上门谈心法和就业跟踪法4种操作方式，对失业人员实施动态信息掌握。2005年，在上城区各街道劳动保障站相继成立岗位银行。全年开发公益性岗位1483个，补贴1767.7万元；对失业人员自

① 指辖区内企业有用工意向但不需要立即上岗的，暂存储在所辖街道，需要用工时再进行匹配。

主创业者给予培训、资金拨款、税费减免等多项扶持。小额贷款审核46人，发放金额132万元，发放一次性就业补助1565人，金额469.5万元。对吸纳失业人员较多的企业，给予优惠，审批减免税企业38家，审批用工补助583人。2006年7月，新一轮就业再就业优惠政策全面实施。上城区利用开发公益性岗位的优惠条件，在各社区开发保洁员、保绿员、居家养老员等岗位，并利用就业银行的岗位储备，安置就业困难人员。

2007年5月，区政府召开创建"充分就业社区"动员大会。清波街道推出"三保"（保安、保绿、保洁）、"三托"（托老、托幼、托病）、"三项服务"（家政、配送、保健）、"三大管理"（物业、车辆、公共）等岗位开发。全区有35个社区达到"充分就业"社区标准，实现创建活动第一年达标率30%的目标任务。2008年4月，浙江省副省长陈加元在省政府办公厅《专报信息》第258期上批示"上城区创建充分就业社区工作富有特色，富有成效，值得总结推广"。是年，上城区创建充分就业社区工作领导小组成立，全区51个社区加入到充分就业社区创建工作中，实现"发现一户、帮扶一户，帮扶一户、解决一户"的"零就业家庭"动态消除。同时，建立全区"零就业家庭"台账，建立动态管理报告制度，针对不同对象、不同情况实施就业帮扶。10月末，全区494户"零就业家庭"，有就业愿望的实现至少1名家庭成员就业。至年末，51个社区均达到充分就业社区标准。全年全区新增就业人数21985人，帮助失业人员实现再就业13975人，其中就业困难人员5961人。同时，开展"创建充分就业街道工作"，在湖滨街道试点后在各街道推广。

2009年，上城区开展创建充分就业城区（试点），建立促进就业的创新工作机制：加强岗位银行（开发）储备、公共职业推介、区级公益性岗位安置、进家入户送政策及岗位信息；给予困难家庭失业人员和居家就业人员社保补贴；鼓励（奖励）公民（组织）向岗位银行提供有效信息；鼓励（奖励）发展来料加工；整合全区资源实现大学生创业园、创业项目和创业指导常态化；探索和推广"促进就业社会复合主体"的工作模式，实现失业率低于全市水平。同时，促进就业专项资金从300万元提高至800万元，社区保洁、社区保绿、助老助残岗位和就业援助员岗位纳入区级公益性岗位，一次性增加100个区级公益性岗位，满足就业困难人员的需求。至年末，全区6个街道均达到充分就业标准。

2010年，上城区制定居家就业相应配套扶持措施，给予居家就业人员每人每月200元的社会保险补贴，为其提供小额担保贷款、技能培训等服务，并规定凡安置其他失业人员就业的居家就业人员或带动失业人员开展居家就业的企业，给予财政奖励。是年，区政府设立600万元促进创业专项资金，引导社会资本投资创业企业、项目，鼓励大

图31-2-2　2010年，上城区举办大学生创业工作政策宣讲会
（区人力资源和社会保障局 供稿）

学生、失业人员创业。同时围绕咨询、创业培训、专家评析、项目推介、创业孵化、融资服务、开业指导和后续服务等，为创业者提供“一站式”“一条龙”服务。至10月末，有215人参加创业培训，其中，就业困难人员100人次，合格率95%以上，创业成功率60%以上；实现新增劳动者创业200人，带动社会就业1000人。全年城区新增就业人数24078人。

2011年，区政府与各街道办事处负责人签订“2011年就业再就业工作目标考核责任书”，区本级促进就业专项资金不低于1800万元，促进全区“双创”上台阶。突出“一街道一品牌”特色创建工作，开展岗位推介、技能培训、创业培训等就业帮扶工作，帮助失业人员、就业困难人员、残疾人在家门口实现学技、创业、就业。2012年，上城区完善困难家庭失业人员社保补贴办法，持上城区困难家庭证的失业人员缴纳社保1年以上不足10年的，社保补贴在原有基础上提高5%~15%；持上城区困难家庭证的人员，社保补贴在原有基础上提高15%~25%。全区共有201人享受困难家庭社保补贴，金额30万元。

2013年，由于宏观经济增长趋缓、企业转型升级、大学毕业生数量创新高等影响，就业困难，上城区实施“政策保障、帮扶援助、创业带动、供需对接、培训促进”五大工程。上城区制定《关于社区公益性服务岗位服务人员患病期间有关问题的意见》，建立各就业年龄段就业保障全覆盖网络，全区落实促进就业专项资金2800余万元。同时，开展失业动态监测及跟踪，全区共审核发放就业援助证13173份，失业人员登记率100%，登记失业人员走访率100%。通过区、街道、社区三级公共就业服务平台，每个社区落实1名就业援助员，负责为失业人员“送政策、送岗位、送培训、送服务”。对困难家庭高校毕业生实行“一对一”帮扶，实现就业兜底安置。

2014年，上城区完善“居家就业社保补贴”制度，实现系统审核自动化、实时化。对灵活就业、自谋职业、公益性岗位、居家就业等就业弱势群体（或用人单位）发放补贴累计25120人次，补贴10350.74万元。同时，以创业促进就业，认定网上创业18家，自谋职业自主创业564人，带动就业1300余人。办理贷款申请74笔，发放贷款59笔金额达847万元。重点在大学生中开展创业活动，带动大学毕业生就业。依托5个创业基地和1个大学生创业园及当年新开在上城区的杭州市网尚创业园，建立创业服务指导中心，推动以创业促就业。

2015年，上城区签订灵活就业协议5631人，发放社保补贴1223.74万元；公益性岗位安置就业1548人次，发放补贴2829.92万元。

表31-2-2　2003—2015年上城区就业和再就业情况表

单位：人

年份	新增就业人数	失业人员再就业	其中就业困难人员	年份	新增就业人数	失业人员再就业	其中就业困难人员
2003	17363	15106	6822	2010	24078	12666	5270
2004	19682	17511	7928	2011	24364	13333	4478

续表 31-2-2

年份	新增就业人数	失业人员再就业	其中就业困难人员	年份	新增就业人数	失业人员再就业	其中就业困难人员
2005	19100	17000	7100	2012	27321	14589	4502
2006	19328	17194	8319	2013	24716	13321	3917
2007	20808	15681	7491	2014	30899	15751	3960
2008	21985	13975	5961	2015	32920	17296	3815
2009	24867	18221	8851	—	—	—	—

说明：资料来源于杭州市上城区人力资源和社会保障局

表 31-2-3　1993—1999 年上城区国有经济、集体和其他经济单位职工情况表

单位：人

年份	国有经济单位职工						集体和其他经济单位职工					
	合计	长期职工	合同工	在岗职工	年平均人数	在岗职工年平均人数	合计	单位个数	长期职工	在岗职工	年平均人数	在岗职工年平均人数
1993	10028	7712	706	—	10049	—	21372	1031	8723	—	21182	—
1994	10424	8972	763	—	10354	—	21005	1036	13671	—	20911	—
1995	11403	9465	4733	—	11178	—	18848	1008	13147	—	18760	—
1996	11778	9572	4659	—	11649	—	15454	961	12245	—	15534	—
1997	12726	10470	4976	—	12488	—	16778	1297	12998	—	—	18322
1998	11825	—	—	11593	—	11680	11603	—	—	10627	—	10691
1999	11175	—	—	10957	—	11059	9775	—	—	9004	—	9101

说明：1.1999 年后，集体经济改制。2. 资料来源于杭州市上城区人力资源和社会保障局

表 31-2-4　2000—2015 年上城区单位从业人员（不含私营）情况表

年份	单位数（家）	年末单位从业人员（人）	其中（人）							单位从业人员平均数（人）	年均在岗职工（人）
			国有控股	机关团体事业单位	女性	非全日制	在岗职工	劳务派遣人员	其他从业人员		
2000	—	23173	—	—	—	—	21985	—	—	—	22656
2001	—	19644	—	6588	—	—	18737	—	—	20379	19398
2002	—	21630	—	4669	—	—	19776	—	—	22812	21001
2003	—	23226	—	6828	—	—	22231	—	—	22937	21921
2004	—	20787	—	7617	—	—	19926	—	—	20881	20017
2006	1204	98540	45752	388	41907	—	88024	—	10516	94234	85279
2007	—	135649	77649	36575	54214	—	121791	—	13858	132223	118618
2008	1561	150013	83765	36181	61382	—	129551	—	—	146106	126363
2009	1734	165859	90268	36454	66170	—	145786	—	20073	160948	140555
2010	1790	171088	90534	41177	66901	—	145496	14443	25592	169089	143889
2011	1727	191953	111394	528	81495	—	140067	35632	16254	189112	138286
2012	1751	204035	103360	550	85986	5710	151648	37932	14455	203392	150335

续表 31-2-4

年份	单位数（家）	年末单位从业人员（人）	其中（人）							单位从业人员平均数（人）	年均在岗职工（人）
			国有控股	机关团体事业单位	女性	非全日制	在岗职工	劳务派遣人员	其他从业人员		
2013	1371	205906	90121	428	86202	1332	143127	39034	23745	208351	143093
2014	1202	201905	89614	403	82845	1892	142875	36624	22406	201707	141770
2015	1332	191092	82608	48286	79365	2065	142747	34087	14258	195014	142913

说明：1.2005年统计数据丢失。2.资料来源于杭州市上城区人力资源和社会保障局

表 31-2-5　1999—2015 年上城区劳动力就业结构及行业分布情况表

单位：人

年份	第二产业			第三产业													
	制造业	电力、热力、燃气及水生产和供应业	建筑业	批发和零售业	交通运输、仓储和邮政业	住宿和餐饮业	信息传输、软件和信息技术服务业	金融业	房地产业	租赁和商务服务业	科学研究、技术服务业	水利、环境和公共设施管理业	居民服务、修理和其他服务业	教育	卫生、社会保障和社会福利业	文化、体育和娱乐	公共管理和社会组织
1999	4889	—	565	1645	570	—	—	22	—	—	63	—	1272	—	553	138	—
2000	10045	—	615	1300	479	505	—	24	1053	—	158	—	2263	—	983	—	—
2001	9705	—	479	1822	69	—	—	23	820	—	122	—	1539	—	836	2889	—
2002	12217	—	919	1700	100	—	—	22	671	—	110	—	693	—	913	—	—
2003	12184	—	1771	958	116	634	—	17	671	258	43	153	242	2863	969	153	2194
2004	8467	—	1888	1046	34	581	—	348	794	464	66	149	216	2749	1033	107	2845
2006	14880	1589	10099	11204	2587	9385	261	—	5362	7077	4285	3504	1148	5473	14759	1089	5838
2007	14990	4103	8364	12810	19035	9602	906	9558	5897	10323	4164	3644	1243	5717	14985	1160	9148
2008	13152	4063	9186	20399	18942	12946	1203	13322	5477	10598	5055	3297	1558	5271	15214	1148	9165
2009	14658	4098	14157	22949	19931	13158	220	15327	5481	13018	5311	2479	2107	5794	16018	1331	9822
2010	10696	4061	10936	21466	21297	11969	555	16306	6506	10957	13609	3935	1782	6501	19548	1339	9625
2011	10490	4279	10600	41723	22327	11548	628	17886	6501	12231	9853	3808	1697	5441	21405	1523	10013
2012	7302	4174	17072	42696	22441	9981	670	15499	5823	18830	12877	3431	1718	5878	21223	2817	11603
2013	7498	4084	23110	40634	22730	9215	1943	16399	6188	19760	7600	2760	1295	6178	22738	2468	11306
2014	7400	3709	24603	38513	22419	8874	1763	16279	5391	17672	7264	2528	1348	5986	24764	2520	10872
2015	7013	3737	17586	33866	18810	8712	2632	14762	4813	22641	6914	2386	1155	6137	25168	2636	12124

说明：1.2005年统计数据丢失。2.本表数据不含私营企业组织。3.1999—2002年，餐饮业与批发零售业一起统计，体育放在卫生福利事业，教育与文化广电一起统计。4.2012年开始，卫生、社会保障和社会福利业更改成卫生和社会工作进行统计，公共管理和社会组织更改成公共管理和社会保障、社会组织进行统计。5.资料来源于杭州市上城区人力资源和社会保障局

第二节　再就业工程

1993年，杭州市被劳动部列为全国实施再就业工程试点城市。1994年，上城区在横

河街道实施再就业工程试点工作，随后在各街道逐步展开。1995年，成立上城区再就业工程领导小组。1998年，国有企业改革，下岗职工增多，上城区鼓励发展个体、私营经济安置下岗失业人员再就业，城镇集体、个私经济及三资企业成为安置就业的主要渠道。2001年起，企业新的下岗职工（减员）直接进劳动力市场竞争就业。同时，通过开发社区公益性岗位和发展非正规就业劳动组织，开展下岗职工再就业工作。2003年6月起，通过小额贷款支持下岗失业职工创业。至11月末，职工[①]下岗即能享受失业保险，再就业工程不再实行。

一、下岗工人安置

1994年，上城区在横河街道试点开展失业人员再就业工程。至年末，全区安置就业3636人。1995年，上城区发出实施再就业工程的通知，成立以区领导任组长的区再就业工程领导小组、区就业管理服务处和各街道就业管理所，实行企业安置、个人自谋职业和社会帮助结合，促进失业职工再就业。同时建立职业指导站，举办职业指导、咨询培训班，加强工作人员的培训。是年，共组织15场座谈会、报告会、辅导授课等活动，为失业人员进行职业指导。全年安置就业3815人。

1997年，上城区贯彻国务院、省、市“鼓励兼并、规范破产、下岗分流、减员增效、实施再就业工程”的精神，完善规范再就业工程的目标、安置渠道和政策措施，以创造新的就业门路作为主要安置渠道，开发新的生产经营项目等，全年区属企业下岗职工1100余人，安置失业人员5172人，其中下岗职工588人。

1998年，上城区加快国有企业改革步伐，实行关停并转，减员增效，企业职工下岗进入高峰期，就业转失业增加。上城区贯彻执行加快发展个体私营经济优惠政策，鼓励发展个体、私营经济安置下岗失业人员再就业。是年，上城区在区计经局、区贸易局、区外贸局、区建设局4个产生大量下岗职工的局分别建立再就业服务中心。905名下岗职工进入中心进行统一管理，基本生活费采取“三三制”的办法解决，即财政预算、企业负担、社会筹集各负担三分之一。社会筹集主要从失业保险基金中调剂。年末，区属企业下岗职工数734人，安置下岗职工823人，安置失业人员5618人。安置到国有单位就业人员逐渐减少，安置到城镇集体、个私经济及三资企业就业的人员增加。

1999年5月，上城区纺织化纤工业公司被市委、市政府表彰为“1998年度下岗职工基本生活保障和再就业工作达标单位”。区财政拨付下岗职工基本生活费128万元，另从市筹措社会资金96万元，用于下岗职工的基本生活保障。年末，全区下岗职工875人，多渠道安置分流

① 因国有（集体）企业改制、兼并后与企业解除劳动关系（俗称买断工龄）人员，其基本符合浙江省失业保险条例第四章第二十一条领取失业保险条件。

496人，有300余名下岗职工进入再就业服务中心。2001年起，新的下岗职工直接进入劳动力市场择业。

二、市场竞争就业

2000年6月，上城区开展“一三一”①服务工作。2001年起，企业新的下岗职工（减员）不再进入再就业服务中心，直接进入劳动力市场竞争就业；下岗职工3年托管期满，已实现就业或仍未再就业且不符合“协缴”②条件的，应依法解除劳动合同和协议，出再就业服务中心享受失业保险待遇。10月，调整托管规定，凡托管期内的下岗职工自愿解除劳动合同变更书和协议的享受缩短托管期间基本生活费给予一次性补助的政策，连续工龄在16年以上（含16年）的全额发给，连续工龄在16年以下的减半发给，鼓励下岗职工快出中心。同时，通过开发社区公益性岗位和发展非正规就业劳动组织③，在专业市场开设下岗职工创业园、经营分场，开展网上推荐、地区单位落实、系统内部调剂、企业发展生产、鼓励自谋职业等多种方式帮下岗的职工再就业。2002年，对下岗失业人员中的就业弱势人员发放就业援助证，凭证享受再就业援助政策。是年末，全区进入4个再就业中心的下岗职工29人。

2003年，上城区贯彻“就业优先”的方针，全面推进“14599”④再就业工程。扩大就业援助证发放的对象范围，为17922名下岗失业人员发放就业援助证，其中14338人实现再就业。4月起，对各街道社区公益性保洁岗位增加每人每月200元的岗位补贴。5月，区级机关、事业单位按规定腾出勤杂岗位，招收下岗失业人员，共安排就业困难人员64人。6月，推出全市首批下岗失业人员自谋职业、自主创业小额贷款，建立鼓励下岗失业人员创业的小额贷款担保基金700万元，全年为60名自主创业的下岗失业人员发放167.7万元的小额贷款。举办“4050”下岗失业人员用工专场招聘会，参加招聘单位70余家，推出岗位近千个，接待总人数3000余人，求职登记620人，现场为25人办理招工录用手续。是年，财政增加对再就业资金的投入，共计300万元。清波街道劳动路社区在全市首个推出下岗失业人员手工创业园。至11月末，23名下岗职工全部退出再就业服务中心，区计经局、区贸易局、区外贸局、区建设局4个再就业服务中心撤销，下岗职工与失业保险接轨。

① 即提供一次职业指导，三次就业信息和一次免费培训。

② “协缴”指对部分符合规定条件下的下岗职工，由企业和下岗职工双方协商一致并各承担一部分费用，在与下岗职工解除劳动合同时可以一次性缴纳基本养老保险费和医疗保险费至职工达到法定退休年龄的办法。

③ 由街道劳动保障管理站统一管理。为从事公益性劳动岗位的人员缴纳基本养老保险费和大病住院基本医疗费，并实行岗位补贴。

④ “14599”再就业工程：培训10000名下岗失业人员，提高素质，增强参与市场竞争上岗的能力；帮助4500名就业困难人员实现就业；新增九条就业渠道（门路）—即新办便民超市9家，新办家政服务站9家；新办早点集市9家，新办来料（来样）加工基地9家，新办创业性非正规劳动组织9家，新办劳服企业9家，新办社区服务沙龙（服装加工、理发、修理、百杂货供应等）9家，动员地区单位吸纳下岗失业人员就业，发展公用事业（物业、交通协管、泊位管理、报刊发行、物流配送等）扩大招用失业人员就业；采取9项措施促进就业，即分解任务实行“担子大家挑”，落实责任单位，建立目标责任考核；职业介绍网络延伸到社区，就近便捷提供服务；机关事业单位勤杂岗位未按规定安排70%以上下岗失业人员，财政停止拨付人员经费，并另在财政拨付的单位事业经费中同比扣除；社区公益性保洁岗位适当提高待遇，以稳定从事保洁岗位的下岗失业人员；财政增加对再就业促进资金的投入；切实抓好优惠政策的落实，（如从事个体自主创业享受经济补助和税收减负以及小额贷款支持，企事业单位享受社会保险补贴），工商、税务、劳动、财政等部门合编享受优惠政策的办事指南；加强对下岗失业人员的培训（对新增劳动力开展准入培训，对中青年开展岗位技能培训，对“4050”人员开展适应性培训、对有经营意愿的人员开展创业性培训）；对不挑不拣的特困就业人员提供再就业援助，并作出72小时上岗的承诺；机关各部门必须配合和参与挂钩社区做好再就业工作，建立责任共担机制。

表 31-2-6　1995—2002 年上城区企业下岗职工基本生活保障和再就业工作情况表

单位：人

年份	上期末结转下岗人数	本期新增下岗职工人数	本期减少下岗职工人数	其中		发放基本生活费和代缴保险费情况				
				实现再就业人数	解除终止劳动合同人数	期末实有下岗职工人数	期末下岗职工进中心数	签订协议人数	足额发放人数	足额代缴保险费人数
1995	—	—	—	—	—	1187	—	—	—	—
1996	—	—	—	—	—	1437	—	—	—	—
1997	—	—	—	—	—	1370	—	—	—	—
1998	905	—	106	106	—	799	799	—	—	—
1999	734	280	155	—	—	519	519	519	519	—
2000	519	286	138	—	—	667	667	667	667	667
2001	181	—	56	—	56	125	125	125	125	125
2002	23	—	—	—	—	23	23	23	23	23

说明：资料来源于杭州市上城区人力资源和社会保障局

第三节　就业服务

1993 年，上城区建立包括职业介绍、就业训练、劳动就业服务企业和失业保险劳动服务的就业服务体系。[①] 建立就业管理所、劳动保障站，扩大就业门路，举办劳动力交流会，开展就业技能培训等，提高劳动者素质，畅通就业信息网络。2001 年起，区劳动局开始面向各类劳动者开展职业推介。2003 年，上城区实施“政府促进就业，市场调节就业，劳动者自主择业”的就业方针，为劳动者自主择业提供便捷服务。实行产权制度改革和用工制度改革，利用劳服企业的优惠政策，在劳服企业中安置下岗失业人员。2005 年，全区建立街道、社区劳动保障站、室，开展就业服务。2015 年，上城区发挥杭州就业网作用，利用区、街道、社区三级就业指导、职业介绍平台，引导企业事业单位及时在网上发布用工信息，形成线上线下就业服务互补运转模式。

① 失业保险见本篇第八章社会保障第三节失业保险。

一、职业介绍

1992 年 10 月，上城区劳动力介绍所改称为区职业介绍所，扩大服务内容，设立固定场所，举办劳务交流周，实行常年服务。1993 年，区职业介绍和劳动力开发机构，先后举办劳务夜市和劳动力交流会。区职业介绍所接待求职人员 11682 人，有 236 家企业登记用工 1768 人，成功介绍 1487 人，为 276 名要求从事第二职业的人找到工作。

1994年，上城区贯彻《杭州市职业介绍机构管理办法》，根据企业用工制度要求，除为城镇失业人员介绍职业外，也为进城农村劳动力提供岗位推介服务。是年，7个街道建立就业管理所，促进就业服务工作的运转。同时，为加强残疾人就业工作，建立上城区残疾人就业管理服务站。上城区职业介绍中心开设5个分部，举办5次劳动力交流会，累计进场设摊招工的企事业单位299家，择业报名3200余人。区就业管理服务处与杭州电视台联合推出《人才好望角》栏目，为20余人解决就业问题。是年，上城区劳务市场加入“全国劳动力跨地区流动信息网”，建立外地劳务基地6个，先后5次从浙江衢州等地组织集体输送外地民工近100人到杭州市就业，缓解企业“招工难”问题。1995年，上城区增设5个职业介绍分所，并从培训工作人员、公开工作规则、设立监督电话方面抓好职业介绍分所的管理和建设。当年劳务市场接待用工单位2969家，申请用工5837人，个人登记12806人，成交11202人。同时，探索农村劳动力有序流动新路，尝试开拓对外劳务输出。

2000年，上城区建立规范化、科学化、现代化的职业介绍服务中心，实行用工信息滚动显示，月提供岗位2500余个，对求职人员实行开放式的适时服务。同时，加强劳动力市场宣传，在清泰街水漾桥和章家桥之间设置10个电力灯箱广告。全年进场招工的单位210家，求职查询5730人次，介绍成功329人。2001年，杭州市制定新的劳动用工政策，废止限制外来农村劳动力就业的规定和杭州市外来人员使用证。区劳动局开始面向各类劳动者开展职业推介，区就业管理服务处具体负责实施。2003年，上城区贯彻实施“政府促进就业，市场调节就业，劳动者自主择业”的就业方针，开放式的劳动力市场为劳动者自主择业提供便捷的服务。不定期地通过用工信息网络公布工资指导价位，规范企业工资支付行为，保护劳动者合法权益。全年网上发布用工信息14563条，为5500人提供职业指导和服务；举办劳动力交流大会3场，250余家企业参与，提供就业岗位3300个，1750名就业困难人员与用工单位达成从业意向。是年，区职业介绍服务中心被评为“省示范公共职业介绍机构”。

2004年，街道社区劳动保障站、室开始承担职业介绍职能。当年网上提供就业岗位13683个，接待用工单位登记865家，办理求职登记2623人，推荐5206人次，录用2185人，成功率41.9%；举办交流会1期，提供岗位1238个，达成录用意向267人。2006年，各街道保障站均与辖区内各类企业主动联系，了解用工需求，并在职介网上公布。是年，针对“4050”等就业困难人员，采取先摸底，再推介的形式，结合市政府给予相关公益性岗位的优惠政策的实际，在全区各街道开发社区保绿、保洁、居家养老员等岗位，全部用于安置“4050”就业困难人员。2008年，共举办人力资源交流大会3次，其中“2008年春季人力资源交流暨创业项目展示会”是全区规模的人力资源及创业项目展示会。会上有107家单位入场参加招聘，提供技术、年龄要求较低的内勤、收银员、营业员、服务员、保安、维修电工、业务员、文秘等400余个工种、2140个岗位，吸引4000余人参加，当场有2049人填写求职登记表，其中，627人与用人单位达成意向。会上还展示20个投资少、具有一定市场前景的创业项目，尤其是福寿龙凤馄饨、中原一大碗加盟店、小蝌蚪毛绒玩具坊等创业指导项目，当场有102人达成意向。同时，区职业介绍中心发挥公共职业介绍的作用，将人力资源交流会开到街道、社区，通过多种渠道挖掘岗位，全年共接待个人求职登记875人次，推荐361人次，录用人数139人，接待单位用工登记523家，提供岗位3216个。

2010年，为应对企业用工难，劳动者流动性大，同时社会上存在有相应文化且有一技之长的劳动者，无法找到合适工作岗位的现状，全区6个街道建立有142家企业参加的劳资干部联谊会，建立成员企业劳资干部QQ群。联谊会定期组织成员单位了解交流用工需求、岗位空置、人才需求等信息。是年，有23家成员单位，根据自身用工缺口，向街道劳动保障站提供18个工种80余个岗位的用工信息，惠及45名失业人员，其中35人与用人单位达成意向，16人正式录用。2011年，上城区建设“城乡统筹——萧山区、上城区、富阳市”合作平台，开展三方人力资源推介。在富阳召开的首届人力资源推介会上，进场设摊招聘的单位有202家，提供就业岗位6273个，进场求职者4700余名，报名1872人，达成就业意向818人；创业项目展示34个，洽谈人数781人，达成创业项目意向189人。同时，上城区与富阳市、萧山区签署人力资源交流合作协议书、职业培训合作协议书。2012年，上城区联合五县市八城区开展网络招聘，实现用工信息网络公开，利用“上城人才网”传播人才信息，免费为企事业单位、个人发布招聘（求职）信息500余条。

2013年，上城区利用区、街道、社区三级就业指导、职业介绍平台，举办区级招聘会4场、街道25场，提供岗位数1862个，就业意向1371人。同时，发挥人力资源信息网功能，及时在网上发布用工信息，先后推出2531个岗位共计25048个用工信息。2015年，先后举办跨区城乡统筹（上城区、萧山区、富阳区）人力资源交流会、上城区春季人力资源暨创业项目展示交流会、杭州市残疾高校毕业生招聘会等7场大中型招聘会，提供就业岗位数1647个，达成就业意向2663人。同时，发挥杭州就业网作用，依托街道、社区就业信息网络，引导企业事业单位上网发布用工信息，发布岗位3176个，需求人数22661人，形成线上线下就业服务互补运转模式。

图31-2-3 2013年2月23日，上城区、萧山区、富阳市共同举办城乡统筹第一协作小组春季招聘会

（区人力资源和社会保障局 供稿）

二、就业培训

1993年，区职业介绍和劳动力开发机构按照规范职前思想教育的要求，培训应届高中毕业生，有6所中学、16个班共104名学生参加，参培率、考试合格率均为100%。是年，围绕劳动力市场的需求，着眼于提高劳动者职业竞争力，全区劳服系统4所业余技校

在进行就业前和转职业技术培训中，面向市场，探索教学课程设置，收到促进输送安置的效果。全年劳动部门自培结业494人，全系统4所业余技校共开办64个班，培训结业1626人。1994年，区劳动局扶持杭州市清波中学承办成人教育，开办中级和高级班，47名学员经考试全部合格结业。当年区劳动部门业余职业技术培训自培结业476人。

1995年，为帮助失业职工再就业和适应社会需要，职业技术培训重视实用性，上城区调整课程设置和师资配备，开办厨师等级培训，开始从基础训练逐步转向职业技术等级培训。全年开办11个班，培训结业420人。1998年，组织下岗职工进行职业技能培训，全年下岗职工转业转岗培训473人、职业指导1255人，失业人员转业转岗培训2909人，职业指导数4527人。1998—2002年，举办失业人员适应性培训200余期，2.56万余人参加培训，举办创业培训班3期，其中有10人开办非正规劳动组织。2003年，为8025名下岗失业人员提供再就业培训，其中，技能培训3010人。2004年，为9608名失业人员提供再就业培训。

2005年，上城区加强职业培训的力度，除开展计算机、中式烹饪、家政等有市场前景的培训项目外，还举办“创办你的企业”（SYB）创业培训班，邀请专家、教师培训有创业需求的失业人员。在培训班上，所有学员都根据专家的设计，按实际经营情景，对创办商业企业、制造业企业应懂得的技能、该考虑的成本核算和如何经营等内容进行实景操作和学习。同时，根据杭州市统一部署，开展外来劳动力转移培训。

2006年2月，上城区首次在退伍士兵中开展自谋职业培训，当年共有90名退伍士兵参加培训。9月，在南星街道试行面向外来务工人员的电脑操作、电脑维修、美容美发、缝纫等免费技能培训。同时，将“创办你的企业”（SYB）培训向大中专毕业生倾斜，培养一批有创业思路、创业能力的“小老板”。是年，共办市场营销、小型超市经营等培训班4期，参加培训70余人。2007年，为鼓励普通高校毕业生就业，上城区面向在杭普通高校就读且家境困难的应届毕业生，定点发放教育培训消费券。至年末，发放教育培训消费券15409张，共154.09万元，其中，辖区内就读在杭普通高校的101位困难家庭大学生（持杭州市困难家庭救助证的低保、困难家庭子女）全部领到每人2000元的教育培训消费券。有450人参加面向持教育培训消费券人员培训班。

图31-2-4　上城区技能大赛美容比赛现场（2011年）
（区人力资源和社会保障局 供稿）

2011年，上城区与富阳市签订职业培训合作协议书，就技能培训、技能竞赛、师资共享、项目开发等开展合作，并共同开展养老护理专业技能培训。是年，组织武警上城中队40余名官兵参加“创办你的企业”（SYB）创业培训。

2013年，上城区以提升职业技能，增强劳动者就业竞争力作为促进就业的基础工程，制定《上城区“高级蓝领455”培养工程实施意见》，通过在岗培训、岗位练兵等形式提升劳动者职业技能。9月，区人力资源和社会保障局与区总工会等部门开展以现代服务业技能大赛为典型的技能比武，组织上城区第八届现代服务业（中药剂）技能大赛、“湖滨杯”职工（收银、营业）技能大赛等活动。2015年，组织近100家辖区企业的人力资源工作人员参加企业培训师培训，同时通过技能大赛、岗位练兵等形式，提高在职职工参加技能提升的热情和氛围。

表31-2-7　2006—2015年上城区就业培训情况表

单位：人

年份	再就业培训	其中		
		创业培训	技能培训	适应性培训
2006	7739	—	—	—
2007	7604	200	4661	2743
2008	5973	100	3128	2745
2009	6538	100	3182	2456
2010	4447	102	1721	2624
2011	352	108	1756	1678
2012	2750	108	1310	1332
2013	2228	105	841	1282
2014	1209	138	616	455
2015	1171	442	729	—

说明：1.2006年之前无相关统计数据。2.资料来源于杭州市上城区人力资源和社会保障局

三、劳动服务企业

1993年，杭州市上城区劳动服务公司发动企事业单位创办劳动服务企业，扩大就业门路，举办各种集体生产、生活服务实体，安置待业青年和富余职工。是年，之江信用社开设分社，长钢五金交电化工商店及宏达化工仪器商店改建为公司，扩大经营范围。全区系统经营和劳务收入达29902万元；实现利润1239.92万元，其中，区直属企业经营及劳务收入为8095万元，实现利润118.02万元。

1994年，杭州市上城区劳服实业总公司按照“深化改革、自找压力、抓大放小、提高效益”工作思路，实施企业转制、开发高科技产品、加强管理工作等措施抓好重点企业，对商业企业指导采取尽可能灵活的经营方针以适应市场的变化，盈则进，亏则转，尽量减少亏损。是年，区劳动直属企业产值、营业额及劳务收入11020.63万元，全年创利润235.52万元。

1995年，由于企业转制、产业结构调整、外贸出口返税率调整等原因，有较多的工厂未能完成产值、利润任务。是年，劳服工业企业首次出现较为严重的亏损。上城区针对各企业不同情况，分别采取停业整顿、奖励扭亏、帮助纾解流动资金困难等措施，促

使企业逐步走出困境。

1998—2002年，依据市劳动局统一部署及体制和经营机制转换的要求，按照撤并关停的原则，上城区对直属劳服企业进行改制，企业个数由55家调整到30家。同时，对企业职工进行劳动用工制度改革，正式职工经过“协缴”、解除劳动合同、办理退休等多种途径，基本完成分流。尚留企业的少数职工与转制后企业建立新型的劳动关系。为促进劳服企业的发展，上城区健全鼓励企业发展的奖励措施，对一部分有规模的企业，重点给予扶植和支持；清偿原劳服企业债务，压缩贷款规模；对企业经营、生产需要的资金，负责向上城区中小企业担保中心做好贷款申请的推荐工作；对原拖欠劳服总公司债务的有关单位，采取法律手段进行追讨，把损失减少到最低程度。同时开展招商引资工作，2001—2002年，共引进内资1400余万元，外资24万元。2002年，区直属劳服经济营销总收入19.94亿元，实现利润322万元，外贸出口1.12亿元，上缴税收1510万元。

2003年，按照产权制度改革和用工制度改革的要求，上城区企业全部完成改制和职工分流。同时，利用劳服企业的优惠政策，在劳服企业中安置下岗失业人员，共安置下岗失业人员289人。全年劳服企业业务总收入66133万元人民币，其中，工业销售收入6334万元人民币，外贸出口3025万元人民币，实现利润181万元人民币，上缴税金444万元人民币，引进内资4410万元人民币，合同利用外资20万美元。2004年，上城区劳服企业总收入52429.2万元，其中，工业产值完成6412.6万元，利润69.5万元，其中，工业利润57.8万元，上缴税收57.1万元。外贸出口3418万元人民币，引进外资企业1家，协议引进外资30万美元；引进内资企业10家，实际到位资金2010万元人民币。此后，随着政府职能转变，政府办企业的职能逐步退出历史舞台，劳服经济也从劳动保障工作中退出。

第三章　机关事业单位管理

改革开放后，党政机关和国有企事业单位中从事管理岗位、专业技术岗位的人员称为干部。1993年，国家开始实施公务员制度。1996年5月，市政府制定《杭州市国家公务员制度实施方案》《杭州市国家公务员制度实施范围及审批程序的规定》，各级行政机关开始推行国家公务员制度。1997年，上城区国家行政机关工作人员向公务员过渡，开始实行国家公务员制度，并通过统一考试招录公务员。1998年开始，上城区对部分单位实行参照公务员管理办法管理。同时，每年对公务员开展计算机基础知识、外语、普通话等培训。2002年，公务员培训工作趋于正常。

2004年开始，公务员招考实行省、市、区县、乡镇四级机关联考，每年定期组织一次。2008年开始，上城区每2年在全区范围内开展评选区“十佳公务员”的活动。至2013年，评选区“十佳公务员”3次。2009年1月起，上城区处级及以下公务员依托“干部学习新干线”实行学分制管理，与年终考核奖惩和“满意单位”挂钩。2012—2015年，上城区有5名优秀公务员获“杭州市十佳公务员”称号。至2015年末，全区有公务员人数1952人，参照公务员制度管理350人，事业单位签订聘用合同6379人次。

第一节　公务员（干部）队伍

1997年，上城区开始推行国家公务员制度，采用统一招考的形式招录公务员。是年，上城区对国家行政机关现有工作人员向国家公务员过渡。至1998年末，全区行政机关在编在职工作人员，经审核过渡为国家公务员1165人，暂缓过渡17人。

1998年12月，根据省、市人事部门的统一部署，区人事局组织全区224名于1996年9月30日前在机关干部岗位上工作的工人身份（混岗编制）的人员，参加“以工代干”人员录用考试，有186人通过考试，162人直接转为公务员。因编制员额限制，24人明确干部身份（不列公务员编制）。

1997—2015年，上城区公开招考录用公务员296人。至2015年末，全区公务员人数1952人，参照公务员制度管理350人。

第二节　录用聘用

1993年，上城区干部的来源主要是军队转业干部和大中专院校毕业生及从国有企事业单位、非国有企事业单位选调的优秀工人。党政机关干部主要从工业、商业系统选拔一批经过历史政治运动考验、出生成分好、表现突出的基层党政领导和工会干部，充实到政府机关各工作部门，担任领导职务或骨干力量。随着经济社会的发展，又从工农积极分子、复员退役军人、优秀青年知识分子中选拔录用干部。1997年，上城区公务员录用采取考核与考试的办法实行公开报名，统一考试，择优录取。1998年开始，上城区对部分单位实行参照公务员管理办法管理。2004年开始，公务员招考实行省、市、区县、乡镇四级机关联考。至2015年末，上城区政府各部门、各街道办事处共招录公务员296名，事业单位工作人员签订聘用合用6379人次。

一、公务员录用

1996年6月，浙江省人事厅发布《浙江省国家公务员录用实施办法（试行）》，对各级行政机关凡吸收录用主任科员以下的公务员开始实行公开考试录用制度，改变以往直接调配补充的做法。1997年，上城区开始推行国家公务员制度，贯彻公开、平等、竞争、择优的原则，按照德才兼备的标准，采取考试与考核相结合的办法，实行公开报名，统一考试，择优录取。招考程序为发布公告、公开报名、资格审核、笔试面试、公布分数、体检、全面考核、确定人选、审批录用、公布结果等。2004年开始，公务员招考实行省、市、区县、乡镇四级机关联考，每年定期组织一次。至2015年末，上城区政府各部门、各街道办事处共招录公务员296名[①]。

① 不含区委组织部管理的党群序列、人大、政协、法院、检察院。

表31-3-8　1997—2015年上城区公开招录公务员情况表

单位：人

年份	录用	录用去向	年份	录用	录用去向
1997	4	区政府各部门	2007	22	区政府各部门、各街道
1998	17	区政府机关各部门	2008	26	区政府各部门、各街道
2000	8	区政府机关各部门	2009	18	区政府各部门、各街道
2001	6	区政府机关各部门	2010	24	区政府各部门、各街道
2002	7	区政府机关各部门	2011	25	区政府部门、各街道
2003	6	区政府机关各部门	2012	22	区政府部门
2004	3	区政府机关	2013	18	区政府部门
2005	15	区政府部门	2014	6	区政府部门
2006	25	区政府各部门、各街道	2015	24	区政府部门
合计	296				

说明：1.1999年数据丢失。2.资料来源于杭州市上城区人力资源和社会保障局

二、参照公务员管理

1998年开始，上城区对受政府委托或授权具有行政执法职能的单位及其工作人员，参照公务员管理办法进行管理。参公管理人员中通过中央、省级公务员（参公）考试正常考录的工作人员，属于事业编制，但在录用、晋升、考核、离退休等方面按照公务员法进行管理。2007年，上城区对区委党校、区党员电化教育服务中心、区文化市场行政执法大队等原参照、依照公务员制度管理的事业单位重新上报审批。2008年，对区行政执法大队和区劳动监察大队2家拟参照公务员管理单位进行审核申报。2011年，根据省、市部署，集中上报10家单位的参公材料。至2015年末，上城区参照公务员管理事业单位有21家、共350人。

表31-3-9　2015年上城区参照公务员管理情况表

单位：人

序号	参照公务员管理单位	人数
1	杭州市上城区人才交流服务中心	3
2	杭州市上城区事业单位登记管理局	3
3	杭州市上城区社会劳动保险办公室	8
4	杭州市上城区医疗保险办公室	6
5	杭州市上城区劳动监察大队	6
6	杭州市上城区劳动争议仲裁院	1
7	杭州市上城区人才服务中心（办公室）	3
8	杭州市上城区就业管理服务处	21
9	杭州市上城区文化市场执法大队	6
10	杭州市上城区旅游执法大队	3
11	杭州市上城区城市管理执法大队	218
12	杭州市上城区安全监察大队	8
13	杭州市上城区卫生监督所	31
14	杭州市上城区普查中心	8
15	杭州市上城区企业调查队	3
16	杭州市上城区档案馆（局）	6
17	杭州市上城区党员教育电化中心	1
18	杭州市国土资源上城分局执法监察大队	5
19	杭州市上城区机关事业单位会计结算中心	4
20	杭州市上城区红十字会	4
21	杭州市上城区精神文明建设中心	2
合计	—	350

说明：1.另有6人因年龄和学历上的原因，经本人自愿并报上级批准，未参加参照公务员管理考试，直接办理退休手续。2.资料来源于杭州市上城区人力资源和社会保障局

三、公务员登记

2006年4月，《公务员登记实施办法》颁布实施，规定对除工勤人员以外的在职在编的国家公务员进行登记。2007年初，上城区开展公务员登记，对全区29家单位、1095名公务员重新认定登记。是年起，公务员的登记作为一项日常性工作，在每年年末对新录用公务员进行常规性登记，确保所有符合条件的人登记。

四、事业单位人员录用（聘用）

1993—1997年，事业单位工作人员录用主要是通过调配补充的方式进行。至1997年，全区事业单位共有5125人。1998年开始，全区事业单位工作人员实行全员聘用合同制。7月，为控制人员过快膨胀、盲目进人、人情进人的情况，区人事局制定《上城区事业单位新增人员学历、职称、年龄条件的规定》，规定事业单位新进人员需符合具有高中以上学历，无专业技术职称的男35岁以下、女25岁以下；具备高中学历，并具有初级专业技术职称的男35岁以下、女30岁以下；具有大专学历，并具有初级专业技术职务的男40岁以下、女35岁以下等相关内容6条。

2006年，事业单位工作人员的录用坚持宏观管理与落实单位用人自主权相结合，贯彻"公开、公平、平等、竞争、择优"的原则，按照德才兼备的标准，采用考试与考核相结合的办法，实行公开报名，统一考试，择优录用。招考程序为发布公告、公开报名、资格审查、笔试面试、公布考分、健康体检、政审考核、确定人选、审批录用、公布结果等。2006—2015年，全区实行事业单位公开招聘工作人员共1287人（不含教育、卫生系统）。至2015年末，上城区事业单位工作人员签订聘用合用6379人次。

第三节　培训

为提高公务人员素质，造就一支让人民满意的公务员队伍，上城区对公务员和事业单位人员开展培训。1994—1997年，共组织614名行政机关人员参加岗位培训。1998年开始，每年对公务员开展计算机基础知识、外语、普通话、公务员知识等培训。2008—2015年，全区公务员依托"干部学习新干线"开展培训，实行学分制管理，并将培训结果与个人晋升和年终考核挂钩。事业单位人员主要开展上岗培训、岗位技能培训、专业技术资格培训和计算机应用能力培训等内容。

一、公务员培训

上城区公务员培训结合国家公务员制度实施开展。1994年，根据省、市的总体要求，为培养造就一支高素质让人民满意的公务员队伍，至1997年公务员过渡基本完成期间，上城区共组织614名行政机关工作人员参加岗位培训，为公务员制度的实施创造必备条件。1998年开始，国家机关工作人员培训转为公务员培训，以计算机基础知识能力操作作为岗位培训的主要内容。至2002年，公务员培训工作走上正常化轨道。1998—2002年，共组织培训63期，参训6677人。其中，计算机应用能力培训46期、1345人，公务员更新知识培训9期、3321人，英语标注培训3期、958人，普通话等级培训5期、1053人。

2004年，上城区组织全区国家公务员（机关工作人员）参加《中华人民共和国行政许可法》的培训和考试；组织电子政务培训班4期，200人参加培训并取得合格证书；组织2000年以后新录用的107名公务员参加“公共管理基础知识”培训考试；组织1966年后出生的公务员外语等级培训考试12期，348人参加。

2005年，上城区开展公务员“电子政务”培训3期，现代公共管理基础教程中的“公共管理学”“公共经济学”“公共政策分析”的学习考试3期；区人事局会同区直属机关党工委、区委党校，举办“公文写作”“商务礼仪”“英语水平”能力提高班培训。联合区教育局在全市首次开展公务员普通话培训与测试。全年总受训人数3500余人次。

2006年，区人事局组织全体公务员学习《中华人民共和国公务员法》并进行考试，参加培训、考试共有1113人，通过考试1057人，合格率95%。

2008年，上城区制定《杭州市上城区公务员培训学分制管理办法（试行）》，从2009年1月起，全区公务员依托“干部学习新干线”实行学分制管理，在职公务员每年须完成72个学分的学习，与年终考核奖惩和“满意单位”挂钩。

2012年，上城区加大公务员培训考核力度，规定每名在职公务员每年参加培训、考试及考试成绩与年终目标管理考核挂钩，未完成规定的学分或考试成绩不合格者，公务员年度考核不得定为称职（合格）等次。至2015年末，全区公务员“干部学习新干线”学习任务每年完成率均为100%。

图31-3-5　2013年9月12日，上城区开办公务英语强化培训班（区委直属机关工作委员会 供稿）

二、事业单位人员培训

事业单位人员培训主要是上岗培训、岗位技能培训、专业技术资格培训和计算机应用能力培训。

1993—2015年，上城区依托杭州广播电视大学、杭州科技大学、杭州湖边业余技术学校等院校，组织事业单位的会计从业人员、统计人员参加上岗培训和会计年检培训27178人次。1998—2015年，组织参加计算机应用能力、消防、园林、城建城管、旅游文化、健康保健等岗位技能培训23413人次。

第四节　考核奖惩

1993年，国务院公布《国家公务员暂行条例》，对公务员奖惩做出规定。2002年开始，上城区实行优秀公务员（机关工作人员）健康休养制度。2004年，上城区对工作表现和民主测评（议）排名确定的末位公务员，实行末位告诫办法。2008年开始，上城区每两年在全区范围内开展评选区“十佳公务员”活动。1994—2015年，全区行政机关工作人员（公务员）参加年度考核获优秀等次21577人次，事业单位工作人员获优秀等次12571人次。1996—2015年，全区有74名公务员（机关工作人员）受行政处分。

一、考核

1994年，上城区开始对全区各级党政机关、事业单位工作人员进行考核。考核内容包括德、能、勤、绩4个方面，重点考核实绩。考核结果分为优秀、称职、不称职3个等次（2000年增设基本称职等次）。考核分为平时考核与定期考核。年度考核与年终工作总结、单位目标管理责任制、评比先进等工作相结合进行，实行领导与群众相结合，平时与定期相结合，定性与定量相结合，考核程序为个人总结、述职报告、民主评议、确定考核等次、反馈结果等。公务员在年度考核中，被确定优秀、称职等次的，具有晋职、晋级、晋升工资的资格，并发给一定数额的奖金；基本称职等次的，可视同称职等次晋升级别和工资，但不发或减发考核奖金，一年内不得晋升职务；不称职等次的，按有关规定降职、工资级别作相应调整；连续2年确定不称职，按规定予以辞退；对连续三年经考核确定为优秀等次的，可记三等功一次。2004年，为切实加强机关效能建设，区人事局与区委组织部同步印发《杭州市上城区区级机关国家公务员（机关工作人员）末位告诫试行办法》，在国家公务员（机关工作人员）平时考核的基础上，对年度考核中按德、能、勤、绩标准衡量，根据实际工作表现和民主测评（议）排名确定的末位人员，进行教育警示。对末位告诫人员，实行3～6个月的告诫期，且本年度考核直接确定为基本称职等次；连续2年被末位告诫的，第二年年度考核直接确定为不称职等次。告诫期内不发目标考核奖金和月度考核奖金。并明确对11种情况①的人员进行末位告诫。2007年，考核内容从德、能、勤、绩四方面扩展为德、能、勤、绩、廉5个方面。

1994—2015年，上城区行政机关工作人员（公务员）有43979人次

① 违反社会公德，造成一定影响；因直接责任事故造成国家财物或他人财物一定损失或造成社会不良影响；因工作责任心不强出现差错，造成不良后果；旷工或无正当理由逾期不归连续3天或一年内累计超过10天；无正当理由工作经常迟到早退；因效能问题或其他有关问题被投诉，或被新闻媒体曝光，且情况属实，造成一定影响或后果；上班时间擅离岗位，搬弄是非，影响团结，影响工作；业务素质不高，工作适应性较差，或虽能基本完成工作任务，但工作主动性不够，某些方面存在明显不足；年度考核民主测评排名末位，被批评教育以及有其他行为应给予告诫的。

参加年度考核。其中，优秀等次21577人次，称职等次21950人次，基本称职等次6人次，不称职等次52人次，未确定等次394人次。

1994—2015年，上城区事业单位工作人员有92817人次参加年度考核。其中，优秀等次12571人次，合格等次80033人次，基本合格85人次，不合格等次117人次，告诫11人。

二、奖惩

奖励　公务员行政奖励的种类分为嘉奖、记三等功、二等功、一等功、授予荣誉称号5种。1993—2015年，有279人次获国家、省、市、区行政奖励。被授予城市美容师、青年教坛新秀、园丁、春蚕、绿叶、见义勇为等嘉奖及称号109人次，省部级以上先进工作者及劳动模范称号27人次，市、区先进工作者及劳动模范132人次，省、市优秀共产党员、优秀党务工作者11人。2002年开始，上城区实行优秀公务员（机关工作人员）健康休养制度，由财政安排专项经费，每年组织优秀公务员外出休养。2003年起，市直单位每年开展评选表彰“十佳公务员（工作者）”活动。2008年开始，上城区每2年在全区范围内开展评选区“十佳公务员”的活动。2012年，杭州市“十佳公务员”的评选范围首次扩大到区、县（市）级。至2013年，区十佳公务员活动成功评选3次，共有30名工作突出、成绩显著的公务员获该荣誉称号。[①] 2012—2015年，上城区有5名优秀公务员获“杭州市十佳公务员”称号。至2015年末，累计有400余名公务员享受健康休养制度。

①2014年区纪委印发《关于进一步加强我区评比达标表彰活动监督管理的通知》，明确区级不设立评比达标表彰项目，除省、市明确规定要求该区配套开展的项目外，其他项目未经省委、省政府审批同意，一律不得开展。故2014年后不再评选。

表31-3-10　2012—2015年上城区获杭州市十佳公务员情况表

年份	姓名	所　在　单　位
2012	戴小花	杭州市上城区南星街道社会事务科
	陈　江	杭州市公安局上城区分局
2013	高　波	杭州市上城区城市管理行政执法大队紫阳中队
2014	戴宏海	杭州市上城区卫生局卫生监督所监督一科
2015	赵产军	杭州市上城区望江街道城市管理科

说明：资料来源于杭州市上城区人力资源和社会保障局

惩罚　1993年公布的《国家公务员暂行条例》和2006年颁布的《中华人民共和国公务员法》，均明确公务员应当受到惩戒的违法违纪行为。[②] 1996—2015年，全区有74名公务员（机关工作人员）受行政处分，其中告诫27人，警告22人，辞退17人，降职

②《中华人民共和国公务员法》规定处分的种类和影响期，主要是：警告，6个月；记过，12个月；记大过，18个月；降级、撤职，24个月。

降薪8人。对年终考核定为不称职等次的52人中，给予告诫27人，辞退9人，降职8人，改为暂缓登记8人。

1996—2015年，上城区事业单位年度考核被确定不合格等次的，辞退87人，降职降薪92人，开除17人，行政记过29人，记大过33人，警告13人。

第四章　人才管理和服务

中共十一届三中全会后，随着改革开放的发展，原有计划经济体制下的人事劳动制度无法适应社会、经济发展需要，开始逐步改革管理体制，人才和劳动力走向市场化配置。1985年7月，杭州市上城区人才交流服务中心成立。1995年5月，杭州市上城区人才市场建立，开展人才招聘引进、人事代理、专业技术人才管理等服务。2003年，杭州市留学人员上城区创业园管理领导小组成立，2006年9月，杭州市留学人员上城区创业园成立，吸引海内外留学人员到上城区创业。2009年，上城区为贯彻落实中共十七大关于“实施扩大就业的发展战略，促进以创业带动就业”总体要求，吸引更多大学生在上城区创业，采取“学校、政府、企业”联手模式，联合中国美术学院建立大学生创业领导小组，成立大学生创业俱乐部，联合杭州冰川投资管理有限公司创办上城区大学生创业园。2011年7月，为实施人才强区战略，培养一批能够引领和支撑上城区经济社会发展的年轻学术技术带头人，开启区级本土中青年专业技术人才选拔培养。2012年，为强化区人事人才服务机构的公共职能、提升人才公共服务水平，推进公共服务管理系统网络化，上城人才网成为整合公共服务功能，开通网上通道，简化办事程序的综合人才服务实体。2013年，上城区受浙江省人力资源和社会保障厅委托办理区内“中等以下教育机构聘请外国专家资格认可”和“外国专家来华工作许可”2项许可业务。至2015年末，上城区人才市场共组织用人单位3235家次和59849人次到人才市场或招聘现场双向选择；共引进外国专家项目48个，引进留学回国创业企业38家，累计新增大学生创业企业501家。

第一节　专业技术人员管理

20世纪90年代，上城区专业技术人员的继续教育主要采用以培训班形式就外语、计算机应用能力等方面进行培训。1993年开始，实行职称制度改革，注重工作能力和工作实绩，打破专业技术职务的终身制，对专业技术资格与职务实行评聘分开。1999年，为深入实施科教兴省战略，加大人才培养和人力资源开发力度，组织区内各级人才培养选拔推荐工作，为优秀中青年人才培养计划输送人才。

2007年，上城区推进专业技术职称考评社会化，组织1582人参加各类职称考试和执业资格考试。2011年，鼓励专业技术人员参加继续教育，实行网上继续教育和学分制管理。1993—2015年，全区25392名专业技术人员接受网络、线下继续教育33959人次。

一、职称改革

1993年，上城区推行职称改革，支持企业单位对确有真才实学的专业技术人员实行低职高聘、无职聘任；对自收自支事业单位评定中级以上专业技术职称任职资格可不受指标限制；对评审初级专业技术任职资格既按职改政策办，又结合区情，不单纯强调学历和资历，注重实际工作能力和工作实绩；在经济、会计、工程技术等系列评审中对业务骨干、老干部进行适当倾斜，以看工作能力、工作实绩为主。针对职称评审工作的实际情况，为对本人负责，增加答辩程序。在区计经委、区商业局、区房地产管理局、区城建局等单位越级、破格晋升专业技术人员100人。1994年，大多数专业技术职称系列实施以考代评。是年，实行外语统一考试，晋升中、高级技术职称的有242名人员报名。

1995年，上城区深化职称制度改革，打破专业技术职务的终身制，对专业技术资格与职务实行评聘分开。教育系统根据每个教职工的实际工作表现、水平、能力、业绩和专业技术职务结构比例，实行低职高聘或高职低聘，提倡能上能下，不搞论资排辈。组织包括职称外语、注册税务师、经济专业等系列专业技术职称考试报名工作。1996年，各专业技术职称评委会换届、调整，选拔优秀青年业务骨干参加评委会。娃哈哈工程技术初级职务评审委员会、区初级卫生技术职务评审委员会，均增补40岁以下的中青年评委。区教育局制定优惠政策，为不具备规定学历，但有真才实学、业绩显著的11名小学教师晋升小学高级教师职务；选拔30岁以下的优秀青年教师7名破格晋升小学高级教师职务。是年，区人事局发布《关于全国专业技术资格考试合格人员发放证书和聘任专业技术职务等有关问题的通知》，对发放资格证书和具体聘任办法做出规定：经全国中级专业技术资格考试合格人员，不论是否通过全省外语统考，均可以发放资格证书，但是聘任前必须成绩合格；事业单位在岗位职数限额内的聘任相应专业技术职务，聘期时间根据取得外语成绩和公布考试合格人员名单时间也有相应要求（考试通过2个月聘任的，取得外语成绩时间和公布考试合格人员名单时间，以后取得的时间算起）；兑现职务工资时必须同时提交考试合格人员公布文件或资格证书，聘任文件或聘任书以及外语考试成绩合格证书。

1997年，技术职称工作从以评审为主逐渐转向以提高专业技术队伍整体素质为目标的聘后管理、继续教育上来，全区专业技术人员的数量和质量都有增长和提高。是年，区经济专业初级职务评审委员会、区城建系统工程技术人员初级职务评审委员会、区初级卫生技术职务评审委员会和娃哈哈工程技术初级职务评审委员会开展换届工作。

1998年，全面推行事业单位聘约管理，完善专业技术职务聘任制度。全区推荐评审高级技术职务资格18人，办理首次确认141人。同时，组织各类专业技术资格考试共6个专业，执业资格考试4个专业，参考人数568人。1999年，职称评审工作向非公有制经济领域拓展。2000年，组织经济、卫生、会计、统计、商贸和注册税务师、注册审计师等16类、337人参加专业技术职务任职资格和执业资格考试，考试合格213人。

2001年，根据市人事局颁发《关于专业技术资格与职务实行评聘分开的实施意见

（试行）》，上城区完善专业技术职务聘任制度，强化竞争激励机制，不唯学历，注重实绩。2002年，根据市人事局颁发的《2002年职称专家工作意见》《2002年职称工作有关问题的补充意见》，初级专业技术职务任职资格原则上不开展评审，符合条件的可以直接初（认）定初级任职资格。

2007年，上城区推进专业技术职称考评社会化，组织1582人参加各类职称考试和执业资格考试。2008年，根据市人事局统一要求，上城区开展换发浙江省高级专业技术资格证书工作。

2010年，上城区中学教师中级专业技术资格评审委员会及评审专家库组建，负责全区中学一级教师和实验师专业技术资格的评审及中学高级教师专业技术资格的推荐工作。是年起，初级专业技术资格初认定工作由每年一次改为每年四次。

2012年，上城区开始使用“杭州市专业技术资格网上申报评定系统”开展初认定及评审，满足职称数据的网络化管理及人才的查询需求。2015年，受理评审（申报）各系列专业技术职称600余人。至年末，完成高级职称人才换证360人。

表31-4-11　1993—2015年上城区专业技术职称评、定、考情况表

单位：人

年份	专业技术职务评定			职称资格考试			破格晋升			首次确认	无职聘任	低职高聘	职称外语考试	职称资格考试	颁发资格合格证书
	高级	中级	初级	高级	中级	初级	高级	中级	初级						
1993	3	35	27	—	—	—	5	27	68	56	—	—	—	—	221
1994	5	113	207	—	—	—	6	26	112	178	4	—	193	229	689
1995	25	211	204	11	27	95	17	21	106	295	11	69	148	336	1012
1996	37	279	311	17	36	149	21	14	36	124	7	17	152	276	243
1997	16	168	170	7	15	162	9	17	22	114	6	8	169	680	652
1998	18	92	148	48	86	299	3	11	36	141	9	6	252	854	882
1999	73	34	124	32	43	212	12	32	107	216	17	4	193	728	885
2000	20	39	215	17	73	90	11	25	94	259	15	13	437	337	843
2001	19	90	122	37	83	67	8	23	62	266	13	9	506	289	277
2002	17	52	160	69	176	221	10	29	41	117	12	7	199	279	892
2003	14	26	40	41	47	76	4	34	62	307	10	11	201	632	651
2004	8	48	119	82	48	219	13	27	39	429	15	12	242	723	1032
2005	69	131	202	77	238	321	39	31	102	336	3	19	1038	981	1568
2006	13	20	20	109	451	560	41	39	97	324	7	21	1173	1208	1684
2007	3	5	274	54	317	980	23	42	99	417	5	33	1633	1582	2252
2008	11	9	171	40	117	669	17	33	42	325	—	27	987	1338	1136

续表31-4-11

年份	专业技术职务评定			职称资格考试			破格晋升			首次确认	无职聘任	低职高聘	职称外语考试	职称资格考试	颁发资格合格证书
	高级	中级	初级	高级	中级	初级	高级	中级	初级						
2009	7	16	163	126	271	991	15	26	47	340	—	18	1988	1638	2004
2010	67	111	500	17	33	269	23	34	53	332	—	26	1323	1380	1465
2011	53	107	409	25	37	231	—	—	—	251	—	—	960	1388	1013
2012	64	124	369	31	42	169	—	—	—	276	—	—	1001	1034	1075
2013	96	214	290	22	31	208	—	—	—	268	—	—	1009	2210	1029
2014	89	539	375	64	57	219	—	—	—	252	—	—	1321	1500	1595
2015	93	549	363	77	96	321	—	—	—	323	—	—	1674	1683	1822
合计	820	3012	4983	1003	2324	6528	277	491	1225	5946	134	300	16799	21305	24922

说明：资料来源于杭州市上城区人力资源和社会保障局

二、专业技术人员继续教育

20世纪90年代，上城区专业技术人员的继续教育主要采用培训班形式开展外语、计算机应用能力等方面的培训。1993年，上城区试行继续教育登记制度，专业技术人员继续教育工作逐步转入经常化、规范化轨道。1995年起，计算机应用能力被列入国家公务员岗位培训内容和专业技术人员继续教育内容，上城区开展企事业单位专业技术人员及管理人员计算机应用能力的培训考核。

1997年8月，上城区创办全区第一家专业技术人员继续教育培训基地——杭州湖边业余技术学校。2000—2009年，除参加省、市举办的各系列培训班外，上城区依托杭州湖边业余技术学校、上城区委党校、杭州科技大学、杭州广播电视大学和杭州市干部培训中心等继续教育机构对会计、统计、教育、卫生、经济、商贸等18个系列的专业技术人员进行继续教育。2011年，根据市委组织部、市人事局规定，上城区对专业技术人员参加继续教育实行学分制管理，并使用全市统一的“专业技术人员学习新干线”网站进行网上继续教育和学分制管理。至2015年末，全区380家企业事业单位在网站注册，9641名专业技术人才注册登记，进行网上继续教育学习。1993—2015年，全区25392名专业技术人员接受网络线下继续教育33959人次。

三、政府特殊津贴人员管理

1991年起，杭州市开始选拔享受市政府特殊津贴的人员。上城区有8人入选，分别为鲍严钟（杭州市上城区中西医结合医院）、沈晔（杭州市上城区科学技术局）、金平一（杭州市上城区教育局科研室）、杨林（杭州工具仪表厂）、屠风刚（杭州市机械科学研究所）、胡武（杭州远欣科技有限公司）、束瑞信（杭州东南化工有限公司）、刘国昌（杭州食品厂）。上城区每年组织8人体检，并开展信息采集、配合杭州市做好发放津贴等工作。

2006年，杭州市颁发《杭州市享受政府特殊津贴人员选拔管理办法》，开启杭州市享受政府特殊津贴人员选拔，每两年选拔一次，每次人数控制在50名以内。上城区据此要求推荐上报候选人。2006—2015年，上城区有5名人才入选，分别为朱炳仁（杭州金星铜工程有限总公司）、张化万（杭州市上城区教师进修学校）、陈昆柏（浙江博世华环保科技有限公司）、欧凯（杭州娃哈哈集团有限公司）、朱军岷（杭州金星铜集团有限公司）。上城区每年为5人安排健康体检，并组织疗（休）养活动。

四、企业博士后科研工作站

1998年开始，杭州市启动企业博士后科研工作站工作。2004年，实施《杭州市博士后管理工作暂行办法》。上城区发动有条件的企业申报设立工作站，并开展工作站管理、招收博士后进站及相关经费申请和资助工作。2010年，杭州娃哈哈集团有限公司被人力资源和社会保障部批准建立博士后科研工作站，成为上城区首家国家级博士后科研工作站。2015年，上城区有3家企业获批设立省级博士后科研工作站，分别是浙江博世华环保科技有限公司、杭州海兴电力科技股份有限公司、杭州捷尔思阻燃化工有限公司。至年末，有博士后研究人员4名，上城区为2名博士后研究人员分别申请项目择优资助和生活补贴共8万元，并对国家级、省级博士后科研工作站给予配套建站资助经费25万元、10万元。

第二节　人才引进和聘用

1993年后，上城区注重引进高质量、高层次创新型人才。通过举办人才集市、人才交流大会等形式，为企业和就业者提供双向的就业信息服务。通过健全服务机制，提供资助及落实户口、子女教育等多项待遇政策，鼓励和吸引留学回国人员到上城区创业。采取“学校、政府、企业”联手的模式，成立大学生创业园，为大学生到上城创业提供便利。至2015年末，上城区共引进外国专家项目48个，引进留学回国创业企业38家，累计新增大学生创业企业501家。

一、人才引进管理

1985年7月，上城区人才交流服务中心建立。此后，上城区人才引进从注重数量转变为注重质量，从注重引进一般人才转变为注重高层次创新型人才。1995年5月，建立上城区人才市场，通过举办人才集市、人才交流会等形式为企业招揽人才、为就业者提供就业信息等服务。2002年，开发上城人才网，2012年12月，升级改版后的上城人才网集网上网下人才市场、人才派遣、“一站式”公共服务等功能。2005—2015年，上城区共引进各类人才84108人。至2015年末，上城区人才市场组织用人单位3235家次和59849人次，到人才市场或招聘现场双向选择。

表31-4-12 2005—2015年上城区人才引进情况表

单位：人

年份	引进人才数	年份	引进人才数
2005	1026	2011	5612
2006	1205	2012	7089
2007	1700	2013	9839
2008	2937	2014	17852
2009	3613	2015	28787
2010	4448	合计	84108

说明：资料来源于杭州市上城区人力资源和社会保障局

二、国外人才和智力引进

引进外国智力项目 2002年，上城区域内杭州近江化工染料有限公司和杭州杭曼香料香精有限公司为解决有关染料、香料等技术难题，聘请3名外国专家，实现上城区引进外国专家智力零的突破。2004年10月，杭州市引智经济计划单列，为杭州市引智工作创造便利条件，上城区乘势加大宣传力度，加强为企业引进外国智力服务。2012年，上城区引进10个外国专家项目40余人次。2002—2015年，上城区共引进外国专家项目48个，资助金额200余万元。

表31-4-13 2002—2015年上城区引进国外智力项目情况表

单位：个

年份	项 目 数	年份	项 目 数
2002	2	2009	3
2003	2	2010	3
2004	2	2011	4
2005	3	2012	10
2006	2	2013	4
2007	3	2014	4
2008	2	2015	4
合计	48		

说明：资料来源于杭州市上城区人力资源和社会保障局

外国专家来华工作行政审批 2013年，浙江省人力资源和社会保障厅下放部分人力资源社会保障工作行政审批及管理事项，要求通过委托的方式，由各市、区县人力资源和社会保障局组织实施的行政审批事项包括中外合资（合作）职业介绍机构审批；职业介绍机构资格认定；中外合作职业培训机构设立审批；中等以下教育机构聘请外国专家资格认可；外国专家来华工作许可；国务院履行出资人职责企业以外的企业聘请外国专家资格认可。之前由省、市外国专家局组织实施的外国来华专家事项由区人力社保局实施。此后，上城区多次组织辖区聘请外国专家单位参加业务培训，并按照政策依据办理“中等以下教育机构聘请外国专家资格认可”和“外国专家来华工作许可”两项许可业务。其中“中等以下教育机构聘请外国专家资格认可”审批需要区人社局联合行业主管部门和市公安局3家联合上门实地审查，并征求意见后进行审批；“外国专家来华工作许可”则需要在“外国专家来华工作管理系统”进行网上申报后现场办理。

至2015年末，上城区共为杭州娃哈哈双语学校等10家单位审批通过聘请外国专家资格许可，为8家单位39名外国专家审批办理外国专家来华工作许可证和外国专家工作证。

三、留学回国人员工作

1999年开始，杭州市推出多项政策措施，吸引留学回国人员到杭州创业工作。为适应和促进经济结构调整，发展高新技术产业和现代服务业，吸引海内外留学人员到上城区创业，上城区做好留学回国人员创新创业相关服务，协助申请国家、省、市级项目资助及办理留学回国人员工作证等。2004年，8名留学回国人员到上城区创业，获在杭创业项目资助经费35万元。2005年，有3名留学归国人员到上城区创业，获项目资助经费59万元。2006年7月，区政府印发《关于吸引和鼓励留学人员来上城区创业的实施意见》，对推动创建上城区留学人员创业园、留学人员的范围界定、健全服务机制、提供多项政策资助以及落实户口、子女教育等多项待遇方面进行规定。9月，杭州市留学人员上城区创业园建立，该创业园在发挥上城区高新技术孵化器和科技工业功能区作用的基础上，集人事、科技、发改、工商、房管、招商、财税、劳动、公安、教育等部门的力量，为留学人员到上城创业提供政策咨询、人才人事、融资、医疗服务、子女教育、社会服务等“一条龙”配套服务，构筑留学人员创业平台。是年，上城区为留学回国人员创办企业申报得到杭州市留学回国人员科技活动择优资助项目4个，获经费和创业资助资金56万元。

2007年，上城区协助杭州中荣网络技术有限公司、杭州奥普电器有限公司申报“留学人员在杭创业资助”，获批资助经费40万元。2008年，通过海外留学人才项目洽谈活动，为9家单位申报留学回国人员需求岗位22个，申报需求项目1个，引进留学回国人员5人，协助杭州绿盛集团有限公司、杭州安德维网络传媒有限公司2家留创园企业申报市留学回国人员在杭州创业资助，并获批15万元。2009年，新引进留学回国人员创业企业5家，新引进16名留学人员到上城区工作，累计留学人员80余人，协助4家企业申报并获创业资助58万元。是年，杭州国际人才交流与合作大会首次举办，上城区与50余名高层次海外人才洽谈合作项目，达成签约项目2个，深入洽谈项目14个。2010年，留学人员徐雪为杭州云灵科技有限公司开发的“加油卡智能综合服务系统”项目获杭州市最高50万元优秀项目资助资金。2012年，新引进海外留学人员9名，创业项目2个。2013年，新引进海外留学人员40余人。2014年，新引进海外留学人员60余人。2015年，新引进海外留学人员100余人，为125名人员办理留学回国人员工作证，核拨3家留学生创业企业房租补贴，组织1家创业企业申报杭州市高层次留学生创新创业项目并获重点项目100万元，1家企业获人力资源和社会保障部留学人员科技活动项目择优资助金3万元。至年末，上城区共引进留学回国创业企业38家，为25家留学回国人员申请国家、省、市级项目资助436万元，并为338名留学回国人员办理工作证。

四、大学生创业

2009年，为吸引大学生在上城区创业，上城区采取“学校、政府、企业”联手的模式，联合中国美术学院建立大学生创业就业工作领导小组，成立大学生创业俱乐部。领导小组下设大学生创业就业办公室（设在上城区人才交流服务中心），主要负责大学生创业就业指导协调、政策咨询和管理服务工作。4月，上城区制定《进一步完善促进就业长效机制和做好大学生创业工作实施意见》《上城区大学生自主创业专项资金使用管理办法》等文件，设立上城区就业创业专项资金500万元，用于创业资助配套、房租、会展补贴、创业园资助等项目，支持大学生就业创业，并编印《上城区大学生就业创业手册》。通过引进社会资本，实行民办公助的形式，资助经费16万元，联合民营投资企业杭州冰川投资管理有限公司创办区级大学生创业园。11月，杭州市大学生创业园（上城）开园，成为杭州市第一家利用民营资本创办的大学生创业园。创业园第一期位于馒头山LOMO创意谷，建筑面积4000余平方米。是年，有18家大学生企业入驻。全年共开具大学生创办企业证明106份，新增创业企业103家，24家获创业资助金共计95万元，36家企业核拨房租补贴52万元。

2010年初，上城区对2009年创业的84家大学生企业生存状况进行跟踪调查，2家企业注销，占企业总数的2.4%，16.7%亏损，38.1%盈利，42.9%持平，创业企业成活率较高，10余家企业平均上年度营业额超过100万元。是年，在复兴大院（在老复兴路铁路电机厂内）建立大学生创业园第二期，吸引16家大学生企业入驻。全年推荐21家大学生企业申报创业无偿资助，为106家企业核拨房租补贴。推荐杭州华溥实业有限公司等8家单位申报并获批为市级企业实训基地，上城区累计市级企业实训基地升至34家，企业见习基地12家，新增创业企业113家。形成以LOMO创意谷为主，以凤凰公社、凤凰御园、锦绣工坊、风铃499创意园等民营创业园区为辅的“一园多点”的创业平台。是年，涌现一批优秀创业企业，杭州帝琛珠宝有限公司实现销售额600万元，杭州熙浪信息技术有限公司实现销售额2000万元，杭州国力雕塑艺术有限公司被评为首届市“十佳”大学生创业企业；创立杭州熙浪信息技术有限公司的大学生杨振德被评为首届市“十佳”大学生创业之星；区人事局和杭州冰川投资管理有限公司被评为市大学生就业创业服务先进单位。

2011年，上城区开发大学生实习基地10个、企业实训基地20个、创业实训基地20个。全年新增创业企业84家，全区拨付大学生创业房租补贴2批次共计172万元。2012年，新增创业企业59家，销售额1.9亿元；6个项目申报市创业资助，杭州熙浪信息技术有限公司年销售额过3000万元。2013年，核拨24家大学生创业企业房租补贴23万元，组织7家企业申请市创业资助，推荐6家企业法人参加创业培训，组织4家企业参加杭州市杰出创业人才培育计划对象选拔，组织10余家企业参加创业企业参展参会。是年，杭州熙浪信息技术有限公司在创业板成功上市，成为上城区大学生企业上市的第一家。其中杭州豆秀文化创意有限公司成功入围第三届杭州大学生创业大赛获奖。全年新增创业企业42家，带动就业人数170人。2014年，新增创业企业48家，带动就业人数187人。2015年，新增创业企业49家，带动就业人数206名。核拨10家大学生创业企业房租补贴14万元，组织5家企业申请市大学生创业资助资金16万元，推荐8家企业参加第四届杭州大学生创业大赛和奇思妙想浙江行创业大赛，组织3家企业参加“杭州市杰出创业人才培育计划”对象选拔。

至2015年末，上城区累计新增大学生创业企业501家，创业学生798人，带动就业2576人，开具创业企业证明670份，资助创业企业67家无偿资助金303万元，1家企业贷款贴息1万元，办公用房补贴622.2万元。

表31-4-14　2008—2015年上城区新增大学生创业企业情况表

单位：家

年份	新增企业数	年份	新增企业数
2008	3	2012	59
2009	103	2013	42
2010	113	2014	48
2011	84	2015	49
合计	501		

说明：资料来源于杭州市上城区人力资源和社会保障局

第三节　人才市场

1993年，上城区人才交流服务中心开展人才资源的开发利用与培养引进工作。1995年，杭州市上城区人才市场成立，不定期举办人才交流大会、人才集市、就业洽谈会等，优化人才资源配置，满足人才供需双方选人择业的需要。同时，人才市场为企事业单位和个人代理人事档案、户口挂靠、组织关系挂靠等事项。2002年，开辟上城人才网，举办多种形式的网上人才招聘会，实现全市统一联网、资源共享。至2015年末，上城区共办理人事代理5189家（人），管理人事档案15666份，户口挂靠1303人，党组织关系挂靠273人，接收毕业生档案9399份。

一、人才集市

1995年，上城区首次举办人才交流大会。杭州娃哈哈集团有限公司、华日电冰箱集团、广宇房地产集团股份有限公司等34家企事业单位设置98个岗位参会招聘。接待洽谈1704人，填写人才登记表391人，供需双方洽谈达成初步协议148人。1995年5月开始，上城区根据用人单位需求，不定期举办集市型人才交流会或专业性人才招聘专场。至

2015年末，有353家区属企事业单位推出6994个岗位招聘各类专业技术人才，举办集市型人才市场6次，省、市大中专毕业生就业洽谈会和人才交流会44次，接待应聘人数40548人次，参加登记28068人，交流成功（引进）10148人。

二、网上人才招聘

2002年，为最大限度满足供需双方选人择业需求，上城区人才交流服务中心在杭州市人事局的统一指导下，开辟上城人才网，在上城人才网发布各类供需信息，举办多种形式的网上人才招聘会。2012年，对上城人才网进行大幅度优化升级，整合公共服务职能和管理功能。至2015年末，有1794家次单位在网上注册登记，推出需求岗位2531个，发布招聘信息25548条，个人求职登记6120人，网上成功招聘各类人才3848名。发布人才流动指南3000余份。

三、人事代理①

1995年，上城区人事局发布《上城区人才市场管理实施细则》，规定区人才市场接受企事业单位和个人的委托，代管人事关系、人事档案和技术档案以及单位委托或个人托管流动人员的人事关系、人事档案和技术档案。上城区按照省级政策规定要求，与委托单位或个人签订人事代理合同书，确立人事代理关系。每年根据教育部、人社部以及省、市关于做好普通高等学校毕业生就业工作的通知精神，做好到上城区单位就业毕业生的签约、档案接收、毕业生报到、转正定级、户口挂靠、流动党员管理及上城区生源未就业毕业生的档案接收工作。2012年12月前，人事档案管理基本采用纸质和电子表格管理相结合方式，共管理人事档案11257份。2012年12月起，上城区成立人事档案管理信息系统，对企业单位、个人提供网上申请、查询等便捷服务，提升人事代理服务效率和水平。至2015年末，上城区共办理人事代理5189家（人），管理人事档案15666份，户口挂靠1303人，党组织关系挂靠273人，接收毕业生档案9399份。

① 1996年，浙江省人事厅发布《浙江省人事代理暂行办法》，指出人事代理是一种新型的人事管理方式，是指在国家人事法规政策指导下，尊重单位用人自主权和人才择业自主权，有政府人事部门所属人才交流机构为综合代管部门，受企事业单位（个人）的委托，为其在人事方面提供社会化的管理和服务。代理主要内容：人事政策咨询与规划；人才招聘引进；应届毕业生人事代理；代办专业技术职称申报评审手续；人事档案管理；户口挂靠；流动党员的党组织关系挂靠；办理在职流动人员人事关系接转手续；代办失业养老保险；为委托单位承担其他人事管理事宜等。

表 31-4-15　2000—2015 年上城区接收人事档案情况表

单位：人

年份	毕业生		流动人员	总人数
	就业	未就业		
2000	101	—	234	335
2001	132	5	209	346
2002	94	4	144	242
2003	139	10	120	269
2004	204	9	164	377
2005	237	127	254	618
2006	376	195	238	809
2007	333	203	277	813
2008	464	270	394	1128
2009	436	304	266	1006
2010	521	252	1083	1856
2011	661	271	666	1598
2012	682	339	567	1588
2013	661	316	507	1484
2014	580	413	697	1690
2015	634	426	447	1507
合计	6255	3144	6267	15666

说明：资料来源于杭州市上城区人力资源和社会保障局

第五章　工资与福利

改革开放初，企业工资分配制度沿用20世纪50年代计划经济模式下的等级制。1984年6月，工资分配制度进行改革，从国家与企业的一次分配着手，探索企业工资增长与企业经济效益挂钩的机制。根据党中央、国务院的统一部署，1985年7月，上城区全面改革国家机关、事业单位工资制度，将原来单一的职务等级工资制改为实行以职务工资为主要内容的结构工资制；机关和事业单位执行同一工资制度。是年，上城区各级机关和事业单位开始享受年休假制度。1993年，机关与事业单位工资制度脱钩，建立各自正常的增资机制。对企业工资基金实行分类管理，实行“工效挂钩”，企业可自行编制工资基金使用计划。是年，区机关事业单位开始建立健康体检制度。

1994年，杭州市被中央机构编制委员会确定为副省级行政级别后，对工资进行重新套改，上城区按照执行。1995年，上城区对国有企业、集体企业、私营企业、外商投资企业等各类企业的工资内外收入进行制度化、正常化、专业化的监督检查。1998年开始，实行企业工资指导线制度。2000年，国有独资及国有控股企业继续实行“基准浮动”工资分配管理办法，其他企业工资水平根据工资指导线等国家宏观调控政策规定、该企业经济效益与承受能力，并听取工会（或职代会）的意见，由董事会（或股东会）研究决定。控股集团（资产经营）公司可对其所属国有独资及国有控股企业执行的基准工资标准进行适度调整。

2001年开始，企业根据工资指导线等国家宏观调控政策规定和企业自身经济效益、承受能力，自主决定本企业工资水平，并自行建立起职工工资增长与经济效益相适应的正常的内部工资调整机制。2006—2015年，全面改革机关、事业单位的工资制度，调整公务员基本工资结构，健全工资水平正常增长机制；事业单位实行岗位绩效工资制度，建立符合事业单位特点体现岗位绩效和分级分类管理的收入分配制度。

第一节　机关事业单位人员工资福利

1993年，上城区机关事业单位人员建立相应的工资福利制度。10月，改革机关事业单位工资制度，实行职级工资制。2006年，再次改革工资制度，实行国家统一的职务与级别相结合的公务员工资制度，完善机关工人岗位技术等级（岗位）工资制度，事业单位实行岗位绩效工资制度。国家根据国民经济的发展情况，与企业相当人员工资水平的比较，以及职工生活费用价格指数，定期调整机关事业单位人员工资标准。此外，上城区机关事业单位人员可以享受包括公费医疗、子女统筹医疗、各种假期待遇、伤残待遇、养老待遇、丧葬抚恤等在内的福利待遇。

一、工资

1993年，上城区实行以职务工资为主要内容的结构工资制。是年，工资制度改革，事业单位和机关的工资制度脱钩。其中，机关实行职级工资制，事业单位在科学分类的基础上，建立体现不同类型、不同行业特点的工资制度。2006年，全面改革机关、事业单位工资制度。公务员基本工资实行国家统一的职务与级别相结合的工资制度，实行年终一次性奖金，事业单位实行岗位绩效工资制度。

工资制度改革　1993年10月起，上城区改革机关、事业单位的工资制度。机关工作人员（除工勤人员以外）实行职级工资制。其工资分为职务工资、级别工资、基础工资和工龄工资4部分。其中，职务工资和级别工资是职级工资构成的主体。事业单位在科学分类的基础上，建立体现事业单位不同类型、不同行业特点的工资制度，与机关的工资制度脱钩。事业单位管理人员实行职员职务等级工资制。专业技术人员实行5种不同类型的工资制度，教育、科研、卫生等实行专业技术职务等级工资制；地质、测绘、交通、海洋、水产等实行专业技术职务岗位工资制；文化艺术表演团体，实行艺术结构工资制；体育运动员实行体育津贴奖金制；金融单位实行行员等级工资制。机关工人根据其劳动特点，技术工人实行岗位技术等级工资制。其工资由岗位工资、技术等级工资、奖金3个部分组成；普通工人实行岗位工资制，由岗位工资和奖金2个部分组成。事业单位工人分为技术工人和普通工人2种。技术工人实行技术等级工资制，由技术等级工资和岗位津贴2个部分组成；普通工人实行等级工资制，由等级工资和津贴2个部分组成。

2006年，根据国家《公务员工资制度改革方案》和《事业单位工作人员收入分配制度改革方案》，上城区对机关、事业单位的工资制度进行全面改革。调整公务员基本工资结构，实行国家统一的职务与级别相结合的公务员工资制度，完善机关工人岗位技术等级（岗位）工资制，完善津贴补贴制度，健全工资水平正常增长机制，实行年终一次性奖金；事业单位实行岗位绩效工资制度，建立符合事业单位特点、体现岗位绩效和分级分类管理的收入分配制度，完善工资正常调整机制，健全宏观调控机制，逐步实现事业单位收入分配的科学化和规范化。公务员基本工资构成调整为职务工资和级别工资两项，取消基础工资和工龄工资。公务员对应的级别数由15个增加到27个，各职务对应的级别数相应增加，科员、办事员从原对应的6个级别增加到对应9个级别，副科级从原对应5个级别增加到对应8个级别。适当加大不同职务对应级别的交叉幅度，使低职务公务员能晋升到较高的级别。完善机关工人岗位技术等级（岗位）工资制，调整机关工人基本工资结构。技术工人仍实行岗位技术等级工资制，基本工资构成由岗位工资、技术等级（职务）工资和奖金3项调整为岗位工资和技术等级（职务）工资2项。普通工人仍实行岗位工资制，基本工资构成由岗位工资和奖金2项调整为岗位工资1项。

事业单位实行岗位绩效工资制度，工作人员的收入与其岗位职责工作表现和工作业绩相关。岗位绩效工资由岗位工资、薪级工资、绩效工资和津贴补贴4部分组成，其中岗位工资和薪级工资为基本工资。岗位工资主要体现工作人员所聘岗位的职责和要求，是基本工资的主体部分。与事业单位聘用制改革和岗位管理相适应，根据各类岗位的特点在现行各职务序列的基础上，分别对专业技术岗位、管理岗位和工勤技能岗位设置不同的岗位等级，对同一层级专业技术岗位进行适当细分，以体现不同岗位等级之间的差别，实行“一岗一薪，岗变薪变”。专业技术岗位设13个等级，管理岗位设10个等级。工勤技能岗位分为技术工岗位和普通工岗位，技术工岗位设5个等级，普通工岗位不分等级。不同等级岗位对应不同的工资标准，工作人员按所聘岗位执行相应的岗位工资标准。薪级工资主要体现工作人员的工作表现和资历，实行“一级一薪，定期升级”。根据实际运行需要，对专业技术人员和管理人员设置65个薪级，对工人设置40个薪级，对不同岗位规定不同的起点薪级，每年考核合格及以上的人员可增加一级薪级工资。工作人员根据工作表现、资历和所聘岗位等因素确定薪级，执行相应的薪级工资标准。绩效工资是事业单位收入分配中活的部分，主要体现工作人员工作业绩和实际贡献，有利于加大事业单位搞活内部分配的力度，增强工资的激励功能。

工资调整　1993年工资制度改革后，机关事业单位除正常晋升工资档次以外，国家根据国民经济的发展情况，与企业相当人员工资水平的比较，以及职工生活费用价格指数，定期调整工资标准。1997年7月，机关行政人员基础工资标准由原每人每月90元提高到每人每月110元；事业单位各类人员和机关工人，在原职务（岗位）工资标准的基础上相应调整，各档增加14元，津贴、奖金部分按照其在工资构成中的比例相应提高。1999年7月，机关行政人员基础工资标准由每人每月110元提高到180元，级别工资标准由十五级至一级的55元~470元提高到85元~720元；适当调整机关工人的岗位工资和技术等级工资标准；调整事业单位工作人员工资构成中的固定部分，活工资部分按其在工资构成中的比例相应提高。

2001年1月，机关行政人员的基础工资由180元提高到230元，其级别工资提高到115元~1166元；事业单位工作人员的工资调整大体参考机关同类人员的增资水平，相应调整其固定部分标准和活的部分水平。10月，机关公务员各职务层次职务工资的起点标准由最低50元~480元提高到100元~850元。2003年7月，机关公务员各职务层次职务工资的起点标准由最低100元~850元提高到130元~1150元。

2006年，随着公务员基本工资结构的调整，公务员正常晋升工资相应进行调整。2014年10月，机关事业单位调整基本工资标准，调整后公务员职务工资标准由340元~4000元提高到510元~5250元，级别工资各级别起点标准由290元~3020元提高到810元~6135元，其他各级别工资档次标准相应提高。事业单位人员调整后的岗位工资标准，专业技术人员由550元~2800元提高到1150元~3810元，管理人员由550元~2750元提高到1150元~3770元，工人由540元~830元提高到1130元~1640元；薪级工资标准，专业技术人员、管理人员由80元~2600元提高到170元~5795元，工人由70元~915元提高到

150元~1855元。同时明确基本工资原则上每年或每两年调整一次。在调整基本工资的同时，将部分津贴补贴（绩效工资）纳入基本工资。由于部分机关事业单位工作人员基本工资调整增资不足以缴纳养老保险费，采取“临时性补贴”，净增资低于100元/月的，补到100元/月，补齐的额度作为“临时性补贴”。至2015年，随国家调整基本工资标准逐步冲销，3次仍未冲销的，不再保留。

正常晋升级别工资　机关事业单位工作人员正常增资的途径主要有：正常晋升工资档次；晋升职务、级别工资；定期调整工资标准。根据经济发展情况和企业相当人员工资水平状况，以及物价指数变动情况，定期调整机关事业单位工作人员的工资标准。

1993—2005年，工作人员首次确定级别后，凡年度考核为称职以上并达到上一级别工资对应工作年限的、连续5年考核为称职或连续3年考核为优秀的、已达到本职务对应最高级别晋升倒级差级别工资的，可在本职务对应级别内晋升一级级别工资或倒级差级别工资。2006年工资制度改革后，从2006年7月1日起，公务员年度考核累计2年称职（不含基本称职，下同）及以上的，从次年1月1日起在所任级别对应工资标准内晋升一个工资档次。公务员年度考核累计5年称职及以上的，从次年1月1日起在所任职务对应级别内晋升一个级别，级别工资就近就高套入晋升后级别对应的工资标准。机关工人年度考核累计2年为合格及以上的，从次年1月1日起晋升一档岗位工资。事业单位人员凡年度考核结果为合格及以上等次的，可从次年1月起增加1级薪级工资。至2015年12月，上城区公务员因2年称职及以上的晋升一个工资档次共8300人次，5年称职及以上的晋升一个级别工资共3300人次；事业单位人员因年度考核结果为合格及以上等次的增加1级薪级工资共18600人次。

表31-5-16　1993—2004年上城区机关事业单位正常工资晋升与离（退）休增资情况表

单位：元

考核轮次	考核年度	兑现时间	晋升职务工资档次人均月增资	增加离（退）休费人均月增资
第一轮	1993—1994	1995-10-01	15.22	18.93
第二轮	1995—1996	1997-01-01	16.17	20.68
第三轮	1997—1998	1999-01-01	18.56	20.80
第四轮	1999—2000	2001-01-01	16.10	21.70
第五轮	2001—2002	2003-01-01	15.80	21.80
第六轮	2003—2004	2005-01-01	13.80	26.80

说明：资料来源于杭州市上城区人力资源和社会保障局

表 31-5-17　2001—2015 年上城区机关事业单位 12 月工资（统发）情况表

单位：人、元

发放时间	机关（含参公）单位			事业（工资统发）单位		
	人数	工资总额	人均工资	人数	工资总额	人均工资
2001-12	1215	1823306.35	1500.66	—	—	—
2002-12	1197	1825369.85	1524.95	2910	2257584.70	775.80
2003-12	1266	1955088.65	1544.30	3019	2261742.00	749.17
2004-12	1364	2212769.65	1622.27	2855	2315911.30	811.18
2005-12	1400	2579157.85	1842.26	2865	2573256.80	898.17
2006-12	1412	2612553.45	1850.25	2870	2583858.60	900.30
2007-12	1398	3100851.95	2218.06	2821	3982247.50	1411.64
2008-12	1419	3233843.45	2278.96	2819	4052426.40	1437.54
2009-12	1631	3596263.15	2204.94	2598	10185309.50	3920.44
2010-12	1635	7849283.95	4800.79	2678	10275376.36	3836.96
2011-12	1638	7886197.55	4814.53	2789	11035291.76	3956.72
2012-12	1775	8568968.80	4827.59	2747	11334770.21	4126.24
2013-12	1801	8695551.90	4828.18	3036	14919595.79	4914.23
2014-12	1972	9493794.10	4814.30	3123	15443212.39	4944.99
2015-12	1952	11573965.70	5929.29	3196	18339260.88	5738.19

说明：1. 2001 年 5 月起，全区机关单位个人工资纳入统发系统，由财政每月统一发放。2002 年 8 月起，全额（部分差额）事业单位个人工资纳入统发系统。2. 机关单位工资由基本工资、国家统一津贴补贴与规范后的津贴补贴构成，事业单位工资由基本工资与绩效工资构成。3. 资料来源于杭州市上城区人力资源和社会保障局

二、福利

机关事业单位的福利待遇从中华人民共和国成立前老解放区党政机关和部队实行的供给制及中华人民共和国成立初企业实行的劳动保险制度演变而来。上城区实行的福利待遇，包括公费医疗、子女统筹医疗、各种假期待遇、伤残待遇、养老待遇、丧葬抚恤等。

福利费制度　1995 年，机关工作人员福利费按每人每月 10 元提取；事业单位工作人员按工资总额的 2.50% 提取。2001 年，调整为机关事业单位工作人员统一按工资总额的 2.50% 提取。2015 年 1 月 1 日起，机关事业单位工作人员福利费调整为统一按工资总额的 5% 提取。

年休假制度　1993 年，上城区各级机关和事业单位人员享受年休假制度。根据《关于国家机关工作人员实行年休假的通知》规定，凡参加工作满 10 年以上（含满 10 年）的各级国家机关（含党派、团体）在职工作人员，均可享受年休假待遇，全民所有制事业单位工作人员可参照执行。但已享受寒暑假或其他休假待遇的人，不再享受年休假待遇。国家机关工作人员参加工作满 10 年不满 20 年者，每年休假 10 天；参加工作满 21 年不满 30 年者，每年休假 15 天；参加工作满 31 年以上者，每年休假 20 天。2001 年，对年休假制

度进行规范和完善，凡参加工作时间满1年以上，且已转正定级的国家公务员（机关工作人员）都有享受年休假的权利；凡参加工作时间满1年不满5年的，每年休假3天；参加工作时间满5年不满10年的，每年休假7天；参加工作时间满10年不满20年的，每年休假10天；参加工作时间满20年不满30年的，每年休假15天；参加工作时间满30年及以上的，每年休假20天。事业单位工作人员参照执行。2007年12月，国务院公布《职工带薪年休假条例》，规定从2008年起，执行新的年休假假期，职工累计工作已满1年不满10年的，年休假5天；已满10年不满20年的，年休假10天；已满20年的，年休假15天。机关、事业单位因工作需要不安排工作人员休年休假，应当征求工作人员本人的意见，并根据工作人员应休未休的年休假天数，对其支付年休假工资报酬。年休假工资报酬的支付标准是：每应休未休1天，按照本人应休年休假当年日工资收入的300%支付，其中包含工作人员正常工作期间的工资收入。至2015年末，均执行此政策。

优秀公务员健康休养　2001年开始，为调动机关工作人员的积极性，提高公务员（机关工作人员）的健康水平，上城区实行优秀公务员健康休假制度，每年组织2次。主要对象为上城区各级党政群机关、人大、政协、街道（含参照公务员制度管理的事业单位）中连续3年考核优秀或连续2年考核优秀，另1年获得市级以上系统先进称号的公务员。健康休养的期限一般为7～10天。健康休养期间按工作日计算，不计入年休假假期。至2015年12月，上城区共组织534名优秀公务员分别到内蒙古、西安、成都、云南、山西、广西、贵州等地健康休养。

健康体检　1993年开始，建立机关事业单位工作人员健康体检制度。1994年起，每4年体检1次。2000年，调整为2年1次。2005年，调整为每年1次。至2015年，仍按照每年1次，体检定点医院为上城区中医院（上城区健康管理中心）。

三大补助[①]　1993年，上城区实行精简退职职工生活困难补助。对1970年9月20日前进入全民所有制单位工作的计划外长期临时工，中间从未间断过工作，男年满60周岁、女年满50周岁，年老体弱不能工作的人员，设立计划外长期临时工晚年生活困难补助项目。同时，对国家机关事业单位工作人员牺牲或病故后遗属开展生活困难补助项目。1993年工资改革后，三大补助项目随着经济的发展，补助费标准进行多次调整。2015年，遗属生活困难补助费标准调整为：机关、事业单位的工作人员死亡后，1937年7月6日以前参加革命工作的，每人每月1860元；抗日战争时期参加革命工作的，每人每月1570元；解放战争时期参加革命工作的，每人每月1420元。机关事业单位工作的人员死亡后，中

① 精简退职职工、计划外长期临时工及遗属待遇。

华人民共和国成立前参加革命非农业人口的，每人每月1010元；农业人口的，每人每月800元。计划外长期临时工晚年生活补助费标准每人每月870元。精简退职人员的生活困难补助费标准调整为：抗日战争时期参加革命工作的，每人每月2260元；解放战争时期参加革命工作的，每人每月2020元。

第二节　企业职工工资

1993年，上城区对企业工资基金实行分类管理，工效挂钩。1998年，企业工资实行按劳动分配和按生产要素分配相结合的增长办法。2001—2015年，企业根据工资指导线等国家宏观调控政策规定，建立起职工工资增长与经济效益相适应的正常内部工资调整机制。

一、工资管理

1993年，为加快建立“国家宏观调控，分级分类管理，企业自主用人和自主分配”的劳动计划管理体制，促进企业经济管理机制的转换，浙江省试行全民所有制企业弹性劳动工资计划管理办法。上城区对企业工资基金实行分类管理，实行工效挂钩，企业可自行编制工资基金使用计划，报相关部门备案；其他无自行编制工资基金使用计划的企业仍按国家宏观调控的要求，结合企业经济效益增长及资金来源，由劳动部门下达；中外合资（合作）经营企业中方职工的工资水平控制在国营企业职工平均工资水平150%以内，由企业自主安排使用。上城区加强对工资总额的调控和监督，全年完成1300家企业的工资审批工作。

1994年，上城区对区商业局所属5家企业试行“两个低于”[①]的办法，并具体指导已实行工效挂钩的51家企业。自1995年起，上城区对国有企业、集体企业、私营企业、外商投资企业等各类企业工资内外收入进行制度化、正常化、专业化的监督检查。上城区全年办理1263家企业工资总额使用基金的审批工作，对已实行全员劳动合同制的648家企业完成劳动工资和工资储备金的审核增资工作。1996年，全区办理工资基金卡的企业520家，基金总额13833.91万元。

1997年，上城区加强工资手册管理制度，所有企业（包括国有、城镇集体、其他各种经济类型以及城镇私营企业）和机关、事业单位必须凭工资手册，在基本账户开户银行支取工资，有条件的乡镇企业也要核发工资手册，新建企业应在工商注册登记之日起30日内申请办理工资手册。无论以何种形式（现金、转账、信用卡等）支付职工工资，支付数都应在工资手册中如实登记，在核定的计划内提取，不得突破，不得

① 1993年，凡经市政府批准实行劳动用工、工资分配、社会保险制度综合改革和“四放开”“放开经营”及实行政策重点扶持的企业，有条件的试行在工资总额实际增长比例低于本企业实现税利增长比例，职工实际平均工资增长比例低于本企业劳动生产率增长比例的前提下，由企业自主决定新增工资提取幅度和年度工资分配计划的办法。

坐支现金，不得以其他名义从银行套取现金发放工资。凡上年职工平均工资超过职工人均工资1.14万元/年以上的企业均列入工资控制线实施范围，从紧核定工资控制线实施范围的企业工资总额使用计划，实行工效挂钩的企业，挂钩浮动比例不得超过1：0.7～1：0.9；非工效挂钩的企业，职工平均工资的增长，原则上不得超过职工生活费价格指数的上升幅度。全年办理工资基金卡的企业886家，基金总额16353.95万元，办理职工增资633.6万元，工效挂钩基数核定3家，企业工资内外收入检查12家。

1998年，企业工资总额管理工作坚持效率优先、兼顾公平的原则，实行按劳动分配和按生产要素分配相结合，保持工资水平适度增长。在国家宏观指导和调控下，企业工资总额继续实行分类管理。对1997年职工平均工资超过1.4万元的企业，列入工资控制线的实施范围。全年办理工资基金卡543家，审批退休老工人增资和老厂长津贴64人，工效挂钩基数核定23家，企业工资内外收入检查18家。1999年，企业工资总额管理工作按"限高保低"的要求，实施宏观调控，理顺行业分配关系，解决行业间分配差距，整顿不合理收入，调整过高收入，保护合法收入。全年办理工资基金卡527家，101家企业3997名职工按人均70元～120元的标准增加工资。

2000年，国有独资及国有控股企业继续实行"基准浮动"工资分配管理办法，其他企业工资水平的确定，根据工资指导线等国家宏观调控政策规定和本企业的经济效益与承受能力，听取工会（或职代会）的意见，由董事会（或股东会）研究决定。控股集团（资产经营）公司可对其所属国有独资及国有控股企业执行的基准工资标准进行适度调整。上城区全年办理工资基金卡463家，批准退休467人。2001—2015年，企业的工资总额使用主要根据工资指导线等国家宏观调控政策规定和企业自身的经济效益与承受能力，听取工会（或职代会）的意见，由企业自主决定，并自行建立起职工的工资增长与经济效益相适应的正常的内部工资调整机制。

二、企业工资制度

岗位技能工资制　1993年1月起，企业在核定的工资总额内，有权确定工资制度和工资标准，选定工资分配形式，决定职工增资的时间、对象、增量和办法，自主调整企业内部各类人员关系。年内，全面推行企业三项制度改革，在进行岗位分配因素整评的基础上，将1985年企业内部工资制度改革时实行的新拟等级工资制改为岗位技能工资，同时调整原企业工资结构，将部分津贴补贴逐步纳入岗位技能工资标准，企业可以从效益工资或历年结余的工资基金中按职工月人均不超过20元的增量用于工资制度改革。岗位技能工资以劳动技能、劳动责任、劳动强度、劳动条件4项基本劳动要素作为确定劳动报酬的主要依据，将职工的劳动报酬设立岗位（职务）工资和技能工资2个单元。岗位（职务）工资根据职工所在岗位、职位和所任职务的责任轻重、劳动强度大小和劳动条件好差并兼顾劳动技能高低确定工资。技能工资根据不同岗位、职位和职务对劳动技能的要求，和职工所具备的劳动技能水平确定工资。工人的技能工资分为初级技工、中级技工、高级技工三大类工资标准，管理人员和专业技术人员的技能工资分为初级管理（专业技术）人员、中级管理（专业技术）人员和高级管理（专业技术）人员三大类工资标准。试点企业的最低工资标准为85元，最高工资标准为340元。凡新实行三项制度改革并且实行全员劳动合同制的企业，允许次年按职工工资额5%～8%的比例核增启动工资，计入成本费用。

在职职工最低工资保障　1994年7月，根据《中华人民共和国劳动法》和劳动部《企业最低工资规定》，上城区实行最低工资保障制度，最低工资每人每月210元。用人单位支付劳动者的工资不得低于当地最低工资标准。最低工资标准一般按月确定。2003年，上城区建立非全日制工作[①]的最低小时工资标准制度。

①在同一单位平均每日工作时间在4小时以内，同时为一个以上用人单位提供非全日制工作，每周累计时间不超过40小时。

表31-5-18　1994—2015年上城区最低工资标准情况表

单位：元

年份	最低月工资标准	最低小时工资标准	执行时间
1994	210	—	1994-07-28
1995	245	—	1995-10-01
1997	270	—	1997-01-01
1999	380	—	1999-07-01
2001	440	—	2001-07-01
2003	520	4.7	2003-09-01
2004	620	5.4	2004-10-01
2005	670	5.7	2005-12-01
2006	750	6.4	2006-09-01
2007	850	7.2	2007-09-01
2008	960	8.0	2008-09-01
2010	1100	9.0	2010-04-01
2011	1310	10.7	2011-04-01
2013	1470	12.0	2013-01-01
2014	1650	13.5	2014-08-01
2015	1860	17.0	2015-11-01

说明：资料来源于杭州市上城区人力资源和社会保障局

离岗退养（内退）和富余人员待遇　1993年，上城区规定对男职工55周岁以上、女职工45周岁以上（有毒有害工作，男职工50周岁以上、女职工40周岁以上）体弱多病，难以坚持正常生产工作的老职工，可采取提前离岗退养（简称内退）。退养期间其待遇参照退休规定执行，从企业工资基金中列支，工龄连续计算。待本人符合退休条件时，再正式办理退休手续，纳入退休费用社会统筹。富余人员中的女职工，在妊娠、哺乳期或子女在学龄前，确因家务拖累，企业生产经营允许的，可放长假。放长假期间，除国家规定的产假外，适当减发标准工资，标准工资低于35元的（不含各类补贴）按35元发给，休长假期间计算工龄。企业富余人员亦可实行厂内待业，进入厂内劳务市场。待业期间由企业组织临时性生产劳动。不愿从事企业安排临时性工作的职工，停发工资、奖金，改发生活补助费，其标准由企业根据具体情况自行决定，但不得低于生活补助费标准。1994年9月30日已办理内退或其他富余职工的工资待遇，仍按原规定执行。从1994年10月1日及以后办理内退或其他富余职工工资待遇，原则上由企业参照有关规定自主决定，但企业应发给不低于每月146元的基本生活费（不含每月发放的基本生活品价格浮动补贴）。1995年5月起，企业内退职工和富余职工，由企业发给基本生活费，其标准不得低于每月185元（不含每月发放的基本生活品价格浮动补贴）。1999年7月起，离岗退养职工的生活费调整为每月不低于320元。2001年8月起，离岗退养职工的生活费调整为每月不低于361元。

企业工资指导线制度　1998年开始，上城区实行企业工资指导线制度。指导线分基准线、上线（预警线）和下线。基准线适用于生产正常发展经济效益增长的企业，1998—2011年，分别为8%、7%、10%、10%、12%、12%、12%、10%、10%、10%、12%、9%、12%、14%。上线适用于经济效益有较快增长的企业，是政府允许企业工资增长的最高限额，不得突破，1998—2009年，分别为12%、10%、15%、15%、17%、17%、16%、15%、18%、15%、18%、14%。下线适用于经济效益下降或亏损的企业。工资指导线适用于城镇各类企业，街道可参照执行，2011年下线为5%。2012—2015年，上城区未制定相关工资指导线文件。

初期工资与指导标准　军队转业干部工资。1993年10月1日后转业到企业的军队转业干部，其工资按照本人原在军队职务（技术等级）工资、军衔（文职级别）工资、基础工资和军龄工资四项之和80%的数额，就近就高套入所在企业相当职务的工资标准（不含奖金和各种补贴）发给。1995年分配到企业的军队转业干部，其工资按不低于本人原在军队职务（技术等级）工资、军衔（文职级别）工资、基础工资、军龄工资四项之和80%的数额，由企业自主确定相应的工资标准（不含奖励和各种补贴）。

各类学校毕业生工资。1994年1月起，企业职工按月人均50元以内增加工资后，各类学校毕业生的初期工资的档次按高于170元（含原标准工资和各种价格补贴）的水平由企业自行确定。1996年9月起，各类学校毕业生参加工作后的工资均实行初期工资指导标准，见习期满后的定级工资，企业可在不低于初期工资指导标准的前提下自行确定。

表31-5-19　1993—1999年上城区单位职工工资情况表

年份	国有经济单位人员工资					集体和其他经济单位人员工资			
	全年工资总额（万元）	奖金（万元）	津贴和补贴（万元）	加班加点工资和其他（万元）	年平均工资（元）	全年工资总额（万元）	奖金（万元）	津贴和补贴（万元）	年平均工资（元）
1993	4475.24	1370.70	1404.90	—	4453	7263.40	1298.22	1148.78	3429
1994	7312.88	2273.98	2020.53	294.11	7063	9426.45	1711.07	1481.28	4508
1995	8295.12	2837.68	2085.73	337.31	7421	10126.30	2041.20	1801.20	5398
1996	10294.40	4408.30	221.30	250.90	8837	9057.80	2152.80	1385.40	5831
1997	13484.10	5364.10	2818.10	947.30	10798	11069.90	1952.10	1589.10	6449
1998	13236.00	—	—	—	10851	8026.00	—	—	7193
1999	15098.00	—	—	—	13652	7473.00	—	—	8211

说明：1.1999年后，集体经济单位改制，统计口径改变。2.资料来源于杭州市上城区人力资源和社会保障局

表31-5-20　2000—2015年上城区劳动力报酬（不含私营）情况表

年份	单位从业人员劳动报酬（千元）	在岗职工工资总额（千元）	基本工资（千元）	绩效工资（千元）	津贴和补贴（千元）	其他工资（千元）	劳务派遣人员劳动报酬（千元）	其他从业人员劳动报酬（千元）	单位从业人员平均劳动报酬（元/人）	在岗职工平均工资（元/人）
2000	—	—	—	—	—	—	—	—	—	12925
2001	329853	320165	—	—	—	—	—	—	16185	16505
2002	372178	354249	—	—	—	—	—	—	16320	16868
2003	434042	421249	—	—	—	—	—	—	18923	19217
2004	495904	480982	—	—	—	—	—	—	23749	24029
2006	3498462	3286286	—	—	—	—	—	212176	—	38536
2007	664170	623377	—	—	—	—	—	40793	—	52553
2008	8208104	7586159	—	—	—	—	—	621945	56179	60035
2009	9546168	8790385	—	—	—	—	—	755783	59312	62541
2010	10991514	10047601	—	—	—	—	542148	943913	65504	69829
2011	13593545	11483589	—	—	—	—	1456418	653538	71877	83042
2012	15149466	12866158	4494542	6157716	1553497	660403	1574319	708989	74484	85583
2013	17641209	13965048	4643459	7042436	1614353	664800	1889709	1786452	84671	97594
2014	18089720	14740219	5010227	7381954	1664803	683235	2003053	1346448	—	—
2015	18618831	15558313	5608069	7685724	1533147	731373	2086351	974167	95474	108866

说明：资料来源于杭州市上城区人力资源和社会保障局

第六章　退休人员管理

1978年后，上城区机关事业单位退休人员和企业退休人员管理工作趋于规范，活动日益多样，成立专门管理机构，健全完善工作制度。1993年，区人事局负责全区退休干部的管理服务工作，建立相应的退休管理制度，对退休年龄、退休程序等做出规范。企业退休职工的养老金发放和日常管理服务由企业负责。同时建立起健康体检、参观旅游、探望慰问、娱乐活动、帮扶救助等退休待遇。1995年，上城区建立企业退休职工管理委员会，并在街道建立网络。2003年，区内街道和社区的劳动保障站基本建立，并在各街道建立退休人员活动中心和档案室。至2003年，上城区基本形成区人事局综合管理，原工作单位直接管理和退休干部自我管理的三级退休人员管理体制和区、街道、社区三级劳动保障服务网络。2004年，成立企业退休人员服务中心，推进企业退休人员社会化管理服务工作。2006年，组建上城区企业退休人员自管小组，实现“自娱自乐、自我管理、互相关心、相互帮助、舒畅晚年生活”的自我管理。2007年，上城区形成街道、社区、自管小组的分级管理模式，建立区、街道、社区、楼道四级管理服务网络和“自我教育、自我管理、自我服务、自我监督”体系，退管组织得到有效延伸。是年，全区企业退休人员纳入社会化管理61827人。至2015年末，全区区属机关、事业单位退休人员7250人；有企业退休人员自管小组1994个，自管组长2991人①。

第一节　机关事业单位退休人员管理

1993年起，区人事局负责全区机关退休干部的管理服务。1994年，召开全区首次退休干部管理工作会议，提出退休干部管理工作必须坚持以经济建设为中心，坚持改革开放、坚持“养为结合、以为促养”②，坚持优化服务“四个坚持”的指导思想。至2003年，由区人事局综合管理、原工作单位直接管理和退休干部自我管理的三级退休人员管理体制基本形成。2005年，成立上城区退休干部大学和退休干部人才库。至

① 由纳入上城区企业退休人员社会化管理的人员（包含区属单位退休人员和居住在上城区的退休人员）建立自我管理和互助服务组织，小组长从纳入区企退社会化管理且居住在上城的人员中选拔。

② 一种积极养老方式，指老年人退出劳动岗位后，不安闲度日，运用自己长年积累的知识、技能和经验，继续在社会主义物质文明和精神文明建设中做出新贡献，并在其中密切家庭关系，提高老年人的社会地位，有利于促进全社会尊老、敬老、养老良好社会风尚的形成。

2015年末，全区机关、事业单位退休人员7250人。

一、退休制度

1993年8月，国务院颁布的《国家公务员暂行条例》规定，国家公务员男性年满60周岁，女性年满55周岁，以及丧失工作能力的，应当退休；男性年满55周岁，女性年满50周岁，且工作年限满30年，由本人提出要求，经任免机关批准，可提前退休；2009年，根据浙江省人力资源和社会保障厅文件规定，工勤岗位受聘到专业技术或管理岗位的女职工，在其50周岁时，由本人选择50周岁或55周岁办理退休手续。2010年10月起，机关女干部，事业单位副高级以上女性专业技术人员，凡能坚持正常工作，由本人自愿、其退休年龄可延后至60周岁。事业单位副高以上女性专业技术人员，可以自由选择55周岁或者60周岁办理退休手续。至2015年末，上城区机关退休984人，事业单位退休6266人。

二、退休待遇

1992年起，上城区组织机关退休人员每两年进行一次健康体检。做好“两项”待遇①的落实，做到政治上关心，生活上帮助。组织机关退休干部暑期避暑疗养，并分期分批地组织机关退休干部外出参观旅游，组织重阳节活动，登门或去医院探望慰问机关退休患病的老干部，尽力帮助解决实际困难。1993年，退休干部职工管理工作经费标准为每人每年300元～500元。2005年，健康体检改为每年1次。2006年开始，每年为机关退休干部换发公园IC卡，每季度向机关退休干部编发《养老保健手册》，开设健康讲座等。2008年，上城区按照省、市人事部门的统一部署，退休干部职工的管理工作经费标准从每年每人300元～500元的标准提高到600元～900元。2010年1月起，机关和全额拨款事业单位退休人员退休费纳入财政统发，即先由区人事局工资科编造名册、审核无误后交区财政局复核，复核无差错后转交银行，由其直接将退休费转入退休人员工资卡中。2015年，机关事业单位健康体检，统一体检项目和标准，统一到指定的区健康管理中心体检。

① 指的是政治待遇和生活待遇。

第二节 企业退休人员管理

企业退休职工的养老金发放和日常管理服务由企业负责进行。1994年，为减轻企业社会负担，保障退休职工生活，上城区推行企业退休职工社会化管理，开展企业退休职工养老金发放试点。1995年，建立上城区企业退休职工管理委员会，并在街道建立退休人员管理网，企退人员参与自我管理。1998年5月，为推行企业退休职工社会化管理，在原有退休职工养老金社会化发放试点的基础上，扩大企业退休职工养老金社会化发放的试点工作；至2000年，全区实现企业退休人员养老金的社会化发放，保障退休职工能按时足额领到养老金。2000年8月，组建街道劳动保障管理站和社区劳动保障服务室。2003年，以“规范化、制度化、科学化”为目标，加快劳动保障站建设。是年，区内街道和社区的劳动保障站基本建立，并在各街道建立退休人员活动中心和档案室。全区实现区、街道、社区三级劳动保障服务网络。为推进企业退休人员社会化管理工作，保障退休人员晚年生活，2004年6月，上城区制定《上城区企业退休人员社会化管理服务工作实施意见》，成立企业退休人员服务中心，制定《上城区企业退休人员的社会化管理服务实施意见》《上城区企业退休人员社会化管理服务工作细则》《退休职工死亡丧葬工作预案》《街道劳动保障站退休人员档案交接流程》《社区保障室退休人员信息进社区工作操作流程》，并下发到社区。7月起，对移交社区社会化管理的企业退休人员发放生活补贴。生活补贴的标准开始为每人每月25元，所需经费由财政负担。9月，每人每月再增发退休人员生活补贴15元，即每个退休人员的生活补贴从25元提高到40元。全年全区有254家企业、18906名退休人员办理移交手续（包括失业退休人员2664人）。

2005年6月，上城区贯彻市政府发布的《关于进一步做好市区企业退休人员社会化管理服务工作的若干意见》精神，推进企业退休人员社会化管理的落实，配备企业退休人员社会化管理服务工作人员，街道（乡镇）劳动保障管理站配备的4~6名工作人员中，有2~3名人员负责企业退休人员的管理服务。社区按管理服务企业退休人员每满500名配备1人的标准聘用专职工作人员，工作经费由市财政统一负担。

2006年，组建上城区企业退休人员自管小组，实现“自娱自乐、自我管理、互相关心、相互帮助、舒畅晚年生活”的管理模式。10月，区劳动保障局在红星剧院举办上城区首届企业退休人员文艺汇演。11月，根据市政府统一部署，上城区开展首次企业退休人员健康体检。此后，每两年组织一次。同时，根据《杭州市社会化管理企业退休人员帮困救助暂行办法》，上城区配套建立企业退休人员困难帮扶资金100万元，实行专款专用。

图31-6-6　2006年10月26日，上城区举办首届企业退休人员文艺演出　（陈建荣　摄）

2007年，上城区按照《关于进一步做好企业退休人员服务工作的若干意见》要求，形成街道、社区、自管小组的分级管理模式，建立区、街道、社区、楼道四级管理服务网络和“自我教育、自我管理、自我服务、自我监督”体系，退管组织得到有效延伸。

全区纳入社会化管理61827名企业退休人员中，组建起1494个自管小组和2710人的自管骨干队伍，聘请57名联络员。是年，组建杭州市首家企业退休人员健康康复基地。10月，上城区制定《上城区企业退休人员困难帮扶救助实施办法》，对2006年医药费自付部分支出在1万元以上的169名企业退休人员给予帮扶救助，共计16.9万元。对因火灾受灾的南星街道、湖滨街道10户退休人员家庭进行慰问，送慰问金各1000元。同时，建立学习、会议、活动、走访、帮困、法律援助、工作联系、总结表彰8项制度。是年，企业退休人员节日慰问从每年两大节日（春节、中秋）增到每年三大节日（春节、端午、中秋），金额从每次150元/人增加到春节1200元、端午800元、中秋800元（共2800元/人）。

2008年，为满足退休人员对文体活动的需求，上城区组织2次企业退休人员参加市退管中心的钓鱼比赛，组织200名退休人员参加市退管中心牵头的疗养活动。2011年，对企业退休人员2010年度三大传统节日慰问费予以增发，共计增发204379人次，合计增发慰问金6805.45万元。2013年，为做好退休人员服务保障工作，上城区重点抓好街道、社区退管员队伍建设，落实定岗、定位、定职责，全年招聘补充退管员40名。

2015年，上城区深入推进属地管理，完善人户分离人员系统基础信息采集，探索通过购买社会服务提升满意度。加强自管组长队伍建设，全区共有退休人员自管小组1994个，自管组长2991人，开展各类节日慰问工作，全年节日慰问242351人次，发放慰问金22618万元。

表31-6-21　1993—2015年上城区企业离、退休（退职）人员情况表

单位：人

年份	纳入社会化管理的企业退休人员	退休人员	领取定期生活费的退职人员	离休人员	其中		
					本区	异地安置	军队退改离
1993	—	8097	625	133	—	—	—
1994	—	8558	632	136	—	—	—
1995	—	9086	499	145	—	—	—
1996	—	9759	463	148	—	—	—
1997	—	11092	453	176	—	—	—
1998	—	11756	527	149	—	—	—
1999	—	11436	462	146	—	—	—
2000	—	12671	355	196	—	—	—
2001	—	13235	408	201	—	—	—
2002	—	14469	473	143	—	—	—
2003	—	8779	227	114	—	—	—
2004	—	11365	71	248	—	—	—
2005	—	4873	—	234	—	—	—
2006	59222	—	—	246	—	—	—
2007	61827	—	—	239	—	—	—
2008	63354	—	—	230	—	—	—

续表 31-6-21

年份	纳入社会化管理的企业退休人员	退休人员	领取定期生活费的退职人员	离休人员	其中		
					本区	异地安置	军队退改离
2009	65796	—	—	220	162	58	—
2010	72349	—	—	210	155	55	—
2011	75403	—	—	197	145	52	—
2012	81407	—	—	184	124	54	6
2013	84744	—	—	169	119	44	6
2014	86520	—	—	156	112	42	2
2015	87943	—	—	148	106	40	2

说明：1.2006年开始，企业退休人员开始纳入社会化管理。2.资料来源于杭州市上城区人力资源和社会保障局

第七章　劳动监察与仲裁

1978年改革开放后，为使劳动制度配套改革规范运行，上城区成立劳动争议仲裁委员会，负责解决试行劳动合同制后职工与企事业单位间发生的矛盾纠纷。1993年，上城区组建劳务监察队，开展劳务监察。1995年，为确保《中华人民共和国劳动法》的贯彻实施，组建上城区劳动监察大队，开展全区企业劳动用工大检查，同时组建仲裁庭解决企业用工纠纷。1998年8月，建立上城区人事争议仲裁委员会，解决上城区机关和事业单位人事争议。2003年，全区先后开展“春苗行动”“春雨行动”等专项整治和“春雷行动”专题监察活动。10月，《浙江省人事争议仲裁办法》试行，上城区根据规定调整仲裁受案范围。2005年，建立欠薪支付保障基金。是年，全区6个街道、51个社区均建立劳动争议调解组织。2007年，上城区完成劳动争议仲裁院组建工作，组织基层开展标的额较小的劳动争议案件调解。2009年，区劳动和社会保障局与区总工会联合，成立上城区工会劳动法律监督大队，为杭州市首创。是年，社区（劳动关系协调小组）、街道（劳动关系调解委员会）、区（劳动争议仲裁委员会办公室办事机构）三级调解网络形成。2010年，街道劳动保障监察中队普遍建立信息采集机制、动态管理机制和企业劳资沟通对话机制。2011年，上城区率先试点推行说理性行政处罚决定书，并创新社会管理模式，建立劳动保障监察和劳动争议仲裁联动机制，成立“平安上城110社会联动管理中心”。2013年，上城区制定《关于进一步完善无欠薪上城工作机构及工作机制的意见》，开展打造“无欠薪”上城的工作。至2015年末，上城区建立以区劳动保障监察大队为主，适当向街道延伸的劳动保障监察组织体系，建成一支以专职劳动保障监察员为主，专职监察员与兼职监察员、法律监督员相结合的劳动保障监察队伍。劳动争议仲裁形成区级有劳动争议仲裁委员会和劳动仲裁院，街道有劳动关系调解委员会，社区和企业有劳动关系调解小组的三级组织。

第一节　劳动保障监察

1993年，上城区劳务监察队对区内各单位临时用工是否符合政策法规规定实施劳务监察，维护劳动关系双方合法权益。1997年6月，建立劳动年检制度，就劳动管理制度、遵守招工规定（含招用外来劳动力）、劳动合同签订、工资总额使用及工资支付、最低工资保障、工作时间与休息休假、社会保险、女职工和未成年职工劳动权益保障、职业资格证书使用等情况定期开展监督与检查。2005年，劳动年检改为书面审查，同时建立全区书面材料审查制度，推进企业劳动保障诚信工程建设。2015年，检查单位632家次，涉及劳动者21480人。累计书面审查用人单位65745家。

一、监察与检查

1993年10月，上城区劳务监察队以10天时间、出动81人次，对区属42家企业进行劳务用工检查。同时，督促用工单位负责对所招用流动人口的计划生育进行管理。1994年3月，区劳动局和区社会治安综合治理委员会、区公安分局等部门联合，突击一周对城东公园一带非法劳务市场进行取缔，疏导外来务工人员，之后继续经常检查。4月，区劳动局与区总工会、区公安分局等部门联合重点检查餐饮、娱乐、美容美发3个行业及个别工厂。全年检查56家单位，涉及职工8000人次。其中，有542名外来务工人员未办证，均当场对用工单位进行教育，并责令限期办理。1995年，组建区劳动监察大队。

1997年，为贯彻《浙江省劳动监察规定》，区劳动监察大队实行劳动监察工作目标管理。5月，在全区范围内开展劳动执法月活动，重点检查签订劳动合同、遵守工作时间规定、工资支付和最低工资规定缴纳社会保险费等情况。1998年，区劳动局对1000名厂长（经理）进行《中华人民共和国劳动法》培训。1999年6月，省、市、区3级开展社会保险、劳动合同签订情况大检查。11月，区劳动保障监察大队贯彻《社会保险费征缴暂行条例》，以社会保险扩面征缴、劳动合同签订以及确保离退休人员养老金按时足额发放和下岗职工基本生活费等内容为重点，实施劳动监察。全年对282家企业进行劳动监察。

2000年，上城区检查14家企业、665名技术工种持证上岗情况，审批外来用工3418人。2003年，开展以打击非法使用童工为主要内容的“春苗行动”专项整治，以清欠工资为主要内容的“春雨行动”专项整治，以打击非法职业介绍为重点内容的“春雷行动”专题监察。2005年，建立欠薪保障基金，重点检查劳动密集型企业在劳动用工、参加社会保险、签订劳动合同、工资支付、工作时间、禁止使用童工等方面情况。行政处罚3起，处罚金额2.5万元，查处非法使用童工1起，罚款5000元。

2007年，上城区围绕“处罚不是目的，教育转化才是根本”的原则，开展“打击非法职业中介”“清理拖欠农民工工资”“清查整顿劳动力市场秩序”“规范企业劳动用工管理行为及美容美发（足浴）”“整顿四小企业”等监察。督促企业完成社会保险登记开户611户；行政处罚19起，查处用人单位违法使用童工13起，处理劳动保障群体性突发事件7起；受理工伤认定160起。主动监察和专项监察487家，受理直接举报投诉347件、“12345”市（区）长专线525件。

2009年，上城区制定《上城区欠薪应急周转金使用管理办法》，提高欠薪应急周转金财政预算额度[①]，明确相关部门在资金

① 即区一级应急周转金从100万元增至200万元，街道一级从30万元增至50万元。

落实和欠薪应急周转金审批、发放、追偿、核销中的权限和责任，明确欠薪应急周转金垫付标准、清偿办法和核销范围。是年启用欠薪应急周转金3.48万元，为116名因老板逃匿导致生活无着的劳动者垫付应急生活费。

2010年，各街道劳动保障监察中队普遍建立“四个一”[①]信息采集机制和“五查五建三勤”[②]动态管理机制，并建立企业劳资干部联谊会，吸纳142家企业参加。联谊会通过定期组织成员单位开展劳动保障法律法规学习讲解、政策咨询、案例解析、企业劳动规章制度建立、社会保险缴纳规定等相关培训，帮助成员单位规范执行劳动规章制度和用工管理。

① 及时将采集到的信息情况汇总一遍，责任人对责任区域走访一遍，定期对企业情况梳理一遍，对巡查专查投诉案件等台账整理一遍。

② 查清辖区企业数、查清职工人数、查清合同签订情况、查清社会保险参保缴纳情况、查清员工工资支付情况，建立企业单位书面审查登记表、建立完整的用工企业档案、建立企业便民联系卡、建立劳动保障监察责任制、建立来电来访投诉登记表以及动态管理更新勤、采集信息跑得勤、走访企业联系勤。

2011年，上城区率先在杭州市推行说理性行政处罚决定书，选取基础工作较好的清波劳动保障监察中队作为试点。是年，区大队及中队劳动保障监察处罚决定书都达到“法理说得透彻、道理讲得明、处罚适用法条正确”的说理性行政处罚决定书要求。是年，建立一整套应对欠薪突发性、群体性事件的快速介入，动态掌握，强化源头控制，迅速平息群体性欠薪事件的工作机制。5月，创新社会管理模式，成立“平安上城110社会联动管理中心”，共处理“110”联动指挥中心下达的联动指令46件，实现及时接收、快速介入、迅速反馈。

2012年，为规范劳务派遣行为，上城区组织开展劳务派遣情况专项监察，重点专查区域内20家劳务派遣机构，着重关注核实企业真实性、企业社保参保情况及其他违法情况，被调查的20家劳务派遣机构中，有去向不明6家，歇业但未注销1家。实行劳务派遣的人员中，劳动合同签订率、社会保险参保率均在99%以上。2013年，上城区制定《关于进一步完善无欠薪上城工作机构及工作机制的意见》。9月下旬，召开“无欠薪上城”工作会议，开展防欠薪工作。至年末，为劳动者追讨工资445.25万元。

2015年，上城区开展农民工工资发放情况、清理整顿人力资源市场等“五类检查”，检查单位632家次，涉及劳动者21480人。春节期间，区劳动监察部门集中精力应对建筑工地欠薪问题，合力处理大规模欠薪事件10起，涉及农民工1100余人、工资2200余万元。区人力资源和社会保障局联合区总工会完成劳动和谐指数测评，健全值班制度，强化快速反应机制。共立案受理投诉案件382件，涉及劳动者596人，为劳动者追讨薪资达160万元，处理“110联动”案件265起。

二、劳动年检和书面审查

1997年6月，上城区建立劳动年检制度，由区劳动监察大队组织实施。1998年，实行用人单位劳动年检和劳动规章制度备案审查制度。劳动年检主要内容包括劳动管理制度、遵守招工规定（含招用外来劳动力）、劳动合同签订、工资总额使用及工资支付、最低工资保障、工作时间与休息休假、社会保险、女职工和未成年职工劳动权益保障、职业资格证书使用等情况。劳动规章制度备案的主要内容包括劳动合同管理制度、工资管理制度、职工社会保险制度、工时及休假制度、职工奖惩制度、职工培训制度。劳动年检的程序为用人单位自查、主管部门初审、劳动监察机构审核、劳动部门登记发劳动年检手册4个阶段。劳动年检的时间为每年1—7月单位自查，8—10月年检审核劳动年检手册。劳动年检结果分合格、基本合格、不合格3种情况，合格的由劳动部门发给劳动年检手册。

2000年，上城区建立劳动年检评定信得过单位制度，由区劳动监察大队负责实施。凡用人单位连续3年劳动年检评为合格的，授予“劳动用工管理信得过单位”称号。信得过用人单位3年内没有被举报投诉的，免日常巡查，并向社会通报。2002年4月，市劳动保障局调整劳动年检制度，将社会保险机构年检、就业管理服务年检、劳动监察年检等多处年检改为劳动监察机构一个口子统一对外年检。劳动年检由每年集中时间改为每年4—11月进行。2005年，上城区据国务院《劳动保障监察条例》，改劳动年检为书面审查，建立全区书面材料审查制度，推进企业劳动保障诚信工程建设。至2015年末，累计书面审查用人单位65745家。

表31-7-22　1995—2015年上城区劳动监察情况表

年份	受理各类监察案件（件）	其中		巡视、专项监察（家）	完成劳动保障书面审查（家）	办理劳动合同签证（份）	追讨工资及待遇（万元）	清退押金（万元）
		群众投诉、举报（件）	12345市长专线和区长专电（件）					
1995	20	—	—	—	—	—	—	—
1996	—	—	—	—	—	3033	—	—
1997	40	—	—	—	—	2887	—	—
1998	127	—	—	—	—	5067	—	—
1999	—	—	—	—	—	2728	—	—
2000	210	—	—	—	—	4557	—	—
2003	424	188	41	—	220	10495	48.17	9.21
2004	—	—	—	—	—	18759	429.77	2.66
2005	1032	—	—	—	—	26652	207.00	—
2006	1719	438	498	368	415	6495	171.60	—
2007	1359	347	525	—	5072	25216	194.87	—
2008	2165	549	332	—	11971	5332	128.80	4.30
2009	1949	810	318	—	4626	7777	220.34	1.97
2010	581	297	284	4844	6535	327	200.80	2.10
2011	431	312	119	4090	7082	500	135.70	—
2012	755	447	308	3491	4795	127	419.30	—
2013	390	257	133	2895	6204	779	445.25	—
2014	305	243	62	13	6918	64	—	—
2015	386	373	270	1545	11907	868	160.00	—

说明：资料来源于杭州市上城区人力资源和社会保障局

第二节　劳动人事争议仲裁

随着社会经济的快速发展，企业所有制性质、就业方式趋向多样化，上城区外来务工人员逐渐增多，企业用工自主权的扩大和工资分配形式多元化以及职工维权意识的增强，劳动争议案件不断增加。1995年，上城区通过仲裁员、仲裁庭制度，开展劳动争议调解、仲裁，行政机关及其事业单位人事争议仲裁案件则由上城区人事争议仲裁委员会受理。2012年起，区人事局与区劳动和社会保障局合并，人事争议仲裁和劳动争议仲裁统一由上城区劳动争议仲裁院负责。2015年，区劳动人事争议仲裁受理案件358件，仲裁结案率93.3%；劳动保障投诉举报立案382件，结案率100%。

一、劳动争议仲裁

1993年，根据《中华人民共和国企业劳动争议处理条例》，上城区劳动争议受理范围扩大到中国境内企业，包括机关团体、事业单位、个体工商户发生的劳动争议；比之前增加因企业职工辞职、自动离职发生的争议和因执行国家有关工资保险福利培训劳动保护规定发生的劳动争议。劳动争议仲裁程序亦有调整。1994年，接待来访50人次，来信12件。

1995年，为贯彻《浙江省〈企业劳动争议处理条例〉实施办法》，区仲裁委员会负责处理上城区行政区域内企业与职工之间发生的争议。劳动争议仲裁实行仲裁员、仲裁庭制度。区仲裁委员会聘任的仲裁员，其资格由浙江省劳动厅考核认定，颁发劳动仲裁员资格证书。劳动仲裁员资格证书自颁发之日起，有效期为3年。被聘任的仲裁员，由聘任的仲裁委员会颁发劳动仲裁员执行公务证和劳动仲裁员胸卡，凭证卡执行公务。是年，贯彻实施《中华人民共和国劳动法》，上城区实行全员劳动合同制，劳动争议结构发生变化。1998年7月，贯彻《浙江省乡镇劳动争议处理机构组织及工作规则（试行）》，街道协调组织开展乡镇劳动争议处理工作。2000年，加快中小企业改制步伐，对1983年前的职工进行工龄置换，年龄偏大职工在工龄置换后与企业解除劳动合同，劳动争议明显增加。是年，健全重大仲裁案件会审制度，对涉及区属重点骨干企业的申诉案件，主动做好沟通联系，力求在可能范围内保护和支持企业的利益不受损害。对个别带有普遍性、典型性的案件，邀请新闻单位参加审理，探索新闻舆论参与监督。

2001年，随着经济结构调整，劳动争议受理范围扩大和处理机构组织完善，劳动争议产生领域发生重大转变，争议单位由国有、集体单位转向私营（个体）股份制企业，争议对象由固定工和合同工并重转向合同工。由于劳动者维权意识增强，劳动争议大量增加。2004年，上城区健全企业调解委员会和街道协调组织，对用人单位和劳动者申诉坚持“及时介入，耐心工作，依法处理，就地解决”的原则，规范调解工作程序，发挥处理劳动争议的作用。2005年，区劳动争议仲裁委员会针对经济体制改革深化、就业方式变化、劳动争议案件上升的特点，加强劳动争议仲裁员、仲裁庭建设，实行仲裁庭公开审案、休息日开庭仲裁等措施，提高办案效率和透明度。2006年10月，组织街道劳动关系调解委员会、社区劳动关系协调小组的工作人员进行业务培训，提高参与劳动争议案件调解能力，为劳动者就近、就地、及时解决劳动纠纷创造提供保障。是年，通过劳动争议仲裁，分别为用人单位和劳动者追回损失7.24万元和170.67万元。

2008年，《劳动争议调解仲裁法》规定取消劳动争议仲裁案件的收费。上城区仲裁委员会按市劳动保障局要求，接受9800家市属下放企业的劳动争议仲裁管辖权限，劳动仲裁申请量大幅上升。全区6个街道劳动关系调解委员会办公室主任被区仲裁委聘为兼职仲裁员，劳动者能就近、就地、及时解决劳动争议。2009年，上城区劳动争议仲裁案件受理量始终处于高位，出现争议申诉标的额大幅上升及复杂化趋势。是年，街道社区调解机构为劳动者挽回损失110.43万元，区仲裁委共受理劳动争议仲裁案232件，为劳动者挽回经济损失257.43万元。

2010年，上城区加强对街道社区、企业、行业调解组织的业务指导，基本建立企业劳资沟通对话机制。企业规章制度、履行劳动合同、集体合同中的问题作为协调、对话主要内容，提高企业自主解决劳动争议的能力。是年，上城区建立标准化仲裁庭，劳动争议案件的结案率91%以上，基层调解委调解110起。

2011年，全区6个街道、51个社区和组建工会200人以上企业，均建立劳动关系调解委员会。开辟针对10人以上集体争议的“绿色通道”①，制定区劳动争议调解仲裁工作应急预案。通过明确工作职责、预防预警机制和应急响应机制，确保应急预案得到贯彻执行。同时建立劳动保障监察与劳动争议仲裁协调联动机制，下发《关于进一步做好劳动争议调解工作的通知》，确立劳动保障监察员既是监察员也是调解员。并建立劳动保障监察与劳动争议仲裁信息沟通、业务研讨制度。是年，劳动纠纷投诉及争议仲裁案件处理呈现“二降一升”态势，即正在依法调查处理中，但因各种因素导致升级（或扩大化）的劳动纠纷案件大幅下降；因劳动纠纷导致的群体性（或突发性）案件大幅下降，通过调解得到解决的劳动纠纷案件大幅上升。

2012年，上城区依托街道、工业园区建立起涵盖142家企业的劳资干部联谊会，帮助企业应对结构性招工难、劳资纠纷呈多元化等问题，引导企业将争议化解在企业内部，推动劳动关系协调处理的重心下移。同时，在组建工会的规模以上企业建立劳动关系调解委员会，指导完善应急管理预案。通过建立调解建议书制度、调裁衔接制度，引导当事人到基层劳动争议调解委员会进行调解，调解不成功的再予以立案受理。

① 即发生集体劳动争议时，立即按“优先立案、优先审结、着力调解、稳定处置”的原则，予以当日受理、当日立案，当日组织力量介入调查，尽力促成双方协商、和解。对经调解不能达成一致的，则在最短时间内予以裁决结案。

是年，劳动人事争议仲裁庭规范化建设基本完成，配置证据展示、维持庭审秩序监控系统。

2015年，上城区采取两手抓的方式：一手抓宣传，送法到基层，全年举办2场企业规范用工法律培训，有70家单位近百名企业负责人参加；一手抓办案效率和办案质量，重调解，促和谐，加大办案力度。是年，规模以上企业全部建立企业劳动争议调解委员会。同时完善网上办案制度，应立案的案件均及时上网，做到录入信息全面规范。至年末，全区劳动人事争议仲裁受理案件358件，仲裁结案率93.3%；劳动保障投诉举报立案382件，结案率100%。

图31-7-7　2015年6月18日，区人力社保局组织企业规范用工法律培训　（区人力资源和社会保障局 供稿）

表31-7-23　1993—2015年主要年份上城区劳动争议仲裁情况表

单位：起

年份	受理劳动争议案件	依法立案受理	其中	
			做出裁决	调解
1993	—	—	—	2
1995	27	20	2	—
1998	23	23	23	4
2003	49	—	19	14
2004	64	—	31	18
2005	84	—	—	—
2006	71	58	—	—
2007	84	84	28	56
2008	182	182	47	135
2009	232	215	131	82
2010	165	163	57	106
2011	169	169	61	108
2012	260	319	299	172
2013	533	522	118	404
2014	421	721	83	338
2015	358	334	98	236

说明：资料来源于杭州市上城区人力资源和社会保障局

二、人事争议仲裁

仲裁范围与管辖　根据《杭州市人事争议处理暂行办法》规定，上城区人事争议仲裁委员会受理人事争议仲裁案件的范围主要是：本辖区内行政机关及其事业单位，被开除以外的干部（公务员）职工与单位之间引发的人事争议、矛盾纠纷。行政机关因录用、调动或履行、终止、解除聘任（用）合同发生的争议；事业单位与工作人员因调动、辞职、辞退或履行、终止、解除聘任（用）合同发生的争议；企业单位与管理人员、专业技术人员之间因履行、终止、解除专业技术职务合同发生的争议。

2003年10月，《浙江省人事争议仲裁办法》施行，《杭州市人事争议处理暂行办法》停止执行。仲裁受案范围调整为：事业单位、社会团体等单位与其建立聘用合同关系的专业技术人员、管理人员之间因履行聘用合同发生的争议；事业单位、社会团体等单位和未与其建立聘用合同关系的专业技术人员、管理人员之间因辞职、辞退发生的争议；事业单位、社会团体等单位因拒绝聘用相关人员而与之发生的争议。人事争议仲裁实行级别管辖与属地管辖制度，上城区人事争议仲裁委员会管辖辖区内所属单位的人事争议。

程序　人事争议仲裁，一般需要经过申请、审核、立案、组织仲裁庭、仲裁准备、调解、开庭、制作调解书和仲裁书及送达调解书或仲裁书等程序。当事人如果在调解书送达前反悔的，仲裁委员会要按规定及时裁决；当事人如对裁决不服的，按照原规定可在收到裁决书后15日内向原仲裁委员会申请复议。最高人民法院司法解释出台后，改为向人民法院起诉；若不起诉又不履行裁决的，另一方当事人可以申请人民法院强制执行。

1999年，上城区人事争议仲裁委员会建立后，制定《上城区人事争议仲裁委员会工作暂行办法》，选派人事争议仲裁委员会部分成员和区人事局全体工作人员轮流参加浙江省人事争议仲裁培训班，做到持证上岗。

1999年8月—2012年9月，上城区人事争议仲裁委员会受理人事争议仲裁案件62件，立案17件。因工资福利、工作岗位调整、辞职辞退等引发的矛盾纠纷，有80%以调解方式解决，结案率98%，为机关事业单位工作者维权15700余元。另外，依法不予受理45起，协助单位（部门）调处和解42起。

2012年起，区人事局与区劳动和社会保障局合并，人事争议仲裁和劳动争议仲裁统一由上城区劳动争议仲裁院负责。上城区辖区内规模以上企业绝大多数都按规定建立企业工会组织和企业劳动争议调解委员会，配备一批政治素质好、工作责任心强、懂法律的专（兼）职劳动争议调解员。2013年12月，区劳动争议仲裁院更名为区劳动人事争议仲裁院。2013—2015年，共受理人事争议案件17件，均以调解方式解决结案，结案率100%。

第八章　社会保障

1978年改革开放后，随着企业用工制度改革，社会保险制度改革开始起步。1984年，杭州市试行部分职工（合同制职工）养老保险。1986年8月，区属全民所有制企业职工①均按规定参加统筹。10月，推行劳动制度改革，实施待业保险。20世纪90年代初，上城区实行私营企业和个体工商户养老保险办法，并开展女工生育保险试点工作。1993年8月，施行公费医疗管理改革办法，实施“三方筹集经费，四方参与管理”。1994年5月，养老保险社会统筹范围扩大到各类企业职工。7月起，推行女工生育保险。1998年，实施《杭州市企业职工工伤保险暂行办法》，开始征缴工伤保险。1999年，上城区开展养老金社会化发放试点工作。2000年1月，上城区公费医疗管理办公室从区卫生局划转到区劳动局，改称上城区医疗保险管理办公室，负责全区医疗基金管理、医疗审核（相关服务），行使医疗救助职能。是年，全区实现企业退休人员养老金的社会化发放，保障退休职工养老金按时足额发放。2001年4月起，实施城镇职工基本医疗保险。是年，参加生育保险社会统筹的范围扩大到各类企业和参加基本养老保险统筹的事业、社会团体、民办非企业单位的职工。2004年6月，《上城区企业退休人员社会化管理服务工作实施意见》下发，上城区企业退休人员服务中心成立。

2005年10月，《杭州市社会保险费征缴办法》规定，社会保险实行基本养老保险、基本医疗保险、失业保险、工伤保险和生育保险“五费合征”。至2015年末，上城区建立广覆盖、保基本、多层次、可持续的社会保障体系，全区养老保险参保人数12.56万人，失业保险参保12.56万人，工伤保险参保人数13.83万人，医疗保险参保人数12.56万人，生育保险参保12.12万人。

① 包括固定职工和合同制职工，以及中外合资企业中的中方职工和未实行独立核算的混岗全民办集体人员。

表 31-8-24　2003—2015 年上城区社会保险参保情况表

单位：人

年份	养老保险		失业保险		工伤保险		医疗保险	生育保险	
	参保人数	当年净增	参保人数	当年净增	参保人数	当年净增	参保人数	参保人数	当年净增
2003	30827	5345	18450	—	—	—	12557	—	—
2004	34850	4024	18660	—	31598	3883	—	—	—
2005	38694	3844	38326	—	38196	6598	—	38916	—
2006	47292	8966	47292	—	46787	8591	—	46787	8591
2007	57224	9449	57224	9449	61176	14389	57224	—	57224
2008	74278	17054	74278	—	78476	17000	74278	74278	—
2009	85668	11390	85668	11390	91444	13268	85668	81836	9908
2010	101502	15834	101502	15834	110513	19069	101502	96695	11859
2011	103483	9031	103483	9031	115865	11022	313695	97187	6056
2012	109179	6166	109179	6166	122656	7261	109179	101702	4975
2013	115785	5092	115785	5092	128249	7623	115785	128249	5034
2014	120119	6748	120119	6748	131594	5800	120119	116024	10338
2015	125587	5686	125587	5686	138296	6920	125587	121162	—

说明：1.2003 年前，区级小企业居多，社保覆盖较晚，相应数据未统计。2. 资料来源于杭州市上城区人力资源和社会保障局

第一节　养老保险

1992 年开始，上城区在私营企业、个体工商户中实行养老保险制度。1993 年 1 月起，上城区机关事业单位职工养老保险费用列入社会统筹。1994 年，养老保险社会统筹范围扩大到各类企业职工。2000 年 7 月 1 日起，全区 9600 余名离（退）休职工养老金全部实行社会化发放，发放养老金 6500 万元。2005 年 10 月，社会保险实行“五费合征”，实现参保管理、费用征收、基数规定、基本信息 4 个统一，强化社会保险的基础工作、扩大社会保险的覆盖范围。2011 年，上城区开展城乡居民养老保障参保情况信息登记和困难人员参保摸底“两项”调查。至 2015 年，上城区在全区范围内逐步建立广覆盖、保基本、多层次、可持续的基本养老保障体系。

一、城镇企业职工养老保险

社会统筹[①]　1992 年，为贯彻国务院《关于企业职工养老保险制度改革的决定》，上城区开展征收私营企业和个体工商户养老

① 1986 年 10 月起，上城区贯彻杭州市政策规定：凡在上城区范围内的区属、市属、省属和中央部属全民所有制企业，包括在经济体制改革中，实行改制转租的全民所有制企业，全民为主体的全民集体联营企业和供销社系统保留全民所有制性质的企业；全民所有制企业中未实行独立核算的全民办集体企业；中外合资经营企业（其内部中方职工）和区属、市属企业都实行离休退休、退职劳动保险社会统筹。

保险试点工作。在上城区经营的私营企业、个体工商户，一律实行社会养老保险制度。私营企业职工、个体工商户经营者及帮工、学徒，均属参加养老保险的对象。3月起，上城区域内的小集体企业职工个人按月缴纳养老保险金2元，由企业在职工工资中代扣。1993年7月起，杭州市统一市区城镇县以下集体企业职工基本养老金统筹办法，上城区企业职工个人缴费共征集基金28万元。1994年1月起，区属企业招用的城镇户口的临时工基本养老保险列入社会统筹。5月，养老保险社会统筹范围扩大到各类企业职工。1996年7月起，基本养老保险基金的筹集，企业（含个体工商户）按职工缴费工资总额的23%计缴养老保险费，销售额按一定比例计缴地方养老保险费，地方财政预算安排年度总支出的5%作为后备养老保险基金①。1997年7月，根据《关于破产企业职工社会保险若干问题处理意见的通知》对破产企业职工社会保险若干问题做出的规定，企业在破产时，其破产财产在支付各项破产费用后，应按《中华人民共和国企业破产法》第一清偿程序，首先用于清偿破产企业所欠职工工资和安置破产企业职工所需费用以及所欠社会保险费。1998年，职工个人仍按本人缴费工资基数的4%缴纳基本养老保险费，以后每两年提高1个百分点，最终达到8%。

1999年1月起，企业职工个人缴费比例调整为5%。7月，在企业养老保险和大病医疗统筹的基础上，建立企业离休干部“两费”（生活费和医药费）保障机制。企业离休干部“两费”保障统筹资金由企业、财政和社会保险3家共同承担，以企业缴费为主，财政适当补贴，社会保险托底。同时，允许企业部分职工按规定年限补缴基本养老保险费。9月，贯彻实施国务院《社会保险费征缴暂行条例》和《失业保险条例》，对新参保企业（含街道企业，“撤村建居”后各类企业）及其职工实行优惠政策。11月，对部分符合规定条件的下岗职工由企业和下岗职工双方协商一致并各承担一部分费用。企业在与下岗职工解除劳动合同时，可以采取一次性缴纳至职工法定退休年龄的基本养老保险和医疗保险费的办法。1—9月，收缴企业职工养老金2837万元，全年收支相抵，从市统进1900万元（剔除地方养老金1665万元，实际统进235万元）。是年，上城区离（退）休职工有5023人实行养老金社会化发放，其中，当年新增2763人，发放面占离（退）休职工总数的54%以上。

2000年7月1日起，全区9600余名离（退）休职工养老金全部实行社会化发放，全年发放养老金6500万元。10月，基本养老保险费的补缴范围扩大：凡到达法定正常退休年龄时，缴费年限不满15年（含视同缴费年限）的人员，允许一次性补缴基本养老保险费满15年。2001年1月起，企业职工个人缴费比例从5%调整为6%；新参保私营和其他

① 根据杭州市企业职工基本养老保险金统筹办法，基本养老保险基金的筹集包括按职工缴费工资总额计缴的养老保险费和企业按销售额计缴的地方养老保险费以及地方财政预算安排的后备养老保险基金。

各类企业缴费比例，从17%调整为20%。2002年1月起，企业职工个人缴费比例调整为7%。7月，单位缴费比例下降3个百分点，调整为20%；个体劳动者的缴费比例由17%调整为20%；新参保的非财政补助（自收自支、企业化管理）事业单位的缴费比例为20%，个人为7%。同时，停止按企业销售收入定比例缴纳的地方养老保险费的征收方式。

2003年，经批准征用土地的年满16周岁以上，男未满60周岁、女未满50周岁的“农转非”人员，均实施低标准缴费、低标准享受养老待遇的“双低”养老保险，缴费基数按缴费时上年浙江省职工平均工资，缴费比例为19%，一次性缴清15年的养老保险费。低标准享受养老待遇的农转非人员，按月领取养老金，其养老金由基础养老金和个人账户养老金组成。征地时未达到劳动年龄或已超过劳动年龄的农转非人员，由被征地单位在征地补偿费中一次性支付每人3万元的安置补助费，财政不再补贴30%的社保费用。2004年1月起，企业职工个人缴纳基本养老保险费的比例调整为8%。4月，对上城区非农业户籍三轮车工及区常住户籍二级以上（含）下肢残疾无法安置就业或无业残疾车主，由财政拨付专款，用于个人一次性缴纳或缴费年限不满15年部分养老保险费。2004年，外地户籍人员参加上城区职工基本养老保险后，在达到法定退休年龄前参加区职工基本养老保险缴费年限满7年（含7年）后可将外地养老保险关系及个人账户转入上城区。上城区户籍人员，在到达法定退休年龄时，缴费年限不足按月领取基本养老金规定年限的，允许其继续按个体劳动者办法缴纳基本养老保险费，直至缴费年限达到按月领取基本养老金规定年限。

2005年10月，《杭州市社会保险费征缴办法》规定，社会保险实行基本养老保险、基本医疗保险、失业保险、工伤保险和生育保险“五费合征”，实现参保管理、费用征收、基数规定、基本信息4个统一，强化社会保险的基础工作，扩大社会保险的覆盖范围。同时，简化规范办事程序，原单位参加五险需要分别上报社险办、医保办和就业处，“五险”合征后，单位只需要提交一份参保申请，即可完成五大险种的参保缴费，简化参保手续，还避免企业员工参保险种时间前后不一致的问题，方便参保单位和参保人员。2007年，区社险办与区劳动保障监察大队实现参保信息共享，建立起相互配合的联动工作机制，督促企业办理社会保险参保手续。

2008年，上城区以农民工参加“双低”养老保险和工伤保险全覆盖为突破口推进扩面工作。2009年，落实省、市政府关于社会保险费缴纳比例继续实行临时性下浮的规定，对困难企业解困帮扶，减轻用人单位参加职工基本养老保险缴费负担，扩大职工基本养老保险覆盖面，职工基本养老保险单位缴费比例由19%调整为15%，自2009年1月1日起实行。并加强对规模较小的私营企业和专业市场内的个体工商户用工的社会保险参保督促。是年，全区有10家企业申报困难企业并获确认，其中，7家企业得到为期6个月计227万元的社会保险补贴，办理老年居民生活保障申请1616人，个体工商户参保315户，个人参保1619人，办理农民工一次性支付社会保险待遇4573人。

2012年，区人力资源和社会保障局与区民政局、区残联联合制定《关于给予持证困难人员一次性补缴基本养老保险和职工基本医疗保险补助的通知》，在获得市级补贴的基

① 在全省各地推行“多证联办”制度的基础上，强化部门协同，简化材料，通过“一表申请、一窗受理、并联审批、一份证照”，将由工商、质监、国税、地税、人力社保、统计等部门分别办理、各自发证（照），改为由申请人“一表申请”、工商统一收件，并与质监、国税、地税、人社、统计部门并联审批，统一核发加载注册号、组织机构代码、税务登记证号、社会保险登记证号统计登记证号营业执照，以“一照五码”形式实现“五证合一”。

础上，为199名持证困难人员再予以50%的补贴，合计支付补贴资金400.68万元，解决困难家庭成员无力一次补缴社保费的难题。2013年，共有4013人办理社会保险一次性补缴手续。持证困难人员一次性补缴时在原已享受市财政补贴40%的基础上，区财政再给予50%社会保险补贴。

2015年，根据省、市部署要求，上城区开展全民参保登记工作，并在主城区中率先完成，共计调查登记录入信息数据24030人，入户登记完成率100%；开展“五证合一”“一照一码”制度，简化办事流程，“一表申请、一窗受理、并联审批、一份证照”[①]。

表31-8-25 1993—2000年上城区养老保险情况表

年份	参加社会保险统筹企业（家）	其中私营企业和个体工商户（家）	参加社会保险统筹职工（人）	其中私营企业和个体工商户（人）	收缴养老保险基金（万元）	支付养老保险基金（万元）
1993	257	848	20097	882	1465.9	—
1994	1117	839	21377	872	2044.9	—
1995	399	—	255	—	2962.0	3138.20
1996	412	—	21054	—	2795.5	3591.40
1997	416	—	21622	—	2668.0	4520.95
1998	—	—	—	—	—	—
1999	560	—	14200	—	—	—
2000	1533	—	30358	—	—	—

说明：1.1998年开始，社会保险由市统收统支，区级不再统筹。2.资料来源于杭州市上城区人力资源和社会保障局

养老保险待遇　改革开放后，随着社会经济的快速发展，上城区按照杭州市政策规定，为企业离（退）休人员提高养老保险待遇，企业离休、退休、退职人员和中华人民共和国成立前参加革命工作的老工人的养老保险待遇均得以提高。

表31-8-26 1993—2005年上城区企业离休人员养老金待遇提高情况表

<table>
<tr><th>起始时间</th><th colspan="2">提　高　办　法</th></tr>
<tr><td rowspan="6">1993-10</td><td colspan="2">按离休时间增加离休金：</td></tr>
<tr><td>1978年12月底前</td><td>100元</td></tr>
<tr><td>1979年1月1日至1985年工改前</td><td>85元</td></tr>
<tr><td>1985年工改后至1988年12月31日</td><td>70元</td></tr>
<tr><td>1989年1月1日至1993年12月31日</td><td>60元</td></tr>
<tr><td colspan="2">1994年1月1日后按新办法，新老办法对比不足的可补足到60元</td></tr>
</table>

续表31-8-26

起始时间	提　　高　　办　　法
1993-10	1993年10月起改革养老金计发办法，对1992年12月底前离休的增发15元补贴
1994-01	增发10元生活补贴
1994-04	1993年12月31日前离休的，每人每月发给基本养老金补偿1元
1995-04	1994年12月31日前离休的、每人每月发给基本养老金补偿34元
1996-01	企业离休干部的离休金参照机关同职务同条件离休人员增发离休金的水平予以调整，不再执行企业离休干部离休金的调整办法。1995年12月31日前离休的，其离休金按机关同职务同条件人员离休金标准重新进行“套改”
1996-12	1996年11月30日前离休的，按本人离休时的职称增加离休金：
	副市级　143元　正局级　123元
	副局级　113元　正处级　103元
	副处级　93元　正科级及以下　85元
1997-01	1996年12月31日前离休的，按职务晋升一个职工资档次额档差增加离休金，低于25元的按25元，没有职务的也按25元
1999-01	按机关同职务晋升一个职务工资档次的档差增加离休金，低于25元的按25元，没有职务的按25元
1999-07	增发福利性补贴49元
1999-07	1999年6月30日前离休的，按照机关同职务同条件提高养老金，低于120元的按120元，没有职务的按120元
2000-08	提高部分离休干部生活待遇，未达到副处级的抗日战争时期参加革命工作的离休干部，可享受副处级生活待遇，相应增发离休生活补贴费：离休时具有科技行政职务或中级专业技术职务的，每月补差18元；离休时为科员或助师及以下的职务的，每月补差24元。市定生活补贴调整为80元
2001-01	企业中部分原行政19级以下的未达到主任科员待遇的离休干部，按任职5年以下的主任科员重新进行套改；部分离休干部离休前实际聘任工程师及相应职务的或1983年9月底评定工程师及相当职称的，按任职5年以下的副处级重新套改，再增加一个职务工资档差的离休金，增加省定生活补贴（230元～270元）
	按机关同职务在职人员晋升一个职务工资档次的档差增加离休金，低于25元的按25元
	参照机关的办法增发离休人员生活补贴（210元～500元）
	按离休时的职务、增加市定生活补贴（50元～120元）
	比照机关同职务、同条件离休人员调整养老金（级别工资和基础工资）（100元～496元）
2001-10	比照机关同职务、同条件离休人员调整标准增发养老金，增加养老金额数不足80元的，按80元增加
2003-01	按机关同职务在职人员晋升一个职务工资档次的档差增加离休金，低于25元的按25元 享受地（厅）级或县（处）级政治生活待遇的原行政14级或18级以上的离休人员，红军时期参加革命工作未达到副厅级的离休人员，抗日战争时期参加革命工作未达到副县级的离休人员，解放战争时期参加革命工作未达到副科级的离休人员，可分别按副厅级、副处级、副科级职务晋升一个职务工资档差增加离休金
2003-07	按照机关同职务同条件在职人员的增资额，按副科级52元至副省级185元增加离休金

续表31-8-26

起始时间	提　高　办　法
2005-01	2004年12月31日前离休，按机关同职务在职人员晋升一个职务工资档次的档差增加离休金，低于25元的按25元。按规定享受地（厅）级或县（处）级待遇的原行政14级或18级以上的离休人员，分别按副厅级、副处级职务晋升；红军时期参加革命工作未达到副厅级的、抗战时期参加革命工作未达到副县级的、解放战争时期参加革命工作未达到副科级的离休人员，分别按副厅级、副处级、副科级职务晋升

说明：资料来源于杭州市上城区人力资源和社会保障局

表31-8-27　1993—2015年上城区企业退休、退职人员养老金待遇提高情况表

起始时间	提　高　办　法	
1993-06	退休人员按连续工龄增加生活补贴：	
	连续工龄满30年及以上的20元，不满30年的15元，退职、保养人员10元	
1993-10	1993年10月起，杭州市改革养老金计发办法后，对1992年12月底前退休的发给10元，退职的发给8元补贴	
1993-10	按退休退职时间增加养老金：	
	1978年12月底前退休60元，退职保养50元	
	1979年1月1日至1985年工资改革前退休45元，退职保养35元	
	1985年工改后至1988年12月31日前退休30元，退职保养20元	
	1989年1月1日至1993年12月31日前退休20元，退职保养10元	
	1994年1月1日后按老办法计发的退休20元，退职保养10元	
	1994年1月1日后按新办法新老对比不足的可补足到退休20元，退职保养10元	
1994-04	1993年12月31日前退休的，每人每月发给基本养老金补偿1元	
1995-04	1993年10月增发的基础上，低于下列标准的可补足到下列标准：	
	连续工龄40年及以上的	80元
	连续工龄满30年不满40年的	70元
	连续工龄满20年不满30年的	60元
	连续工龄满10年不满20年的	40元
	退职、保养人员每人每月增发	10元
1995-04	1994年12月31日前退休、退职的，每人每月发给基本养老金补偿34元	
1996-04	1995年12月31日前退休、退职、保养人员增发基本养老金23元	
1996-12	按连续工龄增加养老金：	
	连续工龄40年及以上的	40元
	连续工龄满30年不满40年的	35元
	连续工龄满20年不满30年的	30元
	连续工龄满10年不满20年的	25元
	退职人员	15元
1997-07	1996年12月31日前退休的按连续工龄增加养老金：	
	连续工龄40年及以上的	40元
	连续工龄满30年不满40年的	35元
	连续工龄满20年不满30年的	30元
	连续工龄满10年不满20年的	25元
	退职、保养人员	15元

续表 31-8-27

起始时间	提高办法	
1998-07	1997年12月31日前退休的按连续工龄增加养老金：	
	连续工龄40年及以上的	15元
	连续工龄满30年不满40年的	12元
	连续工龄满20年不满30年的	10元
	连续工龄满10年不满20年的	8元
	退职人员	5元
1999-07	按连续工龄增加养老金：	
	连续工龄40年及以上的	92元
	连续工龄满35年不满40年的	87元
	连续工龄满30年不满35年的	82元
	连续工龄满25年不满30年的	77元
	连续工龄满20年不满25年的	72元
	连续工龄满15年不满20年的	67元
	连续工龄不满15年的	62元
	退职人员	57元
2000-01	按连续工龄增加养老金：	
	连续工龄满40年及以上的，退休83元，1993年底前退休的再加25元	
	连续工龄满35年不满40年的，退休78元，1993年底前退休的再加25元	
	连续工龄满30年不满35年的，退休73元，1993年底前退休的再加25元	
	连续工龄满25年不满30年，退休67元，1993年底前退休的再加20元	
	连续工龄满20年不满25年的，退休63元，1993年底前退休的再加20元	
	连续工龄满15年不满20年的，退休58元，1993年底前退休的再加15元	
	连续工龄不满15年的，退休53元，1993年底前退休的再加15元	
	退职人员48元	
2001-07	按连续工龄增加养老金：	
	连续工龄40年及以上的	79元
	连续工龄满35年不满40年的	74元
	连续工龄满30年不满35年的	69元
	连续工龄满25年不满30年的	64元
	连续工龄满20年不满25年的	59元
	连续工龄满15年不满20年的	54元
	连续工龄不满15年的	49元
	退职人员	44元
2002-07	一、人均增加26元养老金	
	二、按缴费年限增加养老金：	
	缴费年限不满15年	10元
	缴费年限满15年不满20年	15元
	缴费年限满20年不满25年	20元
	缴费年限满25年不满30年	25元
	缴费年限满30元不满35年	30元
	缴费年限满35年不满40年	35元
	缴费年限满40年以上	40元
	退职、保养人员	8元

续表 31-8-27

起始时间	提　　高　　办　　法	
2002-07	三、提高部分退休人员养老金： （一）1953年12月31日前参加工作的退休人员，缴费年限不满20年的增加30元，缴费年限满20年不满30年的增加40元；缴费年限满30年以上的增加50元 （二）退休的军转干部：缴费年限不满20年的增加30元，缴费年限满20年不满30年的增加40元，缴费年限30年以上的增加50元 （三）1965年12月31日前参加工作、退休前获得高级专业技术职称的人员：缴费年限不满20年的增加20元，缴费年限满20年不满30年的增加30元，缴费现年满30年以上的增加40元上述人员如同时符合条件两项或以上的，按就高原则确定 （四）原工商业者低于2002年6月杭州市退休人员平均养老金水平的补足到退休人员平均养老水平	
2004-07	一、退休人员	
	缴费年限不满15年，1995年后退休的37元、1994年底前退休的47元；缴费年限满15年不满20年，1995年后退休的42元，1994年底前退休的52元	
	缴费年限满20年不满25年，1995年后退休的47元，1994年底前退休的62元	
	缴费年限满25年不满30年，1995年后退休的52元，1994年底前退休的67元	
	缴费年限满30年不满35年，1995年后退休的57元，1994年底前退休的77元	
	缴费年限满35年不满40年，1995年后退休的62元，1994年底前退休的82元	
	缴费年限满40年以上，1995年后退休的67元，1994年底前退休的87元	
	二、退职、保养人员	
	缴费年限不满15年	35元
	缴费年限满15年不满20年	40元
	缴费年限满25年及以上	47元
2005-07	一、退休人员	
	缴费年限不满15年	46元
	缴费年限满15年不满20年	51元
	缴费年限满20年不满25年	56元
	缴费年限满25年不满30年	61元
	缴费年限满30元不满35年	66元
	缴费年限满35年不满40年	71元
	缴费年限满40年以上	76元
	二、退职、保养人员	
	缴费年限不满15年	41元
	缴费年限满15年不满20年	46元
	缴费年限满20年不满25年	56元
	缴费年限满25年及以上	51元
2006-07	退休人员月调整标准为67元，退职人员40元 退休（退职）人员按缴费年限:缴费年限每满1年，每月增加1.5元。同时退休（退职）前具有高级专业技术职称和高级技师资格的人员可适当增发养老金。其中:教授级的高级专业技术人员，每人每月增发60元；其他高级专业技术人员和高级技师每人每月增发50元。至2005年12月31日，退休（退职）人员男年满70周岁、女年满65周岁，不满80周岁的，按本人缴费年限，每满1年每月增发1元；年满80周岁及以上的，缴费年限每满1年，每月增发2元。具有高级专业技术职称和符合条件的，可以同时享受	

续表 31-8-27

起始时间	提　高　办　法
2007-07	退休人员按每人每月68元调整；2005年底前，退休（退职）人员男年满70周岁、女年满65周岁，按本人缴费年限，每满1年每月增发1.5元；在2006年度内，年满80周岁（1926年1月1日至12日31日出生）的退休（退职）人员，按本人缴费年限，每满1年，每月增发1元；男性年满70周岁（1936年1月1日至12月31日出生）、女性年满65周岁（1941年1月1日至12月31日出生）的退休（退职）人员，按本人缴费年限，每满1年，每月增发2.5元
2009-01	退休人员按每人每月69元调整；退职人员全省统一按55元标准调整。退休（退职）人员按本人缴费年限：缴费年限每满1年（不满1年按1年计算，下同），每月增加2元。获得高级专业技术职称和高级技师资格的退休（退职）人员，其中:教授级的高级专业技术人员，每人每月增发60元；其他高级专业技术人员和高级技师每人每月增发50元。1953年12月31日前参加工作的退休（退职）人员，缴费年限满30年及以上的，每人每月增发25元；缴费年限满20年不满30年的，每人每月增发20元；缴费年限不满20年的，每人每月增发15元。1953年12月31日前参加工作的退休（退职）人员，是指1950年12月31日前参加革命工作或按国家和省规定计算连续工龄的起点时间在1953年12月31日前的退休（退职）人员。2008年12月31日前，男年满70周岁、女年满65周岁及其以上的退休（退职）人员，按本人缴费年限，每满1年，每月增发1元
2010-01	退休（退职）人员按本人缴费年限：缴费年限每满1年（不满1年按1年计算，下同），每月增加2.5元。同时，对获得高级专业技术职称和高级技师资格的退休（退职）人员，其中:教授级的高级专业技术人员，每人每月增发200元；其他高级专业技术人员和高级技师每人每月增发150元。对1953年12月31日前参加工作的退休（退职）人员，缴费年限满30年及以上的，每人每月增发70元；缴费年限满20年不满30年的，每人每月增发60元；缴费年限不满20年的，每人每月增发50元。对2009年12月31日前，男年满70周岁、女年满65周岁及以上退休（退职）人员，每人每月增发20元
2011-01	退休（退职）人员按本人缴费年限：缴费年限每满1年（不满1年按1年计算，下同），每月增加3元。对2009年12月31日前，男年满70周岁、女年满65周岁及以上退休（退职）人员，每人每月增发30元
2013-01	退休人员按每人每月113元调整 退职人员统一按82元标准调整 退休（退职）人员按本人缴费年限：缴费年限每满1年（不满1年按1年计算，下同），每月增加5元。获得高级专业技术职称和高级技师资格的退休（退职）人员，其中:教授级的高级专业技术人员，每人每月增发500元；其他高级专业技术人员和高级技师每人每月增发400元
2014-01	退休人员按每人每月123元调整 退职人员统一按100元标准调整
2015-01	退休人员按每人每月133元调整 退职人员统一按110元标准调整

说明：资料来源于杭州市上城区人力资源和社会保障局

表 31-8-28　1993—2009年中华人民共和国成立前参加革命工作工人养老金待遇提高情况表

起始时间	提　高　办　法
1993-04	按参加革命工作时期增加生活补贴：
	红军时期50元、抗日战争时期45元、解放战争时期40元
	1994年4月起，也可改按参加革命工作年限，每年1元计算后再加10元
1993-08	1992年1月按参加革命工作3个时期增发退休金的基础上再增发10元，即红军时期70元，抗日战争时期55元，解放战争时期45元

续表31-8-28

起始时间	提　　高　　办　　法
1993-10	1993年10月1日起改革养老金计发办法，对1992年12月底前退休的增发生活补贴15元
1993-10	按参加革命工作时期，增发退休金：
	红军时期370元、抗日战争时期265元、解放战争时期175元
1994-01	增发10元生活补贴
1994-04	1993年12月31日前退休的每人每月发给基本养老金补偿1元
1995-04	1994年12月31日前退休、退职的，每人每月发给基本养老金补偿34元
1996-01	增发退休金25元
1996-12	增发退休金85元
1997-01	1996年12月底前退休的，增发退休金25元
1997-07	1997年6月底前退休的，增发退休金20元
1999-01	增发退休金25元
1999-01	市定岗位补贴60元
1999-07	增发福利性补贴49元
1999-07	增发退休金120元
1999-07	增发福利性补贴49元
2001-01	增发市定生活补贴60元
	增发（省定）生活补贴210元
	增发退休金25元
	增发养老金100元
2001-10	增发养老金80元
2003-1	增加退休金25元
2003-7	增发退休金25元
2003-7	增发退休金50元
2005-1	增发退休金25元
2009-1	红军时期增发600元、抗日战争时期增发450元、解放战争时期增发300元

说明：1.根据《关于机关企事业单位建国前老工人待遇有关问题的通知》，从2010年1月起按照机关中华人民共和国成立前老工人和企事业单位老工人收入水平大体相当的原则，企事业单位中华人民共和国成立前老工人的待遇参照机关中华人民共和国成立前老工人待遇水平执行，今后同时同幅度进行调整。2.资料来源于杭州市上城区人力资源和社会保障局

离（退）休、退职人员死亡待遇　1993年，城镇企业的离（退）休、退职人员死亡的，享受一次抚恤费，不另享受丧葬费和遗属生活困难补助费，其补助标准随着经济社会发展不断提高。

一次性抚恤费。1993年，离（退）休、退职职工死亡后发给一次性抚恤费，因工死亡的600元，因病或非因工死亡的为300元。1994年4月起，一次性抚恤费标准为：因工死亡的，发36个月本人指数化月平均缴费工资，因病或非因工死亡者发给2000元。1996年7月起，一次性抚恤费标准调整为：因工死亡，发给36个月本人指数化月平均缴费工资；因病或非因工死亡，发给2000元。1997年5月起，一次性抚恤费标准调整为：因公牺牲的按其牺牲时的20个月离（退）休金计发；因病或非因公死亡的，按其死亡时的10

个月离（退）休金计发。在计算一次性抚恤费时应扣除国家和省、市规定的各项物价补贴及洗理费、书报费。1999年7月起，对于1998年6月30日前因工死亡的，一次性抚恤费为36个月本人指数化月平均缴费工资；一次性抚恤费2000元。2006年5月，调整企事业单位离休干部去世后的一次性抚恤标准，从2004年10月起，因公牺牲的按40个月的离休金计发；因病或非因公死亡的按20个月的离休金计发[①]。2007年起，企业职工和企业退休（退职）人员因病或非因工死亡后的一次性抚恤费标准从2000元提高到10000元。2014年起，参加企业职工基本养老保险的个人，因病或非因工死亡后抚恤金调整为：自2011年7月1日起，参加企业职工基本养老保险的个人（含未达到法定退休年龄的参保人员和退休、退职人员，以下简称参保人员）因病或非因工死亡后，其遗属可以领取抚恤金。死亡的参保人员缴费不满1年的发给200元，1年（含）至15年（含）的统一为1000元；超过15年的，在发给1000元的基础上，每满1年（不满1年按1年计算）增发1000元，最多增发15000元。

丧葬费。1994年4月起，企业离休、退休和退职人员死亡后，其丧葬费为800元。1999年7月起，对于1998年6月30日前因工死亡的，因病或非因公死亡的，都发给丧葬费2000元。2007年1月1日起，职工因工死亡，其直系亲属可以领取丧葬补助金提高到10000元。2014年起，参加企业职工基本养老保险的个人，因病或非因工死亡后丧葬补助金调整为：自2011年7月1日起，参加企业职工基本养老保险的个人（含未达到法定退休年龄的参保人员和退休、退职人员，以下简称参保人员）因病或非因工死亡后，其遗属可以领取丧葬补助金4000元。

遗属生活困难补助费　1993年，供养直系亲属生活困难补助费：因工死亡的，其供养直系亲属每人每月45元；因病或非因工死亡的，其供养直系亲属每人每月35元。1994年4月起，企业职工和离、退休人员死亡后，其符合供养条件的直系亲属生活困难补助费标准调整为：因工死亡，其供养直系亲属每人每月补助120元；因病非因工死亡，其供养直系亲属每月补助100元；对因工死亡的职工，其供养直系亲属系鳏寡孤独、无依无靠者，在上述标准的基础上，每人每月增加补助10元。1996年3月，调整离退休、退职人员死亡后其符合供养条件的直系亲属生活困难补助费：因工死亡，其供养直系亲属每人每月补助125元；因病或非因工死亡，其供养直系亲属每人每月补助105元。7月，离退休、退职人员死亡后，其符合供养条件的直系亲属生活困难补助费标准调整为：因工死亡，其供养直系亲属每人每月补助150元；因病或非因工死亡，其供养直系亲属每人每月补助120元；对因工死亡的职工，其供养直系亲属系鳏寡孤独、无依无靠者，在上述标准的基础上，每人每月增

① 因死亡当月记发的是离退休费，所以次月发放抚恤金。

加补助20元。1997年5月起，遗属生活困难补助费标准调整为：1937年7月6日以前参加革命工作的离休干部，其供养的配偶每人每月补助220元；抗日战争时期参加革命工作的，其供养的配偶每人每月补助190元，解放战争时期参加革命工作的，其供养的父母、配偶每人每月补助170元。

1999年7月起，调整1998年6月30日以前死亡的退休人员，供养的直系亲属的生活困难补助费标准：因工死亡的，其供养直系亲属调整为200元；因病或非因工死亡的，其供养直系亲属调整为160元。离休干部死亡后，1937年7月6日以前加革命工作的，其供养的配偶生活困难补助费调整为290元；抗日战争时期参加革命工作的，其供养的配偶生活困难补助费调整为250元，解放战争时期参加革命工作的，其供养的父母配偶生活困难补助费调整为230元。2001年1月起，企业离休干部死亡后，1937年7月6日前参加革命工作的，其供养的配偶生活困难补助费调整为350元；抗日战争时期参加革命工作的，其供养的父母、配偶生活困难补助费调整为300元，解放战争时期参加革命工作的，其供养的父母、配偶生活困难补助费调整为270元。企业职工（含退休人员）死亡后，其符合供养条件的直系亲属的生活困难补助标准为：因病或非因工死亡职工的供养直系亲属调整为190元。2004年7月起，企业离休人员死亡后，凡1937年7月6日前参加革命工作的其供养的配偶生活困难补助费调整为385元；抗日战争时期参加革命工作的，其供养的配偶生活困难补助费调整为330元；解放战争时期参加革命工作的其供养的父母配偶生活困难补助费调整为295元。企业职工（合退休人员）死亡后其符合供养条件的直系亲属调整为200元。2005年3月，对符合离休条件、生前尚未办理离休手续去世的老干部，其遗属的生活待遇从2001年7月起，比照同条件离休干部遗属生活待遇的有关政策规定执行。

从2006年7月1日起，企业离休人员死亡后，凡1937年7月6日前参加革命工作的，其生前供养的配偶的生活困难补助费由每人每月470元调整为520元；抗战时期参加革命工作的，其生前供养的配偶的生活困难补助费由每人每月400元调整为440元；解放战争时期参加革命工作的，其生前供养的父母、配偶的生活困难补助费由每人每月360元调整为400元。企业职工（含退休人员）死亡后，其符合供养条件的直系亲属生活困难补助费标准为：因病或非因工死亡的，其供养的直系亲属由原每人每月240元调整为265元。2008年1月起，企业离休人员以及机关事业单位人员死亡后，凡1937年7月6日前参加革命工作的其供养的配偶生活困难补助费调整为635元；抗日战争时期参加革命工作的，其供养的配偶生活困难补助费调整为535元；解放战争时期参加革命工作的其供养的父母配偶生活困难补助费调整为485元。中华人民共和国成立前参加革命工作的工作人员死亡后，其供养的子女；企业职工（合退休人员）以及中华人民共和国成立后参加革命工作的工作人员死亡后其符合供养条件的直系亲属调整为330元。2009年为730元、615元、560元、380元。2010年分别调整为915元、770元、700元、460元。2011年分别调整为1055元、890元、805元、530元。2012年分别调整为1215元、1025元、930元、740元。2013年分别调整为1400元、1180元、1070元、680元。

2015年1月起，国有企业离休人员死亡后，凡1937年7月6日前参加革命工作的，其生前供养的配偶的生活困难补助费由每人每月1610元调整为每人每月1860元；抗战时期参加革命工作的，其生前供养的配偶的生活困难补助费由每人每月1360元调整为每人每月1570元；解放战争时期参加革命工作的，其生前供养的父母、配偶的生活困难补助费由每人每月1230元调整为每人每月1420元。国有企业职工（含退休人员）因病或非因工死亡后，其符合供养条件的直系亲属生活困难补助费标准由每人每月770元调整为每人每月870元。企业、机关事业单位、社会团体、民办非企业单位、基金会、律师事务所、会计师事务所等组织和有雇工的个体工商户中，在2014年12月31日前已按规定享受因工死亡职工供养亲属抚恤金的人员，因工死亡职工供养亲属抚恤金每人每月增加130元。

二、国家机关合同制工人、事业单位职工养老保险

1993年1月起，上城区实行企业化管理或经费自收自支的区属全民所有制及县以上集体所有制事业单位的固定职工、劳动合同制职工、离休、退休职工和退职的职工，在市区范围内的各级国家机关、社会团体和全额或差额预算事业单位的劳动合同制职工的养老保险费用，均列入社会统筹。8月，扩大事业单位职工基本养老金统筹范围和对象，实行定额补助差额预算管理的事业单位列入机关事业单位职工基本养老费统筹，统筹对象扩大到固定职工、合同制职工以及离退休和退职人员。1994年，对中华人民共和国成立后在国家机关和全民所有制事业单位工作，工龄满30年以上的归侨职工，退休后除按规定发给退休费和各种补贴外，再由所在单位补足其退休费与原工资的差额。在全民所有制单位工作，工龄满30年以上的归侨职工，退休后除发给基本养老金和有关补贴外，再每人每月加发30元生活补贴费。

1995年起，区机关事业单位合同制职工的基本养老保险费，单位和个人缴费标准多次调整。1996年7月，将特殊教育津贴计入退（离）休费基数。1998年，对教龄满30年的中小学退休教师计发退休费增加比例。女教师退休后可享受全额工资待遇的教龄由满30年改为25年。

2000年1月，区各级国家机关、各类事业单位、各社会团体组织的临时工，纳入各级人事计划管理，参加基本养老保险社会统筹。2001年1月，调整机关、事业单位退休人员的遗属补助费标准。2月起，凡在1997年12月底前参加工作的机关事业单位合同制工人（含临时工），到达法定正常退休年龄时，工作年限不满15年的，允许一次性补缴养老保险费。4月，统筹事业单位缴费比例调整为23%，统筹事业单位职工个人缴费比例调整为6%。非统筹机关事业单位合同制职工养老保险费单位缴费比例调整为20%，职工个人缴费比例调整为6%。10月起，对离退休人员（含已到离退休年龄未办离退休手续的），增加离退休费，退职人员增加退职生活费。2002年1月起，机关事业单位基本养老保险的职工个人的缴费比例调整为7%。4月，科研院所和事业单位转企改制的，在净资产中提取离休干部“两费”，并按规定向社保机构足额缴纳。转企改制后，离休干部的养老、医疗等待遇不变，“两费”由社保机构按规定支付。7月起，机关事业单位的女归侨职工，工作满25年以上的，退休后除按规定发给退休费和各项补贴外，其退休费与原基本工资的

差额，由所在单位补足。12月31日，市区内机关事业单位合同制工人（含临时工）达到法定退休年龄时，“中人”[①]缴费年限不满10年，“新人”[②]缴费年限不满15年的，在未到法定退休年龄前允许一次性补缴基本养老保险费的办法停止执行。2003年1月起，离休人员按同职务的在职人员晋升一个工资档次工资额增加离休费，低于25元的按25元增加，退休人员按20元增加退休费，退职人员按15元增加退职费。中华人民共和国成立前参加革命工作的老工人按25元增加退休费。符合享受增发1个月至2个月生活补贴费条件的离休干部和中华人民共和国成立前参加革命工作的老工人，增加的离退休费作为计发生活补贴的基数。4月起，机关事业单位中的非统筹单位合同制职工缴费标准，单位按每人每月329元，个人每人每月115元。7月，事业单位离休干部实施“两费”保障机制，凡参加养老保险的事业单位，其离休干部列入“两费”保障项目的经费由区社会保险服务处和医保中心参照企业离休干部“两费”保障机制支付方式，按规定按时支付、发放。区社会保险服务处和医保中心，从区财政和事业单位离休干部缴足费用的次月起，实施保障机制。是月，对离休退休退职人员增加离退休费和退职生活费。

① 指2014年10月1日前参加工作、改革后退休的人。

② 指2014年10月1日后参加工作的人。

2005年1月起，行政机关事业单位编制外劳动合同制职工参加企业职工基本养老保险，其单位及个人的缴费基数和缴费比例按企业职工基本养老保险办法执行。7月，调整离休干部护理补贴费标准，对红军时期、抗日战争前期、抗日战争后期和解放战争时期参加革命工作的离休干部护理补贴费由每人每月200元、160元、130元和100元分别提高到300元、260元、230元和200元。对因公致残和由于瘫痪等原因造成生活完全不能自理的离休干部，护理补贴费由每人每月300元提高到600元。8月起，经政府教育行政部门或劳动和社会保障部门按照国家规定的权限批准建立的实施高等教育、基础教育、职业资格培训、职业技能培训的民办学校（含民办教育机构、不含民办幼儿园）聘用的具有杭州市户籍、国家规定任职资格、在劳动年龄内、符合事业单位进人条件的教师，都参加市区机关事业单位的职工基本养老保险。

2007年起，原每年享受10天休养待遇的离休干部，其休养时间增加至15天；如放弃休养仅选择体检，每人可发放900元休养补贴费。2008年1月起，对原国有企业中符合规定享受晚年生活补助费的计划外长期临时工，其生活补助费由原每人每月325元提高到365元。2009年3月起，提高到420元；2010年提高到505元；2011年提高到585元。2011年起，执行提高离休干部生活补贴标准和扩大发放范围：1937年7月6日前参加革命工作的离休干部，生活补贴由原每人每年增发2个月的基本离休费，提高到每人每年增发3个月的基本离休费；1937年7月

7日至1942年12月31日参加革命工作的离休干部，生活补贴由原每人每年增发个半月的基本离休费，提高到每人每年增发两个半月的基本离休费；1943年1月1日至1945年9月2日参加革命工作的离休干部，生活补贴由原每人每年增发1个月的基本离休费，提高到每人每年增发2个月的基本离休费；对1945年9月3日至1949年9月30日参加革命工作的离休干部，每年增发1个月的基本离休费，作为生活补贴。

2012年，享受高龄护理补贴的范围由原85周岁以上离休干部调整为全体离休干部；补贴标准每人每月900元。是年，原国有企业中符合规定享受晚年生活补助费的计划外长期临时工，其生活补助费由原每人每月提高到645元，2013年提高到710元。

2014年，在杭省属企事业、原行业养老保险统筹的行业单位离休干部离休费保障经费筹资标准由原来每人每年6.8万元调整为9.2万元，其中，离休干部所在单位按每人每年5万元缴纳，其余部分由财政补贴。红军时期参加革命工作的离休干部护理费标准由原每人每月800元提高到每人每月1800元。抗日战争前期、抗日战争后期参加革命工作的离休干部护理费标准由原每人每月650元、580元统一提高到每人每月1200元。解放战争时期参加革命工作的离休干部护理费标准由原每人每月500元提高到每人每月600元。因瘫痪等原因生活长期完全不能自理的离休干部护理费标准由原每人每月900元提高到每人每月1000元。离休干部高龄护理补贴由原每人每月900元提高到每人每月1000元。

三、农村养老保险

1996年12月，杭州市调整城区行政区划，望江、玉皇、近江3村从江干区划入上城区。3村参保人员1188人，由上城区民政局继续开展农保基金收缴。2002年5月，3村农保工作转由区劳动和社会保障局负责。至2002年末，原3村符合参加基本养老保险条件的村民全部纳入社保范围。2003年9月，为所有参保人员做好农保基金退保工作，退保基金156.56万元。2003年10月，实现农保与社保并轨工作，应参保对象的参保率达100%。

第二节　医疗保险

1992年开始，为应对劳保医疗费用严重超支，企业负担沉重，医患矛盾突出的情况，上城区改革企业医疗保险制度，企业医疗保险实行医药费补贴、个人负担少量药费的办法。1997年7月起，上城区企业职工（含在职职工、离退休人员和按国家规定办理退职的人员）实施大病住院基本医疗保险，建立企业职工大病住院基本医疗保险基金，按照“以支定收，收支基本平衡，合理使用，保障大病住院基本医疗”的原则统一筹集，企业按上年度职工缴费工资总额的5%按月缴纳医疗保险费，专项用于职工大病住院发生的费用及恶性肿瘤、需要透析的慢性肾衰竭的非住院医疗等基本医疗费的支出。医疗保险基金拨付采取确定起点（区级及区级以下医院2500元）、超过拨付起点[①]部分，分段按比例由医疗保险基

① 拨付起点以上至3万元部分，由医疗保险基金拨付70%；3万元以上至5万元部分，由医疗保险基金拨付75%；5万元以上部分，由医疗保险基金拨付80%。

金拨付，其余部分仍由企业和个人承担（职工个人负担一般不低于该部分费用的10%，最高不超过20%）。

1999年7月起，在企业养老保险和大病医疗统筹的基础上，建立企业离休干部“两费”保障机制。11月，实施部分下岗职工协议缴纳医疗保险费，协缴人员的医疗费一次性缴纳至职工到达法定退休年龄，缴费按上年浙江省社会平均工资的60%和年增长率5%计算，比例为1999年12月31日前的按5%（个人不缴），2000年1月1日后的按10%计缴（含个人缴纳2%）。2001年4月起，根据国务院《关于建立城镇职工基本医疗保险制度的决定》和省政府《浙江省推进城镇职工基本医疗保险制度改革的意见》，实施城镇职工基本医疗保险，其覆盖范围包括上城区行政区域内城镇各类企业、国家机关、事业单位、社会团体、民办非企业单位及其职工（含退休、退职人员）、协缴人员和1996年1月1日以后与用人单位终止（解除）劳动关系并继续参加基本医疗保险的人员。基本医疗保险费由用人单位按该年度本单位职工工资总额的8%缴纳，在职职工个人按该年度个人工资总额的2%缴纳。政府按该年度统筹地区应参保职工工资总额的0.5%予以补贴。建立个人账户，个人账户分用人单位建立的参保人员个人账户和医保经办机构统一建立的参保人员个人账户，建立重大疾病医疗补助基金。区机关事业单位的工作人员和退休退职人员，按规定需要实行医保补助。

2003年1月，城镇职工基本医疗保险的适用范围扩大到非农户籍，符合法定就业年龄尚未按月领取基本养老金的城镇自由职业者、按规定从事非正规组织就业的人员，其基本医疗保险费按上年统筹地区职工平均工资的6%缴纳。是年，区财政安排900万元医疗经费，确保离休（保健）干部的医疗保健。同时，建立健全困难群众长效帮扶机制的各项措施，并实施城镇基本医疗保险参保人员医疗困难互助救济。

2004年1月，调整城镇基本医疗保险办法，2004年6月30日前男年满45周岁和女年满35周岁且未退休的灵活就业人员，可单独参加基本医疗保险。城镇基本医疗保险的基本医疗保险费仍由参保单位和参保人员缴纳，政府适当补贴。企业、民办非企业单位和参照企业参保的单位，以上月该单位全部职工工资总额为基数提取9.5%，其中，基数的0.5%由参保单位按一定比例划入职工个人账户，9%由参保单位按月向医保经办机构缴纳，其中，6%用于建立住院和规定病种门诊统筹基金，3%用于建立退休人员门诊医疗费社会统筹基金。纳入退休人员门诊医疗费社会统筹的退休人员，每人按上年该统筹地区职工年平均工资15%的标准，一次性缴纳门诊统筹启动资金，用于建立退休人员门诊统筹基金。政府按当年度该统筹地区参保单位全部职工工资总额的0.5%给予补贴（其中，部分用于重大疾病医疗补助）。参保人员的门诊和住院均设定起付标准，符合基本医疗保险开支范围的费用由医疗保险机构支付。门诊统筹基金用于建立退休人员个人账户，用于支付符合基本医疗保险开支范围应由门诊统筹基金负担部分的医疗费。在一个自然年度内，退休人员符合基本医疗保险开支范围的门诊医疗费，先由其个人账户当年资金支付，不足支付时，由个人承担门诊医疗费起付标准400元，超过部分由门诊统筹基金和个人分别承担。个人账户的本金和利息为个人所有，可以结转下年使用，并依法继承。退休人员门诊医疗实行定点管理，在基本医疗保险定点医疗机构中选择一家作为其约定医院，并可根据个人意愿按月调整。国家机关事业单位和社会团体，以上月该单位全部职工工资总额为基数、按15%的比例按月缴纳，其中6%用于建立住院和规定病种门诊统筹基金，9%用于建立享受国家公务员医疗补助的参保人员门诊统筹基金。个人按自己上年月平均工资的2%缴纳。实施重大疾病医疗补助，其资金从政府按该年度本统筹地区参保单位全部职工工资总额的0.5%给予的补贴中提取一部分；参保人员每月缴纳3元重大疾病医疗补助统筹。是年，实行企业退休职工门诊医疗费的统筹，同时对521名医疗困难家庭进行医疗补助，补助金额为319万元；对12名不符合救助条件但确实有困难的特殊人员，向市医保中心进行申报，帮助他们得到特殊医疗补助。

2006年1月起，依据杭州市基本医疗保险统筹基金最高支付限额调整为10万元。10月，开通为下岗位失业人员、协缴人员和灵活就业人员参加医疗保险开具社会保险参保证明的工作，共为10505名下岗失业人员、协缴人员和灵活就业人员办理医保证历本，保证该部分弱势群体人员能享受到医疗保险政策。是年，杭州市首次推出少儿医保政策，上城区医保办深入学校发放宣传资料，深入社区宣传动员，全年办理辖区内少儿医保参保14000人。全年救济医疗困难人员1732人次，发放医疗困难救助资金404.45万元，为低保困难人员审核医疗救助1062人次。2007年1月起，上城区执行《杭州市企业在职人员门诊医疗费社会统筹暂行办法》《杭州市政府办公厅关于印发杭州市城镇老年居民大病住院基本医疗保险试行办法的通知》和《杭州市少年儿童大病住院基本医疗保险试行办法》，分别为3915名无医保的老人和16897名少年儿童办理参保登记、缴费手续。

2008年1月起，上城区执行新的《杭州市基本医疗保障办法》，增加农民工医疗保险内容：符合职工医保参保条件，且收入偏低的农民工，经本人申请也可参加“低缴费、保当期、保大病”的农民工大病住院基本医疗保险；农民工医保费以当月参加农民工医保的农民工工资总额为基数由单位按月缴纳3%。增加城镇居民基本医疗保险，对象包括杭州市区户籍，符合计划生育政策，未满18周岁的少年儿童或虽已满18周岁但仍在杭州市区中小学校就读的学生，以及非杭州市区户籍，符合计划生育政策，在杭州市区就读，且其父母一方已参加杭州市区社会保险的中小学生和其父母一方已参加杭州市区职工医保并累计缴费满5年的学龄前儿童（以下统称少年儿童）；杭州市区非农户籍，超过法定退休年龄，未参加杭州市区职工医保，也未参加异地社会保险的老年居民（以下简称老年居民），其中，2007年1月1日后户籍关系迁入杭州市区的，应具有杭州市区非农户籍累计满5年；杭州市区非农户籍，法定劳动年龄内的非从业人员（以下简称非从业人员）。少年儿童每人缴纳150元，政府补贴每人250元；老年居民每人缴纳400元，政府补贴每人500元；非从业人员每人缴纳900元。其中，孤儿、“三无”人员，以及持有有效期内救助证或二级及以上残疾证的人员，其个人应缴纳的城居医保费由政府全额补贴。2009年，上城区为缓解困难群众医疗费垫付压力，按困难人群和急需人群分类，进行医疗救助。全年救助4620人，计961.94万元；特殊医疗救助5人次，救助金额5.73万元；办理少儿医保参（续）保17791人，并全部参加免费体检；老年医保参保3473人。

2010年1月起，上城区执行调整的基本医疗保障体系，将城镇居民医疗制度统一归并为城乡居民基本医疗保险制度，构建包括城镇职工基本医疗保险、城乡居民医保和医疗困难救助在内的多层次基本医疗保障制度。同时，执行《杭州市劳动和社会保障局关于调整杭州市基本医疗保险部分政策的通知》，提高统筹基金最高支付限额，城镇职工基本医疗保险统筹基金最高支付限额由原来的15万元提高到18万元；城镇居民基本医疗保险统筹基金最高支付限额由原来的10万元提高到15万元。提高部分的统筹基金支付比例，按统筹基金共付段最高一档执行。是年，医疗救助资金的发放下放至社区劳动保障室，共救助4761人次，780.23万元；即时医疗救助404人次，130万元；机关事业单位子女统筹扩大至33家定点医疗单位。全区基本数据录入医保程序38815人，参加少儿医疗保险19056人。

2011年1月起，上城区外地户籍个体工商户可以企业单位参保形式参加职工基本医疗保险。是年，开展19.6万名灵活就业人员以个人身份参加职工医保的健康体检预约；帮助符合条件的15名“五八城迁”①人员，办理基本医疗保险参保手续。年末，办理个体工商户医疗参保1672人，确保基本医疗保险全覆盖；全区城乡老年居民参保3864人，为历年同期参保人数之最；少儿医保参续保20059人，其中，预约健康体检19056人；全年报销享受即时医疗救助群众860人次，金额170万元。2012年5月，上城区制定《上城区帮扶部分退休年龄以上持证救助对象解决养老和医疗保险金缴纳问题的办法》，申请对象按核定最低缴费年限和基数缴费时，在市政府给予补贴40%的基础上，其剩余部分上城区再提供50%的资金帮扶。核定最低缴费标准以外的自愿缴纳部分不列入帮扶范围。上城区医保办对部分医保两定单位进行医保服务行为大检查。全年全区医保参保109179人，少儿医保参（续）保24006人；城乡居民医保参（续）保2911人。

2013年6月，按照《杭州市主城区医保经办窗口建设与服务规范》的要求，上城区完成医保窗口建设任务，并获市政府奖励经费15万元。是年，医保证历本申领服务延伸到街道保障站办理，建立业务经办人员初审、业务主任复审、分管局长审批的三级审批制度。至10月末，出具医保基金转移联系函514人，个人账户清欠160人，个人账户一次性支付52人，医保关系转移1156人，医疗费用报销351人计36.55万元；灵活就业人员退休医保待遇审核1251人；窗口医疗救助461人计136万元；少儿参续保3187人；发放证历本9500本；完成全区事业单位退休人员医保划账基数修改2234人。

2014年1月，上城区执行调整后的《杭州市基本医疗保险办法主城

① 1958年末，因经济困难，一批城市户口人员投亲靠友，迁到条件相对较好的农村。

区实施细则》。城镇居民医疗保险和新农合医疗保险合并统称为城乡居民基本医疗保险，对象包括主城区户籍，未满18周岁的少年儿童，或虽已满18周岁但仍在主城区中小学校就读的学生；非主城区户籍，在主城区中小学就读，且其父母一方已参加主城区职工医保的中小学生，以及在主城区居住，其父母一方已参加主城区职工医保并累计缴费满3年的学龄前儿童；杭州市行政区域内各类全日制普通高等学校（包括民办高校）科研院所中接受普通高等学历教育的全日制本专科学生、全日制研究生；主城区户籍，18周岁以上，未参加主城区职工医保或异地基本医疗保险的人员（以下统称其他城乡居民）；由市第一社会福利院市儿童福利院等公办福利机构集中收养的人员。同时，在直接联网的定点医疗机构（含“一卡通”定点医疗机构）和定点零售药店（简称“二定”）发生的，应由参保人员个人支付的医疗费，由参保人员直接与定点医疗机构和定点零售药店按规定结算；应有医保基金支付的医疗费，由定点医疗机构和定点零售药店与市医保经办机构按规定结算。针对主城区医保实施细则调整、“智慧医保”上线，“一体化”操作系统更新、公立医院改革，上城区举办由街道劳动保障站站长、工作人员、社区保障室工作人员、社区领导以及新招社工参加的培训，对修改和调整的内容进行解读，对新系统的操作进行视频培训，并建立区、街道医保工作QQ群，畅通交流渠道，保证街道保障站医保业务的正常开展。是年8月，为加强医保基金监督，严厉打击骗取医保基金法人违法违规行为，区医保办和区食品药品监督局、区卫生局，对辖区内25家两定单位开展医疗保险反欺诈专项现场检查，大力开展医疗保险反欺诈“亮剑”专项行动。至10月，共办理证历本20000本，开具医保基金联系函880人次，办理基金转入688人，转出1382人，一次性支付102人，死亡注销87人，一次性清欠235人，退休待遇审核1853人，报销医疗费用2062人，137万元，完成全区灵活就业人员健康承检医院的选择，城乡居民参续保361人，少年儿童参续保3192人、二定单位年度考核5家，医保二定准入现场资格审查16家。

2015年，艾滋病纳入医保规定病种、外配处方信息化管理，参保人员享受大病特殊用药。同时，加强对医保二定机构的监管，全年对18家机构开展现场检查。是年，上级医保管理部门对上城区经办的医保业务进行审计，达标并获好评。全年受理各类报销958人次123.32万余元，为少年儿童办理少儿医保参续保4129名，并完成健康体检预约。

第三节　失业保险

1992年，为配合国有企业转换经营机制，上城区待业保险[①]范围对象扩大到：城镇临时工、城镇（含统销户口）合同制职工、经工商行政管理部门批准歇业的城镇个体工商户，同时规定企业、组织按全部职工工资总额的1%缴纳待业保险金，用于安置企业富余人员。1993年1月起，调整待业保险基金筹集标准，区属以下单位按月人均1.50元缴纳。是年，区就业管理服务处将待业保险

① 1986年10月，上城区推行劳动制度改革，实施待业保险。待业保险的范围是宣告破产的企业职工、濒临破产的企业法定整顿期间被精简的职工、企业终止、解除劳动合同的工人、企业辞退的职工。

科与就业科合并。共发放待业卡（应届毕业生）1533张，发放待业职工证1711张；对8名有特殊困难的失业职工进行补助，补助金额3300元。1994年4月，每人每月失业救济金发放标准调整为120元，其中医疗补助费10元、生活补助费30元。6月，因提高粮食销售价格，对失业职工在领取失业救济金期间，给予每人每月6元补贴。1996年1月起，贯彻《浙江省职工失业保险条例》，职工个人按本单位职工平均工资的0.5%缴纳失业保险金。失业职工领取失业救济按企业最低工资标准的70%发给，医疗补助金按个人失业救济金的5%发给，1996年为每人每月180元（含医疗补助金8.5元）。失业职工因患重病到县级以上医院住院治疗，负担医疗费确有困难的，可以按其住院治疗费总额的50%给予补助；累计补助限额为不超过5000元。失业职工领取失业救济金的期限为：工作时间5年以上的，从第六年起按每满1年增发一个月救济金计发，即第六年发13个月，第七年发14个月，以此类推，最长不超过24个月。已享受过企业发给生活补助费的职工，不再扣除其应领取的失业救济金月份。1997年9月，失业救济金调整为每月190元，另外再加医疗补助金每月10元。1998年7月，单位缴纳失业保险费的比例提高到2%，个人缴纳失业保险费的比例提高到1%；城镇个体工商户的失业保险费提高到每人每月20元。失业职工困难补助58人，补助金额10.1万元。

1999年1月1日起，农民合同工及农民临时工失去工作后，按有关规定，由缴费所在地的就业管理机构给予补助，补助标准根据单位为其实际缴费期限，按城镇职工失业保险金标准的1/3，一次性发给生活补助费。7月，失业救济金发放标准调整为每月250元，再发医疗补助金每月10元。8月，事业单位（含中央、省属在杭事业单位）及其职工都按照属地管理的原则参加失业保险，其职工包括所有在职职工、合同制职工和临时工。依照、参照公务员法管理的事业单位的合同制职工、临时工也要参加失业保险。失业保险费由单位和职工共同负担，单位缴纳部分按本单位全部职工工资总额的2%缴纳，个人缴纳部分按本单位职工平均工资的1%缴纳。全年为73名特困失业人员进行生活补助，金额为14.96万元。对2849余名下岗职工和失业人员进行职业指导和培训。

2000年2月，失业救济金调整为每月255元，另再发医疗补助金每月10元。4月，扩大失业保险的实施范围及对象为单位招用的农民合同制职工及一个月以上的临时工。2001年7月，失业救济金调整为每月284元，另再发医疗补助金每月14元。年末，全区事业单位已全部按规定参加失业保险。失业保险全年收缴基金450万元。随着企业改革的深化，大批职工已通过调整劳动关系直接推向社会。其中，区计经局、贸易局系统通过工龄置换、解除劳动合同的职工有2000余人。是年，全区失业人员突破5万人，依法享受失业保险金的人员至11月达到6500人，月发放金额达到170万元。2002年，全区的失业人员增加到62500余人，失业救济金全年发放金额增加到7000余万元。失业保险参保面逐步扩大，参保率95%以上。

2004年3月，上城区实施新的《浙江省失业保险条例》，失业救济金调整为每月364元，另再发给医疗补助金，未参加基本医疗保险的失业人员每月再发给18.20元，参加基本医疗保险的失业人员每月36.40元。生育补助金按个人3个月失业救济金发给。失业人员在领取失业救济金期间死亡的，参照当地在职职工丧葬补助抚恤标准，一次性发给家属。10月，失业救济金调整为每月434元，另再发给医疗补助金，未参加基本医疗族险的失业人员每月21.70元，参加基本医疗保险的失业人员每月43.40元。全年为430名已领完失业救济金但离法定退休年龄不到2年的失业人员办理再就业补贴。2005年12月，失业救济金调整为每月469元。未参加基本医疗保险的失业人员每月补助23.50元，参加基本医疗保险的失业人员每月补助46.90元。

2006年7月起，上城区为从事社区公益性岗位就业人员缴纳失业保险费。2007年8月起，停止享受失业保险待遇，重新失业后失业保险待遇享受问题按《浙江省失业保险条例》规定执行，由就业管理服务处负责注销其失业证，办理提档手续，不再纳入失业人员管理。其他非正规组织就业人员自签订就业协议后的次月起停发失业保险金。9月起，区失业保险金计发标准根据企业最低工资标准的80%确定，即从原来的525元每月调整到680元每月，2008年9月调整到768元每月。2013年1月，区失业保险金标准调整到1176元每月；2014年8月，调整到1320元；2015年11月调整到1488元。

表31-8-29　1993—2005年主要年份上城区失业保险情况表

年份	参加失业保险企业（家）	参加失业保险职工（人）	收缴失业保险基金（万元）	发放失业保险基金人次（人）	发放失业保险基金（万元）
1993	589	16479	34.52	7547	63.53
1994	—	—	35.10	12553	149.98
1995	47	17266	41.37	11655	148.85
1996	384	—	149.56	12955	233.05
1997	375	12820	146.06	20455	381.58
1998	538	12525	221.27	18792	375.84
1999	607	—	404.18	23281	515.16
2000	—	—	—	47650	1260.00
2004	—	18660	850.00	55596	2226.06
2005	—	38700	871.69	—	1925.00

说明：1.2005年后，“五险”合征。2.资料来源于杭州市上城区人力资源和社会保障局

第四节　工伤保险

1998年，上城区实施《杭州市企业职工工伤保险暂行办法》，开始征缴工伤保险。7月起，对区内所有职工，实行工伤保险社会统筹，设立工伤保险基金，由劳动部门及其社会保险机构负责为工伤职工提供经济补偿和实行社会化管理服务。工伤保险基金按“以支定收、收支基本平衡”原则统一筹集，实行财政专户储存，专款专用，任何单位和个人不得挪用或挤占。工伤保险基金由企业缴纳的工伤保险费滞纳金、利息和法律、法规规定的其他资金构成。企业缴纳的工伤保险费，其费率根据各行业工伤风险类别和工

伤事故及职业病发生频率适当划分档次，最低不低于企业职工缴费工资总额的0.40%，最高不超过0.80%。工伤保险费由企业缴纳，职工个人不缴纳。工伤保险基金用于支付统筹项目规定的工伤待遇、事故预防和安全奖励、职业病康复和宣传、科研费用。职工因工负伤享受工伤医疗待遇，包括所需的药费、检查费、化验费、治疗费、手术费等。工伤职工需要住院治疗的，企业应按照当地因公出差伙食补助标准2/3发给其住院伙食补助费；转外地治疗的，所需交通、食宿费用按照职工因公出差标准由企业报销。工伤职工在工伤医疗期内停发工资，改由企业按月发给工伤津贴，工伤津贴在企业应付工资中列支。工伤津贴标准相当于工伤职工本人受伤前12个月内平均月工资收入。工伤医疗期满或者评定伤残等级后停发工伤津贴，改为享受伤残待遇。工伤职工经评残并确认需要护理的，按月发给护理费，依照护理等级分别按上年浙江省社会平均工资的50%、40%、30%发给。职工因工致残被鉴定为一级至四级的，退出生产、工作岗位，发给工伤伤残抚恤证件，并享受以下待遇，按月发给伤残抚恤金标准按本人工资的一定比例：一级按90%发给，二级按85%发给，三级按80%发给，四级按75%发给。如本人工资低于上一年浙江省社会月平均工资的按浙江省社会月平均工资的90%、85%、80%、75%发给。发给一次性伤残补助金，其标准为：一级发给24个月本人工资，二级发给22个月本人工资，三级发给20个月本人工资，四级发给18个月本人工资。工伤致残职工退休易地安家的，发给相当于浙江省上一年社会月平均工资6个月的安家补助费，旅途所需车船费、住宿费、行李搬运费和途中伙食补助费，按照职工因公出差的标准由企业报销。职工因工致残被鉴定为五级至十级的，原则上由企业安排适当的工作，并可享受以下待遇：按伤残等级发给一次性伤残补助金，其标准为：五级发给16个月本人工资，六级发给14个月本人工资，七级发给12个月本人工资，八级发给10个月本人工资，九级发给8个月本人工资，十级发给6个月本人工资；因伤残造成本人基本工资降低时，由所在单位发给在职伤残补助金，标准为工资降低部分的60%～90%，本人晋升工资时，在职伤残补助金予以保留；旧伤复发经确认需要治疗和休息的，按照本办法规定享受工伤医疗待遇和工伤津贴；伤残等级被评为五级和六级且企业难以安排工作的，按月发给伤残抚恤金，标准分别按本人工资的70%和65%计发。如本人工资低于上一年全省社会月平均工资的，按上一年全省社会月平均工资的70%、65%计发。职工因工死亡的发给丧葬费、供养直系亲属生活困难补助费和一次性工亡抚恤费：丧葬费按浙江省上一年社会月平均工资6个月的标准发给；供养直系亲属生活困难补助费，配偶每月按浙江省上一年社会月平均工资的40%发给，其他供养直系亲属每人每月按30%发给，孤寡老人或孤儿每人每月在上述标准的基础上加发10%；一次性工亡抚恤费按全省上一年社会月平均工资48个月的金额发给。

2004年7月，上城区贯彻国务院《工伤保险条例》，对企业职工工伤保险制度实施前发生工伤、已经办理退休手续的人员，由所在单位向区社会保险机构缴纳一次性工伤保险代管费后，其按规定享受的工伤待遇由区社会保险经办机构支付，纳入区工伤保险的范围。同时，工伤保险实行行业差别浮动费率，根据国家规定的工伤保险行业分类，将用人单位划分为一类风险较小行业、二类中等风险行业、三类风险较大行业，分别按

0.50%、0.80%、1.20%缴纳比例缴纳工伤保险费。用人单位上年工伤保险费用支出占缴费总额的比例，凡超过100%的，向上浮动，比例为零的，向下浮动。一类行业最多浮动一档，浮动标准为0.10%；二类行业最多浮动二档，浮动一档标准为0.10%；三类行业最多浮动二档，浮动一档标准为0.20%。

2006年11月，按照杭州市规定，上城区内除依照或者参照公务员制度管理的事业单位、社会团体以外，所有事业单位、民间非营利组织，均应参加工伤保险，为其全部职工缴纳工伤保险费，以本单位全部职工工资之和的0.2%缴纳。缴纳工伤保险费所需费用在社会保障费中列支。2007年7月起，上城区执行《杭州市人民政府关于全面推进工伤保险的通知》，凡在区内从事房屋建筑工程、市政基础设施工程、装饰装修工程等活动的建筑施工企业，包括建设工程项目的建筑施工总承包企业、单项工程的建筑施工承包企业、直接发包的专业承包企业，应当按照《工伤保险条例》和通知的规定为从事建筑施工的农民工办理工伤保险，落实工伤保险待遇。建设工程项目农民工工伤保险的缴费数额，按照建设工程项目造价乘以1.1‰之积计算（缴费基数以建设工程造价的11%作为工资总额，按1%的工伤保险基准费率计算）。11月，全区企业（包括行业单位）、事业单位、民间非营利组织（不含依照或者参照公务员制度管理的事业单位、社会团体）中，凡2006年12月31日前已按规定享受生活护理费和供养亲属抚恤金的人员，生活护理费，以杭州市2006年度职工月平均工资为基数计发；供养亲属抚恤金，每人每月增加156元。2008年6月，调整一级至四级工伤职工参加养老保险和工伤退休人员待遇：2004年1月1日后被鉴定为一级至四级伤残的工伤职工，在劳动关系存续期间，按照《浙江省职工基本养老保险条例》规定参加基本养老保险，由用人单位和职工个人以伤残津贴为缴费基数继续缴纳养老保险费。伤残津贴高于上一年度全省在岗职工平均工资300%的，按照300%确定；伤残津贴低于上一年度全省在岗职工平均工资60%的，按照60%确定，待其到达退休年龄并办理退休手续后，按规定享受基本养老保险待遇。2004年1月1日以后被鉴定为一级至四级伤残的工伤职工在劳动关系存续期间，未继续参保缴费的，应从2008年1月1日起继续按规定参保缴费：退出工作岗位至2007年12月可以视同养老保险缴费年限，但不补记养老保险个人账户。工伤退休人员基本养老金增加金额低于杭州市企业当次调整基本养老金平均额度的，可按杭州市企业当次调整基本养老金平均额度予以补足。

2009年1月起，全区企业（包括行业单位）、事业单位、民间非营利组织（不含依照或者参照公务员制度管理的事业单位、社会团体），同时扩大到个体工商户及其雇工中，凡2008年12月31日前已按规定享受生活护理费和供养亲属抚恤金的人员，生活护理费，以杭州市2008年度职工月平均工资为基数计发。供养亲属抚恤金，每人每月增加70元。7月31日起，上城区企业职工工伤保险制度实施前发生工伤（以下简称老工伤）并已退休的人员，从2010年1月1日起，其所在单位向区社保经办机构缴纳的一次性工伤保险代管费在规定的相关收费标准基础上，减半收取。在职“老工伤”人员经劳动保障行政部门确认，列入区工伤保险统筹管理范围，不收取一次性工伤保险代管费。职工因交通事故或其他事故伤害被认定或视同为工伤的，其待遇按总额补差的办法支付的规定作如下调整：在遭遇交通事故或其他事故伤害的情形下，职工因劳动关系以外的第三人侵权造成人身损害，同时构成工伤的，依法享受工伤保险待遇。如职工获得侵权赔偿，其工伤保险待遇按以下办法支付：参加工伤保险的，工伤保险基金支付工伤费用时，在对应项目中应扣除第三人支付的医疗费、残疾辅助器具费；用人单位支付工伤费用时，在对应项目中应扣除第三人支付的工伤职工在停工留薪期间发生的护理费、交通费、住院伙食补助费；未参加工伤保险的，用人单位支付工伤费用时，在相对应项目中应扣除第三人支付的医疗费、残疾辅助器具费、工伤职工在停工留薪期间发生的护理费交通费、住院伙食补助费。

2010年1月起，全区企业（包括行业单位）、事业单位、民间非营利组织（不含依照或者参照公务员制度管理的事业单位、社会团体）、个体工商户及其雇工中，凡2009年12月31日前已按规定享受生活护理费和供养亲属抚恤金的人员，生活护理费以杭州市2009年度职工月平均工资为基数计发，供养亲属抚恤金，每人每月增加120元。2011年，供养亲属抚恤金，每人每月增加100元。同时，为做好工伤职工到统筹地区以外就医涉及的交通、食宿费用的支付工作，根据《工伤保险条例》规定，结合实际，伙食补助费按住院期间的实际实行定额补助标准，为每人每天15元。在规定时间（一般不超过3天）、规定限额（伙食费每人每天50元、住宿费每天200元）内按凭据据实报销食宿费。对工伤职工及其亲属按照规定取得工伤保险待遇，免征个人所得税。

2012年1月起，企业（包括律师事务所、会计师事务所等组织）统一执行《杭州市工伤保险行业差别浮动费率办法》，上城区范围内企业行业基准费率为一类行业0.5%、二类行业0.8%、三类行业1.2%。事业单位、社会团体、民办非企业单位、基金会工伤保险缴费费率统一为0.2%。有雇工的个体工商户工伤保险缴费费率统一为0.5%。建设工程项目农民工工伤保险的缴费费率，统一按照《杭州市人民政府办公厅转发市劳动保障局等部门关于推进杭州市建筑施工企业农民工参加工伤保险的通知》规定执行。2015年，上城区执行《关于进一步做好工伤保险工作的意见》，建筑施工企业及其建设项目应当依法参加工伤保险，缴纳工伤保险费。职工劳动关系所在用人单位承担工伤保险责任。10月起，一类行业向上浮动至120%、150%，二至八类行业分别向上浮动至120%、150%或向下浮动80%、50%。至2015年末，工伤保险参保人数138296人。

第五节　生育保险

1990年起，上城区在市属、区属、中央部属、省属及部队的独立核算的全民所有制企业、民政企业和中外合资合作企业的固定职工、合同制工人、长期计划内临时工进行女工生养补偿保险的试点工作。每人每年缴纳费用28元，计划内的生育费用按每人1100元补偿给企业。1991年1月起，缴费标准调整为每人每年18元。1994年7月起，支付给企业的生育保险费补偿由原来的1100元调整为1300元。是年，上城区全面推开女工生育保险，全年收女工生养基金19.3万元，总计收缴率达到99%。女工生养享受补偿32人，补偿生育基金3.6万元。1996年1月起，补偿费标准提高到1500元。

2001年，上城区参加生育保险社会统筹的范围扩大到各类企业和参加基本养老保险统筹的事业、社会团体、民办非企业单位的职工。生育保险费改按用人单位上年度职工养老保险缴费工资总数的0.7%缴纳。社会保险机构支付的费用，包括生育津贴（即职工产假期工资）和生育医疗费，生育医疗费顺产（含7个月以上引产）每人次2300元；助娩产每人每次2600元；剖宫产每人每次4300元；7个月以下引产每人次1600元；流产每人次300元。2004年1月起，生育医疗费中的流产待遇调整为每人次600元。生育保险费率由0.7%调整为0.6%。2006年11月，计发生育津贴的产假期限：妊娠7个月以上（含7个月）生产或早产的，按3个月计发；分娩时遇有难产实施剖宫产、助娩产手术的，增加0.5个月；多胞胎生产的，每多生产一个婴儿，增加0.5个月。妊娠3个月以上（含3个月）、7个月以下流产、引产的，按1.7个月计发。妊娠不满3个月流产（含自然流产、人工流产），按1个月计发。12月起，生育医疗支付标准调整为：顺产（含7个月以上引产）每人次2400元；助娩产每人每次2800元；剖宫产每人每次5000元；7个月以下引产每人次1600元；流产每人次1000元。

2010年7月起，上城区职工生育保险缴费比例从原来的0.6%调整至0.8%。2011年7月起，杭州市区生育保险缴费比例为1.2%。职工在生育时，用人单位已按规定为其办理参保登记手续，连续缴纳生育保险费12个月，符合国家、省、市规定条件生育的，由上城区社会保险经办机构另行支付生育医疗补贴费，剖宫产2000元、助娩产1500元、正常产（含顺产、流产、引产）1000元。2013年10月起，上城区按照规定职工生育保险缴费比例由0.8%调整1.2%。至2015年末，全区生育保险参保人数121162人。

第三十二篇 民政

杭州现代民政机构的设置，始于民国时期。民国元年（1912），杭县县公署设置内务科，分管民政。民国16年（1927），废道制，置杭州市，市政府秘书处社会科分管民政工作。民国35年（1946），市政府设民政科，管理地方自治、户政、选举等工作，社会科负责社团登记、社会赈济、禁烟禁毒、军人家属优待抚恤、土地行政等事项。其时，市辖各区未专设民政管理机构。

1949年5月，杭州市解放后，成立上城区人民政府。8月改为上城区公所，设有民政区员。10月，上城区上羊市街居民召开选举大会，成立居民委员会，是为中华人民共和国成立后成立的第一个居委会。①此后，上城区重视开展拥军优属活动，每逢元旦、春节和“八一”建军节等重大节日，均开展群众性拥军优属活动。1950年6月，区公所撤销，在区公安分局内设民政股，掌管全区民政事务。12月，区民政部门按国家规定，配合市民政部门开展对革命残疾人员的长期抚恤工作，并向牺牲或病故人员发放抚恤费。是年，上城区贯彻“生产自救，群众互助，辅之以政府必要救济”的方针帮助有劳动力的贫困户，组织以工代赈，开展以手工劳动为主体的各种加工、服务性生产自救等帮扶救助活动。1952年5月，上城恢复区政府建制，8月，设立区民政科。20世纪50年代末，各街道办事处、居民区创办居民公共食堂、幼儿园、家庭生活服务站等民办社会服务设施。1968年，上城区革命委员会成立，撤销民政机构，民政事务由区革命委员会办事组承担。1978年9月，恢复区政府民政科。1984年2月，撤销区政府民政科，成立杭州市上城区民政局（简称区民政局）。

20世纪80年代后，城市经济建设发展，就业人数增加，消费水平提高，生活节奏加快，家庭结构逐渐小型化，人口结构老龄化加速，群众迫切要求政府能够提供多方面的社区服务。上城区的福利事业由救济型向福利型、由供养型向供养与康复相结合的方向发展，出现多渠道、多层次

① 2008年，上城区开始中华人民共和国第一个居委会寻访论证工作，经全国专家论证，民政部于是年6月28日宣布，上羊市街居委会被确认为“新中国第一个居民委员会”。

兴办社会福利事业的新局面。同时，上城区政府关心驻军物质生活，为部队创办经济实体，慰问军队；并完善联合服务网，对优抚对象实行“四定一条龙”[①]服务。1982年，上城区成立街道殡葬管理委员会和居民区殡葬管理组，推行火葬和文明治丧。1985年后，全区死亡人员火化率一直保持100%。1989年12月，上城区根据《中华人民共和国城市居民委员会组织法》以100～700户的规模设立居民区，通过先试点后铺开，经民主选举产生居民委员会（简称居委会）。

1990年3月，上城区开始办理社会团体登记，同时开展清理整顿和复查等管理工作。是年，省、市政府在上城区云居山建成浙江革命烈士纪念馆并对外开放。

20世纪90年代起，全区初步形成老年人服务、残疾人服务、精神卫生工疗服务、优抚服务、家政服务、幼托服务、便民利民生活服务、文化生活服务、志愿者服务、安全法律服务十大系列服务网络。但上城区居委会干部基本由纯居民担任，普遍老龄化，文化程度相对较低。

1993年，上城区退伍军人安置开始实现双向选择，区民政局对自谋职业的给予奖励；拥军工作实现从节日拥军转向常年拥军、政府拥军转向社会拥军、物质拥军转向智力拥军。1996年开始，对辖区内纳入最低生活保障制度的生活困难居民进行常态救助。1999年，上城区民政局开始受理收养登记申请。[②]

2000年10月，上城区启动社区建设试点，在南星和湖滨2个街道开展社区组建工作。至2001年1月，全区67个社区居委会全部组建成立。

社区体制改革完成后，区民政局在全区先后开展创建星级社区、满意社区等活动，促进社区软硬件建设发展，每个社区总的用房面积300平方米（不含商业网点）以上，分别建有“五室两站一校一场所”[③]。同时，加强社区干部队伍建设，社区居委会成员逐步从以离退休人员为主过渡到

① “四定一条龙”：指定对象、定内容、定时间、定人员。

② 1999年之前，杭州市收养登记工作均由杭州市民政局统一办理。

③ “五室两站一校一场所”：社区居委会办公室、党建室、警务室、社会保障室、老年人活动室、社区服务站、卫生医疗站、市民学校、文化体育活动场所。

以专职社区工作者为主；社区服务体系和网络日趋完善，社区服务机构逐步由政府主办过渡到社会承办，服务机构实现产业化、实体化。上城区在社区服务的内容上，扩展到教育服务、文体娱乐服务、环境优化服务、计生卫生服务、法律治安服务、就业保障服务以及扶贫帮困服务等。在社区服务的对象上，从特定的社区服务对象向全体社区居民的日常生活需求服务转变。

2001年，上城区加大安置政策改革力度，鼓励退役士兵自谋职业，实行安置就业与扶持就业相结合，政策扶持与自谋职业相结合，并开始运用市场机制安置退伍军人。2002年，上城区慈善总会登记成立，随之开展“春风行动”，并建立最低生活保障制度之外的困难居民的救助体系，确立经常化、制度化、规范化的长效救助工作运行机制。至年末，完成“社区老年福利服务星光计划”建设任务，共建成“星光老人之家”75家，总建筑面积1.7万平方米。2003年，建立生活救助、医疗救助、教育救助、就业救助和社会互助“五位一体”的社会救助体系。2004年1月，创建学习型社区，提高社区成员综合素质，全区所有教育资源向社区居民开放，形成社区教育资源共享氛围；并推出“5A”式社区服务，打造“十五分钟生活服务圈”。12月，上城区第一家公办民营的社会化养老机构营业，实行市场化运作。2005年，提出居家养老“惠民工程”，建立区、街道、社区、中介服务机构的三级管理、四级运作的组织管理体系，在全国率先成立“为老服务联盟”；上城区被民政部确定为“全国养老服务社会化示范活动试点单位”。2007年，实施“规范管理和优质服务年”，完善社会救助和劳动保障联动机制，实现救助经常化，管理制度化，操作规范化，手段信息化。是年，被民政部确定为民政范围管理标准化建设全国试点地区。2009年12月，中国社区建设展示中心在上城区落成。

2010年，上城区探索建立“333+x”[①]社区大服务体系，实施居家养老全覆盖工程，整合养老服务资源，实现居家养老服务由“特惠型”向适度“普惠型”的转变。是年，被民政部授予“十一五”期间“全国民政系统先进集体”称号。2011年3月，成立上城区第二次地名普查工作领导小组，并设立地名普查办公室，开展全省第二次地名普查工作。2012年，建立“居家服务无忧在线平台”，为社区居民提供居家养老、居家医疗、居家就业等8项居家服务。同时在“e家人”社区事务综合管理系统中接入帮扶救助审批系统、社区“12345”投诉电话、数字城管系统等，推进政府基础公共服

① 通过明确政府、社区、社会3个主体和公共服务、自助互助服务、便民利民服务3种体系，搭建社区公共服务、社区居民参与和社区服务落地三大为民服务平台，建立一条多元主体相互协作、相互补充，涵盖公共、公益、互助、专业、全面的社区服务供给链。

务的信息化管理。

2013年，上城区第一次试行扩大社区成员参与选举工作，组织外来务工人员以社区居民的身份参与社区民主选举。2014年，上城区被确定为杭州市“智慧养老”信息化运行的试点城区。2015年，在全市率先推出“互联网+社区民生服务”的社联网运作平台，整合资源，做好“最后一公里”民生服务。同时，启动第二次全国地名普查工作。

1993—2015年，上城区共办理国内居民结婚登记72405对，离婚登记15019对；登记社会团体112家，民办非企业单位304家。1996—2015年，连续16次提高最低生活保障线标准，累计发放低保金9079.27万元。2002—2015年，上城区慈善总会持续发展“春风行动”，通过爱心义卖等各种慈善资金募集形式，共募集资金6601.43万元。

第一章　组织机构

1984年2月，区政府民政科撤销，区民政局设立，负责管理行政区划、优抚安置、社会福利等民政事务。此后，职能经多次调整，先后增加婚姻登记管理、社会遗弃儿童收养登记、社会救助、基层政权建设指导、社区建设指导和服务、地名管理、老龄工作等社会事务。至2015年，上城区在区民政局设立“双拥”工作领导小组办公室、上城区社区建设指导委员会办公室、上城区和谐社区（“星级”社区）创建工作领导小组办公室、上城区老龄工作委员会办公室、上城区流浪乞讨人员救助管理工作协调小组办公室5个区级非常设机构。同时，区民政局有上城区益寿院、上城区地名委员会办公室、上城区帮扶救助服务中心、上城区福利彩票发行中心4家下属事业单位和上城区慈善总会1个社会团体组织。

第一节　区级行政管理机构

一、杭州市上城区民政局

1993年初，区民政局内设一办二科，即办公室、优抚安置科、社会福利科，地址惠民路3号。主要承办行政区划和负责街道的设立、撤、并、更名和界线审核报批工作；负责调查研究并提出居民区的设立、撤销、更名和界线变更的意见；指导基层政权建设和居委会换届选举及制度建设，组织街道干部和居委会干部的业务培训；负责全区社会团体和民办非企业单位的登记与监督管理工作；主管全区拥军优属、优待抚恤、烈士褒扬、伤残评定、烈士报批和复退军人、无军籍退职职工接收安置与管理工作；指导全区婚姻登记管理和主管全区殡葬改革管理工作；组织、协调全区救灾救济和指导全区社会福利事业工作；负责全区各类社会福利企业的管理和残疾职工的权益保障，监督社会福利企业扶持保护政策的落实；负责福利彩票发行和区本级福利资金的管理使用工作等。

1996年11月，上城区设立婚姻登记处，取消各街道的婚姻登记代办工作，由区民政局集中管理婚姻登记事务；并增加社会遗弃儿童收养登记职能。1997年，实施城市居民最低生活保障制度，区民政局增加指导、监督全区实施城市居民最低生活保障制度；组织管理和指导扶贫济困、社会捐赠等社会互助活动及对口帮扶工作等职能。

1998年8月，区民政局增设社会事务科。是年，区民政局增加社区服务管理工作的职能，开始办理社区服务项目登记，指导全区开展社区服务。1999年4月，区地名委员会办公室由上城区建设局转交区民政局管理。

2001年，上城区推进社区建设，基层政权和社区建设工作职能和职责作出新的调整，区民政局增加指导基层政权建设和社区居民基层群众自治组织建设与制度建设；指导社区管理服务工作，推进社区建设；承担区社区建设指导委员会办公室的日常工作职责。

2002年2月，设立区民政局基层政权和社区建设科；11月，区老龄工作委员会办公室由区民政局管理，区民政局社会事务科与区老龄办合署办公。区民政局增加指导全区老龄工作、维护老年人合法权益等职责。2005年，上城区为适应日益增长的老龄化社会趋势，推进养老服务工作，区民政局增加组织、指导养老服务体系建设，推进养老服务事业发展的职责。

2007年末，区民政局设4个职能科室，即办公室、基层政权和社区建设科、社会福利科、社会事务科。并撤销优抚安置科，将优抚安置的工作内容纳入社会事务科工作职责。

2012年5月，区民政局设立老龄工作科、救灾救济科，并将基层政权和社区建设科更名为社区建设科，社会事务科更名为综合事务科。

至2015年末，上城区民政局有办公室、社区建设科（挂社会工作科牌子）、综合事务科（挂婚姻登记办公室、行政审批科、社会组织管理科牌子）、救灾救济科、老龄工作科5个内设机构。

1997—2015年，历任党组书记邵美英、朱云坤、钱国平、袁巧玲、傅莉萍、金水根。1993—2015年，历任局长周友芳、邵美英、朱云坤、钱国平、袁巧玲、傅莉萍、金水根。

二、非常设机构

杭州市上城区拥军优属、拥政爱民工作领导小组办公室　1991年3月，上城区建立拥军优属拥政爱民工作委员会，在区民政局设办公室，主任由副区长兼任，地址惠民路3号。2011年6月，改为上城区拥军优属拥政爱民领导小组办公室（简称区双拥办），地址惠民路26号。负责区双拥工作委员会的日常工作，组织协调全区加强双拥工作宣传和国防教育，开展拥军优属和军民共建活动，巩固军政军民团结，促进军地共同发展。至2015年末，其相关职能未变化。

杭州市上城区社区建设指导委员会办公室　2001年3月，上城区成立社区建设指导委员会，下设办公室及社区党建、社区服务、社区卫生、社区治安、社区文教、社区保障6个专项组。办公室设在区民政局，地址惠民路26号。主要负责与各专项组之间的社区工作指导的协调，承担区社区建设指导委员会的日常工作。对区社区建设指导委员会的各项决议执行情况进行检查、督办；对社区建设中出现的问题开展调查研究，提出意见，为区社区建设指导委员会决策提供依据；起草区社区建设规划和开展和谐（星级）社区创建等活动的条件与方法；做好社区有关会议的承办和信息传递与反馈；负责社区建设典型培养和推荐，总结经验、表彰先进等工作。至2015年末，其相关职能未有变化。

杭州市上城区和谐社区（“星级”社区）创建工作领导小组办公室　2001年4月，上城区建立“星级”社区创建工作领导小组。2006年2月，更名为上城区和谐社区创建工作领导小组。在区民政局设立办公室，地址惠民路26号。负责全区和谐社区（“星级”社区）创建工作领导小组的日常工作，根据和谐社区创建工作意见和考评标准，组织社区党建、社区服务等各专项工作组，深入社区开展创建工作指导，提升创建工作水平，让社区居民充分享受和谐社区创建成果。

杭州市上城区老龄工作委员会办公室　上城区老龄工作委员会是由1988年成立的上城区老龄问题委员会更名而来。1993年，区老龄工作办公室设在区老干部局，无独立的机构和人员编制。1995年，区老龄工作委员会转为行政性事业单位，属区委群众团体单位系列，地址后市街111号。2002年，区老龄工作委员会办公室划归区民政局管理，合署办公，地址惠民路26号。2012年，区民政局设立老龄工作科，行使区老龄委办公室相应职能，负责指导全区老龄工作，推动老年事业发展。至2015年末，区民政局老龄工作科仍承担并履行区老龄委办公室相应的工作职责。

杭州市上城区流浪乞讨人员救助管理工作协调小组办公室　2008年12月，上城区成立流浪乞讨人员救助管理工作协调小组，下设办公室（在区民政局），地址惠民路26号。主要负责协调小组办公室的日常工作和政策宣传，加强与市救助站的联络，确保受助人员得到救助等工作。至2015年末，相关职能无变化。

第二节　事业单位和社会团体

1993年，上城区益寿院[①]主要为老年人提供服务。1999年，上城区地名委员会办公室划归区民政局。2002年，上城区慈善总会成立。2005年，上城区帮扶救助服务中心成立，开展全区困难群众的帮扶救助工作。2007年，上城区福利彩票发行中心成立，规范福利彩票的发行和管理工作。至2015年末，区民政局有4家下属事业单位和1个社会团体组织。

①上城区益寿院详见本篇第五章社会福利和慈善事业第一节老年福利。

杭州市上城区帮扶救助服务中心　2005年10月，上城区帮扶救助服务中心成立，地址惠民路26号，为全民所有制事业单位，预算形式为财政定额补助，具体负责落实全区低保等困难群众的帮扶救助工作。2012年5月，增挂区社会养老服务指导中心牌子，类别为从事公益服务事业单位（公益一类）。区帮扶救助服务中心主要职责为做好对全区各类困难群众的帮扶救助工作，负责对全区养老服务事业的指导、规范和服务，推进全区社会养老服务体系建设。

杭州市上城区地名委员会办公室[①] 1999年4月，上城区地名委员会办公室（简称区地名办）从区建设局划到区民政局，地址惠民路26号。其主要职责为负责全区地名日常管理，承担行政区划和行政区域界线勘定、争议调处工作。

2002年11月，区地名办由非常设机构的办公室确定为全民所有制事业性质机构，为从事公益服务事业单位（公益一类）。预算形式为财政定额补助，下设办公室（设在区民政局）。区地名办主要负责审核本辖区各类地名的命名和更名的申报，编制上城区地名规划并组织实施，负责门牌号的编制和确认，负责全区地名标志的设置和管理，收集和整理上城区地名资料，管理地名档案，编辑上城区范围内的地名图书等。

2008年9月开始，区地名办停止对外收费，单位性质变为财政全额拨款事业单位。至2015年末，区地名办的组织机构及工作职能未发生改变。

杭州市上城区福利彩票发行中心 2007年12月，上城区福利彩票发行中心成立，属自收自支型事业单位，地址解放路98号。主要负责筹集社会福利资金，发展社会福利事业和保障事业，为兴办残疾人、老年人、孤儿等福利事业和帮助有困难的人做好福利彩票的发行和管理工作。至2015年末，职能无变化。

杭州市上城区慈善总会 2002年11月，上城区慈善总会登记成立，为社会团体组织单位，办公地设在区民政局，地址惠民路26号。12月，上城区慈善总会授予广宇集团等9家单位上城区慈善总会创始人称号，授予浙江省电信公司杭州有限公司等78家单位上城区慈善总会创始会员称号。至2015年末，上城区慈善总会共吸纳单位会员83个，有理事49人，常务理事24人，并通过社会组织管理的年检验审。

① 1982年6月，上城区地名委员会成立，下设办公室，办公地设在区城建局，负责地名管理日常工作。

第二章　社区建设

改革开放后，上城区居民自治组织建设和社区服务逐步发展，为全面推进社区建设奠定基础。1993年，全区7个街道有132个居民区，居委会干部基本由居民担任，普遍年龄老化，文化程度相对较低；区政府陆续制定居民委员会工作办法、标准，完善居委会制度建设。1994年后，开始逐步充实离退休人员充任居委会干部，提升居委会干部身体条件和文化程度。1996年末，市区行政区划调整，上城区辖有11个街道、215个居民区和3个行政村。1999年，进行撤村建居及居民区撤并，调整为138个居民区，并通过选举产生新的居委会。

2000年10月，上城区启动社区建设试点。12月，洪福里、新工等社区第一届居委会选举产生，是上城区第一批社区居委会。至2001年1月，全区138个居民区设置组建为67个社区，通过各社区居民（成员）代表会议民主选举，各社区产生第一届社区居民委员会。社区体制改革完成后，区委、区政府在全区开展创建星级社区、满意社区活动，促进社区软硬件建设发展；并加强社区干部队伍建设，推进专职社区工作者队伍年轻化、知识化、专业化。同时，社区服务体系和网络日趋完善，社区服务机构逐步由政府主办过渡到社会承办，服务机构实现产业化、实体化。2008年6月，民政部在杭州举行新闻发布会，确认上羊市街居委会为中华人民共和国第一个居民委员会。

2013年起，上城区在基层社会治理实践中，借助社区建设起步早、基础好、发展快的先发优势，着手统筹谋划社区、社会组织和专业社会工作的融合发展，在推动政府职能转移、激发社会活力、提升社会和谐度、提高政府治理绩效等方面取得成效。

2002—2015年，上城区先后被民政部命名为“全国社区建设示范区”（2002年8月）、“全国和谐社区建设示范区”（2009年5月和2014年11月），获2014年度中国社区治理十大创新成果、2014年度社区发展奖，2015年被民政部确定为第三批“全国社区治理与服务创新实验区”。

第一节　组织和人员

1993年，随着经济的快速发展，人民生活的改善，基层政权不断调整组织机构和人员配置，以适应基础经济发展。是年，上城区有7个街道、132个居委会。随后，上城区不断提高社区工作者的业务能力素养和工资待遇水平，完善配套包括“居务公开制度”

“财务管理制度”和“岗位工作职责”以及社区组织的一整套工作制度。2015年，上城区设有54个社区；同时，制定《上城区专职社区工作者管理实施办法》，规范专职社区工作者的岗位职责、招聘任用、日常管理、福利待遇、教育培养、综合考评、福利待遇等10个方面管理工作。

一、组织建设

1993年，上城区7个街道办事处共有132个居委会。居委会通常设成员5～7人，其中主任1人，副主任1人。居委会下设爱国卫生、治安保卫、社会福利、民事调解和计划生育5个工作委员会，分别由居委会的副主任和委员兼任主任。至年末，上城区创建66个区级示范居委会，小塔儿巷、尚德里、吴山路、民生路、后市街等10个居委会被授予“杭州市示范居委会”称号。

1996年12月，因杭州市调整市区行政区划，调整后的上城区辖有11个街道办事处、215个居委会和3个村委会。1999年初，因撤村建居，撤销近江、望江和玉皇3个村的村委会，并建立居委会，居委会增加至218个；4月，上城区撤并街道建制，由原11个街道调整为9个街道；8月，撤并调整居民区的规模，原218个居民区被调整为138个居民区，通过选举产生新的居委会。

1999年4月，街道改革调整，区委、区政府制定《关于加强街道工作的试行意见》规定，一个居民区的管辖范围原则上以1000户以内为宜，在未完全调整到位之前，可继续试行2个或多个居委会管理分片、合署办公的过渡办法。居委会日常工作经费由区和街道负责解决。5月，省民政厅命名上城区小营巷、长生路、断河头3个居委会为“省级示范居委会”，市政府授予解放路、学士路、洪福里、大学路、叶家弄、上马坡巷、华藏寺巷、奎垣巷、荷花池头、宿舟河下、江城路11个居委会“杭州市示范居委会”称号。

2000年12月，上城区发布《关于全面推进社区建设的意见（试行）》，改革社区管理体制，建立社区居民（成员）代表会议、社区议事协商委员会、社区居民委员会。10月，启动社区建设试点，在湖滨和南星街道开展社区组建工作。12月10日，上城区湖滨街道洪福里社区和南星街道新工社区召开第一次社区居民（成员）代表大会。随后，上城区全面推进社区建设工作。至2001年1月，上城区138个居民区组建成67个社区，各社区通过民主选举，产生第一届社区居民委员会，成为杭州市第一个社区建设整体推进的城区。

为加强党对社区的领导，上城区注重社区居民自治，形成包括社区党组织（党总支）、社区居民（成员）代表会议、社区议事协商委员会、社区居民委员会的社区组织体系，任期均为3年，实行议行分设[①]。社区居委会下设保障服务，治保调解、妇女文教、环保卫生、计划生育5个工作委员会，分别由居委会成员兼

①社区党组织是社区的领导层、社区居民（成员）代表会议是社区的决策层、社区议事协商委员会是社区的议事层、社区居民委员会是社区的执行层。

任主任。每个社区按照规范化建设要求，建立社区志愿者队伍、党员服务队伍、群众文化体育活动队伍、养护保洁队伍和治安巡逻队伍5支队伍。2001年5月，区民政局发布《关于加强社区居委会建设的若干意见》，完善配套包括“居务公开制度”“财务管理制度”和“岗位工作职责”及社区组织的一整套工作制度。12月，小营巷社区居委会被省民政厅命名为省级示范社区居委会。

2002年6月，上城区社区建设指导委员会办公室下发《关于明确社区居民委员会职责的意见》，明确社区居委会的基本职能和民主自治权利，理顺社区居委会与社区、街道和政府部门的关系，界定社区居委会与有关政府机构之间的职责。同时，下发《关于建立社区事务听证制度的通知》，首次在全区推行社区事务听证会制度。对社区事务听证会的基本内容、主要形式、组织及程序作详细的规定。[①]是年，南星街道美政社区等社区居委会被省民政厅命名为省级示范社区居委会。

2003年5月，经区政府批准，调整社区规模，全区原67个社区调整为51个。8月末，社区调整完成，于12月20日前，完成全区社区居委会换届选举工作。是年，上城区改革社区管理体制，原来社区层面的社区党组织、社区居民代表大会、社区议事协商委员会、社区居委会四大组织改为社区党组织、社区居民（成员）代表大会、社区居委会。社区居委会在社区党组织的领导下，开展群众性的自治活动。社区居委会设立工作站，工作站人员由街道或社区居委会聘任，接受社区党组织和社区居委会的领导，专职从事社区管理服务，主要围绕社区居民代表大会决定的重大事宜和居民所反映需要解决的问题开展工作。

2004年8月，上城区社区工作者协会成立，选举产生社工协会会长、副会长、秘书长和理事会成员。并经注册为上城区社会团体类法人社会组织。

2005年12月，为加强社区建设，完善社区工作机制规范社区工作管理，区社建办印发《关于进一步加强社区居委会建设的若干意见》，从居务公开制度、“四会”制度、工作制度、财务管理制度、信息化管理制度、队伍管理制度、工资与福利制度7个方面进行完善和调整[②]，使之更切合社区居委会的发展建设。2008年，根据市委、市政府

① 一是规定社区事务听证会的基本内容：1.社区日常工作的管理和协调；2.社区服务项目的设置和活动的实施；3.社区环境卫生的维护和绿化养护；4.社区治安综合治理和民间纠纷的调解处；5.社区文化、体育和教育等团队的组织及活动的开展；6.社区居民的医疗保健和计生服务；7.社区保障和就业安置等措施的落实；8.对社区工作者行为规范的监督；9.对物业管理及物管工作人员的监督；10.社区其他事务的管理与评议。二是规定社区事务听证会的主要形式：首先，社区在开展各项重大事务前，由社区居委会组织社区各方面的代表，对社区将要实施的具体事务进行必要性和可行性认证，确定较科学合理的实施方案，并协助社区开展工作；其次，邀请社区各界代表，听取社区居委会对社区工作的总结和计划，提出意见和建议，提高社区自理日常事务的能力与水平；再次，向居民代表宣传党和政府的有关政策、法规，听取民情民意，做到上传下达，下情上达，沟通党和政府与居民群众的联系。三是规定社区事务听证制度于2002年7月1日实施。

② 一是继续明确居务公开制度和财务管理制度，明确居务公开制度实行政务、事务、财务“三公开”，规定社区居委会成立财务监督管理小组，社区财务报表须按月在社区居务公开栏中公布，并由社区财务监督小组对财务账目进行审查，年终社区财务情况应交社区居民代表会议审议。二是完善社区工作制度，在继续明确社区工作会议与学习制度、服务承诺制度和首问责任制度的基础上，增加分片走访居民制度、重大事项报告制度，以及社区档案、印章和社区用房管理制度。三是增设社区“四会”制度，明确社区每年均须适时召开民情恳谈会、事务协调会、工作听证会和成效评议会。五是增设社区工作者队伍管理制度，对社区工作者实行考勤制度、值班制度、考核评议制度和奖罚制度等进行明确的规定。六是增设社区工作者的工资福利制度，使社区工作者的职务等级工资与工作职务、工作年限、工作能力挂钩。

《关于进一步推进和谐社区建设的若干意见》，上城区在强化社区党组织建设、社区居委会和其他自治组织建设的同时，建立社区公共服务工作站，承担社区公共服务职能，形成社区党组织、社区居委会、社区公共服务工作站“三位一体”、交叉任职、合署办公的社区管理体制。同时健全社区工作准入制度，落实“人随事转、费随事转、权随事转”。

2011年，上城区完善社会管理组织体系，建立网格模式，实现基层管理服务全覆盖，将社区划分为若干个网格单元，形成覆盖全区，条块结合的区、街道、社区、网络四级工作网格。有效整合资源，形成基层管理服务新体系，健全综合协管员、安全管理员、楼道长等队伍，形成横向到边、纵向到底的治安综合治理组织网络。2013年6月末，区纪委统一部署，结合上城区第五届社区党组织和社区居委会换届选举，通过宣传发动、推荐并确定候选人，经社区居民代表会议以无记名投票方式，在全区各社区选举产生第一届社区居务监督委员会，履行居务监督职能。

2015年8月，区委下发《关于强化党建统领巩固政权基础创新基层社会治理的意见》，提出按照社区党组织领导社区一切事务、居委会承担居民自治、居务监督委员会发挥监督功能以及公共服务工作站承担公共服务和政务代办的定位，制定责任清单，厘清社区组织机构间的职责与关系，合理配置人员，加快形成各尽其责、协同治理新格局。推进基层公共事务管理权限转移，逐步由居民主导的公共事务交还居委会，同时确保相应的经费与设施，由居委会通过基层民主协商和居民自治的方式解决。至2015年末，全区由51个社区居委会增至54个。

二、居委会选举与队伍建设

1989年12月，《中华人民共和国城市居民委员会组织法》颁行，上城区以100～700户的规模设立居民区，通过先试点后铺开，分期分批实施，经民主选举产生居委会，基本三年一届。

1993年，上城区普遍召开居民代表会议，选举产生居民委员会，全区共选举出委员以上居民干部893人。此时的居委会干部普遍年龄老化，文化程度相对较低，生活待遇也相对较低。1994年后，居委会干部逐步从基本由纯居民担任开始改为由离（退）休人员担任、比例占90%以上，呈现年纪轻一点、文化高一点、家务少一点、身体好一点、对公益事业热心一点的“五个一点”的特点。

1999年，全区完成第四届居委会[①]换届选举，居委会干部从原来的771人留用360人，并通过社会公开招聘录用185人（专职），共选举出居委会成员545人。经过调整，居委会干部平均年龄从57.3岁下降至

① 按杭州市统一的提法“三年一届”，即1989年末为第一届，1993年为第二届，1996年为第三届，1999年为第四届。

50.6岁，高中以上文化从26.5%上升至34.7%，文盲及小学文化从22%下降至2.8%。

2000年12月，湖滨街道洪福里社区和南星街道新工社区等社区召开第一届社区居民（成员）代表大会，选举产生上城区第一批社区居民委员会。至2001年1月，全区67个社区居委会全部组建成立，社区居委会组成人员一般为5～9人，设主任1人，副主任1～2人，委员若干人；居委会成员不再以离（退）休人员为主，逐步过渡成以专职社区工作者为主。2002年，改革社区工作者管理体制，实行直接选举试点，推进社区工作者职业化、专业化和社会化。

2003年10月，上城区实施社区居委会换届选举工作。全区有19个社区实施居民直接选举（其中候潮门、东平巷等4个社区为户代表选举），直选率为33.3%，选民登记率为92.83%，居民参选率93.05%。选举产生第二届社区居委会成员351人，其中，妇女成员241人，占68.66%；中共党员142人，占40.46%；大专以上学历175人，占49.86%；平均年龄39.66岁。上城区成为杭州市第二届社区居委会换届选举居民直接选举最多的城区。

2007年6月，上城区进行第三届社区居委会换届选举。该次换届选举全区51个社区由居民一人一票直接选举的覆盖面达到100%，居民参选率91.23%，共选出社区居委会主任51名，副主任77名，委员213名。与前两届相比，社区居委会成员素质明显提高。在341位社区居委会成员中，中共党员176名，占总人数的51.6%；大专以上学历有282人，占82.7%；平均年龄为37.34岁。与此同时，全区社区党组织也进行换届选举。

2010年，完成第四届社区居民委员会换届选举。5月22日，全区52个社区统一选举，有28.37万名选民参加选举，全区居民参选率92.58%，直接选举率100%。共选举产生363名社区居委会成员，其中，中共党员217名，占总人数的59.78%，比上届提高8.18%；大专以上学历有332人（本科以上学历138人），占91.46%，比上届提高8.76%；平均年龄为37.96岁，与上届基本持平，队伍呈现出结构合理、素质优良等特点。

图32-2-1　2010年5月，108岁老人程瑜在小营巷社区居委会选举中投票　（小营街道 供稿）

2013年，上城区完成第五届社区居民委员会换届选举和第一届社区居务监督委员会选举工作。6月22日，全区所有社区举行换届选举大会，实行由18周岁以上社区居民一人一票的直接选举，居民参选率达93.9%，直接选举率100%；从538名正式候选人中，差额选举产生369名社区居委会成员。社区居委会成员素质有新的提升，平均年龄36.4岁，比上届年轻1.6岁；本科以上学历占60.71%，比上届高22.69%。在该次选举工作中，根据民政部、省、市关于外来务工人员融入社区的要求，第一次试行扩大社区成员参与选举，组织外来务工人员以社区居民的身份参与社区民主选举，全区有10324名外来务工人员参加选举，有140名外来务工人员被推荐为社区居民代表。另外，还有47名境外人员参加选举。

三、社工待遇与管理

1993年，上城区居委会干部生活待遇相对较低，居民干部平均享受财政补贴仅有83.3元~108.33元。1997年，上城区根据杭州市《关于加强社区管理工作的意见》，解决居委会工作所需经费的问题，居委会干部的津贴有所提高，一般正职每人每月130元，副职每人每月110元。1999年，居民干部生活津贴提高到正职每人每月200元，副职每人每月180元。2000年，居委会干部逐步以专职干部为主，专职干部工资每人每月380元，由市、区两级政府财政供给保障。

2001年，全面推进社区建设后，社区工作者工资福利待遇全额由市、区两级财政保障，基本工资每人每月600元，年终经过考核平均按每人每月200元发给奖金，并享受年度节日福利等；对无工作单位的，由街道统一缴纳养老保险、失业保险、大病医疗保险，经费由区、街两级分担。

2002年7月，社区工作者实行职务工资制，确定社区正职（社区党组织书记、社区居委会主任）850元/月、副职（社区居委会副主任）750元/月、专职委员700元/月，并确定奖金、福利和五大社会保险待遇。相应社区工作经费由市、区两级政府财政供给保障。

2004年7月，上城区社区工作者在实行职务工资制基础上，实行统一岗位津贴制度，标准为社区正职150元/月，副职120元/月，委员100元/月；社区工作者统一享受住房公积金制度，按职工工资总额8%的比例缴存杭州市住房公积金。

2005年1月，社区工作者实行职务等级与社区工作年限相结合的职务年限工资制，最低工资正职850元/月、副职750元/月、委员700元/月，并实行每年考核晋升制度。将社区工作者职务等级工资分为12个等级，每年通过考核晋升一级工资。同时规定，社区工作者的定额奖金按本人职务等级工资的30%安排，目标管理奖每年结合全市上年度企业职工平均工资标准、社区工作者实际收入及工作时间等因素核定。社区工作者的补（津）贴包括岗位津贴、物价补贴、门诊医疗补助、防暑降温补贴和国定假日加（值）班费5项内容①。社工享受基本养老保险金、失业保险金、基本医疗保险基金、工伤保险金和女工生育保险金5项社保待遇和住房公积金②。

① 岗位津贴：正职500元/月、副职400元/月、委员300元/月；物价补贴35元/月；门诊医疗补助50元/月；防暑降温补贴95元/月（每年6月至9月，4个月）；国定假日加（值）班费，全年不超过本人1个月职务等级工资标准。

② 单位缴纳的标准为：基本养老保险金20%，失业保险金2%，基本医疗保险基金9%，女工生育保险金0.6%，工伤保险金0.4%；以上各项保险按本人工资总额缴纳，本人工资总额包括职务等级工资、奖金福利和补（津）贴之和；个人缴纳标准为：基本养老保险金8%，失业保险金1%，基本医疗保险基金每月4元，基本养老保险金按上年度敛社会平均工资的60%为基数，失业保险金按本人工资总额缴纳，个人所缴部分由单位每月从其工资中代扣并代缴。社区工作者统一享受住房公积金，单位和个人分别按本人工资总额8%的比例缴纳，纳入个人住房公积金账户，归个人所有，个人所缴部分由单位每月从其工资中代扣并代缴。

表 32-2-1　2005 年上城区社区工作者职务等级工资标准情况表

单位：元/月

等级 职务	12	11	10	9	8	7	6	5	4	3	2	1
正职	—	—	—	850	895	940	990	1040	1095	1150	1210	1280
副职	—	750	790	830	875	920	970	1020	1075	1130	1190	1250
委员	700	735	775	815	860	905	955	1005	1055	1110	1170	1230

说明：资料来源于杭州市上城区民政局

2008 年 11 月，上城区社工工资福利待遇进行较大幅度调整。社工工资实行与年限相结合的职务年限工资制（最低工资社区正职每人每月 2000 元，副职每人每月 1700 元，委员每人每月 1400 元），并每年进行考核晋升。定额奖金福利每人每月 300 元，目标管理奖在每人每年 2000 元标准的基础上，结合当年社区专职工作人员工资福利待遇核发实际结余、年终考核等因素核定，并按职务拉开档次。①

① 补（津）贴标准：岗位津贴，正职每人每月 600 元、副职每人每月 400 元、委员每人每月 300 元；物价补贴每人每月 35 元；防暑降温补贴每人每月 110 元（每年 6 月至 9 月，4 个月）；国定假日加（值）班费按每人每月 150 元的标准核定；对取得高级社会工作师、社会工作师和助理社会工作师职业水平资格证书，并从事社区社会工作的，每月分别给予 300 元、200 元、100 元职称津贴。社区工作者社会保险待遇包括基本养老保险金、失业保险金、基本医疗保险基金、工伤保险金和女工生育保险金 5 项；单位缴纳的标准为：基本养老保险金 19%，失业保险金 2%，基本医疗保险基金 11.5%，女工生育保险金 0.6%，工伤保险金 0.4%；上述社会保险费按照本单位当月全部社区专职工作人员工资总额确定基数。工资总额包括职务年限工资、奖金福利、补（津）贴之和。个人缴纳标准为：基本养老保险金 8%，失业保险金 1%，在职门诊医疗保险费 2%，重大疾病医疗补助资金每月 3 元，医疗困难互助救济资金每月 1 元；个人缴纳的基本养老保险费、在职门诊统筹个人账户资金和失业保险费，按照本人上年度月平均工资确定缴费基数，由单位每月从其工资中代扣，并代缴。社区工作者统一享受住房公积金，单位和个人分别按本人工资总额 12% 的比例缴纳，纳入个人住房公积金帐户，归个人所有，个人所缴部分由单位每月从其工资中代扣并代缴。

表 32-2-2　2008 年上城区社区工作者职务年限工资标准情况表

单位：元/月

年限 职务	1	2	3	4	5	6	7	8	9	10	11	12	12年以上
正职	2000	2100	2205	2315	2435	2560	2690	2825	2970	3120	3280	3445	另定
副职	1700	1785	1875	1970	2070	2175	2285	2400	2520	2650	2785	2925	
委员	1400	1470	1545	1625	1710	1800	1890	1985	2085	2190	2300	2415	

说明：资料来源于杭州市上城区民政局

2009 年，上城区在社区公共服务工作站构建“7+1”岗位框架，“7”为 7 个必配岗位，即劳动保障、帮扶救助、安全服务、环境卫生、计生服务、健康服务、文教服务 7 个岗位；“1”为 1 个试点岗位，即在若干社区进行社会工作专业岗位试点。同时上城区鼓励社区工作者参加学历教育，给予学费资助。

2010 年，上城区为完善社会工作人才培养体系，实施“两个一批”发展战略，即

"提升一批"和"引进一批"。在完善社会工作人才使用体系方面，落实岗位设置方案、设立公共服务工作站专业岗位、成立专业服务机构、打造社会工作服务室。

2011年，上城区实施社会工作人才"135"培养计划①，按照"两社一校"②培养模式，提升专业社工人才队伍的规模和能力。7月，调整社区专职工作人员工资福利待遇，社区党组织书记和社区居委会主任执行社区正职的相应标准；社区党组织副书记和社区居委会副主任执行社区副职的相应标准；社区党组织委员、社区居委会委员以及以特定服务对象为工作内容的社区公共服务工作站工作人员执行社区委员的相应标准。基础工资按一级正职3000元/月、副职2400元/月、委员2200元/月执行，社区专职工作人员每3年晋档一级工资。月度绩效考核奖按人均每月1000元的标准，根据日常考勤（包括加班）、工作考核等情况发放；年度目标绩效考核奖按不低于上年度城镇单位在岗职工平均工资标准的5%基数，结合当年度待遇核发实际结余等因素核定，并拉开档次。③

表32-2-3 2011年上城区社区专职工作人员基础工资情况表

单位：元/月

标准 / 职务	一级	二级	三级	四级	五级	六级及以上
正职	3000	3150	3300	3450	3600	3750
副职	2400	2550	2700	2850	3000	3150
委员	2200	2350	2500	2650	2800	2950

说明：资料来源于杭州市上城区民政局

2012年7月，上城区为鼓励社区工作者长期从事社区工作，建立社区工作者长期服务社区津贴制度。社工从事社区工作满6年（两届）以上享有该工作性津贴，7~9年为300元/月，10~12年为400元/月，13~15年为500元/月，16年以上600元/月。是月，上城区增设"网格化、居家服务、社会组织"工作绩效考核奖和社区正、副职绩效考核奖。凡按照网格化管理，纳入"片组户"走访责任的社区专职工作人员，每月完成走访居民30户以上，并经民情民意采集与反馈测查合格的。凡从事居家服务和社会组织培育发展方面工作的社区专职工作人员，工作成绩突出的，每人每月发放200元绩效考核奖。凡在社区党委、居委会和公共服务工作站担任副职以上职务的社区工作者，根据工作成绩发放正职400元/月、副职200元/月的绩效考核奖。

2014年，上城区加大社会工作人才队伍的教育培养力度，通过外出

① 建成一整套社会工作人才培养激励机制，完善社区、社会组织、社会工作"三社互动"机制，探索研究社会力量兴办社会工作服务机构的扶持奖励机制，在五年内实现全区各类社会工作职业资格证书持证率达到50%以上。

② 是指社工培训基地、社会工作机构和高校。

③ 补（津）贴：生活性补贴每人300元/月（主要包括误餐、通信、交通、物价等补贴），防暑降温补贴每人160元/月（每年6月至9月，4个月），对取得高级社会工作师、社会工作师和助理社会工作师职业水平资格证书，并从事社区社会工作（每年有个案研究）的，每月分别给予600元、400元、200元职称津贴。社区专职工作人员按国家有关规定缴纳基本养老保险、失业保险、基本医疗保险、生育保险和工伤保险等社会保险，并统一享受市住房公积金。

交流、实务训练、存量提升等方式，激发社区工作的人才队伍活力，并优化社区工作者岗位配置，鼓励社区工作者参选社区公共服务站工作人员，从事专业社会工作，为发展专业社会工作开启“绿色通道”。同时，实行“网格化、居家服务、社会组织”工作绩效考核奖，从每人每月发放200元调整为每人每月发放300元；社区正、副职绩效考核奖改为社区工作者岗位绩效考核奖。凡在社区从事具体实际岗位的在编社区工作者享受该岗位绩效考核奖。根据社区工作实绩，正职每人每月400元，副职每人每月200元，委员和一般社工每人每月100元，对于社区书记、主任一肩挑的正职和社区党委副书记、居委会副主任并兼任一项具体岗位工作的副职，则在原设定岗位绩效考核奖标准的基础上另加每人每月100元；增加专职社工午餐补贴，标准为每人每月200元。

2015年，上城区制定《上城区专职社区工作者管理实施办法》，从专职社区工作者的岗位职责、招聘任用、日常管理、福利待遇、教育培养、综合考评、福利待遇等10个方面加以规范和保障。同时，下发《上城区专职社区工作者级差绩效薪酬改革方案》，通过核定社区工作者主线、辅线和网格的工作数量、难易程度、工作成效、特殊贡献等因素，制定社工岗位绩差薪酬标准，对专职社工原工资福利待遇中的月度绩效奖金、年度目标绩效考核奖励进行调整和优化。是年，在全市率先启动首批社区工作领军人才培养计划，经过无领导小组面试等环节，遴选出32名优秀社区工作者，以实地模拟演练、游学互动交流、专题研讨授课、成果汇报展示等方式，进行为期4个月的轮训，授予考核达标的学员“上城区首届社区工作领军人才”称号。

第二节　社区管理与服务

1993年，市委、市政府按照“二级政府，三级管理”的要求，提出城市管理重心下移，下放管理职权。是年，上城区社区服务形式根据不同的服务对象和服务项目，向全体有服务需求的居民群众开展服务。基本形成规范的老年人服务、残疾人服务、工疗康复服务、优抚服务、家政服务、幼托服务、便民利民生活服务、文化生活服务、志愿者服务、安全法律服务十大系列服务网络。1997年11月，市委、市政府颁发《关于加强城市社区管理工作的意见》，指出街道是城市社区管理的主体，街道工作要以社区管理和服务为中心。2000年后，上城区全面推进社区建设，改善社区工作条件和社区环境，提高服务质量和水平，逐渐建立社区事务准入机制。2015年，上城区以构建和完善基层社会治理体系、推进基层多元协商共治为主要内容，从创新社区、社会组织、社会工作“三社联动”的体制机制上破题，深化社区治理体系变革、推进基层社会治理创新。

一、服务设施

1993年，上城区7个街道均建有社区服务中心，总建筑面积2380平方米，形成相对完善的区、街、居十项社区服务系列，社区服务设施发展到2307个，其中老年人服务120个、残疾人服务435个、烈（军）属服务314个、社区康复服务3个、家庭劳动服务201

个、幼托服务49个、便民利民服务737个、文化生活服务262个、民俗事务服务7个、安全法律服务179个。

1998年，区民政局下发《关于实行社区服务证书制度的试行办法》，规定凡场地布点在上城区范围内由街道、居委会兴办的服务设施，以孤、老、残、幼、烈（军）属和辖区居民为主要服务对象的便民利民服务单位，应先向街道办事处提出申请，经街道办事处同意后，携带服务、经营场地使用说明，服务收费价目、承包协议或合同等有关有效证件，报经区民政局审核同意后，发给社区服务证书。非经营性社区服务项目可以不领工商营业执照，但必须在规定地点服务。社区服务经营性服务项目应在申领社区服务证书的同时，按规定向工商行政管理部门申领工商营业执照。社区服务证书实行一点一证制，服务人、服务项目、服务地点必须与证书相一致，如有变动，须报请区民政局审批，同时实行社区服务证书年检验审制度。

2000年后，上城区全面推进社区建设，改善社区工作条件和社区环境，每个社区总的服务用房面积需达300平方米（不含商业网点），分别建有“五室两站一校一场所”，每个社区要按照规范化建设的要求，建立“五支队伍”，做到“六个统一”[①]。至年末，上城区有社区服务设施128个，每万人拥有4.02个；便民利民网点241个，每万人拥有7.57个。

① 建立五支队伍：即社区志愿者队伍、党员服务队伍、群众文化体育活动队伍、社区养护保洁队伍、社区治安巡逻队伍。六个统一：即社区概况、方位标志设置统一，社区党总支、居委会牌子统一，警务室、社区卫生医疗站、社区保障服务（救助）站标志醒目统一，社区居委会制度上墙格式统一，居务公开栏内容统一，居委会办公室布置格调统一。

表32-2-4　2000年上城区社区服务设施情况表

街道名称	总人口数（万人）	社区服务设施（个）		便民利民网点（个）	
		设施数	每万人拥有数	网点数	每万人拥有数
湖滨街道	4.19	15	3.58	27	6.44
小营街道	5.04	18	3.57	36	7.14
清波街道	4.83	12	2.88	19	4.03
城站街道	4.67	16	3.45	34	7.28
紫阳街道	4.03	15	3.78	31	7.81
望江街道	4.50	17	3.79	37	8.26
南星街道	2.32	12	5.08	24	10.17
闸口街道	1.69	14	8.28	20	11.83
近江街道	0.59	9	15.25	13	22.03
全区合计	31.86	128	4.02	241	7.57

说明：1.社区服务设施是指街道、居委会兴办的敬老院、工疗站、幼儿园、托儿所、老年活动室等设施。便民利民网点是指居委会为方便居民开办的小修理、小理发、小缝纫、小餐饮、小超市等马路摊位服务网点。社区服务设施和便民利民服务网点均经民政局审核同意后，发给社区服务证书。2.资料来源于杭州市上城区民政局

2001年，随着全面推进社区建设，上城区67个社区均纳入“星级”社区考核，社区服务是星级社区的重要考核内容。是年，上城区落实街

道社区服务中心设施建设，小营、南星、湖滨、城站、闸口、紫阳街道均建立1000平方米以上的社区服务中心，其中小营街道2500平方米、南星街道2200平方米。同时，按照“每百户居民30平方米”硬件配套标准，全区共有社区服务设施配套用房20698平方米，其中湖滨街道2225平方米、小营街道3494平方米、清波街道1604平方米、城站街道2898平方米、紫阳街道2566平方米、望江街道2972平方米、南星街道2001平方米、闸口街道2160平方米、近江街道778平方米。11月，区民政局下发《关于上城区社区老年福利服务星光计划实施意见》的通知，以社区居委会为重点，新建和扩建社区老年人福利服务设施和活动场所，逐步形成社区居委会有站点，街道有服务中心的社区老人福利服务设施网络。

至2002年6月，全区分3批共新建或扩建社区“星光老年之家”68个，投入约1000万元，总建筑面积10200平方米，其中，300平方米以上的项目8个，全区初步形成以养老托老、棋牌娱乐、体育健身、卫生医疗、读书阅览、休闲谈心等为主要内容的社区老年福利服务设施网络。各社区居委会办公用房300平方米以上，有30%的社区用房达到市政府每百户30平方米的要求。

2003年，区政府办公室印发《上城区社区配套用房管理若干意见》，明确社区配套用房是指社区开展工作所需的办公、服务和活动用房，社区配套用房应在社区范围内，原则上由街道办事处解决，日常管理由所属街道办事处负责，用房按每百户30平方米标准设置。社区配套用房须挂由市民政局统一制作的“社区配套服务用房”的标牌，由区民政局不定期对社区配套用房使用情况进行检查。是年，上城区各街道社区服务中心的面积均在1000平方米以上，各社区均建有面积30平方米以上的社区服务站。7月，杭州市政府印发《杭州市“星光老年之家”管理暂行规定》，“星光老年之家”分为示范型、标准型和普通型，服务对象以社区老年人为主，同时兼顾残疾人和未成年人，提供无偿、低偿、有偿相结合的服务。至2004年末，上城区社区服务设施共有220个，每万人拥有6.98个；便民利民网点339个，每万人拥有10.75个。

表32-2-5 2004年上城区社区服务设施情况表

街道名称	总人口数（万人）	社区服务设施（个）		便民利民网点（个）	
		设施数	每万人拥有数	网点数	每万人拥有数
湖滨街道	3.93	27	6.87	44	11.20
小营街道	8.98	49	5.46	81	9.02
清波街道	4.28	24	5.61	32	7.48
紫阳街道	6.14	44	7.17	77	12.54
望江街道	5.12	41	8.01	69	13.48
南星街道	3.06	35	7.58	36	7.79
合计	31.51	220	6.98	339	10.75

说明：资料来源于杭州市上城区民政局

2005年11月，望江街道设置办事大厅，采取“一站式服务”方式，方便居民群众办事需要。2006年6月，湖滨街道信访接待中心成立，旨在解决与老百姓切身利益相关的信访问题，把问题化解于街道层面。望江街道指导“在水一方”互助会注册登记全市首家民办养老机构——“为老服务中心”，实现养老服务的社会化、市场化运作。为老服务中心服务内容主要有家政服务、日常维修、简单医疗护理及读报、陪聊、出门陪侍等特色服务，经营为老服务和企业退休人员住院服务等。

2007年，望江街道成立杭州爱华老年事务发展中心，开发运用居家养老评估系统软件，标志着该街道居家养老模式步入一个崭新的发展阶段——“EPDCA”[①]居家养老阶段。2008年8月，上城区大管家服务社启动，是一家专门为市民提供便捷生活服务的服务型企业，主要打造全方位、全天候、一按就应的“大管家服务体系”。是年，区政府发布《上城区关于加强和规范社区配套用套用房使用管理的意见》，规定社区配套用房不得空关闲置，社区活动用房和保障服务用房均应面向居民全日制开放，年开放时间300天以上，提倡“一室多用”和“三个二合一”[②]，所有社区均建成“一门式”服务大厅，提高社区配套用房综合利用率，提升服务意识、服务能力和办事效率。

2009年4月，上羊市街区以300户左右的居民为基数设立邻里值班室，每个值班室配有4～5名值班员，由退休党员、居民小组长、退管人员管理组长和志愿者等辖区热心居民担任，各值班点均设在居民家中，24小时为居民服务。2011年2月，上城区清波街道文化活动中心启用，面向社会有关单位及个人免费开放，不定期举办工艺文化艺术展览，实现辖区文化资源共享。12月，为方便居民借阅图书，营造地区居民全民学习的良好氛围，清波街道以定安路社区为试点，成立由118个小组长担任“站长”的“楼道漂流书站”。2013年，上城区新建老年食堂3个，全区老年食堂达12个。

2014年10月，清波老年大学建成并对外开放。12月，“智慧树”残疾人服务社开业并投入运营，成为浙江省首家为智障青少年进行职业训练的作坊。2015年，第2家智慧树门店在元宝街开业。

图32-2-2　2014年12月25日，浙江省首家智障青少年职业训练工作坊“智慧树”残疾人服务社开张
（区教育局 供稿）

① “EPDCA”是居家养老服务模式，EPDCA分别代表五个环节，E（evaluate）评估，P（plan）计划，D（do）工作，C（check）检查、反馈，A（adjust）调整。

② 即党组织与居委会办公室合并为一室，劳动保障服务站与帮扶救助服务站合并为一室，青少年活动室与图书阅览室合并为一室。

表 32-2-6　2015 年上城区社区服务设施情况表

街道	服务设施（个）	设施面积（平方米）	服务项目（项）	服务网点数（个）	全年开展服务活动（次）	全年服务居民（人次）
湖滨街道	36	5643	82	35	96	19750
清波街道	52	4619	100	14	72	17213
小营街道	36	9917	68	21	190	32488
望江街道	41	6302	73	40	156	38006
南星街道	15	9863	128	10	108	22750
紫阳街道	49	10887	117	39	165	36294
全区合计	229	47231	568	159	787	166501

说明：资料来源于杭州市上城区民政局

二、社区服务

1993 年，上城区社区服务形式根据不同的服务对象和服务项目，从原来的基本以无偿为主，向无偿、低偿、有偿服务相结合转移；社区服务规模扩大，基本形成规范的老年人服务、残疾人服务、工疗康复服务、优抚服务、家政服务、幼托服务、便民利民生活服务、文化生活服务、志愿者服务、安全法律服务十大系列服务网络。全年共有社区服务项目 168 项，参与社区服务 1.6 万余人次，受益居民近 15 万人。7 个街道成立社区服务志愿者协会，132 个居民区成立志愿者服务分会，理事 171 人，志愿者会员 1200 余人。1996 年，湖滨街道被评为浙江省社区服务先进街道。

1997 年 7 月，上城区政府印发《上城区社区服务 1997—2000 年发展规划》，提出坚持政府、集体、个人一起兴办社区服务业，形成与辖区经济社会发展相适应的居民群众老有所养、幼有所托、孤有所抚、残有所助、贫有所济、难有所帮的社会服务网络。在服务设施上形成以区、街社区服务设施为骨干，居委会便民利民服务为基础，辖区单位服务设施为依托，服务项目齐全，服务质量较好，管理水平较高的特点。在服务对象上面向辖区全体居民，重点满足老年人、残疾人、优抚对象、少年儿童等特殊困难群体的需求。服务内容上以便民利民为重点，形成生活服务、劳务介绍、文体娱乐等服务系列。福利服务形成托老养老、助残康复、拥军优属、扶贫济困、婚姻殡葬、计划生育、少儿教育、治安防范等服务。

2001 年，上城区在社区服务的内容上，扩展到教育服务、文体娱乐服务、环境优化服务、计生卫生服务、法律治安服务、就业保障服务以及扶贫帮困服务等。在社区服务的对象上，从特定的社区服务对象向全体社区居民的日常生活需求服务转变，最大可能地满足人们日益增长的物质文化需求。7 月，南星街道志愿者协会正式成立并注册登记，该协会有 1512 名志愿者成为注册会员，社区服务志愿者协会针对居民需要，成立党员、医护、教师等 11 支特色小分队，活跃在社区开展志愿者服务。

2002 年 5 月，区民政局下发《上城区 2002 年社区服务工作意见》，通过政府推动、街道主管、社区操作、各方参与的途径，以方便居民为切实点，整合部门资源，建立健全排忧解难快速反应工作网络，打造“开门七件事，方便在上城”的品牌，以街道、社区为平台，整合建好志愿者服务网、便民利民网、社会救助网的网络建设。8月，清波街道成立手工艺编制社，通过缝、绣、编、织、勾、穿6个工艺，承接国内外的来料加工，缓解该社区周边社区的就业矛盾。同时，维护残疾人合法权益，开展“康复器材进百家”活动。以社区党校分校、市民学校、人口学校、环境学校为阵地，每年开课不少于3次。

2003年，上城区制定《上城区社区服务2003—2007年发展规划》，确定坚持“以人为本、服务居民”的宗旨，围绕社会救助、社会保障、社会福利服务、便民利民服务和社会化服务，开展社区服务工作，实现使群众满意、让群众受益的目标。并建立生活救助、医疗救助、教育救助、就业救助和社会互助“五位一体”的社会救助体系，实现由社区居委会对社区困难群体的“一口子”服务和管理；开发社区服务业的就业岗位，为下岗失业人员提供职业介绍、技能培训和创业指导等服务，千方百计帮助他们解决就业问题。6月，湖滨街道“四大银行”（“图书银行”“爱心银行”“时间银行”“岗位银行”）启动，整合地区单位、居民群众人力、财力、物力，调动单位、群众参与积极性，为地区困难群众提供智力、资金、服务和再就业等援助。同时，推广南星街道“个、十、百、千、万”[①]的志愿者工作模式，把支持社区工作的居民积极分子组织起来，引导和鼓励他们参与志愿者服务活动，并根据居民特长和意愿建立各种志愿者服务队伍，实现社区服务在低成本、低回报的条件下健康运行。

2004年1月，上城区政府下发《上城区深化社区教育工作实施意见》《上城区社区教育资源共享实施意见》，创建终身学习体系和学习型社区，全区教育资源向社区居民开放，形成社区教育资源共享氛围。是年，上城区与杭州市信息化办公室联合高科技行业3家运营商，依托“一册三网”[②]集聚信息，推出“5A”式社区服务[③]，该服务模式根据不同年龄阶段和文化水平居民的实际情况，由居民自愿选择手机、电话机、电脑、电视机等易用设备，在第一时间获取满意服务，打造15分钟生活服务圈，畅通居民和商家的联系渠道。

2005年，上城区初步形成投资多元化、运作市场化、管理规范化、对象大众化、服务人性化、队伍专业化以及专业服务与志愿者服务相结合的“六化一结合”养老服务社会化新体系。2月，深化“开门七件事，方便在上城”的社区服务品牌建设，抓好为民、爱民、利民、顺民、安民、乐民、舒民“七大工程”，重点在生活便利、居家养老、就近看病、

① “个、十、百、千、万”即一个协会、十大项目、百支队伍、千人服务、万人受益。

②“一册”是指《上城区便民服务手册》，“三网”是指电脑服务网、电视服务网和电话服务网。

③ 即任何人（Anyone）在任何时候（Anytime）、任何地点（Anywhere）通过任何方式（Anyway）得到任何服务（Any-service）。

帮扶就业、小区安全、文体活动、环境卫生7件实事上下功夫，推进社区服务。3月，区民政局下发《关于开展“居家养老”服务工作的实施意见》，决定在上城区开展以“养老在家里，我们来帮你”为主题的“居家养老”服务工作，采取区、街道、社区与民间服务实体“三级管理、四级运作”方式开展“居家养老”服务。6月，在水一方社区成立天使医疗志愿者服务队，为社区居民看病开药，成为上城区志愿服务的品牌和亮点。

2006年4月，上城区为构建终身教育体系，推进学习型城区建设，发放免费终身教育券。是年，小营街道组建“阳光使者”志愿者队伍，编入舆情监测、社团活动、问题干预、个案帮扶等特色服务队；还在专家督导组的指导下，采取“一对一”结对形式，对问题青少年进行思想教育、心理疏导及行为矫正等服务；全年共受理家长、青少年求助300余起。在社区治安服务方面，小营街道和湖滨街道建立平安巡防大队，担负起治安巡逻、宣传提醒、调解平息纠纷、为群众保平安等任务。同时，望江街道“非常1加1”居家养老模式①获全国和谐社区建设自主创新奖。年末，“四大银行”被中国社会工作者协会授予“全国构筑和谐社区自主创新奖”。

2007年，上城区推出“二化四网六平台”②的“5A”式社区服务，以打造15分钟便民生活服务圈为目的，不同层次的居民得到各种生活服务信息资源；通过网络和平台，实现“鼠标点点、遥控器按按、电话打打，服务送到家”目标，提高社区居民生活品质。3月，南星街道启动“四零工程”，针对弱势群体的需求，着手实施居民家庭生活“零贫困”、残障人士关爱“零遗漏”、老年需求服务“零空白”、失业人员安置“零盲点”。

2008年，上城区养老服务工作实行橄榄型发展的新思路，精心构建“七化一结合”养老服务新体系，拓展服务对象，加大对高龄、困难、独居老人服务力度。主要对持有低保证、困难证、扩面证且生活完全或部分不能自理的困难老人，每人每月补贴服务券100元~300元；对有特殊贡献且生活完全或部分不能自理的老人，每人每月补贴服务券100元~200元；对百岁以上老人，每人每月补贴服务券100元；对独居、空巢老人中生活完全或部分不能自理的高龄困难老人，每人每月补贴服务券50元~100元。4月，湖滨街道开发“帮一把”社区服务系统，针对社区服务发展需求，整合湖滨地区企业、便利店、家政公司、中介组织力量，建立“湖滨地区帮一把社区服务联盟”，开发“帮一把社区服务系统”，实行社区服务“六统一”，对社区服务进行规范化管理。8月，开展“e家人”网升级改造工作，该系统以上城区老人的身体状况、

① “非常1加1”是指政府与民办养老机构相结合，即形成以政府负责出钱买服务，民办养老机构负责经营的“1加1”居家养老模式。望江街道成立为老服务中心，将居家养老服务工作委托给有为老服务经验的民办养老机构“在水一方社区互助会”经营。

② “二化”是指社区管理信息化和社区服务信息化；“四个网络”是指“e家人”社区事务管理网、社区电脑服务网、社区电视服务网、社区电话服务网。

经济条件和实际年龄为主要参考系数，设置不同系数权重，在老人的详细信息录入后，系统会自动运算得出政府补助系数，根据该系数可以确定享受政策补助的服务对象及其能享受的具体额度。统一居家养老服务开展过程中各街道、社区的服务标准。9月，清波街道推出构建“五站式”为老服务模式，构建以爱心站——幸福驿站、温馨站——老年食堂、放心站——医疗服务室、开心站——老年活动室、舒心站——老年维权服务室5大站点为中心的为老服务体系，兼顾老年人对“医、食、文、娱、乐”的基本需求。是月，区政府制定《关于进一步深化就业再就业工作的若干意见》，明确要加大财政投入，每年由区财政安排的促进就业专项资金从300万元调整到800万元，以拓宽就业门路、加强就业培训、减轻失业压力。

2009年，上城区开始构建“333+X”社区大服务体系，通过明确政府、社区、社会3个主体和公共服务、自助互助服务、便民利民服务3种体系，搭建社区公共服务、社区居民参与和社区服务落地3大为民服务平台，建立一条多元主体相互协作、相互补充，涵盖公共、公益、互助、专业、全面的社区服务供给链。3月，清波街道在上城区率先制定街道层面帮扶救助工作三年规划，在辖区范围内实施“14334”[①]工程。12月，望江街道成立社会工作服务社，注册成立民办社会工作机构；该服务社以培育、挖掘和引进社会服务工作专业人才为目的，为社区公共服务站提供专业的督导员队伍，主要为居家养老、外来务工人员及其子女心理咨询、残疾人、贫困人群、社区矫正、婚姻家庭等提供专业服务。是月，湖滨街道成立“湖滨晴雨”工作室，整合街道的“社情民意信息直报点”“社会舆情信息直报点”“草根质监站”“和事佬”等单项平台资源，围绕群众关心的热点、难点开展工作，建立民情预报员、民情观察员2支队伍，在社区中发挥“问计于民、收集民意、排忧解难”的功能。

2010年1月，湖滨街道启动“律师进社区”活动，专业律师与社区签订服务协议，就住房问题、拆迁安置、家庭财产继承等涉及法律层面上的问题向居民作解释。3月，清波街道在清波门社区成立“民生驿站”，为街道企业职工来访、畅通诉求渠道、登记服务信息搭建职工诉求服务平台。“民生驿站”推行限时办结制，如需协调解决的事项，3个工作日内告知处理意见，复杂情况则控制在一周内办结。4月，湖滨街道撰写《社区居民服务手册》，印刷1.66万本，分发到湖滨地区居民家庭和辖区单位。手册内容分街道、社区两个部分，其中，街道部分设走进湖滨、服务宝典、服务之窗3个板块，社区部分按照每个社区各自特点，设立社区基本概况、社区组织体系及人员概况、社区公共服务站及

① 1即围绕困难群众“出现一个发现一个、发现一个帮扶一个、帮扶一个脱困一个”帮扶救助工作宗旨；4即“政策联动、社会参与联动、志愿者互助联动、部门合作联动”帮扶救助“四联动”工作机制；3即“爱心慈善超市”“爱心银行“零贫困”工程三大独具清波特色的帮扶救助载体；3即“三级分类、三力合一、三位一体”的“三三就业工作机制；4即帮扶政策“四联动”工作机制所发挥的党委领导核心作用、民间组织桥梁纽带作用、地区单位合力共建作用和社区居民互帮互助四大作用。

服务项目、办事流程、居民公约、常用电话号码等板块。7月，清波街道成立“清波创驿”青年创业就业服务中心，为地区青年提供“一对一”的服务。该服务中心采取岗位见习、专人辅导、技能培训、人才推荐等方式，重点针对困难家庭、创业知识匮乏以及社会经验不足的毕业生等群体开展就业帮扶工作。10月，区委办公室、区政府办公室下发《关于开展“拓展养老服务，构建和谐家园”居家养老服务全覆盖工程的实施意见》，居家养老服务由“特惠型”向适度“普惠型”转变。

图 32-2-3　上城区“律师进社区”活动对接仪式（2010年6月25日）
（区司法局 供稿）

2011年1月，上城区引进品牌农产品，通过流动“大篷车”的形式开进各社区、企业，为居民群众提供农副产品安全、营养膳食等咨询服务。10月，湖滨街道推出“街社企三联动”服务企业发展机制，通过建立“科室联动助企”服务机制，帮助企业解决存在的问题。11月，清波街道启动退休人员管理服务“3H”工作机制，即健康有档案（Health archives）、自管有组织（Help yourselves）及惠民手册（Hand books）。

2012年，上城区创新实施“居家系列服务惠民工程”，整合民政、卫生、教育等8个职能部门的服务资源，建立“居家服务无忧在线平台”，为社区居民特别是社区弱势群体提供居家养老、居家医疗、居家就业、居家办事等8项居家服务。同时，创新社区服务手段，在“e家人”社区事务综合管理系统中接入帮扶救助审批系统、社区“12345”投诉电话、数字城管系统等，推进政府基础公共服务的信息化管理。在各社区设立多媒体宣传亭，开通数字电视“社区是我家”频道，成立社区服务信息处理中心（网组片数字平台运行管理中心），对群众反映的民情事件进行处置，并将各责任单位工作情况列入对部门的年度目标考核。3月，小营街道开始建设为老服务中心、残疾人“阳光庇护中心”“社区综合服务中心”“文化教育中心”和“社区卫生服务中心”5个中心，构筑邻里服务圈。12月，望江街道注册成立民间社工机构，创建以下辖社区、望江社会工作服务社、社工和在杭高校为主体的“三社一校”联动互促机制，为地区社会工作引能引智。是月，湖滨街道创建“110”全程便民代办制度，即群众呼“1次”，街道派“1人”，提供“0担忧”全程便民为民服务。

2013年，清波街道推出“社区流动办公室”、小营街道推出“为民服务新干线”服务项目，以“流动式办公，走访式服务”方式，社区公共服务站延伸到楼道，变被动服务为主动服务，变办公联系为走访联系，在现场办理或解答相关居民的具体事项与问题。湖滨街道推出4个“红色网格服务队”，以网格为单位，推出维权、便民、爱心、文体4个红色服务队，服务队累计开展活动70余次，走访居民1000余人次，帮助解决居民困难

200余次。6月，湖滨街道和小营街道启动“朝八晚九”进社访户办实事行动，每天18—21时由1名街道领导在岗提供服务，另有专人24小时值班，处理居民突发事件。南星街道建立全面幸福关怀保障体系和第一时间服务保障机制，搭建“康乃馨”生活保障平台，推出以红色敬老卡、绿色少年卡、粉色家庭卡、蓝色保障卡、黄色帮扶卡为核心的“五彩阳光服务卡”服务，建立“一键通”服务系统，为辖区内的失独家庭安装呼叫器。紫阳街道打造“幸福·家”健康生活指导中心，开发“幸福居家一点通”服务软件，针对家庭中不同阶段的不同需求，为辖区居民分类提供各类居家健康服务，开设政策解答、办事流程、通知公告、需求互动、网络订购等为特色的立体化服务。12月，紫阳街道社区公益组织“姐妹同心会”挂牌成立，通过设立服务专线，建立维权信箱，结合社区律师资源，多渠道保证妇女合法权益得到维护。

2014年3月，湖滨街道设立“四点半学校”，每天15时30分开门，为小学生提供免费学习场所，并安排学习辅导和接送，解决部分家长孩子放学后无人接送的难题。是月，湖滨街道“民情沟通中心”试运行，由“两代表一委员”（党代表、人大代表和政协委员）、“一桌”（上城小圆桌）、“一厅”（多媒体报告厅）、“一网”（社情民意网）等构成。5月，南星街道小康阳光庇护中心对外开放，为辖区内1118名残障人员提供全程服务；同时引进专业的社会服务组织，设立“小花工作室”，为残疾人提供康复、就业和救助等服务。9月，上城区智慧养老服务中心成立，并启动面向辖区689户享受居家养老服务的居民呼叫器安装升级服务工作，实现紧急求助、医疗上门服务、政策咨询、免费亲友通话等功能，同时，开设居家养老服务监督功能，老人对服务质量可当场评估。小营街道推出“医疗人员家庭寄宿”项目和“智慧居家养老服务系统”，能促进医护人员入住并为老人提供医疗服务，又利用智能视频监控技术、云平台等帮助老人亲属随时关注老人的生活情况。

2015年，上城区作为杭州市第一个智慧城市建设试点城区，在全市率先推出“互联网+社区民生服务”的社联网运作平台，整合社区、社工、社会组织、社会企业、社区基金五种资源，做好“最后一公里”民生服务。加快社区治理信息化建设，升级“民情E点通”智能手机App，打造集“我来爆料、爱心接力、便民地图、社工走访、社区事务、移动办公”于一体的智慧社区移动终端平台。

三、社区事务准入制

2001年，随着社区建设全面推进，城市管理重心逐步下移，政府和企事业单位大量社会化管理和服务职能下放到街道。街道办事处在无力承担众多任务的情况下，部分行政管理工作压到社区，社区居委会工作呈现行政化倾向，脱离其“群众性自治组织”的本位。社区的事务越来越多，社区居委会成员忙于完成政府交办的各项任务和指标，疏于处理社区的日常事务，忽略对社区发展的规划和思考，减少为社区居民服务的时间。是年，区委、区政府及相关部门发现问题的严重性，为实现社区居委会的自我管理、自我服务、自我教育、自我监督的“四自”功能，发挥其群众性自治组织的作用，要求剥离不应由社区居委会承担的行政性工作任务，以减轻其工作负担，改以政府购买服务的方式，建立社区专职工作者队伍，承办街道办事处和社区居委会交办的具体事项，为居民群众提供专业化服务。

2002年，为理顺社区工作关系，明确社区居委会职责，上城区根据杭州市社区建设领导小组的意见要求，保障社区居民实行民主选举、民主决策、民主管理、民主监督，发挥社区自治组织的作用。在明确社区居委会的基本职能的基础上，确定社区自治的基本权利，理顺社区居委会与社区党组织、社区居民（成员）代表会议、社区议事协商委员会之间的关系，理顺社区居委会与社区中介服务组织、物业管理单位以及驻社区单位之间的关系，理顺社区居委会与街道办事处、政府相关部门的关系。并对政府部门与社区居委会的相关职责进行界定。

2003年4月，上城区对“社区工作负担过重问题”进行调查，主要存在台账材料多，社区台账有62大类、133个小项；调查报表多，各种调查内容有13项；证明盖章多，有23个方面的内容要求社区盖章；会议活动多，要求社区书记主任参加的会议每季度有30余次；检查考核多，共有26项；组织牌子多，共有组织48个、挂牌29块；指派性任务多，社区所承担的工作共有128项等问题。为解决社区工作负担问题，区委、区政府下发《关于建立部门工作进社区准入制度，减轻社区工作负担的意见》，凡部门组织机构、工作任务、评比考核、举办培训和要求社区挂牌、台账、调查等工作内容进社区的，均须准入审批，未经审批的，在赋予社区拒绝权的同时，通过政府网进行通报。同时要求精减社区台账、精简会议、减少检查考核和组织牌子等。社区工作准入制度在全区得以开展，上城区成为杭州市第一个实施社区工作准入制度的城区。

2004年，上城区属各职能部门和有关单位按文件要求，实现社区工作台账的规范化，压缩重复、无效、流于形式的台账，社区台账62大类、133个小项减为20类。同时，开发“e家人”社区事务管理系统软件，加快“数字社区”建设，利用信息化为社区减负；避免重复检查考核，对社区的检查、考核统一纳入到年终星级社区考核评比，无特殊情况，各种单项和综合考评不得单独进行；发挥职能部门监督和协调作用，对不属于社区居委会工作职责的任务督促有关部门要按照“三转”原则，社区给予支持和配合，以达到为社区减负的目的。

2008年末，上城区在社区建立公共服务工作站，在社区实行“一套班子、三块牌子”（即社区党委、社区居委会、社区公共服务工作站）交叉任职，政府部门的工作下沉到社区；2010年，社区公共服务工作站增配城市管理和综治维稳2名专职人员，计划生育等专项性工作配备协管员，社区行政事务性工作仍在增加，行政化倾向愈加严重。

2014年，区委、区政府下发《关于社区减负工作的实施意见》，要求从严执行工作事项进社区准入制度，清理社区组织机构和挂牌，明确社区盖章证明事项，规范社区工作考核检查评比等5个方面。除省、市文件规定准入进社区的工作任务和盖章证明事项外，其他需进入社区的组织机构、工作任务、考核评比、盖章证明和培训交流等工作事项，必须按照准入制度的相关规定办理；在社区综合性用房正门，只允许挂社区党组织、社区居民委会和社区居务监督委员会3个机构的牌子，在其他服务场所可挂21个功能性标识牌；确定区级部门盖章事项准入进社区的内容为19项；准入社区的29项工作任务，分别按社区党组织、社区居委会与社区公共服务工作站的职能划分，厘清三者之间的工作关系；取消区各部门对社区各类单项考核检查评比，统一纳入区“四评一结合”和谐（满意）社区评价体系，由上城区和谐社区建设工作领导小组统一实施。

2015年，通过调查研究，发现社区减负工作仍存在“不减反增”“边减边增”等问题。上城区制定《深化社区治理和服务创新的实施》，通过厘清相互关系、建立权责清单、规范社工招聘录用和绩效管理等举措，深化社区治理和服务创新工作明确体制框架。从整合街道职能科室、行政服务中心、公共服务工作站工作入手，理顺工作机制。同时，规范公共服务站，明确公共服务站既是街道行政服务中心工作的延伸，也是承接政府相关职能和有关政务的代办，需从社区居委会之中剥离出来。并强化社区居民自治，提高优秀居民代表在居委会班子成员中的比例，激发社区居民参与自治协商动力和社区各方利益主体共同参与解决社区问题的积极性。加强与职能部门、街道的紧密联系，共同梳理公共服务工作站和社区居委会的两张责任清单，配合职能部门做好事关社区治理面向社区群众的服务类事项下沉工作。形成以社区党组织为核心、居委会为主导、公共服务工作站为依托、社区居民和社区社会组织等参与的现代社区运行体系。

四、示范社区创建

2001年4月，上城区制定《关于创建“星级社区”的工作意见（试行）》，成立上城区“星级社区”创建工作领导小组，建立区领导、部门挂钩联系社区工作机制，按照部门工作“七进社区”任务，落实目标责任制，实现“上下联动、区域联动和社会联动”。按照社区工作主要内容，星级社区共设置五个星级。对“星级社区”实施动态管理，设立监督举报电话，成立义务监督员队伍，每年进行一次复查。“星级社区”实施统一管理、统一规划、统一标准、统一考核。标志着上城区“星级社区”创建工作全面实施。

2002年1月，小营巷、复兴南苑、彩霞岭、西牌楼、凤凰5个社区被评为五星级社区，复兴北苑等19个社区为四星级社区，大学路等30个社区为三星级社区，吉祥等10个社区为二星级社区。8月，上城区被评为“全国社区建设示范区”。2003年6月，区委、区政府授予复兴南苑等12个社区为五星级社区、定安路等24个社区为四星级社区、雄镇楼等30个社区为三星级社区。

2004年，根据《关于调整上城区小康社会型星级社区创建工作领导小组及八个专项组成员的通知》，领导小组分社区党建与组织项目专项组，社区自治、管理和服务项目专项组、社区教育项目专项组、社区环境项目专项组、社区卫生与计生项目专项组、社区文化与体育项目专项组、社区公共安全项目专项组、社区社会保障项目专项组8个专项组。6月，区委办公室下发《关于开展创建精品、亮点社区活动的通知》，对创建活动提出目标、原则和具体要求，并通过精品、亮点社区的创建工作，以点带面，推动全区社区建设的深化。在年末考评中，共评选出美政桥、在水一方、彩霞岭3个精品社区，复兴街等9个亮点社区，涌金门等7个五星级社区，近江东园等27个四星级社区，清波门等17个三星级社区。

2006年，上城区制定《上城区和谐社区建设三年规划（2006—2008）》，总体目标是经过3年创建，建设成居民自治、管理有序、服务完善、治安良好、环境优美、文明祥和的和谐社区，在维护社会稳定、为群众创造安居乐业的良好环境上发挥促进作用。[①] 同时，下发《上城区2006年度和谐社区测评标准》。

2009年4月，上城区发布《关于深化和谐社区建设的若干意见》，提出坚持以服务群众为重点，以居民自治为方向，以维护稳定为基础，以文化活动为载体，以党的领导和党的建设为关键，努力建设“民主社区”“法治社区”“惠民社区”“平安社区”“生态社区”“人文社区”的“六型”社区。至年末，上城区和谐示范社区达到全区的10%~15%，和谐先进社区达到20%~25%；至2010年末，和谐示范社区达到20%~25%，和谐先进社区达到30%~35%；到2011年末，和谐示范社区达到30%~30%，和谐先进社区达到40%~45%。

图32-2-4　共建和谐社区活动（2014年）
（区民政局　供稿）

2015年2月，上城区社区建设指导委员会授予2014年度各示范（满意）社区先进个人；涌金门等16个社区为上城区和谐社区建设示范社区；岳王路等7个社区为上城区居民满意社区进步奖；在水一方社区《物业自治项目》等10个案例为上城区社区治理“十佳金点子”奖；至年末，评出2015年度和谐社区建设先进单位，授予吴山路等12个社区上城区和谐社区建设示范社区称号；青年路等10个社区获上城区居民满意社区进步奖；北落马营社区《推进居民自治共筑和美家园》等10个案例为上城区社区治理“十佳金点子”奖。

至2015年末，全区有34个社区获上城区和谐社区建设示范社

① 分期目标：2006年末，有5%~10%的社区基本达到五星级和谐社区基准指标，有15%~20%的社区基本达到四星级和谐社区基准指标；2007年末有15%~20%的社区基本达到五星级和谐社区基准指标，有30%~50%的社区基本达到四星级和谐社区基准指标；2008年末有25%~35%的社区基本达到五星级和谐社区基准指标，有55%~65%的社区基本达到四星级和谐社区基准指标。

区称号，其中柳翠井巷、近江东园、北落马营社区先后6次获示范社区称号；有48个社区获上城区和谐社区建设先进（居民满意）社区称号。

表32-2-7　2001—2015年上城区星级和谐示范社区情况表

单位：个

年份	奖励项目及社区名称				
2001	五星级社区（5）	四星级社区（19）	三星级社区（30）	二星级社区（10）	
	小营巷、复兴南苑、彩霞岭、西牌楼、凤凰	复兴北苑、万安、涌金门、兴隆、馒头山、金钱巷、梅花碑、劳动路、长生路、候潮门、义井巷、葵巷、江滨、岳王路、美政、太庙、东平巷、高银巷、菜市桥	大学路、袁井巷、马市街、定安路、十五奎巷、紫金、大通桥、清河坊、青年路、洪福里、东坡路、惠民苑、吴山路、老浙大、丰乐、茅廊巷、清波门、长明寺巷、姚园寺巷、严官巷、雄镇楼、始版桥、莫邪塘、海潮、甘王、新工、宋城、白塔岭、玉皇山、耀华	吉祥、北落马营、清泰门、霞晖、木场巷、十亩田、山南、江边路、徐家埠、近江家园第一	
2002	五星级社区（12）	四星级社区（24）	三星级社区（30）		
	复兴南苑、彩霞岭、美政、小营巷、复兴北苑、长生路、西牌楼、青年路、近江家园第一、金钱巷、劳动路、兴隆	定安路、海月花园、涌金门、馒头山、万安、义井巷、紫花埠、候潮门、十亩田、江滨、岳王路、大学路、梅花碑、菜市桥、太庙、东平巷、袁井巷、十五奎巷、茅廊巷、高银巷、大通桥、惠民苑、葵巷、凤凰	雄镇楼、徐家埠、耀华、洪福里、清波门、马市街、紫金、清河坊、东坡路、吴山路、老浙大、丰乐、长明寺巷、姚园寺巷、严官巷、始版桥、海潮、甘王、莫邪塘、新工、宋城、白塔岭、玉皇、吉祥、北落马营、霞晖、清泰门、木场巷、山南、江边路		
2004	精品社区（3）	亮点社区（9）	五星级社区（7）	四星级社区（27）	三星级社区（17）
	美政桥、在水一方、彩霞岭	复兴街、涌金门、劳动路、小营巷、近江东园、海月桥、定安路、岳王路、袁井巷	美政桥、在水一方、复兴街、彩霞岭、涌金门、劳动路、小营巷	近江东园、海月桥、紫花埠、青年路、金钱巷、定安路、岳王路、近江西园、东坡路、西牌楼、兴隆、袁井巷、惠民苑、凤凰、老浙大、清河坊、茅廊巷、大通桥、馒头山、大学路、梅花碑、十亩田、清泰门、东平巷、新工、太庙、候潮门	清波门、耀华、始版桥、玉皇山、十五奎巷、葵巷、徐家埠、马市街、紫金、吴山路、长明寺巷、姚园寺巷、海潮、莫邪塘、白塔岭、北落马营、木场巷
2005	精品社区（6）	亮点社区（11）	五星级社区（15）	四星级社区（25）	三星级社区（11）
	在水一方、美政桥、彩霞岭、小营巷、定安路、东平巷	复兴街、海月桥、涌金门、紫花埠、十亩田、金钱巷、劳动路、袁井巷、太庙、清河坊、近江东园	紫花埠、美政桥、彩霞岭、海月桥、十亩田、小营巷、东平巷、定安路、劳动路、复兴街、涌金门、金钱巷、在水一方、岳王路、袁井巷	近江东园、老浙大、馒头山、十五奎巷、玉皇山、青年路、凤凰、候潮门、葵巷、惠民苑、清波门、兴隆、清泰门、梅花碑、近江西园、东坡路、太庙、西牌楼、紫金、清河坊、大通桥、长明寺巷、新工、吴山路、大学路	白塔岭、海潮、木场巷、始版桥、耀华、茅廊巷、姚园寺巷、马市街、徐家埠、莫邪塘、北落马营

续表32-2-7

年份	奖励项目及社区名称		
2006	五星级和谐社区（7）	四星级和谐社区（12）	
	在水一方、小营巷、美政桥、金钱巷、定安路、彩霞岭、青年路	复兴街、涌金门、劳动路、岳王路、海月桥、紫花埠、惠民苑、近江西园、水澄桥、东平巷、清波门、近江东园	
2007	五星级和谐社区（12）	四星级和谐社区（20）	
	美政桥、小营巷、复兴街、在水一方、海月桥、定安路、劳动路、金钱巷、青年路、彩霞岭、东平巷、近江东园	水澄桥、紫花埠、凤凰、近江西园、惠民苑、涌金门、新工、徐家埠、候潮门、十五奎巷、兴隆、葵巷、清泰门、玉皇山、西牌楼、白塔岭、清河坊、姚园寺巷、东坡路、茅廊巷	
2008	五星级和谐社区（16）	四星级和谐社区（30）	
	东平巷、青年路、涌金门、劳动路、定安路、小营巷、葵巷、金钱巷、在水一方、近江西园、近江东园、复兴街、美政桥、海月桥、彩霞岭、上羊市街	岳王路、东坡路、吴山路、柳翠井巷、清河坊、长明寺巷、大学路、西牌楼、老浙大、茅廊巷、马市街、紫金、姚园寺巷、莫邪塘、兴隆、清泰门、徐家埠、始版桥、馒头山、白塔岭、紫花埠、水澄桥、玉皇山、十五奎巷、北落马营、太庙、新工、木场巷、候潮门、凤凰	
2009	和谐社区建设示范社区（9）	和谐社区建设先进社区（13）	十佳居民满意社区（10）
	青年路、定安路、柳翠井巷、小营巷、葵巷、金钱巷、近江东园、海月桥、水澄桥	东平巷、涌金门、清波门、清河坊、紫金、长明寺巷、在水一方、徐家埠、近江西园、复兴街、紫花埠、彩霞岭、北落马营	清河坊、梅花碑、长明寺巷、徐家埠、近江西园、玉皇山、紫花埠、新工、北落马营、海潮
2010	和谐社区建设示范社区（15）	和谐社区建设先进社区（19）	
	上羊市街 、水澄桥、小营巷、近江东园、北落马营、美政桥、海月桥、近江西园、紫花埠、在水一方、清河坊、清波门、涌金门、彩霞岭、金钱巷	徐家埠、柳翠井巷、凤凰、劳动路、新工、复兴街、东坡路、茅廊巷、定安路、葵巷、海潮、青年路、玉皇山、东平巷、西牌楼、长明寺巷、姚园寺巷、太庙、岳王路	
2011	和谐社区建设示范社区（14）	十佳居民满意社区（10）	十佳公共服务星级社区（10）
	紫花埠、春江、老浙大、涌金门、在水一方、美政桥、上羊市街、水澄桥、劳动路、柳翠井巷、木场巷、候潮门、北落马营、海月桥	清波门、白塔岭、玉皇山、太庙、青年路、岳王路、清泰门、茅廊巷、复兴街、凤凰	东平巷、小营巷、近江东园、东坡路、近江西园、金钱巷、清河坊、葵巷、婺江、新工
2012	和谐社区建设示范社区（16）	十佳居民满意社区（10）	十佳公共服务星级社区（10）
	婺江、春江、清河坊、东平巷、柳翠井巷、劳动路、吴山路、上羊市街、北落马营、新工、近江东园、紫花埠、美政桥、水澄桥、长明寺巷、小营巷	紫金、白塔岭、近江西园、岳王路、定安路、海月桥、金钱巷、玉皇山、清波门、茅廊巷	在水一方、复兴街、太庙、青年路、彩霞岭、耀华、十五奎巷、候潮门、兴隆、涌金门

续表 32-2-7

年份	奖励项目及社区名称		
2013	和谐社区建设示范社区（15）	十佳居民满意社区（10）	十佳公共服务星级社区（10）
	北落马营、婺江、小营巷、柳翠井巷、彩霞岭、清河坊、姚园寺巷、劳动路、凤凰、美政桥、东平巷、长明寺巷、近江东园、复兴街、涌金门	吴山路、春江、金钱巷、白塔岭、候潮门、太庙、青年路、水澄桥、耀华、东坡路	在水一方、紫花埠、清波门、海月桥、紫金、梅花碑、大通桥、兴隆、始版桥、莫邪塘
2014	和谐社区建设示范社区（16）	居民满意社区进步奖（7）	
	涌金门、彩霞岭、婺江、西牌楼、北落马营、柳翠井巷、美政桥、春江、姚园寺巷、近江东园、金钱巷、十五奎巷、吴山路、长明寺巷、近江西园、水澄桥	岳王路、茅廊巷、兴隆、清泰门、莫邪塘、大通桥、海月桥	
2015	和谐社区建设示范社区（12）	居民满意社区进步奖（10）	
	吴山路、涌金门、柳翠井巷、西牌楼、在水一方、近江东园、水澄桥、白塔岭、北落马营、彩霞岭、小营巷、上羊市街	青年路、紫花埠、玉皇山、大通桥、复兴街、徐家埠、清波门、始版桥、太庙、东平巷	

说明：资料来源于杭州市上城区民政局

第三章 拥军 优抚 安置

1978年改革开放后，区民政部门采取对口安置的办法，将退伍军人安置到能发挥其专业特长的岗位。1979年，上城区开展优抚对象的普查，各街道成立“民政委员会”，居委会建立“民政福利工作委员会”，吸收辖区粮站、燃料店、菜场、卫生院、房管站等参加，拥军优属工作逐步走向正常化、制度化。

20世纪80年代后，根据国家政策，区民政局对烈（军）属实行定期定量补助，并对生活困难的给予临时救济；对义务兵家属实行优待金政策，并多次调整优属补助和义务兵优待金标准。每年春节、“八一”建军节期间，区委、区政府领导均到驻军单位进行慰问；组织学校、工厂等企事业单位开展拥军活动。

20世纪90年代开始，上城区退伍军人安置实现双向选择，并对自谋职业者给予奖励。2001年，加大安置政策改革力度，鼓励退役士兵自谋职业，实行安置就业与扶持就业相结合，政策扶持与自谋职业相结合，建立多渠道、多形式的退役士兵安置保障体系，对退役士兵自谋职业给予扶持和货币安置；并按照国家相关政策要求，开始运用市场机制安置退伍军人，打破退伍军人由政府安排工作的模式。2009年开始，给全区重点优抚对象办理城镇居民医疗保险，并在上城辖区内6家医院开通医疗费“一站式”结算服务，并逐渐落实全身体检等关爱行动到所有在册重点优抚对象。

2008—2015年，全区发放自主就业一次性补助金2051.15万元。上城区的拥军优属工作曾先后被评为“浙江省征兵工作先进单位”“浙江省维护国防利益工作先进单位”“杭州市征兵工作先进单位”“杭州市冬季退役士兵安置工作先进单位”“杭州市双拥工作目标考核优秀单位”等。

第一节 拥军与保障

上城区是浙江省军区司令部、政治部所在地，并曾是浙江省武警总队的驻在地。1993年春节、“八一”建军节期间，区四套班子领导到驻地部队走访慰问，召开军地座谈会、慰问会，赠送慰问品、慰问金，此后每年均开展此类慰问活动。1995年“八一”前夕，开展“十佳军属”评选活动，评出10名最佳军属、11名先进军属，给予表彰，区委、区政府和部队领导给“十佳军属”绶带。继涌金街道在延安路南端开辟为“拥军路”后，湖滨街道又开辟延安路中段的“拥军路”，上城区“拥军一条路”得以贯通延续。上城辖区的杭州供销大厦出资，为共建部队建立“爱我长城”奖励基金，激励官兵安心服役，献身国防。上城区倡导地方单位在安置部队干部家属、子女入托入学等方面给予必要帮助与优惠照顾。是年，全区各系统开展创建双拥模范街道和先进单位活动，区委、区政府表彰双拥模范街道7个、拥军优属先进单位21家。

1996年，上城区军民共建领导小组及其办公室成立，围绕创建文明城区、双拥模范城区和国家卫生城市复评等展开共建活动，调动全区军民积极参与共建社会主义精神文明活动。

1997年，清波街道与省军区司令部警卫连每周举行联谊活动。是年，清波街道与省军区司令部警卫连结对共建被中央宣传部、解放军总政治部评为“全国军民共建社会主义精神文明先进单位”。1998年，上城区向辖区团以上部队赠送冰箱等物品；区政府拨专款表彰奖励荣立三等功以上的官兵。涌金街道与省军区政治部共同举办革命歌曲演唱会；小营巷街道举办“烈军属联谊会”；横河街道开展评“三好”[①]活动。上城区向参与江西九江抗洪抢险任务的共建部队捐赠慰问款，并组织2000余人的欢迎队伍到部队驻地和火车站欢迎子弟兵凯旋。

1999年，区委、区政府开展“智力拥军”，支持部队实施科技练兵，培养造就“军地两用人才”，通过学校为部队开办科技知识讲座，开设法律、财会、写作、外语、计算机操作、电器维修等培训班，有1000余名官兵掌握科技知识和专业技能，600余人取得相应专业证书。各街道和共建单位根据部队需求，向部队赠送电脑及科技、文化书籍等，帮助部队官兵提升文化专业素养，为科技练兵提供保障。

2001年，根据市科技文化双拥共建工作会议提出的要求，开展形式多样的科技文化智力拥军活动。区四套班子领导分头走访慰问共建部队，赠送电脑、科技文化书籍等物品，城站街道将清泰街建成“双拥一条街”，全区为共建部队官兵服务7800余人次，培养军地两用人才50余人。

2003—2004年，上城区政府投入双拥共建经费，为部队培训军地两用人才571人，安置随军家属42人，为军人子女解决入学入托30余人，向部队军营赠送图书1757册。同时，通过军政座谈会、军民纳凉晚会、双拥文艺晚会、国防知识竞赛等形式，开展双拥共建宣传和国防教育，营造拥军优属氛围。

2006年，上城区以纪念红军长征70周年为契机，开展双拥共建活动。春节前，区委、区政府邀请驻地和共建部队领导在花中城宴会厅举行新春团拜会。7月下旬，区四套班子领导分四路走访慰问省军区司令部等共建部队，并送去慰问金；到象山海训基地看望慰问参加海训的部

① 好军人、好军嫂、好军属。

队官兵，为部队送去食品和慰问金；各街道、社区对辖区内的驻军和所有优抚对象进行慰问，并送上慰问金。在“八一”建军节期间，区、街道、社区共走访慰问优抚对象1161人。在解决热点、难点问题上，上城区通过各种渠道，帮助15名军人家属安置工作，为25名部队子女解决入学入托问题。

2007年春节期间，上城区开展大规模双拥共建活动，总计慰问优抚对象2520余人，其中慰问1954年前后入伍的社会化管理退休复员军人1375人。7月，在杭州红星剧院举办“军旗颂”建军80周年大型歌咏晚会，区属各部门及驻杭州部队共同参演，在军民同庆的氛围中讴歌中国人民解放军的辉煌历程。小营街道与驻杭州“英雄硬骨头六连”、省军区通信站等部队结对共建20余年，是年通过开展拥军慰问、军营服务、结对认亲，评选“好军嫂”“双拥之星”等活动，营造军爱民、民拥军、军民团结一家亲的社会氛围，被民政部、解放军总政治部命名为“爱国拥军模范单位”。

图32-3-5　2007年7月26日，上城区在杭州红星剧院举行“军旗颂”建军80周年大型歌咏晚会

（区文化和广电旅游体育局 供稿）

2008年春节期间，上城区开展双拥慰问活动，共慰问优抚对象2600余人，其中慰问1954年前后入伍的社会化管理退休复员军人1450人。“八一”建军节前夕，上城区在市双拥办2005—2006年双拥工作的目标考核中，得分名列各城区第一位，被市委、市政府授予“双拥工作目标考核优秀单位”称号。“八一”节期间，区委书记带领区四套班子分别慰问走访14支驻地及共建部队。

2009年元旦及春节期间，上城区开展“爱心献功臣”活动，进行分级走访慰问工作，区四班子领导和区双拥办走访慰问重点优抚对象；街道领导走访慰问辖区困难优抚对象及三级以上残疾军人；社区干部走访慰问辖区内一般优抚对象。全年共走访慰问优抚对象2209人，其中慰问老退伍军人1000余人。同时，区政府、清波街道办事处共同投资，对部队宿舍实施庭院平改坡、外立面清洗、建造生态垃圾回收站和花坛、重新整修大门外墙、安装居民自来水一户一表等项目。7月，区委书记、区长率区四套班子领导和有关职能部门负责人，走访慰问省军区政治部、装备部、后勤部以及省预备役师、杭州消防支队、海军杭州干休所等驻地和共建部队。“八一”建军节期间，共慰问驻地及共建部队15个。年末，1300名官兵支援防雪抗冻活动，上城区做好扫雪官兵的慰问工作，送去慰问品。

2010年，上城区在全省率先制定《社区双拥工作规范》，并与共建部队共同搭建“五联共建”[1]活动平台，实现党建工作、军地文化、社区服务、区域平安、区域环境的联建。是年，清波街

① 指制度联建、活动联谊、发展联谋、公益联办、难题联解。

道打造“123拥军服务工程”，在南山路、河坊街周围，通过宣传引导区域内各单位积极参与双拥共建活动，以“军人服务社”为中心，按照军人实际需求，以签订双拥协议方式为军人、军属提供送货上门、安装维修等个性化服务；同时，开创2个双拥服务基地，其中，“军中缘服务基地”通过开展多项文体活动和交友活动，为部队官兵、退伍、转业军人提供交流沟通平台；“军人教育基地”则通过开设军营图书室、军人课堂等方式为提升部队官兵思想道德素质和知识水平搭建平台，实现科技拥军；还通过搭建帮扶服务组、就业服务组和军属互助组为核心的服务组织，解决军人实际生活难题。

2011年，通过区双拥办与某红军团联系，紫阳街道上羊市街社区居委会与解放军某连共建心连心、新老兵结对共建，街道为共建部队送去电脑。清波街道携手中国美术学院推出“双拥讲坛”，开展“送艺术进军营”系列活动，中国美术学院艺术品鉴赏与保护专业教师何鸿为驻地官兵进行艺术品讲座，提升军人艺术素养。南星街道白塔岭社区群众自发地抬着缝纫机、补鞋机、理发工具义务为武警杭州支队三中队（守桥中队）官兵服务，10名拥军妈妈购买100余本书籍送给新兵，和10名新战士相互填写交换结对联系卡。8月1日，杭州娃哈哈小学、上城区教育学院附属小学教师学生携手赴武警杭州支队四中队、武警浙江省总队警勤中队慰问演出。

图32-3-6 2011年7月27日，清波街道举行庆祝第84个建军节暨清波“双拥”讲坛启动仪式 （清波街道 供稿）

2012年1月，上城区结合开展以“关爱功臣、永葆光荣”为主题的系列活动，发放慰问款。为庆祝中国人民解放军建军85周年，在杭州恒庐美术馆举办主题为“军民情·水墨行”的大型军旅题材画展。2013年，区四套班子领导、街道、辖区单位走访慰问17个共建部队；向3462名优抚对象和571名铁路系统退休、退伍军人发放各类慰问金、抚恤金、物价补贴和住房补贴。为提高街道、社区双拥工作水平，清波街道新建社区双拥陈列室，并向驻地官兵征集微心愿，通过微博平台，由在职党员圆梦微心愿。

图32-3-7 2014年7月29日，清波街道成立杭州首个社区双拥陈列室 （清波街道 供稿）

2014年，上城区制定《关于进一步做好新形势下退役士兵安置等双拥工作的意见》，按照5%的比例在当年招聘事业单位、社区工作人员名额中，定向招聘退役士兵、随军家属，解决退役士兵安置、随军家属就业问题。在建军87周年之际，对优抚对象进行走访慰问。是年，清波街道建成双拥陈列室，展示街道及社区双拥成果，并作为爱国主义教育基地对外开放。“八一”建军节前夕，上城区被省委、省政府、省军区命名为省级“双拥模范区”。

2015年，在双拥国防宣传月期间，上城区开展双拥宣传、军民联欢、文艺演出、走访慰问、征求意见等活动，并在辖区主要道路悬挂双拥主题路牌广告、宣传图片等。开展春节、“八一”走访，慰问优抚对象活动，发放慰问金；同时，为上城区抗日战争时期的退役军人发放抗战胜利70周年纪念章、慰问金及生活补助金，并做好信息采集及拍照留影工作；配合浙江省荣军医院和浙江省复员退伍军人精神病疗养院开展抗战在乡复员军人[①]巡诊体检。上城区开展教育拥军，为1045人次官兵子女提供义务培训。近江集团与上城武警中队结成共建对子10余年，每年为部队解决实际困难；区民政局按一定比例每年定向招聘随军家属和退役士兵为在编社工，全年共招聘随军家属2人，招聘退役士兵6人；区人社局免费为驻地部队官兵培训两用人才50余人次，在随军家属招聘就业政策上给予一定比例倾斜，全年安置15名随军家属（其中行政1人、事业单位10人、社工4人），并对未就业随军家属和创业家属进行生活补贴。

① 指在1954年10月31日（具体是指1954年10月31日实行义务兵制度以前参加中国工农红军，东北抗日联军，中国共产党领导的脱产游击队，八路军、新四军、解放军、中国人民志愿军等）之前入伍，后经批准从部队复员的人员。

第二节 抚恤优待

上城区对优抚对象的生活保障历来重视。1993—2015年，多次调整提高抚恤、优待、补助标准，实行国家、社会、群众“三结合”的优抚保障制度。2004年，实行优抚对象享受优抚金的标准随当地经济发展和人民群众生活水平提高而提高的动态增长机制。2010年，落实重点优抚对象的优惠政策，为优抚对象提供医疗优惠待遇，办理公园IC卡、公交优惠乘车证等，不断完善优抚社会保障制度。

一、牺牲、病故抚恤[②]

1993年，根据民政部、财政部《关于军队和国家机关离、退休人员死亡后计发一次性抚恤金应包括项目的通知》规定，上城区计发一次性抚恤金应包括的项目有按规定增加的离（退）休费、军龄薪金和军师团职以下（含团职）增加工资待遇、军队离休干部生活补贴费、国家机关离（退）休人员副食品价格补贴费、粮油统销价格补贴费6项。[③]

1995年1月，根据民政部、财政部《关于工资改革后国家机关工作

② 1986年，据民政部、财政部《关于调整军队、机关工作人员、参战民兵民工因公牺牲、病故一次性抚恤金标准的通知》，军队干部、志愿兵、机关工作人员因公牺牲一次性抚恤，按牺牲时20个月工资计发；病故的，按病故时的10个月工资计发，最高不得超过3000元。离（退）休军人、机关工作人员也按该规定执行。

③ 该政策从1991年6月开始实施。

人员死亡一次性抚恤金计发问题的通知》，上城区对国家机关在职人员死亡发放一次性抚恤金。其中，生前是职级工资制的人员，按照本人职务工资、级别工资、基础工资和工龄工资之和计发；生前是离退休人员的，按本人离退休时职务工资、级别工资、基础工资之和计发。同时，撤销1986年作出的对国家机关工作人员病故后一次性抚恤金最高数额不得超过3000元的规定。

2002年1月末，根据民政部、财政部《关于调整一次性抚恤金发放办法的通知》，上城区对国家机关（含民主党派、人民团体）工作人员、人民警察因公牺牲、病故后，一次性抚恤金由死者生前所在单位发放；移交地方管理的军队退休干部、退休士官、退休无军籍职工死亡后，一次性抚恤金由接收管理单位发放；革命烈士和因公牺牲、病故军人，其家属户口在杭州市区的（不含萧山区、余杭区），仍由市民政局发放一次性抚恤金。

2004年10月1日，国务院、中央军事委员会《军人抚恤优待条例》（简称《条例》）施行，1988年7月国务院发布的《军人抚恤优待条例》同时废止。10月起，现役军人死亡，根据其死亡性质和死亡的月工资标准，由县级政府民政部门发给其遗属一次性抚恤金，标准为烈士80个月工资，因公牺牲军人40个月工资，病故军人20个月工资。月工资或者津贴低于排职少尉军官工资标准的，按照排职少尉军官工资标准发给其遗属一次性抚恤金。

2007年1月1日，《浙江省军人抚恤优待办法》施行。该办法规定各级政府依法对烈士遗属、因公牺牲军人遗属、病故军人遗属（统称为“三属”）和残疾军人给予抚恤。“三属”由户籍地市、县（市、区）政府民政部门凭批准、确认机关证明分别核发中华人民共和国烈士证明书、中华人民共和国军人因公牺牲证明书、中华人民共和国军人病故证明书，持证人为一人。一次性抚恤金享受对象为父母（抚养人）、配偶、子女；没有父母（抚养人）、配偶、子女的，为未满18周岁的兄弟姐妹和已满18周岁但无生活费来源且由该军人生前供养的兄弟姐妹；无上述对象的，不予发放。同一顺序中的对象享受的金额应当相等。2009年，上城区牺牲病故1人，发放一次性抚恤金10.9万元。

2011年7月，国务院、中央军事委员会修订《军人抚恤优待条例》，标准是：烈士和因公牺牲的，为上一年度全国城镇居民人均可支配收入的20倍加本人40个月的工资；病故的，为上一年度全国城镇居民人均可支配收入的2倍加本人40个月的工资。月工资或者津贴低于排职少尉军官工资标准的，按照排职少尉军官工资标准计算。2013年，上城区牺牲病故1人，发放一次性抚恤金13.7万元。

2015年1月，根据《浙江省人民政府关于修改〈浙江省军人抚恤优待办法〉的决定》，烈士褒扬金和三属的一次性抚恤金由发证的民政部门按照《条例》规定的标准核发。烈士褒扬金和三属的一次性抚恤金享受对象为父母（抚养人）、配偶、子女；没有父母（抚养人）、配偶、子女的，为未满18周岁的兄弟姐妹和已满18周岁但无生活费来源且由该军人生前供养的兄弟姐妹。烈士褒扬金和三属的一次性抚恤金的分配由享受对象协商确定；协商不成的，由民政部门根据享受对象人数均等分配。2015年，上城区牺牲病故1

人，发放一次性抚恤金23万元。

二、伤残抚恤

1993年，上城区有革命伤残人员314人，其中，一等6人，二等甲22人、二等乙75人，三等甲107人、三等乙104人，全年按规定发放抚恤金3.20万元。1993—2003年，多次调整和提高革命伤残人员的抚恤金标准。2002年9月，上城区依据杭州市政府《关于做好革命伤残军人生活保障工作的通知》和杭州市民政局《关于失业伤残军人改领伤残抚恤金问题的通知》，明确在职革命伤残军人下岗失业后生活、医疗保障的有关政策，执行在乡伤残抚恤金标准。残疾抚恤金标准按国家、省、市标准执行，实行自然增长机制，逐年提高。

表32-3-8　1993—2003年上城区革命伤残人员抚恤金标准情况表

单位：元/人·年

等级 年份	特等		一等		二等甲级		二等乙级		三等甲级		三等乙级	
	因战	因公	因战	因公	因战	因公	因战	因公	因战	因公	因战	因公
1993	1200	1100	1020	950	740	660	538	480	336	322	272	272
1994	2240	2100	1860	1740	1250	1150	856	780	536	516	442	442
1996	3240	3080	2460	2330	1430	1320	960	880	628	608	526	526
1998	3540	3380	2760	2630	1550	1440	1080	1000	748	728	646	646
1999	5340	5180	4000	3870	2120	2010	1320	1240	900	880	780	780
2000	6000	5840	4600	4470	2480	2370	1680	1600	1050	1030	930	930
2001	7000	6840	5400	5270	2900	2790	1940	1860	1180	1160	1050	1050
2002	8400	8240	6480	6350	3330	3220	2230	2150	1360	1340	1210	1210
2003	9960	9800	7680	7550	3880	3770	2600	2520	1560	1540	1390	1390

说明：资料来源于杭州市上城区民政局

2004年8月，上城区根据杭州市《关于提高革命伤残人员抚恤（保健）金和特、一等革命伤残人员护理费标准的通知》，从2004年1月1日起，特等、一等革命伤残人员的护理费标准，以当地上年度居民人均可支配收入为基数，因战、因公特等革命伤残人员按80%确定；因战、因公一等革命伤残人员按65%确定；因病一等革命伤残人员按50%确定。上城区因战、因公特等革命伤残人员10320元/人·年，因战、因公一等革命伤残人员8400元/人·年，因病一等革命伤残人员6360元/人·年。11月，上城区根据民政部、解放军总后勤部《关于印发（军人新旧残疾等级套改办法）的通知》，新旧残疾等级对应关系，特级套改一级、一等套改三级、二等甲级套改五级、二等乙级套改六级、三等甲级套改七级、三等乙级套改八级；全区按通知精神全部进行套改。

2005年3月，上城区调整一至四级伤残人员的护理费标准，因战、因公一级和二级伤残人员11650元/人·年，因战、因公三级和四级伤残人员9470元/人·年，因病一至四级伤残人员7280元/人·年。7月，上城区依据省民政厅、财政厅《转发民政部、财政部关于提高部分优抚对象抚恤补助标准的通知》以及杭州市民政局相关通知，提高残疾军人残疾抚恤金标准，对享受优抚金的残疾军人抚恤标准，按自然增长机制的优抚标准执行，上城区执行杭州市统一标准，每年定期调高伤残抚恤金标准。

2006年，上城区为4名老退伍军人进行精神病评残，1名民兵进行补评残，解决残疾军人的历史遗留问题，落实优抚政策。全区269名残疾军人总共发放伤残抚恤金118余万元。2007年，根据《浙江省军人抚恤优待办法》和杭州市相关文件精神，调整伤残抚恤标准，为269名残疾军人共补发放伤残抚恤金20余万元。2008年，为3名矽肺残疾军人调整（高）等级。2010年8月，根据《关于调整杭州市区部分优抚对象抚恤和生活补助标准的通知》，为全区14名在乡残疾军人、16名四级以上残疾军人提高残疾抚恤金、护理费，总计补发金额10万余元，并为1名矽肺残疾军人调整等级，1名失业残疾军人在职改在乡。2013年，为5名退役军人调整及评定残疾等级。

2014年6月，上城区根据省民政厅转发民政部《关于换发〈残疾军人证〉的通知》，对全区伤残人员证件进行换发，收回旧证，新证统一由省厅办理。同时，对辖区内的残疾军人进行调查摸底和统计，将残疾军人的信息统一录入到全国优抚信息系统，完成率为100%。全区共有244名残疾军人，更换残疾军人证239本，完成率为98%，正在办理残疾关系转移6人。

2015年，全区共有伤残人员258人，发放伤残抚恤金482.96万元；为5名残疾军人、1名残疾警察调整及评定残疾等级，接收残疾关系18人，转出残疾关系3人，补发残疾证9人，换发残疾证5人，换发伤残警察证2人，信息变更7人。

三、定期抚恤与补助

1993—2004年，上城区根据省、市有关规定，先后对优抚对象“三属”[①]定期抚恤标准和在乡复员军人及在乡革命伤残人员定期补助标准调整提高10余次。2004年10月，市政府下发《关于建立杭州市重点优抚对象优抚标准自然增长机制的通知》，重点优抚对象享受优抚金标准随当地经济发展和人民群众生活水平提高而提高。重点优抚对象，即享受伤残抚恤金的在乡革命伤残军人，享受定期抚恤金的烈士遗属、因公牺牲军人的遗属、病故军人遗属，享受定期定量补助金的红军失散人员、复员军人、带病回乡退伍军人。优抚金系优抚对象每人年度享受抚恤金、补助金、优待金、护理费之和。优抚金标准以当地上年度居民人均可支配收入和农民人均纯收入的增幅进行相应调整，居民人均可支配收入和农民人均纯收入出现负增长时，优抚金的标准维持不变。优抚金增长比例由民政、财政部门按年度确定，所需费用由各级政府财政负担。

① 烈士遗属、因公牺牲军人的遗属、病故军人遗属。

2005年3月，杭州市区调整重点优抚对象优抚金标准。其中，在乡伤残民兵民工的优抚金标准（除年优待金）可参照相对应伤残等级、伤残性质发放，一至四级伤残人员的护理费标准为因战、因公一级和二级伤残人员11650元/人·年，因战、因公三级和四级伤残人员9470元/人·年，因病一至四级伤残人员7280元/人·年。烈士、因公牺牲、病故军人的父母（抚养人）、配偶从企业退休或下岗后，年收入低于“三属”优抚金标准，且生活较困难的，给予每年1～2次临时性生活补助。

表32-3-9　1993—2005年上城区优抚对象定期抚恤和补助标准情况表

单位：元/人·月

年份	“三属”			在乡复员军人		在乡革命伤残军人
	革命烈士家属	因公牺牲军人家属	病故军人家属	抗日战争时期入伍	解放战争和中华人民共和国成立后入伍	
1993	101.5	91.5	86.5	86.5	81.5	—
1994	140.0	125.0	110.0	116.0	106.0	—
1995	170.0	155.0	135.0	135.0	125.0	60
1996	170.0	155.0	135.0	135.0	125.0	60
1997	175.0	160.0	140.0	143.0	138.0	73
1998	220.0	200.0	175.0	175.0	165.0	100
1999	290.0	260.0	230.0	230.0	215.0	130
2000	310.0	280.0	250.0	250.0	235.0	150
2001	330.0	300.0	270.0	270.0	255.0	170
2002	430.0	390.0	350.0	360.0	340.0	200
2003	500.0	450.0	400.0	400.0	350.0	260
2004	570.0	520.0	460.0	440.0	390（中华人民共和国成立前） 360（中华人民共和国成立后）	见表32-3-10
2005	720（月抚恤） 6000（年优待金）	645（月抚恤） 5400（年优待金）	575（月抚恤） 4800（年优待金）	530 2400（年优待金）	470（中华人民共和国成立前） 435（中华人民共和国成立后） 2400（年优待金）	见表32-3-11

说明：资料来源于杭州市上城区民政局

表32-3-10　2004年上城区在乡革命伤残军人定期补助标准情况表

单位：元/人·月

伤残等级	伤残性质	补助金标准
特等	因战	410
	因公	400
一等	因战	390
	因公	380
	因病	370

续表 32-3-10

伤残等级	伤残性质	补助金标准
二等甲级	因战	350
	因公	340
	因病	330
二等乙级	因战	330
	因公	320
	因病	310
三等甲级	因战	310
	因公	300
三等乙级	因战	280
	因公	270

说明：资料来源于杭州市上城区民政局

表 32-3-11　2005 年上城区无工作单位伤残军人优抚金标准情况表

单位：元/人·年

伤残等级	伤残性质	优抚金标准
一级	因战	33210
	因公	32920
	因病	28400
二级	因战	31750
	因公	31460
	因病	26950
三级	因战	28120
	因公	27830
	因病	25490
四级	因战	26660
	因公	26370
	因病	24030
五级	因战	13840
	因公	13550
	因病	13400
六级	因战	12090
	因公	11950
	因病	11800
七级	因战	10640
	因公	10490
八级	因战	10050
	因公	9910
九级	因战	9620
	因公	9470
十级	因战	9030
	因公	8740

说明：资料来源于杭州市上城区民政局

2006年11月，《浙江省军人抚恤优待办法》规定，父母（抚养人）、配偶无劳动能力、无生活费来源，或者收入水平低于当地居民平均生活水平的；子女未满18周岁或者虽满18周岁但因上学、残疾、丧失劳动能力而无生活费来源的；由烈士、因公牺牲军人、病故军人生前供养的兄弟姐妹，未满18周岁或者虽满18周岁但因上学而无生活费来源的，由其户籍地市、县（市、区）政府民政部门核发定期抚恤金。享受定期抚恤金的烈士、因公牺牲军人、病故军人配偶再婚的，在其继续赡养或者抚养该军人父母（抚养人）或者子女期间，当地民政部门应当继续对其发放定期抚恤金。未享受定期抚恤金的烈士、因公牺牲军人、病故军人的父母（抚养人）、配偶，收入水平低于当地定期抚恤金标准的，可以向当地民政部门申请补助，经确认后，应当按定期抚恤金标准予以补足。烈士遗属享受的定期抚恤金应当高于当地平均生活水平，因公牺牲军人遗属、病故军人遗属享受的定期抚恤金应当不低于当地平均生活水平。全年，给10名三属优抚对象（烈士遗属、因公牺牲军人的遗属、病故军人遗属）发放补差抚恤金，补差金额4.2万余元，为10名中华人民共和国成立前入党的老中共党员发放1.8万元生活补贴，269名残疾军人总共发伤残抚恤金118余万元。同时，对全区七类复员退伍军人进行调查摸底，并对复员退伍军人进行信息录入。

2008年12月，根据《军人抚恤优待条例》《浙江省军人抚恤优待办法》和国家有关法律法规的规定，杭州市发布《杭州市人民政府关于杭州市军人抚恤优待的实施意见》（简称《意见》），自2009年1月1日起施行。《意见》规定区、县（市）民政部门应当按照省政府令第226号文件规定的条件对申请人进行审核，符合条件的，发给定期抚恤金领取证，并从批准为烈士、确认为因公牺牲军人和病故军人之月起享受定期抚恤金。未享受定期抚恤金的烈士、因公牺牲军人、病故军人的父母（抚养人）、配偶，当年收入水平低于当地定期抚恤金标准的，本人户籍所在地区、县（市）民政部门应当按其差额予以补足。烈士遗属、因公牺牲军人遗属、病故军人遗属的定期抚恤金，分别按不低于当地居民人均可支配收入120%、110%、100%的比例确定。对依靠定期抚恤金、残疾抚恤金生活仍有困难的"三属"、残疾军人，可以采取适当的方式给予临时补助。无工作单位或无固定收入的红军失散人员、复员军人、带病回乡退伍军人、1954年11月1日以后入伍的参战退役人员和参加核试验军队退役人员（简称参战参试军队退役人员）可持有关证件、原始档案材料或者部队原始证明到户籍所在地区、县（市）民政部门申报，经区、县（市）民政部门确认后，可给予生活补助。在城镇无工作单位且家庭生活困难和在农村的参战参试军队退役人员按上级规定发给生活补助。是年，上城区对全区1954年10月31日以后入伍的参战参试复员退伍军人进行排查，并对新调查出的3名无业参战参试复员退伍军人进行确认，加上已认定的22名，总计25名，并准时发放生活补助金；同时，对15名"三属"优抚对象进行生活费用补差，补差金额7.1万元。

2009年6月，上城区给全区21名重点优抚对象办理城镇居民医保，并在上城辖区内六家医院开通医疗费"一站式"结算服务，还首次为全区57名领取定期抚恤金的"三属"、定期生活补助金的在乡老复员军人和在乡残疾军人、参战参试人员在上城区中医院进行包括B超、X光、心电图、血常规、内外科、五官等28项的详尽检查，并建立体检电子健康档案，便于为优抚对象进行医疗诊断和服务。8月，给全区21名重点优抚对象提高抚恤金和12名在乡残疾军人、15名四级以上残疾军人提高残疾抚恤金、护理费，总计补发金额25万余元。在保障残疾军人基本权益和对“三属”优待工作上，为18名“三属”优抚对象补差8.46万元；为1名退伍女兵进行精神病补评残，1名无业退役（参战）军人进行认定，1名矽肺残疾军人调整等级。

2010年，上城区提高重点优抚对象的医疗优惠待遇，全面身体检查除28个常规检查项目外，增加生化与肿瘤检验，并将健康关爱行动惠及所有在册重点优抚对象。10月，为120名“三属”办理公交优惠乘车证，同时为200名“三属”优抚对象办理公园IC卡。给21名重点优抚对象提高抚恤金，且为14名在乡残疾军人、16名四级以上残疾军人提高残疾抚恤金、护理费，总计补发金额10余万元。在保障残疾军人基本权益和对“三属”优待工作上，为17名“三属”优抚对象补差9.5万元。

2013年，对优抚对象的关爱力度逐年增加，在春节、“八一”建军节期间慰问经费30万元；为3462名优抚对象和571名铁路系统退休退伍军人发放慰问金、抚恤金、物价补贴和住房补贴500万余元；为15名“三属”补差9.93万元，全年共办理60张残疾军人、“三属”乘车证，为5名退役军人调整及评定残疾等级，为11名军队退休干部发放住房货币补贴68.27万元。

2014年，对299名优抚对象发放抚恤补助金845.47万元；对151户义务兵家庭发放优待金335.1万元，为16名“三属”补差12.2万元；春节及“八一”慰问经费25万元，落实定期走访慰问制度；办理76张残疾军人、“三属”乘车证，为336人办理公园卡年检，为26人新办乘车卡；为4名“两参”[①]退役军人调整及评定残疾等级，为2名参核人员评定残疾等级，接收军残关系转移9人，转出3人。全年离休干部病故4人，在乡老复员军人病故1人，共计发放丧葬费29.5万元。

2015年，上城区发放各类优抚对象抚恤优待补助金891.1万元。其中，重点优抚对象抚恤补助136.3万元，在职伤残抚恤金364.3万元，义务兵家庭优待金147户共计353.82万元，为12名“三属”补差11.13万元，医药费补助金25.55万元，并为13名军队离退休人员调整补发工资24.8万元。办理残疾军人、“三属”优抚对象乘车证99张，“三属”公园卡52张，“三属”公园卡年检329张，新增“两参”退役军人9人，为5名残疾军人、1名残疾警察调整及评定残疾等级，接收残疾关系18人，转出残疾关系3人，补发残疾证9人，换发残疾证5人，换发伤残警察证2人，信息变更7人。根据省民政厅工作安排，对全区“三属”人员

① 指参战退役人员和参加核试验军队退役人员。

新办“三属”优抚优待证800余本，实现“三属”优抚对象人员在浙江省范围内可免费乘坐城市公共汽车、电车和轨道交通工作，免费游览参观公园、国有单位经营的旅游景点，免费参观国有科技馆、博物馆、纪念馆等公共文化服务设施。

四、义务兵家属优待

1993年，上城区义务兵家属优待金标准，各行政单位和企事业单位在职职工应征入伍的每人每月为50元，青年学生和待业青年入伍的每人每月为40元。1994年8月，提高义务兵家属优待金标准，即各行政和企事业单位在职职工应征入伍的按每人每月100元发放，非在职职工应征入伍的按每人每月80元发放。在职入伍的仍由所在单位发放，非在职入伍的优待金由市、区各负担50%。

1997年1月1日起，上城区依据《杭州市兵役义务费社会统筹实施办法》，实行“以支定收、先收后用，略有结余”的原则，在上城区范围内缴纳消费税、增值税、营业税的单位和个人，按纳税额4‰征收兵役义务费，用于义务兵及其家属的优待、民兵预备役人员的训练误工补贴、享受定期抚恤的“三属”优待、革命伤残军人伤残抚恤金、享受定期定量补助的复员军人的生活补助、立功受奖的义务兵的奖励。义务兵及其家属优待金标准，按上年度杭州市职工年人均收入的70%发放，即根据市统计局1996年杭州市职工年收入7966元，按70%确定1997年度义务兵家属优待标准为5500元。特殊艰苦地区服役的义务兵及其家属的优待金标准按有关规定执行。义务兵服役期间立功受奖的优待金标准，按立功等级，分别做出增发优待金奖励。

1998年，全区各类优抚对象的优待金、补助金、立功奖励金，由市邮政统一制作活期存折，金额汇入个人储蓄卡账户，并通知函告，各街道不再代行发放；并按照《杭州市兵役社会统筹实施办法》要求，加强对街道的指导、检查、审核，规范发放制度，建立明细账册，由专人负责，及时发放。

2002年6月，杭州市政府废止《杭州市兵役义务费社会统筹实施办法》。根据杭州市《关于调整一次性抚恤发放办法的通知》，2002年义务兵家属优待金提升至12000元/年，义务兵立功增发优待金分别为一等功2400元、二等功1200元、三等功600元。

2003年10月，上城区根据《杭州市区优抚对象优待补助金发放暂行办法》，优待补助费实行“年度预算、先批后用、按实结算”原则。其中，义务兵在西藏自治区服役的年优待金30000元；义务兵在服役期间立功受奖的按下列标准发给奖金：获大军区以上荣誉称号的，当年发给奖金5000元；荣立一等功的，当年发给奖金3000元；荣立二等功的，当年发给奖金1500元；荣立三等功的，当年发给奖金500元；一年内获上述多项奖励的，按最高项标准发给。

2005年1月1起，上城区根据《关于建立杭州市重点优抚对象优抚标准自然增长机制的通知》，义务兵家属优待实行自然增长机制，优待金标准逐年提高，上城区执行杭州市区义务兵优待金统一标准。

2008年，根据《杭州市人民政府关于杭州市军人抚恤优待的实施意见》规定，上城区对进藏义务兵家庭按义务兵家庭当年优待金标准的2.5倍发放优待金。[①] 2011年，上城区规定，艰苦地区三类区以上和特类岛屿内服役的义务兵，年家庭优待金按1.5倍发放。

2013年7月，根据《关于加强和改进新形势下征兵工作的意见》规定，对于在杭州市应征入伍的全日制大专以上毕业生和在校大学生，上城区给予一次性2万元奖励（由征兵部门发放），全年发放给170余名义务兵家庭优待金365.7万元。

2009—2015年，根据市民政局《关于调整义务兵家庭优待金标准的通知》，上城区的义务兵家庭优待金标准逐年提高；义务兵立功受奖者，凭立功喜报发给一次性奖励金。

① 在部队立功受奖的义务兵，凭立功受奖喜报，按当年优待金标准不低于下列比例发给一次性奖励金，一年内获多项奖励的，按最高标准发给：1.获得中央军事委员会授予的荣誉称号，不低于200%的比例；2.获得军队大军区或军兵种授予荣誉称号，不低于100%的比例；3.荣立一等功，不低于80%的比例；4.荣立二等功，不低于50%的比例；5.荣立三等功，不低于20%的比例；6.荣获优秀士兵，不低于5%的比例。

表32-3-12　1993—2015年上城区义务兵家属优待金发放标准情况表

单位：元/人·年

年份	义务兵优待金发放			立功受奖奖励金发放			
	非艰苦地区	西藏服役	三类以上地区	一等功	二等功	三等功	优秀士兵
1993	480/500	—	—	—	—	—	—
1994	960/1200	—	—	—	—	—	—
1995	960/1200	—	—	—	—	—	—
1996	960/1200	—	—	—	—	—	—
1997	5500	11000	—	1000	500	275	—
1998	6300	12600	—	1200	600	315	—
1999	7000	14000	—	1500	700	350	—
2000	8100	16200	—	1600	800	405	—
2001	9600	19200	—	1800	960	480	—
2002	12000	30000	—	2400	1200	600	—
2003	12000	30000	—	3000	1500	500	—
2004	12000	30000	—	3000	1500	500	—
2005	12000	30000	—	3000	1500	500	—
2006	12000	30000	—	3000	1500	500	—
2007	12000	30000	—	3000	1500	500	—
2008	12260	30650	—	3000	1500	500	—
2009	14000	35000	—	11200	7000	2800	700
2010	16000	40000	—	12800	8000	3200	800
2011	17310	43275	25965	13848	8655	3462	866
2012	19500	48750	29250	15600	9750	3900	975
2013	20050	50125	30075	16040	10025	4010	1003
2014	22190	55475	33285	17752	11095	4438	1110
2015	23667	59168	35501	18934	11834	4733	1183

说明：资料来源于杭州市上城区民政局

第三节　退役军人安置

上城区的复退军人安置工作，由区复员退伍军人安置办公室负责（简称区安置办）对退役士兵进行职业教育和技能培训。对军转干部的安置坚持保证重点、充实基层的原则，充实到经济监督、调解、街道、公安政法等行政事业单位。对退役士兵主要进行职业教育和技能培训，通过用人单位提供就业信息，并进行适当的就业意向引导，进行双向选择，在与市场经济相适应的条件下，实行多渠道、多形式的安置就业，逐步建立起复退军人的就业安置保障体系。1993—2015年，上城区发放自谋职业补助金4325.8万元。

一、转业军官安置

1993年，上城区按照“热情欢迎、妥善安置、认真培训、合理使用”的方针，从优安排军队转业干部，并不受编制员额限制。

安置范围　上城区军队转业干部的安置范围为：原籍杭州入伍的；配偶在杭州有常住户口、结婚满3年、落户满5年的；配偶系驻杭州现役军人，符合随军条件、在杭州市驻军连续服役5年以上的；双军人同时转业，一方符合随军条件的；外省级转业干部其父母、岳父母或公婆定居杭州，身边无子女的。分配到上城区的军转干部，在部队荣立一、二等功的转业干部可以在全区行政机关优先选择安置单位。对长期在边防、海岛和从事飞行、舰艇工作的转业干部，在安置时予以适当照顾。

安置去向　1993年前，军队转业干部大部分选择进入企业安置。1993年，机关和事业单位工作人员工资制度改革后，进入区党、政、群、街道行政机关的军队转业干部逐年增加。1996年，随着公务员制度的推行，有70%的军队转业干部安置进入党政群机关，尤其是充实到公安、政法等行政执法部门。

2001年，杭州市规定：军队转业干部配偶取得省会城市、副省级城市常住户口满2年的，可以到配偶常住户口所在地安置；未婚的军队转业干部可以到其父母常住户口所在地安置；自主择业的，在边远艰苦地区或者从事飞行、舰艇工作满10年的，战时获三等功、平时获二等功以上奖励的，因战因公致残的，均可到配偶常住户口所在地安置，也可以到其父母或者配偶父母、本人子女常住户口所在地安置。在工作中，坚持贯彻“统筹兼顾、分散安置、保障重点、加强基层”的方针，优先安置到公安、政法和执法监管等部门，重点充实一线和基层。2004年，杭州市对所在部队撤销、合并、降格、改编的军队转业干部，配偶取得部队所在地常住户口的，可以到配偶常住户口所在地安置；夫妇同为军队干部的，双方或者一方转业，可以到任何一方的部队驻地安置；未婚或者离异的，可比照驻地军队干部配偶随军条件予以安置。

安置方式　20世纪90年代，军转安置工作主要采取指令性安置的办法，由市军转办下达给上城区团职以下军转任务（指标）。具体分工为：团职军队转业干部由区委组织部为主负责，营职以下（含技术干部）军队转业干部及干部身份的随调家属或其家属原单位系事业、行政机关部门工作的，由区人事局负责，工人身份的随调家属，由区劳动局负责，做到军转干部随调家属与军转干部同步安置。根据工作需要和安置对象的德才条件，参照其原职务、特长和在部队的表现，制定预分方案，报区领导同意后下达分配通知。

2004年，杭州市接收安置营职以下（含技术干部）军队转业干部，采取考试考核录用的办法，引入“公开、平等、竞争、择优”的选用机制，实行笔试分、军龄分、职务分、奖惩分的计分方式择优安置。对团职军队转业干部的安置仍采用考核选调的办法，参照其工作业绩、经历、专长、现实表现和安置单位领导职数空缺情况进行安置。安置方案分别由区委组织部和区人事局报市军转办备案。至2015年，安置方式无变化。

二、退役士兵安置

1993年，上城区贯彻民政部、劳动部、解放军总参谋部《关于退伍义务兵安置工作随用工单位改革实行劳动合同制意见的通知》，根据市政府提出的在继续实行“按系统分配任务，包干安置”保证退伍义务兵第一次就业的前提下，在市区先行改指令性计划为利用各自安置基地、安置网络进行双向选择，鼓励退伍军人自谋职业和保底分配的办法。

1994年，上城区的退役士兵安置工作在尽可能保证第一次就业的前提下，试行“供需见面、双向选择、包底分配”的办法，鼓励退役士兵自谋职业。并对自谋职业的实行优惠政策，给予一定的资助。

1995—1996年，退役士兵安置工作形势严峻，“按系统分配任务，包干安置”计划分配模式受到一定冲击。上城区通过召开退伍军人座谈会，向用人单位征求意见，实行双向选择机制，引导退伍军人走向劳务市场就业，鼓励本年度退役士兵参加市退伍军人招聘交流大会，落实就业岗位。在经过招聘选择后未落实工作单位的，再根据市复员退伍军人安置办公室、市劳动局联合下达的各系统保底安置计划指标进行一次性安置，以保障实现第一次安置就业。

1998年，市政府颁布《关于杭州市退伍士兵安置保障金管理意见》，明确市财政拨款20万元，各市区财政拨款5万元，建立市、区退伍安置保障金。对符合城镇安置的市区退伍军人，经本人申请自谋职业不需要政府安置的给予经济补助。补助标准为：转业志愿兵1万元，退伍义务兵8000元。安置保障金实行一年拨款一次，缺额由市、区财政补足的办法。1999年，上城区根据杭州市要求，在原有基础上调整退伍士兵自谋职业补偿金：退伍义务兵每人补助1.2万元，评有伤残等级伤残军人和转业志愿兵每人补助2万元；同时，为鼓励部门单位积极主动承担安置任务，对超额承担安置任务的部门和单位，每多承担1名退役士兵给予2万元奖励。

2000年起，市区入伍的退伍军人接收审核报到工作改由各区退伍军人安置办公室办理。

2001年，上城区加大安置政策改革力度，鼓励退役士兵自谋职业，实行安置就业与扶持就业相结合，政策扶持与自谋职业相结合，多渠道、多形式的退役士兵安置保障体系。对退役士兵自谋职业的扶持和货币安置措施为：服役满2年的一次性给予补助2万元，服役满3年以上的给予补助3万元；志愿兵满10年的给予补助5万元，在此基础上每超过1年增加5000元（至2008年均按此标准执行）。

2004年起，上城区连续6年组织退役士兵开展中级计算机培训，落实浙江省警官职业学院、杭州广播电视大学、杭州科技职业技术学院等8所院校为退役士兵技能培训机构。全年累计培训450余人，培训率78%，全区取得中级计算机资格350人。同时，上城区加强与用人单位联系，根据退役士兵专业特长提供就业信息，在用人单位和退役士兵之间搭建双向选择的平台。

2005年，上城区根据省、市要求提高转业士官自谋职业补助金标准的基础上，对当年转业士官自谋职业，按市区城镇个体劳动者参保标准为其补助2年的基本养老保险费。同时，为退役士兵举办计算机培训班，提高退役士兵的就业技能。

2006年，上城区开展退役士兵安置工作达到“三个一百”，即完成年度安置工作任务100%、免费教育和技能培训政策知晓率100%，自主创业税收优惠政策知晓率100%。3月，自《关于扶持城镇退役士兵自谋职业优惠政策意见》实施后，第三次对56名2005年冬季退役士兵进行中级计算机培训。

2008年，上城区大力扶持创业就业，先后落实浙江省警官职业学院、杭州广播电视大学、杭州科技职业技术学院等院校为退役士兵技能培训机构，培训合格率、获证率、就业率在90%以上。同时，抽取当年社区工作人员数量，定向招聘退役士兵，切实解决退役士兵安置。

2011年3月上旬，通过对120名退役士兵进行技能培训宣传动员，其中有9人报考参加浙江省4所高等职业技术学院，21人参加杭州市广播职业技术学院学历教育，4人参加杭州市广播职业技术学院短期培训。在当年度社工招聘录用中，定向优先招聘录用4名退役士兵。同时，为50余名退役士兵进行就业介绍，推荐单位30余家。

2012年，上城区通过教育培训、推荐就业、优惠政策，完善退役士兵自主创业就业扶持体系；为用人单位和退役士兵牵线搭桥，加强与用人单位的联系，根据用人单位的需求提供退役士兵的有关信息和退役士兵的专长，提供就业信息，搭建双向选择的平台。2013年，上城区制定《关于进一步做好新形势下退役士兵安置等双拥工作的意见》，明确事业机构在招聘时按5%～15%比例专门用于安置退役士兵。在9月和12月，分别定向招聘2名退役士兵进入事业单位，招聘录用8名退役士兵和2名军嫂进入社区工作。全年参加技能培训64人，其中学历教育46人。全年联系26家招聘单位，30余名退役士兵通过该方式实现就业。

2015年，上城区继续开展退役士兵技能培训，并召开全区退役士兵自主就业政策咨询及技能培训报名会，有95人报名，分别参加技能培训和学历教育。全区共投入技能培训经费180余万元。同时，联系20余家招聘单位，推出各类岗位供退役士兵选择，并联系区人社局就业处为退役士兵提供创业小额贷款，为企业吸收退役士兵提供补贴等优惠政策，帮助实现就业。2008—2015年，全区发放自主就业一次性补助金共计2778.5万元。

第四节　烈士褒扬

上城区境内有烈士墓、陵园、纪念馆等。1991年，建成浙江革命烈士纪念馆。2000年，兴建杭州市见义勇为事迹陈列厅。2005年，扩建杭州市革命烈士纪念馆，成为革命传统教育和爱国主义教育的课堂。每年清明节和9月30日烈士纪念日，上城区各界人士均在烈士陵园举行纪念活动。1993—2015年，上城区有4人经批准被追认为革命烈士。

一、烈士陵园、碑亭、纪念馆

杭州市革命烈士陵园　杭州市革命烈士陵园位于玉皇山南麓南山公墓内。陵园占地面积近1万平方米，陵前石砌墓道长55米。立纪念碑1座，高12米，混凝土结构。纪念碑正面刻有陈云题词："死难烈士永垂不朽。"背面镌有杭州市革命烈士陵园纪念碑碑文。革命烈士陵园原为南山公墓烈士区，辟于1959年。1962年后，市区分散安葬的烈士墓逐步迁到该烈士陵区，龙驹坞骨灰寄存室中的无名烈士骨灰也迁到陵区，安葬有郑采臣、马东林、沈乐山、曹阿堂等革命烈士。1987年，市民政局对陵区陆续进行整修，并定名为杭州市革命烈士陵园。国防部原部长张爱萍题写烈士陵园园名。至2015年末，共安葬有592名革命烈士。

图32-3-8　杭州市革命烈士陵园（2015年）
（区委党史和地方志编纂研究室 供稿）

图32-3-9　杭州市革命烈士纪念馆
（区委党史和地方志编纂研究室 供稿）

杭州市革命烈士纪念馆　杭州市革命烈士纪念馆成立于1983年4月，馆址设在蔡永祥烈士事迹陈列馆，首批展出28位革命烈士事迹。为全面反映杭州革命历史和革命烈士事迹，老展厅及周围环境于2003年整体改造，改造工程自2003年8月动工，至2005年末基本完工，展馆共2层，总建筑面积1770平方米。

沈干城、沈乐山塑像　沈干城、沈乐山塑像位于复兴街23号上海铁路局杭州机务段内。1987年，杭州铁路分局在沈干城、沈乐山烈士生前工作单位——杭州闸口机修厂建塑像一座。建筑面积为190平方米，系钢筋水泥结构。

图32-3-10　沈干城、沈乐山塑像
（区委党史和地方志编纂研究室　供稿）

浙江陆军监狱牺牲烈士纪念亭　浙江陆军监狱牺牲烈士纪念亭位于云居山，建于1990年2月，占地面积约100平方米。纪念亭有沙孟海题写的“浙江陆军监狱牺牲烈士纪念亭”额。亭内立有陈云题写的“死难烈士永垂不朽”石碑，石碑背面为浙江省人民政府暨杭州市人民政府立的纪念碑记。

浙江革命烈士事迹陈列室　浙江革命烈士事迹陈列室位于云居山浙江革命烈士纪念馆广场西南侧，1990年3月建成开放。陈列室分辛亥革命、中国共产党的创立和第一、二次国内革命战争、抗日战争、第三次国内革命战争和社会主义革命、社会主义建设6个时期，分设22个专题，陈列330名革命烈士事迹、照片、遗物，并有秋瑾、徐锡麟、陈其美、张秋人、俞秀松、刘英、宣中华、李成虎、陈安宝、毛杏表、刘别生、杨贤江、林茂成、陈文杰、金贯真、钱壮飞、李敏、宣侠父、于子三、傅水先20名烈士的塑像。1991年9月，改为烈士事迹陈列厅。

图32-3-11　浙江革命烈士纪念碑（2015年）
（区委党史和地方志编纂研究室　供稿）

浙江革命烈士纪念碑　浙江革命烈士纪念碑位于云居山浙江革命烈士纪念广场中央，1987年12月浙江革命烈士纪念碑奠基，1990年3月落成。碑高27米，碑身系钢筋混凝土结构，汉白玉贴面，线条简洁，庄严挺拔，呈风帆形。基座顶部和前上方，用红色光花岗石贴面。正面红花岗石上镶嵌着陈云题写的“革命烈士永垂不朽”八个大字。纪念碑后面立一座长82米、高4.50米铜浮雕壁，雕壁系钢筋混凝土墙板，浅灰色花岗石饰面上镶嵌着由紫铜板锻轧成的自辛亥革命以后，各个历史时期浙江省革命烈士英勇斗争的群像。东端有迎面行军礼的战士立像；西端有手托橄榄枝、和平鸽的母子像。

浙江革命烈士纪念馆　浙江革命烈士纪念馆位于云居山，占地面积7万平方米，1987年12月兴建，1991年9月开馆。主要建筑有纪念馆、纪念碑、大型铜浮雕壁、花岗岩群雕、纪念广场及游览观赏的亭廊轩榭等。纪念馆建筑面积4880平方米，张爱萍题写馆名镶于大门上方，内设烈士事迹陈列厅、序言厅、影视厅、机动陈列厅及接待室、会议室、观众服务部等。烈士事迹陈列厅陈列烈士的1000余幅照片、400余件革命文物及表现先烈英勇斗争的群塑、沙盘、油画、壁画等艺术作品。纪念馆集教育、旅游于一体。1992年6月，经国务院批准列为全国重点烈士纪念建筑物保护单位。2003年10月，建立浙江革命烈士纪念馆网站并对浙江革命烈士纪念馆主体建筑进行改扩建。2011年9月工程竣工，2012年4月正式对外开放。先后被民政部、省政府、市政府授予爱国主义教育基地、浙江省党员教育培训基地、浙江省党史教育基地称号。至2015年末，除每周一闭馆进行设施维护外，其余时间均对外开馆，接待社会各界群众参观。

图32-3-12　浙江革命烈士纪念馆（2015年）
（区委党史和地方志编纂研究室　供稿）

杭州市见义勇为事迹陈列厅　杭州市见义勇为事迹陈列厅位于杭州市革命烈士纪念馆西侧，2000年末动工兴建，总建筑面积902平方米，土建总投资约200万元。展厅布展面积为458平方米，分“甘洒热血捍正义”“危难之中现英雄”“水火无情人有情”“自古英雄出少年”4个部分，介绍杭州1980年后被省政府和解放军总政治部批准为烈士的54名见义勇为者模范事迹。

图32-3-13　杭州市见义勇为事迹陈列厅
（区委党史和地方志编纂研究室　供稿）

二、烈士纪念日

1993—2015年，每逢清明节，上城区党政领导、各民主党派、共青团、妇联、学生及各界人民代表在烈士陵园举行纪念活动，缅怀先烈，激励后人。

2014年8月，第十二届全国人大常委会决定将9月30日设立为中国烈士纪念日，并规定每年9月30日国家举行纪念烈士活动。9月30日，上城区广泛开展烈士纪念日主题活动。在全区开展以“传承烈士精神，共建美好家园”为主题的烈士英雄事迹图片展；并开展网上公祭活动、向烈士纪念碑敬献鲜花、走访慰问烈士家属并送慰问金及慰问物品等纪念烈士活动。

2015年9月30日，上城区组织各界群众前往云居山革命烈士纪念碑、南山革命烈士陵园敬献花篮，并参观抗日战争在浙江图片展。《上城报》开展纪念抗战胜利70周年系列报道，寻访抗战老战士及抗战烈士遗属，刊发纪念文章，开设活动专栏，开展立体化、行进式宣传报道。各街道、社区纷纷组织群众开展以铭记历史、缅怀先烈为主题的爱国主义教育活动。

图32-3-14　2015年9月30日，省四套班子领导及社会各界人士在云居山革命烈士陵园参加纪念活动

（区公安分局 供稿）

第四章　社会救济

1978年后，上城区基本上实行“生产自救，群众互助，辅以政府必要的救济”的计划经济时代救灾救济体制，救济资金的渠道狭窄，救助水平较低，救助程序烦琐，救助办法简单，直接影响到救济的时效和成果。

随着经济发展和人民生活水平提高，生产自救逐步消亡，原有自救生产组织经多次调整，生产设备、资金、人员和产品等具有一定规模的单位先后划归市、区工业部门管理，民政部门只能办一些安置残疾人员的社会保障性福利生产企业。

1996年，上城区建立最低生活保障制度，救济工作进入常态化、标准化时期。1997年，上城区建立救灾救济工作分组负责管理体制，以计算机处理灾情数据为基础，救灾到户为核心，合理划分灾害等级，分开实施救灾与救济工作。1998年7月，全区实现计算机报灾，自然灾害救济事业费得到全面落实。

进入21世纪后，上城区委、区政府和有关部门在落实杭州市灾害救助、最低生活保障制度、“五保”供养等社会救助制度的同时，针对各类困难群众生产生活中的实际困难，建立与经济社会发展水平相适应的新型社会救助体系，并逐步建立全社会齐抓共管、共同参与的大救助格局。区民政局、区教育局、区残联、区总工会等职能部门联合社会各界的救助资源，在落实杭州市最低生活保障制度及各类专项救助的基础上，开展“零贫困工程”“安居工程”“春风助学”“零自负工程”等个性化救助措施，对困难群众就业、生活、就学、医疗等方面进行全方位救助。

1996—2015年末，上城区连续16次提高最低生活保障线标准，累计发放低保金9079.27万元。海月桥、青年路、劳动路、北落马营、上羊市街、美政桥、老浙大、近江东园、茅廊巷9个社区先后获“全国综合减灾示范社区”称号。

第一节　灾害救助（防灾减灾）

1993年，上城区政府重视灾害救助工作，要求各部门、街道及居民区加强防灾宣传教育，做到防患于未然；每遇灾害则到现场了解居民受灾情况，组织力量指导抢险救灾工作，调拨救济款物，慰问受灾群众，帮助重建家园。

1996年，上城区根据杭州市的统一部署，开展以募集衣被为主要内容的“扶贫济困送温暖”捐赠活动，共募捐衣被10余万件，由杭州市统一集中装运车皮送往四川省南充市。

1997年8月中旬，受11号台风袭击，恰逢钱塘江涨潮，南星街道部分道路和居民住宅被潮水淹没，居民生活受到严重影响。区政府领导带领有关部门负责人前往江塘和受灾严重地区，组织力量加固江塘危险地段，挨家挨户搜寻并动员居民撤离，安排食宿，降低灾害对居民日常生活的影响。区民政局组织救灾物资和食品，慰问受灾居民；区财政局拨专款20万元救助受灾居民；各街道组织动员居民开展互助共济灾后重建工作。

1998年8—9月，长江中下游和东北松嫩流域发生特大洪灾，上城区开展以“扶贫济困、支援灾区”为主题的赈灾募捐活动，共募得捐款187.5万元，募集衣被8112包，计55.9万件，其中新服装价值58万元。另有杭州娃哈哈集团公司捐款物478万元，近江村捐款物51万元，玉皇村捐款20万元，新三毛饭店捐款10万元，送往灾区或中国慈善总会。11月，开展为开化县灾区募捐活动，全区共募得家电、家具、日用品、衣服等物品25647件（个），均送往灾区。

2000年，根据市政府统一部署，上城区继续开展定向送衣被活动。至10月末，全区共募集衣被2368包，计16.9万件，现金6669元，集中送往四川凉山贫困地区。

2005年，上城区印发《上城区重特大自然灾害救助应急预案》，成立上城区自然灾害救助应急综合协调机构（即上城区减灾委员会）负责组织、领导和协调全区自然灾害的应急救助工作。全年在海月桥、小营巷、东平巷、定安路等社区开展防灾减灾知识宣传教育与讲座，发放宣传资料。

2008年1月，上城区开展抗雪防冻应急救助工作，通过走访慰问，对902位困难群众和空巢、独居、高龄老人实施救助，发放应急救助款27.31万元。

2009年9月，紫阳街道北落马营社区、候潮门社区组织居民群众在金都华府小区进行人员防护演练，探索中高层住宅突发火警应急救援与防护的演练推进模式。是年，南星街道海月桥社区获“全国综合减灾示范社区”称号。

图32-4-15　2008年冰雪灾害期间，上城区公安干警在城站火车站帮助滞留人员　（区公安分局 供稿）

2010年，湖滨街道于“5·12”汶川特大地震两周年纪念日，在岳王路社区平海公寓小区举行“抗震救灾，节能减排”科普宣传活动，通过地震应急救援讲解和展示，提高居民群众的抗震防灾意识。2011年，为加强社区公共消防设施建设，提高无物业管理小区抗御火灾能力，清波街道筹集专项资金3万元，用于配补社区、住宅楼公共消防设施器材。楼道配发消防器材310只，张贴悬挂宣传画、消防安全警示牌2600余套，给670余个无物业管理的楼道全部装上灭火器。紫阳街道开展老旧小区防汛抗台工作，通过大项目带动，改善太庙、木场巷地区面貌，减少低洼积水点；组织社区居民参与中河防汛抗台演练，提高居民群众防灾自救和应急抢险能力，梅雨季节共出动人员227人次，对大马厂巷51号地质灾害点进行救援，紧急疏散居民9户、28人。

2012年，贯彻国务院颁布的《自然灾害救助条例》，全区开展综合减灾示范社区创建活动。各社区纷纷建立防灾减灾宣传队、救灾应急服务队、灾情排查信息队、灾后心理辅导队等由社区居民自发组织的各类志愿服务队，开展综合减灾预防与应对避险知识宣传，通过情景逼真的防灾减灾演练，让居民了解并熟悉各种灾害来临时的自救互救知识，加强灾情防范和排查能力建设，设立社区自然灾害应急避险场所和路径，必要时可采取应急措施疏导居民应急避险，社区始终处于良好的自然灾害防范应对状态。继年初青年路社区、劳动路社区、北落马营社区和上羊市街社区被国家减灾委员会和民政部命名为全国综合减灾示范社区后，10月，茅廊巷、老浙大、近江东园3个社区被浙江省减灾委员会和省民政厅授予"第二批浙江省综合减灾示范社区"称号；12月，美政桥社区被国家减灾委员会和民政部授予"全国综合减灾示范社区"称号。

2013年，针对老旧居民住宅小区木结构房屋多、外来务工者多、年老体弱人员多等特点，通过排查发现普遍存在墙门破落、房屋破旧、楼梯陈旧、电线老化、屋顶漏水、火灾隐患突出等问题，一旦遇到台风暴雨，难免造成房屋坍塌伤及人员等损失。上城区筹措资金，通过修缮改造，改善居民的居住条件，消除火灾、水灾等自然灾害带来的隐患，紫阳街道"二十三坊"、小营街道的五柳巷等小区环境得到改善。12月，上城区依照《杭州市人民政府办公厅关于印发杭州市自然灾害救助应急预案的通知》等有关文件规定，修订《上城区自然灾害救助应急预案》，明确在上城区区域内所发生自然灾害的类型、救助工作原则、组织机构及相关职责，规定应对自然灾害的应急资金、物资、通信信息、救灾装备、人力资源和社会动员的准备，灾后救助与恢复重建等工作要点，规范应急救助行为，提高应急救助能力。是年，老浙大社区被国家减灾委员会、民政部命名为全国综合减灾示范社区；在水一方社区被浙江省减灾委员会命名为"第三批浙江省综合减灾示范社区"。

2014年，以"5·12"全国防灾减灾日为契机，上城区在企事业单位、学校和社区普遍开展防灾减灾宣传教育，加强对综合减灾专业队伍和志愿者队伍的整组与训练。组织全区30所中小学的2.3万名师生进行防灾减灾疏散演练，提高学校师生组织协调应急处置能力和防灾减灾意识。同时，贯彻浙江省民政厅《关于统一设置城乡避灾安置场所标志的通知》，在全区设立59个

图32-4-16　2014年5月15日，上城区在近江东园社区开展地震应急演练　（区科学技术局 供稿）

避灾安置场所的基础上，设置避灾安置场所标志，以方便受灾群众正确识别引导，提高避灾转移安置效率，提升应急避灾公共服务水平。是年，按照《全国综合减灾示范社区标准》，组织全区54个社区参加综合减灾示范社区创建工作，举办防灾减灾知识宣传活动，对全区灾害信息员进行培训，通过实地操作与演练，提高防灾救灾专业素养。近江东园社区被国家减灾委员会、民政部命名为“全国综合减灾示范社区”。

2015年，上城区在社区建立综合防灾减灾领导小组，根据各社区所处的地理位置与环境特点，制定《社区突发公共事件总体应急预案》《安全生产工作预案》《应对社会突发公共事件处置预案》《防台防汛工作预案》《防震减灾工作预案》《消防工作预案》《突发公共卫生事件应急预案》等，做到有章可循；并吸收辖区单位资源参与社区防灾减灾工作，定期召开会议，协调研究探讨社区在消防、安全生产、灾害性天气等因素可能造成的灾害与损失，做到防患于未然，提高防灾减灾组织能力。是年，茅廊巷社区被国家减灾委员会、民政部命名为全国综合减灾示范社区。至2015年末，全区共建有区级避灾安置中心1个，街道级避灾安置中心6个，社区级避灾安置点52个。

表32-4-13　2015年上城区避灾安置场所情况表

单位：平方米、人

级别	场所名称	场所地址	场所面积	容纳人数	所处街道
区级	上城区避灾安置中心	清泰街严衙弄7幢	3000	200	小营街道
街道级	湖滨街道避灾安置中心	开元路见仁里17号	325	100	湖滨街道
社区级	东坡路社区避灾安置点	孝女路4号	500	50	湖滨街道
	东坡路社区避灾安置点	东坡路94-乙号	200	50	湖滨街道
	东平巷社区避灾安置点	开元路羊血弄10号	250	50	湖滨街道
	吴山路社区避灾安置点	中山中路仁和路37号	125	50	湖滨街道
	吴山路社区避灾安置点	惠兴路11号	700	50	湖滨街道
	涌金门社区避灾安置点	浣纱路染坊弄1号	195	50	湖滨街道
街道级	南星街道避灾安置中心	复兴路十亩田家园19幢2楼	350	100	南星街道
社区级	馒头山社区避灾安置点	凤凰山脚路166号	365	50	南星街道
	海月桥社区避灾安置点	复兴南街333号	150	50	南星街道
	美政桥社区避灾安置点	复兴南街美政花苑18幢边2楼	200	50	南星街道
	复兴街社区避灾安置点	南街复兴南苑11～13幢	350	50	南星街道
	白塔岭社区避灾安置点	复兴路兰巷6号	120	50	南星街道
	紫花埠社区避灾安置点	紫花路紫花苑2幢底层	129	50	南星街道
	水澄桥社区避灾安置点	民安苑14幢底层	155	50	南星街道
	玉皇山社区避灾安置点	南白路八卦新村3-1号	150	50	南星街道
街道级	望江街道避灾安置中心	栖园弄1号	1000	100	望江街道
社区级	大通桥社区避灾安置点	映霞街93号对面（杭州服装职高）	1500	50	望江街道
	始版桥社区避灾安置点	始版桥东村12号	450	50	望江街道
	兴隆、莫邪塘社区避灾安置点	兴隆西村20号	665	50	望江街道

续表 32-4-13

级别	场所名称	场所地址	场所面积	容纳人数	所处街道
社区级	近江东园社区避灾安置点	珊园弄19号	1500	50	望江街道
	耀华社区避灾安置点	钱江路580号	800	50	望江街道
	在水一方社区避灾安置点	之江路958号	3271	50	望江街道
	婺江社区避灾安置点	望江东园38幢前车库（沙地路）	2000	50	望江街道
街道级	清波街道避灾安置中心	吴山广场	3000	100	清波街道
社区级	定安路社区避灾安置点	火药局弄39号	700	50	清波街道
	劳动路社区避灾安置点	劳动路95号	2300	50	清波街道
	劳动路社区避灾安置点	延安路19号	2000	50	清波街道
	劳动路社区避灾安置点	南山路218号	3000	50	清波街道
	清河坊社区避灾安置点	后市街16号	700	50	清波街道
	清河坊社区避灾安置点	惠民路5号	850	50	清波街道
	清波门社区避灾安置点	四宜路180号	550	50	清波街道
街道级	小营街道避灾安置中心（姚园寺巷社区避灾安置点）	灰团巷11号	500	100	小营街道
社区级	梅花碑社区避灾安置点	佑圣观路161号	1400	50	小营街道
	梅花碑社区避灾安置点	福利新村1幢边	70	50	小营街道
	长明寺巷社区避灾安置点	建国中路36号	400	50	小营街道
	老浙大社区避灾安置点	老浙大社区翰林花园14幢对面	2500	50	小营街道
	马市街社区避灾安置点	皮市巷158号	1000	50	小营街道
	紫金社区避灾安置点	皮市巷99号	2000	50	小营街道
	紫金社区避灾安置点	紫金观巷28号	3000	50	小营街道
	金钱巷社区避灾安置点	南班巷15幢底	250	50	小营街道
	大学路社区避灾安置点	解放路26号	600	75	小营街道
	西牌楼社区避灾安置点	建国南苑8幢2单元底	212.8	50	小营街道
	葵巷社区避灾安置点	大学路71号	450	50	小营街道
	葵巷社区避灾安置点	解放路50号	2100	50	小营街道
	茅廊巷社区避灾安置点	丰家兜23-4号	500	75	小营街道
街道级	紫阳街道避灾安置中心	太庙巷7号紫阳小学	350	100	紫阳街道
社区级	十五奎巷社区避灾安置点	十五奎巷38幢8号社区会议室	350	50	紫阳街道
	十五奎巷社区避灾安置点	四牌楼38号十五奎巷防空洞	350	50	紫阳街道
	北落马营社区避灾安置点	候潮路8号金都天长小学	400	50	紫阳街道
	凤凰社区避灾安置点	凤凰北苑8幢娃哈哈幼儿园	200	50	紫阳街道
	凤凰社区避灾安置点	凤凰北苑9幢杭师大附小钱江校区	140	50	紫阳街道
	春江社区避灾安置点	姚江路3号杭州市杨绫子学校	3000	50	紫阳街道
	太庙社区避灾安置点	大马弄25-20号	150	50	紫阳街道
	新工社区避灾安置点	南瓦坊12号杭师大附小钱江西校	140	50	紫阳街道
	彩霞岭社区避灾安置点	彩霞岭5号彩霞岭社区会议室	120	50	紫阳街道
	候潮门社区避灾安置点	南星公寓13幢边社区日间照料中心	200	50	紫阳街道
	上羊市街社区避灾安置点	金狮苑20号抚宁巷小学	400	50	紫阳街道

说明：资料来源于杭州市上城区民政局

第二节　救济

1993年，上城区以定期发放救济金的方式保障孤寡老人的日常生活。1995年，杭州市开始实施最低生活保障制度，上城区根据杭州市统一部署，每月对困难对象进行救济。此后不断扩大救济的范围、提高最低生活保障标准。1996—2015年末，上城区连续16次提高低保线标准，累计发放低保金9079.27万元。

一、资金救济

1993年，上城区定期社会救济的主要对象是“三无”老人，即指无依无靠、无劳动能力、无生活来源的孤寡老人，是需由政府财政保障照顾的特殊人群，主要以每月定期发给救济金的方式，为他们提供必需的日常生活来源保障。是年，有定期社会救济的“三无”老人8人，每人每月发给救济金96元。定期定量救济64人，发放救济金5.19万元；临时救济492人次，发放救济款1.99万元。

1995年，上城区社会救济的主要对象包括“三无”孤寡老人、城镇困难户以及各类特殊补助对象。为解决社会救济对象因物价上涨而产生的生活困难，于8月调整救济标准。定期定量救济51人，发放救济金7.29万元；临时救济496人次，发放救济款2.45万元。

表32-4-14　1995年上城区社会救济对象救济标准情况表

单位：元/人·月

类别		原标准	新标准	说明
社会福利事业单位各类人员生活标准	市社会福利院收养老人	129	145	其中，伙食费105元，医疗费20元
	市儿童福利院收养儿童	134	150	
	市遣送站（劳审所）盲流人员	2.4（元/天）	2.7（元/天）	
各类社会救济对象补助标准	城区“三无”孤老	96	115	—
	国民党特赦人员（县团以上）	96	115	
	国民党特赦人员（县团以下）	91	110	
	国民党起义投诚人员	101	120	
	享受定期补助的城迁孤老	91	105	
	享受定期补助的小车队人员	91	105	
	在院非在职麻风病人	91	105	
精简职工补助标准	享受40%救济的老职工	城镇户口不低于150元 农村户口不低于130元		
	不享受40%救济的老职工，但年老体弱无依靠无生活来源的	城镇户口不低于120元 农村户口不低于100元		

说明：资料来源于杭州市上城区民政局

1998年4月，上城区根据杭州市要求调整社会救济对象救济标准，并明确此后区内贫困人员的救济纳入最低生活保障制度。

表 32-4-15　1998 年上城区社会救济对象救济标准情况表

单位：元/人·月

类	别	新标准	说明
社会福利事业单位各类人员生活标准	市社会福利院收养老人 市儿童福利院收养儿童 市遣送站（劳审所）盲流人员 市安康医院精神病人	185 185 3.5（元/天） 200	其中: 伙食费135元，医疗费25元
各类社会救济对象补助标准	城区“三无”孤老 国民党特赦人员 国民党起义投诚人员 享受定期补助的城迁孤老 享受定期补助的小车队人员	165 165 165 165 150	—
精减职工补助标准	享受40%救济的精减老职工	200 180	城镇户口 农村户口
	不具备享受40%救济的老职工，但年老体弱无依靠无生活来源的	165 150	城镇户口 农村户口

说明：资料来源于杭州市上城区民政局

二、最低生活保障制度

1995年，杭州市开始实施最低生活保障工作，对月平均收入在150元以下的人员给予最低生活保障。1996年9月，市政府印发《关于实行杭州市区居民最低生活保障制度的通知》，规定救济补助对象是具有杭州市市区常住居民户口，家庭月收入低于最低生活保障线标准者。有正常劳动能力的无业人员，企业、事业单位下岗人员不服从工作安排的不作为保障对象。同时，符合最低生活保障线标准的家庭，有在职人员的，由该人员所在企业、事业单位负责救济补助；无在职人员的，由各级民政部门负责救济补助。最低生活保障线的救济补助金，由企业、事业单位或民政部门分别支付。企业、事业单位支付确有困难的，由该单位上级主管部门帮助解决。民政部门支付资金由市、区财政按原负责范围拨款解决。10月，根据杭州市统一部署，上城区对人均月生活费不足150元的特困对象实行救济。

1998年10月，上城区根据市政府下发的《关于进一步完善市区居民最低生活保障制度的通知》，规定居民最低生活保障民政救济范围扩大到市区范围内下岗职工和离（退）休人员；对在职人员生活保障救助，仍按原办法执行。

2000年12月，市政府印发《杭州市市区居民最低生活保障实施办法》，将最低生活保障范围扩大到全体城镇居民。对保障对象家庭，增加其租住公有住房的新增租金给予全额减免，其生活垃圾等处置不实行有偿服务等优惠措施。上城区各居委会、街道办事处和区民政局对享受最低生活保障的人员严格把关、审批，发放落实到人。

2001年，区民政局根据省政府《转发省劳动厅、民政厅、财务厅关于提高浙江省社会保障等待遇水平意见的通知》和市劳动局、市民政局、市财政局《关于调整杭州市区

"三条社会保障线"标准的通知》精神，先后两次提高城镇居民最低生活保障标准。2003年1月，上城区根据《杭州市城乡居民最低生活保障实施办法》，规定凡杭州市行政区域内持常住户籍的城乡居民家庭，其共同生活的家庭成员人均月收入低于其户籍所在区或县（市）的最低生活保障标准的，均可向当地政府申请享受最低生活保障待遇。

2004年，上城区根据《杭州市区依法管理"四小车"工作方案》，对"四小车"[①]进行整治，且将杭州市区常住非农业户籍的残疾车车主，其家庭符合最低生活保障或困难家庭条件的，纳入最低生活保障或困难家庭。2008年，区民政局针对最低工资标准提高和低收入居民基本生活费用价格指数上涨较快对困难群众生活影响较大的情况，调整最低生活保障标准。

① 正三轮摩托车、燃油助动车、营业人力三轮车、置换有动力装置的有证残疾人专用车。

2009年6月，上城区根据市民政局、市财政局、市残疾人联合会联合颁布的《杭州市残疾人基本生活保障工程实施办法》，规定精神残疾或智力残疾、本人收入低于当地城镇或农村低保标准的成年残疾人；残疾等级为二级（含二级）以上、本人收入低于当地城镇或农村低保标准的成年重度残疾人；残疾等级为二级（含二级）以上、家庭人均收入在当地城镇或农村低保标准200%以下的重度残疾人；按低保标准全额享受残疾人基本生活保障金。城镇居民家庭中残疾等级为三级（含三级）以下、本人收入低于当地城镇低保标准、在法定劳动年龄内尚未就业的成年残疾人，按本人收入低于低保标准的差额享受残疾人基本生活保障金，并且享受低保家庭所享受的医疗救助等社会救助政策待遇。

2015年9月，市民政局、市人力社保局、市财政局联合印发《关于进一步做好社会救助工作的通知》，规定自2015年10月17日起，城乡最低生活保障实行动态管理，享受期限为1年；申请社会救助家庭人均货币财产应低于当地同期4年最低生活保障标准之和；凡城镇居民中持有就业援助证的人员，在享受最低生活保障待遇期间就业并如实申报劳动收入的，自就业之月起的24个月内，其劳动收入中在当地最低工资标准以下的部分不计入家庭收入；有生活不能自理的重特大疾病患者（含残疾人员）、失能精神（智力）残疾人员的家庭，在劳动年龄段内、有劳动能力实际未就业的照护人员1人，不按最低工资标准计算收入；非共同生活的子女系低保或市级、区级、乡镇（街道）级困难家庭，可不计算其赡养能力，主要承担精神赡养；被赡养（抚养、扶养）人不与赡养（抚养、扶养）人共同生活的，其赡养（抚养、扶养）费收入按赡养（抚养、扶养）协议或有关法律文书所规定的数额计算；无协议或法律文书规定的按如下推算，"支付能力=家庭收入-家庭人员×当地最低工资标准"；"支付水平=支付能力÷需赡养（抚养、扶养）的人数"。新的政策条款标志着低保政策的进一步放宽。

1996—2015年末，上城区连续16次提高低保线标准，累计发放低保金9079.27万元。

表32-4-16　1996—2015年上城区最低生活保障线情况表

单位：元/人·月

序号	调整日期	标准		
		1人户	2人户	3人以上户
1	1996-10-01	150	150	150
2	1997-10-01	165	165	165
3	1999-07-01	215	215	215
4	2000-02-01	220	220	220
5	2001-07-01	260	260	260
6	2001-08-01	263	263	263
7	2002-04-01	300	285	270
8	2004-09-01	320	300	280
9	2007-01-01	340	320	300
10	2008-01-01	355	355	355
11	2009-01-01	400	400	400
12	2010-07-01	440	440	440
13	2011-06-01	525	525	525
14	2013-07-01	588	588	588
15	2014-12-01	660	660	660
16	2015-11-01	744	744	744

说明：资料来源于杭州市上城区民政局

表32-4-17　1996—2015年上城区最低生活保障家庭救助情况表

年份	低保户数（户）	救济人数（人）	年发放低保金（万元）
1996	80	—	1.20
1997	160	—	25.40
1998	182	184	26.80
1999	186	213	42.80
2000	243	278	60.70
2001	349	445	96.30
2002	657	1204	210.50
2003	1148	2320	386.50
2004	1334	2588	591.64
2005	1262	2327	639.05
2006	1230	2137	639.14
2007	1201	1783	672.86

续表 32-4-17

年份	低保户数（户）	救济人数（人）	年发放低保金（万元）
2008	1410	1979	779.06
2009	1356	1916	875.10
2010	909	1402	657.93
2011	932	1382	714.12
2012	794	1159	669.92
2013	746	1066	637.86
2014	660	935	623.80
2015	1020	1286	728.39

说明：资料来源于杭州市上城区民政局

第三节　救助[1]

2002年，上城区探索区、街道、社区三级救助网络作用的发挥，整合各方资源，在全市率先以“春风行动”为载体，建立“生活救助、医疗救助、教育救助、就业援助、社会互助”五位一体的区级长效帮扶机制。2003年，区委、区政府成立困难帮扶和再就业工作领导小组，建立帮扶和就业联动的社会救助机制。为每一个社区配备帮扶救助员，建立基层专职社会救助工作队伍。

2004年，上城区整合政府、部门和社会资源，建立捐赠物资调控中心，在各街道建立“爱心银行”“慈善家园”等帮扶平台和慈善超市，在社区设立经常性社会捐助接收点，按照政策规定进行管理与发放，困难群众受到慈善救助。

2005年2月，区慈善总会、区民政局联合印发《2005年度上城区帮扶救助办法》，健全区级长效帮扶机制，加大对困难群众的救助力度、扩大救助范围、增加救助内容；尤其加大临时救助力度，对突发性事件、日常生活中遇到的困难进行及时救助。

2012年12月，上城区发布《杭州市上城区慈善救助实施办法》，同时废止《2005年度上城区帮扶救助办法》，救助范围和对象包括上城区户籍居民，区总工会所属会员单位工会会员，区属政府部门各机关（事业）单位、社区和市级延伸机构在职或未纳入社会化管理的退休职工，以及持有上城区民政局核发的有效期内杭州市困难家庭救助证（低保）、杭州市残疾人基本生活保障证、杭州市困难家庭救助证、杭州市区级困难家庭救助证的对象。救助方式包括“持证困难学生营养午餐补助”“区困家庭‘春风行

① 有关全民所有制单位和机关事业单位人员帮扶救助情况参见第三十一篇人力资源和社会保障第五章工资与福利第一节机关事业单位人员工资福利。

动’慰问”“区困家庭教育救助”“医疗救助”和“临时救助”等。

2014年6月，上城区成立由区长担任组长、各街道和相关部门主要负责人组成的“救急难”试点工作领导小组。区政府发布《上城区关于开展“救急难”工作试点的实施方案》，提出将最低生活保障、困难家庭救助、孤儿福利保障、医疗、教育、就业、住房困难等16个方面纳入急难救助体系。2015年，实施“救急难”社会救助体系。按照“先救急，再解难”的工作思路，根据急难情形的紧急程度予以分阶段救助。先行提供应急救助，待紧急状况解除后，和其他社会救助政策相衔接进行常规救助。12月，建立社会救助联席会议制度，办公室设在区民政局。至年末，上城区形成政府领导、民政牵头、部门配合、社会参与的社会救助工作机制。

一、结对帮扶

2003年3月，区委、区政府制定《关于深入开展“春风行动”进一步健全帮扶困难群众长效工作机制的意见》，动员区属各机关、企事业单位、社会团体和辖区各单位与帮扶对象开展各种形式结对活动；建立区四套班子领导、部门领导与帮扶对象结对帮困制度。12月，明确结对帮扶工作统一由各单位出面组织，不再以领导干部个人的名义进行。2004年，全区各部门及街道共有46家单位领导班子结对65户困难户。

2007年12月，开展“千名党员干部结对帮扶千户困难家庭”活动。在上城区“春风行动”活动领导小组下增设“千名党员干部结对帮扶千户困难家庭”活动办公室，办公室设在区直机关党工委，成员单位由区纪委、区委组织部、区直机关工委、区民政局、区人事局、区劳动保障局、区财政局、区总工会、区妇联、区残联、街道等单位组成。建立党员干部与困难家庭双向联系卡制度，每位结对党员干部按要求如实填写联系卡。联系卡每年一换，结对帮扶为4年一轮。参加结对帮扶活动的党员干部要在每年元旦、春节期间和高温季节上门慰问结对困难家庭，原则上每年不少于2次，每年至少要为帮扶对象办一件实事，帮助和解决困难群众生活问题、困难家庭成员工作、子女就学、看病就医等困难。

2008年末，上城区开展“1+X”社会结对帮扶活动，动员全区机关党员干部和企事业单位利用各自资源优势，与困难家庭结成对子，从就业、教育、医疗等方面给予有针对性的帮扶，构建困难群众长效帮扶机制。

2012年，市级机关257名党员干部在上城区结对困难群众257户，上城区机关708名科及科级以上党员干部结对困难群众708户，共计结对965户，占全区低保户（含残保户）、困难户（包括市区两级困难户）户数的52.7%。2013年，市级机关党员干部与困难户结对257户，区级机关党员领导干部与困难户结对696户，共结对953户。2014年，市级机关党员干部与困难户结对204户，区级机关党员领导干部与困难户结对502户，共结对706户。2015年，市级机关党员干部在上城区结对困难群众204户，区级机关党员领导干部与困难户结对643户，共结对847户。

二、零贫困工程

2007年，上城区建立“零贫困工程”兜底救助制度，并专门成立由区民政局牵头、区劳动保障局、区教育局、区残联和各街道等组成的“零贫困家庭”工程推进领导小组，实施困难群体的个性化救助工作。4月，为弥补普惠制救助政策的遗漏和不足，缓解困难群众“就医难”“就业难”“就学难”问题，上城区制定《关于“零贫困家庭”工程的实施意见》，对因疾病、教育、失业等原因造成实际生活水平低于低保标准的贫困家庭实施个性化、兜底救助，由民政部门负责具体实施。至2015年末，全区共救助困难家庭571户，发放救助金320.76万元，缓解各类困难家庭的实际困难，被市委、市政府授予“春风行动”爱心奖。

表32-4-18　2007—2015年上城区“零贫困工程”救助情况表

年份	救助户次（户）	救助人次（人）	救助金额（万元）
2007	256	358	69.52
2008	195	326	105.77
2009	58	87	44.33
2010	17	28	46.31
2011	25	41	39.49
2012	15	26	11.38
2013	3	7	1.10
2014	1	2	0.91
2015	1	3	1.95
合计	571	878	320.76

说明：资料来源于杭州市上城区民政局

三、安居工程

2008年8月，上城区政府印发《关于实施困难群体“安居”工程的意见》，启动以改善困难家庭家居条件为主的提高生活品质工程。文件规定对自住房基本功能不完善、无基础装修的，给予每平方米（建筑面积）最高200元的修缮和基础装修补助；对家庭缺乏餐用桌椅、床、衣柜、基本炊具、彩电等基本生活必需用品的，按“缺什么补什么”原则，给予不高于5000元的购置基本生活必需用品补助，其中，低保家庭最高5000元，困难家庭最高4000元，扩面家庭最高3000元；给予需缴纳物业管理费50%的补贴。该项工程由民政部门负责具体实施。2012年7月，为完善困难群体“安居工程”，规范运作机制，完善救助内容，上城区印发《上城区进一步深化困难群体“安居工程”实施办法》，救助范围调整为“修缮、基础装修”和“添置基本生活必需用品”2项，将电冰箱纳入生活必需品范围，按“缺什么补什么”原则，对困难家庭不再区分困难类型，以不超过5000元的标准予以相应补助。至2015年末，全区共救助795户困难家庭，救助金额达703.93万元。

表 32-4-19　2008—2015 年上城区“安居工程”救助情况表

单位：万元

年份	救助户次	救助人次	救助金额
2008	344	650	383.06
2009	124	244	139.00
2010	16	33	11.49
2011	51	83	27.90
2012	115	162	56.13
2013	31	51	24.59
2014	77	101	42.12
2015	37	49	19.64
合计	795	1373	703.93

说明：资料来源于杭州市上城区民政局

四、教育救助

2004年起，区级持证困难家庭中的在校生纳入救助范围，向就读幼儿园、高中和全日制高校的区困难家庭学生提供救助，由民政部门负责具体实施。2012年，区民政局和区总工会联合印发《上城区“春风行动”助学援助工作实施办法》，针对持证家庭以外因就学造成生活困难的家庭予以救助，救助标准定为市级同类救助的60%（2012—2015年，市级春风助学标准为每学年6000元，区级为3600元），具体审批和管理工作由区总工会负责，资金发放由民政部门负责。2012—2015年，上城区春风助学行动累计援助困难学生63名，支出助学资金22.68万元。至2015年末，累计对困难家庭教育救助761人次，支出资金81.36万元。

表 32-4-20　2004—2015 年上城区困难家庭教育救助情况表

单位：元

标准 年份	幼儿园	小学	初中	高中	大学
2004	—	—	—	1000	1500
2005	200	250	350	1000	1500
2006—2010	—	—	—	1000	1500
2011	—	—	—	1300	2000
2012—2015	800	—	—	1300	2000

说明：资料来源于杭州市上城区民政局

表 32-4-21　2012—2015 年上城区“春风行动”助学援助情况表

单位：万元

年份	救助户次	救助人次	救助金额
2012	18	18	6.48
2013	15	15	5.40
2014	21	21	7.56
2015	9	9	3.24
合计	63	63	22.68

说明：资料来源于杭州市上城区民政局

五、医疗救助

2011 年 12 月，为基本解决辖区内困难群体“看病贵”的问题，保障基本医疗服务水平，上城区印发《上城区困难群体基本医疗服务“零自负”工作方案》，规定自 2012 年 1 月起，凡市、区持证救助对象在上城区范围内的社区卫生服务机构就诊，其应由个人承担的包括门诊检查、检验和国家基本药物目录中所列的药品等自负部分费用，在付费结算时就直接予以全免。该方案由卫生部门负责具体实施，残联、民政部门分别负责残疾人、非残疾人对象资金结算。

2013 年开始，上城区在落实市级有关医疗救助政策的基础上，实施慈善医疗救助政策（《杭州市上城区慈善救助办法》中明确救助对象及标准），对家庭人均收入低于杭州市人均可支配收入的家庭（其中 1 人户可放宽至本市人均收入 130%），根据收入层次和人均自负自理医疗费支出情况按以下标准核定救助额，最高救助额为 3 万元；持证困难家庭，家庭人均承担的自负、自理部分医疗费为 1 人户 1500 元、2 人以上户 1000 元以上部分，给予全额救助。人均收入低于低保标准 2.5 倍家庭，人均自负自理医疗费为 1 人户 3000 元、2 人以上户 2000 元以上部分，给予全额救助。人均收入在低保标准 2.5 倍至市人均收入 60% 的家庭，人均自负自理医疗费为 1 人户 4000 元、2 人以上户 3000 元以上部分，给予 80% 救助。人均收入在市人均收入 60%～100% 的家庭（其中 1 人户可放宽至市人均收入 130%），人均自负自理医疗费为 1 人户 15000 元、2 人以上户 10000 元以上部分，给予 60% 救助。慈善医疗救助由民政部门负责具体实施。至 2015 年末，上城区慈善医疗救助 207 户 329 人、救助金额达 101.11 万元。“零自负”工程救助 21941 人次，救助金额 26.64 万元。

表 32-4-22　2013—2015 年上城区“零自负”工程救助情况表

年份	救助人次（人）	救助金额（万元）
2013	5802	6.82
2014	6085	7.07
2015	10054	12.75
合计	21941	26.64

说明：资料来源于杭州市上城区民政局

表 32-4-23　2013—2015 年上城区慈善医疗救助情况表

年份	救助户次（户）	救助人次（人）	救助金额（万元）
2013	26	45	10.00
2014	85	139	41.52
2015	96	145	49.59
合计	207	329	101.11

说明：资料来源于杭州市上城区民政局

六、参保补贴救助

2008 年 11 月，为加大对困难家庭的帮扶救助力度，扩大再就业政策的覆盖面和扶持保障力度，上城区印发《上城区困难家庭失业人员参加个体社会养老保险补贴办法》，对上城区困难家庭失业人员参加个体社会保险给予补贴，由区人力社保部门负责具体实施。凡上城区户籍、持有有效期内杭州市困难家庭救助证、杭州市上城区慈善总会救助卡、参加基本养老保险累计未满 15 年（含视作缴费年限）或参加基本医疗保险未满 20 年的失业人员，根据困难救助证的类别及参保年限的不同，其个人缴纳的社会保险分别可得到 25% ~ 80% 的补贴。

2012 年 8 月，上城区政府印发《关于进一步完善上城区困难家庭失业人员社保补贴办法的通知》，对补贴标准予以调整。其中持有效期内上城区困难家庭救助证（原上城区慈善总会救助卡）的，每月按补贴标准计算基数 50% 比例给予补贴；持有效期内杭州市困难（低保）家庭救助证、杭州市困难家庭救助证的，参加基本养老保险在 10 年以下的按 60% 比例予以补贴，10 年以上未满 15 年的，按 80% 比例予以补贴。

是年，区人力资源和社会保障局、区民政局和区残疾人联合会联合印发《关于给予持证困难人员一次性补缴基本养老保险和职工基本医疗保险补助的通知》，对一次性补缴养老、医疗保险享受退休政策做出规定，对低保、残保、市困退休年龄段以上家庭成员补缴的参保费，在省、市补贴的基础上，上城区再给予自付部分的 50% 补贴，其中残疾人对象由残联部门操作，其余对象由民政部门操作。至 2015 年末，全区共补贴困难失业人员 1306 人次，补贴金额 2340.18 万元。共补贴持证困难人员 242 人，共支出 452.16 万元。

表 32-4-24　2011—2015 年上城区困难失业人员参保补贴救助情况表

年份	救助人次（人）	救助金额（万元）
2011	149	249.89
2012	209	544.92
2013	349	556.68
2014	324	526.62
2015	275	462.07
合计	1306	2340.18

说明：资料来源于杭州市上城区民政局

表 32-4-25　2012—2015 年上城区困难对象参保补贴救助情况表

年份	救助户次（户）	救助人次（人）	救助金额（万元）
2012	141	141	286.67
2013	29	29	59.71
2014	24	38	51.63
2015	23	34	54.15
合计	217	242	452.16

说明：资料来源于杭州市上城区民政局

七、矫正人员救助

2012 年 10 月，针对部分生活困难的刑期内或处理期内人员无法办理低保的现状，区民政局、区司法局和区财政局联合制定《上城区社区矫正救助金管理暂行办法》，通过政府拨款和慈善总会补助，建立专项资金，对生活困难、且不能通过其他社会方式救助的矫正人员及部分特殊困难的归正人员予以救助，由司法部门负责具体实施。至 2015 年末，全区共救助 82 人，累计 17.3 万元。其中，矫正人员救助 53 人，共计 13.65 万元；归正人员救助 29 人，3.65 万元。

八、临时救助

2005 年，为帮助辖区居民群众应对突发性生活困难，上城区把“突发性生活困难救助”写入《2005 年度上城区帮扶救助办法》，对因自然灾害、突发性事故造成身体伤残或财产严重损失，给家庭生活带来严重困难的上城区户籍居民及区属工会会员，视灾情给予 1000 ~ 5000 元的一次性生活困难救助。

2013 年，《杭州市慈善救助实施办法》印发，对临时救助政策进行修订。根据规定，上城区实行凡上城区户籍居民、区属工会会员和区属单位职工，申请前一年内，因突发性事件、重大疾病造成家庭严重困难或因其他特殊原因难以维持家庭基本生活，无其他救助途径的，可申请慈善临时救助。救助金额由原来的最高 5000 元提高到 50000 元。区级临时救助由民政部门负责具体实施。2011—2015 年，区级临时救助共救助 245 户、464 人，累计金额 106.65 万元。

表 32-4-26　2011—2015 年上城区临时救助情况表

年份	救助户次（户）	救助人次（人）	救助金额（万元）
2011	29	68	5.40
2012	87	171	27.35
2013	62	118	23.74
2014	41	62	20.27
2015	26	45	29.89

说明：资料来源于杭州市上城区民政局

第五章　社会福利和慈善事业

改革开放初期，上城区慈善事业发展较为缓慢，福利事业主要以社会救济为主。20世纪80年代开始，上城区福利事业向福利型、供养与康复相结合的方向发展。1984年6月，小营街道建成上城区第一所街道敬老院。1987年10月，上城区在杭州市首次正式发行社会福利有奖募捐券，随后上城区社会福利有奖募捐券发行工作逐步开展起来。1988年10月，区级养老机构——上城区益寿院正式建成对外开放。1997年，上城区全面推行电脑福利彩票，同时奖品统一为只发现金奖，便于中奖者领取。

进入21世纪，随着经济社会的发展和人们对社会福利事业需求的提升，上城区社会福利事业从供养温饱型、救济型和封闭型的单一模式向供养康复型、福利型和开放型的多样性模式转变。2002年11月，上城区慈善总会登记成立，通过开展“春风行动”等多种活动，募集慈善资金；并落实慈善援助工作，包括助学、助残、赈灾、助困、助医等慈善行动，为社会弱势群体排忧解难。2003年，上城区慈善总会实行“生活救助、医疗救助、教育救助、就业救助、社会互助”五位一体的慈善救助体系。2004年12月，上城区第一家公办民营的社会化养老机构——区唯康老人公寓建成营业，实行市场化运作，企业化管理模式。2005年，上城区提出居家养老“惠民工程”，建立区、街道、社区、中介服务机构的三级管理、四级运作的组织管理体系，形成以社区为依托、中介服务机构为实体、社会各界与志愿者参与的服务运行模式；以政府购买服务的方式，由专业为老服务机构为困难群众上门服务；并在全国率先成立“为老服务联盟”。2006年，上城区在杭州市率先推出网上定向捐助模式，运用社区网站等信息化手段，在辖区单位和社区居民中开展慈善物品定向募集，提高慈善物品捐助实效。2006—2008年，注重居家养老服务，重点开展“星光老年之家”、日托所、老年食堂和社区洗衣房建设，提升为老服务的整体素质。

2010年，上城区居家养老服务由特惠型向适度普惠型转变，推出居家养老全覆盖工程。2014年，上城区被确定为杭州市“智慧养老”信息化运行的试点城区，新建“智慧养老”信息服务平台，实现居家养老服务实时动态管理。至2015年末，全区有敬老院13家，床位763张，实现社区居家养老服务照料全覆盖，政府购买居家养老服务5.3万人次。

第一节　老年福利

1993年，上城区有8家敬老院。2005年，首次提出“居家养老服务”，为不同服务对象提供生活照料、疾病看护、精神慰藉等服务。并建立区、街道、社区、中介服务机构的三级管理、四级运作的组织管理体系和以社区为依托、中介服务机构为实体、社会各界与志愿者广泛参与的服务运行模式。2015年末，全区有养老机构13家，建筑面积13671平方米，床位763张，另有社区居家养老服务照料中心54家。

一、养老机构

1993年，上城区7个街道均建有以托老为主体的敬老院，为老人提供就餐娱乐、洗衣等服务。8家敬老院建筑面积共2640平方米，床位156张，收养社会救济老人21人，自费老人135人。年末，7个街道的敬老院均被市民政局评为杭州市文明敬老院，上城区益寿院被省民政厅评为省三级文明敬老院。1994年，上城区政府与香港知名人士陈娟英在小营巷合资兴办陈娟英第二敬老院，建筑面积600平方米，有床位32张。

1996年12月，江干区望江、南星、紫阳、闸口4个街道划归上城区后，上城区养老机构数增至12个。1998年，因涌金敬老院和城站益寿居拆迁，清波敬老院也因延安南路拆迁改造而临时借用省军区干休所用房至云居山过渡。1999年，上城区因街道区划调整，湖滨敬老院拆迁过渡，清波敬老院的配套设施得到完善。

2002年，南星敬老院搬至美政花苑18幢边3楼，室内空调、电视机等各类配套设施得到改善。2004年，湖滨敬老院投入运行，建筑面积780平方米，有床位59张；望江街道与近江街道合并后，将原敬老院调整至天福花园13幢，同时新建在水一方老人公寓，建筑面积650平方米，床位50张，由社区社会组织在水一方互助会投资运作，养老机构设施得到改善。12月，上城区第一家公办民营的社会化养老机构——上城区唯康老人公寓建成营业，建筑面积4100平方米，养老床位102张。该老年公寓由台资企业唯新食品有限公司投资运营，共投资300万元对老年公寓进行内部装修、设备添置，并实行市场化运作，企业化管理。

图32-5-17　2006年，上城区在水一方益寿院开张
（区民政局 供稿）

2005年，随着社区服务业日益完善，上城区养老服务设施不断改善，服务能力得到提升。上城区益

寿院转由在水一方互助会开展养老服务，实行公办民营的养老服务运行模式。2006—2008年，注重居家养老服务，重点抓好“星光老年之家”、日托所、老年食堂和社区洗衣房建设，在养老服务机构搞好服务设施建设，提升为老服务的整体素质。全区10家敬老院的总面积和床位数与之前基本持平。

2009年，唯新食品有限公司投资改建原杭州东南化工厂厂房，新建上城区唯康老人养生文化紫阳老年公寓，建筑面积1800平方米，床位100张。是年，南星街道复兴敬老院建成运行，建筑面积630平方米，床位60张。2010—2012年，上城区养老服务机构建设与区民政局、区卫生局、区司法局、区残联及中国电信公司上城分公司等单位合作，在养老理念与模式上进行探索，完善全区12家养老机构的设施，开展普惠性居家养老服务，实现养老服务社会化。

2013年，上城区按照“福利为本，服务为先”的理念，鼓励和引导信誉好、服务优的企业与中介机构入主养老机构，对部分养老机构进行“公办民管”改革，发挥其规模小、运转灵、服务专业的优势，促进养老机构提升服务水平，提高入住率。是年，通过招标形式，南星复兴敬老院、南星老人公寓、湖滨敬老院、小营陈娟英第二敬老院转交由在水一方互助会（杭州华爱老年事务发展中心）运作并开展养老服务，并分别更名为杭州上城区在水一方复兴敬老院、杭州上城区在水一方南星老人公寓、杭州上城区在水一方湖滨敬老院、杭州上城区在水一方陈娟英敬老院；清波敬老院交由唯新食品有限公司运作并开展养老服务，更名为杭州上城区唯康老人养生文化清波公寓；杭州唯康养生文化紫阳公寓更名为杭州长乐老年公寓。2014年，坐落于小营巷红色港湾的上城区红巷长青颐养园建成并开展养老服务，该老人院建筑面积2200平方米，有床位98张。至2015年末，全区共有13家养老机构，建筑面积13671平方米，床位763张。

表32-5-27　1993—2015年上城区养老机构情况表

年份	数量（家）	建筑面积（平方米）	床位数（张）
1993	8	2640	156
1994	9	3240	188
1995	9	3240	186
1996	9	3250	189
1997	12	3818	218
1998	12	3476	198
1999	10	3583	219
2000	10	3457	211
2001	8	3718	232
2002	8	5338	235
2003	8	5002	220
2004	10	8922	419
2005	10	9535	490
2006	10	9409	484

续表 32-5-27

年份	数量（个）	建筑面积（平方米）	床位数（张）
2007	10	9425	513
2008	10	9425	532
2009	11	11231	625
2010	11	11231	625
2011	12	11578	724
2012	12	11578	724
2013	13	13671	740
2014	13	13671	763
2015	13	13671	763

说明：资料来源于杭州市上城区民政局

表 32-5-28　2015 年上城区养老机构情况表

单位：张

序号	名　　称	坐　落　地　址	床位数	机构运营性质
1	城站敬老院	佑圣观路三益里新村 8～25 号	37	街道
2	南星敬老院	美政花苑 18 幢边 3 楼	45	街道
3	紫阳街道敬老院	保安桥直街 7 号	19	街道
4	上城区在水一方复兴敬老院	复兴南苑 8 幢	67	民非
5	上城区在水一方南星老人公寓	复兴东苑 14 幢 2 单元	24	民非
6	杭州在水一方老人公寓	近江小区天福花园 13 幢	50	民非
7	上城区在水一方湖滨敬老院	青年路尚农里 8 号	56	民非
8	上城区唯康老人养生文化公寓	近江南路 2 号	129	民非
9	杭州长乐老年公寓	候潮门社区直箭道巷 13 号	110	民非
10	上城区在水一方益寿院	大学路新村 8 幢	58	民非
11	上城区在水一方陈娟英敬老院	小营巷 61 号	40	民非
12	杭州上城唯康清波敬老院	云居山 3 号	30	民非
13	上城区红巷长青颐养园	小营公园 8 号	98	民非
合　计		763		

说明：资料来源于杭州市上城区民政局

上城区益寿院　1987 年 10 月，上城区益寿院成立，是区属公立敬老院，类别为从事其他公益服务事业单位（公益二类），地址大学路新村 8 幢，占地面积 2500 平方米，建筑面积 1330 平方米，5 层楼房，床位 50 张。2005 年 8 月，上城区益寿院经营方式改为公办民营。2015 年 7 月，核减上城区益寿院编制，核定事业编制由 5 人变为 2 人。主要为老年人提供收养服务，弘扬救助精神；开展在家无力照管老人且老人自愿有偿的收养工作等。

二、居家养老[1]

2005年，上城区提出以“养老在家里，我们来帮你”为主题的居家养老“惠民工程”，首次提出居家养老服务。该项服务将老人划分为困难、特殊、一般三个类型层次，分别提供生活照料、疾病看护、精神慰藉等各项无偿、低偿和优惠服务。上城区整合各方资源，建立区、街道、社区、中介服务机构的三级管理、四级运作的组织管理体系和以社区为依托、中介服务机构为实体、社会各界与志愿者参与的服务运行模式。6月，在全国率先成立“为老服务联盟”，动员辖区内企业和志愿服务队伍加入为老服务行列，为居家养老服务提供后台支撑，共有806家企业加盟，其中，服务加盟414家，信息加盟392家。是年，上城区被民政部确定为“全国养老服务社会化示范活动试点单位”。全区共有老人41948人次享受到居家养老服务。

2006年，上城区实施“走进去，请出来”[2]的战略，为老人居家养老提供双向支撑。同时丰富养老服务内容，借助“96345”电话服务平台，出资25万元为938名独居空巢的困难老人安装“号码百事通”话机型呼叫器，为老人提供全天候“电子保姆”服务，降低老人生存风险。是年，上城区有日托所、便民食堂、洗衣房17家，并打造“没有围墙的敬老院”，运用养老机构服务资源，为老人提供就餐、日托、洗涤等服务。全年向1300余名困难老人提供养老服务，比2005年增长40%。

2007年，上城区投入6000万元新建改建养老设施，鼓励民间中介服务开展为老特色化服务，建立“七化一结合”[3]的养老服务社会化新体系，满足老年人养老服务需求。全年享受居家养老服务的困难、独居老人1032人，政府买单服务经费94.06万元。同时鼓励中介服务机构参与居家养老服务，扶持社区日间照料机构建设，有6家服务机构、110余人从事居家养老服务。有日托所13家，老年食堂12家，洗衣房8家。

2008年，上城区推行“三网多举措”[4]，建立“动态发现问题、成效居民监督、街道有效激励”的居家养老服务机制，以形成一个环环相扣的帮扶网络，在做好四类老人居家养老工作的同时，拓展空巢独居老人的服务时间，加

① 居家养老：老年人在家中居住，并由社会提供养老服务的一种方式，既区别于机构养老、也有别于传统的家庭养老，它是以家庭为核心，以社区为依托，以老年人生活照料（日常护理或者特殊护理）、医疗康复（包括陪同到医院看病、治疗、配药等）、精神慰藉（经常和老人交流，发现老人的需求，排除老人的孤独感）为主要内容，以上门服务和社区日托为主要形式，是把家庭养老与社会养老结合起来的一种养老模式。

② “走进去”即专业人员走进老人家中，为老人提供生活照料、精神慰藉等服务。“请出来”即建好为老服务设施，为老人走出来享受养老服务提供便利。

③ “七化一结合”：投资多元化、运作市场化、管理规范化、对象大众化、队伍专业化、服务人性化、信息手段化，专业服务与志愿者服务相结合。

④ “三网”：直接服务的网络（邻里、居民代表组织、志愿者等专业人士建立的支援网络）；服务对象自身的互助网络（服务对象以助人自助的方式建立互助网络）；社区紧急支援网络（帮助孤寡老人等群体应对突发事故或危机的支持网络）。“多项举措”：一是建立“动态发现问题、成效居民监督、街道有效激励”的居家养老服务机制；二是健全街道、民政科、社区、敬老院建立四级服务网络；三是加强居家养老服务队伍建设，公开招聘，统一培训，实施制度化、规范化和标准化的管理；四是整合资源，逐步完善“养老服务配餐中心、洗涤中心、活动中心、日托中心”四个养老服务；五是扩大服务范畴，采用无偿和低偿相结合的方式，提供医疗、家政、维修、法律咨询、情感慰藉等服务内容；六是做好服务延伸，在做好四类老人（持困难证老人、老劳模、老居干、双拥对象）居家养老工作的同时，拓展空巢独居老人的服务时间，扩大被服务对象，把服务向低龄、困难老人延伸。

大服务力度，扩大被服务对象范围，向低龄、困难老人延伸。全年有1780名老人享受居家养老服务，政府买单服务经费240.58万元。同时，建立信息化评估体系，对老人身体状况、经济条件等因素进行评估，科学确定服务对象和服务时间，对养老服务实施全程标准化管理。是年，上城区被授予“全省养老服务社会化工作示范区”称号。

2009年，上城区为60岁以上空巢、独居老人和90岁以上老人免费安装“一键通”呼叫器。至年末，有2.5万户老人家庭安装呼叫器。同时，推进居家养老服务标准化建设，与全市统一标准的新评估体系进行对接。加强“星光老年之家”、老年食堂、日托所等社区照料机构建设，投入58.7万元，拓展服务功能，为老人提供多方面养老服务，全年有3.24万名老人受益。

2010年，上城区制定《居家养老服务与管理规范》，促进居家养老服务由特惠型向适度普惠型转变，在全省率先推出以“拓展养老服务、构建和谐家园”为主题的居家养老全覆盖工程。成立养老服务信息处理中心，招标确定举办主体和上门服务实体，以信息化为支撑，整合社会养老服务资源，搭建居家养老对象全覆盖平台，对60岁以上老人提供个性化、规范化的居家养老上门服务。全年有2万名老人享受居家养老服务，政府买单服务经费473万元，新增社区照料中心7家，全区共有“星光老年之家”71家，有老年食堂、洗衣房等各类社区照料机构63家，为老人“养老在社区”提供支撑，有5万名老人受益。

2011年，上城区被确定为杭州市养老服务信息化建设试点城区，成立上城区居家养老服务信息处理中心，建立养老服务对象数据库，录入53947名60岁以上老人信息。全区居家养老上门服务和信息化建设投入1800万元，区政府提供6套、410平方米房屋作为社区养老服务用房；全区有近500名专职从事居家养老服务的工作人员。

2012年，上城区推进医疗服务、司法维权、“五小”①行业等服务实体整合。7月，上城区发布《关于推进上城区居家系列惠民工程建设的实施意见》，推出包含居家养老、居家教育、居家医疗、居家三优、居家就业、居家文化、居家安养和居家办事8项公共服务内容的“上城区居家服务无忧在线平台”。应用物联网技术，整合全区340余个服务商家和600余项政府服务信息，破解部门条块分割的问题，满足社区居民多元化的服务需求，实现居民群众求助无忧、服务无忧、质量无忧、安全无忧、关怀无忧“五个无忧”。全年居家养老政府购买服务754.15万元，通过呼叫器发出服务需求的服务对象达到2.52万人次，享受居家医疗签约服务80831人，享受居家安养服务800余人，享受居家“三优”服务8000余人，并为155户计生特扶人群免费安装呼叫器。

① 小修理、小理发、小洗烫、小超市、小餐饮。

2013年，上城区打造“居家医疗”品牌，实现辖区内90岁以上独居老人、残疾人（含精神患者）、失独家庭3个群体全覆盖，并为90岁以上空巢、独居老人提供每月2次由政府出资的医疗上门服务。是年，结合居民医疗保险，实施居家医疗服务签约11.87万余人，签约率34.5%，其中90岁以上独居空巢老人833人、困难残疾人638人，失独家庭217人。同时，承接无忧在线平台“一键通”工作，困难群体实现基本医疗服务“零自负”。全区支出老年人居家养老服务费用861.98万元，有4.37万人次受益。

2014年，上城区被确定为杭州市“智慧养老”信息化运行的试点城区，新建“智慧养老”信息服务平台，重点围绕“服务留痕、服务落地、服务实时监督和即时呼叫”4项重点功能进行建设，实现居家养老服务实时动态管理。上城区为70周岁以上空巢独居（含孤寡）老人和80周岁以上老人发放2672台固定式呼叫终端和14434台无线式呼叫终端，实现重点对象全覆盖。是年，全区享受居家养老政府购买服务人数为5141人，覆盖率达5.71%，2924户家庭签约、1512人次享受家电类和水电类统筹保修服务，783人签约、18251人次享受医疗签约服务。同时，完善社区养老服务设施建设，打造城市15分钟养老服务圈，全区有39家居家养老服务照料中心和14家老年食堂，其中6家为“示范型”居家养老服务照料中心。

图32-5-18　2014年，上城区居家养老服务员给老人读报（区民政局 供稿）

2015年，上城区拓展居家养老服务模式，适度普惠的养老体系建设日趋健全。同时，将高龄老人与低龄老人同住或与残疾子女同住、医疗开支后实际收入低于3000元/月两类情况的特殊老年人纳入居家养老政府购买服务评估对象。全年评估数量达7645人，居家养老政府购买服务累计5.35万人次、46.6万小时，服务经费合计1133万元。拓展个性化服务，实施居家养老家电类和水电类统筹保修、智慧养老和医疗签约等多项服务，其中家电和水电类统筹保修服务被列为2015年度上城区政府为民办实事项目。居家养老家电和水电类统筹保修服务签约3597户、实际上门免费维修2528户，2962次，发放智慧养老服务呼叫终端20658台、服务9万人次，医疗签约服务908户，累计经费投入566万余元，累计经费投入87.18万元。是年，居家养老服务站、“星光老年之家”转型升级为居家养老服务照料中心，下拨补助资金1502万元，建成54家社区居家养老服务照料中心，其中7家五星级、8家四星级，实现全覆盖。出现湖滨街道“孝亲文化”、紫阳街道“双失老人照护”、小营街道“乐居乐胃乐养”、清波街道“老年教育”等特色的为老服务方式，以及在水一方养老服务集团、唯康发展中心、长乐老年公寓、恩慈长者照护服务中心等上城区专业社会组织，推动养老服务产业的发展。

表32-5-29 2015年上城区居家养老服务照料中心情况表

序号	项目名称	地址	日托床位（张）	建筑面积（平方米）	运营方式	平均日服务人数（人）
1	吴山路社区居家养老服务照料中心	仁和路37号	10	330	自建	50
2	青年路社区居家养老服务照料中心	三元里2、6号	10	300	自建	10
3	岳王路社区居家养老服务照料中心	平海公寓3幢2A层	10	220	自建	35
4	东平巷社区居家养老服务照料中心	羊血弄8号、10号	12	410	自建	60
5	东坡路社区居家养老服务照料中心	惠宜路6号东坡文化园	12	200	自建	25
6	涌金门社区居家养老服务照料中心	横饮马井巷7-1号	6	208	自建	30
7	美政桥社区居家养老服务照料中心	美政花苑18幢边	20	1600	自建	135
8	白塔岭社区居家养老服务照料中心	兰巷6号	20	800	第三方运营	78
9	复兴街社区居家养老服务照料中心	复兴南苑48幢1号2楼	12	300	自建	52
10	海月桥社区居家养老服务照料中心	十亩田家园19-2-201号	12	300	自建	75
11	玉皇山社区居家养老服务照料中心	复兴城市家园14幢1号	6	200	自建	50
12	紫花埠社区居家养老服务照料中心	紫花苑2幢	6	207	自建	80
13	水澄桥社区居家养老服务照料中心	民安苑14幢1楼	6	210	自建	45
14	馒头山社区居家养老服务照料中心	凤山新村217号	6	221	自建	40
15	柳翠井巷社区居家养老服务照料中心	光复路24、36号	20	650	第三方运营	160
16	清波门社区居家养老服务照料中心	清波门外10-1号	6	200	自建	35
17	劳动路社区居家养老服务照料中心	旧仁和署37号4单元101室	6	210	自建	35
18	清河坊社区居家养老服务照料中心	高银街113号	6	240	自建	35
19	定安路社区居家养老服务照料中心	后市街143-4、133-5号	6	380	自建	30
20	近江东园社区居家养老服务照料中心	珊园弄19号	20	664.5	自建	40
21	近江西园社区居家养老服务照料中心	近江八园13幢底层	10	60	自建	25
22	始版桥社区居家养老服务照料中心	始版桥东村19幢底层	10	70	自建	30
23	兴隆社区居家养老服务照料中心	兴隆东村26幢	10	175	自建	35
24	莫邪塘社区居家养老服务照料中心	莫南13幢北	10	200	自建	30
25	婺江社区居家养老服务照料中心	望江西园2幢底层	10	150	自建	30
26	在水一方社区居家养老服务照料中心	天福花园13幢	10	280	自建	40
27	大通桥社区居家养老服务照料中心（社区级）	东霞巷50号	10	200	自建	35
28	大通桥社区居家养老服务照料中心（街道级）	海潮路65号	20	1000	第三方运营	500
29	清泰门社区居家养老服务照料中心	新丰苑1幢2楼	10	270	自建	40
30	徐家埠社区居家养老服务照料中心	近江苑21-1号	10	100	自建	30
31	耀华社区居家养老服务照料中心	钱江苑2-4号	10	150	自建	25
32	小营巷社区居家养老服务照料中心	小营巷57号，小营公园6～8号等	12	1327	第三方运营	420

续表 32-5-29

序号	项目名称	地址	日托床位（张）	建筑面积（平方米）	运营方式	平均日服务人数（人）
33	紫金社区居家养老服务照料中心	清吟街108号 乌龙巷3号	6	300	自建	50
34	金钱巷社区居家养老服务照料中心	南班巷15幢底层	6	200	自建	30
35	老浙大社区居家养老服务照料中心	翰林花园2幢底层	6	250	自建	50
36	茅廊巷社区居家养老服务照料中心	欢乐巷8号	10	470.02	自建	50
37	西牌楼社区居家养老服务照料中心	建国南苑18幢底层等	6	361.71	自建	40
38	梅花碑社区居家养老服务照料中心	佑圣观路101号	6	200	自建	50
39	大学路社区居家养老服务照料中心	大学路新村36号	6	284.62	自建	75
40	葵巷社区居家养老服务照料中心	建国中路74号等	6	300	自建	35
41	姚园寺巷社区居家养老服务照料中心	建国南苑39幢1层，下羊线弄40-1号，陆家河头1幢旁边	6	200	自建	30
42	马市街社区居家养老服务照料中心	大王庙巷2号	6	180	自建	16
43	长明寺巷社区居家养老服务照料中心	马坡巷17号	6	235	自建	50
44	上羊市街社区居家养老服务照料中心	金狮苑26幢4号	6	352	自建	35
45	木场巷社区居家养老服务照料中心	坤年里46号	6	280	自建	30
46	十五奎巷社区居家养老服务照料中心	城隍牌楼12-7-105号	6	67	自建	40
47	太庙社区居家养老服务照料中心	大马弄25号	6	207.69	自建	50
48	凤凰社区居家养老服务照料中心	凤凰南苑1幢2楼	6	135	自建	40
49	北落马营社区居家养老服务照料中心	江枫苑2-1-102号	6	206	自建	45
50	春江社区居家养老服务照料中心	春江花月映霞苑3幢2单元	12	310	自建	40
51	彩霞岭社区居家养老服务照料中心	彩霞岭5号	12	1300	第三方运营	85
52	新工社区居家养老服务照料中心	南瓦子巷6号	20	800	第三方运营	80
53	候潮社区居家养老服务照料中心	南星公寓13幢	12	350	自建	60
54	甬江社区居家养老服务照料中心	林风花园沁林苑1幢1楼	12	320	自建	60

说明：资料来源于杭州市上城区民政局

表 32-5-30　2015年上城区老年食堂情况表

序号	街道	老年食堂名称	地址	运营主体	开办时间	日均服务人次
1	湖滨	吴山路社区老年食堂	仁和路37号	杭州基督教女青年会	2013	107
2	清波	劳动路社区老年食堂	三衙前10号	劳动路社区	2011	110
3		幸福家老年食堂	光复路36号	浙江省唯康发展中心	2012	56

续表32-5-30

序号	街道	老年食堂名称	地　　址	运营主体	开办时间	日均服务人次
4	小营	西牌楼社区小乐胃老年食堂	直吉祥巷14-1号	杭州市舟之宝餐饮管理有限公司	2013	69
5		小营巷社区小乐胃老年食堂	小营公园11号		2014	54
6		大学路社区老年食堂	大学路新村36号		2014	55
7		梅花碑老年食堂	佑圣观路三益里8幢旁	城站敬老院	2013	30
8	紫阳	候潮门社区杭州长乐老年食堂	紫阳街道直箭道巷13号	杭州长乐老年公寓	2013	45
9		上羊市街社区小乐胃邻里食堂	（望江路211号）金钗袋巷87号内	杭州市舟之宝餐饮管理有限公司	2012	37
10		新工社区小乐胃邻里食堂	南瓦坊6号		2012	55
11	望江	婺江社区百穗堂	望江西园2幢1楼	杭州百穗餐饮有限公司	2015	38
12		唯康近江东园老年食堂	近江南路2路	上城区唯康老人养生文化公寓	2012	28
13		近江东园社区百穗堂	近江珊园弄19号	杭州百穗餐饮有限公司	2015	47
14	南星	南星街道惠民老年食堂	万松岭路25号	上城区南星惠民医药公司	2013	22
15		美政桥社区老年食堂	美政花苑18幢边3楼	上城区唯康老人养生文化南星公寓	2013	18
16		玉皇山社区老年食堂	复兴城市家园14幢	玉皇山社区	2013	47

说明：资料来源于杭州市上城区民政局

表32-5-31　2005—2015年上城区居家养老生活照料类服务情况表

单位：万元、人次

年份	金额	服务对象	年份	金额	服务对象
2005	26.24	3246	2011	519.20	22333
2006	78.12	10260	2012	754.15	30330
2007	94.20	11667	2013	861.98	43664
2008	240.58	12818	2014	951.93	49388
2009	310.07	15698	2015	1133.84	53454
2010	473.45	19872	—	—	—

说明：资料来源于杭州市上城区民政局

三、老年人优待

老人优待证　1997年，根据杭州市老龄委关于实施老年人优待的相关规定，上城区对70周岁以上老年人统一发放杭州市老年人优待证，凭证老年人可以享受市区乘车0.10元、大小公园免费等17项优待。

2003年，上城区根据《杭州市老年人优待办法》，为60周岁及以上的老年人发放新的杭州市老年人优待证，其中70周岁及以上老年人凭重新办理的杭州市70周岁以上老年人优待证享受优待。

2005年末，根据浙江省政府关于浙江省优待老年人的规定，统一发放浙江省老年人优待证，市优待证于2007年3月31日停止发放使用。为方便老年人申领、换证，上城区的申领、换证工作由社区统一办理，制卡费用由区老龄办统一支付。至2015年末，上城区共发放老年优待证91678本，其中60～69周岁的32006本，70周岁以上的59672本。

表32-5-32 1997—2015年上城区老年优待证发放情况表

单位：本

年份	发放数	60～69周岁	70周岁以上
1997	2395	—	2395
1998	4151	—	4151
1999	4478	—	4478
2000	2822	—	2822
2001	3257	—	3257
2002	2973	—	2973
2003	32509	12748	19761
2004	5390	1768	3622
2005	5058	1953	3105
2006	43968	10104	33864
2007	6018	1638	4382
2008	5010	1906	3104
2009	4817	2539	2278
2010	5165	2789	2376
2011	5487	3018	2467
2012	4610	2229	2381
2013	4620	2380	2240
2014	6149	2920	3229
2015	5834	2483	3351
合计	91678	32006	59672

说明：1.2003年的32509为换证数，2006年的43968为换卡数。2.资料来源于杭州市上城区民政局

高龄津贴　2003年1月，按照杭州市老年优待政策，上城区对户口在上城区年满100周岁及以上的老年人发放每月100元的长寿保健补助。2006年9月，根据杭州市优待老年人的规定，对90周岁以上的高龄老年人发放长寿保健补助，其中90～99周岁的老年人每人每月发放100元，100周岁以上的老年人每人每月发放300元。全区对865名90周岁以上老人发放长寿保健补助费。

2011年4月，根据杭州市《关于建立高龄老人生活津贴制度的通知》，在原有长寿保健补助的基础上，对具有杭州市户籍且80～89周岁老人发放高龄津贴，额度为每人每月50元。上城区通过调查、登记，首次向11081名80～89周岁高龄老人发放生活津贴，于

10月开始与90周岁及以上高龄津贴同步发放，总金额达322.25万元。2011—2015年，全区为80～89周岁高龄老人发放生活津贴4117.22万元，90～99周岁老人发放津贴1021.99万元，100周岁以上老人发放津贴40.84万元。

表32-5-33　2011—2015年上城区高龄津贴发放情况表

单位：人、万元

年份	性别	80～89周岁高龄津贴发放数		90～99周岁高龄津贴发放数		100周岁以上高龄津贴发放数	
		人数	金额	人数	金额	人数	金额
2011	男	5609	246.92	532	44.96	6	1.74
	女	6864	302.15	1020	86.25	13	3.77
2012	男	6106	360.59	589	66.39	6	2.31
	女	7472	441.26	1131	127.40	14	5.03
2013	男	6611	388.47	652	73.93	9	2.55
	女	8090	475.37	1250	141.87	21	5.58
2014	男	7048	415.73	743	83.21	9	3.31
	女	8623	508.73	1362	159.67	20	7.20
2015	男	7245	432.67	856	91.44	12	3.90
	女	9135	545.34	1394	146.88	17	5.45
汇总	男	32619	1844.38	3372	359.93	42	13.81
	女	40184	2272.85	6157	662.07	85	27.03

说明：资料来源于杭州市上城区民政局

涉老法律援助　20世纪90年代初期，涉老法律援助主要是老年人的生存权和居住权等方面。上城区老年人权益保护，以贯彻《浙江省保护老年人合法权益若干规定》为宗旨，属于地方性法规，未列入法律范畴。1996年8月，《中华人民共和国老年人权益保障法》颁布，明确全社会的人应当尽好敬老、养老、助老的义务和责任；明确保障老年人合法权益是全社会的共同责任，上城区按照规定执行。

1998年，上城区建立老年人权益保障工作协调小组，通过协调配合，开展保障老年人合法权益工作。同时，设立区老年法律服务中心，各街道建立老年人法律保护（服务）所，负责接待和受理老年人法律咨询，免费公证、代书，依法调解涉老纠纷等。全年共接待老年人法律咨询150余人次，调解涉老纠纷56起。同时，区老龄办与区房管局共同维护老年人的房屋承租权和住房权，凡老年人的房屋产权和租用权的住房，子女要求过户的，必须由老年人申请同意，经居委会和街道老龄组织核实并同意盖章后，房管部门才能给予办理，以防止子女强行抢占住房。1999年，共为80余名老年人把关办理住房过户手续，接待老年人来信来访325人次，老年人法律服务所和老年人纠纷调解小组接待老年人法律咨询服务400余人次，调解涉老纠纷167人次。

进入21世纪，涉老法律援助不断充实老年人权益的内涵，逐渐向老年人生活环境以及发展权等方面延伸。2002年，全区67个社区全部聘请法律顾问，帮助社区排查老年人生活中相对突出的矛盾与问题，并为社区老年人提供各种法律援助和咨询服务，依法调解涉老纠纷。2004年，全区共有老年法律服务所15个，聘请具有律师资格热心为老人服务的人员兼任老年法律所兼职律师，免费或低偿为老年朋友提供各类法律援助，同时配合街道、社区管理，调解有关涉老纠纷，并到各社区宣讲法律知识，增强老年人法治观念和自我保护意识，为老年人调解纠纷、实施法律援助千余起。

2006年，为提高法律服务质量，区法律援助中心制定《上城区法律援助实施办法》《上城区法律援助经费管理办法》《法律援助案件程序规定》等文件，区司法局与区法院联合下发《关于做好法律援助与司法救助工作的意见》，向社会招募50名涉老法律援助志愿者，构建以区法律援助中心为主导，老年人法律援助工作站、街道调委会、社区调委会为平台，区公证处、区各类律师事务所为依托的“居家养老司法维权”机制，结合“法律进社区”活动，在社区建立老年人法律援助工作站，开辟老年人维权绿色通道，简化办事程序，为老年人制作法律援助卡，方便老年人随时向法律援助机构求助。全年法律援助中心受理老年人维权案件7起，接待老年人法律维权咨询100余人次。

2009年，上城区完善老年法律援助、法律咨询“绿色通道”和对老年诉讼实行“五优先”[①]等举措，为老年人提供上门受理，定期回访服务；对经济困难达到低保标准的老年人的援助范围不设限，申请刑事法律援助不受“法院指定方可援助”的限制，帮助老年人通过法律途径解决因赡养、再婚或与邻里、家庭引发的纠纷等维权问题；对老年人的赡养费诉讼案，实行优先立案、优先审判、优先执行。深化“法律服务进社区”活动，建立律师与社区法律服务结对长效机制，为结对社区老年人提供优质免费高效的法律咨询服务。

2011年，上城区完善法律援助网络建设，加强“12348”法律援助咨询专线服务，扩大涉老法律援助知晓率，实现“应援尽援”最大化。同时，继续为行动不便的老年人提供上门服务，民事援助审批下放到司法所，实现刑事援助申请前置，利用一站式审批服务平台推行法律援助网上申请、审批，办理涉老法律援助案件5起，“12348”法律服务接待涉老来电来访1313人次。

2013年，上城区完善“律师进社区”工作，推进“法治（律师）行动在网格”活动，编排律师工作时间表，明确每个律师所对应服务的网格。全年接待涉老来信来访1305件次，办理涉老法律援助案件8起。2015年，推进区法律援助中心和各法律援助工作站以及各社区律师值班点，形成“法律援助1小时服务圈”。全年接待老年人来信来访咨询1263人次，办理涉老法律援助案件9起。

① 优先接待、优先咨询、优先受理、优先指派、优先服务。

老年人意外伤害保险　2015年，上城区为区内户籍60周岁以上享受城乡最低生活保障待遇人员、城镇“三无”人员、农村“五保”对象及重点优抚对象；60周岁以上失独人员；80周岁以上高龄老人每人每年购买1份保险产品。至年末，为23784名相关人员购买保险产品，其中，低保人员155人，重点优抚对象12人，“三无”人员3人，失独人员177人，80周岁以上老人23437人。

第二节　慈善事业

1993年，上城区协助杭州市慈善总会开展援助工作。2002年12月，上城区慈善总会成立后，通过拓展募捐领域和渠道，探索多样性募捐方式，募集慈善资金，做好慈善救助工作，为社会弱势群体排忧解难。2003年，结合困难群体的实际情况，区慈善总会从扩大救助领域，丰富救助内容出发，实行生活救助、医疗救助、教育救助、就业救助、社会互助“五位一体”的慈善救助体系。2002—2015年，区慈善总会在“春风行动”中募集资金6601.43万元。

一、慈善募捐

1993—2001年，区慈善总会尚未建立，杭州市民的慈善捐款均由杭州市慈善总会统一接收，上城区不接收慈善捐款，只协助杭州市慈善总会落实包括助学、助残、赈灾、助困、助医在内的慈善行动。2000年起，市委、市政府开始每年实施“春风行动”，在春节前发动全市单位和市民为困难家庭捐款，并将捐款发至全市所有持困难家庭救助证的家庭。

2002年起，每年春节前夕，上城区党员干部开展大规模走访慰问优抚对象、低保户、贫困户等的“春风行动”。12月，区慈善总会成立，募集慈善资金，开展慈善救助工作。是年，区慈善总会共募集慈善资金922.37万元。

2005年，上城区建立区、街道“慈善爱心家园”和街道、社区“爱心银行”，完善经常性社会捐助服务网络。是年，区慈善总会拓宽募捐渠道，在解百集团、香溢大酒店、中信实业银行杭州分行等人流密集或人流量较多的商场、超市、酒店、银行、医院内安放58只爱心募捐箱，所募集资金存入各街道“爱心银行”，以资助街道辖区内低保、困难家庭、特困学生、残疾人员、失业人员、孤寡老人家及突发性生活

图32-5-19　姚园寺巷社区第八次春风行动（2008年）
（区住房和城建局　供稿）

困难家庭。

2006年，上城区在杭州市率先推出网上定向捐助模式，运用社区网站等信息化手段，在辖区单位和社区居民中开展慈善物品定向募集活动，提高慈善物品捐助实效。上城区“春风行动”慈善捐款达400.15万元。2011年，全区在杭州市第十一次“春风行动”中募集爱心款393.67万元，其中，企业捐款181.91万元，单位个人捐款198.85万元，社会个人捐款12.91万元。

2002—2015年，区慈善总会在“春风行动”中，通过爱心义卖等各种慈善资金募集形式，共募集资金6601.43万元。

表32-5-34　2001—2015年度上城区“春风行动”慈善捐款情况表

单位：万元

年份	捐款金额	年份	捐款金额
2001	—	2009	705.27
2002	922.37	2010	108.32
2003	321.03	2011	393.67
2004	324.10	2012	458.77
2005	299.13	2013	540.28
2006	400.15	2014	525.16
2007	769.15	2015	482.26
2008	351.77	—	—

说明：资料来源于杭州市上城区民政局

二、赈灾

2004年12月26日，印度洋发生强烈地震并引发海啸，给东南亚、南亚和非洲等许多国家造成严重灾害，上城区慈善总会给以援助。2008年5月12日下午，四川汶川发生8级特大地震，上城区积极为灾区赈灾，及时发布捐款公告，通过区慈善总会接收社会各界捐款1385.95万元，捐赠物资价值131.55万元。同时，向青川地震灾区定向捐赠衣被1886包，计58935件。

2010年4月14日，青海玉树地区发生7.1级地震，8月7日，甘肃舟曲发生特大山洪泥石流灾害。区慈善总会迅速在区政府网站、区民政局网站和社区“e家人”网上发布捐款账号和热线，动员全区干部群众向地震灾区捐款、献爱心。全区募集青海玉树灾区捐款210.22万元，舟曲泥石流灾区捐款51.91万元，2笔专款全部通过杭州市慈善总会捐到灾区。

2013年4月20日，四川省雅安市芦山县发生7.0级地震，区慈善总会迅速动员全区干部群众捐款，经街道、社区和各家企业单位层层发动，各界群众踊跃捐款献爱心。共收到向地震灾区捐款99.09万元，通过杭州市慈善总会捐至灾区。区慈善总会成立至2015年末，区慈善总会共开展对外援助救助活动6次，救助资金1760余万元，物品1886包，计

58935万件。

三、慈善救助

2003年，上城区“春风行动”救助困难家庭25.88万。春节期间，区慈善总会对区属企业241户困难家庭发放慰问金44万元；并组织50户困难家庭到知味观吃春节年夜饭，在8月夏季高温时，向1936户贫困家庭送电扇等防暑降温用品，还资助困难老人入住敬老院等助困支出4.31万元；对40户贫困残疾人家庭走访慰问的助残支出1.8万元；分别资助36名大学新生和186名各类高中生的助学支出25.11万元；对符合救助条件的8户困难家庭实施大病救助的助医支出3.4万元；另外，还对城头巷、十三湾巷的14户火灾家庭实施突发性灾害救助0.9万元。

2005年，各街道“慈善爱心家园”向1833人次困难群众提供慈善物品3669件。同时，完善慈善救助政策，强化临时性救助，加大教育救助和医疗救助力度，除“春风行动”一次性救助款826.23万元外，还给予困难群众基本生活消费品价格上涨一次性救助补贴220.64万元；教育救助3749人193.04万元，医疗救助924户165.22万元。

2006年，区慈善总会继续加大慈善救助力度，普遍开展生活困难临时性救助，向未列入市、区两级救助圈但生活确实有困难或已列入救助圈但生活仍有困难的人员发放临时性救助款21.7万元；扩大医疗救助范围，对区总工会会员中的外来务工人员实施医疗救助；发挥“爱心银行”的慈善作用，对困难家庭实施医疗借款、提前救助，以缓解其经济压力，全年发放医疗贷款和提前救济款40.4万元；区慈善总会发放“春风行动”一次性救助款633.59万元，还对困难家庭给予生活、医疗、教育等各类救助339.49万元。各街道“慈善超市”向群众提供救助物品3215人次3545件；“爱心银行”向困难群众提供生活、医疗等救助506人次20.3万元。

2007年，区慈善总会发放各类慈善救助款1441.19万元。区慈善总会不断加大慈善救助力度，开展医疗救助工作，向524户低保、困难家庭发放医疗救助款200.3万元，向210户、532名困难群众发放医疗救助券10.64万元。加大临时救助力度，全年发放临时救助金52.46万元，受益群众达2000余户。并向低保、困难家庭发放主要副食品价格上涨一次性补贴168.93万元。同时加大对优抚对象、残疾儿童、独生儿女和老年人等特殊困难群众的救助力度，向区老年关怀医院捐助100万元；向421名困难学生发放教育救助款26.46万元。并加大社会动员力度，加强“爱心银行”“慈善超市”建设，向5100余人次困难群众发放救助款物55.84万元。

2009年，全年救助困难群众1460人、1148.46万元；“慈善超市”“爱心银行”救助困难群众2009人次、55.22万元。12月，完成“送温暖、献爱心”捐赠衣被活动，1050包、41545件御寒衣被统一发往宁夏回族自治区贫困地区。2010年，区慈善总会落实第十次“春风行动”一次性救助金发放工作，向1157户低保家庭，596户困难家庭，591户残保家庭，79户区级困难家庭发放一次性救助金569.17万元。2011年12月，全区发放各类慈善救助金168.39万元，各街道“慈善超市”“爱心银行”全年救助2876人次、70.21万元。

2013年，区慈善总会开展旧衣服集中捐赠活动，至11月共收到捐赠衣物9400余件；同时，组织95名困难家庭妇女参加省慈善总会关爱女性健康体检项目。

2014年，上城区规范慈善救助程序，提高慈善救助实效，根据《杭州市上城区慈善总会章程》和《上城区慈善资金募集使用管理办法》等规定，制定《杭州市上城区慈善救助实施办法》《上城区关于进一步做好孤儿基本生活费申报和发放工作的通知》。开展旧衣捐赠、定向捐赠等慈善活动，共接收各类衣物4441件，各类定向捐赠金额37.38万元；设立“爱在那曲”公益专项，思美传媒股份有限公司为那曲地区唇腭裂患者捐款15万元。杭州凯亿物业管理有限公司、浙江圣奥慈善基金会为那曲县中小学购置电脑22台、书架260个，价值22.38万元。慈善人士金水根被评为“第二届浙江优秀慈善工作者”，陈建伟被评为“省级优秀义工（志愿者）”。2015年，区慈善总会第十五次“春风行动”送温暖及送清凉活动共救助困难群众3288户次（4464人次），计604.27万元。

第三节　福利彩票[①]

1993年，上城区社会福利有奖募捐奖券形式多样，有传统型、即开型、两开型等。是年，中国社会福利有奖募捐券更名为中国社会福利奖券，区民政局对销售福利奖券工作进行对接安排和部署。1994年，由于社会上各类奖券滥发，民众对奖券类产品信任度降低，福利奖券销售受到影响。区民政局探索采用定点销售与定向销售相结合的销售新方式。12月，中国社会福利奖券更名为中国福利彩票。

1997年，杭州市参加浙江省联网的计算机管理传统型福利彩票销售网络，推行电脑福利彩票，提高有奖募捐运作的科学性，透明度和准确性，吸引更多群众参与。同时，取消实物奖，统一只发现金奖，便于中奖者领取，杜绝奖品采购过程中产生的弊端。

1999年，电脑福利彩票完成投注号码升位。1月，上城区赈灾福利彩票发行工作领导小组成立。3月，根据杭州市统一部署，第一次在吴山广场举行“赈灾福利彩票2000万大奖组”发行销售活动，后分别于2000年3月（1700万元大奖组）、2001年4月（2600万元大奖组）和2003年1月（2186万元大奖组）在吴山广场相继举办赈灾福利彩票的发行销售活动，完成省、市下达赈灾福利彩票发行的销售任务。

2000年，省民政厅改造电脑福利彩票系统，销售网点从各商业银行

① 1987年2月，中共中央书记处同意民政部《关于开展社会福利有奖募捐的请示》，浙江省作为试点发行省份之一，发行“中国福利有奖募捐券”。随后，浙江省和杭州市确定上城区为开展社会福利有奖募捐试点单位。上城区组织有关人员赴上海、宁波等地学习取经，各街道成立发行小组；加强宣传报道，除了市在杭州日报、杭州电视台上作宣传外，还挂宣传横幅308幅、广告牌150块、标语930张、黑板报735块。10月19日，上城区正式发行社会福利有奖募捐券。发行采取“条块结合，以块为主”的方式，由街道负责所属企事业单位、居民委员会发行工作，区属各局、各部门负责本系统所属单位发行工作。10月发行有奖募捐券40万张，于11月18日当众开奖，销售共历时29天，是杭州市首次开展社会福利有奖募捐工作。1988年10月，上城区建立社会福利有奖募捐委员会，由副区长任主任，区民政局局长、副局长任副主任，区各相关部门和街道分管负责人为委员，委员会办公室设在区民政局。

转移到商店、市场、住宅区等方便群众购买的地点；对奖方法由10选7排列式对奖改为国际流行的组合式对奖。2001年9月，推出“15选5”“30选7”，并增加开奖期数、增设2次开奖。福利彩票的发行总量和销售量稳定上升，全市福利彩票的发行由市电脑福利彩票管理站（中心）统一管理与指导发行。

2007年12月，上城区福利彩票发行中心成立，2008年1月营业。数日后因中福在线游戏调整、销售锐减而陷入生存危机。3月，以区福彩中心为依托，成立上城区刮刮乐中心站，通过发展销售站点，在9个月的时间内实现600余万元销售额。

图32-5-20　2008年1月28日，“中福在线”解放路销售厅成立　（区民政局 供稿）

2008年10月，经省、市福彩中心批准，区福利彩票发行中心在一楼大厅增设1台电脑彩票投注机。年末，区福利彩票发行中心被浙江省福彩中心授予“2008年度全省福利彩票先进中心站”称号。2009年7月，区福彩中心被省福彩中心确定为第一批试点单位，开展电脑彩票、网点即开彩票和中福在线的销售，成为杭州市首家“三票合一”的福利彩票中心站。

2011年，区福彩中心实现福利彩票销售5124万元，比2010年增长56%；被浙江省福彩中心评为“2010年度全省‘中福在线’流动红旗评比优秀销售厅”。2012年12月，浙江省福利彩票发行中心发行全新的高频电脑彩票“快乐彩”。上城区福彩中心成为全省第一批“快乐彩”试点站点。

图32-5-21　2012年12月7日，“中福在线”上城销售厅举行“快乐彩”首发仪式　（区民政局 供稿）

2014年，区福利彩票发行中心发行福利彩票8565万元，其中“中福在线”游戏彩票发行额7178万元。在全国销售大厅排名中位列第五位，全年募集公益金473万元。

2015年，区福利彩票发行中心共发行销售福利彩票7857万元，其中，发行“中福在线”游戏彩票6995万元，电脑彩票800余万元，刮刮乐（大厅）62万元。

表 32-5-35　2008—2015 年上城区中福在线解放路销售厅福彩销售情况表

单位：万元

年 份	2008	2009	2010	2011	2012	2013	2014	2015
总销量	171	953	3380	5010	6343	6957	7178	6995
公益金	11	63	223	331	418	459	474	462
发行费	9	48	169	251	317	348	359	350

说明：1.表中公益金为按总销量的6.6%返回上城财政的数据，发行费为按总销量的5%留用的数据，均取整数。2.资料来源于杭州市上城区民政局

第六章　社会事务管理

1978年后，婚姻观念逐渐改变，包办婚姻现象大为减少，新的婚姻家庭制度开始建立。1981年1月，全国实施重新修订《中华人民共和国婚姻法》，上城区结婚、离婚、复婚登记工作均由街道办事处办理。1982年，成立上城区街道殡葬管理委员会和居民区殡葬管理组，推行火葬和文明治丧，反对封建迷信，经过多年宣传推广工作，1985年后，全区死亡人员火化率一直保持100%。

1990年3月，上城区开始办理社会团体登记管理工作，同时开展清理整顿和复查工作。至1992年末，全区共有批准登记社会团体104个，社团登记管理工作逐步走上法制化轨道。1995年后，上城区根据《杭州市殡葬管理条例》，继续提倡节俭文明办丧事，协助市民政及工商部门清理整顿丧葬用品市场，取缔无证照企业，加强有证照企业管理。1996年11月起，区民政局统一办理婚姻登记。1999年末，区民政局开始受理收养登记申请。2000年，对上城区存在的事实收养进行清理，逐步规范收养行为。凡符合《中华人民共和国收养法》的予以办理收养登记；不符合法律规定的则移交社会福利机构抚养。2002年后，区民政局通过年检和培育，推动社会团体健康发展，并引入第三方评估监督机制，引导社会团体履行社会责任。

2003年后，上城区简化婚姻登记程序，结婚登记只需提供身份证、户口簿，取消婚前体检和婚姻状况证明；离婚登记取消单位的离婚介绍信和审查期限；婚姻登记实现当场办理。同时，加强婚姻登记中的服务理念，相继推出颁证仪式、语音咨询、预约登记等举措，为办理婚姻登记的居民提供方便。2012年5月，上城区婚姻登记处由区民政局综合事务科管理，区婚姻登记处开展婚姻家庭辅导工作。1993—2015年，全区共办理国内居民结婚登记72405对，离婚登记15019对。至2015年末，上城区登记社会团体112家，民办非企业单位304家。火化率一直保持100%。

第一节　婚姻登记管理

1993年，上城区婚姻登记按照《婚姻登记办法》规定，由街道办事处负责办理。每个街道均配备2名以上专（兼）职婚姻登记员和婚姻登记代办员，单独设立婚姻登记处。湖滨、清波等街道每月举办一期新婚学校，进行以调适新婚姻家庭夫妻关系为主要内容的婚前教育。

1994年2月，《婚姻登记管理条例》颁布施行，规定申请结婚登记需提供个人身份证或户籍证明以及婚姻状况证明，并进行婚前体检。在湖滨街道先行创建杭州市标准婚姻登记处试点，对婚姻登记处营造喜气氛围，婚姻登记各项工作制度上墙，并开展婚前教育。其他6个街道也先后开展争创“市级标准婚姻登记处”工作。是年末，7个街道的婚姻登记处均被评为杭州市标准婚姻登记处。

1996年11月，全区实行集中婚姻登记管理，婚姻登记处设在惠民路3号区政府大院内，各街道不再行使婚姻登记职责，但仍继续配合婚姻管理工作。1998年8月，因区政府各部门办公用房内部调整，区婚姻登记管理处迁移至解放路小塔儿巷19号。1999年，在婚姻登记处二楼设立结婚登记颁证台，对有需求的新婚夫妇给予颁证服务。

2003年7月，国务院颁布新《婚姻登记条例》，取消婚前体检和婚姻状况证明，离婚登记取消单位介绍信和审查期限。2004年，区婚姻登记处推广免费颁发结婚证仪式。是年，根据民政部办公厅《关于出具无婚姻登记记录证明的答复》和浙江省民政厅《关于出具无婚姻登记记录证明的意见》，上城区开始为辖区内居民出具无婚姻登记记录证明。

2006年5月，上城区机构编制委员会同意确认上城区婚姻登记处为隶属于区民政局领导和管理的全民所有制事业单位，预算形式为财政定额补助。2007年9月，区婚姻登记处迁至江城路417号上城区婚育服务中心。2012年5月，区婚姻登记处由区民政局综合事务科管理，承担全区婚姻登记管理工作，办理婚姻登记，出具婚姻关系证明，参与保护合法婚姻和妇女儿童合法权益工作。是年，区婚姻登记处开展婚姻家庭辅导工作，邀请社会专业人士作为志愿者无偿提供婚姻家庭辅导服务。

2013年5月，区婚姻登记处设立独立的婚姻家庭辅导室，婚姻家庭辅导员每周至少有半天在婚姻登记处进行婚姻家庭辅导服务。10月，区婚姻登记处与“有晴天婚姻家庭指导中心”合作开展婚姻家庭辅导工作。

2015年6月，区民政局对上城区婚姻家庭辅导工作进行公开招标，“有晴天婚姻家庭指导中心”竞标成功。7月起，“有晴天婚姻家庭指导中心”以政府购买服务的形式承接上城区的婚姻家庭辅导工作，辅导内容主要包括婚前辅导、婚姻家庭咨询、离婚疏导和调解、法律咨询四方面。至年末，区婚姻登记处地址未变，接待办理上城区户口的中国公民办理结婚、离婚登记，同时承接出具“夫妻关系证明”和“解除夫妻关系证明”等事务。涉外婚姻和涉中国港澳台地区居民的婚姻登记由市民政局涉外婚姻登记处统一办理。1993—2015年，全区共登记结婚72405对，登记离婚15019对。

表32-6-36　1993—2015年上城区婚姻登记情况表

单位：对

年份	结婚登记	离婚登记	年份	结婚登记	离婚登记
1993	2560	387	2005	2563	737
1994	2446	344	2006	4497	830

续表32-6-36

年份	结婚登记	离婚登记	年份	结婚登记	离婚登记
1995	2174	323	2007	3236	872
1996	1786	259	2008	3989	920
1997	2468	404	2009	4309	886
1998	3048	480	2010	3780	887
1999	2363	398	2011	4525	868
2000	2255	406	2012	4284	887
2001	2108	390	2013	4022	1054
2002	2045	341	2014	4076	1077
2003	2551	496	2015	3781	1038
2004	3539	735	总计	72405	15019

说明：1. 涉外婚姻登记由市民政局负责办理，表格中不含涉及与国（境）外婚姻登记数；表格中的离婚登记数不含由法院民事调解和判决离婚数。2. 资料来源于杭州市上城区民政局

第二节 收养登记管理

1993年，根据《中华人民共和国收养法》和民政部发布的《中国公民办理收养登记的若干规定》，杭州市收养登记工作均由市民政局统一办理，区民政局不办理收养登记工作。1999年5月，民政部发布《中国公民收养子女登记办法》，规定收养孤儿、残疾儿童或者社会福利机构抚养的查找不到生父母的育婴和儿童，可以不受收养人无子女和收养1名的限制；从实际出发，将收养人年龄限制的下限降到30周岁；收养关系当事人应当亲自到收养登记机关办理成立收养关系的登记手续；同时规定办理收养登记的机关是县级人民政府民政部门。是年末，区民政局开始受理收养登记申请。

2000年，根据市民政局安排，区民政局调查、清理上城区内存在的事实收养问题。根据《关于解决事实收养儿童户口问题的通知》规定，对事实收养儿童，由收养家庭提出申请，经居委会证明，街道办事处核实，街道计划生育办公室初审，区计划生育办公室审核后，区民政局给予办理收养登记。至2001年末，全区共有40名事实收养儿童申报户口。

2003年6月，市民政局、市公安局、市卫生局等部门联合发布《关于对杭州市事实收养问题依法进行清理的意见》，对符合收养条件的家庭督促其办理收养登记手续，对不符合收养条件的在5个月内未改正的，由收养家庭提出申请，提供被收养人拾捡或收养情况，填写事实收养情况证明，分别由户口所在地居（村）委会、街道（乡镇）初审，经区（县）计生局审核，报区（县）民政局审批。至2004年末，上城区共清理事实收养近30件，补办收养登记手续18件，并给予申报户口。

2009年7月，市民政局、市公安局、市司法局、市卫生局、市人口和计划生育委员会联合制定《关于解决杭州市公民私自收养子女有关问题的实施意见》，集中处理2009年4月1日之前发生的杭州市公民私自收养子女的有关问题。明确2009年4月1日后，公民捡

捨弃婴的，一律到当地公安部门报案，查找不到生父母和其他监护人的，一律由公安部门送交当地社会福利机构或民政部门指定的抚养机构抚养；公民收养子女，应向社会福利机构提出申请，私自收养子女的，按照有关法律、法规严肃处理。区民政局按照文件精神，开展私自收养子女问题调查摸底工作。2011年，对公民私自收养问题进行清理，收养行为逐步规范。

2015年，上城区的收养登记仍执行1999年4月1日施行的《中华人民共和国收养法》，1999年5月民政部发布的《中国公民收养子女登记办法》，以及2008年9月1日民政部下发的《收养登记工作规范》。至年末，全区累计办理收养登记108件。

表32-6-37　2000—2015年度上城区办理收养登记情况表

单位：件

年份	收养登记	年份	收养登记
2000	20	2008	3
2001	20	2009	9
2002	9	2010	0
2003	9	2011	2
2004	9	2012	5
2005	8	2013	1
2006	5	2014	4
2007	3	2015	1
总计	108		

说明：资料来源于杭州市上城区民政局

第三节　殡葬管理

1993年，上城区殡葬管理工作的重点是抓好宣传教育，破旧俗、树新风，从基层抓起，更新市民思想观念，提倡厚养薄葬。通过以倡导文明节俭办丧事，促进老年人执行殡葬管理法规的自觉性。利用老人节、中秋节等传统节日，发动居委会与老年人及子女签订厚养薄葬协议书，鼓励子女孝敬老年人，厚待老年人，让老年人幸福地过好晚年生活；通过民俗改革自治组织为丧户排忧解难，代办死亡证明、注销户口、代换寿衣、联系殡仪服务等系列服务，促进殡葬管理的社会化、服务化。

1996年2月，《杭州市殡葬管理条例》施行。区民政局要求各街道与居民区和辖区单位签订殡葬改革责任书，定期对各街道殡葬工作考核评估。同时，根据规定对“三沿五区”[①] 坟墓进行调查。各街道、居民区利用黑板报、宣传图板等方式，张贴宣传画、

① “三沿”指沿铁路、沿公路（包括县乡各级公路）、沿通航河道两侧；“五区”指水源保护区、文物保护区、风景旅游区、住宅区（包括农村各村民居住点）和开发区。

散发宣传资料，宣传毛泽东等老一辈无产阶级革命家倡导火化，保护土地资源，为子孙后代造福的重要意义，厚养薄葬在市民群众中渐入人心。

1997年，随着社会发展，在全国城乡全面推进殡葬管理制度改革，人们对火葬逐渐认同，殡葬改革压力趋于减轻。殡葬改革工作从注重宣传教育的管理模式转为向丧户提供方便的一条龙殡仪服务模式。2005年，清波街道在社区设立杭州市殡仪馆殡仪服务站，南星街道建立社会组织“大爱无疆”殡仪服务队，为死者家属提供便利。

至2009年8月，上城区共投入财政经费33.45万元，率先完成散坟整治工作，被授予“杭州市殡葬改革先进单位”称号。

2010年5月，市政府印发《杭州市区殡葬基本服务项目免费办法》，为减轻群众办丧负担，维护人民群众基本丧葬权益，决定对殡葬基本服务项目实施免费。文件规定凡具有杭州市区户籍的城乡居民（含非农和农业户口），或在杭大中专院校全日制非杭州市区户籍的学生，驻杭州部队现役军人，以及与在杭企业签订劳动合同并按规定缴纳养老保险金1年以上、在杭州市区居住的外来务工人员，在杭州市区死亡并在杭州殡仪馆、萧山殡仪馆以及余杭第一、第二殡仪馆办理火化事宜的，免除殡葬基本服务项目费用。基本服务项目包括遗体接运（限市区范围内使用普通接尸车辆接运遗体），殡仪馆内遗体冷藏存放（存放期限3天以内），遗体火化（使用普通火化炉火化），骨灰寄存（存放期限一年以内）所产生的费用。对重点救助对象，在免除殡葬基本服务项目费用的基础上，再免除小告别礼厅的使用费，并赠送骨灰盒1个（300元以内）。该办法自7月1日起执行，具体费用分担为市殡仪馆承担20%，市、区两级财政各承担40%。1993—2015年，上城区死亡人员的火化率历年均为100%。

南山陵园　南山陵园地处玉皇山南麓，原名南山公墓，建于1951年，占地面积11.47万平方米，1992年更名为南山陵园。是上城区境域内唯一的一处公墓设施，是由市民政局直接管理的国有公墓。管理单位南山陵园管理处是市民政局的直属事业单位，办公地址白云路66号。至2015年末，安葬5万余穴。南山陵园仍由市民政局负责管理。

第四节　民间组织管理

1993年，区民政局开展社会团体的成立登记、变更、注销、年审年检、清理整顿等工作。是年，上城区有社会团体104个。1998年，根据国务院发布的《民办非企业单位登记管理暂行条例》规定，区民政局负责同级业务主管单位审查同意的民办非企业单位的登记管理。2001年4月，上城区首家民办非企业单位——杭州市上城区城站街道敬老院登记成立。2013年，上城区制定一系列文件，推进社会组织登记改革、规范管理和培育发展工作。至2015年末，全区有注册登记的社会团体112家，民办非企业单位304家。

一、社会团体登记管理

1993年，上城区规定申请成立社会团体，应当经其业务主管单位审查同意，由发起人（具有中国国籍的中国公民或企事业单位）向登记管理机关申请筹备、成立社会团体。其条件为：有50人以上的个人会员或者30家以上的单位会员，个人会员、单位会员混合组成的，会员总数不得少于50家；有规范名称和相应组织机构；有固定住所；有与其业务活动相适应专职工作人员；有合法资产和经费来源；有独立承担民事责任能力。社会团体名称应符合法律、法规的规定，不得违背社会道德风尚。社会团体名称应与其业务范围、成员分布、活动地域相一致，准确反映其特征。地方性社会团体名称不得冠以“中国”“全国”“中华”等字样。是年，区民政局对全区社会团体进行年检。检查内容主要包括社会团体遵守法律、法规和国家政策的情况，履行登记手续和按单程开展活动的情况，人员和机构变动以及财务管理的情况等。对于在检查中所发现的问题，责成其限期整改，整改不到位或者未按规定接受年检的，则视为不合格社团，连续2年年检不合格的社团予以注销。经年检验审，全区包括31家学术性团体、12家行业性团体、32家专业性团体、29家联合性团体在内的104家社会团体均符合法律法规和国家政策规定，运作良好，活动开展正常，无违规现象，年检合格率达100%。

1995年，按照杭州市社会团体管理工作要求，通过对上城区已注册登记社会团体的年度检查，严格把关，对在检查中发现问题和不合格社团，则予以注销，或通过撤并加以规范。特别是对街道的联合性社团，则以分会的形式归口到区级相同类别的联合性社团。至年末，全区联合性社团数量从27家减少至3家，其他类别的社团也相应减少。

1997年9月，区民政局按市委办公室《关于切实加强社会团体管理的通知》精神，开展社会团体专项检查工作。上城区按照分级登记管理的原则，采取社会团体自查、业务主管部门排查和审查、登记管理机关审核相结合的办法，清理非法社会团体，查处违法乱纪社会团体，撤并交叉重复的社会团体，理顺社会团体管理关系。1998年，根据《社会团体登记管理条例》的规定，继续对社会团体进行检查、审核、整改、登记换证的清理整顿。全年核准登记在册的社会团体13家。

2002年，区民政局探索社区民间组织的培育发展，并开展试点工作。通过开展年检和培育发展工作，推动民间组织的健康发展，提高社会团体登记管理的规范化程度。是年，核准登记在册的社会团体43家，其中，学术性社团10家，行业性社团8家，专业性社团22家，联合性社团3家。2006年11月，杭州市制定《杭州市行业协会管理办法》。至2009年末，上城区登记成立行业协会4家。

2011年，根据统一部署，上城区开展社会团体小金库专项治理，均未发现有“小金库”现象，同时建立长效防治体系。2013年6月，根据市纠风办《关于治理规范社会团体收费的通知》要求，区纠风办联合区物价局、区民政局、区财政局，组成专项检查组，对全区部分社会团体2012年1月以后的收费情况进行专项检查，主要从收费标准、会员情况、制度建设情况、财务收支情况等方面进行检查，从而规范社会团体收费行为。

2015年5月，上城区调整社会团体成立登记审批程序，取消社会团体筹备成立、社会团体分支机构、代表机构的登记审批。[①] 同时，降低登记门槛，对社区社会团体申请登记的，活动资金从规定的3万元降低至1万元，对申请备案的社区社会团体不规定相应额度的活动资金，只要有合法的活动资金和经费来源即可；允许2个以上社会组织将住所为一本房产证且对应的一个门牌号内有多层楼或多个房间，以及单个房间分割成独立空间的作为住所；允许按国民经济行业分类的小类标准或按产业链各个环节、经营方式和服务类型设立行业协会，同类标准允许登记一个；允许公益慈善类社会团体通过在名称中加“字号”方式设立。6—8月，根据深化作风建设的要求，对登记在册的112家社会团体开展承接政府购买服务项目资金和专项资金使用情况检查，分2个检查小组对全区登记在册的社会团体进行专项检查工作，加强社会团体的监督管理。检查内容包括登记年检情况、活动开展情况、2013—2014年财务管理情况、收入支出情况等。至年末，全区登记成立社会团体112家，其中，学术性社团26家，行业性社团5家，专业性社团75家，联合性社团6家。

① 调整内容：一是对慈善公益类、社区服务类、社会福利类等公益性特征明显的社会团体，不必事先经有关部门或者法定授权的组织审批同意，可向区民政局申请进行直接登记；二是对于一些草根型社区社会团体，可以直接向区民政局申请备案；三是缩短社区社会团体登记审批时间，登记管理机关自收到文件之日起，发给“社会团体法人登记证书”的时间从原规定的30日内缩减为10日内。

表 32-6-38　1998—2015年上城区社会团体登记情况表

单位：家

年份	总计	社会团体类别			
		学术性社团	行业性社团	专业性社团	联合性社团
1993	104	31	12	32	29
1994	90	30	2	31	27
1995	56	28	3	22	3
1996	50	25	3	19	3
1997	45	23	8	11	3
1998	42	23	11	5	3
1999	28	11	12	3	2
2000	28	11	12	3	2
2001	37	12	20	3	2
2002	43	10	8	22	3
2003	46	10	10	23	3
2004	54	10	14	27	3
2005	61	13	7	36	5
2006	63	13	8	37	5
2007	70	17	9	39	5
2008	76	19	7	43	5
2009	80	23	5	46	6

续表 32-6-38

年份	总计	社会团体类别			
		学术性社团	行业性社团	专业性社团	联合性社团
2010	87	26	5	50	6
2011	87	26	5	50	6
2012	92	26	5	55	6
2013	102	26	5	65	6
2014	110	26	5	73	6
2015	112	26	5	75	6

说明：资料来源于各年度《浙江省民政厅统计汇编》

二、民办非企业单位登记管理

1996年8月，中共中央办公厅、国务院办公厅印发《关于加强社会团体和民办非企业单位管理工作的通知》，首次提出民办非企业单位归口民政部门登记。1998年10月，国务院发布《民办非企业单位登记管理暂行条例》，规定县以上民政部门是民办非企业单位的登记管理机关，负责同级业务主管单位审查同意的民办非企业单位的登记管理。

2001年4月，上城区首家民办非企业单位——杭州市上城区城站街道敬老院登记成立。至年末，全区登记成立民办非企业单位共8家，其中教育类3家，文化类1家，民政类4家。

2004年，根据省民政厅《关于开展民办非企业单位“诚信服务，真情回报社会”主题活动的通知》，区民政局开展多种形式的民办非企业单位“诚信”建设服务活动，由此扩大民办非企业单位的社会影响与知名度。至年末，上城区民办非企业单位登记25家。

2005年，据省民政厅《关于进一步深入开展民办非企业单位自律与诚信建设活动的通知》，上城区召开民办非企业单位自律与诚信建设动员大会，采取加强具体指导、加强检查督促、加强经验交流等措施，推动上城区民办非企业单位自律与诚信建设活动的开展。6月，《民办非企业单位年度检查办法》施行，上城区依法按年度对截至上年度末成立登记时间超过6个月的民办非企业单位进行检查和监督管理。2012年起，采用网上填报和报送书面年检报告书的方式，对全区社会组织进行年检，年检参检率在98%以上。

2013年5月，上城区制定《上城区关于加快推进社会组织培育发展和规范管理的指导意见（试行）》《上城区社会组织登记备案管理办法（试行）》《上城区关于政府购买社会组织服务和绩效评估的实施意见（试行）》《上城区社区社会组织公益创投指导意见（试行）》等相关配套性文件。其中，在社会组织登记方面，从实行直接登记制、减免开办资金、放宽登记管理限制等方面推进上城区社会组织登记改革工作。

2014年，根据省、市民间组织管理局关于社会组织评估的要求，上城区发动符合条件的社会组织参评。是年，杭州在水一方养老集团、上城区望江社会工作服务社2家社会组织被认定为杭州市成长型品牌社会组织。2015年，上城区唯康清波关爱公社、杭州在水一方养老集团2家社会组织被评为“杭州市示范型社会组织”，上城区慈善总会、杭州市时代小学、上城区望江社会工作服务社3家社会组织被认定为“杭州市成长型社会组织”。至年末，全区共有170家社会组织参加评估，其中上城区湖滨晴雨民情民意工作室等7家社会组织被认定为5A等级，上城区明德公益事业发展中心等25家社会组织被认定为4A等级，上城区唯康近江东园老年食堂等13家社会组织被认定为3A等级。在上城区形成“在水一方”“湖滨晴雨”“邻里值班室”等一批知名品牌。

表32-6-39　2001—2015年上城区民办非企业单位情况表

单位：家

年份	年末实有数	民办非企业单位行业分类								
		科技研究	生态环境	教育	卫生	社会服务	文化	体育	工商服务	其他
2001	18	0	0	5	3	6	3	1	0	0
2002	23	0	0	8	4	6	3	1	0	1
2003	26	0	0	8	5	6	4	1	0	2
2004	44	0	0	11	9	16	4	1	0	3
2005	51	0	0	10	11	13	3	3	0	11
2006	57	0	0	10	14	16	3	3	0	11
2007	59	0	0	12	13	17	4	3	0	10
2008	76	0	0	27	12	20	4	3	0	10
2009	91	0	0	34	12	35	6	2	0	2
2010	98	0	0	35	12	40	7	2	0	2
2011	128	0	0	39	14	68	5	2	0	0
2012	247	2	0	47	15	162	14	3	4	0
2013	281	3	0	49	15	188	13	3	4	6
2014	294	3	0	49	15	188	13	3	4	19
2015	304	4	3	48	15	159	18	3	4	50

说明：资料来源于各年度《浙江省民政厅统计汇编》

第七章　地名管理

1981年，上城区成立地名普查领导小组及办公室。1982年5月，改名为上城区地名委员会。主要负责全区地名的补查和资料更新，建立地名档案，设置地名标志，地名命名、更名等工作，地名管理从无序到有序，从不完善到逐步完善。

1998年，地名机构被纳入国家行政机构序列，地名管理工作得到加强，并逐步走上法制化、规范化轨道。2004年，上城区地名委员会办公室开始编纂《杭州市上城区地名志》，志书编纂在第一次地名普查、补查与资料更新的基础上，历时3年完成，收录上城区行政区域内各类地名计1501条。2006年4月，区地名办启动《杭州市上城区地名规划（2006—2020）》编制工作，是区地名办首次编制地名规划。2011年3月，成立上城区第二次地名普查工作领导小组，并设立地名普查办公室，开展浙江省第二次地名普查工作。2013年，按照杭州市地名委要求，启用地名数据库，实现地名数据的动态管理与更新，共录入地名数据17.07万条。同时，与毗邻城区相关街道共建“平安边界”，确保上城区界线有效管理。2015年，上城区启动第二次全国地名普查工作，为全区经济建设、城市建设、行政管理、居民出行、旅游事业服务。

第一节　日常管理

1993—1996年，区地名办主要根据中国地名委员会、民政部《关于加强地名管理工作的通知》《关于开展地名补查和资料更新工作的通知》《地名管理实施细则》等要求，开展区域范围内的地名补查、资料更新完善，地名的规范命名、更名管理，老旧道路标牌和各类门牌的清理整顿，查漏补缺。

1997年，区地名办重点对复兴地区拆迁改造的各主要道路名称进行规划，命名复兴南苑、复兴北苑2个住宅小区和19个住宅组团，编排128幢住宅楼以及各公共配套设施楼幢号和门牌号。

1999年4月，依据省地名办《关于规范城镇建筑物（群）命名标准的通知》和市政府《关于加强全市地名管理工作的通知》，区地名办重点清理整顿庆春路、浣纱路等主要道路和原近江、望江、玉皇3个村撤村建居后的地名、门牌标志。共命名大型建筑、住宅和道路63处，其中更名2处；审批、编排门牌号码43家、计3625个，制作各类标牌4211块，发放浙江省门牌证4174本。

2000年，区地名办制定《上城区门牌编制管理暂行办法》，提出健全和规范地名审核程序，公开审批制度，依法做好各类地名的命名和更名工作，全区地名门牌标志实现标准化、规范化。全年共审核命名大型建筑物和住宅小区21处，审核编排门牌号54家，制作安装楼（幢）牌344块、单元牌442块、门室牌12883块，发放浙江省门牌证65337本。

2002年，区地名办结合上城区旧城改造、新老楼层混杂等实际，宣传《杭州市地名管理条例》等法规，开展群众性地名整治。同时，按照国家地名标准，结合星级社区创建，开展地名达标整治工作，完成大学路、金钱巷社区标准化地名达标工作。2003年，开展复兴南苑、复兴北苑2个小区的设标示范小区建设，整治完成住宅区楼（幢）牌3145块，单元牌6140块。为配合西湖博览会举办，根据市地名办要求，对开元路、中山中路、江城路等67条道路的门牌进行更新，并结合“双迎”（迎国庆、迎西博）街景容貌整治，整治更新湖滨路、延安路等72条道路的门牌，共完成整治更新各类门牌13095块，更新巷牌914块。

2005年，上城区按照区、街、社区三级管理网络，配备51名社区地名协管员，全区地名动态纳入管理视线之内，实现全区地名管理工作纵向到底，横向到边。同时，配合上城区85条背街小巷整治工作，搜集整理改善工程涉及的街巷资料，更新设置在背街小巷改善工程中的地名标志，共设置3570块门牌，68块巷牌，46块幢牌和87块单元牌。

2006年，上城区开展地名公共服务工程，落实数字地名建设，做好社区地名空间数据调查核对和数据录入转库工作，整理地名档案93卷，收集各类大型建筑、住宅区、街巷里弄、风景名胜、文物古迹等各类地名照片3220张，其他资料160条，完成地名数据信息录入15.5万条，定位12.7万个。

2007年，区地名办完成浙江省地名数据库属性数据更新、补录892条；通过杭州市地名网站上城子网站为公众提供较完善的地名数据信息公共服务；地名数据库资料与公安局信息处数据相匹配、核对，经核对有238条地名为消失地名，相匹配地名89118条。

2008年，区地名办开展第二轮行政区域界线联合检查工作，对1997年行政区域界线勘定的界桩、走向及位置，进行实地修测、联检查看。根据边界管理制度要求，通过联检协商，形成联检工作资料，做好勘界档案立卷归档。2011年，在开展地名普查工作中，区地名办将纸质地名档案进行数字化，实现地名档案电子化，纸质地名档案移交区档案馆保管。是年，在柳浪新苑、柳浪东苑住宅区试点安装太阳能楼房幢牌。

2013年，上城区启动地名数据库，实现地名数据的动态管理与更新，完成新旧数据库的转换，共录入地名数据17.07万条。同时按照杭州市深化“平安边界”建设工作要求，与毗邻城区相关街道签订共建“平安边界”协议书，保证平安边界创建工作的推进，确保对“上下线”“上江线”“上滨线”等区界线的有效管理。6月，区地名工作进驻上城区行政服务中心。共审核命名道路1条、住宅区1处，审批编排门号165家、计1975处，制作各类标牌1210块，发放浙江省门牌证2561份。

2015年，上城区启动第二次全国地名普查工作[①]和第三轮行

① 该工作于2017年完成。

政区域界线联合检查，完成“上江线”和“上滨线”的界线联合检查。全年共处理数字城管信息153件，更新补缺门牌97块；审核命名住宅区2处、道路1条、人行天桥3处，审批编排门号104家、计822处，制作各类标牌4500余块，发放浙江省门牌证1531份。

第二节　地名普查与地名资料编制

1993—2015年，上城区地名办多次编制行政区域图、地名资料。相继完成《杭州市上城区地名规划（2006—2020）》和《杭州市上城区地名志》《上城区街道社区地图册》等资料的编制。分别于2011年和2015年，开展第二次浙江省地名普查和第二次全国地名普查工作。

一、地名普查

第二次浙江省地名普查　2011年3月，上城区开展全省第二次地名普查工作，成立第二次地名普查工作领导小组，设立地名普查办公室，组织人员开展上城区行政区域内的地名普查调查。共采集11大类、20个小类的地名信息1009条。其中，行政区域名称7个，群众自治组织名称54个，非行政区域名称161个，居民点名称7个，交通运输设施名称508个，水利、电力设施名称3个，纪念地、旅游景点名称11个，建筑物名称95个，具有地名意义的单位名称145个，陆地水系名称9个，陆地地形名称9个。测量地名经纬度1009条。地名标准化处理18条，更新设置地名标志6873块，采集地名多媒体信息4680余条。标绘1：10000纸质地图4份（幅），修改整饰国家地名数据库矢量地图，生成地名成果图表4份（幅）。

第二次全国地名普查　2015年初，上城区开展第二次全国地名普查工作。通过政府购买服务形式实施地名普查。其中，地名调查目录编写、登记表资料整理、新增地名资料整理、数据整理与入库空间数据核对等工作委托浙江大学城市与区域研究所进行处理。软件开发、V3数据转换、图库关联等工作则委托北京云自然科技公司处理。9月开始，进行全区地名普查与数据库建设工作，同时搜集与地名相关的历史沿革、名称由来以及相关属性信息资料。调查工作以《杭州市上城区地名志》为基础，结合试点普查后新审批的地名目录清单，编写地名调查目录，预填地名调查登记表，分发给各个普查责任单位予以核实、补充、修改和完善。多媒体信息的采集，主要由地名普查小组成员专门安排时间，分批次采集上城区的地理实体、地名标志等相关内容的多媒体数据。①

① 至2017年6月，上城区完成成果完善、上报、汇总工作，建立档案，开展普查成果开发应用。上城区共计普查各类地名972条，其中，新增地名32条，历史地名17条，地名标志923条，拍摄多媒体照片3000余张，多媒体挂接率100%。

二、地名资料编制

1993、1997、2000年，上城区先后3次开展行政区划图的编制。2003年，区地名办根据区委、区政府要求，负责编制街道行政区划调整方案，承担相关文件材料以及图纸的起草绘制工作。在街道行政区划调整完成后，编制新的《上城区行政区域图》；在社区规模调整后，区地名办摸清社区地名的变化现状，制作新的社区区划详图。

2006年4月，区地名办启动编制《杭州市上城区地名规划（2006—2020）》工作。2007年11月，编制完成并通过市地名专家评审会评审；12月，市政府同意组织实施。该地名规划分规划文本和规划说明两个部分。文本部分共十章：总则、地名网络构建规划、地名系列区块划分及其采词导向规划、地名通名专名的使用规定、地名文化的保护规划、道路名称规划、地名调整优化规划、地名标志编制规划、实施规划的保障措施；规划说明部分是对规划文本部分相应进行说明。

2007年4月，区地名委员会办公室编纂《杭州市上城区地名志》[①]，在第一次地名普查、补查与资料更新的基础上，编制收录上城区现行行政区域内地名1501条。2012年12月，编制出版《上城区街道社区地图册》（含电子版），是上城区第一次以街道、社区为单元，详尽表示各条道路门牌号、各个社区的住宅楼幢号及单元号。

2014年，区地名办完成《中华人民共和国政区大典》（上城卷）编纂，反映至2011年末上城区的政区沿革、自然条件、经济概况、社会发展、基础设施、名胜旅游、重大事件、著名人物、城区市政建设等方面的内容。

① 详见第二十九篇文化体育第八章地方志事业第二节地方志。

第三十三篇

民俗 宗教

上城区凤凰山东麓坡地，是隋代杭州州署所在之地。唐后五代十国之吴越建都杭州，将州署改建成王宫。南宋建炎三年（1129），宋高宗南下，以州治为行宫。至此，隋代杭州城至南宋皇城均以现上城辖区内的凤凰山和中山中路段为核心展开，现上城区在当时成为城市居民聚集、宗教集中的区域。唐朝时，现上城辖区内商业、手工业和服务业发达。五代时，凤凰山上有城隍阁、伍公庙、圣果寺等民俗和宗教场所，宗教场所得以留存。唐宋时期，大量阿拉伯商人到杭州经商，聚集于羊坝头一带，建造凤凰寺，伊斯兰教信仰和阿拉伯人生活习俗开始流传。至南宋，市民文化兴盛，人们生活注重休闲娱乐，对花卉、宠物保持长期爱好，旅游之风盛行，文学、竞技或宗教性质的会社相继出现。同时，慈善活动兴起，朝廷在城中设立慈善机构，都城富商捐赠大笔财富。社会生活方式的改变，引起婚丧等价值观念的变化。男女婚嫁不顾门第、等级的悬殊，以对方家庭是否富有为标准，以聘财多少、嫁奁厚薄作为取舍。丧葬则采用花费较少的火葬，唯务从简，还出现现代意义上的“殡仪馆”[①]，专门设有存放骨灰的房屋。在卫生保健方面，不少市民已有每日洗澡的习惯等。皇家信仰影响民间，史称“御前十大宫观”[②]，设在现上城地区的有佑圣观（佑圣观路）、显应观（钱王祠）、开元宫（后市街南端西侧）、龙翔宫（后市街北端浙江省商业厅现址）、宗阳宫（三圣桥东侧）5座。佛教进入全盛，众多佛寺成为皇家国戚、后妃内侍、达官显贵的香火院、功德院，如栖云寺为设在宫内的皇家园林。元代初年，基督教传入杭州。元至元十一年（1274），传教士马薛里吉思在荐桥门兴造大普兴寺，为杭州最早的基督教堂。明成祖向北迁都后，尽管政治中心北移，但杭州府的社会民俗、宗教信仰延续百年不衰。民国政府执政末期，经济衰退，社会衰落，上城区内的宗教活动时断时续。

中华人民共和国成立后，随着一系列新法、新规的颁布

① 徐吉军著.都城繁华[M].杭州：杭州出版社，2017：65.

② 林正秋著.杭州道教史[M].北京：中国社会科学出版社，2011：93.

及现代化生产的推进，居民生活在观念和行为上均产生转变。1953年1月，上城区开始宣传贯彻《中华人民共和国婚姻法》，提倡婚姻自主。1954年6月，上城区开始实施粮油按计划凭票供应。1956年，停止使用作为交通工具达45年之久的人力黄包车。“文化大革命”期间，上城区的市民生活受到严重影响，宗教活动趋于停止。中共十一届三中全会后，佛教、道教、伊斯兰教、基督教、天主教等逐步恢复活动。1980年7月，杭州市伊斯兰教协会在中山中路227号凤凰寺内成立。1982年9月，计划生育被定为基本国策。1985—1987年，政府大力推进火葬，彻底改变上城区居民生育和殡葬的旧有民俗。

1993年，上城区遗存佛教、道教、伊斯兰教、基督教及天主教五大类别宗教遗址。辖区内包含杭州市现存唯一的古代清真寺——凤凰寺、杭州市罕有的天主教遗址基督圣心修女会宿舍及大量的佛教、道教遗址等。1998年，由于建设中河高架路的需要，吴山东南脚下布市巷6号的鼓楼教堂拆除。1999年，城隍阁重新对外开放，民间信仰宗教场所恢复参观。

进入21世纪，随着电子商务的兴起，市民的消费和生活习惯发生较大改变，网络购物、无现金支付逐渐成为市民的消费习惯。2001年，凤凰寺、梵天寺经幢、宝成寺麻曷葛剌造像被国务院公布为第五批全国重点文物保护单位。2002年10月，河坊街重新开街，体现清末民初的风貌，再现上城区以商业、药业、建筑为主体的市井民俗文化。12月，在吴山东南脚下打铜巷内重建鼓楼堂。2007年，朱炳仁铜雕艺术博物馆对外开放，收藏陈列许多散落在民间的青铜器珍品和近代当代铜雕艺术品以及文献资料，是上城区内具有代表性的民俗工艺品陈列馆。2008年2月，支付宝发布移动电子商务战略，推出手机支付业务，杭州市成为全国率先步入移动支付的城市之一，市民消费从现金支付转入手机支付的阶段。2009年9月，作为南宋临安城格局中南北走向的主轴线的南宋御街，经修缮后正式对外开放，形成生活区和商业区紧密相连的格局，再现旧时皇城风貌，成为上城区经典民俗文化与现代生活结合的一张名片。御街两侧保留18个各级文物保护建筑和29个重点历史建筑，是杭州民国时期传统风貌保存最完整的历史地段之一。根据历史建筑“应保尽保”的原则，留存66处市井坊巷，与近现代建筑结合，功德林、皇饭儿、西乐园、东伊顺等经典美食餐厅回归。2010年，杭城唯一遗存的一座大资福庙修缮一新。是年，凤凰寺举行复建落成大典仪式，再现元代建筑风貌。至2010年，中山中路综合保护与有机更新工程基本完成。2012年，城隍阁重新整修后对外开放。至2015年末，上城区共有经批准的宗教场所9处，教职人员30人。

第一章　民俗

1978年中共十一届三中全会后，杭州民俗文化表现出古今中外各民俗交叉并存的现象，尤其是青年男女中表现明显。年轻人认为婚姻应该以爱情为基础，同时婚姻纠纷、离婚案件增多；婚事上大操大办，婚嫁用品中出现“三四十只脚”“八九十只脚”[①]“全鸡”[②]“全鸭”[③]等说法；“彩票”“奖券”风行一时，品类繁多。1983年，杭州市开展“四提倡、四反对”的宣传教育，并持续进行“五讲、四美、三热爱”活动，确立传统尊老爱幼、尊师爱徒、团结互爱、勤俭节约、讲清洁爱卫生等传统民俗美德。

① 以家具脚为统计。

② 缝纫机、洗衣机、电冰箱、彩电机、录音机等。

③ 鸭绒被、鸭绒垫、鸭绒衣等。

20世纪90年代起，杭州四季青服装市场和新声路服装摊影响力在主城区不断扩大，街头巷尾出现身着西装革履、喇叭裤、高跟鞋的青年男女。1998年，国家取消福利分房，商品房交易进入人们视野，人们可以根据自己的喜好和经济情况购买房产。

进入21世纪，上城区深入落实“打造杭州RBD”战略目标，上城区市民的衣食住行随城区发展逐渐向高品质、国际化迈进。人们的思想观念更为开放，服饰也在急速变化，穿衣打扮更加讲求个性和多变，不追逐流行本身也成为一种时尚。至于吃，人们不但要吃饱，还要吃好，营养均衡，粗细搭配，绿色食品深入人心，从前因粮食不够用来充饥的野菜、粗粮已成为餐桌上的健康食品。随着旧城改造，居民的居住条件改善，新型住宅小区拔地而起，楼房鳞次栉比，一大批居民搬出没有厨房、厕所，没有上下水道的老房子，搬进新楼房。而出行也更为便利，电动车和私家车达到全民普及。电子商务起步，逛街逛店不再是唯一的消费方式，人们逐渐习惯从网上购物，尤其是通过移动互联网进行社交、获取信息、娱乐等与生活息息相关的活动。2015年，杭州市首个民俗文化科普馆开馆，落户于湖滨街道东平巷社区。

第一节　生活习俗

衣食住行体现一个地区人们的生活习惯。历史上宋室迁都是影响重大的移民南迁，整个杭州的民俗文化呈现南北融合的格局。上城区为隋唐至民国时期州治、府治、省治等所在地，尤以南宋时期，在凤凰山东麓建皇宫、筑宫殿，是南宋文化留存的核心区块。20世纪90年代起，上城区突破行政区域局限，加强跨省合作，外来文化与杭州文化互相交流；加快传统街区的打造和国际名牌的引进，让市民重温经典老杭州生活的同时与国际接轨，呈现出传统化、现代化的两面性。

一、衣饰

上城居民的穿着因时代背景、职业、年龄、性别、性格及收入状况不同有所差异，但与杭州其他城区居民穿着习惯并无太大差异。男性服装色彩以黑、灰、藏青、豆沙色为主，款式多为中山装、西装。女性服装色彩多以黑、红、棕单色为主。

20世纪90年代初，上城区是杭城名副其实的商业中心，从延安路沿解放路到金衙庄一带，包括解放后成立的浙江省最大的百货商业企业杭州解百集团股份有限公司在内，道路两边布满大百货公司和小百货商店，市民选择服装从以保暖、实用、遮体为主，转变为讲求美观、追求新潮，从购买面料请裁缝制作，逐渐转变为到商场购买。杭州四季青服装市场和新声路服装摊影响力不断扩大，成为居民服装消费的重要场所。人们的衣着在服装面料、款式和风格上有更多选择性，萝卜裤、喇叭裤、踩脚裤在女性中盛行，男士服饰则开始从西装向休闲装转变。女士喜欢用各式纱巾搭配服装，丝巾扣、领带扣、胸花、项链、手饰都跟着服装盛兴起来，服装色彩开始趋向个性化，不再单一。

进入21世纪，服装的演变达到完全个性化，流行风格向多元化发展。人们对服饰“个性化”的理解，不再局限于名牌。青年人习惯用“混搭”创造独一无二的个人服饰风格。英伦风、波希米亚风、职业等服饰风尚先后流行，旗袍、唐装、汉服等传统风格服饰也再次进入大众视野。同时，外国时尚品牌陆续进驻杭州市场，人们开始追逐品牌，买衣服已经有明确的地点，一般到服装市场或者品牌专卖店。而随着电子商务的发展，逛街购买衣服不再是唯一的消费方式，人们逐渐习惯从网上购物。

二、饮食①

上城区饮食属于杭帮菜。杭帮菜可追溯至南宋时期，当时临安作为都城，名厨济济，各方商贾云集于此，杭菜达到鼎盛。杭帮菜分为“湖上”“城厢”2个流派。前者用料以鱼虾和禽类为主，擅长生炒、清炖、嫩熘等技法，讲究清、鲜、脆、嫩的口味，注重保留原汁原味。后者用料以肉类居多，烹调方法以蒸、烩、氽、烧为主，讲究轻油、轻浆、清

① 参见第十三篇商业服务第五章住宿、餐饮业第二节餐饮业。

淡鲜嫩的口味，注重鲜咸合一。杭帮菜以东坡肉、西湖醋鱼、宋嫂鱼羹、龙井虾仁较为出名。

上城人米面皆食，以大米为主，配以各种家常菜。面食则融合中原面食的捞煮与南方面食的浇头，多以鸡、鱼、肉、蛋、猪肝、大肠等作为浇头，其中以片儿川为代表。小笼包、馄饨以及吴山酥油饼、绿豆糕、杏仁酥等各种茶点，以及颇具地方特色的榨菜月饼、定胜糕、葱包桧、火腿肉粽等也是人们喜爱的食物。

旧时冬至过后，杭州城内开始制作冬腌菜。以高脚白菜、雪里蕻（雪菜）等蔬菜，经去掉枯叶、菜根，晾晒至七八成干，置于大缸内，以粗盐腌制，杭州称为“冬腌菜”或“暴腌菜”，用来炒冬笋、肉片、豆板等。腊月买猪肉制作腊肉，并制风鸡、酱鸭、青鱼干等年货腊味。

上城人在一年中各个时令必吃的食品：春节吃年糕、正月十三上灯夜吃“灯圆儿”、正月十五元宵节吃汤圆、清明吃青白汤团、立夏吃乌米饭和夏饼、端午吃粽子、六月廿三吃麦糕、中元节吃馄饨、中秋吃月饼、重阳吃栗子糕、冬至吃年糕等。

三、住房

旧时上城人住房为青石板里弄的木结构老房子，一个小院里往往住着几家人，厨房、厕所都是公用的。20世纪90年代，随着人民生活水平的提高，住房条件不断改善，人们对住房的考虑从“有得住”转变为“住得好不好”。1998年后，商品房小区进入人们的视野。人们住进单元楼，有自家的厨房、卫生间、餐厅。进入21世纪，人们对住房的要求是高质量、舒适、方便、环境优美以及优质的物业管理和服务。住房选择因收入和喜好不同呈现出多样性，经济适用房、公寓、排屋、别墅可满足不同人群的需求。

上城人住进新宅要举办仪式。旧时搬家前需挑黄道吉日，且须在白天搬家。搬家时带两把扫帚，一把是用过的旧扫帚，一把是绑上红绳的新扫帚，且家中锅碗瓢盆均需新置1套。搬家前不能使用新房中的炉灶，另须备米、油、盐、酱、醋、茶、汤圆、彩头等物，放开门鞭炮。新家安顿后，方可开火做饭，名曰“开伙饭”，须有苹果、橘子，寓意平安吉祥；一只全鸡、一块五花肉和一条鳜鱼，寓意生活富足、年年有余；玉米、笋、四季豆，寓意金玉满堂、事事顺心、四季幸福。随着时代的变化，旧有仪式逐渐简化，搬家举行简单的仪式后，要宴请亲朋好友。

图33-1-1　吴山老屋（1998年）　（吴国方　摄）

四、出行

清同治三年（1864），红顶商人胡雪岩捐资建造不收任何费用的“义渡”埠，一头连着南星桥三廊庙，一头牵着现在复兴大桥南引桥的位置，“摆渡”成为市民横渡钱塘江的交通工具。清末至二十世纪六七十年代，杭州公交在困难时期不断摸索，从烧炭车、毛竹车、沼气车再到电车，一步步升级出行工具，公交车成为杭州人市内出行的首选。民国17年（1928），钱塘江沿岸码头经历新一轮改建，曾经的木船变成更加安全的铁皮小火轮，登岸处则变成封闭式引桥码头，从此被命名为“浙江第一码头”。民国34年（1945）抗日战争胜利后，浙江第一码头年货物运量达40万吨，年输送旅客达4000万人次，为其巅峰时期。

1961年，杭州第一条无轨电车公交线路1路车的电车通车庆典在国家剧院（现胜利剧院）举行，电车为“西湖牌”。20世纪80年代，杭州市工厂集聚，大部分单位有固定的生产作息规律，公交公司早晚高峰客流运输压力大，高峰后乘客空缺，运营成本高。人们开始青睐出行更自主方便的自行车、摩托车和出租车。国产自行车“凤凰牌”“永久牌”“飞鸽牌”等品牌家喻户晓，成为上城区条件稍微好一点的家庭购买出行工具的首选。其后，红色的“菲亚特”出租车开始出现在街头巷尾，私家小轿车也逐渐开始流行。90年代起，因摩托车极易造成交通事故，上城区内禁止（限制）摩托车通行。1994年，杭州公交全面实行票价改革，推广无人售票，在全国率先推出刷IC乘车卡。1998年，浙江第一码头停止客运用途。

进入21世纪，电动车和私家车全民普及。2012年11月24日，杭州地铁一号线正式开通试运营，杭州市民交通进入“地铁时代”，在上城境内有龙翔桥、定安路、城站、婺江路、近江5个站点，方便人们的出行。

图33-1-2　1995年，市民在城站火车站前骑行
（潘建忠　摄）

五、饮茶

饮茶是杭州市民生活中独特而重要的部分，其中以西湖龙井最受人喜爱且最负盛名。西湖龙井茶的历史，可追溯至唐代茶圣陆羽的《茶经》中的记载。当时，西湖产茶基本集中在天竺、灵隐一带，僧人在寺旁开山种茶，自种自采。自唐代以后，杭州人喝茶的方式一直在变，唐代人将嫩叶采下后制成饼茶，以煎煮的方式，连茶带汤一起饮用；宋代人创造点注的喝法，茶饼需碾成末，用“盏”饮茶；明朝人一改吃茶的传统，繁琐的煮茶、点茶被撮泡法取代，杭人品味到茶叶泡水的清香。此时，也出现茶壶、茶杯、盖碗等茶器。

历史上，饮茶还与其他的民间习俗有所联系。宋人吴自牧的《梦粱录》记述过去杭州的婚姻习俗提到，“其女氏即于当日备回定礼物……更以元送茶饼果物，以四方回送羊酒，亦以一半回之，更以空酒樽一双，投入清水，盛四金鱼，以箸一双、葱两株，安于

① 〔宋〕吴自牧著.东京梦华录（外四种）之梦粱录[M].上海：古典文学出版社，1956：304-305.

樽内，谓之‘回鱼箸’。”[①] 男女彼此中意后，所谓的下“茶礼”，是确定男女双方婚姻关系的重要形式，茶被视为从一而终的象征。同时，斗茶是宋代独有“茗战”方式，用点茶法比赛茶汤质量，要求汤花似粥米，冷却后有凝结之形。

20世纪90年代初开始，杭人饮西湖龙井的方式变得简单而直接，更注重生活化。茶人倾向于选择一个透明的玻璃茶器，用85℃水注入杯中，茶叶在水中轻盈翻滚，凸显龙井茶色绿、形美的特色。茶客喜爱绿茶其清汤绿叶的品相，浑然天成的黄绿色，味道香郁。至2015年，取虎跑水泡茶的习俗，一直为杭州人所保留，每日清晨都有市民拿着空水瓶去虎跑取水回家作泡茶之用。

图33-1-3　饮茶（2017年）　（林之江 摄）

饮茶最佳时节莫过于春季谷雨前后的一个半月间，是杭州人一年一度的重要茶事和民间的茶礼文化盛宴。杭州人以谷雨当天为全民总动员的“饮茶日”，在社区、茶馆，上演着茶艺表演、斗茶比赛、泡茶赠饮等主题活动。2006年4月起，上城区每年在吴山广场举办清河坊间茶会。茶会为期7天，围绕“茶”主题，推出品茶、展茶、斗茶、炒茶、茶马古道摄影展等活动。2007年4月，清河坊街区举办伍公山大碗茶民俗风情展，以茶为主题，推出品茶、茶艺表演、饮茶大赛系列活动。中国首位茶状元李刚到伍公山现场为游客表演茶道。

第二节　婚姻殡葬习俗

上城区市民的婚姻、殡葬习俗受南宋文化的影响，代表杭州市主城区婚丧嫁娶风俗。随着国家政策调整、社会观念开放和生活方式的改变，人们在婚姻、殡葬、生育等大事上更具自主性。婚恋方面，逐渐摒弃父母介绍和繁琐的仪式，提倡自由婚姻。殡葬方面，从土葬到火葬的普及，同时有人开始选择海葬、江葬。

生育方面，从多生多育到计划生育的优生优育，重男轻女的偏见基本消失，上城区城镇居民户口每户一般情况下只有1个孩子，“80后”“90后”被视作独生子女的一代。

一、婚姻习俗

20世纪90年代，婚姻习俗摈弃传统复杂的礼仪，实行恋爱自由或者由亲戚、朋友、同事介绍相亲。确定关系后由双方家长见面举行订婚仪式，商定结婚日期。男方要给女方彩礼，购买金饰。双方拍摄婚纱照等。结婚当天早上，男方与伴郎乘婚车到女方家迎亲，并派发进门红包，向岳父母敬茶，改口叫爸妈。中午或晚上，在酒店举行婚宴。结婚典礼一般请婚庆公司策划、实施。婚礼当天全程有摄像跟拍，婚宴上的结婚仪式则由司仪主持。结婚第三天，新娘带新郎回娘家，称为回门。新人结婚后可享受婚假。同时，有新人不办婚礼，旅游结婚。

进入20世纪，随着独生子女家庭的普及，女性进入职场并逐步实现个人经济自由，多方面因素导致主城区出现女性晚婚、晚育的现象。由此，出现相亲角、父母代为相亲以及婚恋交友网站等婚介形式。杭州家长自发到万松书院替子女相亲，万松书院逐步成为杭州市著名的相亲胜地，每个周末都有男女家长和单身青年自发到此参与相亲。

图33-1-4　南星街道一对新人的结婚现场（2012年）
（陈跃书　摄）

随着人民物质水平提高，婚礼规格越来越高，婚车越来越高档，热门酒店需要提前几个月甚至一年预订。家长要为新人准备婚房、轿车等。

二、殡葬习俗

上城人传统的殡葬仪式主要有送终、报丧、七七追荐、厝柩等。当病人弥留之际，应力求全家人全体赶齐“送终”。当病人临去世前，“送终”的亲人会为垂死者洗手脚、揩脸面，并取出早已准备好的寿衣给他（她）换上。

长辈逝世后，由族人或近邻向亲友家报丧，俗称“报死讯”。报丧时，不论天晴下雨，报丧者都要用右手倒挟一把雨伞，俗称“倒挟报死伞”。因为该特殊标志，其他人不会路上同他聊天。报丧者到目的地不能进屋，雨伞要伞柄朝下，放在门外。亲友一看来者的举动，就知道其来意。如亲友不在本地，丧家则写信报丧。报丧信信口须用火烧焦，俗称“焦口信”，或不封信口，俗称“开口信”。

人死须做七（每逢七天祭祀一次）以怀念死者。“头七”须第六日开始，俗称“敲头六儿”。头七由儿子请和尚鼓吹敲打为亡父（母）诵经拜忏。“四七”，多由亲戚送。“五七”，最为隆重，亲人应到齐。杭州习俗前一日晚，在门口设望乡台，即用门板搭台，摆供桌椅，椅上披死者衣衫，上罩伞一把。据说到“五七”，死者要回来探望家乡亲友。“六七”须女儿做，“七七”又称“断七”。一般人家只做七个七。

厝柩，就是将死者棺木停放一至三年后才下葬。清末城区厝柩之所，清波门外有叠叠山庄，钱塘门外有迎晖山庄，民国时凤山门的南山会馆专门停放灵柩。

1989年，江葬成为杭州最早推出的生态安葬方式，最初允许市民自主进行江葬，即把逝者骨灰撒到钱塘江，或者到嘉兴、宁波等地区实行海葬。[①] 20世纪90年代，随着火葬习俗的推进，丧葬习俗更为简单化。主要是送终、悼念（告别）仪式、火化、安葬等仪式。报丧使用电话告知亲人。从医院将遗体送至殡仪馆，举行遗体告别式，然后火化，选择墓地安葬。“头七”、“三七”、“五七”、“七七”、周年、忌日祭奠等习俗依然保留，且按旧时风俗，家中有人去世，三年不贴春联。进入21世纪，丧事更加从简，不举行遗体告别式的越来越多。

① 2016年，杭州市首次出现集体江葬。1989—2019年，杭州市累计有1964例骨灰撒入钱塘江。2019年起，杭州市殡葬行业协会对符合条件的江葬逝者家属，每例给予2000元的奖励。

三、生育习俗

男女结婚时，婚床上撒红枣、花生、桂圆、莲子等物，寓意早生贵子。孕妇怀孕后，有的孕妇会给胎儿听音乐、读书等进行胎教。产前要准备好婴儿出生后需要用的衣物、鞋帽等，有些是娘家赠送。后来变成准备待产包，物品齐全。临近预产期，就到医院待产。孕妇生产后，要坐月子。产妇坐月子有诸多禁忌，不能吹风、不能吃生冷寒凉食物、不能劳累伤神等。多吃水果、蔬菜，多喝汤等，注重营养均衡。随着观念的转变，许多家庭选择请月嫂照顾产妇和婴儿，或者请产妇在月子中心坐月子，以便得到专业的照料。

孩子满月后，要摆满月酒。亲朋好友均到，外婆会送给婴儿金锁、金手镯等，祝愿其一生平安富贵。婴儿在该天要剃满月头。以中药草煮水放入银盆或彩盆内，再加入洗儿果、彩线等，用各种彩缎绕盆，婴儿洗浴后，剪胎发放在金银小盒内，并用五彩丝线一起打成绦络，俗称“剃满月头”。

婴儿出生一百天，要去照相馆拍百天照。婴儿一周岁时，多要抓周。即准备笔、墨、纸、砚、算盘、钱币、书籍等，把婴儿置于正中间，看婴儿首先抓到何物，以此为一生的预兆。随着时代的变化，也有些会放鼠标、牙刷等现代物品，或者以图像卡片代替实物让婴儿抓取。

1982年9月，计划生育被定为基本国策。12月，写入《中华人民共和国宪法》，晚婚晚育、少生优生变成新的生育习俗。21世纪初，第一批独生子女到适婚年龄，青年男女对婚育的认可度降低，“单身”“丁克”等观念在经济发达区域率先流行。医疗水平提高，科学生育观念被市民普遍接受，“苦难母亲”“顺产才健康”等陈规旧俗逐渐淘汰，选择剖腹产手术的母亲比例逐年上升。

第三节　节庆习俗

节日庆祝是四时更迭的表征，表达对岁月的重视。杭州的民俗习惯在节庆方面有集中体现。南宋临安都城的岁时节日活动丰富多彩，元旦、元宵、寒食、清明、端午、七夕、中秋、重阳、除夕等岁时佳节构成风俗长廊和文化景观。除传统节日外，专属于杭州市民的春茶会、西湖荷花节、国际桂花节、西湖杜鹃节、西湖烟花大会等地方节日，也在历史的发展中产生并保留下来。进入21世纪，西方的情人节、圣诞节、母亲节、父亲节、愚人节等节庆活动在部分年轻人中流行起来。

一、传统节日

新年　辛亥革命成功后，改用公元纪年法，将公历1月1日称为新年，亦称为元旦。1949年9月，中华人民共和国第一次政治协商会议议定，确认公历1月1日新年为中国的法定节日。许多年轻人选择在元旦前夕聚会庆祝，在临近午夜十二点时倒数，称为跨年。

到紫薇坐标原点[①]跨年，是上城区内辞旧迎新的特色活动。2013年，位于延安南路的紫薇原点广场正式对外开放，成为上城区内的浪漫约会、求爱广场。2014年12月，上城区举办紫薇原点跨年活动，主题为“紫薇原点·放飞梦想”。此后，一年一度的紫薇原点跨年成为上城区市民跨年的特色活动。

图33-1-5　紫薇原点跨年倒计时活动（2014年12月31日）　（陈建荣　摄）

除夕　除夕又称年三十，即腊月三十。除夕之前，家家户户都要把家谱、牌位等供于家中上厅，安放供桌，摆好香炉、供品，由家长主祭，烧三炷香，叩拜。除夕时，儿女回父母之处与长辈团聚，合家吃年夜饭。其菜品中一般都备有几道口彩吉利的菜蔬，比如猪大肠叫作“常

① 民国2年（1913），紫薇坐标原点建成，位于上城区境内。民国17年（1928）整修，运用天文观测法，测定其经纬度，确定地理位置，作为浙江省大三角控制网及1:50000地形图测制基准，一直沿用至20世纪50年代初期。2000年，紫薇坐标原点被批准为市级文物保护单位。经专家推荐和大多数市民评选，被确定为杭州零公里标志点。2007年，杭州“零公里”标志与紫薇园坐标原点合建，成为城市标志景点。

常顺利”；鱼圆肉圆称为“团团圆圆”；鲞头煮肉就是“有想头”；春饼裹肉丝暗指“银包金丝”；黄豆芽叫“如意菜”；落花生叫“长生果”；黄菱肉、藕、荸荠、红枣四物并煮美其名曰“有富”，杭州话“藕”的谐音为“有”，黄菱肉形似元宝，音形相加等于“有富”。长辈还给儿孙发压岁钱，成年的子女也有给父母等长辈发红包的习俗。随着城市变迁，许多人家在饭店订桌聚餐，逐渐形成风气。吃过年夜饭后，合家观看中央广播电视总台“春节联欢晚会”，成为守夜的形式之一。年夜饭后，市民有到净慈寺、灵隐寺等寺院“烧头香”祈福的习俗，1995年起因寺院不再于除夕午夜对外开放而消亡。午夜时，多要燃放烟花爆竹。①

① 1994年7月29日，杭州市第八届人民代表大会常务委员会第十四次会议通过《杭州市禁止销售燃放烟花爆竹条例》，在上城区禁止燃放烟花爆竹。

春节　农历正月初一为春节。该天，亲友间相互串门拜年，互道恭喜发财之类的吉利话。21世纪后，随着手机的普遍使用及短信、微信等现代通信方式的出现，朋友之间登门拜年的习俗已逐渐减少，代之以短信拜年、微信拜年。随着社会经济的快速发展，春节气氛已不似从前热闹，更多人选择外出旅游过春节。2013年2月，上城区举办清河坊新春年俗活动。活动从大年三十持续到正月初六，接待游客100余万人次，营业额达到2738万元。年初五杭州人视为财神节，多要往北高峰等地的财神庙烧香，以求新年生意顺利。

图33-1-6　闹春（2011年）　（李晓卫　摄）

元宵节　按照传统习俗，春节活动要到正月十五元宵节。杭州习俗旧例就有元宵灯市。1993年开始，在鼓楼一带举办“皇城天风”元宵灯会，重构南宋历史场景，以灯、旗、乐三项互映，热闹非凡。2000年后，在杭州市政

图33-1-7　元宵灯会（2007年）
（区文化和广电旅游体育局 供稿）

府及文化部门的推动下，上城区吴山灯会逐渐代替传统的舞龙灯、闹花灯等习俗。每年正月十三至十六，吴山灯会连续亮灯。在元宵节当天，吴山城隍阁还会举办巡游活动。杭州城内居民到吴山看花灯成为元宵习俗。

立春　杭州人在立春日吃春饼，称为“咬春”，并有食萝卜之说，取萝卜味辣，即古人“咬得草根断，则百事可做”之意。春饼又叫荷叶饼，是一种烫面做的小薄饼。中间抹油，烙熟之后可以揭开两张。春饼可以卷菜，也可以卷肉，即是春卷。立春后，许多人会踏春出游。

龙抬头　农历二月初二，俗称龙抬头，亦称踏青节、挑菜节。因是龙抬头，杭州人多在此日理发。户外踏春，挑野菜等习俗一直延续。并食春饼，与立春之日食春饼曰“咬春”不同，二月二吃春饼则称咬“龙鳞”，因春饼圆且薄的形状好似鳞片而得名。二月二吃春饼的习俗源于清代，饼内卷入酱肘子、猪头肉、樟茶鸭等肉食以及韭菜、萝卜、豆芽等蔬菜，味道颇佳。

清明节　清明节是中国传统节日，也是重要的祭祀节日，是祭祖和扫墓的日子。清明节前一天（一说二天）为寒食节。古人从该天起，三天不生火做饭，禁烟火，吃冷食。以艾草青汁入糯米而制成清明团子（亦称青团子），冷热皆可食用。后人因寒食节与清明节时间相近，遂将寒食习俗并于清明习俗之中。清明之日，有门口插杨柳枝之习俗。清明节扫墓，要携带酒食果品、纸钱等物品到墓地，将食物供祭在亲人墓前，再将纸钱焚化，为坟墓培上新土，折几枝绿枝插在坟上，然后行礼祭拜。机关、学校人员则多在清明节往烈士墓送花圈扫墓。清明时节，春光明媚，人们还进行荡秋千、踏青、植树、放风筝等活动。

图 33-1-8　清明扫墓活动（2013年）
（区委直属机关工作委员会　供稿）

立夏　杭州旧例有立夏煮新茶、食乌米饭、称人、画灶头画等习俗。立夏日，家家户户都要煮新茶，配以鲜果，送给亲友邻居，叫作七家茶。杯中并放两枚青果或金橘。食立夏饭。而立夏饭分为两种，一种是乌糯米饭，用“乌饭叶”（乌桕树叶）浸出汁液，与米饭合煮食；另一种则是杭州人说的“咸豆儿”（豌豆）糯米饭。杭州习俗称，吃乌米饭，夏天不容易中暑，而且可以避免蚊虫叮咬，保一夏平安。更讲究者，要吃“三烧、五腊、九时新”。其中，“三烧”指烧饼、烧鹅、烧酒（甜酒酿）；“五腊”是黄鱼、腊肉、咸蛋、海蛳、清明狗；“九时新”为樱桃、梅子、鲥鱼、蚕豆、苋菜、黄豆笋、玫瑰花、乌饭糕、莴苣笋。饭后“称人”，称人之俗，江浙沪诸地均有，而杭城旧例，家家皆用一个大秤杆去“称人”，尤其是喜欢用大箩筐给孩子们称体重，看看比上一年重多少，而且秤砣放的时候只能向外挂（表示增加），不可向内移，寓意“增福”。画灶头画，当地传说是为祈福避邪消灾。随着时代发展，城市内已鲜见土灶，灶头画在上城区已基本消失。

端午节　农历五月初五为端午节，又称“重午节”“端阳节”。是日吃“五黄”[①]，即雄黄、黄鱼、黄瓜、咸鸭蛋蛋黄和裹在粽子里的黄豆板。每年端午节，百姓家家都要浸糯米、洗粽叶、包粽子，有豆沙、鲜肉、火腿、蛋黄等馅料。小孩要佩香囊，传说有避邪驱瘟之意，实际是用于襟头点缀装饰。香囊内有朱砂、雄黄、香药，外包以丝布，清香四溢，再以五色丝线弦扣成索，作各种不同形状，结成一串，形形色色，玲珑可爱。人们把插艾叶条和菖蒲作为重要内容之一。家家都洒扫庭除，以菖蒲、艾条插于门楣，悬于堂中。并用菖蒲、艾叶、榴花、蒜头、龙船花，制成人形或虎形，称为艾人、艾虎；制成花环或配饰，美丽芬芳，妇人争相佩戴，用以驱瘴。

图33-1-9　2012年4月，东平巷社区居民为外国友人佩戴端午香囊　（俞秋杭　摄）

① 五黄又有黄鳝、黄鱼、黄瓜、咸鸭蛋及雄黄酒之说。

七夕节　农历七月初七为“七夕”，亦称“乞巧节”“七巧节”。相传是牛郎织女渡银河鹊桥相会的日子。杭州人有乞巧之俗，以面粉和糖制成各种小型的物状，油煎后名为“巧果”。是晚，将巧果、莲蓬、白藕、红菱等皆陈于庭院，妇人对月穿针，以祈织女赐以技巧。又捕蜘蛛一只，置于盒中，第二天蜘蛛在盒中结网，则为“得巧”之验。又取雨水和井水各一半，盛在碗内，放在露天过一夜，第二天水上结薄冰，投一极小的针浮其上，视其水底的倒影若像杵，则为拙；若像剪刀，则为巧。如今，该习俗已不多见。

中元节　农历七月十五为中元节，又称鬼节。俗传上元（正月十五）为人节，中元为鬼节，又称七月为鬼月。杭州人有中元接祖之俗。中元节前两日，凡新丧之家，灵前悬白灯，结白彩，供细点，拜忏念经，称为“拜中元节”。七月十五祭祖，须有素馄饨一碗，以面粉皮裹以雪里蕻及豆腐干馅子。该天，寺院建盂兰盆会或盂兰盆节。盂兰盆是梵文的音译，意思是“救倒悬”以报父母。佛经《盂兰盆经》载有佛陀（释迦牟尼）的弟子目连救母的故事。于是，佛徒们出自为现生父母增福延寿，为死去父母离苦得乐，便在该日广设“盂兰盆供”以招待十方众僧，借此以报父母养育之恩。民间常集资搭台演出戏文《目连救母》，并有目连戏剧种，亦以此俗而生。

中秋节　农历八月十五为中秋节或仲秋节。中秋之夜，月亮最亮、最圆，故把它看作团圆的象征，又称为“团圆节”。中秋食月饼，夜则设以祭月，取人月双圆之意。祀品有月饼、方柿、石榴、栗子之类。祀月时在天井中搭台，设案、点斗香。点斗香，即一种灯彩，纸糊作斛形，内盛沙，插香于其中。至今，中秋送月饼给父母长辈等俗仍存，并食菱角、花生、石榴、芋艿等。

图 33-1-10　望江门外中秋祭祖（2014年）（吴海平　摄）

重阳节　农历九月初九为重阳节，亦称“重九”“九九重阳”。杭州习俗有登高之举，一般登城隍山或葛岭初阳台。《杭俗遗风》载：“是日至城隍山、紫阳山登高，吃糖炒栗子、鸡豆，顺道游斗坛，第见人山人海而已。文昌、关帝、火德等庙均摆设灯谜，亦一时雅会也。”[①] 杭人俗传葛岭初阳台见“日月并升”之天象，为葛洪炼丹成功，白日升天之时。重阳家家皆食栗糕，重阳糕以糜栗粉和糯米拌蜜蒸熟，切斜方形，上插彩旗。插旗之风，南宋已有。据《梦粱录》载，杭城重阳节时兴“狮蛮栗糕”，“以五色米粉塑成狮蛮，以小彩旗簇之，下以熟栗子肉杵为细末，入麝香糖蜜和之，捏为饼糕小段，或如五色弹儿，皆入韵果糖霜，名之‘狮蛮栗糕’。供衬进酒，以应节序”。[②] 杭州习俗于重阳节修灶，付给匠人工资必加倍。1989年，

图 33-1-11　上城区重阳登山活动（2013年）
（区委老干部局　供稿）

① 〔宋〕范祖述著.《杭俗遗风》[M]. 台北：成文出版社有限公司，1983：43.

② 〔宋〕吴自牧著. 东京梦华录（外四种）之梦粱录[M]. 上海：古典文学出版社，1956：164.

重阳节又被定为敬老节。每到该日，各地都要组织老年人登山秋游，开阔视野，交流感情，锻炼身体。

冬至　冬至，杭人俗称过冬，亦称“冬节”，有“冬至大如年”一说。宋吴自牧《梦粱录》载：“十一月仲冬，大抵杭都风俗，举行典礼，四方则之为师，最是冬至岁节，士庶所重，如馈送节仪，及举杯相庆，祭享宗，加于常节。……太庙行荐黍之典，朝廷命宰执祀于圜丘。官放公私僦金三日。车驾诣攒宫朝享。”①

旧例过冬，杭州人有食年糕、吃团圆饭、扫墓祭祖等习俗。因冬至昼最短，夜最长，故杭州又有“过冬至夜”一说，全家团聚，吃冬至饭。若有人外出不在，须报平安。自此日起，杭州旧例开始忙年，制酱肉、腊肠、腌菜等年货。冬至夜前通常会在家作飨祭祖，仪式讲究，家里的小辈要向祖先磕头敬酒。祭祖结束后，祭祖的菜是不能直接吃的，必须要回锅三烧。用丰盛菜肴祭祀“过节”后，再摆上团圆宴。

①〔宋〕吴自牧著.东京梦华录（外四种）之梦粱录[M].上海：古典文学出版社，1956：180.

腊八节　杭州的年俗，自入农历腊月初八开始，即“腊八节”。此日，杭州人有食“腊八粥”的习俗。杭州腊八粥以黄米、白米、江米、小米、菱角米、栗子、红豇豆等米豆与胡桃、松子、莲子、枣子、芡实、桂圆和荔枝等干果熬制。旧例寺院在腊八日有施粥一事。近年，各大寺院及胡庆余堂、方回春堂等传统老药号均按旧例行施粥之举。每当腊月初八，各大寺庙及清河坊均见市民排长队领取腊八粥。

图 33-1-12　2013 年 1 月 19 日，河坊街方回春堂腊八节为市民发放腊八粥　（王建　摄）

二、新兴节庆

20 世纪 90 年代，随着社会经济的发展，信息传递加速，西方节日逐渐传入，特别受到年轻人的追捧。在平安夜，年轻人选择约会、逛商场、吃饭、看电影、送平安果等消遣方式。进入 21 世纪，西方情人节逐渐升温，人们对情人节的认知度越来越高，除吃饭购物外，许多年轻人选择在情人节去民政局登记结婚。另外，从国外传入的万圣节、母亲节、父亲节、愚人节等，逐渐受到人们的青睐。每到节日，龙翔桥一带，人潮涌动，热闹非凡。

第四节　娱乐习俗

老上城人热爱生活，善于乐趣自取，重要的娱乐习俗活动有吴山庙会、钱塘江观潮、玉皇山香会等。吴山庙会最初是为纪念伍子胥、杨行密而进行的民间宗教文化活动，古时有卖字画、庙台戏、唱小曲、变戏法、耍杂技等娱乐项目。玉皇山香会是杭州民间唯一的道教庙会，是祭拜玉皇大帝，为防患杭州火灾的祈福活动。钱塘潮是浙江省独特的自然景观，早在汉、魏、六朝时观赏钱塘秋潮就已蔚成风气，至唐、宋时，此风更盛。相传农历八月十八日是潮神生日，故潮峰最高。南宋朝廷曾经规定，于此日在钱塘江上校阅水师，以后相沿成习，八月十八逐渐成为观潮节。

一、吴山庙会

吴山庙会是上城人每年重要的娱乐习俗。旧有童谣唱道“小辫儿哥哥扎红绳，城隍山上看龙灯，看好龙灯看戏文，看好戏文吃馄饨，吃好馄饨游四门，回去姆妈拷一顿”，形象地反映吴山庙会的盛况。吴山庙会，始于唐，至明清为鼎盛。旧时吴山庙观祠众多，不仅有杭州自立的寺庙，而且还有外地迁来的寺庙，祭祀着众多的民间神灵。

图 33-1-13　吴山庙会（2012年）　（金光辉　摄）

每年新年前后，上城人争相上吴山进香，以祈福祉。二三月间，浙北杭嘉湖地区丝绸茶叶商人经京杭运河而至，沿内河进西湖至清波门上岸，到吴山进香。端午、立夏等岁时节日，各行各业休假，也都要上吴山赶庙会。此外，各寺庙菩萨生日，都有庙会热闹一番。

图 33-1-14　伍子胥祭祀大典（2010年）
（清河坊管委会 供稿）

旧时，吴山庙会，除烧香拜佛外，山上山下遍布算命、看相、测字摊。此外，还有卖字画、庙台戏、卖唱小曲、变戏法、耍杂技、卖花、斗鸟以及店家、小贩在寺庙四周和沿山路设摊卖物，人们赶庙会往往是“闻风而去，满载而归”。后来，随着时代的变迁，吴山庙会逐渐式微。

2001年，为配合河坊街开街，清河坊管委会举办首届吴山庙会。此后，每年10月、11月下旬上城区都在吴山、吴山广场、鼓楼小广场、河坊街举办庙会。活动主要有文艺演出、老字号展示、中医文化交流等，以及龙泉宝剑、南宋官窑、张小泉剪刀、王星记扇子、吴越人家等手工技艺现场展示。每届庙会活动持续一周。2007年，吴山庙会被省政府公布为浙江省非物质文化遗产。

二、钱江观潮

图33-1-15　钱塘江观潮（2005年）　（胡鉴　摄）

钱江观潮是杭州市家喻户晓的休闲娱乐活动，上溯汉魏，盛于唐宋，历经2000余年。每年的农历八月十八前后，是观潮的最佳时节。《西湖游览志余》卷二十：“郡人观潮，自八月十一日为始，至十八日最盛，盖因宋时以是日教阅水军，故倾城往看，至今犹以十八日为名。”其时又有“弄潮”之戏：“伺潮上海门，则泅儿数十，执彩旗，树画伞，踏浪翻涛，腾跃百变，以夸材能。”[①]《杭俗遗风》载：“候潮门内至闸口沿江十里，均可看潮……起始之时，微见远处如白带一条迤逦而来，顷刻波涛汹涌，水势高有数丈，满江沸腾，真乃大观也。”[②]清初江流改道，看潮者必到海宁。钱江潮在纳入现代旅游产业开发之后，曾创下三五天之内聚散百余万名自费游客的纪录。钱江观潮最佳的3处观赏点为距杭州50千米的海宁盐官镇、盐官镇东8千米的八堡、盐官镇西12千米的老盐仓，除此之外，上城区沿钱塘江一线，从西兴大桥、钱江新城城市阳台，直至九溪珊瑚沙水库，多有潮可观。

① 〔明〕田成汝.西湖游览志余：卷二十.

② 〔宋〕范祖述著.杭俗遗风[M].台北：成文出版社有限公司，1983：42.

三、玉皇山香会

玉皇山香会是杭州民间唯一的道教庙会。玉皇山原称天真山、玉龙山，五代时吴越王曾从明州（今宁波）迎阿育王舍利供于此山，故又称育王山。清时，在山顶建造黄色道院玉皇宫，又称福星观，宫内有灵霄殿、真武殿、皇坛、藏经阁等道教建筑。西湖香市期间，正逢玉皇大帝正月初九诞辰日，因此山上山下，摊贩林立，善男信女，前呼后拥。虔诚信徒还三步一拜，口念“玉皇保佑”上山。一年一度“玉皇诞”香会，玉皇宫要举行隆重祝寿仪式，诵经礼忏。腊月十五为玉皇大帝出巡日。是日，玉皇宫举行道场以示迎接。

杭城历史上多火患，为祈求消灾降福，玉皇山上有不少与消除火患传说有关的古迹。宫前的“天一池”，大旱不涸，取“天一生水”之义，其用意在于消弭杭城火灾。山腰的“七星缸”，将铁缸按七斗星座排列，并在缸周浇铸符篆，意为镇压紫来洞内火龙，防患杭城火灾。

第五节　杭州方言[①]

上城区是杭州的核心老城区，上城区方言即杭州方言，俗称杭州话。杭州话属于吴语杭州小片方言，是浙江吴语中最小的方言点之一，具有吴语的一般特征，保留较多古汉语用字用语。在经历几次北方人口大量南迁后的融合，导致占人口优势的吴语与占政治优势的北方官话进行融合，该特征在杭州老城区方言体系中尤其突出，与古老的吴语有所区别。杭州话是杭州历史活化石，有儿缀，多用文言，话语腔调与周边临绍吴语无异，具有全浊音，四声齐全，清浊独立。

① 杭州方言包括杭州主城区讲说流行的杭州话，以及在周边余杭、萧山、富阳、临安、桐庐、建德等杭州市所辖区、县流行的方言。本文所说杭州方言或杭州话，则专指流行于上城区等杭州老城区的杭州话。

一、演变

在吴越通行非汉语的古越语的上古时代，中国南方汉语系统唯有楚语。自吴越归入楚的版图后，楚语就东传至吴越地区，并在古越语的底层上发展。秦汉后，又受南下军人士宦带来的中原汉语影响，逐渐发展成江东汉语方言——江东语。东晋晋室南渡，中原人大规模南下对江东语造成影响，分化为吴语与闽语。现杭州地区主要说吴语。[②]

② 王志邦著.浙江通史秦汉六朝卷[M].杭州：浙江人民出版社，2006：425-427.

陈后主祯明元年（587），置钱塘郡。隋开皇十一年（591），杨素发动州民依凤凰山筑城，即在现上城境内，是最早的杭州城。五代时期，钱镠建吴越国，并将其建成一个经济繁荣、人文荟萃的国都。从五代至北宋，杭州没有发生重大的人口迁徙，杭州的方言变化不大。

南宋定都临安（今杭州），大量北方人口涌入，带来以汴梁话为主的北方官话，影响本地杭州话。北方官话以政治、文化和人口的优势在官场衙门、文化市场通行，吴语反而只能在商贸市场和里巷里通行。官话与本地话长期共处，相互渗透，杭州话在语音、词汇、语法方面发生变化，丧失其本身固有的特点，促使它变成一种带有众多官话色彩的吴语杭州话，是杭州方言受到外来影响最大的一次。

元明时期，杭州从行都降为府治，遭受多次兵祸和疫灾，人口减少，杭州话受到四周吴语包围，官话影响被削弱，逐步向吴语回归。至清朝，清兵入驻杭州，是北方话第二次大量涌入杭州的时期。

清代杭州为浙江省治，清兵开始驻扎在城东清泰门、望江门、候潮门的沿江地带，后来扩大到城南的清波门、涌金门、云居山、羊坝头一带。清顺治八年（1651），拆民房，筑满城，把兵民隔开。直到乾隆二十年（1755），旗兵全部搬入满城兵营。近百年间，兵民混居，北方话和杭州话混杂相处。杭州本有城墙，城里住着说带官话色彩吴语的杭州人，城墙以外，住着说纯吴语的人，在城中央旗营又筑一道墙，为“城中之城”，营里住的是说北方话的八旗子弟兵和家属，形成一个方言岛。至光绪三十三年（1907），设火车站在清泰门内，拆除部分城墙。民国初年，先拆除旗营的营墙，后拆除城门城墙。至此，凭营墙和城墙分割语言的现象完全消失。

民国时期，北方话对杭州话的影响又有削弱，带官话色彩的杭州话又逐步向吴语回归。杭州周边的萧山、绍兴等地的人口大量涌入杭州，对杭州话产生影响，其中影响最大的是绍兴话。绍兴到杭州的人多，又嫌往返不便，便举家搬到杭州。杭谚道：“杭州格萝卜绍兴种”，即说有很多杭州人的祖籍在绍兴地区。绍兴人口趋多，绍兴话对杭州话就产生影响。

1949年5月，杭州解放后，以山东人为主的大批南下干部担任省、市和区级领导职务，给杭州话带来官话色彩。1955年，全国文字改革会议要求推广以北京语音为标准音的普通话，上城区第三小学成为教学汉语拼音的试点之一。

随着杭州外地人口的增加，普通话使用人群比例不断提高，通行的杭州话越来越靠近普通话，尤其表现在用词习惯和生僻字的发音方面。青年一代在家庭和学习中习用杭州话的氛围消退，学生接触和使用杭州方言的机会减少，部分儿童少年甚至已经不会说杭州话。

2011年11月，浙江省档案局启动浙江方言建档工作，上城区成为全省18家试点单位之一。2012年，上城区为方言建语音档案。杭州市民、浙江省非物质文化遗产“小热昏”传承人俞康发进入录音棚录制汉语界方言发音标准文本《乌鸦喝水》，上城区档案局记录下老派、纯正的杭州话。是年，上城区举行杭州方言主题文艺演出。2014年，上城区档案局开展首期杭州方言成人班。至年末，上城区档案局收录70余名地方人士，500余分钟语音资料，内容包括杭州方言的字、词、句、段以及戏曲资料。2015年，教育部、国家语言文字工作委员会联合下发文件，启动中国语言资源保护工程，浙江省成为全国4个试点省、市之一。

二、语音特点

杭州话在经历多次的融合演变之后，逐步形成自身特点。

儿字音较多　杭州是吴语区里儿字音读[əl]的唯一城市。杭州话的“儿”受官话影响，丧失白读，只剩下文读的“儿”，初听起来和普通话的“儿”有些相似，但两者有很大区别。读音不同，普通话的后缀“儿”，是依附在词根之上的，只做一个卷舌的动作，而不能独立地自成音节。杭州话“儿”是独立成音节的，称之为“儿尾”，如袜儿、相貌儿。

杭州话带儿的词分两类，儿尾词和嵌尾词。儿尾词的数量居多，涉及很多方面，如头顶儿、旋涡儿、高鼻儿、丫头辫儿、眼角儿。嵌尾词中“儿”字位置不在词尾，嵌在词的中间。如杭儿风、行儿话、猫儿眼、手儿紧、门板儿饭、桌儿板凳。

只有文读，基本没有白读　吴语方言中，有很多字都分文白两读。即同一个字，读书的时候是一种口音，叫文读；随便说话的时候又是一种口音，叫白读。而杭州话例外，是个只有文读，没有白读的方言。南宋建都临安，大量北方人涌入，人数超过土生土长的杭州人。北方话占优势，杭州话受到北方官话的影响，基本失去文白两读的特点，只剩下近似北方话的一种文读的读法。

杭州话有五呼　普通话里有四呼，即开口呼、齐齿呼、合口呼、撮口呼。许多汉语方言跟普通话一样，也有四呼。他们有6个单韵母，a、o、e、i、u、ū。杭州话除了四呼之外，还有一个敛口呼，共五呼。敛口呼有9个韵母，代表字是猪、抓、帅、酸、水、孙、双、刷、热。

重叠词　重叠词根是吴语构词形态变化主要手段之一，杭州方言的名词、动词、形容词都有重叠的形式，重叠后表示某种附加的词汇意义或语法意义。形容词的重叠：单音节重叠后加“交”，表示程度弱化，在句子里作状语。例如：轻轻交、慢慢交、幽幽交。单音节形容词前附加成分的重叠，表示程度的加强。如：血血红、腊腊黄、笔笔直、蜜蜜甜。而后附加成分的重叠，表示程度减弱。如：绿莹莹、黄哈哈、慌兮兮、甜咪咪。双音节的重叠形式，有联合式：大大方方、规规矩矩；有偏正式：墨黑墨黑、笔直笔直等。动词的重叠，处置式的动词重叠：衣裳洗洗、带儿系系、炉子生生。后边还可以带形容词补语：衣裳洗洗干净、带儿系系紧、炉子生生旺。重叠之后加“儿”：搞搞儿、荡荡儿、追追儿、争争儿。重叠之后带补语，表示请求或命令：坐坐正、收收拢、看看仔细、咽咽过来、揿揿落去、拉拉上来。

复数词　杭州话人称代词用“我、你、他”，复数加“们”，和吴语诸方言不同。但是杭州话的人称代词单数作定语时，习惯上都改用复数，该点很特殊，又不同于北京话。例如：搿张纸儿请你交拨我们老公（该张纸条儿请你交给我的丈夫）。你们老婆到外头耍子去特（“特”字句尾助词用法同湖州话）（你的妻子到外面玩去了）。

主谓谓语句　杭州话也可以说“他吃过饭特”该类主谓宾的句子，但最习惯的说法是改成主谓谓语句。如：他饭吃过特、他文章写好特。根据语言环境，全句的主语经常省略，只剩下：饭吃过特、文章写好特。

三、杭州话举例

杭州方言中有许多语言与今天的普通话有较大的差距。既有古汉语的词汇，也有北方语言的词汇。现举例解读部分杭州话的含义：

一字

暴：为时不久，如“暴腌菜”。

蛮：很，如“蛮好”“蛮便宜”。

轧：拥挤。
烦：喋喋不休、多嘴。
卯：哄骗，如“他想卯卯我看”。
翕：聚在一起。
寿：忠厚老实，落后于时世、过时。
阔：铺张摆阔。
牵：忸怩作态。
钝：固执。
园：音“抗”，藏之意。
赞：好。
炮：烫。
搦：拿、握、捏、按摩。
崴：健康，如“活着要崴”。
二字
老倌：用于指人，如“葛个老倌”“那个老倌”，即这个人、那个人。
其其：谢谢。
光绢：形容表面光洁。
啥西：什么。
毫燥：催人快些。
腻腥：脏而讨厌。
交关：很。
发靥：有趣、可笑。
刹克：解渴、过瘾、厉害。
豁闪：闪电。
日里：白天。
头毛：刚才。
葛毛：现在。
拉瓜：最后。
焐心：称心、心满意足。
本塘：本地。
调排：捉弄、欺负。
抛天：说话不算数，办事无结果。
安耽：安分守己。
倒灶：败落、关门。
特为：专门、特地、故意。
耍子：玩。

格里：这里。

路数：套路、身份来历。

息作：罢手。

勒格：过于挑剔。

出跳：出众。

灭乌：关掉、熄灭。

洋盘：指外行而上当受骗。

枉丧：吃相难看。

笃泰：慢条斯理、不急。

海威：吃得开、了不起。

碎烦：绕口。

粘牵：不干脆或者有牵连。

熬烧：快点、抓紧。

煞阔：慢慢来，不要着急。

落胃：舒服。

结棍：厉害。

吃茶：喝茶。

歇力：休息。

蓬尘：灰尘。

瓮肿：讨厌。

花炮：华丽鲜艳，也指比较花心的男性。

木陀：笨。

毒头：指脾气古怪的人。

瘟孙：指无用的人。

吃相：谓态度，如“吃相难看”，即态度不好。

藤头：喻人固执己见，不可说服。

勒格：形容善于挑剔的人，难与相处。

汪颡：用以称蛮不讲理、态度凶恶的人。

寿头：称不合时宜的人。

撮空：捕风捉影、道听途说。

戆陀：固执。

才至：刚才。

戛门：难处理、不积极。

打棚：打叉、打科。

暮窟：入暮库、交暮窟运。

户头：指某个人。

怠慢：招待不周。
弄唆：捉弄。
上毛（上毛子）：前几天。
曲蟮：蚯蚓。
外快：额外收入。
厌憎：嫌弃、不喜欢。
辰光、时光：时候。
六谷：玉米。
造话：假话。
三字
搞搞儿：玩玩。
看戏文：看戏。
木佬佬：很。
吃不落：不能胜任。
啥花头：什么花样，什么东西。
晏歇会：等会儿见。
一梳鱼：一条鱼。
打一记：打一下。
杀瘟猪：敲竹杠。
枣儿瓜：喻不知好歹的人。
别苗头：与人竞争，比高低。
上轧头：喻遇棘手事，两面受挤。
牵煞煞：谓忸妮作态，取悦于人（多指女性）。
空老老：无事找事干，无话找话说。
起搁头：作梗，或寻衅。
牵头皮：因某人或某事受牵连，被人背后议论。
门分账：原指应得之分，后引申为指应做之事。
门儿布：做鞋面里衬的布。
半吊子：对某事一知半解，似懂非懂。
接口令：指回答别人说话的本领，如说：某人接口令好，即称赞该人答人之言敏捷而且得当。
碰鼻头：指做事碰壁或寻人未遇。
水汪凼：小水坑。
气泡货：质量差、次品。
道儿老（老道儿）：指对某一行、某一事很有经验的人。
荡荡儿：散步，逛一逛。

滴卤儿：做出使父母祖宗丢脸的事。

掼纱帽：突然辞职不干了。

一息息：时间很短。

后首来：后来。

扣扎扣：正好，不多不少。

甲格套：怎么样。

杭儿风：赶潮头、赶热闹。

小伢儿：小孩子。

寻事儿：找茬、挑毛病、找事。

老底子：过去的年代。

泡刹鬼：心急、鲁莽的人。

巴不得：正如所愿，也称“巴而不得”。

顶头呆：突然碰到意外之事。

拉答末：最后。

瓢儿菜：小青菜。

人来疯：多指小孩见有客来时的高兴劲。

大青娘：年轻女孩。

片儿川：杭州名面点。

芡儿粉：烧菜用的淀粉。

早干头：早晨。

苦恼子：生活很苦难的人。

刚是数：正好这个数。

褡脊儿：背心、马甲。

回秧儿：剩菜剩饭热热再吃。

来猫儿：指来人，略带轻视之意。

毛俏勒：畅销。

懊恼面：对沃面的诙谐称呼。

火逼鸡：指很短时间内赶做出来的事。

西贝货：西贝为贾，指假货。

踏儿哥：对三轮车工人的昵称。

约约乎：差、马虎。

多礼数：多事。

四字

拐头拐脑：固执己见、自以为是。

雪烊得来：雪化了。

跌了得来：遗失了。

木椰豆腐：从前指包头鱼头烧豆腐，现成为骂人很笨的意思。
吃钝白儿：受人驳诘、不客气的回绝。
嘎是嘎非：说三道四，背后说人坏话。
敲瓦爿儿：大家分摊出钱。
碰头磕脑：做事不顺当，挫折多。
三不知头：忽然之间，出其不意。
挖脚底板：说别人以前不光彩的事。
哭作乌拉：形容哭的样子，说小孩子又哭又笑。
一世八界：一塌糊涂、乱七八糟。
头代不接：不接头，不知情。
乌花郎中：形容医生医术平庸。
直角弄通：直截了当。
夯不郎当：全部、满打满算。
差仿不多：差不多。
自道伙里：自己人、同伙。
滑脱精光：一无所剩。
落乱三千：指说话做事紊乱，没有头绪。
木梢客人：特别喜欢替人办事。
刨黄瓜儿：敲竹杠。
半三不四：无头无尾。
小货铜钿：私房钱。
杂里古董：多种不同的东西放在一起。
火赤浪当：急脾气、急匆匆。
在户理当：适可而止。
石刮铁硬：很坚硬。
小货龙连：私房钱。
有趣搭刹：自以为有趣。
拗滋搭味：不好吃，尤指令人不快之事。
一塔刮子：全部。
一个老早：大清早。
六底毛儿：从前。
定拣到门：很完善、很好。
空头白脑：空牢牢、无用（之事、言行）。
搞七念三：纠缠不清。
呆不伦登：发呆。
晚快边儿：傍晚。

五字及以上

吃空心汤团：比喻向别人许了愿而不能兑现。

钉头碰铁头：比喻硬碰硬，互不相让。

跌一交坐坐：乐得如此。

一等拿摩温：一流、头等。

为好跌一跤：意谓出于好的愿望办了某事，不仅不被理解，反遭人怨。

回汤豆腐干：指人被辞退而又回来。

黑漆皮灯笼：文不对题。

穷鬼先出世：别人不做的事情他先做，多指超季节穿衣。

三酉儿发作：酒醉。

麻油夹头浇：拍马屁、恭维之极。

吃隔夜螺蛳：喻人说话啰嗦，纠缠不清。

蚂蚁扛鲞头：比喻人多活少，许多人聚在一起做少量的工作。

悬空八只脚：比喻说话做事不着边际。

雷地十八滚：耍赖、就地打滚。

六月债还得快：及时回报。

灶司菩萨直奏：不做假、实话实说。

油煎枇杷核儿：滑头。

上门不见土地：访友不见主人。

海马屁打混仗：吹牛。

西湖里放酱油：不济事儿。

歪了头由自家说：意谓听不进意见，自以为是。

城隍山上看火烧：与己无关，置身事外。

钱塘不管仁和不收：三不管地带，比喻事情无人负责。

第二章　宗教

东晋咸和初年，西印度僧人慧理到杭州，佛教传至杭州，后经隋唐五代发展，历称“东南佛国”。南宋时，宋高宗赵构继承宋徽宗赵佶遗风，崇尚道教，其后孝宗、宁宗、理宗和度宗相继建造佑圣观、开元宫、龙翔宫等宫观，多数落在现上城境内。唐宋时期，大量阿拉伯商人到杭经商，多数聚居在羊坝头一带，伊斯兰信众在羊坝头兴造真教寺（现凤凰寺），并在其周围形成一个回族聚居区。元代初年，西方基督教传教士马薛里吉思在荐桥门建造大普兴寺，为杭州最早的基督教堂，明清时期，杭州几乎成为全国基督教传布中心。元大德八年（1304），杭州有也里可温掌教司衙门①。明代末年，杭州成为全国天主教传播的主要地区之一。历经千百年的流变，形成上城区五大教派汇聚的格局。

① 也里可温是元代对包括景教和天主教徒的基督教徒的称呼，掌教司衙门就是主教或总主教驻所。

中华人民共和国成立后，由于新社会制度的构建和社会建设需求，宗教活动一度陷入低迷。中共十一届三中全会后，佛教、道教、伊斯兰教、天主教、基督教等逐步恢复活动，杭州市佛教协会、杭州道教协会相继成立。同时，随着文物保护工程的落实，上城区大量宗教建筑重新进入大众视野。2001年，凤凰寺、梵天寺经幢、宝成寺麻曷葛剌造像被国务院公布为第五批全国重点文物保护单位。2002年12月，鼓楼堂迁址重建完毕，重新对外开放。2006年，杭州、舟山两地共同承办首届世界佛教论坛，杭州市佛教步入新阶段。2010年，凤凰寺望月楼复建完成，再现元代建筑风貌。2015年，区民族宗教事务局协调海潮寺复建工作，与浙江大学联合整理编印形成《杭州上城区宗教遗迹调查和分析报告》。

2015年末，上城区有佛教、道教、伊斯兰教、天主教、基督教。经批准的宗教场所有9处，其中基督教场所有鼓楼堂、思澄堂、南星聚会点、闸口聚会点4处，教职人员14人；佛教场所有栖云寺、白云庵、南观音洞3处，教职人员8人；道教场所有大资福庙1处，教职人员4人；伊斯兰教场所有凤凰寺1处，教职人员4人。天主教杭州教区内设圣心修女院1家。

第一节　佛教

上城区地处繁华，境内佛刹寺院遍布。据明代史料记载，上城区有姚园寺、慈云寺、金刚广福寺、大慈庵、灵芝寺、惠林寺、普慈寺、悟空寺、相国寺、华藏寺、惠安寺等佛刹10余所。

2012年初，杭州市规划局计划在钱塘江的南北两岸复建海潮寺，分为海潮寺南院和北院，与将台山摩崖石刻、形成“三点一线”景观带状格局。至2015年，上城区存有佛教遗迹20处，分别是天龙寺造像、慈云岭造像群、圣果寺、梵天寺、闸口白塔、石佛院造像、净因寺经幢基座、石龙洞造像、天真寺遗址、南观音洞、宝成寺、百法寺遗址、海潮寺、云居庵遗址、怡云庵遗址、栖云寺、小普陀寺、吴山弥勒造像、石观音阁、白云庵。遗迹以吴越时期居多，其中南观音洞、栖云寺、白云庵仍有僧侣住持，定期举行宗教活动。在圣果寺遗址处、吴山弥勒造像处有民众自发拜佛上香等宗教活动。

一、佛教活动

头香　“头香”之名在20世纪80年代已经存在，即农历春节（正月初一）零点烧香拜佛。为确保安全，杭州市佛教协会、杭州市道教协会及杭州各大寺院决定，自1995年起，农历年三十日晚各寺院不再通宵开放，并得到信教群众理解和支持。

敬香　部分信徒在礼佛时，成捆烧香，蜡烛越点越大，寺院烟熏火燎，威胁殿堂佛像、古树名木，影响环境。自2014年始，上城区民宗局响应杭州市佛教协会提倡的“文明敬香、鲜花供佛”号召，在辖区佛教活动场所倡导文明敬香，受到信徒的响应。至2015年，辖区佛道教场所均推行使用“佛光安全仿真蜡烛”。

二、佛教场所

南观音洞　南观音洞为杭州市市级文物保护点，位于玉皇山之南、将台山西南山麓，在现玉皇山隧道南口东侧，主要遗存有造像4龛、25尊。至2015年，南观音洞照常开展宗教活动，由释乾慧负责寺内事宜。

栖云寺　栖云寺位于凤凰山东南面。栖云古寺始建于南朝陈宣帝太建六年（574）。到五代吴越国和南宋时期，凤凰山作为皇城要地受到朝廷重视。南宋时，栖云山地处皇宫外围禁地，栖云庵为宦官将帅所居。元代之后，栖云寺成为著名散曲家贯云石隐居别墅。明嘉靖（1522—1566）后期，佛教净土宗八祖莲池大师曾住栖云寺，因此佛事兴旺。《云栖记事》记载：“明嘉靖间，有仁和人弘出家，号莲池禅师，在此建庵修行，一时香火旺盛，与梵天、圣果称西湖东南三寺。隆庆五年（1571），弘禅师去五云山坳建云栖寺，改栖云寺为云栖寺下院”。清初栖云寺尚兴，太平军进攻杭州，栖云寺遭到毁损，清同治年间（1862—1874）曾复兴栖云寺，殿堂多有扩建。抗日战争中，栖云寺屡次遭袭，仅存破屋几间。20世纪80年代，栖云寺被上城区定位为宗教活动场所。1982年，住持释广忍法师募化重建。1986年农历十二月，信徒烧香不慎，寺屋遭火毁，后再建。寺院再建后，设大雄宝殿、厢房、斋堂，四合院式的小寺院。寺内佛像有观音、文殊、普贤、地藏、弥勒、西方三圣、韦驮、伽蓝、四大金刚，有古代石刻碑两方。三门“古栖云寺”额为陆俨少书，“大雄宝殿”额为赵朴初书，“庄严净土”额为沙孟海书。2004年7月，栖云寺碑刻被公布为第二批杭州市文物保护点。2009—2015年，栖云寺作为上城区宗教活动的固定场所点，由释廓忍主持寺内事宜。

白云庵　白云庵位于玉皇山脚八卦田边，是上城区宗教活动的固定场所点，原庵已改为民居，现存小庵是“文化大革命”后搭建在老庵旁的新建筑。原白云庵建于民国8年（1919），由一位安徽籍妇女从上海到杭州，通过中间人在玉皇山脚租地930余平方米建造而成。民国19年（1930），该地主人王宝元将地基赠予白云庵。白云庵取自“白云无暇，行云流水，一庵锁白云之中”之意。当时庵内住持师为明智和根法，有僧10余人，以清修为主。民国36年（1947），白云庵由善圆尼师管理。1952年，妙道师太[①]接管已露败象的白云庵。1999年末，妙道师太圆寂，由居士暂管白云庵。2000年，释一介入主白云庵。2002年，经过整修，佛堂初具规模。随着附近八卦田遗址公园的建成，白云庵已成玉皇山南的景点之一。但白云庵不化缘，不募捐，早晚坚持功课，一心清修的传统依然坚持，为杭城尚存的几个庵堂之一，在当地群众中颇有影响。

图33-2-16　白云庵（2015年）　（吴海平　摄）

原庵虽已改为民居，但还保留着民国时期的风格。历史遗存有宗教建筑1个，为民国讲经堂；建筑构件有2扇雕花铺地；碑刻1幅，为白云庵捐赠碑记，具有较高的史料价值。

① 妙道师太俗名周玉珍，受戒于五台山塔院寺，在住持期间在庵内清修念佛，开荒种田，并于1987年出资8000余元人民币修葺玉皇山道，为人所敬仰。

第二节　道教

道教产生于中国，是中国汉民族信奉的宗教，在杭州开始传播得较早。

东汉末年至孙吴，五斗米道开始传入。孙权对民间巫术采取宽容政策，五斗米道在现杭州传播开来。晋代，杭州的道教有较大的发展。东晋钱唐杜氏家族信道，在三吴处道教精神领袖地位，其中杜子恭一支世奉五斗米道。对杭州道教影响最大的是葛洪。他辞官后云游至钱唐县，在南屏山、龙井、灵隐、天竺都有他的传说和遗迹，其中葛岭最多。葛洪在此结庐炼丹，岭上现有抱朴道院，山腰有渥丹室、流丹谷、还丹谷井等遗迹。①

唐宋年间，道教在上城区发展很快，有关道教的规范和洞观丛林制度开始形成，并建立一批宫观。大中年间（847—859）杭州刺史李君建葛仙祠，造初阳台。唐代初修建的还有紫极观等。民间则建有三茅堂等。

宋代因宋徽宗信道，道教的发展到顶峰。北宋太祖乾德三年（965）建玉虚观。宋大观元年（1107）建吴山中兴观（东岳庙前身）。南宋迁都临安后，于绍兴年间（1131—1162）建造三茅宁寿观、通玄观。其后孝宗、宁宗、理宗和度宗相继建造御前十大宫观，直属皇城司管理。南宋时期现上城区内官方与民间营造修缮的宫观有至德观、通玄观、城隍庙等。

元代是全真教大行其道之际。全真道士徐洞阳改吴山瑞石山之集庆堂为紫阳庵，其徒丁野鹤自称紫阳道人，居此潜心修炼。丁野鹤以吐纳导行、服气辟谷二十年而闻名。后人在山上修有丁仙阁，瑞石山也称为紫阳山。明代朱元璋尊道也控道。明洪武元年（1368），朱元璋召见吴山道士冷谦（古琴理论家，时年百余岁）。洪武二十三年（1390），道士严一清募款重建承天灵应观。嘉靖年间（1522—1566），敕建玉皇山福星观。

由清至民国，上城区道教渐趋衰落。至近代，保存完好的宫观已为数不多。不过，尚遗存不少道教宫观的历史文化遗迹。至2015年，吴山尚有三茅观遗址，崖壁上有明代重刻的南宋绍兴二十年（1150）赐额“宁寿观”的尚书省牒文。在吴山十二生肖石景区下，青衣泉畔有唐开成年间（836—840）隐居吴山修炼的道士邢令闻、褚葛鉴的八分书题名

① 王志邦著.浙江通史 秦汉六朝卷[M].杭州：浙江人民出版社，2006：495-503.

及大字摩崖石刻。在吴山紫阳山东麓，尚存南宋通玄观[①]遗迹。现尚存宋、明石刻道教造像数尊，是杭州为数不多的道教文物遗存。

一、道教活动

三会、三元　在道教中，三会日和三元日都是五斗米道的节日。一年三会为正月初七、七月初七、十月初五，其三会之日，三官考核功过，三魂攒送生人善恶，又谓之三魂会日，宜焚香忏过。一年三元为正月十五上元节，七月十五中元节，十月十五下元节。三元之日，天地水三官二十七府百二十曹之神，将三会日考校罪福之结果，上奏金阙，以降祸福，其日可行道建斋，修身谢过。

祖师诞辰　道教是多神教，既有各宗派共同崇拜的三清四御尊神，也有宗派各自崇拜的祖师神。前者反映出道教的基本信仰及教义，后者则多与地方性的民俗活动有关，衍化为影响不等的道教节日，例如正月初九玉皇上帝诞辰、二月十五太上老君诞辰、六月二十四雷祖诞辰等。

五腊日　正月一日名天腊，五月五日名地腊，七月七日名道德腊，十月一日名民岁腊，十一月八日名王侯腊。五腊日五帝攒会之日，此日北阴酆都大帝考校鬼魂，查生人祖考及见世子孙所行善恶，以定罪福。

二、道教场所

大资福庙位于上城区大资福庙前90号，始建于南宋。清乾隆三十三年（1768），重修大资福庙，并刻有《重修聚魁桥碑记》以作纪念。2003年7月，大资福庙被列为杭州市第一批文物保护点。2009年，被公布为市级文物保护单位。

大资福庙原有3进，面宽3开间，门口有1口双眼老井，后因经历诸多沧桑，庙宇仅存一院一殿一井，大殿入口廊柱上有一幅清代石刻楹联：“千秋庙独存，万代人皆仰。”[②]

2007年，大资福庙开始进行修复。2010年，修缮完成。在原有大资福庙的基础上，配置东西厢房、两廊及天井。总建筑面积1000余平方米，其中主殿占地面积近400平方米。修缮部分尽可能保留旧有建筑的原始风貌，辅之以落地

图33-2-17　大资福庙（2015年10月）　　（胡鉴　摄）

① 通玄观为高宗内侍刘敖入道修真处。高宗御书“通玄”二字为额。观内原有寿域楼、万玉轩、望鹤亭、白鹤泉、鹿泉等景观。

② 杨军主编.杭州老房子[M].杭州：浙江大学出版社，2009：222.

门、花格窗，凸显南宋民风、南宋元素，两廊的额枋、牛腿、雀替都经大师精心雕刻，颇具观赏性[①]。

第三节 伊斯兰教

自隋代在杭州设置州治后，随着大运河的开通，杭州成为中国东南水陆交通的枢纽。公元7世纪，伊斯兰教传入中国，最早是由到华贸易的阿拉伯商人传入。由于大量教民的迁入聚居，需要有宗教礼拜活动的场所，遂在羊坝头建凤凰寺，并逐渐形成聚居区。

宋代专门指定杭州为对外贸易的港口。杭州作为丝、茶、瓷的大宗出产地和集散地，吸引大批阿拉伯商人。不少阿拉伯客商寄居杭州，聚居在保佑坊、文锦坊、羊坝头一带。旧时中河上的桥就有以“回回桥”“回回新桥”等命名的，至2015年，桥仍存在。

元代，西北地区大量穆斯林到杭州后也在该地聚族而居。清真寺几经兴废，元延祐年间（1314—1320），回回大师阿老丁重建。摩洛哥旅行家伊宾·拔都在《游记》中说：“（杭州）城分六区，以第三区则回教徒所居，其市坊与回教国无异。”[②] 元代回族大诗人丁鹤年晚年居住杭州，学佛法及伊斯兰法。

明代田汝成说：“元时内附者，又往往编管江浙、闽广之间，而杭州尤多，号色目[③]种……”陶宗仪说：“杭州药桥侧道有高楼八间，俗谓八间楼，皆富实回回所居。”明代杭州的伊斯兰教取得与佛、道教同等的地位。清代，杭州的伊斯兰教又有所发展，凤凰寺内的碑记中有“吾教之行于中土较前尤盛”之记述。

中华人民共和国成立后，各级组织认真贯彻党的民族、宗教政策，尊重信仰自由和回族风俗习惯。1980年，杭州市伊斯兰教协会成立。至2015年，清真寺一直开展正常的宗教生活。

一、伊斯兰教活动

每当主麻日和伊斯兰教节日，穆斯林群众到凤凰寺进行聚礼或会礼。另外还必须履行功修，功修有念功、礼功（拜功）、斋功、课功、朝功5项，总称“五功”，在中国多简称为念、礼、斋、课、朝。清康熙九年（1670），《真教寺碑记》（真教寺即杭州凤凰寺）载：“其教以清洁为主，不事像设。每日有五时之拜，摄心于日矣。每月有主玛儿之拜，摄心于月矣。每岁有一月之斋，饥不食，渴不饮，以消三毒五浊之愆，摄心于岁矣。日有日省，月有月修，积日月而成岁，则岁有心斋。”1979年，凤凰寺教长、阿訇哈吉·穆萨·凯里木（张云溪），作为浙江

① 孟杨斌.国庆黄金周市民又多一好去处，杭城唯一一座大资福庙修缮一新邀你来[N].杭州日报，2010-9-30（B5）.

② 马时雍编著.杭州的寺院教堂[M].杭州：杭州出版社，2013：303.

③ 色目，泛指元时除蒙古族以外的中国西北、西域以及欧亚各族人。元代时色目散居各地，在杭州的则主要是阿拉伯人。

省唯一代表，随国家组织的友好访问团出访沙特阿拉伯、科威特和卡塔尔等阿拉伯国家，并参加朝觐活动。1999年，凤凰寺阿訇哈吉·伊德勒斯（马振玉），应世界伊斯兰教联盟的邀请，参加由中国伊斯兰教协会组织的朝觐团赴沙特阿拉伯麦加朝觐。

图33-2-18　凤凰寺开斋节（2015年7月18日）
（戴文昌　摄）

伊斯兰教三大节日是开斋节、古尔邦节和圣纪，节期分别在伊斯兰教教历的10月1日、12月10日、3月12日。节日期间，穆斯林群众欢聚一堂，互致问候，互相祝福，并进拜殿举行会礼。至2015年，上城区有伊斯兰教信众4000余人。每当主麻日和伊斯兰教节日，穆斯林就到清真寺进行聚礼或会礼。特别是开斋节和古尔邦节，穆斯林群众聚集在寺庙，互致节日问候、祝福，并进礼拜参加会礼。按国家规定，信仰伊斯兰教的民族职工开斋节放假1天。

二、伊斯兰教场所

凤凰寺是中国东南沿海四大清真古寺之一，寺名凤凰，此乃象形。雄伟高耸的望月楼和穹形门是凤凰之首，进门一条长廊如颈，二门首石蜗牛一对，称凤爪，左右参天松柏恰如凤毛，南北房屋宛如凤翼，前后礼堂礼拜殿形似凤身，殿前两边水井各一，为一双凤目，殿后成荫细竹为凤尾。[①]

图33-2-19　凤凰寺（2005年）　（陈建荣　摄）

凤凰寺创建于唐朝，初建之时，规模较小。到宋代初具规模，宋末毁于战乱。先后曾名礼拜寺、真教寺、回回堂。元延祐年间（1314—1320），开始重修；明朝再次扩建重修，最终形成凤凰寺的建筑群规模。清顺治三年（1646），清朝政府下令再次重建，成为当时中国规模最大的清真寺之一。民国18年（1929），由于市政建设拆除该寺的寺门以及门顶上加建的五层木制望月楼，极大破坏凤凰寺的完整形象。以后该寺又经过多次重修。1953年，大修后保存至今。1961年，被列为浙江省重点文物保护单位。2001年，市政府结合中山中路整治改造工程，拨专款规划重建凤凰寺望月楼。

① 余葶.凤凰于飞杭城揽胜——访杭州凤凰寺[J].《中国宗教》，2007（2）.

望月楼为三重檐楼阁式建筑，供伊斯兰斋月观察新月之用。6月，凤凰寺作为元至清古建筑，被国务院批准列为国家重点文物保护单位。

现全寺占地面积约2600平方米，建筑面积2203平方米。寺内保存有宗教建筑2处，砖式三开间无梁殿礼拜寺、礼拜用井；碑刻24块，汉文明清重修碑记2通，阿拉伯文、波斯文碑刻20块；匾额“凤凰寺”1块；读经台3座；经函1个。凤凰寺东西中轴线上依次布置着门厅、礼堂和礼拜殿3座建筑。该种布局方式，与阿拉伯国家清真寺常见的“一座长方形的大建筑，里面四周环以回廊，中间是一个大院的集中式的平面布局”迥然不同。它是以中国传统的建筑布局和结构体系为蓝本，是中国式的伊斯兰教建筑形式。至2015年，凤凰寺保存状况良好，寺内日常事务由魏志明负责。

第四节　天主教

明代，天主教传入杭州地区。明万历三十九年（1611），意大利耶稣会士郭居静、金尼阁两位神父和钟鸣仁修士应杭州李之藻（时任工部员外郎）之邀，在其家中举行第一台弥撒，此日被后人称为杭州天主教开教日。6月，杨廷筠（曾任监察御史）受李之藻的劝说领洗入教，圣名弥额尔。天启七年（1627），杨廷筠出资在杭州观巷建造教堂（在现中山北路天主教堂西），是杭州第一座天主教圣堂。徐光启、李之藻、杨廷筠是扶持天主教最著称的3人，被称为中国天主教三大柱石。由于他们热心教务，很多传教士都家居杭州，新入教的人数大为增加。崇祯十六年（1643），意大利传教士卫匡国来华，到杭州居住，建立教堂。清朝康熙年间，因“礼仪之争”，朝廷下令禁止天主教传播，天主教受冲击。

中华人民共和国成立后，1954年3月，杭州市天主教爱国会正式成立，1958年选举吴国焕神父为天主教杭州教区正权主教。中共十一届三中全会后，宗教政策得到恢复和落实。杭州天主教爱国会恢复工作。1982年5月，市政府拨款5万元修复杭州天主堂；12月12日，圣母无原罪大堂举行复堂庆祝大礼弥撒。至2015年，上城区天主教活动正常。

一、天主教活动

上城区天主教徒宗教活动正常，教徒诚信《信经》十二端、主耶稣爱的新诫命、天主十诫和圣教四规。主日和重要宗教节日进教堂参与弥撒，遵守大斋、小斋日，每年至少告解和领圣体1次，量力奉献，供应教会需要。神职人员必须谨受教会法典，信守神贫、服从、贞洁誓愿，每天要祈祷、念早晚课、念《每日颂祷》、研读《圣经》等，举行弥撒和办神工。每当重大宗教节日，如圣诞节、圣诞夜，辖区的天主教信徒会进入天主教堂，互相问候祝福，共同参与圣诞大瞻礼。

二、天主教杭州教区耶稣圣心修女会

耶稣圣心修女会于民国3年（1914）由浙西代牧区田法服主教（Paul Allert Faveau，1859—1949，法国人）创立。因18世纪初德玛诺神父（Romain Hinderer，1669—1744，法

国人）在杭州北郊建造中国第一座耶稣圣心堂，修女会故以耶稣圣心命名，属杭州教区立案修女会。

民国3年（1914）6月，田法服主教接收程烈操、吴引贞、钟美英3名贞女成立修女会，并派3人到上海徐家汇修女院学习8个月。民国4年（1915），她们返回杭州，并成立初学院，院址设在杭州下仓桥（现中山北路）教堂的仁慈堂内西侧。第一任院长为金涤尘。首批初学修女19人，后增至23人。民国22年（1933），耶稣圣心修女会购入上城区小螺丝山1-2号院地1300余平方米，建房32间，设为耶稣圣心修女会总院。总院内设学习室、工作室、寝室、膳厅、厨房、小圣堂、神父住房、诊所。民国23年（1934），耶稣圣心修女会由中山北路正式搬迁到小螺丝山，作为修女会总院会址。除总院外，在粮道山开设圣心小学，由该会修女负责管理和教学。杭州解放前，根据该会入院登记册，在册人数有86人，后29人出会。

1956年，该会有修女44人。“文化大革命”时，修女被遣散。1956—1985年，该会被迫停顿，总院被占用。1982年3月，中山北路415号天主堂被归还教会，宗教活动逐渐恢复。修女陆续回到教会。1985—1986年，修女会重建，并有第一批9名望会学生。教区主教朱峰青邀请沈珏修女担任修会院长，负责管理、培育。给修女开设的课程有教理、圣经、教会史、书法、绘画、音乐、语文等。

1993—1999年，杭州教区修女会在杭州市天主教爱国会的协助下，走出浙江面向全国招收修女，先后3次由山东、河南、陕西、河北等地招收年青望会生30余人。2000年11月，修会总院在各方面的努力与协调下复院，又称城隍山天主堂，会址在吴山脚下的四宜路四宜亭新1号。修会总院主要提供修女生活居住之用，旨在特别敬礼耶稣圣心，并协助堂区堂务工作，尚无宗教活动。

1995—2015年，会长分别为缪洁、傅天玲、康线玉、王明娟。

第五节　基督教

基督教约于唐贞观九年（635）前后传入中国，时称景教。杭州是中国基督教传播较早的地区之一。元代，中亚薛述思干（现乌兹别克斯坦撒马尔罕）的马薛里吉思在杭州荐桥门建造大普兴寺，基督教的远东支派景教开始传入杭州。

鸦片战争后，基督教各派会的传教活动更为活跃，尤以新教发展最快，教徒最多。他们以上海、宁波为入口，渐次推进至杭州。教会纷纷开设医院和学校，举办慈善公益事业，购地建堂，开展布道活动，教徒发展很快。此时杭州的新教传教活动主要聚集在上城区所在的位置。清咸丰八年（1858），美国基督教北长老会差会的中国传教士张澄斋从宁波到杭州，寓于紫阳山汪王庙内，租赁剪刀巷费姓房屋开始布道。咸丰九年（1859），英公圣公会差会传教士包尔腾到杭，居住城隍山开始布道。咸丰十年（1860），美国基督教南长老会差会传教士胡思澄及郝里美到杭，购地于管采山（粮道山），开始布道。同治五年（1866），美国基督教浸礼会差会传教士秦镜到杭州，在银洞桥租屋开始布道。是年，英国内地会差会传教士戴德生从沪到杭州，在清泰街新开弄内租房设堂传教。此外，在该时期到杭州的新教教会还有大英浸礼会（1822年到杭）、中国传道会（1852年到杭）、德华盟会（1890年到杭）、恩典会（1899年到杭）、自立会（1905年到杭）等。

20世纪70年代后，上城区的基督教教牧人员统一由杭州市基督教协会自主管理。教牧人员吸收、工作安排、圣职晋升、生活待遇等均由协会按照规章制度和教义教规、教会传统集体讨论决定。随着杭州基督教信徒不断增加，另建崇一堂，并迁建鼓楼堂。

一、基督教活动

主日聚会（礼拜）　据《圣经》教导和教会传统，信徒每周聚会1次。杭州大多数教堂（点）每周日举行2次，有的教会在周六举行。

查经聚会　各教堂（点）据实际情况在周间自定时间，由专人负责、针对专门内容和主题，向信徒讲解《圣经》知识。

祷告聚会　各教堂（点）根据具体情况，确定时间，为人间、世界、国家和人民、教会事工、信徒及家庭举行祷告聚会。杭州基督教于1995年8月为世界和平，1997年6月为香港回归，1999年12月为澳门回归，2005年8月为纪念世界反法西斯战争和中国抗日战争胜利60周年等举行祈祷活动。

青年聚会　根据教会年轻人特点和需要，在周间某个晚上举行聚会，作为主日聚会的补充。

诗经练唱　教堂诗班成员练习诗歌，一般定在周五晚上。

婚、丧礼拜　根据教会传统，为提出要求的信徒举行婚庆或丧事聚会。

联合大型聚会　圣诞节、受难节、复活节等基督教重大节日，春节培灵会、青年夏令营等活动及其他需要，由杭州城区各堂点联合举行聚会，规模较大。圣诞节是基督教会和信徒最重大节日，每年12月24日晚（平安夜），信徒参加聚会，互致“圣诞快乐”。其他市民也能到教堂观礼。

二、基督教场所

鼓楼堂　清光绪十一年（1885），鼓楼堂建成，位于布市巷6号。民国20年（1931），改建为中国宫殿式教堂，并建有附属于教会的社会服务机构“益民社”。抗日战争期间，教堂为日军所占。抗日战争胜利后，教堂恢复，并在中山南路望江门设立布道所一处。杭州解放后，布道所停办，益民社的房屋改由上城区卫生部门使用。1958年，该堂为杭州保留堂之一。“文化大革命”期间停止聚会，被永新杂货店用作仓库。1979年，杭州基督教会收回自用，重新修葺。9月，正式复堂礼拜。

1998年5月，由于建设中河高架路的需要，原鼓楼堂被拆除。2002年12月，于中河中路1号重建鼓楼堂，2004年9月竣工。建筑面积3478平方米，正立面高5层，大门上方是大十字架，两侧墙面各为3扇风帆造型。进门后是前厅，中间是祈祷廊，通达金灯台。祈祷廊右侧是缩小的原鼓楼堂礼堂。门楼、实砌青砖墙体、堂内柱梁结构和天花板饰物等，按老鼓楼堂式样缩小还原，能供200人聚会，信徒称之为“堂中堂”。祈祷廊左侧是办公场所，上2楼是大礼拜堂，能容1200人聚会。至2015年，由牧师李美双负责场所事务。

图33-2-20　鼓楼堂（2018年）　　（楼泉武 摄）

思澄堂　思澄堂从民国13年（1924）动工，到民国16年（1927）建成。为纪念牧师张澄斋，起名“思澄堂”。思澄堂位于解放路132号，是一座中西风格的建筑。当时的思澄堂占地面积较大，一直延伸到解放路中间，并有一座钟楼，后因解放路拓宽，钟楼被拆除。

民国19年（1930）复活节，思澄堂第一次使用。民国26年（1937），日军侵入杭城时，周围的居民都躲到思澄堂，思澄堂成为杭州城里人的避难所。民国30年（1941）12月，教堂成为日军敌产。民国34年（1945），思澄堂被改作“中日文化馆”，成为传播奴化思想的场所①。抗日战争胜利后，思澄堂重新回到信徒手中。1984年10月，浙江神学院设于思澄堂，直到2000年为止。

① 马时雍编著.杭州的寺院教堂[M].杭州：杭州出版社，2013：276.

至2015年，教堂基本完好，被列为市级文物保护单位。思澄堂主要遗存有宗教建筑：思澄堂，平推窗72扇、长条木椅67条、雕花门12扇、角石2墙。思澄堂是杭州市历史最悠久、最大的基督教堂，也是浙江第一座从总体到细部都

图33-2-21　思澄堂（2020年）　　（陈建荣 摄）

力图表现中国风格的基督教建筑。它在建筑设计的时候采用中西合璧的理念，是一座园林式的建筑，特别是窗门采用中国园林的支摘窗式风格[①]，屋檐翘角也是中国传统建筑的特色。思澄堂整体建筑是显十字架的形状，从高处俯瞰楼顶看到横卧一个巨大的十字架。外墙用青砖实叠，内用进口洋松木做梁柱。2、3楼的地面用木板铺垫，是一座砖木结构的教堂，坐在2、3楼任何一角都能看到讲台。由牧师张耀法负责场所事务。

① 吴德隆主编.杭州老字号系列丛书建筑篇[M].杭州：浙江大学出版社，2008：328.

第三十四篇 街道

隋文帝开皇九年（589），今上城区属钱唐县。南宋时期，今上城区境域为赤县（京都）所辖地；清宣统年间，为杭州府直辖。民国23年（1934），上城区属于杭州市第一区和第二区范围。中华人民共和国成立后，第一区更名为上城区，第二区更名为中城区，上城区名由此开始。1957年，中城区并入上城区。后经过多次区划调整，至1986年，上城区辖小营巷、涌金、清泰、湖滨、清波、横河、城站7个街道办事处，132个居民委员会。

1978年，随着经济体制改革，上城区逐步扩大企业自主权、落实各项经营责任制，对企业进行整顿，加速全区工业发展步伐。上城区逐步形成以电子仪表、家用电器、汽车配件、新型建材、制冷设备、日用轻工等为主体的工业结构。20世纪90年代，部分企业产品老化、技术力量薄弱、市场需求下降等因素，导致街办企业发展举步维艰。90年代中后期，街办企业相继走上改制的道路。

1996年12月，杭州市行政区划调整，江干区望江、南星、紫阳、闸口4个街道和四季青镇的近江村、望江村、玉皇村3个行政村划入上城区。加上原有7个街道，全区共11个街道、215个居民区和3个行政村。1999年5月，涌金街道7个居民区划入清波街道，15个居民区划入湖滨街道，合并建立新的湖滨街道；城站街道14个居民区、清泰街道19个居民区及横河街道3个居民区合并建立新的城站街道；小营巷街道与横河街道合并建立小营街道。调整后，上城区辖湖滨、清波、小营、城站、闸口、望江、近江、南星、紫阳9个街道。

2000年起，随着上城区“退二进三”经济发展战略的推进，辖区内工业企业逐渐外迁，服务业、商贸旅游业日渐兴旺。各街道拓展招商渠道，加大招商引资投入。随着西湖南线贯通、河坊街历史街区的恢复，清波街道形成以吴山广场为中心的吴山商圈。湖滨街道启动“大湖滨商圈精品建设工程”，打造杭城最美最具特色的城市会客厅。2003年，上城区区划调整，撤销小营街道、城站街道，合并新建小营街道。撤销望江街道、近江街道，建立新的望江街道，撤销南星街道、闸口街道，建立新的南星街道。2005年开始，各街道对市政设施加强管理，改善城市硬件设施，先后通过实施背街小巷改造工程、庭院改善工程、危旧房治理工程、“三改一拆”①、“五水共治”② 等工程，不断提升辖区城市面貌和生态治理水平。是年，望江地区启动改

① ……展旧住宅区、旧……、城中村改造和……违法建筑。

② ……污水、防洪水、……水、保供水、抓……。

造工作。

2009年12月，湖滨街道整合各类民情民意反映机制和资源，建立全国首个街道（社区）层面民主促民生平台——“湖滨晴雨”工作室。通过构建“党委政府、专家学者、社区民众、新闻媒体”共同参与的社会复合主体，发挥“问计于民、收集民意、排忧解难、决策参考”作用，成为基层社会治理创新的典范。利用“互联网+”，推动智慧养老多元化，完善“智慧社区、邻里互助”社区服务新模式。各街道逐步形成老年人服务、残疾人服务、精神卫生工疗服务、优质服务、家政服务、幼托服务、便民利民生活服务、文化生活服务、志愿者服务、安全法律服务等社区基础服务网络。在党的建设方面，各街道开展思想、组织、作风建设。通过专题辅导、党课、知识竞赛等形式，提高党员干部的思想政治觉悟。小营街道挖掘历史资源，发扬红巷精神，创新深化“红色小营”“最美小营”“健康小营”三大核心品牌。打造“小营·江南红巷”红色旅游AAA级景区，以毛主席视察小营巷纪念馆、中共杭州小组纪念馆、钱学森旧居等“三馆两廊一园”爱国主义和革命传统教育基地为基石，形成提供惠企为民综合性服务的新高地。

2010年开始，望江街道依托互联网平台，不断创新社会治理模式，探索出社会矛盾纠纷排查化解、群防群治等工作的新方法。2012年，上城区加快社区治理信息化建设，开通“民情E点通”系统，实现居民诉求的快速反应和解决。2015年，上城区作为杭州市第一个智慧城市建设试点城区，在全市率先推出“互联网+社区民生服务”的社联网运作平台，整合社区、社工、社会组织、社会企业、社区基金五种资源，做好“最后一公里”民生服务。至年末，上城区辖湖滨、清波、小营、望江、南星、紫阳6个街道、54个社区，常住人口32万人。建成大湖滨商圈、玉皇山南基金小镇、望江智慧产业园、科技工业基地等产业平台，促进城区经济快速发展。

第一章　湖滨街道

湖[illegible]街道位于上城区西北角，因地处西湖边而得名。该地区古为江海沙滩，后筑海塘拒潮，[illegible]东成陆地，塘西成湖。全境地势平坦，平均海拔8.4米。辖区内东西向的主要道路有庆[illegible]路、解放路、平海路、西湖大道等，南北向的主要道路有延安路、中山中路、浣纱路[illegible]东坡路等。

改[illegible]开放后，小商品、小百货率先在湖滨街道兴起。1987年，湖滨街道办事处驻浣纱路2[illegible]。20世纪90年代，在“贸易兴区”“三产兴区”战略指导下，全面开放以商业为重点[illegible]房地产、市场、社会服务等第三产业迅速发展。1993年，湖滨街道辖区面积0.97平方千[illegible]街道办事处驻浣纱路64号。1999年4月，街道行政区划调整，涌金街道办事处撤销[illegible]涌金街道西湖大道以北区域归湖滨街道管辖，辖区面积增至1.59平方千米，街道办事处[illegible]国货路7号。2000年后，杭州市启动“大湖滨商圈精品建设工程”，打造国内最具有特[illegible]的城市会客厅，生活品质国际体验[illegible]，集高端商业、人文景观、风景旅[illegible]为一身。2004年，街道办事处迁至[illegible]河中路275-2号。区域内省、市行政[illegible]业单位、大型商场、医院、星级酒[illegible]、商务楼宇聚集，其中集高端商业[illegible]人文景观、风景旅游于一身的湖滨[illegible]际名品街，勾勒出湖滨高端化、国[illegible]化、品质化的发展路线图，成为杭[illegible]引领时尚、体验经典的标志性空间[illegible]2015年，湖滨街道地方财政收入[illegible]亿元。至年末，户籍总户数10896[illegible]居民12778户，户籍人口32635[illegible]人口密度16147人/平方千米。辖[illegible]共有商业服务业4378家，行政事业[illegible]位269家，个体经营户2610户。湖[illegible]街道先后获“中国街道之星”“全国[illegible]区教育示范街镇”“全国社区

图34-1-1　湖滨街道办事处　　（湖滨街道 供稿）

戒毒社区康复工作示范点”“全国和谐社区建设示范街道”等40余项国家级荣誉称号。

1993—2015年，湖滨街道历任党工委（党委）书记朱永祥、陈浩然、袁巧玲、曹兢业、管光尧、叶榕、毛素云。历任办事处主任朱永祥、袁巧玲、顾敏达、曹兢业、石小明、叶榕、朱黎明、毛素云、孔兴桥、杨盛强。2004—2015年，历任人大工委主任管光尧、叶榕、毛素云、严民强。

1993—1999年，涌金街道历任党工委（党委）书记丁晓芳、陈冠英、王文良。历任办事处主任毛宗林、丁晓芳、陆昌林。

表34-1-1　2015年上城区湖滨街道部分辖区单位情况表

序号	单　位　名　称	地　　址
1	杭州市总工会	平海路52号
2	杭州市天长小学	孝女路4号
3	杭州市行知幼儿园	邮电路20号
4	杭州市工人文化宫	仁和路2号
5	杭州市惠兴中学	邮电路22号
6	杭州新世纪外国语学校	祖庙巷33号
7	杭州解百集团股份有限公司	解放路251号
8	浙江龙翔服饰城	延安路298号
9	浙江兴合男装大厦	长生路24号
10	工联精品服饰城	延安路292号
11	杭州凯悦酒店	湖滨路28号
12	杭州友好饭店	平海路53号
13	杭州酒家	延安路205号
14	奎元馆	解放路154号
15	知味观	仁和路83号
16	浙江大学医学院附属妇产科医院	学士路1号
17	杭州市第一人民医院	浣纱路261号
18	杭州市保障用房服务中心	中河中路275
19	浙江省中医院	邮电路54号
20	浙江胜利剧院	延安路279号
21	杭州东坡大剧院	东坡路10号

说明：资料来源于杭州市上城区湖滨街道

第一节　党建

1993年，湖滨街道党工委加强自身建设，重视廉洁从政，保证党的基本路线、方针、政策的贯彻执行。2000年，湖滨街道党工委健全和完善中心组理论学习读书会、专题报告会制度，建立理论学习领导责任制。至2015年，湖滨街道党工委团结和带领辖区党员，担当起发展区域经济，打造平安社区，构建和谐社会的责任。实践探索“党员受教育、群众得实惠”的目标，运用街道文化活动中心、社区学院、图书阅览室、宣传窗等宣传学习平台，“红色港湾”“党员会客室”等工作平台，对党员干部进行思想、经济、政治、文化、社会事务综合发展教育，党组织的战斗堡垒和党员先锋模范作用得到发挥。

一、思想建设

1993年12月，湖滨街道党工委开展邓小平建设有中国特色社会主义理论和中共十四大精神“学理论、讲团结、比廉洁、赛实绩”教育活动，以专题辅导、党纪教育课和知识竞赛等形式，提高党员干部和居民群众的思想政治觉悟。通过开展党的基本路线和爱国主义、集体主义、社会主义教育及“塑造天堂新形象”、学雷锋和创建文明单位及军警民共建等活动，增强辖区群众民族自尊心、自信心，树立正确的人生观和价值观。1995年，开展“凝聚力工程”建设，以街道业余党校为阵地，定期举办党员培训班，进行党的理论基础教育活动。

2000年12月，湖滨街道党工委在街道业余党校举办党课4次，电化教育10次，并召开以“三讲”为主要内容的党性党风教育座谈会。2001年7月，健全湖滨街道党工委两级中心组理论学习制度，坚持每月一次的党工委理论中心组学习。通过党校培训、电化教育、支部生活和个人自学等形式，提高自身理论业务水平。2003年，辖区有非公有制经济组织100余家，街道党工委发挥街道业余党校的辐射功能，强化街道网站、社区党员服务分站、非公有制经济党组织服务点等教育阵地，宣传党的方针政策，党员通过网络就能学习党的最新精神。

2004年，湖滨街道党工委在街道、社区开展党员先进性教育活动，坚持党支部“三会一课”、党员领导干部中心组学习、党员干部轮训制度以及基层党员远程教育等机制，建立和完善党员“长期受教育”的学习培训和能力养成机制。2005年，湖滨街道党工委创建“党员会客厅”“湖滨论坛”发挥理论学习中心组和红色港湾阵地作用。是年，湖滨街道“红色港湾”被列为全市首批“中国特色社会主义理论体系基层宣讲点”。

2010年，湖滨街道党工委开展学习实践科学发展观、建设服务型党组织为主题的“上城先锋”创先创优活动，理论中心组学习不少于12次。2014年，湖滨街道党工委通过专家讲、领导讲、先进讲、群众讲“四讲”，做到中共十八大精神宏观学、微观学、重点学、分层学。2015年，湖滨街道党工委结合街道干部群众思想政治工作情况，宣讲“三严三实”专题党课，召开专题研讨，解决理想信念、依法用权和守规执纪等方面存在的问题。

二、组织建设

1993年4月，湖滨街道党委改为中国共产党杭州市上城区湖滨街道工作委员会（简称街道党工委）。至12月末，湖滨街道有党员340人。1995年11月，湖滨街道有基层支部22个，党员348人。湖滨街道党工委在选配居民干部时，每个居民委员会必须有1名党员，加强居民区党支部的建设。

图34-1-2　1996年8月12日，湖滨街道招聘居民干部
（平传根　摄）

1996年6月，湖滨街道党工委成立居委会党支部，根据新的居民行政区划，党支部由原34个组建为16个。1999年，湖滨街道党工委在全市率先成立街道层面的“湖滨地区党建工作委员会”，在组织网络上形成“三纵两横”[①]的区域化大党建新格局。1999年，将辖区40余家单位党建工作纳入街道、社区大党建范畴。

2000年，湖滨街道业余党校被中央宣传部评为“国家基层党校示范点”。是年，湖滨街道有5个社区党委、19个社区党支部，并在涌金门、岳王路、洪福里3个社区建立流动党支部。2001年，湖滨街道党工委相继组建5个非公企业党支部[②]。2003年，湖滨街道党工委进行社区党委直选工作，同时社区党支部从19个调整到52个，新建非公有制企业党支部2个。2005年，湖滨街道党工委在全市率先成立“湖滨街道非公有制企业党委”和“湖滨地区非公有制企业党建联席会”（两新）组织综合党委，下属党总支1个，党支部9个，党员69人，入党积极分子36人。加强非公有制企业党建，形成具有互补特色的“流动党员安家化”做法。结合党员先进性教育，打造湖滨地区党建中心——“红色港湾”，集党员管理、教育、服务、展示四大功能于一体，开展教育充电、帮扶救助、党员服务等方面的工作。

2006年，湖滨街道通过“红色港湾”党建阵地作用的发挥以及党员干部现代远程教育的实施，实现“阵地化管理、阵地化服务、阵地化教育”。2008年，湖滨街道党工委下辖党支部60个，党员1612人。新开元大酒店党支部在上城区率先进行“公推直选”试点。“红色港湾”流动党支部被评为市级“社区党建示范点”。2005—2008年，湖滨街道党工委连续被省委组织部评为“省级先进党组织”。2009年，开展“退管建支部”工作，组建自管小组党支部46个，建立“功能性党小组”[③]等特色支部21个。

2010年，湖滨街道党工委下辖党支部70个，党员1689人。2011年，湖滨街道党工委下辖党支部74个，党员1707人。在上城区率先成立街道区域化党建共建工作委员会，建立“1+6+X”[④]区域化大党建工作网

① “三纵两横”是指在区域中，以延安路、浣纱路、中山中路为主的三条纵向道路和以解放路、平海路为主的两条横向道路进行网格划分。

② 分别是花海工贸党支部、红泥餐饮党总支、大家艺校党支部、园林风景建筑设计党支部和新钱塘实业有限公司党支部。

③ 指打破以往组织生活框定活动内容、限定活动场所的模式，按照小组作用和党员意愿，组织开展各类志愿服务。

④ “1+6+X”：街道党工委成立区域化党建共建工作委员会，下设党群建设、经济发展、民生保障、生态环境、平安维稳、精神文明6个专项组，协调区域党建共建事务；在社区建立党建联合会，围绕社区特色开展共建活动，形成“1+6+X”的区域化党建大网络。

络，做法在全区推广。2012年，湖滨街道以东平巷社区和吴山路社区为试点，以网格为单元建立党支部，推出"网格建支部、组团抓服务、民情重承诺"的网格党建工作法[①]。是年，"湖滨晴雨"党建品牌被评为"浙江省服务型基层党组织建设百例特色品牌"。2013年，湖滨街道党工委下辖党支部74个，党员1733人。

① 以社会管理网格化划分的18个网格为基础单元，对网格内的党组织和党员进行梳理，面向网格内的企业、个体工商户和社区居民发送《红色家书》，全面网罗网格内的"口袋党员"、流动党员，帮助他们过上组织生活，填补网格内党组织建设空白。

2014年，湖滨街道党工委建立"湖滨·利星爱心广场""党员干部百通岗"，服务从室内延伸到室外，从体制内延伸到两新党组织。2015年，湖滨街道党工委以网格地理单元为纽带，建立服务型"网格党支部"18个，形成街道网格党工委—社区网格党委—网格党支部的新型组织体系。成立"红色驿站"商圈为企服务中心，推动辖区两新组织建设新发展，以利星两新党组织建设和发展为"样板"，引导服务型基层党组织全面推进。至年末，湖滨街道党工委下辖党总支（支部）110个，有党员2109人。

三、党风廉政建设

1993年，湖滨街道开展干部作风纪律整顿教育工作，通过学习文件、寻找差距、建章立制、总结评估等阶段，改进作风、加强组织纪律性，提高办事效率。1996年4月，湖滨街道党工委、湖滨街道办事处制定《湖滨街道党风廉洁守则》，实行相互监督，使干部廉洁自律落到实处。1997年12月，湖滨街道党工委成立湖滨街道纪检监察信访领导小组。1999年7月，制定廉洁自律若干规定，主要内容为坚持民主集中制原则、重大事项报告制度、廉洁从政行为规范、个人收入申报制度、党风廉政责任制、民主监督测评制度等8项规定。

2001年7月，湖滨街道党工委制定和完善党风廉政有关规章制度，落实"收支两条线"，抓好政务公开、居务公开，发挥党风廉政监督员的作用。2002年，湖滨街道党工委定期对党风廉政建设进行监督、检查，坚持使用经费集体讨论，主管领导"一支笔"审批制度，小区整治、道路整治、社区基础设施配套等均实行公开招标。2004年，湖滨街道党工委坚持教育、制度、监督三者并重，组织党员干部观看典型案件电教片和参观杭州市党员干部法纪教育基地，对违反规定的违纪行为，加大处理力度。

2005年，湖滨街道党工委制定《2005—2007年湖滨街道构建惩治和预防腐败体系工作计划》，完善反腐保廉体系。2012年，湖滨街道党工委邀请"湖滨晴雨"民情观察员为湖滨街道工作"挑刺"。推出"岗位廉政承诺"等制度，促进领导干部和机关、社区工作者廉洁自律，东平巷社区被评为首批"杭州市社区党风廉政建设示范社区"。

2013年，湖滨街道党工委学习宣传贯彻中共十八届三中全会精神，围绕中央八项规定，反“四风”要求，注重“实际、实干、实效”，推进党风廉政建设。2015年，街道党工委开展岗位廉政风险点排查，深化作风建设和效能督查，开展谈心谈话，加强“党性体检”和“民主评议”，建立健全纪检监察问题线索排摸机制，聘请特邀监察员开展作风效能明察暗访6次，通报处理检查中发现的问题。

图34-1-3 “湖滨晴雨”工作室（2012年）

（区民政局 供稿）

第二节 经济

1990年，湖滨街道办事处发展街居多种经济，注重打实经济基础和涵养税源，扩大街道的资产总量和经济实力。是年，街道有私营企业464家，个体工商户5340户。2000年，杭州市启动“大湖滨商圈精品建设工程”，建设集山水风光、历史文化、时尚购物、休闲娱乐、观光旅游于一体的“杭州旅游金名片”。2010年，湖滨街道加大招商引资力度，引进企业228家，引进资金28.63亿元，引进外资389万美元。2015年，湖滨商圈引进内资企业218家，注册资金36.61亿元；引进外资企业6家，实际到位外资4003万美元；实现地方财政收入8.81亿元，社会消费品零售额77.06亿元。湖滨商圈成为集吃、住、行、购、娱各项资源为一体的商业综合体，成为杭州乃至浙江引领时尚、体验高端的商贸综合体。

表34-1-2 2006—2015年上城区湖滨街道综合经济指标完成情况表

单位：亿元

年份	社会消费品零售额	全年税收收入	地方财政收入	招商引资			
				引进企业（家）	内资	其中市外资金	外资（万美元）
2006	34.27	—	—	146	6.17	1.48	—
2007	23.30	—	2.29	197	15.05	10.07	2499
2008	35.40	4.93	2.93	172	15.82	11.47	2990
2009	40.76	4.79	3.24	173	17.93	11.53	1946
2010	33.56	5.72	3.89	228	28.63	17.40	389
2011	46.36	6.89	4.77	158	18.78	12.57	800
2012	56.14	12.43	7.35	130	30.27	10.06	708

续表34-1-2

年份	社会消费品零售额	全年税收收入	地方财政收入	招商引资			
				引进企业（家）	内资	其中市外资金	外资（万美元）
2013	68.83	11.74	6.85	190	19.70	13.29	1259
2014	76.83	13.32	13.17	202	15.03	11.01	2000
2015	77.06	14.70	8.81	218	29.19	13.35	4003

说明：1.资料来源于历年《上城区统计年鉴》《上城年鉴》。2.1993—1997，2001—2005年社会消费品零售额分别是0.18亿元、0.23亿元、0.38亿元、0.27亿元，1.22亿元、1.47亿元、2.53亿元、3.22亿元、3.96亿元；2003年全年税收收入是12.07亿元

一、工业

1993年，湖滨街道工业总产值303万元，涌金街道工业总产值166万元。1994年，湖滨街道有工业企业3家，工业总产值156万元，利润6万元。涌金街道有工业企业6家，工业总产值177万元，利润28万元。

1997年，湖滨街道有工业企业7家，工业总产值352万元，工业总收入337万元，利润7万元。1999年，涌金街道撤销，部分并入湖滨街道。至年末，湖滨街道有工业企业7家，工业总产值812万元。2000年，在杭州市区产业“退二进三”政策的推动下，湖滨街道的杭州钢窗厂等工业企业逐渐迁出。至2006年末，湖滨街道工业企业全部迁出。

表34-1-3 1993—2005年上城区湖滨街道、涌金街道工业发展情况表

单位：家、人、万元

年份	街道	年末企业数	职工平均人数	产品销售收入	总产值	利润	税金
1993	湖滨街道	—	—	—	303	—	—
	涌金街道	—	—	—	166	—	—
1994	湖滨街道	3	70	160	156	6	17
	涌金街道	6	137	241	177	28	—
1995	湖滨街道	12	209	1051	1209	61	19
	涌金街道	6	109	206	264	24	—
1996	湖滨街道	10	148	1020	1039	20	26
	涌金街道	7	68	382	338	24	—
1997	湖滨街道	7	81	337	352	7	18
	涌金街道	5	90	478	413	20	10
1998	湖滨街道	5	77	352	352	4	11
	涌金街道	3	103	698	698	12	25
1999	湖滨街道	7	137	702	812	11	35
2000	湖滨街道	5	99	645	644	7	34
2001	湖滨街道	5	74	667	701	11	42
2002	湖滨街道	4	64	839	906	11	19
2003	湖滨街道	4	72	563	564	34	37

续表 34-1-3

年份	街　道	年末企业数	职工平均人数	产品销售收入	总产值	利润	税金
2004	湖滨街道	4	69	552	558	18	35
2005	湖滨街道	4	78	696	696	22	41

说明：资料来源于历年《上城区统计年鉴》

二、商贸服务业

20世纪90年代初，湖滨街道商业、饮食业、服务业仍以国营、集体为主，有主营百货家电、衣帽鞋袜的解放路百货商店，制作皮毛的杭州皮货店，有杭州酒家、知味观、天香楼、奎元馆、杭州采芝斋等餐饮食品店。1993年，湖滨街道商贸业营业额3094.01万元，利润237.74万元；湖滨街道劳动服务公司业务收入2527.68万元。

1994年，湖滨街道商业、饮食业、服务业总产值1766.01万元，总收入19046.67万元，上缴税金150.8万元，实现利润696.44万元。创利10万元以上的企业达15家。1995年，湖滨街道营销收入26344.85万元，营销利润1000万元。

1996年，湖滨街道推倒围墙建成30个门面，办起18家商店，4家公司；总收入19318万元，总利润703万元。街道经济科下辖工业公司、劳动服务公司、民政公司，兴办实体经济，调整商业网点，采取多种形式的经营责任制，企业效益与职工分配受益挂钩，增强企业的竞争意识。1997年，湖滨街道商业服务业总产值2243万元，总收入9794万元，实现利润680万元。1999年，湖滨街道办事处对企业实行转制，转制面达91%。2000年，湖滨街道成功改制企业16家，其中产权改革14家。

2003年，湖滨街道实现销售收入2.53亿元，商贸旅游收入1.72亿元，税收1207万元，街道第三产业增加值1344万元。2007年，湖滨街道有批发零售业592家，住宿餐饮业137家，房地产中介73家，其他服务业676家。2008年，湖滨辖区有大中型商务楼15幢，证券（期货）公司4家，银行7家，保险公司1家，工业企业7家，房地产开发公司22家，“三产”服务业1360家。

2009年，湖滨街道发展“总部经济”。对辖区企业进行调查摸底，建立“四个一”① 跟踪服务机制，开展“一对一”服务。2010年，世界500强企业——日本伊藤忠商事株式会社、世界名车阿斯顿·马丁、浙江长城国盛担保有限公司等知名企业入驻湖滨。2011年，首家非银行类金融机构——浙商金汇信托股份有限

① 一个重大项目，一名班子领导，一个服务小组，一名跟踪员。

公司落户湖滨，注册资金5亿元。

2012年，杭州市金融投资集团有限公司、杭州市商贸旅游集团有限公司落户湖滨。是年，湖滨新天地二期打造成功，兰博基尼、阿斯顿·马丁、劳斯莱斯、宾利、大众辉腾等名车汇聚南山路，打造汽车销售和展示的“名车长廊”，提升湖滨街道区域品牌，推动高端产业的发展。

2014年，湖滨辖区批发零售企业860家，住宿餐饮业182家，金融业113家，房地产中介25家，其他服务业1229家。是年，湖滨名品街集聚20余家国际顶级品牌旗舰店，名品街总面积达2.80万平方米，由杭州湖滨国际商业发展有限公司经营，注册资金约1亿元。湖滨街道以中山中路（西湖大道—庆春路）为平台，打造具有老年产业特色，富有孝亲文化氛围，集文化体验、购物、休闲、医疗、保健、旅游于一体的“孝亲文化特色街”。2015年，湖滨街道共有商业服务业4378家，个体经营户2610户。

图34-1-4　2014年9月27日，湖滨街道等单位举行打造中山中路孝亲文化特色街启动仪式　（湖滨街道　供稿）

表34-1-4　2007—2014年上城区湖滨街道法人单位情况表

单位：家

年份	合计	工业	建筑业	批发零售业	住宿餐饮业	金融业	房地产业（含物业中介）	其他服务业
2007	1530	14	38	592	137	—	73	676
2008	1462	7	19	491	118	22	87	718
2009	1593	5	20	530	125	24	91	798
2010	1728	5	23	571	132	24	96	877
2011	1818	7	23	592	137	23	102	934
2012	1791	8	26	588	137	102	18	912
2013	1791	8	26	588	137	102	18	912
2014	2449	8	32	860	182	113	25	1229

说明：资料来源于历年《上城年鉴》

表34-1-5　2015年上城区湖滨街道法人单位情况表

单位：家、万元

类　别	法人企业	营业收入	上缴所得税	上缴增值税	从业人员平均人数
限额以上批发业	39	3590778	71518	1924	3135
限额以上零售业	33	557735	1924	10732	3937
限额以上住宿业	30	113601	865	17	3183
限额以上餐饮业	32	133607	1953	851	5248

说明：资料来源于《上城区统计年鉴》

三、招商引资

2000年7月，湖滨街道办事处制定引进企业奖励办法，凡湖滨街道办事处的干部职工，通过正当、合法渠道引入湖滨街道纳税的股份制、合作制的企业，当年企业缴纳的地方财政收入百分之十，作为奖励。是年，引进合同外资154万元，引进重点产税项目浙江蔓哈顿服饰有限公司注资300万元、杭州新开元大酒店有限公司620万元。全年共引进企业141家，内资5.47亿元人民币，协议外资395万美元。各业总收入1.85亿元，总利润51万元，税收总额1440万元。

2003年，湖滨街道办事处对年招商5000万元以上，年办理执照税证50本以上的有特殊贡献人员进行表彰和奖励。是年，引进企业161家，注册资金3.02亿元人民币，引进外资企业3家，注册资金143万美元。税收首次突破千万元大关。

2004年，湖滨街道引进杭州红泥餐饮娱乐有限公司、杭州华溥实业有限公司凯悦酒店分公司。至8月，引进企业125家，服务类企业35家，贸易类企业84家，其他类型企业6家，注册资金50700万元，其中注册资金500万元以上的企业17家，税收超10万元的企业22家。2005年，引进杭州新湖滨商业发展有限公司，开发建立湖滨银泰。2008年，湖滨国际名品街区通过招商引资，陆续引进世界名车劳斯莱斯，杭州凯悦酒店、杭州马可波罗假日酒店等知名企业。是年，引进发展成熟企业27家，均属无污染、税源效益好的企业。

2009年，湖滨街道引进浙江长城国盛担保有限公司、日本伊藤忠商事株式会社、重点文创企业杭州佳平文化艺术策划有限公司等。是年，完成税收4.79亿元，地方财政收入3.24亿元。年末，湖滨街道在引进企业中，服务型企业占总招企业55.84%，贸易型企业占29.8%，住宿餐饮娱乐业占7.14%。2010年，引进企业228家，引进内资28.63亿元，外资389万美元。征收房产租2550户，征税税款1360万元。

2012年7月，湖滨街道引进由中国进出口银行、日本协力银行、瑞穗银行三大银行注资10亿元的重点招商企业中日节能环保创业投资管理有限公司。区政府为企业提供过渡期办公配套用房，街道负责办公场所装修，为企业做好停车等后勤保障服务工作。1—8月，引进企业77家，注册资金27.36亿元，税收收入8.80亿元，实现地方财政收入5.03亿元。9月，引进杭州金投集团，注册资金50亿元。引进杭州市商贸旅游集团有限公司，注册资金9亿元，总资产50亿元。2013年，湖滨街道引进由浙江省国际贸易集团有限公司独资成立的浙江省浙商资产管理有限公司。9月，成立湖滨街道为企服务中心，下设办公室和协税护税站负责日常工作。

2014年，湖滨街道引进苹果贸易（上海）有限公司杭州上城分公司。2015年，引进企业218家，实际到位市外资金13.35亿元，浙商回归到位资金17.37亿元。引进外资企业6家，到位资金4003万美元。地方财政收入8.81亿元。实现社会消费品零售额77.06亿元。

四、商用楼宇

1993年，湖滨街道商业繁华，省、市属大中型商场、商店、公司主要分布在庆春路、湖滨路、延安路、解放路等地段。有杭州娃哈哈美食城、杭州凯悦酒店、杭州华辰银座酒店、杭州马可波罗假日酒店、杭州中山国际大酒店、杭州维景国际大酒店等酒店，有杭州解百集团、浙江龙翔服饰城等集贸市场12家，杭州中河大厦等大型商用楼宇13座。

2001年9月，涌金广场开业，成为集购物、休闲、娱乐、餐饮、观光等于一体的特大型综合商业体。2003年10月，湖滨国际名品街竣工。2005年10月，湖滨国际名品街开街。湖滨国际名品街由东坡路、湖滨路、平海路商业建筑街区组成，总商业面积约1.80万平方米，共由34家国际著名品牌专卖店组成，主要经营服饰、箱包、珠宝、手表、皮草、家居、美容及中西式餐饮等。

2007年，湖滨街道按照“现代商贸服务业”的发展定位，发展文化创意产业，挖掘湖滨商圈的高端楼宇和艺术人才资源，为信息服务业、设计服务业、艺术品业和文化休闲旅游业等企业营造良好的发展环境。初步形成“一轴两翼”[①]的特色化小镇发展格局。2008年，湖滨街道自主开发“楼宇信息管理系统”，楼宇产权、业主、经营情况等进行信息化登记。引进楼宇企业398家，累计注册资金达154634万元，年缴税1000万元以上的楼宇有3幢，实现楼宇实时信息管理和网上招商的联动双赢。2009年10月，对辖区内重点楼宇的入驻企业进行排查，对杭州中财大厦、杭州解百集团股份有限公司、杭州西湖国贸中心、杭州涌金广场、浙江龙翔大厦有限公司等23家楼宇内入驻的2300余家企业的名称、注册地址、执照税号等19项内容进行核对和登记，开展税源回归工作。2012年，湖滨银泰二期交付使用，与西面的湖滨国际名品街，以及邻近的利星名品广场商业楼相呼应，连成一个完整的湖滨商圈。2014年，湖滨四期开业，湖滨购物节同步启动，湖滨现代商贸集聚区品牌更加彰显。至2015年末，销售额超1亿元的市场有杭州新声综合市场兴合服饰城，成交额14.33亿元；杭州新声综合市场龙翔服饰城有限公司，成交额8.85亿元。

① “一轴两翼”：以延安路为轴，形成自西向东的顶级品牌、精致时尚、大众消费三层级消费梯次，突显沿湖高端奢侈品体验区和坊巷品质商贸区“两翼”。

表34-1-6　2015年湖滨街道主要商业楼宇情况表

单位：平方米

序号	楼　　宇	地　　址	建筑面积
1	杭州解百集团股份有限公司	解放路211号	20000
2	杭州西湖国贸中心	长生路58号 庆春路235号	11000
3	杭州涌金广场	延安路135～139号 西湖大道226～228号	90000

续表 34-1-6

序号	楼　　宇	地　　址	建筑面积
4	杭州华溥实业有限公司凯悦酒店分公司	湖滨路28号	20000
5	浙江龙翔大厦有限公司	延安路298号	35860
6	杭州口腔医院集团有限公司	平海路1号	20000
7	杭州金峰大厦	中河中路281号	23000
8	杭州西湖时代广场	庆春路225号	10000
9	杭州平海大厦	平海路39号	15000
10	杭州中河大厦	庆春路157～159号 延庆里9号	27000
11	浙江长城资产大厦（机械大厦）	邮电路23号	12000
12	浙江国贸大厦	庆春路199号	10000
13	杭州解百新元华广场	延安路179号	40000
14	杭州平海旺角大厦	平海路58号	16000
15	杭州明珠商业大厦	延安路306号	30000
16	杭州东方金座	岳王路1号	50000
17	杭州工联大厦	延安路292号	78287
18	杭州利星名品百货广场	科海路124号	30000
19	杭州湖滨银泰一期(A区)	东坡路7号	23500
20	杭州湖滨银泰二期(C区)	延安路258号	100000
21	杭州湖滨银泰三期(在建)	延安路平海路西段	13000
22	杭州湖滨银泰四期(B区)	延安路245号	31523
23	苹果直营店西湖店（Apple 西湖）	平海路100号	2000
24	浙江兴合男装大厦有限公司	长生路24号	18267
25	滨湖1号生活广场	延安路135号	27000

说明：资料来源于杭州市上城区湖滨街道

第三节　社会事务

1993年开始，湖滨街道利用辖区教育、医疗等资源，开展养老服务、幼托服务、残疾人服务、志愿者服务等，逐步构建完善的基础服务网络。2003年，湖滨街道在全国首创“爱心银行”“图书银行”“岗位银行”“时间银行”四大银行，通过借鉴银行存取的方式，为居民提供长效的资金、生活、智力、再就业援助。至2015年，建立“湖滨晴雨”“晴雨会客厅”等民生品牌，相继打造“东坡文化园”“睦邻会所”“红色港湾”等阵地，逐步形成以政府为主导、社区为主体、社会组织为支撑、社会参与为补充的多元社会服务格局。

一、教育

1993年，湖滨街道有中学1所，小学7所，幼儿园6所。街道发挥学校教育优势，与地区中小学开展“有偿教育服务”，为社区儿童提供社会实践活动基地，开辟巩固长青园等6个德育基地、保灵天桥等4个劳动基地。7月，杭州新世纪外国语学校建立，为全省第一所“国有民办”的寄宿制学校，实施“开放性教育”和“封闭式管理”。12月，开展“知湖滨，爱家乡”为主题的爱国主义系列教育活动，建立教育基地6个，劳动基地2个，新增少年学校基地1个，开辟居民区家教工作试点2个、少儿活动试点2个、文艺活动试点2个。

1995年，杭州市行知幼儿园被评为“杭州市首批特级幼儿园”。1997年，湖滨街道团工委工作重点放在社区青少年教育和社区服务上，形成“街道牵头、多方参与、德育首位、环境育人”的工作模式。建立长青园革命传统教育基地等10个青少年教育基地，开设团课、培养青少年“五自能力”讲座、组织英雄事迹报告会、开展国防教育等培训活动。

2000年，湖滨街道办事处推出“社区教育”工作系列活动，“让书香飘满湖滨”系列读书活动；“让爱心撒满湖滨”帮困助学活动；“让温馨溢满湖滨”家庭系列活动；以《中华人民共和国未成年人保护法》为主要内容的法制宣传教育活动；推进社区整体育人环境优化工作；开展小学生社区行为规范达标活动等。4月，浙江省杭州第十一中学初高中分离，初中部在原址，更名为杭州市惠兴中学；高中部为浙江省杭州第十一中学，现位于下城区。2001年，湖滨街道启动童心向党校外教育，组织离（退）休干部文化督查小组，对地区书报摊点、录像、音像、网吧等进行巡回检查，对青少年进行正面引导。至2002年末，境内的杭州市众安桥小学、杭州市祖庙巷小学、杭州市开元小学、杭州市光明小学逐渐撤销。

2004年2月，湖滨街道党工委、办事处建立青少年素质教育基地，由老红军、老干部、老党员、老专家、老劳模和中小学老师、志愿者组成“青少年教育师资库”，对辖区8000余名青少年进行法制、心理健康、社会实践、才艺展示等方面的素质教育。是年，共建立影视、劳作、健康、环保、多媒体、才艺等内容的13个青少年教育基地。

2009年1月，湖滨街道被民政部评为“全国社区教育示范街道”。至2015年末，辖区有杭州市行知幼儿园，在园幼儿250余人，教职工38人；杭州市天长小学、杭州天地实验小学、杭州新世纪外国语学校（湖滨校区），在读学生3367人，教职工236人；有杭州市惠兴中学，在读学生591人，教职工66人。

二、科普

1993年，湖滨街道办事处落实《关于加强区街企业专业技术人员管理和科技人员待遇的规定》，提高科技人员待遇，规范人员管理。1994年，湖滨街道办事处针对不同对象编写《家长与孩子》《老年人保健知识》《健康与长寿》等科普教材，做到科普与市民教育相结合，科普宣传引向深入。

1995年，湖滨街道办事处开展“美我中华大家乐”“爱我中华大家唱”“兴我中华大家练”“知我中华大家讲”科普系列活动，在辖区营造良好的科普氛围。1998年，建立爱国主义读书活动基地、爱国主义影视基建、常青园革命传统基地、国防教育基地、消防安全教育基地、法制教育基地、健康教育基地、少年队队列基地八大育人基地和浙江胜利剧院、金城大厦、国泰商厦、工人文化宫及街道文化站5大群众科普文化阵地。

2000年，湖滨街道科协将社区科普设施单纯依靠财政资金兴建，转为财政资金与社会资金合作或由社会资金兴建。鼓励辖区单位兴建或改建社区科普场所，并要求辖区单位开放实验室、图书室、标本馆、科技中心，让社区居民享受到社区科普资源效应。

2001年，湖滨街道办事处开展“科学精神驻湖滨”等主题科普教育活动，增强青少年的科普意识。2002年，湖滨街道科协指导涌金门社区将离退休专家和驻区单位学者组织起来，组成专家科普讲师团，解决社区科普师资困难，建立11个科普志愿者服务队，为居民群众提供科普、医疗、法律、教育等方面的咨询服务。

2003年，“非典”疫情时期，湖滨街道科协在东平巷等6个社区的临街闹市地段展出2×2米的“依靠科学，战胜非典”主题挂图，10米科普长廊，向居民普及“非典”知识。2004年春季，科学防治禽流感成为社区科普画廊的宣传主题。是年，湖滨街道6个社区建立科普活动中心，分别建立科普图书馆、科普学校、科普画廊和科普宣传栏。

2005年起，湖滨街道办事处在开元路和浣纱路设立2块共计100余米的大型社区科普长廊，进行科普一日游、环保知识进万家、争做科普卫士、中老年秋冬疾病的预防、营养卫生、膳食搭配、消防安全培训等主题宣传，展板内容实行一月一更新。2007年5月，湖滨街道科协实施“科普专家讲座进社区、百套科普挂图展板进社区、千册科普读本进社区”活动。举办专题科普讲座6场，赠送宣传栏挂图10余套、科普读物100余套。

2010年，成立湖滨街道办事处青少年节能减碳工作室，开展“我的低碳生活”等主题活动，引导青少年节约资源、爱护环境。2011年，受日本地震、核事故影响，出现部分居民抢购碘盐的现象，为维护社会安定，湖滨街道特邀浙江省地震局应急处处长也建清为“湖滨晴雨”民情观察员和“品质湖滨”民间宣讲队的成员们作有关地震、核泄漏、核辐射等讲座。2014年5月，街道联合杭州利星名品百货广场有限公司举行“感恩母亲，品质生活——家庭文化暨低碳科普周活动”，开展低碳生活的科普宣传等活动。2015年，开启暑期科普文化课服务，为社区青少年、“小候鸟”在假期带去社会科学课程，在6个社区开展学习宣传30课时。

三、文化体育

1993年，湖滨街道有杭州图书馆、杭州市电影公司、杭州市曲艺团、杭州滑稽剧团、西湖电影院、杭州东坡大剧院、杭州新华电影院、浙江胜利剧院等杭州知名文艺单位，文化生活丰富。8月，湖滨地区军警民200余人以文艺节目演出的形式纪念毛泽东一百周年诞辰，缅怀老一辈无产阶级革命家的革命精神。是年，举办集科普、文化、体育等内容于一体的社区文化活动30余场次。

1997年，湖滨街道文化站配置10台电脑，相应桌椅等，建立湖滨街道精品型电子阅览室，提高青年读者电子阅览兴趣。1998年11月，湖滨街道办事处举行“十佳”新人新事表彰暨纪念改革开放20周年歌咏大会。辖区单位和居民区800余人参加活动，17家单位参加歌咏比赛。2001年9月，湖滨街道迎西湖博览会举办“三琴”音乐会。11月，举办首届全民健身体育运动会。是年，东坡路社区成立社区艺术团。2002年，吴山路社区文化活动中心成立。5月，“社区风情”湖滨文化艺术节开幕，活动内容丰富，有人居书画摄影展、家庭环保花卉盆景艺术展示、“五月的阳光”残疾人大联欢、“休闲风”时装秀、茶艺与茶文化展示、快乐英语秀、“雅典娜”论坛等。

2007年4月，湖滨街道办事处举办“共享生活品质、打造和谐湖滨”大型法制文艺活动。2008年开展“与奥运同行”健康展示活动，共安排5个体育游戏场地，有欢乐跳五环、幸运五色球等5项活动，300余名居民共同体验体育乐趣，感受奥运精神。5月，湖滨街道机关、社区干部与辖区残疾人在市工人文化宫，以“学法律、迎奥运、圆梦想”为主题，举办湖滨地区第一届残疾人趣味残运会。2009年，东坡路社区建“东坡文化园”和“东坡文化长廊”、整修改建“东坡亭”，注重社会文化力量引入，与杭州苏东坡纪念馆签订文化共建协议，实现社区文化“走出去，请进来”。湖滨街道利用寒假期组织社区青少年在街道“图书银行”开展“祖国在我心中”主题读书活动，通过设立“祝福墙”、写读书感言等方式，引导青少年读好书。

图 34-1-5　2009年4月18日，东坡路社区东坡文化园开园　（湖滨街道 供稿）

2012年3月，湖滨街道办事处利用街道“红色港湾”“东坡文化园”等文化阵地，开展“我们的价值观”主题实践活动，倡导社会正气，优化未成年人成长环境。6月，举办“千里献爱心、书香飘满城”爱心图书捐赠活动。浙江耀厦有限公司、梅地亚宾馆、利星国际名品商场等14家非公企业，杭州市天长小学、杭州天地实验小学2所学校，6个社区，7家辖区文明单位共捐赠图书3456本，书籍定向捐助富阳市灵桥镇丰桥小学“爱心图书馆”。2012年，街道在杭州市惠兴中学开展“我们·活力”湖滨地区第三届全民健身运动会。共有100余家地区单位参与，有太极、木兰扇、放风筝、抖空竹等表演。2014年，湖滨街道举办“清风雅韵奏和谐——湖滨街道百‘廉’书画展”活动。

2015年，湖滨街道推出“圈子”① 文化，用当下最流行的网络学习方式，丰富和实践湖滨居民的业余生活。在崔家巷4号建立“湖滨·家园”文化阵地，通过现代化手段，展示南宋小巷典故、非物质文化遗产、手工创意作品等。

① “圈子”设立“网格党建”“养生运动”“美食吃货”“爱心互助”等主题，并向所有加入圈子的成员开放，动态发布活动内容。

四、卫生和计划生育

湖滨街道卫生医疗资源丰富。1993年，辖区内有浙江省中医院、浙江大学医学院附属妇产科医院、杭州市第一人民医院、杭州市妇幼保健院等综合性医院，有保障基本公共卫生工作的湖滨卫生院。1998年，街道计生协会组织辖区内2086名计生宣传员及已婚育龄妇女，到省展览馆参观优生优育、性健康、艾滋病防治等知识展览。

2000年，湖滨街道办事处建立育龄妇女一人一卡的登记制度，掌握辖区育龄妇女情况。2003年3月，“非典”疫情发生，街道党工委、办事处成立“湖滨街道疫情控制领导小组”，制定防“非典”预案，设置10个留置点，隔离11户家庭，共33人，未发生1例感染病人。2004年，湖滨街道办事处拨款10万元用于计生工作经费，为6个社区配置独立的计划生育服务室和计生服务设备。年末，湖滨卫生院增挂湖滨社区卫生服务中心牌子。2005，建立地区老人医疗服务网络，联合辖区内医院免费为老年人做心电图，为老年妇女提供每年一次的免费体检，开展医务人员进社区定期坐诊服务，为老人讲解医疗健康知识，免费送医送药。是年，湖滨卫生服务中心下设4个社区卫生服务站，5个社区卫生服务点，形成覆盖6个社区的社区卫生服务网络，实现市民群众“15分钟卫生服务圈”。

2006年，湖滨社区卫生服务中心配合区计生局、区建设局开展“上城区建筑工地流动人口艾滋病干预”活动，对辖区建筑工地的流动人口开展艾滋病干预工作，加强对流动人口的卫生意识和卫生安全教育，发放宣传册数百份，约有数十名建筑工地流动人员接受艾滋病健康干预。2007年，湖滨街道社区卫生服务中心与杭州市第一人民医院签订开展双向转诊，规范基层医疗机构与上级医疗机构之间病人有序流动的管理制度，实现“小病在社区、大病到医院、康复回社区”分工合理的医疗服务格局。是年，以涌金门、东坡路社区为试点开展艾滋病综合防治工作。

2008年，湖滨街道为70%以上的居民建立健康档案，95%的60岁以上的老人建立家庭健康档案，对3468名高血压、638名糖尿病患者实施规范化管理，管理率达到85%。是年，涌金门社区被中国计划生育协会评为全国计生协会工作先进单位。2009年，湖滨街道打造生育文化驿站，落实生育关怀上门行动。3月，湖滨街道组织辖区120余名计划生育联络员，举行计划生育业务知识培训讲座。依托省妇幼保健医院的孕妇学校，开展“湖滨街道出生缺陷三级干预系列知识讲座”，现场发放准妈妈台历及《出生缺陷干预指导手册》、宣传画等。

2011年，湖滨街道办事处扩大避孕药具、避孕材料的免费发放范围，招募年轻计生志愿者，重点开展辖区流动人口聚集地防艾宣传。至年末，实现辖区“零艾滋”目标。是年，湖滨街道引进浙江省最先进的4家妇儿专科医院之一——杭州美华妇儿医院。2012年7月，吴山路社区举办以“暑我最棒，唱响美丽”为主题的暑期计划生育宣教活动，引导社区青少年关注人口生殖健康问题，倡导关爱未成年女孩健康，了解国家计划生育政策法规，50余名女孩及其家长参加活动。2015年，湖滨街道以蓝领驿站建设为契机，聚合企业工会、计划生育协会的作用，开展计划生育服务上门活动，为辖区服务行业开展计划生育宣传服务。

五、社区建设

1993年，湖滨街道党工委、湖滨街道办事处完善居委会管理网络，做好治安管理、司法管理、计划生育管理等工作。是年，7个居委会进行第二次换届选举，12个居委会创建示范居委会，调整、充实居委会班子。1995年11月，湖滨街道根据不同岗位，培养树立不同类型优秀居民干部，着重培养年轻干部。1999年，湖滨街道办事处成立社区建设管理委员会暨地区党建工作委员会，34家辖区单位与街道、社区签订共建协议，推动地区文明共建活动。

2000年，湖滨街道作为社区建设试点单位，率先在城区开展城市居民委员会改为社区居民委员会试点工作。2002年，湖滨街道在洪福里社区试行社区事务听证会制度，提高办事效率，完善城市社区居民自治。2003年，设立“五室三站二栏一校一场所”，按照每百户30平方米的标准，为6个社区配齐配足办公、服务用房，为社区服务提供足够的硬件场地，建设一站式办公服务大厅，使居民进一扇门、办多件事，树立社区精干高效新形象。

2007年，湖滨街道办事处举办社区工作者培训班，近100名社工参加学习，提高工作人员素质，加强社区管理和服务。是年，青年路社区被评为“杭州市示范文明社区”、吴山路社区被评为“杭州市文明社区”，湖滨街道所有社区均为市级以上文明社区。

2009年，湖滨街道实行社区建设目标管理责任制，与东平巷等6个社区签订目标管理考核责任书，建立日常考核、业务考核、群众满意度考核“三位一体”的考核机制①。湖滨街道办事处组织6个社区全体社工在红色港湾开展社区工作者培训，采用“请进来、走出去”相结合的方式进行，邀请其他街道的社区工作者讲如何服务社区居民，安排社工到其他城区的先进社区参观学习，查找自己的不足。是年，湖滨街道获“全国和谐社区建设示范街道”称号。

2014年，湖滨街道办事处推进社区减负增效，对社区组织机构挂牌、工作台账、盖章证明事项进行专项整理。10月，在全区率先启动社工绩差工资改革②，绩效考核作为深化社区治理和服务创新的重要手段。是年，湖滨街道构建基层管理和公共服务标准化新体系，推进社会管理优质化和公共服务规范化，相继明确工作岗位103个、工作任务和流程286项，制定并实施工作规范91个，初步形成“行为规范、运转协调、公正透明、廉洁高效”的基层行政管理体制。

2015年，湖滨街道办事处实行专兼复合式居委会自治模式，多元主

① 日常考核主要侧重于社区工作者工作纪律作风考核，业务考核则强调社区工作者对所分管业务工作的质量数量要求，群众满意度考核体现为社区居民对社区工作的认同感。

② 设置主线工作、辅线工作、岗格工作，每项工作设置不定分值，实现多劳多得，干好干坏不一样，每月进行满意度测评、由职能科室对工作完成成效进行打分，拉开差距，体现绩效。同一社区不同岗位、不同社区同一岗位设置不同难度系数，实现“同一岗位”不同社区工资不同，“同一社区”不同岗位工资不同。通过以上三种手段，扭转社工薪酬分配苦乐不均、好坏不分、多少不计的现状，形成困难工作“抢”着做、辅助工作“争”着做、主线工作“比”着做、网格工作“帮”着做的新局面。

体参与自治。居委会成员中社区居民比例不低于50%；健全完善居委会自治机制，实行议事机制、民意沟通机制、督办机制、多方参与机制等。推行“1+X”[①]基层管理与服务体系，形成“党委领导有力、管理服务有序、居民自治有方、成果监督有效”的社区治理格局。

六、社区服务

1993年，湖滨街道有生活服务站17个，社区服务网点216个，有服务项目24个，服务人员854人，年服务8000余人次。有敬老院1所，工疗站1个，老少活动室22个。1994年，湖滨街道与特困户签订解困协议，与敬老院签订“尊老敬老”定期上门服务协议，与单亲儿童家庭签订“献爱心”包户协议，与孤寡老人签订定期服务协议，与烈军属签订定期上门修理房屋协议等，为不同服务对象提供精准、高效的社区服务。

1995年11月，湖滨街道办事处开展建设“凝聚力工程”活动，列出12种“照顾”对象[②]，组织志愿者为需要特殊关心和温暖的对象开展服务。是年，街道在关心残疾人、社会孤老、解决老年人生活困难等方面投入100余万元。

1997年，湖滨街道办事处联合社区共建单位的团员青年组成10支特色服务队，开展“一助一”长期结对志愿服务，为社区内的特困户、孤寡老人、特殊儿童提供定期服务。并联合社区内20余个各级各类“青年文明号”单位，通过发放服务卡的形式开展“青年文明号服务卡助万家”活动，优质服务从岗位向社区延伸。

2001年3月，湖滨街道办事处举办“弘扬雷锋精神”大型为民服务活动，邀请地区单位为居民提供医疗、计生、求学、就业、拆迁政策、理财、法律维权等咨询服务。2002年，开展慈善资金筹集工作，辖区单位出资，热心居民助力，在青年路社区为失业者免费提供场地，开办便民小吃店，社区失业人员实现创业梦想。

2003年，湖滨街道整合地区资源，在全国首创四大银行[③]，通过借鉴银行存取的方式，倡导“今天我帮你，明天他帮我”的互助理念，为地区居民提供长效的资金、生活、智力、再就业援助。是年，湖滨街道被评为“中国社区志愿者活动示范街道”。

2004年，湖滨街道培育社区志愿者队伍，建立社区志愿者服务站6个，志愿者队伍12支，每月至少活动一次，并与孤寡老人、残疾人、优抚对象和社会困难户结对提供帮助。实施“星光计划”，开展“居家养老”社区建设试点，建2个418平方米“星光

① “1”即街道社会管理和公共服务中心、“X”即在社区或商圈设立若干个站、点、室，为商圈企业和居民、游客提供便捷服务。

② 包括“三老人员”（老红军、老八路、老解放）、孤寡老人、烈军属、单亲家庭子女、精神病患者、生活特困户、残疾人、待业人员、大龄青年以及“两劳”回籍人员等。

③ 分别为爱心银行：以“每月省下医院钱，帮助社区困难人”为主题创办，通过地区单位、党员、居民在“爱心银行”存入爱心基金来帮助湖滨地区困难党员、困难群众。受帮助人员脱困，过上宽裕生活后，根据自己的偿还能力，把资金归还“爱心银行”，如果存储人遇到困难时，可根据困难程度，优先提取数目不等的爱心资金。
图书银行：以“存一本书，读全年书”的服务模式。地区单位职工、居民只要到街道“图书银行”捐或者存一本八成新以上的书籍就可领取到一张“图书银行免费借阅卡”，凭此卡全年免费借阅图书银行的所有书籍，免费参加定期举行的图书交流会和图书心得座谈会，下岗失业人员、困难学生、孤寡、残疾人还可以免费领取“社区教育券”参加免费的技能、才艺培训。
岗位银行：以“有空寻岗位，创业在杭州”为号召，通过地区单位党组织和热心党员、居民提供就业信息，成立岗位资源库，帮助社区失业、困难人员实现再就业。
时间银行：以“今天我服务你，明天他服务我”的志愿者服务为主旨，鼓励更多的人做志愿者。志愿者到“时间银行”注册后，可以领取到一本时间储蓄册，服务时间以“时间币”形式存储，当志愿者需要服务时，可以根据自己服务的服务时间，到时间银行提取相应的服务，服务到一定程度时可成为星级志愿者，获得精神和物质的奖励。

老年之家”，1家敬老院（托老所），1个老年食堂，近50名老人在养老机构得到优质服务。2004年，挖掘空余岗位3600余个，开展业务技能培训1400余人次，成功介绍岗位1800余人次。

2005年，湖滨街道对家电维修、服装缝纫等8家社区服务网点加以引导，统一发给“社区服务证书”，规范其操作，老弱病残和优抚对象在服务网点都能享受到减免优惠。2008年5月，湖滨地区残疾人志愿服务队成立，推出送慰问、送讲座、送服务、送残检、送电影的“五送”活动。

2009年，湖滨街道养老服务临时托管中心成立，针对特殊需要的老人，开展“一对一”结对上门服务。对高龄、体弱老人发放优先体检券，组织志愿者陪检。对行动不便的老人安排上门体检。是年，湖滨街道扩充“岗位银行”，开展岗前培训，通过填写就业意愿调查表、搜集失业人员技能特长等方式，保障失业人员充分就业。2010年，湖滨街道获“全国志愿服务贡献奖”“全国志愿服务先进集体”“全国志愿者组织奖”等荣誉称号。

图34-1-6 “岗位银行”现场选岗会（2009年3月）
（湖滨街道 供稿）

2011年，湖滨街道通过“政府扶持，自收自治”，建立湖滨老年百味食堂，在送餐过程中融入居家养老服务元素，老人不出家门就能享受政府的公共服务。建立爱心助残档案，通过上门走访、当面交谈、邻里互访、志愿者服务等方式摸清残疾人的实际生活状况，根据残疾程度、困难情况、家庭实际分为ABCD类①，促进失业人员实现动态就业。建立春风长驻机制，凡残疾人家庭有突发事件、特殊困难发生，街道残联给予关注和解决。是年，

图34-1-7 湖滨老年百味食堂（2011年）
（湖滨街道 供稿）

① A类是指年纪轻，也有一定特长和技能的失业人员，帮助网上寻找，通过地区单位岗位匹配，使其马上就业；B类是指年纪大，自身有一定特长，但单位因其年龄和文化程度或个人经历不愿意接纳的，通过引导其进入社区邻里服务中心、社区服务一条巷、社区便民服务站进行自主创业，为其提供政策便利和无偿或低偿的社区服务用房；C类是指年纪大、无特长、也无创业愿望的，通过街道社区的技能培训，向单位推荐，无法推荐者则将其安置到社区公益性岗位；D类是指无就业愿望或无就业能力的，如残疾、患病人员，则调动地区资源对其进行帮扶，给予物质上的资助。

湖滨街道开通“有话你就说”悄悄话心理热线，以“1+2”① 服务模式，为社区居民提供心理服务。

2012年8月，湖滨街道办事处以湖滨街道社会服务管理中心为平台，创新社会管理，推出“八条为民服务线”②，构建新型社区服务体系。针对辖区困难群体、居家养老服务对象、普通居民分别发放红色无忧服务卡、黄色阳光服务卡、绿色畅通服务卡，居民凭卡在指定服务单位享受打折优惠。是年，湖滨街道“时间银行”拥有4500名志愿者，与浙江省中医院“仁和之家”志愿者协会联手开展导医活动，为病人提供咨询、仪器操作、血压测量辅助等工作，提升看病效率，缓解医患矛盾。2015年，在水一方湖滨敬老院建成使用，建筑面积690平方米，敬老院空调、电视机、洗衣机等设备齐全，服务人员、医生、护士，保障老人身体健康，床位24张，入住老人32人。

图34-1-8　2015年4月，湖滨敬老院开展平安讲座
（湖滨街道　供稿）

①1个服务对象，2种服务人员：专家型、专业型。

②即“一站式”窗口服务、“五师为民”社会服务、“十联便民”快捷服务、“三纬评价”满意服务、“应急管理”有效服务、“网格管理”精细服务、“干部坐班”轮值服务、“宣教展示”体验服务。

七、社会保障

1990年，湖滨街道本着投入资金少、多提供就业岗位的原则开办街居企业，安置辖区劳动力就业。1994年，街道发展扶老助残基金5个，对失独老人、孤寡空巢老人、残障家庭进行社会扶助，开展资助与养老助残相关的公益活动。1996年，湖滨街道加强下岗人员和待业青年管理教育，共举办培训班8期，从法律知识、择业指南、失业保险等方面进行辅导。

1998年，湖滨街道办事处在大北文化娱乐公司、杭州市急救中心、杭州友好饭店等单位及居委会的支持下，建立爱心基金，为9名特困生解决助学经费，前进文具店、延安邮政支局与3名特困生建立帮困助学对子。1999年，开展“心系社区、情暖童心”助学帮困献爱心活动，收到捐款21311.32元，13名辖区学生得到资助，3名特困生分别与辖区单位结对。

2004年，湖滨街道搭建社会救助平台，构筑生活救助、医疗救助、教育救助、就业救助和社会救助“五位一体”的救助体系，救助对象通过社区申请，区慈善总会向社区发放救助物品、资金，提高社会救助水平。是年，“爱心银行”有资金28万元，各种折价物资10万元，75户低保户、110户困难户均分别与地区单位党组织、党员和街道领导结成“一帮一”对子。

2006年11月，湖滨街道办事处举行第七次春风行动暨捐赠启动仪式，辖区单位、社区居民、街道党员干部和爱心人士100余人，现场捐款25.68万元及部分生活用品。爱心捐款定向帮扶低保户、困难家庭146户。2008年，湖滨街道双拥办公室制定《湖滨街道义务兵立功受奖奖励机制》，全年共发放义务兵优待金50余万元，受益30余人次。是年，街道“岗位银行”为用人单位和失业人员搭建供求平台，定期为街道提供岗位的单位达100家，提供就业岗位700余个，“4050”失业人员在社区保安、保洁等公益性岗位上灵活就业。

2009年，湖滨街道纳入社会化管理企业退休人员6796人，推出“再就业助力工程”，街道设再就业专项保障金70万元，用于支持和促进全街道就业再就业帮扶工作。从原来保障“4050”困难就业人员，扩大到零就业家庭的失业人员、持有效期内的杭州市困难家庭救助证、杭州市就业援助证的失业人员、长期失业人员、归正失业人员。奖励促进就业有贡献的单位和个人，鼓励失业人员参加就业培训、自谋职业、自主创业。

2011年，湖滨街道纳入社会化管理企业退休人员7174人。安置“4050”就业困难人员公益性岗位灵活就业1388人，失业人员居家就业575人。2012年，街道发挥“岗位银行”的作用，与地区单位联系挖掘3560个岗位，举办培训557人次，安置就业人员1643人，其中困难人员928人。2013年，落实帮扶救助政策，促进辖区充分就业，累计发放低保救助金224846元，残保金416410元，水电煤气等补贴5060元。

2015年，湖滨街道开通“银龄互助时间银行”，有60名低龄、健康老年人与60名高龄、空巢、独居的老年人结成对子，为他们提供生活照顾、心理慰藉等服务。推出“时间银行”服务时间积分兑换机制，积分可定期兑换代金券，可在“中山中路孝亲文化街”上的37家合作商户使用。依托湖滨街道“爱心银行”做强临时救助工作，全年共救助155人88户，发放临时救助金77950元。

第四节　综合治理

20世纪90年代，随着改革开放深入，社会治安综合治理工作重点转移到各类专项斗争及基层平安创建。1993年起，上城区委、区政府与街道党工委、办事处，街道党工委、办事处与辖区单位层层签订责任书，将“社会治安综合治理责任书”纳入领导任期目标责任制。至2000年，湖滨街道先后开展平安社区、安全文明小区、治安安全单位、安全文明示范校园创建工作，促进辖区社会治安的好转。建立“一格一册”网格化管理服务，推进社会治安防控体系建设，逐步形成“上下联动、条块协同、齐抓共建、整体推进”的平安创建工作格局。

一、平安创建

1993年，上城区党政主要领导与湖滨街道、湖滨街道与辖区单位层层签订安全责任书，纳入领导任期目标责任制。是年，贯彻严打方针，投入“三打一禁”斗争，运用集中打击和开展专项斗争等手段，挖出犯罪团伙6个，涉及人员26人。1994年，湖滨派出所调查各类枪支85支，分类登记造册，专人专库保管，定期检查。1995年，湖滨街道办事处开展创建“平安社区”活动，各单位召开各种会议271次，受教育22627人次，充实保卫干部95人，新增安全员67人。在落实安全防范措施方面，新安装防盗门窗298扇，新建停车棚16个，更换老化电线14222米。

2000年，湖滨街道以青年路小区为试点，用“以点带面”的方法带动其他9个居民区的平安社区创建工作。2003年，打造“平安湖滨”，与辖区127家单位和社区签订目标管理责任书，加强对涉毒人员的帮教工作，6个社区达到无毒社区标准。10月，湖滨街道在延安南路建立全市首个街面电子监控系统。2004年，实施“一、十、百、千”计划[1]，构建平安湖滨。2006年3月，街道和派出所筹建平安巡防大队，整合单位内部安保人员、小区楼道信息员、社区义务巡逻人员等组成1942人的巡防大队，设61个中队。青年路社区营造“五个环境”[2]，教育居民增强“五个意识”[3]，做好“四防”[4]，实现四无[5]，推动平安社区建设。是年，青年路社区获“全国零家庭暴力示范社区”称号。6月，针对夏夜发案率高的实际情况，启动“千人夜巡”活动，划分区块，平安巡逻，调解平息纠纷。

2007年，湖滨街道制作预警提示、防范提醒、震慑告示等内容的CD光盘，在延安路周边商场、店家、餐饮店每半个小时循环播放。针对东坡路社区沿街商店案件高发和入室盗窃案多发的情况，湖滨街道办事处召开恳谈会探寻根源，采取为全体治安人员投保人身意外伤害险，为平安巡防中队配备对讲机，商场安装技防装备，每天安排“4050”人员担当义务治安员等有针对性的人防技防措施，提升湖滨地区治安控制局面，为平安街道创建提供保障和支撑。

2009年5月全国首个“防灾减灾日”期间，湖滨街道办事处对辖区居民、中小学生开展防灾减灾教育宣传活动，将防灾知识挂图张贴在社区宣传橱窗，讲授面对自然灾害、事故灾害、公共卫生等突发事件及溺水、火灾、地震等如何避灾自救。开展《中华人民共和国消防法》讲座和宣传文艺晚会，组织高层住宅居民逃生自救演练等活动，增强社区居民的消防意识，开展“创建平安家园”行动。

2010年12月，针对冬季火灾事故高发期，湖滨街道会同区公安、

① 打造一条科技防范路，培育十个安全示范点，创建百个安全文明楼道，形成千人安全联防网。

② 安定有序的治安环境、优美文明的社区环境、公平主义的法制环境、诚信友爱的人际环境、安全健康的成长环境。

③ 懂法守法意识、安全防范意识、健康文明意识、和谐相处意识、男女平等意识。

④ 防拐卖、防隐患、防盗窃、防抢劫。

⑤ 无毒品、无赌博、无暴力、无犯罪。

消防、城管等执法部门成立联合检查组，对辖区内的建筑工地、高层建筑、老房子、餐饮企业等人员密集场所进行“拉网式”消防安全检查。重点检查消防设备、疏散通道、安全出口等情况，开设企业负责人、安全员消防安全知识培训班，普及消防知识，增强企业安全生产责任意识，打响冬季消防安全“保卫战”。

2012年，湖滨街道办事处推进社会治安防控体系建设，将专职巡防队伍建设和社会群防群治力量整合，构建区、街、社（规模企业）三级调解工作网络平台。通过对社会治安、城管卫生、计划生育、消防安全、重点信访户、重点困难户、重点环境隐患问题等的分片联系、责任包干，明确各自工作职责，深化社会管理创新，推进平安365工作。2012年6月，采取小区物业、保安和社区安全消防志愿者深入辖区单位、商业网点、居民楼进行安全隐患检查，请安监专家对安全情况分析研判，堵塞安全生产漏洞，通报安全生产形势；建立安全生产“日、周、月、季、年”“五机制”等措施。至年末，未发生一起安全事故。

2015年，湖滨街道办事处开展微型消防站建设，在街道及6个社区建立微型消防站，以应对区域消防紧急事件。至年末，形成“上下联动、条块协同、齐抓共建、整体推进”的平安创建工作格局。2011—2015年，湖滨街道逐步搭建湖滨特色普法“微平台”（今日湖滨等），整合政府和社会管理服务资源所搭建起的“平安365”社会服务管理平台，成为“平安湖滨”“法治湖滨”建设的重要抓手。

图34-1-9　湖滨街道岳王路社区微型消防站（2015年）
（湖滨街道 供稿）

二、社会治理

1993年4月，湖滨街道调整充实社会治安综合治理委员会在300人以上的工厂企事业单位，建立调解委员会，形成综合治理网络。12月，开展“扫黄”活动，组织文化市场稽查队、老干部文化市场检查小组检查文化书市4次，黑小游戏室4次。通过治理，炒卖外币、贩卖黄色录像带、假冒骗卖活动的“热点”地段社会秩序好转。是年，在延安路南段和解放路西段的重点治理中，抓获各类违法犯罪分子685人，一批刑事案件、治安案件得到控制。

1994年，湖滨派出所开展除“六害”① 斗争，查处卖淫嫖娼、色情按摩等社会现象，对湖滨二公园至六公园以及饭店、宾馆、

① 指开展扫除卖淫嫖娼、制作贩卖传播淫秽物品、拐卖妇女儿童、私种吸食贩运毒品、聚众赌博、利用封建迷信骗财害人等6种社会丑恶现象。

招待所、旅馆、美容院、美发厅进行突击检查整治，共抓获各类违法人员121名。加强对暂住人口的管理和登记工作，由街道领导负责，街道综治委、派出所、城管科、计生办联合组建湖滨地区建筑工地治安联防，负责各建筑工地的治安防范工作。1995年，湖滨地区建立治安执勤岗亭2个，在各旅馆安装防盗保险箱120个。

1997年，湖滨街道对岳王路进行整修，花鸟市场退路入室，同时加强与花鸟市场的联系，把“返路摆摊”的现象解决在萌芽状态。1998年，对街道城市综合管理监察队采取定时、定人、定岗、定责的“四定”和一日一记录、一周一讲评、一月一考核的“三个一”管理制度。

2002年，湖滨街道加强矛盾纠纷排查调处网络建设，街道、社区实行社会治安例会制度，建立治安信息员队伍，形成有效预防、化解矛盾的工作机制及网络。2003年2月，针对湖滨街道延庆里6号经常发生自行车失窃等不安全事件，召开社区事务听证会，统一居民意见，安装电控门。是年，湖滨街道对辖区2048户木结构房屋进行重点整治，为木结构房屋配置600余个灭火器，消防人员传授失火自救、灭火器使用及如何报警等消防安全知识。

2004年，湖滨街道办事处建立由综治办牵头，公安派出所、法庭、司法所、信访“四力合一”的“综治工作中心”模式，对各类矛盾纠纷实行统一受理、统一分流、统一协调、统一监督和统一归档资料。2008年，实行领导包案责任制，层层分解化解处置责任。通过街道领导下访和班子成员约谈，与信访人员沟通，做好涌金广场、元华广场等经营性矛盾纠纷排查调处工作。

2009年4月，湖滨街道出动工作人员20余人，对龙翔桥周边违规、不文明现象进行集中整治。取缔无证摊贩，三无人员、流浪乞讨人员规劝清理，并对当事人和商家进行警告、处罚的强制性手段，确保龙翔桥地段的卫生、治安环境。2011年，对6个社区、158幢楼房、6396户居民、32.74万平方米推行准物业管理，探索出以街道购买指导+社会承接服务+社区准物业管理+居民业主委员会参与的准物业管理新模式。

2013年，湖滨街道办事处建立“一格一册”网格化管理服务。对网格内社会治安、安全生产、综治维稳、劳动保障、出租房屋和计生等各类基础信息和矛盾纠纷、隐患等信息进行梳理登记，方便社工在社区间调动之后能掌握新网格信息，开展基层服务管理工作。

2014年起，湖滨街道办事处设立杭州古玩城地摊临时疏导点，明确管理主体、规范经营秩序、完善规章制度等各项管理制度。是年，开展东平巷交通综合治理工程，对东平巷社区老小区实施大封闭管理、小循环通行、新增146个车位，保证消防通道畅通，增设路口管控岗亭11个，提升小区治安管理、城市管理质量，提升准物业服务水平。

2015年，湖滨街道组建湖滨商圈综合管理特保队伍，招收特保人员80人，参与湖滨路的管理、城管执法中队管理、流浪乞讨人员救助管理，并在无证餐饮整治行动和湖滨“三改一拆”工作发挥重要作用。形成“企业前端协助管理、面上队员中端综合管理、综合执法后端支撑保障”的开放式、区域化综合管理机制。

三、司法工作

1993年5月，湖滨街道开展“二五”普法，举办11期普法学习班，分别对街道干部、企业厂长、经理、居民干部、企业职工、待业青年及居民群众，进行以宪法为核心的普法教育，参加普法总人数1600余人次，普及率90%以上。

1994年，湖滨街道调解民间纠纷135起，调解成功率为98.2%。6月，湖滨司法所开展“五个一”宣传周活动，对45名违法青少年建立相应的帮教制度。1997年，街道司法科受理纠纷80起，调解77起，调解成功率100%。是年，湖滨司法所对5年内刑释人员和3年内解教人员的基本情况进行调查摸底。1999年，湖滨街道办事处建立过渡性安置帮教基地，帮助刑释解教人员解决就业中的实际困难，巩固监所教育改造成果。

2000年，湖滨街道党工委、湖滨街道办事处先后开展《中华人民共和国老年人权益保障法》《中华人民共和国道路交通安全法》《中华人民共和国婚姻法》等30余部法律法规普及教育。2002年，以“法律进社区”活动为载体，组织近100名有丰富经验的法律工作者，深入社区开展法治宣传活动。建立矛盾纠纷调处中心和法律服务中心，解决重大矛盾纠纷；居民委员会和企事业单位治保会、调解会，负责调处一般矛盾纠纷；居民小组和生产班组，由小组长和党员骨干担任义务调解员、治安信息员，负责调处疏导民间小矛盾和报告有关情况信息。开展关爱妇女儿童活动，建立妇女维权投诉中心，定时、定人掌握妇女维权信息。举办法律维权培训班6次，接受培训3000余人次，解决家庭涉暴案件12起。2003年，开展“四有五无”[①]活动，并作为加强新时期人民调解工作基础建设的载体。

2006年，湖滨街道办事处开展“法律六进”活动，进行广场普法、大型法制宣传和法律咨询活动。2008年，湖滨街道办事处在全国禁毒日，组织街道机关干部、社区干部开展《中华人民共和国禁毒法》知识考试，提高机关干部、社区干部的禁毒工作业务水平。

2009年5月，湖滨街道启动浙江省吸毒人员信息化管理系统。建立以街道、派出所、社区公共服务站、党员志愿者和社工“五位一体”的管理工作机制，按照职责分工，将禁毒工作进行量化，构筑全员禁毒网。是年，举办各类法治讲座，法治培训70余次。

2011年2月，湖滨街道在青年路社区的“老钱热线”基础上成立“1+1”法律援助队，团队由多家法律事务所律师志愿者组成，开展代写遗嘱和投诉状、帮助化解赡养老人争端、调解邻里纠纷等工作。3月，

① 有组织调解、有人调解、有经费调解、有场所调解；无因民间纠纷引起群体性上访、无因民间纠纷引起群体性械斗、无因民间纠纷引起刑事案件、无因民间纠纷引起非正常死亡、无归正人员重新犯罪。

实施社区律师"姓名公开、联系方式公开、工作规范公开"和"服务内容固定、服务人员固定、服务时间固定"的"三公开三固定"工作制度，使社区居民在日常生活中遇到法律问题时能第一时间获得社区律师专业的法律意见。是年，湖滨司法所被浙江省司法厅评为省级规范化司法所。2012年，湖滨街道推广建立行业性、专业性调解组织，实现律师进社区全覆盖，探索互联网上矛盾纠纷的调解工作。

2013年1月，湖滨街道司法所被浙江省司法厅命名为"四星级规范化司法所"，成为上城区第一家司法所。辖区200人以上企事业单位建立调解委员会30家，共有调解信息员214人，健全排查纠纷、防纠纷激化、纠纷登记、协议归档、集体研究等制度，将基层矛盾解决在萌芽状态。

2015年3月，湖滨街道禁毒办通过教育图片展、发放禁毒宣传册、毒品危害案例的现场讲解等形式，对辖区内的娱乐场所开展禁毒宣传活动。与14家娱乐场所经营者签订无毒场所责任书，为娱乐服务场所禁毒管理、禁毒宣传营造良好的宣传氛围。

第五节　城区建设与管理

1993年，城区管理体制改革，街道环卫、城管等部门在湖滨街道设立管理站，加强基层城市管理。在辖区内开展背街小巷改善、危旧房治理等辖区建设工程，开展无违建街道创建工作，改善城区面貌和整体环境。2000年，启动"大湖滨商圈精品建设工程"。2008年，启动思鑫坊历史文化街区保护改善工程。2010年，实行垃圾分类"实名制"等生态文明建设，街道环境卫生面貌得到根本转变。2011年，湖滨街道被命名为"浙江省卫生先进街道"。

一、辖区建设

1993年，湖滨街道对棚桥农贸市场加强管理，投入2.50亿元，改善摊位硬件设施。1996年，街道开展"三路三桥"[①]整治工作，改善重点路段面貌。1998年，街道开展"四个二"环境工程，创浣纱路、平海路文明示范路，创湖滨五弄、蕙宜村文明示范巷，创2个墙门和2个楼群活动，为居民兴建休憩亭和活动场所，平整路面，粉刷墙门，植树绿化，改善居民群众居住环境和生活质量。1999年，街道着重开展"拆违"工作，全年拆除违章建筑138处，总面积13136平方米。

2000年，杭州市启动"大湖滨商圈精品建设工程"，以浣纱路以西，西湖大道以北，湖滨路以东，庆春路以南，0.8平方千米地块，开展湖

① 湖滨路、解放路、延安路；保灵天桥、解放路天桥、官巷口天桥。

滨商圈一、二、三、四期建设改造工程。2003年，湖滨街道办事处开展湖滨商贸旅游街区二期整治等六大重点工程，开展开元路、延安路等无障碍设施改造，改建盲道2477平方米，坡道4232平方米，残疾人标志牌713块。2004年，湖滨商贸旅游街区二期中的吴山路25号地块全部完成拆迁，开工建设。

2008年，思鑫坊历史文化街区保护改善工程启动，涉及改善住户288户，保护建筑面积16141平方米。湖滨E-16地块42户住户和商家列入拆迁范围，有14户住户和商家签订拆迁安置协议。星远里地块危旧房改善工程搬迁户数155户，面积6538平方米。5月，湖边邨历史街区住户搬迁87户。10月，湖边邨1幢、2幢、3幢历史建筑显现历史原貌，完成龙翔酒楼整治工程。至2011年，湖滨街道实施庭院改善工程，20、21标段156幢庭院实施改造。总计改造道路3.24万平方米，整修排水设施5.82万米，实施居民住宅楼顶平改坡11.08万平方米，立面整治33.41万平方米，楼道整治15.11万平方米，绿化改造2711平方米。

2010年9月，湖滨街道启动五福里二弄1、2号和九星里3、4、5号历史建筑群修缮，涉及单位、住户20余家。修复依托“1+1”群众工作联动机制，共修缮建筑面积1500平方米。2011年1月，通过杭州市历史文物保护办公室验收。

2015年，湖滨街道排摸辖区共有存量违建167处，违建总面积达1.15万平方米。拆除违建109处，拆除面积达1.02万平方米；违建暂缓58处，暂缓面积1313.78平方米。查处新增违建14处，拆除面积363平方米，新增违建拆除率100%，辖区内新增违法建筑得到控制。

二、环境管理

1993年，杭州市实行城区管理体制改革，工商、市政、环卫、房管、城管等部门在湖滨街道设立管理部门，加强街道的环境管理。湖滨街道开展爱国卫生运动，以整治居民区环境卫生为重点，做好垃圾堆积、粪池满溢、道路积水处理工作，实行统一清运清挖，安装沿街果壳箱，13小时全天候巡回保洁，并采取袋装垃圾、压缩车清运等方法，提高街道环境整洁水平，率先成为全市第一批“门前三包”责任制工作合格路段。是年，湖滨地区创建市级“优洁公厕”6座，粪便机械清运覆盖率达90%，垃圾密闭化收运率达95%。湖滨街道加强对烟尘、噪音的控制，成为全市第一个烟尘控制区域。

1994年，湖滨街道把“门前三包”“西子杯”竞赛活动作为街道的特色工程，在延安路、庆春路等繁华地区，落实210人实行全天候清扫保洁，解放路、湖滨路等主要道路签订“门前三包”责任书，“门前三包”达标率为98%。1995年，湖滨街道创建文明居委会4个，“五好”墙门270个，对120余个单元和墙门进行楼道整治。年末，湖滨街道被民政部评为“中国街道之星”。

1996年，湖滨街道对“窗口”地段和主要道路的市容市貌进行整治，控制大排档、餐饮业污染源，治理违章占道和无证设摊。1998年1月，湖滨街道全面落实“门前三包”责任制，签订率、监察率达到100%，代包率85%以上。繁华地段实行街长、段长制，责任到人，85%以上的楼群实现管理到位、整洁干净。

2001年，湖滨街道办事处建立街道、社区环境卫生督查队，落实专人巡查辖区环境，早发现、早控制、早整改，街道予以人、财、物保障，保持地区24小时洁美形象。2003年，实行360度联运管理模式，联合行政执法队、清扫队、绿化养护队、街巷保洁队、门前三包稽查队，对市容市貌管理、垃圾清运、绿化养护等进行全方位管理。2004年7月，湖滨地区延安路、东坡路、解放路、庆春路、平海路、浣纱路等实行24小时循环保洁试点，树立垃圾落地15分钟清理的目标。

2005年，湖滨街道按照“管理力量下沉、管理职责细化、管理关口前移”的原则，在涌金门等6个社区分别成立城市管理社区工作站。2007年，街道率先在吴山路社区老墙门开展整治工作，为居民安装新消防栓、配置新电表和老化电线更换，并加大对厨房、厕所等环境生活方面的整治力度。

2008年，湖滨街道向吴山路等6个社区投入200万元改善社区硬件设施，地区单位累计投入7000余万元用于商业经营环境、生活污水等的处理和整治。2011年1月，街道推出生态垃圾箱、会说话的垃圾桶、垃圾分类“实名制”等生态文明建设。2012年9月，立足湖滨商圈发展态势，用疏堵结合的方法整治思鑫坊历史街区无证无照大排档33家。12月，开展固定场所无证无照小餐饮“清查”行动。按照“规范一批、整改一批、查处一批”的原则进行疏导和整治，共查出无证小餐饮78家，经过整治，直接发证的8家，整改31家，查处39家。

2013年，湖滨街道创建无违建街道，街巷保洁全面市场化，街巷清洁度维持良好水平。加强吴山路夜市管理，制定《吴山路夜市管理制度》，每个摊位配备防火帐篷，夜市各路段增加垃圾箱数量，解决游逛夜市市民和商贩丢弃垃圾的问题。2015年，深化无违建街道工作，对开元路、岳王新村、东坡路等区域进行环境治理，建立街巷巡查机制，改善西湖周边环境。

三、生态建设

1993年，湖滨街道试行垃圾“三化”运动，即垃圾收集机械化，垃圾存放容器化，垃圾密闭袋装化，每天处理垃圾100吨，保持环境整洁。1995年，以创建国家卫生城市为目标，开展第7个爱国卫生月活动，加强建筑工地卫生管理，改善河道卫生面貌，搞好居民区及街巷里弄卫生，加强农贸市场卫生管理，开展早春灭鼠、灭蟑、灭蚊、灭蝇工作。2000年，湖滨街道办事处在邮电路、东坡路等地段设置30余个垃圾投放处，改变浙江省中医院门前垃圾成堆顽疾。2001年，在人民路社区营造“绿色社区”环境，青年路社区开设环保课，长生路社区开展系列创建绿色社区活动。

2008年，湖滨街道开展辖区污染源普查，加大污染企业整治。制定生态环保垃圾房建设标准，和设置不可回收垃圾、可回收垃圾、有害垃圾3个回收窗口，利用太阳能操作控制喷洒消毒药水和照明等系列工作，建造“阿绿头生态垃圾房”。是年，在东平巷社区试点推出“三态一屋”[1]创绿工程，克服老城区地面绿化不足的限制，利用楼道、屋顶、墙壁等空间，以中山中路279弄、羊血弄14、15、17号楼道为试点，实行生态楼道，安装花架，达到楼道垂绿、墙壁挂绿，屋顶街巷满绿的效果。年末，6个社区成功创建绿色社区，其中有国家级绿色社区1个，省级绿色社区3个，市级绿色社区1个，区级绿色社区1个。湖滨街道成功创建杭州市生态街道。2009年12月，开展“低碳也时尚”活动，倡导低碳生活，征集低碳金点子1000条，汇编成册发放居民。

① 生态街巷、生态公园、生态楼窗和生态小木屋。

2010年3月，杭州市全面推行小区垃圾分类，倡导居民日常生活垃圾分类投放。湖滨街道在涌金门、青年路2个社区、96户居民家庭开展试点工作。4月，湖滨街道率先推出垃圾分类实名制，建成生态垃圾房、投放会说话的语音垃圾桶等。5月，垃圾分类实名制在整个湖滨地区全面推进。辖区内68个小区实施垃圾分类全覆盖，共有12467户居民参与垃圾分类。已实施社区分类的小区内，垃圾分类知晓率100%，分类、投放正确率80%以上。

图34-1-10　2011年，湖滨街道开展垃圾分类宣传
（湖滨街道　供稿）

2011年3月，上城区首座“垃圾分类景观亭”在东平巷社区休闲广场左侧建成，该亭采用木结构建造，里面可容放有害垃圾、可回收垃圾、其他垃圾与餐厨垃圾4类垃圾桶，同时引用太阳能智能化先进技术，当市民走进丢垃圾时会发出有关垃圾分类的基本常识、垃圾分类公益宣传等语音提醒。

2012年9月，湖滨街道办事处开展延安路沿线、杭州友好饭店周边、解放路区块、杭州市工人文化宫等建筑屋顶绿化整治，以吴山路社区和涌金门社区为试点，逐步探索“垃圾分类”进单位活动。在杭州新世纪外国语学校举行垃圾分类宣传教育基地授牌仪式，向学校赠送50个适合教室和学校摆放的分类垃圾桶及一批垃圾分类宣传教学资料，垃圾分类在校园长期化、制度化。

2014年，湖滨街道依托报纸、街道网站、社区科普宣传栏、社区市民学校等阵地开展宣传活动，成立垃圾分类志愿者（楼道长）队伍、在职党员督导队，以楼道为单位，进行垃圾分类网格化管理。同时组织居民参观天子岭填埋场、开展“每月垃圾分类知识培训”、跟着垃圾去旅游、积分兑换、有奖知识竞赛等活动。

2015年，湖滨街道推进垃圾减量工作，对社区的大件垃圾、建筑垃圾实行统一收集、定时清理、集中（中转）运输。并引进申奇、九贝壳、虎哥等智能平台，开展垃圾分类低值可回收物品智慧化回收，鼓励居民将自家所有可循环利用的旧物通过线上、线下回收再利用。是年，推进“五水共治”工作，实施开展中河段的立体护河行动。在河岸上的5个雨水排水口，设置雨水公示牌，每天巡查并记录情况，确保湖滨辖区无河道沿线垃圾入河、企业偷排漏排等行为。

专记

“湖滨晴雨”工作室

2009年12月，湖滨街道创立国内首个街道（社区）层面综合性民主促民生互动平台——“湖滨晴雨”工作室。至2015年，“湖滨晴雨”工作室就群众关心热点难点问题召开的民情恳谈会，推出“相约星期五、沟通你和我”“医疗卫生”“作风建设”“为老服务”“物业管理”“御街建设大家谈”“公共交通”（服务）民情恳谈会，“打造精品楼道问计于民”、联手东坡“七大载体”等活动，收集到社情民意536条。梳理老旧小区“物业管理”，停车难，物业、社区、业主关系不够融洽等难题。民众反映民意、表达心声，政府相关部门传达政意、服务民生，实现“四问四权”[①]。解决群众关注的热点难点问题，对于党委和政府了解社情民意、帮助群众排忧解难发挥作用。

一、成立背景

2009年12月，湖滨街道党工委、办事处在各方支持下，整合街道原有的“社情民意信息直报点”，“社会舆情信息直报点”，庭院改善工程的“草根质监站”，社区调解的“和事佬”等单项平台资源，建立党政、市民、媒体、专家“四位一体”的民主复合体新机制，成立杭州市乃至全国首个“民主促民生”社区互动平台——“湖滨晴雨”工作室，同时作为“杭网议事厅”的落地项目。“湖滨晴雨”工作室名称源自西湖新十景“湖滨晴雨”，既是对湖滨独特的地理位置和深厚历史文化底蕴、渊源的体现，也蕴涵着“民情晴雨表”的意思，调动辖区单位、社区居民、人大代表和政协委员等社会各界积极性，民众在该处反映民意、表达心声，政府相关部门在该处传达政意、服务民生。

① 指问情于民、问需于民、问计于民、问绩于民，并落实人民群众的知情权、参与权、选择权与监督权。

二、运作模式

至2015年，“湖滨晴雨”工作室在组织架构和工作机制方面，形成“1624晴雨工作法”。即一室、六站、两员、四报、三机制。

一室即湖滨晴雨工作室。也称“民情气象台”，由街道党工委书记兼任台长，选聘有群众工作经验的老社区书记担任专职工作室主任；建立“湖滨晴雨”网络平台，设立社情民意网上、网下征集信箱，开辟一条上情下达、下情上报的“绿色通道”。

六站即社区民情气象站。街道下辖6个社区设立“民情气象站”，发挥社区统筹协调作用，结合社区党委“网格化管理、组团式服务、片组户走访”工作机制，根据工作室要求开展各种民情收集、反映和政策传递、解答等。

两员即民情预报员和民情观察员。由12名市、区有关部门负责人和专家、学者担纲“民情预报员”；由45名湖滨地区党代表、人大代表、政协委员、单位职工、新杭州人、社区居民等不同层面人员组成民情观察员。民情预报员和观察员中，党员为48人，占比80%。预报员结合街道“湖滨论坛”宣讲和民情恳谈会、社区走访宣传政策、听取民情，与民情观察员面对面交流沟通，加强辖区居民对政府职能部门的理解和支持，也促使政府职能部门工作更加科学有效。观察员以社区楼道、墙门为单位，在社区建立民情联系网格，围绕社会热点、难点、百姓的兴趣点，收集群众对省、市、区政策、决策和服务措施的反映和对社会热点、难点问题的看法、建议、金点子，使政府的决策更科学，也让辖区中关心发展、关注民生、热心参与的职工和居民群众找到抒发民意的渠道。

图34-1-11 2011年，“湖滨晴雨”工作室聘请民情观察员 （湖滨街道 供稿）

四报即“民情气象一天一报”：社区民情气象站通过QQ群通报社区每天的民情动态，“湖滨晴雨”工作室对信息进行汇总、整理、研判，选择有效途径进行处理。“民生焦点一周一报”：工作室围绕平安、物价、出行、环境、健康等民生关注焦点，通过网络、电话、来访以及“相约星期五”活动，进行网上和网下调查，形成民生每周焦点，以便掌握辖区内一周的社会动态。“民生时政一月一报”：组织预报员对近期事关民生的政情以及国内外重大事件和百姓关注的热点难点问题进行政情预报、通报；组织观察员对每月群众关注的民情热点、焦点进行收集，并开展有关政策宣传、释惑工作。“民生品质一年一报”：对街道民主促民生工作进行全面总结和评估，并向全体民情观察员进行通报。对社区民情气象站和民情观察员工作进行总体评价，评选优秀民情观察员和优秀民情气象站，并进行表彰。

三机制即“信息报送机制”：对于群众反映强烈的共性问题，通过社情民意报送机制或者邀约相关部门进入基层调研、召开民情恳谈会等方式，促进问题解决。处理反馈机制：加强与相关部门的沟通和协调，通过会商分析，确保居民反映问题得到解决；对相关政策进行宣讲；建设快捷、高效的社情民意反馈载体，减少中间环节。效果评估机制：针对信息的处理和反馈建立效果评估机制，开展星级民情观察员评选，对热点难点问题处置情况进行评估和分析，听取民情观察员和广大群众的意见，发挥“湖滨晴雨”应有效用。

三、取得成效

“湖滨晴雨”工作室成立后，每年工作室共收到社情民意等信息近千条，每年向市委办公厅、市委宣传部上报专题信息百余篇。分别涉及“校园安全”“交通两难”“房产新政”“作风建设”“食品安全”“医疗卫生”“为老服务”“物业管理”“文明行为”等方方面面，既有问题反映，也有建议和对策，多条“金点子”被市区有关职能部门采纳。其中1/3是反映热点难点问题。通过来信来访交办、专题恳谈会、人大政协提案建议等形式分别落实。街道还根据民情关切问题推出垃圾分类实名制、百味食堂、屋顶美化、美化家园、“帮一把”便民服务、爱心加油站、“三位一体”为老服务、民间生态旅游线等创新工作30余项。

2012年，市委常委、秘书长许勤华在全市党委系统信息工作会议上的讲话中讲到：“‘湖滨晴雨’工作室等直报点报送的多条社情民意信息被刊发，引起市委、市政府有关领导的重视和关注，解决群众关注的热点难点问题。实践证明，民主民生互动信息和直报点平台，对于党委和政府了解社情民意帮助群众排忧解难发挥特殊而积极的作用”，充分肯定“湖滨晴雨”工作室在做好成为党委观察事物的“千里眼”、收集情报的“顺风耳”、反映现状的“寒暑表”、经济建设的“显示屏”、为民服务的“直通车”、社会稳定的“信号灯”、百姓生活的“晴雨表”而发挥的积极作用。

第二章　清波街道

清波街道位于上城区西南角，东以中河与小营街道相连，南以吴山、万松岭山脊线与紫阳街道连接，西濒西湖与西湖区毗邻，北以西湖大道与湖滨街道分界。因辖地的古清波门而得名。地势南高北低，平均海拔8.9米。境内东西向的主要道路有西湖大道、河坊街等，南北向的主要道路有延安路、南山路、中山中路等。

清波街道是上城旅游休闲商务区的“首善区”，被列为提高市民旅游待客素质的“实验区”。辖区有国家重点文物保护单位胡庆余堂与凤凰寺，浙江省文物保护单位南宋石经、浙江体育会摩崖题刻、钱塘第一井，市文物保护单位方回春堂、紫薇园坐标原点、浙江实业银行旧址、于谦故居等。有杭州博物馆、杭州文物保护所、潘天寿纪念馆、上城区文化馆、省军区政治部文化站、中国财税博物馆等多家文博单位，并有孔庙、定安游泳馆、社区图书馆、社区电子阅览室等文体设施。辖境惠民路3号是上城区政府机关所在地。

1993年，清波街道办事处驻地劳动路青平里1号。1994年，清波街道实现工业总产值2462万元。1999年，上城区区划调整，原涌金街道7个居民区划入清波街道，面积增至2.19平方千米。2000年后，随着吴山商圈的形成，商贸旅游业迅速发展。同时，发挥吴山商圈地域、高端楼宇和艺术人才资源的优势，力促文化创意产业发展。2005年7月，街道办事处驻地搬迁至清波街28号。2015年，以发展吴山商圈为经济工作目标，规划“吴山宋韵小镇经济体”建设；大力发展总部经济，辖区有亿元楼宇2幢，千万元楼宇7幢；全年社会商品零售总额59.79亿元，地方财政收入7.26亿元。至年末，街道总户数11549户，总人口34366人，人口密度15007人/平方千米。辖区有行政事业单位及社会团体217个，大中型商务楼9幢，医院2家，中小学和幼儿园8所，金融机构15家，房地产开发公司18家，“三产”服务业企业1658家。清波街道先后获全国社区工作自主创新成果百花奖、全国社区服务示范街道、全国城市社会工作示范街道、全国军民共建社会主义精

图34-2-12　清波街道办事处　（清波街道 供稿）

神文明先进单位、全国社区戒毒社区康复工作示范点、全国社区教育示范街镇、全国和谐社区建设示范街道等40余项国家级荣誉称号。

1993—2015年，清波街道历任党工委书记邵美英、钱国平、史倩、麻承荣、叶素、陈勇、周忠诚。历任办事处主任马彩星、麻承荣、季黄辉、陈勇、倪受南。历任人大工委主任邵美英、钱国平、史倩、麻承荣、叶素、陈勇、周忠诚、陈兴义。

表34-2-7　2015年上城区清波街道部分辖区单位情况表

序号	单　位　名　称	地　址
1	浙江革命烈士纪念馆	西湖风景区云居山
2	浙江省军区司令部	南山路146号
3	浙江省军区政治部	南山路103号
4	杭州市公安局居民身份证制作所	清波门外18号
5	中国美术学院	南山路218号
6	浙江省气象局	河坊街旧仁和署38号
7	浙江省军区第二招待所(杭州涌金饭店)	劳动路127号
8	浙江省电力热电工程设计所	河坊街468号
9	杭州市公安局	华光路35号
10	上城区人民政府	惠民路3号
11	浙江省商业集团	惠民路56号
12	杭州市水产局	中山中路268号
13	浙江二轻房地产开发有限公司	延安路8号吴山商城
14	杭州市盐业有限公司	中山中路123
15	五洋假日酒店	南山路清波街109号
16	杭州联华华商集团	庆春路86号
17	吴山铭楼	延安南路1号吴山广场
18	杭州索菲特西湖大酒店	西湖大道333号

说明：资料来源于杭州市上城区湖滨街道

表34-2-8　2015年上城区清波街道辖区市属以上社会团体情况表

序号	单　位　名　称	地　址
1	浙江省创新与发展促进会	延安南路天风大厦
2	杭州市老公安保卫战士联谊会	华光路35号
3	杭州市保安协会	华光路35号
4	浙江省五金交电化工商业协会	惠民路56号
5	浙江省商业会计学会	惠民路56号
6	浙江省副食品商业协会	中山中路甘泽坊巷9号
7	浙江省百货纺织品商业协会	惠民路56号
8	浙江省商业教育研究会	惠民路56号
9	浙江省商业总会	惠民路56号
10	浙江省烹饪协会	惠民路56号

续表34-2-8

序号	单　位　名　称	地　　址
11	浙江省商业经济学会	惠民路56号
12	浙江省商业企业家联合会	惠民路56号
13	潘天寿基金会	南山路景云村1号
14	浙江省气象学会	河坊街旧仁和署38号
15	浙江省针灸学会	光复路8号
16	中国农业银行中山支行职工技术协会	中山中路188号
17	杭州市手表厂职工技术协会	小螺蛳山18号
18	中国建设银行杭州吴山支行职工技术协会	延安路118号
19	浙江省雕塑家协会	南山路218号
20	浙江省制冷学会	惠民路56号
21	浙江省粘接技术协会	劳动路128号
22	浙江开明画院	清河坊大井巷98号
23	杭州市手表有限公司职工持股会	小螺蛳山18号
24	杭州市工商业联合会	惠民路24号
25	浙江省漆画研究院	南山路218号
26	浙江省版画家协会	南山路218号
27	浙江省民间美术家协会	南山路218号
28	杭州海外海旅游有限公司职工持股会	西湖大道239号耀江广厦写字楼3层
29	浙江省直律师协会	南山路105号
30	杭州市伊斯兰教协会	中山中路227号

说明：资料来源于杭州市上城区清波街道

第一节　党建

1993年，清波街道党工委下辖党总支（支部）26个，基层党组织力量不断壮大。通过推行线上线下联合发展、打造智慧党建等方式，加强基层党组织建设，推进社区党支部建设，发展非公党组织，扩大党的覆盖面。创新党建工作模式，规范党员教育发展，对党员干部进行中国特色社会主义思想教育，推进党风廉政建设，促进党员队伍的纯洁和战斗力的提高。2004年，街道各社区均建立党委，并建立楼道党支部和特色党小组。2010年，成立吴山商圈党委。至2015年末，清波街道下辖党总支（支部）133个，有党员2135人。

一、思想建设

1993年起，清波街道党工委通过党委中心组学习等形式，组织党员干部学习中共十四大、十五大精神，《邓小平文选（第三卷）》《中共中央关于建立社会主义市场经济体制若干问题的决定》《关于建设有中国特色社会主义若干理论问题学习纲要》等内容，同时对党员干部进行新时期经济形势等方面的教育。

2001年10月，清波街道党工委围绕加强和改进党的作风建设，学习贯彻中共十五届六中全会精神，在基层党员中开展“三个代表”重要思想教育。2002年下半年，组织学习《江泽民同志论有中国特色社会主义（专题摘编）》。2003年，清波街道党工委以开展“学习十六大、创业在杭州”大讨论主题教育为载体，推动党员干部的思想大解放。2004年2月，以多种形式深化“创业在杭州”主题教育活动。2005年，以领导干部为重点，以读书会、研讨会、培训班等形式，推动理论学习。

2007年，清波街道党工委开设“清波讲坛”，组织机关干部和社区工作者定期进行理论学习，促进学习型机关建设。2013年，清波街道党工委编辑发行《聚焦清波》《清波一家》等刊物，并利用街道门户网站及各条线的官方微博，更新信息，与网民互动。11月，在杭州市委党校举办党支部书记培训班，组织街道各社区和两新组织90余名党支部书记参加培训。

2014年4月，清波街道在云居山革命烈士纪念碑前开展爱国主义教育暨“红色精神代代相传”主题实践活动，200余人参加。6月，在劳动路社区召开开放式党组织生活会，100余名离（退）休党员、两新党组织党员、在职党员等社区网格内的各级党组织代表等围绕“我的价值观”展开学习讨论。7月，举办以“我的红色梦”为主题的巡回图片展。2015年，推动党员自觉参加“三会一课”“党员固定日”等活动，提升党员思想认识。

二、组织建设

1993年4月，清波街道党委改建为街道工作委员会，下辖党总支（支部）26个。2004年，各社区均建立党委，并建立楼道党支部和部分特色党小组。2005年，设立清河坊历史街区流动党员之家，并通过设立流动党员服务热线，发放流动党员服务卡，开展流动党员服务工作。

2010年5月，清波街道党工委下辖7个党委、110个支部、1683名党员。9月，“吴山商圈”党委成立，下辖15个两新党组织和特邀4个“商圈”规模企业党组织。2011年8月，清波街道党工委将分散在19家非公有制企业的流动党员纳入统一管理，选派12名党务工作者为联合支部的党建指导员，帮助非公有制企业发展党员，指导联合支部开展党建工作。2012年，组织“吴山先锋论坛”等活动，加强非公有制企业党组织建设。6月，清波街道启用吴山商圈党员服务中心，开通商圈党建手机平台“红E随行”。

图34-2-13　吴山商圈党建手机信息平台“红E随行”开通仪式（2012年6月28日）　（清波街道 供稿）

2013年末，吴山商圈党委辖支部39个、党员309人。2014年，清波街道党工委建立“党建纵横联动共同体”，实现部门相同、行业相近、区域相邻的不同部门、行业、区域、单位党组织的内聚外合、资源共享、经验互鉴、互促共进，确保非公党组织发挥作用。

2015年，清波街道党工委按照《中国共产党发展党员工作细则》要求，推进党员规范发展。推行“大党委制”党建工作模式，推进商圈“吴山幸福红驿”三大集群，打造“吴山红E·五智模式”智慧党建，促进基层党组织建设。至2015年末，街道党工委下辖党总支（支部）133个，有党员2135人。

三、党风廉政建设

1993年起，清波街道党工委按照《中共杭州市委关于切实加强党政机关和领导干部党风廉政建设的若干规定》，加强党风廉政建设。1997年9月，按照中纪委《中国共产党党员领导干部廉洁从政若干准则（试行）》等相关规定，落实党风廉政建设责任制，重点抓责任制的落实。

2001年4月，清波街道纪工委开展违反规定接受现金、有价证券和支付凭证问题专项清理。2004年7月，清波街道纪工委执行市纪委《关于党员干部“行为不廉洁、作风不检点”问题的处理意见》，强化源头治本，抓好领导干部的廉洁自律。街道领导班子成员无一人违反《廉政准则》和“六个不准”的规定。2005年，清波街道纪工委建立社区重大事项报告制度，对重点工程、政府有投资的工程进行监督。3月，加强党员干部因公出国（境）的管理、因私出国（境）的审查和出国（境）证件的管理。

2008年，清波街道纪工委开展系列主题活动，设立作风监督员，加强基层党风廉政建设，打造“廉洁清波”。打造以于谦事迹为中心的廉政文化圈，廉政文化宣传廊、于谦故居、廉政文化楼道宣传点、廉政文化读书角等建设基地，营造党风廉政建设的宣传氛围。2010年，清波街道将辖区有助于提高市民人文素养及具有反腐倡廉教育意义的旅游景点串联成线，打造“吴山天风、修心之旅”“吴山清风、修身之旅”2条旅游线路。10月，清波街道纪工委在吴山广场举行“吴山清风、修身之旅”廉政文化体验线，“吴山商圈”党委的20名流动党员与30名居民代表率先参与体验活动。

图34-2-14　2013年8月，清河坊社区居民通过专题网络了解党风廉政建设相关规定
（清波街道 供稿）

2011年，清波街道纪工委完善社区党风廉政建设学习制度、公开制度以及党风廉政建设责任制，以“公推直选”方式产生社区纪委书记。树立“家庭助廉”“母子情深、军营教育”“颂于谦促廉洁”“国学促廉洁”“社区志愿服务促廉”等廉政品牌。2013年，清河坊社区成

为省“廉政文化进家庭”示范点。该社区串联廉政文化景点，打造包括廉政对联、墙体警句典故在内的廉政文化圈，并推出修身之旅体验线，形成社区“点、线、圈”特色廉政文化品牌。11月，清波街道纪工委在高银街和河坊街的18家党员经营户店铺推行廉政二维码进商户活动。2014年4月，在社区开设清风“话”馆，至年末，共接待居民540人，收集意见建议206条。

2015年，清波街道纪工委办理“96666”效能投诉5件，纪检监察信访件2件；强化监督制约，推进“三重一大”事项集体决策试点工作。全年共监督小型建设工程招标项目11个，涉及建设资金105万元，参与监督人员招聘13人；组织开展岗位廉政风险排查，共查找岗位廉政风险点628个，制定防控措施942条；共组织明察暗访15次，发现并督促整改问题33个，问责处理责任人3名。

第二节　经济

1993年，清波街道有工业企业15家。1994年，工业总产值2462万元。2000年后，随着西湖南线的贯通、河坊街历史街区的恢复，以及吴山花鸟城、浙江体育文化市场、杭州中山中路皮革鞋料市场的创办和高银街“小吃一条街”的兴盛，辖区商贸旅游业发展迅速，形成以吴山广场为中心的吴山商圈。2007年，清波街道办事处发展文化创意产业，挖掘吴山商圈的地域、高端楼宇和艺术人才资源，为信息服务业、设计服务业、艺术品业和文化休闲旅游业等企业营造良好的发展环境。全年社会商品零售总额76218万元，财政总收入24924万元。2015年，街道以发展吴山商圈为经济工作目标，规划“吴山宋韵小镇经济体”建设；大力发展总部经济，全年社会商品零售总额597900万元，财政总收入116300万元。

表34-2-9　2007—2015年上城区清波街道综合经济指标完成情况表

单位：万元

年份	社会消费品零售额	财政总收入	地方财政收入	招商引资		
				内资	其中：市外	外资（万美元）
2007	76218	24924	14099	220903	171742	1581
2008	143952	42796	22938	152979	97871	1795
2009	212097	46712	26305	186317	153099	1647
2010	405975	65128	36271	418316	324600	458
2011	533600	86600	46200	538000	283700	800
2012	561500	102000	57200	426700	284900	720
2013	604700	88600	49300	234100	151600	1224
2014	596800	108000	61600	160200	149400	2000
2015	597900	116300	72600	160700	140700	3062

说明：资料来源于杭州市上城区清波街道

一、工业

1993年，清波街道有工业企业15家，主要为纺织、化工、电器等行业。1994年，街道工业总产值2462万元，产品销售收入1858万元，创利税294万元。1995—2000年，工业企业由10家减至3家，总产值由2534万元减至1428万元，产品销售收入由1897万元减至1316万元，利税由266万元减至144万元。重点企业有胡庆余堂中药厂和杭州手表厂。2000年后，随着商业、服务业的发展，街道工业逐步退出。至2005年，仅有杭州手表有限公司1家企业，工业总产值394万元，产品销售收入268万元，创利税45万元。2005年，杭州手表有限公司从四宜路搬迁至余杭区崇贤街道，辖区内不再有工业企业。

二、商贸服务业

1993年，清波街道有商业网点13个，其中饮食业7个，服务业81个，修补网点9个。清波商业公司营业额4839万元，利润109万元；清波街道劳动服务公司业务收入1375万元。1994年，街道商业、饮食业、服务业总产值692万元，总收入10548万元，实现利税465万元。1995年，辖区杭州万隆实业有限公司成为上城区首家改制试点企业。1997年，街道有外贸出口企业1家，外贸出口供货值831万元；街道商业、饮食业、服务业总产值799万元，总收入6348万元，实现利润253万元。2000年，街道第三产业产值2373万元，收入7051万元，实现利润95万元。

2000年起，以吴山广场为中心，辐射北、东、西1.5千米的吴山商圈逐渐形成，包括西湖南线、河坊街历史街区及吴山花鸟城、浙江体育文化市场、杭州中山中路皮革鞋料市场和高银街“小吃一条街”等，辖区商贸旅游业发展迅速。2003年，清波街道商贸旅游收入11770万元。2005年，街道第三产业增加值849万元。2007年，辖区有批发零售业406家，住宿餐饮业99家，房地产中介55家，其他服务业568家。是年，在发展文化创意产业中，挖掘吴山商圈的地域、高端楼宇和艺术人才资源，为信息服务业、设计服务业、艺术品业和文化休闲旅游业等企业营造良好的发展环境。

2008年，清波街道创建劳动路“西湖创意谷·涌金家园”，入驻经营书画艺术的店家38家。4月，创建青年创业就业见习基地。思美传媒股份有限公司、南华期货经纪有限公司、浙江百诚集团有限公司、信泰人寿保险股份有限公司4家加盟企业提供见习岗位73个。2009年，街道在全区率先成立街道文化创意办公室，辖区文化创意企业全年上缴税收3991万元。2010年7月，“清波创驿”青年创业就业服务中心成立，吸纳8家地区非公企业作为提供就业创业见习岗位单位，为地区青年提高就业创业能力提供“一对一”

图34-2-15　2011年10月20日，清波街道举行“智·原点”人才培养工程启动仪式　（清波街道 供稿）

的服务帮助。2011年，清波街道办事处打造“智·原点”吴山青年就业创业俱乐部，给予青年企业战略、投融资、市场营销、人力资源、财税、法律、管理等方面的指导与帮助。2012年，清波街道办事处加快吴山商圈建设，优化提升吴山广场、河坊街、吴山创业基地等产业平台，集聚效应显著增强，商贸旧观恢复，服务业销售额达6990万元。2013年7月，全国青年公益创业大赛10强冠军团队“十二邻”发展中心入驻清波街道。是年，街道办事处以“个转企”项目[①]推进个体商户转型升级，通过走访三产服务业，建立具备“个转企”条件的商户名单，分类提供“一对一”帮扶指导，完成个转企60余家。2014年11月，清波街道办事处开展“创办你的企业”创业培训，为驻地部队31名即将退伍的战士理清创业理念，掌握自主创业的技能。

2015年，清波街道以发展“吴山商圈”为经济工作目标，以“培育优质企业、服务留住企业”为举措，规划“吴山宋韵小镇经济体”建设，确保辖区经济发展稳步前行。至年末，辖区有批发零售业764家，住宿餐饮业159家，金融业65家，房地产中介29家，其他服务业1079家。并有大中型商务楼9幢，房地产开发公司18家，“三产”服务业企业1658家。

三、招商引资

1998年后，杭州市利用国内经济合作洽谈会平台，逐步开展招商引资工作。2000年8月，上城区组建对外开放工作协调小组，成立招商机构，招商引资成为工作重点。2003年，街道引进企业141家，内资5.47亿元人民币，协议外资395万美元。各业总收入1.85亿元，总利润51万元，税收总额1440元。2004年，引进浙江德加投资有限公司、杭州和欣实业投资有限公司，到位资金分别为5000万元、1938万元。2005年，街道合同利用外资1594万美元，实际到位外资258万美元。

2006—2010年，清波街道共引进企业855家，引进内资总额108.86亿元，合同利用外资2237万美元，实际利用外资496万美元。2006年，引进内资1000万元以上项目2家，分别是杭州任吉寿堂参茸燕草有限公司和浙江高德金银投资管理有限公司。2009年，引进亿元招商企业杭甬铁路客运有限公司。2010年，引进杭州金永信创业投资合伙企业（有限合伙）和沪昆铁路客运专线浙江有限责任公司，其中杭州金永信创业投资合伙企业（有限合伙）注册资金5000万元，主营创业投资代理业务，成为清波街道历年来招商引资工作的首次突破。

2011年8月，清波街道首家台资创业管理有限公司——金库（杭州）创业投资管理有限公司注册成立。街道引进企业172家，其中有浙

① 即帮助个体户“小老板”转型为公司“企业主”。

江天堂硅谷长信股权投资合伙企业（有限合伙）、浙江天堂硅谷长盈股权投资合伙企业（有限合伙）、浙江天堂硅谷久融股权投资合伙企业（有限合伙）、浙江天堂硅谷久晟股权投资合伙企业（有限合伙）等7家亿元基金公司；引进内资53.8亿元，引进文化创意产业企业640家，实现税收1.80亿元。2012—2014年，街道办事处先后引进企业有浙江方格贸易有限公司、全市首家外资创投企业——杭州鑫悦动创业投资有限公司、“北大荒”绿色食品杭州旗舰店、浙江硅谷天堂产业投资管理有限公司等重点企业，共引进内资185.99亿元。

2015年，清波街道开展“敲门招商”工作，宣传勾山里和四宜路地块，打造惠民路财富管理孵化基地，吸引多家企业入驻。新引进企业212家，其中高端金融企业85家。同时，清波街道培育已入驻的企业，发展总部经济，支持浙江省商业集团发展以总部经济和金融服务业为特色的高端产业，提供相关产业扶持政策；协助中银投资、方回春堂、胡庆余堂等重点企业投资成立金融类企业，为辖区经济持续发展奠定基础。

第三节　社会事务

20世纪90年代初，清波街道初步形成老年人服务、残疾人服务、精神卫生工疗服务、幼托服务、志愿者服务、安全法律服务等社区系列服务网络。1993—1997年，街道办事处开展五好家庭、五好墙门、文明居民区、文明单位、五好文明家庭等创建活动，推进精神文明建设。2006年，按照“全市一流、全省示范、全国领先”的要求，完善管理体制和运作机制，推进社区组织、社区环境、社区自治、社区服务、社工队伍五大建设。2015年，清波街道形成“五部一中心”① 社区管理服务模式，探索“全能社工网格化精细管理服务”新途径，教育、科技、文化、卫生事业全面进步。

① 党政工作部、城市管理部、平安建设部、民生事业部、经济服务部和行政服务中心。

一、教育

1993年，清波街道辖区有中国美术学院、浙江省杭州第四中学、杭州市勇进中学（现北京师范大学附属杭州中学）、杭州市娃哈哈小学、杭州市湖滨幼儿园、浙江省商业厅幼儿园、杭州市清波幼儿园、杭州师范学院第一附属小学、杭州市高银巷小学等学校。1994—2003年，街道开展居民干部培训和业余文化教育；开展社区教育，并通过校外教育基地开展活动，表彰先进教育工作者。

2004年，构筑市民终身教育体系，推出“吴山广场英语角”“市民终身教育节广场英语沙龙”等活动，与28家地区单位签订“共享教育资源，共建终身教育体系”意向书。开展青少年校外心理辅导，开展假期校外教育活动。劳动路社区加强社区青少年思想道德教育经验被共青团浙江省委转发。

2005年5月，劳动路社区建立心理导航站，组织一支具有专业水准的青少年心理辅导志愿者队伍，利用学校搭建的健康教育网坛，加强对青少年不良习惯和不良行为的监督。是年，劳动路社区被评为“全国青年文明社区”。2009年，街道结合“七一”“八一”等节日，通过“祖国在我心中”“小眼看世界”等主题活动，以心理导航站、公民爱心日等为载体，加强地区未成年人思想道德教育。

2011年1月，清河坊社区联合辖区杭州市高银巷小学成立“七彩”小导游服务队，利用学生业余时间参加由杭州市历史博物馆免费开展的模拟演练等培训。2014年，清波街道开办全市首个街道层面的老年大学，实现老年人“老有所学”。

图34-2-16　2011年，“七彩”小导游服务队在河坊街为游客提供咨询服务　（清波街道 供稿）

至2015年末，清波辖区有幼儿园4所，在园幼儿827人，教职工74人。小学3所，班级55个，学生1897人，教职工135人；中学1所（浙江省杭州第四中学吴山校区），班级30个，学生1350人，教职工114人；高校1所（中国美术学院），学生9000余人，教职工1000余人。

二、科普

1993年，清波街道办事处建立社区科普文化站、科普画廊等宣传设施，开展科普讲座，举办科普宣传周活动，组织科普图片展示及科技专家现场咨询答疑等活动，普及科普知识。

2005年，开展科普进社区活动，把科普宣传纳入社区创建文明活动。组织青少年开展小发明、小制作、小论文竞赛活动和科普讲座，完善青少年科普教育基地的建设。2006年，开展“红五月”社区科普文化系列活动。在科普周期间全街道举办各类科普活动11项，参与组织和活动的科技人员32人，参与活动总人数近1万人次。

2007年，街道科协开设“走进幸福课堂”系列务工人员科普知识培训班，为务工人员普及科技知识。2008年，通过开展科普文明家庭评选，文明新风驻万家等活动，社区中大多数居民群众投入到创建工作中。2009年，对各社区的科普画廊进行整修和维护，在每个社区设立1个大型电子显示屏幕。开展科教进社区、科普服务居民、科学与健康、绿色环保、计划生育、生殖健康等形式的科普宣传教育服务活动。是年，新申报区级科普文明楼院3个，科普文明家庭15户。

2009年科普周期间，清波街道办事处举办以“节约能源资源、保护生态环境、保障安全健康”为主题的大型科普志愿者宣传咨询服务和“家庭节能减排知识竞赛”等活动。是年，清波街道办事处设立党员图书室、远程教育室、基层党校活动室，添置投影机、摄像机等文体硬件。是年，街道、社区共举办各类活动项目12个，举办科普讲座9场次，参与活动的居民群众5000余人次。

2010年科普宣传周期间，清波街道办事处设立咨询服务台（站）27个，接待市民群众2500人；举办各类科普讲座（交流会、报告会）7场次，参加人员560人；展出科普画板（挂图、黑板报）210余张。2011年，结合庭院改善工程，对街道所属各社区的科普画廊进行全面整修。全年共举办各类科普活动项目16个，参与活动的地区单位有80余家次，居民群众近1万人次，举办各类科普讲座16场，展出宣传图板300余块，散发宣传资料2万余份。

2012年，清波街道办事处通过组织垃圾分类辩论赛，开展“废物利用，巧手做灯笼”“低碳知识进军营，科技拥军谱和谐”“我是低碳小使者”等主题讲座，宣传垃圾分类、低碳环保知识。2013年，开展夏季消防安全知识讲座暨消防演练宣传活动10余场，制作流动宣传展板50余块，发放宣传资料5000余份。

2014年，清波街道与胡庆余堂中药博物馆合作开展“科普大讲堂”活动，开展市基层科普示范单位创建工作。街道门户网站定期刊登各类科技知识和各项科普活动，每月更新1次。2015年，共举办各类大型广场科普活动6场次，各类科普活动项目22个，各类科普知识宣传报告会、讲座30余场次，参与活动的居民群众1万余人次。

三、文化体育

1993年起，清波街道加强街道文体设施建设，组建社区文体队伍，每年组织演出活动，丰富群众的文化生活。2003年，街道举办“红五月社区文化艺术节”、元宵灯会、庆“七一”、迎国庆和首届社区邻里节等活动，培育富有特色的广场文化、社区文化、楼道文化。2004年，创建精品电子阅览室2个；开展“话说清河坊”系列活动，相继推出“我与清河坊征文”“河坊街便民服务车”“清河坊七彩导游小队”等活动。

2008年，清波街道腾空与置换1500余平方米的室内用房，投入资金50余万元，建立电视室、阅览室、书画室、电脑室、健身室和聊天室。2009年，通过组织“实践科学发展，共建幸福清波”大型文艺晚会、《建国大业》等红色电影观影活动、摄影展、书画展、座谈会、征文赛等形式共庆祖国华诞。

2010年，清波街道文化活动中心启用。打造公益文化品牌，锦霞戏剧艺术公益培训基地开班。街道文化活动中心展厅共计举办“迎春艺术名家大师精品展”“清波街道庆祝中国共产党成立90周年书画摄影作品展”“问学杭州”韩国留学生书画作品展等公益展览21场，展出根雕、摄影、书法、绘画等作品1000余件。

2011年6月，在街道文化活动中心举办中国美术学院—清波街道校地基层组织共建第二批实践成果汇报展暨第三批实践活动启动仪式活动，35名学生党员志愿者的绘画摄影作品、实践成果集等在展厅展出。2014年，街道启动第五批“艺术实践进社区”活动，开设“美美讲堂”“艺术进军营”，完成廉政微电影、《清波文化随行册》的制作，“艺术实践进社区”项目获评市首批“终身学习活动品牌”。

2015年，街道建成全市首个盲人电影院。举办首届清波文化节，组织开展吴山商圈购物节、吴山宋韵小镇文化游、南宋酒文化展示周、“非物质文化遗产”保护与传承论坛、国学大讲堂等文化主题活动15场。是年，创建“幸福艺家”文化品牌志愿服务体系，与上城区乐智青少年发展服务中心联合成立清波街道家长学校“幸福·家——优家优长”“世纪文化志愿者艺术团”“清波市民音乐厅”“文化志愿者艺术培训基地”等公益文化项目，形成覆盖老中青少四大年龄层居民各类文化需求、“三社”[①]融合的文化服务体系，满足多样化、个性化的文化服务需求。

图34-2-17 2015年2月6日，清波街道举行“幸福艺家”文化品牌志愿服务体系创建启动仪式（清波街道 供稿）

① 社会组织、社会工作者、社区。

四、卫生和计划生育

1993年，清波街道辖区内有上城区中医院、上城区妇幼保健所。是年起，有计划地举行中老年人疾病预防、疾病咨询、疾病治疗、疾病康复讲座活动，并定期发放宣传资料、健康处方、健康资料，普及“健康家庭保健标准”教育，组织社区人群收看收听《健康知识》节目，提高健康教育知晓率。1993—2000年，开展计划生育优质服务，组织计划生育服务人员到单位、社区为已婚妇女开展查孕、查病服务。

2002年，开展社区精神病人管理工作，组织由社区干部、左右邻里和家属组成的三人看护小组，掌握病人的生活起居及活动情况。清波街道为居民群众建立健康档案，为患高血压、糖尿病及慢性病的病人提供服务。同时，推进“户籍地和现居住地共同管理，以现居住地管理为主”的流动人口计生管理体制。2003—2005年，街道办事处运用“婚育新风进万家”的活动载体，抓住“恋、婚、孕、产、教、育”6个环节，提供优质服务。督促外来人口返乡换证、办证，外来人员验证率达到100%。

2008年，清波街道办事处建立健全地区计划生育管理服务平台，推进“属地管理、单位负责、居民自治、社区服务”的计划生育管理新机制，与74家地区单位签订计划生育目标管理责任书。

2009年4月，清波街道开展区残疾人免费体检试点工作。街道残疾人参加体检419人，占残疾人总人数的80.7%。2010年11月，清波街道“三优”指导中心挂牌成立，为居民群众免费提供“优生、优育、优教”服务。2011—2015年，清波街道通过强化部门共建、利益导向和互动三项机制，实施健康促进、致富创业和扶持救助三大利民工程，开创政府搭台、部门唱戏、社会共建、全民参与的计划生育工作新格局。

五、社区建设

1993—1995年，清波街道办事处每年开展五好家庭、文明居民区、文明单位、五好文明家庭等创建活动，推进社区精神文明建设。1996年，完成居委会第三轮换届改选工作，建立新的居委会组织机制。2001年，开展“星级”社区创建活动。2005年，建立社区居民办事大厅和社区居民事务受理中心，加强社区管理，完善硬件设施，改建扩大敬老院和兴办社区托老场所等为老服务设施，完善社区配套用房，运作机制不断完善，载体活动有所创新。

2006年，清波街道按照“全市一流、全省示范、全国领先”的要求，完善管理体制和运作机制，推进社区组织、社区环境、社区自治、社区服务、社工队伍五大建设。2009年，成立杭州市首个老社工（居干）协会，由热心社区工作的退休社工、居干及单位组成，接受街道业务指导和监督管理，协助社区提升公共事务管理水平。4月，在劳动路社区成立社区居民事务服务中心，利用社区党务工作站、党员服务中心、党建活动室，发挥党员先锋模范作用，接待社区居民来信来访。9月，以柳翠井巷社区为试点，探索实施“AB岗工作体系”[①]。

2010年，清波街道在各社区搭建校地“一帮一”互助平台，设立专门的社会工作实践活动室，首次尝试采取“情景模拟”互动方式开展社工业务知识培训。

2012年，清波街道启动“全能型”社区工作者人才队伍培养计划，设立教育和培训双结合培训模式。以社区服务中心为依托，建立专业化社工实训基地。率先在全区开设为期1个月的“全能型”社工培训班，通过“菜单式实训”、社会工作示范岗培训和专题研讨等形式，提升社工专业水平。5月，在蔡官巷35号成立“幸福·家”工作室，为辖区

① 即社工流动工作法、AB角岗位责任制、“前台受理，后台跟踪”督导制度和社工错时轮班制度。

12330余户家庭、37560余名群众提供全方位的家庭关爱服务。

2013年，清波街道办事处在社区推广“二维码”数字化社会服务管理载体，每个网格片区责任社工配备“一对一”的二维码。居民手机扫描网格联系卡片上的二维码，可知所在片区社工个人信息、网格联系范围、社区便民服务指南、居民事务相关政策、文体活动等信息。

图34-2-18　上城区清波街道“幸福·家”示范点揭牌仪式（2012年5月29日）　（清波街道 供稿）

2015年，清波街道完善社区工作专业人才队伍建设，鼓励符合条件的人员参加全国社会工作者职业水平考试，共有46名社工报名参加考试，6名社工通过考试。形成“五部一中心”社区管理服务模式，探索“全能社工网格化精细管理服务”新途径。

六、社区服务

社区系列服务　20世纪90年代初，清波街道初步形成老年人服务、残疾人服务、精神卫生工疗服务、家政服务、幼托服务、志愿者服务、安全法律服务等社区系列服务网络。

1993年，街道有工疗站、敬老院各1个；社会福利企业10家，安置残疾人员21人。1996年，建立清波老人公寓，建筑面积380余平方米。2000年，构建“五站式”① 为老服务新模式，从老年人“医、食、住、行”入手，推行“菜单式服务”。

2005年，街道依托“上门服务和日托服务”的社区居家养老服务模式，构建区域管理服务体系。为老服务联盟加盟单位243家，街道发放居家养老时间券7000小时，计40146元。开通热线电话，提供24小时全天候服务。清河坊社区成立殡仪服务站，为全市首个老人“身后事”服务站。是年，清波街道被全国社区协会评为“全国社区服务示范街道”。

2007年，街道共为8023名60岁以上老人提供“五站式”为老服务。2008年，对辖区内老劳模、残疾人家庭、家庭生活困难、年龄在75岁以上4类老人进行摸底调查，给予养老服务评估，制定服务模式。并利用地区单位资源，改造老年食堂、洗衣房、老年活动中心等为老服务配套设施。

2009年4月，劳动路社区成立社区居民事务服务中心，接待社区居民的来信、来访。2010年1月，街道发动社区社会组织参与“万家新社会组织服务社区”主题实践活动，共招募40家社区社会组织参与该次

① 再就业劳动保障站、社区服务站、青少年帮扶站、“共驻共建”联谊站、社区活动站。

活动，服务人数700人次。9月，清波街道5个社区编写《便民服务手册》，共发放1500册，受益居民4000余人次。2011年，街道以300户家庭为单位，形成民生服务站点，把民生服务从重点人群延伸至辖区全部家庭。依托党建资源服务库设立咨询预约中心、应急处理中心、信息管理中心等，通过开展预约服务、上门服务、菜单服务，打造15分钟生活服务圈，解决各类民生问题70余件。

2012年，成立清波街道社区社会组织孵化中心。辖区共有社区社会组织73家，免费为群众开展医疗保健、法律援助、心理咨询、环保绿化等便民服务700余次，受益居民数千人。4月，在劳动路社区、柳翠井巷社区建立2个老年食堂配送中心，每天向5个老年食堂提供用餐配送服务。11月，以柳翠井巷社区为试点，推出全方位社区服务的“流动便民服务包”[①]，有1800余人次享受到该项服务。

2013年，在各社区推广劳动路社区“二维码”数字化社会服务管理载体。[②]清波派出所开通绿色窗口，在叫号机上设置“70岁老人绿色通道”选项，针对行动不便老人，推出电话预约服务并上门办理身份证相关业务。是年，清波街道为辖区所有独居老人安装紧急呼叫器1639个、门窗报警器200个。启动“转角遇到爱”楼道爱心折叠椅安装项目，为景云村、后市街小区、柳浪阁等7个小区的37个楼道安装爱心折叠椅，惠及500余户家庭。

2014年，清波街道依托“网格流动服务日”等形式开展社区网格服务。8月，成立“幸福清波·伍大姐公益红娘群服务站”，为辖区青年及家长搭建互动平台。2015年，街道融合机构养老、居家养老和社区养老为一体，细化健全养老服务网络，对街道第一老年食堂劳动路配送中心实施移址改造；推进专业化养老服务管理，以柳翠井巷社区为试点，社区日间照料中心、老年食堂委托第三方机构经营管理。

社区志愿服务　2004年3月，《杭州市志愿服务条例》实施。街道办事处开始建立志愿服务组织，以“党政所想、社会所急、群众所需、志愿者能为”为定位，不断拓展服务领域，组织志愿者服务每年的大型活动。

2006年，清波街道办事处创新帮老助残服务模式，街道帮扶志愿者与500余名“空巢”和高龄老人结对，为老人提供贴心服务。惠民苑社区开展为民服务系列活动，建立家政服务、就业联络、扶贫帮困等8支社区志愿者服务队，开展志愿者跟踪、延伸、敞开、一门式服务。

至2008年，清波街道共建立彩虹志愿服务队等62支志愿服务队伍，志愿服务人员4907人。在清波门、柳翠井巷、清河坊、劳动路、定安路5个社区设立社区志愿服务站。制定管理制度，建立“志愿服务登记

① 社工依照“家中办理、社区流转、全程反馈”的工作流程，携便民服务包在基层网格中收集居民“烦、忧、扰”的难题，群众住所作为解决各类问题和提供志愿服务的第一现场，让居民在自己家中享受到公共服务。

② 每个网格片区的责任社工配备“一对一”的二维码，并印制在网格联系卡片上。居民只需使用手机中的软件扫描二维码，5秒钟内便能了解自己所在片区社工的个人信息、网格联系范围、社区便民服务指南、居民事务相关政策等信息，还能查看当日老年食堂的菜价和各项文体活动信息。

卡”，对烈（军）属、困难家庭相关服务记录，形成长效志愿服务机制。组织志愿服务人员提供志愿服务时间达12.84万小时，形成具有清波特色的志愿服务工作品牌。是年，清波街道获“全国志愿者服务工作先进单位”称号。

2012年，以街道党员服务中心、社区党员服务站为平台，以志愿者活动为主线，每季度开展一次“送服务下乡”活动，涉及技能培训、法律援助、心理辅导、文化教育等10余项，惠及人数2000余人次。以清波门社区为试点，动员各楼道志愿者参与“拼餐”志愿服务，设立1家楼道邻里餐厅，邀请行动不便的独居、空巢老人就近前往志愿者家中享受“拼餐服务”。享受该项服务的人数达3000人次。2013年，启动“麦田圈”失独家庭服务项目，由志愿者提供专业社工服务。辖区35户失独家庭及独生子女伤残家庭，有60余人免费享受该项目提供的各类服务。全年建立10余支青少年志愿者服务队，组织200余名中小学生参与为空巢独居老人送“清凉”等志愿服务。

2015年，劳动路社区推出社区“金管家”服务项目，选聘居民骨干、党员志愿者组成社区“金管家”，与独居、空巢老人结对，通过签订“钥匙保管协议”保障双方权益，开展“一对一私人服务”，替老人保管钥匙，被评为上城区社区治理“十佳金点子”。

图34-2-19　2015年2月10日，清波街道“麦田圈”组织迎春节包饺子活动　（清波街道 供稿）

七、社会保障

1992年7月起，清波街道私营企业、个体工商户一律实行社会养老保险制度。1995年，街道办事处落实居民干部享受“二次退休金”政策。2000年10月，扩大基本养老保险范围，凡达到法定正常退休年龄时，缴费年限不满15年（含视同缴费年限）的人员，允许一次性补缴基本养老保险费满15年。

2003年9月，劳动路社区为解决就业困难户的问题，成立杭州市首家集编、织、钩、缝、绣于一体的清波街道劳动路社区编织社。至2005年，编织社加工场地从开业之初的70平方米增至700平方米，安置失业女工由40人增至300人，月加工费收入20余万元；人均月收入600元左右，解决失业女工再就业5000余人次。

2005年10月，国务院评估督导组肯定清波街道通过建立社区公益性岗位、地区单位吸纳、家政服务和手工编织“四位一体”的地区再就业安置体系，1309名失业妇女实现再就业的做法。组织6083名企业退休人员开展春游等各种联谊活动18次，参与人员11994人次；节日慰问人员4367人次；开展“扶贫帮困”工程，200余名失业人员重新找到工作。是年，清波街道在各社区建立退休人员社会化管理服务保障网络，开展退休人员社会化管理服务工作，实现社区工作有序管理。

2007年，清波街道建立辖区44户“零就业”家庭的基本信息台账，通过加强就业指导和技能培训，拓宽就业渠道，消除“零就业”家庭。实施“零贫困家庭”工程，为37户贫困家庭发放绿色卡（扶贫、助困爱心结对卡），进行一对一结对帮扶；为133户老年困难家庭发放黄色卡（助老志愿者结对卡），为老年家庭提供志愿者结对服务；对65户残疾人家庭发放红色卡（残疾人帮扶结对卡），帮助残疾人解决生活难题。街道募集和投入资金80余万元，用于弱势群体的结对帮扶。

图34-2-20　劳动路社区姐妹编织社（2006年）
（陈建荣　摄）

2008年，搭建“零贫困家庭”“爱心联盟”扶贫帮困平台。以清波妇女手工姐妹编织社为依托，为下岗失业妇女搭建展示技艺和产品的平台，解决再就业难题。2009年5月，街道工会劳动法律监督中队成立，下辖5个小队，形成街道设中队、社区设小队、规模以上企业设工会劳动法律监督小组或监督员的工作模式，依法维护职工的合法权益。6月，启动“爱心联盟”二期工程，印制“爱心联盟消费券”1200张，总价值1.2万元，获益困难家庭40户。

2011年，街道打造“智·原点”吴山青年就业创业俱乐部，完善青年人才库和青年人才培养机制，提供一批导师资源，给予青年企业战略、投融资、市场营销、人力资源、财税、法律、管理等方面的指导与帮助。定安路社区劳动保障室建立“3H”机制，即有健康档案（Health archives），自管有组织（Help yourselves），有惠民手册（Hand books）。

2014年11月，开展“创办你的企业”创业培训，为驻地部队30余名即将退伍的战士理清创业理念，掌握自主创业的技能。2015年，街道共发放各类保障金106.90万元；提供居家养老服务7600人次，累计服务时间66396个小时，累计金额132.80万元；发放就业补贴1528人，补助金额721.45万元；开发就业岗位5551个，安置失业人员4105人，安置困难人员1599人。

第四节　综合治理

20世纪90年代，随着改革开放深入，清波街道社会治安综合治理工作重点转移到各类专项斗争及基层平安创建。2001年4月，围绕中央提出的“两年为期”和市委提出的“首善之区”工作目标，组织开展“严打”整治斗争，集中打击各类有组织犯罪、流氓恶势力犯罪、严重暴力犯罪、严重影响群众安全感的多发性犯罪以及各类经济犯罪。2012

年，清波街道推进社会治安防控体系建设，加强专职巡防队伍建设和社会面群防群治力量整合，构建区、街、社（规模企业）三级调解工作网络平台。2015年，通过“365”社会管理服务联动平台，有效建立区公共职能服务部门对接网格的工作机制。

一、平安创建

1993年，上城区党政主要领导与街道、街道与辖区单位签订平安创建责任书，并纳入领导任期目标责任制。1995年8月，根据省综治委《关于开展创建“平安社区”活动的决定》，街道开展创建“平安社区”活动。至2000年，先后开展平安社区、安全文明小区、治安安全单位、安全文明示范校园创建工作，辖区社会治安好转。

2002年，开展学校周边地区治安专项整治。公安部门对学校及周边文化经营单位进行检查，扣缴一批非法音像制品、电子出版物、书报刊及用于赌博的电子游戏机电路板，净化学校周边环境。

2005年，街道建立区、街道、社区三级平安巡防组织体系。2008年，清波街道实行领导包案责任制，层层分解化解处置责任。2011年，开展“零发案小区”和“控案先进小区”创建活动，推行和谐365城区矛盾纠纷多元解决。2013年，街道形成“上下联动、条块协同、齐抓共建、整体推进”的平安创建工作格局。

2014年，街道围绕“平安清波”的建设目标，按照“化存量、控增量、减总量”的总体思路，推动社会矛盾的化解和社会问题的解决。并制定《清波街道专职巡防大队管理实施办法》，提升辖区巡逻防范和打击违法犯罪实效。同时，重视安全生产工作，有5家企业申报“安全生产标准化”，加强对辖区高层建筑、油烟管道的隐患排查，共出动检查人数1250余人次，检查单位1250余家，发现隐患123余处，全部整改到位。是年，清波街道获“2004—2013年度省级平安先进街道”称号。

2015年，清波街道制定《清波街道平安巡防中队管理办法》，共有巡防队员90人；为辖区60套出租房屋安装门禁系统和消防报警系统，实现清波辖区“监控全覆盖”。

二、社会治理

1993—1996年，清波街道持续开展“三打一禁”斗争行动，促进社会稳定。1998年，开展“破大案、打流窜、追逃犯、整秩序”为主要内容的夏季严打集中行动。2002年，排查调处矛盾纠纷的责任落实到社区，各社区均建立矛盾纠纷信息员，加强矛盾纠纷排查调处网络建设。街道、社区实行社会治安例会制度，每季或2个月召开主要领导参加的社会治安工作例会，并建立治安信息员队伍，形成有效预防、化解矛盾的工作机制及网络。①2004年，建立由街道综治办牵头，公安派出所、司法所、信访办

① 街道一级依托公安派出所、司法所，建立矛盾纠纷调处中心和法律服务中心，负责解决重大矛盾纠纷。居民委员会和企事业单位一级，发挥治保会、调解会作用，负责调处一般矛盾纠纷。居民小组和生产班组一级，由小组长和党员骨干担任义务调解员、治安信息员，负责调处疏导民间小矛盾和报告有关情况信息。

“四力合一”的综治工作中心模式，建立处理信访突出问题及群体性事件专项工作小组，负责了解、掌握信访突出问题及群体性事件的情况和动态，分析、研判社会稳定形势，提出对策建议。清波街道建立街道基层调解委员会，做到“组织、人员、职责、报酬”四落实。2006年，街道排查矛盾纠纷和不稳定因素363起，调处纠纷362起。全年处理信访1023件，办结率99.5%。

2007年8月，清波街道在定安路社区挂牌成立矛盾纠纷投诉站试点，通过设置公开投诉电话和民情联络信箱，专人值班接受群众来电、来访等方式，掌握矛盾纠纷情况。依托社区调委会成立巡回调解室，调解处理，避免矛盾纠纷升级。2008年，加强和规范社区社会治安综合治理工作站建设，深化流动人口服务管理工作。完善和健全“小事不出社区、大事不出街道，矛盾不上交”的矛盾纠纷化解暨处置信访问题工作机制，通过街道矛盾调处暨信访服务联动中心，实行一揽子受理处置。

2012年，清波街道开通运行基层社会管理综合信息系统“掌上综治E通”。率先在全区完成网格化管理服务试点建设，探索基层组织管理服务模式创新。通过对社会治安、城管卫生、计划生育、消防安全、重点信访户、重点困难户、重点环境隐患问题等的分片联系、责任包干，明确各自“包管理、包服务、包教育、包提高”的群众工作职责。

2014年，街道共排查各类矛盾纠纷328件，调处成功率达100%。2015年，清波街道与辖区内130余家企业签订综治责任书和安全生产责任书；通过“365”社会管理服务联动平台，有效建立区公共职能服务部门对接网格的工作机制。

三、司法工作

1993年，清波街道办事处开展“二五”普法教育活动，以“十法一条例”及“十法”为内容，在公民中开展法制宣传教育，促进公民法制意识的提高。2001—2005年，清波街道办事处主要采取法制讲座形式授课宣讲、送法下乡、法制征文、演讲比赛等形式，实施“四五”普法教育活动，深入开展法制宣传教育和依法治理活动。

2009年5月，启动浙江省吸毒人员信息化管理系统，建立以街道、派出所、社区公共服务站、党员志愿者和社工“五位一体”的管理工作机制，按照职责分工，构筑全员禁毒网。接收社区戒毒人员和康复人员为组员，结合志愿者帮教，开展以“巩固戒毒成果，开创美好人生”为目标的一对一人性化帮教。

2010年，清波街道被确定为“全省社区戒毒（康复）及社区药物维持治疗有机衔接工作试点单位”，并被省政府授予“禁毒工作先进集体”称号。落实戒毒经费14万元，康复成功11人，戒除毒瘾2人，并为3名生活困难的戒毒人员办理低保。2012年，清波街道推广建立行业性、专业性调解组织，实现律师进社区全覆盖，探索互联网上矛盾纠纷的调解工作。

2013年，清波街道建立“一站式”司法行政服务中心，内设调解室、接待室、谈心室、资料库等。通过“律师进社区”，为居民提供法律咨询援助服务。对划分的19个网格实行分片联系、责任包干，以“网格流动办公室”服务模式开展现场办公服务和问题矛盾的源头化解工作。受理各类矛盾纠纷1082起，调解成功1069起，调解成功率98.8%。至年末，街道有社区戒毒人员3人，社区康复人员8人，美沙酮维持治疗人员15人，帮教吸毒成瘾人员接受治疗40余名，促使20名吸毒人员回归社会、重新就业。街道被确定为“全省社区戒毒社区康复示范单位（点）”。街道司法所成功创建浙江省五星级规范化司法所。

2014年，街道开展“清波今日说法”法律咨询日活动，共接待居民342批、720余人次，受理各类法律服务和咨询830余件。2015年，利用南宋御街商业氛围，打造“南宋御街法治示范街区”。2011—2015年，清波街道开展以“学法律、讲权利、讲义务、讲责任”为主要内容的公民法制宣传教育。

第五节　城区建设与管理

1993年，清波街道设立城市管理站、区容管理分队，增强街道管理职能。开展“生态示范街道”建设，在5个社区分别成立城市管理社区工作站，开展创建生活品质示范街道活动，危旧房改造工程、背街小巷改善工程。2008年，在全市首推“民间改善办”[①]民主促民生工作机制。2013年，以清波门社区为试点，开展“第一美丽社区”建设工作。2015年，推进“全景区盆景式”城市综合管理、“无违建街道”创建、“三改一拆”、“五水共治”等重点工作，确保辖区城市环境品质提升。

一、辖区建设

20世纪90年代，清波街道辖区内工业、商业和居住区混杂。吴山脚下、四宜路等地存在大量墙门房、棚户区，多为砖木、土木、砖混等结构建筑，缺乏卫生设施、私搭乱建现象严重。道路破损较多，下水道雨污不分流，雨天道路积水严重。随着旧城改造工程的推进，辖区面貌有所改善。

1998年，清波街道参与启动吴山广场开发工程建设，建设范围东起中河路，南至万松岭路，西接南山路，北连河坊街，总面积为17.39万平方米，拆迁居民6000余户，拆除各类建筑34万平方米。2001年，启动重建鼓楼工程，于2002年6月完工，耗资500余万元。重建后的鼓楼单体占地面积865平方米，建筑面积1046平方米。

2006年，清波街道整体推进重点工程建设领导小组成立，完成伍公山地区拆迁等15项拆迁工作。2007年，开展创建生活品质示范街道活动，开展危旧房改造工程、背街小巷改善工程，和住宅、楼道灯的安装

① 指针对城市建设中庭院改善工程众口难调、群众参与度偏低的问题，在庭院改善工程中首创“民间改善办”工作机制，邀请从事多年基建工作的居民担任负责人，和5位热心居民共同组成民间改善办，逐步建立起“人员专业化、制度规范化、反馈限时化、验收民主化”的“四化”工作机制。

工作，落实长效管理措施，提升社区居住品质。是年，辖区27条背街小巷改善工程完工，清波门小区、后市街省商业集团宿舍整治等工程全部完成。

2008年，清波街道成立“民间庭院改善办”，由从事多年基建工作的居民骨干牵头，参与庭院改善工程。完成由义弄、柳翠井巷、劳动路等17处，10.20万平方米的庭院改善工程，受益居民1653户。是年，劳动路危旧房改善成果被杭州市民评选为“2008杭州生活品质全民体验日活动示范点”。

2009年，清波街道实施庭院改善试点工程，涉及楼房51幢，面积18.17万平方米，居民3120户。2010年1月，清波街道列入第一批庭院改善工程计划的劳动路、华光巷等3处工程通过市、区职能部门和居民群众、“民间改善办”的考核验收。3处庭改工程面积1.2万平方米，受益居民174户。2011年，南宋皇城街巷综合保护工程，在年末前完成清波段羊坝头、旧番署和红门局3条小巷改善。完成庭院改善工程15幢3.86万平方米，受益居民890户。

2012年，清波街道实施针对20世纪70年代建造的老旧房屋景云村的改造，采用地下水管东西两面分水的施工方式，解决老旧房屋污水排放难、管道易堵塞等难题。2015年，清波街道启动大规模拆违行动，成功拆除后市街、十三湾巷、南山路、劳动路等处一批建成时间久、结构复杂、规模大的违建设施，共拆除违法建筑及私搭乱建设施458处，建筑面积3918平方米。

二、环境整治

1993年，上城区环卫、房管部门在街道设立二级管理站，区市容办向街道派出市容管理分队，市政、工商等部门调整街道专管员，增强街道管理职能。10月，《杭州市机动车辆清洗站管理办法》实施，规定进入市区道路的机动车辆须保持车容整洁，方可驶入市区，对进入市区的不洁车辆处以50元以下罚款。1995年9月，加强城区占道经营设摊管理。是月，餐饮业禁止使用泡沫塑料快餐盒。

1996年9月，市政府公布《杭州市城市生活垃圾管理办法》，规定任何单位和个人不得向路面、绿地、窨井和水域倾倒垃圾，禁止掏捡生活垃圾。至年末，清波街道沿街单位“门前三包”责任书签订率100%，主要道路“门前三包”达标率99%。

2000年9月，清波街道在市区道路清扫保洁中推行规范、契约管理。12月，对市区所有单位、住户的环境卫生实行有偿服务。2001年，逐步推行道路机械化清扫、小区垃圾袋装化收集，街道辖区市容市貌得到有效改善，管理水平得到提升。2002年，拆除小区内的违章建筑118处、6492平方米，拆除保笼2000余个，更新破旧雨棚5200平方米，外墙立面粉饰11.5万平方米。2003年，落实整治经费30万元，整治清波新村、景云村和旧仁和署旧房屋18000余平方米。创建南山路、西湖大道、延安南路3条示范路。

2005年，街道启动“门前三包”IC卡管理。2007年10月，街巷、小区幢间道路划归社区保洁后，在5个社区中开展“零失分”社区创建活动，通过建立健全保洁工作制度，明确社区在街巷分类保洁中的主体责任。街道所有社区在全区考核中保持零失分。2011

年，清波街道拨出专项资金3万元，完成无物业管理小区公共消防设施、器材配置。

2012年，开展惠民路城市管理示范街创建，推进惠民路西段南侧业态调整，确保惠民路达到“洁化、亮化、绿化、序化”标准。2014年，开展“无违建街道”创建工作，共拆除辖区违章建筑1.28万平方米，通过杭州市“无违建街道”考核验收。10月，清波街道建立“准物业”管理体系，未参加社区物业的居民小区全部纳入管理。

2015年，清波街道开展清理楼道堆积物、清理小区卫生死角、道路整治等工作，全年共处置数字城管案卷1216条，解决率达100%。按照市区“三改一拆”旧住宅区改造要求，完成南山路200号立面整治、后市街44号截污纳管改造工程。推进G20杭州峰会重点项目整治，拆除劳动路农贸市场、后市街、中山苑、十三湾巷、南山路、清波新村等违建500余处，拆违总面积达6013平方米，拆除沿街违法广告牌1000余块。

三、生态建设

1993年后，清波街道落实绿化计划，成立绿化队伍，集绿化、消毒、市容管理、垃圾清运、卫生设施维修于一体，发挥一队多用、一职多能作用。1997年，通过社区种绿补绿，美化社区环境。

2002年，开展“生态示范街道”建设，对后市街和清波门小区进行整治，新增绿化面积2000余平方米，补种绿化3114平方米。2004年，清波街道通过调整增加绿化面积、新建健身路径等手段，加大硬件设施建设，美化、净化社区环境。2005年，清波街道制定《清波生态街道创建规划》，提出“创建生态街道”的理念，并通过开展生态教育和培训、环保专题讲座、生态科普教育活动等，营造生态环保氛围。

2008年12月，清波街道通过市环保局创建市级生态街道考核验收，成为杭州市首批“生态街道”。2009年，在全市率先开展“中水回用”试点工作。劳动路132号、124号等6个楼道确立为试点楼道，通过安装污水处理装置，集中处理居民生活废水，达到一定标准后回用于小区的绿化浇灌。并落实生态街道建设目标责任，加大环保宣传力度，强化健康教育培训，完成生态垃圾房建设10座，完成立体绿化工程和雨水利用工程。

2010年6月，街道组织100名“绿袖标”指导员，引导监督居民做好垃圾分类工作。2011年，首创“绿袖标”分类指导、“红黑榜”评比等特色工作模式，参与家庭达9658户。是年，以打造省级生态街道为目标，共建设生态垃圾房6座、太阳能阳光屋顶和庭院灯改造各1个、太阳能宣传橱窗1个、改造太

图34-2-21　2010年7月，清波门社区第四网格片区建立绿袖标服务队为社区居民宣传垃圾分类知识

（清波街道 供稿）

阳能楼道灯30个。定安路社区和劳动路社区获“省级生态社区”称号。举办首届“聚沙成塔”垃圾分类推进月活动，以每户每楼为单位，全面铺开垃圾分类收集活动。以清波门社区为试点，成立垃圾分类“1+1+1”工作室①。辖区垃圾分类推广工作覆盖31个小区、10800户家庭，覆盖率82%。

① 以1名责任社工、1名志愿者、1幢楼为单位，在每天上午8时到10时，由志愿者在清波新村8个垃圾分类投放点轮流值班，指导居民垃圾的投放。

2013年，清波街道以清波门社区为试点，开展“第一美丽社区”建设工作，动员辖区居民、共建单位投身“美丽社区”创建工作，通过落实清波街整改、四宜亭拆迁整治工程“回头看”、规范居民养花种菜行为、实施清波新村电力上改下工程、整治铁冶路小广场等举措提升辖区环境软硬件水平。11月，在劳动路社区新民村小区试点建立二维码物联网云计算智能垃圾分类管理系统，并投入使用。小区居民的垃圾袋上贴有“厨余”和“其他”2种二维码，每户编码特定，在智能分类垃圾房投放垃圾时，扫描二维码打开垃圾房门，实现垃圾分类投放“一户一码”，从物理上做到强制正确分类100%。

图34-2-22　2015年5月，清波街道开办垃圾分类回收知识讲座　（清波街道 供稿）

2014年，清波街道春季补种苗木1.20万株，地被植物3.5吨，修剪树木235株，投入养护经费5.5万元。2015年，清波街道发放“全民义务植树登记卡”258张；补种苗木1.60万株，地被植物8.5吨，修剪树木215株。是年，启动社区废弃物综合治理及绿化种植试点项目，通过组织部分家庭垃圾分类回收、废弃物综合治理和厨余堆肥，逐步建立科学的垃圾分类回收模式和循环可持续的“社区农场”，实现垃圾变废为宝，激发居民参与生态社区建设的积极性，为营造生态社区奠定基础。

第三章　小营街道

小营街道地处上城区北部，铁路杭州站位于辖区内。东与望江街道、江干区采荷街道相连，南与紫阳街道相接，西与清波街道、湖滨街道毗邻，北以庆春路为界与下城区长庆街道、潮鸣街道接壤。境内河流有中河和东河，共有街巷100条。沪杭铁路南北穿行境东部。东西向骨干道路有庆春路、解放路、清泰街、西湖大道、河坊街与望江路；南北向有环城东路、江城路、建国路。

小营街道是毛泽东视察过的街道，也是中共杭州小组的诞生地。辖区内有中共杭州小组纪念馆、太平天国听王府、王文韶大学士府、求是书院、龚自珍纪念馆、郁达夫故居“风雨茅庐”、钱学森故居等名人故（旧）居，汪宅、梅石园等文化遗存，还是戴望舒笔下“雨巷”所在地。

1993年，小营巷街道面积0.69平方千米，办事处驻地小营巷62号，横河街道面积0.78平方千米，办事处驻华藏寺巷8号。城站街道占地面积0.61平方千米。清泰街道占地面积0.63平方千米，办事处驻佑圣观路三益里10幢。1999年，因街道撤并调整，新建小营街道，办事处驻华藏寺巷8幢。

1999年4月，上城区撤销小营巷、横河、城站、清泰街道办事处，调整区内各街道之间的行政区域界线。小营巷街道与横河街道解放路以北区域合并建立小营街道，占地面积1.3平方千米。清泰街道、城站街道的全部居民区及横河街道的上石板巷、上马坡巷、建国中路3个居民区合并，建立新的城站街道，占地面积1.41平方千米。2003年5月，上城区再次调整街道规模，小营街道、城站街道合并建立新的小营街道，面积2.71平方千米，街道办事处驻地建国南路98号。

图34-3-23　小营街道办事处　　（小营街道 供稿）

小营街道集爱国卫生、双拥共建和城市社区体育三大品牌于一身，挖掘历史资源，创新深化“红色小营”“健康小营”“最美小营”三大核心品牌。打造“小营·江南红巷”红色旅游国家AAA级景区，立足辖区内“两纵”（中河路、建国路）、

“两横”（庆春路、解放路）、“两圈”（城站圈、五柳巷）的企业、楼宇资源，围绕“总部经济看小营”的目标，促进辖区经济的集聚规划和科学发展。2015年，小营街道地方财政收入13.9亿元。至年末，小营街道总户数27611户，总人口82742人，人口密度30532人/平方千米。辖区内主要有信余里小区、翰林花园、建国南苑、大学路新村、南班巷小区等住宅小区。有行政事业单位234家，医院9所，中学5所、小学5所、幼儿园4所，“三产”服务企业2389家。街道先后获“全国和谐邻里建设示范街道”“全国社区共建共享先进街道”“全国社区教育示范街道”“全国志愿者服务工作先进街道”“全国首批学习型示范单位”“全国社会工作先进示范街道”等20余项荣誉称号。

1999—2015年，小营街道历任党工委书记陈明华、顾敏达、任平、丛培龙。历任办事处主任陈星豪、陈国琪、周建康、徐文孝、丛培龙、章琪、惠海涛。2003—2015年，历任人大工委主任顾敏达、任平、陆建华。

1993—2003年，城站街道历任党工委书记朱云坤、杭星、卢江。历任办事处主任卢正华、朱云坤、金燮彪、杭星、王汝雷、刘德泰。

1993—1999年，清泰街道历任党工委书记陈树达、周勤、卢江。历任办事处主任周勤、林国蛟、曹兢业。

1993—1999年，小营巷街道历任党工委书记钱国平、陈明华。历任办事处主任贾秀智、王汝雷。

1993—1999年，横河街道历任党工委书记柴惠铭、史倩。历任办事处主任柴惠铭、陈星豪。

表34-3-10　2015年上城区小营街道辖区单位情况表

序号	单位名称	地址
1	浙江省疾病预防控制中心	老浙大直路17号
2	浙江大学医学院附属第一医院	庆春路79号
3	浙江大学医学院附属第二医院	解放路88号
4	杭州市第三人民医院	西湖大道38号
5	杭州市上城区横河医院	大学路99号
6	杭州铁路中心医院	城站路58号
7	上城区疾控预防控制中心	华藏寺巷8幢
8	杭州市上城区清荷幼儿园	严衙弄8幢
9	上城区社区学院	佑圣观路水亭址3号
10	杭州市时代小学	锅子弄37号
11	杭州市旅游职业学校	解放路50号
12	小营巷社区卫生服务站	银枪班巷8～9号
13	杭州市社会保险服务局	清吟街123号
14	杭州市退休职工大学	大塔儿巷15号
15	杭州市胜利东河幼儿园大塔儿园区	清吟街113号

续表 34-3-10

序号	单 位 名 称	地 址
16	杭州劳动保障监察支队	清泰街571号4层
17	小营街道社区卫生服务中心	民生路13号
18	小营环卫所	丰家兜25号
19	杭州市回族穆兴小学穆兴校区	丰家兜23-4号
20	杭州市胜利幼儿园胜利园区	义井巷5号
21	小营综合服务大厅	翰林街107号
22	浙江中医药大学附属第三医院	庆春路23号
23	杭州市公安局上城分局小营派出所	翰林街107号
24	杭州市胜利东河幼儿园	万安城市花园·西苑8号
25	杭州市上城区万安城市花园·西苑8号	庆春路73号
26	浙江省杭州第十中学	皮市巷158号
27	中国电信庆春路营业厅	庆春路87号
28	杭州老干部大学（解放路校区）	解放路101号
29	杭州市大学路小学	大学路新村54号
30	杭州市胜利瑞丰幼儿园	瑞丰格林苑6号
31	浙江省卫生厅幼儿园	老浙大横路一弄28号
32	浙江省杭州第六中学	佑圣观路161号
33	浙江人事考试厅	佑圣观路74-1号
34	浙江省水利厅	梅花碑7号
35	浙江省水文局	佑圣观路72-2号
36	浙江省交通厅	梅花碑4号
37	浙江省卫生厅卫生监督局	河坊街60号
38	上城区青少年活动中心	中河中路62号
39	杭州市教育学院	西湖大道107号
40	杭州市公安局上城区分局	中河中路88号
41	中国建设银行股份有限公司杭州江城支行	江城路638号
42	中铁二十四局集团浙江工程检测有限公司	江城路692号
43	中铁二十四局集团浙江工程有限公司	江城路692号
44	杭州铁路分局浙江铁道物业发展有限公司	江城路754号
45	杭州铁路电务工程队	江城路824号
46	中国铁路上海局集团有限公司杭州疾病预防控制所	江城路754号
47	中国铁路上海局集团有限公司杭州工务段	江城路740号28幢3楼
48	中国民生银行股份有限公司杭州钱塘支行	建国南路280号
49	杭州市国家税务局机关服务中心	建国南路276号
50	杭州市胜利幼儿园小营园区	大学路71号

说明：资料来源于杭州市上城区小营街道

第一节　党建

小营街道深挖红色历史资源，创新党建品牌，发扬红巷精神。1993年起，街道开辟

"雨露小营"，推出党建促民生"三行动""三共享"模式，创新"红巷+"系列党建品牌，党员先锋模范作用和党组织的战斗堡垒作用凸显。2012年5月，提炼出"敢为天下先，甘做孺子牛"的"红巷精神"。打造"小营·江南红巷"红色旅游AAA级景区，以毛主席视察小营巷纪念馆、中共杭州小组纪念馆、钱学森故居等"三馆两廊一园"爱国主义和革命传统教育基地为基石，党建引领作用增强，党组织活力提升。

一、思想建设

1993年，清泰街道党工委开展"塑造天堂新形象"大讨论活动，利用"业余党校"开展各类教育活动，共举办各类培训班8期，受教育数达647人次。1994年，城站街道党工委在干部中组织学习《邓小平文选（第三卷）》和中共十四届三中全会、四中全会等会议精神。共举办培训班11期，培训党员干部1020余人次，加强对党员干部的教育。3月，横河街道开展"爱上城、爱横河、学英模、尽责任"大讨论活动，街道领导班子开展"学理论、讲团结、比廉洁、赛实绩"活动，把学习、讨论与实际工作联系起来，增强党员责任感。

1995年2月起，横河街道开展"雷锋精神进万家"活动，每月组织一次学雷锋服务活动。1996年，城站街道开展向优秀党员陈金水学习等活动，对党员干部进行思想教育。8月，清泰街道机关开展政治思想作风教育，通过参观、知识竞赛、座谈讲座、看录像、扫墓等形式，开展庆祝中国共产党成立75周年和红军长征胜利60周年系列活动。1998年6月，城站、横河、清泰街道开展深化以"讲学习、讲政治、讲正气"为主要内容的党性党风教育，提高干部的思想政治素质。

1999年，清泰街道利用业余党校、文明市民学校以及居民区的市民分校为阵地，宣传学习邓小平理论，党中央的方针、政策，开展为人民服务的思想教育和宣传教育。2001年，小营街道主要在基层党员中开展"三个代表"重要思想教育。2003—2004年，小营街道组织党员开展"学习党的十六大精神"活动，推动党员干部的思想解放。

2006年，小营街道作为"八荣八耻"宣传实践活动的试点，推出"八日[①]行"项目，开展"为民日绿色通道""文明在城站起步""一百名老人QQ乐"等23个主题活动，为全市开展社会主义荣辱观教育树立典范，推动街道及上城区的精神文明建设。

2008年，小营街道打造浙江省第一个党小组纪念馆——中共杭州小组纪念馆。纪念馆具备党史教育、党员培训与文化娱乐等功能，成为党员学习培训的重要基地和人民群众接受爱党、爱国、爱社会主义思想教育的重要平台。

① 即为民日、爱国日、诚信日、互助日、劳动日、劝导日、科普日、节俭日。

2012年10月，通过寻找身边的“红色记忆”，挖掘身边的党史胜迹、遗址、爱国主义教育基地及珍藏的红色物品、图片等，展示“红色记忆”200余则。2015年，街道组织全体党员参加“三严三实”专题教育活动，学习“党要管党；从严治党”“习近平同志关于严明政治纪律和组织纪律的重要论述”等内容，推动党员自觉参加“三会一课”“党员固定日”等活动。

二、组织建设

1993年，横河街道下辖党支部17个。是年，街道工委、办事处成员下基层定点联系党支部、居委会，加强对居委会建设的指导，促进街道文明建设和社会主义民主的发展。

1995年，城站街道下辖党支部17个，党员222人。1997年，横河街道下辖党支部19个，党员401人。1998年，城站街道新成立党支部1个，新发展党员15人。1999年，以选好配强支部书记为重点，完善基层支部组织建设，开展“双争双评”和“凝聚力工程”。

2007年，小营街道打造“雨露小营”党建服务中心，推出基层党建“三三工程”[①]，探索党建基层基础、活动载体和工作机制等。街道实行班子成员对口指导社区党建的联系点制度，对党建精品社区加以指导与协调；支部对在职党员进行分类管理。

图34-3-24 “雨露小营”阅览室（2006年）
（小营街道 供稿）

2011年，小营街道党工委召开非公企业党组织会议，对符合组建条件的非公企业先行组建党组织，对暂不具备组建要求的非公企业通过社区党委帮助组建或者采取“联合”“挂靠”等办法组建。是年末，依托“雨露万家”区域化党建共建工作机制，新组建非公企业党组织31家，完成党组织工作覆盖448家。2012年，通过联谊会中39家辖区单位团组织“轮值制”，推进辖区职员服务活动的持续、常态化。

2013年，小营街道创新“四个一”[②]管理机制，规范在职党员进社区服务，共有1880余名党员到街道下辖12个社区报到，按照从事职业、技能特长和社区需求等，申领政策法规宣讲、帮扶困难群体等8大类服

① 三服务、三激活、三促进。

② 指一证、一表、一卡、一平台。

务项目。是年，街道探索区域化党建共建模式，建立“红巷梦工场”党建服务载体，并在此基础上成立党委，由街道与辖区单位党组织负责人共同担任党委委员，让辖区单位参与到社区活动中来。

2015年，小营街道建立党建B2B服务平台，深入省卫生监督局、杭州联合银行、浙江大学医学院附属第一医院等102家重点企事业单位，收集资源信息114条、需求信息75条，发挥新媒体互动优势开展“智慧党建”工作，实现资源共享，精准服务。至年末，街道共有基层党组织220个，两新组织46家。

三、特色党建

1993年起，横河街道建立党工委中心组、机关干部学习制度，借助业余党校，开展每季一次党课。1995年，横河街道推行机关干部周五学习日制度，对党员干部进行党的理论、路线、方针、政策和爱国主义教育。1996年4月，横河街道开展“向党负责付诸行动，立足横河为民服务”活动，通过举办党员“双学”培训班，开展党员“双争双评”活动。1998年6月，清泰街道党工委紧抓理论学习，中心组全年集中学习10次，业余党校办班10期。

2004—2007年，小营街道坚持探索党建工作制度建设机制。制定“党员学习学分制”“双帮双带”“民情直通车”等八大机制；开展“宗旨意识”教育，设立“先锋五岗位”[①]。推出街道党工委“温馨驿站”、党员先进性教育载体“四个一”、非公党建“135工程”等特色工作。2006年，小营巷社区建立“雨露”会客厅，制定值班制度，60余名社区党员轮流到“雨露”会客厅值班。

2008年，姚园寺巷社区开展“阳光携手，一站无线”工程试点工作，把关爱弱势群体作为社区支部和党员发挥先锋模范作用的着力点，关注民生，改善民生。以党员会客厅为依托，建立阳光携手服务站，开展5张社区特色服务网：党员志愿者应急服务网、困难老人服务网、扶贫助残网、康复服务网、法律援助网。

2010年5月，小营巷社区在小营公园举行共建共享“爱心网格”的助残活动，社区党委结合上城区“5A型目标，网格化管理，组团式服务，片组户联系”党建工作，整合辖区单位党组织资源，把辖区划分成12个爱心网格，成立服务管理队伍，从居住、就业、生活等民生难题上，对特殊困难人员和家庭提供针对性服务。

2011年，小营街道树立“雨露万家”党建品牌，围绕“衣、食、住、行、医、文、学、娱”等提供服务，内容涉及民生、时尚、公益三大版块。2013年，街道首创在职党员“三三”圆梦机制[②]。推出以街道和社区老党员、老干部和社区居民自治团体群策群力模式，共同探讨解

① 先锋岗、雷锋岗、奉献岗、爱心岗、维权岗。

② “三晒”：在职党员晒出自身特长，在楼道、网格、小区进行公开公示；辖区单位（党组织）晒出自身资源，由街道和各社区党委统筹整合；街道、社区晒出公益项目，供党组织和党员“认领”。“三帮”强服务：开展与困难家庭结对帮扶活动，开展“包家庭、包门前、包楼道”的“三包”活动；帮助社区解决各类民生难题，实现组织联建、资源共享、活动互促；帮助发动社会各界参与圆梦行动。“三助”解难题：以自助、互助、求助的方式，集合居民、社区及上级部门力量满足辖区居民需求，做到合力自助服务居民。

决民生问题的“民情智能团”品牌。至2013年末，“民情智能团”开展研讨会8次，对各社区存在的车位不足、停车费收缴标准不统一、违建扰民、物业进驻缓慢等重点民生保障问题进行探讨，推动解决问题。

2014年，街道建立寻梦（敲门）、追梦（邀约）、圆梦（携手）的“三梦”机制，组织党员推进解决基层民生问题。各社区以上门走访、电话征集等方式，集中梳理需要通过该平台为居民服务的项目。全年“红巷梦工场”在街道各部门、社区的配合下开展活动75次，受益2.13万人次。

2015年，街道创新推出城区版蓝领驿站——“红巷微e站”服务平台，打造“e2510”[①]工作模式。全年在职党员参与进社区活动4500余人次，完成居民心愿1226个。

四、党风廉政建设

1993年，横河街道党工委开展反腐倡廉和机关干部作风纪律教育，以业余党校为阵地坚持每季一次党课，举办各类培训班10期讲座，受教育达1929人次。1995年，清泰街道以思想政治教育为主课，加强党员干部的党风廉政建设。以业余党校为阵地，因人施教，举办各种党风党纪培训班。1997年9月，按照中纪委《中国共产党党员领导干部廉洁从政若干准则（试行）》和“八项规定”，落实党风廉政建设责任制。2003年5月，撤销原城站街道纪工委，新成立小营街道纪律检查工作委员会，负责合并后小营街道纪律检查相关工作。

2004年7月，小营街道根据市纪委《关于党员干部“行为不廉洁、作风不检点”问题的处理意见》工作要求，强化源头治本，开展领导干部廉洁自律建设。2009年11月，街道纪工委对交通违纪违法行为开展重点查处。2013年，街道落实省纪委关于文明办案会议精神，对照党员违纪案件查办要求，落实文明办案工作。2014年，街道纪工委加强“对执行党的纪律的监督检查”“协助党委（党组）加强党风廉政建设和组织协调反腐败工作”“监督检查中央‘八项规定’精神落实情况”等工作的落实。2015年，小营街道制定《小营街道党风廉政建设主体责任清单》和《小营街道党风廉政建设监督责任清单》，在社区党委（纪委）换届选举中，增设纪委兼职委员，建立社区纪委书记工作例会制度，对责任清单相关内容进行逐条学习讨论，并向12个社区征询修改意见，要求各社区突出廉政文化建设特色，宣传、推进党风廉政建设的新理念、新思路和新举措。

① “e”即“红巷微e站”，“2”指O2O模式，“5”指楼宇午间、街坊互动、网创服务、景点体验和市场休闲五大“微e站”品牌，“10”即十“微”服务项目（微心愿、微行动、微展示、微健康、微阅读、微办公、微市场、微活力、微交友、微发布）。

第二节　经济

1993年，城站街道共有百货商店、饮食店、修理加工店等街、居企业59家。2007年，小营街道引进内资20.27亿元；引进外资1360万美元，总税收101亿元人民币，成为上城区首个税收超亿元街道。2009年，小营街道以佑圣观路为区块，引进茶叶经营品牌企业，打造茶叶特色一条街。2013年，在五柳巷历史街区首推中医一条街，引进10家名中医工作室，三慎泰、天禄堂、傅同春3家老字号名医馆及其他养生科普类场馆。2015年，小营街道辖区内，健康服务业企业机构350余家，涉及公立民营医疗机构、医药医疗器械批发及零售、医药生物科技、健康管理等类别。

表34-3-11　2007—2015年上城区小营街道综合经济指标完成情况表

单位：亿元

年份	社会消费品零售额	财政总收入	地方财政收入	招商引资		
				内资	其中：市外	外资（万美元）
2007	13.03	—	28.35	20.27	10.92	1360
2008	23.01	7.46	3.97	18.53	11.21	2981
2009	27.65	8.24	4.35	18.58	14.86	1768
2010	24.90	9.68	5.25	40.05	32.22	448
2011	35.77	12.07	6.44	18.59	12.76	800
2012	39.07	20.03	10.29	31.13	10.17	716
2013	50.11	23.47	11.85	22.81	14.76	1240
2014	59.38	25.28	13.17	15.03	11.01	2000
2015	44.98	28.61	13.90	21.38	13.32	3174

说明：资料来源于杭州市上城区小营街道

一、工业

1993年，小营巷街道工业总产值1063万元，清泰街道工业总产值133万元，城站街道工业总产值417万元，横河街道工业总产值228万元。1994年，城站街道新办工业企业3家，至年末，共有工业企业6家，工业总产值535万元。小营巷街道有工业企业18家，工业总产值1677万元。1995年，城站街道工业总产值1056万元，实现利润92万元。

1996年，城站街道工业总产值达2122万元，工业销售达2775万元。至年末，城站街道共有工业企业14家，均为比较小的加工企业。

1997年，城站街道工业总产值818.28万元，清泰街道工业产值1674万元，销售产值1865万元，工业利润141万元。1999年，区划调整后，小营街道有工业企业13家，工业总产值2410万元。城站街道有工业企业9家，工业总产值8781万元。

2006年，小营街道国有及年销售收入500万元以上工业企业11家，工业总产值41919万元，利润总额4066万元。2007年，小营街道工业销售产值60514万元。2008年，小营街道工业销售产值73731万元。

表34-3-12　1993—1998年上城区小营巷街道工业发展情况表

单位：家、人、万元

年份	年末企业数	职工平均人数	产品销售收入	总产值	利润	销售税金
1993	—	—	—	1063	—	—
1994	18	527	1989	1677	154	16
1995	19	432	2294	2503	155	24
1996	16	403	2742	2519	145	73
1997	9	249	1435	1398	36	51
1998	7	—	1148	1136	—	49

说明：资料来源于历年《上城区统计年鉴》

表34-3-13　1993—1998年上城区清泰街道工业发展情况表

单位：家、人、万元

年份	年末企业数	职工平均人数	产品销售收入	总产值	利润	销售税金
1993	—	—	—	133	—	—
1994	10	339	4439	4795	123	5
1995	10	345	4230	4589	81	6
1996	8	318	2440	3134	104	95
1997	7	122	1865	1674	141	70
1998	3	—	2864	2259	103	87

说明：资料来源于历年《上城区统计年鉴》

表34-3-14　1993—1998年上城区城站街道工业发展情况表

单位：家、人、万元

年份	年末企业数	职工平均人数	产品销售收入	总产值	利润	销售税金
1993	—	—	—	417	—	—
1994	6	134	404	535	46	3
1995	6	196	1115	1056	92	6
1996	14	302	2775	2122	101	41
1997	8	161	1016	818	47	30
1998	6	—	803	766	25	47

说明：资料来源于历年《上城区统计年鉴》

表 34-3-15　1993—1998 年上城区横河街道工业发展情况表

单位：家、人、万元

年份	年末企业数	职工平均人数	产品销售收入	总产值	利润	销售税金
1993	—	—	—	228	—	—
1994	3	87	269	193	10	1.55
1995	3	90	180	279	25	0.61
1996	4	57	563	394	30	19.00
1997	3	32	508	335	5	6.00
1998	5	—	604	600	9	8.00

说明：资料来源于历年《上城区统计年鉴》

表 34-3-16　1999—2006 年上城区小营街道、城站街道工业发展情况表

单位：家、人、万元

年份	街道	年末企业数	职工平均人数	产品销售收入	总产值	利润	销售税金
1999	小营街道	13	217	2454	2410	25	55
	城站街道	9	293	8295	8781	787	411
2000	小营街道	10	195	4143	3433	63	102
	城站街道	7	365	12821	13263	1998	244
2001	小营街道	9	190	2930	2352	66	95
	城站街道	7	393	13988	14906	1202	150
2002	小营街道	7	142	1247	1198	83	141
	城站街道	6	612	12492	12437	588	722
2003	小营街道	13	796	17544	17538	987	1203
2004	小营街道	10	838	16501	16556	452	715
2005	小营街道	10	508	11378	11463	430	733
2006	小营街道	11	364	—	41919	4066	1171

说明：资料来源于历年《上城区统计年鉴》

二、商贸服务业

1993 年，城站街道有百货商店 9 家，饮食店 14 家，修理加工服务店 20 家，注册资金 156 万元，创利 57 万元，出租房收入 6 万元，社区服务收入 3 万元，全年收入共 66 万元。横河街道有饮食店 21 家，修补网点 10 家，服务业 32 家，商业 18 家。是年，小营巷街道商业营业额 10274 万元，劳动服务业收入 1929 万元；清泰街道商业营业额 1272 万元，劳动服务业收入 5106 万元；城站街道商业营业额 7086 万元，劳动服务业收入 1417 万元；横河街道商业营业额 6063 万元，劳动服务业收入 4204 万元。

1994 年，城站街道商业企业 34 家，清泰街道全年营销收入 1.5 亿万元；营销利润 600 万元，出口创汇 3991 万元。全街道共有企业总数 92 家，其中挂靠企业 61 家，直属企业 18 家，居办企业 13 家。

1996年，城站街道劳服公司实现销售营业额3195万元，实现利润157.5万元；民政公司实现销售收入656.4万元，实现利润48万元；商业公司实现销售和营业额3641万元，实现利润15.2万元，全年居企办实现销售和营业额达1052.4万元，实现利润44万元。到1996年末，城站街道共有企业90家，其中，直属企业6家（包括福利企业3家），有限责任公司6家，联营企业1家，挂靠企业77家。1997年，小营巷街道社会消费品零售额368万元，横河街道社会消费品零售额1971万元，商业、饮食业、服务业产值1145万元。

2009年，小营街道以佑圣观路为区块，引进茶叶经营品牌企业，打造茶叶特色一条街。2010年3月，小营街道——解放路茶叶第一街开街。9月，杭州天工艺苑有限公司重新开业，该公司是杭州市发展十大潜力特色行业的重点工程，有各类中、高端工艺美术品牌入驻，开辟7000平方米的工艺美术大师技艺展示区域。10月，浙江中都百货有限公司在庆春路金融街试营业。

图34-3-25　杭州解放路副食品茶叶市场（2013年）
（于旭光　摄）

2013年，小营街道在五柳巷历史街区首推中医中药一条街，五柳巷建国南路沿线的近20个店面房整体出租给浙江豪懿投资管理有限公司统一经营管理，引进10家名中医工作室，三慎泰、天禄堂、傅同春3家老字号名医馆及其他养生科普类场馆。10月，浙江智慧高速公路服务有限公司落户小营街道，注册资本5651万元。

2014年，小营街道打造上城（小营）健康服务业集聚区。编制完成《上城区小营街道健康服务业集聚区规划》，发挥浙江大学医学院附属第一医院、浙江大学医学院附属第二医院等医院优势以及五柳巷、外海西湖国贸等物业资源开展健康服务业主题招商，国药控股的区域消毒中心、安邦保险眼科医院、彩虹鱼的康复医疗等项目落地。

2015年，街道围绕"产业资本+高端人才+创新项目"的要素，整合辖区高端专科特色医院、第三方检测（服务）机构、高端康复护理、中医中药和养生四大主导产业。通过引进"智慧医疗""智慧系统"等相关企业参与健康服务业集聚区建设，搭建健康服务业资金、项目和人才对接的平台，推进以医引企、以企引企等工作。是年，辖区内健康服务业企业机构有350余家，涉及公立民营医疗机构、医药医疗器械批发及零售、医药生物科技、健康管理等类别。

三、招商引资

2000年，上城区逐步开展招商引资工作。2004年，小营街道制定招商引资政策，共引进企业156家，实际到位内资7.07亿元，商贸旅游服务业收入13612万元。

2005年，小营街道开发楼宇经济，整合盘活集体资产，开辟税源渠道，促进经济总量的扩充和质的提高。共引进企业127家，其中现代服务企业42家，商贸企业37家，科技企业18家，建筑企业10家，餐饮企业13家，投资公司7家。

2007年，小营街道发展现代服务业，推进佑圣观路茶叶专卖特色街巷建设，加大个私房产税征收力度，区域经济得到发展。全年共引进企业180家，总税收6242万元，公有资产和个体房产税收入增加，征收房产税500万元。

2008年，小营街道引进浙江泰隆商业银行和浙江稠州商业银行，带动各类非银金融机构和金融延伸产业入驻“庆春金融一条街”。2009年，瑞丰大厦、联银大厦等楼宇招商成效明显，新引进辉鸿置业及天工艺苑、中都百货等航母级零售百货业公司。同时，先后派出5支队伍到北京、上海、厦门开展活动，引进“汉堡王”等企业。

2010年，小营街道引进浙江明康工程咨询有限公司、杭州哲实实业有限公司、杭州外海集团有限公司、浙江宝庆建设有限公司和杭州德泰人防设备有限公司等，税收700万元。街道引进外资357.42万美金，新引进企业纳税企业共计178家，新增财政收入1141万元，其中地方财政收入超1万元企业有57家。

2011年，小营街道扩展招商渠道，注重楼宇招商，利用远洋大厦、瑞丰国际等高端楼宇引入证券投资机构、金融中介服务等企业。全年共引进各类企业224家，引进合同外资2000万美元，实际到位外资1272万美元。2012年，共引进186个项目，其中，分公司3家，增资和二次到资26家，固定资产投资1家，市外资金在500万元以上的企业15家（市外资金5000万元的企业2家）。

2013年，小营街道共引进内资项目180个，引进世界500强企业浙江物产集团设立子公司——浙江物产电子商务公司，日本三菱株式会社与浙江大洋世家成立合资企业——浙江大菱海洋食品有限公司，浙江省交通投资集团设立子公司——浙江智慧高速有限公司等。浙商回归资金共完成11个项目，合计到位资金63573万元。

2015年，小营街道先后引进具有引领作用的健康服务业项目19个，形成占主导地位的医疗服务业，以及作为产业链延伸的药品、医疗器械等健康产品销售业，孵化一批健康管理、健康信息领域企业，并将健康产业与休闲旅游、康复养生有机结合。

第三节　社会事务

20世纪90年代初，小营街道借助钱学森旧居等资源优势，围绕航空航天、医疗健康、爱国卫生等主题，形成科普宣传和教育全覆盖的局面。1993—1997年，小营巷、城站、横河、清泰街道开展特色家庭、特色墙门、文明家庭等创建活动，推进精神文明建设。2012年，小营街道开展首届“最美小营人”评选活动，打造全国首个最美工作室一条街，建设“一厅、一室、一堂、一长廊”的网格服务实体平台。2014年，在小营巷社区打造全省首个以航天为主题的社区科普馆——钱学森航天科普馆。2015年，小营街道通过个人、企业和社会组织与政府的多元合作，推出乐居、乐惠、乐胃、乐养、乐微“五乐”品牌，实现“花小钱、办大事”。采用“公建民营”模式，引入现代化综合性养老机构，突出“管家式”服务特色。

一、教育

1993年，清泰街道有幼儿园3所，在园幼儿414人；小营巷街道有幼儿园6所，在园幼儿410人；城站街道有幼儿园8所，在园幼儿640人；横河街道有幼儿园5所，在园幼儿733人。是年，辖区有杭州市饮马井巷小学、杭州市胜利小学、杭州市马市街小学、杭州市大学路小学、杭州市小营小学、杭州市紫金观巷小学、浙江省杭州第十中学、浙江省杭州第六中学等学校。

1994年，辖区各中小学通过丰富多彩的少先队活动，开展“我们是跨世纪的好少年”为主题的教育活动，组织学生参观杭州市爱国主义教育基地，参加“祖国万岁”“振兴中华”等读书活动，加强学生的爱国主义、集体主义、社会主义教育。1997年，杭州市城站小学并入杭州市饮马井巷小学，杭州市紫金观巷小学、杭州市清吟巷小学并入杭州市小营小学，杭州市华藏寺巷小学并入杭州市大学路小学。1999年，杭州市胜利幼儿园建立幼儿早教基地。

2000年7月，杭州市建国中路第二小学并入杭州市大学路小学。2001年，浙江省杭州第十中学开始走规范化办学之路，杭州市瑞金中学并入浙江省杭州第十中学。2002年6月，上城区社区教育学院成立，地址佑圣观路水亭址3号，承担学历教育、非学历教育、正规教育和非常规教育的职能。2004年1月，上城区社区教育学院与上城区少年宫机构重组，成立上城区社区学院和上城区青少年活动中心，实行两块牌子、一套班子，学院和中心具体承担全区的社区教育、市民终身教育、青少年校外教育、教育资源共享和早期教育等职能。是年，小营街道通过不定期的开展征文、漫画、书法比赛等方式庆祝“国庆”、“五四”青年节等重大节日，组织学生参观革命纪念地，普及红色教育。是年，杭州市马市街小学并入杭州市小营小学。

2006年12月，杭州市时代小学通过ISO 9001、ISO 14001、OHSAS 18001质量、环境、安全管理认证体系，成为全国首家同时通过三标认证的小学。2007年，浙江省教育厅授予浙江省杭州第十中学“浙江省百年历史名校百强学校”称号。

2008年1月，杭州市小营小学撤销，与浙江省杭州第十中学初中部合并成立杭州市宗文小营实验学校。是年，小营巷社区获“全国未成年人思想道德建设工作先进单位”称号，街道利用毛主席视察小营巷纪念馆，开辟爱国主义教育基地和杭州中小学生“第二课堂”，向未成年人免费开放，进行爱国主义教育。

2011年，小营街道采取“流动课堂”的形式，组织12个社区走进城站火车站开展禁毒流动课堂宣传。同时，因地制宜打造全新教育基地，成立社区“四点半伢儿家”、社区“新杭州人”温馨家园、社区康复之家、居民谈心室6大教育基地，在星光老年之家开设初级中式烹调技能培训班，“一茶一座”学习教育体验基地等。2013年7月，杭州市宗文小营实验学校并入杭州市回族穆兴小学。

2015年，郁达夫故居对外开放，成为杭州市时代小学等学校的第二课堂，通过老照片、文字等集中展示，为学生展现郁达夫的一生，丰富爱国主义教育内容。至年末，辖区有浙江省卫生厅幼儿园、杭州市上城区清荷幼儿园、杭州市胜利幼儿园（大学路园区）、杭州市胜利幼儿园（胜利园区）、杭州市胜利东河幼儿园（东河校区）、杭州市胜利东河幼儿园（大塔儿园区）、杭州市胜利瑞丰幼儿园（瑞丰园区）、杭州市胜利瑞丰幼儿园（小营园区）8所幼儿园，在园幼儿1682人，教职工146人；有杭州市时代小学、杭州市大学路小学、杭州市饮马井巷小学、杭州市回族穆兴小学（穆兴校区）、杭州新世纪外国语学校（湖畔校区）5所小学，共有学生4342人，教职工272人；有浙江省杭州第六中学、浙江省杭州第十中学2所中学，共有学生1513人，教职工171人。

二、科普

1993年，清泰、城站等街道辖区内有社区科普文化站、社区科普画廊、企业科普画廊等宣传设施，通过开展科普讲座等形式进行普及。1994年，小营巷街道围绕医疗健康、爱国卫生等主题，开展科普宣传周活动，营造科普氛围。

2006年，小营街道在小营巷设置60米长的科普宣传画廊，以图文形式，展出科学小常识。街道图书馆上架500余册科普类书籍，增设电脑，设立“科普讲坛”播放室。举办“衣食住行，科普大餐进社区”等活动，形成以相信科学、崇尚科学为荣的新风尚。结合青少年寒暑假校外教育，举办“心理健康是成才的关键”等内容的科普知识讲座，开展“以崇尚科学为荣，以愚昧无知为耻”的科普教育活动，提高居民科普文化素质。是年，小营巷社区被评为“省级科普示范社区”。2011年，小营街道利用钱学森故居等资源，通过钱学森科技文化节、钱学森科普周等形式开展群众性科普活动。

图34-3-26　2011年12月9日，小营街道在小营公园举办第三届钱学森科技文化节启动仪式　（小营街道 供稿）

2014年，小营巷社区打造全省首个以航天为主题的社区科普馆——钱学森航天科普馆。该馆建筑面积200平方米，分航天群英榜、科普互动区、模拟空间站生活区、模拟空间站工作区、科普阅览区、科学原理区、公共区7个功能区块。面向青少年和广大社会公众常年开放，并与红巷生活广场二楼、三楼的科普走廊、钱学森故居等区块串联，满足人民群众的科普文化需求。 2015年，小营街道开展系列科普宣传活动7场次，各类科普知识宣传报告会、讲座30余场次，参与活动的居民群众1万人次。

三、文化体育

1993年，小营巷街道有文化站1个，占地面积1359平方米，居委会文化室18个，文化工作人员36人，藏书12690册。1996年，横河街道组织老年晨练队、健身舞蹈队、文艺演出队，有老年人协会14个，会员422人，发放老年卡127本。1997—2005年，为推动“全民健身计划”的实施，城站、小营街道办事处发动文体爱好者和低龄老年人在中东河、城隍山、一公园、少年宫和梅花碑等活动点，坚持“晨练”，以减少疾病，增强体质。

2006年，小营街道增设社区体育健身娱乐设施，举办地区性大型运动会，开展广播操、乒乓球、健身秧歌等单项体育活动，培养群众体育骨干队伍。2011年，街道以第8届残运会为契机，开展“迎全国残运，当好东道主”的教育宣传、文化娱乐活动，引导广大残疾人参与社会活动，实现自我价值。

图 34-3-27　2012年6月30日，小营街道在杭州红星剧院举办首届“最美小营人”颁奖典礼　（小营街道 供稿）

2012年6月，小营街道办事处开展首届“最美小营人”评选活动，选出朱强荣、林乾良等10组“最美小营人”。此后每年开展“最美小营人”评选活动。是年，小营街道注重红色文化的保护传承，建设中共杭州小组纪念馆，修缮钱学森故居、郁达夫故居，精心打造由小营巷、方谷园、皮市巷构成的“红巷”文化集聚区，总结形成“敢为天下先、甘做孺子牛”的“红巷精神”。同时，开设“启漂书屋”以“传递红色文化”，为“红色”经典书籍漂流提供交流推广服务，利用社区网开辟论坛，提供预约登记、送书上门、在线阅读、沟通心得等服务，以微博方式扩大漂流面，提升共享性。

2013年12月，小营街道“最美工作室一条街”开街，设立最美人物展示厅、道德讲堂、最美工作室及最美文化长廊，其中最美人物展示厅以影像、实物陈列等手段集中展示两届“最美小营人”的“最美”事迹。

2015年，小营街道深挖社区精神文化资源，提出“互联网+文化”的传播模式，依托公园、文体活动中心2大阵地，设置展示舞台、交流广场、文化长廊、科学讲堂、健身小道5个阵地，围绕“家”“e”“美”“阅”“乐”“养”“益”“节”“墙”“馆”10项文化实体内容，打造具有社区特色的红巷文化家园。

四、卫生和计划生育

1993年，辖区内有浙江大学医学院附属第一医院、浙江大学医学院附属第二医院、杭州市第三人民医院等医院。横河街道调整人口与计划生育领导小组，领导小组下设计划生育办公室，负责行政执法、宣传教育、计划统计等日常管理工作。清泰街道计划生育落实责任制，与地区80家单位、19个居委会签订目标管理责任书，与外来人口和无业居民350人签订计划生育合同。是年，因城站火车站改建，上城区城站卫生院撤销，并入上城区清泰卫生院。

1994年，横河街道逐步推行以“晚婚晚育、少生优生、文明幸福、勤劳致富”为主要目标的新家庭计划活动。城站街道建立卫生初保领导小组，建一、江城居委会建立卫生初保工作小组和保健服务中心，开展“家庭保健示范户”竞赛活动，对百户居民进行健康状况调查，设立健康档案。1998年，横河街道对没有发生计划外生育纳入依法治理居民区考核实施办法。

2000年9月，清泰街道与城站街道合并为城站街道，清泰卫生院改名上城区城站卫生院。11月，挂牌上城区城站街道社区卫生服务中心。2004年，小营街道建立计划生育一条街。举办计划生育知识竞猜宣传活动，普及计划生育知识。2006年，小营街道开展“婚育新风进万家”活动，宣传普及科学婚育观、优生优育等常识。

2006年7月，上城区城站街道社区卫生服务中心改名上城区小营街道社区卫生服务中心。2008年，小营街道在小营公园大型电子显示屏幕建立社区“健康气象台”，播放保健知识、健康科普小常识。

2010年，小营街道与172家50名以上职工的辖区单位签订平安、安全、计生等目标管理责任书。是年，街道计划生育协会发展至47家单位，成立会员小组566个，发展会员18620人，会员联系户29592户，会员数占总人口的11.9%。2012年，小营街道树立“三优”工作品牌，以项目管理形式制定并实施“街道、社区、单位”三级网络联动机制，以协会评估认定工作为助推，探索计划生育基层居民自治的有效途径。

2013年，小营巷社区、金钱巷社区、葵巷社区、长明寺巷社区被评为“杭州市红十字服务示范社区”。是年，街道组织社区、辖区单位共1000余人参与急救培训，260人拿到救护员证书，献血量超过8400毫升，有15人加入造血干细胞库。2014年，小营街道扩大宣传范围，辖区献血量达270330毫升。2015年，小营街道社区卫生服务中心有医疗用房1533.39平方米，设有中西医各科，以中医眼科为特色。

五、社区建设

1993年，城站、清泰街道举办居民干部培训班，提高干部的业务知识和素质。1996年，城站街道对拆迁中的火把弄、福缘巷等7个居委会采取合署办公的形式，并建立居委会干部福利、奖励基金，对11名离任干部进行一次性奖励，调动居委会干部的工作积极性。横河街道对居民干部进行居企经济，基层政权、婚姻登记管理、殡葬、计划生育、老龄工作的多项业务知识培训，提高居民干部的整体素质。

1999年，城站街道试行居务公开制度。居委会工作职责的成员分工、办公时间、服务标准、工作程序、监督电话、经费使用等情况均实行公开，接受居民监督。试行弹性工作制度。居委会每周有效工作日七天，节假日轮流值班。2001年1月，小营街道9个社区和城站街道9个社区分别召开居民（成员）代表大会，选举第一届社区议事协商委员会和社区居民委员会。2003年，小营、城站街道合并，完成社区居委会换届选举工作。

2006年，小营街道遵循“三贴近”[①]原则，推出“一社一品”[②]工程，拓展社区功能。2010年，街道编制《社区公共服务

① 贴近群众，贴近生活，贴近区情。

②一社一品：每个社区在创建星级和谐社区基础上，根据自身基础工作优势，从人口及资源状况寻找突破口，确定社区工作的主攻方向，在思路、方法和机制上加以创新，形成自己鲜明的特色品牌。

工作站管理规范》，固化劳动保障、帮扶救助、安全服务等7个岗位和社会工作的专业化试点岗位职责标准。2012年7月，小营街道在全区率先公开选拔社区后备干部。经考试拟录入社区后备干部人才库20人，有5位委员提拔为社区副职。

2013年，小营街道发布《小营街道社区社会工作者“五型五优”[①]专业素质提升工程方案》，编印首本《社工工作手册》。3月起，小营街道在12个社区推出“为民服务新干线”服务项目，以“流动式办公，走访式服务”的工作方式，把社区公共服务站延伸到楼道。经6个月运转，共接待居民5310人次，收集居民意见和建议1425条，现场答复各类咨询1438个，解决居民事务959件。

图34-3-28 2013年7月11日，小营街道举办社区社会工作者专业素质提升工程“百灵鸟班”结业仪式

（小营街道 供稿）

2014年，小营街道以小营巷社区和西牌楼社区为试点，将服务大厅改造成“社区会客厅”，设置休闲茶座、敞开式办公桌、“阳光房”调解室等，打造家庭式温馨办公环境，建立面对面的民意收集通道。2015年，小营街道制定《小营街道2015年社区干部选拔方案》，通过民主测评、满意度测查等环节提拔4名年轻社区干部为正、副职，调动社区工作者的积极性和主动性。启动“玉麒麟”专业素质提升培训班，130名社区工作者参加培训，培训课时达6500课时。

六、社区服务

1993年，城站街道有优抚对象271户，服务点60余个，全年服务人员700余人。5月，横河街道为加强敬老院管理，提高服务质量，成立老人公寓管委会领导小组。是年，清泰街道为老年人提供各类服务2146人次。1994年4月，横河街道实施残疾人在横河商业公司所属商店购买商品优先供应、为有劳动能力的残疾人在申办个体经营执照提供便利、优先安排残疾人子女入托等多项优惠措施。

1999年，城站街道办事处试行服务承诺制度，各居委会建立社区服务站，开展“串百家门，知百家事，解百家难，暖百家心”和“邻里相认、相知、相助”活动。2000年，小营街道在辖区内公开招聘“4050”

① “五型五优”专业素质提升工程将社区社会工作者根据工作年限和工作特点分为四个梯队，分别为成长期、发展期、丰盈期和社区负责人，并且有针对性的安排“百灵鸟、千里马、孺子牛、玉麒麟和金凤凰”五大系列培训课程，力求在三年内培养一支学习型、服务型、专业型、全能型、创新型，理念优先、素养优良、结构优化、方法优质、业绩优异的“五型五优”社区社会工作者队伍。

人员，提供再就业岗位。建立一支稳定的为老服务员队伍，有13名为老服务员，受益老人1743人次，服务时间21477小时，投入资金15.03万元，确保社区内持证独居、空巢老人享受到政府买单的全额服务。2002年，城站街道建“星光老年活动室”8家，内有阅览室、休闲厅、棋类、球类、电化教育设施。

2006年，小营街道办事处围绕新一轮就业再就业政策，开展送政策、送岗位、送技能、送服务等活动。全年完成岗位开发4705个，实现再就业3883人；帮助就业困难人员就业2217人。是年，街道招募一支热心从事社区青少年教育队伍，组建“阳光使者”志愿者队伍。2007年5月，成立辖区首支残疾人志愿者服务队，由30名残疾人组成，按各自特长分为“便民服务”“就业培训”“心理咨询”和“医疗服务”，以街道康复就业服务中心为基地，为街道1300余名残疾人和社区居民提供盲人按摩、钟表修理、网络维修、保健康复等20余项服务。

2008年，小营街道加大居家养老服务力度。至9月末，共提供无偿服务1445户、1961名老人，服务时间33092小时，投入经费36.40万元，有偿服务46户、59人，服务570小时。2009年，街道与城站敬老院、陈娟英第二敬老院、社区星光老年之家和11家老年食堂等为老服务场所，通过社区党员、社区小组长、邻里结对等方式，对3248名老人开展义务结对包户帮扶活动，为223名独居、空巢老人安装“爱心平安铃”，对老年人开展经常性的上门服务。

2010年，小营街道为辖区252名高龄独居、空巢及困难老人，开辟日间照料的场所，为他们提供读书看报、健康咨询、心理疏导等免费服务。利用社区“老年茶室”“老年食堂”等开展健康讲座、文化演出等服务。面向户口在小营街道且持有援助证的“4050”人员招聘，先后有30名“4050”人员走上助老服务岗位。全年共提供服务50162小时，投入资金75.24万元，3128人次受益，并为持证独居、空巢老人提供政府买单的全额服务。服务基地为老人提供搭伙送餐、“日托室”“洗衣房”等多种服务。至年末，小营街道有108个专业为老服务点，36支服务队伍，490名志愿者相结合的服务队伍。

2013年，各社区康复站发挥作用，对重点病人进行“一对一”上门康复服务，为困难视力残疾人免费发放助听器。是年，小营街道60岁以上老年人有19374人，针对空巢、独居老人日益增多，家庭养老功能日益弱化的实际状况，创新“1+2+X”①互助化组团式养老服务机制。成立在职党员“三色彩”②服务团队，有成员108人，累计举办各类活动120余次，提供各类便民服务203项。

2014年4月，杭州仁爱家园阳光庇护中心（小营工疗站）建成使

① 即以1个街道养老服务中心为核心、2种养老（居家养老和机构养老）模式，X个社会服务组织和网格团队相结合的机制，依照“需求申请、互助派单、评估反馈”的工作流程，进行组团式的服务，不断满足辖区老年居民对养老服务的多层次、广泛化需求，为居家养老服务全覆盖提供保障，达成养老服务向“体系化、机制化、项目化”发展的要求。

② 白色医疗服务团队、绿色教育服务团队、金色圆梦服务团队。

用。中心有工疗员55人，其中精神残疾工疗员37人、智力残疾工疗员18人。采取“12331”服务模式①，满足残疾人康复训练、辅助就业等需求。全年收治残疾人55人。12月，高端康复护理机构彩虹鱼康复护理院落户小营街道。总投资6000万元，设床位75张。由专业人员向康复病人提供各类优质的护理服务，解决病人从医院出院到家庭正常生活之间的过渡问题。

2015年，街道投入100万元建设日间照料中心，中心拥有日托床位51张，日均服务1000人次。以“互联网+落地服务”推动智慧养老多元化，完善“智慧社区，邻里互助”社区服务新模式，社区日均受理服务25次，全年服务老人2229人次。是年，引入“乐居”面积2200平方米，有床位72张，入住老人50人。街道为1000余名老人购买均等化养老服务，并通过差异化的运营模式新建和改建社区食堂4个，为70周岁以上老人提供就餐补助。构建医养护一体化的服务体系，引入专业医护机构提供在线养老服务项目。整合街道投资建设的红巷生活广场和“你呼我应”平台，为老人提供微心愿、微公益、微亲子等“乐微”服务。

七、社会保障

1993年，城站街道设工疗站，专门收治轻度精神病患者和智力障碍者，对其他较严重的精神病患者通过家长、居委会、工疗站医护人员进行监护，定时送药。1995年，清泰街道开展“凝聚力工程”，对人均收入低于120元的7户家庭发放慈善卡，向地区20余名特困残疾人发放“爱心名片”。1996年，清泰街道工会、机关党员干部组成帮困小组，为残疾人免费提供上门服务等。

2001年4月，小营街道劳动保障站成立，下辖12个社区保障室。2004年，杭州市实行企业退休人员社会化管理服务，辖区内13884名企业退休人员移交街道和社区，实行社会化管理。街道保障站组建企退人员自管小组300余个，成立退管网格工作委员会，为街道企退人员提供动态管理；组建由企退党员、企退骨干积极分子组成的志愿者队伍10余支，与自管小组组成管理服务组织体系。

2007年，小营街道保障站为落实杭州市城镇就业困难人员就业政策，开展创建充分就业街道、社区工作。2008年，小营街道办事处全年新开发岗位4289个，安置失业人员4109人，新办理援助证569人，年检就业援助证2957人，办理失业登记1332人。为辖区内2510人办理少儿医保，受理老年生活保障申请64人。5月，街道实施安居工程工作领导小组成立，对社区进行全面的指导和全程督查。至2008年9月末，各社区初步上报62户申请安居工程困难家庭，经初步核算需总金额达96.77

① “12331”服务模式：即以1个主体（街道），2个依托（社会组织、志愿者），3个阵地（红巷生活广场、阳光庇护中心、残疾人家庭）推进仁爱家园“三疗一教育”工作开展。

万元。

2009—2012年，小营街道扩大可纳入社会化管理享受待遇的人群范围，从最初的企退人员扩大至支援外地回杭企退人员、铁路退休人员、省级参保企退人员。2012年，与浙江元祖食品有限公司共同打造“星星许愿”助学月月行服务，主要针对低保家庭、困难家庭3～12岁孩子进行助学，每月每户100元现金，按季度发放。

2013年，街道为208户贫困残疾人发放春风行动款47.80余万元，为157名残疾人发放1.68万小时居家安养服务券。街道共有困难、低保、残疾人保障金人员194户，其中残疾人保障金人员133人，做到应保尽保。2015年，通过划拨财政资金、吸引社会捐助等形式，设立街道“爱心银行”，将“夹心层”和因病致贫等困难家庭纳入临时救助范围。至年末，街道社会化管理企退休人员达22561人。

第四节　综合治理

1993年，小营巷、城站等街道立足创建“平安街道”，抓好民间纠纷的调解，落实帮教工作，保障辖区安全稳定，依托网格平台开展社会综合治理工作，构建政府引导、公众参与的社会治安防控体系。2008年，小营街道开展停车收费工作，在域内全面使用POS机。2013年，打造以“民声直递、矛盾直通、幸福直达”为宗旨的“民情”系列便民服务品牌，通过满足各阶层居民群众的差异化需求提升“社会服务管理网格化平台”工作的社会知晓率和满意度。2015年，街道抓好重大涉稳案件的领导包案制，完善挂牌督办化解工作机制，处置各类突出信访问题和群体性不稳定因素，辖区整体的社会稳定工作趋势良好。

一、平安创建

1993年，上城区党政主要领导与清泰、城站、横河、小营巷街道，街道与辖区单位层层签订平安创建责任书，并纳入领导任期目标责任制。1995年6月，4个街道着力创建“平安社区”，严打、严防、严管并举，预防和打击各类违法犯罪活动。

1996年，城站街道对建筑农民工地区、多发案地段、楼群小区加强防范管理，杜绝不安定因素的产生。1998年，清泰街道开展“安全文明小区”创建，三益里、义井巷被评为区安全文明小区，福利新村被评为市级安全文明小区。1999年，城站街道开展“严打”斗争和专项斗争，重点整治治安薄弱的地区和单位，创建安全文明小区3个，辖区企事业单位创安全财会室80%以上，治安安全单位60%以上。

2004年，小营街道建立平安巡防联动体系，聚焦治安复杂地段和场所，开展全方位、多层次的巡防巡查工作。2005年，街道在社区内宣传毒品基本预防知识，开展禁毒工作的宣传教育，创建“平安街道”“无毒社区”。开展吸毒人员的排查，摸清吸毒人员底数，有针对性落实帮教。同时结合妇联组织的“不让毒品进我家”和共青团组织的“社区青少年远离毒品”活动，逐步构建起家庭、学校、社区“三位一体”的预防青少年涉毒网络。2008年，小营街道辖区内共有204家省、市、区级企、事业单位与街道签订社会治安综合治理目标管理责任书，有513家企业单位与街道、社区分层次签订安全生产目标管理责任书。

2011年，小营街道与辖区近200家单位签订社会治安综合治理目标管理责任书，成立2400余人的“平安上城”小营志愿服务大队。对辖区323家出租房、孝友里5号等群租房、五柳巷、欢乐巷地块等77个墙门涉及700余住户的木结构老住宅和用于出租的简易棚屋连片区域进行监督检查。

2012年，小营街道加强和创新社会管理，强化社会网格化建设和“110”社会联动机制，开展“两排查一促进”专项活动，打造“平安小营”，建设“法制小营”。按照“网格区划、整体覆盖、精细管理”的划分要求，完成31个网格的划分工作，组建204支社区志愿者服务团队，2400名社会平安志愿者队伍，组建由31名网格长、89名网格协管员、207名网格信息员的“一格三员”工作机构，明确网格工作人员的职责及工作要求。

2012—2015年，小营街道围绕“平安小营”的建设目标，按照属地管理原则，逐年与辖区企事业单位、物业单位以及个体户签订安全生产、消防安全责任书，累计5965份；配备干粉灭火器等民用消防设施、器材1800余件。根据重点敏感时期和季节变换，相继组织“十八大消防安全保卫战”“夏季火灾防控专项行动”“今冬明春火灾防控专项行动”等安全保障行动，消除安全隐患，确保辖区安全稳定。

二、社会治理

1993年，城站街道与派出所相互配合，建立民兵纠察队，治安监督岗及单位治安组织，设立地区性治安基金和见义勇为奖励基金。1994年，横河街道成立外来人口管理领导小组，落实外来人口管理。1997年，横河街道开展创建安全文明小区和治安单位活动，被评为“杭州市社会治安综合治理先进单位”称号。

1998年，城站街道重点开展社会治安综合治理、城市管理、计划生育和文化市场专项治理，成立社会治安小组，定期巡查安全防范设施建设。2001年，城站街道被省委、省政府授予“省级社会治安综合治理先进集体”。

2006年末，小营街道信访接待中心受理信访942件，其中公开电话837件，区来访32件，来信26件（其中市信11件），市交办9件，来访25件，共排查出社会不稳定因素90条。通过人防技防和小营、站前派出所打击处理工作相结合，共立刑事案件868起，办理行政治安案件672起，打击处理各类违法犯罪嫌疑人623人，刑事案件发案总数为868起。

2008年，小营街道开展停车收费工作，破解“停车难”问题，在小营范围内全面使用POS机，共完成辖区申报停车泊位1174个，上岗收费47个点。2011年，街道在综治中心设立消防安全管理办公室，开展辖区“清剿火患”工作，共计排查社会单位1900余家次，消除火灾隐患1300余处。

2014年，小营街道实施老旧小区交通综合治理，启动大学路区域交通整治工程，占地面积53万平方米。该工程涉及葵巷、老浙大、大学路3个社区、15个老旧小区、11个物业小区，对辖区13条支小路和幢间道路进行改造，新增路面拓宽、绿化带调整、泊位划定、机动车单行线设定，新增停车位420余个。是年，城管科设立准物业管理办公室，组建以“白+黑”24小时维修、“5+2”全天候服务、“家平安”应急服务三位一体的专业化维修队伍，建立并完善信息资源库，即基础设施信息库、维修人才信息库、管理队伍信息库、报修维修信息库“四库”建设，规范网络“派修单”的作业流程。

2015年，小营街道突出重大涉稳案件的领导包案制，完善挂牌督办化解工作机制，辖区整体的社会稳定工作趋势良好，无重大不稳定事件发生。信访工作发挥区平安365、区110、省平安综治平台等平台作用，调解化解矛盾223起，其中涉及50人以上3起。街道共受理市、区长公开电话受理中心交办的来电来访来信970件，社区“12345”受理680件，街道领导接待来访92批、101人次。

三、司法工作

1993年，城站街道强化重点治理，进行民间纠纷的调解，落实帮教工作，开展“三打一禁”等专项斗争。1994年，清泰街道成为市普法教育试点单位，通过制作普法宣传栏、举办青少年普法教育活动等形式，促进人民调解工作在服务经济、稳定社会等方面的作用。

1995年，清泰街道贯彻落实“调防结合、以防为主”的方针，健全三级调解网络，并成立“地区疑难纠纷调解中心”。1996年，开展“三五”普法工作，成立街道普法领导小组。2000年7月，小营街道开展“送温馨，保平安”主题活动，通过开展“宣传、走访、纠纷”排查，强化人民调解的基础工作。

2001年初，区司法局按统一模式组建社区调委会、统一样式设立调解室、统一规格制发工作报表的要求，在小营街道开展试点。5月，小营法律服务所批准设立和执业。6月起，小营街道办事处围绕提高全民法律素质和全社会的法治化管理水平2个目标，把领导干部、青少年、企业管理人员作为普法重点对象，开展《中华人民共和国宪法（修正案）》《中华人民共和国老年人权益保障法》等30余部法律法规的普及教育。2002年，街道组织法律工作者深入社区开展“法律进社区”活动。2006—2010年，小营街道开展“五五”普法教育活动，通过法律进机关、法律进工地、法律进社区、法律进学校、法律进企业、法律进单位开展宣传活动。

2011年，小营街道推出“分级调解模式”①，把调解分为四个级别，同时成立一个“和事佬议事团队”②，建立规范化调解制度。全年小营

① 四个调解级别为紧急且重要、重要但不紧急、紧急但不很重要、不太紧急且不很重要。

② 把不同类型的调解案件分配给擅长处置此类型案件者，采取“投票决定，一票否决”。

街道司法爱心基金帮助困难矫正人员9人，发放救助金3000余元。2013年，共开展3次大型法制宣传活动，共出黑板报436期，图片展览和宣传橱窗进行法制宣传3000余次，发放法律援助信息2000余份。共受理调处矛盾纠纷371起，调处成功371起，调处成功率达到100%，辖区内全年未发生民转刑的案件。2011—2015年，小营街道开展“六五”普法教育活动。突出学习宣传宪法、中国特色社会主义法律体系、国家基本法律和促进经济发展的法律法规，开展社会主义法治理念教育等内容。

第五节　城区建设与管理

20世纪90年代后，街道先后通过实施“背街小巷改造工程”“庭院改善工程”“危旧房治理工程”“三改一拆”“五水共治”，提升辖区城市环境面貌和生态治理水平。2013年，街道实现垃圾分类小区基本全覆盖。3个批次、18个小区被杭州市评为市区生活垃圾分类“百个优胜小区”。“垃圾不落地”专线在18个小区运行。至2015年，街道建立“三化四分”楼道长制度，聘任394名楼道长，负责生活小区垃圾分类的宣传、指导、服务、监督工作。通过分别上门指导，辖区有60家机关、事业单位开展垃圾分类，使垃圾源头减量。

一、辖区建设

1992年，街道辖区内建解放路中山中路口人行天桥。1996年，清泰街拓宽工程竣工通车。1997年，清泰立交桥拓宽工程完工。1998年，城站广场改建完工，1999年，投入使用。

2008年，小营街道完成庭改房屋127幢，涉及居民3387户。危旧房改善共完成9幢303户。2009年，小营街道成立民间庭改办，让更多的老百姓参与庭院改善，共完成庭院式改造73幢。

2010年，小营街道开展五柳巷历史文化街区综合整治工程工作，共承担104幢房子，共计283户群众的动迁工作任务。是年，小营街道庭院改善工程完成13个标段（共103幢），涉及住户6000余家。2011年，建成皇诰巷拆迁安置房，开展大、小塔儿巷危改重建项目。2008—2011年，小营街道庭院改善工程共完成51个立面标段，404幢房子，涉及住户20910户。

2015年1月，老浙大、大学路、葵巷社区交通综合治理工程道路整治和信息化建设工程全部完成。拆除各类违法建筑36处、1605平方米。

二、环境管理

1993年，上城区环卫、房管部门在清泰、城站、横河、小营巷街道设立二级管理站，区市容管理办公室向街道派出市容管理分队，市政、工商管理等部门充实调整街道专管员，增强街道管理职能。是年，城站街道组建成立市容办公室，配置专职工作人员，制定城管科工作条例，市容监督员条例，清洁员工作细则等制度，街道落实“门前三包”

"门内达标"责任制。全街道14个居民区全部验收合格，街道被评为区"卫生先进街道""绿色街道"。1994年7月起，横河街道开展文明城市创建活动，组织各社区清理卫生死角、垃圾聚集点、城市"牛皮癣"等区域。

1995年，经省、市、区各项卫生检查和国家卫生城市考核验收，城站街道被检单位和项目全部达标，街道创建环境噪声达标区验收合格。横河街道创市级卫生单位2家，区级卫生单位2家，区级卫生楼群10个，区级初级卫生保健示范居民区2个，初级卫生保健示范户200户。1996年，清泰街道开展爱国卫生月、夏季百日卫生整治、世界卫生日、红十字会等活动。地区单位"门前三包"签订率100%。1997年，城站街道开展"市容卫生管理条例""创文明、整市容、清洁杭城"的宣传教育，提高市民的卫生意识。1999年，清泰街道创建清泰街为洁美示范一条街，福利新村小区为洁美小区。

2008年，小营街道打造"全市最清洁街道"，增加保洁人员至158人，更换垃圾桶143只，修理垃圾房45个，配备雨衣、反光背心各125件，街道全年共投入保洁经费480万元。同时，制定保洁员工作时间表、保洁员考勤制度、保洁员请假调休制度等，督促社区加强管理。

2009年，小营街道打造"全市最清洁街道"，建立问责制度、联席会议制度、领导挂包制度三项制度，加大人员设施投入。2013年，开展"门前新三包"公众参与城市管理试点工作。在翰林街、叶家弄沿街商家（单位）中推行包环境整洁、包文明劝导、包应急参与的"门前新三包"责任机制。

2014年5月，小营街道出动拆违人员30余人，对西湖饭店5000平方米违法建筑进行强制拆除。2015年，通过杭州市"三改一拆"验收小组对小营街道"创无违建街道"工作验收考核。对于新违建，启动即查即拆程序，坚决予以拆除；对于老违建，开展摸底排查，分类分层进行处置。至年末，小营街道累计对存量违法建筑面积22888.96平方米（411处）中的19147.31平方米（203处）的违法建筑进行拆除，拆除率达83.65%，城市面貌改善。

三、生态建设

1993年，清泰街道开展绿化宣传活动，普及绿化知识。在居民区、各单位实行绿化包干责任制，组建专业的绿化养护队伍，负责施肥、吊扎、整枝、除虫等工作。1998年1月，横河街道对青年公园进行复建，公园分2个部分，北半段为开放式绿地，南半段为封闭式绿地，设有铺装地、花坛、花架等。

2004年，金衙庄公园进行改建。改建后公园绿树成荫，园路、铺装、花架、亭子以及人性化无障碍设施配套齐全。2010年，配合"3·12"全国义务植树节，小营街道举行大型绿化宣传活动。全年共新增苗木桂花160余株、海桐球80株、黄扬球155株，补种苏旦草15吨，修补绿化侧石带80平方米，修补花坛95处。是年，区绿化办对解放路进行美化家园改造。

2011年3月起，小营街道首创"垃圾不落地"措施，街道109个小区有67个小区开展垃圾分类，12个小区实行“垃圾不落地”。完成新增的建国南苑屋面改造工程及3个绿化标段工程，投资总金额为352万元。完成生态垃圾房改建3座。是年，小营街道启动城站商圈美化屋顶绿化整治工程，整治面积7900平方米。2012年，共91个小区实现垃圾分类；开通“垃圾不落地”专车、专线1条。是年，小营街道办事处被评为“杭州市区2011年度生活垃圾分类优秀实施单位”。

2013年，小营街道实现垃圾分类小区全覆盖。西牌楼社区探索厨余垃圾、落叶堆肥方式，实现社区产生的垃圾就地解决。2014年，断河头农贸市场成为全市首个引进餐厨垃圾生化处理机的农贸市场，每天解决垃圾100千克。是年起，小营街道实施绿化养护服务外包模式，涉及辖区12个社区准物业小区绿化带74850.98平方米、独立树冠树木5730株。

2015年，小营街道联合社会回收公司共投放61个废旧衣物回收箱，根据就近、连片原则，建立“三化四分”① 楼道长制度，聘任394名楼道长，负责生活小区垃圾分类的宣传、指导、服务、监督工作。辖区有60家机关、事业单位开展垃圾分类，街道、社区定期进行宣传、督导，推进机关、事业单位的垃圾源头减量。

① 三化四分：生活垃圾减量化、资源化、无害化，分类投放、分类收集、分类利用、分类处置。

专记一

小营·江南红巷

“小营·江南红巷”西起马市街，东至直大方伯，南到方谷园，北达清吟街。拥有国家AAA级旅游景区、浙江省党史教育基地、浙江省爱国主义教育基地、杭州市最具品质体验点、杭州市青年干部成长教育基地、杭州市“红绿蓝”三色现场教学基地、杭州市委党校现场教学点等称号。景区内有毛主席视察小营巷纪念馆、中共杭州小组纪念馆、著名科学家钱学森故居、郁达夫杭州故居“风雨茅庐”以及红巷生活广场“四馆一广场”的红色文化景点，并有民国时期杭州著名实业家胡迪生家族的聚居处——胡宅旧址、小营民居、杭州老科技工作者之家等历史建筑以及小营巷、方谷园、银枪班巷等老杭州的坊巷。

一、历史变迁

民国11年（1922）8月，中共上海地方执行委员会兼江浙区执行委员会书记徐梅坤，肩负着建立和发展江浙地方党组织的重任到杭州开展建党工作。9月，归属上海地方兼区委领导的中国共产党杭州小组，在皮市巷3号正式成立，为全省地方党组织发展壮大奠定基础。

民国22年（1933）4月，郁达夫为避国民党当局的政治迫害，全家由上海迁居杭州，后着手筹建房屋。民国25年（1936）春建成，取名

“风雨茅庐”。杭州沦陷时被日军用作马厩，2万余册藏书尽毁。民国34年（1945）售予他人。中华人民共和国成立后，古宅由政府接管，基本保持原状。

1958年1月5日，毛泽东在赴杭州机场途中到小营巷视察卫生情况，为纪念该事件，促进爱国卫生运动的深入开展，1972年，小营巷56号墙门被辟为“毛主席视察小营巷卫生工作陈列馆”，陈列毛泽东视察时的照片、用过的实物和小营巷卫生工作历史图片资料。1993年12月，小营街道投入近10万元，重新装修陈列馆。2001年，陈列馆重建后定名为“毛主席视察小营巷纪念馆”。

2010年，上城区委区政府决定在方谷园3号修建中共杭州小组纪念馆，展陈面积850平方米，以杭州（浙江）党组织诞生、发展、壮大的历史为主题，重点展示中共杭州小组的诞生历程。2011年正式落成。

2011年12月，在钱学森100周年诞辰之际，钱学森故居重新开放。

2013年，围绕“人文上城、厚重文化”的发展战略，整合党史资源，上城区将中共杭州小组纪念馆与钱学森故居、毛主席视察小营巷纪念馆等红色景点串联起来，打造集党员管理、教育、服务、活动于一体的党建基地和展馆精品，初步形成独具小营特色的红巷，并把该处充满红色文化魅力的地方和3个纪念馆命名为“小营·江南红巷”。

二、规划与建设

20世纪60年代，杭州市政府对方谷园2号进行修缮。但房屋仍作为钱学森的私有财产，由市房管局代管、出租。故居陆续安排17户承租人租住，由于住户较多，出现部分毁损——原先的扶手、栏杆、楼梯、门窗都没有了，地面也被租住的居民改成水泥地坪。2007年4月，钱学森旧居维修工程正式立项。

2007年7月，上城区开始对郁达夫故居进行修缮。维修工程总建筑占地面积900平方米，维修坚持“不改变原状的原则、最低干预原则、可识别原则、可逆原则”，尽可能保护现存历史原物，坚持原尺寸、原工艺、重结构补强，提高文物建筑安全性能，保护为主、合理利用，全面真实地保护和展示郁达夫故居作为文物建筑的建造、演变过程所携带的历史信息。

2008年6月，上城区完成故居内原有住户的搬迁工作并开始施工，对故居进行修缮保护。修缮总占地面积8990.49平方米，总建筑面积802.28平方米，包括方谷园2号、方谷园3号和小营公园3号住宅。在修缮的过程中，坚持“修旧如旧”的原则，除设计中特别规定之外，所有维修部分都使用原材料、原尺寸、原工艺和原做法。2008年末，修缮完工。

2008年，小营街道提出打造“钱塘星火”——中共杭州小组纪念馆，选址小营巷57号。小营街道与市委党史研究室合作，确定纪念馆内图文展示分成“星星之火”“星火燎原”“雨露小营”3个板块。2009年2月，纪念馆选址小营巷59号，场地面积为400平方米。 7月，形成《“钱塘星火”——中共杭州小组纪念馆图文展示资料集》。10月，对房屋进行修缮、设计、装修。

2010年5月，省、市委党史研究室有关领导和专家对纪念馆筹建提出一些意见和建议，加上现选址的房子经常漏水等问题难解决，对纪念馆建设重新审视。8月，区委、区政府解决选址拆迁、工作推进、资金保障等问题，改址为方谷园3号，确保高品质、高水平建设好该红色资源。2010年上半年，装修布展工作完成。

2011年，在中国共产党成立90周年、钱学森100周年诞辰之际区政府再次对钱学森故居进行修缮，并开办"钱学森与杭州"主题展览，突出杭州特色，向人们展示伟大科学家与他的故乡——杭州之间的深厚感情和渊源。12月1日，钱学森故居正式对外开放。

2011年7月1日，浙江省第一个地方党组织——中共杭州小组纪念馆落成开馆。纪念馆建筑总面积1265平方米，展陈面积850平方米以杭州（浙江）党组织诞生、发展、壮大的历史为主题，共分"潮起钱塘""星火钱塘""奔腾钱塘""今日钱塘"4个部分展示。7月，区委、区政府、小营街道充分挖掘辖区红色资源，将中共杭州小组纪念馆与钱学森故居、毛主席视察小营巷纪念馆等红色景点串珠成链，打造集党员管理、教育、服务、活动为一体的红色精品场馆。

2012年5月，中共杭州市上城区委党史研究室会同区委宣传部通过文件下发、报纸征文、网站宣传等方式开展征集"红巷精神"活动，收到自区机关、街道、社区集体以及个人投稿的"红巷精神"应征表述语、应征邮件60余封。经过专家审定，群众认可，确定"红巷精神"为"敢为天下先，甘做孺子牛"。"敢为天下先"体现做事的决心和气魄，"甘做孺子牛"体现做事的态度和境界，两者将爱国与为民、开拓与传承、创新与实干等有机融合。是年，小营街道在小营公园7号、8号和小营巷57号，开始打造"邻里服务圈"，包括为老服务中心、残疾人"阳光庇护中心"、小营巷社区综合服务中心、文化教育中心和小营巷社区卫生服务中心。

2013年初，区建设局、区城管办和小营街道立足纪念馆所处位置实际，确定"以点连线带圈"的整治思路，以纪念馆为轴心，南达方谷园、北到小营巷、东至直大方伯、西连马市街，统筹改善区块内的小营巷、银枪班巷、银枪班巷支路、方谷园及慎德里5条坊巷，并将小营巷、银枪班巷、方谷园列为重点打造的特色背街小巷改善项目。并着眼于区域内老建筑、老宅子聚集的特点，通过整体修旧如旧、延伸对接手法，特地从安徽采集与当时年代相近的旧石板铺设区块内道路，使之与粉墙黛瓦的建筑风貌相辉映，江南名巷、杭州雅街的特色更显完美。2月，区委下发《关于贯彻落实习近平同志复信小营巷社区党委重要指示精神，扎实推进社区和"一馆两基地"建设工作的报告》。4月，小营街道、区风景旅游局与上城规划分局合作，把为民服务与旅游产业有机结合，制定景区规划，就景区旅游发展战略目标、空间布局和功能分区等进行谋划打造。"小营·江南红巷"AAA级旅游景区规划编制将小营巷、皮市巷及方谷园等景区串联，成为"红巷精神"落地的实体化平台。12月，红巷生活广场打造完成并投入使用（2012年称"邻里服务圈"五个中心）。红巷生活广场坐落于小营巷57号，由1号楼社区综合服务中心、2号楼仁爱家园和3号楼长青颐养园3个部分组成。总占地面积5328.1平方米。形成社会组织培育中心、社区综合服务中心、动态成果展示中心、社区建设创新中心和"三社"（社区、社工、社会组织）联动研究中心的"一广场五中心"格局。

2014年，景区硬件改造工程实施，增设景区文化墙、Logo文化石等，改造小营花厅，完善红巷生活广场场馆功能布局，更新并完善导览标识系统、监控系统和景区整体及周边外立面等配套设施。制定景区管理制度，开通咨询、投诉及医疗服务专线，并通过微信平台、景区网站实现景区"智慧旅游"。9月26日，"小营·江南红巷"成功申报为国家AAA级旅游景区，是杭州市唯一一个国家AAA级红色旅游景区。是年，"小营·江南红巷"入选全市"年度最具品质体验点"80强。"小营·江南红巷"结合革命传统教育与旅游产业发展，免费开放红色文化景点——"三馆一广场"（中共杭州小组纪念馆、毛主席视察小营巷纪念馆、钱学森故居和红巷生活广场）。小营巷官方微信公众平台——"江南红巷"同时上线，游客通过关注微信，就可以了解景点节庆活动信息及周边人文风景。至年末，景区接待来自全国各地省、市、区级参观团队3600个、60万人；开展特色活动130场，服务市民、游客36570人次。

2015年9月，为纪念中国人民抗日战争暨世界反法西斯战争胜利70周年及郁达夫殉难70周年，郁达夫杭州故居——"风雨茅庐"经修缮布置后正式对公众开放。10月，"小营·江南红巷"被确定为杭州市"红绿蓝"三色现场教学基地、杭州市"三社联动"品牌展示基地、杭州市年轻干部成长教育基地、杭州市大学生社会工作教育实践基地。

图34-3-29　2015年9月1日，风雨茅庐——郁达夫故居建成开放　（区委宣传部 供稿）

三、场馆介绍

中共杭州小组纪念馆

中共杭州小组纪念馆位于方谷园3号，展览面积850平方米，于2011年7月1日建成开馆，先后被评为浙江省党史教育基地和浙江省爱国主义教育基地。作为中国共产党成立90周年的献礼项目，中共杭州小组纪念馆采用传统和声、光、电等现代科技化手段相结合的展示手法生动再现浙江省第一个党的地方组织——中共杭州党小组创建、发展、壮大以及最终形成燎原之势的全过程。

全馆由"潮起钱塘""星火钱塘""奔腾钱塘""今日钱塘"4个展厅组成：

"潮起钱塘"展厅采用360度全息成像技术，通过悬浮于空中的光影效果，再现民国8年（1919）五四运动时期，杭州省立第一师范学校的进步学生创建浙江省首部进步刊物《浙江新潮》时的情景。6块液晶显示器分别展示五四运动在杭州、马克思主义在杭州的传播、盛传海内外的一师风潮、浙籍先进知识分子、浙江工运和浙江农运等内容。实物展示部分展出当时农民运动中使用的旗帜和减租使用的会斗。

"星火钱塘"展厅展现杭州党小组的创始人徐梅坤、党小组组长于树德、党小组组员金佛庄、沈干城4个人物故事，按照1：1的比例真实还原皮市巷3号的门脸。通过电脑和投影仪等现代化设施播放5部地下党接头暗号的小短片，照片墙采用25块液晶显示屏，通过滚动播放的效果，以照片和文字的形式展示浙江新民主主义时期党史人物的生平简介。并以展板的形式展示杭州党小组在成立初期就成为领导浙江省革命的核心力量以及最终在全省形成燎原之势。红色书库收藏馆内近千册红色藏书，纪念馆工作人员将藏书分类编号，方便广大参观者借阅。

“奔腾钱塘”展厅整体采用116块液晶显示屏无缝拼接，再现钱塘江潮起的景象。其中以高浮雕的形式展示杭州党小组的创始人及3位小组成员勇立潮头的形象。

“今日钱塘”展厅以灯箱、展板的形式，展示杭州自解放后至今在党的领导下，取得的各项成绩以及国家领导人对杭州发展的关怀。

2011年，小营巷地区成为党史教育基地和爱国主义教育基地，吸引全国各地4万人参观。2013年1月，中共杭州小组纪念馆被浙江省党史研究室评为第二批浙江省党史教育基地。

毛主席视察小营巷纪念馆

毛主席视察小营巷纪念馆位于小营巷56号，总占地面积约200平方米。正厅正面悬挂着毛泽东主席健步走在小营巷的巨幅照片，左侧墙上是毛主席题词“动员起来，讲究卫生，减少疾病，提高健康水平”；左厅排列着11幅毛主席和小营巷群众在一起的照片，陈列着毛主席坐过的藤椅、看过的《杭州日报》和用过的笔记本、笔、墨水瓶等实物；右厅展示反映小营巷40余年卫生工作和全民健康教育的图片资料。2001年10月，毛主席视察小营巷纪念馆被列为杭州市爱国主义教育基地。

钱学森故居

钱学森故居位于方谷园2号，建于清末。钱学森故居是中国现存唯一的一座为纪念伟大科学家、“两弹一星”奠基人钱学森而修建的钱氏祖宅。故居占地面积867平方米，南至方谷园2号，北至小营公园3号。坐南朝北，合院式布置，面阔3间，进深三进，第一进为门厅，第二进为正厅，第三进为后平，各进之间有天井。主入口位于东南角，天井两侧均设厢房，东侧设有披屋，后天井建有平屋，并设有一口井。故居分为正厅图片展及二楼生活场景2个部分。一楼展厅主要陈列“杭州之子”“航天之父”“情系故乡”3个部分内容，通过故事性的文字描述配以特定老照片，借助图板、实物、电子互动平台等形式，展示钱学森与杭州的重要事件以及钱学森生平中的重要事件。二楼主要通过钱学森房间、父母的房间、书房、荣誉陈列室、书画陈列室、实物陈列室等，再现钱学森旧居当年古朴、雅致的生活场景。2009年，该故居被列为杭州市文物保护单位和爱国主义教育基地。2012年11月，钱学森故居成为杭州市第二批党史教育基地。

郁达夫杭州故居“风雨茅庐”

郁达夫杭州故居位于大学路场官弄63号，占地面积1200平方米。1986年4月23日，杭州市政府将郁达夫杭州故居列为杭州市市级文物保护单位。

“风雨茅庐”通过杭州足迹、走进郁达夫、杭州情怀、郁与文、永恒印记5个篇章进行布置陈展，用以介绍郁达夫的生平事迹、在杭州时期的活动、其发表的文学作品和家人的书信往来、各地各界对郁达夫的追忆和评述、郁达夫小说奖等相关内容，故居内涵丰富，格局精致，深受参观瞻仰者喜爱。2015年9月，“风雨茅庐”被市委宣传部市文明办列为杭州市爱国主义教育基地。

红巷生活广场

红巷生活广场位于小营巷57号，由1号楼社区综合服务中心、2号楼仁爱家园和3号楼长青颐养园3个部分组成，总建筑面积为5328.1平方米，于2011年1月开始改造，2014年4月正式投入使用。

图34-3-30　红巷生活广场（2014年）（小营街道 供稿）

红巷生活广场主要采用“党建引领、政府引导、社会协同、居民参与”的理念，打造“一广场五中心”的社区发展模式，“一广场”即生活广场，居民的大客厅、居民的生活共同体；“五中心”分别为区域化大党建中心、社区综合服务中心、社会组织培育中心、社区建设创新中心、社区科普宣教中心。

图34-3-31　红巷梦剧场（2014年）　（小营街道 供稿）

生活广场有梦剧场、幸福家、亲子会馆、钱学森航天科普图书馆、棋奕书画社、居家养老服务照料中心等20余个的功能分区，基本形成集社会组织培育、综合社区服务、三社联动实践、社会创新研究、服务成果展示等多位一体的综合性社会管理创新的窗口。整个红巷生活广场的日常运营管理和服务项目开展，都是以政府购买服务形式，通过公益招投标，社会公益创投等方式交由社会组织来负责运营和管理。广场引进50余家不同类型的社会组织为社区居民提供的专业化、精细化的服务，让小营地区居民幼有所教、病有所医、老有所养、难有所帮、残有所助；尤其是红巷梦剧场，为群众文化娱乐提供高品位平台，歌舞、戏剧、吹拉弹唱，活动满满，精彩不断，被誉为大众的舞台，百姓的乐园。

专记二

五柳巷历史文化街区

五柳巷历史文化街区位于杭州市老城区东南，北靠西湖大道，南至河坊街，东临建国南路，西达城头巷，总占地面积98.40万平方米，是杭州市内传统风貌保存较为完整并具有一定规模的历史街区之一。传统风貌协调区范围南起东河坊街南侧60米，北至西湖大道北侧，东到建国南路中心线以东60米，西达佑圣观巷东侧，总占地面积20.30万平方米。

五柳巷之名源于宋时此处有一小御园，名为“五柳园”，据《杭州市志》记载：“五柳巷，南起斗富三桥，北折西接城头巷。名始于清，其地旧有五柳园，巷以园名，1966年改名下友谊巷，1981年复名五柳巷。”

街区东依东河，宋代东河为城河，元代城墙东扩，东河成为城内河道，宋代有“东菜、西水、南柴、北米”之说，东河一带是当时杭州主要蔬菜产地及交易地，宋时此区域已相当繁华。街区西侧的城头巷口原为宋代杭州古城正东门——崇新门基址，城头巷即因此得名，崇新门在宋以前五代吴越时为南土门，相传为古代煮海盐之处。城头巷西侧为清代观梅社遗址，民国时省政府亦在此地。街区东侧的建国南路，古为小道，宋代起此地多名园。

五柳巷历史文化街区主要街路纵向有3条：城头巷（含直吉祥巷）、五柳巷、建国南路；横向有3条：斗富一桥、斗富二桥、斗富三桥；特色坊巷有3条：三昧庵、建新里、四维里。

街区是延续杭州地方特色居住文化、集中反映杭州清末民初市井平民生活特色的重要历史街区，具有深厚的历史内涵。该处原有的民间手工技艺的作坊，主要是木器、绸伞、刺绣、扎染、石雕等手工技艺。街区位置为杭州古城的重要地段，历代遗迹众多，既保留着民国时期的里弄建筑，也有20世纪70、80年代青瓦房。50年以上老建筑235幢，其中，四维里建筑群、三昧庵巷8号等9处建筑质量较好，风貌较佳，被定为杭州市历史建筑。

整治前现存历史建筑的年代大多为晚清、民国时期建造，其中杭州市历史建筑群9处，总建筑面积8591平方米，约占10%，建筑保存状况良好。20世纪60、70年代后期新建的2～5层砖混结构建筑及简易搭建的建筑，总建筑面积4.25万平方米，约占52%，建筑主体结构部分保存状况尚可，局部有待修缮整治。其余约38%建筑为清末、民国初年的城市平民居住类型建筑，因年久失修，后期搭建严重，保存情况较差。

2002年，《杭州历史文化名城保护规划》将五柳巷列为拟保护历史街区之一。2006年，初步形成保护规划。2007年，街区保护结合危旧房改善开始前期调查和住户搬迁工作。2010年10月，正式启动街区综合保护工程，主要分修缮和复建两大模式，共实施3期。保护工程以东河及上跨斗富一桥、斗富二桥、斗富三桥为自然分界划分为5个地块：东河以西至城头巷由北至南分别为A1、A2、A4区块，东河以东至建国南路由北至南分别为A3、A5区块。整体规划思路是“一纵（带）、二横、三区、五地块”。①

2012年9月末，完成修缮工程建筑面积82857平方米，A4地块的复

① 一纵（带）：以东河为保护发展纵轴和景观主轴线。二横：以斗富二、斗富三桥为两条横轴，沿街以保护和恢复传统商业店铺、商住形态，形成两条横向传统商业街景观轴线。三区：五柳巷历史街区的功能定位为传统文化延续区、滨河步行游憩区、公共休闲娱乐区三大区块。“传统文化延续区”以保护历史建筑为主，重点整治环境，延续传统居住或商住生活状态。“滨河步行游憩区”以东河水景和沿岸绿化为载体，调整沿河绿化增设休闲设施和亲水码头，形成滨河步行休闲带。“公共休闲娱乐区”对风貌改动较大的建筑和由于搬迁闲置后残损严重的建筑进行更新，作为街区配套服务中心。五地块：以街区街巷和东河为界，历史街区划分为五个地块，根据各区不同情况制定相应的保护与整治措施。

建及公共区域市政设施、绿化、亮灯、景观、标牌、监控等配套工程也于2013年11月竣工。整个保护工程共惠及1173户住户，改善后的五柳巷街区面貌焕然一新，街区外部历史风貌更具有江南建筑本色，居民的生活环境和质量也得到改善。

在实施历史街区保护工程中，区政府提出五柳巷以经营地方特色商品贸易、休闲文化体验和非物质文化遗存等传统工艺，打造出“清明上河图”式的繁华业态。整个历史街区并不单纯采用博物馆式的冻结保存或是拼贴式的重建，而是通过重新规划设计，以巷弄体验式旅游、零售休闲文化、传统手工业作坊、中医健康旅游为主导，形成一条体现杭州特有休闲文化氛围的历史文化街区。

A1、A2区块——打造民居式国际旅居部落。根据规划，以“国际旅游目的地”和“旅游产品”的角度来策划A1、A2区块。结合对老房子的整修和改造，鼓励和引导住户将住宅开辟为家庭旅馆，打造“民居式国际旅居部落”，在坊巷内增设符合“小众”和“DIY”特色的休闲场所等。同时，恢复区块内原有的木器、绸伞、刺绣、扎染、石雕等民间手工技艺的作坊，吸引国际游客到上城区旅居，感受中国深厚的市井文化。

A3、A5区块——打造百工百业百艺百乐荟萃区。A3区块充分利用“上住下店”和“前店后坊”的民居建筑格局，将A3、A5区块建设成集客居、创作、作品展示与交易于一体的艺坊，聚集民间艺人、国内外艺术家等到上城客居创作，楼上居住创作，楼下设酒廊、茶馆，用于作品展示和出售。同时，结合五柳巷的历史典故，打造如五柳皇家小御园等文化景点。A5区块重点将街区的东河坊街、建国南路段打造成一条特色的“中医街”。“中医街”引进国家级名中医设立名医馆，并开通与浙江省中医院等的“双向转诊”渠道，解决辖区内居民看病难、看病贵的难题。同时增加中医药论坛、科普宣传、养生保健、大众门诊等8个不同的功能板块，形成中医中药文化全方位体验式旅游产业链，实现文化和经济效益的双丰收。

A4区块——打造婚拍旅游浪漫风景区。A4区块格局为院落，打造极具特色的旅游婚纱摄影旅拍基地，以晚清民国风建筑、东河烟柳等景观为婚纱主题景点，将中国传统文化融入婚纱摄影，提供内景外景一站式婚恋旅拍服务。同时引入国际著名品牌，现代元素融入古街文化，打造“大爱杭城、珍爱五柳”爱的体验地，汇集人气。

第四章　望江街道

望江街道位于上城区东南部，东临钱塘江，南以望江路和望江东路为界，西以贴沙河与小营街道毗连，北以清江路与江干区交界。地势平坦，平均海拔6.5米，河流纵横，东有钱塘江，西为贴沙河，中有新开河和新塘河。因地处在望江门外，故得此名。境内东西向主要道路有望江路、婺江路、衢江路、清江路、东宝路等，南北向主要道路有秋涛路、钱江路、富春路、之江路等。

解放前居民大多以种菜、卖菜为业，有“草桥门（望江门别称）外菜担儿”之谣。改革开放后，以秋涛路为界，东为新区，多江滩沙地，宜种植与养鱼，是杭州菜篮子工程的重要基地；西为老城区，有莫邪塘、兴隆、始版桥、海潮、望江、霞晖、大通等住宅小区。同时有杭州面粉厂、杭州食品厂、杭州利民食品厂、杭州香料厂、杭州牙膏厂等企业，形成食品与日用化工两大支柱产业。

1993年，街道辖区面积1.54平方千米，街道办事处驻海潮路35号。9月，迁址兴隆西村19幢。1996年，围垦结束后构筑永久性的江堤；翌年，开始大规模开发住宅，建设大批高层、多层住宅楼，构筑钱塘江时代。街道原属江干区，1996年12月，杭州市调整行政区域，近江村、望江村并入望江街道，并划归上城区。1998年1月，街道办事处驻地搬迁至海潮路53号。1999年，撤村建居改革试点，撤销近江村、望江村建制，村民转入居民。4月，望江街道区划以秋涛路为界，以东至钱塘江部分成立近江街道，秋涛路以西部分仍为望江街道。2003年5月，街道行政区划再次调整，望江、近江2个街道合并组建望江街道，辖区面积4.01平方千米。街道办事处迁址衢江路151号。

2015年，望江街道地方财政收入3.8亿元。至年末，总户数23938户，总人口69079人，人口密度17270人/平方千米。辖区内共有行政事业单位35家，工业企业31家，医院5家，中小学和幼儿园13所，金融机构25家，“三产”服务业企业1065家。街道先后获“全国社区志愿服务活动示范街道”“全国和谐社区建设示范街道”“全国和谐邻里建设示范街道”“全国社区养老服务先进街道”“全国社

图34-4-32　望江街道办事处　　（望江街道 供稿）

区教育示范街道”“全国模范司法所”等20余项国家级荣誉称号。

1997—2015年，望江街道历任党工委书记施永林、朱国建、卢江、石小明、朱黎明。历任办事处主任施永林、傅莉萍、陈国琪、石小明、俞国海、裘华君。2004—2015年，望江街道历任人大工委主任卢江、石小明、朱黎明、胡筱飞。

1999—2003年，近江街道党工委书记杭星，办事处主任顾敏达。

表34-4-17　2015年上城区望江街道辖区部分单位情况表

序号	单　位　名　称	地　　址
1	思科（中国）有限公司	望江国际中心3号楼19、20层
2	浙江省产权交易所有限公司	望江东路332号望江国际中心4号楼18、19层
3	中国铁塔股份有限公司浙江省分公司	望江国际中心3号楼13、14层
4	浙江浙能燃气有限公司	钱江路639号1108室
5	浙江省三建建设集团有限公司	雷霆路60号长城大厦
6	浙江风盛传媒股份有限公司	望江国际中心1号601室
7	浙江易之园林股份有限公司	钱江路639号1802室
8	杭州市人民检察院	之江路866号
9	杭州文化广播电视集团	之江路888号
10	杭州市公安消防局	鲲鹏路363号
11	杭州市妇产科医院	鲲鹏路369号
12	杭州市崇文实验小学	近江南路1号
13	杭州市胜利小学	富春路199号
14	杭州市开元中学	栖园弄1号
15	杭州市服装职业高级中学	海潮路51号
16	杭州市城市建设基础工程有限公司	钱江路639号1901室
17	咸亨国际（杭州）航空技术研究院有限公司	婺江路217号5层516室
18	杭州顺治科技股份有限公司	钱江路639号1112室
19	杭州吉衣网络科技有限公司	婺江路217号21层2105室

说明：资料来源于杭州市上城区望江街道

第一节　党建

20世纪90年代，望江街道新经济组织和新社会组织快速发展，街道党工委创新基层党组织设置形式，完善社区党支部建设，强化两新党组织建设，扩大党的工作覆盖面。街道把党的工作与所承担的城市管理和社会服务职责结合起来，实行“双争”活动目标管理。随着从严治党要求提出，望江街道党员教育管理日益规范化、科学化。尤其是2000年后，街道推进非公有制企业党工团建设工作，推动无支部、无党员的小型企业或经济组织党建工作全覆盖。在加强党组织建设的同时，党员思想教育和党风廉政建设不断加强，营造风清气正的政治环境。至2015年末，街道下辖基层党组织182个。

一、思想建设

1993年，望江街道党工委重点学习中共十四大、十五大精神，《邓小平文选（第三卷）》，《中共中央关于建立社会主义市场经济体制若干问题的决定》，《关于建设有中国特色社会主义若干理论问题学习纲要》等内容，同时对党员干部进行新时期党风廉政建设、经济形势等方面的教育。1995年5月，开展“讲团结比合力、讲大局比贡献、讲服务比作风”活动，促进机关思想作风建设。

2001年，望江街道党校在9个社区分别建立分校，开办10期党校培训班，向党员传授党的政治理论和先进思想，受教育面达到95%。2002—2003年，街道通过组织社区党员参加宣讲报告会、组织政治理论学习、观看电教片、开展党员先进性教育活动培训班等方式，学习宣传中共十六大精神。2004年，以“五个强化”[①]为重点，加强党员干部的思想作风建设。

2005年，望江街道党工委在街道、社区开展以实践“三个代表”重要思想为主要内容的保持共产党员先进性教育活动。2007年，落实每月15日机关干部学习日和每月25日中心组学习日制度，提高机关干部的政治素质和业务素养。2011年，街道举办庆祝中国共产党成立90周年文化系列活动，组织辖区青少年、党员群众开展爱国主义和思想道德教育。

2012—2013年，望江街道党工委推出党建微博、微访谈、微群、微刊、微友“五微联动”网上教育平台，在全市首创“党支部书记论坛”，开通“望江红港”微信公众平台和网上党员服务中心网站，实现网上、网下“双网互动”，推动党员教育全覆盖。

2014年，望江街道开展党的群众路线教育实践活动[②]，先后组织“我们的群众观”讨论反思、“美丽的梦·我们的路”主题论学等5次主题活动和“学习党的群众路线、切实制定工作目标”“群众路线与协商民主”等4次主题微党课。

2015年，望江街道党工委组织全体党员学习“三严三实”专题教育活动，运用个人自学、集体共学、案例活学、基层走学等方式，深入学习习近平总书记系列重要讲话精神、党章和党的纪律规定等。

二、组织建设

1993年，望江街道下辖31个基层党组织。1996年，改选14个基层党支部，配强支部书记，80%以上居委会实行两委会交错任职。1997年，望江街道坚持“一会四制”[③]，加强基层党支部建设。1998年，对28个基层支部调查摸底，其中8个支部进行换届，调整基层组织结构。

① 强化学习意识，坚持学习中共十六届四中全会精神等政治和业务培训，提高党员干部依法行政能力；强化服务意识，开展以“立党为公、执政为民”为主题的教育活动，关注群众的热点难点问题，树立良好公仆形象；强化廉政意识，按照党风廉政建设责任制的要求，结合街道工作，制定《望江街道小型建设工程管理的实施意见》《望江街道公有资产管理办法》《望江街道资产保值增值考核目标实施办法》等制度，层层落实到位；强化责任意识，坚持工作的制度化、规范化，明确职责，保证思想到位、责任到位、工作到位；强化全局意识，协调配合，形成整体合力。

② 根据不同层面党员的特点，采取领导班子周一“夜学”，机关、社区党支部周五“论学”、每月定期开展“微党课”集中学，两新党组织开展“岗位练兵”，以练促学；离退休党员及年老体弱党员采取“上门送学”等方式。

③ “一会”即支部书记汇报会，“四制”即学习制、民主制、联系户制、值勤制。

1999年，望江街道区划调整，新建近江街道党工委。2000年，建立杭州八方物流有限公司、杭州天鹰食品有限公司非公企业党组织，迈出非公有制企业党建工作第一步。2001年，望江街道9个社区相应建立党总支，下设25个支部。2002年，9个社区建立社区党委。

2003年，在抗击“非典”战斗中，“在水一方”隔离点成立“在水一方1幢”临时党小组，开展自救工作，在水一方社区党总支被评为省抗“非典”先进党组织。5月，街道党工委随区划调整相应调整为10个社区党委，社区党支部扩充到79个。

2004年，望江街道党工委通过划定工作责任区、落实责任人，实行工作例会、依托社区党组织等措施，解决小型企业或经济组织党建工作全覆盖的问题。通过实行党工委领导联系点和非公企业党建指导员定点挂钩企业的制度，加强对已建党组织企业的工作指导和与业主的联系。是年，街道有3名以上正式党员的企业全部建立党组织。

2005年，淳安县宋村乡的26名在杭打工的党员在街道外来人口公寓成立在杭州流动党支部。2006年，街道推广党员会客厅特色做法，10个社区组建59个“功能性”党小组，涉及扶贫帮困、医疗服务、法律咨询、党务监督等10余类，定期开展主题活动。

2007年6月，继浙江近江集团公司、中铁建设集团有限公司等非公企业后，街道又相继发展在水一方互助会党支部、杭州枫远房地产开发有限公司党支部。2008年，组织辖区31名党代表开展“党代表在选区”“党代表零距离”、党代表“三个一”① 等活动，建立党委委员—党代表—党员—群众党群联系制度。在华山医疗美容医院建立党支部和团总支，加强两新组织党团建设。

2009年，望江街道推出“网格化管理、组团式服务、片组户联系”——“113党建”深耕模式②。2010年3月，开展近江东园社区党委“公推直选”试点工作。5月，近江东园社区、在水一方互助会支部成为街道社区、非公企业“双品牌”示范点建设。2011年，新建“望江先锋港”党员服务中心。街道单建、联建非公企业党组织22个，覆盖非公企业303家。是年，上城区首个党代表工作室“望江先锋港”成立。

2012年，街道推出“七一式”党建工作新模式③，并开展首次“党代表接待日活动”，双月20日作为党代表固定接待日，听取党员群众意见建议。成立“望江党代表工作室”新浪微博，参与基层党组织147个，发布“微博天天问政”1712条。

2013年，望江街道构建在职党员进社区“123”服务体系④，推出“三E”⑤ 网上党员服务中心，探索基层党建“双网复合体”，推进党建服务由平行式向嵌入式转变。打造“望江红港·睦邻驿站”，成立睦邻

① 即社区召开一次座谈会、走访慰问一名社区困难党员群众、开展一次党员志愿服务活动。

② 以“一方网格、一个党组织、三支服务队”为核心，实现组团服务零盲点；它以社工责任区为依托，实现网格管理零缝隙；它以党建促民生为载体，实现资源整合零遗漏，全力编织覆盖全辖区的服务网、亲民网。

③ “一港式”党员服务阵地、“一网式”党员服务基本框架、“一圈式”党建共建共享服务圈、“一站式”党建便捷服务站、“一台式”党员信息服务平台、“一坛式”党员红色论坛、“一室式”党代表工作室。

④ 一项技能、两个平台、三维联盟。

⑤ E课堂、E支部、E先锋。

红港孵化园党委，推进社会组织“双孵化”工作模式。

2014年，望江街道开发“民情E点通”服务平台，推行在职党员“爱心接力·点亮微心愿”活动，激励党员群众互帮互助互比。2015年，围绕地块征迁，街道成立16个现场动迁临时党支部，探索“党建+征迁”①新模式。至年末，望江街道有基层党组织182个，其中社区党委11个，两新党组织26个，在册党员4035人。

图34-4-33　2014年4月2日，望江街道“望江红港·睦邻驿站”投入使用　（望江街道 供稿）

三、党风廉政建设

1993—1994年，望江街道发布关于加强思想作风建设和党的建设的文件，加强街道干部思想作风建设。1995年6月，街道党工委班子做出廉洁自律八条规定②，要求街道机关党员、干部参照执行。1996年，望江街道党工委组织街道机关党员学习陈金水先进事迹，收看《廉政经纬》《大桥下的泥沙》廉政教育片。同时，制定公开办事制度，坚持科办会议制、早点名制、街道办公会议制、半年讲评制等，以推动党风廉政建设。

2001年，开展如何“做人、做事、做官”和“勤政、廉政、优政”大讨论活动，增强领导干部的宗旨观念，提高办事效率。并围绕“创满意单位，树望江形象”为主题的教育载体，开展机关思想作风评议活动。2004年，街道制定《加强廉政建设，开展机关效能建设的若干规定》《望江街道机关效能建设八项制度》等，将建章立制和健全监督制约机制作为提高机关效能建设水平的核心内容来抓，提高办事效能。

2007年，街道成立街道效能建设群众督查组，每月对街道机关和社区上班炒股、玩游戏等违规行为进行检查，检查结果在中心组学习和机关干部学习日中通报。2010年5月，通过公职人员岗位风险分析自查互纠活动，细分出干部管理、财务审批、建设工程招投标等重点岗位，查找出九大类、77个风险点，并制定防控责任分解表。

2011年，完善12项队伍建设规章、20项管理制度和6项考核办法，

① 指把征地拆迁与党建工作相结合，将基层组织延伸至征地拆迁一线的模式。

② 八条规定：不准到基层或企业报销应由个人支付的各种费用；不准接受可能对公正执行公务有影响的宴请；不准参与任何形式的赌博；不准参加用公款支付的营业性歌厅、舞厅和夜总会等娱乐活动；不准在公务活动中接受礼金和各种有价证券；不准接受各种贵重物品和向企业基层索要钱物；不准从事有偿的中介活动或利用职务之便经商办企业，从事第二职业；不准以集体名义借贷资金为亲友经营企业和利用职务之便为亲友经商办厂提供方便。

加强惩治和预防腐败体系建设。通过开展“治庸问责”专项行动，实施工作量化管理，建立“效能亮剑”长效工作机制，有效促进自身建设水平整体提高。

2013年，街道采用“三式”[①]并举，构筑廉政风险防控体系。在“望江红港”新浪微群上开设《一把手谈廉政》微专栏。组织机关干部开展反腐倡廉警示教育、廉政专题讲座、廉政书画展、廉政警句格言征集等廉政文化活动。推行“清风三色卡”廉政预警机制，设立阳光工程廉政“公开栏”，制定《望江街道机关工作人员日常管理评价体系》和《望江街道各科室管理评价体系》，构筑廉政风险防控长效机制。

① 即开展普及式廉政教育机制，构筑党员干部思想防线；架构立体式风险排查机制，构筑岗位职责廉政防线；建立系统式风险防控体系，构筑制度机制廉政防线。

2014年，望江街道开展“正风肃纪在行动”专项整治，由6名民间督查员，对机关干部作风效能进行日常督查和不定期暗访。2015年，望江街道制定《望江街道征迁工作人员十大禁令》《望江街道现场动迁指挥部会议纪律》等制度，邀请民间监督员、社区干部等以入户走访、电话回访等形式，掌握被拆迁户对动迁工作人员的工作作风、业务水平及廉洁自律情况。共回访被拆迁户25户。办理来信来访7起，调处区“96666”作风效能投诉问题13件。

第二节　经济

20世纪90年代，望江街道部分街办企业发展薄弱，相继走上改制的道路。在发展过程中，望江地区商业持续繁荣，形成多层次、多门类的商品市场体系和多种市场流通渠道、多种经营方式并存的商品市场格局。2006年起，街道以“四季星座”为试点，打造“淘宝楼”，形成“两点一线”[②]的业态布局。

② 两点即四季星座与置地大厦，一线为清江路服装一条街。

2012年起，街道调整产业结构，从传统产业向信息、文化创意、金融和电子商务产业全力推进，打造“智慧望江”发展模式。至2015年末，望江街道引进智慧信息企业147家，浙江能源天然气集团有限公司、浙江票牛通信息科技有限公司、杭州好望角投资管理有限公司等先后落户望江。

表 34-4-18　2003—2015 年主要年份上城区望江街道综合经济指标情况表

单位：万元

年份	社会消费品零售额	财政总收入	地方财政收入	招商引资		
				内资	其中：市外	外资（万美元）
2003	—	1621	—	40473	20138	414
2005	—	2632	—	64621	43664	298
2006	—	3467	—	95298.8	37133	1486
2007	103302	15410	8319	117672	76440	2977
2008	114761	18559	10088	135100	73907	1725
2009	156493	22980	13139	162315	134057	2412
2010	155029	26781	15836	242603	200473	15
2011	249800	32700	19300	145500	105200	800
2012	286800	58700	37000	345200	199600	705
2013	315200	56000	37400	369900	146300	1232
2014	386000	48400	34100	213700	146200	2000
2015	206600	55600	38400	173400	134700	3530

说明：资料来源于历年《上城区统计年鉴》

一、农业

辖区近江村向以种植蔬菜为主，间以种植水稻、络麻。1993 年，钱塘江围垦地不再种植水稻、小麦，全部种植蔬菜，主要有瓜、豆、菜三大类蔬菜作物。瓜类主要有南瓜、冬瓜、丝瓜、黄瓜、长瓜等。豆类有刀豆、四季豆、长豇豆、大豆（豌豆）、青蚕豆等。菜类有油冬儿菜、蚕白菜、小白菜、包心菜、芹菜、花菜、苋菜等。1997 年，近江村有耕地面积 0.47 平方千米。随着国有建设征用土地，蔬菜基地逐渐减少，至 1999 年，全村境内耕地全部征用完，不再有农业经济（种植业）。

二、工业[①]

1991 年，望江街道所属工业企业 10 家，职工 445 人，工业总产值 2665 万元。1995 年，有街道所属工业企业 27 家，职工 478 人，工业总产值 4259 万元。

20 世纪 90 年代中后期，望江街道开始对企

① 1955 年 10 月，街道辖区建立第一座工厂——杭州面粉厂，占地面积 19800 平方米。是年，建立杭州望江食品厂。1956 年建立永昌粮食制品厂。是年，孔凤春香粉号更名杭州孔凤春化妆品厂。1958 年，在“全民大办工业”的号召下，辖区内国营、集体工业企业，以及街道民办工业企业和农村人民公社社办工业企业大力发展。1959 年，市区 20 余家饼干作坊和糖果合作社并入华欧食品厂，1963 年从中山中路迁址秋涛路 373 号，占地 24668 平方米，建筑面积 25500 平方米。1966 年，该厂定名为杭州食品厂。20 世纪 60—70 年代，望江街道建有工业生产小组，并办起望江五金水电加工厂、望江橡胶制品厂等企业。1973 年，杭州牙膏厂从杭州东南化工厂分出，位于近江路 14 号，占地面积 24709 平方米，建筑面积 23245 平方米。1978 年 7 月，杭州市调整工业管理体制，望江橡胶制品厂划归市有关专业局管理。1980 年开始，街道陆续开办杭州木钻厂、杭州铁粉材料厂等企业，为街道创造收益。1980 年末，街道所属工业企业 3 家，职工 200 人，工业总产值 37 万元。1983 年，杭州利民食品厂迁址秋涛路一弄 14 号。1989 年，杭州东宝电器厂在辖区建立，主要制造空调相关设备。1991 年，街道所属工业企业增加至 10 家，职工 445 人，工业总产值 2665 万元。

业进行改制，坚持企业产权制度改革和劳动用工制度改革并举的原则，从企业管理入手，增强管理力度，堵塞资产流失漏洞，并加强企业的审查工作，盘活固定资产存活量。1998年，望江街道推进经济体制改革。5月，街道建立清产核资小组，进行2次较大规模的盘查工作。对部分企业实施联合兼并。对连续亏损、扭亏无望的企业，用资产置换的形式进行转制，开展职工安置工作。2000年，街道工业企业10家，总产值2301万元，产品销售收入1958万元。至2001年5月，街道所属企业转制工作全部完成。

2004年1月，杭州牙膏厂被广州美晨集团兼并，成立美晨集团杭州牙膏厂有限公司；至年末停产，厂区地块后被征用。2005年，望江地区改造工作拉开序幕，辖区内部分厂区地块开始陆续被征用。是年，街道工业企业10家，总产值9778万元，产品销售收入9649万元。2006年，浙江五丰冷食有限公司获中国免检产品称号。2007年11月，浙江五丰冷食有限公司在杭州市食品安全信用体系建设试点企业中通过评价机构的评估，获A级信用单位称号。2011年，杭州味精厂、杭州印铁制罐有限公司签订搬迁协议。2015年，浙江五丰冷食有限公司、杭州利民食品厂、杭州新光塑料有限公司签订搬迁协议。至年末，街道辖区内有工业企业31家。社会消费品零售额20.66亿元，财政总收入5.56亿元，地方财政收入3.84亿万元。

三、商贸服务业

20世纪90年代初，望江街道对辖区企业改制，除传统的商业、劳务外，市场、房地产、金融、娱乐业、科技服务业等第三产业异军突起。1995年11月，华东家具市场一期工程竣工并开张营业，建筑面积1.5万平方米。1996年，二期工程完工，建筑面积增至2.65万平方米。6月，近江水产农副产品市场开业，商品种类包括11个大类，近600个品种。8月，浙江食品市场建成开业，总建筑面积2万平方米，有摊位1230个。是年，杭州近江大厦落成。1999年，华东家具市场三期工程完成，总建筑面积近5万平方米。

2002年，杭州杭派清江服饰市场开业，占地面积5000平方米，内有300个营业房，汇集国内外数百个休闲品牌批发零售。2003年，四季星座大厦建成。是年，望江街道商贸旅游业产值12002万元。2004年，杭州礼品城成立，是华东地区首家专业礼品市场，占地面积1.50万平方米，有营业馆360余间。

2005年，望江街道商贸旅游服务业产值22571万元。4月，引进大浪淘沙休闲娱乐有限公司，为培育和发展望江地区的现代服务业奠定基础。2006年，近江海鲜美食城开业。是年，街道商贸旅游服务业产值25805万元。2007年，街道服务业收入44亿元，社会消费品零售额11亿元。

2008年7月，杭州近江电影大世界开业，有11个放映厅、1108各座位、可同时容纳1000余名观众。是年，街道服务业收入51.2亿元，社会消费品零售额98524万元。辖区商贸服务业93家、中介服务业4家、科技信息服务业13家、建筑服务业4家、文化服务业6家、医疗服务业3家、交通运输服务业5家、其他服务业15家。

2009年，创意产业、电子商务、现代服务业等成为街道经济新的增长点。是年，街道打造清江路休闲服饰一条街，实现税收1213万元。沙地路花鸟鱼具特色街初具规模，入驻商家40余家。2010年，打造“四季星座”特色楼宇经济，通过排摸楼宇资源、搭建发展平台、实施扶持政策等方式，引入电子商务和大学生创业的概念。以“四季星座”为试点，启动“淘宝楼”打造工作。是年，地区社会消费品零售总额近15.50亿元。

2013年，街道以思科（中国）总部落户为契机，建设“一核两区三带”[①]的信息产业集聚区。至10月，辖区信息产业实现税收552万元，贡献地方财政收入325万元；新媒体产业实现税收8856万元，贡献地方财政收入5956万元；电子商务实现税收1592万元，贡献地方财政收入1177万元；金融产业实现税收6660万元，贡献地方财政收入3839万元。

2015年，望江街道依托望江智慧产业园区，构筑集“创新投资平台、创新科技平台、创新孵化平台、创新服务平台、创新文化平台”于一体的创业生态体系。12月，杭州市首条青年创业大街在望江新城开街，引进和打造青年创新创业孵化集群。先后打造3200平方米全市唯一的“幼发拉底（杭州）孵化中心”、全市首家面向女性的创业创新孵化平台“伊创荟”、定位“互联网+”为创业者提供拎包创业服务的“数动空间”，以及面向文创垂直领域的创业平台“星工厂”。

四、招商引资

1998年后，杭州市利用国内经济合作洽谈会平台，逐步开展招商引资工作。2000年8月，上城区组建对外开放工作协调小组，成立招商机构，建立专业招商队伍。2003年，望江街道制定《望江街道招商引资责任制考核办法》，调动各部门、各社区和机关干部的积极性，营造“人人参与、群策群力”招商引资氛围。是年，引进杭州杭派清江服饰市场有限公司。

2005年，街道引进杭州玛丽亚妇女医院有限公司、浙江龙丽丽龙高速公路有限公司、浙江华策影视有限公司。2006年，引入商贸企业169家，科技公司15家，餐饮企业3家。引进杭州江东大桥建设发展有限公司、杭州市中小企业担保有限公司等7家现代服务业企业。

2007年，新办企业149家，增资企业11家，办理分公司4家，引进外资企业3家，包括商贸类企业99家、广告影视类12家、咨询服务类31家、投资担保类4家、餐饮娱乐类7家、科技类14家。2008年开始，完善招商机制，加大为企服务比重。建立企业档案，召开经济通报会，开展为企业送温暖活动。引入浙江商裕控股集团有限公司。2009年2月，引进浙江琅盛光电科技股份有限公司，该公司是集自主研发、设计、生产、销售、服务于一体的专业LED照明企业。是年，引进杭州南风科技有限公司、杭州庆春路过江隧道有限公司等。

2010年，上城区首家有限合伙制公司——杭州新融创业投资合伙

① 信息产业核心区、支撑区和服务区，辐射带动新媒体创意带、电子商务带、金融集聚带。

企业落户望江街道，注册资金达5000万元。是年，街道开展“送欢乐、送文化、送技能”进企业活动，帮助企业培育自身的企业文化，协助开展外来人员管理。对各招商引资企业实行与班子成员及机关干部联挂制，开展走访调研，解决企业实际困难。同时，街道利用党建联席会议和共建会议等多种沟通载体，与各企业开展深层次的密切交流，形成“互信互助、共建共享”良好氛围。

2012年，杭州文化广播电视集团有限公司和世界包装中心集团有限公司迁入望江街道。2013年，引进浙江南华资本管理有限公司、杭州市上城区文广小额贷款股份有限公司。8月，思科（中国）有限公司作为浙江省引进的首个世界500强企业总部落户望江街道。2014年，引进浙江省海洋开发投资集团有限公司。

2015年，望江街道引进一批行业龙头企业和具有示范效应的企业，浙江浙能燃气有限公司、杭州益润宏瑞投资合伙企业以及多家知名互联网家装企业落户望江街道。引进注册资金3000万元以上的市外内资企业29家。

表34-4-19　2003—2015年上城区望江街道招商企业情况表

单位：家、万元

年份	引进企业数	注册资金
2003	142	42423
2004	302	56093
2005	320	64621
2006	213	98799
2007	167	—
2008	143	103300
2009	143	58117
2010	153	205000
2011	77	145481
2012	163	397188
2013	473	361589
2014	270	295596
2015	537	834288

说明：资料来源于杭州市上城区望江街道

表34-4-20　2015年上城区望江街道主要商业楼宇情况表

单位：平方米

序号	名　称	地　　址	建筑面积	产　权　情　况
1	新城大厦	钱江路639号	24337	杭州市钱江新城建设指挥部、杭州先锋环保设备有限公司
2	中豪望江国际	望江东路332号	190710	多产权

续表34-4-20

序号	名　称	地　　址	建筑面积	产　权　情　况
3	长城大厦	雷霆路60号	35000	长城大厦
4	杭州文化广播电视集团大楼	之江路888号	100000	杭州文化广播电视集团
5	景江城市花园	之江路958号	117000	浙江滨江建设有限公司
6	郡亭公寓	衢江路2号（之江路946号）	57000	浙江滨江建设有限公司
7	近江时代大厦	婺江路217号	109045	杭州近江股份经济合作社
8	惠沣大厦	婺江路319号	60302	杭州钱江新城资产经营投资管理有限公司（使用权）
9	秋涛发展大厦	秋涛路238、258、242号	84595	杭州望江股份经济合作社
10	尚筑金座	秋涛路296号	19377	多产权

说明：资料来源于杭州市上城区望江街道

五、文创产业

2009年，望江街道以杭州文化广播电视集团落户为契机，以辖区招商引资企业——华策影视为龙头，大力发展文创产业。是年，华策影视市场占有率位居全国影视剧制作企业第二位，民营制作企业第一位，实现税收5145万元，实现地方财政收入2928万元。2009年10月，华策影视成功登陆创业板，市值突破60亿元。街道文创企业实现税收6030万元。

2010年，街道引进杭州都快交通久一点吧传媒有限公司、梦想传媒有限责任公司等文创企业133家，主要涉及影视、广告、传媒和设计、会展等行业。地区文创企业总税收达7828.76万元，占街道总税收的23.95%；地方财政4727.76万元，占街道总财政收入的24.46%。

2011年，打造“环广电中心”文化创意产业圈，不断完善管理平台、服务平台和资金扶持平台。立足广电中心、清江路休闲服饰特色街和近江休闲娱乐广场3个主要阵地，开展招商，推动产业集聚，呈现“传媒广电、创意清江、文化近江”的文化创意产业集聚立体格局。是年，街道有杭州地铁电视有限公司、杭州日报出版控股有限公司、杭州户外传媒有限公司及百灵时代传媒有限公司、浙江圣蛛通信科技有限公司等新媒体企业。文创产业总税收7146.60万元，占街道总税收的25.48%。

2014年，街道依托杭州文广集团及周边优质楼宇的资源优势，打造新媒体创意街区，共集聚440家文创企业。对清江路136号1.2万平方米旧厂房进行改造提升，打造电子商务产业园，有300余家电商企业入驻，企业与企业之间通过专用网络或因特网交易模式电商上线190余家。2015年，辖区浙江安正科技股份有限公司和杭州顺治科技股份有限公司先后在“新三板”挂牌。

第三节　社会事务

1993年，望江街道以服务管理工作为重点，为居民办实事、办好事，将辖区舒适度以及安全度作为重要的考核目标。1999年，初步形成老年人服务、便民利民服务、文化生活服务、志愿者服务、安全法律服务等社区基础服务网络。2003年，街道公开招考社区工作者，提升社工队伍的整体素质、综合能力和管理水平。至2015年，社区服务体制从居民委员会自治，发展为社区党委、居委会、公共服务站“三位一体”，再到“333+X”社区大服务体系和社区居民自治复合主体建设，逐步形成以政府为主导、社区为主体、社会组织为支撑、社会参与为补充的多元社会服务格局。

一、教育

1993年，望江街道有杭州市望江幼儿园、杭州市兴隆幼儿园、杭州市始版桥幼儿园、杭州市望江门小学、杭州市始版桥小学、杭州市清泰门小学、杭州铁路第五小学、杭州市八一中学、杭州铁路第一中学9所学校。2000年9月，杭州市胜利小学① 迁址富春路199号。2002年10月，杭州市崇文实验学校建立。是年，杭州市八一中学停办初中。2004年，上城区社区学院望江分院成立，开展各类教学及培训工作。2006年，在在水一方社区建立“阳光学院”，开设手工制作、书画、太极拳、健康美食等课程，有208人参加全程学习。

2007年，望江街道办事处开展青少年校外法制教育活动，组织辖区青少年学习交通安全知识、参加社会实践、参观自然博物馆等，将法制教育与德育教育相结合。在社区开展“八荣八耻”征文、消防安全知识讲座及心理健康教育课、参观高科技农业园区等活动，有针对性地对学生进行爱国主义、集体主义、心理健康和基础道德教育等，实现校内外教育无缝衔接。12月，杭州市八一中学更名为杭州市服装职业高级中学。

2008年，望江地区外来务工者培训基地共组织培训活动18场，主要涉及文艺活动、法制教育和各种技能培训，参加人数5000余人次。12月，杭州市兴隆幼儿园和杭州市望江幼儿园整体移交并入杭州市始版桥幼儿园。2009年7月，杭州市残疾人雕塑艺术培训基地在水一方社区滨江四区2号楼授牌。该基地系全国首个残疾人雕塑培训基地，也是杭州市首个由残疾人创立的、走专业化残疾人技能培训路线的学习基地。

① 杭州市胜利小学前身系始建于明万历二十七年（1599）的崇文书院，曾更名钱塘县高等小学堂、杭县县立第二小学校、杭州市城区第二小学校、上城区第三中心小学、杭州市佑圣观路小学等，1965年改为杭州市胜利小学。1998—1999年，因杭州市西湖大道新建，学校搬迁到斗富二桥22号过渡。1998年起，学校开始小班化教学实验。

是年，以杭州铁路中学与杭州铁路第五小学为班底组建成九年一贯制实验学校——杭州市清泰实验学校。

2010年2月，杭州市上城区喜洋洋幼儿园创办于富春路268号，是一所省级民办幼儿园。12月，建设由街道文化体育中心和外来青少年活动基地组成的“一主一副”2个社区教育阵地，开展社区教育工作。集中授课450次，开展活动462次，受教育群众5万余人次。是年，望江街道获“全国社区教育示范街道”称号。

2014年，位于徐家埠路50号的杭州天地实验小学新校区投入使用。2015年3月，杭州市始版桥小学、杭州市望江门小学划转到杭州市勇进实验学校。至年末，辖区共有幼儿园8所，在园幼儿2100余人，教职工202人；小学5所，在读小学生6000余人，教职工478人；中学3所，在读中学生2400余人，教职工254人。

二、科普

1993年，望江街道通过图片巡展和咨询答疑活动举办科普宣传周活动，加强科普宣传，特别是加强对街居企业的科普宣传。以后每年举办不同主题的科普周活动。2002年5月，望江街道科普志愿者服务队成立，同时开展“科教进社区”大行动。2004年12月，浙江省科学技术协会授予街道省级科普示范街道称号。2006年，开展“预防疾病科学生活”全国科普日活动。是年，组织参加“展开理想的翅膀”科普作品展，社区居民设计制作许多科技小作品、小发明参展，成为展览会的亮点。

2011年，街道开展全国科普日和杭州市科普文化宣传周活动。在各社区举办垃圾分类知识讲座、趣味运动会、游园会，编制发放科普宣传小报等形式，宣传垃圾分类知识，共有3000余人次参与。5月，在近江家园公园举办望江街道科普文化周暨首届低碳环保节，宣传让居民树立低碳生活的理念。8月，街道科协举办望江街道科学素质提升“六进基层”活动暨科普宣传进社区、进工地大型文艺演出和多场电影播放活动。

2012年，以近江东园社区1800平方米的配套用房为主阵地，打造望江街道生命科学体验馆，成为本辖区科普教育基地。是年，位于近江家园九园的全市首个垃圾分类主题公园建立，开展各种形式的垃圾分类宣传。2015年，街道开展各类科普讲座、宣传等活动12次，在西园公园开展以“五水共治”为主题的文艺演出，参与人数500余人。

图34-4-34 望江街道垃圾分类主题公园（2012年）
（望江街道 供稿）

三、文化体育

1993年9月，望江街道成立望江地区文体协会，活跃街道社区群众文体生活，促进精神文明建设。1995年始，每年举办千灯争辉闹元宵活动。1998年5月，在定安路体育场举行望江地区首届体育运动会。是年，各居委会建立起老年体育小组，开办老人活动室。

2000年10月，望江街道在始版桥社区投资20余万元建成健身苑。2004年开始，望江文化站举办庆祝中华人民共和国成立五十五周年大型文艺演出、元宵灯会、家庭趣味运动会、家庭科普文化活动周系列活动等形式多样的群众性活动，丰富广大居民群众的业余文化生活。2006年，近江东园社区协办“杭州市首届社区武术健身大赛”，承办上城区“望江杯”老年太极拳（剑）比赛、首届“东园贺岁杯”足球赛等多项赛事，吸引居民共同参与。社区有太极、腰鼓、功夫扇、健身操、交谊舞、越剧队、足球队等文体骨干队伍7支，长年坚持锻炼的居民占总人口的70%以上。

2007年5月，望江地区在杭州市开元中学举办“新城杯”全民健身“与奥运同行”运动会，共设足球、篮球等18个比赛项目，有32家单位、1000余人参与。2008年，徐家埠社区设立200平方米电子阅览室，配备液晶电脑10台，各类书籍1.10万册，杂志65种，报刊32种。4月，望江地区职工艺术团成立，为杭州市首家“职工艺术团”。艺术团下设合唱团、歌舞团、戏曲团、器乐团、时装表演团等，有团员100人。

2010年10月，上城区首场“艺术进社区”活动——“让世界变得更唯美”在望江街道近江东园社区开幕，展示20名知名国画大师的作品，参观的社区居民300余人。2011年，举办庆祝中国共产党成立90周年文化系列活动，分别举办“潮涌望江唱响红歌”望江街道庆祝中国共产党成立90周年红歌会、“红色历程”书画展。是年，街道引进杭州恒润文化艺术品有限公司与区残联联合成立上城区残疾人文化艺术展示中心，为残疾人提供字、画、篆刻、手工艺品、雕刻等文化艺术创造、展示和交流的平台。

2013年，望江街道打造文体设施齐全的睦邻驿站，新建6条健身路径，添置乒乓球桌、跑步机等室内健身器材。至2015年末，辖区有社区图书馆11个，健身苑点20个，室外活动场地有始版桥公园塑胶长廊长度1000米，望江新园篮球场面积300平方米，始版桥公园书画广场200平方米，清泰门社区亲水平台1000平方米等10个。

四、卫生和计划生育

1990年7月，江干区人民医院迁址海潮路90号，设门诊部、内科、外科、妇产科和3个病区、10个临床科室，有卫技人员和职工228人，病床130张。1991年3月，望江街道计划生育协会成立，开展计划生育工作。2001年，杭州市首家“流动人口计划生育协会”成立，实行外来务工人员“自我管理，自我服务，自我教育，自我监督”。

2003年抗击“非典”期间，在水一方公寓成为内地第一个大范围隔离区，望江街道成立相应的防控指挥部，开通联络热线电话，落实领导和专人24小时值班，参与抗击“非典”工作。2004年，杭州华山连天美医疗美容医院[①]搬迁到东宝路3号。2005年，

① 该院最早源于1983年，是一家经由杭州市上城区卫生健康局审批通过的医疗美容民营医院，设有整形外科专业、美容外科（骨性面部轮廓整形技术）、美容皮肤科、口腔科、口腔正畸专业、口腔种植专业、美容中医科等专业。2013年搬迁至上城区秋涛路248号秋涛发展大厦B幢，为国家三级整形专科医院，建筑面积2万平方米。

杭州中兴医院[1]成立，该院是经卫生局批准注册的一家集医疗、科研、保健、预防于一体的肛肠专科医院和医保定点民营医院。

2006年，在水一方社区建立生育文化主题公园，宣传生育文化、人口文化知识。是年，街道首建外来务工者就医服务点，定期开设义诊、咨询、心理测试、知识讲座等项目。同时，杭州玛莉亚妇产医院启用，该院是妇产专科民营医院，专注于女性健康、妇婴保健，医院下设妇科、产科、生殖健康与不孕症、产后护理4大中心。

2007年，望江街道通过授课、知识竞赛、文艺演出、组织生殖健康知识进工地等活动在社区居民、流动人口群体中开展计划生育宣传活动，实现计划生育率98.8%，综合避孕率88.1%。是年，街道获“全国计划生育协会工作先进单位”称号。

2008年，街道计划生育协会与地区外来流动人口聚集的十大市场签订“计划生育责任书”，定期为流动人员组织预防性病、健康知识等讲座，宣传计划生育政策及优生优育知识。至年末，街道有外来流动人口近3.44万人，其中育龄妇女1.11万人。

2010年，望江工疗站成为上城区首家“省级阳光庇护中心”。是年，望江街道登记育龄妇女16752人，已婚育龄妇女12733人，出生总数466人。2011年11月，望江街道工疗站更名为杭州市仁爱家园上城区望江街道工疗站。

2013年5月，街道建立“四季星座爱馨港湾”流动人口计划生育协会。在大楼设立“爱馨加油站”，常年免费提供避孕药具，开通微博和QQ群，实时发布信息和提供政策咨询，并针对商户关心的劳动保障、健康医疗等联合相关部门开展集中上门服务，提供现场咨询、办证一条龙服务。

2014年7月，望江街道社区卫生服务中心从清波、望江街道社区卫生服务中心中剥离后，成立独立法人的事业单位。11月，杭州市妇产科医院启用，是杭州市卫生健康委员会直属的集医疗、保健、教学、科研于一体的按三级甲等专科医院标准设计建造的公立医院，担负全杭州地区妇幼医疗保健管理指导中心的任务。

2015年，望江街道登记育龄妇女15663人，已婚育龄妇女12268人，出生总数398人，计划生育率96%，综合避孕率85.7%。每年开展流动人口宣传月、计划生育协会各个活动日活动、生育关怀大讲堂、百场讲座进社区、健康颐养园、特扶家庭慰问、优生优育优教等活动。

五、社区建设

1993年，望江街道居民区基础设施不断完善，居委会作用不断发挥。帮助居委会发挥自我教育、自我管理、自我服务的作用，发展以居民区为基础的社区服务。

2001年，街道推进社区建设，成立领导小组指导参与建设工作，撤销原19个居民区新建成为9个社区[2]。街道开展创“星级”

① 该院几经搬迁，现位于上城区秋涛路264号，建筑面积1万平方米。

② 是年，近江街道撤销，原来的10个居民区新建成为5个社区。

社区工作，参加社区建设的各类培训。2003年，望江、近江街道合并，社区规模调整，并于年末完成社区居委会的选举工作。

2006年，望江街道党工委、办事处围绕完善社区建设体系，实施五大工程[①]，构建和谐社区。12月，望江街道获“全国和谐社区建设示范街道”“全国和谐社区建设自主创新奖（居家养老项目）”等荣誉称号。

2010年，通过“135”机制[②]，完善社工、小组长、楼组长管理体系，发挥社工、党员骨干的作用。在社区各主要地段设置意见箱，扩大民声收集渠道，广泛收集民意。落实社区“四会”[③]制度，引导居民参与社区事务的协商、监督和评议工作，努力形成“三力合一”的和谐社区新格局。

2011年，加强社工管理纳入全年重点工作体系中，每个社区组建群众监督评议团，以实地监督与月评、季评相结合等方式，对本社区社工的工作情况进行评议，并将评议结果与考核体系挂钩。

2012年4月，下发《望江街道专职社工管理规定》《望江街道社区工作制度》，前者规范社工任用、考评、待遇、奖惩等26项工作制度，后者落实完善首问责任、限时办结、否定报备、信息化管理和信息通报、监督反馈、领导问责等12项考核制度、71条考核细则，引入末位淘汰机制，对年度考评不合格和全年被问责2次的社工给予末位淘汰，增强社区管理的规范性和社工队伍的服务水平。是年，望江街道获“全国社区睦邻文化建设工程示范街道”称号。

2013年，街道首次开展社区干部公开竞选，并制定《望江街道社区干部公开竞选实施方案》，从选拔范围、选拔条件、选拔程序分布进行明确规定，实现竞选过程透明化。2014年4月，集体验、服务、办事于一体，全年无休的自助互动式邻里服务综合载体——“睦邻驿站”街道邻里中心投入使用。

2015年11月，望江街道创新运用“互联网+”思维，依托“智慧云社区·民情E点通”网上服务平台，组建“邻里朋友圈”，居民可报名加入感兴趣的圈子，和邻里朋友分享兴趣爱好，参与邻里活动，做到线上与线下同步开展。

六、社区服务

1993年，望江街道初步形成老年人服务、残疾人服务、精神卫生工疗服务、家政服务、幼托服务、便民利民生活服务、文化生活服务、志愿者服务、安全法律服务等社区系列服务网络。1996年，辖区24个志愿者队伍发挥各自优势，上街、上门服务，全年共出动390人次，为1428人服务。

2003年，在近江住宅区4号路上推出便民服务一条街，各社区增设

① 即以完善社区服务功能为主题的“民心工程”，以关心困难群众生活和再就业工作为重点的“帮扶工程”，以社区信息网络为手段的“数字工程”，以社区稳定为目标的“平安工程”，以社区人财物为支撑的“保障工程”。

② 坚持一个意见，即《望江街道社区专职工作者管理实施意见》；发挥“三元”功能，即社区党组织、居委会、工作站三位一体的“三元”管理功能；完善五种机制，即片区包干制、工作替代制、条块协同制、民声采集制、居民议事制。

③ 社区民情恳谈会、工作协调会、事务听证会、成效评议会。

社区托老所等便民设施。2004年3月，杭州望江街道在水一方社区互助会[①]成立，是全国第一个民政部门正式登记注册的民间互助组织，提供各类家政服务。9月，街道试点进行居家养老服务工作。是年，上城区首个“省级残疾人社区康复示范站”落户望江街道，提供康复医疗护理服务、训练指导服务等基础康复服务。

2005年，望江街道成立残疾人劳动服务站，创造更多残疾人就业机会。6月，成立综合性为老服务机构——杭州市望江街道为老服务中心，下设居家养老、机构养老、退休人员服务、殡葬服务四大块服务项目，推出以“幸福家园”为主题的居家养老“惠民工程”。是年，望江街道获“全国社区志愿服务示范街道”称号。

2006年，街道建设残疾人康复训练服务站，成立退休老人病后护理机构，住院的退休老人，由街道派护理员前往义务照料。是年，探索实施“非常1加1”居家养老模式[②]。享受居家养老服务的老人952人，共计21400小时。增设近江西园社区老年洗衣房、近江东园社区老年理发室、大通桥社区为老洗衣房和便民食堂等中介服务项目，各种组织全年3587人次为老人服务累计达31525小时。2006年6月，望江街道社区志愿者协会成立，10个社区全部成立社区志愿服务站，逐步形成街道社区志愿者协会—社区志愿服务站—社区志愿服务队的三级组织网络。2007年，开展对残疾人家庭的走访慰问工作和志愿者结对助残活动，全年共计慰问困难残疾人500余人次。是年，望江街道获“全国和谐邻里示范单位”“全国志愿服务工作先进单位”等称号。

2008年，望江街道成立“黄哨子、红袖章”志愿者队伍。建立“档案管理中心、生活服务中心、医疗保健中心、文化娱乐中心”，启动居家养老工程、健康晚年工程、快乐晚年工程，用“公聘民助”[③]的方法解决独居老人缺少亲情的问题。至年末，望江街道有注册志愿者10700人，街道志愿者协会有144支社区志愿服务队和137支共建单位志愿服务队，提供治安巡逻、环境保护、家电修理、扶贫帮困、就职就业等服务项目。是年，望江街道获“全国和谐社区建设自主创新先进街道”称号。

2009年，街道打造“仁爱之家”社会福利机构，提供以职业康复训练为主要形式的康复服务，采用“五疗一教育”[④]康复治疗方法。12月，成立杭州市首家社会工作服务社，主要为居家养老、外来务工人员及其子女心理咨询、残疾人、贫困人群、社区矫正、婚姻家庭等提供专业服务。2010年，望江街道被中国残疾人联合会列入全国首批脊髓康复中心试点单位之一。建立上城区脊髓损伤者“中途之家”，对有需求的脊髓损伤者开展针对性的康复训练。8月，望江街道获“2010全国社

① 杭州望江街道在水一方社区互助会：前身是“非典”时期成立的“在水一方楼道互助会”。2003年4月20日，在水一方公寓因发现一例“非典”病人，1号楼76户家庭201人被隔离。邻里之间发扬互帮互助、和睦友爱的精神，成立“在水一方楼道互助会”。在“非典”疫情结束后，为进一步发扬楼里因灾难而形成的相互帮助、相互扶持、和睦友爱的新型邻里关系，“杭州望江街道在水一方社区互助会”于2004年3月19日正式登记成立。

② “非常1加1”：指政府和民办养老机构相结合，形成“1加1”的养老模式，由政府负责出钱买服务，民办养老机构负责经营，居家养老服务工作委托给在水一方社区互助会经营。每月向辖区内的困难老人、百岁老人及有特殊贡献的老人分发2500小时免费服务券，老人凭券享受相应的服务。

③ “民助”：是由3名志愿者与1名独居老人结成对子，不定期上门探望老人，帮助老人解决一些生活上的实际困难。

④ 工疗、药疗、环疗、心疗、娱疗与思想品质教育相结合。

区养老服务先进街道”称号。

2012年，街道共为35户残疾人安装坡道、扶手、声光门铃等基础设施，发放助听器、盲仗、轮椅等辅助设施460余套。3月，成立“暮阳善食”服务社，在“专、细、特、优”[①]上下功夫，让辖区老人吃上爱心餐。至10月末，该服务社解决辖区1325名独居老人、3980名空巢老人用餐不便的难题。是年，大通桥社区成立“红色电波党员工作室”，以支部为单位吸纳党支部中有一技之长和愿意为社区独居、空巢老人服务的党员成立服务队，提供每日电话问候、上门陪聊、上门缝补、代为洗衣、家电维修等28项菜单式服务项目。至年末，有24个党支部加入“红色电波党员工作室”，86名党员成为工作室服务人员，共电话问候和询问独居、空巢老人2550次，接单上门服务255次。

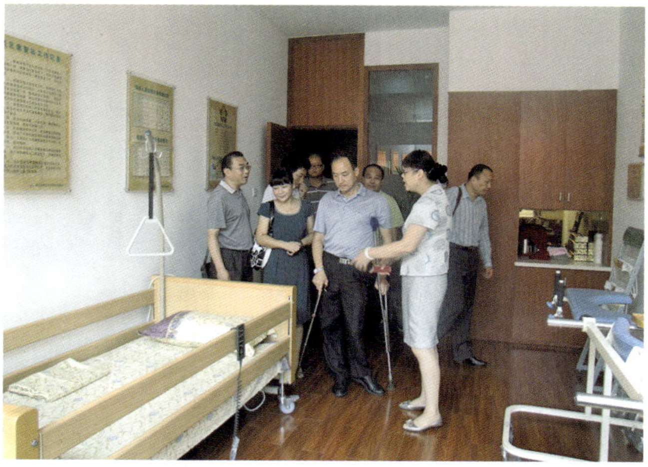

图34-4-35 2011年，“中途之家”为残疾人打造综合性康复培训基地（望江街道 供稿）

2015年11月，望江街道引进公益企业“百穗堂”，在婺江社区联合打造老年爱心食堂，日均用餐人数180余人。至年末，共有42家为老、助残、帮助青少年、救助帮困类等的社会组织在望江街道注册成立。

七、社会保障

1993年5月起，望江街道设立街道就业管理站，承担待业登记、待业保险发放职能。1996年，开展以“串百家门、知百家情、解百家难、暖百家心”为主题的“四百凝聚力工程”活动，共捐款153110元，帮助160余名特困户、残疾人和烈（军）属。

2000年，扩大基本养老保险范围，凡达到法定正常退休年龄时，缴费年限不满15年（含视同缴费年限）的人员，允许一次性补缴基本养老保险费满15年。2001年3月，率先开展社区公益性岗位试点工作，为50余名下岗失业人员提供再就业岗位。2005年初，建立金字塔形的企业退休人员自管组织，开展企退人员自我管理和自我服务工作。

2007年，街道实施“零贫困家庭”工程，通过个性化的救助政策，对24户贫困家庭进行一对一救助结对。至年末，全部实现脱贫。通过爱心银行、爱心超市、春风行动等捐款捐物144万元，用于对困难家庭

① 服务对象“专”，即专为社区家庭困难、空巢、独居老人提供上门送餐服务，以解决其买菜难、做菜难、营养均衡难的问题。操作流程“细”，即每餐荤素搭配3个菜，菜色滚动更新，日日新鲜有特色，周周不重复。送餐服务“特”，服务社成立由社区党员、社工、志愿者等热心群众组成的爱心送餐队，确保每日将新鲜饭菜送到老人家中。服务内容“优”，服务社按照以片包干的形式，圈定专门的送餐队员，以便熟悉地形和老人用餐习惯的队员第一时间将饭菜送到老人家中。

的帮扶救助工作。实施消除“零就业家庭”工程，146户就业困难家庭全部落实再就业。开发岗位2925个，实现再就业1972人，安置就业困难人员1025人。

图34-4-36　望江街道兴隆社区爱心超市（2006年）
（望江街道　供稿）

2010年，街道推出就业帮扶“菜单式”服务模式①。至年末，新增就业岗位1987个，实现失业人员再就业1192人，安置就业困难人员503人。是年，街道以“组、建、优”②三步走推进就业帮扶工作，对辖区失业人员和外来务工者提供菜单式就业帮扶，同时提供维权、纠纷调解等个性化服务。至年末，共开发200余个就业岗位，受理各种劳动纠纷案件共31件，帮助索回工资及各类补偿金7万余元。是年，成立上城区首家获“省级阳光庇护中心”的工疗站，推进残疾人管理、康复、帮扶“一盘棋”工作机制，232户残疾人及家庭纳入社会低保和社会救济范围，并落实143名无业残疾人养老保险和医疗保险补助政策，托养残疾人家庭年人均可支配收入达到居民年均可支配收入的75%。

2011年，辖区物美华东公司杭州望江店参与街道、社区举办的各类招聘会，适时推出13项工种、300个岗位，吸纳失业人员、“4050”人员再就业。2013年，望江街道探索“筹集民资、发挥民力、解决民盼”新方法，鼓励并引导辖区企业、共建单位为低保户捐助，共计发放低保金、残保金、抚恤金、退休金、老年长寿金等共计400余万元；“春风行动”募集资金60余万元；爱心银行对110户困难家庭实施救助，发放救助金共计15.40万元。

2015年，望江街道新增就业岗位4902个，实现失业人员再就业2304人，其中安置就业困难人员1012人。发放失业证1659本，办理就业援助证换、领证681本。

① 通过辖区单位和失业人员双向走访，挖掘空岗，了解需求，划分就业帮扶优先等级。同时，将岗位所需条件和失业人员家庭状况、专业技能列成菜单，定期组织开展岗位推介会，以供企业和失业人员双向选择。

② 通过组团队、建信息，从而达到优服务的工作目标。通过摸底调查，组建以街道为核心、社区劳动保障员为骨干、地区单位广泛参与的服务网络，指导各社区有序开展工作，形成一个“从下至上，层层递进”紧密合作的就业帮扶团队。通过走访和来电等渠道了解失业人员岗位需求，做好日常信息数据和台账的更新维护，定期和不定期召开自管小组长联络会、就业信息交流会，通过自管小组长、再就业骨干等收集空岗信息。

第四节　综合治理

20世纪90年代，望江街道社会治安综合治理工作重点是各类专项斗争及基层平安创建。1997年起，打造以“人防为主”的社会治安综合治理新防线。2000年起，随着综合治理工作向基层延伸，望江街道治安防控体系和群防群治队伍建设持续完善。2010—2015年，街道依托互联网平台，不断创新社会治理模式，探索出更多社会矛盾纠纷排查化解、群防群治等工作的新模式新方法，为打造“平安望江”创造良好、稳定的社会环境。

一、平安创建

1993年，望江街道联合公安、司法、民政等部门，开展创建“百日安全居民区”和“安全单位”等平安创建活动，严格控制刑事犯罪活动。1995年8月，先后开展平安社区、安全文明小区、治安安全单位、安全文明示范校园创建工作，辖区社会治安综合治理工作好转。1997年，着力打造“平安小区”工程，确定肉联厂宿舍、兴隆西村、新丰3个居委会为创建安全文明小区，逐步推广小区封闭式管理、电子防盗门，同步加强物业管理，并建立2支专职巡逻队伍，探索建立群防群治新防线。1999年6月，望江街道建立“创建安全文明校园”专项整治领导小组，对2所中学、4所小学开展集中整治学校周边治安秩序和创建安全文明校园活动。

2000年，望江街道组建由街道综治委和派出所专职保安共23人组成的夜间社区巡逻队伍，对居民区进行治安巡逻。2007年3月，组建上城区首支由外来务工人员组成的义务治安巡防队伍，配合派出所民警和街道巡防人员参与地区治安巡逻。2008年4月，兴隆社区“黄哨子红袖章”志愿者治安巡防中队挂牌成立，下设14支分队，由500名辖区群众组成，分片负责区域巡防工作，担负调解平息纠纷、宣传信息等工作。

2010年，街道通过学校建立防线、学生加强自保、巡防队加强防控3项措施强化平安校园建设。2011年，望江派出所信息室采用月评、季评、年评的动态管理方式，推进创建“零发案”小区活动，22个小区成为“零发案”小区。是年，在“三禁”（禁黄、禁赌、禁毒）工作指导站基础上，充实2000余名平安志愿者，强化禁毒宣传活动。5月，在水一方社区以群防群治为切入点，启动“6081安全卫士”活动，开展法制、科学、健康等宣传教育，反映民情民意，解决社区纠纷，做好安保和消防工作。

2012年，在大通桥社区、始版桥社区试点成立基层消防站，成立由社区居民、保安参与的集“义务宣传、治安巡逻、抢险救灾”于一体的基层平安建设队伍，提升居民消防意识，实现防灾减灾目的。2014年，沿街张贴消防宣传板200块，对沿街商户及出租户进行消防安全、应急逃生基本常识培训。配备灭火器245个，增设开放式灭火

图34-4-37　2012年6月，始版桥社区河马义务消防志愿者服务队成立　（望江街道 供稿）

器材存放点19个，做到小场所灭火器材全覆盖。“河马”义务消防志愿者服务队[①]加强日常巡查，对沿街店面定期进行摸排，并建立消防档案，实现常态化监管。2015年，运用“互联网+”模式，通过民情E点通“我来爆料”“有奖爆料”板块，构建起以群众为主体的“全天候、全响应、全覆盖”的问题排查防控体系。

二、社会治理

1993年，针对地区社会治安不稳定的状况，望江街道落实社会治安综合治理领导责任制，与全部辖区单位签订综治工作目标管理责任书，形成社会共治阵线。1996年，街道重点开展“严打”斗争和“依法治街”工作，消防安全课、法制教育课列入考核评分内容。

2000年，街道成立由街道党工委书记为组长、派出所所长为副组长的“扫黄、打非”专项整治领导小组，严厉打击犯罪活动。2001年，辖区划分为7个综治工作片进行分片管理，在各社区建立社区警务室，配备社区民警、保安员，实行24小时值班巡逻。2005年，望江街道外来人员管理中心成立，完善外来人员管理办法，通过举办普法讲座及主题宣教活动，增强新成员权利、义务意识。

2006年6月，望江街道信访接待中心成立。2011年，望江街道通过“民情承包责任制”“民情日记”“民情留言黑板”“谈心角”“市民抄告单”等形式，构筑信访工作第一道防线。2012年4月，11个三级社会管理网络划分为29个四级网络，各社区均形成“一格一册”，成立望江地区社会管理网格化服务联动中心，下设信息社会化采集、矛盾快速化处置、措施有效化监督3个平台，形成“一个中心三个平台”运作管理模式。10月，推出“星空驿站”社会服务管理中心，并在全省率先推出“金钥匙服务·OEC管理”社会服务管理模式，通过基本需求窗口化直接办结、即时需求信息化联动办结、潜在需求依托社会组织平台组团办结3个“开锁”环节，为居民提供“最高效、最便捷、最真诚、最贴心”的管理服务。是年，街道加强社会安全创新化监管，为“空巢老人”家中安装烟感报警器，提升老人安保能力。

2013年10月，望江街道流动人口服务管理中心成立。2015年，首先在外来人员较集中的始版桥社区和大通桥社区开展整治工作，利用宣传引导、集中整治、社会化管理等手段，提高流动人口服务管理水平。同时，依托“智慧云社区·民情E点通”服务平台，先后推出“网上邻居节”“网上巡防站”等新功能板块，完善随时表达、快速反应和分析研判机制，创新社会治理模式。

① “河马”义务消防志愿者服务队：是由始版桥社区居民、物业保安自发成立的社区志愿者组织，于2012年6月成立。因社区的志愿者大部分都是中老年人，就像河马一样，虽然平时行动看来迟缓点，但关键时刻绝对不会含糊，爆发力强，故取名“河马”。

三、司法工作

1993年12月，望江街道进行标准化调解委员会试点工作。1997年，建立家庭法制学校，全面铺开“三五”普法教育，签订家庭和睦协议书达应签家庭总数的75.1%，调解成功率达100%。

2000年1月，望江街道家长法制素质学校成立，法律服务所试点工作展开，集贸市场调解组织、社区调解中心成立，“148”工作站①建设和重大纠纷的排查化解工作有序推进。2001年1月，望江街道成立调解中心。2004年3月，望江司法所成为全国首批社区矫正试点单位。7月，望江街道地区法律志愿者总队成立。2005年，望江街道深化探索和充实“四有五无”②人民调解活动形式及内涵，实施司法所规范机制等四项机制。

2006年，望江司法所首创“八化矫正法”③。9月，望江司法所针对外来人口的法律服务与普法教育，成立外来务工者服务点。2007年1月，望江街道司法所社区矫正试点工作新增“五必访”制度④，形成以大调解格局为中心，矛盾纠纷排查机制、联动联调机制、奖惩激励机制为补充的人民调解工作模式。是年，望江街道获“全国模范人民调解委员会”称号。

图34-4-38　2007年11月5日，挪威代表团考察望江街道司法所社区矫正试点工作　（望江街道 供稿）

2008年，望江街道司法所转隶，成为杭州市首家区直属司法所，改称望江司法所。并发动辖区28家物业管理公司加入调解网络，成立物业调解小组。2009年6月，全市首家维稳民间组织——“沈寅弟阳光心语工作室”⑤成立。2010年，望江司法所推出社区矫正“十必访十必谈”⑥工作机制，通过制度化和人性化相结合的帮教制度实行分类管理，突出因人施矫，帮助矫正对象重新回归社会。同时，以徐家埠社区为试点，成立新杭州人“草根调解队”，发挥劝导、调解居民矛盾纠纷作用。

2011年，望江司法所被司法部授予“全国模范司法所”称号。4月，辖区11个社区均成立司法行政服务工作站。5月，首创以基层党建服务

① 为老百姓提供法律服务的电话服务平台。

② 有组织、有人员、有经费、有场地调解，无因民间纠纷引起民转刑案件、无非正常死亡、无群体性械斗、无群体性上访，无归正人员重新犯罪。

③ 队伍建设多元化、衔接矫正程序化、思想教育经常化、日常管理制度化、公益劳动多样化、帮困解难人性化、考核奖惩积分化、一人一档规范化。

④ 即新接收的矫正对象必访、25岁以下的年轻对象必访、困难对象必访、吸毒对象必访、情绪不稳定对象必访。

⑤ 该工作室坚持“依法调解、平等自愿、尊重诉权”原则，侧重通过心理疏导化解矛盾纠纷，帮助社区矫正人员，弥补法律和行政调解的不足。

⑥ 在矫人员重大节日时必访必谈、重点时段时必访必谈、重要时期时必访必谈、受到奖惩时必访必谈、有思想问题时必访必谈、有抵触情绪时必访必谈、遇到困难问题时必访必谈、有违法违纪现象时必访必谈、与家庭（邻里）发生矛盾纠纷时必访必谈、发生工作变动时必访必谈。

网格化和功能性党小组为依托，以老党员、老干部、老骨干为主力的“民情合议庭”，化解各类矛盾。近江东园社区联合浙江世元律师事务所，首推“律师大讲堂”活动，为辖区居民提供相关法律服务。以耀华社区为试点，推出“蚂蝗工作室”矛盾调解品牌，先后组建矛盾调解组、维稳防控组、维权帮扶组和志愿服务组4个工作小组，邀请专家、居民代表和党员志愿者组成智囊团，合力化解矛盾纠纷。2012年12月，上城区首例司法确认案件在望江街道办理。2013年6月，“平安e站”官方微信上线，向辖区单位、居民推送法律常识、社会热点等综合信息。2015年5月，望江司法所在钱塘江堤建成“普法大道”，通过堤岸防护栏法治彩绘、法治主题灯箱、法治主题便民座椅等，让居民群众受到法治文化熏陶，增强法治宣传影响力和渗透力。

第五节　城区建设与管理

1993年起，望江街道对门前“三包”（绿化、治安、市政设施）、清洁卫生、违章建筑、交通等方面逐步加强管理，完善各项管理制度，改善城市硬件设施，满足辖区城市化进程发展的各项要求。先后通过实施“背街小巷改造工程”“庭院改善工程”“危旧房治理工程”“三改一拆”“五水共治”，不断提升辖区城市环境面貌和生态治理水平。至2015年，望江街道城市管理科发展成为涵盖道路保洁、“三改一拆”、垃圾分类、“五水共治”、停车管理、防汛防灾等职能的城市基层管理单元。

一、辖区建设

20世纪90年代，辖区秋涛路以西地块为棚户区和城中村，简易房、墙门房、砖木房建筑较多，违法建筑较多，农民和居民混杂，厂区和住宅混杂，一些住房年久陈旧，“脏乱差”现象比较严重。

1999—2005年，辖区内开展近江家园四园、五园、六园、七园、八园、九园建设，共建设安置房93幢、4121套，建筑面积32.23万平方米。2005年3月，启动望江地区改造工程，范围东临秋涛路，南起甬江路，西靠贴沙河，北至清江路，总占地面积190.4万平方米，涉及拆迁居民1.5万户，单位106家，拆迁各类旧房建设面积224万平方米。

2005—2006年，街道对始版桥直街等7条道路、街巷进行改善，包括近江路路面杆线上改下项目，实现“路平、水畅、灯亮”，受益居民群众万余人。2007年，开展莫邪塘北村5幢的危旧房改善工程，望江新村5幢、6幢、7幢等5处背街小巷改善工程和三桥农贸市场、茶亭弄农贸市场的专业市场改造提升工程。2008年，完成甘王新村11幢楼房改善和新丰新村12幢房屋庭院改善。2009年，位于之江路888号杭州广电大楼落成，建筑面积10万平方米。

2010年，杭州文化广播电视集团整体搬迁至望江街道。秋涛发展大厦主体结顶，建筑面积8.5万平方米。是年，辖区完成15个标段共101幢庭院的平改坡和立面整治改善工程。2011年，开展庭院改善立面整治101幢。2012年，完成清泰门社区、莫邪塘社区、大通桥社区40幢楼房的立面整治和截污纳管等工程。9月，区行政中心及科技文化馆项目开工建设，占地面积1.34万平方米，建筑面积10.88万平方米。11月，中豪望江国际竣工并投入使用，占地面积31564平方米，建筑面积19万平方米。12月，惠沣大厦竣工，建筑面积60302平方米。

2013年，莫邪塘通过拆违拆迁、立面整治、业态调整的“三位一体”举措，将“三改一拆”与“四边三化”① 相结合，综合整治提升区域环境，成为汇集民俗百态历史碎片、市井生活休闲商业的风情街区。至年末，拆除违章建筑115处，道路整治7500平方米，立面提升6000平方米，电缆上改下1.60千米，店招整治2000平方米，绿化提升1500平方米，地下管网更新900米。是年，完成辖区4个小区的截污纳管改造、8个小区的准物业改造。

① 是指在公路边、铁路边、河边、山边等区域开展洁化、绿化、美化行动。

2014年，杭州天地实验小学新校区完成交付，占地面积3.2万平方米，建筑面积3.7万方米。2015年3月，近江时代大厦竣工交付使用，占地面积1.68万平方米，建筑面积8.50万平方米。是年，杭州市人民检察院新址落成。地处望江智慧产业园核心区的杭州昆仑中心开工建设，占地面积8300平方米，建筑面积5万平方米。

图34-4-39　杭州天地实验小学（2014年9月）
（杭州天地实验小学 供稿）

二、环境管理

1993年，望江街道推进国家卫生城市创建工作，并与四季青乡政府签约，变“三不管”为“大家管”。1996年，推行“门前三包”责任制，签订率100%。1997年，市容管理执法队成立。1998年，成立望江地区城郊接合部环境卫生管理领导小组，拆除婺江路临时商业用房，打造全区城乡接合部样板路。1999年，建立城市综合管理办公室，成立城管监察中队，将监察中队和城管专员合二为一。

2000年，街道开展迎西湖博览会专项整治行动，与区政府签订绿化、旧小区物业管理及垃圾袋装化收集工作的目标责任书。2002年起，望江街道与地区单位和建设单位制定建立“联管片”制度，对重点路段进行24小时保洁。2005年，10个社区成立城管服务站，开展背街小巷改善工程，实现“路平、水畅、灯亮”。2006年，街道与派出所、工商所、交警六中队、行政执法四中队等单位，形成“十位一体的望江地区城市管理联动机制”，常态化开展占道经营、偷倒渣土、无证餐饮、拆违等整治行动。

2007年，街道推行“路格化”长效管理模式，将街道29条一类街巷、42条二类街巷划分成74个作业路格，并落实到相应部门和责任人。推行“数字城管”平台，处理案卷数1395件，解决率为100%。并实施社区夜间停车管理试点；开展危旧房改善和专业市场改造提升工程。2008年，取缔清江路夜市，逐年开展庭院改善工程。

2010年，成立全市首家社区城管服务室，配备专职工作人员，建立“一级抓一级、层层抓落实”的责任链条。在辖区建立垃圾中转站1座、公厕20座、密封式垃圾房190座，实行专人管理，实现垃圾袋装化覆盖率100%，密闭清运率100%。10个社区均成立卫生保洁监督队，道路分类、分段、分片管理，定人、定区域落实责任包干制。建立健全城市管理“十位一体”联席会议制度，充分发挥街道、社区与职能部门间的联动作用，协调解决居民群众反映的有关无证经营、环境卫生等热点问题，主动征求居民意见、建议，整改落实率100%，居民满意率95%以上。

2012年，望江地区城管工作联动平台建立，发布地区城市管理工作信息、解决各类城管问题。全年受理数字城管有效案卷4332件，解决率100%；并实施秋涛一弄33—34号，莫北平房38-2号拆违工作，拆除近江西路沿线41户商户约300平方米的主体违法占道建筑物。

2013年，望江街道睦邻服务中心成立，对老旧小区推行准物业管理。2014年5月，街道拆违工作人员联合区执法中队对始版桥直街128-2号违法建筑实施拆除。8月，街道对始版桥直街出租房、沿街商铺、仓库及“三合一”场所进行摸底，对始版桥直街实施综合整治。按照属地管理原则，加强与区城管、消防、工商、公安、安监、卫生等部门联动。整治出店经营、乱吊乱挂、消防隐患、新建违建等重点问题，并按照“一点一方案”分类推进。2015年，望江街道重点整治大件垃圾、“僵尸车”①、乱堆物堆料、毁绿种菜等环境卫生难点，规范整治衢江路夜市，开展“无违建”创建工作。

三、生态建设

1993年起，望江街道对辖区绿化建设不断加强。1994年，杭州市绿化办授予望江街道“绿色模范先进单位”称号。1996年，在新丰居委会364户居民中首次实施垃圾袋装。街道辖区划出10个联管片，每月一抽查、每季一评比，进行评优和选差。1998年

① “僵尸车”：指有些车辆因为长期无人使用维护，落满灰尘，形似僵尸，因此称为“僵尸车”。“僵尸车”有的是汽车，有的是自行车；有的有车主，有的则来历不明。

后，定期对污水管道、下水道、厕所等疏通作业，绿化杀虫和修剪树枝；以迎西博会、创国家环境保护模范城市、国家卫生复评为契机，增绿护绿、拆违还绿等达15万平方米，兴隆社区、大通桥社区被评为区“绿色社区”。至2000年，辖区实施垃圾袋装化达95%。

2007年9月，望江街道在杭州礼品城广场上启动万户家庭“优化生态环境”大行动。聘任10名优秀党员及先进模范代表为望江地区环境保护监督员，负责定期巡查辖区生态环境保护情况。环保流动宣传队把生态环保倡议书送到每户居民家中，开展科普知识、健康生活宣传教育活动，让环保理念转化为居民群众的自觉行动。同时，制定创建环保家庭计划和措施，评选出“节能之王”“减排之王”“降污之王”等特色家庭。

图34-4-40　2007年，望江街道组织开展市民“优化生态环境”大行动　（望江街道 供稿）

2008年，街道实施庭院改善绿化工程，整治辖区“小茶炉”和废旧物资回收物资企业。2010年，开展房屋上改下和绿化整治工程；设立大件垃圾回收场地，逐步开展垃圾分类试点，建立教员、指导员、志愿者3支宣传队伍，向居民宣传垃圾分类、发放绿色垃圾袋，更换杂色垃圾桶为标准分类垃圾桶。2011年，楼房立面和绿化改善40幢建筑；新增绿化面积3000平方米，新种桂花、茶花苗木4600株，地被植物2700平方米。是年，在江韵苑小区试行垃圾分类“数字化实名制”。2012年，建设25个生态垃圾房，改善绿化7.03万平方米。推广垃圾分类“数字化实名制”工作，创新设立垃圾分类主题公园，开展“积分换服务”活动。

2013年，望江街道依托垃圾分类教导员、指导员和志愿者队伍，组织专业培训108场次，宣传服务3696场次，志愿劝导时数达4248小时。在8户家庭免费试点安装食物垃圾处理器，试点推广垃圾减量。倡导资源再生理念，通过开设课程、举办活动，引导居民变废为宝。完成扩绿面积2000平方米，新种绿化树苗5000余株，地被植物2000平方米，补种树苗400余株。是年，在近江九园小区建立全市首家垃圾分类主题公园。

2014年，望江街道“五水共治”工作领导小组成立，确定街道级河长4名，社区级河长7名，成立社区护河巡查队，实行一日两查机制，同时在沿河醒目位置制作标准制式的河长公示牌22块，沿河“阳光排出口”公示牌18块。是年，对莫北区域集水井进行改造，免费安装节水器，拆除上城区首例水上违建，引入大型建筑垃圾回收处理站、生活垃圾回收公司和泡沫箱冷处理机，实现垃圾再生处理。

2015年，街道开展河道清淤工程、沿河排污口和小区的截污纳管工程、农居房外挂污水管网整治工程，创建节水型小区。是年，辖区所有小区均推进垃圾分类，部分小区引入智能分类设备，实现垃圾回收积分换物模式。

第五章　南星街道

南星街道位于上城区南部，东南沿钱塘江中心线与滨江区相望，东北连万松岭、凤山桥，过飞云江路与紫阳街道毗邻，西北沿玉皇山、凤凰山与西湖区交界。北宽南窄，依山濒江，地势东北低，西北高。辖区内西北部有玉皇山、三佛岩、月岩、大光明、乌龟山等山岭，其中玉皇山最高，海拔273米。境内有街巷40条，复兴路、之江路横贯全境。

南星街道古称柳浦，是中国历史文化古都精华荟萃之地，南宋皇城就位于此地。辖区内有闸口白塔、梵天寺经幢、施家山吴汉月墓、慈云岭石窟造像、老虎洞窑址、天龙寺、千佛洞、南宋皇城遗址8处国家级文物保护单位，有于子三墓、宋京郊坛下官窑址和中河南端古桥、古泉群等省、市级文物保护单位。南星街道原隶属于江干区。1993年，南星街道面积2.5平方千米，街道办事处驻凤山路南瓦子巷10号；闸口街道面积2.3平方千米，街道办事处驻复兴街325号。1996年12月，南星、闸口2个街道和四季青镇玉皇村、近江村、望江村由江干区划归上城区管辖。2003年5月，撤销闸口街道、南星街道，设立新的南星街道，面积4.31平方千米，街道办事处驻地复兴路118号。2008年8月，街道办事处驻地搬迁至复兴南街258号。进入21世纪，街道抓住杭州市沿江发展的机遇，利用地处杭州“外滩”的区位优势，立足打造“乐活南星”，以生态创意为发展特色，在发展楼宇经济的同时，大力招商引资，以产业集聚、转型升级为发展主动力，以强化功能、服务基层为主抓手，以促进和谐、维护稳定为管理主目标，促进区域经济社会的科学发展。街道文创经济形成发展特色，多项社会事业形成品牌。

图34-5-41　南星街道办事处　（南星街道 供稿）

2015年，南星街道社会消费品零售总额12.80亿元，财政总收入6.60亿元，地方财政收入3.44亿元。至年末，街道总户数13352户，总人口36218人，人口密度为8403人/平方千米。共有企业5127家，行政事业单位22家，学校10所，其中幼儿园6所、小学2所、初中1所、高中1所。街道先后获“全国和谐邻里建设示范街道”“全国社区服务先进街道”“全国学习型街道”“全国社会工作示范街道”“浙江省和谐社区建设示范街道”等20余项荣誉称号。

1997—2015年，南星街道历任党工委书记葛立宏、卢正华、傅莉萍、陈少华、鲁军。历任办事处主任葛立宏、管光尧、陈少华、鲁军、杨东、周莹。2004—2015年，历任人大工委主任傅莉萍、陈少华、鲁军、卢江。

1997—2003年，闸口街道的党工委书记张伟农、陆昌林。历任办事处主任张伟农、陆昌林、宦金元。

表34-5-21　2015年上城区南星街道部分单位情况表

序号	单　位　名　称	地　址
1	铁路闸口机务段	复兴街23号
2	南山陵园	白云路27号
3	浙江省河口海岸研究所测验队	复兴路268号
4	上城区少年军校	宋城路5号
5	杭州市美术职业学校	凤凰山脚路166号
6	杭州市清河实验学校	海月桥社区
7	杭州市复兴第一小学	化仙桥河下17号
8	杭州市复兴第二小学	复兴南苑12幢内
9	杭州市行知金陶幼儿园	洋泮路金棕榈花园14幢
10	杭州市行知闸口幼儿园	复兴南苑11号
11	杭州市陶子幼儿园（水澄园区）	水澄路15号
12	杭州市陶子幼儿园（陶子园区）	复兴路化仙桥路34号
13	杭州市上城区玉皇幼儿园	南复路57号
14	浙江省军区后勤部六一幼儿园	馒头山社区

说明：资料来源于杭州市上城区南星街道

第一节　党建

1993年，南星街道党工委下辖基层党组织16个。逐渐推进党员思想作风建设和精细化管理，完善各项制度建设。实行网格化管理、组团式服务，打造枢纽型党员为民服务模式；构建区域化大党建红色联盟平台，创立党建+互联网责任清单落实机制，以责任链条推动党建工作全面落地。建立党建+实名认证机制，规范党员管理。至2015年末，南星街道党工委下辖基层党组织32个、党员2239人，逐步形成一支作风优良、思想上进、服务群众的党员队伍。

一、思想建设

1993年，南星街道党工委对党员干部进行中共十四大精神教育和再教育活动，读

《邓小平选集》和学习相关文件。1994—1997年，开展“三会一课”教育和党员“双学”教育活动。1997年，新设立木材新村、山上片居民区和晨光厂3个党员电化教育点。1999年，以“三讲”教育为载体，学习贯彻中共十五届四中全会精神，落实学习制度，党工委中心组学习17次，以党工委中心组带动基层的学风。是年，在企业中组建1所党校分校、3个电化教育点、9所市民学校分校。

2002年，在中国共产党成立81周年之际，南星街道和所辖社区通过系列活动对党员干部开展“三个代表”重要思想和党的理想信念教育。2005年6月，在街道机关和各社区及有关企业开展保持党员先进性教育活动。2009年，南星街道在学习实践科学发展观活动中，创新载体，开展学习教育，打造党员“先锋会所”和党员网络e支部。

2011年，南星街道完善红色文化教育机制，开设红色文化参观线网页，制作“南星红印记”折扇，让居民在使用过程中受到教育。结合庆祝中国共产党成立90周年开展以“风雨历程90载、走向复兴颂和谐”为主题的“九个一”活动。2012年，南星街道以“我们的价值观”主题教育活动为主线，通过山南学堂、社工讲堂、道德讲堂和孟母学堂等阵地，开展针对性强、效果良好的教育活动。2015年，南星街道贯彻落实中共十八大和十八届三、四中全会精神，推进“三严三实”专题教育。

二、组织建设

1993年4月，南星街道党委改建为街道工作委员会，16个居委会建立党总支。1997年，撤销杭州节能厂、劳动服务公司两个支部，新组建盛昌公司支部。1999年8月，街道行政区划调整，相应建立16个居委会党支部。2000年11月，建立馒头山、宋城、美政、凤凰、紫花埠、新工6个社区支部委员会。2001年10月，撤销南星街道企业联合党支部。

2002年，南星街道党工委组建社区党总支6个，调整社区支部3个，新组建社区支部2个。以“在职党员奉献日”“流动党员回娘家”“一个党员一面旗”等活动为载体，组织党员为社区建设多做贡献。2003年9月，撤销原闸口街道机关联合党支部，其所属党员归南星街道新经济组织联合党支部管理。2004年，指导完成18个党支部改选；新发展预备党员11人，转正10人；新建非公有制企业党组织2家。

2006年，南星街道党工委深化社区党员会客厅的建设，功能型党小组发挥作用。2007年6月，成立南星街道社会工作党委，实现党员占社区工作者中的40%以上①。2008年，在全市率先提出“党代表进社区”做法，18名区党代表挂牌进社区，收集城市建设、硬件建设、社区管理、组织建设、意见建议、其他类6大类问题40个，并全部解决，该做法在全区推广。

① 45周岁左右的占80%，大专以上文化程度的占80%，能带头服务并带领党员服务居民群众的占80%。

2009年，探索“党支部建在退管小组上”新模式。以“楼道为主、行业为辅”为原则，对原有支部党员进行分类，组建退管党支部28个。指导杭州东箭贸易有限公司建设“精品党建室”，打造东箭贸易有限公司党支部非公企业党建示范点。2011年，推进“双品牌”建设工作，培育“发展强、党建强”思美传媒市级示范点，“服务强、党建强”的水澄桥等3个社区示范点。是年，构建“街道辖区单位党组织—两新组织—社区党建工作部”区域化大党建红色联盟平台，建立“146”服务机制①，初步完成复兴商圈红色联盟的打造。

① 以党员会客厅为一个服务主阵地，建立商圈工作例会、联谊协商、上门走访、为企服务四项制度，提供“党员管理、招商服务、劳动保障、安全生产、便民服务、文化活动”六大服务内容。

图 34-5-42　2012年，南星街道红色联盟、团工委组织辖区企业开展联谊活动　（南星街道　供稿）

2012年，南星街道党工委在杭州市陶瓷品市场设立党代表工作室，街道党工委设立党代表工作评议站、红色基因培育中心，形成“一室一站一中心”的工作机制。是年，山南创意园建设红色联盟，共有成员单位17家，党员志愿者近500名。2013年，结合群众路线教育实践活动，推出“333”联系制度，即每名街道党工委成员联系3名党代表，每名党代表联系3名党员，每名党员联系3名群众。

2014年，街道党工委在浙江龙源风力发电有限公司、浙江东箭陶瓷品有限公司成立企业党校。2015年，在全市范围首创党建+互联网责任清单落实机制，以责任链条推动党建工作全面落地，实现党工委主体责任高效履责。街道建立党建+实名认证机制，规范党员管理，推动党员自觉参加“三会一课”“党员固定日”等活动，实现党员的精准管理。至年末，街道共有基层党组织32个、党员2239人。

三、作风建设

1993年，南星街道党工委加强思想作风建设。在领导班子中进行党性党风和廉政法规教育，发挥领导班子的示范带头作用。2004年，南星街道党工委聘请12名街道效能建设督导员，不定期对机关效能建设进行监督。2006年，健全机关效能建设工作机制，针对机关工作中存在的奖惩不明和“大锅饭”状况，制定日常绩效考核办法，为年终的绩效考核提供依据。

2009年，南星街道15名党代表开设博客，通过公开化监督解决居民反映的各类问题237个。按照“网格化管理、组团式服务”的要求，街道班子成员和其他党员为网格服务“线”，打造全覆盖、无缝隙的党员为民服务亲情“圈”的“枢纽型”服务模式。全年走访群众1300余户，梳理有关共性问题12个，解决9个，受惠人数1200多人次。2011年，推进治庸治懒治散“效能亮剑”专项行动，把作风建设和执行力建设推向深入。

2012年，开展反腐倡廉教育，深化机关效能和执行力建设，对街道工作实行项目化管理，发挥人大代表、政协委员的监督作用。2013年，在复兴商圈成立全区首个商圈纪委，推进以“诚信、依法”为主题的廉洁文化建设，实现非公企业纪律监督工作的全覆盖。加强相关法律法规的学习，完善38个岗位，查找风险点102个，制定防范措施112条。

2014年，街道党工委扎实开展党的群众路线教育实践活动，通过“套餐式”学习、“访民情”“整四风”抓整改等环节，征集群众意见建议，并以班子成员领办项目、科室党员引领岗位、社区工作者协同快办的方式，破解民生难题。2015年，南星街道纪工委依规依法办案，以“零容忍”的态度严肃处置违纪违规行为，党政政风实现好转。

四、制度建设

1993年，南星街道建立党工委中心组、机关干部周末学习制度。1999年，加强对党员的动态管理，落实“三会一课”制度。2001年，完善和规范社区议事协商委员会、社区居委会各项制度，社区职责统一上墙，实现居务、事务、财务“三公开”，社区实行24小时错时工作制，增强为民服务意识。

2002年，街道党工委以“三个代表”重要思想教育为主题，坚持党工委中心组学习制度，各个社区党委（党总支）坚持一月一次的组织生活、两月一次的电化教育、一旬一次的党课教育制度。修订党工委议事规则，并坚持重大事项集体决策与个人分工负责相结合的制度。2004年，修订机关各项规章制度，建立或健全岗位责任制、服务承诺制、限制办结制、首问责任制、AB岗工作制等8项制度，并编印效能建设小册子。2008年，在非公党建中，建立党代表两新组织联系点制度，确立“服务、促进、引导”的管理理念。

2011年，南星街道党工委推行党务公开制度，在街道便民服务中心和各社区采取社区网站、电子屏幕等形式发布信息。2012年，修订社会管理服务中心规章制度，制定并试行创先争优绩效评估考核办法，落实机关精细化管理。2013年，建立“微身份”“微心愿”“微关爱”“微行动”“微公益”的“五微”机制，推进“在职党员进社区”工作，特别是实行机关“朝八晚九”值班走访制度，密切党群、干群关系。

2014年，南星街道通过打造系列“红色墙门”，探索老小区党员服务群众的新机制；通过建立“南星党员社区微服点”，探索党员联系、服务群众的新机制。2015年，党工委建立和完善《南星街道“三重一大”实施细则》《南星街道“五不直接分管”管理制度》等制度，全年在民主集中制基础上决策有关人事安排、企业扶持政策补助资金发放等事项40余项。

第二节　经济

1993年，南星街道工业兴盛，辖区内共有工业企业21家。进入21世纪，南星街道以产业集聚、转型升级为发展主动力，开展招商引资，促进楼宇经济的发展，实现经济结构的优化。2006年，辖区复兴商务广场及中国针织城等区域划入钱江新城，南星街道把规划调整当作发展机遇，主动接轨钱江新城开发，谋划商业业态布局，建设之江路特色步行街、复兴路陶瓷卫浴厨房用品特色街2条特色街，以及南宋皇城遗址公园、八卦田景区、白塔公园1条旅游线。

2010年，注重发展文化创意产业，注重招商引资企业效益，强化服务理念，促进街道经济转型升级。2015年，南星街道形成以杭州玉皇山南基金小镇和馒头山文创小镇为依托的金融和文创两大新业态功能产业集聚区。

表34-5-22　1993—2006年上城区南星街道、闸口街道主要经济指标情况表

单位：万元

年份	街道	社会消费品零售总额	总产值	总收入	总利润
1993	闸口	319	5936	12171	163
	南星	847	7633	10855	215
1994	闸口	439	6008	15780	315
	南星	1154	10325	14132	314
1995	闸口	306	8164	18581	281
	南星	1418	8997	12526	235
1996	闸口	910	3915	9410	76
	南星	1898	8026	10554	96
1997	闸口	253	2980	6839	33
	南星	1042	7459	13400	160
1998	闸口	—	3684	5578	40
	南星	—	7326	11917	86
1999	闸口	—	2858	6179	22
	南星	—	6755	7926	71
2000	闸口	—	3010	5262	16
	南星	—	9995	11539	80
2001	闸口	—	3101	5853	23
	南星	—	13019	14565	299
2002	闸口	—	5390	10132	541
	南星	—	13068	25420	443

续表 34-5-22

年份	街道	社会消费品零售总额	总产值	总收入	总利润
2003	南星	—	25591	61766	1595
2004	南星	—	30485	95933	2276
2005	南星	—	30943	109253	2747
2006	南星	—	33105	114120	—

说明：1.1998—2006年，区统计部门对全区街道的社会消费品零售总额仅进行综合统计。2.资料来源于杭州市上城区南星街道

表 34-5-23　2007—2015年上城区南星街道主要经济指标完成情况表

单位：亿元

年份	社会消费品零售总额	财政总收入	地方财政收入	招商引资		
				内资	其中：市外	外资（万美元）
2007	4.53	1.66	0.81	16.23	8.97	2676
2008	8.31	2.39	1.19	14.02	8.38	1883
2009	9.61	2.65	1.32	19.88	10.00	1445
2010	7.00	3.00	1.52	17.49	11.80	46
2011	10.15	3.63	1.93	19.14	12.52	800
2012	11.28	3.83	2.12	16.06	8.98	701
2013	13.47	4.36	2.47	16.25	11.91	1201
2014	19.91	5.21	2.73	21.34	12.41	2000
2015	12.80	6.60	3.44	19.16	12.19	3056

说明：资料来源于杭州市上城区南星街道

一、农业

1996年12月，江干区南星、闸口2个街道和四季青镇玉皇村、近江村、望江村划归上城区管辖，其中玉皇村划归闸口街道管辖。是年，玉皇村有耕地6.60万平方米，农民以种植瓜果蔬菜为主。至1999年，玉皇村耕地全部被城市化征用，南星街道辖区内没有农业。

二、工业

1993年，南星街道工业兴盛，有化工、粮油、仪表等企业。是年，街道对微、亏企业实行租赁和承包制，全年新增工贸一体化企业7家，有6家企业产生效益。年末，南星街道、闸口街道有工业企业56家，工业总产值5598万元，利润281万元。

1997年，南星街道工业分公司兼并杭州铁木包装厂，托管杭州意联公司，并对杭州地毯厂的股份合作制进行改造，对杭州仪表成套厂进行停产清算。1998年，南星街道与下属7家企业签订考核合同，完善激励机制，调动生产积极性。1999年，调整产品结构，加大技改投入。街道直属企业中，环保、晨光、秋涛油漆店基本转制改造为有限责任公司或租赁经营；杭州地毯厂完成股份合作制改造。74家挂靠企业中，6家完成改制。年

末，南星街道、闸口街道有工业企业34家，工业总产值7968万元，利润总额60万元，工业增加值1211万元。

2000年，南星街道开展企业转制，对4家直属企业进行转制，明晰产权。清理整顿挂靠企业，脱钩23家，转制4家，保留挂靠企业51家。新办企业2家。2001年，南星街道完成2家挂靠企业的改制，全年实现工业总产值11582万元，利润总额291万元。闸口街道有工业企业13家，年末职工总数263人；实现工业总产值2464万元，产品销售收入2455万元，利润总额13万元。2002年末，南星街道、闸口街道有工业企业25家，工业总产值15073万元，利润总额959万元。

2005年，南星街道工业企业18家，工业总产值25491万元，利润总额2497万元。2006年，南星街道有工业企业11家，工业总产值21097万元，出口交货值8740万元，利润总额1480万元。2008年，南星街道工业销售产值28067万元。2008年后，工业从南星街道辖区退出。

三、商贸服务业

1993年，南星街道开展产业结构和产品结构调整，并组建信用分社和城市发展分公司。是年末，南星街道、闸口街道有饮食业企业25家，产值122万元，利润14万元；服务业企业40家，服务业增加值123万元，利润19万元。1997年，消费品市场在买方市场格局下保持平衡增长。全年南星街道、闸口街道社会消费品零售总额1295万元；运输业产值575万元，运输业利润8万元；第三产业增加值744万元；商业、饮食业、服务业产值1792万元，收入11046万元，利润65万元。1998年，南星街道、闸口街道实现运输业产值332万元，建筑业产值281万元。

2002年，南星街道消费品市场日趋旺盛，商贸旅游氛围渐浓。全年南星街道、闸口街道外贸出口供货值5556万元；运输业产值770万元；建筑业产值756万元。2003年，南星街道建筑业产值321万元，增加值18万元；运输业产值1108万元；第三产业增加值308万元。

2004年，街道实施“建设旅游休闲商务区，打造杭州RBD”战略，商贸旅游服务发展加快。运输业产值2071万元，利润10万元；第三产业增加值437万元。处理7起债务纠纷，清理债务金额达2100万元。2005年，南星街道运输业产值1936万元，利润18万元；第三产业增加值407万元。2006年，对34家企业逐步进行转制和脱钩，调整迁出外贸企业2家。

2008年，南星街道初步形成创意产业经济发展特色。通过实施老厂房更新，玉皇山南国际设计创意园建设，引进文化创意企业。全年实现服务业收入363708万元，社会消费品零售业收入76098万元，物业收入298万元，房屋出租征税151.9万元。2009年，南星街道全年完成税收26450万元，实现地方财政收入13221万元。街道社会消费品零售总额9.61亿元。2008—2009年，南星街道把复兴街（六和源底商）逐渐培育成以高尔夫、健康保健、艺术画廊业态为主的“休闲生活用品一条街”。

2011年，南星街道注重文创产业，形成经济发展特色。杭州时尚园、杭州山南国际设计创意产业园两大园区成为南星文创产业和类金融产业的聚集区，促进街道辖区经济结构的转型升级。至年末，浙江南方建筑设计有限公司、杭州时尚创意园贡献的地方财政收入超过3000万元，浙江赞成控股集团有限公司贡献财政总收入超过2000万元，众和群乐、浙江和盟投资集团有限公司、浙江耀兴建设有限公司贡献财政总收入1000余万元。是年，新引进杭州舜优投资有限公司、赛智创业投资有限公司等类金融企业近10家，成为南星街道经济新的增长点。街道社会消费品零售总额10.15亿元。

2013年，街道围绕推进杭州山南国际设计创意产业园和复兴商圈建设，制定完善“一园一谷多点”的文创产业规划布局，转型升级产业结构渐趋合理。全年街道完成社会销售品零售总额13.47亿元。2015年，引进餐饮、咖啡吧、书吧等生活配套企业入驻街道园区和小镇，推动企业发展，辖区经济新业态逐步显现。以杭州玉皇山南基金小镇和馒头山文创小镇为依托，打造金融和文创两大新业态功能产业集聚区。全年共引进金融类企业385家，杭州玉皇山南基金小镇被列入浙江省首批特色小镇之一；引进文创类企业70家，沿凤凰山脚路形成凤凰御元、凤凰公社、LOMO创意谷、凤凰1138、风铃499、劳伦斯等文创产业园区。街道社会消费品零售总额12.80亿元。

四、招商引资

1998年后，杭州市利用国内经济合作洽谈会平台，逐步开展招商引资工作。2000年，街道将招商引资作为工作重点，引进绿城房地产集团有限公司等8家企业。2002年，引进企业15家，引进内资3014万元人民币，实际外资20万美元。2004年，南星街道共引进内资企业281家，外资企业10家，引进内资4.1亿元，其中市外资金2.1亿元；实现合同外资1680万美元，实际到位外资150万美元。

2005年，南星街道加大招商引资工作力度，实际引进内资企业264家，其中引进市外资金4.18亿元；引进外资企业6家，引进合同外资680万美元，实际到位外资256.5万美元。2006年，南星街道引进服务业内资企业332家，其中市外资金4.76亿元。引进合同外资859万美元，实际到位外资350万美元。引进企业中，有餐饮类1家，科技类44家，现代服务业22家，贸易141家，其他服务业124家。实际引进有税源企业269家，共有96家企业产生税收362万元。

2007年，针对资源日益紧缺的现状，南星街道引导“选商引税”的招商观念，重点引进会计事务所、律师事务所、广告公司、设计公司等占用资源少、税收贡献好的现代服务业。招商引资由数量型向质量效益型转变，企业服务由侧重新客商向所有企业全面优质服务转变。2009年，南星街道共引进各具特色的文化创意产业园区4个①。共引进内资企业194家，其中现代服务业47家，科技型19家。

2011年，南星街道坚持以“复兴商务广场综合体、玉皇山南

① 杭州时尚园、LOMO创意谷、复兴大院、两岸文化创意天地。

国际创意产业园”为载体，加大大项目、成熟税源企业招商力度。是年，引进浙江贝付科技有限公司、新能源明星企业浙江风力发电发展有限公司等多家知名公司，促进以总部经济为特色的楼宇经济的发展。引进企业241家，有104家在复兴商圈楼宇内。新引进企业年内产生较大税收的有37家，平均每家产生税收132万元，共纳税4893万元。

2012年，南星街道围绕推进山南创意园和复兴商圈建设，落实抓重点项目、抓税源成熟企业、抓拓宽招商渠道、抓为企服务等措施。招商企业中现代服务业、文创类、科技类的业态占66%，楼宇入驻率90%以上。2014年，南星街道围绕助推“基金小镇”建设，狠抓金融、文创等现代服务业招商和楼宇招商。注重引进各类中介服务企业，复兴商圈楼宇入驻率90%以上，其中中介服务业占70%以上。2015年，街道共引进企业612家，完成市外实际到位资金18.12亿元，实际到位外资3056万美元；财政总收入6.6亿元，地方财政收入3.44亿元。

图34-5-43 杭州市山南国际创意（金融）产业园开园仪式（2012年6月29日） （南星街道 供稿）

第三节 社会事务

1993—2015年，随着辖区经济的快速发展，南星街道教育科技、文化体育、卫生和计划生育事业全面协调发展。辖区先后创办6所幼儿园、4所中小学。各社区均建立科普文化站，设立社区科普画廊、企业科普画廊等设施，开展科学技术知识普及工作。加强社区文体设施建设，建立街道文化总队及其80支群众业余文艺团队，每年组织演出或开展文体活动，活跃居民的精神文化生活。建立初级卫生保健网络，并通过南星街道社区卫生服务中心为居民提供集医疗、预防、保健、康复、健康教育、计划生育技术指导于一体的服务。至2015年末，共有在校生3042人，教师309人。

一、教育

1993年，南星街道、闸口街道辖区有杭州市美术职业学校、杭州市清河实验学校、杭州市复兴第一小学、杭州市复兴第二小学、浙江省军区后勤部六一幼儿园等教育机构。20世纪90年代后期起，辖区先后创办杭州市行知金陶幼儿园、杭州市行知闸口幼儿园、杭州市陶子幼儿园（水澄园区）、杭州市陶子幼儿园（陶子园区）、杭州市上城区玉皇幼儿园等幼儿教育机构。

2004年，南星街道构筑市民终身教育体系，与地区单位签订“共享教育资源，共建终身教育体系”意向书。2008年，依托社区市民学校加强社会公德、家庭美德、职业道德教育，提升社区和谐文明度。2013年，上城区社区学院南星分院和8个社区共完成6万元额度的教育券工程，南星街道完成15万元额度的教育券工程，教育券项目成为居民学习的重要途径和终身学习的重要模式。

2014年，在美政桥社区投入70万元，聘请专业人士规划“七彩美政民族园”与“一厅（民风展示厅）、一室（民事会议室）、一区（民知阅览区）、一屋（民乐活动屋）、一站（民俗娱乐站）、一亭（民议聚贤亭）”6大功能区块，成为市民教育的重要阵地。街道和社区依托沈干城沈乐山烈士纪念馆、守桥部队陈列馆、革命烈士陵园、于子三墓等红色资源，以参观学习和互动交流等方式，开展相应的红色教育活动，让青少年和居民受到革命传统教育。以复兴街社区、海月桥社区和白塔岭社区为中心，设立经典诵读学堂，重点进行经典诵读。

2015年，上城区社区学院南星分院制定“快乐少年七彩追梦”第三季青少年校外教育工作计划，发动社区参加。依托终身教育券工程，开展与核心价值结合、与学习需求结合、与生活品质结合、与成长发展结合的各类市民培训活动。至年末，南星街道辖区内有幼儿园6所，在园幼儿474人，教职工97人；有2所小学，在读小学生1544人，教职工97人；有2所中等教育学校，在读学生1024人，教职工135人。

二、科普

1993年，南星街道办事处建立社区科普文化站、社区科普画廊、企业科普画廊等宣传设施，开展科普讲座等进行科学技术知识普及。1997年起，街道每年开展不同主题的科普宣传周活动。2005年3月，美政桥社区新建35米的科普画廊，以书法、漫画和喷绘形式展现多种科普知识。是年，该画廊被中国科协确定为全国示范科普画廊。2006年，复兴街社区投入25万元，建成宣传长廊162米、科普活动室80平方米、电子阅览室60平方米等，将学习活动与科技教育活动结合起来。2007年，街道开展科普楼宇创建活动。

2010年，街道开展以“携手建设创新型城区——倡导低碳生活，打造低碳城区”为主题的科普宣传活动。2011年，注重普及科学知识、展现最新科技成就与倡导科学思想、弘扬科学精神的结合，提高市民科学素质。2013年5月，建成杭州首家社区低碳馆——水澄桥社区低碳科普馆，定期开展生态环保宣传、培训、低碳环保活动。

2014年起，南星街道开展系列科普宣传活动，助推“五水共治”等主题活动。街道共举办各类科普活动9场，开展科普培训班4期、讲座10场，受众人员5000余人次。2015年，开展以“万众创新，智慧生活”为主题的杭州市第29届科普宣传周活动。举办各类科普活动9场，开展各类科普培训班10期、开展各类讲座10场，受众人员1万余人次。

三、文化体育

1993年起，南星街道加强文体设施建设，组建社区文体队伍，每年组织演出活动，丰富群众的文化生活。1999年，南星街道组织各类文娱活动10余次。2001年，举办第五届残疾人运动会。2004年，南星街道被评为“第四批全国城市群众体育先进社区”。

2006年，南星街道办事处开展老年体育工作，成立老年体育工作协会，建有健身路径、室内健身房、门球场等老年体育设施。2007年，复兴街社区建成100余平方米的“文化超市”，配备电视机、影音光碟（VCD）、投影机、电脑和3300余册图书，建成社区文化阵地。2008年，开展传统佳节系列活动，传承传统文化。

图34-5-44 南星街道元宵文艺晚会（2003年）
（陈建荣 摄）

2012年，南星街道文化总队成立，下设合唱队、民乐队、舞蹈队、越剧队、小品队等业余团队，丰富南星地区的业余文化生活。街道与8个社区、多个文化团队签订文化惠民服务协议。2013年，南星街道办事处打造紫花埠休闲文化精品驿站，将门球场改造成多功能的文化娱乐场所。新建民安苑小区、清河家园、山南人家等13个健身场地。举办乐活南星第六届全民地区运动会、羽毛球比赛、健身大赛等活动。

图34-5-45 南星街道文化总队党委成立暨先锋文化艺术节开幕式（2012年3月6日）
（南星街道 供稿）

2014年，街道举办南星地区楼宇趣味运动会，27家企业的600余名员工参加拔河、跳绳、五项全能等项目比赛。2015年，南星街道通过健全组织抓机制、建好阵地抓服务、经常活动抓制度、整合资源抓创新，将南星文化融入居民大家庭，逐渐形成“横向到边、纵向到底”管理机制。街道文化总队及其80支群众业余文艺团队承办28项特色文艺系列活动、八大传统节庆文化活动和106个社区文化活动。

四、卫生和计划生育

1993年，南星街道、闸口街道境内有江干区中医院、闸口卫生院等医疗机构。1997年，江干区中医院划归上城区管辖，更名为上城区中西医结合医院。1997年，南星街道健全卫生业务培训制度，建立初级卫生保健网络。1998年，南星街道办事处开展新家庭计划，加强孕前服务及对流动人口管理工作。1999年，利用“婚育新风进万家”活动，分发宣传资料5000余份，并设立计划生育图书角，利用人口学校进行计划生育知识教育。

2000年11月，上城区中西医结合医院第一名称更名为南星街道社区卫生服务中心，开展社区基层卫生保健工作。2001年，成立杭州市首支计划生育联系员队伍，形成街道、社区、联系员、楼群长四级工作网络，得到省计生委领导肯定，并在全区推广。各社区开展计生服务18次。

2004年，南星街道开展健康教育讲座40场次，组织各类健康活动48次，群众基本卫生知识知晓率80%以上。开展以“关爱生命、帮助弱势人群”为主题的红十字会工作，为80户家庭发放价值2.4万元的医疗救助卡。2005年，街道投入资金20余万元，在十亩田等社区创建生育文化园区，倡导优生优育。2006年，新建4个社区残疾人康复站，为辖区所有残疾人提供康复训练场地。新建馒头山社区生育文化园。

2008年，南星街道以建设健康城区为契机，实施健康工程。水澄桥社区率先试点全市健康人家创建工作。2010年，利用金棕榈小区内近250平米的社区配套用房，建设南星街道“三优”[①]服务中心，形成“6+X”硬件组合模式[②]，建设富有特色的“娃娃健康学校”等社区“本地化”三优服务项目。2011年，南星街道“三优”工作成为首批省级“三优”示范点，成为市民体验“三优”指导中心品质服务的特色品牌。

图34-5-46　2011年11月7日，市民在南星街道计生“三优”指导中心进行亲子活动　（南星街道 供稿）

2012年，南星街道办事处在复兴商圈太和广场成立“幸福伊甸园”楼宇计划生育协会，“三优”服务对象从社区居民拓展到辖区企业员工，“三优”服务的覆盖面扩展。2013年，南星街道设立全区首个楼宇哺育室，被评为“杭州市计划生育服务示范窗口”。打造“乐活南星——健康快车开进山南创意园”活动，邀请杭州市红十字会开展以“黄金一小时——打通家庭与医院间生命通道”为主题的急救知识培训。

2014年，南星街道计划生育率96.88%；优生“四免一补”[③]政策知晓率95%以上，出生缺陷干预知识宣传服务率100%；计划生育宣传品进居入户率100%。2015年，街道加强户籍育龄妇女信息化管理建设，强化动态跟踪；实施“康乃馨”暖心园工程，让辖区计生困难家庭享受到贴心周到服务。

五、社区建设

1993年，南星街道开展争先达标创示范活动，馒头山成为区示范居委会。1999年，对居委会进行换届，向社会公开招聘录用12名年纪轻、文化程度高的居委会干部。5月，为适应“两级政府、三级管理”体制

① 优生、优育、优教。

② 由婴浴抚触室、心理咨询室、计划生育服务室、会议室、图书阅览室、培训室和全能宝宝亲子馆、DIY美食操作坊等组成。

③ “四免一补”：免学费、免课本费、免住宿费、免伙食费，补助生活费。

的要求，建立南星街道社区建设管理委员会，下设“三办二中心”，即城市综合管理办公室、社会治安综合治理办公室、精神文明建设办公室、公有资产管理中心和社区服务中心。

2000年10月，南星街道开展社区建设改革试点工作。建立党总支、居民代表大会、议事协商委员会和居民委员会4个组织，明确社区工作的领导层、决策层、议事层和执行层，加强党对社区工作的领导，扩大基层民主自治。

2001年，街道完善和规范社区议事协商委员会、社区居委会各项制度，并将社区各项工作职责统一上墙，实现居务、事务、财务“三公开”，社区实行12小时错时工作制，增强为民服务意识。开展争创星级社区活动，加大对硬件设施的投入，确保各社区“五室三站二栏一校一场所”[①]到位。是年，凤凰社区被评为省级文明社区、省级示范社区。2006年，街道投入60余万元对白塔岭、馒头山等社区办公服务设施进行装潢。

2008年，街道编纂并发布全国首本街道级《民生蓝皮书》，明确5年内改善民生工作的目标和任务。引入楼道自治机制，在社区设立一室、一廊、一角、一栏、一箱5个议事点，发放1张“睦邻卡”，形成凸显自治理念的“一长六员”楼道“自治模式”。并通过“党代表进社区”活动，以党内民主带动基层民主。

2009年，在复兴街社区建立全区首个人大代表社区联络站，形成人大代表收集民情民意的长效机制。同时，健全人大代表对街道项目工程和各职能部门工作的评议机制。2011年，南星街道建立街道层面的社会组织孵化中心和社区层面的社会组织服务点、社会组织受理网点（网站），为社会组织提供全程服务。建立人才保障、资金投入、政策扶持、物力激励四大保障机制，健全分片联系居民、站务公开、廉政建设等制度，以专业化建设提升社区工作者的综合素质。

2012年，南星街道创新社会组织管理服务，初步形成“南星益家”新品牌。同时，立足创新社区居民自治模式，推进社区社会组织发展。并成立草根社情监督队，建立社区社会组织发展专项扶持资金，并以创投项目化管理形式，引导社区社会组织加强自身建设，发挥社会组织在服务居民、反映诉求、规范行为方面的作用。2015年，南星街道推出社区服务智慧化模式，以美政桥、水澄桥社区为试点，依托“潮Link”信息化技术实现智能化社区办公和服务。

六、社区服务

1993年，南星街道为社区居民提供残疾人服务、志愿者服务、老年

① 五室：党建活动室、居委会办公室、警务室、青少年活动阅览室、老年人活动室；三站：社区服务站、劳动保障站、社区卫生计生服务站；二栏：宣传栏、居务公开栏；一校：市民学校；一场所：健身娱乐活动场所。

人服务、便民生活服务等系列服务。至年末，街道社区服务项目有210个，服务网点507个。1997年，南星街道开展“温馨在南星”服务活动，街道6个部门与15户特困家庭结对开展重点服务，60名志愿者组成的服务队常年为300名生活不便者提供上门服务。1999年，街道组织6次大型服务活动，600余志愿者为1万余名群众提供各类便民服务。

2000年，南星街道志愿者为320人次提供理发、维修家电、修缮房屋等上门服务。2001年，南星街道成立1家社区服务志愿者注册协会。通过一个协会、十大系列、百支队伍、千人服务、万人受益，形成社区服务新机制。2002年，南星街道投资300万元，建造面积2200平方米的社区服务中心，为社区居民提供服务。将复兴南街的20余家商业网点纳入社区服务体系，形成便民服务一条街。

2003年7月，南星街道社区服务中心建立，建立社区服务新平台。2005年，南星街道成立居家养老领导小组，在民政科设立居家养老服务中心，在社区设立居家养老服务工作站，在敬老院设立居家养老服务所。通过全面入户调查、确定服务项目、招聘培训人员等方式，依托敬老院，以发放服务券的形式为老年人提供服务。共有125人接受居家养老服务，服务时间达11852小时。在美政桥社区服务大厅创建流动人口服务中心，对暂住证、流动人口婚育证明等多种证件的办理实行一条龙服务。

2006年，南星街道开展为老服务系列工作，组建成立老人活动、老人洗涤、老人配餐、老人日托“四个中心”，配置自动麻将机、健身器械、按摩椅、滚筒洗衣机、烘干机等设施。2007年，南星街道成立上城盲协南星分会、上城聋协南星分会，举办残疾人康复运动会及康复成果展。2008年，南星街道享受居家养老服务的老人达189人，为老服务时长达37249小时，折合服务金额40.97万元，服务覆盖率位居全区之首。是年，新办全市首个托老所——复兴东苑托老所，街道居家养老服务工作得到全国老龄办调研组肯定。

2010年，街道在全区率先开设包括温馨角、民心角、健康角、学习角、娱乐角，旨在构建邻里大院的社区“一院五角”示范点，为居民提供服务场所和相互交流的新型平台。推出全区首家以“医护型”为特色的养老院——仁和南星养老中心，街道居家养老工作得到推进。2011年，为社区老年人安装2405只呼叫器。2012年，南星街道社区社会组织发展中心正式挂牌运作，街道相亲会所、大爱无疆服务社等社会组织入驻该中心。2013年，南星街道建立上城区第一个残疾人庇护中心。推出“五彩阳光服务卡”[①]

① 红色敬老卡，即老年银龄无忧卡，主要面向社区80岁以上高龄独居老人机卧床不起老人，提供送医上门、家庭保洁、生活保障等服务。绿色少年卡，即春蕾助学成长卡，主要面向辖区内6~16岁少年儿童群体，以发挥少年儿童社会力量为目标，开展少年儿童社区教育工作。粉色家庭卡，即妇女计生服务卡，向社区所有育龄妇女（包括流动人口）发放，为其提供免费健康体检、计生用品领等服务。蓝色保障卡，即弱势群体畅通卡，主要面向低保困难人员与残疾人，提供水电费代缴、申请手续上门等服务。黄色帮扶卡，即失业人员帮助卡，持卡人可以在社区享受免费就业指导、技能培训、职业介绍等服务。

服务，针对不同群体提供能满足其需求的服务。2014年，建成馒头山社区便民服务中心，成立美政桥、复兴街、海月桥3家社区日间照料中心。

2015年，南星街道新开全区首家医养一体的皇城敬老院，新增床位102张。是年，街道借助“互联网+传统媒体+新媒体”技术融合优势，以杭州电视台明珠频道首个民情采集点落户南星为契机，畅通民意诉求、帮扶救助、交友征婚等渠道，实现网上网下“民情通”，高效快速解决民生问题。同时，涌泉公益组织开展的“红色老墙门”志愿服务活动全年累计为居民提供志愿服务超过2000个小时，受益居民1万余人次。

七、社会保障

1993年，南星街道成立街道就业管理站，为居民提供待业登记、待业保险等服务。全年发放救济金1.31万元、各类抚恤金0.67万元。1998年，南星街道办事处完善民政优抚体系，与4户残疾特困户结对，以每月定补的形式解决其生活困难。全年发放救济金14340元，享受救济134人次。对突发事件引起的2户困难户进行经济补助。1999年，街道发放救济金4.43万元，享受救济247人次，慰问孤老、残疾人、“三无人员”200余人次。

2001年，南星街道建成社区保障室6个，为弱势群众解决入学、就医、入托、住房等困难17件次。2004年，街道对9户木结构房屋的低保家庭进行价值18万元的免费家庭财产保险；对弱势人群实行医疗救助募捐，募得善款近万元，捐得物品价值22万元，对45户特困家庭长期患病人员进行年终慰问。

2005年，街道为失业人员送政策、送岗位、送技能、送服务、送温暖。办理失业证1006人，受理失业人员适应性培训790人，创业技能培训638人；办理援助证531本，发放失业保险金10369人次；医疗救助120人，共计人民币25.65万元；开发岗位3032个，实现再就业2428人，安置困难人员1024人。对5780名退休人员开展服务，在全市首创退休人员社区信息库。街道建立以助老爱心队为主要组成部分的保障服务网，以社区卫生服务站为主要组成部分的医疗服务网，以便民应急服务队为主要组成部分的生活照料网。

2007年，南星街道实施居民家庭生活“零贫困”、残障人士关爱“零遗漏”、老年需求服务“零空白”、失业人员安置“零盲点”的“四零”工程，落实“一户一策”、就学、救助、就业、应急措施，做到“出现一个，扶助一个；扶助一个，解决一个”。全年发放低保金111.72万元，“春风行动”慰问困难家庭493户，发放慰问金111.72万元。爱心超市发放物品4.88万元，爱心银行发放救助金36万余元，为22名残疾人单独申报低保，无就业能力的残疾人生活问题得到解决，困难救助实现全覆盖。开发岗位2994个，实现再就业2344人，困难人员安置1284人，安置零就业家庭258户，消除“零就业”家庭。

2010年，南星街道为完成脱离贫困倒计时工程，落实临时救助持证、非持证困难家庭69人次、4.28万元的扶助金额，发放低保金、残保金184.34万元，动态化实现“零贫困”家庭目标。通过落实开发适合岗位信息与求职人员自动匹配的新软件程序、召开现场招聘会、开发17个适合街道实际的创业项目等举措，实现从充分就业街道向创业型街道的拓展。安置失业人员就业2421人，其中就业困难人员580人。签订失业人员灵活就业协议1523人，发放灵活就业人员养老等社会保险补贴1730人。

2011年，南星街道为157名残疾人家庭发放9200元电费补助，为167名困难残疾人发放28700元电费补助，为106名无业残疾人发放223916元社保补助，为8名因病致贫残疾人发放11000元特殊困难补助。开发岗位信息3353条，办理失业登记680人，办理新申领就业援助证183人，新增就业人员2476人，其中就业困难人员359人，确保上城地区残障人士关爱、老年需求服务和失业人员安置工作的“三归零”。

2015年，街道为辖区434户、534人提供上门服务；辖区268户385名低保、残保、特困家庭人员全部纳入救助范围，累计享受各类救助资金近460万元；实施圆梦工程，创新设立“爱心中途岛”，开辟“农疗实践基地”等实践基地，加快残疾人回归社会。开发岗位信息3994个；新增就业人员3591人，其中就业困难人员3229人，就业率保持在98.3%以上。

第四节　综合治理

1993年，平安创建工作纳入街道领导任期责任制管理，街道与辖区签订安全责任状。至2015年，开展“平安街道”“安全社区”“无毒社区”创建活动。街道先后实施“二五”“三五”“四五”“五五”普法教育活动，加强对干部群众的法制教育。开展人民内部矛盾排查调处工作，对不稳定因素坚持月度排摸制度，做到早研究、早部署，努力消除各种矛盾纠纷。实现纠纷调解不引起激化，无“民转刑”案件发生，实现矛盾纠纷零上交。

一、平安创建

1993年，南星街道与辖区单位签订平安创建责任书，并纳入领导任期目标责任制。1995年8月，南星街道开展创建“平安社区”活动。1997年，南星街道办事处开展公寓、木材新村创“安全文明小区”。1999年，开展以校内外为重点的整治活动，通过安装防盗设备、修建围墙、执勤点，落实各项安全防范工作。2001年，开展以旧小区整治为主的企地共建安全文明小区活动。2002年，开展“平安街道”“安全社区”“无毒社区”创建活动。

2004年，平安创建工作引向治安复杂的地段和场所，以协警、专职保安巡逻为主体，单位护厂队、保安队配合，开展全方位、多层次的治安巡逻。新建小区全部安装电子保安门。2006年5月，南星街道办事处成立平安巡防大队，并相继成立下属馒头山社区等10个平安巡防中队，形成由民警、协警、保安人员、社区志愿者等组成的新型治安巡逻工作网络，建立平安巡防工作机制。2010年，实行领导班子成员对辖区学校分工包干督查制，落实校园安全管理督察和安全生产制度，确保学校安保工作落到实处。

2011年，南星街道通过建立三级组织机构，运用专职管理和志愿服务相结合的方式，落实烟花大会、钱塘江喊潮等安保工作。2013年，按照“最小化投入，最大化整合，最优化流程，最高化效能”理念和“系统思考、体系设计，基础先行、全面提升”思路，构建“3+X·四化型”[①]监管网络，创新探索以“四化”促“双零”的工作模式，实现街道安全生产“零事故”、消防安全“零伤亡”。

① “3+X”即由街道“大网格”、社区“中网格”、小区“小网格”和各类社会力量组成的安全生产监管网络，“四化”即安全监管规范化、网格化、标准化、信息化。

2014年，南星街道实行安全生产企业星级评定制度，成立全市首个城市社区消防站。2015年，街道与辖区所有1820家企事业单位签订安全生产责任书，实现公共安全的联防联治。

二、社会治理

1993年，南星街道抓社会治安综合治理，街道与26家单位签订目标管理责任制，受理各类纠纷87件，调解成功率100%。暂住人口领证率97.8%，私房出租领证率、出租房间发牌率均达100%。全年摧毁犯罪团伙7个，查破案件31起。1997年，开展“争创文明宿舍”活动，组织单位与外来人员签订责任书，组织5个居委会与居民住户签订楼群单元治安防范共同协议。1998年，南星街道完善综治工作网络，与南星派出所等48家单位和14个居委会签订责任书，并确定一把手为综治工作第一责任人。2001年，结合出租私房整顿，强化外来人员管理和治安复杂场所、地段的整治。开展警钟地社会治安综合治理共建活动，新工社区居委会与所辖单位南星消防中队联合组建社区治安巡逻队，遏止社区夜盗和车盗案件的发生。

2004年，街道以街道综治中心为依托，构建以街道综治委、派出所为龙头，以专职保安、协警为骨干，以社区义务巡逻队、夜间喊话队、义务消防队、治保调解信息员、归正人员帮教小组等群防群治人员为依托的网格化管理模式。按照“谁出租、谁负责”“谁用工、谁负责”原则，落实外来人口管理责任，强化以公安为主，区计划生育、民政、社区居委会等部门齐抓共管的外来人口管理服务体制。

2005年，南星街道与民营企业签订综治责任书，探索市场经济条件下的综治工作新模式。完善信访预防机制，全年处理反馈回复信访电352件，办结率100%。2006年，下拨10万元设立群防群治见义勇为奖励基金，受到奖励的有110人次、计7320元。与社区签订管理责任书，把信访问题控制在基层。处理、反馈、回复信访电356件，办结反馈率达100%。

2008年，南星街道通过信访工作精细化，健全全天候信访件收集、筛选梳理、定期接访、跟踪督查、定期评价5项制度。共处理、反馈、回复信访电341件，一次性信访办结率100%。2009年，采取“分类指导、突出重点、以点带面、逐步推进”的方法，分批对市场、企事业单位、社区综治工作站规范化建设予以指导。

2012年，南星街道着眼于消除基层社会管理与服务的“空白地带”，设置20个社区网格，避免管理服务缺失的出现。在全区率先实行出租房安全等级评定管理，该做法在全区推广。南星地区形成消防事故零亡人、重大安全生产零事故、小区零毒害、钱塘江边“夏季喊潮千日（十周年）”零事故的局面。2013年，街道加强街道综治中心建设，完善信访责任制和多元化社会矛盾评估体系，强化信访交办处置力度和社区12345网上信访处置工作。全年信访一次性办结率100%，群众满意率98%；民间纠纷调解成功率99.19%，并妥善处置群体性事件1起。

2014年，街道各社区共上报、流转事件21390件。共处理、反馈、回复信访445件，一次性办结率100%，群众满意率99%。2015年8月，南星街道金棕榈小区、紫花苑小区成为上城区推进住宅小区停车管理规范化工作试点，组织交警、消防等部门对小区内停车、交通状况进行检查督导，建设“错时停车”服务平台。

三、司法工作

1993年起，南星街道先后实施“二五”“三五”普法教育活动。1998年，学习推广“枫桥经验”，加大法制教育力度，成立“两劳”回籍人员安置帮教基地。2000年，南星街道以解决家庭、邻里和社会纠纷为重点，落实“四前”[①]工作机制，开展社区法律服务巡回日活动，变被动处理纠纷为主动上门调处。全年处理各种纠纷60余起，调解成功率98%。落实刑释人员的帮教工作，全年安置率和帮教率均达到80%。

2001年4月，南星街道成立凤凰、馒头山、美政、新工、宋城、紫花埠6个社区人民调解委员会。2004年，健全民间纠纷的预测、排查调处机制，建立矛盾纠纷排查、信息报告、会议协调、工作督察等制度。对36名社区矫正人员进行“多帮一”的心理、生活等方面的疏导和帮助，对本地区75名归正人员落实帮教责任，特别是由杭州市第七人民医院分院开通心理热线，对归正青少年实施“导航工程”。2005年，南星街道依法调解154起各类民间纠纷，对114名吸毒人员进行帮教，对30名矫正对象进行落实帮教，通过自谋职业和帮助解决就业的人员25人。2001—2005年，主要采取法制讲座形式授课宣讲、送法下乡、法制征文、演讲比赛等形式，开展法制宣传教育活动。

2008年，街道受理各类纠纷332件，成功调解321起，成功率96.69%，无一例纠纷因调解不当引起激化，无“民转刑”案件的发生，实现矛盾纠纷零上交。2009年，成功调解5起老信访事件。调处南复路铁路道口下穿隧道施工导致复兴城市家园房屋出现裂缝等6起群体性纠

① 理念在前、教育在前、调解在前、服务在前。

纷。共受理各类纠纷399件，调解成功390起，成功率97.69 %。2006—2010年，实施“五五”普法教育活动，突出“法律六进”[①]。

① 即法律进机关、法律进乡村、法律进学校、法律进社区、法律进单位、法律进企业。

2011年，南星街道运用多元化矛盾纠纷调处机制，发挥街道调解力量，解决历史遗留疑难信访问题1个，平息中国移动建基站引发金棕榈小区居民纠纷等4起群体性事件。全年共受理各类纠纷486件，成功479起，成功率98.55 %。2015年，街道信访、司法多方协作，全力构建“大调解”工作体系。并创新建立“巡回调解室”，实现矛盾纠纷化解在“家门口”。共调处各类矛盾纠纷474起，调处成功率达98.54%。

第五节　城区建设与管理

20世纪90年代后，南星街道重视居民区的公共配套设施建设，修整辖区主要道路，实施背街小巷改善工程、危旧房改善和庭院改造工程，改善居民居住环境，创建“无违建街道”。落实“门前三包”责任制，加强街道市容环境管理。实施玉皇山南市容环境综合治理工程，开展“最清洁城区”创建活动，组建28人的快速巡回保洁队伍。实行专业公司外包分类保洁和垃圾分类，开展环境卫生综合治理。拆违还绿，巩固生态街道创建成果，加强城区建设与管理成果。

一、辖区建设

1993年后，南星街道加强居民区的公共配套设施建设，促进均衡发展。1998年，街道改善居民的居住环境，维修翻建山上居民区危房7户，消除肖公桥、统一码头等路段的积水，修整硬化山上片居民区主要道路和南瓦子巷杭州市秋涛路小学门口的路面。1999年，共硬化道路500余平方米。2000年，以创建国家卫生城市和创建文明城市为目标，建立完善各项管理制度，不断改善城市管理硬件设施条件。

2006—2008年，南星街道办事处实施背街小巷改善工程30项，共投入资金1855余万元，改善道路10千米，受益居民5000余人。同时，实施危旧房改善和庭院改造工程，完成危旧房改善1.7万平方米、“平改坡”93763平方米，改善居民居住环境。2006年，先后完成南复路、虎玉路、大资福庙路、炮台山小路的背街小巷改善。完成白塔岭甘水巷地质灾害点加固，龙舌嘴、山南低洼积水地段改造。

2007年，南星街道办事处完成9处、共14053.62平方米危旧房改善，362户居民群众告别如厕难、晾晒难等问题。完成平改坡1995户、93763平方米。2008年，进行八卦新村和复兴北苑庭院改造，实施危旧房改善1479户，建筑面积6.19万平方米。

2009年，街道实施庭院改善、危旧房改善等工程，对住宅小区进行“立面”整治。共进行危旧房改造10367平方米，有230户居民告别“如厕难”问题。

2014年，南星街道抓实“三改一拆”，创建“无违建街道”。实施城中村改造道路整治、汽修厂旧厂房提升改造等工程。实施八卦新村等小区的旧住宅改造工程，为辖区5—8层无电梯小区安装800个休息椅。2015年，推进馒头山凤凰山脚路截污纳管工程、美政花苑庭院改造等整治工程，小区道路环境、整体面貌得到改善。

二、环境整治

1993年，南星街道开展创建卫生文明城市工作，共组织突击活动25次，清除垃圾废土1673吨，铲除蚊蝇滋生地217处，疏通沟渠2180米，清理违章占道300平方米。至年末，街道签订“门前三包”单位523家，签订率100%。1997年，南星街道办事处对三廊庙广场、秋涛路、江城路、中河延伸段、新开河两岸、南星农贸市场等进行重点整治，组织较大规模卫生突击检查10余次。街道与76家单位、居委会签订卫生管理目标责任书，开展辖区单位、居民区联片卫生检查活动，楼道清洁率80%以上。

1998年，街道开展基层爱国卫生运动，街道和新工、南凤段、凤山3个居委会创建市级卫生先进单位。2000年，以木材新村整治为重点，加强社区环境卫生管理，改善木材小区居民的居住环境质量。在新工、太平、剪刀3个居民小区实行垃圾袋装化，辖区居民垃圾袋装率达到95%。2001年，通过公开招聘、集中培训一批保洁和绿化养护工，加强日常保洁、护绿管理。凤凰社区创建街道第一所环保学校，共举办各类培训班30期，受训2000余人次。

2002年，南星街道完善社区卫生制度，紫花埠、新工社区确定每周三为卫生清洁日，馒头山社区等社区坚持随脏随扫的“全天候”保洁制度。2004年，建立由街道城管科、行政执法中队和环卫所组成的督查队，每天进行巡查，发现有碍市容市貌的现象落实整改措施。共开展各种整治活动453场次，共清理各种垃圾243吨。共拆除违法搭建30处、1.66万平方米。

2006年起，南星街道办事处实施玉皇山南市容环境综合治理工程，解决陶瓷品市场视觉污染、白云路低洼积水、路面坑洼等问题。加强中河管理力度，组织沿河社区志愿者队伍开展护河劝导工作，确保8小时内无人洗涤。2007年，开展“最清洁城区”创建活动，组建28人的快速巡回保洁队伍，打造“五分钟”保洁作业圈，实现道路保洁全覆盖。拆除违章建筑6处6390平方米。

2008年，街道开展拆违、复兴3号地块专项整治工作，共拆除违法建筑14050平方米。是年，街道数字城管解决率100%，代整治投入18余万元，解决各类问题470余个。2011年，南星街道通过建立居民激励、“五员”联动、“三三三”走访、手机短信互动等机制，推行垃圾分类“实名制”。成立快速清运队伍，整治偷倒渣土行为，确保路面交通秩序畅通。整治卫生死角200余个，清运垃圾、杂物、积存渣土180余车，拆除各类违法建筑3处、5352.75平方米。

图 34-5-47　2015年2月，南星街道社区工作人员在宣传垃圾分类　（南星街道 供稿）

2012年，南星街道对4个社区实行专业公司外包分类保洁和垃圾分类工作。2013年，打造360度立体生态城管。共拆违161户、6007平方米。2015年，南星街道以开展国家卫生城市复评检查为契机，进行环境卫生综合治理，整治楼道3784个，清理脏乱道路面积约2.3万平方米，清理垃圾234吨，清除残标2351张，清除病媒生物滋生地2755处，投放鼠药400千克。

三、生态建设

1993年，南星街道单位绿化种植面积1002平方米，群众绿化种植面积300平方米，绿化成活率95%以上。1999年，新增绿地面积1837平方米，拆违还绿面积720平方米。2006年，街道办事处落实区生态建设与环境保护目标责任制，制定《南星生态街道建设规划》，启动生态街道建设工作。街道划分为北部玉皇山及南宋皇城遗址保护区，南部城市建设发展区和钱塘江及中河饮用水源保护区，形成“一景、两群、三带、四园”的“1234”生态街道建设总体格局。①

2007年，街道组织金棕榈小区创建市级安静小区，紫花埠社区创建省级绿色社区工作，补绿面积400平方米，在南复路扩绿面积400平方米。是年，开展以“南星：听您、写您、画您、颂您”为主题的生态活动。2008年，进行中河绿化整体改造，扩绿面积70509.27平方米，补种绿化面积450平方米，环境质量更趋优良。街道投资60余万元，对宋城路、三角道等4处水渠实施清淤工程，清理渠道7000米。2006—2008年，实施“绿色家园”工程，进行白塔岭社区、中河绿化整体改造，建成江城立交桥下两侧近10万平方米主题公园和1.5万平方米凤凰主体广场。街道共扩绿面积90509.27平方米，补种绿化面积1450平方米，街道总体绿化面积136余万平方米，绿化覆盖率达35.1%。

2009年，南星街道设立8个高层监控点，对生态环境质量进行监控，并定期对“屋面”废弃物等采取专项清理行动。2012年，建造生态垃圾房4个，地下埋入式垃圾箱10个，对8个垃圾房进行生态美化，推

① 把“环凤凰山—玉皇山景区”建设成为一个中外游客领略南宋历史文化的基地；把钱塘江沿岸生活居住群、复兴街沿线生活居住群建设成为全市一流的宜居区块；把“一江、一河、一山”3条生态带建设成为居民绿色生态生活的屏障；把白塔、八卦田、凤山、太和广场4个公园建设成为居民生态生活的“绿肺”，把南星街道建设成为钱塘江边现代文明与古都文化交相辉映、人与自然和谐发展的生态型街道。

进生态街道建设。组建由3人组成的专业护河巡查小分队，对中河沿岸的水源污染及破坏生态等现象实行严格监管；完成3家单位的屋顶绿化改造方案，增加辖区绿化面积3900余平方米。

2013年，街道巩固生态街道创建成果，在辖区单位推广垃圾分类工作，落实环保、市政、绿化“八小”行业整治、数字城管等工作。2014年，抓实“五水共治”，打造杭州市生态示范河道。落实“河道片长制”，组建治水联盟，专业管理、志愿者参与有机结合，并对中河南段进行清淤治理保护，加装河道护栏网防止水污染。2015年，南星街道通过国家卫生城市复评检查。

图34-5-48　2015年7月，杭州市清河实验学校师生参与南星街道美政桥社区“五水共治”活动　（南星街道 供稿）

第六章　紫阳街道

紫阳街道位于上城区中南部，东临钱塘江，南连万松岭、飞云江路，西连紫阳山，北靠望江路。因地处紫阳山麓而得名。地势西高东低，自然资源丰富，辖内有中河、新开河、贴沙河、新塘河、钱塘江、紫阳山、城隍山、瑞石山、伍公山、云居山等山川河流，东西向主要道路有望江路、甬江路、姚江路，南北向主要道路有之江路、钱江路、秋涛路、江城路、中河南路。

紫阳街道地处南宋皇城遗址综合保护工程的核心区域，是“新中国第一个居民委员会”诞生地，也是中国社区建设展示中心的所在地，辖区历史文化底蕴深厚，胡雪岩故居、太庙遗址、宝成寺、通玄观造像、水城门等10余处国家、省、市级文物保护单位散落其中。其中，街区西南部为南宋皇城（大内）之东北隅。中山南路（南宋御街南段）、大马厂、高士坊巷和察院前一带为南宋中央官署所在，元明时仍为官署集中之地。境内有凤山门、候潮门故址，始建于唐景福二年（893）的朝天门（鼓楼）和建于明代的保安楼（后称镇东楼）、清代的雄镇楼，为杭城三大城楼（现均已圮）。

1990年，通江街道并入紫阳街道，街道面积1.4平方千米，街道办事处驻地从白马庙巷迁至江城路307号。1996年12月，紫阳街道从江干区划入上城区。2003年5月，上城区划调整，近江街道江东路以南，江边路社区部分区域划归紫阳街道管辖，街道总面积3.49平方千米。街道办事处驻白马庙巷17号。

辖区工商业设施较少，再加上南宋皇城遗址综合保护工程的影响，辖区可供开发利用的空间有限，但医疗、教育资源比较丰富。街道科教文卫事业从无到有走向繁荣，形成“科普紫阳”“韵味紫阳”“书香紫阳”品牌，尤其是优质教育资源已经成为紫阳街道的一张“金名片”。社区服务管理方面，发挥“新中国第一个居民委员会”——上羊市街社区的示范引领作用，创新打造邻里值班室、邻里服务中心和邻里关爱驿站系列睦

图34-6-49　紫阳街道办事处　（紫阳街道 供稿）

邻平台，并在此基础上建立“邻里食安办”“邻里绿化办”“邻里消安办”，逐步形成“睦邻紫阳”系列特色品牌。2003年，紫阳街道办事处启动招商引资工作，每年税收保持两位数以上的增长。2010年11月，街道办事处搬迁至秋涛路36号。

2015年，紫阳街道地方财政收入4亿余元。至年末，街道总户数26778户，总人口73408人，户均人口2.74人，人口密度21034人/平方千米。是上城区人口居住集中区，共有春江花月、阳光海岸、金色海岸、蓝色钱江、春江名苑等46个小区，其中物业小区33个、准物业小区13个。辖区内共有行政事业单位10家，工业企业2家，医院5所，中小学和幼儿园21所，金融机构10家，“三产”服务业企业212家。街道先后获“全国和谐社区建设自主创新先进街道”“全国和谐邻里建设示范街道”“浙江省小康型老年体育街道”“杭州市第二批基本无违建街道”“杭州市示范文化街道等近100项国家和省、市、区级荣誉称号。

1997—2015年，紫阳街道历任党工委书记寿树声、李德顺、金爕彪、李一青、谢宁；历任办事处主任寿树声、陈砚菁、刘德泰、陈国琪、毛素云、沈武洪、柴闻乐、王斌达；2004—2015年，历任人大工委主任金爕彪、李一青、林国平。

表34-6-24　2015年上城区紫阳街道部分辖区单位情况表

序号	单位名称	地址
1	杭州市第四人民医院	严官巷34号
2	南星街道社区卫生服务中心	秋涛路56号
3	紫阳街道社区卫生服务中心	中山南路303号
4	上城区妇幼保健院	江城路417号
5	杭州市仁育妇产医院	中山南路223号
6	杭州市抚宁巷小学	金狮苑20号
7	杭州市建兰中学	抚宁巷58号
8	杭州市培红幼儿园	十五奎巷55号
9	杭州市紫阳幼儿园	太庙巷62号
10	杭州市紫阳小学	太庙巷7号
11	北京师范大学附属杭州中学	银鼓路6号
12	杭州市杨绫子学校	姚江路3号
13	杭州市娃哈哈幼儿园（钱江新城园区）	吟潮路170
14	杭州市培红幼儿园（亲亲园区）	南瓦坊7号
15	杭州师范大学附属小学秋涛路校区	南瓦坊12幢
16	杭州师范大学附属小学凤凰校区	凤凰北苑9号
17	杭州市娃哈哈幼儿园（凤凰园区）	银鼓路凤凰北苑
18	杭州市培红幼儿园（保安桥园区）	保安桥河下7号
19	杭州市江城中学	江城路287号
20	杭州市金都天长小学	候潮路6号
21	杭州市胜利金都幼儿园	候潮路10号
22	杭州市胜利实验学校	甬江路80号

续表34-6-24

序　号	单　位　名　称	地　　址
23	杭州市行知幼儿园（新城园区）	铜鼓路80号
24	杭州市娃哈哈双语学校	姚江路5号
25	杭州市欣欣幼儿园木场巷园区	坤年里46号
26	杭州市娃哈哈幼儿园（赞成林风园区）	闻潮路169号
27	浙江省水利水电勘测设计院	抚宁巷66号
28	浙江赛丽美术馆	江城路355号丽园8号楼
29	浙江中烟工业有限责任公司	中山南路77号
30	杭州木材有限公司	江城路216号
31	紫阳派出所	南瓦坊3幢
32	紫阳执法中队	姚江路27号
33	紫阳市容环卫所	富春路1-1号
34	紫阳工商所	江城路575号
35	上城区市政园林管理所	六部桥直街18-1号
36	杭州艺苑剧场	十五奎巷99号
37	中国社区建设展示中心	金钗袋巷79号
38	中国人民解放军海军杭州干休所	万松岭路98号
39	杭州市中级人民法院	之江路768号
40	中国检验检疫局	富春路126号
41	浙江农发市政园林工程有限公司	江城路651号201
42	蒋筑英纪念馆（蒋筑英科技馆）	金狮苑20号

说明：资料来源于杭州市上城区紫阳街道

第一节　党建

1993年，紫阳街道党工委下辖基层党组织40个。随着从严治党要求的提出，紫阳街道党员教育管理日益规范、科学化，尤其是2000年后，推进党建全覆盖工作，先后采用党员分类管理模式、积分制管理模式、线上管理模式，党员先锋作用和党组织的战斗堡垒作用不断凸显，党建引领作用得到加强，区域党建共建格局日益巩固。至2015年，紫阳街道基层党组织增加至152个。

一、思想建设

1993年开始，紫阳街道党工委重点组织学习中共十四大、十五大精神，《邓小平文选（第三卷）》，《中共中央关于建立社会主义市场经济体制若干问题的决定》，《关于建设有中国特色社会主义若干理论问题学习纲要》等内容，同时对党员干部进行新时期党风廉政建设、经济形势等方面的教育。是年，紫阳街道建立电化教育站。

2001年，紫阳街道党工委主要在基层党员中开展“三个代表”重要思想教育。2003—2004年，紫阳街道组织党员开展“学习中共十六大精神”活动，推动党员干部的思想大解放。2005年1月—2006年6月，以专题学、集中学、分散学、研讨会、培训班等形式，在街道、社区开展以实践“三个代表”重要思想为主要内容的保持共产党员先进性教育活动。2009—2010年，在全街道组织学习“科学发展观”。2011年，打造学习型党组织，构建社会学习、网络学习、媒体学习、讲堂学习“四个平台”，满足不同层次学习需求。2012年，紫阳街道党工委通过议说、写、找、看多种形式推动核心价值观的学习、讨论、提炼、普及和践行，在街道和社区形成敬岗爱业的氛围。2013年，紫阳街道组织学习贯彻中共十八大精神，开展“我的中国梦”系列主题活动。2014年，紫阳街道开展党的群众路线教育实践活动，落实“访民情、聚民智、解民忧”基层走学要求，开展“进百家门、知百家情、问百家事、解百家难、暖百家心”的全民大走访活动，举办“为民务实清廉”群众路线知识竞赛，通过“周末民情直通车”“党员三声服务队”“大爱无疆服务队”“三点半课堂”等服务载体，推动党的群众路线落地生根。8月，建立中心组理论学习制度，明确实行组长负责制，学习时间定在每月第二周的周五上午，可根据实际情况做调整。2015年，组织全体党员参加“三严三实”专题教育活动，开展理论中心组学习12次，重点学习“党要管党从严治党”“习近平同志关于严明政治纪律和组织纪律的重要论述”等内容。

二、组织建设

1993年，紫阳街道党委改建为街道工作委员会。2003年，行政区划调整，原隶属于南星街道的凤凰社区、新工社区党委并入紫阳街道；原属望江街道的海潮社区、木场巷社区党委并入紫阳街道。至年末，紫阳街道党工委下辖社区党委10个。

2007年开始，紫阳街道对党员实行分类管理①。2008年，袁井巷社区党委改为紫阳街道上羊市街社区党委。是年，在各社区实施星级党委考评制度，评选出三星级、四星级、五星级党委。2009年2月，新增春江社区党支部。2010年5月，春江社区党支部改为春江社区党委，街道社区党委增至11个。推行“网格化管理、组团式服务、片组户联系”工作，组建256个管理服务团。

2011年，街道新建两新党支部10个，覆盖企业112家。成立上城区首个餐饮行业党支部——南宋御街中华美食园行业党支部。2012年，新建两新党组织8家，实行两新组织党员管理服务新体制，组建“党员网上之家”，依托街道社区党员服务中心及企业支部开展流动党员教育管理。创办街道党建杂志《紫阳先锋》，打造党的宣传阵地。

2013年，开展社区党委书记竞聘上岗，完成社区党委、支部换届。2014年，紫阳街道研发紫阳先锋红色党员积分管理系统，建立党员积分

① 对在职党员实行双重管理，健全在职党员单位党组织定期反馈机制；对流动党员实行动态管理，建立流动党员管理站；对下岗党员实行温暖管理，做好组织关系转接；对离退休党员实行关怀管理，定期召开离退休干部党员座谈会，搭建参政议事平台。

管理机制，实现党员教育、活动量化管理。该项目被列为区委组织部年度创新项目，并在全区推广。是年，紫阳街道获“全国社区服务型党组织建设示范街道”“全国党的群众路线教育实践活动先进集体”称号。

图 34-6-50　2011 年 9 月 28 日，中华美食园餐饮行业党支部成立　（紫阳街道 供稿）

2015 年，杭州木材有限公司党委划入紫阳街道党工委；3 月，成立甬江社区党委和现场动迁指挥部党支部。是年，成立区域化党建共建工作委员会，打造“和合家园”党群共同体和锦绣工坊“蓝领驿站”，每月 15 日定为党员固定活动日。至年末，街道党工委下属基层党组织达 152 个，其中党工委 1 个，机关党委 1 个，社区党委 12 个，两新组织党委 1 个，集体经济党总支 1 个，党支部 136 个，党员 3718 人。

三、党风廉政建设

1993 年，结合机构改革工作，紫阳街道实行机关干部聘任制（聘期 1 年半），设立包括党工委成员在内的 34 人 28 个岗位，并通过学习会、讲评会等形式，加强机关思想作风建设。1997 年，紫阳街道党工委开展领导干部公费安装的住宅电话和移动电话清理行动。2006 年，街道以作风建设年为载体，推出机关人员绩效考核，实行效能建设、目标责任完成情况一票否决制度。2009 年，加强机关、社区行风建设，开展“紫阳先锋”创先争优活动，聘请普通居民群众为“行风监督员”，完善和扩大社会监督网络。2011 年，深化权力阳光运行机制，建立重大项目审批制度，制定《紫阳街道资产管理办法》《紫阳街道财务管理办法》《紫阳街道机关工作人员各类假期执行规定》《紫阳街道工作人员作风和效能问责暂行办法》，开展上羊市街、彩霞岭社区廉政文化示范点创建工作，打造信息化廉政教育工作品牌。2012 年，开展“公述民评”等活动，切实转变工作作风。开展“清风之旅”，组织干部、党员参观廉政教育基地，编排节目参加廉政演出。2013 年，举办“党政一把手讲廉政党课”活动，引入专业财务和资产管理软件，规范财务审批制度，打造节约高效机关。2015 年，紫阳街道制定《“三重一大”决策制度实施细则》，推进作风建设常态化，共组织明察暗访 18 次，问责处理责任人 9 人。

第二节　经济

1993 年开始，紫阳街道办事处启动企业体制改革，以宋都绸布庄为试点推行股份合作制，第三产业异军突起，居民区经济开始走上规模。是年，紫阳街道地区生产总值

6500万元，销售收入1.6亿元，总利润410万元，上缴国税400万元。1995年，紫阳街道办事处开始对挂靠企业陆续进行清理。是年，紫阳街道地区生产总值1.25亿元，销售收入3.11亿元，总利润560万元。1996年末，紫阳街道划入上城区，其中望江村有耕地面积0.14平方千米。1997年，受金融危机影响，紫阳街道地区生产总值降到7.5亿元，销售收入21.5万元，总利润130万元。随着城市化进程加快，国有建设征用土地，至1999年末，境内耕地全部征用完。2000年起，随着产业“退二进三”，工业企业逐渐退出舞台，紫阳街道经济发展指标逐渐下降；此后，随着河坊街历史街区的恢复，服务业、商贸旅游业日益兴旺，街道经济发展指标显著升高。2003年，上城区划调整后，望江经联社划入紫阳街道管辖，主要经营物业租赁、资金运作和投资。进入21世纪后，紫阳街道招商引资工作不断推进，经济发展质量持续向好，街道财政收入迅速增长。2006—2015年，紫阳街道地方财政收入从亿级增长到十亿级。至2015年末，辖区企业2700余家，逐渐形成金融产业、文化创意产业及房地产产业为主导的三大支柱产业，浙江省体彩中心、敦和投资管理有限公司等企业相继落户紫阳街道。

表34-6-25　2003—2015年上城区紫阳街道综合经济指标完成情况表

单位：万元

年份	地区生产总值	社会消费品零售额	财政总收入	地方财政收入	招商引资		
					内资	其中：市外	外资（万美元）
2003	2568	—	—	—	33036	19270	40
2004	3735	11497	1327	—	54700	33000	202
2005	20045	17034	1926	—	85000	31900	361
2006	—	132831	2967	1636	66339	29190	355
2007	—	130942	13059	6390	94385	66991	2967
2008	—	70061	16472	8248	104915	67800	1800
2009	—	80548	17839	9580	177734	100073	1664
2010	—	70804	22696	12404	126445	90534	17
2011	—	96801	24468	14270	169677	91582	800
2012	—	109300	37900	21600	180622	119941	703
2013	—	129000	39007	22146	299904	135710	1215
2014	—	159434	43073	24844	156737	131040	2000
2015	—	24998	74528	40708	350400	120400	3000

说明：1. 1994年紫阳街道地区生产总值10388万元，1996年地区生产总值10453万元，1999—2002年，紫阳街道地区生产总值分别为3837万元、3700万元、3656万元、2324万元。1997年社会消费品零售额为1213万元。2. 资料来源于历年《上城区统计年鉴》

一、工业[①]

20世纪90年代，紫阳街道工业发展迅速。1991年，街道共有企业27家，职工1317人，固定资产395万元，工业总产值2665万元，销售收入2607万元，利润94万元。1993年开始，紫阳街道通过投入资金、工业下乡、厂房改造、设备更新、产品结构调整、加大技改力度等方式扶持基层企业，吴山食品厂、杭州电器三厂、杭州搪瓷五金厂、胜利彩色印刷厂等老企业焕发生机。1994年，吴山食品总厂开展集体合同签订工作，成为全区首家签订集体合同的街道企业。1995年，工业企业达到36家，职工1024人，固定资产1761万元，工业总产值9561万元，销售收入8040万元，利润总额173万元。

2000年起，随着产业"退二进三"，工业企业逐渐退出舞台。2001年，紫阳街道工业企业仅有3家，工业总产值2211万元，销售收入1939万元，利润总额80万元。2002年4月，经市工商行政管理局注册登记，杭州木材总厂整体改制为杭州木材有限公司，注册资本2100万元。2002年，在德清县乾元镇征地10.87万平方米，实施工业园区建设。2007年9月，完成公司工业生产整体搬迁工程。

2010年，位于中山南路77号的杭州卷烟厂通过异地技改项目迁至西湖区转塘镇浮山区块。2011年10月，杭州木材有限公司总部（办公楼）迁至江城路216号。2012年，杭州中策橡胶（股份）有限公司总部搬至钱江新城，生产车间迁往杭州经济技术开发区，中策地块搬迁后上城区望江单元整体改造逐步开展。至2015年末，紫阳街道工业企业仅剩杭州木材有限公司、浙江中烟工业有限责任公司2家。其中杭州木材有限公司工业总产值4460万元，营业收入9358万元，利润总额3864万元；浙江中烟工业有限责任公司工业总产值476.2亿元，营业收入786.1亿元，利润总额37.4亿元。

① 中华人民共和国成立时，紫阳街道地域内工业企业只有2家，东南皂烛碱厂股份有限公司（东南化工厂前身）和公营利群烟厂（杭州卷烟厂前身）。20世纪50年代，紫阳街道居民开始兴办街道民办工业。1953年，十五奎巷居民办起生产自救社。1958年，在"全民大办工业"的号召下，街道、居委会开始兴办民办工厂，办起一批便民利民小型企业，以加工、制造小商品为主。是年，海潮橡胶厂（中策橡胶厂前身）在海潮路1号建成投产，为市属企业；国营杭州制材厂迁入秋涛路190号，隶属浙江省林业厅领导，主营木材加工、林产化工、木材经营、物资仓储、木制品等。60—70年代，紫阳街道建有工业生产小组，并办起紫阳轧粉厂、紫阳制袋厂等企业，以轻工业品加工为主。1978年7月，杭州市调整工业管理体制，街道办企业紫阳机箱厂、紫阳制袋厂划归市有关专业局管理。80年代，辖区部分街道办企业长期亏损，先后撤销。1980年，紫阳街道共有工厂8家，职工712人，工业总产值502万元，利润63万元。1988年，街道企业缩减为4家，职工470人，工业总产值703万元，利润50万元。

二、商贸服务业[②]

20世纪90年代初，紫阳街道商业服务业相对薄弱，年产值近100万元。1993年，共有商业企业91家，总产值838.69万元，销售产值11622.38万元，利润176.99万元；有服务业企业23家，销售产值254.08万元，利润总额7.23万元。是年，街道启动商业企业改革，以宋都绸布庄为试点推行股份合作制，加快辖区企业转轨、改制，除传统的商业、劳务外，市场、房地产、金融、娱乐业、科技服务业等第三产业发展，建立紫阳城市信用分社、大光明娱乐城、胜德科技贸易公司。1994年4月，杭州外滩羊毛衫市场（杭州外滩服装辅料市场、中国针织城）建成开业，建筑面积2.40万平方米。1995年，

② 20世纪50—60年代，紫阳街道范围内商业服务业比较落后，仅有少量小商贩和经营店面，其中十五奎巷沿线是辖区内商业相对繁荣的区域，分布有南北货店、炒货店、小卖部、餐馆等，主要满足居民的日常需要。1978年下半年，为解决居民吃早点难和就近购物问题，街道开始兴办商业网点。

杭州外滩羊毛衫批发市场成为杭州较有影响力的市场之一，摊位数由900个增至1000余个，市场成交额达9亿元，上缴税金145万元。1996年，市场成交额10余亿元。

2000年后，随着河坊街历史街区的恢复，街道服务业、商贸旅游业日益兴旺。2004年，限额以上批发零售企业11家，限额以下批发零售企业205家，限额以上住宿餐饮业2家，限额以下住宿餐饮业18家，服务业120家，商贸旅游服务业收入8002万元，利润总额116万元，社会消费品零售额11497万元。12月，世纪联华整合原解百生鲜超市，建立世纪联华江城店，卖场经营面积15000平方米。

2007年，街道商贸旅游服务业收入达44.27亿元，社会消费品零售额13.09亿元。2010年9月，南宋御街“中华美食一条街”开街，总长1000米。12月，物美大卖场望江店开业，总营业面积达4万平方米，填补望江区块没有大卖场的空白。2011年4月，南宋御街中华美食园开园，由5000平方米新宋风建筑、9家全国“老字号”餐饮企业组成。试营业期间，“美食一条街”人流达3.3万人次，日营业额达21.5万元。

图34-6-51　2011年4月28日，南宋御街举行中华美食园开园庆典（区档案馆 供稿）

2015年，随着周边各大商圈的建立，对紫阳街道商贸服务业产生冲击，同时因辖区物美超市的入驻摊主有所变动，导致街道社会消费品零售额有所下降，社会零售品销售额为24998万元。辖区共有“三产”服务业企业212家，住宿餐饮业50余家，农贸市场4家，超市卖场2家。是年，利星入驻尚城1157并启动装修，打造其为一家以文化创意为主题，集休闲、娱乐、购物、人文于一体的综合体。①

三、文创产业

2007年，紫阳街道办事处依托辖区南宋文化底蕴深厚的区位优势，大力招引设计服务业、艺术品业和文化休闲旅游业等“文创”类企业，浙江伊思登国际文化传播有限公司、浙江工程设计有限公司等注册落地。

2009年，街道与中国美术学院合作，打造“手工文化创意园”，引

① 2016年8月15日，以杭州卷烟厂旧址为基础的改造工程——尚城1157·利星开业，进驻品牌80余个。

进“我的手工”等民间创意企业。2009—2012年，紫阳街道共引进“文创”类企业98家，其中包括杭州市广播电视服务有限公司、浙江正德影视文化发展股份有限公司（注册资金5000万元）、浙江奢华文化传播股份有限公司、梦工场传媒有限公司（注册资金5000万元）、杭州新华移动传媒有限公司等知名企业。

2014年，紫阳街道注意挖掘辖区资源，重点打造凤凰御园及锦绣工坊等产业园区，并依托全区土地空间，招引金融、文创类企业。2015年，杭州国家数字产业出版基地总部落户紫阳街道“锦绣工坊”文创园区，在全市规划建设滨江数字出版园区、杭报数字出版园区等8个功能园区，以“一城多园”模式发展数字出版产业。“锦绣工坊”文创园区作为杭州国家数字出版产业基地核心园区，统筹其他8个功能园区协调发展，打造集原创、研发、生产、孵化、培训、交易、运营于一体的综合性数字出版产业带。是年，紫阳街道文创企业产税能力增强，浙江省水利水电勘测设计院产税6500万元，浙江工程设计有限公司、杭州市广播电视服务有限公司等文化创意企业产税近亿元。

四、招商引资

1998年后，杭州市利用杭州国内经济合作洽谈会平台，逐步开展国内招商引资工作。2000年8月，上城区组建对外开放工作协调小组，成立招商机构，建立专业招商队伍。随后紫阳街道招商引资工作力度逐渐加大，拓展招商渠道，主动外出招商，增加招商引资的投入，重视以商招商。

2003年，街道制定《关于招商引资和引进企业的考核办法》，工作上突出“优”（优质的服务、优惠的政策、优良的作风）、“快”（迅速办理手续）、“帮”（帮助信息传递、帮助扩大销售渠道）。2006年，引进各类企业215家（其中外资3家），引入内资66339万元。

2008年开始，街道招商更加完善，为企服务比重逐渐加大。是年，新招聘5名经济服务人员，建立企业档案，开展为企业送温暖活动。2009—2012年，以金融类、文创类、房地产类为重点招大引强，共引进企业697家，其中，金融类企业192家，文创类98家，大型房地产企业4家。

2013年，紫阳街道共引进企业236家，引入内资29.99亿元。浙江浙大科发股权投资管理有限公司、茂信投资管理（杭州）有限公司、浙江敦和投资有限公司等企业落户，浙江省体育彩票管理中心入驻，并完成购房手续，驻复兴路397号。2014年，紫阳街道引入锦和商业投入2000余万元，对水门南弄3号杭州绣品厂原有的厂房老建筑进行彻底改造和重新布局，打造越界·锦绣工坊文化创意园区。2014—2015年，针对秋涛路178号开展整治提升项目，拆除年代久远、长期失修的建筑，改造环境氛围，优化内部园林布置，打造长城178创意园，辖区经济发展空间有所拓展。

2015年，紫阳街道共引进企业337家，引入内资35.04亿元。金融类、文创类、科技类招商成效明显，财通证券资产管理有限公司、浙江财通资本投资有限公司等多家知名企业落户紫阳。是年，街道建立“紫气东来”招商服务微平台，以全景图的形式展示街道的人文景观和园区特色，并定期更新招商政策和招商动态，为招商人员和投资者提供一个掌上推介紫阳街道投资环境的新平台。

表 34-6-26　2015 年上城区紫阳街道主要商业楼宇情况表

单位：平方米

序号	名　　称	地　　址	建筑面积	产　权　情　况
1	复兴商务大厦南楼	复兴路397号	7470	浙江省体育彩票管理中心
2	浙江水利水电大厦	抚宁巷66号	20472	浙江省水利水电勘测设计院
3	宋都（八达）大厦	望江路69号	10116	八达控股集团有限公司
4	望江商业商务大楼	望江东路333号	70899	杭州望江股份经济合作社
5	冠盛大厦	望江东路299号	29483	浙江省机关后勤经济发展中心

说明：资料来源于杭州市上城区紫阳街道

第三节　社会事务

1949年10月，上羊市街居民委员会成立，为中华人民共和国成立后全国第一个成立的居民委员会。紫阳街道以居民区为单位，以居民委员会为依托，开展社区服务、精神文明建设活动，兴办福利事业。1993年后，紫阳街道以服务管理工作为重点，聚焦居民满意度提升，大力发展社会事业，完善社会服务体系。1999年，街道初步形成老年人服务、残疾人服务、精神卫生工疗服务、优质服务、家政服务、幼托服务、便民利民生活服务、文化生活服务、志愿者服务、安全法律服务等社区基础服务网络。2015年，紫阳街道社区服务体制从中华人民共和国成立初期的居民委员会自治，发展为社区党委、居委会、公共服务站“三位一体”，再到“333+X”社区大服务体系和社区居民自治复合主体建设，逐步形成以政府为主导、社区为主体、社会组织为支撑、社会参与为补充的多元社会服务格局，建立起“邻里值班室”“邻里服务中心”“彩霞公益服务中心”“北落马营社区 Do 都城俱乐部”等社区服务品牌，树立起“科普紫阳”“书香紫阳”“古韵紫阳”等金名片，辖区教育科技、医疗卫生、文化体育等民生事业健康发展。

一、教育①

1993年，紫阳街道社区教育工作以青少年校外教育为主，社区暑期教育活动受到家长和孩子的喜爱。1995年，杭州市建兰中学建立。1996年，紫阳街道发挥离休干部政治优势，开展“忘年交”等活动，加强青少年校外教育。是年，紫阳地区有小学7所，

① 紫阳街道教育事业发展源远流长，清康熙四十二年（1703），太庙巷建有紫阳书院，距今已有300余年。清光绪二十八年（1902）改为仁和县学堂，为杭州近代教育之始。1958年，江干区人民委员会动员群众兴办幼儿园，区民政局所属福利工厂出资创办杭州市紫阳幼儿园。1970年，杭州市紫阳幼儿园与杭州市培红幼儿园合并，并转为公办。

在读学生4447人。

2004年，紫阳街道设立社区教育学院，位于彩霞岭5号。同时成立社区教育工作委员会，委员会下设10所市民学校，具体负责办学、沟通、协调等有关事宜，并制定《紫阳街道社区教育工作制度》和教育设施使用和管理制度。2009年，紫阳街道成立社区青少年俱乐部暨社区少先队大队部，以楼道为单位成立校外少先队组织，同时免费向社区青少年提供活动场地，在条件成熟的社区开设Do都城、图书漂流站、亲子活动室、益智棋类室、手工陶艺吧等活动场所，组织各类活动，丰富青少年生活，其中北落马营社区成立杭州首家老城区社区青少年俱乐部。

2010年，北落马营社区创新社区“Do都城”模式，打造家门口的青少年职业体验点，该项工作在全市推广；新建上羊市街青少年俱乐部。同时，社区教育学院紫阳分院下属社区教育中心——上羊市街社区残疾人民间艺术制作中心成立。是年，紫阳街道辖区幼儿园增至8所，入园幼儿1800余人；小学6所，在读小学生3000余人。北京师范大学与上城区政府合作建立北京师范大学附属杭州中学。2011年，上羊市街社区获“全国学习型家庭示范社区”称号。2012年，加大社区教育保障力度，发展社区教育志愿者1826人，配备专职管理人员40名，辖区人均教育经费达12元左右。2014年，杭州市娃哈哈双语学校建立。2015年，街道联动“送教进社区”“流动少年宫”优秀课程资源，开展“快乐少年七彩追梦”活动，设计“红、橙、金、绿、青、蓝、紫”七大板块主题活动及课程，打造优质青少年校外教育活动品牌。至年末，紫阳街道辖区共有幼儿园10所，在园幼儿2100余人，教职工186人；小学7所，在读小学生5000余人，教职工382人；中学4所，在读中学生3600余人，教职工342人。

图34-6-52　2014年5月9日，杭州娃哈哈双语学校举行开学典礼　（区教育局 供稿）

二、科普

1987年起，紫阳街道每年举办一次科普宣传周活动，通过图片巡展和咨询答疑活动加强科普宣传。1995年，为纪念著名光学专家蒋筑英，蒋筑英纪念馆在杭州市抚宁巷小学建立。1999年10月，紫阳街道彩霞岭社区科教中心创建，成为本地区青少年科普教育基地。

2001年4月，紫阳街道彩霞岭社区科教中心被共青团杭州市委命名为“青少年社会实践基地”。2002年12月，紫阳街道彩霞岭社区科教中心被杭州市科协列为“杭州市青少年科普教育基地”。2003年9月，紫阳街道彩霞岭社区科教中心被省科协、省科技厅、省委宣传部、省教育厅列为“浙江省科普教育基地”，被中国科协列为青少年电脑技术“创新思维”项目的“社区工作室”。2005年，保安桥直街打造为科普特色街，建造长达32米的科普画廊，新建300平方米左右的科普园地，安装科普宣传栏，设立科普宣传电视屏；1200平方米的健身苑改建成科普休闲广场，设立科普论坛，举办科普电影周活动及科普艺术节，吸引居民参加。

2008年，蒋筑英科技馆开馆。2012年，投资60万元打造科教中心、改造科普长廊，投资25万元更新教学设施，设立全市首批社区科普体验室，举办“十佳低碳达人”评选、“一立方米碳汇”晚会、“生态之旅”夏令营等活动，建立爱心图书接力站，凸显科普文化惠民特色。2013年，举办“生态紫阳·优美家园”摄影大赛、“送健康、理念、知识服务”科普益民系列活动，确保科普活动常态化。

2014年，街道提升科协服务能力，创办“美丽上城科普大讲堂”紫阳分院，开展各类科普培训32次，受益1000余人次。2015年，开展“科普日”活动，组织科普讲师团、科普实验体验系列活动，突出“科普文化”特色；更新科普画廊，投入近100万元在彩霞岭社区全新打造紫阳街道科普体验馆。

三、文化体育

1993年，紫阳街道文化中心开业，位于江城路雄镇楼，共3层，建筑面积1000余平方米，文化设施有舞厅、乒乓球室、台球室、图书室、录像室、游戏厅、演出会场等。是年，街道文化站入选省特级文化站。1998年，紫阳街道文化站成为全民所有制事业单位，所需经费列入文化事业开支。

2000年，在凤凰社区建有建筑面积54平方米的文体室，配有乒乓球设施和各种图书2000余册。2001年，紫阳街道“金鸡报晓”座灯获“全市元宵节灯会最佳创意奖”。2008年，紫阳街道获“杭州市东海明珠工程和示范文化街道”称号，北落马营社区被命名为“杭州市文化信息紫阳共享工程二级中心（精品型）”。2009年，紫阳街道文化站被评为全省一级乡镇（街道）综合文化站，并通过省级体育先进街道验收，获“杭州市非物质文化遗产普查工作先进集体”称号。是年，上羊市街社区创作社歌《跟随祖国一同走过》。

图34-6-53　2015年4月27日，上城区举办首届“紫阳书香节”（紫阳街道 供稿）

2011年，举办紫阳地区全民健身趣味运动会。2个社区创建省级体育先进社区，7个社区创建市级体育工作星级社区。2013年，举办紫阳地区第四届全民健身运动会。2015年，加大辖区体育设施建设，打造北落马营、彩霞岭、新工、甬江体育多功能场地，对十五奎巷、上羊市街、北落马营、候潮门4个社区的全民健身苑（点）进行更新。开展全民阅读暨首届“紫阳书香节”“首届南宋文化节”“第八届国际体验日暨首届南宋酒文化节”活动，持续擦亮南宋文化品牌。

四、卫生和计划生育

1993年，紫阳街道办事处贯彻落实计划生育国策，与地区56家单位和27个居民委员会签订计划生育目标管理责任书，全地区成立计划生育协会87个、会员3891人。对72名精神病患者全部建立家访小组，定期送医送药上门。1995年，街道深化“新家庭”活动，加强孕前管理，落实孕情等监测，并对地区4000余名外来人员进行计划生育验证。1997年，成立人口学校，提供全程优质服务。

2003年，区划调整后，江干区中医院（杭州不孕不育专科医院）划入紫阳街道范围。是年，街道开展抗击“非典”工作，开展对1个疫点、7个留验点的服务保障工作，袁井巷社区被评为“杭州市抗击‘非典’先进集体”。2005年，上城区妇幼保健医院建立，江干区红十字会医院、江干区中医院分别更名为紫阳街道社区卫生服务中心和南星街道社区卫生服务中心。紫阳地区医疗机构达4家。是年，强化“一园一街一室”生育文化特色平台建设，建成600余平方米生育文化园，打造生育文化特色街，调整社区生育文化活动室，开展以送书、送药、送爱心包的“三送”活动，构建起生育文化服务圈。

2012年，街道以和谐家庭工作室建设为依托，在全国首创计划生育居民自治模式，得到国家计生委领导的肯定。同时，探索推出高档小区管家式服务模式，破解高档小区婚育信息难掌控、随访服务难见面的难题。2013年12月，以社会组织形式注册成立紫阳街道计划生育协会，协会理事会成员25人、协会会员99人。建成春江社区青春健康教育基地，集青少年生殖健康、生活技能、性教育、心理咨询、文化交流、法律援助、情绪调试等青春期服务于一体，该基地被确定为杭州市青少年健康教育示范基地。实行“五色五心卡”分类管理[①]，全区首推“居家云”计划生育服务品牌，打造幸福家健康生活体验馆、“相约坊巷”计划生育服务室、生育文化一条街，开展“失独家庭暖心行动”。是年，上海仁济医疗集团和区政府共同组建杭州仁育妇产医院。辖区卫生医疗机构发展到5家，同时十五奎巷、上羊市街、候潮门、北落马营、新工、木场巷、彩霞岭7个社区分别建有卫生服务站。2015年，春江社区青春健康教育基地成为全区首个省级青春健康教育基地。

五、社区建设

20世纪90年代，紫阳街道社区治理体系通过居民区居民自治管理实现。1993年，24个居委会进行换届选举，调整充实居委会干部34人，委员30名，居委会干部共计145人。针对调整后的居委会干部开展业务知识培训，提高工作素质。在达标争先创示范活动中，街道27个居委

① “红色挂心卡”指无固定职业者、无社保（包括私营企业法人）、失业人群中不符合生育政策且生育意愿强烈的，做到每月必访。“橙色悉心卡”是指人户分离、空挂户、集体户、拆迁户等人户不一致的对象，对户在而人长期居住在外地的育龄妇女，及时掌握人员流向，采用电话联系、寄送宣传资料、与现居住地联系等手段，多渠道掌握育妇的生育情况；“黄色留心卡”是指对大龄未婚青年、离丧分暂无婚姻关系的人群，动态跟踪服务。“蓝色省心卡”是指夫妻双方都有固定工作单位，且签订计划生育责任书，加强与所在单位的联系沟通，定期与单位了解生育动态；“绿色放心卡”是指有指标待孕（泛指初婚未生育或符合再生育政策）和已经落实长效避孕措施的人群，做好日常服务和随访、宣传优生优育政策，定期做好B超三查工作。

会中，创示范5个，先进9个，达标13个。

2001年，居民区撤销，建立社区。2003年，紫阳街道建立社区建设工作领导小组，全面改革社区管理体制。实施各社区联网工程，初步实现微机化管理。2004年，对居委会考核制度实施改革，居民群众的意见作为考核社区工作人员的主要依据，加快社区居民自治建设的进程。2007年，各社区均实现一门式办公服务。2008年6月，民政部公布杭州市上城区上羊市街居委会为“新中国第一个居民委员会”。

2009年12月，中国社区建设展示中心落成开馆，驻地金钗袋巷79号。是年，上羊市街社区创新建立“邻里值班室”“大管家服务社”等载体，被评为“全国和谐社区建设示范社区”，打响社区民主自治复合主体品牌，副省长陈加元批示要在全省推广。2010年，上羊市街社区电视竞选开创基层民主选举竞选的先河。

2012年，街道创建“三社一校”互建平台，探索“以民主参与为核心”的社区管理体制研究与服务，实施紫阳邻里服务中心、外来青少年适应力提升和社区“桥”等3个社会工作项目，运用社会工作理念，开展以青少年、外来务工子女、老年人、困难群体及重点居民等服务对象的社会工作介入。

2013年，投资50万元设立公益创投基金，打造“彩霞公益服务中心”社会组织孵化基地，建筑面积1500平方米，形成集成果展示、社会工作、资源开发、项目运作、能力建设、培育孵化等功能于一体的新平台，实施“网格管理、星级服务”工作机制。2009—2013年，探索政府提供社会公共服务、居民实行自主互助服务、社会参与便民利民服务的“333+X”社区大服务体系和社区居民自治复合主体建设。

2015年，上羊市街社区实行“全能+责任”社工模式，打造“左邻右社”创新园，并于10月开园。以海潮、木场巷社区为代表的“集约式”办公及以春江社区为代表的居委会、业委会、物业、警务室“四位一体”的社区治理模式取得成效。北落马营社区首创的“小区睦邻自治会”庭院自治管理模式，得到各级领导的肯定，并作为老小区居民自治模板在全街道推广。彩霞公益小镇建成，辖区社会组织达178家。

六、社区服务

1993年，紫阳街道共有社区服务设施145项，其中街道敬老院被评为市级文明敬老院，街道被评为“杭州市一级社区服务先进单位”。地区27个居民区建立“志愿者协会”，会员2100余人，占总人口的5%以上。1995年，街道各居委会服务项目累计2700余个。组织大型服务活动4次，志愿者协会会员数量2300余人。1996年，紫阳街道党工委开展以“串百家门、知百家事、解百家难、暖百家心”为内容的“凝聚力工程”活动。

2000年，成立紫阳社区服务中心，内设法律服务、计划生育服务、初级保健、医疗卫生、电化教育、健身站、家政服务等10余项面向社区居民的服务项目，建立社区服务志愿者服务队，志愿者421人。2001年，街道完善社区服务网点管理制度，在社区硬件设施建设方面，做到“三统一、四公开、四规范”[①]。2003年，发挥社区服务中心的职

① 统一设施内容、统一办公室设施配置、统一标准装饰；居务公开做到公开组织、公开规范内容、公开财务账目、公开办事程序；规范组织建设、规范制度建设、规范台账管理、规范办事登记。

能作用，利用“三替”服务、医疗服务、法律服务、计划生育服务设施等，拓展功能，健全服务网络，逐步完善社区居委会便民利民服务体系。实行志愿者服务注册制，志愿者6870人。

2005年，街道开设9个老年人日托站，并在太庙社区开设慈爱超市，同时联合紫阳卫生院、杭州市肿瘤医院建立“十五分钟医疗卫生服务圈”。成立社区帮扶协会，建立地区单位、工商、卫生医疗等横向帮扶网络，杭州市九三学社与困难人员结对、铁通公司为低保家庭免费安装电话。2006年，开始推进数字养老惠民工程，逐步为85岁以上孤寡独居老人免费安装一键通呼叫器，实现“住在家里、我来帮你”。

2008年，开展居家养老服务转型工作，加大居家养老工作的管理，实施“123”工作模式①。加强居家养老服务中心建设，新增服务员18名，服务对象增加到200人，服务对象的满意率为93.7%（原家政公司满意率55%）。

① 建立一本台账，实行上岗培训和定期培训，提升电话投诉关，家访征询关，综合评估关三个关口。

2009年，街道引入第三方机构，打造唯康紫阳老人公寓，建筑面积1800平方米，40个房间，床位100张，公寓内接待处、医务室、护理部、临时托管中心、厨房、食堂、休息娱乐室等设施一应俱全。2010年，完成“仁爱之家”改造提升，辖区35名智残人员全部到站康复。全面推行“社会化、综合性、开放式”的精神病防治康复工作模式，开展精神病防治社区康复。2011年，紫阳街道残疾人法律救助工作站成立。

2012年，街道成立全市首个提供特殊疾病饮食的老年营养食堂——紫阳长乐老年营养食堂，为辖区老年人提供糖尿病饮食、高血压饮食、痛风饮食等特殊营养餐饮，并定期开展老人营养及食疗健康养生的专业指导。开始举办“紫阳论剑”综合性创业指导服务论坛，通过开办创业沙龙、与知名企业老总面对面交流、搭建比武擂台、邀请导师答疑解惑、政策宣传讲解、项目展示推介等多种方式，为创业人员提供交流、合作的平台。2013年，创立“紫阳创业联盟”，鼓励大学生创业。是年，创新实施“红色纽带”结对帮扶工程，打造“先锋智库”党员智囊团、“邻里议事庭”，实施红色家园“邻里卡”服务项目。

图34-6-54　2015年6月30日，世界女青年会人员参观紫阳街道爱心港湾　（紫阳街道 供稿）

2014年，开始引进民办非营利性组织，提供居家养老服务；建成五星级（街道级）老年人日间照料中心——紫阳街道

“爱心港湾”。2015年，紫阳街道完成候潮门、甬江、木场巷社区3家日间照料中心及9家老年食堂的建设提升工作，紫阳街道“爱心港湾”成为杭州首家失智老人日间照料中心。

七、社会保障

1993年4月，国务院发布《国有企业职工待业保险规定》明确，待业职工向企业所在地的待业保险机构办理待业登记后，方可领取待业救济金。5月1日起，紫阳街道设立就业管理站，承担待业登记、待业保险发放职能。是年，为16个居民区、1155户居民办理1000万元的家庭财产保险，爱国储蓄完成506.13万元，街道被评为市区先进集体。

2000年，街道建立和完善社会保障机制和社会救助帮困运作机制，实行公开制度，健全扶贫救助公开电话，公开发放保障金人员名单，接受社区群众监督。2003年3月，紫阳街道劳动和社会保障站成立，明确职责为劳动就业、社会保险及离退休人员社会化管理服务、相关政策宣传指导等系列服务。2004年，杭州市实行企业退休人员社会化管理服务，紫阳街道辖区内8287名（2005年12月31日数据）企业退休人员移交街道和社区，实行社会化管理。5月，街道劳动保障站、各社区劳动保障室按规定受理统筹地区以外城镇失业人员保险金申领申请。10月，街道劳动和社会保障管理站开始承担失业登记办理职责，共办理失业登记4392人。

2005年9月，紫阳街道、社区站室开展信用社区创建工作。是年，紫阳街道创新最低生活保障三级审批系统，建立爱心超市“紫善堂”，开通“万家帮社区服务热线”，以民政科电话为热线，加强社会救助。2006年，紫阳街道、社区站室开始承担公益性岗位管理的职责，形成生活救助、医疗救助、教育救助、就业援助和社会互助“五位一体”社会救助体系，安置失业人员4295人，其中特困失业人员1951人，安置公益岗位224人。

2007年6月，紫阳街道社保窗口开始进行少儿医保参续保登记。是年，开展充分就业街道、社区创建工作，重点帮扶“4050”困难人员再就业。2008年，紫阳街道劳动监察中队成立。是年，街道推出“三网一卡”[①]帮扶工作新举措，为350户困难家庭发放“爱心救助卡”，困难户可凭卡享受指定商家消费折扣、指定就医点免费或优惠、享受便民点低价服务。2009年8月开始，灵活就业、企业招用就业困难人员用工补助、就业困难人员自谋职业等社保补贴由街道申报、发放，上城区在全市首推居家就业可领取社保补贴的政策，900余名居家就业人员申报社保补贴，涉及金额20余万元。

① “三网”：即提供直接服务的网络、服务对象自身的互助网络、社区紧急支援网络，“一卡”：即爱心救助卡。

2010年，紫阳街道实行城乡居民养老保险制度，为年满60周岁无基本养老待遇居民办理城乡居民养老保险。2011年12月开始，办理未参保集体企业人员的一次性补交养老保险手续及原企业除名、辞职、自动离职、开除、判刑人员按规定补缴原工作年限的手续。是年，在各社区推广“困难家庭自管小组”组织，实行困难家庭网格化管理，通过专业方法进行接案，提高困难群体“助人自助”的能力，《人民日报》2次进行报道。

2012年初，紫阳街道设立人力资源和社会保障管理站，全面承担辖区人力社保有关法律法规落实执行，失业人员、企退人员服务，社会保险，劳动监察等职责。是年，为辖区一次性补缴养老保险且符合按月领取职工基本养老金但医保不足20年的人员，办理一次性补缴医疗保险或按月延缴手续。

2013年12月起，紫阳街道劳动保障站窗口增加换发杭州市基本医疗保险证历本业务。2015年，开展独生子女家庭系列保险，投保独生子女平安保险5320户，独生子女待无业家庭险948户，女性生殖健康保险294人。至年末，紫阳街道社会化管理企退休人员达17917人。

第四节　综合治理

20世纪90年代，紫阳街道综合治理重点是打击刑事犯罪活动和清理外来流动人口。1997年，按照“谁主管谁负责”的原则，与63家单位、26个居民区签订综治目标管理责任书，落实社会治安综合治理领导责任制。2000年后，随着综合治理工作向基层延伸，紫阳街道逐步强化综治基层基础工作，到2006年，紫阳街道建有建筑面积150平方米的综治工作中心，在10个社区、2家民营企业、29家企事业单位建立综治工作站，综合治理工作机构、人员逐步配备到位。2010年开始，围绕“平安紫阳”建设目标，开展社会矛盾纠纷排查和化解工作，推进群防群治建设，落实社会管理综合治理各项措施，为打造“古韵新姿，睦邻和谐新紫阳”创造良好、稳定的社会环境。

一、平安创建

治安管理　20世纪90年代初期，随着流动人口增多，街道范围社会治安形势严峻，犯罪率上升明显，紫阳街道配合公安部门开展“严打”专项斗争。1993年，开展“三打一禁”①专项斗争，共受理刑事案件77件，立案66件，破案48件，其中大案22件，查处违法犯罪团伙18个，打击各类违法犯罪人员236名。开展创安全居民区活动，与27个居

①即打击团伙犯罪、打击拐卖妇女儿童、打击车匪路霸，严禁卖淫嫖娼。

民区均签订责任书，其中25个居民区达到安全和基本安全区标准。是年，开展外来暂住人口清理整顿，街道社会治安综合治理工作被评为市级先进。建立街道见义勇为基金会，基金1万余元。1996年，建立700余人的群防群治队伍，构建多层次巡逻网络。1997年，开展创建安全文明小区活动，获市委、市政府颁发的“社会治安综合治理先进单位”称号。

2003年，紫阳街道各社区普遍组建保安队伍和社区义务巡逻队伍，逐步建立起以公安警力为核心，联同单位、社区保安力量和义务治安巡逻队伍组成的“大街有巡逻，小巷有协防、单位有保安、楼群有守望”的群防群治网络。2005年，增设自行车、电动自行车防盗地桩，制定治安奖励办法，投入3万元设置奖励基金。2006年，组建1800余人的街道巡防大队，开展千人治安大巡逻。木场巷社区、北落马营社区、袁井巷社区、彩霞岭社区、新工社区、十五奎巷社区、候潮门社区、海潮社区和凤凰社区被命名为上城区“平安社区”。2013年，街道联合派出所以及辖区单位成立“平安卫士”志愿者巡防队伍，加大社会治安防控力度。2015年，海潮社区被列为区级挂牌督办重点整治地区，街道成立整治工作领导小组，开展治安重点整治和“两小区”创建活动，在拆迁区域安置消防水带、反光逃生标志等补助设施，开展清理群租房行动。

消防管理　1990年，紫阳街道落实消防安全责任制，与辖区居民区、企业、单位层层签订《消防安全责任书》，督促安全责任落实。1991年，杭州市抚宁巷小学成立“少年消防警校”。1995年，在十五奎巷、太庙地区开展抓典型、搞试点、除隐患、配设施的消防安全试点，受到肯定并在全街道推广。1996年，在主要道路交叉口、住宅小区普遍设立防火安全宣传牌。

2003年，紫阳街道制定防火预案。2004年，为辖区木质结构房屋居民配备灭火器1984个。2006年，在辖区增添灭火器2200余个，更换老化电线5000余米，消除消防隐患28处；集中精力整治“多合一”问题，共开展专项整治6次。2007年，在各社区组建义务消防队。2010年，杭州市江城中学出租的集体宿舍进行消防安全管理，得到省、市领导的肯定。

2012年，紫阳街道作为上城区“消防安全网格化管理平台”的推广工作试点单位，形成以网格化为平台、信息化为手段、群众性为基础、组团式为特色的消防安全网格化管理模式，辖区1483家消防单位全部录入平台，对发现的火灾隐患及时上报平台，对已消除的隐患及时销案，保持动态更新，达到定人定格、定岗定责、定期定量管理，该项工作经验在全市推广。2013年，发动民间力量成立邻里消安办，探索双向联动、疏而不漏的“草根式”消防安全监管新模式。2014年，推行新型火灾预警系统[①]，在南宋御街·二十三坊为独居老人安装45户、为老墙门安装14户。2015年，紫阳街道在每个社区建成社区级微型消防站，成立社区级消防应急救援队伍。是年，开展“清剿火患”专项整治和

① 由独立光电感烟火灾探测报警器、无线传感器、智能系统中端、通信网络、智能预警平台和管理控制平台构成，能实现火灾的自动感应和自动报警，有利于及时处置火灾，减少火灾损失，并能将有关信息运用于火灾事故调查。

出租房消防隐患专项整治活动，在康都紫轩推出的“群租房样板房”模式得到省内外媒体关注和报道。

二、社会治理

20世纪90年代，紫阳街道主要以精神文明建设加强居民素质教育，提高社会文明水平，社会治理形势总体较好，每年来信来访量在100～150件。2003年，对涉毒人员进行抽检，并强化对外来人员的管理。2004年，建立由综治办牵头，辖区派出所、法庭、信访“四力合一”的综治工作中心模式，针对信访工作中出现的新情况新问题和群体性事件不断增多的趋势，建立处理信访突出问题以及群体性事件专项工作小组。2005年，建立信访考核机制，明确社区主任、各科室长为直接负责人，促进责任制落实；建立由地区保安、户口协管员、社区志愿者组成的外来人口管理队伍。

2006年，推出信访责任奖惩新举措，紫阳街道获“杭州市综合治理先进单位”。2008年，成立戒毒人员“四位一体”（即帮教人员单位负责人、社区民警、社区干部、家属）帮教小组，实行“年初写责任书、月见面谈话、季度小结、半年考评、年终考核”帮教工作机制；投资3万元建立戒毒基金，对有戒毒意向且家庭困难人员进行美沙酮辅助治疗。2011年，实行社会志愿者、协助者和矫正对象相结合的社区矫正工作“1+1+1”工程，形成推动矫正对象思想转化的合力及以专门机关为主导、志愿者辅助，全社会共同参与的工作格局。

2012年，紫阳街道推广组织网和综治网“两网合一”做法，街道划分为37个网格，制定网格化管理考核和奖励办法，推进网格化精细管理。街道社会治安综合治理委员会更名为社会管理综合治理委员会。是年，成立食品安全监督民间自治组织——“邻里食安办”，引导居民主动参与食品、药品安全监督和检查。2013年，开展“平安网格”创建活动，做到“一格三员”①。

① 即每个网格配备网格长、网格协管员、网格信息员各一人。

2015年，紫阳街道妥善处置平安里、紫源公寓、秋石高架、六圣堂阳台危改问题等群体性事件，确保区域内的和谐稳定。

三、司法工作

1993年，紫阳街道开展“二五”普法教育。民政司法科为6个居民区担任法律顾问，开展纠纷调解和法律咨询服务，推进依法治街。1995年，开展创建标准化调委会工作，通过考核验收。1996年，紫阳街道制定《依法治街“三五”普法五年规划》，明确坚持共同法与专业法宣传相结合，重点学习《中华人民共和国行政处罚法》《中华人民共和国刑事诉讼法》《中华人民共和国刑法》《中华人民共和国合同法》等法律，开展针对性普法。1999年，建立党政领导基层依法治理“三五”普法联系片制度。2001年，在彩霞岭社区试点建设调解委员会，随后在全区推广。2002年，实施“四五”环境普法教育，8个社区全部设立常年法律顾问。2005年，在彩霞岭科教中心开设青少年法制信箱，建立法制培训基地，依托网络开展科普“第二课堂”。2006年，街道坚持领导班子季度“学法日”制度，启动“五五”普法教育。2008年，成立全市首家物业纠纷人民调解委员会。2009年，紫阳司法所推出人民调解“1163”模式①。2010年，组建矛盾纠纷会诊室、邻里值班室。2015年，紫阳街道坚持重大矛盾主动介入调处制度和疑难案件联合调处制度，成功调解矛盾纠纷140余起，涉及金额39万元。

① 即以11个社区调解组织为依据，实现纠纷调解组织标牌、标识、印章、程序、制度、文书“六统一”。

第五节　城区建设与管理

20世纪90年代后，紫阳街道先后通过实施“背街小巷改造工程”“庭院改善工程”“危旧房治理工程”“三改一拆”“五水共治”等，不断提升辖区城市环境面貌和生态治理水平。2002年，紫阳街道城市管理科成立，设立初期职能范围包括道路保洁、停车管理等。2005年，街道在10个社区建立城管工作联系站，6个社区配备城管协管员，落实长效管理。至2015年，街道城市管理科具有道路保洁、“三改一拆”、垃圾分类、“五水共治”、停车管理、防汛防灾等工作职能。

一、辖区建设

1993年，为加速旧城改造，宋都房地产开发分公司成立，街道办事处对吴山小区（十五奎巷）地段138户居民实施动迁，开工1.5万平方米。是年，接收直箭道巷、彩霞岭小区回迁户370户，并启动房改工作。2007年，街道完成对金钗袋巷、察院前、紫阳、海潮4家农贸市场的提升改造，启动庭院改善工程，完成对木材新村等小区的改造。2009年，紫阳街道庭院改善工程全面完成。2011年7月，南宋御街·二十三坊综合整治工程拉开帷幕，对坊巷立面、路面、市政、绿化进行改造提升，并按照保留、调整、提升、引进的业态调整标准，对261家商户进行业态调整，开展美食比赛，宣传中山南路美食文化。8月，望南地块征收启动，紫阳街道在望南地区成立现场动迁指挥部，中策橡胶厂周边地块率先启动签约搬迁，是年腾空交房856户，实地评估974户，签订协议794户。2013年，南宋御街·二十三坊隆重开街，举办杭州情·南宋御街·二十三坊“千年之约”主题活动，编制《寻找城市的千年记忆——品读上城作品集》。南宋御街·二十三坊作为旧城改造的“示范样板”，浙江省省长李强陪同建设部领导视察，并接待上海、江苏、广州等省内外领导及考察旅游团100余批次，近100万人次。2014年，紫阳街道配合秋涛路提升工程，完成沿线土地退让8处共计1.5万平方米，房屋拆除近2800平方米；配合地铁4号线、5号线前期工程，开展统一码头等地块动迁准备工作。2015年末，望江门外直街露天农贸市场整治启动。

图34-6-55　2015年5月17日，紫阳街道启动地铁4号线征收地块房屋信息核对工作　（紫阳街道 供稿）

二、环境管理

1993—1995年，紫阳街道推进创建国家卫生城市工作。1993年，街道与86家单位27个居委会签订创建目标责任书，创建卫生先进单位1家，达标单位11家，区级先进单位1家，卫生先进居民区2个。辖区江城路、中山南路、上仓桥路、万松岭路、十五奎巷5条道路在杭州市“门前三包”西子杯竞赛活动中验收达标。全年查处违章建筑53处。1995年，开展“门前三包”、“除四害”、市容环境卫生和楼道堆积物清除工作，处理违章占道、违章搭建等“三违”行为。

1996年，街道以文明城区创建为契机，深化“门前三包”责任制，签约率、检查率100%。在全市“洁美杯”竞赛中获全市31个街道第六名。1997年，紫阳街道率先在上仓桥路推行街长、段长负责制度。成立保安执法队，加强对察院前农贸市场、中山南路、鼓楼等重点路段的执法力度。2003年，成功创建省级卫生先进单位1家（市商业银行江城支行）、市级卫生先进单位1家（候潮门社区），市卫生示范社区1个（袁井巷社区），彩霞岭社区、凤凰社区被评为省级绿色社区。是年，建立城市管理联系单制度，实行奖惩办法，加强城管队伍管理和整顿。

2006年，紫阳街道制定道路长效保洁方案，实施社区卫生委员、卫生协管员错时上班，建立定人、分片、定时、定责保洁工作制度。2007年，推出城管问题综合整治联动机制和“城管黑名单销号”机制。2009年，在木材新村和直箭道巷小区开展准物业管理试点工作，改善老小区面貌。2011年，紫阳街道成立邻里服务中心，探索准物业管理市场化运作，提供保安、保洁、保绿、保修、保序“五保”服务，破解老小区物业管理难题。

2015年，街道推进“四边三化”①“两路两侧”②工作，着手对南落马营旧铁道沿线地块进行整治，清理南落马营铁路和新开

① 四边三化：指在公路边，铁路边，河边，山边开展洁化，绿化，美化行动，是浙江省提出的建设“两美”浙江的专项环境整治行动。

② 两路两侧：指公路，铁路沿线两侧。

河沿线垃圾3200平方米260吨，并进行复绿。是年，开展望江门外直街和大马弄整治工作并落实长效管理。采取驻点拆违模式，拆除违法建筑42201.07平方米，完成“无违建街道”创建工作。

三、生态建设

1993年，紫阳街道绿化面积0.72平方千米，绿化覆盖率50%以上。1996年，在袁井巷居民区实施袋装垃圾试点工作。1997年，对新建小区全部实行垃圾袋装化，并开展房顶花园试点和推广工作，通江桥居委会的房顶花园被评为全市三等奖。2006年，对10个社区、53648平方米的绿地，采取社区养护与承包养护相结合的方式管理，社区的绿化达到要求，绿化养护实现专业化。2007年，街道设立“洁化、绿化、亮化、序化”为目标的23项清洁社区星级考评项目。2009年，在全区率先推行街巷保洁市场化运作机制，下辖4个社区的保洁工作外包给杭州德广清洁服务有限公司，街巷道路保洁清洁度从2007年的75%提高到2009年的97.88%，保洁成本下降，绩效提升。

2010年，紫阳街道试行垃圾分类管理，制定《紫阳街道垃圾分类收集处置工作实施意见》，要求以3～4个社区为单位组建垃圾分类“服务宣讲队”，由楼道保洁员或道路保洁员分片包干，卫生委员、城管专职人员和垃圾分类指导员实施指导和督查，街道派专人定期监督通报，并纳入社区年度考核指标。建立垃圾分类奖励机制，居民凭有害垃圾和可回收垃圾投放记录点数兑换物质奖励，以此提高垃圾分类正确率。2013年，设立“邻里绿化办”，明确每一个准物业管理处就是一处绿化管理办，负责辖区内绿化养护补种等。是年，上羊市街社区“生态绿厨”科普站暨杭州市建兰中学生态实验基地建成，基地内配有绿色空间高速发酵餐厨垃圾处理机，可将垃圾变为有机肥料，日均处理50千克餐厨垃圾。而居民填写一份“参与垃圾分类，从我做起”的“承诺书”后，就可以将有机肥料带回家种花养草，在促进垃圾减量的同时提升居民的垃圾分类意识。

图34-6-56　紫阳街道“生态绿厨”科普体验基地（2013年）　（紫阳街道 供稿）

2014年，“生态绿厨”工程深化推广，紫阳街道垃圾减量化工作被央视和省、市各级媒体报道。2015年，街道成立民间护水队，完成新开河、中河、新塘河、贴沙河清淤工程以及太庙山水、严官巷52号、晓霞弄7号、万松岭南84号山水整治工程。

“新中国第一个居民委员会”——上羊市街居民委员会

上羊市街社区居民委员会，前身为上羊市街居民委员会，地处紫阳街道西北部，东临贴沙河，西至中河，北至望江路，南至抚宁巷，面积0.21平方千米。辖区范围内有江南第一豪宅胡雪岩故居和源丰祥茶号旧址（朱智故居）2处市级文物保护单位及当代光学专家蒋筑英的纪念室，有杭城唯一保存的古石板路——元宝街，有杭州名校杭州市建兰中学，文化底蕴深厚，历史源远流长。

1949年10月23日，上羊市街居民委员会成立，由十八、十九两个“保”合并而成，大致范围为：东至上羊市街（现为江城路）；南沿五圣塘、六圣塘至保安桥河下；北至望江门直街（现为望江路）；西至中山南路（现为中河高架下绿化带）。

1949年12月20日，上羊市街居民委员会因不符合市政府颁布的《杭州市人民政府关于取消保甲制度建立居民委员会的工作指示》中关于户数的要求，被拆分为十三个居委会。1952年，市政府调整行政区划，望江路以南部分划给江干区。1996年12月，行政区划再次进行调整，望江路以南部分又重新划入上城区。上羊市街居民委员会的名称从1949年一直使用至2000年，因建立社区居委会而取消。

2004年，民政部开始着手《中华人民共和国城市居民委员会组织法》修订调研工作，农村村民委员会该新生事物是以广西宜州果作村委会为代表。2007年8月，民政部通过新闻媒体向社会发出公开举证“新中国第一个居民委员会”的信息。9月9日，民政部在北京召开“新中国第一个居民委员会”问题论证会，经过反复论证，能够证明上羊市街居民委员会符合“新中国第一个居委会”5个确认标准，即时间为1949年10月1日中华人民共和国成立以后、名称为居民委员会、地域为城市、组织性质为群众自治、组织结构为民主管理的委员会制。

2008年6月28日，在杭州新侨饭店召开的“新中国第一个居民委员会寻访成果发布会”上，北京大学教授夏学鉴宣布专家组的集体意见：杭州市上城区1949年10月23日成立的“上羊市街居民委员会”是“新中国第一个居民委员会”。自此，当代中国城市基层群众自治组织建设的原点或起点被找到并明确。

图34-6-57　2008年6月6日，上城区召开“新中国第一个居民委员会”申报省、市专家论证会　（区民政局　供稿）

2008年7月25日，经过社区听证会居民代表表决同意，由原来的袁井巷、大狮子巷、金钗袋巷、上羊市街4个居委会合并成为上羊市街社区。上羊市街社区确立为“新中国第一个居民委员会”的地位后，社区建设已经成为紫阳街道的一张金名片，通过上羊市街社区展现街道特色工作、展示街道社区建设水平。

2009年12月21日《中华人民共和国城市居民委员会组织法》颁布20周年纪念日，位于金钗袋巷87号的中国社区建设展示中心正式建成开放，中心按照“居馆合一”的理念，把“中国社区建设展示中心”和“新中国第一个居民委员会”合一建成。

经过多年的实践探索，上羊市街社区创建“邻里值班室”“邻里大管家”“邻里坊治”“邻里圆桌会”“邻里有约”等邻里系列居民自治品牌，总结出“民事民提、民事民议、民事民决、民事民筹、民事民办、民事民评”社区协商六步工作法，实现居民自治新跨越，谱写社区发展新篇章。社区先后获“全国和谐社区建设示范社区”“全国和谐邻里建设示范社区”“全国创建学习型家庭示范社区”“全国民主法治示范社区”等10余项国家级称号。2015年10月23日，由于场馆改动，上羊市街社区居委会搬至元宝街1号。至年末，上羊市街社区共有常住居民3148户，常住人口8934人，流动人口2000余人。

第三十五篇 人物 先进集体

自隋朝置杭州以来，上城区境域一直都是杭州的中心所在，历史文脉绵延不断，积淀着厚重的历史文化底蕴。自隋唐开始，上城区境内一直是商贾辐辏，官衙毗邻，名贤辈出的繁华地区，涌现出许多在各行各业做出杰出贡献的人物。

明朝良臣于谦，一生爱国忧民，为官清正。无论是他“清风两袖朝天去，免得闾阎话短长”的坦荡胸襟，还是“粉身碎骨浑不怕，要留清白在人间”的慷慨悲歌，都堪称典范。清朝才女陈端生，将凄美的爱情故事从现实搬到书里，留下《再生缘》。性灵派作家袁枚，不愿在官场上争名逐利，以茶为友，以书为伴，尽情追求山林之乐，悠游自在。红顶商人胡雪岩，创立“胡庆余堂”药号，以其精湛的制药技艺和独特的人文价值延续至今。2006年，胡庆余堂中药文化入围首批国家级非物质文化遗产名录。

仗义疏财、造福乡里的朱智，“自愿分年措资，独任建修”钱塘江堤坝与六和塔工程，在弥留之际，仍然惦念工程，遗嘱家属“悉心经理”“早竣全功”，其造福乡里的执着精神，在当地广为传播。女学倡导者惠兴，为使中国女子摆脱受压迫的地位、学习文化知识，不惜牺牲自己的生命，她留给后人的不仅是一所学校，更有反抗压迫、独立向上的精神。

新文学团体创造社的发起人之一，为抗日救国而殉难的爱国主义作家郁达夫曾用他手中的那支笔为中国革命慷慨激昂、疾声呐喊，鼓舞着中国人民的斗志。“雨巷诗人”戴望舒创作的现代诗，给人一种朦胧又幽深的美。“中国航天之父”钱学森，排除千难万险回国，为中国科技事业特别是“两弹一星”发射成功，立下不可磨灭的功勋。妇科专家裘笑梅从事中医临床教学治疗及科研工作50余年，专擅妇科，对经、带、胎、产常见病较有造诣。

全国优秀企业家、首届全国“五一劳动奖章”获得者、全国劳动模范冯根生，将国药的传统经验和现代科学技术相结合，创制“青春宝”“双宝素口服液”等系列新产品，将一个作坊式的中药加工厂发展成为中国中药行业规模最大的现代化企业之一。全国“五一劳动奖章”获得者、全国劳动模范宗庆后，以代销汽水、棒冰及文具纸张起家，经过艰苦创业，将娃哈哈集团发展成为国内最大的饮料生产销售公司，跻身全国工业企业利税500强行列。熔铜艺术家朱炳仁以其高超的技艺和执着的工匠精神，开创“熔现实主义”新流派，造就出一种新的美学、视觉、艺术概念，开创杭州铜雕发展的新局面。化妆艺术家毛戈平，秉承其“审阅美、塑造美、传播美”的宗旨，以东方美学理念及人体生态学为基础，在世界各地传播东方美学理念。

上城区也有无数为革命流血牺牲的革命烈士和为正义挺身而出的见义勇为人士，有在工作岗位上默默坚守、辛勤奋斗的各级劳动模范和做出杰出贡献、出色成绩的先进个人、先进集体。无论是早期先贤还是近代民众，在长期奋斗的历史中，形成爱国爱民、坚忍不拔、勇于创新、勇立潮头的精神，该精神激励着一代代上城人勇于拼搏、不断进取，谱写上城新篇章。

第一章　人物传

本章主要收录政治、经济、文化、军事、科技、教育、卫生等方面人物共38人，以下人物按卒年排序。

沈　遘

沈遘（1025—1067），字文通，钱塘（现浙江杭州）人。以吏治闻名。

文通年少爽迈，书一读就懂，通达世务。北宋皇祐元年（1049），登进士第，为榜眼。任通判江宁府。上奏《本治论》10篇，颇受宋仁宗欣赏。不久，为起居舍人，修起居注，加之草拟诏令。北宋嘉祐七年（1062）为尚书礼部郎中，任杭州知府时，坚决打击地方恶势力，褒奖贤良。曾在杭州主持凿井，引西湖水入城，方便百姓，时称“沈公井”。召知开封府，迁龙图阁直学士。

朱　肱

朱肱（1050—1125），字翼中，号无求子，晚号大隐翁，吴兴（现浙江湖州）人。因曾官奉议郎，人称“朱奉议”，北宋医家。

北宋元祐三年（1088），朱肱中进士，曾任雄州（现河北保定）防御推官、邓州（现河南南阳）录事参军、奉议郎直秘阁等职。曾因上谏言“灾异”，并陈诉当政时弊，触犯曾布而罢官，隐居杭州大隐坊（现大井巷环翠楼），专心医学。其间，潜心研读《伤寒杂病论》，提问析疑，“考古验今，首尾二十一年”，于北宋大观二年（1108）著成《无求子伤寒百问》，刊行首部专著问世。北宋政和元年（1111）复经修补，增为20卷，并更名为《南阳活人书》。该书首倡以经络说论伤寒六经方证，提出“因名识病，因病识证”，强调脉证合参以辨病性，对张仲景学术颇多发挥，是早期研究《伤寒论》较有影响的著作之一。当时朝廷大兴医学，遍求精于医术之人，朱肱遂被征为医学博士，于政和四年（1114）负责朝廷医药政令。

政和五年（1115），因书苏东坡诗获罪，被贬于达州（现四川达县）。次年，复职朝奉郎洞霄宫。政和八年（1118），取丁德用“左右手足井荥合原”、石藏用画“任督二脉、十二经注”、杨介画“心、肺、胆、脾、胃之系属，大小肠、膀胱之营垒”，校其错误，补以针法，著《内外二景图》3卷。

瞿　佑

瞿佑（1347—1433），字宗吉，号存斋，钱塘（今浙江杭州）人。元末明初文学家。

瞿佑生于明经世家，年少时即能作诗，颇有诗名，谙熟典故，为诗人杨维桢所赏识，与当地文人凌云翰亦是忘年交。明洪武时期（1368—1398），由贡士荐授仁和训导，历任浙江临安教谕、河南宜阳训导，后升任周王府长史。明永乐年间（1403—1424），因诗获罪，谪戍保安（现河北怀柔一带）十年。明洪熙元年（1425），英国公张辅奏请赦还，先在英国公家主持家塾三年，后官复原职，内阁办事，后归居故里，以著述度过余年。明宣德八年（1433）卒。著有《存斋诗集》《闻史管见》《香台集》《咏物诗》《存斋遗稿》《乐府遗音》《归田诗话》《剪灯新话》《乐全集》等20余种，另有传奇小说《剪灯新话》。

商　辂

商辂（1414—1486），字弘载，号素庵，浙江淳安人。明朝名臣，官至内阁首辅。

商辂自幼天资聪慧，才思过人。明宣德十年（1435）乡试、明正统十年（1445）会试及殿试均为第一名，是明代近300年科举考试中第二个“三元及第”。连中三元后，被任命为翰林院修撰，不久与刘俨等10人到东阁学习。郕王朱祁钰监国时，入内阁参预机要事务，夺门之变后被削籍除名。明成化三年（1467）再度入阁，官至太子少保、吏部尚书兼谨身殿大学士等职。为人刚正不阿、宽厚有容，临事果决，时人称“我朝贤佐，商公第一”。晚年退居杭州平安小巷，杭州府为他建三元牌坊，故民间俗称此为三元坊巷，清初正式改名三元坊巷，其巷名至今沿用。成化二十二年（1486），商辂去世，年73岁。特进荣禄大夫、太傅，谥号“文毅”。著有《商文毅疏稿略》《商文毅公集》《蔗山笔尘》，纂有《宋元通鉴纲目》等。

朱养心

朱养心，生卒年不详，名志仁。浙江余姚人。

明万历年间（1573—1620），朱养心于伍公山下大井巷巷口创办药室，以专治跌打损伤、痈疽疮疡的膏丹为经营特色，研制成一系列特效验方。乐善好施，赈济贫民，同情民间病家疾苦。中华人民共和国成立后，杭州朱养心药业有限公司组建。朱养心的传统产品有万灵五香膏、阿魏狗皮膏、阳和解凝膏、红膏红、碧玉膏（童禄膏）、白玉膏（鲫鱼膏）、格子膏、头疯膏、移星膏、鸡眼膏、三仙丹、八宝珍珠散、日精月华丹（水眼药）、鹅毛管眼药及八宝神效眼药一、二、三号等，各种成分药均在药名前冠以“朱氏”二字，以示正宗。2006年，杭州朱养心药业有限公司的“朱养心”被商务部授予“中华老字号”称号。

丁　敬

丁敬（1695—1765），字敬身，号钝丁、砚林，别号龙泓山人、孤云、石叟、梅农、清梦生、玩茶翁、玩茶叟、砚林外史、胜怠老人、孤云石叟、独游杖者等。钱塘县（今杭州）人，家住现候潮门外。清初浙江画派的创始人，清代书画家、篆刻家。

出身贫苦，但生性耿介。清乾隆元年（1736），举鸿博不就，以酿酒为生。好金石，工篆刻，篆刻宗秦汉印篆和前人长处，又常探寻西湖群山、寺庙、塔幢、碑铭等石刻铭文，亲临摹拓，不惜重金购得铜石器铭和印谱珍本，精心研习，又不囿成规，因此技法大进。擅长以切刀法刻印，苍劲质朴，独树一帜，别具风格，开“浙派篆刻”之先河，世称“浙派”鼻祖，与蒋仁、黄易、奚冈等并称“西泠八家”，丁敬居首。善写梅，亦擅兰、竹、水仙，清新有致。嗜书博学，有“于书无所不窥，嗜古耽奇，尤究心金石碑版”之谓，有“博古好学”之名。善诗文，有“诗国”之称，造语奇崛，最工长篇。喜藏书，精收藏，也是当时著名的藏书家和文物学家。著有《武林金石记》《清史列传》《砚林诗集》《砚林印存》《寿寿初稽》等，其篆刻作品收入《西泠四家印谱》。民国10年（1921），西泠印社创始人之一丁辅之命工匠造丁敬身像，置三老石室旁，以志纪念。现坐像重建于1978年。

朱　彭

朱彭（1731—1803），字亦篯，号青湖。清钱塘（现浙江杭州）人，家住杭州城南四条巷。

朱彭，庠生①，出身贫寒，但好学能诗，早年受视学浙江的阮元赞赏。清嘉庆元年（1796），举孝廉方正科，但坚辞不就。又通书画，书法效师黄庭坚，画山水工稳有书卷气，而尤擅长于画蟹及葡萄。遍游江南名胜古迹，潜心著述，撰辑《武林谈薮》《南宋古迹考》二书，惜遭火灾焚毁，矢志重著。后又撰写《吴越古迹考》《南渡寓贤录》《书画所见集》等专著，对杭州历史上吴越、南宋两代古迹、掌故、人物等有一定研究。又擅长律诗，时人评他是继厉鹗、杭世骏以后杭州诗坛的又一名家，有“独倡唐音”之说。著有《抱山堂集》。

① 古代学校称庠，故学生称庠生，为明清科举制度中府、州、县学生员的别称。庠生也就是秀才之意。庠序即学校，明清时期叫州县学为“邑庠”，所以秀才也叫“邑庠生”，或叫“茂才”。秀才向官署呈文时自称庠生、生员等。

周士涟

周士涟（1769—1834），字商尊，号补年，浙江嘉兴府嘉兴县新丰镇人。著名义士、教育家。

周士涟家道中落，却有感于农村孤寒子弟因贫废学，一直寻思助学之道。清嘉庆十年（1805）起，先后在新丰镇附近创建平林、盐溪、尚文、里仁4所义塾，所需经费多由地方富户捐助。嘉庆二十一年（1816），周士涟到杭州募捐办学，创办宗文义塾。他办学考虑周详，管理得法，教学有方，曾出一名探花、一名传胪，还有不少后世知名之士。周士涟之善举惊动圣听，咸丰帝和光绪帝先后钦赐匾额“乐善好施”、“乐善不倦”。对周氏之义举，后人有“北武南周”之誉。周士涟毕生办学，名播浙西，晚年著有《杭嘉义学合志》。宗文义塾，位于皮市巷158号，现名浙江省杭州第十中学。

项名达

项名达（1789—1850），字步莱，号梅侣。钱塘（现浙江杭州）人，祖籍安徽歙县，家住上珠宝巷（现清泰街往北，到回回新桥东堍一带）。清代数学家。

清嘉庆二十一年（1816），项名达为国子监学正（掌学规之官），清道光六年（1826）中进士，改任知县，但未就职。道光十七年（1837）前，聘为苕南书院主讲。此后，在紫阳书院执教，并研究数学。道光二十六年（1846）冬，退职还家，集中精力撰著书稿。他一生专门研究数学，在几何、三角函数等领域功力颇深，其著名成就之一是“椭圆求周术”，该结果和现在中学课本“微积分初步”中求平面曲线弧长的微积分方法一致。项名达和戴煦共同发现指数为有理数的二项定理。其著作大多失佚，现存有《下学庵勾股六术及图解》。

边春豪

边春豪，生卒年不详，浙江诸暨人。边福茂鞋店创建人。

边春豪擅长制鞋手艺，其子边启昌随父习艺，善于理财，后继承父业。边福茂鞋店于清道光二十五年（1845）开设于杭州长庆巷五老巷口。清宣统三年（1911）迁太平坊（中山中路）营业。

边福茂制鞋选料认真，注重质量，造型轻巧，帮面挺括。民国10年（1921）在羊坝头设分店，经营皮鞋。杭州俗称“头顶天，脚踏边”，指的是“天章”的帽子，“边福茂”的鞋子。中华人民共和国成立后，毛泽东、周恩来、谭震林等党和国家领导人及梅兰芳、盖叫天等艺苑名流，均曾在该店定制布鞋。随着时代的变迁，皮鞋等已代替布鞋成为主流，边福茂除经营具有传统特色的布鞋外，还经营其他鞋类。

王尚荣

王尚荣，生卒年不详，浙江宁波人。状元馆的创始人。

王尚荣自幼从师学艺，以烹调面、菜和手工打面为专业。清同治九年（1870），王尚荣在杭州盐桥边开设一家宁式面馆，以烧制各式汤面为主，兼营酒菜。当时，浙江行省举行科举考试的贡院设在现杭州高级中学一带，被县考录取的秀才都要到省考一搏，以晋级举人。秀才大都来自各县，考试前后均要在贡院附近的面菜馆相聚。王尚荣为了迎合秀才们求吉图名的心态，特地在店内设立馆座，取名“状元馆”。各地秀才纷纷到此把盏品面，小店生意兴隆。民国27年（1938），状元馆迁址清河坊古街，状元馆在杭百年中诚信经营，皆有口碑“店老名气大、货真招远客”，故博名于杭州，称其为杭州第一面馆。现集聚各地的风味为一体，有川菜、宁帮菜、地道杭帮菜、家常菜誉满大江南北。

朱　智

朱智（1829—1899），字茗笙，又称敏生。钱塘（现浙江杭州）人，故居位于紫阳街道元宝街1号。

朱智自幼聪明好学，文思敏捷，且家境丰饶。清咸丰元年（1851）辛亥科举人。咸丰八年（1858）春，考中军机章京资格，咸丰九年（1859），正式充补军机京章。入职军机处后，曾经历咸丰十一年（1861）的祺祥政变（又称辛酉政变）。朱智和同僚在政变中，反对载垣、端华、肃顺等顾命大臣横行跋扈，频频通过在京的军机章京朱学勤向恭亲王奕䜣一派暗中传递信息，该信件被称为《热河密札》，后深得奕䜣信任。清同治元年（1862），升任工部员外郎。同治三年（1864），补工部郎中。同治六年（1867），又以五品京堂候补御史;半年之后，升任四品京堂，并奉恭亲王之命，开始续编《枢垣记略》。因编案《剿平粤匪方略》《剿平捻匪方略》有功“赏给二品顶戴，并加随带二级”。还曾任通政使副使、大理寺卿、太仆寺卿等职。

朱智在任京官期间，对家乡杭州时时惦念。同治十二年（1873），杭州发生惊动朝野的杨乃武与小白菜案。地方官刚愎自用，轻信浮言，滥用非刑而铸成错案，误将杨乃武判成死刑。翁同龢接管此案后，为解决此案疑难，登门拜访朱智，重新了解案情。于清光绪二年（1876）十二月初九大白天下，杨乃武案彻底平反。光绪五年（1879），朱智被任命为兵部右侍郎。上任伊始，他即上书向朝廷荐举可堪重用之人才，还针对朝政不修、官吏贪污的现象，提出许多整改措施。光绪七年（1881）四月十五日，朱智因病返回钱塘，杜门养病。病情好转后，朱智又出钱出力，积极参与赈灾活动。在经理赈务期间，他劳怨不辞，受到朝廷嘉奖。此外，还参加《杭州府志》的编纂。

中日甲午战争后，杭州经济凋敝，满目疮痍，朱智虽年迈体弱，却爱乡情切。他因“目击钱塘江及六和塔工程紧要”，于光绪二十一年（1895）八月，提出“自愿分年措资，独任建修”钱塘江堤坝与六和塔工程，并正式奏请立案。光绪帝览奏后，为之动容，为表彰其仗义疏财、造福乡里之义举，欣然书写“功资筑捍”匾额一方，传谕奖励。得到嘉奖后朱智深受鼓舞，加紧备工备料，兴修塘塔。然而，塘塔工程艰巨，颇费周折，从一开始就遇到了意想不到的困难。因此，开工仅三年半，朱智便病倒在床。在弥留之际，他仍然惦念工程，遗嘱家属“悉心经理”“早竣全功”。其造福乡里的执着精神，在当地广为传播。光绪三十年（1904），其孙子朱应鹏终于实现了他的遗愿。工程前后历时近十年。

面对如此浩大的工程，浙江巡抚聂缉椝不无感慨地奏称:“查是案工程，历时将及十年，需款数逾十万。该故绅捍卫桑梓之功，洵堪历久不朽。该职（指员外郎衔朱应鹏）善继善述，克竟先志，尤属难得。应请准予销案。此系独力捐办义举工程，断无不实，且始终未动公款。”对朱智仗义疏财，造福乡里之精神，做出客观公正的评价。

夏　超

夏超（1882—1926），字定侯，乳名守珍。浙江青田人。

夏超幼时随父夏贡九学习经史，过目能诵。清光绪二十九年（1903），考入浙江武备学堂第四期，毕业后，留任学生队队长。光绪三十二年（1906），革命党人秋瑾在杭州发动浙江新军起义。夏超受其影响，先后加入光复会、同盟会，并任同盟会浙江支部会长。后先后任弁目学堂（位于望江门海潮寺）教官、广西督练所科长、浙江警政厅厅长、浙江警务处处长。民国13年（1924），夏超投靠孙传芳，当上代理浙江省省长，后被任命为省长。民国15年（1926），国民革命军誓师北伐，夏超倒戈，与广州革命军政府约定：夺取九江后，浙江响应，截断孙传芳退路。民国15年（1926），宣布浙江独立，夏超誓师北伐，不幸被杀。中华人民共和国成立后，夏超旧居扩建为内部招待所，即现在的柳莺宾馆。现清波门外有夏超祠堂。

阮性存、阮毅成

阮性存（1874—1928），字荀伯，浙江余姚人。法学家。

阮性存早年留日，清光绪三十四年（1908）9月，沈钧儒任浙江咨议局筹办处总参议。次年春，阮性存与沈钧儒、褚辅成、陈敬第等发起组织立宪国民社，以推动浙江省的立宪运动。民国元年（1912），创办全国第一所私立政法学校——浙江私立法政学堂，策应光复杭州。为杭州最早的知名律师。曾主持浙江省宪起草工作。民国16年（1927）任浙江省人民政府委员兼司法厅厅长。民国17年（1928）病逝，葬于九里松石莲亭。昔时杭城有路名性存路（今庆春路众安桥以西段），即为纪念阮性存而命名。其旧宅位于平海路61号，又称“适庐”。

其子阮毅成（1904—1988）为“西湖才子”，民国8年（1919）“五四运动”时，阮毅成就读杭州省立第一师范学校。在校参加“救国十人团”，并参加编印《浙江新潮》，提倡白话文，倡导新思想，后发生著名的“一师风潮”事件。“十人团”中九人均被校方开除，独阮毅成因其父的声望，给予优容，仅以训诫。而阮性存不以为然，即写信给校方申请自动退学。信中写道：“同罪异罚，迹近卖友。小儿立身之始，不愿蹈此恶习，致负诸先生期望。谨为申请退学，俾其实践牺牲之说留为‘五四’学潮之纪念。”此举深为当时各界人士震惊与赞叹，“同罪异罚，迹近卖友”成一时之警言，说明阮性存为人正直。此事对阮毅成立身处世影响极大，有两例可以说明，一终生不用日货，一自此每日写日记。民国16年（1927），毕业于中国公学大学部政治经济系。民国20年（1931）毕业于法国巴黎大学，获法学硕士学位。是年回国，历任国立中央大学法学院教授、中央政治学校教授兼法律系主任、《时代公论》主编。抗日战争期间任浙江省人民政府委员兼民政厅厅长，英士大学教授、行政专修科主任等职。抗日战争胜利后任国立浙江大学法学院院长，民国35年（1946）任“制宪”国民大会代表。1949年到台湾。曾任台湾中央日报社社长、《东方杂志》主编、中山学术文化基金会董事会董事兼总干事、台湾政治大学教授兼法律系主任、世界新闻专科学校教授。著有《政言》《国际私法》《中国亲属法概论》《法语》《三句不离本杭》等书。

吴竞清

吴竞清，生卒年不详。民国时期的铁路专家。

民国17年（1928），吴竞清应张静江之邀至浙江省建设厅任技正，从事铁路技术工作。民国23年（1934），升任浙赣铁路局副局长，负责浙赣线和钱塘江大桥的建设。抗日战争全面爆发后，吴竞清就任浙赣铁路局代理局长。杭州沦陷后，吴竞清在浙江省主席黄绍竑指派下，在龙泉设厂试制迫击炮、重型机枪等军械。不久，应召到重庆就任国民政府交通部材料司司长。抗日战争胜利后，吴竞清回到杭州，于民国36年（1947）在清波桥河下6号购得土地，建造青砖别墅，归隐湖山。

程振钧

程振钧（1886—1932），字弢（韬）甫。安徽婺源城西培里（今江西上饶市）人，其在杭州的别墅位于今南山路214号。

程振钧早年中过秀才，民国元年在安徽高等学堂毕业考取留英庚款，到英国格拉斯哥大学深造，专攻读数学，系老同盟会会员。民国6年（1917），怀抱实业救国的理想回到祖国，到北京大学任教，担任数学系主任，与李四光共事。民国15年（1926）由吴稚晖介绍给张静江，到杭州工作。民国16年（1927），担任浙江省建设厅厅长，并曾兼任省府秘书长、民政厅厅长。民国17年（1928），张静江任命其担任西湖博览会筹备委员会主任，并任西湖博览会副会长，是西湖博览会最主要的策划者和执行者。民国19年（1930），奔赴欧美各国考察实业，回国后撰写《实业合理化》一文，并在南京实业部担任工业司司长，兼任农业试验场场长。“九一八”事变后，他第一个签名要求参军抗日。是年调任安徽省政府委员兼建设厅厅长，主持修建安徽第一条公路——怀（宁）集（贤关）公路，并为其他多条公路筹款。民国21年（1932）8月8日，程振钧从上海筹资回安庆的第二天夜里，由于劳累过度突发脑溢血而逝。民国安徽省政府为褒扬程振钧为安徽公路做出的贡献，将安庆市的一条街道命名为“孝肃（公正清廉）路”，并拨款在菱湖公园老大门西侧修建程振钧纪念碑。

张载阳

张载阳（1873—1945），字春曦，号暄初，浙江新昌诚爱乡张家店村人。

张载阳出身农家，幼年随父业农。清光绪二十四年（1898）春，考入浙江武备学堂，光绪二十七年（1901）以正科第二名毕业，历任浙江常备军及新军多项官职。辛亥革命光复杭州时，张载阳驻守镇海，率军响应，后擢升至旅长、师长。民国元年（1912）9月，任浙军第二十五师五十旅旅长兼杭州警备司令，授陆军少将。民国2年（1913），任浙江台州镇守使兼禁烟督办，切实禁止台温一带鸦片烟毒，受省都督府嘉奖，后升中将。二次革命爆发后，以旅长兼浙江省城卫戍司令。民国5年（1916），任浙军第二十五师师长、嘉湖卫戍司令。民国11年（1922）11月任浙江省省长，兼任浙军第二师师长。民国12年（1923），授陆军上将衔。任内关心和重视地方公益和慈善事业，兴建杭临公路及绍兴、曹娥、嵊县公路，还成立杭州大学校董会，筹建浙江艺术专科学校，募修杭州岳坟、钱王祠、绍兴禹陵。在家乡兴修水利，建桥修路，造先贤祠、大佛寺新社，编纂《新昌县志》，并以在杭新昌同乡会会长名义，筹集银元5000元重建大市聚镇。民国13年（1924）9月，江浙战争时，任浙沪联军第三军司令，后兵败卸任，住杭州井亭桥“暄庐”寓所，精研书法，杭州西湖、灵隐、天竺、岳坟、九溪等处均有其题额书联。民国26年（1937）“八一三”淞沪会战爆发后，日军入侵，杭城告急，省级机关纷纷后撤，亲日派谋设维持会，欲张主其事。为摆脱纠缠，张载阳率全家星夜渡江返籍，住县城下市街故宅，后又迁居老家张家店。民国33年（1944）夏，日军突至其家，威逼利诱其参加维持会，张载阳厉声斥道：“岂能为汉奸，唯有死耳!”日敌惶然而退。抗日战争胜利仍返杭州，民国34年（1945）11月17日，因病卒于杭州。

余绍宋

余绍宋（1883—1949），字越园，后易号寒柯。浙江省龙游县人（生于浙江衢州）。曾任浙江省通志馆馆长。近代方志学家、书画理论家、史学家、鉴赏家、书画家和法学家。

清光绪三十二年（1906），余绍宋就学于日本法政大学。清宣统二年（1910）毕业回国，以法律科举人授外务部主事。民国元年（1912）赴京，任众议院秘书，旋任司法部佥事兼署参事，民国2年（1913）任参事。民国10年（1921）、15年（1926）两次出任司法部次长。以拒签“金佛朗案”和辞官抗议“三一八”惨案为世人称道。民国10年（1921），浙江龙游县筹备修《龙游县志》，聘其为总纂，民国14年（1925），纂修《龙游县志》16册、42卷完毕。民国17年（1928）秋，定居杭州。在杭州城东之皋园（今金衙庄）办有“东皋雅集社”，雅集为谈艺论文、切磋书画艺术的民间艺术团体。成立后不久，社友发展到40余人，几乎杭城擅书画者皆云集一起。直至民国26年（1937），抗日战争全面爆发，社友云散，才被迫终止活动。

民国32年（1943），被任命为浙江省通志馆馆长。民国34年（1945）10月，浙江省通志馆迁至杭州北山街“梅庐”办公，著有《移居大坪五首》《云和大坪闻日本投降口占二首》等诗作。至民国38年（1949）3月8日，浙江省通志馆停办，历时6年完成《重修浙江通志初稿》125册。1949年6月30日，因病在上城区菩提寺路思鑫坊萱寿里寓所病故，享年67岁。1983年，浙江图书馆将此稿刊印行世。传世著述有《书画书录题解》《画法要录》《画法要录二编》《中国画学源流概况》《寒柯堂集》《续修四库全书艺术类提要》等。

许廑父

许廑父（1891—1953），名与澄，字奔疾，又字一厂（庵），别署颜五郎。萧山浦沿许家里村人，其杭州旧居位于积善坊巷6号。

许廑父幼入私塾，曾就读于杭州宗文中学（今浙江省杭州第十中学）、上海中国公学。民国9年（1920），被广东督军莫荣新聘为秘书。莫荣新下野后，他回到上海，寓居爱文义路（今北京西路），号其居“清风明月庐”。后为会堂书店撰稿，作品有《泸江风月传》《情海风化录》《武林秋》《南国佳人传》《历代剑侠传》《碧海精禽》《心印》《如意珠》《八仙得道传》等，被列为鸳鸯蝴蝶派的重要人物。民国10年（1921），受会文堂书局之邀，续编蔡东藩未完成的《民国通俗演义》40回。民国19年（1930），返杭州就任《东南日报》副主编。民国23年（1934），许廑父任《浙江商报》主笔。民国24年（1935），任该报社社长。抗日战争时期，曾任浙江茶叶运销处主任，浙江省建设厅厅长秘书等职。抗日战争胜利后，《浙江商报》与《浙江日报》合并，改称为《工商报》，通过各种版面，宣传共产党政策，与反动派作斗争。报界称他为爱国的、革命的报人。1953年病逝于杭州。

周　喦

周喦（1895—1953），字奉璋，浙江嵊县金庭乡（今嵊州金庭镇）华堂村人，在杭旧居位于青碧桥河下9号西湖南线学士公园。

周喦先后毕业于绍兴中学、浙江陆军小学、陆军第二预备学校、保定陆军军官学校第三期炮兵科。民国5年（1916），任浙江第一师炮兵团见习官，后任排长和浙军第二师炮兵连连长。民国13年（1924），入陆军大学，毕业后先后任国民革命军第三十六军炮兵团团副，军部参谋处上校科长、团长、旅长、副师长、师长，第四集团军第四纵队指挥官等职。民国26年（1937），任讨逆军第四纵队指挥官。抗日战争全面爆发后，升任陆军第七十五军军长、第三十一集团军副总司令。民国29年（1940），任第二十六集团军总司令、第六战区副司令长官。民国34年（1945），任国民党六届中央监察委员会委员。翌年，任第六绥靖区司令官。民国37年（1948）9月，调任第一"绥靖"区司令长官。民国38年（1949）1月，任京沪警备副总司令、京沪杭副总司令兼浙江警备司令。2月，任浙江省人民政府主席，兼浙江绥靖总司令。1953年7月22日病逝于台北。

金润泉

金润泉（1878—1954），名百顺。萧山金西桥人。被誉为"金融界的常青树"。

金润泉14岁到杭州，先当钱庄学徒，后被宝泰钱庄聘为副理。清宣统元年（1909），经汤寿潜、陈静斋举荐，出任大清银行浙江分行经理，被清政府封为三品官衔，成为继胡雪岩之后的第二个红顶商人。辛亥革命后，原大清银行改为中国银行，金润泉任中国银行总行营业部经理，后被派往杭州筹建中国银行浙江分行（后改为杭州分行）并担任经理。民国19年（1930）1月，杭州市商会成立，金润泉为常务委员。民国22年（1933），金润泉联合浙江的一些著名人士，在杭州开设浙江建业银行。从清末到中华人民共和国成立，金润泉一直掌管着浙江的金融大权，并在商贸、电力、教育、筑桥修路、交通等行业投入大量资金。在抗日战争时期，设法保存中国银行资产。在杭州解放前夕，还向浙江当局请求，勿使军队破坏电厂、水厂和钱塘江大桥。杭州解放后，留任中国银行杭州分行董事和经理。1954年病逝于上海。

张书旂

张书旂（1900—1957），原名世忠，号南京晓庄、七炉居，室名小松山庄。浙江浦江人，杭州旧居位于上城区萱寿里。

张书旂曾任南京中央大学教授，抗日战争期间到美国创办画院，讲学作画，后定居旧金山。张书旗勤于写生，工于设色，尤善用粉，在染色的仿古宣纸上，用白粉蘸色点染，计白当黑，手法巧妙娴熟，极见生动，画风浓丽秀雅，别具一格，与徐悲鸿、柳子谷三人被称为画坛的"金陵三杰"。其作品曾被美国总统收藏。张书旂取法于任伯年，作花鸟喜用白粉调和色墨，画面典雅明丽，颇具现代感。又得高剑父与吕凤子亲授，形成色、粉与笔墨兼施的清新流丽画风而独标一格。出版有《书旂花鸟集》《张书旂画集》等。

徐　桴

徐桴（1882—1958），字圣禅，浙江宁波人，杭州旧居在延安路6号（今延安路226号）。中国早期金融实业家，民国时期浙江财团代表人物。

北伐时期在蒋介石的总司令部任经理处处长。北伐胜利后，先后任福建省财政厅厅长、上海市财政局局长兼土地局局长、上海市银行董事长、浙江省地方银行董事长等职。民国30年（1941）1月，徐桴以浙江省人民政府委员的身份担任浙江地方银行董事长一职，民国37年（1948）卸任。

徐青甫

徐青甫（1879—1961），原名徐鼎，浙江省镇海枫林乡顾家桥村（今属宁波市北仑区小港镇）人，旧居位于上城区长生路32号。政协浙江省委员会第一、二届委员。

徐青甫3岁随母迁居杭州，先后就读于私塾、义学。清光绪末科举人。戊戌变法之年在杭州设塾为生，并入日文学堂学习日语。翌年入浙江武备学堂，先后任翻译、助教、教授等。曾与人一起组织“生存会”。又募集资金，在杭州设立图书公司，业余从事著译工作。清光绪三十一年（1905）起，先后在奉天省巡警总局、奉天审计处、湖北省清丈局等处任职。辛亥革命后，一度在上海经商。其后历任浙江诸暨、湖北通城等县知事。后弃政从商，在奉天等处中国银行任职。民国11年（1922）后任浙江省政务厅厅长、财政委员，协助建立浙江地方银行、浙江实业银行。民国23年（1934），任浙江省民政厅厅长，曾一度代理省主席。抗日战争全面爆发后，先后任浙江省抗敌后援会常务委员、浙江省国民参政员、省临时参议会议长等。民国28年（1939）举家迁居香港，继至重庆。1949年后，应邀参加浙江各界人民代表会议。曾任省募集公债委员会主席，认购公债2万余元。当选为浙江省政协第一、二届委员会委员。曾撰写《粮食问题之研究》《通资联营组织与发展经济之关系》《粮食调节问题》等论文及《经济革命救国论》一书，提出救国富国十三策及改革步骤。

何绍韩

何绍韩（1882—1962），浙江东阳玉溪华孙人。民族实业家、教育家。

何绍韩26岁考上杭州的浙江省两级师范学堂博物科。辛亥革命后两度被推为浙江省议会议员。清宣统二年（1910）8月，何绍韩在新昌溪边发现“碘化钙”，将其称为“碘石”，此为中国最早发现的“碘石”。宣统三年（1911），在新昌看牛湾玉莺岩一带发现大型碘矿，了解到日本人派探矿队，进行掠夺性开采。何绍韩一面雇请当地农民封矿，一面呈文省政府，要求收回碘矿开采权。民国4年（1915），何绍韩以省议员的名义收回开采权，投资2000银元，成立璋华碘石开采公司。民国6年（1917），璋华公司得到正式批准，在杭县东山、金华大公山、礁岩等处开采。皆因资金不足，运输不便或技术不过关而搁浅。民国10年（1921）1月，所著《新东阳的两大事业》出版，阐述他希望振兴林业、革除陋规的设想，其实业报国之志已露一端。是年，何绍韩辞去议员职务，专门从事砩矿开采，聘请英、德工程师为技术顾问，解决技术难题，先后在武义的五尾龙、上交塘、蒋万洞，义乌佛堂、塔山下、老虎洞，永康王州下七县10余处发现矿床，并组织开采。先后在新昌、嵊县、金华、东阳、义乌、永康、武义、浦江、诸暨、常山、临安等县探矿300余处，订立矿山租赁契约100余份，至民国20年（1931），璋华公司成为浙江第一大公司，产量占整个市场的2/5。民国22年（1933），公司迁址杭州太庙巷31号，下设武义、上海两个分局，何绍韩成为矿业界的风云人物。何绍韩恪守“开矿读书，实业救国，不入党派，奉公守法”的信条，热心社会慈善福利事业，出资造过2座石拱桥，捐过抗战费4000元，在杭州买地百亩，办“乐善堂”，重修紫阳泉井，并刊出《乐善》杂志。

民国26年（1937），日本侵略中国，砩矿业遭受劫掠。何绍韩在中山南路423号的寓所潜庐被抢掠，几万卷图书资料，特别是矿产开采资料被日军抢走（现存日本帝国大学图书馆）。民国30年（1941），日军四处搜捕何绍韩为其服务。何绍韩逃回东阳老家，耕种度日。兴办教育和慈善事业，续修宗谱。后开办玉山中学，即现在的磐安二中，并著有《连溪校志》。同时，他肩负着转移、保管杭州孔庙文史资料、账本、重要祭器的任务[①]。中华人民共和国成立后，何绍韩把自己开办的40余处矿床、3000余平方米房产、100余万元家产全部无偿捐献给国家，用于中华人民共和国的经济建设。1952年，何绍韩把自己积累、保存、整理的全部矿藏资料交给工矿厅厅长郭静唐。1961年，浙江省省长周建人聘请何绍韩为浙江文史研究馆馆员。次年，何绍韩去世，葬在西湖边，终年82岁。

① 民国16年（1927），章太炎推荐何绍韩担任杭州孔庙董事会会长，主持孔庙日常工作。

蒋筑英

蒋筑英（1939—1982），杭州人。现代科学家。

1956年，蒋筑英考上北京大学物理系，并掌握英、俄、德、日、法5门外语。1962年，考取著名光学家、长春光机所所长王大珩的研究生，后一直在该所从事光学传递函数研究工作。1965年，与他的研究小组研制出中国第一台光学传递函数装置，质量达到国外同类装置一流水平。后又设计中国第一台电子分色机的分色特性及镀膜要求，先后解决国产镜头研制工作中的许多关键性技术难题。他撰写的《关于摄影物镜光谱透过率》，对中国的电影电视事业具有重要指导意义。“文化大革命”期间虽受冲击，仍坚持自学，掌握电子计算机理论和应用技术。“文化大革命”结束后，负责组建中国第一个光学传递函数测量实验室。研究成果达到国际一流水平，发表学术论文10篇，开创中国光学传递函数的研究先河。编写《彩色电视摄像机校色矩阵最优化程序》《彩色电视变焦距镜头技术标准方法》，通过实验，使X射线检测精度达到一根头发的十万分之一。1982年6月12日，蒋筑英到外地工作，由于过度劳累，加之患有多种疾病，病情恶化，于6月15日在成都逝世。去世后被中共吉林省委追认为中国共产党党员，国务院追授他为全国劳动模范。聂荣臻称赞他是“知识分子的优秀代表”。蒋筑英纪念馆位于上城区金狮苑20号（杭州市抚宁巷小学内）。

胡海秋

胡海秋（1902—1985），原名胡京涛，浙江绍兴人，旧居位于学士路思鑫坊29号。曾任杭州市政府副市长、全国工商联执委。

胡海秋14岁考入北京天主教法文学堂，于民国7年（1918）秋，公费留学法国，就读于安比那市棉纺织学院。民国13年（1924）毕业回国，与同学杨雨田等5人在上海创办六一织造厂，该厂后迁杭州，他先后任业务经理、总经理。1950年加入中国民主建国会，历任市民建副主委、浙江省民建副主委、全国民建常委及顾问。1951年，响应政府号召，率先在六一织造厂实行劳动保险条例。1954年，该厂成为杭州第一批公私合营企业。1956年，当选为杭州市副市长，并任杭州市政协副主席。曾任杭州市工商联副主委，浙江省工商联副主委，全国工商联执委。

姜卿云

姜卿云（1904—1985），号心白，兰溪市圣山乡横塘村人，其杭州旧居位于仁和路2号，今杭州市工人文化宫内。

浙江省医药专科学校毕业，后入上海法学院攻读法律。毕业后任国民党浙江省党部委员、执委会委员。抗日战争期间历任浙江省第五区行政督察专员兼保安司令，又任制宪国民大会代表、第三战区战地党政分会委员。1948年，任国民政府立法院立法委员。1950年，从台湾取道香港回到大陆，到上海任教，后任北京制药厂高级工程师、国民党革命委员会中央顾问、中国人民政治协商会议北京市委员会委员。1985年卒于北京，终年82岁。著作有《浙江新志》《食治本草》。

茅以升

茅以升（1896—1989），字唐臣，江苏镇江人，旧居位于上城区荷花池头31号。土木工程学家、桥梁专家、工程教育家、中国科学院院士、美国工程院院士、中央研究院院士。曾任中国交通大学校长等职。

民国5年（1916），茅以升毕业于唐山路矿学堂（后改名唐山工业专门学校，今为西南交通大学），民国6年（1917）获美国康乃尔大学硕士学位，民国8年（1919）获美国加利基理工学院（今卡内基梅隆大学）博士学位。

民国22年（1933）至民国26年（1937），茅以升任浙江省钱塘江桥工程处处长（挂该职到1949年），在自然条件比较复杂的钱塘江上主持设计、组织修建一座全长1453米，高

71米的双层公路铁路两用钱塘江大桥。大桥于民国26年（1937）9月26日建成通车，是中国人自己设计和施工的第一座现代钢铁大桥，是中国桥梁工程史上一座不朽的丰碑。民国26年（1937）12月23日，为阻止日军攻打杭州，茅以升亲自参与炸桥。抗日战争胜利以后，又受命组织修复大桥，民国37年（1948）3月，大桥修复通车。

1955年选聘为中国科学院院士（学部委员）。1955—1957年，参与设计武汉长江大桥。1982年当选美国国家工程院外籍院士。1989年11月12日病逝于北京，享年94岁。编有《中国桥梁史》《中国的古桥和新桥》等。

赵曾珏

赵曾珏（1901—2001），字真觉，上海人。曾任浙江省电话局局长兼总工程师。

民国13年（1924），赵曾珏毕业于南洋公学（现上海交通大学）电机系，后到美国哈佛大学深造。学成回国后任教于浙江大学。民国21年（1932），任浙江省电话管理局局长兼总工程师。至民国23年（1934）4月，完成杭甬（杭州经绍兴至宁波）、甬温（宁波沿海至永嘉）、杭衢（由衢州复接江山，可西通江西，南通福建）、杭丽（杭州至丽水）、龙温（龙泉至永嘉）、杭枫（杭州至枫泾，接上海）、杭昌（杭州至昌化，西通安徽）等八大电话干线。民国34年（1945）8月，任上海市公用局局长。1957年起在美国哥伦比亚大学河畔电子研究所任资深研究员直至1966年退休。赵曾珏在杭州任浙江省电话局局长兼总工程师时住在位于上城区劳动路的一幢美式花园别墅——“双剑楼”，该楼由赵曾珏亲自设计。

裘笑梅

裘笑梅（1912—2001），杭州人，旧居“渤海医庐”位于上城区东平巷内。擅长妇科，对经、带、胎、产常见病较有造诣。主任中医师。

民国19年（1930）9月，裘笑梅毕业于杭州弘道女子中学，拜杭州著名中医清华为师。民国24年（1935）9月，经考试，成为杭州市第一位领有中医证书及开业执照的女中医师。民国24年（1935）至民国26年（1937），行医于武林钱塘。民国26年（1937）至民国34年（1945）为避战乱，辗转于金华、江西、福建等地行医。抗日战争胜利后回杭州行医，慕名者接踵而至。1951年，应聘进入杭州市中医门诊部。1956年8月，参与组建浙江省中医院并进入该院。1980年6月，由浙江省卫技人员高级职务评委会评定为中医妇科主任中医师，经浙江省人民政府批准授予主任中医师技术职称。1991年，被批准为首批国家老中医药专家学术经验指导老师。历任浙江省人民代表大会第3～6届人大代表，中国农工民主党浙江省委常委，杭州市政协委员，中华全国中医学会浙江分会顾问及杭州不孕不育专科医院、杭州天目山药厂、杭州胡庆余堂制药厂、杭州保灵有限公司等单位的技术顾问。2001年5月，裘笑梅因病去世。2006年5月，按照其遗愿成立“浙江中医学院附属医院裘笑梅中医妇科发展基金”。

裘笑梅撰有《祖国医学对宫颈炎冷冻治疗后的运用》《中西医疗结合治疗闭经体会》《中医中药防治子痫经验介绍》《中医治疗功能性子宫出血》等论文，编写《叶熙春医案》

一书的妇科部分、《裘笑梅妇科临床经验选编》（1986年获浙江省高等院校自然科学研究成果等奖）、《裘氏妇科临证医案精萃》、《中国名老中医药专家学术经验集》（其中载有“从肝脾肾立论、在动态中辨证妇科专家裘笑梅”篇）等医学著作。1987年，裘笑梅与浙中医学院合作（参与医理设计及归纳、总结工作）完成名老中医裘笑梅诊治闭经、崩漏电脑双系统QXM87课题，该课题于1989年获浙江省先进科技成果二等奖。并创立“调经定痛散”、“蛇床子洗剂”、“二藤汤”（后由天目药业生产为“妇乐冲剂”）、“二齿安神汤”（后由胡庆余堂生产为“妇宁胶囊”）、“保灵孕宝”口服液、“复方红藤灌肠剂”、“妇益冲剂”等。

徐匡华

徐匡华（1917—2007），浙江台州海门（现台州椒江区）人，杭州旧居位于南山路勾山里17号。中国管弦乐学会古琴专业委员会常务理事。古琴演奏家。

徐匡华出身于古琴世家，其父徐元白是新浙派古琴的开创者。徐匡华毕业于四川大学，毕业后曾在上海、重庆两地教书。1952年，回到浙江，在浙江省杭州第四中学担任地理老师。1979年，受浙江省文化部门委托，出面联络在杭州琴人，组建“杭州市古琴研究小组”，并任组长。1982年，与浙江歌舞团号称“江南箫王”的宋景濂合作，先后在北京、上海、天津、香港等地演出，以箫笛合奏《思贤曲》，博得广大听众的好评。是年春，中央人民广播电台把该曲转送联合国教科文组织第九届亚太地区合作、生产、文化和教育材料专家会议，会上选定该曲由联合国教科文组织出版，向各国推荐。1986年，徐匡华组织恢复浙江省音乐家协会西湖琴社活动，担任社长。2001年，在电影《英雄》中饰演一位盲人琴师。2007年2月13日，因病去世，享年90岁。

郭仲选

郭仲选（1919—2008），号魁举，山东临沂苍山县（现兰陵县）人。曾任杭州市委统战部部长，政协杭州市委员会第三届、四届副主席兼秘书长，西泠印社常务副社长和浙江省文史研究馆馆长等职。书法家。

郭仲选幼时从塾师学字，初得塾师启蒙临欧阳询《九成宫醴泉铭》，后攻“二王”兼取孙过庭、米芾、董其昌诸家，融会贯通入古而化，书作用笔酣畅淋漓，秀丽俊雅，清劲潇洒，后又受王思衍影响。

民国26年（1937）肄业于山东临沂师范学校。民国27年（1938）参加八路军。民国28年（1939）6月，加入中国共产党。1949年春，郭仲选随部队到杭州，先后任市军管会卫生处政委，市政府秘书处主任，市文教局副局长，市政府副秘书长，市委宣传部副部长，市委副秘书长，市委文教部副部长，市委统战部部长，市政协三届、四届副主席兼秘书长等职。离休后，任西泠印社常务副社长、浙江省书法家协会名誉主席、浙江省文史研究馆馆长、杭州市书法家协会主席、杭州市政协书画研究院院长等职。他的行书出入“二王”，晚年于董其昌用功最深。其书纵横驰骋，顿挫从容，雄秀兼备，极富韵致，晚年更静穆苍厚，人书俱老，形成自家风格，人称“郭体”。代表作有《读书禅室随笔》

《清相秀骨话香光》，编著有《夕照轩书画集》等，是浙江著名书法家，被誉为“杭州一支笔”。他的书迹遍布杭州大街小巷、纪念馆、风景名胜、浙江各市县乃至江浙沪地区。杭州市马坡巷6号小米园龚自珍纪念馆郭仲选题有“胸中韬略，袖里经纶，放眼迎来新世纪；世上疮痍，人间疾苦，挥毫化作老波澜”正门楹联。曾居住杭州市上城区人民路35号2幢402室，晚年迁至杭州东山弄仁寿山18幢201室。

钱学森

钱学森（1911—2009），吴越王钱镠第33世孙，生于上海，祖籍浙江临安，故居位于上城区方谷园。曾任中国科学院力学研究所所长、第七机械工业部副部长、国防科工委副主任等职。科学家，空气动力学家，中国载人航天奠基人，“中国导弹之父”和“中国火箭之父”，中国科学院资深院士，中国工程院资深院士。政协全国委员会第六、七、八届副主席。

民国12年（1923）9月，钱学森进入国立北京师范大学校附属中学校学习。民国18年（1929）考入交通大学机械工程学院，民国23年（1934）毕业于交通大学（今上海交通大学和西安交通大学），10月考取清华大学庚款留美公费生。民国24年（1935）9月，进入美国麻省理工学院航空系学习。民国25年（1936）9月，获麻省理工学院航空工程硕士学位，后转入加州理工学院航空系学习，成为世界著名的科学家冯·卡门的学生。先后获航空工程硕士学位和航空、数学博士学位。钱学森在美国从事空气动力学、固体力学和火箭、导弹等领域研究，并与导师共同完成高速空气动力学问题研究课题和建立“卡门—钱近似”公式，成为世界知名的空气动力学家。

1955年，排除万难，回到中国。1956年10月，组建中国第一个火箭导弹研究机构——国防部第五研究院，并兼任院长。1959年加入中国共产党，先后担任中国科学技术大学近代力学系主任，中国科学院力学研究所所长，第七机械工业部副部长，国防科工委副主任，中国科技协会名誉主席，中国人民政治协商会议第六、七、八届全国委员会副主席，中国科学院数理化学部委员，中国宇航学会名誉理事长，中国人民解放军总装备部科技委高级顾问等职务，还兼任中国自动化学会第一、二届理事长。1960年，参与组织中国仿制的第一枚近程地对地弹道导弹发射试验。1966年，作为技术总负责人协助聂荣臻组织实施了中国首次导弹与原子弹“两弹结合”发射试验。1985年，因对中国战略导弹技术的贡献，获全国科技进步特等奖。1994年，被选聘为中国工程院院士。1996年，西安交通大学将图书馆命名为钱学森图书馆。1998年，被授予“中国科学院资深院士”“中国工程院资深院士”称号。1999年，获中共中央、国务院、中央军委颁发“两弹一星功勋奖章”。2009年10月31日，在北京逝世，享年98岁。主要著作有《工程控制论》《物理力学讲义》《星际航行概论》《论系统工程》《关于思维科学》《论地理科学》《科学的艺术与艺术的科学》《论人体科学与现代科技》《创建系统学》《论宏观建筑与微观建筑》《钱学森论火箭导弹和航空航天》等。

华君武

华君武（1915—2010），原名华潮，出生于杭州，祖籍江苏无锡。曾任《人民日报》美术组组长，中国美术家协会秘书长、常务书记、副主席，中国文学艺术界联合会委员、书记处书记等职。中共第八次全国代表大会代表，全国人大第一、二、三届代表，全国政协委员会第五、六、七届委员。美术活动家、漫画家。

华君武早年就读于浙江省立第一中学、上海大同大学高中部，并开始发表漫画作品。抗日战争爆发后从事抗敌宣传，民国27年（1938）到延安，初入陕北公学学习，后任鲁迅艺术学院研究员和教员。民国29年（1940）4月加入中国共产党。民国35年（1946），任《东北日报》文字记者。1949年12月到北京工作。2010年6月13日因病于北京逝世，享年95岁。华君武的漫画，前期长于政治时事漫画，富有战斗性；后期以讽刺画为主，讽刺社会上种种丑陋、落后现象。代表作有《永不走路，永不摔跤》《死猪不怕开水烫》《假文盲》等。出版有《华君武漫画选》《华君武漫画》《我怎样想和怎样画漫画》，以及讽刺诗、文学插图等24册。创作动画电影脚本《骄傲的将军》《黄金梦》等。

王伯敏

王伯敏（1924—2013），字柏闽，别名田宿繁，浙江台州人，居住在南山路涌金花园。曾任中国美术学院教授、博士生导师等职。民盟浙江省委员会第五、六、七届常委，政协浙江省委员会第七届委员，国务院“有突出贡献的专家学者”。美术史论家、画家、诗人。被书画界誉为“画史通儒”“七史罕人”。为20世纪下半叶中国美术史学科研究领域的奠基人和杰出带头人。

民国36年（1947），王伯敏毕业于上海美术专科学校，后赴北平艺术专科学校研究班深造，既是徐悲鸿的研究生，又是国画大师黄宾虹的弟子。擅长画山水、竹石。喜用松烟渍墨，尤擅用水，自具风格。长期担任中国美术学院教授、博士生导师，敦煌研究院兼职研究员，杭州市美术家协会名誉主席。1992年，国务院授予“有突出贡献的专家学者”称号。2009年，获国家美术最高奖——首届中国美术奖·终身成就奖。2011年，任中国国家画院院士。他关心上城区文化发展事业，曾被区政府聘为龚自珍纪念馆书画院名誉院长，题写“南山路休闲特色街”“钱塘书画研究院”“环球雅葵艺术馆”“南宋瓦肆”“中国民间艺术节”等字幅，唐云纪念馆碑刻序文等。著有《中国绘画史》《中国版画史》《中国美术通史（八卷本）》《中国少数民族美术史（六卷本）》《中国绘画通史（上、下册）》《中国版画通史》《中国民间剪纸史》及《敦煌壁画山水研究》《中国画构图》《古肖形印臆释》《唐画诗中看》《山水画纵横谈》《黄宾虹画语录》等60余种专著，其中《中国画构图》针对时空概念，创造性地提出步步看、面面观、专一看、推远看、拉近看、取移看、合六远等“七观法”。有200余篇论文在国内外刊物登载。并出版有《王伯敏美术文选（上、下）》《王伯敏美术史研究文汇（第1、2、3编）》《王伯敏画集》《山水纪游》《柏闽诗选》《勒石篇》。

程　瑜

程瑜（1903—2014），杭州人，民革党员、上城区小营巷居民区第一代卫生委员。杭州市卫生模范、卫生先进工作者等。

1952年爱国卫生运动之初，程瑜任居委会卫生主任。1956年，程瑜被评为杭州市卫生模范、卫生先进工作者。1958年1月5日，毛泽东主席视察小营巷卫生工作时，程瑜全程陪同并汇报卫生工作，毛主席赞许地握住她的手："你们这里的卫生工作搞得不错嘛!"1958年后，程瑜被选为杭州市人大代表和上城区人大代表。其工作的小营巷社区先后获"杭州市爱国卫生先进单位""浙江省和谐示范社区""全国卫生先进单位""全国模范居委会""世界健康社区"等100多项荣誉。2014年5月11日，程瑜逝世，享年112岁。

第二章　人物简介

本章主要收录政治、经济、文化、科技、教育、卫生和其他方面人物共19人，以下人物按生年排序。

刘　江

刘江，民国15年（1926）7月出生，四川万县人，中共党员。中国美术学院教授、西泠印社执行社长、中国印学博物馆馆长、浙江省甲骨文学会会长。著名书法篆刻家、印学家和教育家。

1957年，刘江在浙江美术学院国画系学习，得校长潘天寿教授书法、篆刻。1961年毕业，留校任教书法、篆刻等课程。先后出版《篆刻艺术史》《篆刻技法》《诸乐三评传》《吴昌硕篆刻艺术研究》《中国书法全集·吴昌硕卷》《论甲骨文百印集》《略论唐宋元官私印》《论气》等数十部学术著作。其理论成就《篆刻美学》弥补印学空白。2008年，被国务院公布为西泠印社金石篆刻国家非物质文化遗产代表性传承人称号。2009年，被中国文联授予中国书法最高奖“兰亭奖·终身成就奖”。

冯根生

冯根生，民国23年（1934）出生[①]于医药世家，浙江宁波人。曾任中国（杭州）青春宝集团有限公司董事长。全国“五一劳动奖章”获得者，全国劳动模范。执业药师，高级经济师。是国家级非物质文化遗产项目胡庆余堂中药文化代表性传承人。

其祖父冯云生、父亲冯芝芳是胡庆余堂的资深药工，他在14岁时成为胡庆余堂“末代学徒”，开启中药事业。1972年，他在原胡庆余堂制胶车间的基础上，创建杭州第二中药厂，并将国药的传统经验和现代科学技术相结合，创制“青春宝”“双宝素口服液”等系列新产品。“青春宝”获1988年欧洲国际质量大奖，“双宝素口服液”获国家金质奖和第三十一届国际蜂产品特别金奖。1992年，创建中国（杭州）青春宝集团公司，是年，将集团所属骨干企业杭州第二中药厂与泰国正大集团合资成立正大青春宝药业有限公司，致力于企业现代化管理，实现药液提取自动化、输送管道化，将一个作坊式的中药加工厂发展成为中国中药行业规模最大的现代化企业之一，被国家医药管理局命名为“全国中药行业样板厂”。

① 2017年7月4日逝世。

鲍严钟

鲍严钟，民国25年（1936）3月出生，浙江天台人。杭州市不孕不育专科医院创始人。杭州市医院优秀院长、市劳动模范、省先进工作者，享受国务院特殊津贴。主任中医师。

鲍严钟先后师从余步卿、余步濂、裘笑梅等浙江省著名中医专家。主攻疑难杂症，尤其是男女不孕不育症、前列腺炎及各类疑难杂症。1987年，创办浙江省首家不孕不育专科医院——杭州市不孕不育专科医院。1999年，参与创建浙江省中西医结合医院（杭州市红十字会医院）生殖医学科，该科室有国家卫计委设立的“国家级中医鲍严钟专家工作室”。先后被评为杭州市级、浙江省级、国家级名中医，享受国务院特殊津贴，获杭州市医院优秀院长、市劳动模范、省先进工作者等荣誉。有“强精冲剂”发明专利1项，省级科研成果5项，《实用中西医结合不孕不育诊疗学》《实用中医男性学》等著作10部，发表论文50余篇。

朱炳仁、朱军岷

朱炳仁，民国33年（1944）11日生于绍兴。绍兴“朱府铜艺”第四代传人，中国铜雕领域界唯一一位国家级工艺美术大师、世界熔铜艺术创始人、庚彩工艺的发明者，铜雕技艺国家级非物质文化遗产唯一传承人（“非遗”名录902号），被誉为“中国当代铜建筑之父”。中国工艺美术大师，著名熔铜艺术家。

朱炳仁独创的熔铜艺术开创“熔现实主义”新流派，造就出一种新的美学、视觉、艺术概念，是对世界已有的艺术流派的一种颠覆。做到书、画、刻、雕、锻、铸“六位一体”，开创杭州铜雕发展的新局面。拥有60项国家专利，建立中国国内唯一一套铜建筑艺术标准和体系。创建中国唯一一座江南铜屋——朱炳仁铜雕艺术博物馆。代表作品有《杭州灵隐铜殿》《无锡灵山百子弥勒》《西安大雁塔唐玄奘求法图》《北京人民大会堂香港回归铜雕门》等。

其子朱军岷，1962年出生于浙江杭州，金星铜集团有限公司董事长，高级工程师，国家非物质文化遗产铜雕技艺第五代传承人。曾多次获国家、省、市级工艺美术金奖，特别创意奖，以及省、市科技技术进步二、三等奖，被行业评为年青优秀的企业家。他的铜雕艺术将传统技艺与现代科技水乳交融。代表作品有《杭州雷峰塔》《杭州香积寺铜工程》《上海静安寺铜工程》等。

宗庆后

宗庆后，民国34年（1945）10月生于江苏宿迁。杭州娃哈哈集团有限公司创始人，浙江大学MBA特聘导师，高级经济师，十届全国人大代表。

1986年，宗庆后任杭州市上城区校办企业经销部经理。1987年，承包校办企业经销部，开始创业。1989年，创建杭州娃哈哈营养食品厂，开发生产娃哈哈儿童营养口服液，产品一炮打响。1990年，产值首次突破1亿元大关。1991年，兼并杭州罐头食品厂，成立杭州娃哈哈集团公司。1994年，对口支援三峡库区移民建设，兼并涪陵3家特困企业，组建娃哈哈涪陵分公司，跻身重庆市工业企业50强。1997年以后，在三峡坝区湖北宜昌，贫困区湖北红安、四川广元、吉林靖宇及沈阳、长沙、天津、河北高碑店、安徽巢湖等26个省市建立40余家控股子公司。1996年，与位居世界食品饮料业第六位的法国达能集团合作，通过引进资金技术，发展民族品牌，娃哈哈集团再次步入高速发展的快车道。1998年，推出中国人自己的可乐——娃哈哈非常可乐，在饮料界向国际大品牌挑战。2002年，在全国首批开设800家童装专卖店，成为中国较大的童装品牌之一，进一步向多元化企业进军。2005年，娃哈哈集团发展成为世界第五大饮料生产销售公司，跻身全国工业企业利税500强行列。2012年9月，宗庆后身家升至216亿美元，成中国内地首富。2013年，宗庆后在福布斯富豪排行榜排名第86位，位列胡润富豪榜大中华区第6名。

宗庆后先后被授予“全国五一劳动奖章”、全国劳动模范、全国对口支援三峡移民建设先进个人、全国优秀质量管理推进者、全国非公有制优秀中国特色社会主义事业建设者、袁宝华企业管理奖金奖、慈善家、浙江省优秀共产党员等荣誉。

洪佳琳

洪佳琳，女，1950年12月出生，中共党员。曾任杭州市杨绫子学校校长等职。杭州市第十届人大代表。中学高级教师，省特级教师。

1987年，洪佳琳开始任杭州市杨绫子学校校长。20世纪90年代中期，设立“9+1”实验班，在九年义务制教育基础上，增加1年的职业培训，开设园林花卉和面点2个专业班，为特殊孩子就业创造机会。洪佳琳在特殊教育的改革实践和理论探索中不断有创新和发展，创立和实践“教育、康复、医疗、训练”的智力障碍教育办学模式。主持开展多项国家级和省级的课程改革课题研究并获奖，创办全国首个智力障碍教育职业高中和全国首个智残青年教育、培训、康复、就业中心，形成从学龄前教育——九年义务教育——职业高中教育的“十五年一贯制”的智力障碍教育体系。建立特教教师培养机制，探索民主管理、规范操作、程序科学、制约有效的学校民主管理运行机制，使杭州市杨绫子学校成为省内和全国著名的特殊教育学校。2005年，组建浙江省特殊教育资源中心，为全省特殊教育提供服务。曾获全国优秀特殊教育工作者、省“春蚕奖”、全国江民特教奖、上城区十佳校长等荣誉，是全国特殊教育研究会副秘书长，省特殊教育研究分会会长。

包文其

包文其，1951年9月生，浙江东阳人，毕业于浙江大学管理工程学系。杭州市劳动模范。

20世纪70—80年代中期，包文其在杭州天水丝织厂，通过不断地学习，熟练掌握丝绸和服装生产的各道工序及生产关键，特别对丝绸面料的组织、染色及面料在服装生产中的物理性能等有比较深刻的了解。20世纪80年代中期—90年代初期，在杭州市丝绸控股集团公司，从事丝绸和服装的生产技术工作，解决服装生产中的各种技术问题。

20世纪90年代开始在杭州利民中式服装厂，主持中式服装的生产及技术管理，将

“振兴祥中式服装制作技艺”进行整理、归类、补缺，解决实际生产中的技术难题，主持和指导完成博鳌中华衫、2008年奥运会“青花瓷”和“粉色”两个系列的颁奖礼服等。并利用现代服装生产技术的提高进行新技艺的开发，不断地培养不同专门技艺的操作技术人员，保证振兴祥中式服装制作技术能完整地保留下来并用于企业实际生产。2012年12月，被文化部认定为第四批国家级非物质文化遗产“振兴祥中式服装制作技艺”项目代表性传承人。

张 望

张望，1962年出生于浙江天台。国际摄影评委、国家高级摄影师、中国摄影家协会会员、台湾《摄影天地》杂志编辑顾问、文融文化艺术研究院摄影客座教授。

1985年，张望考入浙江美术学院，毕业后从事文化设计工作，兼任深圳大学艺术专业特聘教师。1998年，返杭从事艺术摄影创作。1999年，被授予“国家高级摄影师”衔。2000年，在北京电影学院研修摄影理论。是年，成为中国摄影家协会会员。2005年，获世界艺术类摄影最高奖的奥地利国际摄影艺术展专题组冠军。2007年，获中国摄影界最高成就奖——中国摄影金像奖。2015年，张望在上城区凤凰御元艺术基地成立个人工作室。张望的佛门摄影作品别具一格，具有迥异于他人的精神境界。其所著书籍《佛泽》是一本“影像中国佛学文化”的普及读本。

舒锦霞

舒锦霞，女，1962年出生，浙江新昌人。浙江越剧团著名王派旦角，国家一级演员，中国戏剧梅花奖得主、浙江省第五届政协委员、浙江省政协艺术团特邀委员。

舒锦霞师承越剧表演艺术家王文娟，唱腔柔美抒情，韵味浓厚，表演真切纯情并富有激情。极善于刻画人物的内心世界，她所扮演的各种人物，均给观众留下深刻的印象。崇尚创新，在艺术上不断探索，并在表演、唱腔等方面逐步形成自己的独特风格。先后在《花魁女》《红楼梦》《李师师》《金凤与银燕》《白兔记》《风雪寒梅李三娘》《日落日出》等20余部古装剧、现代剧中担纲主演。曾获浙江省首届优秀小百花奖、中国小百花越剧节金奖、浙江省艺术明星奖、浙江省越剧新十姐妹奖、浙江省第九届戏剧节优秀表演奖等奖项。

2011年，舒锦霞与清波街道合作，首次推出专业戏曲培训作为特色品牌，打造“锦霞戏剧艺术公益培训基地”，向地区群众提供公益性戏剧艺术培训，内容包括越剧知识讲座、声腔、身段等基本功教学培训。2011年10月，执笔出版教材《雅颂情韵话越剧》。

朱明虬

朱明虬，1964年2月出生，浙江杭州人。思美传媒股份有限公司董事长。

2000年，朱明虬创立思美传媒股份有限公司，秉承着“敢为人先”的拼搏信念和“细节成就经典”的做事原则，从无到有，从小到大，将一家本土广告公司发展成为国际化标准与本土化实践相结合的业界典范。2007年，思美传媒获“中国一级广告企业（综合服务类）”资质。2012年，朱明虬当选第十四届上城区人大代表。2014年1月，思美传媒股份有限公司在深圳证券交易所挂牌上市。朱明虬热心社会公益，助学、助残、扶贫。设立1亿元纯留本基金，用于帮助浙江音乐学院教育教学设备添置和更新、举办重大创作表演活动等，并设立“浙江音乐学院思美教师奖”和“浙江音乐学院思美奖学金”等。先后获2014年度风云浙商、中国经济领军人物、杭州年度十大创新人物、年度功勋浙商等荣誉。

毛戈平

毛戈平，1964年7月出生，温州人。上海戏剧学院化妆系毕业，中国民主促进会成员，文化部一级形象设计师、国际彩妆大师、中国著名化妆艺术家、企业家、毛戈平形象设计艺术学校创始人。

1983年7月—1998年7月，毛戈平在浙江省越剧团任高级化妆师。1998年11月，创建杭州毛戈平化妆艺术有限公司。2000年，创立以自己名字命名的“MGPIN”化妆品牌，是年，创建毛戈平形象设计艺术学校。2010年10月起，担任毛戈平化妆品股份有限公司董事长。秉承“审阅美、塑造美、传播美”的宗旨，以东方美学理念及人体生态学为基础，在世界各地讲授东方美学课程，传播东方美学理念。为40余部电影、电视剧和20余台舞台剧进行化妆造型设计，在时装、生活、广告等领域进行化妆与设计。曾担任“2008年北京奥运会”开幕式化妆造型设计师、“国庆60周年阅兵式”女兵方阵造型指导等国内外大型活动的造型设计和指导工作。获中国影视化装金像奖、北京2008年奥运会特别贡献奖、中国化妆杰出艺术贡献奖、20世纪中国杰出贡献奖、世界美容师协会“最佳形象设计专家”、中国时尚20年功勋人物等奖项。2015年，在香港获首届2015全球华人影响力盛典之美妆艺术特别贡献奖。

钱大宏

钱大宏，1965年10月出生于上海，浙江大学医学院教授。有20年集成电路（IC）行业管理经验，获得浙江大学科仪系学士，美国得克萨斯大学Austin分校的微电子硕士和哈佛大学计算机博士。

1999年，钱大宏在美国创立Ikena Technologies公司，开发当时最先进的网络设备技术，在2001年被纽约证券交易所上市公司并购。2004年，创立雅高半导体公司（Accel Semiconductor Corporation）并任首席执行官，2010年，该公司被美国纳斯达克上市公司（OmniVision）并购。钱大宏担任豪威科技的系统工程副总裁直至2013年2月。研究领域为新型医学材料和器件，主要用于：肿瘤的早期诊断，尤其是肺部支气管和消化道表面黏膜病变引起的癌变；脑神经网络功能区的微循环模式识别与行为模式的相关性；微型低功耗人体参数检测器件构成的人体健康网络（Body Area Network）。2013年，与杭州中瑞思创科技股份有限公司进行科技产业化合作。他所带领的创业团队拥有世界先进的定制化芯片和传感器核心技术，2015年，带领其创业团队在上城区电子机械功能区创办杭州创辉医疗电子设备有限公司，专注于光机电软件一体化的新型电子类医疗耗材产品的研发和生产。

隋瑞福

隋瑞福，山东昌邑人，1968年12月出生，1985年11月入伍，1995年3月，由志愿兵提干。曾获“上城卫士”“杭州市优秀民警”“上城区优秀党员”“浙江省优秀民警”“杭州市十佳民警”“全国模范军队转业干部”“杭州市十大平民英雄”“全国政法系统优秀党员干警”“杭州市优秀共产党员”“杭州市十大道德模范”等荣誉。立三等功2次、二等功1次。

隋瑞福在部队期间主要从事汽车驾驶、维修、特种车辆驾驶培训、战备公路建设筹划施工监理等工作，多次被评为先进并立功受奖。2005年10月，转业至杭州市公安局上城区分局，先后担任湖滨派出所治安巡逻民警、巡特警大队便衣中队长、巡特警大队副大队长、刑侦大队副大队长兼任便衣大队长。他带领的便衣队伍抓获各类违法犯罪人员2500余人。在工作过程中，总结提炼出的《识别嫌疑人的几点方法》《三点观察式跟踪技巧》《明岗与暗哨相结合、定点观察与机动搜索相结合、便衣与制服人员相结合、人防与技防相结合》等夜巡工作技战法被市公安局及兄弟单位推广和借鉴。

吴家平

吴家平，1969年出生，浙江青田人。杭州佳平影业有限公司董事长。影视剧出品人、制片人。

2009年，吴家平成立杭州佳平影业有限公司（简称佳平影业公司），任公司董事长。佳平影业公司作为上城区招商引资企业注册成立，出品众多有影响力的影视作品。代表作品有电影《十里红妆》《夫妻站》，电视剧《东方》《日本八路》《大染坊续》《鸡毛飞上天》、纪录片《钱塘江》等。其中，非物质文化遗产主题电影《十里红妆》入围2009年第十二届上海国际电影节传媒大奖单元和第三十三届开罗国际电影节展映单元；展示浙商精神大型电视剧《鸡毛飞上天》入选中共中央宣传部、财政部重点扶持和国家广电总局推荐的以“中国梦”为主题的重点电视剧目，并获全国第十四届精神文明建设“五个一工程”优秀作品奖，第三十一届中国广播影视“飞天奖”优秀电视剧奖。

周明娟

周明娟，女，1970年9月出生，杭州人。浙江省财贸工会兼职副主席、杭州市妇联兼职副主席、杭州解百集团股份有限公司营运部助理。曾获全国五一劳动奖章、全国劳动模范、全国商业服务业十佳营业员、全国商业服务业优秀营业员、浙江省优秀共产党员等称号。

工作中，周明娟总结出“二四六”全程服务操作法[①]，被省、

① “二”是售后二原则，一是售后的问题要优先解决，二是要站在顾客的角度用专业的态度去处理；“四”是根据顾客的肤色分为“春、夏、秋、冬”四种；“六”是颜色搭配技巧，主色调不超过三种颜色，在此基础上进行混搭。

市、系统工会多次评为“先进操作法”，并编入教材，在全省各系统内推广与运用。做好“传帮带”工作，培训营业员1.5万余人，将销售经验与服务操作法与同事们共同分享。2008年4月，成立首个服务工作室——周明娟女装工作室，累计接待顾客8500人，成交服装25350件，销售额达6337万元，建立顾客档案7098份。

周立钢

周立钢，1975年10月出生，浙江嵊州人。杭州博乐工业设计股份有限公司创始人、董事长，毕业于浙江大学计算机学院工业设计专业。

周立钢长期从事创新设计与商业策略的研究与服务，在国内创立以定位为核心，集产品、品牌、渠道、传播于一体的整合设计服务模式，带领博乐设计团队，以“设计+销售”助推企业创造数百亿元的商业价值，培育10余个客户项目成为行业一线品牌，帮助德力西家居电气、拓朴旋转拖把、两面针等品牌业绩增长5～10倍。先后获中国设计业十大杰出青年、中国工业设计十佳杰出设计师、浙江省首批高级工业设计师（高工）等荣誉，兼任全国工业设计产业创新联盟副主席、浙江省工业设计协会副会长，并担任国家级工业设计中心评委、光华龙腾奖评委、中国好设计奖评委、中国优秀工业设计奖评委。

罗雪娟

罗雪娟，女，1984年出生，杭州人。中国女子游泳运动员。奥运会女子100米蛙泳冠军。

1997年2月，罗雪娟由杭州市陈经纶体育学校输送到浙江省游泳队。2000年6月，入选国家队。2001年，在第九届世界游泳锦标赛中获女子100米蛙泳冠军，并打破该项目世锦赛和亚洲纪录，同时获50米蛙泳冠军。2002年，在第十四届亚运会中获女子100米蛙泳冠军，2003年，在第十届世界游泳锦标赛中获女子100米蛙泳冠军、50米蛙泳冠军、女子4×100米混合泳冠军。2004年，在第二十八届奥运会上获女子100米蛙泳冠军，并打破奥运会纪录。曾获浙江省二等功、浙江省十佳运动员、杭州市青年“五四”奖章、杭州市体育突出贡献奖、中国十佳运动员、奥运会十佳明星、全国三八红旗手、中国十佳劳伦斯冠军奖等荣誉。

杨　雨

杨雨，1984年7月出生，杭州人，杭州市陈经纶体校游泳教练，中共党员。

1996年10月，杨雨进入浙江省游泳队。2002年，在釜山亚运会中获女子200米自由泳冠军，短池游泳世锦赛中获女子4×200米自由泳接力冠军。2003年，在世界杯短池游泳赛柏林站，创女子200米自由泳世界纪录。2004年，在雅典奥运会上获4×200米自由泳接力亚军。2004年，世界杯短池游泳赛柏林站创女子200米蝶泳世界纪录。2008年，在北京奥运会中获4×200米自由泳接力亚军，2009年，在世界游泳锦标赛中获女子4×200米自由泳接力冠军，并打破该项目世界纪录。曾被省政府授予一等功1次、二等功1次，并获浙江省三八红旗手、浙江青年五四奖章等荣誉。

第三章　人物名录

本章共收录人物1284人，其中，烈士88人，全国劳动模范17人，全国五一劳动奖章获得者12人，浙江省劳动模范40人，部级劳模13人，浙江省五一奖章获得者5人，浙江省先进生产（工作）者104人，杭州市劳动模范149人，杭州市先进生产（工作）者836人，全国三八红旗手11人，浙江省三八红旗手9人。因首轮《杭州市上城区志》未有专门记载，故1993年前为补遗内容。

第一节　烈士名录

表35-3-1　上城区烈士情况表

姓名（曾用名）	性别	出生年月	户籍地	参加革命时间	入党（团）时间	牺牲时间	牺牲地点	牺牲时所在单位、职务	批准为烈士时间
汪性天（汪涵）	男	1898	杭州市上城区	1922	1922（入党）	1926-11	杭州市	中共杭州地委、国民党杭县县党部，委员、常务委员	—
高致嵩（高子晋）	男	1898-07	杭州市上城区	—	—	1937-12	江苏省南京市	国民党陆军第264旅，旅长	1986
冯　冷[①]	女	—	杭州市上城区	—	—	1939-07	安徽省泾县	新四军教导队医务室，医务员	—
范绍康（杨贵福、章朴民）	男	1919	杭州市上城区	—	—	1942	江苏省宜兴县	新四军第1师3旅，指导员	—
周荣华（周易、周永华）	男	1920-05	杭州市上城区	1938-06	—	1942-05	河南省范县	冀鲁豫边区第5分区独立团政治处宣传股，股长	—
谢家福（谢礼男）	男	1923	杭州市上城区	1938	1939（入党）	1943	马山	抗日民主政府，文书	—
应鉴康	男	1924-10	杭州市上城区	1942-01	1942-02（入党）	1943-07	苏北九龙镇	新四军苏中军区第4分区政治保卫队，排长	—

① 获三等功1次。

续表 35-3-1

姓名（曾用名）	性别	出生年月	户籍地	参加革命时间	入党（团）时间	牺牲时间	牺牲地点	牺牲时所在单位、职务	批准为烈士时间
阮玉梅	女	1917	杭州市上城区	1938	—	1943-11	宁波市长骆坟滩	第三战区三北游击司令部，民运工作人员	—
黄　峰（杜祖鉴、杜振邦）	男	1920	杭州市上城区	1937	—	1944-04	诸暨县石壁村	新四军浙东游击纵队金萧支队政治处宣传队，队长	—
陈景明	男	1928	杭州市上城区	1945-09	—	1945-10	—	新四军第3师7旅24团卫生队，战士	—
于　再（于镇华）	男	1921	杭州市上城区	1938	—	1945-12	云南省昆明市	云南省昆明南菁中学，教师	—
纽　纬（纽雪伟、纽锦瑞）	男	1920-10	杭州市上城区	1940	1944（入党）	1946-07	苏北如南	新四军第29团，参谋	—
顾志生	男	1927-05	杭州市上城区	1944-01	—	1946-10	山东省曹县	新四军浙东游击纵队，战士	—
裘锡财	男	1929	杭州市上城区	1947	—	1947年在辽宁省失踪	—	—	—
于子三	男	1925	杭州市上城区	1944	—	1947-10	—	浙江大学自治会、新民主青年社华家池分社，主席、负责人	—
裘炳炎（裘荣林）	男	1920-08	杭州市上城区	1946	—	1948	广东省东江	—	—
余水清	男	1927	杭州市上城区	1947-07	—	1948	淮海战役	华东野战军第8纵队24师70团1连，文书	—
宋良钧	男	1926	杭州市上城区	1946	1946（入党）	1948	永嘉、仙居两县交界处	浙南游击括苍山支队2中队，文化教员	—
张席珍	男	1913	杭州市上城区	1936	1936（入党）	1948-05	山东省荷泽	华东野战军某部，团长	—
关秉准（关唐英）	男	1924	杭州市上城区	1942	1945-05（入党）	1948-09	山东省济宁	中国人民解放军某团，指导员	—
姚阿前	男	—	杭州市上城区	1947-08	—	1949	天津市	中国人民解放军某团，炮手	—
洪子根	男	—	杭州市上城区	—	—	1949	—	中国人民解放军某团，战士	—
陈雨阳	男	—	杭州市上城区	—	—	1949	—	中国人民解放军某部，战士	—

续表35-3-1

姓名（曾用名）	性别	出生年月	户籍地	参加革命时间	入党（团）时间	牺牲时间	牺牲地点	牺牲时所在单位、职务	批准为烈士时间
胡　舫	男	—	杭州市上城区	1949-03	—	1949	四川省牛滩乡	川南行政公署农林厅文工团，队员	—
屠泽民（屠传根）	男	1907-10	杭州市上城区	1949-02	—	1949-03	松阳县高亭	丽水县人民政府，副县长	—
谢成保	男	1929-03	杭州市上城区	1947-01	1948-11（入党）	1949-04	乌江	中国人民解放军某师，班长	—
黄立本（黄天麟）	男	1919	杭州市上城区	1948-10	—	1949-04	宣平县志竹	松阳县人民政府，秘书	1950-02
李文益（李镜东）	男	1902	杭州市上城区	1927	1927（入党）	1949-06	黄岩县十四坦村	黄岩县乌岩区村农会，主任	1949-12
许英儒（许水根）	男	1927-10	杭州市上城区	1949-10	—	1949-11	绍兴县三江口	中共浙江省委工作团，工作人员	—
丑志岗	男	—	杭州市上城区	—	—	1950	—	—	—
沈一飞	男	—	杭州市上城区	—	—	1950	—	—	—
赵龙祥	男	—	杭州市上城区	—	—	1950	—	—	—
董淑君	男	—	杭州市上城区	—	—	1950	—	—	—
王有福	男	—	杭州市上城区	—	—	1950	—	—	—
陈训孟	男	—	杭州市上城区	—	—	1950	—	—	—
史　永	男	—	杭州市上城区	—	—	1950	—	—	—
钱庆云	男	1926	杭州市上城区	1946	—	1950-07	上海市	淞沪警备司令部教导团	—
周康寿	男	1929-04	杭州市上城区	1949	—	1950-10	朝鲜	志愿军，驾驶员	1950
何世雄（何德宝）	男	1927-01	杭州市上城区	1947	—	1950-11	朝鲜	中国人民志愿军第42军125师373团3营7连，副班长	—
徐伯廷	男	1926	杭州市上城区	1949-12	—	1950-11	朝鲜平安南道宁边龙渊洞	中国人民志愿军第40军120师359团3营7连，战士	1950-12
韩金耀	男	1924-08	杭州市上城区	1948-03	1949-02（入党）	1951-04	朝鲜	中国人民志愿军第40军119师警卫营3连，副班长	1951-06
李　莉①（李小宝）	女	1928	杭州市上城区	1950-06	1951-03（入团）	1951-07	朝鲜	中国人民志愿军第20军教导团4分队，战士	1951-10

① 获三等功1次。

续表 35-3-1

姓名（曾用名）	性别	出生年月	户籍地	参加革命时间	入党（团）时间	牺牲时间	牺牲地点	牺牲时所在单位、职务	批准为烈士时间
应佩清	男	1929-03	杭州市上城区	1949	—	1951年8月在朝鲜失踪	—	中国人民志愿军922部队4大队，战士	1951-10
余国强①（余金耀）	男	1925	杭州市上城区	1950	1950（入团）	1952	朝鲜	中国人民志愿军后勤处汽车4团，驾驶员	1952-04
章根林②	男	1928-11	杭州市上城区	1949-05	—	1952	福建省	陆军第31军92师275团卫生队，看护员	—
陈大江	男	—	杭州市上城区	—	—	1953	—	中国人民解放军某部，战士	—
谢申冰	男	—	杭州市上城区	—	—	1953	—	中国人民解放军某部，战士	—
关康华	男	—	杭州市上城区	—	—	1953	—	中国人民解放军，战士	—
何　鹤	男	—	杭州市上城区	—	—	1953	—	—	—
陈天伟	男	1912-08	杭州市上城区	1949	—	1953-01	福建省仙游县	福建省防疫大队，医务主任	—
汪锦忠	男	1933-11	杭州市上城区	1951-05	（团员）	1953-03	朝鲜	中国人民志愿军第67军200师601团1连，战士	—
侯定英	男	1931-06	杭州市上城区	1949-05	1950-03（入团）	1953-03	朝鲜新河后山	中国人民志愿军第23军67师200团，报话员	—
连瑞龙③	男	1928-04	杭州市上城区	1949-10	1949（入团）	1953-04	朝鲜	中国人民志愿军73师政治部文工队，副排级队员	—
金国坤④（金培忠）	男	1922	杭州市上城区	1951-09	—	1953-05	朝鲜安边车站	中国人民志愿军897部队1小队，助理运转员	—
方祖英⑤	男	1927-10	杭州市上城区	1949-05	—	1953-05	朝鲜剑川	中国人民解放军某团，排级文书	—
姚天寿⑥	男	1929-12	杭州市上城区	1949-05	1951（入团）	1953-07	朝鲜上甘岭	中国人民志愿军，通信兵	—
咸生长（咸保贵）	男	1924-02	杭州市上城区	1941	1944（入党）	1957-09	绍兴县	中国人民解放军某营，副教导员	1983-06
夏玉华	男	1904	杭州市上城区	1937-11	1937（入党）	1958-04	杭州市	浙江军区政治部，副主任	—

① 获三等功、四等功各一次。
② 获三等功一次。
③ 获四等功一次。
④ 1952年8月，在朝鲜出席铁路英模庆功大会。获三等功一次。
⑤ 立功一次。
⑥ 立功一次。

续表35-3-1

姓名（曾用名）	性别	出生年月	户籍地	参加革命时间	入党（团）时间	牺牲时间	牺牲地点	牺牲时所在单位、职务	批准为烈士时间
魏　光[①]	男	1921	杭州市上城区	1941	1941-12（入党）	1958-09	杭州市	解放军某部队干部处，处长	—
周根生	男	1908	杭州市上城区	1950-02	—	1958-11	杭州市半山	浙江建筑公司第2工区，泥工	—
胡阿善	男	1928	杭州市上城区	—	—	1958-11	杭州市半山钢铁厂	浙江第一建筑工程公司，泥工	—
金　名[②]（丛日新）	男	1911-12	杭州市上城区	1938	1938（入党）	1959-08	—	炮兵某团，政委	—
辛介宣（辛天使）	男	1933-04	杭州市上城区	1948-09	1953-10（入党）	1959-09	—	浙江省公安厅第5处，秘书	—
王浩曾	男	1933-05	杭州市上城区	1959-08	—	1960-07	西藏自治区曲塔	西藏贸易公司	—
张有训[③]	男	1934-05	杭州市上城区	1951	1958（入党）	1961-10	辽宁省沈阳市	沈阳军区装甲兵技术部，秘书	—
梁金华	男	1913	杭州市上城区	1927-03	1929（入党）	1962-06	上海市	浙江省军区，副司令员	1962-07
潘小毛	男	1943-11	杭州市上城区	1962-06	1962（入团）	1965-08	安徽省和县	中国人民解放军某队，战士	1983-07
马春生	男	1939-12	杭州市上城区	1962-06	1964-11（入团）	1965-09	越南	中国人民解放军某队，副班长	—
魏煜良[④]	男	1937-12	杭州市上城区	1955	（党员）	1966-09	越南	武汉交通部第二公路设计院工程测试总队某队，技术员	—
张　珏	男	1934-09	杭州市上城区	1951	1956（入党）	1966-12	—	海军航空兵部队，中队长	—
俞　钺[⑤]	男	1930-06	杭州市上城区	1949-06	1951-07（入党）	1967-01	河北省石家庄市	解放军某部队政治处，副主任	—
池宝奎[⑥]	男	1944	杭州市上城区	1964-11	1965（入党）	1967-04	越南	解放军某部队，报务员	—
陈英业	男	1934-09	杭州市上城区	—	—	1967-08	西藏自治区	西藏自治区交通厅科研所，技术员	—

① 县三等扩军模范，获三等功1次。
② 获四等功1次。
③ 获二等功1次、三等功2次。
④ 获越南中央政府颁发的奖章、奖状。
⑤ 获三等功7次、军功章1枚。
⑥立功2次，被评为“五好战士”。

续表 35-3-1

姓名（曾用名）	性别	出生年月	户籍地	参加革命时间	入党（团）时间	牺牲时间	牺牲地点	牺牲时所在单位、职务	批准为烈士时间
任焕礼	男	1930-07	杭州市上城区	1949-03	1949（入党）	1968-12	上海市	中国人民解放军某部，副科长	—
王先明①（王金水）	男	1933-11	杭州市上城区	1950-02	1950-08（入党）	1970-12	安徽省休宁县屯溪镇	中国人民解放军某部，军医	—
杨东森	男	1942-12	杭州市上城区	1960-06	1960-09（入党）	1973-10	—	中国人民解放军某部，飞行员	1973-11
陈毅祥	男	1951-06	杭州市上城区	1973-01	—	1974-02	江西省吉安市	中国人民解放军某部，战士	—
徐吾先②（徐传文）	男	1919-09	杭州市上城区	1937-07	1941-04（入党）	1975-06	杭州市	浙江省军区某团，团长	—
梁森根	男	1953-08	杭州市上城区	1970-09	1971（入团）	1975-07	杭州市望江门	杭州市交警支队上城大队，民警	—
戴　辉③（戴宝玉）	男	1947-02	杭州市上城区	1968-04	1970-02（入党）	1975-10	陕西省西安市连湖区	西安空军通讯学校，学员	—
刘建军	男	1954-12	杭州市上城区	1971-01	1975-04（入党）	1975-11	—	空军某团机务1中队，机械师代理分队长	—
刘　伟（刘振田）	男	1922-10	杭州市上城区	1939	1939-06（入团）	1977-02	赤道几内亚共和国	驻赤道几内亚援建恩蒙公路技术组，组长	—
陈跃平	男	1958-12	杭州市上城区	1977-01	—	1977-08	—	中国人民解放军某部，战士	—
赵　荣	男	1914	杭州市上城区	1930-02	1933-05（入党）	1978-08	上海市	浙江省军区，顾问	—
张建平	男	1954-07	杭州市上城区	1972-12	1975-02（入党）	1978-09	—	中国人民解放军，排长	—
祝光亮④	男	1928-11	杭州市上城区	1943-02	1947（入党）	1979-06	上海市	济南39420部队，副参谋长	—
陆　刚	男	1957-11	杭州市上城区	1974	—	1992-05	杭州市上城区	—	1992-05
王国娟	女	1955-03	杭州市	—	—	1992-08	杭州市上城区	上城区四新点心店，出纳员	1992-09

说明：资料来源于杭州市上城区退役军人事务局

① 获三等功3次、四等功2次。
② 立功3次。
③ 追记一等功，被西安市授予“人防战士”称号。
④ 被授予“战斗英雄”称号。

第二节　劳动模范、先进个人①

表 35-3-2　1956—2015 年上城区全国劳动模范获得者（17 人）

序号	姓　名	性　别	获奖年份	工作单位
1	屠永仁	男	1956	杭州绸厂
2	何德法	男	1956	杭州制氧机集团公司
3	施文琴	女	1956	杭州火柴厂
4	陈夏影	女	1959	永明棉织厂
5	陈建华	男	1959	中共杭州市上城区委宣传部
6	徐祖兴	男	1959	杭州张小泉集团有限公司
7	葛建勋	男	1959	杭州油毡厂
8	胡兴农	男	1960	杭州标准件厂
9	顾粉红	女	1960	杭州工联大厦股份公司
10	孙校洪	男	1960	杭州木材厂
11	沈昌炽	男	1978	中国空分设备公司
12	张根仙	女	1989	浙江麻纺织厂
13	陈励君	女	1995	杭州华日电冰箱厂
14	宗庆后	男	1995	杭州娃哈哈集团有限公司
15	罗红英	女	2005	浙江花都美容美发培训中心
16	马丽华	女	2010	杭州市上城区民政局
17	刘同礼	男	2015	杭州市上城区清波市容环境卫生管理所

表 35-3-3　1985—2015 年上城区全国五一劳动奖章获得者（12 人）

序号	姓　名	性　别	获奖年份	工作单位
1	杨永明	男	1985	杭州市化工局
2	闻国相	男	1987	浙江钱江航运公司
3	刘池英	女	1988	江干区粮食公司水澄桥粮店
4	许华培	男	1990	伊莱电器（杭州）有限公司
5	吴祝元	男	1990	时美美容美发公司
6	李妙顺	男	1991	杭州市上城区望江市容环卫所
7	楼绅才	男	1992	杭州新塑料厂
8	胡崇杏	男	1996	杭州解百集团股份有限公司

① 资料来源于上城区总工会编《劳模风采》、杭州市总工会编《杭州市市级劳动模范名单》、杭州市总工会官方网站——杭州工会（www.hzgh.org）、浙江省妇女联合会编《浙江省全国和省级三八红旗手（集体）名录》、浙江省妇女联合会官方网站——浙江女性（www.zjswomen.org.cn）及相关认定文件等。

续表 35-3-3

序号	姓 名	性 别	获奖年份	工作单位
9	朱慧民	女	2001	杭州解百集团股份有限公司
10	朱炳仁	男	2006	杭州金星铜工程有限公司
11	徐剑鸿	男	2012	杭州娃哈哈集团有限公司
12	唐水林	男	2014	杭州市上城区卫生监督所

表 35-3-4 1952—2015 年上城区浙江省劳动模范获得者（40 人）

序号	姓 名	性 别	获奖年份	工作单位
1	沈开基	男	1952	杭州第二水泥厂
2	楼翰俊	男	1954	浙江省地方经济建设总公司
3	柴月妹	女	1954	浙江省轻工业厅丝绸科学研究所
4	俞阿水	男	1955	浙江省畜产公司
5	朱银娣	女	1956	杭州轴承厂
6	曹秀芳	女	1972	杭州松下家用电器有限公司
7	胡爱华	女	1978	中国青春宝集团有限公司
8	程 玲	女	1982	杭州市上城区教师进修学校
9	罗阿玉	女	1982	杭州牛奶公司
10	苏永刚	男	1982	浙江省工业设备安装公司
11	方立均	男	1982	杭州木器厂
12	吴有仁	男	1982	上城区粮食公司
13	沈柏盛	男	1982	杭州上城区小营市容环卫所
14	徐永林	男	1985	杭州炼油厂
15	王康健	男	1985	杭州包装材料厂
16	王吉民	女	1985	杭州市工艺美术工业公司
17	龙文骅	男	1985	上城区燃料杂品公司
18	来奎吉	男	1986	杭州木材总厂
19	李道明	男	1988	杭州市上城区公安分局城站派出所
20	蔡毓秀	女	1989	杭州市中菱贸易有限公司
21	陈丽英	女	1989	杭州市中策橡胶有限公司
22	陈张海	男	1990	杭州市自来水公司
23	何成法	男	1990	浙江省钱江搬运公司
24	陈云仙	女	1994	杭州市上城区城管办湖滨环卫所
25	方水珍	女	1995	杭州酒家
26	傅冬明	男	1999	杭州中策橡胶有限公司
27	谢丽娟	女	1999	浙江中大控股集团
28	金虎林	男	1999	杭州便民服务公司
29	高金明	男	1999	杭州手表有限公司
30	余强兵	男	2000	杭州娃哈哈集团广元分公司
31	杨 锋	男	2000	重庆市涪陵娃哈哈饮料有限公司
32	杜建英	女	2004	杭州娃哈哈集团有限公司

续表35-3-4

序号	姓　名	性　别	获奖年份	工作单位
33	何钦雄	男	2004	杭州澳医保灵药业有限公司
34	曹天云	男	2009	杭州市上城区湖滨市容环境卫生管理所
35	邵金荣	男	2009	杭州娃哈哈集团有限公司
36	陈革文	女	2014	杭州市时代小学
37	朱　伟	男	2014	浙江华日实业投资有限公司
38	许　斌	男	2014	杭州娃哈哈集团有限公司
39	唐水林	男	2014	杭州市上城区卫生监督所
40	徐剑鸿	男	2014	杭州娃哈哈集团有限公司

部级劳模（13人）

陈杏妹（1953年纺织部劳模）

翟志成（1980年公安战线先进个人）

陈应镕（1983年水利电力系统劳模）

骆锡耀（1986年建设系统先进工作者）

蔡纯根（1989年商业部劳模）

蔡先昌（1989年商业部劳模）

马丽华（1989年商业部劳模）

郭葆钫（1989年铁路劳模）

单永华（1990年轻工部劳模）

叶文瑜（1991年医药系统先进个人）

孙增林（1996年劳动部先进个人）

诸根雅（2000年内贸系统劳模）

宋阿长（治安保卫功模）

表35-3-5　2007—2015年上城区浙江省五一劳动奖章获得者（5人）

序号	姓　名	性　别	获奖年份	工作单位
1	李　烈	男	2007	杭汽轮集团—杭州汽轮机股份有限公司
2	吴曼萍	女	2008	杭州市工商行政管理局上城分局
3	邵金荣	男	2008	杭州娃哈哈集团有限公司
4	胡月通	男	2011	杭州市公安局上城区分局南星派出所
5	王荣栋	男	2013	杭州娃哈哈集团有限公司

1955—1964浙江省先进生产（工作）者（104人）

1955年（13人）

陈娟娥　方　震　陆连章　邹福森　吴春芝　陈祥云　周婉贞　李钖祥　陈长春

金章花　卢荷花　张生根　孙锦泉

1956年（15人）

陈水康　谢珠仙　金阿花　裘顺孝　蒋永祥　王政双　朱阿泉　葛志荣　陆维明
刘光洪　徐家道　陈金寿　张承良　何　君　袁启勇

1958年（7人）

童月琴　崔道坤　田锡根　徐林根　王科炳　沈凤清　朱金水

1959年（23人）

杨来富　戚德胜　陈九丰　计大钰　吴吾龙　沈玲琅　崔学浩　秦雪琴　徐福康
郑妙根　周小狗　薛掌珠　蒋有根　周福根　宣永祥　王志明　杨毓仙　吴幕仙
金阿寿　胡文君　朱杏男　李永海　王顺田

1960年（2人）

朱水琴　赵金达

1961年（5人）

陆凤娣　施宝法　汪仲明　方菊弟　李亦军

1962年（22人）

钱爱珍　邵水潮　陈黄松　洪雅青　刘明德　邵金妹　许志忠　王禄义　赵桂花
潘云良　徐福荣　李永康　沈鸿裕　路玉奎　徐顺法　钱宝庆　祁志英　薛荣生
李金荣　朱琳坤　李金根　周绍堂

1963年（14人）

沈富伦　宣炳达　林云珍　袁秀英　徐鑫权　何玉芝　陈永祥　王培元　陈阿水
马成发　张美玲　屠奎铭　金顺堂　徐裕建

1964年（3人）

金珠凤　陈寿增　金家荣

表35-3-6　1951—2015年上城区杭州市劳动模范获得者（149人）

序号	姓　名	性别	获奖年份	工作单位
1	邱中美	男	1951	杭州市工艺美术集团公司
2	赵金梅	男	1953	私营第二染织厂
3	商绣球	男	1953	公私合营虎林丝厂
4	金有根	男	1953	私营福华丝厂
5	曹宝泉	男	1953	生产自救杭州染织厂
6	傅叔卿	男	1953	中国百货浙江省公司杭州商店批发部
7	王爱根	男	1954	六一织造厂
8	蒋　勋	男	1954	东南化工厂
9	周官德	男	1954	杭州通用机器厂装配车间
10	娄月娟	女	1954	求益新布厂（西湖手帕厂）
11	应成福	男	1954	杭州制氧厂

续表35-3-6

序号	姓　名	性别	获奖年份	工作单位
12	陈剑萍	男	1955	杭州都锦生实业有限公司
13	朱志仙	男	1979	杭州市服务公司如新洗染店
14	程　玲	女	1981	杭州市胜利小学
15	曹和人	男	1981	杭州罐头食品厂
16	张霞姝	女	1981	杭州市修配服务公司钱江钟表店
17	龙文华	男	1981	杭州燃料站三八燃料店
18	傅水珍	女	1981	杭州新艺服装厂
19	王根福	男	1981	杭州印铁罐厂
20	沈金福	男	1981	杭州叉车厂
21	胡志厚	男	1981	胡庆余堂制药厂
22	陆荣福	男	1982	杭州棉毛针织厂
23	郁友来	男	1982	杭州市第二水泥厂
24	施福尧	男	1982	杭州卷烟厂
25	刘全福	男	1983	杭州轴承厂
26	吴芬菊	女	1983	杭州卷烟厂
27	胡莲子	女	1984	杭州市草桥门副食品综合商场
28	周毛银	男	1984	杭州市政总公司
29	朱杏玉	男	1984	杭州皮鞋厂
30	陈良初	男	1984	杭州上城区安装公司
31	王香英	女	1984	杭州小轮车总厂
32	张明秀	女	1984	杭州礼品商店
33	葛小燕	女	1986	杭州春光丝织厂
34	阮瑞德	男	1986	杭州日用工业品公司日用品百货商店
35	李承龙	男	1986	杭州市天长小学
36	来如德	男	1986	杭州市上城区环卫所
37	沈严治	男	1986	杭州市物资回收公司综合利用加工厂
38	王招娣	女	1986	杭州无线电专用设备一厂
39	王福兴	男	1986	杭州木材总厂
40	许桂珍	女	1986	杭州卷烟厂
41	宋栋瑞	男	1986	杭州人民印刷厂
42	赵智能	男	1986	杭州无线电专用设备一厂
43	俞丽娟	女	1986	杭州立新塑料厂
44	陈冠权	男	1986	杭州农药厂
45	曹自强	男	1986	杭州市平安里小学
46	张金木	男	1986	杭州茅廊巷菜场
47	董增林	男	1986	杭州肉类联合加工厂
48	张乐园	男	1986	杭州延安食品商店
49	童丽娟	女	1987	杭州市第三针织厂
50	李道明	男	1987	杭州市上城区公安局城站派出所

续表 35-3-6

序号	姓 名	性别	获奖年份	工作单位
51	吴钖武	男	1987	杭州市小营小学
52	高美玲	女	1987	上城区味佳点心店
53	高吴珍	女	1987	上城区温州汤团店
54	王阿华	男	1987	杭州电化厂
55	徐金凤	女	1987	杭州袜厂
56	陈培元	男	1987	杭州东南化工厂
57	朱文孝	男	1987	杭州肉类联合加工厂
58	郁 英	女	1987	杭州灯泡厂
59	陈根法	男	1987	杭州市果品食杂公司
60	宋春根	男	1987	杭州市第二水泥厂
61	柯明康	男	1987	杭州香料厂
62	韩金木	男	1987	杭州起重机械厂
63	蔡玉英	女	1987	杭州第二织布厂
64	许秋富	男	1989	杭州第二水泥厂
65	赵 骧	男	1989	杭州市城站缉私检查站
66	汪 汾	女	1989	杭州市涌金派出所
67	余步濂	男	1989	杭州市上城区中医院
68	高伯恩	男	1989	杭州市九豫丝织厂
69	李妙顺	男	1989	杭州江干区环境卫生管理所
70	谢老虎	男	1989	杭州市上城区环境卫生管理所涌金站
71	陈励君	女	1989	杭州华日冰箱厂
72	汪志华	男	1989	杭州庆春路肉食商店
73	陈瑞华	男	1989	杭州牙膏厂
74	张菲斐	女	1989	杭州卷烟厂
75	吴桂花	女	1989	上城区解放路粮油食品商店
76	谢玉蓉	女	1989	杭州家具厂
77	张寿全	男	1989	杭州针织厂
78	傅祖蕙	女	1989	杭州电化厂
79	施玲珠	女	1989	杭州茅廊巷菜场
80	何金富	女	1989	杭州袜厂
81	毛立华	男	1989	杭州龙山化工厂
82	王桂芳	男	1989	杭州锅炉厂
83	陈祥林	男	1989	杭州木材总厂
84	裴广善	男	1990	杭州市溶溶理发室
85	鲍严钟	男	1991	上城区中西医结合医院
86	王恩明	男	1991	杭州华日电冰箱厂
87	宗庆后	男	1991	杭州娃哈哈食品集团公司
88	章财兴	男	1991	杭州市上城区环境卫生管理所
89	倪铁荣	男	1991	杭州永新粮食制品厂

续表35-3-6

序号	姓　名	性别	获奖年份	工作单位
90	郑水珍	女	1991	江干区南星水产商店
91	吴伟明	男	1991	杭州东南化工总厂
92	陈良有	男	1991	杭州新光塑料厂
93	王大生	男	1991	杭州工艺美术包装装璜厂
94	陈云仙	女	1993	杭州上城环卫所城站环卫站
95	杜建英	女	1993	杭州娃哈哈集团有限公司
96	颜松林	男	1993	杭州华日电冰箱厂
97	徐令庆	男	1993	杭州豫丰祥百货商店
98	胡　润	男	1993	杭州威士集团公司
99	徐耀忠	男	1993	杭州印铁制罐工业公司
100	张宏辉	男	1995	杭州娃哈哈集团有限公司
101	诸雅坤	男	1995	杭州万隆实业有限公司
102	王　斌	女	1995	杭州市上城区少年宫
103	楼明华	男	1995	上城区环境卫生管理所涌金环卫站
104	蔡福康	男	1995	上城区房管局第二房产公司
105	林兔根	男	1995	杭州东南化工有限公司
106	杨行旨	男	1995	杭州中日友好饭店有限公司
107	窦金培	男	1995	杭州离合器厂
108	盛雪萍	女	1996	杭州市抚宁巷小学
109	宗端后	男	1997	杭州三和食品助剂厂
110	童冠武	男	1997	杭州华日集团公司
111	陈　煜	男	1997	杭州娃哈哈集团公司
112	王文松	男	1997	杭州市上城区近江村
113	何凤仙	女	1997	杭州新丰塑料厂
114	胡水根	男	1997	杭州中策橡胶（股份）有限公司
115	李荣珍	女	1998	上城区第二医院
116	毛根森	男	1998	上城区市容环卫局
117	孙迪如	女	2000	杭州市惠兴中学
118	方胜康	男	2000	杭州奥普斯照明器材有限公司
119	何云华	男	2000	杭州离合器有限公司
120	曹天云	男	2000	上城区市容环卫局湖滨所
121	邹　剑	男	2000	杭州市公安局上城分局
122	罗建发	男	2000	杭州新丰餐饮经营公司新丰小吃城
123	王燕骅	女	2000	杭州市上城区教师进修学校
124	舒慕珍	女	2000	杭州市上城区小营街道小营巷居委会
125	杨朝荣	男	2000	杭州印铁制罐工业公司
126	葛小平	女	2002	上城区中医院
127	王鹤鸣	男	2002	杭州广宇房地产集团有限公司
128	周九铭	男	2002	杭州娃哈哈集团有限公司

续表 35-3-6

序号	姓　名	性别	获奖年份	工作单位
129	徐文奎	男	2002	杭州市上城区人民检察院
130	陈慧萍	女	2002	杭州友好饭店
131	吴予柱	男	2003	杭州娃哈哈集团有限公司宜昌分公司
132	周国强	男	2004	杭州近江羽绒制品厂
133	朱炳仁	男	2004	杭州金星铜工程有限总公司
134	唐水林	男	2004	杭州市上城区卫生监督所
135	陈金根	男	2004	杭州市上城区望江市容环境卫生管理所
136	倪瑞华	女	2004	杭州天荷时装公司
137	朱　伟	男	2007	浙江华日实业投资有限公司
138	徐剑鸿	男	2007	杭州娃哈哈集团有限公司
139	范毅润	男	2007	杭州奥普电器有限公司
140	俞　良	男	2007	杭州花中城大酒店有限公司
141	路　楠	男	2010	杭州中瑞思创科技股份有限公司
142	刘小英	女	2010	杭州红泥餐饮娱乐有限公司
143	曾国忠	男	2010	杭州市上城区清波市容环境卫生管理所
144	陈革文	男	2010	杭州市时代小学
145	徐学爱	男	2010	杭州娃哈哈集团有限公司
146	王正浩	男	2013	南华期货股份有限公司
147	史万钧	男	2013	杭州市公安局上城分局
148	王水根	男	2013	杭州市华日电冰箱股份有限公司
149	许　斌	男	2013	杭州娃哈哈集团有限公司

1955—1965年杭州市先进生产（工作）者（836人）

1955年（21人）

韩有根　翁东仙　陈芬仙　钱宝玉　胡彩娥　郑筱云　张根娣　卜雅珍　缪佩英
冯金土　傅永培　戴彩云　方闰廉　陈子坤　魏根友　俞水珍　陈文昌　颜水祥
谢月华　张萌夫　华阿香

1956年（48人）

汪维奎　杜景泉　钟美珍　徐兴妹　洪寿金　李仙荣　李炳奎　许永庆　吕子良
庄寿琴　孙月仙　朱守仁　叶崇庚　孙照芬　王传骅　陈子泉　陈培先　顾杏梅
孙美娟　俞阿兔　何阿茂　李修业　潘麟舜　张慧明　罗云仙　马锦华　江秀英
丁阿花　梅企华　滕阿珍　蒋森林　贾明珠　卢秀华　王庚申　顾月珍　徐志成
沈杭源　洪文育　沈桂招　寿奎祥　丁银妹　金祖康　方圣清　冯宝昌　陈锦贤
王祝三　芮井炎　郑耕居

1957年（17人）

戴吾铨　周长生　叶开新　陆志芳　郭桂富　沈吉浦　马连妹　张松林　陈志清
钟宝艳　王凤珍　施建章　王荣珍　胡凤生　潘茂生　顾云龙　孙春英

1958年（49人）

杨贤浚　何伯良　彭正鹏　余培清　张琴宝　陈水法　金瑜琪　谢长友　朱汉祚
沈清芳　孙根如　田世标　陈金奎　裘荆生　王金水　余富生　包天朗　汪芝根
陈时根　高云凤　钟洪良　郑　瑛　周锡忠　徐慰慈　王昶铨　张金龙　王星源
姚祖丰　郜阿巧　张阿六　夏中南　吴荣华　冯月素　许绍康　金水林　郑金木
陈昌鑫　王巧珍　谭松林　包连友　黄素琴　肖鼎华　赵祖良　俞志根　胡候法
姜德康　姚　珠　保林成　卓永泉

1959年（138人）

刘丽华　董树桐　李秀凤　史美璋　洪金培　封雅娟　郑启伟　张昌源　钱龙珠
曹连鑫　王柏洪　刘　英　何存荣　潘家善　周锡安　杨婉贞　肖祖德　王根财
王加富　王芬香　方桂英　庄炳慧　俞志南　祝文英　单银珍　陆财运　任宜谊
徐世培　黄璋有　蒋可元　杨余法　叶宝春　徐长铭　许海余　王金美　金孝田
夏巧英　俞仁珍　任道荣　赵有根　陈阿毛　黄毓真　马月美　谭玉珍　单爱花
李裕祥　赵章财　冯宝根　来志钧　金阿招　孟楚樵　陈新明　徐秀凤　戴永堂
金宝荣　莫永敏　李连明　周小老　胡荣堂　金岳明　施金宝　曹松春　费有章
戚光海　胡笑眉　叶静华　曹国泰　徐莲官　孔小东　丁原桂　郭文琴　匡莉英
杜宝华　孟善勇　童宝湘　韩幼勤　楼柏林　唐佩兰　何大宝　李万程　金平一
张天孝　徐锦堂　朱端庄　吴吉涛　李宝华　戎林森　孙少鹏　戴行华　瞿建新
戚永根　沈复庚　陆志清　寿星友　赵秋珍　沈阿毛　李秀珍　齐益超　高鼎文
蒋受臣　梁伯法　刘宝香　赵荣祥　沈阿花　魏观姑　王见山　鲍顺法　鲍楚高
冯月祥　任士林　陈英弟　孙炳如　顾连根　汪维荣　高光荣　谢雅琴　朱庆根
单月影　黄素珍　邵继荣　王哲辛　傅宝泰　田忠良　马仿吾　严国强　王汉章
徐有根　邱志成　周慧兰　傅瑞生　宣小宝　陈木金　张正东　董德华　杨国魂
王文达　王渭泉　叶　青

1960年（60人）

金潭宝　寿子根　方爱珍　唐文法　沈根德　何鑫泉　王顺虎　郑钦泉　赵金木
周惠英　周连涛　严炳棋　李有富　朱光星　童月仙　饶文娟　陈澄芳　吴兴祥
王桂英　于孝宝　王远圭　张锦焕　王菊泉　张瑞泉　钱正荣　徐安祥　汤水生
戴彩琴　任永贵　李杏仁　赵美月　王水根　王加宝　夏彩莲　金明生　杨杏生
孔顺裕　蔡水章　顾乐乐　葛志法　许阿耀　韩琼敏　陈长松　高加兴　陆兰珍
傅凤英　陆荣兴　孙文英　王桂英　余敬东　徐连春　杜泉发　何福根　周建涛
陈安香　毛水金　张凤英　戴张顺　姚锦祥　马淼达

1961年（105人）

骆嵇森　缪东海　张加贵　蔡爱姑　陈金财　姚永祥　阮炳泉　杜志刚　齐佩文
张善秀　高凤昌　徐志佩　谈松清　孙桂帆　钱　挺　凌浩法　钱兰汀　戴炳林
蔡全福　尤德彩　荣鸿棋　张孝博　郭雅琴　周竹桥　沈利泉　赵双有　周永加

尤菊仙　陈祖秀　周叶根　俞雅琴　冯美珍　郁廷秀　狄兆铠　施志琴　王爱仙
何暑莲　吴树海　陈遥镇　蒋相法　黄瑞金　竺静莲　章钦秋　张正立　傅大毛
陈吉康　钟招如　葛蓉蓉　俞玉琴　陈永年　吴荣达　张　清　杜德琦　陆月美
张彩云　张琪钰　朗遇奇　姚毓亮　秦天钦　张　兔　俞振英　马咏梅　陈惠芳
娄文彩　倪宝泉　陈杏生　徐有荣　祝金山　沈家良　奚寅祥　徐君雅　阮宝太
汤巧云　顾继光　邬翠凤　徐柏庆　徐珠凤　徐多富　钱君仪　张继宗　胡美娥
张正芳　邱周康　梅吉庆　陈婉冬　俞　鉴　宋克明　朱琳坤　汤祥贵　赵文彬
王秀英　周爱香　章木英　俞阿敖　诸学军　韩耀范　陈志远　张大毛　龚孝慈
朱永生　邵淦生　王　佐　胡家福　高德昌　李菊英

1962年（102人）

李楠樵　赵煜顺　吕恒善　陈明玉　刘金姑　徐萍安　雷松涛　傅德兴　周永泉
胡云庆　王菊香　顾绍良　徐金根　祁成英　刘卓群　陆根林　郭毓鲸　张德贞
许前进　高来宝　胡尚珊　陈爱泉　陈桂英　袁百全　龚德水　吴勇臻　李三九
汪孙聚　裘豫祥　陈金海　钱阿仁　周美英　施志强　单阿田　朱五海　朱乃源
朱荣林　蔡钧保　任宪鸣　陈振华　钱从善　陈芬娟　范登梅　孙雪亭　夏芝英
朱荷英　夏　霖　曹良玉　汪培玲　金　强　汪景芬　叶瑞华　徐秋生　俞亦民
吴保惠　陈柏正　翁　琪　方连云　许卓英　汪药娜　徐圣培　施锦轩　范炳照
沈雅珍　周华泉　王惠英　罗柏根　虞志海　周其祥　孟木凤　孙林凤　单其康
张金水　施文龙　何茂清　朱自力　陈常山　朱文春　翁锡琛　汤美贞　朱三玉
陶柏泉　吴纪生　金锦鳞　沈水娟　叶兰馨　张金华　陈宝发　黄克惇　徐兰荣
李秀明　林幼庆　陈云珍　傅小毛　俞祝标　周其炯　唐水仙　施吉英　张永泉
吴金富　余彩云　李阿珍

1963年（89人）

余芝仙　童钊根　黄学森　陈巧英　周长远　王泉珍　李子金　潘阿藕　方能虎
程年荣　张正林　黄告胜　陆德贵　朱秀珍　王松林　徐腊梅　沈　斌　陆技能
宣建仁　陈金榜　祝康行　胡光林　叶茂仰　朱星福　章韵珠　丁明惠　汪道益
芦雪芳　钱菊英　任宝生　陈又民　冯小毛　傅金美　何子英　顾无为　徐桂芳
陈兰言　张洁芳　贾文涛　周瑞民　高丽娥　傅奉钦　曾繁桂　谢美娇　吴令仪
何淑明　汪秀英　郑世明　裘兴法　姚国泰　任金珍　周阿根　唐学范　俞德泉
宦吉安　陈紫云　金招弟　虞幼芬　章闺贞　潘茂兴　赵祖友　章六四　杨香秀
李秀标　韦金木　蔡幼珍　姜雪珥　汪德发　张藕宝　毛金凤　王振福　陈爱娥
田吾标　王金富　章寿生　沈善根　吴敦甫　陈爱珍　赵汉亭　金宝奎　胡爱娣
潘连富　杨元林　姚仲武　沈庆绥　唐世兴　孙有义　丁永兴　裘顺有

1964年（16人）

陆阿尧　丁槎英　夏佩芬　陈志升　范亚光　蒋爱珍　袁美英　方彩莲　俞连法
吴立本　马喜琴　宋小小　马开焕　来　良　沈顺福　车佩华

1965年（191人）

王森林　董水珍　金爱宝　袁婉贞　陈顺堃　陶关绥　马美英　金东林　谢宝根
赵阿大　范桂林　徐盘岳　邱美凤　林全发　单水娟　陈素云　何阿奎　陈渭珍
王德法　林阿五　金保根　黄水金　袁松英　缪兰英　赵阿大　孙阿二　陈玉芬
蔡美娥　韩杏英　韩桂花　张文玉　俞爱娟　马月明　裘　安　潘阿花　刘承英
李旗金　余老虎　章尧松　孙吾忠　陈美珍　潘浙湘　沈惠民　倪吾峰　丁文辉
黄凤英　章寿楣　葛金荣　单德明　殷　瀛　王文娟　高文英　汪文勇　傅凤山
俞阿毛　宋来友　蒋月娥　黄士相　陆阿花　朱平森　王学荣　胡淑珍　朱莉娟
顾连生　娄鑫泉　戴养民　史水凤　张金水　陈宝罗　严锡棋　蒋　波　王水凤
许彩珍　王持坤　沈其山　傅志明　罗美珠　邵阿毛　刘长生　陈水仙　王顺金
姜素珍　蔡必渝　王芬琴　丁福堂　权其文　尤进福　许荷花　陈美仙　侯生良
余运水　韩素珍　李炳节　来永富　郭秀珍　顾阿四　杜克东　倪少山　袁阿志
韩祖勋　贾　兵　应兰珍　唐锦荣　宋金莲　占必贤　张必根　张金娣　孟根弟
徐松英　景素夏　郭素春　王淑琴　黄康义　韩泉法　陈松林　冯根弟　应凤英
何一龙　孙　华　童菊兰　杨连信　曾建生　沈丽君　张馥青　蒋海珠　周水生
黄燕兰　钟丽琪　葛夏娟　单颂英　徐严放　方林春　陆泉华　陈忍鉴　俞根荪
黄锦良　秦招弟　陈小香　林瑾琳　屠水根　陶惠娟　任杏琴　钱阿槐　俞世祥
毛久安　闻秀定　廖礼让　高凤潮　黄才根　王月娥　夏燕文　戴水英　吴仲良
朱爱凤　孟木根　王水木　阮金富　方宝炎　高志云　戴阿香　余盛来　汪桂才
叶棠珠　徐阿莲　汤木兴　沈阿泉　张能安　包小毛　孟彩英　孙　健　沈有根
余金花　朱天耀　陈锦坤　沈志成　王招花　祝荣娣　袁春秀　丁世奎　曹妙志
何柏泉　郑阿二　施金荀　陈素珍　郑祥根　王炳奎　吴志强　王连昌　陈水仙
孙菊仙　俞礼春

表35-3-7　1979—2015年上城区获全国三八红旗手名录（11人）

姓名	工作单位	获奖年份
傅水珍	南星街道	1979
应爱珍	上城区小营巷居委会	1983
丁雪花	杭州树脂厂	1983
胡宝珠	杭州仪表厂	1983
陈永珍	湖滨街道	1989
张晓华	上城区税务所	1991
孟敏青	杭州酒家	1996
周建英	浙江大学医学院附属第一医院呼吸内科（“非典”第一线优秀女医务工作者）（省直单位）	2003
吴　莹	杭州吴越人家工艺服饰有限公司	2004
吴娜佳	中国国旅（浙江）国际旅行社有限公司（辖区单位）	2012
黄荷凤	浙江大学医学院附属妇产科医院（省直单位）	2012

表 35-3-8　1992—2015 年上城区获浙江省三八红旗手（标兵）名录（9 人）

姓名	工作单位	荣誉名称	获奖年份
王小意	杭州市高银巷幼儿园	浙江省三八红旗手	1992
周建英	浙江大学医学院附属第一医院呼吸内科（省直单位）	浙江省三八红旗手	2003
王　捷	浙江大学医学院附属第一医院传染病科（省直单位）	浙江省三八红旗手	2003
俞国娣	杭州市崇文实验学校	浙江省三八红旗手	2008
俞国娣	杭州市崇文实验学校	浙江省三八红旗手标兵	2010
施　慧	中国美术学院	浙江省三八红旗手	2010
周明娟	杭州解百集团股份有限公司	浙江省三八红旗手	2012
钱　萤	杭州市上城区妇幼保健院	浙江省三八红旗手	2013
陈　敏	杭州利星名品百货广场有限公司	浙江省三八红旗手	2015

第四章　先进集体

1993—2015年，上城区多个单位参加国家级、省级单位的先进评选。其中，获国家级先进集体172个，省级先进集体381个。

表35-4-9　1993—2015年上城区获国家级先进集体情况表

获奖单位	先进荣誉称号	颁奖单位	颁奖时间
上城区	特殊教育先进区	国务院残疾人工作协调委员会、国家教育委员会、民政部、中国残疾人联合会	1993-10
上城区	全国儿童少年工作先进市、县	国务院妇女儿童工作委员会	1994-06
上城区	1991—1995年法制宣传教育先进县（区）	司法部	1995-12
上城区	全国儿童少年工作先进市（区）县	国务院妇女儿童工作委员会	1997-06
上城区	全国科技工作先进区	科学技术部	1998-06
上城区	1999—2000年度全国科技进步先进城区	科学技术部	2000
	1997—2000年度全国社会治安综合治理先进单位	中央社会治安综合治理委员会、人事部	
	2000—2005年全国实施妇女儿童发展纲要示范单位	国务院妇女儿童工作委员会	
上城区少年军校总校	首批全国少年军校示范校	中国人民解放军总政治部、中国共产主义青年团中央委员会、中国少年先锋队全国工作委员会、中国少年军校总校	2001
杭州市公安局上城分局	全国优秀公安局	公安部	
杭州市公安局上城分局刑侦三中队	全国模范刑警中队		
定安路游泳池	全国先进游泳池馆	国家体育总局	
上城区	全国“游泳之乡”	国家体育总局	2001-04
上城区	2001—2002年度全国科技进步先进城区	科学技术部	2002
	全国社区建设示范区	民政部	
杭州市公安局上城分局刑警大队三中队	全国一级责任区刑警中队	公安部	2003

续表 35-4-9

获奖单位	先进荣誉称号	颁奖单位	颁奖时间
上城区	全国社区残疾人工作示范区	中国残疾人联合会	2003-11
上城区	2003—2004年度全国科技进步先进城区	科学技术部	2004
区科技创业服务中心	国家级高新技术创业服务中心	科学技术部	2004
区文化馆	一级文化馆	文化部	2004
上城区	全国科技进步示范市（县、区）	科学技术部	2004-03
区民政局	2001—2005年全国民政系统法制宣传教育先进集体	民政部	2005
小营街道	全国文化先进社区	中央精神文明建设指导委员会办公室、文化部	2005
湖滨街道	全国和谐社区建设示范街道	中国社区工作协会城区工作委员会	2005
区妇联	2005—2010年全国实施妇女儿童发展纲要示范单位	国务院妇女儿童工作委员会	2005-02
杭州市公安局上城分局刑警大队三中队	全国一级责任区刑警队	公安部	2005-02
湖滨街道涌金门社区	全国百佳学习型社区	中央精神文明建设指导委员会办公室、民政部、国家广播电视总局	2005-03
清波街道劳动路社区	全国青年文明社区	中国共产主义青年团中央委员会、民政部、建设部	2005-03
上城区	全国老龄工作先进区	民政部、全国老龄工作委员会	2005-04
南星街道紫花埠社区	全国群众体育先进单位	国家体育总局	2005-09
上城区	全国计划生育优质服务先进区	国家人口和计划生育委员会	2005-12
上城区	2003—2004年度全国科技进步先进城区	科学技术部	2005-12
湖滨街道青年路社区	全国零家庭暴力示范区	中华全国妇女联合会	2005-12
小营街道小营巷社区	全国文化先进社区	中央精神文明建设指导委员会	2005-12
清波街道	全国和谐社区建设自主创新奖	中国社会工作协会城区工作委员会	2006-01
上城区	2001—2005年度全国法制宣传教育先进城区	中共中央宣传部、司法部	2006-05
上城区	全国残疾人工作先进区	国务院残疾人工作委员会	2006-05
望江街道	全国和谐社区建设自主创新奖	中国社会工作协会城区工作委员会	2006-06
小营街道	全国和谐社区建设自主创新奖	中国社会工作协会城区工作委员会	2006-06
小营街道	全国社区服务示范街道	中国社会工作协会城区工作委员会	2006-06
湖滨街道	全国和谐社区建设自主创新奖	中国社会工作协会城区工作委员会	2006-07
望江街道	全国居家养老服务社会化自主创新奖	中国社会工作协会城区工作委员会	2006-07
望江街道在水一方社区	全国敬老模范村居（社区）	全国老龄工作委员会办公室	2006-07
上城区	全国“平安家庭”创建活动先进市区县	中华全国妇女联合会、中央社会治安综合治理委员会办公室、中国共产主义青年团中央委员会、公安部、司法部、国家广播电视总局	2006-08

续表35-4-9

获奖单位	先进荣誉称号	颁奖单位	颁奖时间
杭州娃哈哈集团有限公司	国家企业技术中心	国家发展和改革委员会、科技部、财政部、海关总署、国家税务总局	2006-09
湖滨街道	全国社区服务先进社区	中国社会工作协会城区工作委员会	2006-11
望江街道	全国社区服务示范街道		
上城区	全国社区建设示范区	民政部	2006-12
湖滨街道	全国和谐社区建设示范街道	中国社会工作协会城区工作委员会	
望江街道			
上城区	全国基层残疾人组织规范化建设达标区	中国残疾人联合会	2007-05
湖滨街道青年路社区	全国绿色社区创建活动先进单位	国家环境保护总局	
上城区	全国社会工作人才队伍建设试点区	民政部	2007-07
望江街道	模范人民调解委员会	司法部	
上城区	全国和谐邻里建设示范城区	中国社会工作协会城区工作委员会	2007-11
湖滨街道	全国和谐邻里建设示范街道		
清波街道			
小营街道			
望江街道			
南星街道			
紫阳街道	全国和谐邻里建设示范单位		
清波街道惠民苑社区	全国和谐邻里建设示范社区		
望江街道近江西园社区			
望江街道东园社区			
湖滨街道	全国和谐邻里建设示范街道		
上城区	2005—2006年度全国科技进步先进区、县（市）	科学技术部	2008-01
清波街道清河坊社区	全国社区商业示范社区	商务部	2008-02
区城管办清波环卫所	全国巾帼文明岗	中华全国妇女联合会巾帼建功活动领导小组	2008-04
清波街道	全国和谐社区建设自主创新先进街道	中国社会工作协会城区工作委员会	2008-09
南星街道			
小营街道小营巷社区	全国未成年人思想道德建设工作先进单位	中央精神文明建设指导委员会	2008-11
小营街道金钱巷社区	全国文化先进社区	中共中央宣传部、中央精神文明建设指导委员会办公室、文化部、中国文学艺术界联合会	
望江街道	全国和谐社区建设自主创新先进街道	中国社会工作协会城区工作委员会	
湖滨街道			
紫阳街道			

续表 35-4-9

获奖单位	先进荣誉称号	颁奖单位	颁奖时间
清波街道劳动路社区	全国三八红旗集体	中华全国妇女联合会	2009
区文化馆	一级文化馆	文化部	2009-01
湖滨街道岳王路社区	全国基层低保规范化建设典型社区居民委员会（村委会）	民政部	
望江街道	全国精神文明建设先进单位	中共中央宣传部、中央精神文明建设指导委员会	
望江街道在水一方社区	第四届全国精神文明建设工作先进单位	中央精神文明建设指导委员会	
小营街道	全国社区共建共享先进街道	中国社区工作协会城区工作委员会	2009-03
杭州市杨绫子学校	全国特殊教育先进单位	教育部、民政部、中国残疾人联合会	2009-04
湖滨街道	全国社区共建共享先进街道	中国社会工作协会城区工作委员会	2009-05
	全国社区教育示范街道		
望江街道民政科	全国和谐社区共建共享先进街道		
	全国睦邻文化示范单位		
南星街道海月桥社区	全国综合减灾示范社区	民政部	2009-09
清波街道劳动路社区	全国三八红旗集体	中华全国妇女联合会	
南星街道	全国社区共建共享先进街道	中国社会工作协会城区工作委员会	
南星街道	全国和谐邻里建设示范街道		
紫阳街道			
紫阳街道上羊市街社区			
紫阳街道上羊市街社区	全国和谐社区建设示范社区	民政部	
上城区	2007—2008年度全国县（市）科技进步考核先进县（市）	科学技术部	2009-12
望江街道文化站	全国群众体育先进单位	国家体育总局	
望江街道	全国模范司法所	司法部	
清波街道劳动路社区	全国创建学习型家庭示范社区	中华全国妇女联合会、民政部、文化部、环境保护部、国家广播电视总局	2010-05
紫阳街道上羊市街社区	全国创建学习型家庭示范社区	中华全国妇女联合会	
湖滨街道岳王路社区	全国妇联基层组织示范社区	中华全国妇女联合会	2010-09
湖滨街道	全国学习型街道示范单位	中国社会工作协会社区工作委员会	2010-11
清波街道			
小营街道			
紫阳街道			

续表35-4-9

获奖单位	先进荣誉称号	颁奖单位	颁奖时间
清波街道劳动路社区	全国学习型社区示范单位	中国社会工作协会社区工作委员会	2010-11
小营街道金钱巷社区			
南星街道	全国学习型街道示范单位	中国社会工作协会志愿者工作委员会	
南星街道水澄桥社区	全国学习型社区示范单位		
上城区	全国社区教育示范区	教育部	2010-12
杭州市地方税务局上城税务分局	国家“五一”巾帼标兵岗	中华全国总工会	2011-02
上城区	2006—2010全国法制宣传教育先进县（市、区）	中共中央宣传部、司法部	2011-05
区司法局望江司法所	全国模范司法所	司法部	
上城区	2011年度全国社区服务示范城区	中国社会工作协会社区工作委员会	2011-08
湖滨街道	2011年度全国社区服务示范街道		
清波街道			
南星街道			
紫阳街道			
上城区	2011年全国县（市）科技进步考核先进区	科学技术部	2011-11
	全国城市社会工作示范城区	中国社会工作协会社区工作委员会	
区文化馆	一级文化馆	文化部	
湖滨街道东平巷社区	全国城市社会工作示范社区	中国社会工作协会社区工作委员会	
湖滨街道	全国城市社会工作示范街道		
清波街道			
小营街道			
望江街道			
南星街道			
紫阳街道			
区民政局	全国民政系统先进集体	人力资源和社会保障部、民政部	2012-03
小营街道小营巷社区	全国科普示范社区	中国科学技术协会、财政部	2012-06
清波街道	全国军民共建社会主义精神文明先进单位	中共中央宣传部、中央精神文明建设指导委员会办公室、中国人民解放军总政治部	2012-07
湖滨街道青年路社区	全国社区睦邻文化建设工程示范社区	中国社会工作协会社区工作委员会	2012-11
紫阳街道太庙社区			

续表 35-4-9

获奖单位	先进荣誉称号	颁奖单位	颁奖时间
小营街道	全国社区睦邻文化建设工程示范街道	中国社会工作协会社区工作委员会	2012-11
紫阳街道			
望江街道			
南星街道			
上城区	2012—2015 实施中国妇女儿童发展纲要国家级示范区	国务院妇女儿童工作委员会	2012-12
湖滨街道青年路社区	2011 年度全国综合减灾示范社区	全国减灾委员会、民政部	
清波街道劳动路社区			
紫阳街道北落马营社区	2011 年度全国综合减灾示范社区	国家减灾委员会、民政部	
紫阳街道上羊市街社区			
上城区	首批“国家智慧城市试点”	住房和城乡建设部办公厅	2013-01
区人民检察院	全国先进基层检察院	最高人民检察院	2013-03
上城区	2013 年度国家可持续发展实验区	科学技术部	2013-04
杭州市公安局上城分局清波派出所	全国敬老文明号	全国老龄工作委员会	2013-10
上城区	2013 年全国县（市）科技进步考核科技进步先进县（市）	科学技术部	2013-11
清波街道	全国社区戒毒社区康复工作示范点	国家禁毒委员会	
湖滨街道东平巷社区	全国三八红旗集体	中华全国妇女联合会	2014
上城区	首批全国社会工作服务示范地区	民政部	2014-01
上城区	全国社会组织建设创新示范区	民政部	2014-02
杭州市公安局上城分局经济犯罪侦查大队	2013 年度打击非法买卖外汇先进集体	公安部、国家外汇管理局	2014-05
望江街道在水一方社区	全国科普示范社区	中国科学技术协会、财政部	2014-07
湖滨街道东平巷社区	全国三八红旗集体	中华全国妇女联合会	2014-08
上城区	全国和谐社区建设示范单位	民政部	2014-10
清波街道	全国和谐社区建设示范街道		
清波街道	全国社区服务型党组织建设示范街道	中国社会工作协会社区工作委员会	2014-12
南星街道			
紫阳街道			
金星铜集团有限公司	国家级非物质文化遗产保护性基地	文化部	
南星街道水澄桥社区	全国和谐示范社区	民政部	2015-01

续表 35-4-9

获奖单位	先进荣誉称号	颁奖单位	颁奖时间
区市场监督管理局	全国文明单位	中央精神文明建设指导委员会	2015-02
杭州娃哈哈集团有限公司	全国文明单位		
紫阳街道上羊市街社区	全国民主法治示范社区	司法部、民政部	2015-03
杭州娃哈哈集团有限公司	国家技术创新示范企业	工业和信息化部	
上城区	2014年度中国社区治理十大创新成果奖	民政部	2015-04
小营街道小营巷社区	全国五四红旗团委（团支部）	中国共产主义青年团中央委员会	
杭州娃哈哈集团有限公司	智能制造试点示范（食品饮料生产智能工厂）	工业和信息化部	2015-06
上城区	全国第三批“社区治理和服务创新实验区”	民政部	2015-07
杭州市上城区教育学院附属小学	全国青少年校园足球特色学校	教育部	
清波街道	全国法治社区建设示范街道	中国社会工作联合会社区工作委员会①	
南星街道			
紫阳街道			
区司法局清波司法所	全国先进司法所	司法部	2015-11

表 35-4-10　1993—2015 年上城区获省级先进集体情况表

获奖单位	先进荣誉称号	颁奖单位	颁奖日期
区残疾人联合会	1992年浙江省残疾人工作先进单位	浙江省残疾人联合会	1993-02
上城区	浙江省特殊教育先进区	浙江省教育委员会、浙江省民政厅、浙江省残疾人联合会	1993-12
上城区	基本普及九年义务教育区、基本扫除青壮年文盲区	浙江省人民政府	1994-08
区委、区政府	浙江省社会治安综合治理先进单位	中共浙江省委、浙江省人民政府	1999
上城区	征兵工作先进单位	浙江省人民政府	2000
区人民武装部	民兵武器装备工作先进单位	浙江省军区	
杭州新世纪外国语学校	浙江省优秀民办学校	浙江省人民政府	
区委、区政府	浙江省社会治安综合治理先进单位	中共浙江省委、浙江省人民政府	2001
上城区	征兵工作先进单位	浙江省人民政府	
上城区	征兵工作先进单位	浙江省人民政府	2002
上城区	浙江省教育强区	中共浙江省委、浙江省人民政府	2002-02
上城区	浙江省民政工作先进县（市、区）	浙江省民政厅	2002-05
上城区	2003年度市县党政领导科技进步目标责任制考核优秀单位	中共浙江省委、浙江省人民政府	2003
区教育局	抗击非典先进集体		
	全省教育信息工作先进单位	中共浙江省委、浙江省教育厅	

① 中国社会工作协会社区工作委员会于2015年5月更名为中国社会工作联合会社区工作委员会。

续表35-4-10

获奖单位	先进荣誉称号	颁奖单位	颁奖日期
上城区	2005年度平安区	中共浙江省委、浙江省人民政府	2005
	浙江省科技强县（市、区）		
	建设“平安浙江”二〇〇五年度平安区		
小营街道小营巷社区	浙江省百佳社区	浙江省民政厅、浙江省城市工作协调小组	
紫阳街道彩霞岭社区	科普示范社区	浙江省科学技术协会	
区残疾人联合会	2004年度全省残疾工作先进残联	浙江省残疾人联合会	2005-02
紫阳街道十五奎巷社区	省级示范社区	浙江省民政厅	
上城区	2004年平安创建考评合格县（市、区）	浙江省委建设“平安浙江”领导小组	2005-03
区关心下一代工作委员会	2004年度省级优胜集体	浙江省关心下一代工作委员会	
清波街道劳动路社区	省级文明社区	浙江省精神文明建设委员会	
望江街道在水一方社区			
区公安分局消防大队湖滨中队	省级青年文明号	中国共产主义青年团浙江省委员会	2005-05
区教育局	省先进示范基层党校	中共浙江省委宣传部	2005-10
区妇女联合会	省文明家庭创建活动先进组织	浙江省精神文明建设委员会	2005-12
上城区	省科技强县（市、区）	中共浙江省委、浙江省人民政府	
清波街道定安路社区	省卫生先进单位	浙江省爱国卫生运动委员会	
小营街道葵巷社区	省科普示范社区	浙江省科学技术协会	
紫阳街道	优秀科普教育基地		
南星街道美政桥社区	省科普示范社区		
区残联	2005年度残疾人工作示范残联	浙江省残疾人联合会	2006-01
望江街道司法所	浙江省示范司法所	浙江省司法厅	
区民政局	2004年冬季退役士兵安置工作先进单位	浙江省人民政府	
区民政局	2005年度浙江省民政工作目标考核先进单位	浙江省民政厅	2006-02
杭州市公安局上城分局经济文化保卫大队	2005年度创安先进集体	浙江省公安厅	
上城区	浙江省科技强县（市、区）	中共浙江省委、浙江省人民政府	2006-03
	2005年度平安区		
区公安分局消防大队湖滨中队	浙江省青年文明号	中国共产主义青年团浙江省委员会	2006-05
区委、区政府	2004—2005社会治安治理先进集体	中共浙江省委、浙江省人民政府	
区人口和计划生育局	浙江省“十五”人口和计划生育工作先进集体	浙江省人民政府	
望江街道	浙江省民主法治社区	浙江省司法厅、浙江省民政厅、浙江省普法教育领导小组办公室	2006-06
区司法局小营街道司法所	浙江省示范司法所	浙江省司法厅	2006-07

续表35-4-10

获奖单位	先进荣誉称号	颁奖单位	颁奖日期
上城区	浙江省妇女儿童工作先进区	浙江省妇女儿童工作委员会	2006-08
区科学技术协会	浙江省十五科普工作先进集体	浙江省科学技术协会	2006-10
望江街道在水一方社区	浙江省五星级民主法治社区	浙江省司法厅	2006-10
区人民武装部	征兵工作先进	浙江省人民政府、浙江省军区	2006-10
区政府	征兵工作先进	浙江省人民政府、浙江省军区	2006-10
湖滨街道	浙江省先进基层党组织	中共浙江省委	2006-11
区关心下一代工作委员会	浙江省关心下一代工作先进集体	浙江省关心下一代工作委员会	2006-12
区文化广电新闻出版局（区体育局）	浙江省群众体育先进单位	浙江省体育局	2006-12
小营街道小营巷社区	浙江省科普示范社区	浙江省科学技术协会	2006-12
上城区	浙江省示范文明城区	中共浙江省委、浙江省人民政府	2006-12
杭州娃哈哈集团有限公司	浙江慈善奖	浙江省人民政府	2006-12
区司法局	浙江省司法行政系统先进集体	浙江省人事厅、浙江省司法厅	2006-12
区司法局湖滨街道司法所	浙江省示范司法所	浙江省司法厅	2007-01
区司法局清波街道司法所	浙江省示范司法所	浙江省司法厅	2007-01
湖滨派出所	2005—2006年度浙江省优秀公安基层单位	浙江省公安厅	2007-01
区人口和计划生育局	浙江省巾帼文明岗称号	浙江省妇女联合会	2007-01
紫阳街道司法所	浙江省示范司法所	浙江省司法厅	2007-01
小营街道小营巷社区	浙江省五星级民主法治社区	浙江省依普小组、浙江省文明办、浙江省民政厅	2007-02
上城区	2006—2007年度社会治安综合治理先进集体	浙江省人民政府	2007-03
上城区	2006年度平安区	中共浙江省委、浙江省人民政府	2007-03
上城区	2006年度民政工作先进县（市、区）	浙江省民政厅	2007-03
湖滨街道	浙江省民政工作先进街道	浙江省人民政府	2007-04
湖滨街道	2005—2006年浙江省先进示范基层党校	中共浙江省委宣传部	2007-06
南星街道	2005—2006年浙江省先进示范基层党校	中共浙江省委宣传部	2007-06
区人民武装部	2006年度浙江省征兵工作先进集体	浙江省人民政府、浙江省军区	2007-09
小营街道	2006年度浙江省征兵工作先进集体	浙江省人民政府、浙江省军区	2007-09
湖滨街道	人民调解工作先进集体	中共浙江省委办公厅、浙江省人民政府办公厅	2007-11
区档案局	浙江省档案系统先进集体	浙江省人事厅、浙江省档案局	2007-12
清波街道清河坊社区	浙江省体育示范社区	浙江省体育局	2007-12
小营街道小营巷社区	浙江省三八红旗集体	浙江省妇女联合会	2008
杭州市公安局上城分局	2007年度全省公安队伍正规化建设先进单位	浙江省公安厅	2008-01
区人民法院立案接待大厅	2007年省级文明窗口	浙江省高级人民法院	2008-01
区人民检察院	2007年度省级先进检察院	浙江省人民检察院	2008-01
小营街道	浙江省先进团委	中国共产主义青年团浙江省委员会	2008-01

续表 35-4-10

获奖单位	先进荣誉称号	颁奖单位	颁奖日期
区民政局	2007年度民政工作目标考核先进单位	浙江省民政厅	2008-02
上城区	2007年度平安县（市区）	中共浙江省委、浙江省人民政府	2008-03
区民政局	2007年度民政工作先进集体	浙江省民政厅	2008-03
区残疾人联合会	2007年度浙江省残疾人工作先进	浙江省残疾人联合会	2008-03
杭州市公安局上城分局刑侦大队	全省优秀公安基层单位	浙江省公安厅	2008-03
杭州市公安局上城分局	2007年度全省公安队体正规化建设先进单位	浙江省公安厅	2008-03
上城区	2007年度省级社会治安综合治理先进集体	中共浙江省委、浙江省人民政府	2008-04
区城管办公室	抗击雨雪冰冻灾害先进集体	中共浙江省委、浙江省人民政府	2008-04
区城管办小营环卫所	浙江省工人先锋岗	浙江省总工会	2008-04
上城区	浙江省社区党建工作示范区	中共浙江省委组织部	2008-06
区禁毒委员会	浙江省禁毒人民战争（2005—2007年）先进集体	浙江省人民政府	2008-06
湖滨街道党支部	先进基层党组织	中共浙江省委	2008-06
上城区	2008年度省级涉奥信访维稳先进县（市、区）	中共浙江省委建设“平安浙江”领导小组	2008-10
上城区	浙江省和谐社区建设工作先进区	浙江省城乡社区建设领导小组	2008-10
上城区	浙江省2007冬季征兵工作先进单位	浙江省人民政府、浙江省军区	2008-10
区人民武装部	浙江省2007年冬季征兵工作先进单位	浙江省人民政府、浙江省军区	2008-10
湖滨街道青年路社区	浙江省示范和谐社区	浙江省民政厅	2008-11
上城区	浙江省养老服务社会化示范区	浙江省民政厅	2008-12
区关心下一代工作委员会	浙江省关心下一代工作先进集体	浙江省关心下一代工作委员会	2008-12
望江街道近江东园社区	五星级民主法治创建先进单位	浙江省人民政府	2008-12
南星街道	浙江省卫生先进单位	浙江省爱国卫生运动委员会	2008-12
区民政局	浙江省慈善奖项目奖“零贫困家庭工程”	浙江省人民政府	2009-01
区慈善总会	浙江省慈善奖项目奖“零贫困家庭工程”	浙江省人民政府	2009-01
湖滨街道涌金门社区	浙江省体育先进社区	浙江省体育局	2009-01
小营街道小营巷社区	浙江省和谐示范社区	浙江省城乡社区建设领导小组	2009-01
南星街道	浙江省卫生街道	浙江省爱国卫生运动委员会	2009-01
南星街道复兴街社区	浙江省巾帼文明岗	浙江省巾帼建功双学双比活动协调小组	2009-01
南星街道复兴街社区	浙江省先进体育社区	浙江省体育局	2009-01
南星街道美政桥社区	浙江省先进体育社区	浙江省体育局	2009-01
南星街道海月桥社区	浙江省先进体育社区	浙江省体育局	2009-01
南星街道水澄桥社区	浙江省先进体育社区	浙江省体育局	2009-01
南星街道海月桥社区	浙江省科普示范社区	浙江省科学技术协会	2009-01
湖滨街道东平巷社区	浙江省文明社区	浙江省精神文明建设委员会	2009-02
区国家税务局	浙江省文明单位	中共浙江省委、浙江省人民政府	2009-02

续表35-4-10

获奖单位	先进荣誉称号	颁奖单位	颁奖日期
上城区	浙江省民政工作先进区	浙江省民政厅	2009-03
	2008年度平安县（市、区）	中共浙江省委	
清波街道定安路社区	浙江省“平安家庭”创建活动示范社区	浙江省“平安家庭”创建活动领导小组	
区维护国防利益领导小组	浙江省维护国防利益工作先进单位	中共浙江省委	2009-05
区人民武装部	维护国防利益工作先进单位	中共浙江省委、浙江省人民政府、浙江省军区	
区总工会	党建带工建、“三级联创”先进县（市、区）工会	中共浙江省委组织部、浙江省总工会	
清波街道	浙江省基层党校示范点	中共浙江省委宣传部	
小营街道	浙江省卫生街道	浙江省爱国卫生运动委员会	
小营街道	2008年度浙江省征兵工作先进基层人武部	浙江省人民政府征兵办公室	2009-09
区慈善总会	浙江省慈善工作先进集体	浙江省慈善总会	2009-10
区科学技术协会	2009年科普设施建设优秀项目单位	浙江省科学技术协会	
小营街道	浙江省低保规范化建设示范单位	浙江省民政厅	
上城区	国庆60周年期间平安建设工作优秀县（市、区）	浙江省平安建设工作领导小组	2009-11
区信访局	国庆60周年期间平安建设工作先进	中共浙江省委建设“平安浙江”领导小组办公室	
湖滨街道青年路社区	浙江省和谐示范社区	浙江省城乡社区建设领导小组	
清波街道清波门社区	浙江省城市体育先进社区	浙江省体育局	
小营街道	浙江省特级街道文化站	浙江省文化厅	
望江街道近江东园社区	浙江省体育先进社区	浙江省体育局、浙江省精神文明办公室	
上城区	浙江省基层低保规范化建设示范区	浙江省人民政府	2009-12
区卫生局	浙江省卫生先进单位	浙江省爱国卫生运动委员会	
区档案局	浙江省档案法制工作先进单位	浙江省档案局	
湖滨街道	浙江省城市体育先进街道	浙江省体育局	
湖滨街道岳王路社区	浙江省体育先进社区	浙江省体育局	
湖滨街道岳王路社区	浙江省绿色社区	浙江省环境保护厅	
清波街道清波门社区	浙江省绿色社区	浙江省环境保护厅、浙江省文明办	
清波街道清河坊社区	浙江省青年文明号	中国共产主义青年团浙江省委员会	
小营街道葵巷社区	2009年度浙江省文化示范社区	浙江省文化厅	
紫阳街道太庙社区	浙江省绿色社区	浙江省环境保护厅	
紫阳街道上羊市街社区	浙江省基层低保规范化建设示范单位	浙江省民政厅	
杭州市地方税务局上城税务分局	2008年度浙江省青年文明号	浙江省青年文明号、青年岗位能手活动组委会	

续表 35-4-10

获奖单位	先进荣誉称号	颁奖单位	颁奖日期
上城区	浙江省基层低保规范化建设示范县（市、区）	浙江省人民政府	2010-01
区信访局	2009年浙江省信访工作目标管理考核优秀	中共浙江省委办公厅、浙江省人民政府办公厅	2010-01
湖滨街道青年路社区	浙江省级民主法治社区	浙江省司法厅	2010-01
小营街道小营巷社区	浙江省城市体育先进社区	浙江省体育局、浙江省精神文明建设委员会办公室	2010-01
小营街道西牌楼社区	浙江省城市体育先进社区	浙江省文体局	2010-01
望江街道法律服务所	浙江省优秀基层法律服务所	浙江省司法厅	2010-01
上城区	2009年度平安县（市、区）	中共浙江省委、浙江省人民政府	2010-03
上城区	2009年全省民政工作先进县（市、区）	浙江省民政厅	2010-03
上城区	2009年全省民政政务信息工作先进县（市、区）	浙江省民政厅	2010-03
小营街道金钱巷社区	浙江省文明社区	浙江省人民政府	2010-03
小营街道紫金社区	浙江省省级档案示范室	浙江省档案馆	2010-03
区青少年活动中心	全民国防教育先进单位	浙江省国防教育委员会	2010-04
清波街道	浙江省禁毒工作（2008—2009年）先进集体	浙江省人民政府	2010-04
区少年军校	全民国防教育先进单位	浙江省国防教育委员会	2010-04
湖滨街道	浙江省文明街道	中共浙江省委	2010-05
小营街道葵巷社区	浙江省城镇体育先进示范社区	浙江省体育局	2010-05
杭州市地方税务局上城税务分局	2010年度省级青年文明号	浙江省青年文明号、青年岗位能手活动组委会	2010-05
湖滨街道	浙江省爱国卫生先进单位	浙江省爱国卫生运动委员会办公室	2010-05
清波街道清波门社区	浙江省绿色社区	浙江省精神文明建设委员会办公室、浙江省环境保护厅	2010-05
望江街道近江东园社区	浙江省体育先进示范社区	浙江省体育局	2010-05
南星街道	社会治安综合治理2008—2009年先进集体	中共浙江省委、浙江省人民政府	2010-05
区国家税务局	浙江省国税系统文明单位	浙江省国家税务局	2010-05
上城区	浙江省爱国拥军模范单位	中共浙江省委、浙江省人民政府、浙江省军区	2010-07
区委办公室	2009年度创建法治县（市、区）工作先进单位	中共浙江省委	2010-07
小营街道小营巷社区	浙江省群众体育先进单位	浙江省体育局	2010-07
小营街道小营巷社区	浙江省文化示范社区	浙江省文化厅	2010-08
望江街道近江东园社区	浙江省级示范社区	浙江省民政局	2010-10
望江街道近江东园社区	浙江省“五五”普法先进单位	浙江省司法厅	2010-10

续表35-4-10

获奖单位	先进荣誉称号	颁奖单位	颁奖日期
上城区	浙江省卫生强县（市、区）	浙江省人民政府	2010-11
区司法局湖滨司法所	浙江省规范化司法所	浙江省司法厅	
区司法局望江司法所			
区司法局南星司法所			
望江街道徐家埠社区	浙江省体育示范社区	浙江省体育局	
杭州市地方税务局上城税务分局	2010年度省级巾帼文明岗	浙江省妇女联合会	
上城区	浙江省可持续发展实验区	浙江省科学技术厅	2010-12
区教育局	浙江省教育系统“五五”普法工作先进集体	浙江省教育厅	
区人武部	“十一五”期间全省民兵预备役部队军事训练先进团单位	浙江省军区	
湖滨街道	浙江省卫生街道	浙江省爱国卫生运动委员会办公室	
望江街道			
望江街道近江东园社区	浙江省2010年民主法治社区	浙江省司法厅	
杭州市地方税务局上城税务分局	全省县（市、区）防震减灾工作先进单位	浙江省地震局	2011-01
区档案局	2010年度全省档案系统推进“平安浙江”建设先进单位	浙江省档案局	
区人民法院司法警察大队	全省法院优秀司法警察队	浙江省高级人民法院	
清波街道	2010年度先进团委	中国共产主义青年团浙江省委员会	
小营街道	浙江省文明街道	中共浙江省委、浙江省人民政府	
清波街道清波门社区	浙江省爱国卫生先进单位	浙江省爱国卫生运动委员会办公室	
小营街道西牌楼社区			
小营街道葵巷社区			
小营街道葵巷社区	浙江省和谐示范社区	浙江省民政厅	
望江街道在水一方社区	浙江省民主法治社区	浙江省司法厅	
	浙江省爱国卫生先进单位	浙江省爱国卫生运动委员会	
南星街道水澄桥社区	浙江省社区规范化档案室	浙江省档案局	
南星街道玉皇山社区	浙江省爱国卫生先进社区	浙江省爱国卫生运动委员会办公室	
紫阳街道上羊市街社区	浙江省文明社区	浙江省精神文明建设委员会	
区政府办公室	2010年度全省政务信息工作考核先进单位	浙江省人民政府办公厅	2011-02
区信访局	2010年度全省信访工作目标管理考核优秀	中共浙江省委办公厅、浙江省人民政府办公厅	
区司法局清波司法所	浙江省司法行政“世博”安保工作先进单位	浙江省司法厅	
小营街道小营巷社区	浙江省民主法治社区	浙江省司法厅、浙江省民政厅、浙江省人民政府法制办公室	
南星街道人武部	杭州市军事训练先进基层武装部	浙江省杭州警备区	
杭州市地方税务局上城税务分局	2010年度全省地方税务系统优秀调研先进单位	浙江省地方税务局	

续表35-4-10

获奖单位	先进荣誉称号	颁奖单位	颁奖日期
上城区	2005—2010年连续六年平安县（市、区）	中共浙江省委、浙江省人民政府	2011-03
	上海世博会期间平安建设工作良好县（市、区）	中共浙江省委建设“平安浙江”领导小组	
	全省民政工作先进区	浙江省民政厅	
杭州市地方税务局上城税务分局	2011年度省级巾帼文明岗	浙江省妇女联合会	
杭州市国土资源局上城分局	2006—2010年度浙江省国土资源系统“五五”普法先进单位	浙江省国土资源厅	
上城区	浙江省扶残助残爱心城（区）	浙江省人民政府	2011-06
	全省法制宣传教育先进县（市、区）	中共浙江省委、浙江省人民政府	
湖滨派出所党支部	先进基层党组织	浙江省公安厅	
紫阳街道综治科	2011—2012年度省级示范综治工作中心	浙江省社会治安综合治理委员会	
区人民法院	全省法院司法政务工作先进集体	浙江省高级人民法院	
清波街道	2009—2010年度浙江省示范基层党校	中共浙江省委宣传部	
湖滨街道东平巷社区	浙江省计划生育居民自治先进社区	浙江省人口和计划生育委员会	
杭州市公安消防支队上城大队湖滨中队	党员先锋岗	浙江省公安厅	
紫阳街道上羊市街社区	浙江省民主法治社区	浙江省人民政府	2011-09
区科学技术协会	浙江省“十一五”科普工作先进单位	浙江省科学技术协会	2011-10
湖滨街道东平巷社区	浙江省“三优”示范社区	浙江省人口计划生育局	
小营街道小营巷社区	2006—2009年度浙江省群众体育先进单位	浙江省体育局	
小营街道小营巷社区	浙江省文化示范社区	浙江省文化厅	
上城区	浙江省体育强区	浙江省人民政府	2011-12
区委宣传部	浙江省社会科学普及工作先进单位	浙江省社会科学界联合会	
区归国华侨联合会	全省侨联系统先进集体	浙江省归国华侨联合会	
区委老干部局	老干部工作先进集体	中共浙江省委组织部、中共浙江省委老干部局、浙江省人力资源和社会保障厅	
区矫正工作办公室	浙江省2011年度社区矫正“三防”专项活动先进集体	浙江省社区矫正工作办公室	
上城区	2011年度浙江省卫生应急工作示范县（市、区）	浙江省卫生厅	
区人民法院	全省法院调研工作先进集体	浙江省高级人民法院	
湖滨街道	浙江省学习型党组织建设工作先进单位	中共浙江省委组织部、中共浙江省委宣传部	
湖滨街道东平巷社区	浙江省先进社区社会组织	浙江省民政厅	
清波街道	浙江省爱国卫生街道	浙江省爱国卫生运动委员会办公室	

续表35-4-10

获奖单位	先进荣誉称号	颁奖单位	颁奖日期
小营街道梅花碑社区	浙江省城市体育先进社区	浙江省体育局	2011-12
小营街道长明寺巷社区			
望江街道耀华社区			
望江街道大通桥社区			
望江街道婺江社区	浙江省平安家庭示范社区	浙江省妇女联合会	
南星街道海月桥社区	浙江省气象防灾减灾示范社区	浙江省气象局办公室	
紫阳街道	浙江省卫生街道	浙江省卫生厅	
杭州市地方税务局上城税务分局	2010年度省级青年文明号	浙江省青年文明号、青年岗位能手活动组委会	
杭州中国社区建设展示中心			
杭州市行知幼儿园	浙江省三八红旗集体	浙江省妇女联合会	2012
区人民检察院	浙江省先进基层检察院	浙江省人民检察院	2012-01
区司法局	全省司法行政系统依法行政工作先进集体	浙江省司法厅	
区文化广电新闻出版局文化市场行政执法大队	2011年浙江省文化市场综合行政执法考核优秀单位	浙江省文化厅	
区卫生局	2011年度浙江省卫生应急工作先进集体	浙江省卫生厅	
区人民检察院	省级先进基层检察院	浙江省人民检察院	
团区委	2011年度省级先进团委	中国共产主义青年团浙江省委员会	
杭州市公安局上城分局	全省县区公安警卫工作标杆单位	浙江省警卫局	
小营街道马市街社区	浙江省城市体育先进社区	浙江省体育局	
望江派出所	全省优秀公安基层单位	浙江省公安厅	
望江街道大通桥社区	浙江省城市体育先进社区	浙江省体育局	
望江街道耀华社区			
望江街道近江东园社区	浙江省文明社区	浙江省精神文明建设委员会	
区国家税务局办税服务厅	浙江省巾帼文明岗	浙江省巾帼建功和双学双比活动协调小组	
清波街道柳翠井巷社区	浙江省民主法治示范社区	浙江省司法厅	2012-02
杭州市公安消防支队上城大队	2012年度全省消防产品监督管理工作先进大队	浙江省公安消防总队	
上城区	2010—2011年度省级社会治安综合治理先进集体	中共浙江省委、浙江省人民政府	2012-03
区信访局	2011年度全省信访工作目标管理考核优秀	中共浙江省委办公厅、浙江省人民政府办公厅	
区关心下一代工作委员会	青少年维权岗	浙江省关心下一代工作委员会、中国共产主义青年团浙江省委员会	
区妇幼保健院	浙江省妇幼保健管理先进单位	浙江省卫生厅	
小营街道	2010—2011全省禁毒工作成绩突出集体	浙江省人民政府	

续表 35-4-10

获奖单位	先进荣誉称号	颁奖单位	颁奖日期
上城区	建设“平安浙江”2011年度平安县（市、区）	中共浙江省委、浙江省人民政府	2012-04
上城区	全省民政工作先进区	浙江省民政厅	
区司法局	全省司法行政系统信访工作先进集体	浙江省司法厅	
湖滨街道涌金门社区	浙江省巾帼文明岗	浙江省巾帼建功和双学双比活动协查小组	
杭州山南国际创意（金融）产业园	浙江省现代服务业集聚示范区	中共浙江省委、浙江省人民政府	
区人民检察院公诉科	全省优秀公诉团队	浙江省人民检察院	2012-06
湖滨街道“湖滨晴雨”工作室	浙江省服务型基层党组织建设百例特色品牌	中共浙江省委组织部	
湖滨街道东平巷社区	浙江省创先争优闪光言行月度之星	中共浙江省委	
清波街道党工委吴山商圈党委	浙江省创新争优先进基层党组织		
南星街道	浙江省创先争优先进基层党组织		
上城区	浙江省慢性非传染性疾病综合防控示范区	浙江省卫生厅	2012-07
杭州中国社区建设展示中心	浙江省优秀社科普及示范基地	浙江省社会科学界联合会	
区委办公室	2011年度浙江省创建法治县（市、区）工作先进单位	中共浙江省委办公厅	2012-08
区卫生局	浙江省卫生系统先进基层政促会	浙江省卫生厅	
小营街道社区卫生服务中心	浙江省示范社区卫生服务中心		
杭州市公安局上城分局法制科	全省公安机关执法规范化建设先进集体	浙江省公安厅	
区民政局	社区社会组织建设和管理综合改革观察点	浙江省民政厅	2012-09
	社会组织服务平台建设单位		
区人民检察院未成年人刑事检察科	浙江省青年文明号	中国共产主义青年团浙江省委员会	
湖滨街道东平巷社区	浙江省人口和计划生育基层群众自治工作示范单位	浙江省人口和计划生育委员会	
区国家税务局办税服务厅	2011年度省级青年文明号	浙江省青年文明号、青年岗位能手活动组委会	
区人民法院	全省法院文化建设示范单位	浙江省高级人民法院	2012-10
区人民检察院	浙江省预防岗位技能练兵“十佳能手”	浙江省人民检察院	
区科技创业中心	浙江省优秀高新技术企业孵化器	浙江省财政厅、浙江省科技厅	
上城区就业管理服务处	浙江省就业先进工作单位	浙江省人民政府	
小营街道茅廊巷社区	浙江省综合减灾示范社区	浙江省减灾委员会、浙江省民政厅	
小营街道老浙大社区			
望江街道近江东园社区			
望江街道	浙江省妇女维权示范岗	浙江省妇女联合会	

续表35-4-10

获奖单位	先进荣誉称号	颁奖单位	颁奖日期
区民政局	2012年双拥宣传工作先进单位	浙江省双拥工作领导小组办公室	2012-11
区卫生局	浙江省爱国卫生运动60周年先进集体	浙江省爱国卫生运动委员会	
区关心下一代工作委员会	浙江省关心下一代工作先进集体	浙江省关心下一代工作委员会	
清波街道劳动路社区	浙江省第七批科普基层示范单位	浙江科学技术协会	
杭州市公安消防支队上城大队	中共十八大消防安全保卫战成绩突出集体	浙江省公安厅	
区信访局	中共十八大期间信访工作先进集体	浙江省信访工作领导小组	2012-12
区归国华侨联合会	浙江省侨联系统先进单位	浙江省归国华侨联合会	
区档案局	2012年度全省档案文化建设创新奖	浙江省档案局	
上城区	2012年度全省科协工作先进区	浙江科学技术协会	
区卫生局	浙江省文明单位	浙江省精神文明建设委员会	2013-01
区卫生局卫生监督所	浙江省卫生监督机构依法行政示范单位	浙江省卫生厅	
杭州市公安消防支队上城大队	全省十八大消防安全保卫战成绩突出单位	浙江省公安厅	
清波街道劳动路社区	全省妇联基层组织建设示范社区	浙江省妇女联合会	
	浙江省文明社区	浙江省精神文明建设委员会	
小营街道茅廊巷社区	浙江省人口和计划生育基层群众自治示范社区	浙江省人口和计划生育委员会、浙江省计划生育协会	
望江街道婺江社区	浙江省妇女维权示范岗	浙江省妇女联合会	
南星街道	浙江省文明街道	浙江省精神文明建设委员会	
区政府办公室	全省政务信息工作先进单位	浙江省人民政府办公厅	2013-02
区信访局	2012年度全省信访工作目标管理考核优秀	中共浙江省委办公厅、浙江省人民政府办公室	
区公安分局望江派出所	2012年度浙江省流动人口服务管理先进集体	浙江省流动人口服务管理工作领导小组	
小营街道	浙江省群众体育先进街道	浙江省体育局	
望江街道			
上城区	2012年度平安县（市、区）	中共浙江省委、浙江省人民政府	2013-03
清波街道	浙江省人口和计划生育依法行政示范街道	浙江省人口和计划生育委员会	
区司法局望江司法所	2012年度全省司法行政系统群众满意基层站所（服务窗口）	浙江省司法厅	
南星街道水澄桥社区	全省妇联基层组织建设示范社区	浙江省妇女联合会	

续表35-4-10

获奖单位	先进荣誉称号	颁奖单位	颁奖日期
上城区	2012年度全省民政工作先进县（市、区）	浙江省民政厅	2013-04
区卫生局	2013年浙江省五一劳动奖状	浙江省总工会	
区财政局	浙江省预算绩效管理工作先进单位	浙江省财政厅	
上城区	工业强县（市、区）综合评价先进单位	浙江省人民政府办公厅	2013-05
清波街道劳动路社区	浙江省科普示范社区	浙江省科学技术协会	
区残疾人联合会	全省残疾人工作先进单位	浙江省残疾人联合会	2013-06
清波街道劳动路社区	浙江省先进妇联组织	浙江省妇女联合会	
小营街道老浙大社区	2012年浙江省充分就业社区	浙江省创建充分就业领导小组	2013-07
上城区	浙江省老龄工作示范县（市、区）	浙江省老龄工作委员会	2013-08
区民政局	浙江省老龄工作先进集体		
区人力资源和社会保障局			
杭州市地方税务局上城税务分局	2013年浙江省地税税收宣传月活动优秀项目	浙江省地方税务局	
杭州市公安局上城分局禁毒大队	浙江省社区戒毒社区康复示范点	浙江省禁毒委员会	
清波街道			
杭州市公安局上城分局看守所	15年安全无事故看守所	浙江省公安厅	2013-09
区文化馆	第一批创建浙江省公共文化服务体系示范项目（首创）	浙江省文化厅	2013-10
上城区	全省现代社会组织体制建设创新示范观察点	浙江省民政厅	2013-11
上城区	2013年度全省科协工作先进县（市、区）	浙江省科学技术协会	2013-12
区司法局望江司法所	五星级规范化司法所	浙江省司法厅	
区司法局清波司法所			
小营街道大学路社区	浙江省敬老文明号	浙江省老龄工作委员会	
望江街道近江东园社区	浙江省文化示范社区	浙江省文化厅	
望江街道近江西园社区	浙江省气象防灾减灾示范社区	浙江省气象局	
杭州市公安局上城分局	浙江省依法行政示范单位	中共浙江省委、浙江省人民政府	
清波派出所	2012—2013年度“全省优秀公安基层单位”	浙江省公安厅	
清波街道	浙江省首批乡镇（街道）统计基层基础工作示范点建设单位	浙江省统计局	
上城区	2005—2013年度平安区	中共浙江省委、浙江省人民政府	2014-03
清波街道	2004—2013年度平安创建工作先进单位	中共浙江省委办公厅、浙江省人民政府办公厅	

续表35-4-10

获奖单位	先进荣誉称号	颁奖单位	颁奖日期
杭州市公安局上城分局	2012—2013年度全省社会管理综合治理先进集体	中共浙江省委	2014-04
杭州海兴电力科技股份有限公司国内表计部	浙江省“工人先锋号”	浙江省总工会	
上城区	双拥模范城区	中共浙江省委、浙江省人民政府、浙江省军区	2014-07
区司法局	浙江省社区矫正工作先进集体	浙江省委办公厅、浙江省人民政府办公厅	
区财政局			
湖滨街道东平巷社区	浙江省民主法治社区	浙江省司法厅	2014-08
区社区学院紫阳分院	浙江省教育示范学校	浙江省教育厅	2014-09
上城区	2013年度创建法治县（市、区）工作先进单位	中共浙江省委	2014-10
区体育局	2010—2013年度浙江省群众体育先进单位	浙江省体育局	
湖滨环卫所	浙江省城市市容环境卫生工作先进集体	浙江省住房和城乡建设厅	
上城区	建设平安浙江2014年度平安区	中共浙江省委、浙江省人民政府	2014-12
区委党史研究室（区地方志编纂委员会办公室）	浙江省党史工作先进集体	浙江省人力资源和社会保障厅、中共浙江省委党史研究室	
区关心下一代工作委员会	浙江省关心下一代工作先进集体	浙江省关心下一代工作委员会	
区人民武装部	浙江省军区先进团单位	浙江省军区	
区市场监管局注册大厅	2014年度省级青年文明号	中国共产主义青年团浙江省委员会	
清波街道社区卫生服务中心	2014年浙江省卫生先进单位	浙江省爱国卫生运动委员会	
望江街道	浙江省卫生街道	浙江省爱国卫生运动委员会	
南星街道美政桥社区	浙江省民族团结进步模范集体	浙江省人民政府	
南星街道社区卫生服务中心玉皇山社区卫生服务站	浙江省五一巾帼标兵岗	浙江省总工会	
清波街道	全省政法系统先进单位	中共浙江省委政法委、浙江省司法厅	
紫阳街道北落马营社区	浙江省文明单位	浙江省精神文明建设委员会	
浙江省电力实业总公司			
杭州市地方税务局上城税务分局办税服务大厅	省级青年文明号	中国共产主义青年团浙江省委员会	
杭州市上城区人民检察院未成年人刑事监察科	浙江省三八红旗集体	浙江省妇女联合会	2015

续表35-4-10

获奖单位	先进荣誉称号	颁奖单位	颁奖日期
区人民法院	全省政法系统先进集体	中共浙江省委政法委、浙江省人力资源和社会保障厅	2015-02
紫阳街道社区卫生服务中心老年康复病房	浙江省巾帼文明岗	浙江省巾帼建功和双学双比活动协调小组办公室	
湖滨街道青年路社区	浙江省民主法治村（社区）	浙江省司法厅、浙江省民政厅、浙江省普法教育领导小组办公室	
南星街道白塔岭社区			
上城区	平安市、县（市、区）和社会管理综合治理优秀市、平安创建工作先进单位	中共浙江省委、浙江省人民政府	2015-03
区归国华侨联合会	全省侨联系统先进组织	浙江省归国华侨联合会	
清波街道清河坊社区	浙江省民主法治村（社区）	浙江省司法厅、浙江省民政厅、浙江省普法教育领导小组办公室	
杭州市天长小学	浙江省“五一劳动奖状”	浙江省总工会	
杭州市公安局上城分局	命案全破县（市、区）公安局	浙江省公安厅	2015-05
区人民政府办公室	工业强县（市、区）综合评价先进单位	浙江省人民政府办公厅	2015-07
上城区	浙江省科学技术协会工作先进区县市	浙江省科学技术协会	2015-12
区关心下一代工作委员会	浙江省关心下一代工作先进集体	浙江省关心下一代工作委员会	
杭州娃哈哈集团有限公司	浙江省科学技术成果（高速节能型精密塑料挤吹装备开发及产业化）	浙江省科技厅	

第三十六篇 文献

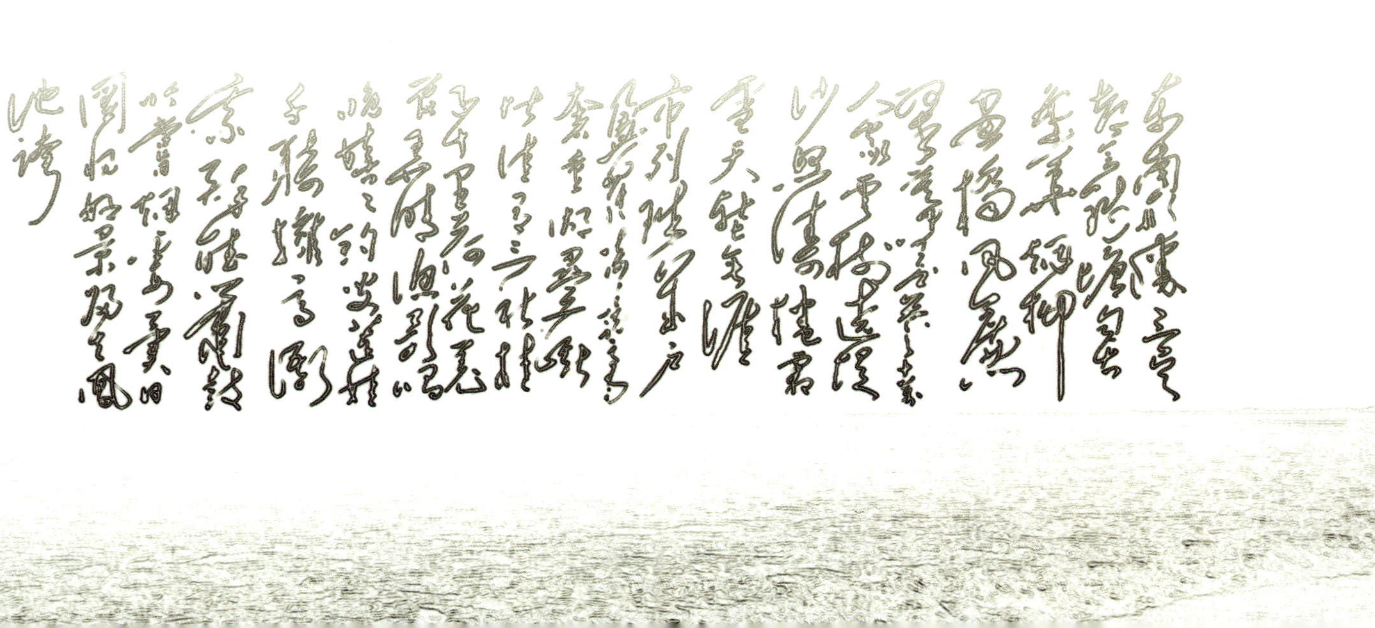

今上城地区人文荟萃，历史悠久。吴越、南宋先后定都于杭州城，两朝的皇宫位于今凤凰山南麓处，以皇室宫殿为核心向周边辐射，今上城区域成为历史上吴越和南宋政治、经济、文化、社会最繁荣、最具代表性的地段。后代的资料文献中，除了官家史书的记载，涌现出周密、吴自牧、田成汝、张岱、厉鹗等文化名流的著作，《临安三志》《武林旧事》《杭俗遗风》《梦粱录》《武林梵志》《西湖游览志》《西湖游览志余》《西湖志》等方志书籍中都包含有大量对吴越和南宋人文地理、生活风物及市井民情的记载。清乾隆五十七年（1792），清代文学家龚自珍出生于仁和东城马坡巷（今杭州马坡巷），著有《定庵文集》，留存文章300余篇，诗作800首。

民国时期，战乱频发、通货膨胀严重等问题的持续困扰，与上城区相关文献资料的具体数目今不可考。然而，不少文化名人都曾到访过杭州上城，郁达夫在散文《最销魂处是杭州》谈到明朝高濂所作《四时幽赏录》里记载的杭州人在四季要做的闲事，八卦田看菜花、圣果寺望月等均为上城风俗。有关于南宋文化的综合性研究，有张其昀《南宋都城之杭州》（《史地学报》，1925年第3卷第7期），张家驹《宋室南渡后的南方都市》（《食货》，1935年第1卷第10期）等。在海外研究方面，20世纪30年代，南宋临安城市要素中如“城垣”“坊巷”等已为日本学者所关注，如小竹文夫《南宋之都市生活》（岑家梧译，《现代史学》，1934年第2卷第1～2期）。民国27年（1938），滕固任国立艺术专科学校校长，丰富了中国美术理论上的成就，著作有《唐宋绘画史》《中国美术小史》《唯美派的文学》《圆明园欧式宫殿残迹》等。1956年，南宋临安城和皇城的考古工作开始，直到1978年改革开放后，南宋皇城及临安研究的学术成果不断涌现。

1993年起，上城区加快改革开放和经济发展的步伐，大力加强城市建设与管理，提出要以经济建设为中心，以城市管理为重点，以社区建设为基础，遵循“优二兴三、三产兴区、科教强区”的战略，保持全区的稳健发展。本篇收录了26篇对上城区发展有重大影响的党政文告，内容涉及政治、经济、文化、社会等各个方面。2004年，上城区制定“建设旅游休闲商务区 打造杭州RBD”的发展目标定位，以建设特色街区为切入口，保护利用历史建筑，加快商贸旅游资源整合、布局调整、功能创新和产业升级，使旅游休闲商务特色更加突出，商贸旅游服务业占GDP的比例稳步增长，基本形成RBD格局。2008年，上城区为构建具有国际水准的高品质中心城区，推出特色街巷经济和特色潜力行业工作。2009年，上城区开展南宋皇城大遗址综合保护工程，注重对历史文化遗产的保护。2012年，上城区为走上转型发展、创新发展、科学发展、可持续发展之路，提出建设“东方品质体验区、幸福和谐示范区”。

配合区域发展，上城区开始形成大量研究、探讨地区政治、经济的地方文献资料。同时，深厚的历史和文化底蕴，也孕育出富有特色的歌曲童谣和传说典故。1993年，《中国共产党浙江省杭州市上城区组织史资料》和《杭州市上城区教育志》出版。是年，杭州市上城区统计局编《上城区统计年鉴》，此后，《上城区统计年鉴》每年编纂一册，记录上城区该年度的重要经济数据。1996年，《小营街道志》内部发行，是上城区第一本街道志。1999年，《上城区二十年大事记（1978—1998）》《上城调研（1999）》内部发行。2003—2004年，杭州市上城区科学技术协会编写《上城区社区科普工作经验交流材料汇编》（1～3卷）。2005年，浙江少年儿童出版社出版《寻访千年上城》系列丛书，共计8本。2006年，《上城年鉴（2006）》内部出版，此后，每年公开出版发行一本，记录上城区上年度的政治、经济、文化、社会等方面的重要事项。是年，《杭州市上城区党政大事记（1949—2005）》公开出版。2010—2012年，杭州市上城区档案局（馆）内部发行《杭州市上城区创新模式与范例汇编》2册、《杭州市上城区公共管理与社会服务创新汇编》2册。2013年，《经典上城（中、英文版）》由中国文联出版社出版。2015年，首轮《杭州市上城区志》由方志出版社正式出版发行。至年末，上城区共形成《组织史资料》4卷，《上城区统计年鉴》22卷，《上城调研》10册，《上城年鉴》10卷。

第一章　地方文献

上城区地处杭州市中部偏南，东临钱塘江，西贴西湖，南枕玉皇山，是杭州市历史悠久的古老城区，不仅是隋唐至民国时期州治所在地，更是南宋皇城所在地。因此，研究、探索上城区政治、经济、文化、社会、科技的著作丰富。本章以收录1993—2015年内部发行和公开出版的上城区地方文献为主。本图书目录按照中国图书馆分类法分类，一般按照图书题名汉字拼音顺序排列，拼音相同的按出版时间排列。

一、马克思主义、列宁主义、毛泽东思想、邓小平理论

情系小营：纪念毛泽东主席视察小营巷50周年.方莉主编，杭州市上城区宣传部等编，北京：中国文化出版社，2007

二、哲学、宗教

剑气箫心：龚自珍传.陈铭著.杭州：浙江人民出版社，2005

南宋佛教制度文化研究（上、中、下）.王仲尧著.北京：商务印书馆，2012

三、社会科学总论

上城区统计年鉴：1993.上城区统计局编.1994

上城区统计年鉴：1994.上城区统计局编.1995

上城区统计年鉴：1995.上城区统计局编.1996

上城区统计年鉴：1996.上城区统计局编.1997

上城区统计年鉴：1997.上城区统计局编.1998

上城区统计年鉴：1998.上城区统计局编.1999

上城区统计年鉴：1999.上城区统计局编.2000

上城区统计年鉴：2000.上城区统计局编.2001

上城区统计年鉴：2001.上城区统计局编.2002

上城区统计年鉴：2002.上城区统计局编.2003

上城区统计年鉴：2003.陈浩然主编，上城区统计局编.2004

上城区统计年鉴：2004.陈浩然主编，上城区统计局编.2005

上城区统计年鉴：2005.陈浩然主编，上城区统计局编.2006

上城区统计年鉴：2006.周建康主编，上城区统计局编.2007

上城区统计年鉴：2007.周建康主编，上城区统计局编.2008

上城区统计年鉴：2008.周建康主编，上城区统计局编.2009
上城区统计年鉴：2009.周建康主编，上城区统计局编.2010
上城区统计年鉴：2010.周建康主编，上城区统计局编.2011
上城区统计年鉴：2011.周建康主编，上城区统计局编.2012
上城区统计年鉴：2012.周建康主编，上城区统计局编.2013
上城区统计年鉴：2013.周建康主编，上城区统计局编.2014
上城区统计年鉴：2014.胡建宏，薛鸿翔主编.上城区统计局编.2015
浙江省杭州市上城区2000年人口普查资料：计算机汇总.蔡仲光主编.杭州：杭州市上城区第五次全国人口普查办公室，2002
浙江省杭州市上城区第六次人口普查资料：计算机汇总.杭州：杭州市上城区第六次全国人口普查办公室，2012

四、政治、法律

党旗下的风采.占仁义，王越剑主编.2003
杭州市上城区党政大事记（1949—2005）.中共杭州市上城区委员会，杭州市上城区人民政府，中共杭州市上城区委党史研究室编.北京：中共党史出版社，2006
杭州市上城区民政工作标准汇编.杭州市上城区民政局编.2011
杭州市上城区人大常委会设立30周年纪念文集.杭州市上城区人大常委会办公室编.2010
杭州市上城区社会管理与公共服务创新汇编.陈晓亮主编，杭州市上城区档案局（馆）编.2011
杭州市上城区社会管理与公共服务创新汇编（2012年）.周忠诚主编，杭州市上城区档案局（馆）编.2012
杭州市上城区社会管理与公共服务创新汇编（2013年）.叶素主编，杭州市上城区档案局（馆）编.2013
红色印记——上城区党史胜迹录.周朝星主编，中共杭州市上城区委党史研究室编.2012
合作共治的“上城模式”：从新型社区治理迈向创新社会管理的“上城经验”.郑杭生，杨敏等著.长春：吉林出版集团有限责任公司，2012
敬廉崇洁启蒙教育（小学生读物）.中共杭州市上城区纪委，杭州市上城区教育局编著.北京：中国方正出版社，2005
敬廉崇洁启蒙教育（中学生读物）.中共杭州市上城区纪委，杭州市上城区教育局编著.北京：中国方正出版社，2005
科学发展观在南星成果集萃.南星街道深入学习实践科学发展观活动领导小组办公室编.2009
美在邻里——幸福小巷在上城第二季.中共杭州市上城区委宣传部，杭州网编.杭州：

中共杭州市上城区委宣传部，2013

认真履行代表职责 自觉接受选民监督——上城第十三届人大代表向选民述职报告汇编.上城区人大常委会代表工委编.2012

上城调研：1999.中共杭州市上城区委办公室编.2000

上城调研：2000.中共杭州市上城区委办公室编.2001

上城调研：2001.中共杭州市上城区委办公室编.2002

上城调研：2002.中共杭州市上城区委办公室编.2003

上城调研：2003.中共杭州市上城区委办公室编.2004

上城调研：2004.中共杭州市上城区委办公室编.2005

上城调研：2005.中共杭州市上城区委办公室编.2006

上城调研：2006.中共杭州市上城区委办公室编.2007

上城调研：2007.中共杭州市上城区委办公室编.2008

上城调研：2008.中共杭州市上城区委办公室编.2009

上城调研（2011—2012）.中共杭州市上城区委办公室（政研室）编.2013

上城调研（2013—2014）.中共杭州市上城区委办公室（政研室）编.2015

上城湖滨街道便民服务手册.上城区社区建设指导委员会，上城区老龄工作委员会，上城区民政局编

上城小营街道便民服务手册.上城区社区建设指导委员会，上城区老龄工作委员会，上城区民政局编.2004

上城政协：2013合订本.上城政协编.杭州：政协杭州市上城委员会编

上城政协十五年（1998—2013）.政协杭州市上城区委员会编.2013

实践与探索：上城区保持共产党员先进性教育活动试点工作.占仁义，王越剑主编.2003

我的入党历程.中共杭州市上城区委组织部，中共杭州市上城区直机关工作委员会编.2005

先进性教育在上城成果集萃.中共上城区委保持共产党员先进性教育活动领导小组办公室编.2005

幸福小巷在上城.中共杭州市上城区委宣传部，杭州网编.杭州：中共杭州市上城区委宣传部，2012

新中国第一个居民委员会情况说明：上羊市街.中共杭州市上城区委员会，上城区人民政府，上城区民政局编.2008

新中国第一个居民委员会纪实.政协杭州市上城区委员会编.杭州：西泠印社出版社，2013

协同治理：杭州“上城经验”.王有强，叶岚，吴国庆著.北京：清华大学出版社，2015

社会工作管理的本土化经验——杭州“上城模式”研究.童志锋.社会福利（理论版），

2012

又见吴山绿——改革开放35年上城区三亲史料荟萃.政协杭州市上城区委员会编著.杭州：西泠印社出版社，2014

一街一品牌：上城区人大街道工委特色工作经验交流材料.杭州市上城区人大常委会编.2013

政府管理与公共服务标准化创新研究——以杭州市上城区为例.胡税根，黄天柱，翁列恩等著.杭州：浙江大学出版社，2013

中国共产党浙江省杭州市上城区组织史资料（1949.5—1987.12）.中共杭州市上城区委组织部，杭州市上城区档案馆编.北京：中国人事出版社，1995

中国共产党浙江省杭州市上城区组织史资料.第二卷（1988.1—1993.12）.中共浙江省杭州市上城区委组织部编.北京：人民日报出版社，1995

中国共产党浙江省杭州市上城区组织史资料.第三卷（1994.1—1998.12）.中共浙江省杭州市上城区委组织部编.2000

中国共产党浙江省杭州市上城区组织史资料.第四卷（1999.1—2007.12）.中共浙江省杭州市上城区委组织部编.2009

中国和谐社区——上城模式：共建、共治、共享的333+X社区大服务体系实证研究.陈微，马丽华主编.北京：中国社会出版社，2011

中国特色和谐社区建设“上城模式”实地调查研究：杭州“上城经验”的一种社会学分析.郑杭生主编.北京：世界图书出版公司，2010

中国特色社区建设：杭州市上城区经验.窦玉沛著.北京：中国社会出版社，2015

智慧治理：杭州上城区“平安365”社会治理体系研究.陈建胜等著.杭州：浙江大学出版社，2015

五、军事

杭州市上城区军事志.杭州市上城区军事志编纂委员会编.2010

六、经济

城市治理创新的逻辑与路径——基于杭州上城区城市复合联动治理模式的个案研究.何显明等著.北京：中国社会科学出版社，2015

第一次全国经济普查：杭州市上城区经济普查资料汇编2004（综合卷）.上城区统计局，上城区第一次经济普查领导小组办公室编

第一次全国经济普查：杭州市上城区经济普查资料汇编2004（第二产业卷）.上城区统计局，上城区第一次经济普查领导小组办公室编

第一次全国经济普查：杭州市上城区经济普查资料汇编2004（第三产业卷）.上城区统计局，上城区第一次经济普查领导小组办公室编

第二次经济普查：杭州市上城区经济普查年鉴.上城区统计局，上城区第二次经济普查领导小组办公室编.2010

古城遗韵：清河坊历史文化遗存实录.梅建群，仲向平著.杭州：中国美术学院出版社，2006

构筑精致空间——城市有机更新实践.杭州市上城区人大常委会.杭州：浙江人民出版社，2012

杭城用电的百年回顾.徐名奎著.杭州：上城区政协文史研究会，2012

胡雪岩故居德律风的调查与考证.高念华.古建园林技术，2002/04

胡雪岩故居的水池构造.高念华.古建园林技术，2002/04

胡雪岩故居概述.高念华.古建园林技术，2002/04

胡雪岩故居围墙的加固与保护.高念华.古建园林技术，2002/04

杭州城站地区城市设计.应春生.新建筑，1999/01

杭州城站广场改建工程预应力框架的设计与研究.张延.工业建筑，1999/05

杭州火车站地下出租车道通风试验研究.包土方.暖通空调，2002/05

杭州解百商城地下连续墙深浅幅施工技术.陈天民.施工技术，2000/09

杭州解百商业城半逆作法深基坑支护设计与监测.应宏伟.岩土工程学报，2001/01

杭州老字号.吕春生主编.杭州：杭州出版社，1998

杭州市旅游资源分析与评价（上城卷）.金平斌，马佳骏编著.杭州：杭州出版社，2004

杭州市旅游资源分析与评价（上城卷）.盛成皿等主编.杭州：杭州出版社，2004

杭州市上城区第二次全国经济普查法人单位名录：2008.周建康主编.杭州市上城区统计局编，2009

杭州市上城区第三产业普查资料.上城区人民政府第三产业普查办公室编.1994

杭州市上城区第三次经济普查简要本：2013.杭州市上城区第三次经济普查办公室，杭州市上城区统计局编.2015

杭州市上城区工商业联合会（商会）图志.杭州市上城区工商业联合会（商会）图志编纂委员会编.2013

杭州市上城区经济普查年鉴：2008.杭州市上城区统计局，上城区第二次经济普查领导小组办公室编.2008

杭州元华广场深基坑工程半逆作法施工.孔加银.建筑技术，2002/02

杭州闸口白塔的尺度规律分析.肖旻.重庆建筑大学学报，2002/05

杭州专业市场发展史料：杭州文史资料第三十八辑.杭州市政协文史委员会编.杭州：杭州出版社.2015

品质生活：杭州市上城区危旧房改善工程2007—2009.杭州市上城区人民政府，杭州市上城区政协委员会，杭州市上城区危旧房改善办公室编.2009

闸口发电厂志（1929—1990）.闸口发电厂志编纂委员会编.杭州：浙江古籍出版社，1995

七、文化、科学、教育、体育

春华秋实：上城教育“十五”发展回顾.杭州市上城区教育局编.2005
春色满园：杭州市上城区教育摄影册.杭州上城区教育局编.2007
档案工作市级申报材料.杭州市上城区城市管理行政执法局编.2009
读书，让人生更幸福：两岸社区读书活动交流文集.杭州市教育局，上城区人民政府，上海市成人教育协会推进学习化社区工作委员会编.2010
发展性评价的上城实践.马海燕，边玉芳著.杭州：浙江教育出版社，2014
杭州市上城区档案馆指南.杭州市上城区档案馆编
杭州市上城区教育志.金平一主编，杭州市上城区教育局编.杭州：浙江人民出版社，1993
杭州市上城区教育志（1990—2010）.蒋莉主编，杭州市上城区教育局编.2012
杭州市上城区社区科普工作论文集.杭州市上城区科学技术协会编.2004
杭州市上城区中小幼新教师培养案例集.杭州上城区教育局编.2011
杭州四中95周年校庆纪念册：1899—1994.赵庆庆，钱积恒编.1994
杭州文化创意产业发展报告:2013.中共杭州市委宣传部，杭州市文化创意产业办公室编.杭州：杭州出版社，2014
经典上城 南宋古都.《经典上城》编委会编著.北京：中国文联出版社，2013
敬廉崇洁启蒙教育：小学教师参考资料.中共杭州市上城区纪委，杭州市上城区教育局编著.北京：中国方正出版社，2005
家庭教育指导教案选编.杭州市上城区家庭教育工作领导小组编.杭州：西泠印社出版社，2009
跨越高峰觅蓝海：上城区社区教育推进策略的研究与实践.余勇著.北京：中央广播电视大学出版社，2009
内涵发展 锻造优质基础教育的上城之路.蒋莉著.北京：北京出版社，2009
品质上城 终身学习.杭州市上城区社会教育委员会编.2010
区域教育管理的上城变革.王昌海，周常生等著.杭州：浙江教育出版社，2004
区域学生成长支持的上城探索.王珍，马利文等著.杭州：浙江教育出版社，2014
区域助力教师成长的上城模式.李绍才编著.杭州：浙江教育出版社，2014
人间重晚情：杭州上城老年大学建校十周年纪念.杭州上城老年大学编.1998
上城区档案馆指南.宋维信主编，上城区档案馆编.1998
上城区档案提供利用实例摘编.杭州市上城区档案馆编.2001
上城区公共文化史料汇编.杭州市上城区文化广电新闻出版局主编.杭州编者，2015
上城区社区科普工作经验交流材料汇编（一）.杭州市上城区科学技术协会编.2003
上城区社区科普工作经验交流材料汇编（二）.杭州市上城区科学技术协会编.2003
上城区社区科普工作经验交流材料汇编（三）.杭州市上城区科学技术协会编.2004

上城区中小学教师轻负高质紫荆奖优秀课例汇编.杭州上城区教育学院编.2010

收藏昨天——特级教师杨明明工作室与语文骨干教师的专业成长.金素文主编.上海：上海教育出版社，2009

为国育英才.第五集：优化学校德育工作机制 夯实学生文明行为基础.杭州市上城区第十次小学德育研究会编.杭州：杭州市上城区教育局，1997

为了区域教育质量提升：上城区教育综合改革新实践.董奇，蒋莉主编.杭州：浙江教育出版社，2011

现代小学数学教学案例.张天孝，沈国梅主编.杭州:浙江大学出版社，2000

学校发展规划的上城经验.林发高，赵德成等著.杭州：浙江教育出版社，2000

小学语文名师教改探索.周稼芳主编.杭州:浙江人民出版社，1995

学与教改革的上城创新.廖华良，李小红等著.杭州：浙江教育出版社，2014

校长领导力的实践探索：杭州市上城区的案例.蒋莉，蓝劲松主编.杭州：浙江大学出版社，2012

走进殿堂：浙派名师青年讲坛.张化万主编.杭州：浙江教育出版社，2009

走进课堂:磨课的幸福.张化万主编.杭州：浙江教育出版社，2009

走进理想：高端学科带头人培养的实践与研究.张化万主编.杭州：浙江教育出版社，2009

走进心灵：全景式生活化名师培养.张化万主编.杭州：浙江教育出版社，2009

走进作文:专题研讨.张化万主编.杭州：浙江教育出版社，2009

在这里，成长没有边界.饶美红等著.长春：吉林教育出版社，2015

八、语言、文字

印证杭州话杭州方言篆刻作品集.杭州市上城区档案局（馆）编.2014

九、文学

不拘一格降人才：浙江中青年诗人作品集.李树喜主编，杭州市上城区文化馆编.杭州：杭州出版社，2015

龚自珍研究文集.龚自珍纪念馆编，陈铭主编.杭州：浙江古籍出版社，1994

南宋词史.陶尔夫，刘敬圻著.哈尔滨：北方文艺出版社，2014

南宋中兴诗风演进研究.韩立平著.上海：华东师范大学出版社，2013

南宋“浙学”与传统散文的因革流变.闵泽平著.杭州：浙江大学出版社，2014

吴越钱王.吕春生，梅鹊著.杭州：浙江摄影出版社，2004

寻访千年上城 名街名店1.方莉主编.杭州：浙江少年儿童出版社，2005

寻访千年上城 名街名店2.方莉主编.杭州：浙江少年儿童出版社，2005

寻访千年上城 名街名店3.方莉主编.杭州：浙江少年儿童出版社，2005

寻访千年上城 名景名胜1.方莉主编.杭州：浙江少年儿童出版社，2005

寻访千年上城 名景名胜2.方莉主编.杭州：浙江少年儿童出版社，2005

寻访千年上城 名人名居1.方莉主编.杭州：浙江少年儿童出版社，2005

寻访千年上城 名人名居2.方莉主编.杭州：浙江少年儿童出版社，2005

寻访千年上城 名人名居3.方莉主编.杭州：浙江少年儿童出版社，2005

寻找城市的千年记忆 品读上城作品集.中共杭州市上城区委员会，杭州市上城区人民政府编.2012

走进经典：青年名师的阅读人生.张化万主编.杭州：浙江教育出版社，2009

十、艺术

创艺河坊：西湖创意谷艺术工作室作品展.王伟庆，徐增鎏撰.2007

湖海写意：椒江·上城政协委员书画摄影作品展作品集.楼祖民，瞿旭平主编.香港：西泠印社（国际）出版社，2011

刘江篆书西湖诗词选集.刘江著，杭州市上城区政协文史资料委员会编.北京：中华书局，2008

“美丽上城”书画摄影作品集.黄宝森主编，杭州市上城区文化馆编.北京：中国计划出版社，2015

廿三坊巷：南宋御街的市井生活.杭州市上城区风景旅游局编.北京：中国民族摄影艺术出版社，2013

钱塘里巷风情.吴理人绘画，林之撰文.杭州：杭州出版社，2002

山河独秀：上城区政协纪念抗日战争胜利七十周年书画摄影展作品集.政协杭州市上城区委员会编

诗画山南.余勇主编，政协杭州市上城区委员会著.北京：北京日报出版社，2015

水之梦：桐庐县政协·上城区政协书画摄影联展作品集.周保尔主编，政协桐庐县委员会，政协杭州市上城区委员会编.2014

我爱上城书画摄影优秀作品集.杭州市上城区文化广电新闻出版局，杭州市上城区文化馆编.2014

问学杭州：韩国留学生李昡周，郑善珠书画展.杭州：杭州上城区清波街道文化活动中心，2011

一江艺缘：萧山·上城·富阳政协书画摄影联展作品集.谭勤奋，余勇，陆洪勤主编，萧山区政协文史和教文卫体委员会，上城区政协文史和教文卫体委员会，富阳市政协文史和教文卫体委员会编

走过三十年：F1摄影沙龙优秀作品集.杭州市上城区文化馆编.杭州：浙江摄影出版社，2013

2015快拍浙江：外国人看浙江摄影比赛.杭州市上城区玉皇山南基金小镇.杭州：中共浙江省委对外宣传办公室，2015

十一、历史、地理

百年街坊的前世今生：上城区G20峰会重点建设项目的故事.占仁义主编，政协杭州

市上城区委员会编著

大笔淋漓：潘天寿传.卢炘著.杭州：杭州出版社，2004

湖滨.梅重著.杭州：杭州出版社，2008

胡雪岩的处事与经商智谋.司马云飞编著.北京：中国物资出版社，2005

胡雪岩故居.马时雍主编.杭州：杭州出版社，2003

胡雪岩故居.张建庭主编，徐彬摄影.北京：文物出版社，2003

胡雪岩故居修复研究.高念华著.北京：北京文物出版社，2002

胡雪岩：红顶商人叱咤商场的终极学问.李津编著.北京：中央编译出版社，2005

胡雪岩与胡庆余堂.赵玉城著.2005

杭州大井巷历史街区的价值评价与修复研究.朱宇恒.华中建筑，2005/01

杭州凤凰山麓老虎洞窑出土瓷片的工艺研究.李家治.建筑材料学报，2000/04

杭州凤凰山麓老虎洞窑出土瓷片的显微结构.李伟东.建筑材料学报，2004/03

杭州湖滨地区旧城改建规划与西湖景观保护.汪志明.城市规划，1996/03

杭州河坊街"古河道"考.阙维民.浙江档案，1999/11

杭州近江村志.应志良，俞兴才主编，杭州四季青乡近江村志编纂委员会编.2001

杭州街巷旧闻录.傅伯星著.杭州出版社，2007

杭州孔庙.杜正贤主编.杭州：西泠印社出版社，2008

杭州孔庙的历史变迁与现状.钮因莉.浙江档案，1998/05

杭州老街巷地图.刘晓伟著.杭州：浙江摄影出版社，2005

杭州市街道社区图册（上城区）.杭州市规划局、杭州市勘测设计研究院编.哈尔滨：哈尔滨地图出版社，2011

杭州市上城区创新模式与范例汇编.金承涛主编，杭州市上城区档案局（馆）编.杭州：杭州市上城区档案局（馆），2008

杭州市上城区创新模式与范例汇编（续）.朱荣兴，马黎宪主编，杭州市上城区政府办公室，杭州市上城区档案局（馆）编.杭州：杭州市上城区档案局（馆），2009

杭州市上城区创新模式与范例汇编（3）.许东航，马黎宪主编，杭州市上城区政府办公室，杭州市上城区档案局（馆）编.杭州：杭州市上城区档案局（馆），2009

杭州市上城区创新模式与范例汇编（4）.杭州市上城区档案局（馆）编.杭州：杭州市上城区档案局（馆），2009

杭州市上城区地名分区规划（2006—2020年）.杭州市上城区民政局，上城区地名委员会办公室编.杭州：杭州市上城区地名委员会办公室，2008

杭州市上城区地名志.谢前明主编，杭州市上城区地名委员会办公室编.北京：新星出版社，2007

杭州市上城区小营巷街道志.杭州市上城区小营巷街道办事处编.1996

杭州市上城区志.杭州市上城区地方志编纂委员会办公室编.北京：方志出版社，2015

杭州西湖 休闲上城（中英文本）.杭州市上城区商贸旅游局.2004

杭州闸口白塔.高念华主编.杭州：浙江摄影出版社，1996

杭州中山路.杜正贤主编.杭州：浙江人民出版社，2008

经典上城.陈红英，缪承潮主编

经典上城（英文版）.《经典上城》编委会编著.北京：中国文联出版社，2013

见证上城区抗日战争遗址特辑.中共杭州市上城区委党史研究室，杭州市上城区地方志编纂委员会办公室编.2015

“两河三路一口”历史文化遗存实录.《“两河三路一口”历史文化遗存实录》编委会编.杭州：杭州市上城区政协文史委员会

历史文化遗存：南宋皇城街巷综保工程（51131）五柳巷历史街区综保工程.杭州：政协杭州市上城区文史资料委员会

漫游中东河.政协杭州市上城区委员会，杭州市市区河道整治建设中心，杭州市上城区建设局编.杭州：西泠印社出版社，2010

梦寻南宋皇城.徐鸿华主编，杭州市上城区商贸旅游局编.杭州：浙江摄影出版社，2004

南宋都城临安.徐吉军著.杭州：杭州出版社，2008

南宋皇城：史海钩沉.武德安主编，杭州市上城区政协文史资料委员会编.杭州：杭州市上城区政协文史资料委员会，2004

南宋杭州的文化艺术.陈一辉，林正秋主编，杭州市文学艺术界联合会，杭州古都文化研究会编.北京：北京艺术与科学电子出版社，2011

南宋杭州研究论集.林正秋著.北京:中国文史出版社，2006

南宋京城杭州.周峰主编.杭州：浙江人民出版社，1997

南宋临安典籍文化.顾志兴著.杭州：杭州出版社，2008

南宋名人与临安.何兆泉主编.杭州：杭州出版社，2010

南宋全史：典章制度.苗书梅，葛金芳著.上海：上海古籍出版社，2012

南宋全史：社会经济与对外贸易.葛金芳著.上海：上海古籍出版社，2012

南宋全史：思想、文化、科技和社会生活卷.范立舟，徐吉军著.上海：上海古籍出版社，2015

南宋全史：政治、军事和民族关系.何忠礼著.上海：上海古籍出版社，2011

南宋史稿.何忠礼，徐吉军著.杭州：杭州大学出版社，1999

南宋太庙遗址：临安城遗址考古发掘报告.杭州市文物考古所编.北京：文物出版社，2007

南宋御街遗址:临安城遗址考古发掘报告（上、下）.杭州市文物考古所编.北京:文物出版社，2013

南宋遗韵：杭州市上城区非物质文化遗产精粹.丁建华主编，杭州市上城区文化广电新闻出版局编.杭州：西泠印社出版社，2013

清河坊.武德安主编，政协杭州市上城区学习文史委员会，政协杭州市上城区文史资

料编委会编.杭州:浙江古籍出版社，2003

清泰街志.高诚主编，杭州市上城区清泰街道办事处编.1998

钱学森.叶永烈著.上海：上海交通大学出版社，2010

情系小营：纪念毛主席视察小营巷50周年.方莉主编，杭州市上城区委宣传部等编.北京：中国文化艺术出版社，2007

耆英影事：现代文化名人与杭州.宋传水主编，杭州市政协文史资料委员会编.杭州：杭州出版社，2005

人间天堂 品质杭州（上城卷）.翁卫军，王越剑主编，《人间天堂 品质杭州》（上城卷）编辑委员会编.杭州：杭州汉书数字出版传播有限公司，2009

上城百个经典.丁建华主编，杭州市上城区文化广电新闻出版局编.杭州:西泠印社出版社，2013

上城区街道社区地图册.傅莉萍主编，杭州市上城区民政局，上城区地名委员会办公室编制.2012

上城区名人旧居·历史建筑名录.中共杭州市上城区委党史研究室编.2015

上城区“南宋茶文化”论坛暨2012年上城区茶文化研究会年会资料集.杭州：杭州市上城区茶文化研究会，2012

上城区庆春路南侧历史文化遗存“一纵三横”道路历史文化材料.政协杭州市上城区委员会，杭州市上城区庆春路南侧整治指挥部编

上城区庆祝建国60周年系列活动纪念册.中共上城区委宣传部编.2009

上城区社区分布图[地图].杭州市勘测设计研究院编制.杭州：上城区地各委员会办公室，2010

上城区宣传文化地图[舆图].中共杭州市上城区委宣传部编

上城区行政区划地名图 [地图].杭州市勘测设计研究院编制.杭州：上城区地名委员会办公室，2009

上城区玉皇山以南地区历史文物遗存.政协杭州市上城区委员会编.2005

说南宋.刘鄂公著，刘永宁整理.北京：中国大百科全书出版社，2014

悠游上城.杭州市上城区商贸旅游局编.杭州：杭州市上城区商贸旅游局，2011

图说南宋京城临安.傅伯星著，方莉主编，政协杭州市上城区委员会编.杭州：西泠印社出版社，2011

图说宋人服饰.傅伯星著.上海：上海古籍出版社，2014

天涯孤舟——郁达夫传.罗以民著.杭州：杭州出版社，2004

吴山大观.杭州市上城区政协文史资料编委会.武德安主编，杭州市上城区政协文史资料委员会，杭州市吴山地区开发建设指挥部编.杭州：杭州出版社，2005

西湖全书：吴山.武德安等编著.杭州：杭州出版社，2008

西湖大道历史文化遗存.政协杭州市上城区文史资料委员会编.2011

小巷故事.杨戌标主编.杭州：浙江文艺出版社，2005

玉皇山南话沧桑．杭州市上城区政协文史资料编辑委员会，杭州市上城区玉皇山南综合整治工程指挥部编．杭州：西泠印社出版社，2008

玉皇山南新小镇．政协杭州市上城区委员会编著．杭州：西泠印社出版社，2015

余绍宋日记1917—1942（1～5册）．余绍宋著，龙游县地方志编纂委员会办公室整理．北京：中华书局，2012

延安路历史文化遗存．政协杭州市上城区文史资料委员会，杭州晓钟文化策划有限公司策划编制

雨巷诗人：戴望舒传．北塔著．杭州：浙江人民出版社，2003

中东河．中共杭州市上城区委宣传部，杭州市上城区政协文史资料委员会编.2012

走读中山路：杭州中山路非物质文化遗产拾遗．方莉主编，杭州市上城区中山中路保护与综合整治指挥部，政协杭州市上城区委员会编．杭州：西泠印社出版社，2009

这里才是杭州．谷声图书编著．北京：电子工业出版社，2013

宗庆后与娃哈哈．高钫，张晓明著．北京：人民出版社，1994

中山路．中共杭州市上城区委宣传部，杭州市上城区政协文史资料委员会编.2012

十二、工业技术

杭州的井．杭州市人民政府城市管理办公室，政协杭州市上城区委员会编．杭州：中国美术学院出版社，2010

杭州老房子．仲向平著．杭州:中国美术学院出版社，2003

杭州老房子再编．朱金坤主编．杭州：中国美术学院出版社，2007

杭州市上城区茶文化图考．杨全岁主编，杭州市上城区茶文化研究会编．杭州：西泠印社出版社，2012

南宋茶韵，总第1、2、3、4期．杭州市上城区茶文化研究会编，2011

南宋御街特色建筑．杨军主编，杭州市建设委员会编．杭州：杭州出版社，2010

品味南宋饮食文化．政协杭州市上城区委员会编著．杭州:西泠印社出版社，2012

上城区“南宋茶文化”论坛暨2012年上城区茶文化研究会年会资料集．杭州：杭州市上城区茶文化研究会，2012

宋画中的南宋建筑．傅伯星著，王国平主编．杭州：西泠印社出版社，2011

中东河新传．叶全新，陈钦周著．杭州：杭州出版社，2014

十三、环境科学、安全科学

上城区政府环保目标责任制巩固国家环保模范城市工作总结．杭州市上城区人民政府编.2001

十四、综合类

钱学森讲谈录：哲学、科学、艺术．钱学森著．北京：九州出版社，2009

上城年鉴：2006. 杭州市上城区地方志编纂委员会办公室编．杭州：杭州市上城区年鉴办公室，2006

上城年鉴：2007. 杭州市上城区地方志编纂委员会办公室编 . 北京：方志出版社，2008
上城年鉴：2008. 杭州市上城区地方志编纂委员会办公室编 . 北京：方志出版社，2009
上城年鉴：2009. 杭州市上城区地方志编纂委员会办公室编 . 北京：方志出版社，2009
上城年鉴：2010. 杭州市上城区地方志编纂委员会办公室编 . 北京：方志出版社，2010
上城年鉴：2011. 杭州市上城区地方志编纂委员会办公室编 . 北京：方志出版社，2011
上城年鉴：2012. 杭州市上城区地方志编纂委员会办公室编 . 北京：方志出版社，2012
上城年鉴：2013. 杭州市上城区地方志编纂委员会办公室编 . 北京：方志出版社，2013
上城年鉴：2014. 杭州市上城区地方志编纂委员会办公室编 . 北京：方志出版社，2014
上城年鉴：2015. 杭州市上城区地方志编纂委员会办公室编 . 北京：方志出版社，2015
上城区二十年大事记（1978—1998）. 中共杭州市上城区委组织部，杭州市上城区档案馆编 .1999
望江年鉴：2006. 韩丽华主编，上城区望江街道办事处编 .2007
望江年鉴：2008. 余德利主编，上城区望江街道办事处编 .2008
望江年鉴：2009. 颜子龙主编，上城区望江街道办事处编 .2009
望江年鉴：2011. 马黎宪主编，上城区望江街道办事处编 .2011
紫阳年鉴：2004. 金燮彪主编，上城区紫阳街道办事处编 .2004
紫阳年鉴：2005. 金燮彪主编，上城区紫阳街道办事处编 .2005
紫阳年鉴：2006. 金燮彪主编，上城区紫阳街道办事处编 .2006

第二章　党政文告

为了以文献形式反映上城区1993—2015年整体的规划走向和发展轨迹，本章遴选了对全区政治、经济、文化、社会发展具有重要影响的文献，以全文或节选的形式予以保存，供后人研究和借鉴。文献按形成时间先后排列。

国务院同意浙江省调整杭州市市辖区行政区划的批复（节选）

国函〔1996〕121号

（1996年12月12日）

浙江省人民政府：

你省《关于调整杭州市市区行政区划的请示》（浙政发〔1996〕177号）和有关补充报告收悉。同意设立杭州市滨江区并对杭州市市辖区的行政区域作如下调整：

一、上城区：辖小营巷、城站、湖滨、横河、涌金、清波、清泰7个街道，从江干区划入的望江、南星、紫阳、闸口4个街道和四季青镇的近江、望江、玉皇3个村。区人民政府驻惠民路。

……

上述行政划调调整后，政府机构的设置应本着精简、效能的原则进行，所需经费和人员编制，由你省自行解决。

杭州市清河坊历史街区保护办法

杭州市人民政府令（第164号）

（2000年12月28日）

第一条　为加强对清河坊历史街区的保护和管理，继承优秀的历史文化遗产，根据《中华人民共和国文物保护法》《中华人民共和国城市规划法》《浙江省历史文化名城保护条例》等有关法律法规，结合本市实际，制定本办法。

第二条　本办法所称清河坊历史街区，是指杭州市上城区范围内东临中河路、西至华光巷、南吴山及鼓楼、北抵高银巷，同时向东延伸到元宝街、胡雪岩故居，向北延伸至祠堂巷于谦故居的区域。

第三条　清河坊历史街区的保护应当坚持有效保护、合理利用、科学管理的原则，正确处理好保护与建设的关系。

清河坊历史街区的整修，应当坚持保留历史文脉与再现传统街区风貌的有机统一，并参照《威尼斯宪章》全信息原则、可逆原则、可识别原则和多样性、多元化文化原则，对所有建筑分门别类区别对待。

第四条　上城区人民政府负责组织实施本办法。

上城区人民政府组建清河坊历史街区管理机构，具体负责清河坊历史街区的保护、管理和监督工作。

建设、规划、文物、土地、旅游、房产等有关管理部门，应当按照各自职责，做好清河坊历史街区内的相关管理工作。

第五条　上城区人民政府应当根据杭州市城市总体规划的要求，会同市有关部门编制清河坊历史街区的保护规划，经市人民政府批准后组织实施。

清河坊历史街区的保护规划，应当划定重点保护区和传统风貌协调区，重点保护区、传统风貌协调区应当编制能反映整体历史环境风貌的详细规划，合理确定规划的主要控制指标。

清河坊历史街区的保护规划，应当合理布局各区块功能，保持清河坊历史街区的传统风貌和历史文化气息。

第六条　上城区人民政府应当把清河坊历史街区保护所需经费列入同级财政预算，专项用于清河坊历史街区的保护工作。

鼓励和支持社会捐助，开辟多种资金来源，用于清河坊历史街区的保护。

第七条　经批准的清河坊历史街区保护规划，任何单位和个人都必须严格执行，不得擅自改变。

在清河坊历史街区范围内的土地利用和各项建设，必须符合保护规划的要求。

第八条　清河坊历史街区范围内因规划需要保留的房屋应实施成片和整幢保护，并按以下规定进行保护和改造:

（一）公有住宅房屋（包括直管公房和单位自管住宅）由清河坊历史街区管理机构统一保护和改造，原使用人由清河坊历史街区管理机构负责按照《杭州市城市房屋拆迁管理条例》的规定实行易地安置或货币安置；

（二）产权属私人所有的房屋，产权人要求自行保护和改造并且符合有关条件的，可由产权人自行保护和改造，使用人由产权人负责按照《杭州市城市房屋拆迁管理条例》进行安置；

（三）产权属单位的非住宅房屋，产权单位有能力自行保护和改造的，由产权单位按照清河坊历史街区的保护规划实施保护与改造。

除前款第（二）（三）项规定外，清河坊历史街区内因规划需要保留的房屋，由清河坊历史街区管理机构统一保护和改造，其产权人或使用人由清河坊历史街区管理机构按照《杭州市城市房屋拆迁管理条例》的规定实行易地安置或货币安置。

清河坊历史街区范围内因规划需要拆除的房屋，其产权人或使用人由清河坊历史街区管理机构负责按照《杭州市城市房屋拆迁管理条例》的规定实行易地安置或货币安置。

第九条　自行保护和改造保留房屋的产权人，应当与清河坊历史街区管理机构签订保护和改造协议，履行保护和改造的义务，遵守保护和改造的规范。

清河坊历史街区范围内因规划需要保留的房屋，其产权人、使用人在搬迁前应负责原样保护，不得拆除或损坏原建筑构件。

第十条　清河坊历史街区管理机构应当对街区内建筑物、构筑物和其他设施的复建和整修方案，按照街区保护规划要求进行把关，保证整修质量。

第十一条　清河坊历史街区管理机构应当采取有效措施，逐步完善清河坊历史街区的基础设施，并有计划、有步骤地对保护规划确定保护的建筑物、构筑物及其他设施进行维护和整治。

对保护规划确定保护的建筑物、构筑物和其他设施，其产权人或使用人应当与清河坊历史街区管理机构签订保护责任书，明确保养、维修责任。

第十二条　在清河坊历史街区的重点保护区、传统风貌协调区范围内进行建设的，其设计方案应事先征得清河坊历史街区管理机构和市文物行政主管部门同意后，方可办理有关手续；涉及文物保护单位、文物保护点保护范围和建设控制地带的，按有关文物保护的法律、法规执行。

第十三条　对清河坊历史街区保护规划确定保护的建筑物、构筑物和其他设施，不得进行影响其传统风貌的改建和装修。确需改建和装修的，其设计方案应征得清河坊历史街区管理机构、城市规划、文物行政主管部门的同意。

第十四条　清河坊历史街区范围内经清河坊历史街区管理机构安置补偿后腾空的房屋，由清河坊历史街区管理机构进行管理，相应确认产权，并按保护规划要求进行整修。整修后的使用，实行公开招标或拍卖，招标和拍卖所得应用于清河坊历史街区的保护和管理。

第十五条　清河坊历史街区的功能定位，以商贸旅游为主、居住为辅。通过招标或拍卖，取得房屋所有权或使用权的单位或个人，需从事经营活动的，应当符合清河坊历史街区保护规划确定的区块功能和业态布局的要求，体现清河坊历史街区文化氛围。

工商行政管理部门应当按照清河坊历史街区的业态布局，对申请从事经营活动的单位和个人核发相应的营业执照。

第十六条　清河坊历史街区范围内的经营者应当合法经营，依法纳税，并接受清河坊历史街区管理机构的统一管理。

第十七条　任何单位和个人不得在清河坊历史街区内从事下列行为：

（一）损坏或拆毁保护规划确定保护的建筑物、构筑物和其他设施；

（二）进行危及文物古迹安全的活动；

（三）改变地形地貌，对清河坊历史街区保护构成危害的；

（四）擅自占用或破坏保护规划确定保留的绿地、水系、道路等；

（五）擅自侵占清河坊历史街区的房屋；

（六）违反业态布局，擅自改变经营范围

（七）其他对清河坊历史街区构成破坏的活动。

第十八条　违反本办法规定，擅自改变或不执行清河坊历史街区保护规划，造成重大损失或严重后果的，对有关单位的负责人和直接责任人员，由有关部门按管理权限给予行政处分；构成犯罪的，依法追究刑事责任。

第十九条　保留房屋的产权人，既不自行保护和改造，又无正当理由拒绝搬迁的，由上城区人民政府责令其限期搬迁，并按照《杭州市城市房屋拆迁管理条例》的规定进行安置补偿。逾期仍不搬迁的，由上城区人民政府申请人民法院强制搬迁。

第二十条　自行保护和改造房屋的产权人，未按协议履行保护和改造义务的，由清河坊历史街区管理机构按照协议的规定追究其法律责任。

第二十一条　违反本办法第十三条规定，擅自进行改建和装修的，由城市规划行政主管部门责令其停止施工。尚可采取补救措施的，责令其限期改正，补办有关手续，并可处以1000元以上10000元以下的罚款；破坏严重、采取补救措施后难以恢复原状的，处以10000元以上100000元以下的罚款。

第二十二条　有本办法第十七条第（一）项行为的，由文物行政主管部门责令其停止损害，限期改正，并可处以10000元以上100000元以下的罚款。

有本办法第十七条第（二）项行为的，由文物行政主管部门责令其停止破坏活动，限期采取补措施，并可处以5000元以上50000元以下的罚款。

有本办法第十七条第（三）项行为的，由规划行政主管部门责令其停止有关活动，限期采取补救措施，并可处以5000元以上20000元以下的罚款。

有本办法第十七条第（四）（五）项行为的，由规划行政主管部门和有关行政主管部门按规定职责依法处罚。

第二十三条　对违反本办法，涉及其他法律、法规的，由有关部门依法予以处罚。

第二十四条　本办法自发布之日起施行。

中共杭州市上城区委　杭州市上城区人民政府
“建设旅游休闲商务区　打造杭州RBD”实施意见（2004—2006年）

上委〔2004〕13号

面对当前经济全球化不断发展，长三角地区经济一体化日益加快和杭州市大都市战略深入推进的发展机遇，区委、区政府组织开展了关于上城区发展目标定位的专题调研，确定上城区今后一段时期的发展定位为：建设旅游休闲商务区，打造杭州RBD。据此定位，制定今后三年的实施意见如下。

一、指导思想和奋斗目标

“建设旅游休闲商务区，打造杭州RBD”的指导思想和奋斗目标是：高举邓小平理论伟大旗帜，按照“三个代表”的要求，全面贯彻落实党的十六大和十六届三中全会精神，以建设特色街区为切入口，保护利用历史建筑，加快商贸旅游资源整合、布局调整、功能创新和产业升级，重点发展楼宇经济，提高现代服务业水平，力争通过三年的努力，使旅游休闲商务特色更加突出，商贸旅游服务业占GDP的比例稳步增长，基本形成RBD格局。

二、主要预期指标：

“建设旅游休闲商务区，打造杭州RBD”的主要预期指标初步确定为：

——第三产业经济总量年均递增18.9%，商贸旅游服务业收入年均递增21.5%，到2006年达到130亿元；

——第三产业占GDP的比重年均递增1.3%，到2006年达到37.3%；

——招商引资实现新突破，到2006年分别达到协议市外内资40亿元，实际到位市外内资30亿元，合同外资1.2亿美元，实际到位外资6000万美元，其中第三产业引资项目比例达80%以上；

——税收收入中第三产业比例年均递增5%，到2006年达到75%，地方财政收入中第三产业比例年均递增2%，到2006年达到85%。

三、主要任务和措施

（一）高标准规划培育

要按照“国际化、现代化”标准，不断优化“旅游休闲商务区”的功能定位和业态风貌，编制高标准的规划、构建高效能的培育模式。一是提高政策扶持力度。坚定不移地贯彻实施《关于进一步鼓励和扶持商贸旅游服务业发展的若干意见》等政策，同时根据具体情况不断完善政策配套，增强政策支撑能力。二是做精业态布局规划。RBD的业态布局初步确定为新湖滨区块、吴山区块、城站广场区块、江滨区块和吴越南宋文化保护区块。在此概念性规划的基础上，要做好与杭州城市分区规划和杭州市区商业网点发展导向性规划纲要的对接，重点是要明确各个区块相互之间的关系，制定好实施规划，进行更为科学的空间布局，为推进RBD的打造提供切实可行的方案。同时，进一步加强调查研究，在掌握辖区范围内产业构成分布的基础上，制定与区域经济发展相衔接、与RBD相配套的产业发展规划。三是调整完善业态结构。2004年：继续进行湖滨旅游商贸特色街区招商和吴山路、延安路东侧业态整合；继续优化河坊街现有业态，进行高银街招商并调整业态，修订完善大井巷规划设计；修正完善南山路二期规划设计，实施新天地二期等项目；城站区块引进服饰城等项目；结合农居公寓改造建设，制订江滨商务区建设规划和业态规划方案；启动全区多语标识系统建设；加强对区域内宾馆、饭店、旅行社、广场等旅游窗口单位的行业管理；参加2004西博会和全国旅交会活动。2005年：继续湖滨旅游商贸特色街区招商和吴山路、延安路东侧业态整合；修改完善江滨商务区业态规划；参加2005西博会活动，为参加2006世界休闲博览会活动做好准备。2006年：

完成湖滨旅游商贸特色街区业态调整，RBD核心区块整体形象基本形成；参加2006世界休闲博览会活动。四是实施灯光整体改造。2004年：做好全区灯光整体效果设计和分区块的单体灯光设计。重点启动延安路两侧立面、街景、灯光的设计和施工，与南山路、吴山广场夜景连成一片。2005年：根据设计方案全面实施吴山路、延安路"亮灯工程"，进一步改造完善清河坊、南山路亮灯效果。2006年：按照设计方案，做好RBD区块亮灯工程完善工作。

（二）高起点开发建设

在开发建设过程中，要按照打造杭州RBD的总体规划与设想，把握"保护历史风貌、突出湖滨核心、做足吴山文章、主攻特色街区、重视夜景配套、提升商务功能"的原则，注重各区块的特色、差异、相互间的互补与有机过渡和衔接，逐步形成集聚历史文化、自然景观、建筑风貌和产业特色的"旅游休闲商务区"。

1.湖滨旅游商贸特色街区

由指挥部与南都集团合作开发。2004年：启动吴山路地块建设，年底前主体建设结顶；完成湖边村、思鑫坊两大历史保护区块保护方案设计，并启动整治修复工程。2005年：吴山路地块改造竣工，湖边村、思鑫坊区块整治修复工程全面展开，开始龙翔里地块改造。2006年：湖边村、思鑫坊区块整治修复和龙翔里地块改造工程全面竣工，同时进行街区建筑立面整治。

2.南山路艺术休闲特色街区

由指挥部为主建设整治。2004年：完善二期规划方案并通过会审，完成B1、B2地块拆迁任务并开工建设，启动A地块拆迁；2005年：进行C地块拆迁，全面展开二期各地块整治建设工作；2006年：完成二期整治建设工程。

3.清河坊历史文化特色街区

采用以指挥部为主、联合开发的模式。2004年：争取实施中山路鼓楼至高银街段道路建设，在拟保历史建筑保护方案明确的情况下同步实施历史建筑的修复整治，完成定安路体育中心（太平洋商城）、吴山铭楼建设；2005年：中山路鼓楼至高银街段保护改造工程竣工，启动大井巷历史建筑保护修复工程；2006年：大井巷历史建筑保护修复工程竣工，实施打铜巷历史建筑保护修复工程，全面完成清河坊地区保护改造。

4.解放路现代商贸旅游特色街区

由区政府组织整治。2004年：实施解放路道路改造结合两侧整治工程，中河路以西段以道路整治为主，中河路以东至建国中路段道路改造和两侧整治相结合。2004年国庆节前完成解放路整治美化工程。

5.城站商务区

该区块楼盘开发及经营业态均由投资企业各自实施，缺乏整体策划。今后，政府主要是做好业态指导性规划加以引导，优化楼宇资源，突出商务功能。同时加快在建项目建设进度。2004年：金泰商务大厦、联银大厦、西湖国贸大厦竣工，服饰城开业；2005年：完成利群大厦建设。

6. 江滨商务区

今后三年开工20万平方米以上。2004年：开工新秋涛宾馆和商务写字楼6万平方米，建设春江花月二期、紫花苑二期等高档住宅；2005年：开工商场、写字楼、商务综合楼和立体停车库等共8.5万平方米；2006年：开工商贸综合楼9万平方米。

7. 凤凰城商业中心

各开发企业自主建设，复兴指挥部通过占有部分股份来调控业态。2004年：继续进行云江花园建设，凤凰城广场、钱江时代广场、钱江铭楼、金鹏大厦、港航大厦开工建设；2005年：继续凤凰城广场等建设工程，交通大厦开工建设，云江花园竣工；2006年凤凰城广场、钱江时代广场、钱江铭楼、金鹏大厦、港航大厦竣工。

（三）高效能管理招商

1. 领导、管理和协调

第一层面（2004年）：成立上城区“建设旅游休闲商务区、打造杭州RBD”管委会，作为打造RBD的综合协调领导机构。由区主要领导担任管委会主任和常务副主任，聘请有关专家担任顾问，实行统一领导、指挥和协调。管委会下设办公室和若干专业组，制定管理、考核办法，负责实质性的管理工作。

第二层面（2004—2006年）：整合现有的各街区管理机构，由管委会办公室统一领导。管理职能视街区开发建设模式的不同有所区分，管理内容主要分三个方面，一是业态布局管理；二是环境保障管理；三是物业经营管理。

2. 招商引资工作

首先是创新招商理念。对尚未开工建设的区块，要积极推行建筑设计、业态规划、招商引资三位一体、同步进行的模式，确保功能准确定位，业态迅速形成。已经建成并基本形成业态的区块，着重做好调整工作，促使业态更趋集中，特色更加突出，档次进一步提升。其次是创新招商形式。RBD中的高档业态和重点楼宇、项目的招商引资，可委托中介机构进行，确保项目规模和质量，提高效益。第三是创新招商机制。进一步修改完善现行的招商引资考核办法。区招商局全面负责项目的跟踪服务以及项目进展的信息汇编，各部门要在积极引进招商引资项目的同时，合力营造我区优良的招商引资软硬件环境。2004年力争引进协议内资46亿元，实际到位内资28亿元；合同外资1.2亿美元，实际外资6000万美元，湖滨国际名品街区建成开街。努力提升招商引资质量，积极引进国内外规模大、前景好的大企业、大集团，争取在引进全球500强企业和全国50强民营企业方面有所突破。

（四）高水平策划宣传

1. 主要内容

打造杭州的RBD，其策划宣传内容主要体现在整体形象的包装，打好五张个性名片（历史文化、都市旅游、休闲商务、时尚购物、餐饮娱乐）和宣传特色街区。

2. 方法措施

策划、宣传和包装工作由综合协调领导机构（管委会）的办公室和专业组总体把握，区委宣传部具体负责。一是整体策划，明确宣传包装的目的和要求，确定重点，制定较全面的规划，实施分层面、分地域的宣传计划和各个区块不同业态的宣传计划；二是全面宣传，同报纸、广播、电视、网络、杂志、广告等各种媒体进行全面广泛的合作，使RBD的各个区块、业态、项目，使上城区的核心名片、特色街区、亮点品牌都能有适合自己特点的媒体进行宣传推广；三是委托包装，委托国际或者国内著名的专业从事策划宣传包装的企业对杭州的RBD进行总体包装，并对其他具体项目进行分别包装；四是多方促销，利用社会参与性活动、大型主题活动、节庆活动和会展活动等丰富多样的形式广泛宣传，扩大影响面。2004年，全面启动“建设旅游休闲商务区，打造杭州RBD”的宣传策划工作。并组织、承办或参与宣传促销活动，具体项目有全国文化健身交流大会、华东地区旅游促销交流会、浙江省旅游消费推荐单位评选、西博会特色街风采展示、杭州旅游形象小姐评选决赛、第三届杭州龙井开茶节河坊街“茶者闹欢”——健康之饮活动等。

建设旅游休闲商务区是区委、区政府作出的重大战略举措；是一项需要各方面密切配合、长期努力的系统工程。各部门、街道要切实提高认识，统一思想，从各自工作实际出发，按照本实施意见的要求，分步实施，全面推进，为“建设旅游休闲商务区、打造杭州RBD”作出应有的贡献。

中共杭州市上城区委　杭州市上城区人民政府关于加强人才工作的意见

上委〔2004〕33号

（2004年11月23日）

近年来，我区高度重视人才工作，积极探索新形势下人才工作的新机制，人才总量不断增长，素质不断提高，结构不断优化，形成了一支具有一定规模、整体实力较强的人才队伍，在我区“三个文明”建设中发挥了重要作用。但是应当清醒地看到，在我区围绕四项目标，实施五大战略，着力建设旅游休闲商务区、打造杭州RBD的新进程中，现有的人才状况还不能适应经济社会发展需要，存在着人才总量欠充足、人才结构欠合理、高素质人才相对缺乏等问题。我们要高度重视，认真分析，采取措施，加以解决。

为深入贯彻“三个代表”重要思想、党的十六大和全国、省、市人才工作会议精神，建设一支与我区经济社会发展相适应的高素质人才队伍，根据市委、市政府关于人才工作的总体部署，结合上城实际，现就做好我区人才工作提出如下意见：

一、人才队伍建设的指导思想和目标任务

1.指导思想。以邓小平理论和“三个代表”重要思想为指导，认真贯彻落实党的十六大精神，牢固树立人才资源是第一资源、人人都可以成才和以人为本的观念，坚持“党管人才”的原则，充分开发利用国际国内两种人才资源，紧紧抓住培养、吸引、使用人才三个环节，着力建设党政人才、企业经营管理人才、专业技术人才三支队伍，大力培养高技能人才，切实加强人才资源能力建设，为“打造杭州RBD、推进上城新发展”提供坚强的人才保证和智力支持。

2.目标任务。围绕我区发展战略新任务和经济结构的调整，坚持人才战略目标与社会经济发展目标相适应的原则，以增强人才队伍的整体实力、激发各类人才的活力、形成人才工作的合力为总要求，2004—2010年，分两个阶段，经过七年时间的努力，我区的人才工作和人才队伍建设要达到总量充足、素质优良、结构合理、机制灵活、产出高效的目标。

——人才总量目标。到2005年全区人才总量达到10000人左右，其中专业技术人员7000人左右；预测到2010年，总量达到15000人左右，其中专业技术人员10000人左右。年均人才总量增幅达到8%。

——人才素质目标。到2005年，全区各类人才中具有大专以上学历的达到75%左右，高级职称人员达到5%左右；到2010年，大专以上学历达到85%左右，高级职称人员达到7%以上。同时，培养造就一批高素质党政人才、一批高级专业技术人才和一批具有影响力的企业经营管理人才。

——人才配置目标。提高第二产业人才素质，增加第三产业人才数量。到2010年，第二、三产业人才分别占总量的35%和65%左右。重点开发商贸旅游、信息通讯、食品饮料等方面的人才。合理调整机关、事业、企业单位人才资源结构，盘活现有人才，促进人才与资产的优化配置。

二、以能力建设为核心，着力加强人才培养工作

3.加快党政领导人才的培养。以副处级以上领导干部和年轻干部为培养重点，重视女干部和党外干部的培养，建设好100名党政后备干部队伍。坚持在重要岗位、重点项目、艰苦环境、基层一线等实践中培养锻炼干部，加强干部的轮岗和交流，创造条件选派领导干部参加高学历教育和国（境）外学习培训。努力提高领导干部科学判断形势的能力、驾驭市场经济的能力、应对复杂局面的能力和依法执政的能力和总揽全局的能力。

4.加快急需紧缺人才的培养。针对我区经济结构、产业结构和人才结构的特点，科学分析人才需求状况，突出重点，加快培养高层次人才和急需紧缺人才 。大力实施区人才培养计划，通过努力，培养100名市以上学术技术带头人、200名专业技术骨干、100名有影响力的企业经营管理人才。利用多种渠道和途径，重视高技能人才的培养和引进。注重现有人才的培养使用，盘活用好现有人才资源，减少和避免现有人才的流失、闲置和浪费。

5.加快人才培养体系的构建。大力倡导终身学习和全民学习的理念，开展 “学习型城区”的创建活动。整合各种教育培训资源，加强与省内外高校的合作，为提高各类人才素质提供良好平台。认真贯彻落实有关规定，制订切实有效的措施，抓好各类人员的继续教育。运用技能竞赛等各种有效载体，鼓励岗位成才，激发人才学习知识、提高技能的热情，为各类优秀人才脱颖而出创造条件。

三、以高层次人才和急需紧缺人才为重点，大力引进各类优秀人才

6.加大人才引进力度。认真贯彻落实人才引进的各项政策，畅通人才引进“绿色通道”，简化办事程序。加强人才需求预测，制定和实施我区急需和紧缺人才引进计划。通过公开选拔领导干部、人才交流会、网上招聘等多种渠道，采用团队引进、核心人才带动引进、高新技术项目开发引进等多种方式，大力引进我区所需的各类人才，特别是生物医药、信息通讯、新材料、食品化工等我区重点扶持的高新技术产业、传统优势产业和重点项目所急需和紧缺的高层次人才。充分发挥区科创中心和工业基地引才的整体优势和示范作用。鼓励非公企业吸引各类人才，并在政府奖励、职称评定、专家评选、人才培训等人才政策方面给予同等待遇，积极为非公企业培养、引进和使用人才提供服务。

7.健全人才柔性引进工作机制。鼓励各类优秀人才尤其是高层次人才通过柔性流动方式来我区从事兼职、咨询、科研和技术合作、技术入股、投资兴办企业或从事其他专业服务。鼓励用人单位以岗位聘用、项目聘用、任务聘用和人才租赁等灵活的用人方式引进人才。积极融入长三角人才开发一体化，实现人才资源共享。对柔性流动的人才，认真执行人才居住证制度，在职称评定、子女入学、继续教育等方面提供同等待遇。

8.做好留学归国人员和国外智力引进工作。依托科技创业中心和工业基地的环境优势，充分发挥吸纳留学人员的功能。在工商、税收、银行贷款、资助资金等方面为留学人员的创业提供有利条件。认真落实留学归国人员来区工作创业的有关政策，进一步强化服务功能，畅通创业融资、成果转化及交易等渠道。努力创造条件，为他们解决生活、子女就学、医疗保障等问题。进一步加大国外智力引进和聘请外国专家的工作力度，努力提高产品科技含量和市场竞争力。

9.强化用人单位的主体作用。要充分发挥企事业单位在吸引、培养和使用人才中的主体作用，积极引导用人单位把人才资源的开发作为提高其核心竞争力的重要举措，通过政策扶持、市场配置、优化服务等途径，广泛吸纳各类人才。加大对技术创新和人才开发的投入，鼓励有条件的企事业单位建立科协组织、研发机构和博士后工作站，为引进、培养和使用高层次人才搭建平台，增强企业的创新能力和竞争优势。

四、以能力本位为导向，健全完善人才激励机制

10.深化干部人事制度改革。认真贯彻落实《党政领导干部选拔任用工作条例》和《深化干部人事制度改革纲要》，健全干部选拔任用和管理监督机制，推进干部工作的科学化、民主化和制度化，落实群众对干部工作的知情权、参与权、选择权和监督权，努力建设高素质的党政干部队伍。在事业单位领导人员的选拔任用中引进竞争机制，针对不同类型的事业单位领导人员，可视不同情况分别实行聘任、选任、委任和考任制。

11.完善收入分配制度。按照规范、统一、激励的原则，不断完善党政干部工资福利分配结构和分配方式，把严格执行国家工资政策与附加地方津贴、目标管理考核结合起来，逐步提高党政机关工作人员的工资福利水平。建立体现不同类型事业单位的工资分类管理制度，进一步扩大事业单位内部分配自主权，鼓励事业单位根据本单位特点，大胆探索知识、技术、资本和管理等生产要素参与分配的实现形式。对高层次的特殊人才

和科技人才，可根据工作需要和人才的实际作用，试行协议工资等工资制度。鼓励企业建立与现代企业制度相适应的经营管理者薪酬制度。

12. 完善人才评价机制。深化职称制度改革，进一步推进专业技术人才的社会化评价工作，完善专业技术职务聘任制，全面推行专业技术职业资格制度。完善人才评价标准，克服人才评价中重学历、资历，轻能力、业绩的倾向。根据德才兼备的原则，建立以业绩为依据，由品德、知识、能力等要素构成的各类人才评价体系，提高人才评价的科学水平，为人才的使用、流动、激励提供科学依据。

13. 加大对优秀人才的奖励力度。树立“能力本位”的激励导向，按照知识、能力及其对社会的贡献来奖励人才。设立政府优秀人才贡献奖，对在我区经济社会发展中做出突出贡献的各类杰出人才进行表彰并给予奖励。鼓励和规范社会力量和企事业单位对突出贡献的人才进行奖励。坚持精神奖励与物质奖励、综合奖励与单位奖励、直接奖励与创收提成奖励等相结合。

五、以市场化配置为基础，积极引导人才合理流动

14. 调整和优化人才分布的结构。建立人才结构调整与经济产业结构调整相协调的动态机制。今后几年，我区人才流动的基本导向是：提高第二产业人才素质，增加第三产业人才的比重。探索有效方法，引导党政机关与企事业单位之间人才的流动，推动科技人才向企业特别是非公企业转移。进一步消除人才流动中的部门、行业、身份和所有制等限制，探索疏通三支队伍之间、公有制与非公有制组织之间的人才流动渠道。

15. 完善人才配置市场化机制。充分发挥市场对资源配置的基础性作用，进一步落实用人单位和人才市场的自主权，促进用人单位通过市场自主选人，人才进入市场自主择业。进一步完善人才市场的服务功能，全面推行人事代理制度，以解人才后顾之忧；拓展人才市场的服务领域，以市场需求为导向，积极开展人才测评、薪酬设计、管理咨询、代理招聘等服务项目；发展网上人才市场，拓展人才信息数据库，提高人才网的社会效益。逐步提高人才市场法制化、规范化建设，保证市场有序运行，进一步创造公平竞争的市场环境。

16. 加强人才流动法律保护。贯彻落实人才流动、人事争议仲裁、事业单位人员聘用制度等法规，增强人才政策的统一性和透明度，优化有利于培养、吸引、用好人才的法制环境。加强对人才流动中知识产权、商业秘密的保护，维护个人和用人单位的合法权益，防止人才流动中的消极现象，保证人才流动的开放性和有序性。

六、以“党管人才”为原则，切实加强对人才工作的领导

17. 认真贯彻“党管人才”的原则。坚持“党管人才”的原则，是搞好人才工作的根本保证。党管人才，主要是管宏观、管政策、管协调、管服务。各级党委要把人才工作和人才队伍建设切实提到重要议事日程，纳入社会经济发展的总体规划，把人才的开发使用贯穿于社会经济发展的全过程，定期研究和解决人才工作中的重大问题。形成党委统一领导，组织部门牵头抓总，有关部门各司其职，密切配合，社会力量广泛参与的人才工作新格局。各级党组织要认真实施区委提出的“111”人才工程，做好各类人才的培

养工作，努力培养100名党政后备干部、100名市以上学术技术带头人、100名有影响力的企业经营管理人才；要加强对党员的教育培养，注重从各类优秀人才中发展党员和培养党的各级干部，把更多的优秀人才集聚到党组织中来；要做好识人用人工作，落实选贤任能的各项制度、机制和政策，努力形成人才尽其才、才尽其用、用当其时和人才辈出的局面。

18.大力营造尊重人才的良好氛围。要认真贯彻落实“尊重劳动、尊重知识、尊重人才、尊重创造”的方针政策。大力宣传党和政府的人才工作政策，宣传优秀人才的先进事迹，宣传引才、育才、用才的典型经验，努力营造鼓励人才干事业、支持人才干成事业、帮助人才干好事业的社会氛围。

19.加大对人才资源开发的投入。要牢固树立人才资源开发投入是收益最大、回报率最高的观念，不断增强人才资源开发资金的投入。完善人才投资政策，形成以政府适当投入为引导、用人单位投入为主体、社会和个人出资为补充的多元投入机制。积极筹建区人才开发专项资金。

20.加强对人才工作的考核和督查。建立人才工作目标责任制，把人才工作纳入各级领导班子年度目标管理考核工作体系，作为考核各级党政领导班子尤其是党政主要领导实绩的重要内容，加大督促检查力度。

中共上城区委　上城区人民政府
关于“全国科技进步示范区”建设的实施意见

上委〔2004〕35号

（2004年11月）

为实施“科教强区”和“可持续发展”战略，加快区域科技进步，推进“全国科技进步示范区”（以下简称“示范区”）建设，实现全面建设小康社会的奋斗目标，根据科技部《科技进步示范市（县、区）管理办法（试行）》和《上城区“全国科技进步示范区”建设与发展规划（2004—2008）》的要求，特制定本实施意见。

一、指导思想

高举邓小平理论伟大旗帜，以党的十六大精神和“三个代表”重要思想为指导，坚持“科学发展观”和“科学技术是第一生产力”的思想，团结全区广大科技工作者，按照“科教强区”的战略要求，发挥科技对经济、社会的引领和支撑作用，实施“高新化”“精品化”“数字化”“生态化”四大战略，推动经济增长方式的根本性转变和各项事业的协调发展，实现我区“十五”计划和2010年远景规划，把我区建设成为经济繁荣、社会文明、生活富裕、环境优美的现代化城区。

二、主要目标

紧紧围绕“构筑新优势，建设新上城”的总体目标，建立与社会主义市场经济体制相适应的科技工作体制和运行机制，充分发挥“科教强区”战略的全面带动效应，实现科技、经济和社会的共同进步，城市面貌、人文精神和生态环境的协调发展，为我区提前实现现代化服务。

具体目标为：

（一）形成以高新技术产业为先导、传统优势产业为支撑、现代服务业为重点的产业结构；高新技术产业增加值年均递增20%以上；

（二）以科技为依托，提升信息化水平，发展现代服务业，形成与国际接轨的、符合现代化要求又具有杭州人文特色的旅游休闲商务区（RBD）；

（三）建设生态区，全区人均公共绿地面积达到10平方米，城市污水纳管率、生活垃圾无害化处理率和医疗废弃物处置率分别达到75%、100%和100%；

（四）建设与省市配套、与长三角接轨的区域创新体系，科技创新能力和实力有较大的提高，企业研发中心和技术中心发展到20个，全区每万人口中人才资源数位于全省前列，专利申请与授权数年均分别增长20%以上；

（五）市民的科学素养得到提高，国民教育和市民终身教育双体系初步形成，市民平均受教育年限达到12年，区本级科普及社区教育经费达到人均4元；

（六）科技投入不断加大，财政科技拨款占区财政支出的比例达到3%以上，企业技术开发经费占产品销售收入比例达到3.6%。

三、主要任务和优先项目与工程

（一）“全国科技进步示范区”建设的主要任务

1.积极培育信息通讯、生物医药、新材料3个高新技术产业群，提升食品饮料、智能家电、机械电子3个传统优势产业群，优化区域产业结构。

2.加快电子商务、电子政务、社区信息化和制造业信息化步伐，全面推进社会信息化。

3.有效运用科技手段，提高旅游休闲商务区（RBD）的国际化、现代化水平。

4.建立多元的终身教育体系，做好科学普及工作，提升市民的文化品位和科学素养，推进小康社会型社区建设。

5.加快科技资源集成和人才引进，完善区域创新体系。

6.加强环境保护，增强生态意识，发展生态经济和生态文化。

（二）“全国科技进步示范区”建设的优先项目与工程

1.产业技术提升和创新示范工程

通过创新能力与条件建设、产业化环境的优化以及技术创新、技术改造与技术引进，培育信息通信、生物医药、新材料三个高新产业群，提升饮料食品、机械电子、智能家电三个传统优势产业群。主要项目包括：（1）高新技术产业骨干企业培育工程；（2）传统优势产业的新技术新工艺改造示范工程；（3）创新载体建设工程。

2.ERP企业资源信息化管理示范工程

以国内最大的食品饮料企业娃哈哈集团为示范企业，通过与美国埃森哲公司合作实施

SAP软件，进行企业资源信息化管理示范。主要项目包括：（1）R/3管理信息系统；（2）APO供应链优化系统。

3.孵化器与区域创新服务体系建设工程

优化创新和产业化环境，加快科技企业孵化器的建设和发展，完善区域创新服务体系。主要项目包括：（1）区科创中心建设与发展工程；（2）科技政策保障体系工程；（3）科技中介服务体系建设工程；（4）科技人才工程。

4.RBD核心区块国际化科技示范工程

发挥科技对湖滨、解放路、南山路和清河坊4个特色街区建设的支撑作用，实现旅游休闲商务区（RBD）核心区块的国际化与现代化。主要项目包括：（1）多国语言标识系统；（2）智能照明系统；（3）信息化综合管理系统；（4）无障碍设施。

5.中心城区公共安全电子动态监控工程

建立以科技为依托，覆盖全区主要道路、繁华商业区、休闲旅游区和重点要害部门的社会治安动态监控系统。主要项目包括：（1）社会治安动态监控系统；（2）反暴、反恐和紧急状态预案处理系统；（3）网络虚拟世界违法侦控系统。

6.中心城区公共卫生快速反应体系示范工程

进一步加强作为国际旅游城市中心城区的公共卫生安全。主要项目包括：（1）传染病快速检测中心实验室建设；（2）旅游点及流动人口的卫生信息收集、管理和预警系统建设；（3）社区卫生服务中心和服务站网络建设；（4）食品安全流动检测车建设。

7.小康社会型社区现代设施建设示范工程

以建成小康社会型社区为目标，体现"以人为本，服务居民"的宗旨，实现"台账电子化、办公自动化、工作互动化和服务网络化"。主要项目包括：（1）"e家人"社区事务综合管理系统软件（网络版）的开发和应用；（2）社区、街道和区政府工作三级纵向联网的社区信息化综合平台建设；（3）依托社区网站的社区工作互动化示范；（4）"96345"市民服务呼叫中心与社区联网联动示范。

8.终身教育与国民教育双体系协调发展示范工程

发挥国民教育资源的优势，加强信息技术的应用，推进教育的远程化、社会化及终身化，使终身教育与国民教育双体系实现协调发展。主要项目包括：（1）教育研究中心与社区学院科教中心建设；（2）科普教育信息平台建设；（3）终身教育内容与方式创新示范。

9.生态环保主题公园科普示范工程

在杭州市中心建设面积达27500平方米的环保主题公园，将环保技术和生态知识融入园林景观之中，使之成为生态保护的实验基地和教育基地。主要项目包括：（1）太阳能电池、风能水车等新能源系统；（2）采用微生物分解处理的生态厕所；（3）治理受污染水体的人工湿地；（4）水、气、声自动监测站和生物观测室；（5）生态环保科普画廊等。

10.生殖健康与优生优育示范工程

依托实施中国/联合国人口基金第5周期生殖健康/计划生育项目的优势，以人的全面发展为中心，引进国际先进的管理和服务理念，进行生殖健康与优生优育的科技示范。主要项目包括：（1）青春健康促进项目；（2）性病、艾滋病防治项目；（3）重点人群生殖健康服务项目。

四、保障措施

（一）加强示范区建设工作的组织领导

建立强有力的示范区建设领导小组和若干工作小组。领导小组由区委、区人大、区政府、区政协有关领导组成，由区委、区政府主要领导担任组长，分管领导担任副组长，成员包括区委办、区委组织部、区委宣传部、区政府办、计经局、科技局、教育局、财政局、人事局、商贸旅游局、建设局、卫生局、计生局、公安分局、环保分局、科协等部门的主要负责人。领导小组下设办公室、项目组、宣传组、督查组，办公室设在科技局。

（二）建立行之有效的示范区建设工作机制

认真贯彻全区合力建设科技进步示范区的基本思路，广泛调动全区各部门、街道、企业和社区的积极性和创造性。建立“区委、区政府组织领导，区人大、区政协指导监督，科技部门协调汇总，各责任部门分工实施”的建设工作机制。领导小组组织制定严格的管理考核办法，落实“优先项目工程”工作责任制，建立工程进度报告制度、督查制度和考评激励制度。各责任单位每年年初须提交项目与工程的年度目标和实施方案，并按领导小组的要求及时上报阶段性进展报告。督查组定期对重点项目与工程组织检查，领导小组根据项目的进度和完成质量对有关责任单位进行年度评价，并给予相应的激励。

（三）建立以财政投入为引导的多元化科技投入体系

在各职能部门对优先工程和项目投入的基础上，财政科技经费每年安排30%的额度作为科技进步示范区建设专项资金，主要用于优先项目与工程的资助和工作考核奖励；积极引导和鼓励企业加大科技投入，加大新产品研发、技术改造和创新条件建设的力度，发挥企业在技术创新和科技投入上的主体作用；充分利用我区的各种优势，引进民间资本以及海外资金来发展科技事业。

（四）大力引进和培养高素质的科研、应用和管理人才

确立“人才强区”意识，抓好党政人才、专业技术人才、经营管理人才三支队伍建设，加大“111”人才工程的实施力度，积极创造环境，搭建舞台，建立合理、有效的人才引进、培养、使用和流动机制，大力引进和培养适用专业技术人才，高层次、复合型人才，为示范区建设提供人才保障。

（五）完善科技政策体系和科学决策机制

积极贯彻、落实《中华人民共和国科学技术进步法》《中华人民共和国促进科技成果转化法》等法规和国家、省、市的有关科技政策，加大知识产权保护力度，维护科技人员的合法权益；进一步修订和完善区委、区政府有关科技进步的政策，加大执行力度，为科技进步示范区建设提供一个良好的法治环境和政策环境。加强对我区经济、科技、社会发展的重大问题的研究，加大对软科学和情报调研的支持力度，突出专家咨询委员

会在科技进步示范区建设中的决策参与作用，强化决策科学化和民主化。

“全国科技进步示范区”建设是“科教强区”“人才强区”和“可持续发展”三大战略的综合体现，也是贯彻落实科学发展观的一个有益载体，是我区面临的一次难得历史机遇。示范区建设涉及科技、经济、社会等各个领域，全区各部门、各街道要严格按照《上城区“全国科技进步示范区”建设和发展规划》的要求，统一思想，广泛参与，锐意创新，勇于实践，积极推进各项目标、任务的顺利实现。

中共上城区委　上城区人民政府
关于增强自主创新能力、建设创新型城区的决定

上委〔2006〕25号

（2006年7月17日）

为贯彻落实党的十六届五中全会、全国科学技术大会和省市自主创新大会精神，进一步落实科学发展观，促进发展模式的创新，不断增强我区自主创新能力，深入推进创新型城区建设，结合我区实际，特作出如下决定。

一、明确建设创新型城区的重要意义和目标要求

1. 建设创新型城区对我区经济社会发展的战略意义。“增强自主创新能力、建设创新型国家”是党中央、国务院把握全局、放眼世界、面向未来做出的重大战略决策，也是我区提升综合实力、实现可持续发展的一次重大机遇。目前，我区正处于经济结构优化、政府职能转变、社会和谐发展的关键时期，面临着发展要素制约、科技资源短缺、创新服务体系不够完善、企业技术创新能力较弱、重点产业和重点领域的科技进步水平亟待提高等诸多问题，必须进一步发挥科技对经济社会发展的先导作用，着力自主创新，依靠科技进步，走“创新驱动型、资源节约型、环境友好型”发展之路，增强自主创新能力，建设创新型城区，实现科技、经济和社会的共同进步，城市面貌、人文精神和生态环境的协调发展。

2. 建设创新型城区的指导思想。高举邓小平理论和“三个代表”重要思想伟大旗帜，以党的十六大、十六届五中全会精神为指导，全面贯彻全国科学技术大会和省市自主创新大会精神，按照“自主创新、重点跨越、支撑发展、引领未来”的指导方针，以科学发展观统领全局，围绕“打造杭州RBD、构建和谐新上城”的总体思路，深入实施“科教兴区”和“人才强区”战略，紧紧围绕建设创新型城区的奋斗目标，以提高自主创新能力为核心，以建设区域科技创新体系为主线，以理念创新、科技创新、体制创新、服务创新为抓手，优化配置科技资源，大力发展都市型工业和现代服务业，促进经济结构调整和增长方式转变，成为创新氛围浓、创新环境好、创新实力强、创新成果优的创新型城区。

3. 建设创新型城区的发展目标。到2010年，科技综合实力进一步增强，科技进步水

平继续保持全省前列，全国科技进步示范区建设取得显著成效，并通过科技部验收，社会信息化水平处于全市前列，社会事业的科技进步水平显著提升；科技投入进一步加大，全社会科技投入占GDP的比重达到2.5%，财政科技投入占财政支出的比例达到4%以上，人均科普经费不低于4元，科技对经济的贡献率达到60%以上；自主创新能力进一步提高，基本建成以企业为主体、市场为导向，产学研相结合的区域创新体系，新增企业研发中心和技术中心20个，形成一批全国知名、具有自主知识产权、核心竞争力强的名牌产品和优势企业；年专利授权量达到260件以上，其中发明专利20件以上；突破一批支撑我区经济社会可持续发展的重点领域和关键技术，培养一支具有国内领先水平的创新人才队伍，基本建成创新型城区。

4.建设创新型城区的基本原则。从我区的自身优势和实际情况出发，增强自主创新能力，建设创新型城区，必须做到五个坚持：一是坚持科技进步和科学发展相结合。全面落实科学发展观，坚持“以人为本”和“统筹协调”发展，实现经济社会发展模式从资源依赖型、投资驱动型向创新驱动型转变，使创新成为经济社会发展的内在动力。二是坚持自主创新与引进集成相结合。充分发挥我区科教优势，注重科技资源的集成与整合，大力引进和利用国内外技术、人才，形成推进自主创新的合力。三是坚持科技创新与体制创新相结合。坚持依靠体制机制创新推动科技创新，深化科技体制改革，增强各类创新主体的创新动力，促进技术、市场与资本的紧密结合。四是坚持政府引导与市场主导相结合。坚持政府的宏观指导和政策扶持，加大财政科技投入，加强行政服务，引导企业积极开展科技活动。坚持企业在经济发展和科技创新中的主体地位，充分发挥市场在配置科技资源中的基础性作用。五是坚持重点突破与系统推进相结合。坚持有所为、有所不为，优先发展都市型工业和现代服务业，强化对重点领域、重大项目的扶持，推动产业的集群化和规模化，形成区域优势，系统提升城区竞争力，加快推进RBD建设。

二、把握建设创新型城区的重点领域和方向

5.大力扶持高新技术产业。坚持有所为、有所不为和突出重点的原则，重点支持信息通信、生物医药、新材料等高新技术产业领域的项目研发与产业化，组织实施一批重点新产品研发项目和重点专利成果产业化项目，培育一批具有自主知识产权的核心产品，形成新的经济增长点。大力引进高新技术成果。对来我区投资实施产业化的重大高新技术项目，按照直接投资额的3%～10%择优给予资助。鼓励和支持我区科技型中小企业申报省、市、区级高新技术企业。对于经认定的省、市、区级高新技术企业，分别给予每家15万元、10万元、5万元的奖励。重点培育国家级高新技术企业，认定后给予30万元的奖励。

6.努力提升传统产业信息化应用水平。鼓励企业实施信息化工程，提高企业信息化应用水平，推进管理信息化，营销信息化，加快传统产业升级。鼓励企业运用信息技术改造传统产业，加强设计、生产系统的集成改造，实现过程自动化、智能化，提升传统产业技术装备的现代化水平。重点改造提升食品饮料、智能家电、机械电子等传统优势产业，实施一批信息化应用示范试点工程和市场竞争力强的技术攻关项目，提升产业竞争力。凡认定为国家、省、市、区级制造业信息化、服务业电子化、电子商务应用示范（试点）企业的，区财政给予一定资助，其中国家级资助20万元，省级资助12万元，市级资助8万元，区级资助4万元。支持传统产业针对发展中的薄弱环节实施技术改造。对列入区技术改造计划的项目，按实际改造费用的一定比例，区财政以贴息的形式给予补助。

7.引导商贸旅游和现代服务业的科技创新。设立商贸旅游服务业科技发展引导资金，支持商贸旅游和现代服务企业提升信息化水平，支持名优产品的技术升级与质量改进，提高商贸旅游业和现代服务业的产品竞争力。重点推进以新构思、新设计、信息密集、知识密集为特征的电子商务、现代物流、文化创意、高技术服务、中介服务、信息服务等现代服务业的科技创新，形成我区新的经济增长极。重点建设以中国美院为依托的区域性创意设计产业基地，打造西湖创意设计谷；以机械科学院浙江分院、省机电院为龙头，吸引、集聚一批机电、环保、先进制造等方面的高技术服务机构，打造高技术服务产业。

8.加强公共管理的创新能力与条件建设。把电子政务建设作为“十一五”期间全区信息化工作的重点，政府先行，积极推广和应用信息技术，建设面向社会的政府公共服务平台，实现政务信息的实时交流与共享，提高政府服务效率和科学决策水平。实施公共安全电子动态监控工程，建立覆盖全区主要道路、繁华商业区、重点要害部位及社区的社会治安动态监控系统；搭建城区管理综合信息共享平台，构建全方位、精确高效的“数字城管”体系；实施公共卫生快速反应体系示范工程，建立连接省、市疾控中心和基层社区的快速反应通道，建设传染病快速检测实验室；完善公共安全、公共卫生信息预警应急系统，提高我区综合预警应急能力和科学管理能力。

9.提升社会事业的科技进步水平。大力推广高新技术在社会事业中的应用，进一步提升各项社会事业的科技进步水平。推进数字社区建设。实施“e家人”社区事务综合管理系统工程，普及社区宽带网络，建设社区、街道和区政府三级纵向联网的社区信息化综合平台，建设依托社区网站的小区公共信息平台，实现“96345”市民服务呼叫中心与社区联网联动，逐步形成社会福利服务、社会救助服务和生活服务相结合的社区服务保障体系。实施教育信息化工程，整合各种教育资源，建设资源共享的教育网络平台，推进基础教育和终身教育双体系协调发展；充分挖掘我区深厚的文化积淀，利用现代科技手段，加强对文保单位、文保点的文化挖掘与开发保护，运用现代声、光、电、多媒体技术充分展现和传播丰富多彩、底蕴深厚的“文化上城”魅力。加快生态区建设。大力推行清洁生产，鼓励发展循环经济，提高资源利用及产品转化率；积极推广节能环保技术，引导太阳能产品、新型墙体材料等环保型的建筑材料和雨水资源化技术、中水回用技术在建筑中的应用，发展生态节能型建筑；加强城市生态监控技术和生态环境保护技术的应用，优化城市生态环境，建设绿色城区。

三、完善以企业为主体、产学研相结合的区域创新体系

10.大力推进高新技术研发中心建设。重点鼓励、支持有条件的企业自建或联合大专

院校、科研院所共同组建研发中心，从事核心技术、关键技术和共性技术研究与成果转化；鼓励、支持中小企业与大专院校、科研院所建立产学研联盟。加大对市级以上研发（技术）中心建设的支持力度，被认定为国家、省、市级企业研发（技术）中心的，分别给予50万元、30万元、15万元的资助；培育一批区级研发（技术）中心，认定后给予5万元～10万元的资助。支持企业博士后工作站等创新载体的建设，对新建的工作站资助建设经费10万元，并对进站专职工作的博士后给予一定的科研补助。

11.鼓励和引导企业加大研发投入。制定、实施鼓励企业自主创新政策，强化企业的技术创新主体地位。区财政优先支持企业的自主创新研发活动。对企业列入国家和省、市级科技计划的研发项目给予配套资助。企业当年技术研发投入与上年同比增加10%以上的（含10%），允许企业按当年实际发生的技术开发费用的150%抵扣当年应缴纳所得税额，实际发生的技术开发费用当年抵扣不足的部分，可按税法规定在5年内结转抵扣。企业用于研究开发的仪器和设备，单位价值在30万元以下的，可一次或分次摊入管理费，其中达到固定资产标准的应单独管理，但不提取折旧；单位价值在30万元以上的，可适当缩短固定资产折旧年限或加速折旧。

12.加强科技资源整合和公共科技条件平台建设。支持我区企业与国内外大专院校、科研院所开展科技合作，共建技术研发平台，提升企业自主创新能力。对国内外大院名校、特大型企业集团来我区设立创新载体，视情予以特别资助。加快推进中国机械科学院浙江分院的建设，并以浙江分院及其院士工作站为依托，吸引一批科研院所、科技中介和创新人才加盟上城，构筑先进制造技术创新服务平台等公共科技条件平台，为企业自主创新、成果产业化和人才培养提供服务。加强与中国美院的合作，建设文化创意产业公共服务平台，为创意设计、会展、影视制作、信息交流等提供支撑服务，促进文化创意产业的跨越式发展。充分发挥网上技术市场上城分场对科技资源的整合与纽带作用，加强服务能力与条件建设，打造一个多向、高效的科技交流与信息服务网络平台。

13.扎实推进科技企业孵化器发展。认真贯彻落实省、市、区政府关于加快科技企业孵化器建设与发展的政策文件，加强孵化器的基础设施建设，整合利用孵化资源，为科技企业孵化器及在孵企业营造良好的创业环境。积极引导和支持社会力量创办科技企业孵化器，实现投资主体的多元化和管理服务的市场化，做大孵化产业。对区内利用社会资源新创办的孵化器，根据其场地规模和孵化条件经认定后资助建设经费20万元～100万元，被认定为市级、省级、国家级孵化器后分别再追加资助10万元、30万元、50万元。加快留学生创业园建设，为归国留学人员来我区创业提供平台。充分发挥区科技创业中心的示范与辐射作用，开展网上孵化和远程孵化服务，实施“科技型初创企业培育工程”，对列入培育工程的企业给予种子资金支持。加强孵化器与机械电子功能区块之间的资源整合及工作衔接，为孵化器毕业企业提供良好的输出通道和发展空间，引导孵化企业创业在上城，发展在上城。

14.建立创新创业投融资保障体系。鼓励、引导风险资本和社会资金投资高新技术产业和知识密集型服务业，加快发展风险投资事业，建立健全多种资金来源、多种组织形式、多层次结构的创业投资和融资担保体系，积极引进科技投融资机构来我区发展。政府通过风险补贴等形式，引导金融机构支持我区科技企业的自主创新与产业化。建立风险投资补偿机制，对支持高新技术和现代服务业发展、单项投资额在500万元以上，投入时间一年以上的风险投资项目，对其投资清盘实际发生的亏损，可给予5%~10%的风险补偿（单项不超过30万元）。建立健全中小科技企业信用担保体系，加大对企业自主创新活动的贷款担保的支持力度。

15.大力发展科技中介组织。鼓励科技人员和社会力量创办科技中介组织，建立健全科技中介服务体系。重点培育工业设计、技术开发、技术评估、技术咨询、技术服务、技术转移、知识产权、科技信息等中介服务职能，为科技创新创业提供便捷高效服务。对促进我区科技创新发挥重大作用的科技中介服务组织进行奖励。

四、加强知识产权保护和品牌建设，增强创新动力

16.实施专利促进工程。贯彻实施《专利法》等法律法规，完善知识产权制度，营造保护知识产权的法治环境，强化企业与个人在技术与产品开发中的自主知识产权意识，提高专利的创造、管理、保护和应用水平。建立区知识产权专项资金，加大对发明专利、实用新型专利和软件著作权的申请与实施的扶持。实施企业专利示范工程，培育一批专利示范（试点）企业。对省、市、区级专利示范（试点）企业，分别给予10万元、6万元、4万元的奖励。加快推进专利成果产业化。企业职务专利在我区实施并取得一定效益后，国外发明专利每件追加补助2万元，国内发明专利每件追加补助1万元，实用新型专利每件追加补助1000元，软件著作权追加补助2000元；对重点专利成果产业化项目，按照该项目直接投资额的3%~10%给予资助。

17.实施标准提升工程。鼓励企业的产品生产标准向国际先进水平靠拢，引导企业通过技术创新形成具有自主知识产权的技术标准，并积极争取向国际标准、国家标准、行业标准升级，掌握产品市场竞争的主动权。对企业技术标准升级实行奖励，对技术标准上升为国际标准的奖励10万元；上升为国家标准的奖励6万元；上升为行业标准的奖励3万元。

18.实施品牌创新工程。引导、鼓励、支持企业加强自主品牌建设，打造具有自主知识产权和市场竞争力的知名品牌，加大对知名品牌创建的资助力度。对获得中国名牌、中国驰名商标的，各资助20万元；获得浙江省名牌、著名商标、知名商号的，各资助8万元；获得杭州市名牌、著名商标、知名商号的，各资助3万元。

五、推进创新教育和人才培养，营造良好的创新文化氛围

19.全面推进创新教育。从基础教育抓起，全面深化教学内容和方法改革，在广大学前儿童、中小学生中着重培养独立思考、追求科学、创新光荣的意识；加强创新教育，支持教育网站和学生创新活动中心建设；大力加强继续教育、在职培训和专业培训，在全区企事业单位中全面贯彻实施《浙江省专业技术人员继续教育规定》，使广大科技人员紧跟知识更新的时代步伐，更好地适应现代信息社会对自主创新的能力要求；发展远程教育，加强职业技能培训基地建设，逐步形成开放、多样、社会化的社区和成人教育体

系，发展职业技能培训。

20.提高全民科学素养。加大财政对科普工作的投入力度，到2010年，人均科普经费达到4元以上。大力普及科学技术知识，倡导科学方法，传播科学思想，弘扬科学精神，形成勇于创新、尊重科学的良好氛围。深入贯彻《科普法》，大力实施《全民科学素质行动计划纲要》，加强科普组织网络和科普志愿者队伍建设，加强科普基础设施建设，形成社会化科普的格局，推进科普事业的发展，提高全民科学素养。

21.大力培养和吸引创新人才。牢固树立人才是第一资源的观念，建立健全有利于创新型人才引进、培养、使用和流动的机制，优化创业环境，大力引进和培养科技创新领军人才，发挥创新型人才在创新型城区建设中的关键作用。积极组织实施浙江省“151”人才工程、百千万科技创新人才计划、杭州市“131”优秀中青年人才培养计划和区“111”人才培养计划，加快培养和造就一批结构合理、素质优良的科技创新人才队伍。发挥科创中心、留学生创业园、机械电子功能区块等公共平台的引才载体作用，支持企业与大专院校、科研院所共同搭建研发中心、研究生培养实习基地，广泛开展产学研合作活动，共同构筑我区培养和集聚科技创新人才的高地。大力提高人才服务水平，改善人才的工作、生活环境，加强对创新型人才的激励，定期开展优秀人才奖等荣誉的评比和表彰。

22.营造崇尚创新的文化氛围。积极培育创新精神，倡导勇于创新、敢为人先、鼓励成功、宽容失败的创新文化。大力支持各种创新实践，加大对优秀科技人员及自主创新优秀企业的宣传力度，弘扬其推动科技创新和社会进步的先进事迹，激发全社会的创新活力，在全区营造浓厚的创新文化氛围，使创新文化成为上城文化的主流。

六、加强领导，健全体制，为建设创新型城区提供有力保障

23.切实加强对创新型城区建设的领导。建设创新型城区将使我区的社会经济发展模式发生深刻变革，是我区未来实现可持续发展所面临的一次重大机遇。全区各级领导必须加强学习，加深对自主创新重要性的认识，保持高度的紧迫感和责任感，积极参与到各项建设工作中去。进一步加强区委、区政府对自主创新工作的领导，把加强自主创新作为中心工作抓紧抓实，发挥各部门、单位在创新型城区建设中的合力作用，要把本部门、区域、系统的科技进步水平和创新能力建设成效作为各部门、街道目标考核的一项重要内容。完善区科教领导小组的工作机制，切实发挥区科教领导小组在提高自主创新能力、建设创新型城区中的领导作用和区科技局的牵头、协调作用，实施全区科技进步动态评价、通报制度。

24.深化科技管理体制与机制改革。完善财政科技经费使用管理办法，规范科技经费的申报和审批程序。加强对科技经费使用的监督管理，明确监督主体和监管责任。完善科技经费拨款方式，引入事后补助、以奖代补和风险补助制度。推行科技经费使用的绩效评价制度，确保财政科技经费的有效使用。优化科技经费使用结构，充分发挥科技经费的导向作用。实行专家评审与行政决策相结合的立项审批制度，推行和完善重大科技计划项目招投标制、合同制和课题制。加强科技项目的过程管理、绩效考核与验收，努

力提高科技经费的使用绩效。

25.进一步加大科技投入力度。保持财政科技投入的稳步增长，到2010年，财政科技经费占财政支出的比重达到4%以上，确保每年财政科技投入的增长幅度高于本级财政支出的增长幅度；充分发挥财政科技经费的引导作用，完善科技经费使用管理办法，鼓励企业加大科技投入力度；建立风险投资补偿基金，鼓励风险资本参与我区企业的科技创新活动，逐步形成以政府为引导、企业为主体、社会资本参与的多元化科技投入体系。

26.进一步完善创新政策体系。全面贯彻落实国家、省、市鼓励自主创新的有关政策，积极发挥财政科技经费对自主创新的引导激励作用。围绕建设创新型城区的战略目标，对现有科技政策进行进一步整合与完善，研究制定新的政策，在促进科技进步、加强自主创新与知识产权工作、提升信息化水平、鼓励创新创业等方面加强政策引导、加大支持力度，鼓励各部门制定相关政策，建立健全激励创新的机制，广泛、深入、持续地推动自主创新活动，实现建设创新型城区的各项目标任务。

中共杭州市上城区委关于建设“法治上城”的决定

上委〔2007〕60号

（2007年11月22日区委常委会讨论通过）

党的十七大指出：“人民民主是社会主义的生命。发展社会主义民主政治是我们党始终不渝的奋斗目标。”建设“法治上城”，是贯彻落实党的十七大精神和科学发展观、共建共享“生活品质示范区”、推进民主政治建设和提高党的执政能力的必然要求。根据《中共浙江省委关于建设“法治浙江”的决定》（浙委〔2006〕30号）和《中共杭州市委关于建设“法治杭州”的决定（市委〔2006〕8号）》，结合上城实际，现就建设“法治上城”的若干重大问题，作出如下决定。

一、建设“法治上城”的总体要求、基本原则和主要任务

1.建设“法治上城”的重大意义。建设“法治上城”是依法治国方略在上城的具体实践，是依法治区的深化和发展。改革开放以来，区委认真贯彻中央、省市委的决策部署，切实加强社会主义民主法制建设，在健全民主制度、推进依法行政、促进公正司法、加强法制宣传教育、保障公民合法权益等方面取得了显著成就。特别是经过深入实施法制宣传教育、依法治区和平安创建工作，有力地推进了我区民主法制进程，为建设“法治上城”奠定了坚实基础。随着经济社会的迅速发展，改革开放的不断深入，人民群众民主法制意识的不断增强，对法治建设提出了新的要求，对党的执政能力特别是科学执政、民主执政、依法执政提出了新的要求。建设“法治上城”是全面落实科学发展观、协调推进经济、政治、文化和社会建设的基本保障，是体现社会和谐的本质特征、全面构建和谐社会的重要保证，是发展社会主义民主政治、建设社会主义政治文明的重大举措，是完善党的执政方式、提高党的执政能力的必然要求。建设“法治上城”，对我区加快全

面建设小康社会、率先基本实现现代化具有重大的战略意义。

2. 建设“法治上城”的总体要求。坚持以邓小平理论和“三个代表”重要思想为指导，全面落实科学发展观，致力于构建社会主义和谐社会，牢固树立社会主义法治理念，以依法治国为核心内容，以执法为民为本质要求，以公平正义为价值追求，以服务大局为重要使命，以党的领导为根本保证，通过扎实有效的工作，基本实现经济、政治、文化和社会生活的法治化，加快建设社会主义民主更加完善、社会主义法制更加完备、公民法律素质普遍提高、依法治国基本方略得到全面落实、公民合法权益得到切实尊重和保障的法治社会，确保我区法治建设走在前列。

3. 建设“法治上城”的基本原则

——坚持党的领导。在党的领导下发展社会主义民主、建设社会主义法治社会，实现坚持党的领导、人民当家作主和依法治国的有机统一。

——坚持以人为本。坚持一切权力属于人民，以最广大人民的根本利益为出发点和落脚点，尊重和保障人权，充分发挥人民群众在法治建设中的主体作用。

——坚持法制统一。坚决维护宪法和法律权威，确保区委决策和政府规章不与宪法、法律和行政法规相冲突，维护国家法律体系的完整性和统一性。

—坚持公平正义。在执法、司法的全部活动中，维护社会公平正义，做到公开、公平、公正，维护人民群众合法权益，维护国家利益。

——坚持法德相济。坚定不移地实施依法治国的基本方略，充分发挥道德规范的重要作用，在加强社会主义法治建设的同时，不断加强社会主义思想道德建设。

——坚持循序渐进。遵循经济社会发展的客观规律，把握法治建设的长期性和渐进性，着眼长远，立足当前，有领导、有步骤、有秩序地推进法治建设。

4. 建设“法治上城”的主要任务。建设“法治上城”是一项长期任务和系统工程。“十一五”期间的主要任务是：坚持和改善党的领导，坚持和完善人民代表大会制度，坚持和完善共产党领导的多党合作和政治协商制度，加强法治政府建设，加强司法体制和工作机制建设，加强法制宣传教育，加强基层民主政治建设，加强“平安上城”建设，维护人民群众的合法权益，为打造杭州RBD、建设生活品质示范区提供法治保障。

二、坚持和改善党的领导，着力提高党的依法执政水平

1. 完善党的执政方式。牢固树立立党为公、执政为民理念，坚持科学执政、民主执政、依法执政，进一步完善党的执政方式。按照党总揽全局、协调各方的原则，坚持和完善“一个核心、三个党组”的领导体制，发挥区委对区人大、政府、政协的领导核心作用。加强和改进对人大工作的领导，支持和保证人大及其常委会依法履行职权。加强和改进对政府工作的领导，支持政府履行法定职能、依法行政。加强和改进对政协工作的领导，支持政协履行政治协商、民主监督、参政议政职能。加强对政法工作的领导，支持审判、检察机关公正司法。加强对工会、共青团和妇联等人民团体的领导，支持他们依照法律和各自章程创造性地开展工作。

2. 提高依法执政能力。督促、支持和保证国家机关依法行使职权，在法治轨道上推动

各项工作的开展。支持审判机关和检察机关依法独立公正地行使审判权和检察权，加强对司法活动的监督和保障。党员干部特别是领导干部要牢固树立法治观念，带头学习法律、遵守法律，维护宪法和法律的权威，自觉成为建设“法治上城”的实践者、推动者、宣传者。要切实加强领导干部学法用法，严格落实领导干部学法、法律知识考试等制度，不断提高领导干部的法律素质和依法执政能力。

3. 加强党的自身建设。坚持从严治党，进一步加强党的思想、组织、作风和制度建设，努力增强执政本领。坚持用邓小平理论和“三个代表”重要思想武装全党，牢固树立科学发展观，深入开展学习党章、遵守党章、贯彻党章、维护党章活动，提高党员干部的思想政治素质，巩固共产党员先进性教育活动成果。加强领导班子和干部队伍建设，把各级领导班子建设成为坚强领导集体，造就一支高素质的干部队伍。完善教育、制度、监督并重的惩治和预防腐败体系，推进党风廉政建设和反腐败斗争。加强党内监督，严格执行《中国共产党党内监督条例（试行）》，充分发挥纪委作为党内监督专门机关的作用。加强党内规章制度建设，全面贯彻民主集中制，健全区委常委会向全委会负责、报告工作和接受监督等党内民主制度，推进党的建设和党内生活制度化、规范化。

三、坚持和完善人民代表大会制度，保证人大依法履行各项职责

1. 支持和保证人大依法行使职权。进一步加强和改善党对人大工作的领导，按照宪法和法律的规定，支持和保证人大作为地方国家权力机关的地位得以实现，支持和保证区人大及其常委会依法行使监督权、重大事项决定权和人事任免权。区人大及其常委会要在区委的领导下全面担负起宪法和法律赋予的各项职责，使区委的重大决策经过法定程序成为全区人民的意志。

2. 充分发挥人大代表的作用。改进人大代表选举工作，坚持实行差额选举制度和选民、代表联名提名候选人制度，完善代表候选人公示制度，优化代表结构，提高代表的综合素质和履职能力。推进人大代表同选民联系的制度化，建立健全人大代表联系人民群众、人大常委会组成人员经常联系代表的制度和机制，保障代表知情知政，支持代表依法履行职责、行使权力。做好人大代表议案、建议、批评和意见的办理工作，落实办理责任制，提高议案处理和建议办理的质量。加强和规范人大代表在大会闭会期间的活动，完善代表小组活动以及代表视察、代表走访选民、代表向选民述职并接受选民评议等制度，探索代表约见部门负责人制度，更好地发挥人大代表在体察民情、反映民意、集中民智方面的作用。

3. 正确履行人大的监督职能。区人大及其常委会要把依法履行监督职责与支持政府、法院、检察院依法开展工作统一起来。遵循坚持党的领导、集体行使职权、不包办代替的原则，紧紧围绕党委工作大局，把改革发展稳定的重大问题和关系人民群众切身利益的热点难点问题作为监督重点，增强监督工作的针对性和实效性。抓好关系国计民生的重要法律法规执行情况的检查，做好执法评议工作，确保宪法和法律得到正确实施，确保行政权、审判权、检察权得到正确行使，确保公民、法人和其他组织的合法权益得到切实尊重和维护。

4. 加强人大常委会的制度建设。区人大常委会要围绕坚持党的领导、发挥代表作用、履行宪法和法律赋予的职责，进一步完善组织制度和运行机制。完善人大常委会的议事程序和会议制度，健全和落实监督和代表工作制度，推行人大代表列席和公民旁听人大常委会会议制度，促进人大工作的制度化、规范化、法制化。优化人大常委会组成人员结构，加强思想作风建设，努力提高依法履行职责的能力。

四、坚持和完善共产党领导的多党合作和政治协商制度，发挥人民政协的职能作用

1. 完善同人民政协的政治协商。人民政协的政治协商是中国共产党领导的多党合作的重要体现，是党和国家实行科学民主决策的重要环节，是党提高执政能力的重要途径。要进一步完善人民政协政治协商的内容、形式和程序，加强同人民政协的政治协商，切实把政治协商纳入决策程序，就经济社会发展等重大问题在决策之前和决策执行过程中进行协商，积极推进人民政协政治协商的制度化、规范化和程序化，充分发挥人民政协的政治协商在重大决策中的作用。

2. 推进人民政协的民主监督。人民政协的民主监督是我国社会主义监督体系的重要组成部分。要进一步明确民主监督的内容，完善民主监督的形式，健全民主监督的机制，畅通民主监督的渠道，尊重和依法保护政协委员民主监督的权利，发挥人民政协民主监督的作用。各级党组织和政府各部门要强化接受监督的意识，认真听取来自人民政协的批评和建议，高度重视人民政协的提案和建议案，自觉接受民主监督。要切实发挥政协提案、建议案在民主监督方面的作用，对政协的提案和建议案要认真办理，及时给予正式答复。

3. 开展人民政协的参政议政。人民政协的参政议政是人民政协履行职能的重要形式。要建立重大决策和重要情况通报制度，党政有关部门与政协各专门委员会、民主党派、工商联对口联系制度，为人民政协参政议政创造条件。人民政协要从我区经济社会发展的大局出发，对政治、经济、文化和社会生活中的重要问题以及人民群众普遍关心的重大问题，开展调查研究，反映社情民意，进行协商讨论，通过调研报告、提案、建议案或其他形式向区委、区政府提出意见和建议，并积极协助区委、区政府做好协调疏导、化解矛盾、理顺情绪、维护稳定的工作。

4. 加强人民政协的自身建设。充分发挥人民政协作为共产党领导的多党合作和政治协商的重要机构的作用，支持各民主党派和无党派人士参与重大决策的讨论和协商以及履行职责的各种活动。民主党派和无党派人士是人民政协的重要组成部分，要适应社会结构发生的新变化，保证民主党派和无党派人士在政协委员、政协常委和政协领导成员中占有较大比例，进一步增强人民政协的包容性，扩大人民政协的团结面，发挥各阶层、各界别的作用。依法保障政协委员的各项民主权利，鼓励和支持政协委员议政建言，充分发挥政协委员在履行政协职能中的主体作用。加强人民政协机关建设，发挥政协组织中共产党员的先锋模范作用，努力造就一支高素质的政协工作干部队伍。

五、全面推进依法行政，加快建设法治政府

1. 切实转变政府职能。坚持“有所为、有所不为”，进一步理顺政府与市场、政府与

企业、政府与社会、政府与中介组织的关系，充分发挥市场在资源配置中的基础性作用，切实把政府职能转到经济调节、市场监管、社会管理和公共服务上来。深化政府机构改革，合理划分和依法规范政府各部门的职责权限，实现政府职责、机构和编制的法定化。继续开展机关效能建设，进一步提高办事效率。深化投资体制改革，合理界定政府投资范围，建立健全政府投资决策责任制度和投资项目后评价制度。加快公共财政体系建设，推行财政支出绩效评价考核制度，继续深化部门预算、国库集中支付、政府采购和收支两条线管理制度改革，规范行政事业性收费等政府非税收入及管理。到2010年，国务院提出的建设法治政府的基本要求得到全面落实。

2.全面推进依法行政。认真贯彻国务院《全面推进依法行政实施纲要》，切实做到行政权力授予有据、行使有规、监督有效。全面落实《中华人民共和国行政许可法》，严格依法设定和实施行政许可，依法开展行政许可定期评价和清理工作，继续深化行政审批制度改革，建立和完善行政许可统一受理申请、审查、告知意见、听证以及评估评价等制度。严格依照法定权限和法定程序制定行政规范性文件，规范起草、审核、发布程序，完善备案审查制度，建立健全公民、法人和其他组织对行政规范性文件提出异议的处理机制。完善行政决策的规则和程序，建立和完善重大问题法律论证、集体决策、专家咨询、社会公示和公开听证制度，建立健全决策跟踪反馈、决策监督和责任追究制度，推进决策科学化、民主化。全面实行政务公开，加大对财政收支、行政审批事项、国有资产管理、重大建设项目等领域的公开力度。完善行政执法体制，严格依照法定权限和程序行使职权、履行职责，健全行政执法责任制、行政执法评议考核机制和责任追究制度。完善行政监督制度，创新层级监督机制，支持监察、审计等职能部门依法独立开展专门监督，强化社会监督，完善行政投诉处理机制。

3.努力提高公务员素质。认真实施《中华人民共和国公务员法》，加强对公务员的社会主义法治理念教育，增强法律意识，提高法律素质。健全机关干部法律知识培训及年度考试考核制度，把学习和掌握法律知识的情况作为领导干部年度考核和任用考察时的重要内容。加强对行政执法人员的职业道德教育和法律业务培训，实行执法人员资格管理制度。对执法人员徇私枉法、贪赃枉法、执法犯法的，依法严厉惩处。加强法制机构和队伍建设，更好地为建设法治政府服务。继续办好“12345”市长公开电话、“96666”党政机关服务态度和效能投诉电话，深化区直单位综合考评活动，确保党政机关和公务员更好地服务群众。

六、加强司法体制和工作机制建设，维护社会公平正义

1.认真落实改革举措。按照中央统一部署，稳步推进司法体制改革，进一步健全权责明确、相互配合、相互制约、高效运行的司法体制，维护司法公正。改革司法机关的工作机制和人财物管理体制，逐步实现司法审判、检察与司法行政事务相分离。加强对司法工作的监督，惩治司法领域的腐败。深化司法人事制度改革，完善法官、检察官遴选制度和评价体系，建设一支高素质的司法队伍。到2010年，中央提出的社会主义司法制度必须保障在全社会实现公平和正义的目标要求在全区得到全面贯彻和落实。

2. 有效规范司法行为。坚持实体公正与程序公正并重，保障公民、法人和其他组织的合法权益。严格规范司法审判行为，坚持和完善立案与审判、审判与监督、审判与执行相分离，全面落实公开审判制度，完善合议庭和独任法官审判责任制以及法官违法审判责任认定和追究制度。严格规范检察执法行为，加强对刑事侦查行为的监督，大力推进检务公开，健全主办、主诉检察官办案责任制，坚决杜绝刑讯逼供等严重损害当事人合法权益的现象。建立健全刑事执法与行政执法相衔接的制度，防止和纠正以罚代刑。健全司法纠错机制，依法及时纠正司法过错行为。

3. 切实维护司法权威。要大力支持和监督司法机关依法行使职权，坚决排除地方保护主义和本位主义对司法、执法活动的干扰，支持司法机关依法独立行使职权、履行职责和依法作出的判决、裁决、决定和命令，维护司法权威，为司法机关严格、公正、文明执法创造良好的执法环境。着力解决司法不公问题，严肃查处司法人员办关系案、人情案，保护当事人的合法权益。有效解决执行难问题，健全执行工作机制，保证生效的法律文书能够得到切实有效执行，增强司法权威和社会公信力。

七、加强法制宣传教育，提高全民法治意识和法律素养

1. 认真实施“五五”普法和依法治区规划。认真贯彻落实“五五”普法规划，加强法制宣传教育，把培育公民对国家制度、法律制度的合理性与合法性的认同，培养公民法治理念、树立法治精神、提高法律素质作为法制宣传教育的中心任务。突出抓好宪法的学习宣传，提高公民的宪法意识；深入开展法律法规的学习宣传，提高依法保障和促进经济社会发展的能力和水平；切实抓好重点对象特别是领导干部、公务员、青少年、企业经营管理人员和外来务工人员的法制宣传教育，大力推进社会主义法制宣传教育进机关、进社区、进学校、进企业、进单位活动。坚持法制教育与法治实践相结合，认真实施“五五”依法治区规划，深化依法治理工作。到2010年，通过深入扎实的社会主义法制宣传、教育和实践，全民法律意识和法律素质得到普遍提高。

2. 切实加强思想道德建设。广泛深入开展以“八荣八耻”为主要内容的社会主义荣辱观教育活动，进一步加强新形势下社会主义思想道德建设。切实把荣辱观教育活动与全面落实科学发展观结合起来，与保持共产党员先进性教育活动结合起来，与弘扬“精致和谐、大气开放”的杭州人文精神结合起来，与法制宣传教育结合起来，引导人民群众树立社会主义荣辱观，做到知荣明耻、扬荣抑耻、近荣远耻，营造明德守法的浓厚氛围，形成与社会主义市场经济相适应、与社会主义法律规范相协调、与中华民族传统美德相承接的社会主义思想道德规范。

八、加强基层民主政治建设，提高基层民主自治能力

1. 发挥人民群众的主体作用。人民当家作主是社会主义民主政治的本质和核心。要充分尊重人民群众在推进法治建设中的主体地位，教育人民群众认识自身权利，引导人民群众把握自身权利，保障人民群众享有自身权利。鼓励人民群众通过人大代表、政协委员或者通过报刊、电视、政府门户网站、来信（电）来访等形式反映问题，提出意见建议。各级党组织、政府部门要高度重视人民群众的来信来访和意见建议，及时办理并将

办理情况迅速反馈，充分调动人民群众的积极性和主动性。尊重人民群众的首创精神，对人民群众在实践中探索出的符合宪法精神的民主治理模式，要及时予以肯定、规范和推广。

2.推进基层民主自治建设。人民依法直接行使民主权利，管理基层公共事务和公益事业，实行自我管理、自我服务、自我教育、自我监督，对干部实行民主监督，是人民当家作主最有效、最广泛的途径，必须作为发展社会主义民主政治的基础性工程重点推进。健全基层党组织领导的充满活力的基层群众自治机制，扩大基层群众自治范围。完善居民自治、职工代表大会为主要形式的基层民主管理制度，依法推进基层民主自治建设。完善居民自治制度，推进和谐社区建设。完善企业职工代表大会制度，维护职工的合法权益。坚持和完善以民意听证、民情恳谈和民主评议等为内容的决策议事制度和公开办事制度，充分运用质询、评议、审计等手段，保证人民群众依法实行民主选举、民主决策、民主管理和民主监督。全面实行社区居委会直选，提高居民民主参与意识，推进基层民主政治进程。

3.加强各类群众组织建设。工会、共青团、妇联等群众组织要在党的领导下不断加强自身建设，积极参与党委、政府和所在单位的重大决策活动，充分反映所联系群众的意见建议，发挥联系人民群众的桥梁和纽带作用。各群众组织和人民团体要结合工作实际，依法开展丰富多彩的活动，宣传党的政策和国家法律，加强对所联系群众的法制教育，积极引导所联系群众学法、懂法、守法、护法，依法维护所联系群众的合法权益。

4.培育发展社会中介组织。适应社会多元化的要求，培育和发展社会中介组织，充分发挥社团、行业协会等社会中介组织提供服务、反映诉求、规范行为的作用。依法加强和改进各类社会中介组织的管理和监督，进一步加强社会中介组织的党建工作，正确处理组织领导和政治领导的关系、控制和引导的关系、管理和服务的关系，依托中介组织加强对从业人员（法人）的教育和管理，积极引导中介组织建立行业规范，加强行业自律，规范行业秩序，惩处违规行为。

九、加强“平安上城”建设，维护社会和谐稳定

1.依法惩治违法犯罪。依法严厉打击危害国家安全的犯罪活动，防范和惩治邪教组织的犯罪活动，坚决维护国家安全和政治稳定。完善贯彻“严打”方针的工作机制，坚持集中打击和日常打击相结合，依法严厉打击各种犯罪活动，重点打击严重暴力犯罪、黑恶势力犯罪、毒品犯罪及侵财性犯罪，坚决扫除黄赌毒等社会丑恶现象，提高打击的针对性、主动性和时效性，切实解决群众反映突出的治安问题。

2.完善社会治安防控体系。大力推进社会治安防控体系建设，加大科技投入，完善电子监控系统，整合群防群治力量，构建灵活多样的群防群治网络，不断提高预防和减少违法犯罪的实效。加强流动人口综合管理、服务和维权工作，加强归正人员的安置帮教、社区矫正和轻微违法犯罪人员的教育挽救工作，降低流动人口犯罪率和归正人员重新犯罪率。

3.强化公共安全管理。加强公共安全基础建设，完善公共危机管理体系，健全自然灾害、环境污染、公共卫生等突发事件应急机制，提高应对突发事件和风险的能力。认真

落实安全生产责任制，制定和完善安全生产配套法规和行业安全质量标准，健全安全生产监管体制，严格安全执法，提高安全生产保障能力。进一步规范市场经济秩序，依法严厉打击制售假冒伪劣商品行为，强化对食品、药品、餐饮卫生等行业的市场监管，切实保障人民群众生命财产安全。

4.健全矛盾纠纷调处机制。积极开展矛盾排查和人民调解工作，充分发挥人民调解在协调利益关系、维护社会稳定中的作用。进一步健全完善工作网络，加强行业调解和企业调解，发挥消协、行业协会等第三方组织和仲裁委员会等机构的作用，形成民间调解、行政调解和司法调解协调发展的大调解格局，提升人民内部矛盾自我化解能力。建立健全预防处置群体性事件的预测预警、排查化解、应急处置、责任追究、组织保障等机制，全面提升防激化能力和依法处置水平。

5.深化“平安上城”创建活动。进一步落实平安创建工作领导责任制、部门责任制和单位责任制，深化平安街道、平安单位创建，努力打造“最安全城区”。加强综治工作中心规范化建设，建立健全基层综治工作联动机制，充分发挥综治工作中心在维护社会稳定中的重要作用。

十、维护人民群众的合法权益，保证人民共享改革发展成果

1.建立社会公平保障体系。坚持以公平求和谐，加快完善相关法规、制度和政策，逐步做到保证社会成员都能够接受教育、进行劳动创造、平等参与市场竞争和社会生活，依靠法律和制度维护自己的正当权益。建立健全能够全面表达社会利益、有效平衡社会利益、科学调整社会利益的利益协调机制，引导群众以理性合法的形式表达利益诉求，依法逐步建立以权利公平、机会公平、规则公平、分配公平为主要内容的社会公平保障体系。重点做好妇女、未成年人、老年人、残疾人、外来务工人员等社会群体的权益保障工作，保证全体社会成员共享改革发展成果。以破解“七难问题”为抓手，以“春风行动”为载体，以困难群体为重点，健全和完善扶助困难群体的政策、制度和工作机制，深入实施“零贫困家庭”和消除“零就业家庭”工程，深化医疗卫生体制改革和名校集团化战略，加快推进危旧房改善，切实解决困难群众“就业难”“生活难”“看病难”“上学难”“住房难”等方面的问题。

2.健全权力救济和维护机制。认真贯彻落实《行政诉讼法》和《行政复议法》，严格执行行政赔偿和补偿制度。全面落实信访工作各项制度，依法规范信访行为，引导群众通过法律途径解决诉求。认真解决人民群众诉讼难问题，加大对经济确有困难群众的司法救济力度，依法缓、减、免收诉讼和执行费用，强化律师的法律援助义务，进一步加强对困难居民和农民工等弱势群体的法律援助，扩大法律援助受援面，保证经济困难群众打得起官司。认真贯彻实施《法律援助条例》，加强法律援助的组织建设和制度建设，落实地方财政对法律援助的经费保障。加强和改进群众组织的维权工作，完善维权工作机制，发挥城乡基层自治组织和工会、共青团、妇联等人民团体在维权方面的作用。

十一、加强对“法治上城”建设的领导，确保各项任务落到实处

1.切实加强组织领导。坚持把党的领导贯穿于“法治上城”建设的全过程，把法治建设摆到党委工作的重要位置。区委建立建设“法治上城”领导小组，领导小组下设办公

室，具体负责开展“法治上城”建设的日常工作，履行“法治上城”建设的组织、指导、协调、督促、检查等职能。区委建设“法治上城”领导小组办公室要进一步加强调查研究，深化细化“法治上城”建设的各项目标任务，适时研究制定有关政策举措，建立科学的法治建设评价体系和考核办法，作为组织指导、运行实施和检查考核法治建设的依据。各部门、街道要围绕区委建设“法治上城”的决策部署，进一步统一思想，提高认识，加强对法治建设的领导，深入调查研究，结合各自实际，制定具体的贯彻意见和配套文件。

2. 建立健全工作机制。加快建立“法治上城”建设工作责任制，明确党委、人大、政府、政协的职责，明确区法院、区检察院、区委政法委等有关部门的任务。区人大常委会要切实加强对“法治上城”建设工作的检查和监督，促进“法治上城”建设；区政府要制定出台推进依法行政，加强法治政府建设的意见；区政协要加强调查研究，为建设“法治上城”建言献策；区法院和检察院要研究制定促进司法公正的具体意见；区委政法委要抓好政法机关执法行为规范化工作；各部门、街道和人民团体也要根据各自的职能，在加强自身法治建设的同时，积极承担“法治上城”建设的任务，落实工作责任，精心组织实施，形成统一领导、分工负责、相互配合、协调一致的工作格局。

3. 明确当前工作重点。要根据建设“法治上城”的总体部署，确定阶段性工作目标和工作任务。当前，重点是要依法规范行政行为，创建依法行政示范单位；在全区政法机关开展社会主义法治理念教育，推进执法行为规范化建设；深入实施上城“五五”普法和依法治区规划，开展法制宣传月活动；开展司法援助和依法维权活动等，把“法治上城”建设各项任务落到实处。

4. 营造良好社会环境。各级领导干部要牢固树立社会主义法治理念，带头学法、守法，提高自身的法治意识和法律素养，在建设“法治上城”中发挥表率作用。坚持依靠群众，充分发挥人民团体和群众组织的重要作用，最大限度地调动社会各界和人民群众投身建设“法治上城”的积极性、主动性和创造性。充分发挥舆论的正面导向作用，通过各种宣传渠道，采取群众喜闻乐见的宣传方式，加大对建设“法治上城”重大意义、主要任务和工作重点的宣传力度，及时总结和推广先进典型，营造人人关心、人人支持、人人参与“法治上城”建设的良好环境。

中共杭州市上城区委员会　杭州市上城区人民政府
关于进一步破解“七难”全面构建民生保障十大体系的实施意见

上委〔2008〕20号

（2008年5月30日）

为深入贯彻党的十七大、省委十二届三次全会、市委十届三次全会精神，落实《中共浙江省委关于全面改善民生促进社会和谐的决定》（浙委〔2008〕38号）和《中共杭州市委关于认真贯彻党的十七大精神改善民生破解“七难”建设“生活品质之城”的决定》（市委〔2007〕45号）文件精神，加快推进我区以改善民生为重点的社会建设，以新的理念、新的思路、新的目标、新的举措，进一步破解“七难”问题，构建低起点、全覆盖、科学完善、便捷高效的民生保障体系，特提出如下实施意见。

一、指导思想

以党的十七大精神为指导，认真贯彻落实科学发展观，以破解“七难（7+3）”问题为主线，进一步推进社会保障制度改革，扩大公共服务覆盖面，完善社会管理体系，提升居民生活品质，努力使我区在改善民生、提供保障、解决与人民群众利益密切相关的问题上求得新突破，为深入实施建设“具有国际水准的高品质中心城区”的发展战略打下坚实基础。

二、主要目标和举措

民生需求是一个内容多元、相互联系的动态系统，因此保障和改善民生必须作为一项长期任务来抓。要坚持立足当前、着眼长远、统筹协调、有序推进，力争年年有突破，到2010年取得显著进展：普遍运用信息技术手段，基本完成生活就业、医疗、教育、住房、行路停车、公共服务、城市管理、环境保护、公共安全、文体服务等民生保障十大体系的构建，辖区居民生活品质进一步优化，特别是外来创业务工人员和困难群体、弱势群体、低收入阶层的生活品质有较大改善，群众的认可度和满意度进一步提高。到2010年民生保障工作的具体目标是：

1.构建基本生活就业保障体系，破解“困难群众生活就业难”。

劳动就业充分，消除“零就业家庭”，保证困难群众能就业、有收入。开展充分就业社区创建，力争100%达到市级标准。努力开发就业岗位，计划新开发岗位6万个。开展就业再就业援助工作，计划安置失业人员3.6万人次，其中就业困难人员0.8万人次。扩大就业培训面，组织0.9万名失业人员参加技能培训和300名失业人员参加创业培训。充分实施积极的就业政策，鼓励、扶持失业人员自主创业和自谋职业，以创业带动就业。深化消除“零就业家庭”工程，确保零就业家庭基数归零、动态归零，做到“产生一户、帮助一户、消除一户、稳定一户”。加大基本养老保障和基本医疗保障的财政投入，保证相关财政补贴100%到位，对困难群众参保按政策给予扶持，完成市年度职工基本养老保险净增及工伤保险净增任务指标。进一步改进和加强外来创业务工人员就业素质教育、就业服务、管理和维权等各项工作，为外来创业务工人员创造良好的就业环境。（牵头部门：区劳动和社会保障局）

帮扶救助机构网络健全，帮扶救助制度措施完善，困难群众基本生活有保障。认真贯彻落实帮扶救助政策，加强低保规范化建设，提高低保管理水平和服务质量；完善“五位一体”政策，加大慈善救助力度，扩大“春风行动”受益面，深化结对帮扶工作，加强“慈善超市”“爱心银行”建设，完善长效化的帮扶救助机制和综合化的帮扶救助体系；加强募捐、管理、救助等环节的制度化、规范化建设，实现从人性化帮扶向制度化帮扶、人性化操作转变。深化“零贫困家庭”工程，完善发现机制，为各类困难家庭提供个性化救助，实现动态“零贫困”目标。加快社区照料机构和养老机构建设，积极探索居家养老的社会化服务模式，构建上城养老服务体系，实现社会福利从补缺型向适度普惠型的转变。（牵头部门：区民政局）

2. 构建基本医疗保障体系，破解“看病难”。

实现“人人享有基本医疗卫生服务”“医疗质量上去，看病费用下来”“小病不出社区，大病确有保障”。加强社区卫生服务机构的规范化建设，完成3个社区卫生服务站的新建和1个社区卫生服务中心、11个社区卫生服务站的改、扩建，力争所有机构达到省级标准。深化医疗卫生体制改革，完善社区卫生服务机构“收支两条线”管理和全员风险抵押改革的绩效考核评价体系，坚持政府主导，鼓励社会参与，构筑多元化办医格局。严格执行药品、医疗器械等集中招标采购制度和医保制度，落实“双向转诊”机制，开展全员培训，强化质控和监管，力争群众对社区卫生服务机构的利用率提高10%以上。落实对困难群体的医疗卫生救助政策，做到零起点，全覆盖。深化爱国卫生运动，全面开展“健康城区”建设工作，进一步提高居民健康水平。（牵头部门：区卫生局）

3. 构建优质基础教育体系，破解“上学难”。

构建优质教育、和谐教育，让更多的人接受更好的教育，使上城教育继续在省、市处于领先地位。进一步推进名校集团化办学，努力实现基础教育资源优质化、均衡化、普及化，优质义务教育覆盖率达90%。创建“和谐校园”，九年义务教育入学率、巩固率以及“三残”适龄儿童少年入学率均保持全省领先水平，全区实施小班化教育的小学达到80%以上，初中达到70%以上；初中毕业生升入各类高中比例达到99.8%以上。积极开展“健康学校”创建工作，努力使全区100%的学校达到“健康学校”的标准。加强未成年人思想道德建设，开展“第二课堂”活动，确保中小学生每学年第二课堂活动参加率100%。实施“共同成长工程”，保证学前三年幼儿入园率达100%，学前第四年入园率达75%以上，创建杭州市学前教育强区。实施终身教育券八大工程，形成覆盖全区的社区教育网络，建立和完善终身教育体系。加强教育基础设施建设，加快幼儿园、小学和中学的新建、改建、扩建工程，改善办学条件。完善并创新教师队伍的培养、引进、使用机制，积极构建结构合理的教育人才队伍，使全区幼儿园、小学、初中教师中具有比合格学历高一层次学历的教师分别达到86%、89%、93%以上，中等职校专业课教师中“双师型”教师达到92%以上。开展“名师名校长论坛”“名师工作室”等主题活动，宣传上城教育的优质品牌。（牵头部门：区教育局）

4. 构建住房改善与安置保障体系，破解“住房难”。

加快危旧房改善、庭院改善、安置房和外来务工者公寓建设，使低收入阶层和外来务工者的居住条件有明显改善。认真落实“三问四权”，三年内基本完成全区94.3万平方米的危旧房改善，实现公建基本配套、设施基本齐全、房屋安全有保障。完成752幢庭院改善，引入物业管理，使老小区功能完善、管理规范。拆迁安置工作计划完成拆迁4800户，安置房新开工80万平方米，竣工62万平方米。落实拆迁补偿安置政策，重点解决住房困难户等特殊群体的拆迁安置，确保在外过渡2年以上拆迁户安置率达到80%以上。完成3

万平方米外来务工者公寓建设，改善外来务工者的居住环境和条件。（牵头部门：区重点办）

5. 构建立体化动静态交通体系，破解“行路停车难”。

坚持精细化挖潜的方针，加强建设、组织和管理，防止“行路停车难”问题加剧。制定完善道路交通、河道、地下空间等专项规划并分阶段组织实施。完成道路整治、背街小巷改善和支小路建设整治工程，进一步完善路网建设。结合中山路综合保护与有机更新等重点工程，建设慢行交通系统，倡导绿色交通。巩固深化“畅通工程”成果，深化智能交通建设，以路口为重点强化交通秩序管理，打造精细化管理的“精品”和“亮点”路口路段。强化交通的社会化管理，加强交通法制和交通安全普及宣传教育，增强交通参与者的文明意识。进一步挖掘停车资源，科学规划区域停车布点和建设，加快停车场所建设和道路停车泊位拓展力度，最大化利用时间、空间，停车泊位以每年10%以上的标准递增。加强对违法停车的执法管理，进一步完善和规范处罚程序，提高执法效率。（牵头部门：上城交警大队、区城管执法局、区城管办）

6. 构建公共服务标准化体系，破解“办事难”。

以信息化、标准化为手段，以方便、高效为目的，强化政府服务效能。进一步推进行政审批制度改革，规范行政审批的项目、程序、收费等，全面实施投资项目审批代办制，优化窗口服务，提高办事效率。深化电子政务信息化建设，促进政府部门间信息共享和政府公共资源与社会信息共享；健全完善政府三级行政服务网络体系，实现“一对一”“一窗式”“一站式”服务，行政审批平均办理时限缩短20%。落实政务信息公开，实行“阳光政务”，推进政府管理与服务标准化体系建设，进一步规范政府行政管理、公共服务和社会管理行为。不断完善综合考评体系，做好满意不满意单位评比及为民办实事项目、“破七难”目标任务、“六型”政府建设等的考核评估。加强效能监察与问责，发挥“96666”等效能投诉渠道的作用，进一步改进政府机关工作作风。（牵头部门：区府办、区监察局、区信访局）

7. 构建城市管理保洁体系，破解“清洁卫生难”。

城区清洁度达到98%，市容秩序基本达到“十无”标准，市政绿化养护水平明显提升，打造杭州“最清洁城区”。完善行政、市场、社会三大管理体系，形成街道属地管理、部门综合支撑的工作格局。全面开放市政、绿化、环卫等养护作业市场，实现管养分开，建立城市管理信息收集、协调管理、跟踪反馈公共平台，鼓励公众参与城市管理。深化数字城管二期工程，进一步实现城市管理数字化、自动化，推动管理资源整合、流程再造和体制机制改革。大力提升城区清洁度，环境卫生全天候保洁覆盖率（含人行道）达95%，城市生活垃圾每日清运率达到100%，机扫率达到85%以上。结合国家卫生城市先进城区评估和健康城区创建，深入开展农贸市场、城郊接合部、“十小”行业、“五乱”专项整治和群众性清洁实践活动，农贸市场和专业市场力争有90%以上达到二星级以上文明规范市场，市容秩序基本达到无乱设摊、无乱搭建、无乱晾晒、无乱招贴、无乱堆物、道路晴天无积水、河道无黑臭、无黑色广告、无乱停车、无绿化空白点等“十无”

标准，其中出、占道经营和流动摊贩消除率主要道路达100%，次要道路达98%以上，背街小巷管理实现有序。建立并逐步完善市政设施检测网络，各项市政设施养护服务指标力争达到全市、全省、全国领先水平。城区主、次干道市政设施完好率达98%以上。基本实现雨污分流，主城区污水收集率达90%，处理率达98%。城区绿化完好率达98%以上，建成绿地率大于34.5%（人均大于9.5平方米），绿地泥土裸露率低于2%、绿化成活率达98%。（牵头部门：区城管办、区城管执法局）

8.构建可持续生态环境保护体系，深化生态文明建设。

促进形成节约能源资源和保护生态环境的产业结构、增长方式和消费模式，改善生态环境质量，逐级创建生态区。严格审批和监管，强化高环境污染行业的环保整治，规范其经营和排污行为。落实生态建设环境保护目标责任制，推进南山路、高银街等生态示范特色街区创建，发挥典型示范作用。抓好环境保护宣传教育，开展绿色系列细胞工程创建，推行超市购物袋有偿使用、“餐后打包”等，倡导绿色生活方式和文明消费方式。加强饮用水源地保护工作，清除和杜绝饮用水源保护区范围内的污染源，开展饮用水源专项整治和保护，创建饮用水源保护达标区。加强建设工地管理，开展“绿色工地”创建，实施夜间施工总量控制，控制建设工地扬尘和噪声污染，减少施工对周围环境的影响。优化能源结构，推广使用清洁能源，扩大“禁燃区”范围。落实污染减排各项任务，加强污染物排放重点企业单位的检查和治理，削减污染物排放总量。（牵头部门：上城环保分局）

9.构建公共安全保障体系，确保居民生产生活安全。

力争食品加工规范有序，市场食品稳定可控，餐饮消费清洁安全。建立健全食品安全责任体系，建立健全企业责任制度和自律制度，加强食品安全的外部和内部管理。大力加强食品安全“三小”整治，强化食品生产加工环节、流通环节和餐饮环节的监管，严厉打击违法生产加工、销售食品的行为。强化肉禽及制品监管，开展蔬菜、水果、粮油、水产品、豆制品、奶制品等食品的定期检测评价，确保质量安全。规范食品安全信息发布机制，加强食品安全宣传教育，进一步加快食品安全信用和信息体系建设。（牵头部门：上城药监分局）

加强安全生产的责任落实、监督管理及源头治理，确保人民群众生命安全。进一步落实安全生产责任，强化企业主体责任意识，各司其责，齐抓共管。加大动静态隐患排查整治力度，及时发现，限期整改。加强检查执法力度，对安全生产违法行为依法严肃查处，决不姑息。完善事故责任追究和应急演练机制，提升处置突发事件的应急反应能力，推进全区安全生产秩序的进一步好转。加大宣传教育和培训力度，提高安全生产意识、知识和自我防护能力。力争安全生产事故次数、死亡人数和直接经济损失与上年相比实现“负增长”，杜绝重大事故发生，努力减少和遏制一般事故。（牵头部门：区安监局）

全力打造平安上城，每年均达到“全省平安区”考评标准，创建“最安全城区”。强化预警、劝返、疑难化解等防范及解决措施，实现信访总量下降，减少非正常上访，防止发生危害国家安全和影响社会稳定的重大事件。加大打击、整治、防范以及社会治安综合治理，完善社会治安防控体系，有效遏制刑事案件高发态势，流动人口管理、治安混乱地区和毒品等突出治安问题得到有效整治，群众对当地社会治安状况满意率和安全感达90%以上。各类公共突发事件应急预案完善，处置迅速有效，大型群众性活动安全有序，防止重大公共安全事件发生。基本完成全区老旧房屋消防整改，安装简易防火、防盗装置，尽可能消除老房子的火灾隐患；加强道路交通整治，创建“道路交通安全街道”，火灾、交通事故死亡人数不超过控制指标。大力开展系列“平安创建”活动和加强综治基层建设，定期进行综治干部培训，不断提升基层综治工作水平。（牵头部门：区平安办）

10.构建公共文体服务体系，丰富居民文化生活。

充分挖掘传统文化、群众文化和社区文化资源，大力开展具有区域特色的群众性文化体育活动，形成与我区经济发展相适应的文体发展格局。建立设施齐全、功能完善的区、街道、社区三级公共文化体育网络，完善公共文化体育服务体系。整合提升吴山大舞台、社区文化艺术节、“城乡一家人”外来务工者文化艺术节等群众性文化活动，打造民间文化艺术品牌。按照创建文化名区、体育强区的要求，加强文化活动中心（文化馆）、体育中心、标准田径场、图书馆、博物馆等文体基础配套设施建设。巩固发展全国游泳之乡成果，提升竞技体育运动水平；普及群众性体育活动，广泛开展全民健身运动，建设“吴山体育健身圈”“沿江体育健身圈”及“横河体育健身圈”等，力争经常性参加体育活动人数达到全区总人口的62%以上，国民体质测试合格率达到90%以上。大力发展文体相关产业，推动体育产业发展基地和文化艺术品生产基地建设，打造文化体育特色产业区块。注重培育和发展市场，进一步调整文化体育市场结构和布局，提升网吧、音像制品、娱乐场馆、艺术品、拍卖公司等项目的经营品位，使文化经营向规模型、质量型和综合型发展，实现文体市场的健康、繁荣、有序。（牵头部门：区文广新局）

三、工作要求

（一）提高认识，加强领导。各部门、各单位要从贯彻科学发展观、构建社会主义和谐社会的高度，充分认识民生保障工作的重要意义，把破解“七难”、全面构建民生保障体系作为头等大事来抓，努力解决群众最关心、最直接、最现实的利益问题，让广大老百姓特别是困难群众更多享受到发展成果。要成立相应的领导小组，并定期召开会议，通报工作情况，及时研究解决民生保障工作中遇到的重大问题，切实加强民生保障工作的组织领导。

（二）落实责任，优先保障。各部门、各单位要围绕改善民生的总体工作制定年度工作目标和具体实施方案，把工作任务分解到人，明确分工，落实责任。“一把手”要承担起第一责任人的职责，亲自抓、负总责。同时，要健全工作机构，充实工作人员，完善工作制度，确保民生保障各项工作落到实处。要把民生保障工作的有关投入纳入财政预算，并根据经济发展和财政增长的状况逐年有所增加，重点解决“七难”问题。

（三）完善制度，加强考评。按照市“破七难”领导小组和区委、区政府的统一部署，由责任部门结合实际分解目标责任和排出工作进度，落实每月上报工作进度、每月召开一次工作例会和每月进行一次督查的工作制度，并将民生保障工作内容纳入政府综合目标管理考核和绩效评估体系，进一步完善民生保障工作责任机制、工作机制和监督、考核、评估机制。

（四）加强调研，民主决策。要通过调查研究、群众来信、来访、来电、社情民意调查等各种渠道、利用多种方式及时了解人民群众关注、事关切身利益、急需解决的实际问题。在制定相关政策时，要综合各方面意见建议，并采取社会公示、公众听证、专家咨询、市民投票等形式，广泛听取群众意见，同时，建立政策的跟踪、检查和反馈制度，增强决策的民主性和科学性。

（五）整合资源，形成合力。要从“大平台、大政策、大计划、大协同”出发，“大平台”即民生保障例会制度，“大政策”即关于构建民生保障十大体系的实施意见，“大计划”即每年对破解“七难问题”的目标任务分解，“大协同”即建立全区统一共享的信息数据库，充分整合与利用政府和辖区各类社会资源，切实加强部门协调配合，有效形成合力，不断推进民生保障工作的开展。要通过人民调解、行政调解和司法调解“三合一”的“大调解”机制，及时化解社会矛盾纠纷，切实维护人民群众的合法权益，充分运用民主方式促进民生问题的解决。

（六）加强宣传，营造氛围。要精心策划、周密部署，充分利用报刊、书籍、广播、影视、互联网等新闻媒体，对民生保障工作及解决“七难”任务的重要性、艰巨性和长期性进行广泛宣传，对民生保障工作上所做的工作、采取的措施和取得的成效进行重点宣传，对涉及百姓切身利益的有关政策和决策及时向群众开展宣传。同时，加强舆论监督，鼓励公众参与，动员社会各方面力量关心、支持民生保障工作，营造全社会积极参与、共同努力的良好氛围。

2008年特色街巷经济和特色潜力行业工作实施意见

上政办函〔2008〕60号

（2008年6月13日）

为扎实推进旅游休闲商务区建设，努力打造生活品质示范区，构建具有国际水准的高品质中心城区，按照“高端产业、厚重文化、精致空间、人性交通、品质生活”的总体要求，努力实现街巷经济产业高端化、经济特色化、经营效益化，在2007年全区启动特色街巷经济工作基础上，2008年根据各街道自愿申报和规划调整情况，紧密结合特色潜力行业的培育，继续推进特色街巷经济工作，特制定如下实施意见：

一、指导思想

以科学发展观为统领，以“业态优化、提能升级、特色鲜明、效益最大”为目标，坚持特色街巷经济与特色潜力行业、重点工程、市民品质生活相结合，不断优化资源配置，培育经济存量，力求有限资源效益最大化。

二、任务安排

根据各街道2007年工作进展和2008年自愿申报情况，2008年特色街巷经济工作任务安排如下：

1.湖滨街道：继续深化培育环思鑫坊休闲服饰街，打造培育好环省妇保孕妇婴童服务特色街巷。

2.清波街道：继续深化培育劳动路书画创意特色街巷，打造旧藩署路时尚动感娱乐特色街。

3.小营街道：继续深化培育佑圣观路茶叶专卖街，实现市定茶楼特色潜力行业培育目标考核要求；启动培育提升直大方伯巷为现代医疗保健服务特色街巷。

4.望江街道：结合商品专业市场改造提升，继续深化培育清江路大众休闲服饰特色街。

5.南星街道：继续深化培育六和苑休闲生活用品特色街，完成毛戈平时尚创意园市考核目标。

6.紫阳街道：加快培育打造凤山桥直街社区服务业特色街。

三、工作要求

1.深化培育打造项目：切实按照2007年目标责任书要求加快进度，追求质量，提升形象，加强管理，提能增效。真正实现由表及里，由浅入深的全方位打造培育，力求实现综合效应。

2.与特色潜力行业相结合项目。切实按照2008年度目标责任书要求加快进度，精益求精，力求效益。

3.2008年自愿申报项目。加快完成具体规划方案，实施基础性建设（包括标志牌、店容店貌美化、秩序优化等工作），腾笼换鸟、整合资源、调整业态、增强主题业态集聚度。加强规范管理，提高街巷创税能力和整体效益。

四、考核内容

1.特色街巷要按照周年计完成任务才能参加评比。

2.综合考评。根据各街道特色街巷经济工作的质量和数量，绩效，特色亮点等因素综合考评，考核办法参照《上城区发展街巷经济实施意见》（上政办函〔2007〕54号）。拨付一定的改造提升经费，对街巷整治中的有关宣传、策划、设立标志物和立面整治等有关改造提升费用，按“限额预算、按实结付”原则补贴一半，区政府补助最高限额控制在10万元以内。

3.目标考核。将特色街巷经济工作列为区政府对各街道年度工作目标考核内容之一，进行年度工作目标考核。

上城区困难家庭失业人员参加个体社会保险补贴办法

上政办〔2008〕11号

为进一步加大对我区困难家庭的帮扶救助力度，扩大再就业政策的覆盖面和扶持保障力度，根据上城区人民政府《关于进一步深化就业再就业工作的若干意见》（上政〔2008〕10号）文件精神，决定对上城区困难家庭失业人员参加个体社会保险给予补贴。具体办法如下：

一、补贴对象和条件

同时具备以下条件的，可申请补贴：

1.具有上城区城镇居民户口并居住在本区，且在法定劳动年龄段内的失业人员。

2.持有有效期内《杭州市困难家庭救助证》或《杭州市上城区慈善总会救助卡》。

3.参加基本养老保险累计未满15年（含视作缴费年限）或参加基本医疗保险未满20年。

二、补贴标准：

符合条件的上城区困难家庭失业人员，对其个体缴纳社会保险给予适当补贴，具体补贴标准为：

1.参加基本养老保险在10年（含）以上且未满15年的，按当年杭州市个人缴费基本养老保险和基本医疗保险最低基数的70%～80%给予补贴。补贴比例为：持有有效期内《杭州市困难（低保）家庭救助证》的，补贴比例为80%；持有有效期内《杭州市困难家庭救助证》的，补贴比例为70%；持有有效期内《杭州市上城区慈善总会救助卡》的，补贴比例为60%。

2.参加基本养老保险在5年（含）以上且未满10年的，按当年杭州市个人缴费基本养老保险和基本医疗保险最低基数的45%～55%给予补贴。补贴比例为：持有有效期内《杭州市困难（低保）家庭救助证》的，补贴比例为55%；持有有效期内《杭州市困难家庭救助证》的，补贴比例为50%；持有有效期内《杭州市上城区慈善总会救助卡》的，补贴比例为45%。

3.参加基本养老保险未满5年的，按当年杭州市个人缴费基本养老保险和基本医疗保险最低基数的25%～35%给予补贴。补贴比例为：持有有效期内《杭州市困难（低保）家庭救助证》的，补贴比例为35%；持有有效期内《杭州市困难家庭救助证》的，补贴比例为30%；持有有效期内《杭州市上城区慈善总会救助卡》的，补贴比例为25%。

三、资金来源

从区促进就业专项资金和区慈善总会募集资金中列支。

四、办理程序

按照先申请，缴费后申领补贴，直接补给个人的办法执行。

1.提出申请。符合条件的失业人员持户口簿、身份证、《杭州市困难家庭救助证》，到户口所在社区劳动保障服务室提出申请，填写《上城区困难家庭失业人员社会保险补贴申请表》，并提供上述证明资料的复印件。申请享受社会保险补贴的期限，根据其《杭州市困难家庭救助证》或《杭州市上城区慈善总会救助卡》的有效时间确定。

2.资格审核。社区和街道工作人员自受理申请之日起5个工作日内完成审核，对不符合条件的出具书面通知告知申请人。

对符合社会保险补贴条件的，由社区劳动保障室进行初审及登记，并上报街道劳动保障管理站审核。街道劳动保障管理站审核合格后，做好相关的登记记录，并按月上报区就业管理服务处进行备案。

3.补贴申领

申请期限到期后次月1—15日，凭本市银行提供的本人缴纳基本养老保险金和基本医疗保险金扣款清单，向户口所在街道劳动保障管理站提出申领，并填写《上城区困难家庭失业人员社会保险补贴申领表》。

4.补贴核拨

街道劳动保障管理站将相关材料于当月25日前报区就业管理服务处，区就业管理服务处审核无误后，在次月5日前将补贴费下拨到各街道劳动保障管理站。街道劳动保障管理站在资金到账后应及时通知申请人领取补贴，并做好相关领取记录。领取社会保险补贴必须由申请人本人签字，不得代领。

五、补充说明

1.社会保险缴费最低基数以杭州市社会保险局当年公布的数据为准。

2.已经享受杭州市灵活就业社会保险补贴政策的，不再享受此项政策。

3.已经享受上城区无业残疾人社会保险补贴政策的不再享受此项政策。

4.已经被用人单位招用，或领取工商营业执照、民办非企业单位登记证书的，或在公益性岗位、非正规就业劳动组织就业的，不享受此项政策。

5.提出申请后未参加基本养老和基本医疗保险的，不得享受相关社保补贴；中断缴费的，按实际交费月数核定并发放补贴。

6.符合本办法补贴条件的失业人员，到达法定退休年龄时，基本养老保险缴费仍未满15年（含视作缴费年限）、基本医疗保险缴费未满20年的，可继续享受此项政策至基本养老保险满15年。届时，对基本医疗保险未缴满20年的一次性补足部分，给予100%补贴。

7.区慈善总会在募集资金中确定一定数额按年度拨入区促进就业专项资金账户，专门用于本区困难家庭失业人员参加个体社会保险的补贴。

六、工作要求

社会保险补贴的申办程序，全部纳入区“一站式”审批服务平台，做到公开受理，接收监督。区劳动和社会保障局负责补贴相关审批与执行工作；区财政局负责资金使用监管；各街道、社区负责补贴政策宣传及申报、审核工作。区劳动和社会保障局、区财政局、区民政局及各街道要落实责任，密切协作，科学操作，加强管理，防止应领未领或虚报冒领等情况的发生，确保区政府此项“民心”工程落到实处，取得实效。区劳动和社会保障局要及时汇总区民政局、区监察局、区财政局、区审计局等相关职能部门及社会各界的意见建议，所涉及的有关问题由区劳动和社会保障局协同区民政局及相关街道负责调查、处理。

七、本办法由上城区劳动和社会保障局负责解释。

八、本办法自发布之日起执行。

南宋皇城大遗址综合保护工程暨南宋御街·中山路有机更新专题会议纪要

上委办纪要〔2009〕20号

（2009年11月18日）

2009年11月11日下午，区委书记徐祖萼主持召开上城区南宋皇城大遗址综合保护工程（以下简称“大遗址综保工程”）暨南宋御街·中山路有机更新（以下简称中山路综保工程）专题会议，副区长管光尧以及各建设指挥部、相关职能部门和相关街道主要负责人参加会议。会议传达了市南宋皇城大遗址综合保护工程五年行动计划编制工作小组（以下简称“计划编制小组”）会议精神，听取了各单位有关工作汇报，对下一步深入开展南宋皇城大遗址保护工程和南宋御街·中山路有机更新进行全面部署。

一、南宋皇城大遗址综合保护工程有关工作

（一）明确南宋皇城大遗址综合保护的四至范围为：南至钱塘江，北至庆春路，西至虎跑路—南山路—解放路—延安路一线，东至中河（及工具厂德寿宫遗址），暂定总面积14.1平方公里。其中东至界限还有待市计划编制小组进一步明确。

（二）明确南宋皇城大遗址综合保护工程涉及上城区的项目。经过市计划编制工作小组梳理，在大遗址综保工程范围内（14.1平方公里），共有十四项工程要在五年内实施。其中，涉及我区共有12项（详见附件《南宋皇城大遗址综合保护工程五年行动计划》涉及上城的重大项目分工安排）。

（三）明确下一步主要工作

1.抓紧制定并上报项目实施方案。按照市计划编制小组的要求，按照“谁家孩子谁家抱”的原则，对我区牵头实施的项目要制定实施方案，方案内容包括项目名称、牵头单位、配合单位、实施内容、目标要求、进度安排等。要体现“好中求快、能快则快”要求，既要提出总目标，也要提出年度目标，排出年度工作计划，明确每个项目的规划、立项、审批、拆迁、建设等的进度安排和工作要求，做到环环相扣、确保项目有序推进。对我区配合的项目，涉及到的区有关职能部门和指挥部，要积极与牵头单位衔接，按照牵头项目的标准做好配合项目的实施方案。要求在11月25日前上报市计划编制小组（市委政研室）或项目牵头单位。

2.抓紧梳理大遗址综保工程范围内的所有区属项目。区属项目包括已建和要建的所有项目，还包括社会投资项目。由区发改局牵头汇总，建设局、城管办、各建设指挥部和各街道负责梳理。原则上对已确定计划的项目，按原计划实施。如有变化，要按照“一事一议”的原则，提交区委、区政府研究决定。汇总工作要在11月20日前完成并报区委、区政府审定，然后上报市计划编制小组（市委政研室）。

3.抓紧梳理相关政策。这项工作由区政府办公室负责。一方面要全面梳理大遗址保护工程范围内所有已享受的政策；另一方面要结合下一步工作的紧迫性、重要性，提出符合区情实际的新的政策，具体有五点要求:一是所有项目的报批应与钱江新城的项目报批流程一样，不出大遗址综保工程范围。二是既有政策继续保留，包括土地出让金返还政策。争取对整个上城区范围内所有土地出让金，在扣除相应规费之后全部返还给上城区，用于大遗址综保工程范围内的建设管理。安置房建设作为大遗址综保工程的有机组成部分，应同步享受所有政策。三是项目审批要打包，确保市属项目和区属项目同步实施。四是针对大遗址综保工程范围要制定一个管理办法。五是建议市计划编制小组统一安排宣传促销的年度计划。

二、南宋御街·中山路有机更新工程有关工作

（一）明确五条原则

1.南宋御街·中山路所有项目的设计方案都需上报市委市政府审定。

2.注重细节。对整个街区的建设管理要做到全面考虑、大胆设想、体现人性化。

3.在不违反基本导则的前提下，要尽最大可能满足商家的经营需求。

4.要加大招商力度，督促招商项目尽快落地。对只有一户商家报名聘租的物业，如果商家的业态和租金要求符合我们的标准，可以不通过招拍租，直接签约。如果该物业有多家符合条件的商家聘租，则通过招拍租的形式确定。区工商分局要积极配合中山路指挥部，加快对街区招商引资项目的工商注册登记工作。从现在开始上城区铁路以西范围内，不再引进娱乐产业。

5.所有专题会议上明确的工作，相关单位和部门一定要明确责任、落实到人、抓紧实施、能快则快。

（二）进一步加大业态调整力度

1.要深入研究破解街区建筑高层（二层以上）和街区纵深区域的业态布局难题。在坊巷内可以引进休闲产业、创意产业和旅游产品展销等业态。

2.要增强步行街区的商业氛围。一是抓紧开发旅游产品。成熟一个推出一个，可以自销，也可以授权。要让旅游产品遍布街区小弄小巷，丰富街区业态，增强街区的旅游购物功能。二是增设LED显示屏。应在步行街区范围内多选几处场地，设置LED显示屏，增强街区的商业氛围。三是要开发旅游资源。区商贸旅游局要与市旅委做好对接，借助市旅委的力量，积极争取各大旅游公司来南宋御街·中山路发展业务，使南宋御街·中山路成为外地游客的旅游购物热点。四是步行街区内要增设自动售饮料机，方便游客和商家。自动售饮料机要经过设计，与街区建筑风貌和环境相得益彰。

（三）进一步挖掘“御”文化

区政协、区政研室要加强与社科院、市委政研室的沟通和交流，深入挖掘南宋御街·中山路的“御”文化，要在建筑形态、道路、坊巷、店招店牌、业态等各方面体现南宋文化，彰显皇家气派。

（四）进一步推进南宋御街·中山路后续工程建设

1.中山路红线范围内的庭改、危改项目统统列入市2010年计划，按“主体是谁，谁负责实施”的原则，今年能启动的应尽快启动，力争2010年“五·一”前完成。

2.抓紧实施坊巷整治和完善。按照路幅宽窄和长短对坊巷进行分类设计。路幅够宽的一定要上改下，不够的则可以考虑线路贴墙包裹。坊巷路面先铺装样板。中山南路的坊巷应与美食夜市一条街同步设计、一并实施。

3.改进御街展示厅设计。主要是解决御街展台玻璃反光问题。要继续请专家深入研究，拿出解决办法。如果没有办法解决，应请专家提出修改建议报市委市政府审定。

4.修缮牌楼匾额。东西朝向的牌楼匾额不做修改，字做烫金处理。南北朝向的牌楼匾额在保持材质不变的前提下，将底色改为蓝色，对匾额四周及字做烫金处理。

5.对已成型的售货亭可先投入使用。新的街面售货亭要结合其周围建筑风格进行设计。

6.加快鼓楼永久性舞台设计。要大胆设计，不做背景，在舞台四角架好永久性通透的杆子，舞台最多设置两层，台面可以伸缩，伸出水面部分不能超过1.5米。伸缩轨道为三条，两条靠边固定，中间一条可以升降，不用的时候可以隐藏在水下。

7.改良街区亮灯。通过深入开展“回头看”活动，重心是做好在步行街区范围内重要节点的亮灯，街面亮灯要与店家的室内灯光装饰相协调，做到有亮点、有特色。亮灯工程的完善等店家基本入住后再确定。

8.优化店招店牌设计。要对整个街区的店招店牌做整体规划，做到宽窄有序、高低错落、形态各异、昼夜醒目。可适当放宽店家对店招店牌的摆放。门牌的修改，可以考虑选择另外的材质，按照比例适当放大，放大部分可以加入南宋元素，特色鲜明。

9.调整花箱、凳椅。水池边的花箱等到休憩用凳椅的方案出来后再结合做调整。凳椅就用欧式风格的，下面铸铁，铸铁部分的图案选择用南宋元素图案。

10.破解机动车停车难题。中山路指挥部会同区城管办、区交警大队以及市建委等有关部门，实地踏勘，尽量做到“多杆合一”。如有问题，马上报批。中山路惠民路口的报亭一定要取消。

11.设置导示系统。中山路指挥部要与区商贸旅游局协调，做好导示系统的一体化设计安装。

（五）进一步完善街区管理

1.切实解决好步行街区商家厕所开放的问题。原则是能多开放就多开放，包括打铜巷、大井巷、河坊街和高银街等范围内的商家，并且要将开放厕所的内容在签约合同中注明，可以给予商家一定数额的补贴或在物业费中抵扣，厕所的配套用品要齐全。

2.与市建委做好衔接，完善中山南路5000平方米的新增建筑设计。

3.步行街区内店家的经营用车进出街区时间应根据天气、季节的变化而变化，制定科学、灵活的时间表。

4.步行街区内的残疾人通道过宽，应做适当修改。

5.关于中河整治工作，应尽快与市建委衔接。

6.关于绿化的问题，中山路指挥部要与区绿化办协调，做好入口处等重要节点的绿化造型，一年四季都要有精品。切实做好街区的绿化管理工作。西湖大道中山路口右侧的花坛要再做调整。

（六）加快推进产权注销、变更工作

大井巷强迁户的产权注销工作已报市政府审批，中山路指挥部要密切关注、积极跟进。产权办理工作越快越好，争取年内完成。

三、其他明确事项

市委书记王国平在11月3日上城区有关工作专题汇报会上指出：“上城区要利用现有政策，也应该有个一揽子方案，报市里有关部门。主要是两家：背改和庭改在城管，危改和历保物改在房管两家，支小路改造在建委，河道在建委，你们都要梳理一下，跟这三个部门对接。”根据王书记的指示要求，区城管办、区建设局要立即着手全面梳理相关政策，由区府办统一汇总并拟定政策利用方案上报市委、市政府。

关于加快西湖商圈建设和加强业态管理的专题会议纪要

上委办纪要〔2009〕25号

2009年12月24日下午，区委书记徐祖萼主持召开专题会议，研究西湖商圈建设和业态提升管理工作。副区长刘志安出席会议。会议强调，为打造西湖商圈，必须要抓紧对商圈及其周边业态管理进行整合。会议对下一阶段的工程建设、拆迁安置和业态提升管理等工作做出部署。现将会议内容纪要如下：

一、要加快西湖商圈建设

1.根据上城区政府与中国银泰集团共同协商的意见，湖滨一期和湖滨二期的工程建设包括前期审批和施工管理，均由银泰方面负责，湖滨指挥部参与。

2.关于湖滨一期工程，应根据市委王国平书记在2009年9月5日专题会议上的指示精神，积极协调跟湖滨三期、龙翔里等周边地块的交通组织衔接和入驻品牌店的需求，加快改造提升。同时，也要加快湖滨二期工程的建设进度。

3.对建设过程中的重大事项变更，需经上城区政府和中国银泰集团双方共同协商决定。对建设中遇到的特殊、紧急事项，可由上城区湖滨指挥部与湖滨国际商业发展有限公司先行协商，在达成初步意见后，报区重点项目内审会议通过。

二、要加快拆迁安置

1.关于湖滨二期的拆迁安置，应尽可能在解放路、吴山路区块集中安置。对于不同意此安置方案的个别拆迁户，可根据其诉求，酌情考虑。如要求在延安路回迁的，在有可能的情况下，可考虑在延安路周边地块给予安置。如果拆迁户要求货币安置的，须经上城区政府和银泰双方协商决定。

2.关于湖滨三期的拆迁工作，要加快进度，做到尽可能腾空。对湖滨三期周边地块的整治工作，应做好与其时序上的衔接，加快推进。

三、要加强业态提升管理

1.为确保整个商圈业态保持统一，上城区政府与中国银泰集团就湖滨三期地块达成一致意见，力争摘牌。

2.为营造商圈良好的商业氛围，应本着双方共同协商的原则，开展业态招商工作。对商圈周边地块的业态管理，应本着具体问题具体分析的原则，对有条件收购或出租的物业，要做到能收尽收、能租尽租。对于其他业态，应在尊重银泰方面意见的前提下，积极做好错位协调和管理。

中共杭州市上城区委　杭州市上城区人民政府
关于推进上城区生态文明建设的决定

上委〔2010〕33号

（2010年9月3日）

为贯彻落实党的十七大精神，全面实践科学发展观，促进资源节约型和环境友好型社会的建设，积极探索具有上城特色的生态文明建设新道路，努力建设生态文明试点城区，根据中共浙江省委《关于推进生态文明建设的决定》的有关精神，特做出如下决定：

一、推进生态文明建设的重要意义

（一）推进生态文明建设是贯彻落实科学发展观的重大举措。生态文明建设是党的十七大提出的实现全面建设小康社会奋斗目标的新要求，直接关系到民族复兴伟大目标的实现，与人民群众的切身利益密切相关。推进生态文明建设就是坚持可持续发展的理念和要求，从文明的高度来统筹环境保护与经济发展之间的关系，统筹环境、民生、文化三者之间关系，通过生态文明建设在更高层次上实现人与自然、环境与经济、人与社会的协调发展。推进生态文明建设就要进一步提升科学发展、和谐发展理念，在全社会牢固树立生态文明观念，实现高起点发展，促进资源节约型和环境友好型社会的建立。

（二）推进生态文明建设是上城区建设“具有国际水准的高品质中心城区”的内在要求。建设“具有国际水准的高品质中心城区”，其核心就是不断提升全区人民的生活品质。推进生态文明建设，大力发展生态经济，不断优化生态环境，促进经济社会与人口资源环境的协调发展，与人民群众的生活品质息息相关，是建设“具有国际水准的高品质中心城区”的内在要求和重要内容。

（三）推进生态文明建设是增强上城区发展优势和竞争力的战略选择。良好的生态环境和厚重的文化底蕴，是上城区最具魅力、最富竞争力、最持久的独特资源和宝贵财富。加快推进生态文明建设，统筹健康城区、最清洁城区、低碳城区等工作，一方面有利于强化环境就是竞争力、生产力的意识，使节约和合理利用资源、保护生态环境成为全社会的共同行动和核心价值观；另一方面有利于对深厚历史文化底蕴的理性传承，将优秀的传统文化理念转化为持续发展的优势。在新一轮的发展竞争中，掌握住这两方面的优势，必能增强可持续发展能力，在发展中抢占制高点。

二、推进生态文明试点城区建设的指导思想、基本原则和总体目标

（四）指导思想

以邓小平理论和“三个代表”重要思想为指导，深入贯彻落实科学发展观，围绕建设资源节约型、环境友好型社会，以提高人民生活水平和生活质量为根本出发点，立足“双城三圈”（“双城”即保护老城、接轨新城，“三圈”即沿湖核心商业圈、沿山历史文化圈、沿江商务居住圈）发展格局，以低碳上城理念为先导，以科技进步为手段，以创新为动力，将上城区精心打造成特色鲜明、示范作用明显、推广价值显著的生态文明试点城区。

（五）基本原则

——遵循规律，环境优先。积极促进经济、社会与生态环境之间的良性循环，实现经济发展现代化、社会进步快速化、生态环境优美化之间的良性互动，达到社会经济发展与生态环境保护的共赢。

——因地制宜，典型示范。以生态文明建设为核心，整体规划，科学布局。并根据各街道特点，因地制宜，分块设计。突出重点方向与计划，抓好重点建设项目，树立典型示范工程，发挥辐射带动作用。

——科学计划，分步实施。以可持续发展理论为指导，各相关法律法规和政策为准则，制定科学合理的总体计划方案，稳步推进各项工程建设。坚持全局观念，立足杭州市城市发展与生态市建设的总体战略目标，选择重点领域和重点区域，制定分步实施计划方案，有所为地推进生态文明建设。

——政府主导，社会参与。建立面向公众的宣传交流渠道，积极推进政务信息阳光工程，广泛征求公众建议和意见，鼓舞公众参与生态文明建设的热情；拓展对外开放领域，加强合作交流，引进人才技术，汲取国内外生态文明建设成功经验，提高生态文明建设的水平和质量。

（六）建设目标

以提高居民生活品质为根本出发点，以人与自然和谐相处为主题，坚持污染防治与生态保护两手抓，发展绿色生态经济，营造良好生态环境，培育健康生态文化，加快形成资源节约和环境友好的产业结构和增长方式，努力建设循环经济和低碳经济具有一定规模、生态文明道德文化体系基本建立、可持续消费模式基本形成、生态文明观念在全社会牢固树立的全市率先、全省领先、全国示范的生态经济之区、品质生活之区、生态文化之区。

三、着力把上城区建成现代产业发达的生态经济之区

坚持以科学发展观统领经济社会发展全局，突出经济结构调整和产业结构“转型升级”主线，按照省市相关产业规划，以特色品牌建设为核心，以“五主多副”为引领，促进经济转型升级，探索建立适合上城区情的可持续发展的现代产业体系。

（七）大力发展文化创意产业。继续发挥和保持“西湖创意谷”在杭州文创产业领域的先发优势，利用“开元198”等基地品牌影响力，集聚创意人才，培育创意企业。打造“玉皇山南国际设计创意产业园”创意产业发展的主平台，努力成为国内一流的建筑景观设计基地。培育打造多个各具特色、优势突出的创意产业集聚地，如清河坊历史街区古董艺术、南山路画苑、劳动路画廊，以及遍布于玉皇山下、白塔岭等处的“工作室”、凤山艺术空间，环市广电中心创意传媒产业带等。

（八）提升发展现代商贸服务业。依托老字号企业和龙头企业带动商圈发展，加快形成特色城市商业中心。依托杭州“城市东扩、沿江发展”的大战略，大力发展沿江现代服务业。依托地铁建设契机，大力发展“地铁经济”。借助道路、河道等大项目带动，改善环境，优化布局，提升业态。依托国际品牌与国内知名品牌，在湖滨特色街区等区域形成品牌集聚带。依托电子商务拓展商贸产业虚拟市场等大网络，大力发展网上“虚拟专业市场”，使网上市场与网上交易逐渐成为商品贸易的重要方式。

（九）集聚发展金融及其衍生行业。基于“有限城区，无限发展”理念，破解土地短缺、房价高企等要素制约，着力引进和发展既注重综合环境，而又对房价不太敏感的金融及其衍生产业；不断增强庆春路、延安路金融产业集聚和辐射功能，积极谋划与推进“西湖国际金融集聚区”建设，打造联结“西湖时代”与“钱江时代”的“金融走廊”。

（十）深化发展生态旅游业。基于人文历史优势，以特色历史文化为重心，将我区丰富的旅游休闲资源整合包装成特色旅游产品。以南宋皇城大遗址综合保护工程为契机，推进南宋皇城大遗址公园及周边地区的合理保护利用，把南宋皇城大遗址公园打造成展示杭州历史文化名城的“窗口”、中国大遗址保护的典范，打造成世界级旅游产品和世界文化遗产。做精特色街区，打造“上城金名片”。有序分批推进生活品质体验点建设，设计富有特色的生活品质体验线。并结合生态示范点位的建设，适时开辟生态文明旅游线。

（十一）大力发展高新技术产业。提升传统优势工业，培育新型都市型工业，发展高新技术产业。积极推进工业基地的扩容扩规工作，构建集管理、服务、信息和招商等职能于一体的信息化综合服务平台，引进培育优质企业。以物联网相关产业为引领，加强与院校研究机构合作，加快孵化器建设，拓展孵化领域，引进与培育相结合，加速科研成果市场化步伐。发展总部型都市工业，着力引进两头在内、中间在外的工业企业。

（十二）扶持发展节能与环保产业。推进节能和环保技术进步，大力开发具有先进水平、拥有自主知识产权、竞争力较强的节能环保技术和产品。重点开发和引进推广建材等产业节能以及清洁生产、污染防治、资源综合利用的新技术、新工艺、新产品，在工业、建筑业、房地产业、服务业、公共机构等领域实施一批重大节能示范工程项目。大力推广光伏产业、再生资源回收利用、节能检测与环境监测设备、污染治理装备制造和

节能与环保服务等产业，形成一批先进水平的节能环保优势企业。

四、着力把上城区建成生态环境优美的品质生活之区

（十三）逐步改善水环境质量。树立“传承水文化，改善水环境，营造水景观，保护水资源”的整治理念，按照清淤、护岸、截污纳管、“上改下”、大面积绿化和精品绿化、水闸船闸建设共“六个一步到位”的要求，结合加大河道配水及基础设施投入、市政管网梳理、绿化景观建设、有选择性地开展生态修复等内容，继续推进辖区内五条城市内河的综合整治与保护开发。以保障饮用水环境安全为重点，进一步加强水环境污染综合整治，让江河休养生息，不断提升水环境质量。加大监督管理力度，提高监督管理水平，控制污染物排放。积极开展企业居民生产生活节水工作，推行节水技术，实施雨水和中水回用示范工程、将阳台废水纳入污水管网等示范工程。实行行政区域河流交界断面水质目标管理，建立水资源保护、水污染防治的跨区协作机制。

（十四）持续改进空气环境质量。大力开展扬尘污染整治，积极开展“绿色工地”创建。提倡市民使用公交车、公共自行车等公共交通，实施免费单车进社区工程，积极倡导市民“绿色出行”。提倡源头控制，推广建设项目温馨提醒制度，严格把好审批关。防治餐饮业油烟废气污染，对餐饮企业安装油烟净化装置智能监控，提高对油烟废气的有效监管。加强各部门联合执法，严厉打击工业企业污染治理设施及餐饮业油烟净化设施不运行等违法行为。积极推广立体绿化、垂直绿化、生态保障性绿化，提高空气净化能力，使居民生活环境得到持续改善，环境品质得到提高。

（十五）积极保障声环境质量。加强噪声源监督管理，强化噪声污染防治，尤其要加强对施工噪声污染管理，从严控制夜间施工作业总量，减少噪声扰民现象发生，为人民群众创造一个安静的生活环境。联合环保、公安、城管执法、建设局等职能部门，依据有关噪声管理条例，加强对娱乐业、餐饮业等第三产业噪声和家庭装修噪声等管理，规范营（作）业时间，防止噪声扰民。加强城区机动车禁鸣管理力度，合理规划布局和设置交通线路、设施等，积极控制交通噪声对居民的影响，保障居民群众的清静权益。

（十六）构筑一流的生态安全系统。按照生态环境功能区的要求，严格把好建设项目环境准入关，新建项目必须符合国家和地方的产业政策、准入条件、污染物排放标准。加快完善区科技工业基地内的污染治理设施，强化治污设施运行的监管，多措并举实施污染减排，实现污染物全面达标排放。积极实施辖区内地质灾害的治理及江洋畈生态公园、樱桃山生态公园、安家塘生态湿地等重点生态系统保护与修复工程。加强对危险废物、放射性废物的安全处置的管理，强化对危险化学品、辐射设施和放射源安全的监管。完善环境污染或生态破坏突发事件应急预案，开展应急演练，强化应急处理机制。严防环境污染对食品安全的威胁，确保辖区居民的摄入食品安全防范措施到位，构建居民生活的健康环境。

五、着力把上城区建成厚重人文底蕴的生态文化之区

（十七）牢固树立生态文明理念。以创建生态文明试点城区和“创模”复检为契机，突出宣传生态文明理念和探索环保新道路的工作部署；在形式上力求新颖，使活动更富

有趣味性，吸引更多的人参与到生态文化创建当中，不断扩大公众参与面；在方式上以集中宣传和普遍宣传相结合，既要注重在环境纪念日上对典型问题集中宣传，扩大环保声势，又要建立长效机制，利用社区使宣传工作深入基层，更加贴近生活。建立和规范保障机制，努力形成政府主导、多部门合作、全民参与营造生态文化的大格局。以推进生态文明意识在全社会牢固树立为目标，营造重点涵盖民生和环境改善的生态文化，开展以“环保进校园、进社区、进机关、进企业”为主题的全民生态文明教育工作，使生态文明观念渗透到每个单位、每个家庭、每个公民，使人与自然和谐、发展与环境双赢的生态理念得到大力弘扬，使资源节约与环境保护成为社会风尚和广大群众的自觉行动，形成尊重自然、热爱自然、善待自然的良好氛围。

（十八）积极开展生态文明创建。充分挖掘、保护和弘扬传统生态文化，推进生态文化创新，促进生态文化传播，加强生态文化创建载体建设。积极开展“世界环境日”“世界水日”“世界地球日”“全国土地日”“地球一小时”等重要节日的纪念和宣传活动。通过抓示范、抓典型、抓机制，继续推进绿色社区、绿色工地、绿色学校、绿色市场、绿色医院创建工作。积极发展并充分发挥民间环保组织和环保志愿者在生态文明宣传中的作用，开展丰富多彩的生态文明宣传活动。积极开展生态文明建设细胞工程的创新工作，鼓励建设适合上城的集环保与实用于一体、惠及民生，深受群众好评的生态文明建设示范项目。抓好“生态文明示范社区”和“生态文明建设示范基地”这两项创新载体，通过典型示范引路，全面快速推进生态文明试点城区建设。

（十九）全面提升生态文明素养。公民整体素质水平高低是生态文明先进程度的重要标志之一。以生态文明素质教育为先导，加强居民自身思想道德素质教育；以“科教强区”战略为指引，在《全民科学素质行动计划》的基础上，提高科学文化素质水平，以科技进步推动生态文明民众科学素质。继续提高居民民主素质，深化“以民主促民生”活动，让居民以主人翁精神积极参与生态文明建设。建设并改善“街道-社区-会所”等多层次、多样化、复合式的全民健身系列工程，营造城区健康和谐氛围，提高全民健康素质。培育人文精神，使居民综合素质与经济社会的可持续发展要求相协调。

（二十）大力推行绿色消费方式。积极推广居民绿色消费理念，以绿色消费促进绿色生产，培养公众节能、节水、节电、节材意识，倡导绿色出行。积极倡导环保生活方式，减少一次性用品使用，购买节能、环保标志产品和无公害、绿色和有机产品，形成在日常生活中注重节约、爱护环境的良好习惯。积极推行政府绿色采购、绿色办公的制度，在机关事业单位率先实现低碳生活转型。积极推广垃圾分类回收制度，努力实现垃圾的资源化、减量化和无害化。

六、建立健全生态文明试点城区建设的保障机制

（二十一）强化生态文明建设的组织领导。生态文明试点城区建设是一项复杂的社会系统工程，也是我区发展的长期战略任务。区委区政府定期召开生态文明试点城区建设工作会议，研究解决问题，确保责任落实到位，任务推进到位。全区各单位各部门要从全局和战略高度，充分认识生态文明试点城区建设的重要性和紧迫性，认真落实党政

“一把手”亲自抓、负总责的责任制，切实把生态文明试点城区建设摆到突出位置，列入重要议事日程，与经济建设、政治建设、文化建设、社会建设共同部署、共同推进，及时研究和解决突出问题，确保抓出明显成效。

（二十二）健全生态文明建设的综合评价体系。将生态文明试点城区建设列入政府目标责任制，将生态文明试点城区建设目标任务分解落实到各街道、各部门、各单位，相关指标纳入各级党政领导班子和领导干部综合考核评价体系和离任审计范围，考评结果作为干部任免的重要依据，通过强化督查和考核，促进形成分级负责、逐级推进、上下共同努力的工作格局。要邀请区人大和区政协，适时组织代表和委员开展视察活动，检查督促各单位的工作落实情况。各单位要落实责任，加强内部监督，严格实行问责制，对把关不严、治理不力、管理不善导致发生重大环境问题的，或造成考核失责任分的，要追究相应的责任。

（二十三）完善生态文明建设的政策体系。不断完善、落实相关经济政策，建立起利于上城区发展的各类资源有偿使用制度、环境污染责任保险制度、不断完善绿色信贷、绿色税收、绿色贸易等环境经济政策。要积极争取上级的资金政策支持，如生态建设“1250”工程资金补助等，鼓励个人和企业在污染防治、环境综合治理、生态保护等环保产业上进行投资。通过减免税收等政策，鼓励发展环保产业和循环经济。严格依法行政，完善行政执法监督机制，强化人大法律监督、政协民主监督，充分发挥新闻舆论和社会公众的监督作用。按照政府主导、企业自律和公众参与的原则，明确政府、企业、公民在生态文明建设中的责任。健全公众参与机制，凡涉及群众重大利益的规划、决策和项目，要实行听证、公示和例席会议等制度，充分听取群众意见，确保公众的知情权、参与权和监督权。对生态文明建设工作给予人员编制上的政策支持，落实3名专（兼）职生态文明建设工作人员。

（二十四）完善生态文明建设的资金保障。生态文明建设是一项系统工程，任务艰巨，必须走多渠道、多层次、多方位和产业化筹资的新路子。根据“政府宏观调控与社会共同参与”的方针，充分发挥政策的引导作用，鼓励社会力量参与生态项目建设。积极将重点工程项目与省、市的工程项目相配套，积极争取生态省、生态市建设的专项资金；将上城区经济社会发展和生态文明建设相结合，扩大自身对生态文明建设的投资力度，确保区级财政每年在生态文明建设专项资金在600万元以上，并逐年有所增加；采用集资、融资等方式，吸收集体和私人资金参与到生态文明建设中来。

（二十五）筑牢生态文明建设的科技支撑。将生态文明建设内容纳入科技发展规划。从我区实际出发，积极引进、消化、吸收和开发利用国内外关键共性技术，着力突破生态建设、环境保护、污染治理、循环经济、低碳经济、能源替代、清洁生产、绿色产业等领域的技术瓶颈，推进生态科技成果产业化。大力培育和发展各类科技中介服务机构，推进生态科技成果产业化和普及推广。

（二十六）营造生态文明建设的宣传氛围。精心组织、统筹安排，全力做好生态文明试点城区建设的宣传工作。利用电视、广播、报纸、网络等多种媒体，及时客观地宣传生态文明试点城区建设和环境保护工作取得的进展、经验与存在的困难、问题，引导全社会认识我区当前面临的环境形势，深入了解生态文明建设面临的机遇与挑战，让生态文明和可持续发展的理念广泛传播、深入人心，为创建生态文明试点城区，建设“具有国际水准的高品质中心城区”营造良好的舆论氛围。

全区广大干部群众要深入贯彻落实科学发展观，坚持和发扬上城精神，埋头苦干、开拓创新，加快推进生态文明建设。各部门各单位要结合各自实际，精心组织，落实举措，确保生态文明试点城区各项建设任务和目标的全面完成！

关于加快《上城区历史文化遗产保护三年行动计划》的意见

上委办〔2010〕67号

为进一步加快实施《上城区历史文化遗产保护三年行动计划》，推进历史文化遗产保护工作，提升历史文化底蕴，增强城市竞争力和软实力，特制定如下意见：

一、加强领导 两级联动

调整充实上城区历史文化遗产保护领导小组，强化协调功能。区历史文化遗产保护领导小组，由区委、区政府主要负责人分别担任组长和第一副组长，区建设、规划、财政等有关部门主要负责人为成员，统一领导协调全区文保单位、历史建筑等历史文化遗产保护工作。领导小组办公室设在区建设局，依法开展文物与历史建筑的保护工作：负责与市建委、市园文局、市历保办等管理部门联系；对我区的历史文化遗产保护工作实施监督与管理；编制全区文物和历史建筑修缮年度计划，及时掌握修缮项目前期进展情况；协调处理建设项目前期工作中的困难和问题，遇有重大问题随时向领导小组报告；在历史文化遗产修缮整治过程中发挥协调作用。

各街道办事处要相应成立街道历史文化遗产保护领导小组及办公室，由街道主要领导担任负责人，负责与各建设指挥部联系，协调本街道区域内历史文化遗产项目的保护工作和项目推进；根据本地区特点，通过多种方式、多种途径，宣传实施“三年行动计划”的意义、居民的义务和责任。社区要成立“民间文保办”，配合做好民情民意调查和居民的沟通解释工作，落实四问四权，协助项目实施主体开展工作。

二、明确责任 统分结合

“三年行动计划”包含的104个项目中，有21处历史建筑产权人为市级各部门或私人产权，主要由产权单位或个人负责实施，区建设局会同区财政局（国资办）提出方案建议；其余83个项目均由我区相关责任主体负责实施。

区各项目实施责任单位应编制保护项目年度工作计划，按月向领导小组办公室（区建设局）上报保护项目实施进展情况；确保项目实施符合国家和省、市文物、历史建筑保护规划及相关标准，具体工作按照有关规定执行。同时，要贯彻落实“八统六分四结合”：

八统。统一项目立项，保护项目的立项报批，由区发改局负责落实；统一规划编制，上城区历史遗产保护专项规划，由上城规划分局负责落实；统一资金调度，保护项目的搬迁、修缮资金，由区财政局负责筹措和调度；统一设计调查表，为便于统计分析，由领导小组办公室（区建设局）制定民众调查问卷表；统筹安置房源，为落实外迁居民安置用房，由区建设局管理好安置房信息平台和争取房源，在全区统筹安置房源；统一设计委托和方案决策，针对项目“散、小”特点，为确保设计质量，由区建设局统一委托设计单位进行方案设计，方案报领导小组决策；统一制定审定搬迁政策，由区法制办牵头制定审定搬迁政策；统一验收考核和房产管理，保护项目实施竣工后，由区建设局牵头组织相关部门进行竣工验收；区重点办负责指挥部考核工作；区国资办负责国资运行管理。

六分。分别制定项目实施方案，由各指挥部按照历史文化遗产保护项目的具体情况，按照“保真、修复、改善、整饬、置换、新建、加建、迁移”八种手法，分别制定实施方案和会同设计单位开展设计；分别开展问卷调查，以各街道为主、指挥部配合，对保护项目内的住户进行问卷调查，了解民情民意；分别搞好资金平衡，各指挥部对实施项目分别进行资金测算和平衡，降低项目投资；分别修缮招投标和组织实施修缮工程，由各指挥部实施的项目，分别由各指挥部开展施工招投标、员工培训和加强施工管理；分别开展安置工作，各项目内须实施拆迁（搬迁）的居民，由各指挥部分别负责安置。

四结合。要与“四改”（危改、庭改、背改、物改）工程做好有机结合，同步实施，一步到位。

三、明确分工 密切配合

区各有关部门与各指挥部要加强沟通联络，区文保办负责“三年行动计划”实施项目的综合管理；各部门要按照各自的职责和相关法律、法规及本实施意见，积极支持、认真服务，保证项目顺利实施。各相关部门主要工作职责如下（区建设局和各街道除外）：

（一）区委办负责与市委办衔接“三年行动计划”实施项目的相关推进工作，落实区领导联系建设项目责任制。

（二）区委组织部负责配备各建设指挥部领导，根据“三年行动计划”实施项目工程需要，必要时抽调精干人员加强指挥部力量

（三）区委宣传部应利用各种形式，宣传保护项目的作用和意义，及时报道历史文化遗产整治修缮项目进展情况，为顺利实施保护项目营造良好氛围。

（四）区府办负责与市府办衔接“三年行动计划”实施项目的相关推进工作，跟踪落实领导批示及有关请示报告的批复情况，确保市政府简复单及时下发。

（五）信访局按照“分级负责，归口办理”的原则处理群众来信来访，与各责任单位、协调单位密切配合，为“三年行动计划”的顺利推进做好服务、保障。

（六）审计局依法对保护项目的预算执行情况和决算进行审计监督。

（七）行政执法局负责“三年行动计划”实施中的执法保障。

（八）公安分局对项目施工现场、仓库等部位应当加强治安和消防监督管理，依法调

查处理违法犯罪行为。

（九）区法制办、发改局、财政局、教育局、监察局、民政局、劳动局、商旅局、招商局、文广新局、城管办、安监局、上城国土分局、上城工商分局、上城规划分局、上城环保分局、上城交警大队、上城消防大队等有关部门按照各自的职责和相关法律、法规，做好“三年行动计划”实施的相关协调、管理、监督、服务工作。对发现的违法问题，应当及时进行处理并发出整改通知书，发现重大问题的，应当及时报告区政府。

四、健全机制 加强考核

健全区内审会议、行政服务中心两级协调机制。区内审会议每月听取一次“三年行动计划”的进展情况汇报，及时协调和解决有关困难和问题；行政服务中心负责梳理滞后项目情况，督促项目单位落实内审会议任务。

保护项目全部列为区重点工程，编入上城区重点工程年度计划。各责任单位应制定本年度分月计划，并输入政府内网督办系统，按月填报实施进度。“三年行动计划”实施情况列入对指挥部的年度目标管理考核内容，由区重点办负责对各实施单位进行督查和考核，考核办法另行制定。

关于开展“拓展养老服务，构建和谐家园”居家养老服务全覆盖工程的实施意见

上委办〔2010〕95号

（2010年10月29日）

上城区是浙江省老龄化程度最高的一个区，目前，区内60岁以上老年人7.4万人占全区总人口的23%。为积极应对老龄化加剧带来的矛盾和挑战，更好地提升新形势下老年人对居家养老差异化的服务需求，促进各类社会养老资源的有效配置，经区委、区政府研究，决定在全区开展以“拓展养老服务、构建和谐家园”为主题的居家养老服务全覆盖工程。现提出如下实施意见。

一、指导思想

以邓小平理论和“三个代表”重要思想为指导，以科学发展观统领居家养老服务工作，紧紧围绕建设“具有国际水准的高品质中心城区”的战略目标，以“求创新、全覆盖”为目标，在为困难群体提供养老保障的基础上，积极探索居家养老服务从“特惠型”向适度“普惠型”拓展与转变，努力满足一般社会老人迫切的养老需求，提升老年人生活品质，继续保持上城区养老服务社会化工作的领先优势。

二、主要目标

居家养老服务由“特惠型”向适度“普惠型”转变，是今后一个时期上城区养老服务社会化工作最紧迫的任务。在为困难群体提供养老保障的基础上，整合养老服务资源，搭建居家养老服务对象全覆盖平台，形成以信息化为支撑的运作体系和响应机制，对所

有60岁以上老人，提供分层分类的规范化、特色化、人性化的居家养老服务，切实提高老年群体的生活质量，让老人生活得更加便利，更加舒心，更加有尊严。

三、工作措施

（一）建立科学系统的养老服务对象数据库

在掌握现有60岁以上老人生活状况的基础上，依据居家养老服务对象的身体状况、经济状况、生活自理能力、家庭居住情况和子女的经济情况、供养能力等，建立一人一档的《养老服务对象信息表》，形成全覆盖工程信息化管理数据库，并将数据库内信息与区养老服务信息处理中心进行对接，为开展分层分类的养老服务提供基础保障。

（二）建立完善居家养老社会化服务平台

1．整合现有居家养老上门服务实体。为有效提升居家养老上门服务能力，提高服务质量，针对目前生活照料类服务（如洗衣、买菜、做饭等）市场发育尚不成熟的现状，在全区招标确定两家具有一定服务规模、有信息化支撑的居家养老上门服务实体，全面承接居家养老生活照料类上门服务工作，有效缓解日常居家养老服务工作的压力，使上城区居家养老服务工作得到有效提升。

2．深化“上城区为老服务联盟”。在现有“三级管理、四级运作”的体制基础上，进一步对现有辖区内各类单位和服务性企业进行认真梳理、有效整合，并纳入养老服务的响应承接实体范围，通过政府采购服务项目等形式，积极鼓励具有一定规模、服务优、信誉好的企业参与到全覆盖工程中来。

3．推广“三位一体”社区居家养老服务新模式。针对上城区地域狭小，居住空间密集和老年人习惯于在就近、熟悉的环境中活动的特点，大力发展社区养老机构、社区星光老年之家、社区居家养老服务站“三位一体”的社区居家养老服务新模式，将养老机构、社区服务设施与志愿服务紧密结合，形成有事不出社区、服务方便快捷、迎合老人生活习惯的社区养老服务新格局。

（三）提升区养老服务综合信息平台建设

1．开发、完善软件，建立政府购买服务的评估体系。充分利用现有“两网”合一管理系统，开发完善养老服务网上申请、受理、评估、统计与满意度评价等功能型软件操作系统，实现外网申请，内网受理与评估、审核与审批，网上反馈与满意度评价等功能，构建科学规范、客观公正的居家养老上门服务综合性信息平台。通过这一评估体系，确定政府提供免费、优惠的服务对象，明确免费、优惠的服务标准。

2．招标成立上城区养老服务信息处理中心。该中心的性质为区民政局登记的民办非企业单位，主要任务是完成需求与服务实体之间的有效对接，即在建立居家养老服务对象信息库的基础上，将联盟成员单位的服务内容、联系方式接入信息中心，实现呼叫受理、呼叫联动、服务追踪和服务对象满意度反馈、月呼叫数据报表提供，以及加盟单位的推荐、对服务单位服务质量的评估等功能，为政府购买服务提供依据。

3．开发“一键通”“菜单式”养老服务功能。指导养老服务信息处理中心调整原有“一键通”呼叫服务功能，为空巢、独居老人安装集应急救助与服务功能于一体的“一键通”呼叫终端。该终端具有应急救助、公共服务与养老服务三项功能，设“红键”为应急救助按钮、“绿键”为公共服务呼叫按钮、“黄键”为养老服务需求呼叫按钮。应急救助由“120”社区责任医生及其第一责任人实时救助，公共服务类由“96345”承接，养老生活类服务由为老服务联盟单位中的各类服务实体完成。大力培育与开发“黄键”呼叫的养老服务功能，推出生活照料、医疗服务、家政服务、司法维权、精神慰藉、紧急救助等6大类、50项服务，及时响应老年人的各类需求。

（四）差别化提供个性化养老服务菜单

在进一步整合资源、有效提高养老服务承接能力的基础上，创新服务方式，推出全覆盖菜单式服务项目，满足个性化服务的需求。在倡导自主养老的基础上，按照“保基本、补不足”的原则，确定6大类、50个项目的“菜单式”服务，为全区60周岁以上老人提供分层分类的居家养老服务。

1. 经评估体系确认的A类服务对象，即空巢、独居、持《杭州市困难家庭证》、生活不能自理或不能完全自理、其子女无照顾能力的老人，在免费安装“一键通”呼叫终端的基础上，给予每户每月900元的优惠团购免费服务。

2. 经评估体系确认的B类服务对象，即空巢、独居的低收入（2倍低保标准以下）、生活不能自理或不能完全自理、其子女无照顾能力的老人，在免费安装“一键通”呼叫终端的基础上，给予每户每月675元的优惠团购免费服务。

3. 经评估体系确认的C类服务对象，即80岁以上空巢、独居，且经济条件、生活自理有困难的高龄老人，在免费安装“一键通”呼叫终端的基础上，给予每户每月300元的优惠团购免费服务。

4. 经评估体系确认的D类服务对象，即有特殊贡献的老人，如享受市级以上老劳模、优秀共产党员等待遇和老居干、优抚对象等。在免费安装“一键通”呼叫终端的基础上，给予每户每月300元的优惠团购免费服务。

5. 经评估体系确认的E类服务对象，即60岁以上空巢、独居老人，给予免费安装使用“一键通”呼叫终端，自主选择优惠团购服务。

6. 经评估体系确认的F类服务对象，即60岁以上的所有老年人，自主呼叫，享受政府提供的优惠团购服务。

（五）建立满意度考评机制

按照《居家养老服务与管理规范》，对区民政局、街道、社区三级管理机构的工作完成情况进行考评，并将结果纳入区目标管理考核。推行满意度考评与经费结算挂钩，按照服务对象的评价标准，用经济杠杆。调动居家养老服务实体的积极性，不断提高居家养老服务质量与水平。

四、工作步骤

（一）调查摸底阶段

10月份前，各街道、社区整合现有养老服务相关信息，归类整理，填写《养老服务对象信息表》，确定街道职能科室咨询类服务的联系电话，完成信息采集与数据录入工作。

（二）工作推进阶段

整合为老服务实体。11月份前，街道、社区着手梳理本辖区内服务类服务实体，并依据为老服务联盟的管理办法，与养老服务信息处理中心实施对接。区民政局招标确定居家养老上门服务实体，着手建立两家规模较大的居家养老服务实体，力争在一年内分期进驻各街道承接上门服务主要工作。招标确定区养老服务信息处理中心的举办主体，制定完善信息处理运行方式，并与之签订合作协议，指导举办单位按照确定的服务对象，安装服务终端，分批完成安装。

五、工作要求

（一）提高认识

居家养老服务全覆盖工程是区委、区政府进一步提升居家养老服务、努力构建和谐社会推出的又一项惠民工程，是居家养老服务由保障困难、低收入、生活自理能力差的特殊群体老年人向一般社会老年人提供精细化和个性化服务转变的重要举措，对全面提升上城区老年人生活品质和福利服务的保障水平有十分重要的意义。因此，各单位要充分认识居家养老服务全覆盖工程的重要性，采取切实有效措施，深化提高居家养老服务工作的整体质量。

（二）规范操作

在坚持社会化发展的同时，要提升居家养老服务工作的规范化水平，制订完善相关标准，依托信息化手段，进一步加强养老服务规范化建设；要通过法律手段、行政手段、社会监督和舆论监督等方式，加强对居家养老服务的监管，促进整体服务效率和服务质量的提高。

（三）加大投入

居家养老上门服务的保障经费，由区财政承担70%，街道承担30%。用于街道居家养老的工作经费和社区志愿者的工作经费，确定为上门服务总金额的20%。新增用于居家养老服务的硬件设备所需经费，由区财政保障。

（四）密切配合

各单位要积极落实相关政策，形成合力，加快推进。区民政局要加强指导，强化培训。各街道要按《意见》要求，及时组织调查摸底，建立服务对象基本信息库，梳理本辖区内为老服务单位、组织、企业的基本情况，选择信誉高、质量好、服务优的服务实体，并及时与养老服务信息处理中心做好对接。区教育、卫生、司法、文化体育、群团组织及各有关部门，要按照各自工作涉及的范围，加强对居家养老服务工作的研究，提前介入，加强合作，合力推进全覆盖工程深入开展。

中共杭州市上城区委　杭州市上城区人民政府
关于在全区构建“民情服务网”体系的实施意见

上委〔2011〕20号

（2011年4月6日）

为认真贯彻党的十七届五中全会精神，深化学习和实践科学发展观活动，区委、区政府决定，在总结推广湖滨街道“湖滨晴雨”工作室和环保分局“联街结社”共建活动的基础上，着力构建上城区“民情服务网”体系，不断开创群众工作新模式，特制定如下实施意见：

一、指导思想

认真研究和把握新形势下群众工作的特点和规律，深入做好组织群众、宣传群众、教育群众、服务群众工作，用党的群众工作统揽信访工作，妥善解决信访矛盾和群众实际困难，充分体现党的群众路线和为人民服务的根本宗旨，使群众更加拥护党的领导和各项方针政策。

二、总体目标

树立用群众工作统揽信访工作的新理念，把群众要求作为第一选择，把群众利益作为第一原则，把群众满意作为第一标准，通过整合政府各部门资源，搭建做好群众工作的新平台。把以人为本的理念贯穿于群众工作之中，把事前预防、事中疏导、事后解决的全方位一体化工作模式贯穿于群众工作的全过程，实现各部门由重管理到重服务、由被动应付到主动调解、由消极围堵到积极疏导的转变，开辟化解各类纠纷、解决人民内部矛盾的新渠道。

三、实施步骤

“民情服务网”体系是指：在区委、区政府的统一领导下，由区群众工作领导小组具体牵头，以各街道联系区长为总联系人，将区属各部门、市属延伸单位及指挥部分别联系对接到各街道、社区，整合各街道、社区现有的群众工作资源和力量，遵循“谁主管、谁负责”和“属地管理”相结合的原则，合力构建起上下联动、左右互通、环环相连的群众工作“网状服务”新体系，确保“小事不出社区，大事不出街道”，力争将矛盾纠纷化解在基层、处置在萌芽状态。根据区委、区政府的要求，结合工作实际，整个构建过程具体分为两大步骤：

（一）组织发动

1.统一思想，提高认识。全区上下要站在巩固党的执政地位的高度，立足构建社会主义和谐社会的目标，充分认识以群众工作统揽信访工作的重要意义，坚持运用党的群众工作方法，畅通群众诉求表达渠道，树立为民服务理念，不断健全和完善利益协调、权益保障机制，有效提高人民内部矛盾的化解能力，促进社会和谐稳定。

2.建立组织，强化领导。区级层面成立由区委、区政府主要领导任正副组长，各街道

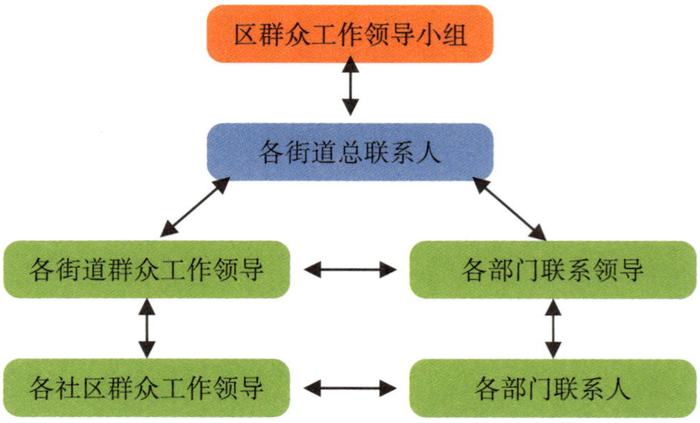

总联系人、区纪委、区委办、区委组织部、区委宣传部、区维稳办、区信访局、区机关党工委（区考评办）、区人大办、区政府办、区政协办、区人事局、区民政局主要领导任成员的区群众工作领导小组。下设办公室，设在信访局，由区委办、区政府办主任及区信访局局长兼任办公室正副主任，负责日常工作。街道层面成立由各街道主要领导任组长，分管综治副书记为副组长，街道各副书记、副主任及各部门领导为成员的街道群众工作领导小组。社区层面成立由各社区主要领导任组长，分管综治书记或主任为副组长，相关社区干部及各部门联系人为成员的社区群众工作领导小组。

3. 积极参与，明确人员。区属各部门和市属延伸部门及各指挥部要高度重视“民情服务网”体系的构建工作，结合各自工作实际，制定适合本部门的实施方案，确保每个街道至少有1名联系领导，每个社区至少有1名联系人；各指挥部要确保工程推进到哪个社区或街道，相关部门的联系人跟进到社区，部门领导联系到街道。名单汇总后上报区群众工作领导小组办公室。

（二）具体实施

1. 深入实地，扎实开展。各部门联系领导要主动了解所联系街道涉及本部门的群众工作情况，积极参与到化解矛盾、解决诉求的过程中去；各联系人要在全面了解社区情况的基础上，确保每月至少1次深入社区进行走访，并视具体情况，及时参与到社区做好群众工作。

2. 筑好平台，构建有力。各街道要将构建“民情服务网”体系纳入街道重要工作之中，切实履好职、定好位、牵好头，在规划好目标、任务及方案的同时，加强对社区群众工作的领导，在各方面予以大力支持和指导帮助。各社区也要相应成立社区群众工作领导小组，会同联系人员实地了解辖区范围内群众工作情况，充分发挥“社区治保调委会”的作用，积极利用“小巷总理”贴近群众的优势，及时发现问题、了解情况、掌握信息，并与部门联系人共同努力，力争将各类矛盾预防和化解在萌芽状态。

3. 通力协作，落到实处。各级群众工作领导小组至少每年2次召开全体成员会议，通报群众工作开展情况，分析研究热点、难点问题。结合近期群众工作特点以及一些疑难群众诉求，总联系人、各街道以及各社区可适时召集各层面相关联系人员召开专题会议，商讨化解方案。在协调过程中，凡遇到群众诉求涉及相关部门，但部门联系领导或联系人并非分管此类问题的，由部门联系领导和联系人负责与分管领导和相关人员沟通后进行协调处理，但部门联系领导或联系人仍为首办责任人，履行首办责任制。

四、主要任务

构建“民情服务网”体系，主旨在为群众排忧解难，同时也要注重宣传政策、引导群众用合法合理的手段来维护自身的合法权益。

1. 当好以民为本、为民谋利的服务员。要深化对新时期群众工作规律性认识，把握群众工作的基本原则，牢固树立群众观念，用群众工作统揽信访工作全局，把以人为本的理念贯彻到群众工作的全过程，变“等访”为“下访”、变“事后处理”为“事前预防”、变“一时息事”为“彻底解决”，变“管理型政府”为“服务型政府”，努力实现由管理向服务转变，由被动解决向主动发现并研究解决群众诉求转变。

2. 当好讲解政策、辅导法律的宣传员。当前，相当一部分群众的信访问题，是由于群众对法律、法规及相关政策的不理解或不了解造成的，因此，各部门要把宣传本部门的法律、法规和相关政策作为重要任务之一，通过宣传墙报、黑板报、知识讲座等形式，积极组织开展群众喜闻乐见的宣传活动，倡导居民群众在理解法律、法规的基础上自觉遵守法律、法规，使街道、社区成为政策宣传的前沿阵地。

3. 当好理顺情绪、化解矛盾的协调员。进一步完善区、街道、社区三级调解模式。对案情简单，争议不大且在同一社区产生的群众诉求由社区与各职能部门联系人先行调解，协调不成的，可提交街道综治调解中心再进行深入协调；对案情较复杂，可能引起群体性事件的问题或社区协调不成的群众诉求由街道综治调解中心联合各部门联系领导进行调解，协调不成的，可提交各街道总联系人牵头再协调；对涉及面广、问题突出的群体性事件或街道协调不成的群众诉求由各街道总联系人牵头，召集相关部门主要领导开展联合调解。三级调解过程中，均可视具体情况，邀请处置信访事项专家团成员、律师、人大代表、政协委员以及居民代表共同参加。

4. 当好收集民情、传递民意的信息员。各街道、各部门的领导干部要深入基层，深入一线，及时了解和收集民情，第一时间发现问题、掌握信息，特别是对苗头性、倾向性的不稳定因素，更要予以重点关注和掌控，确保矛盾纠纷化解在早、化解在小；对一些暂时无法解决的共性问题，积极梳理归类，并向上级有关部门反映，争取出台统一规定和化解途径。

五、监督奖惩

1. 区群众工作领导小组将加强对各部门、各街道有关活动开展的指导和督促，定期到各街道、社区走访了解情况，推动“民情服务网”体系的顺利构建。

2. 区群众工作领导小组办公室根据各部门群众工作特点，组织开展每半年一次的各部门与各街道、社区之间的双向配合度测评活动，主要从是否积极参与、密切配合、有效化解三方面予以综合评定，设为好、一般、差三档，分别对应10分、5分和0分。测评结果及时通报，并纳入各部门、各街道公述民评以及年底综合考评重要内容之一，同时作为年度信访、维稳工作先进评选和年度目标管理考核重要标准之一。

3. 对工作到位、成效显著的部门和街道予以通报表彰；对表现突出的部门、街道工作人员可按照中组部、人事部《公务员奖励规定（试行）》办法，予以嘉奖记功；对表现优秀的社区工作人员予以表彰奖励。

4. 对群众工作不到位、不作为，导致群众反响强烈，甚至引发重大群体性不稳定事件的部门和个人，可视情节轻重，按照区委、区政府《关于对重大决策部署执行不力实行问责的办法（试行）》和《上城区信访事项首办责任制暂行规定》中的有关规定予以责任追究。

杭州市上城区人民政府机构改革实施意见

上委〔2012〕2号

（2012年1月6日）

根据中共十七大和十七届二中全会精神，按照《中共浙江省委办公厅、浙江省人民政府办公厅关于印发〈浙江省市县政府机构改革意见〉的通知》《中共杭州市委、杭州市人民政府关于印发〈杭州市区县（市）政府机构改革实施意见〉的通知》《市委办公厅、市政府办公厅关于印发〈杭州市上城区人民政府机构改革方案〉的通知》和《市编委〈关于同意设立上城区公共资源交易管理委员会办公室（上城区行政审批服务管理办公室）的批复〉》，制定本实施意见。

一、指导思想和基本原则

（一）指导思想

全面贯彻中共十七大精神，高举中国特色社会主义伟大旗帜，以邓小平理论和“三个代表”重要思想为指导，深入贯彻落实科学发展观，围绕深入实施“五五”战略和扎实推进六位一体的“具有国际水准的高品质中心城区”建设，坚持以人为本、执政为民，把维护人民群众的根本利益作为改革的出发点和落脚点，从着力解决制约上城区经济社会发展的突出矛盾问题，着力解决人民群众最关心、最直接、最现实的利益问题出发，进一步推进全区政府转变职能，理顺权责关系，优化组织结构，提高行政效能，建设人民满意的政府，确保区域经济社会在更高起点上持续发展。

（二）基本原则

1. 坚持突出重点，转变职能。以构建“六型”政府为目标，以转变政府职能为核心，按照精简统一效能的原则，调整优化政府组织结构，合理界定和配置政府部门职能，理顺职责关系，强化行政责任，改进管理方式，提高行政效能，探索实行职能有机统一的大部门体制。

2. 坚持上下衔接、因地制宜。积极探索实行职能有机统一的大部门体制，机构设置和职能调整与杭州市政府机构改革相衔接，利于上下协调、政令畅通；与上城区经济社会发展实际相结合，建立比较完善的符合城区特点的行政管理体制和运行机制。

3. 坚持统筹兼顾、平稳推进。在中共杭州市委、杭州市人民政府的统一领导下，结合实际改革创新，处理好改革发展稳定的关系，做到长远目标与阶段性目标相结合、全面推进与重点突破相结合，统筹规划，循序渐进，稳妥实施。

4．坚持严格控制机构编制。按照中央提出的“机构设置不突破上级批准的机构限额、人员编制不突破核定的行政编制总数、领导职数配备不突破现有规定”的“三个不突破”原则，进一步规范和加强机构编制管理，建立科学化、规范化、法制化的机构编制管理体系。

二、主要任务

（一）转变政府职能

1．全面梳理政府部门职能。结合上城区实际，按照加快推进政企分开、政资分开、政事分开、政府和市场中介组织分开的要求，全面梳理政府各部门行政职能，取消可以取消的职能，进一步下放管理权限，将一些辅助性、技术性、服务性事务交给事业单位和市场中介组织承担，更好地发挥市场在配置资源中的基础性作用，更好的发挥公民和社会组织在社会公共事务管理中的作用。

2．突出管理和服务重点。在全面履行职责的基础上，突出管理和服务重点，确保党的路线、方针、政策和国家的法律、法规的有效落实。加强对全区经济社会事务的统筹协调，优化经济发展环境，强化要素支撑和环境保护，推进产业结构调整，大力发展金融、文化创意、大旅游、现代商贸、精品房地产五大产业和物联网、新能源、节能环保等战略性新兴产业，加强服务中小企业，促进经济转型升级；更加注重公共服务，完善基层公共服务体系，着力解决教育、卫生、就业和社会保障、住房等民生问题，推进基本公共服务均等化；更加注重社会管理，完善行政执法体制，强化执法监管职责；增强应急管理、处置突发公共事件和社会治安综合治理能力，促进社会公平正义与和谐稳定。

3．提高服务水平。积极创新社会管理和公共服务体制，整合公共服务资源，创新公共服务方式，探索公共事务治理新模式，建立、健全政府与社会力量共担社会责任的共管机制。深化行政审批制度改革，建立科学合理的行政审批管理机制和严密完善的行政审批监督制约机制。通过推进电子政务、健全工作制度、梳理工作流程、规范工作程序、促进社会监督等方式，进一步转变直接面向基层和群众的“窗口”机构的管理方式和工作作风，提高政府服务水平和公信力。

（二）理顺职责关系

按照有关法律、法规规定和一件事情原则上由一个部门负责、上下衔接、有利工作的原则，合理确定各部门的职责分工，切实解决部门职责交叉和关系不顺的问题。对确需多个部门管理的事项，分清主办和协办关系，明确牵头部门、完善配合机制、形成工作合力。合理划分区、街道间经济社会事务管理权限，完善财力与事权相匹配的机制。

（三）明确和强化责任

按照权责一致、有权必有责的要求，通过定职责、定机构、定编制，在赋予政府部门职权的同时，明确相应承担的责任。健全完善政务公开、效能监督、绩效考核制度，建立、健全以行政首长为重点的行政问责制度，建立、健全主体明确、层次清晰、具体量化的岗位责任制，强化责任追究，切实解决权责脱节的问题。

（四）完善行政运行机制

探索决策、执行、监督相互制约又相互协调的行政运行机制，逐步形成权责一致、分工合理、决策科学、执行顺畅、监督有力的行政管理体制。完善重大决策的规则和程序，建立、健全决策公开制度、决策咨询机制和信息支持系统，完善决策听证、咨询和民意征集吸纳制度、行政执行机制，实现行政执行的公开化、程序化，提高政府执行力。深入推行政府绩效管理，实行以过程为抓手、以结果为导向的绩效管理，将评估结果与行政效能监督和干部使用、奖惩结合起来。加强对行政权力监督的程序制度建设，形成人大监督、政协监督、政党监督、行政系统内部监督、专门机构监督、新闻舆论监督、人民群众监督相结合的监督体系。

（五）调整优化组织结构

1. 组建区商务局。将区招商局（区对外经济贸易合作局、区政府国内经济合作办公室）的职责、区商贸旅游局的商贸管理相关职责，整合划入区商务局。区商务局增挂区招商局、区政府国内经济合作办公室牌子。不再保留区招商局（区对外经济贸易合作局、区政府国内经济合作办公室）。

2. 组建区住房和城市建设局。将区建设局（区房产管理局）的职责整体划入区住房和城市建设局。原与区建设局（区房产管理局）合署办公的区人民防空办公室改为与区住房和城市建设局合署办公，增挂区民防局牌子。不再保留区建设局（区房产管理局）。

3. 组建区城市管理局。将区政府城市管理办公室的职责、区城市管理行政执法局（区城市管理行政执法大队）的职责，整合划入区城市管理局。区城市管理局增挂区城市管理行政执法局牌子。不再保留区政府城市管理办公室、区城市管理行政执法局（区城市管理行政执法大队）。

4. 组建区人力资源和社会保障局。将区人事局的职责、区劳动和社会保障局的职责，整合划入区人力资源和社会保障局。不再保留区人事局、区劳动和社会保障局。原与区人事局合署办公的区机构编制委员会办公室单独设置，列入党委机构序列，既是区委工作机构，又是区政府工作机构。

5. 组建区风景旅游局。将区商贸旅游局除商贸管理以外的职责划入区风景旅游局。不再保留区商贸旅游局。

6. 组建区食品药品监督管理局。承接市食品药品监督管理局下放的职责。将区卫生局的餐饮服务食品安全监管和保健食品、化妆品卫生监管职责划入区食品药品监督管理局。明确区卫生局承担食品安全综合协调、组织查处食品安全重大事故的职责。

7. 组建区发展改革和经济信息化局。将区发展和改革局（区物价局）的职责整体划入区发展改革和经济信息化局。区发展改革和经济信息化局增挂区物价局牌子。不再保留区发展和改革局（区物价局）。

8. 原与区政府办公室合署办公的区政府法制办公室调整为单独设置，为区政府工作部门。区政府法制办公室挂区政府研究室牌子。

9．区政府办公室增挂区政府突发公共事件应急管理办公室牌子。档案局（档案馆）划归区委办公室，列党委序列。

10．区科技局增挂的区知识产权局牌子更名为区知识产权办公室。

11．不再保留区财政局增挂的区国有资产管理委员会办公室牌子，相关职责继续由区财政局承担。

12．设立区公共资源交易管理委员会办公室，增挂区行政审批服务管理办公室牌子。区公共资源交易管理委员会办公室（区行政审批服务管理办公室）为区政府派出机构，机构级别与区政府工作部门相同。

保留未涉及调整的原有政府行政机构。区政府机构改革后，设置政府工作部门20个。全面清理议事协调机构。撤销工作任务已完成的议事协调机构。今后，要严格控制议事协调机构的设置，确需设立的，要严格按照规定进行审批，不单独设置实体性办事机构，不单独核定人员和领导职数。合署办公的机构，要严格执行《中共浙江省委办公厅、浙江省人民政府办公厅关于进一步加强和完善机构编制管理严格控制机构编制的实施意见》规定，不得搞“明合暗分”。

（六）街道机构改革

街道党工委、办事处为区委、区政府的派出机构，其改革与区政府机构改革同步进行。严格按规定设置街道综合性办事机构和事业机构，合理配置事业编制。进一步理顺区街权责关系，合理界定区政府各部门和街道的职责权限、实现权责对应。结合实际，理顺基层社会管理体制，创新街道、社区工作机制。街道按照职能归口设置综合性办事机构6个。

1．为促进经济发展，将经济管理科更名为经济发展科，增挂招商办公室、统计科牌子。

2．为加强社区管理服务，将民政科更名为社会事务科。

3．将社会治安综合治理科更名为综合治理科。为加强消防安全管理工作，在综合治理科增挂消防安全管理办公室牌子，原增挂的安全生产管理科牌子继续保留。为进一步加强基层信访工作建设，设立信访科，与综合治理科合署办公。区司法局街道司法所与综合治理科合署办公。

保留党政办公室、城市管理科、计划生育科。

街道事业单位按要求综合设置。各街道设置：综合服务中心，挂便民服务中心、党员服务中心、人力资源和社会保障站、劳动保障监察中队、文化体育站、社会服务管理中心、为企服务分中心、统计中心、帮扶救助服务站、社区服务中心、流动人口服务管理中心牌子，为财政适当补助事业单位，事业单位类别为从事公益服务的事业单位（公益一类）。各街道综合服务中心事业编制按行政编制的1：1～1.2比例配备。撤销各街道现有事业单位：社区服务中心、文化站、劳动和社会保障站（帮扶救助站、劳动保障监察中队）、公有资产管理中心。现有事业单位在编人员关系划归综合服务中心。在事业单位养老体制改革前，保留街道原文化站编制工作人员现有待遇。

（七）严格控制机构编制

区政府机构调整在中央和省、市规定的机构限额内进行，人员编制不突破现有行政编制总额，领导职数严格按规定配备。清理和规范承担行政职能的事业单位，逐步实现“还政于政”。今后不再新设承担行政职能的事业单位。

严格机构编制审批程序，建立、健全机构编制备案制度。加强机构编制执行情况监督检查，建立完善机构编制责任追究制度，积极推行机构编制实名制管理，完善机构编制管理与财政预算、组织人事管理的配合制约机制，建立完善机构编制考核、责任追究制度。严禁上级业务部门干预下级机构设置和编制配备，不得将项目审批、资金支持以及工作考核、评比表彰等与机构设置、编制配备挂钩。

三、认真做好“三定”工作

定职责、定内设机构、定人员编制的“三定”工作是实施机构改革的重要内容，也是全面落实转变政府职能、理顺部门关系、明确和强化责任、严格控制机构编制等改革任务的关键措施。

（一）“三定”的范围

按照省、市对区政府机构改革的要求，区政府工作部门，区政府派出机构，各街道党工委、办事处均纳入本次机构改革“三定”范围，重新制定“三定”规定。其中机构未作调整的部门，需根据形势、任务的变化和深化改革的要求，对原“三定”规定进行适当修订和完善，重点是梳理部门职能、理顺职责关系、明确和强化责任。

“三定”工作中，对参照公务员法管理的事业单位及其他事业单位同步进行规范调整。

（二）“三定”的内容和要求

1. 科学确定部门职责。定职责是落实转变职能、理顺关系的关键，也是定内设机构，定人员编制的依据，是“三定”工作中的首要环节。各部门要参照省、市政府对口部门的职责，对本部门现有的职责进行认真梳理和分析，分别列出本部门接受市有关部门下放的职责，从其他部门调整划入的职责，本部门划出的职责，需要加强、保留的职责等；将一般的辅助性、技术性、服务型事务交事业单位或行业协会、市场中介组织承担；将现由事业、企业单位行使的本属于政府机关的综合协调、行政管理和执法监督职能收归行政机关行使。历次审批制度改革中已取消的行政审批和管理事项，不得再列入部门主要职责。

要按照一件事情由一个部门负责的要求，认真理顺本部门与其他部门之间、上下级之间的工作关系，重点解决好职责交叉重叠、分工不清的问题，重点梳理人民群众信访反映较多的突出问题；确需多个部门负责的，明确牵头部门和相关配合部门，合理界定职责权限，分清主次责任，避免推诿扯皮；加强部门之间的合作与协商，建立、健全必要的工作协调制度，保证业务工作顺利运行。

2. 严格控制内设机构数量。严格控制内设机构数量，进一步规范内设机构设置，体现精干和综合设置的要求。内设机构要按照精简、效能的原则设置，不要求上下对口，要改变分工过细的状况；职能相近或相似、任务较少和工作量较小的要综合设置；职能交叉、重复设置的要进行撤并；严格控制内设机构加挂牌子尤其是可以对外行使行政职能的牌子，确因工作需要，可在综合设置的内设机构增挂相关科室的牌子。

加强业务科室职能，减少为机关自身服务的机构设置。积极稳妥地推进机关内部行政职能的整合，部门行政审批职能可以交由一个科室承担的，应归并由一个科室负责，其他内设机构的职责要向调研、监管和服务等方面转变。部门内设机构职能配置和设置应与所属参公管理的事业单位及其承担行政职能的事业单位的职能配置和设置统筹考虑，一般不设置相对应的机构。

机构未作调整的部门，其内设机构数量原则上只减不增，因工作需要调整的，按“撤一建一”的原则掌握；撤并部门内设机构的设置，按照综合科室和职能相近科室整合的要求，由区编委重新核定；部分职能变动的部门，有关内设机构先随职责调整作相应划转，再按照机构改革要求进行整合，形成有机整体，以加快职能和业务的融合。

机关党委，纪检监察，工、青、妇机构的设置按有关文件规定执行。

3．合理核定部门人员编制。按照中央和省、市提出的行政编制严格控制在上级核定数内的要求，本次区政府机构改革对人员编制实行总量控制。改革涉及的人员编制调整，在区级现有的行政编制总盘子内进行，不新增行政编制，且应与参公管理事业单位编制统筹调整、核定。各机关原含有的15%后勤服务人员编制（全区86名），按规定予以核销。根据现实有后勤服务人员数核定控制数，人员只出不进。

调整变动部门按照“编制随职责划转，人员随编制划转”的原则，编制随职责划转，计入新部门编制基数后重新核定，人员随编制调整；其承担的职责未作调整变动的部门，行政编制原则上不增加；重新组建、合并的部门，按承担的职责任务重新核定编制；整合的部门，应合并综合性、事务性内设机构并相应精简行政编制。继续盘活现有行政编制存量，优化结构，合理布局，确保行政编制数、实有人数、财政供养数的一一对应。严禁将事业编制用于行政机构，不得把事业编制与行政编制混合使用。推进机构编制实名制管理，避免出现人员混岗、长期借用情况。

撤并部门的离退休人员划归新组建部门管理。个别职责调整的部门，其离退休人员原则上仍由现行部门管理；少数要求调整管理部门的离退休人员，由相关部门按照尊重本人意愿的原则确定。

4．规范核定领导职数。区政府工作部门一般配备1名正职领导干部，1～2名副职领导干部，工作任务特别重的综合部门可增设1名副职领导干部，部门不配备领导助理。除本单位行政正职为非中共党员或由上一级负责人兼任外，党委（党组）书记一般由本单位党员行政正职担任。不作调整变动的部门，领导职数原则上不新增加。少数部门因机构整合等原因，需超职数配备领导的，允许作为特殊情况在一定时间内过渡。部门内设机构领导职数原则上为1名。挂牌机构不单独核定领导职数。

街道领导职数按规定核定：书记1名，副书记2名（含兼职），主任1名，副主任2～3名，街道综合性办事机构领导职数原则上设1名。

（三）“三定”的工作职责

机构编制部门要认真履行职责，加强对“三定”工作的指导，扎实做好部门定职责、定机构、定编制工作。政府部门和派出机构“三定”规定，由区编委办在征求意见的基础上拟订或修订，并按规定程序审定后，由区政府办公室印发。街道党工委、办事处“三定”规定，由区委办公室印发。参公管理事业单位“三定”规定及其他事业单位机构编制调整事项，按规定程序审定后，由区编委或区编委办下文明确。

（四）事业单位的归属问题

这次改革中涉及撤并、职责调整的机构，确定其下属事业单位归属的原则是：

1. 撤并的机构，其职责整体划入新组建部门的，原下属事业单位原则上划归新组建部门管理。如出现工作任务相同、相近的事业单位，应按精简、统一、效能的原则进行整合，并重新核定编制。

2. 撤并的机构，其职责分别划入不同的行政管理部门的，原下属事业单位按所承担任务的对应情况确定其归属关系。承担单一任务为主的事业单位，原则上划归与其所承担任务相对应的行政部门管理；承担多类不同任务的事业单位，应通过撤并整合，分别划归与其工作任务相对应的行政部门管理。

四、组织实施

区政府机构改革在区委、区政府统一领导下，由区机构编制委员会组织实施。机构改革工作涉及工作格局和多方面利益关系的调整，涉及改革、发展和稳定大局，必须统筹规划、周密部署、积极稳妥地推进。区机构编制委员会办公室要认真履行职责，加强分类指导，扎实做好改革的具体工作。区纪检监察、组织、财政、人力社保、审计等部门要加强协调，密切配合，共同做好各项工作。区各有关部门要切实加强思想政治工作，严肃各项改革纪律，确保政令畅通，令行禁止；认真做好职能衔接和工作协调，保持各项工作正常运转；严禁突击提拔干部，严防国有资产流失，严格遵守保密制度，切实做到思想不散、工作不断、秩序不乱，确保政府机构改革顺利完成。

中共杭州市上城区委　杭州市上城区人民政府
关于推进“东方品质体验区、幸福和谐示范区”建设的实施计划

上委〔2012〕52号

（2012年7月25日）

上城区作为杭州城市性质主平台，是杭州历史文化名城的集中承载区、杭州国际风景旅游城市的核心展示区、杭州现代服务业的发展先导区、杭州红色旅游资源的密集分布区。在新的发展阶段，建设“东方品质体验区、幸福和谐示范区”这一决策是贯彻省、市党代会精神的具体体现，也是上城区转型发展、创新发展、科学发展、可持续发展的必然选择。为确保“东方品质体验区、幸福和谐示范区”建设的有效推进，特提出如下

实施计划。

一、指导思想

以邓小平理论和“三个代表”重要思想为指导，深入贯彻落实科学发展观，围绕市委提出的建设“东方品质之城、幸福和谐杭州”总体目标，坚持做优做精“老城”、做大做强“小城”的发展理念，充分挖掘、利用、优化、融合上城的历史文化和现有优势资源，合力推进城区国际化、提升群众幸福感，切实提高经济、政治、社会、文化和环境五个方面的生活品质，努力打响“南宋古都·经典上城”品牌，把上城区建设成为历史与未来、经典与时尚、创业与生活、文化与发展相融合，集中展示东方品质之城、幸福和谐杭州的体验区和示范区。

二、制订依据

（一）浙江省第十三次党代会报告。省党代会提出，要坚持科学发展，深化创业创新，为建设物质富裕精神富有的现代化浙江而奋斗。我们提出推进建设“东方品质体验区、幸福和谐示范区”，正是基于区情，结合省党代会精神，科学判断上城发展趋势提出的阶段性目标，是“物质富裕精神富有的现代化浙江”发展蓝图在上城的浓缩实践，是省党代会精神在上城的具体落实。

（二）杭州市第十一次党代会报告。市党代会提出，要打造东方品质之城、建设幸福和谐杭州。东方品质，就是要体现中国特色、时代特征、杭州特点；幸福和谐，就是要追求生活富裕、精神富有、社会文明。我们提出建设“东方品质体验区、幸福和谐示范区”，是上城作为杭州城市性质主平台，落实市党代会精神的应有之意。

（三）上城区第九次党代会报告和区“十二五”规划。区党代会提出要“推进国际化、提升幸福感”，区“十二五”规划明确了上城发展的“五五战略”与“幸福上城、实力上城、精致上城、智慧上城、生态上城”的发展导向，建设“东方品质体验区、幸福和谐示范区”是在新的社会发展阶段不断充实和丰富“厚重文化、高端产业、精致空间、人性交通、品质生活”五大内涵，深入推进“具有国际水准的高品质中心城区”的战略举措，是全面推进“十二五”规划实施的总抓手。

（四）杭州市《关于推进“东方品质体验区、幸福和谐示范区”建设的实施意见》（市委办发〔2012〕87号）。市委、市政府决定以上城区为试点，推进“东方品质体验区、幸福和谐示范区”建设。并要求上城区要坚持以国际一流城市为标杆，努力推进经济、文化、生活、环境、服务、管理国际化，在今后五年内，努力在转变经济发展方式上取得新进展，在繁荣文化事业上取得新跨越，在打造精致空间上取得新成绩，在深化改革开放上取得新突破，在保障改善民生上取得新成效，在群众安全幸福感上取得新提升。

三、基本思路

（一）以经济可持续发展为基础，建设东方品质体验区、幸福和谐示范区。加快推进经济发展方式转型，以打造综合性要素集聚平台为载体，优先发展文创产业和金融衍生服务业，鼓励发展大旅游业，转型发展现代商贸服务业，提升发展都市型工业和特色潜力行业，构建具有上城特色的现代产业体系。

（二）以推进城区国际化为路径，建设东方品质体验区、幸福和谐示范区。坚持创先争优，以国际一流为标杆，以国际的视野、国际的标准、国际的趋势来思考、谋划、指导工作，着力推进产业发展、城市建设、公共服务、行政管理的国际化程度，切实提高城区核心竞争力。

（三）以提升群众幸福感为中心，建设东方品质体验区、幸福和谐示范区。坚持以人为本，以促进人的全面发展为目标，以解决与群众密切相关的突出问题为重点，探索以幸福指数评价体系为引领，着力缩小贫富差距、提高民生保障水平、发展社会各项事业、营造安全公正舒适的生活环境，切实增强群众安全感、幸福感。

（四）以增强文化软实力为重点，建设东方品质体验区、幸福和谐示范区。坚持文化为魂，品牌引领，以提高群众文化文明素质为中心，推动文化与经济、民生、社会全面融合，发挥文化在推进国际化、提升幸福感的引领作用，切实打造文化强区。

四、主要目标

（一）文化特色进一步凸显。南宋皇城大遗址综合保护工程稳步推进，历史街区、历史建筑保护全面完成，历史文化、建筑文化、商业文化、社区文化、民俗文化、群众文化生动展现，凸显内涵丰富、色彩斑斓、开放多元的文化底蕴。制定实施文物保护行动计划；实现居民“10分钟文化圈”和“10分钟健身圈”；全区公共文化设施每百人不少于20平方米；6个街道文化站站舍面积达到1500平方米，每个社区原则上都要配置200平方米的文化活动室。

（二）城区品牌进一步打响。历史基因与现代元素互相融合，经济发展与社会进步协同推进，东方品质特色得到进一步体现彰显，“南宋古都·经典上城”品牌理念更深入人心。梳理上城特色文化与城区品牌研究系列资料；开展上城东方品质体验系列活动；实施homestay居家体验项目；开展特色主题创作活动。

（三）区域经济进一步发展。文化与产业紧密结合，文化资源优势成为经济发展的比较优势，文创产业成为主导产业之一，区域经济保持平稳较快可持续发展。全区生产总值年均增长9%；服务业增加值年均增长11%；社会消费品零售总额年均增长14%；规模以上高新技术产业销售产值年均增长10%；到2015年，“五主”产业实现地方财政收入占比达到70%以上，工业基地技工贸收入达到50亿元；强化高端产业和楼宇招商，实际利用外资五年力争达到8亿美元，培育中国名牌产品5个，浙江省名牌产品10个，杭州市名牌产品15个。

（四）公共服务进一步提升。社会各项事业加快发展，社会保障体系日益完善，深入推进基本公共服务均等化，不断创新非基本公共服务人本化。优质教育覆盖率达到95%以上；城镇调查失业率控制在6%以下；消除“零就业”家庭，实现企业职工养老、医疗、失业、工伤、生育保险全覆盖；“十二五”期间，力争保障性住房开工100万平方米，竣工130万平方米。

（五）社会管理进一步创新。“网组片”社会服务管理体系建设和“五化”联动模式继续深化，管理服务机制更加健全，社会治安良好，社会秩序稳定，群众安全感不断提高。深入推进政府管理与公共服务标准化建设，新增（修订）省级、国家级标准6个以上；深化“333+X”社区大服务体系管理模式；推进社会治理模式创新；推进行政审批制度改革；加强外来流动人口服务管理；完善政府购买公共服务制度；初步形成多元治理模式。

（六）城区功能进一步完善。以湖滨为核心的都市商业圈基本形成，以望江新城为核心的商务居住圈建设全面推进，呈现沿江、沿湖区域两翼齐飞的协调发展新格局。全社会固定资产投资五年累计达到300亿元；基本完成湖滨地区综合整治、南宋御街·中山路综合保护、玉皇山南综合整治和历史建筑保护修缮等工程，城市综合管理水平保持全市前列；水环境功能区水质达标率达到85%以上，垃圾分类率达到98%，城区绿化覆盖率达到38%以上；万元工业增加值综合能耗5年累计下降10%。

五、主要内容

（一）坚持文化引领，积极推进东方品质体验区建设。

在城区经济可持续发展的基础上，围绕群众幸福感提升、生活改善和城市功能完善三大重点，更加注重文化与产业、文化与工程、文化与生活、文化与社会的融合，着力把上城打造成传承文脉的历史建筑博物馆，打造成具有江南特色和东方韵味的世界级城市旅游目的地。

1．主抓总部经济。以亩产效益为标杆，与上城文化内涵优势紧密结合，优化楼宇空间布局规划和楼宇经济业态。抓住南宋皇城大遗址综保工程、地铁建设、三江两岸工程等重大机遇，着力在沿江区块、地铁站点周边等区域提升和打造一批相对集中、品质高端、配套完善的特色精品商务楼宇。加大楼宇改造提升力度，盘活存量资源。

2．做强文创产业。把文化创意产业打造成为引领上城发展的“品质产业”，依托中国美院资源优势，大力引进外资外智，切实推进“西湖创意谷”建设，构建创意产业发展服务平台，打造创意产业链，促进文化创意产业繁荣发展。

3．集聚金融产业。着力打造“金融强区”，以建设股权投资基金集聚区、中小金融机构总部集聚区为重点，以玉皇山南国际金融园区为主要集聚平台，培育“吴山景圈投资基金集聚区”；以庆春路、解放路、西湖大道、延安路及周边商务区为平台，构建金融集聚带，发展多元化金融机构、多层次资本市场、多样化金融产品，积极打造“西湖国际专业金融区”，使上城区成为浙江财富管理中心的核心区之一，在全省金融业“两个中心”建设中发挥重要作用。

4．打造精致空间。持续推进城市有机更新，不断完善城市功能布局。紧紧围绕南宋皇城大遗址综合保护工程，深入推进湖滨地区综合整治、望江地区改造、玉皇山南综合保护、“51131”南宋街巷综合保护等工程，优化提升南宋御街·中山路，做优做精特色街区、特色街巷，着力把湖滨南山路打造成展现经典时尚、品质休闲的城市综合体，南宋御街清河坊打造成展现厚重文化、杭州韵味的国际旅游目的地，玉皇山南打造成展现生态景观、高端产业的国际化产业园，复兴国际商务广场打造成展现总部经济、现代商务的产业集聚区。

5．细化城市管理。继续优化城市管理体制机制，整合原有资源，进一步优化和理顺工作机制，加强相关工作部门协作配合。与“智慧上城”建设相结合，继续深化城市管理信息化系统建设，逐步做到响应迅速、处置及时、操作留痕、流程自驱、后台统计、量化评价、信息共享等多方面目标，不断提升城市管理工作质量与水平。

6．弘扬核心价值。大力推进社会主义核心价值体系大众化，广泛开展以爱国主义为核心的民族精神和以改革创新为核心的时代精神教育，深化“我们的价值观”主题实践活动，加强社会主义荣辱观教育，加大对形势政策、发展成果、理论热点等方面的宣讲力度，弘扬“追求卓越、品质至上”的上城精神，凝聚团结奋斗的共同思想基础。

7．传承传统文化。深入挖掘吴越文化、南宋文化等历史文化，突出博大厚重的文化内涵。整合利用各类文保资源，开展国学讲座、“国学讲堂进社区”等普及活动，传承弘扬东方特色文化。注重非物质文化遗产的“活态”传承，通过整合和创新，传承传统文化和民俗活动。

8．创新文化服务。推进辖区单位文化体育设施“共建共享、互利互惠”，创新服务方式，探索实施居家文化惠民工程。充分发挥公益性文化单位在公共文化服务中的骨干作用，加大对群众性文化体育组织及文体企业的扶持力度，提高重要公共文化产品、重大公共文化服务项目和公益性文化活动的服务效益。深入开展有较高水平和较大影响的文化活动，大力培育广场文化、社区文化、企业文化、校园文化、老年文化、家庭文化。

9．提升文化影响。提高文化精品创作的策划组织和管理服务能力。鼓励、支持文化宣传部门制作与时代相接轨、居民群众喜闻乐见、内含上城文化特质的多形式的文化宣传精品。加强横向联系，通过影视协会、拍卖协会等各类机构，力争让上城区成为作家创作的生活体验地、影视作品的外景拍摄地、古玩珍异的交流集聚地。

10．加强品牌推介。深入研究城区品牌整体架构与营销策略。注重品牌分级建设，在“南宋古都·经典上城”城区整体品牌框架下，努力打造富有地域特点的互补差异性子品牌（经典时尚湖滨、幸福人文清波、红色健康小营、品质活力望江、生态创意南星、睦邻古韵紫阳）。探索设计城区文化形象识别系统，精心制作品牌宣传资料，梳理整合行业品牌、民生品牌、老字号品牌，开展杭州美术节、homestay居家体验、杭州国际体验日等对外文化交流活动，加大宣传推介力度。

（二）坚持“三位一体”，积极推进幸福和谐示范区建设

坚持加强社会建设、创新社会管理、提升社会文明“三位一体”，深入实施民生优先战略，着力加强和改善民生，不断推进基本公共服务均等化、优质化，切实促进社会公平正义，让全体人民共建共享改革发展成果。

11．城区发展突出区域协调。按照“三年初见成效、五年基本建成”的目标，加快保障性住房建设，完善基础设施配套，提升城市功能，拓展产业发展空间，着力把望江地区打造成展示品质生活、充满发展活力的新望江，实现上城东西两翼协调发展。

12．基础教育突出优质均衡。加强校园标准化建设，深化名校集团化战略和管办助评机制，推进素质教育和教育国际化，提升学前教育、义务教育、特殊教育质量，努力建

设国内一流的基础教育强区。

13．医疗卫生突出就近就便。深化医药卫生体制改革，完善公共卫生服务体系，推进国际医疗合作，构建社区卫生服务机构远程照护监测系统，联手属地省市医院打造智能医疗，加强居民健康档案规范管理，努力解决“看病贵”“看病难”问题。

14．社会保障突出政府托底。加强政策制度创新，深化“双零工程”、居家养老服务全覆盖工程、困难群体“安居”工程和春风行动，创建充分就业城区，加大对残疾人的保障和扶助力度，引导社会力量参与为老服务和慈善事业，构建普惠型和特惠型有机结合的保障体系，努力实现基本社会保障和困难群众、老年人、残疾人、失业人员等重点人员的帮扶救助全覆盖。

15．社区服务突出民意导向。以群众需求为导向，推进社区公共服务机构标准化建设和“333+X”社区大服务体系建设，全面实施“五小”便民服务工程，完善“四评一结合”的和谐“满意”社区评价体系，努力保持社区建设走在全市前列。

16．服务手段突出资源整合。在基本公共服务均等化前提下，政府公共服务向重点服务人群特殊倾斜，探索创新具有上城特色的普惠与特惠有机结合的政府公共服务新模式。依托信息技术，结合实际、整合资源，探索实施以“居家养老、居家教育、居家办事、居家就业、居家医疗、居家三优、居家文化、居家安养”为主要内容的居家系列惠民工程。

17．社会管理突出网格服务。按照尊重传统、着眼发展、便于管理、全面覆盖和保持管理对象整体性的原则和要求，以居民小区、楼幢等为基本单元，科学合理划分管理服务责任网格，全面落实“一格多员”管理服务模式，推进社会管理网格化。最大限度地整合和利用部门、街道、社区、社会组织以及“两代表一委员”、党（团）员、居民群众、志愿者等各方面力量，分级组建管理服务团队，快速对社会管理事项做出响应。

18．应急处置突出多方联动。积极推进管理服务联动平台建设，有效整合“12345”、“96345”、公安110、行政执法智能管控平台及各部门业务信息系统资源，以社会管理联动指挥中心为枢纽，建设全区统一的110社会联动处置机制和联网信息平台，实现信息受理、协调指挥、综合监管、考核评价、汇总分析于一体，推进管理服务信息化、一体化、联动化。

19．权力运行突出全程留痕。坚持“规范公权、服务民权”，完善政府行政管理与公共服务标准化体系，深化权力阳光运行机制、“两家两中心”、财政专项资金管理使用业务系统、行政事业单位国有资产管理信息系统、公共资源交易平台等建设，使权力行使、服务提供和资金使用等过程“全程留痕”，努力实现管理服务公开透明、规范公正。

20．市民教育突出守法重责。切实加强市民国际化意识教育，努力培育富有“诚实、自立、责任”观念的现代市民。全面推进“法治上城”建设，深入开展“六五”普法宣传教育、民主法治街道创建等活动，积极倡导诚信为本、守信光荣、失信可耻。不断完善“e学网”建设，构建数字化学习中心，打造“三零四灵”居家教育品牌，办好社区学院，完善公共图书服务网络，形成多层次、开放性、立体化、全民共享的终身学习教育服务平台。

六、保障措施

（一）提高认识，强化思想保障

建设“东方品质体验区、幸福和谐示范区”这一决策，是“建设旅游休闲商务区，打造杭州RBD”战略决策在新时期的传承和发扬，也是在新形势下实施“建设具有国际水准的高品质中心城区”战略目标的具体要求。“东方品质体验区”建设要求就是突出上城区的文化特征，以“品质”为核心竞争力来保障城区可持续发展；“幸福和谐示范区”建设要求就是要以人为本，让居民感受更幸福，让社会发展更和谐，让群众更有尊严的生活。全区上下要认真学习，结合本单位实际开展深入讨论，进一步加强对文件精神的理解和领会，以强烈的责任感和使命感认真抓好各项工作的落实，切实推进“东方品质体验区、幸福和谐示范区”建设。

（二）加强领导，落实机制保障

加强组织领导，构建党委统一领导、党政齐抓共管、综合部门组织协调、有关部门各负其责的工作格局，落实联席会议工作组制度，不断增强部门工作协调性，逐步形成规范化、制度化、常态化工作机制。各单位要根据“东方品质体验区、幸福和谐示范区”建设要求，结合“十二五”规划、省市区党代会精神、本单位领导班子任期目标，研究细化落实本单位相关工作，做到层层有任务，逐级抓落实，形成上下一心、部门联动、协调一致、共同推进的良好局面。

（三）创新驱动，重视人才保障

牢固树立人才资源是第一资源理念，紧紧围绕“东方品质体验区、幸福和谐示范区”建设战略目标，抓住人才培养、吸引、使用三个环节，以人力资源能力建设为核心，以创新人才工作机制为动力，以保证人才投入为支撑，统筹推进党政人才、企业经营管理人才、专业技术人才、高技能人才和社会工作人才等五支队伍建设，为建设“东方品质体验区、幸福和谐示范区”提供坚实的人才保障和智力支持。

（四）整合联动，着力宣传保障

通过整体营销来树立上城区差异化品牌形象。宣传部门要精心策划、周密部署，加强对“东方品质体验区、幸福和谐示范区”战略的宣传，充分调动全区各类企业、社会团体和广大群众的主动性、积极性和创造性，在全社会形成关心、支持、参与“东方品质体验区、幸福和谐示范区”建设氛围。要制订城区品牌宣传整体方案，加强与市相关部门的联系协作，整合区内已有相关工作，实施多形式、多层次的城区品牌营销方式，形成节庆会展、旅游促销、经贸洽谈、招商引资、人才招聘等对外交流活动的整体合力，提升上城区品牌影响力。

杭州市上城区人民政府关于推动公共文化事业繁荣发展的若干意见

上政函〔2013〕53号

（2013年8月21日）

区政府各部门、各直属单位，各街道办事处：

为深入贯彻落实党的十八大精神，培育和践行社会主义核心价值观，推进“东方品质体验区、幸福和谐示范区”两区建设目标的实现，现就推动我区公共文化事业繁荣发展提出如下意见。

一、加强公共文化事业的组织领导。加强组织领导是推进公共文化事业繁荣发展的根本保证。要进一步完善公共文化事业的组织领导体系，将公共文化事业作为全区的一项重要民生工程来抓，列入政府的重要议事日程，每年至少专题研究一次全区文化工作，每两年召开一次全区文化工作会议。要建立联席会议制度，定期研究公共文化事业发展的新情况、新问题，不断创新、勇于实践，积极推动全区公共文化事业健康发展。要积极开展全民健身活动，每四年举办一次上城区地区运动会。

二、完善基层公共文化工作考核制度。加强基层公共文化建设是推动我区公共文化事业繁荣发展的重要基础。要积极推进基层公共文化建设，提升文化软实力，保障广大人民群众的文化权益，更好地满足辖区居民公共文化需求。要深化文化惠民工程，努力提高公共文化服务水平，彰显公共文化特色品牌。要进一步完善《上城区基层文化建设综合考评办法》，加大对基层文化建设工作的考核力度。各街道要加强对社区公共文化工作的监督考核。

三、加强基层公共文化人才队伍建设。加强基层公共文化人才队伍建设是改善公共文化服务条件、提升公共文化服务能力、推进和谐社会建设的重要保障。要根据《关于进一步加强乡镇（街道）综合文化站建设的若干意见》（市委办〔2009〕32号和《关于加强全区宣传文化队伍建设的实施意见》（上委〔2011〕44号）文件精神，着力解决基层公共文化工作人员少、任务重等实际问题。要落实街道文化站长和社区文教委员专职专用，各街道要至少配备一名专职文化协管员，各社区在条件允许的情况下也要逐步配置文化协管员。要建立和完善人才队伍选拔和管理机制，街道、社区录（聘）用或调整文化站长和文化协管员，要及时与区文化主管部门进行沟通，有一定的业务专长者应给予政策保证，待遇由街道按有关规定执行。要鼓励艺术体育院校师生、离退休文体工作者和其他热心公共文化事业发展的各界人士为社区、企业提供志愿服务。要加强对志愿者的培训，着力提高志愿服务水平，对优秀志愿者要进行表彰奖励。

四、加强街道综合文化站和社区文化活动室的管理利用。街道综合文化站和社区文化活动室是公益性公共文化服务机构，各街道要坚持“因地制宜、共建共享、强化功能、注重实效”的原则，将街道综合文化站和社区文化活动室建设和管理列入重要议事日程；要将街道综合文化站和社区文化活动室建设、运行经费纳入财政年度预算，设立专项配套资金，确保必要的人员经费和办公经费；要充分利用街道和社区现有的公共文化活动阵地，多途径多形式提高场地使用率，更好地为辖区居民提供优质的公共文化服务。

五、加强公共文化体育设施建设管理。加强公共文化体育设施的建设和管理是满足人民群众开展文化体育活动需求的基础条件。到2016年要完成上城区体育中心项目的建设，使之成为上城区一流的体育中心和我区全民健身、休闲活动的重要场所。要加快建设上城区图书馆，满足居民读书阅览需求。要加大上城区非物质文化遗产保护和利用的工作力度，设立独立法人单位的上城区非物质文化遗产保护中心。

六、加大辖区文体资源共享工作力度。要完善和规范“资源共享、文体共建”工程，要依托辖区单位的资源优势，创新活动形式和内容，提高场所的利用率。要统筹落实资金所需经费，专款专用。各街道要按照辖区文体资源共享《目标责任书》要求，努力为辖区单位的开放服务创造条件、提供支持。

七、加大公共文化事业的经费投入。要将文化建设作为公共财政支出的重要方面，不断加大对公共文化事业的支持和保障力度，每年对文化事业的投入不低于财政经常性收入的增幅。要进一步加大对上城区文艺团队联合会的财政扶持力度，每年投入专项资金50万元用于团队的日常运作、开展活动。

八、进一步规范文化市场的监督和管理。要坚持依法行政，深化权力阳光，推进政务公开机制，贯彻落实文化市场的各项法律法规。要实现行政审批和监督管理职能分离，设立专门的行政审批科室。要深入开展“扫黄打非”和文化市场各类专项整治，深化文化市场行政执法联席会议制度，规范文化场所经营秩序。要逐步推进以文化行业协会自律机制为主导，以文化执法工作为后盾，促使我区文化市场繁荣、稳定、有序。

中共杭州市上城区委关于认真贯彻落实
党的十八届三中全会精神全面深化重点领域改革的决定

（2014年4月9日中国共产党杭州市上城区第九届委员会第十次全体会议通过）

改革是发展的不竭动力。党的十八届三中全会通过的《中共中央关于全面深化改革若干重大问题的决定》，是我党在新的历史起点上全面深化改革的行动纲领。省委、市委结合实际明确了改革工作的部署，出台了全面深化重点领域关键环节改革的决定。全区上下要深刻认识全面深化改革的重要性、必要性和紧迫性，深刻把握中央和省委、市委全面深化改革的一系列新思想、新部署和新要求，坚定地肩负起全面深化改革历史重任，敢啃硬骨头、敢涉深水区、敢打攻坚战，为实现我区经济社会发展走在前列提供强大动力和体制机制保障。

我区全面深化改革要以促进社会公平正义、增进人民福祉为出发点和落脚点。坚持问题导向原则，围绕事关全局的重大问题、涉及群众利益的民生问题、社会普遍关注的突出问题及前瞻性战略问题，明确我区改革方向、思路和举措。坚持以人为本原则，统筹兼顾各方面的利益，让群众共享改革发展成果。坚持权责一致原则，努力实现各部门、各单位的职权和责任一致，杜绝相互推诿，更好地形成合力，确保工作落实到位。坚持稳步推进原则，在明确改革方向和举措的基础上，制定具体实施计划，有序推进、不断深化，到2015年，本决定提出的一批改革具体项目取得突破性进展；到2017年，基本完成本决定提出的改革任务；到2020年，基本形成系统完备、科学规范、运行高效的制度体系。

一、围绕提升发展品质，着力深化经济领域体制机制改革

推进国有资产管理体制改革。完善国有资产管理体制，健全管理机构。建立和完善国有企业现代企业制度，健全协调运转、有效制衡的国有企业法人治理结构。推动区属国资企业的人事制度改革。全面梳理区属国有资产，明晰归属、确权确利。强化对国有资本的监督管理，优化配置零、小、散国有资产，探索建立国有资产保值增值运营机制。积极发展混合所有制经济，放大国有资产功能，提高国有资产竞争力，努力实现国有资产效益最大化。完善激励约束机制，建立以国有资产利润总额、净资产收益率和国有资产保值增值率等为主要指标的考核体系。

健全楼宇经济培育机制。完善楼宇有机更新和管理工作机制，积极探索楼宇回购运营服务新途径，着力破解产权分散楼宇资源的整合难题，切实增强楼宇资源调配力。加快推进楼宇改造提升三年行动计划，建立楼宇“亩产效益”导向的绩效评价体系，着力打造现代化商务综合体和商务街区。研究制定统一的招商政策，明确各级各部门招商职责，建立协同一体的招商机制。整合招商资源，统筹招商力量，探索建立统一的招商平台。完善发改、商务、工商、税务、街道等协同联动服务机制，优化招商环境。

深化建设管理体制改革。进一步理顺指挥部、管委会、街道和住建局等主体关系，强化住建局的管理职责，明晰属地街道责任。建立征收补偿、建设管理和资产经营适当分离的城市建设管理体制，健全责、权、利相统一的城市建设管理机制，完善决策、执行、监督相分离的日常管理运行机制。进一步加强征收实施工作的组织协调，明确各相关部门职责，完善征收实施机制。改革指挥部管理体制，强化成本管理和流程管理，打造队伍干练、协调有力、管理有效的建设队伍。

深化区域协作联动机制。深化区县协作，着力探索税利互惠、园区共建、产业联动等机制，构建“联动式”发展模式。加强与国内外友好城区的协作，在项目共建、优势互补、信息技术互用等方面逐步形成互惠互利、协同推进、可持续的发展格局，着力增强楼宇总部经济的集聚功能、主导产业的资本和品牌辐射功能，不断拓展产业发展空间，实现有限空间无限发展。

加快“智慧城市”先导区建设。建立健全推进“智慧城市”先导区建设的决策体系、保障体系和评价体系，制定出台上城区“智慧城区”建设总体规划纲要。依托思科等行业龙头企业带动，加快推进望江智慧产业园区建设。建立统一开放的“智慧城区”公共平台和信息资源共享服务体系，构建以智慧民生、智慧政务为核心的城市“智慧服务”应用系统，提升城市环境宜居数字化、城市安全防控数字化、城市生活便捷数字化、政

府公共服务数字化水平。促进“智慧城区”建设与主导产业发展相融合，以信息技术推动传统产业转型升级和现代服务业发展，使“智慧产业”成为我区新一轮发展的增长极。

深化科技创新领域改革。加强区工业园区等创新平台建设，完善科技扶持政策，支持高新技术企业加强科技投入和技改力度。完善科技经费投入的绩效评价、风险控制和责任机制。全面提升孵化器水平，完善孵化器、加速器和产业园区的对接机制。积极引导更多企业与高校、科研院所合作，共建研发机构，建设区域创新体系。

深化人才工作改革。有针对性地引进我区重点扶持产业、重点发展行业所急需和紧缺的海内外高层次人才，推进人才引进增量提质。统筹推进“1211”创新创业计划、“128”人才提升工程等重点人才工程，加大人才培育力度。加强部门联动，探索建立高层次人才储备库和人才驿站。坚持以用为本，建立人才投入绩效评价机制，深化人才政策的落实和创新，完善人才激励保障机制，提升产业园区、工业园区、留学生创业园等人才平台发展水平，不断激发人才创新创业热情。探索构建党政机关、企事业单位、社会各方面人才顺畅流动的制度体系。

二、围绕提升文化品质，着力深化文化领域体制机制改革

健全弘扬“最美精神”的长效机制。坚持社会主义先进文化前进方向，围绕社会主义核心价值观基本内容和“中国梦”深刻内涵，大力推广“邻里价值观”“微美在邻里”等区域文化品牌，广泛弘扬“最美精神”，培树身边“最美人物”典型，探索“最美现象从盆景变为风景”的长效机制。

构建现代公共文化服务体系。建立公共文化服务体系建设协调机制，统筹服务设施网络建设，促进基本公共文化服务标准化、均等化。有序引导社会力量参与公共文化领域和基层文化设施建设，鼓励非公有制文化企业发展。健全文艺团体联合会扶持机制。着力发挥“名人、名园、名企、名品、名牌”效应，推进文化创意产业集聚集群、协调持续发展。加大历史文化、红色文化保护力度，积极探索文化优势转化为核心竞争力的新途径。大力培育区域文化品牌，提升“南宋古都·经典上城”品牌影响力。

完善互联网管理体制机制。整合区属新闻媒体资源，加强传统媒体和新兴媒体融合发展，积极构建全区大宣传工作机制。创新改进网上宣传，着力建设一支过硬的网络新闻发言人和网络评论员队伍。对接市网络舆情研判导控服务平台，完善网络舆情监管和网络突发事件处置机制。建立和完善互联网管理领导体制，健全网络违法犯罪防范和打击等工作联动机制，依法治理网络空间，不断增强网络安全保障能力。

三、围绕提升生态品质，着力深化生态领域体制机制改革

健全治水、治气、治堵工作机制。制定“五水共治”工作目标体系，制定和细化“河长”治水管水的工作职责和考核体系。加大饮用水源保护力度，加强重点低洼地区的防洪排涝基础设施建设，强化水资源和防灾减灾的安全保障。完善生活污水处理机制。健全治理燃煤烟气、有机废气、汽车尾气、餐饮油烟、工地扬尘的大气环境综合治理机制。深入推进“无燃煤区”建设。鼓励社会力量投资停车场库建设，统筹利用社会资源推进错峰停车。

健全资源节约利用新机制。强化节约集约用地、优地优用导向，完善区域沿山、沿河、沿江空间和地下空间发展规划，积极探索公共资源开发利用新途径。加快产业向节能低碳、绿色健康、可再生资源利用转型发展，不断提高能源利用效率和效益。实施节能减排工作责任制，推行清洁生产，加强单位生产总值能耗和能源消费总量双控管理。

推进城市精细化管理。在“三改一拆”基础上推进“无违建区”创建，以生态理念加快对老旧小区的改造提升，积极打造“最美”街区、“最美”小区。完善生活垃圾分类收集机制。注重运用城市管理和环境治理新技术，提高管理效率，推进城市管理智能化、精细化。扎实推进“三江两岸”“四边三化”等生态工程建设，着力构建“一片、七带、多节点”的城区景观体系。

四、围绕提升健康品质，着力深化民生领域体制机制改革

构建便民惠民的医疗服务体系。依托辖区省市医疗资源，完善全科医生制度，健全社区卫生服务体系，完善分级诊疗模式，全面推行双向转诊制度。积极引导和鼓励社会资本投资医疗卫生事业，重点发展应对人口老龄化的护理、康复和远程医疗等医养护结合的健康服务产业，着力打造健康医疗城。

构建优质均衡的教育服务体系。深入推进“管办助评”分离，强化政府教育督导，扩大学校办学自主权，加快推进教育管理体制改革。完善师资、课程、场地等优质教育资源共享机制，健全个性化、多样化教育服务体系，推进教育优质均衡发展。深化民办学校体制改革，鼓励民间资本进入教育领域，研究探索市场化运作收费模式，探索民办学校教师参加事业养老保障制度。探索和推进国际学校办学，提升我区教育国际化水平。

构建公平可持续的社会保障体系。深化居家系列惠民服务平台建设，提升居家服务质量。引入社会资本，探索养老机构发展新途径，加快建设社区老年人照料机构和设施，加大养老资源的整合、改造和提升力度，努力构建社会化养老服务新体系。深化充分就业城区和创业型城区创建，完善区、街道、社区三级劳动保障服务平台，强化对各类群体的创业就业帮扶。健全社会保障机制，调整完善现有救助政策，构建“全覆盖、保基本、多层次”的可持续保障体系。

五、围绕提升平安品质，着力深化社会领域体制机制改革

完善社会治理机制。坚持和发展“枫桥经验”，完善“平安365”社会管理服务联动机制，建立全域一体的社会治理服务体系。深入推进“法治上城”创建活动。积极探索“法德融合”的社会治理模式。完善信访工作制度和考核制度，探索化解复杂信访问题的新途径，完善人民调解、行政调解、司法调解联动工作体系，建立健全涉法涉诉信访案件分类和审查办理机制以及司法救助制度。

深化公共事务协商治理。发展和完善基层民主，深化“17654”民主民生互动平台建设，健全社情民意收集、民生响应、协同治理、处置效果评价四大机制。整合各街道、社区民主协商载体，健全“民情半月谈”活动长效机制，推进公共事务协商治理。健全以职工代表大会为基本形式的企事业单位民主管理制度。

激发社会组织活力。建立培育发展社会组织的长效机制，优先发展和重点扶持慈善公

益、中介服务、社区服务等领域的社会组织。积极引导社会组织有序参与公益服务和社会管理。深化社会组织管理体制改革，完善社区社会组织备案管理制度。完善社会组织内部治理结构，健全跨部门综合监管体系。

完善公共安全管理体系。健全安全生产监管体制机制，依法加大安全生产监管执法和行政处罚力度。建立最严格的覆盖全过程的食品药品监管制度，切实保障食品药品安全。健全市场监管体系，构建覆盖生产、流通、消费三大领域，事前预防、事中检查、事后查处有机结合的长效监管机制。加强社会治安综合治理，创新立体化社会治安防控体系。建立健全突发公共事件应急联动机制。

深化行政执法体制改革。整合执法主体，相对集中执法权，探索建立“大综合管理”机制，推动综合执法和执法力量下沉，着力解决权责交叉、多头执法问题。完善行政执法程序，规范执法自由裁量权，做到严格规范公正文明执法。加大环境保护、劳动保障等重点领域执法力度。理顺城管执法体制，提高执法和服务水平。

六、围绕提升服务品质，着力深化党委政府自身改革

健全决策机制和程序。深化“663”区委重大决策运行机制，健全重要决策调研论证、决策咨询和社会稳定风险评估等机制。健全人大讨论、决定重大事项制度，区政府重大决策出台前向区人大报告。健全人大对政府全口径预算决算审查监督、国有资产监督等制度。完善重大决策出台前与政协协商制度，健全政协专题协商、对口协商、界别协商、提案办理协商等分类协商制度。

推动政府机构改革。开展政府部门职责和职权清理，研究制定区直部门职责分工协商协调办法，构建职责定位清晰合理、履职程序便捷高效的部门职责体系。加强机构编制管理，严格控制机构编制，减少机构数量、领导职数和财政供养人数。按照上级部署稳步推进政府机构改革，完成食品药品监管体制改革和工商、质监体制调整工作，推进区卫生局和人口计生局职责整合。统筹政府机构改革和事业单位改革，同步开展事业单位职能梳理，促进事业单位行政职能“还政于政”。探索事业单位法人治理结构试点工作，稳步推进管办分离、政社分开。

推进街道管理体制改革。进一步明晰街道职责，强化社区建设和社会治理在街道工作中的核心地位，确保街道工作责、权、利统一。增强街道整体功能，强化街道在选人用人、绩效考核、资源调配上的自主权、调控力。优化街道工作综合考评办法，建立差异化考核机制。完善社区事务准入机制，严格执行权随事移、费随事转，切实减轻社区负担。

建立公共服务清单制度。深化政府管理与公共服务标准化建设，探索实施“公共服务清单”制度。编制政府职能部门购买服务目录及实施办法，加大政府购买公共服务力度。深入推进审批制度改革，建立健全统一规范的招投标和公共资源交易平台，完善行政审批服务中心建设，积极承接上级下放的行政审批服务事项，完善一门受理、并联审批、多证联办的审批服务模式。加快构建区域诚信体系，建立健全政府、企业和个人信用评价制度。

完善公共财政制度。编制财政三年滚动规划，完善规范、公开、透明的预算制度。制定切实可行的标准，严格控制公务接待、公务用车等一般性支出。规范结余资金预算管理，依法公开财政决算、部门决算、“三公”经费预决算和行政经费支出。深化国库集中支付制度全覆盖，重点解决基层站所、学校等财政集中收付管理问题。进一步规范财政资金的使用，认真执行各项民生政策，探索建立财政保障民生支出的长效机制，加大对民生领域的资金保障，减少对一般竞争性领域的支出。

健全科学有效的选人用人机制。破除“唯票、唯分、唯GDP、唯年龄”倾向，突出“重平时、重实绩、重口碑、重基层”，完善干部提名、推荐、考察等工作机制，构建有效管用、简便易行的选人用人机制。完善区直单位领导班子成长分析体系和任期目标绩效管理机制，建立健全科学有效的考核机制和责任追究制度。打破干部部门化，健全干部跨部门交流制度。加强党的纯洁性建设，建立干部退出机制和不合格党员退出机制。健全有效发挥退出领导岗位干部作用的工作机制。深化机关干部“下基层、破难题、转作风”主题活动，健全干部下基层长效机制。

完善权力运行制约和监督体系。建立权力清单制度，推进权力公开规范运行。健全反腐败领导体制和工作机制，完善惩治和预防腐败体系。全面落实党风廉政建设责任制，建立行使有效的监督检查机制，加大治庸问效、治懒问勤、治虚问实、治腐问廉的力度。完善公述民评、效能投诉等载体，健全人民监督、社会监督、舆论监督机制。深入开展党的群众路线教育实践活动，完善党员干部直接服务群众制度，着力解决“四风”问题，推进作风建设制度化规范化常态化。

为确保改革深入，区委成立全面深化改革领导小组和办公室，建立重大改革项目区领导分工负责制，切实加强对全面深化改革工作的组织领导、总体设计、统筹协调、整体推进、督促落实。建立健全改革项目化推进机制，细化量化重点领域关键环节改革的具体方案，制定年度改革行动计划，明确责任主体和责任人，制定实施时间和路线图，确保改革落到实处。区人大常委会要作出促进改革创新的决定，营造支持改革、宽容失败、大胆尝试、敢为人先的良好氛围，切实发挥人大在改革推进过程中的职能作用。区政府要制定有关改革的具体实施方案，抓好各项措施的落实。区政协要积极为全面深化改革建言献策，加强对改革措施落实情况的民主监督。各部门、各单位要围绕全区改革总体部署，结合工作实际，提出本部门本单位改革创新的计划和项目，切实抓好区委决策部署的贯彻落实。

上城区老居住小区交通综合治理实施办法（试行）

上政办函〔2014〕64号

（2014年11月4日）

根据市委、市政府关于全面推进治理城市交通拥堵工作要求，我区积极鼓励和引导各街道社区实施老居住小区交通综合治理，最终达到缓解老居住小区停车难、保障消防安全的目的。现结合《杭州市老居住小区交通综合治理指导意见（试行）》，制定本办法。

一、指导思想

以科学发展观为指导，践行群众路线，深化改革创新，转变政府职能，按照《杭州市老居住小区交通综合治理指导意见（试行）》各项规定，以街道及社区为主体，实施老居住小区交通综合治理，为我区打造具有国际水准的高品质中心城区打好坚实基础。

二、适用范围

本办法适用于上城区湖滨街道、清波街道、小营街道、望江街道、南星街道、紫阳街道。

三、建设与管理

（一）建设工作

1．编制计划。由街道负责在充分摸底调查老居住小区现状、分析实施必要性和可行性的基础上确定年度计划，并纳入全区老居住小区交通综合治理工作任务，由街道负责在区发改局进行立项。

2．项目前期。由街道负责委托有相关设计资质的专业机构进行设计方案的编制，并组织公示。在通过项目评审会之后，由街道委托进行施工图设计。对于预算在500万以下的项目，由街道负责通过区小标办进行施工和监理招投标。

3．建设实施。由街道负责项目开工建设过程中的各项工作。项目竣工后，由街道负责召集相关部门和单位组织竣工验收，相关验收资料报区治堵办备案。

（二）管理工作

1．日常管理。由街道负责治理范围内城市支路的保洁、保序、治安维护等日常管理工作，同时做好与城管、公安、交警等有关部门建立区域共治与联防管理的相关工作。道路及管线的整修、绿化养护等，按照既有规定，分别由城管、绿化等部门负责。

2．停车管理。由街道负责治理范围内的停车管理与收费，应优先保障本小区居民停车需求，可采用包月形式。支路及相关公共空间上的停车泊位应24小时对外开放，按照“先到先停”原则，不得出售或以专属车位形式出租。停车收费按政府价格主管部门规定标准收取，具体我区停车收费管理办法另行制定。

四、保障机制

（一）资金保障

对于治理范围内符合条件的城市支小路（整治后路宽达到6米及以上）以及停车泊位挖潜，其建设资金纳入支小路建设专项，市财政50%出资；利用城市公共空间挖潜建设的公共停车场（库），资金按照《关于进一步加强杭州市停车场（库）建设管理指导意见》（杭政办函〔2009〕269号）、《杭州市鼓励社会力量投资停车场（库）建设实施意见》（杭政办函〔2010〕79号）执行；治理涉及其余能列入专项建设资金的内容，按原有渠道列支；剩余资金由区财政、街道各50%出资。其中市级资金按照施工中标价、项目设计费用以及项目监理费三项合计数上浮10%后的50%出资包干，通过财政补助形式拨付给我区。市级财政补助资金拨付时间为两期各50%，第一期为项目正式开工，第二期为项目竣工验收并考核通过，区级财政补助同步拨付。

（二）组织保障

区治堵办作为区级牵头部门，做好资金申请工作，同时按照工作目标和要求做好工作指导、进度督促、综合协调等工作；各相关街道作为项目实施主体，按照工作要求成立老居住小区交通综合治理工作领导小组，确保项目顺利推进，完成年度工作任务，同时做好项目推进过程中综治维稳相关工作；区委宣传部作为对外宣传部门，通过广播、电视、报纸、网络等新闻媒体，做好宣传报道工作，营造良好宣传氛围；区财政局做好资金拨付的相关工作；区审计局做好项目审计的相关工作；其他相关职能部门做好项目推进过程中业务指导、沟通协调、政策保障等相关工作。

（三）民生保障

在老居住小区交通综合治理项目推进过程中，由街道作为责任主体做好“民主促民生”“四权四问”工作，项目前期中充分征求周边居民意见、建议，建设过程中将环境影响降到最低，后续管理中充分考虑居民切身利益，将民生工程做实、做好。此外，为多渠道最大限度地满足人民群众的需求，街道可鼓励和引导社会力量参与老居住小区交通综合治理项目建设，具体实施方案另行制定。

五、考核与奖励

老居住小区交通综合治理工作作为区政府对街道年度考核工作之一，具体考核办法由区考评办另行制定。

六、本办法自发布之日起施行。

上城区关于深化完善社会养老服务体系建设的意见

上政办函〔2014〕79号

（2014年12月）

为积极应对人口老龄化挑战，努力满足全社会不断增长的社会养老服务需求，提高老年人生活品质，建设“具有国际水准的高品质中心城区”，根据《浙江省人民政府关于深化完善社会养老服务体系建设的意见》（浙政发〔2011〕101号）精神，结合我区实际和养老服务“十二五”规划要求，现就深化完善社会养老服务体系建设提出如下意见：

一、总体要求和工作目标

（一）总体要求。坚持以邓小平理论、“三个代表”重要思想和十八大精神为指导，深入贯彻落实科学发展观，全面落实《中华人民共和国老年人权益保障法》，继续加大工作力度，积极完善体制机制，努力创新发展模式，全面构建与我区人口老龄化进程相适应、与经济社会发展水平相协调，以居家为基础、社区为依托、机构为支撑，资金保障与服务保障相匹配，基本服务与选择性服务相结合，有偿（低偿）服务与政府购买服务相融合，社会化、信息化、标准化为手段的社会养老服务体系，确保老年人老有所养、安享晚年。

（二）工作目标。到“十二五”末，居家养老服务实现全覆盖，政府购买服务占老年人口总数的6%，上门服务内容进一步细化、深化；整合社区养老用房，按照先“示范”，再“以点带面”的方式建设布局合理、功能多样、覆盖全区的社区养老服务照料中心；逐步建立以护理型为重点、助养型为辅助、居养型为补充的机构养老服务模式，培育扶持社会化养老服务产业，通过内外齐抓、政策扶持建设养老床位，力争每百名老年人拥有养老服务床位数达到4张以上，护理型床位占比有明显提高，民办养老服务机构床位占比达到80%以上。到2020年，各类工作目标按照省市要求有新的增长；区养老服务指导中心、街道养老服务中心、社区居家养老服务站三级组织管理系统和服务网络不断健全，养老服务管理实现信息化。

二、全面深化居家养老服务

（一）扎实开展居家养老需求评估。以《杭州市养老服务需求评估办法》和《关于主城区人户分离老年人异地养老的实施意见》为依据，结合区情实际，实行动态管理。一是要明确评估对象。养老服务需求评估对象为本区户籍，年满60周岁以上，且退休金或养老保险金在3000元/月及以下的空巢、独居、孤寡老年人，或市级以上劳模、重点优抚对象、失独、归侨、纯居干等特殊贡献老人或特殊对象。并逐步把90岁以上所有老人纳入评估对象。主城区人户分离老年人的居家养老服务，按照杭州市民政局《关于主城区人户分离老年人异地养老的实施意见》执行。二是要规范评估流程。区、街道、社区三级评估管理机构要细致开展工作，严格按照“申请—初评—评估—公示—审批—二次公示”六个步骤进行，每一个步骤要做到规范有序，确保评估工作公开、公平、公正。申请由老年人向实际居住的社区提出，初评由社区对照评估条件提出意见，评估统一由区民政局引进并委托有资质的第三方开展，审批由区民政局负责，公示由社区按照规定要求进行。三是要规范台账管理。借助居家养老评估系统，通过数字化录入设备，建立全区内容和格式相同的电子台账，实现居家养老评估、服务和报表的有机统一。电子台账的建立，既要规范录入《上城区社区居家养老服务需求评估表》的相关内容，还要将申请人的身份证、户口簿、工资收入证明等扫描上传至该系统。系统数据要做到动态管理，有死亡或迁出的要及时退出，确保政府补贴享受人数与实际享受人数相对应。

（二）鼓励发展居家养老服务组织。通过政府培育扶持、购买服务等方式，鼓励和引导社会力量开展居家养老服务，重点扶持发展一批专业从事居家养老服务的企业和民办非企业单位。鼓励社会组织承接居家养老日间照料中心管理运作，有条件的可开展连锁经营，享受同等的建设和运营补贴。实行居家养老服务招标制度，通过政府招标采购方式，筛选具备资质的各类社会机构进入养老基本公共服务领域。各级居家养老服务管理部门要突出服务质量的监督管理，把购买服务与监督管理有机结合起来，逐步构建服务优质、老人满意的良好服务格局，不断提升居家养老服务社会化水平。

（三）创新完善居家养老服务内容。围绕“东方品质体验区，幸福和谐示范区”战略目标的要求，居家养老的服务内容应根据老年人需求不断充实完善，把老人需求数量多、专业性强的服务内容单独分离出来，以政府购买服务的方式引进专业化的上门服务项目，满足居家养老个性化的服务需求。结合当前老年人养老服务需求的梳理分析，细化的内容确定为两项，即居家养老政府购买服务对象开展水电和家电统筹保修服务和90岁以上空巢、独居老人医疗签约上门服务。

（四）努力提升社区养老服务功能。落实社区养老服务用房，新建小区要按照不低于每百户20平方米建筑面积的标准配建社区居家养老服务用房，并与每百户30平方米的社区配套用房统一规划、统一设计。养老服务设施一般安排在一楼，相对集中地进行配建，并设置无障碍通道。新建小区的养老服务设施要与住宅建设项目同步设计、同步施工、同步交付使用，由所属街道进行验收。居家养老服务用房建成后移交给当地街道使用，产权可归属各街道。

社区养老服务设施建设要坚持因地制宜的原则，各街道要全面梳理社区养老服务用房，在条件具备的社区率先试点建设养老服务设施，到2014年底，每个街道要建设1–2个“示范型”居家养老服务照料中心，到2015年底，各街道有2～3个“示范型”居家养老服务照料中心。对社区居家养老服务设施建设的补助，按照完成建设后由街道申报、区验收合格以行政划拨的方式给予补助。

各街道、社区已建的居家养老服务站、“星光老年之家”要通过资源整合、设施改造、功能提升，转型升级为社区居家养老服务照料中心或小型养老服务机构。尚未建有居家养老服务设施的社区，要加大力度，整合资源，加快建设。到2015年，社区实现居家养老服务照料中心全覆盖。要加大老年食堂建设，到2015年底，每2～3个社区建有老年食堂或配送点。

要积极改进居家养老服务方式，社区居家养老服务设施要依托“智慧养老”服务平台，对接老年人服务需求，为老年人提供便捷的居家养老服务。

三、大力加强养老服务机构建设

养老机构建设既要与当前经济社会发展相适应，也要与老年人的实际需求相适应，按照分布合理、规模适当、档次多样、功能各异的原则加紧建设。

（一）努力建设与需求相适应的机构床位。按照“十二五”规划“区内1000张、区外2000张”的床位建设目标，积极推行养老机构分类建设。一是加强公办养老机构建设。通过挖掘潜力，建设一所拥有150张左右床位的区属公办养老院，发挥其示范辐射作用来带动全区养老机构建设，并满足本区“三无”（无劳动能力，无生活来源，无赡养人和扶养人、或者其赡养人和扶养人确无赡养和扶养能力）、孤寡、高龄、失能、失独的困难老人和优抚对象中的老年人的集中供养需求。二是实施街道养老机构转型升级。现有街道级公办或“公建民营”敬老院，要分阶段制定改造提升的实施计划，通过软、硬件的改造，完善设施、增强功能、提高服务质量，在满足辖区“三无”对象集中供养的同时，积极为有需求的其他老年人提供养老服务。三是按照护理需求定位养老机构。在现有敬老院的改造中，1～2所街道级敬老院定位为具有医护功能，以接收失能、半失能老人为主，提供长期照护的护理型养老服务机构；其他机构定位为以接收半自理老人、自理老人为主，提供适当照护，集中居住式的助养型养老服务机构。重点支持护理型养老机构，在政策上给予一定的倾斜。

（二）大力扶持发展民办养老服务机构。扶持社会力量兴办各类养老服务机构，鼓励境外资本投资养老服务业，鼓励企业、社会组织、个人利用厂房、学校、宾馆及其他可利用的社会资源改造创办养老机构，就近就便为老年人提供集中照护服务。社会力量在取得民政部门关于养老机构设立许可后，营利性养老服务机构到工商行政管理部门进行工商注册登记，非营利性养老服务机构到民政部门进行民办非企业单位登记，取得法人资格。养老服务机构可以实行集团化管理模式、办理法人登记，社区级的养老服务机构也可通过社区服务组织备案进行登记管理。社会力量举办养老机构以本辖区为主，同时也兼顾“非地”发展，社会力量兴办养老机构享受相关优惠政策。

（三）注重提高养老机构医疗康复服务能力。加强养老服务机构与医疗机构的合作，实现资源互补、服务共享。鼓励社会力量举办养老护理院，鼓励街道级卫生服务中心转型升级为养老护理院。养老护理院需同时取得“医疗机构设立许可”和“养老机构设立许可”，享受养老机构相关扶持政策。临终关怀医院纳入养老机构范畴，对设立的老年病床给予适当扶持。现有各类养老院中，100张床位以上的护理型养老服务机构应单独设置医务室；规模较小的护理型养老服务机构和助养型养老服务机构可单独设置医务室，也可与周边医院、社区医疗卫生服务机构合作，促进养医结合，满足在院老年人医疗康复服务的各类需求，提升养老机构医疗康复服务能力。有条件的养老服务机构独立设置的医务室，可向人力社保部门申请纳入医保定点机构。鼓励、引导社会办养老机构延伸发展医疗服务，促进养医融合发展。同时配合开展“福彩助我行”活动，免费为社会困难老人和护理机构的失能、失智老人提供各类康复辅助器具。

四、加强和创新养老服务运行管理

（一）提高养老服务信息化水平。安排专项资金建设上城区“智慧养老”服务平台，通过智能终端、呼叫中心和服务实体三者的有效配合，为老年人提供全方位、多层次、多元化的居家养老上门服务，实现居家养老“服务落地和服务留痕”，对居家养老服务进行跟踪统计，对政府购买服务开展实时监督，为政府决策提供必要的依据。鼓励、引导居家养老服务组织通过信息化设备的开发利用，加强对服务质量的监管。

（二）建立养老服务补贴制度。对城市最低生活保障家庭中的失能、失智老人，政府给予养老服务补贴。养老服务补贴通过向补贴对象提供服务的方式实现。入住养老服务机构接受服务的，其养老服务补贴由民政部门支付给相应的养老服务机构；居家接受服务的，其养老服务补贴由民政部门支付给提供服务的居家养老服务企业或从事居家养老服务的机构。具体参照《杭州市养老服务补贴制度实施意见》和《关于主城区人户分离老人异地养老的实施意见》执行。

（三）加强养老服务队伍建设。一是建立健全养老服务组织机构。区建立社会养老服务指导中心，确保编制、人员、场地、经费“四落实”；街道建立综合性养老服务中心，配备专门的工作人员；社区要建立居家养老服务照料中心，鼓励通过政府购买服务的方式开展养老服务，社区通过政府购买服务的方式落实专职的养老协管服务的，财政给予一定补助。二是加快服务人才队伍建设。鼓励大中专院校护理专业、社会服务与管理、公共事务管理和家政学等相关专业毕业生到养老服务机构和社区就业，从事养老服务工作，并按照政策给予入职奖补。推行养老护理员持证上岗，提高养老护理员工资水平，探索建立养老护理员特殊岗位津贴制度。三是实行养老护理员职业资格评定制度。建立养老护理员专业技术培训制度，按照养老护理员国家职业标准开展养老护理员职业资格考评工作，养老护理员培训鉴定专项经费从养老服务经费中列支。

（四）完善养老服务机构政策性保险制度。坚持政府支持、机构投保、保险公司运作的原则，实施养老服务机构政策性保险制度，降低养老服务机构运营风险。各类养老服务机构投保费用，区财政和各街道按属地原则给予适当补助。

（五）加强养老服务机构安全管理。各相关部门要切实履行业务主管和行政监管职责，依法加强对养老服务从业人员的安全教育和养老服务场所的安全检查，及时督促整改公共卫生和消防安全方面的问题，消除各类安全隐患。严格养老服务机构登记审批和年检年审制度，新建机构申请《养老机构设立许可》，应当依法提交建设、消防、环保、卫生防疫等有关部门的验收报告或审查意见书及其他必备材料；对已经建成运行的养老机构，公安消防部门要加强检查指导，民政部门要督促落实消防安全要求，有条件的要定期开展消防安全演练。

五、加大政策扶持力度

区财政设立社会养老服务体系建设专项资金，重点用于养老服务补贴、养老服务机构建设、居家养老服务设施建设和鼓励发展民办养老服务机构等，省市级政策需区级1∶1配套的，我区按不低省市级政策执行，并适当向养老服务负担较重的街道倾斜。

（一）养老机构床位建设补助。对取得《养老机构设立许可》并依法登记的养老机构集中护养型床位给予建设补助。用房自建、床位数达到10张及以上的非营利性社会办养老机构，给予每张床位9000元补助；对租赁用房的非营利性社会办养老机构，给予每张床位7500元补助；纯护理型社会办养老机构的床位补助标准上浮10%。营利性养老机构按上述标准的80%给予补助。从2014年起，符合床位建设补助的养老机构登记运行满一年、入住率达到30%，年检合格，给予50%的补助资金；运营满3年、入住率达到50%，年检合格，再给予50%的补助资金。原社会办养老机构的床位建设补助按原政策执行，辖区外养老机构计入本区床位数的，且由上城区户籍老人入住的，建设补助按照当地补助标准上浮10%执行。

（二）养老机构床位运营补助。依法登记的社会办养老机构接收主城区户籍的老年人入住，可根据养老机构等级评定办法申请养老机构等级评定，结合评定情况给予床位运营补助：五星级养老机构，每人每月补助200元；四星级养老机构，每人每月补助150元；三星级及以下养老机构，每人每月补助100元。其中，接收失能、失智老年人入住的，在以上补助的基础上每人每月再增加50元。床位运营补助按床按月计算，以老年人实际入住的月数为准，本区户籍的老年人由区民政局核定发放，其他主城区户籍老年人入住我区养老机构的，按照户籍所在地运营补助政策执行，其运营补助由市民政局、市财政局协调落实。社会办养老机构接收本区户籍“三无”老人入住的，其费用由区、街道全额保障。

（三）养老机构租金补助。社会力量按照市场价格租用辖区内非公有房产开办养老机构，取得《养老机构设立许可》并依法登记，在享受其他补助的同时，按照房产年租金的35%给予补助。辖区外租用非公有房产举办养老机构计入本区床位数的，且上城区户籍老人入住率达10%～35%及以上的，按照房产年租金的10%～35%给予补助，最高不超过35%。社会力量自有土地或租用土地30年以上，建设养老机构的，参照上述租用补助标准给予资金补助。年租金补助由举办机构提出申请，报区民政局审核，区政府批准，按照一年一补的方式实施，对不足一年的补助，按月计算。具体操作细则由区民政局负责解释。

（四）综合责任险补助。完善养老保险体制，有效规避养老服务风险。推广实施养老机构综合责任险和居家养老服务护理责任险，并积极探索实施老年人意外伤害保险，养老机构综合责任险由养老机构、区财政和市财政各按1/3的比例支付。

（五）居家养老上门服务价格补贴。根据社会经济发展水平和市场规律，从2014年起，居家养老政府购买服务统一采取公开招标的方式引进社会实体，首次招标的服务价格最高为25元，并按照逐年提高的原则进行调整，价格调整由区民政局书面报区政府批准后实施。

（六）居家养老服务设施的补助。新、改、扩建并投入使用的照料中心，应积极参加星级评定，经验收合格的，根据标准给予一次性建设补助和新建老年食堂按照建设面积给予一次性建设补助，对已建成且运行良好的老年食堂给予一定的运营补助，其中纳入居家养老服务照料中心建设的老年食堂不再给予建设及运营补助。积极扶持老年食堂建设，对新增民非登记独立运营的老年食堂，经验收达标后，每年给予水、电、气等适当补贴。

（七）设立养老护理员特殊岗位津贴。鼓励养老护理员持证上岗，对于取得初级、中级、高级、技师等护理员职业资格证书的在本区养老机构工作满两年并持续缴纳劳动保险的非事业编制养老护理员，给予一次性奖励。鼓励养老服务机构对护理员设立持证岗位津贴，建立随社会平均工资浮动的护理员工资自然增长机制。落实浙民福〔2013〕113号文件精神，为符合条件的中职、高职等毕业生入职从事养老服务工作给予一定的入职奖补。

（八）其他税费优惠政策。社会办非营利性养老服务机构的税收优惠和水、电、煤、通信和有线电视等费用优惠参照省市相关政策执行。

六、工作要求

（一）加强组织领导。社会养老服务体系建设是今后一个时期保障和改善民生的一项重点任务，是落实十八大精神的重要实践，社会文明进步的重要标志，建设“具有国际水准的高品质中心城区”的重要体现，事关千家万户的安宁和幸福，事关全社会的和谐稳定。各部门和街道务必高度重视，切实增强责任感和使命感，将其列入重要议事日程，列入政府为民办实事工程，列入年度目标任务考核范围，密切配合、齐抓共管、形成合力，促进我区养老服务事业快速发展。

（二）落实政策保障。打破“民办非企业”的限制，通过完善扶持政策，吸引更多民间资本，培育和扶持养老服务机构和企业发展。积极培育自主经营、自负盈亏的独立市场主体，使其在享受优惠政策的同时，遵循市场规律，获取合理的利润回报，养老服务实行同质同价、优质优价，激发社会养老资源活力，促进养老机构的良性竞争。要贯彻落实省、市文件规定的各类养老服务机构建设和运营的优惠政策，加大财政资金对养老服务事业的投入，优化融资环境，保障社会养老机构的大力发展。同时，加强对各类养老资金的审计监督和运行监管，确保其运营安全和使用效率。

（三）完善监督管理。健全社会养老服务行业规范，形成行业标准体系。进一步完善社区居家养老服务标准、养老机构服务标准和国办养老机构准入评估办法，完善养老服务需求评估体系。加强养老服务质量评价，完善由第三方开展的养老服务质量绩效评估体系，加强养老服务质量监管和满意度调查，建立健全养老服务工作绩效激励机制。强化养老服务监管，严格准入条件和程序，依法核发养老机构设立许可证，把好养老机构准入关；要加强对养老机构依法登记后的监督管理，坚持事前审批与事后监管相结合，形成对养老机构的全过程监督管理。

（四）营造浓厚氛围。要采取多种形式，深入宣传社会养老服务体系建设的重要意义、目标任务和法规政策，引导社会各界积极参与、大力支持社会养老服务体系建设。要大力营造尊老、爱老的良好氛围，通过新闻媒体等广泛宣传尊老、爱老的传统美德，明确家庭养老的责任，强化子女的养老责任和意识。要认真总结经验，树立典型，大力开展养老服务示范活动。要加强照护文化建设，切实提高养老服务从业人员的职业道德水平，广泛开展为老志愿服务，在全社会大力营造敬老、爱老、助老的良好风尚。推崇“自立、自助、互助”的积极养老文化。

杭州市上城区中小学校体育场地设施向社会开放工作实施细则

（2015年2月6日）

第一章　总　则

第一条　根据《杭州市人民政府办公厅关于转发市体育局等部门推进杭州市中小学校体育场地设施向社会开放实施办法的通知》，结合本区情况制定本细则。

第二条　推进杭州市中小学校体育场地设施向社会开放责任主体为上城区人民政府，区体育局、区教育局、区财政局和各街道办事处根据各自职能承担具体管理责任。

第三条　推进杭州市中小学校体育场地设施向社会开放实施单位为社区与辖区内公办

中小学校。

第二章　开放原则

第四条　公办中小学校（含辖区市属高中）列为开放对象，民办学校、特殊学校暂不在本次开放范围之内。开放学校名单在上城网进行公布与更新。

第五条　学校向社会开放的体育场地设施主要是指学校田径场、篮球场、足球场、排球场、羽毛球场、网球场等室外场地。

第六条　学校体育场地开放时间工作日每天早、晚相加不少于3小时，双休日、节假日、寒暑假每天不少于6小时。特殊情况暂停开放需提前三天向社会公示原因和期限。有学生晚自修和寄宿制的学校工作日期间可不向社会开放，双休日、节假日、寒暑假每天不少于6小时。

第三章　组织管理

第七条　区体育局承担上城区全民健身领导小组办公室职责，负责组织实施本项工作，落实工作会议联系与组织定期检查工作。

体育局要积极搭建社会力量协作平台，鼓励社会资源参与管理。开展校方管理员、校方安全员、社区管理员、现场管理员、社会体育指导员的业务培训工作。

建立社会体育指导员和教练员人才库，适时组织人员开放期间运动项目推广、培训和现场指导工作。

第八条　区教育局承担中小学校体育场地设施向社会开放工作中的开放学校的统筹协调，落实学校场地维修、设施配置与更新、公众责任保险、增加安保任务等经费。

第九条　各街道办事处督促检查辖区社区按要求实施中小学校体育场地设施向社会开放工作，落实管理员（校方管理员、校方安全员、社区管理员、现场管理员）经费补助事项。

第十条　社区与本辖区开放学校签订体育场地设施资源共享协议，落实学校体育场地对外开放社区管理员，为每个开放学校（校区）安排现场管理员，并将名单报送辖区开放学校。

第十一条　开放学校与所在社区签订体育场地设施资源共享协议，并向社会公示开放内容。学校协助安装市民卡刷卡机，配置电脑和上网连线及维护工作。落实学校体育场地对外开放校方管理员、校方安全员，并将名单报送所属社区。

第四章　进校健身

第十二条　成人市民卡需到所在社区（或开放学校所在社区）进行登记个人信息，次日可凭卡进校健身，一人一校。选择学校范围：全区开放学校名单公布范围任选一所。

学生持学生市民卡可在全市开放学校刷卡健身。

第十三条　工作在上城区的市民，由所在单位出面或持单位介绍信，本人随带市民卡到开放学校所在社区集中办理登记。

第十四条　无市民卡人员凭身份证（军官证）等有效证件到社区预登记，并持杭州通·通用卡于十日内前往市民卡指定服务网点办理开通校园健身功能。杭州通·通用卡仅限于无市民卡人员使用。

第十五条　居民进、出校都需要在学校校门处的刷卡机上刷卡。

第十六条　若居民有意更换健身学校，需先注销原登记信息后到相关社区重新办理登记。

第十七条　居民按公示牌中“健身须知”内容和要求进校健身，遵守学校的规章制度，维护学校师生的教学秩序，服从工作人员管理。健身人员有下列行为之一的，社区可拒绝登记，学校可拒绝其本人进校健身：

1.有重大传染病史、精神病史等对他人造成影响的；

2.有严重暴力犯罪前科、暴力倾向等对他人安全有隐患的；

3.二次及以上违反学校公示牌中“健身须知”条款的；

4.持他人市民卡（杭州通·通用卡）进校的。

第五章　健身服务

第十八条　校方管理员职责

1. 联系学校与所在社区签订场地对外开放协议；

2. 负责学校场地对外开放设施维修、更新；

3. 提前向社会公示因教学、考试、施工等特殊情况暂停开放通知。

第十九条　校方安全员职责

1. 掌握识别系统的使用，维护健身人员凭市民卡（杭州通卡）进出校园秩序；

2. 如遇突发紧急情况及时报告学校，并拨打救助电话；

3. 配合街道、社区做好其他相关学校开放的工作。

第二十条　社区管理员职责

1. 联系开放学校签订场地对外开放协议，安排现场管理人员并进行指导；

2. 负责居民进出学校健身人员信息登记办理和相关电子台账工作；

3. 协调处理开放期间社区与校方、健身者临时事项。

第二十一条　现场管理员职责

1.根据各中小学校对外开放时间按公示牌中《健身须知》条款进行现场管理；

2.认真检查开放场地设施、器材，需要修缮和维修的设施器材及时与校方管理员联系；

3.第一时间处理意外伤害事故和突发事件，及时报告所属社区管理员，并拨打救助电话。

第六章　保障措施

第二十二条　上城区学校体育场地设施向社会开放工作协调小组组织群众通过现场查看、居民反映、专项检查等不同形式定期对本地区开放工作进行监督检查。

第二十三条　上城区学校体育场地设施向社会开放工作协调小组每年召开专题会议，研究学校体育场地对外开放中的难点问题，通报全区中小学校体育场地向社会开放的实施情况。

第二十四条　如遇意外伤害事故和突发事件由所在街道牵头协调处理。

第二十五条　区财政局安排政府补助经费用于学校体育场地开放管理员开支，每年每校（校区）5万元，经费拨付至各街道（社区），具体由街道负责分配。经费支出比例参考：安全管理员岗位经费不低于6000元/年，现场管理员岗位经费不低于34000元/年，其他社区管理员、校方管理员等岗位经费根据工作量大小给予适当补助。

第七章　附　则

第二十六条　本细则具体应用问题由区体育局负责协调与解释。

第二十七条　本办法自2015年4月6日起施行。

杭州市上城区人民政府职能转变和机构改革方案

上委办〔2015〕51号

根据党的十八大和《中共中央、国务院关于地方政府职能转变和机构改革的意见》（中发〔2013〕9号）精神，以及市委十一届六次全会和《市委办公厅、市政府办公厅关于印发〈杭州市区、县（市）政府职能转变和机构改革实施意见〉的通知》（市委办发〔2014〕85号）精神，杭州市上城区政府职能转变和机构改革的总体要求是：高举中国特色社会主义伟大旗帜，以邓小平理论、“三个代表”重要思想、科学发展观为指导，深入贯彻习近平总书记系列重要讲话精神，与省、市政府职能转变和机构改革相衔接，全面深化政府职能转变和机构改革，建立科学有效的政府治理体系，最大程度激发市场、社会的创造活力，为建设现代化美丽上城提供体制机制保障。

一、加快政府职能转变

健全和完善区政府功能，围绕使市场在资源配置中起决定性作用和更好发挥政府作用，处理好政府与市场、政府与社会、政府层级间的关系，推动政府职能向创造良好发展环境、提供优质公共服务和维护社会公平正义转变，切实提高政府管理的科学化水平。

（一）推进简政放权

1. 推行政府权力清单制度。按照建设公开透明、廉洁高效和法治政府的要求，全面推行权力清单制度，清理部门职责，依据法律法规，编制部门权力清单和权力运行流程图，明确责任主体，规范行政裁量权，并按规定予以公布，接受社会监督。加强部门职权动态管理，建立健全各项配套制度。编制部门责任清单，按照同一件事情由一个部门负责的原则，理顺部门职责关系，对确需多个部门负责的事项，明确牵头部门，分清主办和协办关系，建立健全协调配合机制，最大程度减少部门职责交叉和分散问题，加快构建权界清晰、分工合理、权责一致、运转高效的政府职责体系。

2. 深化行政审批制度改革。进一步减少政府对微观事务的直接管理。全面清理自行设定的资质资格许可和认定、评比达标表彰、考核评估等事项，清理以“红头文件”形式设定的不符合法律法规的审批事项。凡市场机制能有效调节的经济活动，一律取消审批。对上级政府下放的行政审批事项，做好承接工作；对上级政府转给市场和社会的管理职能，不得截留。对保留的行政审批事项，创新行政审批方式，优化审批流程，提高审批效率。

建立审批放权事项绩效评估和新增审批事项准入制度，对确需设立的行政审批事项，严格按照《行政许可法》和国务院规定的程序设定，防止行政审批事项边减边增、明减暗增。加快中介服务机构改革，推进并规范中介服务市场化运作，提升服务效能。实行市场准入负面清单制度，清单以外的经济领域，各类市场主体皆可依法平等进入，政府不再审批，切实落实市场主体投资自主权。

3．深化政府预算管理。实施全面规范、公开透明的预算制度。推进财政专项资金改革，逐步取消竞争性领域专项资金，减少政府对资源的直接配置。强化绩效评价管理，提高财政资金使用绩效。健全政府非税收入管理制度，清理规范行政事业性收费和政府性基金项目，严格征收管理，完善收费公示制度，将政府全部收支纳入预算管理。

（二）改善政府管理

1．转变管理方式。转变政府管理理念，改进工作方式，加强事中事后监管，避免管理缺位，防止“一放就乱”。推动政府把更多的精力转到制定和实施发展战略、规划、政策、标准等工作上。严格执行国家法律法规、发展规划和产业政策的规定，加强对投资活动中土地使用、能源消耗、污染排放等的管理，纠正以违反法律法规的优惠政策进行招商的行为，避免重复投资和无序竞争。加强公共安全、互联网管理和流动人口管理服务，增强预防处置突发公共事件和社会管理综合治理能力。以市场信用建设为重点，全面推进社会信用体系建设，完善信用信息征集、存储、共享与应用等环节的制度，建立信用信息平台，推进部门信息共享。

2．明确监管责任。加强对市场主体和市场行为的监管，依法平等对待各种所有制经济，规范市场秩序，着力营造公平、诚信、法治的市场竞争环境。市场监管原则上实行属地管理，由区政府负责。其中工商、质监管理体制由市以下垂直管理调整为市、区政府分级管理。突出强化基层市场监管机构和能力建设，推进食品药品监管工作关口前移、重心下移，强化街道与市场监管机构的合力，深化食品药品监督管理横向到边、纵向到底的工作体系。改革工商登记制度，降低市场准入门槛，减少前置审批，大力推进工商注册制度便利化。建立市场主体信用信息公示制度，强化信用监管。

3．培育发展社会组织。更好地发挥社会组织在社会事务管理中的积极作用，重点培育和优先发展行业协会商会类、科技类、公益慈善类、社区服务类社会组织，重点培育和优先发展的社会组织成立可直接向民政部门依法申请登记。逐步将政府履行的辅助性、技术性和服务性事项委托或移交行业协会等社会组织承担，推进政府职能向社会组织转移。进一步落实协会商会类社会组织与行政机关脱钩，探索一业多会形式。建立健全社会组织监管和自律制度，推动社会组织完善内部治理结构，以诚信、信誉、章程等实施自律管理。创新社会治理体系，鼓励和支持社会各方面参与，形成政府治理和社会自我调节、居民自治良性互动的社会管理新格局。

（三）强化公共服务

加快教育、医疗卫生、公共文化体育、就业和社会保障等领域体制改革，推进基本公共服务均等化。创新公共服务机制，鼓励和公平对待社会力量提供公共服务，重点促进社会资本和民间力量进入医疗卫生、教育和文化体育领域，加快发展民办医疗、教育和文化体育事业。积极稳妥推进政府向社会力量购买服务，制定政府购买服务目录，建立健全政府购买服务的标准、招投标和监督评估等制度，凡属事务性管理服务，原则上都应引入竞争机制。健全政务服务体系，深入推进电子政务系统建设，以网格化管理、社会化服务为方向，整合各类基层服务管理资源，着力打造更为综合、高效的政务服务平台。

（四）坚持依法行政

加快法治政府建设，完善依法行政各项制度，构建决策科学、执行坚决、监督有力的权力运行体系，提高政府公信力和执行力。健全科学民主依法决策机制，建立决策后评估和纠错制度。深化政务公开，推进政府和部门财政预决算、“三公”经费、重大建设项目批准和实施、社会公益事业等领域的信息公开。建立健全各项监督制度，拓宽群众监督渠道，让人民群众监督权力。加强对部门和街道的监督检查，强化行政问责和绩效管理，严格责任追究，做到令行禁止。

二、深化政府机构改革

区政府机构改革与省、市政府机构改革相衔接，适应经济社会发展需要，突出重点领域，强化监管责任，进一步精简和规范机构设置，稳步推进大部门制改革，加快形成精干高效兼具地域特色的政府组织结构。

（一）推进机构和职责整合

1．组建区卫生和计划生育局。将区卫生局除用人单位职业卫生监督检查等相关职责以外的职责、区人口和计划生育局的计划生育管理和服务职责，整合划入区卫生和计划生育局。将区卫生局的用人单位职业卫生监督检查等相关职责划入区安全生产监督管理局（区安全生产委员会办公室）。将区人口和计划生育局的研究拟订人口发展战略、规划及人口政策等职责划入区发展改革和经济信息化局。不再保留区卫生局、区人口和计划生育局。

2．组建区市场监督管理局。承接市下放的工商行政管理、质量技术监督的职责，将区食品药品监督管理局、区食品安全委员会办公室的职责和区商务局的家畜屠宰监督管理等相关职责整合划入区市场监督管理局。区市场监督管理局挂区工商行政管理局、区质量技术监督局、区食品药品监督管理局、区食品安全委员会办公室牌子。

3．不再保留区政府办公室挂的区政府研究室牌子。

经过上述调整，杭州市上城区政府设置工作部门19个（详见附件）。

（二）规范机构设置

从严规范和管理合署办公机构、挂牌机构。合署办公的机构，人、财、物必须实行统一管理，只设1个党委（党组）和1名正职领导，不得明合暗分。挂牌机构不得设为实体机构，不得另行确定机构规格、领导职数，不得以挂牌机构名义配备主要领导。严格控制议事协调机构设置，不单设办事机构，不专门核定人员编制，具体工作由有关职能部门承担。不设置部门管理机构。综合设置部门内设机构，避免分工过细、力量分散。

三、统筹推进相关改革

结合区政府职能转变和机构改革工作，统筹考虑、总体谋划、协调推进各领域改革。

（一）推进事业单位分类改革

结合政府机构改革工作，逐步将事业单位承担的行政职能划归行政机构，或将事业单位转为行政机构；涉及机构编制调整的，不突破政府机构限额和行政编制总额。不得擅自将行政职能转由事业单位承担，推动事业单位与主管部门理顺关系和去行政化。不再新设承担行政职能或从事生产经营活动的事业单位。撤并整合职责相近、设置重复分散、规模过小的事业单位。健全和完善事业单位法人治理结构，推进各类事业单位统一登记管理。继续深化事业单位人事制度、收入分配、社会保险、财政投入等配套改革，并做好与教育、科技、文化、卫生等行业体制改革的衔接。

（二）深化街道行政体制改革

进一步理顺各职能部门和街道的关系，严格控制部门在街道设立派驻机构，已经设置的派驻机构，纳入街道管理服务体系。规范对街道的工作考核和绩效评估。理顺街道与社区等自治组织的关系，完善工作机制，充分发挥基层自治组织在社会管理服务等方面的积极作用。严格按照有关规定综合设置街道党政工作机构，统筹各类资源，合力推进基层各项工作开展。强化街道社会管理和公共服务职能，创新公共服务提供方式。推进社区转变服务方式，整合综合服务信息，搭建社区公共服务、便民服务、治理服务平台。

（三）推进行政执法体制改革

按照省、市行政执法体制改革要求，推进跨部门、跨行业综合执法，着力解决权责交叉、多头执法问题，推动执法力量下沉，建立权责统一、权威高效的行政执法体制。积极推进市场监管、城管执法、安全生产、劳动和社会保障等重点领域深化执法体制改革，清理整顿和整合执法机构和执法队伍，提高执法能力和服务水平。

四、严格控制机构编制

按照财政供养人员只减不增的要求，加强机构编制管理，精简人员编制，降低行政成本，把更多财力用于改善民生。

（一）强化总量控制

行政编制的调整使用，必须控制在省下达的总额以内。认真落实事业编制总量控制要求，事业编制控制在省确定的事业编制数额以内。严格控制参照公务员法管理事业单位和经费自理事业单位的机构编制，参照公务员法管理事业单位编制以2013年底统计数为基数实行总量控制；严格控制经费自理事业编制转为财政补助事业编制，确需调整的，报上级机构编制部门审核。年度用编计划和公务员招考方案须报上级机构编制部门审核。减少领导职数，部门领导职数核定按照上级相关要求，一般配备1名正职领导干部、1～2名副职领导干部，工作任务特别重的综合部门可增设1名副职领导干部；非领导职数严格按规定配备。除本单位行政正职为非党员或由上一级负责人兼任外，党委（党组）书记一般由本单位党员行政正职担任。强化实名制管理，确保机关事业单位实体机构设置与按规定审批的机构相一致、实有人数与批准的编制和领导职数相对应。加大对机构改革和政策性安置造成的超编、超职数配备人员的分流和消化力度，制定消化方案。未按计划完成分流和消化任务的单位，不得新招或从外地选调机关事业单位人员。彻底核查现有机构和人员编制情况，清理规范机关事业单位编外用人。

（二）创新机构编制管理

加大机构编制管理创新力度，向改革要编制，向管理要编制，向信息技术要编制，不断提高机构编制资源效用。按照严格控制总量、盘活存量、优化结构、增减平衡的要求，盘活现有编制资源。按一定比例精简党政群机关（政法部门暂不列入）编制和事业编制。其中，精简的事业编制95名，上收省集中管理。精简的行政编制和除上收省集中管理以外的事业编制由区级掌握使用，主要用于加强事关中心工作、全局工作和重大民生保障等方面的人员力量。精简后的超编人员，通过优化调整干部配置、自然减员和鼓励符合条件人员提前退休等方式内部消化。严格控制新设机构，确需设置的，在机构限额内按照“撤一建一”的原则从严掌握。加强在总量内跨部门、跨层级调剂使用编制。结合简政放权、重心下移，积极推进编制和人员向基层一线倾斜。进一步完善机构编制实名制管理制度，全面实施机构编制预报审核制度，改革人员出入编管理方式，强化机构编制部门与组织、财政、人力社保等部门的协调配合机制。

（三）严肃机构编制纪律

任何组织、单位和个人都必须严格遵守机构编制各项法律法规和政策。严禁擅自设置机构或变相增设机构；严禁超编进人，确保财政供养人员只减不增；严禁混编混岗，清理在编不在岗人员，坚决杜绝“吃空饷”现象的发生；不得超职数配备和超机构规格提拔领导干部。将机构编制政策规定执行情况纳入区委、区政府督查工作、领导干部任职审计范围和目标考核内容。健全机构编制监督检查机制，加大对机构编制违法违纪行为的查处力度，对执行机构编制政策规定不力的单位，严格追究领导班子和领导干部责任，切实维护机构编制管理的严肃性和权威性。

五、认真组织实施

区政府职能转变和机构改革工作，在区委、区政府领导下，由区机构编制委员会负责，具体工作由区编委办承担。区政府各部门要按照区委、区政府统一部署，采取切实有效措施，加强领导，精心组织。纪检（监察）、组织、财政、人力社保、审计、法制等部门要密切配合，共同推进有关工作。制定政府职能转变具体实施方案，提出3—5年内总体安排和工作规划，明确任务分工、时间节点等，对体制调整、取消和下放权力、职能整合等制定细化方案和严密程序，逐项落实。

区政府职能转变和机构改革任务完成情况列入部门年度工作考核，并及时组织督查、评估。加强对改革涉及的人员编制、经费划转等工作的衔接，确保各项工作正常运转。加强思想政治工作，严肃工作纪律，确保政令畅通；重视研究改革中出现的新情况，正确引导舆论，扩大社会参与，增强改革动力；严禁突击提拔干部、突击进人，严防国有资产流失，确保改革顺利进行。

中共杭州市上城区委　杭州市上城区人民政府关于建设金融人才管理改革试验区的若干政策意见（试行）

上委〔2015〕52号

（2015年11月20日）

为进一步促进玉皇山南基金小镇发展，积极探索金融人才管理改革试验区建设，加快引进和培育一批具有国际视野的高层次金融人才，为上城区打造成为省市钱塘江金融港湾区域中心提供强大的智力支撑，根据《关于杭州市高层次人才、创新创业人才及团队引进培养工作的若干意见》等文件精神，特制定如下若干政策意见。

一、金融人才认定

1．本意见所指的金融人才，其所在机构（企业）原则上须满足《关于打造玉皇山南基金小镇的若干政策意见》第二条申请条件，从事私募金融行业，经认定具有较大行业影响力、较高学术地位和较强引领带动作用的国内外金融顶尖人才（A类）、国内金融领军人才（B类）、区域金融领军人才（C类）、区域金融紧缺人才（D类）和金融高级人才（E类）。

2．成立由区委人才办、区金融办、区财政局、区商务局、区科技局、区人力社保局、玉皇山南基金小镇管委会等部门以及行业专家组成的区金融人才分类认定协调小组，制定相应的金融人才管理办法，根据金融市场及试验区实际发展需要，定期修订完善金融人才分类目录。协调小组通过每年一次的联席会议形式对人才进行分类认定及复核，并纳入金融人才库管理。如遇特殊事项需要商定，可由区委人才办召集组织临时联席会议。

3．对于发展急需而现行金融人才分类目录难以认定的金融人才，可经协调小组联席会议商议确定。

4．金融人才认定时，必须无国家金融监管部门规定的不良记录。

二、扶持政策

1．团队项目资助。针对由认定金融人才组成的团队，根据个人投资收益所产生的地方贡献和团队中各类人才构成，分别按A类和B类最高100%、C类最高90%、D类最高80%、E类最高60%给予团队项目资助。

2．个人奖励。对A类、B类人才，根据年薪所产生地方贡献的100%给予奖励，年薪标准上限为300万元；对C类人才，根据年薪所产生地方贡献的90%给予奖励，年薪标准上限为150万元；对D类人才，根据年薪所产生地方贡献的80%给予奖励，年薪标准上限为100万元；对E类人才，根据年薪所产生地方贡献的60%给予奖励，年薪标准上限为30万元。

3．安家补助。对于在杭购买自用商品住房的，给予一定的购房补贴。A类、B类人才给予购房总金额最高不超过20%的购房补贴；C类人才给予购房总金额最高不超过15%的购房补贴；D类人才给予购房总金额最高不超过10%的购房补贴。在上城区范围内购房的，给予再上浮购房总金额5%的购房补贴。每人限购一套，购房总金额上限为2000万元。对于外地引进在杭租住的，给予一定的租金补贴。A类、B类人才给予租金100%的补贴，最高每年不超过10万元；C类、D类人才给予租金80%的补贴，最高每年不超过5万元；对于E类人才给予租金50%的补贴，最高每年不超过2万元。

4．中介奖励。对引进金融人才的中介组织实施奖励，A类奖励10万元、B类奖励5万元、C类奖励2万元、D类奖励1万元。

三、配套服务

1．居留和出入境。协助持外国护照入境的引进人才（含配偶和未成年子女）办理入境、居留、工作等所需的相应证件、手续。

2．落户。协助有意愿留在杭州的引进人才（含配偶和未成年子女）办理落户所需的相应证件、手续。

3．社会保险。协助引进人才（含配偶和未成年子女）参加本市各项社会保险，并享受相应权利，包括基本养老、基本医疗、工伤保险等。用人单位在引进人才办理各项社会保险的基础上，可为引进人才购买商业补充保险。其无业配偶、子女符合本市有关规定的，可参加本市城镇居民医疗保险并享受相应待遇。

4．医疗服务。将邵逸夫医院杭州玉皇山南基金小镇国际医疗中心等技术、设备一流的医疗单位作为健康定点单位，为引进人才（含配偶和未成年子女）提供优质医疗和健康保健服务。

5．子女入学。引进人才子女在基础教育阶段，可按本人意愿，选择公办学校、民办学校（国际学校）就读。A类、B类人才的子女入学优先服务；C类、D类人才的子女入学由区级教育部门协调解决。

6．车辆上牌补贴。对在我市小客车总量调控政策实施后未办理过浙A牌照小客车登记的A、B、C、D类人才，通过竞拍方式取得小客车上牌指标的，给予车辆上牌补贴，最高不超过3万元。

7．能力提升。支持引进的金融人才参与国际交流与合作、跟踪行业领域最新前沿动态，促进金融人才成长。鼓励各类金融人才参加国际注册金融分析师（CFA）、国际风险管理师（FRM）、国际会计师（ACCA、CGA）、注册会计师（CPA）等国际公认的专业资格认证，相关考试费用最高补助1万元。

8．选拔评优。支持高层次金融人才参选重大人才工程，并根据国家、省、市、区相应政策进行配套。对为地方经济社会发展做出突出贡献的杰出金融人才进行表彰奖励。

四、附则

1．以上使用的地方贡献，指区级财政综合效益。各类金融人才的资助、奖励、补助资金总额以金融人才及所在企业对区地方贡献为限。其中对人才中介的奖励资金由用人机构（企业）在团队项目资助中承担。

2．金融人才认定工作由区金融人才分类认定协调小组负责，经区委区政府同意后，由区财政局负责政策兑现。

3．扶持对象对申请材料的真实性负责。对弄虚作假、骗取扶持资金的单位和个人，将追缴收回已拨付的扶持资金，并按照有关规定进行处理。

4．国家、省、市针对金融人才的专项配套政策，可一并享受。

5．本意见如与国家、省、市最新法律、法规及政策不一致时，以国家、省、市最新法律、法规及政策为准。

6．本意见自发文之日起试行，试行一年。

中共杭州市上城区委办公室　杭州市上城区人民政府办公室
“四边三化”（南星馒头山区块）综合整治工作会议纪要

上委办纪要〔2015〕8号

（2015年11月21日）

2015年11月21日及12月2日，区委副书记袁建祥主持召开了馒头山区域环境整治工作系列专题会议。区委办、区政府办、区住房和城建局、区市场监管局、区城管局、区公安分局、南星街道、玉皇山南指挥部、上城交警大队、上城消防大队、复兴街社区、玉皇山社区、馒头山社区、玉皇经联社等单位有关负责人参加。会议传达了市委赵一德书记调研馒头山区域环境整治工作时的指示精神，听取了玉皇山南指挥部和南星街道关于整治工程项目推进情况的汇报，并就近期整治要求的落实情况、工作中的重难点问题和下一步工作进行了研究部署。

会议强调，馒头山区域环境整治一定要按照赵书记的指示要求，把环境整治提升与保护历史遗存、推进城市有机更新结合起来，与背街小巷和庭院改善等民生实事结合起来，高点定位、高效推进，注重建筑、景观风貌与周边环境的统一，彰显自然山水与厚重人文交融的城市特质，为峰会添彩，让群众受益。现将会议讨论和决定的有关事项纪要如下：

一、抢抓项目工期进度。各责任单位要把项目施工进度摆在首位，根据年底、明年3月底两个时间节点，细化分解，倒排进度，并充分考虑冬季天气影响，有针对性地采取措施，攻坚克难，确保按期完成。

二、狠抓项目质量品位。要按照馒头山区域综合整治设计方案的要求，坚持高标准、高品位实施整治，抓紧完成施工详图；要加强沟通，及时了解和解决施工单位提出的问题和困难，建立施工进度的考核奖惩机制；要落实工作机制，强化设计和监理公司的施工管理及跟踪服务，确保整治后效果符合南宋皇城文化风格，体现独特的人文地理环境特色。

三、继续深化设计方案。在原有设计方案的基础上，新增中河高架两侧景观绿化、亮灯工程和消防安全设计方案，均列入G20峰会应急项目。其中绿化工程可采用设计施工一体化方式进行招投标，便于加快项目实施。

四、不断拓展提升思路。要按照缪书记的“拆、改、整、绿、亮”五字诀，综合开展环境整治。在此基础上，着眼馒头山地区长远发展，积极稀释当地居民和经营户，更好改善区域环境功能。住户搬迁工作应遵循：一是改善需要，列入整治规划和业态调整计划的；二是自愿为主，居民有主动外迁的意愿；三是补偿标准统一，搬迁补偿不突破市相关规定，各类补偿、补贴和奖励标准按照南星区块原有政策执行，具体办法由山南指挥部会同南星街道共同制定；四是分类安置，原则上搬迁的农户（自住）可以在区内进行安置，居民一律外迁，房源由市下拨；五是同步推进，搬迁工作与拆违、危房整治要无缝衔接，按照时间节点把握进度；六是公平公正，委托第三方开展评估，加强政策信息公开，做好政策解释说明工作，确保搬迁工作顺利推进。

五、加强项目推进衔接。要建立专门的工作机制，分类分层次加强各责任单位间的沟通，做好项目的相互衔接。街道与指挥部要做好危房腾空、拆违、搬迁与整治的合理衔接；城管局要做好与省市相关部门的协调，使截污纳管、“上改下”、路灯、自来水管、燃气管道铺设等工程与道路整治同步推进，具体由市政所委托原施工单位负责实施，资金由山南指挥部承担，结算标准按原招投标口径执行，最终决算以审计为准。

六、加快产权单位地块整治。积极与南星货场铁路方和市气象局进行对接，摸清细致情况，统一整治思路，对于已形成一致意见的区块，抓紧时间启动整治。

杭州市上城区城镇棚户区和城市危房改造及配套基础设施建设三年行动计划（2015—2017年）

（2015年10月10日）

为推进上城区城镇棚户区和城市危房改造及配套基础设施建设工作，根据国务院《关于进一步做好城镇棚户区和城乡危房改造及配套基础设施建设有关工作的意见》（国发〔2015〕37号），以及省城乡住房工作协调委员会办公室《关于做好城镇棚户区改造等三年计划制定工作的通知》（浙住房委办〔2015〕7号）等精神，结合上城区实际，特制定本计划。

一、指导思想

以党的十八大报告为指导，根据市委第十一届九次会议提出的“建设美丽中国杭州样本”的目标，按照上城区建设的总体要求和“全盘梳理、统一规划、整体推进、同步配套”的工作思路，研究确定上城区城镇棚户区和城市危房改造及配套基础设施建设三年行动计划，全面推进改造项目按计划实施。

二、目标任务

2015—2017年，上城区城镇棚户区和城市危房改造及配套基础设施建设的主要目标为：至2015年底，完成城镇棚户区改造共计384户，改造面积2.6万平方米，其中货币安置8户，改造面积0.1万平方米，完成安置房开工601套，建筑面积3.8万平方米；至2016年底，累计完成城镇棚户区改造共计6423户，改造面积42.7万平方米，其中货币安置283户，改造面积2.8万平方米，完成安置房开工601套，建筑面积3.8万平方米；至2017年底，累计完成城镇棚户区改造共计8114户，改造面积63.9万平方米，其中货币安置543户，改造面积5.428万平方米，累计完成安置房开工4029套，建筑面积36.9万平方米，竣工1089套，建筑面积10.7万平方米。

三、改造工作建设管理体制

（一）成立上城区改造建设工作领导小组

为切实加强对上城区改造建设工作的领导，确保改造工作能够顺利按计划开展，成立上城区棚户区改造和保障性安居工程建设工作领导小组，区长陈瑾任组长，副区长管光尧任副组长，区政府办公室、区发改经信局、区财政局、区住建局、区城管局、区审计局、区卫计局、区公安分局、湖滨街道、清波街道、小营街道、望江街道、南星街道、紫阳街道、望江指挥部、湖滨指挥部、吴山指挥部、玉皇山南指挥部、上城国土分局、上城交警大队、上城规划分局、上城环保分局、上城消防大队主要负责人为成员。领导小组下设办公室，办公室设在上城区住建局，沈武洪任主任，楼土新任副主任。

领导小组及办公室的主要职责是全面负责上城区城镇棚户区和城市危房改造及配套基础设施建设工作，包括做好与市级相关部门的衔接沟通，传达市有关工作的文件精神，对棚改建设情况进行协调、检查、督促、考核。

（二）工作分工和工作职责

1．区政府办公室：牵头做好棚改建设的宣传和新闻报道工作，充分发挥新闻媒体对棚改建设工作的监督作用，营造良好的舆论氛围；负责对棚改建设项目进度的督办工作；负责棚改建设期间辖区内各类举报电话的受理工作，并会同区棚改建设办对涉及棚改建设工作的各类举报进行妥善处置。

2．区发改经信局：负责棚改建设项目的立项工作，将棚改建设项目列入重点工程，进入绿色通道。

3．区财政局：会同发改经信局、住建局下达上城区棚改建设工作涉及建设工程的资金安排，确保建设资金按照工程进度和合同要求及时拨付到位；参与工程实施过程中变更引起的工程造价增减审定；负责工程决算审核。

4．上城国土分局：负责集体土地上征地拆迁政策的解释、完善和制定工作；负责征地拆迁补偿标准的平衡；负责协调、监督、检查征地拆迁相关工作；负责拆迁服务机构培训和管理；负责整治工作范围集体土地上违章建筑的认定；配合各实施主体做好与供地有关的指导协调工作。

5．上城规划分局：根据上城区分区规划、各单元控规和上城区国民经济和社会发展规划，结合棚改建设要求，合理安排棚改建设项目及其公共配套服务设施等规划用地；做好涉及棚改建设工作规划手续的办理工作；组织建设设计方案的审查，参与初步设计的会审；配合各实施主体做好与规划有关的指导协调工作；负责对国有土地上违章建筑的认定。

6．区住建局：为上城区棚改建设工作的牵头部门，会同发改经信局、财政局下达上城区棚改建设工程项目计划及建设资金安排；负责工程概算审核；负责建设过程中质量、安全和文明施工监督管理。负责国有土地上征收政策的解释、完善和制定工作；负责征地征收标准的平衡；负责协调、监督、检查征收相关工作。

7．区城管局：负责制定棚改建设工作涉及区域垃圾中转站、公交站点、路灯、公共厕所等配套基础设施配套布点的实施计划，配合建设主体组织实施；负责对道路保洁、维护、管养，绿化养护按市区标准划分确定责任单位。

8．各街道：为各项目范围内推进征收和安置工作的责任主体，按照各建设指挥部的工作要求，负责辖区内征收和安置工作的宣传和实施；组织协调辖区内征收工作中遇到的疑难问题；推进辖区内征收任务目标的落实。

9．各指挥部：负责各项目的开发建设，根据区政府下达的任务统筹安排项目资金，保障项目进度，并负责配合各街道做好征地拆迁工作，按照上级要求及时上报棚改计划各项相关建设投资进度计划数据。负责落实征收项目资金、安置房源的到位和项目前期资料的提交。

其他各有关单位要按照各自的工作职责，各司其职，紧密结合，形成合力，共同推进上城区棚改三年行动计划。

四、保障措施

（一）加强组织领导，上城区各部门、各直属单位、各街道必须高度重视棚改建设工作。各部门、各建设主体要明确专人，各司其职，加大合作力度，集中力量，加快项目推进。

（二）加强资金保障，为确保棚改建设工作的进度和效果，上城区每年安排改造工作的专项资金，并及时核拨到位，确保工程的顺利实施。

（三）强化考核，上城区人民政府每年与各机关部门和单位签订棚改建设工作的目标责任书，加强对项目实施进度、质量等的检查考核，并将棚改建设工作列入上城区年度绩效考核内容，确保改造工作的顺利进行。

第三章 文选

本章主要收录1993—2015年有关上城的散文、诗词、歌曲童谣等，因首轮《杭州市上城区志》未有专门记载，故1993年前为补遗内容。

第一节 散文

清河坊

俞平伯[①]

山水是美妙的俦侣，而街市是最亲切的。它和我们平素十二分稔熟，自从别后，竟毫不踌躇，蓦然闯进忆之域了。我们追念某地时，山水的清音，其浮涌于灵府间的数和度量每不敌城市的喧哗，我们大半是俗骨哩（至少我是这么一个俗子）!白老头儿舍不得杭州，却说“一半勾留为此湖”；可见西湖在古代诗人心中，至多也只沾了半面光。那一半儿呢?谁知道是什么!这更使我胆大，毅然于西湖以外，另写一题曰“清河坊”。读者若不疑我为火腿茶叶香粉店作新式广告，那再好没有。

我绝不想描写杭州狭陋的街道和店铺，我没有那般细磨细琢的工夫，我没有那种收集零丝断线织成无缝天衣的本领，我只得藏拙。我所亟亟要显示的是淡如水的一味依恋，一种茫茫无羁泊的依恋，一种在夕阳光里，街灯影傍的依恋。这种委婉而入骨三分的感触，实是无数的前尘前梦酝酿成的，没有一桩特殊事情可指点，也不是一朝一夕之功。我实在不知从何说起，但又觉得非说不可。环问我：“这种窘题，你将怎么做?”我答：“我不知道是怎样做，我自信做得下去。”

人和“其他”外缘的关联，打开窗子说亮话，是没有那回事。真的不可须臾离的外缘是人与人的系属，所谓人间便是。我们试想：若没有飘零的游子，则西风下的黄叶，原不妨由它们哗哗自己去响着。若没有憔悴的女儿，则枯干了的红莲花瓣，何必常夹在诗集中呢?人万一没有悲欢离合，月即使有阴晴圆缺，又何为呢?怀中不曾收得美人的倩影，则入画的湖山，其黯淡又将如何呢？一言蔽之，人对于万有的趣味，都从人间趣味的本身投射出来的。这基本趣味假如消失了，则大地河山及

① 俞平伯（1900—1990年），原名俞铭衡，字平伯。浙江湖州德清东郊南埭村（今乾元镇金火村）人，出生于江苏苏州。散文家、红学家，新文学运动初期的诗人，中国白话诗创作的先驱者之一。清代朴学大师俞樾曾孙。与胡适并称“新红学派”的创始人。

它所有的兰因絮果毕落于渺茫了。在此我想注释我在《鬼劫》中一句费解的话：“一切似吾生，吾生不似那一切。”

离题已远，快回来吧!我自述鄙陋的经验，还要“像煞有介事”，不又将为留学生所笑乎?其实我早应当自认这是幻觉，一种自骗自的把戏。我在此所要解析的，是这种幻觉怎样构成的。这或者虽在通人亦有所不弃吧。

这儿名说是谈清河坊，实则包括北自羊坝头，南至清河坊这一条长街。中间的段落各有专名，不烦枚举。看官如住过杭州的，看到这儿早已恍然；若没到过，多说也还是不懂。杭州的热闹市街不止一条，何以独取清河坊呢?我因它逼窄得好，竟铺石板不修马路亦好；认它为typical杭州街。

我们雅步街头，则喀噔喀噔地石板怪响，而大嚷“欠来！欠来”的洋车，或前或后冲过来了。若不躲闪，竟许老实不客气被车夫推搡一下，而你自然不得不肃然退避了。天晴还算好，落雨的时候，那更须激起石板洼隙的积水溅上你的衣裳，这真糟心!这和被北京的汽车轮子溅了一身泥浆是仿佛的。虽然发江南热的我觉得北京的汽车是老虎（非彼老虎也!），而杭州的车夫毕竟是人。你拦阻他的去路，他至多大喊两声，推你一把，不至于如北京的高轩哀嘶长唳地过去，似将要你的一条穷命。

哪怕它十分喧阗，悠悠然的闲适总归消除不了。我所经历的江南内地，都有这种可爱的空气；这真有点儿古色古香。

我在伦敦纽约虽住得不久，却已嗅得欧美名都的忙空气；若以彼例此，则藐乎小矣。杭州清河坊的闹热，无事忙耳。他们越忙，我越觉得他们是真闲散。忙且如此，不忙可知——非闲散而何?

我们雅步街头，虽时时留意来往的车子，然终不失为雅步。走过店窗，看看杂七杂八的货色，一点没有Show window的规范，但我不讨厌它们。我们常常去买东西，还好意思摔什么“洋腔”呢?

我俩和娴小姐同走这条街的次数最多，她们常因配置些零星而去，我则瞎跑而已。有几家较熟的店铺差不多没有不认识我们的。有时候她们先到，我从别处跑了去，一打听便知道，我终于会把她们追着的。大约除掉药品书报糖食以外，我再不花什么钱；而她们所买决然不同，都大包小裹的带回了家，挨到上灯的时分。若今天买的东西少，时候又早，天气又好，往往雇车到旗下营去，从繁热的人笑里，闲看湖滨的暮霭与斜阳。“微阳已是无多恋，更苦遥青着意遮。”我时时看见这诗句自己的影子。

清河坊中，小孩子的油酥饺是佩弦[①] 以诗作保证的；我所以时常去

① 朱自清，字佩弦。

买来吃，叫她们吃，她们以在路上吃为不雅而不吃；常被我一个人吃完了。油酥饺冰冷的，您想不得味吧。然而我竟常买来吃，且一顿便吃完了。您不以为诧异吗?不知佩弦读至此如何想?他不会得说：“这是我一首诗的力啊!”

我收集花果的本领真太差，有些新鲜的果子，藏在怀中几年之后，不但香色无复从前，并且连这些果子的名目，形态，影儿都一起丢了。这真是所谓“抚空怀而自惋”了。譬如提到清河坊，似有层层叠叠感触的张本在那边，然细按下去，便觉洞然无物。即使不是真的洞然，也总是说它不出。在实际上，“说不出”与“洞然” 的差别，真是太小了。

在这狭的长街上，不知曾经留下我们多少的踪迹。可是坚且滑的石板上，使我们的肉眼怎能辨别呢?况且，江南的风虽小，雨却豪纵惯了的。暮色苍然下，飒飒的细点儿，渐转成牵丝的“长脚雨”，早把这一天走过的千千人的脚迹，不论男的女的老的少的村的俏的，洗刷个干净。一日且如此，何论旬日；兼旬既如此，何论经年呢?明日的人儿等着哩，今日的你怎能不去!不看见吗?水上之波如此，天上之云如斯；云水无心，“人”却多了一种荒唐的眷恋，非自寻烦恼吗?若依颉刚的名理推之，烦恼是应当自己寻的；这却又无以难他。

我由不得发两句照例的牢骚了。天下唯有盛年可贵，这是自己证明的真实。梦阑酒醒，还算个什么呢，千金一刻是正在醉梦之中央。我们的脚步踏在土泥或石上，我们的语笑颤荡在空气中，这是何等的切实可喜。直到一切已黯淡渺茫，回首有凄悱的颜色，那时候的想头才最没有出息；一方面要追挽已逝的芳香，一方面妒羡他人的好梦。去了的谁挽得住，剩一双空空的素手；妒羡引得人人笑，我们终被拉下了。这真觉得有点犯不着，然而没出息的念头，我可是最多。

匆匆一年之后，我们先后北来了。为爱这风尘来吗?还是逃避江南的孽梦呢?娴小姐平日最爱说“窝逸”。破烂的大街，荒寒的小胡同，时闻瑟缩的枯叶打抖，尖厉的担儿吆喝，沉吟的车骨碌的话语，一灯初上，四座无言；她仍然会说 “窝逸”吗?或者陡然猛省，这是寂寞长征的一尖站呢?我毕竟想不出她应当怎样着想方好。

我们再同步于北京的巷陌，定会觉得异样；脚下的尘土，比棉花还软得多哩。在这样的软尘中，留下的踪迹更加靠不住了，不待言。将来万一，娴小姐重去江南，许我谈到北京的梦，还能如今日谈杭州清河坊巷这样的洒脱吗?“人到来年忆此年”，想到这里，心渐渐的低沉下去，另有一幅飘零的图画影子，烟也似的晃荡在我眼下。

话说回来，干脆了当!若我们未曾在那边徘徊，未曾在那边笑语；或者即有徘徊笑语的微痕而不曾想到去珍惜它们，则莫说区区清河坊，即十百倍的胜迹亦久不在话下了。我爱诵父亲的诗句：

只缘曾系乌篷艇，野水无情亦耐看。

城里的吴山

郁达夫[①]

不管是到过或没有到过杭州的人，只需是受过几年中学教育的，你倘若问他："杭州城里有什么大自然的好景？"他总会毫不思索地回复你一声"西湖"！其实西湖却是在从前的杭州城外的，以其在杭城之西而得名。真正在杭州城里的大观，第一要推吴山（俗名城隍山），可是现在来杭州的游客，大半总不加以注意；就是住在杭州的本地人，也一年之中去不得几次，这才是奇事。我这一回来称颂吴山，若说得僭一点，也可以说是"我的杭州城的发见"，以效 My discovery of London 之颦；不过吴山在辛亥革命以前，久已经是杭州唯一的游赏之地，现在的发见，原也只是重翻旧账而已。

吴山，春秋时为吴南界，以别于越，故曰吴山。或曰，以伍子胥故，讹伍为吴，故《郡志》亦称胥山，在镇海楼（即鼓楼）之右。盖天目为杭州诸山之宗，翔舞而东，结局于凤凰山；其支山左折，遂为吴山；派分西北，为宝月为蛾眉，为竹园；稍南为石佛，为七宝，为金地，为瑞石，为宝莲，为清平，总曰吴山。

……

这是田叔禾《西湖游览志》卷十二记南山城内胜迹中之关于吴山的记载。二十余年前，杭州人说是出游，总以这吴山为目的；脚力不继的人，也要出吴山的脚下，上涌金门外三雅园等地方去喝茶；自辛亥革命以来，旗营全毁，城墙拆了，游人就集中在湖滨，不再有上城隍山去消磨半日光明的事情了。

吴山的好处，第一在它的近，第二在它的并不高，元时平章答剌罕脱欢所甃的那数百级的石级，走走并不费力。可是一到顶上，掉头四顾，却可以看得见沧海的日出，钱塘江江上的帆行，西兴的烟树，城里的人家；西湖只像一面圆镜，到城隍山上去俯看下来，却不见得有趣，不见得娇美了。还有一件吴山特有的好处，是这山上的怪石的特多；你若从东面上山，一直的向南向西，沿岭脊走去，在路上有十几处可以看到这些神工鬼斧的奇岩怪石。假山叠不到这样的巧，真山也绝没有这样的秀，而襟江带湖，碧天四匝，僧庐道院，画阁雕栏，茂林修竹，尘市炊烟等景物，还是不足道的余事。

还有一层，觉得现在的吴山，对于我，比从前更觉得有味的，是游人的稀少。大约上吴山去的，总以春秋二节的烧香客为限；一般的游人，尤其是老住在杭州的我所认识的许多朋友，平时决不会去的。乡下的烧香客，在香市里虽则拥挤不堪，可是因为我和他们并不相识，所以

① 郁达夫（1896—1945年），男，原名郁文，字达夫，浙江富阳人，中国现代作家、革命烈士。曾留学日本，毕业于名古屋第八高等学校（现名古屋大学）和东京帝国大学（现东京大学）。

虽处在稠人广众之中，我还可以尽情地享受我的孤独。

自迁到杭州来后，这城隍山的一角，仿佛是变了我的野外的情人；凡遇到胸怀悒郁，工作倦颓，或风雨晦暝，气候不正的时候，只消上山去走它半天，喝一碗茶两杯酒，坐两三个钟头，就可以恢复元气，爽飒地回来，好像是洗了一个澡。去年元日，曾去登过，今年元日，也照例的去；此外凡遇节期，以及稍稍闲空的当儿，就是心里没有什么烦闷，也会独自一个踱上山去，癫坐它半天。

前次语堂来杭，我陪他走了半天城隍山后，他也看出了这山的好处来了，我们还谈到了集资买地，来造它一个俱乐部的事情。大约吴山卜筑，事亦非难，只教有五千元钱，以一千元买地，四千元造屋，就可以成功了；不过可惜的，是几处地点最好的地方，都已经被有钱有势、不懂山水的人侵占了去，我们若来，只能在南山之下，买几方地，筑数椽屋；处境不高，眺望也不能开畅，与山居的原意，小有不合而已。

不久之前，更有几位研究中国文学的外人来游，我也照例的陪他们游过吴山之后，他们问我说："金人所说的立马吴山第一峰，是什么意思？"他们以为吴山总是杭州最高的山，所以金人会有这样的诗语。我一时解答不出，就只指示了他们以一排南宋故宫的遗址。大约自凤山门以西，沿凤凰山而北的一段，一定是南宋的大内，穿过万松岭，可以直达湖滨的。他们才豁然大悟地说："原来是如此，立马吴山，就可以看得到宫城的全部，金人的用意也可算深了。"这一个对于第一峰三字的解释，不知究竟正确不正确。但南宋故宫的遗址，却的确可以由城隍山或紫阳山的极顶，看得一望无遗的。

（《创作》创刊号，1935年7月15日）

玉皇山

郁达夫

杭州西湖的周围，第一多若是蚊子的话，那第二多当然可以说是寺院里的和尚尼姑等世外之人了。若五台、普陀各佛地灵场，本来为出家人所独占的共和国，情形自然又当别论；可是你若上湖滨去散一回步，注意着试数它一数，大约平均隔五分钟总可以见到一位缁衣秃顶的佛门子弟，漫然阔步在许多摩登士女的中间；这，说是湖山的点缀，当然也可以。

杭州的和尚尼姑，虽则多到了如此，但道士可并不见得比别处更加令人触目，换句话说，就是数目并不比别处特别的多。建炎南渡，推崇道教，甚至官位之中，也有宫观提举的一目；而上皇、太后、宫妃、藩主等退隐之所，大抵都是道观，一脉相沿，按理而讲，杭州是应该成为道教的中心区域的，但事实上却又不然。《西湖游览志》里所说的那些城内外的胜迹道院，现在大都只变了一个地名，院且不存，更哪里来的道士？

西湖边上，住道士的大寺观，为一般人所知道而且有时也去去的，北山只有一个黄龙洞，南山当然要推玉皇山了。

玉皇山屹立在西湖与钱塘江之间，地势和南北高峰堪称鼎足；登高一望，西北看得尽西湖的烟波云影，与夫围绕在湖上的一带山峰；西南是之江，叶叶风帆，有招之即来，挥之便去之势；向东展望海门，一点巽峰，两派潮路，气象更加雄伟；至于隔岸的越山，江边的巨塔，因为是居高临下的关系，俯视下去，倒觉得卑卑不足道了。像这样的一座玉皇山，而又近在城南尺五之间，阖城的人，全湖的眼，天天在看它，照常识来判断，当然应该成为湖上第一个名区的，可是香火却终于没有灵隐三竺那么的兴旺，我在私下，实在有点儿为它抱不平。

细想想，玉皇山的所以不能和灵隐三竺一样的兴盛，理由自然是有的，就是因为它的高，它的孤峰独立，不和其他的低峦浅阜联结在一道。特立独行之士，孤高傲物之辈，大抵不为世谅，终不免饮恨而终的事例，就可以以这玉皇山的冷落来作证明。

惟其太高，惟其太孤独了，所以玉皇山上自古迄今，终于只有一个冷落的道观；既没有名人雅士的题咏名篇，也没有豪绅富室的捐输施舍，致弄得千余年来，这一座襟长江而带西湖的玉柱高峰，志书也没有一部。光绪年间，听说曾经有一位监院的道士——不知是否月中子?——托人编撰过一册薄薄的《玉皇山志》的，但它的目的，只在搜集公文案牍而已，记兴革，述山川的文字是没有的，与其称它作志，倒还不如说它是契据的好。

我闲时上山去，于登眺之余，每想让出几个月的工夫来，为这一座山，为这一座山上的寺观，抄集些像志书材料的东西；可是蓄志多年，看书也看得不少，但所得的结果，也仅仅二三则而已。这山唐时为玉柱峰，建有玉龙道院；宋时为玉龙山，或单称龙山，以与东面的凤凰山相对，使符郭璞“龙飞凤舞到钱塘”之句；入明无为宗师创建福星观，供奉玉皇上帝，始有玉皇山的这一个名字。清康熙年间，两浙总督李敏达公，信堪舆之说，以为离龙回首，所以城中火患频仍，就在山头开了日月两池，山腰造了七只铁缸，以像北斗七星之像，合之紫阳山上的坎卦石和北城的水星阁，作了一个大大的镇火灾的迷阵，于是玉皇山上的七星缸也就著名了。洪杨时毁后，又由杨昌濬总督重修了一次，现在的道观，却是最近的监院紫东李道士的中兴工业，听说已经花去了十余万金钱，还没有完工哩。这是玉皇山寺观兴废的大略，系道士向我述说的历史；而田汝成的《游览志》里之所记，却又有点不同，他说：“龙山一名卧龙山，又名龙华山，与上下石龙相接。山北有鸿雁池，其东为白塔岭。上有天真禅寺，梁龙德中钱王建寺，今唯一庵存焉。山腰为登云台，又名拜郊台，盖钱王僭郊天地之所也。宋籍田在山麓天龙寺下，中阜规圆，环以沟塍，作八卦状，俗称九宫八卦田，至今不紊。山旁有宋郊坛。”

关于玉皇山的历史，大约尽于此了，至于八卦田外的九连塘（或作九莲塘），以及慈云（东面）丁婆（西面）两岭的建筑物古迹等，当然要另外去考；而俗传东面山头的百花公主点将台和海宁陈阁老的祖坟在八卦田下等神话，却又是无稽之谈了。

玉皇山的坏处，实在也就是它的好处。因为平常不大有人去，因为山高难以攀登，所以你若想去一游，不会遇到成千成万的下级游人，如吴山的五狼八豹之类。并且紫来洞新开，东面由长桥而去的一条登山大道新辟，你只教有兴致，有走三里山路的脚力，上去花它一整天的工夫，看看长江，看看湖面，便可以把一切的世俗烦恼，一例都消得干干净净。我平时爱上吴山，可以借登高的远望而消胸中的块垒，可是块垒大了，几杯薄酒和小小的吴山，还消它不得的时候，就只好上玉皇山去。去年秋天，记得曾和增嘏他们去过一次，大家都惊叹为杭州的新发现；今年也复去过两回，每次总能够发现一点新的好处，所以我说，玉皇山在杭州，倒像是我的一部秘藏之书；东坡食蚝，还有私意，我在这里倒真吐露了我的肺腑衷情。

1935年11月

杭州的诗意（二章）

谢鲁渤[1]

郁达夫的吴山

杭州人没有不知道吴山的，说杭州也不能不说吴山；而只要一说吴山，郁达夫就跑出来了。吴山是郁达夫的山。

以杭州的气候来说，一九三五年的二月四号应是一个春寒料峭之日。在上海住久了的郁达夫其时已迁居杭州。人到中年，自己也觉得早过了伤春悲秋的年纪，春来却仍是免不了生出许多的“懊恼与愁思”，就连“在南窗下坐着晒晒太阳，看看旧籍，吃点容易消化的点心”也不满足了，想来想去，还是上了城隍山。

城隍山是杭州人对吴山的俗称。杭州人管吴山叫城隍山，不全是因为山上建有城隍庙的缘故。这山上也还曾有过伍子胥庙，所以也叫过胥山，年代是非常久远了，起码在唐宪宗时，卢元辅就写过一篇《胥山铭》，但杭州人还是鲜有知者。一向很讲实惠的杭州人虽然也供伍公子胥，却到底只是苦于钱塘潮患，将其奉之为神，若要论过日子，当然是城隍菩萨更多一点人间的烟火气，城隍山也就叫得比吴山都顺口了。

城内有山，不唯杭州；而城内有名山，则为杭州一绝。杭州城内之山，最可圈点者一是临湖的孤山，其二就是吴山了。孤山原系湖中岛屿，因白居易导水筑了白堤，遂得以与陆地相连。比之孤山，或许吴山更像是一座山。杭州在隋朝立郡时，方圆“仅三十六里九十步”；武肃王钱镠割据东南，增筑罗城，也不过“周围七十里许”。其时的吴山，并不像现今这般兀自独立，有余脉曰草鞋岭、灌肺岭、狗儿岭、扁担岭，一路向北至钱唐（塘）门，算是出了城郭。吴山是有走势的。

郁达夫这一年是住在杭州的场官弄，他后来的风雨茅庐要到秋天才开始建造，屋址就在近旁。从场官弄上吴山，不必叫黄包车，步行即可，所以这一年郁达夫登山的次数，也显得频繁。六月里雨多成灾，他上吴山看大水，见“钱塘江两岸，都成泽国了”，归时“心殊不宁静”；七月秋爽，又“上城隍山登高”，“在汪王庙后之岭脊遥看东面黄鹤峰皋亭山一带”；到了旧历的八月半，更是“三时起床独步至吴山顶看晓月”；甚至在十二月的冬日里，也熬不住“午后又上吴山，独对斜阳喝了许多酒”。

[1] 谢鲁渤，男，1949年生，山东莱芜人。杭州市文联专业作家，《浙江作家报》主编，江南杂志社编辑部主任、副主编。1983年加入中国作家协会。著有长诗《雪地里的冬青》，诗集《密密的小树林》（合集）、《日落回家》，短篇小说集《自己的季节》《沉吟的码头》《旧地重游》，长篇纪实文学《城北风景》，散文集《独洗苍苔》等。

也正是这一年的五月间，郁达夫写了一篇《城里的吴山》，说是“自迁到杭州来后，这城隍山的一角，仿佛是变了我的野外的情人”。及至十一月，他又写了一篇《玉皇山》，说是“玉皇山在杭州倒像是我的一部秘藏之书”。想来郁达夫之爱山，一是世俗的，二是精神的。世俗犹似日常生活中的个人情感，不妨来点放肆与偷欢；而爱之以精神者，到底还是要有些深蕴的。说来郁达夫其实对吴山更偏爱一些，我每每走在这山上，总要猜想当年他陪林语堂逛山时，都说过吴山的哪些好处。既是“野外的情人”，便不可完全的告之于人吧?他们倒是谈到了集资买地的事，说是要造一个俱乐部，不知是什么样的俱乐部。据郁达夫说，在吴山卜筑，只需五千元钱就够了，一千元买地，四千元造屋。在杭州做文人能做到郁达夫的这个份上，实在也是叫人慕。

如今的吴山上当然没有郁达夫造的俱乐部，尽管他的山居之意未遂，吴山也因此少了一处人文景观，但是说吴山是“郁达夫的吴山”，却是并不牵强的。有一年的元旦，只身来在城隍山顶的郁达夫“一个人立在那里举目看看钱塘江的水，和隔岸的山，以及穿得红红绿绿的许多默默无言的善男信女，大约是忽而想起了王小二过年的那出滑稽悲剧了罢，肚皮一捧，竟哈哈，哈哈，哈哈地笑了出来，同时也打了几个大声的喷嚏”，回来的时候，走到城隍山下的元宝心，就听见前面一位乡下老太太对同行的中年妇女说：“今年真倒霉，大年初一，就在城隍山上遇见了一个疯子。”一个人对一座山不只是上下随意，行为也像是在自己屋里一样的无所顾忌，显然是当作自己的山了，说来也是世俗到家了。郁达夫在吴山一吐胸中悒郁的笑声，让世俗的我们至今还能感觉到山上的人间烟火。

美人经卷葬华年

住在杭州的青年人，现在知道龚自珍的，恐怕是不多了。虽说其故居马坡巷的一处小庭院，挂有龚自珍纪念馆的牌子，但是以定庵先生的家世，以他美人经卷的狂放生涯，旧宅的规模既已不复从前，孤梅浅池自然也安放不下一颗乖戾激愤的灵魂。家乡的月色洒下高墙，墙外吹过的，不再是晚清风声了，一卷《己亥杂诗》，在谁家的书案空置?

都说杭州这个地方颇具南宋遗风，实际上却只是一种感觉而已。以现时杭州人的行为举止和生活习俗，是看不出有多少前朝旧痕的。我不知道杭州的龚姓人家能否说是龚自珍的后裔，但这支龚氏家族的先世，倒的确是因随宋室南渡，才来杭州定居的。乾隆五十七年（1792年），龚自珍生于马坡巷；道光二十一年（1840年），在鸦片战争的硝烟中，走完了半个世纪坎坷人生的定庵先生暴卒江苏丹阳。一个在中国由封建社会向半封建半殖民地社会转折的特殊时期，以传世诗文见证历史的著名思想家、文学家出在杭州，使这个城市的魅力远非一句“南宋遗风”能够框定的。

在一般的人看来，龚自珍的马坡巷比之另一位杭州名人陆游的孩儿巷，也许还缺少一点诗意。陆放翁的“小楼一夜听春雨，深巷明朝卖杏花”在杭州即便不能说是妇孺皆知，至少也是耳熟能详的。但孩儿巷的文化积淀纵有骑楼、粉墙和青石苔痕，到底也还只是江南的一幅水墨写意，南宋轮廓上的一朵杏花，隐隐约约了；而马坡巷的龚氏故居，更接近于清泰立交桥、火车新客站，若也以画喻之，则是工笔，细细描摹了今日杭州。“九州生气恃风雷”的诗句尽管不是旧时马坡巷的写照，却也是当年呼呼“不拘一格降人材（才）”的龚自珍所题，表达了这个城市性格和思想的另一面。

龚自珍虽为杭州人，然而在杭州居住的时间却不是太多。因此马坡巷的龚自珍是少年龚自珍。少年龚自珍的志向十分高远，十三岁便有《水仙花赋》为人称道，十九岁填《鹊桥仙》词，下阕是“吟诗也要，从军也要，何处宗风香火?少年三五等闲看，算谁更惊心似我?”得意之情，溢于言表。遥想当时的马坡巷龚家宅邸，应是“谈笑有鸿濡，往来无白丁”的，从停在黑漆台门前的官桥上下来的龚母段驯，系清代著名文字学家、汉学大师段玉裁之女，也是知名的杭州女诗人。因为有了这样一个书香门第，龚氏庭院便像是杭州的一处书院了，清风朗月，窗灯竹影，至今仿佛仍有百年书香的残余。然而龚自珍的舞文弄墨，显然不纯是闲情逸致，他的饱读诗书和撰著立说在很大程度上是为了出仕。杭州马坡巷的龚家是世宦，定庵先生读书做官的心愿是自小就立下的，二十七岁应浙江乡试中了第四名举人后，他便踌躇满志地离开杭州，跑到京城寻官去了。一去就是二十年。

然而孤身宦海，浮沉终是难免，加之龚自珍一生致力于社会批判，锋芒所向，更是“上关朝廷，下及冠盖，口不择言，动与世忤”，心态总与现实难以求得调和，所以虽因了叔父的关系，也在朝廷谋到过内阁中书、宗人府主事及《清一统志》校对官一类的衔头，却到底只是些地位卑微的官职，自觉与毕生的抱负相去甚远。仕途多舛，他对故乡杭州的思念，就总也挥之不去了，便是接一封家书，都会夜不成寐。

龚自珍最终还是辞官南归了，其时他已年近天命。古人到了这个年纪，大多是须发皆白，可谓垂垂老矣，龚自珍也是一路回首平生，感时抒怀，著成了三百一十五首回忆录式的《己亥杂诗》，及至落脚在杭州的紫阳书院担任讲席。毕竟是出自杭州的文人，龚自珍虽为一代思想家、学者和诗人，也还是逃不脱这个城市在旧时代的文人宿命。西湖的柔风细雨和如云佳丽最宜读书，最是销魂，终使他从少年轻狂的放浪形骸，渐入了人生黄昏的青灯书卷。如今再读他二十八岁那年所作《逆旅题壁，次周伯恬原韵》中的一句“美人经卷葬华年”，竟像是谶言了，只可惜马坡巷的旧居空徒四壁。

（《中华散文》，2000年第8期）

有个花园餐厅，名叫“1917”

何金海[1]

出杭州城站，打上的，上西湖大道，转左的弯，只需11元钱，就来

① 何金海，笔名六月六，男，浙江省作协、书协会员。

到了南山路的我此行的目的地——1917花园餐厅。

南山路我并不陌生，一边是我常去的中国美术学院、浙江省美术馆，一边是西湖十景之“柳浪闻莺”“雷峰夕照”和“南屏晚钟”，但不知还有个叫“1917”的花园餐厅。

站在人行道上，我看了看这座门牌号为南山路105号的“1917花园餐厅”，楼房为二层，看上去有些老旧，四周绿树成荫、有供人行走的通道，无门。我小心翼翼地走进去，中间有一水池，没有泉喷着。稍左，发现一块石碑，上面写着：杭州市历史建筑——黄郛旧居，下面一行小字写的是：建于民国时期，系两层西式建筑，原主人为中国近代知名人物，黄郛。杭州市人民政府，二〇〇四年五月。

我在石碑前驻足良久，试图想把花园餐厅的“1917”和黄郛及这栋建于民国的西式建筑联系起来，可不知黄郛为何人的我，想来想去就是想不出一个所以然来，看来这叫“1917”的花园餐厅大有历史渊源了。“东南形胜，三吴都会，钱塘自古繁华”，想想杭州这座古都古城，不知者又何止黄郛、何止这花园餐厅？我这个来自乡下的文学爱好者，是该好好探究探究啊！此刻，我还是先将这悬疑放着，看看这花园的环境再作道理。自左边往里走，花草林木间有曲径通幽的小道、有墙有栏栅，再往里就看见有些桌椅的摆设，目光穿过那些桌椅，就可以看见碧波荡漾的西湖了。我一时兴起，径直走向西湖。

“欲把西湖比西子，淡妆浓抹总相宜”，杭州，因有西湖而成天堂；因有钱塘、运河而繁华，物质富裕、精神富有，看看西湖，天堂只应杭州有啊！

随着如织的人流往前走，大约几十米的距离，就是涌金广场，西湖作为“世界遗产”的标志矗立在广场中间，往南就是宽阔的西湖大道了。看来这1917的花园餐厅，确实是占尽了“天时地利”啊！对了，走了这一圈了，该是走进1917探究“人和”的时候了。

我信步来到门前，正待推门，忽见门自里面拉开了，一排统一着装的女服务员正半弯着腰笑容可掬的迎接我呢！与游人如织的热闹的西湖相比，这里让我突然有了如家的清静的感觉，只听为首的服务员柔声的说：“先生，您好！是用餐吗？”说完就做出一个往里走的手势。我顺着她往里走。

来到一个包厢，我看见墙上有四幅荷花挂着，从窗户望出去，就是西湖的美景，真是个好位置。此时此刻，我无心欣赏这一切，完成任务要紧。我遂问服务员：“能将你们的经理叫来吗？”服务员马上说：“好的，请稍等。”

不一会，服务员推门进来，先给我端上一杯热茶，接着告诉我：“这位就是我们的经理。”说完就轻轻地带上门走了，无声无息的，只有从杯里飘出的淡淡的茶叶清香。

看得出，眼前的这位身材高挑、面容姣好的经理是训练有素的，我稍一示意，经理就在我对面的位置上坐下。有点的正襟危坐，但泰然处之，和着脸上灿烂的笑容，一如西湖里含苞初放的荷花。面对这样的经理、面对这样的环境，我无心喝茶。我先向经理递上我的名片，说明我的来意，随后从包里拿出笔记本和笔，我要让经理知道我也是认真的。

我再次佩服这位女经理的镇静自若：“你要写我们1917花园餐厅吗！好，你有问题尽管问，我将我知道的都告诉你。”

“这个花园餐厅为什么叫‘1917’？”

“为什么叫‘1917’？我还真不知道，但我可以告诉你这栋楼的历史背景。”顿了顿，女经理就向我说起了并不遥远的世事纷乱的民国往事……

这栋楼是黄郛旧居，早时也叫膺白楼，前面有块碑记着。黄郛，字膺白，浙江绍兴上虞人，像很多能成大事的人一样，黄郛也是苦孩子出身，他6岁父亡，遭族群挤轧，母亲带着众多子女到杭州谋生。黄郛自小在慈善学校免费就读，于17岁取得生员资格，开馆教书，赚上几个小钱补贴家用。24岁以第一名的成绩考入浙江武备学堂，后保送日本留学。在日本，黄郛加入了孙中山的同盟会，探求救国救民之道，成为孙先生最早的追随者之一。

武昌起义后，黄郛与蒋介石一起，参与了陈其美主持的光复上海活动，三人由此成为结义兄弟。后来的历史证明，黄郛不仅谋略深远，能力极强，更是个讲义气的人，为蒋介石这个盟弟，不知忍受了多少屈辱，又为他留下了何其沉重的骂名。

1927年，国民党在上海发动“清党”，黄郛也参与了其中的谋划。清党后，黄郛出任上海市特别市长。1928年初，黄郛被推荐为南京政府外交总长。“济南惨案”发生后，黄郛代蒋受过，引咎辞职。偕夫人沈亦云同游莫干山，从英国人琼斯太太手中买下庾村的“春园别墅”，取名“白云山馆”，原想退出江湖，隐居于庾村。但，天下之乱，庾村再好，也不是黄郛真正可以归隐的山林！

女经理侃侃而谈。

1933年春，日本侵略者的铁骑已经越过长城，华北危如累卵。国民党当时的军事力量，对日本军队完全无抗衡的可能，再加上江西“剿共”需要兵力，蒋介石急于与日交涉停战。在蒋介石和国民党政府的屡次催召下，黄郛勉强同意担任“行政院驻北平政务整理委员会”委员长，北上负责对日交涉，出面收拾华北残局。

此次北上，黄郛明知要遭千人唾骂，但他还是受任了。下山前，众多亲友劝他别去“跳火坑”，他说：“我岂见不及此！国事危逼，覆巢之下安有完卵？我迟早会牺牲，与其牺牲于将来与国人同尽，何如牺牲于今日，犹有幸全之望。我自入山以来，岂计毁誉?!佛云：我不入地狱，谁入地狱？我今践此言，天若怜恤，当不虚负此行也。”

在黄郛殚精竭虑的斡旋下，1933年5月，屈辱的城下之盟“塘沽协定”终于签订，不得不接受了日本人很多无理要求，也使得华北局面得以短暂安定。

从那时起，黄郛一直不被世人谅解。在正统教科书里，对黄郛的评价基本上都是负面的——丧权辱国的“塘沽协定”使日本侵略长城及山海关以北地区合法化，也为日本侵略华北洞开门户。

时至今日，已有不少学者从抗战全局和真实资料出发，对黄郛甘背骂名、默默履行持久战策略，为全面备战赢得时间，有了客观公正的评价。

“黄郛是20世纪中国堂堂正正的君子，伟岸浩荡的大丈夫！”研究学者于立岳对黄郛毫不吝惜赞美之辞。他认为：黄郛心知肚明，这样做自己或将被永久地钉在历史的耻辱柱上，但他仍然选择了赴汤蹈火，而不是独善其身。这和勾践的卧薪尝胆如出一辙。

其实，黄郛除了秉承着国家有难、匹夫有责的士子精神外，也践行着和蒋介石、陈其美结拜兄弟时立下的“安危须仗，甘苦共尝”的誓言。

一口气听到这，我感动于女经理对这段历史的熟稔程度，更感动于黄郛的所作所为，终于保持不住自己的沉默，脱口而出：我们今天的人，面对功名利禄，面对真情诚信，有多少人能甘愿忍辱负重、共肩风雨呢!？黄郛能做到这样，正是大丈夫能屈能伸之所为啊！太了不起了！

女经理还是沉浸在自己的述说之中：

这栋楼，建于1934年，是黄郛为爱妻沈亦云所建。此楼面临西湖，上下都有宽大阳台，宜于眺望湖光塔影或观赏院内秀色。沈亦云曾在自己的日记中写道：“膺白为我喜欢杭州西湖，且与庾村往来方便而建此屋；我为膺白喜欢建筑，建筑是他最磨功夫之娱乐，而鼓励成此屋。”建此楼时，黄郛虽遭遇了政治上的失意，隐居在庾村经营乡村事业，但其时国家内忧外患，山河破碎，黄郛也是心力交瘁。在西湖边建一处上好的居所，与心爱的人一起生活，超然世外地过日子，也许是为了给自己的身心带来些许的慰藉吧！

两年后的1936年12月6日，黄郛终因积郁成疾患肝癌死于上海，归葬庾村，一代知名人物就这样陨落了。

这栋楼，沈亦云也没住过几回，1937年抗日战争爆发，沈亦云把它作为“救国捐”，捐给国民政府了。

抗战胜利后，南山路也曾改名为“膺白路”，以此纪念黄郛。这栋楼修缮一新，挂上了“国民政府主席官邸”的牌子，成了国家最高领导人的行宫。蒋介石夫妇来杭时，作为蜜月别墅，曾下榻此处。想当年，陈其美、黄郛，还有蒋介石，曾歃血为盟——“安危他日终须仗，甘苦来时要共尝”。黄郛为他忍辱负重、背负骂名，并最终积郁成疾，英年早逝。蒋介石入住此屋，不知是否会在夜深人静之时念及这位老朋友？

解放后，门牌号为“南山路113号”的膺白楼，作为大华饭店的分部，接待过不少中央领导人。毛泽东他老人家多次来杭州，也曾在此楼开会、见客或休息。

这就是关于这栋楼的历史背景。可以写了吧？凡是到我们这就餐的人，服务员都要向客人介绍这段历史的。女经理轻松的表面，难掩内心深处对黄郛对这栋楼的崇敬之情。

我也直白自己的感受：在花草林木的掩郁之下，膺白楼，对于普通人来说，实在是隐晦莫深啊！有多少人知道黄郛、知道膺白楼、知道黄郛在民国历史中的重要地位和影响呢?！这栋楼，包括现在的1917花园餐厅，看来是该好好宣传宣传啊！

“这就看你的了。”女经理意味深长的说。

光阴荏苒，2003年，杭州广厦餐饮管理有限公司租了这幢花园式的建筑，并把它作为一家餐厅，对外开放。只是众声喧哗、觥筹交错之中，有多少人知晓这幢楼的主人及其前尘往事呢？

对1917花园餐厅来说，之前的积淀是为了如今的尊崇，曾经的黄郛旧居、膺白楼、国民政府主席官邸、蒋介石和宋美龄的蜜月行辕、毛泽东来杭下榻之所，现已烙上了文史的痕迹，融汇了中西与古今新的海派风格，体现了庄重、古典、优雅、尊贵的特点，一点一滴都试图再现曾经的民国记印、曾经的昼夜繁华、曾经的品味情调。今天的人们在此就餐，就可以一边追忆如烟的民国往事、一边想象国家元首在此运筹帷幄的情景、一边欣赏如诗如画的西湖美景、一边品尝养生人间的醇酒佳肴，让你重回“烟柳画桥，风帘翠幕”的年代。

1917花园餐厅，还拥有一支训练有素的年轻的专业服务团队，让你享受全新的个性化服务。可以接待各类商务以及私人宴请。餐厅聘请了顶尖的大师加盟，完美呈现了以粤式菜肴为主的东南亚菜系，以经营高档燕鲍翅、炖汤、辽参、神户牛排等养生保健的私房菜为主，被评为杭州最资深健康养生的美味菜肴。

临近西湖，有漂亮的草坪和花园，没有高楼大厦的遮挡，环境好得自没话说；门口有专门的接待员，菜的款式也很丰富，且制作精细、味道上口，所有原料都是有专门的基地生产和供货商提供。环境质量第一、原料质量第一、服务质量第一，这些都是服务至上、顾客至上的管理目标。因而，价钱也够“至上”的，但完全适合“讲究享受”的“物有所值”的人士的需求。

将膺白楼改建成一座花园餐厅，也是物有所值的，但为什么要叫“1917”呢？回来的路上，我还是一遍一遍地扪心自问。

上网查了查，发现1917这个年份，跟黄郛本身并无太大关联。1917这一年，胡适发表《文学改良刍议》，陈独秀发表《文学革命论》，正式掀起了新文学运动，为两年后的“五四”运动做了文化上的准备；北京政府正式向德意志帝国和奥匈帝国宣战，废除中德、中奥条约；国会非常会议选举孙中山为大元帅；俄国十月革命一声炮响，马克思列宁主义传遍世界……

由此看来，我没有必要再继续为这个问题琢磨下去。1917，一个年份也好，一个数字也罢，记住黄郛、记住膺白楼、记住和黄郛有关的那段历史就足够了。

“乘醉听箫鼓，吟赏烟霞。异日图将好景，归去凤池夸”。曾经的杭州，三吴都会，户口富庶、市场繁华、商品琳琅满目；曾经的杭州，三秋桂子、十里荷花，一幅国泰民安的游乐图卷。如今的杭州，在经历三十多年的改革开放后，车水马龙，高楼林立，钱塘浪潮堪比高；南宋御街，吴山城隍，西湖美景不胜收。

熙攘间觅一处安逸静谧之所在，浮生里偷半日清净随性之闲暇，西子湖畔，南山路旁，西湖大道尽头处，请记住有个花园餐厅，她的名字叫——1917。

杭州中河夜游

陈伟宏[①]

① 陈伟宏，笔名康泾，桐乡人，浙江省作家协会会员，桐乡市作家协会主席，曾出版作品集《稻草人》《50°》等。

6月26日晚上，我们从繁华的河坊街绕过，步行几分钟来到一座石拱桥上，此时一条缓缓流淌的河流出现在眼前，这就是我们要夜游的中河。初见中河，让我心里小小一惊，在喧哗的城市中心竟然躲藏着如此一方安静处，绿树掩映之下，又有如此一条望不到边的长河在活活的流动。我真要疑惑这是不是到了哪个僻远地方的世外桃源。

刚刚一场暴雨过后，天仍淅淅沥沥地下着小雨。我们一行人钻到停在狭窄河面上的漕舫船里。船工脸黑人瘦，嘱咐大家坐好了，船便开动起来，游船几乎没发出什么声响，悄无声息地顺流前行。河风挟带着细雨飘过来，一阵凉丝丝的抚摸着你的手臂。

我在凤凰古城的沱河感受过那亮如白昼的情形，河水被射灯照得亮艳艳的，两岸的酒吧音乐震耳欲聋，站立一刻，就欲仓皇逃走。夜里的杭州中河，没有太多的亮光来扰你。随着船行，河岸某处显得黑幽幽的，仿佛进入了乡村的原野里。再行，岸边绿树中站立着两三只照明灯，发出柔亮的光，似伴着你，慰藉着你的心。这个时候，你就会忘记身在繁华都市，一颗心安静下来，听流水的声音，听岸边野虫的唧唧声。

河两岸皆被绿色包围，船行在流淌晃动的河上，大团大团的绿色树木和植物簇拥着进入眼帘，水杉、垂柳、银杏、香樟树……我只认出这一些树种。船工笑了，告诉我："中河沿岸汇集着上百种树木呢。"其中有几棵树显得老态龙钟，它们在河边顶风冒雨呆过了上百年的时光。

大约是雨天，岸边的游步道少有人走，偶尔会有撑伞的老人结伴徐行，消磨这清闲的时光。也可见年轻的情侣，紧紧相拥而走，一晃，进入一边的绿荫小道。沿途两岸还有一些古亭、河埠头，一个古亭里有三五妇女在音乐里跳舞，河埠头是中河最具地方风味的一个特色，但在夜里我们是无法见到"家家踏级入水，河埠捣衣声脆"的景象。我们的船擦着河埠头边上过，有一只狗，湿身呆立在那里，望着游船，望着船上的我们，一语不发。船一路行，要钻很多的古桥洞，每一个桥洞的侧壁上都呈现着南宋文化的浮雕，或诗文或绘画，望着一幅幅惟妙惟肖的南宋市井生活的画像，感觉如时空交汇。桥洞下面灯亮如昼，有人聚会打牌，也有一老头卷着裤腿躺在靠椅上，闭目养神，椅子边上一个大茶杯冒着丝丝热气。

沿岸而筑的还有一排相连的民居，大树华盖下，白墙黑瓦，古色古香的院落，时有一些居民闲散进出。也有一些老屋改建成旅馆，挂着某某旅社的字样，小巧的窗户透出亮光，一切显得恬静而安逸。仿佛可以想见几百年前南宋商贾在此住店歇脚的情形。我忽然妄想若船停下来，我就会移步上岸，且享受一回这悠闲的慢时光。

在中河是需要慢慢浏览细细体验的，但这个晚上我们也只是走马观花，四十分钟后，我们又回到了岸上，客车重新把我们带回到熙熙攘攘的都市，我有恍如隔世般的。那一刻，我回望着暗夜里的中河，我想，你来与不来，中河始终在这里，近千年来，它静静流淌……

河坊街：浓缩千年的影子

韩晓露①

几度里，看着街两边的雕梁画栋，红男绿女，灯红酒绿，游逛在街上，仿佛穿越了千年，回到南宋时的那个九里皇城。遥想当年，开十里天街，宫城外围，天街路两侧，靡聚皇亲国戚，权贵内侍的皇宫私宅。在恍惚里，看到了杭州城浓缩千年的影子。

① 韩晓露，杭州人，职业作家，青年散文家，浙江省作家协会会员、诗人、专栏作家。著有《人间有味》《雅活》。

夏日里，不妨提着凉拖，赤足走在河坊街上，让滚烫的青石板路，炙烤着同样灼热的灵魂。那粉壁檐角，酒旗灯影，还有街上摇着拨浪鼓的小热昏的，时不时走过的穿越千年的更夫，林林总总的茶坊、酒肆、历经沧桑的老字号店铺、来回穿梭的黄包车……赤足青石板上，寻找德寿宫、开元宫、惠王府第的影子。

当赤足与石板路肌肤相亲之时，人的气息与这条古老的街道融汇贯通，眼目里扯不断的是千年情思里的今日繁华——百年老店胡庆余堂、万隆火腿庄、羊汤饭店、孔凤春香粉店、万隆火腿店、宓大昌旱烟店、叶种德中药堂、王顺兴面馆、翁隆盛茶庄……耳边是吴侬软语夹杂着南腔北调的鼎沸人声。此时的繁华早已蚀骨噬心。

然后，不妨在太极茶道二楼小坐，点一道叫冷霜迎的茶，摇着手中的折扇，品着丰厚的茶点，听着茶馆二楼留声机里的老歌，看楼下小二在大水缸里舀水，连着这天井、这茶楼，以及茶楼里的小二、以及在嘴里品咂的清淡茶滋味，将自己一并扔进古老的过去里……让时间流过而浑然不觉。

显然，太极茶道是河坊街的宁静屯落。当然，河坊街还有些地方是有关民间风月的。

比如传说中的许仙和白娘子的药铺“保和堂”。千年一脉相承的是，如今这里也售卖各种名贵中草药，立于门口的“许仙赶往西湖与白娘子相会”的雕塑前想着电影《白蛇传说》里的场景，又能作何喟叹？

时光飞逝，历经千年的杭州繁华商肆，虽然不仅集中在河坊街一地，但是河坊街依旧是一个千年不倒的商业标杆。

同时它是一个文化符号，文人可以在此放肆思古之情怀，沐浴千年之葳蕤。她是我的影子，也是你的影子，永远随着我们的心跳，无法离去。

慢生活

艾伟[①]

米兰·昆德拉在小说《慢》里，讲述了一个18世纪缓慢的艳情故事。小说从20世纪一对现代夫妻驾车去古堡过夜开始，引出一段关于速度的臆想。这个时代大家都得了速度病，以为速度愈快愈好，可是有些事情并不是快就好，是需要慢慢体味的，比如偷情。可现代人不知道个中乐趣，他们似乎更热爱一夜情。

在我的感觉里，杭州的上城，有点像米兰·昆德拉的这个18世纪的古堡，当然上城的历史比那古堡更悠远，它曾是南宋的都城所在，一度曾是世界最繁华之地。在上城，绝对不能坐高速汽车游览这遍地美景，

① 艾伟，1966年生，原名竹雄伟，浙江上虞人，1988年毕业于重庆建筑工程学院城建系（现并入重庆大学）。现任浙江省作家协会主席、杭州市文联主席。2001年加入中国作家协会。著有长篇小说《风和日丽》《越野赛跑》《爱人同志》《爱人有罪》《盛夏》《南方》，中短篇小说集《整个宇宙在和我说话》《乡村电影》《水上的声音》《小姐们》《水中花》《战俘》等。

你得找准上城的脉，让自己慢下来，好好地和上城谈个恋爱。在这个悠闲的古都，你得从容、优雅、闲庭信步。因此，坐一条游船游东河是必须的。

正是梅雨季节，天空飘着雨丝，游船行进在夜色迷蒙中。东河的两岸遍地都是古老的建筑在树木的掩映下显得神秘而空灵，好像这些建筑里面隐藏着一个又一个缓慢的艳情故事，仿佛那古老的小巷里会走出戏里的小生或旦角，一举手一投足都有着西湖的风骚。我想我们的身体里，天生地有着对中国古老传统和哲学的亲和力，关于天地的看法，关于人和世界的想象，这些古老的命题都隐藏在这些建筑里，同时也流淌在我们的血液里。

关于杭州的意象已深入人心，它是惊艳的、风雅的，同时也是缓慢的，就好像千年的时光从未改变这里的一切，那个由诗歌和传说堆积而成的杭州意象是一个庞然大物，它会左右我们的想象，甚至某些行为方式。在游船上，女孩们弹着琵琶，在唱着越调。虽然只是一种刻意的安排，已难复原当年的盛景，但在杭州，在上城，人人会得风雅病，听着这调子，仿佛做了一回古人。这游船已不仅仅是一种日常生活，而是某种坚不可摧的传统，它带着上城的历史记忆。

东河之上，有十四座桥，听听这些桥名：斗富一桥、斗富二桥、万安桥、菜市桥、太平桥等，这些桥名构筑起诗歌之外杭州的日常的一面，生活气息扑面而来。这是诗歌的根基所在，人只有富足安定后，才会萌生诗歌，从而让生活笼罩在诗歌的光芒下。

从游船上下来，我决定继续我的慢生活，准备去太极茶道馆品个茶。雨还在下着，我打雨伞，独自行走在清河坊步行街上。行人稀少。在街的中间，还是有一些艺人在做着生意。我看到有人在雨伞下作画，有人在亭子里镌刻印章，他们展览在亭子边的作品，品相端庄。我看到街中间岳飞的雕像矗立在雨夜中，显得十分孤独，但他依旧是这条街的守护神，同时也是古老传统的守护神，当然也是中国人精神世界中的一个守护神。

迷失在上城的大街小巷

朱真伟[①]

杭州上城区拥山连湖，山是凤凰、龙皇之名山，湖是名冠天下36个同名之首的西湖，嘉山嘉湖日日夜夜链接着南宋的地脉，千年都城的繁华也从古书籍的荣耀中渐次翻开，不断漫步回现实中呈现。像今日的夜晚，在上城，哪里都是可以随意甩开膀子逛逛的，哪里都是可以踅着步子进去溜达的。不用念想着柔媚丰腴的西湖，也不用记挂着大气回肠的

① 朱真伟，1970年7月生于浙江仙居，中共党员。2009年12月，加入中国散文家协会。

运河，乘一段东河的小巧与宁静，品味杨柳岸美人靠隐约的丰饶与安逸；或者在清河坊历史街区南宋御街、吴山广场等地，你随便把自己迷失在上城的大街小巷，都可以感受到古老中的蓬勃发展和发展中恣意生还的历史气息，一种让人愉悦和安然的生活与商业交融的气息。

最是喜欢上城这里特有的“南宋瓦肆”了。历史的瓦肆之词在现实中散发着古意的休闲与热闹、市井的刻意与从容，也弥漫着时光的忽簌与神秘、传统的交织与恍然。踏上清河坊，沿着湿漉漉了千年的石板路，十五奎巷依着雄伟的鼓楼边上，南宋的勾栏瓦肆径直扑面而来。

“勾栏瓦肆”就是宋代的戏院和歌舞剧院了，当年这个世界最繁华的城市娱乐场，每个表演都有自己一片独立的场子。《西湖老人繁胜录》曾记载，临安有名的瓦肆有清冷桥畔的南瓦、三元楼的中瓦、众安桥的北瓦、三桥街的大瓦等。瓦肆中为了便于表演和分隔观众，常用栏杆或布幔隔挡，当时人称“勾栏”，瓦肆集聚了众多百戏杂技艺人，竞争很激烈。技高者立足，技逊者走人，以娱立业，业精为艺术，刺激着百戏杂技向更高的境界发展。端坐在“鼓楼茶苑”，轻轻吹散开茶盏上氤逸的水汽，等着茶碗中的绿茶慢慢舒展，民间各类逐渐远去的民俗就在等待中活跃生动起来:皮影戏、评书、杂技、布袋戏、川剧变脸等国内的非物质文化遗产节目在此汇拢，激越着轮番表演；杭州本土的“武林调”“莲花落”“小热昏”等已被列为“非物质文化保护名录”的民间表演等，也欣欣然按计划排着队上场。南腔北调、说唱杂耍、演技逗趣，一展智慧，一搏认同，一同迷醉。瓦肆堆里多历史，生为南人，平日接触不多，我偏却尤爱汉朝时期就有的西部“皮影”了。有道是“三尺生绢做戏台，全凭十指逞诙谐，有时明月灯窗下，一笑还从掌握来。”皮影的拙与巧，刚和柔，实与虚，明与暗，热闹与寂寞，穿梭与落，几尽冲击，使擅长此项表演的艺人在国内外为数甚少，精粹部分几近失传。而今在南宋瓦肆间，演艺平台搭建，正给各种杂耍和民俗艺技提供了交流、延续和成长的土壤。在这里，皮影艺人集导演、演员龙套、舞美、灯光于一身，吹弹腾挪，灯光、戏曲、唱腔，拉、提、抖、举，欢舞在方寸之地。几尺幕帐的简单和繁复中演绎出多种人物形象和精彩的故事情节，其中经年积累下来的偶然或者必然的一段旋律、句唱词，在不经意间击中你沉睡的灵魂，让你静静地感怀着不得言语，索性抛开尘世的喧嚣和繁琐，在热闹间直接回归到内心去回味，怕也是当下求而未得的一种久违的幸福吧。

瓦肆歌舞之娱，精神享受，移步出门，时光转换。上城的夜，在大街小巷中妖娆如一朵朵别致的花朵，盛开着时尚和历史。浓郁的市井，让这座城市千百年的生活细节传承了一种浓浓的休闲情节。在高银街，王润兴、皇饭儿、知味观、小城私房菜、城隍叫化鸡经营着特色的宋饮食文化；在河坊街光复路小吃街上，吴山酥油饼、南宋定胜糕、葱包桧等小吃推前，站满了游人，口腹之享，大俗大雅。南宋御街，光影流转，偶尔，闲逛的你会遇上一群群宋朝服饰的人群巡街路游、杂耍表演，让你重新迷失在历史的时光中，乐而忘返。

迷失在上城的大街小巷，迷失在千年的历史记忆中流连，有一种心情抵达了放松，有一种感觉到达了愉悦。

舌尖上的江南

袁敏[1]

江南好，风景旧曾谙。日出江花红胜火，春来江水绿如蓝。能不忆江南？

唐朝诗人白居易的一首《忆江南》流传至今，已逾千年，寥寥数语，行之久远。我常想，为什么一首《忆江南》有如此魅力，传诵了一朝又一代，常唱不衰？仅仅因为江花红胜火？仅仅因为江水绿如蓝？

我曾走过祖国东南西北，也曾阅尽人间春夏秋冬，认真仔细地想一想，无论走到何地，不管身处何方，最终能够拽住我的脚步，让我流连忘返的，不是高楼大厦，也不是青山绿水；不是奇风异俗，更不是地理地貌。真正能让我停留下来，细细品味的，一定是这个地方的美食，以及这些美食带给你味觉享受以外的当地文化。

客居北京多年，我已经爱上了老北京的炸酱面和涮羊肉，无论是胡同里的大杂院，还是皇城根周围的四合院，贫民市井和贵族王爷在这一口上不分高下；常去海岛海滨城市，既喜欢青岛的海鲜虾蟹，也钟情海南的文昌鸡和东山羊，当地土著和八方游客的味蕾也没有区别；四川的火锅、贵州的酸汤、西安的泡馍、广东的烧鹅……尝遍天下美味，我还是最爱我的江南，江南美味常常入梦。

儿时的记忆中，幸福总是和吃联系在一起。

那时候物资匮乏，家里孩子多，父母工作忙，爸妈的工资除去供一家大小吃饭穿衣，供四个孩子上学，还要花钱请一个保姆做饭洗衣照顾我们，日子过得挺紧巴。

记得那时候家里改善生活最奢侈的就是啃大棒骨和吃猪油拌饭，嚼油渣。肉骨头一毛八分一斤，先啃骨头上的肉，再吸骨腔里的骨髓，接下来喝大棒骨熬出来的奶白色浓汤。吃肉、吸髓、喝汤，最后将熬酥的棒骨嚼成碎渣，这骨头碎渣还能卖八分钱一斤。而炸猪油的日子家里就像过节一样，厨房里的大铁锅把切成小块的板油由雪白炸至金黄，满院子的猪油香让我们流着口水等妈妈分给我们炸透后的猪油渣。炸好的猪油晶亮透明，凉透后却凝结成雪白的脂膏，盛一碗热腾腾的米饭，放一勺白花花的猪油，撒上盐或浇点酱油一拌，浓香四溢。

我们四个孩子常常轮流漏夜去排队买棒骨和猪油，谁都没有怨言，谁都不会说困，大棒骨和猪油渣的香味足以让我们每一个人都前仆后继。

但我们还是饿。饿，成了笼罩我们的恶魔。尤其是下午放学回家等

[1] 袁敏，女，1954年生，浙江上虞人，作家、编辑、出版人。毕业于北京大学中文系。历任浙江省文联东海杂志社小说编辑、综合组组长，国家计委《中国经济导报》副刊主编、总编室副主任，作家出版社五编室副主任、主任，浙江省作协江南杂志社主编，编审。浙江省作协理事、小说创委会副主任、杭州市青年作家协会副主席。1985年加入中国作家协会。著有长篇小说《白天鹅》，中篇小说、中篇小说集《天上飘来一朵云》《深深的大草甸》，短篇小说系列《九十九个女人的故事》，电视剧剧本《深深的大草甸》，另有短篇小说、散文、报告文学、评论等约100余万字。

待晚饭开饭那一阵，常常有一种前胸贴后背的感觉。肚子唱空城计的咕咕声，在我们做作业的厨房那张大方桌四周此起彼伏。

我就是在那个时候认识“知味观”的，这一认识，就在我的舌尖上种下了一棵美丽的树，什么时候想起它来，就会唇齿飘香。

我的表姐因为母亲早亡，父亲远走他乡下落不明，一直由我父母收养。她要年长我们许多，其时已经工作，在杭州郊区的一个茶场做工，每月有三十六块钱的工资。表姐一周回家一次，每次回来都会带我们兄弟姐妹几个去延安路上的一家冷饮店喝七分钱一杯的果子露。果子露虽然清凉甘甜，但它对一群饿得咕咕叫的肚子来说于事无补。大家开始向表姐诉苦，恳求她带我们去吃面条，吃包子。显然，面条和包子的开销要高出果子露许多。表姐面露难色，但看到我们眼巴巴的馋样，听到我们肚子里的咕咕叫声，她心软了。

终于，表姐带我们去了仁和路上一家名叫“知味观”的餐馆。她给我们四个孩子每人点了一碗阳春面，犹豫了一下，她又咬咬牙买了两客小笼包子。

面条端上来时我们每一个人都两眼发亮：淡淡的酱红色清汤里，卧着黄白色细软如丝的面条，上面撒着碧绿的葱花，猪油花像一朵朵涟漪飘在汤的表面，香气扑鼻。小笼包子更是诱人，皮儿薄得近乎透明，馅儿是猪肉加蟹黄拌的，鲜得没法形容，咬一口，香浓的汁水漫过舌尖，让你含在口里不忍吞咽。

表姐自己不吃，看着我们大快朵颐，她的脸上满是快乐的笑。

从那以后，表姐再回家，我们拒绝喝七分钱一杯的果子露，坚持要去知味观吃一毛钱一碗的阳春面和四毛五一客的小笼包子。在那个年代，知味观就是美味的代名词，知味观的小笼包子和阳春面在我们眼中就是盛宴大餐。

多少年过去了，当年的拮据和窘迫早已一去不复返了。随着生活条件的提高，以前逢年过节才会有的大鱼大肉现在已经成为家常菜肴；由于工作应酬需要，赴宴和宴请别人也越来越多，山珍海味也都变得寻常普通。

我在北京读书工作的那些年，可以说全国的八大菜系全部吃遍，八大菜系之外的南北西东各地美食几乎也无一遗漏。吃来吃去，味觉麻木，味蕾凋谢。吃，慢慢地不再是一件快乐的事情，常常地还变成了一个负担。

不知从何时起，我开始常常回想起小时候表姐带我们吃“知味观”的情景，那种舌尖唇齿生津留香的感觉挥之不去。我心里纳闷，为什么如今再好的美味吃到嘴里味道都大同小异呢？为什么再也没有“知味观”里那种香浓的汁水漫过舌尖，让你含在嘴里不忍吞咽的感觉了呢？

记不得是上世纪八十年代末还是九十年代初，北京最热闹的地界儿之一新街口开了一家“知味观”，一时食客如潮。一位也是江南人的同事告诉我的时候，我真有一种大喜过望的感觉，当即呼朋唤友，前往北京城里头一家的“知味观”，准备美美吃一顿，好好过把瘾。

没想到，坐落在新街口的“知味观”让我有一种貌合神离的感觉，还是知味观熟悉的菜肴，还是知味观熟悉的点心，但不知为什么，在四周一水京片子的抑扬顿挫声中，老北京浓浓的烟火酱汤味儿扑面而来，盖住了“知味观”独有的江南的灵秀，江南的精致，江南的优雅，江南的淡泊。

我茫然地走出新街口的“知味观”，失落无比。这还是“知味观”么？

2005年，我告别了客居二十多年的京城，回归江南故里，出任纯文学杂志《江南》的主编。

无论是巧合还是机缘，于公于私我都又和江南重新相聚，再度牵手。

回杭州后第一次和老友聚会，我就找到了仁和路的知味观。这里早已今非昔比，店面宽敞，人声鼎沸，有堂吃，有外卖，有大餐，有点心。曾经让我们魂牵梦绕的阳春面已不见踪影，而知味小笼包子却依然是每一张餐桌上的主角。那时我就冒出一个想法，等时机成熟的时候，我要在《江南》开设一个专栏，名叫“舌尖上的江南”，用文学的笔墨，写尽江南美食，展示和解读美食背后的江南文化。在我的设想中，开栏第一篇的美食美文，非“知味观”莫属。

再后来，在一个丹桂飘香的时节，在浙江省和杭州市政府的大力支持下，江南文学会馆于北山街94号、95号两栋民国时期的老别墅中开馆，文学有了一块幽雅美丽的风水宝地。

会馆对面是曲院风荷，左边是岳庙，右边是玉泉，稍稍走几步，就是两边风景如画的杨公堤。而最让我心旷神怡，乐不可支的是，翻过杨公堤，知味观最具代表性所在——味庄，就袒露在你的面前。

那是一片前含山水，后揽湖光，小桥流水，曲径通幽的优雅之地，六七幢风格迥异、古典别致的独立式楼阁，如明珠般隐匿于湖光林荫之间。这里既有私密性极强的奢华包厢，也有亲民随意的大堂雅座，既可以在室内聚会宴请，也能够在庭院闲坐小吃。

无论室内还是室外，浓浓的绿荫都会像天然屏障一样环抱着你。鸟儿在你耳畔吟唱，鱼儿在你身旁嬉游，如此美妙优雅的就餐氛围，在杭城乃至全国都可谓首屈一指。

都说西湖美景如诗如画、杭州山水如梦如幻，而你只要走进“知味观”味庄，便可坐拥杭州山水和西湖美景，诗画梦幻扑面而来。

文人墨客最喜欢风雅，饮茶喝酒更需佳肴美景相伴。《江南》常常会邀约天下文友来杭举办各种文学活动，讲座、论坛、沙龙、雅集，江南文学会馆是一方胜地；而吃饭、小酌、聚会、宴请，就直奔知味观味庄了。

如今的知味观当然已经不是当年仅靠一碗阳春面和一客小笼包子就让我们倾倒的饭庄了。经历了近百年的风风雨雨，这家以传统立足、以改革迈进的中华百年老字号，敢于在保持传统特色与融合中西精粹的基础上创新，它的招牌菜也不仅仅停留在人们熟知的东坡肉、叫化鸡、虾爆鳝、西湖醋鱼、龙井虾仁等等这些传统名菜上了，新式的美味佳肴更是层出不穷，不胜枚举。

印象中，各地文友最喜欢吃的有：蟹酿橙、糯米鸭、乾隆鱼头、金牌扣肉等，还有一道清新爽口的凉菜“梨园舞袖”也是文友们的至爱，不知是那文艺范儿的菜名带给人无尽的想象空间，还是那别具一格的独特口感让人屡吃不厌，反正是每吃必点。

新招牌菜中，最赏心悦目的是蟹酿橙。蟹酿橙曾经是800年前南宋小朝廷里的宫廷菜，被酷爱收藏古董的味庄掌门人董顺翔从《梦粱录》里发掘出来（原版食谱见《梦粱录》十六卷）后开始真正走向民间。知味观对这道传统名菜加以改造后成了看家经典。此菜选用当季鲜橙，开盖，取出肉及汁水，香橙制成橙盅，当季湖蟹蒸熟，剥出蟹黄、蟹肉，以橙肉、花雕、糖、醋将蟹黄、蟹肉煸炒后盛入橙盅，再取一个小碗，加入杭白菊、醋、香雪酒，把甜橙放入小碗内用纸包好，上笼蒸10分钟即可。这道菜，金光灿灿，鲜香酸爽。

知味观的东坡肉早受世人赞誉，而由味庄掌门人董顺翔研制开发新推出的“金牌扣肉”更是技高一筹，这道菜虽然用料平常，但经过这位名厨的改良，较之豪放的东坡肉又多了一点文雅书卷之气，它色泽红亮、味醇汁浓、酥烂而形不碎、香糯而不腻口，不仅保留了“东坡肉”原有的油润柔糯，而且肉汁浸润的笋干和时蔬的清香更令人垂涎欲滴。加之它的造型精致，切成薄片的扣肉码成尖顶宝塔形状，配以扇形白面小馒头佐餐，既大饱口福，又特别养眼。食客们说，能把红烧肉做到这个份上真是“绝”了！

知味观的菜绝，点心更绝！传统的小笼包子虽然依旧是当家小吃，地位不可撼动，但新品点心的赏心悦目和美味可口更是后来居上：荷花酥、雪媚娘、龙井茶酥、菊花烧卖、蟹黄鱼翅饺……光是听这些美丽的名字，你就忍不住会怦然心动，甚至会想象拥有这样诗性名字的背后，会不会有一段更美丽的爱情故事？及至吃到嘴里，细细品味那一道道点心变化多端绝无雷同的口感，你无法不啶指赞叹！

记得有一次作家王安忆来电话，说她的朋友，台湾著名诗人和美食家焦桐要来杭州，希望我替她好好招待，请他尝一尝杭州美食。我以前看过焦桐谈吃的书，还知道他在台湾常年主持一个不定期的民间美食大赛，他甚至自掏腰包请一些民间食客，暗地里吃遍台湾大小餐馆，吃后投票选举最佳美食。因为不白吃任何一家餐馆，所以投票就十分公允，决出的美食引来食客如云，而落榜的餐馆自然无人问津。这一民间赛事使焦桐成为台湾饮食业众多老板眼里又爱又怕的美食大鳄。

这样一位资深吃客，又是王安忆郑重拜托，我自然不敢怠慢，立马在知味观味庄定了最好的包厢，请了一干文人雅士作陪。

那天几乎点了知味观所有新老招牌菜和特色点心，一道道美味佳肴上来的时候，焦桐都要发出一声声惊叹，他总是不忍下箸，一边口中念念有词发表点评，一边忙不迭地给每一道菜肴点心拍照，留下靓影。

离开味庄时，焦桐不胜感慨地叹道：“我终于相信‘知味停车，闻香下马’这句话了，知味观真的名不虚传。”

焦桐回台湾后，还来过电话和“伊妹儿”，对知味观的美食念念不忘。他还与我商量，他的美食杂志要在国内寻找办事处，原来想放在北京，来了杭州，吃了知味观，他改变主意了，想把美食杂志的国内办事处设到杭州。他说，再没有比西湖更美，比知味观更好吃的美味佳肴了！

可惜我因为忙于江南杂志社三本刊物的诸多事情，未能应答焦桐先生的美意，现在想来仍是憾事。

但自此我也渐渐明白，为什么当年在北京新街口的知味观，吃不出知味观的味道和底蕴。因为知味观不仅仅是一家餐饮的名号，它所有的一切的一切，早已经融入西湖的文脉，渗透了江南的气质。那种感觉，那种韵味，实在不光是在舌尖上就能品尝，而是要用心灵去体味的。

缠人绵绵的青藤茶馆

黄亚洲[1]

顺着悠长的青藤，你端起盖碗茶轻轻吸吮之时，一腔思古之幽情便不由自主地就攀援到了南宋。

那时窗外是京城，景色也像如今般桃红柳绿，害死岳帅的秦姓宰相轿出元宝街，一路呼啸而来；那时节你手中的这一碗，可能就是清醇的径山茶，于是细细的藤蔓又会勾着你的思绪赶到钱塘江边，修学于南宋的日僧南浦昭明那一刻正在告别径山诸僧，并将寺中“斗茶”器具乃至茶桌，一股脑儿运去了日本，然后这种茶文化再在两百年后发展成“茶道”。

就这样，倚着青藤茶馆的雕花木窗，伴着小红泥炉上煮出的阵阵茶香，你的思绪就不由自主地随着藤蔓向前翻卷，东南西北四处蔓延。你会感叹，历史的浑厚与茶香的醇厚，竟是一样的宽度。

当然你也可以不去思索这些，只与你的至亲闺蜜悄声絮语，或是三五老友推心置腹，话题信马由缰、天南海北，问题是置身文化气息如此浓郁的茶馆里，你思绪的弧度便由不得你了，它只会与爬伸的青藤合拍，穿行于一个又一个的文化季节。

比如你就会很自然地联想到音乐。茶馆轻柔的背景音乐里有相当一部分，就来自吴越王朝与南宋宫廷的古琴曲，甚至，清清与毛毛这两位优雅的茶馆掌门人，在青藤茶馆“锦绣店”开张之时，就为各间雅致的包厢取了一个个古琴曲的曲名：高山流水、阳春白雪、天心、秋鸿、枕月、漱石，古雅的曲名直教人心往神驰。

又说到美术，你不联想美术也不行。前不久茶馆就举办了一次以“读画”为主题的“茶会”，众茶客于幽幽的茗香之中渐次踱步入宋，一个个敞袍宽袖起来，此种视觉、听觉、嗅觉、味觉兼备的“文化穿越”岂非难得的赏心乐事，天下几人能得？

十三年前青藤茶馆乔迁六公园的开张之日，我曾应邀前往作客，记得当时兴起，随笔题歪诗一首，诗曰：“青藤茶馆如青藤，缠住西湖缠茶人。哪怕不是嗜茶者，亦愿此地洗风尘。”近日去看，见此诗十三年

① 黄亚洲，1949年8月出生于浙江省杭州市，中国内地作家、编剧。1979年，开始担任浙江省嘉兴地区南湖杂志社编辑。1991年，担任历史电影《开天辟地》的编剧，凭借该片获得第12届中国电影金鸡奖最佳编剧奖。1999年，黄亚洲获得第一届“中国百佳电视艺术工作者”称号。2001年，由其创作的长篇小说《日出东方》获得国家图书奖、国家“五个一工程奖”。2006年，由其创作的诗集《行吟长征路》获得第四届鲁迅文学奖全国优秀诗歌奖。2014年，由其创作的诗集《狂风》获得第一届中国屈原诗歌奖。2016年，出版长篇小说《红船》。2019年9月，黄亚洲长篇小说《日出东方》入选“新中国70年70部长篇小说典藏”。编剧作品有《R4之谜》《大厦小屋》《开天辟地》《灯塔世家》《雷锋》《毛泽东在上海1924》，诗集《黄亚洲诗选》《无病呻吟》《中国如此震动》等。

来一直张挂于墙，于是赶紧表示此乃歪诗，信笔涂鸦，别再示众了，友人则说此诗张挂亦可，叫作“歪打正着”，恰是青藤茶馆日夜为来客洗却精神风尘的写照。

清清与毛毛，这“青藤”二字，竟是你们两姐妹中谁个想出来的，这十六年来，真是柔柔绵绵的好生缠人啊！

登吴山逢南宋雨

张加强[1]

踏着吴敬梓的跫音登吴山，恰逢夏雨，雨也上山，斜着飘着没个定势，像是来自南宋，渗入衣衫，淌入心河，浇灌历史。

八百多年前，一夜春雨过后，陆游在杭州的孩儿巷吟出千古名句：“小楼一夜听春雨，深巷明朝卖杏花。”杭州这座城市，即便是南宋之国那样地垮了，也垮得动人，中国所有的城市，惟杭州人永远走不出自己的天地，乡愁，是人造的。

被鲁迅推为“中国最好的讽刺小说家”的吴敬梓登上苍老的吴山，左望钱塘江，右看西湖，遥见隔水的山，“载华岳而不重，振江海而不泄。”近见呢？络绎的城流，三十六家花酒店，七十二家管丝楼，天下第一个真山真水的景致。

吴敬梓所见，多半是今天的上城区，大概是上层人居住的地方。杭州古城，有许多宅院老墙门和四通八达的小弄堂。一条幽巷，半堵颓垣，几块山石，一柄纸扇，都可以让人嗅出当年市井的繁华和喧闹。六角井圈，青苔含露，一堵白墙，一扇黑漆门，不见金碧辉煌，难觅豪门贵气，惟那砖雕门楼，挑出不同寻常处。

墨绿色的老藤爬满那些旧宅的古墙，清河坊的人文古迹如点点朱红的玛瑙散落在历史街区，那些青油油的紫藤、爬山虎悄然无声地布满了庭院的墙，浓绿将苍老掩盖，如时间的帷幕，构成古城眼神里动人的一瞬。太多的往事，藏于周遭的山水中、树丛间、道路旁，活跃在这片乐土上的，连坟墓也带灵气，游人踏过，没有蕙草飘零，佳人迟暮的感伤。

这座由古书建造的城市，在一个更为广阔的文化背景下，完成了文化财富的历史编年，这仅仅是点缀生活的风雅，杭人起居行止的天地，是在广袤的自然中，因为山水的缘故，曲径通幽、以大观小，是杭州人的专有。

隔墙的书声从穴缝中伸过头来，抚摸着古旧的建筑，这样的地方，人和时间共同凝固在建筑上。城内所有荒冷的后院种花，稍经呵护，来年便满园春色。

[1] 张加强，男，1956年生，浙江海宁人。2004年加入中国作家协会。著有散文集《傲骨禅心》《乌镇依旧》《风雅南浔》《忆江南》。

从前的杭州，三面云山一面城，高巍的城门和森严的墙垣，夜间深锁，四岸浮动，倒影于湖中。俞平伯说每每天黑，城门关闭，城外便成荒野世界。

二十世纪的早春，拆除了城门城墙，改建道路。去了这森然的城墙，古城打发了旧时月色，杭州走出深闺，闻到了来自大地的体香。

听雨吴山驿

王钦木[①]

端午刚过，正是梅子青、杨梅红的时节，江南犹如一幅灵动的水墨画，总被雨水和云雾所笼罩。

刚下榻南宋御街南端的吴山驿，一场大雨就接踵而至。我就是在这么一场酣畅淋漓的梅雨中，来赴上城之约。我熟悉而陌生的杭州上城，曾经是这个世界的上上之城。多少辉煌和繁华，多少悲壮和激昂，多少隐忍的泪水，忍不住都要化作豪雨倾盆而下。通过这场仿佛无止无休的豪雨，我奔赴南宋、奔赴吴越，完成一个城市的千年之约。

晚餐之后，急雨稍缓。我们赴约的近三十位作家，分坐三艘游船沿东河北上，在朦胧的灯光中感受上城的慢生活。游船慢慢行进，穿过一个个或方或圆或长或短的桥洞，抛开了城市的喧嚣，仿佛避开了五代十国的战火而置身于吴越，仿佛回到了闲适的南宋和明清。悠游闲适的好时光总是短暂，我们弃船登岸，在雨水中各奔东西，在闪烁的灯火中体验上城醇厚的历史和前卫的时尚。然后，我又经过熟悉的河坊街和南宋御街，而夜雨消退了老街往日的繁华。

夜已深，潇潇雨声敲打着吴山驿，敲打着旅人的无眠。

那一晚，吴山天风送来不歇豪雨，那深浓的夜色、那急骤的雨点，一定蕴藏着一个千年古都兴盛的密码。几年前，当我离开蜂涌的车流人海，悠哉游哉登上玉皇山顶，耳边轻风徐徐，但见眼前一片江天浩瀚，在山顶尽情享受“临镜映西子，听涛倚钱塘”之乐。从山腰往南俯瞰，八卦田景致尽收眼底，它浓缩了农耕文化的精华，我仿佛看到了南宋皇帝在此躬耕。行至玉皇山南麓，绿树掩映着幽静古朴的天龙寺，天龙寺内有东、中、西三龛佛像，分别是水月观音、弥勒佛和阿弥陀佛，堪称五代吴越国佛教造像中的典范，观赏着这一尊尊天龙寺造像，我惊诧于千年前的不朽杰作，感慨于时光如风云流逝。唐末黄巢起义后，大唐名存实亡，进入战乱频仍的五代十国藩镇割据时代，钱王采取保境安民和“休兵息民”的战略方针，重农桑、兴水利，发展与日本、朝鲜等国海外交往，使偏安东南的吴越国小朝廷，一跃成为南方发展最快和最为富裕的地方，从此使杭州有了“上有天堂，下有苏杭”的美誉。

① 王钦木，笔名王青木，男，1964年生，浙江省仙居县人，浙江省作家协会会员，主要创作体裁包括诗歌、散文等，著有诗集《南方树》。

吴越国不到短短百年，却开启了一座城市千年的兴盛。而后150年，是赵宋皇朝辉煌的北宋时代。而当靖康之难后，宋徽宗、钦宗二帝被女真人俘虏，赵宋江山被金国吞没大半，宋高宗赵构建立南宋而定都杭州（时称临安）。在宋朝尤其是南宋时期，由于耕种土地减少与丝绸之路的阻断，被迫转向以商业经济尤其是远洋贸易为主的商业经济模式，商人在这一时期得到了最大的解放，并最终取得了商业经济的大繁荣，率先在世界上开启了资本主义的生产关系。当时南宋的经济总量占到世界的一半，首都临安的人口已经突破百万，而此时欧洲还处在中世纪的黑暗当中。临安在作为南宋皇城的150多年里，成为全中国和全世界最为华丽夺目的城市，俨然当时世界的上上之城。杭州，因此跻身中国六大古都之一。按照建都时间和建都数量排列，六大古都分别是西安、北京、洛阳、南京、开封、杭州。

如今，凤凰山上的吴越王城和南宋皇城早已在漫长的光阴中灰飞烟灭，而清河坊却依然在历史的长河中飘荡着古都的风韵，十里御街隐约透露出帝都的繁华和兴盛。那一处处古桥旧宅、茶馆老店、勾栏瓦舍，是镌刻在城市灵魂深处的市井记忆。皇城遗址、闸口白塔、凤凰寺、梵天寺经幢、宝成寺麻曷葛喇造像、胡庆余堂、胡雪岩故居、求是书院处处古迹，是上城的历史精华和文化积淀，延续着城市不灭的基因和不朽的记忆。我曾于上世纪八十年代在杭州华家池畔求学，那时的上城几乎集中了杭州城的繁华，改革开放三十多年，杭州城区不断扩大，但上城却风采不减。古色古香的清河坊历史文化街区，灯红酒绿的南山路艺术休闲特色街区，汇聚世界知名品牌的湖滨旅游商贸特色街区、解放路现代商贸特色街区，都以其独特的魅力吸引着四面八方的游客。我曾屡屡穿越时光的隧道，试图揭开吴越国和南宋的神秘面纱。西子湖畔的轻歌曼舞，钱塘江边的浪浠潮声，奇巧精致的珍宝古玩，一叹三叠的宋词唱曲，灿若群星的英雄豪杰……曾使多少才子佳人流连忘返！

整个夜晚，潇潇雨声敲打着吴山驿，敲打着旅人的无眠。这豪雨，仿佛从吴越国而来，穿越了千年光阴；这豪雨，仿佛从南宋而来，穿越了八百多个春秋。那一刻，我凝神谛听宋词的悲壮和豪迈!我听到了岳飞的满江红怒发冲冠腾空而起，我听到了陆游“矮纸斜行闲作草，晴窗细乳戏分茶”的无奈，我听到了辛弃疾气吞万里如虎的金戈铁马凌空而来，我听到了文天祥铮铮的铁骨丹心化作啼鹃带血归……这是一个英雄辈出的朝代！那一刻，我听到了李易安的旧恨新愁，也听到了朱熹的源头活水，听到了南宋皇城的繁音交响……正是有了英雄杰的前赴后继，有了山河破碎后的发奋图强，也是有了理学治国的源头活水，偏安淮河以南的南宋才能在金、蒙的夹击下呈现蓬勃生机。在金、蒙的虎视眈眈面前南宋并非后人想像的苟延残喘，反而构筑了世界文明的高地和峰巅，但最终还是臣服于蒙古人原始而野蛮的铁蹄，这又令世人唏嘘不已！

在吴山驿听雨，任思绪天马行空。吴山驿不远处是烟雨中的鼓楼，它每一块斑驳的砖都蕴含着历史的沧桑。我仿佛听到了那迎敌的鼓声正在激品鸣响，我仿佛听到那急骤的雨点，正在解说赵宋王朝的兴衰，正在解读千年古都兴盛的密码。

烟柳画桥，亦古亦今是上城

吴群燕[①]

我从水岸的柳汀嗅到了夏天的味道。当恣意的阵雨越过中东河的“光森林”，南宋词人丘密的《夜行船》款款而来，“小艇红妆，疏帘轻盖，烟柳画桥斜渡。”中东河，漕舫踏着南宋的节拍，载着诗意的亭廊水榭，驻泊在玉楼歌酒的江南。

夜色浓了，雨滴便开始淅淅沥沥，层次丰富的自然景观只剩下了重点，一团光晕和一个美丽的影子。青石板，锁住了路人前行的步伐。这是一个节点，关乎南宋的临安，关乎一场风花雪月的夜色盛宴。

亦古亦今是上城。

你不需记住这里曾是七朝古都，那些古迹循着历史的脉络遍植在大街小巷，商贾辐辏、官衙邻毗、名贤辈出的繁华地就在这里。赵氏高宗的偏安一隅，更是深情万种地把这一处古城渲染的繁花似锦。那时的南宋皇城，殿、堂、楼、阁，行宫及御花园，方圆九里，环山绕水，外城更是扼吴山，截武林，连西湖，靠钱塘江，气象万千。宋城千古情的“给我一天，还你千年”，胆敢气势磅礴掷地有声，是不是仅仅因为闸口白塔、梵天经幢、南宋皇城的历史遗存？不，因为她有历史的底气，是属于血液里流淌着的皇家格局。而如今，时尚的现代元素又把这一座古城从古宣的氛围中托底而出。湖滨旅游商圈、南山路特色街区、解放路现代商贸区，越夜越蛊惑的烟火人间，你可以想象这一场盛世繁华的夜景刚刚拉开序幕，时尚的高点除了华丽的服饰、顶级的车行、精致的美食，还有诸如斥巨资打造的六星级娱乐综合体，魅力金座，集现代建筑、声学、灯光的极致美感，在夜色的叠加中，给现代都市启开了一面天窗。

你不仅要唤醒历史的古意，除了历史，她还承载着现在和将来。

亦山亦水是上城。

夏日的雨水已经丰沛了，哪怕夜色，也掩盖不了低洼之地的风姿绰约。没有水的覆盖，城市便失去了浪漫的姿色。这是城市的南端，居上位，水的故乡。除了京杭运河，西湖、钱塘江，影影绰绰，上游连着下游，水岸接着码头。中东河，是黄金腰带，把狂乱和细腻的水景千丝万缕地纠缠，她虽然不是当年的老桥绿水，亦不复曾经的鸟语花香，然而，桥亭、雕塑、码头、画舫，依然承接着历史的记忆，续写着时代的风华。水若情人的眼睛，山是情人的胸膛。上城的水路环绕在吴山、凤凰山，山上岩峰玲珑，古树苍郁，一石、一木、一景色，处处古迹，星罗密布。八卦田、吴山天风、城隍阁软化了山脉的筋骨体系，你倏然觉

① 吴群燕，女，浙江义乌人。美术学博士，鲁迅文学院浙江作家班成员，擅写散文和美术评论，出版散文集《一路花开》。

得“紫气东来”的摩崖石刻不仅仅是一个典藏，她们都是与上城相生相惜的爱情。不远处的宝石流彩、西泠孤山，亦是点点情暖，似在水中央。“绕重城、藕花无数。”夏正央，那一池赴了一场又一场盛宴的西子水，荷花正开。

水是柔的，山是刚的。其实那个年代，宋金辽的对抗，曾经金戈铁马，战火纷飞。这城，便有了铁血丹心的岳飞。那厢又是苏小小、梁祝、林和靖、苏子和朝云的爱情故事，柔肠百结。山山水水的丰饶，亦柔亦刚，这城市的妩媚和多变，便有了借口。

亦文亦商是上城。

自古繁华的富奢之地，是有历史的走向的。这里曾经是商业的热土，文化的繁衍地。南宋经济的繁荣，超越了前代，并走向了世界之巅。当时临安手工作坊林立，尤以织造业盛名，并有临安丝绸享誉各地。据《武林旧事》载，“南宋时杭州商业440行，万物所聚，应有尽有。对外贸易相当发达，有日本、高丽、波斯、大食等50多个国家和地区与之有使节往来和贸易关系，朝廷专设‘市舶司’以主其事。”这是文治的功德。宋室历代帝王在政治、军事上羸弱无能，然而在诗词、绘画、理学方面却走出了前无古人、后无来者的高度，以文取士的政学让偏安的南宋成就了历史上的文艺盛世。最高学府太学，武学、医学、算学、史学等各科学校，学生近千人。宫廷以院体画学主导，南宋四大家李唐、刘松年、马远、夏圭，皆居留钱塘，并以钱塘边角题材孵化，简略缥渺的画风，对后世山水画影响深远。南宋的诗歌成就亦走向巅峰，尤、杨、范、陆并称为中兴四大诗人。宋室理学的发端，亦由南宋一路向北。

这是亦文亦商的曾经历史，有缘起，才有上城的风华绝代。

如今你流连于南宋御街的美食天堂，你行走于吴山庙会的杂耍绝活，你置身于清河坊街的形色多端，那些百年老字号，抑或城市的老地标，王星记、奎元馆、胡庆余堂、唐朝绸庄等等。你一定忘记了自己是在历史版图中穿梭还是在现代广场上游弋。烟柳画桥，亦古亦今，那是一个城市赋予你的审美情趣。酒肆茶楼，艺场教坊，驿站旅舍的夜市布景依然在眼前，你一定是不愿意离去的。

第二节　诗词

题伍员庙

〔唐〕徐凝

千载空祠云海头，夫差亡国已千秋。
浙波只有灵涛在，拜奠青山人不休。

胥山伍员庙

〔唐〕常雅

苍苍古庙映林峦，漠漠烟霞覆古坛；

精魄不知何处在，威风犹入浙江寒。

（选自《吴山大观》）

酒泉子

〔宋〕潘阆

长忆吴山，山上森森伍相庙。庙前江水怒为涛，千古恨犹高。　寒鸦日暮鸣还聚，时有阴云笼殿宇。别来有负谒灵祠，遥奠酒盈卮。

（选自《吴山大观》）

相思令

〔宋〕林逋

吴山青，越山青，两岸青山相对迎，争忍有离情？
君泪盈，妾泪盈，罗带同心结未成，江边潮已生。

（选自《吴山大观》）

法惠寺横翠阁

〔宋〕苏轼

朝见吴山横，暮见吴山纵。
吴山故多态，转侧为君容。
幽人起朱阁，空洞更无物，
惟有千步冈，东西作帘额。
春来故园归无期，人言秋悲春更悲；
已泛平湖思濯锦，便看横翠忆峨眉。
雕栏能得几时好？不独凭栏人易老！
百年兴废更堪哀，悬知草莽化池台。
游人寻我旧游处，但觅吴山横处来。

（选自《吴山大观》）

有美堂暴雨

〔宋〕苏轼

游人脚底一声雷，满座顽云拨不开。
天外黑风吹海立，浙东飞雨过江来。
十分潋滟金樽凸，千杖敲铿羯鼓催。
唤起谪仙泉洒面，倒倾鲛室泻琼瑰。

（选自《吴山大观》）

重阳日有美堂南望

〔宋〕蔡襄

越邑吴封绣错分，华堂繁吹半空闻。
山峰高下抽青笋，江水东西卧白云。
菊蕊芬芳初应节，松林照耀欲迎曛。
州人不见归时醉，未拟风流待使君。

（选自《吴山大观》）

湖州歌

〔南宋〕汪元量

一掬吴山在眼中，楼台累累间青红。
锦帆后夜烟江上，手抱琵琶忆故宫。

（选自《吴山大观》）

满江红·吴山

〔南宋〕汪元量

一霎浮云，都掩尽日无光色。遥望处，浮图对峙，梵王新阙。燕子自飞关北外，杨花闲度楼西侧。慨金鞍玉勒早朝人，经年歇。　昭君去，空愁绝；文姬去，难言说。想琵琶哀怨，泪流成血。蝴蝶梦中千种恨，杜鹃声里三更月。最无情鸿雁自南飞，音书缺。

（选自《吴山大观》）

朝天门闻角

〔南宋〕梁栋

听彻哀吟独倚楼，碧天无际思悠悠。
谁知尽是中原恨，吹到东南第一州。

（选自《吴山大观》）

偕卞敬之游吴山驼峰紫阳洞

〔元〕萨都剌

天风吹我登驼峰，大山小山石玲珑。
赤霞日射紫玛瑙，白露夜滴青芙蓉。
飘飘云气穿石室，石上凉风吹紫竹。
挂冠何日赋归来，扫石篝灯洞中宿。

（选自《吴山大观》）

咏吴山景

〔元〕贡性之

鸾翔凤翥枕江流，秀夺江南第一州。
螺髻巧盘云外影，蛾眉深锁雨中愁。
舞衣春试鸳鸯锦，歌扇晴翻翡翠楼。
宝马香车游冶子，赏心谁不为迟留。

（选自《吴山大观》）

吴山春望

〔明〕张宁

东风吹雨百花晴，独立鳌头醉眼明。
楼阁矗天山拥寺，江湖环地水通城。
中原故友浮云散，南宋诸陵草蔓平。
日暮长歌下山去，蘼芜满地伴人行。

（选自《吴山大观》）

登吴山绝顶

〔明〕黄修娟

一上胥山路，疑登霄汉边。
江云连越塞，斗宿尽吴天。
潮带千峰雨，城含万井烟。
居高堪纵目，览古思悠然。

（选自《吴山大观》）

雪后登吴山

〔清〕王纬

着屐高登第一峰，雪余犹见冻云浓。
江山眼底银光眩，庐舍城中玉屑封。
清气忽教通帝座，晴空难得豁人胸。
危岑遥瞩穷何处，十二楼前积素重。

（选自《吴山大观》）

题和内子画《岁朝图》献堂上韵

〔清〕阮元

吴山春满大观台，森戟凝香燕寝开。
柳絮白销三日雪，椒花红并一枝梅。

吟成彩胜庚庚健，画得金幡乙乙回。
共祝阳春真有脚，煖从堂上履边来。

减兰·登吴山遇雨

〔清〕黄景仁

乱山无数，试问春归归底处？天际鹅毛，一发钱塘暮雨潮。　雨来江市，黯黯半天云挂地。白鹭飞还，片片轻舟尽落帆。

（选自《吴山大观》）

七宝山

〔清〕陈时

绝壁谁题破，吴山第一峰。
大观台上望，云海荡心胸。
坡老题诗处，霜筠暗几重。

（选自《吴山大观》）

登吴山

〔清〕秋瑾

老树扶疏夕照红，石台高耸近天风。
茫茫灏气连江海，一半青山是越中。

（选自《吴山大观》）

吴山遗事诗·大隐坊

〔清〕朱彭

坐对吴山一桁青，几年游宦梦初醒。
绝怜垂橐归来后，大隐坊前著酒经。

无题

郭沫若

莺归余柳浪，雁过胜松风；
樵舍勾山在，伊人不可逢。

第三节　歌曲童谣

嘿！老哥们！

1=C $\frac{4}{4}$

黄宝森 鲁 客 词
宋可夫 刁玉泉 曲

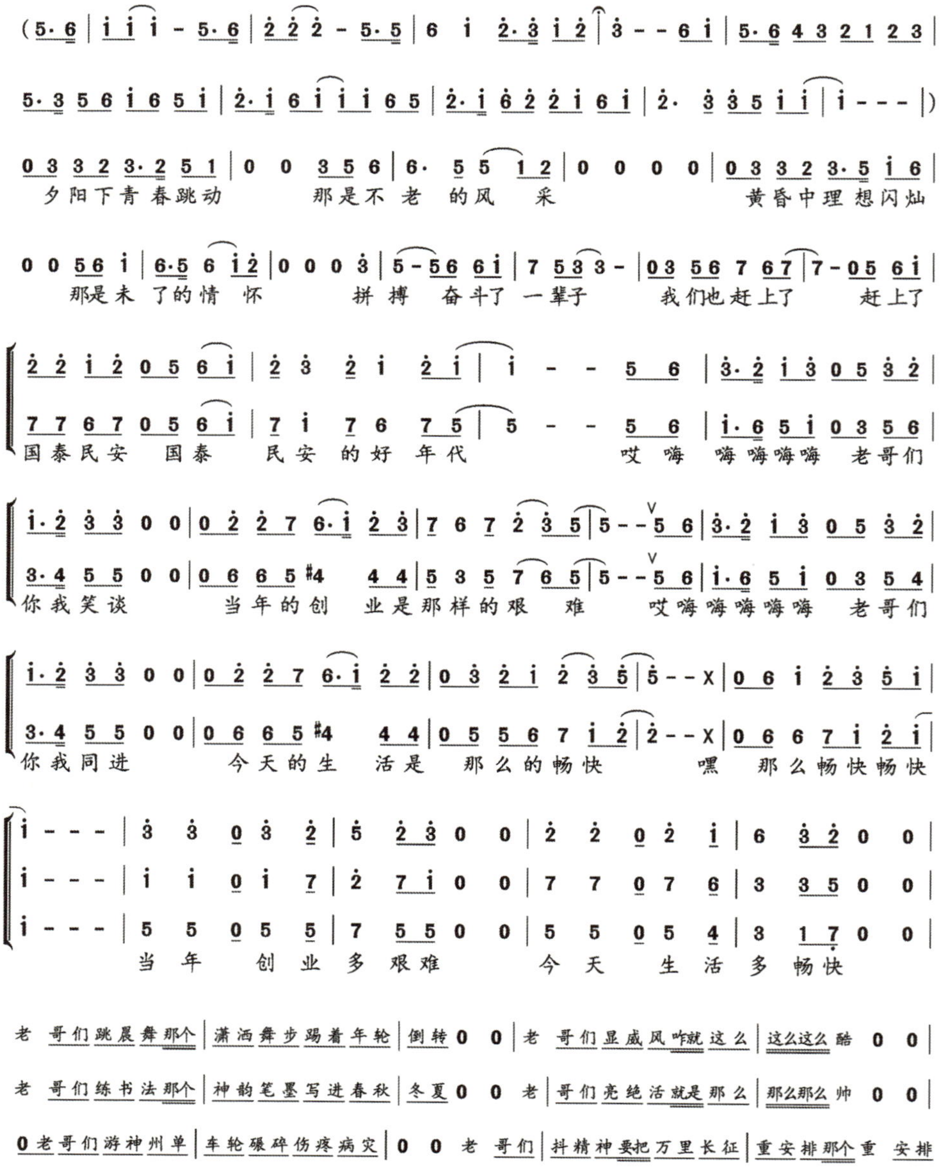

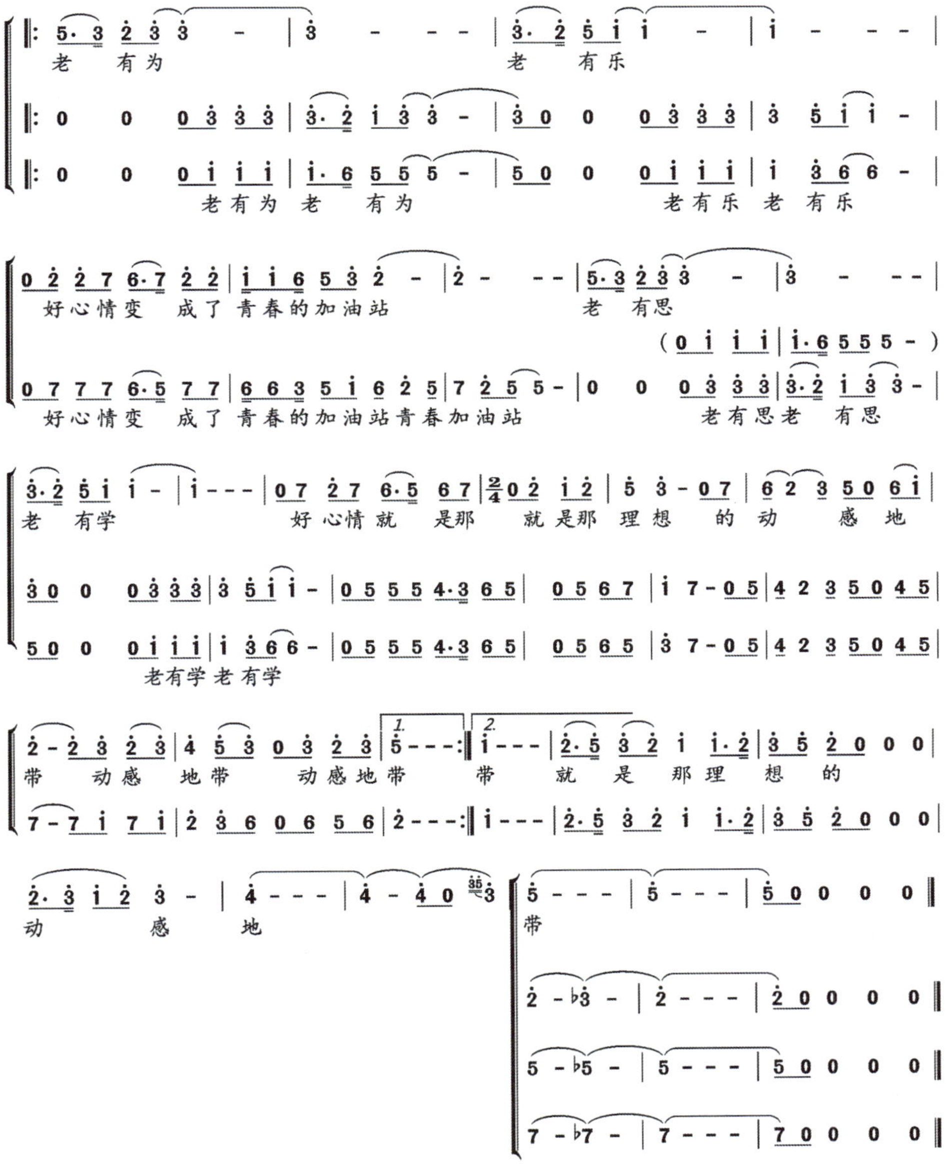
老 有为 老 有乐
老有为老 有为 老有乐老 有乐
好心情变 成了青春的加油站 老 有思
好心情变 成了青春的加油站青春加油站 老有思老 有思
老 有学 好心情就 是那 就是那 理想 的动 感 地
老有学老有学
带 动感 地带 动感地带 带 就 是 那理 想 的
动 感 地
带

制谱：师泽宇

城市一家亲

（流行组合演唱）

钱建隆、黄宝森 词
吴大同、陈咏梅 曲

1＝D $\frac{4}{4}$
中速、亲切地

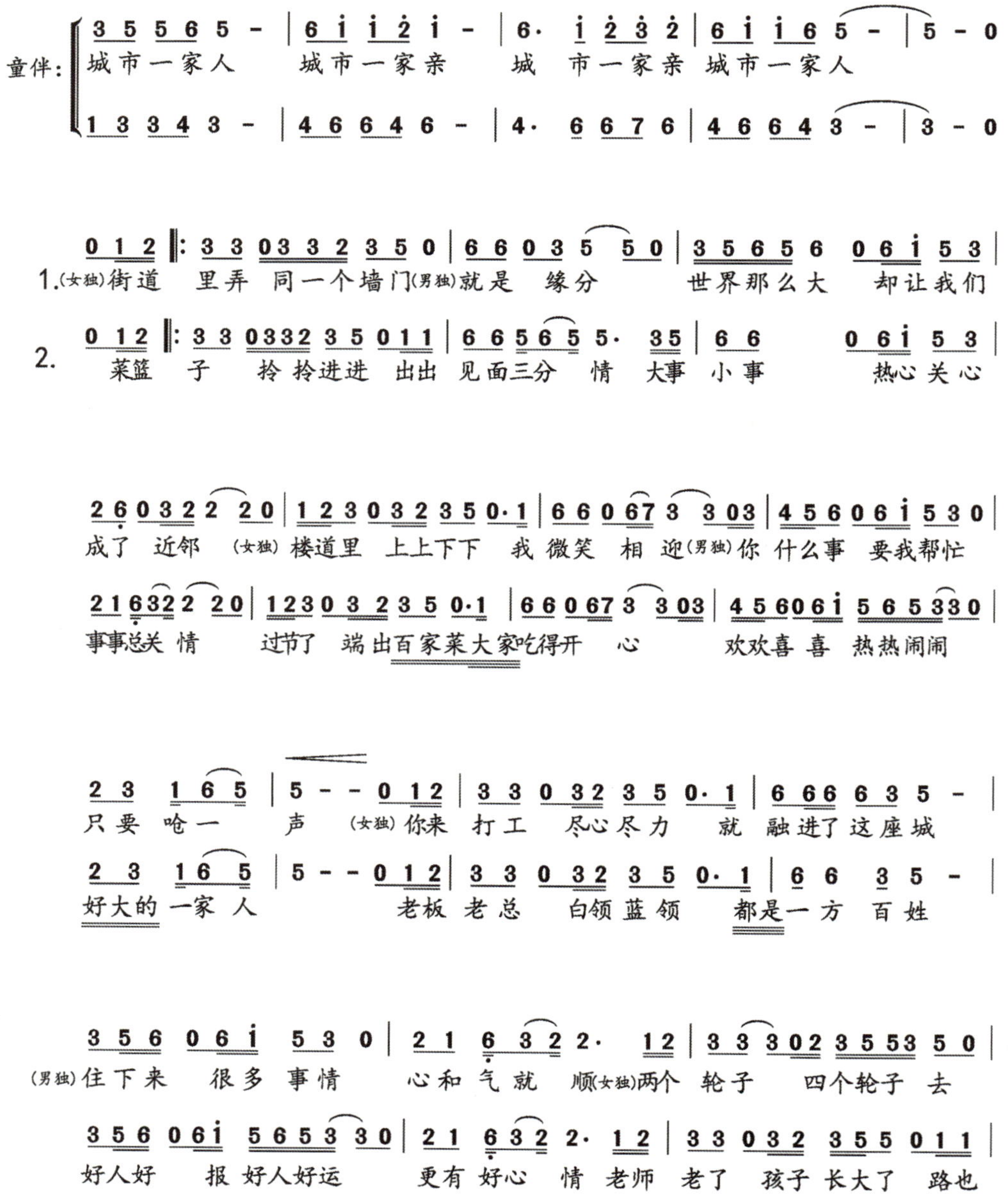

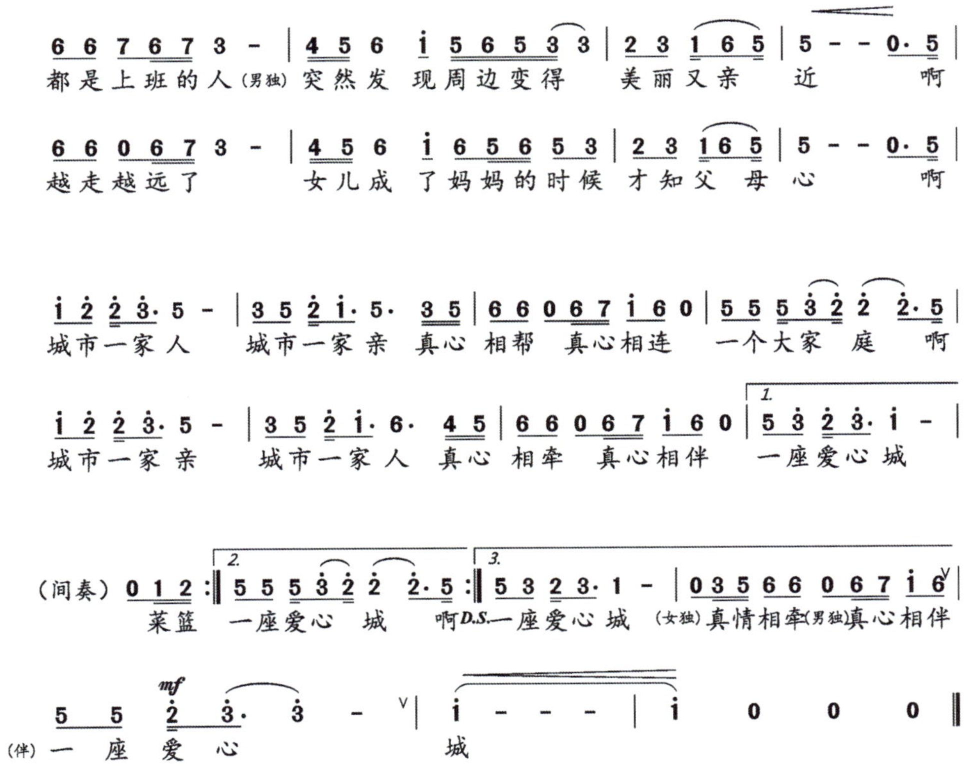
都是上班的人（男独）突然发现周边变得美丽又亲近啊
越走越远了女儿成了妈妈的时候才知父母心啊
城市一家人城市一家亲真心相帮真心相连一个大家庭啊
城市一家亲城市一家人真心相牵真心相伴一座爱心城
（间奏）
菜篮一座爱心城啊D.S.一座爱心城（女独）真情相牵（男独）真心相伴
（伴）一座爱心城

制谱：师泽宇

千古钱塘

1=C $\frac{4}{4}$

黄宝森 王厚琦 词
王厚琦 曲

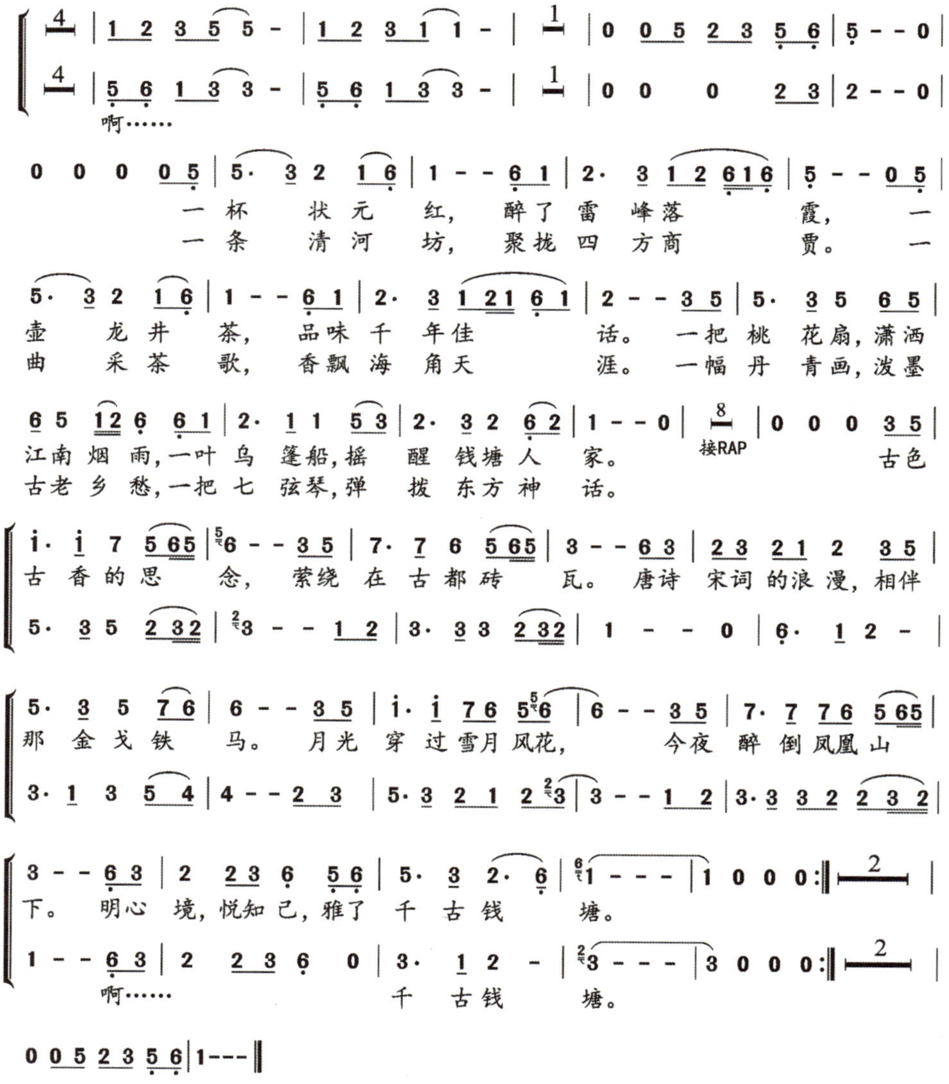

RAP：有一条巨龙叫钱江，潮起潮落鲜沧桑，
有一颗明珠叫西湖，倾国倾城空光芒。
有一对神鸟叫凤凰，浴火重生雅钱塘，雅了钱塘。

制谱：师泽宇

钱潮恋歌

1=C $\frac{4}{4}$
深情、宽广的

黄宝森 词
王厚琦 曲

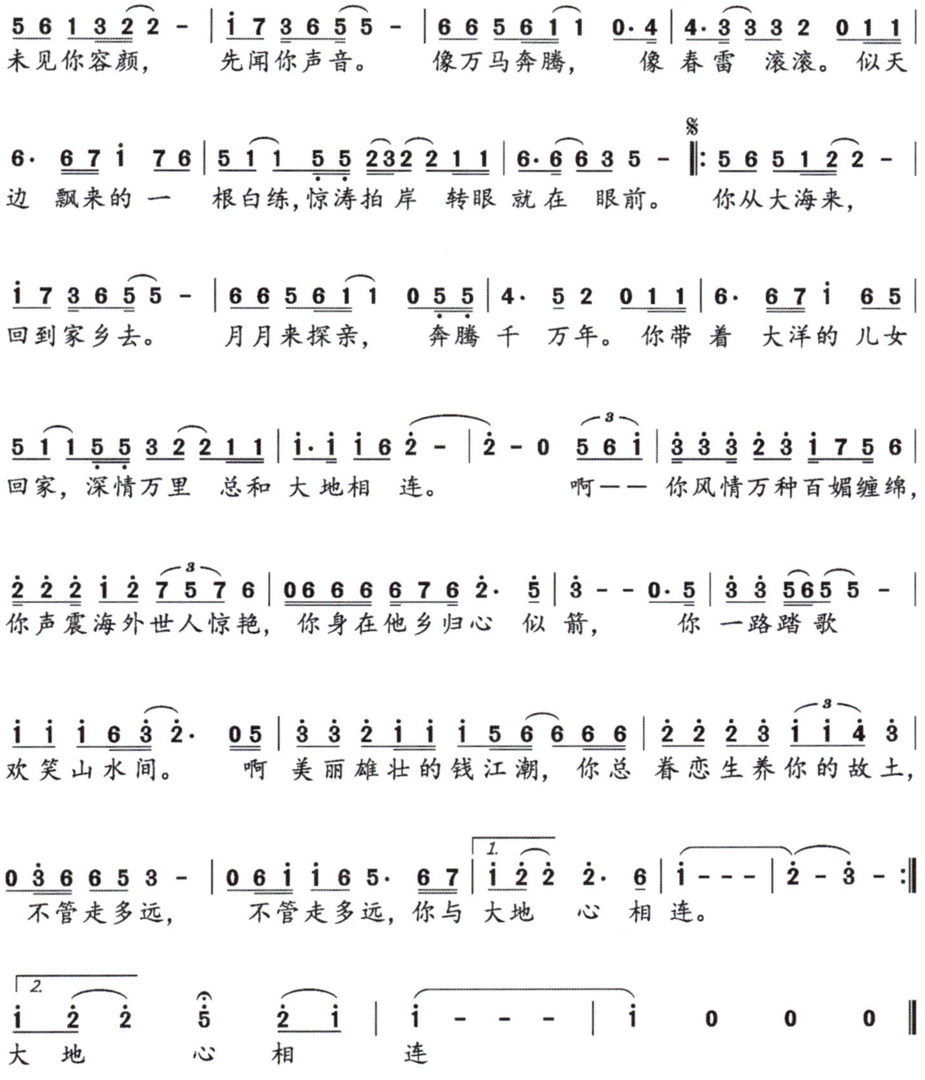

制谱：师泽宇

河坊街上琅格琅珰

(女声表演唱)

1=E $\frac{4}{4}$

活泼 快乐地

钱建隆 词
王厚琦 曲
杨昊东 编曲

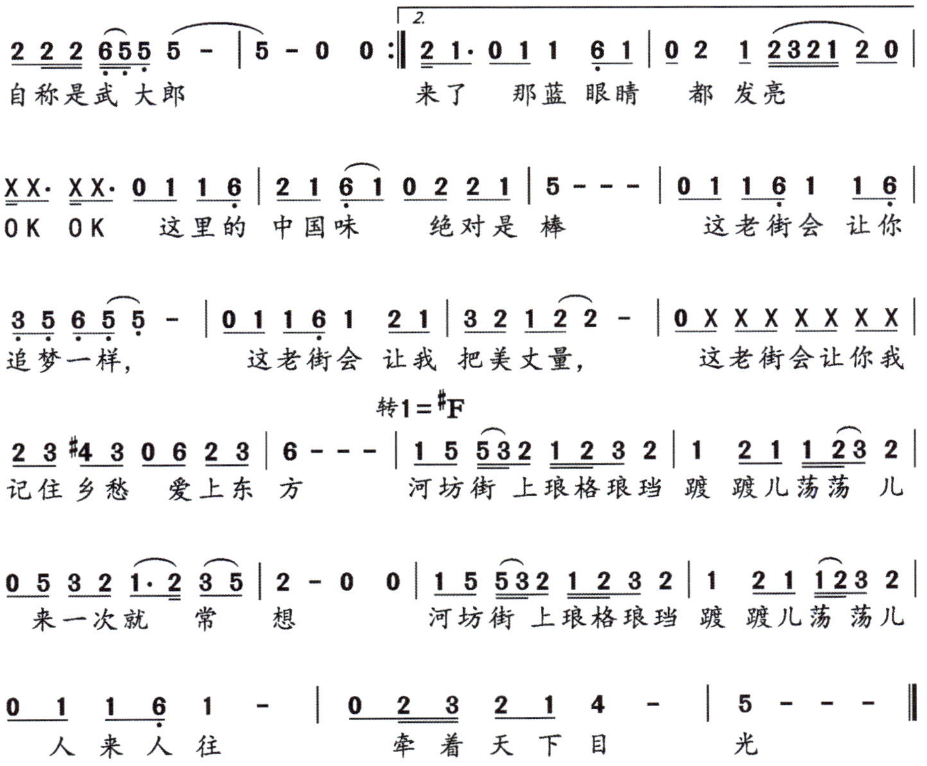
自称是武大郎
来了 那蓝眼睛 都发亮
OK OK 这里的中国味 绝对是棒
这老街会让你
追梦一样，
这老街会让我把美丈量，
这老街会让你我
转1=#F
记住乡愁 爱上东方
河坊街上琅格琅珰 踱踱儿荡荡儿
来一次就 常 想
河坊街上琅格琅珰 踱踱儿荡荡儿
人来人往
牵着天下目 光

宋韵流芳吴山下

浙江省第十五届音乐新作大赛兰花金奖作品

1=C $\frac{4}{4}$
广阔、活跃

施 翔 词
王厚琦 曲

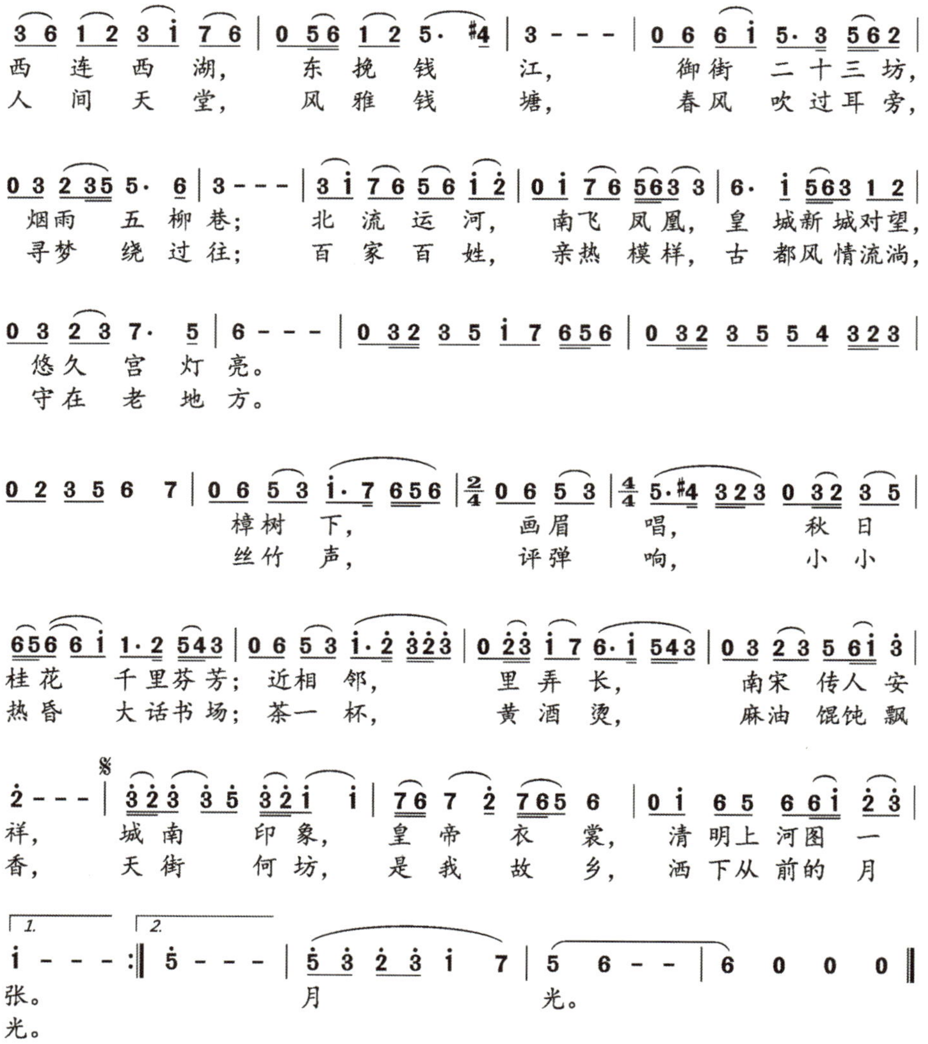

制谱：师泽宇

杭州十城门

（一）

正阳北关坝子门，
螺蛳沿过草桥门，
候潮听得清波响，
涌金钱塘共太平。

（二）

正阳门外跑马儿，
北关门外鱼担儿，
坝子门外丝篮儿，
螺蛳门外盐担儿，
草桥门外菜担儿，
候潮门外酒坛儿，
清波门外柴担儿，
涌金门外划船儿，
钱塘门外香篮儿，
太平门外粪担儿。

附记：

正阳门即凤山门，“跑马儿”是指当时凤山门外的万松岭、凤凰山一带，风景秀丽，每逢清明时节，杭人多去那儿走马踏青。北关门即武林门，“鱼担儿”指当年拱宸桥、湖墅为水路通衢，是淡水鱼的集散地，杭州鱼贩午夜就到那里批购鲜鱼，破晓前从武林门挑担进城，供应晨市。坝子门即艮山门，“丝篮儿”是指那时的艮山门一带，为丝织机坊的集中地，纺织手工业发达，后来才逐渐移向下城区。螺蛳门即清泰门，“盐担儿”指清泰门外近钱塘江滨七堡、八堡、海宁、海盐一带，当时多设盐场，盐贩即从此挑盐入城销售。草桥门即望江门，“菜担儿”指当年草桥门外城郊均是菜农，世代以种菜为业，每日清晨挑菜进城销售。“酒坛儿”是说候潮门近江干，当时航船均在此停靠登岸，由绍兴运杭的绍兴酒，都从候潮门进城，故有此说。“柴担儿”指当年清波门外郊区山民运柴炭入城出售，都从清波门进出。“划船儿”因当时西湖划在城墙之外，游湖者必须出涌金门。涌金门外设有码头，西湖的划船均集中于此。“香篮儿”指当时杭州春日香市甚盛，凡往昭庆寺、灵隐寺进香的人都由钱塘门出城。太平门即庆春门。“粪担儿”指当时庆春门外亦多菜农，城内没有清卫机构，农民进城倒粪，都由庆春门出入。

（选自《中国民间文学集成浙江省杭州市上城区卷》）

十二月花名（之一）

正月梅花雪里香，
二月兰花盆里装，
三月桃花颜色娇，
四月蔷薇上短墙，

五月石榴红似火，
六月荷花水中央，
七月凤仙人人爱，
八月桂花满园香，
九月菊花赛黄金，
十月芙蓉笑洋洋，
十一月山茶染脂红，
十二月腊梅开得旺。
（选自《中国民间文学集成浙江省杭州市上城区卷》）

十二月花名（之二）

正月茶花朵朵开，
二月杏花寻春来，
三月桃花满枝头，
四月蔷薇带刺开，
五月石榴红似火，
六月荷花透水开，
七月凤仙娇娇爱，
八月桂花香满街，
九月菊花盘中蟹，
十月芙蓉赛牡丹，
十一月水仙阵阵香。
十二月腊梅斗雪开。
（选自《中国民间文学集成浙江省杭州市上城区卷》）

九九歌

头九晴，
二九明，
三九头上见分明；
四九三十六，家家户户吃年肉；
五九四十五，穷汉街头舞；
六九五十四，篱笆出嫩枝；
七九六十三，破絮两头摊；
八九七十二，路上行人摇扇儿；
九九八十一，癞蛳蛤蟆一起出。
（选自《中国民间文学集成浙江省杭州市上城区卷》）

夏日数九歌

一九至二九，扇子不离手；
三九二十七，喝茶如蜜汁；
四九三十六，争相路边宿；
五九四十五，树头秋叶舞；
六九五十四，乘凉不入寺；
七九六十三，夜眠寻被单；
八九七十二，当心筋骨寒；
九九八十一，家家翻棉被。

（选自《中国民间文学集成浙江省杭州市上城区卷》）

节令民谣

正月拜年嗑瓜子，
二月伢儿放鹞子，
三月上坟坐轿子，
四月种田下秧子，
五月端午包粽子，
六月走路带扇子，
七月野鬼抢银子，
八月月饼嵌馅子，
九月重阳吃栗子，
十月金桔夹桔子，
十一月里正冬至，
十二月过年杀年猪。

（选自《中国民间文学集成浙江省杭州市上城区卷》）

杭州风俗歌

正月正，家家户户看龙灯；
二月二，城隍山上放鹞儿；
三月三，荠菜花儿上灶头；
四月四，买条鲥鱼敬灶司；
五月五，包好粽子过端午；
六月六，猫儿狗儿同洗浴；
七月七，牛郎织女桥头歇；
八月八，大潮发来小潮发；

九月九，买包老菱过老酒；
十月十，蚊子跳蚤脚笔直。

（选自《中国民间文学集成浙江省杭州市上城区卷》）

附

传说与典故

区域内流传的传说与典故，地方特色浓郁，内容丰富，有街巷地名传说、桥梁传说、山峰传说、名店传说、名人传说、俗语传说等。这些民间口头流传的故事，往往能揭示民生民情，反映人民爱憎。本节内容主要选自《杭州市故事卷》《中国民间文学集成浙江省杭州市上城区卷》《中国民间文学集成江干区卷》。

一、街巷地名传说

南宋皇城初建

相传，南宋建炎三年（1129）二月，护送被金兵打败南逃的南宋皇帝赵构的队伍到达凤凰山。宋高宗打算定都杭州。这天，他亲临凤凰山脚，想借用临安府第，权作皇宫。高宗看到凤凰山气势雄伟，北接紫阳，南连玉皇，背靠西湖，面朝钱塘，形状恰似一把皇宫的龙椅，决定将此地划为皇宫所在地。内侍杨公弼说："此地风水虽好，但是房屋太破旧，而且荒凉不堪，必须添造三百间宫宇，不然有损帝王威严。"赵构说："我们本是败军之王，能有个地方遮蔽风雨就够了，何必要搞得很豪华呢，还是简朴一点好。"于是命令内侍指挥建官殿一幢。以后，南宋历代皇帝在这里不断修建宫殿。到南宋末年，宫殿已达30余座，金碧辉煌，与北宋汴京没有区别。凤凰山脚形成方圆达九里的"大内紫禁城"。

（改编自《寻访千年上城》）

高银巷的传说

上城区有条高银巷，宋朝时叫肉市巷，又叫灌肺岭，以出售糯米灌猪肺出名。

相传，南宋时，灌肺岭有一个姓高的青年，父母双亡，家境清贫，靠做灌肺为生，因为本少利薄，只能勉强糊口。有一天，这青年人出门去买糯米，走不多远，捡到一袋白花花的银子，他一阵高兴，心想这一下穷光棍要变成财主了，可转念一想，不知哪个丢了这许多银子?这人找不到钱，也许会去寻死，弄不好还会连累他一家老小的性命，这缺德的事我不能做。想到这里，他便守在袋儿边，等候失主来找。这失主是往来海外的大商人，等他原路寻回到灌肺岭，见一青年坐在地上，身边放着他的银袋儿。一问，才知道这青年忍着饥饿等了很长时间。商人很感动，觉得这青年人忠实厚道，就收他做伙计。

此后，这姓高的青年就跟着这位商人做生意。他们把杭州的丝绸、茶叶运到南洋各地出售，又把南洋的香料、珠宝运到杭州售卖。这姓高的青年对主人忠心，做事勤恳，账目清楚，商人看重他，每次从南洋回来，都分给他一笔相当可观的金银。不出十年，青年也成了百万富翁。以后，他便在老家灌肺岭买了一块地皮，造起深宅大院，开了一家珠宝店。因为他资本雄厚，生意做得很热闹，其他的一些珠宝商人也跟着在灌肺岭开起店来。慢慢地，灌肺岭成了珠宝商的交易市场，每天要成交上千万两银子。而最大的珠宝商就是这位高姓青年，后来人们就把灌肺岭叫作“高银巷”。

（选自《中国民间文学集成浙江省杭州市上城区卷》）

惠民巷的故事

上城区的惠民巷在北宋以前叫巾子巷。它的由来和苏东坡有关。

北宋元祐四年（1089），苏东坡在杭州任太守。但是他一到杭州，就遇到雨水不调，荒年歉收，加之时疫流行，杭州城大街小巷，到处可见求医的穷苦百姓。当时有个大富翁叫金百万，为人刻薄吝啬。他瞅准疫病蔓延的时机，赶着在巾子巷口开起药铺，明为济病，实际上是想大发横财。贫苦人家买不起他的药，只好在家呻吟等死。金百万看药铺生意清淡，吩咐仆人贴出告示，说是“为怜贫救人，可以凭保赊药，月息三成”。这一招果然有效，一些贫苦的人，就赶来赊药了。

苏东坡得到时疫蔓延的禀报，急忙到市南坊实地察看。老百姓见苏太守来了，知道他为官清廉，纷纷上前拦住喊道：“苏太守，我们没钱看病，您老救救我们吧！”苏东坡经过巾子巷口，看到药铺前的告示后，气得大胡子都翘了起来。回到衙里，苏东坡将他所见的情况说给继妻王润之听。王润之说：“这种疾病不知属于何类？”苏东坡说：“属于湿性，和前些年在黄州所见到的一样。”王润之说：“那不是可以用‘圣散子’来治吗？”苏东坡点点头：“药是对症，价也不高，只是杭州人口众多……”王润之说：“把我的首饰拿去变卖，可以凑足黄金五十两。先开个药坊，施舍‘圣散子’。再去找参寥高僧请教。你看如何？”苏东坡想了想，觉得也只有这样，说：“这样，全杭州城的百姓都要感谢夫人的。”王夫人所说的参寥，是苏东坡一个诗友，精通医道。这天，苏东坡去找他商量，说出新近时疫蔓延，想办个药局施舍“圣散子”的事，只是深恐财力不济。参寥想了想，说：“待老僧且去跑一趟，向金百万化缘看看。”

这边，金百万采取赊药的办法后，引得不少赤贫病人上了当。他面对着赊药加息的借据，正窃窃自喜，忽见一老僧进来，口中喃喃念道：“老僧参寥，为苏公东坡施舍‘圣散子’之药，特来化缘，望金翁为济贫救病，捐助纹银千两。”金百万听到要他捐银子，连忙捂住耳朵，并吩咐仆人将参寥撵出家门。参寥边走边说：“积功德，免病灾；损阴德，有飞祸！”金百万狠狠地朝参寥背后吐了口唾沫。忽然觉得天旋地转，忙叫仆人搀扶。原来他自己也染上了时疫。他请了个姓钱的医生来看，哪晓得钱医生也看不好他的病。这一天，有人告诉他，苏太守在巾子巷开设个惠民药局，向穷苦百姓施舍“圣散子”，十分灵验。他便要仆人到药局去把药方取来。仆人说：“老爷，这‘圣散子’是成药。药方是苏太守秘藏的，什么人也不传。”金百万听了，便对仆人说：“那就给我去买几副成药来吧！”仆人跑到巾子巷惠民药局，拨开取药的人群，挤到前面，大声说：“我要买十副

‘圣散子’治病。”药房管事人说：“我们这里只管施舍，不卖药。”仆人又说：“那就施舍给我几副吧。”管事人说：“苏太守立的规矩，舍药前先要问明病情。再则，此药只舍给穷苦人，不舍给有钱富翁。看你的样子，不像个没钱买药的……”仆人的脸一下子红了，只好实说：“这药是我家主人金百万要的。就给七副吧，你行行好。不然，我回去实在交不了差。”管事的还没碰上过财主老爷求舍药的事，就向医官禀报。医官根据苏东坡事先的关照，问明了病情以后，说：“凡有钱的人求施药，每要一副，须先捐助药局一百两银子。”

仆人回来向金百万一说，金百万想，钱医生给我开的最贵重的药，也不过五十文一帖。这不是明明在敲竹杠吗！但转念一想，只要能救命，也就顾不得银子了。金百万吃了七副药后，出了许多汗，热度退了不少，感到“圣散子”确实灵验。他就要仆人再拿银子到惠民药局去换“圣散子”，并关照说：“先问问清楚，再服几副能痊愈。银钱不够，再回来取。”仆人再次来到惠民药局，将情况说明。这时，苏东坡和参寥正在惠民药局监制“圣散子”。得知以后，便对那仆人说：“此药对时疫三副见效。你家老爷已服七副，尚未痊愈，定是意不专、心不诚之故。”仆人忙申辩说：“这次我家老爷确是诚心服药，最近也没有行什么不善之事。”

苏东坡恼怒了，大声地说：“不得如此狡辩！去告诉你家主人，为何规定穷苦老百姓赊药要加息三成？为何无礼撵走化缘高僧？这些就是不善之事！不善之事，生于不善之念；不善之念，必产生不善之症。若要病除，一要铲除不善之念，速将贫苦百姓的赊药借据当众焚毁。二要按章再捐银子，愈捐得多，病就愈好得快。否则，病势加重，必死无疑！”

金百万得到仆人的禀报以后，为了救命，不得不照办。医官收到银子以后，请示苏东坡。苏东坡说：“有不少病人，远从江干或下城赶来，很不方便。赶快用这些银子配成药，在众安桥和江干各找一处简易房子，设个施药点，也叫‘惠民药局’吧！”

这样一来，杭州城就有了三个“惠民药局”了。许多患病的穷苦人，靠了苏东坡施舍的“圣散子”，得以痊愈。据说，前后救活了好几千人。因为巾子巷的惠民药局最大，开设的又最早，人们便把巾子巷改称为“惠民巷”了。这也是群众对太守苏东坡为民造福的一种纪念。

（选自《中国民间文学集成浙江省杭州市上城区卷》）

金钱巷的传说

相传不知哪个朝代，有一天，仁和县知县老爷坐着轿子来到三岔路口，见路当中有3个秀才趴在地上，你抓我的辫儿，我抓你的肩膀，吵吵闹闹。县老爷忙叫住轿，命公差过去看看是什么事。公差跑上去，仔细一看才知道，原来他们是在抢一个铜钱。

3个秀才看见公差，都说这个铜钱是自己先看到的，理应归自己。说完又吵起来。公差说：“你说你先看见，他说他先看见，天上掉下地上捡，三个活人抢一个铜钱，伢儿（孩子）看了也好笑。好了好了，我们老爷在那边，这事由老爷公断。”3个秀才便跟公差到轿旁。公差递上铜钱，将事情经过向老爷回禀。知县老爷看了看铜钱，说："三位秀才，你们是读书人，不要为一枚铜钱在路当中争争吵吵。现在本官作主，你们三人中哪个最苦，这铜钱就归哪个。"三个秀才你看看我，我看看你，第一个说："小人姓王，单名林。我是茅屋见青天，居下无炊烟，食无鸡啄米，苦楚似黄连。老爷，您说我苦不苦？这个铜钱我好不好拿？"

旁人听了都说："王林苦，这个铜钱该给他。"县老爷一听也赞成，便递过铜钱说："王林，你拿去吧。"正当王林伸手接钱时，还有两个秀才嚷道："慢，我们还没有诉苦呢。"第二个说："我姓破，单名萝，天地我为屋，月光当蜡烛；盖的肚肠皮，垫的背脊骨。你说苦不苦？"第三个秀才忙说："老爷，我姓积，单名底。断炊已三年，饿来饮清泉。老爷如不信，当场剖腹验。"旁人一听吓了一跳，说："积底是苦，为了一个铜钱要割肚皮，看来这个铜钱还得给积底。"县太爷见三个秀才都讲完了，正准备把钱给积底，忽儿一想，缩回手对他们说："你们三个苦，可还有一个更苦。就是我。"他见众人不解，便说："我虽然是一县之主，进出坐轿子，可我千里来做官，为的是捞钱……"他说了两句，第三句怎么也连不下去了。一边的公差凑上去说："老爷，你是要钱还是要脸？"县太爷经他一提醒，忙说上第三句："老爷我是要钱不要脸。"话刚落音，便将铜钱往自己袖子里塞，命衙役抬起轿子就跑。等众人惊醒过来，轿子早就没了影。

后来，人们为了讽刺这个贪财的县太爷，就将这里的一条巷取名为"金钱巷"。

（选自《中国民间文学集成浙江省杭州市上城区卷》）

"琵琶街"的传说

相传很早以前，上城区盔头巷对面有一条街，街边开着一家"泰来米店"。店主姓郑，名叫福清，浙江嘉兴府人。

郑福清素来喜欢同三教九流的人物往来，常常到烟花娼妓处歇宿，时间一久，便觉得腰酸背痛，打不起精神来。有一天，一个走方郎中来到米店，在和老板攀谈之中，知道他患了阴虚、阳痿等症，便说："你可把乌龟震出壳，掺一点狗腿肉，用灯花火煎熬，吃了大补元阳，毛病定能治愈。"郑福清便依照他的单方去办，果然，不到半月，病情大有好转。

一天，学徒不小心，乌龟震出壳之后，逃走了一只，钻进了堆米袋的地板缝里。哪知年深月久，这只震出壳的乌龟变成了蛇，奇毒无比。这年夏天，米店伙计们在堆米的地板上乘凉，无缘无故地陆续死去。

有一天，一个乞丐走过这里，发现米店的地板缝里有股黑气袅袅上升。乞丐寻着老板道："这地板底下有条毒蛇，是乌龟变的，叫声像弹琵琶，叫琵琶蛇。假如不除掉，不知要害死多少人。"郑福清听了十分惊奇，对几个伙计的死因才恍然大悟。就问："那么用什么法子才能除掉这条毒蛇呢？"乞丐道："琵琶蛇其毒无比，要除掉它，必须积下一缸唾液，我把身子在缸里浸泡一昼夜，再用七叶一枝花、半边莲、细叶青、毒莲草混合捣碎，擦遍全身，才能接近蛇身。"老板道："好，三天以内，一定办成。"

三天后，那乞丐如约来到米店。饱餐后，就脱去衣裤，在唾液中浸泡。第二天一早，又用捣糊了的草药擦遍全身。于是叫几个身强力壮的伙计把米袋腾开，撬起地板，只见一条四脚落地的琵琶蛇，口喷毒雾，猛向乞丐扑来。乞丐奋力对付，终于卡住琵琶蛇的七寸，那蛇四脚朝天，慢慢死去。乞丐也因为吸了蛇毒，全身发黑，中毒身亡。附近的人听到这件事，十分敬佩乞丐见义勇为，为民除害的功绩，就把这条街取名“乞丐街”。到了清朝年间，人们认为“乞丐街”的名字不好，就改名叫“琵琶街”，而现如今这里又被称作“元福巷”。

（选自《中国民间文学集成浙江省杭州市上城区卷》）

十五奎巷的传说

杭州鼓楼边有条十五奎巷，原先叫作“石乌龟巷”。后来人们觉得这巷名不好听，才改成“十五奎巷”。

相传，城隍山上十二生肖石旁边，原有一只很大的石乌龟。这石乌龟受日月之精华，承雨露之琼浆，年深月久，修炼成精。每到晚上，它就化成人形，青衣小帽走下山来，穿行于闹市之中，畅饮于太白酒家；有时登上紫阳之巅，远眺钱江烟波，饱览西湖风光，遨游于山水之间，怡然自得，觉得十分快乐。只是它形体笨重，步履蹒跚，上山下山，踏在石板上，笃笃之声不绝于耳，吵得附近的庙神夜间不得安宁，纷纷向城隍告状。幸亏它不做坏事，城隍也没有为难它。后来，这石乌龟觉得自己不是山间之物，应该归入大海与鱼龙为伍，才是修归正宗。但苦于行动不便，入江无路，归海无门，终日郁郁不乐。事有凑巧，南海观世音菩萨从西天回来，路过杭州城隍山，已经暮云霭霭，脚下没有注意到城隍山上的大樟树，一步踉跄，震动怀里的柳枝宝瓶，洒出了几滴甘露，刚好落在石乌龟身上。石乌龟的道行一下子增添了500年，变得体态轻盈，行动十分方便了。

一天夜里，石乌龟沿着山坡悄悄而下，经过四牌楼，爬出鼓楼，打算从望仙桥河下顺江入海。这时，湖神伍子胥刚巧从山上下来巡逻，发现石乌龟要逃遁出海，不觉大怒，立即命令手下将士把石乌龟逮住，钉死在伍公庙山脚下。第二天，住在这条巷里的居民发现一只庞大的石乌龟趴在这地方，后来就把这条巷取名叫“石乌龟巷”。

（选自《中国民间文学集成浙江省杭州市上城区卷》）

王婆与大井

相传从前，杭州城隍山脚下有一条小巷里住着一位七十多岁的孤寡老人王婆，靠酿酒卖钱过日子，还用酒糟养了几只猫。因为本钱少，酿的酒不多，酒味也淡薄，买的人少，生意十分清淡。

有一年冬天，天下着雨，冷风刺骨，一个过路的老道士来到王婆门口，望着她院子里的酒缸发呆。王婆见了，问道：“大师父，喝酒么？”那道士摇摇头说：“我没钱！”

王婆拿起碗舀了满满一碗酒，递过去说：“没钱不要紧，你喝碗挡挡寒吧！”

老道士接过碗，把酒喝完，抹抹嘴走了。

第二天，老道士又来了。王婆又拿碗舀酒给他喝。这样接二连三，老道一连来了十八天，王婆先后给他喝了十八碗酒，从没厌烦过。

到第十九天，老道士又来了，喝完酒，说道："婆婆，我喝了这么多酒，你不要我一文钱，这怎么好呢?我替你挖口水井来报答报答你吧!"老道士说完，动手在王婆的院子里挖了一口小水井。说也奇怪，井里竟冒出香喷喷的酒来。老道士对王婆说："婆婆，今后有人来买酒，你就舀这井水给人家好了。"王婆听了不放心，拿碗舀了点井水尝尝，果然芳香扑鼻，甘醇可口。从此，王婆就不再酿酒了，靠舀井水卖，生意很好。喝酒的人一多，她嫌井小水少了，一空下来就挖，渐渐地挖成了大井。

过了一年，那老道士又来了。王婆一见，眉开眼笑，连忙迎上去，殷勤接待。道士问道："婆婆，这酒好吗?"王婆连连点头："好，好，好，这酒很好!"

道士又问："生意好吗?"王婆说："生意好，好!"

道士点点头："这样就好了。"说完，刚要转身告辞，王婆想了一想，笑道："大师父，这酒好是好，就是没有酒糟，喂不了猪。"

道士听了，叹了一口气，走到院心朝井里望望，拿起笔在井边题了一首诗，走了。那诗是："小井成大井，婆心比天高；井水当酒卖，还说猪无糟。"

从此以后，这井水就没有酒味了。王婆心里也觉得不该太贪心，感到羞愧，就请人在这儿打了一口又大又深的水井。这井里的水又清又甜，六月炎天也从不干浅。

那时候，城隍山脚下本来是没有井的。这一带居民的吃水用水，都要到钱塘江边去肩挑车推，又吃力，又不方便，而且江水咸苦，不好吃。大家知道王婆院子里打了水井，都纷纷来打水，王婆大方接待，从不阻拦。从此，沿城隍山一带的人家都吃上了井水。

大家感谢王婆的好处，就把这条巷取名叫"大井巷"。王婆死后，还在她住的地方盖了座小小的"王婆庙"来纪念她。庙里供着一座王婆的雕像，一副乐呵呵的样子。庙门上还有一副对联："钱多义少，情重财轻。"

据说这对联是那个老道士写的，说明王婆能够轻财重义，还是一个好人。

（选自《中国民间文学集成浙江省杭州市上城区卷》）

学士街的来历

杭州城里有条学士街，据说是为纪念苏东坡的功绩取的名。这话又对又不对，说对，因为这条街名的确和苏东坡学士有关；说不对，因为北宋时，它还不是街名，只不过有个"学字界"的名称。

早先，这地方有一所蒙馆，馆里有十七八个学生，其中少数几个仗着家里有钱，不好好读书，在蒙馆盛气凌人。多数学生学习认真，但家庭贫寒，连习字的纸也买不起。

有一天，苏东坡便服出游，经过这里，听到蒙馆里传出读书声，走进去，只见3个孩子在埋头写字，却有多数孩子在读书。苏东坡小时候也进过蒙馆，知道规矩——读书有读书的课，写字有写字的课，现在怎么一课分为两种呢?他感到奇怪，便问："老先生，现在上的什么课?""写字课。""为什么这些学生不写字呢?""这些孩子家境贫寒，无钱买纸。”苏东坡一看，不写字的几个学生果然衣衫陈旧。苏东坡伸手便从袋里掏钱，可转念一想，不行，济人不在钱财，立志不在富贵，出钱买纸只救得了一时。他便缩回手，对老先生说：“让我来试试可好?”老先生见苏东坡儒服方巾，气度轩昂，显然是个有学问的人，就点点头。苏东坡把手一招，几个穷苦孩子跟着他走出教室，站在道地上。“你们喜欢写字吗?”“喜欢。”“为什么不写呢?”“买不起纸。”“如果你们有了纸呢?”“一定好好写。”

苏东坡用脚踩地，说：“这不是现成的写字纸吗?你们先在沙泥地上学字，回头我再给你们送点纸来。”这一来，却遭到几个富家子弟的嫉妒。穷孩子们要在泥地上学字，富家孩子要在泥地上玩耍，穷孩子们躲到东，富家孩子就跟到东，穷孩子们躲到西，富家孩子就闹到西，就连蒙馆先生也不敢主持公道。

这一天，苏东坡带了纸张又来到蒙馆，便叫来全馆孩子，说明道理，还在门前的道地上划了一条长线为界，规定线东踢球玩耍，线西就地习字，相互不得逾越。

从此，这些穷苦孩子在界西一侧的沙地上学字，进步很快，孩子们对于这条学字的界线十分爱护，白灰淡了，重新刷上。后索性搬来砖头和石块，砌成了一条自自然然的线。

不久，大家得知这个学士就是苏东坡太守时，对这条界更加爱护了，并把它叫作“学字界”。后来，宋朝南迁，杭州人口大增，这地方营造起房屋，但是，对这条学字界还是留出了。久而久之，成了一条小街。不过学字界的名称逐渐被人误呼为“学士街”了。这也许是因为苏东坡当过龙图阁大学士的缘故吧。

（选自《中国民间文学集成浙江省杭州市上城区卷》）

砚瓦弄的来历

杭州鼓楼外有一条古老的小巷，叫砚瓦弄。从前，这里住着姓燕和姓华的两户人家。两家主人都在京城为官，有财有势。不幸有一年惨遭火灾，把两户人家的房屋烧得精光。消息传到京里，两家主人叫家里人在原址重建新宅。这时，两家的宅基墙界被瓦砾灰烬埋没，已无法分辨，双方依仗主人的权势都想多占地方，互不相让，久久无法动工。

后来，燕家写信到京里，向主人告急。不料接到回信只有四句诗：“千里修书只为墙，让他几尺又何妨?万里长城今犹在，不见当年秦始皇。”

家里人看了这封信，便遵照主人的意思，不再与华家争了。华家听到以后，也很感动，觉得自家也是知书达理的官绅人家，不该为这件事仗势欺人，玷污了名声，就主动让出几尺空地。结果，两家新屋造好，当中出现了一条小巷，取名为“燕华弄”。日久天长，因为燕华与砚瓦同音，后人就称为“砚瓦弄”了。

（选自《中国民间文学集成浙江省杭州市上城区卷》）

元宝街的传说

传说清朝末年，杭州望江门一条小弄堂里，住着一个姓张的裁缝。张裁缝为人忠厚老实，待人和气诚恳，加上他手艺高超，因此附近一般人家都喜欢叫张裁缝做衣服。张裁缝的老婆长得很漂亮，为人也贤惠，每天帮助做些裁缝生活，把家里收拾得井井有条，小日子过得也还舒服。

不料有一天，来了一个人，对张裁缝说："胡老爷喜欢你老婆，愿出重金讨她为妾，你可得一大笔钱，另外再娶一个老婆。"张裁缝一听，火冒三丈，把来人痛骂一顿。那人走后，张裁缝出去打听了一下，原来这位胡老爷是当地一霸，有财有势，是个无恶不作的官商劣绅。得知原委后，张裁缝日夜担心，夫妻相对，愁眉苦脸，无法可想。

第三天，这个人又来了，气势汹汹地说："告诉你，张裁缝，你答应也好，不答应也好，三天后来抬人，你早做准备，如果不答应，送你到衙门里，一顿板子打你个半死，人照样要抬去。"张裁缝听了，不知如何回答是好，这时候，他老婆从里面出来，对来人说："请胡老爷宽限几天来听回音。"来人走后，女人对张裁缝说："胡家势大，我们斗不过他们，还是答应的好。你我夫妻缘分到这里为止了，但我永远是你的人，不会给你丢脸的。胡家再来人，你可要求从我家门口开始到弄堂口，要一步一只元宝铺路，花轿从元宝上过。花轿过后你立即收起元宝，远走他乡，再成家立业，我与你就此分别。"

三天后，胡家又派人来讨回音，张裁缝就把老婆的话对来人讲明，对方满口答应。又过了一天，胡家花轿来了，果然一步一只元宝，从弄堂口铺到张家门口。张裁缝的老婆被花轿抬了去。张裁缝随后捡起元宝，远走他乡。当天晚上，胡老爷送走吃喜酒的客人，高高兴兴的跨入洞房，看到新娘子已在新房里上吊自尽了。胡老爷人财两空，白欢喜了一场。

后来，人们就把这条小弄堂叫作"元宝街"。

（选自《中国民间文学集成浙江省杭州市上城区卷》）

东坡路

杭州东坡路，在北宋初期还是条无名小路，人家不多，店铺稀少。路旁一间草屋里，住着一位头发花白的老妈妈，孤身一人，以卖凉茶为生。

有一天，一位书生模样的人来到茶摊旁。老妈妈见他葛巾芒鞋，衣着简朴，急忙移过一张方凳，说："相公请坐。"书生落座后，侧身指着桌上的凉茶问道："老人家，这茶可是卖的？"老妈妈见问，便笑眯眯地答道："可说是卖，也可说是送。""此话怎讲？""若是挑脚行夫，佣工童仆，手头如有不便，不付钱也无妨，像你这般斯文相公，那就要一个铜钱一碗喽。"

书生见老人快嘴快舌，言语朴直，点点头，拿过桌上一碗凉茶，才呷一口，顿觉沁人心脾，精神一爽。一喝完茶，站起身来伸手入袋，谁知今日出门，竟没有带着小钱，便取出一块碎银，递给老人。

老人见是银两，一时间兑换不开，就对书生说道："相公既有不便，老身也不在意，就算是我请喝罢了。"书生感到过意不去，便说："老人家，权当我赊一次账吧!下次路过，定当奉还。"他向老妈妈拱手一礼，告辞而去。

过了一个多月，这位书生再次路过这里，猛然记起上次未付的茶钱，一摸口袋却又忘带零钱，心里感到局促不安，急忙向老人道歉。老妈妈见这位书生对一文钱如此认真，心中十分敬重，又特意端上一碗凉茶，请他坐下休息。书生见老妈妈，如此殷勤招待，歉意地说："老人家，我身边不带零碎小钱已成习惯，两次赊账实在不好意思，说不定下次再来又会忘记，我看就请你老人家备些纸笔，倘若我再忘记带钱，就给你画幅画，算是茶钱吧！"老妈妈见书生言语落落大方，就点头答应了。

没过多久，书生记得上次的诺言，特地冒着酷热赶到老妈妈这里。一到门前，就彬彬有礼地问："老人家，可备得纸笔？"老妈妈抬头一看，就是上两次来过的书生，乐呵呵地说道："我知道你是正人君子，在你走的第二天，早就备下了纸墨。"书生一听，满口笑容地对老妈妈说："今日我是特地来为你作画的。"说完，欣然提笔，画了一幅泼墨山水，题上"东坡居士"的落款，笑着说："不知此画能否当得两次茶钱？"

老妈妈虽已年迈，可也识得不少字，一见落款，才知眼前这位衣着简朴的相公，竟是文才盖世、大名鼎鼎的苏学士，连忙躬身说道："老身有眼无珠，大人的字画堪称墨宝，这是老身前世修来的福分。"

这件事传开后，大家知道苏东坡经常便服外出，而且身上不带零钱，为得到苏东坡的字画，不少人都来这里摆上茶摊，有的甚至开起小酒店。就这样，这条无名小路顿时变得热闹起来，苏东坡调离杭州以后，人民为纪念他，把这条路取名"东坡路"。

（选自《杭州市故事卷》）

严官巷

南宋孝宗年间，有一年冬天，天气特别冷，整个杭州城北风呼啸，滴水成冰。孝宗皇帝突然心血来潮，想吃阳澄湖里的清水大闸蟹。宫里立刻派人到阳澄湖去采办。不几天，派去的官差果然弄来十几串湖蟹。孝宗皇帝一餐就吃了好几只。这湖蟹是奇寒的东西，皇帝成日花天酒地，身子单薄，吃多了湖蟹寒气凝结，第二天就泻了肚子，卧床不起。皇后娘娘连忙召集御医前来诊治。说也奇怪，御医们用尽"灵丹妙药"，就是不见疗效，没办法，皇后娘娘只好命大臣们出榜招贤。一霎时，皇帝求医的榜文贴满了杭州的大街小巷。

那时候，在紫阳山下的一条小巷里，住着一个姓严的草药郎中，善识百草。他常常从紫阳山、城隍山、凤凰山、飞来峰等山岭采集奇花异草，洗净晒干，或用石臼碾成粉末，为附近百姓治病。因为他为人和气，医术高明，贫苦人家上门求医，免费施药，不收分文。所以，紫阳山一带的百姓都很敬重他。一天，严郎中采药归来，见巷口贴着一张皇榜，许多人围着观看。他走过去一瞧，原来是当今皇上感染痢疾，久治不愈。严郎中心里想，皇帝的病必是纵食所致，加上长耽安乐，酒色无度，造成阴阳两虚，气空双亏。只要用一点抗痢之药，再加一点健身滋补之剂，便能药到病除。宫里也真是白养了这批御医高手，这样普通的病还要出榜招贤，惊动得京城之内鸡犬不宁，实在不像活。他这么一想，便伸手将皇榜揭下来，进宫去了。

严郎中随着内官太监来到皇帝寝宫，行过大礼后，一边搭脉，一边看孝宗的舌苔，果然，皇上的病症和他预先估计的完全一样。他对孝宗和大臣们说："皇上的病只需用新米藕节以热酒调服。数服即可痊愈。"说罢，开了药方，离开了皇宫。果然，皇帝三天就止住了泻，五天后能下床行走了。皇帝龙体康复，十分高兴，立刻传旨封严郎中为御医，迁升为官。并赐"妙手回春"御匾一块，赏碾药用的金杵臼一对。附近百姓都来向他道贺。他入宫以后，还是不忘贫苦百姓，常常来到民间与人治病。后来，大家就把他住过的那条小巷叫作"严官巷"，一直流传至今。

（选自《杭州市故事卷》）

扇子巷

据记载，自南宋时期，杭扇兴起，清河坊之东有一条巷，叫扇子巷，长逾一千米，是当年制扇作坊集中之处，从鼓楼延伸到清泰街，巷子里布满制扇作坊。

南宋时，许多制扇工匠随着宋室南渡，聚集于杭州。"直把杭州作汴州"，扇子也成为点缀新都繁华的一项重要行业。吴自牧《梦粱录》中描述，当时"杭州城大街买卖昼夜不绝"，"自大内和宁门外新路，南北珍异珠宝及花果，时新海鲜、野味、奇器天下所无者，悉集于此"，其中扇子就有"徐茂之""青篾""周家""陈家"等著名商号，细画绢扇、细色纸扇、影花扇、藏香扇、漏尘扇……应有尽有。

《杭州府志》记载，苏东坡在杭时常常亲自断案，一日，有人告一家扇子铺欠钱两万两不还，便把被告叫来询问。那扇子铺老板说："不是不肯还钱，实在是因为这天气久雨转寒，扇子卖不出去。"苏东坡听了让他回去拿二十束扇子来，就在大堂上，用判事笔随意在扇子上作行草或枯木竹石，然后交给他。早有人将此事传出去，那人才出门，就有人来买他的扇子，一千钱一把的扇子，立刻卖光，于是还了债主的欠款。

杭州的扇子，自古有"雅扇"之称，五彩缤纷，种类繁多。老百姓用的有竹编扇、芭蕉扇、绢扇、羽扇、纸折扇、檀香扇、麦草扇等等。葵扇朴实自然，竹扇轻巧灵便，绢扇古雅轻盈，檀香扇华贵香馥，折扇潇洒大方，羽毛扇悠闲飘逸。林林总总，堪称扇子的大千世界。

明清时期杭扇进入鼎盛期，有50余家作坊，5000多名工人。林芳儿、张子元、舒莲记、王星记等，都是前店后厂的生产经营方式，分布在当时的扇子巷、太平坊、保佑坊、三元坊、官巷口、羊市街等商业中心，很多扇子还出口国外。

经过历代扇业和王星记的努力，清末，杭州扇子与杭州丝绸、杭州龙井茶成为贡品，被誉为"杭州三绝"。

（本文根据网络内容整理）

白马庙巷

北宋靖康元年（1126），康王赵构（就是后来的宋高宗）奉命北上与金人谈判，到达相州（今安阳），得知金兵已渡过黄河进逼开封，就没有去寻找金兵主帅、执行和谈的使命，而是径直北上，来到抗金气氛浓烈的磁州（今河北磁县）。不料，他的谈判副手因为携带金人的服饰标志，被磁州人当成汉奸杀了。赵构于是仓皇南逃，半路上又被金兵追杀，他与随从失散，马也跑死了。就在情势危急时，只见一匹白马来到面前，把他驮到崔府君庙。这个崔府君，是老早以前当地的一个县令，因为对百姓有恩，死后人们为他立祠。据说祠神十分灵验，香火鼎盛。也奇怪，白马把康王驮到庙前后，就不见了。赵构四处找寻，发现立在廊庑下的一匹泥马，正浑身冒着热气，“难道就是它救了我？”赵构虽然心里有疑惑，但又累又困，就打算先睡一觉再说。梦里，见到一位白胡子老头，自称崔府君，催促他快走。赵构惊醒，惊讶地发现先前的那匹白马又出现了。白马驮着他，一路狂奔到有宋军的安全地方。

数月后，金兵撤离并洗劫开封府，将徽钦二帝带往北国，作为幸免于难的皇子，靖康二年五月，赵构在南京应天府（现在的河南商丘）即位，成为南宋的第一个皇帝，后来定都临安（现在的杭州），他没忘崔府君的救命之恩，造祠纪念，祠内有一白色泥马，人称白马庙。到明清时，人们索性把小巷改称为了“白马庙巷”。

（选自《中国民间文学集成浙江省杭州市上城卷》）

义凉亭

相传从前有一个商人，骑着马，带着一条狗出去收账。到草桥门外码头去乘船过渡时，路过一座凉亭，进去休息。当他站起身去乘船时，牵着马走到船边，却忘了放在凉亭里的钱包。这时候，那条狗咬住了马脚不肯放。商人见船要开了，一怒之下，向狗开了一枪。狗带着伤痛，“呜呜”叫着跑回凉亭去了。

后来，商人发现钱包丢了，却想不起丢在什么地方，只好自认晦气。等收完账回来，路过凉亭时，见自己的狗已倒在一边死了，他那只钱包端端正正压在狗的身子底下。这时，他恍然大悟，原来那天狗咬马脚是要他回去取钱包。狗被打伤以后，仍旧紧紧守着他的钱包，一直到饿死。商人十分感动，就把狗埋葬在亭子旁边，给它做了一个坟。

后来，人们就把这个凉亭叫作“义凉亭”。

（选自《中国民间文学集成浙江省杭州市上城区卷》）

白塔的传说

相传在很久以前，东海有一条孽龙，经常趁着涨潮的机会到钱塘江游玩。它来的时候，一路翻滚腾跃，每次都要淹没大片田地，冲走大量的人畜。钱江两岸的老百姓吃尽了这条孽龙的苦头，赶造沿江石塘来保卫自己的家园。但是，人力究竟难以与神力相抗，老百姓辛辛苦苦筑起的石塘，孽龙尾巴一卷就都给毁了。

那时候，江边住着一个姓崔的小伙子。他的父母都丧生在孽龙带来的潮水中，房屋也几次被潮水吞噬。别人劝他离开这个地方，可是小伙子无论怎样也不肯离开这个祖祖辈辈生息之地。他发誓一定要斗败孽龙，为民除害。

这一天，小伙子靠在床上想着降服孽龙的办法，忽觉眼前一亮，观音菩萨驾着莲花座飘到了他面前，对他说：“年轻人，你和孽龙的斗争感动了我，我决定来帮助你。”观音菩萨手里拿出一根绣花针，交给他说："下次孽龙来的时候，你只要将这根绣花针向它抛去，就可以把它镇住了。"说完，观音菩萨的莲花座就缓缓向后飘去。小伙子想去追赶，却怎么也迈不开脚步。心里一急，醒了过来，原来是南柯一梦，可是他手里却真的捏着一根绣花针。

转眼又到了涨潮的日子，小伙子站在山坡上，望着滔滔江面，只见孽龙随着滚滚的浪头飞腾而来。小伙子奋力扔出了那根绣花针。只听得天上一声霹雳，绣花针在空中越变越大，最后变成了一根又粗又长的钢钎，直朝江中插了下去。孽龙见了这根钢钎，要想逃遁，可是四周已经被钢钎的宝光所笼罩，哪里还逃得出去？钢钎迅速落下，牢牢地钉住了龙头。孽龙再也不能逃掉了，可是它的尾巴还在摆来摆去，每摆一下，即有人丧生，有房屋被卷走。小伙子站在山上，正在为制住了孽龙而高兴，看到这情形，真是又气又急。他不顾一切跃入江中，紧紧抱住龙尾巴，用自己的身体把龙尾永远按在了江底。

后来，人们在龙头被钢钎插住的地方建了座六和塔。又在龙尾的地方建了座石塔。为了纪念那位姓崔的小伙子，就取名为"崔子塔"。因为塔身是用白石砌成，所以又叫"白塔"。

（选自《中国民间文学集成江干区卷》

柳浪闻莺

传说西湖原来只有九景，有一处风景叫"柳浪闻莺"，是后来加上去的，其中还有一段故事。

早先，这一带地方叫柳浦，满村是密层层的杨柳，一排排的破院。住在这里的三百来户人家，都是郡王府的织锦户。他们家家织得好锦，有一身好手艺；但家家都很穷困，过的是苦日子。有一户人家母子两个，儿子叫柳浪，是个好后生，手艺很高，但因为穷苦，年纪不小了，还没娶媳妇。柳浪的心事，也从来不向人透露，只向那柳林里游转的黄莺倾诉。这黄莺也真懂事，天天飞来为柳浪唱歌作伴，陪他织锦。日子一久，竟成了知心朋友。

有一天，柳林里转出一个十八九岁的姑娘，圆眼睛，瓜子脸，一身金黄衣衫，显得十分俊秀。她偷偷地在窗口看柳浪织锦，想进屋里去，又有点怕羞。这时，正好来了个热心人张二嫂，看到有个姑娘偷偷看柳浪，暗暗地好笑。不料这姑娘一见二嫂，就迎上去叫声姐姐，还说自己是她的表妹黄莺姑娘。二嫂揉揉眼睛想："我哪来的表妹呀！"但经不得黄莺姑娘连声叫唤，有点糊涂了，好像娘家真有个表妹。黄莺姑娘又编了一些家事，说是投奔姐姐来的。二嫂听她这么说，又仔细瞧瞧她模样，心里有了盘算。就过去高声地朝屋里喊道："柳浪！你出来见见我的表妹！"柳浪在屋里织锦，今天听不到黄莺鸣叫，正在纳闷，听到喊声，出门一看黄莺姑娘，竟觉得十分面熟，就笑吟吟地望着她，姑娘红着脸，也不说一句话。二嫂见了，拍着手说："真是天生的一对！"就进屋去找柳婆婆了。这桩婚事经二嫂一撮合，大家都愿意，就定下来了。柳婆婆更是高兴得合不拢嘴，准备为儿子办喜事。

这一天，刚逢三六九日，是缴锦的日子。柳浪定了这门亲事，心里乐滋滋的，就背起锦，兴冲冲地跟着乡邻到郡王府去了。

那郡王是皇帝的侄儿。这一年正是皇帝六十岁，郡王准备选一匹最精美的锦绸奉献上去。他把缴来的彩锦，挑来挑去，都不满意。后来看到柳浪织的那匹锦，才连连说好。但一听说这锦名叫“西湖九景缎”，连忙摇头说：“九字不到头，不能庆万寿。”就立刻唤进柳浪，要他在一夜之间赶织“西湖十景缎”，还规定这新添的一景，要有声有色。

柳浪高高兴兴去缴锦，却带着这灾难回家来了。

黄莺姑娘在村口等柳浪，把事情弄清楚了，黄莺姑娘说：“有色容易，一夜间织成也不难，只是有声怎么织呢……”她一边说，一边想，后来笑了起来，“有了，有了，你不要急，今晚我们夫妻俩同织就是了。”柳浪听黄莺姑娘能织，忧愁丢了一半。

当晚，柳婆婆听说他俩要同织一匹夫妻锦，安心去睡了。柳浪整丝上机，就开手织起来。黄莺姑娘却推说要去烧壶滚汤，走出机房。原来这有声有色的一景，到底该怎样织，黄莺姑娘也心中无数，她想找众姐妹们去商量。就趁这月上柳梢的时候走到堤边，轻轻地叫了三声“姐姐”。

一会儿，画眉鸟、八哥鸟、百灵鸟、芙蓉鸟都飞来了。她们听说要织有声有色的美锦，也想不出好办法。最后还是画眉鸟有主意，拉着杨柳条，叫道：“柳姐姐，你替我们想想办法吧。”杨柳笑笑说：“小黄莺，这有什么难！织上杨柳就有色，织上黄莺便有声。”

黄莺姑娘送别了姐姐们，急忙回到机房。这时已经三更天了，柳浪心灵手巧，也已织到第五景了。黄莺姑娘就接过鱼梭，坐上机架，继续一梭一梭地织下去。柳浪在一边，看她织好了一景又一景，看到开织第十景，先是一条堤，再是一个旧祠堂，以后是一片成行的杨柳。

柳浪看得着急起来，说：“这倒像是我的家，怎么称得上风景?”莺姑娘笑了笑：“你的家为何称不上风景呢?”她趁柳浪一转眼，暗暗拔下根羽毛铺到锦上，又织了几只小黄莺，然后剪下锦缎卷成了一筒。柳浪越看越急，问道：“我明天怎么讲?这算什么风景?”

“就叫柳浪闻莺。”

“这越发不对了。”

“有什么不对，风吹杨柳翻绿浪，枝头常闻莺啼唱，这不是柳浪闻莺是什么?”

“……有声……这声在哪里?郡王规定要有声有色啊!”

黄莺姑娘再把锦展开，指着杨柳问柳浪有没有色? 柳浪点点头。再指着黄莺叫柳浪细听，果然一只只黄莺，一齐“呖呖”地鸣唱起来。这一下，柳浪可高兴了。

郡王验过这匹“西湖十景缎”，更是如得珍宝。赶快装上锦盒，派人押送进京，还赏赐柳浪一锭元宝。

有了钱，就好张罗喜事了。乡邻们晓得这件事，大家也高高兴兴来帮忙。不料成亲的那一天，郡王府的总管和旗牌上门来了。说是郡王要柳浪的妻子进府去。

柳婆婆急忙上前去讲理，旗牌把她推倒了。柳浪死也不肯让黄莺姑娘进府去，旗牌把他绑在树上。

黄莺姑娘这时也真着急：展翅飞吧，怕暴露了自己的秘密；不飞吧，一时又想不出好办法。正在犹豫不决，几个旗牌上前把她绑进花轿，抬着向郡王府去了。

原来郡王打发了柳浪以后，自己也想弄一匹西湖十锦缎，又怀疑不一定是柳浪织的，就派旗牌去打听。去的人回报，柳家有一个天仙般的美女。郡王是个色鬼，一听说有美女，立刻下令，骗也好，抢也好，快快派彩轿把她抬来。一面挂灯结彩，准备将黄莺姑娘娶作第十位夫人。他见旗牌抢了黄莺姑娘，抬着彩轿进殿来。欢欢喜喜地打开轿帘一看，哪有什么美女，竟是一顶空轿。郡王大怒，旗牌们也都慌了。正在这时，府门外传来一阵“咚咚咚”急促的鼓声，门上人来报，说柳浪在辕门击鼓。郡王哼了一声，说：“我正要找他算账呢!”便叫旗牌将柳浪带进来。柳浪一见郡王，指责他不该强抢民妻。郡王却指着空轿破口大骂，说他抗旨欺王。柳浪听说是空轿，以为黄莺姑娘被他们害死了，一面哭喊，一面大骂。郡王就下令把他绑起来，连声说：“斩，斩，斩，把柳浪斩了!”

郡王刚说完，黄莺姑娘忽地站在他面前。他一见这俊俏的姑娘，立刻变了一个模样，呵呵笑着，连声说：“美人到了，赶快成亲。”

黄莺姑娘说：“慢!先放了人，再来说话。”郡王却不肯放柳浪。他说：“要放柳浪不难，只要你我先进洞房。”黄莺姑娘咬了咬牙，答应了。一些宫娥使女立即把她拥进新房去了。

当天夜里，郡王府里闹盈盈，郡王喜洋洋地进了新房，柳浪却孤零零地绑在花园里的大槐树下。他迷迷糊糊的，忽然听见黄莺的啼声，又好像有人替自己解绳子，定睛一看，果然莺姑娘在他身边。黄莺姑娘替他解了绑，就拉着他穿过假山，走上亭阁，翻出墙去。等到旗牌发觉追上来，只见两个人影子一闪不见了。

旗牌们赶快去报郡王。可是在房门口一连报了几十声，都听不见回答。好容易守到天亮，还是一点动静也没有。没法子，撬进门一看，郡王竟被几株枯杨柳压住了，他眨着白眼，嘴里塞满了泥巴，发不出一点声音来。

黄莺姑娘和柳浪回到家里，柳婆婆正在哭泣，见到他们回来了，又是喜，又是愁，说：“逃是逃出来了，郡王追来还不是……”话未说完，又伤心地哭起来。黄莺姑娘说：“婆婆不要哭，我有办法。”她要柳浪将草鞋脱下来，就带了它奔出村去。大家正在奇怪，只见天上出现了几百只黄莺，衔着一只大草鞋，慢慢地向郡王府飞去，越飞越低，“砰”的一声巨响，草鞋落到郡王府，变成了山岭，郡王府从此就不见了。柳浪和莺姑娘就欢欢喜喜成了亲。

后来，西湖边这一带地方，杨柳长青，黄莺长啼，就叫作“柳浪闻莺”。

（选自《中国民间文学集成浙江省杭州市上城区卷》）

涌金门的传说

从前，杭州西湖不叫西湖，叫金牛湖。

那时候，杭州城里有家大当铺，当铺里有个徽州朝奉，人称“识宝太师”。有一天，识宝太师在拱宸桥一家豆腐作坊里，发现了一把破蒲扇。他看出这是件宝物，就向主人购买。这作坊主小名阿毛，大家叫他“豆腐阿毛”。豆腐阿毛认得这位朝奉，心想：“识宝太师要买我这把破蒲扇，想必是件宝物。”就说：“我这把扇子是上代祖宗传下来的，我每天生炉灶煽风点火都靠它。你若要买，先把用场告诉我。”识宝太师说：“这把破蒲扇是金牛爱吃的好饲料，有了它，就能将金牛湖里的金牛引上岸来。”“那好吧，等明天我换了新扇子，就把这蒲扇卖给你。你明天一早来拿好了。”豆腐阿毛嘴里答应，心里却在盘算：“等我夜里先去把金牛引来，明天再将这把破扇子卖给他。那时这把扇子反正没用了，说不定还能卖个好价钱呢。”

到了晚上，豆腐阿毛拿起破蒲扇，悄悄来到金牛湖边。这天正好是八月中秋，天上月圆如镜，湖面风平浪静。豆腐阿毛一直等到夜深人静，也不见有什么响动，心里骂道：“看来今天是上了贼朝奉的当了。幸亏自己平日做豆腐起早落夜惯的，还不瞌睡。晓得这样，还是趁早卖给他好了。”豆腐阿毛正在后悔，突然听见湖里“哗哗”水响，水响处射出一片金光，突然出现一头大金牛。豆腐阿毛又惊又喜，忙从手里举起那把破扇。说来也怪，这破蒲扇竟变成一束金色的兰花草，光芒耀眼，香气扑鼻。豆腐阿毛连忙挥动兰花草，真的把金牛引上了岸。他高兴得正想用手去拉，那金牛一口咬住他手里的兰花草，拖着直往湖里退去。豆腐阿毛用尽力气也拉不住，连草带人被金牛一步步拖落了水，只得松手。幸亏湖边水浅，未被淹死，却已经浑身湿透，像只落汤鸡，又丢了宝贝。豆腐阿毛弄得垂头丧气回到家里。

第二天，识宝太师带了银子来取扇，豆腐阿毛只好将实情说了出来。识宝太师听了说：“你昨天不肯把扇子给我，我就知道你存心不良。但你只知其一，不知其二，哪里能得着宝贝？光有兰花草，没有牛鼻栓，你怎么拉得住金牛呢？”

从此以后，金牛再也没有出现过。这个金牛涌现的地方，后来人们就叫作“涌金门。”

（选自《中国民间文学集成浙江省杭州市上城区卷》）

望海楼

相传钱塘江在很早之前，是通到凤凰山脚的。那时，钱塘江上多是船家，有一条船上收养了一个孤儿，这孤儿是船老大的外甥。娘舅倒是心地善良，就是舅母十分刻毒，那小孩吃食不饱，就常常上岸拣些残渣烂菜充饥，在垃圾堆里钻进钻出，慢慢的身上就长出了一颗颗脓头黑疮来，直到长大成人，还是一身的疙里疙瘩。

有一年大伏天，这后生跟着娘舅出海，这钱塘江是直通南海的，到了蓬莱仙岛，他瞒着娘舅上岛去看观世音菩萨。走到半路，不觉浑身火烫，口渴难熬，看见路边有一口水井，他不管清爽不清爽，捧起来就喝，一口气喝了个饱。谁知喝下井水不久，顿时那一身的疥疮，纷纷脱下疤来，变得全身清爽，显得眉清目秀了。

后生一回到凤凰山脚，消息就传到了凤凰山上。山上有一户人家，生得一位十分美貌的姑娘，但不知为何，有一日身上竟长出了一颗颗脓头疥疮来，父母请了不知多少名医，总是医治不好。听人说后生喝了蓬莱仙岛的井水治好了浑身的疥疮，就急忙赶下山来，央求后生下次出海一定带点蓬莱仙水回来。后生一口应承，姑娘家感激万分。过了几天，船家扬帆出海了。后生回来时，果然从南海带回蓬莱仙水来，那姑娘一洗，也果然大好了。从此，后生与姑娘结亲。后生在凤凰山上下出了名，远近有点小疥小疮的，就经常来讨蓬莱水；这后生心地厚道，每次出海，也总忘不了带水回来。

有一次，后生出海十多天还不见回来，姑娘盼得急了，就在凤凰山上搭了个小楼，天天上楼眺望南海，盼着丈夫平安回来，可是盼呀盼，望呀望，眼前望见的只是白茫茫的大海。后来，听海上归来的人讲，这后生在南海上遇到了风暴，连船带人被海浪冲走，再也回不来了！可是这姑娘不相信，仍然天天上楼，望着那白茫茫的大海，盼着丈夫平安归来。久而久之，这座小楼，就被大家叫作“望海楼”了。

（选自《中国民间文学集成江干区卷》）

三廊庙

传说北宋末年，金兀术九犯中原，占领了宋朝半壁河山，逼得康王赵构急急南逃。

这一天，康王逃到钱塘江边，前有大江阻挡，后有金兵追赶，正在危难之时，遇到了三个年长的老百姓。康王急忙上前求教，希望找到一条船，帮他渡过江去。原来，这三个人家住江边，对钱塘江的水情十分熟悉，便叫康王骑上马背，指引他从浅水处渡过江去。

康王刚到对岸，金兵也追上来了。这时候正值钱塘江涨潮，金兀术见江面白浪滚滚，逼着三个百姓寻找渡船给金兵渡江。三人宁死不从，结果被金兀术杀害，抛尸江边。

过了几年，康王回到杭州，在凤凰山脚造起皇宫，做了高宗皇帝。他想起三位救命恩人，派人到江边查问，得知三人已被金兵杀害，使下了一道圣旨，封三人为郎官，建庙塑像，以示报答，这庙就叫“三郎庙”。后人因廊郎同音，不知不觉叫成了“三廊庙”。

（选自《中国民间文学集成江干区卷》）

柳翠井传说

柳翠井传说在历史上曾经是非常有名的，有学者甚至认为如今民间仍十分流行的大头娃娃，早期又叫大头和尚，其实也是在搬演柳翠的故事。这个故事曾被明代冯梦龙写进他的“三言”，也就是《古今小说》卷二十九《月明和尚度柳翠》，使得更多的读者都知道了这个传说。现在这口井已经不在了，不过那个地名却一直没改，就是上城区清波街道柳翠井巷社区里的柳翠井巷。

柳翠是个纯洁可爱的女子，她生前住在杭州城里的抱剑营，一心念佛，乐善好施，曾造桥于万松岭下，称柳翠桥，凿井于抱剑营内，称柳翠井，最后坐化仙逝，葬于皋亭山。杭州的百姓纪念她，把她住过的抱剑营叫作柳翠井巷，一叫叫到了今天。

（改编自《寻访千年上城》）

二、桥梁传说

柴垛桥的传说

从前，杭州有一个太守，为官清廉，为人正直，深得百姓的称道。

这个太守的老母亲，却待人刻薄，对待仆人如同牛马，稍不称心，不是打，就是骂。还在儿子面前搬弄是非。因为是太守老夫人，家里的人都怕她三分，佣人们更是敢怒而不敢言了，在老夫人面前还得装笑脸谨慎侍候。太守虽深知娘的为人，因是自己的母亲，只能劝道劝道，可老夫人全不以为然，还是我行我素。

不久，老夫人背上突然生了一个疮，越长越大，痛得她睡也不能睡，坐也坐不住。请了不少名医诊治，总不见效，整天只听见“啊唷！啊唷！”地叫喊。

太守为娘的病心烦意乱，不知如何是好。有一天，他睡着了，做了一个梦：他来到一座桥边，看见一座堆积如山的阴间银库。忽然出来一个人，一边指着银库，一边对太守说：“你娘作恶太多，这是她应得的报应，只有把这座银库买下来，你娘的背才会慢慢地好起来。”

第二日，太守根据梦景，私行出访，不知不觉来到一座桥旁，见有一间破屋，里面住了一个上年纪的讨饭叫化子，身上穿得破破烂烂，在烧纸钱。他认认真真地把一串串纸钱往火里放，全神贯注地看着纸钱化灰。破屋里空空荡荡什么也没有。太守见此情景，大为惊奇。问道：“你饭都没得吃，衣服也没得穿，为何把好不容易讨来的钱买纸钱烧掉呢？”那叫化子说：“今世我没指望，我得修修来世。”太守又问：“你这样烧纸钱已有多少年了？”回答说：“记不清了。”

太守自忖昨日梦情，认定阴间银库必为此人所有。就把昨日做梦救母之事相告，愿不惜一切尽自己全部家当与叫花子换银库。叫化子笑着说：“我一个穷叫花，哪有银库？如果真像你梦中所见，那银库归你就是了，不过尽你的家财是还不清的。”说完，就拂袖而去。

太守回家以后，把这件事告诉了娘。他娘心中悔悟，慢慢地改掉了过去的刻薄行为。过了一段时间，她的背竟好起来了。后来，太守就在叫花子住过的破屋处，修了一座庙，把这座桥取名为“财垛桥”。因为“柴”与“财”通用。后人就把这座桥叫作“柴垛桥”。

（选自《中国民间文学集成浙江省杭州市上城区卷》）

豆腐桥

杭州上城区有座“安乐桥”，同一条河上，还有并排三座“豆腐桥”。这四座桥都是南宋年间造的，到现在已经有八百年了。

相传岳飞大破金兵的时候，手下有个将军叫王佐。他断臂说书，用“苦肉计”说降了陆文龙，把金兀术打得大败而逃。从此王佐缺了一条胳膊，不能再打仗了。岳飞便保举他做安乐王，皇帝还答应给他在杭州城内造一座王府养老。

安乐王的王府造在河边。动工的时候，泥沙、石灰、石板、木材堆满了河埠。河上没有桥，原来的一只是摆渡船，也被运砖送瓦的工匠占用了。老百姓没法来往，心里很气，便编出个歌儿来唱："安乐王，安乐王，为你安乐大家忙。"

王佐从军中回到杭州，得知这件事情。他想："我一个人要这么大的王府做啥？不如拿这些材料在河上搭座桥，好让大家方便些。"于是，他就吩咐工匠，先挑扎实的青砖石板，在河上搭一座大桥，剩下的材料，随便造两间房子做王府。

百姓听说不造王府先造桥，大家都来帮忙。人多力量大，不到一个月功夫，便在河上造起一座宽阔平整的大石桥。河上有了桥，往来很方便，老百姓一高兴，都称这座桥为"安乐桥"，又编出新歌儿来唱："安乐王，好心肠，造座大桥通四方。"

你唱我唱，一传两传，安乐桥越来越出名。消息刮进奸臣秦桧的耳朵里。秦桧心里很不服气，便说："造一座桥也扬名！我如今就造它三座，一座比一座阔，一座比一座高，跟你王佐斗斗富，看看你强还是我强！"

秦桧动动嘴，下面的官员便跑断了腿，增捐打税，抓伕派工，强迫老百姓不分昼夜地造桥。过了整整三个月，在安乐桥同一条河上，并排造起了三座桥。果然是一座比一座阔，一座比一座高。秦桧很得意，亲自给这三座桥取了名字，叫作"斗富一桥""斗富二桥""斗富三桥"。桥是给人走的，一条河上有一座桥就够了。要造那么多做什么！老百姓恨死了秦桧，都赌气不走那三座斗富桥。

因为杭州方言口音"斗富"与"豆腐"差不多，老百姓取笑秦桧，就把这三座桥叫"豆腐桥"，一直叫到现在。

（选自《中国民间文学集成浙江省杭州市上城区卷》）

化仙桥

在很久以前，钱塘江边住着一位渔民，名叫阿根。阿根早年丧妻，留下一个女儿，名叫阿姣。阿根每日里摇着船到钱塘江里去捕鱼，阿姣就坐在船舱里帮着划桨，父女俩相依为命。

春去秋来，阿姣渐渐长大，出落得像水仙花似的，不论烧饭洗衣，摇船撒网，都是爹的好帮手，阿根心里有说不出的欢喜。

钱塘江对面住着一个老汉，也是以捕鱼为生。他有一个独生儿子，名叫阿炳。两个老汉在江里捕鱼，两条渔船常常在江中相遇，彼此打个招呼，阿炳和阿姣渐渐熟悉起来，捕鱼的时候你帮我，我帮你，两家好似一家人。日子一久，两个年轻人默默地相爱了。

一天，阿炳和阿姣驾着渔船正在江中捕鱼。突然，一只快船向他们急速驶来，船舱中伸出一个人头。这人是衙门里的巡捕，他带着几名衙役，正在江上巡查过往船只，搜刮民财。这巡捕是个有名的色鬼，见渔船上有个青年女子，生得美貌动人，连魂儿都丢了。他当即叫衙役向渔船靠拢，一面大声叫喊："快把美人儿抓起来！"阿炳听到喊声，连忙劈动划桨，拦住快船，叫阿姣赶快划船逃走。巡捕声嘶力竭地狂叫："快将这小子给我抓过来狠狠打！"船上五六个爪牙一拥而上，将阿炳拖上快船，举起皮鞭，七手八脚一顿揍，结果将其打死了，并将尸体被扔进江里。快船迅速向阿姣的渔船追来。阿姣心一横，一头扑进江里。巡捕回身不见阿姣，狂叫："快给我打捞，快给我打捞！"可是那么大的钱塘江，白浪滚滚，捞了半天也不见阿姣的踪影。巡捕死了心，带着他的手下垂头丧气地回衙门了。

第二天早上，人们在江边干活，远远望见江面上有一件东西漂来，众人打捞上来一看，竟是一位天仙般的青年女子。正当大家惊诧的时候，一瞬间，一股青烟在江面上袅袅升起，托着女子的尸体升上了天空。大家一见，异口同声地说："她成仙了！"

后来，这个地方造了一座桥，就叫作"化仙桥"。

（选自《中国民间文学集成浙江省杭州市上城区卷》）

清和桥对课

从前，杭州涌金门的清和河道是通往城中的主要通道，这里有座清和桥，桥边还有个亭子，供过路人歇脚，避雨。

有一日，有个秀才提了两只篮子，大篮子里装青菜，小篮子里的是豆腐。走到桥边，天下起雨来，他就到凉亭里面躲雨。亭子里只有一条石凳，能坐两个人。这时，又有一个和尚进来避雨，就坐在秀才旁边。

不久，进来一个乡下姑娘，见没有地方可坐，就站在一边。雨越下越大，乡下姑娘站得时间长了，感到有点吃力，便对和尚说："大师父，你们出家人慈悲为本，请行个方便，让我坐一歇。"和尚："我们男人是天，你们女人是地，从来只有天地，没有地天。你若说出女人抬头，我就让你坐。"姑娘说："我们女人是阴，你们男人是阳，从来只有阴阳，没有阴阳。"

旁边的秀才听了说："你这个姑娘文才蛮好，我给你对个课，对得出，我们两个让你一人坐。"接着，秀才指着地上的两只篮子说："篮是篮，大篮也是篮，为啥大篮里头盛小篮？"姑娘见他们两个不肯让座，又一次次的为难她，想了一想，对道："秀才是才，棺材也是材，为啥棺材里面装秀才？"秀才一听，气得跳起来。

和尚又说："现在以清和桥为题，我们每人说一个字，谁说得好让谁坐。"乡下姑娘说："你出题你先说。"和尚说："好!我先说'清'字：有水是清，无水也是青，去了三点水，加争便是静。吃素念佛修行，有朝一日成正果，去到西方见如来，十八尊罗汉两边站起来，看我和尚威风不威风?"

接着，秀才说"和"字："有口是和，无口也是禾，去了禾边口，加斗便是科。科举成名人人爱，有朝一日考取了，来到杭州做府台，家将旗牌两边立起来，看我读书人威风不威风?"

最后，轮着乡下姑娘说"桥"字。她说："有木是桥，无木也是乔，去了桥边木，加女便是娇。娇娇滴滴人人爱，有朝一日夫家去，生下一对双胞胎，大的西方朝如来，小的杭州做府台，一对乖儿子两边站起来，看我做娘的威风不威风?"和尚和秀才听了目瞪口呆，只好认输。

（选自《中国民间文学集成浙江省杭州市上城区卷》）

猫儿桥

相传很久以前，中山中路的一座桥边住着一个老婆婆。她年轻的时候，丈夫就死了，身边留下个儿子，全靠她替人绣花做鞋过日子。

儿子长到七岁，老婆婆就送他去私塾里读书。她一心想把儿子培养成人，宁可自己吃糠咽菜，总是把好的留给儿子吃。她儿子呢，读了书，一心想着荣华富贵，娇妻美妾，好衣服挑着穿，好东西挑着吃，全不想到做娘的苦楚。

这一年，正逢大比之年，儿子要上京赶考，老婆婆忙着为儿子缝衣做鞋，烧制点心，送他上路。不久，传来儿子得中状元的消息，老婆婆高兴得三天三夜没合眼。她想，我的心血总算没有白费。她日夜盼望儿子来接她上京城，可是，一个月过去了，儿子没有音讯；老婆婆等了三年。还是没有儿子的音讯。做娘的哪有不想儿的道理，她借足盘缠，决心上京城去探看儿子。

原来，她儿子中了状元，在京里讨了娇妻美妾，早把这个穷苦的娘忘记了。老婆婆到京城的那天，正好是她儿子的生日，状元府里摆酒祝寿，宾客盈门，好不热闹。老婆婆一见儿子这么荣耀，亲热地叫道："我的儿呀，娘好想你呀！这么多年，你也不给娘捎个信儿，让娘记挂。"说着，扑上前去拉儿子的手。儿子看见这个衣衫破烂、消瘦不堪的娘，当着这么多的宾客，觉得脸上无光，板起面孔骂道："你这老太婆，谁是你的儿子？"说着，叫仆人把老婆婆赶了出来。

从这以后，邻居们常常看见老婆婆抱着一只小花猫玩。她给小猫吃好东西，还做了件小花袄，给小猫穿上，嘴里不住地叫道："猫儿，猫儿，我的儿子！"邻居问她："老婆婆，你怎么叫小猫做儿子呢，你不是有个状元儿子吗？""我没有儿子，"老婆婆冷冷地说："那是比畜生还不如的东西。"说完，又抱起小花猫叫个不休。

有一天，邻居们发现老婆婆抱着那只猫儿死了，那样子就像睡着了一样。那只小猫扑在她怀里，"呜呜"地哀叫着，不忍离开。大家都说："亲生伢儿还不如一只猫。"后来，人们就把这地方叫作"猫儿桥"。

（选自《杭州市故事卷》）

万安桥

现在的万安桥，从前不叫"万安桥"，原是一座无名小桥。这座桥上是讨饭的叫花子汇集的地方，他们白天四出乞讨，晚上在这里睡觉。

相传，这座桥的附近住着一个大财主，只有一个独生儿子，名叫万安。万安从小吃好穿好，长大以后，吃喝嫖赌，终日游手好闲，不务正业。财主见儿子是个败家子，心里很不好过。临死前，他用金子打了一只饭碗，然后在碗的里里外外涂上一层又一层的胶漆。表面一看，这碗又脏又黑，看不出是一只金碗。财主就把这只碗盛在篮子里，叫佣人挂在屋梁上。

财主去世以后，万安依然花天酒地，挥金如土。不到几年，终于弄得倾家荡产，流落街头。万安只好提了财主留下的这个篮子和碗去讨饭，晓得他底细的人都嘲笑他，讽刺他，很少有人肯施舍给他。万安的生活一下子从天堂掉进了地狱，苦得像黄连，他想想过去，比比现在，真是懊悔莫及。他决心痛改前非，重新做人，拿起这只讨饭碗往地上掼去。哪知这只讨饭碗一着地，涂在上面的胶漆纷纷脱落，变得金光锃亮。万安仔细一看，原来是只金碗。

这时，万安才知道父亲的良苦用心。于是，就把这只金碗卖掉，用这笔钱做本钱，去做生意。他专心经商，省吃俭用，后来家境又渐渐富裕起来。想到自己讨饭时所受的苦，万安就把原先的这座小桥拆了，改建成一座又高又大的石桥，方便两岸行人来往。

万安死后，人们为了纪念万安，也让后代记住万安的教训，就把这座桥命名为“万安桥”。

（选自《中国民间文学集成浙江省杭州市上城区卷》）

望仙桥

相传，杭州鼓楼边有座无名小桥。桥边有家面店，店里有个年轻伙计叫秋生，生得细皮嫩肉，眉清目秀，十分信奉菩萨，相信报应。因此，平日里总喜欢帮助左邻右舍担水劈柴，做些好事。在店里看到顾客吃剩的面汤，总觉得可惜，老是拿来自己喝掉。时间一长，大家就送他一个外号，叫“小菩萨”。

有一天，店里来了一位一脚高、一脚低的跷拐儿。只见他粗眉毛，宽鼻梁，大嘴巴，一张黑油油的脸上长满了络腮胡须，两只脚上生满了烂疮。他走进面店，买了碗面独自吃了起来。秋生站在一旁，看到他嘴里吃着面，鼻头里淌着鼻涕，吃面又不用筷子，两只手胡乱地抓着。店里的顾客看到他这副吃相，一个个都放下面碗溜了出去。秋生看了，也感到恶心。跷拐儿却像没事人一样，仍旧顾自津津有味地吃着。

一会儿功夫，跷拐儿吃完面，走出店门，跑上小石桥，坐在桥栏上向店里探望。秋生走过去一看，碗里还剩下半碗面汤，肮脏得要命，想想实在难以下咽，就端起碗，将面汤朝窗外河里一泼。说也奇怪，河面上顿时水花四溅，河水咕噜咕噜地直打转，旋涡中央忽地冒出一朵盛开的白莲花。他抬眼一望，跷拐儿正坐在桥栏杆上朝他笑呢。秋生心想：“他一定是个神仙。”就急忙冲出店门跑上桥去，对着跷拐儿就拜。那跷拐儿只是淡淡地一笑，转身朝凤山门走去。

秋生一见，哪里还肯错过机会。他一骨碌从地上站起来，紧紧跟在跷拐儿后面，一边走一边哀求。跷拐儿停住脚步问道：“你求我什么呢？”秋生说：“求您老人家带我去修道成仙吧！”跷拐儿朝秋生仔细打量一番，捋了捋满脸的络腮胡须，轻轻摇摇头，转身指着地上的一堆狗屎，说道：“你能吃下去吗？”面对一大堆烂狗屎，秋生支支吾吾地作声不得。当他抬起头时，面前这堆狗屎已化作一股青烟，跷拐儿脚踏青烟，一直飘上天去了。

秋生悻悻地回到店里，店老板埋怨他说：“你真笨，刚才那跷拐儿是八仙中的铁拐李，他老人家有心超度你，你还嫌这嫌那，不识好歹！”秋生听了，懊悔不已。从此，他天天站在桥边，盼望铁拐李再来超度他。但是，以后再也没有看到过铁拐李的身影，而秋生在此望仙的事就传了开来。时间一久，这座小桥就被人们叫成“望仙桥”。

（选自《中国民间文学集成浙江省杭州市上城区卷》）

嵇接骨桥

杭州有一条长长的中河，上通钱塘江，下通大运河，把杭州城分成了东西两半。从前，河上却没有几座桥，河东的人到河西去，河西的人到河东来，都要绕一个很大的圈子，非常不便。

相传在南宋时候，河东住着一个名叫嵇清的郎中，因善于接骨治伤，人称“嵇接骨”。嵇郎中不但医术高明，而且心地善良，遇到贫苦百姓去求医，不收酬金，有时候反而倒贴药钱，百姓们个个称赞，这嵇郎中的名声也就越传越广。

那时候，穷苦百姓上山砍柴，过江挑伕，难免会跌断脚骨，压伤腰骨，常常请嵇郎中上门去看病。但由于那条中河横隔在中间，他到河西去很不方便。有一次，因为绕路耽误了时间，使一位骨折病人落下终身残疾，嵇郎中心里十分不安。自那以后，他决心要在河上造一座桥，方便大众。从此，他节衣缩食，生活过得更清苦了。

这一天，赵构带着一帮王孙子弟出外打猎，一不小心，从马背上摔下来，把脚踝骨给摔折了。御林军忙把皇帝抬回宫中，赶紧到太医院请来御医诊治。哪知道所有的御医全都看过，苦头吃了不少，药方开了一大堆，皇帝的腿就是医不好，痛得他一天到晚哼呀啊呀地叫个不停。

这时，有人推荐了嵇郎中。赵构求医心切，马上传下圣旨，命太监去把嵇郎中叫来。嵇郎中跟着太监进了皇宫，一检查，发觉赵构跌得确实不轻，不过凭自己的医术还是可以接好的。他正要动手接骨，忽然记起了造桥的事，心想：“我一个钱一个钱地积起来，还不知道要到哪年哪月才造得起桥！何不趁这个机会……”嵇郎中脑子一转，掉转身一声不响地就往外走。太监一看急了，赶紧叫住他问道：“嵇先生，皇上的伤究竟好不好医呀？”嵇郎中连连摇头，说：“万岁的伤，可不是光凭医术就能治愈的。”赵构一听更急了，再三追问。嵇郎中见赵构催得紧，故作神秘地说：“万岁定都临安，这临安就是乘龙之地。但是域内的中河正好截断了龙脉中的一条龙腿，所以万岁有此断腿之厄，要是不把龙脉接上，单凭小民的医术，恐怕也难……”一番话，吓得赵构一身冷汗，迫不及待地询问接龙骨的办法。嵇郎中见鱼儿已经上钩，就说：“在六部桥以北约一里远的地方，就是龙脉被截之处，只要在那里造一座桥，皇上的龙骨就接上了。”

赵构听了嵇郎中的话，为了早点医好腿伤，立即命令工部负责动手造桥。皇上圣旨，谁敢怠慢，不要十天工夫，一座古朴端雅、小巧玲珑的石砌拱桥就造好了。

从此，中河上又多了一座石拱小桥，大大方便了河两岸的百姓。人们为了纪念嵇郎中，就把这座桥叫作“嵇接骨桥”。

（选自《杭州市故事卷》）

南星桥的来历

传说，康王在临安坐朝，皇宫就在凤凰山南面。正阳门外要造一座桥，这桥要求一百天内造好。皇榜一贴出，不少能工巧匠都来应诏。有一个老石匠和一个年轻的石匠，争着要造这座桥。最后老石匠让给了年纪轻的石匠。只是在走之前，他凿了块方方正正的石头，放在青年石匠家的墙角落头。

青年石匠造到九十八天头里，桥身的各个部分都造好了，发现少了一块石板，“龙门”合不拢，急得他直冒汗。

这时，邻舍告诉他：“老石匠走时，在墙脚边留下一块石头。”青年石匠过去一看，这块石头不大不小正好合拢，真是喜出望外。就在这辰光，老石匠来了，告诉青年石匠说，这块石头还有一个眼子不弥缝。经老石匠一指点，青年石匠一看，果然桥面石头当中还有一条缝。老石匠拿起槌子，只一槌，完全弥缝了。青年石匠非常佩服，跪倒在地要拜老石匠为师。老石匠呵呵一笑，一下子不见了。青年石匠这才知道老石匠是天上星宿下凡来指点他的。从此，这座朝正阳门的桥，就叫“南星桥”。

（选自《中国民间文学集成江干区卷》）

始板桥的传说

望江门外有座不起眼的小桥，叫始板桥。相传始板桥原先叫活板桥。

传说这条小河上有四只蛤蟆精，一旦发现河岸上有人走过，它们就喷出毒雾，把行人熏昏，然后跳过来将人血吸干。人们纷纷向土地公公告状，要他老人家收拾这些蛤蟆精。土地公公深知蛤蟆的厉害，只得上告天庭。玉帝便叫太白真人下凡传旨，罚蛤蟆精做桥墩下的垫基，不让它们再胡作非为。四个桥墩正好安在四只蛤蟆背上。从此沿河两岸总算太平了一段时间。

一年过去了，有只性子暴烈的蛤蟆精，由于好久未喝到人血，早就忍耐不住了，它和其他三只伙伴讲：“喂，我说，我们不能老这样趴着，现在天高皇帝远，我们把桥掀翻了，饱饱的喝上一顿人血，再各走各的路。”另一只蛤蟆精讲。“嗨，老弟，你能到哪里去呢？我们不管到哪里，玉皇老子都会知道的，到时怪罪下来还得罪上加罪。我看倒有个两全其美的办法，我们趴还是趴着，人血还得喝。”第三只蛤蟆说：“别大白天说梦话，这样趴着就八辈子也甭想吃到人血。”原先那个蛤蟆精说：“我说你脑子为什么这样不开窍，有人走上桥，我们就把他晃下来，美餐不就自己送到嘴里来了吗？”它这样一说，大家都高兴得叫好。从此以后，有人过桥走到桥中间时，桥就会突然晃动，过路人站不住，掉下河去，就成了蛤蟆精的美餐。人们又惊慌起来，吓得不敢走过桥，都称这座桥叫“活板桥”。

一天，来了一个姓施的小伙子，由于长期打猎，养成了天不怕、地不怕、疾恶如仇的个性。一天，他在山中打猎，偶然拣得十六枚剧毒锥形镖。据说这种标不管什么样的动物，只要被钉上，就会化为石头。当他得知“活板桥”的消息时，就专程赶来降服蛤蟆精。他跨上桥时，不见桥动，当走到桥中心时，果然桥就猛烈晃动起来。他顺势一个鱼跃，潜入水中。蛤蟆精一看有人落水，马上伸出爪子来抓，说时迟、那时快，小伙子抓起锥形镖，猛地戳进了蛤蟆精的爪背上，连镖带爪牢牢地被钉在河底。这只蛤蟆精痛得“呱呱”直叫。接着，小伙子“嗖嗖”几下，四只蛤蟆的爪子全被钉住。不到一个时辰，蛤蟆精就变成了石头，这座桥也就稳固了。从这时起，人们就把它叫作“死板桥”。为了纪念这位姓施的小伙子，又叫“施板桥”。后来，由于谐音相同，施误传为“始”，就叫它做“始板桥”。

（选自《中国民间文学集成江干区卷》）

三、山峰传说

凤凰山

相传很久以前，钱塘县乡下有一家佃户，父母双亡，只有兄妹俩，哥哥叫春生，妹妹叫秋姑。父母临死时留给他们三亩祖田，一间破草房。兄妹俩起五更落半夜地耕种着这块田，总想多打点粮食。可是秋天谷子刚熟，财主就收租来了。交了租子，剩下的就没多少啦。没办法，兄妹俩只好喝汤吃粥，过着苦日子。

这一年冬天，西北风呼呼，落起鹅毛大雪。春生、秋姑一年辛苦收得的粮食，缴了租，吃到年三十，只剩下一小碗米。

秋姑煮了一碗稀粥，给哥哥吃。春生说：“我不饿，妹妹你喝了吧！”秋姑说：“我不饿，哥哥你喝吧！”兄妹俩你推我让，谁也不肯喝。这时候，风雪里来了个求乞的老婆婆。她头发斑白，衣衫褴褛，拄着一根拐杖，一步一颠地边走边叫唤：“北风天哪，白雪地哟！善心的人啊，可怜可怜我老太婆，救救我吧！”这沙哑的声音传进破草房，秋姑说：“哥哥，你听多可怜哪！”春生说：“妹妹，我们叫她到里面来躲躲风雪吧。”说着，急忙开门出去，把这老婆婆扶进屋。秋姑忙着给她掸落身上的雪花，春生端起那碗稀粥给她喝。老婆婆就这样平平静静地在他们家里宿了一夜。

第二天，雪停了，天也晴了，老婆婆起身告别。临走时，老婆婆拿出一块白绫送给秋姑，说道：“姑娘，用你灵巧的双手，把这块白绫绣好吧，你们这样勤劳善良，一定会得到幸福的。”秋姑接过来一看，只见那白绫上淡淡地描着一只凤凰。于是，秋姑白天黑夜地绣着这幅白绫。她用红色的丝线绣凤头，用黑色的丝线绣凤眼，用金色的丝线绣凤翼，用五彩的丝线绣凤尾。绣呀绣的，绣花针刺破了她的手指，鲜血染在白绫上，她就在血上绣出火红的太阳和朵朵云彩来。她从立春绣到立夏，终于把这凤凰绣好啦。这幅凤凰图真美呀，那凤凰仰着头，朝着天上火红的太阳，五色斑斓，鲜艳夺目，就像活的一样。兄妹俩把它挂在屋子里。越看越高兴，越看越喜爱。

晚上，奇怪的事情发生了。秋姑半夜醒来，见屋子里一片金光，仔细一看，那凤凰竟从图上飞了下来。她把哥哥叫醒，兄妹俩静静地看着。只见凤凰在屋子里走了几个圈子，又回到那幅白绫上去，金光随着也消失啦。

第二天早晨，秋姑起来扫地，在地上捡到一只金凤凰蛋。兄妹俩就把它卖了，买了几亩田和一头黄牛。

俗话说：好事传千里。这凤凰图的事传到县官耳朵里。县官心想："这图上的凤凰能生金蛋，真是一件奇珍异宝了，我一定要把它弄到手！"于是，他就把春生传来，说道："老爷抬举你，愿意出三百两银子，买下你的凤凰图。"春生回答道："凤凰图是我妹妹费了很多心血才绣成的，我们不卖！"县官听了，脸一沉，把惊堂木一拍，大声喝道："呸！那是皇上的宝物，穷人家哪能绣得出这等宝图！"不由分说，就加了个"盗窃国宝"的罪名，把春生关进在牢里。又命令衙役到春生家去抢来了凤凰图。

凤凰图一到手，县官得意极啦。他左看看、右看看，连饭也忘记吃啦，乐得呵呵大笑。这天晚上，他坐在太师椅上，守候凤凰下金蛋。到了深夜，突然，凤凰图射出耀眼的光芒，照得满屋子金光闪亮，那凤凰果然从图上下来了。他以为凤凰要生蛋，忙蹲下身子去看，哪知凤凰气势汹汹地向他扑来，没头没脑地乱啄，痛得他在地上乱滚乱喊："来人哪！救命呀！"

衙役们闻声赶来，凤凰早就"哗"的一声，冲出窗户朝山上飞去。衙役把县官从地上扶起来，只见他满脸鲜血，左眼也被啄瞎了。

县官吃了这次亏，还不死心。他想："那姑娘既能绣出这幅凤凰图，一定还能再绣第二幅。"于是，他就把秋姑传去，对她说，如果能再绣幅凤凰图，他就把春生放出来。

秋姑为了救出哥哥，就答应了。她从县官那里拿来那块白绫，一针一针地绣了三个月，那色彩绚丽的凤凰又绣好了，可是，留下一对凤眼没有绣。她对县官说，要先放了她哥哥，然后再给凤凰绣眼。

县官叫衙役把春生放出来。秋姑见了哥哥，便一针绣成凤眼。这凤凰有了眼睛，就展开翅膀飞了下来，驮着兄妹俩朝着他们住的山上飞去，一转眼功夫，就不见啦。后来，人们就把凤凰飞去的这座山，叫作"凤凰山"。

（选自《中国民间文学集成浙江省杭州市上城区卷》）

棋盘石

杭州凤凰山下，有一块石头叫"棋盘石"，石上隐隐约约有32个子，棋盘石旁边还有几张石凳。这里有一段美丽的传说。

相传很久以前，这山下住着一个农民。有一天，农民上山砍柴，见有两位白发老人面对面坐在石凳上下象棋。这农民也是个棋迷，就把柴刀垫在屁股上，看两位老人下棋。太阳落山了，农民站起来准备回家。他拿起柴刀一看，刀已生锈，刀柄也已霉烂，他奇怪极了。回到家里，家里的人都不认识他了。他也不认识家中的人了。家里的人对他说："九十九年前，他们家的曾祖父到山上去砍柴没回来。"农民这才知道自己遇到仙人了。他把经过一五一十地讲给家里人听，家里人听了也很奇怪。

农民再回到山上，两位老人已不知去向。后来，人们便把这块石头称为"棋盘石"。

（选自《中国民间文学集成浙江省杭州市上城区卷》）

紫阳山石门的传说

相传，有个青年名叫阿旺，父母去世得早，他住在紫阳山脚下的一个小草棚里，靠种蔬菜过活。

有一年，他种了一地黄瓜，枝茂叶盛，长势喜人，眼看今年会有一个好收成，阿旺心里十分高兴。谁知到收获的时候，竟连一条黄瓜也没有，他呆了，愣在那儿一动也不动。过了好一会，他才有气无力的挪动脚步，打算回家。突然，他看见地角落有一条黄澄澄的东西，赶紧跑过去一看，竟是一条特别大的黄瓜，约有一人多高，好像一条黄扁担。世上竟有这样大的黄瓜!阿旺愣了一下，心里想，这也太奇怪了，种了一块地黄瓜，独独长了这么大的一根，卖又卖不得，吃又吃不了，唉！今年的生活怎么过啊！他难过得流下了眼泪。最后，他还是背起大黄瓜，拿回家去。

他拖着沉重的脚步往回家路上走去，走到紫阳山边时，感到有些疲劳，就在山石上坐下来，将黄瓜靠在山壁上。只听得轰隆一声响，石山裂开很大一个洞。阿旺惊奇极了，往里一看，洞内珠光宝气，令人眼花缭乱，再往里看时，只见一位白发老人正在舂米。阿旺见洞里有人，就往里面走去，同时将黄瓜也背了进去。白发老人见了阿旺，高兴地说:“小伙子，你来得正好，请你替我瞧瞧，这米舂白了没有?最好拿到洞外去看。”阿旺答应一声，放下手中黄瓜，伸手到石舀中捧了一把米。阿旺捧着米走出石门，只听得身后又响起轰轰之声，回头看时，石门已关上了。他瞧瞧手中所捧的米，却变成珍珠了。

原来，阿旺种的大黄瓜是石门的金钥匙。只可惜金钥匙已丢在石门里边，从此石门再也打不开了。阿旺有了这些珍珠，日子也过得红火起来。

（选自《中国民间文学集成浙江省杭州市上城区卷》）

双吊娘娘

早先，万松岭旁凤凰山脚下有个小村庄，村子里有个叫春姑的年轻妇女，看到万松岭整天有挑担的、赶路的人来来往往，口中未免干渴，就在山脚下摆了茶摊，生意倒还不差。

有一年，春姑的丈夫出门去做生活，春姑仍旧在山脚下摆茶摊。一天中午，从凤山门方向走来一位白面书生，觉得口中干渴，走到春姑的茶摊上买了杯茶吃，说道:“大嫂何不贩些糕饼之类来卖，也好让过路人充饥。”春姑道:“贩卖些糕饼果然是好，只是我家境贫苦，哪里来的本钱呢?”那书生从包里取出二两碎银，道:“倘若大嫂不嫌弃，这二两银子借你做本钱，明年这时我再路过这里，你还我不迟。”

春姑十分感激这位书生，问他姓甚名谁，家住哪里，书生只说了句“不必相问”，就朝西湖那头走了。

第二年春天，春姑的丈夫回来了。他见妻子在路边开了个小铺，除了卖茶以外，还有糖饼、干果、水果之类，心中奇怪。吃过夜饭，就向妻子问道:“我出门还不到一年，你怎么会有钱开起铺子来?”

春姑把过路书生借银给她的经过告诉了丈夫。她丈夫不相信，说:“天下哪有这样的好人，借人银子连姓名住址也不留下，一定是趁我不在家，你和这鬼书生勾搭上了，他才帮你撑起了家业。”春姑再三争辩，丈夫总是不相信，气忿忿地径自去睡了。

春姑遭到丈夫的猜疑，心里十分委屈，哭了半夜，想想自己无父无母，又无兄弟，有苦无处诉，最后拿了一条绳子，到小铺旁边的一棵大树上自杀了。

天快亮的时候，丈夫醒来，不见春姑，就出门去寻找。只见大树上吊着一个人，已经断了气，一看，正是自己的妻子。这时，他才知道是自己冤枉了春姑，懊悔不及。于是，也拿了一条绳子，吊死在旁边的大树上。

过了不久，那个书生经过这里，不见了茶摊，十分惊奇。他找就近的人家一打听，才知道春姑和她与丈夫竟双双吊死了。

书生听了万分痛心，心想这本是自己的一片好意，想不到会成为祸害，害了两条人命。于是，他来到这对夫妻的坟上哭了一场，请人在这里盖了座庙，人称“双吊娘娘庙”。

（选自《中国民间文学集成浙江省杭州市上城区卷》）

城隍山的由来

明永乐三年（1405），杭州城里出了个恶棍。这人是锦衣卫指挥纪纲的儿子。他仗着父亲是皇帝身边的红人，娘舅又是刑部大官，时常带着一班恶奴，从南到北穿城十里，欺压百姓，调戏妇女，无恶不作，杭州老百姓给他取了个绰号叫“通城虎”。

那时候，吴山脚下通江桥边有个顾宏福老头，老伴方氏，只生得一个女儿，名叫玉莲，这年刚好十八岁。一家三口，靠卖馄饨为生。

这天，顾老头和老伴在鼓楼边卖馄饨，忽然街上一阵大乱，“通城虎”骑着高头大马横冲直撞地过来。慌乱中，有人撞倒了馄饨摊，锅子里的滚水泼到了马屁股上，惊得那马一声嘶叫，前蹄腾空而起，把“通城虎”掀下马背，跌了个四脚朝天。一霎时，“通城虎”的一班恶奴蜂拥而上，扭住顾老头就打。方氏吓得连忙跪下，苦苦哀求，被“通城虎”飞起一脚，踢得口吐鲜血，一命呜呼。

这时，早有人赶到顾家，告诉了玉莲。玉莲一听，急忙到鼓楼边，挤进人群，扑在娘的身上，哭得死去活来。“通城虎”见了如花似玉的玉莲，便上前动手动脚调戏姑娘。玉莲哪里肯依，拼命挣扎，把“通城虎”的手狠命咬了一口，痛得他像狼一样嗥叫。他从恶奴手里夺过一根齐眉棍，把玉莲活活打死了，跨上马背，扬长而去。

顾老头呼天唤地大叫冤枉。恰巧钱塘县知县路过此地，一问是“通城虎”干的“好事”，心想，我这小小七品芝麻官，哪里管得了！就叫顾老头去知府衙门告状。谁知知府刘锦堂是纪纲的得意门生。结果，顾老头告状不准，被逐出衙门。

过了三年，杭州来了个按察御史，叫周新。顾老头听人说，周御史刚正不阿，清明似镜，又动了告状的念头，便匆匆赶到御史衙门，击鼓喊冤。心想，倘若今天告状不准，也只有撞死在公堂上了。

周御史听得有人告状，立即升堂，问明案情，差人拘来了“通城虎”。三拷六问，通城虎只得老老实实招了供。周御史知道这卷公文呈上京去，锦衣卫纪纲权重势大，如何严办得了?既然证据确凿，又有皇上“便宜行事”的圣旨，决定将他就地正法，便命在十城门张贴告示，午时三刻将“通城虎”押上法场斩首。杭州百姓无不拍手称快。

锦衣卫指挥纪纲得知亲儿子被斩，对周新恨之入骨。他笼络了一批奸党，在皇帝面前弹劾周新。永乐皇帝心想，周新有这么多人反对，总有不到之处，便下圣旨，召周新进京查问。纪纲得知，便派心腹在半路暗下毒手，把周新害了。

后来，朝中不少大臣为周御史伸张正义，在皇帝面前为他辩冤。永乐皇帝觉得纪纲权力太大，是个后患，就以复查周新一案为名，严办了纪纲，在金銮殿下旨为周御史平反昭雪。还说他在梦中见到周新，做了杭州的城隍菩萨。

杭州的老百姓听到这个消息，就在吴山顶上为他造了一座城隍庙，在山下造了一个城隍牌楼。从此，吴山也就叫作“城隍山”了。

（选自《杭州市故事卷》）

城隍山上看火烧

清朝咸丰年间，太平军将杭州城包围得水泄不通。城里的老百姓高兴万分，都盼望太平军早日攻进杭州，为民除害。可是驻守在城里的清军官兵却胆战心惊。

一天早上，清军主将正召集幕僚部将议事，探子来报，说城外太平军在收集松香、硫磺、火药等物……未等说完，主将一下从座椅上跳了起来，部属也都大惊失色，心想莫非太平军要火攻！城中粮草尚足，只要不生变故，还可死守三月半载，但一旦太平军采用火攻，城里兵营连着兵营，房屋连着房屋，火一烧着这还了得，不要说应战，怕连逃命都来不及了。正在惊慌之际，座中站起个“高才”，此人姓汪，名飞，身任大营幕僚，素以老奸巨猾、诡计多端著称。他道：“想我城中固然怕火攻，但水来土掩，火来水浇，只要扑救及时，也能化险为夷，故不必惧怕。”

主将一声冷笑，说道：“你讲得轻巧。这大火一起，人马哄乱，晕头转向，如何还能救火?”汪飞道：“大帅莫忧，卑职早有盘算，我城之中，数城隍山地势最高，登上山顶，满城皆在眼下，只要派人上山瞭望，看到哪里起火，就指挥人去那里扑救，何愁贼兵逞凶!”

主将又道：“帐下兵丁，守城尚且不足，哪能调往山上瞭望救火。”汪飞道：“城中百姓，共有数十万之众，何不将他们驱赶上山，再派少数官兵看守督率，令其救火，他们敢不从命?”主将听后大喜，连声叫好。当众称赞汪飞几句，就令汪飞上山督率，并许愿事成之后，重赏白银三千两。

当天下午，汪飞就带领一队官兵，连拖带拉地将老百姓赶上城隍山。老百姓扶老携幼，叫苦连天，巴望着太平军立刻将火箭射进城里，把清兵烧得一个不剩。就在这天夜里，更鼓刚敲二点，忽听得城外一声炮响，随即一支支流星般的火箭铺天盖地般射进城来。说来也奇，每支火箭都像长了眼睛似的，一不烧民房，二不烧草舍，就是直往兵营里钻，烧得处处起火。旗下大营的帐房、车马、兵甲、粮草等统统着了火，顿时成了一片火海!老百姓看到这情景，无不拍手称快。

这一下可急坏了汪飞，他气急败坏地跳来跳去地骂道："不准看，不准看!快下山去救火，违抗者斩首!"可是还有谁去听他那一套，顾自看那太平军火烧清兵军营要紧。汪飞赶到东边，大家就跑到西边看，边看边叫着："烧得好！烧得好!"汪飞要杀又不敢杀，杀了老百姓叫谁去救火?要赶，老百姓只管看火烧，死也不肯下山。汪飞眼看着火越烧越旺，想起营帐里还有自己的金银财宝，再不回去抢救，定会烧光。他再也顾不得吓唬老百姓，带着那伙兵丁滚下山去救火了。

老百姓在城隍山上看了一夜的火烧。到了第二日天亮，听说太平军已经进了城里，就欢天喜地下山回家了。杭州城里也就传开了城隍山上看火烧这段故事。

（选自《杭州市故事卷》）

馒头山

太平军第二回攻打杭州时，把城整整围了两个月。清兵被困在城里，断了粮草，差点把老鼠洞里的粮食也挖出来吃了。城外太平军的圣库里却是粮草堆积如山，四乡老百姓还挑米担菜、抬猪牵羊，不断地赶来劳军。

这时，太平军的一位天将，率领一万人马，驻扎在凤山门外一座小山头上，负责攻打凤山门。有一天中午，统兵的王爷巡营到了这里，闻着一股扑鼻的葱花猪肉香。他向旁边的弟兄问道："好香哪，你们今天做什么好东西吃呀?"

太平军士兵回答说："回禀王爷，我们蒸葱花肉馒头吃哩!"王爷又问："每个弟兄分几个?"

太平军士兵笑了笑，说道："不论个数，管饱。"

王爷听了哈哈大笑："弟兄们，有好吃的时候，可千万别忘了饿肚子的滋味呀!"周围的太平军士兵齐声回答道："王爷放心吧，我们永远不会忘记天王的圣谕：'无处不均匀，无人不饱暖'……"

王爷含笑点点头，走进将爷的大营里。将爷向他报告道："我们中午蒸肉馒头，让弟兄们饱饱地吃一顿。趁热打铁，吃饱了就去攻城，今天一定要把凤山门攻破!"

王爷听了摇摇头，说道："依我看，下半日这个仗不用打啦。叫弟兄们每个人省吃两个馒头，带在身边，吃完饭在山前站队听我讲话。"

将爷领着王爷来到山前时，太平军的弟兄们早排好队伍，一个个摩拳擦掌，箭上弦，刀出鞘，准备好上阵打仗的架势。王爷开口道："弟兄们，城上的清兵饿得像只瘪虱，我们跟瘪虱有什么打头呀!"

大家听着这话都想笑。王爷接下去说："今天守在城上的清兵，是我们的对头。如果明天他们开城投降，就成为我们的朋友啦。他们本来也是被官府逼得没法子的穷百姓!弟兄们，我看下半日这一仗不用打啦。大家每人省两个馒头给他们吃吧!"王爷叫大家把箭头尖儿拔掉，将馒头缚在箭杆上射进城去。王爷一声令下，太平军阵地上便万箭齐发，每支箭上缚两个肉馒头，呼呼地飞向凤山门城头。箭射出去，太平军弟兄们接着便喊起话来：

“城上的清兵们，吃饱了赶快开城投降呀!”

“你们犯不着替咸丰老儿卖命哪!”

“杀尽官府，快开城出来吃肉馒头吧!”

在这以前，城上的清兵早闻着葱花猪肉香了，现在看见天上纷纷落下馒头来，这帮饿瘪了的清兵，便你抢我夺地大吞大咽起来。有个清兵忽然发现箭杆上没有箭头，就喊起来说：“大家来看呀，太平军送馒头给我们吃不算，还把箭头尖拔掉，怕伤着我们哩，多好的心肠哪，我们反了吧!”

“反了吧!反了吧!”

一人喊，万人应，从凤山门开的头，接着清波门、候潮门都喊起来，城上的清兵呼喊着，纷纷奔下城来。乱兵杀进大营，用火将作恶多端的武官烧死在里面；又把抚台衙门包围起来，逼得老奸巨猾的巡抚老爷躲进茅厕里上了吊。四城八门的总兵官也都被乱兵杀死，城门大开，迎接太平军进城。就这样，太平军送了两万个肉馒头，便轻易地拿下了这座美丽的杭州城。

直到今天，凤山门外太平军蒸过许多馒头的那座小山头，人们一直称呼为“馒头山”。

（选自《杭州市故事卷》）

八卦田

爬上玉皇山半山腰的紫来洞，往下望去，就可以望见山下有块八卦田。八卦田齐齐整整八只角，把田分成八丘。在八丘田当中，有个圆圆的土墩，那就是半阴半阳的一个太极图。

传说，这八卦田是南宋年间开辟的“籍田”。

那年，南宋那个没出息的皇帝丢掉了汴梁京城，逃到了杭州，仍旧吃、喝、玩、乐，过着豪华糜烂的生活。

杭州的老百姓，见皇帝这样昏庸无道，都大为不满，街头巷尾议论纷纷。风声一传两传，传到皇帝耳朵里。皇帝怕老百姓造反，心里有点慌，便召集文武百官来商量。

文武百官商量来商量去，一时想不出办法。后来，有个文官想出一个主意来，他说：“皇上呀，百姓的风言风语，无非是怨宫廷里生活过得太舒服，只要皇帝开辟一块籍田，说是带头耕种，老百姓就会心服口服了。”

皇帝听听有道理，立刻发下一道圣旨说：“寡人深知民间疾苦，甚为不安。今朕开辟籍田躬耕，与庶民共尝甘苦……”

没几天工夫，在玉皇山下果然开出一块籍田来。籍田四周，齐齐整整地打下八个大桩，竖起八根粗柱子，柱子与柱子之间，围起一道厚厚的帷幕。规定皇帝在里面耕田种地，平民百姓不许观看。

过了些日子，籍田开好了，里面有八丘田，种着稻、麦、黍、稷、豆等八样庄稼。在八丘田当中，留着圆圆的一个土墩。老百姓知道皇帝也和他们同样耕田种地，议论也就慢慢少了下去。

到了庄稼该要锄草浇肥的季节，皇帝又要出宫来“躬耕籍田”。照例先出告示，然后在那八根粗柱子上，张起牛皮帷幕，方圆十里路上，都有御林军把守，不准老百姓走近一步。

当时有个种庄稼的老汉，不相信皇帝真的会亲自耕田种地。这天，他半夜三更起来，乘着天黑，悄悄爬上玉皇山，躲在半山腰上的紫来洞里。

天亮了，那老汉朝山下望望，老百姓都下田干活啦，可是在这牛皮帷幕之中，还是空空的没有一个人。一直等到太阳升到三竹竿了，才见有群人从皇宫出来，到了玉皇山旁，走进牛皮帷幕里去了。不久，他看见有人锄草啦。老汉睁大眼睛仔细一瞧，嗨！原来只是几个太监在那锄草，皇帝和妃子们却坐在土墩上饮酒取乐哩！

老汉心里憋着一肚皮闷气，好容易耐到天黑，才悄悄摸下山来。第二天，他就把自己亲眼看到的情形讲给人们听。一传十、十传百，一下子全城老百姓都知道了。

皇帝见自己的把戏已经被人戳穿，后来索性也不再去“躬耕籍田”了。但这一块齐齐整整的“八卦田”，却一直保留了下来。

（选自《杭州市故事卷》）

瑞石山与十二生肖石

相传古时候，城隍山脚下住着一对老夫妻，操劳了一辈子，重活做不动了，日夜盼望着养个“老来子”。可是，盼呀盼，盼到牙齿都落完了，还是没有盼到一个儿子。

有一天早上，老头儿到城隍山去砍柴，走到半山腰，看到一群翘尾巴喜鹊，围着一块大石头，“喳喳喳”地叫个不停。老头走过去看看，岩石上躺着一个白白胖胖的小毛头，老头儿高兴得不得了，一把抱起小毛头，三脚两步跑回家。一看，小毛头的右手只有一个手指头。老太说：“一个就一个吧，只要有个儿子就好了。”

老夫妻有了儿子，竟变得眼明耳亮，就像一下子年轻了二十岁。他们给小毛头取个名字叫瑞石。

瑞石长得特别快，一个时辰一个时辰地换样，过不了三天，就身高丈二，长成一个小后生啦。

瑞石起早摸黑地干活，帮爹种田，帮娘织布，一家人日子渐渐过得富裕起来，老夫妻乐得整天合不拢嘴巴。

有一次，瑞石和一些小后生、姑娘一起上山砍柴，歇下来，瑞石无意中用那个独指头在一块大岩石上这里戳戳、那里戳戳。真奇怪，独指头戳过的岩石，竟变得像糯米团子一般软了。有个好奇的姑娘把它挖下来，捏呀捏，捏成了一匹响鼻子的马。谁知刚刚捏好，那马就硬成石头了。姑娘们见了，都争着用独指去戳大岩石，戳软了，大家挖下来捏。有的捏一头甩着尾巴的牛，有的捏一只初出山林的虎，有的捏一只引吭高歌……十二个姑娘捏了十二样动物，神态各不相同。这样，就塑出了“十二生肖石”。

瑞石有个神奇的独指头，不久被县太爷知道了。他听一个识宝客说过，城隍山有个石库，里面藏着数不清的奇珍异宝，世界上只有一把钥匙能够打开石库门，这把钥匙是一个神奇的手指头，县太爷为了寻找这个神奇的手指头，已经暗中察访了十多年，没想到今天就在眼前，他越想越开心，第二天就带着衙役到瑞石家里来抓人。

老夫妻万万想不到会飞来这天大横祸，急得大哭大叫起来："我儿子犯了什么法呀，你们凭什么要把他抓走？"

县太爷冷笑道："凭什么？哼！就凭你儿子是一个手指头！生一个手指头的是妖怪，懂吗？"

县太爷一声吆喝，众衙役捋起袖子扑上来，可瑞石像根石头柱子，谁也扳不倒，谁也推不动。麻绳上身麻绳崩，铁链上身铁链断。县太爷眼看众衙役敌不过瑞石，便下令将老夫妻捆起来，还扬言要放火烧房子。

瑞石不愿年老的父母吃亏，大声说："不许糟蹋百姓，我跟你走一趟！"

瑞石跟着县太爷爬上城隍山，过了十二生肖石，走着走着，来到一堵岩壁前面，岩壁下方隐隐约约像扇石门，石门旁边有个小洞儿。县太爷知道这小洞儿就是石门的锁孔，他把瑞石拉到石门跟前，要瑞石用他那个独指头去开石门。瑞石说："要开石门不难，只要你回答我一句话，答对了，我就开。"

县太爷说："你讲吧。"

瑞石说："刚才你说生一个手指头的是妖怪，那么我问你，一个堂堂的县太爷，为什么要叫妖怪来开石门呢？"

县太爷忙说："哎呀，你听错了，我是说你这个手指头会开石门，还会抓妖怪呵！"

瑞石听了高声大笑起来，笑声震得整堵岩壁"嗡嗡"响。他说："太爷说的话不假呀！我这手指头就有开石门和抓妖怪的两种本领。看吧，今天我都想试一试啦！"

说着，就用他的独指插进那石门的小洞儿里，一扭，一退，指头刚刚退出，只听得"哗啷啷"一声响，石门果然打开了。顷刻之间，一道灿烂夺目的光芒，从洞里往外直冲。光芒像一幅七色彩绸，把附近的山峦都盖住了。这是宝贝放射的光啊，县太爷惊喜得差点儿心都跳出来啦，恨不得一头钻进石洞里去；但他立刻想起刚才瑞石的话，他说两种本领都想试一试，哟，这话不大对呀!他会不会把我当妖怪抓呢。便偷眼看看瑞石的脸色，又看看瑞石的那个独指头，看得一阵一阵心慌起来。这时，瑞石一把拉过县太爷，说："快进去吧!你费了这许多心机，这一库宝贝都该归你啦!"说着，把县太爷往里轻轻一推，那县太爷哪里还站得牢脚，便"突、突、突"直冲进石洞里去了。瑞石又用他那个独指头插进小洞儿里一扭，一退，石门"喀啦啦——蓬"一声关上了，贪婪阴险的县太爷就再也出不来了。

留在洞外的衙役，一见县太爷被关进石洞里面，都挥棒舞刀向瑞石杀来。瑞石不慌也不忙，用他那个独指头往天地之间轻轻点了点，霎时间狂风大作，天昏地暗，一块巨石突然从天而降，把那些衙役砸得粉碎。这石头就叫"飞来石"。

这时候，有一群喜鹊从天边飞来，围着他蹦呀跳呀转圈儿。一会儿，瑞石便消失在喜鹊群中。

从此，没有人再见过瑞石。人民为了纪念他，就把城隍山这一带称做“瑞石山”。

（选自《杭州市故事卷》）

十二生肖石

一天，玉皇大帝从瑶池王母娘娘那里祝寿回来，驾云路过瑞石山，遥见山里有一股瑞气时隐时现。近前一看，原来是守护“插笔筒”的十二金童，带着插笔筒私自逃下凡间，在瑞石洞里安身。

玉帝回到天庭，大发雷霆，立即命太白金星下凡追回插笔筒。十二金童违犯天规，罚在人间受苦，不得重返天庭。

太白金星领了玉帝之命，来到瑞石山，觉得收回笔筒的事好办，那十二金童是天真活泼的伢儿，小小年纪罚在凡间受苦，心里不忍。他站在瑞石洞口发呆，忽听几个过路人说，瑞石山下有家饭店，老板夫妇都是大善人，对穷人寒施衣、饥施饭，可惜到现在还没有个儿子。太白金星听了，灵机一动：对了！饭店老板两夫妻如果真是善人，我就把插笔筒暂时寄放在他们那里，这十二个小东西也给他们做儿子，过一段时间，等玉帝气消了，再求求他收回成命，也好叫十二金童重返天庭。

主意已定，太白金星便化成一个道士，走到饭店门口去乞讨。老板见他面黄肌瘦，一副罪过相，就在角落头弄个位置，盛了一碗饭、一碗菜让他吃。不料这道士吃了一碗又一碗，一大锅饭让他一个人吃光了，道士还说没有吃饱。老板叫老板娘又烧了一锅饭，道士又吃得一干二净。老板娘只好再烧，结果把米缸都掏空了。

道士吃饱了，抹抹嘴巴，从身边拿出一只汤匙，对老板说：“山上瑞石洞的石缝里，有一只花瓷插笔筒，上面刻有十二只小动物。你们用这只汤匙，天天到瑞石泉里舀一汤匙清泉到十二只动物口中，七七四十九天以后，那十二只小动物便会变成十二个童儿。到那时，你们不但有了儿子，还会发财。”道士说完，走了。

老板心里将信将疑，第二天清早，一个人悄悄走到瑞石洞里，果然在石缝里找到一只插笔筒。老板心里大喜，兴冲冲地跑回店里，和老板娘一讲，两人连忙带了汤匙到瑞石泉舀了泉水，滴在十二只小动物口中。从此以后，天天由老板娘一个人去舀水滴水，老板留在店里做生意。

转眼过了四十七天。这天早上，老板娘滴水时，一不小心，放在围腰袋里的几个铜钱落进了插笔筒里。刹时插笔筒里涌出了满满的一筒铜钱。原来这插笔筒是个聚宝盆。老板娘又惊又喜，也顾不得给小动物滴水了，抱起插笔筒跑回店里，对老板一五一十讲。老板把她拖进房里，关上房门，从插笔筒里倒出铜钱再放进一些碎银子，霎时间，满筒都是银子。两夫妻开心得哈哈大笑。

说来也凑巧，笑声被隔壁的王小毛听见了。他从板壁缝里看了个一清二楚。这天晚上，老板两夫妻刚刚睡着，王小毛就撬开房门，捧起花瓷插笔筒和那只汤匙，拔脚就逃。老板两夫妻见宝贝被人偷走，爬起身来就追。王小毛心急慌忙逃上城隍山，天黑路滑，脚上一绊，一跤跌倒，花瓷插笔筒被摔成了十二块。这些碎片立刻变成“十二生肖石”，王小毛被压在石头底下，死了。那只调羹也摔得老远，变成了“调羹石”。

（选自《杭州市故事卷》）

吴山石牛

吴山，又叫城隍山。在吴山与紫阳山交界的地方，人们可以看见一块横卧着的石头，活像一头潜游在水里的牛。

相传很久以前，城隍山上有座寺庙，终日香火不断。有一年清明节，一位农家少女到寺里进香，寺里有个小和尚一时动了凡心，调戏了她。这事让老和尚知道了。他叫来少女问清缘由。原来这少女名叫桂花，家住玉皇山脚八卦田边，双亲早已去世，孤身一人，为了度日活命，才到城隍山来求拜菩萨保佑的。老和尚便罚小和尚去桂花家做三年牛活赎罪。临别时，他对小和尚说：“若三年如一日，牢记佛门戒律，勤耕赎罪，三年后的今日午时三刻，回寺还你原身；若再重犯，则将重罚，永世为牛。”小和尚点头应允。老和尚说罢，念了一阵法咒，朝小和尚猛吹一口仙气，忽然间烟雾弥漫。在烟消雾散之后，小和尚变成了一头身强力壮的水牛。

这头有灵性的水牛来到八卦田边，做工不偷懒，吃食不挑剔，出门驮农具，回家运五谷，给了桂花很大的帮助。三年功夫，桂花家已是六畜兴旺，五谷丰登。桂花还和一个打渔小伙定了亲。

这天正是水牛返寺还身之日，早饭后，水牛依依不舍地刚准备往回走，突然，山坳里来了一伙强盗。其中一人闯进了桂花家里，见桂花年轻美貌，一把将她抱住，欲行非礼。桂花在绝望之际，喊了一声：“牛呀，你快来救我一命吧！”这牛本来就通人性，听桂花这么一喊，放开蹄冲上来，用牛角一挑，将强盗挑翻在地，又用牛蹄死死地踩住，把这个强盗踏死了。然后蹲下身子，让桂花骑在背上，直奔寺庙而去。

水牛来到寺庙的时候，已经过了午时三刻。守候在寺门口的师兄弟见他驮着三年前的那个农家少女而来，定睛一看，这农家女还衣衫破烂、满脸泪痕，不由小和尚分辩，便纷纷对他指责起来。老和尚听得禀报，透过屏风一看，气得怒目圆睁，便施出绝招，用手一指，将水牛点化为石。

从此，这牛便成了石牛，永久地站在寺庙门前，再也还不了原身。天长日久，身子被人们骑压、踩踏，渐渐地陷入泥中，只露出一个踩平了的牛背和牛头平顶了。

（选自《杭州市故事卷》）

玉皇山七星缸

玉皇山半山腰的那个紫来洞，原先叫“飞龙洞”，因为那时候洞里面住着一条飞龙。这条飞龙每隔十天，总要飞出洞来，在空中飞腾翻舞，吐出火珠，一吹一吸，火珠一忽儿远，一忽儿近。散落的火星落到哪里，哪里就火烧。因此，飞龙出来一次，杭州城里就有许多人家遭殃。

大家都恨透了这条可恶的飞龙，但又没法子治它，只好计算着它飞出来的时候，男女老少都爬上房顶上浇水，整夜整夜地守着。一面敲锣打鼓恐吓飞龙，想叫它飞得远一点。虽然这样，杭州还是常常闹火灾。

这一天，杭州城里来了个老铁匠，手里提着一把铁锤，来到一家小客店投宿。可巧这天正是飞龙出洞的夜晚，店主全家都爬上屋顶去啦，没人招呼他。老铁匠明白了这回事后，就不声不响地提着铁锤，走啦。

这天飞龙出来的时候，火星纷纷散落下来。等到老铁匠回到小客店时，那店屋也烧掉了。店主人一家正在号啕大哭。老铁匠见了也很难过，就把身边的一些碎银给了他，说："只要杭州城里每户人家能给我一把菜刀，我就能降伏飞龙。"店主人望望老铁匠，不像是个说大话的人，相信他是有办法的。

消息传开后，人们又惊又喜。没几天工夫，送来的菜刀就堆得像座小山。老铁匠请来全城的铁匠，砌了个炼铁炉，把菜刀都放到炉里熔化了，三天功夫就铸成了七只大铁缸。

许多人都聚拢来看这七只大铁缸，感到很奇怪。老铁匠请大家来抬抬看，有些青年人卷起袖口上来试了试，嘿！一只铁缸足足要十九个人才能抬起来。

于是，老铁匠独自跑上玉皇山，到飞龙洞口一看，飞龙正在睡觉。他飞快地跑了回来，大声叫道："大家快跟我去降伏飞龙呀!先来133个年轻力壮的人抬铁缸，跟我上山，后面的人都得提满一桶水跟着，听我招呼。大家不要怕，我有铁锤，飞龙如果动一动，我会跟它拼命的!"

大家跟着老铁匠爬上玉皇山，到了飞龙洞口，那飞龙还在"呼呼"地睡大觉。老铁匠叫大家用铁缸把飞龙的两条须子、四只脚、一条尾巴悄悄压住，因为都压在须毛上面，所以飞龙还没感觉。老铁匠举着铁锤对准飞龙脑门，如果飞龙惊醒，便一锤打下去。他又招呼后面的人把桶里的水倒进铁缸里。到第七只铁缸的水快要倒满的时候，不料有个人提着水桶绊倒了，桶里的水泼开来，泼进飞龙鼻孔里，惹得飞龙打了一个喷嚏，把老铁匠喷得什么也看不见了。飞龙觉得自己被什么东西拉着，仰不起头，一挣，才知道被压住啦。于是一声大吼，就地一滚，挣脱身子，一头栽进飞龙洞里，从地底下钻到安徽境内才钻出来，抖抖身子，飞上天空逃走啦。从那个时候起，就再也没见飞龙回来过。人们传说杭州的飞龙洞是直通安徽的。

飞龙逃走了，那七只镇压飞龙的大铁缸还摆在飞龙洞口，排列得像天上的北斗一样，人们就称为"七星缸"。据说，如果当时七只缸都装满了水，那条飞龙就会永远被钉在玉皇山上动不得了。直到如今，杭州人还有句老话"七星钉飞龙，只差水一桶"。

（选自《杭州市故事卷》）

边福茂鞋子

杭州人有一句俗话：头顶天，脚踏边。“天”指的是天章帽店，“边”指的是边福茂鞋店。意思是说头上戴的帽子，一定要买天章的；脚下穿的鞋子，一定得买边福茂的。从这句话里可以想见杭州人对这两家百年老店信得过的程度了。

相传边福茂的老板原是诸暨人，他自幼学习制鞋，刻苦钻研，学就一手好手艺。因为在诸暨乡下生意不很好，想到杭州是省会所在地，商业兴盛，人口众多，就拣了个好日子，挑了一副皮匠担，渡过钱塘江，来到杭州。

那时候，清河坊一带商店林立，住宅毗连，他就在河坊街口接了个鞋摊。他的鞋子选料讲究，做工精细，价格便宜，经久耐穿，虽然是个小鞋摊，却招来不少顾客，生意远远超过一般的鞋店。过了几年，他积累了一些资本，就在清河坊租了店面，开起一家鞋店，取名“边福茂”。

杭州人出外做官，经商的很多，他们人在外地，却往往写明尺码，托人到家乡来买边福茂的鞋子。传说清朝有位王文韶，家住杭州清吟巷，做官数十年，出外当总督，入朝做宰相，穿的都是边福茂的鞋子。

清光绪二十六（1900），八国联军攻破通州（天津），向北京进军，皇宫里已经可以听到炮声了。慈禧太后吓得不得了，下懿旨召见百官，商量离宫西幸的事。但大大小小的官员，逃命要紧，只到了王文韶、刚毅、赵舒翘三个人。王文韶当时任军机处大臣，他从慈禧那儿回到军机处，取了印匣子再到宫里，慈禧太后已同光绪皇帝乘舆出德胜门向西逃走了。王文韶便和他的儿子一路去找轿子，准备赶上慈禧。但在这人心惶惶的时候，那里还有轿子?王文韶父子俩只好步行追了上去。一路上，道路崎岖，很不好走，足足追了三天，到了怀来县，总算追上了慈禧和光绪。这时，王文韶已是九十一岁的人了，他的两只脚都走得肿了。幸亏穿的是边福茂的鞋子，鞋底是用新布垫的，不破边，不穿孔，脚也没有扎破。后来，王文韶就把这双细布鞋保存起来，作为“西行追驾”的纪念品。

自从王文韶穿了边福茂的鞋子步行追驾的这件事传开以后，“边福茂”的生意也就越来越兴旺了。而“头顶天，脚踏边”这一句话，也就成为杭州人的口头禅了。

（选自《中国民间文学集成浙江省杭州市上城区卷》）

胡雪岩请账房

胡雪岩决定在杭州开药店。要开药店，首先得请一位懂行的账房先生，制定一个从开办到经营，从经营到结算的全盘规划。经友人推荐，胡雪岩前后已接待过四位老先生，每来一位，他都是很恭敬地听他们对开办药店的高见。这几位账房先生，方案造了一张又一张，全说开张后，一年能为店里获利多少两、多少两的。胡雪岩只是笑着点点头，不露声色，然后客客气气地给他们送了丰厚的川资和酬金，婉言辞谢。

俗话说："一二不过三"。胡雪岩连请了四次账房都没有成功，引得人们议论纷纷，不知他葫芦里到底卖的什么药。

一天，来了个余姚人，自称姓余，愿应聘为账房。胡雪岩照样在客厅接待了他，还向他详细地介绍了以前四位先生的打算。这位余先生一味地"拍哒拍哒"吸旱烟，半天也不吭声。待他烟吸足了，茶喝够了，便站起身来，拱拱手就要辞别。胡雪岩诧异地问道："余先生，我还没有请教你的高见呢?"余先生冷冷地说："你想在短期内就赚钱翻本，我办不到，还是另请高明。"

胡雪岩从这几句话里，听出点味道来了，连忙挽留。但他还是故意说："常言道：'千做万做，蚀本生意不做。'做买卖嘛，能不为了赚钱吗?"

余先生正色地说："急于赚钱和正当赚钱是两码事，急于赚钱的，见钱眼开，只知道拼命地捞；正当赚钱的，就要重视信誉，细水长流。你看，每家药店门口几乎都写有'道地药材'四个字，这难道是容易办到的吗?"接着，他滔滔不绝地讲出一番道理来：驴皮非囤三年就不能熬成上好的膏，女贞子要经过五蒸五晒，红花要隔年采聚于西藏；茯苓不来自云南的洱海苍山不能算上品，麝香要当门子，鹿茸要血尖等等。最后余先生说："药是治病救命的，所以贵到犀角、羚羊，贱到通草、马勃，都必须精挑细选，不能含糊马虎。不在质量上胜过他家，又怎么能打响牌子?再说开药店总得图百年大计，归根结底一句话，你要请我做账房，就要准备先蚀三年本，才能慢慢赢利。不然，另请高贤。"

胡雪岩听了这番话，觉得句句在理，心服口服，一个正直的生意人，就该有这种精神。他深深一揖道："今天我胡某总算请到了一位目光远大，经营有方的好账房，余先生，今后一切全仗你啦。"

后来，就取了个"胡庆余堂"的店名，一般人的解释，是取"积善人家庆有余"之意。其实，这中间还包含着另一层意思：胡雪岩是为庆幸自己请到了一位洞明练达的好账房余先生哩！

（选自《中国民间文学集成浙江省杭州市上城区卷》）

胡庆余堂的金铲银锅

百年老店胡庆余堂，有一套制药工具——金铲银锅。这套工具是用133克黄金和1835克白银打制的，被药业界称为"国宝"。

相传，胡庆余堂生产一种叫"紫雪丹"的震惊通窍良药，原先用的是铁铲铁锅，药效一直不够理想，常常有顾客前来退货。这可影响了药店的信誉，老板胡雪岩急得不得了。他邀请许多名医、药家前来研究，查过配方，也找不出原因。

为这事，胡雪岩心急火燎，彻夜难眠。有一天，他觉得胸口气闷难受，便早早地睡了。晚上，他做了一个梦，梦见从墙旮旯里窜出一对猫鼠来，那猫全身雪白，好像是银子铸成，那老鼠浑身金光，好像是黄金打就。这金鼠银猫，一个在前面逃，一个在后面追，不知怎么一来，竟全都窜进了胡雪岩的口中，吓得他从梦里惊醒过来。这时，他觉得神清气爽，胸口也不闷了。细细一琢磨，便悟出了一个道理。原来大凡惊厥痰迷病人，多是受了风邪。金银可以避邪压惊。第二天，胡雪岩马上派人请来工匠，用金银制作了一套金铲银锅，用来煎熬“紫雪丹”，药效大大提高，深受病家欢迎，胡庆余堂的声誉也越来越好了。（选自《中国民间文学集成浙江省杭州市上城区卷》）

宓大昌的传说

过去，在清河坊有一家专卖烟丝的宓大昌烟店，资产雄厚，远近闻名。老板做生意手腕高明，他说：“舍不得小钱，就赚不来大钱。”他在店堂里放上一箩筐烟丝，供过往行人吸烟。只要自备烟斗在店里点火，就免费供应，即使连吸十筒八筒也不计较，并交代伙计，不可怠慢来吸白烟的人。他认为吸白烟的越多越好，这是最好的招牌。这件事被八仙中的铁拐李知道了，他要试一试真假，就拿了一只大烟斗到宓大昌吸白烟。

这天，铁拐李来到宓大昌门口，看到一筐烟丝，就站在旁边装烟，一下子就把一筐烟丝都装进烟斗里去了。老板看到箩筐里空了，忙叫学徒去抬一筐来。铁拐李又一下子又装光了。老板又叫学徒抬出一筐来。这样，铁拐李的烟斗里足足装了三箩筐烟丝。他点上火，一边吸，一边跑，一边叫：“宓大昌的烟丝真香。”在他经过的路上，烟香阵阵，经久不散。

从此，宓大昌的名声一下子远近闻名，生意更加兴隆，变成全省最大的一家烟店了。

（选自《中国民间文学集成浙江省杭州市上城区卷》）

皇饭儿

杭州王润兴饭店，人称“皇饭儿”，它的来历与乾隆皇帝有关。

乾隆皇帝六下江南，五游绍兴，然后来到杭州。他想看看吴山的景色，便在大井巷里找了个小客栈安身。这家客栈的店主名叫王永泉，店面不大，却收拾得十分清爽，房间里棕棚木床，纱帐洁白，被褥松软，绣枕高叠，简单的桌椅灯台纤尘不染，更有意思的是墙壁上还挂着字画，面盆架上搭着花巾，虽是土织，四角却也绣了花儿。乾隆皇帝十分满意，便住了下来。

王永泉的客栈，还兼卖酒饭。原来他做得一手好菜，每餐的菜肴轮换着上桌，荤菜有荤菜的滋味，素菜有素菜的清香，所以乾隆皇帝连吃饭也在小客栈里。几天下来，主客有说有笑，漫话家常，渐渐地产生了感情。王永泉又侍候得非常周到，连客人换下来的内衣裤，也都替他洗干净，更博得乾隆的欢喜。

一天，乾隆皇帝上山游览，忽然天色转暗，下起阵雨来。他又没带雨具，急急跑下山来，衣服都淋湿了，使开箱取衣更换。王永泉传候在旁，发现衣箱里的衣服，都绣着蟠龙，觉得这个客人不同寻常。王永泉听说乾隆皇帝又下江南了，暗想他莫非就是乾隆?便假痴假呆地轻声问道：“高老爷，（乾隆化名高天赐）你是万岁爷吧?”乾隆爱他侍候周到，又见他年轻老实，也不再隐瞒，便说：“你不要多讲!”

从此，王永泉更是小心服侍，谨慎从事，不再另接客人住宿，把全身心力都用在饭菜上。一天烧了个菠菜煎豆腐，乾隆吃得很香，便问："这个菜叫什么名称？"王永泉福至心灵，编着故事说："这菜还没名称呢，看菠菜碧绿，菜根绯红！豆腐煎得焦黄，中心清白如玉，我想叫它'红嘴绿鹦哥，金镶白玉嵌'怎样？"乾隆皇帝听了哈哈大笑："看你不出，你很有头脑。"

日子久了，主客说话投机，一次，乾隆皇帝说："凭你的烹调手艺，满可以开一家饭店，生意一定兴旺，我给你写个招牌，叫'皇饭儿'，资本不够，我借给你。"王永泉听了，连忙跪下磕头谢恩。待乾隆皇帝走后不久，王永泉就在鼓楼旁边开起了"王润兴"饭店，把御赐的"皇饭儿"三个字做了金字牌匾，悬挂在堂口。王润兴最著名的菜如"鱼头豆腐""家乡南肉""菠菜豆腐"都是乾隆皇帝爱吃的。所以开店不久，就宾客云集，生意兴隆，成为杭州名牌菜馆的魁首。

（选自《中国民间文学集成浙江省杭州市上城区卷》）

王老娘木梳店的来历

王老娘早年丧夫，儿子还小。她家住在大井巷环翠楼旁，开了一家小酒店，还附带卖杨木制成的篦子、木梳，赚点小利，娘儿俩苦挨岁月。

一天，乾隆皇帝又上城隍山访古寻幽，探求名胜古迹，路走得远了些，忽又遭到一场阵雨，急急跑到城隍庙避雨，但还是打湿了衣服。待到雨止云散，匆匆下得山来，忽觉腹中饥饿，想找些零食充饥。

正走间，忽闻一阵酒香，抬头一看，只见一个中年妇人，坐在柜台边，柜台上摆着杨木篦子、木梳，乾隆便上前问道："大嫂，附近有点心卖吗？"王老娘抬头见是个体面的客官，便立起身笑脸相迎："客官，请里面坐，小店里有五香茶叶蛋可以充饥，五香豆腐干、五香盐青豆可以下酒。我这里有正宗的绍兴花雕老酒，客官不妨喝几杯，解解寒气。"乾隆听后，便走入店内。她见乾隆皇帝的外衣已被雨淋湿，又说："请客官先将外衣脱下来，待我给你烫燥，免得渗透内衣受凉。"一席话说得乾隆皇帝眉开眼笑，忘乎所以，就点头应允，随手把外衣脱下，谁知里面的衣服绣着蟠龙，等到乾隆醒悟过来，已经迟了。王老娘是个机灵人，连忙拉下竹帘说："客官，请先吃点酒、蛋，我马上给你烫干！"乾隆连说："好好，大嫂难为你了。"王老娘利索地烫好了酒，装了四只火热的茶叶蛋，四块豆腐干，一小盆盐青豆，说声："客官请！"便自顾进内烫衣去了。

过了一歇，衣烫干了，乾隆皇帝酒也吃好了，还吃了两只茶叶蛋，便付了钱，谢过王老娘，回到王永泉的客栈里。王永泉早已做好中饭！左等右等不见乾隆皇帝回来，正在惦记着，忽见乾隆皇帝面有酒色，便低声询问："万岁爷，哪里吃的酒？"乾隆说了经过。王永泉笑道："万岁爷，那个王老娘，是个可怜的寡妇，可为人善良，邻里都称道她。"乾隆听了，动了怜悯的念头，便对王永泉说："你明天给我送一百两银子去，叫她不要卖酒了，今后专做黄杨木梳生意。问起我时，只说京里做大官的，教她不要乱说瞎猜。"

从此王老娘收起酒店，专营木梳、篦子生意，这就是苏杭闻名王老娘木梳店的来历。

（选自《中国民间文学集成浙江省杭州市上城区卷》）

朱养心的传说

从前，杭州大井巷有一家朱养心堂膏药店，店不大。店主朱老板心地仁厚，好行善事，凡是穷苦百姓上门求医，都免费医治，赠送膏药。

有一天，店门口来了一个衣衫破烂、蓬头垢面、满脸胡子的跷拐儿老头。他拄着拐杖，赤着两只脚，腿上生满疮毒，脓直外流，奇臭难闻。朱老板见了，动了恻隐之心，走上前去，用双手搀起老头，走进店里，拿来饭菜给他吃；又端来热水，亲手帮老头将腿上的脓血洗干净，替他贴上膏药，然后扶他上床休息。谁知那跷拐老头在上床时，不知是有意的还是无意的，抬脚将那盆洗过疮毒的污水踢翻了，无巧不巧都倒进了朱老板拌药料的荷花缸里。朱老板见一缸配好的药料被糟蹋了，暗自叫苦。看看这个老头，又病又苦，反而安慰他，叫他不要介意，安心休养。

跷拐儿老头在朱养心堂白吃白住十多天，朱老板天天替他洗脚换药，医治疮毒，连那缸被糟蹋的药料也没时间处理。这天，老头对朱老板说："承蒙你不嫌臭脏，亲自为我治疮毒，又分文不取，实在感激，可我却身无一物相谢，真是过意不去。这样吧，我自幼精通丹青之术，你去备好纸墨，我替你画一幅画留作纪念，请勿见笑。"朱老板听后，觉得出于老人一片好心，不能使他扫兴，就买来上好的宣纸，备好笔墨。跷拐儿老头将宣纸一铺，随手抓起一碗墨汁就往纸上一倒，接着用手在纸上涂抹了一阵，对朱老板说："献丑，献丑，画得不好!还请妥为保藏！我就此告辞。"说罢，一跷一跷地走出店门，径自去了。

这时，奇迹出现了，那只倒进污水的荷花缸里，突然散发出一股浓烈的芳香。朱老板心知有异，连忙转身去看那张还没卷起来的画，原先墨黑一团的宣纸上，这时隐现出一条栩栩如生、活灵活现的水墨龙来。那龙在云海中昂首喷水，形象逼真，朱老板越看越清楚。这时，他忽然醒悟过来，这个自称姓李的老头，肯定是八仙中的铁拐李大仙。想到这里，老板连忙焚香叩拜。

从此以后，朱养心堂煎制的膏药，药效更佳，人称"铜绿膏"，无论什么疮毒，只要贴上这种膏药，用不到几天，保证消毒消肿，长出新肉，朱养心膏药店的名气也就越来越大。

有一年，大井巷一带发生火灾，四周房屋烧掉几十家，唯独朱养心膏药店安然无恙。据说，当时有许多人看见朱养心的屋顶上，隐隐有条黑龙在喷水灭火。大家都说是水墨龙在庇佑朱养心。这件事越传越广，越传越神，后来传到军阀夏超的耳朵里，夏超一心想吞夺这幅宝画，便借故查抄了朱养心的家，但见屋里挂着上百幅的水墨龙画，真假难辨。这个军阀怕引起公愤，也只好作罢。

（选自《中国民间文学集成浙江省杭州市上城区卷》）

杭州遍城张小泉

很多年以前，有个姓张的铁匠，名叫张小泉。张小泉有一手祖传的手艺，整年挑副铁匠担走街串巷，替人家打造镰刀锄头、菜刀锅铲。

有一年，张小泉得罪了财主富绅，在乡下立不住脚了，只好带着三个儿子，挑起铁匠担子，流浪到杭州，在大井巷内搭个席棚，开起一家铁匠铺来。大井巷在城隍山脚，是一处热闹的地方，张小泉在这里开铁匠铺，生意倒还不错。

大井巷里有口大井，井水很深，也很清凉，大街小巷家家户户都吃这口井里的水。有一天清早，有人来挑水，发现井水黑得像烂泥浆，大家觉得很奇怪。后来，据一个老公公说，他小时曾听老年人讲过，这大井直通钱塘江，钱塘江上游有两条乌蛇，隔许多许多年就钻到这口清凉的大井里来交尾下蛋，把井水弄得像烂泥汤一样。大家听了，忙问："这乌蛇有没有办法治服它呢？"

老公公说："要治伏它，只有下井去跟它拼！"

这口深不见底的水井，就是里面没有毒蛇，也没有人敢下去呀！大家你望望我，我看看你，急得火烧火燎。

张小泉父子听说这事，也挤进人群来看，张小泉听了老公公的话，皱起眉头想了一会，拉住一个街坊说："麻烦你到药铺买两斤雄黄来！"然后回头朝儿子喝道："快回家去拿我的大锤！"等儿子拿了大锤回来，张小泉就把两斤雄黄倒进两坛老酒里，顺手捧起一坛，"咕嘟咕嘟"一口气喝干了。接着，解开钮扣，脱下衣裳，又捧起另一坛酒，往自己头顶上一倒，"哗啦"一声，雄黄酒从他头顶直淋到脚跟。他一把夺过儿子手中的大锤，就跳进大井里去了。

张小泉跳进井里，只觉得身子呼呼地往下沉，好一会儿才沉到井底。他睁开眼睛，东找西寻，果然看见北面暗角落里，有两条手臂那么粗的乌蛇，颈交颈地盘绕在那里。张小泉眼明手快，不等两条乌蛇分开，就挥起大锤，吭当！吭当！吭当！一连三锤，锤锤都砸在两条乌蛇的"七寸"上，把两条乌蛇的颈脖子砸得扁扁的，粘到一块了。张小泉砸死了乌蛇，便一手提着大锤，一手拎着蛇尾，屏住气，慢慢地泅出水面来。

等张小泉的头钻出水面，围在井边守候的乡邻，赶紧放下绳索将他拉上来。张小泉爬出井圈，就把两条乌蛇往地上一挥，"吭当"一声，把人吓了一大跳。大家起先很害怕，后来看它一动不动，真的死了，才敢走近去，拿棒头敲敲，梆硬梆硬的"当当"会响。传说是因为这两条乌蛇已成了精，炼成钢筋铁骨的缘故。

张小泉把两条死蛇拖回家里，看看又想想，想想又看看，想了三天三夜，纸上画了一个图样。爷儿四个就照着图样，在蛇颈相交的地方安上一枚钉子，把蛇尾巴弯过来做成把手，又将蛇颈上面的一段敲扁，磨得飞快飞快的。这样，就打造出第一把大剪刀来。爷儿们高兴极了，便将这把剪刀挂在铁匠铺门前，当做招牌；又仿着打造出许多大大小小的剪刀来卖。

以前，人们裁衣用刀划，断线拿刀割，很不方便。张小泉造出剪刀以后，裁衣剪线就轻快方便得多了。因此大家都到张小泉铁匠铺来买剪刀，差点踏平店门槛，忙得张小泉爷儿四个，光打剪刀都来不及。

张小泉剪刀的名气越传越大，销路也越来越广，成了闻名全国的杭州特产。张小泉死了以后，他的三个儿子各立门户，三家铁匠铺都用“张小泉剪刀”的招牌。张小泉还收过不少徒弟，他们说：“儿子好用阿爸的招牌，徒弟也好用师傅的牌子。”他们也都挂起这个招牌来。儿子传儿子，徒弟传徒弟，杭州的“张小泉剪刀”店也就越来越多，数也数不清了。所以，杭州的刀剪铺挂的都是清一色的“张小泉”招牌。

（选自《杭州市故事卷》）

御笔亲书颐香斋

杭州城里有家专门制作糕饼的百年老店，叫“颐香斋”。传说这块金字招牌还是乾隆皇帝御笔亲题的。

那一年，乾隆皇帝南巡到杭州。一天傍晚，乾隆走过清泰街义井巷口，忽然闻到一股糕饼香味。只见不远处一盏灯笼高挂，灯下一位眉日清秀的师傅正在蒸糕。乾隆走了一日，肚皮早已饿了，便走近糕饼摊，也不问价，拿起一块糕就吃了起来，只觉香甜可口，十分好吃，不知不觉已三五块下肚。俗话说“适口者香”。乾隆皇帝此时正肚饥腹空，这种民间糕点又是头一回尝到，自然十分满意，便问：“此糕为何这般香啊？”

蒸糕的师傅是苏州人，姓葛，是个念过书的秀才，因屡试落第，流落到杭州老管家家里。老管家原是糕饼师傅，主仆二人就在义井巷口摆个糕饼摊度日。不久，老人家故世了，葛相公只好独自摆摊卖糕了。眼下见吃糕的问，便回答说：“我做的糕，选用苏州府吴江香糯米，自制糯米饴糖调和，所以这糕香糯适口！”

乾隆皇帝见这蒸糕师傅眉目清秀，谈吐不俗，不觉又问：“你这糕铺叫什么字号？”“客官，小的摆的是糕饼摊，还没有字号招牌。”

乾隆皇帝见说没有招牌，一时兴起，便说：“你做得如此香甜之糕，怎能没有一块招牌？可有笔墨，我来给你题写。”

葛师傅从屋里拿出笔墨纸砚。乾隆皇帝展开纸，提笔写下“颐香斋”三个字，把笔一丢，正想辞去。葛师傅看了“颐香斋”三个字，一把拉牢乾隆皇帝说：“你这个客官写错字了。”乾隆皇帝一听，忙问：“错在哪里？”葛师傅道：“我做的糕香来自饴之香。《诗经》里有‘甘之如饴’之句；苏东坡诗曰：‘小饼如嚼月，中有酥和饴。’由此之故，应该写成‘饴香斋’才对呀！”

乾隆皇帝见说，羞得脸上红一阵，白一阵，但他死要面子，争辩说：“颐，脸颊也，脸岂有不香之理！”葛师傅和乾隆皇帝两个各不相让，争得面红耳赤，引来了不少人围观。乾隆皇帝怕众人笑话，一时忘了自己是微服私访，一气之下，提笔在“颐香斋”三个字下面，写下了“乾隆”二字。众人见是当今皇上御笔亲书，惊得全部跪倒在地，口呼“万岁！”

第二天，杭州城里人听说乾隆皇帝为糕饼摊题写招牌，都来看热闹。这一来糕饼生意越来越好。不久，葛师傅便在义井巷口开了一家糕饼店，把御笔题写的“颐香斋”做成金字招牌挂了起来。

由于葛师傅手艺高超，用料精细，花式繁多，再加上皇帝这块金字招牌，百年来，

“颐香斋”糕饼名声远播，经久不衰，成了杭州有名的百年老店。

（选自《杭州市故事卷》）

吴山酥油饼

吴山酥油饼，是杭州的传统名点，据说它原来的名称叫“大救驾”。

相传，宋朝第一代皇帝赵匡胤打天下的时候，与南唐李升开战，因形势不利，被围于安徽寿县。当时，李升将县城围得水泄不通，想把赵匡胤困死。赵匡胤见一时无法突围，只得命令士兵坚守城池，等待援兵。可是日子一久，城内军粮断绝，眼看士兵们都要饿死了。就在这危急关头，当地的老百姓拿着用粟粉制成的饼子，纷纷前来支援，解除了部队的饥荒。

后来，赵国胤建立了宋朝，做了大宋的第一代皇帝。他为了纪念这件事，特地下旨把这种粟饼命名为“大救驾”，令御厨房照样制作，供内官人员食用。

到了南宋，康王赵构迁都临安，这种内官食品也传到了杭州。吴山一带的吃食店为了招揽生意，便纷纷仿制“大救驾”饼供应市场。后来，又逐步在佐料、制法上作了改进，将粟粉改用白面粉，用花生油调和，先用擀面杖擀成长片，然后卷成圆饼形状，投入沸油锅，待炸到两面呈玉白色时捞出，撒上白糖、蜜饯、糖桂花、玫瑰花干等，松脆香甜，美味可口，改名为“吴山酥油饼”。

（选自《杭州市故事卷》）

五、名人传说

英台古井许终身

梁山伯与祝英台一同在杭城紫阳书院读书三年。这年春三月，英台收到家书，催她回转家乡。两人离别，依依不舍，山伯送英台到十里长亭。一路上，英台处处暗示山伯自己是个女儿身，要与山伯结成百年好合。谁知，山伯生性厚道，一心读书，一点不理解英台的真心实意，反而责怪她太儿女痴情。

山伯送英台，不觉来到草桥门外的一口古井旁。英台便在井旁石凳上坐下，对山伯说：“梁兄，小弟走不动了，请在此小憩片刻。”

山伯说：“好。”也坐在一旁。

英台望着古井，触景生情，想起三年前，两人来杭城求学时，也曾路过此地，在井旁休息，同饮过井中水。这时，她感觉到口渴，随身取出一碗，想舀水解渴。谁知到井边一看，井水已经干枯。英台叹了口气，右脚一蹬，说也奇怪，只听得古井内，“哗哗”地响起流水声，一下子清清的井水涨到了井栏边。

英台高兴地说道：“有如此好水，待我梳洗一番，再上路吧！”说着，脱下书生巾帽，解开发髻，披着乌油油的一头长发，便临井梳洗起来。她不禁想起心事，便回转身来，对山伯说：“梁兄，请过来，你看井中是什么？”

山伯以为英台在井中看到什么鱼虾之类，便走了过来，探头向井中一望，看不见井中有什么东西，只见清清的井水，明澈如镜，照见英台披着满头乌油油的长发和一双水灵灵的眼睛，便说：“井中只有贤弟之影，并无他物？”

英台又“唉”地叹了一声，说：“岂止小弟身影，你且听我吟来：古井喜逢春，兄弟双照影；一男并一女，和合天配成。”

山伯一听英台又说出糊涂话，轻轻地责怪她几句。英台却说：“梁兄有所不知，井中双双照影，使小弟想起家中的小妹来了，她长得和小弟相貌一模一样，梁兄和我家小妹真实天生一对。”山伯答道：“原来如此，是啊，刚才我在井中一看，开始也误以为你是那淘气的洗衣姑娘呢，你们兄妹俩真是生得一模一样美貌。”

英台忙说：“是啊，梁兄如不嫌弃，小弟愿为我家小妹作媒，不知梁兄意下如何？”山伯回答道：“多谢贤弟大媒，这样我们就亲上加亲了！”古井作证，英台把自己的终身亲自许配给山伯，这才放下一桩心事。

这口古井，因为山伯与英台双双在此照过身影，杭城父老就叫它为“双照井”。民间传说，那清清的井水中，常常会隐现出一对青年男女的身影，这就是梁山伯与祝英台。

双照井原在望江门外海潮寺内，旧时为“海潮八景”之一。每年正月初三，男男女女，老老少少到海潮寺烧香，都要到双照井来照一照。人们说，老年夫妻照一照，会越活越年轻；青年男女照一照，会和睦白头到老。因此，杭城民间流传着一句谚语：“若要夫妻同到老，双照井中照一照。”后来，海潮寺遗址建起杭州橡胶厂，双照井被圈入杭州中策集团公司的范围，边上还有三棵大樟树守护着。

（选自《杭州市故事卷》）

于谦对课

民族英雄于谦小时候，聪明伶俐，才思敏捷，智力超群。他在私塾里读书，常常得到老师的称赞。

这所私塾的附近有一座寺院。一天，于谦到寺院里去玩，碰到主持和尚。和尚摸着他的头说：“听说你对联对得不错，我今天出个上联试试你。”说毕，指着大殿上如来、文殊、普贤的佛像念道：“三尊大佛，坐狮坐象坐莲台。”

于谦知道这个主持和尚平日不守清规，有意戏弄他一下，便对道：“一个秃驴，偷鸡偷鸭偷婆娘。”

和尚一听，这分明在骂他，立即火冒三丈，一把揪住于谦的耳朵，扯到教书先生面前告状：“我好心考考这小鬼头的学问，出题和他对对联，不料小鬼头却趁机骂我。”先生问和尚：“他骂了你啥？”这和尚碍于面子不便出口。就指着于谦说：“你问问他自己吧！”先生就问于谦。于谦毫无惧色地说：这位师父的上联是：“三尊大佛，坐狮坐象坐莲台。”

“那你的下联呢？”

“我的下联是：一介书生，攀龙攀凤攀桂枝。”

先生听了，对和尚说：“他对得很好啊！人小志大，很有气魄，读书人盼望的就是金榜题名，科举及第，这怎么能说是骂你呢？”主持和尚有口难辩，心里却暗暗佩服于谦才思过人。

（选自《中国民间文学集成浙江省杭州市上城区卷》）

六文钱的一张借据

一年秋天，胡雪岩有事前往萧山，过江的时候，渡船上人很挤。胡雪岩一不小心，把一个孩子拎着的竹篮子撞翻了，篮里的豆腐全泼在船头上。那小孩拉住胡先生的衣服，哭着要他赔钱。胡雪岩边安慰他边从衣袋里摸出一小块银子。小孩说：“先生，不要这么多，只要六文钱。”可胡雪岩身边没有零钱，正犯愁时，身后有个人说：“先生，我借给你。”胡雪岩回头一看，原来是个小叫化子。胡雪岩便笑嘻嘻地接过了钱，交给了小孩，然后写了一张借据递给小叫化子，说：“借条上有我的地址，请你随时来我家做客。”

月圆转缺，月缺又圆，一晃数年，胡雪岩早把这事忘得一干二净了。

原来这小叫花叫俞小毛，是萧山西兴人。他长大以后，到杭州做了船匠陈三九的徒弟。小毛机灵好学，师徒俩感情很好，后来娶了师父的女儿秀娥为妻。有一天，秀娥在整理丈夫的衣箱时，发现了一张写有六文钱的借据，借钱的竟是大名鼎鼎的胡雪岩，觉得很奇怪。俞小毛就把事实经过讲给她听。秀娥听说胡雪岩向小叫花借钱，乐得笑弯了腰。夫妻两人嘻嘻哈哈的谈笑声，被隔壁邻居陈老汉听到了。陈老汉当过钱店倌，他看了借据说：“这张借条用处很大，你快去找胡雪岩，如此如此，看他怎么说。”

这一天，俞小毛带了借据去见胡老板。胡雪岩正在账房间和协理们商量店务，见到俞小毛的借据，陡然想起了数年前在钱塘渡船上的一幕，就对账房先生说：“请你把本息一起算给他。”

账房一看借据，上面写着：“借钱六文，本息隔日加倍奉还。”说拉起算盘“哔哔卜卜”地拨了起来，算到第三十天上，已经是六十四亿四千二百四十四万五千八百二十四文。账房吓了一跳，就把胡雪岩拉过一旁，悄悄耳语说：“这笔账不好算，恐怕把庆余堂盘给他还不够呢！”胡雪岩大吃一惊，眉头紧皱，陷入了沉思。

俞小毛见状说：“胡老板，账不用算了。今天我是特地来交还借据的，顺便求你一件事，钱塘江的渡船太小了，来往行人非常不便，能否请胡老板慷慨出资，多造几条船……”胡雪岩听到这里，眼睛一亮，连声说：“好好好，我来办个义渡，一切开支归我支付。”

俞小毛说：“胡先生，谢谢你，我替大家谢谢你了。”说完，趁胡雪岩点火吸烟时，拿过借据烧了。

据说，这说是胡雪岩办义渡的缘由。

（选自《中国民间文学集成浙江省杭州市上城区卷》）

真不二价

在胡庆余堂店堂正中，有一块令人炫目的金字招牌，上书“真不二价”四个大字。

相传古时候，有一个名叫韩康的生意人，他既懂医道，又亲自上山采药，把药材采来之后就到市场上去卖。当时，市场上卖药者常常以次充好，以假乱真，所以顾客也常常讨价还价。可韩康卖药货真价实，他不允许讨价还价。有人问他："为什么你的药价钱不能变?"韩康说：我的药是"真不二价"。病者吃了他的药，疗效果然好。于是，"真不二价"这句话便在市民中传开了。

胡雪岩开药店之后，便认为要打开胡庆余堂的局面，需好好学习韩康的经营之道，使胡庆余堂的药真正做到质好价真，保持信誉。便在店堂正中立起一块"真不二价"的金字牌匾。

（选自《中国民间文学集成浙江省杭州市上城区卷》）

康王错封樟树

相传南宋时候，金兀术九犯中原，康王逃难到湖州，金兵在后面紧追不放。康王见路边有一片密密层层的树林，急中生智，连忙奔进树林，隐蔽在一株大树底下。突然间，天上刮起一阵狂风，吹得树叶纷纷落下，将康王的身子遮住。康王这几天日夜奔逃，人困力乏，不知不觉在树叶堆里睡着了。

等康王一觉醒来，金兵早已远去。他见四面寂静无声，便站起身来，掸掉身上的落叶，对着大树默默地说："孤王若有一日重登王位，一定封你为树王，以报救命之恩。"但他不知道这树叫什么名称，走出树林，正好遇见一个农民，农民告诉他，这树叫桑树。小康王却错听成了樟树。

后来，康王在临安登基，立即传旨封樟树为树王。圣旨传到湖州，把桑树气坏了，气得它拳头捏实，肚皮豁开。

所以，现在的樟树长得又高又大，而桑树却越来越矮，它的枝条上生出疙疙瘩瘩的块状，就像举起的拳头，它的树身上都有一条裂缝，就像豁开的肚皮。

崇祯测字

明朝末年，天下大旱，遍地饥荒。官府衙门不管百姓的死活，一味横征暴敛。李闯王见老百姓被逼得走投无路，就带领大家起来造反。

李闯王办事公正，体恤百姓，各地农民四方响应，队伍一下子扩大到几十万人。他的队伍打仗勇敢，纪律严明，义军到处，头一桩事就是打开官仓，火热中的老百姓，谁不拥护闯王?天下的穷人，天天盼着闯王的队伍早些打过来。全国各地，到处流传着迎闯王的歌谣：

"盼闯王，迎闯王，闯王来了不纳粮!"

这歌谣传到崇祯皇帝的耳朵里，这可把他吓坏了。他一次又一次地调兵遣将，去打闯王，都被闯王的队伍打得落花流水。崇祯皇帝弄得饭也吃不下，觉也睡不好。

崇祯皇帝身边有个老太监叫王承恩的，这一天出宫办事回来，说是京城里来了个测字先生，上识天文，下知地理，字测得可准了。他劝皇上去测个字，问问江山吉凶如何。

崇祯皇帝听了老太监的话，觉得有理，就换了便服，两个人扮作主仆模样，悄悄离了乾清宫，朝街上走去。

两人来到承天门外，果然见到一老头儿，在牌楼下摆个摊子，坐在那儿测字。崇祯皇帝刚走近那摊子，老头儿就发话了："贵人到此，有何疑难?"

崇祯皇帝听了，心里一惊："他怎么知道我是贵人?"他见老头儿仙风道骨，看来是有些来历。便说道："如今流贼四起，社稷不宁，不知道天下啥时才得太平?"

老头儿说："测字测字，重在字上。贵人你写一个字来。"说着，将笔递到崇祯手上。崇祯接过，随手在白纸上写了一个"友"字。

老头儿一看，就说："你这个'友'字呀，是'反'字出了头，看来反朝廷的人已经出头了，天下太平不了。"

崇祯皇帝听了，心里老大的吃惊。他想了一想，说："同音不同字，我换个有无的'有'字，

怎么样?"老头儿提笔在纸上写了个"有"字，忽然叫了起来："啊呀呀，不瞒贵人说，我有话说呀!"

崇祯皇帝说："这儿没有旁人，说的是你，听的是我，测字看相，直说无妨。"

那老头儿说："照这'有'字测来，大明朝的江山已经要掉一半啦!"

崇祯皇帝说："你说得明白一点。"

老头儿指指白纸上的"有"字："喏喏喏，你看这'有'字拆开来，上边是大字的一半，下边是明字的一半，这大明江山不是丢了一半了吗?"

崇祯皇帝听了，心里越发惊慌。但他强作镇定，又说："我再换个申戌亥的'酉'字，又怎么样呢?"

老头儿说："这'酉'字也不吉祥哪！至尊无上的是当今的万岁爷，这尊字上去了头，下去了脚，就成了这'酉'字。好比万岁爷脱帽挂靴，怕是做不成皇帝了。"

崇祯皇帝连测三个字，个个是凶多吉少，没有一个好兆头。他的心里呀，真是又惊又怕。但他还不死心，提起笔又写了个"由"字，恨恨地说："再换这个'由'字!"

老头儿头也不抬地说："这由字么，出了头是'申'字，倒过来是'甲'字。甲申甲申，只怕是到了甲申之年，乾坤倒转。"

这一句话，好比是五雷轰顶，吓得崇祯皇帝浑身发抖，冷汗直冒，他只觉得两眼发黑，耳朵嗡嗡响，身子便往后倒。站在一旁的老太监连忙将他扶住，已经昏了过去。

测字的老头儿，趁机转身离开了皇城，一去无踪影。

据说，这个测字先生是闯王手下的大军师宋献策，他是乔装改扮到北京城探听消息的。

乾隆皇帝除暴

乾隆皇帝从苏州来到杭州，住在王永泉的客栈里。王永泉的店门前，悬挂着一只画眉笼，每天早晨，王永泉总要逗弄一阵子，这画眉鸟鸣声清脆，很惹人喜爱。

有一天，乾隆皇帝偶问王永泉："听说这里有个'鸟儿茶会'，你何不去茶会上赛鸣赛鸣，欢乐一番呢?"王永泉听了，眉头一皱，低声说："不瞒万岁爷，这里有个花花公子，也喜欢养画眉，专爱与人斗鸟赌输赢，若是他赢了还好，输了便不认账，常常无事生非，还打死过几个人，大家都怕他。因此我不敢去那儿，去了他会强追你与他赌斗，你不愿，他就是一个耳光。他还强抢年轻美貌的姑娘，人家告到县里，也是白搭，仗着他老子是旗下营的一位将军，没人敢在老虎头上拍苍蝇。"乾隆皇帝听了道；"当真?"王永泉说："一点不假!"乾隆皇帝沉思了一会，便说："你把鸟笼借给我，我去看看。"王永泉听了连连说："万岁爷，你不能去，去了会生气的，他随身带着一群如狼似虎的恶奴，只要他开口叫打，你就甭想活命，万岁爷千万别冒这个风险!"

这一席活，激起乾隆皇帝的愤怒："王永泉，你把鸟笼给我，我要去见见这小子!"王永泉拗不过乾隆，只好把鸟笼给他，但关照说："万岁爷一定要去，只在楼下喝茶，楼上靠窗口的那个座位，是花花公子包定的，座上有挂鸟笼的龙头银杠，你如果去坐，会出事!"乾隆皇帝说："我懂得，你可远远跟着我，万一有什么不测，你可速去府台衙门报信。"

乾隆皇帝说完，便拎着鸟笼，向旗下鸟儿茶会走去。到了茶店，就直奔上楼，在靠窗边的座位上坐定，把鸟笼挂在龙头银杠上。他刚想开口要茶，只见一个堂倌急急地跑来说："请老爷到楼下用茶!""为什么?""这个座头是公子包定的，不准别人坐，幸好他还没有来，否则你就会吃'生活'（苦头）的。"正说时，只听得楼梯上一阵脚步声，上来的就是那花花公子，他见有人占着他的座位，急步上前，撩起右臂就扇巴掌。乾隆皇帝见来人果然凶顽无礼，伸臂一拦，挡了回去。那公子打了个空，更加恼怒，就伸手去摘鸟笼，意欲踏破鸟笼，摔死画眉，但又被乾隆皇帝挡了回去。这一来，花花公子动了肝火，大叫："呔！来人与我打!"话音刚落，一下子冲上来八个彪形大汉，将乾隆皇帝四面包围，乾隆皇帝虽然也会些拳脚，终因寡不敌众，被这班恶奴擒住，反绑两手，推着拥着驱到楼下，一直押到井亭桥畔关帝庙里，被绑在一根柱子上。

且说王永泉跟在乾隆皇帝后面，一见他上了楼，知道今天一定要出事，就急奔府台衙门。原来王永泉前些日子曾到过府台衙门，替乾隆皇帝取过银子，知府早就吩咐属下，凡是王永泉来府，即速陪同来内堂问话，不准阻拦。王永泉见到知府，报告了一切。

知府闻报大惊，立即随带二十名侍卫骑上快马，由王永泉带路，直奔旗下。远远望见关帝庙前簇拥着一群人，知道已经出事，幸好及时赶到。见花花公子举起皮鞭要打乾隆，知府大声喝住，吩咐侍卫将花花公子及八个凶汉一起捆绑起来。然后亲自为乾隆皇帝松开绳索，低声上禀："万岁受惊了，恕臣来迟，罪该万死!"乾隆皇帝吩咐："先把罪犯带走，待朕离杭，将凶犯立即斩首，众恶奴问清所犯罪状，依法处置！对外切莫宣扬。"并且写下一道手谕，将旗下营那位将军撤职，押解刑部问罪。

乾隆说罢，就回到客栈，即日动身回京去了。

（选自《中国民间文学集成浙江省杭州市上城区卷》）

御史造钱塘

杭州有首民谣："钱塘，钱塘，有钱塘未成，无钱成钱塘。"这首民谣说的是钱御史造海塘的故事。

有一年，杭州、海宁一带江水泛滥，田地淹没，房屋冲坍，人畜遭灾。眼看杭、嘉、湖三府都保不住了。地方官不敢怠慢，连忙向朝廷告急。

皇帝得知这一消息，急忙召集文武百官商量。因为这一带是江南鱼米之乡，一旦闹了灾荒，断了皇粮，皇帝的日子就不好过了。

皇帝一开口，那班贪官心里暗暗高兴。心想：造塘堵水，是个发财的好差使。有一个大臣急忙奏道："如皇上恩准，我只要动用十万两库银，不够的自有下官向百姓捐募，一定替皇上筑起一道江塘挡住水害！"另一位也立即附和："国家遭难，匹夫有责，下官身受皇恩，愿一起前去效劳。"真是说的比唱得好听。

金銮殿上有位姓钱的老御史，看透这班贪官的肮脏心思，他不忍百姓在水灾面前再遭人祸，便将袍袖一拂，抢步出班，奏道："启奏皇上，依老臣之见，用不到向老百姓派捐，国库纹银十万也可打个对折——交给老臣五万两银子，即能大事办成。"

皇帝一听能少花钱，当然高兴。就准了老御史的奏本，命他出京承办。几个贪官面面相觑，心里暗骂道："五万两银子能造海塘，除非把你这老骨头填了进去！"

且说钱御史风尘仆仆来到杭州、海宁一带，看到流离失所的灾民，心里非常难过，就立即贴出黄纸告示，上写："造海塘，挑泥一担，钱十文，运土一车，钱百文。"

灾民们得着这个消息，都喜出望外，奔走相告。开工头一天，来挑土的就人山人海；三天下来，发过工钱，库官向御史禀报，说是钱已发完，怎么办？钱御史想了想，又亲笔出了一张告示："造塘大半，库银发完，再造三天，钱在塘内。"

民工们一见告示，纷纷议论起来，这个说："前三天每人领的工钱用掉一半，再干三天还有饱饭吃，不能半途而废。"那个讲："对啊，钱在塘内，造好海塘，挡住水害，百姓安居乐业，别说工钱没白丢，还利在子孙后代呢！"就这样，原班人马一个不少，一齐又干了三天。俗话说，人心齐、泰山移，一条堵水海塘，果然耸立在人们的跟前，工程告成啦。

后来，人们为了纪念这位姓钱的老御史，记着他"钱在塘内"这句话，把这条海塘唤作"钱塘"，原来的江也称为"钱塘江"了。

（选自《中国民间文学集成浙江省杭州市上城区卷》）

谢石测字

传说南宋时，京城临安有个测字先生，姓谢名石。他在吴山上伍公庙前摆了个测字摊，十分应验，人称"谢半仙。"

有一天，有个人请谢石测字，说是想换个行业，问问吉利不吉利。谢石递过纸笔，那人就在纸上画了个"一"字。谢石说："你是钱塘江边做脚夫的吧？"那人一听，便问道："先生何以知道？"谢石说："你这个'一'字中间高，两头低，恰像一根扁担，必是替人家挑行李过江的。”那个人点头称是。谢石又说：“你这‘一’字首尾相连，始终一贯，这行业还是不换的好，目前虽然辛苦，将来一定得发。须知临安是京都繁华之地，商贾云集，士农工商往来不绝，你这个行业是不愁衣食的。”当时旁边有个读书人，听了似信非信，也写了个“一”字，问今年流年如何？谢石说：“你这个‘一’字，左低右高，一头尖尖，必是个拿笔杆儿的读书人。恭喜今年一定高中。”后来这人果然中了举人。消息传开，谢石测字的生意越来越好。

高宗皇帝在皇宫里，听说谢石测字应验也动了心，决心上吴山去测个字，问问休咎。

这一天，高宗皇帝打扮成百姓模样，带了一名内侍，步行到伍公庙前，找谢石测字。谢石照例送上纸笔，请高宗写字。谢石一见，连忙起身行礼，说：“你是一位了不起的人物，这‘春’字之首乃‘天’‘一’‘人’也，贵人想必是天下第一人。高宗听了，马上把他的话头拦住，说：“我只问你天运如何？”谢石说：“照‘春’字看来‘秦头太重，压日无光’。”意思是说：奸臣秦桧擅权，日光（指皇帝的权力）黯然失色。高宗听了，一声不响，付了测字钱走了。

当时秦桧权大势大，他的爪牙遍布整个临安城。谢石这番话，马上有人传到秦相府里。秦桧立刻命临安府尹把谢石捉到衙门，加了个妖言惑众的罪名，判他充军福建。

从浙江到福建，要经过险峻难行的仙霞岭。这天，两名差役押着谢石走到仙霞岭最高处，感到脚酸乏力，三个人正想坐下来休息，见有一个老道士坐在一座小山峰旁。他见了谢石就说：“我早知道你要来了，所以在此等候。请你替我测个字。”谢石说：“人旁山，乃是个‘仙’字，道长必是神仙中人了。”老道士呵呵一笑，立起身就走，谢石也跟了上去。两个差役当然不肯放犯人逃跑，便在后面紧紧跟上前去。哪知老道士走路如飞，他拉住谢石越跑越快，一忽儿已不见踪影。两个差役没办法，只得回临安府复命。

（选自《中国民间文学集成浙江省杭州市上城区卷》）

白居易的故事

那一年，杭州大旱。西湖旁边的几千亩农田。地皮都张裂了口，禾稻枯黄，像火烧过一样。老百姓天天到衙门里去请求大老爷赶快放西湖水，救救农田。可是，那个大老爷，只知整天在西湖上寻欢作乐，却一直不理不睬。

有一天，百姓们又熙熙攘攘地赶到衙门里来，要求大老爷放西湖水，救救农田。有的喊：“大老爷，再不放西湖水，我们百姓就活不下去啦！”闹得那位大老爷，睡也睡不安，吃也吃不香，只好亲自到衙门口，怒气冲冲地对百姓说：“谁说放西湖水？把西湖水放了，那湖里的鱼龙就没有地方栖息啦！”

这时，人群中走出一个五绺长须的老汉，不慌不忙地反问说：“鱼龙与百姓的性命相比，哪一个要紧？”

大老爷一听，又气呼呼地说：“谁说放西湖水?把西湖水放了，那菱茭就不会生长了。”

老汉冷冷地一笑，又反问说：“菱茭与稻米相比，哪一种重要？”

大老爷一听，更加气急败坏：“谁说放西湖水?放了西湖水，对皇上洪福不利！”其实，这位大老爷本想说对自己官运不利。他怕说得太露骨了，触犯众怒，就把皇上抬了出来，吓唬吓唬老百姓。

谁知那老汉一听这话，更生气，他理直气壮地反问道："皇上与百姓相比，哪一个要紧?假如没百姓种稻米给他吃，做衣服给他穿，他还当得成皇帝吗?"

周围的百姓们，听了大老爷的话，条条无理，早想大骂他一顿。现在听了这位老汉的话，驳得句句有力，都高兴得跳了起来："他说得对!他说得有理啊!"

大老爷早已气得浑身发抖："你，你是哪一个?胆敢当众顶撞老爷，煽动百姓!"

那老汉又微微一笑，说："问我哪一个!我就是白居易!"

大老爷一听，原来新上任的白居易到了。这老头儿，当今皇上也怕他三分，不好硬顶，连忙打躬作揖地说："原来是刺史白大人到了！下官有失远迎，当面谢罪。请，请到衙内休息一下。"

老百姓听说这老汉就是白居易，有的还读过他的诗篇，都说："白居易来做我们的父母官，我们的农田有救了!"

果然，第二天，碧绿绿的西湖水"哗哗"地流进附近的农田。干枯的禾稻，像喝上了甘露，一下子直起了腰。百姓们望着潺潺的湖水流进自己的农田，兴奋得掉下眼泪来。后来，白居易又访问了附近农家，在钱塘门外修了一条堤，造了一座石涵闸，把湖水储蓄起来。他又怕后来的地方官不了解堤坝对人民的利害关系，亲自写了篇《钱塘湖石记》（当时西湖又叫钱塘湖）刻在石碑上，详细写明堤坝的用处，以及蓄水、放水和保护堤坝的方法。

百姓都围拢来看这块石碑。当看到上面写着，放一寸湖水能够灌溉多少顷田时，大家都为白居易深知百姓痛苦，精密设立了这个水利工程，感动得热泪滚滚。大家纷纷议论，觉得这位老爷不错，要为他向朝廷请功。白居易一听到这个消息，急忙阻止，还沉痛地做了一首诗："税重多贫户，农饥足旱田；唯留一湖水，与汝救凶年。"

白居易在杭州做刺史，对这一湖水，平时管理得可严了。

有一次，白居易去游湖。看到南面湖边上，有人在挑土填湖，建造亭台楼阁，白居易就传问是哪一家造的?当差的回来说："这是衙内二爷的老丈人在造一座花园!"

白居易就把二爷的丈人传来，说："西湖，是百姓的湖，你一个人为什么要占用?现在，罚你开葑田一百亩。"那位二爷的老丈人没办法，晓得刺史说一不二，只好雇了一批百姓，挖了一百亩湖泥。

又有一次，白居易从白沙堤散步回来，看见有人从山上砍了两株树，背回来当柴烧。白居易就对那人说："山上的树砍光了，山泥就会流到西湖里去，积聚起来，那怎么行?罚你补种十株树!"那人只好到山上补种了十株树。从此再也没有人敢占湖造屋，上山砍树了。

这样，白居易在杭州三年，把西湖整治得水绿山青，使百姓能够安居乐业。

可是，白居易的所作所为，也得罪了那些鱼肉百姓的官吏们。他们把白居易看作眼中钉，偷偷地把他写的《醉后狂言》等诗篇，加油添醋地送到皇帝面前去告状。皇帝一看，这还了得，就把他贬到另外地方做官去了。

白居易要离开杭州了，手下佣人把剩余俸钱装好箱子，准备带走。白居易看见了，说："把它存到库里去吧，今后治理西湖好用！"手下佣人把别人送给他的绫罗绸缎装好箱子，准备带走。白居易看见了，也叫他们拿出来，说："把它们散发给杭州的百姓吧！"

白居易要离开杭州那天，杭州的百姓心里好不难过，他们扶老携幼，纷纷提了酒壶，托了糕点，站在西湖边来送别。

百姓们在西湖边等啊等啊，没听到开锣喝道的声音，没看到抬着满箱金银、满筐绸缎的行列，只见白居易从天竺山骑着马缓缓而来，后面两个佣人抬着两块天竺石跟随着。一路走来，一路与百姓们话别，许多人都哭了。

白居易看了，心中十分感动。当即在马上吟了一首诗，大意是说：我在杭州三年。惭愧没有什么政绩，只不过是不脱诗人的气质，做了十多首诗歌，临走还带走了两块天竺山的石头，这怕也有伤清白吧。

白居易离开杭州后，杭州百姓一直亲切地呼他为"白舍人"。有的人画了他的像，供在家里；有的人把他的诗抄写了贴在墙上。白居易在西湖修的堤，早已经没了，但是，千百年来，杭州人一直把原来的一条白沙堤，叫作"白公堤"，以纪念这位诗人。

（选自《中国民间文学集成浙江省杭州市上城区卷》）

画扇判案

苏东坡在杭州做通判的时候，有一天，衙门里吵吵闹闹地来了两个人，喊着要告状。苏东坡叫衙役放那人进来。他一拍惊堂木，问道："你们两个叫什么名字?谁是原告?"两个人跪在地下直磕头。一个说："我是原告，叫李小乙。"另一个说："我叫洪阿毛。"

苏东坡问："李小乙，你告洪阿毛什么状?"

李小乙回答说："我帮工打杂积下十两银子，早两个月借给洪阿毛做本钱。讲明不收利息，我什么时候要用，他就什么时候还我。如今，我相中了一房媳妇，急等银子娶亲，他非但不还我银子，还打我哩!"

苏东坡转过身来问洪阿毛道："你为啥欠债不还，还要打人?"

洪阿毛急忙磕头分辩道："大老爷，我是赶时令做小本生意的，借他那十两银子，早在立夏前就买了扇子。想不到今年过了端午节天气还很凉，人家身上都穿夹袍，谁来买我的扇子呀!这几天接连阴雨，扇子放在箱子里都发霉啦。我是实在没有银子还债呀。他骂我、揪我，我一时在火头上打了他一拳，可不是存心打他的呢!"

苏东坡听了，皱皱眉头，说道："李小乙娶亲要紧，洪阿毛应该马上还他银子。"

洪阿毛一听，在堂下叫起苦来，说道："大老爷呀，我实在是没有银子还债呀!"

苏东坡在堂上捋捋胡须，说道："洪阿毛做生意蚀了本，也实在为难。李小乙要娶亲的银子还得想想办法呵。"

李小乙一听，也叫起屈来，说道："大老爷呀，我辛辛苦苦积下这十两银子可不容易呀!"

苏东坡笑了笑，说道："你们不用着急，那现在洪阿毛马上回家去拿二十把发霉的折扇给我，我就替你们清了这场官司。"

洪阿毛高兴极啦，急忙磕个头，爬起身来，一溜烟地奔回家去，抱来二十把白折扇交给苏东坡。

苏东坡将折扇一把二把打开来，摊在案桌上，磨浓墨，蘸饱笔，挑那霉印子大块的，画成假山盆景；拣那霉印子小点的，画成松竹梅"岁寒三友"，有的斑斑点点实在多的，就题上诗词，一会儿工夫，二十把折扇全部写好画好了。他拿十把折扇给李小乙，对他说："你娶亲的十两银子就在这十把折扇上了。你把它拿到衙门口去，喊'苏东坡画的画，一两银子买一把'，马上就能卖掉。"

苏东坡又拿十把折扇给洪阿毛，对他说："你拿这十把折扇到衙门口卖，卖得十两银子当本钱，去另做生意。"两个人磕了头，道了谢，接过扇子，心里似信非信，谁知刚刚跑到衙门口，只喊了两声，二十把折扇就被一抢而空。李小乙和洪阿毛每人捧着十两白花花的银子，欢天喜地回家去了。

苏东坡"画扇判案"的故事，就在民间传开了。

（选自《中国民间文学集成浙江省杭州市上城区卷》）

东坡肉

苏东坡在杭州做通判的时候，疏浚了西湖，替老百姓做了一件大好事。

西湖疏浚后，四周的田地就不怕涝也不愁旱了。这一年，又风调雨顺，杭州四乡的年成特别好，田稻大丰收。老百姓不忘苏东坡疏浚西湖的好处，到过年的时光，大家都抬猪担酒来给他拜年。

苏东坡无论如何推辞不掉，只好收下。他叫人把肉都切成方块，焖得红酥酥的，然后按照疏浚西湖的民工花名册，一家一块，将肉分给大家过年。

太平的年头，家家户户过得好快活！这时候又见苏大人差人送肉来，大家更高兴啦。老的笑，小的跳，人人都夸苏东坡是个贤明的父母官，把他送来的猪肉亲热地称为"东坡肉"。

那时，杭州有家大菜馆，菜馆老板见人们都夸说"东坡肉"，他就和厨师商量，也把猪肉照样切成方块，焖得红酥酥的，挂出牌子，取个菜名叫"东坡肉"。

这只新菜一出，那家菜馆的生意马上兴隆起来。从早到晚，顾客不断。别的菜馆老板看得眼红，也都学着做起来，一时间，不论大小菜馆，家家都有"东坡肉"这道菜了。

苏东坡为人正直，不畏权贵，朝廷中有一班人本来就很恨他，这时见他得到杭州老百姓的爱戴，心里很不舒服。其中有个御史，就乔装改扮，到杭州来找岔子，存心要陷害苏东坡。

那御史到杭州的头一天，在一家菜馆里吃饭。堂倌递上菜单，请他点菜。他接过来一看，哟，头一道菜就是"东坡肉"！他皱起眉头想了想，不觉高兴得拍桌大叫道："我就要这头一道菜！"

他吃过“东玻肉”，觉得味道倒真是不错，向堂倌一打听，知道“东坡肉”是公认的杭州第一道名菜。于是，他把杭州所有菜馆的菜单都收拢来，兴冲冲地赶回京去。

御史回到京城，马上就去见皇帝。他说：“皇上呀，苏东坡在杭州做通判，贪赃枉法，把恶事都做绝啦!老百姓恨不得要吃他的肉哩。”

皇帝听了大吃一惊，就问道：“你怎么知道的呢?”

御史就把那一大叠沾满油腻的菜单呈了上去。皇帝本来就是个糊涂蛋，他看看菜单，哟，对呀，“东坡肉”，“东坡肉”，……人人头一口就都想吃“东坡肉”，苏东坡是不好啊!就不分青红皂白，传下圣旨，将苏东坡革掉官职，发配到海南去。

苏东坡走了以后，杭州的老百姓还是没忘掉他的好处，仍然像过去一样赞扬他。就这样，“东坡肉”也一代代地传下来，直到今天，还是杭州的一道名菜。

（选自《中国民间文学集成浙江省杭州市上城区卷》）

潮神伍子胥

伍公山上有一吴相祠（俗称伍公庙），祭祀春秋战国吴国上卿大夫伍子胥。周景王二十三年（前522年），伍子胥的父亲伍奢因忠言进谏楚平王而遭冤杀，全家被株连，唯伍子胥机灵而脱身。楚平王听说伍子胥逃跑，令全国画像捉拿。伍子胥逃到楚国边城昭关，见城墙上挂有自己的画像，不敢贸然闯关，就在附近客栈住了下来。说来奇怪，一夜之间，伍子胥满头黑发黑须全变白了。第二天他混出关后，到江南的吴中（今苏州一带），投靠公子光为门客。在伍子胥的帮助下，阖闾杀了吴王僚而夺取王位，封伍子胥为上卿大夫。不久，伍子胥出主意帮阖闾灭了楚国，伍子胥被封为侯。后来，伍子胥又出主意让阖闾兴兵进攻钱塘江（时称浙江）南的越国。在战争中，阖闾受伤而亡，不得不退兵。阖闾死后，伍子胥又帮助阖闾之子夫差治国练兵，经常提醒他不忘父仇，矢志灭越。两年后，夫差兴兵进攻越国，把越王勾践围困在会稽山上。越王勾践手下大夫文种、范蠡出主意让越王勾践出重金买通夫差的大夫伯嚭，请求吴王夫差议和。伍子胥竭力反对越王提出的议和条件，夫差不理，反而疏远了伍子胥。鉴于越军屯兵西陵（今滨江区），伍子胥便留驻钱塘江边的晒网山（即吴山），以防越军偷袭。周敬王三十六年（前484年），吴王夫差欲出兵征服北方邻国，以达到称霸的野心。伍子胥极力反对，吴王十分反感，遂将伍子胥杀死，以皮革裹尸抛入江中。传说伍子胥因怨恨夫差听信谗言，发怒而激起气势磅礴、如万马奔腾的钱江潮，遂将钱江潮称为“子胥涛”。后来，伍子胥被明皇英宗封为潮神。

（改编自《寻访千年上城》）

白蛇前传

相传，上八洞神仙纯阳祖师吕洞宾，为了试探人心，化成一个跛脚老头，在杭州望仙桥边卖汤团。他卖汤团和别人不同，大汤团一文钱三个，小汤团三文钱一个。世上的人，谁不贪图便宜。结果，大汤团一出锅就抢光，小汤团一连三天无人过问。

望仙桥边有一户人家，姓许。老两口诵经念佛行善事，到晚年才生了一个儿子，名叫许仙。这天，许老头抱了三岁的儿子在望仙桥边玩，孩子吵着要吃汤团。许老头想，自己吃素，吃不来这猪油细沙的汤团，小孩子肚量小，大汤圆一个是吃不光的，糟蹋了岂不可惜？就花三文钱买了一个小汤团给孩子吃。

这小汤团的馅子，可不同一般，是一颗仙丹，这仙丹人吃了长生不老，成仙得道，众生吃了脱皮换骨。这三岁的小孩子吃了这九转仙丹，因为承受不住，就又哭又吵，烦躁不安。许老头慌了手脚，知道是吃汤团吃坏了，便去找那卖汤团的，哪里还有他的影子？只好抱了孩子回家。经过望仙桥头，孩子吵得更厉害，打着饱嗝。许老头想，如果能呕吐出来，可能就会好的，就把孩子靠在桥栏杆上，轻轻拍他背脊。忽然那孩子一张嘴，“哇”地一声，这颗九转仙丹，从他的嘴里吐了出来，“扑隆通——”掉进了河里。霎时间，异香扑鼻，远近三里路都能闻到香气。

这一阵香气，惊动了在望仙桥河里的一条白蛇和一只乌龟，都爬出洞来。它们看见这颗分成两半的仙丹，落在西边的乌龟洞边，动作笨的乌龟伸长头颈正要去吃，冷不防白蛇来了个“落手快，勿招怪”，“嗖”地抢了过去，把那大半颗仙丹吃掉了，乌龟只吃了那小半颗金丹。

白蛇吃了大半颗金丹，得了六百年道行，立刻化成了个很漂亮的姑娘，驾云到四川峨眉山古洞里去修行了。后来因为报答这小孩的恩情，下山和许仙结成夫妻，她就是白娘娘。

乌龟吃了小半颗仙丹，得了四百年道行，化成了一个胖大和尚，潜水到扬子江底修行，后来在金山寺皈依佛门。为了要报抢吃金丹这个仇，就和白娘娘千方百计作对，要拆散她和许仙的美满姻缘，他就是法海和尚。

这一恩一怨，就引出了中外古今、人人皆知的美丽神话传说——白蛇传。

（选自《中国民间文学集成江干区卷》）

六、俗语传说

跑黄褂儿

杭州有句俗语“跑黄褂儿”，意思是“欺生客，敲竹杠。”这句话原本是饭店跑堂的隐语，含义也和现在不同。

清朝开国初期，康熙皇帝到杭州游玩，事先叫地方官造了里行宫和外行宫，还把浣纱河到后市街的一段河道挖通，皇帝从里行宫可以坐船直达外行宫，不用走路。

康熙皇帝来的那天，带了一大批随行人员。这些随员多数是皇亲国戚、一品大员、个个穿着黄马褂，顶戴齐全。这批贵族大员早就听说杭州西湖山水秀丽，是人间天堂，一到杭州，便尽情游乐，纷纷涌入酒楼、菜馆，品尝绍兴的名酿老酒，杭州的风味佳肴。

那辰光，酒楼菜馆的服务员叫“堂馆”，也叫“跑堂”。他们工资微薄，全靠小账收入和顾客抽额外赏赐。跑堂们见了这批从京里来的贵客，伺候得特别周到。这些穿黄马褂的大员有的是钱，心里一高兴，在结账惠钞时，给跑堂额外赏赐特别多。跑堂的真像碰到了“活财神”。等客人一走，便相互询问：“你跑了几个‘黄褂儿’？”意思是你今天接待了几个官员，得到了多少外快。

这话流传很久，就成了杭州人的一句俗话，它的含义也慢慢演变成为今天的意思了。

（选自《中国民间文学集成浙江省杭州市上城区卷》）

螺蛳壳里做道场

“螺蛳壳里做道场”，是杭州人的一句俗语，意思是人多地方小，施展不开来。其实，这话弄错了一个字，原本应该是“螺蛳壳上做道场。”

从前，一些住在钱塘江边的农民，为了生计，专在江边水滩或礁石边扒螺蛳，卖钱度日。有时带壳螺蛳没人要，只好挑回来，仍旧倒进钱江塘里。后来，不知是谁想了个办法，把螺蛳蒸熟，挑出螺蛳肉，第二天挑到市上去卖，果然生意不错，家家户户就都仿效起来。他们把螺蛳的壳倒在江边的沙滩上。久而久之，螺蛳壳便象小山头一样，堆满了沙滩。

那时候，钱塘江上没有桥，南北两岸也没有固定码头，要过江就乘私人的摆渡船，客满就开。钱塘江的风浪很大，来往船只遇到风暴，就有翻船的危险，几百年来，溺死在江里的冤鬼不知有多少。每年阴历七月十三到十五，人们就在江边设坛，做三日三夜道场超度亡魂。沙滩上有潮汛涨落，不稳当，就在像山一样的螺蛳壳上摆上桌椅，设起道坛。这就是“螺蛳壳上做道场”的来历。

（选自《中国民间文学集成浙江省杭州市上城区卷》）

索引

一、本索引为分析内容的关键词索引。标引对象为目名，其他未做索引。

二、本索引不分类，标目词按汉语拼音顺序排列。以阿拉伯数字为首字的标目词按0～9顺序排列，排在索引正文前部。

D

E

F

G

H

J

K

L

M

N

P

Q

R

S

T

W

X

Y

Z

后　记

1992年，区委、区政府在老同志和人大代表的推动下，把开展上城区志编纂工作提上议事日程，建立编纂委员会和办公室，着手开展上城区志编纂工作。在老一辈方志人的努力下，首轮上城区志于2003年3月完成志稿编纂工作。2015年，国务院印发《全国地方志事业发展规划纲要（2015—2020年）》，省、市地方志办公室对区志工作进行了工作部署。区委、区政府决定在完成首轮区志公开出版的同时，做好《杭州市上城区志（1993—2015）》的编纂工作，计划通过5年多的时间，完成第二轮上城区志公开出版。经过1年的反复修改、补充、调整，最终经过专家审稿，2015年12月底首轮区志由方志出版社出版，字数76万字。同时，区志编辑部积极筹备二轮区志编纂相关准备工作，做好篇目拟定、队伍组建、责任分工、业务培训等工作。

2016年8月12日，上城区举行首轮区志发布暨二轮区志编纂工作动员会，全面启动二轮区志编纂工作。在志稿编写初期，确定了区人大办、区教育局等5家试点单位先行先试，为全区各单位做好史料收集、资料长编和初稿撰写提供经验借鉴。在区志编辑部指导下，各承编单位先后成立编纂领导小组、组织人员进行资料收集，并于2017年开始进行资料长编和初稿撰写工作。针对部分承编单位存在志稿质量较差、编纂进度较慢的情况，编辑部定期召集相关承编单位分管领导及撰稿人进行小范围沟通，提出修改意见，并给予1个月的修改时间。自2017年11月至2018年9月，共召开沟通会10次，先后指导45家承编单位修改志稿。2018年9月起，志稿进入验收初审阶段。编辑部重点做好各单位提交的二轮区志初稿打磨工作，抓好单位内审、历任领导审查和专家评审。至2019年5月，共组织9次专家评审，对全区64家承编单位提供的初稿进行审核把关。其间，王苗、冯跃民、李忠民等方志专家参与志稿评审，提出了很多宝贵意见。

2019年5月起，在完成对各承编单位初稿专家评审的基础上，编辑部开展部类分纂和总纂，对志书稿件进行框架结构调整，对史料进行增删和核实，切实解决政治和保密、体例、资料、行文等方面的具体问题，并细致地做好规范化工作。12月底总纂结束后，将志稿提交杭州市政府地方志办公室（市志办）进行复审，章其祥、周祝伟、张美虎等10位省市复审专家对志稿进行了审核。2020年3月，市志办向编辑部反馈了总体复审意见。编辑部整理专家提出的意见建议300余条。在此基础上，编辑部统一思想、统一步调，对照专家的审稿意见，对志稿做较大幅度的修改和统一规范工作。在抓好志稿修改的同时，编辑部从2万余张照片中精选入志图片800余张，完成17轮设计排版，并最终确定全书版式。同时，召开5次志前地图审图会审核确定前彩页地图。6月底，完成全书图文组稿和排版，将志稿送方志出版社审稿。根据方志出版社反馈的100余条审稿意见，编辑部又有针对性地对志稿进行了较大范围的调整和文字修改完善工作。在终审期间，征求了包括区委书记陈瑾、区长金承涛等部分在任区领导意见，还专门邀请已退休的原区人大主任丁晓芳、原区政协主席余勇和6位熟悉区情的区管干部朱红卫、方本成、周建康、陆龙才、陈琪、瞿旭平审核全书史实，组织全体承编单位主要负责人对志稿进行审核、签字确认，累计收到意见建议100余条。编辑部根据终审意见又进行了最后一轮修改完善。为最大限度降低差错率，编辑部通过责任编辑交叉审稿，重点篇章集体轮流审稿，内部抽查审稿，主编、副主编、执行主编、执行副主编通读审稿，封闭式集中审稿等方式，针对错字、漏字、排版等细节问题，同步完成8个轮次的审核校对工作。

经过初审、复审、终审，《杭州市上城区志（1993—2015）》实现正式出版，共3卷36篇，409.4万字，地图14幅，照片835幅（彩页341幅、内页494幅）。除常规篇章外，编辑部还设置特色篇《南宋皇城》，聘请由徐吉军、杜正贤、洪俊组成的专家团队负责撰写工作，并征求龚延明、何忠礼等学界专家意见。根据上城区产业结构特点和产业集聚特点，设置了《主导产业》篇和《特色街区园区》篇。为反映上城区历史上的第一，设置《小营·江南红巷》《新中国第一个居民委员会》等专记。

《杭州市上城区志（1993—2015）》的编纂出版是上城区全体修志人员5年多辛勤劳动的结晶，是上城区文化建设的重要成果。在编纂过程中，得到浙江省地方志办公室、杭州市委党史研究室（市地方志办公室）和省市方志界专家、学者的关心指导；得到区委、区政府领导的高度重视，得到全区各界人士的关心支持。在此，我们一并表示衷心的感谢。

由于我们编纂水平有限，书中难免存在许多不足，敬请各位领导、专家和读者批评指正。

编者

2020年9月

《杭州市上城区志（1993—2015）》编纂委员会名单

《杭州市上城区志（1993—2015）》编纂工作启动于2015年。编纂委员会名单名列如下：

2015年

顾　问：缪承潮

主　任：陈　瑾

副主任：黄爱芳　陈秋芳

委　员：陈　勇　邬晓华　柴闻乐　吴诗兵　周朝星　陈宏萍　胡建根　余德利
陶晓亮　项海刚　杨　东　金水根　季黄辉　孙　锦　沈武洪　钟　黎
杜秀芬　毛学庆　黄涌泉　费跃忠　吕朝阳　杨盛强　倪受南　章　琪
裘华君　周　莹　王斌达

办公室主任：周朝星

副主任：丁春早　柴红燕

2016年

顾　问：缪承潮

主　任：陈　瑾

副主任：金承涛　陈秋芳　王　歆

委　员：陈　勇　柴闻乐　邬晓华　吴诗兵　周朝星　陈宏萍　胡建根　余德利
陶晓亮　项海刚　杨　东　金水根　季黄辉　孙　锦　沈武洪　钟　黎
杜秀芬　毛学庆　黄涌泉　杜玉泉　杨盛强　倪受南　惠海涛　裘华君
周　莹　王斌达

办公室主任：周朝星

副主任：丁春早

2017年

顾　问：陈　瑾

主　任：金承涛

副主任：富永伟　王　歆

委　员：周朝星　杨盛强　邬晓华　吴诗兵　季黄辉　洪梦君　章雅瑜　余德利
鲁　军　项海刚　杨　东　陈宏萍　石荣祥　孙　锦　沈武洪　钟　黎
杜秀芬　毛学庆　孔兴桥　杜玉泉　范　丹　周骆斌　陆　霞　赵　鹏
周　莹　张建文　陈敏雅　丁春早

办公室主任：陈敏雅

副主任：丁春早

2018年

顾　问：陈　瑾

主　任：金承涛

副主任：富永伟　王　歆

委　员：周朝星　杨盛强　邬晓华　姚　杰　季黄辉　章雅瑜　余德利　孙　锦
项海刚　杨　东　陈宏萍　石荣祥　周　莹　鲁　军　钟　黎　杜秀芬
毛学庆　孔兴桥　杜玉泉　范　丹　洪梦君　陆　霞　赵　鹏　蒋晓斌
陈敏雅　丁春早

办公室主任：陈敏雅

副主任：丁春早

2019年

顾　问：陈　瑾

主　任：金承涛

副主任：冯　晶　王　歆

委　员：周朝星　杨盛强　邬晓华　姚　杰　吴电荣　薛迓冰　郑　平　余德利
孙　锦　项海刚　杨　东　陈宏萍　石荣祥　周　莹　赵　鹏　许联辉
杜秀芬　毛学庆　孔兴桥　杜玉泉　陈永权　洪梦君　方　金　丁炜锋
杨凯量　蒋晓伟　李晋楠　丁春早

办公室主任：李晋楠

副主任：丁春早

2020年

顾　问：陈　瑾

主　任：金承涛

副主任：丁熠锋　李　军

委　员：周朝星　杨盛强　邬晓华　姚　杰　吴电荣　郑　平　余德利　孙　锦
项海刚　杨　东　陈宏萍　石荣祥　周　莹　赵　鹏　许联辉　杜秀芬
毛学庆　许　铭　徐逸峰　陈永权　芮佳南　方　金　丁炜锋　杨凯量
蒋晓伟　李晋楠　朱洪昌

办公室主任：李晋楠

副主任：朱洪昌